Biografisches Lexikon

Frank Raberg

Biografisches
Lexikon
für Ulm und Neu-Ulm

Hrsg.
Stadtarchive Ulm und Neu-Ulm

Schriftleitung
Michael Wettengel, in Verbindung mit Gudrun Litz
Janet Loos

Autor
Frank Raberg

Umschlagentwurf
Lioba Geggerle, teamschostek, Neu-Ulm

Gesamtherstellung
Süddeutsche Verlagsgesellschaft mbH Ulm

© Stadtarchiv Ulm,
    Stadtarchiv Neu-Ulm
    und Süddeutsche Verlagsgesellschaft im Jan Thorbecke Verlag 2010
    ISBN 978-3-7995-8040-3

INHALT

Vorwort

Stadtgeschichtliche Biografiensammlungen und biografische Lexika bilden einen wichtigen Bestandteil städtischer Selbstfindung und Selbstdarstellung. Es steht einer Stadt gut an, über die bedeutendsten Menschen, die in den unterschiedlichsten Bereichen eines städtischen Gemeinwesens engagiert und gestaltend gewirkt haben, Bescheid zu wissen. Biografien berühmter Persönlichkeiten einer Stadt laden zur Identifikation und zur Auseinandersetzung ein, sie personifizieren die Leistungen und das geistige Potential einer Stadt. Nicht selten können solche Persönlichkeiten auch wichtige Werbeträger für eine Stadt sein. Die Gemeinsamkeit in einer Stadt wird über Menschen hergestellt, und eine Biografiensammlung ermöglicht daher auch die Identitätsfindung im kommunalen Umfeld. Außerdem ist ein biografisches Lexikon ein unentbehrliches Hilfsmittel und verlässliches Nachschlagewerk für Politik, Verwaltung, Presse, Bildung, Wissenschaft und Öffentlichkeit.

Bislang fehlte ein solches Lexikon für Ulmer und Neu-Ulmer Persönlichkeiten des 19. und 20. Jahrhunderts. Aufgrund der engen Beziehungen und des regen Austauschs zwischen beiden Nachbarstädten und des Bedarfs an einem biografischen Lexikon in beiden Kommunen, lag es nahe, die Kräfte zu bündeln und gemeinsam ein solches Werk herauszugeben. Nachdem im Jahr 2004 der Stadtrat von Neu-Ulm und der Ulmer Gemeinderat dem Gemeinschaftsprojekt zugestimmt hatten, konnte im folgenden Jahr ein Bearbeiter gefunden und das Vorhaben begonnen werden.

Unser Dank gilt zunächst dem Autor Dr. Frank Raberg für dieses eindrucksvolle Werk, das ohne ihn in dieser Form nicht hätte realisiert werden können. Wir freuen uns daher ganz besonders, dass es uns gelungen ist, mit ihm einen ausgewiesenen Fachmann für dieses große Vorhaben zu gewinnen. Wir danken den Leitungen unserer beiden Stadtarchive, Frau Janet Loos und ihrer Vorgängerin, Frau Barbara Treu-Oertel, sowie Herrn Prof. Dr. Michael Wettengel für die Betreuung und Realisierung des Projekts, Frau Dr. Gudrun Litz, Frau Sabine Schmidt und Herrn Matthias Grotz vom Stadtarchiv Ulm sowie Frau Bettina Bodenberger und Frau Lora Brehm vom Stadtarchiv Neu-Ulm, die gemeinsam mit ihren Mitarbeiterinnen biografische Materialien lieferten, sowie Herrn Dr. Gebhard Weig und Herrn Konrad Geiger für die sachkundige Unterstützung und Begleitung. Herrn Udo Vogt und der Süddeutschen Verlagsgesellschaft sei für die verlegerische Betreuung, Frau Lioba Geggerle vom teamschostek für die ansprechende Gestaltung des Bandes gedankt. Frau Nadja Wollinsky, Martina Strilic, Silke Schwarz und Cathrin Diez sowie Herrn Karl-Heinz Beutel von der Abteilung Geoinformation der Stadt Neu-Ulm danken wir für die Erstellung der Bildvorlagen. Zum Schluss sei allen Bürgerinnen und Bürgern beider Städte gedankt, die durch vielfältige Hinweise und Ratschläge zum Gelingen dieses Bandes beigetragen haben.

Dem Verfasser ist gelungen, ein wissenschaftlich abgesichertes und doch zugleich unterhaltsames Werk zu schaffen, das 200 Jahre Geschichte mit ihren Persönlichkeiten auf beiden Seiten der Donau lebendig werden lässt. Die Biografien zeigen, dass viele bedeutende Menschen in beiden Städten heimisch waren und je zu unterschiedlichen Zeiten mal in Ulm, mal in Neu-Ulm ihren Lebensmittelpunkt hatten. Sinnbildlich dafür ist Max Eyth, der täglich zwischen beiden Städten pendelte. Das Buch stellt zugleich

Sinnbildlich dafür ist Max Eyth, der täglich zwischen beiden Städten pendelte. Das Buch stellt zugleich einen erneuten Beleg für eine erfolgreiche Zusammenarbeit über Stadt- und Landesgrenzen hinweg dar. Es ist ein Beweis für das gute Einvernehmen und die vielen Gemeinsamkeiten zwischen den beiden Städten und ihren Menschen.

Ivo Gönner
Oberbürgermeister der Stadt Ulm

Gerold Noerenberg
Oberbürgermeister der Stadt Neu-Ulm

Einleitung

Ulm und Neu-Ulm in der Geschichte ab 1802

Ulm und Neu-Ulm sind durch eine zweihundertjährige Geschichte eng miteinander verbunden. Wenn auch das Trennende der seit 1810 bestehenden Grenzsituation oftmals hervorgehoben wurde und die Handlungsweise besonders der politischen Akteure bestimmte – das Gemeinsame der beiden „Schwesterstädte" an der Donau behauptete sich in allen Lebensbereichen[1]. Das ursprüngliche Territorium der kleinen Siedlung Neu-Ulm hatte bis 1810 zu Ulm gehört. Die Grenzziehung schuf nicht nur schwerwiegende Probleme für das Ulmer Wirtschaftsleben, sondern bedeutete letztlich auch die Geburtsstunde Neu-Ulms. Und so zutreffend es ist, dass die Entwicklung maßgeblich vom Franzosenkaiser Napoleon I. bestimmt war – an „allem" war er nicht schuld, speziell nicht an der Schaffung der Grenze zwischen Württemberg und Bayern. Es waren letztendlich beide Länder selbst, die in bilateralen Verträgen die Grenzen festlegten.

Im Folgenden kann es nicht darum gehen, eine erschöpfende Geschichte der beiden Donaustädte im Berichtszeitraum vorzulegen. Es soll vielmehr auf wesentliche Entwicklungslinien hingewiesen werden.

1. Rückblick auf die Geschichte vor 1802

Als die Auswirkungen der Französischen Revolution Ulm erreichten, konnte die Reichsstadt an der Donau auf eine stolze und jahrhundertelange Geschichte zurückblicken. Erste Siedlungsspuren stammen aus der Zeit wohl um 4.000 v. Chr.; eine auf dem Stadtgebiet gefundene villa rustica weist in die römische Kaiserzeit. Eine kontinuierliche Besiedlung auf dem Gebiet der späteren Reichsstadt begann, wie archäologische Ausgrabungen belegen, im frühen Mittelalter[2]. Konkret ans Licht der Geschichte trat Ulm in einer Urkunde des Königs Ludwig des Deutschen vom 22. Juli 854[3], die mit der Formel „Actum hulmam palatio regio" – geschehen in der königlichen Pfalz zu Ulm – schließt. Die Ulmer Pfalz, strategisch günstig auf dem Weinhofsporn gelegen, stand in der Nachfolge eines fränkischen Königshofes (7./8. Jh.) zur Sicherung einer wenige hundert Meter flussabwärts gelegenen Donaufurt[4].

In den folgenden Jahrhunderten entwickelte sich Ulm neben Bodman und Schlettstadt zur wichtigsten Pfalz der deutschen Herrscher in Alemannien; unter den Staufern stieg die Stadt zum zentralen Ort Schwabens auf[5]. Im Vorfeld der Pfalz entstand bereits ab der zweiten Hälfte des 10. Jahrhunderts eine Kaufmanns- und Handwerkersiedlung mit Markt und Münze.
Ulms geografisch günstige Lage am Schnittpunkt wichtiger Handelsstraßen und – vor allem – an der schiffbaren Donau waren eine gute Voraussetzung für eine prosperierende Wirtschaft. Früh schon waren Ulmer Kaufleute im Fernhandel (Eisen, Salz, Wein) in Europa unterwegs. Der wirtschaftliche Aufstieg Ulms war stark an das Textilgewerbe gebunden. Seit dem 14. Jahrhundert bildeten die Produktion hochwertigen Barchents (Gemisch aus Leinen und Baumwolle) und der Handel mit dem in ganz Europa gefragten Stoff die wichtigste Einnahmequellen Ulms.

Im Früh- und Hochmittelalter stand Ulm unter straffer königlicher Herrschaft. Von der Mitte des 13. Jahrhunderts an gelang es den Ulmern, sich Schritt für Schritt davon zu befreien und eine kommunale Selbstverwaltung mit Bürgermeister, Rat und Bürgergemeinde aufzubauen. Im Jahr 1255 wurden erstmals ein Rat und 1292 ein Bürgermeister und Zünfte genannt. Die politische Macht in der Stadt lag zunächst allein beim Patriziat. Erst mit dem Kleinen Schwörbrief von 1345 konnten die wirtschaftlich erstarkten Zünfte ein politisches Mitspracherecht im Rat verfassungsmäßig durchsetzen. Die damit erreichte knappe

---

[1] Vgl. dazu allgemein: Michael LOERKE, Grenzgeschichten. Das Verhältnis zwischen Ulm und Neu-Ulm in der öffentlichen Meinung (Kleine Reihe des Stadtarchivs Ulm 2), Ulm 2004.
[2] Gerhard KÖBLER, Historisches Lexikon der deutschen Länder. Die deutschen Territorien vom Mittelalter bis zur Gegenwart, München ²1989, S. 569.
[3] Die Urkunde befindet sich im Stiftsarchiv St. Gallen.
[4] Vgl. Michael WETTENGEL/Gebhard WEIG, (Hgg.), StadtMenschen. 1150 Jahre Ulm: Die Stadt und ihre Menschen, Ulm 2004. Chronikalisch ist bereits für das Jahr 1174 eine Brücke belegt: Helmut Maurer, Ulm als „Vorort" von König und Herzog in Schwaben, in: Frühe Pfalzen- Frühe Städte, Archäologische Informationen aus Baden-Württemberg, H. 58 (2009), S. 26-33, hier S. 30.
[5] KÖBLER, Ulm (wie Anm. 2).

Mehrheit gegenüber den patrizischen Ratsherrn stellte die Zünfte letztlich aber nicht zufrieden. Das folgende halbe Jahrhundert markierte Ulms Weg zur vollständigen Erlangung reichsstädtischer Hoheit. Die Zünfte konnten im sogenannten „Großen Schwörbrief" von 1397 ihre Beteiligung am Stadtregiment nochmals erweitern, die patrizischen Prärogative weiter einschränken und einen „Großen Rat" einrichten, in dem die Zunftmeister eine sichere zahlenmäßige Mehrheit hatten[6]. Der Schwörbrief von 1558 sollte allerdings wieder die patrizische Mehrheit im Rat festlegen.

Ulm verfügte bereits am Ende des 14. Jahrhunderts über das nach Nürnberg größte Territorium einer Reichsstadt – ein wesentlicher Aspekt seiner Machtstellung im Kreise der anderen Reichsstädte. Das weithin geschlossene Territorium, dessen Bildung im 15. Jahrhundert durch kleinere Arrondierungen zum Abschluss gelangte, umfasste schließlich im 18. Jahrhundert rund 830 Quadratkilometer mit drei Landstädten (Geislingen, Albeck und Leipheim), ca. 80 Dörfern und Weilern und zwischen 35.000 und 38.000 Bewohnern. Ulm schloss sich dem 1488 gegründeten Schwäbischen Bund an und war führendes Mitglied des 1500 gebildeten Schwäbischen Reichskreises, der seine Zusammenkünfte nach 1542 fast ausschließlich in Ulm abhielt. Im November 1530 votierte eine überwältigende Mehrheit der stimmberechtigten Ulmer Bürger für die Einführung der Reformation. Das Selbstbewusstsein der Ulmer Bürgerschaft zeigte sich am eindrucksvollsten am 1377 begonnenen Bau des Münsters, der *großartigste[n] Schöpfung des deutsch-mittelalterlichen Bürgertums*[7].

2. Von der Reichsstadt zur bayerischen Provinzialstadt

Das erste Jahrzehnt des 19. Jahrhunderts brachte für die Reichsstadt Ulm tiefgreifende Veränderungen mit sich. Zunächst war die strategisch bedeutsame Stadt im letzten Jahrzehnt des 18. Jahrhunderts immer weiter in den Strudel der Koalitionskriege geraten. Truppendurchmärsche, Einquartierungen, Zerstörungen, Lazarette für Verwundete, Versorgungsnot und steigende Preise prägten über Jahre hinweg das alltägliche Leben der Ulmer. Der Krieg war allgegenwärtig und verschlimmerte die tiefe Krise, *die alle gesellschaftlichen Bereiche umfasste. Die Stadt war hoch verschuldet, Korruption und Nepotismus prägte[n] die Stadtverwaltung, die wirtschaftliche Situation war schlecht und viele Handwerker litten unter Arbeitsmangel. Missernten und Teuerungen verschärften die Situation der Bevölkerung zusätzlich*[8].

Beeinflusst von den Ideen der Französischen Revolution, wurden auch in Ulm Forderungen nach der Abschaffung des aristokratischen Stadtregiments und nach bürgerlicher Mitbestimmung laut[9]. 1794 konstituierte sich ein aus Vertretern der Zünfte bestehender Bürgerausschuss, der sich ungeachtet des Verbots durch den Kaiser zu behaupten verstand und schließlich 1797 anerkannt wurde. Als Vertretung der Bürgerschaft setzte sich der Bürgerausschuss, allerdings vergeblich, für Reformen ein und erarbeitete einen „demokratischen" Verfassungsentwurf für Ulm. Diese Bestrebungen gingen den Ulmer Ratsherren entschieden zu weit: Christoph Heinrich →Wechßler, einer der führenden Repräsentanten des Bürgerausschusses, wurde verhaftet und an den Herzog von Württemberg ausgeliefert.

Das Ende der Selbstständigkeit Ulms als Reichsstadt vollzog sich also in einer Atmosphäre inneren Unfriedens. Das Ende der reichsstädtischen Autonomie war de facto bereits im Frieden von Lunéville (9. Februar 1801) festgeschrieben worden[10]. Da das gesamte linke Rheinufer an Frankreich fiel, war vorgesehen, dass die deutschen Landesherren, die dabei Gebietsverluste erlitten hatten – darunter auch der bayerische Kurfürst Maximilian I. Joseph (der spätere König Maximilian I. Joseph) – durch die Einzie-

[6] Vgl. zur Entwicklung der städtischen Verfassung Ulms Gudrun LITZ, Entstehung und Bedeutung der Reichsstadt Ulm und ihre verfassungsrechtliche Stellung im Reich, in: Hans Eugen SPECKER (Hrsg.), Die Ulmer Bürgerschaft auf dem Weg zur Demokratie. Zum 600. Jahrestag des Großen Schwörbriefs (Forschungen zur Geschichte der Stadt Ulm, Reihe Dokumentation, 10), Ulm 1997, S. 13-68; Christian KEITEL, Städtische Bevölkerung und Stadtregiment bis 1397, in: Ebd., S. 87-118, sowie Dorothea REUTER, Der große Schwörbrief: Verfassung und Verfassungswirklichkeit in der Reichsstadt des Spätmittelalters, in: Ebd., S. 119-150.
[7] Zitiert nach Kgl. [Württ.] Statistisches Landesamt (Hg.), Das Königreich Württemberg. Eine Beschreibung nach Kreisen, Oberämtern und Gemeinden, Vierter Band: Donaukreis, Stuttgart 1907, S. 542. Vgl. grundlegend Hans Eugen SPECKER/Reinhard WORTMANN (Hgg.), 600 Jahre Ulmer Münster. Festschrift (Forschungen zur Geschichte der Stadt Ulm 19), Ulm 1977.
[8] Gudrun LITZ/Michael WETTENGEL (Hgg.), Stationen der Ulmer Stadtgeschichte von 854 bis heute. Begleitbroschüre zur Dauerausstellung im Haus der Stadtgeschichte – Stadtarchiv Ulm, Ulm 2008, S. 27. – Johannes GREINER, Ulm im ersten Jahrzehnt unter der Krone Württembergs. Eine Jahrhunderterinnerung, in: Besondere Beilage des Staats-Anzeigers für Württemberg, Nr. 5, 1. III. 1910, S. 73-80, hier S. 74, spricht von einem jahrzehntelangen Prozess der inneren „Zersetzung" Ulms.
[9] Vgl. dazu grundlegend und ausführlich SCHMIDT, Revolution.
[10] Ein Entschädigungsplan im Umfeld des Kongresses von Rastatt (1797-1799) sah bereits vor, die Reichsstädte Ulm, Memmingen und Kaufbeuren für Bayern zu gewinnen. Vgl. dazu Friedrich BLENDINGER, Die Mediatisierung der schwäbischen Reichsstädte, in: Krone und Verfassung. König Max I. Joseph und der neue Staat. Beiträge zur Bayerischen Geschichte und Kunst 1799-1825 (Wittelsbach und Bayern, Band III,1), München-Zürich 1980, S. 101-113, hier S. 104.

hung geistlicher Territorien (Säkularisation) und die Mediatisierung von 42 Reichsstädten schadlos gehalten werden sollten[11]. Die Durchführung der Friedensbestimmungen oblag dem Reichstag in Regensburg. 27 von 31 Reichsstädten hielten im August 1802 in Ulm einen Städtetag ab, der dem Zwecke diente, im Zuge eines gemeinsamen Vorgehens beim Reichstag *möglichst günstige Übergabebedingungen zu erreichen*[12]. Eine 40 Seiten umfassende Denkschrift, die wesentlich auf Ausarbeitungen des Ulmer Ratskonsulenten Gottlob Dietrich →Miller fußte, stellte die Beschlüsse des Städtetages zusammen, die von dem Ulmer Ratskonsulenten Johann Gottlieb Benjamin →Härlin und dem Rottweiler Amtsbürgermeister Johann Baptist Hofer[13] (1759-1838) in Regensburg vertreten wurden. Johannes Greiner ging (zu) hart mit den beiden Gesandten ins Gericht, die er als *kriechende Schmeichler* bezeichnet, *die mit Württemberg liebäugelten, in der Hoffnung, Ulm werde an Württemberg kommen und ihnen dann ein guter Posten als Belohnung in den Schoß fallen*[14]. Es gab angesichts starker historischer, aber auch wirtschaftlicher Verbindungen tatsächlich Sympathien für eine „württembergische Lösung". Doch es sollte zunächst noch anders kommen.

Die Mediatisierung Ulms[15] begann konkret mit dem am 2. September 1802 erfolgten Einmarsch kurpfalzbayerischer Truppen[16] unter dem Kommando des Generalmajors Franz Joseph von Gaza (1739-1805) in Ulm, nachdem tags zuvor bayerische Quartiermacher in der Stadt eingetroffen waren und die militärische Besetzung der Stadt bereits am 31. August 1802 durch den Zivilkommissar des Kurfürsten, Freiherr Wilhelm von →Hertling, angekündigt worden war. Gaza nahm in vorläufiger Weise militärisch Besitz von der Stadt und ihren Territorien, um dem Kurfürsten in München die Sicherstellung der ihm zugesicherten Rechte zu gewährleisten, bis Kaiser und Reich zu einer endgültigen Entscheidung gelangt seien[17]. Ein Widerstand dagegen ist in Ulm nicht nachzuweisen – ganz im Gegenteil. Der Ulmer Chronist David August →Schultes berichtet, die *neuen Ankömmlinge* seien *sehr artig* aufgetreten: *Die Offiziere gaben gleich am 21. September einen splendiden Ball im Rad und ein großer Theil der weiblichen Bevölkerung söhnte sich bereits mit der neuen Ordnung aus. Am 11. Oktober erwiderte die Stadt den Offiziersball*[18].

Das Ulm betreffende Besitzergreifungspatent des Kurfürsten Max IV. Joseph datiert vom 28. November 1802[19]. Der formelle Besitzergreifungsakt folgte tags darauf, am 29. November 1802. Freiherr von Hertling erklärte den versammelten Räten im Rathaus, Ulm sei per Beschluss von Kaiser und Reich keine Reichsstadt mehr und als Entschädigung für seine verlorenen linksrheinischen Besitzungen an den Kurfürsten Max IV. Joseph gefallen. *Sämtliche Collegien, Aemter und sonstige obrigkeitliche Stellen* sollten vorläufig unter Aufsicht und Leitung seines Kommissars weiteramtieren. Hertling nahm den Räten anschließend den Treueeid ab. Ratskonsulent Gottlob Dietrich Miller erwiderte namens des Rates. Mit diesem Akt war Ulm keine Reichsstadt mehr, sondern zu einer kurpfalzbayerischen Provinzialstadt geworden. Wenig später begab sich eine Ulmer Deputation unter der Leitung von Johann Christoph →Schmid nach München, um die Geschicke der Stadt dem Kurfürsten und seinem Minister von Montgelas zu empfehlen. Max IV. Joseph versprach, Ulm in naher Zukunft einen Besuch abzustatten, was vom 12. bis 14. April 1803 auch geschah[20].

Der bayerische Gewaltakt nahm die Entscheidung des Reichstags, den sogenannten „Reichsdeputationshauptschluss" – beschlossen am 25. Februar 1803 und verkündet am 24. März 1803 – vorweg und wurde durch diesen bestätigt. Die Bestimmungen des „Reichsdeputationshauptschlusses" beruhten letztlich einerseits auf Absprachen Frankreichs mit Russland, andererseits auf den Kontakten der betroffenen deutschen Landesherren zu diesen „Schutzmächten" – und auf dem Verhandlungsgeschick ihrer Gesand-

[11] Zur Mediatisierung der Reichsstädte nach wie vor grundlegend Klaus Peter SCHROEDER, Das Alte Reich und seine Städte. Untergang und Neubeginn: Die Mediatisierung der oberdeutschen Reichsstädte im Gefolge des Reichsdeputationshauptschlusses 1802/03, München 1991.
[12] Stefan J. DIETRICH, Ulms bayerische Zeit 1802-1810, in: SPECKER, Großer Schwörbrief (wie Anm. 6), S. 249-275, hier S. 249 – Stefan FISCHER/Daniel HOHRATH, Vorphasen und Ereignisse auf dem Weg zur Mediatisierung, in: Daniel HOHRATH, Gebhard WEIG und Michael WETTENGEL (HGG.), Das Ende reichsstädtischer Freiheit 1802. Zum Übergang schwäbischer Reichsstädte vom Kaiser zum Landesherrn. Begleitband zur Ausstellung „Kronenwechsel", S. 34-55, hier S. 50 f.
[13] Ih 1, S. 358.
[14] GREINER, Ulm im ersten Jahrzehnt (wie Anm. 8), S. 75.
[15] vgl. dazu grundlegend: Hans Eugen SPECKER, Die Mediatisierung der Reichsstadt Ulm, in: Peter BLICKLE/Andreas SCHMAUDER (Hgg.), Die Mediatisierung der oberschwäbischen Reichsstädte im europäischen Kontext, Epfendorf 2003, S. 57-71.
[16] Nach Gustav BENZ, Wie die Grenze zwischen Bayern und Württemberg entstand, in: Aus dem Ulmer Winkel Nr. 5 (Mai 1927) S. 17 f., hier S. 17, befehligte von Gaza bei der Inbesitznahme Ulms 1.000 Mann.
[17] Zur zeitlichen Abfolge der Inbesitznahme StadtA Ulm G 1 1808-3 Bacher, B. 3 f.; vgl. ferner DIETRICH, Ulms bayerische Zeit (wie Anm. 12), S. 251; SCHULTES, Chronik, S. 380; GREINER, Ulm im ersten Jahrzehnt (wie Anm. 8), S. 74; BENZ, Wie die Grenze zwischen Bayern und Württemberg entstand (wie Anm. 16), S. 17.
[18] SCHULTES, Chronik, S. 380.
[19] DIETRICH, Ulms bayerische Zeit (wie Anm. 12), S. 252 f. – „Kronenwechsel" (wie Anm. 12), S. 229 f.
[20] SCHULTES, Chronik, S. 381.

ten. Es war ein gnadenloser „Länderschacher", bei dem außer Einwohnerzahlen und Quadratkilometern auch Prestige und Wirtschaftskraft ausschlaggebend waren.

3. Ulm unter bayerischer Herrschaft 1802 bis 1810

Die achtjährige Herrschaft Bayerns über Ulm war mehr als eine Episode[21]. Während die städtische Verwaltung vorläufig in den alten Bahnen weiterlief, wurde die durch Misswirtschaft und Kriegsfolgen verarmte Stadt zum Sitz mehrerer Behörden bestimmt, so dass die Entwicklung Ulms zur „Beamtenstadt" ihren Anfang nahm. Bereits im Dezember 1802 erfolgte die Einrichtung des Generallandeskommissariats als oberster Verwaltungsbehörde der Provinz Schwaben mit Sitz in Ulm[22]. Daneben existierten nachgeordnete Regierungen in Dillingen/Donau und Kempten, die jedoch bereits im September 1803 wieder aufgehoben wurden. Fortan war Ulm als Sitz der Generallandesdirektion der alleinige Regierungssitz für die gesamte bayerische Provinz Schwaben. Nachdem im Sommer 1808 die Provinzen aufgelöst worden und an ihre Stelle kleiner zugeschnittene Kreise getreten waren, sank Ulm zum Regierungssitz des Oberdonaukreises herab, während andere Teile der früheren Provinz Schwaben dem Lechkreis (Sitz Augsburg) bzw. dem Illerkreis (Sitz Kempten) zugeschlagen wurden.

Generalkommissar Freiherr von Hertling raubte Ulm mit dem Verbot des traditionellen Schwörmontags per Verordnung vom 19. Juli 1803 ein weiteres bedeutsames Stück seiner Identität[23]. Die Stadt behielt zunächst ihren alten Rat, übernahm aber im August 1804 die kurpfalzbayerische Stadtverwaltung. Rechtsgrundlage dafür waren der Art. 27 des „Reichsdeputationshauptschlusses", der festschrieb, dass die Verfassung der mediatisierten Reichsstädte möglichst den Verhältnissen in den am meisten privilegierten Landstädten der neuen Gebiete entsprechen sollte, sowie eine an das Generallandeskommissariat in Ulm gerichtete Kurfürstliche Verordnung vom 10. August 1803, welche die Einführung von „Munizipalverfassungen" vorsah[24]. Nachdem eine solche im Mai 1804 in Ravensburg eingeführt worden war, folgte Ulm im Juli 1804. Die Mehrzahl der bisherigen Ratsmitglieder wurde unter Gewährung eines Ruhegehalts entlassen. Die neuen Bürgermeister – Heinrich Friedrich von Schad (* 1746) und der Kaufmann Matthias Sauter[25] – erhielten eine Besoldung von jährlich 1.200 Gulden.

Im Gefolge des Vertrags von Compiègne, der erneut territoriale Veränderungen im Südwesten vorsah, schlossen die Königreiche Bayern und Württemberg einen Staatsvertrag vom 18. Mai 1810, welcher die Neueinteilung der Gebiete regelte[26]. König Maximilian I. Joseph von Bayern schrieb dazu am 10. Mai 1810 an seinen Unterhändler Graf Montgelas, er habe sich entschlossen, *Ulm abzutreten. Gott weiß, wie schwer mich das ankommt [...]. Die Stadt ohne Hinterland wäre doch bald ruiniert gewesen [...]*[27]. Hiermit wies der Monarch auf die Schwierigkeiten hin, die Ulms Entwicklung nach dem „Kronenwechsel" noch viele Jahre bestimmten. Der Staatsvertrag von 1810 bestimmte die Donau als Grenze: Ulm mit seinem Gebiet links der Donau war fortan württembergisch, das Ulmer Territorium rechts der Donau fiel endgültig an Bayern. Damit verlor Ulm sein „Hinterland" auf der anderen Donauseite, was schwerwiegende Folgen für die städtische Wirtschaft nach sich zog. Die Tatsache, dass der Schiffsbau Ulms nahezu ausschließlich auf der rechten Donauseite angesiedelt war, wirft ein Schlaglicht auf diese Folgen.

Im November 1810 stand Johann Ludwig Carl Friedrich von →Hayn mit seinen Truppen in Söflingen, um seinen Auftrag der militärischen Besetzung Ulms für Württemberg in die Tat umzusetzen. Am 6. und 7. November fand die Übergabe statt, am 8. November rückte die bayerische Garnison ab und Hayn marschierte am gleichen Tag gegen 16 Uhr mit dem Cheveauxlegers-Regiment Prinz Heinrich und dem Inf.-Regiment König Friedrich sowie vier Kanonen in Ulm ein, wobei es zu keinerlei Zwischenfällen kam. Bereits am 24. Oktober 1810 ernannte der König Hayn zum Gouverneur der Stadt Ulm.

---

[21] Grundlegend nach wie vor Josef ROTTENKOLBER, Die Stadt Ulm unter Bayerischer Herrschaft, in: Württ. Vierteljahreshefte N.F. 34 (1928), S. 257-326.
[22] „Kronenwechsel" (wie Anm. 12), S. 237.
[23] DIETRICH, Ulms bayerische Zeit (wie Anm. 12), S. 258.
[24] „Kronenwechsel" (wie Anm. 12), S. 237 f.
[25] SCHULTES, Chronik S. 385.
[26] Königl. Württembergisches Besi[t]z-Ergreifungs-Patent von den durch den Staats-Vertrag mit der Krone Baiern acquirirten Landestheilen; vom 6. November 1810, in: StRegbl. Nr. 50, 20.11.1810, S. 499-501.
[27] Brief des Königs Max I. Joseph an Montgelas vom 10. Mai 1810, zitiert nach Adalbert Prinz von BAYERN, Max I. Joseph. Pfalzgraf, Kurfürst und König, München 1959, S. 601 f.

4. Ulm in den ersten Jahren unter württembergischer Herrschaft 1810 bis 1819

Die württembergische Verwaltung trat sofort in Aktion. Der Tübinger Oberamtmann Johann Christian Schott, den König Friedrich am 3. November 1810 zum Oberamtmann von Ulm ernannte[28], lehnte die Versetzung jedoch ab und schied *auf sein allunterthänigstes Ansuchen aus den Königl. Diensten* aus. Daraufhin trat per Ernennung vom 10. November 1810 der bisherige Kgl. Bayerische Kreisrat Ludwig Friedrich →Fischer an die Spitze der zu errichtenden Ulmer Oberamtsverwaltung[29].

Im Hinblick auf die kirchliche Organisation traf der König seine Entscheidungen ebenfalls rasch. Mit Reskript vom 23. November 1810 ernannte er den bisherigen Kgl. Bayerischen Kreis-Kirchenrat und Ersten Frühprediger am Münster, Johann Christoph Schmid, zum Ulmer Generalsuperintendenten und verlieh ihm den Titel Prälat mit dem mit dieser Würde verbundenen Kreuz an goldener Kette[30]. Zugleich wurde der bisherige Konsistorialrat, Stadtdekan und Prediger an der Dreifaltigkeitskirche, Miller, zum Ulmer Dekan mit dem Titel eines Geistlichen Rats ernannt[31]. Die in der bayerischen Zeit (1805) gegründete kath. Stadtpfarrei St. Michael blieb bestehen, Stadtpfarrer Johann Georg →Königsberger blieb im Amt. Im Bereich der kath. Kirchenorganisation gehörte Ulm zunächst zum Landkapitel Blaubeuren. 1818 wurde das Dekanat Ulm geschaffen.

Ulm war auch von der Neuordnung der Postorganisation betroffen, da alle Postämter des Königreichs vier Oberpostämtern zugeteilt wurden, von denen eines seinen Sitz in Ulm hatte[32]. König Friedrich I. verlieh Ulm – zusammen mit Stuttgart, Ludwigsburg, Tübingen, Ellwangen/Jagst, Heilbronn/Neckar und Reutlingen – am 29. Januar 1811 in Anlehnung an das französische Vorbild das Prädikat „Unsere gute Stadt"[33], womit Ulm unter den Städten des Königreichs eine hervorgehobene Bedeutung zugestanden worden war, die sich nach 1815 politisch besonders darin dokumentierte, dass sowohl die Stadt Ulm als auch das sie umgebende Oberamt Ulm jeweils einen Abgeordneten in die Ständeversammlung (ab 1820 in den Landtag) nach Stuttgart entsenden durften. Unter Leitung des Staatsrats von Weckherlin wurde bis April 1811 die Bildung und Abgrenzung des Oberamts Ulm abgeschlossen, im Laufe des Sommers 1811 auch die Neuorganisation der städtischen Verhältnisse[34]. Das Oberamt Ulm setzte sich nach der Auflösung des Oberamts Albeck 1819 neben der Oberamtsstadt Ulm zusammen aus den Gemeinden:

1. Albeck
2. Altheim
3. Asselfingen
4. Ballendorf
5. Beimerstetten
6. Bernstadt
7. Bissingen
8. Börslingen
9. Breitingen
10. Ehrenstein
11. Einsingen
12. Ettlenschieß
13. Göttingen
14. Grimmelfingen
15. Halzhausen
16. Hörvelsingen
17. Holzkirch
18. Jungingen

[28] StRegbl. Nr. 48, 10.11.1810, S. 482.
[29] StRegbl. Nr. 49, 17.11.1810, S. 494.
[30] StRegbl. Nr. 52, 1.12.1810, S. 520.
[31] Ebd.
[32] Königl. Verordnung. Die Unterordnung sämtlicher Kön. Postämter unter vier Ober-Postämter betr. Vom 21.11.1810, in: StRegbl. Nr. 51, 24.11.1810, S. 508.
[33] Julius HARTMANN, Vor hundert Jahren, in: Besondere Beilage des Staats-Anzeigers für Württemberg, Nr. 24 & 25, 31. XII. 1910, S. [369]-377, hier S. 372.
[34] Ebd., S. 376.

19. Langenau
20. Lehr
21. Lonsee
22. Luizhausen
23. Mähringen
24. Neenstetten
25. Nerenstetten
26. Niederstotzingen
27. Oberstotzingen
28. Oellingen
29. Rammingen
30. Setzingen
31. Söflingen
32. Stetten ob Lontal
33. Ursprung
34. Weidenstetten
35. Westerstetten.

Die Verwaltungsreform der Nationalsozialisten schuf 1938 nicht nur den Stadtkreis Ulm, sondern vergrößerte das Oberamt (seit 1928 Kreis) Ulm um fast den ganzen bisherigen Kreis Blaubeuren und große Teile der Kreise Laupheim und Geislingen sowie der Gemeinde Erbach aus dem Kreis Ehingen, während nur wenige Teile des „Altkreises" Ulm an den Kreis Heidenheim abgingen. Im Zuge der großen Verwaltungsreform von 1972/73 wurde nicht nur der Stadtkreis Ulm nochmals vergrößert, es erfolgte auch die Schaffung des Alb-Donau-Kreises mit Sitz in Ulm. Fast der ganze Kreis Ehingen[35] ging in ihm auf, vom Kreis Biberach wurden Ober- und Unterbalzheim sowie vom aufgelösten Kreis Münsingen mehrere Gemeinden und die Stadt Laichingen auf der Alb dem neuen Großkreis zugeschlagen, der zu den größten in Baden-Württemberg gehört und die meisten Gemeinden umfasst.

König Friedrich I. begann – in Begleitung seines Sohnes, des Thronfolgers Prinz Wilhelm, späteren Königs Wilhelm I. – seine Besichtigungsreise in die neuen Landesteile seines Königreichs am 29. Mai 1810 mit einem Besuch in Ulm[36], wo er an den üblichen Festlichkeiten teilnahm, das Münster besichtigte und 2.000 Gulden für die Umwandlung des Gänshölzchens in den nach ihm benannten „Freizeitpark" Friedrichsau spendete. Den am 31. Mai spektakulär gescheiterten Flugversuch des „Schneiders von Ulm", Albrecht Ludwig →Berblinger, sah König Friedrich nicht mehr, da er sich bereits auf der Rückreise nach Ludwigsburg befand.

In württembergischer Zeit erlangte Ulm besondere Bedeutung als Sitz zahlreicher staatlicher Behörden und somit als Beamtenstadt. Die zweitgrößte Stadt des Königreichs Württembergs – sie hatte zwischen 10.000 und 11.000 Einwohner – wurde im Organisationsmanifest des Königs vom 27. Oktober 1810 zum Sitz einer der nach französischem Vorbild geschaffenen zwölf Landvogteien bestimmt, der Landvogtei an der Donau[37]. Diese umfasste die Oberämter Albeck, Biberach, Blaubeuren, Ehingen, Riedlingen, Ulm und Wiblingen (seit 1845 Laupheim). Dem Landvogt oblag die Dienstaufsicht über die Bezirksbeamten. Erster Landvogt war Graf Ferdinand Ludwig von →Zeppelin.
Ein Königliches Organisationsedikt vom 18. November 1817 bestimmte Ulm zum Sitz der Regierung des Donaukreises, in dem die Landvogteien an der Donau und am Bodensee aufgingen. Der Donaukreis umfasste die 17 Oberämter Kirchheim, Göppingen, Geislingen, Münsingen, Alpeck, Biberach, Blaubeuren, Ehingen, Riedlingen, Ulm, Wiblingen, Leutkirch, Ravensburg, Saulgau, Tettnang, Waldsee und Wangen[38]. Die Ulmer Kreisregierung bestand bis 1924 und wurde mit den drei anderen Kreisregierungen im Zuge einer Verwaltungsreform aufgehoben.
Im Bereich des Justizwesens erfolgte im August 1811 die Gründung eines in Ulm ansässigen „Provinzial-Justizkollegiums". Mit dem bereits erwähnten Organisationsedikt vom 18. November 1817 wurde ein

---

[35] Amtsvorsteher, S. 35.
[36] Ebd., S. 372.
[37] GREINER, Ulm im ersten Jahrzehnt (wie Anm. 8), S. 78.
[38] Regbl. 1817, S. 3.

Appellationsgerichtshof für den Jagst- und Donaukreis gebildet[39], als dessen Präsident der bisherige Obertribunalrat Benjamin Friedrich von →Pfizer fungierte. Bereits am 9. Oktober 1818 erfolgte im Zuge der vier für die neuen Regierungsbezirke zuständigen Kreisgerichtshöfe die Aufhebung des Appellationsgerichtshofes bzw. dessen „Umwandlung" in den Kreisgerichtshof für den Donaukreis[40], der ebenso wie die Finanzkammer für den Donaukreis seinen Sitz in Ulm hatte. Die Finanzkammer wurde allerdings schon 1850 wieder aufgelöst. Aus dem Kreisgerichtshof ging das Landgericht Ulm hervor.

Ulm hatte 1820 11.564 Einwohner, darunter 752 Katholiken und zwei jüdische Familien. Es gab 835 Gebäude in der Stadt, darunter 74 öffentliche. Der Handwerkerstand gliederte sich in:

80 Schneider
64 Schuhmacher
60 Weber
54 Metzger
52 Bäcker
29 Merzler
26 Schreiner
20 Rotgerber
14 Marner
13 Hafner
11 Färber
10 Zundelmacher
10 Hufschmiede
9 Nagelschmiede
8 Glaser
7 Kupferschmiede
5 Weißgerber
5 Kürschner
4 Zimmerleute
4 Hutmacher
3 Messerschmiede[41].

Das produzierende und Gastgewerbe gliederte sich 1820 wie folgt:

124 Schild-, Speise-, Gassenwein- und Bierschankwirte
57 Branntweinbrennereien
11 Mahlmühlen
18 Bierbrauereien
6 Weinhändler
5 Sägmühlen
2 Ölmühlen
2 Bleichen
1 Ziegelbrennerei
1 Schleifmühle
1 Papierfabrik
1 Marmorwalk
1 Kupferhammer
1 Kunstgießerei
1 Eisenhammer[42].

---

[39] Regbl. Nr. 79, 31. XII. 1817, S. 611 – Ernst HOLTHÖFER, Ein deutscher Weg zu moderner, und rechtsstaatlicher Gerichtsverfassung. Das Beispiel Württemberg (Veröffentlichungen der Kommission für geschichtliche Landeskunde in Baden-Württemberg, Reihe B, Band 137), Stuttgart 1997, S. 46 f.
[40] GREINER, Ulm im ersten Jahrzehnt (wie Anm. 8), S. 80.
[41] Ebd., S. 88.
[42] Ebd.

5. Ulm im 19. Jahrhundert

Am Ende des ersten Jahrzehnts unter württembergischer Herrschaft erhielt die Kommunalverfassung für ein Jahrhundert ihre endgültige Form. An die Stelle des Magistrats traten Gemeinderat und Bürgerausschuss (letzterer 1919 aufgehoben). Bei der Wahl des Stadtoberhaupts im Jahre 1819 zeigte sich, dass sich Grundlegendes geändert hatte: Der Ulmer Advokat und Obmann des Bürgerausschusses Christoph Leonhard →Wolbach besiegte zwei Mitbewerber aus den Reihen des Patriziats – und wurde vom König bestätigt[43]. 1822 verlieh ihm König Wilhelm I. den Titel „Oberbürgermeister". Unter Oberbürgermeister Wolbach wurden 1826 die Hofgüter Örlingen, Böfingen und Oberthalfingen nach Ulm eingemeindet. 1828 schuf der Zollvertrag zwischen Bayern und Württemberg (und damit auch zwischen Ulm und Neu-Ulm) die Grundlage für eine bessere Entwicklung des Handels. Auch der Bau der 1832 eingeweihten Ludwig-Wilhelms-Brücke über die Donau ist vornehmlich in diesem Zusammenhang zu sehen. Unter Wolbach wurde der Abbruch der Stadttore durchgeführt, am Ende seiner Amtszeit begannen die Bauarbeiten der Bundesfestung. 1844 trat Wolbach aus persönlichen Gründen zurück.

Unter seinem Nachfolger Julius →Schuster, ebenfalls Jurist und bei seiner Wahl gerade 28 Jahre alt, etablierte sich in Ulm eine bürgerlich geprägte Liberalität, die den Oberbürgermeister zeitweise auch in den Landtag brachte. Wesentlichste Errungenschaft der „Ära Schuster", die mit seinem frühen Tod 1863 endete, war der Anschluss Ulms an das württembergische Eisenbahnnetz 1850: eine Strecke verband Ulm mit Stuttgart, die Südbahn führte von Ulm bis Friedrichshafen. 1854 kam der Anschluss an das bayerische Eisenbahnnetz zustande. In der Amtszeit Schusters wurde 1857 das Gaswerk an der Neutorstraße in Betrieb genommen und der Bau der Bundesfestung 1859 abgeschlossen. Die Bundesfestung begünstigte eine starke Ausrichtung des städtischen Wirtschaftslebens auf das Militär und einen ohnehin erheblichen Bevölkerungszuwachs.

Bevölkerungsentwicklung[44]:

1843	15.458
1871	30.274
1880	36.840
1890	40.454
1900	48.072
1910	58.070
1925	59.357
1933	62.472
1939	74.387
1950	71.132
1956	90.530
1961	92.701
1980	100.000
2008	121.648.

Aus den Bevölkerungszahlen ist ablesbar, dass sich die Bevölkerung zwischen 1840 und 1870, also innerhalb von 30 Jahren, verdoppelte (darunter zahlreiche „Militärpersonen"). Ebenso spiegeln sich die Rückschläge durch die beiden Weltkriege in rückläufigen bzw. nahezu stagnierenden Zahlen wider.

Nachdem seit dem ausgehenden 18. Jahrhundert vornehmlich die Tabakindustrie Ulms eine große Rolle gespielt hatte, kam in der ersten Hälfte des 19. Jahrhunderts ein „Industrialisierungs-Boom" in Gang, der nur zum Teil auf den Festungsbau zurückging und das Wirtschaftsleben der Stadt bis weit ins 20. Jahrhundert hinein nachhaltig prägte. Die Messingfabrik Wieland, die Pflugfabrik Eberhardt, die Hutfabrik Mayser, die Zementunternehmen der Familien Leube und Schwenk, die Feuerwehrgerätefabrik Magirus

---

[43] In Württemberg bestand der Grundsatz, dass bei Stadtvorstandswahlen die drei stimmenstärksten Kandidaten dem Monarchen gemeldet wurden, aus denen dieser – unabhängig von der Stimmenzahl – den Sieger auswählte.
[44] Statistisches Landesamt Baden-Württemberg (Hg.), Historisches Gemeindeverzeichnis Baden-Württemberg. Bevölkerungszahlen der Gemeinden von 1871 bis 1961 nach dem Gebietsstand vom 6. Juni 1961 (Statistik von Baden-Württemberg 8), Stuttgart 1965, S. 6 f. Die Zahlen beziehen sich auf das Gebiet des Stadtkreises Ulm.

und – zu Beginn des 20. Jahrhunderts – die Kässbohrer-Fahrzeugwerke stehen beispielhaft für diese Entwicklung.

In der Amtszeit von Schusters Nachfolger Carl →Heim (1863-1890), einem „Stadtmonarchen", der die Spielräume seines Amtes voll auszuschöpfen verstand, erfuhren die Restaurierungs- und Vollendungsarbeiten des Ulmer Münsters, die seit 1844 liefen, 1890 ihre Fertigstellung. Heim lag das Wohl der Stadtbevölkerung, die sich während seiner Amtszeit nahezu verdoppelte, besonders am Herzen. Der starke Bevölkerungsanstieg stellte besondere Anforderungen im Bereich Hygiene- und Sanitärwesen. 1873 konnte die zentrale Wasserversorgung in Betrieb genommen werden. Daneben kümmerte sich Heim vornehmlich um Verbesserungen bei der Infrastruktur.

6. Ulm im 20. Jahrhundert

1891 kam mit Heinrich →Wagner (1891-1919) ein Oberbürgermeister ins Amt, der sich für Ulm als Glücksfall erwies. In seiner 28-jährigen Amtszeit setzte der erste Nichtjurist im Ulmer Rathaus seit 1819 wesentliche Akzente. Konsequent beschritt er den von Heim eingeschlagenen Weg der Modernisierung in allen Bereichen weiter. 1895 begann die Elektrifizierung der Stadt, 1897 fuhr die erste elektrische Straßenbahn. Seit 1900 wurde eine den gewachsenen Anforderungen adäquate Kanalisation gebaut. Während Wagners Amtszeit wuchs die Bevölkerung um ca. 20.000 Menschen, unter anderem auch durch die Eingemeindung von Söflingen im Jahr 1905. Der Oberbürgermeister entwickelte eine geschickte und keine Kosten scheuende Bodenpolitik, um die städtische Gemarkung zu erweitern. Bahnbrechend war Wagners beherzt umgesetztes Konzept des sozialen Wohnungsbaus, mit dem er den Bedürfnissen der stetig wachsenden Industriearbeiterschaft entgegenkam. Wagner war eine eigenwillige und konfliktbereite Persönlichkeit, ein visionärer Oberbürgermeister von überregionaler Bedeutung. 1919 schied er aus gesundheitlichen und weltanschaulichen Gründen – die Revolution von 1918/19 lehnte er entschieden ab – aus dem Amt. Nach Wolbach und Heim war Wagner der dritte Ulmer Stadtvorstand, der zurücktrat.

Unter Oberbürgermeister Dr. Emil →Schwammberger (1919-1933) – dieser war im Gegensatz zu seinem Vorgänger wieder ein Jurist – hatte Ulm die Folgen des Wegfalls der großen Garnison zu bewältigen, die das städtische Wirtschaftsleben vor größte Probleme stellten. Versorgungsnöte und Preisexplosionen führten im Juni 1920 zu bürgerkriegsähnlichen Zuständen in Ulm. Schwammberger gelang es, die Stadt aus der Krise herauszuführen, sie finanziell zu konsolidieren und ihre Entwicklung durch große Bauprojekte, wie z. B. zwei Stauseen und das Stadion, erfolgreich fortzuführen. 1926 erfolgte die Eingemeindung der Gemeinde Grimmelfingen und 1927 die Eingemeindung Wiblingens nach Ulm.

1933 vertrieben die Nationalsozialisten Schwammberger aus dem Amt und installierten den beim Ulmer Elektrizitätswerk angestellten Friedrich →Foerster als dessen Nachfolger. Unter Foerster (1933-1945) kam es 1938 zur Bildung des Stadtkreises Ulm. Am Ende des Zweiten Weltkrieges, vor allem durch den Luftangriff am 17. Dezember 1944, erlitt Ulm schwerste Zerstörungen – in der Altstadt waren 81 Prozent aller Gebäude vernichtet.

Das Kriegsende kam für Ulm am 24. April 1945, als US-amerikanische Truppen in die Ruinenstadt einmarschierten. Nach zwei nur kurzzeitig amtierenden Stadtoberhäuptern gelangte Anfang Juni 1945 mit Robert →Scholl (1945-1949) ein Verfolgter des NS-Regimes ins Amt des kommissarischen Oberbürgermeisters. Mit seinem Namen ist der unmittelbare Neubeginn Ulms in Not und Elend untrennbar verbunden. Unter ihm wurde nicht nur die Entschuttung in der Stadt vorangetrieben, sondern eine neue Grundlage für das kommunalpolitische Leben geschaffen. 1946 knapp vom Gemeinderat im Amt bestätigt, unterlag Scholl bei der Wahl 1948 dem Stuttgarter Ministerialbeamten Theodor →Pfizer.

In der Amtszeit von Oberbürgermeister Theodor Pfizer (1948-1972) erlebte Ulm nicht nur auf Grund der Bildung neuer Stadtteile (Eselsberg und Böfingen in den 1950er-Jahren) einen Bevölkerungsanstieg und die Ausdehnung des Stadtgebietes, sondern vor allem durch die im Rahmen der Verwaltungsreform am Ende von Pfizers Amtszeit und unter Oberbürgermeister Dr. Hans →Lorenser vollzogenen Eingemeindungen der Ortschaften Jungingen (1971), Unterweiler und Mähringen (beide 1972), Einsingen, Ermingen, Eggingen, Gögglingen, Donaustetten (alle 1974) und Lehr (1975). Pfizer belebte die ehrwürdige demokratische Tradition des von den Nationalsozialisten missbrauchten Schwörmontags 1949 neu und ließ sich neben dem Wohnungsbau und der Wiederherstellung und Erweiterung der Infrastruktur vor allem Initiativen im Bereich von Bildung, Kultur und Wissenschaft angelegen sein. Das zerstörte Theater wurde neu aufgebaut, die Hochschule für Gestaltung (hfg) 1953 gegründet, die bereits 1946 gegründete vh Ulm nachdrücklich gefördert.

1960 wurden die Grundlagen zur „Wissenschaftsstadt" Ulm gelegt mit der Gründung der Staatlichen Ingenieurschule (1972 Umbenennung in Fachhochschule, 2006 in Hochschule Ulm – Technik, Informatik und Medien). 1967 erfolgte die Gründung der Universität Ulm (zunächst Medizinisch-Naturwissenschaftliche Hochschule), 1988 wurde eine ingenieurwissenschaftliche Fakultät eingerichtet, die in einem eigenen Bau (Universität West) untergebracht ist. Pfizer trug wesentlich zur Formung des Ulmer Selbstverständnisses als Stadt der Bildung, der Innovation und der Forschung bei. Sein Nachfolger Dr. Hans Lorenser (1972-1984) führte Pfizers Werk konsequent fort.

In der Amtszeit von Oberbürgermeister Ernst Ludwig (1984-1992) machte ein Bürgerentscheid (1987) den Weg frei für die lange Zeit heftig umstrittene Neugestaltung des Münsterplatzes. Der nach Plänen des US-amerikanischen Architekten Richard Meier durchgeführte Bau des Stadthauses gegenüber dem Münster beendete die jahrzehntelangen Diskussionen darüber, wie der Münsterplatz gestaltet werden sollte. Der politisch gut vernetzte Ludwig setzte den Bau des Congress-Centrums an der Donau ebenso durch wie die Wissenschaftsstadt. Seine schwerste Niederlage erlebte er bei dem Volksentscheid über die Untertunnelung der Neuen Straße. Deren Neugestaltung blieb Ludwigs Nachfolger Ivo Gönner (seit 1992) vorbehalten, dem ersten Ulmer SPD-Oberbürgermeister. Der beliebte Rechtsanwalt erzielte bei seiner Wiederwahl 1999 und 2007 mit jeweils rund 80 Prozent ein überzeugendes Ergebnis und trieb die Modernisierung der Stadt voran, die sich neben der bereits erwähnten Neugestaltung der „Neuen Mitte" sehr sichtbar unter anderem auch am „Pyramidenbau" der neuen Stadtbibliothek beim Rathaus ablesen lässt.

Neu-Ulm

Bis zum Untergang der Reichsstadt Ulm gehörten die größten Teile des heutigen Neu-Ulmer Stadtgebiets zu Ulm und kamen 1802 an Bayern. Zu dieser Zeit existierten – abgesehen von Offenhausen – lediglich drei Wohnhäuser[45]. Mit dem Staatsvertrag zwischen Bayern und Württemberg vom 18. Mai 1810 verblieb das rechte Donau-Ufer – wie sich zeigen sollte, bis heute – bei Bayern. Sofort wurde ein provisorisches Polizeikommissariat (definitiv 1. Oktober 1811 mit der Bezeichnung „Landgericht") gebildet. Bereits für den Sommer 1810 dokumentierte Überlegungen, die entstehende Siedlung nach dem bayerischen König Max. I. Joseph „Max Josephs Stadt" zu nennen, wurden nicht weiter verfolgt, nachdem der Monarch ebenso wie das Finanzministerium grundsätzliche Bedenken gegen die Anlage einer neuen Stadt direkt an der Donau geäußert hatten, da die *Gefahr der beständigen Ueberschwemmungen* drohe[46].

Nachdem König Max I. Joseph am 7. April 1811 dann doch offiziell dem Vorschlag des Generalkommissars des Oberdonaukreises, Freiherr von →Gravenreuth, auf dem rechten Donau-Ufer eine neue Gemeinde zu bilden, seine Zustimmung erteilt hatte, erfolgte die Bildung der Gemeinde „Ulm auf dem rechten Donau-Ufer" (mit Offenhausen und dem Freudenegger Hof) am 22. April 1811[47].

Der Name „Neu-Ulm" für die neue Siedlung lässt sich quellenmäßig nicht exakt terminieren, geht jedoch wohl auf Taufbucheinträge des evangelischen Pfarrers von Pfuhl und des katholischen Pfarrers von Burlafingen zurück[48]. Im Pfuhler Taufbuch ist erstmals am 3. April 1814 „Neu-Ulm" zu lesen. Im Burla-

[45] BUCK, Chronik Neu-Ulm, S. 42.
[46] Katalog Materialien, S. 22.
[47] Reinhard H. SEITZ, Der Stadt Ulm gegenüber oder: Ulm auf dem rechten Donauufer. Bemerkungen zur Vorgeschichte von Neu-Ulm, in: TREU, Neu-Ulm, S. 89-109, hier S. 106.
[48] Ebd., S. 26 f.

finger Taufbuch erscheint „Neu-Ulm" erstmals im Zusammenhang mit der Taufe einer am 2. Dezember 1814 geborenen Mautbeamtentochter. Der Burlafinger Pfarrer →Blankenhorn setzte „Neu-Ulm" – allerdings nachträglich – auch einem Taufeintrag vom 19. November 1811 bei. Es ist davon auszugehen, dass der Name „Neu-Ulm" auf diesen Grundlagen langsam in den allgemeinen Sprachgebrauch Eingang fand und sich letztlich durchsetzte.

Im Sommer 1813 erfolgte die Errichtung eines Forstamts „Ulm auf dem rechten Ufer". Neu-Ulm entwickelte sich in den ersten Jahren in enger Anlehnung an Offenhausen. Zunächst waren bis zum 1. Oktober 1816 zwei gleichberechtigte Ortsvorstände, einer von Neu-Ulm, einer von Offenhausen, für die Leitung der Geschicke der Gesamtgemeinde verantwortlich. Danach wurde eine Art „Rotationssystem" eingeführt, das den alternierenden Wechsel im Amt des Ortsvorstandes vorsah. So war zunächst der Neu-Ulmer Handelsmann Sigmund →Adam für ein Jahr Ortsvorstand; ihm folgte der Offenhausener Ökonom Georg Hannes von 1817 bis 1828, dem wiederum der Neu-Ulmer Eisenhändler Anton →Hug nachfolgte[49].

1818 lebten in der Gesamtgemeinde Neu-Ulm/Offenhausen 46 Familien, davon 22 in Offenhausen. Die bayerische Regierung schuf durch die Erteilung von Steuerprivilegien Anreize zur Ansiedlung in der jungen Gemeinde. Nach 1822 setzte in Neu-Ulm eine rege Bautätigkeit ein, die man in Offenhausen nicht gerne sah. Angesichts der rasch wachsenden Bevölkerungszahl Neu-Ulms fürchtete man in Offenhausen mit Recht, im Gemeindeausschuss überstimmt werden zu können. Schon 1827 beantragte Offenhausen beim Staatsministerium des Innern die Abtrennung von Neu-Ulm. Dem Antrag wurde am 14. März 1832 stattgegeben[50]. Seitdem waren Neu-Ulm und Offenhausen durch einen jeweils eigenen Gemeindevorstand und Gemeindeausschuss vertreten.

Reinhard Hauf ist zuzustimmen, wenn er schreibt, Neu-Ulm wäre *gewiß für das gesamte 19. Jahrhundert ein kleines Ackerbürgerstädtchen geblieben, wäre es nicht 1842 in den Ausbau Ulms als Bundesfestung einbezogen und damit zu einer bedeutenden bayerischen Garnisonsstadt ausgebaut worden*[51]. Der Bau der Bundesfestung trug also das Paradoxon in sich, dass er Ulm und Neu-Ulm wieder enger miteinander verband. Diese Feststellung spiegelt sich auch in der Neu-Ulmer Verwaltungsgeschichte wider. Neu-Ulm unterstand von Beginn an der Bezirksverwaltung des Oberdonaukreises bzw. ab 1838 der Kreisregierung von Schwaben und Neuburg mit Sitz in Augsburg. Der Beginn des Bundesfestungsbaus zog eine weitere Änderung der administrativen Situation nach sich: Nach der Auflösung des Neu-Ulmer Polizeikommissariats am 1. Oktober 1831 und der Zugehörigkeit zum Landgericht (Landkreis) Günzburg bis 1842 begann 1842 mit der Einrichtung eines eigenen Landgerichts (zunächst II. Klasse, 1852 Hochstufung zu einem Landgericht I. Klasse)[52] mit Sitz in Neu-Ulm die Entwicklung der Gemeinde hin zu einer Behördenstadt: *damit standen jetzt die beiden, im Jahre 1810 durch eine Staatsgrenze künstlich auseinander gerissenen Teile eines jahrhundertelang gewachsenen Organismus erstmals wieder zusammen. Dadurch wurde schließlich aber auch der Anstoß dazu gegeben, daß sich Neu-Ulm doch noch zu einer Stadt weiter entwickeln konnte* [...][53]. Der Neu-Ulmer Landrichter wurde von zwei Landgerichtsassessoren unterstützt.

Diese Entwicklung intensivierte sich 1862 mit der Errichtung des Bezirksamtes Neu-Ulm (also einer eigenständigen Landkreisverwaltung, der 1880 noch der Amtsbezirk Weißenhorn einverleibt wurde) und eines Notariats[54], mit der *Aufnahme unter die Zahl der Städte des Königreichs Bayern* am 29. September 1869, mit dem Neubau des erstmals 1854 angelegten Bahnhofs (1876), mit der Gründung der eigenen Realschule (1879/80) und mit der Erhebung zur der Kreisregierung unmittelbar untergeordneten Kreisstadt am 17. Februar 1891[55]. Die Erhebung zur Stadt war lange Jahre angestrebt worden, statt der Stadtrechte genehmigen man 1857 ein „Stadtwappen". Mit der Stadterhebung ging eine Änderung der Stadtverfassung einher. Zum 29. September 1869 installierte diese Stadtverfassung das kommunale „Zwei-Kammer-

---

[49] BUCK, Chronik Neu-Ulm, S. 95.
[50] HAUF, Von der Armenkasse, 35. Die Abtrennung wurde zum 1. Januar 1908 wieder rückgängig gemacht.
[51] HAUF, Von der Armenkasse, S. 35.
[52] Vgl. zur verwaltungsgeschichtlichen Entwicklung auch Anton H. KONRAD, Zwischen Alb und Donau - Der Landkreis Neu-Ulm, Weißenhorn 2002, sowie http://de.wikipedia.org/wiki/Landkreis_Neu-Ulm.
[53] SEITZ, Neu-Ulm (wie Anm. 47), S. 106.
[54] BUCK, Chronik Neu-Ulm, S. 42.
[55] Ferdinand ZENETTI, Neu-Ulm von den Anfängen bis 1918, in: TREU, Neu-Ulm, S. 111-227, hier S. 183.

System", das an die Stelle des Gemeindeausschusses den Magistrat (mit zunächst sechs Mitgliedern) und das Gemeindekollegium (mit zunächst 18 Mitgliedern) setzte – Gremien, die dem Gemeinderat und dem Bürgerausschuss im benachbarten Ulm entsprachen. 1919 trat mit der neuen bayerischen Kommunalverfassung der Stadtrat an die Stelle der beiden Gremien. 1876 entschloss man sich, den „rechtskundigen Bürgermeister" einzuführen.

Mit dem 1859 abgeschlossenen Bau der Bundesfestung kamen verschiedene militärische Einheiten nach Neu-Ulm, das sich langsam zur Garnisonsstadt entwickelte. Besondere Bedeutung gewann das Königlich Bayerische 12. Infanterie-Regiment „Prinz Arnulf"[56], das in Kempten/Allgäu stationiert war und dessen 1. Bataillon bereits im September 1858 nach Neu-Ulm kam. Von 1860 bis 1866 wurde die Kaserne der „Zwölfer" (Maximilianskaserne oder Friedenskaserne) gebaut. 1868 lag das ganze Regiment in Neu-Ulm, das sehr stolz auf die umgangssprachlich „Zwölfer" genannten Regimentsangehörigen war und die fortan das Stadtbild prägten. Neu-Ulm richtete sich wirtschaftlich sehr stark nach dem Militär aus und hatte nach dem Wegfall der Garnison nach 1919 mit großen strukturellen Problemen zu kämpfen, die aber um 1925 als bewältigt gelten konnten. Nach 1934 war Neu-Ulm wieder Garnisonsstadt, da das 45. Pionierbataillon in der neuen Reinhardt-Kaserne stationiert wurde, die an der Reuttier/Finninger Straße lag. 1936 wurde mit dem Bau der Ludendorff-Kaserne begonnen, in der Teile des 5. Artillerie-Regiments stationiert waren.

Neben dem Festungsbau war zweifellos die Anbindung Neu-Ulms an das Eisenbahnnetz maßgeblich für günstige Entwicklungsmöglichkeiten der Gemeinde. 1853 war Neu-Ulm Endpunkt der Bahnstrecke von Augsburg her, nach 1854 wurde die Strecke bis Ulm verlängert. 1862 erfolgte die Eröffnung der von Neu-Ulm über Illertissen und Kellmünz/Iller nach Memmingen führenden Illertalbahn. Von 1897 bis 1945 war Neu-Ulm durch eine elektrische Straßenbahn mit Ulm verbunden.

Die Bevölkerungsentwicklung Neu-Ulms[57] war seit den 1850er-Jahren durch die zahlreichen Mitglieder des Militärs und ihrer Angehörigen – zeitweise gehörte etwa die Hälfte der Einwohnerschaft diesem Personenkreis an – und nach 1946 wiederum durch das Militär – US-amerikanische Garnison – und die Heimatvertriebenen und Flüchtlinge geprägt. Zwischen 1939 und 1953 wuchs die Bevölkerung Neu-Ulms von 14.571 auf 19.294, wobei 20,9 Prozent (!) Heimatvertriebene und fünf Prozent „Ausländer" waren[58]. In den ersten Jahrzehnten hielten sich der evangelische und der katholische Bevölkerungsanteil in etwa die Waage, wobei zunächst die evangelischen Einwohner geringfügig in der Überzahl waren. 1840 wurden erstmals mehr Katholiken als Protestanten gezählt. Die Bevölkerungszahlen sprechen für sich:

Jahr	Einwohner
1832	349
1840	576
1849	984
1852	1.159
1861	4.810
1867	6.968 (davon 3.026 Militärpersonen)
1871	5.268
1875	7.049
1890	7.921
1900	9.215
1905	10.763 (nach der Eingemeindung Offenhausens 1909: 11.116)
1910	12.395
1925	11.919
1935	14.136
1943	15.747
1945	9.590
1950	15.357

---

[56] Vor 1879 hatte es zunächst den Beinamen „König Otto von Griechenland", nach 1870 den Namen „Königin Amalie von Griechenland" getragen.
[57] BUCK, Chronik Neu-Ulm, S. XXII f. – HAUF, Von der Armenkasse, S. 36.
[58] HAUF, Von der Armenkasse, S. 175.

1960	24.382
1968	27.366
1978	46.997
1992	52.530
2000	50.188
2008	52.866.

Einen wesentlichen und nachhaltigen Entwicklungsschub erlebte Neu-Ulm unter Bürgermeister Josef →Kollmann (1885-1919). Unter Kollmann gewann Neu-Ulm *den eigentlichen Charakter einer Stadt* (Ottmar Kollmann), seine Bodenpolilitik schuf die Grundlagen für eine moderne Stadtentwicklung. Neu-Ulm erwarb nicht nur Ulmer Grundstücke, sondern konnte 1906 die Fesseln des Festungsgürtels abstreifen, die bis dahin die Ausdehnung der Stadt unmöglich gemacht hatten und mit dem „Entfestigungsvertrag" Bauflächen mitten in der Stadt erwerben. Mit dem Bau des Wasserturms (1900) konnte die Wasserversorgung modernisiert werden. Die Industrie nahm einen ersten bedeutenden Aufschwung – unter anderem stehen dafür die Namen →Aicham und →Römer.

Ein wichtiges Zeichen für die Ausbildung eines städtischen Identitätsgefühls war die 1907 auf maßgebliches Betreiben des Neu-Ulmer Konditormeisters Gustav →Benz erfolgte Gründung des Historischen Vereins Neu-Ulm[59]. Nachdem geschichtsinteressierte Neu-Ulmer bisher vornehmlich im „Verein für Kunst und Altertum in Ulm und Oberschwaben" organisiert gewesen waren, konnte mit dem eigenen Verein der Impuls zur Erforschung der Region gegeben werden. Die Ergebnisse wurden in Form von Vorträgen und Veröffentlichungen („Aus dem Ulmer Winkel", seit 1995 „Geschichte im Landkreis Neu-Ulm") vorgestellt. Auch eine der wichtigsten Publikationen zur Erarbeitung dieses Lexikons stammt aus der Feder eines Mitglieds des Historischen Vereins Neu-Ulm, nämlich Edwin Teubers 2002 im Selbstverlag herausgebrachtes „Ortsfamilienbuch der Stadt Neu-Ulm (Bayern)".

Die Selbstständigkeit Neu-Ulms war wiederholt Anfechtungen ausgesetzt, da aus vornehmlich wirtschaftlichen Gründen von Ulmer Seite aus eine Vereinigung der „Schwesterstädte an der Donau" gefordert wurde. Viele Ulmer kauften wegen der geringeren Preise in Neu-Ulm ein, mieteten dort Wohnungen und erwarben Grundstücke und Immobilien. Diese Umstände sah man in Neu-Ulm vor allem in Krisen- und Notzeiten – so nach dem Ende des Ersten Weltkrieges, als viele Ulmer auf der rechten Donauseite regelrechte „Hamsterkäufe" durchführten – nicht gern. Sowohl Kollmann als auch sein Nachfolger Franz Josef →Nuißl (1919-1945) erteilten solchen Forderungen eine entschiedene Absage und versicherten sich dabei des Rückhalts der bayerischen Staatsregierung. Besonders in den 1920er-Jahren agierte Ulms Oberbürgermeister Dr. Emil →Schwammberger wiederholt nachdrücklich für die Vereinigung. Die persönlichen Beziehungen zwischen ihm und seinem Neu-Ulmer Amtskollegen Nuißl – ihm wurde 1927 der Titel eines Oberbürgermeisters verliehen – befanden sich deshalb Anfang der 1930er-Jahre auf einem absoluten Tiefpunkt. Auch Ulms NS-Oberbürgermeister Friedrich →Foerster setzte sich vehement über Jahre hinweg für eine Vereinigung ein, scheiterte aber ebenfalls an Nuißl. Nach 1949 gab es im Rahmen der Neugliederungsbestrebungen in der Bundesrepublik Deutschland wiederholt Pläne, Ulm und Neu-Ulm zu vereinen.

Anders als Schwammberger in Ulm konnte der Neu-Ulmer Oberbürgermeister Nuißl, obwohl vor allem von NS-Kreisleiter Hermann →Boch wiederholt angegriffen, auch während der gesamten NS-Zeit im Amt bleiben. 1940 verlor Neu-Ulm den Status als kreisfreie Stadt, gewann ihn jedoch schon am 1. April 1948 wieder zurück.

Der Zweite Weltkrieg hinterließ Neu-Ulm als schwer (zu rund 80 Prozent) zerstörte Stadt. Mehrere schwere Luftangriffe vernichteten die gesamte Innenstadt mit Rathaus, Landratsamt, Schlachthof, Bahnhof, Oberschule und Postamt. Zahlreiche Gebäude waren so schwer zerstört, dass sie nicht mehr nutzbar waren. Vor diesem Hintergrund wird verständlich, dass 1945/46 ernsthaft ein Plan des Leiters des Stadtbauamtes, Baurat Dipl.-Ing. Karl Ellenrieder, erörtert wurde, die Stadt von Grund auf neu anzulegen[60].

---

[59] Anton AUBELE, 90 Jahre Historischer Verein Neu-Ulm 1907-1997, in: Geschichte im Landkreis Neu-Ulm 3 (1997), S. 69-87
[60] Hildegard SANDER, Neu-Ulm 1945-1994, in: TREU, Neu-Ulm, S. 367-541, hier S. 380, 410 f.

Der Plan wurde verworfen, einige Elemente jedoch, wie die Grundlinien der Stadterweiterung, waren bestimmend für die folgenden Jahre und Jahrzehnte.

Am 25. April 1945 waren Einheiten der 3. US-Army in Neu-Ulm einmarschiert, hatten die Stadt und den Landkreis besetzt und eine Militärregierung installiert[61], die ihren Sitz allerdings in Weißenhorn hatte. Dem abgesetzten Neu-Ulmer Bürgermeister Nuißl folgten innerhalb von 16 Monaten fünf kommissarische Amtsinhaber, bis mit Walter A. →Müller im Herbst 1946 wieder eine gewisse Stetigkeit in der Führung der Stadtverwaltung einkehrte. Mit der Übernahme der Amtsgeschäfte des Oberbürgermeisters von Neu-Ulm durch Tassilo →Grimmeiß am 16. August 1948 kehrte Neu-Ulm zum Prinzip des rechtskundigen Stadtoberhauptes zurück. Nachdem am 27. Januar 1946 die ersten Stadtratswahlen stattgefunden hatten, erfolgte am 28. April 1946 die erste Wahl des Kreistags nach dem Kriegsende, am 30. Juni 1946 schließlich die Wahl zur Bayerischen Verfassunggebenden Landesversammlung.

Die für den Landkreis zuständige Spruchkammer mit Sitz in Weißenhorn nahm im Juli 1946 ihre Tätigkeit auf.

In der Zeit des „Wirtschaftswunders" blühte Neu-Ulm auf. Eine rege Bautätigkeit veränderte das Gesicht der Stadt, in der zahlreiche Heimatvertriebene ebenso Wohnungen benötigten wie neu zugezogene Menschen, die Arbeit suchten und fanden. Über Jahre hinweg war die Stadt eine einzige Baustelle. Die Fertigstellung des Rathausneubaus im Jahre 1954 führte zu einem gewissen Abschluss der ersten Aufbauphase.

Während der Amtszeit von Oberbürgermeister Tassilo Grimmeiß (1948-1961) – übrigens der erste der bis heute ungebrochenen Reihe von CSU-Mitgliedern als Oberbürgermeister von Neu-Ulm – wurde Neu-Ulm 1951 Sitz einer Garnison der US-Army. Die Reinhardt-Kaserne hieß fortan Nelson-Barracks, die Ludendorff-Kaserne Wiley-Barracks. Der Abzug der Garnison 1991 bot Neu-Ulm neue Chancen der Stadterweiterung, barg aber auch Risiken. Erneut litt das Wirtschaftsleben der Stadt unter dem Abzug einer Garnison – wie schon nach 1919. Unter Oberbürgermeister Dr. Peter →Biebl (1977-1995) erfolgte der Erwerb der 165 Hektar Fläche umfassenden einstigen Areale der US Army geräuschlos – die größte Grundstückstransaktion in der Geschichte der Stadt. So konnte langfristig in der Südstadt ein neuer „Stadtteil"[62] mit fast 8.000 Einwohnern entstehen.

Wesentliche Akzente wusste Oberbürgermeister Dr. Dietrich →Lang (1961-1977) zu setzen. Ungeachtet finanzieller Probleme trieb er das Projekt des Baus eines städtischen Kulturzentrums an der Donau mit Energie und Diplomatie voran. Das Edwin-Scharff-Haus konnte im Jahr seines Abschieds vom Amt des Oberbürgermeisters, 1977 eröffnet werden und ist seither „die gute Stube" der Stadt Neu-Ulm. Im darauf folgenden Jahr konnte das Edwin-Scharff-Museum seiner Bestimmung übergeben werden, mit dem Neu-Ulm nicht nur an einen seiner größten Söhne, den Künstler Edwin →Scharff, erinnert, sondern sich selbst einen wichtigen und identitätsstiftenden kulturellen Mittelpunkt gegeben hat.

Die bayerische Gebietsreform brachte für Neu-Ulm einige Veränderungen. So verlor die jetzige „Große Kreisstadt" am 1. Juli 1972 ihre Kreisfreiheit. Der Kreis Neu-Ulm hörte vorübergehend zu bestehen auf und wurde mit dem Kreis Illertissen zu einem „Großkreis" Illertissen vereinigt. Sowohl Illertissen als auch Weißenhorn beanspruchten, Sitz der Kreisverwaltung zu werden. In Neu-Ulm gab es dagegen heftigen Widerstand, der am 1. Mai 1973 dazu führte, dass als Sitz der Kreisverwaltung Neu-Ulm und als Name des Kreises „Neu-Ulm" festgelegt wurde.

Neu-Ulm besteht aus der „Kernstadt", Offenhausen, Schwaighofen (bis 1894 Riedhöfe genannt) und Ludwigsfeld. Schwaighofen und Ludwigsfeld waren nie selbstständig gewesen. Am 1. Juni 1972 erfolgte die Eingemeindung von Gerlenhofen, am 1. Juni 1975 von Finningen, am 1. Juli 1976 von Hausen mit Jedelhausen, am 1. Juni 1977 von Holzschwang, Reutti und Pfuhl mit den vorher zusammengeschlossenen Gemeinden Burlafingen und Steinheim[63]. Diese durchweg in der Amtszeit von Oberbürgermeister

[61] Arthur BENZ, Neu-Ulmer Chronik von 1945-1954, in: Friedrich LANZENSTIEL (Hg.), Neu-Ulm. Das neue Gesicht, Neu-Ulm 1954, S. 99-110.
[62] Offiziell zählt „Wiley" nicht als eigener Stadtteil Neu-Ulms.
[63] TREU, Neu-Ulm, S. 589-613.

Lang durchgeführten bzw. vorbereiteten Eingemeindungen brachten nicht nur eine beträchtliche städtische Gebietserweiterung und Steigerung der Einwohnerzahl um nahezu 80 Prozent mit sich, sondern auch Schwierigkeiten der Integration. Alle Stadtteile konnten auf eine erheblich längere Geschichte zurückblicken als Neu-Ulm und waren traditionell ländlich geprägt. Eine homogene gesamtstädtische Identität war vor diesem Hintergrund nur schwer herzustellen.

1966 wurde die erste Städtepartnerschaft mit Bois-Colombes (Département Hauts-de-Seine, Frankreich) geschlossen, gefolgt von den Partnerschaften mit Meiningen in Thüringen (damals noch Bezirk Suhl, DDR) 1988 und mit Trissino (Provinz Vicenza, Region Venetien, Italien) 1990.

Ungeachtet aller gelegentlichen Verstimmungen und Irritationen, die für die gemeinsame Geschichte von Ulm und Neu-Ulm kennzeichnend waren, gab es auch große Fortschritte. Als historisch wird man den Städtevertrag vom 15. Januar 1971 bezeichnen dürfen. Es begann *eine neue Epoche*, die davon geprägt sein sollte, dass man sich gegenseitig besser informierte und insgesamt besser zusammenarbeiten wollte. Die Donau als Grenzfluss sollte nicht Trennlinie, sondern Bindeglied sein[64]. Der Städtevertrag erfuhr seine Fortentwicklung mit der Gründung eines gemeinsamen Stadtentwicklungsverbandes zum 1. Januar 2000, dessen Ziel es vor allem sein sollte, die heftige Konkurrenz der Städte bei der Ansiedlung von Unternehmen wenn nicht zu beenden, so doch wesentlich einzuschränken[65]. Ulms Oberbürgermeister Ivo Gönner und Neu-Ulms Oberbürgermeisterin Dr. Beate Merk (1995-2003), heute Bayerische Staatsministerin der Justiz, machten die Städte damit „fit" für das 21. Jahrhundert.

1980 richteten Ulm und Neu-Ulm die erste Landesgartenschau, die sogar länderübergreifend war, aus.
2008 richtete Neu-Ulm die bayerische Landesgartenschau aus.
1981 setzte Oberbürgermeister Dr. Biebl gemeinsam mit Ulms Oberbürgermeister Dr. Hans →Lorenser die Gründung der gemeinsamen Stadtwerke Ulm/Neu-Ulm gegen zum Teil große Widerstände durch und setzte damit einen wichtigen Meilenstein in der Geschichte beider Donaustädte.

Gegenwärtig befindet sich Neu-Ulm (unter Oberbürgermeister Gerold Noerenberg, seit 2004) wieder in einer Phase rapiden städtebaulichen Wandels. Im Herbst 2007 konnte der umgebaute und unter die Erde verlegte Bahnhof im Rahmen des Projekts „Neu-Ulm 21" in Betrieb genommen werden.

Neu-Ulm zeigte im Laufe seiner noch vergleichsweise jungen Geschichte wiederholt, dass es auch und gerade in schwierigen Situationen Chancen zu entwickeln und zu ergreifen weiß. Dieser Befund erweist die Zukunftsfähigkeit eines Gemeinwesens, das auf der rechten Donauseite und „im Schatten des Münsters" einen eigenen Weg beschritten hat und diesen weiterhin zu verfolgen gedenkt.

---

[64] LOERKE, Grenzgeschichten (wie Anm. 1), S. 57-59.
[65] Ebd., S. 92-95.

Zu diesem Buch

Das Interesse an Lebensbeschreibungen und den unterschiedlichen Lebenswegen in der biografischen Aufarbeitung von Persönlichkeiten der Geschichte ist in den vergangenen zwei Jahrzehnten kontinuierlich gestiegen. Wie entsprechende Erfahrungen zeigen, kommt der regionalen und kommunalen biografischen Forschung dabei eine besondere Bedeutung zu. Denn gerade in den Gemeinden, Städten und Regionen gibt es offenbar einen großen Informationsbedarf an biografischen Daten zu Personen aus dem privaten und öffentlichen Umfeld, nicht zuletzt auch als Quelle von Identifikation und Identität. Im konkreten Bezugsrahmen finden biografische Publikationen daher große Resonanz.

Gerade in jüngerer und jüngster Zeit haben z. T. groß angelegte Projekte wie das „Augsburger Stadtlexikon", das freilich darüber hinaus auch über Institutionen, Ereignisse und unter Sachstichworten informiert, den Blick darauf gelenkt, dass sich mittlerweile zahlreiche deutsche Städte mit der Geschichte von Persönlichkeiten auseinandersetzen, die in irgendeiner Weise in Bezug zu ihnen standen oder stehen. Ohne damit eine Wertung vorzunehmen, sei diesbezüglich und nur bezogen auf den süddeutschen Raum auf Augsburg, Heidenheim, Heilbronn, Nürnberg, Passau, Regensburg und Stuttgart hingewiesen.

Schon bei diesen wenigen Beispielen fällt auf, wie unterschiedlich die Werke angelegt, bearbeitet und ausgeführt sind. Die vom Stadtarchiv Heilbronn herausgegebene Reihe „Heilbronner Köpfe" – mittlerweile sind fünf Bände erschienen – bietet „Lebensbilder aus [den letzten] zwei Jahrhunderten" und orientiert sich am essayistischen Stil der von der Kommission für geschichtliche Landeskunde in Baden-Württemberg (Stuttgart) herausgegebenen Reihe „Lebensbilder aus Baden-Württemberg". Zu jeder Persönlichkeit gibt es ein Bild und im Anhang die wichtigste Literatur. Der von Franz Mader erarbeitete und 1995 vorgelegte Band „Tausend Passauer. Biographisches Lexikon zu Passaus Stadtgeschichte" wählt die lexikalische Form, die auch optisch im zweispaltigen Druck augenfällig wird, und handelt pro Seite zwischen zwei und sieben (!) Persönlichkeiten ab, wobei – soweit vorhanden – Literatur und in einigen Fällen auch Abbildungen geboten werden. Beiden Publikationen gemeinsam ist der Verzicht auf eine Begründung der Auswahl der angeführten Biografien.

Die Erarbeitung des vorliegenden Biografischen Lexikons – des ersten städteübergreifenden und zugleich -verbindenden Biografien-Projekts in Deutschland in dieser Form – sah sich vor konzeptionelle Probleme gestellt. Es ging darum, eine möglichst repräsentative Auswahl von Persönlichkeiten zusammenzustellen, die mit der Stadtgeschichte Ulms und Neu-Ulms in unterschiedlicher und auch unterschiedlich intensiver Weise in Verbindung stehen und aus möglichst allen Bereichen des städtischen Lebens rechts und links der Donau kommend in den zurückliegenden gut 200 Jahren diese mitgestalteten oder von ihr beeinflusst wurden.

Ungeachtet der Tatsache, dass sich aus sehr vielen Biografien eine enge Verzahnung zwischen Ulm und Neu-Ulm ersehen lässt, lag der Arbeit ein „Verteilungsschlüssel" zugrunde: Ulm ist mit zwei Dritteln, Neu-Ulm mit einem Drittel der Personenartikel vertreten. Der zeitliche Rahmen orientiert sich an den bedeutenden historischen Wegmarken von 1802, als Ulm seine Reichsunmittelbarkeit verlor und eine bayerische Landstadt wurde, und von 1810, als Ulm an das Königreich Württemberg fiel, die Donau zur Grenze zwischen Bayern und Württemberg wurde und in der Folge auf dem rechten Donauufer das bayerische Neu-Ulm entstand.
Da in zahlreichen Fällen auch die Großeltern und/oder Ehepartner mit Daten aufgeführt werden, spannt sich der zeitliche Bogen über ca. 350 Jahre, d. h. von der Zeit am Ende des Dreißigjährigen Krieges bis in die Gegenwart.
Die geografische Begrenzung für den Band ist das Ulmer und Neu-Ulmer Stadtgebiet (Stand 2009).

Zur Aufnahme prinzipiell berechtigt waren Persönlichkeiten, die in Ulm und Neu-Ulm geboren und/oder gestorben sind und für die Stadt und/oder die Region oder außerhalb ihrer engeren Heimat Bedeutung erlangt haben. Darüber hinaus fanden auch Persönlichkeiten Berücksichtigung, die von „außen" kamen, aber in Ulm und Neu-Ulm einen Teil ihres Lebens (ohne zeitliche Einschränkung) verbracht und sich aufgrund ihrer Leistungen in die Geschichte von Stadt und Region eingeschrieben haben oder später andernorts Bedeutung erlangt haben. Als Beispiele seien der Theologe Gerhard von Rad oder der Beamte und spätere Widerstandskämpfer Franz Sperr, die beide zu Beginn ihrer Laufbahn in Neu-Ulm wirkten, genannt. Weiterhin fanden nur verstorbene Persönlichkeiten Aufnahme. Im Rahmen der Möglichkeiten der historischen Vorgaben wurde versucht, weibliche Persönlichkeiten angemessen zu berücksichtigen. Dass zahlenmäßige Parität zu den männlichen Persönlichkeiten nicht erreichbar sein würde, war von vornherein deutlich.

Das „Biografische Lexikon" versteht sich als wissenschaftlichen Prinzipien verpflichtete Fortschreibung der Arbeiten Albrecht Weyermanns. Es stellt einen repräsentativen Querschnitt von Ulmer und Neu-Ulmer Persönlichkeiten aus allen Bereichen des öffentlichen Lebens – Politik, Verwaltung, Wirtschaft, Militär, Kultur, Wissenschaft, Literatur, Kirche, Musik, Architektur, Schulwesen, Soziales, Sport und Vereinswesen – vor und versucht damit, eine von beiden Städten empfundene Lücke der lokalen Geschichtsforschung auszufüllen. Es geht a u c h , aber nicht a u s s c h l i e ß l i c h um die Würdigung der Lebensleistung der Persönlichkeiten. Daneben war ein Ziel des Projekts, bei Beachtung des vorgegebenen Umfangs, auch Lebensläufe zu dokumentieren, in denen die als große Leistungen gesehenen Taten fehlen, sondern vielmehr „Durchschnitts-Menschen" sichtbar werden. In einzelnen Fällen finden auch Persönlichkeiten Aufnahme, durch deren Vita zeitgenössische typische Erscheinungen und Spezifika beispielhaft gezeigt werden, wie etwa bei den Neu-Ulmern Johann Baur und Ludwig Hepperle. Vertreten sind auch sogenannte „Originale" wie etwa der Ulmer „Krettaweber". Den Lesern von Texten zur Ulmer und Neu-Ulmer Stadtgeschichte soll nicht zuletzt mit vorliegendem Werk ein personengeschichtliches Referenz-Handbuch zur Verfügung gestellt werden, mit dessen Hilfe die eindeutige Zuordnung von Namen und Personen erheblich erleichtert wird.

Da sich der prinzipiell sehr große Kreis zur Aufnahme geeigneter Personen nicht eindeutig eingrenzen ließ, ergab sich angesichts der bestehenden Umfangsbeschränkung für ein im Wortsinne noch „handhabbares" Buch der Zwang zur Auswahl.

Da der Verfasser im Laufe seiner Recherchen weit mehr Material zusammengetragen hatte, als sich im biografischen Hauptteil abbilden ließ, wurde als zusätzliches Angebot für die Leser der Teil „Biografische Skizzen" konzipiert. Er enthält Basisdaten zu rund 1.750 Persönlichkeiten, deren Lebensweg mit Ulm oder Neu-Ulm in Bezug stand und die in biografischen Indices, Lexika oder anderen Nachschlagewerken Berücksichtigung fanden. Die vom Verfasser vorgenommene systematische Begehung der Friedhöfe Ulms und Neu-Ulms erbrachte hier übrigens in einigen Fällen zusätzliche Informationen, in nicht wenigen Einzelfällen konnten Korrekturen vorgenommen werden. Der Bezug zu Personen im biografischen Hauptteil ist durch das Verweispfeil-System (→ bzw. →*) hergestellt.

Das zweigliedrige Register dient der Erschließung des Gesamtwerkes und ermöglicht dem Leser die rasche, gezielte Suche nach bestimmten Personen und Orten.

Zum Aufbau der Biografien

Angesichts der „Breitenwirkung", aber auch der „Langzeitwirkung" der Publikation war es notwendig, wissenschaftlich fundierte Biografien anzubieten. Bei deren Gestaltung wurde im Wesentlichen auf die Gestaltungsprinzipien der von Prof. Dr. Bernd Ottnad im Auftrag der Kommission für geschichtliche Landeskunde in Baden-Württemberg (Stuttgart) herausgegebenen „Badischen Biographien" und „Baden-Württembergischen Biographien", auf jene des von Frank Raberg selbst bearbeiteten „Biographischen Handbuchs der württembergischen Landtagsabgeordneten 1815-1933" (Stuttgart 2001) sowie auf die formalen Prinzipien der „Neuen Deutschen Biographie" (Historische Kommission bei der Bayerischen Akademie der Wissenschaften) zurückgegriffen.

Demnach stellt sich der Aufbau der Einzelbiografie wie folgt dar:

1. Die Einrichtung des Kopfregests orientiert sich an den Vorgaben genealogischer Forschung. d. h.
   a) Familienname (fett),
   b) Vorname(n), wobei der gebräuchliche und sicher festgestellte Vorname (ggfs. mit üblichen Koseformen) *kursiv* erscheint,
   c) Geburtsort,
   d) Geburtstag (in folgender, an der wissenschaftlichen Genealogie orientierten Form: Ulm 11. April 1797),
   e) Sterbeort und Sterbetag,
   f) Konfession,
   g) Hinweis auf Grabstelle.
2. Im „genealogischen Teil" werden – idealiter – Namen und Daten der Eltern (wiederholt auch von deren Eltern), der Geschwister (wiederholt auch von deren Ehepartnern), der/des Ehefrau/-mannes bzw. der Ehefrauen/-männer (wiederholt auch von deren Eltern) und der Kinder (wiederholt auch von deren Ehepartnern und deren Eltern) geboten. Verwandtschaftliche Bindungen zu bekannten Persönlichkeiten sind ausgewiesen. In diesem Teil erscheinen die Monatsangaben mit römischen Ziffern, also von I. für Januar bis XII. für Dezember.
3. Im „Vitentext" erfolgt in narrativer Form die Darlegung der wichtigsten biografischen Stationen, wobei der Bezug zu Ulm/Neu-Ulm im Vordergrund steht.
4. Abschließend weist ein Quellenapparat die archivalischen (unter Q) und literarischen Fundstellen (unter L, nach Erscheinungsjahr, nicht alphabetisch nach Autorennamen, geordnet) nach, auf welchen die Erarbeitung der jeweiligen Biografie beruht. Bei den Literaturangaben werden zunächst die Einträge in überregionalen Verzeichnissen wie DBA und DBI sowie bei Ihme genannt, am Ende steht, wenn vorhanden, der Hinweis auf einen Eintrag im Internetlexikon „Wikipedia". War die biografierte Persönlichkeit schriftstellerisch tätig, finden sich Hinweise zum Werk (unter W), soweit nicht im „Vitentext" genannt, unter W. Auch in diesem Teil erscheinen, wie unter 2., die Monatsangaben mit römischen Ziffern. Der Quellenapparat enthält auch Hinweise auf Abbildungen der Persönlichkeit in Druckwerken.
5. Folgende Zeichen werden durchweg in den Biografien verwendet:
   *   geboren
   †   gestorben
   *† geboren und gestorben im gleichen Jahr
   ☐ bestattet
   ∞ verheiratet
   → verweist auf den Namen einer ebenfalls im Hauptteil mit einer eigenen Biografie angeführten Persönlichkeit
   →* verweist auf den Namen einer im Anhang „Biografische Skizzen" mit einem Eintrag angeführten Persönlichkeit.

Danksagung

Die angenehmste Pflicht des Verfassers ist es, den Dank an die Menschen auszusprechen, ohne die das Werk in der vorliegenden Form nicht hätte fertiggestellt werden können. Die Bearbeitung eines personengeschichtlichen Lexikons ist ohne die Hilfe und Unterstützung zahlreicher Institutionen und Einzelpersonen nicht möglich. An erster Stelle sind die Stadtarchive Ulm und Neu-Ulm mit ihren Leitern Prof. Dr. Michael Wettengel (Ulm) und Barbara Treu bzw. ab Anfang 2006 Janet Loos M. A. zu nennen. Sie schufen großzügige Arbeitsbedingungen und lieferten darüber hinaus zahlreiche Hinweise und Anregungen, die in die Arbeit eingeflossen sind. Der Verfasser hat der außergewöhnlich tatkräftigen und engagierten Unterstützung der Mitarbeiterinnen und Mitarbeiter der Stadtarchive Ulm und Neu-Ulm, besonders bei den umfangreichen Recherche- und Korrekturarbeiten, sehr viel zu verdanken. Ohne sie wäre die Fertigstellung des Unternehmens nicht gelungen.

Herr Prof. Dr. Michael Wettengel und Barbara Treu haben sich lange vor dem offiziellen Beginn der Arbeiten für das Projekt eingesetzt, dafür geworben und es letztlich ermöglicht. Ohne diesen Einsatz hätte sich das „Biografische Lexikon" nicht realisieren lassen. Dafür Dank zu sagen, ist dem Verfasser ein Bedürfnis. Ein großer Dank gebührt dem Gemeinderat der Stadt Ulm und dem Stadtrat der Stadt Neu-Ulm und den Oberbürgermeistern beider Städte, Ivo Gönner und Gerold Noerenberg, für die Bereitstellung der Finanzmittel zur Durchführung des Projekts in finanziell angespannten Zeiten. Stetiger Unterstützung und Ermunterung durfte der Bearbeiter von Seiten von Herrn Dr. Gebhard Weig, dem ehemaligen stv. Leiter des Stadtarchivs Ulm, sicher sein, der den Fortgang des Projekts auch nach seiner Pensionierung weiterhin intensiv begleitet und von Anfang an dessen Notwendigkeit befürwortet hat. Dr. Weigs Nachfolgerin im Stadtarchiv Ulm, Frau Dr. Gudrun Litz, hat sich weit über das „normale Maß" für das Projekt engagiert und besonders bei der Korrekturarbeit, aber auch im organisatorischen Bereich eingesetzt.

Neben den Mitarbeiterinnen und Mitarbeitern
der Süddeutschen Verlagsgesellschaft (besonders die Herren Udo Vogt, Herbert Arnegger, Lutz Kneisel und Manfred Liebler),
der Württ. Landesbibliothek Stuttgart,
des Archivs des Bistums Augsburg und
des Landeskirchlichen Archivs der Evangelisch-Lutherischen Kirche in Bayern (Nürnberg)

gebührt besonderer Dank

Wolfgang Adler, Stadtarchiv Ulm
Jürgen Aicham, Neu-Ulm
Thilde Battran, Ulm
Bettina Bodenberger, Stadtarchiv Neu-Ulm
Lora Brehm, Stadtarchiv Neu-Ulm
Horst Gaiser, Neu-Ulm
Dipl.-Ing. Dr. phil Werner Gebhardt, Esslingen-Berkheim
Konrad Geiger, Neu-Ulm
Matthias Grotz, Stadtarchiv Ulm
Joachim Lilla, Krefeld
Dr. Henning Petershagen, Ulm
Günther Sanwald, Ulm
Sabine Schmidt, Stadtarchiv Ulm
Dr. Uwe Schmidt, Ulm
Ilse Schulz (†), Ulm
Ulrich Seemüller, Stadtarchiv Ulm
Ruth und Hermann Tafel, Stuttgart
Dr. Uta Wittich, Ulm
Nadja Wollinsky, Stadtarchiv Ulm.

Ein besonderer Dank gilt meiner Frau Sybille. Sie hat nicht nur über mehrere Jahre mit gelassener Nonchalance ertragen, dass sich eine große Anzahl verstorbener Ulmer und Neu-Ulmer Persönlichkeiten in den Mittelpunkt meines Interesses drängte, sondern auch wiederholt Formulierungs- und Verbesserungsvorschläge beigesteuert – und das gesamte Manuskript mit nicht nachlassendem Interesse gelesen.

Ungeachtet aller genossenen Unterstützung gilt selbstverständlich: Fehler und Unklarheiten in vorliegendem Lexikon gehen ausschließlich auf das Konto des Verfassers. Korrekturen und Ergänzungen aus dem Leserkreis sind willkommen und können bei den Stadtarchiven Ulm und Neu-Ulm gemeldet werden.

Frank Raberg, März 2010

Abele, Johann Martin von, Dr. iur. utr., * Darmstadt (nicht Ulm!) 31. März 1753, † Ulm 2. (nicht 12. oder 13.!) Sept. 1805, □ ebd., Alter Friedhof, 4. Sept. 1805, ev.

Vater Albrecht Ludwig Abele[1], * Ulm 26. V. 1724, † ebd. 1. III. 1778, Webersohn aus Ulm, 1748 Kantor in Worms, 1752 dsgl. in Darmstadt und Präzeptor des Fürstlichen Pädagogiums, 1761 Succentor und Lehrer der I. Klasse am Gymnasium in Ulm, 1762 Kantor ebd.

Mutter Maria Catharina Schöner.

∞ 8. X. 1780 Regina Rosina Neubronner, * 1760, T. d. Matthäus Philipp Neubronner[2], * Ulm 24. XI. 1714, † Kempten 5. V. 1785, Kaufmann und seit 1778 Bürgermeister in Kempten, u. d. Regina Rosina Engler.

14 K, davon 9 † früh, darunter Maria Elisabetha von Abele, ∞ Dr. Lunz in Kempten; Maria Katharina von Abele; Albertina Louise von Abele; Johannes von Abele, stud. iur. in Würzburg; Maximilian Joseph von Abele, * 1804.

Der aus ulmischer Familie stammende A. füllte in der ersten Zeit der bayer. Herrschaft wichtige Ämter in Ulm aus.

Seit 1761 in Ulm lebend, wo sein aus Ulm stammender, aber zuvor in Worms bzw. Darmstadt als Geistlicher und Lehrer wirkender Vater eine Anstellung am Gymnasium gefunden hatte, erwies sich A., der unter die Schüler des Gymnasiums in der Barfüßerkirche aufgenommen wurde, als hochbegabter Schüler. Er erhielt mehrere Preise. Seit 1768/69 besuchte A. die öffentlichen Vorlesungen am dortigen Gymnasium. 1773 begann er sein Jurastudium in Tübingen, das ihn 1776 auch an die Universität in Göttingen führte. A. eignete sich besonders in der juristischen Literatur große Kenntnisse an, die ihn dazu befähigten, die Ordnungsarbeiten der umfangreichen Deductions-Sammlung für die Universitätsbibliothek durchzuführen. Daneben erteilte A. noch während des Studiums jüngeren Studenten Privatunterricht. Während des Studiums begann A. auch seine umfassende Wirksamkeit als Publizist, wozu neben zahlreichen selbstständigen Veröffentlichungen auch die Mitarbeit am „Magazin für Kirchen-Recht und Kirchen-Geschichte" gehörte, das von A.s Freund, dem Ulmer Professor und Münsterprediger Johannes Kern[3] (1756-1801), herausgegeben wurde. Er publizierte im Sinne der politischen Bildung seiner Zeit vornehmlich zu staatsrechtlichen Fragen.

Nachdem er 1778 promoviert worden war, trat er im März 1779 als Syndikus und Gesandter des Schwäb. Kreises in die Dienste der Reichsstadt Kempten im Allgäu. A. erwies sich als geschickter Verhandlungsführer mit großen diplomatischen Fähigkeiten und war als Kapazität in Rechtsfragen weit über Kempten hinaus gefragt. Verschiedene Fürsten und Grafen konsultierten ihn in schwierigen Rechtsfragen. Für seine Verdienste wurde A. 1791 zum Ksl. Pfalzgrafen [sic!] ernannt und zugleich der aus dem Jahre 1547 von Kaiser Karl V. seinen Vorfahren verliehene Adel von Kaiser Leopold II. erneuert. 1799 zum Fürstlich Oettingen-Wallerstein´schen Hofrat erhoben, kam er nach dem Ende der Reichsstadt Kempten am 30. Jan. (andere Quellen: Juni) 1803 als Regierungsrat zur neugebildeten Kurfürstlich Bayerisch-Pfälzischen provisorischen Regierung in Kempten.

Doch schon im Juli 1803 avancierte A. zum Direktor der ersten Sektion der ersten Deputation der neu gebildeten Landesdirektion Schwaben in Ulm, am 13. März 1804 erfolgte seine Berufung zum Direktor der protestantischen Konsistorial-Sektion in Ulm, die für die evangelischen Pfarreien der neu an Bayern gefallenen Reichsstädte und der anderen neuen Gebiete zuständig war und ihren Sitz im Neuen Bau in Ulm hatte. In Ulm lebte A. mit seiner Familie im Haus des Kaufmanns Johann Heinrich →Miller. A., der schon schwer krank nach Ulm gekommen war, starb jedoch schon eineinhalb Jahre später im Alter von 52 Jahren an einem Herzleiden. In seinen letzten Jahren war er einer der ranghöchsten bayer. Beamten in Ulm.

A. ist nicht zu verwechseln mit dem zeitgleich in Ulm wirkenden Oberpolizeidirektor Carl Johann Joseph (von) Abele

[1] WEYERMANN I, S. 11 ff.
[2] WEYERMANN II, S. 363 f.
[3] APPENZELLER, Münsterprediger, S. 413-418, Nr. 129.

(1770-1835), der sich um 1805 u. a. Verdienste um die Nachtbeleuchtung Ulms erwarb.

Q StadtA Ulm, G 2 alt (gedruckte Grabrede des Professors Gustav Veesenmeyer).

W Nüzlich und auf alle fast erdenkliche Fälle eingerichtete Briefe, Tübingen 1774 – De iure ca. sacra Nobilitatis Imperii Immediatae, Göttingen 1778 – De eo, quod iustum est ca. Matrimonia speciatim secundum Statuta Hamburgensia, Göttingen 1779 – De Nexu inter Magistratum et Cives civitatum Imperii, Göttingen 1779 – Robertsons Geschichte Kaiser Karl V. mit Anmerkungen hg., 3 Theile, Kempten 1781-1784 – Wilhelm Thomas Raynals philosophische und politische Geschichte der Besizungen und Handlungen der Europäer in beiden Indien, nach der neuesten Ausgabe übersezt und mit Anmerkungen versehen, 10 Bände, samt einem Band Tabellen, Kempten 1783-1788 – Johann Ulrich von Cramers akademische Reden über die gemeine und bürgerliche Rechtslehre, durchgesehen und verbessert, 2 Bände, Ulm 1782-1784 – Ueber Deutschland, Trauer, Reichsvikarien, Wahltag, Wahlkapitulation, Krönung, Gerechtsame des deutschen Kaisers, für die, welche die Staatsverfassung ihres Vaterlandes näher kennen lernen wollen, aus den besten Quellen geschöpft und erläutert, Kempten-Leipzig 1790.

L WEYERMANN I, S. 12 ff. – GRADMANN, Das gelehrte Schwaben, S. 5-8 – SCHULTES, Chronik, S. 384 – UBC 1, S. 381 – NEBINGER, Die ev. Prälaten, S. 565.

Ableiter, Johann *Leonhard* (von), Dr. phil., * Heidenheim/Brenz 30. Nov. 1844, † Stuttgart 11. Juni 1921, ev.

Vater Johann Leonhard Ableiter, Waffenschmied und Pfarrgemeinderat in Heidenheim/Brenz.

Mutter Katharina Margarethe Fischer.

∞ Stuttgart 2. III. 1878 *Charlotte* Mathilde Elben, * Stuttgart 4. VI. 1854, † Winterbach/Krs. Schorndorf 9. XII. 1934, T. d. Christian Leopold *Eduard* Elben, * Stuttgart 12. IX. 1825, † 9. VIII. 1902, Rechtskonsulent und Redakteur des "Schwäb. Merkur" in Stuttgart, u. d. Mathilde, geb. Elben, * Reutlingen 28. IX. 1830, † Stuttgart 11. X. 1899.

8 K Eduard Ableiter, * Ulm 5. X. 1881, † bei Bezelare 31. X. 1914 Kgl. Württ. Oberleutnant und Regimentsadjutant, ∞ Stuttgart 7. V. 1907 Josephine Schmidt, * Stuttgart 7. VIII. 1896; *Rudolf* Eberhard Ableiter, * Ulm 7. IV. 1883, Hauptmann in Ellwangen/Jagst, Major a. D., ∞ Klein-Kolgin bei Danzig 20. X. 1908 Margarete Mix, * Gorken bei Marienwerder 18. V. 1889; *Heinrich* Otto Ableiter, Kaufmann, * Ulm 24. XII. 1885, † ca. X. 1908; Hedwig Ableiter, * Ulm 24. XII. 1885, † Ulm 24. IX. 1887, Zwilling zum Vorgenannten; Elisabeth Ableiter, * Schwäbisch Hall 2. III. 1888; Manfred Ableiter, * Stuttgart 9. IX. 1891, † ca. 9. XII. 1893; Irmgard Ableiter, * Stuttgart 24. VI. 1894, † ebd. 25. IV. 1896; Tusnelde Ableiter, * Stuttgart 24. VI. 1894, † ebd. 28. VI. 1894, Zwilling zur Vorgenannten.

A. zählt zu den bedeutenden „Schulmännern" in der Geschichte Württembergs. In den fünf Jahren seiner Dienstzeit in Ulm erhielt er nicht nur wichtige Impulse für seine spätere Arbeit, auch vier seiner Kinder kamen in der Donaustadt zur Welt.

Nach dem Besuch der Volks- und der Lateinschule in Heidenheim bestand A. das Landexamen und war von 1858 bis 1862 Zögling am ev.-theol.-Seminar Urach, wo sich seine starke Neigung zum Studium des Hebräischen ausbildete. 1862 nahm er als „Stiftler" das theologische und philosophische Studium in Tübingen auf, wo er der neu gegründeten Burschenschaft Normannia beitrat. Zwischen den beiden theol. Dienstprüfungen (1866 und 1869) lag die übliche Verwendung auf geistlichen und Lehramtsstellen, ehe er 1869 als Stiftsrepetent nach Tübingen zurückkehrte. 1867 war er promoviert worden. 1872 übernahm er, wie sein Freund Hermann →Knapp, eine Stelle als Oberlehrer (Professor) für alte Sprachen, Hebräisch und Religion am Gymnasium Buchsweiler im neuen Reichsland Elsass-Lothringen, wohin ihn nicht zuletzt seine nationale Begeisterung führte. Diese kühlte angesichts der Verhältnisse vor Ort rasch ab und veranlasste A. 1875 zur Erstehung der altsprachlichen Professoratsprüfung, die ihm den Weg in den Gymnasialdienst in der Heimat offenhielt. Zum 1. Jan. 1878 übernahm er seine neue Stellung als Professor an der oberen Abteilung des Kgl. Gymnasiums Ulm, einer Stadt, *die groß genug war, um jedem ein Leben nach seinem Sinn zu ermöglichen, und doch klein genug für ein behagliches Eigenleben* (HERZOG). Es waren glückliche Jahre für A., der sich in Ulm wohlfühlte, aber nach weiterem Aufstieg strebte. 1883 avancierte er zum Professor am Karlsgymnasium Heilbronn/Neckar und war zugleich Ephorus des Pensionats ebd. 1887 wechselte er als Rektor an das Gymnasium Schwäbisch Hall, 1889 Oberstudienrat. Im gleichen Jahr trat er als o. Mitglied der Abt. für Gelehrten- und Realschulen im Ministerium des Kirchen- und Schulwesens in die Schulverwaltung über. 1901 erfolgte die Verleihung des Ranges auf der V. Stufe und des Titels Oberrat, 1905 die Ernennung zum Direktor der Ministerialabteilung für die höheren Schulen im Württ. Ministerium des Kirchen- u. Schulwesens. Von 1905 bis 1918 war A. Mitglied der Reichsschulkommission; wiederholt reiste er als Prüfungskommissär zu den deutschen Auslandsschulen in Konstantinopel, Rom, Genua und Mailand. 1914 verlieh ihm König Wilhelm II. für sein Amt den Rang eines Präsidenten auf der III. Stufe der Rangordnung. 1918 erfolgte unter Verleihung des Kommenturkreuzes der Württ. Kronordens A.s Versetzung in den Ruhestand. – 1889 Silberne Jubiläumsmedaille, 1892 Ritterkreuz I. Kl. des Friedrichsordens, 1902 Ritterkreuz des Württ. Kronordens, 1906 Ehrenkreuz des Württ. Kronordens, 1907 Kgl. Preuß. Kronorden II. Kl., 1910 Kommenturkreuz II. Kl. des Friedrichsordens.

L   Ih 1, S. 2 – CRAMER, Württembergs Lehranstalten ⁶1911, S. 31 – Magisterbuch 34 (1907), S. 91 f. – ebd. 38 (1920), S. 78 – WN 1920/21, S. 188-194 (Sigmund HERZOG) – SCHIMPF, Stammtafeln Feuerlein, S. 62 – SCHMIDGALL, Burschenschafterlisten, S. 164, Nr. 182 – LEUBE, Tübinger Stift, S. 710.

Adam, *Albert* Christian *Eugen* (von), Dr. iur., * Ulm 17. Nov. 1855, † Stuttgart 13. März 1921, □ ebd., Pragfriedhof, ev.
Eltern und G siehe Philipp Ludwig →Adam, Dr. phil., MdL.
∞ Esslingen 17. V. 1886 *Anna* Carolina Sofia Lamparter, * 12. X. 1864, † Stuttgart 12. VII. 1946, T. d. Lamparter, Amtsrichter in Stuttgart.
4 K   Helmut Adam, * 25. VI. 1887, † Stuttgart 8. II. 1977, Landgerichtsrat, ∞ Clara Schaeffer, * 23. VIII. 1888, † 3. VI. 1971; Rudolf Adam, * 23. XI. 1889, † 4. VIII. 1896; Ilse Adam, * Stuttgart 22. IV. 1893, ∞ Stuttgart 11. X. 1917 Rudolf Klett, * Stuttgart 18. X. 1889, Rittmeister; Kurt Eugen Adam, * 8. VII. 1897, † 24. I. 1973, Generalmajor.

Der Sohn des bedeutenden Ulmer Honoratioren und Politikers Philipp Ludwig →Adam bewarb sich nach Beendigung seines Jurastudiums in Tübingen mit Erfolg um eine Stelle im Dienst des Landtags in Stuttgart. Seit 1879 (Diensttantritt 10. Jan. 1880), zunächst provisorisch angestellt, war A. als Hilfsarbeiter beim Ständischen Archiv in Stuttgart tätig. Am 15. April 1891 zum ständischen Archivar gewählt (Feb. 1895 Titel und Rang Regierungsrat, Feb. 1902 Titel und Rang Oberregierungsrat), seit 1897 zugleich ständischer Bibliothekar, Feb. 1918 Titel und Rang Regierungsdirektor. Ab 1891 war A. o. Mitglied, von 1892 bis 1902 wohl stv. Ausschussmitglied der Württ. Kommission für Landesgeschichte. A. machte sich um die Ordnung des Archivs und der Bibliothek sehr verdient und verfasste selbst zahlreiche Arbeiten zur Landesgeschichte, die bis heute mit Gewinn zu lesen sind. Hervorgehoben seien die von ihm herausgegebenen „Württ. Landtagsakten" aus der Zeit der Wende vom 16. zum 17. Jahrhundert, der bibliographisch bedeutsame „Katalog der Ständischen Bibliothek zu Stuttgart" (1907) und das gewaltige „Hauptregister" (1909) als wichtigster Schlüssel zur Nutzung der Protokoll- und Beilagenbände des Landtags in der Zeit von 1856 bis 1909.

W   (Auswahl) Das ständische Archiv in Stuttgart, in: WVjh. V (1882), S. 232-240 – Das Unteilbarkeitsgesetz im württ. Fürstenhause nach seiner geschichtlichen Entwicklung (Inaugural-Dissertation), in): WVjh. VI (1883), S. 161-222 – Mömpelgard und sein staatsrechtliches Verhältnis zu Württemberg und den anderen deutschen Reiche, in: WVjh. VII (1884), S. 181-200, 278-285 – Karl Eberhard Friedrich Freiherr von Varnbüler von und zu Hemmingen 1776-1832, Stuttgart 1886 – Johann Jakob Moser als Württ. Landschaftskonsulent 1751-1771, Stuttgart 1887 – Das herzoglich württ. Wappen seit der Erwerbung Bönnigheims, in: WVjh. N. F. I (1892), S. 80-86 – Waldeck, Georg Friedrich Karl Graf von, in: ADB 40 (1896), S. 667 ff. – Württemberg vor dem Siebenjährigen Krieg (geschildert in einem Gutachten J. J. Mosers), in: WVjh. N. F. XII (1903), S. 205-226 – Stockmayer, Familie, in: ADB 54 (19), S. 536-542 – Staatsschuldentilgung in Württemberg 1817, in: Schwäb. Kronik Nr. 490 (Abendblatt), 21. X. 1902, S. 5, II ebd. Nr. 492 (Abendblatt), 22. X. 1902, S. 5, III ebd. Nr. 493 (Mittagsblatt), 23. X. 1902, S. 5, IV ebd. Nr. 496 (Abendblatt), 24. X. 1902, S. 5 – Eine Beschwerde der wirtembergischen Landschaft über Schillers Vater, in: Besondere Beilage des Staats-Anzeigers für Württemberg Nr. 7 & 8 vom 20. V. 1904, S. 97-99 – Die Taufe des Herzogs Johann Friedrich von Württemberg im Jahre 1582, in: Besondere Beilage des Staats-Anzeigers für Württemberg Nr. 9 & 10 vom 8. VII. 1904, S. 134-137 – Zwei Schiller-Beiträge, in: Besondere Beilage des Staats-Anzeigers für Württemberg Nr. 6 & 7 vom 6. VI. 1905, S. 99 ff. – Herzog Karl und die Landschaft, in: Herzog Karl Eugen von Württemberg und seine Zeit, Stuttgart 1907; (Bearb.), Württ. Landtagsakten. Unter Herzog Friedrich I. (1593-1598; 1599-1608). Unter Herzog Johann Friedrich 1608-1620, Stuttgart 1910, 1911, 1919 – Herzog Friedrich I. von Württemberg und die

Landschaft, in: WVjh. XXV (1916), S. 210-229 – Ein Strafgericht über Nürtingen. Ein Bild aus der Zeit vor dem Dreißigjährigen Krieg, in: WVjh. XXVI (1918), S. 408-427 – Ein Jahrhundert Württembergische Verfassung, Stuttgart 1919.
L   DBI 1, S. 12 – DBA II 7, 216, 218 f. – DBA III 3, 3 – Ih 1, S. 3 f. – Hd 8, S. 285 – Wer ist's? 6 (1912), S. 5 – Wer ist's? 8 (1922), S. 5 – Hauptregister, S. 125 – Regierungsdirektor Dr. v. Adam †, in: Schwäb. Kronik Nr. 123, 16. III. 1921, S. 5 – ebd., S. 8 (Todesanz. der Familie) – WN 1920/21, S. 269 – Württ. Jahrbücher 1921/22, S. VI – Karl BADER, Lexikon deutscher Bibliothekare im Haupt- und Nebenamt bei Fürsten, Staaten und Städten [Zentralblatt für Bibliothekswesen, Beiheft 55], Leipzig 1925 – LINCK-PELARGUS, Pragfriedhof, S. 21 – KOHLHAAS, Chronik 1918-1933, S. 316 – LANGEWIESCHE, Hölder-Tagebuch (1977), S. 214, 21 – Wolfgang LEESCH, Die deutschen Archivare 1500-1945, Band 2: Biographisches Lexikon, München-London-Paris New York 1992, S. 26 – KLEIN, Mitglieder, S. 211 – TEUBER, Ortsfamilienbuch Neu-Ulm I, Nr. 0014 – Frank RABERG, Albert Eugen von Adam (1855 bis 1921): Kenner der Geschichte, in: BzL 2 (April) 2001, S. 10 (Bild).

Adam, Andreas, * Ulm 18. Juni 1766 (nicht 1776!), † ebd. 27. Mai 1836, ev.
Vater   Albrecht Adam, † Ulm 1796, „teutscher Schulmeister" in Ulm.
Mutter   Anna Regina Mürdel.
∞ 1804 Regina Philippina Villforth, * 1774, † Ulm 1847, T. d. Johann David →*Villforth.
9 K, darunter   Philipp Ludwig →Adam, Dr. phil.

A. zählte zu den Ulmer ev. Geistlichen, die sich nach dem Ende der reichsstädtischen Zeit erst in den neuen bayer. und anschließend württ. Verhältnissen einrichten mussten.
Er besuchte das Gymnasium seiner Vaterstadt und studierte anschließend Theologie und Philosophie in Jena. Nach Abschluss der Studien trat er als Hofmeister in die Dienste des Senators Marx Christoph von Besserer in Ulm. Im Herbst 1801 Professor am Ulmer Gymnasium, übernahm er 1803 zugleich die Pfarrei Jungingen. Im Sept. 1809 wurde er Condiakon am Ulmer Münster und Schulinspektor, im Nov. 1811 Diakon und 1829 Erster Diakon („Münsterprediger"). Seit dem 2. Feb. 1811 war A. auch Bücherfiskal und Garnisonsprediger. A. fungierte auch als Hofprediger des Herzogs Heinrich von →Württemberg in Ulm. A. war seit 1831 wegen Krankheit an der Ausübung seines Amtes gehindert; seine Aufgaben versah als Vikar Dr. Robert →Leube, der nach A.s offizieller Zurruhesetzung 1834 zu dessen Nachfolger ernannt wurde. A. verfasste religiöse Erbauungsschriften; zahlreiche seiner Ansprachen und Predigten erschienen im Druck. Daneben veröffentlichte er zahlreiche Buchbesprechungen, u. a. in der „Neuen allgemeinen Teutschen Bibliothek" und in der „Allgemeinen Litteratur-Zeitung".

Q   Standesamt Ulm, Familienbuch Bd. 10, 13.
W   (Auswahl) Kriegslisten und Kriegswissenschaftliche Anekdoten von berühmten Feldherren, 1. Theil: Von Griechen und Römern, 1792 – Volkspredigten. Aus dem Englischen der Hannah Sodo, Ronneburg 1802 – Rede an das Churpfalzbayerische Militair der Garnison zu Ulm, gehalten den 31. May 1804, Ulm 1804 – Predigt bey dem Antritt seines Amts als Kondiakon am Münster zu Ulm, gehalten den 21. Jan. 1810, Ulm 1810 – Betrachtungen, Gebete und Lieder zur Erbauung und Ermunterung vor und nach dem Genusse des hl. Abendmahls, Ulm 1811 – Rede bey der Einweihung der neuen Standarte des Kgl. Württ. Chevauxlegers Regiments Nr. 1, gehalten den 24. Okt. 1811, Ulm 1811
L   Das gelehrte Teutschland 5 (1820), S. 2 f. – WEYERMANN II, S. 6 – NEBINGER, Die ev. Prälaten, S. 567, 586 f. – SPECKER, Ulm im 19. Jahrhundert, S. 179, 186, 319, 385, 389, 402.

Adam, Philipp Ludwig, Dr. phil., * Ulm 11. März 1813, † München 22. März 1893, ev.
Eltern siehe Andreas →Adam, Münsterprediger und Gymnasialprofessor.
∞ Ulm 8. VIII. 1844 Emilie Philippina Ida Sick, * Speyer 24. VII. 1823, † 1904, T. d. Johann Christian Sick, Poststellenmeister in Speyer.
7 K   Ida Julia Adam⁴, * Ulm 27. VI. 1845, † ebd. 4. XII. 1931, ∞ Ulm 19. V. 1865 Johann Wilhelm August Neuffer, Kaufmann; Karl Reinhold Adam, * Ulm 16. VIII. 1846, ∞ 1870; Bertha Emilie Adam, * Ulm 15. VIII. 1847, ∞ 1870 Heinrich Ebinger, Kaufmann in München; Oskar Ludwig Adam, * Ulm 29. IX. 1848; Ottmar *Franz Emil* Adam⁴, * Ulm 29. X. 1852, Amtsrichter, ∞ Neu-Ulm 11. V. 1885 Emma Luise Wilhelmine Reitzele, * Neu-Ulm 17. XII. 1865; Agnes Gisela Wilhelmina Adam, * Ulm 17. I. 1854, ∞ Ulm 1872 Adolph Baur, Kaufmann; *Albert* Christian *Eugen* →Adam Dr. phil., Regierungsdirektor.

⁴ TEUBER, Ortsfamilienbuch Neu-Ulm I, Nr. 0012.

A. zählt zu den intellektuellen Großbürgern Ulms in der Epoche zwischen Vormärz und Reichsgründung. Als Publizist, Verleger, Politiker und Vereinsfunktionär schien A. über Jahrzehnte hinweg allgegenwärtig. Die Verwicklung in einen Bankenkonkurs markierte mit einem Schlag das Ende seines Einflusses in Ulm.

A. studierte nach dem Besuch des Ulmer Gymnasiums von 1831 bis 1835 Philosophie und Rechtswissenschaften in Würzburg, Berlin, Heidelberg und Tübingen. 1834 erfolgte die Promotion zum Dr. phil. (Tübingen). Nach den beiden juristischen Dienstprüfungen ließ sich A. 1835 als Rechtsanwalt in Ulm nieder. Seit 1841 war er zugleich Inhaber der Stettin'schen Verlagsbuchhandlung in Ulm, in der A. zunächst Werke seines Würzburger Lehrers Johann Jakob →Wagner herausbrachte, von 1842 bis 1844 Herausgeber der liberalen Zeitschrift „Zeitinteressen". Schon 1838 Mitgründer, später Vorsitzender und Ausschussmitglied der Ulmer Bürgergesellschaft und 1841 Mitgründer und Kassier, später zeitweiliger Vorsitzender des Ulmer Vereins für Kunst und Altertum sowie der Donau-Dampfschifffahrts-Gesellschaft, war A. eine der wichtigsten Persönlichkeiten im Ulmer Vereins- und Verbandsleben und suchte auch seinen Weg in der Kommunalpolitik. Schon 1838 wurde er, gerade 25 Jahre alt, erstmals in den Bürgerausschuss gewählt und übernahm bereits im Folgejahr, nachdem Andreas Alois →Wiest es abgelehnt hatte, das Amt des Obmanns (auch 1844, 1847, 1851). Im Sept. 1840 in den Gemeinderat gewählt, verfehlte A. im März und im Mai 1843 die Wiederwahl, woraufhin er im Juli 1843 wieder in den Bürgerausschuss wählen ließ. Nachdem ein erneuter Anlauf zur Erringung eines Gemeinderatsmandats im Sept. 1845 gescheitert war, konnte A. im März 1848 wieder in den Gemeinderat einziehen, musste sich aber dispensieren lassen, weil er wenig später zum Landtagsabgeordneten der Stadt Ulm gewählt wurde. Nach Niederlegung seines Gemeinderatmandats (wozu ihn auch sein Protest gegen die Wahl eines Stadtrats auf Lebenszeit veranlasst hatte) wurde A. von der Regierung des Donaukreises zu einer Geldstrafe verurteilt. 1845 ließ sich A. als Kandidat bei der Wahl des Stadtschultheißen aufstellen, zog jedoch die Kandidatur kurz vor dem Wahltermin wieder zurück, erhielt dennoch 409 Stimmen gegen Julius →Schuster (1.233 Stimmen). 1848 zunächst Mitglied und Vorsitzender des Nationalvereins- bzw. Politischen Vereins, ab Sept. 1848 des Volksvereins in Ulm. Im Frühjahr 1848 mit 2.858 Stimmen zum Ersatzmann Konrad Dieterich →Haßlers (WK II im Donaukreis – Ulm und Teile der OÄ Blaubeuren und Laupheim) in der Dt. Nationalversammlung in Frankfurt/Main gewählt, nach dessen Ausscheiden vom 30. April bis 30. Mai 1849 Mitglied der Dt. Nationalversammlung (fraktionslos, stimmte im Linken Centrum). A. war von 1848 bis 1849 (15. o. LT, sog. „Langer Landtag") Mitglied der Kammer der Abgeordneten des Württ. Landtags (WK Ulm Stadt, demokratisch), gewählt am 20. Mai 1848. A., der auch Vorsitzender des Ulmer Turnvereins war und von einem „constitutionell-monarchischen Wählerverein" unterstützt wurde, unterlag bei der Wahl zur Verfassungrevidierenden Landesversammlung am 1. Aug. 1849 überraschend dem Redakteur der „Ulmer Schnellpost", Ludwig →Seeger. 1851 lehnte A., der dem Ständischen Ausschuss angehörte, nach dem „Staatsstreich" des Ministers Joseph von Linden, der den vorrevolutionären Verfassungszustand in Württemberg wieder

herstellte, eine Neuwahl ab. Ebenso hatte er sich schon im Vorjahr dem Ansinnen der Regierung verweigert, als Ausschussmitglied von 1849 reaktiviert zu werden, da diese den von der III. Landesversammlung gewählten Ausschuss nicht anerkannte.

Von 1860 bis 1875 war A. wiederum Mitglied des Ulmer Gemeinderats. Im Frühjahr 1863 führte er als Amtsverweser nach dem plötzlichen Tod von Stadtschultheiß Julius Schuster die Geschäfte des Ulmer Stadtvorstands bis zur Amtseinsetzung von Carl (von) →Heim. A. zählte zu den führenden Persönlichkeiten der liberal-konstitutionellen Vereinsbewegung in Ulm, lehnte jedoch die sozial-revolutionären Bestrebungen der Revolution ab und wurde zum Parteigänger der „Monarchisch-Konstitutionellen". 1859 gehörte er zum Ulmer großdeutschen Komitee, das sich für eine Einigung Deutschlands unter Einschluss Österreichs einsetzte; von 1862 bis 1868 leitete er den Ulmer Großdeutschen Verein. 1862 unterlag A., mittlerweile als „Konservativer" geltend, als Landtagskandidat im WK Ulm Stadt gegen Rechtsanwalt Carl →Schall, 1868 Landtagskandidat im WK Ulm Stadt, ebenso am 9. Juli 1868 gegen Dr. Eduard Pfeiffer mit 1.681 zu 1.478 Stimmen.

Von 1849 bis 1875 war A. persönlicher Gesellschafter des Spar- und Kreditvereins (einer gemeinsam mit Georg Friedrich Kiderlen gegründeten Privatbank) in Ulm. Der König von Württemberg ernannte ihn zum Kommerzienrat. Von 1864 bis 1875 war A. Mitglied des Verwaltungsausschusses des Germanischen Nationalmuseums in Nürnberg, von 1868 bis 1875 Mitglied des Ulmer Münsterbaukomitees und von dessen Bausektion. 1868 zählte er zu den maßgeblichen Mitgründern der Ulmer Handelskammer, deren erster Präsident er bis 1875 war. Jahrzehntelang amtierte A. als Handelsrichter.

Enge Beziehungen pflegte A. zum rechten Donauufer. Dort besaß der im offiziellen alphabetischen Neu-Ulmer Einwohnerverzeichnis der 1850er Jahre geführte A. („ehemalige Memmingerstraße 18") ein zwischen dem Geviert von Friedens-, Arnulf- und Ludwigstraße gelegenes großes Landhaus, das sich nicht nur durch die Tatsache abhob, dass es den neuen Baulinien des Stadtentwicklungsplanes nicht entsprach, sondern auch durch die Besonderheit eines sechseckigen verglasten Aussichtspavillons auf der Mitte des Daches, von dem aus man einen herrlichen Blick auf Ulm hatte. Das Adam'sche Landhaus, dessen Fassade durch reiche Gesimszonen und einen gusseisernen Altan gegliedert war, existierte bis Mitte des 20. Jahrhunderts.

Nach dem 1875 erfolgten Konkurs des Spar- und Kreditvereins bzw. der „Württ. Commissionsbank" erwies sich ein weiterer Verbleib A.s in Ulm als unmöglich. Mit Hilfe seines Verwandten, des Neu-Ulmer Oberbürgermeisters Dr. Wilhelm →Sick, der deswegen selbst heftige Kritik erntete, zog A. nach München, wo er einen Adressbuchverlag erwarb. – 1863 Ritterkreuz des Fürstlich Monacensischen Ordens vom heiligen Karl.

Q   Standesamt Ulm, Familienbuch Bd. 33, S. 80 – ebd., Bd. 16, S. 47 – StadtA Ulm, G 2 – StAL, E 79 II (Materialien zur Entstehungsgeschichte der „Zeitinteressen").

W   (als Hg.), Johann Jakob Wagner, Kleine Schriften, 3 Bände, Ulm 1839 und 1847 – (als Hg.) Das Königreich Württemberg nebst den ihm eingeschlossenen Hohenzollern'schen Fürstenthümern, Ulm 1841 – Zur Beleuchtung der Gemeindeverwaltung in Württemberg, Stuttgart 1844 – (mit August KÖLLE) Johann Jakob Wagner, Lebensnachrichten und Briefe, Ulm 1849.

L   Wegweiser Ulm/Neu-Ulm 1857, S. [179] – Bernhard EDENFELD, Der Spar- und Kreditverein in Ulm, die Württ. Commissions-Bank und deren Presse. Kritischer Beitrag zur Geschichte des Kredit- und Bankwesens in Württemberg, Stuttgart 1873 – RIECKE, Verfassung und Landstände, S. 51 – SCHULTES, Chronik, S. 481, 483, 507 f., 510, 517, 522 – Württ. Jahrbücher 1893, S. VI – HARTMANN, Regierung und Stände. S. 41, 82 – OAB Ulm I, S. 689 – Thilo SCHNURRE, Die Abgeordneten in der konstituierenden dt. Nationalversammlung zu Frankfurt am Main. Auszug aus: Biographisches über diese Abgeordneten. Von Geheimem Regierungsrat NIEBOUR (Darstellungen aus der Württ. Geschichte 9), Stuttgart 1912, S. 107 – ADAM, Württ. Verfassung, S. 112 – UBC 1, S. 552, 573, 601 – UBC 2, S. 1, 3, 75, 77, 82, 102, 107 – BIEDERMANN, Ulmer Biedermeier (1955), bes. S. 207 ff. – Willy REAL, Der dt. Reformverein. Stimmen und Kräfte zwischen Villafranca

und Königgrätz (Historische Studien Band 395) Hamburg-Lübeck 1966, bes. S. 106
– RUNGE, Volksverein, S. 123 – LANGEWIESCHE, Liberalismus, bes. S. 298 –
MANN, Württemberger, bes. S. 377, 408 u. ö. – HEPACH, Königreich, S. 108-
110 u. ö. – OHM, Neu-Ulmer Geschichten, S. 56 f. – KOCH, Handlexikon, S. 53
(Bild) – SPECKER, Ulm im 19. Jahrhundert, S. 18 f., 136, 145, 190 u. ö. – WAIBEL,
Gemeindewahlen, S. 265, 268, 272 f., 293-295, 327 f., 331-336, 340, 345, 349 –
Katalog Materialien, S. 92, 199 – BEST/WEEGE, S. 79 – SPECKER, Großer Schwör-
brief, S. 283, 291, 314, 321 f. – HEINZ, Mitbürger, S. 126 f. – RABERG, Biogr.
Handbuch, S. 3 f. (Bild) – TEUBER, Ortsfamilienbuch, Nr. 0014 – SCHMIDT,
Demokratie, S. 28-30, 32 f.

Adam, Johann Christoph *Sigmund*, * Ulm 17. Juli 1752, † Neu-
Ulm 21. Dez. 1838, ⬚ Pfuhl 23. Dez. 1838.
Vater   Johann Martin Adam, Silberarbeiter in Ulm.
Mutter   Anna Maria Kraer.
∞ II. Pfuhl 10. VII. 1827 Anna Link, * Hausen 9. X. 1790.

Mit A. ist die Frühgeschichte der bis 1831 verwaltungsmäßig
eng verbundenen Orte Offenhausen und Neu-Ulm eng verknüpft. Der in Ulm geborene Handelsmann, der auch als
Lottokollektor tätig war, übte von 1. Okt. 1816 bis zum 1.
Okt. 1817 das Amt des Ortsvorstands in Offenhausen-Neu-
Ulm aus. Die einjährige Amtszeit war vereinbart worden,
nachdem zuvor jeweils ein zweiköpfiges Ortsvorstandskollegi-
um – Johannes Hannes und Theodor Schleicher – die Geschäfte geführt hatte. Einzelheiten über A.s Biographie und
Amtsführung sind angesichts fehlender Quellen nicht zu
ermitteln. A.s Nachfolger als Ortsvorstand, der Ökonom und
Anwalt Georg Hannes in Offenhausen, war bis zum 1. Jan.
1828 im Amt. Die einjährige Amtszeit des Ortsvorstands war
aufgegeben worden zugunsten eines Wechsels der Amtsführung zwischen Offenhausen und Neu-Ulm.
A. besaß einen Garten an der Schützenallee, der später von
dem Schreinermeister Johann Georg Schwenk in Neu-Ulm
erworben wurde.

L.   BUCK, Chronik Neu-Ulm, S. 95, 269 – Katalog Materialien, S. 39 – TEUBER,
Ortsfamilienbuch Neu-Ulm I, Nr. 0013.

Ade, Ludwig, * Neu-Ulm 1. Jan. 1900, † Ulm 2. März 1992,
⬚ ebd., Hauptfriedhof.

∞ 1929 Martha Molfenter.

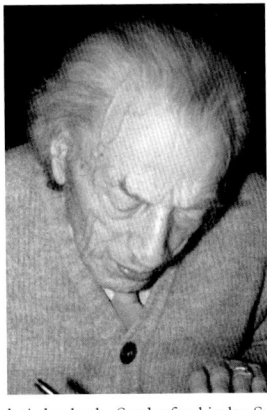

*Er war von Anbeginn an er
selbst und wird es während seiner
ganzen Schaffensperiode bleiben.
Das spricht für das Wissen um
seinen Weg und das Ahnen
seines Zieles* (Kurt FRIED).
Der Bildhauer und Maler A.
war einer jener „Grenz-
gänger" zwischen Neu-Ulm
und Ulm, die als Künstler
zu Lebzeiten einen guten
Ruf hatten und relativ
bekannt waren, danach je-
doch in Vergessenheit gerieten. In seiner Vaterstadt hat
er sich u. a. mit der Skulptur
von Johannes dem Täufer
bei der kath. Stadtpfarrkirche St. Johann Baptist und 1928
von ihm geschaffenen Eingang zur Peter-Schöllhorn-Schule
verewigt. Doch von seinen zahlreichen Werken, darunter die
bekannten Zeichnungen von „Ulmer Originalen" wie dem
Schneider von Ulm Albrecht Ludwig →Berblinger, dem
→Spatzameez, dem →Krättaweber, dem →Griesbadmichel
und dem →Sandjackl überdauerten erstaunlich wenige. Der
Großteil seiner Arbeiten an und in öffentlichen Gebäuden
wurde im Zweiten Weltkrieg zerstört.
Der gebürtige Neu-Ulmer wuchs in seiner Geburtsstadt und –
nach dem frühen Tod des Vaters – ab 1906 in Ulm auf, wo er

auch die Volksschule im Büchsenstadel besuchte und einen
sogenannten „Handfertigkeitsunterricht" erhielt, bei dem er das
Schnitzen, Modellieren und Arbeiten mit Pappe erlernte. Im
Aug. 1910 zündelte A. am Heumagazin in Neu-Ulm und setzte
es unbeabsichtigt in Brand – womit langfristig die Möglichkeit
zum Bau der später als Gänstorbrücke bezeichneten Brücke
geschaffen wurde, der bereits 1899 vereinbart worden, dem das
Heumagazin aber jahrelang im Wege gestanden hatte. *Ich hätte
eigentlich einen Verdienstorden bekommen müssen*, meinte A. Jahrzehnte später. Schon als Schüler zeigte A. künstlerische Fähigkeiten, die als außergewöhnlich erkannt wurden. Er galt schnell
als „Wunderkind", und wie seine Zeichnungen, z. B. das
Porträt einer alten Frau aus dem Jahre 1911, dokumentieren,
war dieses Etikett nicht zu hoch gegriffen. 1914 bekam A. eine
Lehrstelle bei dem aus Österreich zugezogenen Bildhauer
Zimmermann. Neben seinen Aufgaben als Hausbursche hatte
A. die Arbeit eines Möbelschnitzers zu erledigen, ein Brotberuf, der seinen eigentlichen Neigungen nicht ganz entsprach.
Nach 1918 trat A. in die Malschule von Karl März (damals im
Saalbau) ein und erlernte den Umgang mit Farben. Nach 1919
war er als Lehrer der Bildhauerklasse in der von Karl Schäfer
gegründeten Ulmer Schule tätig, die in den Lazarettbaracken
vor dem Ehinger Tor untergebracht war, und absolvierte
gleichzeitig zwischen 1921 und 1923 ein Praktikum bei Steinbildhauer Knaus. Als Bildhauerlehrer wirkte A. bis 1929,
daneben leitete er aber auch Kurse im Aktzeichnen. Im Jahre
1919 gründete A. mit Ludwig →*Moos und Martin →Scheible
die Ulmer Künstlergilde, daneben zählte er zu den Mitbegründern der Ulmer Kunsthandwerkergilde. Immer auf der
Suche nach Vielfalt und Abwechslung, widmete er sich nicht
nur der Schnitzkunst mit so großem Erfolg, dass der Kaiser
von Äthiopien bei ihm ein ganzes Schlafzimmer in Auftrag gab,
sondern auch der Plastik aus Stein und Holz, Kohle- und
Ölpastellzeichnungen, dem Entwerfen und der Herstellung von
Grabmälern, Brunnen, Wappen und Emblemen sowie Lampen.
Er stellte Kunstschmiedearbeiten, Mosaiken, Glasfenster,
Bronzeskulpturen, Stuckdecken etc. her.
1929 wollte A. sich selbstständig machen und Ulm verlassen,
weil er zu geringe Entwicklungsmöglichkeiten sah. Oberbürgermeister Emil →Schwammberger bat ihn, in Ulm zu bleiben,
und A. leistete dieser Bitte Folge. Im Spätsommer 1933 lieferte
A. den Entwurf für den monumentalen Adler, der die Brun-
nensäule vor dem Ulmer Arbeitsamt krönt, im Herbst 1933
gestaltete A. den Ulmer Ehrenbürgerbrief für Adolf Hitler.
1934 entwarf A. die Figuren der Sage vom Rattenfänger von
Hameln für die Spieluhr des Rathauses in Hameln. 1935 brachte A. an der Fassade der renovierten Ulmer Gaststätte „Drei
Kannen" die Berufszeichen des Braugewerbes und das Famili-
enwappen der Besitzerfamilie an, mit Wilhelm →Geyer und
Martin Scheible schuf er den Bildschmuck im neu eröffneten
„Ratskeller". 1936 übernahm A. die künstlerische Ausschmük-
kung des Geschäftshauses Otter in der Hirschstraße und
arbeitete mit Albert →Unseld und Alfred Vollmar am Neubau
der Nachrichtenkaserne. Für die Eröffnung der Ulmer „Kam-
mer-Lichtspiele", eines Kinos, schuf A. 1938 Gipsplastiken,
welche Schauspielkunst und Musik verkörperten und links und
rechts der Leinwand aufgestellt waren. Ebenfalls 1938 stellte er
die Sgraffito-Arbeiten „Maurer und Gipser" und die figürlichen
Schnitzereien des Treppengeländers für den Festraum der
Deutschen Meisterschule Ulm im Niederländerhof her. 1939
waren Arbeiten A.s in der Ausstellung „Wandbild und Bauplastik in Ulm" im Kupferstichkabinett zu sehen. Andererseits war
schon 1937 seine an Ernst Barlach erinnernde Tonskulptur
„Singender Knabe" als „entartet" aus dem Ulmer Museum
entfernt worden. Für die Kirchengemeinde St. Albert in Offenhausen gestaltete A. die Plastiken in der sogenannten „Notkirche". Den Stationenweg in der Neu-Ulmer Stadtpfarrkirche
St. Johann-Baptist konnte er wegen des Kriegsausbruchs

nicht fertigstellen, da er zur Wehrmacht eingezogen wurde. Den Zweiten Weltkrieg erlebte A. als Nachrichtensoldat in Norddeutschland, Frankreich, Belgien, den Niederlanden und Dänemark. 1946 kam er nach Ulm zurück, doch die alte Vertrautheit mochte sich nicht mehr einstellen: *Mich hat die Stadt Ulm nach 1945 links liegen gelassen. Für die war ich tabu*, meinte der umtriebige, ja rastlose Künstler im hohen Alter in einem Interview. Als „Gegenständlicher" blieb er von der öffentlichen Kunstförderung weitgehend ausgeschlossen. In der Anfangszeit war es schwer für ihn, neue Aufträge zu erhalten, doch nach 1949 konnte er an alte Erfolge anknüpfen und arbeitete für Auftraggeber von den USA über Indien bis Australien. Zu seinen Nachkriegsarbeiten in Württemberg zählen das Käthe Kollwitz nachempfundene Kriegerdenkmal in Türkheim und der Marmorbrunnen in Oberthalfingen. Noch als 85-Jähriger verzierte er eine Sendener Schule mit seiner Sgraffiti-Technik.

A. lebte in einem kleinen Haus im Ulmer Waldhornweg, wo er auch sein Atelier hatte. Das Mitglied des Vereins für Kunst und Altertum in Ulm und Oberschwaben blieb bis ins hohe Alter körperlich und geistig rege. Sein Tod im 93. Lebensjahr beraubte die Region Ulm/Neu-Ulm eines „Allroundkünstlers".

Q   StadtA Ulm, G 2 – Städtische Sammlungen Neu-Ulm, große Teile des künstlerischen Nachlasses.
L   UBC 4, S. 274, 408 – UBC 5a, S. 72, 117, 120, 171, 178, 284, 288 – UBC 5b, S. 318 – SPECKER/TÜCHLE, S. 473 – Eberhard NEUBRONNER, Ludwig Ade (Ulmer Gesichter 14), in: Ulmer Forum, Ausgabe Frühjahr 1982, S. 11 ff. – Eduard OHM, Ludwig Ade, Bildhauer aus Neu-Ulm: Er schnitzte für Äthiopiens Kaiser ein Schlafzimmer…und steckte Neu-Ulms Heumagazin in Brand (Neu-Ulmer Geschichten 97), in: NUZ Nr. 100, 2. V. 1987 – WEIMAR, Rundgang, S. 23-26.

Affsprung (Afsprung), Johann Michael, * Ulm 21. Okt. 1748, † ebd. 21. März 1808, ev.
Vater   Affsprung, Schlosser in Ulm.
∞ Susanne Zollikofer.
Keine K.

A. zählt wie Johann Martin →Miller zu den Ulmer Publizisten, die sich intensiv mit dem Gedankengut der Aufklärung auseinander setzten und versuchten, in ihrem Bereich – bei A. war es vor allem das Schulwesen – den Fortschritt auf der Grundlage der Aufklärung zu organisieren und für die Menschen „nutzbar" zu machen. Die Schüler sollten beim Unterricht auch „Spaß" haben, müssten lesen, schreiben und rechnen lernen, das Auswendiglernen lehnte er ab, ebenso jeglichen Aberglauben. A. forderte einen kritischen, mündigen Staatsbürger, der die Obrigkeit nicht einfach akzeptierte, sondern sie hinterfragte. Damit war er seiner Zeit weit voraus, was ihn zu einem rastlosen Wanderleben verurteilte. A. war als heftigem Kritiker des Ulmer Schulwesens wenig Erfolg beschieden; als einer der interessantesten Ulmer Gelehrten bleibt er in Erinnerung.
Der hoch begabte A. besuchte das Gymnasium und akademische Vorlesungen in seiner Heimatstadt und ging, *ohne eine eigentliche Universität frequentiert zu haben* (SCHULTES, Chronik, S. 412), 1770 nach Wien und wenig später für achtzehn Monate als Lehrer der deutschen Sprache und Literatur nach Sárospatak (Potok in Siebenbürgen), wo er am Gymnasium angestellt war. Danach kehrte er nach Wien zurück, veröffentlichte eine Streitschrift, die sich kritisch mit dem Bildungsniveau auseinander setzte, und musste Wien wieder verlassen, da ihm Ärger mit der Polizei drohte.
Über Ulm kam A. nach Karlsruhe, wo er Kontakt zu dem bekannten Dichter Friedrich Gottlieb Klopstock fand. Dank dessen Vermittlung konnte A. Gedichte und Epigramme im „Göttinger Musenalmanach" publizieren. Der persönlich sehr bedürfnislose A. widmete sich während seines unsteten Wanderlebens dem Erlernen des humanistischen Bildungsschatzes seiner Zeit, insbesondere der alten Sprachen, und verdiente später sein Geld mit Unterricht und Schriftstellerei in Dessau,

Amsterdam und Heidelberg sowie von 1791 bis 1795 in St. Gallen und Lindau am Bodensee. Zwischenzeitlich war der eigenwillige A. immer wieder in Ulm, so 1778/79 als „Substitut auf der Herrschaftsstube". In Ulm setzte er sich damals in der tiefen Überzeugung, nur Bildung mache wirklich frei und bereite die Menschen damit auf die Aufklärung vor, für die Gründung einer Lesegesellschaft ein. Mangels Interesse realisierte sich dieser Plan jedoch nicht. In seiner Heimatstadt war er wenig willkommen, weil die Ratsherren ihm nachtrugen, dass er als Beispiel für seine Schriften zum aus seiner Sicht sehr bescheidenen Bildungsniveau immer wieder das Ulmer Gymnasium heranzog. A. brach mit seiner Vaterstadt, nachdem ihm die Obrigkeit sein Adoptivkind entzogen hatte, weil die religiöse Erziehung des Kindes nicht sicher gestellt sei. Er gab im Aug. 1782 das Ulmer Bürgerrecht auf. 1782/83 publizierte er mehrere Artikel in dem in Straßburg erscheinenden „Magazin für Frauenzimmer".
Nachdem ihn der Rat der Stadt Lindau ausgewiesen hatte, weil er seine Schüler „verderbe", erhielt er 1795 eine Professur für griechische Sprache und Moral an der Erziehungsanstalt Reichenau bei Chur/Kanton Graubünden (Schweiz). Am 12. Nov. 1798 erwarb A. das Bürgerrecht der „Helvetischen Republik" und war Sekretär des Regierungsstatthalters in Zürich. 1799 wurde er als Mitglied des Erziehungsrates des Kantons Säntis berufen, musste aber noch im selben Jahr nach Neuchâtel flüchten. Er beschäftigte sich mit Verfassungsfragen der „Helvetischen Republik", suchte mit mehreren Schriften ein bürgerliches Staatsbewusstsein zu stiften, scheiterte jedoch am konservativen Beharrungsvermögen – und an Napoleon, der die „Helvetische Republik" zerschlug und die Schweiz als Satellitenstaat von französischen Gnaden etablierte.
Im Herbst 1807 wechselte der völlig resignierte A. als Professor für griechische Sprache und Literatur an das Ulmer Gymnasium, wo ihm allerdings nur noch eine kurze Wirksamkeit beschieden war. Eines Morgens fand Konsistorialrat Johann Christoph →Schmid den kaum sechzigjährigen, schon vorher seelisch gebrochenen A. tot in seiner Wohnung auf.
A. hatte ein sehr lebhaftes Rechts- und Freiheitsgefühl. Die Vernunft galt ihm als die alleinige Offenbarung (SCHULTES, Chronik, S. 413).

Q   StadtA Ulm, G 2 alt (enthält u. a. handschriftlichen Lebensabriss A.s von Prälat von SCHMID)
W   (Auswahl) Freymüthige Briefe an Herrn Grafen von V. über den gegenwärtigen Zustand der Gelehrsamkeit, der Universität und der Schulen in Wien, Frankfurt-Leipzig 1775 – Bemerkungen über die Abhandlung Friedrichs (des Königs von Preußen) von der deutschen Litteratur, Frankfurt 1781 – Patriotische Vorstellung an seine liebe Obrigkeit, die Nothwendigkeit einer Schulverbesserung betreffend, Amsterdam 1776 – An meine Mitbürger, Ulm 1782 [spätere Fassung: Kurze und deutliche Anweisung für den gemeinen Mann, vernünftig und glücklich zu leben, Ulm 1785] – Areopagus oder patriotische Vorstellung an meine liebe[n] Mitbürger zu Athen, die Nothwendigkeit einer Sitten- und Staats-Verbesserung betreffend, von Isokrates, Theodors Sohne, Frankfurt-Leipzig 1784 – Isocrates: Von den Pflichten eines Monarchen, an Nicocles, König zu Salamin [...] Aus dem Griechischen übersetzt von A., Ulm 1785 – Ode an das gute Volk des Kantons Appenzell, Außer-Rhoden, St. Gallen 1786 – Ueber die vereinigten Niederlande in Briefen an Fräulein von *** [Hailbronner], Ulm 1787 – Ueber Kunstredner und Kritikanten, Ulm 1789 – [anonym] Auch ein patriotischer Vorschlag über bessere Benutzung des Riedes. Von einem Bürgerfreunde, Ulm 1792 – [anonym] Der gute Junker oder Nachrichten von den Einrichtungen des Baron Biderb in der Herrschaft Freudenthal, Ulm 1795 – Ernsts Briefe zur Bildung eines gemeinnützigen Predigers, an J. Werner, Leipzig 1795 – Rede des Bürgers J. M. Affsprungs, gehalten vor dem helvetischen Senat den 12ten Oct. 1798 bey Gelegenheit seiner Aufnahme zum Schweizerbürger, nebst der Antwort des Präsidenten, Bürgers Heinrich Krauer. Gedruckt auf Verordnung des Senats, Luzern 1798 – Sendschreiben eines Helvetiers an seine Mitbürger, Basel 1800 – Neues Sendschreiben eines Helvetiers an seine Mitbürger, Bern 1800 – Schreiben an F. L. z. M. ein Beytrag über Deutschlands Verfassung und Freyheit, Leipzig o. J. – Wünsche und Träume eines vaterländischen Helvetiers. Den Stellvertretern der Nation ehrerbietig gewidmet, Basel 1800.
L   Ih 1, S. 5 [„Afsprung"] – Ih 3, S. 2 – WEYERMANN I, S. 14-18 [mit Schriftenverzeichnis] – GRADMANN, Das gelehrte Schwaben, S. 8-10 – Friedrich PRESSEL, Johann Michael Affsprung. Ein literarisches Charakterbild aus dem Ende des vorigen Jahrhunderts, in: Württ. Jahrbücher 1865, S. 277 ff. – SCHULTES, Chronik, S. 412 f. – UBC 1, S. 428 – Julius ENDRIß, Die Ulmer Aufklärung 1750-1810, Ulm 1942 – Hans RADSPIELER, Bildungsreformer der Aufklärungszeit plante erste Ulmer Lesegesellschaft. Johann Michael Affsprung galt jedoch als Außenseiter, in: Schwäb. Zeitung Nr. 297, 24. XII. 1974 – HEPACH, Königreich, S. 54 [dort „Afsprung"] – Thomas HÖHLE, Der „schwäbische Seume". Über den radikaldemokratischen

Publizisten Johann Michael Afsprung (1748-1808), in: Weimarer Beiträge 29 (1983), S. 2082 ff. – SCHMITT, Wohlersche Buchhandlung, S. 52-59 – SCHMIDT, Revolution, S. 52, 256 [dort „Afsprung"] – Dagmar KÖNIGSDORFER, Die Reichsstadt Ulm war eine Bücherstadt, in: Neu-Ulmer Zeitung Nr. 75, 2. IV. 2005 – SCHMIDT, Demokratie, S. 11 f. – Uwe SCHMIDT, Bürger ohne Land, in: DIE ZEIT Nr. 14, 27. III. 2008, S. 88 (mit Bild).

Aicham, Erwin, * Neu-Ulm 12. Jan. 1886, † Ulm 19. Nov. 1932, ⬜ (Einäscherung) ebd., Alter Teil des Friedhofs, 22. Nov. 1932, ev.

Eltern und G siehe Max →Aicham sen.
∞ Ulm 5. V. 1913 Adolfine Daiber, * 28. V. 1889, † 1952, T. d. Kaufmanns Karl Daiber u. d. Adolfine Müller.
4 K   Hans →Aicham; Kurt →Aicham; Klara *Gretel* Aicham, * Neu-Ulm 15. IX. 1919, † 1950, ∞ Möhlmann; *Lore* Olga Aicham, * Neu-Ulm 5. III. 1927.

Der Neu-Ulmer Fabrikant führte die Bilderleistenfabrik in der dritten Generation. Auch in der Kommunalpolitik aktiv, zählte A. zu den wichtigsten Persönlichkeiten Neu-Ulms in der Ära der Weimarer Republik.
A. besuchte in Neu-Ulm die Schule und in Ulm das Gymnasium, machte dann eine kaufmännische Lehre und trat 1912/13 in das Geschäft seines Vaters ein. Nach dessen Tod übernahm er die Geschäftsleitung und verstand es mit großem Fleiß und vorzüglicher Geschäftskenntnis, das Unternehmen gemeinsam mit seinem Bruder Max →Aicham jun. (nach 1918 Teilhaber) ungeachtet der schwierigen Kriegs- und Nachkriegszeiten über Wasser zu halten. Im Ersten Weltkrieg diente A. bei der Feldartillerie und wurde wiederholt als Dolmetscher für Französisch eingesetzt. Zunächst in Landsberg am Lech stationiert, bot ihm die relative Nähe zu Neu-Ulm die Möglichkeit, gelegentlich nach dem Rechten zu sehen. Während des Krieges wurde die Produktion erheblich heruntergefahren. Nach 1919 entschlossen sich die Brüder Aicham zum Kauf eines 8000 Quadratmeter großen Geländes in der Reuttier Straße 48. Dieses wurde zum Bau einer eigenen Kehlleistenfabrik genutzt, eines einstöckigen Massivbaus mit Kessel- und Dampfmaschinenhaus und Trockenräumen, der 1945 im Bombenhagel zerstört wurde. Um 1920 verfügte die Firma über ca. 120 Beschäftigte, eine Zahl, die nach der Inflation von 1923 stark zurückging und 1932/33 bei 50 Beschäftigten lag. Betriebsbedingte Kündigungen und Kurzarbeit prägten auch bei den Gebrüdern Aicham den Alltag. 1927 brannte im Hauptbau der Kasernstraße der zweite Stock aus.
Mit einigen Gleichgesinnten gründete A. 1928 in Neu-Ulm die Mittelstandspartei, die auch bei der Stadtratswahl kandidierte und auf Anhieb großen Erfolg hatte. A. selbst gehörte seit 1929 dem Stadtrat an und wurde zum Stellvertreter des Bürgermeisters bestimmt. Nach dem Urteil des Oberbürgermeisters Franz Josef →Nußll hatte A. großen Anteil daran, nach dem heftig geführten Kommunalwahlkampf von 1929 die Stadtratsfraktionen wieder zu einem konstruktiven Arbeitsverhältnis zu führen. A. war Vorsitzender des Aufsichtsrats der Spar- und Vorschussbank Neu-Ulm, war auch führend bei der Ortskrankenkasse tätig und engagierte sich in zahlreichen Vereinen und Verbänden. Der sportbegeisterte Mann war vor allem im Ruderklub „Donau" aktiv – eine Leidenschaft, die sich auf seinen Sohn Kurt →Aicham vererbte.
Ende Nov. 1932 geriet A. ein Holzsplitter in einen Finger, woraufhin er ärztliche Hilfe in Anspruch nahm. Es stellte sich eine Blutvergiftung ein, an der er wenige Wochen vor seinem

47. Geburtstag starb. Die Stadt Neu-Ulm hielt zu Ehren A.s am 21. Nov. 1932 eine Trauersitzung im großen Sitzungssaal des Rathauses ab.

Q   StadtA Neu-Ulm, Meldekarte – StadtA Ulm, G 2.
L.   UBC 3, S. 334, 560 (Bild) – Lore SPORHAN-KREMPEL, Chronik der Familie Aicham 1650-1965, Typoskript 1964/65 [Exemplar im Firmenarchiv] – 100 Jahre Gebrüder Aicham 100 Jahre Aicham-Bilderleisten. Eine kurze Aicham-Chronik von 1868-1968, Jubiläumsschrift, o. O. 1968 – TREU, Neu-Ulm, S. 614 – WEIMAR, Rundgang, S. 73.

Aicham, Friedrich, * Mühlhofen 5. Mai 1834, † Neu-Ulm 7. Jan. 1890, ⬜ ebd. 7. Jan. 1890, ev.

Vater   Jakob Aicham, Webereibesitzer und Papierer in Mühlhofen.
Mutter   Walburga Angele.
Mehrere G, darunter Max →Aicham; Anna Aicham, ∞ 1861 Gotthilf Bühler[5], Rotgerber in Reutlingen, nach Auswanderung in die USA verschollen.
Ledig. Keine K.

Mit A. ist die Gründung und der Aufstieg eines der ersten Neu-Ulmer Industrieunternehmens, der Bilderleisten- und Rahmenfabrik Gebr. Aicham GmbH & Co., untrennbar verknüpft.
Der aus dem Württembergischen nach Neu-Ulm gekommene Goldleistenfabrikant gründete seine Fabrik 1868 gemeinsam mit dem Kölner „Aechtvergolder" und Goldleistenfabrikanten Peter →Horst, seinem Teilhaber, in einem Hintergebäude des Gasthofs „Zur Stadt Athen" in der Augsburger Straße. So entstand der älteste noch heute existierende Neu-Ulmer Fabrikbetrieb (zunächst Firma „Horst & Aicham"). Zu Beginn waren sechs bis acht Mitarbeiter beschäftigt. Nach dem Krieg von 1870/71 profitierte das Unternehmen vom allgemeinen wirtschaftlichen Aufschwung und konnte expandieren. Die Teilhaber begannen 1872 mit dem Bau eines größeren Fabrikgebäudes in der Kasernstraße 13/15. Geschäftliche Verbindungen wurden mit Firmen in Esslingen/Neckar, Fürth, Göppingen, München, Nürnberg und Stuttgart geknüpft. 1877 trennte sich A. von seinem Teilhaber und zahlte ihn aus. An H.s Stelle trat als Teilhaber A.s jüngerer Bruder Max →Aicham sen., der seinen Bruder tatkräftig unterstützte. Neue Verbindungen nach Mannheim, Kaiserslautern und Ravensburg konnten geknüpft werden, 1880 waren bereits 30 Mitarbeiter beschäftigt. 1888 begann A. nach der Übernahme des Unternehmens mit einem Erweiterungsbau. Die Firma florierte.
A. war ledig und lebte mit seiner Schwester Anna Bühler und deren Töchtern, die alle in der Firma mitarbeiteten, in seinem Haus Kasernenstraße 13. Der Neu-Ulmer Industriepionier starb im Alter von 55 Jahren an einer Lungenentzündung.

L.   Lore SPORHAN-KREMPEL, Chronik der Familie Aicham 1650-1965, Typoskript, ausgearbeitet 1964/65, S. 47-49 (Bild) – 100 Jahre Gebrüder Aicham 100 Jahre Aicham-Bilderleisten. Eine kurze Aicham-Chronik von 1868-1968, Jubiläumsschrift, o. O. 1968 – Eduard OHM, Seine Majestät hatten an Neu-Ulm den Narren gefressen (Neu-Ulmer Geschichten 22), in: NUZ, 20. X. 1984, S. 25 – Katalog Materialien, S. 131 – TEUBER, Ortsfamilienbuch Neu-Ulm I, Nr. 0030.

Aicham, Hans, * Neu-Ulm 9. Feb. 1914, † Ulm 31. März 2009, ⬜ Neu-Ulm 7. April 2009, ev.
Eltern und G siehe Erwin →Aicham, Fabrikant und Bürgermeisterstellvertreter in Neu-Ulm.
∞ 1943 Liselotte Bomhard.
1 K   Hans Aicham-Bomhard, Chef der Firma Gebrüder Aicham in Neu-Ulm, Stadtrat ebd.

---

[5] Neffe von Friedrich →List.

Fast vierzig Jahre lang war A. in enger Weise mit dem Familienunternehmen, der Goldleistenfabrik der Gebrüder Aicham in Neu-Ulm, verbunden – vom Zweiten Weltkrieg bis zum Beginn der 1980er Jahre. Er zählte zu den Wirtschaftsgrößen der Region Ulm/Neu-Ulm.

Im Jahre 1932, als er das Abitur am Realgymnasium Ulm bestand, verlor der 18 Jahre alte A. seinen Vater. Er absolvierte nach dem Studium am Holztechnikum Rosenheim in verschiedenen Firmen des In- und Auslandes eine kaufmännische Lehre. Ab 1943 offiziell Teilhaber der Firma „Gebrüder Aicham", Neu-Ulm, übernahm der zur Wehrmacht eingezogene A. 1945 – als einziger Überlebender seiner in Stalingrad aufgeriebenen Einheit nach der Rückkehr aus der Kriegsgefangenschaft – die kaufmännische Leitung des Unternehmens, dessen Fabrikationsstätten kriegsbedingt zu rund 85 Prozent zerstört waren. Es bedurfte des vollen persönlichen Einsatzes aller Teilhaber, vor allem aber großen kaufmännischen Geschicks, um die Marktstellung eines der ältesten Neu-Ulmer Industriebetriebe nicht nur zurückzugewinnen und zu festigen, sondern sie auszubauen. Schon zehn Jahre nach Kriegsende beschäftigte das Unternehmen wieder 200 Mitarbeiter. A. entschied sich für eine Konzentration der Produktion auf den gehobenen Fach-Einzelhandel und Galerien, bot aber eine Palette von der einfachen Rahmenversion bis zu platinbelegten Luxusausführungen. 1975 konnte das neue Firmengebäude in der Finninger Straße/Leibnizstraße eingeweiht werden – ein Ereignis, das A. – seit dem Tod von Max →Aicham jun. war er Seniorchef der Firma – stets als das wichtigste in seiner Unternehmer-Laufbahn bezeichnet hat. 1982 zog sich A., der sich über viele Jahre hinweg auch als Sozialrichter und in der Betreuung von Aussiedlerkindern engagierte, im Alter von 68 Jahren von der führenden Stellung im Unternehmen zurück und übergab den Stab an Vertreter der vierten Aicham-Generation. Er blieb dem Betrieb jedoch als Beirat weiterhin verbunden.

In A.s Leben spielten der Sport und die Körperertüchtigung stets eine große Rolle. Wie sein Bruder Kurt →Aicham war A. ein großer Freund des Rudersports, von 1945 bis 1949 war er stv. Vorsitzender und von 1949 bis 1951 Vorsitzender des Ulmer Ruderclubs, dem er schon als 14-Jähriger im Jahre 1928 beigetreten war. Unter seinem Vorsitz wurde 1950 das erste Clubhaus in Massivbauweise errichtet. In 24 Rennen erzielte er Erfolge, 1962 ernannte ihn der Ruderclub zum Ehrenmitglied. Daneben widmete er sich dem Ski-Langlauf. Entspannung fand er auch bei der Gartenarbeit. Im hohen Alter zog A. mit seiner Frau in das Ulmer Seniorenheim „Pro seniore". – Mitgründer der Sektion Bilderleisten in der europäischen Holzindustrie; ab 1970 Mitglied des Aufsichtsrats der Ulmer Volksbank; Mitglied des Münsterbauvereins Ulm. – 1969 Bundesverdienstkreuz I. Kl. (aus Anlass des 100-jährigen Firmenjubiläums).

Q StadtA Ulm, G 2.
L Lore SPORHAN-KREMPEL, Chronik der Familie Aicham 1650-1965, Typoskript, ausgearbeitet 1964/65, S. 55, 57 u. ö. – 100 Jahre Gebrüder Aicham 100 Jahre Aicham-Bilderleisten. Eine kurze Aicham-Chronik von 1868-1968, Jubiläumsschrift, o. O. 1968 – Hans Aicham wird 65 Jahre alt. Ein blühendes Unternehmen auf Trümmern errichtet, in: SWP (Ulm) Nr. 32, 8. II. 1979 (Bild) – Unternehmer und Ruderer. Hans Aicham wird 70 Jahre alt, in: SWP (Ulm) Nr. 32, 8. II. 1984 (Bild) – Hans Aicham wird 80, in: NUZ Nr. 32, 9. II. 1994 – Verena SCHWARZ, Hans Aicham: Bilder aus einem bewegten Leben (Reihe „Leute"), in: SWP (Ulm) Nr. 32, 9. II. 2004 (Bild).

Aicham, Kurt, * Neu-Ulm 24. Feb. 1917, † ebd. 20. März 1984, ☐ Hauptfriedhof Ulm 26. März 1984, ev.
Eltern und *G* siehe Erwin →Aicham, Fabrikant und Bürgermeisterstellvertreter in Neu-Ulm.
∞ I. Alice Fink; ∞ II. Erika Spriegel.
4 *K* Michael Aicham; Horst Aicham; Renate Aicham, ∞ Vogel; Sabine Aicham.

A. war eine der herausragenden Persönlichkeiten seiner Familie in der zweiten Hälfte des 20. Jahrhunderts, ein erfolgreicher Mann der Wirtschaft, der daneben viel für den Rudersport getan hat.
Nach dem Schulbesuch in Ulm, wo er 1936 das Abitur bestand, folgte die Lehre als Eisenhandelskaufmann in der Ulmer Eisenhandelsgroßhandlung Daiber & Cie., wo A. bis zu deren Auflösung 1974 als Kommanditist, Komplementär und nach dem Tod von Alfred Daiber als Geschäftsführer tätig war. Im Zweiten Weltkrieg war er bis 1943 Frontsoldat.
Von Kindheit an für den Wassersport begeistert, unternahm A. als Kapitän einer Ulmer Schachtel zahlreiche Fahrten nach Wien und Belgrad; schon in den 1930er Jahren war er ein begeisterter und erfolgreicher Rennruderer gewesen. 1961 war er Mitbegründer und Vorsitzender der Gesellschaft der Donaufreunde, von 1958 bis 1962 Vorsitzender des Ruderclubs Donau, zuletzt dessen Ehrenmitglied, daneben Gründungsmitglied und Vorsitzender des Juniorenkreises der Industrie- und Handelskammer, Betriebsberater bei der Handwerkskammer Ulm, Handelsrichter und Schöffe sowie AOK-Vorstandsmitglied,. Der plötzliche Tod des geselligen und beliebten A. rief links und rechts der Donau in weiten Kreisen der Bevölkerung große Betroffenheit hervor.

Q StadtA Ulm, G 2.
L Lore SPORHAN-KREMPEL, Chronik der Familie Aicham 1650-1965, Typoskript, ausgearbeitet 1964/65, S. 58 ff. (Bild) – Kurt Aicham (67) ist gestorben: Verdienstvoller Donaufreund und gern gesehener Kapitän, in: SWP Nr. 70, 23. III. 1984 (Bild) – Schachtel-Kapitän Kurt Aicham im Alter von 67 Jahren gestorben, in: Schwäb. Zeitung Nr. 70, 23. III. 1984 (Bild).

Aicham (sen.), Maximilian („Max"), * Mühlhofen 14. Feb. 1850, † München 1. Aug. 1914, ☐ Neu-Ulm, Alter Teil des Friedhofs, ev.

Eltern und *G* siehe Friedrich →Aicham.
∞ Neu-Ulm 4. XI. 1883 Adelheid Bühler, * Reutlingen 8. VIII. 1863, † Neu-Ulm 1949, T. d. Gotthilf Bühler[6], Rotgerber in Reutlingen, u. d. Anna Aicham.
6 *K* Elisabeth Aicham, * Neu-Ulm 30. VII. 1884, † ebd. 24. II. 1888; Erwin →Aicham; Hedwig Aicham, * Neu-Ulm 21. X. 1887, † ebd. 7. XII. 1887; *Frieda* Elisabeth Anna Aicham, * Neu-Ulm 22. VI. 1889, † Ulm 16. IX. 1977; *Max* Friedrich Wilhelm →Aicham (jun.); Friedrich (Fritz) Aicham, * Neu-Ulm 5. V. 1894, † Überlingen am Bodensee 13. XII. 1971, Kaufmann in Neu-Ulm, 1932-1966 Prokurist bei der Firma „Gebrüder Aicham", ∞ 15. III. 1924 Margarete Fauser.

Der Goldleisten- und Bilderrahmenfabrikant A., seit 1906 auch Magistratsrat in Neu-Ulm, zählt zu den wenigen großen Persönlichkeiten aus der frühen Zeit der Industrialisierung in Neu-Ulm.
Nach der Schulzeit erlernte A. den Kaufmannsberuf und war zunächst in Endingen tätig. Später trat er als Reisender in die Dienste einer Pforzheimer Porzellan- und Bijouteriefirma. 1878 folgte er einem Ruf seines älteren Bruders Friedrich →Aicham

---

[6] Dessen Vater Johann Georg Bühler war verheiratet mit einer *Schw* von Friedrich →List.

zum Eintritt in die nach dem Ausscheiden von dessen Teilhaber Peter →Horst allein von ihm geführte Goldleisten- und Bilderrahmenfabrik in Neu-Ulm. Diese war nach Manipulationen Horsts in beträchtliche Schwierigkeiten geraten. Den Aicham-Brüdern gelang es, diese Schwierigkeiten zu überwinden und die Existenz des Unternehmens nicht nur zu sichern, sondern auf breiterer Grundlage auszubauen. Nach dem Tod seines Bruders war A. seit 1890 alleiniger Inhaber des Unternehmens. 1891 wurde die Firma in das Firmenregister beim Amtsgericht Memmingen eingetragen. 1897 wurde der Bau von A.s Wohnhaus im Schulgäßchen abgeschlossen, im gleichen Jahr der moderne vierstöckige Fabrikneubau, *der mit maschinellen Anlagen, elektrischem Licht, Dynamo und später Dieselmotoren ausgestattet war. Im 2. Stock waren die Grundierer und Schleifer untergebracht, im 1. Stock arbeiteten die Vergolder, Verzierer und Politurarbeiter. Wie aus den Plänen ersichtlich ist, befand sich in diesem Haus bereits ein Aufzug* (Katalog Materialien, S. 131). 1899 erfolgte der Bau eines unterkellerten Gebäudes für Grundiererei und Lagerung in der Kasernstraße 17/19, die ersten Maschinen für Grundierungen und Verzierungen konnten angeschafft werden. 1911/12 kam ein Haus in der Paulstraße hinzu. 1904 war der erste Telefonapparat angeschlossen worden (Nr. 25), um 1905 arbeiteten zwischen 80 und 95 Mitarbeiter in der Firma, davon ein Drittel Frauen. Die Fabrikbauten der Firma Aicham wurden im Zweiten Weltkrieg zerstört.

1899 war A. Wahlmann der Stadt Neu-Ulm bei der Landtagswahl und im März 1904 Mitgründer der Sektion Ulm/Neu-Ulm des bayerischen Kanalvereins, in dessen Vorstand er gewählt wurde. Von 1906 bis 1911 gehörte A. dem Magistrat Neu-Ulms an und übernahm die Verwaltung des Städtischen Leichenhauses. Anfang Jan. 1912 verlieh Prinzregent Luitpold von Bayern A. als erstem Neu-Ulmer den Titel Kommerzienrat. A., der als Zweiter Vorstand des Armenpflegschaftsrats, der kath. Kirchenverwaltung und des 1873 gegründeten Verschönerungsvereins in Neu-Ulm sowie Vorstandsmitglied des Historischen Vereins Neu-Ulm war, spielte im gesellschaftlichen Leben der Stadt, als deren erster Honoratior er wohl angesehen werden darf, eine wichtige Rolle.

Der begeisterte Bergsteiger hatte in den 1890er Jahren bei Unteruhldingen als „Sommerfrische" für die Familie am Bodensee ein Grundstück erworben und ein geräumiges Landhaus darauf errichten lassen, das sich sogar der Großherzog von Baden ansah. Die Nähe zum See weckte bei seinen Kindern die Liebe zum Wassersport, die sich seither in der Familie zu vererben schien.

A. starb zu Beginn des Ersten Weltkriegs im 65. Lebensjahr an Arterienverkalkung. Seiner Familie hinterließ er ein stabiles Industrieunternehmen, das sich in den folgenden Jahrzehnten unter schwierigen Grundbedingungen bewähren musste.

I. Adreßbuch Ulm/Neu-Ulm 1910, Zehnte Abteilung, S. 65-67 – ebd. 1912, Zehnte Abteilung, S. 70, 72 – BUCK, Chronik Neu-Ulm, S. 102, 132, 134 – UBC 3, S. 315, 513, 567 (Bild), 568 – Lore SPORHAN- KREMPEL, Chronik der Familie Aicham 1650-1965, Typoskript, ausgearbeitet 1964/65, S. 48-52 (Bild S. 49a) – 100 Jahre Gebrüder Aicham. 100 Jahre Aicham-Bilderleisten. Eine kurze Aicham-Chronik von 1868-1968, Jubiläumsschrift, o. O. 1968 – Katalog Materialien, S. 131 – TEUBER, Ortsfamilienbuch Neu-Ulm I, Nr. 0031 – TREU, Neu-Ulm, S. 177, 209, 374 – WEIMAR, Rundgang, S. 73.

Aicham (jun.), *Max* Friedrich Wilhelm, * Neu-Ulm 30. Juni 1892, † Blaubeuren 3. Sept. 1974, ⬚ Friedhof Neu-Ulm, Alter Teil, ev.
Eltern und *G* siehe Max →Aicham (sen.).
∞ Heidelberg 29. V. 1923 Margarete Melanie Josefine *Gertrud* (*Trude*) Dauss, * Mannheim 28. III. 1900, † Freiburg im Breisgau 24. III. 1977.
3 *K* Ernst *Günther* Aicham, * Neu-Ulm 11. VIII. 1924, ab 1951 Teilhaber der Firma Max Aicham und technischer Leiter; Max *Wolfgang* Aicham, * Neu-Ulm 16. III. 1926; *Ulrich* (*Uli*) Manfred Aicham, * Neu-Ulm 24. II. 1934, † 1958.

A. fiel nach dem frühen Tod seines älteren Bruders Erwin →Aicham die Aufgabe zu, die noch heute in der Neu-Ulmer Leibnizstraße 28 existierende Goldleisten- und Rahmenfabrik

durch NS-Zeit, Zweiten Weltkrieg und die Aufbauphase der 1950er Jahre zu neuer Blüte zu führen.

A. besuchte in Neu-Ulm und Ulm die Schule und wurde im Ersten Weltkrieg zum Militär eingezogen. 1918 trat er als Teilhaber in das Familienunternehmen ein, in dem sein älterer Bruder Erwin →Aicham das Sagen hatte. Der Neu-Ulmer Fabrikant erwarb 1919 mit seinem Bruder ein 8000 Quadratmeter großes Gelände in der Reuttier Straße 48. Dieses wurde zum Bau einer eigenen Kehlleistenfabrik genutzt, eines einstöckigen Massivbaus mit Kessel- und Dampfmaschinenhaus und Trockenräumen, der 1945 im Bombenhagel zerstört wurde. Die Firma, die 1920 ca. 120 Mitarbeiter hatte, musste nach der Inflation von 1923 Entlassungen vornehmen und Kurzarbeit anordnen, um wirtschaftlich zu überleben. 1927 brannte im Haupthaus in der Kasernstraße der zweite Stock aus. Nach dem plötzlichen Tod von Erwin Aicham übernahm A. 1932 als alleiniger Inhaber der Rahmenfabrik Gebrüder Aicham, Neu-Ulm, die Verantwortung für den Betrieb, holte aber seinen jüngeren Bruder Fritz als Prokuristen in die etwa 50 Mitarbeiter beschäftigende Firma. Mitte der 1930er Jahre erhielt die Firma wieder Auftrieb und beschäftigte ca. 150 Beschäftigte; 1936 wurde sie zum Musterbetrieb erklärt.

Zu Beginn des Zweiten Weltkriegs wurde A. zur Wehrmacht eingezogen und war als Offizier bis 1944 an verschiedenen Kriegsschauplätzen eingesetzt, zuletzt in Russland. Da auch zahlreiche Beschäftigte der Firma eingezogen wurden, konnte die Produktion nur eingeschränkt weitergehen. 1943 wurde A.s Neffe Hans →Aicham, der 1945 die kaufmännische Leitung des Unternehmens übernahm, Teilhaber der Firma Aicham. Am 1. März 1945 zerstörten Luftminen und Brandbomben das Fabrikgebäude in der Kasernenstraße vollständig, zwei Tage später erlitt das Wohnhaus der Familie in der Paulstraße schwere Schäden, die Fabrikanlage in der Reuttier Straße wurde fast völlig zerstört.

A. baute mit seinem Bruder, seinem Neffen und zahlreichen Mitarbeitern den völlig zerstörten Betrieb nach 1945 wieder auf. Nach 1948 hatte die Firma bereits wieder ca. 80 Beschäftigte. 1951 stieg A.s ältester Sohn Günther als Teilhaber in das Unternehmen ein, A. wurde Seniorchef. Auch der jüngere Sohn Wolfgang war als Reisender für das Familienunternehmen tätig, das in den 1950er Jahren kräftig expandierte: 1953 wurde ein zweigeschossiges Vergoldereigebäude errichtet und der gesamte Fertigungsbetrieb in der Reuttier Straße vereinigt. Mehrere Leisten- und Holzstapelplätze wurden erworben, 1958 das Wechselrahmenprogramm eingeführt, neue Fertigungstechniken erprobt und eingeführt, so 1966 eine automatische Zink- und Stoßanlage, eine neue Dampfmaschine und 1967 eine Vergoldemaschine.

A., der auch Mitgründer des Jugendsozialwerks St. Michael war, starb 1974 – sechs Jahre nach dem hundertjährigen Firmenjubiläum – im 83. Lebensjahr.

Q StadtA Ulm, G 2.
L Lore SPORHAN-KREMPEL, Chronik der Familie Aicham 1650-1965, Typoskript, ausgearbeitet 1964/65, S. 51 ff. – SPECKER/TÜCHLE, S. 473 – 100 Jahre Gebrüder Aicham. 100 Jahre Aicham-Bilderleisten. Eine kurze Aicham-Chronik von 1868-1968, Jubiläumsschrift, o. O. 1968 – WEIMAR, Rundgang, S. 19.

Aichelin, *Helmut* Walter, Dr. theol. h.c., * Stuttgart 18. Feb. 1924, † Tiberias am See Genezareth (Israel) 31. Okt. 1993, ev.
Vater Christian Aichelin, Ingenieur in Stuttgart.
Mutter Mathilde Bertsch.
∞ 1953 Marianne Breuninger, * Pappelau/OA Blaubeuren 20. V. 1923, T. d. Cornelius Breuninger[7], * Backnang 9. I. 1890, † Stuttgart 7. V. 1956, Pfarrer in Pappelau, 1926 dsgl. in Mainhardt, 1932 Stadtpfarrer in Eglosheim, 1950 Pfarrer in Erligheim, 1953 a. D., 1931-1933 Ersatzmitglied des 2. Landeskirchentags.
3 *K*.

---

[7] EHMER/KAMMERER, S. 105.

Mit A. kam 1980 ein ev. Geistlicher mit einer ungewöhnlichen Biografie als Prälat nach Ulm. Der unkonventionelle, auf die Menschen zugehende Mann erwarb sich während seiner neunjährigen Amtszeit höchsten Respekt und einen ausgezeichneten Ruf als ernsthafter Theologe und nachdenklich-kritischer Seelsorger und Prediger.

Nach dem Gymnasium hatte er das Studium der Elektrotechnik aufgenommen, nach 1945 war er jedoch zur Theologie gewechselt, nachdem ihn seine Erlebnisse als Soldat im Zweiten Weltkrieg, besonders die Erfahrung Stalingrads, und ein schwerer Motorradunfall zu einer inneren Einkehr geführt hatten. 1953 hielt er als Gemeindepfarrer in Stuttgart-Zuffenhausen in dem neu entstehenden Stuttgarter Stadtteil Zuffenhausen-Rot in einer Baubaracke *zwischen Heringsfässern und Bierflaschen* seine erste Predigt. 1960 ging er als Studentenpfarrer nach Tübingen. 1968 übernahm A. die Leitung der Evangelischen Zentrale für Weltanschauungsfragen (EZW) der EKD mit Sitz in Stuttgart. Zum 1. Dez. 1979 wurde A. als Nachfolger Hans von Kelers zum Ulmer Prälaten ernannt, gegen den er zuvor bei der Wahl zum Landesbischof erfolglos kandidiert hatte. Am 3. Feb. 1980 folgte die feierliche Amtseinsetzung in Ulm.

Er galt als Repräsentant der reformerischen „Offenen Kirche". Zugleich war A. Frühprediger der Münstergemeinde. Eines seiner zentralen Themen war das Verhältnis der Kirche zu den Wissenschaften und die Frage der Ethik in der Wissenschaft, besonders bei der Gentechnologie. 1980 ernannte ihn die Universität Kiel auf Grund seiner Verdienste um die theologisch-wissenschaftliche Erforschung der modernen Jugendreligionen zum Dr. theol. h.c. Im Frühjahr 1988 berief ihn Landesbischof Theo Sorg zu seinem theologischen Stellvertreter. Zum 1. März 1989 trat A. in den Ruhestand, sein Nachfolger war Rolf Scheffbuch (* Calw 25. Jan. 1931), der bisherige Dekan in Schorndorf. A. erlitt während einer Israel-Reise am 24. Okt. 1993 einen Schlaganfall, an dessen Folgen er eine Woche später starb. Am 8. Nov. 1993 fand im Ulmer Münster ein Trauergottesdienst für A. statt, in dessen Verlauf u. a. Landesbischof Theo Sorg und Dekan Hans-Hermann Keinath seine Leistungen würdigten. – 1978 bis 1990 Vorsitzender des württembergischen Gustav-Adolf-Werkes; Vorsitzender des Redaktionsbeirats des „Deutschen Allgemeinen Sonntagsblattes"; Vorsitzender des Vereins „Evangelische Kommentare"; Mitglied der Präsidialversammlung des Deutschen Evangelischen Kirchentags.

Q   StadtA Ulm, G 2.
L   NEBINGER, Die ev. Prälaten, S. 581 [siehe auch Ergänzungen und Nachträge in der 2. Auflage 1984, S. 616].

Aicher, Otto („Otl"), * Ulm-Söflingen 13. Mai 1922, † Rotis bei Leutkirch 1. Sept. 1991, kath.

Vater   *Anton* Richard Aicher, * Tuttlingen 9. XI. 1895, † Ulm 13. IV. 1969, Installateurmeister, Gründer und Mitinhaber der Firma Aicher & Schmid, Sanitäre Anlagen und Zentralheizungsbau, Ulm, seit 1950 Innungs-Obermeister.
Mutter   Anna Kurz.
G   Hedwig („Hedl") Aicher, * 1920, ∞ Herbert Maeser; Georg Aicher, ∞ Thea Neubert.
∞ 1952 Inge →Aicher-Scholl.
5 K   Eva Aicher, * 17. VI. 1953; *Florian* Bruno Aicher, * 3. X. 1954; Pia Aicher, * 3. X. 1954, † 16. II. 1975, Zwilling zum Vorgenannten; Julian Aicher, * 20. III. 1958; Manuel Aicher, * 29. II. 1960.

Der Graphiker A., Mitgründer der Hochschule für Gestaltung Ulm, zählte zu den bedeutenden deutschen Gestaltern des 20. Jahrhunderts und prägte wie nur Wenige den neuen Begriff „Design". International anerkannt, war Ulm das Zentrum seines Schaffens.

A. wuchs in Ulm in einem dezidiert katholischen Milieu auf. Er besuchte in Ulm die Schule und kam schon 1937 erstmals mit dem NS-Regime in Konflikt, da er sich weigerte, der HJ beizutreten. Daraufhin wurde er nicht nur kurzzeitig inhaftiert,

sondern ihm 1941 auch das Abitur aberkannt. Werner Scholl war sein Schulfreund, seit Ende 1939 stand A. auch im Kontakt mit dessen Geschwistern. Das Haus der Scholls am Münsterplatz wurde zur zweiten Heimat A.s, bald entfremdete er sich seiner eigenen Familie, für die er in seinen Erinnerungen nur wenige gute Worte fand. Geistige Freiheit bedeutete ihm viel – bei den Scholls fand er sie.

Mit den Geschwistern →Scholl war er Kunde der Buchhandlung Josef Rieck (1911-1970) in Aulendorf, wo Bücher zu haben waren, die andernorts nicht ohne Probleme über den Ladentisch gingen. Nach 1946 war A. mit seiner späteren Ehefrau Mitglied der von Rieck ins Leben gerufenen „Gesellschaft Oberschwaben".

Trotz – oder gerade wegen? – seiner offensichtlich kritischen Haltung gegenüber dem Nationalsozialismus schien sich ihm nach dem Schulabschluss bei seiner Einberufung zur Wehrmacht eine Offizierslaufbahn anzubieten, die er jedoch ablehnte. A. brachte sich selbst eine Verletzung bei, um sich dem Kriegsdienst zu entziehen. 1943 war er in der nach der Ermordung von Sophie und Hans Scholl für deren Familie besonders schweren und bedrückenden Zeit zur Stelle, als viele andere sich abwandten. Zu Beginn des Jahres 1945 desertierte A. und konnte auf dem Bruderhof in Ewattingen bei den Scholls untertauchen.

Mit der Familie Scholl blieb er eng verbunden, auf diese Beziehung ist sein Erfolg teilweise zurückzuführen, ebenso wie auf seine moralische Stringenz als Konsequenz aus der Verarbeitung seiner Erlebnisse im „Dritten Reich". 1946 nahm A. ein Bildhauerstudium an der Akademie der Bildenden Künste in München auf und eröffnete im darauffolgenden Jahr sein eigenes Atelier in Ulm. Schon zuvor hatte er mit Inge →Aicher-Scholl, seiner späteren Ehefrau, zum Gründungskreis der vh Ulm gezählt und für zahlreiche Veranstaltungen und Vorträge in der Martin-Luther-Kirche die Plakate entworfen. Nicht nur auf diese Weise half A. wesentlich dabei mit, die Volkshochschule zum „demokratischen Herzen" Ulms in der Nachkriegszeit zu formen. Er vermochte auch eine Reihe prominenter Referenten zu gewinnen, an ihrer Spitze den Religionsphilosophen und Kulturkritiker Romano Guardini (1885-1968).

A. empfand es nicht nur als Bedürfnis, sondern als Verpflichtung, nach den Erfahrungen mit dem Totalitarismus und der Unterdrückung der bürgerlichen Mündigkeit öffentlich Stellung zu beziehen und sich für das, was er für richtig hielt, einzusetzen. Ein Beispiel war A.s Einsatz als Mitglied der Anfang 1950 gegründeten „Gesellschaft 1950", die sich im scharfen Kontrast zum 1946 wiedergegründeten Verein „Alt-Ulm" für einen progressiven Wiederaufbau der Stadt einsetzte. Gemeinsam mit dem Schweizer Max →Bill und seiner späteren Ehefrau entwarf A. schon Ende der 1940er Jahre erste theoretische Grundsätze und Konzeptionen für eine eigenständige Hochschule für Gestaltung (HfG), für deren Gründung er sich maßgeblich einsetzte. 1953 erfolgte die Grundsteinlegung für den Hochschulbau am Kuhberg, und nach Beginn des Betriebs 1955 lehrte A. dort als Dozent für Visuelle Kommunikation. Nach dem Rücktritt von Gründungsrektor Max Bill erfolgte 1956 A.s Berufung in das neue Rektoratskollegium, von 1962 bis 1964 war A. Rektor der Hochschule für Gestaltung Ulm. In dieser Zeit wurde das Lehrkonzept der HfG als „Ulmer Modell" berühmt. A. war international gefragt und nahm in dieser Zeit Gastprofessuren an der Yale University (1958) und in Rio de Janeiro (1959) wahr. Die Bedeutung der HfG, die zu Beginn stark dem Bauhaus verpflichtet war, für die Entwicklung des Designs ist heute unumstritten. 1968 musste sie auf Grund der Streichung von Fördergeldern durch die Landesregierung der Großen Koalition unter Ministerpräsident Filbinger geschlossen werden. Neben der basisdemokratischen Organisation der HfG hatten in Stuttgart die unentwegten Richtungskämpfe in der Schulleitung mit zu dieser Entscheidung geführt.

1972 wurde A. einer größeren Öffentlichkeit bekannt, weil er die Piktogramme und Plakate für die Olympischen Spiele in München geschaffen hatte. Diese wirken bis in die Gegenwart fort. Mit seinem Konzept der „Corporate Identity", einheitlichem Design von der Uniform bis zum Ticket, wies er den Weg in die Moderne. Als Gestaltungsbeauftragter für dieses öffentliche Großereignis hatte er bereits seit 1967 gewirkt und war mit seinem Büro nach München umgezogen. Nach dem Ende der Olympischen Spiele A. von Ulm in das allgäuische Rotis, wo er seine Arbeiten fortsetzte, 1988 die sogenannte Rotis-Schrifttypenfamilie entwickelte und schon 1984 das „Rotis Institut für analoge Studien" gegründet hatte.

A.s Design-Arbeiten waren überaus zahlreich und wirken bis in die Gegenwart hinein. Von den Radio- und Phonogeräten der Firma Braun über das Erscheinungsbild des Zweiten Deutschen Fernsehens (ZDF) und der Deutschen Lufthansa bis zu den verschiedenen Banken (Westdeutsche Landesbank, Dresdner Bank, Sparkasse, Raiffeisenbank) tritt der Nachwelt Tag für Tag sein Werk vor Augen. In einer Reihe von Schriften entwarf er die Theorie des Designs. Gemeinsam mit seiner Ehefrau engagierte sich A. in der Friedensbewegung.

A. starb im Alter von 69 Jahren an den Folgen eines Unfalls. Ein Motorrad hatte ihn bei der Gartenarbeit vor seinem Haus angefahren.

Q   StadtA Ulm, G 2.
W   Auswahl: (Mit Rudolf SAß), Flugbild Deutschland, Gütersloh 1968 – (mit Martin KRAMPEN), Zeichensysteme, München 1980 – (mit Rudolf SAß), Im Flug über Europa, Salzburg 1980 – gehen in der wüste (sic!), Frankfurt/Main 1982 – Die Küche zum Kochen, München 1982 – Kritik am Auto - Schwierige Verteidigung des Autos gegen seine Anbeter, München 1984 – innenseiten des kriegs (sic!), Frankfurt/Main 1985 – (mit Gabriele GREINDL und Wilhelm VOSSENKUHL), Wilhelm von Ockham. Das Risiko modern zu denken (Ausstellungsreihe der Bayerischen Rück „Erkundungen", Ausstellung Nr. 5), München 1986 – typographie (sic!), Berlin 1988 – analog und digital, Berlin 1991 – die welt als entwurf, 1991 – Über das Farbliche, 1993.
L   Ih 3, S. 3 – Herbert LINDINGER (Hg.), Hochschule für Gestaltung Ulm. Die Moral der Gegenstände (Ausstellungskatalog), Berlin 1987 – SPECKER, Großer Schwörbrief, S. 457 – Harenberg Personenlexikon 2000, S. 18 (Bild) – Markus RATHGEB, The early work of Otl Aicher, in: Baseline Nr. 31, 2001 – DERS., Otl Aicher - Design as a method of action, phil. Diss., University of Reading 2001 – Barbara SCHÜLER, Inge Scholl und Otl Aicher. Korrespondenzen und Kontakte zwischen Aulendorf und Ulm, in: Das große weite Tal der Möglichkeiten. Geist - Politik - Kultur 1945-1949. Das Projekt Gesellschaft Oberschwaben. Hg. von Elmar L. KUHN, Brigitta RITTER und Dieter R. BAUER, Lindenberg 2002, S. 117–130 – Nadine SCHREINER, Das visuelle Erscheinungsbild der Olympischen Spiele 1972 in München, in: Kgl. BUCHHOLZ/K. WOLBERT (Hgg.), Im Designpark, Darmstadt 2004 – DIES., Vom Erscheinungsbild zum „Corporate Design". Beiträge zum Entwicklungsprozess von Otl Aicher, phil. Diss., Bergische Universität Wuppertal 2005 – Thomas VOGEL, Söflinger Querköpfe. Franz Weiß und Otl Aicher, in: Wolf-Henning PETERSHAGEN im Auftrag des Vorstadtvereins Söflingen (Hg.), Ja, was ist denn mit jetzt mit uns? Vorstadt Söflingen. Ein eigenwilliger Stadtteil, Ulm 2005, S. 60 f.– Barbara SCHÜLER, Im Geiste der Gemordeten... Die „Weiße Rose" und ihre Wirkung in der Nachkriegszeit, Paderborn 2005 – Markus RATHGEB, Otl Aicher, London 2007 – SCHMIDT, Demokratie, S. 90, 92-95, 98 – Wikipedia – www.aicher-otl.de.

Aicher-Scholl, Inge, geb. Scholl, * Ingersheim/OA Crailsheim 11. Aug. 1917, † Leutkirch 4. Sept. 1998, ev., seit 1944 kath.
Eltern und G siehe Robert →Scholl.
∞ 1952 Otl →Aicher.
5 K.

Als ältestes Kind von Robert →Scholl, der zur Zeit ihrer Geburt Schultheiß in Ingersheim im württembergischen Franken war, widmete A. ihr Leben nach dem Ende der NS-Diktatur der Bewahrung der Erinnerung an die „Weiße Rose", des Vermächtnisses ihrer ermordeten Geschwister, und der Vermittlung von (nicht nur politischer) Bildung, die sie als bestes Bollwerk gegen die Gefahren totalitärer Verführung

ansah. In den Jahren des Wiederaufbaus war A. weit über die Grenzen Ulms hinaus ein Symbol für ein anderes, besseres Deutschland. Mit der vh Ulm und der Hochschule für Gestaltung Ulm bleibt ihr Name verknüpft.

A. wuchs in einem von christlich-humanistischen Werten dominierten liberalen Elternhaus in der Provinz auf. Die Eltern förderten den Gemeinschaftssinn ihrer Kinder, und die Verbundenheit der Familie ließ sie alle Anfechtungen überstehen. Bücher spielten frühzeitig eine Rolle in ihrem Leben. Sie besuchte die Schulen in Ingersheim und Forchtenberg, schließlich seit 1932 in Ulm, wohin die Familie umgezogen war. Mit ihren Geschwistern war A. in der bündischen Jugendbewegung aktiv. Gegen den Willen des Vaters, in dessen Steuerberater-Büro sie eine Zeitlang als Sekretärin arbeitete, trat 1934 dem Bund Deutscher Mädel (BDM) bei und erhielt dort sogar eine leitende Funktion. Wegen ihrer Mitgliedschaft in der Jugendbewegung erfolgten 1937 ihr Ausschluss aus dem BDM und Inhaftierung. Vom Kampf ihrer Geschwister Hans und Sophie →Scholl wusste die ältere Schwester bis zu deren Verhaftung nichts. Nach der Ermordung ihrer Geschwister ließen die Machthaber wenige Tage nach der Beerdigung die übrigen Mitglieder der Familie Scholl verhaften und für fünf Monate festsetzen. Nach der Freilassung gelang es den Scholls, in Ewattingen im badischen Schwarzwald auf dem Bruderhof ein neues Domizil zu finden, wo sie das Kriegsende erlebten. Auch Otl →Aicher, A.s späterer Ehemann, fand dort nach seiner Desertion Unterschlupf.

Der Krieg war gerade einige Monate vorbei, als A. mit anderen die Idee und das Konzept zur Gründung der Ulmer Volkshochschule entwickelte. Dabei vernetzte sie den wegweisenden Widerstand der „Weißen Rose" als Legitimation für eine neu erstehende deutsche Demokratie gezielt mit dem Programm der neuen Institution. Mit großem Sinn für Symbolik wurde die vh Ulm am 24. April 1946 gegründet. Die ersten Veranstaltungen fanden in der Ulmer Martin-Luther-Kirche statt, wo wenige Jahre zuvor das fünfte Flugblatt der „Weißen Rose" zum Versand vorbereitet worden war. A. sah den Sinn der Arbeit der vh Ulm primär in der Aufklärung über den Nationalsozialismus und der Schaffung eines demokratischen Selbstverständnisses. Dabei setzte sie nicht nur auf Vorträge, sondern vor allem auch auf Gesprächskreise, in denen die Gelegenheit zur Diskussion angeboten und kräftig genutzt wurde. Mit diesem Konzept gewann die vh Ulm Vorbildcharakter für das Volkshochschulwesen im westlichen Nachkriegsdeutschland. A. leitete die vh Ulm über 28 Jahre lang, stark unterstützt von ihrem Ehemann, bis 1974. Mit ihrem Buch über „Die Weiße Rose", das 1952 erschien und internationale Beachtung fand, beeinflusste A. nachhaltig die Darstellung des Widerstands gegen den Nationalsozialismus. Die Rolle ihrer Geschwister stellte sie dabei in idealisierender Überhöhung in den Mittelpunkt. In zahlreichen Vorträgen, mit Veranstaltungen und weiteren Publikationen („Sippenhaft", 1993) blieb sie ihrem Lebensthema, die Erinnerung an ihre ermordeten Geschwister aufrechtzuerhalten, treu.

Nachdem die Familie nach Rotis bei Leutkirch übersiedelt war, hielt sich A. nicht mehr regelmäßig in Ulm auf, was sie zur Niederlegung ihres Amtes als vh-Vorsitzende veranlasste.

Mit ihrem späteren Ehemann Otl →Aicher, mit dem sie auch Mitglied der „Gesellschaft Oberschwaben" war, verband A. der bewusste Wille zur Teilnahme an und Stellungnahme zu öffentlichen Belangen als Konsequenz aus den Erfahrungen der NS-Zeit. Beide engagierten sich seit Anfang 1950 in der „Gesellschaft 1950", die sich im Gegensatz zum Verein „Alt-Ulm" für einen progressiven Wiederaufbau der Stadt aussprach. Ebenfalls 1950 gründete A. die Geschwister-Scholl-Stiftung als Trägerin der Hochschule für Gestaltung (HfG) Ulm, die 1955 gegründet wurde. Mit ihrem Ehemann trug sie wesentlich dazu bei, die HfG zu ermöglichen.

A. engagierte sich seit 1978 aktiv in der Friedensbewegung und nahm an mehreren Ostermärschen teil. 1985 beteiligte sich an der Sitzblockade vor dem US-amerikanischen Militärdepot in Mutlangen, wofür sie zu einer Geldstrafe in Höhe von 800 DM verurteilt wurde. Sie wehrte sich gegen von Teilen der Presse gezogene Parallelen zwischen ihrem Widerstand und dem Wirken der „Weißen Rose", vermerkte allerdings die aus ihrer Sicht sich verstärkende *Tendenz, einen schweigsamen Untertan zu erziehen*. 1996 brachte sie ein Buch über das Leben mit ihrer geistig behinderten Tochter Eva heraus („Eva. Weil du bei mir bist, bin ich nicht allein"). 1997 zur Ehrenbürgerin von Ulm ernannt, erlag sie im Jahr darauf im Alter von 81 Jahren einer Krebserkrankung. 1999 wurde eine Schule für geistig Behinderte in Bad Saulgau-Renhardsweiler nach A. benannt, 2005 die Realschule im Neu-Ulmer Stadtteil Pfuhl. – 1969 Pfaff-Preis für Initiativen im Bildungswesen; 1987 Allgäuer Friedenspreis; 1988 Freda-Wüsthoff-Preis; 1995 Verdienstmedaille des Landes Baden-Württemberg.

Q   StadtA Ulm, G 2 – Nachlass im Archiv des Instituts für Zeitgeschichte (IfZ), München.
L   SPECKER/TÜCHLE, S. 473 – Manuel AICHER, Die Vorfahren von Hans und Sophie Scholl, in: Genealogie 1980, S. 161-179 und 209-221 – SPECKER, Großer Schwörbrief, S. 457 – Hermann VINCKE, „Man muss etwas machen, um selbst keine Schuld zu haben". Sophie und Inge Scholl, in: Kgl. RAABE (Hg.), Deutsche Schwestern, 1997, 341-377 (Bild) – Barbara SCHÜLER, Inge Scholl und Otl Aicher. Korrespondenzen und Kontakte zwischen Aulendorf und Ulm, in: Das große weite Tal der Möglichkeiten. Geist – Politik – Kultur 1945-1949. Das Projekt Gesellschaft Oberschwaben. Hg. von Elmar L. KUHN, Brigitta RITTER und Dieter R. BAUER, Lindenberg 2002, S. 117–130 – M. KRAMPEN/G. HÖRMANN, Die Hochschule für Gestaltung Ulm, Ulm 2003 – NDB 23 (2007), S. 444 ff. (Winfried SÜß) – SCHMIDT, Demokratie, S. 84, 90-92, 94 f., 98, 105 – (vgl. auch die Angaben bei Otl →Aicher sowie bei Hans und Sophie →Scholl) – Wikipedia.

Alberti, Armand von, * Ulm 31. Okt. 1866, † ebd. 13. März 1919, ev.
Vater   Eduard von →Alberti, General der Infanterie z. D.
Bruder des Bernhard von →Alberti.

Der aus einer württ. Offiziersfamilie stammende A. trat 1886 als Freiwilliger in das Grenadier-Rgt. „Königin Olga" Nr. 119 ein, wo er 1888 zum Sekondeleutnant avancierte. Von 1891 bis 1893 war er Adjutant beim Bezirkskommando Reutlingen, 1895 erfolgte die Beförderung zum Premierleutnant, 1902 zum Hauptmann und Kompaniechef. 1911 stieg A. zum Major und Adjutanten beim Generalkommando des XIII. Armeekorps in Stuttgart auf, ein Jahr später war er Bataillonskommandeur im Inf.-Rgt. 120. Nach einer Frontverwundung wurde er 1915 zur Dienstleistung ins württ. Kriegsministerium abkommandiert, kam aber schon Anfang 1916 als Kommandeur des Füsilier-Rgts. 122 wieder an die Front. A. führte sein Regiment auf dem Balkan, in Galizien und bei Riga, zuletzt seit 1917 in Frankreich, dort in der Champagne, vor Verdun, bei der Angriffsschlacht 1918 und bei den Abwehrkämpfen an der Somme, Ancre und Scarpe, bei Albert und Peronne: *Er war ein ebenso umsichtiger und tatkräftiger, als tapferer und unerschrockener Offizier von hervorragendem Verdienst, der unter dem Zusammenbruch und der Auflösung des Heeres schwer gelitten hat* (Karl Ludwig von MUFF). Oberst A. war Träger hoher und höchster Orden und Auszeichnungen, so der Ritterkreuze des Militärverdienstordens und des Hausordens von Hohenzollern, des Ehrenkreuzes des Württ. Kronordens mit Schwertern, des Kommenturkreuzes II. Kl. des Friedrichsordens mit Schwertern, des EK I und des Ordens „Pour le mérite".

L   Ih 1, S. 7 – WN 1918/19, S. 198 (Karl Ludwig von MUFF) – KOHLHAAS, Chronik 1918-1933, S. 310.

Alberti, Bernhard von, * Ulm 15. April 1868, † Rozan 26. Juli 1915, gefallen, □ Makow, ev.
Eltern und G siehe Eduard von →Alberti, General der Infanterie z. D.

Zwei Jahre nach seinem älteren Bruder Armand von →Alberti trat auch A. 1888 als Freiwilliger in das Grenadier-Rgt. „Königin Olga" Nr. 119 ein, wurde im Jahr darauf zum Sekondeleutnant ernannt und war als Nachfolger seines Bruders von 1893 bis 1895 Adjutant beim Bezirkskommando Reutlingen. 1896 Premierleutnant, war er von 1897 bis 1900 Kompanieoffizier bei der Unteroffizierschule in Ettlingen (Baden). 1900/01 gehörte er dem deutschen Expeditionskorps beim sog. „Boxeraufstand" in China an, wurde nach seiner Rückkehr zum Oberleutnant beim Grenadier-Rgt. Nr. 119 ernannt und im Jahr darauf zur Dienstleistung bei der Schlossgarde in Stuttgart abkommandiert. 1904 zum Hauptmann und Kompaniechef beim Grenadier-Rgt. Nr. 119 befördert, avancierte er 1913 zum Major im Inf.-Rgt. Nr. 180. Im Zuge der Mobilmachung im Sommer 1914 wurde er als Bataillonskommandeur dem Reserve-Inf.-Rgt. Nr. 120 zugeteilt und im Aug. 1914 bei Kämpfen in den Vogesen schwer verwundet. Er behielt eine Teilversteifung eines Armes zurück, ging aber im März 1915 als Bataillonskommandeur des III. Bataillons des Grenadier-Rgts. Nr. 119 wieder an die Front. Am 24. Juli 1915 erhielt er bei Rozan einen Kopfschuss, an dem er zwei Tage später starb. – Ritterkreuz des Württ. Kronordens mit Schwertern, EK II.

L   WN 1915, S. 233 (Karl von MUFF).

Alberti, Eduard von, * Ludwigsburg 20. April 1838, † Stuttgart 27. Okt. 1914
Vater   *Ludwig* Eberhard von Alberti, * 26. IV. 1797, † 1867, pensionierter Verwalter der Gewehrfabrik Oberndorf/Neckar, Oberstleutnant im Kgl. Ehreninvalidenkorps, S. d. Franz Carl (von) Alberti, * Arolsen (Fürstentum Waldeck) 2. II. 1742, † Ulm 4. IX. 1820, Kgl. Württ. Oberst und Kommandant der Kavallerie in Öhringen, zuletzt Stadtkommandant in Ulm, am 2. I. 1807 von König Friedrich I. in den württ. Adelsstand erhoben, u. d. Christiane Friederike Hauff, * Stuttgart 16. III. 1759, † 8. III. 1820, T. d. württ. Landschaftskonsulenten Wolfgang Hauff.
Mutter   Elise Henriette Freiin von Emerich, * Dresden 17. XI. 1805, † 1874.
Mehrere G, darunter *Mathilde* Wilhelmine Irmgard von Alberti[8], * Hohenasperg/OA Ludwigsburg 30. XI. 1835, † Stuttgart 5. II. 1911, ∞ Stuttgart 1856 Freiherr Ernst Friedrich Ludwig Schiller, * Reichenberg/OA Backnang 28. XII. 1826, † Stuttgart 8. V. 1877, K. K. Rittmeister, Enkel des Dichters Friedrich Schiller. ∞ 1862 Maria Schmidt, * 30. VIII. 1841, T. d. Bernhard von Schmidt, * Heilbronn 14. III. 1811, † 7. I. 1853, Kgl. Württ. Hauptmann im 4. Inf.-Rgt.
Mehrere K, darunter Armand von →Alberti, Bernhard von →Alberti.

A. entstammte einem ursprünglich in Florenz ansässigen Geschlecht. Vater, Großvater und zwei Onkel waren Offiziere in württ. Diensten, ein anderer Onkel war Mitglied des Kgl. Württ. Bergrats und Salinenverwalter in Wilhelmshall.
Nach dem Ludwigsburger Lyzeum erwarb sich A. in zweieinhalb Jahren an der Kriegsschule in Ludwigsburg, die er als Portepeekadett verließ, umfassende militärische Kenntnisse. 1857 Leutnant im 4. Inf.-Rgt. in Ulm, kam A. 1859 im Zuge der Mobilmachung der württ. Truppen angesichts des Krieges zwischen Österreich und Frankreich zum 2. Jägerbataillon in Wiblingen. 1860 avancierte er zum Bataillonsadjutanten bei seinem bisherigen Regiment, wenig später zum Oberleutnant. In Ulm gründete er 1862 seinen Hausstand, seine Kinder wurden in Ulm geboren.
Im Krieg von 1866 gehörte das 4. Inf.-Rgt. zur Belegung der Festung Mainz. A. hatte zuvor als Regimentsadjutant die Mobilmachung in Ulm geleitet. 1869 wurde A. zum Hauptmann im 8. Inf.-Rgt. befördert und führte 1870/71 dessen 1. Kompanie im Deutsch-Französischen Krieg, wobei er sich das EK II erwarb. Nach Kriegsende war er zunächst mit seinem Regiment in Straßburg, 1872 folgte dann die Versetzung zum 2.

---

[8] IH 2, S. 771 – ZIEGLER, FANGELSBACHFRIEDHOF, S. 87 F.

Württ. Inf.-Rgt. (Kaiser Wilhelm, König von Preußen) Nr. 120 nach Weingarten. Später wurde der Standort dieses Regiments, mit dem A. eng verbunden war, nach Ulm verlegt. Der 1875 zum Major beförderte Offizier wurde 1876 mit dem Kommando des Füsilierbataillons des 1. Württ. Inf.-Rgts. (Gren.-Rgt. „Königin Olga") Nr. 119 betraut. 1882 Oberstleutnant, erhielt er 1885 das Kommando des 2. Württ. Inf.-Rgts. (Kaiser Wilhelm, König von Preußen) Nr. 120, bei dem er im Folgejahr zum Oberst befördert wurde.

1889 zum Generalmajor aufgestiegen und als Kommandeur der 62. Inf.-Brigade nach Preußen abkommandiert, erwarb sich A. weitere Meriten, die 1892 zur Übertragung des Kommandos der 2. Inf.-Division in Königsberg führten. Dieses Kommando war für einen Offizier der „normalen" Dienstlaufbahn ungewöhnlich. 1894 schied A. auf eigenen Wunsch aus dem aktiven Dienst aus, wurde z. D. gestellt und erhielt als Ausdruck der Anerkennung vom König das Großkreuz des Friedrichsordens. 1898 wurde A., der seinen Ruhestand in Stuttgart verlebte, der Charakter eines Generals der Infanterie verliehen. – 1891 Kommenturkreuz des Württ. Kronordens.

L. Ih 1, S. 7 [mit unzutreffendem Sterbedatum] – CAST I, S. 404 ff. – GEORGII-GEORGENAU, S. 848, [1150] – SM Nr. 499/1914 – WN 1914, S. 201 f. (Karl von MUFF).

Albrecht, Johann *Friedrich*, * Glatz (Schlesien) 10. März 1818, † Wiesbaden 5. Juni 1890, ev., später dt.-kath.

Vater Albrecht, Militärmusikmeister.
∞. Mehrere K, darunter Heinrich →*Albrecht, Dr. med., * Ulm 22. VI. 1848, † ebd. 1. XI. 1909, Generaloberarzt in Ulm, Regimentsarzt beim Grenadier-Rgt. König Karl (5. Württ.) Nr. 13 ebd., Ritterkreuz I. Kl. des Friedrichsordens, ∞ Mathilde Kayser.

A. war eine der beherrschenden Persönlichkeiten im öffentlichen Leben Ulms von der vorrevolutionären Zeit bis in die Ära des deutschen Kaiserreichs hinein. Als Prediger, Politiker und Publizist genoss A. einen hohen Bekanntheitsgrad weit über Ulm hinaus. Der dt.-kath. Prediger, der als examinierter Kandidat in prot. Theologie noch vor seinem 30. Lebensjahr zum dt.-kath. Glauben übergetreten war, kam nach dem Studium in Breslau und Berlin im Dez. 1845 zur neu gegründeten dt.-kath. Gemeinde in Ulm, die damals wenig mehr als 200 Mitglieder umfasste. Empfohlen hatte ihn der einflussreiche Deutschkatholik Johannes Ronge, der am 23. Sept. 1845 im Ulmer Münster eine weithin beachtete Rede gehalten hatte. Der Esslinger Prediger Heinrich Loose ordinierte A. am 21. Dez. 1845. Der Deutschkatholizismus verstand sich als Abwendung von den als reaktionär empfundenen Traditionen der kath. Amtskirche, in dem ein Maß an Liberalismus so stark mitschwang, dass manche Mitglieder sogar die Überwindung der konfessionellen Grenzen erwarteten. Der praktisch mittellose A. war aber nicht nur der „Frontmann" dieser Gemeinde, sondern arbeitete auch zielstrebig auf eine eigene Kirche hin, die 1864 in der Olgastraße 70 eröffnet wurde. Politisch im demokratischen Sinne überaus aktiv, übte A. schon 1848/49 eine führende politische Tätigkeit beim „Volksverein" aus, dessen Landesausschuss er als Vertreter des „Ulmer Politischen Vereins" angehörte, und war ein gesuchter Redner nicht nur in Württemberg, sondern auch in Bayern. Im Frühjahr 1848 Kandidat zur Dt. Nationalversammlung im WK II im Donaukreis – Ulm und Teile der OÄ Blaubeuren und Laupheim –, unterlag A. gegen Konrad

Dieterich →Haßler mit 2.662 gegen 5.918 Stimmen deutlich, lag aber in Ulm mit 1.872 gegenüber 1.699 Stimmen Haßlers vorn. Erstmals wurde die Stadt bei einer Wahl vom Umland überstimmt.

Danach konzentrierte sich A. auf die Ulmer Kommunalpolitik. Im Sept. 1849 bei der Gemeinderatswahl und im Juli 1850 bei der Bürgerausschusswahl noch durchgefallen, gelang ihm Mitte 1851 der Einzug in den Bürgerausschuss, dessen Obmann er zeitweise (so nach den Wahlen vom Dez. 1860 und vom Dez. 1863) war. A. war Mitglied des Ulmer Armenrats und zählte im März 1865 zu den Mitunterzeichnern des Aufrufs des neu gegründeten Volksvereins zu einer Versammlung zum Zwecke der Besprechung der Wehrfrage auf der „Wilhelmshöhe". Er schloss sich 1867 den Nationalliberalen an, seitdem war er Landesausschussmitglied der nationalliberalen Deutschen Partei in Württemberg und wirkte publizistisch und als Redner jahrzehntelang in ihrem Sinne. 1862 gründete er den Ulmer Arbeiterbildungsverein. Im Herbst 1863 wurde A. in den Ausschuss des Ulmer Schleswig-Holstein-Komitees gewählt. Im Aug. 1870 zählte A. zu den Unterzeichnern des öffentlichen Aufrufs zur Gründung eines Hilfsvereins für die württ. Soldaten.

1850/51 übernahm A. als Nachfolger von Ludwig →Seeger die Redaktion der liberalen „Ulmer Schnellpost" und des freireligiösen Sonntagsblattes „Kirchenfackel". Als beliebter Publizist war A. zwischen der gescheiterten Revolution und der Konsolidierung des deutschen Kaiserreichs in der Region eine wirkungsmächtige Persönlichkeit, die sich bei den anstehenden Landtags- und später Reichstagswahlen in den Meinungsbildungsprozess einzuschalten wusste. A. übte diese wichtige Tätigkeit in Ulm über 30 Jahre lang aus, ehe er 1884 von dem neuen Verleger Eugen →Nübling entlassen wurde. A. empfand dies als persönliche Kränkung.

Im Frühjahr 1885 zog A. nach Wiesbaden. Zu seinem Abschied veranstalteten die freireligiöse Gemeinde, die Deutsche Partei, der Kaufmännische Verein, die Liedertafel, der Liederkranz, der Sängerkranz, Gewerkvereine, Veteranenverein und Turnerbund am 20. Mai 1885 in den überfüllten „Greifensälen" eine Feier zu seinen Ehren. A. war Mitglied des Vereins für Kunst und Altertum in Ulm und Oberschwaben. An seinem neuen Wohnort lebte er noch fünf Jahre, ehe er 72-jährig plötzlich an einem Herzinfarkt starb. – Seit 1848 Mitglied, seit 1849 Sprecher und zuletzt Ehrenmitglied des 1846 gegründeten Turnerbundes Ulm, hielt 1878 die Festrede bei der Feier der Ulmer Turnvereine anlässlich des 100. Geburtstages von „Turnvater Jahn"; Mitgründer des Krumbacher Männervereins; 1862 Wiedergründer des Demokratischen Volksvereins in Ulm.

Q StadtA Ulm, G 2 alt.
W Predigten, Aufsätze und Mittheilungen, 12 Hefte, Ulm 1846.
L Ih 1, S. 8 – SCHULTES, Chronik, S. 474 [Geburtsdatum fälschlich „1813"], 481, 545 f. – RAPP, Württemberg und nationale Frage, S. 96, 101 – Turnerbund Ulm, Jahrbuch 1911, S. 43 (CELLARIUS) – UBC 1, S. 575 f., 577 (Bild), 594 – UBC 2, S. 78, 107, 134, 247, 391, 507, 559 – NDB 1 (1953), S. 180 f. (Werner KÜPPERS) – KOSCH, Biogr. Staatshandbuch, S. 17 f. – HEPACH, Königreich, S. 110, 150, 155, 162-164, 173, 188, 192 f., 201-204, 206 – MANN, Württemberger, bes. 81 f., 377, 408 u. ö. – SPECKER/TÜCHLE, S. 275 – SPECKER, Ulm im 19. Jahrhundert, S. 181, 208, 211, 213 f., 216, 219-221, 235, 248, 268, 299 f., 365, 368, 375, 391, 422 f., 468, 472 – WAIBEL, Gemeindewahlen, S. 275-281, 284, 289, 296 f., 299, 310 – SPECKER, Großer Schwörbrief, S. 283, 311, 323 – Otto RENKHOFF, Nassauische Biographie. Kurzbiographien aus 13 Jahrhunderten, Wiesbaden ²1992, S. 9, Nr. 45 – Dorothee BREUCKER in: Revolution im Südwesten ²1998, S. 655 f. (Bild) – Ulrich SEEMÜLLER, Friedrich Albrecht (1818-1890), in: Revolution 1848/49, S. 47-51 (Bild) – NANNINGA, Wählen, S. 9 – SCHMIDT, Demokratie, S. 28, 30 (Bild), 32, 39.

Albrecht, *Jakob* Leonhard, * Neu-Ulm 13. April 1875, † ebd. 23. Okt. 1915, ev.

Vater Bernhard Albrecht, * Neenstetten/OA Ulm 9. VII. 1848, † Neu-Ulm 8. XI. 1897, Bäckermeister in ihrem Neu-Ulm.
Mutter Regina Köpf, * Ulm 20. VII. 1842, † Neu-Ulm 5. VI. 1915.
1 G Elise Albrecht, * Neu-Ulm 18. V. 1882.
∞ Neu-Ulm 5. II. 1900 Katharina Wanner, * Ulm 17. V. 1876, † Neu-Ulm 4. XII. 1953, T. d. Karl Wanner, Seilermeister, u. d. Elise Ziegler.
Mehrere K, darunter Karl Albrecht, * Neu-Ulm 17. X. 1900.

A. war neben Gustav →Benz und Georg →Reizele einer der führenden Bäcker Neu-Ulms und ein herausragender Vertreter der berufsständischen Organisation der dortigen Bäcker.

A. war der Sohn eines Bäckermeisters, der sein Geschäft im Jahre 1874 in der Neu-Ulmer Friedensstraße 30 gegründet hatte. Er wuchs in Neu-Ulm auf, besuchte dort die Schule und ging anschließend bei seinem Vater in die Lehre. Die obligatorischen Wanderjahre führten den jungen A. nach Heidelberg, Lübeck und Wien, wo er seine Lehre abschloss und in verschiedenen Bäckereien als Gehilfe arbeitete. Nach dem Tod des Vaters übernahm A. im Alter von 22 Jahren dessen Betrieb und führte ihn erfolgreich weiter.

A. war langjähriger Obermeister der Freien Bäcker-Innung für Neu-Ulm, Offenhausen und Pfuhl. Diese hatte sich nach dem Erlass des Gewerbegesetzes (1862), das die alten Zünfte aufgehoben und eine nur wenig eingeschränkte Gewerbefreiheit ausgerufen hatte, gebildet, um die berufsständischen Interessen zu wahren. 1906 wurde A. auch zum Obermeister der für den Bereich des Bezirksamtes neu gegründeten Bäcker-Innung Neu-Ulm/Weißenhorn gewählt, für deren Gründung er sich an vorderster Stelle stark gemacht hatte. A., der auch Mitglied der Meisterprüfungskommission für Neu-Ulm und Umgebung war, starb im Alter von 40 Jahren an einer Blutvergiftung.

Q   StadtA Neu-Ulm, D 12, IX.2.1.1.
L   Adreßbuch Ulm/Neu-Ulm 1910, Zehnte Abteilung, S. 67 – ebd. 1912, Zehnte Abteilung, S. 71 – ebd. 1914, Zehnte Abteilung, S. 75 – TEUBER, Ortsfamilienbuch Neu-Ulm I, Nr. 0043.

Albrecht, Walther, Dr. med., * Ulm 18. Juli 1881, † Tübingen 26. Dez. 1960, ev.
Vater   Heinrich →*Albrecht, Dr. med., * 22. VI. 1848, † Ulm 1. XI. 1909, Generaloberarzt in Ulm.
Mutter   Mathilde Kayser.
∞ Paula Grützner, T. d. Paul Grützner[9], Dr. med., * Festenberg (Schlesien) 30. IV. 1845, † Bern 29. VII. 1919, 1884-1916 Professor der Physiologie und Leiter des physiologischen Instituts in Tübingen, Vorsitzender des württ. Landesvereins gegen den Missbrauch geistiger Getränke.
2 K   Margot Albrecht, * 1913; Wolfgang Albrecht[10], Dr. med., * Tübingen 29. III. 1921, Arzt in Riehen (bei Basel).

Der Enkel von Friedrich →Albrecht war einer der berühmtesten deutschen Ärzte des 20. Jahrhunderts. Nach dem Besuch des Kgl. Gymnasiums Ulm und der dort im Jahre 1900 abgelegten Reifeprüfung studierte A. in Tübingen (Mitglied der Burschenschaft Germania), 1902/03 in München und 1903/04 in Berlin Medizin. Nach der Promotion versah er mehrere Assistenzarztstellen, zunächst in Berlin, wo er auch Privatdozent der Laryngologie an der Hals-Nasen-Ohren-Klinik war. Vor 1914 wirkte er als Assistenzarzt in Tübingen und Freiburg im Breisgau. Im Ersten Weltkrieg war A. u. a. als fachärztlicher Beirat für Ohrenkrankheiten beim XIII. Armeekorps. 1914 zum Professor an der Universität Tübingen und zum Vorstand der Universitäts-Ohrenklinik ebd. ernannt, entfaltete A., der 1925/26 und 1934/35 Dekan der medizinischen Fakultät war, eine umfassende praktische und wissenschaftliche Aktivität. Er entwarf Pläne für den Neubau der Ohrenklinik, denen weitgehend gefolgt wurde. A. verfasste mehrere Bücher, darunter „Erbpathologie des Ohres (in „Handbuch der Erbbiologie des Menschen" von Just) und, mit A. Denker, das „Lehrbuch der Hals-, Nasen-, Ohrenkrankheiten", das bis zu seinem Tode 14 Auflagen erlebte. Daneben war A. Mitherausgeber der „Zeitschrift für menschliche Vererbungs- und Konstitutionslehre".
Nach 1945 war A. vorübergehend der Leitung der Ohrenklinik enthoben, wurde jedoch nach politischer Überprüfung wieder als Professor und Klinikdirektor eingesetzt. Ende 1946 wurde seine altersbedingte Versetzung in den Ruhestand verschoben, die 1948 erfolgte.

9 Ih 1, S. 304 – WN 1918/19, S. 199.
10 PHILIPP, Germania, S. 170, Nr. 2113.

Q   StadtA Ulm, G 2.
L   Ih 1, S. 8 – Reichshandbuch I, S. 16 (Bild) – UBC 3, S. 225 – SCHMIDGALL, Burschenschafterlisten, S. 105, Nr. 1641 – PHILIPP, Germania, S. 121, Nr. 1646 – KLEE, Personenlexikon, S. 12.

Allgöwer, Gerhard, * Friedrichshafen 29. Feb. 1912, † Ulm 12. Nov. 1995, ev.
∞ Toni Burkhardt.

A. war die zentrale Persönlichkeit der Ulmer Stadtverwaltung in den Jahrzehnten nach dem Zweiten Weltkrieg.
Seit 1939 in der Ulmer Stadtverwaltung tätig, leitete A. von 1949 bis 1975 das neu gebildete städtische Hauptamt Ulm, die Zentralstelle der Stadtverwaltung. Ausgewählt unter 50 Bewerbern, wurde A. die „rechte Hand" des Oberbürgermeisters Theodor →Pfizer. A. schuf die neue Hauptsatzung, die Allgemeine Dienstordnung und den umfassenden Aktenplan. Ende der 1950er Jahre führte er die elektronische Datenverarbeitung – damals noch mit Lochkarte – ein. 1975 trat der städtische Verwaltungsdirektor in den Ruhestand.
1976 wurde er zum Vorsitzenden des Stadtkreises des Volksbundes Deutsche Kriegsgräberfürsorge gewählt. A. war Mitgründer des Verkehrsvereins Ulm/Neu-Ulm, Mitglied der Karnevalsgilde der Kuhbergvereins, bei den „Donaufreunden" und bei „pro ulma", daneben Redakteur der „Blättle" der Sektion Ulm des Deutschen Alpenvereins, dessen Ehrenmitglied er war.

Q   StadtA Ulm, G 2.
W   Die Stadtverwaltung Ulm. Von der Nachkriegs- zur EDV-Verwaltung, in: SPECKER, Tradition und Wagnis, S. 164-175.
L   TREU, Neu-Ulm, S. 455 (Bild).

Allgoewer, Leonhard Julius *Reinhold*, Dr. der Staatswissenschaften, * Geislingen/Steige 20. Nov. 1892, † Ulm 5. Jan. 1960, ev.
Vater   Emil Allgoewer, Privatbankier in Ulm.
Mutter   Bertha Schmidlin.
3 G.
Ledig. Keine K.

1911 bestand A. am Realgymnasium Ulm das Abitur. Nach dem wirtschaftswissenschaftlichen Studium in Tübingen und Leipzig war A. Soldat im Ersten Weltkrieg. 1920 promovierte er mit der Arbeit „Die Brotgetreideversorgung der Provinz Limburg im Rahmen der Regelung für das Generalgouvernement Belgien (1914-1918)" bei Professor Dr. Franz Gutmann (Universität Tübingen) und begann seine Tätigkeit in der Lebensmittelbranche, zunächst bei der Löwensteiner Konservenfabrik in Heilbronn/Neckar, wechselte aber nach 1920 zur Firma Magirus in Ulm. 1927/28 ließ er sich als selbstständiger Wirtschaftsprüfer und Steuerberater in Ulm nieder und gehörte zu den gesuchtesten Vertretern seines Berufs.

L   UBC 3, S. 489 – EBERL/MARCON, S. 207, Nr. 675.

Allgöwer, Richard, * Ulm 11. Jan. 1838, † ebd. 19. Feb. 1915, □ ebd., Neuer Friedhof, ev.
Vater   Johannes Allgöwer, * 25. X. 1811, † Ulm 12. VI. 1876, Bierbrauereibesitzer in Ulm.
Mutter   Ursula Mayser, * Ulm 10. XI. 1807, † 29. X. 1875.
∞ Susanne Lucie Wanner.

A. war eine der führenden Persönlichkeiten der Ulmer Kommunalpolitik und Wirtschaft in der Zeit des Kaiserreichs.
Einer Bierbrauerdynastie mit zahlreichen verwandtschaftlichen Verflechtungen zu anderen Ulmer Kaufmannsfamilien entstammend, wuchs A. in Ulm auf und ging bei seinem Vater in die Lehre. Nach dessen Tod selbstständiger Kaufmann in Ulm, übernahm A. die Betriebsleitung und steuerte das Familienunternehmen durch schwierige Zeiten.
Im Dez. 1873 zog A. erstmals in den Bürgerausschuss ein, wurde im Dez. 1882 wiedergewählt, scheiterte aber im Dez.

1885 bei den Gemeinderatswahlen. Im Jahr darauf misslang ihm auch der Wiedereinzug in den Bürgerausschuss. Erst im Dez. 1887 gelang es ihm, sich in den Gemeinderat wählen zu lassen. Seit 1888 war A. Vorstandsmitglied der Gewerbebank Ulm, von 1906 bis 1911 übte er das Amt des stv. Vorsitzenden des Aufsichtsrats aus, von 1912 bis 1913 war er dessen Vorsitzender. Im Feb. 1913 legte A. den Aufsichtsratsvorsitz nieder, zu seinem Nachfolger wurde Paul →*Leibinger gewählt. Seit 1911 war A. Vorsitzender der Ulmer Liedertafel, daneben langjähriges Mitglied des ev. Kirchengemeinderats für die Parochie der Dreifaltigkeitskirche. Er starb kurz nach Vollendung seines 77. Lebensjahres. – 1900 Ritterkreuz I. Kl. des Friedrichsordens.

L UBC 3, S. 318, 409, 485 – UBC 4, S. 2, 7 (Bild) – WAIBEL, Gemeindewahlen, S. 354 ff.

Alt, Mat[t]hias, * Pfuhl 12. Okt. 1849, † Neu-Ulm 5. Aug. 1922, ▢ ebd., Alter Teil des Friedhofs, ev.
Vater   Johann Georg Alt, Schäfer und Halbsöldner in Pfuhl.
Mutter   Anna Ihle.
∞ 1877 Anna Maria Vöhringer, * Albeck 11. V. 1847, † Neu-Ulm 11. VII. 1921.
6 K   Mat[t]hias Alt, * Neu-Ulm 20. V. 1871 [sic!], † ebd. 9. VI. 1889; Eugen Alt, * wohl Neu-Ulm 1874, † 22. XI. 1875; Karl Alt, * Neu-Ulm 16. III. 1880, † ebd. 22. I. 1935, Kaufmann in Neu-Ulm 4. VIII. 1835, † ebd. 24. VIII. 1835; Johann Christian Althammer[11], * Neu-Ulm 13. I. 1838, Holzhändler in Neu-Ulm, ∞ 6. II. 1919 Ursula Preßmar, * Gingen an der Fils/OA Geislingen 3. VI. 1889; † Neu-Ulm 14. V. 1920; Wilhelm Alt, * Ulm 3. III. 1884, † ebd. 9. III. 1941, Kohlenhändler in Neu-Ulm, ∞ Magdalena Alt, * 1891, † 1984; Maria Alt, * Ulm 3. III. 1884, Zwilling zur Vorgenannten; Otto Alt, * Neu-Ulm 26. IV. 1886, Kaufmann, ∞ Maria Stelzenmüller, * Ulm 23. XII. 1885.

Im Gegensatz zum überwiegenden Großteil der Gründer von Handwerksbetrieben und Handlungsunternehmen in Neu-Ulm im 19. Jahrhundert kam A. nicht von außen, sondern entstammte einer Pfuhler Familie.
Der „Brennwarenhändler" A. gründete in den 1870er Jahren die in der Neu-Ulmer Donaustraße gelegene und nach ihm benannte Kohlen-, Brikett- und Holzhandlung. Sie nahm im Zuge der Industrialisierung und des Eisenbahnanschlusses rasch einen großen Aufschwung, wobei A. auch mit dem Großraum Ulm Handel trieb. A. übergab das florierende Unternehmen seinem Sohn Wilhelm; nach dessen frühem Tod übernahm seine Witwe Magdalena Alt mitten im Zweiten Weltkrieg die Geschäftsführung, ihr folgte ihre Tochter Else Wilke, die das Geschäft bis 2005 führte.

L TEUBER, Ortsfamilienbuch Neu-Ulm I, Nr. 0062 – WEIMAR, Rundgang, S. 84 f.

Althammer, Carl (Karl) Friedrich, * Bächingen an der Brenz 25. März 1808, ▢ Neu-Ulm 15. Okt. 1875, ev.
Vater   Christian Althammer, † 1862.
Mutter   Margarethe Brodhuber, † 1862.
∞ I. Bächingen an der Brenz 6. VI. 1832 Barbara Nusser, * Bächingen an der Brenz 6. II. 1810, † Neu-Ulm 2. V. 1860; ∞ II. Neu-Ulm 4. V. 1862 Magdalene Schüle, * Asch/OA Blaubeuren 19. VII. 1821, T. d. Johannes Schüle, Weber, u. d. Apollonia Mattheiß.
10 K aus I. Ehe   Maria Christina Althammer, * Neu-Ulm 31. VIII. 1833; Johann Friedrich Althammer, * Neu-Ulm 4. VIII. 1835, † ebd. 24. VIII. 1835; Johann Christian Althammer[11], * Neu-Ulm 13. I. 1838, Holzhändler in Neu-Ulm, ∞ 27. V. 1862 Anna Maria Butz, T. d. Johannes Butz u. d. Margaretha Schlecht; Johanna Christina Althammer, * Neu-Ulm 4. VIII. 1835, † ebd. 1835; Maria Magdalena Althammer, * Neu-Ulm 20. II. 1839, † 8. III. 1839, Zwilling zur Vorgenannten; Maria Christina Althammer * Neu-Ulm 17. VIII. 1840, † 29. VIII. 1840; Friederike Caroline Althammer, * Neu-Ulm 11. II. 1842, ∞ Neu-Ulm 18. II. 1877 Johann Kargus[12], * Saargmünd 4. IX. 1841; Karl Michael Althammer, * Neu-Ulm 11. V. 1843, † ebd. 21. V. 1843; Karl Michael Friedrich Althammer, * Neu-Ulm 31. XII. 1845; Johann Robert Althammer, * Neu-Ulm 23. VI. 1847, † ebd. 23. XII. 1847.

A. war Zimmermann und Holzhändler in Neu-Ulm. Er gründete seinen wirtschaftlichen Erfolg auf den rasant fortschreitenden Ausbau der Stadt und Festung Neu-Ulm, an dem er maßgeblich beteiligt war. Er selbst erbaute 1849 in der Blumenstraße 9 und 1856 in der Donaustraße 27 stattliche Wohn-

---

[11] TEUBER, Ortsfamilienbuch Neu-Ulm I, Nr. 0065.
[12] TEUBER, Ortsfamilienbuch Neu-Ulm I, Nr. 2182.

---

häuser. Nach seinem Tod übernahm sein Sohn Johann Christian das Unternehmen.

L BUCK, Chronik Neu-Ulm, S. 111 f. – Katalog Materialien, S. 196, 198-201, 205, 209 f. – TEUBER, Ortsfamilienbuch Neu-Ulm I, Nr. 0064.

Ammon, Friedrich von, Lic. Theol., * Memmingen 21. Mai 1894, † Nördlingen 18. Juli 1967, ▢ Nürnberg, Johannisfriedhof, 21. Juli 1967, ev.
Vater   Gustav Heinrich Maximilian von Ammon, * Nürnberg 8. V. 1866, † München 21. II. 1933, Pfarrer, Konsistorial- und Kirchenrat.
Mutter   Emma Luise Sophie Huber, * Memmingen 8. VII. 1869, † ebd. 9. II. 1895.
∞ Ortenburg 20. V. 1920 Elise Sophie Köberle, * Speyer 25. IV. 1894, † 23. IX. 1966, Lehrerin, T. d. Paul August Ritter von Köberle[13], * Memmingen 19. V. 1866, † Rammelsbacher Hof/BA Vilshofen 4. II. 1948, Kgl. Bayer. Generalleutnant und Staatsrat, 1919 Chef der Armeeabteilung im Ministerium für Militär, u. d. Elise Lippert, * Nürnberg 8. VII. 1871.
5 K   Emma Eleonora von Ammon, * München 17. II. 1921; Gertrud von Ammon, * Memmingen 21. III. 1923, ∞ Klaus Bomhard; Paul Gerhard Oskar von Ammon, * Memmingen 9. V. 1926; Hildegard von Ammon, 7. X. 1928, ∞ Dr. Wolfdieter Müller; Eberhard Friedrich Wilhelm von Ammon, * Memmingen 1. V. 1932.

Der einer ursprünglich niederösterreichischen reichsadeligen Familie, die im 18. und 19. Jahrhundert eine Reihe hervorragender Theologen in Bayern gestellt hatte, entstammende A. war das Haupt der ev. Stadtpfarrgemeinde von Neu-Ulm in der Zeit des „Wirtschaftswunders".
Der junge A. bestand 1917 die Aufnahmeprüfung für die Übernahme in den Dienst der ev. Landeskirche Bayerns und wurde im gleichen Jahr in Ansbach ordiniert. Der Predigtamtskandidat war zuvor, im Juni 1915, zum Militärdienst eingezogen und 1916 zweimal leicht verwundet worden. A. war u. a. in Verdun und bei der Schlacht an der Somme eingesetzt; er wurde mit dem EK II, dem Kgl. Bayer. Militär-Verdienstorden IV. Kl., der Sächsischen Friedrich-August-Medaille in Silber und dem Verwundetenabzeichen ausgezeichnet. Nachdem er 1917 zum Feldlazarettgeistlichen ernannt worden war, bestand er 1919 die Anstellungsprüfung und kam an das Predigerseminar in München. In München unternahm er auch die ersten beruflichen Schritte, wurde 1920 Zweiter Stadtvikar an St. Matthäus in München und am 16. Juli 1920 Verweser der Stelle des Krankenhausgeistlichen (Bezirk der Matthäuspfarrei) in München. Am 27. Jan. 1922 zum Lic. Theol. (Universität Erlangen) promoviert, folgte am 1. Dez. 1922 die Versetzung als Dritter Pfarrer an St. Martin in seiner Heimatstadt Memmingen, am 1. April 1926 die Ernennung zum Zweiten Pfarrer ebd. Wiederholt veröffentlichte der geschichtlich interessierte A. Buchrezensionen, Nachrufe und Aufsätze in den „Memminger Geschichts-Blättern", auch noch nach seinem Weggang von Memmingen.
Seit 16. Dez. 1935 Erster Pfarrer in Pappenheim/ Mittelfranken, geriet A. wegen seiner Bibelstunden in Konflikt mit der Gestapo und der NSDAP-Kreisleitung von Weißenburg, vermochte sich aber zu behaupten, weil er von seinen Vorgesetzten geschützt wurde. Am 16. Juli 1943 als Dekan nach Rosenheim versetzt und mit dem Titel Kirchenrat ausgezeichnet, erfolgte am 1. Aug. 1955 A.s Ernennung zum Stadtpfarrer und Dekan in Neu-Ulm, wo er die Nachfolge des pensionierten Albrecht →Schübel antrat.
Der 61 Jahre alte A. übernahm dort eine wohl geordnete Gemeinde. In der Amtszeit seines Vorgängers waren deren Konsolidierung ebenso wie die Fertigstellung mehrerer Bauten, so der Kirche, des Pfarr- und des Gemeindehauses, erfolgreich ins Werk gesetzt worden. A. fand in Neu-Ulm also erstmals seit dem Zweiten Weltkrieg annähernd „normale" Verhältnisse vor. 1955 und 1961/62 war er Religionslehrer an der Oberrealschule, seit Sept. 1959 auch Religionslehrer an den Mittelschulen. A. erwarb sich in Neu-Ulm einen ausgezeichneten Ruf. Am 1. Juni

---

[13] SCHÄRL, Beamtenschaft, S. 258 f., Nr. 445.

1962 trat er im Alter von 68 Jahren in den Ruhestand. Seine Nachfolge trat Klaus-Peter Schmid an.

Q   LKAN, Bestand Rep. Nr. 105 (Personalakten Theologen), 771.
L   TREU, Neu-Ulm, S. 448, 528, 574.

Angelmaier, *Valentin* Engelbert, * Jedelhausen 7. Nov. 1861, † Ulm-Söflingen 26. Okt. 1945, ev., 11. Sept. 1937 aus der Kirche ausgetreten.

Vater   Valentin Angelmaier, Kaufmann.
Mutter   Maria Kreszenz Funk, T. d. Maurers Johann Funk u. d. Maria Magdalena Pfeifer.
∞ Neu-Ulm 20. XI. 1890 Anna Maria Harder.
4 K   Otto Anton →*Angelmaier, ∞ Ulm 19. V. 1920 *Olga* Melanie Frey, * Ulm 30. IV. 1897, T. d. Robert Frey, Buchhändler in Ulm, u. Melanie Sailer; Maria Mathilde Angelmaier, * Neu-Ulm 31. XII. 1892, ∞ Neu-Ulm 7. X. 1914 Josef Keppeler[14], * Buch 22. 2. 1883, Amtssekretär, S. d. Maurers Sebastian Keppeler, u. d. Maria Anna Reinhalter; Fanny Angelmaier, * Neu-Ulm 31. XII. 1892, Zwilling zur Vorgenannten; Georg Angelmaier, * Neu-Ulm 3. IV. 1895.

Der Kaufmann A. war über Jahrzehnte hinweg eine der bekanntesten Persönlichkeiten in Neu-Ulm. Er etablierte in der aufblühenden Stadt rechts der Donau ein gut gehendes Kolonialwarengeschäft, das vor allem von der Garnison profitierte – die noch heute in der Neu-Ulmer Eckstraße 37 existierende „Angelmaier Lebensmittelgroßhandlung OHG". Sein Erfolg und Ansehen waren schon in der späten Kaiserzeit so groß, dass Ausbildungsplätze in seinem Geschäft bei Lehrlingen aus Ulm und Neu-Ulm gleichermaßen begehrt waren. Einer seiner bekanntesten Lehrlinge war Julius →Rohm, der seit 1929 bei A. zum Importkaufmann ausgebildet wurde. In den 1920er Jahren war A. Dritter Vorsitzender des Handelsgremiums Neu-Ulm. In der NS-Zeit war A. Mitglied der NSDAP und trat aus der Kirche aus. 1944 wurde sein Betrieb fast völlig zerstört. A. starb wenige Monate nach Kriegsende im Alter von fast 84 Jahren. Den Betrieb hatte schon Jahre zuvor sein ältester Sohn Anton →*Angelmaier übernommen. – Mitglied des Historischen Vereins Neu-Ulm.

Q   StadtA Neu-Ulm, A 9.
L   Einwohner- und Geschäfts-Handbuch Ulm/Neu-Ulm 1921, S. 81 – TREU, Neu-Ulm, S. 374 – TEUBER, Ortsfamilienbuch Neu-Ulm, Nr. 0082.

Anker, *Karl* Borromäus, Dr. phil., * Berlichingen an der Jagst/ OA Künzelau 12. Juni 1885, † Ulm 23. Nov. 1965, kath.

A. war einer der prägenden kath. Geistlichen in der Geschichte Ulms im 20. Jahrhundert.
Nach dem Theologiestudium in München und Tübingen erfolgte am 13. Juli 1910 A.s Priesterweihe in Rottenburg/Neckar. Am 1. Okt. 1910 zum Vikar an St. Nikolaus in Stuttgart ernannt, wechselte A. am 12. Nov. 1913 als Repetent am Wilhelmsstift nach Tübingen, daneben arbeitete er an seiner Promotion. Im Ersten Weltkrieg war A. ab 1914 Militärgeistlicher in Ludwigsburg und Seelsorger für kriegsgefangene Franzosen auf dem Hohenasperg, im Dez. 1915 Garnisonspfarrer in Asperg und Gouvernementpfarrer in Warschau. Zu Weihnachten 1918 kam der mit dem EK II und dem Ritterkreuz I. Kl. des Friedrichsordens mit Schwertern ausgezeichnete A. wieder zurück nach Tübingen, ehe er am 13. Aug. 1920 seine neue Stelle als Kaplan an der Wengenkirche in Ulm antrat. A. hielt daneben auch religiöse Bildungsvorträge an der Ulmer Volkshochschule. 1926 zum Garnisonspfarrer in Ulm und am 13. Juli 1930 (bis 1. Okt. 1956) als Nachfolger von Adolf →*Remmele zum Stadtpfarrer an St. Elisabeth ebd. ernannt, war A. zugleich ab 16. Dez. 1930 Bischöflicher Kommissär. Unter ihm entfaltete sich St. Elisabeth zur größten kath. Kirchengemeinde der Stadt, es erfolgten der Bau des Glockenturms und der Innenausbau. 1942 wurden die Glocken der

Kirche zu „kriegswichtigen Zwecken" wieder vom Turm geholt, die Kirche wurde 1944 durch Bomben zerstört. An Weihnachten 1948 konnte die Weihe des neu erbauten Kirchengebäudes erfolgen, für A. *einer der größten Freudentage meines Lebens*. Von 1945 bis 1957 war Stadtpfarrer A. zugleich kath. Dekan von Ulm, 1953 wurde er zum Monsignore ernannt. Als A. 1957 in den Ruhestand trat, trat Anton →*Kner, der 1937 Vikar an St. Elisabeth geworden war, seine Nachfolge an. – Verdienstkreuz I. Kl. des Verdienstordens der Bundesrepublik Deutschland.

Q   StadtA Ulm, G 2, Personalakte.
L   UBC 4, S. 279 – UBC 5 a, S. 102 – Personalkatalog Rottenburg 1938, S. 180 f. – Ulmer Nachrichten Nr. 150, 2. VII. 1960 (Bild) – Zu einem goldenen Priesterjubiläum: Blick zurück auf ein halbes Jahrhundert, in: Donau-Zeitung Nr. 150, 2. VII. 1960 (Bild) – Er suchte immer den wahren Frieden, in: Donau-Zeitung Nr. 271, 24. XI. 1965 (Bild) – SPECKER/TÜCHLE, S. 302, 304, 329, 366, 399 – SPECKER, Ulm im Zweiten Weltkrieg, S. 336 (Bild), 343 f.

Ansprenger, Martin, * um 1831, † Neu-Ulm 19. Feb. 1873, kath.

Vater   Johann Ansprenger[15], * München-Au 13. X. 1803, Maurermeister, seit 1851 Wirt „Zum Kronprinz" in Neu-Ulm.
Mutter   Elisabeth Fischer, * um 1807, † Neu-Ulm 12. X. 1847.
4 G, 5 Halbgeschwister aus II. Ehe des Vaters.
∞ *Bertha* Friederike Wilhelmine Adelheid Waibel, * Ludwigsburg 2. III. 1833, † Neu-Ulm 8. IV. 1890, T. d. Johann Waibel[16], * 13. IV. 1798, † Neu-Ulm 19. IV. 1875, Privatier, u. d. Regine Louise Waibel, * 9. I. 1793, † Neu-Ulm 12. VI. 1869.
Mehrere K.

A. war Maurermeister in Ulm und später in Neu-Ulm. Er machte als Sohn eines wichtigen, mit seiner Arbeit das Gesicht des langsam wachsenden Neu-Ulm prägenden Maurermeisters, der sich 1851 als Besitzer eines Gasthofs einer neuen Betätigung zugewendet hatte, sein Glück angesichts des „Baubooms" in Neu-Ulm und erbaute für sich selbst dort 1863 ein Haus in der Augsburger Straße 180, blieb aber auch Ulm eng verbunden und war 1863 Gründungsmitglied der Gewerbebank Ulm.

L   BUCK, Chronik Neu-Ulm, S. 108 – TEUBER, Ortsfamilienbuch Neu-Ulm I, Nr. 0092.

Arb, Wilhelm, * Friedberg/OA Saulgau 16. Okt. 1874, † Ulm 9. Mai 1960, kath.

Der als „Vater des Männergesangs in Ulm" geltende, weit über seinen Tod hinaus verehrte A. spielte im Musikleben der Donaustadt im 20. Jahrhundert eine herausragende Rolle.
Der Lehrersohn durchlief die Lehrerseminare in Saulgau und Ochsenhausen und bestand 1892 die I., 1896 die II. Volksschullehrerdienstprüfung. Er wurde zunächst als Lehrer an der Volksschule in Ehingen/Donau tätig. 1904 wechselte A. an die 1886 gegründete kath. Mädchenvolksschule am Sedelhof in Ulm, die seinerzeit bei 14 Klassen 14 Lehrerinnen und Lehrer (davon drei Unterlehrer) hatte. Von 1919 bis 1947 war A. Oberlehrer und zuletzt Rektor an der Ulmer Mittelschule.
Schon 1905 übernahm A. das Amt des Dirigenten des Söflinger Liederkranzes, mit dem er große Erfolge feierte und dem er als Dirigent bis 1945 treu blieb. Häufig trat A. bei offiziellen Anlässen der Stadt Ulm in Erscheinung, so im Dez. 1927 beim Besuch des Staatspräsidenten Wilhelm Bazille in Ulm, wobei er das Doppelquartett der Liedertafel beim geselligen Beisammensein im Hotel Fezer dirigierte, oder bei der Rundfunkausstellung im Saalbau im Sept. 1928, bei der er mit Studienrat Anton →*Zoller den musikalischen Teil übernahm. Beim 32. Schwäbischen Liederfest im Juni/Juli 1929 hatte A. die musikalische Leitung des Begrüßungskonzerts. Im Juni leitete A. ein Konzert aus Anlass des „Tages des Lieds" vor dem Münster, im

[14] TEUBER, Ortsfamilienbuch Neu-Ulm, Nr. 2241.

[15] BUCK, Chronik Neu-Ulm, S. 108, 109, 121, 126 – Katalog Materialien, S. 96, 196, 197, 198, 199, 200, 201, 202, 203 – TEUBER, Ortsfamilienbuch Neu-Ulm I, Nr. 0091.
[16] TEUBER, Ortsfamilienbuch Neu-Ulm II, Nr. 5192.

Mai 1932 ein Massenkonzert in der Max-Eyth-Halle zu Gunsten der Nothilfe. Beim Schwäbischen Sängerfest im Juli 1938 erhielt der Liederkranz Söflingen unter seiner Leitung die Note „sehr gut". Daneben übernahm A. die Chorleitung des Ulmer Sängergaues, war Zweiter Dirigent und Ausschussmitglied der Liedertafel Ulm, Kreischormeister und seit 1936 Ehrenchormeister des Ulmer Sängerkreises.

Q   StadtA Ulm, G 2.
L   Real-Katalog der katholischen Volksschulstellen Württembergs, Horb/Neckar 1908, S. 551 – Grundbuch der ev. Volksschule ⁵1933, S. 114 – Ein verdienter Dirigent, in: Schwäb. Zeitung Nr. 121, 15. X. 1949, S. 11 – Wilhelm Arb 80 Jahre, in: Schwäb. Donau-Zeitung Nr. 242, 16. X. 1954, S. 4 (Bild) – UBC 1, S. 327, 544 – UBC 2, S. 161 – UBC 3, S. 144, 407 – UBC 5a, S. 151, 274 – UBC 5b, S. 525.

Arco, Philipp Graf von und zu, * München 19. Sept. 1775, † Ulm 28. oder 29. Nov. 1805, ⬚ ebd., Alter Friedhof, 2. Dez. 1805, kath.

Vater   Ignaz Graf von Arco, Kurfürstlich Bayer. Kämmerer, Geh. Rat und Landhofmeister, Führer der ständischen Opposition.
Mutter   Rupertine Gräfin von Trauner.
4 G, darunter Ludwig Graf von und zu Arco, † 1854, Kgl. Bayer. Obersthofmeister und Reichsrat der Krone Bayerns, ∞ 1804 Maria Leopoldine, Erzherzogin von Österreich, Prinzessin von Modena-Este, * Mailand 10. XII. 1776, † bei Wasserburg 23. VI. 1848, Wwe. des Kurfürsten Karl Theodor von Bayern, * 1724, † 1799. Ledig. Keine K.

A.s Name ist mit der Ulmer und Neu-Ulmer Geschichte durch die Tatsache verknüpft, der ranghöchste Repräsentant Kurpfalzbayerns nach dem Ende der reichsstädtischen Zeit gewesen zu sein.
Er wuchs mit seinen Geschwistern auf dem Lande auf und erhielt Unterricht von den Eltern und Privatlehrern. Ursprünglich für den geistlichen Stand bestimmt, hatte A. bereits die Tonsur empfangen, als sich eine andere Entwicklung abzeichnete. 1790 ging er zu den Lazaristen nach Heidelberg, um zu studieren. A. scheint sich aber dort nicht recht wohl gefühlt zu haben, zog zu einer befreundeten Familie und kehrte noch im gleichen Jahr nach München zurück. Er studierte Jura und Verwaltungswissenschaft in München und Ingolstadt, wo er sein Abschlussexamen bestand. 1796 war er Kämmerer und Hofrat in München, wo er sich schnell Anerkennung erwarb, da seine Vorträge sich in Diktion und Inhalt wohltuend vom Durchschnitt abhoben. Der Kurpfalzbayerische Kämmerer A. avancierte 1799 zum Landesdirektionsrat und führte im Namen des neuen Landesherrn von Bayern, Kurfürst Maximilian Joseph (1756-1825), eine Reihe von Prozessen.
1800 ins Kriegskommissariat berufen, wechselte A. im Folgejahr in die Kommission zur Aufhebung der Klöster. 1802 zum Geh. Referendar ernannt, stellten sich aufgrund der Arbeitswut des jungen Grafen erste gesundheitliche Störungen ein. Der Kurfürst betraute ihn nach dem Frieden von Lunéville mit der Organisation und Integration der neuen schwäbischen Gebiete und ernannte ihn 1804 nach dem Wechsel des bisherigen höchsten bayer. Vertreters vor Ort, des Freiherrn Wilhelm von →Hertling, zum Generalkommissär in Schwaben und Präsidenten der Landesdirektion in Ulm, de facto also zum Regierungspräsidenten des nunmehr bayerischen Schwaben. A., der sowohl Schwager des leitenden bayer. Ministers Maximilian Joseph Graf von Montgelas (1759-1838) als auch der früheren Kurfürstin Maria Leopoldine von Bayern war, erwarb sich in kurzer Zeit einen guten Ruf und viele Sympathien in Ulm. Mit der Genehmigung zur Niederlassung des jüdischen Kaufmanns

Heinrich Harburger als „Schutzjude" in Ulm handelte er sich den Widerstand der Ulmer Kaufleute ein, blieb aber fest. Harburger war der erste seit 1499 dauerhaft in Ulm lebende Jude.
Nach erfolgreichen Monaten des Aufbaus geriet Ulm 1805 in das Zentrum der Kriegshandlungen, nach der Schlacht bei Elchingen und der darauffolgenden Belagerung musste die Stadt Napoleon ihre Tore öffnen. Der bereits schwerkranke A. verhandelte direkt mit dem Imperator, um die Lasten für die Stadt zu begrenzen. Die Franzosen waren gerade abgezogen, als A. im Alter von 30 Jahren im Hause des Weinhändlers Leipheimer starb. Bei seiner Beerdigung hielten Stadtpfarrer Joseph →Feneberg sowie die Konsistorialräte Johann Martin →Miller und Johann Christoph →Schmid Trauerreden. A.s Nachfolge trat Graf von Leiden an.

Q   StadtA Ulm, G 2 alt (u. a. gedruckte Trauerreden)
L   Johann Christoph SCHMID, Rede bei der dem Andenken des am 28. November 1805 verstorbenen Grafen Philipp von Arco von der protestantischen Gemeinde zu Ulm begangenen Gedächtnißfeier, den 6. Dezember 1805 im Münster gehalten, Ulm [1806] – [Johann Christoph SCHMID], Kurze Skizze von dem Leben Sr. Excellenz des Herrn Grafen Philipp von Arco, Kurfürstl. Pfalzbaier. Landeskommissärs und Präsidenten der Landesdirection in Schwaben, o. O. 1806 – Joseph FENEBERG, Trauerrede auf Philipp, Grafen von Arco, den 2. Dezember 1805 zu St. Michael gehalten. Nebst einem Trauergedicht von Johann Martin MILLER, Ulm o. J. [1806] – UBC 1, S. 385, 387, 401 ff. (Bild) – SPECKER/TÜCHLE, S. 256, 259, 261 – UNGERICHT, S. 35 f. – Hilb, ZEUGNISSE, S. 200 f. (Bild) – DIETRICH, Christentum, S. 262 f.

Arlt, Otto (von), * Fichtenau-Matzenbach 8. März 1818 (1813?), † Neu-Ulm 24. März 1892, ⬚ Alter Friedhof Ulm, ev.
Vater   Heinrich (von) Arlt[17], * Jauer (Schlesien) 1778, † Stuttgart 21. XI. 1869, Kgl. Württ. Major, Kommandant der Festung Hohenasperg, zuletzt Oberst im Ehreninvalidenkorps, 1807 Ritterkreuz des Militär-Verdienstordens.
Mehrere G, darunter Karl Arlt, Oberleutnant in Ludwigsburg.

A. zählt zu den im Zuge der Festungsbauarbeiten nach Ulm gekommenen Offizieren, die ihr Leben dauerhaft mit Ulm verbanden und neben ihrer beruflichen Tätigkeit eine reichhaltige gesellschaftliche Aktivität entfalteten.
Der Offizierssohn setzte, wie auch sein älterer Bruder Karl, die Familientradition fort und ergriff die militärische Laufbahn. Schon in jungen Jahren kam er nach Ulm, wo er um 1843 als Leutnant beim 3. Inf.-Rgt. Dienst tat und später zu einem der fünf Hauptleute des Kgl. Württ. Festungsbaudirektion ernannt wurde. Später Oberst und zuletzt Generalmajor, erwarb sich A. als langjähriger Geniedirektor der Bundesfestung Ulm eine umfassende Kenntnis der Fortifikationen der Festung. Im Krieg von 1870/71 war A. zunächst beim Belagerungskorps vor Paris und seit Feb. 1871 bei den Belagerungstruppen vor Belfort. 1875 war der mittlerweile Kgl. Preuß. Oberst A. nach der Neuregelung des Verhältnisses der Bundesfestung Ulm Artillerieoffizier vom Platz. 1876 wurde er pensioniert. Seinen Ruhestand verlebte er in Ulm, wo er heimisch geworden war.
A., der auch Mitglied des Vereins für Kunst und Altertum in Ulm und Oberschwaben sowie maßgebliches Gründungsmitglied und langjähriger Vorsitzender des Vereins für Mathematik und Naturwissenschaften, entwickelte während seiner jahrzehntelangen Dienstzeit in Ulm großes Interesse an der Baugeschichte Ulms und befasste sich auch mit der Geschichte des Ulmer Münsters. Er hielt zahlreiche Vorträge und war eine weit über die Grenzen der Stadt hinaus bekannte Kapazität in Fragen der Stadtarchäologie. A. leitete 1879 die Ausgrabungen auf dem Alten Friedhof, die zur Entdeckung der ursprünglichen Fundamente der alten Pfarrkirche führten, worüber er auch veröffentlichte.

Q   StadtA Ulm, G 2.
W   (Auswahl) Die Bauanlage des Münsters in Ulm, in: Württ. Vierteljahreshefte 1 (1878), S. 46-54, und 4 (1881), S. 38 f. – Die Jahreszahl 1256 am Münster, ebd. 1

17 Ih 1, S. 15 – ZIEGLER, Fangelsbachfriedhof, S. 195.

(1878), S. 240 f. – Die Ausgrabungen auf dem Kirchhof in Ulm, in: Württ. Vierteljahreshefte 1880, S. 262-264.
L Ih 1, S. 15 – Staatsanzeiger 1892, Nr. 73 – SK 1892, Nr. 81 – Hugo BAZING, Zum Andenken an den langjährigen Vereinsvorstand Generalmajor Otto von Arlt, in: Jahreshefte des Vereins für Mathematik und Naturwissenschaften Ulm a. D. 5 (1892), S. 1-8 – Württ. Jahrbücher 1892, Nr. [IV] – UBC 2, 265, 343 – UBC 3, S. 27 – BUCK, Chronik Neu-Ulm, S. 83 – UNGERICHT, S. 136 – SPECKER, Ulm im 19. Jahrhundert, S. 180.

Arnold, *Adolf* Friedrich Gustav, * Bitzfeld/OA Öhringen 31. Juli 1813[18], † Ulm 6. oder 7. März 1861, ⬚ ebd., Alter Friedhof, ev.
Vater *Ernst* Christian Jakob Arnold, * Hohentwiel 15. IX. 1784, † Balingen 21. I. 1856, Dr. med., Arzt in Obersontheim, seit 1826 Oberamtsarzt in Balingen, S. d. Georg Balthasar Arnold, * Bonlanden 12. X. 1751, † Aichschieß/OA Esslingen 24. XI. 1818, Pfarrer in Friolzheim, seit 1802 dsgl. in Aichschieß, u. d. Maria Susanna Magdalena Reis, * Flacht/OA Leonberg 8. VI. 1753, † Friolzheim/OA Leonberg 5. III. 1801.
Mutter *Louise* Eberhardine Römer, * Erkenbrechtsweiler 27. IX. 1795, † 23. VII. 1862, T. d. Günther *Eberhard* Römer, Pfarrer, und der Louise *Christina* Benzinger, *Schw* d. Politikers Friedrich Römer, Tante d. Politiker Max und Robert Römer.
4 G, davon erreichten 3 das Erwachsenenalter *Friedrich* Emil Hugo Arnold, * Obersontheim 4. V. 1817, † Feldkirch/Vorarlberg (Österreich) 27. I. 1888, Kaufmann in Senden bzw. Ay/BA Neu-Ulm, zuletzt Besitzer einer Handelsgarnitur für Garne in Feldkirch, ∞ Memmingen 21. III. 1844 Elisabeth (Lisette) Karoline Frieß, * Memmingen 15. VII. 1817, † Überlingen oder Feldkirch 28. IX. 1893; Friedrich Hermann Eberhard Ferdinand Arnold, * Obersontheim 7. I. 1819, † ebd. 17. V. 1819; *Franziska* (Fanny) Friederike Charlotte Luise Arnold, * Obersontheim 4. II. 1821, † Brackenheim 23. VIII. 1851, ∞ Brackenheim 15. IX. 1850 *Carl* (Karl) Wilhelm Friedrich Jäger[19], * Stuttgart 11. X. 1811, † Ellwangen/Jagst 30. XI. 1865, 1844 Oberamtmann beim OA Brackenheim, seit 1853 Regierungsrat bei der Regierung des Jagstkreises in Ellwangen/Jagst.
∞ Ulm 30. VII. 1844 Amalie Wollaib, * Ulm 9. III. 1819, † ebd. 3. IV. 1884, T. d. Johann Albrecht →Wollaib, Oberamtsrichter in Geislingen/Steige.
7 K *Carl* Eduard Adolf Arnold, * Ulm 12. IV. 1845, † ebd. 6. V. 1845; *Amalie* Mathilde Arnold, * Ulm 22. IV. 1846, † ebd. 25. II. 1847; *Fanny* Luise Amalie Arnold, * Ulm 11. XII. 1847, † ebd. 12. VIII. 1906, ∞ Ulm 18. VI. 1867 Eduard Nübling, * Ulm 6. III. 1837, † ebd. 5. VI. 1916, Kaufmann in Ulm; *Emma* Friederike Mathilde Arnold, * Ellwangen/Jagst 20. VII. 1851, † Ulm 22. X. 1908; *Adolf* Friedrich Gustav Arnold, * Ulm 7. IV. 1855, † Königsberg (Franken) 29. V. 1921, Kaufmann in Ulm, zuletzt Maskenfabrikant in Königsberg, ∞ Ebelebn (Thüringen) Ida Elisabethe (Elise) Therese Eckleben, * Ebelebn 16. II. 1873, † Regnitzlosau bei Hof 8. 3. 1942; *Eduard* Otto →Arnold, Dr. med.; Hermann Karl *Otto* Arnold, * Ulm 11. II. 1860, † ebd. 17. III. 1866.

A. war einer der zahlreichen in Ulm langjährig tätigen Justizbeamten, die sich auch im Vereinswesen der Donaustadt engagierten.
A. besuchte das Kgl. Gymnasium in Stuttgart, wo er im Sept. 1830 die Prüfung für das Studium der Rechtswissenschaften ablegte. 1830/31 durchlief er eine praktische Ausbildung bei der Oberamtskanzlei in Balingen. Von Nov. 1831 bis Sommer 1834 studierte A. Jura in Tübingen (1832 Mitglied der Verbindung Feuerreiter, 1833 des „Burschenschaftlich-politischen Klubs" bzw. der „Kleinen Burschenschaft"). Seit Herbst 1834 wieder in Balingen tätig, bestand A. im Juni 1836 die I. Höhere Justizdienstprüfung. Im Dez. 1836 wurde er „wegen Teilnahme am Versuch eines die Selbstständigkeit des Staates gefährdenden Aufruhrs" zu einer viermonatigen Festungshaft verurteilt, die er ab dem 14. Jan. 1837 auf dem Hohenasperg verbrachte. Nachdem er im Mai 1838 die II. Höhere Justizdienstprüfung bestanden hatte, wurde er zum Referendar I. Kl. ernannt. Am 27. Feb. 1840 erhielt A. als Oberamtsaktuar in Blaubeuren seine erste definitive Anstellung.
Mit 27 Jahren kam A. nach Ulm, wo er ab 12. Nov. 1840 Kanzleiassistent beim Gerichtshof des Donaukreises war. Am 23. Mai 1844 zum Oberjustizassessor ebd. ernannt, wurde er am 20. März 1851 als Oberjustizrat an den Gerichtshof des Jagstkreises in Ellwangen/Jagst versetzt.
Zum 1. Jan. 1852 wechselte A. wieder an den Ulmer Gerichtshof (Kriminalsenat), wo der Strafrechtsexperte bis zu seinem Tode im Alter von 47 Jahren verblieb. A. schlug in Ulm tiefe Wurzeln, heiratete in die Familie Wollaib ein und trat dem Verein für Kunst und Altertum in Ulm und Oberschwaben bei. Vor allem aber war er nach 1852 ein rühriger Vorstand der

Ulmer Museumsgesellschaft: *Als Beamter wie als Gesellschafter war er gleich beliebt* (UBC 2, S. 81). Die Witwe Amalie Arnold erwarb am 19. Okt. 1876 für sich und ihre Kinder das Ulmer Bürgerrecht.

Q StadtA Ulm, G 2.
L UBC 2, S. 81 – Jürg ARNOLD, Die Familie Arnold aus Bonlanden auf den Fildern, Stuttgart 1975, S. 22, 26, 172-178 – UNGERICHT, S. 136 – SCHMIDGALL, Burschenschafterlisten, S. 84, Nr. 884 – PHILIPP, Germania, 62, Nr. 884 [mit falschen Vornamen und falschem Sterbedatum].

Arnold, *Eduard* Otto, Dr. med., * Ulm 5. Okt. 1857, † ebd. 26. Nov. 1907, ev.
Eltern und G siehe Adolf →Arnold.
Ledig. Keine K.

A. war einer der bekanntesten Ärzte in Ulm in der zweiten Hälfte des 19. Jahrhunderts.
Der mütterlicherseits der Alt-Ulmer Familie Wollaib entstammende A. besuchte in Ulm das Gymnasium und nahm nach dem Abitur im Sommersemester 1877 das Studium der Naturwissenschaften und später der Medizin in Tübingen auf. 1880 bestand er die Abschlussprüfung. Am 16. Nov. 1882 erhielt eine Stelle als Assistenzarzt an der Pflegeanstalt Zwiefalten. Nach knapp zweijähriger Tätigkeit erbat A. seine Entlassung, die zum 14. Juli 1884 gewährt wurde.
In der Zwiefaltener Zeit hatte A. an seiner Dissertation gearbeitet, da die Promotion notwendig war, um seinen Lebenstraum in die Tat umsetzen zu können, sich als praktischer Arzt niederzulassen. Da A. das Bürgerrecht in Ulm besaß, schuf sich der junge Mediziner in seiner Heimatstadt nach 1884 eine Existenz als praktischer Arzt. 1889 erfolgte seine Bestellung zum Stadtarmenarzt. Von 1892 bis 1894 war A. Assistenzarzt I. Kl. der Landwehr. 1899 erscheint er als Oberarzt der Landwehr a. D. A. war eine verschlossene Persönlichkeit, lebte in Ulm bei seiner Schwester und hat sich nicht verheiratet. Seinen Beruf übte er mit großer Ernsthaftigkeit und Einsatzbereitschaft aus. – Mitglied des ärztlichen Landesvereins Württemberg.

W Ein Fall von juveniler Muskelatrophie. Vortrag gehalten auf der Herbstzusammenkunft des VIII. Bezirksvereins am 3. XI. 1892 in Ulm, in: Med. Correspondenzblatt 63 (1893), S. 33 f.
L Jürg ARNOLD, Die Familie Arnold aus Bonlanden auf den Fildern, Stuttgart 1975, S. 34, 184-186.

Arnold, *Friedrich* Gottlob Conrad (von), * Hohentwiel 12. Feb. 1787, † Stuttgart 28. Mai 1861, ⬚ ebd., Hoppenlaufriedhof, ev.
Vater Georg Balthasar Arnold, Mag., * Bonlanden/OA Stuttgart 12. X. 1751, † Aichschieß/OA Esslingen 24. XI. 1818, Präzeptor der Lateinschule auf der Festung Hohentwiel, zuletzt Pfarrer in Aichschieß.
Mutter Maria Susanna Magdalena Reis, * Flacht/OA Leonberg 8. VI. 1753, † Friolzheim/OA Leonberg 5. III. 1801.
8 G, davon 2 † früh *Friedrich* Gottlob Balthasar Arnold, * Hohentwiel 31. III. 1781, † Reutlingen 12. VIII. 1820, Handelsmann (Manufakturenwarenhändler) in Reutlingen, ∞ Aichschieß 23. X. 1809 Jakobine Judith Krimmel, * Reutlingen 22. II. 1783, † ebd. 12. XI. 1860; *Carl* (Karl) Alexander Matthäus Arnold, * Hohentwiel 9. X. 1782, † Fellbach 2. VI. 1840, Wundarzt, Accoucheur und Operateur in Fellbach, ∞ Fellbach 24. XI. 1812 Carolina *Heinrike* Ungerer, * Fellbach 3. V. 1793, † ebd. 6. V. 1881; *Ernst* Christian Jakob Arnold, Dr. med., * Hohentwiel 15. IX. 1784, † Balingen 21. I. 1856, ∞ 1817 *Louise* Eberhardine Römer, * Erkenbrechtsweiler 27. IX. 1795, † 23. VII. 1862, T. d. Günther *Eberhard* Römer, Pfarrer, und der Louise *Christina* Benzinger, *Schw* d. Politikers Friedrich Römer, Tante d. Politiker Max und Robert Römer; Ferdinand Gottlieb (Gottlob) (von) Arnold, * Boll/OA Göppingen 4. XI. 1790, † Mergentheim 19. VIII. 1864, Revierförster in Mergentheim, ∞ Mergentheim 23. XI. 1824 Elisabeth *Josephine* (Josepha) Röser, * Mergentheim 19. XI. 1797, † ebd. 2. XII. 1860; Wilhelm Ludwig Arnold, Mag., * Boll 25. IX. 1794, † Marbach/Neckar 23. VIII. 1870, Pfarrer in Schnaitheim/OA Heidenheim, ∞ Steinenkirch 15. X. 1819 *Katharina* Ursula Schmid, * Steinenkirch 15. II. 1799, † nach 1870.
∞ Stuttgart 1. VII. 1822 *Charlotte* Auguste Liesching, * Stuttgart 10. VIII. 1798, † ebd. 27. XII. 1856, T. d. Jakob Friedrich Liesching, * Stubersheim 19. X. 1746, † Stuttgart 30. I. 1805, Tuchhändler in Stuttgart, u. d. Maria Elisabeth Kodweiß, * Heidenheim 27. II. 1760, † Stuttgart 10. II. 1821, eine Verwandte der Mutter des Dichters Friedrich Schiller.
4 K, davon 3 † früh *Mathilde* Charlotte Friederike Arnold, * Stuttgart 19. X. 1824, † ebd. 20. VII. 1845, ∞ Ludwigsburg 27. VI. 1843 Freiherr *Albert* Philipp Charles August Reinhard von Röder[20], * Stuttgart 21. IV. 1804, † Sachsenheim 11. I.

---

[18] Andere für A. angegebene Geburtsdaten sind der 15. VII. und der 15. IX. 1813.
[19] Amtsvorsteher, S. 332 (Wolfram ANGERBAUER).

[20] CAST I, S. 462 – BECKE-KLÜCHTZNER, S. 283.

1854, Kgl. Württ. Rittmeister im 2. Reiter-Rgt., S. d. Freiherrn Eugen Reinhard von Röder, * 25. IX. 1766, † Wilna 6. I. 1813, Kgl. Württ. Generalmajor und Kammerherr, u. d. Freiin Juliane von Mecklenburg, * 1775, † 25. I. 1842, Staatsdame der Königin von Württemberg.

Mit dem württ. Offizier A. begann die Verbindung der Familie Arnold, die sich in Ulm mit einer Reihe von Ärzten, Offizieren und Beamten in Ulm einen Namen gemacht hat, zur Donaustadt.
Der auf der Festung Hohentwiel bei Singen geborene A. wuchs in Boll, Friolzheim und Aichschieß auf. Im Alter von 14 Jahren verlor er die Mutter, der Vater ging kurz nach dem Tod seiner Ehefrau eine zweite Ehe mit Charlotte Hauff ein, einer Schwester des späteren Ulmer Dekans Carl Victor (von) →Hauff. A. durchlief eine Ausbildung zum Forstpraktikanten, trat aber im Juli 1809 als Kadett freiwillig in die württ. Armee ein und wurde wenig später dem neu gebildeten, unter dem Kommando Georg Friedrich (von) →Scharffensteins stehenden 8. Inf.-Rgt. zugeteilt, mit dessen 2. Bataillon er ab März 1812 zeitweise in Ulm stationiert war, ehe es im Jan. 1813 nach Ludwigsburg wechselte. Nachdem A. im Mai 1811 zum Sekondeleutnant ernannt worden war, folgte im März 1813 seine Beförderung zum Regimentsadjutanten und im Mai die Versetzung zum Fußjäger-Rgt. Nr. 9. Am 7. Sept. 1813 verlieh ihm der württ. König das Ritterkreuz des Militär-Verdienstordens, mit dem der Personaladel verbunden war, nachdem sich A. während des Feldzugs Napoleons gegen Preußen und Russland bei Jüterbog durch besondere Tapferkeit ausgezeichnet hatte; im Dez. 1813 folgte seine Beförderung zum Oberleutnant. Nachdem der König von Württemberg in das Lager der Gegner Napoleons gewechselt war, nahm A. am Einmarsch der Koalitionstruppen nach Frankreich teil, wobei er sich wiederholt hervortat. 1815 zum Stabshauptmann (= Hauptmann II. Klasse) ernannt und 1817 zum Inf.-Rgt. Nr. 5 versetzt, verbrachte er die folgenden Jahre an dessen Standort in Stuttgart.
Im Sept. 1818 zum Inf.-Rgt. Nr. 3 versetzt und im Feb. 1830 zum Hauptmann I. Klasse im Inf.-Rgt. Nr. 1 ernannt, heiratete A. 1822 im Alter von 35 Jahren eine Großtante des (allerdings erst neun Jahre nach ihrem Tod geborenen) späteren württ. Ministerpräsidenten und Staatsministers der Finanzen Theodor Liesching (1865-1922). A.s Regiment wurde 1834 nach Heilbronn/Neckar verlegt. 1843 avancierte A. zum Major und Bataillonskommandeur des 6. Inf.-Rgts. in Stuttgart.
Am 2. Feb. 1846 erfolgte die Versetzung A.s zum 2. Inf.-Rgt. in Ulm, wo noch im gleichen Jahr seine Beförderung zum Oberstleutnant ausgesprochen wurde. Zwei Jahre später, im Frühjahr 1848, erhielt A. das Kommando über das 2. Bataillon des 2. Inf.-Rgts., um in den Oberämtern Rottweil und Tuttlingen die Grenze zu Baden zu sichern, da man in Württemberg das Überspringen des revolutionären Funkens verhindern wollte. Die badische Regierung rief den Nachbarn um Hilfe gegen den geplanten Umsturz an, worauf A. mit seinem Bataillon an der Besetzung von Donaueschingen mitwirkte. Ende April 1848 kehrte A. nach Ulm zurück, wurde im Juni 1848 zum 8. Inf.-Rgt. versetzt, kehrte aber bereits im Juli 1848 als Oberst und Kommandeur des Kgl. Württ. 3. Inf.-Rgts. nach Ulm zurück. Als sein Regiment im Nov. 1852 nach Stuttgart verlegt wurde, musste A. von Ulm Abschied nehmen. Die dankbare Stadtgemeinde schenkte ihm ein von dem Kunstmaler Carl von Ebersberg (1818-1880) gemaltes Ölbild, das die Abschiedsszene auf dem Ulmer Bahnhof darstellt. A.s Neffe Adolf →Arnold, dessen Ehefrau und eine Tochter waren u. a. aus diesem Anlass am Bahnhof erschienen. Am 16. Sept. 1856 wurde der 69 Jahre alte A. auf sein Ansuchen wegen körperlicher Dienstuntüchtigkeit mit der gesetzlichen Pension in das Kgl. Ehreninvalidenkorps (für besonders verdiente Veteranen) aufgenommen. Fünf Jahre später erlag er im Alter von 74 Jahren einem Herzleiden. – 1814 Goldene Medaillen für die Teilnahme an den Schlachten bei Brienne und Paris; 1833

Württ. goldenes Militärdienstehrenzeichen; 1837 silbernes Ehrenzeichen für 1815; 1840 Kriegsdenkmünzen für 1809, 1813, 1814 und 1815; 1849 Ritterkreuz des Württ. Kronordens; 1854 Kommenturkreuz des Württ. Kronordens; 1856 Kommenturkreuz des Militär-Verdienstordens am blauen Band.

L.   Jürg ARNOLD, Die Familie Arnold aus Bonlanden auf den Fildern, Stuttgart 1975, S. 22, 196-205 (Bilder S. 352 ff.) – KLÖPPING, Historische Friedhöfe, S. 272, Nr. 531.

Arnold, Martin, * Ellwangen/OA Biberach 22. Dez. 1891, † Schwäbisch Hall 26. Aug. 1936, kath.

A. war einer der ersten an der 1920 gegründeten Pfarrgemeinde St. Georg in Ulm tätigen kath. Geistlichen und stärkte mit Pfarrer Heinrich →Sambeth die Grundlagen der neuen Stadtpfarrei, die zunächst ohne Grund und Boden war und in der Garnisonskirche lediglich Gastrecht besaß.
Der gebürtige Oberschwabe nahm als junger Mann, der zum Theologiestudium nach Tübingen gegangen war, am Ersten Weltkrieg teil und wurde Ende 1914 schwer verwundet. Für seine militärischen Leistungen wurde er wiederholt ausgezeichnet, so mit dem Eisernen Kreuz beider Klassen, dem Ritterkreuz I. Kl. des Friedrichsordens mit Schwertern und der Silbernen Militär-Verdienstmedaille. Zuletzt war er Leutnant der Reserve im Inf.-Rgt. 476. Am 29. Jan. 1922 wurde A. in Rottenburg/Neckar zum Priester geweiht, im darauffolgenden Monat erhielt er als Vikar in Wasseralfingen/OA Aalen seine erste unständige Anstellung. Im Jan. 1925 wurde er als Vikar an die St. Georgs-Gemeinde Ulm-Ost versetzt. Nach einer kurzen Tätigkeit als Kaplan bei der fürstlichen Familie von Waldburg zu Zeil und Trauchburg auf Schloss Zeil/OA Leutkirch kehrte A. im April 1926 als Kaplan nach St. Georg zurück. In den neun Jahren seiner Tätigkeit dort festigte A. vor allem den Zusammenhalt der im Aufbau befindlichen Gemeinde.
Im Feb. 1935 musste A. Ulm verlassen, um sein neues Amt als Gefängnispfarrer in Schwäbisch Hall zu übernehmen. Eineinhalb Jahre später starb er dort im Alter von erst 45 Jahren. Zu Ulm, dem er sich eng verbunden gefühlt zu haben scheint, hielt er bis zuletzt Verbindung.

Q   Personalakten in HStAS, EA 4/150 Bü 37.
L.   Personalkatalog Rottenburg 1938, S. 216 f.

Askani, Theophil, Dr. theol. h.c., * Stuttgart 27. April 1923, † Stuttgart 2. März 1982, ☐ ebd., Fangelsbachfriedhof, 8. März 1982, ev.
Vater   *Gustav* Ernst Askani, * Adelsheim (Baden) 15. V. 1877, † Freudental 29. III. 1953, Verlagsleiter.
Mutter   Eugenie *Elsa* Holzäpfel, * Heilbronn/Neckar 10. VI. 1889, † Stuttgart 15. VI. 1961.
∞ 1953 Lore Schäfer, * 1926, Theologin.
5 *K*.

Es waren nur fünf Jahre, die A. als Dekan und Erster Münsterpfarrer in Ulm wirkte. Aber es war eine Zeit, in der die Gemeinde – zu Beginn der 1970er Jahre – in ein neues Zeitalter geführt wurde.
A. besuchte die Volksschule und das Karlsgymnasium in Stuttgart, konfirmiert wurde er von Walter →Buder. Das Theologiestudium führte ihn nach Tübingen und Marburg/Lahn. Er legte anschließend das beste theologische Examen in Württemberg nach 1945 ab und war zunächst Stadtvikar in Stuttgart. Seit 1951 arbeitete A. als persönlicher Referent von Landesbischof Martin Haug (1895-1983). Bis 1963 Pfarrer an der Markuskirche, war A. anschließend bis 1973 Pfarrer der Brenz-Gemeinde Stuttgart. Als Nachfolger von Dr. Hans →Seifert amtierte A. von April 1970 bis April 1975 als Dekan und Erster Stadtpfarrer am Ulmer Münster. 1972 brachte er mit Maria →Hermann, für deren Anstellung er sich nachdrücklich ausgesprochen und vor Ort in der Gemein-

de eingesetzt hatte, die erste Pfarrerin nach Ulm. 1974 erhielt das neue evangelische Gemeindeblatt für Ulm und Neu-Ulm, das er auf den Weg gebracht hatte, auf seinen Vorschlag den Namen „brücke". A. war ein Geistlicher moderner Prägung, der erkannte, dass die Kirche, um im Dialog mit den Menschen zu bleiben, die Themen aufgreifen musste, die sie beschäftigten – sowohl in den Gottesdiensten als auch in der Gemeindearbeit.

Von 1975 bis 1981 war A. Prälat in Reutlingen. 1981 musste er das Amt des Reutlinger Prälaten aus gesundheitlichen Gründen aufgeben. Im Jan. 1982 wurde er zum Dr. theol. h.c. der Universität Tübingen ernannt. Erst 59 Jahre alt, erlag A. einem Krebsleiden.

Q   StadtA Ulm, G 2.
W   Die ev. Kirche, in: SPECKER, Tradition und Wagnis, S. 197-214.
L   NEBINGER, Die ev. Prälaten, S. 581 – Theophil Askani, Es ist alles nicht mehr so selbstverständlich. Kirche in Ulm: ihre Dienste und Sorgen, in: Ulmer Forum H. 34 (1975), S. 51-53 – Reinhart MEYER, Viele Herzen gewonnen. Zum Abschied von Dekan Askani, in: brücke 4/1975, S. 2 – Martin HAUFF, Theophil Askani. Prediger und Seelsorger aus Passion, Stuttgart 1998 – Heinz GÖRLICH, Seelsorger und Brückenbauer. Lebensbild des Theophil Askani, in: brücke 11/1998, S. 5 (Bild).

Atzel (seltener: Azel), Johann Jakob, * Lohnsfeld bei Winnweiler (Grafschaft Falkenstein; Pfalz) 31. Juli 1754, † Ulm 25. März 1816 (nicht Stuttgart 1820!), ev.
Vater   Atzel, Zieglermeister und Fayencebrenner.
∞. 2 K.

Zu den namhaftesten Baukünstlern seiner Zeit gehörte der aus der Hohen Carlsschule hervorgegangene A. Seine Laufbahn beendete er als Landvogtei-Baumeister in Ulm.

A. kam als Kind mit seinen Eltern nach Ludwigsburg, wo der Vater in der dortigen Porzellanmanufaktur Arbeit gefunden hatte, aber bald darauf starb. Die Witwe heiratete einen ebenfalls in der Manufaktur angestellten Packer Müller.

A. scheint in Ludwigsburg die Schule besucht zu haben und war danach bereits 1768 Zögling der Académie des Arts in Ludwigsburg geworden. Am 27. April 1770 kam A. im Alter von fast 16 Jahren in das von Herzog Carl Eugen von Württemberg wenige Monate zuvor gegründete militärische Waisenhaus, das später allgemein als „Hohe Carlsschule" bekannt wurde und zuletzt den Rang einer Universität besaß. Als Eleve der Architektur wurde A. besonders von seinem Lehrer Reinhard Ferdinand Fischer geprägt und studierte vornehmlich „Civil-Baukunst". Als Schüler war er gut bekannt mit dem um fünf Jahre jüngeren, später berühmten Dichter Friedrich Schiller. 1782 steuerte A. für eine Abhandlung Schillers im „Wirtembergischen Repertorium der Litteratur" mehrere Grabmalentwürfe bei, die ihn schlagartig bekannt machten. Die kurzlebige Zeitschrift war von A. gemeinsam mit dem Professor an der Carlsschule, Jakob Friedrich Abel, sowie seinen Kommilitonen Schiller und Johann Wilhelm Petersen ins Leben gerufen worden.

Im Feb. 1778 erhielt A. den Titel eines „Cabinets-Dessinateurs" und wurde als Lehrer für Handzeichnen, Architektur und Perspektive an der Hohen Carlsschule übernommen. 1787 folgte A. einem Angebot des Markgrafen von Ansbach und wurde Landbauinspektor in Ansbach. Nach wenigen Jahren kehrte A. jedoch nach Stuttgart zurück und betätigte sich dort als Architekt. Nachdem Württemberg zum Königreich aufgestiegen war, wechselte A. in den Staatsdienst und wurde Baudirektor in Stuttgart. Am 24. Juli 1808 erfolgte seine Ernennung zum Landbaumeister für die Kreise Ehingen und Altdorf. In diesem Amt war er in den neu an Württemberg gefallenen oberschwäbischen Gebieten für die Aufnahme und Kartierung öffentlicher Gebäude und Flächen ebenso zuständig wie für deren Instandsetzung und Erhaltung; die Planung von Neubauten war seltener erforderlich, musste aber auch geleistet werden. Im Okt. 1810 wechselte A. als Landbaumeis-

ter der Landvogteien an der Donau und am Bodensee nach Ulm. Von seinen Arbeiten seien beispielhaft genannt der Bau von Wohnungen in der ehemaligen Kaserne in Biberach/Riß, der Bau des Oberamtsgebäudes in Riedlingen sowie umfangreiche Instandsetzungsarbeiten am Landvogteigebäude in Ulm und am Wag- und Lagerhaus ebd. sowie 1815 der Neubau der Kirche in Herrlingen. A. entwarf 1812 einen nicht realisierten kolorierten Gestaltungsentwurf für den Friedhof („Entwurf wie der Gottesacker mit einer Mauer eingefasst werden koennte"). Er starb im 62. Lebensjahr in Ulm.

Q   StAL, D 39 (Landbauwesen) Bü 35, 571, 616, 648, 654.
W   Ueber Leichenhäuser, vorzüglich als Gegenstände der schönen Baukunst betrachtet. Mit 4 Kupfern, Stuttgart 1795.
L   Ih 1, S. 18 [mit falschen Angaben zu Sterbeort und -datum] – August Friedrich BATZ, Beschreibung der Hohen Karls-Schule zu Stuttgart, Stuttgart 1783, S. 118 f. – GRADMANN, Das gelehrte Schwaben, S. 15 f. – Das gelehrte Teutschland 5 (1820), S. 55 f. – WAGNER, Hohe Carlsschule I, S. 346, Nr. A 28 [weitere Nennungen im Alphabetischen Personal-Register ebd. III, S. 197] – WAGNER, Hohe Carlsschule I, S. 87, 286, 453, 612, 683 ff. – ebd. II, S. 26, 44, 58, 117, 148, 159, 297-299, 301, 303, 307 – Julius HARTMANN, Schillers Jugendfreunde, Stuttgart-Berlin 1904, S. 306-309 – UHLAND, Hohe Carlsschule S. 42, 222, 244, 344, Anm. 36 [mit falschem Sterbejahr] – Württembergisches Landesmuseum Stuttgart u. a. (Hgg.), Ausstellung „Die Hohe Carlsschule" 4. Nov. 1959 bis 30. Jan. 1960, Stuttgart 1959, S. 28, 61, 63, 84, 163, 177 [mit falschen Angaben zu Sterbeort und -datum] – UNGERICHT, S. 14, 16, 17, 19-22, 27, 256 – Peter-André ALT, Schiller. Leben - Werk - Zeit. Eine Biographie, München 2000, Band 1, S. 453, 488, 490.

Auberlen, Samuel Gottlob, * Fellbach/OA Cannstatt 23. Nov. 1758, † Ulm 23. Aug. 1829, ev.
Vater   Georg Daniel Auberlen, * Endersbach 15. VIII. 1728, Lehrer und Organist.

A. war der erste württembergische Musikdirektor am Ulmer Münster.

Er entstammte einer in Fellbach ansässigen Familie, die eine Reihe von Kaufleuten, Fabrikanten und Lehrern hervorbrachte. Vom Vater unterrichtet, war A. zunächst als Lehrer tätig, ging 1782 zur musikalischen Weiterbildung nach Zürich und war von 1783 bis 1789 als Kontrabassist ebd. tätig. Zeitweilig unbesoldeter Violinist der Stuttgarter Hofkapelle, war er bis 1798 Leiter des Musikkollegiums in Winterthur (Schweiz) und lebte nach dem Einmarsch franz. Truppen in die Schweiz in mehreren süddeutschen Städten, so auch in Tübingen, wo er als Musiklehrer Stunden gab. 1807 Musikdirektor in Schaffhausen (Schweiz) und 1816 Gründer einer „Choral-Gesang-Anstalt" ebd., fungierte A. seit 1817 als Musikdirektor und Organist am Ulmer Münster, komponierte Vokal- und Klaviermusik sowie Orchesterwerke (darunter drei Symphonien). Als Musikdirektor verdiente er zwar fast das Doppelte als frühere Münsterorganisten, man erwartete dafür von ihm aber auch nicht nur die Gestaltung der Durchführung aller musikalischen Veranstaltungen des Münsters inklusive der Heranbildung des Sängernachwuchses und der Fertigung eigener Kompositionen. A. vermochte in seinem Amt zwar Maßstäbe zu setzen, verschwand jedoch im Schatten seines Nachfolgers Johann Friedrich →Dieffenbacher schnell aus dem Gedächtnis der Zeitgenossen.

W   Samuel Gottlob Auberlens [...] Leben, Meinungen und Schicksale, von ihm selbst beschrieben, 1824.
L   DBI 1 ²1998, S. 114 – DBA I/38, 188-193 – Ih 1, S. 19 – OAB Cannstatt (1895), S. 545 – ADB 1 (1875), S. 633 f. (von DOMMER) – SPECKER, Ulm im 19. Jahrhundert, S. 414 f. – DBE 1, 2. Ausgabe, S. 263.

Aufrecht, *Ewald* Ivo, Dr. rer. pol., * Ulm 6. Okt. 1894, † Stuttgart 7. Mai 1959, □ Pragfriedhof 12. Mai 1959.
Vater   Ivo Peter Ludwig Aufrecht, Juwelier in Ulm.
Mutter   Auguste Ottilie Rooschütz.
G.
∞ Dr. Gertrude Lange.

A. war der erste Leiter der Arbeitsverwaltung im Land Württemberg-Baden nach dem Zweiten Weltkrieg.

Von 1917 bis 1920 studierte A. Rechts- und Staatswissenschaften in München und Tübingen. 1920 wurde er mit der Arbeit „Die Fleischversorgung von Ulm während des Krieges" bei Prof. Dr. Franz Gutmann (Universität Tübingen) zum Dr. rer. pol. promoviert. A. ließ sich 1924 als beim Landgericht Stuttgart zugelassener Rechtsanwalt mit eigener Praxis in Stuttgart nieder. 1945 übernahm er die schwierige Aufgabe, als Leiter des Landesarbeitsamtes im neu geschaffenen Land Württemberg-Baden. Nach seinem Rückzug von diesem dornenvollen Amt im Jahre 1947 war A. wieder als Rechtsanwalt, zuletzt als Senior des Büros Dr. Ulrich Kerschbaum und Manfred Wüterich in der Wielandstr. 11 im Stuttgarter Westen, tätig und engagierte sich als Geschäftsführer der Sozialrechtlichen Vereinigung von Elektrizitätswerken in Württemberg und Baden e. V., als welcher er bereits vor 1939 tätig gewesen war. – Verdienstkreuz des Verdienstordens der Bundesrepublik Deutschland.

Q   HStAS, EA 1/21 Bü 9074.
L   Stuttgarter Zeitung Nr. 105, 9. V. 1959, S. 10 – EBERL/MARCON, S. 203, Nr. 660.

Autenrieth, *Fritz*, Dipl.-Ing., * Ulm 16. März 1908, † Tübingen 19. Aug. 1993, ev.
Vater   Wilhelm Autenrieth, * Ulm 8. IX. 1877, † ebd. 27. IV. 1959, Kaufmann, Teilhaber der Fa. Moritz Vogel ebd., S. d. August Jakob Autenrieth, * Ulm 7. XII. 1835, † 25. VI. 1893, Wirt „Zum Weißen Roß" in Ulm, u. d. Pauline Dorothea Otto, * Ulm 20. VIII. 1848, † 14. V. 1912.
Mutter   Maria *Lina* Blind, * Schwäbisch Hall 2. XI. 1877, † Tübingen 13. IX. 1965, T. d. Louis Blind, Färbermeister in Schwäbisch Hall, u. d. Rosalie Leydig.
1 G   *Elsa* Maria Autenrieth, * Ulm 18. IX. 1909.
∞ Freiburg im Breisgau 21. III. 1936 *Mathilde* Maria Charlotte Gross, * Zöschlingsweiler bei Dillingen/Donau 13. IV. 1904, † Bad Dürrheim 10. IX. 2004, T. d. Georg *Heinrich* Gross, kaufmännischer Direktor, u. d. Bertha Tausch.
1 K   *Manfred* Heinrich Wilhelm Autenrieth[21], * Stuttgart 10. IV. 1937, 1973-2002 Landrat des Landkreises Rottweil, ∞ Hinterzarten 15. VIII. 1969 *Waldtraut* Hildegard Huß, * Hinterzarten 13. IX. 1937, T. d. Martin Huß, Pfarrer und Studiendirektor, u. d. Waldtraut Liehl.

A. entstammte dem seit Ende des 18. Jahrhunderts in Ulm ansässigen Zweig der in ganz Deutschland verbreiteten Familie Autenrieth. Als Bauplaner hat er Bleibendes hinterlassen, als sein Hauptwerk darf die Planung und Durchführung des Baus der Schwarzwald-Hochstraße gelten.
Nach dem Besuch des Gymnasiums Ulm studierte A. an der TH Stuttgart das Ingenieurwesen und trat in den württ. Staatsdienst ein. Als Straßenbauingenieur war A. zunächst in Stuttgart eingesetzt. 1939 zog er mit seiner Familie auf den Kniebis im Schwarzwald, um den Bauabschnitt Alexanderschanze – Ruhestein der seit 1938 im Bau befindlichen Schwarzwald-Hochstraße zu planen und zu bauen. Im Sommer 1941 wurde A. zur Organisation Todt abkommandiert, um das Straßennetz in Russland zu Kriegszwecken auszubauen. Im Herbst 1944 geriet er als General der Organisation Todt in sowjetische Gefangenschaft, die bis Jan. 1954 andauerte. Zuletzt war A. in Luckau und Torgau festgesetzt.
Nach Südwestdeutschland zurückgekehrt, fand A. wieder eine Arbeit in seinem Beruf und wurde in die Innenverwaltung von Baden-Württemberg übernommen. Zuletzt war A. als Ober-Regierungsbaurat Abteilungsdirektor beim Regierungspräsidium in Tübingen. 1973 trat er in den Ruhestand.

W   Erinnerungen an Krieg und Gefangenschaft 1941-1954, in: Familienverband Autenrieth, Rundbrief N. F. Nr. 47, Nov. 2007, S. 448-453 (Bild).
L   Familienbuch Autenrieth II, S. 64 – Manfred AUTENRIETH, Erinnerungen an den Bau der Schwarzwaldhochstraße im Landkreis Freudenstadt, S. 444-448.

Autenrieth, *Heinz* Gottlob Friedrich, Dr. iur., * Wanzenau (Elsass) 25. Nov. 1906, † Stuttgart-Möhringen 29. Feb. 1984, ☐ Pragfriedhof 5. März 1984 (Einäscherung), ev.

Vater   Eugen Rudolf Autenrieth, Dr. iur., * Ebingen/OA Balingen 5. I. 1877, † Tübingen 17. IX. 1933, Gerichtsassessor in Straßburg, 1904 Kaiserlicher Notar in Wanzenau, 1913 dsgl. in Kattenhofen (Lothringen), 1923 Landgerichtsrat in Stuttgart, zuletzt dsgl. in Tübingen, S. d. Gottlob Friedrich Autenrieth, * Rommelshausen/OA Cannstatt 26. VII. 1849, † Straßburg (Elsass) 18. I. 1918, Eisenbahngeometer in Ebingen, zuletzt Vermessungsingenieur in Straßburg, u. d. Maria Julie Kauffmann.
Mutter   Emma Hummel, * Basel 26. IV. 1884, † Tübingen 13. XII. 1967, T. d. Gustav Hummel u. d. Hedwig Hettich.
∞ Tübingen 21. VII. 1932 Piroska Zemplén, * Budapest 28. V. 1908, † 27. VII. 1983, T. d. Gyözö Zemplén, Universitätsprofessor in Budapest, u. d. Vilma Mauritz.
3 K   *Ilona* Wera Autenrieth, * Tübingen 23. IV. 1933, ∞ Stuttgart 2. XI 1957 Heinrich Jung, Dipl.-Ing., * Lübeck-Kücknitz 25. IV. 1932, S. d. Fabrikdirektors Dr. Eberhard Jung u. d. Manuela Stückelberg; Christa Autenrieth, * um 1936, † New York 1. IV. 1979, ∞ George J. Batori (gesch.); Elisabeth Autenrieth, * um 1939.

A., der nach vielen Jahren der Tätigkeit als Verkehrsexperte in den Innenministerien von Württemberg-Hohenzollern und Baden-Württemberg 1960 Ministerialrat im Kultusministerium geworden war und dort die Hochschulabteilung leitete, zählte zu den engagierten Befürwortern der Ulmer Universitätsgründung und stand damit im Gegensatz zu Ministerpräsident Kurt Georg Kiesinger. A. gehörte als Vertreter des Ministeriums dem Gründungsausschuss an. Die Universität berief ihn 1968 zum Lehrbeauftragten für ärztliche Rechtskunde und Medizingeschichte. A. bemühte sich besonders um den Auf- und Ausbau des Instituts für wissenschaftliche Zusammenarbeit der Universität Ulm in Schloss Reisensburg bei Günzburg.
Nach dem Jurastudium in Tübingen trat A. nach kurzer Verwendung in der württ. Justizverwaltung in den Dienst der Reichsbahn und war u. a. bei der Reichsbahndirektion Stuttgart, während des Zweiten Weltkrieges in Paris und Posen tätig. 1946 wurde A. in den Dienst der Landesdirektion des Innern des späteren Landes Württemberg-Hohenzollern in der frz. Besatzungszone übernommen und trug wesentlich zum Aufbau des Eisenbahnwesens in dem Land und der frz. Zone bei. 1947 zum Oberregierungsrat und 1950 zum Ministerialrat ernannt, übernahm A. nach der Gründung des „Südweststaates" Baden-Württemberg 1952 die Leitung der Eisenbahnabteilung im Innenministerium in Stuttgart, bevor er 1960 ins Kultusministerium wechselte.
Als „einer der profiliertesten Nicht-Theologen der evangelischen Landeskirche" wurde A. 1954 in den 5. Landeskirchentag zugewählt, war bis 1959 dessen Vizepräsident, Erstes stv. Mitglied des Landeskirchenausschusses, stv. Vorsitzender des Ältestenbeirats und Ständigen Ausschusses, Vorsitzender des Ausschusses für Recht und Wirtschaft, 1955 Mitglied der Synode des Evangelischen Kirchentages (EKD). Von 1960 bis 1966 war er Präsident der Ev. Landessynode (als Mitglied gewählt auf dem Stuttgarter Wahlvorschlag), stv. Mitglied und Vizepräses der EKD-Synode. – 1969 großes Verdienstkreuz mit Stern des Verdienstordens der Bundesrepublik Deutschland.

Q   HStAS, EA 2/150 Bü 20 – StAS, Wü 13 T 2 Nr. 2408 (Entnazifizierungsunterlagen) – Schriftliche Mitteilungen von Herrn Dr. Werner Gebhardt, Esslingen-Berkheim, vom Mai 2006.
L   Ev. Gemeindeblatt Württemberg Nr. 50/1971, S. 6 (Otto KEHR, Bild) und Nr. 13/1984, S. 6 – Stuttgarter Zeitung Nr. 52, 2. III. 1984, S. 42 (Todesanzeigen) – Heinz Autenrieth gestorben, ebd. Nr. 53, 3. III. 1984, S. 6 – Stuttgarter Nachrichten Nr. 53, 3. III. 1984 – Familienbuch Autenrieth II, S. 73 f. – KÖRNER/KILGER, Igel-Verzeichnis, S. 66 – GEBHARDT, Chronik I, S. 31 ff. u. ö. – GEBHARDT, Chronik II, zahlreiche Nennungen – RABERG, Kabinettsprotokolle WüHoz I, S. CIII, 123, 195, 257 f., 323, 326, 347, 382, 386, 479, 482, 484, 487 f. – ebd. II, S. LXXIX, 51, 54, 69, 82, 87, 317, 384 – EHMER/KAMMERER, Biogr. Handbuch, S. 83 (Bild) – BWB IV (2007), S. 3-6 (Frank RABERG).

21 Amtsvorsteher, S. 156 f. (Bernhard RÜTH).

Autenrieth, *Hermann* Friedrich Samuel, Dr. iur., * Stuttgart 3. Feb. 1874, † Murrhardt 3. Juni 1938, ev.

Vater   *Edmund* Friedrich (von) Autenrieth[22], * Tübingen 21. II. 1842, † Stuttgart 15. XII. 1910, 1871 Professor am Polytechnikum Brünn, 1873 Professor an der TH Stuttgart, Oberbaurat, Baudirektor.

Mutter   Bertha Sydonia Posewitz, * Iglo 17. X. 1844, T. d. Samuel Posewitz u. d. Emilia Karafiat.

2 *G*   Leonie Emilia Maria Autenrieth, * 25. IV. 1879, ∞ Moritz Pichler, Dipl.-Ing. in Ludwigshafen/Rhein; *Arthur* Friedrich Autenrieth, Dipl.-Ing., * Stuttgart 12. II. 1884, ∞ Ulm 16. VIII. 1914 Walburg [sic] Gertrud Weitbrecht, * Mähringen 5. III. 1890, T. d. Richard Weitbrecht, Dr., Stadtpfarrer in Wimpfen, u. d. Julie Marie Luise Murschel.

∞ Ulm 19. IX. 1904 Else Hubbauer, * Ulm 12. II. 1882, † Murrhardt 18. V. 1968, T. d. Heinrich Hubbauer, Dr. med., Oberstabsarzt in Ulm, u. d. Friederike Ernestine Magdalene Hoch.

2 *K*   *Hans* Friedrich Autenrieth, * Ulm 24. I. 1906; Herbert Friedrich Autenrieth, * Ulm 2. XI. 1911, Methodistenpastor in Klosterreichenbach.

Der langjährige Ulmer Kriegsgerichtsrat A. entstammte einer weitverzweigten Familie, deren Vertreter wiederholt mit Ulm in Verbindung standen.

Der Sohn eines renommierten Bauexperten studierte in Tübingen Jura und trat als Leutnant der Landwehr nach der Militärdienstzeit in den Dienst der Militärjustiz. A. war von 1903 bis 1924 Kriegsgerichtsrat in Ulm, zunächst bei der 27. Division (2. Württ.) und später auch für die Festung Ulm auf dem rechten Donauufer zuständig. Während seiner langen Dienstzeit entwickelte eine enge Beziehung zu Ulm, wo er sich verheiratet hatte und seine Kinder zur Welt gekommen waren. Die Notwendigkeit, infolge des Abbaus des Militärs nach dem Ende des Ersten Weltkriegs Ulm verlassen zu müssen, um in den Justizdienst überzutreten, traf A. schwer. 1924 wechselte er als Staatsanwalt an das Landgericht Stuttgart, im Mai 1928 erfolgte dort seine Beförderung zum Ersten Staatsanwalt. A. starb 1938 im Alter von 64 Jahren. Die Kontakte zu Ulm hatte er bis zuletzt gepflegt.

L   SCHULER, Familienverband Autenrieth, S. 64 – Familienbuch Autenrieth II, S. 87.

Autenrieth, Johann Jakob, * Blaubeuren 2. Juni 1778, † Ulm 29. Dez. 1835, ev.

Vater   Abraham Autenrieth, * 15. XII. 1747, † 1. IX. 1800, Weberobermeister in Blaubeuren, Rats- und Gerichtsverwandter, Stadtorganist.

Mutter   Anna Maria Allgaier, * 4. XII. 1748, † 4. I. 1828.

8 *G*   Anna Judith Autenrieth, * Blaubeuren 17. I. 1776, ∞ Hundersingen 1801; Maria Catharina Autenrieth, * Blaubeuren 4. XII. 1779, ∞ 28. VI. 1815 Abraham Friedrich, * Blaubeuren 7. IV. 1768, † ebd. 1. XI. 1851, Huf- und Waffenschmied in Blaubeuren; Anna Maria Autenrieth, * Blaubeuren 16. XI. 1783; Johann Abraham Autenrieth, * Blaubeuren 19. II. 1786, † ebd. 4. III. 1786; Anna Margareta Autenrieth, * Blaubeuren 17. X. 1787, † ebd. 26. X. 1787; Apollonia Autenrieth, * Blaubeuren 31. VIII. 1790, † ebd. 7. I. 1793; Carl Friedrich Autenrieth[23], * Blaubeuren 14. VI. 1794, † Schwäbisch Hall 28. XI. 1844, Rechnungsprobator bei der Finanzkammer Ludwigsburg, 1820 Kameralverwalter in Wiesensteig, 1825 dsgl. in Heiligkreuztal, ab 1839 dsgl. in Schwäbisch Hall, ∞ Ulm 1820 *Luise* Wilhelmine Heinrike Cammerer, * Blaubeuren 1. XII. 1798, † Heiligkreuztal 6. VII. 1821, T. d. Johann Caspar Cammerer, Dr. med., * Zainingen 27. III. 1772, † 11. II. 1847, Oberamtsarzt in Blaubeuren, u. d. Sybilla Katharina Fehleisen, * Blaubeuren 27. III. 1771, † 15. II. 1848.

∞ I. Heilbronn/Neckar 1805 Karoline Bruckmann, † Stuttgart 10. XI. 1807; ∞ II. Stuttgart 22. XI. 1810 Luise Drescher, * Winzerhausen/OA Marbach, † Stuttgart 11. X. 1822, T. d. Johann Georg Drescher[24], Stabsamtmann, Keller und Amtsschreiber in Winzerhausen, 1807-1809 Hofkameralverwalter in Liebenstein, und später T. d. Special-Superintendent M. Christian Friedrich Faber; ∞ III. Ulm 25. XI. 1824 Friederike Titot, * Heilbronn 2. III. 1795, T. d. Ludwig Titot, Senator in Heilbronn.

6 *K*   *Julius* (von) Autenrieth, * Heilbronn 15. XI. 1806, † Stuttgart 10. III. 1881, Geh. Rat, Präsident der Kgl. Württ. Oberrechnungskammer und Staatskassenverwaltung, ∞ Blaubeuren 7. VIII. 1841 Luise Christiane Katharina Geyer, * Spielberg 26. IV. 1813, † Stuttgart 15. V. 1901; Otto →Autenrieth; *Albert* Autenrieth, * Stuttgart 8. II. 1813, † Cannstatt 20. III. 1873, Professor an der Militärakademie Christiania (Norwegen); Maria Autenrieth, * Stuttgart 16. III. 1814, † ebd. 30. XII. 1818; Carl Autenrieth, * Stuttgart 23. VIII. 1816, † ebd. 12. I. 1819; Louise Autenrieth, * Stuttgart 7. IX. 1817, † ebd. 13. IX. 1817; Hermann Autenrieth, * Stuttgart 5. XII. 1819, † Heilbronn 1. XI. 1898, Mechaniker in Heilbronn, ∞ Heilbronn 1852 Marie Karoline Merker; Maria Autenrieth, * Stuttgart 8. IX. 1825; Karl Autenrieth, * Ulm 23. VIII. 1827, † ebd. 8. VI. 1832.

Die von der Blaubeurer Alb stammende Familie Autenrieth ist vielfältig mit Ulm verbunden, da im 18. Jahrhundert erstmals Vertreter der Familie als Handwerker in die Donaustadt kamen und sich dort niederließen. Zahlreiche Namensträger führte ihre berufliche Laufbahn nach Ulm. Zu ihnen zählt A.

A. durchlief die traditionelle württ. Schreiberlehre und wurde im Jahre 1800 Substitut bei Klosteramtsschreiber Dr. Christoph Friedrich Luz in Blaubeuren. 1804 Stadtschreibereisubstitut in Heilbronn/Neckar, wurde A. 1805 zum Kammerrat bei der neu gebildeten Hofkammer in Ellwangen/Jagst ernannt. Nach 1810 Oberrevisionsrat, stieg A. mit der Neubildung der Finanzbehörden Ende 1817 zum Oberfinanzrat bei der Oberrechnungskammer in Stuttgart auf. Mitte der 1820er Jahre wechselte A. in gleicher Funktion zur Finanzkammer für den Donaukreis in Ulm. Diese war nicht nur für das Finanzwesen des Kreises zuständig, sondern auch für die Bauten und Forsten. A. war am 15. Okt. 1829 einer der Ulmer Zeugen bei der Grundsteinlegung der Ludwig-Wilhelm-Brücke über die Donau zwischen Ulm und Neu-Ulm. A. starb im Alter von 57 Jahren, was den Antritt seiner neuen Position als Vorstand des Hauptzollamtes in Friedrichshafen verhinderte.

L   FABER 127, § 458 – BUCK, Chronik Neu-Ulm, S. 53, 136 [fälschlich „Autenried"] – SCHULER, Autenrieth, S. 36 – GEBHARDT, Bürgertum, S. 866, Anm. 162 – LONHARD, Familienbuch Blaubeuren I, S. 14, A 23 – Volker SCHÄFER, Neue Funde zu Friedrich List (VII). Blaubeuren 1805-1809: Friedrich Lists Anfänge im württembergischen Verwaltungsdienst, in: Reutlinger Geschichtsblätter N. F. 39 (2000), S. 53-116, hier S. 107, Anm. 191.

Autenrieth (nicht Authenrieth!), Otto, * Stuttgart 8. Sept. 1811, † Ulm 6. Okt. 1860, ev.

Eltern und *G* siehe Johann Jakob →Autenrieth.

∞ Ulm 23. X. 1843 Fanny Nübling[25], * Ulm 21. X. 1816, † Schwäbisch Hall 17. III. 1877, T. d. Theodor →Nübling, Kunsthändler in Ulm, u. d. Sibylle Jakobine Holl.

2 *K*   Max Otto Autenrieth, * Ulm 28. IX. 1844, † ebd. 20. X. 1845; Virginie Autenrieth, * Ulm 10. VI. 1846, ∞ 1868 Kurz, Oberleutnant.

A. zählt zu den fast ganz vergessenen Pionieren des Ulmer Technik- und Wirtschaftslebens. Die Nachrichten über sein Wirken sind spärlich. Und doch lassen sie einige Blicke auf eine außergewöhnliche Biographie der ersten Hälfte des 19. Jahrhunderts zu.

Im Zuge der Versetzung seines Vaters noch als Schüler von Stuttgart nach Ulm gekommen, machte sich der junge A. als *Mechanicus* (Ulmer Adreßbuch 1836) und Opticus in Ulm selbstständig. Zwei Jahre zuvor hatte er im „Ulmischen Intelligenzblatt" (1. Aug. 1834) die Eröffnung seiner mechanischen Werkstätte in der Wengerstr. 189 angezeigt. Er war spätestens seit 1851 Inhaber eines Geschäfts für optische und feinmechanische Geräte. Schon vorher warb er über die Grenzen Ulms hinaus für die von ihm entwickelten und gefertigten optischen, mathematischen und physikalischen Geräte. Interessiert am technischen Fortschritt, war A. ein glühender Anhänger der Entwicklung der Eisenbahn. Im Zusammenhang mit der Diskussion um die Einführung der Eisenbahn in Ulm präsentierte A. der Bevölkerung im April 1836 (!) ein von ihm hergestelltes Modell eines Dampfwagens, das großes Aufsehen erregte.

Daneben trat A. als Pionier der Daguerrotypie bzw. Photographie in Erscheinung. Am 28. Okt. 1851 eröffnete er ein Photoatelier im Gebäude der späteren Neuen Str. 113. Mit Daguerrotypien amerikanischer Art (fein polierte, in den USA neu entwickelte Platten) warb er für seine Produkte und war zunächst der Kalotypie (Negativ-Positiv-Verfahren) gegenüber weniger aufgeschlossen. Zuletzt arbeitete A. als Photograph mit Ambrotypien, *welche das Aussehen äußerst feiner Porzellangemälde hatten, wie sie in Ulm noch nie gesehen worden waren* (SPECKER, Ulm im 19. Jahrhundert, S. 544). Unklar ist, ob die Porträtaufnahme des Fabrikanten Philipp Jakob →Wieland aus dem

---

22 Ih 1, S. 20 – Staatsanzeiger Nr. 295, 17. XII. 1910 – SK Nr. 585/1910 – Württ. Jahrbücher 1910, S. V.

23 WINTERHALDER, Ämter, S. 120, 341.

24 WINTERHALDER, Ämter, S. 386.

25 Staatsanzeiger Nr. 69, 25. III. 1877, S. 457.

Jahre 1853 von ihm oder von Carl →*Waidelich stammt. Seit 1855 widmete sich A., der Gründungsmitglied der Ulmer Handels- und Gewerbekammer war, wieder ausschließlich seinem Geschäft und starb fünf Jahre später, gerade 49 Jahre alt. Theodor →Haßler war von 1843 bis 1846 Lehrling in A.s optisch-mechanischem Institut.

L. UBC 4, S. 557 – SCHULER, Autenrieth, S. 37 – SPECKER, Ulm im 19. Jahrhundert, S. 137, 542-544, 567.

Bahrianyj (eigentlich: **Lozoviahyn**), Iwan (auch: Ivan), * Kuzemyn (Ukraine) 2. Okt. 1906 (nicht 1907!), † St. Blasien (nicht Neu-Ulm!) 26. Aug. 1963, □ Neu-Ulm.

∞ I. Antonia Bahrianyi; ∞ II. Halyna Bahrianyi, * 1922, † Neu-Ulm 2004, Erzieherin in Neu-Ulm.
3 K, davon 1 aus I. Ehe   Nestor Bahrianyi; Boris Bahrianyi; Roxolane Bahrianyi, * 1959.

Ein ukrainischer Schriftsteller und Widerstandskämpfer, der sogar der ukrainischen Exilregierung angehörte, in Neu-Ulm? Das mag nur auf den ersten Blick nicht zusammenpassen.

B. wuchs in der ukrainischen Provinz auf und ging zum Kunststudium nach Kiew. Der junge Mann entwickelte eine Ader für Literatur und Poesie und veröffentlichte ab 1926 Gedichte und schrieb für verschiedene Zeitungen. Seiner Heimat eng verbunden, war es für B. unmöglich, ihrer Unterdrückung durch die Sowjetunion tatenlos zuzusehen. In seinem Roman „Skelka" schilderte er, wie alle Einwohner eines ukrainischen Dorfes den Hungertod sterben, weil kommunistische Funktionäre alle Getreidevorräte beschlagnahmt hatten – die notfalls das eigene Überleben gesichert hätten. B., der für einen unabhängigen demokratischen Staat Ukraine eintrat und kompromisslos die Maßnahmen der Sowjetunion geißelte, wurde 1932 als „Staatsfeind" verhaftet und zu fünf Jahren Zwangsarbeit in einem sibirischen Arbeitslager verurteilt. Unter abenteuerlichen Umständen gelang ihm vier Jahre später die Flucht durch die Taiga. Einige Zeit lebte er unerkannt bei einer Jägerfamilie und erlernte die Jagd auf Tiger. Diese Erlebnisse verarbeitete B. in seinem Roman „Das Gesetz der Taiga" (im Original „Tigerfänger"), der 1963 gekürzt in deutscher Sprache erschien.
1938 geriet B., der in die Heimat zurückgekehrt war, erneut in die Fänge der Sowjets und wurde ein Jahr oder zwei Jahre[26] lang in einem Gefängnis in Charkow eingesperrt. Auch die Erfahrungen dieser Haft legte B. in einem Roman „Der Garten Gethsemane" nieder. Nach der Haftentlassung ging B. in den Untergrund, schrieb zahlreiche Artikel und Aufsätze und kämpfte für eine unabhängige Ukraine. Vom Westen seines Landes schlug sich B. zu den zurückweichenden deutschen Truppen durch und fand als „Displaced Person" Aufnahme in der Reinhardt-Kaserne. Seine Familie musste er in der Ukraine zurücklassen.
Fern der Heimat hielt B. weiterhin an seinen Zielen fest, gründete mit geringen finanziellen Mitteln einen Verlag und im Okt. 1948 die Zeitung „Ukrainische Nachrichten" in Neu-Ulm. Die Zeitung konnte keine Gehälter bezahlen, war aber für B. die einzige Möglichkeit, die Verbindung zu den exilierten Ukrainern aufzubauen und zu pflegen. Politisch engagierte er sich als Gründer der „Ukrainischen Revolutionären Demokratischen Partei" und als Mitglied der in München aktiven Exil-

regierung der Ukraine. Die ersten Jahre in Neu-Ulm waren nicht einfach: Zeitweise musste der seit der Haftzeit in Sibirien unter Tuberkulose leidende B. mit seiner neuen Familie – aus seiner zweiten Ehe stammten zwei Kinder – von Sozialhilfe leben. Unterkunft fand die Familie 1951 in der Neu-Ulmer Elefantensiedlung. Diese war im Auftrag der bayer. Landesregierung für Kasernenverdrängte errichtet worden, die dort nach Zerstörung, Flucht und Vertreibung oder Zwangsarbeit in Deutschland eine erste Unterkunft gefunden hatten. B. selbst war bei allen Problemen positiv eingestellt und wurde von der Überzeugung getragen, für eine wichtige Sache zu kämpfen.
Die Aktivitäten B.s waren dem KGB unlieb. B.s Sohn Boris soll unter Druck den Vater aufgefordert haben, in die Heimat zurückzukehren. B. weigerte sich jedoch und klärte in einer Broschüre darüber auf, mit welchen Strafen Exil-Ukrainer zu rechnen hatten. Die Lebenskraft B.s wurde von seiner Tuberkulosekrankheit rasch aufgezehrt. Er starb im Alter von 56 Jahren.
Nach seinem Tod geriet B. für einige Jahrzehnte in Vergessenheit. Erst nach dem Ende der Sowjetunion konnte die selbstständige Ukraine ihn als bedeutenden Schriftsteller feiern, dessen Wirken wesentlich für die Identitätsstiftung des jungen Staates war. 1991 erhielt B. posthum den höchsten ukrainischen Literaturpreis. Seine Witwe lebte in Neu-Ulm.

L. Chirin KOLB, Die Renaissance fast 40 Jahre nach dem Tod. Ein Buch von Iwan Bahrianyi ist auch ins Deutsche übersetzt - Grab auf dem Neu-Ulmer Friedhof, in: SWP, 12. VII. 2002 (Bild) – WEIMAR, Wegweiser, S. 104 – „Lieber tot als Sklave sein!". Vor 100 Jahren wurde der ukrainische Schriftsteller Iwan Bahrianyj geboren. Der Kämpfer für eine freie Ukraine floh aus dem Gulag und gründete einen Verlag in Neu-Ulm, in: SWP vom 29. IX. 2006.

Bailer, Nonus (von), * Ulm 13. März 1820, † ebd. 29. Sept. 1892, kath.
Vater   Bailer, Polizeisoldat.
Mehrere G.
∞ Marie Mack[27], † Stuttgart 5. X. 1903.
Mehrere K, darunter Julius (von) Bailer[28], Dr.-Ing. h.c., * Stuttgart 8. II. 1853, † Wilmersdorf 12. V. 1918, Generalmajor z. D.

B. war einer der herausragenden Beamten der württ. Innenverwaltung im 19. Jahrhundert kath. Glaubens. Obwohl an zahlreichen verschiedenen Orten des Königreichs eingesetzt, hielt der gebürtige Ulmer stets den Kontakt zur Heimat, in der er auch seinen Ruhestand verlebte.
Aufgewachsen in Ulm, wo er auch die Schule besuchte, schlug B. die Schreiberlaufbahn ein und erwarb sich in den Jahren von 1834 bis 1837 praktische Erfahrungen in der Kanzlei des OA Wiblingen, wo Oberamtmann Franz Wilhelm →Gaul sein Dienst- und Lehrherr war. Nach dem Abschluss der Ausbildung fand B. als Gehilfe bei Gaul eine Anstellung. Von 1839 bis 1841 studierte B. in Tübingen Regiminalwissenschaften und bestand 1842 die I., 1845 die II. höhere Verwaltungsdienstprüfung. Die Zeit zwischen den Prüfungen brachte B. wiederum beim OA Wiblingen zu, das mittlerweile von Johann Michael →Lindenmayer geleitet wurde, und wo er als Revisionsassistent weitere praktische Erfahrungen sammeln konnte. Als solcher war B. während seines Referendariats auch bei den OÄ Ulm, Besigheim und Cannstatt eingesetzt.
1845 erhielt er seine erste feste Stellung als Oberamtsaktuar beim OA Cannstatt, wechselte jedoch noch im gleichen Jahr als Stadtdirektions- und Aktuariatsverweser nach Stuttgart, wo er auch als Kassier der Residenzstadt-Polizei tätig war. 1846 er zeitweise als Kanzleihilfsarbeiter bei der Regierung des Schwarzwaldkreises in Reutlingen und als Verweser des Polizeikommissariats Stuttgart eingesetzt. Ende des Jahres 1846 ging er als Oberamtsaktuar zum OA Heidenheim/Brenz, 1849 als provisorischer Kanzleiassistent im Kriegsministerium zu-

---

[26] Abweichende Angaben in den Lebensläufen.
[27] Staatsanzeiger 231, 6. X. 1903, S. 1629.
[28] WN 1918/19, S. 35 ff. (Karl von MUFF).

rück nach Stuttgart. 1850 wurde B. als Kollegialhilfsarbeiter dem ebenfalls in Stuttgart ansässigen Kath. Kirchenrat zugeteilt, ehe er 1853 die Möglichkeit erhielt, das lange Zeit Erstrebte auch zu erreichen: die Leitung eines Oberamts. Beim OA Riedlingen trat er als Oberamtmann die Nachfolge von August Vogel an und blieb dort vier Jahre im Amt, bevor er 1857 zum OA Wangen/Allgäu wechselte. 1870 wurde B. zum Oberamtmann beim OA Ehingen/Donau und 1882 zum Oberamtmann beim OA Biberach/Riß ernannt. 1880 erhielt B. den Titel eines Regierungsrats verliehen. 1890 trat er im Alter von 70 Jahren in den Ruhestand. – 1874 Ritterkreuz I. Kl. des Friedrichsordens; 1887 Ritterkreuz des Württ. Kronordens.

Q HStAS, E 146/I Bü 2771 – ebd., E 150 Bü 1528 – ebd., E 151/01 Bü 1131.
W Die Landstandschaft der Oberamtsbezirke und der sieben berechtigten Städte Württembergs, Biberach ⁴1882.
L Württ. Jahrbücher 1892, S. V – Amtsvorsteher, S. 162 (Sylvia EITH-LOHMANN/Kurt DIEMER).

Baitsch, Helmut, Dr. med., Dr. rer. nat., Dr. med. h.c., * Spessart bei Ettlingen (Baden) 21. Nov. 1921, † Ulm 3. Aug. 2007, ev.
∞ 1946 Brigitte Eyerich.
4 K.

Ein intensives Leben ist zu Ende gegangen, hieß es im Nachruf der Familie. Der Präsident der Universität Ulm, Karl Joachim Ebeling, würdigte B. mit den Worten: *Er hat die Universität Ulm als Rektor in einer schwierigen Phase geführt und sie in vielerlei Hinsicht geprägt.*
Der gebürtige Badener wurde nach dem Abitur zur Wehrmacht eingezogen und leistete Kriegsdienst an der Ostfront, bis er 1945 in US-amerikanische Kriegsgefangenschaft geriet. Von 1946-1950 studierte B. in München Medizin und Naturwissenschaften, 1951 wurde er zum Dr. med., 1952 zum Dr. rer. nat. promoviert. Zunächst als wissenschaftlicher Assistent am Münchner Anthropologischen Institut und als Konservator an der Anthropologischen Staatssammlung München tätig, habilitierte er sich 1958 mit einer Arbeit zum Problem der Objektivierung des erbbiologischen Vaterschaftsnachweises. 1961 als o. Professor für Anthropologie und Direktor des neu gegründeten Instituts für Anthropologie und Humangenetik an die Albert-Ludwigs-Universität in Freiburg im Breisgau berufen, trug B. wesentlich zum international hervorragenden Ruf der Freiburger Schule der Humangenetik bei. 1966 wurde er zum Rektor der Universität Freiburg berufen. Seit 1968 Senator und Kuratoriumsmitglied der Deutschen Forschungsgemeinschaft (DFG), trug er maßgeblich zur Einrichtung der Sonderforschungsbereiche bei.
Nach dem Tod von Gründungsrektor Ludwig →Heilmeyer trat B. am 20. Juli 1970 an die Spitze der Universität Ulm. Zum 1. April 1975 wechselte B. auf den Lehrstuhl für Anthropologie und Humangenetik an der Universität Ulm, den er bis zu seiner Pensionierung im Jahre 1989 innehatte. 1993 ehrte ihn die Universität Ulm mit einer seltenen Auszeichnung, als sie ihn zu ihrem Ehrenbürger ernannte. Sie würdigte damit B.s Wirken als Rektor und Professor am weiteren Aufbau der Universität Ulm, seinen Einsatz für die Forschungsförderung auf Bundesebene, für das Musische Zentrum und für den Arbeitskreis Ethik. Die Medizinische Hochschule Hannover (MHH) ernannte ihn im Jahre 2000 zum Ehrendoktor. Bei dieser Ehrung standen B.s Verdienste um die Gründung und den Aufbau des Sonderforschungsbereichs „Psychotherapeutische Prozesse" im Vordergrund. Rollenspiel und Psychodrama waren auf Grund von B. entwickelter Konzepte vielfach Teil der Medizinerausbildung geworden.
In seiner Freizeit spielte B., der auch im Ruhestand sein Interesse an seinem Beruf nicht verlor und besonders Fragen der Medizin- und Forschungsethik in den Vordergrund stellte, Cello und engagierte sich in der von ihm mit gegründeten

Musischen Werkstatt. Er war Mitglied des Club of Rome und des Royal Anthropological Institute of London.

Q StadtA Ulm, G 2.
L Winfried KRONE, Ein herzlich Anerkennen. Helmut Baitsch zum 80. Geburtstag, in: uni Ulm intern Nr. 249, Nov. 2001 – Nachruf: Ethischen Fragen besonders verpflichtet. Altrektor Helmut Baitsch gestorben, in: SWP Nr. 180, 7. VIII. 2007, S. 15 (Bild) – Wikipedia.

Baldinger, Daniel von, * Ulm 15. Sept. 1768, † Wiblingen 26. (nicht 16.!) Sept. 1834, □ ebd. 29. Sept. 1834, ev.
Vater Albrecht Friedrich von →*Baldinger, Ratsältester in Ulm.
Mutter Sibylla von Unold auf Grünenfurth, † 26. VI. 1814.
Mehrere G, darunter Albrecht Friedrich von →*Baldinger, Revierförster in Ulm; *Veronica* Elisabethe von Baldinger, * 5. II. 1778, ∞ Theodor August von →Baldinger (1773-1812), Kgl. Bayer. Hauptmann.
∞ I. Ulm 27. I. 1795 Anna Margaretha von Neubronner, * 30. III. 1767, † Ulm 14. II. 1801; ∞ II. Ulm 18. VIII. 1801 Felicitas von Besserer-Thalfingen, * 11. XI. 1781, † Wiblingen 14. VII. 1832.
21 K, davon 5 aus I. Ehe   *Albrecht* Friedrich von Baldinger[29], * Stubersheim 13. X. 1795, † Stuttgart 20. IV. 1874, Kgl. Württ. Hauptmann in Ulm, zuletzt Oberst im Kgl. Württ. Ehreninvalidenkorps, ∞ Charlotte Mathilde Kuhn, * 29. X. 1803, † Stuttgart 4. I. 1870; *Carl* Friedrich von →*Baldinger; Sibylle Albertine von Baldinger, * Stubersheim 24. X. 1797, † 10. IX. 1876, ∞ 7. IX. 1819 Eitel Albrecht →Schad von Mittelbiberach, Kgl. Württ. Hauptmann in Ulm; Felician von Baldinger, * Stubersheim 28. X. 1798, † Albeck 17. VI. 1802; Daniel von Baldinger, * Leipheim 17. XI. 1800, † Albeck 21. II. 1801; Philipp von Baldinger, * 28. VII. 1802, † 23. IV. 1823, Kgl. Württ. Wachtmeister; *Johanne* Elisabeth von Baldinger, * Albeck 9. I. 1804, † 26. V. 1871, ∞ 7. VII. 1835 Karl *August* Christian Franck[30] (Frank), * Bächingen (?) 11. VI. 1790, Kameralamtsbuchhalter in Heiligkreuztal, 1818 Kameralamtsverweser und Kameralverwalter ebd., 1819 Registrator bei der Finanzkammer des Donaukreises in Ulm, 1836 Kameralverwalter in Wiesensteig, 1843 dsgl. in Wurmlingen, 1851 tit. und Rang Expeditor beim Bergrat in Stuttgart; *Maximilian* Joseph von Baldinger[31], * Albeck 27. I. 1805, † Stuttgart 9. XII. 1885, Kgl. Württ. Oberstleutenant, ∞ Kgl. Württ. VIII. 1810, † 5. II. 1880, ∞ 23. X. 1832 Georg (von) Schäfer, Dr. iur., * 14. XI. 1799, Oberamtsrichter in Gaildorf, zuletzt Präsident des Gerichtshofes in Ellwangen/Jagst; Mathilde von Baldinger, * Albeck 5. XI. 1811, † 9. XI. 1825; Charlotte *Auguste* von Baldinger, * Albeck 9. II. 1813, ∞ 6. V. 1837 *Albrecht* Friedrich (von) Kolb[33], * 15. IX. 1800, † 12. XI. 1886; Gustav Adolph von Baldinger, * Albeck 17. II. 1815, † 16. XII. 1847, Kgl. Württ. Leutenant der Reiterei; Emma von Baldinger[34], * Albeck 8. IX. 1816, † Ulm 8. XII. 1882; Felicitas von Baldinger, * Albeck 10. VII. 1818; Adelheid von Baldinger, * Albeck 9. X. 1819, † Wiblingen 20. IV. 1822; Sigmund von Baldinger, * Wiblingen 17. XI. 1820, † ebd. 24. IV. 1822; Wilhelm von Baldinger[35], * Wiblingen 19. VIII. 1822, † Stuttgart 25. V. 1883, Kgl. Württ. Postmeister, zuletzt Rechnungsrat in Stuttgart, ∞ 5. VIII. 1858 Henriette Schott[36], * 9. II. 1830, † Stuttgart 24. V. 1919, T. d. Heinrich Carl Schott, * 9. II. 1793, Pupillenrat beim Gerichtshof in Esslingen, S. d. Professors Christoph Friedrich Schott in Tübingen, u. d. Henriette Wilhelmine Kapff; Sigmund von Baldinger, * 8. II. 1825, Kgl. Württ. Major z. D., zuletzt Oberstleutenant a. D., und Landwehrbezirkskommandant in Tübingen, ∞ 26. oder 27. XI. 1856 Freiin *Anna* Caroline Elisabeth Luise von Gültlingen, * 26. V. 1834, T. d. Kgl. Württ. Rittmeisters Freiherrn *Wilhelm* Carl von Gültlingen[37], * 26. I. 1808, † Ulm 31. XII. 1850, u. d. Luise Körner, * 15. VII. 1812.

B. zählt zu den Ulmer Patriziern, die sich im Zuge der weit reichenden machtpolitischen Veränderungen zu Beginn des 19. Jahrhunderts ganz auf den Boden der neuen Tatsachen stellten. Zunächst Ulmischer Verwaltungsbeamter, trat er später erst in bayer. und dann in württ. Dienste.
Nach dem Besuch des Gymnasiums in Ulm studierte B., der zuvor bereits von den Eltern quasi-schulisch ausgebildet worden war, zunächst ab 1788 Jura in Erlangen, anschließend ab 1789 Staats- und Kameralwissenschaften in Göttingen.

[29] CAST, S. 119 – ZIEGLER, Fangelsbachfriedhof, S. 190.
[30] WINTERHALDER, Ämter, S. 120, 341, 344.
[31] LINCK-PELARGUS, Pragfriedhof, S. 16. Der Sohn Maximilians von Baldinger, Maximilian Albert *Paul* von Baldinger-Seidenberg, * Stuttgart 28. IV. 1837, † ebd. 19. VIII. 1904, Exzellenz, Flügeladjutant, Kgl. Württ. Oberstleutnant und Hofmarschall der Herzogin Wera von Württemberg, heiratete 1881 Helene Freiin von Valois, eine Tochter des Oberhofmeisters Generalleutnant Ludwig Freiherr von Valois. Vgl. Suevia Tübingen 3, S. 153 f., Nr. 147.
[32] SK Nr. 116, 18. V. 1882, S. 747, 749 (Todesanz.) – SIGEL Nr. 183, 32 (Band 17,1, S. 464).
[33] UNGERICHT, S. 78.
[34] UNGERICHT, S. 136.
[35] ZIEGLER, Fangelsbachfriedhof, S. 184.
[36] ZIEGLER, Fangelsbachfriedhof, S. 184.
[37] UNGERICHT, S. 150.

23

Nach Abschluss der Studien unternahm er eine längere Studienreise, die ihn nach Wien, Berlin, Dresden, Leipzig und in mehrere Hansestädte führte. Er trat 1791 in die Dienste der Reichsstadt Ulm, wo er als Eherichter und Fremd-Almosen-Kastenpfleger beim Magistrat tätig war. 1792 wechselte er in den Verwaltungsdienst und war von 1792 bis 1799 Ulmischer Vogt in Stubersheim (später OA Geislingen), von 1799 bis 1801 Obervogt in Leipheim und von 1801 bis 1804 dsgl. in Albeck, wo er danach von 1804 bis 1810 als Kgl. Bayer. Landrichter amtierte.

B. gehört zu den Vertretern des alt eingesessenen Ulmer Patriziats, die sich im Zuge der weit reichenden machtpolitischen Veränderungen zu Beginn des 19. Jahrhunderts ganz auf den Boden der neuen Tatsachen stellten. 1810 war er erster württembergischer Oberamtmann in Albeck, von 1819 bis 1822 stand er, nachdem Albeck dem OA Ulm zugeschlagen und aufgelöst worden war, an der Spitze des Oberamts Wiblingen (später Laupheim). Der von Natur mit einer robusten Gesundheit ausgestattete B., *ein durch Kenntnisse und Charakter ausgezeichneter Mann* (CAST, S. 118) überlebte mehrere Schlaganfälle, die er seit 1817 erlitten hatte, weshalb er 54-jährig im Jahre 1822 seine Tätigkeit als Wiblinger Oberamtmann beenden und der bisherige Assessor bei der Regierung des Neckarkreises in Ludwigsburg, Heyd, als Amtsverweser die Nachfolge in Wiblingen übernehmen musste. B. verlor nach dem plötzlichen Tod seines Sohnes Carl Friedrich von →*Baldinger und seiner Ehefrau rasch seine Lebenskraft. *Einige poetische Versuche von ihm sind in Manuscript vorhanden, andere finden sich in Journalen verstreut* (CAST, S. 118). Seine Kinder heirateten fast durchweg in württ. Großbürgerliche Familien und demonstrierten damit eindrücklich die Bereitschaft einer Familie des Ulmer Patriziats, sich in realistischer Einschätzung der Situation den Gegebenheiten zu stellen.

Q StadtA Ulm, G 2 alt – HStAS, E 143 Bü 865 – ebd., E 146/1 Bü 2658.
L Rede nach der Beerdigung des Hochwohlgebornen Herrn Daniel von Baldinger, gewesenen Ober-Amtmanns von Wiblingen, gehalten in der Gottesacker-Kapelle zu Wiblingen am 29. September 1834 von M. L. VETTER, Pfarrer zu Grimmelfingen – CAST, S. 118 f. – Amtsvorsteher, S. 163 (Sylvia EITH-LOHMANN/Kurt DIEMER).

Baldinger, Carl *Ludwig* August von, * Albeck/OA Ulm 16. Dez. 1807, † Ulm 1. Okt. 1849, ▢ ebd., Alter Friedhof, ev.
Eltern und *G* siehe Daniel von →*Baldinger.
Ledig. Keine *K.*

B. ist eines der Beispiele für Vertreter des Ulmer Patriziats, die sich ganz in den Dienst Württembergs stellten.
Unter bayer. Herrschaft geboren, wuchs B. in Ulms früher württ. Zeit auf, besuchte das Gymnasium in Ulm und studierte anschließend Jura in Tübingen (Mitglied der Verbindung Feuerreiter, später Burschenschaft Germania). 1837 leistete er seinen Militärdienst im I. Reiter-Rgt. Noch im gleichen Jahr begann er mit definitiven Anstellungen als Gerichtsaktuar bei den Oberamtsgerichten Waldsee und später in Ravensburg seine Laufbahn im Justizdienst des Königreichs Württemberg. Nach 1846 war er Oberamtsrichter in Sulz/Neckar, zuletzt dsgl. in Horb/Neckar. Er starb jedoch vor Dienstantritt im Alter von 41 Jahren.
1848 wählte ihn die Ritterschaft des Donaukreises zu einem ihrer Vertreter in der Kammer der Abgeordneten des Württ. Landtags (15. o. LT), der er bis zu seinem Tod angehörte.

L CAST I (1839), S. 120 – BECKE-KLÜCHTZNER, S. 325 f. –RIECKE, Verfassung und Landstände, S. 45 – HARTMANN, Regierung und Stände, S. 35 – SCHMIDGALL, Burschenschafterlisten, S. 81, Nr. 794 – SCHMIDGALL, Burschenschafterlisten, S. 81, Nr. 794 – PHILIPP, Germania, S. 56, Nr. 794 – DVORAK I,1 (1996), S. 43 – UNGERICHT, S. 78 – RABERG, Biogr. MdL-Handbuch, S. 23.

Baldinger, Theodor August von, * Ulm 8. Jan. 1773, † Wilna 25. Dez. 1812, ev.
Vater Albrecht von Baldinger, * 1720, † 1790, Bürgermeister der Reichsstadt Ulm.

Mutter Catharina Margaretha Schad von Mittelbiberach.
Mehrere *G.*
∞ 22. V. 1798 Veronica Elisabethe von Baldinger, * 5. II. 1778, † 1851, T. d. Albrecht Friedrich von →*Baldinger, letzter Ratsältester in Ulm, u. d. Sibylla von Unold auf Grünenfurth, * 1739, † 26. VI. 1814 *im 76sten Lebensjahre.*
6 *K* Albrecht Theodor von Baldinger, * Ulm 31. III. 1799, † 1873, Kgl. Bayer. Revierförster, ∞ Amalie C. Jacobi, * 1807, † 1874; Sibilla *Elisabeth (,,Liette")* von Baldinger, * 1800, ∞ von Grimm; Auguste von Baldinger, * 1802, † 1858, ∞ Christoph Mieg, * 1803, † 1847, Gesandtschaftsrat in Genua; Minna von Baldinger, * 1807, ∞ Bolstetter; Karoline Franziska *(,,Fanny")* von Baldinger, * Lindau/Bodensee 1808, ∞ von Wörz; Friedrich Wilhelm von Baldinger, * Lindau/Bodensee 14. VIII. 1810, † 1893, Kgl. Bayer. Regierungs- und Forstrat, zuletzt Ministerialrat, ∞ Amalie Balbier, * 1819, † 1911.

B. ist das Beispiel für einen aus altulmisch-patrizischem Geschlecht stammenden Offizier, der in den napoleonischen Kriegen umkam.
Geboren als jüngster Sohn des späteren Bürgermeisters Albrecht von Baldinger, wuchs B. in seiner Vaterstadt auf und besuchte dort die Schule. Unklar ist, ob er 1790 die neugegründete Offiziersschule in Ulm absolvierte. 1793 war der 20 Jahre alte B. Fähnrich beim Ulmer Kreiskontingent, das gegen die Truppen des revolutionären Frankreich ins Badische marschierte. Nach 1795 hielt sich B. in Ulm auf, das damals zur Festung ausgebaut wurde. 1799 geriet B. als Leutnant in Ulm nach einem Ausfall auf den Kuhberg in französische Gefangenschaft und wurde in Straßburg interniert. Wohl nach einigen Monaten nach Ulm zurückgekehrt, wurde B. im Jahre 1803 mit anderen Ulmer Offizieren einem in Donauwörth bzw. Dillingen/Donau stationierten bayer. Regiment zugeteilt und damit bayer. Offizier.
Unklar ist, ob sich B. im Kriegsjahr 1805 in Ulm aufhielt, da er zur Garnison in Dillingen gehörte. Am 29. Aug. 1808 erhielt er sein Hauptmannspatent, wenig später wurde er zum Platzkommandanten von Lindau/Bodensee ernannt, das seit März 1806 unter bayer. Herrschaft stand. Im Juni 1809 wechselte B. in die Festung Kufstein (Tirol) und nahm mit dem 6. leichten Inf.-Bataillon La Roche am Krieg der Bayern gegen die Tiroler teil, die sich gegen die Besatzung wehrten. In den Kämpfen wurde B. durch einen Schuss in den Unterleib schwer verletzt. Die Rekonvaleszenz nahm Jahre in Anspruch. Invalide waren in Kriegszeiten nicht gut gestellt, und B. machte sich große Sorgen um seine Zukunft. Als sechsfacher Familienvater in unsicheren Zeiten sah er sich nach dem Verlust der Privilegien des Patriziats auf mehr als schwankendem Grund. Es ist möglich, dass er als letzte Chance begriffen haben mag, sich zu Napoleons Russland-Feldzug zu melden.
1812 war B. als Hauptmann bei der leichten Infanterie (VI. Korps, 19. Division) unter dem Kommando des Generals Graf von Deroy (1743-1812) beim bayer. Deputat der nach Russland einmarschierenden Armee Napoleons. B. nahm mit seiner Einheit nicht am Vormarsch bis auf Moskau teil, sondern blieb zur Bildung eines Brückenkopfes in Polozk an der Düna zurück. Im Rahmen des verlustreichen Rückzugs der napoleonischen Truppen geriet B., dem bereits Hände und Füße erfroren waren, in die Gewalt von Kosaken, die ihn gefangen nahmen und in Wilna einsperrten, wo er am Abend des ersten Weihnachtstages des Jahres 1812 kurz vor seinem 40. Geburtstag an Erschöpfung und Hunger starb.

Q StadtA Ulm, G 2 Baldinger (darin u. a. undatierter Lebenslauf).
L Ih 3, S. 14 – CAST I, S. 118 – Annedore HABERL, Theodor August von Baldinger. Das Schicksal eines bayerischen Offiziers zur Napoleonzeit, in: UO 45/46 (1990), S. 267-310 – Dies., Ulmer Patriziersohn im Russlandfeldzug Napoleons und sein Tod in Wilna 1812, in: UO 53/54 (2007), S. 220-228.

Bantleon, Georg *Heinrich*, * Ulm 18. Jan. 1880, † Neu-Ulm 10. Juni 1957, feuerbestattet ebd. 13. Juni 1957, ev.
Vater Heinrich Bantleon, * Deggingen/OA Geislingen 19. II. 1856, † Flensburg 1887, Mechaniker, S. d. Johann Georg Bantleon, * Großsüssen 1. XI. 1808, Opticus in Neu-Ulm, u. d. Karoline Marcy (Marzi?).
Mutter Luise *Mathilde* Mayer, * Ulm 8. VII. 1862, † Ulm 25. IX. 1924, T. d. Johann Georg Mayer u. d. Regina Krauß.

∞ Ilmenau (Thüringen) 19. X. 1903 Marie Anna *Else* Küster, * Schmalkalden 10. XII. 1880.
3 *K*, darunter Marta Bantleon, * Ulm 5. IX. 1909, ∞ Ulm 5. I. 1933 *Heinrich* Friedrich Benedikt Jutz, Dipl.-Kaufmann, * Hameln/ Weser 25. VI. 1906.

Unehelich geboren – seine Eltern heirateten erst am 1. Aug. 1880, ein halbes Jahr nach seiner Geburt –, besuchte B. das Realgymnasium in Ulm und absolvierte anschließend eine Lehre im Optikergeschäft von Leonhard Köpf am Ulmer Münsterplatz, wo er auch die Gesellenprüfung ablegte. Bei der Firma Fein in Stuttgart war er als Monteur tätig, ehe er 1900 ein Studium am Technikum in Ilmenau (Thüringen) aufnahm, wo er im Herbst 1902 das Ingenieurexamen bestand. Nach einem Jahr Berufstätigkeit im westfälischen Siegen kam er auf Aufforderung seines einstigen Lehrherrn Köpf nach Ulm zurück, der ihm eine Teilhaberschaft an seinem Geschäft angeboten hatte. Unter B. erlebte das Geschäft eine beachtliche Expansion, außerdem gründete er mehrere Elektrizitätswerke auf der Schwäbischen Alb (u. a. Heuchlingen, Bachhagel) mit Nebenwerken. Der ständige Einsatz unter hohem persönlichen Druck führte bei B. 1910 zu einem schweren Nervenzusammenbruch, der dazu führte, dass er sich aus seiner bisherigen Tätigkeit zurückzog und Köpf empfahl, die elektrischen Anlagen an Robert →*Bosch zu verkaufen, was auch geschah. Nach Wiederherstellung war B. seit 1912 Inhaber des Porzellangeschäfts Heinrich Reinemann Nachf. in der Ulmer Langestraße 16. Wenig später wurde er in den Bürgerausschuss gewählt, dem er bis zu dessen Auflösung 1919 angehörte, von 1922 bis zum 23. April 1933 war er Mitglied des Gemeinderats, daneben ab 1933 auch Handelsrichter. Von 1916 bis 1918 war B. Soldat im Ersten Weltkrieg. B.s Geschäft wurde am 17. Dez. 1944 beim großen Bombenangriff auf Ulm völlig zerstört. B. und seine Frau zogen zu einer ihrer Töchter nach Reutlingen-Betzingen, wo sie bis 1948 lebten. Nach der Rückkehr verkaufte B. sein Grundstück in Ulm und zog in die Neu-Ulmer Schützenstraße 19, wo er seinen Ruhestand verlebte.
Lokale Bedeutung über seine beruflichen und kommunalpolitischen Aktivitäten hinaus erlangte B. als Turner- und Sängerfunktionär. Von 1913 bis 1933 war er Erster Vorsitzender des Turnvereins Ulm – in seiner Amtszeit erfolgte die Errichtung der neuen Platzanlage und des ersten Vereinsheims in der Friedrichsau, 1925 war er führend an der Organisation des Landesturnfestes beteiligt. 1938 ernannte ihn der Turnverein zum Ehrenvorsitzenden. B. war treues Mitglied und langjähriges Vorstands- bzw. Ausschussmitglied der Ulmer Liedertafel, die ihn mit ihrer goldenen Ehrennadel auszeichnete.

Q   StadtA Ulm, G 2.

Bantleon, *Hermann* Karl, * Ulm 3. Nov. 1887, † ebd. 26. Mai 1975, ev.
Vater   Wilhelm →*Bantleon, * 11. IX. 1855, † Ulm 22. IV. 1905, Bierbrauereibesitzer „zur Rose" in Ulm, erhielt 1897 in London für sein Bier die goldene Medaille.
Mutter   Friederike Knauß, * 1857, † 1929.
Mehrere *G*, darunter Wilhelm Bantleon, Dipl.-Ing., * 1883, † 1909; Eugen Bantleon, * Ulm 26. II. 1895, † gefallen 19. XII. 1916, Kriegsfreiwilliger, Unteroffizier d. R. im Inf.-Rgt. 121.
∞ Hedwig Rapp.

B. war zunächst nach dem frühen Tod des Vaters bis 1914 Inhaber der Brauerei zur goldenen Rose in der Ulmer Frauenstraße, Kaufmann in Ulm, nach 1918 Inhaber der noch bestehenden Firma Hermann Bantleon GmbH Treib- und Schmierstoffe, die er mit seinem Schulfreund Richard Umbach gegründet hatte. Während des Krieges und danach rationierte und schwer erhältliche Produkte wie Leder-, Huf- und Wagenfette, Speiseöl und Waschpulver waren bei B. erhältlich. 1944 wurde sein gesamtes Anwesen an der Frauenstraße zerstört, Umbach schied aus der Firma aus. Nach Kriegsende baute B. sein Unternehmen neu auf und stellte es auf Industrieprodukte um. B. handelte fortan mit Heizölen und wurde von der 1927

gegründeten Schweizer Marke AVIA mit Markenschmierstoffen beliefert. 1953 stieg B. als Gesellschafter bei AVIA ein und gründete die erste von heute sieben AVIA-Tankstellen. Der Großhändler in Mineralölen und Treibstoffen, der 1955 mit der Eigenproduktion von Spezialfetten, Korrosionsschutzmitteln, Schal- und Trennölen sowie Schneid- und Schleifölen für die Metallverarbeitung begonnen hatte, entwickelte sich in den Jahren des „Wirtschaftswunders" zu einem Kaufmann, dessen Bedeutung und Einfluss weit über die Ulmer Region hinaus reichte. Von 1946 bis 1956 war B. FWV-Gemeinderat in Ulm, daneben Beirat und Vizepräsident der IHK Ulm. 1964 gewann er die Fürstenfamilie Fürstenberg als Geschäftspartner, an die nach seinem Tod alle Geschäftsanteile übergingen. – B. zählte zu den Mitgründern des im Herbst 1920 gegründeten nationalistischen und republikfeindlichen Wehrbundes „Schwabenbanner Ulm", dessen Ausschuss er angehörte.

Q   StadtA Ulm, G 2.
L   BRAUN, Schwabenbanner, 47 – StadtMenschen [Firmenporträts] – Neubau des Logistikzentrums Bantleon, in: Schwäb. Zeitung Nr. 261, 11. XI 2006 (Sonderveröffentlichung „Wir im Süden extra").

Bantleon, Jakob, * Neu-Ulm 2. Dez. 1877, † ebd. 11. Aug. 1955, ev.

∞ Anna Bantleon, Mitglied des Vereins „Arbeiterwohlfahrt" Neu-Ulm.
Mehrere *K*, darunter Eugen Bantleon, Schreinermeister in Neu-Ulm, 1948 SPD-Stadtrat.

Als erster Sozialdemokrat im Neu-Ulmer Stadtrat genoss B. innerparteilich, aber auch weit über die Partei- und Stadtgrenzen hinaus große Anerkennung und Respekt. B. war ab 1908 Angestellter der AOK Ulm, zuletzt Kassenobersekretär. 1914 wurde B. in den Neu-Ulmer Stadtrat gewählt. Während seiner Amtszeit als Stadtrat war B. zeitweise stv. Vorsitzender des Bau-Senats. 1933 wurde B. als Sozialdemokrat aus seiner beruflichen Stellung bei der AOK Ulm entlassen und verlor sein Stadtratsmandat. Für mehrere Wochen war er als „Schutzhäftling" inhaftiert, blieb danach aber in der NS-Zeit weitgehend unbehelligt.
In der Amtszeit des kommissarischen Bürgermeisters war B. berufenes Mitglied des ihm zur Seite gestellten 13-köpfigen „Beirats", dem neben B. u. a. auch Johann (Hans) →Mayer, Josef →Böck und Josef →Dirr angehörten. Am 27. Jan. 1946 als SPD-Kandidat wieder in den Neu-Ulmer Stadtrat gewählt, stellte der außergewöhnlich beliebte B. – ungeachtet seines hohen Alters – seine reichen Erfahrungen in den Dienst des kommunalpolitischen Wiederaufbaus in Neu-Ulm. Bei der nächsten Stadtratswahl am 30. Mai 1948 trat der fast 71 Jahre alte B. nicht mehr an. Sein Sohn Eugen, Schreinermeister in Neu-Ulm, der bei dieser Wahl erfolgreich kandidierte, setzte die Tradition als SPD-Stadtrat fort.
Der über mehr als drei Jahrzehnte als Vorstands- und Aufsichtsratsmitglied der Gemeinnützigen Baugesellschaft Neu-Ulm wirkende B. erwarb sich besondere Verdienste um das Gesangs- und Kleingärtnerwesen Neu-Ulms. 1943 trat B., der auch dem Landesausschuss der bayer. Kleingärtner angehörte, an die Spitze des Neu-Ulmer Kleingartenvereins, dessen Mitglied er seit Jahrzehnten war, und führte ihn bis zu seinem Tod. Das Vereinsheim wurde nach ihm Jakobsruhe genannt. Der begeisterte Sänger war ein engagiertes Mitglied des Neu-Ulmer Gesangvereins „Sängertreu-Frohsinn" und zuletzt dessen Ehrenmitglied.

Q StAL, E 180 b I Bü 36, Personalakte.
L. Adreßbuch Ulm/Neu-Ulm 1925, Zehnte Abteilung, S. 86 – ebd. 1929, Zehnte Abteilung, S. 88 f., 94 – Jakob Bantleon 75 Jahre, in: NUZ, 1. XII. 1952.

Bantleon, Johann *Nikolaus*, * Kuchen/OA Geislingen 1. Juni 1838, † Waldhausen/OA Geislingen 13. Dez. 1928, ev.

Vater   Johann Jakob Bantleon, * 1812, † 1886, Hirschwirt und Bierbrauer.
Mutter   Katharine Hagmayer, * Waldhausen, *Schw* d. Johannes Hagmayer, Bauer und Schultheiß in Waldhausen.
8 *G*, darunter Matthäus Bantleon, * 1835, † 1874, Bauer, Bierbrauer und Gastwirt in Kuchen.
∞ 3. VII. 1860 Angelika Hauff, † Ulm 21. II. 1910, T. d. Johann Jakob Hauff, Schultheiß in Weidenstetten, u. d. Anna Katharina Thierer.
3 *K*, davon 2 † früh   Johannes Bantleon, ∞ Maria Bückle.

Vom Ende des 19. Jahrhunderts bis in die ersten Jahre der Weimarer Republik hinein wirkte Ökonomierat B. – einer der herausragenden württ. Landwirtschaftspolitiker seiner Zeit – in Ulm.

Nach dem Besuch der Volksschule kam B. zwölfjährig zu seinem Onkel Johannes Thierer auf dessen Hofgut nach Waldhausen, wo sich B. rasch zum kenntnisreichen Landwirt entwickelte, der von der Feldwirtschaft auf Viehwirtschaft umstellte und besonders eine modern eingerichte Molkerei aufbaute. Nach dem Tod des Onkels im Jahre 1856 trieb der junge B. die Transformation des Hofes zum Mustergut energisch voran. 1863 gründete er die Brauerei zum Rößle, die er 30 Jahre lang erfolgreich leitete. Das nach ihm benannte Bier wurde überregional zum Begriff. B. engagierte sich in Waldhausen auch politisch. Er gehörte von 1860 bis 1898 dem Bürgerausschuß und dem Gemeinderat von Waldhausen an und setzte sich für die Verbesserung der Wasserversorgung, der Infrastruktur und die Feldbereinigung, ebenso für den Alb-Bahnbau von Amstetten nach Gerstetten erfolgreich ein. 1889 ernannte ihn der König von Württemberg in Anerkennung seiner Verdienste zum Ökonomierat in Waldhausen. Von 1883 bis 1895 MdL Württemberg (29. bis 33. o. LT, II. Kammer, Bez. Heidenheim): 1883 bis 1889 Mitglied der verstärkten Volkswirtschaftlichen Kommission, 1883 bis 1886 der Landeskulturkommission, außerdem Mitglied der Finanz-, der Unfallversicherungs- und der Geschäftsordnungskommission. Der für die Nationalliberalen kandidierende B. verlor das Heidenheimer Landtagsmandat 1895 an den VP-Politiker Hans Hähnle (Giengen/Brenz). Von 1893 bis 1895 war B. MdR (9. RT, Bez. Württemberg XIV: Blaubeuren-Geislingen-Heidenheim-Ulm), die Wahl B.s wurde jedoch für ungültig erklärt, woraufhin er nicht wieder antrat und das Mandat ebenso wie das Heidenheimer Landtagsmandat an Hans Hähnle ging. Von 1898 bis 1922 wirkte B. in Ulm, wo er in der Olgastraße lebte und in engem Kontakt mit Oberbürgermeister Heinrich von →Wagner stand, den er besonders bei Grundstückskäufen beriet.

Von 1899 bis 1906 erneut MdL Württemberg (34. bis 36. o. LT, II. Kammer, Bez. Geislingen): Vorsitzender der Geschäftsordnungskommission, Mitglied der Volksschulkommission, der Steuer- und der Verfassungskommission. Von 1907 bis 1913 nochmals MdL Württemberg (37. und 38. o. LT, II. Kammer, 2. Landeswahlkreis): Alterspräsident, Mitglied und zuletzt stv. Vorsitzender des Geschäftsordnungsausschusses, Mitglied der Sonderkommission für den Gesetzentwurf betr. die Landwirtschaftskammer.

Bei der infolge des Todes des Abg. Karl von →*Hohl für den WK Geislingen notwendig gewordenen Landtagsersatzwahl am 4. Aug. 1899 war B. als NL-Kandidat angetreten, ihm gegenüber standen als Z-Kandidat Postsekretär a. D. Mayer (Gosbach), als SPD-Kandidat der Schreiner Georg Preßmar (Geislingen) und als VP-Kandidat Redakteur Illig (Göppingen). Die Wahlbeteiligung war schwach, weil allgemein die Stichwahl als ohnehin unausweichlich angesehen wurde. In der Stichwahl am 17. Aug. 1899 errang Bantleon mit 3.261 zu 1.804 Stimmen den Sieg über Mayer. 1906 verlor er das Geislinger Mandat an den

Z-Kandidaten Joseph Herbster, wurde aber im neu gebildeten 2. Landeswahlkreis als Proporzkandidat gewählt. Zu den Wahlen Ende 1912 trat B. aus Altersgründen nicht mehr an. B. galt als hervorragender Sachkenner in allen Fragen der Landwirtschaft. Er war Mitglied der Deutschen Landwirtschaftsgesellschaft, Ausschußmitglied, zeitweise Vorstand des Landwirtschaftlichen Bezirksvereins Geislingen/Steige, danach Ehrenvorstand; als Vertreter der Landwirtschaft Mitglied des Beirats der Verkehrsanstalten, als Vertreter des III. Landwirtschaftlichen Gauverbandes Mitglied des Beirats der Zentralstelle für die Landwirtschaft und Mitglied der Pferdezuchtkonferenz sowie Mitglied der Verwaltungskommission der König-Karl-Jubiläumsstiftung. – Ritterkreuz des Württ. Kronordens; 1906 Ritterkreuz I. Kl. des Friedrichsordens; Wilhelmskreuz; 1911 Ehrenbürger von Waldhausen.

Q StadtA Ulm, G 2.
L. S. 38 – HARTMANN, Regierung und Stände, S. 73, 87 – Schwäb. Merkur Nr. 587 (Morgenblatt), 14. XII. 1928, S. 4 und SK S. 6 – Hans Friedrich AUTENRIETH, Bantleon ist ein rechter Mann gewesen. Zwei Jahre Abgeordneter im Berliner Reichstag, in: Schwäb. Zeitung Nr. 276, 29. XI. 1968 – RABERG, Biogr. Handbuch, S. 24 f. (Bild) – HAUNFELDER, Die liberalen Reichstagsabgeordneten, S. 52.

Bardili, *Karl* Gottlob Benjamin (von), * Kirchheim/ Teck 2. Nov. 1782 oder 1783, † Stuttgart 11. Jan. 1859, □ Hoppenlau-Friedhof

Vater   Johann Philipp Bardili[38], Mag., * Stuttgart 19. V. 1728, † Kirchheim/Teck 16. VI. 1797, 1758 Diakon in Blaubeuren, 1764 Zweiter Professor am ev.-theol. Seminar Maulbronn, 1781 Dekan und Pfarrer in Dürrmenz, 1783 Dekan in Kirchheim/Teck, S. d. Johann Wendel Bardili, * Reutlingen 24. III. 1676, † 29. VIII. 1740, u. d. Maria Eleonore Meurer, * 7. VII. 1699, † 23. IX. 1753.
Mutter   Wilhelmine Dorothea Beate Cless, * Ludwigsburg 26. I. 1740, † Endersbach 1821, T. d. Wilhelm Jeremias Jakob Cless, Stadtpfarrer in Stuttgart.
G   Christoph Friedrich Bardili, Pfarrer; Heinrich Friedrich Bardili, Pfarrer; Christian Wilhelm Heinrich Bardili, Pfarrer; Eberhardine Beate Bardili, * Maulbronn 23. III. 1767, ∞ August Johannes Andreas Wiedersheim, * Göppingen 9. VIII. 1753, † 4. XI. 1833, Pfarrer in Jesingen, zuletzt in Endersbach.
∞ 1. VIII. 1812 Wilhelmine Kloz.
Mehrere *K*, darunter Emma Bardili, * 10. III. 1854, ∞ 1836 Freiherr Ludwig Ernst Wilhelm Falkenstein, * 7. IX. 1803, † 28. III. 1842, Kgl. Württ. Oberleutnant, Schützenoffizier im 4. Württ. Reiter-Rgt., *Br* d. Ludwig Freiherr von →Falkenstein.

Als langjähriger Vorstand der Finanzkammer des Donaukreises mit Sitz im Deutschen Haus in Ulm war B. einer der höchsten württ. Beamten in Ulm in der Zeit des Vormärz.

Aus altwürtt. Beamtenfamilie stammend, studierte B. nach 1800 Kameralwissenschaften in Tübingen und trat nach den Finanzdienstprüfungen in die Finanzverwaltung des jungen Königreichs ein. 1810 wurde er zum Landvogtei-Steuerrat bei der Landvogtei am unteren Neckar mit Sitz in Heilbronn/Neckar ernannt. Im Nov. 1817 erfolgte seine Versetzung als Finanzrat zur neu gebildeten Finanzkammer des Neckarkreises in Ludwigsburg, wo er 20 Jahre lang verblieb. Von 1833 bis 1839 [7. und 8 o. sowie 9. ao. LT] war B. Mitglied der Kammer der Abgeordneten des Württ. Landtags: 20. Mai 1833 legitimiert, vereidigt und eingetreten, seit 24. Mai 1833 Mitglied der Finanzkommission. Am 10. Juni 1838 folgte B. als Direktor der Finanzkammer für den Donaukreis in Ulm dem in den Ruhestand versetzten Direktor von Müller. Die Finanzkammer unterstand dem Finanzministerium und hatte in Ulm zur Zeit B.s drei Finanzräte, den Kreisforst- und den Kreisbaurat sowie 23 Kanzleibeamte (Registratoren, Revisoren, Kopisten etc.). Das für die Behandlung der Finanz- und Steuerangelegenheiten in den Oberämtern des Donaukreises zuständige Kammerkollegium traf sich regelmäßig dienstags und freitags zu seinen Kollegialsitzungen. B. wurde 1848 in den Ruhestand versetzt; zu seinem Nachfolger wurde Direktor Johann Heinrich von →Hefele (in den Staatshandbüchern auch: Häfelin) berufen. – Mitglied des Vereins für Kunst und Altertum in Ulm und Oberschwaben. – 1836 Ritterkreuz des Württ. Kronordens;

[38] SIGEL 10,1, S. 140 f.

Kommenturkreuz des Württ. Kronordens; Ritterkreuz I. Kl. des Friedrichsordens.

L   Hof- und Staats-Handbuch 1843, S. 155 – FABER, Familien-Stiftungen III, § 680 – SK Nr. 10, 13. I. 1859, S. 61 – RIECKE, Verfassung und Landstände, S. 61 – HARTMANN, Regierung und Stände, S. 52 – PFEIFER, Hoppenlau-Friedhof, S. 45 – SIGEL 2, S. 140 f., Nr. 73,63 – BRANDT, Parlamentarismus, S. 580 – RABERG, Biogr. Handbuch, S. 26.

Barth, *Jakob* Adolf, * Mergelstetten/OA Heidenheim 8. Juli 1853, † Ulm 17. Juli 1931, ev.
∞.
2 K   Otto →Barth; *Adolf* Emil Barth, * Ulm 11. II. 1883, † ebd. 6. IX. 1964, Vermessungsdirektor, 1924-1945 Vorstand des Städtischen Vermessungsamtes Ulm, ∞ Anna Elise Emma Berckhemer.

B. war mehr als vier Jahrzehnte lang eine der herausragenden, auch im gesellschaftlichen Leben engagierten Lehrerpersönlichkeiten Ulms.
Er absolvierte das Lehrerseminar in Nürtingen und bestand 1872 und 1877 die Volksschullehrerdienstprüfungen. 1877 fand er auch seine erste Anstellung als Volksschullehrer in Neuffen. 1880 kam er, 27 Jahre alt, in gleicher Funktion an die Ulmer Mädchenvolksschule. Im Mai 1894 zum Oberlehrer ebd. ernannt, übernahm B. 1910 im Zuge der Neuregelung der Schulaufsicht als Rektor die Leitung der Friedrichsauschule ebd. und den mit diesem Amt verbundenen Vorsitz im Ulmer Ortsschulrat: *In energischer, zielbewusster Weise hat er sein Amt versehen. Der Allgemeinheit hat er außerdem gedient als Geschäftsführer des Vereins für hilfsbedürftige Kinder und als Kirchengemeinderat* (UBC 3, S. 167). 1923 trat er im 70. Lebensjahr in den Ruhestand, den er in Ulm verbrachte. Das tätige Mitglied des Vereins für Kunst und Altertum in Ulm und Oberschwaben starb acht Jahre später wenige Tage nach Vollendung des 78. Lebensjahres. – 1913 Verdienstkreuz.

L   Grundbuch der ev. Volksschule 1914, S. 81 – UBC 3, S. 78, 167 (Bild), 460, 540.

Barth, Karl, Dr. rer. pol., * Reutlingen 17. Juni 1887, † Stuttgart 21. Sept. 1951, ev.
Vater   Christoph Ludwig Michael Barth, Generalagent der Württ. Privatfeuerversicherung und Kaufmann im Textilgroßhandel in Reutlingen.
Mutter   Christiane Becker.
1 G.
∞ Helene Votteler.
Mehrere K.

B. war in den Jahren nach dem Ersten Weltkrieg Vorstand der Bayer. Handelsbank in Neu-Ulm.
Nach kaufmännischer Lehre begann B. 1907 das Studium der Nationalökonomie an der Handelshochschule und an der Universität Berlin sowie in Tübingen. Bei Professor Dr. Carl Johannes Fuchs (Universität Tübingen) wurde B. 1913 mit der Arbeit „Studien über den Zinsfuß und dessen Beziehung zu den wirtschaftlichen Konjunkturen in Deutschland" promoviert. Von 1911 bis 1914 war B. Angestellter bzw. später Hauptkassier im Handlungsgeschäft Rueff, Quenzer & Cie., einer Filiale der Stuttgarter Bank „Stahl und Federer".
Nach dem Ende des Ersten Weltkriegs bot sich dem gerade 32 Jahre alten B. 1919 eine Aufstiegschance, als er Direktor der Bayer. Handelsbank in Neu-Ulm wurde, wo das Institut große Entfaltungsmöglichkeiten witterte. Welche Gründe B. veranlassten, nach drei Jahren 1922 als Direktor der Württ. Vereinsbank bzw. der Deutschen Bank nach Albstadt-Ebingen und damit wieder nach Württemberg zu wechseln, ist unklar. Wiederum nach drei Jahren wechselte er erneut, diesmal 1925 als Direktor der Deutschen Bank nach Freudenstadt. In diesem Amt blieb er bis zu seinem Tod im Alter von 64 Jahren.

L   EBERL/MARCON, S. 125, Nr. 399.

Barth, Otto, * Ulm 18. Mai 1881, † Ulm-Wiblingen 11. Okt. 1947, ev.
Vater und *G* siehe *Jakob* Adolf →Barth.
∞ Ellwangen/Jagst 9. VI. 1914 *Hermine* Maria Bond, * Stuttgart 13. II. 1889, † Ulm 21. X. 1961.
1 K   Lore Barth, * Tübingen 5. V. 1917, Bildhauerin.

B. war Ulmer Landrat in der NS-Zeit.
Er besuchte das Gymnasium seiner Vaterstadt und bestand 1899 das Abitur. Er studierte anschließend Jura in Tübingen (Mitglied der Turnerschaft Hohenstaufia) und Göttingen und absolvierte 1906 die I., 1908 die II. Höhere Justizdienstprüfung; dazwischen war er u. a. Referendar beim OA Ulm. Im Juni/Juli 1908 war er Hilfsarbeiter beim Stadtpolizeiamt Stuttgart, am 13. Juli 1908 erfolgte der offizielle Eintritt als Regierungsassessor in die württ. Innenverwaltung. B. war in der Verwaltung mehrerer Oberämter (u. a. in Ellwangen/Jagst) tätig, ehe im Jan. 1914 die Ernennung zum Vorstand des Stadtpolizeiamts Tübingen erfolgte – die Polizei in Württemberg war seinerzeit noch kommunal organisiert. Vom 20. Jan. 1915 bis 30. Nov. 1918 leistete B. als Freiwilliger Kriegsdienst, zunächst beim Feldart.-Rgt. 49, dann beim Landwehr-Feldart.-Rgt. 2, zuletzt nach Verwundung kurzzeitig bei der Ersatzabteilung 49 in Ulm und bei der Art.-Abt. Generalkommando 13 sowie bei der Militärpolizei. 1916 wurde ihm die Goldene Militär-Verdienstmedaille verliehen.
Nach Kriegsende kehrte B. auf seinen Posten bei der Tübinger Polizei zurück. Am 27. Okt. 1921 (Dienstantritt 7. Jan. 1922) wurde er zum planmäßigen Amtmann beim OA Ehingen ernannt, am 1. Feb. 1922 zum Amtmann beim OA Oberndorf. 1922/23 war er wiederholt als Amtsverweser bei verschiedenen Oberämtern (Künzelsau, Geislingen, Nürtingen) eingesetzt. Die lange angestrebte Beförderung zum Oberamtmann erfolgte am 16. Nov. 1922. Er gelangte als Nachfolger des zum OA Schwäbisch Hall gewechselten Oberamtmannes Franz Paradeis an die Spitze der Oberamtsverwaltung in Münsingen, seit 30. April 1925 in der Dienststellung eines Oberamtmanns der Besoldungsgruppe XI. 1928 erhielten alle Oberamtmänner in Württemberg die Amtsbezeichnung Landrat. B. wurde am 16. März 1929 als Landrat nach Schorndorf versetzt, wo er dem nach Schwäbisch Gmünd gewechselten Max Hoß nachfolgte.
1933 trat B. der NSDAP bei. Am 16. Aug. 1933 wurde B. als Nachfolger des zur Ministerialabteilung für Bezirks- und Körperschaftsverwaltung versetzten Gustav →Mayer zum Landrat des OA Ulm ernannt. Die Ernennung – für B. ein wichtiger Aufstieg, da Ulm zu den wichtigsten Oberämtern in Württemberg gehörte – erklärt sich nicht zuletzt aus der engen Freundschaft B.s zum württ. NS-Innenminister Dr. Jonathan Schmid (1888-1945), der wie B. Mitglied des Offiziersvereins und des Dt. Reichskriegerbundes „Kyffhäuser" war; beide waren 1915 als Kriegsfreiwillige ins Feld gezogen. Bis zum Ende des „Dritten Reiches", also fast zwölf Jahre, verblieb B. in diesem Amt – der unverzichtbare Statthalter des Innenministers im polykratischen Machtgefüge von Partei und Staat, zwischen Oberbürgermeister Friedrich →Foerster, Kreisleiter Eugen →Maier und Polizeidirektor Wilhelm →Dreher. Das Parteiorgan „Ulmer Sturm" (3. Aug. 1933) meldete B. mit den Worten: *Wir freuen uns, daß das Oberamt Ulm mit Herrn Landrat Barth einen Vorstand erhält, der schon seit den frühesten Jugendjahren mit unserer Stadt aufs engste verwachsen ist und mit besonderer Liebe die Belange der Stadt und des Oberamts vertreten wird.* B. war ein geräuschlos arbeitender, effizienter Staatsbeamter, der es verstand, die staatliche Innenverwaltung in Ulm gegen Einflussnahmen der Kreisleitung weitgehend zu wahren. Bei der Kreisreform von 1938 vollzog er die Eingliederung der neuen Teile des gewachsenen OA (nunmehr Landkreises) Ulm. Daneben war er aktiv im städtischen Gesellschaftsleben und leitete u. a. bis 1937 den Ulmer Sängerkreis.
Eine genaue Untersuchung seiner Amtstätigkeit steht noch aus

und wäre eine wichtige Aufgabe für die Ulmer lokalgeschichtliche Forschung.

Vor dem Einmarsch der alliierten Truppen im April 1945 setzte sich B. mit anderen Ulmer NS-Größen ab. Am 16. Mai 1945 von der US-Militärregierung suspendiert, wurde der 64 Jahre alte Beamte am 14. Juli 1945 m. W. vom 30. Juni 1945 gemäß der US-amerikanischen Richtlinien („automatischer Arrest") seines Amtes enthoben und befand sich vom 17. Juli 1945 bis zum 28. Juni 1947 in Internierungshaft, u. a. in Garmisch (Oberbayern). B. starb wenige Wochen nach der Entlassung aus der Haft im Alter von 66 Jahren.

Q   HStAS, E 151/21 Bü 38 – StAS, Wü 65/20, Band 3 (Akten des Landratsamtes Münsingen), 2340 – StadtA Ulm, G 2.
L   UBC 4, S. 200 (Bild S. 204) – UBC 5a, S. 201 – UBC 5b, S. 308 – Heimatbuch des Kreises Nürtingen, hg. im Auftrag des Kreisverbandes Nürtingen von Hans SCHWENKEL, Würzburg 1953, Band 2, S. 59 (Bild) – Amtsvorsteher, S. 165 (Michael RUCK) – RUCK, Korpsgeist, S. 112 f., 175.

Barthelmeß, Adolf, Dr. phil., * Heilbronn/Neckar 24. März 1848, † Stuttgart 1925, ev.

B. war einer der langjährigen Lehrer am Ulmer Realgymnasium. 1867 begann B. in Tübingen mit dem Studium der Theologie und Philologie und trat der Burschenschaft Roigel („Tübinger Königsgesellschaft") bei. Am Krieg von 1870/71 nahm B. als Fähnrich teil. 1876 Promotion, 1878 Professoratsexamen. Am 24. April 1879 wurde B. auf die neu errichtete Professorenstelle an der oberen Abteilung des Realgymnasiums Ulm befördert. B. war ein strenger Lehrer, dem man nachsagte, dass er jeden Schüler, den er in der Öffentlichkeit beim Biertrinken gesehen habe, in den Karzer stecken ließ. B. engagierte sich im „Alldeutschen Verband". Zum 1. Nov. 1906 trat B. im Alter von 58 Jahren in den Ruhestand und in Stuttgart verlebte. Als im Sommer 1914 der Erste Weltkrieg ausbrach, bestand der mittlerweile 66 Jahre alte B. darauf, als Reserveoffizier Frontdienst zu leisten. – 1900 Verleihung des Ranges auf der VI. Rangstufe

L   Magisterbuch 38 (1920), S. 85 – CRAMER, Württembergs Lehranstalten ⁷1925, S. 38 – UBC 2, S. 395 – UBC 3, S. 198, 251, 373, 572 – SCHMIDGALL, Burschenschafterlisten, S. 138, Nr. 231.

Bauer, Christoph *Adolf*, * Wersberg (nicht Wirsbach!) 25. Aug. 1832, † Neu-Ulm 20. März 1908, ⌂ ebd., ev.

Vater   Johann Bauer.
Mutter   Katharina Denzler.
∞ Pfuhl 15. X. 1867 *Agnes* Emilie Maria Wagner, * Ruggendorf 7. VI. 1849, † Neu-Ulm 1920, T. d. Gottlieb Wagner u. d. Margaretha Krönlein.
7 *K*   *Nathanael* Gottlieb Anton Bauer, * Pfuhl 15. IX. 1868, 1888-1894 als Pfarramtskandidat Religionslehrer an der Realschule Neu-Ulm, später Pfarrer in Kempten, ∞ Neu-Ulm 1895 Julie Bazlen, * Stuttgart 25. VIII. 1875, T. d. Gustav Adolf Bazlen, Notar, u. d. Elise Riedel; Heinrich August Bauer, * Pfuhl 26. VIII. 1871, ∞ Neu-Ulm 14. X. 1901 Anna Friederike Karoline Remy, * Weißenhorn 11. V. 1881, T. d. Theodor Remy, Oberamtsrichter, u. d. Pauline Muth; Wilhelmine Margaretha Martha Bauer, * Pfuhl 30. VII. 1873, ∞ Neu-Ulm 1899 Johann Paul Crämer, * Weizenbach 12. X. 1870, Pfarrvikar, s. d. Karl Crämer, Baumeister, u. d. Sabine Sachs; Amalia Franziska Bauer, * Pfuhl 1. II. 1875; D. Friedrich Bauer, * Neu-Ulm 24. I. 1876, cand. theol., später Pfarrer; Dr. Walter Bauer, * Neu-Ulm 1877, † 1931; *Theodor* Adolf Bauer, * Neu-Ulm 8. IV. 1880, 1907-1909 als Hilfsgeistlicher Religionslehrer an der Realschule Neu-Ulm, Pfarrvikar, seit 1910 Pfarrer in Sommersdorf/Thann.

B. war der mit einer Dienstzeit von 33 Jahren am längsten amtierende ev. Stadtpfarrer in der Geschichte Neu-Ulms, eine in weiten Kreisen geschätzte und verehrte Pfarrerpersönlich-

keit, die sehr eng mit Neu-Ulm verbunden war und die am 9. Okt. 1905 aus Anlass seines 30-jährigen Amtsjubiläums vom Stadtrat zum zweiten Ehrenbürger der Stadt Neu-Ulm ernannt wurde.

B. bestand 1855 die Aufnahmeprüfung für die Übernahme in die Dienste der ev. Landeskirche Bayerns und wurde 1857 ordiniert. Schon als junger Mann war er krank; er litt an einem *nervösen Kopfleiden* und *seit 1. Juli 1858 wegen fortwährendem Unwohlsein ohne Verwendung*. Nach der 1860 bestandenen Anstellungsprüfung kam er zunächst am 30. Juli 1860 als ständiger Pfarrvikar nach Dillingen/Donau. Seit 19. Mai 1864 Pfarrer in Pfuhl, wechselte B. zum Jahreswechsel 1875/76 als Nachfolger des verstorbenen Stanislaus →Kimmel als zweiter ev. Stadtpfarrer nach Neu-Ulm. Von 1880 bis 1902 war er zugleich Lehrer für ev. Religionsunterricht an der Kgl. Realschule Neu-Ulm und Distriktsschulinspektor.

B., nach amtlichen Zeugnissen ein *vortrefflicher Prediger* und seit 1884 Senior des Dekanats Leipheim, fiel die Aufgabe zu, nach dem frühen Tod seines Vorgängers die ev. Stadtpfarrgemeinde, die sich stets gegen die schon wegen der zahlreichen Garnisonsangehörigen erdrückende kath. Mehrheit zu behaupten hatte, weiter aufzubauen und zu festigen. Sie ist von ihm in hervorragender Weise erfüllt worden. Um die Jahrhundertwende waren die einstmals herrschenden Animositäten zwischen den christlichen Konfessionen in Neu-Ulm auf ein geringes Maß geschrumpft. Dazu trug die leutselige und verbindliche Art B.s bei; er verstand es, mit den Leuten ins Gespräch zu kommen und für seine Ziele zu werben. Mit beharrlicher Geduld baute B. die Strukturen der ev. Stadtpfarrgemeinde Neu-Ulm auf, pflegte die amtlichen und persönlichen Kontakte zu seinen kath. Kollegen ebenso wie zum Bürgermeister und den Amtsvorständen in Stadt und Kreis und wusste sie für seine Ziele einzubinden. Man übertreibt kaum, wenn man B. als einen der beliebtesten Geistlichen kennzeichnet, die jemals in Neu-Ulm wirkten.

B.s Verdienste blieben der Kirchenleitung nicht unbekannt. Er wurde 1901 mit der Verleihung des Titels Kirchenrat geehrt. Der häufig kranke Stadtpfarrer musste 1904, als er schon über 70 Jahre alt war, um die Anstellung eines Vikars bitten; sein Sohn Theodor begann seine Berufslaufbahn als Vikar bei ihm. Kurz vor seinem Tod erhielt B. 1908 das Ehrenkreuz des Ludwigsordens für langjährige und hervorragende Verdienste. Sein Tod im Alter von 74 Jahren beraubte Neu-Ulm einer der wirkungsmächtigsten Persönlichkeiten der Stadtgeschichte in der Kaiserzeit. Seine Nachfolge trat Friedrich →Müller an.

Q   LAELKB, Bestand Rep. Nr. 105 (Personalakten Theologen), Nr. 881.
L   BUCK, Chronik Neu-Ulm, S. 76 – UBC 3, S. 411 (Bild) – TREU, Neu-Ulm, S. 574 f. – TEUBER, Ortsfamilienbuch Neu-Ulm I, Nr. 0179 – WEIMAR, Wegweiser, S. 100.

Baum, *Julius* Joseph, Dr. phil., * Wiesbaden 9. April 1882, † Stuttgart 27. Okt. 1959, mos., 1918 ev.

Vater   Hermann Baum.
∞ Emma Gruner, T. d. Friedrich Gruner[39], * Calw 29. X. 1851, † Esslingen/Neckar 4. VII. 1893, Fabrikant in Esslingen/Neckar, 1871 Mitgründer der Akademischen Verbindung Igel in Tübingen.
Mehrere *K*, darunter *Konrad* Friedrich Baum[40], * München 19. VI. 1929, Oberstudienrat am Ostalb-Gymnasium Bopfingen.

B. war einer der bedeutendsten Fachkenner im Bereich Kunst- und Altertumsdenkmale im deutschen Südwesten. Als erster Direktor des Ulmer Museums vermochte er in den Jahren der „Weimarer Republik" Grundlagen zu schaffen, von denen die Institution noch heute profitiert.

B. entstammte einer alten nassauischen Familie. Die Vorfahren väterlicherseits waren Textilfabrikanten, die Vorfahren der

---

[39] KÖRNER/KILGER, Igel-Verzeichnis, S. 20, Nr. 1.
[40] KÖRNER/KILGER, Igel-Verzeichnis, S. 91, Nr. 748.

Mutter waren pfälzische Weinbauern. Nach der Absolvierung des Gymnasiums in Wiesbaden studierte B. Kunstgeschichte in Berlin, München und Tübingen, um 1908 nach der Promotion zum Dr. phil. als Assistent in die Dienste des Württ. Landesmuseums Stuttgart zu treten. 1911 übernahm er dort das Amt des Kurators bzw. Konservators. Nach seiner 1911 bei Heinrich Weizsäcker erfolgten Habilitation und Kriegsdienst wurde B. 1919 zum ao. Professor (Honorarprofessor) für mittelalterliche Kunstgeschichte an der TH Stuttgart ernannt. Seine Fähigkeit, anschaulich vorzutragen, zog ebenso wie seine unerschöpfliche, gründliche Kenntnis des Themas einen großen Hörerkreis an. 1923 zum Museumsdirektor in Ulm berufen, reizte ihn die Aufgabe, es zunächst einmal aus dem bisherigen Gewerbemuseum entwickeln zu müssen. Daneben war eine Sammlung der Moderne aufzubauen. Beides gelang B. mit beispiellosem Erfolg, obwohl die „Galerie der Moderne" nicht durchweg Beifall fand. Innerhalb weniger Jahre genoss das Ulmer Museum in seiner Art internationale Beachtung. Zugleich arbeitete B. weiterhin an wissenschaftlichen Publikationen. Von bleibendem Wert sind u. a. seine Inventare der Kunst- und Altertumsdenkmale im Donaukreis, die von B. vor dem Ersten Weltkrieg erarbeitet wurden, zunächst nach Oberämtern getrennt erschienen und wenige Jahre später auch in mehrere Oberämter zusammenfassenden Sammlungen herausgegeben wurden. Diese systematische Aufnahme schuf Grundlagen, auf denen die kunstgeschichtliche Forschung des Landes noch heute ruht. B. war Ausschussmitglied des Deutschen Vereins für Kunstwissenschaft.

Die Ulmer Nationalsozialisten machten B. zum Gegenstand öffentlichen Spottes und übler Denunziationen. Der in der NS-Presse als „Christbaum" bezeichnete Direktor sollte aus dem Amt gejagt werden – dies war spätestens seit Dez. 1932 klar, als ein Antrag der NSDAP-Fraktion im Ulmer Gemeinderat die Einsetzung eines Untersuchungsausschusses gegen B. erwirken wollte. Oberbürgermeister Emil →Schwammberger wies den Antrag empört zurück und wollte die Antragsteller wegen Verleumdung anzeigen. Nach der NS-Machtübernahme wurde B. zunächst (am 18. März 1933) von Staatskommissar Hermann →Schmid beurlaubt und Ende Mai 1933 aus seinem Amt entlassen, worauf er sich nach Stuttgart-Degerloch begab und sich in den folgenden Jahren mühsam mit privaten Kursen durchschlagen musste.

Die Hetze der Nationalsozialisten gegen B. nutzte u. a. das 1931 von letzterem angekaufte Gemälde „Die Trunkene" des Expressionisten Karl Hofer. Es wurde als Paradestück für „entartete Kunst" immer wieder ausgestellt, in Zeitungsberichten wurde es mit der Schlagzeile „So kaufte der Jude" abgebildet. Im Herbst 1933 wurden im Ulmer Museum unter dem Titel „Zehn Jahre Ulmer Kunstpolitik" die Ankäufe B.s gezeigt, dabei jedes Bild mit dem Kaufpreis und dem Namen des Verkäufers bzw. Galeristen ausgezeichnet. 1937 waren einige der B. erworbenen Kunstwerke in der Münchner Ausstellung „Entartete Kunst" ausgestellt.

Ende 1938 im KZ Welzheim eingesperrt, aber nach mehreren Wochen wieder entlassen, weil er Frontkämpfer im Ersten Weltkrieg gewesen und ernsthaft erkrankt war, gelang B. 1939 die Emigration in die Schweiz. Nachdem er 1946 nach Deutschland zurückgekehrt war und in Stuttgart eine Stelle als Lehrer für Bildhauerkunst an der Staatlichen Akademie der Bildenden Künste erhalten hatte, berief ihn die Regierung des Landes Württemberg-Baden 1947 zum Direktor der Landeskunstsammlungen Stuttgart, des späteren Württ. Landesmuseums. Eine wesentliche Rolle bei dieser Berufung spielte der württemberg-badische Kultminister Dr. Theodor Heuss, ein Studienfreund B.s. 1952 im Alter von 70 Jahren in den Ruhestand getreten, verlebte B. seine letzten Lebensjahre in Stuttgart. Die Verbindung zu Ulm gab er trotz mancher menschlichen Enttäuschung nicht auf. In der Nachkriegszeit half er bei

der Wiedereröffnung des Ulmer Museums mit Rat und Tat mit. 2005 ehrte das Ulmer Museum seinen Gründungsdirektor mit einer Ausstellung. – Mitglied des Vereins für Kunst und Altertum in Ulm und Oberschwaben. – 1952 Bundesverdienstkreuz.

W (Auswahl) Die Bauwerke des Elias Holl, 1908 – Die Ulmer Plastik um 1500, Stuttgart 1911 – (Hg. im Auftrag des Ulmer Kunstvereins) Ulmer Kunst, Stuttgart 1911 – (Bearb. und Hg.), Die Stuttgarter Kunst der Gegenwart. In Gemeinschaft mit Max DIEZ, Eugen GRADMANN, Gustav KEYSSNER, Gustav PAZAUREK, Heinrich WEIZSÄCKER bearb. von Julius BAUM, Stuttgart 1913 – (Bearb.), Die Kunst- und Altertums-Denkmale im Königreich Württemberg. INVENTAR: Donaukreis. 1. Band: Oberämter Biberach, Blaubeuren, Ehingen, Geislingen, Laupheim 1914 – Deutsche Bildwerke des 10. bis 18. Jahrhunderts, Stuttgart 1917 – Gotische Bildwerke Schwabens, Augsburg 1921 – Altschwäbische Kunst, Augsburg 1923 – Niederschwäbische Plastik des ausgehenden Mittelalters, Tübingen 1925 – Baukunst und dekorative Plastik der Frührenaissance in Italien, 2. vermehrte Auflage, Stuttgart 1926 – Der bildnerische Schmuck des westlichen Münsterportales, in: UO 25 (1927), S. 33-48 – Romanische Baukunst in Frankreich, 1928 – Die frühmittelalterliche Malerei und Bildnerkunst, 1930 – Vorwort zu: Führer durch das Museum der Stadt Ulm (Ulmer Schriften zur Kunstgeschichte VII), Ulm 1930 – Daniel Mauch in neuer Beleuchtung, in: UO 28 (1932), S. 35-37 – Malerei und Plastik des Mittelalters in Deutschland, Frankreich, Britannien, in: Handbuch der Kunstwissenschaft Band 4,2, Potsdam 1933 – La sculpture figurale à l'époque méroving, 1937 – Die kirchliche Bildwerke der Berner Historischen Museums, 1940 – Frühmittelalterliche Denkmäler der Schweiz und ihrer Nachbarländer, Bern 1943 – (mit Werner FLEISCHHAUER und Stina KOBELL), Schwäbische Kunst im 19. und 20. Jahrhundert, Stuttgart 1952 – Neue Beiträge zur Archäologie und Kunstgeschichte Schwabens. Julius Baum zum 70. Geburtstag gewidmet, Stuttgart 1952 – Der Materialismus des bürgerlichen Zeitalters und das 20. Jahrhundert, in: Die schwäbische Kunst im 19. und 20. Jahrhundert, Stuttgart 1952, S. 133-262 – Meister und Werke spätmittelalterlicher Kunst in Oberdeutschland und der Schweiz, Lindau-Konstanz 1957.
L Ih 1, S. 45 – Reichshandbuch I, S. 74 f. (Bild) – Ih 3, S. 17 – UBC 4, S. 220 – Neue Beiträge zur Archäologie und Kunstgeschichte Schwabens. Julius Baum zum 70. Geburtstag gewidmet, Stuttgart 1952 – Schwäbische Heimat 11 (1960), S. 25-27 (Werner FLEISCHHAUER) – ZWLG 19 (1960), S. 184 f. (W. R. DEUSCH) – KEIL, Dokumentation, S. 9-11 – Biogr. Handbuch der deutschsprachigen Emigration 2,1, S. 60 – Lexikon deutsch-jüdischer Autoren Band 1, München-London-New Paris 1992, S. 390-398 – HILB, Zeugnisse, S. 240 f. (Bild) – Otto RENKHOFF, Nassauische Biographie. Kurzbiographien aus 13 Jahrhunderten, Wiesbaden ²1992, S. 34, Nr. 189 – Günther BUHLES, Bis 1933 wies er den Kunst den Weg: Julius Baum – Museumsdirektor und sein Gründungsdirektor Julius Baum, in: Schwäb. Zeitung Ulm Nr. 205, 5. IX. 2005 (Kulturseite) – Myrah ADAMS, Julius Baum – Museumsdirektor zwischen Tradition und Moderne, hg. von Brigitte REINHARDT, Ulmer Museum, Ulm 2006 – Rudi KÜBLER, „Mauschelgeschäfte mit Rassengenossen". Ulm vor 75 Jahren (7): Museumsdirektor Prof. Julius Baum wird beurlaubt, in: SWP (Ulm) Nr. 68, 20. III. 2008 (Bild) – Birgit KÖLGEN, Weil es noch die Blumen der Freiheit. Ausstellung in Meßkirch: „Entartet - Verfolgte Künstler aus Oberschwaben", in: Schwäb. Zeitung Nr. 92, 22. IV. 2009, S. [3], mit Bild [Holzschnitt von Gottlob Graf (1881-1938), aus dem Jahre 1932].

Baumeister, August *Adolf*, Dr. phil., * Cannstatt 30. Aug. 1855, † Ulm 25. März 1943, ⬚ ebd., Neuer Friedhof, ev. ∞ Anna Schurer.

Als einer der herausragenden Lehrer im höheren Schuldienst seiner Zeit wirkte B. mehr als ein Vierteljahrhundert lang am Ulmer Gymnasium. Der umfassend gebildete Theologe interessierte sich besonders für die Philosophie und trug mit Vorträgen und Schriften maßgeblich zur Kenntnis von Karl Christian →Planck bei.

Nach dem ev.-theol. Seminar Blaubeuren ging B. 1873 nach Tübingen, wo er Theologie und Philosophie studierte (Mitglied der Burschenschaft Roigel „Tübinger Königsgesellschaft"). 1877 bestand er das theologische Examen. Von 1883 bis 1888 wirkte B. nach den üblichen Vikariaten bzw. Pfarrverwesungen als Stadtpfarrer in Widdern/OA Neckarsulm. 1888 ließ er sich auf eigenen Antrag, jedoch unter dem Vorbehalt der Wiederanstellung, von seinem Amt entheben, um sich der Tätigkeit als Lehrer widmen zu können. Er promovierte 1889 („Anmerkungen zum vierten Denkgesetze mit besonderer Berücksichtigung der Planckschen Logik", 1910 im Druck erschienen bei Wagner in Ulm) und erstand 1893 das Professorats-Examen. Professoratskandidat B. begann seine Laufbahn als Religions- und Philosophielehrer 1894 an der oberen Abteilung des Kgl. Gymnasiums in Tübingen, wechselte aber bereits im Sept. 1898 als Professor für Hebräisch und Religion zur oberen Abteilung des Kgl. Gymnasiums in Ulm. B., später zum Studienrat ernannt, blieb seither in Ulm, wo er zuletzt von 1922 bis 1924 auch als Bezirksvisitator für ev. Religionsunterricht an den höheren Schulen aktiv war. 1924 in den Ruhestand getreten, war das rührige Mitglied des Vereins für Kunst und Altertum in Ulm und Oberschwaben zum überzeugten Ulmer geworden. Er verbrachte seinen Lebensabend in der Donaustadt. Im Aug. 1942 fanden die Leistungen des 87-jährigen B. anlässlich der Erneuerung seiner Doktorwürde durch die Philosophische Fakultät der Universität Tübingen noch einmal eine öffentliche Würdigung. Sieben Monate später starb er als einer der letzten Ulmer Gymnasialprofessoren, die noch vor 1900 ins Amt gelangt waren. – 1914 Rang auf der 6. Stufe; 1916 Wilhelmskreuz.

Q   StadtA Ulm, Bestand H, schriftlicher Nachlass – ebd., G 2.
W (Auswahl)   Die Behandlung der Offenbarung bei Karl Christian Planck, Schwäbisch Hall 1886 – (mit Adolf MATTHIAS) Praktische Pädagogik für höhere Lehranstalten, München 1895 – Über Schillers Lebensansicht insbesondere in ihrer Beziehung zur Kantschen, Tübingen 1897 – Karl Christian Plancks Reiner Realismus. Hg. und mit einem Vorwort versehen von Friedrich Theodor WAASER, Stuttgart 1947.
L   CRAMER, Württembergs Lehranstalten ⁶1911, S. 88 – Magisterbuch 41 (1932), S. 77 – UBC 3, S. 179 – UBC 5b, S. 584 – SCHMIDGALL, Burschenschafterlisten, S. 140, Nr. 296.

Baumeister, *Joseph* Anton Sebastian, * Abensberg 6. März 1779, † Neu-Ulm 18. Nov. 1850, ⬚ Burlafingen 21. Nov. 1850, kath.

∞ I. München 14. IV. 1806 Viktoria Lautner, * München 2. IV. 1787, † Neu-Ulm 14. XII. 1826, T. d. Michael Lautner, Kurfürstlich Bayer. Trabant, u. d. Anna Maria Schmid; ∞ II. Woringen 16. IV. 1827 Anna Veronika Greiff, * Memmingen 31. XII. 1791, † Bretten 20. VI. 1877.
20 K, davon 6 aus II. Ehe.

Nachdem Bayern die Herrschaft in Ulm und in den Gebieten der einstigen Reichsstadt 1802 übernommen hatte, schickte Kurfürst Max Joseph seine Verwaltungsbeamten an die Donau, um die neuen Territorien der Administration Kurpfalzbayerns zu unterwerfen. Zu den ersten dieser Beamten zählt B., der schon einige Jahre vor 1808 in Ulm nachweisbar ist.
Als Zollbediensteter war er im Laufe seiner langen Dienstzeit in Neu-Ulm mit verschiedenen Titeln bzw. Amtsbezeichnungen ausgestattet. Er erscheint als Mautner, Manualführer, Unteraufschläger und Weggeldeinnehmer. Nach der Grenzziehung zwischen Bayern und Württemberg an der Donau musste B. in aller Eile auf dem rechten Donauufer eine andere Unterkunft erwerben und fand sie in einem Gartenhaus. Die Arbeits- und Wohnverhältnisse der Beamten Bayerns auf dem rechten Donauufer im ersten Viertel des 19. Jahrhunderts muss man sich sehr bescheiden vorstellen. Die meisten von ihnen lebten in schnell zusammengezimmerten Quartieren auf der Insel. B., Vorstand einer jährlich wachsenden Großfamilie, litt besonders *unter dem elende[n] Wohnen in einem Gartenhaus*. Er trachtete danach, dem Provisorium ein rasches Ende zu bereiten und konnte 1816 ein Baugrundstück von Bierbrauer Markus →Bulach erwerben, auf dem er 1817 ein Wohnhaus bauen ließ.
B. scheint geahnt zu haben, dass ihm in Neu-Ulm eine längere Dienstzeit bevorstand. Er ist nie versetzt worden und blieb bis zu seiner Zurruhesetzung in seinen Ämtern, achtete also über Jahrzehnte auf die ordnungsgemäße Einnahme der Zölle, Mauten und Weggelder am „Grenzfluss" Donau. Auch nach seiner Pensionierung blieb B. in Neu-Ulm wohnen, wo er auch starb.

L   TREU, Neu-Ulm, S. 125 – TEUBER, Ortsfamilienbuch Neu-Ulm I, Artikel „Die Bevölkerung Neu-Ulm's" und Nr. 0210.

Baur, *Carl* (Karl) Theodor (von), Dr. rer. nat., * Ulm 25. Nov. 1836, † Stuttgart-Degerloch 20. Jan. 1911, ev.

Vater   Carl Georg Baur, Obertribunalprokurator in Ulm.
Mehrere G, darunter Moritz →Baur.
∞ Stuttgart 23. X. 1871 Elise Emilie Eisenlohr, * Stuttgart 12. IX. 1850, † [Stuttgart-] Degerloch 12. II. 1934, T. d. Christian Friedrich Eisenlohr, * Reutlingen 6. VIII. 1820, † Stuttgart 2. X. 1870, Kaufmann in Stuttgart, u. d. Luise Roser, * Stuttgart 12. V. 1828, † ebd. 17. III. 1858.
4 K   Clara Charlotte Marie Luise Baur, * Wasseralfingen/OA Aalen 25. IX. 1872, ledig, Photographin in Degerloch; Elisabeth Julie Baur, * Wasseralfingen 11.

XI. 1873, ∞ Stuttgart 25. IX. 1897 Reinhold Erhard, * Schwäbisch Gmünd 10. IX. 1865, Rechtsanwalt, Direktor der Stuttgart-Berliner Versicherungsgesellschaft in Stuttgart; Otto Carl Baur, * Stuttgart 5. I. 1875, Architekt in München, später in Berlin, dort Vorsitzender des Deutschen Werkbunds, ∞ Degerloch 5. X. 1910 Käthe Falke, * Magdeburg 10. V. 1877; Ernst Ferdinand Baur, Dr.-Ing., * Stuttgart 24. V. 1877, Bergwerksdirektor in Kochendorf, ∞ Suhl (Thüringen) 11. V. 1909 Erika Wagner, * Suhl 30. V. 1887.

B. wuchs in Ulm auf und erhielt dort auch seine schulische Bildung, zuletzt am Kgl. Gymnasium. 1853 begann er ein naturwissenschaftlich-montanes Studium am Stuttgarter Polytechnikum, das er 1857 in Tübingen fortsetzte. 1859 erwarb der besonders von den Anschauungen des Tübinger Geologen Friedrich August Quenstedt (1809-1889) geprägte Student mit seiner Lösung der Preisaufgabe „Die Lagerungsverhältnisse des Lias auf dem linken Neckarufer" den Doktorgrad. 1860 und 1862 bestand B. die beiden höheren Examina, war dazwischen zu weiterer Ausbildung an der Bergakademie in Leoben und trat als Kommissär in Königsbronn/OA Heidenheim in den württembergischen Staatsdienst. B. knüpfte als für die Schienenübernahmen zuständige Kommissär enge Beziehungen zum Saargebiet, zum Rheinland und zu Westfalen, wo er in seiner Freizeit seine geologischen Sammlungen erweiterte. 1871 ging B. als Hütteninspektor an das Walzwerk in Wasseralfingen/OA Aalen, 1874 erfolgte B.s Berufung in den beim Innenministerium ressortierenden Bergrat. Später stieg B. zu dessen Direktor, zuletzt mit dem Titel Präsident, auf und war zugleich Kollegialmitglied des Oberbergamts. Gegen Ende des 19. Jahrhunderts hatte das württembergische Bergwesen mit einer Reihe von Problemen zu kämpfen, deren Lösung von B. erwartet wurde. Wasseralfingen litt unter der Entwicklung des Eisenmarktes, das Salzwerk Friedrichshall fiel 1895 nach Wassereinbruch aus. B. ließ, gegen starke Widerstände, das neue Salzwerk Kochendorf errichten, an dessen Spitze einer seiner Söhne trat. Nach der 1904 erfolgten, krankheitsbedingten Zurruhesetzung B.s wurde er zum Ehrenvorstand des Bergrats ernannt. B. bearbeitete die geologischen Teile in den Oberamtsbeschreibungen von Mergentheim, Neckarsulm, Künzelsau, Crailsheim und Ellwangen. Seine umfangreichen Sammlungen hinterließ B. dem Stuttgarter Naturalienkabinett, wo sie der vaterländischen Sammlung zugeschlagen wurden. – Mitglied des Beirats der geologischen Abteilung des Statistischen Landesamts; Mitglied des Vereins für vaterländische Naturkunde in Württemberg; 1894 bis 1896 Vorsitzender und seit 1909 dessen Ehrenmitglied – 1894 Kommenturkreuz II. Kl. des Friedrichsordens; 1899 Kommenturkreuz des Württ. Kronordens; Kgl. Bayer. Verdienstorden vom Hl. Michael II. Kl.; Silberne Jubiläumsmedaille.

L   Ih 1, S. 49 – Staatsanzeiger 19 – SK Nr. 33 (Mittagsblatt), 21. I. 1911, S. 7 und 10 (Todesanz. der Familie); SK Nr. 34 (Abendblatt), 21. I. 1911, S. 5 – Württ. Jahrbücher 1911, S. IV – Eberhard FRAAS, Zum Gedächtnis an Dr. Carl Theodor von Baur, in: Jahreshefte des Vereins für vaterländische Naturkunde in Württemberg 67 (1911), S. XL-XLIII (Bild) – SCHIMPF, Stammtafeln Feuerlein, S. 73 f.

Baur, Wilhelm *Friedrich*, Dr. phil., * Göttingen/OA Ulm 25. Sept. 1838, † Ulm 6. Mai 1919, ev.

Vater   Friedrich Jacob →*Baur, * Burtenbach bei Günzburg (Bayern) 8. XII. 1795, † Ulm 21. II. 1880, Dekan und Pfarrer in Göttingen.
Mutter   Caroline Caroline Hahn, * Hirsau 10. IV. 1797, † Göttingen 28. III. 1857, T. d. Hahn, Forstkassier in Wildberg.
G   Christian Adolf Baur, * Ettlenschieß 30. XII. 1826, cand. theol. in Tübingen.
∞ 20. X. 1868 Emilie Schall, * Ochsenhausen/OA Biberach 15. V. 1844, T. d. Wilhelm Ludwig (von) Schall, * Lauffen am Neckar/OA Besigheim 12. V. 1798, † Kirchheim/Teck 16. II. 1872, Kameralverwalter in Waldsee, Ochsenhausen und Tübingen, zuletzt Finanzrat, u. d. Sofie Louise Pfeilsticker, * Rot an der Rot 29. IX. 1811, † Tübingen 9. V. 1852.
2 K   Oskar Baur[41], * Buchsweiler 3. XI. 1871, † Berlin 1936, Staatsanwalt in Mülhausen (Elsass-Lothringen), zuletzt Erster Staatsanwalt in Berlin; Maximilian Baur, * Buchsweiler 30. VII. 1874, Notar in Dieuze (Elsass-Lothringen), ∞ Metz 3. IV. 1902 Margarethe Bossert, * Dieuze 9. III. 1880, T. d. Gustav Adolf Bossert,

---

[41] SCHMIDGALL, Burschenschafterlisten, S. 199, Nr. 144.

* Sulz/Neckar 3. VII. 1847, Geh. Baurat in Baden-Baden, u. d. *Maria* Johanna Friederike Kunz, * Stuttgart 19. IX. 1857.

B. war ein Spross einer weitverzweigten Beamtenfamilie, die auch mit Ulm zahlreiche Berührungspunkte hatte. Er wuchs in ländlicher Umgebung auf, besuchte das Ulmer Gymnasium und kam nach dem bestandenen Landexamen als Seminarist nach Blaubeuren. Das Theologie- und Philologiestudium führte ihn anschließend nach Tübingen (Mitglied der Burschenschaft Normannia). Nach dem Bestehen des theologischen Examens 1861 und der Promotion im darauffolgenden Jahr trat B. im Jahre 1865 das Amt des Repetenten am ev.-theol. Seminar Blaubeuren an. 1867 ging er nach dem Bestehen des Professoratsexamens als Hilfslehrer an das Obergymnasium Tübingen. 1871 übernahm er das Amt des Direktors des Gymnasiums in Buchsweiler im Elsass. Dort musste nach dem deutschen Sieg im Krieg von 1870/71 das deutsche Schulsystem aufgebaut werden, woran B. hervorragenden Anteil hatte. 1879 wechselte B. als Direktor des Lyzeums nach Colmar. 1905 ernannte ihn der Kaiser zum Geh. Regierungsrat. Zwei Jahre später im 70. Lebensjahr pensioniert, verlebte B. seinen Ruhestand in Freiburg im Breisgau und in Ulm, wo er im 81. Lebensjahr starb. – 1888 Kgl. Preuß. Roter Adlerorden IV. Kl.

L   CRAMER, Württembergs Lehranstalten ⁶1911, S. 13 – Magisterbuch 37 (1914), S. 75 – LOTTER, Schall, S. 13, 283 – SIGEL Nr. 82,36 (Band 10,1, S. 203) – SCHMIDGALL, Burschenschafterlisten, S. 163, Nr. 146.

Baur, Johann, * Neu-Ulm 18. Okt. 1895, † ebd. 18. Feb. 1981, ev.

Vater   Jakob Baur, * Reutti (Metzgerhof) 19. III. 1875, † Neu-Ulm 7. V. 1933, Ökonom in Neu-Ulm/Schwaighofen, S. d. Johannes Baur, * Holzschwang 19. III. 1844, Ökonom auf dem Metzgerhof, u. d. Ursula Wiedersatz, * 27. X. 1845, † Neu-Ulm 15. V. 1912.
Mutter   Magdalena Strobel, * Steinheim 12. VII. 1874.
Keine G.
∞ Neu-Ulm 23. IV. 1923 Luise Grötzinger, * Jedelhausen 26. VIII. 1895, † Neu-Ulm 18. IV. 1981.
2 K   Johannes Baur, * Neu-Ulm 24. III. 1922; *Elfriede* Luise Baur, * 3. VII. 1927, ∞ Koch.

Als langjähriger Kommunalbeamter bei der Stadtkämmerei zählte B. neben seinem Vorgesetzten Hans →Erdle über Jahrzehnte zur städtischen Beamtenschaft Neu-Ulms in diesem Bereich.
B. entstammte einer alteingesessenen Bauernfamilie, die ihre Landwirtschaft auf dem Metzgerhof in Reutti betrieb. Von 1902 bis 1909 besuchte er die Volksschule in Reutti. Dem Schulbesuch schloss sich eine kaufmännische Ausbildung an, die von 1917 bis 1918 zu einer Anstellung bei der Holzwarenfabrik in Gundelfingen führte. Von 1915 bis 1918 war B. Soldat im Ersten Weltkrieg. Er erlitt einen Kniegelenksdurchschuss, der zu einer 50- bzw. später 40-prozentigen Kriegsbeschädigung führte und ihn zwang, seinen bisherigen Beruf aufzugeben. Der mit dem EK II ausgezeichnete B. engagierte sich später im NS-Reichsverband deutscher Kriegsopfer und als dessen Vertreter im Spruchausschuss des städtischen Wohlfahrtsamts Neu-Ulm.
B. bemühte sich im letzten Kriegsjahr um eine Aufnahme in städtische Dienste und fing am 15. April 1918 als Schreibaushilfe bei der Stadt-Neu-Ulm an. Am 1. Jan. 1921 zum Verwaltungsangestellten ernannt, bestand B. 1922 die mittlere Staats- und Gemeindeverwaltungsdienstprüfung und war ab dem 1. Jan. 1923 als Fernsprechgehilfe bzw. ab dem 1. Juli 1923 als Fernsprech-Assistent bei der städtischen Telefonzentrale eingesetzt. Am 1. April 1926 begann er als Verwaltungsassistent bei der Stadtkämmerei, wo er am 1. Sept. 1927 zum Stadtsekretär, am 1. Okt. 1934 zum Stadtobersekretär und am 1. Juli 1939 zum Stadtinspektor aufstieg.
Nach Kriegsende von der US-amerikanischen Militärregierung aus dem Amt entfernt, gab B. später an, er sei seitdem dauernd krank gewesen, weshalb er am 27. Juli 1948 den Neu-Ulmer Stadtrat um Versetzung in den Ruhestand bat – ein Vorgehen, das ihn mit zahlreichen seiner Kollegen aus der städtischen Beamtenschaft verband, die nicht auf tatsächliche Wiedereinstellung hoffen konnten oder welche aus den unterschiedlichsten Gründen – auch gesundheitlichen – für sie nicht in Frage kam. Nachdem sein Entnazifizierungsverfahren am 30. Juni 1948 mit der Einstufung als „Mitläufer" abgeschlossen worden war, entsprach der Stadtrat dem Gesuch B.s und sprach mit Wirkung vom 1. Feb. 1949 unter Berufung in das Beamtenverhältnis die Versetzung in den Ruhestand aus, den B. in Neu-Ulm verlebte.

Q   StadtA Neu-Ulm, A 4, Nr. 28.
L   TEUBER, Ortsfamilienbuch Neu-Ulm II, Nr. 0222.

Baur, Eugen *Moritz,* Dr. phil., * Ulm 7. Feb. 1832, † Stuttgart 2. Dez. 1908, ev.

Vater   Carl Georg Baur, Oberjustizprokurator in Ulm.
Mehrere G, darunter *Carl* Theodor (von) →Baur.
∞ Stuttgart 26. XI. 1866 Marie Weigelin, T. d. Georg *Eduard* Weigelin, * Remmingsheim/OA Rottenburg 1. II. 1808, † Stuttgart 10. III. 1890, Prof. am Katharinenstift Stuttgart, u. d. Julie Auguste *Emilie* Pistorius, * Stuttgart 18. VI. 1816, † ebd. 9. X. 1890.
4 K   *Carl* Moritz Baur, * Stuttgart 16. X. 1867, Oberregierungsrat beim Oberversicherungsamt und Versorgungsgericht Stuttgart; *Julie* Charlotte Emilie Baur, * Stuttgart 26. VI. 1870; Marie Emilie Baur, * Stuttgart 9. VIII. 1873; Hermann Baur, * Stuttgart 23. V. 1877, Kommerzialrat, Schifffahrtsrepräsentant in Wien, ∞ Berlin 17. XII. 1907 Valentine *Helen* Stewart, * Malonne 10. VII. 1875, T. d. Rechtsanwalts Henry Stewart in Brüssel.

B. gehört zu den aus Ulm stammenden profilierten Lehrerpersönlichkeiten Württembergs in der zweiten Hälfte des 19. Jahrhunderts.
In Ulm aufgewachsen, absolvierte B. das dortige Gymnasium und nach dem Bestehen des Landexamens das ev.-theol. Seminar Blaubeuren. Das Studium der Theologie, Philosophie, Philologie und der Naturwissenschaften führte ihn nach Tübingen. 1853 bestand B. das theol. Staatsexamen, 1856 die II. Staatsprüfung für Oberreallehrerstellen, nachdem sich herausgestellt hatte, dass er nicht Geistlicher, sondern Lehrer werden wollte. 1858 erfolgte seine Promotion zum Dr. phil. Schon im Jahr zuvor hatte B. am Stuttgarter Polytechnikum eine Repetentenstelle erhalten. 1866 wurde er ebd. zum Assistenten für analytische und deskriptive Geometrie sowie zum Privatdozenten der Mathematik, mit dem Titel eines Professors ernannt. Seit 1867 war B. zugleich Hilfslehrer an der realistischen Abteilung des Kgl. Gymnasiums ebd. 1872 wechselte er als Professor für Mathematik und Naturwissenschaften an die obere Abteilung des Realgymnasiums ebd. und verblieb fast 30 Jahre lang in dieser Stellung. 1901 wurde der verdiente Schulmann unter Verleihung des Ehrenritterkreuzes des Württ. Kronordens in den Ruhestand verabschiedet. – 1889 Jubiläumsmedaille; 1895 Ritterkreuz I. Kl. des Friedrichsordens; 1900 Verleihung des Ranges auf der III. Stufe der Rangordnung.

L   Magisterbuch 30 (1897), S. 77 – ebd. 34 (1907), S. 70 – CRAMER, Württembergs Lehranstalten ⁴1904, S. 8 – Staatsanzeiger Nr. 286/1908 – Württ. Jahrbücher 1908 S. IV – Theodor SCHIMPF, Stammtafeln der Nachkommen von Regierungsrat Carl Friedrich Feuerlein, Calw 1933, S. 36.

Baur, Samuel, Mag., * Ulm 31. Jan. 1768, † Göttingen/OA Ulm 25. Mai 1832, ev.

Vater   Thomas Baur, † 1824, Weber, später Geldwechsler und Stadtsoldat in Ulm.
Mutter   Margaretha Hildebrand.
∞ 10. (?) XI. 1794 Judith Christine Gerhard, * 4. IX. 1763, † 1824, T. d. Proviantschreibers Simon Gerhard in Ulm.
Mindestens 3 K, darunter Friedrich Jacob Baur⁴², * Burtenbach/Bayern 8. XII. 1795, † Ulm 21. II. 1880, Pfarrer in Ettlenschieß, ab 1836 Pfarrer und Dekan in Göttingen, ∞ Caroline Friederike Hahn, * Hirsau 10. IV. 1797, † Göttingen 28. III. 1857;

---

⁴² HUBER, Haßler, S. 117.

Christian Thomas Baur, * 6. II. 1799, † Lonsee/OA Ulm 1881, Pfarrer in Hausen ob Lontal, ab 1850 in Lonsee[43].

Der aus unbegütertem Elternhaus stammende B. besuchte in seiner Vaterstadt das Gymnasium und wohnte als Jugendlicher auch den öffentlichen Vorlesungen bei. Er verliebte sich mit 15 Jahren unglücklich, da seine Eltern ihm den Umgang mit dem ersehnten Mädchen verboten. B. wollte deshalb fliehen und bat seinen Freund Theodor →Nübling, ihn dabei zu begleiten, andernfalls werde er sich in der Donau ertränken. Nübling ließ sich überreden und träumte davon, zum Theater zu gehen. Stattdessen folgten die beiden Jungen in Geislingen/ Steige einem dänischen Werbeoffizier, der sie in ein Rekrutendepot in Nördlingen verwies. B.s Mutter konnte die Flüchtigen dort aufspüren und verhindern, dass ihr Sohn – der sich heftig wehrte, nach Ulm zurückkehren zu müssen – beim Militär blieb, während Nübling in dänische Dienste treten musste.

B. schloss in Ulm seine Schulausbildung ab und wurde 1787 Organist an der Dreifaltigkeitskirche. 1791 begann er ein Theologiestudium in Jena, musste jedoch wegen Kränklichkeit bald wieder nach Ulm zurückkehren. Das Theologiestudium setzte er in Tübingen fort, wo er sich auch historischen und literarischen Studien widmete. Daneben erwarb er sich schon bald einen guten Ruf auf Grund mehrerer in Ulm gehaltener Predigten, was 1794 zu B.s Ernennung zum Pfarrer in Burtenbach bei Günzburg führte, das der Familie von Schertlin gehörte. 1799 kam er als Pfarrer nach Göttingen bei Ulm und versah seit 1805 von dort aus zugleich die Geschäfte des Pfarrers der aufgehobenen Pfarrei Albeck sowie das Amt des Dekans von Albeck. Der bisherige Amtsinhaber Schreiber war nach Urspring versetzt worden, weil das Albecker Amtsgebäude für das neu eingerichtete Rentamt benötigt wurde. 1811 erfolgte B.s Ernennung zum Dekan von Albeck.

B. hatte frühzeitig zu schreiben und zu veröffentlichen begonnen, schon im Alter von 20 Jahren erschien von ihm die „Charakteristik des Frauenzimmers" (Gotha 1788). In der Folge erschienen eine Reihe von religiösen Besinnungs- und Andachtsbüchern sowie Bücher zu biografischen, historischen und pädagogischen Themen. So schrieb B. u. a. die Teile 7 bis 9 zu Ladvocats „Historischem Handwörterbuch" (1794 ff.), „Geschichtserzählungen großer und seltener Menschen unseres Zeitalters" (2 Bände, 1798), „Interessante Lebensgemälde der denkwürdigsten Personen des 18. Jahrhunderts" (7 Bände, 1803-1821), „Gallerie historischer Gemälde aus dem 18. Jahrhundert" (6 Bände, 1804), „Gallerie der berühmtesten Personen des 18. Jahrhunderts" (1805), „Neues historisch-biographisch-litterarisches Handwörterbuch" (7 Bände, 1807-1816) und „Kleines historisch-litterarisches Handwörterbuch über alle denkwürdigen Personen vom Anfange der Welt an" (4 Bände, 1813-1816). Ein *Vielschreiber von etwas bedenklicher* Art (ADB), war B. zu seiner Zeit und auch nach seinem Tod ein sehr bekannter und viel gelesener Autor. Sein Gesamtwerk wird einschließlich von ihm gefertigter französischer Übersetzungen auf rund 150 Bände geschätzt. Viele seiner Veröffentlichungen sind mit Vorsicht zu nutzen, da sich nicht nur gelegentlich Fakten und Dichtung vermengen.

Weitere W (kleine Auswahl, Schriftenverzeichnisse vgl. L) Kurze Gebete und Betrachtungen zur Beicht und Abendmahlfeier. Ein Anhang zu dem Württembergischen Gesangbuch, Ulm – Andachten bei der Beicht und Kommunion. Zum allgemeinen Gebrauch für evangelische Christen, Ulm – Vollständiges Gebetbuch für die häusliche Andacht. In zwei Theilen, Ulm [2]1822 – Predigtbuch für die häusliche Erbauung auf alle Sonn- & Festtags-Evangelien durchs ganze Jahr, 1829.
L. Ih 1, S. 49 – WEYERMANN I, S. 49-51 [mit Schriftenverzeichnis bis 1798] – GRADMANN, Das gelehrte Schwaben, S. 23-36 [mit erweitertem Schriftenverzeichnis] – Das gelehrte Teutschland 5 (1790), S. 99 f. – Neuer Nekrolog der Deutschen X (1832), S. 428 ff. [mit umfangreichem Schriftenverzeichnis] – SCHULTES, Chronik, S. 353, 388 – ADB 2 (1875), S. 180 ff. (KELCHNER) – BWKG 1895, S. 92 ff. – LOTTER, Schall, S. 283 – UBC 1, S. 336 (Bild), 383 – NEBINGER, Die ev. Prälaten, S. 579.

Bayer von Ehrenberg, *Konstantin* Kurt, Dr. iur., * Ulm 20. Jan. 1882, † Karlsruhe 19. Mai 1961, kath.
Vater   Karl von Bayer-Ehrenberg, * Stuttgart 16. V. 1848, † Karlsruhe 7. II. 1908, Kgl. Württ. Hauptmann der Artillerie, 1887 Gründungs- und Verwaltungsratmitglied des Kunstvereins Ulm, Präsident des Badischen Automobilklubs.
Mutter   Wilhelmine Spreng.
1 G.
Ledig. Keine K.

B. entstammte der ursprünglich im Bodenseeraum ansässigen Familie Bayer, die 1806 vom Fürsten von Hohenzollern-Hechingen mit dem Prädikat „von Ehrenberg" in den Adelsstand erhoben und deren Adel von König Wilhelm I. von Württemberg 1834 bestätigt worden war.

Er kam während der Dienstzeit seines Vaters in Ulm zur Welt, wo er auch die Schule besuchte. Nach dem Wechsel des Vaters von Ulm nach Karlsruhe bestand B. dort 1899 das Abitur und studierte danach bis 1903 Jura in Genf, Berlin, München und Heidelberg. 1903 und 1907 bestand er die juristischen Staatsprüfungen, 1904 wurde er in Heidelberg promoviert. Er wurde in den badischen Staatsdienst übernommen, war nach mehreren unständigen Verwendungen seit 1912 zunächst Aushilfsbeamter (1913 Amtmann) im Ministerium des Innern und bei der Oberdirektion des Wasser- und Straßenbaus. Bereits in dieser Zeit legte B. die Grundlagen für sein Expertentum als Fachmann für Wasserrechts-, Wasserwirtschafts- und Energiefragen. Zu Beginn des Ersten Weltkriegs für die Kommission für Motorboote, Dampfschiffe und Kraftfahrzeuge tätig und bald deren Vorsitzender, wurde er im Dez. 1914 dem deutschen Generalgouvernement in Namur (Belgien) zugewiesen, wo er im Stab des Verwaltungschefs wirkte. Dort 1916 zum Regierungsrat und Zivilkommissar für den Kreis Verviers befördert, blieb B. bis 1919 beim Verwaltungschef für Wallonien (Abwicklungsstelle Berlin) tätig. Er wurde mit dem EK II und dem Ritterkreuz II. Kl. des Ordens vom Zähringer Löwen mit Eichenlaub und Schwertern ausgezeichnet.

1920 kehrte er als Oberregierungsrat in den badischen Staatsdienst zurück, war jedoch Beamter im Arbeitsministerium. Erst 1924 kam er – als Rechtsreferent – wieder zur Wasser- und Straßenbaudirektion Karlsruhe, die 1933 dem Finanz- und Wirtschaftsministerium eingegliedert wurde, und war von 1921 bis 1943 Vertreter des freien Volksstaates Baden im Aufsichtsrat der Rhein-Main-Donau-AG sowie 1921/22 und von 1938 bis 1946 im Aufsichtsrat der Neckar-AG, außerdem Mitglied der Badisch-Schweizerischen Kommission für den Ausbau des Rheins zwischen Basel und Bodensee. Im „Dritten Reich" konnte B. seine Karriere bruchlos fortsetzen, obwohl er seinen NSDAP-Eintritt bis 1941 hinauszögerte. Er war u. a. Staatskommissar für die Kraftwerke Albbruck-Dogern (1933 bis 1961), Laufenburg (1933 bis 1946 und 1950 bis 1961), Reckingen (seit 1933), die Kraftübertragungswerke Rheinfelden und Ryburg-Schwörstadt (1933 bis 1946, 1950 bis 1961) sowie Aufsichtsratsmitglied der Badenwerk AG (1921 bis 1925 und 1937 bis 1946), der Großkraftwerk Mannheim AG (1921, 1923/24, 1938 bis 1946), der Schluchseewerk AG (1938 bis 1946, Vorsitzender) und der Kraftwerk Mülhausen AG (1942 bis 1944).

1940 zum Regierungsdirektor befördert, vermochte ihm auch die französische Besetzung Badens und die einsetzende Entna-

[43] Ebd.

zifizierung nicht zu schaden. B. setzte seine Beamtenlaufbahn bei der Außenstelle Freiburg im Breisgau des in Karlsruhe gebildeten Finanz- und Wirtschaftsministeriums fort, der „Urzelle" des seit 1947 dann als Ministerium der Finanzen des Landes [Süd-]Baden firmierenden „Badischen Finanzministeriums". 1950 trat der 68-jährige B. in den Ruhestand. Im Okt. 1950 übernahm B. auf Vertragsbasis als Ministerialrat die Vertretung des Landes Baden beim Bund in Bonn. Als diese im Zuge der Gründung des Landes Baden-Württemberg 1952 aufgelöst wurde, trat B. im 71. Lebensjahr in den Ruhestand. Als Staatskommissar des Landes Baden-Württemberg bei den Hochrheinkraftwerken blieb er jedoch weiterhin tätig.

W Schriftenverzeichnis in BB II (1987), S. 27 (Eva GIEßLER-WIRSIG).
L Ih 1, S. 51 – Wolfgang ZELLER, Die Geschichte der Landesvertretung Baden-Württemberg in Bonn und ihrer Vorläufer (1619-1985), Dettenhausen-Stuttgart 1985, S. 67 – BB II (1987), S. 25-27 (Eva GIEßLER-WIRSIG).

Bazing, Hugo, * Stuttgart 26. März 1820, † Ulm 21. (nicht 20.!) April 1893, ⬚ ebd., Alter Friedhof, ev.

Vater Ludwig Friedrich Bazing, * Backnang 17. X. 1780, † Brackenheim 22. V. 1837, Finanzrat beim Steuerkollegium in Stuttgart, seit 1823 Kameralverwalter in Brackenheim.
Mutter Luise Steck, T. d. Steck, Bürgermeister in Backnang.
∞ Amalie Günzler.

B. studierte nach Absolvierung des Stuttgarter Gymnasiums in Tübingen, Jena und Berlin die Rechte und ließ sich danach als Rechtsanwalt in Waiblingen nieder. Später wechselte er in den Justizdienst des Königreichs Württemberg über und war u. a. Gerichtsaktuar bei den Oberamtsgerichten in Horb/ Neckar und Öhringen, in den 1860er Jahren Oberamtsrichter in Neresheim und Künzelsau, seit Jan. 1869 Oberamtsrichter in Ulm, ab 1871 mit dem Titel Justizrat. Im Juli 1877 zum Kreisgerichtsrat ernannt, trat er 1885 mit dem Titel Landgerichtsrat in den Ruhestand.
B. entwickelte ein tief gehendes Interesse an der Ulmer Geschichte und machte sich mit →Kornbeck, →Löffler, Friedrich →Pressel, Eugen →Nübling und →Veesenmeyer besonders um die Ulmer Urkundenforschung verdient. Nach dem Wechsel Pressels nach Heilbronn/Neckar übernahm B. gemeinsam mit Veesenmeyer die Weiterbearbeitung des Ulmer Urkundenbuches, das jedoch erst nach B.s Tod erscheinen konnte. B. war ein rühriges Mitglied des Vereins für Kunst und Altertum in Ulm und Oberschwaben, dessen Vorstand er zuletzt als Nachfolger von Otto (von) Arlt bis zu seinem Tode war. Im März 1891 hielt er die Festrede aus Anlass des 50-Jahr-Jubiläums des Vereins, weitere Redner waren Professor Veesenmeyer, Stadtschultheiß →Wagner, Präsident →Schad von Mittelbiberach, Rektor →Pressel und Pfarrer →Schultes. Die Feier fand im Gesellschaftszimmer der Ulmer Museumsgesellschaft statt. Die Speisekarte war in mittelhochdeutscher Sprache abgefasst, die Kellnerinnen trugen Kleidung aus dem 18. Jahrhundert.
In seiner Eigenschaft als Vereinsvorstand war B. seit 1891 Mitglied der neu gegründeten Württ. Kommission für Landesgeschichte. Daneben beschäftigte sich B. mit Namensforschung und besonders mit der Bedeutung von Flurnamen und Flurbezeichnungen. In diesem Bereich war sein Name weit über Württemberg hinaus ein Begriff. – Ritterkreuz des Württ. Kronordens, Ritterkreuz I. Kl. des Friedrichsordens.

Q StadtA Ulm, G 2.
W Die Gesetze und Verodnungen über das Gantwesen und das Executionsverfahren im Königreich Württemberg, Stuttgart 1856 – (mit Gustav VEESENMEYER) Urkunden zur Geschichte der Pfarrkirche in Ulm, Ulm 1890 – Zum Andenken an den langjährigen Vereinsvorstand Generalmajor von Arlt, in: Jahresheft des Vereins für Mathematik und Naturwissenschaften Ulm a. D. 5 (1892), S. 1-8 – (Hg. mit Gustav VEESENMEYER), Ulmisches Urkundenbuch, 2. Band, Ulm 1898 ff.
I. A. HINRICHSEN, Das literarische Deutschland, ²1891 – Ulmer Schnellpost, 22. IV. 1893 – SK Nr. 93 (Mittagsblatt), 22. IV. 1893, S. 340 (Todesanz. der Familie) – Staatsanzeiger Nr. 94, 23.4.1893, 697 – Ulmer Tagblatt 25. IV. 1893 – Württ.

Jahrbücher 1893, VII – UBC 2, S. 219, 373 – UBC 3, S. 5, 53 (Bild), 54 – SCHAAB, Staatliche Förderung, S. 214.

Beck, *Gertrud* Afra, geb. Fuchs, verw. Schütz, * Weiler in den Bergen/Schwäb. Gmünd 17. März 1915, † Ulm 29. Sept. 1994, ⬚ ebd., Hauptfriedhof, 6. Okt. 1994.

Vater Karl Fuchs, * Ulm 4. I. 1887, 1916 Oberreallehrer an der Realschule Schorndorf, 1917 wissenschaftlicher Hauptlehrer mit Titel Professor am Volksschullehrerseminar Schwäbisch Gmünd, später Studienrat am Lehrerinnenseminar ebd.
∞ I. 1940 Schütz, † 1942; ∞ II. 1949 Ernst Beck, † 1974, Rechtsanwalt in Ulm
2 K, darunter Gert-Helmut Schütz, * 5. VIII. 1941, † 9. VIII. 1999, Staatsanwalt in Ulm.

B. war eine der profiliertesten Frauen im Ulmer Kultur- und Gesellschaftsleben nach 1945. Aus dem Vereinsleben der Donaustadt war die kultivierte Historikerin und Politikerin, die mit ihrem Ideenreichtum und ihrer Tatkraft Vieles anstieß, nicht wegzudenken.
Sie entstammte einer alten Ulmer Familie, kam jedoch im Ersten Weltkrieg am Dienstort ihres Vaters zur Welt. Aufgewachsen in Schwäbisch Gmünd und Biberach/Riß, wo sie auch das Gymnasium besuchte, entwickelte sie ein tief gehendes Interesse an oberschwäbischer Geschichte und Kultur, das sie zu wissenschaftlicher Forschung führte. Seit 1934 in Ulm lebend, versuchte sie sich zunächst als freie Mitarbeiterin von Zeitungen und Zeitschriften, war später Mitglied des Verbands Deutscher Schriftsteller, des Literarischen Forums Oberschwaben und des Kunstvereins Oberschwaben. Ihren Ehemann verlor sie im Zweiten Weltkrieg.
Nach 1945 begann ihr gesellschaftspolitisches Engagement in Ulm. B. wirkte im Vorstand des Vereins Mütterschule e. V. Ulm, war Mitarbeiterin beim Ulmer Wohnungshilfswerk, ab 1955 Vorsitzende des deutsch-amerikanischen Frauenclubs und seit 1965 Vorsitzende des Vereins Frauenbildung-Frauendienst. 1971 wurde sie als FWG-Kandidatin Mitglied des Ulmer Gemeinderats und wurde bald „First Lady des Gemeinderats" genannt, *freilich keine, die oben thronte und herabschaute. Vielmehr eine, die nicht zu schade war, jene schon legendären Hefeschnecken zu den Haushaltsberatungen für die Kollegen selber zu backen, die seit ihrem Ausscheiden 1990 so schmerzlich vermißt werden. Das Selberbacken war nicht unter der Würde der ersten Dame – und es drückt die ganze Würde der Gertrud Beck aus* (Hans-Uli THIERER).
B. war seit 1976 Vorstandsmitglied und seit 1991 als erste Frau Vorsitzende des Vereins für Kunst und Altertum in Ulm und Oberschwaben, daneben aktiv in der Familien-Bildungsstätte, beim Frauenring Ulm/Neu-Ulm und bei der Aktion „Ulmer helft euren Mitbürgern". In Maria Steinbach (zwischen Memmingen und Leutkirch) baute sie ein Wallfahrtsmuseum auf. Ihr Tod im 80. Lebensjahr beendete ein im besten Sinne „tätiges" Leben. – 1978 Bundesverdienstkreuz am Bande; 1987 Medaille der Universität Ulm.

Q StadtA Ulm, G 2.
W (Auswahl) Die Wallfahrt Maria Steinbach und ihre Bedeutung für Oberschwaben. Mirakelbücher, Mirakelbilder, Votivbilder und Votivgaben, in: UO 40-41 (1973), S. 222-249 – (Hg.), Ulm in alten Ansichten, Frankfurt/Main 1977 – Wie Reichsprälat Mauritius Moriz aus Biberach eine komplizierte Liebesgeschichte meistert. Eine historisch-heitere Betrachtung um den jungen Wieland, in: Heimatkundliche Bll. für den Kreis Biberach 2 (1979), Heft 2, S. 46 ff. – Ihm lag viel an „komfortabler" Ausstattung der Abtei. Mauritius - ein Förderer der schwäbischen Kultur, in: Heimatkundliche Bll. für den Kreis Biberach 3 (1980), Heft 1, S. 37-42 – Neue Aspekte zum Bau der Wallfahrtskirche Maria Steinbach 1742 bis 1758, in: UO 44 (1982), S. 372-380 – Ein Musiker mit dem Krummstab. Reichsprälat Nikolaus Betscher von Rot, in: Heimatkundliche Bll. für den Kreis Biberach 7 (1984), S. 45-50 – Nikolaus Betscher, der Klosterkomponist von Rot an der Rot, erfährt breite Anerkennung, in: Heimatkundliche Bll. für den Kreis Biberach 9 81986), S. 55-59 – Ignatius Vetter (1697-1755), Abt und Bauherr. Studie zum Klosterleben in der Reichsabtei Rot an der Rot, in: UO 47-48 (1991), S. 414-442 – Theater in Ulm im 19. Jahrhundert (Ulmer Stadtgeschichte, Heft 24, hg. von der Ulmer Volksbank), Ulm 1991.
L Altstadträtin und „femme de lettre". Gertrud Beck im Alter von 79 Jahren gestorben, in: Schwäbische Zeitung Nr. 227, 30. IX. 1994 (Bild) – Ulm um eine Persönlichkeit ärmer. Altstadträtin und Heimatforscherin Gertrud Beck gestorben, in: NUZ Nr. 227, 1. X. 1994.

Beck, Johannes, * Marktredwitz/Kreis Wunsiedel (Bayern) 25. Juni 1904, † nicht ermittelt, ev.
∞ 11. IX. 1930 *Martha* Johanna Lechler, * Neuburg/Donau 27. IV. 1906.
2 K   Dieter Horst Beck, * Neu-Ulm 11. II. 1942; Wolfgang Siegfried Wilhelm Beck, * Ulm 30. VI. 1948.

B. war eine der bedeutenden Lehrerpersönlichkeiten Neu-Ulms im 20. Jahrhundert. Über 40 Jahre lang war er in Holzschwang bzw. Neu-Ulm tätig.

B. kam 1917 an die Lehrerbildungsanstalt Altdorf bei Nürnberg, um sich zum Volksschullehrer ausbilden zu lassen. Seit 1. Mai 1923 Lehramtsanwärter in Neuburg an der Donau, kam er bereits am 1. Okt. 1929 als Hilfslehrer an die Volksschule Holzschwang. Dort wurde er 1931 zum regulären Lehrer ernannt, am 1. Jan. 1952 zum Hauptlehrer ebd. 1941 zur Wehrmacht eingezogen, kehrte er 1946 aus der Kriegsgefangenschaft zurück und konnte wieder in seinem alten Wirkungskreis tätig werden.

Dort warteten große Aufgaben auf ihn, denn durch das Anwachsen der Bevölkerungszahl auf mehr als das Doppelte stieg auch die Schülerzahl sprunghaft an und die Schulraumnot verschärfte sich erheblich. Am Zustandekommen des Um- und Erweiterungsbaus 1952 war B. maßgeblich beteiligt. Der auch als Dirigent und Organist des Männergesangvereins bzw. der Chorgemeinschaft und Protokollführer des Gemeinderats aktive B. war in Holzschwang eine der bekanntesten Persönlichkeiten, pflegte seine Interessen für Kultur und Geschichte der Gemeinde in Jahrzehnten eine besondere Bindung zu Holzschwang auf, die auch bei seiner Verabschiedungsfeier 1958 angesprochen wurde. Bürgermeister Georg Wörz führte aus, B. habe nicht nur *als Schulmann von besonderen Gnaden (sic!) gewirkt, auch an gemeindlichen Beschlüssen ist er immer mitberatend beteiligt gewesen. Es fällt uns schwer, ihn ziehen zu lassen.*

B., der zuletzt die 6. bis 8. Klasse unterrichtete, verließ Holzschwang, weil er seit dem 1. März 1958 als Hauptlehrer an der Knabenvolksschule Neu-Ulm wirkte (zugleich Seminarleiter). Schon am 1. Aug. 1959 zum stv. Schulrat ernannt, übernahm er am 1. Dez. 1959 die Leitung der Gemeinschaftsschule für Knaben Neu-Ulm (Weststadt- und Oststadtschule sowie Zentralknabenschule Neu-Ulm), die – ausgestattet mit 25 Lehrkräften – den damals „größten Volksschulkomplex Schwabens" bildete. Am 1. Sept. 1960 wurde B., der nach einem zeitgenössischen Presseurteil *zu den bewährtesten und erfahrensten Erziehern im Stadt- und Landkreis Neu-Ulm* zählte, offiziell zu deren Rektor ernannt. Im Okt. 1961 zog B. von Holzschwang in die Neu-Ulmer Ringstraße, wo er fortan wohnte. Von 1968 bis Juli 1970 fungierte B. als Rektor der Knabenschule Neu-Ulm und wurde über das eigentliche Pensionierungsalter hinaus hauptamtlich weiterbeschäftigt, so dass er noch die Einrichtung der Hauptschule erleben konnte.

B. war die Charakterbildung „seiner" Schüler besonders wichtig. Aus diesem Grunde wollte er sie zur Verantwortung erziehen und war daher ein eifriger Verfechter der Schülermitverwaltung (SMV), der er für Stadt und Landkreis Neu-Ulm wichtige Impulse vermittelte.

Q   StadtA Neu-Ulm, A 9 – ebd., A 1, Nr. 10431, Schulgeschichte der Mädchenvolksschule Neu-Ulm (ab 12. Nov. 1941), Manuskript.
L.   Rektor Beck 65 Jahre. Seit über 40 Jahren im Lehrerberuf tätig – Verfechter der Schülermitverwaltung, in: NUZ vom 25. VI. 1969 (Bild) – GEIGER, Holzschwang, S. 98, 105, 108, 153.

Beck, Oskar, Dr. med., * Weißenhorn 20. Feb. 1834, † Neu-Ulm 22. März 1900, ▢ ebd., ev.
∞ Emma von Baldinger, † Neu-Ulm 30. V. 1879.
3 K   Franziska Henriette Elise Beck, * Neu-Ulm 28. XII. 1865, ∞ Neu-Ulm 23. IX. 1886 Josef Friedrich Eder[44], * Forchheim 30. V. 1861, Leutnant beim 12. Inf.-Rgt. in Neu-Ulm; Ellen Flora Beck, * Neu-Ulm 17. IV. 1870, † ebd. 28. III.

1871; Leonie Amalie Margarethe Beck, * Neu-Ulm 9. XI. 1877, ∞ Robert Edler von →*Kuepach, Oberstleutnant beim 12. Inf.-Rgt. in Neu-Ulm.

Von den leitenden Ärzten des 1844 gegründeten Spitals bzw. späteren Städtischen Krankenhauses Neu-Ulm – als Nachfolger von Dr. Felix Matthias Jochner[45], der zugleich auch Gefängnisarzt war (tätig bis 1858), Dr. Ott (bis 1860) und Dr. Schmid (bis 1868) – ist B. der erste mit Daten wirklich „Fassbare". Für die Entwicklung der Institution war er von entscheidender Bedeutung.

Der aus Weißenhorn stammende B., über dessen Kindheit und Jugend sowie über Einzelheiten seiner beruflichen Laufbahn angesichts fehlender Personalakten nichts vorliegt, scheint zu Beginn der 1860er Jahre an die Donau gekommen zu sein. Er schloss vor 1865 die Ehe mit einer Tochter des Ulmer Patriziergeschlechts Baldinger und praktizierte als Arzt in Ulm und Neu-Ulm.

Den Ausschlag für Neu-Ulm gab die Tatsache, dass der Magistratsrat ihn als Nachfolger für Dr. Schmid zum Krankenhausarzt wählte – eine Stelle, die er am 1. Jan. 1868 antrat. B. scheint die Krankenbetreuung besonders wichtig gewesen zu sein. Im Sept. 1873 gelang es ihm, Diakonissen von Stuttgart für die Krankenpflege in Neu-Ulm zu gewinnen. 1887 wurde der Neubau des Krankenhauses – in der Krankenhausstraße! – vollendet, das zuvor im Hinterhof der Friedrichstraße 23 ½ untergebracht gewesen war. Das jahrelange Drängen B.s, die beengten Räumlichkeiten des alten Spitals verlassen zu dürfen, um in einem neuen Gebäude das Krankenwesen Neu-Ulms auf eine neue Grundlage zu stellen, traf sich mit den Interessen des neuen Bürgermeisters Josef →Kollmann, der für B.s Intervention ein Ohr hatte. Das neue Krankenhaus bildete die Keimzelle für die heutige Donauklinik in Neu-Ulm.

Welche Umstände dazu führten, dass B. nur bis zum 1. Nov. 1888 Krankenhausarzt war und ihm – erst – am 1. Jan. 1891 Dr. Albin →*Gutbier nachfolgte, und diesem nach dessen Tod am 1. Okt. 1892 Dr. Friedrich Böhm, ist nicht zu klären. Aktenkundig ist lediglich, dass B. am 1. Jan. 1899 wieder in die Dienste des Krankenhauses trat. Der 66 Jahre alte Mediziner starb jedoch bereits ein gutes Jahr später. Sein Nachfolger war Dr. Gustav →Radwansky.

L.   BUCK, Chronik Neu-Ulm, S. 84, 86, 104 – TREU, Neu-Ulm, S. 182 – TEUBER, Ortsfamilienbuch Neu-Ulm I, Nr. 0270.

Beek, Richard, * Ulm 17. Feb. 1924, † München 17. Aug. 2007, ev.

Über sich selbst sprach er nicht gern, denn es sollten andere aus ihm sprechen. Ganz bei sich war der Schauspieler Richard Beek nur, wenn er sich verwandelte, was bei ihm hieß, die sprachgebundene Charakteristik einer Theaterfigur in ihr Wirken zu überführen (Süddeutsche Zeitung). Der Schauspieler B., über 60 Jahre lang im Beruf, ein Meister der Nebenrolle, der schon von Jugend auf alte Männer spielte, war über Jahrzehnte hinweg überaus eng mit den Bühnen Münchens verbunden.

Die Erfahrung des Zweiten Weltkriegs ließ B. vor der Zeit altern. Mit 21 Jahren spielte der dünne Jüngling mit den blitzenden Augen in seiner allerersten Rolle einen alten Mann – ohne große Maske, glaubwürdig, selbstverständlich. B. war ein bescheidener Künstler, der nichts davon hielt, seine Person in den Vordergrund zu spielen. 1955 wurde der 31-jährige B. Ensemblemitglied der Münchner Kammerspiele. Er arbeitete u. a. mit Fritz Kortner, Hans Lietzau, Rudolf Nolte, Hans Schweikart, George Tabori und Peter Zadek zusammen. Unter seinen zahlreichen Rollen dort waren so unterschiedliche wie der Patriarch in Lessings „Nathan der Weise", Nikita Iwanitsch in „Schwanengesang" von Robert Wilson und Herr Albert in

---

[44] TEUBER, Ortsfamilienbuch Neu-Ulm I, Nr. 0864.

[45] TEUBER, Ortsfamilienbuch Neu-Ulm I, Nr. 2091 [ohne Daten!].

„King Kongs Töchter" von Theresia Walser. Mit Beginn der Spielzeit 2001/2002 ging er mit Dieter Dorn an das Bayerische Staatsschauspiel München. Eine seiner Paraderollen aus der letzten Phase seines Schaffens war der Knecht Wenzel in dem großen Monolog „Cherubim" von Werner Fritsch. B. spielte die Rolle, *die ihm alles abverlangte und die ihn in unvorstellbarer Vitalität zeigte*, 50 mal. Als Tubal im Shakespeares „Kaufmann von Venedig" stand er sogar 100 mal – neben Rolf Boysen in der Titelrolle – auf der Bühne. B. wirkte auch in mehreren Kinofilmen mit, darunter in vier von Ottokar Runze inszenierten Filmen („Verlorenes Leben" und „Das Messer im Rücken", beide 1975, „Der Mörder", 1978, und „Stern ohne Himmel", 1980), „Kreutzer" (1976, Regie: Klaus Emmerich), „Das zerbrochene Haus" (1984), „Faust" (1988, Regie: Dieter Dorn), „Mit den Clowns kamen die Tränen" (1990), „Happy Birthday, Türke!" (1991), „Wir Enkelkinder" (1992), „Requiem für eine verlassene Frau" (1997), „Cascadeur – Die Jagd nach dem Bernsteinzimmer" (Regie: Hardy Martins, 1998), „Vaya con dios" (2001), „Vom Suchen und Finden der Liebe" (2005). Auch im Fernsehen fand B. Aufgaben, so in dem TV-Film „Der Fall Lena Christ" (1967, Regie: Hans Werner Geissendörfer), oder in dem Fünfteiler „Florian" (1990, Regie: Celino Bleiweiß), in dem er eine Rentner im Altenheim spielte, der einen Hund hält, obwohl Tierhaltung verboten ist. Zu B.s letzten Theaterproduktionen zählten „Phädra" von Jean Racine und „Herzog Theodor von Gothland" von Christian Dietrich Grabbe (jeweils 2004 im Residenz-Theater). B. stand noch Mitte Juli 2007 in „Böse Märchen" im Münchner Marstall auf der Bühne. Einen Monat später starb er überraschend in der Mitte des 84. Lebensjahres.

Q www.filmportal.de.
L Der Bote. Zum Tod des Münchner Schauspielers Richard Beek, in: Süddeutsche Zeitung (München) Nr. 191, 21. VIII. 2007, S. 12 (Todesanz. S. 31).

Bender, *Hermann* Emil, Dr. phil., * Ilsfeld/OA Besigheim 13. Juni 1835, † Kirchheim/Teck 21. April 1897, ev.

B. war der sechste Rektor des Ulmer Gymnasiums seit seiner Gründung im Jahre 1808. In den elf Jahren seiner Tätigkeit in Ulm verschaffte sich der glänzende Schulmann B. viele Freunde und gewann hohe Anerkennung.
Nach dem Landexamen besuchte er das Seminar in Blaubeuren und studierte seit 1853 Theologie in Tübingen (Mitglied der Burschenschaft Normannia). B. spezialisierte sich in seiner Lehrerausbildung auf Deutsch und war 1865 Präzeptor in Geislingen/Steige, 1868 Professor an der oberen Abteilung des Kgl. Gymnasiums Tübingen. Nach der 1881 erfolgten Promotion folgte er noch Mitte des gleichen Jahres dem pensionierten Robert →Kern als Rektor des Kgl. Gymnasiums Ulm nach. In diesem Amt zählte B. zu den führenden Honoratioren Ulms, dessen Autorität ihn wiederholt zu repräsentativen Auftritten veranlasste. So hielt er im Frühjahr 1888 die öffentliche Trauerrede auf den verstorbenen Kaiser Wilhelm I. in Ulm. Seit 1884 gab B. das „Korrespondenzblatt für die Gelehrten- und Realschulen" heraus. Im Feb. 1896 verlieh ihm der König den Titel Oberstudienrat, im Aug. des Jahres trat B. im 62. Lebensjahr in den Ruhestand; ihm folgte als Rektor Dr. Carl →Hirzel nach. B. starb ein Dreivierteljahr nach seiner Zurruhesetzung. – 1882 Ritterkreuz I. Kl. des Friedrichsordens, 1889 Jubiläumsmedaille, 1896 Ritterkreuz des Württ. Kronordens.

L Ih 1, S. 60 – Magisterbuch 30 (1897), S. 85 f. – Staatsanzeiger 1897, S. 685 – SK 1897, S. 813 – Württ. Jahrbücher 1897, S. VIII – UBC 2, S. 435, 535 – UBC 3, S. 123, 126, 149 – SCHMIDGALL, Burschenschafterlisten, S. 162, Nr. 125.

Bentele, Max, Dr.-Ing., * [Ulm-]Jungingen 15. Jan. 1909, † Fairfield (USA) 19. Mai 2006, ☐ Jungingen, ev.
Vater Bentele, Sattler und Tapezierer in Jungingen.
5 G.
∞. Mehrere K.

Als Entwickler für den Gasturbinenantrieb bei Flugzeugen und „Vater des Wankel-Motors in den USA" war B. ein wesentlicher Gestalter der modernen Verkehrswelt.
B. wuchs in einfachen Verhältnissen in Jungingen und Ulm auf, besuchte in seinem Geburtsort die Grundschule und in Ulm das Kepler-Gymnasium. Im Herbst 1928 begann er nach dem Abitur mit dem Studium des Maschinenbaus an der TH Stuttgart, 1937 wurde er dort promoviert. Hochqualifizierte Ingenieure waren in Deutschland sehr gesucht, so dass B. nach Berlin ging, wo er jedoch nicht lange blieb. Über einen Freund, den Leiter der Forschungsabteilung bei Hirth-Motoren in Stuttgart-Zuffenhausen, kam B. erstmals schwerpunktmäßig mit der Luftfahrtindustrie in Berührung und erhielt 1938 bei Hirth eine Stelle als Forschungs- und Entwicklungsingenieur. Während des Zweiten Weltkriegs uk-gestellt, also unabkömmlich, übernahm er die Direktion der Forschungsabteilung bei der nunmehrigen Firma Heinkel/Hirth und konzentrierte sich besonders auf den Bereich der luftgekühlten Flugmaschinen und Turbolader. Mitten im Krieg entwickelte B. eines der bis dahin leistungsstärksten deutschen Flugzeuge, die Heinkel HE-S-011.
Es dürfte vor allem seinen besonderen Fähigkeiten als Flugzeugentwickler zu verdanken gewesen sein, dass B. – der mit seinen Konstruktionen ganz im Dienst der Kriegsmaschinerie des „Dritten Reichs" gestanden hatte – nach Kriegsende nicht nur relativ rasch und komplikationslos entnazifiziert wurde, sondern einer glänzenden Zukunft im Ausland entgegenstreben konnte. Sein 1946 veröffentlichtes Buch „The Gas Turbine as a Vehicle Powerplant" (Die Gasturbine als Triebwerk für Flugzeuge) hatte internationales Interesse gefunden. Das britische Versorgungsministerium schloss mit ihm einen Vertrag und ließ ihn zusammen mit anderen Forschern eine Gasturbine für einen neuen Typ Panzerwagen entwickeln.
Nach knapp sechs Jahren in England holte ihn Ernst Heinkel (1888-1958) 1952 nach Deutschland zurück und stellte ihn als Chefingenieur für Motorroller und Mofas sowie als Berater für aktuelle Flugmaschinenprojekte ein. 1956 ging B. in die USA, wo er sich fortan bei der Curtiss-Wright-Corporation in Wood-Ridge (New Jersey) in der Ingenieurabteilung mit der Luftkühlung für Flugzeugturbinen befasste. B. war über aktuelle Entwicklungen in diesem Bereich bestens informiert und sicherte 1958 für Curtiss-Wright die Lizenznahme für NSU/Wankel-Maschinen (Motoren) für den US-amerikanischen Markt. Der Wankel-Motor revolutionierte das moderne Verkehrswesen.
1967 ging B. als beratender Ingenieur zur Avco Lycoming in Stratford (Connecticut). Zuletzt arbeitete B. nur noch als Fachberater mehrerer internationaler Firmen. Für die Mahle Comp. in Stuttgart wirkte er an der Gründung eines Kolbenherstellungswerks in Morristown (Tennessee) mit, dessen Präsident B. 1976 wurde. 1989 wurde B. die Wirtschaftsmedaille des Landes Baden-Württemberg verliehen.
Obwohl er seit Jahrzehnten in den USA lebte, ließ B. die Verbindung zu Jungingen nie abreißen. Zu seinen dortigen Verwandten hielt er Kontakt und besuchte seinen Geburtsort immer wieder, zuletzt 1993.
Noch in seinem Todesjahr wurde in seinem Geburtsort Jungingen ein Weg nach ihm benannt. Die Entscheidung hatte sich schon einige Jahre zuvor abgezeichnet. Es wird B. sehr gefreut haben, dass Ulms Oberbürgermeister Ivo Gönner sie ihm schon 2002 mitgeteilt hatte.

Q StadtA Ulm, G 2.
W Engine Revolutions. The Autobiography of Max Bentele, Warrendale, PA 1991.
L Willi BÖHMER, Ein Straßenschild als Erinnerung. Nach dem Maschinenbauingenieur und Erfinder Dr. Max Bentele wird ein Weg benannt. Der überzeugte Junginger starb im Mai im Alter von 97 Jahren in Fairfield, in: SWP, 29. VIII. 2006 (mit Bild) – Wikipedia.

Bentsch, Daniel, Dr. med. et chir., * Ulm 30. Sept. 1792, † nicht ermittelt.

Vater   Johannes Bentsch, † Ulm 1796, Schullehrer am Waisenhaus Ulm.

B. war einer der bekanntesten Ärzte Ulms in den ersten Jahrzehnten der württembergischen Zeit.
Nachdem er das Ulmer Gymnasium durchlaufen hatte, machte der 22-Jährige nach erster medizinischer Ausbildung in den Reihen der württembergischen Armee als Militärarzt den Frankreich-Feldzug mit, studierte von 1821 bis 1824 in Wien und von 1824 bis 1828 in Tübingen Medizin. In Tübingen wurde B. auch 1828 mit der Arbeit „Die fetten Oele Deutschlands, in Beziehung auf ihre wichtigeren physischen Eigenschaften; nebst Beyfügung chirurgischer Thesen" promoviert. Anschließend ließ er sich endgültig als Geburtshelfer und Augenarzt in Ulm nieder.

L.   WEYERMANN II, S. 647.

Benz, *Arthur* Karl Abraham, * Neu-Ulm 10. Dez. 1891, † Ulm 15. Dez. 1973, ev.

Eltern und *G* siehe Gustav →Benz.
∞ Stuttgart 20. VII. 1929 Luise *Hermine* Lutz, * Stuttgart 16. VI. 1905, † Neu-Ulm 18. VIII. 1975, T. d. Georg Lutz, Städtischer Oberrechnungsrat in Stuttgart, u. d. Maria Rauser.
1 K   *Irmgard* Georgine Benz, * Neu-Ulm 24. IV. 1931.

Nur wenige Persönlichkeiten des 20. Jahrhunderts haben sich in einem auch nur annähernd vergleichbaren Maße solche Verdienste um die Geschichtsforschung und Heimatpflege von Stadt und Kreis Neu-Ulm erworben wie B., der nach dem Ende des Zweiten Weltkriegs mit seinem unermüdlichen Schaffen die Grundlagen für ein Neu-Ulmer Heimatbewusstsein legte.
Der Sohn eines geschichtsbegeisterten Vaters besuchte die Volksschule in Neu-Ulm und anschließend sechs Klassen an der Oberrealschule Ulm. Im März 1910 trat er im Alter von 18 Jahren in den Verwaltungsdienst der Stadt Neu-Ulm. 1913 bestand er die Prüfung für den mittleren Staats- und Gemeindedienst. Von 1914 bis 1916 leistete B. Kriegsdienst, erlitt 1916 einen Bauchschuss und wurde 1917 nach Genesung als Schwerbeschädigter entlassen und wieder bei der Stadt Neu-Ulm eingestellt. Von 1919 an stand B. in Diensten der städtischen Sparkassenverwaltung. 1936 wurde er nach der Bildung des Zweckverbandes „Kreis- und Stadtsparkasse Neu-Ulm/Weißenhorn" dort als Beamter übernommen, wurde 1940 zum Sparkassenoberinspektor ernannt und übernahm im gleichen Jahr die ständige Stellvertretung des zur Wehrmacht einberufenen Leiters Oskar →Reber. Bei Kriegsende war B. stv. Sparkassenleiter in Neu-Ulm. B. war im Mai 1933 der NSDAP beigetreten, 1934 der NSV (Aug. bis Dez. 1934 NSV-Blockwart), 1936 der NSKOV, dem VDA, dem NSRL und dem RKB. Im Jahr 1937 soll B. NSDAP-Ortsgruppenamtsleiter (Film- und Funkstelle) gewesen sein, eine Funktion, die B. nicht wahrgenommen haben will. Die Spruchkammer Neu-Ulm stufte B. mit Spruch vom 23. Sept. 1947 als Mitläufer ein. Nach Kriegsende war er wegen seiner Parteiarbeit monatelang interniert.
Nach der Entlassung am 28. Mai 1946 war B. zunächst krank und arbeitslos gemeldet. Am 6. Nov. 1946 begann er in einem ganz neuen Lebensabschnitt als Hilfsarbeiter und Hilfskonservator zur Wiederherstellung des Museums Neu-Ulm, dessen ausgelagerte Bestände er in Abgleich mit dem Ulmer Museum zum Grundstock der Weiterführung der Museumsarbeit machen sollte. 1948 erfolgte die Versetzung des fast 57-jährigen B. als Sparkassenbeamter in den Ruhestand.
Als Kreis-Heimatpfleger hat sich B. nach 1945 größte Verdienste um die Kultur und Geschichte in Stadt und Kreis Neu-Ulm erworben. Sein historisches Interesse hatte ihn schon lange vorher zum Historischen Verein Neu-Ulm geführt, in dem er sich als Kassier, Schriftleiter des „Ulmer Winkel" und Geschäftsführer engagierte. 1947/48 war er maßgeblich an der Wiedergründung des 1938 aufgelösten Vereins beteiligt, der ihn später in Würdigung seiner großen Verdienste zum Ehrenmitglied ernannte. Mit vorausschauendem Blick brachte B. Teile der Sammlungen des Vereins in der Endphase des Zweiten Weltkriegs in Sicherheit – Grundstock seines Ruhmes als „Vater des Heimatmuseums". Er baute es aus kleinen Anfängen auf und brachte das Heimatmuseum ab 1954 im Untergeschoss des neu erbauten Rathauses unter, wo es bis 1965, dem Jahr des Umzugs in eigene Räumlichkeiten im alten Rentamtsgebäude in der Friedenstraße, der Öffentlichkeit zugänglich war. Bekannt war B. als Vortragsredner und als Autor, der u. a. im „Ulmer Winkel" veröffentlichte, so den Beitrag „Schrifttum über Neu-Ulm" in den Nrn. 3 und 5 des Jahrgangs 1944. In dem von Friedrich →Lanzenstiel 1954 herausgebrachten Band „Neu-Ulm. Das neue Gesicht" steuerte er die nach wie vor wichtige „Chronik 1945-1954" bei. Eine seiner letzten Arbeiten war der Artikel „Neu-Ulm" im 1974 erschienenen „Bayerischen Städtebuch" (Teil 2). Zahlreiche seiner Texte wurden in der Tagespresse veröffentlicht. – 1963 Bundesverdienstkreuz am Bande des Verdienstordens der Bundesrepublik Deutschland; 1. Jan. 1980 Umbenennung des Neu-Ulmer Wörthweges, in dem B. viele Jahre gewohnt hatte, in Arthur-Benz-Straße.

Q   StadtA Neu-Ulm, A4 Nr. 42 – ebd., A9.
L.   HAUF, Von der Armenkasse, S. 156 ff. (Bild) – TREU, Neu-Ulm, S. 271, 499 – Anton AUBELE, 90 Jahre Historischer Verein Neu-Ulm 1907-1997, in: Geschichte im Landkreis Neu-Ulm 3 (1997), S. 69-87, hier S. 81 f., 85 (Bild) u. ö.

Benz, Christian *Gustav*, * Neu-Ulm 22. Feb. 1854, † ebd. 20. Aug. 1927, ev.

Vater   Johann Jakob →*Benz, Bäcker- und Zunftmeister in Neu-Ulm, S. d. Christian →*Benz, Bäckermeister, u. d. Anna Schmid, * Holzschwang 13. I. 1804, † ebd. 27. I. 1871.
Mutter   Katharina Oechsle, * Neu-Ulm 13. VII. 1833, † ebd. 2. IV. 1901, T. d. Johannes Oechsle[46], * Geislingen/Steige 13. XI. 1796, † 18. XI. 1850, seit 1827 Seilermeister in Neu-Ulm, u. d. Justina Schneider, * Stubersheim 10. XI. 1798, † Neu-Ulm 1. X. 1840.
2 G   Anna Catharina *Paulina* Benz, * Neu-Ulm 20. I. 1853, ∞ 18. XI. 1880 *Theodor* Martin Schweizer[47], * Pfauhausen 26. XI. 1850, † Neu-Ulm 27. VII. 1919, Konditor in Neu-Ulm; Anna Benz, * Neu-Ulm 4. VI. 1855, † ebd. 23. IV. 1861.
∞ Neu-Ulm 7. VI. 1886 *Friederike* Rosine Baiker, * Bermaringen 30. III. 1864, † Neu-Ulm 21. XII. 1937, T. d. Abraham Baiker, Gemeindepfleger in Bermaringen, u. d. Friederike Rosina Braun.
3 K   Johann Georg *Gustav* Benz[48], * Neu-Ulm 10. VI. 1887, Konditormeister in Neu-Ulm, ∞ Neu-Ulm 12. VII. 1921 Maria Johanna Ehlers, * Leutkirch 8. XII. 1897, T. d. Kaufmanns Johann Hermann Paul Ehlers u. d. Johanna Siegler; Friedrich *Hugo* Benz[49], * Neu-Ulm 1. IV. 1889, Bankbeamter in Neu-Ulm, ∞ Neu-Ulm 18. VIII. 1924 Maria Hutter, * Laupheim 20. III. 1898; Arthur →Benz, Sparkassenverwalter und Neu-Ulmer Heimatpfleger.

46 BUCK, Chronik Neu-Ulm, S. 104, 111 – TEUBER, Ortsfamilienbuch Neu-Ulm I, Nr. 3357.
47 TEUBER, Ortsfamilienbuch Neu-Ulm II, Nr. 4495.
48 TEUBER, Ortsfamilienbuch Neu-Ulm I, Nr. 0304.
49 TEUBER, Ortsfamilienbuch Neu-Ulm I, Nr. 0300.

B., in einem Nachruf 1927 als *eine der markantesten Erscheinungen in der Geschichte der Stadt Neu-Ulm der letzten 50 Jahre* beschrieben, erlernte das Bäckerhandwerk in der von seinem Großvater 1825 in Neu-Ulm gegründeten Bäckerei, die er später zu großer Blüte führen sollte.

Nach Abschluss der Ausbildung als Bäckergeselle traditionell auf Wanderschaft in Deutschland, u. a. in Bernburg und Leipzig, übernahm B. nach seiner Rückkehr 1886 das elterliche Geschäft in der Neu-Ulmer Ludwigstraße und erweiterte es um ein Café und eine Weinstube. Der gesellige B. war d e r Konditor in Neu-Ulm, und in seinem Geschäft baute er seine gesellschaftlichen Kontakte auf. Von 1890 bis 1896 war B. Mitglied des Gemeindekollegiums, von 1897 bis 1909 des Magistrats von Neu-Ulm. Als Kommunalpolitiker nahm B. Einfluss auf den Bau des Wasserwerks und der Kanalisation sowie auf den Bau der Turnhalle und den Abschluss der Entwallungsverträge. Sein Blick ging aber über den lokalen Rahmen hinaus. Vor allem an der Schiffbarmachung der oberen Donau interessiert, gelang es ihm, den Südwestdeutschen Kanalverein 1903 zu einer Tagung in Neu-Ulm zu veranlassen, bei der B. eine viel beachtete Festrede hielt. Umfänglich war das Wirken von B. im lokalen Gesellschafts- und Vereinsleben. Seit 1877 Mitglied der Sängergesellschaft Neu-Ulm, war B. Ende des 19. Jahrhunderts deren Erster Vorstand und zuletzt deren Ehrenmitglied. 1880 gründete B. mit einigen anderen Neu-Ulmern den Turnverein, an dessen Spitze er als Erster Vorsitzender trat und der ihn nach seinem Rücktritt von diesem Amt zum Ehrenvorsitzenden ernannte. B. war auch Erster Vorstand des Iller-Donau-Turngaus des Kreises XII der Deutschen Turnerschaft. 1907 war er maßgeblich an der Gründung des Historischen Vereins Neu-Ulm beteiligt, dem er u. a. als Kassier diente. B. wirkte wesentlich auf die Gründung des Neu-Ulmer Museums hin. Der Verein ernannte ihn 1924 zu seinem Ehrenmitglied. Der als „Vater Benz" allseits verehrte und geschätzte Mann veröffentlichte auch eine Reihe kleinerer Beiträge im Vereinsorgan „Aus dem Ulmer Winkel". In der Inflationszeit (1923/24) übernahm der fast 70-jährige B. die Kleinrentnerberatung in Neu-Ulm. Sein Tod beraubte die Stadt einer ihrer herausragendsten Persönlichkeiten. Sein Name *wird immer genannt werden müssen, wenn die Geschichte dieser Stadt aus den letzten 5 Jahrzehnten aufgeschlagen wird*, hieß es in einem der Nachrufe zu seinem Tode.

Q   StadtA Neu-Ulm, A 9.
L   Aus dem Ulmer Winkel Nr. 8, Aug. 1927, S. 29-32 (Bild) – BUCK, Chronik Neu-Ulm, S. 101 f. – Anton AUBELE, 90 Jahre Historischer Verein Neu-Ulm 1907-1997, in: Geschichte im Landkreis Neu-Ulm 3 (1997), S. 69-87, hier S. 69 f. (Bild) – TEUBER, Ortsfamilienbuch Neu-Ulm I, Nr. 0299.

Benzinger, Hannelore (geb. **Wagner**, Johanna), * 15. Sept. 1904, † Neu-Ulm 24. Jan. 1979.

B. war eine Filmschauspielerin in der ersten Hälfte des 20. Jahrhunderts. Ein „Star" war sie freilich nicht. Schrifttum über ihr Leben existiert nicht, auch in einschlägigen Lexika sind keine Einträge über ihre Laufbahn zu finden.

So fehlen auch Hinweise zu ihrer Bühnenlaufbahn, die der Filmarbeit gewiss vorausgegangen ist. 1927 stand sie in dem Stummfilm „Der alte Fritz Teil 1" erstmals vor der Kamera. Weitere Stummfilme folgten „Ossi hat die Hosen an" (auch: „Abenteuer eines Unterrocks"), „Lemkes sel. Witwe", „Kinder der Straße" und „Hände hoch! Hier Eddy Polo" (alle 1928). „Das Schicksal der Renate Langen" (1930) war B.s erster Tonfilm, es folgten „Der Hellseher. Mein Herz sehnt sich nach Liebe" (1931). Danach erhielt sie Nebenrollen in „patriotischen" Streifen, so 1932 in den Filmen „Die elf Schill´schen Offiziere" (Regie: Rudolf Meinert) und „Tannenberg" (Regie: Heinz Paul). 1940 trat B. als „Hausmädchen bei Sturm" in dem antisemitischen Hetzfilm „Jud Süß" (Regie: Veit Harlan) auf –

vielleicht nicht ihre bekannteste Rolle, aber gewiss ihr bekanntester Film.

Danach verliert sich B.s Spur. In Filmen scheint sie nicht mehr mitgewirkt zu haben, oder die Rollen waren so klein, dass ihr Name in der Besetzungsliste nicht auftauchte. Wann sie nach Neu-Ulm kam, wo sie im Alter von 74 Jahren starb, ist ebenfalls unklar.

Q   www.filmportal.de.

Berblinger, Albrecht Ludwig, * Ulm 24. Juni 1770, † ebd. 28. Jan. 1829, ev.

Vater   Albrecht Ludwig Berblinger, † 1783, Zeugamtsknecht in Ulm, S. d. Zacharias Ludwig Berblinger, Schuhmacher und Zeugamtsknecht, u. d. Barbara Schmalenberger.
Mutter   Anna Dorothea Finck.
8 G, darunter Daniel Berblinger, * 1773, Nagelschmied; Zacharias Ludwig Berblinger, * 1774, Binder.
∞ I. Ulm 10. IV. 1794 Anna Scheiffele, * 1765, † Ulm 18. III. 1820, T. d. Scheiffele, Kornmesserobmann in Ulm; ∞ II. Ulm Mai 1822 Anna Maria Spühler, * Reckingen/Kanton Aargau (Schweiz).
6 K aus I. Ehe, davon 3 † früh, 2 K aus II. Ehe, † früh.

„Der Schneider von Ulm", in Max →Eyths gleichnamigem Roman literarisch überhöht und verfremdet, ist die legendärste Ulmer Persönlichkeit des 19. Jahrhunderts. Geradezu idealtypisch verkörpert der Flugpionier die Sehnsucht des Menschen, fliegen zu können wie ein Vogel. Er symbolisiert den bedingungslosen, bis zur Selbstzerstörung reichenden Einsatz für eine Idee, eine Vision, welcher ein Scheitern immer einschließt. Er steht auch für den völligen Verlust der Lebenskraft nach dem Misserfolg der Vorführung seiner Errungenschaft. Lange Zeit von der Nachwelt vorrangig als Gescheiterter und haltloser Sonderling betrachtet, gilt er heute als wegweisender Pionier der Fliegerei.

Einfachen Verhältnissen entstammend, kam B. nach dem Tod des Vaters mit zwei Geschwistern für ein Jahr in das Ulmer Waisenhaus. Der Heranwachsende hatte bereits seine Leidenschaft für das Basteln und Tüfteln entwickelt, wurde aber 1784 von seinem Vormund zur Schneiderlehre bestimmt. Nach der Lehrzeit, den Wanderjahren und der Meisterprüfung 1791 (obwohl er die nach der Zunftvorschrift achtjährige Gesellenzeit nicht durchlaufen hatte) übte B. seinen Beruf in Ulm aus. Offenbar durchaus mit wirtschaftlichem Erfolg – 1801 erwarb er um 1.400 Gulden ein Haus in der unteren Herrenkellergasse (heute Hafenbad 25), 1807 nach dem Verkauf des bisherigen Hauses ein Haus in der Hoheschulgasse. Seine Werkstatt befand sich im Haus C 243 am Münsterplatz. B.s Fähigkeiten als Schneider finden sich in zahlreichen Dokumenten bestätigt. Er beschäftigte wohl zwei bis vier Gesellen und hatte auch Lehrlinge. Aus Anzeigen B.s im „Ulmischen Intelligenzblatt" geht hervor, dass er sich auch mit Arbeiten abseits der Schneiderei befasste: mit der Herstellung von „Kinderchaisen" (= Kinderwagen), zwei- und viersitzigen Chaiseschlitten und von Bekleidung und künstlichen Prothesen für Beinamputierte. Im März 1809 bemühte sich B. vergeblich um die „offizielle Autorisation" eines von ihm entwickelten künstlichen Fußes durch den König von Bayern.

Viele Jahre lang bereitete B. die Aktion vor, durch welche er letztlich ins Unglück gestürzt wurde – und er selbst später unsterblich wurde. Erstmals am 24. April 1811 ließ er die interessierte Öffentlichkeit wissen, er werde mit einer von ihm gebauten Flugmaschine einen Flugversuch unternehmen. Diese Maschine sei im Gasthof „Zum Goldenen Kreuz" zu besichtigen. B. legte seinen Flugversuch auf den Termin des Besuchs des Königs von Württemberg, Friedrich I., in Ulm. Am 30. Mai 1811 war eine große Menschenmenge auf beiderseits der Donau versammelt, als B. von der Adlerbastei starten wollte. Er konnte jedoch wegen eines gebrochenen Flügels den Versuch nicht starten und verlegte ihn auf den folgenden Tag. Der

König nahm es gelassen und ließ B. ein Geldgeschenk zukommen.

Am 31. Mai 1811 führte B. den Flugversuch durch, erhob sich von der Adlerbastei in die Luft – und stürzte wegen ungünstiger Fallwinde in die Donau. Mehrere tausend Menschen verfolgten B.s „Flug" in gespannter Erwartung, die sich nach dem Sturz in den Fluss in großes Gelächter entlud. Der sich gedemütigt fühlende B., dessen ganzes Wollen in seinem Flugapparat steckte, scheint Ulm danach für einige Zeit verlassen zu haben. Er war ein gebrochener Mann, der offenbar zu regelmäßiger Arbeit nicht mehr fähig war und sich dem Trunk und dem Spiel hingab. 1812 erbat er ein Gerichtszeugnis für eine Anstellung als Regimentsschneider, 1816 wurde das Haus des verschuldeten B. in der Hoheschulgasse zwangsversteigert. Seine Ehefrau sagte vor dem Stadtgericht aus, B. arbeite nichts mehr, was diesem die Drohung der Einweisung ins Zwangsarbeitshaus einbrachte. Im März 1820 starb B.s Ehefrau, im Juni des Jahres hieß es in einem Oberbürgermeisterprotokoll, B. besitze kein Vermögen und stehe in schlechtem Ruf.

1821 gab B. öffentlich bekannt, dass er wieder alle Arbeiten von Schneider- und Tapezierarbeiten durchführe. Er wohnte „Im Reben" am Münsterplatz, wenig später nahm er Loigis bei Schneidermeister Honold in der Nähe der Spitalkirche. Im Frühjahr 1822 führte B. die Aufsicht über die Verlegung der Bibliothek des aufgelösten Augustiner-Chorherrenstifts zu den Wengen vom Schwörhaus in den Neuen Bau. Scheinbar ging es wieder aufwärts mit ihm – in einer Anzeige empfahl er sich neben Schneiderarbeiten auch für Bruchbandagen und Gurte für Damen und Herren. Er ging eine zweite Ehe ein, fand keine Wohnung mehr und musste 1827 zu seinem Bruder Daniel in die Hafengasse ziehen. Zuletzt lebte der „Schneider von Ulm" im Ulmer Spital, wo er an „Abzehrung" starb.

Das Schicksal B.s inspirierte im Laufe der Zeit zahlreiche Autoren und Künstler, so neben dem bereits erwähnten Max Eyth Gustav Pressel zu der komischen Oper „Der Schneider von Ulm oder Der König der Lüfte" (1865/66), Otto Rombach zu seinem Volksstück „Der Münstersprung" (1934), Karl Walter Obermeier zu dem Schauspiel „Der Schneider von Ulm" (1974), Barbara Honigmann zu einem Hörspiel (1982) und einem Theaterstück (1984) oder den Regisseur Edgar Reitz zu dem Spielfilm „Der Schneider von Ulm" (1978) mit Tilo Prückner in der Titelrolle. Darüber hinaus war B. häufig Gegenstand zeichnerischer, malerischer, bildnerischer und graphischer Darstellung. Die Deutsche Gesellschaft für Luft- und Raumfahrtmedizin verleiht alljährlich einen nach B. benannten Wissenschaftspreis.

Q   StadtA Ulm, G 2.
L   Ih 1, S. 63 – SCHULTES, Chronik, S. 423 f. – UBC 1, S. 432, 498 – UBC 3, S. 487 – NDB 2 (1954), S. 62 (Max HUBER) – Der Schneider von Ulm. Fiktion und Wirklichkeit. Biographie, Flugtechnik, Bibliographie, Ausstellungskatalog (Veröffentlichungen der Stadtbibliothek Ulm 7), Weißenhorn 1986 [mit umfassendem Literaturverzeichnis] – Wikipedia.

Berg, Carl (Karl) Christian Friedrich (von), * Kirchheim/Teck 20. Aug. 1837, † Ellwangen/Jagst 17. Juni 1921, ev.

Vater   Carl Gottfried Berg, * 1799, † 1847, Präzeptor an der Lateinschule Kirchheim/Teck.
Mutter   Louise Ernestine Mathilde Beckh, * 1802.
∞ Cannstatt 4. X. 1870 Elise Mann, * 1839, † 1919, T. d. Georg Rudolf Mann, * Stuttgart 17. IV. 1809, † Hedelfingen 16. XII. 1857, Diakon in Sulz/Neckar, zuletzt Pfarrer in Hedelfingen, u. d. Wilhelmine Caroline Friederike Pistorius, * Stuttgart 3. VIII. 1814, † ebd. 14. II. 1880.
5 K   Anna Elisabeth Berg, * Ulm 5. IX. 1871, † Stuttgart 2. X. 1919; Carl Martin Berg[50], * Ulm 16. IX. 1872, † Berlin 15. XII. 1924, Studienrat in Königshütte, später dsgl. in Berlin-Mariendorf, Professor, ∞ St. Croix/Kanton de Vaud (Schweiz) 21. IV. 1908 Ida Lucy Mermod, * 19. XI. 1887, T. d. Fabrikanten Léon Mermod; Berta Elise Berg, * Ulm 22. III. 1874, ∞ Heilbronn 19. IV. 1900 Carl Gundert Isenberg, Dr. phil., * Haiderabad 25. V. 1869, Professor, Eltern des Dr. Gerhard →Isenberg; Mathilde Ottilie Agnes Berg, * Ulm 30. VII. 1875; Marie Sophie Agnes

Berg, * Ulm 28. I. 1877, ∞ Ludwigsburg 1. XI. 1909 Gustav Gundert, Dr. med., * Stuttgart 30. III. 1876, S. d. Kommerzienrates Gustav Gundert.

B. war eine der ranghohen Persönlichkeiten der ev. Landeskirche Württembergs, deren berufliche Anfänge mit Ulm verknüpft sind und die in Ulm ihre Familie gründeten.

Nach dem Landexamen und dem ev.-theol. Seminar Maulbronn studierte B. Theologie und Philosophie in Tübingen. 1864 ergab sich für den jungen Geistlichen die Möglichkeit, als Pfarrer zur deutschen Gemeinde La Vilette nach Paris zu gehen. Im Sept. 1869 kam B. als Diakon an die Ulmer Dreifaltigkeitskirche, womit sein elfjähriges Wirken in der Donaustadt begann. Als Diakon erwarb sich B. einen guten Ruf und vor allem große Beliebtheit in der Gemeinde. Im Juni 1878 wechselte er in gleicher Eigenschaft (bzw. als Dritter Stadtpfarrer) als Nachfolger des zum Zweiten Stadtpfarrer ernannten Christian →Ernst an das Ulmer Münster und nahm zugleich die Aufgaben des Ulmer Bezirksschulinspektors wahr. In seiner Ulmer Zeit gründete B. seine Familie – alle seine Kinder kamen in Ulm zur Welt – und trat dem Verein für Kunst und Altertum in Ulm und Oberschwaben bei. Sein Nachfolger am Münster wurde nach seinem Abschied von Ulm Gustav →Gerok.

Zum Jahreswechsel 1880/81 wechselte B. als Dekan und Stadtpfarrer sowie Bezirksschulinspektor nach Calw, 1887 in gleicher Eigenschaft nach Heilbronn/Neckar. 1894 wurde er zum Prälaten und Generalsuperintendenten von Heilbronn, 1900 zum Prälaten und Generalsuperintendenten von Ludwigsburg ernannt. Am 1. Juli 1912 trat B. in den Ruhestand.

B. war vom 8. März 1894 bis Juli 1912 MdL Württemberg (II. bzw. ab 1907 I. Kammer, 32. bis 38. o. LT), wo er sich (in der II. Kammer) der Sammelfraktion „Freie Vereinigung" anschloss und seit 1899 besonders in der Volkswirtschaftlichen Kommission und zuletzt ab Jan. 1906 als Zweiter stv. Fraktionsvorsitzender, ab 1907 (in der I. Kammer) auch in der Justizgesetzgebungskommission wirkte. 1907 war er landesherrliches Mitglied der 7. Landessynode und dort Vorsitzender der Kommission für Lehre und Kultus. – 1889 bronzene Karl-Olga-Medaille und Jubiläumsmedaille; 1897 Ehrenritterkreuz des Württ. Kronordens; 1903 Kommenturkreuz II. Kl. des Friedrichsordens; 1912 Kommenturkreuz I. Kl. des Friedrichsordens; 1916 Wilhelmskreuz.

L   Ih 1, S. 64 – Unsere Neue Kammer (1895), S. 21 – Hauptregister, S. 46 – Magisterbuch 34 (1907), S. 79 – Magisterbuch 38 (1920), S. 70 – SK Nr. 275, 18. VI. 1921, S. 5 – WN 1920/21, S. 2 – SCHIMPF, Stammtafeln Feuerlein, S. 35 f. – UBC 2, S. 225 – NEBINGER, Die ev. Prälaten, S. 588 – RABERG, Biogr. MdL-Handbuch, S. 54 f. (Bild) – EHMER/KAMMERER, S. 92 (Bild).

Berger, Adalbert, * Reichenbach/OA Schwäbisch Gmünd 25. Dez. 1843, † Schwäbisch Gmünd 28. Mai 1892, kath.

B. war der letzte kath. Stadtpfarrer in Ulm, der für die gesamte Gemeinde zuständig war. Das Anwachsen des kath. Bevölkerungsteils führte nach seiner Amtszeit zu einer Aufteilung in verschiedene Sprengel.

B. empfing nach dem Besuch des Gymnasiums in Schwäbisch Gmünd, des Konviktsgymnasiums in Ehingen/Donau und dem Theologiestudium in Tübingen am 10. Aug. 1869 die Priesterweihe. Noch im gleichen Jahr wurde er Vikar in Rottenburg-Ehingen und ging zwei Jahre später in gleicher Eigenschaft aushilfsweise nach Stuttgart. Im Frühjahr 1875 kam er als Kaplan nach Ulm und avancierte am 11. April 1877 als Nachfolger des verstorbenen Georg →Dischinger zum Stadtpfarrer an St. Michael zu den Wengen und seit 11. April 1878 (Investitur) zugleich zum kath. Garnisonspfarrer. B. war auch Ulmer Schulinspektor und unterrichtete am Kgl. Gymnasium.

In der Amtszeit B.s wurde im Juni 1879 erstmals die Wahl eines kath. Stiftungsrats und Bürgerausschusses (zugleich als Kirchenkonvent fungierend) durchgeführt, wobei von 349

---

50 SCHMIDGALL, Burschenschafterlisten, S. 175, Nr. 602.

Wahlberechtigten 110 ihre Stimme abgaben. 1887 konnte auch die Kirchenverwaltung mit einem Kirchenstiftungsrat eingeführt werden, der vom kath. Stiftungsrat Kirchenkapitalien in Höhe von ca. 2.400 RM übernahm. Der Kirchenstiftungsrat setzte sich aus dem Stadtpfarrer, dem Kirchenpfleger und den von der Gemeinde gewählten Mitgliedern zusammen. B. zog in ungeschickter Weise scharfe konfessionelle Grenzen; seine Äußerung, bei der Restaurierung der Wengenkirche werde er keine protestantischen Arbeiter dulden, kam Oberbürgermeister Carl (von) →Heim zu Ohren und führte zu einem Zerwürfnis. 1881 beklagte sich die Sängergesellschaft „Cäcilia", die 1849 als kath. Gesangverein gegründet worden war, beim Bischöflichen Ordinariat in Rottenburg darüber, B. habe eine Mitwirkung der Sängergesellschaft bei einer Trauung untersagt, weil der „Cäcilia" auch Protestanten und Deutschkatholiken angehörten. B. rief aber nicht nur Konflikte mit den Christen und der Stadtverwaltung hervor, sondern auch mit seinem Stadtkaplan Stephan →Magg, dessen Beliebtheit in der Gemeinde ihn zu stören schien. B. zeigte sich immer öfter gereizt und unbeherrscht. Das Ordinariat ordnete eine Visitation an, die Nachlässigkeiten bei der Pfarramtsverwaltung ebenso feststellte wie häufige Wirtshausbesuche und besonders das schlechte Verhältnis zum Oberbürgermeister vermerkte. B.s Stellung sei *nach allen Seiten unhaltbar geworden und seine Entfernung von der Gemeinde in seinem eigenen Interesse notwendig herbeizuführen.* Das Ordinariat bot ihm Schömberg und Steinach als Versetzungsorte an, machte aber klar, dass bei Widerstand das kirchliche Prozessverfahren greifen werde. Am 1. April 1889 zum Stadtpfarrer in Schömberg ernannt, verließ B. Ulm nach 14 Jahren. Drei Jahre später starb er im Alter von 48 Jahren.

L   NEHER ⁴1909, S. 98 – UBC 2, S. 344, 387 – SPECKER/TÜCHLE, S. 279-281, 285, 290 – SPECKER, Ulm im 19. Jahrhundert, S. 400 ff.

Berger, Rudolf (von), * Ulm 18. Juni 1848, † Stuttgart 1. März 1929, ev.
Vater   *Carl* Rudolf (von) Berger, * Straßburg (Elsass) 5. III. 1814, † gefallen Lagny/Departement Seine-et-Marne 12. XII. 1870, Oberst im 1. Inf.-Rgt., S. d. Carl Rudolf (von) →*Berger.
Mutter   Emilie Marie Knapp.
Mehrere *G*, darunter Hermann Berger, * Ludwigsburg 14. VII. 1849, † gef. Malonne bei Villiers 3. XII. 1870, Kriegsfreiwilliger im Württ. 7. Jägerbataillon.

B. war einer der zahlreichen aus Ulm stammenden hohen württ. Offiziere, deren Familie vielfach mit der Donaustadt verbunden waren.
Der Familientradition folgend, trat B. nach Ende seiner in Stuttgart verbrachten Schulzeit in den württ. Militärdienst. Im Jahre 1900 war er Regimentskommandeur des Gren.-Rgts. Königin Olga, 1904 Brigadekommandeur der 51. Inf.-Brigade, 1906 Kommandant von Stuttgart. 1907 unter Verleihung des Prädikats Exzellenz in den Ruhestand versetzt und später mit dem Charakter als Generalleutnant ausgestattet, wurde B. im Ersten Weltkrieg reaktiviert und zum Kommandeur der 247. Inf.-Brigade ernannt. Zuletzt war er ab Juli 1918 Kommandeur der 26. Landwehr-Division. B. war vorwiegend im Stellungskrieg an der Westfront zwischen Maas und Mosel, an der Somme und bei Verdun eingesetzt. Nach Kriegsende übernahm B. den Vorsitz des Offiziersvereins „Gren.-Rgt. Königin Olga".

L   Ih 1, S. 64 – MOSER, Württemberger im Weltkrieg, S. 33, 91 f. (Bild) – Staatsanzeiger Nr. 55 – SK Nr. 104/1929 und Nr. 109/1929 – Württ. Jahrbücher 1929, S. [XI] f.

Besserer von Thalfingen, Johann Jakob, * Ulm 28. oder 29. Okt. 1753, † Augsburg 11. Sept. 1834, ev.
Vater   Christoph Heinrich Besserer, * 7. XII. 1721, † 29. IV. 1794, genannt „der lange Herr", Förderer der Künste und besonders der Musik, ließ 1777 auf seinem Gut Hausen (Neu-Ulm) ein Schloss erbauen und nannte sich als erster „Besserer von Thalfingen und Hausen".

Der aus altulmisch-patrizischem Geschlecht stammende B. wuchs zwar in Ulm auf und erhielt dort die Grundlage seiner Bildung, ging dann jedoch nach Augsburg, wo er bald in wichtige städtische Positionen aufstieg. 1801 war er dort Mitglied der Ökonomiedeputation zur Sanierung der städtischen Finanzen, 1805 als Vertreter der Stadt in München mit der Verwaltung der Augsburger Säkularisierungsgüter beauftragt. Von 1807 bis 1813 war B. neben J. B. von Zabuesnig Bürgermeister der an das Königreich Bayern gefallenen Reichsstadt Augsburg. In der schwierigen Zeit des Übergangs und der Neuordnung der Verhältnisse erwarb sich B. große Verdienste, in deren Anerkennung er zum Kgl. Bayer. Geh. Rat ernannt wurde. Zuletzt war B., der fast 81 Jahre alt wurde, der Älteste der Gesamtfamilie von Besserer.

L   WEYERMANN II, S. 31 – Augsburger Stadtlexikon, S. 289, 968 - Wikipedia.

Beurlin, Friedrich, * Stuttgart 20. Jan. 1808, † Ulm 25. Okt. 1902, ꙮ ebd., Neuer Friedhof, ev.

Als Zögling des ev.-theol. Seminars Blaubeuren gehörte B. mit (u. a.) Gustav Pfizer, David Friedrich Strauß, Friedrich Theodor Vischer und Wilhelm Zimmermann der legendären „Geniepromotion" an, deren langlebigstes Mitglied B. war.
Nach dem Studium der Philologie in Tübingen und den Lehrerdienstprüfungen sowie unständigen Verwendungen kam B. 1840 als Sprachlehrer für Französisch an die Realschule Biberach/Riß. 1844 wurde er in gleicher Eigenschaft an die Realschule Ulm versetzt und dort 1846 zum Oberreallehrer ernannt. Von 1848 bis 1873 war B. Lehrer für Französisch und Latein an der mittleren Abteilung des Kgl. Gymnasiums Ulm, seit 1860 Professor ebd. B. trat 1873 in den Ruhestand und starb 30 Jahre später im 95. Lebensjahr in Ulm, wo er fast 60 Jahre lang als einer der bekanntesten Lehrer der Stadt gelebt hatte.

L   Magisterbuch 30 (1897), S. 49 – Staatsanzeiger 1902, S. 1784 – SK Nr. 500/1902 – Württ. Jahrbücher 1902, S. V – UBC 3, S. 272.

Beutel, Anton, * Winterstettendorf/OA Waldsee 31. Jan. 1868, † Göppingen 11. Jan. 1949, kath.
Vater   Anton Beutel, Landwirt.
∞ Helene Beutel.

B. war Ulmer Landrat in der Zeit der Weimarer Republik.
Er studierte Jura in Tübingen (Mitglied der Kath. Verbindung Guestfalia) und trat nach den beiden Verwaltungsdienstprüfungen 1892 bzw. 1894 in den Dienst der württ. Innenverwaltung. Zunächst in mehreren unständigen Verwendungen bei verschiedenen Oberämtern, erfolgte 1899 B.s Ernennung zum Amtmann beim OA Göppingen. Schon 1901 wurde er zur Stadtdirektion Stuttgart versetzt. In seiner Dienstzeit dort fand B. ab 1903 auch Verwendung bei der Zentralstelle für Gewerbe und Handel, zu der er 1904 planmäßig versetzt wurde. Der König verlieh ihm am 25. Feb. 1907 den Titel Oberamtmann. Im Jan. 1911 übernahm B. die Geschäfte als Oberamtmann beim OA Gerabronn, im Feb. 1918 wurde er Oberamtmann beim OA Geislingen/Steige. Im Sommer 1923 (Ernennung 11. Mai 1923) übernahm B. angesichts seiner *langjährigen vortrefflichen Bewährung in der Verwaltung des Innern* nach dem Übergang der Ulmer städtischen Polizei unter die württ. Staatsverwaltung als „Polizeidirektor in besonders wichtiger Stellung" (Bes.Gr. 12) deren Leitung, wurde aber bereits im Okt. 1924 zum Oberamtmann beim OA Ulm ernannt, wo der als hervorragender Verwaltungsjurist geltende B. die Nachfolge von Wilhelm →Maier antrat. Mit Wirkung vom 1. Okt. 1927 in die Dienststellung eines Landrats [der Bes.Gr. 2] eingewiesen und 1928 im Zuge einer landesweiten amtlichen Umbenennung zum Landrat in Ulm ernannt, wechselte B. im Frühjahr 1929 als stv. Leiter der Polizeiabteilung (Abteilung III) in das württ. Innen-

ministerium nach Stuttgart. Sein Nachfolger als Ulmer Landrat wurde Gustav →Mayer.

Im Innenministerium wurde B. am 22. Juni 1929 zum Ministerialrat befördert und übernahm als Nachfolger des zum Ministerialdirektor beförderten Rudolf Scholl die Leitung in seinem bisherigen Geschäftsteil. Im Juli 1933 erfolgte kraft Gesetzes B.s Versetzung in den Ruhestand. Der bei seiner Pensionierung im 66. Lebensjahr stehende B. vermochte sich dem Eintritt in die NSDAP oder eine ihrer Gliederungen zu entziehen. Die Spruchkammer Göppingen entschied am 7. Nov. 1946, B. sei vom Entnazifizierungsgesetz nicht betroffen. Gut zwei Jahre später starb B. im Alter von fast 81 Jahren.

Q   HStAS, E 151 a Bü 1164 (Bewerberliste vom 5. I. 1910).
L   UBC 4, S. 212, 238 – WILHELM, Die württ. Polizei, S. 22, 33, 44, 86, 108, 236 – Amtsvorsteher, S. 185 (Michael RUCK) – RUCK, Korpsgeist, S. 101.

Beyer, Karl *August* Georg (von), Dr., * Künzelsau 30. April 1834, † Ulm 18. April 1899, □ ebd., Hauptfriedhof, ev.
Vater   Johann Philipp Beyer, Kaminfegermeister.
Mutter   Karoline Krämer.
∞ Bebenhausen 4. XI. 1869 Maria Tscherning, * Bebenhausen 28. V. 1847, † 14. V. 1936, T. d. Friedrich August Tscherning[51], * Tübingen 18. VII. 1819, † ebd. 22. VI. 1900, seit 1845 Revierförster in Bebenhausen, 1852 Oberförster und Lehrer der Forstwissenschaft an der Landwirtschaftlichen Akademie Hohenheim, seit 1854 Forstmeister in Bebenhausen.
5 K   Anna Beyer, * Stuttgart 26. VIII. 1870, ∞ Ulm 9. V. 1891 Max Eisenbach, Forstassistent; Marie Beyer, * Stuttgart 10. IV. 1872, ∞ Ulm 4. V. 1892 Heinrich August Buff, Dr. iur., Ksl. Regierungsassessor; Elisabeth Beyer, * Bebenhausen 10. VIII. 1874, ∞ Ulm 2. V. 1895 Karl (von) Stieler[52], * Heilbronn 19. III. 1864, † Tübingen 16. II. 1960, Amtsrichter in Stuttgart, später Präsident der Generaldirektion der Württ. Staatseisenbahnen, Staatsrat, zuletzt 1919 bis 1923 Staatssekretär im Reichsverkehrsministerium und Vizepräsident der Deutschen Reichsbahn, Mitglied des Vereins für Kunst und Altertum in Ulm und Oberschwaben; Hedwig Beyer, * Bebenhausen 24. XII. 1876, ∞ Ulm 27. IV. 1901 Hieronimus, Hauptmann in Ulm; Gertrud Beyer, * Bebenhausen 24. XII. 1876, ∞ Ulm 20. Juni 1896 Karl Richard August Volz, Dr. med., praktischer Arzt in Ulm.

Sein vom Münsterpfarrei-Kirchengemeinderat gestiftetes, von Architekt Baur entworfenes und von Carl →Federlin ausgeführtes, im Okt. 1900 errichtetes imposantes Grabmal, mit seiner Büste bekrönt, kündet bis auf den heutigen Tag vom Stolz und Selbstbewusstsein des Mannes, unter dessen Ägide das Ulmer Münster seine Fertigstellung erlebte. Dabei war B. bei seiner Berufung in das Amt des Münsterbaumeisters durchaus nicht nur von Freude erfüllt, wusste er doch, vor welchen Herausforderungen er stehen würde. Seine Leistung bleibt, wenn die Nachwelt auch in manchen Einzelheiten mit Kritik an B.s Arbeit nicht geizt.

Der aus dem Hohenlohischen stammende B. studierte nach einer Steinmetzlehre an der Stuttgarter Baugewerkeschule, wo er Schüler des ihn später immer wieder fördernden Josef von →Egle war. Egle nahm B. in sein Bauatelier auf, der dort erstmals mit dem Ulmer Münster in Berührung kam. Mit einem Kollegen führte B. die zeichnerische Aufnahme des berühmten Münster-Chorgestühls durch. 1858 erhielt er auf Vermittlung Egles eine Stelle als Lehrer an der Stuttgarter Baugewerkeschule. 1861 und 1864 führte er ausgedehnte Studienreisen in Deutschland, Frankreich, Italien, Belgien und in den Niederlanden durch, die sein Auge für den Baustil der Gotik schärften und die Basis für sein berufliches Lebenswerk als Baumeister schuf.

B. war an zahlreichen Restaurierungsarbeiten an heimischen Baudenkmälern beteiligt, so auch an den Schlössern Baldern (Ostalbkreis), Jagsthausen, Nußdorf und an der Klosteranlage in Bebenhausen, wo er die mittelalterlichen Räumlichkeiten nach den Bedürfnissen eines Jagdschlosses umbaute. Dort lernte er seine Ehefrau kennen, die aus einer Heilbronner Kaufmannsfamilie stammende Maria Tscherning. Diese Ehe bedeutete für B. einen kometenhaften gesellschaftlichen Aufstieg.

[51] Ih 2, S. 896.
[52] Ih 2, S. 862.

Als nach der Reichsgründung von 1871 in Stuttgart der „Bauboom" losging, war B. in vorderster Reihe dabei. Er übernahm eine große Zahl lukrativer Aufträge und erbaute u. a. das Gebäude der Reichsbank-Filiale, das Königin-Olga-Stift, das Hotel Marquardt an der Königstraße, die Bauten des Pragfriedhofs und den fast 40 Meter hohen Aussichtsturm am Hasenberg. B. leitete daneben weiter die umfassenden Restaurierungsarbeiten am Kloster Bebenhausen. Dabei erfuhr er vom Tod des Ulmer Münsterbaumeisters Ludwig →Scheu. Die vakante Stelle als Münsterbaumeister wurde B. auf Antrag des Beirats Josef von Egle Ende 1880 zunächst nur provisorisch vom Stiftungsrat und vom Münsterbaukomitee übertragen. Auch blieb der an der vor ihm liegenden Aufgabe beinahe verzweifelnde B. zunächst in Stuttgart wohnen, sah sich aber Anfang 1881 gleich nach einem Wohnsitz an der neuen Wirkungsstätte um.

Ab 1881 Münsterbaumeister in Ulm, vollendete B. 1890 den Hauptturm. Einzelheiten der Bautätigkeit am Ulmer Münster unter B.s Ägide sind den von ihm verfassten Berichten zu entnehmen. Professor. Mitglied der Saalbaugesellschaft. 1891 begann der Ausbau des Berner Münsters nach B.s Plänen. Im Aug. 1894 wurde B. zum Mitglied der Akademie des Bauwesens in Berlin ernannt. Im Nov. 1898 wurde B. zum Ehrenbürger von Ulm ernannt. Ebenfalls im Nov. 1899 erhielt B. Unterstützung durch den Architekten Karl →Bauer aus München, dem man B.s Stellvertretung übertragen hatte. Am 30. Okt. 1900 wurde das Grabdenkmal an die Familie Beyer und die Friedhofverwaltung übergeben, wobei Dekan →Knapp die Weiherede hielt, B.s Schwiegersohn Dr. Volz im Namen der Familie dankte und Oberbürgermeister Heinrich von →Wagner das Grabdenkmal in den Schutz der Stadt übernahm. – 1892 Ehrenmitglied der Bauwerkmeister Württembergs.

W   Bericht zum Münsterumausbau, in: Ulmer Schnellpost 45 (1882), S. 395, 398 f., 403 – Die Arbeiten zur Verstärkung des Hauptthurmes am Münster, in: Münsterblätter H. 3 und 4 (1883), S. 141-164 – Bericht über die Arbeiten am Münster in den Jahren 1880-1882, in: Münsterblätter H. 3 und 4 (1883), S. 135-140 – dsgl. in den Jahren 1883-1886, ebd. H. 5 (1888), S. 65-75 – dsgl. in den Jahren 1890-1891, in: Mitteilungen des Vereins für Kunst und Altertum in Oberschwaben 4 (1893), S. 33 f. – Mitteilungen über den Ausbau des Hauptturmes vom Münster in Ulm. Vortrag, gehalten am 13. VII. 1895, in: Monatsschrift des Württ. Vereins für Baukunde 3 (1895/96), S. 36 ff.
L   Ih 1, S. 72 – Münsterbibliographie, S. 108 – Staatsanzeiger Nr. 2, 4. I. 1881, S. 9 und SK S. 877 – Ulmer Schnellpost 1899, S. 657 – Ulmer Schnellpost 62 (1899), S. 368 – Ulmer Tagblatt 48 (1899), S. 730, 753, 765, 769 (Sonntagsbeil. Nr. 17) – Allgemeine Ztg. 1899, Beil. 90 – Württ. Jahrbücher 1899, S. VII – ADB 46 (1902), S. 532-534 (Max BACH) – THIEME-BECKER 3 (1909), S. 564 f. – UBC 2, 420, 433, 559 – UBC 3, S. 25, 57, 81, 182, 197 (Bild), 229, 275 – SPECKER, Ulm im 19. Jahrhundert, S. 46, 48-51, 56, 58 u. ö.

Biebl, Peter, Dr. iur., * Augsburg 28. Juni 1937, † Neu-Ulm 30. Aug. 2006, □ Reutti 1. Sept. 2006, kath.
Vater   Friedrich Biebl, Sparkassenangestellter.
Mutter   Berta Paulus.
∞ 27. I. 1967 Arnheid (Heidi) Brock, * 20. VII. 1941.
1 K   Eva Christine Biebl, * 4. VII. 1967.

B. war nach Tassilo →Grimmeiß und Dr. Dietrich →Lang der dritte gewählte Neu-Ulmer Oberbürgermeister der Nachkriegszeit. Mit ihm begann die seither ununterbrochene Reihe der CSU-Oberbürgermeister von Neu-Ulm. Bis heute ist er das Neu-Ulmer Stadtoberhaupt mit der längsten Amtszeit nach Ende des Zweiten Weltkriegs.

Nach dem Abitur am Augsburger Humanistischen Gymnasium 1957 studierte B. von 1959 bis 1962 Jura in München und Würzburg. 1962 bestand er die I., 1967 die II. Juristische Staatsprüfung. Vor seinem Studium hatte sich B. als Redakteur ausbilden lassen, um es mit journalistischer Tätigkeit bei der „Passauer Neuen Presse" finanzieren zu können. Während des Referendariats bei staatlichen und kommunalen Gerichten Bayerns (und in Wien) kristallisierte sich bei B. eine Präferenz für das Finanzwesen heraus. Er trat noch vor der im Nov. 1967

an der Universität Würzburg erfolgten Promotion im Juli 1967 als Finanzassessor in die Finanzverwaltung des Freistaates Bayern ein und wurde nach kurzer Zeit persönlicher Referent des Bayer. Staatsministers für Bundesangelegenheiten und Bevollmächtigten Bayerns in Bonn, Dr. Franz Heubl. Am 3. Feb. 1969 zum Regierungsrat ernannt, kam B. 1971 in die Bayerische Staatskanzlei, wo er am 1. Okt. 1972 zum Oberregierungsrat und am 29. Sept. 1975 zum Regierungsdirektor avancierte.

Das CSU-Mitglied B. strebte jedoch in einen anderen, größeren Verantwortungsbereich. Als im Herbst 1976 bekannt wurde, dass Neu-Ulms Oberbürgermeister Dr. Dietrich Lang bei der kommenden Oberbürgermeister-Wahl nach drei Wahlperioden nicht mehr antreten würde, geriet Neu-Ulm in B.s Blickfeld – woran Rudolf →Schaffer, B.s Parteifreund und als späterer Dritter Bürgermeister hoch verdient um die kulturelle Entwicklung Neu-Ulms, nicht ganz „unschuldig" war. Im Nov. 1976 im Offenhausener „Schlößle" von der CSU Neu-Ulm, Pfuhl, Burlafingen und Holzschwang als Kandidat aufgestellt, sah sich B. im Wahlkampf den „Lokalmatadoren" Heinrich →Metzger (SPD), Zweiter Bürgermeister in Neu-Ulm, und Dr. Hans-Willi →Syring (FDP) gegenüber. Bei der Wahl am 5. Juni 1977 fehlten B. nur 29 Stimmen zur absoluten Mehrheit, zwei Wochen später siegte er mit 1,68 Stimmenprozenten Vorsprung über Metzger. Sein Wahlsieg galt als Sensation und zog den Rückzug der unterlegenen Gegenkandidaten aus der Politik nach sich. 1983 und 1989 konnte B. sein Amt – wenn auch jeweils nur mit knappem Vorsprung – gegen die beliebte SPD-Kommunalpolitikerin Klaudia Martini verteidigen. Wichtig war B. von Anfang an ein gutes Verhältnis zu Ulm. Er wusste um die Bedeutung des Symbolischen. 1980 war er einer der maßgeblichen Befürworter der städteübergreifenden Landesgartenschau mit der Chance für Neu-Ulm, eine „grüne Lunge" mitten in der Stadt zu schaffen: *Sie weckte die bis dahin problematischen Glacis-Anlagen aus dem Dornröschenschlaf, die bis heute das grüne Juwel von Neu-Ulm darstellen* (Nachruf der Stadt Neu-Ulm). 1981 setzte er gemeinsam mit Ulms Oberbürgermeister Dr. Hans →Lorenser die Gründung der gemeinsamen Stadtwerke Ulm/Neu-Ulm gegen zum Teil große Widerstände durch und markierte einen wichtigen Meilenstein in der gemeinsamen Geschichte beider Donaustädte. Zur Jahreswende 1985/86 verkündete B. als wichtigstes Ziel für das kommende Jahrzehnt die Sanierung der Neu-Ulmer Innenstadt, die im Zusammenhang mit der Bahntieferlegung und der Gründung der städtischen Wohnungsgesellschaft NUWOG GmbH zu sehen ist. Nach Abzug der US-Garnison erfolgte der Erwerb der 165 Hektar Fläche umfassenden einstigen Areale der US-Army geräuschlos – die größte Grundstückstransaktion in der Geschichte der Stadt. So konnte langfristig ein Südstadt ein neuer Stadtteil mit fast 8.000 Einwohnern entstehen. Wesentliche Verdienste erwarb sich B. um das Zusammenwachsen der heterogenen Stadt, die Integration von 13 Stadtteilen und die Schaffung eines Neu-Ulmer „Wir-Gefühls". 1989 geriet B. nach einer „Ohrfeigenaffäre", in deren Umfeld ihm öffentlich Trunkenheit vorgeworfen wurde, politisch unter Druck, die Grünen forderten seinen Rücktritt, da er seine Vorbildfunktion nicht erfülle. Vorermittlungen der Staatsanwaltschaft wurden eingestellt, der Landrat erteilte B. wegen des Vorfalls eine Rüge.

Der weithin beliebte Oberbürgermeister ließ den Vorfall nahezu unbeschadet hinter sich.

Von bleibender Bedeutung war B.s Einsatz für die neuen Städtepartnerschaften 1988 mit Meiningen (Thüringen) und 1990 mit Trissino (Italien) sowie für die Pflege der schon 1966 begründeten Städtepartnerschaft mit Bois-Colombes (Frankreich). Zahlreiche kulturelle, sportliche und bauliche Projekte sind mit B.s Namen verknüpft. 1985 konnte die Eröffnung der Stadtbücherei Neu-Ulm gefeiert werden, 1986 wurde der Umbau des Rathauses Pfuhl zur Zweigstelle des Museums fertiggestellt, 1987 der Neu-Ulmer Altentreff gegründet, 1989 die Überdachung und der Ausbau der Eislaufanlage abgeschlossen. 1992 gelang es mit der Ansiedlung der Außenstelle der Fachhochschule Kempten, Neu-Ulm zum Hochschulstandort auszubauen. 1993 fand die Eröffnung der neuen Räume der städtischen Musikschule statt, 1994 wurde der Neubau für das Archäologische Museum der Öffentlichkeit übergeben.

Wesentlich dem Einsatz B.s war der Neubau eines Fertigungsbetriebs der Karl Kässbohrer Fahrzeugwerke GmbH (Ulm) im Gewerbegebiet Finninger Ried zu verdanken, wo zeitweise rund 2.300 Menschen arbeiteten. Die Gewerbeentwicklung Neu-Ulms stand für B. oben auf der Agenda, und er hat diesbezüglich eine bemerkenswert erfolgreiche Aktivität entfaltet. B. war seit 1978 Mitglied der Internationalen Bürgermeister-Union, seit 1984 Mitglied des Verwaltungs- und Rechtsausschusses des Bayerischen Städtetages, stv. Vorsitzender der Verbandsversammlung und des Verwaltungsrats der Kreis- und Stadtsparkasse Neu-Ulm, ab Herbst 1994 Lehrbeauftragter („Grundzüge des Wirtschafts- und Privatrechts") der FH Kempten/Neu-Ulm. 1995 kandidierte B. nach drei Amtszeiten nicht mehr für das Amt des Neu-Ulmer Oberbürgermeisters, das Dr. Beate Merk errang, die spätere bayerische Staatsministerin der Justiz.

Der Jurist B. widmete sich seit 1996 wieder seiner beruflichen Tätigkeit. Als Rechtsanwalt mit den Schwerpunkten Vertragsrecht und Erbrecht erhielt er eine Zulassung beim Amtsgericht Neu-Ulm und beim Landgericht Memmingen. Er blieb bis zuletzt Mitglied des Neu-Ulmer Kreistags und der Verbandsversammlung des Zweckverbandes der Sparkasse Neu-Ulm/Illertissen. Sein überraschender Krebstod acht Wochen nach seinem 69. Geburtstag löste in weiten Teilen der Bevölkerung Trauer aus. Auf seinen Wunsch fand die Beerdigung im Familienkreis in Reutti statt. Am 8. Sept. 2006 wurde in der Stadtpfarrkirche St. Johann Baptist ein Trauergottesdienst abgehalten. B.s Nach-Nachfolger Gerold Noerenberg würdigte den Verstorbenen als herausragende Persönlichkeit, die sich *mit Leib und Seele für diese Stadt eingesetzt* habe: *Sein Ideenreichtum und seine Weitsicht haben die Entwicklung unserer Stadt entscheidend geprägt.*

Q   StadtA Neu-Ulm, D 12, III. 8.1.4 – StadtA Ulm, G 2.
L   TREU, Neu-Ulm, S. 405, 472 f., 476 ff., 480 f., 484, 489, 493 ff., 510, 515 ff., 531 ff., 537, 576 – Chirin KOLB, Nachruf: Der frühere Neu-Ulmer Oberbürgermeister Dr. Peter Biebl ist gestorben. Politiker mit Leichtigkeit und einem Lächeln. In seine 18jährige Amtszeit fallen der Kauf der US-Areale, die Gründung der SWU und der FH, in: SWP Nr. 203, 2. IX. 2006, S. 13 (Bilder) – Nachruf: Noerenberg würdigt den Alt-OB. Peter Biebl im Alter von 69 Jahren gestorben, in: NUZ Nr. 203, 2. IX. 2006 (Bild).

Bilfinger, Adolf (von), * Rohracker/OA Cannstatt 5. März 1846, † Stuttgart 25. Juni 1902, □ ebd., Pragfriedhof, 27. Juni 1902, ev.

Vater   Carl (Karl) Friedrich Bilfinger, Dr. phil., * Markgröningen 24. I. 1806, † Ludwigsburg 25. V. 1886, Pfarrer in Friolzheim, Rohracker und Ditzingen, Ritterkreuz I. Kl. des Friedrichsordens, S. d. Carl Johann August Bilfinger, * Nürtingen 12. I. 1776, † Ludwigsburg 9. III. 1853, Kameralverwalter in Markgröningen, Vaihingen/Enz und Ludwigsburg, u. d. Dorothee Friederike Heuglin, * Ludwigsburg 5. X. 1783, † ebd. 10. X. 1881.

Mutter   Adelheid Frank, * Esslingen/Neckar 24. II. 1817.

3 G   Marie Elisabeth Bilfinger * 8. III. 1840, ∞ Felix Buttersack, Dr. phil., Professor an der Kriegsschule in Heidelberg; Hermann (ab 1902 Freiherr von)

Bilfinger[53], * Friolzheim/OA Leonberg 8. III. 1843, † Stuttgart 14. III. 1919, Kgl. Württ. General der Infanterie und Mitglied der Ersten Kammer des Württ. Landtags, ∞ Feb. 1872 Henriette Ruoff; Paul (von) Bilfinger, * 4. V. 1847, † Davos 16. I. 1894, Oberst im württ. Kriegsministerium, ∞ Anna Flander, Ludwigsburg 6. IX. 1851.

∞ 25. II. 1875 *Sophie* Auguste Weizsäcker, * Tübingen 18. VIII. 1850, † 1931, T. d. *Carl* Heinrich (von) Weizsäcker[54], Dr. phil., Dr. theol. h.c., Dr. iur. h.c., * Öhringen 11. XII. 1822, † Tübingen 13. VIII. 1899, Kanzler der Universität Tübingen, Geh. Rat, seit 1890 MdL Württemberg, u. d. *Sophie* Auguste Christiane Dahm, * Stuttgart 14. XII. 1824, † Tübingen 3. IX. 1884.

4 K   Hermann Bilfinger, * Oberndorf 19. II. 1876; Bernhard Bilfinger, * Oberndorf 19. VII. 1877; Carl (von) →Bilfinger, Dr. iur., Diplomat, Richter, Staats- und Völkerrechtler; Sophie Bilfinger, * Ulm 23. IX. 1891, † Stuttgart 1901.

B. zählt zu den profiliertesten Persönlichkeiten unter den ev. Dekanen Ulms. In seine Amtszeit fiel die Fertigstellung des Münsters.

Nach Landexamen, ev.-theol. Seminar, Theologiestudium (Mitglied der Burschenschaft Roigel, „Tübinger Königsgesellschaft") und den beiden theol. Dienstprüfungen war B. zunächst in unständiger Verwendung im Dienst der Landeskirche. Mit 29 Jahren wurde er 1875 zum Stadtpfarrer in Oberndorf/Neckar ernannt, seit 1876 war er dort zugleich Bezirksschulinspektor. 1877 erfolgte B.s Ernennung zum Garnisonspfarrer in Ulm, ein Amt, das er im Jan. 1878 antrat und elf Jahre lang ausübte. 1889 wurde B. zum Ersten Stadtpfarrer und Dekan in Ulm ernannt und trat damit die Nachfolge des pensionierten Paul von →Pressel an. In seiner Ulmer Zeit organisierte er Wahl und Bildung des neuen Kirchengemeinderates, der fortan die Vermögensgeschäfte der Ulmer Gemeinde kontrollierte, und war dessen Vorsitzender. B. wirkte führend an der schwierigen Ausscheidung des Kirchen- und Stiftungsgutes, kümmerte sich um die Heizbarmachung des Münsters und die Errichtung des Verwaltungsgebäudes. Er ermöglichte 1883 anlässlich des Lutherfestes die Rückführung des großen, dem älteren Syrlin zugeschriebenen Lindenholz-Kruzifixes, das einst auf ungeklärten Wegen vom Münster in das Kloster Wiblingen gelangt war, ins Münster, wo es im Triumphbogen eingelassen wurde. 1890 führte B., der eine führende Rolle im Münsterbaukomitee spielte, gemeinsam mit Oberbürgermeister Carl (von) →Heim den Vorsitz im Organisationskomitee für das große Münsterfest. Am 30. Juni 1890 hielt B. die große Festpredigt und erhielt von König Karl von Württemberg in Würdigung seiner Verdienste um die Restaurierung des Münsters das Ritterkreuz I. Kl. des Friedrichsordens.

B. war auch geistlicher Vorstand der Mädchen- und Knaben-Sonntagsschule, eine der ersten pietistischen Gründungen in Ulm, daneben führte er die Geschäfte des Hilfsbibel-Vereins zum „Verkauf heiliger Schriften" der Stuttgarter Bibelanstalt. Als Vertreter von Prälat Karl (von) →Lechler war er Mitglied des Verwaltungsrats des Karl-Olga-Spitals, mit dem Ulmer Oberbürgermeister führte er gemeinsam den Vorsitz des „Jünglingsmuseums".

Mit seinen Bibelstunden und dem Konfirmandenunterricht, dem Einsatz für die Armenpflege und im Wohnungsverein, in zahlreichen Vereinen und Verbänden erwarb sich der für den Frieden zwischen den Konfessionen eintretende B. in Ulm größten Respekt. Er zeigte sich wiederholt in öffentlichen Reden als unversöhnlicher Gegner des Sozialismus und Liberalismus, gegen den er auch in zahlreichen Predigten wetterte. B. stand politisch fest im deutschnationalen Lager und war ein eifriger „Kaisertreuer". Anlässlich des Todes von Kaiser Wilhelm I. hielt B. 1888 zwei Predigten, die den verstorbenen Monarchen unkritisch verherrlichten und einen Bund Gottes mit dem Kaiser und dem deutschen Volk insinuierten.

1898 zum Oberhofprediger mit dem Titel Prälat in Stuttgart ernannt, wurde B. in Ulm ein großer Abschied mit Festessen

im „Russischen Hof" bereitet, bei dem u. a. Oberbürgermeister Wagner, Prälat von →Weitbrecht, Regierungspräsident von →Hoser und Festungsgouverneur General von →Zingler Ansprachen hielten. B.s Nachfolger als Ulmer Dekan wurde Paul (von) →Knapp. Ihm war in Stuttgart nur eine kurze Amtszeit beschieden. Er starb vier Jahre nach Antritt des neuen Amts im Alter von 56 Jahren an den Folgen einer Operation. Bei B.s Beerdigung wurden von Oberbürgermeister von Wagner für die Stadt Ulm und von Dekan Knapp für den Kirchengemeinderat und das Münsterbaukomitee Kränze niedergelegt. – o. Mitglied des Ev. Konsistoriums und Vorstand der Kommission für die Erziehungshäuser; Vorstand der Kommission für die Erziehungshäuser; ao. Mitglied des Strafanstaltenkollegiums; Vorstand des Vereins für klassische Kirchenmusik. – Ehrenkreuz des Württ. Kronordens; 1889 Preuß. Roter Adlerorden IV. Kl.; Ritterkreuz II. Kl. des Preuß. Kronorden; Ritterkreuz III. Kl. des Bayer. Verdienstordens vom Hl. Michael; Ritterkreuz III. Kl. des Hohenzollerischen Hausordens; Kommenturkreuz II. Kl. des Großhzgl. Sächsischen Hausordens der Wachsamkeit oder vom weißen Falken.

Q   StadtA Ulm, G 2.
W   Zwei Predigten zum Gedächtnis des Kaisers Wilhelm I., gehalten im Münster zu Ulm für die Militärgemeinde, Ulm 1888.
L   Ih 1, S. 76 – GEORGII-GEORGENAU, S. 58 – Magisterbuch 30 (1897), S. 112 – SK 18. I. 1899 – Staatsanzeiger Nr. 145, 25. VI. 1902, 1117 – ebd. Nr. 146, 26. VI. 1902, 1124 ff. (1126 Todesanz. der Familie) – ebd. Nr. 148, 28. VI. 1902, 1139 – SK Nr. 291/1902 – Württ. Jahrbücher 1902, S. IV – DKB 10 (1903), S. 93 ff. – UBC 2, S. 385, 387, 507, 557 – NEBINGER, Die ev. Prälaten, S. 580 – SPECKER, Ulm im 19. Jahrhundert, S. 92 f., 102, 358, 379, 381, 392, 394 f., 419, 432.

Bilfinger, Carl (von), Dr. iur., * Ulm 21. Jan. 1879, † Heidelberg 2. Dez. 1958, ev.
Eltern und G siehe Adolf (von) →Bilfinger.
∞ Margarethe Schuler, * 1887, † 1951.

Der renommierte Staats- und Völkerrechtler B. kam während der Amtszeit seines Vaters als Garnisonspfarrer in Ulm zur Welt. Er wuchs bis zu dessen beruflich bedingtem Wechsel nach Stuttgart in Ulm auf, wo er die Volksschule und zuletzt das Gymnasium besuchte, und ging 1897 nach dem Abitur zum Studium der Rechtswissenschaften nach Tübingen. Dort trat er der Akademischen Gesellschaft Stuttgardia bei. Das Studium führte ihn auch nach Straßburg und Berlin. Nach den juristischen Staatsprüfungen wurde B. in den Justizdienst des Königreichs Württemberg übernommen. 1911 Amtsrichter am Amtsgericht Stuttgart Stadt, wurde B. 1913 ins Staatsministerium, 1915 ins Justizministerium übernommen. 1918 zum Wirklichen Legationsrat im Ministerium der Auswärtigen Angelegenheiten ernannt, wurde er im gleichen Jahr in Tübingen promoviert. Nachdem B. sich 1922 in Tübingen habilitiert hatte, schied er aus der Staatsverwaltung aus und wurde zum Privatdozenten in Tübingen ernannt.

B. legte den Schwerpunkt seiner Untersuchungen auf den Föderalismus, das Verhältnis der Einzelstaaten zum Reich. 1924 zum o. Professor für Staatsrecht an der Universität Halle/Saale berufen, übernahm er dort 1934 auch die Studienleitung der Verwaltungsakademie Sachsen, Zweiganstalt Magdeburg. Der Wissenschaftler B., der in seinen Schriften die Individualität der Einzelstaaten feierte, präsentierte sich bereits im Vorfeld der nationalsozialistischen Machtübernahme in der Praxis als Vertreter gegenteiliger Positionen. So war er im Sommer 1932 Berater von Reichskanzler Franz von Papen, um den sog. „Preußenschlag" (Absetzung der preußischen Staatsregierung per Notverordnung und Aufhebung des Verbots von SS und SA) zu rechtfertigen.

Sich mit dem NS-Staat zu arrangieren, stellte für B. kein Problem dar. Hatte er in den 1920er Jahren Verfassungsumgehung und -durchbrechung gegeißelt, weil sie den Glauben an die Unverbrüchlichkeit der Verfassung erschütterten, stimmte er nun mit der Zerschlagung der Weimarer Reichsverfassung

53 Ih 1, S. 77 – RABERG, Biogr. Handbuch, S. 71 f.
54 Ih 2, S. 949 – Ih 3, S. 366 – RABERG, Biogr. Handbuch, S. 1002 – EHMER/KAMMERER, S. 374.

durch die Hitler-Regierung voll überein. B. feierte sowohl das „Ermächtigungsgesetz" als auch das „Reichsstatthaltergesetz". Schon 1933 trat B. der NSDAP bei, 1934 wurde er Mitglied der Akademie für Deutsches Recht. 1935 erhielt er den Lehrstuhl für Völkerrecht an der Universität Heidelberg, 1944 wechselte er nach Berlin, wo er zugleich zum Direktor des Kaiser-Wilhelm-Instituts für Ausländisches Öffentliches Recht und Völkerrecht ebd. avancierte, das Ende 1944 kriegsbedingt nach Heidelberg ausgelagert wurde. Er wirkte am „Kriegseinsatz der Geisteswissenschaften" mit, der deren totale Instrumentalisierung durch den Staat während des Krieges betrieb.
In Heidelberg reorganisierte B. in der Nachkriegszeit das Kaiser-Wilhelm-Institut für Ausländisches Öffentliches Recht und Völkerrecht und gründete es 1949 als Max-Planck-Institut für Ausländisches Öffentliches Recht und Völkerrecht neu und übernahm dessen Leitung. Seit 1950 war er Senator der Max-Planck-Gesellschaft, von 1951 bis 1954 Vorsitzender der Geisteswissenschaftlichen Sektion des Wissenschaftlichen Senats ebd. 1952 ernannte die Universität Heidelberg den 73-jährigen Gelehrten zum Honorarprofessor. Als er kurz vor seinem 80. Geburtstag starb, war B. eine der angesehensten Juristenpersönlichkeiten der Bundesrepublik Deutschland. Seine Rolle im „Dritten Reich" interessierte in der Zeit der Adenauer-Ära, die über persönliche Verstrickungen zwischen 1933 und 1945 den Schleier des Vergessens ausbreitete, kaum jemanden. – 1953 Großes Verdienstkreuz des Verdienstordens der Bundesrepublik Deutschland. – Korrespondierendes Mitglied des Institut Hellénique de Droit International et Etranger Athen.

L   Ih 1, S. 77 – UBC 3, S. 150 – BWB I (1994), S. 25-28 (Paul FEUCHTE, mit Schriftenverzeichnis) – ARNOLD, Stuttgardia, S. 51, Nr. 228 – Doris KAUFMANN (Hg.), Geschichte der Kaiser-Wilhelm-Gesellschaft im Nationalsozialismus. Bestandsaufnahme und Perspektiven der Forschung, Berlin 2000, Band 2, S. 590 ff. – KLEE, Personenlexikon, S. 49.

Bill, Max, * Winterthur (Schweiz) 22. Dez. 1908, † Flugplatz Berlin-Tegel 9. Dez. 1994, ev.
∞ 1931 Binia Spoerri, † 1988.
1 K   Johann Jakob Bill, * 1942.

B. war einer der wegweisenden Vertreter und Theoretiker der Konkreten Kunst. Der vom Bauhaus geprägte B. konzipierte die Hochschule für Gestaltung (HfG) in Ulm, deren Planungsleitung er 1951 übernahm und zu deren Gründung er wesentlich beigetragen hatte. Es waren nur vergleichsweise wenige, aber intensive Jahre, die B. in Ulm wirkte. Der „Ulmer Hocker" ist eine seiner bekanntesten Arbeiten.
B. machte zunächst von 1924 bis 1927 eine Lehre als Silberschmied an der Zürcher Kunstgewerbeschule, wo er wichtige Impulse von Josef Albers, Wassily Kandinsky und Paul Klee erhielt. Anschließend setzte der junge, überaus ideenreiche B. am Bauhaus in Dessau sein Studium fort und wurde dort stark von Walter Gropius beeinflusst. 1929 kehrte er nach Zürich zurück, wo er als Bildhauer, Maler, Architekt, Grafiker, Plastiker und Designer sowie als Publizist tätig war. Sein überaus reiches, vielgestaltiges Schaffen war zunächst von der Malerei dominiert, wobei ihn besonders die Landschaft und das Bildnis interessierten. Von 1932 bis 1937 war B. Mitglied der Pariser Künstlerbewegung „Abstraction-Création" und stellte in deren Galerie 1933 erstmals aus. Bei mehreren Paris-Aufenthalten schloss B. freundschaftliche Kontakte zu seinen Künstler-Kollegen Hans Arp, Piet Mondrian und Auguste Herbin. 1936 formulierte B. auf der Grundlage von Theo van Doesburg entwickelter Ideen seine Prinzipien der Konkreten Kunst. 1937 schloss er sich der „Allianz" an, einer Vereinigung moderner Schweizer Künstler. 1944 erfolgte B.s Berufung zum Professor an der Kunstgewerbeschule in Zürich, im gleichen Jahr gründete er die Zeitschrift „abstrakt konkret" und organisierte unter

dem gleichen Titel eine Ausstellung in der Kunsthalle Basel. Zur gleichen Zeit versank Mitteleuropa im Zerstörungswerk des Zweiten Weltkrieges.
Anfang der 1950er Jahre kam B. nach Ulm. Bei der Gründung der Hochschule für Gestaltung (HfG) Ulm spielte er neben Otl →Aicher und Inge →Aicher-Scholl eine herausgehobene Rolle. Er entwarf das Hochschulgebäude am Oberen Kuhberg, übernahm die Bauleitung und stellte sich auf Bitten Aichers auch als Dozent zur Verfügung, daneben war er für kurze Zeit, von 1953 bis 1955, Rektor der HfG. Konzeptionelle Streitigkeiten und die Tatsache, dass B.s Stärke nicht in der Verwaltung lag, führten schnell zum Ausstieg B.s aus der HfG.
Von 1961 bis 1968 gehörte er dem Gemeinderat der Stadt Zürich an, von 1967 bis 1971 dem Schweizer Nationalrat. Von 1967 bis 1974 war B. Lehrstuhlinhaber für Umweltgestaltung an der Hochschule für bildende Künste in Hamburg. B. ereilte kurz vor seinem 86. Geburtstag auf einer Reise ein plötzlicher Tod. Leben und Werk B.s sind Gegenstand der schweizerischen TV-Dokumentation „Max Bill – Das absolute Augenmaß" (2008, Regie: Erich Schmid).

Q   StadtA Ulm, G 2.
L   Ih 3, S. 30 – N. ROTZLER, Max Bill, 1977 – H. FREI, Konkrete Architektur? Über Max Bill als Architekt, 1991 – SCHMIDT, Demokratie, S. 94-96 – Wikipedia.

Binder, *Arnold* Hans, * Ochsenwang/OA Kirchheim 6. März 1904, † Ulm 15. Okt. 1970, ev.
Vater   Binder, Pfarrer in Ochsenwang.
∞ 19. V. 1932 Elsbeth Pfleiderer, * Ruppertshofen/OA Gerabronn 14. II. 1908, † Ulm 1966, T. d. *Paul* Gotthilf Pfleiderer, * Waiblingen 4. IX. 1876, Pfarrer in Ruppertshofen, zuletzt Dekan in Balingen, u. d. Hedwig Braungart, * Althengstett/OA Calw 2. VII. 1881.
3 K   Margarete Binder, * Balingen 22. II. 1933; *Werner* Paul Gotthold Binder, * Balingen 15. IX. 1935; Ursula Binder, * Balingen 24. IV. 1937.

B., erster Pfarrer der neu gegründeten Lukas-Gemeinde im Ulmer Stadtteil Eselsberg, studierte Theologie in Tübingen und war besonders von den theologischen Ideen Paul Tillichs und Karl Barths beeinflusst. Seine Laufbahn als ev. Geistlicher begann 1931 mit der ersten Festanstellung als Gemeindepfarrer in Göttelfingen/Kreis Freudenstadt. 1946 wechselte er in gleicher Funktion nach Frommern/Kreis Balingen.
Von 1957 bis zum 31. Aug. 1969 war B. als erster Pfarrer der Lukas-Gemeinde maßgeblich am Aufbau dieser Gemeinde beteiligt. Als geistlicher Vertrauensmann für die Kirchenmusik im Ulmer Bezirk, beauftragter Beistand für Kriegsdienstverweigerer in Ulm und Blaubeuren sowie als Mitglied der Kirchlichen Bruderschaft Württemberg, die er im Ulmer Dekanat führte, war er tief im kirchlichen und öffentlichen Leben Ulms eingewurzelt. Der für sein Engagement in Sachen Israel bekannte B. initiierte im Rahmen der „Kirchlichen Bruderschaft" in Ulm die „Woche der Brüderlichkeit". Sehr aktiv war er auch in der Ostermarschbewegung.
1960 erfolgte seine Wahl als Ulmer Vertreter (crstcs Ersatzmitglied) zum 6. Landeskirchentag bzw. zur Landessynode. Seinen kurzen Ruhestand verlebte B. in Pfuhl.

Q   StadtA Ulm, G 2.
L   Magisterbuch 41 (1932), S. 196 – Stammfolge Pfleiderer, S. 281 – SCHMIDGALL, Burschenschafterlisten, S. 187, Nr. 1096 – Der neue Pfarrer der Lukas-Gemeinde, Arnold Binder, in: Ev. Gemeindeblatt Nr. 11, 1. XI. 1957, S. 18 – Pfarrer Arnold Binder heimgerufen in die Ewigkeit, in: Ev. Gemeindeblatt für Ulm und Neu-Ulm Nr. 11, 1. XI. 1970, S. 10, ebd. – EHMER/KAMMERER, S. 95.

Binder (jun.), *Gustav* Eduard, * Heidenheim/Brenz 21. Nov. 1835, † Ulm 23. Dez. 1883, ▢ Alter Friedhof, ev.
Vater   Gustav (von) →*Binder, Pfarrer, Direktor der Ministerialabteilung für die Gelehrten- und Realschulen in Stuttgart
Mutter   Sidonie Sofie Luise Maier, * Steinheim am Albuch/OA Heidenheim 8. XI. 1806, † Stuttgart 12. VI. 1887, T. d. Wilhelm Eberhard Maier, Schultheiß in Steinheim, später Amtsnotar in Murrhardt.

7 G   *Agnes* Sidonie Binder, * Heidenheim/Brenz 10. oder 16. III. 1838,
† Stuttgart 2. IV. 1916, ∞55 Stuttgart 23. VII. 1860 Johann Gottlieb *Karl* (von) Haas,
* Eisenschmiede bei Oberkochen/OA Aalen 24. IV. 1832, † Stuttgart 23. IX. 1894,
Oberst z. D. in Stuttgart; Karl Christian Eberhard Binder, * Heidenheim/Brenz 11.
IV. 1839, † Heilbronn 3. III. 1882, Kaufmann in Heilbronn, ∞ Heilbronn 23. I. 1872
Marie Kämpff, * Heilbronn 17. VII. 1849, † ebd. 7. X. 1916; Paul Wilhelm Friedrich
Binder, * Heidenheim/Brenz 24. III. 1841, † ebd. 4. V. 1841; Sidonie Wilhelmine
Henriette Binder, * Heidenheim/Brenz 21. V. 1842, † Stuttgart 18. X. 1918,
Schriftstellerin; *Wilhelmine (Minna)* Johanna Sofie Binder, * Heidenheim/Brenz 19. X.
1843, † Frankfurt/Main 1. I. 1918, ∞ Stuttgart 17. V. 1873 Karl Ludwig Theobald
Ziegler56, * Göppingen 9. II. 1846, † Sierenz/Oberelsass 1. IX. 1918, o. Professor
der Philosophie an der Universität Straßburg; Ottilie Binder, * Ulm 26. V. 1845,
† ebd. 24. III. 1846; Adelheid Binder, * Ulm 29. IV. 1849, † Weilheim/Oberbayern
1917, ∞ Stuttgart 25. VII. 1872 Karl Heinrich Morstatt, * Cannstatt 17. XI. 1844,
† Stuttgart 31. I. 1925, Musikprofessor in Stuttgart
∞ Stuttgart/Jagst 10. XII. 1868 *Bertha* Maria Salzer57, * Schöntal/Jagst 29. I. 1847,
† Ulm 1. April 1891.
3 K   Julie Sidonie Binder, * Schöntal/Jagst 26. IX. 1872, ∞ Neunhöffer;
Hermann Friedrich →Binder; *Paul* Theodor Binder58, * Ulm 28. X. 1881, † Crailsheim 17. XII. 1910, Oberpräzeptor in Crailsheim.

B. war der erste Rektor des im Jahre 1875 neu gegründeten
Ulmer Realgymnasiums, *ein Mann von hervorragender Lehrgabe, mit
gründlichen Kenntnissen, dabei ein Freund der Geselligkeit und ein treuer
begeisterter Kämpfer für das neue deutsche Reich* (UBC 2).
Er besuchte nach der Versetzung seines Vaters als Professor an
das Ulmer Gymnasium dessen mittlere Klassen, kam 1849 als
Zögling an das ev.-theol. Seminar Blaubeuren, 1853 als Stiftler
zum Studium der Philosophie und Theologie, später der Mathematik und Naturwissenschaften nach Tübingen (Mitglied
der Burschenschaft Roigel, „Tübinger Königsgesellschaft").
Hofmeister in Wien bei den Familien Hebra und Boschan.
Nach Württemberg zurückgekehrt, erhielt B. eine Anstellung
als Repetent Lehrer für Mathematik am Seminar Schön-
tal/Jagst. Anschließend durchlief er ein einjähriges Vikariat am
Stuttgarter Obergymnasium, danach war er Professoratsamts-
verweser in Schöntal/Jagst. Nachdem er im Herbst 1868 die
philologische Professoratsprüfung bestanden hatte, erhielt er
die definitive Anstellung als Professor in Schöntal/Jagst. Im
Juli 1875 wechselte B. als Nachfolger von Christian (von)
→Nagel als Rektor der Realanstalt an. wenig später des im
Herbst 1875 neu gegründeten Realgymnasiums nach Ulm.
Wegen der Leitung der neuen Schule hatte Oberbürgermeister
Carl von →Heim ausweislich der Memoiren des Direktors der
Ministerialabteilung für die Gelehrten- und Realschulen, Dr.
Gustav von →Binder, diesen direkt angesprochen, worauf
dieser seinen Sohn empfohlen hatte. B. starb nach achtjähriger
Amtszeit an einem Herzschlag. – Mitglied des Vereins für
Kunst und Altertum in Ulm und Oberschwaben.

Q   StadtA Ulm, G 2.
L.   Ih 1, S. 78 – SK 1884, S. 258 – SCHULTES, Chronik, S. 532 – Worte am Grabe
von Gustav Eduard Binder…, Stuttgart 1884 – UBC 2, S. 345, 463 – SCHMIDGALL,
Burschenschafterlisten, S. 132, Nr. 12 – SCHMIDGALL, Burschenschafterlisten, S.
135, Nr. 106 – Max NEUNHÖFFER (Bearb.), Ein liberaler Theologe und Schulmann
in Württemberg. Erinnerungen von Dr. Gustav von Binder, 1807-1885 (Lebendige
Vergangenheit 6), Stuttgart 1975, S. 90, 123, 137.

Binder, *Hermann* Friedrich, Dr. phil., * Ulm59 14. Okt. 1877,
† Löwenstein 20. Nov. 1957, ev., später kath.

Eltern und G siehe Gustav →Binder, Rektor.
∞ Stuttgart 31. X. 1914 *Johanna* Emmy Luise Kommer, * 30. VII. 1882, T. d. Ludwig
Kommer, Ingenieur in Metz, u. d. Emilie Schwab.
3 K   Gerhard Binder, * Stuttgart 9. IX. 1915, ∞ Stuttgart 14. IX. 1942
Elisabeth Winterer; *Paul* Rudolf Binder, * Stuttgart 14. X. 1916, ∞ Stuttgart 13. III.
1942 Suse Mayer; Harro Gustav Binder, * Stuttgart 15. IV. 1919, † gefallen 12. VI.
1940.

B. war, dem Vorbild seines Vaters folgend, einer der bedeutenden Schulmänner seiner Zeit in Württemberg.

55 Sohn aus dieser Ehe: Otto Haas, * Ludwigsburg 14. VIII. 1864, † Stuttgart 31.
XII. 1930, Kommandeur der Reichswehrbrigade V in Stuttgart, 1918-1920 Landes-
kommandant von Württemberg, Generalleutnant, vgl. Ih 1, S. 314, und UBC 3, S. 21
(Bild).
56 WN 1918/19, S. 51-58 (Hermann BINDER).
57 Bei UNGERICHT, S. 139, mit Todesdatum 1. April 1892.
58 SCHMIDGALL, Burschenschafterlisten, S. 147, Nr. 595.
59 Der verschiedentlich angegebene Geburtsort Schöntal/Jagst ist falsch.

B. wuchs in Ulm auf und besuchte dort die Schule. Im Alter
von sechs Jahren verlor er den Vater, im Alter von zehn Jahren
auch die Mutter. Danach kam B. zu Verwandten nach Stuttgart,
wo er auch seine weitere schulische Ausbildung erlebte. 1898
nahm er das philologische Studium in Tübingen auf (Mitglied
der Burschenschaft Roigel, „Tübinger Königsgesellschaft")
und bestand bereits 1899 die I. und 1900 die II. humanistische
Dienstprüfung. 1903 machte er das Examen als Turnlehrer,
1906 das Examen als Fachlehrer für Französisch. 1905 erfolgte
auf Grund seiner Dissertation zum Thema „Dio Chrysostomus
und Poseidonius. Quellenuntersuchungen zur Theologie des
Dio von Prusa" die Promotion zum Dr. phil. in Tübingen.
1907 ging er als Oberpräzeptor an die Realschule in Crailsheim,
kam aber bereits 1908 in gleicher Funktion an das Eberhard-
Ludwigs-Gymnasium in Stuttgart, mit dem sich sein weiteres
Wirken als Lehrer eng verknüpfte. 1913 zum Professor am
Karlsgymnasium in Stuttgart ernannt, kehrte B. 1920 als Oberstudiendirektor an das Eberhard-Ludwigs-Gymnasium zurück,
dessen Vorstand er seit 1922 war. 1944 trat B., der zum Freundeskreis von Carl Goerdeler gehörte, in den Ruhestand. Der
humanistisch gebildete B. war ein Pädagoge aus Leidenschaft,
der von vielen seiner Schüler weit über seinen Tod hinaus
geradezu verehrt wurde. Als großer Freund der Literatur und
Philosophie war B. ein eifriger Mitarbeiter an der „Schiller-
Nationalausgabe" und daneben in Stuttgart ein viel bewunder-
ter Leiter des Literarischen Klubs.
Im Sommer 1945 kam unerwartet eine völlig neue und wichtige
politische Aufgabe auf den fast 68-jährigen B. zu. Von Aug. bis
Okt. 1945 war er Landesdelegierter des Stuttgarter Landesdi-
rektors für Kultus und Unterricht, Carlo Schmid (1896-1979),
einem Schüler, im französisch besetzten Württemberg-
Hohenzollern. Mit dem System der Landesdelegation sollte
zumindest im Verwaltungsbereich die Einheit des zwischen der
US-amerikanischen und der französischen Besatzungsmacht
zerrissenen Landes Württemberg aufrecht erhalten werden.
Der Plan scheiterte jedoch. Ende Sept. 1945 wurde B. zum
eigenständigen Landesdirektor für seinen Geschäftsbereich
ernannt, im Okt. 1945 verlor er das Amt an Carlo Schmid, der
zugleich als Vorsitzender an die Spitze einer provisorischen
Regierung für Württemberg-Hohenzollern in Tübingen trat.
Schmid ernannte B. zum Präsidenten des Oberschulamts
Tübingen. B. schuf in der Zeit zwischen Aug. 1945 und seiner
Zurückversetzung in den Ruhestand zum 1. April 1946 die
Grundlagen für den Neuanfang eines vom Nationalsozialismus
nicht mehr indoktrinierten Schulunterrichts. Seinen Ruhestand
verlebte B. in Stuttgart, wo er kurz nach seinem 80. Geburtstag
starb. – Vertreter des Landes bei der Selbstkontrolle der deut-
schen Filmindustrie; Erster Vorsitzender des Kulturbeirats des
Südwestfunks; Mitbegründer der kath. Akademie in Stuttgart-
Hohenheim.

Q   StadtA Ulm, G 2.
W   (Auswahl) Der deutsche Abiturient, Stuttgart-Berlin 1931 – Das Eberhard-
Ludwigs-Gymnasium zu Stuttgart. Seine Lehrer und Schüler, [Stuttgart] 1936 –
Deutschland, heilig Herz der Völker. Lebenswerte in der deutschen Dichtung,
Stuttgart-Berlin 1931.
L.   Ih 1, S. 78 – CRAMER, Württembergs Lehranstalten 61911, S. 102 – Mitglieder-
Verzeichnis des Roigel 1929 mit Nachtrag 1936, Stuttgart 1951, S. 70 –
SCHMIDGALL, Burschenschafterlisten, S. 147, Nr. 587 – Präsident i. R. Dr. Binder
gestorben, in: Ulmer Nachrichten Nr. 269, 21. XI. 1957, S. 5 – August HAGEN,
Gestalten aus dem schwäbischen Katholizismus, Band 4, Stuttgart 1962, S. 269-301
– KOHLHAAS, Chronik 1918-1933, S. 245, 305 – RABERG, Kabinettsprotokolle
WüHoz I, S. XVIII, 63, 134 ff. – Paul MOMMSEN, Lehrer im 3. Reich: Hermann
Binder, [Stuttgart 2007], mit Schriftenverzeichnis.

Binder, Jakob, →„Sandjackel"/„Sand-Jackl"

Binzinger, Christian, * Ulm 12. Sept. 1875, † ebd. 2. Feb.
1960, ev.

Vater   Binzinger, Maurer in Ulm.
∞ Okt. 1905 Adelheid Frank.

Der hochrangige Ulmer NSDAP-Politiker B. entstammte
einfachen Verhältnissen. Hinter seinem Lebenslauf vor 1930

stehen mehrere Fragezeichen, da zeitlich und sachlich präzise dokumentierte Stationen nicht eruierbar sind. Nach dem frühen Tod des Vaters erlernte er das Schreinerhandwerk und befand sich längere Zeit auf Wanderschaft im Ausland. Die Militärzeit brachte er bei der schweren Artillerie in Neu-Breisach und im Elsass zu und war Soldat im Ersten Weltkrieg. Davor und danach war B. als Nebenerwerbslandwirt und bei der Firma Wieland in Ulm tätig und galt als politisch links stehend. Ende der 1920er Jahre übernahm er die Ulmer Bahnhofswirtschaft am Stuttgarter Tor. Am 1. Sept. 1930 wurde er Mitglied der NSDAP und der SA, im Jahr darauf war er schon SA-Schar- und -Truppenführer, 1932 SA-Sturmführer. Im Dez. 1931 in den Ulmer Gemeinderat gewählt, übernahm B. am 1. Nov. 1932 die Leitung der NSDAP-Ortsgruppe Ulm-Neustadt und war Kreisamtsleiter für Kommunalpolitik, seit 1. Mai 1933 auch Kreisredner. B. war eines der ältesten Ulmer NSDAP-Mitglieder in höheren Funktionen, die durchschnittlich alle ca. 20 Jahre jünger waren als er.

Im März 1933 gehörte B. mit drei anderen NSDAP-Gemeinderäten dem auf Anordnung von Staatskommissar Dr. Hermann →Schmid gebildeten Untersuchungsausschuss an, der „offiziell" etwaigen Verfehlungen des Oberbürgermeisters Schwammberger und weiterer Mitglieder der Stadtverwaltung im Amt auf die Spur kommen sollte. Tatsächlich war der Ausschuss ein Instrument zur Diffamierung des politischen Gegners und zur personellen „Gleichschaltung" in der Stadtverwaltung.

Der unerwartete Tod des Ulmer Kreisleiters Eugen →Maier ermöglichte B.s weiteren Aufstieg. Am 17. Jan. 1940 ernannte Reichsstatthalter Wilhelm Murr den mittlerweile in städtischen Diensten stehenden B., *den bewährten der national-sozialistischen Bewegung in Ulm*, zum kommissarischen Ulmer Kreisleiter. Es wird u. a. auf B.s Alter – er stand im 65. Lebensjahr! – zurückzuführen sein, dass es bei der kommissarischen Leitung blieb. An Linientreue und Schärfe ließ es B. nicht mangeln: Er ordnete im März 1940 die öffentliche Kahlscherung eines Mädchens, dem intime Handlungen mit einem französischen Kriegsgefangenen zur Last gelegt wurden, auf dem Münsterplatz an. B. überschüttete in einer hetzerischen Rede das Mädchen mit Vorwürfen.

Im Feb. 1942 wurde B. unter Hinweis auf sein Alter und seine Gesundheit von der Wahrnehmung der Aufgaben des kommissarischen Kreisleiters entbunden. Zu seinem Nachfolger wurde der fast 20 Jahre jüngere Wilhelm →Maier ernannt. B. trat nicht mehr besonders in Erscheinung.

Nach dem Ende des Zweiten Weltkriegs wurde der 70 Jahre alte B. zwar interniert, aber wegen seines schlechten Gesundheitszustandes wieder entlassen. Die Spruchkammer Ulm stufte den sich unbeirrt der NS-Terminologie bedienenden B. 1948 als Hauptschuldigen ein und verurteilte ihn zu einer zweijährigen Haftstrafe im Arbeitslager, wobei ihm 21 Monate der Internierungshaft angerechnet wurden. Sein Vermögen wurde eingezogen. Aus der Berufungsverhandlung seines Entnazifizierungsverfahrens ging B. im Feb. 1950 als Belasteter hervor. Er lebte danach noch 10 Jahre lang und starb im 85. Lebensjahr in seiner Vaterstadt Ulm.

Q StadtA Ulm, G 2.
L UBC 5a, S. 15, 31, 112, 135, 287 (Bild) – UBC 5b, S. 409, 415 f. (Bild), 427, 460, 469 (Bild), 477, 484, 493, 495, 512, 516, 539 – SPECKER, Ulm im Zweiten Weltkrieg, S. 478–480 (Bild) – SPECKER, Großer Schwörbrief, S. 388 – ARBOGAST, Herrschaftsinstanzen, S. 61.

Blankenhorn, Jacob *Thaddäus*, * 20. Okt. 1765, † Burlafingen 22. Mai 1835, kath.

Wer hat den Namen „Neu-Ulm" erfunden? In der ersten Zeit nach der Aufteilung des Ulmer Territoriums zwischen Bayern und Württemberg im Jahre 1810 war für die kleine Siedlung die Bezeichnung „Ulm auf dem rechten Donauufer" gebräuchlich. Der ev. Pfarrer von Pfuhl schrieb anlässlich des Todes der ledigen Bauerntochter „Anna Zollerin" am 3. April 1814 erstmals „Neu-Ulm" als Ortszeichnung in das Taufbuch. Sein kath. Kollege in Burlafingen, der für die kath. Gemeindemitglieder auf dem rechten Donauufer zuständig war, trug am 2. Dez. 1814 erstmals „Neu-Ulm" ins Taufbuch ein – versah aber auch nachträglich einen früheren Taufeintrag (vom 19. Nov. 1811) mit dieser Ortsbezeichnung. Fest steht, dass B. damit wenigstens einen gewissen Anteil an der „Erfindung" des Namens „Neu-Ulm" hatte.

Am 10. Aug. 1791 erfolgte B.s Priesterweihe, am 20. Okt. 1809 wurde er zum Pfarrer an St. Jakob in Burlafingen ernannt. Am 15. Okt. 1828 war B. unter den offiziellen Zeugen der Grundsteinlegung für den Bau der Ludwig-Wilhelms-Brücke über die Donau. Der Hinweis (TREU, Neu-Ulm, S. 154), B. habe sich 1840 in einem Brief an König Ludwig I. von Bayern über die schlechte Versorgung der Neu-Ulmer Katholiken beschwert, weshalb sie *selten Lust* zeigten, nach Burlafingen zum Gottesdienst zu gehen, außerdem fehle ihnen eine *schöne Kirchenmusik*, ist entweder zeitlich falsch eingeordnet oder dem falschen Pfarrer zugeordnet, denn B. war bereits 1835 im Alter von 69 Jahren gestorben.

L Schematismus 1835, S. 147 – ebd. 1836, S. 165 – BUCK, Chronik Neu-Ulm, S. 55 – Eduard OHM, Krieg gegen Preußen macht Geld für Kirchenbau knapp (Neu-Ulmer Geschichten 18), in: NUZ Nr. 214, 15. IX. 1984 – OHM, Neu-Ulmer Geschichten, S. 13 f. – TREU, Neu-Ulm, S. 154 – Katalog Materialien, S. 27.

Blauel, *Karl* August Eduard, Dr. med., * Breslau 5. Nov. 1872, † Ulm 3. Dez. 1931, eingeäschert 5. Dez. 1931, ev.
Vater Karl Blauel, Eisenbahn- und Fabrikdirektor in Breslau.
∞ *Margot* Antonie Sofie Elisabeth Borntraeger.
5 K Günther Blauel; Gerda Blauel; Walter Blauel; Irmgard Blauel; Joachim Blauel.

Über 20 Jahre lang war B. im Städtischen Krankenhaus Ulm tätig und erwarb sich in dieser Zeit den Ruf eines der angesehensten und beliebtesten Ärzte in der Region.

Frühzeitig war bei dem hervorragenden Schüler B. ein Interesse an der Medizin zu spüren, so dass es nahelag, das Studium der Medizin, das ihn an die Universitäten in Tübingen, Kiel und Breslau führte, zu wählen. Nach den medizinischen Examina erhielt B. seine praktische Vorbildung am Pathologischen Institut Breslau. 1900 kam er als Assistenzarzt an die Chirurgische Universitäts-Klinik Tübingen, wo er bis 1904 Assistent von Professor Dr. Paul Bruns (1846-1916) war. Anschließend war B. bis 1911 als Oberarzt ebd. tätig, 1904 habilitierte er sich auch in Tübingen und wurde Privatdozent für Chirurgie – 1909 erhielt er Titel und Rang eines ao. Professors.

Seit März 1911 war B. nicht nur Chefarzt der chirurgischen Abteilung des neu gegründeten Städtischen Krankenhauses Ulm, sondern auch Leiter des Krankenhauses. Der rasche Aufschwung der Neugründung führte wenig später dazu, dass eine Teilung der Verantwortung in innere und chirurgische Abteilung durchgeführt werden musste, wobei B. Leiter der letzteren blieb, während Prof. Dr. Eberhard →Veiel die Leitung der inneren Abteilung übernahm. B. war als Chirurg und wissenschaftlicher Autor eine Kapazität, die weit über Ulm hinaus bekannt und geschätzt war. Zahlreiche angehende Chirurgen lernten bei B. in Ulm. Während des Ersten Weltkriegs war er als beratender Chirurg für ganz Oberschwaben zuständig.

In seinen Veröffentlichungen befasste sich B. vornehmlich mit der Speiseröhrenchirurgie. Im gerade begonnenen 59. Lebensjahr erlag B. völlig überraschend einem schweren Herzleiden, dem er fast keine Beachtung geschenkt hatte. Noch am Tag vor seinem Tod hatte er seinen Dienst im Krankenhaus versehen.

Bei der Bestattung würdigte Bürgermeister Ernst →Sindlinger in Vertretung des verhinderten Oberbürgermeisters B.s Verdienste. B.s Nachfolge wurde von Dr. Heinz Friedrich, Oberarzt an der Chrirurgischen Klinik Erlangen und Professor an der dortigen Universität, angetreten.

Q   StadtA Ulm, G 2.
L   Staatshandbuch 1912 I, S. 500 – UBC 3, S. 383, 485.

Boch, Hermann, * Neu-Ulm 19. Aug. 1906, † nicht ermittelt, ev., 15. Dez. 1937 ausgetreten, „gottgläubig".
Vater   Friedrich Boch, Ingenieur (andernorts: Tapeziermeister) in Neu-Ulm.
Mutter   Maria Schwarzenbach.
3 G.
∞ Neu-Ulm 21. XII. 1932 Karoline *Wilhelmine* Valk, * Nördlingen 3. XII. 1906, T. d. Michael Valk, Drogist in Ulm, u. d. Katharina Wolfinger.
5 K (dabei nicht mitgezählt eine Totgeburt am 30. VI. 1934) *Karl* Wilhelm Boch, * Neu-Ulm 12. VIII. 1935, † ebd. 18. II. 1938; *Friedrich* Günter Boch, * Neu-Ulm 7. VIII. 1937; *Ilse* Roswitha Boch, * Augsburg 14. XII. 1938; Dieter Boch, * Augsburg 26. XII. 1942, Helga Boch, * Langeringen/Kreis Schwabmünchen 5. IX. 1945.

B. war von 1932 bis 1938 NS-Kreisleiter von Neu-Ulm und trug wesentlich dazu bei, die Herrschaft der NSDAP in Stadt und Landkreis rasch zu festigen.
Nach dem Besuch der Schule in Neu-Ulm und Ulm lernte B. Automechaniker und war in verschiedenen Ulmer Autowerkstätten tätig. Am 1. Aug. 1930 trat er der NSDAP bei, betätigte sich auch bei der SA und nahm schließlich an einem der von der Partei angebotenen Rednerkurse teil, um sich als „Parteiredner" ausbilden zu lassen. B. war erfolgreich und wurde als Parteiredner im NSDAP-Gau Württemberg-Hohenzollern (zu dem Neu-Ulm zunächst zählte) eingesetzt, wobei er sich als Spezialthema dem Marxismus widmete. 1931 übernahm B. die Leitung der Sektion Neu-Ulm, im Herbst 1932 die Leitung der Rednerkurse. Am 1. Okt. 1932 erfolgte die Zuteilung Neu-Ulms an den Parteigau Schwaben und die „Erhebung" Neu-Ulms zum Sitz einer Kreisleitung, die an B. fiel. Der neue Kreisleiter konnte sich zu Beginn seiner Tätigkeit nur auf die NSDAP-Ortsgruppen Neu-Ulm und Weißenhorn sowie auf fünf kleinere „Stützpunkte" in den Gemeinden stützen. Während seiner Amtsführung wurde 1937 der Kreis Krumbach der NSDAP-Kreisleitung Neu-Ulm unterstellt. Als B. 1938 Neu-Ulm verließ, existierten 46 Ortsgruppen.
Am 21. Jan. 1933 sprach B. anlässlich des Ulmer 1. NSDAP-Kreistages in Neu-Ulm zu einer rund 2.500 Köpfe zählenden Menschenmenge. Seit März 1933 gehörte B. dem „gleichgeschalteten" Neu-Ulmer Stadtrat an und war seit April 1933 Dritter ehrenamtlicher Bürgermeister – ein Amt, das eigens für B. geschaffen worden war, nachdem er bei der Wahl des Zweiten Bürgermeisters gegen seinen Parteifreund Josef →Ostermann durchgefallen war. B. hatte Ostermann aus dem Amt entfernen wollen, nachdem dieser sich geweigert hatte, als Oberbürgermeister an die Stelle von Franz Josef →Nuißl zu treten. 1936 setzte B. Ostermann als Ortsgruppenleiter ab und fand ihn mit dem mehr dekorativen Amt des Vorsitzenden des Kreisgerichts Neu-Ulm ab. Ebenfalls 1936 versuchte der sehr ambitionierte und skrupellose B. nochmals, Oberbürgermeister Nuißl aus dem Amt zu drängen und sich selbst als dessen Nachfolger zu installieren. Die Neu-Ulmer städtische Hauptsatzung verlangte für den Oberbürgermeister jedoch die Befähigung zum Richteramt oder zum höheren Verwaltungsdienst – beides fehlte B. Es gelang ihm aber, Nuißl aufgrund einer Äußerung (*Jetzt geh´ ich heim, ich hab´ genug vom Indianerspielen*), die dieser nach einer der zahlreichen endlosen und heftig geführten Besprechungen mit Funktionären einmal getan haben soll, für acht Monate vom Dienst suspendieren zu lassen – nachdem B. Nuißl selbst denunziert hatte. 1937 erfolgte B.s Ernennung zum Sturmführer beim NSKK.
Im Okt. 1938 verließ B. Neu-Ulm, um das Amt des NS-Kreisleiters von Augsburg-Land als Nachfolger des Augsburger Bürgermeisters Kellner anzutreten. Nach dem Einmarsch US-

amerikanischer Truppen wurde B. in Internierungshaft genommen. Nach Abschluss seines Entnazifizierungsverfahrens kehrte B. im Okt. 1949 von Langeringen nach Neu-Ulm zurück und wohnte dort zunächst in der Turmstraße, seit Aug. 1950 im Brunnenweg 138 ½. Im Nov. 1957 verzogen die B.s nach Friedrichshafen am Bodensee. Dort verliert sich die Spur B.s.

Q   StadtA Neu-Ulm, A 9.
L   TREU, Neu-Ulm, S. 311, 316 f., 319, 321 ff., 331, 338.

Böck, Josef, Dipl.-Kaufmann, * München 5. Nov. 1899, † Ulm 1. Dez. 1983, kath.

Vater   Josef Böck, Kaufmann in München.
Mutter   Franziska Forcht.
∞ München 9. VI. 1922 Olga Glückselig, * Wien 4. IX. 1899, T. d. Hermann Glückselig, * Senica/ČSR 19. XII. 1864, Kaufmann in München, u. d. Marjam Rosch (Poriesz), * Brod/ČSR 12. X. 1871.

B. war einer der Neu-Ulmer Politiker, die nach 1945 in der Kommunalpolitik wirkten und am Neuaufbau mitarbeiteten. Als Mitgründer der FDP und Stadtrat in Neu-Ulm setzte er Akzente in der Neu-Ulmer Nachkriegszeit.
Der Münchner Kaufmannssohn studierte in seiner Vaterstadt Wirtschaftswissenschaft und anschließend an anderen Universitäten Staatswissenschaft und Verwaltungsrecht. Er kam im Frühjahr 1932 mit seiner Frau von Bad Homburg vor der Höhe nach Neu-Ulm, wo sie bis Kriegsende in verschiedenen Wohnungen in der Schützenstraße (zunächst Nr. 41, dann Nr. 46, zuletzt Nr. 38) lebten. B. war Verwaltungsratsmitglied der Bezirks- und Stadtsparkasse Neu-Ulm/Weißenhorn und baute in Neu-Ulm eine eigene Lederfabrik auf, die im Krieg völlig zerstört wurde. Auch das Wohnhaus der Familie wurde beim Fliegerangriff am 17. Dez. 1944 völlig zerstört.
Seit Ende 1945 wohnte das Paar im Haus Krankenhausstraße 19. 1945 wurde B. als Vorsitzender des Bezirksgremiums der Industrie- und Handelskammer eingesetzt und in den Beirat der Stadt Neu-Ulm berufen. Mit letzterer Tätigkeit begründete B. seine kommunalpolitische Laufbahn, die 1946 zur Wahl in den Neu-Ulmer Stadtrat führte, dem B. als Vertreter der Gemeinschaftsliste FDP/Freie Wähler/Bayernpartei angehörte. Später übernahm B. den Vorsitz der Neu-Ulmer FDP. Vom 4. Juli bis 15. Aug. 1948 fungierte er mit Julius →Rohm und Josef →Dirr als Triumvirats-Bürgermeister in der Zeit bis zur Amtsübernahme von Oberbürgermeister Tassilo →Grimmeiß. Im Juni 1968 zog B. in die Heinrich-Herrenberger-Straße 4 in Ulm.

Q   StadtA Neu-Ulm, D 12, III.8.1.12. – ebd., A 9.
L   TREU, Neu-Ulm, S. 374, 379, 381, 576.

Böhm, Dominikus, * Jettingen an der Mindel 23. Okt. 1880, † Köln-Marienburg 6. Aug. 1955, kath.
Vater   Böhm, † 1889, Baumeister.
Mehrere G.
∞ Offenbach am Main 1913.
3 K, darunter Dr. Gottfried Böhm, * 1920, Architekt und Hochschullehrer, Professor, führte Ende der 1980er Jahre die Umgestaltung des Rathausplatzes in Neu-Ulm durch.

B., einer der bedeutendsten kath. Kirchenarchitekten des 20. Jahrhunderts, war kein Neu-Ulmer, aber er war und ist als Architekt der katholischen Stadtpfarrkirche St. Johann Baptist überaus eng mit der Geschichte der Stadt und ihrer Identität verbunden. Obwohl er auch einige Profanbauten errichtete, bleibt er in erster Linie als Kirchenbaumeister in Erinnerung. Seine Sakralbauten waren auf eine intensive Teilnahme der Gemeinde am Gottesdienst ausgerichtet und huldigten nicht nur durch die Anordnung, sondern auch durch die Verwendung von Stahl und Beton der Moderne.

Von der Mutter zunächst für den Lehrerberuf bestimmt, durchlief B. nach dem Besuch der Präparandenschule Lauingen und des Gymnasiums Kaufbeuren und nach kurzer Zeit an der Lehrerbildungsanstalt zunächst eine Maurerlehre im väterlichen Baugeschäft, das unter Leitung seines ältesten Bruders stand. Anschließend besuchte er die Augsburger Bauschule, ehe er ab 1903 an der TH Stuttgart von seinen Lehrern Paul Bonatz und Theodor Fischer wesentliche Impulse erhielt. Der junge Student entwarf erste Baupläne, lernte in der Praxis und errichtete in seinem Geburtsort die ersten Bauten nach seinen Plänen. 1907 erfolgte seine Berufung als Lehrer an die Bauschule in Bingen am Rhein, er blieb aber als selbstständiger Architekt aktiv. Im darauffolgenden Jahr beteiligte er sich mit mehreren Kirchenbauplänen an der Kunstausstellung in Darmstadt und fiel Hugo Eberhard auf, der ihn an die Bau- und Kunstgewerbeschule in Offenbach am Main verpflichtete. Als Lehrer blieb er dieser Institution 18 Jahre lang verbunden. 1926 übernahm B. einen Lehrauftrag für Architektur und Kirchenbau an der Kunstschule in Köln, wo er auch die Abteilung für christliche Kunst leitete und seit 1932 auch Glasmalerei und Paramentik lehrte. 1934 wurde B. aus politischen Gründen als Lehrbeauftragter entlassen. Nachdem sein Kölner Haus im Bombenkrieg des Zweiten Weltkriegs zerstört worden war, kehrte B. nach Jettingen zurück. 1947 ging er wieder nach Köln, wo er seine Tätigkeit an den Werkschulen bis 1953 fortsetzen konnte. Sein Tod wenige Monate vor seinem 75. Geburtstag beraubte Deutschland eines seiner bedeutendsten Baukünstler.

Der enge Bezug zu Neu-Ulm ergibt sich aus B.s Tätigkeit am Umbau und an der Erweiterung der Neu-Ulmer kath. Stadtpfarrkirche St. Johann Baptist in den Jahren 1921 bis 1926. Es handelte sich um B.s erstes Hauptwerk, einen avantgardistischen Kirchenbau, der als wegweisend galt. Er bewirkte *durch die Verschmelzung der schräg gestellten, geschlitzten Außenwände mit dem aus Eisenbeton gegossenen Netzgewölbe der Decke eine Dynamisierung des Innenraums, deren Zweck die Steigerung des Altarbereichs war. Licht, Oberfläche und Konstruktion wurden zu wesentlichen Merkmalen einer Architektur, die Ergebnis einer spirituell motivierten Intention wie monumental dimensionierte Ausprägung des bis dahin seit Jahrzehnten unbeweglichen Sakralbaus gewesen ist* (WÜRMSEHER, S. 668).

Im Zweiten Weltkrieg schwer zerstört, erwog die Stadt Neu-Ulm zeitweise einen Wiederaufbau an anderer Stelle. B. setzte sich unter Vorlage eines Planes für einen vereinfachten Wiederaufbau am bisherigen Standort ein, der 1947 genehmigt wurde. B. leitete die Arbeiten von 1947 bis 1949 selbst. B. war schon 1915 erstmals mit Neu-Ulm in Berührung gekommen, als er Pläne für eine nicht ausgeführte Neu-Ulmer Garnisonskirche erarbeitet hatte. 1924 hatte er sich auch mit einem Plan zur Neugestaltung des Ulmer Münsterplatzes zu Wort gemeldet. – 1950 Großes Verdienstkreuz des Verdienstordens der Bundesrepublik Deutschland; 1953 Ritterkreuz des Päpstlichen Silvesterordens; 1954 Großer Preis für Baukunst des Landes Nordrhein-Westfalen.

Q   StadtA Neu-Ulm, D 12, III.2.3.2.
L   DBI 1, S. 347 – DBA II/341-373 – Dominikus BÖHM, August HOFF, Dominikus Böhm, ein deutscher Baumeister, Regensburg 1943 – VOLLMER 1 (1953), S. 246 f. – Hugo SCHNELL (Hg.), Dominikus Böhm (mit Beiträgen von August HOFF, Herbert MUCK, Raimund THOMA), München 1962 – DERS., Dominikus Böhm, in: Lebensbilder aus dem Bayerischen Schwaben 9 (1966), S. 452-467 – Gesine STALLING, Studien zu Dominikus Böhm, mit besonderer Berücksichtigung seiner Gotik-Auffassung, Bern-Frankfurt/Main 1974 – SPECKER/TÜCHLE, S. 313, 315, 472 f., 483, 554-556 – TREU, Neu-Ulm, S. 288, 292 f., 295, 523, 542-544 (Hans RADSPIELER; mit Bild und weiteren Literaturangaben) – Augsburger Stadtlexikon, S. 300 – Wolfgang VOIGT/Ingeborg FLAGGE (Hgg.), Dominikus Böhm 1880-1955, Tübingen-Berlin 2005 – Markus WÜRMSEHER, Kirchenbau im

Bistum Augsburg 1945 bis 1970 (Jahrbuch des Vereins für Augsburger Bistumsgeschichte e. V. 41, 2007), Augsburg 2007, bes. S. 494-498, 667 ff. et passim – Wikipedia.

Böller, Elfriede, geb. Maier, * Neu-Ulm 30. Aug. 1925, † ebd. 15. Okt. 2003, ev.

Vater   Johannes Maier, * Adelmannsfelden/OA Aalen 2. VIII. 1895, † Neu-Ulm 29. XI. 1968, Damenschneider in Neu-Ulm.
Mutter   Frieda Wörner, * Neu-Ulm 10. II. 1899, † ebd. 30. XII. 1968.
1 G   Erwin Maier, * Neu-Ulm 10. III. 1921, ebd. 5. IX. 1924.
∞ Neu-Ulm 3. V. 1947 Anton Böller, * München 25. X. 1917, Polizeimeister, Amtsinspektor.
2 K   Manfred Böller, * Neu-Ulm 29. VIII. 1948; Winfried Böller, * 22. IV. 1959.

B. war über Jahrzehnte hinweg eine herausragende Persönlichkeit des öffentlichen Lebens in Neu-Ulm. Als Politikerin und Lehrerin lag ihr das Wohl der Familien und besonders der Kinder am Herzen. Eine „Parteisoldatin" war sie nie.

Die junge B. trat nach dem Studium in den württ. Volksschuldienst ein und war bei Ende des Zweiten Weltkriegs Lehrerin in Machtolsheim auf der Blaubeurer Alb. Nach 1946 kam sie als Lehrerin an die Grundschule in Pfuhl, an der sie jahrzehntelang wirkte. Als Mitglied der SPD zog B. 1966 erstmals in den Neu-Ulmer Stadtrat ein, dem sie 18 Jahre lang, bis 1984, angehörte, nach ihrem Austritt aus der SPD als Stadträtin der FWG. Als Mitglied des Wohnungs- und des Sozialhilfeausschusses entfaltete sie ebenso wie als Verwaltungsrätin für Jugend und für Kindergärten – ein Amt, das sie zwölf Jahre lang innehatte – eine stark sozialpolitisch akzentuierte kommunalpolitische Tätigkeit. Dieser Schwerpunkt zeigte sich auch in B.s gesellschaftlichem Wirken als Mitglied des Vereins für Lernbehinderte der Pestalozzischule und, von 1984 bis 2001, als Mitarbeiterin der Telefonseelsorge Ulm/Neu-Ulm.

Mit besonderem Eifer setzte sich B. für die Städtepartnerschaft zwischen Neu-Ulm und Bois-Colombes ein. Ihr ging es um die Überwindung der alten deutsch-französischen Gegnerschaft durch gegenseitiges gutes Kennenlernen. Bildung und Aufklärung waren für B. hohe Güter, und nicht nur als Lehrerin, sondern auch als Mitglied des Kuratoriums der vh Ulm und als Mitarbeiterin des „Arbeitskreises ZeitzeugenArbeit" des Zentrums für Allgemeine Wissenschaftliche Weiterbildung (ZAWiW) der Universität Ulm suchte sie ihre Überzeugungen durch die eigene Tat umzusetzen. B., die auch Mitglied des ev. Kirchenvorstands der Erlöserkirche Offenhausen war, starb überraschend im Alter von 78 Jahren.

Q   StadtA Neu-Ulm, D 12, III.7.2. ebd., A 9.
W   Später Dank von Frau Elfi Böller an ihren früheren Kinderarzt Dr. Hugo Neuhaus, in: Zentrum für Allgemeine Wissenschaftliche Weiterbildung der Universität Ulm, Ehrung für Dr. Hugo Neuhaus, Ulm 2003, S. 76 f.
L   Elfriede Böller ist gestorben, in: SWP (Ulm), 17. X. 2003.

Bolz, Maria, geb. Höneß, * Ulm 1882, † Stuttgart 12. Sept. 1948, ☐ ebd., Pragfriedhof, kath.

Vater   Georg →*Höneß, Hotelier und Baumstarkwirt in Ulm, Bürgerausschussmitglied.
∞ Beuron 22. X. 1920 Eugen →*Bolz.
1 K   Dr. Mechtild Rupf-Bolz, * Stuttgart 1. III. 1922.

Bisher war die aus Ulm stammende B. noch nie Gegenstand einer eigenen biografischen Untersuchung. Zu sehr schien sie im Schatten ihres berühmten Ehemannes zu stehen. Dabei zeigt B. ein eigenständiges Profil als Lehrerin im höheren Schuldienst, souverän agierende „Staatspräsidenten-Gattin", Kämpferin um das Leben ihres Mannes und schließlich als eine der ersten CDU-Stadträtinnen in der württembergischen Geschichte. B. war eine Persönlichkeit eigener Prägung, geistig rege, gebildet, politisch interessiert, ohne Allüren und voller bodenständiger Herzenswärme. Ihren späteren Ehemann lernte sie während dessen Militärdienstzeit in Ulm 1905/06 kennen. Die junge Hoteliertochter studierte Neuphilologie und war u. a. an der Sorbonne in Paris immatrikuliert. Vor ihrer Eheschließung arbeitete sie als Oberlehrerin bzw. Studienrätin im westfälischen Düren. Die Eheschließung mit dem aufstrebenden Zentrumspolitiker Eugen →*Bolz, der kurz vor der Heirat zum Justizminister und stv. Staatspräsidenten von Württemberg ernannt worden war, bestimmte ihr weiteres Leben in entscheidender Weise. Das Paar bezog eine Dienstwohnung im Justizministerium in der Stuttgarter Dorotheenstraße. 1927 erfolgte der Umzug in ein Mietshaus im Stuttgarter Norden, 1932 schließlich konnte das eigene Haus, eine Villa am Kriegsbergturm, bezogen werden. Eugen Bolz schlug es aus, in die ihm zustehende Dienstvilla (Villa Reitzenstein) zu ziehen, nicht zuletzt auch, weil dort Wilhelm Bazille wohnte, der württ. Staatspräsident von 1924 bis 1928 und Kultminister bis 1933. Nachdem Bolz 1928 zum württembergischen Staatspräsidenten gewählt worden und seine Ehefrau zur „ersten Frau des Landes" aufgestiegen war, erhöhte sich ihr Pensum an „öffentlichen Auftritten" und B. verstand mit Würde und Warmherzigkeit zu repräsentieren. Ohne sich in den Vordergrund spielen zu wollen, war die in zahlreichen Vereinen und Verbänden wirkende B. doch stets an der Seite ihres Mannes, wenn dieser es wünschte, und nahm auch allein Repräsentationsaufgaben wahr. Der Kontakt zu Ulm wurde von B. mit zahlreichen Besuchen gepflegt.

Nach der NS-Machtübernahme verlor Eugen Bolz als erklärter Gegner Hitlers alle Ämter, wurde in „Schutzhaft" genommen und versuchte in der „inneren Emigration" zu überleben. Nachdem er sich dem Widerstandskreis um Carl Goerdeler angeschlossen hatte, war er in die Attentatspläne des Stauffenberg-Kreises eingeweiht, was zu seiner Verhaftung im Aug. 1944 und zu seiner Hinrichtung am 23. Jan. 1945 führte. B. und ihre Tochter durften Bolz zur Jahreswende 1944/45 zweimal besuchen. Die intensiven Bemühungen von Mutter und Tochter, einflussreiche Persönlichkeiten wie den Päpstlichen Nuntius oder den früheren Reichsaußenminister Konstantin von Neurath zu einer Intervention für den zum Tode Verurteilten zu bewegen, blieben ohne Erfolg.

1945 war B. als Witwe des Mannes, der von den provisorischen Regierungen im geteilten Württemberg als Beispiel für den „aufrechten Gang" eines Politikers in der NS-Zeit als Vorbild gesehen wurde, die wichtigste Wahrerin seines politischen Erbes. Der Ministerpräsident von Württemberg-Baden, Dr. Reinhold Maier, gab in der ersten Sitzung des Staatsministeriums am 19. Sept. 1945 bekannt, er werde B. nach Beendigung der Zusammenkunft einen offiziellen „Kondolenzbesuch" abstatten.

B. sah sich veranlasst, aktiv in die Politik einzusteigen und schloss sich der CDU an. Bei der zweiten Gemeinderatswahl in Stuttgart am 7. Dez. 1947 kandidierte sie auf Platz 2 der Vorschlagsliste und wurde gewählt. Doch weniger als ein Jahr später starb sie im Alter von 66 Jahren. Die Sorge um ihren Mann hatte die Gesundheit B.s untergraben.

Q   HStAS, Q 1/25 Nrn. 29-36, Briefwechsel zwischen B. und ihrem Ehemann sowie mit Freunden und Verwandten in Ulm.
L   Max MILLER, Eugen Bolz. Staatsmann und Bekenner, 1951, zahlreiche Nennungen – Hermann VIETZEN, Chronik der Stadt Stuttgart 1945-1948, Stuttgart 1972 (Veröffentlichungen des Archivs der Stadt Stuttgart 2), S. 180, 182 – Heinz KRÄMER, Eugen Bolz. Staatspräsident von 1928 bis 1933, in: Kurt GAYER/Heinz KRÄMER/Georg F. KEMPTER, Die Villa Reitzenstein und ihre Herren. Die Geschichte des baden-württembergischen Regierungssitzes, Stuttgart 1988, S. 101-118, hier bes. S. 106, 108, 110 – Frank RABERG, Eugen Bolz. Zwischen Pflicht und Widerstand (Prägende Köpfe aus dem Südwesten, Band 3), Leinfelden-Echterdingen 2009, S. 62 f. (Bild), 90 (Bild) u. ö.

Bonhoeffer, *Friedrich* Ernst Philipp Tobias (von), * Oberstetten/OA Gerabronn 16. Juli 1828, † Tübingen (nicht Ulm!) 11. Jan. 1907, ⬜ ebd.
Vater   Sophonias *Franz* Bonhoeffer, * Schwäbisch Hall 29. V. 1797, † ebd. 17. X. 1872, Pfarrer in Oberstetten und Neckarweihingen, zuletzt bis 1869 in Wildentierbach, S. d. Johann Friedrich Bonhoeffer, Dr. med., * Schwäbisch Hall 31. VII. 1754, † ebd. 28. III. 1809, Physicus des Amts Rosengarten und des Stifts Comburg, u. d. Anna Marie Rosine Hufnagel, * Schwäbisch Hall 22. IX. 1756, † 29. IX. 1837.
Mutter   *Luise* Friederike Ernestine Haspel, * Schwäbisch Hall 10. XI. 1800,

† Wildentierbach 17. I. 1863, T. d. Friedrich Peter Haspel, * Schwäbisch Hall 12. XI. 1750, † ebd. 6. VII. 1806, seit 1789 Archidiakon an der St.-Michaelskirche Schwäbisch Hall.
2 *HalbG* aus 1. Ehe des Vaters (mit Elisabeth Rosine Friederike Haspel, * 1798, † 1826, der älteren *Schw* seiner II. Ehefrau), 5 *G*, darunter Rosine Florentine Bonhoeffer, * Neckarweihingen 16. IV. 1843, ∞ Benjamin Meyding, Pfarrer in Kirchentellinsfurt, Eltern des Ministerialdirektors im württ. Kultministerium Robert Meyding[60], * Stuttgart 31. VII. 1876, † ebd. 10. VIII. 1950.
∞ Öhringen 6. X. 1863 Julie Tafel, * Öhringen 21. VIII. 1842, † Berlin 13. I. 1935, T. d. *Friedrich* August Christian Tafel, Dr. iur., Dr. phil., Rechtsanwalt/OA Gaildorf 27. V. 1798, † Öhringen 24. IX. 1856, Rechtsanwalt in Öhringen, *Br* des Leonhard →Tafel, Onkel des Rudolph →Tafel, u. d. *Karoline* Friederike Osswald, * Cannstatt 12. V. 1807, † Stuttgart 4. VIII. 1889.
4 *K*, davon 2 † früh, darunter Gustav *Otto* Bonhoeffer[61], Dr. rer. nat., Dr. med. h.c., * Neresheim, 22. VIII. 1864, † 8. I. 1932, Chemiker, Direktor in Schleploh bei Eschede, Vorstandsmitglied der IG-Farbenindustrie-AG, ∞ Tübingen 2. X. 1890 Hedwig Mayer, T. d. Hugo (von) Mayer, Dr. iur., o. Professor in Tübingen; Gustav Adolf Friedrich Bonhoeffer, 1867; *Karl* Ludwig Bonhoeffer[62], Dr. med., * Neresheim 31. III. 1868, † Berlin 4. XI. 1948, Kgl. Preuß. Geh. Medizinalrat, Professor der Psychiatrie in Berlin, ∞ *Paula* Maria Klara Anna von Hase, * 30. XII. 1876, † 1. II. 1951.

Der Großvater Dietrich Bonhoeffers beendete seine berufliche Laufbahn als einer der Spitzenbeamten der württembergischen Justizverwaltung in Ulm.

Aus einer traditionsreichen Pfarrer- und Beamtenfamilie in Württembergisch Franken stammend – die Familie war seit 1531 in der Reichsstadt Schwäbisch Hall ansässig –, besuchte B. das Gymnasium in Schwäbisch Hall und studierte nach dem Abitur Jura in Tübingen. Nach den beiden juristischen Dienstprüfungen trat er in den württ. Justizdienst ein. Seine erste feste Anstellung führte ihn Anfang der 1860er Jahre als Amtsrichter nach Neresheim, wo seine Kinder zur Welt kamen. 1877 wurde er als Kreisgerichtsrat (bzw. nach der Justizreform von 1879 Landgerichtsrat) nach Tübingen versetzt. 1886 kam er als Oberlandesgerichtsrat nach Stuttgart, 1893 als Landgerichtspräsident nach Ravensburg. Im Sept. 1896 erfolgte B.s Ernennung zum Landgerichtspräsidenten in Ulm, wo er die Nachfolge des als Senatspräsident am Oberlandesgericht nach Stuttgart versetzten Adolf (von) →Hausch antrat. Am 16. Sept. 1898 entsprach König Wilhelm II. *unter Anerkennung seiner langjährigen treuen und erfolgreichen Dienste* dem Ansuchen des 70-jährigen B. um Versetzung in den Ruhestand, den er in Tübingen verlebte. B.s Nachfolger als Ulmer Landgerichtspräsident wurde Friedrich von →Landauer. B.s Sohn Karl Bonhoeffer beschrieb den Vater als *konservativ, aber jeglichem württembergischen Lokalpatriotismus abhold.* – 1893 Ehrenkreuz des Württ. Kronordens; 1897 Kommenturkreuz II. Kl. des Friedrichsordens.

L.   Bonhöff und Bonhöffer, in: Genealogisches Handbuch bürgerlicher Familien 5 (1897), S. [31]-77, bes. S. 65 f. – Staatsanzeiger Nr. 10, 12. I. 1907, S. 57 – SK Nr. 23, 15. I. 1907, S. 7 – Württ. Jahrbücher 1907, S. III – UBC 3, S. 127 [fälschlich „Bauhöffer"], 180 – Gerd WUNDER/Hans-Christian BRANDENBURG, Die Ahnen Dietrich Bonhoeffers und seiner Geschwister, in: Kurt WINCKELSESSER (Hg.), Festschrift zum hundertjährigen Bestehen des HEROLD zu Berlin 1869-1969, Berlin 1969, S. [181]-233, hier S. 186 f. [mit dem unzutreffenden Sterbeort Ulm].

Bosch, Bernhard, Dr. iur., * Ummendorf/OA Biberach 24. April 1933, † 20. März 2007.
∞ Dietlinde Bosch, Dr. phil., Kunsthistorikerin.
2 *K.*

Der Jurist aus Oberschwaben kam 1963 nach Ulm, wo er sich mit seiner Familie im Stadtteil Wiblingen niederließ. Das Jurastudium hatte ihn zuvor nach München und Tübingen geführt, die juristische Promotion erfolgte in Tübingen. 1959 begann B. nach dem Zweiten Staatsexamen als Gerichtsassessor beim Landgericht Heilbronn/Neckar. 1961 zum Bundesministerium der Justiz (strafrechtliche Abteilung) abgeordnet, kam er im Frühjahr 1963 als Landgerichtsrat und Vorsitzender Richter an der Kammer für Handelssachen an das Landgericht Ulm, wo er 1970 zum Landgerichtsdirektor und Vorsitzenden der Zweiten Zivilkammer und hauptamtlichen Ausbildungslei-

---

60) Ih 2, S. 602.
61) KÖRNER/KILGER, Igel-Verzeichnis 1871-1996, S. 26, Nr. 78.
62) Ih 1, S. 95 – KÖRNER/KILGER, Igel-Verzeichnis, S. 30, Nr. 124 – WB I (2006), S. 26-29 (Uwe GERRENS).

ter für die Rechtsreferendare ernannt wurde. Ab Nov. 1985 Vizepräsident des Landgerichts Ulm, wechselte B. am 1. Mai 1986 als Vorsitzender Richter des 15. Familiensenats an das Oberlandesgericht Stuttgart. Im Okt. 1989 wurde B. als Nachfolger des als Präsident des Oberlandesgerichts nach Stuttgart wechselnden Karlmann Geiß zum Präsidenten des Landgerichts Ulm ernannt, zugleich zum Vorsitzenden der 1. Zivilkammer ebd. Am 1. März 1996 trat B. in den Ruhestand. Zu seinem Nachfolger wurde der bisherige Vizepräsident des Landgerichts Heilbronn, Gerhard Harriehausen, ernannt. Seinen Ruhestand verlebte B. in Wiblingen, wo er seit geraumer Zeit ein Haus besaß. Er widmete sich seinem Hobby, der Kunstgeschichte. In der offiziellen Todesanzeige heißt es, B. sei eine große Persönlichkeit und ein herausragender Jurist gewesen, *der sich in vielfältigen richterlichen Führungspositionen […] außergewöhnliche Verdienste erworben hat.*

Q StadtA Ulm, G 2.
L Dr. Bernhard Bosch wird Präsident am Landgericht, in: Schwäb. Zeitung Nr. 151, 5. VII. 1989 – Bernhard Bosch wird 65: Ein Leben für die Justiz, in: SWP Nr. 95, 25. IV. 1998 – Gert HENSEL, Keine Juristerei mehr, erst recht keinen Dünger. Dr. Bernhard Bosch 70 Jahre alt, in: Schwäb. Zeitung Nr. 96, 26. IV. 2003 (Bild) – Bernhard Bosch gestorben, in: SWP Nr. 70, 24. III. 2007 – SWP Nr. 72, 27. III. 2007 (Todesanz. des Justizministeriums Baden-Württemberg und des Landgerichts Ulm).

Bosch, Servatius, * Albeck/OA Ulm 10. März 1815[63], † 10. Sept. 1880, □ Ulm, Alter Friedhof, ev.
Vater Johann Georg Bosch, * Albeck 28. XI. 1785, † ebd. 15. X. 1816, Kronenwirt in Albeck, S. d. Servatius Bosch, * Albeck 28. X. 1742, † ebd. 27. II. 1827, Kronenwirt in Albeck, u. d. Anna Edelmann, * 23. X. 1757, † Albeck 8. I. 1799.
Mutter Marie Elisabeth Bühler, * 31. XII. 1784, † Albeck 30. XII. 1864, ∞ II. 1819 Jakob Friedrich Vöhringer, Landwirt.
∞ 1. VIII. 1837 Maria *Margarete* Dölle, * Jungingen 1. XII. 1818, † 27. X. 1898, T. d. Adlerwirts in Jungingen.
12 K, darunter Jakob Bosch, * 1838; Carl Fr. Bosch, * Albeck 1843, † Köln 22. XII. 1904, Kaufmann in Köln, Mitinhaber der Firma Bosch und Haag, Handlung für Gas- und Wasserleitungsartikel ebd., ∞ Köln 2. IV. 1872 Paula Liebst, * 1851, † 1936; Albert Bosch, * 23. II. 1854, † Ulm 20. VI. 1887, Architekt, 1878-1886 Bauführer bei der Ulmer Münsterbauhütte; *Robert* August →*Bosch, ∞ Anna Eugenie Kayser, * Obertürkheim bei Stuttgart 8. III. 1864, † Tübingen 12. VII. 1949; Maria Bosch, * 1865.

Als Vater des bedeutenden Industriellen Robert Bosch ist B. zumeist nur eine Fußnote in dessen Biographie. Doch der Besitzer und Betreiber des 1834 neu erbauten Gasthofs „Krone" in Albeck, Inhaber einer Bierbrauerei, Eigentümer von 250 Morgen Äcker und Wiesen sowie eines 50 Morgen umfassenden Waldstücks bei Göttingen, passionierter Jäger und Imker, einer der wohlhabendsten Männer der Gegend, war selbst eine interessante Persönlichkeit und *paßt ganz gewiß nicht in eine Klischeevorstellung vom bäuerlichen Menschen* (HEUSS). B., der als ausgezeichneter Landwirt galt und sich besonders die Baumzucht angelegen sein ließ, soll in Albeck als Wohltäter gewirkt und sein Personal besser bezahlt haben als üblich. Der pragmatisch denkende B. erkannte, dass der Eisenbahnverkehr sein Geschäft an der Postkutschenstraße in Albeck mit der Zeit immer weiter beschneiden würde, und so entschied er sich zum Verkauf. Er beendete damit die langjährige Familientradition. 1869 verkaufte B. mit Ausnahme seines Waldstücks, in dem er weiterhin der Jagd frönte, seinen Besitz in Albeck und zog nach Ulm um, wo er bis zu seinem Tod lebte und wo sein später berühmter Sohn Robert →*Bosch die Realschule besuchte. B. starb an einem Lungenleiden.
Er war ein politisch interessierter, liberal denkender Mensch, der die Revolutionszeit von 1848/49 als Beginn einer neuen Zeit erlebte und enttäuscht erkennen musste, dass sich scheinbar fast nichts geändert hatte. B. zählte zu den Gründungsmitgliedern des Landesverbandes der württ. Volkspartei und gehörte seit 1864 dem Landeskomitee an. B. war ein weithin

bekannter Mann, doch er lehnte Angebote zur Kandidatur für den Landtag im Ulmer Amtsbezirk oder später für den Ulmer Gemeinderat stets ab. Im Nachruf der Ulmer Volkspartei, die ihn zu ihrem Ehrenpräsidenten ernannt hatte, hieß es, B. sei *ein tüchtiger Verfechter der bürgerlichen Freiheit* gewesen. Im Nachruf des Parteiblattes „Beobachter" wurde daran erinnert, B. habe bei keiner Agitation und bei keiner Landesversammlung gefehlt: *Was er mit seiner ausgebreiteten Bekanntschaft auf der Ulmer Alb, mit seiner Kenntnis der dortigen Personen und Verhältnisse, und durch die allgemeine Achtung, die er weitum genoß, namentlich zum Gelingen freisinniger Wahlen im Amt Ulm in und nach 1848 beigetragen hat, wie er selber oft zur Kandidatur aufgefordert, bei aller Tüchtigkeit und Befähigung sich andern gegenüber, die er für tüchtiger hielt, in den Hintergrund stellte und frei von jedem persönlichen Interesse nur für die Sache wirkte, das ist und bleibt uns allen unvergeßlich.*

L Der Beobachter. Ein Volksfreund in Schwaben vom 14. X. 1880 – RUNGE, Volkspartei, S. 36 – UNGERICHT, S. 99 f. – Theodor Heuss, Robert BOSCH, Leben und Leistung, Tübingen 1946 – DFA 32 (1966), S. 151 ff.

Braig, Mathias (Pater Michael, OSB), * Altbierlingen/OA Ehingen 1. Feb. 1774, † Illerrieden/OA Laupheim 15. März 1832, □ ebd., Friedhof bei St. Agatha, 18. März 1832, kath.
Vater Bernhard Braig, * 1728, † 1810, Schneider.
Mutter Ursula Kolb, * 1740, † 1776.
Ledig. Keine K.

B. hat mit seinem Buch über die Geschichte der im Jahre 1099 gegründeten Benediktinerabtei Wiblingen einen wesentlichen Beitrag zur Historiographie des Ulmer Stadtteils geliefert. Für die Zeit ab den 1790er Jahren besitzt B.s Chronik hohen Quellenwert, da seine Darstellung auf eigenem Erleben beruhte.
B. wuchs in seinem Geburtsort und in Ehingen/Donau auf, wo er die Vorschule und seit 1787 das Gymnasium besuchte. Nach 1792 wurde der hoch begabte B. in einen zweijährigen philosophischen Kurs übernommen, in dem auch Kenntnisse der Naturwissenschaften, namentlich Mathematik und Physik, vermittelt wurden. Er ging im Aug. 1794 mit besten Noten vom Gymnasium ab und trat wenig später als Novize in das Benediktinerkloster Wiblingen ein. Dieser Schritt ermöglichte armen, aber begabten Handwerkersöhnen, wie B. einer war, die besten Aussichten auf eine höhere Bildung. Nach der am 28. Okt. 1795 erfolgten Hl. Profess in Wiblingen, nach der B. den Ordensnamen Michael annahm, widmete sich B. dem theologischen Hausstudium. In dieser Zeit schrieb B. ein prächtig ausgestattetes „Directorium Cantus Choralis pro Relig.[iosis] Fratribus ant.[iqui] Monasterii Wiblingani (Choralbuch für die Mönche des altehrwürdigen Klosters Wiblingen), das sich in der Bibliothek des Tübinger Wilhelmsstifts (HS Mb Ae 185) erhalten hat.
Am 20. Dez. 1800 von François de Clugny (1728-1814), dem vertriebenen Bischof von Riez, in der Kirche des Priesterseminars zu Meersburg am Bodensee zum Priester geweiht, konnte B. am 1. Jan. 1801 in der Klosterkirche zu Wiblingen die feierliche Primiz feiern. Danach fungierte er zunächst drei Jahre lang als Hilfspriester in Wiblingen, anschließend ging er in gleicher Eigenschaft nach Bihlafingen. Daneben war er Inspektor für die Grundschulen auf dem Territorium der Klosterherrschaft, seit 1802 auch Lehrer an den Vorbereitungsklassen des Gymnasiums, schließlich Kustos. Im Nov. 1804 begann B. seine Tätigkeit als Vikar in Unterkirchberg, wo er den dortigen Pfarrer P. Amandus →Storr unterstützte, ebenfalls Mitglied des Wiblinger Konvents und von großem Einfluss auf B. als Chronist. Unterkirchberg war mit ca. 1.500 Seelen die größte Wiblinger Klosterpfarrei, und da Storr wiederholt aus gesundheitlichen Gründen ausfiel, hatte B. ihn häufig zu vertreten. Unterkirchberg hatte während der Napoleonischen Kriege unter Plünderungen und marodierender Soldateska schwer zu leiden. Dennoch blieb ihm Zeit, nicht nur an

---

[63] So die Inschrift auf dem Grabstein. Die häufigste Angabe ist jedoch der 10. März 1816.

der Pfarr-Registratur zu arbeiten, sondern ein komplettes Häuser- und Familienverzeichnis des Kirchspiels anzulegen, eine Orts- und Flurkarte Unterkirchbergs und eine kolorierte Ansicht der 1807 zerstörten Illerbrücke in Vogelschauperspektive zu fertigen.

Nachdem Wiblingen Sitz eines württembergischen Oberamts und das Kloster säkularisiert geworden war, absolvierte B. in Stuttgart mit sehr gutem Ergebnis den „Pfarrconcours", die Staatsprüfung für Geistliche. Er wollte sich als Pfarrer nach Dorndorf oder Stetten – beides frühere Wiblinger Klosterpfarreien – versetzen lassen, seine Gesuche wurden jedoch abschlägig beschieden. Am 2. Jan. 1817 war es B., der den kostbarsten Besitz des einstigen Klosters, die Hl. Kreuzreliquie, einst von Abt und Prälat Ulrich Keck (1754-1815) evakuiert, wieder an seinem angestammten Platz aufstellen durfte.

Nach dem Tod von Storr erfolgte die Aufteilung der Pfarrei Unterkirchberg. Am 13. März 1818 wurde B. als Pfarrer nach Illerrieden/OA Laupheim versetzt. Er war dort finanziell so schlecht gestellt, dass er Schulden machen musste, um überleben zu können. Erst nach einem Entlassungsgesuch wurde ihm ein höheres Gehalt bewilligt. Als Pfarrer kümmerte sich B. auch in Illerrieden um die Pfarr-Registratur und das Archiv, legte Stammtafeln der ortsansässigen Familien an und arbeitete an einer Ortsgeschichte.

B. erlag im Alter von gerade 58 Jahren einer Herzwassersucht. Dem Kloster Wiblingen war er zeitlebens eng verbunden geblieben und hatte in den letzten drei Lebensjahren dessen Chronik verfasst. Angeregt von Storr und befeuert von der 1829 publizierten Arbeit des ehemaligen Ochsenhauser Benediktiners Georg Maximilian Geisenhof[64] (1780-1861) über das Reichsstift Ochsenhausen, schrieb B. auf der Grundlage des von ihm selbst und zuvor von Storr geordneten Materials bzw. der Findbücher die Klostergeschichte nieder, wobei die Passagen über die Zeit der Säkularisation ganz von B. stammen, ebenso wie die überarbeiteten Kurzbiographien der letzten Konventualen. Das Wiblinger Klosterarchiv stand ihm für seine Arbeit allerdings nicht zur Verfügung. Er schrieb sein Werk aus der Sicht eines Opfers der Säkularisation, der ein Bewusstsein für Leistungen des Klosters wecken wollte. B.s Buch – die einzige bis heute erschienene umfassende Geschichte der Benediktinerabtei Wiblingen – erschien posthum.

Vom 25. Mai bis 31. Okt. 2007 wurde im Museum im Konventbau des Klosters Wiblingen unter dem Titel „Mein unvergessliches Mutterstift" aus Anlass des 175. Todestages von B. eine an ihn erinnernde Ausstellung gezeigt.

W   Kurze Geschichte der ehemaligen vorderösterreichischen Benediktiner-Abtey Wiblingen in Schwaben, Isny 1834 [Neudruck hg. von Wolfgang SCHÜRLE, Weißenhorn 2001, vgl. L].
L   Konrad OSWALD, Geschichte der lateinischen Lehranstalt in Ehingen a. d. D. nebst einem Namensverzeichnisse derjenigen, welche von dem Jahre 1767 bis 1857 diese Lehranstalt besucht haben, Ehingen 1858, S. 54 – Stefan J. DIETRICH, P. Michael Braig OSB. Eine biographische Skizze, in: Wolfgang SCHÜRLE (Hg.), Michael Braig, Wiblingen: Kurze Geschichte der ehemaligen vorderösterreichischen Benediktinerabtei in Schwaben, Neudruck der Originalausgabe [...] (Alb und Donau - Kunst und Kultur Band 29), Weißenhorn 2001, S. 259-276 – DERS., Pater Michael Braig OSB und die Geschichte des Klosters Wiblingen, in: UO 53/54 (2007), S. 199-219 (Bild) – Martina OBERNDORFER, Wiblingen - Vom Ende eines Klosters, Ulm 2006.

Brand, Karl Jakob, * Winnweiler (Pfalz) 17. Dez. 1817, † Aeschach bei Lindau/Bodensee 11. Aug. 1879, ev.

Der Volksschullehrer B. in Steinheim gründete 1863 den Neu-Ulmer Kreislehrerverein.

Der gebürtige Pfälzer begann 1835 am Schullehrerseminar in Altdorf die Ausbildung zum Lehrer, die er bereits 1837 abschloss. In Bächingen an der Brenz fand er eine erste Anstel-

lung, 1841 wechselte er als Volksschullehrer nach Nördlingen. 1848 sprach er sich in revolutionären Zeiten für die Stärkung des Volksschulwesens in Bayern aus, was ihm eine Strafversetzung ins Donaumoos einbrachte. 1856 erfolgte B.s Versetzung nach Steinheim, wo er neun Jahre lang wirkte. In dieser Zeit war er nicht nur der engagierteste Mitgründer des Kreisvereins Neu-Ulm des 1861 in Regensburg gegründeten Bayer. Lehrervereins, sondern auch des Bezirksverbandes Schwaben dieser Organisation.

1865 wurde B. in die Nähe von Memmingen und schließlich 1869 nach Aeschach versetzt, wo er bis zu seiner Pensionierung im Feb. 1879 als Lehrer tätig war. Ein halbes Jahr später starb B. im Alter von knapp 62 Jahren.

Als im Juni 1964 am Steinheimer Schulhaus eine von dem Neu-Ulmer Hans →Bühler geschaffene Gedenktafel angebracht wurde, die an die Gründung des Neu-Ulmer Kreislehrervereins erinnerte, würdigte der Neu-Ulmer Dritte Bürgermeister Emil →Schmid die Verdienste B.s um die Gründung des Kreislehrervereins.

L   Der Lehrerverein in Neu-Ulm. Eng verbunden mit der Person von Karl Jakob Brand, in: NUZ vom 19. X. 1985.

Brandt, Gertrud, geb. Graf, * Rottweil 10. Feb. 1909, † Ulm 3. Aug. 1994, ev.

Vater   Franz Graf, Oberamtsbautechniker, zuletzt Bezirksbaurat in Rottweil.
Mutter   Stefanie Graf.
2 G.
∞ 1931 Hermann Brandt, † 1986, Mathematiklehrer.
4 K   Jörg Brandt, * 1935; Walter Brandt, * 1937; Barbara Brandt, * 1939; Gerhard Brandt, * 1941.

B. war eine der profiliertesten Ulmer Frauenpolitikerinnen nach dem Ende des Zweiten Weltkriegs. Mit Herta →Wittmann, Inge →Aicher-Scholl und Boleslawa →Podlaszewski u. a. war sie 1948 führend an der Gründung des „Überparteilichen Frauenarbeitskreises Ulm" beteiligt, dessen Vorsitzende sie fast 37 Jahre lang war.

B. beendete ihre schulische Bildung an der Höheren Töchterschule mit der mittleren Reife und war anschließend „Haustochter" in verschiedenen Städten, so auch bei dem Bildhauer Otto Schließler in Heidelberg. Er fertigte eine Büste von ihr an. Einen Beruf zu erlernen, war damals für ein junges Mädchen noch nicht üblich, aber ihr Freiheitssinn und ihre innere Unabhängigkeit zeigten sich u. a. im Erwerb des Führerscheins, was in den 1930er Jahren noch sehr ungewöhnlich für eine Frau war. Nach ihrer Eheschließung mit dem Mathematiklehrer, den sie beim Wandern im Donautal kennengelernt hatte, kam B. 1934 nach Ulm, wohin ihr Ehemann versetzt worden war. B. brachte vier Kinder zur Welt und hütete das 1936 im Gärtnerweg in Söflingen erbaute Haus. Nichts deutete darauf hin, dass sie sich zu einer Pionierin der Ulmer Frauenbewegung entwickeln würde.

Im Zweiten Weltkrieg geriet die Familie in den Drangsalierungsapparat der Gestapo. B.s Ehemann stand dem Regime kritisch gegenüber; dies war bekannt, und die Familie wurde gemieden und denunziert. Hermann Brandt wurde nach einer Hausdurchsuchung wegen des Verdachts der Vorbereitung zum Hochverrat sechs Monate in Einzelhaft im Gestapogefängnis Nürnberg eingesperrt. Die persönlichen Erfahrungen unter der Diktatur schärften B.s Blick und bildeten wohl die Basis für ihr späteres öffentliches Engagement.

Rastlos, ideenreich und tatkräftig wirkte B. an der Gründung des „Überparteilichen Frauenarbeitskreises Ulm" (28. Jan. 1948) mit. Dieser Kreis entfaltete eine umfassende Aktivität, die im Nachkriegsdeutschland beispiellos war. In seiner Arbeit weckte er erst ein Bewusstsein für die besondere Rolle der Frauen in der Nachkriegsgesellschaft, die vielfach zusätzlich auch die Aufgaben wahrzunehmen hatten, die bisher als „Männersache" galten. Die Ulmer Frauen bereiteten Veranstaltungen

64   Geisenhof war Pfarrer in Wiblingen und nach Braigs Tod seit 1832 Pfarrer in Illerrieden.

50

mit bekannten Rednern vor, waren mit Informationsversammlungen in Wahlkämpfen präsent und wirkten auch bei der Arbeit der vh Ulm mit. Nachdem Else Fried-Gotsmann schon 1949 als Vorsitzende zurückgetreten war, übernahm B. den Vorsitz. Dabei ging sie davon aus, nur für einige Monate eine „Übergangslösung" zu sein. Es wurden fast 37 Jahre. Ebenfalls 1949 konnte ein in der Gallwitzkaserne untergebrachter Schülerhort eröffnet werden, der für die zahlreichen Kinder gedacht war, deren Väter gefallen, verschollen oder in Kriegsgefangenschaft und deren Mütter für den Lebensunterhalt sorgen mussten. B. nahm 1948 auch an der konstituierenden Sitzung des Landesfrauenrats des Landes Württemberg-Baden teil.

Das größte Bauprojekt des „Frauenarbeitskreises" war das 1953 eröffnete Wohnheim für alleinstehende und berufstätige Frauen in der Ulmer Beyerstraße, im Volksmund bald „Drachenburg" genannt. Schon 1956 konnte ein zweites Frauenwohnheim am Karlsplatz seine Tore öffnen. B. trug wesentlich dazu bei, dass beide Projekte finanziell auf sicherem Boden standen, verhandelte mit städtischen Stellen und Vertretern der Militärregierung, mit Banken und der Landesregierung, um Geldmittel einzuwerben. Sie übernahm auch die Verwaltung beider Wohnheime, war daneben aktiv an den Veranstaltungen des „Frauenarbeitskreises" beteiligt und bot in ihrem Haus regelmäßig Sprechstunden an. Das beeindruckende Engagement brachte Oberbürgermeister Theodor →Pfizer auf den Gedanken, schon 1949 die „Bürgerinnenversammlungen" ins Leben zu rufen, die zunächst einmal pro Jahr, dann alle zwei Jahre abgehalten wurden.

Mit Sachkenntnis und Beharrlichkeit setzte sich B. in zahlreichen Schreiben an die Regierungen in Stuttgart und Berlin für die Belange der Frauen ein, wobei die Themen vom Schwangerschaftsabbruch bis zur Gleichstellung der Frau im Arbeitsleben reichten. Zu Beginn der 1950er Jahre gelang es ihr, die Bibliothek des Ulmer Amerikahauses, die dem Stuttgarter Amerikahaus eingegliedert werden sollte, in Ulm zu halten. In den 1960er Jahren organisierte sie Feste, mit deren Erlösen sich der „Frauenarbeitskreis" an der Finanzierung des von Almir Mavignier gestalteten Vorhangs im neuen Ulmer Theater beteiligte. 1962 zählte sie zu den Mitgründerinnen der Wohnberatung, gehörte später dem Kuratorium der Mütterberatung und dem Beirat des „Altentreffs Ulm/Neu-Ulm" an. Ihr vielfältiges Engagement entsprang einem gesunden Selbstbewusstsein und der Einsicht, für die Sache der Frauen etwas tun zu müssen. Mit Eitelkeit hatte es nichts zu tun. Die sympathische Frau scheute eher das Rampenlicht und den „großen Auftritt".

Bereits 1977 mit dem Bundesverdienstkreuz ausgezeichnet, wurde B. 1986 mit der Bürgermedaille der Stadt Ulm geehrt. Im gleichen Jahr löste sich der mit Nachwuchssorgen kämpfende „Frauenarbeitskreis" auf; seine Aufgaben konnten als erfüllt angesehen werden. Die Frauenwohnheime wurden der Stadt Ulm schuldenfrei überschrieben. B. hielt aber fest, dass damit die Arbeit der Frauen in Ulm für andere Frauen nicht aufhöre.

Sie starb in der Mitte des 86. Lebensjahres.

Q StadtA Ulm, G 2.
L Helga WIEGANDT, Initiative und Beharrlichkeit – 25 Jahre Überparteilicher Frauenarbeitskreis Ulm, Ulm 1973 – Christl DROLLINGER, Gertrud Brandt, in: Ökumenischer Arbeitskreis Frauen (Hg.), Ulmer Frauenwege im 20. Jahrhundert. Tatkraft aus Nächstenliebe, Ulm 2006, S. 57-63 (Bilder) – SCHMIDT, Demokratie, S. 85.

Breitling, *Wilhelm* August (von), Dr. iur. h.c., * Gaildorf 4. Jan. 1835, † Stuttgart 20. April 1914, □ ebd., Pragfriedhof, ev.

Vater Paul Breitling, * 9. IX. 1798 (nicht 1789!), † 16. XII. 1867, Oberamtsrichter in Welzheim, Gaildorf und Göppingen, 1841 Rat am Gerichtshof in Esslingen/Neckar, S. d. Jakob Friedrich Breitling, * 17. I. 1755, Hzgl. Württ. Hofkonditor in Stuttgart, u. d. Sibylle Magdalene Auguste Heigelin.

Mutter Karoline Wucherer, * 5. II. 1802, † 19. V. 1892, T. d. Amtmanns Wucherer in Morstein, u. d. Auguste Wilhelmine Schmidt.

4 G Emil Breitling; Paul Breitling, † 1857; Eugen Breitling; Otto Breitling. ∞ Ulm 19. V. 1866 Lina Koch[65], * wohl 1846, † 12. VI. 1937, T. d. Friedrich Koch, * Güglingen 4. I. 1807, † 1871, Oberamtsrichter in Cannstatt, zuletzt dsgl. in Esslingen/Neckar.

3 K Martha Breitling, * Ulm 3. IX. 1867, ∞ Stuttgart 14. IX. 1889 Christian *Leopold* Eduard Elben, * Stuttgart 27. V. 1862, † ebd. 16. X. 1917, Redakteur, Schriftleiter und Verleger des „Schwäb. Merkur"; Maria Breitling, * Ulm 12. V. 1869, † 8. VI. 1964, ∞ Reinhold von Gessler, * Tübingen 16. XI. 1862, † Stuttgart 4. IV. 1915, Ministerialdirektor im württ. Justizministerium, S. d. Staatsministers Theodor (von) Gessler; Paula Breitling, * Stuttgart 16. X. 1875, ∞ Stuttgart 17. X. 1896 Wilhelm →Leube.

Der württ. Ministerpräsident B. verbrachte prägende Jahre seiner juristischen Laufbahn in der Reichsgründungszeit in Ulm, wo er auch seine Familie gründete. Diese Tatsache allein würde genügen, um ihn in vorliegendes Lexikon aufzunehmen. Hinzu kommt aber, dass er seinen Aufstieg zum württ. Regierungschef nur dem Umstand zu verdanken hatte, dass sein aus Ulm stammender Amtsvorgänger, Ministerpräsident Max →Schott von Schottenstein, unter besonderen Verhältnissen aus dem Amt des Ministerpräsidenten scheiden und B. in einer Krisensituation die Regierungsgeschäfte übernehmen musste.

B. wuchs, nachdem sein Vater noch in seinem Geburtsjahr als Oberamtsrichter nach Göppingen versetzt worden war, im Göppinger Schloss – damals Amtssitz des Oberamtsrichters – und seit 1841 in Esslingen/Neckar auf, wo er die Lateinschule bzw. das Pädagogium besuchte. 1848 bzw. 1849 bestand er das 1. und 2. Landexamen mit ausgezeichnetem Ergebnis, dessen 2. war B. von Okt. 1849 bis Okt. 1853 Hospes im Ev.-theol. Seminar in Blaubeuren und erhielt zusätzlich Privatunterricht bei den Repetenten Eytel und Julius Weizsäcker. Von 1853 bis 1858 studierte B. Rechtswissenschaften in Tübingen (Burschenschaft Germania) und Heidelberg. Von der Militärpflicht kaufte den schon seit seiner frühen Jugend Brille tragenden B. 1856 sein Onkel Wilhelm Breitling, Kaufmann in London, frei. 1858 bestand B. die I. Höhere Justizdienstprüfung mit hervorragendem Ergebnis, ebenso 1859 die II. Höhere Justizdienstprüfung. Die zwischen den Prüfungen liegende Referendarszeit führte B. an das Oberamtsgericht und an den Kreisgerichtshof Esslingen/Neckar. Angesichts der seinerzeit herrschenden schlechten Aussichten für eine baldige Anstellung im Staatsdienst konnte B. nach der Prüfung mit einem Stipendium eine wissenschaftliche Reise nach Hannover, London, Paris und Brüssel unternehmen.

Der Gerichtsassessor B. fing im Staatsdienst als Volontär und Akzessist bei den Oberamtsgerichten in Esslingen/Neckar, Böblingen, Rottenburg/Neckar, Vaihingen/Enz und Kirchheim/Teck an, um im Feb. 1863 wieder nach Esslingen zurückzukehren, wo er ab Aug. 1864 Aktuariatsverweser war.

Im Nov. 1865 zum Gerichtsaktuar in Cannstatt ernannt, ging B. im März 1866 als Hilfsarbeiter am Zivilsenat des Kreisgerichtshofes für den Donaukreis nach Ulm. Im Haus des Zimmermeisters Preßmar (Ecke Syrlin-/Karlstraße), in dem auch Oberjustizrat Ferdinand →Gmelin und Hauptmann Jacob Heinrich von Maur wohnten, fand B. mit seiner Braut eine Wohnung. Wenig später heiratete das Paar in Ulm. Wegen der Kriegsgefahr blieben die Umzugskisten jedoch lange unausgepackt.

1869 erfolgte im Zuge der Reform des württ. Gerichtswesens B.s Ernennung zum Kreisrichter in Ulm. In dieser Zeit trat er dem Verein für Kunst und Altertum in Ulm und Oberschwaben bei und war Mitglied des unter der Leitung von Rektor Karl →Weitzel stehenden Lesekranzes. Während des Deutsch-Frz. Krieges 1870/71 engagierte sich B. im Ulmer Sanitätsverein. 1874 wurde er auf eigenen Wunsch als Kreisrichter nach Stuttgart versetzt, doch hat B. im Rückblick wiederholt seine Ulmer Zeit als eine nachwirkende, prägende und vor allem glückliche Phase seines Lebens bezeichnet.

65 Todesanzeige in: Schwäb. Merkur Nr. 137, 16. VI. 1937, S. 4.

1876 zum Kreisgerichtsrat bzw. seit 1879 Landgerichtsrat in Stuttgart aufgerückt, wurde B. im Frühjahr 1883 als Vortragender Rat (Ministerialrat) in das württ. Justizministerium berufen, wo er seit 1888 als Hauptreferent mit der Einführung des BGB in Württemberg betraut war – eine erfolgreiche Tätigkeit des rastlos fleißigen, seine Kräfte aber auch oft überspannenden B., was ihm ein chronisches Herzleiden eintrug. Im März 1887 erhielt er Titel und Rang eines Kollegialdirektors, am 27. Nov. 1889 folgte die Ernennung zum Wirklichen Staatsrat und o. Mitglied des Geheimen Rats. Daneben war er stv. Mitglied des Verwaltungsgerichtshofs, seit Sept. 1892 o. Mitglied ebd.

Am 16. Okt. 1896 schied Justizminister Eduard von Faber aus dem Staatsministerium aus. Zwei Tage später erfolgte B.s Ernennung zum Leiter des Justizdepartements. Als Justizminister setzte B. allein in den Jahren von 1896 bis 1899 47 alte Gesetze außer Kraft, reformierte das Justizwesen und die Prüfungsordnungen. Im Okt. 1898 besichtigte Justizminister B. das neue Justizgebäude in Ulm. B.s Weg an die Spitze der Regierung des Königreichs Württemberg verlief mit einer gewissen Folgerichtigkeit. Nachdem Ministerpräsident Max Schott von Schottenstein sich als Zeuge in einem Kuppeleiprozess unmöglich gemacht hatte, war sehr schnell absehbar, dass er sein Amt würde niederlegen müssen. Nach außen wurden „Gesundheitsrücksichten" geltend gemacht, der Regierungschef trete einen „Urlaub" an. Bereits am 20. März 1901 wurden B. die Aufgaben des Kgl. Württ. Ministerpräsidenten übertragen, am 11. April 1901 folgte die offizielle Ernennung zum Ministerpräsidenten und Präsidenten des Geheimen Rats. Er blieb zugleich Justizminister und o. Bevollmächtigter zum Bundesrat in Berlin.

B.s fünfeinhalbjährige Amtszeit als Regierungschef ist als „Ministerium der Reformen" bezeichnet worden. B. vollzog – um nur einige Beispiele zu nennen – 1903 den Abschluss der Reform des Steuerwesens mit Einführung der Einkommensteuer, 1906 die Verwaltungsreform mit der neuen Gemeinde- und Bezirksordnung und im gleichen Jahr die Verfassungsreform, an der seit Jahrzehnten gearbeitet worden war, die aber unter B. zum Abschluss kam und die ihm die höchste Anerkennung König Wilhelms II. einbrachte, der ihn mit einem Handschreiben vom 10. Juli 1906 und der Übersendung seiner Büste ehrte und ihm dankte. Die Verfassungsreform bedeutete für Württemberg einen wichtigen Schritt in Richtung Demokratisierung des Wahlrechts und des Parlaments und ist zu Unrecht fast vergessen, weil sie ihre Wirkung angesichts des Staatsumsturzes im Nov. 1918 nicht mehr zu entfalten vermochte.

Am 3. Dez. 1906 bat der im 72. Lebensjahr stehende B. den König um seine Entlassung aus allen seinen Staatsämtern, da seine Gesundheit erschüttert war. Wilhelm II. entsprach dem Gesuch mit Wirkung vom 4. Dez. 1906 unter anerkennenden Worten. B.s Nachfolge als Ministerpräsident wurde vom bisherigen Staatsminister der Auswärtigen Angelegenheiten, Karl Hugo von Weizsäcker, angetreten. B. zog sich im Ruhestand ganz aus der Öffentlichkeit zurück. Er verfasste für die Familie bestimmte Erinnerungen, in denen er die Ulmer Zeit besonders prägnant und farbig schilderte. B. starb wenige Monate vor Ausbruch des Ersten Weltkriegs im 80. Lebensjahr. – Mitglied des Vorsteherkollegiums und des Verwaltungsausschusses der Württ. Sparkasse; Vorsitzender des Strafanstaltenkollegiums. – 1894 Kommenturkreuz des Württ. Kronordens; 1898 Großkreuz des Friedrichsordens; 1900 Großkreuz mit der Krone des Friedrichsordens; Kgl. Preuß. Roter Adlerorden I. Kl.; Großkreuz des Verdienstordens der Bayer. Krone; Großkreuz des Kgl. Sächs. Albrechtsordens mit goldenem Stern; 1906 Brillanten zum Großkreuz des Württ. Kronordens; 1907 Benennung einer Straße in Stuttgart; 1907 Ehrenmitglied des Vereins der deutschen Strafanstaltenbeamten; 1899 Dr. iur. h. c. (Universität Tübingen).

W   Grundzüge des neuen Konkursrechtes und Konkursverfahrens [...], Stuttgart 1882, ²1908.
L   Ih 1, S. 105 – Ih 3, S. 42 – HARTMANN, Regierung und Stände S. 65 – SK Nr. 179/1914 und Nr. 195/1914 – Staatsanzeiger Nr. 91 und Nr. 94/1914 – Württ. Jahrbücher 1914, S. IV – WN 1914, S. 67-95 (Karl von CRONMÜLLER; Bild Frontispiz) – LINCK-PELARGUS, S. 23 – NDB 2, S. 579 – SCHWABE, Regierungen, S. 36, 39, 43, 230 – PHILIPP, Germania, S. 79, Nr. 1164 – Herbert HUMMEL, Wilhelm (von) Breitling (1835-1914) - Württ. Ministerpräsident, in: DERS., Geist und Kirche (1998), S. 127 ff. (Bild) – KÖNIG, Menschen, S. 26-29 (Bild) - Wikipedia.

Breitschwert, Luise Freiin von, →**Walther**, Luise.

Bretschneider, Heinrich, Dipl.-Ing., * Stuttgart 13. Mai 1878, † nicht ermittelt, ev.
Vater   Wilhelm Bretschneider, Dr. phil., * Paris 7. IV. 1847, † Stuttgart 17. V. 1931, Professor an der Friedrich-Eugens-Realschule Stuttgart, Hilfslehrer an der TH Stuttgart.
Mutter   Maria Magirus, * Ulm 6. IV. 1852, † Stuttgart 5. XII. 1899, T. d. Conrad Dietrich →Magirus jun.
4 G   Theodor Bretschneider, * Stuttgart 26. IV. 1877, † 1918 Amtsrichter in Böblingen, zuletzt dsgl. in Ulm; Paula Bretschneider, * 17. VIII. 1880, ∞ Frank Bertschinger; Otto Bretschneider, Dipl.-Ing., * 23. X. 1883, † gefallen am Donon (Vogesen) 21. VIII. 1914, Ingenieur bei C. D. Magirus, Ulm, ∞ Liesel Beck, * Ulm 19. III. 1892; Martha Bretschneider, * 13. I. 1887, Fürsorgebeamtin in Stuttgart.
∞ 22. VII. 1905 Ella Breuninger, * Stuttgart 11. VII. 1879, T. d. Eduard Breuninger[66], * Backnang 14. VII. 1854, † Stuttgart 25. III. 1932, Kommerzienrat, Großkaufmann in Stuttgart, Gründer des nach ihm benannten Kaufhauses, u. d. Anna *Lydia* Veil, * Schorndorf 26. VII. 1855.
1 K   Joachim Bretschneider, * 25. I. 1915, ∞ 10. V. 1940 Rosemarie Vetter-Magirus, * 27. II. 1919, T. d. Vetter, Syndikus bei den Zeppelin-Werken in Friedrichshafen, u. d. Margrit Weninger, * Straßburg 12. VI. 1896, die nach dem Tod von Vetter 1924 in II. Ehe Otto Magirus jun., * Ulm 4. III. 1889, heiratete.

B. spielte in den ersten Jahrzehnten des 20. Jahrhunderts bei den Magirus-Werken in Ulm eine bedeutende Rolle.
Verwandtschaftliche Bande brachten B. nach Ulm, nachdem er in Stuttgart das Gymnasium besucht und an den Technischen Hochschulen Stuttgart und [Berlin-] Charlottenburg Ingenieurwissenschaften studiert hatte. Nach Abschluss des Studiums bereiste B. für etwa zwei Jahre die USA, Frankreich und England. Dann trat der junge Mann in die Dienste der von seinem Großvater gegründeten C. D. Magirus AG, Ulm, als deren Direktor und Vorstandsmitglied er später bis 1930 wesentlich den Kurs des Unternehmens bestimmte. B. oblag die Verantwortung für Konstruktion und Ausführung von Militär-Spezialfahrzeugen, besonders für Funktelegrafie, Beleuchtung und Beobachtung, und wusste das Geschäft mit dem Reich und Preußen und die Verbindung zu den Militärbehörden in diesem Zusammenhang stark auszubauen. Während des Ersten Weltkriegs war B. als Oberleutnant für ein halbes Jahr zur Verkehrstechnischen Prüfungskommission in Berlin kommandiert gewesen.
1930 wechselte B. vom Vorstand in den Aufsichtsrat von Magirus und widmete sich – zumal nach dem Tod seines Schwiegervaters – verstärkt seinen Aufgaben als Vorsitzender des Aufsichtsrats der Eduard Breuninger AG.

L   Reichshandbuch I, S. 216 (Bild) – Stammbuch Magirus, S. 13 f. (Bild).

Buck, Georg, * Grönenbach/BA Memmingen 23. Dez. 1882, † tödlich verunglückt in den Duxer Alpen 27. Juli 1941, ☐ Grönenbach, ev.-ref.
Vater   Jakob Buck, * Grönenbach 3. VII. 1842, † ebd. Juli 1924, Gastwirt und Bauer.
Mutter   Maria Kaiser, * Grönenbach 4. VII. 1845, † ebd. Juli 1927.
∞ 25. XI. 1907 Johanna Biechteler, * Herbishofen, Gde. Lachen/BA Memmingen 8. XI. 1881, † Neu-Ulm 3. XII. 1962.
3 K   Desdemona Buck, * 19. IV. 1909; Hans Buck, * 16. IX. 1910; *Walter* Heinrich Buck, * Neu-Ulm 2. I. 1920, wegen Schizophrenie in Heil- und Pflegeanstalt Kaufbeuren eingewiesen.

Als Verfasser der „Chronik der Stadt Neu-Ulm" leistete der städtische Beamte B. einen wesentlichen Beitrag zur Erforschung der Stadtgeschichte.

---

[66] Ih 1, S. 107 – Reichshandbuch I, S. 217.

Nach Besuch der Volksschule bis zur 5. Klasse wechselte B. 1894 an die Realschule Memmingen, die er 1900 mit dem Abgangszeugnis verließ. Nach einer kaufmännischen Ausbildung in Würzburg fand er vom 1. Aug. 1902 bis 1. Okt. 1903 eine Anstellung beim Marktmagistrat Rottenburg an der Laaber, vom 1. Jan. bis 20. April 1904 war er Kanzleigehilfe ebd. Am 20. April 1904 trat B. als Kanzleigehilfe in die Dienste der Stadt Neu-Ulm, der er bis zu seinem Tod 37 Jahre lang ohne Unterbrechung verbunden blieb. Am 1. Jan. 1905 Offizant-Verweser, am 1. Jan. 1907 Offiziant und am 1. Jan. 1909 Magistratssekretär, zählte die Betreuung des Repertoriums der städtischen Registratur zu seinen Aufgaben. Während des Ersten Weltkrieges erwarb sich B. als Leiter des Kommunalverbandes, nach 1919 als Vorstand des Städtischen Wohlfahrtsamtes (zunächst als Obersekretär) große Verdienste. B. interessierte sich in seltener Weise für die Neu-Ulmer Geschichte, kannte nach Jahrzehnten jedes Haus in der Stadt, dessen Geschichte und die seiner Bewohner. So war es kein Wunder, dass er auch im Historischen Verein ein sehr aktives Mitglied war und in dessen Organ „Aus dem Ulmer Winkel" in den Jahren 1921 bis 1936 eine Reihe heimatkundlicher Aufsätze veröffentlichte. Noch vor dem Ersten Weltkrieg konnte er die erste „Chronik der Stadt Neu-Ulm" (1911/13 bei J. W. Helb, Neu-Ulm) publizieren. Die materialreiche Chronik referiert anlässlich des 100-Jahr-Jubiläums der Stadtgemeinde eine Fülle von Informationen zur Geschichte Neu-Ulms, verzichtet aber auf jede Analyse und Einordnung. So ist der bleibende Wert der Arbeit B.s in der Bewahrung einer beeindruckenden Materialfülle zu sehen, die er zu großen Teilen aus Archivalien schöpfte, die mittlerweile vernichtet sind. B.s Chronik ist damit selbst eine unverzichtbare Quelle zur frühen Stadtgeschichte geworden. B.s „Neu-Ulmer Kriegschronik 1914-1918" (Neu-Ulm 1921/23) dokumentiert die Auswirkungen des Weltkriegs auf die Garnisonsstadt.

In seiner Freizeit unternahm der Naturliebhaber B. ausgedehnte Spaziergänge. Mitglied des Schwäbischen Albvereins und des Zweigvereins Neu-Ulm des Dt. Alpenvereins. Im gesellschaftlichen Leben Neu-Ulms war B. eine große Größe und wiederholt aktiv bei der Organisation von festlichen Ereignissen in der Stadt. Am 18. Mai 1925 erhielt er den Titel Verwaltungsoberinspektor, bestand 1926 die Prüfung für den Stadt- und Marktschreiberdienst bei der Regierung von Schwaben und Neuburg in Augsburg. Daraufhin konnte zum 1. Okt. 1926 seine Beförderung zum wirklichen Verwaltungsoberinspektor und zum 1. April 1937 zum Verwaltungs- bzw. Stadtamtmann der Stadt Neu-Ulm erfolgen, Ende 1937 auch die Ernennung zum Beamten auf Lebenszeit. B. war Mitglied der NSDAP (Nr. 2.606.162).

Bei einem Bergausflug (Aufstieg vom Spannagl auf den Olperer in den Duxer Alpen) stürzte B. in eine Gletscherspalte, aus der er erst nach mehreren Stunden tot geborgen werden konnte. Die zur Untersuchung des Falles eingeschalteten Stellen schrieben B. die alleinige Schuld an dem Unfall zu. An der Beerdigung B.s im Heimatort Grönenbach nahmen als Vertreter Neu-Ulms u. a. Oberbürgermeister Franz Josef →Nuißl und Bürgermeister Josef →Ostermann teil. – 1938 Silbernes Treudienst-Ehrenzeichen.

Q   StadtA Neu-Ulm, A4, Nr. 96 – ebd., D 12, III.2.3.16.
Weitere W Pfarrer K. Fuchs. Ein bisher unbekannter Dichter, in: Aus dem Ulmer Winkel 1925 – Hausnamen im Ulmer Winkel: Burlafingen, in: Aus dem Ulmer Winkel 1926.

L   Stadtamtmann Buck in den Zillertaler Bergen tödlich verunglückt, in: Neu-Ulmer Anzeiger vom 31. VII. 1941 – Zur letzten Ruhe gebettet, ebd., 4. VIII. 1941 – UBC 5b, S. 503 – TREU, Neu-Ulm, S. 207 (Bild), 210, 542, 544 f.

Buder, Georg *Walther*, D. theol. h.c., * Tübingen 2. Sept. 1878, † Ulm 27. Sept. 1961, ev.

Vater   Paul (von) Buder[67], D. theol., Dr. phil. h.c., * Leutkirch 15. II. 1836, † Tübingen 5. V. 1914, 1850-1854 ev.-theol. Seminar Urach, 1854-1858 Tübinger Stift, Repetent am Tübinger ev.-theol. Seminar, 1872 Ephorus des ev.-theol. Seminars und 1877 o. Prof. der Dogmatik (Nachfolger Landerers) an der Universität Tübingen, 1891/92 Rektor der Universität, 1910 a. D., Abg. der Ev. Theologischen Fakultät der Universität Tübingen zur V., VI. und VII. Landessynode.

Mutter   Ottilie Scholl, T. d. Gottlob →Scholl.

3 G, darunter Theodor Buder, * 19. VIII. 1875, † ebd. 22. IV. 1956, Direktor der Heilanstalt Weißenau bei Ravensburg

∞ Stuttgart 28. IX. 1918 Hildegard Klett, * Ulm 19. IX. 1884, T. d. Theodor →Klett.

4 K   Paul *Georg* Buder[68], * Stuttgart 20. V. 1920, Oberstudiendirektor in Ulm, 1966 für Ulm, Blaubeuren und Münsingen Ersatzmitglied der 7. Landessynode; *Eberhard* Theodor Buder[69], * Stuttgart 23. IX. 1922, Pfarrer an der Pauluskirche in Bietigheim; *Ernst* Bernhard Buder, * Stuttgart 1. III. 1924; *Max* Walter Buder, * Stuttgart 14. III. 1926.

B. war in für Ulm schwierigen Zeiten der höchste Repräsentant der ev. Kirche Württembergs. NS-Zeit, Zweiter Weltkrieg und die Jahre des Wiederaufbaus prägten seine Amtszeit. Der Sohn eines der renommiertesten ev. Theologen Württembergs ließ es nicht auf einen offenen Konflikt mit den NS-Machthabern in Ulm ankommen, an seiner ablehnenden Haltung gegenüber dem Hitler-Regime war dennoch nicht zu zweifeln.

B. wuchs in Tübingen auf, ging dort zur Schule und bestand das Abitur. Nach dem Theologiestudium in Tübingen (Mitglied der Burschenschaft Normannia) unternahm er eine Studienreise, die ihn u. a. nach Hamburg führte, wo der an pädagogischen Fragen besonders interessierte B. von der Jugendarbeit der bekannten Pastoren Schultz und Ruckteschell erfuhr und diese beobachtete. Nach den beiden theologischen Dienstprüfungen durchlief B. verschiedene Vikariate, war kurzzeitig auch schon in Ulm tätig (1903 als Religionslehrer am Kgl. Gymnasium), wirkte als Lehrer am Stuttgarter Karlsgymnasium und beendete 1906 die Zeit der „unständigen Verwendungen", als er seine Tätigkeit als Repetent am Tübinger Stift aufnahm. 1909 wurde er als Dritter Stadtpfarrer an St. Michael nach Schwäbisch Hall versetzt, kam jedoch schon 1912 als Professor für Religion und Hebräisch an das Eberhard-Ludwigs-Gymnasium in Stuttgart. Im Ersten Weltkrieg war B. Feldgeistlicher, 1916 Divisionspfarrer, 1917 Armeeoberpfarrer der 10. Armee. Für seine Verdienste während des Krieges wurde B. mit dem EK II und dem Ritterkreuz I. Kl. des Friedrichsordens mit Schwertern dekoriert – einer sehr hohen Auszeichnung. Nach Ende des Weltkriegs setzte er seine Tätigkeit am Eberhard-Ludwigs-Gymnasium fort, wo auch der spätere Oberbürgermeister von Ulm, Theodor →Pfizer, unter seinen Schülern war. 1930 übernahm B. das Amt des Ersten Stadtpfarrers an der Stuttgarter Markuskirche. 1930 als Abg. für Stuttgart zugewähltes Mitglied des 1. Ev. Landeskirchentages, war B. 1931 auch Abg. des 2. Landeskirchentages, dort 1937-1939 Mitglied des Beirats bis zur Niederlegung des Mandats. Von 1931 bis 1937 war B. Leiter der Freien Volkskirchlichen Vereinigungen, seit 1934 Mitglied des Landesbruderrats der Württ. Bekenntnisgemeinschaft und Landesvorsitzender der Ostasienmission. B. war den Nationalsozialisten aus politischen Gründen ein Dorn im Auge. In der Zeit vom 15. Sept. bis 19. Nov. 1934 war er von der Kirchenleitung der „Deutschen Christen" im Zusammenhang mit der Amtsenthebung des Landesbischofs D. Theophil Wurm vom Amt zwangsweise beurlaubt. Als sein Nachfolger wurde Pfarrer Reinhold Stark

67 Ih 1, S. 116 – Magisterbuch 37 (1914), S. 71 – EHMER/KAMMERER, S. 108 (mit Bild und weiterer Literatur).
68 EHMER/KAMMERER, S. 108 (Bild).
69 EHMER/KAMMERER, S. 108 (Bild).

aus Dobel installiert, ein bedingungsloser Anhänger der „Deutschen Christen", der von der Gemeinde allerdings nicht akzeptiert wurde. Damals machte das Wort die Runde: *Sei stark und nobel, geh heim nach Dobel, an unser Ruder gehört nur Buder.*

Der unbeirrbare B. ließ sich weder von seiner kurzzeitigen „Absetzung" noch von einem gewalttätigen Angriff brauner Schläger auf seinen Konfirmandenunterricht, bei dem er selbst blutig geschlagen wurde, beeindrucken. Der charaktervolle, ausgeglichene, menschliche und natürliche Geistliche hielt in einem Brief an seinen Bruder fest, das Verhalten der Nationalsozialisten habe ihm *die ganze Unreife anschaulich* gemacht, *die zum Wesen der herrschenden Partei* gehöre. B., der sich, ohne davon später viel Aufhebens zu machen, sehr für die Stuttgarterin Tilly Lahnstein einsetzte, die nach Haigerloch „umgesiedelt" werden sollte – der erste Schritt zu ihrer Ermordung –, mit seinem Einsatz aber leider scheiterte, nahm am 19./20. Okt. 1934 an der ev. „Bekenntnissynode" in Berlin-Dahlem teil, vom 2. bis 5. Juli 1935 am Deutschen Lutherischen Tag in Hannover.

Anfang 1939 (18. Jan. Ernennung, 1. März Amtsantritt) erfolgte B.s Ernennung zum Prälaten von Ulm, nachdem im Zusammenhang mit der Pensionierung des Ulmer Prälaten Konrad →Hoffmann der eigentlich ursprünglich zu dessen Nachfolger ernannte Stuttgarter Stadtdekan Prälat Dr. Richard Lempp (1883-1945) vom Amtsantritt entbunden worden war und schon davor die unrechtmäßige Ernennung des Friedrichshafener Stadtpfarrers Dr. Karl Steger (1889-1954) zum Ulmer Prälaten die tiefen Gräben in der ev. Kirche Ulms für alle sichtbar gemacht hatte. Die bedeutendste Aufgabe für den neuen Prälaten B. musste also sein, wieder Ruhe in den zerstrittenen Ulmer Sprengel zu bringen, die zusätzlich durch das unglückliche Agieren des Dekans Theodor →Kappus empfindlich gestört war. Zu diesem Zweck verfolgte er in seiner Amtszeit während der NS-Zeit einen Kurs der Nachgiebigkeit gegenüber dem Kreisleiter Eugen →Maier, der aus heutiger Sicht in einigen Fällen manchmal als Schwäche ausgelegt werden kann, jedoch im Gesamtergebnis für die Kirche als erfolgreich einzustufen ist.

Satzungsgemäß war B. im Amt des Prälaten auch Vorstand der „Karl-Olga-Heilanstalt in Ulm e. V.", daneben übernahm er einen Teil des Seelsorgebezirks des Stadtpfarrers Arnold →*Beierbach an der Dreifaltigkeitskirche, die wöchentliche Bibelstunde der Mündergemeinde und die Vorbereitung der Helfer für den Kindergottesdienst. B. fand damit schon im Jahr seiner Ernennung sehr rasch und nachdrücklich Wurzeln in Ulm.

Schwer traf ihn die Zerstörung seiner Wohnung durch den Luftangriff am 17. Dez. 1944, bei dem auch seine umfangreiche Bibliothek ein Raub der Flammen wurde. Der Umzug der Familie aufs Land konnte abgewendet werden, weil Freunde ihr die Möglichkeit boten, bei ihnen zu wohnen: *Menschen sind wichtiger als Dinge! Und die ewigen Werte bleiben, auch wenn die irdischen vergehen.* Nach Kriegsende versuchte B. nach Kräften und buchstäblich am Wiederaufbau der Kirche und Kirchen in seinem Kirchensprengel mitzuhelfen und den mit großer Not konfrontierten Menschen neue Hoffnung zu geben. B. schied am 31. Dez. 1950 nach elfjährigem Amtszeit als Prälat aus dem Amt und wurde im 73. Lebensjahr in den Ruhestand versetzt, den er in Ulm verlebte. Sein Nachfolger war Oberkirchenrat D. Erich →Eichele aus Stuttgart.

B. starb elf Jahre später, wenige Wochen nach seinem 83. Geburtstag in Ulm, der Stadt, die für ihn neben Tübingen und Stuttgart zur wichtigsten in seinem Leben geworden war und der er sich zutiefst verbunden fühlte. Die große Anteilnahme an seinem Tod, die auch bei der Beerdigung spürbar wurde, unterstrich das ausdrücklich. – 1949 D. theol. h.c. der ev.-Theol. Fakultät der Universität Tübingen.

Q   StadtA Ulm, G 2.

L   Ih 1, S. 116 – CRAMER, Klett, S. 64, § 135 – GIES, Leube, S. 126 – Magisterbuch 41 (1932), S. 141 – SCHMIDGALL, Burschenschafterlisten, S. 176, Nr. 666 – Ev. Gemeindeblatt für Württemberg Nr. 35/1961, S. 4 (Bild) – NEBINGER, Die ev. Prälaten, S. 576 – Peter LAHNSTEIN, Tempus fugit. Aus acht Jahrzehnten meines Lebens, München 1990, S. 85 ff. – Birgit HÜBNER-DICK, Prälat Buders Versuch, Tilly Lahnstein zu retten. Ein Brief gibt Aufschluß über leise Tapferkeit, in: SWP vom 21. I. 1991 – SPECKER, Ulm im Zweiten Weltkrieg, S. 325 (Bild), 326, 334 – MAYER, Die ev. Kirche, S. 429 f., 442, 444, 471 ff., 532 u. ö. – EHMER/KAMMERER, S. 108 (Bild).

Bühler, Georg Christian Wilhelm (von), * Oberrot/OA Gaildorf 21. Jan. 1797, † Stuttgart 5. März 1859, □ Fangelsbachfriedhof, ev.

Vater   Georg Caspar Bühler, † 1822, Kammerrat und Oberförster, S. d. Johann Daniel Bühler, Amtsschultheiß und Gastwirt in Obersontheim, u. d. Elisabeth Hörner, eine Tante des Dichters Christian Friedrich Daniel Schubart.

Mutter   Marie Christiane Geißling.

9 G, darunter Ernst Christoph Wilhelm Bühler[70], * Oberrot/OA Gaildorf 20. 10. 1784, † Welzheim 25. 7. 1841, Ober- und Revierförster in Welzheim, zuvor Oberförster in Neuenbürg.

∞ 25. XI. 1821 *Pauline* Albertine Haspel, * 13. I. 1788, † Stuttgart 27. IV. 1863, T. d. Johann Friedrich Haspel, Dr. med., Oberamtsphysicus in Schwäbisch Hall, u. d. Anna Marie Rosine Schiller.

Adotpivsohn   Ferdinand →Thrän, Münsterbaumeister.

Nach dem Besuch des Gymnasiums in Schwäbisch Hall wollte B., wie sein älterer Bruder, Forstwissenschaft studieren, meldete sich jedoch zunächst als Kriegsfreiwilliger. 1815 als Oberkanonier aus dem Militär entlassen, lernte B. bei seinem Bruder praktische Forstwissenschaft, bis er erkannte, dass er für diesen Beruf nicht geschaffen war. Es ergab sich die Möglichkeit, bei Landbaumeister Johann Gottfried Klinski in Schwäbisch Hall eine bautechnische Ausbildung zu beginnen, die er nach dessen Beförderung zum Kgl. Hofbaumeister in Stuttgart fortsetzte. Dort interessierte er sich auch für die bildenden Künste und kam u. a. mit Johann Heinrich von Dannecker zusammen.

Einer Studienreise am Rhein entlang, in die Niederlande und nach Frankreich schloß sich eine Mitwirkung B.s am Kanal- und Schleusenbau in Heilbronn an. 1821 erfolgte B.s Beförderung zum Straßenbauinspektor für den Bezirk Weingarten. In dieser Zeit errichtete B. zahlreiche Holzbrücken, erbaute aber auch das Waisenhaus am Schloß in Weingarten. Im Herbst 1827 wechselte B. als Straßenbauinspektor nach Ulm; nach dem Tod Johann →Schlumbergers wurde er 1832 zum Kreisbaurat bei der Regierung des Donaukreises in Ulm ernannt. Der als technischer Beirat der vereinigten württembergisch-bayerischen Kommission zur Berichtigung der Illergrenze zwischen Aitrach und Ulm bereits bestens ausgewiesene B. nahm den Bau der Ludwig-Wilhelms-Brücke über die Donau zwischen Ulm und Neu-Ulm in Angriff, die unter schwierigen Bedingungen zwischen 1829 und 1832 errichtet wurde (Grundsteinlegung am 15. Okt. 1829). Nach ihrer Zerstörung im Zweiten Weltkrieg wurde sie als Herdbrücke wieder aufgebaut. Danach widmete sich B. dem Bau einer weiteren Donaubrücke bei Wiblingen und daneben der Planung eines neuen Frauen- und Männergestühls im Münster.

Neben seiner Leistung als Brückenbauer steht B.s Engagement um den Ulmer Eisenbahnbau. Ulm sollte zu einer Drehscheibe des württembergischen Eisenbahnnetzes werden. Als führendes Mitglied der Ulmer Eisenbahngesellschaft setzte sich B. mit besonderer Leidenschaft für den Bahnbau über die Geislinger Steige ein und opferte sogar seine Freizeit, um sich den Nivellierungsarbeiten zu widmen. Als *einer der wichtigsten bautechnischen Gutachter des württembergischen Eisenbahnbaus* (HERRMANN, S. 182) spielte er eine zentrale Rolle in den entscheidenden Jahren des Eisenbahnbaus in Württemberg. Zuletzt Oberbaurat im württ. Innenministerium, starb B. im Alter von 62 Jahren.

L   Ih 1, S. 117 – BUCK, Chronik NEU-ULM Neu-Ulm, S. 48, 50, 51, 52, 55 – BUCK, Chronik Neu-Ulm, S. 48, 50, 51, 52, 55 – UBC 1, S. 498 – A. MÜHL/Kurt SEIDEL, Die Württembergischen Staatseisenbahnen, Stuttgart-Aalen 1970, S. 24-27 – Klaus HERRMANN, Die Württembergische Eisenbahn-Gesellschaft 1836-1838, in:

[70] KÖNIG, Menschen, S. 31 f.

ZWLG 37 (1978), S. [179]-202, hier S. 182, 190, 200 f. – SPECKER, Ulm im 19. Jahrhundert, S. 32, 410 f. – ZIEGLER, Fangelsbachfriedhof, S. 128 – KÖNIG, Menschen, S. 33-36.

Bühler, Ernst *Friedrich*, * Göppingen 23. Juli 1855, † Ulm 19. Juli 1916, ☐ ebd., Hauptfriedhof, ev.

B. zählte zu den führenden Ulmer Kaufleuten und zugleich zu Ulms liberalen Kommunalpolitikern, die auch überregional bekannt waren.

Er machte nach der Latein- und Realschule in Göppingen eine kaufmännische Lehre und gründete 1879 eine Getreide- und Mehlhandlung in Ulm. 1900 erwarb er den 125 Morgen großen Römerhof bei Ulm, 1903 eine Malzfabrik in Heidenheim/Brenz.
B. spielte im Ulmer Wirtschaftsleben der Kaiserzeit eine wichtige Rolle. Er war Mitglied der Kreditkommission und des Aufsichtsrats, vom 1. Sept. 1906 bis zu seinem Tod Vorstandsmitglied der Gewerbebank Ulm, zugleich war er Vorstandsmitglied der Zentralkasse württ. Kreditgenossenschaften.
Der VP- bzw. seit 1910 FVP-Politiker versuchte erstmals bei den Kommunalwahlen im Dez. 1888, sich in den Bürgerausschuss wählen zu lassen, hatte aber erst bei der Wahl im Dez. 1891 Erfolg. Die Auskunft, B. habe bereits seit 1890 dem Bürgerausschuss angehört, ist unzutreffend. B. war bis 1899 Bürgerausschussmitglied, 1895 versuchte er erstmals, auch in den Gemeinderat einzuziehen, was misslang. Erst im Dez. 1899 wurde er zum Gemeinderat gewählt und blieb es bis zu seinem Tode. 1907 scheiterte B. als VP-Landtagskandidat bei der Proporzwahl im 2. Landeswahlkreis. 1909 erklärte er nach dem Tod des Ulmer Landtagsabgeordneten Albert →Mayer seine Bereitschaft zur Landtagskandidatur, der Aufsichtsrat der Gewerbebank, dem B. angehörte, erklärte jedoch diese Mitgliedschaft mit einem Abgeordnetenmandat als unvereinbar, woraufhin B. seine Kandidatur zurückzog. Daraufhin nominierten die Ulmer Liberalen den Postsekretär Munz, der schon bei der letzten Wahl 1906 VP-Kandidat in Ulm Amt gewesen war.

L   Lebenslauf in: „Der Proporz" (Wahlaufruf der VP zur Landtagswahl 1907), Beilage des Reutlinger Generalanzeigers vom Jan. 1907 – Staatsanzeiger Nr. 48, 27. 2. 1909, S. 341 – UBC 4, S. 36 (Bild) – WAIBEL, Gemeindewahlen, S. 364, 366, 369, 371.

Bühler, Hans, * Neu-Ulm 22. Jan. 1915, † Ulm 6. Jan. 1974, ☐ ebd., ev.
Vater   Johann Bühler, Hefehändler und Bierbrauer.
Mutter   Rosina Messerschmid.
∞ Ehrenstein 7. IX. 1943 *Irene* Maria Fröhlich, * Ulm 1. IV. 1919, T.d. Kaufmanns Hans Fröhlich u. d. Maria Rabausch.
2 *K*   Susanne Irene Maria Bühler, * Neu-Ulm 11. VII. 1953; Erna-Maria Bühler, * Neu-Ulm 20. I. 1956.

B. zählt zu den Künstlern, auf deren Werke man in Neu-Ulm vielfach und täglich stößt, ohne dass der Schöpfer einer breiteren Öffentlichkeit bekannt wäre. Geboren als Spross einer alten Neu-Ulmer Familie im Haus der späteren Musikschule Neu-Ulm und später über Jahrzehnte am Schützenhöfle lebend, war B. lebenslang mit seiner Vaterstadt verbunden. Der junge Mann wurde nach Beendigung der schulischen Ausbildung im Sept. 1935 zum Reichsarbeitsdienst verpflichtet und ging nach Meiningen, von wo er im Frühjahr 1936 nach Neu-Ulm zurückkehrte.
Er machte danach eine Lehre als Maler und Anstreicher, als Bildhauer war er Autodidakt. B. fing mit dem Modellieren von Tonfiguren an und blieb nicht lange ohne Erfolg. Zum 50. Geburtstag von Adolf Hitler schuf er ein Relief mit dem Porträt des Jubilars, mit dem er Aufsehen erregte.
B. kam während des Zweiten Weltkrieges in Paris zu einem Kunstmaler in Quartier, was er stets als Glücksfall betrachtete, ebenso wie seinen Vorgesetzten, der ebenfalls Interesse an der Bildhauerei hatte.

Nach Kriegsende ließ er sich als selbstständiger Bildhauer in Neu-Ulm nieder, erhielt mit der Zeit sowohl Aufträge aus der Stadt wie aus Ulm (etwa von der Pflugfabrik Eberhardt) und aus der Region. B. arbeitete vorwiegend in Stein, aber auch in Metall. Er schuf u. a. die Figur des Handelsgottes Merkur am Portal der Sparkasse auf der Insel (1956), den „Sämann" vor dem einstigen Landratsamt (1957, heute aufgestellt am Hausener Weiher) und an der Ecke des Rathausplatzes die als quadratischen Pfeiler gestaltete Brunnenanlage, die an der Spitze Edwin →Scharffs „Die Männer im Boot" trägt. Daneben stellte er das kriegszerstörte Westwerk der Stadtpfarrkirche St. Johann Baptist mit aus Kunststein neu gehauenem Kruzifix und Christusfigur wieder her, entwarf den ersten Neu-Ulmer Brunnen (mit Stadtwappenrelief) nahe der Tischtennisanlage in den Glacis-Anlagen (1967), Kriegerdenkmäler auf den Friedhöfen in Wiblingen und im Bucher Ortsteil Ritzisried sowie die Brunnenplastik vor der Seehalle in Pfuhl (1978). Seine Werkstatt lag nahe dem Neu-Ulmer Friedhof. B. starb zwei Wochen vor Vollendung seines 59. Lebensjahres.

Q   StadtA Neu-Ulm, A 9 – Städtische Sammlungen Neu-Ulm (Materialien und Zeitungsausschnitt-Sammlung).
L   UBC 5b, S. 327 – SPECKER/TÜCHLE, S. 473.

Bühler, Johannes (Hans), * Gingen an der Fils/OA Geislingen 26. Okt. 1843, † Neu-Ulm 7. Nov. 1896, ☐ ebd., Alter Teil des Friedhofs, ev.
Vater   Johann Bühler, * Gingen an der Fils 8. I. 1812, † Göppingen 12. I. 1863, Gastwirt „Zum Hasen" in Großsüßen, später dsgl. in Neu-Ulm.
Mutter   Katharina Clement, * Gingen an der Fils 22. I. 1815, † Neu-Ulm 22. III. 1888.
1 *G*   Wilhelm Bühler, * Gingen an der Fils 15. VI. 1850, † Neu-Ulm 3. XI. 1917, Metzgermeister und Obermeister der Freien Metzgerinnung in Neu-Ulm, ∞ Neu-Ulm 13. II. 1879 Barbara Gräß, * Riedheim 10. IV. 1855, † 30. X. 1931.
∞ Anna *Katharina* Häge, * 27. IV. 1852, † 22. IX. 1921, T. d. Konrad Häge, Wirt in Holzkirch, u. d. Anna Maria Wittlinger.
8 *K*, davon 2 † früh   Johannes Bühler, * Neu-Ulm 28. I. 1877; Elisabeth Maria Bühler, * Neu-Ulm 27. II. 1878; Wilhelm Bühler, * Neu-Ulm 29. III. 1879, Metzgermeister, kaufte 1910 um 140.000 RM (!) das Geroldsche Anwesen in der Ulmer Hirschstraße[71], ∞ Ulm 27. XII. 1915 Emilie Seyser; Emilie Katharina Bühler, * Neu-Ulm 27. III. 1880, ∞ Johann *Martin* →Scheibe; Max Bühler, * Neu-Ulm 20. V. 1881, Metzgermeister in Neu-Ulm, ∞ Elise Seyser, * Ulm 26. VIII. 1890, † Neu-Ulm 18. IX. 1954; Anna Katharina Bühler, * Neu-Ulm 9. III. 1883.

B. gehört zu den zahlreichen jungen Württembergern, die mit ihren Eltern und großen Hoffnungen auf eine gute Zukunft nach Neu-Ulm kamen und dort auch tatsächlich erfolgreich waren. In seinem kurzen Leben – er wurde nur 53 Jahre alt – erarbeitete sich B. einen guten Ruf als geachteter Honoratior der aufstrebenden Stadt am rechten Donauufer.
B. kam mit seinen Eltern, die dort eine Gastwirtschaft eröffneten, 1851 von Lautern/OA Blaubeuren nach Neu-Ulm. Er machte eine Lehre als Metzger. Einzelheiten zu seiner Biographie fehlen, aber aus der Tatsache, dass er sich als Metzgermeister mit eigenem Geschäftshaus (Metzgerei und Wursterei in der Ludwigstraße 25) 1871 niederließ und von 1891 bis zu seinem Tode Magistratsrat in Neu-Ulm war, lässt sich ohne Weiteres schließen, dass B. den gesellschaftlichen Aufstieg in Neu-Ulm geschafft hatte. Auch die Tatsache, dass sowohl sein Bruder als auch zwei seiner Söhne im gleichen Beruf wie B. in Neu-Ulm blieben und offenkundig über beträchtliche finanzielle Mittel verfügten, weist in diese Richtung.

Q   StadtA Neu-Ulm, A 6 (Gebrüder Bühler/Wilhelm Bühler).
L   BUCK, Chronik Neu-Ulm, 100 f., 106, 124 – Katalog Materialien, S. 210 – TEUBER, Ortsfamilienbuch Neu-Ulm, Nr. 0607 – WEIMAR, Wegweiser, S. 84 f.

Bühler, *Wilhelm* Georg, Dr. iur., * Ulm 22. Mai 1926, † ebd. 1. Juni 2006, ev.
Vater   Max Bühler, Bäckermeister in Ulm.
Mutter   Babette Ott.
∞ Liselotte Bühler. Mehrere *K*.

―――――――――――――――
[71] UBC 3, S. 457.

Der frühere Ulmer Kommunalamtsleiter Walter Wiedmann meinte anlässlich des Todes von B.: *Er war als Landrat ein Idealfall.* Diese Aussage spiegelt den Respekt vor der großen Lebensleistung B.s wider, der als letzter Ulmer Landrat und erster Landrat des nach der Kreisreform neu geschaffenen Alb-Donau-Kreises über 22 Jahre lang die Geschicke des Kreises mit großem Erfolg lenkte.

Der einer alten Ulmer Handwerkerfamilie entstammende B. besuchte von 1937 bis 1946 die Kepler-Oberschule in Ulm. 1943 wurde der 17-jährige B. zur Wehrmacht einberufen, der Schulbesuch unterbrochen. Nachdem er 1946 den Schulabschluss nachgeholt hatte, studierte B. in Dillingen/ Donau und Tübingen Rechts- und Staatswissenschaften. Seine berufliche Laufbahn begann er 1950 nach der I. Juristischen Staatsprüfung als Gerichtsreferendar in Ulm, er u. sowohl bei den Gerichtsbehörden als auch beim LRA tätig war. 1953 erfolgte seine Promotion an der Universität Tübingen, im Jahr darauf bestand er die II. Juristische Staatsprüfung. Zum 1. März 1954 trat er als Regierungsassessor in die Dienste des LRA Göppingen, zum 1. Juni 1955 kam er in gleicher Eigenschaft an das LRA Ulm, wo er planmäßig verblieb, jedoch 1956/57 zum Regierungspräsidium Nordwürttemberg in Stuttgart abgeordnet und 1957 zum Regierungsrat befördert wurde.

Im Nov. 1957 nahm B. den Dienst beim LRA Ulm wieder auf, wurde 1965 Oberregierungsrat ebd., im Sept. 1965 zum Zweiten Landesbeamten beim LRA Esslingen/Neckar sowie am 1. März 1967 zum Regierungsdirektor ernannt. 1967 wurde er dann – als Nachfolger des verstorbenen Wilhelm →Dambacher – zum Landrat des Landkreises Ulm gewählt. Nach Bildung des im Zuge der kommunalen Gebietsreform 1972 geschaffenen Alb-Donau-Kreises, der aus den Landkreisen Ulm, Ehingen und Teilen des Landkreises Münsingen bestand, führte B. die Geschäfte zunächst als Amtsverweser, von Juli 1973 bis 1989 als gewählter Landrat weiter. In seiner langjährigen Amtszeit vermochte B. mit seiner geradlinigen, beharrlichen, jedoch auch auf Ausgleich bedachten Art als „Landrat zum Anfassen" den neuen Landkreis zu einigen. Von 1981 bis 1989 war B. Präsident des Landkreistages Baden-Württemberg, zuvor Präsidiumsmitglied, und von 1984 bis 1988 Vizepräsident des Deutschen Landkreistages, zuvor seit 1973 Mitglied bzw. seit 1978 Vorsitzender des Sozialausschusses sowie Mitglied des Hauptausschusses des Deutschen Landkreistages. Zudem war er bis 1989 stv. Vorsitzender des Verwaltungsrates der Sparkasse Ulm. Vizepräsident des DRK-Landesverbandes Baden-Württemberg, 1967 bis 1983 Vorsitzender des DRK-Kreisverbandes Ulm, zuletzt Ehrenvorsitzender, stv. Vorsitzender des Landeswohlfahrtsverbandes Baden-Württemberg, Vorstandsmitglied des Deutschen Vereins für öffentliche und private Fürsorge in Frankfurt/Main. B. gehörte der CDU an, trat aber 1999 u. a. wegen der Spendenaffäre des ehemaligen Bundeskanzlers Helmut Kohl aus der Partei aus. B. starb wenige Tage nach Vollendung des 80. Lebensjahres nach kurzer, schwerer Krankheit. – 1981 Verdienstkreuz des Verdienstordens der Bundesrepublik Deutschland am Bande, 1986 Verdienstkreuz I. Kl. und 1989 Großes Verdienstkreuz des Verdienstordens der Bundesrepublik Deutschland, 1989 Verdienstmedaille des Landkreistages Baden-Württemberg, 1992 Medaille der Universität Ulm, Verdienstmedaille des DRK-Landesverbandes Baden-Württemberg.

Q   StadtA Ulm, G 2.
L   Amtsvorsteher, S. 200 f. (Karl MAIER) – Eugen RÖTTINGER, Helfen war ihm immer ein Herzensanliegen. Alt-Landrat Dr. Wilhelm Bühler ist tot, in: SWP 2. VI. 2006, 27 (Todesanzeigen: S. 16) – Stuttgarter Zeitung Nr. 126, 2. VI. 2006, S. 27 (Todesanz.).

Bührlen, Johann *Andreas*, * Ulm 18. Sept. 1788, † ebd. 21. Dez. 1857, ev.

Vater   Johannes Bührlen, * Ulm 25. XI. 1752, † ebd. 10. XII. 1803, Webermeister in Ulm, später Musicus und zuletzt seit 1794 Gastwirt „Zum Wilden Mann", ebd.
Mutter   Anna Catharina Weißmann, * 10. XI. 1754, † Ulm 19. VII. 1825.
Mehrere G, darunter Johannes →Bührlen.
∞ 1822. Mehrere K.

B.s Tagebuch aus den Anfangsjahren des 19. Jahrhunderts bietet detaillierte und wertvolle Einblicke in die bewegte Zeit vom Untergang der Reichsstadt Ulm über die Jahre unter der Herrschaft Bayerns und anschließend Württembergs bis zum Ende Napoleons 1815, das B. als Diener eines hohen französischen Militärs und Hofbeamten aus nächster Nähe erlebte. B.s Enkelin Marie Dieterich sorgte dafür, dass die Aufzeichnungen B.s an die Öffentlichkeit gelangten.

B. entstammte einer alt eingesessenen Ulmer Weberfamilie. Nach dem frühen Tod des Vaters begann der junge B., der sehr gut mit Pferden umgehen konnte, eine Ausbildung als Gärtner. Wegen der besseren Verdienstmöglichkeiten trat er in den Dienst eines französischen Emigranten namens de Bouteville und ging mit diesem im Herbst 1807 nach München, später nach Bayreuth, wo er zum württ. Militär eingezogen wurde und 1809 u. a. an der Schlacht bei Aspern teilnahm. 1810/11 hielt er sich in Straßburg und Paris auf, wo er als Kammerdiener in den Dienst des ersten Stallmeisters, des Generals Graf von Touler, trat. B. konnte erst im Sept. 1816 seinen Posten in Paris verlassen und kehrte nach vielen Jahren der Abwesenheit, meist zu Fuß, über Troyes, Basel, Schaffhausen und Riedlingen nach Ulm zurück. 1817 fand er eine neue Stellung als Verwalter in Reutti, war später als Zimmermann und in einer Holzmühle tätig und erwarb 1822 das „Süßlöchle", eine Wirtschaft und Metzgerei in der Ulmer Sterngasse. Später war er auch als Sprach- und Schwimmlehrer in Ulm tätig.

W   Andreas Bührlens Tagebuch, in: UBC 2, S. 13-21, 37, 85, 108, 134.
L   Ih 1, S. 117.

Bührlen, Friedrich Gottlieb Ludwig, * Ulm 10. Sept. 1777, † Stuttgart 9. Mai (nicht März!) 1850, ev.

Vater   Johannes Bührlen, Webermeister in Ulm, später Musicus und zuletzt Gastwirt „Zum Wilden Mann" ebd.
Mehrere G, darunter Johannes →Bührlen.

Der aus Ulm stammende B. war einer der bekanntesten württ. Literaten in der ersten Hälfte des 19. Jahrhunderts. Heute ist er weitgehend vergessen.

Nach praktischer Ausbildung zum Weber in Ulm und dem Besuch des Ulmer Gymnasiums studierte B. zunächst Theologie in Landshut, wechselte aber 1804 zum Jurastudium nach Würzburg. Nachdem er nach Abschluss des Studiums zunächst als Rechtspraktikant in Augsburg tätig gewesen war, trat er 1809 als Zweiter Assessor beim Landgericht Beilngries in bayerische Dienste, ging 1810 in gleicher Eigenschaft nach Söflingen und entschied sich für den Eintritt in den württ. Staatsdienst. 1811 kam er als Registrator zur Oberfinanzkammer in Stuttgart. Zuletzt war er Kanzleirat ebd. Daneben hatte B. 1817 die Aufgabe des Unterbibliothekars bei der Kgl. Handbibliothek übernommen. B.s Bedeutung gründet sich nicht auf seine berufliche Laufbahn, sondern auf seine Tätigkeit als Schriftsteller.

Der Kunstfreund und Schöngeist, der schon als kleiner Junge ein guter Geigenspieler gewesen sein soll, veröffentlichte eine Reihe von Büchern und Aufsätzen politischen, philosophischen und ästhetischen Inhalts, so eine „Lebens-Ansichten" (Stuttgart 1814), „Bilder aus dem Schwarzwald" (1828 und 1831), „Zeitansichten eines Süddeutschen" (1833) und „Philosophie eines Dilettanten" (1847). Der Musikfreund, Kunstkenner und -sammler ließ seine persönlichen Erfahrungen und Erkenntnisse aus der Welt der Kultur in seine Werke einfließen und prägte damit die württ. Literatur der Biedermeierzeit. Mit seinen Erzählungen war er in der „Musikalischen Zeitung" ebenso vertreten wie in der „Zeitung für die elegante Welt", der „Zeitschrift für die Philosophie" (1818), in Neuffers „Taschenbuch von der Donau" (1825) oder in Cottas „Morgenblatt für gebildete Stände" (1815 ff.). Dessen Redakteur, Dr. Wolfgang Menzel (1798-1873), hielt an B.s Grab die Trauerrede. B. hatte zwar die meiste Zeit in Stuttgart gelebt, den Kontakt zu Ulm aber nie abreißen lassen.

W   (Auswahl) Erzählungen und Miscellen, 2 Bände, Stuttgart 1817 und 1819 – Neue Erzählungen, Frankfurt/Main 1823 – Neueste Erzählungen, 1830 – Der Flüchtling, 1836 – Die Primadonna, 1844.
L   DBI 1, S. 482 – DBA I/160, 160, 2-7 – Ih 1, S. 117 – WEYERMANN II, S. 48 f. – SK Nr. 128, 23. V. 1850 [Nekrolog von LEWALD] – SCHULTES, Chronik, S. 493 – ADB III (1876), S. 511 (WINTTERLIN) – OAB Ulm, S. 320 f. – Sebastian MERKLE (Hg.), Die Matrikel der Universität Würzburg, Erster Teil: Text. Erste Hälfte, München und Leipzig 1922, S. 865, Nr. 25098 – UBC 2, S. 5.

Bürgers, Julius, Dipl.-Ing., * Rheydt am Niederrhein 18. Nov. 1882, † Ulm 9. April 1964, ☐ ebd., Hauptfriedhof, 13. April 1964
∞ Irma Pfeffer
K   Julius Bürgers, ∞ Hildegard Schlang; Ilse Bürgers, ∞ Hermann Fischer, Regierungsdirektor in Stuttgart; Wilhelm Bürgers, ∞ Sigrid Siegel; Anneliese Bürgers, ∞ Heinrich Wild, Dr. iur. in Ravensburg.

B. war einer der erfolgreichen Ulmer Unternehmer, die in der Zeit der Weimarer Republik und nach dem Ende des Zweiten Weltkriegs auch kommunalpolitisch aktiv waren.
Er war nach dem Ingenieurstudium in Bingen, Darmstadt und am Karlsruher Polytechnikum in einem Mannheimer Ingenieurbüro tätig. 1906 kam B. nach Ulm, wo er als Ingenieur bei der Firma Emil Vogel, C. Sünderhaufs Nachf. Ulm, die Versorgungsanlagen für Licht und Kraft von Mühlen, Sägewerken, Brauereien, Spinnereien und Webereien herstellte, tätig war. 1912 erwarb B. das Unternehmen, dessen Geschäftsführer er schon zuvor gewesen war. 1923 zum Vorsitzenden des Gewerbevereins Ulm und 1925 zum Mitglied der Vollversammlung der Handwerkskammer Ulm gewählt, war B. 25 Jahre lang Vorsitzender der Prüfungskommission für die Meisterprüfungen. Daneben war er als Ingenieur und Elektrofachmann umfangreich gutachterlich bei den Staatsanwaltschaften Ulm, Augsburg, Memmingen und Kempten tätig.
Politisch engagierte sich B. nach 1918 bei der rechtslastigen DNVP/Württ. Bürgerpartei. Von 1926 bis 1933 gehörte er dem Ulmer Gemeinderat an, ebenso von 1948 bis 1951. 1932 war B. auch Landtagskandidat (Platz 5 LL) gewesen. B. zählte zu den Gründern der Ortsgruppe Ulm/Neu-Ulm des Verbandes deutscher Elektro-Installations-Firmen und war Schriftführer und stv. Vorsitzender des Verbandes. Seit 1950 Vorsitzender des wieder gegründeten Gewerbebundes Ulm, war B. auch langjähriger Vorsitzender des Liederkranzes Ulm.

Q   StadtA Ulm, G 2.
L   UBC 3, S. 286 – Vorbild in der Pflichterfüllung. Altstadtrat Julius Bürgers gestorben, in: Schwäb. Donau-Zeitung Nr. 84, 11. IV. 1964, S. 10.

Bürglen, Erhard, * Ulm 4. April 1837, † ebd. 20. Sept. 1911, ev.
Vater   Christoph Ferdinand →*Bürglen.
Mutter   Maria Magdalena Lindenmayer, * 1810, † 1879.
∞ I. Emilie Charlotte Eckhardt, † Ulm 1887; ∞ II. Ulm 4. IV. 1891 Thekla Schwenk, * Ulm 19. IX. 1857, T. d. Eduard →Schwenk, Kupferhammerbesitzer und Zementfabrikant, u. d. Marie Reichardt.
Mehrere K, darunter Ferdinand Bürglen[72], * Ulm 31. X. 1892, † 6. VIII. 1968, Forstmeister in Adelberg und Schorndorf.

B. war einer der führenden Unternehmer im Ulm der Kaiserzeit. 32 Jahre lang führte er die Tabak- und Zigarrenfabrik der Familie in Ulm, die unter seiner Leitung ihren größten Aufschwung erlebte.
Der 1888 vom König von Württemberg zum Kommerzienrat ernannte B. entstammte einer Ulmer Familie, die im ersten Jahrzehnt des 19. Jahrhunderts eine Tabakfirma gegründet hatte. Seit 1837 befanden sich Büros und Fabrik in dem stattlichen Patrizierhaus Roth´sche Villa am Kornmarkt (Kornhausgasse 1). Der Tabak- und Zigarrenfabrikant, der schon als junger Mann in die Firma eingetreten war, leitete ab 1879 die Firma Gebr. Bürglen. 1881 erwarb B. die Tabakfabrik Gebr. Wechsler in Ulm und sicherte seiner Firma damit die Monopolstellung bei der Tabakproduktion in Ulm. Im gleichen Jahr gewann die Firma bei der Landesgewerbeausstellung in Stuttgart Auszeichnungen. Mit eigener Tabakmühle und Dampfkraft verfügte die Firma über alle Möglichkeiten, das große Bedürfnis nach Tabakkonsum in der Kaiserzeit zu bedienen. B. mußte ständig expandieren, um alle Aufträge erfüllen zu können, erwarb 1876 die Firma Gebrüder Stern in Cannstatt, 1905 die Firma Karl Bader in Rudersberg, 1906 das Werk Schütz & Cie. in Schorndorf.
B. war als Geschäftsmann und einer der höchstbesteuerten Bürger Ulms eine typische Honoratiorenfigur der Jahrhundertwende. Der wiederholt als Mäzen und Förderer öffentlicher Ulmer Einrichtungen in Erscheinung tretende B. suchte allerdings nicht das Licht der Öffentlichkeit, sondern wirkte lieber im Hintergrund. In seinem Testament hinterließ er 10.000 RM für die Armen Ulms und 1.000 RM für den Bau des neuen Krankenhauses. – Mitglied des Vereins für Kunst und Altertum in Ulm und Oberschwaben. – 1908 Südwestafrikamedaille aus Stahl.

Q   StadtA Ulm, G 2.
L   Ih 1, S. 118 – Ulmer Tagblatt Nr. 221, 21. IX. 1911 – SK 441/1911 – Württ. Jahrbücher 1911, S. V – UBC 2, S. 433, 535 – UBC 3, S. 299, 413, 492, 494 (Bild) – Albert HAUG, „Tabak-Mühlen" - Anfänge und Geschichte der Ulmer Tabakindustrie, in: UO 53/54 (2007), S. 398-494.

Bulach (auch: **Bullach**), Marcus, * Schlatt bei Hechingen (Hohenzollern) 25. April 1779, † Senden-Ay 6. Juni 1862, kath.
Mehrere G, darunter Paul Bulach, 1814 Besitzer der späteren „Löwenbrauerei".
∞ Jungingen (Hohenzollern) 5. II. 1816 Maria Anna Schuler, * Jungingen 5. VII. 1789, † Neu-Ulm 25. IX. 1831, Wwe. d. Johannes Buhmüller (auch: Buchmiller)[73], * Jungingen 22. II. 1784, † Neu-Ulm 27. I. 1815, Weinhändler, T. d. Johannes Schuler u. d. Ottilia Bosch.
1 K   Johannes Bernhard Thaddäus Bulach, * 30. XII. 1821, † ebd. 27. IV. 1822.

B.s Name steht im engsten Zusammenhang mit den Anfängen sowohl der „Löwen-Brauerei Neu-Ulm" als auch der Neu-Ulmer Kommunalpolitik.
Die Anfänge der „Löwenbrauerei" sind mit Neu-Ulms Weg ans Licht der Geschichte verknüpft. 1811 ließ der Regimentsmetzger Georg Schlemmer „an der kleinen Donau" ein Gasthaus errichten, aus dem später die Brauerei erwuchs und das zu den ersten Gebäuden auf der rechten Donauseite gegenüber Ulm überhaupt zählte. Die unsicheren Verhältnisse und die zeitweise Abschottung gegenüber Ulm führten jedoch zu einer schwierigen Geschäftslage, die im Feb. 1814 zum Verkauf des Anwesens an den Braumeister Paul Bulach aus Harthausen führte, einen Bruder B.s, dem am 10. März 1815 die Braugerechtigkeit erteilt wurde. Doch schon am 19. Juni 1816 ging der Besitz in die Hände von B. über, der kurze Zeit vorher eine reiche Witwe geheiratet hatte und deshalb dort eine Gastwirtschaft mit Brauerei betreiben konnte, aus der die spätere „Löwenbrauerei" erwuchs.
Im Rahmen des Staatsvertrags zwischen Bayern und Württemberg vom 5. Aug. 1821 überließ B. der Stadt Ulm seinen Holzhandelsplatz an der Donau, *bis an die Schützen-Allee reichend, 2 1/8 Tagwerk Ulmer Maaß betragend.* Das Gebäude der Gastwirtschaft am Anfang der heutigen Marienstraße war 1803 errichtet und 1810 renoviert worden. Im ersten Stock eröffnete 1822 der erste niedergelassene Neu-Ulmer Arzt, Dr. Xaver Hatzler, seine Praxis. Im Juni 1842 verkaufte B. – aus welchen Gründen, ist nicht bekannt – seinen Besitz für 41.000 Gulden an Jakob Kölle, den Sohn des Ulmer Kronenwirts.

---

[72] PHILIPP, Germania, S. 138.
[73] TEUBER, Ortsfamilienbuch Neu-Ulm I, Nr. 0625.

Bereits für das Jahr 1819 ist B. als Mitglied des Gemeindeausschusses von Neu-Ulm-Offenhausen dokumentiert und gehörte ihm bis Juni 1832 an, zuletzt ab 1831 nach der Trennung von Offenhausen nur noch für Neu-Ulm. Damit zählt B. zu den ersten Neu-Ulmer Kommunalpolitikern, die überhaupt quellenmäßig fassbar sind.

L. BUCK, Chronik Neu-Ulm, S. 95, 97, 126, 140, 259 – Neu-Ulm - Das neue Gesicht, S. 144 – Katalog Materialien, S. 27, 99 – TREU, Neu-Ulm, S. 130 – TEUBER, Ortsfamilienbuch Neu-Ulm, Nr. 0630.

Camerer (Cammerer), Johann Friedrich *Wilhelm*, Dr. med., * Langenau/OA Ulm 30. Dez. 1841, † Ulm 16. Nov. 1885, ⬜ ebd., Alter Friedhof, ev.

Vater   Wilhelm Friedrich *Karl* Camerer[74], Dr. med., * Blaubeuren 25. VIII. 1797, † Langenau 19. III. 1852, Unteramtsarzt in Langenau, S. d. Johann *Caspar* Camerer, Dr. med., * Zainingen/OA Urach 27. III. 1772, † Blaubeuren 11. XII. 1847, Oberamtsarzt in Blaubeuren, u. d. Katharina Sibilla Fehleisen, * Blaubeuren 27. III. 1772, ebd. 15. II. 1845.
Mutter   *Sophie* Margareta Glass, * Lonsee/OA Ulm 10. VII. 1799, † Sindelfingen 2. VI. 1861, T. d. Wolfgang Conrad →*Glaß, Kameralverwalter, u. d. Margareta Sophie Wittich.
6 G   Adolf *Karl* Camerer[75], * Langenau 28. XII. 1823, † Tübingen 21. VIII. 1893, Oberamtmann in Tuttlingen, 1875 dsgl. in Nürtingen, 1891 a. D., ∞ Heilbronn 25. VIII. 1857 Dorothea *Luise* Finckh, * Reutlingen 7. VI. 1833; Friedrich *Wilhelm* Camerer, * Langenau 27. II. 1825, † ebd. 16. I. 1827; Luise *Sophie* Camerer, * Langenau 26. IV. 1826, † Marbach/Neckar 17. X. 1874, ∞ Ulm 25. II. 1851 *Reinhard* Friedrich Härlin[76], * Nürtingen 7. Jan. 1819, † Cannstatt 11. Nov. 1913, Präzeptor an der Lateinschule Besigheim, zuletzt Dekan in Marbach/Neckar; Mathilde Camerer, * Langenau 22. V. 1829, † Sindelfingen/OA Böblingen 5. IX. 1869, ∞ Sindelfingen 30. IX. 1858 Louis Eberhard Däuble, * Sindelfingen 2. III. 1825, † ebd. Juli 1903, Stadtpfleger in Sindelfingen; Gustav Camerer, * Langenau 22. I. 1831, † Udapi (Indien) 25. V. 1858, Missionar; Adelheid Camerer, * Langenau 21. V. 1836, † Bombay (Indien) 4. IX. 1867, ∞ Korntal 27. XI. 1857 Gottfried Deimler, Missionar in Bombay.
∞ Stuttgart 19. XI. 1867 Elise *Pauline* Schleicher, * Langenau 20. IX. 1842, T. d. Andreas Wilhelm Schleicher, * 30. XI. 1796, † 5. XI. 1879, Revierförster in Langenau, zuletzt bei der Forstdirektion in Stuttgart, u. d. Auguste Sibille Camerer, * Blaubeuren 26. VIII. 1801, † Langenau 2. II. 1854. Paulines Schw. Julie war die Ehefrau des Rechtskonsulenten und Politikers Gustav →Wolbach.
7 K   Hedwig Camerer, * Langenau 7. XII. 1868, † ebd. 6. I. 1869; Wilhelm Camerer, * Langenau 8. VIII. 1870, † ebd. 3. IX. 1870; Sophie Camerer, * Langenau 25. XI. 1871, ∞ Cannstatt 9. VI. 1892 Leonhard Heinrich Immanuel (von) Hoff, * Waltershausen (Coburg-Gotha) 2. VIII. 1868, Hauptmann und Adjutant bei der 53. Inf.-Brigade in Ulm; Hedwig Camerer, * Ulm 25. XII. 1874; Emma Camerer, * Ulm 25. XII. 1874, † ebd. 14. I. 1876, Zwilling zur Vorigen; Friedrich Wilhelm *Carl* Camerer, * Ulm 10. V. 1878, † ebd. 19. IX. 1879; Carl Camerer, * Ulm 3. XII. 1880, † ebd. 21. VII. 1883.

C. entstammte einer Familie der altwürtt. „Ehrbarkeit" und ergriff wie zahlreiche ihrer Angehörigen den Arztberuf. Er praktizierte von 1873 bis 1876 als Stadtarzt in seiner Vaterstadt Langenau, wo er Vorsitzender des Turnvereins und des Gewerbevereins Langenau war, außerdem war er Mitglied des gewerblichen Ortsschulrats. 1876 wechselte er dann als Stabsarzt nach Ulm in den württ. Staatsdienst. In Ulm war er zuletzt Oberstabsarzt. Er starb zwei Wochen vor Vollendung des 44. Lebensjahres.

L. Geschichte der Tübinger Familie Camerer, S. 40, 48 – UNGERICHT, S. 83 – SCHMIDT, Langenau, S. 164, 191, 438, 488, 513.

Capoll, Carl (Karl) von, * Söflingen 24. Dez. 1847, † gefallen am Barrenkopf (Vogesen) 3. Nov. 1914, ⬜ Sulzern 5. Nov. 1914, ev.

Vater   Hugo Capoll, * 26. X. 1817, † 6. I. 1880, Kgl. Württ. Oberförster.
Mutter   Magdalena Julie Bühler, * 7. X. 1821, † 25. VI. 1876.
∞ Julie Neuburg, von Elberfeld.

C., ein Enkel des Dr. Johann Christoph →Capoll, war einer der zahlreichen aus dem Bereich des heutigen Ulmer Stadtgebiets stammenden württ. Offiziere. Am 15. Dez. 1874 erhielt C. auf

seinen Antrag das württ. Adelserneuerungsdiplom für den *vererbten, aber ruhen gebliebenen Adel* (von MUFF) seiner altadeligen Familie.

1864 trat er nach der Schulzeit in Söflingen und Ulm als 16-Jähriger freiwillig in das 2. Inf.-Rgt. ein und kam zwei Jahre später zur Ausbildung an die Ludwigsburger Kriegsschule. 1868 avancierte er zum Leutnant im 3. Inf.-Rgt. Nr. 121, 1870 zum Oberleutnant ebd. Im Deutsch-Französischen Krieg 1870/71 wurde er am 30. Nov. 1870 bei Mesly schwer verwundet. Ausgezeichnet mit dem Ritterkreuz des Militärdienstkreuzes und dem EK II, konnte C. seine Offizierslaufbahn bei seinem bisherigen Inf.-Rgt. fortsetzen, wo er 1877 zum Hauptmann und Kompaniechef ernannt wurde. 1889 erfolgte seine Zuteilung als Major beim Stab des Inf.-Rgts. Nr. 126, wenig später beim Stab des Inf.-Rgts. Nr. 124, wo er das Kommando eines Bataillons übernahm. 1893 schied er mit dem Charakter eines Oberstleutnants aus dem aktiven Militärdienst und lebte fortan in München.

Bei Ausbruch des Ersten Weltkriegs stellte sich C., mittlerweile 66 Jahre alt, in den Dienst des württ. Landsturms und übernahm am 21. Aug. 1914 das Kommando des Landsturm-Inf.-Bataillons Calw. Schon am 28. Sept. 1914 kam C. zum Landsturm-Inf.-Rgt. 121, wurde aber wenige Tage später bei einem Gefecht in den Vogesen verletzt. Unmittelbar nach seiner Genesung kehrte er an die Front zurück und fiel bei einem Sturmangriff: *Er war ein im Krieg und Frieden gleich bewährter Offizier, ein furchtloser Soldat, ein liebenswürdiger Mensch, der die Achtung und Zuneigung von Untergebenen und Kameraden besessen hat* (von MUFF). – 1891 Ritterkreuz I. Kl. des Friedrichsordens; 1895 Ritterkreuz des Württ. Kronordens; 1911 Kommenturkreuz des Militärverdienstordens.

L. BECKE-KLÜCHTZNER, S. 332 – GEORGII-GEORGENAU, S. 1154 – WN 1914, S. 277 (Karl von MUFF) – MOSER, Württemberger im Weltkrieg, S. 33, 306 (Bild).

Capoll, Johann Christoph von, Dr. iur., * Ulm 16. Juni 1781, † ebd. 6. Jan. 1863, ev.

Vater   Johann Marx von Capoll, Dr. iur., * 28. VI. 1749, † Ulm 26. IX. 1809, Ksl. Notar, später Prokurator am Gerichtshof des Donaukreises, Senator (Stadtrat) in Ulm, S. d. Gutsfertigers Johann Marx Capoll.
Mutter   Susanne Marie Wöhrlin, * 18. XI. 1751, † Ulm 26. I. 1832.
Mehrere G.
∞ 12. VIII. 1810 Dorothea Inspruckner, * 12. I. 1788, † 1. I. 1861, Schw. d. Georg Matthäus Inspruckner, Kaufmann und Bürgerausschussmitglied in Ulm.
Mehrere K, darunter Hugo Capoll, * 26. X. 1817, † 6. I. 1880, Kgl. Württ. Oberförster, ∞ 26. I. 1843 Magdalena Julie Bühler, * 7. X. 1821, † 25. VI. 1876.

Der Ulmer Jurist und Kommunalpolitiker C. entstammte einem altadeligen Geschlecht, das seine Adelsrechte auf Veranlassung seines Enkels Carl von →Capoll 1874 erneuert erhielt. Verschiedene Mitglieder der Familie führten das „von" nicht, zu ihnen gehörte C.
Nach Besuch der Vorlesungen am Gymnasium seiner Vaterstadt (ab 1798) studierte C. von 1803 bis 1807 Jura in Landshut. Noch 1807 erreichte er die Zulassung als Prokurator an den damaligen Kgl. Bayer. Landgerichten Albeck und Elchingen, wechselte aber 1809 als Aktuar zum Landgericht Dinkelscherben. Im gleichen Jahr zum ersten Assessor bei den Landgerichten Werdenfels, Deggendorf und Leutkirch aufgestiegen, schied er 1810 aus bayer. Diensten und kam am 24. März 1811 als Registrator zum Kriegskollegium nach Stuttgart. 1815 wurde C. als Oberjustizprokurator beim Kgl. Württ. Gerichtshof für den Donaukreis in Ulm zugelassen.
Der an Geschichte und Politik interessierte, gewiss auch persönlich ambitionierte C. scheiterte 1819 bei seinem ersten Versuch, sich in den Ulmer Bürgerausschuss wählen zu lassen (75 Stimmen). Erst im Aug. 1833 gelang ihm auf dem Wahlvorschlag der „Bürgergesellschaft" die Wahl in dieses Gremium (174 Stimmen), zu dessen Obmann er, ebenso wie im Folgejahr, ernannt wurde.

---

[74] FABER 3 § 797 – ebd. 25 § 480 – EBERL, Klosterschüler II, S. 64, Nr. 1222 – PHILIPP Germania S. 11, Nr. 4.
[75] Amtsvorsteher, S. 205 (Christoph J. DRÜPPEL).
[76] Magisterbuch 34 (1907) S. 59 – CRAMER, Württembergs Lehranstalten ⁶1911, S. 1 – WN 1913, S. 178.

W   Geschichte der teutschen Nation, nach ihren Hauptmomenten tabellarisch entworfen [...], Stuttgart 1814-1815.
L   StRegbl. 1811, S. 142 – WEYERMANN II, S. 52 – BECKE-KLÜCHTZNER, S. 332 – WAIBEL, Gemeindewahlen, S. 319, 323.

Christ, Karl, Dr. phil., Dr. h.c., * Ulm 6. April 1923, † Marburg/Lahn 28. März 2008.

Vater   Christ, Kaufmann in Ulm.
∞. 3 K.

C. war einer der bedeutendsten deutschen Althistoriker des 20. Jahrhunderts. Er galt als Pionier der Wissenschafts- und Rezeptionsgeschichte seines Faches, wirkte jedoch weit über dessen Grenzen hinaus.

Nach Bestehen des Abiturs wurde C. gleich zur Wehrmacht eingezogen, geriet in sowjetrussische Kriegsgefangenschaft und wurde 1948 entlassen. Er studierte von 1948 an Geschichte in Zürich und Tübingen, wo er 1953 auf Grund seiner Dissertation „Nero Claudius Drusus" promoviert wurde. Seine wichtigsten akademischen Lehrer waren Joseph Vogt und Ernst Meyer. 1958 ging er an die Philipps-Universität in Marburg/Lahn, wo im darauffolgenden Jahr die Habilitation folgte. 1965 zum o. Professor für Alte Geschichte in Marburg und Direktor des Seminars für Alte Geschichte berufen, lehrte er dort bis zu seiner Emeritierung 1998.

Der Schwerpunkt von C.s wissenschaftlichen Forschungen lag auf der römischen Kaiserzeit und den Beziehungen zwischen Römern und Germanen. Seine Biografien über Sulla, Pompejus und Caesar, die stets auch das Nachleben dieser Persönlichkeiten in der europäischen Geistesgeschichte beleuchten, sind zusammen als detailliertes Panorama des Untergangs der römischen Republik zu lesen. Zahlreiche seiner Bücher sind Standardwerke und wurden vielfach übersetzt. C.s größtes bleibendes Verdienst ist die Inauguration der wissenschaftlichen Erforschung seines Faches in Deutschland. Dabei beschrieb er nicht nur erstmals die NS-Verstrickungen der deutschen Althistoriker, sondern bemühte sich auch um eine ausgewogene Würdigung der Leistung der Kollegen in der DDR. Beides trug ihm heftige Kritik und Anfeindungen ein.

Im Ruhestand verfasste C. zahlreiche Rezensionen zu (nicht nur) althistorischen Neuerscheinungen, die u. a. in der „Süddeutschen Zeitung" und in der „Frankfurter Allgemeinen Zeitung" erschienen. Er starb kurz vor seinem 85. Geburtstag. Das von der Philipps-Universität ursprünglich als Ehrung zu diesem Geburtstag gedachte Festkolloquium vom 4. bis 6. April 2008 gestaltete sich zu einer würdigen Gedenkveranstaltung. Die Universität ehrte den großen Gelehrten mit einer Feierstunde im Fürstensaal des Marburger Schlosses. – 1957 korrespondierendes Mitglied des Deutschen Archäologischen Instituts; 1966 Mitglied der Historischen Kommission für Hessen. – 1993 Dr. h.c. der Freien Universität Berlin.

W   Drusus und Germanicus, Paderborn 1956 – Antike Münzfunde Südwestdeutschlands, Heidelberg 1960 – Antike Numismatik, Darmstadt 1967 – Von Gibbon zu Rostovtzeff, Darmstadt 1972, ³1989 – Römische Geschichte, Darmstadt 1973 – (Hg.), Hannibal, Darmstadt 1974 – Krise und Untergang der römischen Republik, Darmstadt 1979, ⁵2007 – Die Römer. Eine Einführung in ihre Geschichte und Zivilisation, München 1979, ³1994 – Römische Geschichte und deutsche Geschichtswissenschaft, München 1982 – Römische Geschichte und Wissenschaftsgeschichte, 2 Bände, Darmstadt 1982, 1983 – (Hg.), Sparta, Darmstadt 1986 – Geschichte der römischen Kaiserzeit. Von Augustus bis Konstantin, München 1988, ⁵2005 – Neue Profile der Alten Geschichte, Darmstadt 1990 – Caesar. Annäherungen an einen Diktator, München 1994 – Griechische Geschichte und Wissenschaftsgeschichte, Stuttgart 1996 – Von Caesar zu Konstantin. Beiträge zur römischen Geschichte und ihrer Rezeption, München 1996 – Hellas. Griechische Geschichte und Geschichtswissenschaft, München 1999 – Sulla. Eine römische Karriere, München 2002 – Hannibal, Darmstadt 2003 – Pompejus. Der Feldherr Roms, München 2004 – Klios Wandlungen. Die deutsche Althistorie vom Neuhumanismus bis zur Gegenwart, München 2006 – Der andere Stauffenberg. Der Historiker und Dichter Alexander von Stauffenberg, München 2007.
L   Barbara von REIBNITZ, Nachwirkende Vergangenheit. Zum Tod des Althistorikers Karl Christ, in: Neue Zürcher Zeitung (Internationale Ausgabe) Nr. 75, 1. IV. 2008, S. 25 – Wilfried NIPPEL, Klio wandelt, Klio trauert. Zum Tode des Marburger Althistorikers Karl Christ, in: Süddeutsche Zeitung (München) Nr. 77, 2. IV. 2008, S. 16 – Wikipedia.

Class (Claß), Ernst, * Westernbach/OA Künzelsau 18. Dez. 1897, † Dornstadt 5. Feb. 1985, ☐ Ulm, ev.

Vater   Christian Class[77], * Böhringen 8. III. 1860, † Ulm 15. V. 1921, ab 1901 Volksschuloberlehrer an der Mädchenschule in der Sammlungsgasse in Ulm.
Mutter   Brigitte Schwarz.
Mehrere G, darunter Hermann Class[78], Dr. phil., * Westernbach 22.II. 1886, † gefallen bei Becelaere 22. X. 1914, Studiendirektor an der Mörike-Oberschule für Mädchen in Stuttgart; Paul Class[79], Dr. iur., * Westernbach 20. IV. 1887, Rechtsanwalt in Stuttgart.
Cousin   Helmut Class[80], D. theol. h.c., * Geislingen-Altenstadt 1. VII. 1913, † Pfrondorf 4. XI. 1998, 1968-1969 Prälat in Stuttgart, 1969-1979 ev. Landesbischof von Württemberg, Mitglied des Landeskirchentags bzw. der Landessynode.
∞ 1926 Emma Aichelin, T. d. Theodor Aichelin[81], * Korntal 28. VII. 1861, ab 1906 Dekan in Geislingen/Steige.

Im Hohenlohischen geboren, kam C. schon im Vorschulalter auf Grund der Versetzung seines Vaters nach Ulm, eine Stadt, die nach seinem eigenen Bekunden C.s zu seinem „Schicksal" wurde. In Ulm besuchte er die Volksschule und das Gymnasium. C. war Soldat im Ersten Weltkrieg und studierte danach Theologie in Tübingen (Mitglied der Burschenschaft Normannia) und Marburg/Lahn. 1922 kam er als junger Geistlicher nach Ulm, um dort als Stadtvikar tätig zu sein. Schon im Okt. 1924 war C. Verweser des Zweiten Stadtpfarramtes am Ulmer Münster, anschließend von Nov. 1924 bis Sommer 1926 Verweser des Dritten Stadtpfarramtes ebd. Von 1926 bis 1933 Zweiter Stadtpfarrer in Künzelsau, kehrte er 1933 als Dritter Stadtpfarrer am Ulmer Münster in die Donaustadt zurück.

An Silvester 1934 sagte C. bei seinem Jahresrückblick im Münster, das *Aufbauwerk unseres Führers* habe *ungestört fortgeführt werden können: Unser Volk durfte arbeiten [...]. In der Welt ist Kriegslärm. Und da dürfen wir unserem Führer danken, dass er unserem Volk die Wehrhoheit und die Wehrfreiheit wiedergegeben hat. Nun sind unsere Grenzen den Zugriffen von außen nicht mehr offen und preisgegeben.* Im Zweiten Weltkrieg wurde C. nicht nur mit der Pfarrerstellvertretung in Wiblingen und Grimmelfingen zusätzlich belastet, sondern auch zur Wehrmacht einberufen, daneben machte er sich als Lazarettpfarrer sehr verdient. Nach Kriegsende stellte sich C. bis 1950 als Krankenhauspfarrer in den Dienst der Seelsorge, ebenso als Gehörlosen- und Blindenpfarrer. Zum 1. Mai 1956 trat C. als Zweiter Stadtpfarrer am Ulmer Münster die Nachfolge des pensionierten Karl →Wittmann an. Mit Ablauf des Jahres 1962 trat er in den Ruhestand, den er in Ulm verbrachte. Erst im sehr hohen Alter zog C. in ein Seniorenzentrum nach Dornstadt.

Q   StadtA Ulm, G 2.
L   Magisterbuch 41 (1932), S. 183 – UBC 5a, S. 94 f. – SCHMIDGALL, Burschenschafterlisten, S. 185, Nr. 1018 – NEBINGER, Die ev. Prälaten, S. 584, 585, 589 – MAYER, Die ev. Kirche, S. 438, 449, 475.

Conrady, Alexander, * Neu-Ulm 16. Juli 1903, † Augsburg 21. Dez. 1983, ev.

Vater   Edmund Conrady, * Burscheid 26. I. 1870, Betriebsingenieur.
Mutter   Maria Genovefa Lohr, * Überlingen am Bodensee 20. IX. 1869, † Neu-Ulm 30. XI. 1930.
1 G   Edmund Conrady, Dr. med. dent., Zahnarzt, HJ-Standortführer in Neu-Ulm.

C. war einer der höchstdekorierten aus Neu-Ulm stammenden Offiziere der Wehrmacht im Zweiten Weltkrieg.

C. besuchte in Neu-Ulm die Grundschule und anschließend die Oberrealschule in Ulm, wo er die Reifeprüfung bestand. 1923 trat er als Fahnenjunker in das stark reduzierte deutsche Heer ein und war zunächst dem Inf.-Rgt. 10 zugeteilt. Trotz der ungewissen Laufbahnaussichten blieb C. beim Militär und rückte 1924 zum Fahnenjunker-Gefreiten und Fahnenjunker-Unteroffizier auf, 1925 zum Fähnrich, 1926 zum Oberfähnrich und Leutnant, 1929 zum Oberleutnant und 1934 zum Haupt-

77 Grundbuch der ev. Volksschule 1914, S. 105 – UBC 4, S. 162.
78 SCHMIDGALL, Burschenschafterlisten, S. 181, Nr. 837.
79 SCHMIDGALL, Burschenschafterlisten, S. 181, Nr. 838.
80 EHMER/KAMMERER, S. 111 (Bild).
81 Magisterbuch 40 (1932), S. 90.

mann. C.s weitere Karriere verlief nach der NS-Machtübernahme unter veränderten Vorzeichen, da das Militär ins Zentrum des Staatsinteresses gerückt war. 1936 übernahm C. als Hauptmann das Kommando der 8. Kompanie des Inf.-Rgts. 40 und war bei Kriegsbeginn 1939 Ordonnanzoffizier in der 27. Inf.-Division, mit der er am Einmarsch nach Polen und nach Frankreich teilnahm. Nach der Niederwerfung Frankreichs wurde C. am 1. Juli 1940 zum Major befördert und zum Kommandeur des II. Bataillons des Inf.-Rgts. 91 ernannt.

Mit Beginn des „Unternehmens Barbarossa", des Einmarsches nach Russland, erfolgte im Juni 1941 seine Versetzung zum Stab der 36. Inf.-Division, im Aug. 1941 die Ernennung zum Kommandeur des I. Bataillons des Inf.-Rgts. 118. Anfang 1942 wurde C., der 1939 und 1940 die Eisernen Kreuze beider Klassen erhalten hatte, mit dem Deutschen Kreuz in Gold ausgezeichnet. Nachdem sich der mittlerweile zum Oberstleutnant aufgestiegene C. bei schweren Abwehrkämpfen östlich von Rshew besonders ausgezeichnet hatte, wurde ihm am 17. Okt. 1942 das Ritterkreuz verliehen und am 1. Dez. 1942 die Beförderung zum Oberst ausgesprochen.

Im Jan. 1943 bereitete die Stadt Neu-Ulm dem zu Besuch in seiner Heimatstadt anreisenden Kriegshelden einen begeisterten Empfang. Am geschmückten Bahnhof erwarteten ihn neben dem NS-Kreisleiter auch der Oberbürgermeister und der Landrat. C. schritt die Front der aufmarschierten HJ unter der Führung seines Bruders ab. Im Rahmen eines Festakts fanden die militärischen Leistungen C.s große Anerkennung und wurden als beispielhaft bezeichnet. Ende Sept. 1943 wurde die Anwesenheit C.s in Neu-Ulm mit einem festlichen Empfang im „Münchner Hof" begangen.

Beim Unternehmen „Zitadelle" – einer Offensivoperation der Wehrmacht gegen den weit nach Westen vorspringenden Frontbogen vor Kursk – kommandierte C. im Sommer 1943 das Gren.-Rgt. 118 und zeichnete sich bei den schweren Abwehrkämpfen wiederholt aus. Er konnte einen russischen Durchbruch verhindern. Am 22. Aug. 1943 erhielt C. für diese Leistung als 279. Soldat der Wehrmacht das Eichenlaub zum Ritterkreuz des Eisernen Kreuzes. Ab Jan. 1944 war C. bei der 36. Inf.-Division, deren Kommando er bei gleichzeitiger Beförderung zum Generalmajor am 1. Mai 1944 übernahm. Im Zuge der russischen Sommeroffensive geriet C. am 1. Juli 1944 in Kriegsgefangenschaft, aus der er erst nach elf Jahren, im Okt. 1955, wieder entlassen wurde. C. kehrte in seine Heimatregion zurück und lebte in Augsburg. – Infanterie-Sturmabzeichen in Bronze; Verwundetenabzeichen in Silber; Deutsches Schutzwall-Ehrenzeichen; Dienstauszeichnung III. Kl.; Sudetenland-Medaille; Ostmedaille.

l.   UBC 5b, S. 540, 604 f. (Bild), 639, 645, 796 – www.wehrmachts-lexikon.de/Personenregister/ C/ ConradyA-E.htm .

Cramer, Freiherr *Johann Albrecht (Albert)* David von, Dr. iur., * Ulm 1. Juli 1745, † Wetzlar 16. Aug. 1811, ev.-luth.

Vater   Freiherr Johann Ulrich von Cramer[82], Dr. iur., * Ulm 8. XI. 1706, † Wetzlar 18. VI. 1772, Professor der Rechte an der Universität Marburg/Lahn, 1752-1765 Reichskammergerichtsassessor des ev. Fränkischen Kreises, seit 1765 kurbrandenburgischer Reichskammergerichtsassessor, S. d. Johann *Albrecht* Cramer, * Ulm 1682, † ebd. 1753, Kaufmann, Zeughaus, Oberrichter und seit 1735 Ratsherr in Ulm, u. d. Susanne Regina Schellnegger (Schellnecker, Schellenegger), * Ulm 1686, † ebd. 1759.

Mutter   Juliane Katharina Hein, * Marburg/Lahn 1705, † Wetzlar 1773, T. d. Landgräflich Hessen-Kassel'schen Samthofgerichtsrats David Hein, * 1671, † 1720, u. d. Amalie Katharina von Pfreundt.

1 G   Freiin Susanne Amalie von Cramer, * 1737, † Wetzlar 1765, ∞ Wetzlar 1762 Gerhard Wilhelm (von Cronenberg genannt) Doläus, * Köln 1741, Herr auf Groß-Karben, Kurpfälzischer Geh. Rat.

∞ I. Groß-Karben (Wetterau) 7. XI. 1772 Juliane Elisabeth Margarete Sibylle Hein, * Kassel 1752, † Wetzlar 1826, T. d. Levin Hein, * Marburg/Lahn 1716, † Hanau 1763, Landgräflich Hessen-Kassel'scher Regierungsrat und Geh. Sekretär, u. d.

Marie Margarete Alette Hombergk zu Vach, * Marburg/Lahn 1715, † Hamburg 1758.

12 K, davon 2 Söhne und 2 Töchter † früh   Freiherr *Johann Wilhelm* Karl Aemilius von Cramer, * Sulzbach 1775, ∞ Saalhorn bei Calbe 1802 Sophie *Friederike* Wilhelmine von Loefen, * Burg 1780, † Dresden 1855; Freiin Juliane *Sophie* Amalie Wilhelmine Friederike von Cramer, * Sulzbach 1777, † Modern/Ungarn 1817, ∞ Wetzlar 1803 Johann Wilhelm (von Cronenberg genannt) Doläus, * Köln 1764, † Grätz 1842, Kgl. Kgl. österr. Oberst; Freiherr *Johann Gottlob* von Cramer, * Sulzbach 1. II. 1780, † Darmstadt 14. VI. 1850, Großhzgl. Hess. Oberstleutnant, ∞ I. Karoline Priebsch, * 13. III. 1787, † Jarischau 1813, ∞ II. Friedberg 1824 Karoline von Bassewitz, * Hanau 18. VII. 1793, † Wetzlar 16. I. 1850; Freiherr Johann *Franz* August von Cramer, * Sulzbach 1786, † 1842, Ksl. Kgl. österr. Major in Szegedin (Ungarn), ∞ Esther von Taxoni; Freiherr Johann *Christian* Carl von Cramer, * Wetzlar 1787, † Preßburg (Ungarn) 1840, Kgl. Kgl. österr. Rittmeister, ledig; Freiin Juliane *Amalie* Antoinette Albertine von Cramer, * Wetzlar 1789, † ebd. 1886, ledig; Freiin Juliane Jeanette Eberhardine von Cramer, * Wetzlar 1791, † ebd. 1870, ledig; Freiin Juliane *Marianne* Josepha von Cramer, * Wetzlar 1793, † Düsseldorf 1847, ∞ Wetzlar 1821 Johann Ludwig (oder Friedrich) von Frobel, * Rauße 1791, † Neiße 1862, Kgl. Preuß. Generalmajor.

C. eiferte seinem Vater nach, einem berühmten Rechtsgelehrten, und vermochte sich doch nie aus dessen Schatten zu lösen. Im Jahr seiner Geburt erhob der Kurfürst von Bayern seinen Vater in den Reichsfreiherrenstand. Schon als Vierjähriger („vorsorglich") an der Universität Marburg/Lahn immatrikuliert, studierte C. dort von 1762 bis 1766 Jura und absolvierte im Anschluß daran ein zweijähriges Praktikum beim Reichskammergericht in Wetzlar. Um die Jahreswende 1768/69 trat er als Regierungsrat in die Dienste des Fürstentums Anhalt-Bernburg, 1772 wechselte er in den Dienst von Kurpfalzbayern bzw. Pfalz-Sulzbach. Im Jan. 1787 nach vorangegangener Promotion zum Reichskammergerichtsassessor des ev. Oberrheinischen Kreises am Reichskammergericht in Wetzlar ernannt, verblieb C. bis zur Auflösung dieser Institution des Reiches im Aug. 1806 in dieser Stellung. Seine Ernennung war nicht zuletzt auf die gute Erinnerung an seinen brillanten Vater zurückzuführen, dessen Leistungen er mit nicht allzu großem Erfolg nachzueifern suchte. Nach dem Ende des Reichskammergerichts lebte C. als Pensionär in Wetzlar und erhielt seit 1808 vom König von Bayern eine Jahrespension in Höhe von 4.000 Gulden. C. gehörte der Freimaurerloge „Joseph zu den drei Helmen" in Wetzlar an, in die er bereits 1767 während seiner Praktikantenzeit eingetreten war.

l.   JAHNS, Reichskammergericht II, 2, S. 1109-1113 [mit ausführlichen Literaturhinweisen].

Cranz, *Marie* Antonie Magdalena, geb. Krauss, * Ilshofen/OA Schwäbisch Hall 28. April 1828, † Ulm 31. Dez. 1906, ☐ ebd., Neuer Friedhof, ev.

Vater   Friedrich Krauss[83], Dr. med., * Weikersheim 24. VIII. 1803, † Mergentheim 3. IX. 1885, Fürstlich Hohenlohischer Hofrat und Leibarzt, Oberamtsarzt in Mergentheim, 1888 Abg. von Weikersheim zur I. Landessynode.

Mutter   Theresia Schlier.

∞ Mergentheim 4. XII. 1855 Karl *Hermann* Cranz[84], * Ilshofen 4. III. 1824, † Neuenbürg 18. VII. 1895, 1873 Dekan und Bezirksschulinspektor in Balingen, 1880 Dekan in Neuenbürg, 1888 Abg. für Neuenbürg zur IV. Landessynode, Ritterkreuz I. Kl. des Friedrichsordens, S. d. Dekan *Karl* Sigmund Cranz, * Edelfingen 7. X. 1794, † 21. VIII. 1865, u. d. Charlotte Reiniger.

4 K   Karl *Heinrich* Josef Cranz[85], * Hohebach/OA Künzelsau 18. VI. 1856, † Stuttgart 1926, 1881-1919 Professor der Mathematik am mittleren Eberhard-Ludwigs-Gymnasium Stuttgart, Mitglied der Zentralstelle für Gewerbe und Handel; *Carl* Julius Cranz[86], Dr. rer. nat., * Hohebach 2. I. 1858, † Esslingen/Neckar 11. XII. 1945, 1891 Professor der Physik und Chemie an der Realanstalt Stuttgart, 1900 zugleich Dozent an der TH Stuttgart, Mitglied der Zentralstelle für Gewerbe und Handel, 1904 o. Professor an der militärisch-technischen Akademie [Berlin-]Charlottenburg, 1909 Geh. Regierungsrat; Sophie Cranz, ∞ Karl Albert →Wild, Schulrat; Luise Ottilie *Bertha* Cranz, ∞ Neuenbürg 30. IV. 1891 Karl Ruoff, Großhändler in Winterthur (Schweiz).

C. entstammte einer alteingesessenen hohenlohischen Beamtenfamilie. Als Ehefrau des Balinger und zuletzt Neuenbürger Dekans Cranz gab es für sie zunächst keine Bezugspunkte zu

[82] DBA I/206, 1-149 – Ih 1, S. 137 – Ih 3, S. 53 – WEYERMANN I, S. 105-126 – SCHULTES, Chronik, S. 330 – JAHNS, Reichskammergericht II,1, S. 655-673 [mit ausführlichen weiteren Literaturhinweisen].

[83] EHMER/KAMMERER, S. 227.
[84] EHMER/KAMMERER, S. 113 (Bild).
[85] CRAMER, Württembergs Lehranstalten ⁶1911, S. 49.
[86] Ih 1, S. 138 – CRAMER, Württembergs Lehranstalten ⁶1911, S. 58 – Magisterbuch 41 (1932), S. 84.

Ulm. Erst nach dem Tod ihres Ehemannes zog sie um 1896 zu ihrer Tochter, deren Ehemann der Schulrat Karl Albert →Wild war, nach Ulm. Dort lebte sie im Haus Ecke Schaffner-/ Zeitblomstraße. Im Alter erblindete sie. Die in Ulm hoch verehrte Frau starb im 79. Lebensjahr.

Unter dem Pseudonym „M. Titelius" war C. eine erfolgreiche Jugend- und Volksschriftstellerin. Ihre Arbeiten erschienen als Fortsetzungsgeschichten in „Immergrün", in der „Jugendfreude" und in den „Jugendblättern", im „Stuttgarter Ev. Sonntagsblatt" und im „Reutlinger Kalender", zuletzt auch selbstständig, so ihre Erzählung „Der Markt zu Ravensburg" (u. a. eine Ausgabe von 1921). Im Stil der Zeit waren ihre gemütvollen Geschichten für die Jugend erzieherisch gedacht: *Ihren meist dem Familien- und Kinderleben entnommenen Stoff wußte sie überaus gemütvoll und anschaulich zu gestalten. Spannende psychologisch fein begründete und durchgeführte Entwicklung der Handlung wie der einzelnen Personen war ihr besonders gegeben. Unter den Schriftstellerinnen unseres Landes stand sie mit an erster Stelle* (SK). C. sah sich als Erzieherin und Erzählerin, einen literarischen Anspruch stellte sie nicht. Heute ist sie fast ganz vergessen, ihr Werk kaum noch en detail zu rekonstruieren.

L   Sophie PATAKY, Lexikon deutscher Frauen der Feder, Berlin 1898, Band 1, S. 137 – SK Nr. 3 (Mittagsblatt), 3. I. 1907, S. 6 – UBC 3, S. 385.

Dambacher, Wilhelm, * Ulm 11. Juni 1905, † ebd. 12. Nov. 1966, ev.

Vater   Dambacher, Spenglermeister.

D. war Ulmer Landrat in der Zeit des „Wirtschaftswunders".

Der Handwerkersohn besuchte von 1911 bis 1914 eine Ulmer Elementarschule und anschließend bis 1923 das Realgymnasium ebd. Danach war D. bis 1927 Lehrling und Bankbeamter bei der Darmstädter und National-Bank Ulm. Von 1927 bis 1931 studierte er in Tübingen, Kiel und Berlin Jura. 1931 bestand er die I. Höhere Justizdienstprüfung und war als Referendar beim Land- und Amtsgericht, bei der Staatsanwaltschaft sowie beim OA Ulm eingesetzt. Nach der II. Höheren Justizdienstprüfung wurde Assessor D. in den Dienst der Innenverwaltung übernommen und zunächst zum OA Künzelsau, dann nach Ulm versetzt, wo er auch der von Wilhelm →Dreher geleiteten Polizeidirektion Dienst tat. 1936 zum Regierungsassessor ernannt, blieb er zunächst in Ulm, um später an die Oberämter Neckarsulm und Heilbronn/Neckar zu wechseln.

Am 1. Nov. 1938 zum Regierungsrat in der staatlichen Bezirksverwaltung ernannt, blieb D. zunächst zweiter Beamter bei der Polizeidirektion Heilbronn/Neckar, kam aber während des Zweiten Weltkriegs wieder nach Ulm. Seit 1943 war er zur Wehrmacht eingezogen. Nach der Flucht der NS-Oberen aus Ulm blieb D. als kommissarischer Polizeidirektor in der eingeschlossenen Stadt und wurde von der Militärregierung am 24. April 1945 im Amt bestätigt. Zum 1. Juli 1945 erfolgte jedoch auf Weisung der Militärregierung D.s vorläufige Dienstenthebung. Er wurde von Hans Vollmer abgelöst. Es gelang D., im Entnazifizierungsverfahren als „Mitläufer" eingestuft zu werden, was eine steile Nachkriegslaufbahn ermöglichte. Nachdem er zum 1. März 1947 als Angestellter in die Dienste des Landratsamtes Ulm getreten und am 6. Mai 1947 zum Stellvertreter des Landrats ernannt worden war, erfolgte schon am 1. Aug. 1947 die Ernennung zum Regierungsrat, am 13. März 1950 zum Oberregierungsrat ebd. 1953 wurde D. als Nachfolger des in den Ruhestand getretenen Ernst →Sindlinger zum Landrat des Kreises Ulm gewählt, ein Amt, in dem er bis zu seinem Tod im Alter von 61 Jahren verblieb. Gemeinsam mit Oberbürgermeister Theodor →Pfizer erwarb sich D. bei der Wieder- und Neuerrichtung öffentlicher Bauten in Ulm, aber auch im gesamten Landkreis, wo Kindergärten, Schulen, Kirchen, Versammlungshallen und Verwaltungsbau-

ten z. T. instandgesetzt, z. T. neu erbaut werden mussten, große Verdienste. Der umtriebige Verwaltungsfachmann war ein Glücksfall für den Landkreis Ulm. Zum Nachfolger D.s als Landrat wurde Dr. Wilhelm →Bühler gewählt.

Q   StadtA Ulm, G 2 – KreisA Ulm, Personalakte.
L   UBC 5b, S. 792 – WILHELM, Die württ. Polizei, S. 173, 239 – Amtsvorsteher, S. 212.

Dangelmaier, Alois, * Stuttgart 25. März 1889, † Ravensburg 26. Sept. 1968, kath.

Der kath. Geistliche war in der Frühzeit seiner Laufbahn zehn Jahre lang Vikar in Ulm.

D. studierte in Tübingen Theologie und erhielt im Dez. 1912 eine Belobung für die Lösung einer wissenschaftlichen Aufgabe. Am 9. Juli 1913 erfolgte die Priesterweihe in Rottenburg, danach war er Aushilfsgeistlicher an St. Eberhard in Stuttgart. Ende Aug. 1913 kam er als Vikar nach Rottweil, im Juni 1914 in gleicher Eigenschaft nach Alpirsbach. Nach Ausbruch des Ersten Weltkriegs stellte sich D. wie so viele junge kath. Geistliche dem Sanitätsdienst zur Verfügung. Am 20. Nov. 1914 kam D. als Vikar an die nach. Garnisonskirche nach Ulm, wo er am 1. April 1920 Vikar an St. Georg wurde. Seine Schwester Julie führte ihm in Ulm den Haushalt. Nach Kriegsende engagierte sich D. im Sinne der Zentrumspartei als Redner auf den Katholikentagen in Württemberg. So war er am 8. Dez. 1919 einer der Redner (Thema: Schule und Weltanschauung) auf dem Katholikentag in Ellwangen/Jagst. Am 18. Jan. 1920 assistierte D. beim Hochamt zum Auftakt des Katholikentags in Aalen und sprach zum gleichen Thema wie 1919 in Ellwangen. Die konfessionelle Schule sei Ausfluss christlicher Weltanschauung, zu der in schroffem Gegensatz die weltliche Schule der Sozialdemokratie und die Simultanschule des Liberalismus stehe. Auch in der Abendversammlung im Löwensaal ergriff D. neben Justizminister Eugen →*Bolz und Architekt Adolf Scheffold noch einmal das Wort. Mit Bolz, dem späteren württ. Staatspräsidenten, stand D. seither in engem Kontakt. Nach 1945 war D. eine der ersten Persönlichkeiten, die das Andenken von Bolz mit Vorträgen und Schriften in der Öffentlichkeit pflegten.

1921 und 1922 zweimal studienhalber beurlaubt, verließ D. nach Aushilfsstellen in Herrlingen und Calw im Nov. 1924 endgültig Ulm, um Vikar in Aalen zu werden. Am 3. Feb. 1925 wechselte er als Vikar an die Liebfrauenkirche in Ravensburg, am 16. Mai 1926 wurde er zum Stadtpfarrer in Metzingen/OA Urach ernannt. D.s Gegnerschaft zum Nationalsozialismus war weithin bekannt, ebenso wie seine Verbindung zu Bolz, der als „persönlicher Feind Hitlers" galt. Vom 6. Jan. bis 20. Feb. 1934 war D. Häftling im KZ Oberer Kuhberg. Nach der Haftentlassung musste D., der beim Bischöflichen Ordinariat nur wenig Rückhalt fand, als Pfarrvertreter in verschiedenen Städten und Dörfern agieren, so im Mai 1934 in Freudenstadt, im Juni 1934 in Mühlheim, im Aug. 1934 in Tuttlingen und seit Ende 1934 in Oeffingen. Seit Aug. 1935 war D. Pfarrer in Oeffingen (heute Fellbach).

Nach 1949 wurde D. wegen moralischer Verfehlungen vom Dienst suspendiert.

W   Staatspräsident Dr. Eugen Bolz als Mann und Staatsmann. Gedenkrede am 23. Jan. 1948, Stuttgart 1948.
L   Ih 3, S. 55 [dort das unzutreffende Geburtsjahr „1899"] – UBC 4, S. 15 – Personalkatalog Rottenburg 1938, S. 197 – Silvester LECHNER, Das KZ Oberer Kuhberg und die NS-Zeit in der Region Ulm-Neu-Ulm. Vorgeschichte, Verlauf, Nachgeschichte (Schriftenreihe des Dokumentationszentrums Oberer Kuhberg Ulm e.V., hg. von Silvester LECHNER, Band 1), Stuttgart 1988, S. 13, 18, bes. 20-22, 31, 39.

Dapp, *Ludwig Ferdinand* (von), * Stuttgart 1. oder 3. Juni 1756, † ebd. 29. Mai 1844, ev.

Vater   Georg Gottfried Dapp, * 1720, † 1807, seit 1783 Abt und Generalsuperintendent von Bebenhausen, 1788 Landschaftsassessor des Größeren Ausschusses, 1791 des Engeren Ausschusses.

Mutter   Anne Marie Bayer, * 1728, † 1786.
4 *G*, darunter Wilhelm Heinrich Gottfried (von) Dapp[87], Mag., * Stuttgart 9. IV. 1758, † ebd. 5. XII. 1832, Prälat und Generalsuperintendent von Maulbronn bzw. seit 1823 dsgl. von Schwäbisch Hall, seit 1820 MdL Württemberg (II. Kammer).
∞ 1793 Charlotte Wilhelmine Hauff, * 1768, † 1843, T. d. Johann Wolfgang Hauff, * 1721, † 1801, Landschaftskonsulent in Stuttgart.

D. zählte zur personellen Erstausstattung des 1817 neu in Ulm gebildeten Gerichtshofs und beendete dort seine erfolgreiche Laufbahn im württ. Staatsdienst.
Aus altwürtt. Familie stammend, die im 18. Jahrhundert auch in Ulm und auf der Ulmer Alb Fuß gefasst hatte – erinnert sei nur an den Hospitalhofmeister Marx Friedrich Anton Dapp (1735-1811), den Schwiegervater des Prälaten Johann Christoph (von) →Schmid –, war für den Sohn eines einflussreichen Geistlichen frühzeitig die Verwaltungslaufbahn vorgesehen. Nach der Schule wurde D. 1770 zur Schreiberlehre in eine Schreibstube in Kirchheim/Teck gegeben. Von 1774 bis 1778 schloss sich das Studium der Rechtswissenschaften in Tübingen an. 1779 Kanzlei- und 1790 Hofgerichtsadvokat in Stuttgart, entschied sich D. für eine Laufbahn in der Innenverwaltung des Herzogtums Württemberg. 1792 wurde er zum Rat und Stabskeller in Mundelsheim ernannt, 1803 zum Oberamtmann und Klosterverwalter in Anhausen. 1809 trat er als Oberamtmann an die Spitze des Oberamts Weinsberg.
Im Aug. 1811 erfolgte D.s Berufung zum Provinzialjustizdirektor in Ludwigsburg, wo er eines der drei neu gebildeten Provinzialjustizkollegien – die beiden anderen befanden sich in Ulm und Rottenburg/Neckar – leitete. Im Nov. 1817 wurde D. zum Oberjustizrat im sechsköpfigen Oberjustizrats-Kollegium des neu gebildeten Appellationsgerichtshofes für den Jagst- und Donaukreis in Ulm ernannt, der sich im darauffolgenden Jahr in den Kgl. Gerichtshof für den Donaukreis mit Sitz in Ulm „verwandelte". D. verblieb in diesem Amt bis zu seinem 1823 erfolgten Eintritt in den Ruhestand; seitdem lebte er in Stuttgart. Von 1826 bis 1831/33 war D. – bereits 70 Jahre alt – als Vertreter des Oberamtsbezirks Weinsberg MdL Württemberg (II. Kammer).

Q   HStAS, E 143 Bü 898 – E 146/1 Bü 2655, 2700, 2701, 2711.
W   Versuch über die Lehre von der Legitimation zum Proceß, Frankfurt/Main 1789.
L   GRADMANN, Das gelehrte Schwaben, S. 96 – SK vom 28. VIII. 1811 und vom 25. IV. 1823 – FABER 25, §§ 111, 336 – RIECKE, Verfassung und Landstände, S. 70 – HARTMANN, Regierung und Stände, S. 62 – NWDB, §§ 1345, 2635, 3296 – Wolfram ANGERBAUER, Die Amtsvorstände des OA Weinsberg von 1806 bis zu dessen Aufhebung 1926, in: Jb. für schwäbisch-fränkische Geschichte 33 (1994), S. 89-94, bes. 90f. – Amtsvorsteher, S. 213 (Wolfram ANGERBAUER) – RABERG, Biogr. Handbuch, S. 128.

Darm, * Ulm 10. Okt. 1800, † ebd. 18. Okt. 1882, ev.
Vater   Darm, Kornmesser in Ulm.

D. war der letzte, zu Lebzeiten weit über Ulm hinaus bekannte „Schnellläufer". Seine „Aufgabe" war es, vor Kutschen herzulaufen und bei den Poststationen deren bevorstehende Ankunft zu melden. Angeblich soll er zu seinen besten Zeiten in sechs Stunden von Ulm nach Stuttgart gelaufen sein. D. war mit seiner von einer übergroßen Nase und einem mächtigen Schnurrbart geprägten Physiognomie, dem unvermeidlichen Zylinder und seinem abgewetzten Mantel eine auffallende Erscheinung.
D. lebte von Zuwendungen der Postunternehmer und von Almosen. Beim Bitten um Almosen war sein bekannter Spruch: *Alles aus freiem guten Herzen!.* In seinen letzten Lebensjahren fand der mittellose D. Aufnahme im Ulmer Spital, wo er zuletzt gepflegt wurde. D., der letzte Schnellläufer, starb kurz nach seinem 82. Geburtstag.

L   UBC 2, S. 441, 485 (Bild, kolorierte Zeichnung von J. Füßlen).

Daub, Rudolf, * Ulm 2. Juni 1908, † ebd. 7. Dez. 2006, ⬚ ebd., Hauptfriedhof, 14. Dez. 2006, ev.
∞ Kloster Ursprung 1938 Frida Hartnagel, * Ulm 9. III. 1913, † ebd. 2009, Säuglingsschwester, *Schw.* d. Fritz →Hartnagel.
3 *K*   Peter Daub, * Ulm 19. XII. 1938, Kaufmann, Schatzmeister des Vereins für Kunst und Altertum in Ulm und Oberschwaben; Uller Daub, Dipl.-Ing., * Ulm 12. II. 1940; Bärbel Daub, * Ulm 5. XII. 1942, ∞ Lipmann.

D. war über Jahrzehnte hinweg einer der bekanntesten und meist beschäftigten Ulmer Architekten.
Nach dem Schulbesuch in Ulm absolvierte D. das Architekturstudium an der TH Stuttgart. Anschließend ließ er sich als Architekt in Ulm nieder und baute 1938 sein eigenes Haus in der Wetterstraße am Michelsberg. Gleichzeitig entwarf er zahlreiche öffentliche Bauten, u. a. das Hitlerjugend-Heim und den Neubau des NSV-Kindergartens in Mähringen. Im Zweiten Weltkrieg war D. Architekt bei der Luftwaffe im deutsch besetzten Norwegen und als solcher vorwiegend mit der Anlage von Feldflugplätzen befasst.
Nach französischer Kriegsgefangenschaft konnte D. Ende 1946 nach Ulm zurückkehren und in der zerstörten Stadt den Wiederaufbau mitgestalten. Zeitweise arbeitete er mit Regierungsbaumeister Walter →*Freyberger in einem gemeinsamen Architekturbüro zusammen. D., der auch Mitglied der „Gesellschaft 1950" war, stand als Architekt in der Tradition des Bauhauses und plante u. a. die 1952 fertiggestellte, nach neuen pädagogischen Gesichtspunkten entwickelte Hans-Multscher-Schule, den „Münster-Bazar" (doppelte Ladenzeile südlich des Münsters, 2000 abgetragen) sowie zahlreiche Wohn-, Geschäfts- und Reihenhäuser in Ulm und Neu-Ulm. Innovativ war die erste Ulmer Terrassenhaussiedlung im Braunland.
Der künstlerisch und volkskundlich sehr interessierte D. sammelte im Laufe von Jahrzehnten Werke regional bedeutender Künstler sowie mehr als 500 Tierglocken aus 50 Ländern (eine davon über 3.000 Jahre alt), die wiederholt in Ausstellungen gezeigt wurden, u. a. im Jahre 2000 in Ehingen/Donau.

Q   StadtA Ulm, G 2.
L   UBC 5a, S. 298 – Birgit EBERLE, Der Mann, der die Ulmer „Einkaufshütte" plante. Rudolf Daub, Architekt des Münsterbazars, in: SWP Nr. 26, 2. II. 1999 (Bild) – Walter FRITSCHE, Sammlung Daub: Tierisch: Glocke ist nicht gleich Glocke, in: Schwäb. Zeitung Nr. 134, 13. VI. 2003 (Bild) – GNAHM, Giebel oder Traufe?, S. 25.

Deckel, *Friedrich* Wilhelm, Dr. h.c., * Jungingen/OA Ulm 11. Dez. 1871, † München 10. Juli 1948, kath.
Vater   Karl Deckel, * 1825, † 1906, Kleinbauer und Händler in Jungingen.
Mutter   Thekla Miller.
5 *G.*
∞ 1902 Kreszenz Boniberger, * 11. IV. 1880.
2 *K*   Hans Deckel, Dr.; Fritz Deckel, Dipl.-Ing.

D., einer der wesentlichen Wegbereiter der modernen Fotoindustrie, stammte aus einfachen Verhältnissen. In seinem Geburtsort Jungingen besuchte er die Volksschule, 1885 begann er eine Mechanikerlehre bei den „Gebrüdern Bosch" und fand nach deren Abschluss 1888 ebd. Arbeit als Mechanikergehilfe. Im Jahr darauf begab sich der Geselle auf eine ausgedehnte Wanderschaft, die ihn zunächst nach Kempten im Allgäu in die Firma A. Ott, Fabrik mathematisch-optischer Instrumente, führte. Anschließend ging er nach Jena zur Firma Carl Zeiss, wo er in engen Kontakt zu dem Entwickler der dort hergestellten Linsen, Ernst Abbe, kam. Abbe stellte D. als Versuchsmechaniker ein und förderte den interessierten jungen Mann auch wissenschaftlich, indem er ihm Einblicke gewährte, die D. andernorts gewiss verweigert worden wären. 1891 schied D. bei Zeiss aus, ging nach Rotterdam und England, wo er u. a. im Apparatebau bei den Siemens Brothers in Woolwich tätig war. 1897 kehrte er nach Deutschland zurück und trat als Entwicklungsmechaniker für Fotooptik bei C. A. Steinheil in München ein.
Die Grenzen der Beschäftigung dort wurden ihm bald zu eng. Schon 1898 machte sich D. mit einer kleinen mechanischen

---

[87] RABERG, Biogr. Handbuch, S. 128 f.

Werkstätte in München selbstständig und stellte vor allem Teile für Telefonapparate her. Die Entwicklung der Amateurfotografie um die Jahrhundertwende sah D. voraus und erkannte die Möglichkeiten. 1903 gründete er mit Christian Bruns die Firma „Bruns & Deckel", die nach einem von Bruns entwickelten Verfahren (Verschluss „Compound") Kameras herstellte, die erstmals die gesamte Bildfläche gleichmäßig auszuleuchten vermochten. Bruns schied schon 1905 aus der Firma aus, D. führte sie unter seinem Namen als „Friedrich Deckel GmbH" allein weiter. Die Entwicklung neuer Modelle begründete D.s Geschäftserfolg. Der 1912 auf den Markt gebrachte „Compur-Verschluss" erbrachte eine bis dahin unbekannte Genauigkeit der eingestellten Öffnungszeiten und ließ D. beinahe zum Monopolisten für Kameras in Deutschland werden. Der Aufschwung war gewaltig: Um 1910 waren bei D. rund 100 Arbeiter tätig, 1917/18 ca. 2.200. 1911 war eine neue und größere Fabrik eröffnet, 1916 die GmbH in die Firma „Friedrich Deckel Präzisionsmechanik und Maschinenbau" umfirmiert worden. D. ließ nun auch Werkzeugspezialmaschinen produzieren, die in ihrer Genauigkeit („Deckel-Präzision") geradezu legendären Ruf genossen. Nach Ende des Ersten Weltkriegs befasste er sich auch mit Kraftstoffeinspritzung bei Dieselmotoren und entwickelte seit 1928 die ersten Pumpen. Das Unternehmen war mittlerweile auf dem europäischen Markt vertreten.

Nach 1921 zog sich D., der auch für die soziale Verantwortung des Unternehmers im Industriezeitalter stand und eine Unterstützungskasse für Soldatenfrauen und Witwen gefallener Mitarbeiter sowie eine Pensionskasse einrichten ließ, aus der Leitung der Firma sukzessive zurück und bewirtschaftete das 1918 von ihm erworbene Gut Letten. Seine beiden Söhne traten später als geschäftsführende Teilhaber in die Firma ein. 1941 zog sich D. ganz aus der Firmenleitung zurück. Nach 1945 stufte eine Spruchkammer in München D. als „belastet" ein, was dazu führte, dass der Betrieb unter Treuhänderschaft gestellt wurde. 1948 wurde er dann als „Mitläufer" eingestuft. – 1918 Titel Kommerzienrat; 1928 Dr. h.c. der TU München.

Q   Bayer. Wirtschaftsarchiv, München, Bestand „Friedrich Deckel AG".
L   Ih 1, S. 145 – NDB 3, S. 543 f. (Franz Ludwig NEHER) – WB I (2006), S. 44 f. (Eva MOSER).

Dehlinger, Ulrich, Dr.-Ing., * Ulm 6. Juli 1901, † Stuttgart 29. Juni 1981, ⯂ ebd., Fangelsbachfriedhof, ev.
Vater siehe Alfred →*Dehlinger.
Mutter   Anna Martin, * 1876, † 1939.
G   Konrad Dehlinger[88], * Stuttgart 15. XII. 1909, Regierungsrat im württ. Wirtschaftsministerium.
∞ I. Ravensburg 1928 Margarethe Sterkel, * 1892, † 1950, T. d. Karl Sterkel, Fabrikant in Ravensburg, u. d. Marie Schaal; ∞ II. Herrenberg 1951 Lotte Lübcke.

D. kam während der Dienstzeit seines Vaters, des späteren württembergischen Finanzministers, beim Kameralamt in Ulm zur Welt. Nach dessen beruflichem Wechsel nach Stuttgart besuchte D. dort das Gymnasium und widmete sich nach dem Abitur dem Studium der Ingenieurwissenschaften in Tübingen (wie sein Vater Mitglied der Burschenschaft Roigel – „Tübinger Königsgesellschaft"). Nach der Promotion spezialisierte sich D. frühzeitig auf die Material- und speziell die Metallforschung, der er auch seine Habilitationsschrift („Zur Theorie der Rekristallisation reiner Metalle", 1929) widmete. Darin wies er auf die entscheidende Rolle der Gitterfehler für die Eigenschaften der Kristalle hin. Bei seinen Forschungen zur Werkstoffverarbeitung untersuchte D. die plastische Verformung, mit der man das Material in gewünschte Formen bringen kann, wie z. B. beim Ziehen von Drähten oder Walzen von Blechen. Er fand heraus, dass die plastische Verformung nur auf Grund von Störungen des Kristallgitters (Gitterfehler) möglich ist, und

trug maßgeblich dazu bei, dass 1934 der entscheidende linienhafte Gitterfehler, die Versetzung („dislocation"), identifiziert werden konnte: *Die Bewegung von Milliarden von Versetzungen führt zur makroskopisch beobachtbaren plastischen Verformung.*
1939 wurde D. als Nachfolger von Peter Paul Ewald, bei dem er zuvor Assistent gewesen war, o. Professor für Theoretische Physik an der TH Stuttgart, zugleich Direktor am Institut für theoretische und angewandte Physik ebd. 1969 erfolgte seine Emeritierung.

W   Chemische Physik der Metalle und Legierungen (Physik und Chemie und ihre Anwendungen in Einzeldarstellungen 3), Leipzig 1939 – Grundbegriffe der Physik, Stuttgart 1949 – Theoretische Metallkunde (Reine und angewandte Metallkunde in Einzeldarstellungen 13), Berlin 1955.
L   Ih 3, S. 57 – SCHMIDGALL, Burschenschafterlisten, S. 154, Nr. 842 – ZIEGLER, Fangelsbachfriedhof, S. 186 – http://www.physik.uni-stuttgart.de/ organe/geschichte/physiker/ dehlinger.

Deininger, Johann (Hans), * Peiting/BA Schongau (Bayern) 22. März 1891, † Neu-Ulm 17. Nov. 1982, kath.

Vater   Johann Deininger, * Peiting 7. März 1856.
Mutter   Anna Mair, * Böbing 24. XII. 1861, † Peiting 29. IX. 1934.
∞ Dillingen/Donau 3. VIII. 1920 Karoline Josefine *Mathilde* Birnmann, * Dillingen/Donau 30. VI. 1897, † 25. VI. 1975, T. d. Joseph Birnmann, Spitalverwalter, u. d. Anna Haberl.
5 K   Mathilde Deininger, * Starnberg 1. V. 1921; Johanna (Hanna) Deininger, Dr. med., * Dillingen/Donau 19. XI. 1922, ∞ Henkel, Ärztin am Städtischen Krankenhaus Neu-Ulm, CSU-Kommunalpolitikerin, Stadträtin; Philippina Deininger, * Lauingen/Donau 7. VI. 1924; Franz Wolfgang Deininger, * Neu-Ulm 20. IV. 1928, † Ulm 25. IV. 1928; Karolina Marie Deininger, * Neu-Ulm 20. IV. 1928.

Als Berufsschullehrer und Stadtrat war D. eine der prägenden Persönlichkeiten der Neu-Ulmer Geschichte im 20. Jahrhundert.
Nach Volksschule in Peiting und Gymnasium in Dillingen/Donau studierte D. ab 1914 zwei Semester an der TH München. Im Ersten Weltkrieg war er Frontsoldat und wurde mit den Eisernen Kreuzen beider Klassen sowie dem Bayer. Militär-Verdienstorden IV. Kl. ausgezeichnet. Nach Kriegsende absolvierte er das Lehrerseminar Pasing. Von 1920 bis 1922 war D. Hilfslehrer bzw. Lehrer an der Volksschule in Starnberg, anschließend bis 1925 Gewerbeoberlehrer und Direktor der von ihm mit eingerichteten und ausgebauten Berufsfortbildungsschule Lauingen/Donau. Im Aug. 1925 erhielt er auf besondere Empfehlung der Regierung eine Anstellung als Gewerbeoberlehrer in Neu-Ulm, wo er zugleich die Leitung der dortigen Berufsfortbildungsschule übernahm. Im Mai 1927 erhielt er den Titel Direktor der städtischen Berufsfortbildungsschule verliehen. In der NS-Zeit war D. Mitglied der SA und der NSV.
Nach der im Frühjahr 1948 erfolgten Teilung der Berufsschule in eine kaufmännische Berufsschule, deren Leitung →Urwantschky übernahm, und eine gewerbliche Berufsschule (mit Unterstellung der hauswirtschaftlichen Abteilung), an deren Spitze D. stand, erhielt D., der im Herbst 1945 aus dem Dienstverhältnis der Stadt Neu-Ulm entlassen war, eine Anstellung im Beamtenverhältnis. 1949 wurde die hauswirtschaftliche Abteilung als Hauswirtschaftliche Berufsschule selbstständig. D. erhielt zum 1. Jan. 1950 den Titel Berufsschuldirektor, Ende 1951 erfolgte die Zusammenlegung der gewerblichen und der kaufmännischen Berufsschule unter seiner Leitung. D. war auch in der Kommunalpolitik aktiv. Als CSU-Politiker wurde er erstmals am 30. Mai 1948 in den Stadtrat von Neu-Ulm gewählt, dessen langjähriges Mitglied er war.

88 SCHMIDGALL, Burschenschafterlisten, S. 156, Nr. 942.

D. starb im 92. Lebensjahr in Neu-Ulm, der Stadt, die ihm seit fast 60 Jahren Heimat geworden war.

Q   StadtA Neu-Ulm, A 4, Nr. 107.

Demmler, Emil (von), * Schäftersheim/OA Mergentheim 18. Aug. 1843, † Stuttgart 16. Juni 1922, ▢ Pragfriedhof, 19. Juni 1922, ev.

Vater   *Karl* Friedrich Wilhelm Demmler[89], * Göppingen 5. XI. 1816, † Stuttgart 1. III. 1869, 1841 Pfarramtsverweser bzw. Pfarrer in Schäftersheim, 1846 Diakon und Präzeptor in Weikersheim, 1854 Dritter Stadtpfarrer in Heilbronn/Neckar, 1861 Dekan in Urach, 1865/66 Oberkonsistorialrat für Schulangelegenheiten in Stuttgart, zuletzt seit 1868 Hospitalprediger und Stadtdekan ebd.
Mutter   Bertha Steeg, * 1815, † 1889.
1 G   Max Demmler[90], * Weikersheim 6. I. 1846, † Baden-Baden 7. X. 1914, 1872 Repetent, 1875 Diakon in Sulz, 1878 zugleich Bezirksschulinspektor ebd., 1885 Diakon und Bezirksschulinspektor in Tübingen, 1891 Zweiter Stadtpfarrer ebd.
∞ 1873 Maria Warneken, * 1851, † 1916, stammte aus Bremen.
4 K, darunter Theodor Demmler[91], * Heilbronn/Neckar 13. I. 1879, † Berlin 21. VII. 1944, Dr. phil., ab 1919 Direktor am Kaiser-Friedrich Museum; Gertrud Marie Demmler, ∞ Fritz Lenckner, Dr. iur., Rechtsanwalt in Stuttgart; Max Demmler, Dr. med., Arzt in München.

D. war Generalsuperintendent des Ulmer Kirchensprengels zu Beginn des 20. Jahrhunderts. Als Sprößling einer württembergischen Beamten- und Pfarrerfamilie war ihm sein Ausbildungsweg vorbestimmt. Nach dem Besuch des Gymnasiums in Heilbronn/Neckar und dem Landexamen wurde D. Zögling des niederen ev.-theol. Seminars in Blaubeuren. 1862-1865 Studium der ev. Theologie in Tübingen (Mitglied der Burschenschaft Roigel „Tübinger Königsgesellschaft"). Nach 1866 Repetent am Tübinger Stift, 1865-1866 Helfer bei seinem Vater in Urach. 1866 Vikar in Reutlingen, 1867 Studien- und Kunstreise in Italien, danach bis ins hohe Alter häufige Reisen nach Italien. 1868 Pfarrverweser in Ellwangen. Nach dem unerwartet frühen Tod des Vaters stand die Familie fast unversorgt da. Der Minister Freiherr von Varnbüler übertrug D. eine der reichsten Pfründen des Landes, die Varnbülersche Patronatspfarrei Hemmingen, wo D. 1869 Pfarrverweser, ab 1870 Landpfarrer war. 1877 Vierter Stadtpfarrer, 1884 Dritter Stadtpfarrer, ab 1883 zugleich Garnisonpfarrer in Heilbronn/Neckar. 1892 erreichte D. mit der Ernennung zum Dekan in Esslingen/Neckar die nächsthöhere Stufe der Karriere. Im Jahre 1900 wurde er als Nachfolger des nach Stuttgart wechselnden Prälaten →Weitbrecht zum Prälaten und Generalsuperintendenten von Ulm ernannt. Am 10. Jan. 1901 trat D. erstmals in Münster vor die Gemeinde. Herbst 1911 Eintritt in den Ruhestand, danach in Stuttgart lebend. Die Amtsverwesung als Generalsuperintendent übernahm Paul →Knapp. Vom 15. Jan. 1901 bis Jan. 1907 war D. Mitglied der Kammer der Abgeordneten des Württ. Landtags (in seiner Eigenschaft als Generalsuperintendent von Ulm, Mitglied der Sammelfraktion Freie Vereinigung): 1901 bis 1906 Mitglied der Finanzkommission, 1901 bis 1904 Mitglied der Legitimationskommission, 1904 bis 1906 der Steuerkommission: *An den Fragen der Verfassungs-, Verwaltungs- und Schulreformen hat er eifrig und im Sinne zeitgemäßer Forderungen mitgearbeitet und in mancher schwierigen Lage einen befriedigenden Ausgleich gefunden. Warmherzig ist er auch für*

Altertümer und für Heimatschutz eingetreten. In Vieler Erinnerung ist es noch, um eine bezeichnende Einzelheit anzuführen, wie er entgegen dem fast einstimmigen Beschluß des Ausschusses für die Ortsvorsteher den schönen volkstümlichen Namen „Schultheiß" an Stelle des vorgeschlagenen „Bürgermeisters" rettete, indem er fast die ganze Kammer umzustimmen wußte. Der politische Geist D.s ließ auch zu, dass er im Landtag als einziger von der Prälatenbank für die fakultative Feuerbestattung stimmte – seinerzeit ein heiß umstrittenes Thema!

Zu seiner Beerdigung, für die er sich Trauerreden verboten hatte, erschienen u. a. Staatspräsident Johannes von Hieber, Konsistorialpräsident von Zeller, Prälat Merz und der Ulmer Dekan. – 1902 Ehrenkreuz des Württ. Kronordens, 1911 Kommenturkreuz dto.; 1908 Kommenturkreuz II. Kl. des Friedrichsordens; 1916 Wilhelmskreuz.

Q   StadtA Ulm, G 2.
L.   Ih 2, S. 148 – Hauptregister, S. 82 – SK Nr. 379, 16. VIII. 1913, S. 5 – Magisterbuch 37 (1914), S. 82 – ebd. 38 (1920), S.77 – Prälat v. Demmler †, in: StNT Nr. 274 (Abend-Ausgabe), 17. VI. 1922, S. 5 – SK Nr. 277, 17. VI. 1922, S. 4 (Todesanz. der Familie) sowie Nr. 281 (Abendblatt), 20. VI. 1922, S. 5 – Württ. Jahrbücher 1921/22, S. XV – SIGEL 11,1, S. 752 – UBC 3, S. 237, 241 – SCHMIDGALL, Burschenschafterlisten, S. 136, Nr. 177 – RAPP, Egelhaaf, S. 18 f., 39 – NEBINGER, Die ev. Prälaten, S. 574 ff. – RABERG, Biogr. Handbuch S. 135.

Dentler, *Rudolf* Heinz, * Pforzheim 18. Dez. 1924, † Ulm 2. Sept. 2006, ▢ ebd., Hauptfriedhof, 8. Sept. 2006.
Vater   Max Dentler, * Karlsruhe 4. IX. 1885, † 25. XII. 1939, Musikdirektor.
Mutter   *Emma* Berta Löhner, * Zürich 18. I. 1889, † Okt. 1980.
8 G, darunter Theo Dentler, * 1930, † 1994, Leiter des „Theaters in der Westentasche" in Ulm.
∞ Gisela Bohnenkämper, * 23. XII. 1942.
2 K   *Timo* Kaspar Dentler, * 3. I. 1971; *Ira* Gwendolin Dentler, * 25. IX. 1980.

Der „Schmuckprediger" D. war eines der bekanntesten Originale und eine der schillerndsten Persönlichkeiten der letzten Jahrzehnte in Ulm – eine unverwechselbare Persönlichkeit mit eigenem Kopf, ob man ihn nun schätzte oder nicht. Ob man ihm mit seinem unvermeidlichen purpurroten Kronenhut in seiner Goldschmiede in der Ulmer Gerbergasse begegnete, ob er im wehenden Gewand auf dem Fahrrad durch Ulm radelte oder ob er seine alternative Ulmer Schwörrede im Juli hielt – stets entwich D. der Norm und gewann Profil auch durch die wohl bedachte Inszenierung des eigenen Ich. *Mit ihm verliert die Donaustadt einen kreativen Förderer und Vordenker in Sachen Kunst und Kultur, der schon zu Lebzeiten zur Legende geworden ist* (Schwäb. Zeitung).

D., ein Humanist alten Schlages, der sein ganzes Kunstverständnis auf den Fundamenten der klassischen Ideale Schönheit und Wahrheit zu entwickeln suchte, entstammte einer künstlerisch sehr aktiven Familie, die ihn wesentlich prägte. Seine Geburtsstadt Pforzheim legte ihm ein Wirken im Goldschmiedebereich ebenfalls nahe. Er begann 1939 seine Ausbildung zum Goldschmied und konnte daher 1989 sein 50-Jahr-Arbeitsjubiläum feiern. Als Meisterstück lieferte D. ein Bischofskreuz ab. Seit 1955 wirkte er vom Kloster Blaubeuren aus, 1958 stellte er erstmals im Ulmer Museum aus. 1968 ließ sich D. als freier Goldschmiedemeister in Ulm nieder. Sein künstlerisches Schaffen sah er als Versuch, *den Menschen an seinem geistigen Ort heimisch zu machen*, als Beschreibung seines Strebens gab er an, auf der Suche nach dem Menschen zu sein, *der die heutige Welt ertragen kann*. Sein Werk war nicht nur im Ulmer Museum zu sehen, sondern auch in Ausstellungen in Berlin, New York, London, Tokio, Moskau und St. Petersburg. 1986 entwarf er aus Anlass des Berblinger-Jubiläums eine Gedenkmedaille. Daneben verlieh er einen Ehrenring für Menschen, die sich aus seiner Sicht um Ulm verdient gemacht hatten. Das Original seiner bekannten Skulptur „Tanzende Weisheit" („Sophitia") wurde 1999 am Herbert-von-Karajan-Platz beim Ulmer Theater aufgestellt.

Neben dem Schmuck gehörte seine Liebe dem Ballett. Er bezeichnete sich selbst als „Ballettnarren", wobei er sich nicht

89 EHMER/KAMMERER, S. 116.
90 WN 1914, S. 273.
91 Ih 3, S. 57 – Führerlexikon, S. 92.

nur als Zuschauer verstand. Er war selbst Tänzer, und 1993 tanzte er im Moskauer Bolschoi-Theater, wo eine seiner Ausstellungen gezeigt wurde, eine Exerzitie. Im Juli 2006 konnte D. bereits das 20-Jahr-Jubiläum seiner alternativen Schwörrede feiern, die längst zur Institution geworden war. Wieder lauschten zahlreiche Neugierige den Ausführungen D.s, die er von seinem Thron an der Außenwand der Galerie am „Sacramentsplätzle" im Fischerviertel hielt. Es war nicht zu ahnen, dass viele ihn an diesem Tag zum letzten Mal sehen sollten. Während einer Reise nach Kopenhagen im Sommer 2006 machten sich bei D. gesundheitliche Beschwerden bemerkbar, die eine Rückkehr nach Ulm erforderlich machten. D. musste ins Krankenhaus, kam kurzzeitig wieder heim und starb überraschend kurz vor Vollendung des 82. Lebensjahres. Das Grabkreuz auf dem Ulmer Hauptfriedhof trägt die Aufschrift „Rudolf Dentler Rex d. L.". Er selbst hatte schon lange zuvor kategorisch verfügt: *Nach 1994 unsterblich.*

Q   StadtA Ulm, G 2 – Auskünfte von Gisela Dentler und Ira Dentler, Ulm.
L   Rudolf Dentler †, in: Schwäb. Zeitung (Ulm) Nr. 204, 4. IX. 2006 (Bild) – Nachruf: Rudolf Dentler ist tot. Der Künstlerkönig ist längst unsterblich, in: SWP Nr. 204, 4. IX. 2006 (Bild).

Desselberger, *Karl (Carl)* Friedrich Ernst, * Ulm 27. April 1818, † Freudenstadt 18. Jan. (nicht Dez.!) 1874, ev.
Vater   Gottlob Desselberger, * 1782 oder 1783, † 1827, Knaben-Lehrer in Ulm.
Mutter   Sophie Christiane Gross, * 1785, † 1837. 6 G.
∞ 1847 *Johanna* Carolina Bürkle.
2 K, darunter Julius Desselberger * Böblingen 27. V. 1848, † Heilbronn/ Neckar 12. III. 1920, Rektor der Höheren Töchterschule in Heilbronn.

Der gebürtige Ulmer D. war einer der zahlreichen ev. Geistlichen, die sich während der Revolutionszeit 1848/49 politisch engagierten und in das württ. Landesparlament gewählt wurden.
Nach Schulbesuch in Ulm war D. Zögling am ev.-theol. Seminar Schöntal/Jagst, anschließend studierte er in Tübingen Theologie. 1843 ging er nach dem theol. Examen als Pfarrverweser nach Oggenhausen. 1844 bestand er auch das Professoratsexamen, das ihn zum Lehrdienst an Lateinschulen befähigte. D. erhielt eine Stellung als Präzeptoratsverweser in Böblingen, seit 1847 war er Präzeptor ebd. Von 1849 bis 1850 war D. für Böblingen Abgeordneter in den drei Landesversammlungen, die in der nachrevolutionären Zeit an die Stelle des Landtags getreten waren und wo er der Petitionskommission angehörte.
Nach der Revolution dienstlich gemaßregelt und in schwierigen beruflichen (und finanziellen) Verhältnissen lebend, erhielt er erst 1853 wieder eine Stellung als Pfarrer in Tumlingen. Von dort wechselte D. 1860 in gleicher Eigenschaft nach Grüntal. 1866 wurde er zum Ersten Diakon und zugleich Bezirksschulinspektor in Cannstatt ernannt. 1870 erfolgte mit dem Antritt der Position des Dekans in Freudenstadt ein weiterer Aufstieg D.s. Er starb allerdings bereits knapp vier Jahre später im 56. Lebensjahr.

Q   Ev. Kirchenregisteramt Ulm, Familienbuch Band C-D – Auskünfte des StA Ulm, Sept. 1999 – LKAS, A 27 (Personalakten).
L   RIECKE, Verfassung und Landstände, S. 54 – HARTMANN, Regierung und Stände, S. 44 – SIGEL 11,1 (1931), S. 771f. – DIETRICH, Christentum, S. 412 – RABERG, Biogr. Handbuch, S. 138.

Dick, Robert, * Ulm 28. Okt. 1851, † ebd. 7. Okt. 1928, ⬚ ebd., Hauptfriedhof, ev.
Vater   Johann Jakob Dick, * 1811, † 1888, Weber in Ulm.
Mutter   Ida Johanna Speidel, * 1819, † 1900.
1 *HalbG*, 5 G, davon 3 † früh.
∞ 1888 Wilhelmine Magdalene Knöringer, * 1855, † 1937.
9 K, davon 2 † früh.
D.s Enkel Rolf →Dick, * 1926, war 1972-1980 MdL Baden-Württemberg (SPD).

D. zählt zu den führenden Persönlichkeiten der Ulmer Sozialdemokratie. Sein Wirken bezog auch Neu-Ulm mit ein und

erstreckte sich über mehrere Jahrzehnte. Er war ein radikaler Kämpfer für die Interessen der Arbeiter, was ihn im Ersten Weltkrieg von seiner Partei entfernte und zu einem mehrjährigen Engagement in der USPD führte.

Aus einfachen Verhältnissen stammend, machte D. nach der Elementarschule eine Schneiderlehre und ließ sich nach der Wanderschaft, die 1869 begann, als Schneidermeister in seiner Heimatstadt nieder. Schon 1868 hatte er sich der Arbeiterpartei Ferdinand Lassalles angeschlossen und blieb trotz enger Kontakte zu Wilhelm Liebknecht und August Bebel, deren Schriften er in Ulm in Umlauf brachte, zeitlebens ein „Lassallianer". Eine Ulmer „Zelle" der „Sozialistischen Arbeiterpartei Deutschlands" (SAP) wird man schon für die frühen 1870er Jahre als bestehend ansehen dürfen, und wenn es so verhielt, so war D. nicht nur ihr Gründer, sondern auch die unumstrittene Führungspersönlichkeit. Während der Zeit des sogenannten „Sozialistengesetzes" (1878-1890), das Reichskanzler Bismarck durch den Reichstag hatte verabschieden lassen, um jegliche Aktivität der Sozialisten zu unterbinden, war D. mit einigen wenigen anderen Parteifreunden einer der Vertrauensmänner der SAP in Ulm. D. verstand es, die Ulmer Sozialdemokraten in dieser Zeit der Bedrückung und Verfolgung zusammenzuhalten. D. wurde wiederholt von Hausdurchsuchungen betroffen, wobei er allerdings so vorsichtig war, verbotene Flugblätter gut zu verbergen. Ulm galt als Drehscheibe des illegalen Vertriebs des in Zürich wöchentlich erscheinenden Organs „Der Sozialdemokrat". Auf D.s Initiative ging die am 24. Nov. 1889 erfolgte Gründung des sozialdemokratisch orientierten Ulmer Volksvereins zurück, der offiziell der Unterstützung in Not geratener Arbeiter dienen wollte, tatsächlich aber eine neu strukturierte straffere Parteiorganisation darstellte. Deutlich kam dies zum Ausdruck, als der Volksverein nach Aufhebung der „Sozialistengesetze" am 1. Okt. 1890 als „Sozialdemokratischer Verein Ulm/Neu-Ulm" firmierte und damit zugleich dokumentierte, dass er die Sozialdemokraten in der Schwesterstadt am rechten Donauufer mit einschloss.
Von 1890 bis 1893 war D. der erste Vorsitzende der SPD Ulm. Wie auch sein Nachfolger Josef →Hefele schrieb sich D. vor allem den Ausbau der Parteiorganisation in der Stadt und im Bezirk auf die Fahnen. Um politisch konkurrenzfähig zu werden, mussten Ortsvereine gegründet und mit Wahlkampfmaterial ausgestattet werden, Mitglieder geworben und deren Versorgung mit Flugblättern und Pressematerial sichergestellt werden. Erst 1900 erwarb die Partei in Ulm das Gasthaus „Hohentwiel" als Vereinslokal. Zuvor hatte die Partei mit Schwierigkeiten zu kämpfen gehabt, für ihre Versammlungen ein Lokal zur Verfügung gestellt zu bekommen.
1908 wurde D. zum Mitglied des Ulmer Bürgerausschusses gewählt, dem er bis 1919 angehörte. Von 1919 bis 1921 war er Mitglied des Ulmer Gemeinderates (USPD). Wegen der Bewilligung der Kriegskredite durch die SPD aus der Partei ausgetreten und 1917 zur linksradikalen „Unabhängigen Sozialdemokratischen Partei Deutschlands" (USPD) übergewechselt, spielte D. seit Nov. 1918 als Mitglied des Aktionsausschusses des Ulmer Arbeiter- und Soldatenrates eine wichtige Rolle in der Phase des Übergangs von der Revolution zu neuen verfassungsmäßigen Zuständen. Vom 26. März bis Juni 1920 war D. für kurze Zeit MdL Württemberg (Platz 7 LL, nachgerückt für

den ausgeschiedenen Ferdinand Hoschka). 1920 LT-Kandidat (Platz 7 LL), verfehlte der fast 70 Jahre alte D. den Wiedereinzug in das Parlament. Als er acht Jahre später starb, verloren die Ulmer Sozialdemokraten eine streitbare, durchaus eigenwillige Persönlichkeit, deren Beharrlichkeit, Klugheit und Umsicht sie maßgeblich ihre Existenz und ihren späteren Erfolg als zweitstärkste kommunale Kraft zu verdanken hatten.

Q   StadtA Ulm, G 2.
L   UBC 1, S. 565 (Bild) – UBC 2, S. 529 – ERNST (1970), passim – K. W. OBERMEIER, 90 Jahre Sozialdemokratie in Ulm, Ulm 1980, passim – RIEBER (1984), S. 823 – SPECKER, Ulm im 19. Jahrhundert, S. 250-252 (Bild) – SCHRÖDER, SPD-Parlamentarier, S. 409 – MITTAG, SPD-Fraktion, S. 161f. – SPECKER, Großer Schwörbrief, bes. S. 338-340, 361 f. u. ö. – RABERG, Biogr. Handbuch, S. 140 – WEIK ⁷2003, S. 310 – SCHMIDT, Demokratie, S. 40 f., 49 f., 52 f.

Dick, Rolf, * Ulm 30. April 1926, † ebd. 16. Feb. 2001, ⬜ ebd., Hauptfriedhof, ev.

Vater   Ernst Dick, † Dez. 1945, Kaufmann in Ulm, Leiter der Milchversorgung.
Mutter   Anna Berta Rimmele.
∞ I. Irmgard Kroder, 1955 geschieden; ∞ II. Anneliese Kaeppel, geb. Beck.
2 K   Rudolf Robert Dick; Armin Volkard Dick. Die Pflegetochter Christina war eine Nichte von D. und dessen zweiter Ehefrau.

D., Enkel des radikalen Sozialisten Robert →Dick, war eine der profiliertesten Persönlichkeiten der Ulmer Sozialdemokratie nach 1945. Der „Herbert Wehner der Ulmer SPD", ihr Kreisvorsitzender und Fraktionsvorsitzender im Gemeinderat, war 17 Jahre lang Ulmer Gemeinderat und acht Jahre lang Ulmer Abg. im Landtag von Baden-Württemberg.

D. entstammte einem politisch links stehenden Elternhaus. Sein Vater war Kommunist und in der NS-Zeit inhaftiert – er starb kurz nach Kriegsende an den Folgen der Haft. D., der nach Kriegsdienst und US-amerikanischer Gefangenschaft nach Ulm zurückkehrte, zog daraus die Konsequenz, sich von der Politik ganz fernzuhalten. Er ließ sich nach dem Schulbesuch in Ulm zum Chemiegraphen und später zum Architekten ausbilden.

Er war bereits 40 Jahre alt, als er in die SPD eintrat. 1968 wurde D. erstmals in den Ulmer Gemeinderat gewählt, wo er sich in kürzester Zeit einen ausgezeichneten Ruf erarbeitete. Er erwies sich als Experte für Bau- und Rechtsfragen und bezeichnete sich selbst als „Satzungsheini". In der Fraktion suchte er Geschlossenheit und Gemeinsamkeit in der sachlichen Arbeit zu kultivieren. Besonders populär wurde der aktive Hand- und Fußballer sowie Hockeyer als Fürsprecher der Interessen der Ulmer Sportvereine. Er entwickelte sich zur führenden Persönlichkeit der Ulmer SPD, weshalb 1972 die Landtagskandidatur folgerichtig auf ihn zulief. Bei dieser Wahl gewann D. für die SPD das Zweitmandat des Wahlkreises Ulm Stadt (7) und konnte es 1976 verteidigen. 1980 verzichtete er auf eine dritte Kandidatur, sein Nachfolger wurde der Gewerbeschulrat Eberhard Lorenz, der dem Landtag bis 2001 angehörte.

D. wollte sich wieder ganz der Kommunalpolitik widmen. Aus dem Gemeinderat war er 1973 ausgeschieden, wurde aber 1980 wieder zum Mitglied des Stadtparlaments gewählt, wo er den SPD-Fraktionsvorsitz übernahm. Bis zu seinem Ausscheiden aus dem Gemeinderat im Jahre 1992 war D. einer der prägenden Ulmer Kommunalpolitiker, der an der Entwicklung der Stadt konstruktiven Anteil nahm und in zahlreichen Ausschüssen zeit- und kräftezehrende Kleinarbeit zu leisten bereit war. Der Wahlsieg seines Parteifreundes Ivo Gönner bei der Oberbürgermeisterwahl 1991 bedeutete für D., der Gönner vereidigte, nach eigenem Bekenntnis die Erreichung eines Traumzieles. D. war bereits herzkrank, als er sich aus der Politik zurückzog. Es waren jedoch nicht nur gesundheitliche Gründe, die ihn zum Rückzug veranlassten. D. war besorgt um den Zustand der SPD und unzufrieden mit dem Erscheinungsbild seiner Partei: *Die Misere zieht sich durch alle Ebenen der Partei*, meinte er.

Im Ruhestand verfasste der selbstkritisch-zweiflerische D. in seinem Haus im Julius-Leber-Weg 36 in Böfingen seine Erinnerungen unter dem Titel „Hat es sich gelohnt? Familie, Sport und Politik. Eine Familiensaga im Sturm der Zeit". *Das Zusammenleben in unserer Gesellschaft kann nur solidarisch sein*, schrieb er seinen Ulmer Parteifreunden ins Stammbuch. Er hatte vorgelebt, was er damit meinte. – 1987 Träger der Medaille der Universität Ulm.

Q   StadtA Ulm, G 2.
L   Otto BENZ, Der Herbert Wehner der Ulmer SPD wird 70 Jahre alt, in: Schwäb. Zeitung Nr. 100, 30. IV. 1996 – Jakob RESCH, Ein Arbeiter in Sachen Politik. Rolf Dick ist in der Nacht auf Samstag gestorben, in: SWP Nr. 41, 19. II. 2001 (Bild) – WEIK ⁷2003, S. 31.

Dieffenbacher, Johann Friedrich, * 1801, † Ulm 16. April 1882, ev.

∞ Ulrike Katharina Kalbfell.
K   Otto →*Dieffenbacher, Dr. phil.; Rudolf →*Dieffenbacher.

Mit dem Namen D. ist ein halbes Jahrhundert Ulmer Musik- und Münstergeschichte verknüpft. 1830 wählte ihn eine Kommission des Ev. Konsistoriums als Nachfolger des verstorbenen Samuel Gottlob →Auberlen als Musikdirektor am Ulmer Münster aus. Man kürzte das Gehalt von 600 auf 500 Gulden und trug dem neuen Direktor besonders die Hebung des „Singchors" auf. Zu diesem Zweck sollte *er zusätzlich Töchter aus den Schulen [...] wöchentlich wenigstens 3 Stunden unentgeltlich* unterrichten [SPECKER, Ulm im 19. Jahrhundert, S. 415]. D. überzeugte mit seiner Fähigkeit zum Gesang, Gesangsunterricht und zum Orgelspiel und fand deshalb auch Einsatz als Gesangslehrer am Kgl. Gymnasium und an der von Diakon →Scholl gegründeten Töchterschule. Im Aug. 1850 dirigierte er den Münsterchor (Mozart-Requiem) beim ersten großen Fest des Allgemeinen Schwäb. Sängerbundes in Ulm. Im Nov. 1859 dirigierte er das Festkonzert anlässlich der 100. Wiederkehr des Geburtstags von Friedrich Schiller, wobei auch ein von ihm komponiertes und von Stadtpfarrer Johannes →Moser getextetes Lied zur Aufführung gelangte. 27. Juni 1877 Verleihung der Goldenen Civilverdienstmedaille durch den König aus Anlass der 500. Wiederkehr der Grundsteinlegung des Ulmer Münsters[92]. Im Juli 1880 konnte D. sein 50-jähriges Amtsjubiläum in Ulm begehen. Bei dieser Gelegenheit erhielt er nicht nur ein Glückwunsch-Telegramm der Königin Olga von Württemberg, sondern auch eine Geldzuwendung in Höhe von 300 RM seitens des Oberbürgermeisters. Die ev. Kirchengemeinde feierte D. mit einer festlichen Versammlung unter dem Vorsitz des Dekans Paul →Pressel im Münster. D., der sich einer eisernen Konstitution erfreute, leitete noch 1881 ein Konzert im Münster anlässlich des 25-Jahr-Jubiläums der großen Orgel. Die letzten Monate seines Lebens war er bettlägerig. Seine Beerdigung war ein Großereignis der Stadt, bei dem unter dem Geläut der Münsterglocke alle musikalischen Vereine und Organisationen Ulms mitwirkten.

Q   StadtA Ulm, G 2.
L   SK Nr. 90, 18. IV. 1882, S. 583 und 584 (Todesanz.) – ebd. Nr. 92, 20. IV. 1882, S. 599 – UBC 2, 55, 174, 315, 373, 419 – UNGERICHT, S. 81 – SPECKER, Ulm im 19. Jahrhundert, S. 232, 376, 386, 392, 415.

---

[92] Staatsanzeiger Nr. 148, 30. VI. 1877, S. 1033.

Dieterich, *Conrad* Daniel (von), * [Amstetten-] Bräunisheim/
OA Geislingen 16. April 1769, † Ulm 19. Aug. 1856, ▢ ebd.,
Alter Friedhof, ev.

Vater   Elias Gottlob Dieterich, Mag., * Ulm 16. I. 1728, † Langenau 3. X. 1805,
Archidiakon in Esslingen, seit 1775 Pfarrer in Langenau, S. d. Johannes Dieterich,
„Goldschlager" in Ulm, u. d. Katharina Brabara Krebs.
Mutter   Anna Catharina Kauffmann, * Ulm 28. IX. 1730, T. d. Daniel Kauff-
mann, Zuckerbäcker, u. d. Elisabeth Rau.
∞ Ulm 31. V. 1802 Catharina Felicitas Dapp, * 11. VIII. 1779, † 12. IV. 1866, T. d.
Marx Anton Friedrich Dapp, * Geislingen/Steige 26. XII. 1735, † Ulm 30. XI. 1810
oder 1811, Spitalhofmeister in Ulm, u. d. Anna Maria Schwarz, * Ulm 16. XI. 1745,
† ebd. 15. IV. 1823.
7 K, darunter Marie *Rosalie* Dieterich, * Ulm 18. II. 1808, † ebd. 25. II. 1897, ∞ Ulm
11. IX. 1834 Dr. Robert →Leube, Br. d. Eduard →Leube u. d. Gustav →Leube;
Auguste Dieterich, * Ulm 2. VIII. 1810, † ebd. 21. XII. 1897, ∞ Gustav →Leube;
Marianne Dieterich, * Ulm 7. V. 1819, † ebd. 22. I. 1889, ∞ Wilhelm von →Leube,
Dr. med., Kreismedizinalrat.

D. entstammte einer einflussreichen Ulmer Bürgerfamilie. Er
besuchte das Gymnasium seiner Vaterstadt und durchlief
anschließend eine Schreiberausbildung, ehe er 1792 als Ober-
amtsschreiber und Spitalverwalter nach Leipheim ging. 1800
kehrte er als Revisionsadjunkt in seine Vaterstadt zurück, 1802
war er Bauschreiber bei der Kirchenpflege. Mit dem Wechsel
von Bayern nach Württemberg war für D. ein „Karriere-
sprung" verbunden. Per Kgl. Dekret fand er sich im Juli 1811
als Kirchen- und Schulstiftungsverwalter sowie als Senator im
neu geschaffenen Magistrat der Stadt Ulm. 1815 war er
zugleich Administrator der Auerischen und mehrerer anderer
Stiftungen.
Seit 1817 führte D. gemeinsam mit Bürgermeister von
→Wölckern und dem Bürgerausschussvorsitzenden →Wol-
bach Verhandlungen mit dem württembergischen Staat über
die Beteiligung Württembergs an den Schulden Ulms. Württemberg hatte sich diesbezüglich zunächst völlig unbeweglich
gezeigt und erst nach hartnäckigen Verhandlungen des „Ulmer
Trios" eine Übernahme von 60.000 Gulden zugesagt – eine
Summe, die allerdings angesichts eines Schuldenstandes in
Höhe von über 400.000 Gulden beim Übergang an Württemberg bei weitem nicht ausreichte. 1819 wurde D. Deputierter in
der Oberamtsversammlung, Steuer-, Regulierungs- und Quar-
tierscommissär, Obmann der Bierbrauer und Schiffsleutezunft.
Die Fülle seiner Ämter spiegelt die Bedeutung D.s wider, der
zu den führenden Honoratioren des frühwürttembergischen
Ulm zählte. So erwarb er sich 1817 – im Reformations-
Jubiläumsjahr – mit seinem Beitrag zur Verschönerung des
Münsters *im vorzüglichen Grad den Dank der Ulmer*. Gemeinsam
mit Prälat von →Schmid und Oberamtmann →Muff hatte er
sich *bey der allerhöchsten Stelle* für die Durchführung wesentlicher
Reparaturen am Münster um eine Beteiligung in Höhe von
stolzen 6.000 Gulden verwendet.
Am 17. Sept. 1848 trat D. als einer von fünf der sieben noch
auf Lebenszeit gewählten Ulmer Gemeinderäte vom Mandat
zurück. Im Jan. 1852 legte er im 83. Lebensjahr stehende D.
sein Amt als Stiftungsverwalter nieder, das er über 40 Jahre
lang ausgeübt hatte. Bei seinem Tod war D., der eine umfangreiche Wirksamkeit als Mäzen entfaltet hatte, einer der reichsten Männer Ulms. – 1825 Goldene Zivilverdienstmedaille;
Ritterkreuz des Württ. Kronordens.

Q   StadtA Ulm, G 2.
L   Ih 1, S. 153 – Ih 3, S. 59 – WEYERMANN II, S. 61 – SCHULTES, Chronik, S.
424, 486, 495, 501 – LOTTER, Schall, S. 131 – UBC 1, S. 435, 604 – UBC 2, S. 10 –
HEPACH, Königreich, S. 18, 93, 95, 112 – UNGERICHT, S. 143.

Dieterich, Michael, * [Amstetten-]Bräunisheim/OA Geislingen 5. Okt. 1767, † Langenau/OA Ulm 6. oder 7. Jan. 1853, ev.
Eltern und *G* siehe Conrad Daniel →Dieterich.

D. ist als Verfasser einer Reihe Ulm und seine Umgebung
betreffender Schriften ein wichtiger Zeitzeuge und Chronist
lokaler Geschichte und Zustände in der ersten Hälfte des 19.
Jahrhunderts. Dabei beschränkte er sich nicht nur auf ge-

schichtliche Darstellungen, sondern widmete sich auch Reise-
beschreibungen und der Naturforschung.
D. erfuhr seine Ausbildung am Gymnasium in Ulm und studierte von 1793–1796 Theologie an der Universität Jena. In
Jena trat der sich frühzeitig der Geologie und Botanik widmen-
de D. der Stiftung der naturforschenden Gesellschaft bei.
Nach seiner Rückkehr 1796 trat D. zunächst als Erzieher der
Kinder des Obervogts zu Leipheim, Marx Philipp von Besserer, in private Dienste. Nach der Ernennung Besserers zum
Oberamtmann in Langenau ging D. dorthin mit und fasste dort
rasch Fuß. Sein Vater wirkte als Pfarrer in Langenau. 1805
wurde D. das Diakonat Langenau übertragen, das sich 1811 um
die Pfarrei Wettingen erweiterte. 1812 gründete D. ein Institut
für Schulinzipienten, übernahm die Aufgabe des Schulkonferenzdirektors für den Bezirk Ulm Amt und war ab 1825 korrespondierendes Mitglied des Zentralstelle des Landwirtschaftlichen Vereins in Württemberg. 16. April 1828 Pfarrer in
Langenau/OA Ulm. D., später Mitglied des Vereins für Kunst
und Altertum in Ulm und Oberschwaben, verfasste mit „Reise
auf der Donau von Ulm nach Wien" (Ulm 1818) ein für das
althergebrachte Ulmer Selbstverständnis wichtiges Buch. Noch
heute bekannt ist seine „Beschreibung der Stadt Ulm" von
1825, ebenso seine aus dem gleichen Jahr stammende „Beschreibung des Münsters in Ulm".

Q   StadtA Ulm, Bestand H Dieterich (Nachlass) – ebd., G 2.
W   Naturhistorische Blätter. Zur Belehrung und Unterhaltung für die Jugend,
m[it] K[arten], 2 Hefte, Stuttgart 1815 – Naturhistorisch-oekonomisch-
technologisches Handwörterbuch. Enthaltend das Merkwürdigste und Wissenswür-
digste aus allen drey Reichen der Natur, in beziehung auf Oekonomie, Technologie
und deren Anwendung im täglichen Leben nach den neuesten und bewaehrtesten
Beobachtungen für Künstler, Fabrikanten, Kaufleute, Oeconomen, Gärtner,
Schullehrer und Liebhaber der Natur, 2 Bände, Ulm 1816 und 1817 – Deutscher
Orbis Pictus, oder Elementarbuch zur Beförderung nützlicher Kenntnisse aus der
Natur und Kunst für junge Leute, m[it] K[arten], Nürnberg 1817 – Ueber die
Benutzung des Rieds bey Ulm, besonders in Hinsicht des Torfes, Ulm 1818 –
Beschreibung der Stadt Ulm, Ulm 1825 – Kurze Beschreibung der Stadt Langenau,
Ulm 1852.
L   Ih 1, S. 153 – Das gelehrte Teutschland 5 (1820), S. 413 – WEYERMANN II,
S. 62-64 – UBC 2, S. 13 – SCHMIDT, Langenau, S. 137 f., 149, 280, 414 f., 430.

Dieterich, Reinhold, * Münster/OA Mergentheim 2. Feb.
1866, † Ulm 16. Juni 1918, ev.
Vater   Robert Dieterich, * Weikersheim 17. IX. 1827, † 1855, Pfarrer in
Münster/OA Mergentheim, 1872 dsgl. in Pfedelbach, 1883 dsgl. in Degerschlacht,
1897 a. D., Ritterkreuz I. Kl. des Friedrichsordens.
Mutter   Karoline Hornung.
∞ 1893 Helene Fischer, * 1869, † 1945, T. d. Fischer, Oberamtsarzt in Tübingen.
4 K.

D. war im Ersten Weltkrieg einer der Stadtpfarrer am Ulmer
Münster.
Der aus dem Hohenlohischen stammende D. war nach dem
bestandenen Landexamen Zögling der ev.-theol. Seminare in
Maulbronn und Blaubeuren. Nach dem Theologiestudium in
Tübingen und den theol. Dienstprüfungen erhielt er, nachdem
er für kurze Zeit Vikar und Pfarrverweser in unständiger
Verwendung gewesen war, 1895 seine erste Stellung als Pfarrer
in Holzheim. 1901 wechselte er in gleicher Funktion nach
Aldingen/OA Spaichingen. Im Sept. 1912 erfolgte D.s Ernen-
nung zum Dritten Stadtpfarrer am Ulmer Münster, nachdem
sein Vorgänger in diesem Amt, Jakob →Rieber, zum Zweiten
Stadtpfarrer ebd. ernannt worden war. D. war besonders an
den sozialen Fragen seiner Zeit interessiert und versuchte, die
Kirche zu ihrer Lösung beizuziehen. Schon seit 1896 führte er
den Vorsitz der ev.-sozialen Konferenz für Württemberg. 1916
rief er in Ulm den ev. Arbeiterinnenverein ins Leben.
D. erkrankte im Sommer 1917 schwer und bedurfte eines
Stellvertreters, der ihm mit Friedrich Keppler[93] beigegeben

---

[93] * Moolky (Ostindien) 20. Juli 1890, nach 1918 Stadtpfarrer in Heidenheim/Brenz,
ab 1930 Direktor der Rheinischen Missionsgesellschaft in Barmen. Vgl. Magisterbuch 41 (1932), S. 171.

wurde. D. starb im darauffolgenden Jahr im Alter von 52 Jahren.

L.   Magisterbuch 37 (1914), S. 137 – UBC 4, S. 83 (Bild), 87 – NEBINGER, Die ev. Prälaten, S. 589 – MAYER, Die ev. Kirche, S. 43.

Dieterlen, Carl (Karl), * Ulm 23. April 1836, † ebd. 13. Feb. 1922, ev.

Im Kunstleben Ulms spielte D. eine besondere Rolle. Er war nicht nur an nahezu allen künstlerischen Aktivitäten in der Stadt im letzten Viertel des 19. und ersten Viertel des 20. Jahrhunderts beteiligt, sondern erwarb sich mit seinen wunderbaren zeichnerischen Arbeiten, die zahlreiche, heute längst verlorengegangene Winkel der Stadt festhielten, große Verdienste um die Rekonstruktion des alten Ulmer Stadtbildes.
D. verbrachte sein ganzes Leben in Ulm. 1865 begann er seine berufliche Laufbahn als Zeichenlehrer am Kgl. Gymnasium Ulm (als Nachfolger von Eduard →Mauch), 1881 erhielt er den Titel eines Professors ebd. D. wirkte maßgeblich an der Gründung des Gewerbemuseums mit, dessen Bibliothekar er von 1888 bis 1908 war, 1887 auch an der Gründung des Kunstvereins Ulm, dem er bis 1902 als Konservator diente. 1902 wurde er unter Verleihung des Ritterkreuzes II. Kl. des Friedrichsordens pensioniert. – Mitglied des Vereins für Kunst und Altertum in Ulm und Oberschwaben.

Q   StadtA Ulm, G 2.
W   Thrän´s Lebensgang, in: UO 17 (1910/11), S. 1-18.
L.   CRAMER, Württembergs Lehranstalten ⁶1911, S. 146 – Staatsanzeiger Nr. 39, 16. II. 1922, S. 6 – ebd. Nr. 45, 23. II. 1922, S. 5 – UBC 2, S. 174 – UBC 4, S. 183 (Bild) – 1887-1987 Kunstverein Ulm. Berichte und Dokumente. Hg. zum 100jährigen Bestehen des Kunstvereins Ulm e. V., Ulm 1987, S. 21.

Dilger, Wilhelm, * Swatau (China) 2. Sept. 1893, † Ulm 1982, ⬚ ebd., Hauptfriedhof, ev.
Vater   Wilhelm Dilger, Basler Missionar in Indien und China.
Mehrere G, darunter Johannes Dilger[94], * Zofingen (Schweiz) 14. VI. 1889, † Stuttgart 13. III. 1981, Oberstudienrat in Kirchheim/Teck, Mitglied des 5. Landeskirchentags; Alfred Dilger[95], * Tellicherry (Ostindien) 20. X. 1897, † Urach 31. VII. 1975, Heimatinspektor des deutschen Zweigs der Basler Mission, Mitglied der 4. und 5. Landeskirchentags, Mitglied des Verwaltungsrats der Württ. Bibelanstalt.
∞ Mehrere K.

D. war während des Zweiten Weltkriegs und in der ersten Nachkriegszeit Zweiter Stadtpfarrer an der Ulmer Dreifaltigkeitskirche.
Wie so viele Missionarskinder wuchs D., getrennt von seinen Eltern, im Missionshaus in Basel auf. Sein Theologiestudium in Tübingen wurde vom Ersten Weltkrieg unterbrochen; ab 1915 war D. Soldat, Gefreiter und Offiziersaspirant, geriet in französische Gefangenschaft und wurde wegen seiner schlechten Gesundheit in die Schweiz ausgetauscht, wo er in Internierungshaft genommen wurde. Erst 1919 konnte D. sein Studium in Bern beenden. Nach den theol. Dienstprüfungen erhielt er zunächst ein Vikariat in Roigheim, kurz danach in Reutlingen, wo er 1920 auch zum Stadtpfarrverweser ernannt wurde. Im gleichen Jahr übernahm er das Amt des Pfarrverwesers in Gemmrigheim und Spraitbach, ehe er 1921 als Pfarrer in Bonfeld seine erste feste Anstellung erhielt. 1930 folgte die Berufung zum Stadtpfarrer in Wildberg, wo er in Konflikt mit dem NS-Ortsgruppenleiter geriet, was 1934 zu seiner Berufung zum Ersten Stadtpfarrer in Großbottwar führte.
1939 wurde D. als Nachfolger von Eugen →Schmid zum Zweiten Stadtpfarrer an der Ulmer Dreifaltigkeitskirche ernannt. D. versuchte, einer direkten Konfrontation mit der NSDAP aus dem Weg zu gehen, bezog aber unmissverständlich Stellung, indem er jüdische Familien aufsuchte, obwohl er

wusste, dass man ihn bespitzelte. 1943 soll er die Geschwister →Scholl seelsorgerlich betreut haben. Nach der Zerstörung der Dreifaltigkeitskirche und des Pfarrhauses in der Frauenstraße 1944 ging D. mit seiner Familie nach Biberach/Riß, wo er ebenso seine Aufgaben als Geistlicher – in einem Kriegsgefangenen- und einem zivilen Internierungslager – wahrnahm wie weiterhin in Ulm. Angesichts fehlender Verkehrsbedingungen und der Zonengrenze war dies eine Einsatzbereitschaft, die nahezu beispiellos war. D. war in Ulm sehr beliebt, und so sah man ihn ungern ziehen, als er 1946 als Zweiter Stadtpfarrer nach Böblingen wechselte.
Die letzte Station seiner beruflichen Laufbahn war die Stelle des Stadtpfarrers in Neuenstadt am Kocher, die er von 1955 bis zum Eintritt in den Ruhestand 1963 innehatte. Seinen Ruhestand verlebte D. in Ulm, kehrte aber einige Male als Amtsverweser in den Pfarrdienst zurück, z. B. 1969 als Zweiter Stadtpfarrer in Bönnigheim.

Q   Ev. Oberkirchenrat Stuttgart, Registratur, Fasz. Dilger, Wilhelm.
L.   SIGEL 11,1, Nr. 142,19 (S. 819) – Magisterbuch 41 (1932), S. 179 – ebd. 44 (1953), S. 114 – ebd. 45 (1959), S. 119 – MAYER, Die ev. Kirche, S. 429, 438, 448, 469,475-477.

Dimpfl, *Christoph* Joseph, * München 22. Juni 1914, † Ulm 26. Okt. 2005, kath.
Vater   Christoph Dimpfl, Oberstudienrat.
Mutter   Anna Baier.
∞ *Franziska* Eleonore Geyser, * Münster/Westfalen 1. XII. 1916.
1 K   *Annemarie* Franziska Elisabeth Juliane Dimpfl, * München 10. XI. 1942.

D. erwarb sich in der zweiten Hälfte des 20. Jahrhunderts bleibende Verdienste um die Neu-Ulmer Justiz.
Der Lehrersohn bestand die juristischen Staatsprüfungen in den Jahren 1936 und 1939, wurde danach zum Kriegsdienst eingezogen. Nach Kriegsende begann D. seine Laufbahn im bayer. Justizdienst, die ihn zunächst als Richter an das Amtsgericht Traunstein führte, so er später an das Landgericht wechselte. 1961 kam D. als Nachfolger des verstorbenen Oberamtsrichters Dr. Ernst Lippert nach Neu-Ulm, wo er seine langjährige Tätigkeit als Amtsgerichtsdirektor und Vorstand der Justizvollzugsanstalt Neu-Ulm begann. Während D.s Amtszeit errang das Amtsgericht Neu-Ulm einen weiteren erheblichen Bedeutungszuwachs. Nachdem es bereits nach 1945 Sitz des Schöffen- und Jugendstrafgerichts für die Bezirke Neu-Ulm, Günzburg, Krumbach und Weißenhorn geworden war, wurde es später auch Zentralgericht für Konkurs- und Vergleichssachen. Mit der Aufhebung des Amtsgerichts Weißenhorn und der Übertragung von dessen Zuständigkeiten an das Amtsgericht Neu-Ulm (1969) sowie mit dem Hinzukommen des Gerichtsbezirks Illertissen im Zuge der Landkreisreform (1973) wuchs die Einwohnerzahl des vom Amtsgericht zu betreuenden Bezirks von 80.000 auf 140.000. D. musste diese gewaltige Ausdehnung der Zuständigkeit in beengten räumlichen Verhältnissen mit einem kleinen Mitarbeiterstab bewältigen. Das Amtsgericht in der Schützenstraße platzte buchstäblich aus allen Nähten. 1972 mussten einige Abteilungen in die Eckstraße ausgelagert werden. Die erfolgreiche Arbeit D.s ließ in Neu-Ulm sogar Pläne reifen, die Grenzstadt an der Donau zum Sitz eines Landgerichts weiter aufzuwerten. Einer der Hauptverfechter dieser Pläne war Bürgermeister Heinrich →Metzger, der allerdings am Widerstand des Bayer. Staatsministeriums der Justiz scheiterte.
D. trat mit Ablauf des 30. Juni 1977 in den Ruhestand. Sein Nachfolger war Rudolf Schinhammer. Der hoch geschätzte D. blieb in Neu-Ulm wohnen, wo er seinen langen Ruhestand verlebte. Er starb im Alter von 91 Jahren.

Q   StadtA Neu-Ulm, D 07 (Nachlass Mangold: Zeitungsausschnittsammlung zur Nachkriegsentwicklung des Amtsgerichtsbezirks Neu-Ulm) – ebd., A 9.
L.   Von Gericht zu Gericht - Amtsgericht Weißenhorn ist aufgelöst. Zuständig ist das Neu-Ulmer Gericht, in: SWP vom 31. XII. 1969 (Bild) – Richter Dimpfl - ein Mann der Reformen im Amtsgericht, in: SWP vom 21. VI. 1976 (Bild).

94 EHMER/KAMMERER, S. 119 f. (Bild).
95 EHMER/KAMMERER, S. 119 (Bild).

Dirr, Josef, * Rieden an der Kütz/Kreis Günzburg 22. März 1888, † Neu-Ulm 10. Feb. 1974, kath.
Vater   Josef Dirr, Landwirt in Rieden.
Mutter   Margarethe Dirr.
∞ Neu-Ulm 22. VII. 1911 Kreszenz Haiß, * Altheim/OA Laupheim 21. IX. 1886, T. d. Landwirts Josef Haiß u. d. Theresia Wanner.
2 K   Anton Dirr, * Neu-Ulm 3. III. 1909; Josefine Dirr, * Neu- Ulm 15. XI. 1913

D. zählt zu den profilierten Neu-Ulmer Sozialdemokraten des 20. Jahrhunderts. Politisch noch ganz in der Kaiserzeit sozialisiert, war er in der Zeit der Weimarer Republik Stadtrat in Neu-Ulm, in der NS-Zeit politisch verfolgt, nach 1945 wieder in vorderster Linie am Neubau der kommunalen Demokratie beteiligt.
Er besuchte die Volksschule in Rieden und erlernte anschließend das Schreinerhandwerk. Als solcher kam er 1911 nach Neu-Ulm, das ihm und seiner Familie zur Heimat wurde. Zunächst in der Luitpoldstraße, ab 1919 auf der Insel wohnend, bis 1924 als Schreiner tätig, zwang ihn die wirtschaftliche Krise zu einer völligen Abkehr von seinem bisherigen Beruf. D. lernte um und arbeitete als Versicherungsangestellter.
Schon zuvor war D. Mitglied der SPD und der Holzarbeitergewerkschaft geworden und hatte sich aktiv politisch betätigt. 1919 erfolgte D.s Wahl in den Neu-Ulmer Stadtrat, dem er bis 1933 angehörte. Aus politischen Gründen kaltgestellt und bespitzelt, nahm ihn die Gestapo 1940 für 14 Wochen in „Schutzhaft".
Nach Kriegsende beschwor ihn seine Ehefrau, nicht wieder in die Politik zu gehen, doch D. konnte sich nicht vorstellen, beim Neubau der Demokratie abseits zu stehen. So zählte er zu den maßgeblichen Wiedergründern der Neu-Ulmer SPD, als deren Vertreter er in den Beirat der Stadt berufen wurde und für die er bei der ersten Kommunalwahl 1946 auch wieder in den Stadtrat einzog, womit er seine kommunalpolitische Laufbahn in Neu-Ulm fortführen konnte. Im Juli/Aug. 1948 bildete D. mit Josef →Böck und Julius →Rohm das Triumvirat, welches die Geschäfte des Oberbürgermeisters bis zum Amtsantritt von Tassilo →Grimmeiß führte. Daneben war D. bis in die 1950er Jahre Krankenhaus- und Waldreferent der Stadt Neu-Ulm.

Q   StadtA Neu-Ulm, A 9.
L   Josefine Dirr erinnert sich: Verhaftung ohne jeden Grund. Die Gestapo fing ihren Vater auf dem Bahnhof ab, in: NUZ Nr. 24, 31. I. 1983 (Bild) – TREU, Neu-Ulm, S. 280, 379, 576.

Dirr, *Ludwig* Crato, * Hohenbaldern/OA Neresheim 9. Dez. 1802, † Ulm 27. Dez. 1861, ☐ ebd., Alter Friedhof, 2. Jan. 1862, kath.
Vater Johann Baptist Dirr, Fürstlich Oettingen-Wallersteinischer Hofrat.

Mit D. sind die ersten Schritte der katholischen Emanzipation in Ulm verbunden. Der ebenso tatkräftige wie diplomatische Geistliche vermochte, Zug um Zug, beharrlich die Grundlagen für die Gleichberechtigung der Katholiken zu erstreiten.
Dem Studium der kath. Theologie und der Philologie in Ellwangen/Jagst und Tübingen (Mitglied der Burschenschaft Germania, Vorstandsmitglied) folgte D.s Eintritt als Alumnus in das Rottenburger Priesterseminar, wo er 1826 die Priesterweihe empfing. Nach mehreren unständigen Verwendungen wurde D. 1830 zum Stadtpfarrer in Esslingen/Neckar ernannt, am 2. Juli 1830 auch zum provisorischen Kamerer für Stuttgart. Seit 8. Aug. 1838 war D. als Nachfolger des wenig erfolgreichen Josef Ignaz →Laiber Dekan, Stadt- und Garnisonspfarrer in Ulm und verblieb in diesen Ämtern bis zu seinem Tod.
Nach seinem Amtsantritt beantragte D. gemäß Gesetz seine Teilnahme an den Verhandlungen des Ulmer Stiftungsrates. Obwohl das Oberamt D. beipflichtete, bekämpfte der Stiftungsrat sein Ansinnen durch alle Instanzen. Das Innenministerium in Stuttgart verfügte am 1. Mai 1840, D. habe Sitz und Stimme im Stiftungsrat und könne nur bei rein evangelischen Beratungsgegenständen ausgeschlossen werden. D. kümmerte

sich daneben um den kath. Kirchenkonvent und die Anpassung der Organisation an die neuen Verhältnisse in Ulm, die auf dem starken Anwachsen des katholischen Bevölkerungsteils beruhten. 1848 konnte er beim Bischöflichen Ordinariat eine Vikarstelle, 1859 eine Kaplanstelle und einen Gefängnisgeistlichen am Ulmer Kreisgefängnis erwirken – letzteres Amt übernahm er selbst.
1853 konnte in Ulm die erste Fronleichnamsprozession stattfinden, an rund 6.000 Menschen teilnahmen. Seit 1854 wirkten vier Franziskanerinnen aus Reutte in Ulm, die sich große Verdienste in der Krankenpflege erwarben. Erfolglos blieb D. allein mit seinen Wünschen nach mehr Raum für die Gottesdienste. Die Wengenkirche bot kaum genug Platz für die rasch gewachsene Gemeinde. D.s Streben nach einer zeitweiligen Mitnutzung des Münsters oder der Dreifaltigkeitskirche stieß auf den Widerstand der evangelischen Kirchenbehörde.
Zu D.s Beerdigung erschienen die Vertreter der evangelischen und katholischen Geistlichkeit sowie die Spitzen der staatlichen und städtischen Verwaltung und des Militärs. Das ungewöhnlich große Trauergeleit spiegelte noch einmal die große Beliebtheit D.s und den Respekt wider, den er sich während fast eines Vierteljahrhunderts in Ulm verdient hatte. – Mitglied des Vereins für Kunst und Altertum in Ulm und Oberschwaben. – Ritterkreuz des K. K. österr. Franz-Joseph-Ordens; Ritterkreuz I. Klasse des Kgl. Bayer. Verdienstordens vom Hl. Michael.

W   (Auswahl) Der Sieg des Glaubens an den Gräbern unserer Lieben. Grabreden, Ulm 1852 – Die Taufe Jesu im Jordan, aufgefundenes Wandgemälde im Kirchle, in: Abhandlungen des Vereins für Kunst und Altertum in Ulm, Neue Reihe, Heft 7.
L   SK Nr. 1, 1. I. 1862, S. 9 – UBC 2, S. 82 – PHILIPP, Germania, S. 30, Nr. 340 – SPECKER/TÜCHLE, S. 270-273, 275-277, 279 – UNGERICHT, S. 143 [dort unzutreffend „Ludwig Erato"] – SPECKER, Ulm im 19. Jahrhundert, S. 398-400, 413, 437.

Dischinger, Georg, * Ellwangen/Jagst 24. Sept. 1812 (nicht 1811!), † Ulm 17. Sept. 1877, ☐ ebd., Alter Friedhof, kath.

Nach dem Theologiestudium in Ellwangen/Jagst, Rottweil, Tübingen und Rottenburg 1836 zum Priester geweiht, 18. Aug. 1837 Repetent am Gymnasium Ehingen/Donau, 13. Okt. 1840 Pfarrer in Oberstotzingen, 6. Juli 1842 dsgl. in Niederstotzingen/OA Ulm, 14. Jan. 1859 dsgl. in Rammingen, seit 11. Aug. 1864 zugleich Dekan des Landkapitels Ulm.
1865 wurde D. nach dem plötzlichen Tod von Pius →*Stark zum Stadtpfarrer in Ulm ernannt und am 26. Okt. 1865 im Beisein des Gouverneurs Graf Wilhelm von →Württemberg und des Oberbürgermeisters Carl →Heim feierlich investiert. D. erwarb sich großes Ansehen und war wegen seiner freundlichen Art geschätzt, Rottenburg warf ihm jedoch eine zu geringe Tatkraft vor. Der nach dem Schlaganfall, den er im März 1877 erlitten hatte, stark geschwächte D. starb ein halbes Jahr später wenige Tage vor seinem 65. Geburtstag. – Ritterkreuz I. Kl. des Friedrichsordens.

L   Staatsanzeiger Nr. 220, 22. IX. 1877, S. 1501 – NEHER, Personalkatalog, S. 295, 508 – UBC 2, S. 127 – UNGERICHT, S. 143 – SPECKER/TÜCHLE, S. 278-280, 285 – SPECKER, Ulm im 19. Jahrhundert, S. 400 [mit falschem Geburtsjahr 1811].

Domm, Robert, Dr. theol., * Ulm 17. Nov. 1885, † Augsburg 25. Feb. 1956, ☐ ebd., Hermanfriedhof, kath., 29. Feb. 1956
Vater   Sebastian Domm[96], * 11. IV. 1849, Sattlermeister in Ulm.

D. zählt zu den wenigen aus Ulm stammenden katholischen Geistlichen, die in der kirchlichen Hierarchie relativ hoch aufstiegen.
Der Handwerkssohn besuchte von 1892 bis 1897 die Volksschule in Ulm und anschließend bis 1906 das Gymnasium in Dillingen/Donau. Das gute Abitur legte D. die Umsetzung seines Planes nahe, Geistlicher zu werden, und so trat er zum

---

[96] UBC 2, S. 95.

Wintersemester 1906/07 als Priesteramtskandidat der Diözese Rottenburg in das Klerikalseminar Dillingen ein. Dort studierte er an der philosophisch-theologischen Hochschule und wurde am 20. Juli 1910 [mittlerweile von der württ. zur bayer. Staatsangehörigkeit gewechselt] zum Priester geweiht. D. ging im Aug. 1910 als Zweiter Stadtkaplan von St. Pankratius nach Augsburg-Lechhausen, Ende Dez. 1911 als Dritter Stadtkaplan von St. Moritz in die Augsburger Innenstadt, wo er zum Ersten Kaplan aufrückte und den Pfarramtskonkurs mit bestem Ergebnis absolvierte. Ende Dez. 1917 wurde D. zum Vikar von St. Moritz ernannt, im Feb. zum Zweiten Domkaplan in Augsburg.

Weiterer Aufstieg stand ihm bevor. Im Dez. 1920 ernannte ihn Bischof Maximilian von Lingg zum Domvikar, bischöflichen Sekretär und Zeremoniar sowie zum Vikar des Benefiziums St. Lorenz am Dom. Bischöflicher Sekretär blieb D. auch nach dem Tod Linggs bei dessen Nachfolger Joseph Kumpfmüller. Am 25. Okt. 1923 wurde er zum Dr. theol. der Universität Freiburg im Breisgau promoviert. 1925 erhielt D. das Goldene Kreuz des Päpstlichen Ordens Pro ecclesia et pontifice, 1927 wurde er zum Päpstlichen Ehrenkämmerer ernannt. Mit Wirkung vom 1. Aug. 1932 erfolgte D.s Berufung zum Domkapitular, die er bereits 1927 vergeblich angestrebt hatte, zugleich wurde er als Rat des Allgemeinen Geistlichen Rats und des Generalvikariats eingewiesen. Seit Sept. 1932 auch Dompfarrvikar, nahm er die Aufgaben des Vorsitzenden des Diözesanrats für das katholische Anstaltswesen, des Geistlichen Vertreters im Stimmkreis III des Diözesan-Steuerausschusses, eines Anwalts im bischöflichen Offizialat bzw. Verteidiger im Eherecht und seit 1938 auch des Augsburger Stadtdekans wahr. Der leidenschaftliche Marienverehrer war als Präses des Wallfahrervereins wiederholt Organisator von Pilgerfahrten. 1929 trat er dem dritten Orden des Hl. Franziskus bei.

Im Jan. 1941 zum Domdekan ernannt, übernahm er zum 1. Juli 1942 das hohe Amt des Generalvikars und war zugleich Direktor des Allgemeinen Geistlichen Rats sowie Direktor der Ordinariatskanzlei. Der Papst ernannte ihn 1944 zum Päpstlichen Hausprälaten. D., vor 1933 Mitglied der Bayerischen Volkspartei, ging aus seinem Entnazifizierungsverfahren als „nicht betroffen" hervor und neigte nach 1945 politisch zur CSU. Von Feb. bis Sept. 1949 war D. nach dem Tod des Bischofs Kumpfmüller Kapitularvikar der Diözese Augsburg, nach der Wahl eines neuen Bischofs blieb er Generalvikar. Mit der Päpstlichen Bulle vom 6. Feb. 1952 rückte D. zum Dompropst auf; im gleichen Jahr erfolgte die Ernennung zum Summus Custos der Kathedrale, 1955 zum Ersten Vorsitzenden des Katholischen Jugendfürsorgevereins der Diözese Augsburg. Seit Okt. 1955 so schwer erkrankt, dass er seine Amtsgeschäfte nicht mehr führen konnte, starb D. wenige Monate später im 81. Lebensjahr.

Q Archiv des Bistums Augsburg, Personalakte 1290 b.
W (Hg. mit Stephan RUGEL), Die Kirche in Unterliezheim, in: Jahrbuch des Historischen Vereins Dillingen 1907 – Zum Gebet. Ein Feldbrief, Kempten 1915 – Das heilige Kreuz als Lebensbaum. Fastenpredigten, Augsburg 1918 – Das Bronzetor des Augsburger Domes, theol. Diss., Augsburg 1925.
L Schwäb. Landeszeitung (Augsburger Zeitung) Nr. 48, 27. II. 1956, S. 10 – St. Ulrichsblatt (Augsburg) Nr. 10, 4. III. 1956, S. 148 – KOSCH, Das Kath. Deutschland I, S. 487 – Engelbert Maximilian BUXBAUM, Maximilian von Lingg 1842-1930. Leben und Werk eines Bischofs nach eigenen und zeitgenössischen Dokumenten (Beiträge zur Augsburger Bischofsgeschichte 1), St. Ottilien 1981, S. 203, Anm. 155 – Erwin GATZ (Hg.), Die Bischöfe der deutschsprachigen Länder 1785/1803 bis 1945. Ein biographisches Lexikon, Berlin 1990, S. 139 – Jahrbuch des Vereins für Augsburger Bistumsgeschichte XXIV (1990), S. 97 (RUMMEL.) – GROLL, Augsburger Domkapitel, S. 457-462.

Dreher, Eugen (von), * Stuttgart 19. Jan. 1859, † ebd. 9. Jan. 1925, ev.

Vater Felix von Dreher[97], * Denkendorf, † Stuttgart 8. XI. 1902, Major a. D.

---

[97] SCHNEIDER-HORN, Die Tübinger Franken, S. 148.

D. war der letzte Vorstand der Regierung des Donaukreises und hatte am Ende seiner langjährigen Tätigkeit in Ulm die undankbare Aufgabe, seine eigene Behörde zu liquidieren und sich selbst auf das Altenteil zu befördern. Doch nicht nur das: der pflichteifrige und wiederholt hoch gelobte Beamte wurde in Zeiten des Krieges und angespannter Staatsfinanzen erst sehr spät zum Regierungspräsidenten ernannt, obwohl er über 20 Jahre lang bei der Kreisregierung gewirkt hatte.

Geboren als Offizierssohn in Stuttgart und dort Schüler des Eberhard-Ludwigs-Gymnasiums, studierte D. von 1878 bis 1881 Regiminalwissenschaften in Tübingen. 1882 bestand er die I. und 1883 die II. Höhere Verwaltungsdienstprüfung und trat anschließend in den Dienst der Innenverwaltung des Königreichs Württemberg. Seit 1884 Amtmann (Zweiter Beamter) beim Oberamt Esslingen/Neckar, wurde er 1888 als Regierungsassessor in das Innenministerium in Stuttgart berufen. 1890 ging er als Oberamtsverweser nach Aalen und wurde dort 1891 offiziell zum Oberamtsvorstand und Oberamtmann ernannt. 1896 wechselte er als Regierungsrat zur Regierung des Donaukreises in Ulm, während der dort als Kollegialhilfsarbeiter beschäftigte Eugen →*Müller D.s Nachfolge in Aalen antrat. Nach sechsjähriger Tätigkeit in Ulm wurde D. 1902 als Regierungsrat in die Ministerialabteilung für Straßen- und Wasserbau im Innenministerium in Stuttgart zurückberufen, wo er sich jedoch nicht recht wohl fühlte. 1903 durfte er zur Kreisregierung nach Ulm zurückkehren, erhielt Titel und Rang eines Oberregierungsrats bei der Kreisregierung und übernahm offiziell die Stellvertretung des Regierungspräsidenten. 1907 wirklicher Oberregierungsrat. D. führte seit dem Tode Albert von →Schmidlins im Jahre 1910 die Geschäfte des Regierungspräsidenten der Regierung des Donaukreises, erfuhr aber keine Beförderung oder Rangerhöhung. Erst 1916 erhielt er Titel und Rang eines Regierungsdirektors, 1918 den Titel Regierungspräsident. Am 2. Juni 1919 vereidigte D. den neu gewählten Stadtschultheißen Emil →Schwammberger. 1924 wurde D. nach der Aufhebung der Kreisregierungen in den Ruhestand versetzt. Deren Aufgaben wurden fortan von der Ministerialabteilung für Bezirks- und Körperschaftsverwaltung im Innenministerium wahrgenommen. Nur knapp ein Jahr später starb der 66 Jahre alte D., tief enttäuscht über das Ende seiner Laufbahn, in Stuttgart. – Ehrenkreuz des Württ. Kronordens; Ritterkreuz I. Kl. des Württ. Friedrichsordens; Landwehrdienstauszeichnung II. Kl.

Q HStAS, E 151/01 Bü 1016, 1963, 1965, 1089.
L UBC 3, S. 267 – UBC 4, S. 115, 213, 253, 257 (Bild) – Amtsvorsteher, S. 225 (Wolfram ANGERBAUER).

Dreher, Wilhelm, * Ay/BAez. Neu-Ulm (Bayern) 10. Jan. 1892, † Senden/Iller 19. Nov. 1969, kath., 1. Mai 1937 Kirchenaustritt.

Vater Wilhelm Dreher, † 1893, Bürogehilfe.
Mutter Auguste Sund, † 1893.
∞ Söflingen 27. I. 1919 Franziska Traub, * 1892, Damenschneiderin.
1 K Lieselotte Dreher, * 1919, ∞ Klaphake.

Mit D. ist der Aufstieg des Nationalsozialismus in Ulm und Neu-Ulm untrennbar verbunden. D. war schon in den 1920er Jahren der wirkungsmächtige „Trommler" der NSDAP in der Region, vermochte sich aber nach 1933 bei den lokalen Machtkämpfen nicht dauerhaft durchzusetzen. Zumeist stand er sich auf Grund seiner persönlichen Eigenschaften selbst im Wege. D. war haltlos, überschätzte sich und fand kein Maß bei der

Ausübung seiner zahlreichen Ämter. So war es ein Leichtes für seine innerparteilichen Widersacher in Ulm, ihn aus seiner Stellung zu manövrieren.

Nach dem frühen Tod seiner Eltern wuchs D. bei seiner Großmutter in Stuttgart auf, wo er von 1898 bis 1906 die Volksschule besuchte. Der Ausbildung zum Mechaniker (Werkzeugschlosser) und der Wanderschaft in Deutschland und der Schweiz (Winterthur, Zürich) folgte am 1. Okt. 1910 der Eintritt des 18-Jährigen als Vierjährig-Freiwilliger in die kaiserliche Marine. Zunächst war er nach infanteristischer Ausbildung 30 Monate auf der „SMS Nürnberg" beim Kreuzergeschwader in Ostasien eingesetzt, anschließend besuchte er die Torpedoschule. Im Ersten Weltkrieg fand D. durchgehend auf Frontbooten Verwendung. Nach seiner Rückkehr aus dem Krieg fand D., der noch 1918 der SPD beigetreten war, eine Anstellung als Lokheizer (später Lokomotivführeranwärter) bei der Eisenbahnbetriebsstätte Ulm. Er strebte nach gesellschaftlicher Anerkennung und nutzte zu diesem Zweck sein gewerkschaftliches Engagement, so von 1918 bis 1920 als Vorsitzender der Ulmer Ortsgruppe des freigewerkschaftlichen Deutschen Eisenbahner-Verbandes und als Vorsitzender des Betriebsrats. Bei den Ausschreitungen im Umfeld der Ulmer Teuerungsdemonstration vom Juni 1920 soll D. einer der Rädelsführer gewesen sein und wurde als solcher später auch vor Gericht gestellt. Zeugen behaupteten, er habe dabei dem misshandelten Oberbürgermeister Emil →Schwammberger den Strick geknüpft.

Der Verlust seines Arbeitsplatzes bei der Reichsbahn, die ihn 1924 „abbaute", gab seinem Leben eine völlig neue Richtung. Schon im Jahr zuvor hatte D. die SPD verlassen und sich der NSDAP angeschlossen (Mitglied Nr. 12.905), deren Ortsgruppe Ulm/Neu-Ulm 1922 gegründet worden war. D. arbeitete sich zielstrebig zur Führungsfigur der Partei in der Region Ulm/Neu-Ulm vor und übernahm 1925 nach der maßgeblich von ihm vorgenommenen „Neugründung" der Ortsgruppe deren Leitung. D.s Talent als mitreißender, polemischer Redner wurde frühzeitig genutzt. 1926 begegnete er Adolf Hitler, der ihn schätzen lernte. Als D. 1930 bei einer Schlägerei nach einer Parteiversammlung ein Auge verlor, bezahlte Hitler ihm die Operation bei einem Münchner Facharzt.

1924 war D. erstmals Reichstagskandidat (Platz 2 Wahlvorschlag Nationalsozialistische Freiheitsbewegung Deutschlands/Völkisch-Sozialer Block), 1928 Landtagskandidat (Platz 1 der Vorschlagsliste der NSDAP, das gewonnene Mandat trat D. zugunsten von Christian Mergenthaler ab) und Reichstagskandidat (Platz 10 Reichswahlvorschlag der NSDAP). D. entschied sich für die Annahme des Reichstagsmandats, das er bis 1945 innehatte (seit 1930 als Spitzenkandidat im Wahlkreis 31: Württemberg). D.s Verdienste um die Parteiorganisation in Ulm sprachen sich herum, 1927/28 wurde er der mittlerweile bei der Ulmer Pflugfabrik Eberhardt tätige D. als NS-Ortsgruppenleiter nach Stuttgart geholt. Nachdem er auch dort erfolgreich gewirkt hatte, kehrte er nach Ulm zurück und gründete mit Verlagsdirektor Dr. Otto Weiß im Jan. 1931 den „Ulmer Sturm, Kampfblatt für Ulm, Neu-Ulm und Oberschwaben". 1931 in den Ulmer Gemeinderat gewählt, übernahm er dort den Vorsitz der NSDAP-Fraktion. D.s wiederholte Aktionen gegen Oberbürgermeister Schwammberger waren Ausdruck des genuin antiparlamentarischen Obstruktionskurses der NSDAP, der mit Erfolg auf Reichs-, Landes- und kommunaler Ebene exekutiert wurde. Er diente der Aushöhlung der demokratischen Institutionen.

D. war Mitglied der SS (Nr. 11.715), wo er rasch in hohe Ränge aufstieg: 27. Aug. 1931 Sturmführer beim Oberstab des Reichsführers SS, 1. Feb. 1932 Sturmbannführer ebd., 26. Aug. dsgl. bei der SS-Gruppe Süd, 24. Dez. 1932 Standartenführer bei der SS-Gruppe Südwest, 9. Nov. 1933 Oberführer ebd., 30. Jan. 1936 Brigadeführer im Abschnitt X (Rangführer), 2. Feb. 1936

dsgl. ebd. (Führer beim Stab), 5. Juli 1938 dsgl. beim SD-Hauptamt. D. war eng mit dem Reichsführer SS, Heinrich Himmler, befreundet. Als die NSDAP im März 1933 die Macht auch in Württemberg übernahm, soll D. sogar als neuer Staatspräsident im Gespräch gewesen sein. Doch er blieb in Ulm und übte zunächst Druck auf Schwammberger aus, sein Amt abzugeben.

D. wurde am 20. März 1933 zum „ehrenamtlichen Unterkommissar zur Aufrechterhaltung der öffentlichen Sicherheit und Ordnung für den Bezirk der Polizeidirektion Ulm" bestellt, womit er auch über die Befehlsgewalt für die regionalen Verbände von SA und SS verfügte. *Staatsfeindliche Elemente werden körperlich ausgerottet*, hatte er sich schon am 23. März 1933 in der Presse vernehmen lassen, und D. ließ keinen Zweifel daran, dass er ernst meinte, was er sagte. Eine Zeitlang war er tatsächlich der „starke Mann" der NSDAP in der Region, aber letztlich waren es Kreisleiter Eugen →Maier und Oberbürgermeister Friedrich →Foerster, die sich im Ulmer Machtkampf durchsetzten.

Nachdem Pläne, D. zum Polizeipräsidenten von Stuttgart zu machen, sich nicht realisiert hatten, übernahm er, zunächst geschäftsführend, die Leitung der Ulmer Polizeidirektion, im März 1935 auch offiziell. Dieser Aufstieg des nicht aus dem Polizeidienst hervorgegangenen D. war der Dank der Partei für seine Verdienste in der „Kampfzeit". Außer für Ulm war D. als Polizeidirektor auch für die Oberämter Blaubeuren, Ehingen und Laupheim zuständig. In Ulm führte sich D. mit der Zeit auf *wie ein Sultan* (Albert RIESTER), schätzte es, sich hoch zu Ross zu zeigen und seine Macht zu demonstrieren. Er selbst war es, der seine Position unterminierte durch außereheliche Verhältnisse, uneheliche Kinder, beleidigende Äußerungen gegenüber dem Offizierskorps und selbstherrliches Verhalten gegenüber den ihm untergebenen Polizisten. Lange herrschte Stillschweigen, wurden D.s Eskapaden seitens der Parteileitung geduldet. Mehrere Ehrengerichtsverfahren gegen D. blieben ohne Folgen. Er erhielt den SS-Totenkopfring, das Goldene Parteiabzeichen und das Kriegsverdienstkreuz I. Kl.

Nach Ausbruch des Zweiten Weltkriegs verstärkte sich die Aktivität von D.s Ulmer Gegnern, ihn wegzuloben. 1939 gelang es D., seine Versetzung als Polizeipräsident nach Halle/Saale zu vereiteln. Doch nachdem er wegen seiner Eskapaden den starken Rückhalt bei Himmler verloren hatte, ging D.s Ulmer Zeit unweigerlich ihrem Ende entgegen. Am 30. Jan. 1942 erfolgte D.s Ernennung zum kommissarischen Regierungspräsidenten der Hohenzollerischen Lande in Sigmaringen, am 14. Okt. 1942 wurde er offiziell zum Regierungspräsidenten ernannt. Dabei handelte es sich, zumal in Kriegszeiten, um einen hohen Verwaltungsposten ohne jede machtpolitische Grundlage. D. war in der Provinz kaltgestellt. Bei Kriegsende wurde D. von französischen Soldaten verhaftet und zunächst im Internierungslager Balingen interniert. Dank einer Vielzahl von „Persilscheinen" wurde D. beim Kriegsverbrecherprozess in Rastatt im Sept. 1946 freigesprochen. Der mittellose D., dessen Ehefrau sich wiederholt für ihn bei den höchsten Stellen verwendete, vermochte seine tatsächliche Rolle als einer der schärfsten und skrupellosesten nationalsozialistischen Funktionsträger in Württemberg in der Entnazifizierung zeitweise erfolgreich zu verschleiern. 1950 wurde er zunächst als „Minderbelasteter" eingestuft, am Ende des Jahres als „Belasteter". Am 22. Feb. 1951 erfolgte die endgültige Einstufung als „Belasteter", was für ihn den Verlust jeglichen Pensionsanspruches bedeutete, ihn von allen öffentlichen Ämtern und vom aktiven und passiven Wahlrecht ausschloss und ihm die Ausübung einer selbstständigen Tätigkeit verbot. Abgesehen vom Pensionsanspruch waren die Auflagen bis 1953 befristet.

D. arbeitete seit Dez. 1949 wieder bei der Ulmer Pflugfabrik Eberhardt, dessen Chef er einst vor der Verfolgung bewahrt hatte. Wohl zu keiner Zeit sah D. einen Anlass, über sein unseliges Wirken in der NSDAP nachzudenken. Von ihm geschriebene Leserbriefe dokumentieren nur zu deutlich die Uneinsichtigkeit des Brandstifters, der sich nur zu gerne als Biedermann gerierte. So meinte er 1958 im Zusammenhang mit der Anbringung einer Gedenktafel am Standort der im Nov. 1938 zerstörten Ulmer Synagoge, in diesem Zusammenhang gegen ihn erhobene Vorwürfe seien unzutreffend, denn er habe die Polizei *wohl sauber und einwandfrei* geführt. Zahlreiche empörte Leserbriefe widersprachen D.s Lesart heftig und schrieben ihm die Verantwortung für den Brand der Synagoge, die Verhaftungen und Misshandlungen jüdischer Mitbürger zu. D. war ein unbelehrbarer alter Mann geworden, der irritiert zur Kenntnis nahm, dass er mit seiner hemdsärmeligen Verlogenheit nicht mehr durchkam. – EK II; Württ. Silberne Militär-Verdienstmedaille; Kriegsdenkmünze; Friedrich-August-Kreuz.

Q   StadtA Ulm, G 2 – StAS, Wü 42 T 60 Bü 17, Personalakten – ebd., Wü 13 Nr. 1948a, Spruchkammerakten.
L   DBI 2, S. 710 – DBA II/290, 148-152 – Reichstags-Handbuch, IV. Wahlperiode 1928, S. 309 f. (Bild S. 556) – ebd., V. Wahlperiode 1930, S. 328 (Bild S. 552) – Wer ist's? 1935, S. 319 f. – UBC 4, 5a und 5b, jeweils passim – Josef MÜHLEBACH, Die preußischen Regierungspräsidenten in Hohenzollern, in: Hohenzollerische Heimat 27 (1977), S. 9-13 – WILHELM, Die württ. Polizei, bes. S. 301 ff. – Joachim GRÜNEBERG, Steiler Aufstieg im Faschismus: Karriere eines "alten Kämpfers" in Ulm. Vor 50 Jahren wurde der gelernte Werkzeugschlosser Wilhelm Dreher zum Polizeidirektor ernannt, in: SWP (Ulm) Nr. 146, 29. VI. 1983 – Eduard OHM, Vom Rabauken zum Regierungspräsidenten: Wie ein Nazi aus Ay bei uns Bilderbuchkarriere machte, in: NUZ Nr. 233, 10./11. X. 1987 – SCHUMACHER, ³1994, S. 100 – SCHMIDT, Kurzbiographien, S. 170-173 (Bild) – RUCK, Korpsgeist, S. 107, 114 f. – BWB III (2002), S. 44-47 (Frank RABERG, mit weiteren Literaturangaben) – Terror noch zu Roß. Der Ulmer SS-Führer und Polizeidirektor Wilhelm Dreher, in: NUZ Nr. 35, 12. II. 2003 – Rudi KÜBLER, Zur rechten Zeit aufs richtige Pferd gesetzt. Bilderbuchkarriere in der Partei gemacht - Schuldgefühle waren ihm nach 1945 fremd, in: SWP (Ulm), 25. III. 2003 – LILLA, Statisten in Uniform, S. 110 f., Nr. 189.

Drück, *Theodor* Karl, Dr. phil, * Untermünkheim/OA Schwäbisch Hall 23. Jan. 1855, † Stuttgart 8. Jan. 1933, ev.
∞ Maria Knausenberger.
Mehrere *K*, darunter Ernst Drück[98], * Stuttgart 2. V. 1881, † Rohracker 18. I. 1947, 1925 Pfarrer in Kochendorf, 1930 Stadtpfarrer an der Aukirche in Heilbronn/Neckar, 1938 Pfarrer in Rohracker, 1931 Abg. von Neuenstadt zum Landeskirchentag; *Hans* Walter Drück[99], * Backnang 12. VII. 1884, † Berlin-Steglitz 8. IX. 1934, □ Ulm 27. XII. 1934[100], Ministerialrat, stv. Württ. Bevollmächtigter zum Reichsrat, ∞ Ulm 28. IX. 1908 Anna *Herta* Emilie Wagner, * Ulm 19. IX. 1887, † 1974, T. d. Heinrich von →Wagner.

D. war als Gymnasiallehrer in Ulm der führende Archäologe der Region.
Der aus Württembergisch Franken stammende D. studierte nach dem Besuch des Gymnasiums in Schwäbisch Hall Philologie und Geschichte in Tübingen. 1881 bestand er die I. philologische Prüfung für Professorate und wurde 1882 als Präzeptor an der Lateinschule Backnang angestellt. 1884 erhielt er den Titel eines Oberpräzeptors. 1886 zum Professor am Kgl. Gymnasium Reutlingen ernannt, wechselte D. m. W. vom 1. Jan. 1892 in gleicher Funktion an das Kgl. Gymnasium Ulm. Während seiner Ulmer Zeit schloss D. nicht nur 1893 seine Dissertation zum Reutlinger Asylrecht ab, sondern betätigte sich auch als passionierter Hobby-Archäologe. Er grub auf dem mittleren Kuhberg nördlich vom Egginger Weg die Überreste eines römischen Gutshofes aus und leistete damit einen wichtigen Beitrag zur provinzialrömischen Archäologie. Von 1897 bis 1924 war D. Professor am Eberhard-Ludwigs-Gymnasium in Stuttgart, wo er auch seinen Ruhestand verlebte. – 1903 Verleihung des Ranges auf der VI. Rangstufe.

W   Das Hügelgräberfeld auf der "Haid" zwischen Großengstingen und Trochtelfingen, in: Reutlinger Geschichtsblätter 2 (1891), S. 45 ff. – Neue Funde aus dem Gebiet des Sülchgauer Altertumsvereins: Die römischen Niederlassungen bei Wannweil und bei Ohmenhausen Oberamt Reutlingen, ebd., S. 124 ff. – Neue

Funde aus dem Gebiet des Sülchgauer Altertumsvereins: Pfullingen, ebd. 3 (1892), S. 16 f. – Der Taufstein und das heilige Grab in der Marienkirche in Reutlingen, ebd., S. 17 f. – Zur archäologischen Karte des Oberamts Reutlingen, ebd., S. 81 f. – Das Reutlinger Asylrecht, in: Württ. Vierteljahreshefte für Landesgeschichte N.F. 4 (1895), S. 1-58 – Die vaterländische Altertumskunde im Gymnasialunterricht, Zweiter Teil: Römische Inschriften und Bildwerke, Stuttgart 1912.
L   Ih 1, S. 167 – CRAMER, Württembergs Lehranstalten ⁶1911, S. 51 – UBC 3, S. 12 – UBC 5a, S. 5.

Dublanskyi (auch **Dubljanskyi**), Anatolij, * Peretoki (Ukraine) 11. Nov. 1912, † Neu-Ulm 28. Okt. 1997, □ ebd., ukrainisch-orthodox.
Vater   Anatolij Dublanskyi, Ikonenmaler.
∞ Mittenwald 11. X. 1951 Eugenie Bilo, * Mizankowiczi (Polen) 31. I. 1910, † 1978. Keine *K*.

Neu-Ulm wurde nach dem Ende des Zweiten Weltkriegs nicht nur Zentrum der ukrainisch-katholischen, sondern auch der ukrainisch-orthodoxen Christen Westeuropas. Deren Metropolit war D.
Zu Beginn der 1950er Jahre kam der ukrainisch-orthodoxe Pfarrer D. nach Deutschland. Im Okt. 1970 zog D. nach Neu-Ulm, wo er die etwa 40 Seelen zählende Gemeinde in Neu-Ulm und Ulm betreute und mit seiner Ehefrau in der Finninger Straße 10 lebte. 1983 erfolgte in London D.s Ernennung zum Metropoliten (Erzbischof) seiner Kirche für Deutschland, Frankreich, Belgien, Schweden, Österreich und die Schweiz. D. war für die nach dem Zweiten Weltkrieg wie er selbst emigrierten oder vertriebenen Ukrainer ein wichtiger Ansprechpartner, der sich in außergewöhnlicher Weise für seinen Glauben und sein Volk einsetzte. Metropolit Konstantyn Buggan (USA) nannte ihn *einen wichtigen spirituellen Führer*.
D. starb wenige Wochen vor seinem 85. Geburtstag. Seine Beerdigung in Neu-Ulm wurde zu einem Treffen von mehr als 100 ukrainisch-orthodoxen Christen, die ihrem geistigen Oberhirten die letzte Ehre erwiesen, darunter auch der ukrainische Botschafter in der Bundesrepublik Deutschland, Anatolij Ponomarenko. Die Totenfeier in der Kapelle des Neu-Ulmer Friedhofs wurde von etwa 20 Geistlichen zelebriert, darunter auch ev. und kath. Priester.

Q   StadtA Neu-Ulm, D 12, V.1.1.5. – ebd., A 9.
L   Ukrainischer Metropolit in Neu-Ulm gestorben, in: NUZ vom 4. XI. 1997 – Beerdigung. Letztes Geleit für Metropoliten: "Sein Tod ist ein großer Verlust", in: SWP vom 7. XI. 1997 – WEIMAR, Wegweiser, S. 121.

Durer, Andreas, * Ulm 30. Juli 1873, † Schwabhausen 9. Sept. 1950, □ ebd. 12. Sept. 1950, kath.

Vater   Augustin Durer[101], * Niederstotzingen/OA Ulm 25. II. 1842, Maurer und Gipser in Neu-Ulm, s. d. Benedikt Durer u. d. Maria Geiger.
Mutter   Maria Kurz, * Burgberg 15. V. 1843, T. d. Johann Kurz, Taglöhner, u. d. Maria Grün.

D. war katholischer Stadtpfarrer in Neu-Ulm in der letzten Phase der Weimarer Republik und in den ersten Jahren der NS-Zeit.
Der aus einer Ulmer Handwerkerfamilie stammende D. empfand schon als Kind einen tiefen Glauben, der sein späteres Leben stark prägte. Er besuchte das Humanistische Gymnasium und anschließend das Klerikalseminar in Dillingen/Donau, am 22. Juli 1898 erfolgte die Priesterweihe. Danach war D. zunächst kurzzeitig in Neu-Ulm tätig, wurde im Aug. 1898 zum Kaplan in Mering ernannt, im Aug. 1899 zum Ersten Stadtkaplan in Krumbach. Dort im Jahre 1900 zum Vikar ernannt, doch wenig später als Vikar nach Friedberg gewechselt, bestand D. 1903 den obligatori-

[98] Magisterbuch 41 (1932), S. 148 – EHMER/KAMMERER, S. 125.
[99] LILLA, Reichsrat, S. 55, Nr. 122.
[100] UBC 4, S. 573.

[101] TEUBER, Ortsfamilienbuch Neu-Ulm I, Nr. 0802.

schen Pfarrkonkurs. Im Feb. 1904 Pfarrer in Geltendorf, übernahm er 1909 zugleich das Vikariat für Hausen/Kapitel Schwabhausen. Im Juli 1925 folgte D. Otto →Jochum als kath. Stadtpfarrer in Neu-Ulm nach, wo er zugleich als Lehrer für kath. Religion an der Realschule fungierte. D. war in Neu-Ulm Vorstand der kath. Kirchenverwaltung, des Christlichen Müttervereins und des Caritas-Zweigvereins, Mitglied des Wohlfahrtsausschusses des Bezirksfürsorgeverbandes Neu-Ulm-Stadt und Präses des Kath. Arbeiter- und Gesellenvereins, des Kath. Dienstmädchenvereins, des Vereins der kath. Hausgehilfinnen und Hausangestellten sowie des Kath. Frauenbundes. In einer undatierten amtlichen Beurteilung wird D. als *fast zu eifrig bezeichnet*, er arbeite *sich vor der Zeit auf*. Am 1. Mai 1936 wegen Krankheit im Alter von 63 Jahren in den Ruhestand versetzt, wurde D. später reaktiviert und war zunächst Stadtpfarrer von Türkenfeld, m. W. vom 1. Aug. 1942 Pfarrer von Schwabhausen/Kreis Landsberg.

Q   Archiv des Bistums Augsburg, Pers 651 – StadtA Neu-Ulm, A 9.
L   Adreßbuch Ulm/Neu-Ulm 1925, Zehnte Abteilung, S. 86 ff., – SPECKER/TÜCHLE, S. 314 – TREU, Neu-Ulm, S. 574.

„Dussy und Dussy", →Rudolph, Charlotte und Margarethe

Eberhard, Kurt, * Rottweil 12. Sept. 1874, † Stuttgart 8. Sept. 1947, ev.
Vater   Oskar Eberhard, * Lonsee/OA Ulm 7. VIII. 1846, † Ellwangen/Jagst 10. II. 1924, Oberstaatsanwalt in Ellwangen, S. d. Johann *Daniel* Eberhard, Dr. med., * Ulm 24. I. 1803, † Kirchheim/Teck, praktischer Arzt ebd., u. d. Christina Sick, * Ulm 24. IV. 1814.
Mutter   *Theodolinde* Ernestine Viktoria Kalis, * Rottweil 6. IX. 1849, † Ellwangen/Jagst 29. XII. 1910, T. d. Johann Kalis, * 7. XI. 1819, † Rottweil 15. XII. 1898, Professor am Kgl. Gymnasium Rottweil, u. d. Maria Anna Nörpel, * Weil der Stadt 20. VI. 1821, † Rottweil 26. X. 1876.
∞ Ulm 30. X. 1905 Berta Auguste Eva Boldt, * Berlin 13. VI. 1881, T. d. Karl Ludwig *Boldt*, * Klein-Kreutsch (Posen) 2. III. 1840, † Berlin 2. IV. 1899, Direktor, u. d. *Auguste* Wilhelmine Henriette Müller, † Berlin 15. I. 1904.
2 K   Wolf Eberhard, * Ulm 4. III. 1908, Hauptmann der Luftwaffe und Staffelkapitän, ∞ Barbara Scheibert, * Berlin 29. VI. 1911, T. d. Friedrich Scheibert u. d. Marie Peters, * Kraft Eberhard, * Ulm 18. VI. 1910, † Madrid 13. XI. 1936, Oberleutnant der Luftwaffe, Staffelführer der „Legion Condor".

E.s Soldatenleben, lange in enger Verbindung mit Ulm stehend, verwob sich zuletzt unheilvoll mit dem Nationalsozialismus, dem der fanatische Chauvinist und Militär bedingungslos diente.
Am 3. Aug. 1892 trat E. im Alter von 18 Jahren als Kgl. Württ. Fahnenjunker in den Dienst des Feldartillerie-Rgt. „König Karl" (1. Württ.) Nr. 13 in Ulm. Schon am 25. Nov. 1893 avancierte er zum Leutnant, am 18. Aug. 1903 zum Oberleutnant und am 25. Febr. 1910 zum Hauptmann im m 4. Württ. Feldartillerie-Rgt. Nr. 65 in Ludwigsburg. 1913 zur Feldartillerie-Schießschule in Jüterbog abkommandiert und 1914 zum Major befördert, war er im Ersten Weltkrieg zuletzt Kommandeur des Feldartillerie-Rgt. 501. 1919 zum Kommandeur des Artillerie-Rgts. Nr. 13 und 1921 zum Oberstleutnant ernannt, kam E. 1923 als Oberst und Kommandant nach Ulm, wo er nach 1925 Wehrersatzinspekteur war. 1938 firmierte er als Gau-Kriegerführer des Gaues Südwest und SS-Standartenführer. Mittlerweile zum Generalmajor befördert, war E. im Zweiten Weltkrieg ungeachtet seines Alters aktiver Wehrmachtsoffizier und zeitweise Stadtkommandant von Kiew. E. stand mit Einsatzgruppenchef Rasch und SS-Standartenführer Blobel (Sonderkommando 4a) in Besprechungen wegen der Ermordung von insgesamt 33.771 Juden am 29. und 30. Sept. 1941 in der Schlucht von Babi Jar bei Kiew. E. nahm sich kurz vor seinem 73. Geburtstag in US-Internierungshaft in Stuttgart das Leben. – EK I und II; Ritterkreuz des Württ. Militärverdienstordens; Ritterkreuz des Kgl. Preuß. Hausordens von Hohenzollern.

L   DGB 110 (1940), S. 78 f. – KLEE, Personenlexikon, S. 123.

Eberhardt (sen.), Albert, * 23. Dez. 1832, † 17. Juli 1886, ev.

Vater   Georg →*Eberhardt
Mutter   Margarete Baur, * 8. I. 1788, † 20. VI. 1862.
G   Wilhelm →Eberhardt.
K   Albert →Eberhardt (jun.).

Der gelernte Wagnermeister war mit seinem älteren Bruder Wilhelm Gründer der Pflugfabrik Gebr. Eberhardt, eines der bekanntesten Ulmer Industrieunternehmen.
Ab 1854 war E. mit seinem Bruder Wilhelm Pflugfabrikant in Ulm und mit ihm Inhaber der neu gegründeten Firma Gebr. Eberhardt in Ulm. Die Fabrik nahm aus kleinen Anfängen heraus einen kontinuierlichen Aufschwung und stellte hauptsächlich schmiedestählerne Pflüge aller Art, Lastfahrzeuge und Räder her. Die Brüder ergänzten sich hervorragend: der ältere Wilhelm war der Typ des Tüftlers, der sich lange nicht als Fabrikant, sondern als Handwerker sah. E. oblag das Kaufmännische. 1878 lieferte die Firma das stählerne Dachgerüst für das Ulmer Münster mit Kupferbedachung. 1863 kauften die Brüder das Kielmann´sche Anwesen an der Frauenpromenade und das daneben liegende Braun´sche Anwesen, um dort eine Fabrik zu errichten. 1880 erfolgte auf dem Gelände der ehemaligen Beck´schen Papiermühle an der unteren Bleiche der Bau eines Fabrikgebäudes mit zwei- bis dreistöckigen Werkhallen.
1863 zählte E. mit seinem Bruder zu den Mitgründern der Gewerbebank Ulm. Auch politisch eiferte E. seinem Vater und seinem Bruder nach. 1864 war er unter den Mitgründern des Ulmer Volksvereins, aus dem später die Volkspartei hervorging. Im Dez. 1876 wurde er in den Bürgerausschuss gewählt. E. starb im Alter von 53 Jahren.

Q   StadtA Ulm, H Waibel: Raimund WAIBEL, Mitglieder in Gemeinderat und Bürgerausschuss 1800-1899, Typoskript, S. 5.
L   SCHULTES, Chronik, S. 549 – UBC 2, S. 101, 125, 134, 350, 511 (Bild), 512 – RIEBER/JAKOB, Volksbank, S. 59 – UNGERICHT, S. 144 – SPECKER, Ulm im 19. Jahrhundert, S. 139 f. (Bild) – StadtMenschen, S. 193.

Eberhardt (jun.), Albert, Dr. h.c., * Ulm 7. Sept. 1858, † ebd. 1. Mai 1931, ☐ ebd., Hauptfriedhof, ev.

Vater   Albert→Eberhardt (sen.).
2 K, darunter Rudolf Eberhardt.

E. war *einer der tatkräftigsten, erfolgreichsten Industriellen unserer Stadt* (UBC 3, S. 113). Er führte die Pflugfabrik Eberhardt in ihrer großen Blütezeit.
Nach dem Tod seines Onkels Wilhelm →Eberhardt 1887 übernahm E. die alleinige Leitung der Firma Gebr. Eberhardt, Maschinenfabrik Ulm. Die Firma exportierte weltweit mit Schwerpunkten in Rußland, den Balkanstaaten, Südafrika und Südamerika. In den 1890er Jahren führte die zunehmende Industrialisierung der Landwirtschaft einen verstärkten Absatz von Pflügen herbei. Zwischen 1882 und 1895 hatte die Firma bereits eine halbe Million Pflüge verkauft. Daneben erhielt die Firma 1894 das Monopol für die Errichtung elektrischer Anlagen in Ulm.

1907 verlieh ihm der König von Rumänien den Titel eines Kgl. Rumänischen Hoflieferanten, 1908 König Wilhelm II. von Württemberg den Titel Kommerzienrat. Aus diesem Anlass spendete E. 10.000 RM in die Arbeiterkranken-Unterstützungskasse. 1923 verlieh ihm die Landwirtschaftliche Hochschule Hohenheim den Ehrendoktortitel. Im Juni 1929 konnte im Festsaal des Saalbaus feierlich der Gründung der Firma Gebr. Eberhardt gedacht werden. Rund 1.000 Werksangehörige feierten mit, nur der Seniorchef konnte wegen Krankheit nicht teilnehmen und musste sich von seinem Sohn Rudolf vertreten lassen. – 1900 bis 1903 Mitglied des Aufsichtsrats der Gewerbebank Ulm.

L   SK Nr. 104/1931 – Württ. Jahrbücher 1930/31, S. [XVIII] – UBC 1, S. 326, 541 (Bild) – UBC 2, S. 144 (Bild) – UBC 3, S. 113 (Bild), 395, 411 – UBC 4, S. 9 – RIEBER/JAKOB, Volksbank, S. 59 – SPECKER, Ulm im 19. Jahrhundert, S. 139 f. (Bild), 159 – BOELCKE, Millionäre, S. 118 f., 246.

Eberhardt, Wilhelm, * Ulm 18. Mai 1824, † ebd. 1. März 1887, ev.

Eltern siehe Albert →Eberhardt (sen.).

Mit seinem Bruder Albert gründete E. 1854 die Pflugfabrik Gebr. Eberhardt in Ulm und war deren technischer Kopf, während sich der Bruder um die Buchhaltung kümmerte. Der gelernte Schmiedemeister, der als junger Geselle elf Jahre auf Wanderschaft in Österreich, Belgien, Holland und England befunden hatte, beschränkte sich jedoch bei seinen Erfindungen nicht auf Pflüge (die bei Weltausstellungen wie in Moskau und Wien wiederholt hohe Auszeichnungen gewannen), sondern erhielt z. B. 1867 ein Patent auf ein Maschinengewehr und entwickelte Brückenbauten für die Donautal- und die Bodenseebahn. Die ersten von Conrad Dieterich →Magirus entwickelten Feuerlöschspritzen wurden in Werkhallen der Gebr. Eberhardt hergestellt.

E. zählte 1863 mit seinem Bruder zu den Mitgründern der Gewerbebank Ulm. Von 1867 bis 1879 war E. Mitglied des Bürgerausschusses in Ulm. Im Dez. 1879 in den Gemeinderat gewählt, gehörte E. diesem bis zu seinem Tod an. Er erlag im Alter von 62 Jahren einem Schlaganfall. Die Leitung der Firma ging in die Hände seines Neffen Albert →Eberhardt (jun.) über. – Mitglied des Vereins für Kunst und Altertum in Ulm und Oberschwaben

Q   StadtA Ulm, H Waibel: Raimund WAIBEL, Mitglieder in Gemeinderat und Bürgerausschuss 1800-1899, Typoskript, S. 5.
L   UBC 2, S. 251, 343, 393, 415, 509, 531 (Bild) – RIEBER/JAKOB, Volksbank, S. 56 – UNGERICHT, S. 144 – SPECKER, Ulm im 19. Jahrhundert, S. 139 f. (Bild), 159 – StadtMenschen, S. 193.

Eberle, *Franz Xaver* Alois Ulrich, Dr. theol., Dr. der Staatswissensch., * Augsburg 4. Juli 1874, † ebd. 18. Nov. 1951, kath.

Vater   Alois Eberle, Buchbindermeister.
Mutter   Franziska Schuster.
Ledig. Keine K.

Der Augsburger Weihbischof E. war eine der profilierten Persönlichkeiten des Katholizismus in Bayern. Seine erste Station als Geistlicher war Neu-Ulm.
E. besuchte von 1884 bis 1893 das Gymnasium St. Stephan in Augsburg und das von den Benediktinern von St. Stephan betriebene Studienseminar St. Joseph in Murnau. Nach kurzem Philosophiestudium wechselte E. 1894 zur Theologie und war

Alumnus des Hzgl. Georgianums an der Universität München. Am 18. Juli 1897 in München zum Priester geweiht, wurde E. am 26. Aug. 1897 zum kath. Stadtkaplan in Neu-Ulm ernannt. Bis zum 16. Aug. 1898 wirkte E. als enger Mitarbeiter des Stadtpfarrers August →*Kotter in Neu-Ulm, dann erfolgte auf seinen Wunsch die Versetzung als Zweiter Stadtkaplan nach Neuburg an der Donau. E. konnte in Neu-Ulm keinen eigenen Haushalt führen und wollte seine Eltern zu sich nehmen, wofür Neuburg die besseren Bedingungen bot.
Nachdem E. 1901 den Pfarrkonkurs bestanden hatte, erhielt er im Mai 1903 die Stelle des Hofstiftspredigers an St. Cajetan in München und wurde im August 1907 zum wirklichen Hofstifts-Kanoniker ernannt. Seine wissenschaftlichen Neigungen mündeten 1910 in die Promotion zum Dr. der Staatswissenschaft („Die Organisation des Reichenhaller Salzwesens unter dem herzoglichen und kurfürstlichen Produktions- und Handelsmonopol") und 1912 zum Dr. theol. („Arbeitsmotive im Lichte der christlichen Ethik"). Im Herbst 1912 ging er als o. Professor für Moraltheologie und Sozialethik an das Kgl. Lyzeum in Passau. Im Ersten Weltkrieg war E. Feldgeistlicher und Kommandanturpfarrer und wurde mit der Prinzregent-Luitpold-Medaille in Silber, der Preuß. Rot-Kreuz-Medaille III. Kl. und dem Preuß. Verdienstkreuz für Kriegshilfe, dem Bayer. Verdienstkreuz für Krankenpflege und dem EK II ausgezeichnet.
Im März 1916 zum Domkapitular und Bistumstheologen in Augsburg berufen, 1922 und 1927 zum Generalvikar, 1930 zum Bistumsverweser, 1933 zum Domprobst und schließlich 1934 zum Weihbischof ernannt, war E. eine der führenden Persönlichkeiten des Bistums Augsburg. Seine Nähe zu Funktionären des „Dritten Reiches", besonders zum Gauleiter Karl Wahl, wurde ihm wiederholt vorgeworfen. Bischof Josef Kumpfmüller ließ E. in politischen Dingen weitgehend freie Hand. Der nationalstolze Weihbischof besuchte Adolf Hitler im Dez. 1937 auf dem Obersalzberg, um die Beziehungen zwischen kath. Kirche und NS-Staat zu verbessern. Der Versuch misslang.
Nach Kriegsende rief E. mit Bischof Kumpfmüller die „Christliche Wohnungshilfe" (später „Ulrichswerk") ins Leben, die in knapp drei Jahren durch die Errichtung von rund 1.200 Wohnungen der Wohnungsnot in Augsburg und Umgebung begegnete.

L   Reichshandbuch II, S. 362 (Bild) – Augsburger Stadtlexikon, S. 370 (Bild) – GROLL, Augsburger Domkapitel, S. 472-483 (mit Schriftenverzeichnis) – Thomas GROLL, Franz Xaver Eberle (1874-1951), in: Lebensbilder aus dem Bistum Augsburg. Vom Mittelalter bis in die neueste Zeit (Jahrbuch für Augsburger Bistumsgeschichte 39, 2005), S. [433]-456.

Eberle, *Marie* Ursula, * Burlafingen 19. Februar 1833, † Neu-Ulm 31. Juli 1929, kath.

Vater   Anton Eberle, * um 1794, † Neu-Ulm 24. II. 1853, Schneidermeister.
Mutter   Maria Anna Sussegger, * 1795, † 1. IV. 1860.
6 G   Krescentia Eberle, † Neu-Ulm 12. I. 1826; Wilhelm Eberle, * Neu-Ulm 25. VI. 1826; Franziska Eberle, * Neu-Ulm 2. X. 1827; Joseph Eberle, * Neu-Ulm 18. III. 1829, † 23. III. 1830; Johann Georg Eberle, *† Neu-Ulm 30. III. 1830; Ludwig Eberle, * Neu-Ulm 14. XII. 1835, Packer, ∞ Neu-Ulm 20. V. 1862 Maria Stritzelberger, * Dahlingen 7. III. 1842.
∞ I. N. N.; ∞ II. Paul Barth[102], Maurer aus Schelklingen.
K   Pauline Eberle, * Neu-Ulm 18. XII. 1855; Maria Rosina Eberle, * Neu-Ulm 17. I. 1860, † Institut Wörishofen 21. IV. 1865; Henrike Eberle, * Neu-Ulm 1. X. 1863, † 11. XI. 1863.

Als „d´ alt Marie" war die Pfründnerin E. eine weit über Neu-Ulm hinaus bekannte Persönlichkeit. Bis sie in der Mitte des 97. Lebensjahres starb, war sie die älteste Neu-Ulmer Bürgerin. Ihr hohes Lebensalter war zu ihrer Zeit absolut ungewöhnlich. Geboren zu einer Zeit, als Neu-Ulm noch keine eigene Pfarrei hatte, musste sie in Burlafingen getauft werden. Sie soll zweimal verheiratet gewesen sein, doch ihre Kinder trugen alle ihren Familiennamen, und sie selbst hieß auch immer „Eberle".

---

102 TEUBER, Ortsfamilienbuch Neu-Ulm I, Nr. 0170.

Sie war 15 Jahre alt, als König Ludwig I. von Bayern abdankte, 27 Jahre alt, als der erste kath. Stadtpfarrer eingesetzt wurde, 36 Jahre alt, als Neu-Ulm zur Stadt erhoben wurde, 52 Jahre beim Amtsantritt von Bürgermeister Josef →Kollmann und 86 Jahre bei seinem Rücktritt. E. war Zeugin des Werdens von Neu-Ulm, ohne dass wir über ihr Leben nähere Einzelheiten wüssten.

L   UBC 2, S. 168 – TEUBER, Ortsfamilienbuch Neu-Ulm, Nrn. 0823 und 0831.

Eberle, Sylvester, * Hörmanshofen 1873, † Illerberg 24. März 1931, kath.

E. war als Mitglied des Historischen Vereins Neu-Ulm einer der wichtigsten Geschichtsforscher der Region und *einer der vortrefflichsten Kenner der Heimatgeschichte* (Konrad GEIGER) im ersten Viertel des 20. Jahrhunderts.
Nachdem E. 1898 die Priesterweihe erhalten hatte, war der junge Geistliche zunächst im unständigen Vikariatsdienst, ehe er um 1900 Pfarrer in Ettenbeuren und danach in Kadeltshofen wurde. 1908 trat E. die Nachfolge von Johann Georg Albrecht als Pfarrer von Aufheim an. Damit begann die zwölfjährige Amtszeit E.s in Aufheim, die ihn zunehmend zur Erforschung der regionalen Geschichte führte. Führend war er an der raschen Aufwärtsentwicklung des 1907 gegründeten Historischen Vereins Neu-Ulm beteiligt, für den er sich als Ausschussmitglied und Schriftführer, vor allem aber als Forscher, der seine Erkenntnisse in Vorträgen und Aufsätzen vor allem im Vereinsorgan „Aus dem Ulmer Winkel" publik machte, nachdrücklich einsetzte. Zeitweise war er der Autor mit den meisten Aufsätzen im „Ulmer Winkel". E., der später auch die Aufgaben des Schuldekans und Kapitelkamerers übernahm, begann 1912 auch mit der „Chronik der Pfarrei Aufheim", die sich im kath. Pfarrarchiv Aufheim befindet. Schon zuvor hatte er zum Besitzer von Schloss Hausen, Freiherr Hugo von →Linden, Kontakt aufgenommen und die Genehmigung erhalten, *die zahlreichen für die Geschichte unseres Ulmer Winkels teilweise sehr wertvollen Archivalien seines Schlosses zur Bearbeitung einzusehen.* Obwohl E. von Haus aus kein Historiker war, kannte er die wissenschaftlichen Arbeitsmethoden der Zunft und wusste sie akribisch anzuwenden. Die Veröffentlichungen und Exzerpte E.s, die im Wesentlichen die Zeit von 1469 bis 1766 umfassen und unverzichtbare wissenschaftliche Beiträge zur Regionalgeschichte darstellen, da sie aus z. T. kriegsbedingt zerstörten Quellenbeständen schöpfen, sind von bleibendem Wert.
1920 wurde E. als Pfarrer nach Illerberg versetzt, in Aufheim folgte ihm als Pfarrer Wilhelm Klambt. Zuletzt war E. Pfarrer in Emmershofen. Er starb im Alter von 58 Jahren. Bis zuletzt hatte er weiter an historischen Aufsätzen gearbeitet und war dem Historischen Verein Neu-Ulm verbunden geblieben, indem er z. B. zum Thema Kirchtürme im Bezirksamt Neu-Ulm oder das Ritter- und Kunkellehen Luippen geforscht und veröffentlicht hatte.

W   (Auswahl) Reformation und Gegenreformation eines schwäbischen Pfarrdorfes, in: Theologisch-praktische Monatsschrift 19 (1908/09), S. 67, 79, 146-154 – Ulms Reformationsversuche 1633 und 1634, in: Rottenburger Monatsschrift 1924/27, S. 449 ff. – Beiträge zur Geschichte der Pfarrei Holzheim, in: Aus dem Ulmer Winkel 1926, S. 41-43, 45-47, ebd. 1927, S. 2-4, 5-7, 9-10.
L   Adreßbuch Ulm/Neu-Ulm 1914, Zehnte Abteilung, S. 76 – Anton KOLB, Aus dem Ulmer Winkel Nr. 3/1931, S. 9 [Nachruf], 13 (Bild) – TREU, Gerlenhofen, S. 70, 240 – Anton AUBELE, 90 Jahre Historischer Verein Neu-Ulm 1907-1997, in: Geschichte im Landkreis Neu-Ulm 3 (1997), S. 69-87, hier S. 72, 74, 77 f. (Bild) – GEIGER, Holzschwang, S. 9, 17, 20, 29 f., 33 f. – GEIGER, Reutti, S. 13, 16, 34.

Ebert, August, * Hongkong 3. Jan. 1902, † Ulm 29. Juli 1963, ev.
Vater   Michael Ebert, Basler Missionsprediger in China, zuletzt in Heilbronn/Neckar.
Mutter   Johanna Maria Aldinger.

∞ 1929 Hildegard Krumm, * 1907, T. d. Johannes Krumm[103], * Reutlingen 16. XI. 1872, 1916 Pfarrer in Pfalzgrafenweiler, 1929 Erster Stadtpfarrer in Ingelfingen.
5 K.

E. war Stadtpfarrer am Münster und Jugendpfarrer, zuletzt Pfarrer an der Dreifaltigkeitskirche bzw. der Pauluskirchengemeinde, an deren Neuaufbau er wesentlich mitwirkte.
Aus pietistischem Elternhaus stammend, wuchs E. in Hongkong und nach der Rückkehr seiner Eltern nach Württemberg in Heilbronn/Neckar auf und studierte Theologie in Tübingen. Er war 27 Jahre alt, als er 1929 seine erste feste Stellung als Pfarrer in Mittelfischach/OA Gaildorf erhielt.
Am 25. Juni 1936 erfolgte E.s Ernennung zum Vierten Stadtpfarrer am Ulmer Münster, eine Stelle, die er am 7. Juli antrat. Bereits im April des Jahres hatte er die Leitung des Jugendpfarramtes kommissarisch übernommen, nachdem sein Vorgänger Karl →Griesinger des Amtes enthoben worden war. Die offizielle Ernennung zum Jugendpfarrer erfolgte erst im Juni 1937. E. gelang es mit seiner ruhigen, freundlichen und doch bestimmten und nicht unautoritären Art, in dem Amt verlorengegangenes Vertrauen zurückzugewinnen. Er organisierte Laienspiele und „kirchenkundliche Wanderungen" ebenso wie die Kinderferienfürsorge, die noch heute existiert. Während des Zweiten Weltkriegs war E. als Sanitätssoldat an der Front. Als er erkrankt aus dem Krieg heimkehrte, suchte er für mehrere Monate Erholung im Diakonissenhaus in Schwäbisch Hall.
Im Okt. 1945 verließ E. Ulm, um eine neue Aufgabe als Stadtpfarrer in Gerhausen bei Blaubeuren zu übernehmen. 1948 wurde er als Ersatzmitglied für Blaubeuren zum Mitglied des 4. Landeskirchentags gewählt. 1948 konnte er nach Ulm zurückkehren, um Erster Stadtpfarrer an der Dreifaltigkeitskirche zu werden. Dort fanden die von ihm angebotenen Frühandachten großen Anklang. 1957 übernahm er als Erster Stadtpfarrer die Leitung der Pauluskirchengemeinde in Ulm. E. war auch literarisch tätig: Neben Schriften zum Ulmer Münster veröffentlichte er 1954 einen Gedichtband „Von der Fahrt" und eine Erzählung „Das Lerchennest". Zu seinem 60. Geburtstag veröffentlichte er (SWP Nr. 4, 5. I. 1962) einen autobiographischen Text. E. starb, 61 Jahre alt, überraschend in Ulm. Bei der Beerdigung hieß es in einer der Ansprachen, E. habe *mehr geschaut und entdeckt als die meisten Menschen,* womit seine ungewöhnliche geistige Weite angesprochen war.

L   Ih 3, S. 68 – Magisterbuch 41 (1932), S. 193 – NEBINGER, Die ev. Prälaten, S. 592, 594 – MAYER, Die ev. Kirche, S. 240, 358, 362, 364 ff., 438 f., 443, 446 f., 477-479 – EHMER/KAMMERER, S. 129 (Bild).

Ebner, *Carl* E. (Emil), * Ulm 24. Okt. 1902, † ebd. 29. Mai 1966, ⬜ ebd., Hauptfriedhof, ev.
Vater   Max Adolf →*Ebner, Dr. iur., Verlagsbuchhändler in Ulm.
Mutter   Anna Ebner.
1 G   Max →*Ebner.
∞ *Elisabeth* Luise Emilie Häfner, * Köln 27. V. 1905, † Ulm 13. VII. 1991, 1959 bis 1971 Vorsitzende des Paritätischen Wohlfahrtsverbandes, 1978 Trägerin der Bürgermedaille der Stadt Ulm.
4 K.

E. war eine der wesentlichen Persönlichkeiten des Verlags- und Pressewesens an der Donau im 20. Jahrhundert.
Nach dem Besuch des Ulmer Gymnasiums durchlief E. eine Lehre zum Buchdrucker und erhielt als Buchhandelsgehilfe eine umfassende Ausbildung im In- und Ausland, die mit der Meisterprüfung als Buchdrucker ihren Abschluss fand. Er war Mitinhaber der Graphischen Betriebe J. Ebner, Ulm, und deren Tochtergesellschaften, daneben Buchdruckereibesitzer und Verleger. Die Firma Ebner besaß nicht nur eine der namhaftesten Großdruckereien Südwestdeutschlands und einen großen Buchhandel, sondern auch mehrere Buch- und Zeitschriftenverlage in Ulm und Berlin sowie Buchbindereien in Stuttgart

---

[103] Magisterbuch 41 (1932), S. 126.

und Ulm. Während der NS-Zeit fiel auch die Buchdruckerei „Ludwig Reiser und Co." an E. Er war in der NS-Zeit Ulmer Innungsobermeister des graphischen Gewerbes und SA-Obersturmbannführer der SA-Standarte 120.

Nach Kriegsende baute E. den ausgebombten väterlichen Betrieb an der Sattlergasse in kurzer Zeit als neues imponierendes Verlagsgebäude an der Frauenstraße wieder auf. Er war Mitherausgeber der „Schwäb. Donau-Zeitung" in Ulm und erwarb nach 1945 die P. W. Helb´sche Druckerei in Neu-Ulm. E. war geschäftsführender Gesellschafter der Neu-Ulmer Verlagsgesellschaft mbH und verlegte ab Herbst 1949 u. a. mit Curt Frenzel und Dr. Richard →Römer die „Neu-Ulmer Zeitung", womit er seinen unverrückbaren Platz in der Pressegeschichte Neu-Ulms fand. 1962 fanden seine Verdienste eine Würdigung angesichts der Eröffnung des neuen Betriebsgebäudes der „Neu-Ulmer Zeitung" an der Kasernstraße Neu-Ulm.

E. engagierte sich auch politisch. Von 1951 bis 1966 war er Mitglied des Ulmer Gemeinderats (FWG). Er war Gründungsmitglied des FWG-Landesverbandes und bis 1965 auch dessen Zweiter Vorsitzender, danach Ehrenvorsitzender. E., der 1965 zahlreiche seiner Aktivitäten aufgegeben hatte, weil er ernsthaft erkrankt war, starb wenige Tage nach der Rückkehr von einem Urlaubsaufenthalt am Tegernsee im Alter von 63 Jahren. – Erster Vorsitzender des Verkehrsvereins Ulm/Neu-Ulm; Vorsitzender des Aufsichtsrats der Schuhfabrik Peter Kaiser, Pirmasens; stv. Vorsitzender des Aufsichtsrats der Ulmer Volksbank; Mitglied des Vereins Südwestdeutscher Zeitungsverleger; Mitglied des Verbands Graphische Betriebe Baden-Württemberg; Mitglied der Bezirksvereinigung Ulm der Graphischen Betriebe.

Q   StadtA Ulm, G 2.
L   UBC 5a, S. 171, 262 – UBC 5b, S. 686 – Verleger Carl E. Ebner gestorben, in: SWP (Ulm) Nr. 123, 31. V. 1966, S. 12 (Bild).

Ebner, Adolf *Robert*, * Ulm 4. Juni 1831, † ebd. 16. Jan. 1894, ⌷ ebd., Alter Friedhof, 19. Jan. 1894, ev.

Vater   Johann *Jakob Friedrich* →*Ebner, Buchhändler in Ulm.
Mutter   Sibylla Sofia Cramer, * 30. I. 1802, † Ulm 2. V. 1854 oder 1851, T. d. Georg Peter Cramer, * 31. V. 1772, † 26. I. 1883, u. d. Barbara Kiderlen, * 7. I. 1764, † Ulm 14. III. 1846.
6 G, davon 2 † früh   Sofie Marie Ebner, * 1823, † 1857, ∞ Popp; Emma Ebner, * 1824, † 1876; Friedrich Wilhelm →*Ebner, Verlagsbuchhändler, Kommerzienrat; Karl Ferdinand Ebner, * 1828, † 1829; Karl Ferdinand Ebner, * 1830, † 1831; Richard Albrecht Ebner, * 1833, † 1899, Apotheker.
∞ Ulm 10. IX. 1861 *Amalie* Friederike Kien, * 1840, † 1925.
3 K   Sofie Ebner, ∞ Rueff, * 1864; Marie Ebner, * 1866, ∞ Heinrich →Mayser; Maria Anna Ebner, ∞ Kümmerlen, * 1868.

E., Spross der bekannten Buchhändler- und Verlegerfamilie, war einer der führenden liberalen Politiker Württembergs in den ersten Jahrzehnten der Kaiserzeit. In der Ulmer Kommunalpolitik spielte er eine herausragende Rolle. 18 Jahre lang vertrat er die Stadt Ulm in der Zweiten Kammer des Württ. Landtags.

Nach dem Gymnasium in Ulm studierte E. von 1849 bis 1852 Jura in Tübingen (Mitglied der Burschenschaft Germania). 1852 bestand er die I., 1854 die II. Höhere Justizdienstprüfung. Er trat jedoch nicht in den Staatsdienst, wo die Karriereaussichten seinerzeit wenig günstig waren, sondern ließ sich 1855 als Rechtsanwalt in Ulm nieder. Seine Kanzlei entwickelte sich auf Grund seiner Fähigkeiten, aber auch seiner gesellschaftlichen Kontakte sehr gut. 1872 erwarb er das „Goldene Rad" in der Sattlergasse 11.

E.s Bedeutung steht jedoch vor allem mit seinen politischen Aktivitäten in Zusammenhang. Am 5. März 1865 erfolgte seine Wahl zum Vorstandsvorsitzenden des „Ulmer Volksvereins", eines Sonderzweigs der Demokraten (bis zur Auflösung 1867), den er mit Unterstützung von Robert →Leipheimer und Gustav →Wolbach lenkte. Seit Nov. 1869 war E. Mitglied im „Freisinnig Großdeutschen Verein". 1868 machte er sich für

die gegen Eduard →Pfeiffer erfolglose Kandidatur des großdeutschen Landtagskandidaten Philipp Ludwig →Adam stark. Der Volksverein geriet danach in innere Schwierigkeiten, die sich auch darin dokumentierten, dass bei der entscheidenden Landtagswahl 1870, bei der es um den Beitritt Württembergs zum [Nord-]Deutschen Bund ging, kein eigener Kandidat präsentiert werden konnte und sich der Volksverein in einen Wahlboykott flüchtete.

Schon zuvor hatte sich E. in der Ulmer Kommunalpolitik engagiert. Im Nov. 1859 wurde der 28 Jahre alte E. erstmals in den Ulmer Bürgerausschuss gewählt, im Dez. 1861 auch in den Gemeinderat, dem er mit einer kurzen Unterbrechung bis kurz vor seinem Tode angehörte. Der achtmal gewählte E., der nach seinem Eintritt in den Bürgerausschuss Anfang 1860 über 34 Jahre hinweg nie mehr ohne kommunalpolitisches Mandat war, gehörte damit zu den „Langzeit-Mandataren" in der Ulmer Kommunalpolitik. Diese Stellung verschaffte ihm auch die Ausgangsbasis für seine Wahl zum Landtagsabgeordneten der Stadt Ulm. Bei den Wahlen zum Landtag im Dez. 1876 vermochte sich E. mit 1.629 zu 1.357 Stimmen gegen den nationalliberalen Kandidaten, Kreisgerichtsrat August →Landerer, durchzusetzen. 1882 und 1889 gewann er die Wahl ohne Gegenkandidaten, 1889 mit 1.739 von 1.816 abgegebenen Stimmen – der noch unter dem Sozialistengesetz angetretene Stuttgarter Sozialdemokrat Karl Kloß erhielt in Ulm immerhin 71 Stimmen. E. gehörte der Zweiten Kammer des Württ. Landtags (27. bis 32. o. LT) für den Wahlbezirk Ulm Stadt vom 6. Feb. 1877 bis zu seinem Tod am 16. Jan. 1894 an und war bis 1880 Schriftführer im Vorstand und Mitglied der Kommission für Gegenstände der inneren Verwaltung, seit 1883 Mitglied der Gemeindesteuerkommission, seit 1883 Mitglied der Finanzkommission, seit 1886 Mitglied der Volkswirtschaftlichen Kommission, von 1883 bis 1886 und wieder seit 1889 der Justizgesetzgebungskommission, von 1883 bis 1886 Mitglied der Kommission für Gemeindeangehörigkeit, von 1889 bis 1891 Mitglied der Kommission für die Verwaltungsreform und der Adresskommission, seit 1893 schließlich Mitglied der Kommission für den Gesetzentwurf betr. die Körperschaftsbeamten und des Weiteren Ständischen Ausschusses, des parlamentarischen Gremiums, das den Landtag zwischen den Sessionen vertrat. E. war als Abg. ein ausgesprochener Vertreter der Ulmer Interessen, der über seine Schritte in Stuttgart in Ulm regelmäßig informierte und damit einer der ersten württ. Parlamentarier war, die diesen heute selbstverständlichen Kontakt zur Wählerschaft suchten und pflegten. E. sprach sich im Feb. 1886 für die Schaffung einer reinen Volkskammer aus, d. h. den Ausschluss aller privilegierten Abgeordneten, wie etwa der Ritterschaft und der Vertreter der Geistlichkeit. Realisiert hat sich diese Verfassungsreform, an der E. zuletzt maßgeblich mitarbeitete, allerdings erst 1906. Kammerpräsident Karl von Hohl würdigte nach E.s plötzlichem Tod im Alter von 62 Jahren in einem Nachruf vor den Abgeordneten die Leistungen des Parlamentariers E., der besonders seinen juristischen Sachverstand in die Parlamentsberatungen eingebracht habe.

Im gesellschaftlichen Leben Ulms war E. tief verwurzelt. Im Aug. 1870 zählte E. zu den Mitunterzeichnern des öffentlichen Aufrufs zur Gründung eines Hilfsvereins für die verwundeten Soldaten. Er war Mitglied verschiedener Gesellschaften, des Münsterbaukomitees und von 1872 bis 1893 Vorsitzender des Aufsichtsrats der Ulmer Gewerbebank. – Mitglied des Vereins für Kunst und Altertum in Ulm und Oberschwaben.

Q   StadtA Ulm, G 2.
L   RIECKE, Verfassung und Landstände, S. 51 – SCHULTES, Chronik, S. 534 – HARTMANN, Regierung und Stände, S. 70 – Hauptregister, S. 105 – Stammbaum der württembergischen Familie Ebner, zusammengestellt von Dr. Julius EBNER-Kirchheim u. Teck unter Mitwirkung von Dr. Max EBNER in Ulm und Stadtpfarrer RIEBER in Ulm, Ulm 1911, Tafel VII – UBC 2, S. 247, 275, 291, 350, 374, 393, 413, 441, 509, 553 – UBC 3 (1933), S. 11, 57, 73, 75 (Bild) – SCHMIDGALL, Burschen-

schafterlisten, S. 91 – RUNGE, Volkspartei, S. 42 – UNGERICHT, S. 95 f. – PHILIPP, Germania, S. 75, Nr. 1111 – SPECKER, Ulm im 19. Jahrhundert, S. 208, 219, 221 – WAIBEL, Gemeindewahlen, S. 294, 345-368 – DVORAK I,1 (1996), S. 233 (Bild) – RABERG, Biogr. Handbuch, S. 154 f. (Bild) – NANNINGA, Wählen, S. 369.

Ebner, *Theodor* Georg Friedrich, * Esslingen 9. Aug. 1856, † Ulm 18. Mai 1915, ev.

Vater   Georg Friedrich Ebner, † Esslingen/Neckar 1858, Reallehrer.
Mutter   Wilhelmine Diehm.
∞ I. 1882, † 1896; ∞ II. 1898.

Der bekannte Redakteur und Publizist, dessen Laufbahn in Ulm ihren Abschluss fand, war ursprünglich für die Laufbahn eines Pfarrers bestimmt und hatte nach den ev.-theol. Seminaren in Maulbronn und Blaubeuren die Konkursprüfung für die Aufnahme in das Tübinger Stift zu absolvieren, die zum staatlich geförderten Theologiestudium berechtigte. Doch E. fiel durch die Prüfung und beschloss, Buchhändler zu werden. Zu diesem Zweck absolvierte er eine Lehrzeit in Esslingen und in der Buchhandlung von Paul Neff in Stuttgart, ehe er 1883 nach Wien ging, wo er in den sog. „Tuchlauben" eine Stellung fand. 1885 kehrte er nach Württemberg zurück. Sekretär der Bibliothek des Polytechnikums Stuttgart, 1886 Redakteur des „Literarischen Merkur", 1888 Chefredakteur der Württ. Landeszeitung in Stuttgart, 1894 dsgl. bei der „Schwäb. Kreis-Zeitung" in Reutlingen, 1895 bei der „Karlsruher Zeitung", 1902 Chefredakteur des „Ulmer Tagblatts", edierte eine Sammlung deutscher Volkslieder.
1910 verfasste E. anlässlich der 100-Jahr-Feier der Zugehörigkeit Ulms zum Königreich Württemberg ein Festspiel. 1913 schrieb er in Erinnerung an die Befreiungskriege gegen Napoleon für den Turnerbund ein Festspiel, das am 30. Juni 1913 im Saalbau aufgeführt wurde.

W   Das Rathaus in Ulm. Festschrift zur Vollendung seiner Restaurierung, Ulm [1905] – Max Eyth, der Dichter und Ingenieur, Heidelberg 1906 – Ein vergessener Ulmer Ölberg, in: Walhalla 1909, S. 171-176 – Hundert Jahre Hundskomödie 1811-1911, Ulm 1911.
L   DBI ²1998, 2, 745 – DBA II/306, 143-154 – Deutsches Biographisches Generalregister 6, 504 – Ih 2, 175 – Württ. Jahrbücher 1915, S. III – WN 1915, S. 73-79 (Theodor KLAIBER) – UBC 3, S. 466, 517, 568 – UBC 4, S. 4 (Bild), 8 – KOSCH, Biogr. Staatshandbuch, S. 272 – DBE 3 (1996), S. 1 – Bruno JAHN (Bearb.), Die deutschsprachige Presse. Ein biographisch-bibliographisches Handbuch, München 2005, Band 1, S. 233 – DBE 2. Ausgabe 2 (2005), S. 811.

Eckstein, Otto, Dr. rer. pol., * Ulm 1. Aug. 1927, † Boston März 1984, mos.

Vater   Hugo Eckstein, * Ulm 21. VII. 1892, Kaufmann in Ulm, Inhaber der Ulmer Malzfabrik David Winkler.
Mutter   Hedwig Pressburger, * Rexingen 29. V. 1900.
G   Bernhard Hans Eckstein, * Ulm 19. XII. 1923, ∞ 1958 Sheila Rubin.
∞ 1954 Harriet Mirkin.

Der international renommierte Nationalökonom E. wuchs im Haus Hafenbad 12 in Ulm auf. Er verließ Ulm im Sept. 1938 im Alter von 11 Jahren, da er die öffentlichen Schulen nicht mehr besuchen durfte. Zum Glück lebte die Schwester seines Vaters in London und konnte für E. den Schulbesuch an der New Herrligen School vermitteln. England war für den Heranwachsenden jedoch nur eine Zwischenstation – Ende 1939 folgte E. seiner Familie in die USA. Im Feb. 1946 bestand er an der Stuyvesant High School in New York die Abschlussprüfung mit ausgezeichnetem Erfolg. Der sich anschließende Militärdienst bei der US-Army führte E. u. a. nach Japan zu den US-amerikanischen Besatzungstruppen.
Nach der Entlassung aus der US-Army studierte E. Wirtschaftswissenschaften an der Princeton University in Princeton, New Jersey, wo er seinen „Bachelor Degree" mit bestem Erfolg erwarb. 1955 wurde E. an der Harvard University in Cambridge, Massachusetts, mit der Arbeit „Water Resource Development: The Economics of Project Evaluation" promoviert. Schon 1959 erhielt der 32 Jahre alte E. eine o. Professur an der Harvard University. 1964 wurde er von Präsident Lyndon B. Johnson zum Wirtschafts- und Finanzberater nach Washing-

ton berufen und spezialisierte sich auf Lohn-/Preis-Fragen und Probleme des Arbeitsmarktes, vor allem der Vollbeschäftigung. E. teilte Johnsons Idee der „Great Society" und stand für einen liberalen Wirtschaftskurs. Nach dem Ausscheiden Johnsons aus dem Präsidentenamt 1969 gründete E., der Professor in Harvard blieb, eine eigene Beratungsfirma („Data Resources Inc."), die immensen Erfolg hatte und später für mehr als 100 Millionen Dollar vom Verlag MacGraw-Hill aufgekauft wurde. Es gelang E., Computerprogramme für ökonomische Erkenntnisse und Prognosen in einer verständlichen Art zu entwickeln. Der nach E. benannte „Otto-Test" bestand darin, jede ökonomische Erkenntnis in einer Weise zu formulieren, dass sie auch Laien nach spätestens 40 Sekunden verständlich waren.
Privat war E. ein einfacher, bescheidener, unprätentiöser und zurückgezogen lebender Mensch, der weithin bewundert wurde. Im Alter von nur 56 Jahren erlag in einer Klinik in Boston seinem schweren Krebsleiden.

Q   StadtA Ulm, G 2.
L   KEIL, Dokumentation, S. 314 f. – Jüdischer Mitbürger in den USA gestorben: Otto Eckstein – ein Ulmer, der Johnsons Berater war, in: SWP (Ulm) Nr. 87, 12. IV. 1984 – HILB, Zeugnisse, S. 159-161, 256.

Effinger, Franz Xaver, * Dotternhausen/OA Rottweil 8. Juni 1857 (nicht 1858!), † Ulm 7. Sept. 1926, kath.

E. war mehr als drei Jahrzehnte lang kath. Geistlicher in Ulm.
E. durchlief das Konviktsgymnasium in Rottweil und studierte anschließend Theologie in Tübingen. 1881 erhielt er den 1. katechetischen Preis für eine Preisarbeit. Am 21. Juli 1882 empfing E. in Rottenburg die Priesterweihe und kam am 17. Aug. 1882 als Vikar nach Cannstatt, am 17. Mai 1884 als Präzeptoratskaplaneiverwalter nach Mengen.
Am 7. Okt. 1890 wurde E. zum Kaplan der Wengengemeinde in Ulm ernannt und blieb es bis zu seiner Berufung zum Garnisons- und Wehrkreispfarrer 14 Jahre später. Sein Amt als Kaplan bzw. Kaplaneiverweser übernahm Vikar Benedikt Welte. Am 8. Nov. 1904 erfolgte in der neu erbauten kath. Garnisonskirche im Beisein des Königs Wilhelm II. von Württemberg und des Bischofs von Rottenburg die Amtseinsetzung E.s als Garnisons- und Wehrkreispfarrer (Militärpfarrer des Wehrkreiskommandos V) in Ulm. Die Militärgemeinde zählte 1904 etwa 3.300 Seelen. Seit Ausbruch des Ersten Weltkriegs auch Divisionspfarrer, trat E. am 1. Dez. 1923 in den Ruhestand. Seine Nachfolge in diesem Amt wurde von Max →*Notz angetreten, bisher Pfarrer in Weissenau. Mit Heinrich →Sambeth gehörte E. zum Gründerkreis des „Rettungsvereins zum Guten Hirten" in Ulm.

W   Kurze Geschichte des Wengenklosters, Ulm 1899.
L   NEHER ⁴1909, S. 148 – UBC 3, S. 321 ff. – UBC 4, S. 287 (Bild), 290 f. – Personalkatalog Rottenburg 1938, S. 39 – SPECKER/TÜCHLE, S. 298, 300 – LAUBACHER, Caritas, S. 337.

Egle, Joseph (von), * Dellmensingen/OA Laupheim 23. Nov. 1818, † Stuttgart 5. März 1899, ev.

Vater   Egle, Schultheiß in Dellmensingen.
∞ Stuttgart 1856 Marie *Agnes* Antonia Hefele, * Stuttgart 19. I. 1834, † ebd. 6. III. 1862, T. d. Johann Heinrich (Hefele[104], * Westhausen bei Aalen 8. I. 1793, † Stuttgart 24. XI. 1858, Direktor des Kgl. Steuerkollegiums, 1848 ernannter leitender Minister von Württemberg, u. d. Adelheid Rummel, * Reutlingen 17. IV. 1807, † Stuttgart 25. X. 1835.

Der bedeutende Architekt E. war über Jahrzehnte hinweg ein hoch geschätzter Berater in allen Fragen der Münsterrestaurierung und daher mit Ulm eng verbunden.
Nach dem Architekturstudium am Stuttgarter Polytechnikum, an der Berliner Bauakademie und in Wien bereiste E. Italien, England und Frankreich. Von 1853 bis zum Frühjahr 1857 war

[104] ZIEGLER, Fangelsbachfriedhof, S. 106 (Bild).

E. Professor (Architektur-Hauptlehrer für Bauentwürfe) am Stuttgarter Polytechnikum, 1857 Kgl. Hofbaumeister, Erster Architekt des Kgl. Hofes in Stuttgart, Hofbaudirektor und langjähriger Vorstand der Kgl. Baugewerkschule Stuttgart. E.s Name ist vor allem verknüpft mit dem Bau des Polytechnikums (1860-1863), dem Innenumbau des Kgl. Schlosses in Stuttgart (1864-1867), dem Bau der Baugewerkschule (1866-1870), der Renovierung der frühgotischen Marienkirche (1872-1879) in Stuttgart und der kath. Kirche in Tübingen (1876-1878) sowie der Erneuerung der Frauenkirche in Esslingen/Neckar, der Heiligkreuzkirche in Schwäbisch Gmünd, der Uracher Stiftskirche und des Domchors in Rottenburg. *An dem Architekten Egle ist vor allem zu rühmen seine gediegene Fachbildung, seine Sorgfalt in der Konstruktion, seine Pietät für unsere Altvordern, seine feine Empfindung für das Schöne* (Staatsanzeiger). In Verbindung mit Ulm kam E. bereits 1855, als er Mitglied des Beirats für die Restaurierung des Münsters wurde. Als Berater in allen Fragen des Münsters war er in Ulm sehr geschätzt, war seit Feb. 1868 Mitglied der Bausektion des Münsterbaukomitees und empfahl später seinen Schüler August →Beyer als Münsterbaumeister. E. verfasste in den „Baudenkmälern aus Schwaben" (1867) eine Beschreibung des Ulmer Chorgestühls. Er starb an einem Hirnleiden. – Ausschussmitglied des Kunstvereins für die Diözese Rottenburg; Mitglied des Vereins für Baukunde und des Vereins für Kunst und Altertum in Ulm und Oberschwaben. – Ehrenbürger von Stuttgart und Ulm; Kommenturkreuz des Württ. Kronordens; Kommenturkreuz II. Kl. des Friedrichsordens; Große Goldene Medaille für Kunst und Wissenschaft; Ehrenkreuz II. Kl. des Fürstlich Hohenzollern'schen Hausordens; Offizier des Persischen Sonnen- und Löwenordens.

W   Notizen über die Grundriß- und Querschnittgestaltung des Münsters zu Ulm, in: Friedrich PRESSEL, Ulm und sein Münster, Ulm 1877, S. 118-125 – Die Galerie am Chor des Münsters, in: Münsterblätter, Heft 2, 1880, S. 61-67 – Vortrag über den Münsterturmbau, in: Ulmer Schnellpost 1882, S. 439.
L   Ih 1, S. 180 – Württ. Jahrbücher 1899, S. VII – Staatsanzeiger Nr. 53, 6. III. 1899, S. 383 – ebd. Nr. 55, 8. III. 1899, S. 399 – SK 1899, S. 499 – BJDN 4 (1899), S. 73 f. – ADB 48 (1904), S. 277 f. – THIEME-BECKER 10 (1914), S. 382 f. – [Zur Erinnerung an Hofbaudirektor v. Egle] in: Schwäb. Kronik Nr. 552 (Morgenblatt), 23. XI. 1918, S. 3 – UBC 2, S. 49, 197 – UBC 3, S. 195 (Bild) – LINCK-PELARGUS, Pragfriedhof, S. 7 – Otto BORST, Schule des Schwabenlands. Geschichte der Universität Stuttgart, Stuttgart 1979, S. 135, 204 f., 241, 300 f., 329 – ZIEGLER, Fangelsbachfriedhof, S. 106.

Ehinger (jun.), Otto, * Neu-Ulm 6. Okt. (nicht Jan.!) 1881, † ebd. 21. Juli 1967, kath., 1957 ausgetreten.

Vater   Otto →*Ehinger (sen.).
Mutter   Franziska Wachter, * Babenhausen 13. VIII. 1849, † Ulm 12. XI. 1930.
3 *G*   Eleonore Ehinger, * Neu-Ulm 13. I. 1878; Josef Ehinger, * Neu-Ulm 16. IX. 1885; Wilhelm Ehinger, * Neu-Ulm 27. I. 1889.
∞ Neu-Ulm 15. V. 1913 Maria Tröglen, * Messina (Sizilien) 18. VI. 1903, † Neu-Ulm 3. XII. 1951, T. d. Robert Tröglen, Kaufmann, u. d. Barbara Gonzenbad.
3 *K*   Ruth Ehinger[-Schwarz], * Neu-Ulm 16. III. 1914, Goldschmiedin, ∞ Peter Schwarz, * 6. X. 1910, Architekt, Vorsitzender der Künstlergilde Ulm; Maria *Barbara* Ehinger, * Neu-Ulm 26. IX. 1918; Renate Ehinger, * Ulm 18. XI. 1926, ∞ Finckh.

Der seine Produkte mit den Stempeln „OE" oder „Ehinger" kennzeichnende E. war einer der bekanntesten Goldschmiede und Bildhauer in Neu-Ulm und Ulm.
Der Vater gründete 1876 in Neu-Ulm das Goldschmiedegeschäft in der Augsburger Straße 10, das nach 1890 auch „Ulmer Schmuck" herstellte und die Keimzelle der heutigen „Ehinger-Schwarz GmbH & Co. KG" war. E. durchlief nach dem

Schulbesuch in Neu-Ulm und Ulm eine Goldschmiedelehre im väterlichen Betrieb, bevor er von 1898 bis 1901 die Zeichenakademie in Hanau absolvierte, wo er für eines seiner Werke eine silberne Medaille erhielt. Danach hielt er sich bis 1903 in den Niederlanden auf und erwarb praktische Erfahrungen in seinem Fach.
Der plötzliche und frühe Tod des Vaters zwang den erst 23-Jährigen Anfang 1904 zur Übernahme des Geschäfts. Neben seiner Tätigkeit als Goldschmied widmete sich E. mit großer Hingabe der Bildhauerei. 1906 wurde im Neu-Ulmer Rathaus eine von ihm geschaffene Bronzebüste des Bürgermeisters Josef →Kollmann aufgestellt. Im Ersten Weltkrieg war er Artillerieoffizier. Nach 1919 erfolgte die Verlegung des Geschäfts von Neu-Ulm in die Hirschstraße, später in das Gebäude der Oberen Stube.
In der NS-Zeit verlagerte sich das Schaffen des dem Regime bejahend gegenüberstehenden E. verstärkt hin zur Bildhauerei. Im Mai 1933 errang die Firma den Sieg im Wettbewerb um die Fertigung einer goldenen Ehrenkette für den Obermeister der Stuttgarter Metzgerinnung, an dem sich Goldschmiede aus Pforzheim, Heilbronn, Schwäbisch Gmünd und Geislingen beteiligt hatten. Im Herbst 1933 stellte E. mit Buchbindermeister Sailer die Ehrenmappe für den Ulmer Ehrenbürgerbrief Adolf Hitlers her. 1938 schuf E. aus Anlass des 50. Geburtstags des Ulmer Ehrenbürgers, württ. Gauleiters und Reichsstatthalters Wilhelm Murr eine Porträtbüste Adolf Hitlers. 1941 war er mit einer Reihe von Bildniszeichnungen in der Ausstellung „Kunst der Front", 1943 mit einer Porträtbüste des Generals Zenetti bei der Deutschen Kunstausstellung in München vertreten. Zu dieser Zeit hatte E. die Geschäftsleitung bereits an seine Ehefrau abgetreten und widmete sich ganz dem Bildhauerstudium an der Münchner Kunstakademie.
Im Zweiten Weltkrieg diente E. bei einer Flak-Einheit in Norwegen. Nach dem Tod seiner Ehefrau übernahm E. wieder die Geschäftsleitung und bildete nach 1959 seinen Enkel Wolf-Peter Schwarz (* 1942) aus, der mit der Gründung von Galerien die Firma zunächst an verschiedene Standorten in Deutschland und dann international (Asien, USA) etablierte. E. war ein begeisterter Sportler, u. a. Mitgründer und 24 Jahre lang Vorsitzender und zuletzt Ehrenvorsitzender des Ulmer Tennisclubs, und noch im Alter von 70 Jahren württ. Tennismeister im Herren-Doppel, außerdem ein eifriges Mitglied des TSV Neu-Ulm.

Q   StadtA Neu-Ulm, A 9 – StadtA Ulm, G 2.
L   UBC 4, S. 130, 274, 292 – UBC 5a, S. 302 f. – Ernst KAPP, Goldschmied und Bildhauer: Zu einer Bildnisbüste von Otto Ehinger, in: NUZ, Dez. 1943 – Mens sana in corpore sano, in: Schwäb. Donau-Zeitung Nr. 231, 6. X. 1961, S. 11 (Bild) – Juwelier Otto Ehinger gestorben, in: Schwäb. Donau-Zeitung Nr. 169, 26. VII. 1967 – SPECKER, Ulm im 19. Jahrhundert, S. 504, 508-510 – TEUBER, Ortsfamilienbuch Neu-Ulm I, Nr. 0881 – www.charlotte.de.

Ehmann, Anneliese, * Neunkirchen/Saar 14. Aug. 1928, † Ulm 30. Mai 1998, ev.
∞ Johannes Ehmann, * Singen am Hohentwiel 16. II. 1934.
4 *K*.

Als Leiterin des Hotels Neutor und FDP-Kommunalpolitikerin war E. eine bekannte „Zugereiste", die in Ulm tiefe Wurzeln schlug.
Die gelernte Hotelfachfrau übernahm 1969 gemeinsam mit ihrem Ehemann die Leitung des Hotels Neutor (früher Neutor-Hospiz), die sie bis kurz vor ihrem Tod 1998 fast 30 Jahre lang innehatte. E., die bis 1988 im Prüfungsausschuss der IHK Ulm wirkte, war von 1986 bis 1990 Vorsitzende der Ulmer FDP, von Dez. 1989 bis Anfang April 1998 FDP-Gemeinderätin und ab 1994 einzige FDP-Vertreterin im Gemeinderat. Es bestand daher eine Fraktionsgemeinschaft mit der CDU. E. war o. Mitglied der Krankenhauskommission, der Verbandsversammlung des Zweckverbands Thermische Abfallverwertung Donautal und des Aufsichtsrats der Sanierungs-

treuhand Ulm GmbH, stv. Mitglied des Fachbereichsausschusses Kultur, Bildung, Sport und Freizeit, des Fachbereichsausschusses Stadtentwicklung und Umwelt, des Innovationsausschusses und des Betriebsausschusses Entsorgung. Wegen ihrer schweren Krankheit, der sie wenige Monate vor ihrem 70. Geburtstag erlag, gab sie im Frühjahr 1998 alle Ämter und Tätigkeiten auf.

Q   StadtA Ulm, G 2.
L   Stadträtin Ehmann ist gestorben, in: NUZ Nr. 125, 4. VI. 1999 (Bild) – Anneliese Ehmann gestorben, in: Schwäb. Zeitung (Ulm) Nr. 125, 4. VI. 1999 (Bild).

Ehrhart, Karl Friedrich, * Ulm 21. Juni 1850, † Stuttgart 26. Feb. 1913, ▢ Pragfriedhof, 1. März 1913, ev.
Vater   Christian Friedrich Ehrhart[105], * 17. VII. 1816, † Stuttgart 10. IX. 1862, Lehrer in Ulm, später Rektor der Realschule Stuttgart.

Der gebürtige Ulmer E. war einer der bedeutenden Schulmänner Württembergs im späten 19. und frühen 20. Jahrhundert.
Aufgewachsen in Ulm und Stuttgart, führte E. das Studium der neueren Sprachen von 1868 bis 1872 nach Tübingen (Mitglied des Roigel – Tübinger Königsgesellschaft). 1874 bestand er die Professoratsprüfung im sprachlich-geschichtlichen Bereich. 1876 zum Professor für neuere Philologie an der Realanstalt in Reutlingen ernannt, wechselte er 1881 in gleicher Funktion an die Stuttgarter Realschule. Schon 1882 zum Professor am Karlsgymnasium ebd. ernannt, wechselte er 1893 in gleicher Funktion an das Stuttgarter Realgymnasium. 1896 erfolgte unter Verleihung des Ranges auf der VI. Stufe der Rangordnung seine Beförderung zum Rektor der Wilhelmsrealschule ebd., 1897 verlieh ihm der König den Titel Oberstudienrat und berief ihn in die Kommission für die höheren Mädchenschulen. Im Jahre 1900 zum Nachfolger des Schulgründers Christian Heinrich Dillmann (1829-1899) als Rektor des später nach diesem benannten Realgymnasiums in Stuttgart ernannt, wurde E. zugleich bis 1910 zum ao. Mitglied der Kultministerialabteilung für die Gelehrten- und Realschulen berufen.
Als herausragender Vertreter des Realschulwesens empfahl er sich durch die *ungemeine Gründlichkeit und Vielseitigkeit seines Wissens, die alle, die ihn näher kannten, an ihm bewundern mussten. Er beherrschte nicht nur sein besonderes Fach, die neuere Philologie, in ausgezeichneter Weise, sondern in hohem Grade auch die klassische Philologie sowie Mathematik und Naturwissenschaft. Sein früher Tod bedeutet für das höhere Schulwesen Württembergs einen großen, nicht leicht zu ersetzenden Verlust. Besonders schmerzlich aber wird ihn das Realgymnasium vermissen. Seine Lehrer verlieren an E. einen gütigen Vorgesetzten, über dessen wohlwollende Gesinnung sie nie im Zweifel sein konnten, der sie in der freien Entwicklung ihrer Lehrtätigkeit möglichst ungehindert gewähren ließ. Den Schülern war er ein väterlicher Berater und Freund, der zwar die Erzieherpflicht ungemein ernst nahm, aber auch jugendlichen Ueberhebungen gegenüber leicht zu Nachsicht und milder Beurteilung sich bestimmen ließ* (Staatsanzeiger). E. starb wenige Tage nach seinem 63. Geburtstag nach einer Operation an einer Lungenentzündung. Bei der Beerdigung hielt Garnisonspfarrer Stadelmann die Trauerrede, ehrenvolle Nachrufe bzw. Kranzspenden am offenen Grab widmeten ihm u. a. Oberstudienrat Dr. Herzog und Staatsrat von Cronmüller. – Mitglied des Literaturausschusses der Museumsgesellschaft; Ersatzmitglied des Disziplinargerichts für ev. Geistliche. – 1899 Ritterkreuz I. Kl. des Friedrichsordens; 1904 Verleihung des Ranges auf der V. Stufe der Rangordnung; 1906 Ritterkreuz I. Kl. des Württ. Kronordens.

L   CRAMER, Württembergs Lehranstalten ⁶1911, S. 29 – Staatsanzeiger Nr. 48, 27. II. 1913, S. 351 – ebd. Nr. 49, 28. II. 1913, S. 358 – ebd. Nr. 50, 1. III. 1913, S. 368 (Todesanz. der Tübinger Königsgesellschaft) – ebd. Nr. 52, 4. III. 1913, S. 382 – Württ. Jahrbücher 1913, S. IV – WN 1913, S. 166.

Eichele, Erich, Dr. theol., Dr. theol. h.c., * Stuttgart 26. Feb. 1904, † ebd. 11. Juni 1985, ev.
Vater   Eugen Eichele[106], * Kälberbronn 28. XII. 1865, Volksschulrektor in Stuttgart.
Mutter   Emma Melber.
∞ 1936 Rosa Schwager, * 1907, T. d. Fotografen Schwager in Baden-Baden.
6 K.

E. war Prälat von Ulm in der Zeit nach dem Zweiten Weltkrieg.
Der Stuttgarter Lehrersohn besuchte die Pragschule und das Eberhard-Ludwigs-Gymnasium seiner Heimatstadt, bevor er sich als Zögling der ev.-theol. Seminare in Schöntal/Jagst und Urach auf das Studium der Theologie in Tübingen vorbereitete. 1927 schloss er das Studium mit der Promotion zum Dr. theol. ab. E. trat in den Dienst der ev. Landeskirche und war zunächst Vikar in Göttelfingen. 1929 ließ er sich für zwei Jahre beurlauben, um in den USA (Hartford/Connecticut und New York) weiter zu studieren. Nach seiner Rückkehr nach Deutschland war E. kurzzeitig Pfarrer in Schwenningen/Neckar und Kirchheim/Teck, ehe er im Jahre 1931 zum Stiftsrepetenten in Tübingen ernannt wurde und sich der Ausbildung des theol. Nachwuchses widmete. 1934 ging E. von Tübingen nach Stuttgart, wo er Dritter Stadtpfarrer an der Stiftskirche war. Zugleich übernahm er die Aufgabe eines Referenten beim Ev. Oberkirchenrat und stieg 1936 zum Kirchenrat, 1944 zum Oberkirchenrat auf.
Zum 1. Jan. 1951 wurde E. als Nachfolger des pensionierten Walter →Buder zum Ulmer Prälaten ernannt. In diesem Amt, das er elf Jahre lang ausübte, war E. der Organisator des kirchlichen Lebens im Ulmer Sprengel während der Zeit des sogenannten „Wirtschaftswunders". 1952, 1957 und 1963 vertrat er die Landeskirche bei den Vollversammlungen des Lutherischen Weltbundes. 1959 übernahm er zusätzlich das Amt des Vorsitzenden des Gustav-Adolf-Werkes in Württemberg. Seine Fähigkeiten als Theologe und Verwaltungsfachmann verschafften ihm einen weit über Ulm hinausreichenden Ruf. Der 6. Landeskirchentag wählte E. am 26. Feb. 1962 als Nachfolger von Martin Haug zum Landesbischof der Ev. Landeskirche in Württemberg, was ihn zum Abschied von Ulm nötigte. E.s Nachfolger als Ulmer Prälat wurde Hermann →Rieß.
Als Landesbischof blieb E. sieben Jahre im Amt. Am 21. Okt. 1969 erfolgte seine Versetzung in den Ruhestand; als Landesbischof folgte ihm Helmut Class nach. – 1966 bis 1969 Vorsitzender der Arbeitsgemeinschaft Christlicher Kirchen in Deutschland (ACK). – 1963 Dr. theol. h.c. der ev.-theol. Fakultät der Universität Tübingen.

Q   StadtA Ulm, G 2.
L   Ih 1, S. 183 – Ih 3, S. 71 – Magisterbuch 41 (1932), S. 196 – NEBINGER, Die ev. Prälaten, S. 576 – Wikipedia.

Eichler, Gustav, * Ulm 24. Juni 1883, † nicht ermittelt.
Vater   Karl/ Paul Wilhelm →*Eichler, * Alfdorf/Welzheim 21. IV. 1835, † Ulm 30. VIII. 1926, Reallehrer (Musik und Turnen) in Ulm, 1904 a. D.
Mutter   Margitta Spahn.
5 G.

Der Erbauer des Nürburgringes stammte aus Ulm.
Nach Schulbesuch in Ulm und dem Studium an der Stuttgarter Baugewerkeschule sowie an der TH Stuttgart war E. zunächst Bauführer. 1905 wurde unter seiner Aufsicht mit Unterstützung der Ulmer Pioniere die Verschiebung des Hauses Heimstr. 25 in Ulm um 50 Meter und bei Drehung um ein Viertel seiner Achse durchgeführt – was damals großes Aufsehen erregte.

---

[105] KLÖPPING, Historische Friedhöfe, S. 347, Nr. 1363.

[106] Grundbuch der ev. Volksschule 1914, S. 115.

Der bis 1934 als freier Architekt in Ravensburg tätige E. bleibt jedoch in erster Linie als Erbauer des rund 30 Kilometer langen Nürburgrings samt ca. 90 Kilometer Zufahrtsstraßen in den Jahren 1925 bis 1927 in Erinnerung. Der Nürburgring galt über Jahrzehnte als bedeutendste Rennstrecke in Europa. E. war Mitglied des Technischen Ausschusses der „Hafraba" (Planung der Autostraße Hamburg-Frankfurt/Main-Basel) und der Studiengesellschaft für Automobilstraßenbau. E. trat als ehemaliger Feldflieger des Ersten Weltkrieges 1934 in die deutsche Luftwaffe ein, wurde nach einem Absturz schwerbeschädigt und musste 1944 als Oberst ganz ausscheiden. Danach lebte er, stark gehbehindert, bei seiner Schwester in Ravensburg.

Q   StadtA Ulm, G 2.
L.   Erbauer des Nürburgringes. Baurat Gustav Eichler beging seinen 80. Geburtstag, in: Schwäb. Donauzeitung Nr. 143, 25. VI. 1963.

Einstein, Albert, Dr. phil., Dr. h.c., Dipl.-Physiker, * Ulm 14. März 1879, † Princeton/New Jersey (USA) 18. April 1955, mos., später konfessionslos.

Vater Hermann Einstein, * Buchau 30. VIII. 1847, † 10. X. 1902, Kaufmann, Teilhaber der Bettfedernhandlung Gebr. Levi, Ulm, S. d. Abraham Einstein, * Buchau 16. IV. 1808, Kaufmann, u. d. Helene Moos, * Kappel bei Buchau 3. VII. 1814, † Ulm 20. VIII. 1887.
Mutter Pauline Koch, * Cannstatt 8. II. 1858, † Berlin 20. II. 1920, T. d. Julius Koch (früher: Dörzbacher), * Jebenhausen/OA Göppingen 1816, † Cannstatt 1895, u. d. Jette Bernheimer, * Jebenhausen/OA Göppingen 1825, † Cannstatt 1886.
1 G Maria („Maja") Einstein, * München 18. XI. 1881, † 1951.
∞ I. Bern (Schweiz) 6. I. 1903 Mileva Maric, * 8. XII. 1875, † Zürich (Schweiz) 4. VIII. 1948; ∞ II. Berlin 2. VI. 1919 Elsa Löwenthal, geb. Einstein, * Hechingen 18. I. 1876, † 20. XII. 1936, T. d. Rudolf Einstein u. d. Fanny Koch.
2 K Hans *Albert* Einstein, * Bern (Schweiz) 14. V. 1904, † Berkeley 1973, Professor in Berkeley; Eduard Einstein, * 28. VII. 1910, † 1965.

Der „relative Ulmer" E. gilt als bedeutendster Sohn der Stadt Ulm. Das Verhältnis zwischen beiden war nie entspannt, und es dauerte Jahrzehnte, bis der geniale Physiker im buchstäblichen Sinne seinen „Platz" in der Stadt und in der öffentlichen Wahrnehmung der Ulmer fand. Über E. sind mittlerweile ganze Bibliotheken geschrieben worden; daher beschränkt sich der folgende Text auf wichtige Stationen des beruflichen Lebens und vor allem die Darstellung der Beziehung zwischen Ulm und E.

E. kam als erstes Kind seiner Eltern in deren Wohnung in der Ulmer Bahnhofstraße 135 B zur Welt. Bewusste Erinnerungen an die Donaustadt kann er kaum mitgenommen haben, denn die Familie zog bereits im Juni 1880 nach München um, als E. gerade 15 Monate alt war. Das Verhältnis zu Ulm beschrieb E. 1929 mit folgenden Worten: *Die Stadt der Geburt hängt dem Leben als etwas ebenso Einzigartiges an wie die Herkunft von der leiblichen Mutter. Auch der Geburtsstadt verdanken wir einen Teil unseres Wesens. So gedenke ich Ulms in Dankbarkeit, da es edle künstlerische Tradition mit schlichter und gesunder Wesensart verbindet*[107]. In München wuchs E. auf, besuchte zunächst von 1885 bis 1899 die kath. Volksschule in München und anschließend bis 1894 das Luitpoldgymnasium ebd. Nach dem Umzug seiner Eltern nach Mailand sollte E. allein in München bleiben und die Schule beenden, was er aber nicht wollte und die Schule daher ohne Abschluss abbrach. Er zog seinen Eltern nach Italien nach, betrieb Selbststudium und wollte sich an der Universität Zürich einschreiben, wo er jedoch die Aufnahmeprüfung nicht bestand. Im

---

[107] Ulmer Abendpost, 18. III. 1829.

Sept. 1896 bestand E. an der Kantonsschule in Aarau (Schweiz) das Abitur. Er studierte danach an der Eidgenössischen Polytechnischen Schule in Zürich, machte 1900 sein Diplom als Fachlehrer in mathematischer Richtung und erhielt im darauf folgenden Jahr die Schweizer Staatsbürgerschaft.

Nach Abschluss des Studiums fand E. zunächst keine Anstellung und verdiente sein Geld als Privatlehrer. Erst im Juni 1902 fand er eine Stelle als technischer Experte beim Patentamt in Bern; daneben befasste er sich mit umfassenden Studien im Bereich der theoretischen Physik. 1905 erschien seine bereits die „spezielle Relativitätstheorie" enthaltende Arbeit „Zur Elektrodynamik bewegter Körper", im gleichen Jahr wurde er promoviert und 1908 habilitiert. Seine akademische Laufbahn begann in Bern, wo er sich habilitiert hatte. Von 1909 bis 1911 war er ao. Professor für theoretische Physik an der Universität Zürich, wechselte dann als o. Professor an die Deutsche Universität Prag. E. kehrte aber schon im Sept. 1912 wieder nach Zürich zurück, um das Ordinariat für theoretische Physik an der dortigen Universität zu übernehmen. Im Okt. 1913 ging E. nach Berlin, um eine neue Aufgabe als hauptamtliches Mitglied der Preuß. Akademie der Wissenschaften anzunehmen. E. leitete dabei die Aussicht, sich frei von Lehrverpflichtungen ganz der Forschung widmen zu können. Seit Mai 1916 war er als Nachfolger von Max Planck Vorsitzender der Deutschen Physikalischen Gesellschaft. Von 1917 bis 1922 war E. erster Direktor des neu gegründeten Kaiser-Wilhelm-Instituts für Physik.

Nach dem Ersten Weltkrieg wurde man auch in Ulm aufmerksam auf E., von dem die Zeitungen ständig berichteten und dessen wissenschaftliche Leistungen sie würdigten. Oberbürgermeister Emil →Schwammberger fragte 1920 bei der Universität Tübingen nach, ob *der wissenschaftlichen Arbeit Albert Einsteins tatsächlich die Bedeutung zukommt, die ihr die Zeitungsnachrichten [...] zuschreiben*. In der schriftlichen Antwort der naturwissenschaftlichen Fakultät wurde dies nicht nur bestätigt, sondern E. als „zweiter Newton" bezeichnet. Die Stadt richtete daraufhin schriftlich ihre Glückwünsche und Grüße an E. aus, *um Beziehungen zu ihm aufzunehmen*. E. bedankte sich freundlich. Nachdem E. im Nov. 1922 der Nobelpreis für Physik des Jahres 1921 verliehen worden war, entschied der Gemeinderat, eine der neuen Straßen nach E. zu benennen.

Auf ein Schreiben des Oberbürgermeisters zu E.s 50. Geburtstag (1929), in welchem ihm die Straßenbenennung mitgeteilt wurde, reagierte E. mit den Zeilen: *Von der mir benannten Straße habe ich schon gehört. Mein tröstlicher Gedanke war, dass ich ja nicht für das verantwortlich bin, was darin geschieht*. Die Ulmer Nationalsozialisten benannten die Straße schon im März 1933 in „Fichtestraße" um. Nach Kriegsende erfolgte die „Rückbenennung" in „Einsteinstraße", was, als er davon erfuhr, E. zu der Bemerkung veranlasst haben soll: *Ich glaube, ein neutraler Name, z. B. „Windfahnenstraße", wäre dem politischen Wesen der Deutschen besser angepaßt und benötigte keine Umtaufen im Laufe der Zeiten*.

Der seit 1930 auch an der Universität Princeton (USA) lehrende E. erkannte hellsichtig die Gefahr des Nationalsozialismus und kehrte im März 1933 von einer Vortragsreise in den USA nicht mehr nach Deutschland zurück. Das Regime beantwortete diesen Schritt im Jahr darauf mit der Ausbürgerung E.s. Bis 1944 lehrte E. in Princeton, dann wurde er emeritiert. Aktiv blieb er bis zu seinem Lebensende als Wissenschaftler, als Unterstützer seiner jüdischen Freunde und des Staates Israel, als Pazifist und als ironischer Kommentator der Weltläufte. 1952 lehnte er eine Anfrage aus Israel, als Staatspräsident an die Spitze des noch jungen Staates Israel zu treten, mit Verweis auf sein Alter und seine politische Unerfahrenheit ab.

Der Ulmer Gemeinderat beschloss im März 1949, E. anlässlich seines 70. Geburtstags die Ehrenbürgerwürde zu verleihen. E. lehnte unter Hinweis auf die Verbrechen des Nationalsozialismus ab, bat aber darum, seine Ablehnung nicht öffentlich werden zu lassen. Die geplante Feierstunde zu E.s Geburtstag wurde dennoch abgehalten und eine Broschüre veröffentlicht, die Oberbürgermeister Theodor →Pfizer dem Geehrten zuschickte. E. schrieb in seinem Dankschreiben: *Wir leben ja in einer Zeit tragischer und verwirrender Ereignisse, so dass man sich doppelt freut über jedes Zeichen humaner Gesinnung.*

Seine geistige Brillanz, die Fülle der von ihm überlieferten Aphorismen, die Unangepasstheit des weltberühmten Naturwissenschaftlers ließen ihn zu einem frühen Star der Popkultur werden. Sein Name und Bild sind weltweit bekannt, die Einzelheiten seiner beruflichen Leistungen weniger.

Die Stadt Ulm beschritt in der Nachkriegszeit konsequent den Weg der öffentlichen Adaption des Jahrhundertgenies E. Seit 1971 vergibt sie in direktem Bezug auf E. den mit mehreren tausend DM (heute Euro) dotierten „Wissenschaftspreis der Stadt Ulm". Das Haus der vh Ulm wurde 1968 nach ihm benannt, 1979 wurde an der Stelle des 1944 zerstörten Geburtshauses E.s eine von Max →Bill geschaffene Gedenkstele aufgestellt. Sie besteht aus 24 Granitquadern, wovon zwölf für die Stunden der Nacht und zwölf für die Stunden des Tages stehen. Unweit von der Stele ist eine Gedenktafel mit einem Bronzerelief von E.s Kopf und der Aufschrift „A gift from the people of India through Calcutta Art Society" aufgestellt. Das weltberühmte Motiv das die Zunge herausstreckenden E. findet sich in der vor dem Behördenzentrum auf dem Zeughaus-Gelände befindlichen Brunnenplastik aus Bronzeguss. Sie wurde von dem Sinsheimer Künstler Jürgen Gortz 1984 geschaffen. In den Belag der Bahnhofstraße ist der Grundriss des Geburtshauses von E. eingelassen. E.s 125. Geburtstag wurde in Ulm 2004 festlich begangen, im Historischen Museum der Stadt Bern war zunächst im Stadthaus Ulm gezeigte Ausstellung über ihn so erfolgreich, dass sie mittlerweile als Dauerausstellung eingerichtet wurde. 2005 wurden Realschule und Gymnasium in Wiblingen nach E. benannt. Im 40. Jahr ihres Bestehens wollte sich die Universität Ulm 2007 nach E. benennen. Die Hebrew University Jerusalem, bei der die Namensrechte E.s liegen, gab jedoch keine Zustimmung, so dass die Universität Ulm darauf verzichtete. – 1916 Kuratoriumsmitglied der Physikalisch-Technischen Reichsanstalt. – 1921 Orden „Pour le mérite für Wissenschaften und Künste".

Q   StadtA Ulm, G 2.
L   DBI 2, S. 778 – DBA II/319, 295-368 – DBA II/13, 23-24 – Deutsches Biographisches Generalregister 7, S. 201 – Ih 1, S. 185 – Ih 3, S. 72 – Reichshandbuch I, S. 383 – UBC 2, S. 70 – UBC 5b, S. 795 f. – NDB 4 (1959), S. 404-408 (Walter GERSTENBERG) – Hans GARBELMANN, Albert Einstein. Abkömmling eines Buchauer Judengeschlechtes. Beitrag zum 100. Geburtstag des großen Physikers, in: Heimatkundliche Bll. für den Kreis Biberach 2 (1979), Heft 1, S. 5 f. – Hans Eugen SPECKER (Hg.), Einstein und Ulm. Festakt und Ausstellung zum 100. Geburtstag von Albert Einstein (Forschungen zur Geschichte der Stadt Ulm, Reihe Dokumentation, Band 2), Ulm 1979 – Ronald W. CLARK, Albert Einstein. Leben und Werk, München 1981 – Albrecht FÖLSING, Albert Einstein. Eine Biographie, 1993 – Armin HERMANN, Einstein: Der Weltweise und sein Jahrhundert, 1994 – Abraham PAIS, Ich vertraue auf Intuition: Der andere Albert Einstein, 1995 – Ernst Peter FISCHER, Einstein. Ein Genie und sein überfordertes Publikum, 1996 – Siegfried GRUNDMANN, Einsteins Akte. Einsteins Jahre in Deutschland aus Sicht der deutschen Politik, 1998 – George ARNSTEIN, Der Physiker Albert Einstein und die Buchauer Einstein, in: SWDB 23, Heft 9 (März 2003), S. 385-389 – Rolf WALDVOGEL, Einstein und Ulm - ein Lehrstück. Zum 125. Geburtstag des Jahrhundertgelehrten, in: Schwäb. Zeitung (Ulm) Nr. 61, 13. III. 2004 – Ronald HINZPETER, Viel Lobpreis und Entschuldigung. Die Ulmer zelebrierten ihren persönlichen Albert-Einstein-Tag und der Bundespräsident gab dem größten Sohn der Stadt und ihnen die Ehre, in: NUZ Nr. 62, 15. III. 2004 – Wolf-Henning PETERSHAGEN, Einstein - der relative Ulmer (Stadt Ulm Information, Juli 2004) – Jürgen NEFFE, Einstein - eine Biographie, ⁴2005 – Taufe: Gymnasium und Realschule heißen nicht mehr nur Schulzentrum Wiblingen. Albert Einstein als Namensgeber, in: Schwäb. Zeitung (Ulm) Nr. 248, 26. X. 2005 – Walter ISAACSON, Einstein. His Life and Universe, New York 2007 – Rüdiger BÄSSLER, Das beredte Schweigen von Albert Einsteins Erbverwaltern. Entgegen ersten Äußerungen und trotz langer Vorbereitungen benennt sich die Universität Ulm jetzt doch nicht um, in: Stuttgarter Zeitung Nr. 142, 23. VI. 2007, S. 6 – Hebräische Uni dagegen: Uni darf Einsteins Namen nicht tragen, in: Schwäb. Zeitung (Ulm) Nr. 145, 27. VI. 2007 – Universität: Klare Absage aus Israel, in: SWP Nr. 145, 27. VI. 2007 – Hochschule: Otto Nathans

Brief und die Folgen. Neuer Anlauf für eine „Einstein-Universität"?, in: SWP Nr. 160, 14. VII. 2007 – BWB IV (2007), S. 61-66 (Alexander KIPNIS).

Eiselen, Willy, Dr. rer. nat. h.c., * Dachtel/OA Calw 5. April 1896, † Heidelberg 22. Mai 1981, ev., zuletzt konfessionslos.
Vater   Karl Eiselen, * 1864, † 1908, Lehrer.
Mutter   Babette Kießecker. * 1866, † 1948. Keine G.
∞ Heilbronn/Neckar 1923 (gesch. 1933) Berta Wagner, * 1896, † 1966.
1 K   Hermann →*Eiselen.

Als Gründer des „Deutschen Brotmuseums" bzw. des „Museums der Brotkultur", einer rein privaten, nicht laufend öffentlich bezuschussten Institution, ist E. eine der prägenden Ulmer Persönlichkeiten des 20. Jahrhunderts.

E. ging in die Volksschule seines Geburtsortes, 1906 wechselte er an das Gymnasium Schwäbisch Hall, 1908 an das Stuttgarter Gymnasium, wo er das Abitur bestand. Der Besuch der höheren Schule war, wie später das Studium, nach dem frühen Tod des Vaters nur unter Aufbietung aller finanziellen Reserven durch die Mutter möglich. Der Erste Weltkrieg verhinderte die unmittelbare Fortsetzung von E.s Ausbildung. Als hauptsächlich an der Westfront eingesetzter Soldat (zuletzt Leutnant) wurde E. zweimal schwer verwundet und erhielt auf Grund seiner Tapferkeit die Eisernen Kreuze beider Klassen sowie den Hohenzollerischen Hausorden verliehen. Zwar konnte er 1919 das Studium der Chemie und des Maschinenbaus an der TH Stuttgart aufnehmen, das ihn später an die TH Karlsruhe führte, konnte es jedoch nicht abschliessen, da die Mutter in der Inflation mittellos geworden war. Er fand eine Anstellung in Breslau, später in Berlin. 1925 ging er als Direktor und später Teilhaber einer Backmittel-Herstellungsfirma und Malzfabrik nach Freudenstadt, von wo aus er eine Unternehmensgruppe zur Herstellung von Brot und Backwaren aufbaute, die ab 1938 auch eine Ulmer Malzfabrik einschloss. Damit hatte er zu seinem Lebensthema gefunden, der Rolle des Brotes und überhaupt die Ernährung der Menschen. Mit großer Energie vollzog E. seinen Aufstieg zum Unternehmer, dem allerdings seine Ehe zum Opfer fiel. Der einzige Sohn aus der Ehe wurde ihm zugesprochen.

In der NS-Zeit trat E. der NSDAP bei, scheint sich aber in keiner Weise exponiert zu haben und wurde später als „Mitläufer" eingestuft. Nach dem Einmarsch frz. Besatzungstruppen in Freudenstadt verlor er seine Wohnung und durfte seinen Betrieb nicht weiterführen.

Da die Zukunftsaussichten in der frz. Zone wenig viel versprechend waren, ging E. 1946 nach Ulm und gründete dort eine nach ihm benannte Nährmittelfabrik, in die 1954 nach Beendigung seiner Studien auch sein Sohn Hermann als Mitgeschäftsführer und Teilhaber eintrat („Ulmer Spatz – Vater und Sohn Eiselen"). Das Unternehmen nahm einen gewaltigen Aufschwung, der u. a. 1957 zur Gründung des Werkes I in Gerlenhofen führte. 1980 verkaufte Eiselen seinen Anteil an der Firma.

Am 1. Okt. 1955 gründete er das „Deutsche Brotmuseum" in Ulm, das zunächst ab 1960 in der Fürstenecker Straße 17, seit 1991 im Salzstadel untergebracht war. E. hatte in Jahrzehnten zahlreiche Antiquitäten gesammelt, die sich ums Brot drehten und fortan im Brotmuseum – dem ersten seiner Art, in der Folgezeit vielfach nachgeahmt – öffentlich ausgestellt waren. Das Brotmuseum fand großes Interesse und war ein Erfolg. Im Dez. 1955 gründete er mit einigen Freunden den „Verein Deutsches Brotmuseum". Nach 1960 flossen die Erkenntnisse zur Welternährungslage von E.s Freund Josef →Knoll in das Arbeitsprogramm des Brotmuseums ein. Mit Ausstellungen, Vorträgen und Broschüren suchte E. verstärkt auf das Problem des Hungers in der Welt hinzuweisen und eine breite Öffentlichkeit dafür zu sensibilisieren. 1971 rief er einen wissenschaftlichen Beirat ins Leben, der die Arbeit des Brotmuseums wissenschaftlich fundiert begleitete. 1978 rief er mit seinem Sohn die „Vater und Sohn Eiselen-Stiftung" ins Leben, um die wirtschaftliche Unabhängigkeit des Brotmusuems zu sichern. Nach E.s Tod erhielt die Stiftung nach dem Erbverzicht des Sohnes seinen Nachlass.

Die TH Stuttgart ernannte ihn 1957, die Landwirtschaftliche Hochschule Hohenheim 1966 zum Ehrensenator. Der weitblickende Unternehmer, sozial engagierte Bürger und von großer Humanität geprägte E. starb kurz nach Vollendung des 85. Lebensjahres in der Medizinischen Universität-Klinik Heidelberg. – 1974 Bürgermedaille der Stadt Ulm; 1978 Verdienstmedaille des Landes Baden-Württemberg.

Q StadtA Ulm, G 2.
L BWB II (1999), S. 105 ff. (Irene KRAUß).

Elsässer (auch: Elsäßer), Otto, * Stuttgart-Vaihingen 20. Feb. 1886, † Ulm 22. Mai 1962, ev.
Vater   Elsässer, Sattlermeister.
∞ 1921 Elisabeth Göbel, verw. Mayer, Wwe. des Architekten Mayer.
Mehrere K.

E. war in der NS-Zeit Ulmer Stadtkämmerer und Stellvertreter des Oberbürgermeisters Friedrich →Foerster.
In Stuttgart aufgewachsen, verließ E. die Schule 1901 nach der mittleren Reife und widmete sich den Vorbereitungen für die Prüfungen zur Übernahme in den mittleren (heute gehobenen) Verwaltungsdienst. 1907 war die Ausbildungszeit beendet, und bereits am 5. Aug. des Jahres trat der 21 Jahre alte E. in die Dienste der Ulmer Stadtverwaltung. Seine fachlichen Fähigkeiten führten schon 1911 dazu, dass ihm das Amt des Ratsschreibers übertragen wurde. Von 1916 bis Ende 1917 war E. beim Landsturm. 1918 übernahm E. in Ulm die Leitung des Städtischen Lebensmittelamts (bis 1925), war jedoch 1918/19 zu einer Fernsprechabteilung des Heeres in Kurland abkommandiert und kehrte erst Mitte 1919 nach Ulm zurück. Ab 1922 war er auch geschäftsführender Vorstand des Jugendamts. 1928 zum Wirtschaftsreferenten berufen, übernahm E. damit zugleich die Ämter des Kassenvorstands des Städtischen Gas-, Wasser- und Elektrizitätswerks sowie der Straßenbahn. Seit 1924 war E. auch Vorsitzender des Turnerbundes Ulm, dem er sich zu lange seiner Ulmer Zeit angeschlossen hatte.
Seinen Eintritt in die NSDAP zum 1. Mai 1933 erklärte E. später damit, er habe die Leitung des Turnerbundes *nicht in radikale Hände übergeben* wollen. Wenn E. auch persönliche Schärfe abzugehen schien, so ließ er als nationalsozialistischer Amtsträger doch nie den geringsten Zweifel an seiner unbedingten Linientreue und erwies sich als effizienter Exekutor ganz im Sinne des NS-Systems. Nach Lage der Akten tat sich E. besonders bei der Vertreibung der Ulmer Juden und durch die Beschlagnahmung von Privathäusern hervor. Am 16. Aug. 1937 wurde E. zum hauptamtlichen Beigeordneten für Finanz- und Wirtschaftsangelegenheiten ernannt. Der Städtische Oberrechnungsrat und später zum Verwaltungsdirektor ernannte E. war nach Ausbruch des Zweiten Weltkriegs in der Zeit, als Oberbürgermeister Friedrich Foerster zur Wehrmacht einberufen war, dessen gesetzlicher Stellvertreter. Am 17. Juni 1942 erfolgte seine Berufung zum Beauftragten der Stadt Ulm für den Arbeitseinsatz, womit er auch für die Fremdarbeiter zuständig war. 1943 wurde er zum NSDAP-Ortsgruppenamtsleiter in Ulm ernannt.
Bei Ende des Zweiten Weltkriegs stand E. im 60. Lebensjahr und hielt sich beim Einmarsch der US-amerikanischen Truppen bei seinen nach Dellmensingen evakuierten Kindern auf. Als er am 27. April 1945 nach Ulm kam, meldete er sich bei der Stadtverwaltung, wurde aber von der Militärregierung zunächst suspendiert und wenig später formell entlassen. E. verdingte sich als Bauhilfsarbeiter und fand im Sept. 1947 eine Anstellung als Kirchenpfleger in Ulm. Später avancierte er zum Direktor der Ev. Gesamtkirchenpflege. Sein Entnazifizierungsverfahren endete im Feb. 1948 mit der Einstufung als Mitläufer

und der Verpflichtung zur Zahlung eines Wiedergutmachungsbeitrags in Höhe von 2.000 RM.
Es scheint E. gelungen zu sein, seine NS-Vergangenheit in kurzer Zeit völlig vergessen zu machen. Schon 1951 begann E.s kommunalpolitische Laufbahn mit seiner Wahl in den Ulmer Gemeinderat, wo er den Fraktionsvorsitz der FWG-Fraktion übernahm und bis zu seinem Tod innehatte. Im gleichen Jahr ernannte ihn der Ulmer Turnerbund (inzwischen TSG 1846) zum Ehrenvorsitzenden. 1955 schied E. als Direktor der Kirchenpflege altersbedingt aus dem Amt. Er starb im Alter von 76 Jahren an einem Herzschlag. 1978 wurde ein Weg im Ulmer Westen (Neubaugebiet Roter Berg in Söflingen) nach E. benannt.

Q StadtA Ulm, G 2.
L UBC 5a, S. 44, 221 – UBC 5b, S. 408, 435, 481, 483, 495, 499, 504, 507, 512, 517, 521, 534, 652, 673, 703, 752 – SPECKER, Ulm im Zweiten Weltkrieg, S. 202, 222, 388, 459, 461-464 (Bild) – Rudi KÜBLER, Aufgedeckt: NS-Zeit Otto Elsässers, in: SWP (Ulm) Nr. 179, 6. VIII. 2009 (Bild) – Rüdiger BÄBLER, Ein Ulmer Nazi und seine Straße, in: Stuttgarter Zeitung Nr. 181, 8. VIII. 2009, S. 28 – Rudi KÜBLER, Elsäßer-Weg ein Fall für den Ältestenrat, in: SWP (Ulm), 11. VIII. 2009.

Elsner, Chrysostomus *Heinrich*, Dr. phil., * [Stuttgart-] Hedelfingen 31. Dez. 1806, † [Stuttgart-]Wangen 30. Juni 1858, ev.
Vater   Wolfgang Tobias Heinrich Elsner, Mag., Pfarrer in Hagelloch/OA Tübingen, 1803 a. D.
Mutter   Christine Magdalena Hartmann (oder Hartmeyer), * 1. III. 1776.

E. galt als *die schillerndste Figur des zeitgenössischen Journalismus in Württemberg* und *schrieb in seinen frühen Jahren neben Gutzkow die brillanteste politische Feder* (BRANDT, Parlamentarismus, S. 131). Als junger Mann ein harter Kritiker der bestehenden politischen Verhältnisse, hatte er zu der Zeit, als er nach Ulm kam, die Seiten gewechselt und schrieb als reaktionär-restaurativer Publizist gegen die Ziele der Revolution von 1848/49. Er wird in der parteigeschichtlichen Forschung gar als einer der Köpfe im Gründungsgeschehen der ersten konservativen Partei Württembergs betrachtet. Bei aller schriftstellerischen und rhetorischen Brillanz gelang es ihm nicht zuletzt wegen seiner *pathologischen Streit- und Geltungssucht* nicht, die politische Rolle zu spielen, die seinen geistigen Fähigkeiten vielleicht angemessen gewesen wäre.
Der Pfarrerssohn war Zögling des ev.-theol. Seminars Blaubeuren, wo er mit David Friedrich Strauß, Friedrich Theodor Vischer und Wilhelm Zimmermann der Blaubeurer „Geniepromotion" von 1825 angehörte. Das Theologiestudium in Tübingen brach er – beeinflusst von David Friedrich Strauß (1808-1874) – zugunsten historischer Studien in München ab. In München wurde E. auch auf Grund einer historischen Dissertation promoviert. Danach war er zunächst als freier Schriftsteller und Publizist tätig, wobei ihm seine schier unglaubliche Schaffenskraft sehr zupass kam. In seinen politischen Ansichten erfuhr er durch die Pariser Julirevolution von 1830 eine wesentliche Prägung. Begeistert trug er als Redner deren Ideen in zahlreichen Städten Süddeutschlands vor und fand so viel Resonanz, dass er ins Visier der Polizei geriet. Mitte 1832 begann er als Redakteur des „Württembergischen Landboten und Stuttgarter Stadtpost" mit seiner journalistischen Tätigkeit. Später gewann er als Landtagsberichterstatter der „Donau- und Neckarzeitung" tiefe Einblicke in das politische Geschehen. Er entwickelte sich zum schärfsten Analytiker des Parlaments. Nach 1833 wurde E. steckbrieflich gesucht und musste sich zeitweise ins Ausland absetzen. In dieser Zeit verfasste er eine Reihe von umfangreichen Büchern zur französischen und US-amerikanischen Geschichte. Auch war er Redakteur des Beiblattes (Die Waage. Blätter für Unterhaltung, Literatur und Kunst) der „Stuttgarter Allgemeinen Zeitung". 1841/42 scheiterte ein Versuch des Stuttgarter Verlegers Eduard Hallberger, mit E. als Redakteur eine in privater Hand stehende offiziöse Landtagszeitung zu gründen, am Desinteres-

se des Landtags. Dieser Versuch wies schon darauf hin, dass sich E.s revolutionärer Elan erschöpft hatte. Es erfolgte in den 1840er Jahren eine Annäherung an die konstitutionell-konservative Linie der Regierung, E. verkehrte nun auch bei Hofe in Stuttgart. Die Wandlung zum Renegaten war gründlich, was sich besonders in Ulm zeigen sollte.

Im Dez. 1846 begann E. als hauptverantwortlicher Redakteur der „Ulmer Kronik" – das er zum „Organ der rechtlichen Mitte" umgestaltete – seine Tätigkeit in Ulm. Die „Ulmer Kronik", 1830 als „Kronik der Kreishauptstadt Ulm" in der Silterschen Druckerei gegründet, firmierte erst seit 1844 unter diesem Titel. Er redigierte sie *mit antirevolutionärer Emphase* (BRANDT, Parlamentarismus, S. 131) und wurde dafür vom König mit jährlich mindestens 1.000 Gulden unterstützt. E. gelang es unter nicht ganz aufgeklärten Umständen, die „Ulmer Kronik" auch zu erwerben. Den Festungsbau begleitete E. mit ablehnender Kritik, da er hellsichtig die Einschnürung der Stadt ebenso wie die nicht notwendig veränderte Atmosphäre und den Verlust an Natur. Im Herbst 1847 kam es zum Ausbruch eines heftigen öffentlichen Schlagabtausches mit seinem Kollegen bei der „Ulmer Schnellpost", Vogel, in dem schwere persönliche Beleidigungen die Tonart vorgaben. In der Zeit der Revolution von 1848/49 versuchte E. die Leserschaft auf seine konservativ-reaktionäre Linie zu bringen, seit 1849 vor allem mit der Serie „Bilder aus Schwaben". Der aggressive Grundton der „Ulmer Kronik" verschaffte E. zahlreiche Gegner, die vor Gewalt nicht zurückschreckten. Im Sept. 1848 brachten ihm revolutionäre Ulmer eine Katzenmusik, im Okt. 1848 zerstörten Eindringlinge – „Anhänger des demokratischen Volksbewaffnungsgedankens", wie E. mutmaßte – die Schnellpresse und Teile der Druckerei seines Hauses. Es gelang ihm jedoch nicht, sich in Ulm als Führer der Ultrakonservativen zu installieren und zu halten. Ende 1848 kehrte er – in Ulm mittlerweile untragbar geworden – mit der „Kronik" nach Stuttgart zurück, wo er Anfang 1850 Mitglied des „Konservativen Central-Vereins für Württemberg" wurde. Die „Kronik" verkaufte er 1850, 1852 ging sie ein.

E. scheiterte in den 1850er Jahren – einer Ära der konservativen Restauration in Württemberg – mit zahlreichen Versuchen, sich eine neue Stellung zu erobern. Weder gelang ihm ein erneutes Fußfassen in Ulm noch die besonders erstrebte Verpflichtung als Professor am Stuttgarter Polytechnikum. In der Mitte des 52. Lebensjahres starb E., dessen intellektuelle Fähigkeiten stets von seinem sprunghaften Naturell überdeckt und niedergehalten worden waren und der deshalb zu keiner Zeit die politische Rolle hatte spielen können, die er anstrebte.

W   Württembergische Briefe, in: Neckar-Zeitung 1833, Nrn. 255 ff. (17. IX. 1833 ff.) – Das Zwei-Kammer-System, in: Neckar-Zeitung 1833, Nr. 284 (5. X. 1833) – Abriß der Geschichte des aufgelösten Landtags vom 15. Jan. bis 23. März 1833, Stuttgart 1834 – Umfassende Geschichte des Kaisers Napoleon. Mit vollständiger Sammlung seiner Werke, 10 Bände, Stuttgart 1834-1837 – Befreiungskampf der nordamerikanischen Staaten. Mit den Lebensbeschreibungen der 4 berühmtesten Männer desselben: Washington, Franklin, Lafayette und Kosciuszko, Stuttgart 1835 – Maximilian Robespierre, Dictator von Frankreich. Vollständige Geschichte seines Lebens mit Sammlung seiner Reden, Stuttgart 1837 – (anonym) Die Straußiade in zürich, ein Heldengedicht in neun Gesängen, St. Gallen [um 1840] – Württembergische Zustände, in: Die Grenzboten 4 (1845), Band 2, S. 146.
L   Ih 1, S. 192 – Ih 3, S. 74 – SCHULTES, Chronik, S. 478, 487 – Adolf MÜLLER-PALM, Zum 50jährigen Jubiläum des Neuen Tagblatts in Stuttgart, Stuttgart 1893, S. 27 – KRAUß, Schwäb. Literaturgeschichte 2, S. 175 f. – Franz STETTER, Anfänge einer konservativen Partei in Württemberg, in: Besondere Beilage des Staatsanzeigers für Württemberg 1926, S. 283 ff. – SIGEL 11,1, Nr. 440,24 (S. 993) – SIMON, Ulmer Presse, S. 90-101 – MANN, Württemberger, S. 83, 264, 379, 392 – HEPACH, Königreich, S. 167 f., 173 f., 176 f., 201 [unzutreffend: „Hans" Elsner] – BRANDT, Parlamentarismus, S. 12, 131, 231, 265, 533, 567, 597 – SPECKER, im 19. Jahrhundert, S. 198 f. (Bild), 201 f., 205 f., 208, 236 f., 299, 465 f., 477 – WAIBEL, Gemeindewahlen, S. 271-273, 276 – Eckhard TROX, Heinrich Elsner. Vom Jakobinismus zum Konservativismus. Ein Beitrag zur Entstehung der konservativen Partei in Württemberg, in: ZWLG 52 (1993), S. 303-335 – SPECKER, Großer Schwörbrief, S. 283 – Fridtjof NAUMANN, Die Reichsverfassungskampagne in Ulm (April - Juni 1849), in: UO 53/54 (2007), S. 247-315, bes. S. 255 ff. u. ö.

Endriß, Julius, * Göppingen 10. Dez. 1873, † 5. April 1943, ev.
Vater   Julius Endriß, Rotgerber in Göppingen.
Mutter   Pauline Haeberle.
Mehrere G, darunter Karl Emil Endriß[108], * Göppingen 30. IX. 1867, † Stuttgart 26. IX. 1927, Geologe; Hermann Endriß[109], * Göppingen 13. V. 1877, Pfarrverweser in Nattheim, ab 1926 Bibliothekar in Leipzig.
∞.
Mehrere K, darunter Gerhard →*Endriß.

E. war von der späten Kaiserzeit bis kurz vor Ausbruch des Zweiten Weltkriegs, von 1904 bis 1939, also 35 Jahre lang, ev. Geistlicher in Ulm. Er hinterließ jedoch nicht nur als Pfarrer und Seelsorger, sondern auch als Politiker und vor allem Ulmer Reformationshistoriker Spuren.

Der Handwerkersohn zeigte schon während seines Theologiestudiums in Tübingen und verstärkt in seiner Vikarszeit (1897 in Rottenburg/Neckar, 1898 in Herrenberg) eine ausgesprochen pädagogische Begabung, was 1900 zu Verpflichtungen als Amtsverweser für Professoren an den ev. Lehrerseminaren Künzelsau und Nagold führte. Vor seiner 1904 erfolgten Ernennung zum Zweiten Stadtpfarrer an der Ulmer Dreifaltigkeitskirche war E. seit 1901 als Pfarrverweser des Zweiten Stadtpfarramts in Waiblingen, in Leonberg, als Stadtvikar in Heilbronn/Neckar und als Stiftsrepetent in Tübingen tätig. 1917 zum Ersten Stadtpfarrer an der Dreifaltigkeitskirche ernannt, übernahm E. in der Zeit vom 20. Sept. 1933 bis 9. Jan. 1934 die Dekanats-Amtsverwesung nach der Zurruhesetzung des Dekans Ludwig →Vöhringer bis zum Amtsantritt von dessen Nachfolger Theodor →Kappus. 1937 im Alter von 63 Jahren pensioniert, hatte E. seine gesamte ständige Dienstzeit in Ulm verbracht, was für einen Geistlichen in Württemberg eher ungewöhnlich war. Eine Baugeschichte und Beschreibung der Dreifaltigkeitskirche lieferte E., der ein sehr aktives Mitglied des Vereins für Kunst und Altertum in Ulm und Oberschwaben war, 1911 in einem Beitrag für die „Württ. Vierteljahreshefte für Landesgeschichte" (S. 328-412).

Ende 1918 hatte sich E. der Württ. Bürgerpartei/DNVP angeschlossen und war 1919 in den Gemeinderat gewählt worden, dem er bis 1922 angehörte. 1920 hielt E. bei einer Festveranstaltung der Partei zu Ehren des Reichskanzlers Bismarck in den „Greifensälen" die Hauptrede. In der Zeit des „Dritten Reiches" scheint E. den „Deutschen Christen" (DC) zumindest nahegestanden zu haben. Dem Nationalsozialismus begegnete er mit Sympathie. Nach dem „Ulmer Kirchenkampf" 1934, der ihn auf die Seite des unglücklich agierenden Dekans Kappus sah, scheint E. im Kollegenkreis relativ isoliert gewesen zu sein. In einem Pfarrbericht von 1936 notierte Prälat Konrad Hoffmann: *Er macht den Eindruck eines einsamen Mannes.*

E. befasste sich intensiv mit der Kirchengeschichte der Reichsstadt Ulm und veröffentlichte eine Reihe wichtiger Abhandlungen, die auch heute noch mit Gewinn zu lesen sind. Pionierarbeit leistete er mit der Herausgabe der „Abstimmungslisten der Ulmer Bürgerschaft über den Reichstagsabschied von Augsburg 1530". Weitere wichtige Veröffentlichungen waren „Das Ulmer Reformationsjahr 1530 in seinen entscheidenden Vorgängen" (Ulm o. J., ca. 1932), „Kaspar Schwenckfelds Ulmer Kämpfe" (Ulm 1936) und „Die Ulmer Synoden und Visitationen der Jahre 1531-1547" (Ulm 1935). – 1918 Charlottenkreuz.

Q   StadtA Ulm, G 2.
W   (Auswahl) Religiöse Naturlaute. Persönliches zur Glaubenslehre, Stuttgart 1914 – Ulms Beziehungen zu Gustav Adolf, in: UBC 4, S. 17-20, 45-49, 69-73 – Sebastian Francks Ulmer Kämpfe, ebd., S. 386-396 und 409-416 – Die Ulmer Synoden und Visitationen der Jahre 1531-47. Ein Stück Kirchen- und Kulturgeschichte, Ulm 1935 – Die Ulmer Aufklärung 1750-1810, Ulm 1942.
L   SIGEL 11,1, Nr. 1183,43 (S. 1003) – Magisterbuch 41 (1932), S. 127 – UBC 4, S. 139, 271 – NEBINGER, Die ev. Prälaten, S. 581 – MAYER, Die ev. Kirche, S. 128, 199, 202, 208, 310, 312, 323, 329, 479 ff.

---

[108] Ih 1, S. 194.
[109] SIGEL 11,1, Nr. II,115 (S. 1003).

Engel, Karl, * Berg bei Stuttgart 17. März 1838, † Ulm 8. Aug. 1908, ▢ ebd., Hauptfriedhof, ev.

Vater   Ludwig *Friedrich* Engel, Kaufmann.
Mutter   *Luise* Emilie Wunderlich.
∞ Ulm 1. V. 1868 *Adele* Natalie Leube, * Ulm 17. XII. 1846, † ebd. 15. XI. 1929, T. d. Wilhelm (von) →Leube, Kreismedizinalrat.
6 *K*   Helene Engel, * Ulm 23. III. 1869, ∞ Ulm 7. IV. 1892 Otto Fischer, Dr. med., * Biberach/Riß 11. V. 1863, praktischer Arzt in Stuttgart, ab 1892 dsgl. in Ulm, S. d. Wilhelm Fischer, Rotgerbermeister in Biberach, u. d. Lisette Hipp; Luzie Engel, * Ulm 12. XI. 1870, † Stuttgart 17. VIII. 1892; Oskar →*Engel; Wilhelm Engel, * Ulm 12. XI. 1874, † Göppingen 20. VII. 1920; *Fanny* Maria Engel, * Ulm 18. XI. 1875, ∞ Ulm 14. III. 1905 Friedrich *Karl* Nick, * Heilbronn/Neckar 10. II. 1871, † Freiburg im Breisgau 19. I. 1919, Buchhändler in Stuttgart, ab 1907 dsgl. in Freiburg, S. d. Oskar Nick, Justizrat, Direktor des Landesgefängnisses Rottenburg/Neckar, u. d. Amalie Hauff; Karl Engel, * Ulm 1. XII. 1879, Kaufmann in Ulm, wo er 1907 das väterliche Geschäft übernahm, ∞ Ulm 4. V. 1905 Fanny Bek, * Ulm 22. VIII. 1885.

E. war in der Kaiserzeit eine der ersten Ulmer Wirtschaftsgrößen. Als Gemeinderat, Vorsitzender der Handelskammer und vielfach im Vereins- und Verbandswesen verankerter Honoratior war er eine der bekanntesten Persönlichkeiten der Stadt.
1852 trat E. nach dem Schulbesuch in Stuttgart als Lehrling in das Geschäft seines Onkels, des Kaufmanns und Gemeinderats Carl Friedrich Wunderlich, in Ulm ein. 1880 gründete er eine eigene Firma und war Inhaber der seinen Namen tragenden Käsegroßhandlung in Ulm, die sich sehr erfolgreich entwickelte. E., später vom König zum Kommerzienrat ernannt, war seit 1878 Mitglied und von 1895 bis 1908 Vorsitzender der Handelskammer Ulm, zuletzt seit 1908 deren Ehrenvorsitzender. Von 1890 bis 1902 fungierte E. als Vorstand des Ulmer Handelsvereins, war langjähriges Mitglied des ev. Kirchengemeinderats für die Münsterparochie sowie von 1895 bis 1908 Beirat der Zentralstelle für Gewerbe und Handel sowie von 1881 bis 1908 Beirat der Verkehrsanstalten. E. erwarb sich große Verdienste um die Entwicklung der Donauschifffahrt und 1904 um die Gründung der Sektion Ulm-Neu-Ulm des Bayer. Kanalvereins, dessen Vorstandsmitglied er war.
Im Dez. 1881 kandidierte E. erstmals für ein Bürgerausschussmandat, hatte aber keinen Erfolg. Im Dez. 1882 schaffte er dann den Sprung in den Bürgerausschuss. Im Dez. 1887 gelang ihm auch der Einzug in den Ulmer Gemeinderat, dem er bis 1893 angehörte. Im März 1894 kandidierte E. bei der Landtagsersatzwahl in der Stadt Ulm nach dem Tod des Abg. Robert →Ebner für die Nationalliberalen gegen Friedrich →Mayser. Beim ersten Wahlgang am 7. März konnte E. 1.397 Stimmen erringen (Mayser 1.445), in der Stichwahl am 20. März unterlag E. mit 1.564 zu 2.322 Stimmen.
E. starb beim Abendessen im Kreise seiner Familie an einem Gehirnschlag. Bei seiner Beerdigung hielt der mit ihm verwandte Stadtpfarrer Gittinger, Schwäbisch Gmünd, die Trauerrede. – Ritterkreuz I. Kl. des Friedrichsordens.

L.   Staatsanzeiger Nr. 185, 10. VIII. 1908, S. 1285 – ebd. Nr. 187, 12. VIII. 1908, S. 1295 – UBC 3, S. 75, 315, 318 – GIES, Leube, S. 100 – WAIBEL, Gemeindewahlen, S. 360, 364.

Englert, Josef, Dr. phil., * Heidingsfeld/BA Würzburg 31. März 1890, † Unteruhldingen am Bodensee 23. Nov. 1954, kath.
Vater   Franz Englert, Bezirksgerichtsrat.
Mutter   Erna Klaus.
∞ Augsburg 23. VII. 1921 Therese Häußler, * Augsburg 14. V. 1898, T. d. Franz Häußler u. d. Therese Wetzel.
1 *K*   Josef Franz Walter Englert, * Augsburg 15. VI. 1922.

E. wirkte in der Zeit der Weimarer Republik und des „Dritten Reiches" als Lehrer in Neu-Ulm. Bedeutung weit über die Region hinaus erlangte er als expressionistischer Dichter und Schriftsteller.
Er entstammte einer fränkischen Beamtenfamilie und blieb seiner Heimat eng verbunden. Das Studium führte ihn nach München, Paris und Würzburg, daneben entfaltete er seine schriftstellerische und dichterische Tätigkeit. 1919 trat E. erstmals mit einer Veröffentlichung (Prosaband „Von fränkischer Erde") an die Öffentlichkeit. Seine Erzählungen und Gedichte waren wiederholt mit Bezügen zu seiner Heimat ausgestattet. E. zählte zum jüngeren Expressionismus, der sich u. a. an Georg Trakl orientierte. 1921 Studienassessor für Deutsch, Englisch und Französisch an der Realschule Neu-Ulm, bezog er mit seiner Frau eine Wohnung in der Wilhelmstraße 4, ließ sich aber schon zwei Jahre später in Ulm nieder. Nach 1923 widmete er sich noch wenig der schriftstellerischen Arbeit und entwickelte eine Neigung zu Malerei und Graphik. Er war Mitglied der „Ulmer Künstlergilde" und arbeitete als Kunst- und Theaterkritiker. Die Kulturpolitik des Nationalsozialismus kollidierte heftig mit den Vorstellungen des feinsinnigen E., der sich der „Gleichschaltung" zu entziehen suchte und Zeichen setzte. 1935 würdigte er in einem Beitrag für „Aus dem Ulmer Winkel" (Nr. 6, S. 21-23) den bereits verfemten Edwin →Scharff und brachte sich damit in Gegensatz zum Regime, was seine Position in Neu-Ulm nicht erleichtert hat. 1943 verließ E. Neu-Ulm und seine Realschule, um in Würzburg das Städtische Kulturamt zu leiten. Die Umstände des Krieges verhinderten jedoch eine Arbeit in dem Sinne, wie sie E. sich vorgestellt hatte. 1948 war er nochmals für kurze Zeit Lehrer an der Mozart-Schule in Würzburg.

Q   StadtA Neu-Ulm, D 12, III.2.3.13.
W   Geliebte Erde (Gedichte), Buchenbach (Baden) 1921 – Die Schwestern (Erzählung), Nürnberg 1922 – Ewige Wanderschaft (Gedichte), Nürnberg 1923 – Eleonore (zwei Erzählungen), 1923 – Das Leben der Euphemia (Novelle), 1923 – Der Schritt ins Unendliche (Erzählungen), 1923 – Die unterbrochene Reise, Erzählung. Mit Zeichnungen und Aquarellen des Verfassers, Ulm ²1948.
L.   H. GUNDERSHEIMER, Der Dichter und Maler Josef Englert, in: Würzburger General-Anzeiger vom 16. VII. 1927 – Deutsches Literatur-Lexikon. Biographisch-bibliographisches Handbuch. Begründet von Wilhelm KOSCH, fortgeführt von Bruno BERGER, Bern-München ³1972, Band 4, Sp. 331 – Hugo WERNER, Mit Pinsel, Griffel und Feder. Josef Englert - Ein fränkischer Maler und Schriftsteller, in: Frankenspiegel 1 (1950), S. 37-39 – Anton DÖRFLER, Josef Englert zum Gedächtnis, in: Frankenland 1955/56, S. 252-257 – RADSPIELER, 100 Jahre, S. 40 ff. (Bild) – TREU, Neu-Ulm, S. 345 f. (Hans RADSPIELER)

Entreß von Fürsteneck, Simon Johann Jakob *Thaddäus* von, * 28. Okt. 1761, † 8. Dez. 1824, kath.
Vater   Franz Xaver Ferdinand Entreß, * Rottenburg 8. VIII. 1721, † ebd. 19. IV. 1794, Dreikönigswirt in Rottenburg, S. d. Anton Josef Entreß, * Wellendingen bei Rottweil 19. II. 1675, † Rottenburg 26. II. 1753, Ksl. Notar und Amtmann der Erblandvögte Freiherren von Ulm in Rottenburg/Neckar, u. d. Philippina Josepha Clara Sätterlin (von Trunkelsberg), * Sigmaringen 1. I. 1693.
Mutter   Maria Catharina Haas, † Rottenburg 1784.
∞ Maria *Salome* Notburga Fischer[110], * 26. I. 1769, † Stuttgart 7. II. 1853.
Mehrere *K*, darunter Freiherr *Heinrich* Gustav Adolf Entreß von Fürsteneck, * Spaichingen 20. I. 1798, † Stuttgart 19. IX. 1876, Kgl. Württ. Generalleutnant, in den 1850er Jahren Oberst und Kommandeur des Kgl. Württ. 3. Reiter-Rgts. in Ulm, 16. XI. 1858 in den württ. Freiherrenstand erhoben, ∞ 27. I. 1837 Theodolinde Wilhelmine Hedwig von Oppeln-Bronikowski, * 1818, † Leipzig 2. IX. 1878; *Carl* August Alexander Entreß von Fürsteneck[111], * Spaichingen 16. VII. 1803, † Stuttgart 27. XII. 1863, Kgl. Württ. Oberjustizrat; Wilhelm Konstantin Ernst Entreß von Fürsteneck, * Spaichingen 6. IV. 1807, † Stuttgart 9. X. 1889, Kgl. Württ. Oberförster, ∞ Ettlingen 1850 *Florentine* Georgine Emilie Buhl, * Ettlingen 26. VIII. 1817, † Stuttgart 25. VIII. 1908.

E. war einer der ersten höheren Beamten der neu gebildeten württ. Kreisregierung in Ulm. Zunächst in österr. Diensten, zeichnete sich E. in besonderer Weise aus und wurde in den erblichen Adelsstand erhoben.

---

[110] Bestattet auf dem Stuttgarter Hoppenlau-Friedhof, vgl. KLÖPPING, S. 266, Nr. 434.
[111] Bestattet auf dem Stuttgarter Hoppenlau-Friedhof, vgl. KLÖPPING, S. 263, Nr. 409.

E. entstammte einer im 17. und 18. Jahrhundert in Rottenburg ansässigen Familie. Der in der Literatur wohl auf Grund der Tätigkeit von E.s Großvater in Diensten der Freiherren von Ulm wiederholt auftretende Hinweis, die Familie stamme aus Ulm, ist nicht ganz gesichert. Demnach wäre sie altfreier rätoromanischer Abkunft und urkundlich als „fideles regis" in einer Ulmer Urkunde vom 1. Aug. 1152 erstmals belegt.

Nach Absolvierung der Schulen in seiner Heimatstadt und Jurastudium wohl in Freiburg/Breisgau trat E. in den vorderösterreichischen Verwaltungsdienst und war K. k. Obervogt der Graf- und Herrschaft Oberhohenberg mit Sitz in Spaichingen. 1805 in seiner Amtsposition bestätigt, wechselte E. als Oberregierungsrat in das Kgl. Württ. Ministerium des Innern, wo er der Sektion der inneren Administration zugeteilt war. Als solcher war er Mitte 1815 als „Rayons-Kommissar" in Mannheim und Umgebung eingesetzt, wo ihm die Befreiung der von österr. Truppen mitgenommenen Vorspannwagen oblag. Ende 1817 erfolgte E.s Versetzung nach Ulm, wo er als Direktor bei der Regierung des Donaukreises und rechte Hand des Regierungspräsidenten Freiherr Nikolaus von →Freyberg den eigentlichen Aufbau dieser neuen Behörde organisierte. Im Sept. 1822 erfolgte unter Vorbehalt seines Gehalts, Titels und Rangs E.s Versetzung als Direktor und vorsitzendes Mitglied bei der Regierung des Jagstkreises nach Ellwangen/Jagst. Am 18. Dez. 1822 wurde E. vom König mit dem Prädikat „von Fürsteneck" in den württ. Adelsstand erhoben. Sein ältester Sohn stieg 1858 in den Freiherrenstand auf.

L. HStHb 1815, S. 150 – BECKE-KLÜCHTZNER, S. 260 – GEORGII-GEORGENAU, S. 1155 – GGT (Freiherrl. Häuser) 81 (1931), S. 108 ff. – Suevia Tübingen 3, S. 159 – GEHRING, List, S. 50, 73 – QUARTHAL/WIELAND, S. 370, Nr. 2766 – Wolfgang WEISSER, Die Vorfahren des Rottenburger Gürtlers und Goldarbeiters Ferdinand Entress (1790-1864), in: SWDB 24 (2005), S. 336-341.

Entreß, *Wilhelm* Friedrich (von), * Rottenburg 17. Sept. 1839, † Ulm 7. April 1914, kath.
Vater   Franz Ferdinand Entreß, * Rottenburg 20. IX. 1790, † ebd. 6. III. 1864, Gürtler und Goldarbeiter in Rottenburg, S. d. Franz Xaver Ferdinand Entreß, * Rottenburg 8. VIII. 1721, † ebd. 19. IV. 1794, Dreikönigswirt in Rottenburg, u. d. Theresia Wiedmeyer, * Rottenburg 18. X. 1757, † ebd. 10. IV. 1824.
Mutter   Maria Anna Letzgus
∞ *Sofie* Josefa Becker, * 1843, † 1932.

E., ein Neffe des Regierungsdirektors Thaddäus von →Entreß von Fürsteneck, war über 20 Jahre lang Vorstand des Ulmer Kameralamts (später Finanzamt) und setzte die Ulmer Tradition seiner Familie fort.

Nach dem kameralistischen Studium in Tübingen trat E. in den Dienst der württ. Eisenbahnverwaltung, zunächst als Sekretär bei der Eisenbahndirektion Stuttgart. Er wechselte später zur Finanzverwaltung und war von 1877 bis 1885 Kameralamtsvorstand in Backnang. 1885 wurde er in gleicher Funktion nach Ulm versetzt, wo er 1889 zum Finanzrat ernannt wurde und 1899 den Rang eines Kollegialrats erhielt. Feb. 1906 unter Verleihung von Titel und Rang Oberfinanzrat pensioniert. Seine Nachfolge trat Hermann →*Seitz an. – 1890 Ritterkreuz I. Kl. des Friedrichsordens, 1904 Ritterkreuz des Württ. Kronordens.

L. UBC 3, S. 361, 564 (Bild) – WINTERHALDER, Ämter, S. 33, 299 – Wolfgang WEISSER, Die Vorfahren des Rottenburger Gürtlers und Goldarbeiters Ferdinand Entress (1790-1864), in: SWDB 24 (2005), S. 336-341.

Epple, Urban, * Kirchberg an der Iller/OA Biberach 13. Dez. 1897, † Neu-Ulm 12. April 1975, kath.
Vater   Urban Epple, * Kirchberg an der Iller 24. V. 1860, † Ottobeuren 23. III. 1934, Privatmann.
Mutter   Walburga Kraker, * Kirchberg an der Iller 7. VII. 1866, † ebd. 13. XII. 1897.
∞ 12. III. 1922 Theresia Hollenberger, * Hürben bei Krumbach 3. V. 1896, † 7. VIII. 1984, T. d. Johann Hollenberger, Zimmermann, u. d. Ursula Kroner.
3 K   Cäcilie Epple, * 21. III. 1924; Irmgard Epple, * 8. VI. 1928; Hubert Epple, * 7. VIII. 1933.

E. war über Jahrzehnte hinweg städtischer Beamter in Neu-Ulm.

Der gebürtige Oberschwabe besuchte von 1905 bis 1910 die Volksschule und seit 1910 die Realschule. Der junge E. schlug zunächst die niedere Verwaltungslaufbahn ein und trat am 11. April 1914 als Inzipient in den Verwaltungsdienst ein. Am 1. Juli 1914 Kanzleigehilfe, wurde er im letzten Kriegsjahr des Ersten Weltkriegs zum Kriegsdienst bei einem Fußartillerie-Rgt. Eingezogen. Am 1. Juni 1919 zum Verwaltungsassistenten ernannt, bestand E. 1920 bei der Regierung von Mittelfranken in Ansbach die Prüfung für den mittleren Staats- und Gemeindeverwaltungsdienst. Am 1. Juni 1921 trat er als Stadtsekretär in die Dienste der Stadt Neu-Ulm, avancierte am 1. Juli 1923 zum Obersekretär, am 1. Okt. 1927 zum Stadtkassier und am 1. April 1936 zum Stadtoberinspektor und war zunächst stv. Leiter des Stadtjugendamts und stv. Jugendamtsbeirat sowie einer der Neu-Ulmer Standesbeamten, später Personalsachbearbeiter. Nach dem Tod von Georg →Buck im Sommer 1941 leitete E. das Wohlfahrtsamt.

Ab 1. Mai 1933 war E. NSDAP-Mitglied (Nr. 2.606.174), ab 1937/38 NSDAP-Ortsgruppen-Amtsleiter in Neu-Ulm. In seinem Entnazifizierungsverfahren wurde er als Mitläufer eingestuft. Schon zuvor hatte sich E. mit einem an den Regierungspräsidenten gerichteten Schreiben vom 9. Sept. 1946 über die schleppende Entnazifizierung beschwert und darauf hingewiesen, dass die Amerikaner nahezu alle Stadtbeamten aus politischen Gründen entlassen hätten. E. behauptete, alle (!) städtischen Bediensteten Neu-Ulms seien am 1. Mai 1933 geschlossen Mitglieder der NSDAP geworden, *um nicht für schon lauernde Parteimitgenossen die Ämter räumen zu müssen. Für die Korrektheit der Amtsführung der Stadtverwaltung spräche nach seiner Meinung, daß die Stadt trotz entsprechender Anregungen von nationalsozialistischer Seite keinen Antrag auf Überlassung jüdischen Eigentums [...] gestellt habe* [HAUF, Von der Armenkasse, S. 170 f.]. Der Wahrheitsgehalt der Auslassungen E.s lässt sich angesichts fehlender Quellen nicht feststellen. Die Argumentationsführung entspricht jedenfalls dem gängigen Muster in Entnazifizierungsverfahren.

Zum 7. Juni 1948 wurde E. als Angestellter wieder bei der Stadt Neu-Ulm eingestellt, um beim Jugendamt tätig zu werden. Am 1. April 1950 zum Stadtamtmann und am 1. April 1957 zum Stadtoberamtmann in Neu-Ulm ernannt, wurde E. 1959 ehrenamtlich zum Sozialrichter beim Sozialgericht Augsburg berufen. Zum 31. Dez. 1962 trat E. nach über 40-jähriger Tätigkeit in Neu-Ulm in den Ruhestand. – Ehrenkreuz für Frontkämpfer; Silbernes Treudienst-Ehrenzeichen; Kriegsverdienstkreuz II. Kl.

Q   StadtA Neu-Ulm, A 4, Nr. 122.
L.   HAUF, Von der Armenkasse, S. 169 ff.

Epting, Friedrich, * Feuerthalen/Kanton Schaffhausen (Schweiz) 11. Jan. 1910, † Stuttgart 13. Sept. 1983, ev.
Vater   Karl Epting, Missionar in Basel.
Mutter   Johanna Baumann.
∞ I. 1939 Bernhardine Ruth Johanna Gericke, * 1912, † 1960; ∞ II. 1971 Lydia Gabbert, verw. Schmidt, * Berlin 1919.
5 K aus I. Ehe.

E. war in den 1970er Jahren Ulmer Prälat.

Der Missionarssohn begann 1928 mit dem Theologiestudium in Tübingen und trat nach dem Bestehen der theol. Dienstprüfungen in den Dienst der ev. Landeskirche Württembergs. Nach den üblichen unständigen Verwendungen als Vikar und Pfarramtsverweser kam E. als Pfarrer an die St.-Leonhardskirche in Stuttgart und nach 1945 in gleicher Funktion nach Stuttgart-Gablenberg. 1958 wurde er zum Dekan in Tübingen ernannt.

Am 1. Jan. 1970 kam E. in der Nachfolge des zum Prälaten von Stuttgart ernannten Hermann →Rieß als Prälat nach Ulm. Das Amt war für den 60 Jahre alten Geistlichen der Abschluss und Höhepunkt seiner Laufbahn. Er suchte den Kontakt zu den zahlreichen Pfarrern des großen Prälaturbezirks und befand sich unermüdlich auf Reisen, um die Verbindung zwischen Ulm und der „Provinz" zu stärken. Maßgeblich wirkte E. an der Vorbereitung der Feierlichkeiten zum 600-Jahr-Jubiläum des Ulmer Münsters 1977 mit, wobei er es sehr bedauerte, dass das Münster zu diesem Anlass nicht ohne Gerüste präsentieren konnte. Bereits Ende Jan. 1976 im Alter von 66 Jahren in den Ruhestand versetzt, den er in Stuttgart verlebte, versah E. sein Amt noch bis zur Ankunft seines Nachfolgers Hans von Keler[112] (* Bielitz/Beskidenland 12. Nov. 1925), des bisherigen Leiters der Diakonie-Schwesternschaft in Herrenberg, im Sommer 1976. Keler war nur drei Jahre lang Ulmer Prälat, da er 1979 zum Landesbischof der ev. Landeskirche Württembergs gewählt wurde.

Q   StadtA Ulm, G 2.
L   Magisterbuch 41 (1932), S. 211 – NEBINGER, Die ev. Prälaten, S. 576.

Erdle, Hans, * Neu-Ulm 21. Sept. 1894, † ebd. 18. Feb. 1957, ⬚ ebd., ev.

Vater   Johann Erdle[113], * Scherstetten/BA Augsburg 21. V. 1862, † Neu-Ulm 30. XII. 1897, Grundierer, S. d. Leonhard Erdle, * Anried/BA Zusmarshausen 30. X. 1822, † Scherstetten 16. I. 1873, Söldner (= Kleinbauer), u. d. Barbara Dietrich, * Memmenhausen 29. IV. 1826, † Scherstetten 25. VII. 1881.
Mutter   Maria Unseld, * Pfuhl 15. III. 1871, T. d. Peter Unseld, * Pfuhl 31. XII. 1822, † ebd. 31. XII. 1880, Maurer und Söldner, u. d. Anna Schneider, * Hausen 1. XII. 1825, † Neu-Ulm 8. II. 1898.
1 G   Anna Unseld, * Neu-Ulm 3. XII. 1890 (unehelich geb.).
∞ 25. IX. 1920 (nicht 1915!) Walburga („Wally") Maria Held, * Neu-Ulm 25. I. 1895, † ebd. 9. VII. 1981, T. d. Albert Held[114], * Unterkirchberg 7. IV. 1854, † Neu-Ulm 1. VII. 1910, Schreinermeister, u. d. Walburga Zick, * Unterkirchberg 8. II. 1856, † Neu-Ulm 13. XI. 1929.
1 K   Hans *Peter* Erdle, Dr., * Neu-Ulm 15. III. 1926.

Der langjährige Stadtkämmerer E. war nach der Besetzung im April 1945 für drei Wochen geschäftsführender Bürgermeister der Stadt Neu-Ulm, ohne den Titel zu tragen oder auch nur geringfügige Gestaltungsmöglichkeiten zu verfügen. Er sollte lediglich in der ersten Phase der allgemeinen Orientierungslosigkeit – auf Seiten der Deutschen ebenso wie auf Seiten der Besatzungsmacht – die Fortführung der laufenden Verwaltungsgeschäfte gewährleisten. Diese Aufgabe kann keine leichte gewesen sein. Angesichts fehlender Quellen ist aber auch möglich, dass E. lediglich formell ernannt war, aber keinerlei Tätigkeit entfalten konnte. Aktenmäßige Belege fehlen.

E. entstammte einer im Raum Augsburg ansässigen Familie. Sein Vater kam als junger Mann nach Neu-Ulm, um als Fabrikarbeiter seinen Lebensunterhalt zu verdienen. 1887 schloss er

in Neu-Ulm seine erste Ehe, nach dem frühen Tod seiner Frau heiratete er E.s spätere Mutter. Drei Jahre nach E.s Geburt starb der Vater. E. besuchte die Neu-Ulmer Volksschule und ab 1905 die Realschule und Handelsabteilung ebd. und trat am 10. Juli 1911 als Inzipient in städtische Dienste. Am 1. Jan. 1912 rückte er zum Kanzleigehilfen auf, am 1. Jan. 1913 zum Kämmereigehilfen, am 1. April 1918 zum Assistenten, nachdem er 1917 die Prüfung für den mittleren Staats- und Gemeindeverwaltungsdienst bestanden hatte. Der Ausbruch des Ersten Weltkriegs unterbrach E.s Laufbahn; er wurde zum Ersatzbataillon beim 12. Inf.-Rgt. in Neu-Ulm eingezogen, wo er im Dez. 1914 zum Gefreiten und im März 1915 zum Unteroffizier befördert wurde. 1915 war er mehrere Monate an der Front eingesetzt, im Jan. 1916 kehrte er wieder in den städtischen Dienst zurück, um von Jan. bis März 1918 nochmals eingezogen zu werden. Für seine Kriegsverdienste wurde E. mit dem EK II, dem Kgl. Bayer. Militärverdienstkreuz III. Kl. mit Krone und Schwertern und dem Preuß. Verdienstkreuz für Kriegshilfe ausgezeichnet.

E.s Laufbahn im städtischen Dienst Neu-Ulms fand am 1. Dez. 1920 einen ersten Höhepunkt, als er zum Stadtkämmerer ernannt wurde, nachdem er bereits seit 1. Juli 1918 Kämmereivorstand gewesen war. Diese Ernennung des erst 26 Jahre alten Beamten stand sicherlich mit seinen großen Verdiensten um die Umstellung des Betriebs der Stadtsparkasse Neu-Ulm vom reinen Sparverkehr auf Spar- und Giroverkehr in Zusammenhang, die E. seit 1919 bewerkstelligt hatte. Von 1927 bis 1934 leitete E. die Geschäfte der Sparkasse nebenamtlich bis zur Berufung von Konrad Schön zum Direktor, 1934 übernahm er nach dem Tod von Karl →Widenmann die Leitung der städtischen Liegenschaftsverwaltung. Die Tüchtigkeit des Kämmerers war augenscheinlich und fand wiederholt offizielle Würdigung. 1935 beschloss Bürgermeister Josef →Ostermann die Ernennung E.s zum geschäftsführenden Beamten bei Abwesenheit des Bürgermeisters und seiner Stellvertreter. Am 13. März 1936 erfolgte die Ernennung E.s zum Stadtamtmann in Neu-Ulm, am 3. Dez. 1937 die Ernennung zum Beamten auf Lebenszeit.

Der NSDAP war E. am 1. April 1933 beigetreten, seit Aug. 1934 war er Kreiskassenleiter der NSDAP im Bezirk Neu-Ulm. Obwohl sein Partei-Engagement damit über das normale Maß eines „passiven" Mitglieds hinausging, wusste E. offenbar zwischen Parteiinteresse und Recht und Gesetz zu unterscheiden. Im Frühjahr 1936 scheint vor allem das entscheidende Eintreten E.s für die Beibehaltung der Neu-Ulmer Hauptsatzung den Ausschlag gegen die Versuche des Kreisleiters Hermann →Boch gegeben zu haben, sich an Stelle von Franz Josef →Nuißl als Stadtoberhaupt zu installieren. Die Hauptsatzung verlangte für den Bürgermeister die Befähigung zum Richteramt oder zum höheren Verwaltungsdienst, die Boch fehlte. E. vertrat seine Auffassung im Rat und wurde von Bochs Parteigenossen mehrheitlich unterstützt. Der Kreisleiter verließ Neu-Ulm wenig später.

Ob sich E. beim Einmarsch der US-Truppen in Neu-Ulm aufhielt, ist ungeklärt. Den Forschungsergebnissen Konrad Geigers folgend, scheinen die Soldaten im Rathaus keinen einzigen Beamten gefunden zu haben, auch E. nicht. Oberbürgermeister Nuißl hatte E. am 24. April 1945 als mit den Verwaltungsgeschäften beauftragten Beigeordneten eingesetzt, die Amerikaner beließen ihn in dieser Position bis zum 16. Mai 1945. Dann erfolgte auf Grund seiner Parteimitgliedschaft die automatische Internierung E.s und die Einsetzung des Kommunisten Christian →Wittmann als kommissarischer Stadtvorstand. Oberbürgermeister Tassilo →Grimmeiß teilte E. 1948 schriftlich mit, dass Internierung durch die Besatzungsmacht veranlasse ihn zur Beendigung des Beamtenverhältnisses.

E. kämpfte unterdessen für ein günstiges Entnazifizierungsergebnis. Von der Spruchkammer Weißenhorn als „Minderbelas-

---

[112] NEBINGER, Die ev. Prälaten, S. 576 – EHMER/KAMMERER, S. 212 (Bild).
[113] TEUBER, Ortsfamilienbuch Neu-Ulm I, Nr. 0957.
[114] TEUBER, Ortsfamilienbuch Neu-Ulm I, Nr. 1735.

teter" mit zweijähriger Bewährungsfrist eingestuft, konnte E. im Juni 1948 bei der Spruchkammer Neu-Ulm erreichen, den Status als „Mitläufer" zu erhalten. Nur auf diese Weise war es möglich, wieder in städtische Dienste übernommen zu werden. Im März 1950 schlug der Verwaltungsausschuss des Neu-Ulmer Stadtrats die Errichtung eines städtischen Rechnungsprüfungsamtes vor und empfahl E. als dessen kommissarischen Leiter im Angestelltenverhältnis. Der städtische Betriebsrat wollte diesem Vorschlag nicht folgen und schlug seinerseits Anton →Walk für die Aufgabe vor, vermochte sich aber nicht durchzusetzen. Der Verwaltungsausschuss sprach am 20. April 1950 die Ernennung E.s aus, der bereits am 1. Jan. 1951 wieder zum Stadtamtmann befördert wurde. Doch schon sechs Jahre später starb E. im Alter von 62 Jahren. – Ehrenkreuz für Frontkämpfer; 1938 Silbernes Treudienst-Ehrenzeichen; 1943 Kriegsverdienstkreuz II. Kl.

Q   StadtA Neu-Ulm, A4 Nr. 123.
L   TREU, Ulm, S. 324, 379, 576 – TEUBER, Ortsfamilienbuch Neu-Ulm I, Nr. 0958 – Konrad GEIGER, Übergangszeiten - Neu-Ulms Verwaltung zwischen April und Dezember 1945. Ein Neu-Ulmer Kommunist regiert im Auftrag der amerikanischen Besatzungsmacht, in: Geschichte im Landkreis Neu-Ulm 9 (2003), S. 97-112.

Erhard, Ludwig, Dr. rer. pol., Dr. h.c. mult., Dipl.-Kaufmann, * Fürth 4. Feb. 1897, † Bonn 5. Mai 1977, ev.

Vater   Philipp *Wilhelm* Erhard, * 1859, Kaufmann (Wäsche- und Ausstattungsgeschäft) in Fürth, kath.
Mutter   Augusta Hassold, ev.
3 *G.*
∞ 1923 Luise Lotter, verw. Schuster, * 1893, † 1975.
1 *K*   Elisabeth Erhard, * 1924.

Die Verbindung des ersten Bundeswirtschaftsministers, Vaters des bundesdeutschen „Wirtschaftswunders" der 1950er Jahre und zweiten Bundeskanzlers der Bundesrepublik Deutschland, mit Ulm ist bestenfalls noch manchen Ulmern bekannt. Dabei war E. 23 Jahre lang, von 1949 bis 1972, Bundestagsabgeordneter des Wahlkreises Württemberg-Baden 8 bzw. später 170 (Ulm), und wurde in seinem letzten Lebensjahr zum Ehrenbürger der Stadt Ulm ernannt.
Der Kaufmannssohn E. machte nach der mittleren Reife ab 1913 eine kaufmännische Lehre, wurde 1916 zum Kriegsdienst eingezogen und entschied sich nach Kriegsende für ein Studium. 1919 begann E. mit seinem wirtschaftswissenschaftlichen Studium, das ihn Handelshochschule in Nürnberg und nach Frankfurt/Main führte. Nach der Promotion 1925 übernahm der Schüler von Franz Oppenheimer die Geschäftsleitung im väterlichen Betrieb. 1928 wechselte er als wissenschaftlicher Assistent und stv. Leiter an das „Institut für Wirtschaftsbeobachtung der Deutschen Fertigware" (Nürnberg). 1942 gründete er das Institut für Industrieforschung, als dessen Leiter er wirkte.
Nach Kriegsende 1945 war E. zunächst als Berater der US-Militärregierung in Bayern tätig. Im Sept. 1945 übernahm er die Leitung des Ministeriums für Handel und Gewerbe des Freistaates Bayern, im Dez. 1946 das Staatsministerium für Wirtschaft. Diese Aufgaben wiesen den Weg in die aktive Politik. 1947 zum Honorarprofessor an der Staatswissenschaftlichen Fakultät der Universität München berufen, übernahm er im gleichen Jahr als Leiter der Sonderstelle „Geld und Kredit" eine neue Aufgabe bei der in Frankfurt/Main gebildeten Verwaltung des Vereinigten Wirtschaftsgebiets (Bizone). 1948/49 amtierte E. als Direktor der Wirtschaftsverwaltung der Bizone in Frankfurt/Main.
Obwohl er im ersten Bundestagswahlkampf im Sommer 1949 einer der beliebtesten Wahlkämpfer der CDU war, gehörte der auch mit den Liberalen sympathisierende E. der Partei nicht an. „Seinen" Wahlkreis Ulm hatte E., der auch aus anderen Bundesländern, z. B. Niedersachsen, Angebote für Kandidaturen erhielt, erst nach einigem Zögern übernommen. Franz →Wiedemeier soll bei der Entscheidung E.s, der 1949 auch die

CDU-Landesliste von Württemberg-Baden anführte, eine wichtige Rolle gespielt haben. Der CDU beigetreten ist E. erst 1965. Eine enge Bindung zu Ulm und zur CDU hat E. nicht gesucht und nicht gefunden. Er hielt sich vergleichsweise selten im Wahlkreis auf, was in der Partei Unmut aufkommen ließ. Als einer der prominentesten Politiker der Bundesrepublik war E. jedoch geradezu unantastbar – und für die Ulmer CDU eine „Wahlkampflokomotive" von unschätzbarem Wert. Bis 1972 vertrat er den Ulmer Wahlkreis, danach wurde er über die CDU-Landesliste Baden-Württemberg in den Bundestag gewählt, dem er bis zu seinem Tod angehörte.
Der im Sept. 1949 zum Bundesminister für Wirtschaft und 1957 zugleich zum Vizekanzler ernannte E. gewann seine große Beliebtheit in den 1950er Jahren, da er als Vater des „Wirtschaftswunders" und der sozialen Marktwirtschaft das Erfolgsmodell der jungen westdeutschen Demokratie verkörperte. Als er am 16. Okt. 1963 das Amt des Bundeskanzlers nach heftigen Querelen von Konrad Adenauer übernahm, war der Höhepunkt seiner politischen Laufbahn bereits überschritten. Als Regierungschef zeigte er sich des öfteren überfordert, im Rahmen der internationalen Beziehungen agierte er glücklos. Am 30. Nov. 1966 erklärte E. nach Verwerfungen mit dem Koalitionspartner FDP seinen Rücktritt vom Amt des Bundeskanzlers. E. amtierte 1966/67 als CDU-Bundesvorsitzender, 1967 wurde er zum Ehrenvorsitzenden der Bundespartei gewählt.

Q   Ludwig-Erhard-Stiftung, Bonn, Nachlass – ACDP, St. Augustin bei Bonn, Nachlass – StadtA Ulm, G 2.
W   (Auswahl) Wohlstand für alle, Düsseldorf/Wien 1957 – Deutsche Wirtschaftspolitik. Der Weg der Sozialen Marktwirtschaft, Düsseldorf/Wien 1962 – (mit Alfred MÜLLER-ARMACK Hg.), Soziale Marktwirtschaft. Ordnung der Zukunft, Manifest '72, Frankfurt/Main-Berlin-Wien 1972.
L   Volkhard LAITENBERGER, Ludwig Erhard. der Nationalökonom als Politiker, Göttingen 1986 – Daniel KOERFER, Kampf ums Kanzleramt. Erhard und Adenauer, Stuttgart 1987 –SCHUMACHER, M.d.B., S. 92 f., Nr. 1232 – Volker HENTSCHEL, Ludwig Erhard. Ein Politikerleben, München/Landsberg 1996 – Udo Kempf/Hans-Georg Merz (Hgg.), Kanzler und Minister 1949-1998. Biographisches Lexikon der deutschen Bundesregierungen, Wiesbaden 2001, S. 231-241 (Uwe ANDERSEN) – Biogr. Handbuch MdB, S. 186-188 (Ludolf HERBST) – Winfried BECKER/Günter BUCHSTAB/Anselm DOERING-MANTEUFFEL/Rudolf MORSEY (Hgg.), Lexikon der Christlichen Demokratie in Deutschland, Paderborn u. a. 2002, S. 230-232 (Volkhard LAITENBERGER) – Alfred C. MIERZEJEWSKI, Ludwig Erhard. Der Wegbereiter der Sozialen Marktwirtschaft, München 2005 [„Ludwig Erhard. A Biography", Chapel Hill and London 2004].

Erhardt, Friedrich Wilhelm *Gustav* (von), * Münsingen 23. Jan. 1799, † Neu-Ulm [nicht Ulm!] 2. März 1889, ☐ Ulm, Alter Friedhof 4. März 1889, ev.

Vater   Erhardt, Oberamtmann von Münsingen.
Mutter   † 1802.
11 *G.*, davon 4 † früh
∞ 1839 Amalie Waldbaur[115], * 16. VI. 1815; † Ulm 31. III. 1887, T. d. von Christoph Friedrich Waldbaur, Kreis-Steuerrat in Rottweil und Altdorf-Weingarten, 1810 Ober-Landesökonomierat, Hof- und Finanzrat bei der Sektion der Communal-Verwaltung im Departement des Innern, Nov. 1817 Oberregierungsrat im Ministerium des Innern und des Kirchen- und Schulwesens.
3 *K*, darunter Emma Erhardt, ∞ Edmund von →Fischer.

Das Leben E.s war mit dem Ulmer Festungsbau untrennbar verbunden und prägte sein Leben. Er stammte von der Münsinger Alb und strebte zweien seiner Brüder nach, die vor ihm zum württ. Militär gegangen waren und beide als Angehörige des württ. Armeekorps am Rußlandfeldzug Napoleons teilnahmen. Einer der beiden Brüder starb 1813 im Alter von 24 Jahren als Oberlieutenant und Ritter des Kgl. Württ. Militär-Verdienstordens.
E. trat am 1. Jan. 1816 in das Guidekorps, das zum Generalquartiermeisterstab in Ludwigsburg gehörte, und avancierte am 22. Jan. 1822 zum Lieutenant ebd., 1829 zum Oberlieutenant und 1835 zum Hauptmann im Generalstab. Als solcher war er Kommandant der Kriegsschule in Ludwigsburg, wo er sich seit deren Gründung im Jahre 1820 seine Kenntnisse

---

[115] UNGERICHT, S. 145.

angeeignet hatte. Nach 1830 hatte sich E. längere Zeit zur Erlernung der französischen Sprache in Paris aufgehalten. 1842 erfolgte E.s Abkommandierung zu dem im Okt. des Jahres begonnenen Festungsbau nach Ulm, nach den Worten des Garnisonpfarrers →Bilfinger *eine entscheidende Wendung in seinem Leben.* Major von →Prittwitz und Gaffron, der den Festungsbau leitete, schätzte E. und betraute ihn mit einer wichtigen Aufgabe, der Leitung des Baues der Wilhelmsburg. Die nach dem König von Württemberg benannte Wilhelmsburg war ein gigantisches Bauunternehmen, dessen Leitung bei E. in den besten Händen lag. Am 18. Okt. 1844 wurde der Grundstein gelegt, am 22. Okt. 1848 konnte der von E. hoch verehrte König Wilhelm I. von Württemberg die Wilhelmsburg einweihen. Ende 1850 folgte der am 1. März 1846 zum Major und am 25. Mai 1849 zum Oberstleutnant beförderte E. Prittwitz von Gaffron – von diesem nachdrücklich empfohlen – als Festungsbaudirektor in Ulm unter gleichzeitiger Beförderung zum Oberst. Unter E.s Leitung konnte 1857 der Bau der Festungsanlage fertiggestellt werden. Seit 1857 fungierte er als Geniedirektor der Bundesfestung Ulm, am 15. Sept. 1862 wurde er auf sein Ansuchen unter Verleihung des Kommenturkreuzes des Württ. Kronordens als Oberst in das Ehreninvalidenkorps übernommen, dessen ältester Angehöriger er zuletzt war. E. war Mitglied des ev. Militärpfarrgemeinderates in Ulm und eine stadtbekannte Persönlichkeit, die großen Respekt genoss. Der zuletzt erblindete E. war Mitglied des Vereins für Kunst und Altertum in Ulm und Oberschwaben und lebte in Neu-Ulm bei seiner mit dem Bezirksamtmann Edmund von →Fischer verheirateten Tochter. – Offiziersehrenkreuz, Kommenturkreuz II. Kl. des Friedrichsordens, Ritterkreuz des Österr. Leopoldsordens.

Q   StadtA Ulm, G 2.
L   Ih 1, S. 200 [mit falschem Sterbedatum] – Staatsanzeiger Nr. 56, 7. März 1889, S. 285 – † Oberst von Erhardt, in: SK Nr. 67 (Abendblatt), 19. III. 1889, S. 502 – Württ. Jahrbücher 1889, VI* – UBC 2, S. 7 – UNGERICHT, S. 145.

Erhart (Erhard), Johann *Simon*, Dr. phil. h.c., * Ulm 30. März 1776, † Heidelberg 24. Juni 1829, ev.
Vater   Erhart, Schuhmacher in Ulm.

Der aus einer Ulmer Handwerkerfamilie stammende E. steht beispielhaft für die Aufstiegsmöglichkeiten in einer Ära der Umbrüche.
E. studierte nach Absolvierung des alten Ulmer Gymnasiums ab 1803 Philosophie an den Universitäten Altdorf, Würzburg und Leipzig. Danach zunächst als Privatlehrer bei einem Gutsbesitzer in der Lausitz tätig, unterrichtete er später die Kinder im Hause von Racknitz in Haunsheim und im Hause des Münchner Hofagenten Poppenheimer. 1809 war er Unterprimärlehrer an der Studienanstalt Schweinfurt, 1810 Oberprimärlehrer in Ansbach. 1813 erfolgte die Berufung zum o. Professor der Philosophie in Nürnberg. E. befaßte sich besonders mit ethischen Fragen. Seine Philosophie stand stets in enger Beziehung zur Theologie.
1816/17 wechselte E. als o. Professor an die Universität Freiburg im Breisgau, deren Prorektor er 1821 war. Die Universität Erlangen verlieh ihm am 11. Juli 1820 das philosophische Ehrendoktorat. Der Großherzog von Baden ernannte E. 1821 zum Hofrat. 1823 ging E. als o. Professor der Philosophie nach Heidelberg, wo er im Alter von 53 Jahren starb.

W   (Auswahl) Vorlesungen über die Theologie und das Studium derselben, Erlangen 1810 – Das Leben und seine Beschreibung, Nürnberg 1816 – Ueber den Begriff und Zweck der Philosophie, Freiburg 1817 – Philosophische Encyclopädie, oder System der gesammten wissenschaftlichen Erkenntniß. Ein Grundriß für Vorlesungen, Freiburg 1818 – Grundlage der Ethik, Freiburg 1821 – Vordersätze [sic!] zu Aufstellung einer systematischen Anthropologie, Freiburg 1822 – Apostolische Pastoral-Anweisung, oder Sendschreiben des Apostels Paulus an die Timotheus und Titus, mit Bemerkungen, in: Zeitschrift für Christenthum und Gottesgelahrtheit Nr. XII (1816) – Einleitung in das Studium der gesammten Philosophie, Heidelberg 1824.

L   Ih 1, S. 200 – Das gelehrte Teutschland 5 (1820), S. 523 f. – WEYERMANN II, S. 86 – [Karl von WECHMAR] Handbuch für Baden und seine Diener oder Verzeichniß aller badischen Diener vom Jahr 1790 bis 1840, nebst Nachtrag bis 1845, von einem ergrauten Diener und Vaterlandsfreund, Heidelberg 1846, S. 133, 251.

Erlenmeyer, *Albert* Christian Wilhelm, * Ulm-Söflingen 21. Aug. 1868, † Stuttgart 15. Jan. 1935, □ ebd. Pragfriedhof, ev.
Vater   Christian Erlenmeyer[116], * Ringingen bei Blaubeuren 9. III. 1841, † Stuttgart 28. I. 1902, Bürger in Illingen, Forstamtsassistent in Söflingen, später Kgl. Oberförster in Heidenheim/Brenz, 1899 Ritterkreuz I. Kl. des Friedrichsordens, s. d. Revierförsters Erlenmeyer in Ringingen, Ehrenmitglied des Vereins für Kunst und Altertum in Ulm und Oberschwaben.
Mutter   Marie Habermaas, * Illingen/OA Maulbronn 6. VIII. 1844, † Stuttgart 14. VIII. 1904.
∞ Hortense Dieudonné, * 1885, † 1971.

Der Mann, durch dessen Hände viele Jahre lang alle wichtigen Akten der württembergischen Regierung gingen, zählte zu den Spitzenbeamten seiner Zeit.
Nach dem Studium der Forst- bzw. später der Regiminalwissenschaft in Tübingen (Mitglied der Burschenschaft Germania) und den Dienstprüfungen avancierte er zum Amtmann in Heidenheim/Brenz, später bei den Oberämtern Ludwigsburg und wieder Heidenheim/ Brenz. 1899 Kanzlist, dann Regierungsassessor (Geheimer Expeditor) und 1905 Kanzleidirektor beim Geheimen Rat, wurde E. schließlich zum Oberregierungsrat befördert. Er war Reserveoffizier (Oberleutnant) beim Dragonerregiment Königin Olga (1. Württ.) Nr. 25. Von 1914 bis 1918 leistete er Kriegsdienst im Ersten Weltkrieg, zuletzt als Rittmeister bei den Weißen Dragonern. Danach setzte er seine Laufbahn als Kanzleidirektor (Titel Oberregierungsrat, zuletzt Ministerialdirektor) beim Württ. Staatsministerium fort und war von Aug. 1919 bis Juni 1928 als Ministerialdirektor Amtschef ebd.
Bereits im Oktober 1927 machte eine schwerwiegende Erkrankung einen längeren Urlaub notwendig und veranlasste E. im Jan. 1928, sein Abschiedsgesuch einzureichen. Das Staatsministerium bewilligte es jedoch nicht sofort, sondern erst, nachdem E.s Gesundheit von neuem erschüttert worden war. Wert wurde darauf gelegt, den Rücktritt nicht mit der Neubildung des Staatsministeriums unter Staatspräsident Eugen →*Bolz im Zuge der Landtagswahl des Jahres 1928 in Verbindung zu bringen: *Seiner außerordentlichen Arbeitskraft und seinen umfassenden Kenntnissen war es in erster Linie zu danken, dass in den kritischen Momenten der Staatsumwälzung und der folgenden Zeit die Geschäfte weitergeführt werden konnten. [Der frühere Staatspräsident Wilhelm Blos selbst hat dies in seinem Memoirenwerk mit Worten höchster Anerkennung hervorgehoben.] Auch die späteren Regierungen sind seiner Mitarbeit aufs höchste verpflichtet. Seine überragende Kenntnis der Materie und der personellen Zusammenhänge, seine vollkommene Beherrschung der Staatsmaschinerie, vor allem in den Beziehungen zu den anderen Ländern und zum Reich, wußte die Geschäftsführung auch in den schwierigsten politischen Verwicklungen stets auf sicherem Kurs zu halten. Nicht zuletzt ist es die Presse, die seinem weiten Verständnis für ihre Aufgaben und seiner tatkräftigen Unterstützung, die auch bei der Schaffung der Pressestelle des Staatsministeriums maßgebend in Erscheinung getreten war, großen Dank schuldet. Besonders aber in der ihm unterstellten Beamtenschaft wird das Ausscheiden des hochverdienten, auch in seinem persönlichen Wesen vorbildlichen Mannes tief bedauert werden. Möge ihm die Entlastung von seiner aufreibenden Tätigkeit bald die vollständige Genesung, das verdiente otium cum dignitate bringen* (Schwäb. Kronik). E. erlag sieben Jahre nach Eintritt in den Ruhestand den Folgen eines Schlaganfalls.

Q   Schriftliche Mitteilung des StadtA Ulm vom 7. II. 1995.
L   Ih 1, S. 201 – Ministerialdirektor Erlenmeyer zum Ausscheiden aus seinem Amt, in: SK Nr. 256 (Abendblatt), 4. 6. 1928, S. 6 – SCHMIDGALL, Burschenschafterlisten, S. 101 – PHILIPP, Germania, S. 105, Nr. 1489.

---

[116] PHILIPP, Germania, S. 85, Nr. 1248.

Ernst, *Christian* Ludwig, Mag., * Marbach am Neckar 10. Feb. 1837, † Ulm 21. Dez. 1902, ⬚ ebd., Hauptfriedhof, ev.

Vater   Johann Konrad Ernst, Rotgerber in Marbach/Neckar.
Mutter   Katharina Sophia Pfahler.
∞ 1869 Helene Albertine Wieland, * 1849, † 1916, T. d. Johann Michael →*Wieland, u. d. Margaretha Moll, * 1. III. 1816, † Ulm 16. VI. 1875.
8 K, darunter Max →Ernst; Karl Richard →Ernst, Oberregierungsrat; Otto Hermann Ernst, * 22. XII. 1877, † 7. VII. 1952, Kaufmann in Ulm; Klara Luise Ernst, * 13. VIII. 1882.

Mit E. begann die enge Bindung der Familie Ernst an Ulm. Zahlreiche ihrer Vertreter wirkten seitdem hervorragend in öffentlichen Funktionen der Stadt und des Staates.
E. entstammte einer Handwerkerfamilie des Unterlandes. Nach dem Landexamen war er Zögling am ev.-theol. Seminar Maulbronn, anschließend wechselte er zum Theologiestudium nach Tübingen. Von 1868 bis 1870 war er Oberhelfer (Erster Diakon) in Winnenden und Geistlicher an der „Irrenheilanstalt" Winnental ebd. Im Aug. 1870 erfolgte E.s Ernennung zum Diakon am Münster in Ulm, eine Stelle, die er am 13. Sept. 1870 antrat. 1871 zugleich zum Ulmer Bezirksschulinspektor ernannt, konnte E. zum 1. Juli 1878 offiziell die Nachfolge des verstorbenen Wilhelm →List als Zweiter Stadtpfarrer am Münster ebd. antreten – ein Amt, das er bis zu seinem Tode innehatte. Vom 1. Nov. 1888 bis 10. Sept. 1889 nahm E. nach der Pensionierung des Dekans und Ersten Stadtpfarrers am Münster Paul von →Pressel dessen Stellvertretung wahr. Bei der Organisation der Feierlichkeiten im Zusammenhang mit der Vollendung des Münsters stand E. in vorderster Reihe und wirkte u. a. in der Musikkommission mit. Bei der Schlusssteinsetzung am 31. Mai 1890 sprach E. feierliche „Worte frommer Andacht". 1895 konnte die ev. Kirchengemeinde feierlich das 25-jährige Amtsjubiläum E.s in Ulm begehen: *Mit seiner praktischen Lebenserfahrung, seinem glänzenden Humor und seiner volkstümlichen Persönlichkeit erfreute er sich in weiten Kreisen der Bürgerschaft großer Beliebtheit* (UBC 3, S. 275). – Mitglied des Vereins für Kunst und Altertum in Ulm und Oberschwaben. – 1889 Jubiläumsmedaille; 1890 Ritterkreuz I. Kl. des Friedrichsordens.

Q   StadtA Ulm, G 2.
L   Ih 1, S. 201 – Magisterbuch 30 (1897), S. 90 – Staatsanzeiger 1902, S. 2113 – SK 1902/Nr. 597 – Württ. Jahrbücher 1902, S. V – UBC 2, S. 247, 348, 559 – UBC 3, S. 105, 172, 273 f., 275 (Bild) – NEBINGER, Die ev. Prälaten, S. 580, 583, 587 – SPECKER, Ulm im 19. Jahrhundert, S. 59, 95.

Ernst, *Elise* Amalie, geb. Stein, * Ulm 16. Feb. 1889, † ebd. 3. Jan. 1969, ev.

Vater   Karl Stein, Sattlermeister und Kgl. Württ. Hoflieferant in Ulm.
Mutter   Ottilie Sontheimer.
12 G, davon 10 † früh.
∞ 1912 Otto Hermann Ernst, * 22. XII. 1877, † 7. VII. 1952, Kaufmann (Kartoffel-Großhändler, bekannt als „Kartoffel-Ernst") in Ulm, S. d. Christian →Ernst.
4 K, darunter Helene Ernst, * Ulm 1913, † Wilhelmsfeld bei Heidelberg 1989, ∞ Walter Adler, Pfarrer; Margarete Ernst, ∞ Georg Heinhold, Landwirt in Ulm; Siegfried →Ernst.

Mit E. ist die „Christliche Bahnhofshilfe" in Ulm in den Jahren nach dem Zweiten Weltkrieg untrennbar verbunden.
Sie kam als Tochter eines angesehenen Ulmer Handwerkers in der Glöcklerstraße zur Welt, besuchte die Volksschule und anschließend das Internat Maria-Martha-Stift der Neuendettelsauer Schwestern in Lindau. Nach einer gründlichen hauswirtschaftlichen Ausbildung kehrte sie nach Ulm zurück und heiratete einen bekannten Ulmer Kaufmann, der seine ersten Berufsjahre u. a. in London und Paris verbracht hatte. Sie war Mitglied der bekennenden Kirche und stand in Ulm für den Kampf der Kirche gegen das NS-Regime. 1934 war sie an der Planung einer Großkundgebung auf dem Münsterplatz beteiligt.
Nach Ende des Zweiten Weltkriegs, als der Ulmer Bahnhof auf Jahre zur Drehscheibe des Schicksals von vielen Hunderttausend Flüchtlingen wurde, erwarb sich E. bleibende Verdienste als Initiatorin der „Christlichen Bahnhofshilfe". Zunächst nur im Kreise ihrer Familie in einer kleinen Teeküche tätig, die von der Martin-Luther-Kirchengemeinde gestiftet war, später mit einem Dutzend Helferinnen und Helfern, fuhr sie mehrmals täglich Haferbrei und Tee mit dem Leiterwagen zum Bahnhof. Sie erwarb von der Besatzungsmacht, ausgestattet mit einer Sondergenehmigung für ihre Tätigkeiten, eine Baracke, die zum Zentrum ihrer Arbeit wurde. Mindestens ebenso wichtig wie ein heißes Getränk und Essen waren für die entwurzelten Menschen jedoch die Gespräche und die menschliche Zuwendung, die sie auf dem Ulmer Bahnhof fanden. Im Verlauf von drei Jahren wurden ca. zwei Millionen Menschen unentgeltlich verköstigt und betreut.
E. vermittelte elternlosen Kindern eine neue Heimat, kleidete mit Hilfe einer Nähstube viele tausend Menschen ein und verhinderte mehr als einmal, dass desillusionierte Soldaten ohne jede Perspektive den Werbern der Fremdenlegion ins Netz gingen.

Q   StadtA Ulm, G 2 [darin u. a. der gedruckte „Jahresbericht der Christlichen Bahnhofshilfe Ulm-Donau 1945: Von der Teekanne zur Baracke. Vom Senfkorn zum Baum"].
L   Elise Ernst verstorben, in SWP Nr. 4, 7.1.1969, S. 9 – Die Bahnhofshilfe mitbegründet, in: SWP Nr. 91, 20.4.1989 – Ilse SCHULZ/Ulrike KULITZ, Elise Ernst, in: Ökumenischer Arbeitskreis Frauen (Hg.), Ulmer Frauenwege im 20. Jahrhundert. Tatkraft aus Nächstenliebe, Ulm 2006, S. 35-42 (Bilder).

Ernst, *Max* Konrad, * Winnenden/OA Waiblingen 19. Nov. 1869, † Ulm 27. Nov. 1945, ⬚ ebd., Hauptfriedhof, ev.

Eltern und G siehe Christian →Ernst.
∞ 12. VII. 1902 Marie Luise Kraft, * 22. II. 1883, † 13. XII. 1955.
2 K   Helmut Ernst, Dr.-Ing., * 23. V. 1903, Betriebsleiter in Düsseldorf; Gertrud Ernst, * 31. VII. 1907, Bibliothekarin in Ulm.
Ein Sohn eines Bruders seines Vaters war Viktor Ernst[117], Dr. phil., * Marbach/Neckar 18. II. 1872, † Stuttgart 30. X. 1933, Oberregierungsrat beim Statistischen Landesamt, Professor, Ausschuss- und zuletzt geschäftsführendes Mitglied der Württ. Kommission für Landesgeschichte.

Als Ulmer Geschichtsforscher ist E. in Erinnerung geblieben, weniger als Jurist, ungeachtet seiner respektablen Karriere, die ihn bis in das Amt des Oberstaatsanwaltes am Landgericht Ulm führte. Zahlreiche seiner Arbeiten erschienen im Vereinsorgan des Vereins für Kunst und Altertum in Ulm und Oberschwaben, zu dessen aktivsten Mitgliedern E. zählte. Der Verein ernannte ihn nach elfjähriger Amtszeit als Vorsitzenden zum Ehrenmitglied. In der Historiographie Ulms hat er, mit dem besonderen Schwerpunkt auf dem Mittelalter und der frühen Neuzeit, unauslöschliche Spuren hinterlassen.
Der Sohn des hoch angesehenen Münsterpfarrers war ein knappes Jahr vor der Berufung seines Vaters nach Ulm in Winnenden zur Welt gekommen, wuchs aber in Ulm auf und erhielt dort seine Schulbildung, zuletzt von 1875 bis 1887 am Kgl. Gymnasium. Nach dem Abitur und der Absolvierung der Militärdienstzeit als Einjährig Freiwilliger beim Grenadier-Rgt. „König Karl" in Ulm studierte E. in Tübingen, Berlin und Leipzig Jura, bestand 1892 die I. Höhere Justizdienstprüfung und nach Absolvierung des Referendariats in Ulm 1895 die II. Höhere Justizdienstprüfung. 1896 trat er als Rechtsanwalt in die angesehene Ulmer Kanzlei von Rechtsanwalt Max →Oßwald ein.
1897 wechselte E. in den unständigen Justizdienst des Königreichs Württemberg, der ihn als Assessor bzw. stv. Amtsrichter nach Stuttgart und Cannstatt führte, von 1897 bis 1899 als „Hilfsarbeiter" an die Staatsanwaltschaft beim Landgericht

---

[117] Ih 1, S. 202.

Heilbronn/Neckar und zuletzt im Jahre 1900 an das Amtsgericht Ulm. 1901 erhielt er als Hilfsstaatsanwalt eine Stellung bei der Stuttgarter Staatsanwaltschaft. 1906 kehrte er als Landrichter nach Ulm zurück, wo er bis zu seiner Zurruhesetzung im Jan. 1935 wirkte. 1913 zum Staatsanwalt ernannt, folgte 1923 E.s Berufung zum Oberstaatsanwalt beim Landgericht Ulm. Im Ersten Weltkrieg war E. zunächst als Oberleutnant, seit 1916 als Hauptmann der Landwehr und Militärpolizeimeister beim Gouvernement der Festung Ulm eingesetzt. Über seine Erfahrungen und Beobachtungen in dieser Zeit, endend mit den gewalttätigen Teuerungsdemonstrationen vom Juni 1920, hat E. eine umfängliche Darstellung verfasst, die in stark gekürzter Form 1970 von Max →Huber veröffentlicht wurde. Als Staatsanwalt war E. beim Prozess vor dem Landgericht Ulm später Vertreter der Anklage gegen ca. 60 Beteiligte dieser Demonstration. So sehr E. dem Typus des konservativen Staatsbeamten entsprach, der den Untergang der Monarchie bedauerte und der Republik kritisch gegenüberstand, so wenig wird man ihn als Chauvinisten bezeichnen können. Seine Arbeit zur „strategischen und taktischen Würdigung der Festung Ulm im 19. und 20. Jahrhundert" wurde nicht publiziert, weil er den Bedingungen des Heeresarchivs in Potsdam – u. a. Streichung aller Erwähnungen des Reichspräsidenten Friedrich Ebert – nicht entsprechen wollte.

Sein historisches Interesse hatte sich während des Studiums entwickelt, in dessen Verlauf er bei Heinrich von Treitschke, Heinrich Brunner (beide Berlin) und Rudolf Sohm (Leipzig) Vorlesungen gehört und sich eine besondere Neigung zur Rechtsgeschichte ausgebildet hatte. 1906 war E. in den Verein für Kunst und Altertum in Ulm und Oberschwaben eingetreten und vor allem durch seinen Freund Adolf →*Kölle zur Erforschung der Geschichte Ulms veranlasst worden. Im Dez. 1923 übernahm E. nach dem Rücktritt von Johannes →Greiner den Vorsitz des Vereins, der ihn nach seinem Rücktritt 1934 zu seinem Ehrenmitglied ernannte. Der Rücktritt war aus der Sicht E.s notwendig geworden, nachdem seine Stellungnahme für den jüdischen Direktor des Ulmer Museums, Julius →Baum, ihn persönlich in Schwierigkeiten gebracht hatte und dies auch den Verein zu belasteten drohte. E. behielt aber die Schriftleitung des Vereinsorgans „Ulm und Oberschwaben" bei. Als Vertreter des Vereins war er von 1926 bis 1936 und wieder seit 1940 Mitglied der Württ. Kommission für Landesgeschichte.

Als E. im Alter von 76 Jahren ein halbes Jahr nach Ende des Zweiten Weltkrieges starb, wurde dem tatkräftigen Mann und leidenschaftlichen Ulmer die Möglichkeit genommen, am Wiederaufstieg des im Krieg schwer geschlagenen Ulm Anteil zu nehmen. – Landwehr-Dienstauszeichnung II. Kl.

Q   StadtA Ulm, H Ernst, schriftlicher Nachlass – ebd., G 2.
W   (Auswahl) Das Kloster Reichenau und die ältere Siedlungen der Markung Ulm, in: Mitteilungen des Vereins für Kunst und Altertum in Ulm und Oberschwaben – künftig als UO abgekürzt – 23 (1924), S. 3-87 – Halsgerichtsordnung des Ulmer Stadelgerichts von 1457, ebd. S. 80-83 – Verzeichnis der Stadelhofs vom Jahre 1531, ebd., S. 84 f. – Stammtafel des Vogts und Landrichters von Ulm Graf Albert von Dillingen, ebd., S. 86 – Festgruß [anlässlich des 550-Jahr-Jubiläums des Ulmer Münsters], in: UO 25 (1927), S. 3-5 – Die alte Pfarrkirche über Feld und ihr Sprengel, ebd., S. 7-22 – Drei Votivtafeln des Wilhelm Besserer, Hauptmann des Schwäbischen Bundes, in der Besserer-Kapelle des Ulmer Münsters, ebd., S. 61-70 – Wo lag der Reichenauer Hof in Ulm?, in: Ulmische Blätter 3 (1927?, S. 33 f., 51-53 – Zur Geschichte des Reichenauer Hofs in Ulm, in: UO 26 (1929), S. 71-74 – Kriegsfahnen im Mittelalter und die Reichssturmfahne von Markgröningen, in: Württ. Vierteljahreshefte N.F. 36 (1930), S. 102-132 – Vorwort. Zum vierhundertjährigen Reformationsjubiläum, in: UO 27 (1930), S. III-X – Neunzig Jahre Vereinsgeschichte, in: UO 28 (1932), S. 3-21 – Der grüne Hof in Ulm, ebd., S. 71-90 – Alte Steinkreuze in der Umgebung Ulms, in: UO 29 (1934), S. 1-52 – Die ältesten Fresken Ulms im ehemaligen Ehinger Hof. Neue Forschungen zur Ulmer Kunstgeschichte des 15. Jahrhunderts. Ein neuer Multscherfund, in: UO 30 (1937), S. 1-63 – Wengenkloster und Wengenkirche in Ulm, ebd., S. 85-119 – Der Ulmer Totentanz im Wengenkloster, ebd., S. 123 – Miszellen zur Geschichte Ulms, in: ZWLG 5 (1941), S. 430-450 – Bernhard Besserer, Bürgermeister von Ulm, 1471-1542, ebd. S. 88-113 [in gekürzter Fassung in: Schwäb. Lebensbilder 2 (1941), S. 35 ff.] – Frater Felix Fabri, der Geschichtschreiber der Stadt Ulm, in: ZWLG 6 (1942), S. 323-367 – (aus dem Nachlass hg.

von Max HUBER) Die Ulmer Garnison in der Revolution 1918/19, in: UO 39 (1970), S. 149-188.
L.   Ih 1, S. 201 – UBC 1, S. 327 – UBC 2, S. 142 – UBC 3, S. 66 – UBC 4, S. 220, 333 – UBC 5a, S. 100 – Karl Siegfried BADER, Max Ernst zum Gedächtnis, in: ZWLG 8 (1944-1948), S. 445-457 – Otto WIEGANDT, Max Ernst †, in: UO 32 (1951), S. 113 f. – WB I (2006), S. 67-69 (Hans Eugen SPECKER).

Ernst, Karl *Richard*, * Ulm 6. März 1872, † ebd. 17. Jan. 1958, ev.
Eltern und *G* siehe Christian →Ernst.
Ledig. Keine *K*.

Wie sein Bruder Max →Ernst war E. württ. Staatsbeamter, wirkte allerdings in den 40 Jahren seiner Tätigkeit nicht in der Justiz-, sondern in der Innenverwaltung.
Nach dem Besuch des Kgl. Gymnasiums in Ulm studierte E. von 1891 bis 1896 Rechts- und Staatswissenschaften in Tübingen und Berlin. 1896 bestand er die I., 1897 die II. Höhere Dienstprüfung. Er trat 1898 als stv. Amtmann beim OA Heidenheim in den württ. Staatsdienst ein und war bis 1903 in gleicher Funktion bei den OÄ Oberndorf und Ulm tätig. 1903 wurde E. zum Amtmann in Backnang ernannt, verblieb aber beim OA Ulm, wo seine Beamtenstelle von 1905 bis 1918 auch etatmäßig verankert war. 1912 wechselte er als Kollegialhilfsarbeiter und ab 25. Feb. 1914 als Oberregierungsassessor zur Regierung des Donaukreises in Ulm.
Im Ersten Weltkrieg leistete E. als Oberleutnant beim Landsturm-Fußartillerie-Bataillon XIII (preuß. Kontingent) freiwilligen Kriegsdienst und war 1916 verwendet als Oberamtsverweser in Waldsee und 1917 als Kollegialhilfsarbeiter bei der Regierung des Jagstkreises in Ellwangen/Jagst. 1917 wechselte E. als Oberregierungsassessor zur Zentralstelle für Gewerbe und Handel, wo er am 20. Mai 1918 zum Oberamtmann aufstieg. Von 1920 bis 1925 war er als Nachfolger des verstorbenen Josef Schöller Oberamtmann von Wangen/Allgäu. Nach fünfjähriger Amtszeit wechselte E. für kurze Zeit zur noch der Aufhebung der Kreisregierungen neu geschaffenen Ministerialabteilung für Bezirks- und Körperschaftsverwaltung im württ. Innenministerium. In dieser Zeit berief ihn Staatsrat Leopold Hegelmaier Anfang 1925 in die von ihm geleitete Kommission zur Aufstellung einer Landesordnung des Allgemeinen öffentlichen Rechts. Deren Aufgabe war die Fassung des gesamten Allgemeinen Verwaltungsrechts in Gesetzesform – ein ad dato in Deutschland nicht gewagter Versuch, bei dem E. seine Kenntnisse des Verwaltungsrechts sehr zugute kamen. Von 1926 bis zu seiner Pensionierung 1937 war er Oberregierungsrat und ao. sowie stv. o. Mitglied des Verwaltungsrats bei der Gebäudebrandversicherungsanstalt in Stuttgart, ab 1. Nov. 1932 auch dessen o. Mitglied. In seinem 20 Jahre dauernden Ruhestand befasste sich E. mit historischen Forschungen zur Ortsgeschichte Kißleggs im Kreis Biberach. – 1917 Wilhelmskreuz.

Q   StAL, E 179/II Bü 3140 und 3995.
W   Zur Frühgeschichte von Kißlegg, in: UO 33 (1953), S. 20-42 – Zur Frühgeschichte von Kißlegg. Von der ersten menschlichen Siedlung bis zur Übernahme der Herrschaft Kißlegg durch die Herren von Schellenberg um 1300, Kißlegg 1988.
L.   Amtsvorsteher, S. 239 f. (Reiner FALK) – Leopold HEGELMAIER, Beamter und Soldat 1884-1936. Lebenserinnerungen von [...], Stuttgart 1937, S. 271.

Ernst, Richard Christian *Siegfried*, Dr. med., * Ulm 2. März 1915, † ebd. 7. Mai 2001, ⬜ ebd., Hauptfriedhof, ev., 1997 Übertritt zum kath. Glauben.
Vater   Otto Hermann Ernst, * 22. XII. 1877, † 7. VII. 1952, S. d. Christian →Ernst, Kaufmann in Ulm.
Mutter   *Elise* Amalie Stein (siehe Elise →Ernst).
∞ Dorothea („Dorle") Keppler.
6 *K*.

E. war eine der bekanntesten Ulmer Persönlichkeiten in der zweiten Hälfte des 20. Jahrhunderts. Als CDU-Politiker, Gemeinderat und ebenso gläubiger wie aktiver Christ war der in seinen Moralvorstellungen rigorose und im höheren Alter nachgerade fundamentalistische E. nicht unumstritten.

E. wuchs in einer großbürgerlichen Familie heran und wurde streng gläubig erzogen. Schon als Gymnasiast engagierte er sich im Rahmen der Schülerbibelkreise und übernahm in Ulm deren Leitung. Nach dem Besuch des Ulmer Gymnasiums begann E. 1934 in Tübingen mit seinem Medizinstudium (Mitglied der Burschenschaft Normannia). E.s Verhalten und innere Haltung während der NS-Zeit ist schwer zu ermitteln. E. gibt an, er habe sich während des Studiums 1936 der „Moralischen Aufrüstung" angeschlossen und ein satirisches Theaterstück mit Seitenhieben gegen den NS-Staat verfasst. Nach Anzeigen seitens des NS-Studentenbundes sei gegen ihn ein Strafverfahren eingeleitet worden.

1939 erhielt er seine erste Stelle als Assistenzarzt an der Universitätsklinik München. Im Zweiten Weltkrieg war der der NSDAP angehörende E. Truppenarzt und stand laut Vermerken in seinem Dienstbuch angeblich unter Sonderbefehl von Reichsführer SS Himmler.

Nach 1945 ließ sich E. als praktischer Arzt in Ulm nieder. Später übernahm er zusätzlich die Aufgabe des Betriebsarztes der Wieland-Werke. Als Gründer und Leiter der Arzthelferinnenschule „Merkur" erwarb er sich bleibende Verdienste. 1964 gab er die „Ulmer Ärztedenkschrift" heraus. 1970 gründete er die *gegen die Zerstörung der geistigmoralischen Grundlagen der Kultur gerichtete* „Aktion Ulm 70" und erstattete Anzeige gegen Oswalt Kolle, den Regisseur mehrerer „Aufklärungsfilme". 1972 zählte er zu den Mitgründern der Europäischen Ärzteaktion und übernahm deren Vorsitz in den deutschsprachigen Ländern. 1974 wirkte der Abtreibungsgegner an der Gründung der „World Federation of Doctors who respect Human Life" mit und rief 1979 die Zeitschrift „Medizin und Ideologie" ins Leben.

E. betrachtete öffentliches Engagement als selbstverständliche Pflicht und engagierte sich in außergewöhnlicher Weise beim Ulmer Gesamtelternbeirat, dessen Vorsitz er von 1952 bis 1963 innehatte. 1960 übernahm er für sechs Jahre den Vorsitz der CDU Ulm, 1962 wurde er in den Gemeinderat gewählt, dem er bis 1975 angehörte. E. war ein rühriges Mitglied des Kirchengemeinderats der Münstergemeinde und des Münsterbaukomitees. Er hielt zahlreiche Vorträge im In- und Ausland und setzte sich für die Völkerverständigung sowie besonders für die Städtepartnerschaft mit New Ulm (USA) ein.

Von 1972 bis 1989 war er für Ulm und Blaubeuren Abg. zur Ev. Landessynode, zuletzt deren Alterspräsident. Im höheren Alter vollzog E., nicht wenig beeinflusst durch Gespräche mit dem mit ihm befreundeten Kardinal Joseph Ratzinger (späteren Papst Benedikt XVI.) und Privataudienzen bei Papst Johannes Paul II., die völlige Abkehr vom ev. Glauben und trat zum kath. Glauben über. Zuvor hatte er sich öffentlich gegen die Abhaltung eines Gottesdienstes für Homosexuelle im Ulmer Münster eingesetzt und dagegen polemisiert. Schon zuvor war er Mitglied des Theol. Konvents der Konferenz Bekennender Gemeinschaften geworden. In seinem Todesjahr stiftete er dem Münster eine Pietà. Er starb kurz nach Vollendung des 86. Lebensjahres.

Q   StadtA Ulm, G 2.
W   (Auswahl) Das größte Wunder ist der Mensch, Buxheim 1974 – Ruf der Türme, in: Bürgerfest um die Bürgerkirche, Ulm 1977, S. 98 – Alarm um die Abtreibung, 2 Bände, Neuhausen-Stuttgart 1979 – Dein ist das Reich - Vom Plan mit den Menschen und den Ideologien, Stein am Rhein 1982 – Ev. Gedanken zur Frage des Petrusamtes, Stein am Rhein 1982 – Sprechende Steine, lebendiges Glas, Vermächtnis aus Holz. Die Botschaft des Ulmer Münsters an unsere Zeit mit eigenen Gedichten, Lindau 1993 – Auf dem Weg zur Weltkirche, Stein am Rhein 1998 – Mit Gott im Rückspiegel, 1999.
L   SCHMIDGALL, Burschenschafterlisten, S. 191, Nr. 1277 – MAYER, Die ev. Kirche, S. 173, 217, 299, 313 – NUZ, 8. V. 2001 – Schwäb. Zeitung, 8. V. 2001 – SWP (Ulm), 9. V. 2001 – EHMER/KAMMERER, S. 135 (Bild).

Eser, Anton *Friedrich* Xaver, * Gutenzell-Hürbel/OA Biberach 14. Feb. 1798, † Stuttgart 13. Juni 1873, ▫ ebd., Pragfriedhof, kath.

Vater   Judas Thaddäus Eser, Rat, Obervogt und Rentamtmann in Diensten der Freiherren von Freyberg-Eisenberg, später der Grafen Reuttner von Weyl.
Mutter   Creszenz von Zwergern.
4 *G*, darunter Sophie Eser, * 1788, ∞ 1812 Franz Xaver Dominik von Welz[118], * Altdorf-Weingarten 5. V. 1770, Landschaftskassier in Altdorf-Weingarten, Finanzkammersekretär in Ulm.
∞ 12. IX. 1822 Friederike Fetzer, † Stuttgart 1870, T. d. Johann Jakob Fetzer[119], * Reutlingen 24. VIII. 1760, † ebd. 20. II. 1844, letzter regierender Bürgermeister der Reichsstadt Reutlingen, zuletzt Rechtskonsulent ebd.
5 *K*.

E. war als Finanzbeamter nur zehn Jahre lang in Ulm, aber in dieser Zeit wirkte er – außerhalb seiner amtlichen Tätigkeit – nachhaltig. Vor allem seine Mitwirkung an der Gründung des Vereins für Kunst und Altertum in Ulm und Oberschwaben war bedeutend.

Im Gegensatz zu drei seiner Geschwister überlebte E. als Kleinkind die Pockenkrankheit, behielt aber Narben zurück. Der etwas gehemmte E. besuchte die Dorfschule in Hürbel und seit 1810 das Gymnasium in Kempten. 1812 wechselte er an das Gymnasium in Rottweil. Schon in dieser Zeit war bei E. das Interesse an Versteinerungen und Insekten erwacht. Im Herbst 1815 ging er zum Studium der Medizin, später der Rechtswissenschaften und der Kameralistik nach Tübingen, wo er zunächst Mitglied des Corps Württembergia war, ehe er sich der Burschenschaft (Alte Arminia bzw. später Germania) anschloss. Ende 1819 fand er nach bestandener Fakultäts- und Dienstprüfung eine provisorische Anstellung als Aktuar beim Oberamtsgericht Urach. Dort lernte er den Dichter Wilhelm Waiblinger (1804-1830) kennen, mit dem er eng befreundet war. E. schätzte Waiblingers Arbeit sehr und setzte sich für ihn ein, als der Verleger Cotta sein Stipendium für Waiblinger zurückzog. Als alter Mann setzte sich E. mit anderen für die Errichtung eines Grabdenkmals für den so früh Verstorbenen auf dem protestantischen Friedhof in Rom ein.

1820 wechselte E. vom württ. Justizdienst in die Finanzverwaltung der Grafen Reuttner, die nunmehr Gutsbesitzer in Hürbel waren und in deren Dienste E.s Vater getreten war. E. unterstützte diesen zunächst und trat nach dessen Pensionierung die Nachfolge als Gräflicher Rentbeamter an. 1840 wechselte er nach dem Verkauf Hürbels an Württemberg in die württ. Finanzverwaltung und kam am 16. März als provisorischer Assessor zur Finanzkammer für den Donaukreis in Ulm. 1841 erfolgte die definitive Anstellung als Assessor, 1842 die Ernennung zum Finanzrat, später zum Oberfinanzrat in Ulm. Seine lokalgeschichtlich bedeutende Tat war die wesentliche Mitwirkung bei der Gründung des Vereins für Kunst und Altertum in Ulm und Oberschwaben im Jahre 1841, an dessen Spitze er 1846 als Vorsitzender trat. E. hielt Vorträge und veröffentlichte Aufsätze im Organ des Vereins. Daneben widmete er sich weiter der Naturforschung, nahm an Ausgrabungen teil und machte seine Sammlung von Versteinerungen national bekannt. Drei Fossilienarten (Potamogeton Eseri, Unio Eser und Amohicon Eseri) wurden nach ihm benannt. In den „Jahresheften des Vereins für vaterländische Naturkunde" veröffentlichte er mehrere Abhandlungen zur Erdgeschichte, außerdem widmete er sich der Entomologie, der Insekten- und Muschelkunde.

1850 erfolgte die Auflösung der Finanzkammer in Ulm. E. wurde am 6. Mai 1850 als Oberfinanzrat zur Ablösungskommission in Stuttgart berufen. Sein Herbarium nahm er mit, aber die Schmetterlings- und Petrefaktensammlung überließ er der Ulmer Realschule, wo sich Professor Christian →Reuß ihrer annahm. E. unternahm zahlreiche größere Reisen, u. a. nach Rom, und arbeitete an seinen posthum veröffentlichten Le-

118 CAST I, S. 493.
119 Ih 1, 218.

benserinnerungen „Aus meinem Leben", die hochinteressante Einblicke und Charakterisierungen zahlreicher bekannter Persönlichkeiten vermitteln, weshalb sie noch heute auf dem antiquarischen Büchermarkt gute Preise erzielen. – Ehrenmitglied des Württ. Altertumsvereins, Mitglied des Verwaltungsrats der deutschen Geschichts- und Altertumsvereine; 1862 Mitglied des Verwaltungsrats des Museums Vaterländischer Altertümer in Stuttgart; korrespondierendes Mitglied des Vereins für vaterländische Naturkunde in Württemberg.

Q   StadtA Ulm, G 2 alt.
W   (kleine Auswahl) P. BECK, (Hg.), Friedrich Eser. Aus meinem Leben, Ravensburg 1907 – Zwei Monate in Italien. Reiseerinnerungen eines Kunstfreundes, Stuttgart 1859 – Ein Skulpturwerk aus der zweiten Hälfte des 16. Jahrhunderts im Besitze des Herrn Grafen Reuttner von Weyl zu Achstetten OA Wiblingen, in: Verhandlungen des Vereins für Kunst und Altertum in Ulm und Oberschwaben, 2. Bericht, 1844 – Petrefacten aus der Molasse bei Ulm und dem Krebsschscherenkalk von Söflingen, in: Jahreshefte des Vereins für vaterländische Naturkunde in Württemberg XII (1856), 63 ff.
L   Ih 1, S. 203 – Jahreshefte des Vereins für vaterländische Naturkunde in Württemberg 31 (1875) – P. BECK, Oberfinanzrat F. Eser aus Hürbel (1798-1873), Kunst- und Naturforscher, in: Diözesanarchiv aus Schwaben 25 (1907) – Lebensbilder aus Schwaben und Franken 11 (1969), S. 195-213 (Gabriele von KOENIG-WARTHAUSEN) – HEPACH, Königreich, S. 138 – Gabriele von KOENIG-WARTHAUSEN, Zum 150. Todestag eines fast Vergessenen. Wilhelm Waiblinger und sein schwäbischer Freund Friedrich Eser, in: Heimatkundliche Bll. für den Kreis Biberach 3 (1980), H. 1, S. 17-19 – DIES., Friedrich Eser (1798-1873). Ein bedeutender Oberschwabe, ebd., H. 2, S. 45-50 – PHILIPP, Germania, S. 14, Nr. 60 – SPECKER, Ulm im 19. Jahrhundert, S. 18-20, 178 – HUBER, Haßler, S. 30, 34, 124.

Essich (seltener: Essig), Carl August (von), * Cannstatt 27. Jan. 1776, † Stuttgart 10. Feb. 1854, ev.

Vater   Johann Friedrich Essich, Mag., Diakon in Cannstatt, zuletzt Special-Superintendent der oberen Maulbronner Diözese und Pfarrer in Dürrmenz.
Mutter   Hedwig Dorothea Hoffmann.
∞ Ludwigsburg 1. V. 1807 Christiana Friederika Diederich, T. d. August Diederich, Hauptmann und Reichspostmeister in Ludwigsburg.
Mehrere K, darunter Carl Gustav Albert (von) Essich[120], * Stuttgart 27. IX. 1811, 1840-1857 Hofkameralverwalter in Stuttgart, 1855 Titel Hofdomänenrat, Mitglied der Landgestütskommission, ∞ I. 24. V. 1846 Emma Dietrich, T. d. Obersten von Dietrich; ∞ II. 7. X. 1858 Louise Julie Abel, T. d. Johann Friedrich August (von) Abel, Regierungsrat bei der Regierung des Neckarkreises in Ludwigsburg, u. d. Wilhelmine Abel; Theodor Emil Eduard Adolf Essich[121], * Stuttgart 9. IV. 1813, † Beihingen 27. V. 1873, Pfarrer in Bürg und Beihingen.

E. war einer der ersten und profiliertesten höheren Justizbeamten Württembergs am Ulmer Kreisgerichtshof, wo er fast 25 Jahre lang tätig war.
E. studierte nach dem Schulbesuch in Cannstatt seit dem 10. April 1793 als Zögling der Hohen Carlsschule und nach deren Auflösung im Jahr darauf in Tübingen Jura. 1797 unterschrieb der junge Kanzleiadvokat die Concordienformel (Vereidigung). Die Laufbahn im württ. Staatsdienst führte ihn nach der Erhebung zum Königreich bis zur Position eines Oberjustizrats beim zweiten Senat des Oberjustizkollegiums in Stuttgart und zugleich zum Mitglied des Tutelarrats. Als 1817 im Zuge der Neuordnung der württ. Justizverwaltung in Ulm ein Appellationsgerichtshof für den Jagst- und Donaukreis geschaffen wurde, erhielt E. dort die Stelle des ersten Oberjustizrats. Nach der wenig später erfolgten Umwandlung dieser Institution zum Kgl. Gerichtshof wurde E. zum Dirigenten mit dem Titel Obertribunalrat befördert und verblieb in diesem Amt fast 25 Jahre lang, bis zu seiner Pensionierung im Jahre 1841. 1828/29 war er kommissarischer Gerichtsvorstand bis zur Berufung des Ulmers Carl Felician von →Neubronner – eine Personalentscheidung, die den tüchtigen Beamten E. vor den Kopf stieß.
E. war mit einer Dienstzeit von 24 Jahren einer der am längsten in Ulm wirkenden württ. Justizbeamten. Seine Nachfolge als Dirigent am Kreisgerichtshof trat Hermann (von) →*Hänlein an. Auch nach dem Eintritt in den Ruhestand, den E. in Stuttgart verlebte, blieb er Mitglied des Staatsgerichtshofs, zu dem ihn 1829 König Wilhelm I. als Nachfolger des verstorbenen Benjamin Friedrich von →Pfizer berufen hatte.

[120] WINTERHALDER, Ämter, S. 398 f.
[121] PHILIPP, Germania, S. 60, Nr. 860.

L.   WAGNER, Hohe Carlsschule I, S. 448, Nr. 677 – GEORGII-GEORGENAU, S. 176 – NWDB § 1346.

Essinger, Anna, * Ulm 15. Sept. 1879, † Bunce Court/Kent (Großbritannien) 30. Mai 1960, mos.

Vater   Leopold Essinger, Versicherungsberater und Anlageberater, S. d. David Essinger, Dr. med., praktischer Arzt und Ehrenbürger in Oberdorf/OA Neresheim.
Mutter   Fanny Oppenheimer.
9 G, darunter Klara (Klär) Essinger, ∞ Weimersheimer, 1912 Gründerin des Kinderheims Herrlingen; Paula Essinger, Kinderschwester im Landschulheim Herrlingen.

Die jüdische Pädagogin E. steht für die Rettung vieler tausend Kinder vor der Deportation und vermittelt bis heute ein beeindruckendes Beispiel tätiger und furchtloser Menschlichkeit. Ihr Name ist unauflöslich mit gelebter Emanzipation, Toleranz und Mut verbunden.
Die Familie E. stammte ursprünglich aus der Rheinpfalz. E., geboren als ältestes Kind ihrer Eltern in der Ulmer Hafengasse 10 und dort aufgewachsen, besuchte in Ulm auch die Schule. Ihre Familie, die sich durch starken Zusammenhalt auszeichnete, lebte in bescheidenen Verhältnissen, das Versicherungsbüro ihres Vaters warf nicht viel ab. 1899 kam E. zu ihrer Tante Regina Salzgitter in Nashville/Tennessee (USA). An der University of Wisconsin studierte E. Germanistik und übernahm später die Leitung eines privaten Studentinnenheimes. Schon in dieser Zeit stellte sich das Organisationstalent und die Tatkraft E.s heraus. Mit den Quäkern kam sie in engen und freundschaftlichen Kontakt, der letztlich auch dazu führte, dass die als Lehrerin tätige E. nach ihrem Magisterexamen von ihnen im Rahmen einer humanitären Aktion in das an den Folgen des Ersten Weltkriegs leidende Deutschland geschickt wurde. Hunger und Brennstoffmangel führten in den Jahren nach Kriegsende zum Tod zehntausender Kinder. E. sprach bei kommunalen und regionalen Verantwortungsträgern in Baden, Württemberg und Bayern vor, um sie zur Einrichtung von Suppenküchen zu veranlassen, die der Notversorgung von bedürftigen Kindern dienen sollten. Daneben organisierte sie Kleider- und Lebensmittelsammlungen.
In Gesprächen mit ihrer Schwester Klär Weimersheimer, die 1912 in Herrlingen bei Ulm ein Kinderheim für psychisch und physisch leidende, schwer erziehbare und behinderte Kinder gegründet hatte, wurde der Plan eines Landschulheims entwickelt, der 1926 mit Unterstützung der ganzen Familie Essinger in die Tat umgesetzt werden konnte. E. übernahm die Leitung des Landschulheims Herrlingen. Grundlage ihrer Reformpädagogik war die konzentrierte Förderung des kritischen Denkens der Kinder nach der Montessori-Methode. Gemeinschaftlichkeit, Leibesertüchtigung und Hygiene waren wichtige Säulen des Lehrbetriebs. Noten wurden nicht erteilt, Mogeln oder Abschreiben galt als unehrenhaft. An der Eröffnungsfeier am 1. Mai 1926 nahmen neben den Oberbürgermeistern von Ulm und Göppingen auch der liberale Reichstagsabgeordnete Theodor Heuss und Ministerialrat Dr. Otto Hirsch, der spätere Vorsitzende des Oberrats der Israelitischen Religionsgemeinschaft, teil.
Nach der Machtübernahme der Nationalsozialisten erkannte E. im Gegensatz zu vielen anderen deutschen Staatsbürgern jüdischen Glaubens sogleich die große Gefahr und setzte sich mit den Lehrern und 66 Kindern nach Großbritannien ab. Deutschland sei nicht länger der Ort, *an dem Kinder in Ehrlichkeit und Freiheit aufwachsen können*. Unter Nutzung ihrer guten Verbindungen gründete sie in der in der Grafschaft Kent gelege-

nen Gemeinde Bunce Court (bei Faversham) schon im Okt. 1933 eine neue Schule, die den Namen „New Herrlingen Bunce Court School" erhielt. In sehr einfachen Verhältnissen gelang es ihr bei ständiger Geldnot, den Krieg zu überleben. Mit der Zeit erhielt sie aber am neuen Wirkungsort Unterstützung von örtlichen Stellen. Mit der Rettung von rund 10.000 jüdischen Kindern nach England erwarb sich E. nach 1938 größte Verdienste um die Menschlichkeit. Sie rettete nicht nur ihr Leben, sondern brachte sie in Auffanglagern, in Heimen und bei Pflegefamilien unter – das alles unter erschwerten Bedingungen, nachdem Bunce Court 1940 hatte evakuiert werden und die ganze Schule von Bunce Court nach Trench Hall in den Midlands umziehen müssen. E.s Hartnäckigkeit, Organisationstalent und Pragmatismus halfen dabei.

Erst 1946 war eine Rückkehr möglich; 1948 schloss die Schule. Die letzten Jahre verlangten E. mehr ab denn je, denn sie erblindete langsam. Ihre Schüler waren mittlerweile Überlebende des Holocaust, die sich nur schwer oder gar nicht an das neue Leben in Bunce Court gewöhnen konnten. Der im Nov. 1995 in Südwest III ausgestrahlte TV-Dokumentarfilm „Annas Kinder" von Peter und Angelika Schubert beschäftigte sich mit der Erziehungstätigkeit E.s. „Tante Anna", wie sie von den meisten ihrer Schüler genannt wurde, starb im 81. Lebensjahr an ihrem englischen Wirkungsort.

Gymnasium und Realschule auf dem Kuhberg sind seit 1990 nach E. benannt. In Blaustein-Herrlingen erinnert eine Gedenktafel am ehemaligen Landschulheim an der heutigen Erwin-Rommel-Steige an E.

Q   StadtA Ulm, G 2.
L   Lucie SCHACHNE, Erziehung zum geistigen Widerstand. Das jüdische Landschulheim Herrlingen 1933-1939, Frankfurt/Main 1986 – Manfred BERGER, Anna Essinger - Gründerin eines Landerziehungsheims. Eine biographisch-pädagogische Skizze, in: Zeitschrift für Erlebnispädagogik 17 (1997), Heft 4, S. 47-52 – Ulrich SEEMÜLLER, Das jüdische Altersheim Herrlingen und die Schicksale seiner Bewohner. Hg. von der Gemeinde Blaustein 1998, S. 7, 11 ff. (Bild), 126 – Hansjörg GREIMEL, Anna Essinger. Lebenslinien, hg. von Stadt Ulm Information – Führung würdigt Verdienste der Pädagogin Anna Essinger, in: Schwäb. Zeitung Nr. 204, 4. IX. 2006 – www.uni-ulm.de/LiLL/3.0/D/frauen/biografien/Jh20/Essinger.htm – Wikipedia.

Esslinger, *Friedrich* Albert, * Unterberken 28. April 1901, † Rottalmünster (Bayern) 16. Mai 1986, ev.
Vater   Karl *Friedrich* Esslinger[122], * Boll/OA Sulz 25. II. 1869, † Schorndorf 25. XII. 1951, Schullehrer in Unterberken, zuletzt Oberlehrer in Schorndorf, Ausschussmitglied des Vereins ev. Lehrer in Württemberg, 1919 Mitglied der 8. Landessynode.
Bruder   Johannes Esslinger, Dekan, ∞ Ruth Grimminger[123], * Schwäbisch Gmünd 9. XII. 1907, † Schorndorf 4. III. 1977, Zweite Vorsitzende der Ev. Frauenhilfe in Württemberg, 1966 Mitglied der 7. Landessynode.

Der Bauingenieur und Inhaber eines Baugeschäfts in Ulm war nach dem Ende des Zweiten Weltkriegs maßgeblich am Wiederaufbau der zerstörten Stadt beteiligt. Er setzte sich nachdrücklich, wenn auch nicht immer mit Erfolg, für den Wiederaufbau kirchlicher Stätten in Ulm ein. Daneben war er als Gewerbelehrer tätig. Von 1947 bis 1959 engagierte sich E. als Kirchengemeinderat an der Dreifaltigkeitskirche. 1948 war er 2. Ersatzmitglied für Ulm zum 4. Landeskirchentag.

L   EHMER/KAMMERER, S. 136.

Eulenstein, Hans, * Guttenberg/Kreis Stadtsteinach (Oberfranken) 22. Juni 1860, † nicht ermittelt [nach 1937], ev.
Vater   Heinrich Eulenstein, Bezirksgerichtsaktuar.
Mutter   Katharina Hayn.
∞ Türkheim/Kreis Mindelheim 3. VI. 1890 Friederike Beyhl, * Oettingen/Kreis Nördlingen 12. IX. 1862, † Neu-Ulm 22. VII. 1936, T. d. Friedrich Beyhl, Privatier in Oettingen, u. d. Katharina Fuchs.
3 K   Frieda Eulenstein, * Türkheim 22. VII. 1891, ∞ Friedrich Böhm, Oberlehrer in Halle an der Saale; Rudolph Eulenstein, * Neu-Ulm 25. I. 1894, † Essen 12. III. 1918; Kätchen Eulenstein, * Neu-Ulm 20. X. 1897, ∞ Walter Spatt, Ingenieur in Plaidt.

E. war der erste Verwalter der nach Erlangung der Kreisunmittelbarkeit gegründeten Neu-Ulmer Stadtsparkasse. Die Kreisunmittelbarkeit vom 17. Feb./1. März 1891 schloss die Stadt Neu-Ulm automatisch aus dem Distriktarmenfonds des Bezirks Neu-Ulm aus. Eine eigene städtische Sparkasse musste gegründet und die Gewährträgerhaftung für sie übernommen werden, wobei sich Bürgermeister Josef →Kollmann zunächst um eine gemeinschaftliche Sparkasse für Stadt und Land bemühte. Dieser Plan wurde jedoch vom BA Neu-Ulm abgelehnt. Daraufhin beschlossen die bürgerlichen Kollegien Neu-Ulms die Gründung einer Stadtsparkasse zum 2. Jan. 1892. Fortan existierten nebeneinander drei Sparkassen, nämlich neben der Neu-Ulmer Stadtsparkasse eine Sparkasse für den Distrikt des Amtsgerichts Neu-Ulm und eine Sparkasse für den Distrikt des Amtsgerichts Weißenhorn.

Am 1. Juli 1892 übernahm E., der zuvor in Türkheim/Kreis Mindelheim tätig gewesen war, in Neu-Ulm die Ämter des Stadtkämmerers und Leihhausverwalters als Nachfolger von August Held, der seine fast 16-jährige Dienstzeit in Neu-Ulm beendete. Damit begann eine fast drei Jahrzehnte während Wirksamkeit E.s in Neu-Ulm, die durch die Tatsache, dass E. als erster Verwalter zugleich auch die Leitung der neuen Stadtsparkasse übernahm, ihre besondere Akzentuierung erhielt. E. baute die Sparkasse aus kleinen Anfängen auf und erlebte den Boom des beginnenden 20. Jahrhunderts ebenso wie die Rückschläge in der Zeit des Ersten Weltkriegs. Diese Erfahrungen zermürbten E. und veranlassten ihn, im Jahre 1919 die Sparkassenverwaltung abzugeben. Eine Rolle bei dieser Entscheidung wird auch der Rücktritt von Josef Kollmann gespielt haben, mit dem E. im engsten Einvernehmen kooperiert hatte. 1920 schied E., mittlerweile zum städtischen Rechnungsrat ernannt, auch als Stadtkämmerer aus dem Dienst. Nach dem Tod seiner Ehefrau zog E. Ende Juli 1936 nach Halle an der Saale.

Q   StadtA Neu-Ulm, A 9.
L   BUCK, Chronik Neu-Ulm, S. 104 – HAUF, Von der Armenkasse, S. 108 f. (Bild) – TEUBER, Ortsfamilienbuch Neu-Ulm I, Nr. 0987.

Eyb (aus dem Hause Eierlohe), Freiherr *Carl (Karl)* Wilhelm Constantin von, * 7. Dez. 1778, † Ulm 30. Dez. 1838, ⯃ ebd., Alter Friedhof, ev.
Vater   Freiherr Carl Friedrich Alexander von Eyb, * 13. II. 1743, † 13. V. 1813.
Mutter   Elisabetha Carolina von Stein zum Altenstein, † 1796.
8 G   Freiherr *Ludwig* Ernst Wilhelm Alexander von Eyb, * 11. I. 1782, Kgl. Bayer. Major, ∞ 6. I. 1823 Gräfin *Friederike* Henriette von Rechtern und Limpurg; Freiherr *Albrecht* Friedrich Julius von Eyb, * 6. I. 1785, Ksl. Österr. Major; Freiin Eleonore Marie Caroline von Eyb, * 25. III. 1786, ∞ 11. VI. 1810 Freiherr *August* Ludwig Friedrich Alexander von Eyb(-Wiedersbach), * 27. V. 1775, Major der Kgl. Bayer. Landwehr; Freiherr *Constantin* Albrecht Friedrich Georg von Eyb, * 28. V. 1788, K. K. Österr. Kriminalrat in Preßburg; Freiin *Amalie* Sophie Juliane von Eyb, * 9. IV. 1790, ∞ Pfarrer Frech in Rot bei Nürnberg; Freiherr Philipp Wilhelm Friedrich von Eyb, * 5. VII. 1791; Freiherr Friedrich Wilhelm von Eyb, * 27. V. 1793, Kgl. Württ. Hauptmann, ∞ *Christiane* Friederike Fischer; Freiin *Charlotte* Eleonore Caroline von Eyb, * 24. XI. 1796, Stiftsdame des von Hutten'schen Fräuleinstifts in Nürnberg.
∞ 22. IX. 1818 Caroline Sophie von Wolfskeel-Reichenberg, * 6. X. 1788.
3 K   Freiin *Louise* Wilhelmine Caroline von Eyb, * 24. VIII. 1819; Freiin *Auguste* Sophie Caroline Therese von Eyb, * 29. III. 1821; Freiin Julie Caroline Philippine *Ida* von Eyb, * 25. XI. 1822.

E. war in der Zeit des Vormärz einer der hohen Justizbeamten Ulms.

Er entstammte dem Zweig Eierlohe einer alten, ursprünglich fränkischen Familie, die zu den ältesten rittermäßigen Geschlechtern in Deutschland zählt und sich bis ins hohe Mittelalter zurückverfolgen lässt. Später wurde sie in den Freiherrenstand erhoben.

E. studierte Jura und trat nach bestandenen Examina in den württ. Justizdienst ein. Noch unter König Friedrich I. (1806-1816) wurde er zum Kriminaltribunalrat bei der zweiten Sektion des Kriminaltribunals in Esslingen/Neckar, danach zum Kriminalgerichtsrat in Stuttgart und später in Ellwangen/Jagst

122 Grundbuch der ev. Volksschule 1914, S. 128 – EHMER/KAMMERER, S. 136.
123 EHMER/KAMMERER, S. 136.

ernannt. Im Zuge der Neuorganisation der württ. Justizverwaltung im Nov. 1817 erfolgte E.s Berufung zum Oberjustizrat beim Kriminalgerichtshof für den Jagst- und Donaukreis in Ellwangen. Nach 1823 kam er als Oberjustizrat an den im Schwörhaus untergebrachten Kreisgerichtshof für den Donaukreis in Ulm. E. starb drei Wochen nach Vollendung seines 60. Lebensjahres in Ulm, wo er auch bestattet wurde.

L.   CAST I, S. 190-196, bes. S. 195, 498 – UNGERICHT, S. 145.

Eychmüller, Ernst *Friedrich*, * Kirchberg an der Jagst/OA Gerabronn 1. Okt. 1854, † Ulm 10. Dez. 1935, ⬜ eingeäschert Ulmer Krematorium 13. Dez. 1935, Hauptfriedhof, ev.

Vater   Johannes Friedrich Eychmüller, * 1810, Textilkaufmann in Kirchberg, S. d. Friedrich Eychmüller, nach 1810 erster württ. Stadtschultheiß in Crailsheim.
8 *G*.
∞ Ulm 1. V. 1883 Rosine Fuchs, * 1857, † 1937, T. d. Wilhelm →Fuchs, Bauwerkmeister, Bürgerausschussmitglied und Gemeinderat in Ulm.
7 *K*, darunter Hans Eychmüller[124], Dr. med., * Ulm 6. II. 1884, Arzt in Neckarsulm; Martha Eychmüller, * Ulm 23. IX. 1890, ∞ Ulm 3. IV. 1919 *Hermann* Ernst Paul Otto Eberhard Knapp, * Ulm 29. XII. 1888, Forstmeister in Ochsenhausen; Wilhelm →*Eychmüller; Friedrich →Eychmüller, Dr. rer. pol.; Karl →Eychmüller.

E. war der Begründer der Familie Eychmüller in Ulm.
Nach dem Besuch der Realanstalten in Schwäbisch Hall und Esslingen/Neckar wandte sich E. mit mittlerer Reife dem Baufach zu. In Stuttgart erlernte er das Steinhauerhandwerk und arbeitete im Büro des Architekten Carl Walter (1834-1906) – später Oberbaurat und Direktor der Stuttgarter Baugewerkeschule – sowie als Bauführer. Zur Vervollkommnung seiner Kenntnisse absolvierte E. mehrere Semester an der Stuttgarter Baugewerkeschule und erstand die Bauwerkmeister-Prüfung. 1882 fand er in Ulm bei dem einflussreichen Bauwerkmeister Wilhelm →*Fuchs eine Anstellung in dessen Baugeschäft mit Ziegelei, welches sich in der Olgastraße 51 gegenüber dem Justizgebäude befand. Im Jahr darauf heiratete er die Tochter seines Dienstherrn, der zu den höchstbesteuerten Bürgern Ulms gehörte, und übernahm später das Geschäft seines Schwiegervaters. Gesellschaftlich schnell eingewurzelt und mit Fleiß und Sachverstand ausgezeichnet, war E. als Chef eines florierenden Hoch- und Tiefbauunternehmens rasch zu einem der führenden Bausachverständigen Ulms geworden. Zum 1. Jan. 1919 übergab E. sein Geschäft seinem ältesten Sohn Wilhelm →*Eychmüller.
Der Tatendrang E.s suchte sich auch in der Kommunalpolitik zu beweisen. Ende 1890 in den Bürgerausschuss gewählt, gelang ihm 1897 mit einem Spitzenergebnis auch der Einzug in den Gemeinderat, dem er über den Umbruch 1918/19 hinweg bis 1925 angehörte. Besonders in der Bauabteilung und in der Schätzungskommission wirkte E. über Jahrzehnte in enger Abstimmung mit Oberbürgermeister Heinrich von →Wagner, dessen Boden- und Wohnungspolitik er nachhaltig unterstützte. Im Okt. 1891 war E. als Nachfolger von Dr. Karl →Wacker zum Kommandanten der Ulmer Freiwilligen Feuerwehr gewählt worden und verblieb bis 1919 in diesem Amt, danach als Ehrenvorsitzender weiterhin der Sache der Ulmer Feuerwehr eng verbunden. 1894 war er in den Landesfeuerwehrausschuss berufen worden, 1909 gründete er für das OA Ulm den Bezirksfeuerwehrverband und 1910 trat er als Erster Vorsitzender

an die Spitze des Landesverbandes und wurde damit Mitglied des Deutschen Feuerwehrausschusses. In zahlreichen Prozessen vor dem Ulmer Landgericht als Gutachter aktiv, erhielt er bald den Spitznamen „Vergleichmüller", weil er oft dazu riet, einen Vergleich anzustreben, um ein Gerichtsurteil abzuwenden. Von 1920 bis 1933 war E. Ausschussmitglied der Gewerbebank Ulm, daneben engagierte er sich im ev. Kirchengemeinderat der Münsterparochie. – 1912 Ritterkreuz II. Kl. des Württ. Friedrichsordens.

Q   StadtA Ulm, G 2.
L   UBC 3, S. 318 – UBC 4, S. 517, 518 (Bild) – Egid FLECK, Gestalten aus dem Brandschutz- und Feuerwehrwesen in Baden und Württemberg, Stuttgart 1963 – SPECKER, Ulm im 19. Jahrhundert, S. 27, 207 (Bild); 221 f., 227, 455, 456 f. – WAIBEL, Gemeindewahlen, S. 365, 366, 367, 369, 370.

Eychmüller, Friedrich, Dr. rer. pol., * Ulm 1. Okt. 1887, † gefallen vor Ypern 29. Mai 1917, ev.
Eltern und *G* siehe Friedrich →Eychmüller, Bauwerkmeister in Ulm.

E. studierte nach dem Besuch der Ulmer Oberrealschule von 1906 bis 1910 und von 1912 bis 1913 Staatswissenschaften in Freiburg/Breisgau und Tübingen. Die Zeit dazwischen widmete er Forschungen für seine Dissertation („Grundstücksmarkt und städtische Bodenpolitik in Ulm 1870-1909") bei Prof. Dr. Carl Johannes Fuchs in Tübingen, mit der er 1914 in Tübingen promoviert wurde. Die Arbeit ist heute noch eine wichtige Quelle zum Thema. Nach Ausbruch des Ersten Weltkriegs kam er als Landsturmann an die Westfront und fiel im Alter von 29 Jahren vor Ypern.

W   Grundstücksmarkt und städtische Bodenpolitik in Ulm von 1870-1910 (Tübinger Staatswiss. Abhandlungen N.F. 9), Stuttgart 1915.
L.   UBC 3, S. 367 f. – EBERL/MARCON, S. 165, Nr. 536.

Eychmüller, Karl, Dipl.-Ing., * Ulm 14. Aug. 1892, † ebd. 25. März 1981, ⬜ ebd., ev.

Eltern und *G* siehe Friedrich →Eychmüller, Bauwerkmeister in Ulm.
∞ Maria Scheuffele.
Mehrere *K*.

E. war eine der bekanntesten Ulmer Persönlichkeiten des 20. Jahrhunderts. Als Direktor der Wielandwerke, Präsident der Industrie- und Handelskammer, kurzzeitiger kommissarischer Oberbürgermeister nach Ende des Zweiten Weltkriegs und Vorsitzender des Münsterbauvereins – um nur einige Funktionen zu nennen – schrieb sich E. tief in die Geschichte Ulms im 20. Jahrhundert ein.
Der Sohn eines der angesehensten Ulmer Bürger absolvierte nach dem Abitur am Ulmer Realgymnasium eine Lehre als Bankkaufmann und studierte anschließend an der Kölner Handelshochschule. Im Ersten Weltkrieg war er Frontoffizier und wurde hoch dekoriert, so 1914 mit der Goldenen Militär-Verdienstmedaille und 1917 mit dem Ritterkreuz des Militär-Verdienstordens. Nach Kriegsende war er kurzzeitig im Vorstand einer Gewerbebank tätig, trat aber schon am 1. Okt. 1919 als Prokurist in die Wielandwerke ein. Damit begann eine mehr als ein halbes Jahrhundert andauernde Zusammenarbeit, die von großen Erfolgen gekrönt wurde. 1923 zum Mitglied des Vorstands ernannt, nach dem Tod von Max R. →*Wieland 1935 zum Vorstandsvorsitzenden mit Alleinzeichnungsberechtigung ebd., war E. Fabrikdirektor bis zu seinem Ausscheiden im Jahre 1972. Von 1972 bis 1977 war der über 80-Jährige

[124] SCHMIDGALL, Burschenschafterlisten, S. 180, Nr. 801.

noch Vorsitzender des Aufsichtsrats der Wielandwerke Ulm. Unter seiner Ägide entwickelte sich das Unternehmen zu einem der führenden Metallhalbzeugwerke mit weltweiten Geschäftsbeziehungen. Obwohl wiederholt die Selbstständigkeit der Wielandwerke in Gefahr war, konnte E. dies im Verein mit der Firmenleitung abwenden und sogar wirtschaftlich schwierige Zeiten, wie die frühen 1920er Jahre und die ersten Jahre nach 1945, als auch die Wielandwerke unter Kriegszerstörungen zu leiden hatten, überwinden.

E. stand politisch im nationalkonservativ-rechten Lager. So zählte er zu den Mitgründern des im Herbst 1920 gegründeten nationalistischen und republikfeindlichen Wehrbundes „Schwabenbanner Ulm", dessen Ausschuss er angehörte. Zu Beginn der NS-Zeit verhielt er sich zunächst distanziert und neutral. Im April 1936 erklärte sich E. nach längerem Zögern bereit, das Angebot des Reichswirtschaftsministeriums anzunehmen, Präsident der Industrie- und Handelskammer (IHK) Ulm zu werden, die nach dem Führerprinzip umgestaltet und deren Bereich bereits 1934 erheblich erweitert worden war – der Bezirk reichte fortan von Ellwangen/Jagst bis zum Bodensee. E. stand bis 1943 an der Spitze der IHK, und auch nach deren Umwandlung in die Zweigstelle Ulm der neu gegründeten Gauwirtschaftskammer Württemberg-Hohenzollern im März 1943 verblieb er bis Kriegsende im Amt. Als „Wehrwirtschaftsführer" geriet E. während des Krieges verstärkt in das Räderwerk des „Dritten Reiches". Er war Leiter des „Sonderrings Leichtmetall-Verarbeitung beim Reichsminister für Rüstung und Kriegsproduktion", Leiter der „Fachgruppe Metallhalbzeug-Industrie der Wirtschaftsgruppe Metallindustrie" und stv. Leiter der „Wirtschaftsgruppe Metallindustrie". Nach Gründung einer Filiale der Württembergischen Bank in Ulm wurde E. in deren Aufsichtsrat „gewählt". In der NS-Zeit war E. auch „städtischer Ratsherr". Wenn einerseits gewiss zutrifft, dass E. einer der höchsten Repräsentanten des Staates in Ulm war, so ist auf der anderen Seite festzuhalten, dass er sich um strenge Einhaltung der rechtlichen und bestimmungsmäßigen Grundlagen bemühte und z. B. wiederholt für eine gute Ernährung und Behandlung der zahlreichen Zwangsarbeiter eintrat.

Am 23. April 1945 bestimmten die unmittelbar vor der Flucht stehenden Ulmer NS-Größen Friedrich →Foerster und Wilhelm →Maier E. zum Stellvertreter des zum geschäftsführenden Bürgermeister ernannten Polizeirats Hermann →*Frank. E., der schon zuvor beim Kampfkommandanten wegen der vorgesehenen Brückensprengungen beim Anrücken von Feindverbänden interveniert hatte, spielte besonders bei den Verhandlungen mit den US-amerikanischen Besatzungsoffizieren in der ersten Zeit der Ulmer Besetzung eine große Rolle. Der US-amerikanische Stadtkommandant von Ulm, Major Mehlmann, bestätigte am 25. April 1945 Frank und E. vorläufig in ihren Ämtern. Vom 7. Mai bis 6. Juni 1945 amtierte E. als Nachfolger Franks als kommissarischer Ulmer Oberbürgermeister. Sein Gestaltungsspielraum war überaus eng gesteckt, eine eigene Initiative war nicht möglich. Alle Anweisungen und Aktionen bedurften der Genehmigung durch die Militärregierung. Mitte Mai 1945 erhielt E. den Auftrag zur Aufstellung eines Entschuttungsplans für die Ulmer Straßen. Nach vierwöchiger Amtszeit wurde E. auf Grund seiner Rolle in der NS-Zeit abgelöst und durch Robert →Scholl ersetzt.

Nach seiner Entlassung als kommissarischer Bürgermeister wurde E. mit Zustimmung der Besatzungsmacht in den Beirat zur Beratung des neuen kommissarischen Oberbürgermeisters Scholl berufen. Sein Entnazifizierungsverfahren endete im Jan. 1948 mit der Einstufung als „Mitläufer". Er erwarb sich große Verdienste um den Wiederaufbau Ulms und besonders um die Erhaltung des Münsters, für die er sich seit 1925 als Vorsitzender, zuletzt seit 1973 als Ehrenvorsitzender des Münsterbauvereins nachdrücklich einsetzte. 1975 stiftete E. ein Glasfenster

im Münster. – Mitbegründer des Max-Planck-Instituts für Metallforschung; 1933 bis 1953 Mitglied des Kirchengemeinderats der Dreifaltigkeitskirche Ulm; 1954 bis 1959 als Ulmer Vertreter Mitglied des Ev. Landeskirchentags; Mitglied des Vereins für Kunst und Altertum in Ulm und Oberschwaben; Mitglied des Aufsichtsrats der Württ. Bank. – 1939 Goldene Nadel der DAF; Kriegsverdienstkreuz II. und später I. Kl.; 1952 Ehrensenator der TH (spätere Universität) Stuttgart; 1955 Großes Verdienstkreuz des Verdienstordens der Bundesrepublik Deutschland; 1957 Ehrensenator der Universität Tübingen; 1957 Ehrenbürger von Vöhringen; 1959 Ehrenring des Deutschen Museums; 1965 Stern zum Großen Verdienstkreuz des Verdienstordens der Bundesrepublik Deutschland; 1966 Bürgermedaille der Stadt Ulm; 1977 Ehrenbürger von Ulm.

Q StadtA Ulm, G 2.
L Ih 1, S. 205 – UBC 5a, S. 71, 164, 172, 284 – UBC 5 b, S. 307, 329, 413, 442, 459 (Bild), 517, 542, 776 f., 782, 790, 792 – UBC 6, passim – Schwäbische Donau-Zeitung 14. und 15. VIII. 1957 – Hohe Ehrungen für Direktor Eychmüller. Zum ersten und einzigen Ehrenbürger von Vöhringen ernannt, in: NUZ Nr. 187, 15. VIII. 1957 – Karl Eychmüller gestorben. Stets eine offene Hand, in: SWP Nr. 71, 26. III. 1981 (Bild) – Abschied von Karl Eychmüller. In Ulm nach dem Krieg markante Zeichen gesetzt, in: SWP Nr. 75, 31. III. 1981 – SPECKER, Ulm im Zweiten Weltkrieg, S. 27, 207 (Bild), 221 f., 227, 455-457 – SPECKER, Großer Schwörbrief, S. 424 f. (Bild), 428-430, 432 – EHMER/KAMMERER, S. 137 (Bild).

Eyth, Eduard, Dr. phil., * Heilbronn/Neckar 2. Juli 1809, † Neu-Ulm 28. April 1884, □ ebd., ev.
Vater Gottlieb Friedrich Eyth, Mag., Professor für alte Sprachen am oberen Gymnasium Heilbronn.
Mutter Christiane Fehleisen.
∞ Kirchheim/Teck 1835 Julie Capoll (siehe Julie →Eyth).
3 K Max →Eyth; Julie Wilhelmine Christiane Eyth, * Kirchheim/Teck 15. V. 1839, † 1900, ∞ I. Carl Wilhelm Conz[125], * Göggingen 12. III. 1827, † Obereiseshseim 16. IX. 1877, Pfarrer, ∞ II. Neu-Ulm Jan. 1884 Karl →Kraut; Eduard Eyth[126], * Schöntal/Jagst 29. III. 1851, † Kuba 6. V. 1875.

Der Vater von Max →Eyth, eine Pädagogenpersönlichkeit von ganz eigenem Zuschnitt, knüpfte die Verbindung der Familie zu Neu-Ulm, wo er sich 1877 nach Eintritt in den Ruhestand niederließ.

Nach erstem Unterricht durch seinen Vater und der dem bestanden Landexamen folgenden obligatorischen Ausbildung in den ev.-theol. Seminaren (im Falle E.s in Urach und Maulbronn) nahm E. 1827 als „Stiftler" das Studium der Theologie und klassischen Philologie in Tübingen auf, wo Ludwig Uhland zu seinen Lehrern zählte. 1831 promovierte E. und war anschließend zunächst als Pfarrvikar in Heilbronn tätig. Neben Uhland war Justinus Kerner von prägendem Einfluss auf den jungen E., der nicht nur frühzeitig an verschiedenen Periodika (wie dem Almanach „Christoterpe" und dem „Morgenblatt für gebildete Stände") mitarbeitete, sondern auch selbst griechische Gedichte („Hilarolypos, eine Sammlung kleinerer Gedichte", 1831) unter dem Einfluss der zeitgenössischen Griechen-Begeisterung. Später widmete sich E. in seinen Werken der Nachempfindung alttestamentlicher Poesie („Harfenklänge aus dem alten Bunde", 1838) und verfasste eine stattliche Anzahl von Schulbüchern und griechischen Übersetzungen nach Hesiod, Homer, Plutarch, Sophokles u. a. Als Dichter waren dem musischen und um neue Lehrmethoden bemühten E. christliche Ethik und sittlicher Ernst Richtschnur. Viele von E.s Begabungen sind auf seinen Sohn Max Eyth übergegangen. Die Beziehung zwischen Vater und Sohn war sehr gut, wie u. a. die in dem Sammelband „Im Strom unserer Zeit" veröffentlichten Briefe E.s an die Eltern zeigen.

Da es ihn stärker zum Lehrer- als zum Pfarrerberuf zog, bestand er die nötigen Lehramtsprüfungen und fand 1834 eine Anstellung als Repetent in Tübingen, im Jahr darauf als Lehramtskandidat bzw. Oberpräzeptor an der Lateinschule Kirch-

125 TEUBER, Ortsfamilienbuch Neu-Ulm I, Nr. 0672.
126 Walter EUTING, Max Eyths Bruder Eduard als Erzähler, in: Bes. Beil. des Stuttgarter NS-Kuriers mit Regierungsanz. für Württemberg 1937, S. 10-22.

heim/Teck. In dem beschaulichen Oberamtsstädtchen gründete er seine Familie und erwarb sich einen hervorragenden Ruf als Lehrer. 1841 zum Zweiten Professor am ev.-theol. Seminar Schöntal/Jagst berufen, 1845 Erster Professor ebd. 1865 übernahm E. die Stelle des Seminarephorus´ in Schöntal, die er aber 1868 mit der gleichen Position am ev.-theol. Seminar in Maulbronn tauschte. 1877 trat E. in den Ruhestand, den er in Neu-Ulm verlebte, wo er auch bestattet ist. – 1870 Ritterkreuz I. Kl. des Friedrichsordens; 1877 Ritterkreuz II. Kl. des Württ. Kronordens.

Q   StadtA Neu-Ulm, D 12, III.2.3.8. – Deutsches Literaturarchiv Marbach/Neckar, Nachlass – Heimatmuseum Kirchheim/Teck, Nachlass-Splitter im Nachlass Max Eyth.
Weitere W   Die alte Geschichte, systematisch geordnet und in lateinischen Memorialversen für Gelehrtenschulen und Gymnasien berabeitet, Basel 1841 – Gedichte, Stuttgart 1843, ebd. ³1856 unter dem Titel „Bilder in Rahmen" – Mnemotechnische Geschichtstafeln zum Gebrauche für Lehranstalten und zum Lehrunterricht, Stuttgart ²1844 [mehrere Auflagen] – Überblick der Weltgeschichte vom christlichen Standpunkte, Heidelberg ²1872 – Nachruf, in: Münsterblätter 1 (1878), S. 38 ff.
L   Ih 1, S. 205 – Magisterbuch 25 (1884), S. 61 – Biogr. Jahrbuch für Altertumskunde 7 (1884), S. 107 f. (Karl KRAUT) – Rudolf KRAUß, Schwäbische Literaturgeschichte, Band 2, Freiburg im Breisgau-Leipzig-Tübingen 1899, S. 237 f. – ADB 48 (1904), S. 464 f. – Franz BRÜMMER, Lexikon der deutschen Dichter und Prosaisten vom Beginn des 19. Jahrhunderts bis zur Gegenwart, Band 2, Leipzig o. J. [1913], S. 178 – LEUBE, Tübinger Stift, S. 706 – TREU, Neu-Ulm, S. 546-548 (Bild) – WEIMAR, Wegweiser, S. 82.

Eyth, Julie, geb. Capoll, * Stuttgart 17. Jan. 1816, † Neu-Ulm 12. April 1904, ⬚ ebd., ev.

Vater   Marx Christoph Capoll, † Heilbronn/Neckar, Rechnungsrevisor in Stuttgart, zuletzt Oberzollverwalter in Heilbronn/Neckar.
Mutter   Rosine *Wilhelmine* Barbara Sick[127], * Stuttgart 30. VI. 1792, † Neu-Ulm 12. X. 1883, T. d. Johann *Christian* Sick, 7. VII. 1766, † ebd. 24. I. 1824, Hofsilberschmied in Stuttgart, u. d. Rosina Barbara Margaretha Maier, * Stuttgart 9. II. 1768, † Wildbad 1. I. 1837.
∞ Kirchheim/Teck 1835 Eduard →Eyth. *K* siehe dort.

Die Mutter von Max →Eyth ist den meisten Menschen nur in dieser Eigenschaft bekannt. Weniger bekannt ist, dass Julie E. sich als Schriftstellerin betätigte. Für Neu-Ulm und Ulm ist sie von Bedeutung, weil ohne ihre Entscheidung, nach dem Tod ihres Mannes in Neu-Ulm zu bleiben, ihr Sohn wohl kaum an die Donau gekommen wäre.
E. entstammte einer auch in Ulm ansässigen Beamtenfamilie, Johann Christoph →Capoll war ihr Onkel. Sie wuchs in Stuttgart und Heilbronn/Neckar auf, wo sie ihren späteren Ehemann Eduard Eyth kennenlernte, der dort als Pfarrvikar tätig war. Sie war 18 Jahre alt, als die Ehe geschlossen wurde. Aus ihr gingen drei Kinder hervor, die an den Dienstorten des Vaters, in Kirchheim/Teck und Schöntal/Jagst, aufwuchsen. Die warmherzige und tiefsinnige Frau gewann großen Einfluss auf ihre Kinder, besonders auf den ältesten Sohn Max.
E. besaß wie ihr Ehemann eine dichterische Ader. 1842 veröffentlichte sie anonym Aphorismen und Gedichte in dem von dem führenden Pietisten Albert Knapp (1798-1864) herausgegebenen Almanach „Christoterpe. Ein Taschenbuch für christliche Leser". Sie nannte die Sammlung „Bilder ohne Rahmen. Aus den Papieren einer Unbekannten" (in späteren Auflagen, so Heidelberg ⁷1878, hieß es statt „Unbekannten" Ungenannten"). Der Literaturwissenschaftler Rudolf Krauß lobte daran die *packende[...], an Bildern und Gleichnissen fast unerschöpfliche[...] Sprache*, welche die *Weltanschauung einer glaubensfesten und dabei doch energisch denkenden Frau* reflektiere. Ihr Buch wurde auch ins Schwedische und Niederländische übersetzt.
1877 endete die Dienstzeit ihres 68jährigen Ehemannes, der zuletzt Ephorus des ev.-theol. Seminars in Blaubeuren war. Das Ehepaar E. nahm im Haus Friedensstraße Nr. 19 (heute Hermann-Köhl-Straße; eine Gedenktafel ist angebracht) in Neu-Ulm Wohnung und verbrachte dort den Ruhestand. Nach

[127] DGB 110 (1940), S. 481 – TEUBER, Ortsfamilienbuch Neu-Ulm I, Nr. 0661 [mit abweichenden Vornamen].

dem Tod ihres Ehemannes 1884 blieb E. in Neu-Ulm und erhielt häufig Besuch von ihrem ältesten Sohn Max, der 1896 zu ihr zog. E. starb im Alter von 88 Jahren und wurde an der Seite ihres Ehemannes im Grab auf dem Neu-Ulmer Friedhof beigesetzt.

Q   StadtA Neu-Ulm, D12, III. 2.3.8. – StadtA Ulm, Nachlass Capoll – Literarisches Museum im Max-Eyth-Haus, Kirchheim/Teck.
L   Rudolf KRAUß, Schwäbische Literaturgeschichte, Band 2, Freiburg im Breisgau-Leipzig-Tübingen 1899, S. 238 f. – Elisabeth FRIEDRICHS, Die deutschsprachigen Schriftstellerinnen des 18. und 19. Jahrhunderts, Stuttgart 1981, S. 77 – TREU, Neu-Ulm, S. 548 (Hans RADSPIELER; Bild S. 547).

Eyth, Eduard Friedrich *Maximilian (Max)* (von), Dr.-Ing. h.c., * Kirchheim/Teck 6. Mai 1836, † Ulm 25. Aug. 1906, ⬚ ebd., Neuer Friedhof, ev.

Eltern und *G* siehe Eduard →Eyth und Julie →Eyth.
Ledig. Keine *K*.

E. zählt zu den Persönlichkeiten, die gleich mehrere Städte als „ihren" großen Sohn beanspruchen. Der Ingenieur, Landwirtschaftspionier, Zeichner und Aquarellist, der rastlose Weltenbummler und gefeierte Schriftsteller, ein Mann mit genialischen Zügen, wäre jedoch im Hinblick auf Ulm auch dann in dieses Lexikon aufgenommen worden, wenn er in seinem Leben nichts anderes getan hätte als seinen letzten Roman, „Der Schneider von Ulm" zu verfassen. Darin erzählt E. mit dichterischer Freiheit von Albrecht Ludwig →Berblingers Leben und Streben, eingewoben in die Ulmer Geschichte zwischen Französischer Revolution und dem Ende der Befreiungskriege. E. gelingt ein viel schichtiges Panorama der untergehenden und sich neu orientierenden Reichsstadt Ulm und ihrer Menschen. Auch sein eigenes Leben hat er – nicht ohne Verzicht auf gut Erfundenes – romanhaft aufgeschrieben. Seine wichtigsten und bekanntesten Bücher entstanden in seinem Ruhestand, den er in Neu-Ulm und Ulm verbrachte.
Geboren und zunächst aufgewachsen in Kirchheim/Teck, wo sein Vater Eduard →Eyth an der Lateinschule lehrte, entstammte E. einer Handwerker- und Lehrerfamilie. Seine Kindheit und Jugend ab 1841 verlebte E. in dem abgeschieden-idyllischen Schöntal/Jagst, wo der Vater als Professor am ev.-theol. Seminar wirkte. Der heranwachsende E. entwickelte dort seine Neigung zu Naturwissenschaften und Mathematik, zum Basteln und Tüfteln, zum Malen und Zeichnen und für die Technik. Daneben machte sich seine poetische Ader geltend. Ein Besuch mit seinem Vater in einer nahe gelegenen Hammerschmiede soll das Schlüsselerlebnis für den Neunjährigen gewesen sein, sich den praktischen Dingen zuzuwenden und ein schier unstillbares Interesse für die Technik zu entwickeln. Parallel verstärkte sich seine Abneigung gegen die humanistische Höhere Schule, die der Vater ihm eigentlich bestimmt hatte. E.s schulische Leistungen waren so gut, dass er 1848/49 gastweise zum Unterricht der zwei Jahre älteren Seminarpromotion zugelassen wurde. 1852 war er für ein halbes Jahr Schüler an der Realschule in Heilbronn/Neckar, im Herbst 1852 schrieb er sich 16jährig am Polytechnikum in Stuttgart ein. Im Wintersemester 1853/54 fiel die Entscheidung für das Studium des Maschinenbaus. Das Studium gestaltete sich für E. sehr erfolgreich, und als er im Herbst 1856 abging, hatte er bereits erste Preise in Mathematik und Maschinenzeichnen gewonnen. Als Student in Stuttgart gehörte er dem Corps Stauffia an.

1857 kam E. nach einer praktischen Ausbildung in der Hahn- und Göbelschen Maschinenfabrik Heilbronn/Neckar als Lehrling in die Maschinenfabrik Kuhn in Berg bei Stuttgart, ein führendes Unternehmen dieses Zweigs. Er arbeitete sich dort nach einem halben Jahr ins Ingenieurbüro hoch und stellte seine außerordentlichen Fähigkeiten als Maschineningenieur wiederholt unter Beweis. Schon 1858 arbeitete er als erster Zeichner bei Kuhn und genoss das Vertrauen des Industriellen, der ihn 1860 mit einem Geheimauftrag nach Paris schickte: dort sollte E. die Lenoirsche Gasmaschine studieren.

1861 gab E., getrieben von Abenteuerlust und dem Streben nach Erkundung der neusten Technik in der Welt, seine Stellung bei Kuhn auf und bereiste das Rheinland, Belgien und Großbritannien. Seine Hoffnung, in einer der dortigen zahlreichen Fabriken eine Arbeit zu erhalten, erfüllten sich zunächst jedoch nicht. Erst im Sept. 1861 wurde er als einfacher Arbeiter bei der Firma Fowler in Leeds eingestellt, deren Chef die modernsten Dampfpflüge entwickelt hatte und produzierte. E. war fasziniert von dieser Maschine, die die Landwirtschaft revolutionierte, entwickelte aber zugleich konstruktive Verbesserungsvorschläge und fiel Fowler auf. In Fragen der Konstruktionsentwicklung hörte er auf E.s Rat und schickte ihn schon 1862 als Vertreter seiner Firma auf die Londoner Industrieausstellung. Im Jahr darauf reiste E. nach Ägypten, um dort eingesetzte, aber nicht zufriedenstellend funktionierende Fowler-Dampfpflüge zu inspizieren.

Ägypten war für E. eine wichtige Station. Er lebte dort mehrere Jahre und wechselte zeitweise als Ingenieur in die Dienste des Prinzen Halim Pascha in Kairo, eines Angehörigen des Herrscherhauses. Dieser gewährte E. den Freiraum, dessen er wohl bedurfte, um seine Fähigkeiten voll zu entfalten: der unentwegt arbeitende Ingenieur stockte nicht nur den Maschinenpark auf, sondern machte eine Reihe von praktischen Erfindungen, wie eine transportable Kreiselpumpe mit Lokomobilantrieb, einen Baumwollfurchenpflug und eine Baumwollsämaschine, für die er sich die Patente sicherte. Hellsichtig erkannte er auch, dass schnell und weithin bekannt werden musste, was es an neuen Maschinen gab, und initiierte etwa 1864 ein Wettpflügen mit einem britischen Konkurrenten. Daneben pflegte E. eine umfangreiche Korrespondenz, führte ausführlich Tagebuch, unternahm zahlreiche Reisen in Ägypten, zeichnete und malte.

1866 verließ E. nach dem Zusammenbruch der Unternehmen Halim Paschas Ägypten und betrieb, wieder für Fowler, die Verbreitung des Dampfpflugs und eines neuen Schleppsystems in den USA, Westindien, Österreich-Ungarn, Russland und Rumänien. 1882 verließ er die Dienste Fowlers und lebte eine Weile in Bonn am Rhein, um seine zahlreichen Skizzen auszuarbeiten und sich der Schriftstellerei stärker zu widmen.

Von langfristiger Wirksamkeit war sein Einsatz bei der Gründung der Deutschen Landwirtschaftsgesellschaft (DLG). Er orientierte sich dabei am Vorbild der britischen „Royal Agricultural Society". Der „Deutsche Reichsverein für Landwirtschaft", wie sich die spätere DLG zunächst nannte, suchte die Zersplitterung des Landwirtschaftswesens im Reich zu überwinden und durch regelmäßige Ausstellungen den aktuellen Entwicklungsstand der Technik zu zeigen. Man traf sich, tauschte sich aus, knüpfte Beziehungen an — und schließlich wurde möglich, was E. konkret anstrebte: durch Zusammenschlüsse in Genossenschaften konnten Dünger und Saatgut günstiger bezogen werden, intensiver Erfahrungsaustausch brachte Fortschritt, Wissen, Kenntnisse und Einigkeit — Letzteres ein von E. immer wieder hervorgehobener Aspekt — ermöglichten Deutschlands Bestehen im „technischen Zeitalter".

Unermüdlich warb E. mit Vorträgen, Zeitungsartikeln, in Gesprächen und bei Audienzen gekrönter Häupter für die Ziele des Vereins, der 1884 den Namen „DLG" erhielt und dessen ehrenamtliches geschäftsführendes Mitglied des Direktoriums E. Ende 1885 wurde. Die DLG hatte bei ihrer Gründung 2.866 Mitglieder. E. leitete sie nunmehr von Berlin aus, zog sich aber nach der Stuttgarter Ausstellung von 1896 aus der Geschäftsführung zurück und zog nach Neu-Ulm.

Nach Neu-Ulm und Ulm kam der „eiserne Junggeselle" E., weil seine Mutter in Neu-Ulm lebte und er ihr nahe sein wollte. Schon in den Jahren vor seinem Umzug nach Neu-Ulm hatte er die Eltern und nach dem Tod des Vaters 1884 die Mutter immer wieder besucht. Am zweiten Weihnachtstag des Jahres 1884, als E. bei seiner Mutter in Neu-Ulm weilte, überreichte ihm eine Delegation des Vereins zur Einführung der Kettenschifffahrt ein Ehrengeschenk in Form eines Blumenschiffes. Der Geh. Hofrat E. zog 1896 in ihr Haus in der Neu-Ulmer Friedrichstraße 19 (heute Hermann-Köhl-Straße), war aber ein „Pendler" zwischen Neu-Ulm und Ulm, nachdem er sich am Michelsberg 173 eine Junggesellenwohnung eingerichtet hatte. Der Tagesablauf E.s war penibel geordnet, tagsüber arbeitete er in Ulm, wo er auch seine Gäste empfing, zum Abend kehrte er nach Neu-Ulm zu seiner Mutter zurück. In Ulm pflegte er geselligen Verkehr in der Museumsgesellschaft, beim Pfarrkranz und am Stammtisch des Vereins für Kunst und Altertum in Ulm und Oberschwaben. Nach ihrem Tod zog E. in die Ulmer Lichtensteinstraße 16 um, wo er seinen letzten Roman verfasste, den „Schneider von Ulm". Es ging E. nicht um eine exakte Schilderung des tatsächlichen Lebensweges von Berblinger, sondern um die Erfassung von dessen Begeisterung für das Fliegen. Er scheute sich nicht, bei einem Schneidermeister den Umgang mit Nadel und Faden zu lernen, um seiner Romanfigur möglichst nahe zu kommen. Sein 70. Geburtstag war der Stadt Ulm Anlass zur Ausrichtung großer Festlichkeiten. Den Druck des „Schneiders von Ulm" erlebte er nicht mehr.

Dem Ulmer Museum vermachte E. sein zeichnerisches Werk, daneben verfügte er die Gründung einer Stiftung (Gründungskapital: 80.000 RM) zur Unterstützung von Angehörigen von Arbeitsunfallopfern aus der Industrie. – 1904 Mitgründer und Vorstandsmitglied der Sektion Ulm-Neu-Ulm des bayerischen Kanalvereins. – 1872 Ritterkreuz I. Kl. des Friedrichsordens; 1896 Ehrenkreuz des Württ. Kronordens (Personaladel); 22. Feb. 1905 Dr. h.c. der TH Stuttgart; 1905 Grashof-Denkmünze des Vereins Deutscher Ingenieure; 1911 Anbringung einer Gedenktafel an seinem letzten ehemaligen Ulmer Wohnhaus (Lichtensteinstraße 16), wohin er nach dem Tod der Mutter im Jahre 1904 gezogen war; 25. Sept. 1923 Anbringung einer Gedenktafel am Geburtshaus in Kirchheim/Teck durch den Deutschen Ingenieurverein und die DLG; 26. Benennung der neu erbauten Ulmer Viehhalle nach E.; 27. Sept. 1933 Einweihung des Eyth-Denkmals auf der Adlerbastei; 1936 Max-Eyth-See in Stuttgart; Eyth-Straße am Ulmer Michelsberg und in Neu-Ulm (führt ins Industriegebiet Offenhausen), in Kirchheim/Teck und in zahlreichen anderen deutschen Städten; Benennung zahlreicher Schulen in Deutschland; Benennung der Landwirtschaftsschule in der Pfefflinger Straße in Ulm; 1936 Stiftung eines nach ihm benannten Preises durch den Verein deutscher Ingenieure zur Förderung literarisch begabter Deutscher. Aus Anlass seines 100. Geburtstags zeigte das Museum der Stadt Waiblingen von Juli bis Sept. 2006 seine Zeichnungen und Skizzenbücher.

Q   StadtA Ulm, G 2 – StadtA Neu-Ulm, D 12, III. 2.3.8.
W   (Auswahl) Einige technische Abhandlungen, Stuttgart 1862-1863 – Das Agrikulturmaschinenwesen in Ägypten, Stuttgart 1867 – Steam-cable towing, New York 1868 – Wanderbuch eines Ingenieurs. In Briefen, 6 Bände, Heidelberg 1871-1884 – Volkmar. Historisch-romantisches Gedicht, Heidelberg 1876 – Der Waldteufel, Heilbronn 1878 – Mönch und Landsknecht. Erzählung aus dem Bauernkrieg, Heidelberg 1882, ²1886 – Die Königliche Landwirtschaftliche Gesellschaft von England und ihr Werk, Heidelberg 1883 – Vergangenheit und Zukunft der Wanderausstellungen der Deutschen Landwirtschafts-Gesellschaft, 1896 – Hinter Pflug und Schraubstock, 2 Bände, Stuttgart-Leipzig ²1899 – Der Kampf um die Cheopspyramide. Eine Geschichte und Geschichten aus dem Leben eines Ingenieurs, 2 Bände, Heidelberg 1902 – Feierstunden, Heidelberg 1904 – Lebendige Kräfte, Berlin 1904 – Im Strom unserer Zeit, 3 Bände, Heidelberg 1904-1906 – Der Schneider von Ulm. Geschichte eines zweihundert Jahre zu früh Geborenen, 2 Bände, Stuttgart und Berlin 1907.

I. Ih 1, S. 205 – Staatsanzeiger 1906, S. 1382 – SK Nr. 376 – Erinnerungen aus der Jugend Max Eyths. Von einem ehemaligen Mitschüler, in: SK Nr. 224, 16. V. 1906 – Württ. Jahrbücher 1906, S. IV – Theodor EBNER, Max Eyth, der Dichter und Ingenieur, Heidelberg 1906 – Georg BIEDENKAPP, Max Eyth, ein deutscher Ingenieur und Dichter. Eine biographische Skizze, Stuttgart 1910 – Carl WEIHE, Max Eyth. Ein kurzgefaßtes Lebensbild mit Auszügen aus seinen Schriften [...], Berlin 1916 – Rudolf HEEGE, Max von Eyth. Ein Dichter und Philosoph in Wort und Tat (Arbeiten der Deutschen Landwirtschafts-Gesellschaft 356), Berlin 1928 – Lili du BOIS-REYMOND, Max Eyth. Ingenieur, Landwirt, Dichter, Berlin 1931 – UBC 3, S. 315, 369 (Bild), 370, 385 f., 406, 486 – UBC 4, S. 30, 218, 228 – UBC 5a, S. 166 f., 171 – Otto LAU, Max Eyth als Student am Polytechnikum in Stuttgart. Aus bisher unveröffentlichten Jugendbriefen, in: Bes. Beil. des Stuttgarter NS-Kuriers mit Regierungsanz. für Württemberg Nr. 2, 30. IV. 1936, S. [31]-40 – Wolfgang METZGER, Max Eyth. der Dichter und Pionier der Technik (Begegnungen 4), Stuttgart 1940 – Paul GEHRING, Max Eyth. Ingenieur, Schriftsteller und Dichter. 1836-1906, in: Lebensbilder aus Schwäbische Lebensbild 3 (1942), S. 156-181 (mit Bild) – NDB 4 (1959), S. 714 f. (Paul GEHRING) – Georg SCHENK, Familiengeschichtliches über Max Eyth. Eine bedeutsame Ahnfrau des Ulmer Dichter-Ingenieurs, in: Schwäb. Zeitung Nr. 275, 28. XI. 1968 – Georg KLEEMANN, Die Poesie des Maschinenwesens. Ein schwäbischer Techniker macht die Technik salonfähig, in: BzL Nr. 3/Juni 1976, S. 10-15 – Peter LAHNSTEIN, Max Eyth. Das Schönste aus dem zeichnerischen Werk eines welterfahrenen Ingenieurs, Stuttgart 1987 – Klaus BINDER, Der Ingenieur und Dichter Max Eyth (1836-1906) und sein Plan der Mammuthöhle in Kentucky (USA) aus dem Jahre 1866 (Abhandlungen zur Karst- und Höhlenkunde 28), München 1997 – Kathrin WESELY, Gemalte Schnappschüsse eines Globetrotters. Das Museum der Stadt Waiblingen zeigt Zeichnungen und Skizzenbücher des Ingenieurs Max Eyth, in: Stuttgarter Zeitung Nr. 167, 22. VII. 2006, S. 29 – Gerhard RAFF, Der „verrückte Engländer" aus Württemberg, in: Stuttgarter Zeitung Nr. 177, 3. VIII. 2006, S. 20 (Bild) – Klaus ZINTZ, Sein Leitsatz: „Es geht immer, wenn man will". Max Eyth war ein schwäbisches Multitalent: Ingenieur, Dichter, Abenteuerer - Der Mann, dessen Namen in Stuttgart jeder kennt, starb vor hundert Jahren, in: Stuttgarter Zeitung, 19. VIII. 2006, S. [45] – Henning PETERSHAGEN, Max Eyth war ein Gesamtkunstwerk. Als Pionier des Dampfpfluges praktizierte der gebürtige Kirchheimer die Globalisierung bereits im 19. Jahrhundert. Vor 100 Jahren starb der Ingenieur, Schriftsteller, Maler und Gründer der Deutschen Landwirtschaftsgesellschaft, in: SWP 26. VIII. 2006, S. 13 – Klaus HERRMANN, Seine Welt in von morgen, Frankfurt/Main 2006 – Ute HARBUSCH, Mit Dampf und Phantasie. Max Eyth. Schriftsteller und Ingenieur, Kirchheim/Teck 2006 – Gerd THEIßEN, Max Eyth - Landtechnikpionier und Dichter der Tat, Münster 2006 – Birgit KNOLMAYER, Max Eyth. Ein Leben in Skizzen, Köln 2006 – Gunther VOLZ, Max Eyth (Stadt Ulm, Information, 09/2006) – Wikipedia.

Faber du Faur, Wilhelm Otto *Georg* von, * Ulm 30. Sept. 1859, † Stuttgart 12. Juli 1920, ev.
Vater   *Moritz* Gustav Adolf von Faber du Faur[128], * Ludwigsburg 6. XI. 1825, † Urach 21. VI. 1882, Kgl. Württ. Oberst, S. d. *Christian* Wilhelm von Faber du Faur, Kgl. Württ. Generalmajor, Württ. Militärbevollmächtigter zum Bundestag des Deutschen Bundes in Frankfurt/Main, u. d. Maria *Margaretha* Bonaventura von Hierlinger, eine Cousine des Carl von Faber du Faur.
Mutter   Georgine Wechßler, * Ulm 28. VI. 1839, † 8. IV. 1906, T. d. Georg Wechßler, * 11. VIII. 1795, † Ulm 10.I. 1839, Kaufmann in Ulm, u. d. *Charlotte* Luise Breitschwert, * 8. VI. 1803, † 31. I. 1907.
∞ Freiin *Berthe* Amadea Georgina Sophie Hermine Henriette Cotta von Cottendorf, * 1865, †1943, T. d. Freiherrn *Carl* Erlbald Julius Balduin Cotta von Cottendorf, * 6. I. 1835, u. d. *Amélie* Charlotte de la Harpe, * 26. IX. 1835.
3 *K*, darunter Georg Friedrich Karl *Moriz* von Faber du Faur[129], * Stuttgart 1. IX. 1886, † München 3. III. 1971, Generalleutnant, Militärattaché in Belgrad, im Zweiten Weltkrieg Chef der dt. Militärverwaltung in Bordeaux, ∞ Stuttgart 1918 *Armgard* Maria Wilhelmine Anni von Faber du Faur, 1895-1978.

F., während der Dienstzeit seines Vaters in Ulm geboren, führte die Familientradition weiter und schlug die militärische Laufbahn ein. Sie führte ihn zunächst als Freiwilligen zum Gren.-Rgt. „Königin Olga" Nr. 119, wo er 1879 zum Sekondeleutnant befördert wurde. 1889 Premierleutnant, war er schon 1893 als Hauptmann Brigadeadjutant. 1896 wurde er als Kompaniechef im Kaiser Franz Garde-Gren.-Rgt. Nr. 2 nach Berlin abkommandiert, kehrte aber 1898 als diensttuender Flügeladjutant von König Wilhelm II. von Württemberg nach Stuttgart zurück. 1899 zum Major avanciert und 1901 Bataillonskommandeur im Inf.-Rgt. Nr. 126 in Straßburg, wurde F. 1905 zum Oberstleutnant und Mitglied des Reichsmilitärgerichts ernannt. 1908 Oberst, wurde F. 1911 unter Verleihung des Charakters als Generalleutnant z. D. gestellt. Nach Ausbruch des Ersten Weltkriegs 1914 als Bahnhofkommandant in Stuttgart reaktiviert, wurde der 56 Jahre alte F. wenig später zum stv. Württ. Militärbevollmächtigten zum Bundesrat in Berlin ernannt – in

Kriegszeiten eine besonders wichtige Position. 1919 wurde F. zum Dank für seine Verdienste der Charakter als Generalleutnant verliehen. – Kommenturkreuz des Württ. Kronordens, Wilhelmskreuz mit Schwertern und Krone, Eiserne Kreuze beider Klassen, Ehrenritter des Johanniterordens.

I.   Ih 1, S. 207 – SK Nr. 318, 1920 – Württ. Jahrbücher 1919/20, S. XIII – WN 1920/21, S. 260 ff. – KOHLHAAS, Chronik Stuttgart 1918-1933, S. 313.

Falkenstein, *Ludwig („Louis")* Carl August Freiherr von, * Esslingen/Neckar 11. Sept. 1839, † Ulm 18. Feb. 1866, ☐ ebd. 20. Feb. 1866, kath.
Vater   Ludwig Ernst Wilhelm Freiherr von Falkenstein, * 7. III. 1803, † 28. III. 1842, Kgl. Württ. Oberleutnant, Schützenoffizier im 4. Reiter-Rgt., s. d. Kraft Ernst Freiherr von Falkenstein, * 15. I. 1767, † 25. V. 1825, 1812 beim Russland-Feldzug Napoleons Kommandeur des Kgl. Württ. Cheveauxlegers-Rgts., zuletzt General und Landesoberstallmeisters, u. d. Rosetta Pettenkofer, † Wallerstein 1852
Mutter   Emma Bardili, † 10. III. 1854, T. d. Karl (von) →Bardili.
G   *Kuno* Wilhelm Erdmann Freiherr von Falkenstein[130], * Esslingen/Neckar 12. XII. 1840, † Straßburg 6. V. 1899, General d. Infanterie, kommandierender General des XV. Armeekorps, Generaladjutant des Königs Wilhelm II. von Württemberg, ∞ 3. VI. 1875 Gräfin Mathilde zu Lippe-Biesterfeld-Falkenflucht, * 21. VIII. 1856. Ledig. Keine *K*.

F.s Name steht in der Ulmer Geschichte für einen Skandal, der sich in der Zeit vor der deutschen Reichsgründung abspielte. Unbesonnen opferte der aufstrebende Offizier sein Leben – Gefangener eines Ehrbegriffs, der in unserer Zeit vor allem Kopfschütteln hervorruft.
Der aus einem alten thüringischen Adelgeschlecht stammende F., dessen Großvater die Verbindung der Familie zu Württemberg knüpfte, absolvierte das Gymnasium in Stuttgart und nahm anschließend das Jurastudium in Tübingen auf, wo er Mitglied des hoch angesehenen Corps Suevia war. Nach Abschluss des Studiums trat er in den württ. Militärdienst ein, war seit Mai 1859 Lieutenant beim 8. Württ. Inf.-Rgt. und ab Juli 1859 Lieutenant im 2. Jäger-Bataillon in Ulm-Wiblingen. F., der als gewandter Fechter galt, stand vor einer großen militärischen Karriere, die er der Familientradition zu schulden glaubte. In der Faschingszeit des Jahres 1866 kam es am Abend des 13. Feb. während eines Maskenballs auf der Theaterredoute zu einem heftigen Wortwechsel F.s mit dem jüngeren Karl →Wieland, dem Sohn des Ulmer Langmüllers. Es ging um eine Frau. F. akzeptierte eine Duellforderung Wielands und ließ sich darauf ein, sich anstatt mit Säbeln mit Pistolen zu duellieren. Am Morgen des 14. Feb. erhielt F., der ebenso wie Wieland noch sein Faschingskostüm trug, im Böfinger Wäldchen bei der Friedrichsau von Wieland bei dem Duell einen Kopfschuss. Er starb vier Tage später, während sich Wieland übersürzt und noch immer im Faschingskostüm in die Schweiz absetzte. Der Fall erregte in ganz Württemberg ungeheures Aufsehen, nicht nur wegen der seinerzeit ungewöhnlichen Duell-Art des Schießens und der raschen Abfolge der Geschehnisse, sondern auch deswegen, weil ein Eingreifen älterer Offiziere das Duell ohne Gesichtsverlust der Beteiligten hätte verhindern können.

I.   BECKE-KLÜCHTZNER, 261 – Suevia-Tübingen 2, S. 49 und 3, S. 167 – UBC 2, S. 153-155 (Bild) – Lothar von CARLSHAUSEN, Kinderstuben-Erinnerungen eines alten Ulmers, in: UBC 3, S. 374-379.

Farr, Johann *David*, * Ulm 2. Feb. 1782, † nicht ermittelt.
Vater   Lazarus Farr, † 10. VII. 1825, Schlosser und Baumaterialverwalter in Ulm.

F. war einer der besten und bekanntesten Lithographen Ulms in der ersten Hälfte des 19. Jahrhunderts. Nach dem Besuch des Ulmer Gymnasiums in den Jahren 1789 bis 1796 widmete sich F. der Ausbildung zum Schlosser und war von 1800 bis 1805 auf der Wanderschaft in Bayern, Österreich und der Schweiz. Wieder in Ulm, war er einige Jahre in seinem Beruf tätig, ehe er nach München ging, um dort die 1796 von Aloys

128 Suevia Tübingen 3, S. 93 f., Nr. 84.
129 BWB II (1999), S. 116 ff. (Gerhard GRANIER). F. veröffentlichte Lebenserinnerungen, in denen er auch ausführlich von seinem Vater berichtet: „Macht und Ohnmacht. Erinnerungen eines alten Offiziers", Stuttgart 1953.

130 Ih 1, S. 210.

von Senefelder erfundene Lithographie zu erlernen. Am 11. Juni 1813 wurde er Angestellter des lithographischen Büros. F. zog es wiederum nach Ulm. Dort wirkte er in der von Dr. Sallwürk von Wenzelstein geleiteten Lithographie und machte sich nach kurzer Zeit als Besitzer einer eigenen Steindruckerei selbstständig. Als erster Lithograph in Ulm war F. bald über die Landesgrenzen hinaus ein Begriff; 1820 lehnte er einen Ruf nach Turin ab. Nicht wenige seiner Porträts, Wappen und Landkarten sind noch heute bekannt, z. B. die Porträts König Wilhelms I. von Württemberg, des Prälaten von →Schmid, des Senators Conrad Daniel Dieterich oder die Grenzansicht zwischen Bayern und Württemberg von der Donaubrücke.

Q   StadtA Ulm, G 2 alt (Brief F.s vom 4. V. 1815 mit Informationen zu seinem bisherigen Leben)
L   WEYERMANN II, S. 89 f.

Fauler, *Fortunat[us]* Konrad, Mag. phil., * Zwiefalten (nicht „Mößkirch" = Meßkirch!) 26. Nov. 1775, † Ulm 18. Jan. 1827, kath., ☐ Alter Friedhof.
Vater   Anton Fauler, Klosterbraumeister in Zwiefalten.

F. war der erste kath. Dekan in Ulm.
Nach Besuch der deutschen Schule in Zwiefalten studierte F. in Ehingen/Donau, Salem und Dillingen/Donau Metaphysik, Mathematik und Physik und widmete sich nach dem zweiten Examen weiterer Studien in Marburg/Lahn (Theologie, Kirchenrecht, Natur- und Völkerrecht). Am 22. Sept. 1798 erhielt F. die Priesterweihe in Konstanz, danach folgte der Eintritt in den Kirchendienst als Seelsorger am österr. Militärhospital in Meßkirch. Nach knapp zwei Jahren als Vikar bzw. Kooperator in Mengen wurde er 1800 zum Kaplan in Engen im Hegau (Baden), 1803 zum Pfarrer in Heudorf bei Mengen und 1810 zugleich zum Schulinspektor des 41. Schulinspektorats ernannt. 1812 erfolgte nach einer besonderen Prüfung F.s endgültige Übernahme in den Dienst der württ. kath. Kirche.
Am 23. Dez. 1817 nach Joseph →Feneberg, Johann Gasser und Johann Georg →Königsberger zum vierten kath. Stadtpfarrer und am 27. Dez. 1817 zugleich zum Dekan des Landkapitels Blaubeuren, nach dessen Auflösung und Bildung des neuen Dekanats Ulm im Jahre 1818 auch zum ersten kath. Dekan in Ulm ernannt, trat er sein Amt am 23. Jan. 1818 ohne feierliche Investitur an, da der zuständige Dekanatsverweser Franz Anton (von) Walter in Söflingen erkrankt war. Wenig später übernahm F. am 9. März 1818 zugleich das Amt des Garnisonpfarrers, für das er ein Sondersalär in Höhe von 150 Gulden erhielt. Die *kirchlichen Verrichtungen* – also Eheschließungen, Taufen, Beerdigungen etc. – musste F. dafür unentgeltlich durchführen; seine ev. Kollegen konnten dafür Gebühren erheben. 1819 kam zu F.s bisherigem Zuständigkeitsbereich die Betreuung der kath. Insassen des neuen Zwangsarbeitshauses hinzu, des späteren Kreisgefängnisses.
Die kath. Kirche hatte in ev. Ulm nach dem Abzug der Bayern einen sehr schweren Stand. Benachteiligungen waren an der Tagesordnung, Fronleichnamsprozessionen durften nicht durchgeführt werden. F. verstand es aber, Gelegenheiten zu nutzen, um für die Katholiken Ulms zu werben. Beim Besuch des württ. Königspaares im August 1818 in Ulm führte Königin Katharina eine ungewöhnlich lange Unterhaltung mit F. Als ihr Mann, König Wilhelm I., hinzutrat, sagte er vor den ihn umgebenden Vertretern der Beamtenschaft, des Militärs und der Geistlichkeit: *Ich ehre und liebe die Katholiken, sie sind mir gleich schätzbar, dies, meine Herren, erwarte ich auch von ihnen.* F. sorgte dafür, dass die Worte des Monarchen in kürzester Zeit in ganz Ulm Verbreitung fanden. Offenbar ermutigt, wagte F. bei der ersten von einem Bischof vorgenommenen Firmung in Ulm seit Einführung der Reformation am 11. Okt. 1818 eine unangemeldete Prozession vom Pfarrhaus zur Kirche, die großes Aufsehen erregte.

F. machte sich auch für die Einführung eines kath. Kirchenkonvents in Ulm stark, der wegen Widerstands des rein ev. Stiftungsrats erst 1825 gebildet werden konnte – rechtlich wäre dies schon 1822 möglich gewesen. Ihm gelang es, die seit vielen Jahren geplante Restaurierung der Wengenkirche in die Tat umzusetzen. F., der im Alter von 51 Jahren in Ulm starb und mit dem die „Emanzipation" der Ulmer Katholiken untrennbar verknüpft ist, publizierte mehrere Aufsätze im „Konstanzer Archiv".

Q   StadtA Ulm, G 2 alt.
W   Deutliche Anleitung und gründliche Belehrung auf die leichteste und billigste Weise, gutes und geschmackvolles Erdbirnen- und Rübenbrot zu backen zum Besten der armen Volksklassen, Riedlingen an der Donau 1817 – Trauerrede auf Ihro Majestät die Königin von Württemberg Katharina Paulowna, Großfürstin von Russland, am 5ten März 1819 in der katholischen Stadtpfarrkirche zu Ulm, Ulm o. J. [1819]
L   StRegbl. 1818, S. 3 – NEHER 1878, S. 295, 369 – SPECKER/TÜCHLE, S. 265-268, 282 – UNGERICHT, S. 93 f. – SPECKER, Ulm im 19. Jahrhundert, S. 396-398.

Faulhaber, Christoph Jakob, * Ulm 9. Okt. 1772, † ebd. 1842, ev.
Vater   Albrecht Friedrich Faulhaber[131], Dr. med., Lic. med., * Ulm 2. V. 1741, † ebd. 26. VI. 1773, Garnison- und Stadtphysicus in Ulm, S. d. Christof Erhard Faulhaber[132], Mag., * Ulm 10. VIII. 1708, † ebd. 16. VII. 1781, 1737 Professor der Mathematik in Ulm, 1739 Pfarrer in Jungingen, 1743 Diakon an der Ulmer Dreifaltigkeitskirche, 1747 Münsterprediger, 1763 Professor der Theologie und Scholarch, 1768 Senior Ministerii und Ehericher in Ulm, u. d. Anna Regine Magdalena Bartholomäi.
Mutter   Anna Regine Magdalena Bartholomäi, * ca. 1748, † Kirchheim/Teck 9. III. 1802.
G   Georg Philipp →Faulhaber; *Elisabeth (Elise)* Sibille Faulhaber, * Ulm 1771, ∞ Christof Heinrich Wechsler, Kaufmann in Ulm; Albertine Friederike Faulhaber.
∞ Susanne Mayr, T. d. Martin Mayr, Dr. med., Arzt in Ulm. Ihre *Schw* war die Mutter von Gustav →Leube sen.
Keine *K*.

Aus einer alten Ulmer Familie stammend, war F. einer der bekanntesten Apotheker seiner Zeit in Württemberg.
Nach dem frühen Tod des Vaters erwarb die Mutter zur Existenzsicherung des Sohnes die Kronenapotheke. F. befand sich zu dieser Zeit in der Ausbildung zum Apotheker. Er hatte von 1790 bis 1799 in Langensalza (1790 bis 1792 Schüler des seinerzeit berühmten J. C. Wiegleb), Erlangen und Wien Chemie und Botanik studiert und in Erlangen als Apothekergehilfe gearbeitet. Bis zu F.s Prüfung vor dem Collegio Medico der Reichsstadt leitete ein Provisor die Geschäfte der Kronenapotheke. Als Apotheker stattete F. sein Geschäft ab 1816 nach den damals modernsten Gesichtspunkten aus und leitete seine Apotheke bis zu seinem 60. Lebensjahr. Die klassizistische Innenausstattung seines Geschäfts war berühmt, ebenso die Uhr mit Schlagwerk an seiner Apotheke. Die Apotheke übergab der kinderlose F. an seinen Neffen Gustav →Leube. Er lebte zuletzt als Privatmann in seiner Heimatstadt, wo er zu den geachtetsten Persönlichkeiten zählte.

Q   StadtA Ulm, G 2 alt.
L   GRADMANN, Das gelehrte Schwaben, S. 139 – WEYERMANN II, S. 90 – LOTTER, Schall, S. 188 f. – Jakob RIEBER, Die Familie Faulhaber, in: Ulmer Heimat-Blätter 1, Nr. 1/2 - 4 (1928) – W. H. HEIN/H.-D. SCHWARZ (Hgg.), Deutsche Apotheker-Biographie, Stuttgart 1975, S. 155 (Armin WANKMÜLLER) – Katalog Baden und Württemberg 1,2, S. 1244 ff.

Faulhaber, Georg Philipp, * Ulm 9. Okt. 1770, † Esslingen/Neckar (Datum nicht ermittelt), ev.
Eltern und *G* wie bei Christoph Jakob →Faulhaber
∞ Ulm 7. IV. 1795 Katharine Margarete Hailbronner, * Ulm 29. VI. 1774, T. d. Albrecht Ludwig von Hailbronner[133], Dr. iur. utr., * Ulm 5. X. 1727, † ebd. 7. VI. 1788, Ratskonsulent und zuletzt ulmischer Ratsherr, Senator patricius, u. d. Magdalena Barbara Veiel, geb. Kiechel, * Ulm 13. I. 1733, † ebd. 18. Okt. 1779, T. d. ulmischen Ratskonsulenten Erhard Julius von Kiechel[134], Lic. iur., * Ulm 11. VIII.

---

131 WEYERMANN I, S. 203 f.
132 DBA I/308, 275-277 – WEYERMANN I, S. 204 f. – SCHULTES, Chronik, S. 170 – NDB 5, S. 29-31 (Familienartikel) – APPENZELLER, Münsterprediger, S. 371-374 (Nr. 113).
133 GÄNßLEN, Ratskonsulenten, S. 230 ff. Das bei WEYERMANN II, S. 160, angegebene Geburtsdatum „3. Oct. 1739" ist offenkundig falsch.
134 GÄNßLEN, Ratskonsulenten, S. 237 f.

1687, † ebd. 3. VII. 1753, u. d. Veronica Harsdörfer, * Ulm 25. III. 1685, † 24. VII. 1742, Wwe. d. Christian Jacob Veiel[135], Dr. iur., * Ulm 13. VIII. 1724, † ebd. 1. VII. 1759, seit 1750 ulmischer Ratskonsulent; ∞ II. Denkendorf 29. IX. 1801 Elisabeth Dorothea Märklin[136], T. d. Johann Friedrich Märklin[137], Dr. theol., * Reichenbach/OA Calw 6. II. 1734, Propst und Generalsuperintendent in Denkendorf, Professor, Hzgl. Württ. Rat, Beisitzer des Großen Landschaftsausschusses, u. d. Dorothea Gottliebin Hiller.

F. gehört zu den Vertretern alter Ulmer Familien, die sich in der Umbruchzeit des ersten Jahrzehnts des 19. Jahrhunderts wiederholt neu orientieren mussten, wobei er als Jurist jeweils in die Dienste des neuen Landesherrn trat.

Nach dem Besuch des Ulmer Gymnasiums und dem Jurastudium in Jena und Göttingen trat F. zunächst als Kanzleiadjunkt und Gerichtsprokurator und schließlich am 6. März 1795 als einer der letzten reichsstädtischen Ratskonsulenten in die Dienste seiner Vaterstadt. 1803 wechselte er als Kurbayer. Hofgerichtsrat nach Memmingen, stieg 1808 zum Appellationsrat für den Iller- und Lechkreis ebd. und 1810 zum Appellationsgerichtsrat ebd. auf.

Nach dem Ende der bayerischen Herrschaft in Ulm ernannte ihn König Friedrich von Württemberg 1811 zum wirklichen Rat bzw. Oberjustizrat beim II. Senat des Oberjustizkollegiums in Stuttgart, von wo er 1814 als Rat an das neu gegründete Kriminal-Tribunal in Esslingen wechselte. Bei der Neuorganisation des württ. Gerichtswesens Ende 1817 verblieb F. als Oberjustizrat am Esslinger Kriminalgerichtshof und kehrte nach seiner Pensionierung nach Ulm zurück.

W   Index rerum et verborum in tribus tomis principiorum iur. civ. ro. germ. Hofackeri contineat, Tübingen 1801
L   GRADMANN, Das gelehrte Schwaben, S. 139 – HStHb 1813, S. 158 – WEYERMANN II, S. 91 [mit Angabe des Geburtsjahrs 1771] – GEORGII-GEORGENAU, S. 539 – Jakob RIEBER, Die Familie Faulhaber, in: Ulmer Heimat-Blätter 1, Nr. 1/2 - 4 (1928) – GÄNßLEN, Ratskonsulenten, S. 218 f.

Federlin, Carl (Karl) Wilhelm Christian, * Ulm 27. Jan. 1854, † ebd. 1. Feb. 1939, ev.

Vater   Johannes Federlin, * 1822, † 1910, Kaufmann in Ulm.
Mutter   Pauline Müller, * 1831, † 1916.
8 G, davon 3 † jung.
Ledig. Keine K.

Als Bildhauer hat F. in seiner Heimatstadt zahlreiche Spuren hinterlassen. Der dem historisierenden Stil des Klassizismus verpflichtete Künstler schuf u. a. zahlreiche Skulpturen im Ulmer Münster, die Denkmalbüste des Oberbürgermeisters Carl (von) →Heim (heute vor dem Landgerichtsgebäude aufgestellt) und die Kriegergedächtnisstätte für während des Ersten Weltkrieges in Ulm verstorbene russische Gefangene auf dem Hauptfriedhof.

Aufgewachsen im Haus seines Vaters am Ulmer Münsterplatz, wo sich auch dessen Ladengeschäft befand, bewahrte F. Zeit seines Lebens eine besondere Anhänglichkeit an Ulm. Dort besuchte er die Schule, um im Anschluss daran, seiner Neigung entsprechend, um 1870 mit einer Bildhauerlehre in Stuttgart zu beginnen. Die obligatorische Wanderschaft führte ihn nach Wien, wo er wesentliche Prägungen erfuhr. Beeindruckt vom reichhaltigen Figurenschmuck an den Bürgerhäusern der werdenden Ringstraße, kehrte er nach Ulm zurück, um seinen Wehrdienst beim Inf.-Rgt. „König Wilhelm I" Nr. 124 abzuleisten. Von 1879 bis 1883 studierte F. an der Kgl. Bayerischen Akademie der Bildenden Künste in München. Das Studium

war von der Zentralstelle für Gewerbe und Handel in Stuttgart sowie von der Ulmer „Wilhelmsstiftung", die in Verwaltung der Ulmer Kirchen- und Schulstiftung stand, finanziert. Nach dem mit bestem Resultat abgeschlossenen Studium entschloss sich F., sich in Ulm selbstständig zu machen. Im Frühjahr 1883 gründete F. ein eigenes Atelier auf einem von der Stadt gepachteten Grundstück am Schiffberg (Münchener Straße 19), das 1886 erweitert wurde. Das notwendige Darlehen dafür hatte er von der Münsterbaukasse erhalten, sein Onkel Wilhelm Federlin bürgte für ihn.

F.s „Atelier für christliche Kunst" bot in großformatigen Anzeigen *figürliche und dekorative Arbeiten in Marmor, Sandstein, Holz etc.* an, ebenso *Grabdenkmäler jeder Form und Größe* sowie *Restaurationsarbeiten in jedem Stuil und Material.* F. warb offensiv mit Fotografien und Einladungen zur Besichtigung fertiggestellter Werke in seinem Atelier – und er war erfolgreich: in kurzer Zeit war er einer der gefragtesten Bildhauer, mit Aufträgen aus Kreisen des Ulmer Bürgertums, von der Stadt Ulm und auch vom Hof in Stuttgart. Nachdem sich seine Haupttätigkeit zunächst auf die Herstellung von Bildmedaillons und Grabmälern beschränkte, erhielt er im Zuge der Fertigstellung des Ulmer Münsters verstärkt Aufträge zur Fertigung des Figurenschmucks. 1894 konnte die Aufstellung der Figuren der Apostel auf beiden Seitentürmen beginnen, ab 1895 schuf er 27 der insgesamt 28 Pfeilerplastiken (Ausnahme: Ulrich von Ensingen) mit Figuren des Alten und Neuen Testaments im Mittelschiff und Figuren aus der Ulmer und der Kirchengeschichte in den Seitenschiffen. Diese Plastiken wurden von Ulmer Bürgern und Gesellschaften gestiftet.

Die Zeit um die Jahrhundertwende war F.s produktivste Phase. Neben der Arbeit an den Pfeilerplastiken, die er 1912 mit der Figur des Königs Rudolf von Habsburg abschloss, war er mit dem Figurenschmuck am Ulmer Landgerichtsgebäude befasst, schuf Porträtbüsten mehrerer Ulmer Industrieller und hoher württembergischer Beamter, Denkmale für die Ulmer Münsterbaumeister sowie Marmorbüsten von Mitgliedern des württembergischen Königshauses, 1905 wurde im Ratssaal die von F. geschaffene weiße Marmorbüste des württembergischen Königs Wilhelm II. aufgestellt. 1902 verlieh ihm der württembergische König dafür den Titel eines Hofbildhauers. Auch als Ratgeber bei Restaurierungsarbeiten an Brunnenfiguren in Ulm, Heilbronn und am Münster in Bern war er geschätzt. Nach dem Ersten Weltkrieg – F. stand bereits in der Mitte des 7. Lebensjahrzehnts – ließ die Nachfrage bei F. nach. Zu seinem 80. Geburtstag 1934 wurde als eines seiner populärsten Werke der →„Griesbadmichel" herausgestellt. Diese lebensechte Bronzefigur des Ulmer Originals, von F. mit dessen bekanntestem Attribut, dem aufgespannten Regenschirm, versehen, hatte F. 1904 geschaffen. Sie hat sich nicht erhalten und wurde 1994 durch eine Neugestaltung ersetzt.

F. war schon im hohen Alter weithin vergessen, und als er wenige Tage nach Vollendung des 85. Lebensjahres in seiner Heimatstadt starb, waren die ehrenden Nachrufe auf lange Jahre das letzte, was die Öffentlichkeit über F. lesen konnte. – 1889 Ritterkreuz II. Kl. des Friedrichsordens.

Q   StadtA Ulm, G 2.
L   Ih 1, S. 213 – UBC 2, S. 24, 513 – UBC 3, S. 362 – UBC 4, S. 312 – Siegfried FEDERLE, Das schwäbisch-Alemannische Geschlecht Federlin-Federle-Feederle 1375-1965, Teil 2, in: Deutsches Familienarchiv 38 (1968), S. 39-160, bes. S. 50 f. (Bild) – SPECKER, Ulm im 19. Jahrhundert, S. 72-74 (Bild) – WH I, S. 72 f. (Hans Eugen SPECKER) – http://matrikel.adbk.de, Nr. 03652 [unzutreffend: „Federlen"].

Fellermaier, Ludwig, * Wien 2. Juli 1930, † Ravensburg 11. März 1996, kath.

F. durchlief nach Absolvierung der Oberschule eine Ausbildung zum Großhandelskaufmann, gab dann aber seinem journalistischen Interesse nach und trat 1949 in die Redaktion der „Schwäbischen Donau-Zeitung" in Ulm ein, der er bis

135 WEYERMANN II, S. 564 f. – GÄNßLEN, Ratskonsulenten, S. 220 f.
136 GEORGII-GEORGENAU, S. 539 – GÄNßLEN, Ratskonsulenten, S. 220.
137 GEORGII-GEORGENAU, S. 539 f.

1953 angehörte. Danach war er Kaufmann in der Kraftfahr-zeugwirtschaft und arbeitete zuletzt als Werbeleiter. Bereits seit 1947 Mitglied der SPD, engagierte sich F. im Kreisjugendring und fungierte mehrere Jahre lang als stv. Vorsitzender der Jungsozialisten Südbayerns. Als Vorsitzender des SPD-Unterbezirks Westschwaben, Vorstandsmitglied der bayeri-schen SPD und Mitglied des Bezirksvorstands der SPD Süd-bayern war F. ein fest verankerter Parteifunktionär mit „Haus-macht". Seit 1960 war F. SPD-Stadtrat in Neu-Ulm, Mitglied des Liegenschafts- und des Werksausschusses. Von 1965 bis 1983 über die SPD-Landesliste Bayern gewähltes MdB, 1965 bis 1967 stv. Mitglied des Verkehrsausschusses, seit April 1967 o. Mitglied des Verkersausschusses, April bis Nov. 1967 o. Mitglied des Ausschusses für Ernährung, Landwirtschaft und Forsten (danach stv. Mitglied), stv. Mitglied des Innenaus-schusses, bis 1976 stv. Mitglied des Ausschusses für Ver-kehr und für das Post- und Fernmeldewesen, bis Jan. 1980 Mitglied des Auswärtigen Ausschusses. Vom 19. Jan. 1968 bis 24. Juli 1989 war F. zugleich MdEP und im Europa-Parlament seit 1975 Vorsitzender der Sozialistischen Fraktion. F. war Vorstandsmitglied des Bundes der Sozialdemokratischen Parteien in der EG und Vizepräsident der Südost-Europa-Gesellschaft. Wiederholt vertrat er nachdrücklich vor Ort Neu-Ulmer Interessen. So setzte er sich 1968 für den Bestand des Neu-Ulmer Zollamts ein, das 1972 mit dem Ulmer Zollamt vereinigt wurde, oder 1972 für Neu-Ulm als Sitz der zu errich-tenden Kriminalinspektion, die dann jedoch 1976 in Memmin-gen eingerichtet wurde.

Q   Archiv der sozialen Demokratie der Friedrich-Ebert-Stiftung, Bonn, Nachlass Fellermaier.
L   TREU, Neu-Ulm, S. 473 (Bild) – Biogr. Handbuch MdB 1, S. 206 - GBP.

Feneberg, Joseph, Dr. phil., Lic. theol., * Speyer 21. Juni 1767, † 31. Juli 1812, kath.
Vater   Feneberg, Syndikus des Domkapitels in Speyer.

Mit F., der nur knapp drei Jahre lang Stadtpfarrer in Ulm war, ist der Neubeginn des kath. Gemeindelebens in Ulm verknüpft. Dieser war nur möglich auf Grund des Zuzugs kath. bayerischer Beamter nach Ulm, nachdem die Reichsstadt an das Königreich Bayern gefallen war.
Nach Gymnasium in Bamberg und Studium in Heidelberg schloss sich F. den Lazaristen an, die 1781 in die Kurpfalz gekommen waren. F. lehrte nach den Staatsprüfungen zunächst als Gymnasialprofessor in Neustadt an der Haardt, Heidelberg und Mannheim, ehe er sich dem Pfarrerdienst zuwandte und in Illertissen und Vöhringen wirkte. 1798 Pfarrer in Vöhringen/ Iller. Wohl 1804 von der bayer. Regierung zum ersten kath. Stadtpfarrer in Ulm berufen, wurde der mittlerweile zum Kgl. Bayer. Geistlichen Rat ernannte F. am 25. März 1805 in der Wengenkirche, die aus dem säkularisierten Augustiner-Chor-herrenstift als kath. Stadtpfarrkirche hervorgegangen war, inve-stiert. F. stellte bereits 1807 einen Versetzungsantrag und ging am 15. Jan. 1808 als Pfarrer nach Krumbach. Als er Ulm an Ostern 1808 verließ, zählte die kath. Pfarrgemeinde 612 Mitglie-der. Seine Ulmer Abschiedsrede erschien bei Wohler im Druck.

Q   StadtA Ulm, G 2.
W   Joseph FENEBERG, Trauerrede auf Philipp, Grafen von Arco, den 2. Dezem-ber 1805 zu St. Michael gehalten. Nebst einem Trauergedicht von Johann Martin MILLER, Ulm o. J. [1806] – Abschiedsrede, am Ostersonntag 1808 gehalten, Ulm 1808.
L   NEHER, S. 300, 370 – SCHULTES, Chronik, S. 389 – SPECKER/TÜCHLE, S. 254-262, 267 – SPECKER, Großer Schwörbrief, S. 268, Anm. 49.

Feuchtinger, Max-Erich, Dr.-Ing. habil., Dipl.-Ing., * Kiel 9. Sept. 1909, † Ulm 29. Juni 1960, ev.
Vater   *Max* Christof Feuchtinger[138], * 1878, † 1959, Bauinspektor in Kiel, seit Okt. 1919 Vorstand des städtischen Tiefbauamtes Ulm als Nachfolger von Adolf →*Göller, zuletzt Stadtbaudirektor und Bürgermeister, 1938 a. D.

---

[138] UBC 4, S. 117, 269 – UBC 5a, S. 305.

Mutter   Maria Helene Neubauer, * 1886, † 1958.
1 G   Oswald Feuchtinger, † 1948.
∞ London 1956 Gertrud Margret Silberhorn. Keine K.

Der renommierte Straßenverkehrswissenschaftler F. kam mit seinen Eltern nach Ulm, als er zehn Jahre alt war. Der Vater hatte die Leitung des städtischen Tiefbauamtes übernommen, der Sohn fühlte sich als Süddeutscher, als Ulmer, und hat es wiederholt bedauert, dass Kiel sein Geburtsort war. F. bestand 1927 mit Auszeichnung das Abitur am Humanistischen Gym-nasium in Ulm, was ihn befähigte, dem Vater nachzueifern und ein Bauingenieurstudium zu beginnen. Bis 1930 studierte F. an der TH München, anschließend bis 1932 an der TH Berlin. Seinen Schwerpunkt verlegte er dabei auf Straßen- und Städte-bau. Sein Examen als Dipl.-Ing. bestand er wiederum mit Auszeichnung. Trotz schwieriger äußerer Umstände, die von Massenarbeitslosigkeit, Inflation und einer bürgerkriegsähn-lichen Lage im Vorfeld der NS-Machtübernahme gekennzeich-net waren, konnte F. in Ulm eine Beschäftigung finden und an einem Brückenbau mitwirken. Daneben widmete er sich seiner Dissertation an der TH Stuttgart bei den Professoren Pirath und Neumann. 1934 wurde er mit der Arbeit „Der Verkehr im Wandel der Zeiten seit dem Jahre 1000. Studie auf Grund der Wirtschafts- und Verkehrsbeziehungen der ehemaligen Reichs-stadt Ulm a. D." zum Dr.-Ing. promoviert. Die Studie markier-te F.s Anfänge als Verkehrswissenschaftler ebenso wie seine wachsende Beziehung zu Ulm.
F. absolvierte die Prüfung im Wasser- und Straßenbaufach für den Staatsdienst in Berlin und arbeitete dort und in Hannover als Regierungsbauführer. 1936 unternahm er eine durch Sti-pendien finanziell unterstützte Bildungsreise durch die USA, deren verkehrswissenschaftliche Ergebnisse er auch veröffent-lichte. Im Jahr darauf bestand F. in Berlin das Zweite Staatsex-amen mit Auszeichnung und war nunmehr Regierungsbaumei-ster. Immer wieder äusserte er sich öffentlich zu Ulmer The-men; so forderte er 1936 den Ausbau der Infrastruktur in Richtung Bodensee und Allgäu, da er Ulm als „Drehscheibe des Fremdenverkehrs" sah. Der mittlerweile in die Deutsche Akademie für Städtebau-, Reichs- und Länderplanung in Berlin Berufene wechselte zum Planungsamt Köln und widmete sich den städtischen straßenbaulichen Projekten einschließlich der Gestaltung des Rheinüberganges.
Das Unternehmen „Reichsautobahn" bot Bauingenieuren Mitte der 1930er Jahre ein umfassendes Betätigungsfeld. 1939 trat er in den Dienst der Oberbauleitung Essen der Reichsau-tobahn. Daneben arbeitete er an seiner 1940 abgeschlossenen Habilitation, wiederum bei Pirath („Ein Beitrag zur verkehrli-chen Leistungsfähigkeit, Anordnung und Ausführung von Autobahnknotenpunkten").
1940/41 trat F. in die Dienste des Generalinspektors für das Straßenwesen Fritz Todt und erarbeitete als Sonderbeauftragter Planungen für den Autobahnbau zwischen dem Elsass und den Niederlanden. 1942 zur Organisation Todt eingezogen und nach Norwegen geschickt, bei Kriegsende geriet er in US-amerikanische Gefangenschaft. Die Amerikaner übergaben ihn den Franzosen, die den gesundheitlich schwer angeschlagenen F. in ein Lazarett nach St. Johann in Tirol überwiesen. An Weihnachten 1945 entlassen, kehrte F. in das zerstörte Ulm zurück. Die elterliche Wohnung war beschlagnahmt, er fand seine Eltern in einer Behelfsunterkunft und zog zu ihnen.
Die Chancen des Wiederaufbaus der zerstörten deutschen Städte erkennend, wagte es F., sich als selbstständiger beraten-der Ingenieur in Ulm niederzulassen. Pirath zog F. zur Erstel-lung eines Gutachtens über den Kraftfahrzeugbedarf der deutschen Wirtschaft hinzu, das auf der Grundlage eines Industrieplans des Alliierten Kontrollrats erarbeitet und im Herbst 1946 fertiggestellt wurde. Ebenfalls 1946 begann er seine Tätigkeit als beratender Ingenieur für Straßen-, Verkehrs- und Stadtbauwesen in Ulm. Mit zahlreichen Vorträgen und

Veröffentlichungen (175 fachwissenschaftliche Veröffentlichungen, davon 17 Bücher) erarbeitete sich F. in den nächsten Jahren einen ausgezeichneten Ruf als Fachmann für Fragen des Städtebaus in Verbindung mit den Erfordernissen des modernen Straßenverkehrs. Rufe an die Hochschulen von Stuttgart, Karlsruhe und Braunschweig lehnte er jedoch ab. F., Liebhaber des Bergwanderns und des Skifahrens, wollte Ulm nicht verlassen. 1957 folgte F. aber nach längerer Bedenkzeit einem Ruf an die TH Stuttgart, wo er o. Professor am neuen Lehrstuhl für Straßenbau und Straßenverkehr sowie Direktor des Instituts für Straßenverkehrstechnik wurde. Sein Büro in Ulm führte er aber weiter. F. erlag im Alter von nur 50 Jahren einem Krebsleiden und starb im Jahr nach seinem Vater, der 81 Jahre alt geworden war. Die TH Stuttgart richtete für F. eine akademische Trauerfeier aus.

Q   StadtA Ulm, G 2.
L   Ih 1, S. 218 – Ih 3, S. 83 – UBC 4, S. 117, 269 – UBC 5a, S. 98, 104, 187 – BWB I (1994), S. 82-84 (Gerhard WIEDEMANN).

Feuerlein, *Walter* Ewald Arthur, Dipl.-Landwirt, * Stuttgart 7. Feb. 1903, † Stolzenau/Weser 14. April 1974, ev.
Vater   *Ludwig* Theodor Feuerlein[139], * Zürich 26. IV. 1870, † Oberndorf/Neckar 20. II. 1946, Professor, Stimmbildner und Konzertsänger in Stuttgart, S. d. Otto Feuerlein, * Stuttgart 16. IV. 1822, † Zürich 11. VI. 1875, Kaufmann in Stuttgart, St. Gallen und Zürich, u. d. *Emilie* Friederike Eisenlohr, * Marbach/Neckar 5. IX. 1837, † Stuttgart 21. I. 1912.
Mutter   Johanna Emecke, * Lübbecke (Westfalen) 20. VII. 1869, T. d. Ewald Emecke.
4 G   Elisabeth Feuerlein, * Stuttgart 28. III. 1901, † ebd. 6. III. 1903; Lilly Feuerlein, * 24. II. 1904, Fürsorgeschwester; Ewald Feuerlein, * Stuttgart 13. VIII. 1906, † 29. V. 1907; *Hans* Ludwig Feuerlein, * Stuttgart 31. III. 1909, cand. med., Medizinalpraktikant.
∞ Stuttgart 11. XII. 1932 Gertrud Mühlhauser, * Ulm 25. XII. 1905, T. d. Fritz Mühlhauser, Eisenbahninspektor.
4 K   Werner Feuerlein, * Ulm 23. IX. 1933; Peter Feuerlein, * Ulm 27. I. 1935; Ursula Feuerlein, * Ulm 28. VI. 1939; Ingeborg Liselotte Feuerlein, * Ulm 18. V. 1946.

Der Wahl-Ulmer F., wiederholt auf Grund seiner Verdienste um die Agrartechnik in eine Reihe mit Max →Eyth gestellt, war väterlicherseits ein Urenkel des Stuttgarter Oberbürgermeisters und Landtagsabgeordneten Willibald Feuerlein (1781-1850) und von Theodor Eisenlohr (1805-1869), des Landtagsabgeordneten und Mitglieds der Nationalversammlung in der Frankfurter Paulskirche
F. wuchs in Stuttgart auf und besuchte dort das Reform-Realgymnasium, wo er 1921 das Abitur bestand. Schon zuvor hatte sich sein Interesse an der Landwirtschaft Bahn gebrochen, indem er als Praktikant bei einem Kleinbauern in der Nähe von Bopfingen/OA Neresheim tätig gewesen war. Von 1921 bis 1922 gewann er weitere praktische Erfahrungen in württ. Landwirtschaftsbetrieben sowie auf dem Rittergut Mesendorf (Brandenburg). Von 1923 bis 1927 studierte F. an der Landwirtschaftlichen Hochschule Berlin, schloss als Dipl.-Landwirt ab und ging danach für zwei Jahre als von der Carl-Duisberg-Stiftung geförderter Werkstudent in die USA. Auf verschiedenen Farmen, u. a. in Norddakota, machte er sich mit Ackerbau, Molkerei- und Obstbauwesen vertraut und arbeitete in einer IHC-Landmaschinenfabrik in Milwaukee. Daneben besuchte er Vorlesungen an verschiedenen Universitäten.
1929 nach Württemberg zurückgekehrt, trat F. als Pflugschmied in die Dienste der Pflugfabrik Gebr. Eberhardt in Ulm, ging aber schon im darauffolgenden Jahr als deren Vertreter auf Reisen. Auf diese Weise kam er in ganz Deutschland herum, leitete Vorführkolonnen und hielt Vorträge. Mit den Jahren entwickelte er sich zu einem der ersten Pflug- und Bodenspezialisten mit stark ausgeprägter praktischer Note. Sein Lebensmittelpunkt blieb Ulm, wo er 1936 im Stuifenweg ein Haus erbaute. 1940 übernahm er bei den Landesregierungen von Salzburg und Tirol die Aufgabe eines Abteilungsleiters

Landtechnik und organisierte Anfang 1945 den Motorpark für das Land Salzburg, um die Versorgungstransporte sicherzustellen. Nach Ende des Zweiten Weltkriegs war F. zunächst kurzzeitig als Monteur bei der Dreschmaschinenfabrik Hummel in Ehrenstein tätig, bevor er 1947 nach Ulm zurückkehrte. Dort festigte er als Mitglied des Kuratoriums Technik in der Landwirtschaft, das im Hause Beiselen in der Magirusstraße untergebracht war, seinen Ruf als Bodenwissenschaftler und Landtechniker. Das Kuratorium suchte mit dem von ihm getragenen „Institut für Bodenbearbeitung" (bzw. seit 1949 Außenstelle des Instituts für Bodenbearbeitung der Forschungsanstalt für Landwirtschaft) in Kooperation mit dem Landwirtschaftsamt, den zuständigen Ministerien, der Pflugfabrik Eberhardt und den Landwirten nach Wegen, der Lebensmittelnot entgegenzusteuern und die Bodenerträge kontinuierlich zu steigern. F. erarbeitete für dieses Ziel nicht nur die wissenschaftlichen Grundlagen, sondern auch die praktischen Umsetzungsmöglichkeiten. Er erkannte den Zusammenhang zwischen Klima, Furchentiefe und Humusbildung im Boden, untersuchte den Einfluss des Pflügens auf den Boden und die Kulturpflanzen und konzipierte eine völlig neue Form der öffentlichkeitswirksamen Bodenbearbeitung – das Wettpflügen.
Schon 1950 organisierte F. in enger Zusammenarbeit mit dem Bundeslandwirtschaftsministerium das erste deutsche Wettpflügen auf dem Kupferhof im hohenlohischen Gerabronn. In den 1950er Jahren führte F. dann in Baden-Württemberg das Leistungspflügen ein, wobei er seine Aktivität besonders auf den Raum Ulm/Neu-Ulm konzentrierte. Innerhalb weniger Jahrzehnte erhöhte sich die Zahl der Wettbewerbsteilnehmer auf mehrere Hunderttausend! 1953 konnte das erste Nationalpflügen bei der Ausstellung der Deutschen Landwirtschafts-Gesellschaft in Köln stattfinden. Schon im Jahr zuvor, 1952, war in Leeds (England) die Weltpflügervereinigung ins Leben gerufen worden – F. nahm an der Gründungsversammlung teil. 1956 wurde F. zum Präsidenten der Weltpflügervereinigung gewählt und zog wegen der Verlegung des Instituts für Bodenbearbeitung nach Völkenrode bei Braunschweig um. Als F. 1972 als Präsident des Weltpflügerverbandes ausschied, konnte er mit berechtigtem Stolz auf sein Lebenswerk zurückblicken. Es war gelungen, eine ganze nachwachsende Generation von Landwirten mit den optimierten Techniken des Pflügens vertraut zu machen und die landwirtschaftliche Produktion erheblich zu steigern. Der Weltpflügerverband ernannte F. zu seinem Ehrenpräsidenten. 1962 wurde F. mit der Max-Eyth-Gedenkmünze für Verdienste um die Landwirtschaft ausgezeichnet, schon zuvor (1960) war er zum Consultant der Food and Agricultural Organization (FAO) ernannt und (1961) mit dem französischen Pour le mérite agricole ausgezeichnet worden. Nach seinem Tod wurde ein nach ihm benannter Wanderpreis gestiftet, der jährlich beim „Bundespflügen" verliehen wird.

Q   StadtA Ulm, G 2 – ebd., AR 320/60 (Dienstakte) – StadtA Stuttgart, kleiner Nachlasssplitter.
W   Geräte zur Bodenbearbeitung (Angewandte Landtechnik 2), Stuttgart 1964, ²1971.
L   Ih 1, S. 219 [die dortige Bezeichnung „Präsident der Weltfliegervereinigung" ist zu berichtigen] – SCHIMPF, Stammtafeln Feuerlein, S. 118 f. – Rudi KÜBLER, Der Experte der Ackerkrume: Walter Feuerlein auf den Spuren von Max Eyth. Wahl-Ulmer führte 16 Jahre lang die Weltpflüger-Organisation, in: SWP Nr. 85, 14. IV. 1999 (Bild) – Ein Experte der Ackerkrume: Wettbewerb zu Ehren des Pflugpioniers Walter Feuerlein, in: SWP Nr. 198, 28. VIII. 2003 (Bild).

Finckh, Heinrich Julius *Eberhard*, * Kupferzell/OA Öhringen 7. Nov. 1899, † ermordet Berlin-Plötzensee 30. Aug. 1944, ev.
Vater   *Julius* Hugo Finckh, Dr. med., * Stuttgart 3. V. 1866, † Kupferzell 27. V. 1934, praktischer Arzt und Distriktsarzt in Kupferzell, S. d. Julius Finckh, Kaufmann in Stuttgart, u. d. Maria Groß.
Mutter   *Maria* Martha Mathilde Roser, * Stuttgart 24. IV. 1874, † Urach 12. IV. 1961, T. d. Gottlob *Heinrich* Roser, * Stuttgart 28. IV. 1845, † Urach 22. VII. 1925, Lederfabrikant in Stuttgart, u. d. *Mathilde* Amalie Johanne Beringer, * 7. I. 1853, † 1. IX. 1930.

---

[139] Ih 1, S. 219.

2 G   Gertrud Finckh, * Kupferzell 19. VI. 1896, † 31. I. 1974, Hebamme und Diakonisse in Freiburg/Breisgau; Maria Finckh, * 21. II. 1898, ∞ Kupferzell 2. II. 1924 Eduard Fraas, Dr. med. vet., * Schwabbach/OA Weinsberg 15. X. 1884, Oberamtstierarzt in Vaihingen/Enz, S. d. Emil Friedrich Fraas, * Geislingen/OA Schwäbisch Hall 1. XII. 1853, Pfarrer in Schwabbach, 1894-1925 dsgl. in Zell-Altbach/OA Esslingen.
∞ 25. IX. 1936 Annemarie von Weyrauch, * 25. I. 1908, † 1. II. 1979.
3 K   Peter Finckh, * 26. VIII. 1937; Christine (Christa) Finckh, * 30. VI. 1939, ∞ Funk; Barbara Finckh, * 26. XII. 1942.

F. zählt zu den württembergischen Opfern des 20. Juli 1944, die weithin unbekannt blieben, seine Bindungen zu Ulm werden in der Literatur fast nie genannt.

Er entstammte einer bekannten Familie des gehobenen Bürgertums, die vor allem in Reutlingen vertreten war. Er besuchte die Volksschule in Kupferzell. An der Realschule in Künzelsau legte er im Ersten Weltkrieg ein Notabitur ab, um sich als Freiwilliger zur Artillerie zu melden. Die Kriegserlebnisse prägten den jungen Mann, der es schnell zum Unteroffizier und zum EK II brachte, tief. Die Erfahrung des Hungers im Kriegswinter 1917/18 machte ihn sensibel für die Truppenversorgung. Er wollte beim Militär bleiben und musste deshalb, um neuen Vorschriften zu genügen, ein Studium durchlaufen. F. schrieb sich für Ingenieurwissenschaften an der TH Stuttgart ein und wohnte bei General Walter Reinhardt (1872-1930), dem früheren preußischen Kriegsminister.

1920 fand F. Aufnahme in die Reichswehr und kam als Offiziersanwärter zum Artillerie-Rgt. 5 nach Ludwigsburg, 1923 nach dessen Verlegung nach Ulm, wo er für die nächsten 14 Jahre blieb. Bei Schießübungen fiel der 1925 zum Leutnant beförderte F. mit seiner Batterie dem Regimentskommandeur Ludwig Beck (1880-1944) auf, der ihn später förderte. 1936 wurde F. zum Batteriechef der 3. Schweren Batterie des Artillerie-Rgts. 41 auf dem Unteren Kuhberg ernannt. Auf Intervention von Generaloberst Beck wurde F. zur Kriegsakademie in Berlin zugelassen, obwohl er die sog. Wehrkreisprüfung nicht gemacht hatte. Dort lernte er 1937 Claus Schenk Graf von Stauffenberg und Albrecht Ritter Mertz von Quirnheim kennen. F. stand dem Hitler-Regime ablehnend gegenüber. Bekannt war, dass F. den Hitlergruß verweigerte und meistens mit „Heil Artillerie" grüßte.

Zu Beginn des Zweiten Weltkriegs oblag F., mittlerweile beim Generalquartiermeisterstab, als Generalstabsoffizier (I b) die Versorgung eines Panzerkorps beim Einmarsch in Polen. 1940 war er Oberquartiermeister und beim Frankreich-Feldzug Verbindungsoffizier zur 6. Armee unter General Oberst von Reichenau. Verzweifelt nahm F. als Oberquartiermeister der Heeresgruppe Süd von Manstein beim Russland-Feldzug zur Kenntnis, wie abgehoben und praxisfern die politische Führung in Berlin agierte. Fassungslos erfuhr er von der Aussage Görings, er könne die in Stalingrad eingeschlossene 6. Armee aus der Luft versorgen. F. wusste, dass es unmöglich war, mehr als 300 000 Mann über längere Zeit aus der Luft zu versorgen. Der 43jährige Offizier wurde innerhalb kurzer Zeit vor Sorge und Ärger schlohweiß. Sein innerer Widerstand wuchs. Kontakte bestanden nicht nur zu den Trägern des militärischen Widerstandes beim Ersatzheer, sondern auch zu anderen Eingeweihten der verschiedenen Attentatspläne, so zu Adam von Trott zu Solz, einem Verwandten seiner Ehefrau.

Am 1. Sept. 1942 zum Oberst im Generalstab befördert, erhielt F. im Mai 1944 das selten verliehene Ritterkreuz mit Schwertern zum Kriegsverdienstkreuz. Nach der alliierten Invasion an der Atlantikküste berief ihn Generalquartiermeister Eduard Wagner als Oberquartiermeister beim Oberbefehlshaber West, Erwin Rommel, nach Paris. Trotz massiver Zerstörungen von Gebäuden und Infrastruktur verstand es F., die Versorgungslage der Truppe innerhalb weniger Tage spürbar zu verbessern. Daneben spielte er seine Rolle als Schlüsselfigur des militärischen Widerstands. Mit General Carl-Heinrich von Stülpnagel und dessen Adjutant Cäsar von Hofacker zählte F. zu den Planern und Mitwissern der „Verschwörung" vom 20. Juli 1944

in Paris. Nach dem Attentat in der Wolfsschanze nahm F. die telefonische Mitteilung vom Tod Hitlers entgegen und meldete sie seinem Vorgesetzten, General Günter Blumentritt. Zwar gelang es, Gestapo und Sicherheitsdienst in Paris auszuschalten, jedoch brach man nach der Nachricht vom Überleben Hitlers diese Aktionen ab. F. wurde gefangengenommen und am 30. Aug. 1944 vom Volksgerichtshof zum Tode verurteilt und noch am gleichen Tage erhängt. – 1965 Benennung der Bundeswehrkaserne in Großengstingen; Benennung einer Straße in Ulm.

L   Julius ROSER, Geschichte der drei verwandten Familien Roser/Veil/Ploucquet, ergänzt auf den neuesten Stand, Stuttgart 1926, S. 19 – Wilhelm von SCHRAMM, Der 20. Juli in Paris, Bad Wörishofen 1953 – Heinrich BÜCHELER, Carl-Heinrich von Stülpnagel. Soldat - Philosoph - Verschwörer, Berlin-Frankfurt/Main 1989 – Wolfgang ROSER, Roser/Veil/Ploucquet Nachfahren. Familienbuch 2000, S. 111 – WB I, S. 78-80 (Heinrich BÜCHELER).

Fischer, *Edmund* Karl Maria von, * München 1. Okt. 1829, † nicht ermittelt, kath.

Vater   Anton Ritter von Fischer[140], Dr. iur., * Würzburg 1. XI. 1792, † München 13. VI. 1877, Assessor beim Obersten Kirchen- und Schulrat in München, 1843 Regierungspräsident von Schwaben und Neuburg, Kgl. Bayer. Staatsrat, 1858/59 Ministerverweser des Kgl. Bayer. Staatsministeriums der Finanzen, 1867 dsgl. des Kgl. Bayer. Staatsministeriums der Justiz, Ehrenbürger von Augsburg.
Mutter   Franziska Bauer.
∞ Neu-Ulm 3. VIII. 1865 Charlotte Angelika *Emma* Erhardt, * Ulm 22. X. 1843, † Neu-Ulm 7. VI. 1891, T. d. Gustav von →Erhardt.
2 K   Franziska Amalia Maria von Fischer, * Neu-Ulm 26. VI. 1866, ∞ Neu-Ulm 1888 Karl Berchtold, * Dorfen 6. I. 1859, Bezirksamtsassessor in Neu-Ulm, S. d. Bezirkstierarztes Josef Berchtold u. d. Anna Stöttner; Gustav Anton *Karl* von Fischer, * Neu-Ulm 14. IX. 1872.

Der Neu-Ulmer Bezirksamtmann F., der sein Amt im Jahr der Stadterhebung antrat, entstammte einer 1874 in den bayerischen Adelsstand erhobenen Beamtenfamilie. Er studierte nach der Absolvierung des Münchner Gymnasiums Jura in Würzburg und München. 1853 bestand er die Konkursprüfung. Nach den üblichen unständigen Verwendungen im Justizdienst kam F. 1859 als Assessor zum Landgericht München. 1862 wechselte er im 33. Lebensjahr als Assessor zum Bezirksamt Neu-Ulm, an dessen Spitze er zum 31. Mai 1872 trat. Schon am 22. Aug. 1872 konnte der frischgebackene Bezirksamtmann gemeinsam mit Bürgermeister Konrad →Schuster in Gestalt von Kronprinz Friedrich Wilhelm einen ranghohen Gast in Neu-Ulm begrüßen.

F. war Vorstand des Bezirksamts in Neu-Ulms entscheidenden Jahren im letzten Viertel des 19. Jahrhunderts. Die Einwohnerzahl der Stadt wuchs von rund 5.000 (1874) auf rund 8.700 (1895). 1880 vergrößerte sich das Gebiet des Bezirksamts Neu-Ulm durch Zuteilung von Gebieten im Raum Weißenhorn aus dem Bezirksamt Illertissen. Als Neu-Ulm am 1. März 1891 zur Stadt I. Kl. erhoben wurde und damit die Kreisunmittelbarkeit erhielt, war die Stadt fortan der Zuständigkeit des Bezirksamtmannes entzogen, dessen Geschäftsbereich sich auf den umliegenden Bezirk (im heutigen Sinne Landkreis) beschränkte. 1895 trat F. nach 33-jähriger Amtszeit in Neu-Ulm, davon 23 Jahre an der Spitze des Bezirksamts, 66-jährig in den Ruhestand. – Mitglied des Vereins für Kunst und Altertum in Ulm und Oberschwaben.

Q   Bayer. HStA, MInn 40271, Personalakte.
L   BUCK, Chronik Neu-Ulm, S. 83 – TREU, Neu-Ulm, S. 176 – TEUBER, Ortsfamilienbuch Neu-Ulm I, Nr. 5086.

Fischer, Ludwig Friedrich, * Ludwigsburg 7. März 1750, † Böblingen 30. Mai 1837, ev.
Vater   Fischer, Reichspostmeister.

F. war der erste württembergische Oberamtmann in Ulm nach dem Übergang der einstigen Reichsstadt von Bayern an Württemberg.

---

[140] Augsburger Stadtlexikon, S. 399.

Zunächst die militärische Laufbahn verfolgend und 1773 zum Lieutenant und Auditor der Herzoglichen Garde zu Fuß ernannt, wechselte F. 1776 als gemeinschaftlicher Regierungs- und Konsistorialrat in die Dienste des Fürstenhauses Hohenlohe-Waldenburg. Auch diese Tätigkeit scheint für F. nicht von langer Dauer gewesen zu sein, denn schon 1779 begegnet er als Kurpfalzbayer. Resident in Heilbronn. 1804 war F. in bayer. Diensten Legationsrat bei der staatsrechtlichen Sektion in Ulm und trat 1810 in die Dienste des Königs von Württemberg.

Nach Ulm kam er mehr oder minder als „zweite Wahl". Der Tübinger Oberamtmann Johann Christian Schott (1755-1841), den König Friedrich am 3. Nov. 1810 zum Oberamtmann von Ulm ernannte[141], lehnte die Versetzung von Alt- nach Neuwürttemberg jedenfalls ab und schied *auf sein allerunterthänigstes Ansuchen aus den Königl. Diensten* aus. Daraufhin trat per Ernennung vom 10. Nov. 1810 der bisherige Kgl. Bayer. Kreisrat in Ulm F. an die Spitze der zu errichtenden Ulmer Oberamtsverwaltung[142]. Damit verschob sich ein wesentlicher Akzent des württembergischen Starts in Ulm: nicht ein Beamter aus Altwürttemberg wurde Oberamtmann, sondern ein kurz zuvor von bayer. in württ. Dienste gewechselter Beamter. 1810 übernahm der bereits 60 Jahre alte F., versehen mit Titel und Rang eines Oberregierungsrats, als erster württembergischer Amtsinhaber die Leitung des neu geschaffenen Oberamts Ulm. Während seiner kurzen Ulmer Amtszeit richtete F. im ehemaligen Kais[ers]heimer Pfleghof die Oberamtsverwaltung ein und baute im engen Schulterschluss mit dem Landvogt Graf von →Zeppelin. Administration auf. Von F. soll die Anregung ausgegangen sein, die Friedrichsau zum Ausflugsziel der Ulmer auszugestalten, wobei Senator Hieronymus Eitel von Schermar die konkrete Durchführung in die Hand nahm. 1811 wechselte F. in gleicher Eigenschaft an das Oberamt Böblingen, wo er bis zu seiner Versetzung in den Ruhestand im Jahre 1823 wirkte. Als Ulmer Oberamtmann folgte ihm der ebenfalls aus Ludwigsburg stammende Ludwig →Muff nach, der 25 Jahre jünger als F. war. F. starb in zu seiner Zeit sehr hohen Alter von 87 Jahren in Böblingen, wo er auch seit seiner Zurruhesetzung lebte.

Q HStAS, E 143 Bü 843 – ebd. E 146/1 Bü 2733.
L Johannes GREINER, Ulm im ersten Jahrzehnt unter der Krone Württembergs. Eine Jahrhunderterinnerung, in: Besondere Beilage des Staatsanzeiger 1910, Nr. 5, S. 73-80, Nr. 6, S. 81-90 – Amtsvorsteher, S. 251 (Fred RAITHEL).

Fischer, *Ludwig* Friedrich Alexander, * Sulzbach (Oberpfalz) 5. Okt. 1832, † Augsburg 8. Jan. 1900, kath.
Vater Fischer, Advokat.

Der Augsburger Bürgermeister F. war gut fünf Jahre lang Vertreter des württembergischen Reichstagswahlkreises XIV (Geislingen-Heidenheim-Ulm) im Reichstag.

F. besuchte das Augsburger Gymnasium bei St. Stephan und studierte nach dem Abitur um 1850 bis 1854 Jura in München und Berlin. 1854 begann seine Praktikantenzeit beim Landgericht Göggingen, beim Kreis- und Stadtgericht Augsburg und bei der Kreisregierung, wo er zum Akzessisten befördert wurde. Im Sommer 1862 im Alter von 29 Jahren zum Zweiten Bürgermeister in Augsburg gewählt, war er nach seiner Wiederwahl im Jan. 1866 Zweiter Bürgermeister auf Lebenszeit und amtierte seit Mai 1866 als Erster Bürgermeister der alten Reichsstadt in der Nachfolge des am 28. März 1866 verstorbenen Ersten Bürgermeisters Georg von Forndran (1807-1866). Schon im Frühjahr 1863 war F. als Kandidat der Deutschen Fortschrittspartei als Vertreter des Bezirks Immenstadt in die Zweite Kammer des Bayerischen Landtags gewählt worden, der er bis zu seinem Tod 36 Jahre lang (!) angehörte – bis 1869 für Immenstadt, 1869 bis 1881 für Augsburg, 1881 bis 1887 für

Bayreuth und seitdem erneut für Augsburg. Im Okt. 1884 stellten die Nationalliberalen F. im Wahlkreis XIV als Kandidaten gegen den Mandatsinhaber gegen den Demokraten Hans Hähnle auf. Bei der Wahl im Feb. 1887 konnte F. das Mandat nahezu unangefochten glänzend verteidigen. Im Feb. 1890 verlor F. das Ulmer Reichstagsmandat an den demokratischen Politiker Kommerzienrat Hans Hähnle (Giengen/Brenz). Bei seiner Beerdigung in Augsburg legte Dr. Gustav →Leube jun. im Namen der Stadt Ulm einen Kranz an seinem Grab nieder. – 1904 wurde die Bürgermeister-Fischer-Straße in Augsburg nach ihm benannt.

L HARTMANN, Regierung und Stände, S. 87 – UBC 2, S. 485, 529, 557 – UBC 3, S. 217 – Augsburger Stadtlexikon, S. 400 (Bild) – HAUNFELDER, Die liberalen Reichstagsabgeordneten, S. 136 f.

Flaischlen, Paul Otto *Hugo*, * Stuttgart 11. Juni 1868, † Ulm 12. Sept. 1942, ev.
Vater Flaischlen, Kgl. Württ. Hauptmann, † 1884, 1871 Major und Bezirkskommandeur in Ellwangen/Jagst, 1875 a. D.
Mutter Sonnenkalb, T. d. Medizinalrats Sonnenkalb in Leipzig.
2 *G*, darunter Otto Hugo *Cäsar* Flaischlen[143], Dr. phil., * Stuttgart 12. V. 1864, † Hornegg bei Gundelsheim 16. X. 1920, Dichter und Schriftsteller, ∞ Edith Constanze Klapp.
Ledig. Keine *K*.

Neben Otto von →Moser war F. einer der wesentlichen Historiographen der württ. Militärgeschichte der zweiten Hälfte des 19. und des ersten Viertels des 20. Jahrhunderts. Der aus alter Ulmer Bürger- und Pfarrerfamilie stammende Offizier besorgte die Herausgabe von 52 Regimentsgeschichten und war Mitarbeiter bei zahlreichen militärgeschichtlichen Publikationen.

F. wuchs in Stuttgart, von 1871 bis 1879 in Ellwangen/Jagst und danach wieder in Stuttgart auf. Nach dem Abitur am Stuttgarter Karlsgymnasium wurde F. Zögling des Kadettenhauses bzw. der Hauptkadettenanstalt in Großlichterfelde und trat am 23. März 1887 in den württ. Militärdienst. Nach seiner Zuteilung zum Inf.-Rgt. Großherzog Friedrich von Baden (8. Württ.) Nr. 126 in Straßburg avancierte er zum Seconde-Leutnant. 1894 erfolgte F.s Aufnahme in die Kriegsakademie, 1898 in die topographische Abteilung des Großen Generalstabs in Berlin. 1900 zur Dienstleistung im Kriegsministerium in Stuttgart abkommandiert, erfolgte am 20. Juli 1901 die Beförderung F.s zum Hauptmann beim Grenadier-Rgt. Königin Olga (1. Württ.) Nr. 119 in Stuttgart. 1904 erhielt der mittlerweile über Württemberg hinaus als hoch befähigter Militärtheoretiker und Kartograph bekannte F. einen Ruf an die Kriegsschule in Hannover, wo er bis 1909 als Dozent den Offiziersnachwuchs unterrichtete.

1911 wurde F. als Hauptmann zum Inf.-Rgt. Kaiser Wilhelm, König von Preußen (2. Württ.) Nr. 120 in Ulm versetzt. Nachdem er 1913 das Kommando über das 3. Bataillon dieses Rgts. übertragen bekommen hatte, rückte er mit ihm nach Ausbruch des Ersten Weltkriegs an die Front aus und wurde in den ersten Kämpfen in Belgien im Sept. 1914 schwer verwundet. Seine Rekonvaleszenz dauerte fast zwei Jahre lang. Im Juli 1916 übernahm er das Kommando über das in Münsingen neu aufgestellte Inf.-Rgt. 414, das an der Westfront eingesetzt war. 1918 erhielt F. das Kommando über das Inf.-Rgt. Kaiser Friedrich, König von Preußen (7. Württ.) Nr. 125.

Am 19. Dez. 1919 zum Kommandanten der Festung Ulm ernannt, musste F. dort angesichts des massiven Abbaus der Truppen unter schwierigen Bedingungen amtieren. Sein Ulmer Hintergrund und seine reichen Erfahrungen als Truppenführer schienen ihn für diese besondere Aufgabe zu qualifizieren. F. war jedoch alles andere als glücklich mit seiner Position als „Abwicklungsstelle" einstiger Ulmer Festungs- und Garnisonsherrlichkeit und daher nicht betrübt, als er im Sept. 1920 von

141 StRegbl. Nr. 48, 10. XI. 1810, S. 482.
142 StRegbl. Nr. 49, 17. XI. 1810, S. 494.

143 Ih 1, S. 229 – Ih 3, S. 86.

Ernst →Reinhardt[144] abgelöst wurde und im Range eines Generalmajors in den Ruhestand trat, den er in Ulm verlebte. Dort war F. hoch angesehen.

In seinem Ruhestand entfaltete F. als Militärhistoriker eine reichhaltige Aktivität. Als Herausgeber der Geschichte verschiedener württ. Regimenter und Kartograph, der zu einer Reihe von militärgeschichtlichen Werken die Karten beisteuerte, war F. bald allgemein bekannter als während seiner aktiven Dienstzeit. Auch seine während des Krieges aufgenommenen Photographien erwiesen sich als wichtige Dokumente zum Kriegsalltag. Wie die Haltung des Ruhestandsoffiziers F. gegenüber dem Nationalsozialismus einzuschätzen ist, lässt sich schwer bestimmen. Bei Gedenkveranstaltungen und Gefallenenehrungen war F. häufig zugegen, ergriff auch das Wort und wies darauf hin, der Geist der alten württ. Regimenter lebe in der Wehrmacht fort. Damit beschwor er Kontinuitäten, die von den NS-Machthabern unablässig propagiert wurden. – Kgl. Preuß. Roter Adlerorden IV. Kl.; 1. Nov. 1914 Ritterkreuz des Militärverdienstordens.

Q HStAS, M 660/284, militärischer Nachlass [mit Unterlagen zu seinen Veröffentlichungen] – ebd., M 640, kartographischer Nachlass – ebd., M 746, von F. gesammelte Unterlagen zu württ. Gefallenendenkmälern.
L UBC 5a, S. 172, 262, 270.

Flatt, Friedrich *Carl (Karl) Christian* (von), Mag., Dr. h.c., * Stuttgart 18. Aug. 1772, † ebd. 20. Nov. 1843, ev.

Vater   Johann Jacob Flatt[145], * Balingen 18. oder 19. X. 1724, † Stuttgart 16. IX. 1792, Hofprediger und Konsistorialrat in Stuttgart, 1791 tit. Prälat und Abt von Herrenalb, seit 1782 Mitglied der Landschaft, S. d. Tuchmachers Jeremias Flatt in Balingen u. d. Catharina Maier.
Mutter   Dorothea Luise Scheinemann, * 1740, † 1793.
Mehrere G, darunter Johann Friedrich (von) Flatt[146], * Tübingen 20. II. 1759, † 24. XI. 1821, Dr. theol., ev. Theologe, Professor in Tübingen, tit. Prälat.
∞ I. Stuttgart 1818 Adelheid *Christiana* Hauff, verw. Beu[e]rlin, * 1786, † 1822, T. d. Konsistorialsekretärs Hauff in Stuttgart, Wwe. d. Oberjustizprokurators Carl Ludwig Beu[e]rlin; ∞ II. Stuttgart 1825 Marie Elise Göz, verw. Jäger, * 1780, † 1830, T. d. Georg Ernst Göz[147], Mag., * get. Urach 31. I. 1737, † Stuttgart 24. XII. 1807, Stadtpfarrer an der St. Leonhardskirche in Stuttgart, Diaconus in Cannstatt. 2 K, beide † früh.

F. war der zweite württ. Prälat und Generalsuperintendent von Ulm.

F. erhielt seinen ersten Schulunterricht bei seinem Vater und einem Stuttgarter Privatlehrer. Danach besuchte er die Lateinschule in Kirchheim/Teck und von 1785 bis 1789 Obergymnasium in Stuttgart. Von 1789 bis 1791 führte ihn das Studium der Philosophie und ev. Theologie nach Tübingen und Göttingen, 1791 bestand er das Magisterexamen. Nach 1792 war F. Bibliothekar am Ev.-theol. Seminar in Tübingen, ab 1798 Repetent ebd. 1803 wurde er zum Stadtvikar in Stuttgart und im Spätjahr 1803 zum Diakon in Cannstatt ernannt.
1804 erfolgte F.s Berufung zum ao. Professor der Dogmatik an der Universität Tübingen, 1805 zum o. Professor ebd, zugleich war er ab 1804 Vierter Frühprediger, ab 1805 Dritter Frühprediger in Tübingen und stv. Superattendent am Tübinger Stift. 1812 erfolgte gegen seinen Willen die Ernennung zum Oberkonsistorialrat und Stiftsprediger in Stuttgart, zugleich 1813 zum Mitglied des Oberstudienrats und der Zentralleitung des Wohltätigkeitsvereins. 1812 unter Enthebung von der Stiftspredigerstelle zum Oberstudienrat mit Titel Prälat und Prälatenkreuz ernannt, wurde F. im April 1827 unter Beibehaltung seiner bisherigen Ämter als Amtsverweser des verstorbenen Generalsuperintendenten Johann Christoph von →Schmid nach Ulm versetzt, führte seine Amtsgeschäfte aber im Wesentlichen von Stuttgart aus, wo ihn sein Amt als Oberstudienrat band. Die offizielle Ernennung zum Ulmer Generalsuperin-

tendenten erfolgte erst 1828, zugleich war F. Beisitzer beim ehegerichtlichen Senat des Obertribunals. Von 1828 bis zu seiner Pensionierung im Juli 1842 (4. bis 11. LT) war F. in seiner Eigenschaft als Ulmer Generalsuperintendent Mitglied der Kammer der Abgeordneten des Württ. Landtags und als solcher u. a. Vorstand der Kommission für Schul- und Unterrichtswesen, Mitglied der Kommission für das ev. Kirchenwesen und der Adresskommission. 1829 avancierte F. (im „Nebenamt") nach dem Tod des Staatsrats Gottlieb Friedrich von Süskind zum Direktor des Kgl. Studienrats und ao. Mitglied des Konsistoriums in Stuttgart. Von 1830 an war er zugleich Kgl. Kommissär des Katharinenstifts in Stuttgart. Die Fülle der Zeit raubenden Ämter F.s legte ihm offenbar Anfang der 1830er Jahre eine Niederlegung der Ulmer Prälatur nahe. Oberkonsistorialrat Nathanael Köstlin in Stuttgart bewarb sich jedenfalls am 1. Feb. 1830 für den Fall, das Amt würde frei, für die Ulmer Prälatur. F. verblieb jedoch im Amt. Am 15. Juli 1842 trat F., der nach dem Tod seines Bruders Johann Friedrich Flatt dessen Werben für die supranaturalistischen Theorien Storrs fortsetzte, nach 15-jähriger Amtszeit in den Ruhestand. Zu seinem Nachfolger wurde Christian Nathanael von →Osiander berufen. – 1812 kleines Kreuz des Zivilverdienstordens; 1823 Ritterkreuz des Württ. Kronordens, 1838 Kommenturkreuz des Württ. Kronordens.

W Philosophisch-Exegetische Untersuchungen über die Lehre von der Versöhnung Gottes mit den Menschen, zwei Teil, Stuttgart 1797/98 – Predigt vor der Wieder-Eröffnung der Versammlung der Stände des Königreichs, den 3. März 1817. Anhang: Predigt am Tage der 2. Eröffnung der Stände, den 15. Okt. 1815, Stuttgart [1817] – Predigt am allgemeinen Dankfeste zur Feier der Geburt des Kron-Prinzen von Württemberg, gehalten den 16. März 1823, Stuttgart [1823].
L Ih 1, S. 229 – GRADMANN, Das gelehrte Schwaben, 1348 f. – Karl Theodor GRIESINGER, Humoristische Bilder aus Schwaben, Heilbronn 1839, S. 179 – Nekrolog der Deutschen 1843, S. 989 – SK Nr. 8 vom 9. I. 1844, S. 29 – Ev. Kirchen- und Schulblatt 1844, S. 137-142 (KLING) – ADB 7 (1877), S. 103 (Julius HARTMANN) – GEORGII-GEORGENAU, S. 207 – RIECKE, Verfassung und Landstände, S. 48 – Bll. für württ. Kirchengeschichte 5 (1890), Nr. 11, 29. XI. 1890, S. 87 – HARTMANN, Regierung und Stände, S. 38 – HARTMANN, Uhlands Tagebuch (1898), S. 92, 172, 190 – SIGEL 11,2 (1931), S. 110 – NDB 5 (1961), S. 224 f. (Eberhard H. PÄLTZ) – NEBINGER, Die ev. Prälaten, S. 568, 572 f. – BRANDT, Parlamentarismus, S. 397, 534, 580, 599 – DBE 3 (1996), S. 337 – RABERG, Biogr. Handbuch, S. 214 f.

Förg, Jakob, * [Augsburg-]Oberhausen 4. Aug. 1919, † Neu-Ulm 4. Mai 2007, kath.

Vater   Jakob Förg[148], Kriminal-Oberasssistent bei der Städtischen Kriminalpolizei in Neu-Ulm.
Mutter   Anna Bader.
∞ Bendorf 19. XI. 1948 *Bernhardine* Augustina Maria Müller, * Bendorf am Rhein bei Koblenz 9. X. 1922.
1 K   Rudolf Förg, * Neu-Ulm 29. VIII. 1953.

Neu-Ulm war die letzte Station in der Laufbahn F.s in Diensten der bayer. Arbeitsamtsverwaltung. Er erwarb sich in den acht Jahren seiner Tätigkeit Anerkennung und Beliebtheit.

F. trat bereits 1939 in die Dienste der Arbeitsamtsverwaltung. 1964 übernahm er als Verwaltungsamtsrat die Leitung des Arbeitsamtes Günzburg. Dabei sah er sich nicht in erster Linie als Verwalter, sondern wollte – und konnte oft – den Arbeit suchenden Menschen helfen – wenn es sein musste, auch unbürokratisch. In dieser Zeit erhielt er seinen Spitznamen „Jakob von Günzburg". 1976 kam F. als Leiter des Arbeitsamtes nach Neu-Ulm, wo er bis zu seiner Pensionierung 1984 wirkte. In dieser Zeit habe er sich den Ruf einer „Institution" auf dem örtlichen Arbeitsmarkt erworben, hieß es in

[144] Der Hinweis bei ERNST, Garnison, S. 186, Reinhardt sei bereits 1919 Ulmer Festungskommandant gewesen und F. nach ihm in das Amt gekommen, ist falsch.
[145] EBERL, Klosterschüler I, S. 55, Nr. 428.
[146] GEORGII-GEORGENAU, S. 207.
[147] EBERL, Klosterschüler II, S. 77, Nr. 579.
[148] Adreßbuch Ulm/Neu-Ulm 1937, S. 135.

Nachrufen: *Im Mittelpunkt seiner Tätigkeit standen für ihn die Einzelschicksale – er setzte sich gerade für vermeintlich chancenlose Arbeitslose beharrlich und mit Erfolg ein.*

Seine in 45 Jahren in der bayer. Arbeitsamtsverwaltung erworbenen Verdienste fanden durch Verleihung der Verdienstmedaille der Bundesrepublik Deutschland eine öffentliche Würdigung. F. starb 23 Jahre nach Eintritt in den Ruhestand im 88. Lebensjahr.

Q   StadtA Neu-Ulm, A 9.
L   Jakob Förg war eine Institution, in: NUZ vom 9. V. 2007 – Jakob Förg ist tot, in: SWP (Ulm), 9. V. 2007.

Foerster, Friedrich, Dipl.-Ing., * Stuttgart 17. Okt. 1894, † Ulm 20. Nov. 1970, ev.

Vater Rudolf Foerster, Dr. phil., † 1910, Verleger.
∞ I. Karlsruhe Mai 1923 Lieselotte Giehne, Ehe geschieden; ∞ II. Sept. 1936 Gertrud („Dütt") Möller, † 1996, Kreisturnwartin, Leiterin der Frauenmustergruppe des Turnerbundes Ulm.
4 K.

F. war Ulms Oberbürgermeister in der NS-Zeit. Seine Persönlichkeit und seine Taten sind umstritten.

F. wuchs in Stuttgart und Berlin auf, wohin die Familie 1899 übersiedelt war. Von 1901 bis 1914 besuchte er in Berlin-Schöneberg das Realgymnasium, wo er auch die Reifeprüfung bestand. Danach war er seit Aug. 1914 Kriegsfreiwilliger im Ersten Weltkrieg, führte einen Schallmesstrupp und wurde 1917 zum Leutnant ernannt sowie mit dem EK II ausgezeichnet. 1919 begann er, nach einem Praktikum, an der TH Karlsruhe mit dem Studium der Elektrotechnik, das er 1921 aus finanziellen Gründen unterbrechen musste. Seine erste berufliche Stellung hatte er anschließend bis Herbst 1922 bei den Siemens-Schuckert-Werken in Mannheim und Karlsruhe inne, daneben bestand er in dieser Zeit die Diplomhauptprüfung in Elektrotechnik. Danach war er zunächst wieder bei den Siemens-Schuckert-Werken in Mannheim, dann bei der Siemens-Elektrowärme-Gesellschaft in Dresden tätig. Im Juni 1923 wechselte F. für knapp fünf Jahre zur bad. Landeselektrizitätsversorgung (Badenwerk) in Karlsruhe. F. ging ganz in seiner beruflichen Arbeit auf und widmete sich wissenschaftlichen Arbeiten zur Hochspannungstechnik und der Prüfung industriell verwendeter Öle. Im März 1929 war er Inhaber eines Patentes, nach dessen Vorbild die Firma EMAG E.A.G. in Frankfurt/Main einen Ölprüfer herstellte.

Seit 1. Jan. 1928 war F. als Oberingenieur beim Städtischen Elektrizitätswerk Ulm angestellt, 1930 wurde er zum Städtischen Baurat und stv. Direktor ebd. ernannt. Am 1. Juli 1931 trat er der NSDAP bei, im Nov. des Jahres der SA, wo er es bis zum Obersturmbannführer (1933), Standartenführer (1934) und Oberführer (1942) brachte. Am 4./5. April 1933 wurde er als Nachfolger der „Übergangsfigur" Hermann →Schmid zum Staatskommissar für die Verwaltung der Stadt Ulm ernannt. In den ersten Tagen als Staatskommissar exekutierte F. die Entlassungsvorschläge der Untersuchungskommission des Gemeinderats gegen städtische Beamte. So wurden Bürgermeister Ernst →Sindlinger und Oberrechnungsrat Heinrich Meyer sowie die beiden Beamten des Personalamts „vorläufig beurlaubt", während das „Pensionsgesuch" von Verwaltungsdirektor Adolf Remshardt, des Leiters des Steueramtes, genehmigt wurde. Bei der ersten Sitzung des „gleichgeschalteten" Gemeinderats am 15. Mai 1933 waren nur NSDAP-Mitglieder und

Vertreter des Zentrums und der DNVP anwesend, da F. die Mitglieder der SPD hatte wissen lassen, er werde sie nicht einführen, weshalb ihre Anwesenheit „hinfällig" sei. De facto führte F. im Gemeinderat das Führerprinzip ein, da er erklärte, er werde Abstimmungen und „parlamentarische Debatten" nicht dulden. Damit war der Gemeinderat ausgeschaltet.

Nachdem Oberbürgermeister Emil →Schwammberger im Mai 1933 formell aus dem Amt entlassen worden war, konnte an dessen Neubesetzung gedacht werden. F. hatte sich als Staatskommissar als zuverlässiger Mann der NSDAP erwiesen. Er wurde daher am 3. Aug. 1933 vom württ. Ministerpräsidenten Christian Mergenthaler zum Oberbürgermeister ernannt und am Schwörmontag, den 14. Aug. 1933, in Gegenwart des württ. Innenministers, der Mitglieder des „gleichgeschalteten" Gemeinderats und der Behörden vom Präsidenten der Ministerialabteilung für Bezirks- und Körperschaftsverwaltung, Dr. Gustav Knapp, vereidigt. Geschickt wurde damit die Schwörmontagstradition politisiert und zur Installierung des neuen Stadtoberhaupts genutzt – des ersten Oberbürgermeisters von Ulm seit 1819, der nicht aus Wahlen hervorgegangen, sondern lediglich ernannt war.

F. war genau zwölf Jahre lang, von April 1933 bis April 1945, Staatskommissar bzw. Oberbürgermeister der Stadt Ulm. Einen Schwerpunkt seiner Tätigkeit bildete die Forcierung des kommunalen Wohnungsbaus. Ehrgeizige Pläne wie die Umgestaltung des Münsterplatzes zu einem riesigen Aufmarschplatz gelangten nicht zur Realisation. F., der auch Vorsitzender des Ulmer Fremdenverkehrsvereins war, ließ ein städtisches Verkehrsamt mit angegliedertem Reisebüro einrichten, um den Tourismus zu fördern. Frühzeitig drängte er im Zuge der beabsichtigten Reichsreform Neu-Ulm mit Ulm zusammenzuschließen, da *die Einheit des Ulmischen Raumes als nationalsozialistische Forderung* anzusehen sei. Neu-Ulms Oberbürgermeister Franz Josef →Nuißl sah das ganz anders und versicherte sich im Bayer. Staatsministerium in München und bei hohen Parteistellen deren Unterstützung bei der Abwehr der Ulmer Begehrlichkeiten. F. ließ sich im Sept. 1938 dazu hinreißen, an Nuißl, dessen Beiräte und Beigeordnete einen indiskutablen Brief zu schreiben, in dem er schwerste Vorwürfe erhob. Seither standen sich die Stadtoberhäupter der beiden Donaustädte in offener Feindschaft gegenüber.

F. bildete mit Polizeidirektor Wilhelm →Dreher und Kreisleiter Eugen →Maier ein Führungstrio, dessen Beziehungen von Eifersüchteleien und Kompetenzstreitigkeiten geprägt waren. Erst der Tod Maiers 1940 und die Versetzung Drehers nach Sigmaringen 1942 hätten F. einen größeren Aktionsspielraum verschaffen können, wenn nicht der Zweite Weltkrieg im Gange gewesen wäre. F. war im Krieg wiederholt auf eigenen Wunsch bei der Wehrmacht, so von Dez. 1939 bis März 1940, von Juni bis Aug. 1940 und von Feb. 1941 bis Juni 1942. Zeitweise war er an der Ostfront eingesetzt. Seine Stellvertretung übernahm Stadtkämmerer Otto →Elsässer. Im Aug. 1942 erfolgte die u.k.-Stellung F.s als Oberbürgermeister.

In der Erinnerung von Zeitzeugen wurde immer wieder F.s persönlich verbindliche Art beschworen. Im Vergleich zu Kreisleiter Maier und Polizeidirektor Dreher wird man eine gewisse Mäßigung F.s sehen können. Dieser Befund ist jedoch nicht dazu angetan, die zahlreichen belegten Schärfen F.s gegenüber Nicht-Nationalsozialisten und seinen Antisemitismus zu bemänteln. F. ging ganz in der NS-Weltanschauung auf und exekutierte alle Weisungen mit größter Eilfertigkeit. Erfolglos versuchte er z. B. 1935, aus ideologischen Gründen die wissenschaftliche Ausbildung der Ulmer Mädchen zu beseitigen – wogegen sich der Schulleiter der Mädchenschule mit Hilfe der Ministerialabteilung für die höheren Schulen zur Wehr setzte. Einen Zweifel am NS-System scheint F. zu keiner Zeit gehegt zu haben.

Nach eigener Aussage verließ F. Ulm am 23. April 1945, weil

Reichsstatthalter Murr und Innenminister Schmid dies angeordnet hatten. F. meldete sich bei Murr in Leutkirch.

F.s Verhaftung erfolgte am 14. Mai 1945, bis April 1948 blieb er interniert. Die Spruchkammer Ulm Stadt stufte F. im April 1948 als Belasteten ein und verurteilte ihn zu zwei Jahren Arbeitslager (dieser Teil der Strafe galt wegen der Internierungshaft als verbüßt) sowie zum Einzug von 15 Prozent seines Vermögens bzw. mindestens 1.000 RM an Sachwerten. F. hatte versucht, sich mit seiner idealistischen Sicht der nationalen und sozialen Ziele der NSDAP zu verteidigen, konnte die Kammer aber nicht überzeugen. Der nach dem Urteil wieder in Ulm lebende F. legte Revision ein, scheiterte jedoch im Feb. 1949 damit, als die Revisionsinstanz den Spruch vom April 1948 in vollem Umfang bestätigte.

Dennoch setzte F. seine Bemühungen um eine günstigere Einstufung fort, scheiterte aber mit mehreren Gnadengesuchen. Im Aug. 1954 konnte er immerhin erreichen, dass die noch geltenden Sühnemaßnahmen aufgehoben und ihm ad dato noch nicht gezahlte Kosten erlassen wurden. Im Mai 1958 gestaltete ein Gnadenerlass F.s finanzielle Situation kommoder, da die materiellen Folgen des Spruchkammerurteils abgemildert wurden und F. seine Versorgungsansprüche bei der Stadt Ulm zu wahren vermochte. Er erhielt 1950 als Leiter des Technischen Büros der Schorch-Werke AG Rheydt/Rheinland in Ulm eine Stelle in seinem früheren Beruf. Aus der Öffentlichkeit hatte sich F. völlig zurückgezogen.

Q   StadtA Ulm, G 2.
L   Ih 3, S. 87 – Dt. Führerlexikon 1934/35 (1934), S. 128 (Bild) – UBC 4, S. 103 f. (Bild), 108, 123, 129, 132 (Bild), 200 f., 203 f., 227, 273, 275, 296, 353, 375, 382, 401, 405, 504, 567 – UBC 5a und 5b, passim – TREU, Neu-Ulm, S. 306 ff. (Bild), 325, 530 – SPECKER, Ulm im Zweiten Weltkrieg, passim, bes. S. 458-461 – SPECKER, Großer Schwörbrief, S. 391, 393-395, 397-399 (Bild), 421 f., 424, 502 f. – Rudi KÜBLER, Foerster folgt pflichtbewusst dem Ruf. Ulm vor 75 Jahren (10): Der SA Sturmbannführer und Baurat wird Staatskommissar für Ulm, in: SWP Nr. 79, 4. IV. 2008 (Bild) – DERS., „Williges Werkzeug des Nazis". Ulm vor 75 Jahren (19): Friedrich Foerster wird am Schwörmontag 1933 als OB eingesetzt, in: SWP (Ulm) Nr. 189, 14. VIII. 2008 (Bild).

Frank, Paul, * Ansbach 1836, † Neu-Ulm 1914, ev.
∞ Katharina Bürger.
7 K   Christine Caroline Frank, * Neu-Ulm 26. IX. 1864, † Ulm 8. VII. 1921, ∞ Neu-Ulm 2. VIII. 1888 Karl Gustav Kreuser[149], * Schwäbisch Gmünd 8. X. 1855, † ebd. 5. X. 1904, Juwelier in Ulm; Carl Frank, * Neu-Ulm 5. IX. 1866, Architekt; Maria Crescentia Frank, * Neu-Ulm 30. IX. 1867, † ebd. 26. XII. 1867; Johann Frank, * Neu-Ulm 5. XII. 1868, † ebd. 11. III. 1869; Johanna Frank, * Neu-Ulm 19. IX. 1870, ∞ Neu-Ulm 1898 Karl Vischer[150], * München 10. IX. 1861; Paul Frank, * Neu-Ulm 20. II. 1872; Friedrich Frank, * Neu-Ulm 27. IV. 1873, ∞ Neu-Ulm 1899 Elise Wilhelmine Dinkelmeier.

Nur wenige Persönlichkeiten haben die bauliche Entwicklung und damit das Gesicht der Stadt Neu-Ulm im 19. Jahrhundert in dem Maße geprägt wie der Baumeister F.

F. scheint zu Beginn der 1860er Jahre als Maurer nach Neu-Ulm gekommen zu sein und später dort die Meisterprüfung abgelegt zu haben. Die Bilanz seines Wirkens in der Stadt ist beeindruckend: er erbaute das Haus Wallstraße 18 (1866), die Häuser 4 (1882) und 44 (1904) in der Augsburger Straße, das Haus 20 in der Bahnhofstraße (1865), das Haus Gartenstraße 34 (1898), die Häuser 1, 3 und 5 auf der Insel (1878), die Häuser 5 bis 10 in der Johannisstraße (1900 bis 1903), die Häuser 2 und 3 in der Keplerstraße (1871/83 bzw. 1893), die Häuser Maximilianstraße 32, 34 und 40 (1876), 38 (1897) und 40 ½ (1899), die Häuser Stegstraße 3, 6 (1891), 4 (1892), 2a und 2b (1904), die Häuser Wilhelmstraße 12 (1882), 10 (1887) und 9 (1910). Ab 1891 arbeitete F. im Auftrag von Fabrikant Hans →Römer und entwarf die Pläne für mehrere Privat- und Fabrikgebäude. Daneben führte er zahlreiche Umbauten durch, u. a. 1881 im Auftrag des Gutsbesitzers Victor →*Kispert den Umbau des Bühler'schen Gasthauses an der Marienstraße 6.

1877 erfolgte durch F. und Hauptmann Pagenstecher die Erweiterung des Augsburger Tores auf zwei Durchfahrten. 1880/81 führte er die Aptierung (Brauchbarmachung) des Vorwerks 12 der Festungsanlage per Walländerung durch.

1866 wurde F., erst 30 Jahre alt, in den Neu-Ulmer Gemeindeausschuss gewählt, dem er bis zur Konstituierung der neuen städtischen Kollegien (Magistrat und Gemeindekollegium) nach der Stadterhebung 1869 angehörte. 1882 in den Magistrat gewählt, gehörte er ihm neun Jahre lang bis 1891 an.

F. starb im Jahr des Ausbruchs des Ersten Weltkriegs im Alter von 78 Jahren. Sein Sohn Carl Frank trat als Architekt in seine Fußstapfen. Nach F. und Paul →Oechsle ist die Paulstraße in Neu-Ulm benannt.

L   BUCK, Chronik Neu-Ulm, S. 99 f., 107, 109 f., 116, 119 f., 123, 127, 129, 132-134 – TREU, Neu-Ulm, S. 246, 262 – TEUBER, Ortsfamilienbuch Neu-Ulm I, Nr. 1151 – Katalog Materialien, S. 121, 134, 136 f., 145-147, 152, 159, 191, 199, 201 f., 205-211.

Frank, Reinhold, * Esslingen/Neckar 18. Feb. 1837, † Ulm 25. März 1921, ⬚ ebd., Hauptfriedhof, ev.
Vater   Wilhelm Friedrich Frank, * 1782, † 1855, Stadtschreiber und Gerichtsnotar in Esslingen/Neckar.
Mutter   Luise Heuglin, * Ludwigsburg 1795, † 1877.
∞ Stuttgart 26. X. 1878 Berta *Sophie* Regine Keller, * Stuttgart 18. VIII. 1851, † 1921, T. d. *Hermann* Christoph Keller[151], * 19. V. 1819, † 1890, Bankier in Stuttgart, S. d. Georg Heinrich Keller, Kommerzienrat in Stuttgart, u. d. *Berta* Reiniger, * 1822, † 1863, T. d. *Gottlieb* Albert Reiniger, * Stuttgart 24. XII. 1803, † ebd. 28. XII. 1868, Kaufmann und Fabrikant in Stuttgart, u. d. Sophie Beate Mann, * Stuttgart 13. V. 1803, † ebd. 22. III. 1856.
Mehrere K, darunter Anna Fanny Frank, * 1882, ∞ Viktor Tritschler, * 1868, † 1940; Förster, Forstamtmann bei der Forstdirektion Stuttgart, zuletzt Forstmeister a. g. St. in Schorndorf; Max Frank, * 1884, † 1969, Forstmeister in St. Johann bei Sitz in Urach; Julius Frank, * 1886, † 1966; Maria (Maja) Frank, * 1890, † 11. IV. 1965, ∞ Genua 1925 *Ernst* Bernhard Heinrich Surkamp, * Lengerich 3. III. 1878, † 28. V. 1957, Verlagsbuchhändler in Stuttgart; Clara Frank, * 1894, † 1989.

F. stand 12 Jahre lang an der Spitze des Forstamts Ulm und war damit an der Wende vom 19. zum 20. Jahrhundert für die Pflege eines Großteils der oberschwäbischen Wälder zuständig. Er studierte in Heidelberg (Mitglied der Misnia) und Tübingen (Corps Suevia) Forstwissenschaften und trat 1859 in den vorbereitenden praktischen Forstdienst ein. Von 1860 bis 1862 setzte er an der Landwirtschaftlichen Hochschule Hohenheim sein Studium fort und kam nach der Forstdienstprüfung 1863 als Referendar zur Forstdirektion Stuttgart, später als Forstamtsassistent nach Mergentheim und 1864 nach Schorndorf. Nach nochmaligem Einsatz als Hilfsarbeiter bei der Forstdirektion erhielt er 1867 die Ernennung zum Revierförster in Steinheim/OA Heidenheim. Nach zehn Jahren wurde er nach Heidenheim/Brenz versetzt und 1878 zum Oberförster ernannt. Mitte 1880 nach Altensteig versetzt und zum Forstmeister befördert, übernahm er Anfang 1888 die Leitung des Forstamts Biberach/Riß, 1890 schließlich die Leitung des Forstamts Ulm. Dieses war zuständig für die Oberämter Biberach, Blaubeuren, Ehingen, Geislingen/Steige, Heidenheim, Laupheim, Leutkirch, Riedlingen, Saulgau, Ulm und Waldsee. Dort erfolgte im Feb. 1898 die Auszeichnung mit Titel und Rang Forstrat, im März 1902 trat er in den Ruhestand, den er in Ulm verlebte. Im Okt. 1903 wurde F. Titel und Rang eines Oberforstrats verliehen. F. erblindete im Alter. – 1886 Ritterkreuz I. Kl. des Friedrichsordens.

L   Suevia Tübingen 3, S. 162 f., Nr. 159 – UBC 4, S. 159 (Bild) – Wolfgang CAESAR, Zur Erinnerung an Ernst Surkamp, in: Verein für Familien- und Wappenkunde in Württemberg und Baden e. V., Rundbrief Nr. 8 (Aug. 2009), S. 3-5.

Frey, Ludwig, * Ulm 17. April 1833, † ebd. 29. Feb. 1904, ⬚ ebd., Hauptfriedhof, ev.

---

[149] TEUBER, Ortsfamilienbuch Neu-Ulm I, Nr. 2515.
[150] TEUBER, Ortsfamilienbuch Neu-Ulm II, Nr. 5024.
[151] GEORGII-GEORGENAU, S. 438 f.

∞ Pauline Braeuninger, * 8. VI. 1838, † Ulm 24. V. 1905.
Mehrere K, darunter Robert Frey, * 2. IV. 1865, † 4. V 1936, Hofbuchhändler in Ulm, ∞ Melanie Sailer, * 22. IV. 1874, † 4. IV. 1957; Heinrich Frey, * 17. V. 1871, † Ulm 26. IX. 1910, □ ebd., Hauptfriedhof, ev., Buchdruckereibesitzer in Ulm.

F. zählte zu den kommunalpolitischen „Dauerbrennern" Ulms, daneben war er einer der bekanntesten und markantesten Honoratioren in der Kaiserzeit ebd.
Nach der Schulzeit erlernte er das Geschäft des Buchhandels bei den Gebrüdern Nübling. Als Hofbuchhändler und Stadtrat war F. in Ulm eine angesehene Persönlichkeit. Daneben engagierte er sich von 1860 bis 1866 und von 1869 bis 1896 als Vorsitzender des Turnerbundes Ulm; 1902 wurde er zum Ehrenmitglied der schwäbischen Turnerschaft ernannt. Im Dez. 1862 erstmals in den Bürgerausschuss gewählt und seit 1884 Stadtrat, gehörte F. von 1884 bis 1903 dem Aufsichtsrat der Gewerbebank Ulm an. Im Herbst 1863 wurde F. in den Ausschuss des Ulmer Schleswig-Holstein-Komitees gewählt. Im Aug. 1870 zählte F. zu den Unterzeichnern des öffentlichen Aufrufs zur Gründung eines Hilfsvereins für verletzte Soldaten. Im Dez. 1890 gründete F. den „Ulmer Verein für den Fremdenverkehr", dem gleich 42 Mitglieder beitraten. Als er im Alter von fast 71 Jahren starb, erregte sein Tod in weiten Kreisen tiefes Bedauern. Bei seiner Beerdigung trugen acht Turner den Sarg, Dekan →Knapp hielt die Trauerrede. – Mitglied des Vereins für Kunst und Altertum in Ulm und Oberschwaben. – 1871 Olgaorden.

Q   StadtA Ulm, G 2.
L   UBC 2, S. 97, 107, 134, 171, 247, 275, 347, 393, 395, 420, 483, 509, 511, 561 – UBC 3, S. 268, 292, 315, 321 (Bild) – WAIBEL, Gemeindewahlen, S. 294, 347 ff.

Freyberg [auch: Freiberg](-Wellendingen), *Nikolaus* Christoph Josef Freiherr von, * Wellendingen bei Rottweil 10. Mai 1767 oder 1768, † Stuttgart 16. Dez. 1823, □ ebd., Hoppenlaufriedhof, kath.
Vater   Georg Ludwig Freiherr von Freyberg(-Wellendingen), † 5. VI. 1788, Fürstlich Fürstenbergischer Geh. Rat, seit 1748 letzter Statthalter des Hofgerichts in Rottweil, Erbkämmerer der Stifte Augsburg und Ellwangen.
∞ Gräfin von Bentzel zu Sternau, T. d. Anselm Franz von Bentzel zu Sternau, * Mainz 1738, † Emmerichshofen 1786, Kurator der Universitäten Mainz und Erfurt, u. d. Ernestine Ludovica von Pletz.
Keine K.

F. war nach dem Wechsel Ulms von Bayern an Württemberg und nach dem Weggang des Grafen Ferdinand Ludwig von →Zeppelin im Jahre 1811 der höchste württ. Staatsbeamte vor Ort. Zunächst als Landvogt für die Verwaltung mehrerer oberschwäbischer Oberämter verantwortlich, avancierte er 1817 zum ersten Direktor des neu gebildeten Donaukreises in Ulm. In der lokalen Historiographie ist er bisher übersehen worden.
F. entstammte einer in Diensten der Grafschaft Hohenberg groß gewordenen Beamtenfamilie, die 1606/08 Wellendingen durch Kauf erworben und dort einen Fideikommiss errichtet hatte. Noch heute sind die Grabdenkmäler derer von Freyberg dort erhalten.
Am 3. Nov. 1781 bezog F. die Hohe Carlsschule in Stuttgart, deren Zögling er bis zum 24. Jan. 1784 blieb. Er trat nach seiner Praktikantenzeit bei der Regierungs- und Präsidialkanzlei in Freiburg im Breisgau in den vorderösterreichischen Verwaltungsdienst ein, in dem er bis zum Übertritt in württ. Dienste 1805 verblieb. Danach trat er zunächst als Kreishauptmann (später Landvogt) an die Spitze der Verwaltung des sechsten (später siebenten) Kreises im Königreich Württemberg mit Sitz

in Rottenburg, 1810 wurde er im Zuge einer neuerlichen Verwaltungsreform zum Landvogt der Landvogtei am mittleren Neckar mit Sitz ebenfalls in Rottenburg ernannt. Der König zeichnete ihn am 6. Nov. 1810 mit dem Großkreuz des Civil-Verdienstordens aus.
Auch zum Kgl. Württ. Kammerherrn ernannt, wurde F. am 1./2. Juli 1811 in den neu gebildeten Kgl. Württ. Staatsrat berufen, einem in zehn Sektionen untergliederten Beratungsgremium des Königs, das für *allgemeine, das Ganze umfassende Staatsangelegenheiten oder auch sonst wichtige Gegenstände, die in einzelne oder mehrere Departements zugleich einschlagen,* zuständig war. F. wurde der Sektion der inneren Administration zugeteilt.
Am 9. Juni 1811 erfolgte F.s Versetzung nach Ulm, wo er die Nachfolge des Grafen von Zeppelin als Landvogt der Landvogtei an der Donau mit Sitz in Ulm antrat. Die Landvogtei an der Donau umfasste die Oberämter Albeck, Biberach, Blaubeuren, Ehingen, Riedlingen, Ulm und Wiblingen. Die Landvogteiverwaltung in Ulm umfasste nur wenige Amtsstellen: neben dem Landvogt den Landvogtei-Kriminalrat, den -Steuerrat, den -Aktuar, den Landbaumeister, den Weginspektor und den Landbaukontrolleur, wobei die letztgenannten drei Beamten zugleich auch für die Landvogtei am Bodensee zuständig waren. F. bewährte sich in diesem schwierigen und daher anspruchsvollen Amt als oberster Verwaltungschef ausschließlich neuwürttembergischer Territorien, so dass es keine Überraschung darstellte, als er Ende 1817 auch zum ersten Präsidenten der neu gebildeten Regierung des Donaukreises in Ulm ernannt wurde. Der Donaukreis war mit 17 (!) Oberämtern (Albeck, Biberach, Blaubeuren, Ehingen, Geislingen/Steige, Göppingen, Kirchheim/Teck, Leutkirch, Münsingen, Ravensburg, Riedlingen, Saulgau, Tettnang, Ulm, Waldsee, Wangen, Wiblingen) erheblich größer als die bisherige von F. zu verwaltende Landvogtei. F.s wichtigste Aufgabe war die administrative Integration der neuen Territorien in den württ. Staat. Da sich ein größerer Teil von ihnen zuvor unter bayerischer Hoheit befunden hatte, war dies eine schwierige Aufgabe, die F. stark forderte. Im Jan. 1819 begann der „Allgemeine Anzeiger für den Donau-Kreis" sein wöchentliches Erscheinen.
Auf Grund seiner angegriffenen Gesundheit musste F. schon nach wenigen Jahren um seine Versetzung in den Ruhestand bitten, die zum 1. Dez. 1822 vom König gewährt wurde[152]. Von 1815 bis 1817 war F. virilstimmberechtigtes Mitglied der Württ. Ständeversammlung. Mit F. starb sein Zweig der Freybergschen Dynastie aus. – Kommandeurkreuz des Militär-Verdienstordens.

Q   StAL, F 176 I Bü 85 (Akten betr. Feststellung der staatsbürgerlichen Verhältnisse des Freiherrn von Freyberg-Wellendingen).
L   SK, 18. XII. 1823, S. 675 und ebd. 19. XII. 1823, S. 691 (Todesanz.) – Max Freiherr von FREYBERG-EISENBERG, Genealogische Geschichte der Freiherren von Freyberg, 1884 – RIECKE, Verfassung und Landstände, S. 6 f., 10, 20 – HARTMANN, Regierung und Stände. S. 6 f. – WAGNER, Hohe Carlsschule I, S. 389, Nr. 949 [weitere Nennungen im Alphabetischen Personal-Register, ebd. III, S. 169] – QUARTHAL/WIELAND, S. 189, Nr. 191 – Paul SAUER (Bearb.), Im Dienst des Fürstenhauses und des Landes Württemberg. Die Lebenserinnerungen der Freiherren Friedrich und Eugen von Maucler (1735-1816) (Lebendige Vergangenheit 9), Stuttgart 1985, S. 123 – KLÖPPING, Historische Friedhöfe, S. 302, Nr. 940 [nur Todesjahr angegeben, keine weiteren Daten] – RABERG, Biogr. Handbuch, S. 222.

Freyberger (Freiberger), Joseph, * Höchstädt 23. Mai 1836, † Neu-Ulm 12. Mai 1918, □ ebd., Alter Teil des Friedhofs, kath.
Vater   Thomas Freyberger, Gärtner.
Mutter   Theres Kommer.
∞ 22. VIII. 1865 *Wilhelmine* Rosina Decker, * Neu-Ulm 9. II. 1841, † 1915, T. d. Jacob Decker[153], * Niederstotzingen/OA Ulm 29. III. 1804, † Neu-Ulm 25. X. 1868, Küfermeister (nicht Bindermeister!) in Neu-Ulm, Schützenstraße 22, u. d. Anna Katharina Geißler, * Ulm 10. III. 1808, † Neu-Ulm 15. XI. 1875.
9 K   Maria Katharina Freyberger, * Neu-Ulm 22. IX. 1865, † ebd. 20. XII. 1870; Johann Jacob Freyberger, * Neu-Ulm 1. II. 1867, Architekt; Max Josef Freyberger, * Neu-Ulm 24. XI. 1868, † ebd. 2. II. 1869; Max Freyberger, * Neu-Ulm 14. II. 1870, † ebd. 3. V. 1871; Fritz →*Freyberger, ∞ Kaiserslautern 28. XI. 1901

[152] Staats- u. Regbl. Nr. 64, 30. IX. 1822, S. 703.
[153] TEUBER, Ortsfamilienbuch I, Nr. 0702.

Elisabeth Stephany, * Kaiserslautern 28. V. 1874; Karl Thomas Freyberger, * Neu-Ulm 2. XII. 1872, Architekt, ∞ Neu-Ulm 1903 Rosa Schober, * Neu-Ulm 24. X. 1873, T. d. Otto Schober u. d. Rosalia Ursula Antonia Schober; Ludwig Freyberger, * Neu-Ulm 24. II. 1875, ∞ Neu-Ulm 1901 Elisabetha Rosamunda Mauckner, * München 22. X. 1874, T. d. Michael Mauckner, Lehrer, u. d. Margaretha Baumüller; Max Joseph Freyberger, *† Neu-Ulm 1876; Wilhelm Pius Freyberger, * Neu-Ulm 2. XI. 1879, Tapeziermeister und Dekorateur in Neu-Ulm, ∞ Kempten 5. II. 1906 Franziska Botzenhardt, * Kempten 5. VII. 1883, T. d. Christian Botzenhardt, Schreiner, u. d. Katharina Prestel.

F. gehört zu den kurz vor der Stadterhebung von außerhalb nach Neu-Ulm gelangten Handwerkern, die in der aufstrebenden Gemeinde großen geschäftlichen Erfolg hatten und einen Industriebetrieb aufbauten.

Der um 1860 nach Neu-Ulm gelangte vielbeschäftigte Schreinermeister erlebte innerhalb weniger Jahre einen beachtlichen Aufstieg. Bereits 1869 hatte F. das Haus Ludwigstraße 10 erbauen lassen. 1872 ließ er durch den Baumeister Paul →Frank in der Ludwigstraße 6 ein großzügiges Wohnhaus für seine stetig wachsende Familie errichten. Es lag gegenüber dem 1870 fertiggestellten Rathaus an der Augsburger Straße/Ludwigstraße. Es handelte sich um einen Anbau an ein bereits 1871 erbautes Haus, das er 1874 nochmals erweitern ließ, um in dem Anbau eine Waschanstalt unterzubringen. 1898 ließ er in der Luitpoldstraße 23 mit städtischen Mitteln ein weiteres Haus errichten. 1905/06 begann er in der Hafengasse 4 mit einer eigenen Möbelfabrikation in Neu-Ulm und nannte sich fortan „Fabrikant". Von 1894 bis 1913 war F. Neu-Ulmer Magistratsrat und zuletzt das nach Lebensalter und Amtszeit älteste Mitglied des Magistrats.

F. starb kurz vor Vollendung seines 82. Lebensjahres. Seine Familie zählt bis heute zu den bekanntesten Neu-Ulmer Geschlechtern.

L Adreßbuch Ulm/Neu-Ulm 1910, Zehnte Abteilung, S. 65 – BUCK, Chronik Neu-Ulm, S. 101 f., 117, 123 f., 129 – UBC 4, S. 85 f. (Bild) – Katalog Materialien, S. 128, 209 – TEUBER, Ortsfamilienbuch Neu-Ulm I, Nr. 1160 – WEIMAR, Wegweiser, S. 117.

Frick, Reinhold, Dr. phil., * Nürtingen 19. Feb. 1877, † Ulm 5. Dez. 1945, ev.
Vater Christian Friedrich Frick, * Tübingen 17. I. 1836, Oberlehrer (tit. Professor) an der Volksschule Nürtingen.

Der Lehrersohn F. war langjähriger Leiter der höheren Mädchenschule Ulm.

F. wuchs in Nürtingen auf und besuchte die dortigen Schulen, studierte anschließend in Tübingen und bestand 1901 die I., 1906 die II. Dienstprüfung (sprachlich-geschichtliche Abteilung) für den höheren Schuldienst. Ab 1903 Oberpräzeptor an der höheren Mädchenschule Ulm, wurde F. 1904 promoviert. 1908 zum Professor ebd. ernannt und zuletzt Studiendirektor, war F. von 1921 bis 1937 als Nachfolger des pensionierten Dr. Karl →Magirus Vorstand der höheren Mädchenschule Ulm. In seiner Amtszeit wurde im Mai 1934 das 100-jährige Bestehen der höheren Mädchenschule gefeiert, wobei F. im Rahmen des Festakts einen Rückblick auf die Geschichte der Schule gab.

Q StadtA Ulm, G 2
L CRAMER, Württembergs Lehranstalten [6]1911, S. 109 – ebd. [7]1925, S. 97 – UBC 4, S. 399 ff. – UBC 5a, S. 64, 202.

Fried, Kurt Max, * Aschersleben/Kreis Magdeburg 30. März 1906, † Ulm 22. März 1981, ev.
Vater Franz Fried, * 1878, † 1965, jüd., später zum Christentum übergetreten, Kaufmann in Ulm, seit 1914 Inhaber des Schuhhauses Pallas.
Mutter Anna Emilie Martha Hoffmann, * 1878, † 1960.
∞ I. 1932 Else Gotsmann, * 1907, † 1992, gesch.; ∞ II. 1953 Ursula Maria Bäuerle, * 1932, gesch. 1956; ∞ III. 1957 Ingeborg Ruthardt, * Berlin 1930, Buchhändlerin in Ulm, T. d. Max Ruthardt, Dr. med., Kinderarzt in Ulm.
4 K, aus I. Ehe Rose Cornelie Fried, * 1946; aus III. Ehe Amelie Ilse Fried[154], * Ulm 1958, TV-Moderatorin und Schriftstellerin, ∞ Peter Probst, Drehbuchautor; Rainer

[154] Michael VÖLKEL, Das Lexikon der TV-Moderatoren, Berlin 2003, S. 157 ff. (Bild).

Max Fried, * 1963; Nicolaus („Nico") Florian Fried, * 1966, Redakteur bei der „Süddeutschen Zeitung".

F. hat in den drei Jahrzehnten nach Ende des Zweiten Weltkriegs das kulturelle und kulturpolitische Leben in Ulm wesentlich geprägt. K. F., so sein Kürzel, war ein Teil von Ulm, bewundert und gehaßt, und bot zeitlebens Zündstoff für leidenschaftliche Auseinandersetzungen (Brigitte REINHARDT).

F. war sechs Jahre alt, als er nach Ulm kam. Der Vater eröffnete dort kurz vor Ausbruch des Ersten Weltkriegs ein Schuhgeschäft (Schuhhaus Pallas), der Sohn besuchte bis 1923 die Schule, die er mit der Primarreife abschloss. Der kaufmännischen Familientradition folgend, absolvierte der junge F. eine kaufmännische und gerbereitechnische Lehre bei der Neu-Ulmer Lederwarenfabrik Hans →Römer. Doch es zog den politisch interessierten, von Haus aus den Liberalen zuneigenden F. zu anderer Betätigung, und so begann der 20-Jährige ein Volontariat bei der „Ulmer Abendpost", der lokalen Tageszeitung der linksliberalen DDP, die bis 1930 erschien und in deren Schriftleitung F. zuletzt mitarbeitete. Schon damals erwies sich F.s Stil als prägnant, angriffslustig, bisweilen provokant. Er war Gasthörer an der Universität München, gab Kurse an der Ulmer Volkshochschule und schrieb als Theater- und Kunstkritiker für die „Donau-Wacht" und die „Ulmer Schnellpost". Nach der Machtübernahme der NSDAP erhielt F. als „Halbjude" – der Vater war vor seinem Übertritt zum Christentum jüdischer Konfession gewesen – Berufsverbot und arbeitete im elterlichen Schuhgeschäft mit, das nach 1933 von seiner „arischen" Mutter geführt wurde, um es vor antisemitischen Boykotten zu bewahren. Dieser Plan ging jedoch nicht auf. Die Einzelheiten sind im Buch seiner Tochter Amelie Fried über das „Schuhhaus Pallas" (vgl. L) nachzulesen.

Geistige Unfreiheit war für F. unerträglich, und so edierte er 1936/37 drei Veröffentlichungen unter dem Namen seiner späteren Frau. Dabei handelte es sich um Adolf Glasbrenners „Berliner Leben", „Deutsche Briefe der Liebe und Freundschaft" und Philipp Otto Runges „Briefe und Gedichte". Nachdem er bei der Gestapo denunziert worden war, erhielt er Schreibverbot. In der für ihn erdrückenden Atmosphäre des menschenverachtenden Unterdrückungsstaates begann F. mit der Sammlung von Autografen ihm oftmals persönlich bekannter Autoren, sammelte Druckgrafik und Bücher. Zuletzt soll der bibliophile F. an die 20.000 Bände besessen haben.

Im Austausch mit einigen gleichgesinnten Ulmer Künstlern erhielt er wertvolle Anregungen. 1939 meldete er sich freiwillig zur Wehrmacht. Als „jüdischen Mischling" entließ ihn das Heer aber bereits 1940. Drei Jahre später wurde er für den „Rüstungseinsatz" als Werkzeugschleifer bei der Fa. Kapferer in Buch bei Illertissen zwangsverpflichtet und kam 1944 in das Zwangsarbeiterlager Leimbach im Harz. Der Einmarsch US-amerikanischer Truppen brachte ihm die Befreiung.

Das Kriegsende markiert F.s Aufstieg zu einer der bestimmenden Persönlichkeiten des Ulmer öffentlichen Lebens. Im August 1945 wurde er Mitglied des bereits im Mai 1945 konstituierten Beirats, eines mit geringen Kompetenzen ausgestatteten Beratergremiums des kommissarischen Oberbürgermeisters. F. wandte sich der Demokratischen Volkspartei (DVP) zu, der Vorgängerin der FDP, gehörte dem lokalen Parteivorstand an und war für sie von 1949 bis 1953 Gemeinderat. Er überwarf sich mit dieser Partei und zog bei der Gemeinderatswahl 1953 für die Freie Wählergemeinschaft in den Gemeinderat ein, dem er bis 1957 angehörte. Zugleich engagierte er sich 1945 bis 1950 als Kulturbeauftragter der Stadt. Mit Johann →Weißer und Paul Thielemann war F. Lizenzträger der seit dem 10. Nov. 1945 erscheinenden „Schwäbischen Donau-Zeitung" (SDZ), die mit einer Auflage von 90.000 Exemplaren wegen der bestehenden Papiernot im ersten Jahr nur zweimal wöchentlich erscheinen konnte. Gesetzt und gedruckt wurde das Blatt in Blaubeuren. Redaktion, Verlag, Vertrieb und Anzeigenabteilung befanden sich bis Ende 1946 in der Ebner-Villa (Olgastraße 92). Von 1954 bis 1960 war er Hauptschriftleiter der Zeitung, die seit 1968 als „Südwest Presse" firmiert. Der Impetus des Neubeginns und das Aufatmen nach langjähriger Unterdrückung seiner Talente ist in den zahlreichen Artikeln F.s, der bei der SDZ auch bis zu seinem Tod die Kulturredaktion leitete, durchweg zu spüren. Das freie Wort war dem durchsetzungsfähigen F. heilig, und er pflegte es mit Hingabe. Seine brillant formulierten Kulturrezensionen machten ihn zur Institution, trotz oder gerade wegen ihrer gelegentlich sehr pointierten Schärfe.

Im Jan. 1950 gründete F., nachdem er mit anderen die Ulmer Künstlergilde im Streit verlassen hatte, u. a. mit Otl →Aicher, Wilhelm →Geyer, Inge →Aicher-Scholl und Max →Guther die „Gesellschaft 1950", die sich zunächst vornehmlich den Einsatz für ein modernes Stadtbild auf die Fahnen geschrieben hatte, mit der Zeit aber alle „zeitgemäßen kulturellen Bestrebungen in fortschrittlichem Sinne" fördern wollte.

Der auch dem Kuratorium der vh Ulm angehörende F. war ein Mensch, der Emotionen nicht versteckte und für das, was er als richtig erkannte, leidenschaftlich kämpfte. Im Umkehrschluss bedeutete dies auch, dass er Konsequenzen zog, wenn er sich ärgerte. Vom Austritt aus der DVP war schon die Rede, in diesem Zusammenhang ist z. B. auch die Niederlegung des Vorsitzes des Ulmer Kunstvereins 1959 zu nennen. Es war jedoch nicht F.s Sache, im unproduktiven „Schmollwinkel" zu verharren. Mit der Gründung der privaten Kunstgalerie „studio f" (zunächst in seinem Haus, ab 1968 in der sog. Wieland-Galerie des Verlagsgebäudes der „Südwest Presse") in Ulm fand die Avantgarde ebenso ein Forum wie junge, häufig auch aus dem Ausland stammende Künstler, die noch am Anfang ihrer Karriere standen. Durch Erwerbungen vor allem amerikanischer Kunst schuf F. einen Querschnitt internationaler Gegenwartskunst, die „Sammlung Fried", die er 1978 dem Ulmer Museum übereignete. Darin befinden sich auch mehrere Porträts von F. von der Hand bedeutender Maler wie Albert →Unseld und Wilhelm Geyer befinden, umfasste ca. 400 Gemälde, Grafiken, Skulpturen und andere Objekte.

Die kulturellen Aktivitäten F.s vollständig aufzuzählen, fällt schwer. Hervorgehoben sei sein Engagement im Kuratorium der Volkshochschule, für die er auch im „Monatsspiegel" mitschrieb, im Ev. Münsterbaukomitee, im Arbeitskreis „Universität Ulm", der jahrelang entscheidend die Gründung der Universität mit vorbereitete, im Beirat der „Ulmer Universitätsgesellschaft" und in der Notgemeinschaft für den Neubau des Ulmer Theaters. Die besonderen Verdienste F.s um die Stadt Ulm fanden 1976 mit der Verleihung der Bürgermedaille ihren sichtbaren Ausdruck. Zu seinem 100. Geburtstag veranstaltete das Ulmer Museum 2006 eine Gedenkfeier.

Q   StadtA Ulm, G 2 – Archiv der „Südwest-Presse" Ulm – Schriftliche Mitteilung von Frau Amelie Fried, 6. IV. 2009.
W   Geliebte Stadt. Bilder aus dem alten Ulm, Ulm 1946 – Von bewegenden Dingen, Ulm 1947 – Über den Tag hinaus, Ulm 1947 – Der Mauerweg, Ulm 1948.
L   Ih 3, S. 92 – Verlag der Schwäb. Donau-Zeitung (Hg.), KF oder die Geschichte, wie in 19 Jahren Theaterkritik aus zwei Buchstaben ein Zeichen wurde, Ulm 1966 – Verlag und Redaktion der Südwest-Presse Ulm (Hg.), KF, Ulm 1976 – Inge FRIED und Ulmer Museum (Hg.), Trauerfeier für Kurt Fried, Ulm 1981 – K. F. – Kurt Fried zu Ehren, hg. vom Ulmer Museum, Ulm 1991 – GERLACH, Demokratischer Neubeginn, S. 429, 434 f., 457 – BWB II (1999), S. 140-142 (Brigitte REINHARDT) – Amelie FRIED, Schuhhaus Pallas. Wie meine Familie sich gegen die Nazis wehrte, München 2008 – Wer taugt schon zum Helden? Die Moderatorin und Schriftstellerin Amelie Fried entdeckt die jüdische Geschichte ihrer Familie, in: Wochenendbeilage der Stuttgarter Zeitung, 15. III. 2008, S. 42 – GNAHM, Giebel oder Traufe?, S. 22 ff.

Fritsche, Theodore („Ted"), Dr. med., * New Ulm/Minnesota (USA) 23. Okt. 1906, † ebd. 2003, ev.

Vater   Louis Albert Fritsche, Dr. med., * 1862, Arzt und Bürgermeister in New Ulm, Minnesota, S. d. Wilhelm →*Pfänder.

Der Enkel des Revolutionärs und Gründers von New Ulm folgte der Tradition seines Vaters und wurde nicht nur eben-

falls Arzt (Augenarzt), sondern auch Bürgermeister von New Ulm. Seine Familie war eng mit Ulm und Neu-Ulm verbunden. Schon nach dem Ersten Weltkrieg wirkte der Vater in seiner Eigenschaft als Bürgermeister von New Ulm an der Organisation von Hilfstransporten (Getreide und Kleidung) für Ulm und Neu-Ulm mit und hielt sich 1929 mit seiner Familie an der Donau auf. Er trug sich während dieses Aufenthalts in das Goldene Buch der Stadt Neu-Ulm ein.

Die Verbindung hielt und bewährte sich in einer neuen Notsituation. Nach Ende des Zweiten Weltkrieges richtete die Stadt Neu-Ulm ein Hilfegesuch an F., der sogleich aktiv wurde und die Verschiffung Tausender Care-Pakete nach Neu-Ulm organisierte. 1952 wurde er zum (ehrenamtlichen) Neu Ulmer Bürgermeister gewählt und initiierte Kleiderspenden für die im Lager in der Neu-Ulmer Sedanstraße untergebrachten Ost-Flüchtlinge. F. lag viel am Erfahrungsaustausch der jungen Menschen, um die Verbindungen zwischen der alten Heimat und den USA zu kräftigen. Aus diesem Grund führte er seit 1956 Gespräche über einen Schüler- und Studentenaustausch mit Oberbürgermeister Theodor →Pfizer. Schon 1958 konnte der erste Schüleraustausch durchgeführt werden, für den F. auch staatliche Finanzhilfen erwirkt hatte. Im selben Jahr endete seine Amtszeit als Bürgermeister.

Mehr als 20 Jahre lang war F. Vorsitzender des den Austausch mit Ulm und Neu-Ulm pflegenden Partnerschaftskomitees und hielt sich wiederholt als Besucher in Neu-Ulm und Ulm auf. Daneben unterstützte er deutsche Schüler, Studenten und Einwanderer in den USA. 1975 rief er das „Heritage Fest New Ulm" ins Leben, das den Zusammenhalt unter den deutschstämmigen Einwanderern in den USA stärken sollte und schnell zur Attraktion wurde. Für seine Verdienste wurde F. nicht nur in den USA wiederholt ausgezeichnet, sondern erhielt 1992 auch den Verdienstorden der Bundesrepublik Deutschland.

Im Jahre 2007 wurde der Fußgängersteg an der Eisenbahnbrücke über die Donau in Neu-Ulm nach F. benannt, der in der Stadt vielen als „Dr. Ted" ein Begriff war.

Q   StadtA Ulm, G 2 (Zusammenstellung der wichtigsten Daten) – Stadtverwaltung Ulm, Büro des Oberbürgermeisters/Europakoordinatorin, Akten Partnerschaft mit Neu-Ulm.
L   Daniel J. HOISINGTON, A German Town. A History of New Ulm, Minnesota 2004.

Friz, *Immanuel* Eugen, * Hausen an der Lauchert/OA Reutlingen 22. April 1872, † Esslingen/Neckar 14. Sept. 1941, ev.

Vater   Eugen Friz[155], * Herrenberg 8. VIII. 1835, † Kirchheim/Teck 18. II. 1914, 1869 Pfarrer in Hausen an der Lauchert, 1875 dsgl. in Eschenbach, 1884 dsgl. in Stammheim/OA Calw, 1890 dsgl. in Ursprung-Reutti, 1898 dsgl. in Aich, 1904 a. D., Ritterkreuz I. Kl. des Friedrichsordens.
Mutter   *Thusnelde* Luise Weitbrecht, † 22. V. 1904, T. d. Friedrich Weitbrecht.
3 G   Luise Friz, * 1868 oder 1869, † Schorndorf 4. I. 1947; Maria Friz, * 10. XI. 1870, ∞ Ernst Gerber; Elisabeth Friz, ∞ Wilhelm Wittmann[156], * Bürg 17. IV. 1870, Oberlehrer an den Schullehrerseminaren Tempelhof und Künzelsau sowie 1907 am neu errichteten Schullehrerseminar Backnang, 1912 am Schullehrerseminar Heilbronn/Neckar, 1913 Bezirksschulinspektor in Reutlingen, 1920 Schulrat ebd.
∞ 1903 Pauline Fink, * Geislingen/Steige 9. VI. 1885, † Tübingen 9. VIII. 1942, T. d. Karl Fink[157], Dr. rer. nat., * Göttingen bei Ulm 2. I. 1851, † Tübingen 22. II. 1898, Rektor der Realanstalt Tübingen.
K   Karl Friz, * Riedlingen 6. XII. 1904, † 10. VIII. 1957, 1940 Dritter Stadtpfarrer an der Markuskirche Stuttgart, 1949 Erster Pfarrer an der Friedenskirche

155 Magisterbuch 37 (1914), S. 70 – SIGEL 11,2, Nr. 11,24 (S. 177 f.).
156 Grundbuch der ev. Volksschule ⁵1933, S. 112.
157 Ih 1, S. 222 – Württ. Jahrbücher 1898, S. VII.

Heilbronn/Neckar; August Friz, * Stuttgart 26. VII. 1906; Hans →*Friz, * Ulm 29. VI. 1914, † Stuttgart 8. IV. 1997, Pfarrer der Stuttgarter Christusgemeinde.

Der Enkel des Münsterpfarrers Johann Georg →Friz war nach einem Bericht des Prälaten Heinrich (von) →Planck *der geistig beweglichste und vielseitigste der Ulmer Geistlichen.*
F. wandelte bewusst auf den Spuren der Familientradition und studierte Theologie in Tübingen. 1895 wurde er zum Vikar bei seinem Vater in Urspring-Reutti ernannt, 1896 ging er in gleicher Eigenschaft nach Lichtenstern, Gde. Löwenstein/OA Weinsberg. 1903 wechselte er als Stadtpfarrer nach Riedlingen. Von 1907 bis 1927 war F. Pfarrer der rasch anwachsenden Ulmer Weststadtgemeinde (Neustadtkirche/Martin-Luther-Kirche), die er mit großem persönlichen Einsatz erst formen musste. In der Weststadt lebten nach Ulm zugezogene Menschen, die dort Arbeit gefunden hatten und die nichts anderes verband, als dass sie dort ihre Wohnung hatten. F. versuchte ein Gemeinde- und Gemeinschaftsgefühl zu schaffen, indem er über das Jahr verteilt Höhepunkte setzte, wobei der Gesang eine wichtige Rolle spielte. Er setzte sich besonders für den Bau der Weststadtkirche ein, vor deren Vollendung seine Ablösung als Pfarrer stand. Mit dem Bau der Kirche sollte das unverzichtbare Zentrum der neuen Gemeinde geschaffen werden. Am 11. Sept. 1927 hielt F. in der dicht besetzten Martinskirche seine Abschiedspredigt, nachdem er zum Dekan in Reutlingen ernannt worden war. Im Juli 1932 ließ es sich F. nicht nehmen, zur 25-Jahr-Feier der Weststadtgemeinde nach Ulm zu kommen und an den Feierlichkeiten teilzunehmen. Er hielt auch die Festpredigt.
1940 in den Ruhestand verabschiedet, starb F., der „Vater der Martin-Luther-Gemeinde", im darauffolgenden Jahr im Alter von 69 Jahren. An seiner Beerdigung nahm eine Abordnung aus Ulm teil.

L   UBC 1, S. 255 – UBC 3, S. 395, 453 – SIGEL 11,2, Nr. 950b,2 (S. 178) – Magisterbuch 41 (1932), S. 124 – MAYER, Die ev. Kirche, S. 46, 49, 68, 74, 476, 480 f.

Friz, Johann Georg, * Ulm 25. Jan. 1804, † ebd. 24. Nov. 1869, ev.
Vater   Johann Heinrich Friz, Wundarzt in Ulm.
Mutter   Catharina Ehrmann.
∞ 27. XI. 1834 Marie Louise Widenmann, * 20. IV. 1811, † 1897, T. d. Kaufmanns Matthias Widenmann in Ulm u. d. *Sophia* Dorothea Hocheisen.
5 *K*, darunter Eugen Friz[158], * Herrenberg 8. VIII. 1835, † Kirchheim/Teck 18. II. 1914, 1869 Pfarrer in Hausen an der Lauchert, 1875 dsgl. in Eschenbach, 1884 dsgl. in Stammheim/OA Calw, 1890 dsgl. in Urspring-Reutti, 1898 dsgl. in Aich, 1904 a. D., Ritterkreuz I. Kl. des Friedrichsordens.

F. zählt zu den über viele Jahre am Ulmer Münster wirkenden Geistlichen, die beruflich und privat sehr eng mit Ulm verbunden waren.
Nach dem Besuch des alten Ulmer Gymnasiums studierte F. ab Nov. 1823 Theologie in Tübingen. Nach Abschluss des Studiums begann F. als Religionslehrer in einem französischen Institut in der Schweiz, ehe er 1830 als Vikar ins Württembergische zurückkehrte. Zeitweise Repetent am ev.-theol. Seminar in Blaubeuren, wurde er 1834 zum Diakon in Herrenberg ernannt. Im März 1839 kehrte er als Zweiter Diakon am Ulmer Münster und zugleich als Garnisonsprediger (letzteres bis 1850) in seine Vaterstadt zurück. 1845 zum Ersten Diakon ebd. ernannt, war F. ab dem 28. Juli 1865 als Nachfolger des in den Ruhestand verabschiedeten Johannes →Moser Zweiter Stadtpfarrer am Ulmer Münster. Der in Ulm sehr beliebte F. starb zwei Monate vor Vollendung seines 66. Lebensjahres. Seine Nachfolge als Zweiter Münsterpfarrer trat Wilhelm →List an. – Mitglied des Vereins für Kunst und Altertum in Ulm und Oberschwaben.

L   SIGEL 11,2, Nr. 493,64 (S.179) – UBC 2, S. 225 – NEBINGER, Die ev. Prälaten, S. 583, 587, 591.

Friz, Johannes (von), * Ebingen/OA Balingen 9. Nov. 1801, † Stuttgart 25. Juni 1864, ⬚ ebd., Fangelsbachfriedhof, ev.
Vater   Gottlieb Friz, Strumpfweber.
Mutter   Elisabethe Maurus
∞ 1839 Nanette Mathilde von Misani, * Schwäbisch Gmünd 1. VI. 1804, † Stuttgart 15. Okt. 1871, T. d. Georg von Misani, Kgl. Württ. Generalmajor, u. d. Johanne Christine Megerlin[159], * 28. XI. 1780, † Stuttgart 26. IV. 1818.

F. war in den Jahren der Revolution von 1848/49 Ulmer Oberamtmann und Mitgründer der Oberamtssparkasse.
Nach Schreibereiausbildung und -tätigkeit (u. a. Stadtschreiber und Steuerkommissär in Wangen/Allgäu sowie Verwendung beim Katasterbüro Stuttgart) studierte F. Staatswissenschaften in Tübingen. 1828 kam er als Referendär in die Kanzlei des Innenministeriums, 1829 wurde er zunächst provisorisch, 1831/32 definitiv zum Oberamtmann in Waldsee ernannt. Von 1832 bis 1840 stand er an der Spitze der Verwaltung des OA Freudenstadt, von 1840 bis 1847 war er Oberamtmann in Biberach/Riß.
1847 erfolgte F.s Ernennung zum Oberamtmann (mit Titel Regierungsrat) in Ulm. Während seiner Ulmer Zeit (bis 1852) zählte F. zu den Gründern der Ulmer Oberamtssparkasse. 1852 wurde er zum ao. Mitglied (Titel und Rang Oberregierungsrat) des Geheimen Rats, am 27. Dez. 1854 zum Wirklichen Staatsrat u. o. Mitglied des Geheimen Rats in Stuttgart ernannt.
1844 war F. Landtagskandidat im WK Balingen. Bei der Landtagswahl im Mai 1848 berichtete ein Korrespondent aus Biberach[160], Friz sei am Biberacher Mandat interessiert, *seit einer Reihe von 15 Jahren in den Annalen des Beobachters „rühmlichst" aufgezeichnet, ein Mann, welcher 6 Jahre hindurch auch unsern Bezirk mit seiner liebenswürdigen Persönlichkeit beglückte. Er ist es, dem durch die hiesigen Sympathien einiger weniger Anhänger, die sich neben der Frau liebsten an den ergiebigen Strahlen seiner befruchtenden Sonne huldvollst wärmen zu dürfen allergnädigst erkoren waren, so wie durch den tief eingewurzelten Respekt einiger gnädigst berücksichtigten Schultheißen nunmehr eine goldene Brücke von der Frauenstraße in Ulm aus in den Ständesaal in Stuttgart gebaut werden solle. Nur Schade, dass Herr Staatsrath v. Schlayer in diesem Falle nicht mehr am Staatsruder befinden, wie viel würde da nur Papier und Briefporto erspart, wenn dessen täglicher geheimer Korrespondent, der seine Beiberichte so gewissenhaft zu verwahren wußte, auf einmal so unverhofft in seine Nähe gespielt werden würde!.* Friz entgegnete[161], er habe seit *weder direkt, noch indirekt um die Stelle angetragen, und dass man auch von keiner Seite her die Stelle angetragen worden ist. Auf den andern Theil des Artikels, der mit niedrigen Verdächtigungen gegen mich und Andere angefüllt ist, zu antworten, halte ich unter meiner Würde.* Bei der Landtagswahl im April 1851 entfielen im WK Biberach zwei Stimmen auf F. – 1855 Ehrenbürger von Ulm, 1856 Kommenturkreuz des Ordens der württ. Krone; 1862 Kommenturkreuz I. Klasse des Friedrichsordens

L   GEORGII-GEORGENAU (1879), S. 1182 – HARTMANN, Regierung und Stände, S. 20 – Amtsvorsteher, S. 262 (Karin PETERS) – ZIEGLER, Fangelsbachfriedhof, S. 172.

Fuchs, Konrad, * Oberelchingen 16. Jan. 1805, † ebd. oder Burlafingen 12. Juni 1872, kath.
Vater   Michael Fuchs, Buchbindermeister in Oberelchingen.
Mutter   Barbara Fuchs.
Ledig. Keine *K.*

F. verdient nicht nur auf Grund seiner 20-jährigen Amtszeit als kath. Pfarrer und Distriktsschulinspektor in Burlafingen Erwähnung, sondern auch wegen seiner dichterischen Tätigkeit.
Am 3. Juli 1828 zum Priester geweiht, wurde F. am 7. Juli 1842 als Pfarrer von Burlafingen instituiert. Zugleich erfolgte seine Bestellung zum Distriktsschulinspektor, d. h. er war mit der

---

[158] Magisterbuch 37 (1914), S. 70 – SIGEL 11,2, Nr. 11,24 (S. 177 f.).

[159] Bestattet auf dem Hoppenlau-Friedhof. Vgl. PFEIFFER, Hoppenlau-Friedhof, S. 22, 46 – KLÖPPING, Historische Friedhöfe, S. 283.
[160] Beobachter Nr 78, 22. V. 1848, S. 311.
[161] Beobachter Nr 81, 25. V. 1853, S. 323.

Aufsicht über die kath. Bekenntnisschulen beauftragt. F. nahm am 19. Mai 1859 die Glockenweihe für die noch nicht fertiggestellte Kirche St. Johann Baptist in Neu-Ulm vor. 1862 ließ sich der 57 Jahre alte F. aus gesundheitlichen Gründen vorzeitig pensionieren und soll wieder ins elterliche Haus in Oberelchingen gezogen sein.

Während seiner Amtszeit beschäftigte F. mehrere Jahre auf eigene Kosten einen Kaplan zu seiner Unterstützung, um sich seinem Steckenpferd, der Dichtung, zu widmen. Auch zahlreiche seiner Trauer- und Grabreden haben sich erhalten. In seiner letztwilligen Verfügung vom 11. Juni 1871 vermachte F. seine Bibliothek der Stadt Neu-Ulm. Diese enthielt auch handgeschriebene Gedichtbände F.s, die im Gegensatz zum Großteil des Buchbestandes die Zerstörungen des Zweiten Weltkriegs überstanden.

Q   Schriftliche Mitteilung von Arthur Benz an Friedrich Lanzenstiel, Neu-Ulm, 14. VII. 1957, Kopie im StadtA Neu-Ulm.
L   Schematismus 1872, S. 164 – ebd. 1873, S. 191.

Fürst, *Kurt* Karl Wilhelm, Dr. med. dent., * Mainburg (Niederbayern) 12. Mai 1900, † Neu-Ulm 27. Okt. 1981, ev.

Vater Hermann Fürst, Oberforstmeister.
Mutter Auguste Thelemann.
∞ Wüstenselbitz/BA Münchberg 6. X. 1930 Frieda Fraas, * Wüstenselbitz 13. XII. 1905, T. d. Christian Fraas, Fabrikant, u. d. Ida Rudolph.
4 K Elisabeth Diethild Maria Hedwig Fürst, * Fürth 6. VIII. 1928 (sic!), ∞ Klett; Renate Gertrud Paula Fürst, * Ulm 11. III. 1932; Rudolf Alfred Johannes Fürst, * Neu-Ulm 19. VIII. 1935; Brigitte Elisabeth Hedwig Fürst, * Neu-Ulm 31. I. 1940.

Nach dem Ende des Zweiten Weltkriegs erwarb sich der Zahnarzt F. große und bleibende Verdienste um die Gemeinde Offenhausen.

Der gebürtige Niederbayer kam nach Studium und Promotion 1928 nach Ulm, wo er eine Anstellung als Zahnarzt in der Zahnklinik gefunden hatte. 1933 übernahm F. die Leitung der Ulmer Zahnklinik. 1937[162] entschied er sich für die Eröffnung einer eigenen Praxis in Offenhausen. Schon einige Jahre zuvor war der gläubige ev. Christ F., der seinen Wohnsitz seit April 1932 in der Neu-Ulmer Schützenstraße hatte, Mitglied des Neu-Ulmer Kirchenvorstandes geworden und zeigte ein außergewöhnliches Engagement, das während des Zweiten Weltkrieges auch darin seinen Ausdruck fand, dass er in Vertretung des zur Wehrmacht eingezogenen Offenhausener Pfarrers als Lektor auf die Kanzel trat und in der ganzen Region – im Umkreis von ca. 40 Kilometern – Gottesdienste abhielt. Nach Kriegsende trug Kirchenvorsteher F. wesentlich dazu bei, die ev. Kirchengemeinde von Offenhausen wieder aufzubauen. Anstelle der zerstörten Kirche musste eine Baracke zur Abhaltung der Gottesdienste und zur Unterbringung des Kindergartens dienen. 1955 wurde auf F.s Initiative der Kirchenbauverein gegründet, als dessen Vorsitzender er eine rege Aktivität entfaltete und entscheidend zum Bau des Neu-Ulm-Offenhausener Gemeindezentrums beitrug.

F., der von 1956 bis 1960 auch Mitglied des Neu-Ulmer Stadtrats war, zog sich 1970 von seinen kirchlichen Aktivitäten zurück. Nur dem Feierabendkreis der Erlöserkirche blieb er bis wenige Jahre vor seinem Tod treu. In Nachrufen kam die Anerkennung für F.s Einsatz nach 1945 durchweg zum Ausdruck.

---

[162] Das in manchen Quellen genannte Jahr 1947 ist unzutreffend.

Q   StadtA Neu-Ulm, D 07, Ordner 46, Dr. Kurt Fürst – ebd., A 9.
L   Dr. Kurt Fürst gestorben, in: SWP vom 28. X. 1981 (Bild).

Gageur, Oskar, * Stuttgart 14. Dez. 1873, † ebd. 27. Aug. 1951, kath.

Mit G. stand nach Stephan →Magg erneut ein Geistlicher von außergewöhnlichem Format an der Spitze der Ulmer kath. Gemeinde. G. war 21 Jahre lang Ulmer Stadtpfarrer und Dekan, von der Zeit der Weimarer Republik über die NS-Zeit bis nach dem Zweiten Weltkrieg.

Am 15. April 1896 in Rottenburg/Neckar zum Priester geweiht, erhielt G. am 1. Aug. 1896 seine erste Anstellung als Vikar in Buchau. Am 16. Feb. 1897 wechselte er in gleicher Funktion nach Heilbronn/Neckar. Am 4. Jan. 1899 übernahm er die Aufgabe des Dompräbende-Verwesers an der dortigen Martinskirche, zugleich war er Bischöflicher Zeremoniar und Vorstand der geistlichen Korrektionsanstalt in Rottenburg. Am 10. Feb. 1900 erfolgte G.s offizielle Ernennung zum Dompräbendar ebd. Am 20. Nov. 1906 wechselte er als Stadtpfarrer nach Schramberg, wo er am 3. Juni 1910 auch zum Dekan ernannt wurde. Kurz nach Beginn des Ersten Weltkriegs, am 8. Dez. 1914, ging er als Stadt- und Garnisonspfarrer nach Mergentheim, wo er am 28. Sept. 1920 auch zum Dekan berufen wurde.

G. verfügte also über reichhaltige Erfahrungen in ganz unterschiedlichen Gemeinden Württembergs, als er im Aug. 1924 als Nachfolger von Stephan Magg als Dekan und Stadtpfarrer an St. Michael nach Ulm versetzt wurde. Magg nahm am Abend des 24. Aug. 1924 die Investitur G.s vor. Der am 21. März 1925 vom Päpstl. Ehrenkämmerer ernannte G. war ein Geistlicher *von hoher Begabung und tiefer Glaubenskraft. Seine Umsicht, Güte und überlegene Ruhe beeindruckten in gleicher Weise Freunde und Gegner* (SPECKER/TÜCHLE, S. 293). Der Historiograph der Geschichte der Diözese Rottenburg, August Hagen, zählt G. zu den *über dem Durchschnitt stehenden Geistlichen*. Unter G. wurde die Restauration der Wengenkirche fortgesetzt und zum Abschluss gebracht. Da die Kirche St. Michael für die Gemeinde viel zu klein geworden war, trieb G. mit Nachdruck den Neubau einer weiteren Kirche voran. Nachdem der 1927 verstorbene Kaufmann Max →*Brugger einen Teil seines Erbes der Wengengemeinde vermacht und G. als Testamentsvollstrecker eingesetzt hatte, ergaben sich unerwartet neue Möglichkeiten, die G. beherzt nutzte. Der Stuttgarter Architekt Hans Herkommer baute die Fabrik Bruggers in einen modernen, streng strukturierten Gottesdienstraum im Stil der Zeit um, Wilhelm →Geyer schuf ein großes Gemälde mit der Gottesmutter im Zentrum. Bereits am 12. Juli 1928 konnte die Suso-Kirche an der Wilhelmstraße von Bischof Joannes Baptista Sproll eingeweiht werden. Sie wurde beim Luftangriff am 17. Dez. 1944 schwer zerstört, aber rasch wieder aufgebaut.

In der Seelsorge und Gemeindearbeit beschritt G. neue Wege. Schon im Herbst 1925 organisierte er eine religiöse Woche in der Wengenpfarrei. Vier Jahre später führte er als erster Pfarrer der Diözese Rottenburg eine Hausmission durch, bei der Redemptoristen aus Günzburg, München und Wien alle Familien der Wengenpfarrei besuchten und dreimal täglich sowohl in St. Michael als auch in der Suso-Kirche predigten. Die Hausmission gestaltete sich zu einem großen Erfolg, der letztlich auch dazu beitrug, den Zusammenschluss der Ulmer Katholiken im Kirchenkampf mit dem Nationalsozialismus zu forcieren. Dabei verhielt sich G. angesichts der wachsenden kirchenfeindlichen Haltung des NS-Staates zurückhaltender und diplomatischer als etwa Franz →Weiß oder Josef →Gantert. G. setzte sich hinter den Kulissen beim Ordinariat für einen entschiedeneren Kurs gegen die Zumutungen des Staates ein, hatte aber nur wenig Erfolg.

Während des Zweiten Weltkriegs galt es, die durch den Krieg geschaffenen Probleme, wie den Priestermangel infolge der

Einberufung zahlreicher Geistlicher zur Wehrmacht, zu lösen, die seelsorgerische Betreuung der unter dem Tod Angehöriger oder Verlust ihrer Habe und Bombenangriffen leidenden Familien zu verstärken. G. nahm sich diese Probleme sehr zu Herzen und ging über die Grenzen der Leistungsfähigkeit hinaus. Am 17. Dez. 1944 musste er die Zerstörung der Pfarrkirche St. Michael erleben, worüber er einen eingehenden Bericht verfasste (SPECKER/TÜCHLE, S. 321). Ein Höhepunkt seiner Amtszeit war der 14. Juni 1945, als g. gemeinsam mit Franz Wiedemeier vor der St. Georgskirche in Ulm den aus dem Exil heimkehrenden Bischof Sproll inmitten einer nach Tausenden zählenden, jubelnden Menschenmenge in Ulm begrüßen konnte.

Noch 1945 wurde der zum Monsignore ernannte G. im Alter von fast 72 Jahren in den Ruhestand verabschiedet. Als Stadtpfarrer folgte ihm Josef →Gantert, als Dekan Karl →Anker. Danach ernannte ihn Bischof Sproll zum stv. Superior des Klosters Untermarchtal. – 1933 ehrenamtliches Mitglied der auf Veranlassung des Landesamts für Denkmalpflege geschaffenen Bezirksstelle für Friedhofberatung; Mitglied des Vereins für Kunst und Altertum in Ulm und Oberschwaben. – Inhaber des Päpstlichen Ehrenkreuzes Pro Ecclesia et Pontifice.

W   Die Kirche St. Michael zu den Wengen, Ulm 1937.
L   NEHER ⁴1909, S. 207 – Personalkatalog Rottenburg 1938, S. 104 – UBC 4, S. 21, 237 (Bild), 527 – SPECKER/TÜCHLE, S. 293-295 (Bild), 297 f., 302, 311, 320, 326, 464 – SPECKER, Ulm im Zweiten Weltkrieg, S. 336 (Bild), 337, 339-341, 343 f.

Gaisberg-Schöckingen, Freiherr *Ludwig* Georg Dietrich von, * 4. Aug. 1785, † Ulm 8. Jan. 1864, ▢ ebd., Alter Friedhof, ev.

Vater   Freiherr Johann *Dietrich* von Gaisberg-Schöckingen, * 23. IV. 1739, † 29. IX. 1804, Hzgl. Württ. Hauptmann in Ludwigsburg und Kammerherr.
Mutter   Lisette Tritschler von Falkenstein, † 1797.
2 G   Freiherr *Carl* Christian Dietrich von Gaisberg-Schöckingen, * 9. III. 1774, † Grottkau/Schlesien 13. XI. 1842, Kgl. Preuß. Oberstleutnant, Herr auf Ritterswalde bei Neiße, ∞ 1805 Ernestine von Förster, * 1781, † Grottkau 24. XII. 1845; Freiin *Franziska* Friederike Auguste Louise von Gaisberg-Schöckingen, * 9. III. 1780, ∞ 4. II. 1808 Freiherr *Heinrich* Friedrich Carl von Ziegesar, * 23. XII. 1776, Kgl. Württ. Rittmeister und Kammerherr.
∞ 16. IV. 1815 Henriette Schad von Mittelbiberach, * 20. VII. 1795, Mitbesitzerin des Ritterguts Balzheim, T. d. Johann Jacob →Schad von Mittelbiberach.
4 K   Marie Freiin von Gaisberg-Schöckingen, * 14. I. 1816, ∞ 19. II. 1844 *Friedrich* Ulrich Carl Ludwig von Walsleben, † 23. II. 1869, Kgl. Württ. Major; Bertha Freiin von Gaisberg-Schöckingen, * 14. VI. 1816, ∞ 19. VI. 1842 August Neidhart, Kgl. Württ. Rittmeister; Maximilian Freiherr von Gaisberg-Schöckingen[163], * 24. II. 1821, † Stuttgart 15. I. 1913, Kgl. Württ. Rittmeister, Mitbesitzer des Lehensgutes Ringingen, Ehrenritter des Johanniterordens, ∞ Kassel 29. V. 1855 *Tamina* Sophie Amalie Beinhauer, * 28. VII. 1836, † 22. III. 1861.

G. war in der letzten Phase des Vormärz Gouverneur der Bundesfestung Ulm. Der hoch angesehene württ. Offizier, der den größten Teil seines Lebens in Ulm verbrachte, vollzog schon 1815 mit seiner Eheschließung mit einer Tochter aus dem Ulmer Hause Schad den Brückenschlag zwischen ritterschaftlichem Adel und reichsstädtischem Patriziat.

G. entstammte einem uralten, ursprünglich im schweizerischen Thurgau ansässigen Rittergeschlecht, dessen Geschichte von G.s Enkel, dem auch politisch aktiven Freiherrn Friedrich von Gaisberg-Schöckingen (1857-1932), aufgearbeitet wurde. Seit dem 14. Jahrhundert standen zahlreiche Mitglieder des Geschlechts im Dienst des Hauses Württemberg, vornehmlich als Militärs und Kammerherren – wie auch G. Im 17. Jahrhundert teilte sich die Familie in zwei Linien, die nach ihren Besitzungen benannt wurden, Helfenberg und Schöckingen. G. entstammte der letzteren Linie.

Der junge G. trat frühzeitig in den Dienst des Herzogs Friedrich von Württemberg, der 1806 zum König erhoben wurde. G. war bei der Kavallerie und nahm an den zahlreichen Kriegen des napoleonischen Zeitalters teil. Er tat sich besonders in den Feldzügen der Jahre 1809 und von 1812 bis 1815 hervor. An diese Zeit erinnerte er sich immer wieder und bewahrte den

Veteranen eine besondere Anhänglichkeit, die auch darin ihren Ausdruck fand, dass er dem Ulmer Veteranenverein wiederholt namhafte Summen stiftete. Nach dem Ende der Kriege kam der Kgl. Württ. Reitergeneral und spätere Generalmajor als Kommandant der 2. Reiter-Brigade nach Ulm, wo er fortan fast fünf Jahrzehnte lang lebte. Von 1830 bis 1848 war G. Gouverneur der Bundesfestung Ulm. Er füllte dieses Amt in der Zeit des Beginns des Baus der Festung aus. Daneben war er der höchste militärische Repräsentant in Ulm und ließ es sich nicht nehmen, die alljährlichen Manöver höchstpersönlich abzunehmen. Im Mai 1847 sah sich der moderate und keineswegs gewalttätige G. angesichts des „Ulmer Brotkrawalls" zum Eingreifen veranlasst. Nachdem eine erregte Masse die Häuser des Kunstmüllers Georg Wieland und des Hasenwirts Christoph Frick geplündert hatte, ließ G. Truppen ausrücken, um für die Wiederherstellung der öffentlichen Ordnung zu sorgen, wobei er selber das Kommando führte. Von den zahlreichen Festgenommenen wurden etwa 200 angeklagt und zu Gefängnisstrafen verurteilt. Nach dem Ausbruch der Revolution hielt man es in Stuttgart offenbar für geboten, eine „härtere Hand" walten zu lassen: Im April 1848 übernahm Graf Carl Wilhelm zur →Lippe-Biesterfeld die Nachfolge G.s im Amt des Gouverneurs. G. verlebte seinen Ruhestand in Ulm.

1840 bezog er das bisher im Besitz der Familie Schad von Mittelbiberach befindliche Gebäude am Marktplatz 9 (früher Am Heumarkt 229), wo G. im Alter von 78 Jahren auch starb. Das Haus wurde von seinen Erben 1873 für 50.000 Gulden an den Bankier Reinemann verkauft. Ende 1938 ging das traditionsreiche Gebäude dann in den Besitz der Stadt Ulm über, die darin städtische Kanzleien einrichtete. – Inhaber der kleinen württ. Adelsdekoration; 1813 Kommenturkreuz der Kgl. Württ. Militär-Verdienstordens; Ritterkreuz I. Kl. des Friedrichsordens; Großkreuz des Ksl. Russ. St.-Annenordens; Ritterkreuz des Ksl. Österr. Leopoldsordens; Mitglied der Légion d´honneur.

L   CAST I, S. 203 f. – SCHULTES, Chronik, S. 477 – GGT 36 (1886), S. 274 – UBC 1, S. 578 – UBC 5a, S. 302 – UNGERICHT, S. 63 f. – SPECKER, Ulm im 19. Jahrhundert, S. 182, 191, 613.

Gantert, Josef, Dr. theol. h.c., * Laupheim 27. Jan. 1907, † Ehingen/Donau 10. Dez. 1989, kath.

G. zählt zu den profilierten kath. Geistlichen in der neueren Geschichte Ulms. Als Stadtpfarrer und Dekan hat G. viel für den Zusammenhalt der Katholiken in der Donaustadt getan, sowohl unter den Bedrückungen des religionsfeindlichen Nationalsozialismus als auch in der Zeit nach dem Zweiten Weltkrieg, in der er grundlegende Aufbauarbeit leistete, wie nicht zuletzt auch durch seine Veröffentlichungen zur neueren Ulmer Kirchengeschichte.

Am 5. April 1930 empfing G. die Priesterweihe in Rottenburg/Neckar. Anschließend begleitete G. den Weihbischof als Zeremoniar auf Firmungsreisen und erhielt im Juni 1930 die Vikarsstelle an der Heiligkreuzkirche in Schwäbisch Gmünd. Schon im Okt. 1930 wechselte er in gleicher Eigenschaft an die Stuttgarter Herz-Jesu-Kirche, kam aber am 30. Mai 1931 als Repetent an das Priesterseminar in Rottenburg. Im Okt. 1936 wurde er als Kaplan an St. Michael nach Ulm versetzt, wo ihm besonders die Verbindung zur neuen Kirchengemeinde St. Maria Suso am Herzen lag. Mit Jugendpfarrer Albert →*Nusser und dem Söflinger Pfarrer Franz →Weiß zählte G. zu den kath. Geistlichen, die den Nationalsozialismus offen ablehnten. Nusser und Weiß wurden ihrer Ämter enthoben, G. in den Krieg geschickt.

Ende 1939 als Kriegspfarrer eingezogen, kehrte G. erst nach der Kriegsgefangenschaft im Juli 1945 wieder nach Ulm zurück. In der schwer zerstörten Stadt gab es zahlreiche Aufgaben zu lösen. Die meisten Kirchen- und Gemeindegebäude

---

[163] Suevia Tübingen 3, S. 67, Nr. 62.

waren zerstört, die Menschen hungerten und froren einer ungewissen Zukunft entgegen, hinzu kam die wachsende seelsorgerische Arbeit für die Heimatvertriebenen in Ulm. Im Aug. 1945 zunächst zum Stadtpfarrverweser an St. Michael in Ulm ernannt, erfolgte im Nov. 1946 G.s Ernennung zum „regulären" Stadtpfarrer und im Feb. 1957 zugleich die Wahl zum Dekan des Kapitels Ulm (bis 1972; zu seinem Nachfolger wurde der Pfarrer an St. Maria Suso, Ferdinand Bamberger, gewählt). Von 1968 bis 1973 war G. auch Regionaldekan. 1961 mit dem Titel „Geistlicher Rat" ausgezeichnet, wurde G. 1968 zum Monsignore und 1972 zum Päpstlichen Ehrenprälaten ernannt. G. war in außergewöhnlicher Weise mit seiner Gemeinde verwachsen. Verehrung und Dankbarkeit, die er sich im Laufe von Jahrzehnten gewonnen hatte, kamen an runden Geburtstagen und bei seiner Verabschiedung 1972 in besonderer Weise zum Ausdruck.

Im Nov. 1978 ernannte ihn die Kath. Theologische Fakultät der Universität Tübingen zum Ehrendoktor.

Q   StadtA Ulm, G 2.
W   Die kath. Kirche, in: SPECKER, Tradition und Wagnis, S. 215-242 – Die Gesamtkirchengemeinde, in: SPECKER/TÜCHLE, S. [324]-360 – St. Michael zu den Wengen, ebd., S. [361]-389.
L   Personalkatalog Rottenburg 1938, S. 243 – SPECKER/TÜCHLE, S. 295, 297, 308, 336, 342, 348, 353, 355, 385, 392, 470.

Gassebner, Hans, * Blaubeuren 7. März 1902, † Löwenstein 19. Feb. 1966, ev.
Mutter   † 1910.
∞ 1948 Luise Hörsch.

G. besuchte die Latein- und Realschule in Blaubeuren, bevor er an die Oberrealschule nach Stuttgart wechselte, um das sogenannte „Einjährigen-Examen" zu machen. Der Vater zwang ihn zu einer kaufmännischen Lehre, die G. in einer Optikergroßhandlung widerwillig durchlief. Mit 20 Jahren brach er die Lehre ab und schrieb sich an der Kunstgewerbeschule in Darmstadt ein, wo er jedoch bald aufgeben musste, um seinen Lebensunterhalt zu verdienen. In der psychiatrischen Heilanstalt Alzey fand er als Hilfspfleger eine Anstellung. In seiner Freizeit widmete er sich ganz der Kunst und unternahm zahlreiche Reisen, so nach Zürich, Berlin und Stuttgart, auf denen er sich künstlerisch weiterbildete.

Nach 1933 zum „entarteten Künstler" erklärt, musste G. mit seiner jüdischen Lebensgefährtin und deren Kind emigrieren. In Jugoslawien lebten sie in ärmlichen Verhältnissen. 1936 zog G. nach Zaton Mali bei Dubrovnik um, wo er sich besonders der Druckgrafik widmete. 1938 ließ er sich in Zürich untersuchen, weil seine rechte Hand bei Kälte schnell taub wurde, und musste zu diesem Zweck das Röntgenkontrastmittel Thorotrast einnehmen. An den Folgen litt G. bis zu seinem Tod.

1946 übersiedelte er wieder nach Deutschland, wo er sich zunächst in Stuttgart aufhielt. Die 1946/47 in Ulm durchgeführte Kollektivausstellung seiner Ölbilder, Aquarelle und Zeichnungen führte zum Umzug G.s nach Ulm, wo er seine aus Ulm stammende Lebensgefährtin heiratete. Ulm bot G. nach 1945 einen Neuanfang, der allerdings aus gesundheitlichen Gründen nicht lange dauerte. G. fühlte sich als Ulmer und setzte sich in der „Gesellschaft 1950" u. a. mit Otl →Aicher, Kurt →Fried, Wilhelm →Geyer, Joseph →Kneer und Herbert →*Wiegandt im Gegensatz zum Verein „Alt-Ulm" für eine zeitgemäßen Wiederaufbau der Innenstadt ein.

G.s Schaffenskraft erfuhr durch den sich ständig verschlechternden Zustand seiner Arbeitshand nur geringfügige Einbußen, und als sie völlig gelähmt war, arbeitete er mit der linken Hand weiter. Aus gesundheitlichen Gründen lebte G. seit 1952 hauptsächlich auf Mallorca. Mit den für die Thorotrast-Injektion verantwortlichen Zürcher Ärzten führte er einen jahrelangen Rechtsstreit, der ihn schwer belastete. In den letzten Lebensjahren bedurfte er vermehrt der Schonung. Zuletzt ließ eine Krebserkrankung seine Lebenskraft rasch

schwinden. Er starb kurz vor seinem 64. Geburtstag im Sanatorium Löwenstein.

Der Maler und Graphiker beschäftigte sich vor allem mit Landschaften, Volkstypen, Bildnisstudien und Tieren. Bevorzugt fertigte er Aquarelle, Zeichnungen, seit der Ulmer Zeit Monotypien, Holzschnitte und Radierungen. Der vielseitige Künstler stellte u. a. bei der 2. Deutschen Kunstausstellung in Dresden 1949 aus, 1950 folgte eine Ausstellung seiner Werke im Kunsthaus Fischinger, 1953 in der Graphischen Sammlung der TH Zürich.

Q   StadtA Ulm, G 2 – ebd., Teil-Nachlass, Bestand H.b.31 – Ulmer Museum, Teil-Nachlass – Stadtbibliothek Ulm, Teil-Nachlass.
L   Ih 1, S. 260 – VOLLMER 2, S. 205 ff. – Birgit KIRSCHSTEIN-GAMBER, Der Lebensweg von Hans Gassebner, in: Ulmer Museum. 7. März 1902 – 19. Februar 1966. Hg. Ulmer Museum, Ulm 1982, S. 11-70 – Brigitte REINHARDT, Ulmer Museum (Hg.), Hans Gassebner. Heimat und Fremde, Ulm 2002 (Katalog zur Ausstellung im Ulmer Museum, 23. Feb. bis 7. April 2002) – Wolfgang SCHÜRLE (Hg.), Hans Gassebner. Werkverzeichnis. Zeichnungen und Druckgraphik mit einer Bilddokumentation, ausgewählt von Elmar SCHMITT, Ulm 1995 – SPECKER, Großer Schwörbrief, S. 457 – Stadt Bad Saulgau (Hg.), Hans Gassebner. Herbe Zärtlichkeit zur Welt, Biberach/Riß 2003 (Katalog zur Ausstellung in der Städtischen Galerie „Die Fähre", Bad Saulgau, 23. März bis 4. Mai 2003) – www.museumonline.at/ 2007/ktn/kuenstler/Gassebner.html.

Gaul, Franz Wilhelm, J. C., * Baldern/OA Neresheim 31. Dez. 1784, † Wiblingen 1. April 1841.
Vater   Gaul, Fürstlich Oettingen-Wallerstein'scher Rat.

G. war württ. Oberamtmann von Wiblingen.

Von 1803 bis 1806 studierte G. Jura in Landshut und Würzburg. 1807 trat er in die Dienste des Fürsten von Oettingen-Wallerstein in Baldern, nach 1810 wechselte er in den Staatsdienst des Königreichs Württemberg. Nach 1813 war er Sekretariatsassistent und zuletzt Sekretär bei der Sektion des Medizinalwesens im Departement des Innern. 1817 kam er als Sekretär zur neu gebildeten Regierung des Neckarkreises in Ludwigsburg, zwei Jahre darauf in gleicher Eigenschaft nach Ellwangen/Jagst. 1825 übernahm er von Oberamtsverweser Heyd als Oberamtmann die Leitung der Geschäfte des OA Wiblingen. G. war der fünfte württ. Oberamtmann in Wiblingen in 15 Jahren. Er blieb bis zu seinem Tod im Alter von 56 Jahren 16 Jahre im Amt und damit länger als alle seine Vorgänger und Nachfolger. Seine Nachfolge trat Johann Michael →Lindenmayer an.

L   Hof- und Staats-Handbuch 1815, S. 152 – Amtsvorsteher, S. 269 (Kurt DIEMER/Sylvia EITH-LOHMANN).

Geiger, Friedrich, * Esslingen/Neckar 10. April 1840, † Neu-Ulm 25. Feb. 1930, ev.

Vater   Friedrich Geiger, Steuerkommissar.
Mutter   Dorothea Ziegler.
∞ Neu-Ulm Juli 1881 Amalia Frisäus, * Ulm 18. VIII. 1854, T. d. Ludwig Adolf Frisäus u. d. Amalia le Prêtre.
3 K   Karl Geiger, * Neu-Ulm 4. IX. 1882; Amalie Geiger, * Neu-Ulm 1. X. 1884, ∞ Innsbruck 21. VI. 1911 Karl Reichart, Dr. phil., * Schwarzach 20. IX. 1877, Oberstaatsbibliothekar; Fritz Geiger, * Neu-Ulm 6. XI. 1891, † Escobuquis 3. VII. 1917.

Der Kunst- und Antiquitätensammler G. war eine der interessantesten Persönlichkeiten des kaiserzeitlichen Neu-Ulm, ein Offizier, der sich nach dem erzwungenen Ende seiner militärischen Laufbahn seiner Sammelleidenschaft hingab und einer der bekanntesten Neu-Ulmer seiner Zeit wurde.

Nachdem er an der Kgl. Bayer. Artillerie- und Ingenieurschule München ein Ingenieurstudium abgeschlossen hatte, wurde G. nach Neu-Ulm abkommandiert. Der Ingenieur-Hauptmann verunglückte 1877 bei einem Sturz vom Pferd und war fortan dienstunfähig. G. musste seinen Abschied nehmen, verblieb aber als Privatmann in Neu-Ulm und wohnte dort in der Augsburger Straße 41. G. entdeckte im Ruhestand seine Leidenschaft für das Sammeln von Altertümern und Kunstwerken. Schon 1876 hatte er nach dem Tod seiner Tante Felicitas Ziegler aus ihrem Nachlass mehrere Gemälde ersteigert und mit dem Sammeln begonnen. Er schloss Bekanntschaft mit dem Freifräulein Seutter von Lötzen und Gustav von Besserer-Thalfingen, um sich in deren Privatgalerien umzuschauen und seine Kenntnisse zu erweitern. Man sah ihn in den folgenden Jahren in Museen, Galerien, Antiquariaten, aber auch in Bauernhäusern, immer auf der Suche nach „interessanten" Stücken. 1889 ersteigerte er vier Epitaphien der Kirche zu Reutti, ließ sie restaurieren und verkaufte sie mit gutem Gewinn an den Großherzoglich Badischen General-Landesarchivdirektor a. D. Freiherrn Karl Heinrich Roth von Schreckenstein.

Mit den Jahren kamen Kupferstiche, Gemälde, volkskundliche Exponate (religiöse Volkskunst) ebenso wie weihnachtliche Backmodel und barocke Riechfläschchen und Stücke zusammen, die sich einer eindeutigen Klassifizierung entziehen. Wie umfangreich seine Sammlung tatsächlich war und was sie im Einzelnen enthielt, ist schwer festzustellen, da sie nicht mehr existiert. Teile seiner Schlüssel-, Schlösser- und Beschlägesammlung kamen nach seinem Tod ins Neu-Ulmer Heimatmuseum.

Als Mitglied des Historischen Vereins Neu-Ulm bereicherte er zahlreiche Vorträge mit Stücken aus seinen Sammlungen, die zur Anschaulichkeit viel beitrugen. Mit seinem weithin geschätzten Sachverstand beriet er den Verein beim Aufbau der Museumssammlungen. Der Verein dankte es ihm 1920 mit der Verleihung der Ehrenmitgliedschaft. Über Neu-Ulms Grenzen hinaus war G. ein geschätzter Fachgutachter in Kunstangelegenheiten.

G. starb kurz vor seinem 90. Geburtstag.

Q   StadtA Neu-Ulm, D 12, III.2.3.14. – StadtA Ulm, Bestand H, Nachlass Geiger – ebd., G 2.
L   Aus dem Ulmer Winkel 1930, Nr. 3, S. 9 (Nachruf) – UBC 2, S. 335 (Bild), 336 – OHM, Augenblicke, S. 78 (Bild) – TREU, Neu-Ulm, S. 548 f. (Hans RADSPIELER; Bild) – Anton AUBELE, 90 Jahre Historischer Verein Neu-Ulm 1907-1997, S. 69-87, hier S. 76 f. (Bild) – TEUBER, Ortsfamilienbuch Neu-Ulm I, Nr. 1270.

Geiselmann, *Josef* Rupert, Dr. theol., * Neu-Ulm 27. Feb. 1890, † Tübingen 5. März 1970, ▢ Ulm, Hauptfriedhof, kath.

Vater   Modestus Geiselmann, * 1864, † 1961, Württ. Sergeant, Oberkanzlist bei der Regierung des Donaukreises in Ulm, zuletzt städtischer Verwaltungssekretär.
Mutter   Julie Wegerer, * 1865, † 1931. 2 G.
Ledig. Keine K.

G. war einer der bedeutenden deutschen katholischen Theologen in der ersten Hälfte des 20. Jahrhunderts. Verwurzelt in der Tradition der sog. „Tübinger Schule", entwickelte er sich zu ihrem bestimmten Historiker mit einem bis in den Vatikan reichenden Einfluss. Seine Gedanken zur engen Beziehung von Heiliger Schrift und Tradition fanden Eingang in die Beschlüsse des Zweiten Vatikanischen Konzils.

Als Sohn eines württ. Offiziers, der später in den Verwaltungsdienst übertrat, im Haus Insel Nr. 10 in Neu-Ulm geboren, besuchte die stark im Schwäbischen wurzelnde G. die Elementarschule und das Realgymnasium in Ulm. Eine engere Verbindung zu seinem Geburtsort entwickelte sich nicht. Der zum Priesterberuf bestimmte junge Mann bezog 1903 das Bischöfliche Konviktsgymnasium in Ehingen/ Donau. Nach der 1910 erfolgten Konkursprüfung widmete sich G. in den Jahren vor Ausbruch des Ersten Weltkriegs dem Studium der kath. Theologie in Tübingen, wo er auch altphilologische Studien betrieb. 1914 trat er in das Rottenburger Priesterseminar ein, im Jahr darauf empfing er, am 6. Juli 1915, die Priesterweihe. Zum 21. Juli 1915 ging er als Vikar nach Heilbronn/Neckar. Am 1. Feb. 1919 wechselte er als Repetent am Wilhelmsstift nach Tübin-

gen und widmete sich theologischen Studien, aus denen seine Dissertation hervorging. 1922 wurde er magna cum laude an der Universität Tübingen promoviert. 26. Okt. 1925 Privatdozent an der katholisch-theologischen Fakultät der Universität Tübingen, erfolgte zum 1. April 1930 die Ernennung zum ao. Professor ebd. und zum 2. Mai 1934 die Ernennung zum o. öffentlichen Professor für scholastische Philosophie und Apologetik ebd. Rufen als Professor für Dogmatik an die Catholic University Washington (1929) bzw. an die Universität Freiburg im Breisgau (1937) folgte er nicht, weil er seine schwäbische Heimat nicht verlassen wollte. Seit Sommersemester 1935 Dekan der katholisch-theologischen Fakultät, endete die Wahrnehmung dieses Amtes 1945 mit dem Ende des Zweiten Weltkriegs. 1949 kehrte er, zunächst vertretungsweise, als Hochschullehrer nach Tübingen zurück, 1950 erfolgte der definitive Antritt der o. Professur für Dogmatik, die er bis zu seiner Emeritierung Ende März 1958 wahrnahm. Seinen Ruhestand verlebte er in Tübingen, das ihm Heimat geworden war.

Als Theologe hatte sich G. zunächst unter dem Einfluss seines akademischen Lehrers Karl Adam (1876-1966) intensiv mit der mittelalterlichen Theologie zwischen Patristik und Scholastik befasst und einen Schwerpunkt auf die Eucharistielehre der Frühscholastik gelegt. Später analysierte er die Theologie des 19. Jahrhunderts und entwickelte eine eigenen Theologie, welche die Heilswahrheit mit der Geschichte des Christentums zu verknüpfen suchte in der Erkenntnis, dass *der Fortschritt im Christentum immer nur unter gleichzeitiger Hinwendung zu den Quellen möglich ist und dass der christliche Glaube sich Z u k u n f t nur erschließt im Bedenken seiner H e r k u n f t von Christus und der Kirche* (SCHEFFCZYK). In einem seiner Bücher, „Lebendiger Glaube aus geheiligter Überlieferung" (1942) fasste er diese Anschauung programmatisch zusammen. Heilige Schrift und Tradition galten ihm als in organischer Beziehung stehende Glaubensquellen, die nicht voneinander getrennt gesehen werden sollten. Ihr Verhältnis sei so geartet, *dass Schrift und Tradition je das ganze Evangelium, wenn auch in verschiedener Existenzweise enthalten* (SCHEFFCZYK). Kritiker warfen ihm u. a. methodische Einseitigkeit vor. Beigesetzt wurde G. im elterlichen Grab auf dem Ulmer Hauptfriedhof. – 1965 Großes Verdienstkreuz mit Stern des Verdienstordens der Bundesrepublik Deutschland.

Q   StadtA Neu-Ulm, D 12, III.2.3.21 – StadtA Ulm, G 2.
W   Umfassende Bibliographie (bis 1. VIII. 1959) in: Johannes BETZ/Heinrich FRIES (Hgg.), Kirche und Überlieferung. Josef Rupert Geiselmann zum 70. Geburtstag […], Freiburg im Breisgau 1960 – wichtigste Publikationen: Die Eucharistielehre der Vorscholastik, Paderborn 1926 – Lebendiger Glaube aus geheiligter Überlieferung, 1942, Tübingen-Basel-Wien ²1966 – (Mithg.) Handbuch der Dogmengeschichte, 1951 ff. – Die lebendige Überlieferung als Norm des christlichen Glaubens, Tübingen 1959 – Die Heilige Schrift und die Tradition, Freiburg/Breisgau-Basel-Wien 1962 – Die katholische Tübinger Schule, Freiburg/Breisgau- Basel-Wien 1964 – Jesus der Christus, Teil I: Die Frage nach dem historischen Jesus, München ²1965 (Neubearbeitung der Ausgabe von 1951).
L   Ih 1, S. 266 – Ih 3, S. 101 - Personalkatalog Rottenburg 1938, S. 207 – Arnulf EBERLE in: NUZ Nr. 48, 27./28. II. 1960 – KDGL 1970, Sp. 805 f. – Leo SCHEFFCZYK in: Attempto Nr. 35/36 (1970), S. 84-86 – DERS. in: ThQS 150 (1970), S. 385-395 – Kath. Sonntagsblatt 1970, Nr. 12, S. 12 f. (Walter KASPER) – TEUBER, Ortsfamilienbuch Neu-Ulm I, Nr. 1282 – TREU, Neu-Ulm, S. 550 f. (Hans RADSPIELER) – BWB I (1994), S. 105 f. (Abraham Peter KUSTERMANN).

Gemmingen(-Guttenberg), Freifrau Johanne von, geb. Petershagen, * Schwetzingen 10. Juni 1901, † 13. Sept. 2001, ▢ Filderstadt, ev.

Vater   Friedrich Wilhelm Petershagen, † 1919, Zahnarzt in Neu-Ulm.
Mutter   Lina Gugel, † 1938.
G   Fritz Petershagen, * Neu-Ulm 1904, † 1958, Zahnarzt in Neu-Ulm.
∞ Ulm 3. X. 1932 Freiherr Joachim von Gemmingen-Guttenberg, Dipl.-Ing., * 1893, S. d. Freiherrn Karl von Gemmingen-Guttenberg, Chef des Zivilkabinetts des Königs Wilhelm II. von Württemberg, Staatsrat, Kgl. Württ. Kammerherr..
K   Freiin Kristin von Gemmingen-Guttenberg, * Stuttgart 29. VI. 1938, ∞ 1962 Werner Kleinmann[164], Dr. iur., * Stuttgart 13. VII. 1937, Rechtsanwalt in Stuttgart, Lehrbeauftragter und Honorarprofessor an der Universität Hohenheim, S. d. Richard →Kleinmann.

G. war über Jahrzehnte hinweg eine der bekanntesten und geschätztesten Schriftstellerinnen und Kultur-Journalistinnen im Ulmer/Neu-Ulmer Raum.

Aufgewachsen in Freiburg-Günterstal und Neu-Ulm, wo ihr Vater ab 1904 in der Augsburger Straße, später in der Friedrichstraße (später Hermann-Köhl-Straße) eine Zahnarztpraxis – seinerzeit die einzige in der Stadt – betrieb, besuchte sie in Ulm die Schule und war wie so viele Schüler an der Donau eine „Grenzgängerin". Frühzeitig wurde in ihr vom Vater die Neigung für Literatur und Kunst, für Film und Musik geweckt. Zu ihm war die Bindung der jungen G. besonders eng, und sein früher Tod traf sie schwer. Die Familie hatte ihr Geld durch Kriegsanleihen verloren. G. half durch Klavierbegleitung bei Tanzstunden und rhythmischer Gymnastik mit, die Familie finanziell über Wasser zu halten. Entspannung fand sie in Kunst und Literatur, fand Zugang zum Kreis um Wilhelm →Geyer und Kurt →Fried und begeisterte sich für die Bücher von Hermann Hesse, dem sie regelmäßig schrieb.

Durch ihre Tätigkeit beim Ulmer Heeresbauverwaltungsamt lernte sie ihren späteren Ehemann kennen, der, als Offizier verabschiedet, in der Oberen Donaubastion Soldaten in Deutsch und Mathematik unterrichtete. Joachim von Guttenberg war geschieden und hatte aus seiner ersten Ehe drei Kinder. Nach der Eheschließung wurde er als Offizier reaktiviert, man lebte in Dresden, Berlin, Cannstatt und Kornwestheim. In den letzten Jahren des Zweiten Weltkrieges lebte sie wieder in Neu-Ulm, zuletzt in Holzschwang bzw. in Neubronn. Immer wieder halfen in schwierigen Zeiten ihre künstlerische Ader und ihr großes Wissen. Nach Kriegsende kamen in Neubronn ihre ersten Theaterstücke („Die Schlosshexe" und „Der Krokodilzahn") zur Aufführung, für den Verlag Ebner bearbeitete sie den phonetischen Teil eines deutsch-englischen Taschenwörterbuches.

Der Ulmer Kulturbeauftragte Kurt Fried bemühte sich, G. als Mitarbeiterin zu gewinnen, sie entschied sich jedoch dafür, ein Märchenbuch („Der alte Baum") für den neu gegründeten Ulmer Kinderbuchverlag Tapper zu verfassen, dessen Umschlag gestaltete Luise →*Mangold. Bei Tapper erschienen u. a. G.s Bücher „Es weihnachtet" (1947), „Lustiger Jahrmarkt" und „Pink und Ponk – Die Zwerge bei den Englein im Himmel" (beide 1948), „Die Osterwoche" (1949) und „Das Buch vom Auto" (o. J.). Ihre immer beliebter werdenden Verse erschienen in zahlreichen Sammelbänden.

Das Ende des Tapper-Verlages um 1950 traf G. schwer. Zeitweise verdiente sie ihr Geld mit Werbe- und Schlagertexten. 1952 ergriff sie die Chance, in der NUZ über kulturelle und frauenpolitische Themen zu berichten. Im gleichen Jahr kandidierte sie für die FDP bei der Neu-Ulmer Stadtratswahl, wurde jedoch nicht gewählt. Wenig später begann ihre langjährige Mitarbeit bei den „Ulmer Nachrichten", nach deren Ende bei der „Schwäb. Donauzeitung" in Ulm. Sie war besonders bekannt für ihre Theater-, Musik- und Filmrezensionen. Im Alter begann sie zu malen und ihre Lebenserinnerungen zu schreiben. 1989 zog sie nach einer schweren Herz-Kreislauf-Erkrankung in den Ulmer Dreifaltigkeitshof. Auch im neunten und zehnten Lebensjahrzehnt blieb G. eine neugierige, umfassend gebildete und im Kulturbereich einzigartig vielseitige Persönlichkeit. Sie starb ein Vierteljahr nach Vollendung des 100. Lebensjahres.

Weitere W   Vorgestern-Gestern-Heute. Geschichten, Gedichte, Skizzen aus fünf Jahrzehnten, mit Aquarellen der Verfasserin. Vorwort: Gerhard KAISER, Ulm 1984 – Herzgeschichten, Roman, Langenau-Ulm 1984 – Ein seltsames Paar. Begegnungen und Geschichten. Nachwort: Hermann BAUMHAUER, Langenau-Ulm o. J. – Die Schwaben und andere Leut` - Fast lauter wahre Geschichten, Votwort: Gerhard KAISER, Kempten 1988 – Gedichte. mit Aquarellen der Autorin, Selbstverlag, Ulm 1997.
L   Gerhard KAISER, Johanne von Gemmingen. Mit den Musen leben. Erinnerungen und Zeitbilder aus einem Jahrhundert, in: UO 52 (2001), S. 19-90 (Bilder).

Gemmingen-Guttenberg(-Bonfeld), Freiherr Carl Friedrich von, * Heilbronn/Neckar 11. Feb. 1779, † Bonfeld 21. April 1871, ev.

Vater   Ludwig Eberhard von Gemmingen-Guttenberg(-Bonfeld), * 27. IX. 1750, † 1814, Ritterrat, Großhzgl. Bad. Kammerherr.
Mutter   Luise Auguste von Saint André, † 15. III. 1815, T. d. Ludwig Gustav von Saint André, Markgräflich Ansbachischer Vortragender Rat und Kammerherr, u. d. Charlotte Ernestine von Tessin.
4 G   Freiherr *Carl* Philipp von Gemmingen-Guttenberg(-Bonfeld), * 24. V. 1771, † 10. VI. 1831, Domherr zu Kamin (Preußen), ∞ I. Freiin Auguste Louise von Degenfeld, * 30. VIII. 1802, ∞ II. Freiin Eberhardine von Degenfeld, * 17. X. 1773; Freiherr Ludwig Reinhard von Gemmingen-Guttenberg(-Bonfeld), * 19. VII. 1776, † Stuttgart 14. II. 1852, Karlsschüler, Oberhofmeister der Königin Pauline von Württemberg in Stuttgart; Freiherr Philipp Albrecht von Gemmingen-Guttenberg(-Bonfeld), * 10. IV. oder VIII. 1781, † 16. IV. 1852, Karlsschüler, Kgl. Württ. Generalmajor und Gestütsdirektor, ∞ I. 2. VI. 1816 Emilie von Rauch, * 18. XII. 1795, † 8. XI. 1821, ∞ II. 30. III. 1826 Freiin *Caroline* Franziska von Lützow, * 30. X. 1792; Freiin Elisabethe von Gemmingen-Guttenberg(-Bonfeld), * 2. X. 1789, ∞ I. 24. II. 1824 Cotta Freiherr von Cottendorf, Kgl. Bayer. Geh. Rat und Kammerherr, ∞ II. 1834 Freiherr von Hügel, Kgl. Württ. Geh. Rat und Kriegsminister.
∞ 1806 Friederike Juliane Wilhelmine von Saint André, * 1. V. 1784, T. d. Ludwig Gustav von Saint André, Markgräflich Ansbachischer Vortragender Rat und Kammerherr, u. d. Charlotte Ernestine von Tessin.
2 K   Freiherr *Gustav* Ludwig Ernst von Gemmingen-Guttenberg(-Bonfeld), * 18. II. 1812, † 13. I. 1868, ∞ 1849 Freiine Caroline Cotta von Cottendorf, * 17. XII. 1827; *Louise* Charlotte Ernestine Philippine von Gemmingen-Guttenberg(-Bonfeld), * 17. XII. 1814, ∞ 1841 Freiherr Friedrich Schott von Schottenstein, Kgl. Preuß. Forstmeister in Niederrad.

Der aus altem ritterschaftlichen Adel stammende G. war für fast ein Vierteljahrhundert der erste Ulmer Kreisoberforstmeister.

Im Alter von elf Jahren kam G., wie zwei seiner Brüder, als Zögling an die unter dem Protektorat des Herzogs Carl Eugen stehende Hohe Carlsschule in Stuttgart, die den Rang einer Universität besaß. Er lebte als Oppidaner (= Stadtstudent) aber nicht in der Schule selbst, sondern in einer Stadtwohnung. G. wurde für eine militärische Laufbahn ausgebildet, die er jedoch nach einigen Jahren verließ, um sich dem Forstfach zu widmen. Der Kgl. Württ. Kammerherr übernahm 1806 als Oberforstmeister die Leitung des Forstbezirks in Heidenheim/Brenz. 1812 wurde er in gleicher Eigenschaft nach Urach versetzt.

Im Nov. 1817 wurde G. zum Kreisoberforstmeister bzw. Kreisforstrat bei der neu gegründeten Finanzkammer des Donaukreises in Ulm ernannt. Die Finanzkammern der vier Kreise unterstanden nicht den jeweiligen Kreisregierungen, sondern dem Finanzministerium, das auch für das gesamte Forstwesen zuständig war. G.s Tätigkeitsbereich erstreckte sich auf alle zum Donaukreis gehörenden Oberämter. Er baute die württ. Forstverwaltung von Grund auf und erwarb sich große Verdienste vor allem um die oberschwäbischen Waldungen. 1840 erfolgte G.s Versetzung in den Ruhestand nach 23 Dienstjahren in Ulm. Seine Nachfolge als Kreisforstrat trat Graf Friedrich von →Mandelsloh an, der wie G. zuvor Oberforstmeister in Urach gewesen war. G. starb 31 Jahre nach seiner Zurruhesetzung und 77 Jahre nach der Auflösung der Hohen Carlsschule im Alter von 92 Jahren. Er galt lange Zeit – unzutreffenderweise – als der „letzte Karlsschüler"[165]. – 1837 Ritterkreuz des Württ. Kronordens.

Q   Schriftliche Auskünfte von Herrn Dr. Dipl.-Ing. Werner Gebhardt, Esslingen-Berkheim.
L   CAST I, S. 210 f. – WAGNER, Hohe Carlsschule I, S. 442.

Gemmingen-Guttenberg(-Bonfeld), *Moritz* Ludwig Freiherr von, * Heilbronn/Neckar 8. April 1817, † Ulm 17. April 1883, ☐ in der Familiengruft in Bonfeld/OA Heilbronn, ev.

Vater   Freiherr *Philipp* Albrecht von Gemmingen-Guttenberg(-Bonfeld), * 10. IV. 1781, † 16. IV. 1852, Württ. Generalmajor a. D., Direktor der Kgl. Württ. Privatgestüte, Vorstand der Landgestütskommission.
Mutter   Emilie von Rauch, * 18. XII. 1795, † 8. X. 1821, T. d. Moritz (von) Rauch, Kaufmann in Heilbronn, u. d. Charlotte Wilhelmine Catharine Hauck.

---

[165] Wolfgang CAESAR, Der letzte Karlsschüler, in: Württ. Geschichts- und Altertumsverein, Rundbrief Nr. 7 (März 2009), S. 14.

2 *G,* darunter Ernst *Ludwig („Louis")* Freiherr von Gemmingen-Guttenberg-Bonfeld[166], * Stuttgart 19. VIII. 1818, † Karlsruhe 28. XII. 1880, Regierungsrat bei der Regierung des Jagstkreises in Ellwangen/Jagst, 1851-1855 (19. o. LT) ritterschaftlicher Abg. des Jagstkreises in der Kammer der Abgeordneten des Württ. Landtags, 1875-1876 (27. o. LT) Abg. des grundherrlichen Adels unterhalb der Murg in der Kammer der Standesherren des Badischen Landtags; Halbbruder (aus 2. Ehe des Vaters) war Friedrich *Wilhelm* Karl Freiherr von Gemmingen-Guttenberg-Bonfeld[167], * Stuttgart 12. X. 1827, † ebd. 6. I. 1920, Oberkonsistorialpräsident, 1862-1907 (21. o. LT bis 36. o. LT) ritterschaftlicher Abg. des Neckarkreises in der Kammer der Abgeordneten des Württ. Landtags. Die *Schw* Luise, * 1821, war seit 1851 ∞ mit Carl Frhr. von Wächter-Spittler.
∞ 1859 Caroline Eleonore *Helene* von Rauch, * 1834, † 1908.
4 *K* Freiin Charlotte von Gemmingen-Guttenberg-Bonfeld, * 5. I. 1860, ∞ 1. IX. 1880 Ernst Bunge, Gutsbesitzer in Buenos Aires (Argentinien); Freiherr Ernst Karl Friedrich Freiherr von Gemmingen-Guttenberg-Bonfeld, * 21. V. 1863, Rittmeister a. D.; Freiin Mathilde von Gemmingen-Guttenberg-Bonfeld, * 12. VI. 1864; Rosa, * 15. VIII. 1867.

G. entstammte einer ritterschaftlichen Familie, die dem Staat eine stattliche Reihe von Beamten und Offizieren gestellt hatte. Sein Vater und dessen Brüder waren auf der Hohen Carlsschule in Stuttgart ausgebildet worden, sein Onkel war der Ulmer Kreisoberforstmeister Freiherr Friedrich Carl von →Gemmingen-Guttenberg(-Bonfeld).
Von 1835 bis 1839 führte G. das Studium der Rechtswissenschaften nach Tübingen (Mitglied des Corps Suevia) und Berlin. Zum Kgl. Württ. Kammerherrn ernannt, wurde G. nach Bestehen der beiden Justizdienstprüfungen in den Justizdienst des Königreichs Württemberg übernommen, wo er zunächst u. a. ab 1842 Gerichtsaktuar beim Oberamtsgericht Heilbronn/Neckar war und in dem er später vom Oberjustizrat zum Kreisgerichtsrat und Obertribunalrat in Stuttgart aufstieg. Seit 1. Nov. 1869 als Nachfolger Anton (von) →*Boschers Direktor des Kreisgerichtshofs in Ulm, zuletzt seit 1. Okt. 1879 Präsident des Landgerichts Ulm und Vorstand der Ersten Zivilkammer ebd., zählte G. zu den führenden Beamtenpersönlichkeiten in Ulm in der frühen Kaiserzeit. Er zeigte sich als liberaler Jurist mit Herz und Verstand, wovon mehrere Zeugnisse existieren. Als G. vom Justizministerium den Auftrag erhielt, Robert →Hirsch, der bei ihm Referendar gewesen und nunmehr Amtsanwalt in Münsingen war, *zu überwachen,* da die Gemeinde Buttenhausen, in der zahlreiche Israeliten wohnten, zu dessen Amtsbezirk gehöre, setzte G. Hirsch davon in Kenntnis und teilte ihm mit, er habe ihn *als korrekten und pflichttreuen Beamten kennengelernt,* wolle ihm aber die Anordnung des Ministeriums zur Kenntnis bringen.
G. war von 1856 bis 1862 (20. o. LT) als Abgeordneter der Ritterschaft des Donaukreises Mitglied der Zweiten Kammer des Württ. Landtags und dort Mitglied der Legitimationskommission und der Staatsrechtlichen Kommission. König Karl von Württemberg ernannte G. am 17. Mai 1878 zum lebenslänglichen Mitglied der Kammer der Standesherren des Württ. Landtags, am 19. Nov. 1878 trat G. ein (27. bis 29. o. LT) und war dort Mitglied der Justizgesetzgebungskommission, zeitweise Stimmführer des Prinzen Wilhelm von Württemberg (des späteren Königs Wilhelm II.), ab 1883 Mitglied der Finanzkommission. G. erlag im Alter von 66 Jahren den Folgen einer Lungenentzündung, bestattet wurde er, nachdem sein Leichnam in feierlichem Kondukt zum Bahnhof überführt worden war, in der Familiengrabstätte zu Bonfeld. Sein Nachfolger als Landgerichtspräsident wurde Karl (von) →Hölderlin. – Nach 1870 Ständisches Mitglied des Württ. Staatsgerichtshofes; Mitglied des Vereins für Kunst und Altertum in Ulm und Oberschwaben. – Ritterkreuz I. Kl. des Württ. Kronordens; Kommenturkreuz II. Klasse des Friedrichsordens.

L   RIECKE, Verfassung und Landstände, S. 45 f. – SK Nr. 91, 18. IV. 1883, 613 – Hartmann, Regierung und Stände, S. 36, 67 – Hauptregister, S. 287 – Suevia-Tübingen 3 (1931), S. 36 ff. – UBC 2, S. 393, 411, 459 – RABERG, Biogr. Handbuch, S. 253 f.

Gerok, Friedrich (von), * Stuttgart 26. Mai 1854, † ebd. 18. Sept. 1937, ev.

Vater   Christoph Friedrich Gerok, * 11. XII. 1817, Kanzleirat, *Br* d. *Karl* Friedrich (von) Gerok[168], * Vaihingen/Enz 30. I. 1815, † Stuttgart 14. I. 1890, Prälat und Oberhofprediger, Oberkonsistorialrat, berühmter Dichter.
Mutter   Heinrike Louise Kapff.
2 *G.*
∞.
K, darunter Kurt Gerok, General.

G. war der erste württ. Offizier, dem das Gouvernement der Festung Ulm übertragen wurde, und zugleich war er der letzte „Friedensgouverneur" Nur eineinhalb Jahre nach seinem Amtsantritt brach der Erste Weltkrieg aus.
Am 4. April 1872 begann G. im Alter von knapp 18 Jahren seine militärische Laufbahn als Avantageur in Ulm und wurde zum Sekondeleutnant ebd. ernannt. Zunächst beim Inf.-Rgt. Nr. 125 stehend, kam G. als Major und Adjutant zum 13. Armeekorps, kam als Major wieder nach Ulm und war von 1903 bis 1905 dem Reichsmilitärgericht zugeteilt. Nachdem er von 1905 bis 1908 Kommandeur des Inf.-Rgt.s 126 in Straßburg gewesen war, kehrte G. 1908 als Kommandeur der 54. Inf.-Brigade wieder nach Ulm zurück, wo er am 22. März 1912 zum Kommandeur der 26. Division in Stuttgar ernannt wurde. Noch 1912 erfolgte G.s Ernennung als Nachfolger des Gouverneurs General der Infanterie von Böhn zum Gouverneur der Festung Ulm. In dieser Funktion war er der erste württ. Offizier und wurde mit großer Freude von den Ulmern begrüßt.
Im Ersten Weltkrieg zunächst Kommandeur der 54. Reserve-Division und später des 24. Reserve-Korps, war G. fast durchweg im Osten (Karpaten, Rumänien, Galizien) eingesetzt, stieg zum General der Infanterie auf, 1915 an der Spitze eines Armeekorps im Südosten eingesetzt und mit dem Orden Pour le Mérite ausgezeichnet. Im Feb. 1918 aus gesundheitlichen Gründen vom Kommando abgelöst, wurde G. im Juni 1918 à la suite des Grenadier-Rgt.s 1923 z. D. gestellt. Im Ruhestand führte G. als Präsident den württ. Kriegerbund. – Im Juli 1918 zum Ehrenbürger von Ulm ernannt; im Aug. 1937 wurde der Gerokweg in Ulm nach ihm benannt.

Q   StadtA Ulm, G 2.
L   Ih 1, S. 271 – UBC 2, S. 120 (Bild) – UBC 3, S. 380, 525 (Bild) – UBC 4, S. 12, 42, 88 – Maxim GERLACH, General Friedrich von Gerok, in: Schwäb. Donau-Zeitung Nr. 293, 20. XII. 1967 – DERS, Profile: Friedrich von Gerok, in: SWP Nr. 120, 25. V. 1974 (Bild).

Gerok, *Gustav* Adolf, * Böblingen 25. Aug. 1845, † Stuttgart-Degerloch 22. Feb. 1929, ev.

Vater   *Karl* Friedrich (von) Gerok[169], * Vaihingen/Enz 30. I. 1815, † Stuttgart 14. I. 1890, Prälat und Oberhofprediger, Oberkonsistorialrat, berühmter Dichter.
Mutter   Caroline Friederike *Sophie* Kapff.
8 *G.*
∞ 28. X. 1871 Emilie Goldmann, * 1847, † 1898, T. d. Goldmann, † 1869, Pfarrer in Wangen/Neckar.
5 *K.*

Der aus einer mit Ulm vielfältig in Verbindung stehenden Familie stammende G. war am Anfang seiner geistlichen Laufbahn Diakon in Ulm.
Nach Landexamen, ev.-theol. Seminar und Theologiestudium in Tübingen erhielt G. 1873 seine erste Festanstellung als Diakon in Brackenheim, wo er ab 1875 zugleich Bezirksschulinspektor war. Im Nov. 1878 kam G. als Diakon an der Drei-

166 RABERG, Biogr. Handbuch, S. 253.
167 RABERG, Biogr. Handbuch, S. 254 f.

168 Ih 1, S. 271.
169 Ih 1, S. 271.

faltigkeitskirche nach Ulm, Anfang 1881 erfolgte seine Ernennung als Nachfolger von Carl →Berg zum Diakon am Ulmer Münster, wo er fast drei Jahre lang und zugleich als Bezirksschulinspektor wirkte. Im Okt. 1883 wurde er in gleicher Eigenschaft an die Stuttgarter Johanneskirche versetzt, im Jahr darauf übernahm er die Herausgabe des Sonntagsblattes „Grüß Gott". 1885 zum Zweiten Stadtpfarrer in Stuttgart und 1894 zum Stadtpfarrer an der Leonhardskirche ebd. ernannt, erreichte er 1896 mit seiner Ernennung zum Stadtpfarrer an der Stuttgarter Markuskirche seine letzte berufliche Station. 1917 trat G. in den Ruhestand. – 1906 Verleihung des Ranges auf der VII. Stufe, 1908 Ritterkreuz I. Kl. des Friedrichsordens, 1910 Silberne Karl-Olga-Medaille, 1916 Charlottenkreuz.

L. Ih 1, S. 271 – GEORGII-GEORGENAU, S. 246 – Magisterbuch 40 (1928), S. 68 – Staatsanz. Nr. 47 – SK Nr. 88 – Württ. Jahrbücher 1929, S. [XI] – NEBINGER, Die ev. Prälaten, S. 588.

Gerst, Johannes, * Ulm 28. Jan. 1761, † ebd. 21. Dez. 1836, ev.
Vater   Gerst, Schuhmacher in Ulm.
∞ Louise von Müllern, T. d. Jeremias Matthias von Müllern, Kgl. Preuß. Ingenieur-Leutnant und Resident.

G. leistete als Ulmer Stadtarchivar im frühen 19. Jahrhundert grundlegende Arbeiten für das „Gedächtnis der Stadtgeschichte".
Der Handwerkersohn absolvierte das Gymnasium seiner Vaterstadt, wurde 1780 Studiosus und erfuhr durch den Ratskonsulenten Eusebius Beger, der ihn als Heranwachsenden in sein Haus aufgenommen hatte, besondere Förderung in der Erlernung der Rechtskunde. 1791 zum Fürstlich Hohenlohe-Schillingsfürstlichen Hofrat ernannt, privatisierte G. jahrelang in Ulm. Im Nov. 1821 in den Ulmer Gemeinderat gewählt, erhielt er von der Stadt den Auftrag, die Betreuung des Stadtarchivs zu übernehmen. Der nicht als Archivar ausgebildete G. vermochte mit großem Fleiß und einem überzeugenden System die über Jahrzehnte hinweg nicht hinreichend geordneten Ratsprotokolle, Urkunden und andere Dokumente in eine der Benutzung und Forschung dienliche Ordnung zu bringen. Er leistete damit grundlegende Arbeit für den Aufbau des Stadtarchivs. Erfolglos blieben hingegen seine Bemühungen, die vom Staatsarchiv geforderten Aktenausscheidungen abzuwehren. Daneben machte sich der Hobby-Pomologe für die Verbreitung edler Obstsorten in der Stadt und der Region stark. Schon 1808 hatte die bayer. Regierung mit ihm den Vertrag der Bepflanzung an der neu angelegten Promenade um die Stadt mit über 1.000 Bäumen abgeschlossen.

L. UBC 1, S. 521 – WEYERMANN II, S. 123-125 – SCHULTES, Chronik, S. 457 f. – SPECKER, Bestände, S. 30 f.

Geß, Friedrich (von), * Ellwangen/Jagst 21. Dez. 1828, † Esslingen/Neckar 24. April 1905, ⌂ ebd., Ebershaldenfriedhof, ev.
Vater   Christian Friedrich Wilhelm Geß, * Kloster Weil 22. X. 1781, † Nürtingen 26. I. 1842, 1817 Oberjustizrat in Ulm, Ellwangen und Esslingen/Neckar, zuletzt Oberamtsrichter in Nürtingen, S. d. Ludwig Friedrich Geß, * Stuttgart 27. VI. 1747, † 5. VII. 1800, Klosteroberamtmann bzw. -vogt der Klöster Weil, Herbrechtingen und Pfullingen, u. d. Dorothee Wilhelmine Gaum, * Tübingen 30. XI. 1756.
Mutter   Karoline Ruthardt, † 30. IX. 1839, T. d. Jakob Gotthilf Ruthardt, Weinhändler in Stuttgart, später Oberumgelder und Salzfaktor in Esslingen/Neckar, u. d. Justine Christine Binder.
∞ I. Maria Frank; ∞ II. Esslingen/Neckar 13. X. 1858 Sophie Stumpf, * Esslingen/Neckar 5. IV. 1838, T. d. Franz Stumpf, Oberamtspfleger in Esslingen/Neckar, u. d. Wilhelmine Pistorius.
1 früh verstorbenes K aus I., 3 K aus II. Ehe   Emma Sophia Maria Geß, * Ulm 30. XI. 1869; Friedrich Paul Richard Geß, * Ulm 7. X. 1870; Klara Helene Geß, * Ulm 3. XII. 1872.

G. war eine der führenden Persönlichkeiten der württ. Nationalliberalen. Seine beruflichen Anfänge waren eng mit Ulm verknüpft.
Zunächst besuchte G. die Lateinschule in Nürtingen, anschließend das ev.-theol. Seminar in Maulbronn. Von 1847 bis 1852 studierte er Rechtswissenschaften in Tübingen (Mitglied des Corps Rhenania). 1851 bestand er die I., 1852 die II. Höhere Justizdienstprüfung, anschließend war er als Justizassessor in unständiger Verwendung bei den Oberamtsgerichten Welzheim, Urach und Rottweil. 1855 zum Gerichtsaktuar beim Gerichtshof in Esslingen/Neckar ernannt, führte ihn 1857 seine Berufung an den Zivilsenat des Kreisgerichtshofes des Donaukreises in Ulm. 1860 wurde er zum Oberjustizassessor ebd. und Staatsanwalt ernannt, 1867 wurde ihm der Titel eines Oberjustizrats verliehen. G. lebte sich in den 15 Jahren seines Wirkens in Ulm gut in der Donaustadt ein und schloss in dieser Zeit seine zweite Ehe; seine überlebenden Kinder kamen alle in Ulm zur Welt. Er war Mitglied des Vereins für Kunst und Altertum in Ulm und Oberschwaben.
1872 zum Kreisgerichtsrat ernannt und mit der Wahrung der Geschäfte des stv. Vorsitzenden bei der Strafkammer des Kreisgerichtshofes in Tübingen betraut und daneben Präsident des Schwurgerichts in Tübingen, war G. zugleich auch bei den Schwurgerichten Esslingen, Ravensburg und Rottweil tätig. Seit 1876 fand er zeitweise Verwendung als Ministerialreferent im Justizministerium. Im Nov. 1876 zum Obertribunalrat ernannt, war er Vorstand der Strafkammer und Zweiter Vorstand des Kreisgerichts in Tübingen. Im Okt. 1879 wechselte G. als Reichsgerichtsrat an das Reichsgericht in Leipzig. 1891 erfolgte sein Eintritt in den Ruhestand, seitdem lebte er in Esslingen/Neckar.
Politisch engagierte sich G. im nationalliberalen Sinne. 1876 trat er als Landtagskandidat für Tübingen Amt an und gewann das Mandat (27. o. LT): 6. Feb. 1877 eingetreten, bis 1879 (ausgetreten infolge Ernennung zum Reichsgerichtsrat): Mitglied der Legitimationskommission, der Staatsrechtlichen und der Justizgesetzgebungskommission. Als Reichstagskandidat im WK Württemberg VI (Reutlingen-Rottenburg-Tübingen) besiegte er am 30. Juli 1878 Friedrich Payer (VP) mit 9.190 zu 6.310 Stimmen, doch nahm es ihm dieser 1879, nachdem G. das Mandat auf Grund seiner Berufung an das Reichsgericht hatte niederlegen müssen, in der Ersatzwahl wieder ab. Während seiner kurzen Wirksamkeit als Reichstagsabgeordneter hatte sich G. der Fraktion der Reichspartei angeschlossen. Die Jungfernrede in Berlin hielt er als Befürworter des Sozialistengesetzes und nahm vornehmlich zu wirtschafts- und sozialpolitischen Fragen Stellung. Während seiner Dienstzeit als Reichsgerichtsrat ließ G. die politische Arbeit ruhen. Im Ruhestand nahm er sie jedoch mit großem Elan wieder auf: Zeitweise war G. Vorsitzender der Deutschen Partei in Württemberg. Er wurde in den Gemeinderat der Stadt Esslingen gewählt und gehörte seit 1895 für den WK Esslingen auch wieder der Abgeordnetenkammer des Württ. Landtags an (33. bis 36. o. LT): 1895 bis 1904 Fraktionsvorsitzender, Mitglied der Finanzkommission, der Adresskommission, der Volksschulkommission, der Legitimationskommission, der Wasserrechtskommission, der Staatsrechtlichen Kommission, der Verfassungskommission, der Kommission für das BGB und seit 1899 des Weiteren Ständischen Ausschusses.
1898 und 1899 war G. auch Reichstagskandidat im WK Württemberg V (Esslingen-Kirchheim-Nürtingen-Urach), wobei er in beiden Fällen unterlag, 1898 gegen Hermann Brodbeck (VP), 1899 gegen Louis Schlegel (SPD). An der Beisetzung des im 77. Lebensjahr verstorbenen G. nahmen u. a. Ministerpräsident Wilhelm von →Breitling, die Präsidenten beider Kammern des Landtags, alle Mitglieder der nationalliberalen Kammerfraktion, zahlreiche Vertreter aller anderen Fraktionen und der Esslinger bürgerlichen Kollegien teil. Dekan Heinrich →Planck zeichnete das Leben des Politikers nach und sparte, wenn auch in wenig konkreten Worten, nicht aus, dass der Verstorbene in den zurückliegenden Jahren schwer leidend gewesen sei und sein Leiden seinem Geist schließlich *die Freiheit des Willens raubte und zu dem Ende führte, das*

seine zahlreichen Freunde aufs tiefste beklagen[170]. Kammerpräsident Friedrich Payer widmete G. einen Nachruf und legte für die Abgeordnetenkammer einen Kranz nieder, ebenso Johannes Hieber für die DP und Oberbürgermeister Max Mülberger für die Stadt Esslingen. Payer charakterisierte G. in einem parlamentarischen Nachruf[171] als *eines der ältesten und hervorragendsten Mitglieder dieses Hauses*, das *stets den bedeutendsten Kommissionen angehört* habe: *Sein Pflichtgefühl, sein Interesse und Eifer für alle parlamentarischen Aufgaben konnten nicht übertroffen werden. Noch vor einem Jahr hat er, obwohl damals schon zeitweise schwer leidend, uns zur Vorbereitung der in Aussicht stehenden Verhandlungen eine den ganzen, gewaltigen Stoff umfassende Denkschrift zur Frage der Wiederaufnahme der Verfassungsreform zur Verfügung gestellt. Es war ihm eine fast unerträgliche Entbehrung, wenn die zunehmenden Beschwerden des Alters und der Krankheit ihn, auch nur vorübergehend, von unseren Beratungen fernhielten.* Erst nach seinem Tod wurde bekannt, dass G. auch Gedichte und Lieder, oft mit sehr melancholischen und pessimistischen Inhalten, die unzweifelhaft auf eine starke Lebensüberdrüssigkeit hinweisen, verfasst hatte, die er selten einigen wenigen Freunden vorgetragen oder zu lesen gegeben hatte. G. vermachte der Stadt Esslingen eine größere Summe Geldes zum Zwecke wohltätiger Stiftungen. – 1893 Vorstand der Esslinger Museumsgesellschaft. – 1876 Ehrenritterkreuz des Württ. Kronordens; Kommenturkreuz II. Kl. des Friedrichsordens.

L   DBA II/444, 421-424 – DBI 3 (²1998), 1082 – Ih 1, S. 243 – Stammtafeln der Nachkommen von Christoph Gottlieb Pistorius, Oberamtmann zu Göppingen, und Susanne Jakobine Friederike Neuffer. Vom Jahr 1732 bis 1874, Stuttgart 1875, S. 47 – RIECKE, Verfassung und Landstände, S. 68 – HARTMANN, Regierung und Stände, S. 78, 85 – Unsere neue Kammer (1895), S. 56 f. (Bild) – SK Nr. 189, 25. IV. 1905, S. 7, und Nr. 194, 28. IV. 1905, S. 5 f. – Zum Gedächtnis des Reichsgerichtsrats a. D. Friedrich Ludwig von Geß in: SK Nr. 373, 14. VIII. 1905, S. 5 – Stuttgarter Neues Tagblatt Nr. 95, 25. IV. 1905, S. 3 und Nr. 98, 28. IV. 1905, S. 3 – Staatsanz. 1905, S. 657 – BJDN 10 (1905), S. 238-240 (Wilhelm LANG; dort falscher Todesort) – Hauptregister, S. 310 – Ellwanger Jb. 1 (1910), S. 93 (Bild) – KALKOFF, Nationalliberale Parlamentarier, S. 337, 343 – KOSCH, Biogr. Staatshandbuch I (1963), S. 388 – SCHWARZ, MdR (1965), S. 322 – Die Tübinger Rhenanen, Tübingen ⁴1982, 37 – DBE 3 (1996), S. 666 – RABERG, Biogr. Handbuch, S. 263 ff. (Bild) – Frank RABERG, Die Esslinger Landtagsabgeordneten in den Ständeversammlungen und in der Kammer der Abgeordneten des Königreichs Württemberg sowie in den Landtagen des Freien Volksstaates Württemberg. Ein biographisch-politischer Überblick. In: Esslinger Studien (Zeitschrift) 39 (2000), S. 143-223, hier bes. 201-203 u. ö. – Günther SCHWEIZER/Lisbeth ZAHAWI, Die Familie Geß. Württembergische Beamte und Theologen mit Augsburger Wurzeln, in: SWDB 26 (2008), S. 29-84, hier S. 83, Nr. 63.

Geyer, *Wilhelm* Adolf, * Stuttgart 24. Juni 1900, † Ulm 5. Okt. 1968, □ ebd., Hauptfriedhof, 9. Okt. 1968, kath.

Vater   Wilhelm Geyer, Standesbeamter in Stuttgart.
Mutter   Anna Geyer, * Ehingen/Donau 1870, lebte noch beim Tod ihres Sohnes, Kammerjungfer bei der Freifrau von Gemmingen-Hornberg in Stuttgart.
G   Klara Geyer, † Ulm 1999.
∞ 1928 *Klara* Maria Seyfried, * Rottweil 10. I. 1904, † Ulm 9. XI. 1998.
6 K   Wilhelm Geyer; Elisabeth Geyer; Peter Geyer, * Ulm 8. VI. 1932, Architekt in Ulm, 1975-1999 CDU-Gemeinderat ebd., ∞ Johanna („Hanne") Maria Karoline Ruß; Hermann Johannes Geyer, * 26. VIII. 1934, Kunstmaler in Ulm, ∞ *Gertrud* Anna Liedkewitz; Michael Geyer; Martin Geyer.

Der Großmeister der Kirchenfenstergestaltung, ein expressiver Realist der Glaskunst, gehört zu den bedeutendsten Ulmer Künstlern des 20. Jahrhunderts. In fast 200 kath. und ev. Kirchen, vom Bodensee bis zum Niederrhein – und auch in Neu-Ulm –, befinden sich von G. geschaffene Fenster. Seine Kunst blieb von einem ad dato ungewohnt expressiven Realismus geprägt, der seiner Zeit oft weit voraus war.

G.s Familie stammte aus Oberschwaben. Bei dem gläubigen Katholiken zeigte sich frühzeitig seine außergewöhnliche zeichnerische Begabung. Seine Skizzenbücher aus den Jahren 1908 bis 1917 mit Blei- und Buntstiftzeichnungen sind erhalten. Von 1919 bis 1926 war G. an der Stuttgarter Kunst-

Akademie und dort Schüler vor allem von Heinrich Altherr (1878-1947) und von Christian Landenberger (1862-1927), der ihn in seine Meisterklasse aufnahm. In dieser Zeit lernte G. an der Akademie auch Joseph →Kneer kennen, den Leiter des Ulmer Museums nach dem Zweiten Weltkrieg. Schon früh entwickelte sich bei dem Studenten eine Neigung zu biblischen Themen, die er auf seine Art zum Ausdruck bringen wollte. Nicht von ungefähr war G. 1928 Gründungsmitglied und für einige Zeit auch Vorsitzender der „Neuen Sezession" in Stuttgart.

Bereits 1927 hatte G., der 1926/27 kurzzeitig als Zeichenlehrer in Rottweil tätig gewesen war, seine erste Ausstellung in Ulm, 1929 ließ er sich dort nieder und widmete sich zunächst seinem zeichnerischen und graphischen Werk, das er mit Unterstützung seines Freundes, des Ulmer Druckers Josef Blessing, zu realisieren vermochte. Mehr als 600 Blätter haben sich erhalten. Nach 1933 erhielt G. Aufträge vor allem von kirchlicher Seite. Hervorzuheben ist etwa der von G. unter Nutzung der Sgraffitto-Technik geschaffene Kreuzweg in der Suso-Kirche (1934/35). Mit Luise →*Mangold und Alfred Vollmar schuf er den Wandschmuck bei der Umwandlung der „Herberge zur Stadt" in eine Gaststätte, mit Ludwig →Ade und Martin →Scheible den Bildschmuck im Ratskeller der Stadt Ulm (1935). Im Okt. 1934 stellte G. seine Werke im Kupferstichkabinett des Städtischen Museums Ulm aus, im Juni 1935 mit Albert →Unseld beim Ulmer Kunstverein. 1937 mussten seine Bilder aus dem Ulmer Museum entfernt werden.

Von 1940 bis 1942 war G. Soldat, 1943 wurde er wegen seiner engen Verbindung zur Gruppe der Geschwister →Scholl für 100 Tage im Münchner Gestapogefängnis inhaftiert – er hatte den Mitgliedern der „Weißen Rose" den Keller seines Münchner Ateliers für geheime Treffen und das Kopieren von Flugblättern zur Verfügung gestellt. 1944 am Westwall eingesetzt, brach sich nach Kriegsende sein künstlerischer Genius, der in der NS-Zeit in Fesseln gelegt war, in verstärktem Ausmaß Bahn. G. genoss die neu gewonnene Freiheit und war rastlos und mit unermüdlicher Schaffenskraft. Noch 1945 stellte er mit seinem Freund Walter Wörn (1901-1963) in Stuttgart seine Werke aus, im Nov. 1945 erfolgte G.s Wahl zum Vorstand der Künstlergilde Ulm e.V. Seit 1946 engagierte sich G. in der „Gesellschaft Oberschwaben", deren Kuratoriumsmitglied er wurde, 1947 war er unter den Gründern der Oberschwäbischen Sezession (später Sezession Oberschwaben Bodensee). Anfang 1950 zählte G. zu den maßgeblichen Gründern der Ulmer „Gesellschaft 1950", die sich im Gegensatz zum Verein „Alt-Ulm" für einen progressiven Wiederaufbau einsetzte.

Aus seinem reichhaltigen Schaffen nach Kriegsende können an dieser Stelle nur wenige Beispiele aufgelistet werden: so schuf er 1949 die Fenster im Chor der gotischen Liebfrauenkirche in Frankfurt/Main und der Kirche in Stuttgart-Münster (in letzterer besorgte er 1955 auch die Fenstergestaltung), 1951 Fenster mit der Figur Johannes des Täufers in der Kath. Stadtpfarrkirche St. Johann Baptist in Neu-Ulm, 1952 Pfarrkirche Tettnang und Heiligkreuzkirche Schwäbisch Gmünd, 1953 Fenster und Außenwandgraffito der St. Michaelskirche in Stuttgart-Sillenbuch, 1954 Fenster in der Altarwand und 1963 im Seitenschiff der Kirche „Zum Guten Hirten" in Stuttgart-Stammheim, 1956 Apostelfenster in der ev. Kirche Neu-Ulm, 1962 und von 1963 bis 1965 Fenster in der Cannstatter Liebfrauenkirche. 1954 erhielt G. den Oberschwäbischen Kunstpreis, 1957 bei der Biennale Christliche Kunst in Salzburg die Goldmedaille für Glasmalerei. 1960 wurde ihm der Professorentitel des Landes Baden-Württemberg verliehen, 1967 die Bürgermedaille der Stadt Ulm.

Q   StadtA Ulm, G 2.
W   Die Gedanken zu den Sonntagsevangelien, Ulm 1939/40 [bibliophiler Druck] – Neue Chorfenster im Kölner Dom, in: Das Münster 10 (1957), Heft 1/2 – Jesus nach Markus: 40 Steinzeichnungen. Mit Texten von Michael KESSLER, Ostfildern 1990.

[170] Stuttgarter Neues Tagblatt Nr. 98, 28. IV. 1905, S. 3.
[171] VWKA, 69. Sitzung, 26. IV. 1905, Pb. 3, S. 1659.

L   Walter TALMON-GROS, Die Engelsfenster von Magolsheim. Eine Schöpfung des Ulmer Malers Wilhelm Geyer, in: Württ. Monatsschrift 1936, Heft 88, S. 171 – Hermann BREUCHA, Ein neuer Kreuzweg an der Kirche in Geislingen-Altenstadt von Wilhelm Geyer, Ulm, in: Heilige Kunst 1949, S. 45-47 – Wolfgang BRAUNFELS, Wilhelm Geyer und das Problem der christlichen Kunst der Gegenwart, in: Frankfurter Hefte 4 (1949), S. 361 ff. – Clemens TEN HOLDER, Das biblische Wort und die moderne Kunst. Gedanken zu Wilhelm Geyers Mosemappe, in: Heilige Kunst 1950, S. 40-52 – Otl AICHER, Das Porträt Wilhelm Geyer, in: Ulmer Monatsspiegel 1950 – VOLLMER 2, S. 234 ff. – Berthold HACKELSBERGER, Wilhelm Geyer und sein künstlerischer Weg, in: Heilige Kunst 1954-1955, S. 72-76 – August EBERT, Die Apostelfenster von Wilhelm Geyer in Neu-Ulm. Der neue, wertvolle Schmuck der evangelischen Kirche, in: Ulmer Nachrichten Nr. 279/1956 – Rainer ZIMMERMANN, Wilhelm Geyer. Ausstellung des Kunstvereins Ulm zur Eröffnung des neuen Ausstellungsraumes im Ulmer Rathaus, 28. Okt. bis 10. Dez. 1961 [Stuttgart-Zuffenhausen 1961] – Wahrhaftig in seinem Leben - wahrhaftig in seiner Malerei. Zum Tod von Professor Wilhelm Geyer, in: SWP Nr. 232, 7. X. 1968 (Bild) – Rainer ZIMMERMANN, Wilhelm Geyer. Leben und Werk des Malers, Berlin 1971 [mit Verzeichnis der Wandbilder und Glasmalerei] – DERS., Die Kunst der verschollenen Generation. Deutsche Malerei des Expressiven Realismus von 1925 bis 1975, Düsseldorf-Wien 1980 – SPECKER/TÜCHLE, S. 294, 367, 390, 436, 556, 558 f. – Clara GEYER, Wie Wilhelm Geyer die Folgen der Studentenrevolte der Geschwister Scholl auf wunderbare Weise überstanden hat. Im Anhang Briefe und Skizzen des Künstlers aus seiner Haft, in: RJKG 7 (1988), S. 191-216 – UBC 5a, S. 89, 99, 104, 117, 120 – Kulturamt der Stadt Böblingen (Hg.), Wilhelm Geyer 1900-1968. Gedächtnisausstellung zum 90. Geburtstag, 3. Mai bis 5. Juli 1990, Stuttgart 1990 – Joachim KÖHLER (Hg.), Katholiken in Stuttgart und ihre Geschichte, Ostfildern 1990, S. 162, 172, 176-178, 180, 191 – Wilhelm Geyer. Ein Bündnis schloss ich mit meinen Augen: Bemerkungen zu Leben und Werk, Ravensburg [1994, bibliophiler Druck] – Wolfgang SCHÜRLE (Hg.), Wilhelm Geyer 1900-1968. Die letzten Jahre. Pastelle und Aquarelle, Ulm 1998 (Alb und Donau. Kunst und Kultur, Band 16) – Michael KESSLER/Brigitte REINHARDT/Wolfgang URBAN (Hgg.), Wilhelm Geyer zum 100. Geburtstag, Ulm 2000 – Annette JANSEN-WINKELN (Hg.), Künstler zwischen den Zeiten. Wilhelm Geyer, Eitorf 2000 – Michael KESSLER, Wilhelm Geyer. Der oberschwäbische Maler und die Gesellschaft Oberschwaben, in: Das große weite Tal der Möglichkeiten. Geist - Politik - Kultur 1945-1949. Das Projekt Gesellschaft Oberschwaben. Hg. von Elmar L. KUHN, Brigitta RITTER und Dieter R. BAUER, Lindenberg 2002, S. 198-211 – GNAHM, Giebel oder Traufe?, S. 22 ff. – Birgit KÖLGEN, Wild blühen die Blumen der Freiheit. Ausstellung in Meßkirch: „Entartet - Verfolgte Künstler aus Oberschwaben", in: Schwäb. Zeitung Nr. 92, 22. IV. 2009, S. [3].

Glöklen (Glöcklen), Johann[es] (von), * Ulm 19. Jan. 1770, † ebd. 12. oder 13. Juli 1833, ⬜ ebd., Alter Friedhof.

Vater   Johannes Glöklen, * 6. V. 1738, † Jan. 1802, Webermeister in Ulm.
Mutter   Anna Maria Weber.
∞ I. Johanna Jakobine Dapp, * 16. II. 1778, † 7. VI. 1801; ∞ II. Marie Regine Dapp, verw. Röscheisen, * 16. IV. 1767, † Ulm 17. III. 1814, Wwe. d. Proviantschreibers Albrecht Friedrich Röscheisen in Geislingen/Steige; ∞ III. Helene Magdalena Löw, verw. Kalbskopf, * 4. II. 1774.

G., Schwager des Prälaten Johann Christoph von →Schmid, genießt in der Geschichte Ulms einige Bedeutung als Sammler von Zeugnissen der Ulmer Geschichte, die er testamentarisch der Stadt Ulm hinterließ.
Nachdem der Handwerkersohn das Ulmer Gymnasium bis zur sechsten Klasse besucht hatte, erlernte G. ab 1785 die Schreiberei in Jebenhausen bei Göppingen und kam 1789 als Amtsschreiber nach Lonsee. Am 6. Dez. 1799 zum Ulmischen Proviantschreiber berufen, war er 1804 nach dem Übergang Ulms an Bayern Kgl. Bayer. Rent- und Kastenbeamter in Ulm. Im Okt. 1810 übernahm G. als erster unter württembergischer Herrschaft die Leitung des neu gebildeten Kgl. Württ. Ulmer Kameralamts, das er bis zu seinem Tode 23 Jahre lang beibehielt – die längste Amtszeit eines Ulmer Kameralverwalters. Er war damit der höchste staatliche Finanzbeamte in der Region und einer der wenigen Ulmer, die über die Brüche des Endes der Reichsstadtzeit unter bayerischer und württembergischer Herrschaft in ihrem Amt vor Ort verblieben. Obwohl die Quellen spärlich sprudeln, ist ein solches Beharrungsvermögen ohne besondere fachliche Qualifikation und ein überdurchschnittliches Maß an Wendigkeit kaum

erklärlich. Nach seinem Tod trat der bisherige Regimentsquartiermeister Carl Friedrich →*Kümmerlen G.s Nachfolge an.
1811 berief ihn der König von Württemberg zum Mitglied des Magistrats seiner Vaterstadt. G. hatte 1808 mit seltener Sammelleidenschaft begonnen, *ungedruckte Schriften, Chroniken, Münzen, Portraits von Ulmern, Charten, Kupferstiche, Handzeichnungen, Malereien u.s.w., welche die Geschichte der vormaligen Reichsstadt Ulm betreffen* (WEYERMANN), zusammenzustellen und hinterließ sie als historisch kostbaren Nachlass der Stadt Ulm, die sie zunächst in einem „Cabinet" der Münstersakristei aufbewahrte. – 1832 Ritterkreuz des Württ. Kronordens.

L   WEYERMANN II, S. 652 – Schwäb. Kronik Nr. 1833, S. 1229 – SCHULTES, Chronik, S. 424, 455 – UBC 1, S. 506 (Bild) – WINTERHALDER, Ämter, S. 297 f. – UNGERICHT, S. 149.

Gmelin, *Christian* Heinrich, Dr. iur., * Tübingen 15. Dez. 1780, † Ulm 13. Dez. 1824, ev.

Vater   Christian Gottlieb (von) Gmelin[172], Dr. iur., * Tübingen 3. XI. 1749, † ebd. 6. III. 1818, Professor des Criminal- und praktischen Rechts in Tübingen, S. d. Philipp Friedrich Gmelin[173], Dr. (Lic.) med., * Tübingen 19. VIII. 1721, † ebd. 4. V. 1768, o. Professor der Chemie und Botanik in Tübingen, u. d. Marie Elisabeth Weihenmaier, * Stuttgart 16. VII. 1723, † Tübingen 18. VI. 1773.
Mutter   Christiane Elisabeth Schott, * Wildbad 30. III. 1754, † Stuttgart 20. VI. 1826, T. d. Oberamtmanes Johann Christian Schott, 1726, † 1797, u. d. Magdalena Wilhelmine Groß.
∞ Stuttgart 3. V. 1808 Christine *Rosine* Wilhelmine Müller, * Stuttgart 29. VIII. 1784, † ebd. 29. III. 1865, T. d. Johann Gotthard (von) Müller[174], * Filderstadt-Bernhausen 4. V. 1847, † ebd. 14. III. 1830, Professor an der Hohen Carlsschule in Stuttgart, Kupferstecher, u. d. Rosine Katharina Schott, * Blaubeuren 20. XII. 1761, † Stuttgart 7. IV. 1834.
6 K   Cäcilie Gmelin, * Bern 22. XI. 1809, † ebd. 29. I. 1810; Martha Cäcilie Gmelin, * Bern 24. IV. 1811, † Urach 14. IX. 1868, ∞ Stuttgart 1. IX. 1835 Heinrich Ludwig Kapff, * Göppingen 5. IX. 1802, † Kennenburg/OA Esslingen 26. II. 1869, Seminar-Ephorus in Urach; *Charlotte* Henriette Gmelin, * Bern 10. XII. 1812, † Döffingen 15. X. 1889, ∞ Stuttgart 15. IX. 1846 Ernst Hartmann, Dr. med., * Nürtingen 11. III. 1806, † Böblingen 12. I. 1861, Oberamtsarzt in Böblingen; rosine *Julie* Gmelin, * Tübingen 9. VII. 1814, † Ulm 1824; Marie *Wilhelmine* Gmelin, * Tübingen 7. IV. 1816, † Reutlingen 27. IV. 1905, ∞ Stuttgart 21. XI. 1837 Friedrich Hartmann, Dr. med., * Göppingen 15. I. 1806, † Reutlingen 16. I. 1890, Medizinalrat, Oberamtsarzt in Reutlingen; Rosine *Julie* Gmelin, * Tübingen 1. IV. 1822, † Ulm 1824.

G. war einer der ersten Vertreter der Tübinger Familie Gmelin, dessen berufliche Laufbahn ihn nach Ulm führte. In Tübingen aufgewachsen, studierte G. dort Jura und begann 1801 als Hofgerichtsadvokat. 1805 folgte er einem Ruf als Professor der Rechte nach Bern (Berlin?). 1813 kehrte G. als Professor der Rechte und Rektor an der Universität Tübingen nach Württemberg zurück. Was 1824 zu seiner Rückkehr in den Justizdienst des Königreichs Württemberg veranlasste, ist unklar. Sicher ist hingegen, dass er als Oberjustizrat an den Kgl. Gerichtshof in Ulm versetzt wurde, wo ihm jedoch nur eine sehr kurze Wirksamkeit beschieden war, da er im Alter von nur 44 Jahren plötzlich starb. In der Todesanzeige der Familie hieß es, G. sei an einer *auf ein hiziges Kopffieber gefolgten Erschöpfung seiner Lebenskräfte* gestorben.

L   SM, 19. XII. 1824, S. 897, 898 (Todesanz.) – MAIER, Nachfahrentafel Schott, S. 27 – CONRAD, Lehrstühle, S. 98 – Dt. Familienarchiv 58 (1973), S. 259 – UNGERICHT, S. 131 – HUBER, Haßler, S. 129.

Gmelin Christian *Ferdinand* (von), * Esslingen/Neckar 21. Mai 1824, † Freiburg im Breisgau 1. Mai 1896, ev.

Vater   August *Hermann* Gmelin, Dr. iur., * Tübingen 1. VIII. 1786, † Weinsberg 14. VII. 1836, Oberamtsrichter in Esslingen/Neckar.
Mutter   Charlotte Becker, * Stuttgart 29. IX. 1793, † Cannstatt 19. XI. 1862.
3 G   Katharine *Charlotte* Gmelin, * Stuttgart 1. VII. 1816, † Kiel 8. I. 1900, ∞ Tübingen 21. XI. 1841 Georg Bruns, Dr. iur., * Helmstedt 24. II. 1816, † Berlin 1880, o. Professor der Rechte in Berlin; *Sophie* Pauline Gmelin, * Tübingen 11. V. 1820, † Leipzig 3. III. 1885, ∞ Tübingen 15. IV. 1841 Karl Wunderlich, Dr. med., * Sulz 30. VIII. 1815, † Leipzig 25. IX. 1877; *Gustav* Adolf Gmelin, * Esslingen/Neckar 5. VIII. 1826, † Tuttlingen 9. XI. 1859, Rechtsanwalt.
∞ Braunschweig 2. IX. 1852 Agnes Marie Bruns, * Helmstedt 8. V. 1826, † Freiburg im Breisgau 28. II. 1906, T. d. Johann Georg Bruns, Kriegsgerichtsdirektor in Braunschweig.

---

172 Ih 1, S. 280.
173 Ih 1, S. 281.
174 Ih 2, S. 622.

7 K   Anna *Marie* Gmelin, * Ulm 9. VIII. 1853, † Freiburg im Breisgau 12. IV. 1923; Georg *Hermann* Gmelin, * Ulm 1. X. 1855, † Venedig 11. IV. 1886, Regierungsbaumeister in Stuttgart; Gustav *Robert* →Gmelin; *Paul* Theodor Gmelin, * Ulm 8. V. 1858, † Cranford/New Jersey (USA) 20. XI. 1937, Architekt in USA und in Freiburg im Breisgau, ∞ Cranford 5. IV. 1905 Josephine von Hirschfeld, * Schwerin 19. XI. 1871, † Cranford 27. I. 1933; Julie Pauline Gmelin, * Ulm 24. VIII. 1859, † ebd. 10. XII. 1862; *Otto* Ferdinand Gmelin, Dr. med., * Ulm 14. II. 1861, † Melbourne 1923 praktischer Arzt in Australien; *Ernst* Wilhelm Gmelin, * Ulm 18. I. 1864, † Freiburg im Breisgau 13. II. 1932, Bergwerksdirektor in Mexiko, zuletzt Bergingenieur in Freiburg, ∞ San Antonio/Texas (USA) 28. XI. 1903 Käte Gärdes, * Berne (Oldenburg) 28. VII. 1870, † Freiburg im Breisgau 8. III. 1933.

G. war in den Jahren vor der deutschen Reichsgründung einer der hohen Justizbeamten in Ulm.
Er ging bereits im Alter von 17 Jahren zum Jurastudium an die Universität Tübingen, wo er sich der Burschenschaft Germania anschloss. Von 1861 bis 1870 war G. Oberjustizrat am Kgl. Gerichtshof in Ulm. 1870 wechselte er als Obertribunalrat und Vorsitzender des Handelsgerichts nach Stuttgart. Von 1879 bis 1891 war G. Reichsgerichtsrat am Reichsgericht in Leipzig, dem höchsten deutschen Gericht. Seinen Ruhestand verlebte er in Freiburg im Breisgau. – 1873 Ritterkreuz I. Kl. des Württ. Kronordens; 1887 Ritterkreuz des Kgl. Preuß. Roten Adlerordens III. Kl. mit der Schleife; 1888 Kommenturkreuz II. Kl. des Friedrichsordens; Ehrenritterkreuz des Württ. Kronordens; 1892 Ritterkreuz des Kgl. Preuß. Roten Adlerordens II. Kl. mit Eichenlaub.

L   DBI 3, S. 1111 – DBA I/398, 319-320 – Ih 1, S. 280 – SK Nr. 102 (Abendblatt), 2. V. 1896, S. 893 – ebd. Nr. 103 (Mittagsblatt), 4. III. 1896, S. 899 (Todesanzeige) – Württ. Jahrbücher 1896, S. VI – MAIER, Nachfahrentafel Schott, S. 74 – DFA 58 (1973), S. 252 – PHILIPP, Germania, S. 69, Nr. 990.

Gmelin, Gustav *Robert*, * Ulm 12. Nov. 1856, † Stuttgart-Vaihingen 9. Okt. 1945, ev.
Eltern und *G* siehe Ferdinand (von) →Gmelin.
∞ Leipzig 9. V. 1891 Julie Marie Schmidt, * Heilbronn/Neckar 8. V. 1867, † Stuttgart-Vaihingen März 1946.
2 K   Elisabeth Gmelin, * Ravensburg 31. I. 1892, † Cranford/New Jersey (USA 31. VII. 1971; Paul Robert Gmelin, * Ravensburg 8. VIII. 1893, † gefallen bei Fromelles (Aubers /Frankreich) 24. X. 1914, Leutnant und Abteilungsadjutant im Württ. Feldart.-Rgt. Nr. 65.

G. setzte die Reihenfolge der in Ulm als Justizbeamten tätigen Gmelins fort, unterscheidet sich jedoch von seinen Vorgängern durch die Tatsache, dass er in Ulm geboren war. Als Sohn des Ulmer Oberjustizrates Ferdinand von →Gmelin wuchs G. in Ulm auf und besuchte dort bis zum beruflichen Wechsel seines Vaters nach Stuttgart das Gymnasium. Dem Jurastudium in Tübingen folgten die beiden Juristischen Staatsprüfungen und die obligatorischen unständigen Verwendungen im württ. Justizdienst. 1886 wurde er als Amtsrichter in Esslingen/Neckar planmäßig. 1891 wechselte er als Staatsanwalt zum Landgericht Ravensburg, wo er 1901 zum Landgerichtsrat befördert wurde. Ab 1906 war G. Oberlandesgerichtsrat in Stuttgart. Im Sommer 1921 wurde er als Nachfolger des verstorbenen Julius von →Römer als Präsident des Landgerichts Ulm eingesetzt – ein Amt, das er bis zu seinem Ruhestand im Jahre 1924 bekleidete. – 1891 Verleihung des Ranges auf der VI. Rangstufe; 1924 Ritterkreuz des Württ. Kronordens; Landwehr-Dienstauszeichnung II. Kl.

L   UBC 4, S. 165, 220 – MAIER, Nachfahrentafel Schott, S. 74.

Gmelin, *Wilhelm* Ludwig, Dr. iur., * Tübingen 10. April 1788, † Stuttgart 28. Jan. 1865, ev.
Vater   Christian (von) Gmelin[175], Dr. phil. et. iur., * Tübingen 23. I. 1750, † Ludwigsburg 6. VI. 1823, Hzgl. Württ. Rat und Kgl. Preuß. Hofrat, Pandektist, o. Professor der Rechte in Tübingen
Mutter   Charlotte von Schlümbach, * 21. VIII. 1754, † Tübingen 21. II. 1819.
3 G   Johann Georg Gmelin, Dr. iur., * Erlangen 21. VII. 1776, † Stuttgart 24. VIII. 1836, 1811 Landvogteiaktuar bei der Landvogtei am Rothenberg in Stuttgart, 1824 Obersteuerrat, 1828 Oberjustizrat beim Kgl. Gerichtshof in Ulm, 1832 a. D.;

Friedrich Eberhard Gmelin, * Erlangen 14. VIII. 1777, † Schwäbisch Gmünd 23. I. 1862, nach militärischer Laufbahn (zuletzt Hauptmann beim Inf.-Rgt. Prinz Friedrich) Kaufmann in Schwäbisch Gmünd, ∞ Schwäbisch Gmünd 7. VI. 1810 Theresia von Storr, * Schwäbisch Gmünd 26. V. 1786; *Karl* Christian Gmelin, * Tübingen 28. V. 1785, † Schwäbisch Hall 23. XII. 1846, Postmeister in Heidenheim/Brenz und zuletzt in Schwäbisch Hall, ∞ I. Schwäbisch Hall 18. IX. 1819 Lisette Oesterlen, * 19. VII. 1791, † Schwäbisch Hall 26. I. 1824, ∞ II. Schwäbisch Hall 13. II. 1825 (Ehe 1828 geschieden) Charlotte Sibylle Sophie Jeanette Majer, * Schwäbisch Hall 9. X. 1803, † ebd. 2. III. 1842.
∞ Stuttgart 27. VI. 1820 Juliane Friederike Theresie Plieninger, * Stuttgart 10. V. 1799, † ebd. 13. IX. 1845, T. d. Theodor Plieninger[176], Dr. med., * Kaltenwestheim 12. XI. 1756, † Stuttgart 20. X. 1840, Medizinalrat, 1785-1794 Professor an der Hohen Carlsschule Stuttgart, Stadt- und Amtsphysicus sowie Hofmedicus in Stuttgart.
2 K   *Wilhelm* Christian Theodor Gmelin, * Ludwigsburg 7. VII. 1821, † Stuttgart 2. VI. 1886, 1848 Oberjustizassessor am Kgl. Gerichtshof in Ulm, 1857 Oberjustizrat in Stuttgart, 1869 Obertribunalrat ebd., 1879 Landgerichtspräsident in Ravensburg, 1884 Senatspräsident am Oberlandesgericht Stuttgart, ∞ Braunschweig 23. VIII. 1858 Karoline *Auguste* Bruns, * Helmstedt 5. XI. 1824, † Stuttgart 18. I. 1907, T. d. Johann Georg Bruns, Kreisgerichtsdirektor in Braunschweig; Juliane Sophie *Mathilde* Gmelin, * Ludwigsburg 5. IX. 1825, † Stuttgart 23. I. 1898, ∞ Stuttgart 7. IX. 1852 Paul *Julius* Christlieb Haidlen[177], Dr. med., * Stuttgart 31. XII. 1818, † ebd. 2. XI. 1883, Medizinalrat, Apotheker und Vorstand des Stuttgarter Verschönerungsvereins.

Mit G. beginnt die Verbindung seiner Familie zu Ulm. Als württ. Beamter kam G. in die Donaustadt – zahlreiche Mitglieder der Familie Gmelin sollten ihm folgen und direkt im Justizdienst an Ulmer Gerichten wirken.
Der jüngste Sohn eines berühmten Rechtsgelehrten besuchte in Tübingen die Schule und studierte dort anschließend ab 1805 Jura. Er war erst 21 Jahre alt, als er sich 1809 als Hofgerichtsadvokat immatrikulieren lassen konnte. 1811 folgte er Immanuel Heinrich →Hauff als Landvogtei-Aktuar bei der Landvogtei am unteren Neckar in Heilbronn/Neckar nach. 1812 wurde er in gleicher Funktion zur Landvogtei an der Donau mit Sitz in Ulm versetzt, wo er dem zum Oberamtmann von Saulgau ernannten Carl August →*Golther nachfolgte und die Schreibgeschäfte der Behörde zu führen und z. B. sämtliche Ernennungen, Entscheidungen und Dekrete des Landvogts Freiherr von →Freyberg auszustellen hatte. Im Nov. 1817 erfolgte G.s Versetzung als Regierungsassessor an die neu gebildete Regierung des Neckarkreises in Ludwigsburg, 1828 die Ernennung zum Oberamtmann beim OA Calw. Als solcher führte er Titel und Rang eines Regierungsrats. 1850 schied G. mit 62 Jahren aus dem Staatsdienst aus. Seinen Ruhestand verlebte er in Stuttgart, wo er im Alter von 77 Jahren starb.

Q   HStAS, E 146/1 Bü 2735.
L   DFA 58 (1973), S. 253 – Amtsvorsteher, S. 279 (Ulrich NANKO/Wolfram ANGERBAUER).

Göhring, Friedrich, * Hossingen/OA Balingen 19. Mai 1876, † Ulm-Wiblingen 2. Juni 1948, ev.
Vater   Jakob Göhring, * Hossingen 14. VI. 1829, † ebd. 22. III. 1889; „totgefunden", Bürger und Manufakturweber in Hossingen, S. d. Andreas Göhring, * Hossingen 17. I. 1804, † ebd. 20. III. 1875, Schuhmacher, u. d. Anna Stauß, * Hossingen 15. IX. 1802, † ebd. 25. IX. 1867.
Mutter   Eva Eisele, * 13. 5. 1831 Riedhof, „nach Dresden gezogen 1890", hatte 1855 ein Kind unehelich zur Welt gebracht, T. d. Johann Caspar Eisele, * Pfäffingen 12. III. 1792, † Riedhof 1. III. 1845, Bauer auf dem Riedhof, und der Anna Maria Schale, * Hossingen 6. IX. 1794, † ebd. 8. XII. 1860.
6 G   Wilhelm Göhring, * Riedhof 6. II. 1860; Gustav Göhring, * Hossingen 23. VII. 1862, † ebd. 20. IV. 1877; Albert Göhring, * Hossingen 18. VII. 1864, Schneider in Stuttgart, ∞ Rosenfeld 23. X. 1890 Catharina Arnold; Anna Maria Göhring, * Hossingen 18. VII. 1867, ∞ 1895 Traugott Hess, Esslingen/ Neckar; Katharina Göhring, * Hossingen 16. II. 1871; Jakob Göhring, * Hossingen 17. III. 1873, Schneider in Ulm.
∞ Neu-Ulm 13. X. 1900 Julia Eisele, * Tieringen/OA Balingen 14. II. 1874, Köchin, T. d. Johannes Eisele, Schneider in Tieringen, u. d. Katharina Müller.
3 K   Friedrich (Fritz) Göhring[178], Dr. rer. pol., Dipl.-Volkswirt, * Neu-Ulm 1. X. 1902, Revisor im bayer. Genossenschaftsverband e. V. (Schultze-Delitzsch), nach 1949 Verbandsprüfer des Revisionsverbandes deutscher Konsumgenossenschaften e. V. Hamburg, nach 1968 Buchhaltungslehrer an den Volkshochschulen Germering und Würmtal, Planegg bei München, ∞ Therese Sattelberger; Wilhelm Göhring * Neu-Ulm 3. VI. 1904; Arno Göhring, * Ulm 23. I. 1910.

---

175 Ih 1, S. 280 – GRADMANN, Das gelehrte Schwaben, S. 173-175 – GEORGII-GEORGENAU, S. 259.

176 Ih 1, S. 681.
177 Ih 1, S. 323.
178 EBERL/MARCON, S. 316, Nr. 1042.

G. war einer der profiliertesten sozialdemokratischen Ulmer (und zeitweise Neu-Ulmer) Politiker. Über ein Vierteljahrhundert hinweg zählte er zu den regional und landesweit einflussreichen SPD-Mandatsträgern, was nicht zuletzt mit seiner Rolle als Redakteur des SPD-Blattes „Donau-Wacht" zu tun hatte. In den Monaten des revolutionären Umsturzes 1918/19 hatte G. maßgeblichen Anteil an dessen weitgehend unblutigem Verlauf in Ulm.

Der aus einer in bescheidenen Verhältnissen lebenden Handwerkerfamilie auf der Schwäbischen Alb stammende G. besuchte die Volksschule und durchlief nach dem frühen Tod des Vaters anschließend eine Malerlehre. Die darauf folgende obligatorische Wanderschaft als Geselle führte ihn durch ganz Deutschland. Bis 1905 war G. als Dekorationsmaler tätig. Der junge Mann scheint kurz vor der Jahrhundertwende in die Region Ulm/Neu-Ulm gekommen zu sein, wo er eine Familie gründete. Er heiratete in Neu-Ulm, wo auch seine beiden ersten Kinder zur Welt kamen. 1905 gab er seinen bisherigen Beruf auf und ließ sich als Zigarrenhändler in der Ulmer Frauenstraße nieder, seit 1908 war er im Besitz des Ulmer Bürgerrechts.

Frühzeitig scheint sich bei G. das politische Interesse ausgebildet zu haben. Er trat der SPD bei und vermochte innerhalb sehr kurzer Zeit in der Ulmer Parteiorganisation eine führende Position zu erringen. Bereits im Jahre 1900 – er war 24 Jahre alt – war er zum Vorsitzenden der Ulmer SPD (bis 1933) und zugleich (bis 1908) des Ulmer Gewerkschaftskartells gewählt worden. Frühzeitig hatte Göhring undankbare, aber wichtige Kärrnerdienste für seine Partei geleistet und sich als junger Mann bei Reichstags- und Landtagswahlen in „Diaspora-Wahlkreisen" für die Sozialdemokratie als Kandidat zur Verfügung gestellt. Schon drei Jahre später (1903) war er SPD-Reichstagskandidat im WK Württemberg XVI: Biberach-Leutkirch-Waldsee-Wangen, wo er mit 530 Stimmen gegen den Redakteur Matthias Erzberger unterlag. Bei der gleichen Wahl kandidierte G. auch im WK Württemberg XVII: Ravensburg-Riedlingen-Saulgau-Tettnang, ebenfalls einem überwiegend katholischen Wahlkreis, in dem traditionsgemäß der Bewerber der Zentrumspartei gewählt wurde und ein SPD-Kandidat chancenlos war. Ende 1906 war G. bei der Wahl zur Kammer der Abgeordneten des Württ. Landtags Kandidat in den Wahlkreisen Blaubeuren, Ehingen (131 Stimmen), Laupheim (91 Stimmen), Leutkirch (27 Stimmen), Münsingen, Waldsee (80 Stimmen) und Wangen sowie auf Platz 2 der SPD-Proporzliste für den 2. Landeswahlkreis (Schwarzwald- und Donaukreis, zweimal kumuliert). Nur wenige Wochen später, Anfang 1907, trat G. nochmals als Reichstagskandidat an, diesmal im WK Württemberg XV: Blaubeuren-Ehingen-Laupheim-Münsingen, wo er 979 Stimmen gewann, aber deutlich gegen den seit Jahrzehnten amtierenden Abg. Adolf Gröber von der Zentrumspartei unterlag, der 11.901 Stimmen gewann. G. empfahl sich in diesen frühen Wahlkämpfen als einsatzbereiter, redegewandter Agitator.

Naheliegend war es für G., den Einstieg in die Ulmer Kommunalpolitik zu finden. Am 16. Dez. 1908 erfolgte seine Wahl (zugleich mit Robert →Dick) zum Mitglied des Ulmer Bürgerausschusses, am 16. Dez. 1909 zum Mitglied des Ulmer Gemeinderats, dem er bis zur NS-Machtübernahme 1933 angehören sollte. Seine kommunalpolitischen Erfolge legten es nahe, G. auch zum SPD-Kandidaten für die Landtagsersatzwahl des Wahlbezirks Ulm Stadt zu küren. Am 20. März 1909 (1.901 Stimmen) und bei der Stichwahl am 3. April 1909 (2.835 Stimmen) erzielte G. sehr gute Ergebnisse, unterlag aber denoch gegen den Nationalliberalen Philipp →Wieland. Im Jan. 1912 kandidierte G. im WK Württemberg XIV (Ulm-Geislingen-Heidenheim) gegen Hans Hähnle (FVP) und Andreas Graf (Konservative/BdL). G. schaffte es zwar (knapp) nicht in die Stichwahl, erreicht aber mit 9.592 Stimmen ein sehr

achtbares Stimmenergebnis. 1912 war er nochmals SPD-Landtagskandidat im WK Ulm Stadt, unterlag jedoch mit 2.115 Stimmen wiederum gegen den Abg. Philipp Wieland (3.919 Stimmen).

G. war schon vor Ausbruch des Ersten Weltkriegs eine weit über Ulm hinaus bekannte Politikerpersönlichkeit. Wiederholt machte er sich zum Anwalt der „kleinen Leute" und bezog öffentlich Stellung zu aktuellen Problemen, so am 12. Sept. 1910 als Hauptredner bei einer Protestversammlung gegen die Fleischteuerung im „Greifensaal". Im April 1915 übernahm er als Nachfolger von Erich →Rossmann die Redaktion des SPD-Parteiblattes „Donau-Wacht" in Ulm, womit sein publizistischer Einfluss wuchs. Von 1909 bis 1913, 1916 und beim Augsburger Parteitag 1922 war G. Delegierter der SPD Württemberg bei den Reichsparteitagen der Sozialdemokraten.

Als geschickter Taktiker und pragmatischer Verhandler erwies sich G. in den Tagen der Revolution im Nov. 1918. Schon am 9. Nov. 1918 wurde er zum Vorsitzenden des Ulmer Arbeiterrates gewählt, am Tag darauf zum Sprecher des provisorischen Vollzugsausschusses des Ulmer Arbeiter- und Soldatenrats, im Dez. 1918 zum Delegierten zum 1. Reichsrätekongress in Berlin. Er verstand es in den Revolutionsmonaten 1918/19, seiner Partei in Ulm die politische Führungsrolle zu verschaffen und durch maßvolles Agieren eine Eskalation der Gewalt und einen linksradikalen Umsturz in Ulm zu verhindern.

Auf Platz 8 der SPD-Landesliste zog G. im Jan. 1919 als Abg. in die Württ. Verfassunggebende Landesversammlung ein, wo er Mitglied des Verfassungs-, Geschäftsordnungs-, Volksschul-, des Sonderausschusses für den Entwurf eines Wohnungsbürgschaftsgesetzes, des Ausschusses zur Beratung des Entwurfs eines Amtsblattgesetzes sowie stv. Mitglied im Ausschuss für den Entwurf eines Gesetzes betr. das Gemeindewahlrecht und die Gemeindevertretung war. Dieses umfassende parlamentarische Engagement zeigte G.s politischen Gestaltungswillen und empfahl ihn für die weitere Parlamentslaufbahn. Von 1920 bis 1932 war er Mitglied des Württembergischen Landtags (jeweils Spitzenkandidat der Ulmer Bezirksliste, 1920 im 20. WK: Ulm-Heidenheim): ab 1928 Mitglied des Fraktionsvorstands, des Legitimations- und des Volkswirtschaftlichen Ausschusses (jeweils 1920-1924), des Sonderausschusses für den Entwurf eines Gesetzes betr. die staatliche Polizeiverwaltung (1921-1922), des Kirchen- und des Schulausschusses (1922-1924), des Steuerausschusses (1924-1928) und des Sonderausschusses für das Landtagswahlgesetz (1931). 1932 wurde er angesichts des schlechten Abschneidens seiner Partei nicht in den Landtag gewählt, gehörte aber (Platz 10 der SPD-Landesliste) ab April 1933 dem gleichgeschalteten Landtag an. Am 15. Mai 1933, als der gleichgeschaltete Ulmer Gemeinderat zu seiner ersten Sitzung zusammentrat, erklärte G. mit seinen Fraktionskollegen Georg Bader, Josef →Hefele, Anton Wagner und Karl Weckert den Rücktritt vom Mandat. G.s Parteifreund Wilhelm Keil berichtet, die Ulmer NSDAP habe G. mit körperlichen Drohungen zu diesem Schritt gezwungen. Schon zuvor hatte G. parteiintern zum Ausdruck gebracht, angesichts des massiven NS-Terrors traue er sich nicht mehr aufs Rathaus.

Im Okt. 1933 zog G., der nicht nur politisch „kaltgestellt" war, sondern auch sein Amt als Redakteur der „Donau-Wacht" und damit seine Lebensgrundlage verloren hatte, mit seiner Familie nach Lautern, Gde. Wippingen/OA Blaubeuren um, wo er sich eine zwergbäuerliche Existenz aufbaute. Kontakte zu einstigen Parteifreunden waren selten und scheinen sich auf Überraschungsbesuche beschränkt zu haben, wie etwa Wilhelm Keil zu berichten weiß: *Rossmann und Schöpflin kommen unverwartet von Berlin und sind meine Gäste. Wir fahren in Roßmanns Wagen nach Ulm und besuchen alte Parteikameraden, überraschen auch den in seinem weltabgeschiedenen Winkel kleinbäuerlich lebenden Freund Fritz Göhring, den früheren Ulmer Landtagsabgeordneten.* Der Eindruck tiefer Desillusionierung lässt sich nicht verwischen. Was das ruhige, fast untätige Leben in der Provinz mit wenigen Kontakten über mehr als ein Jahrzehnt für den von Natur aus aktiven Sozialdemokraten bedeutet hat, kann man nur erahnen.

Bei Kriegsende war G. bereits schwer erkrankt und konnte daher am demokratischen Neubeginn nicht mitwirken. Im Alter von 72 Jahren starb er an einer Herzinsuffizienz.

Q StadtA Ulm, G 2 – Ev. Pfarramt Meßstetten West, Familienregister, Bd. I, 44, 136, Bd. II, 59 – Standesamt Ulm, Familienregister Bd. 47, Nr. 179.
L SCHMID, Verfassung S. 27 (Bild S. 15) – Wer ist´s 1922 S. 494 – HbWL (1927) S. 102, 107, 110 – HbWL (1931) S. 102, 107, 111 – UBC 3, S. 421, 437, 445, 467, 513 – UBC 4, S. 114 – UBC 5a, S. 19, 27, 226 – KEIL, Erlebnisse II (1948), 511, 550 – KOLB/SCHÖNHOVEN, S. XXXV, LX, 228, 234, 252, 278, 293, 296 – SPECKER, Reichsstadt und Stadt Ulm (1977), bes. S. 285 – JANS, Sozialpolitik, S. 244, 249, 282, 362, 370, 378ff., 383 392, 434 – SCHRÖDER, SPD-Parlamentarier S. 467 – SCHUMACHER, M.d.L., S. 49, Nr. 382 – MITTAG, SPD-Fraktion, S. 64, 100, 137, 138, 140, 143, 167 – SPECKER, Großer Schwörbrief, 338-341, 343, 361f., 364, 370, 393 (Frank RABERG) – ROSS (2000), 134 [mit unzutreffender Angabe des Sterbeorts „Ulm-Waiblingen"] – RABERG, Biogr. Handbuch, S. 273 f. (Bild) – TEUBER, Ortsfamilienbuch Neu-Ulm II, Nr. 1375 – WEIK ⁷2003, S. 312 – StadtMenschen, S. 142 (Christian RAK).

Gölz, Walter, * Oberesslingen/OA Esslingen 13. Aug. 1915, † Titisee-Neustadt im Schwarzwald 15. Sept. 1988, ev.
Vater   Hermann Gölz, Handschuhfabrikant in Esslingen/Neckar.
Mutter   Karoline Wilhelmine Blum.
∞ 1942 Ruth Jäger, * 1918, T. d. Prokuristen Jäger in Ulm.
6 K.

G. war in den 1960er Jahren Zweiter Stadtpfarrer am Ulmer Münster.

Das Theologiestudium in Tübingen wurde vom Kriegsdienst unterbrochen, nachdem er 1941 die I. theol. Dienstprüfung bestanden hatte. Erst 1950 konnte er die II. theol. Dienstprüfung ablegen und kam noch im gleichen Jahr erstmals mit Ulm in Berührung – wenn man von seiner 1942 erfolgten Eheschließung mit einer Ulmerin absieht. Als Vikar und Pfarrverweser war er für die Teilgemeinde der Pauluskirche zuständig, die ihre Gottesdienste auf der Burg und im Lehrer Tal feierte. 1951 erhielt er als Pfarrer in Neenstetten auf der Ulmer Alb seine erste feste Anstellung, wobei er gleichzeitig die bis dahin selbstständige Pfarrei Holzkirch mitzuversehen hatte. 1960 erfolgte seine Wahl zum 2. Ersatzmitglied zum 6. Landeskirchentag bzw. zur Landessynode für Ulm. Am 3. Jan. 1963 zum Zweiten Stadtpfarrer am Ulmer Münster ernannt, trat er das Amt am 27. März des Jahres an und blieb bis Ende Jan. 1970, als er zum Dekan in Münsingen ernannt wurde, im Amt. G., der während seiner Amtszeit enge Bindungen zu Ulm geknüpft hatte, wurde am 22. März 1970 feierlich verabschiedet. Von Nov. 1969 bis Feb. 1970 war er an Stelle des im Ruhestand befindlichen Dr. Heinz →Seifert bis zum Amtsantritt von Theophil →Askani amtierender Dekan in Ulm gewesen. Als Dekan in Münsingen trat er 1980 in den Ruhestand, den G. in Ulm verlebte.

Q StadtA Ulm, G 2.
L NEBINGER, Die ev. Prälaten, S. 585 f. – EHMER/KAMMERER, S. 157.

Göß (Goes), *Georg* Friedrich Daniel, * Markt-Dietenhofen 10. Dez. 1767, † Tübingen 21. April 1851, ev.
Vater   Johann Georg Göß, Superintendent in Markt-Dietenhofen.
Mutter   Sophie Friederike Baur.
∞ Aalen 16. IX. 1824 Charlotte Hölder, * Sommershausen 8. VI. 1788, † Tübingen 1. VI. 1869, T. d. Ludwig August Hölder, * Waiblingen 16. V. 1756, † Aalen 18. IX. 1836, Rechtskonsulent, Bürgermeister, Amtspfleger und Oberacciser in Aalen, u. d. Luise Wilhelmine Friederike Faber, * Stuttgart 25. II. 1763, † Aalen 19. IV. 1843.

G. war der erste Rektor der Realschule bzw. des Gymnasiums in Ulm. In der Zeit der bayerischen Verwaltung Ulms in die Donaustadt gelangt, hatte er dort keinen leichten Stand. Auch in der Literatur wird er meistens übersehen, zumal er z. B. in zeitgenössischen Werken wie der Ulmer Chronik oder von →Weyermann totgeschwiegen wurde.

Der klassische Philologe begann nach dem Studium seinen Berufsweg als Privatdozent in Erlangen. 1794 wechselte er als Professor nach Ansbach. 1808 kam G. nach Ulm, wo ihm die Errichtung der neuen Realschule übertragen wurde. Ende 1809 wurde G. zum Rektor der neu gegründeten Realschule in Ulm ernannt, die ihre Räumlichkeiten im ehemaligen Barfüßerkloster auf dem Münsterplatz fand. G., *ein Mann von gut evangelischer Gesinnung, der sich durch Einsicht und Tätigkeit auszeichnete, aber den eigenartigen, altreichsstädtischen Verhältnissen [...] fremd gegenüberstand*, konnte in Ulm nie richtig Fuß fassen, und seine Stellung wurde nicht einfacher, nachdem Ulm an Württemberg gefallen war. Von 1810 bis 1818 als Nachfolger des in den Ruhestand versetzten David →Wiedenmann Rektor des Kgl. Gymnasiums Ulm, nahm er nach zehnjähriger Tätigkeit in Ulm seinen Abschied, verblieb aber im Dienst der ev. Landeskirche Württembergs. Zunächst Pfarrer in Ballendorf, wirkte G. von 1824 bis 1843 als Dekan in Aalen. Seinen Ruhestand verlebte er in Tübingen.

W Über die Kritik der reinen Vernunft. Eine Rede zur Eröffnung seiner akademischen Vorlesungen, gehalten Erlangen 1793 – Systematische Darstellung der Kantischen Vernunftkritik, zum Gebrauch akademischer Vorlesungen, nebst einer Abhandlung über ihren Zweck, Gang und Schicksale, Nürnberg 1794 – Organisation des Ulmischen Gymnasiums, nebst zwei Gelegenheits-Reden, Ulm 1810.
L CRAMER, Faberbuch, S. 32 – Johannes GREINER, Geschichte der Ulmer Schule, in: UO 20 (1914), S. 83 ff.

Götz, Julius, * 13. Juni 1880, † Ulm 19. Mai 1938, ev.

G. war während der Revolutionszeit 1918/19 eine der Schlüsselfiguren in Ulm.

Von seinen ersten Lebensjahrzehnten wissen wir nichts. Erste Erwähnungen bezeichnen ihn als Handschuhfabrikanten in Ulm. Ende 1918 gab er an, er sei „seit 20 Jahren" Mitglied der SPD, muss demnach also ca. 1898, als junger Mann, der Partei beigetreten sein. Im Ersten Weltkrieg war G. Gefreiter. Am 10. Nov. 1918 wurde er zum Mitglied des Vollzugsausschusses des Ulmer Arbeiter- und Soldatenrats gewählt; am gleichen Tag schickte Friedrich →Göhring ihn nach Stuttgart, um sich dort ein Bild von der Lage zu machen und bei der SPD-Landesleitung in Erfahrung zu bringen, wie man sich verhalten solle. Vom 11. Nov. 1918 bis 1. Juli 1919 amtierte G. als Vorsitzender des Ulmer Garnisonssoldatenrats. Seine Wahl erfolgte nach der Demonstration tausender Menschen auf dem Münsterplatz in der Gastwirtschaft „Zu den drei Linden". In enger Kooperation mit dem württembergischen Kontingentsältesten Adolf (von) →Schempp gelang es G., in Ulm ein Blutvergießen zu verhindern. Die wenigen aus dieser Zeit überlieferten Redebeiträge G.s weisen ihn als gemäßigten Sozialdemokraten aus, der den politischen Wechsel in geordneten Bahnen vollziehen wollte. Im Dez. 1918 war G. Delegierter der Soldatenräte Württembergs zum 1. Reichsrätekongress in Berlin. Kriegsminister Immanuel Herrmann ernannte G. am 19. Jan. 1919 aufgrund seiner Verdienste um die Wiederherstellung der militärischen Ordnung zum Adjutanten des Kontingents Ulm mit dem Gehalt eines Hauptmanns, obwohl G. nur Gefreiter war. Die Entscheidung des umstrittenen Kriegsministers wurde sehr kontrovers aufgenommen. Einen spartakistisch-kommunistischen Putschversuch am 1. März 1919 konnte G. durch rechtzeitig getroffene Gegenmaßnahmen im Keim ersticken, nachdem ihm der Plan zu Ohren gekommen war.

Die kommunalpolitische Laufbahn G.s hatte bereits vor dem Ersten Weltkrieg begonnen. Im Dez. 1912 in den Bürgerausschuss gewählt, wurde er im Mai 1919 auch in den Ulmer Gemeinderat entsendet und zuletzt im Dez. 1928 wiedergewählt. Zugleich war er in dieser Zeit stv. Mitglied des Ulmer Bezirksrats. Als Mitglied und zeitweiliger Vorsitzender des Aufsichtsrats des Ulmer Konsumvereins spielte G. in den 1920er Jahren eine wichtige Rolle in Ulm. Im Herbst 1931 kam es zum Bruch G.s mit der SPD, nachdem herausgekommen war, dass G. Interna aus dem Konsumverein an das NS-Blatt „Ulmer Sturm" weitergegeben hatte. Er musste daraufhin auch sein Gemeinderatsmandat zurückgeben. Sieben Jahre später starb G.

Q   StadtA Ulm, G 2 – ebd., B 005/3 Nr. 26.
L   Donau-Wacht (Ulm) Nr. 262, 8. XI. 1919 und Nr. 263, 9. XI. 1928 – Paul HAHN, Erinnerungen aus der Revolution in Württemberg. „Der Rote Hahn, eine Revolutionserscheinung", Stuttgart 1922, S. 60 – UBC 1, S. 605 – UBC 3, S. 236, 529 – UBC 4, S. 287 – KOLB/SCHÖNHOVEN, Räteorganisationen, S. LX, 83, 102, 120, 123 f., 138, 140, 183 f., 204, 211 – SPECKER, Großer Schwörbrief, S. 340, Anm. 20, 343, 348, Anm. 24 – ROß, Reichsrätekongresse, S. 135, Nr. 0965 – DANNENBERG, Selbstverwaltung, S. 103, 113, 198.

Götz, Karl, * Ulm 3. April 1875, † Stuttgart 2. Nov. 1935, ev.
Vater   Karl Götz, Oberlokomotivführer.

G. war einer der aus Ulm stammenden Oberamtmänner Württembergs im ersten Drittel des 20. Jahrhunderts, die enge Verbindung zu ihrer Vaterstadt hielten und auch beruflich wiederholt mit Ulm in Verbindung kamen.
G. wuchs in Ulm auf und besuchte das Kgl. Gymnasium. Im Juli 1893 bestand er dort das Abitur. Von 1893 bis 1897 studierte er Regiminalwissenschaften in München und Tübingen. Nachdem er 1898 und 1900 die höheren Verwaltungsdienstprüfungen bestanden und zwischen den Prüfungen das Referendariat beim OA Ulm und bei der Kreisregierung in Ulm durchlaufen hatte, wurde er im Jahre 1900 in die württ. Innenverwaltung übernommen und war bis 1904 bei verschiedenen Oberämtern als stv. Amtmann tätig. 1904 kam er in dieser Funktion an das OA Heidenheim, 1906 als Amtmann an das OA Brackenheim. In dieser Funktion wechselte er 1908 an das OA Saulgau und 1913 an das OA Esslingen. Im letzten Kriegsjahr 1918 erfolgte G.s Ernennung zum Oberregierungsassessor, 1919/20 war er als Kollegialhilfsarbeiter bei der Zentralstelle für Gewerbe und Handel in Stuttgart tätig. Im Jan. 1921 erfolgte seine Versetzung zur Regierung des Donaukreises in Ulm, wo er noch im gleichen Jahr zum Regierungsrat befördert wurde. G. gehörte zu den letzten bei dieser am 1. April 1924 aufgelösten Behörde beschäftigten Beamten. Der 39 Jahre alte G. wurde in den zeitlichen Ruhestand versetzt.
Am 31. Dez. 1924 (Dienstantritt 12. Jan. 1925) wurde er zum Oberamtsverweser beim OA Calw ernannt und zum Regierungsrat a. g. St. befördert, anschließend war G. vom 2. bis 31. Juli 1925 Oberamtsverweser beim OA Neresheim und ab Juli 1925 Oberamtmann der Besoldungsgruppe XI beim OA Riedlingen, wo er die Nachfolge des verstorbenen Oberamtmannes Dr. Hugo Hodrus (1875-1925) antrat. Der wiederholt kranke G. bat um Versetzung nach Ulm, da er sich der Führung der Amtsgeschäfte nicht gewachsen sah. So kam er im Feb. 1926 als Zweiter Beamter zum OA Ulm und im Sept. 1926 in gleicher Funktion zum AOA Stuttgart.
Schließlich gelangte G. 1929 an die Endstation seiner durch häufigen Wechsel geprägten Beamtenlaufbahn, als er zum Regierungsrat bei der Ministerialabteilung für Bezirks- und Körperschaftsverwaltung (MABK) im württ. Innenministerium ernannt wurde. Die MABK hatte 1924 die meisten Aufgaben der aufgelösten Kreisregierungen übernommen. 1930 zum Oberregierungsrat ernannt, starb G. fünf Jahre später im Alter von 60 Jahren.

Q   HStAS, E 151/01 Bü 150 und 1558 – StAL, EL 20/5 Bü 1951.
L   Staatsanz. Nr. 157, 9. VII. 1925, S. [1] – UBC 3, S. 56 – Amtsvorsteher, S. 282 (Wolfram ANGERBAUER/Sylvia EITH-LOHMANN/Kurt DIEMER/ Michael RUCK).

Goll, Friedrich *Gustav*, * Stuttgart 18. Juni 1860, † Ulm 8. Aug. 1939, ev.
Vater   Gustav Theodor Goll[179], * Biberach/Riß 5. II. 1822, † Leonberg 12. oder 13. III. 1879, um 1850 Oberamtsaktuar in Ulm, 1852 Kanzleiassistent bei der Ablösungskommission in Stuttgart, 1856 Regierungsassessor ebd., 1861 Oberamtmann in Ehingen, 1870 dsgl. in Leonberg, Ritterkreuz I. Kl. des Friedrichsordens, S. d. Johann Gottlieb Goll, * Biberach/Riß 3. IV. 1791, † ebd. 7. VI. 1847, Konditor

und Devisenfabrikant in Biberach, u. d. Maria Barbara Staib, * Biberach 31. VII. 1790, † ebd. 8. III. 1868.
Mutter   Christiane Pauline Schall, * Ellwangen/Jagst 7. V. 1826, † 1. X. 1896, T. d. Sixt Jakob Friedrich (von) →Schall.
5 G   Friedrich Eduard Hugo Goll, * Stuttgart 12. VII. 1854, † ebd. 27. XI. 1855; Gustav Theodor Goll, * Stuttgart 31. III. 1856, Oberamtsrichter in Spaichingen, ∞ Langenargen am Bodensee 30. IX. 1886 Lina Emilie Keller, * Langenargen 20. VII. 1864, T. d. Georg Keller, Fabrikant in Langenargen, u. d. Maria Mühlschlegel; Louise Pauline Goll, * Stuttgart 4. VIII. 1857; Julius August Goll, * 23. I. 1862, † 8. II. 1863.
∞ Esslingen/Neckar 3. IX. 1885 Marie Jeanne Emilie Lepot de Lafontaine, * Neuilly (Frankreich) 8. V. 1865, T. d. Leon Charles Lepot de Lafontaine, Rittmeister in Paris, u. d. Rosine Mößner.
K   Ella Goll, * Cannstatt 7. IX. 1888.

G. war der letzte und am längsten amtierende Vorstand der kommunal organisierten Ulmer Polizei.
Amtmann beim OA Ravensburg. Im Frühjahr 1891 kam G. als Polizeiamtmann nach Ulm, um die Nachfolge des zum Stadtvorstand gewählten Heinrich →Wagner anzutreten. Stadtpolizeirat ebd., bis 1923 Vorstand des Stadtpolizeiamts und des Eichamts Ulm. Als die Ulmer Polizei im Sommer 1923 in staatliche Verwaltung übernommen wurde, ging G. nach über 30-jähriger Tätigkeit in den Ruhestand. An seine Stelle trat als Ulmer Polizeidirektor Oberamtmann Anton →Beutel. – 1907 Ritterkreuz I. Kl. des Friedrichsordens.

Q   StadtA Ulm, G 2 – StAL, E 179 II Bü 3004 (Nationalliste).
L   LOTTER, Schall, S. 256, 314 f. – UBC 3, S. 5, 387 – UBC 4, S. 212.

Goller, Johannes, * Gächingen/OA Münsingen 3. Aug. 1860, † Oberesslingen/OA Esslingen 30. (nicht 28.!) Juli 1939, ev.
G   Konrad Goller, * Gächingen/OA Münsingen 14. II. 1875, Rektor der Hermann-Kurz-Schule in Reutlingen.
∞ Sofie Schneider.
2 K.

G. war einer der bekanntesten Lehrer in Württemberg, was nicht zuletzt mit seinem politischen Engagement zusammenhing. Seine dienstliche Laufbahn begann in Ulm, wo er fast 25 Jahre lang wirkte.
Nach dem Besuch des Lehrerseminars in Esslingen/Neckar bestand G. 1885 die II. Volksschullehrer-Dienstprüfung. 1886 kam er als Volksschullehrer nach Ulm, wo er schon 1887 zum Mittelschullehrer an der Knabenmittelschule aufrückte. 1901 dort zum Oberlehrer ernannt, übernahm G. im gleichen Jahr die Leitung der Knabenmittelschule. 1910 wurde G. zum Bezirksschulinspektor und Leiter des Bezirksschulamts Rottweil ernannt. Der tüchtige Erzieher schied nach 24 Jahren von Ulm. Seine Nachfolge als Leiter der Knabenmittelschule trat Georg Henßler an.
1914 wechselte G. als Bezirksschulinspektor nach Besigheim, 1918 wurde er zum Schulrat, 1926 zum Oberschulrat und Bezirksschulinspektor in Heilbronn/Neckar ernannt. 1927 pensioniert, verbrachte G. seinen Ruhestand in Oberesslingen.
G. war auch politisch aktiv. Seine politischen Anschauungen sah er am ehesten bei den Nationalliberalen repräsentiert, für die er sich schon während seiner Ulmer Zeit engagiert hatte. Ende 1918 trat er der Württ. Bürgerpartei/DNVP bei, die dem parlamentarischen Regierungssystem skeptisch bis ablehnend gegenüberstand. Von 1920 bis 1922 war G. Vorstand der Ortsgruppe der Württ. Bürgerpartei in Heilbronn/Neckar, außerdem war er Mitglied des Engeren Ausschusses des Landesvorstands der Württ. Bürgerpartei/ DNVP. Vom 22. Mai 1919 bis Juni 1920 war er MdL Württemberg (hatte bei der Wahl am 12. Jan. 1919 auf Platz 12 der Landesliste von Württ. Bürgerpartei/DNVP kandidiert und war für einen ausgetretenen Abg. nachgerückt): Mitglied des Verfassungsausschusses, des Volksschulausschusses und des Ausschusses für den Entwurf eines Jugendfürsorgegesetzes.

L   Grundbuch der ev. Volksschule 1914, S. 6, 97 – ebd. 51933, S. 89 – Schwäb. Kronik Nr. 354 (Abendblatt), 2. VIII. 1927, S. 5 – Oberschulrat a. D. Goller †, in: SK Nr. 176, 1. VIII. 1939, S. 5 – RABERG, Biogr. Handbuch S. 278 – WEIK 72003, S. 312.

---

179 Amtsvorsteher, S. 283 (Fred RAITHEL).

Golther, Carl *Ludwig* (von), Dr. iur., Dr. rer. nat. h.c., * Ulm 11. Jan. 1823 (nicht 1822!), † Stuttgart 17. Sept. 1876, ☐ Hoppenlau-Friedhof, ev.

Vater   Gottlieb *Ludwig (Louis)* Golther[180], 1789, † 1836, Oberjustizsekretär in Ulm, 1817 Registrator beim Obertribunal in Stuttgart, S. d. Carl August Golther[181], Dr. iur., * Stuttgart 7. XI. 1746, † ebd. 10. VI. 1821, Obertribunalrat in Tübingen, u. d. Johanna Gottliebin Steinwe[e]g.

Mutter   Anna Maria Röscheisen, 1795, † 1854, T. d. Albrecht Friedrich Röscheisen, Proviantschreiber, u. d. Maria Regina Dapp.

∞ Stuttgart 20. VIII. 1850 Fanny Autenrieth, * Stuttgart 23. III. 1822, † 1881, T. d. Wilhelm Friedrich Autenrieth[182], * Neuenstadt am Kocher/OA Neckarsulm 20. VIII. 1793, † wohl bei Cannstatt 25. IX. 1835, Hofkammerbaumeister und Bauinspektor, u. d. Karoline Franziska Oppel, * Stuttgart 13. IX. 1796, † ebd. 24. V. 1882. 2 K, darunter Wolfgang Golther[183], Dr. phil., * Stuttgart 25. V. 1863, † Rostock 14. XII. 1945, ab 1895 Prof. der Germanistik an der Universität Rostock, Literaturhistoriker, Erforscher der deutschen Heldensagen und der mittelalterlichen deutschen Dichtung, ∞ Lily Kohler.

Ein Cousin G.s war Carl August Golther[184], Dr. iur., * Schorndorf 7. IX. 1822, † Ravensburg 13. (nicht 14.!) XI. 1890, Rechtskonsulent und nationalliberaler Politiker in Ravensburg, 1862-1868 MdL Württemberg. Ein Schwager G.s war Ludwig *Friedrich* Heinrich (von) →*Bitzer.

Der aus Ulm stammende G. stieg im Königreich Württemberg in hohe und höchste Ämter auf und war zeitweise eine der bestimmenden Persönlichkeiten der Landespolitik.

Nach dem Besuch des Ulmer Gymnasiums studierte der aus einer alten Beamtenfamilie mit zahlreichen Beziehungen zu Ulm stammende G. in Tübingen Jura und Philosophie und trat nach der II. Dienstprüfung und der juristischen Promotion in den Justizdienst des Königreichs Württemberg. 1847 war er Gerichtsaktuar in Künzelsau, 1850 Oberjustizassessor in Ellwangen/Jagst, ehe er 1851 als Regierungsrat bei der Ablösungskommission in die Dienste der Innenverwaltung wechselte. 1856 Regierungsassessor bei der Oberregierung, 1858 bis 1861 Oberregierungsrat im württ. Innenministerium, erfolgte am 5. April 1861 nach dem Rücktritt Gustav von Rümelins G.s Ernennung zum Staatsrat und Leiter des Kgl. Württ. Ministeriums des Kirchen- und Schulwesens durch den König, am 21. Sept. 1864 schließlich die Ernennung zum Kgl. Württ. Staatsminister des Kirchen- und Schulwesens. Ab dem 27. April 1867 zugleich mit der Führung der Geschäfte des Geheimen Rats – der vor Bildung des Staatsministeriums im Jahre 1876 höchsten staatlichen Behörde in Württemberg – beauftragt, war G. fast ein Jahrzehnt lang eine Schlüsselfigur der württ. Politik. Ihm gelang die überfällige Regelung des Verhältnisses von Staat und kath. Kirche (Gesetz vom 30. Jan. 1862), wozu er selbst eine grundlegende Studie verfasste. Nachhaltige Erfolge G.s im Bereich der Förderung des Bildungs- und Unterrichtswesens sind dokumentiert in der Erweiterung des Fortbildungs-, Zeichen- und Turnunterrichts, Verbesserung der wirtschaftlichen Lage und der Hebung der amtlichen Stellung der Volksschullehrer, die Gründung des Stuttgarter Realgymnasiums, die Fortentwicklung des Stuttgarter Polytechnikums zu einer akademischen Anstalt und die Gründung der naturwissenschaftlichen Fakultät an der Landesuniversität Tübingen. Am 23. März 1870 schied er als aktiver Großdeutscher und damit Gegner der deutschen Einigung unter Preußens Führung mit seinen Kabinettskollegen Kriegsminister Wagner von Frommenhausen und Innenminister Geßler aus seinen bisherigen Ämtern aus und wurde von König Karl zum Präsidenten des Ev. Konsistoriums und der Zentralleitung des Wohltätigkeitsvereins ernannt. Anhänglichkeit an seine Heimatstadt Ulm zeigte er durch seine Mitgliedschaft im Verein für Kunst und Altertum in Ulm und Oberschwaben, der ihn zu seinem Ehrenmitglied ernannte. – Ehrenbürger von Stuttgart und Weil der Stadt.

W   Der Staat und die kath Kirche in Württemberg, Stuttgart 1874

[180] SCHNEIDER-HORN, Die Tübinger Franken, S. 51, Nr. 10.
[181] FABER 3, 521 – ebd. 127, 165 – EBERL, Klosterschüler II, S. 78.
[182] GEBHARDT, Bürgertum, S. 866.
[183] Reichshandbuch I, S. 569 f. (Bild).
[184] RABERG, Biogr. Handbuch, S. 278.

L   DBI 3, S. 1135 – DBA I/407, 287 – DBA II/464, 269 – Ih 1, S. 288 – Hd 2, S. 392 – Hd 8, S. – Württ. Jahrbücher 1876 I, S. 31 – Ev. Kirchen- und Schulblatt für Württemberg 37 (1876), S. 321 f. – Zur Erinnerung an Ludwig von Golther. Mit Beziehung auf das Buch: Der moderne Pessimismus. Studie aus dem Nachlaß des Staatsministers Dr. L. von Golther. Mit einem Vorwort von Fr. Th. VISCHER, Leipzig, Brockhaus 1878, in: Bes. Beilage des Staatsanz. Nr. 6, 2. IV. 1878, S. [81]-85 – ADB 9 (1879), S. 347 f. (BLANCKARTS) – Schwäb. Kronik 1876, 222 – Staatsanz. 1876, S. 219 – GEORGII-GEORGENAU, S. 269 – SCHULTES, Chronik, S. 510, 519, 547 – RIECKE, Verfassung und Landstände S. 29, 33 – HARTMANN, Regierung und Stände S. 17, 63 f. – RAPP, Württemberg und nationale Frage, 11, 183, 207, 235, 265, 346-348 – PFEIFFER, Hoppenlau-Friedhof, S. 60 – KOSCH, Biogr. Staatshandbuch I, S. 410 – NDB 6 (1964) S. 625 f. (Robert UHLAND) – SCHWABE, Regierungen, S. 38, 42, 231 – BRANDT, Parlamentarismus, S. 686 f., 689, 701, 726, 732, 773, 793 f. – HBWG 3, S. 323, 349, 372 f. – DBE 4 (1996), S. 91.

Goßner, Vitus, * Kempten 2. Sept. 1910, † Ulm 1. April 1991, ☐ ebd., Alter Teil des Friedhofs, kath.

Vater   Josef Goßner, Gendarmeriekommandant.

Mutter   Karoline Schilling.

∞ I. Blindheim 6. II. 1941 (Ehe 1943 aufgehoben wegen Geisteskrankheit der Ehefrau) Johanna Wagner, * 8. III. 1910; ∞ II. 24. VIII. 1944 Gertrud Singer, * Koblenz 22. III. 1910, † 23. V. 1993, Lehrerin.

1 K   Bergit Maria Goßner, * Dillingen/Donau 28. XII. 1946.

G. war langjähriger Lehrer an der Knabengemeinschaftsschule in Neu-Ulm. Als Zeichner und Maler hinterließ er Spuren in Neu-Ulm, die in den Städtischen Sammlungen umfangreich dokumentiert sind.

Der Sohn eines Polizeibeamten wurde nach dem Besuch der Volksschulen Donauwörth und Waal von 1924 bis 1930 an der Lehrerbildungsanstalt Lauingen auf den Beruf des Volksschullehrers vorbereitet. 1930 bestand er die I. Lehramtsprüfung und war zunächst im Vorbereitungsdienst an der Volksschule Buchloe tätig. Zwischen 1932 und 1934 lehrte er an den Volksschulen in Reichau, Nassenbeuren, Weißensee, Roggenburg, Simmerberg, Vöhringen und Tagmersheim. Nach Bestehen der II. Lehramtsprüfung 1934 war G. Lehrer in Oberglaubheim, Bronnen, Wertach, Zöschingen, Huttenwang und Mörslingen. Im Juli 1935 als Hilfs- und außerplanmäßiger Lehrer ins Beamtenverhältnis übernommen, ab 1. Mai 1937 planmäßiger Lehrer und Beamter auf Lebenszeit, entwickelte G. als NSDAP-Mitglied ein außergewöhnliches Engagement, indem er dort die NSDAP-Ortsgruppe leitete und Stützpunktleiter war. 1939 als Lehrer an die Volksschule Blindheim versetzt, wurde G. bei Beginn des Zweiten Weltkriegs zur Wehrmacht eingezogen und als Funker ausgebildet. 1940 nahm er als Unteroffizier am Frankreich-Feldzug teil, im Sommer 1941 am Einmarsch nach Russland. Im März 1945 kam er nach einer Verwundung ins Lazarett Dürkheim, von Juli bis Sept. 1945 befand er sich in Internierungshaft.

Seine Aktivität für den Nationalsozialismus führte am 13. Okt. 1945 zu seiner Entlassung als Lehrer. Fast drei Jahre lang musste sich der praktisch mittellose G. als Heilkräutersammler durchschlagen, ehe er im Sept. 1948 als Lehrer im Vertragsverhältnis in den Staatsdienst zurückkehren konnte und an der Volksschule in Reistingen/Kreis Dillingen seine Berufslaufbahn fortsetzte. Im Sommer 1950 wurde G. an die Gemeinschaftsvolksschule Augsburg/Bärenkeller versetzt.

Im Sommer 1951 kam G. von Augsburg nach Neu-Ulm an die Knabengemeinschaftsschule, wo er bis zu seiner Pensionierung 1975 tätig war. Im Dez. 1951 erfolgte seine Ernennung zum Beamten auf Lebenszeit, womit er voll rehabilitiert war. In seiner Freizeit widmete sich G. seinen künstlerischen Neigungen, wobei er vorwiegend mit Bleistift zeichnete. Er schuf aber auch zahlreiche Aquarelle. Seine zumeist kleinformatigen Porträts zeigen Prominente (Schauspieler, Politiker, Musiker, Sportler, z. T. auch Neu-Ulmer Lokalgrößen). In einer eigenen Serie fertigte er Zeichnungen von Überlebenden des Holocaust. Er hielt aber auch Szenen des alltäglichen Lebens („Fahnenspektakel", 1976, oder „Juristenstammtisch", 1980) und Landschaften fest. 1980 übereignete G. ca. 600 seiner Arbeiten per Schenkung der Stadt Neu-Ulm.

Q   Städtische Sammlungen Neu-Ulm, künstlerischer Nachlass Vitus Goßner – StadtA Neu-Ulm, A 9 – Staatliches Schulamt des Landkreises Neu-Ulm, Personalakte Goßner.
L   WEIMAR, Wegweiser, S. 91.

Gräter (Graeter), Friedrich David, Dr. phil., * Schwäb. Hall 22. April 1768 (nicht 1758!), † Schorndorf 2. Aug. 1830, ev.

Vater Gräter, Gerichtsassessor. ∞ Caroline Hoffmann.

G. war eine lyrisch und philologisch hochbegabte Persönlichkeit, die als Rektor des Ulmer Gymnasiums in der frühen württembergischen Zeit viel geleistet hat. Das Interesse und Studium der nordischen und germanischen Literatur wurde von ihm mit großer Sachkenntnis in bahnbrechender Weise befördert.

Er studierte in Halle/Saale und Erlangen, wo er 1790 auf Grund der im Vorjahr abgeschlossenen Abhandlung „Nordische Blumen" promovierte. Früh entwickelte sich bei ihm das Interesse an nordischen Sprachen und nordischer Literatur, das ihn zum anerkannten Fachmann reifen ließ. Von 1791 bis 1812 gab er die in Leipzig gedruckte Zeitschrift „Bragur" heraus, die seine Erkenntnisse verbreitete. Von 1812 bis 1816 gab er die in Breslau gedruckte Zeitschrift „Iduna und Hermode" heraus, später die „Druiden". G. war Professor und Konrektor, zuletzt Rektor des Gymnasiums Schwäbisch Hall. Von 1818 bis 1826 war G. als Nachfolger des seinerzeit von Bayern übernommenen Georg →Goes Rektor des Kgl. Gymnasiums Ulm und dort zugleich Professor der deutschen Sprache und der philosophischen Vorbereitungswissenschaften ebd. In Ulm gründete er 1821/22 die „Gesellschaft der Dänenfreunde an der Donau", die jedoch mangels Interesse nur kurze Zeit existierte. Der Ulmer Chronist, einer seiner Schüler, berichtet, G. sei *ein kleiner Mann* gewesen, *immer wohl eingehüllt, da er eine lächerliche Furcht vor Erkältung hatte. Leider genoß er bei unseren Lehrern wenig Autorität, was sich auch auf uns übertrug* (SCHULTES, Chronik, S. 444). Als Pädagogarch (Schulinspektor) des Donaukreises habe er bei seinen Reisen zwei eigene Pferde genutzt, zwei kleine Tiere, *welche einen großen gelben Chaisenkasten in langsamem Tempo zogen*. Der von Fischer 1877 in Heilbronn herausgegebene „Briefwechsel zwischen Jacob Grimm und F. D. Graeter aus den Jahren 1810 bis 1813" erschließt den Verkehr zwischen den beiden bedeutenden Philologen und Germanisten, *die den Gegensatz der rein wissenschaftlichen Behandlung zu der älteren, mehr romantisch gefärbten Richtung repräsentieren* (BIEDERMANN, Ulmer Biedermeier, S. 208). Sein Nachruhm wurde nachhaltig durch sein Zerwürfnis mit den Brüdern Grimm beschädigt. Lange Zeit wurde er als selbstherrlicher und geltungssüchtiger Phantast dargestellt, der in wirrköpfiger Unwissenschaftlichkeit seine Thesen verbreitete. Die Revision dieses Bildes ist noch im Gange. – Ehrenmitglied des Pegnesischen Blumenordens zu Nürnberg. – Mitglied der Gesellschaft der Altertümer zu Hessen-Kassel; Korrespondierendes Mitglied der dt. Deputation bei der Akademie der Wissenschaften zu Berlin.

Q   StadtA Ulm, G 2.
W   (Auswahl) Nordische Blumen, Leipzig 1789.
L   Ih 1, S. 291 – GRADMANN, Das gelehrte Schwaben, S. 195-199 – Das gelehrte Teutschland 5 (1820), S. 761 – SCHULTES, Chronik, S. 444 f. – ADB XXIII, S. 491 – UBC 1, S. 482 – BIEDERMANN, Ulmer Biedermeier, S. 207 f. – Friedrich David Gräter 1768-1830 (Württ. Franken – Jahrbuch des Historischen Vereins für Württ. Franken 52, 1968) – Stadtlexikon Schwäbisch Hall, S. 95.

Graf, Johannes, * Oberjettingen/OA Herrenberg 7. Okt. 1853, † Ulm 14. Nov. 1923, ev.

∞ I. Fanny Eberbach, † 1909; ∞ II. Luise Dürr.

Als Lehrer und Dirigent war G. 30 Jahre lang eine der bekanntesten und beliebtesten Persönlichkeiten im Ulm der späteren Kaiserzeit.

G. besuchte das Lehrerseminar Nürtingen und bestand 1872 die Volksschullehrerdienstprüfung. 1873 begann er als Musiklehrer am Lehrseminar Esslingen/Neckar, daneben vervollkommnete G. seine Kenntnisse in Komposition, Kirchenmusik und Orgel am Kgl. Konservatorium für Musik in Stuttgart, wo er Schüler der Professoren Faißt und Seyerlen war. 1879 als Organist und Chordirigent an die St. Kilianskirche in Heilbronn/Neckar berufen, wechselte er 1889 als Münsterorganist und Leiter des Münsterchors nach Ulm, wo er auch als Musik- und Gesangslehrer an den höheren Knabenschulen wirkte. 1904 wurde ihm der Titel eines Professors verliehen, im Jan. 1918 trat er in den Ruhestand, den er in Ulm verlebte.

Kaum eine musikalische Veranstaltung in Ulm verzichtete auf die Dienste des erstaunlich aktiven und fleißigen G. Bereits 1890 hatte er mit der Aufführung des Oratoriums „Elias" von Felix Mendelssohn-Bartholdy anlässlich des Münsterfestes einen ersten großen Erfolg, dem zahlreiche weitere folgten. Die große Orgel im Münster wurde nach seinen Anweisungen gebaut. Nach 1890 zählte G. zu den Gründern des Ulmer Vereins für klassische Kirchenmusik, des späteren Ulmer Oratorienchors. Er verfasste Singübungen und Chöre und war Mitarbeiter am Württ. Orgelalbum. 1892 übernahm er als Nachfolger des Lehrers Schepp als Musikdirektor die Leitung der Ulmer Liedertafel. – 1890 große Medaille für Kunst und Wissenschaft am Bande des Friedrichsordens.

Q   StadtA Ulm, G 2.
W   Die Neue Münsterorgel in Ulm, in: Ulmer Tagblatt 1890, Sonntagsbeilage Nrn. 1 und 2 – Die Riesen-Orgel im Münster mit 101 klingenden Registern und 6231 Pfeifen. Nebst einer Skizze des Spieltisches, Ulm 1890.
L   Ih 1, S. 292 – CRAMER, Württembergs Lehranstalten ⁶1911, S. 148 – UBC 3, S. 495 – UBC 4, S. 81, 83 (Bild), 219, 220 – Er prägte das Ulmer Musikleben. Vor 40 Jahren starb Professor Johannes Graf, in: Schwäb. Donau-Zeitung Nr. 264, 14. XI. 1963, S. 12 (Bild) – Maxim GERLACH, Vor 50 Jahren gestorben: Münsterorganist Johannes Graf, in: SWP (Ulm) Nr. 271, 23. XI. 1973.

Grauer, Wilhelm, * Hayingen bei Münsingen 4. Nov. 1886, † wohl Göppingen 24. März 1943, ev.

∞ Hanna Dieterich, T. d. Heinrich Dieterich, Finanzrat in Neuffen.

G. war in der Zeit vom Ende des Ersten Weltkriegs bis in die Inflationsjahre der Weimarer Republik Zweiter Stadtpfarrer an der Ulmer Dreifaltigkeitskirche.

Nach dem Studium in Tübingen (Mitglied der Burschenschaft Normannia) und den theol. Examina begann G. 1910 im Alter von 23 Jahren seine Laufbahn im Pfarrdienst Württembergs als Vikar in Rottenburg/Neckar und Wolfenhausen sowie als Verweser der Zweiten Stadtpfarrstelle in Freudenstadt und Stadtpfarreiverweser in Tuttlingen. 1911 als Vikar nach Neuffen und später nach Linsenhofen versetzt, ging er anschließend noch im gleichen Jahr als Stadtvikar nach Ulm. Im Sommer 1912 war G. kurzzeitig mit der Versehung der Geschäfte des Zweiten Stadtpfarrers am Münster beauftragt und von Juli bis Sept. 1912 Verweser des Dritten Stadtpfarramtes ebd.

1913 kam er als Stiftsrepetent nach Tübingen, 1914 als Stadtvikar nach Heilbronn/Neckar und wieder als Stiftsrepetent nach Tübingen. 1917 kurzzeitig Stadtpfarreiverweser in Langenburg, wurde G. Ende des Jahres als Zweiter Stadtpfarrer an der Ulmer Dreifaltigkeitskirche versetzt. G., der auch als Seelsorger am Krankenhaus tätig war, scheint ein besonders liebenswürdiger Pfarrer gewesen zu sein, der sich die Sorgen der Menschen in der schweren Nachkriegszeit sehr zu Herzen nahm. Er war sehr beliebt in der Gemeinde, litt aber zunehmend an seiner Aufgabe. Nach gut sechsjähriger Tätigkeit als Stadtpfarrer in Ulm trat G. im März 1924 im Alter von 37 Jahren wegen *seiner zarten Nerven* in den Ruhestand. Zu seinem Nachfolger wurde Eugen →Schmid ernannt.

L   SIGEL 12,1, Nr. 1184,72 (S. 399) – Magisterbuch 41 (1932), S. 164 – UBC 4, S. 117, 231 – SCHMIDGALL, Burschenschafterlisten, S. 181, Nr. 841 – NEBINGER, Die ev. Prälaten, S. 584, 588 – MAYER, Die ev. Kirche, S. 481.

Gravenreuth, Freiherr (seit 1825 Graf) Carl (Karl) Ernst von, * Stenay (Lothringen) 28. März 1771, † Affing (bei Augsburg) oder Augsburg 26. Sept. 1826, ev.

Vater   Freiherr Friedrich von Gravenreuth, Kgl. frz. General der Kavallerie.
Mutter   Marie Catherine Victoire de La Roue.
Mehrere G, darunter Freiherr Maximilian Joseph von Gravenreuth, 1810 Wasser- und Straßenbaudirektor bei der Regierung des Oberdonaukreises in Eichstätt.
∞ Eleonore Marie Amalia Charlotte Franziska Auguste Anne von Pfalz-Zweibrücken, * 19. VI. 1786, † 1823, T. d. Christian von Pfalz-Zweibrücken, * 1752, † 1817, u. d. Gräfin von Béthune-Pologne.
Mehrere K, darunter Graf Maximilian von Gravenreuth, * 24. IV. 1807, erblicher Reichsrat der Krone Bayerns, ∞ Freiin Marie von Giese, * 1821.

G. war nach dem Freiherrn Wilhelm von →Hertling, dem Grafen Philipp von →Arco und dem Grafen von Leiden bereits der vierte Vertreter Bayerns in Ulm innerhalb von nur fünf Jahren. Der erfahrene Diplomat, der wiederholt auch mit dem französischen Kaiser Napoleon verhandelte, organisierte 1810 mit großer Routine den Übergang Ulms von Bayern an Württemberg und verlegte den Sitz des General-kommissariats von Ulm nach Eichstätt und schließlich nach Augsburg. Aus dem Generalkommissariat entwickelte sich die spätere Regierung von Schwaben und Neuburg bzw. die Regierung von Schwaben, zu deren Geschäftsbereich Neu-Ulm gehört.

Der aus einem der ältesten oberpfälzischen Rittergeschlechter stammende G. war schon in ganz jungen Jahren Page am Hofe des Herzogs von Zweibrücken. Als Spielgefährte des 1784 verstorbenen Erbprinzen Carl August Friedrich war er bei Hofe glänzend eingeführt und wurde später einer der engsten Weggefährten des Kurfürsten bzw. Königs von Bayern, Max I. Joseph. Einige Jahre lang war G. auch eine wichtige Stütze der Politik des Grafen Montgelas, entwickelte jedoch eine Gegnerschaft, die ihn an dessen Sturz mitwirken ließ. Die einstmals sehr guten Beziehungen zum Monarchen kühlten deutlich ab.

G. hatte in Göttingen Jura studiert und wurde nach Abschluss seiner Studien 1794 zum Legationsrat am Hof zu Zweibrücken ernannt. Nachdem Max Joseph von Pfalz-Zweibrücken-Birkenfeld (1756-1825) 1799 die Nachfolge des verstorbenen Kurfürsten Carl Theodor von Bayern (1724-1799) angetreten hatte, holte der Monarch G. als Geheimen Rat und Referendär ins Ministerium der Auswärtigen Angelegenheiten in München. Im Jahre 1800 wurde G. als Legationsrat nach Wien entsandt, wo er wenig später zum Kurfürstlich Bayer. Bevollmächtigten Minister ernannt wurde. G. galt als hervorragender Diplomat, sicher und gewandt auf dem glatten Parkett internationaler Verhandlungen in Zeiten fast ununterbrochener Kriege. Es war kein Zufall, dass er vom Kurfürsten wiederholt zu Napoleon ins Große Armeehauptquartier geschickt wurde. Ende 1805 scheint es sogar auf eine direkte Vorsprache G.s bei Napoleon zurückzuführen zu sein, dass Bayerisch-Schwaben mit Augsburg und Lindau sowie Vorarlberg an Bayern und nicht an Württemberg fielen, für dessen Ansprüche sich der von Württemberg bestochene Minister Talleyrand einsetzte.

Gelegentlich ließ sich der zu verwegenen Ideen neigende G. allerdings zu unklugen Taten hinreißen. So verleitete ihn die Tatsache, dass er 1805 in Vertretung des erkrankten Staats- und Konferenzministers Graf von Montgelas den Allianzvertrag Bayerns mit Napoleon unter Dach und Fach bringen konnte, zu unausgegorenen „Putschplänen" gegen den mächtigen Minister, an dessen Stelle er selbst treten wollte. Obwohl vom Kronprinzen Ludwig, dem späteren König Ludwig I. von Bayern, darin unterstützt, gelang es ihm nicht, Montgelas zu stürzen, wohl aber, sich die Gunst Max I. Josephs zu verscherzen. So sah sich der wendige Strippenzieher und Einfädler einer Reihe von Fürstenhochzeiten – so der Verheiratung des

Stiefsohns von Napoleon, Eugen Beauharnais, mit der Prinzessin Auguste von Bayern – 1806 kurzzeitig kaltgestellt.

Im März 1807 übernahm G. die Nachfolge des verstorbenen Grafen von Leiden als Generalkommissär von Schwaben in Ulm. Er kam in eine Stadt, die nach wie vor unter den Folgen des Katastrophenjahres 1805 litt. Als Generalkommissär musste G. die Bildung des Oberdonaukreises mit Sitz in Ulm vorbereiten und durchführen. Diese erfolgte bereits 1808, indem neue Verwaltungseinheiten (Kreise, die nach frz. Vorbild nach Flüssen benannt waren) geschaffen wurden. Im Falle des Oberdonaukreises, dessen Verwaltungssitz nach wie vor Ulm war, wurden die Landgerichtsbezirke Albeck, Burgau, Dillingen, Elchingen, Geislingen/Steige, Günzburg, Höchstädt, Illertissen, Nördlingen, Söflingen und Wertingen sowie die Territorien der Fürsten von Oettingen-Spielberg und Oettingen-Wallerstein, der Thurn und Taxis, der Fugger-Glött, Fugger-Kirchberg, Fugger-Nordendorf und Fugger-Weißenhorn in der neuen Verwaltungseinheit verschmolzen.

Im Jahre 1810 wickelte G. als „Bevollmächtigter zur Vollziehung des Pariser Staatsvertrags" die Übergabe der einstmals bayer. Ulmer Territorien an Württemberg ab und drängte frühzeitig auf die Errichtung eines Polizeikommissariats „auf dem rechten Donauufer", weil so zahlreiche Menschen von Ulm herüberkamen, dass *eine stete PolizeiAufsicht erforderlich* sei. Das war die Geburtsstunde des selbstständigen Neu-Ulmer Polizeikommissariats, das 1811 errichtet wurde.

Bereits im Okt. 1810 hatte G. als Generalkommissär in Eichstätt die Leitung des neu zugeschnittenen Oberdonaukreises übernommen, dessen Zusammensetzung sich 1817 nochmals veränderte. Die Verwaltungszentrale des neuen Oberdonaukreises, die von G. als Generalkommissär – die Titel Regierungspräsident kam erst 1837 in Gebrauch – geleitet wurde, nahm ihren endgültigen Sitz in Augsburg. Später entwickelte sich daraus die Regierung von Schwaben und Neuburg, und noch heute hat die Regierung von Schwaben ihren Sitz in Augsburg.

Auf Grund seiner besonderen Verdienste als Verwaltungsfachmann erhob ihn König Max I. Joseph 1817 zum Staatsrat und verlieh ihm das Mannlehen Affing mitsamt dem dortigen Herrschaftsgericht (Patrimonialherrschaften Affing, Edenried und Schönleiten).

1819 wurde G. zum Mitglied der Akademie gemeinnütziger Wissenschaften in Erfurt, im Jahr darauf zum ersten Ehrenbürger von Augsburg ernannt. 1825 folgte G.s Erhebung in den bayer. Grafenstand und die Ernennung zum erblichen Reichsrat der Krone Bayerns (Mitglied der Ersten Kammer des Landtags). Nur ein Jahr später starb G. im Alter von 55 Jahren. Eine wissenschaftliche Biographie dieser ebenso schillernden wie bedeutenden Schlüsselfigur bayer. Politik in der Ära Napoleons und der Restauration ist nicht nur ein Desiderat der Forschung, sondern auch eine lohnende Aufgabe. – Großkreuz des Kgl. Bayer. Civilverdienstordens.

Q   Archiv der Grafen von Gravenreuth in Affing – Bayer. HStA München, Geheimes Hausarchiv, N Gravenreuth.
L   SCHULTES, Chronik, S. 409 – Johannes GREINER, Ulm im ersten Jahrzehnt unter der Krone Württembergs. Eine Jahrhunderterinnerung, in: Besondere Beilage des Staatsanz. 1910, Nr. 5, S. 73-80, Nr. 6, S. 81-90 – UBC 1, S. 411 – SCHÄRL, Beamtenschaft, S. 199, Nr. 294 – Adalbert Prinz von BAYERN, Eugen Beauharnais. Der Stiefsohn Napoleons. Ein Lebensbild, München ²1950, S. 105, 115 f., 118 ff. u. ö. – DERS., Max I. Joseph. Pfalzgraf, Kurfürst und König, München 1959, S. 148, 217, 258 ff. et passim – TREU, Neu-Ulm, S. 98, 105 ff., 109, Anm. 34 – Heinz GOLLWITZER, Ludwig I. von Bayern. Königtum im Vormärz. Eine politische Biographie, München 1997, S. 58, 66 f. u. ö. – Augsburger Stadtlexikon, S. 452 f. – Wikipedia.

Greiner, Johannes (Hans), Dr. phil., * Ellwangen/ Jagst 19. Okt. 1862, † Ulm 13. oder 14. März 1927, ⬜ ebd., 17. März 1927, Hauptfriedhof, kath.

∞ Anna Katharina Schell.
K   *Johann (Hans)* Heinrich Anton Greiner, * Schwäbisch Gmünd 7. XII. 1900, † Lemberg 7. XII. 1945, Rechtsanwalt in Ulm, ∞ Ilse Hölken.

Als einer der führenden Historiker Ulms im ersten Viertel des 20. Jahrhunderts hat G. bleibende Spuren hinterlassen durch seine Veröffentlichungen, seine Tätigkeit im Verein für Kunst und Altertum in Ulm und Oberschwaben sowie als städtischer Bibliothekar und Archivar.

G. studierte zunächst Philosophie und kath. Theologie in Würzburg, wechselte aber dann zu klassischer Philologie und Geschichte, da er sich zum Geistlichen nicht berufen sah. Nach der 1889 erfolgten Promotion zum Dr. phil. trat G. in den höheren württembergischen Schuldienst ein, war zunächst am Gymnasium Mergentheim, seit 1892 tit. Oberpräzeptor am Gymnasium Rottweil, 1896 tit. Professor am Gymnasium Schwäbisch Gmünd, seit 1903 Gymnasialprofessor am Konviktsgymnasium Ehingen/Donau, wo der Nachwuchs an katholischen Geistlichen herangezogen wurde. Im Nov. 1905 kam er als Gymnasialprofessor nach Ulm, wo der ganz der humanistischen Tradition verschriebene Schulmann mehr als 20 Jahre lang wirken sollte. G. scheint ein strenger Lehrer gewesen zu sein, der klare Worte nicht scheute und daher mehr gefürchtet als geliebt wurde.

Als einen *Glücksfall besonderer Art* erlebte G. im Aug. 1913 seine Ernennung zum ehrenamtlichen Bibliothekar und Archivar der Stadt Ulm. Damit zog der Gemeinderat die Konsequenzen aus dem Weggang von Alfred →Löckle. G. fand mit dieser Aufgabe seine eigentliche Bestimmung, da sich ihm der Fundus bot, aus dem er Material für seine zahlreichen Veröffentlichungen schöpfen konnte. Mit Begeisterung erforschte er Ulms Geschichte vom Mittelalter bis zum Ende der reichsstädtischen Zeit und identifizierte sich über seine Forschungen so sehr mit Ulm, dass viele kaum glauben mochten, dass er nicht in ulm geboren war. G. war immer in erster Linie Historiker und Publizist, nur in zweiter Linie Archivar. Ungeachtet seiner Verdienste zeigte seine Tätigkeit auch, dass die Organisation von Archiv und Bibliothek nach modernen Gesichtspunkten nur im Hauptamt zu leisten war, da die Erschließung der Bestände sehr viel Zeit erforderte – erheblich mehr, als G. sie ehren- und später nebenamtlich aufzubringen in der Lage war. Im Jan. 1917 gewährte ihm der Gemeinderat rückwirkend eine Entschädigung vom Tage seines Dienstantritts am 1. Sept. 1913 an, am 25. März 1919 schloss die Stadt Ulm mit ihm einen Dienstvertrag ab, der die nebenamtliche Leitung von Archiv und Bibliothek durch G. festschrieb und die Klausel erhielt, dass G. nach seiner Pensionierung im Schuldienst hauptamtlicher Leiter werden sollte. Doch dazu sollte es nicht kommen.

Als Vertreter des Vereins für Kunst und Altertum in Ulm und Oberschwaben, dessen langjähriger Schriftführer G. seit 1906 und dessen Vorsitzender er von 1918 bis 1923 als Nachfolger Hermann →Knapps war, gehörte er von 1920 bis 1927 der Württ. Kommission für Landesgeschichte an. Als Vereinsvorsitzender vermochte G., ein gewandter Redner, den Mitgliederstand erheblich zu heben und die Arbeit des Vereins zu intensivieren und auszuweiten. Die Vorträge waren so gut besucht wie nie vor dem Weltkrieg. Der Verein würdigte G.s Verdienste nach seinem Ausscheiden als Vorsitzender mit der Verleihung der Ehrenmitgliedschaft. Seit 1925 schwer erkrankt, zog sich G. von allen öffentlichen Aktivitäten zurück und starb zwei Jahre später in der Mitte des 65. Lebensjahres. Bei seiner Beerdigung hielt Dekan Oskar →Gageur die Gedenkrede, Würdigungen wurden von Oberbürgermeister Schwammberger für die Stadt, von Oberstudiendirektor →Schott für das Gymnasium und von Oberstaatsanwalt Ernst für den Altertumsverein gesprochen. – Seit 1924 Beiratsmitglied des Museums der Stadt Ulm; Mitglied des Aufsichtsrats der Süddeutschen Verlagsanstalt, des Vereins Alt-Ulm, der Kath. Akademiker-Vereinigung Ulm/Neu-Ulm.

Q StadtA Ulm, G 2.

W (Hg.), Das ältere Recht der Reichsstadt Rottweil. Mit geschichtlichen und sprachlichen Einlagen, Stuttgart 1900 – Geschichte des Ulmer Spitals im Mittelalter, in: Württ. Vierteljahreshefte für Landesgeschichte N.F. 16 (1907), S. 78-156 – Das Memorial- und Reisebuch des Hans Schad. Ein Beitrag zur Geschichte Ulms im 17. Jahrhundert (Hans Schad - Memorial- und Raissbüchlin meiner Verrichtungen), ebd. N.F. 17 (1908), S. 334 – Onophrius Millers Lobspruch auf Ulm, in: UO 13/15 (1908/09), S. 143-165 – Ulm und Umgebung im Bauernkrieg, in: UO 16 (1909), S. 1-68 – Ulm im ersten Jahrzehnt unter der Krone Württembergs. Eine Jahrhunderterinnerung, in: Besondere Beilage des Staatsanz. 1910, Nr. 5, S. 73-80, Nr. 6, S. 81-90 – Die Ulmer Gelehrtenschule zu Beginn des 17. Jahrhunderts und das akademische Gymnasium, in: UO 18 (1912), S. 1-86 – Geschichte der Ulmer Schule, in: UO 20 (1914), S. 1-90 – Das Archivwesen Ulms in seiner geschichtlichen Entwicklung, in: Württ. Vierteljahreshefte für Landesgeschichte 25 (1916), S. 293-324 – Ulms Bibliothekswesen, ebd. 1917, S. 64-120 – Ulms mittelalterliche Blütezeit, in: Die deutsche Stadt. Kommunale Monatsschrift 1 (1920), S. 93-95 – (Bearb.), Beckmann-Führer. Ulm und Neu-Ulm nebst Umgebung. Mit Beckmann-Plan, Kunstbeilage und Textillustrationen, Heilbronn ⁶1921 – Der Verein für Kunst und Altertum in Ulm und Oberschwaben, in: Württ. Vierteljahreshefte für Landesgeschichte N.F. 30 (1921), S. 116-155 – Ulm an der Donau, Ulm 1921 (²1926) – Das Deutschordenshaus Ulm im Wandel der Jahrhunderte, in: UO 22 (1922), S. 1-147 – Verzeichnis der Komture des Ulmer (Deutsch-) Ordenshauses, in: UO 22 (1922), S. 136 ff. – Aus jungen Tagen, in: Süddeutsche Reisezeitung, Heft 3 (1924), Sondernummer Ulm – Aus vergangenen Jahrhunderten, ebd. – (Bearb.), Bilder aus dem alten Ulm, Leipzig 1924 (Die alte Stadt, Mappe 7) – Bilder aus Ulms Weberzunft aus alter Zeit, in: Unsere Heimat 1-4 (1924), S. 134 ff. – Elsbet Stagel und Heinrich Suso, in: Ulmer Historische Blätter 1 (1924/25), Nr. 2 – Martin Balte, der Ulmer Humanist und Schulmann, ebd. – Die Ulmer Pfarrkirche im Lauf der Jahrhunderte, ebd. Nr. 13 – Die Ulmer Pfarrkirche im Lauf der Jahrhunderte, in: Ulmer Historische Blätter 3 (1927), Nr. 4 – Gewinn und Verlust. Lobied auf die Reichsstadt Ulm, in: Ulmische Blätter 1 (1924/25), S. 2ff., 10-12 – Von Ölbergen und dem Ulmer Ölberg, in: Ulmische Blätter 1 (1924), S. 35, 32 f., 53 – Aus der 600jährigen Vergangenheit der Sammlung in Ulm, in: UO 24 (1925), S. 76-112 – Aus den Anklageakten gegen General Mack, in: Ulmische Blätter 2 (1926), S. 3 ff., 15 ff., 22 ff. – (Red.), Im Glanze der Vergangenheit, Berlin-Halensee 1926.

L Ih 1, S. 295 — CRAMER, Württembergs Lehranstalten ⁷1921, S. 66 – Professor Dr. Greiner †, in: Ulmer Tagblatt, 15. III. 1927 – Beerdigung von Professor Dr. Greiner, ebd., 18. III. 1927 – Karl SETZ, In memoriam Dr. Greiner, in: Ulmer Historische Blätter 3 (1927), Nr. 4 – DERS., Professor Greiner †, in: Ulmische Blätter 3 (1927), S. 17 – Württ. Jahrbücher 1926/27, S. [XIII] – UBC 1, S. 96 (Bild) – SCHAAB, Staatliche Förderung, S. 232 – SPECKER, Bestände, S. 35.

Greß, Wilhelm, * Eutingen/OA Horb 23. März 1885, † (vermutlich) Stuttgart 17. Juli 1957, ev. (1935 ausgetreten).
Vater Johann Georg Greß, * 1850, † 1926, Stadtacciser in Geislingen/Steige, später Kanzleiassistent in Horb.
Mutter Friederike Agnes Balz, * 1848, † 1927.
∞ 1913 Sofia Amalia Plag, * 1890.
2 K, davon 1 † früh.

Als Mitgründer der NSDAP-Ortsgruppe Ulm/Neu-Ulm und führender Funktionär der NSDAP in der Zeit der „Machtergreifung" war G. einer der profiliertesten Ulmer Nationalsozialisten.

G. besuchte von 1892 bis 1899 die Volks- und Mittelschule, von 1899 bis 1900 die Handelsschule, daran schloss sich die Ausbildung zum Handlungsgehilfen (Textilfach; kaufmännischer Angestellter) an. Seit 1904 im Militärdienst, zunächst Zweijährig Freiwilliger beim Gren.-Rgt. König Karl Nr. 123 (2. Württ.) in Ulm, später Sergeant und Bataillonsschreiber ebd., zuletzt Vizefeldwebel und nach im Sept. 1918 erfolgter Kommandierung zum Generalkommando XIII (1919) charakterisierter Leutnant. Von 1914 bis 1918 war G. Kriegsteilnehmer und erlitt schwere Verwundungen, die zu seiner Einstufung als „schwer kriegsbeschädigt" führten. Im Krieg wurde er 1914 mit der Württ. Silbernen Verdienstmedaille, 1916 mit dem EK II, 1917 mit dem Württ. Verdienstkreuz mit Schwertern, später (1934) mit dem Frontkämpferehrenkreuz mit Schwertern ausgezeichnet.

Seit 1920 Mitglied des Reichskriegerbundes, war G. seit dem 1. Nov. 1919 Regierungssekretär beim Hauptversorgungsamt in Stuttgart, nach Bestehen der mittleren Verwaltungsdienstprüfung im Sept. 1921 Oberverwaltungssekretär ebd. und später in Ulm. 1925 wurde G. zum Verwaltungsinspektor beim Versorgungsamt Ulm ernannt. Von 1932/33 bis 1934 war er Inspektor, seit 1934 Oberinspektor beim Versorgungsamt Stuttgart. Am 1. Juli 1935 zum Rechnungsrat ernannt, war G. seit dem 15. Nov. 1938 Regierungsrat beim Württ. Landesfürsorgeverband in Stuttgart. Von 1932 bis 1933 gehörte er dem Württ. Landtag an (1932 Platz 9 LL, 1933 Platz 20 LL, NSDAP):

1932/33 Schriftführer im Vorstand und Vorsitzender des Petitionsausschusses, 1933 Mitglied des „Ausschusses III" (Rechts- und Petitionsausschuss). 1933 war er in der Zeit der Machtübernahme Staatskommissar beim Kriegsopfer-Verband Württemberg gewesen.

G.s politisches Engagement stand ganz im Zeichen eines chauvinistisch übersteigerten Nationalismus und Revanchismus, der die Grundlage für den Erfolg der NSDAP bildete. Nach Ende des Ersten Weltkriegs zunächst Anhänger völkisch-radikaler Bewegungen (Württ. Freiheitsbewegung, Völkischer Reichsbund), war G. bereits am 16. Jan. 1923 Mitglied der NSDAP geworden. Ebenfalls seit 1923 war er Mitglied der SA, dort 1937 Oberführer, 1941 Brigadeführer und Fürsorgereferent. 1925/26 nach Aufhebung des württ. NSDAP-Verbots erneut Mitglied der NSDAP (Nr. 12.906), zählte G. zu den Mitgründern der Ersten NSDAP-Ortsgruppe in Ulm/Neu-Ulm und war 1929/30 Bezirksleiter in Ulm. Von 1925 (bzw. 1933) bis 1945 war G. Gauamtsleiter und Landesobmann des NSKOV. G. war als „Gezeichneter des Krieges" mit seiner sehr frühzeitig dokumentierten nationalsozialistischen Gesinnung eine „Vorzeigefigur" des Regimes in Ulm und Stuttgart. Mit Auszeichnungen und Ehrungen wurde G. geradezu überhäuft: Goldenes Parteiabzeichen, Dienstauszeichnung in Bronze und Silber, Nürnberger Parteiabzeichen, Abzeichen vom SA-Treffen Braunschweig, Erinnerungsmedaille an den 13. März 1938, Kriegsverdienstkreuz II. und I. Klasse.

G., der auch Mitglied der NSV, des Reichsluftschutzbundes und der Dt. Christen war, profitierte unmittelbar von Hitlers „Machtergreifung". 1933 wurde er zum Vorstandsvorsitzenden der Frontkämpfersiedlung in Ulm ernannt. Am 31. Aug. 1935 war G. unter den 22 von der NSDAP-Kreisleitung Ulm Geehrten, die seit mindestens zehn Jahren im Dienst der Partei aktiv waren. Als Funktionär hielt er sich auch nach seiner Versetzung nach Stuttgart wiederholt in Ulm auf. G. setzte sich im Mai 1945 unter dem Decknamen Georg Plag nach Untersteinbach bei Öhringen ab, wo er am 3. Sept. 1945 verhaftet wurde. Von Sept. 1945 bis 1948 befand er sich in Internierungshaft im Internierungslager 72 in Ludwigsburg. Der Spruch der Spruchkammer des Internierungslagers Ludwigsburg vom 2. Juni 1948 lautete: „Hauptschuldiger". Hingegen lautete der Spruch der Zentral-Berufungskammer Nord-Württemberg vom 10. Mai 1949: „Belasteter" mit folgenden Auflagen: zwei Jahre Arbeitslager unter Anrechnung der Internierungshaft, Einzug von 10 Prozent des Vermögens, Berufsbeschränkung auf die Dauer von fünf Jahren, trägt die Kosten des ersten Rechtswegs (Streitwert: 12.691 DM).

Q   StAL, EL 90371 Bü 305, Spruchkammerakten.
L   UBC 5a, S. 134 – UBC 5b, S. 517 – RABERG, Biogr. Handbuch, S. 283 f. – WEIK ⁷2003, S. 310.

„Griesbad-Michel" (Hetzler, Michael), * Bermaringen/OA Blaubeuren 30. Aug. 1820, † Ulm 30. Jan. 1894, ev.
Ledig. Keine K.

Der Dienstknecht G. zählt zu den bekanntesten Ulmer Originalen, von denen noch heute die Rede ist. Von ihm wurde sogar ein „Denkmal" aus Bronze gefertigt, das dutzendfachen Absatz fand.
Der auf der Blaubeurer Alb geborene G. kam 1841 als junger Mann nach Ulm und trat als Hausknecht in den Dienst der Badbesitzersfamilie Nuffer. Er *hatte die Gäule der einstellenden Bauern von der Alb und dem Bayerischen zu versorgen, hatte den umfangreichen, vielgerühmten Garten und den häuslichen Betrieb zu versehen und wurde daneben wohl auch, wenn's `handig´ herging, zur Bedienung der Gäste hergeholt* (UBC 3, S. 83). Als „Mädchen für alles" entwickelte G. eine Schlagfertigkeit und einen Wortwitz, die seinen legendären Ruf begründeten. Ein Beispiel: Münsterpfarrer Christian →Ernst soll G. in dessen Rosenbeet, das gehegt und

gepflegt wurde wie ein Augapfel, aufgesucht und gebeten haben: *Laß mich hinter deine Rosen, Michel, so laß ich dich auf meine Kanzel.* Die Antwort G.s: *Lieber net, Herr Stadtpfarrer. Da wär m e i n Herr mit Ihnen noch weniger zufrieden wie I h r Herr mit mir.*
Obwohl man den mit derb-herben Gesichtszügen ausgestatteten G. fast ausschließlich in seiner Dienstkleidung kannte, wusste er sich mit den bürgerlichen Gästen gut zu unterhalten und erwarb große Beliebtheit. Seine letzten Lebensjahre waren von schwerer Krankheit überschattet. Er starb im Alter von 73 Jahren bei Verwandten in der Büchsengasse 19. Stadtpfarrer Christian Ernst rief ihm am offenen Grabe nach, G. habe vor uns gestanden *als eine Erscheinung, die der Wechsel der Mode völlig unberührt gelassen; seine geistigen und gemütlichen Züge sind uns unauslöschlich. `Haltet mich nicht auf´ war sein grundsatz, und durch nichts ließ er sich abhalten von Erfüllung seiner Pflichten, die er redlich, dienstbereit, fleißig und anspruchslos tat hat sich Heimatrecht erworben im Haus [...].*
In der Rückschau von Vielen verklärt, schuf Carl →Federlin 1904 eine in Bronze gegossene Figur, die G., sich bückend, mit Kübel, Laterne und Regenschirm beim Aufsammeln von Regenwürmern zeigte.

Q   StadtA Ulm, G 2.
L   UBC 3, S. 73 – Hans MAYER, Vom Griesbadmichel, ebd., S. 83 ff. (Bild).

Griesinger, Karl, * Stuttgart 30. Jan. 1899, † Ulm 15. Okt. 1976, ev.
Vater   Jakob Griesinger, Obersekretär in Stuttgart.
Mutter   Anna Maria Bätzner.
∞ 1927 Fanny Ludwig, * 1900, T. d. Alfred Ludwig, Stadtbaumeister in Ulm.
4 K.

G. war der erste Vierte Stadtpfarrer am Ulmer Münster auf dieser 1931/32 neu geschaffenen Stelle, die mit dem Amt des Jugendpfarrers verknüpft war.
Er entstammte einer alten württ. Beamtenfamilie und wuchs in Stuttgart auf. Nachdem G. noch 1917 unmittelbar nach dem Abitur an die Front geschickt worden war, kehrte der junge Mann desillusioniert aus dem Krieg zurück. Stark geprägt von einem den Korntaler Pietismus pflegenden Schülerbibelkreis, hatte G. ursprünglich Missionar werden wollen, entschied sich aber für ein reguläres Theologiestudium in Tübingen, um im Dienst der württ. Landeskirche wirken zu können. Es war allerdings weniger das Studium als der Einfluss verschiedener religiöser Schriften, die aus der Feder von Gustav Müller, die G.s theologische Haltung ausformten und ihn an die Gottesoffenbarung der in Blut und Boden wurzelnden germanischen Volksgemeinschaft glauben ließen. Er erwartete die nahe Ankunft eines neuen kirchlichen Zeitalters. Andererseits scheint er als Student Sympathien für den Kommunismus an den Tag gelegt zu haben, die ihm im Zusammenhang mit seiner Amtsenthebung in Ulm 1935/36 vorgehalten wurden.
Nach dem theol. Examina war G. zunächst unständig als Vikar in Schnaitheim und in Stuttgart tätig, wo er auch als Religionslehrer wirkte. 1927 wurde er zum Pfarrer der Arbeitergemeinde Plattenhardt nahe Stuttgart ernannt. 1930 übernahm G. den Vorsitz des Württ. Landesverbandes der Schülerbibelkreise. Am 16. Okt. 1931 wurde er zum Vierten Stadtpfarrer am Ulmer Münster und zugleich als Nachfolger von Eugen →Schmid zum Jugendpfarrer in Ulm ernannt. G., der dem Nationalsozialismus zunächst skeptisch gegenüberstand und politisch im Lager des Christlich-Sozialen Volksdienstes zu verorten war, nahm mit Staunen zur Kenntnis, wie die „Deutschen Christen" (DC) an Zulauf gewannen und viele Menschen mobilisierten, die früher kirchenfern gewesen waren. Als Dekan Theodor →Kappus ihn im Frühjahr 1933 bat, die geistliche Betreuung der Ulmer Ortsgruppe der DC zu übernehmen, stimmte G. zu. Im Mai 1933 formulierte G. beim Ev. Bezirksjugendtag, die ev. Jugend demonstriere nicht gegen die Einheit, sondern ringe um sie: *Aber Einheit bedeutet nicht „Einer-*

leiheit", sondern ein Zusammenwirken der mannigfaltigen Kräfte. *Wir reichen der gesamten deutschen Jugend die Hand, [...] auch wenn sie zurückgestoßen wird. Alles für Deutschland, Deutschland unter Gott!.* G. erlag dann aber doch bald dem Prinzip der „Einerleiheit" und betrieb die Eingliederung der ev. Jugend in die HJ, was ihn innerhalb der Ulmer Geistlichkeit zunehmend in die Isolation führte. Seiner Tätigkeit als Jugendpfarrer war schon ca. Mitte 1934 die Basis entzogen, da G.s Haltung nicht akzeptiert wurde. Als er im Mai 1935 bei einer Kundgebung der DC im Umfeld des Besuchs des Reichsbischofs Ludwig Müller in Ulm ein Grußwort sprach und verkündete, in einem einigen „Dritten Reich" müsse es auch eine einige ev. Kirche geben, wurde diese Isolation offenbar, denn die Ulmer ev. Geistlichkeit war der Kundgebung geschlossen ferngeblieben – mit Ausnahme G.s.

Die Kirchenleitung wollte G. als Stadt- und Jugendpfarrer absetzen, aber als Seelsorger am Gefängnis und im KZ Kuhberg halten. In Ulm gab es Widerstand. G. wurde einer Dienstverfehlung bezichtigt und am 9. Juli 1935 als Ergebnis eines Disziplinarverfahrens des Amtes enthoben und auf eine andere Pfarrstelle versetzt. G. widersetzte sich diesem Urteil, was zu einem monatelangen Streit führte. Im Juli 1936 übernahm G. als Schulungsleiter bei der von den DC abgespaltenen „Volkskirchenbewegung deutsche Christen" unter dem Stuttgarter Stadtpfarrer Georg Schneider eine neue Aufgabe, nachdem er im Juni in Ulm endgültig amtsenthoben worden war. Die Kirchenleitung reagierte empört und ließ G. im Dez. 1936 auf Beschluss des Ev. Kirchlichen Disziplinargerichts in den Ruhestand versetzen. Schon zuvor war die Stelle des Jugendpfarrers, zunächst kommissarisch, mit August →Ebert besetzt worden.

G. blieb unbeirrbar auf seinem Weg der Schaffung einer neuen Kirche und versuchte auch, nicht ohne Erfolg, Katholiken dafür zu werben. G. blieb Ulm verbunden und gründete nach dem Ende des Zweiten Weltkriegs mit Schneider die „Volkskirchenbewegung Freie Christen". 1953 versuchte er unter Vorlage seines Buches „Mit Gott durchs Jahr", eine Änderung der ablehnenden Haltung der Landeskirche zu erwirken, scheiterte aber. G. übernahm eine Stelle als Lehrer an der Ulmer Spitalhofschule und erwarb sich eine geachtete Position. Der im Umgang verbindliche G., der über ein gutes Rednertalent verfügte und zu überzeugen vermochte, erfuhr den Respekt vieler Ulmer.

Drei Monate vor Vollendung des 78. Lebensjahres starb G. in Ulm, der Stadt, die für ihn zum Schicksal geworden war.

L   Magisterbuch 41 (1932), S. 185 – UBC 5a, S. 79, 115 – NEBINGER, Die ev. Prälaten, S. 592, 594 – MAYER, Die ev. Kirche, S. 482-494.

Grimm, Karl *Willy*, * Nördlingen 4. Dez. 1919, † ebd. 17. Dez. 1993, ev.-luth.
Vater   Heinrich Grimm, Bäckermeister und Caféhausbesitzer.
Mutter   Babette Kirsch.
Ledig. Keine K.

Der im Neu-Ulmer Musikleben aktive G. besuchte die Volksschule und Realschule in seiner Heimatstadt Nördlingen, mit der er sehr verbunden war. Ab 1937 war er Schüler der Oberrealschule Ansbach, wo er 1939 das Abitur bestand. Der musikbegeisterte und zeichnerisch talentierte Abiturient wollte an der Musikhochschule oder an der Kunstakademie in München studieren, aber der Ausbruch des Zweiten Weltkriegs kam dazwischen. Während des Zweiten Weltkriegs war G., der nicht Mitglied der NSDAP war, Bordfunker bei der Luftwaffe und wurde 1944 zum Feldwebel ernannt. Im Mai 1945 geriet er in Frankreich in Gefangenschaft. Nach der Entlassung im Sommer 1947 absolvierte G. nach einem Abiturientenlehrgang in Lauingen/Donau die 1. Prüfung für das Lehramt an Volksschulen, 1951 folgte die 2. sog. Anstellungsprüfung. Danach war G. Hilfslehrer an den ev. Volksschulen in Nördlingen und

seit Ende 1951 in Pfuhl. Dort wollte er zunächst nicht recht heimisch werden, denn neun Monate nach seinem Dienstantritt bewarb er sich Ende 1951 auf eine Stelle in der Nähe von Nördlingen, hatte aber keinen Erfolg. Am 1. April 1953 wurde G. zum o. Lehrer ernannt, zuletzt zum Oberlehrer. Am 31. Dez. 1953 erfolgte die Ernennung zum Beamten auf Lebenszeit.

Der begeisterte Sänger G., der als Leiter und Dirigent beim Singverein Pfuhl aktiv war, übernahm 1957, nachdem er drei Jahre zuvor an einem Ausbildungskurs für Singschullehrer und Chorleiter in Augsburg teilgenommen hatte, nebenamtlich die Leitung der von ihm neu gegründeten Albert-Grainer-Singschule in Neu-Ulm. Als diese in eine Musikschule umgewandelt wurde, ernannte der Stadtrat G. im Juli 1969 zum Beginn des neuen Schuljahres zu deren hauptamtlichem Leiter. Zu diesem Zeitpunkt hatte die Schule bereits 250 Sing- und 350 Instrumentalschüler. Ende 1983 trat G. im Alter von 64 Jahren in den Ruhestand. Seine Nachfolge trat G.s bisheriger Stellvertreter Fritz Pilsl an.

Q   StadtA Neu-Ulm, A4.
L   Oberlehrer Grimm scheidet. Er übernimmt ab Herbst die Albert-Grainer-Singschule, in: SWP 26. VII. 1969 – TREU, Neu-Ulm, S. 507.

Grimmeiß, Tassilo, * Illertissen 21. Feb. 1910, † Neu-Ulm 18. Juni 1961, ⬚ ebd. 21. Juni 1961, kath.
Vater   Leo Grimmeiß, Dr. iur., * Wilburgstetten/BA Dinkelsbühl 28. V. 1881, † Neu-Ulm 12. XII. 1940, Rechtsanwalt in Neu-Ulm.
Mutter   Maria *Mathilde* Erhard, * Belzheim/BA Nördlingen 6. III. 1887, † Neu-Ulm 26. VI. 1972.
3 G   Leo Grimmeiß, * Neu-Ulm 18. II. 1913; Lore Grimmeiß, * Neu-Ulm 26. II. 1916; Maria Grimmeiß, * Neu-Ulm 14. II. 1919, ∞ Lurz.
∞ Osnabrück 29. VI. 1943 *Hedwig* Maria Lurz, * Osnabrück 5. V. 1919, † Neu-Ulm 20. III. 2005, T. d. Ignaz Karl Luz, Chefarzt, u. d. Margarete Elisabeth Diefenbach.
3 K   Lore Margret Grimmeiß, * Moers 27. III. 1944; Hanne Grimmeiß, * Unterelchingen 24. IV. 1945; Martin Grimmeiß, * Neu-Ulm 19. XI. 1953.

Mit G., dem ersten demokratisch gewählten Neu-Ulmer Oberbürgermeister, ist der Aufstieg der Stadt nach den schweren Zerstörungen des Zweiten Weltkriegs wie mit keinem anderen verbunden. Bei seinen Wiederwahlen 1952 und 1958 erhielt er eindrucksvolle Vertrauenskundgebungen: *So bekannte sich eine im Bombenhagel fast ausradierte Stadt zu dem Manne, der ihr aus Hoffnungslosigkeit und Verzweiflung den Weg voranging in ein besseres Morgen.* Aus der kriegszerstörten Stadt formte G. – gegen zahlreiche Widerstände – die Grundlagen des modernen Neu-Ulm.

Nach dem Umzug seiner Eltern nach Neu-Ulm besuchte G. zunächst eine Ulmer Elementarschule und von 1919 an das Humanistische Gymnasium in Ulm, wo er 1928 das Abitur bestand. Anschließend studierte er bis 1932 in München (Mitglied der Verbindung Rheno-Frankonia), Berlin, Kiel und Würzburg Rechts- und Staatswissenschaften. Nach der am 23. Feb. 1932 absolvierten Referendarprüfung war G. bis 1935 Referendar beim BA und beim Amtsgericht Neu-Ulm sowie beim Landgericht und Oberlandesgericht München. Nachdem er am 11. Sept. 1935 die Große Juristische Staatsprüfung bestanden hatte, half G. zunächst in der Neu-Ulmer Anwaltskanzlei seines Vaters aus, ehe er zum 23. Dez. 1935 als Assessor seine Tätigkeit bei der Bayer. Hypotheken- und Wechselbank München begann. Schon knapp ein Jahr später wechselte er im Anschluß an seine Militärdienstzeit in den höheren Heeresverwaltungsdienst, war Intendanturrat bei den Wehrkreisverwaltungen Hannover und München und stand im

Zweiten Weltkrieg im Verwaltungsdienst der Wehrmacht, zuletzt ab 1944 als Oberstabsintendant.

Nach kurzer Kriegsgefangenschaft und richterlicher Tätigkeit in Günzburg kam G. 1946 als Hilfsrichter wieder nach Neu-Ulm, wo er zum Amtsgerichtsrat und Vorstand des Amtsgerichts ernannt wurde. Am 1. Okt. 1946 aufsichtsführender Richter und Vorstand am Amtsgericht Neu-Ulm, ließ sich G. bei den ersten Kommunalwahlen als Parteiloser in den Stadtrat wählen und avancierte sogleich zum Zweiten Bürgermeister. Am 16. Aug. 1948 zum Oberbürgermeister von Neu-Ulm gewählt, nachdem der ursprünglich gewählte Dr. Karl →Wiebel, Oberbürgermeister von Freising, durch längeres Taktieren den Amtsantritt hatte hinauszögern und sich unterdessen in Kaufbeuren zum Oberbürgermeister wählen lassen, wurde G. 1952 und 1958 jeweils ohne Gegenbewerber mit gewaltiger Mehrheit (1958 mit 98, 3 Prozent!) wiedergewählt. G. war der erste „rechtskundige" Oberbürgermeister der Stadt Neu-Ulm, nachdem das Erfordernis der Rechtskundigkeit auf besondere Intervention von Julius →Rohm Gegenstand der Stellenausschreibung für das Amt geworden war. Die Spruchkammer des Landkreises Neu-Ulm hatte G. am 31. Dez. 1947 als vom Gesetz zur Befreiung vom Nationalsozialismus „nicht betroffen" erklärt.

In der Amtszeit des ebenso konfliktfähigen wie lebensfreudigen Oberbürgermeisters G. wuchs die Einwohnerzahl Neu-Ulms von 8.000 auf 25.000 Einwohner. Die zu rund 80 Prozent kriegszerstörte Stadt musste entschuttet und wieder aufgebaut werden. Insgesamt mussten rund 158.000 m³ Schutt abtransportiert werden. Mit einer auch vor Enteignungen nicht zurückschreckenden Bodenpolitik bahnte G. der städtebaulichen Entwicklung den Weg in die Zukunft. Die Bautätigkeit Neu-Ulms übertraf in den 1950er Jahren jene der Schwesterstadt Ulm erheblich. Am 31. Aug. 1954 wurde der Rathausneubau in Gegenwart des bayerischen Innenministers Dr. Wilhelm Hoegner feierlich eingeweiht. Zuvor waren die städtischen Behörden provisorisch in verschiedenen Gebäuden untergebracht gewesen. Wesentliche Aufgabe der Stadtverwaltung musste die Wiederherstellung der Infrastruktur sein, der Neubau der Donaubrücken, Straßen, Eisenbahngeleise. Die Anfänge G.s als Oberbürgermeister waren begünstigt von den Folgewirkungen der Währungsreform, die u. a. das Ende des jahrelangen Baustoffmangels brachten, der bisher den Wiederaufbau nachhaltig gehemmt hatte. Ungeachtet über Jahre hinweg fast desolaten Finanzlage Neu-Ulms, die G. zu dramatischen Appellen an die Bürger veranlasste, ihre Steuerpflicht zu erfüllen, verpasste Neu-Ulm den Anschluss an eine zukunftsorientierte Stadtentwicklung nicht. In G.s Amtszeit wurden – um nur wenige Beispiele zu nennen – auf Drängen des TSV 1880 eine neue Turnhalle errichtet, der Erweiterungsbau der Volksschule Ludwigsfeld und Neubau der Oberrealschule an der Augsburger Straße in Angriff genommen, eine Bahnsteigunterführung gebaut und mit der Krankenhauserweiterung begonnen. Mit den Ansiedlungen etwa von Sport-Sohn (wohl 1948), der Alfred Pfersich KG, dem Fruchthof Kurt Nagel GmbH & Co. KG und Zahn GmbH Produktkennzeichnungen (alle 1949), der Giorgio Passigatti GmbH (1950), der Hans Lingl Anlagenbau und Verfahrenstechnik GmbH & Co. KG (1951), von Holz-Oesterle (1952), der Betonwerk Neu-Ulm GmbH & Co. KG und der Weyhmüller Maschinenbau + Co. (beide 1958) sowie der Gruschwitz Textilwerke Aktiengesellschaft (1959) konnten wichtige Industrie- und Wirtschaftsunternehmen an Neu-Ulm gebunden werden. Die Neu-Ulmer Zeitung erschien seit dem 2. Nov. 1949, Geschäftsstellenleiter war Friedrich →Lanzenstiel, Schriftleiter Georg Thomas Lober.

Noch in G.s erster Amtszeit wurde Neu-Ulm zur US-Garnison, Ende 1951 kam ein erstes Bataillon des 110. Regiments der 28. US-Infanterie-Division in der Ludendorff-Kaserne (seit 2. Juni 1953 umbenannt in „Wiley Barracks") ein. Das Verhält-

nis zwischen US-Soldaten und Neu-Ulmer Bevölkerung gestaltete sich nicht immer konfliktfrei. Als Truppenstandort musste Neu-Ulm bis 1991 Wohnungen und Straßen bauen und bei der gesamten Stadtentwicklung stets die Belange der US-Garnison mit im Auge haben. Neu-Ulm profitierte aber auch. Die Stadt lebte mit, aber auch von den Soldaten, und die US-Garnison prägte die Stadtentwicklung über Jahrzehnte hinweg mit.

Der volkstümliche und joviale G. erreichte, dass er schon nach wenigen Jahren vom fraktionsübergreifenden Vertrauen des Stadtrats ebenso getragen wurde wie vom Zuspruch der Bevölkerung. Sein Arbeitspensum blieb nicht ohne Rückwirkungen auf seine Gesundheit, die etwa seit Mitte der 1950er Jahre erschüttert war. G. erlag einen Tag vor Wiederaufnahme der Amtsgeschäfte nach einem mehrwöchigen Südtirol-Urlaub ohne Herzinfarkt, nachdem er 1956 schon einmal einen Infarkt erlitten hatte. Der Zweite Bürgermeister Julius →Rohm würdigte im Rahmen der Trauersitzung des Stadtrats am 21. Juni 1961 die Verdienste G.s, der die *von ihm selbst gewählte Aufgabe zum Wohle der Stadt und ihrer Bürger mit ganzer Hingabe erfüllt* habe. Er stellte fest, der Name G. werde *für immer mit der Geschichte der Stadt Neu-Ulm an hervorragender Stelle verbunden bleiben.* Seit 1971 ist die Neu-Ulmer Berufsschule nach ihm benannt. – Vorsitzender des Zweckverbandes und Verwaltungsrates der Kreis- und Stadtsparkasse Neu-Ulm. Vorsitzender des Kreisverbandes Neu-Ulm des Bayerischen Roten Kreuzes. Mitglied des Verwaltungsausschusses des Arbeitsamtes Neu-Ulm.

Q   StadtA Neu-Ulm, D 12, III.8.1.2. – ebd., A 4, 323/1, 323/2 und 323/3 – ebd., A 9, Meldekarte Dr. Leo Grimmeiß – StadtA Ulm, G 2.
W   6 Jahre Oberbürgermeister der Stadt Neu-Ulm, in: Friedrich LANZENSTIEL (Hg.), Neu-Ulm, Das neue Gesicht, Neu-Ulm 1954, S. 6-9 (Bild).
L   Amtsgerichtsrat Grimmeis [sic] wurde OBM in Neu-Ulm, in: Schwäb. Donau-Zeitung Nr. 87, 16. VIII. 1948, S. 3 – Tassilo Grimmeiß zehn Jahre Stadtoberhaupt, in: NUZ Nr. 186, 16. VIII. 1958, S. 13 (Bild) – Neu-Ulm trauert um seinen Oberbürgermeister, in: Schwäb. Donau-Zeitung Nr. 137, 19. VI. 1961, S. 9 – Neu-Ulm nahm Abschied von Tassilo Grimmeiß, in: NUZ Nr. 140, 22. VI. 1961, S. 12 – Tassilo GRIMMEIß/Gerhart NEBINGER, Die Ahnen von Tassilo Grimmeiß (Ahnen prominenter Bayern I), in: Blätter des Bayerischen Landesvereins für Familienkunde VIII (1961), S. 378-383 – Julius ROHM, Nachruf Tassilo Grimmeiß, ebd., S. 383 f. – Der Mann, der Neu-Ulm wieder aufleben ließ in: NUZ vom 27. VI. 1994 – TREU, Neu-Ulm, S. 391, 397, 406, 420, 424 f., 428, 430 ff., 446-448 – WEIMAR, Wegweiser, S. 74.

Grözinger, Carl Hermann *Theodor* (von), * Ohnastetten/OA Urach 18. Juli 1828, † Ulm 22. Mai 1893, ▢ ebd., Alter Friedhof 25. Mai 1893, ev.
Vater   Johannes Grözinger[185], * Reutlingen 24. V. 1801, † 1871, Pfarrer in Lauffen am Neckar/OA Besigheim, zuletzt dsgl. in Altenstadt/OA Geislingen.
Mutter   Caroline Wilhelmine Friederike Frisoni.
∞ Lauffen am Neckar/OA Besigheim 8. V. 1862 Pauline Nick, * Lauffen 4. III. 1836, † Ulm 1. VI. 1910, T. d. Karl Martin Nick, Stadtschultheiß und Amtsnotar in Lauffen, u. d. Christiane Friederike Fehleisen.
5 K, darunter Alfred Grözinger, * 13. I. 1864, † Ulm 3. X. 1882; Eugenie Grözinger, * Hohenheim 29. VIII. 1866, † Isny 26. X. 1942, ∞ Karl Friedrich Wilhelm →*Ehrke, Kgl. Preuß. Generalmajor; Hermine Grözinger; Erwin Grözinger.

Nach dem Besuch des Stuttgarter Gymnasiums und dem Studium der Regiminalwissenschaften in Tübingen legte G. 1852 die I. und 1854 die II. Höhere Verwaltungsdienstprüfung ab. Als Referendär beim OA Reutlingen und bei der Regierung des Schwarzwaldkreises ebd. sowie bei den OÄ Öhringen und Mergentheim begann er 1854 seine berufliche Laufbahn, die ihn Ende 1855 als Aktuar zum OA Tuttlingen führte, 1859 in gleicher Eigenschaft zum OA Heilbronn. 1861 Kollegialhilfsarbeiter bei der Regierung des Neckarkreises in Ludwigsburg, wirkte G. als Regierungsassessor und Akademiesekretär zugleich von 1862 bis 1866 als Lehrbeauftragter für Rechtskunde und Nationalökonomie an der Landwirtschaftlichen Hochschule Hohenheim, wo er bereits 1854 Referendär gewesen war. Nachdem er von 1866 bis 1871 Oberamtmann von Waldsee und von 1871 bis 1877 Oberamtmann von Ellwangen/Jagst

---

[185] PHILIPP, Germania, S. 36 (Nr. 437).

gewesen war, kam G. Ende 1877 als Regierungsrat zur Regierung des Donaukreises in Ulm. In den 16 Jahren seiner Tätigkeit ließ sich G. besonders die Förderung der kulturellen Entwicklung Ulms und des Umlandes angelegen sein. 1881 erfolgte seine Wahl in den ev. Pfarrgemeinderat. – Ritterkreuz des Württ. Kronordens, Ritterkreuz I. Kl. des Friedrichsordens, silberne Jubiläumsmedaille.

Q   HStAS, E 200 Fan. 82 Nr. 30 fol. 157 – ebd., E 143 II Bü 3864 und 4015 – ebd. E 146/1 Bü 2739 – StadtA Ulm, G 2.
L   SK Nr. 117 (Mittagsblatt), 23. V. 1893, S. 1075, 1078 (Todesanz. der Familie) – UBC 2, S. 437 – UBC 3, S. 53 (Bild), 55 – KLEIN, Die akademischen Lehrer, S. 145 – UNGERICHT, S. 70, 120 – Amtsvorsteher, S. 286 – Immo EBERL, Das Oberamt Ellwangen und seine Amtsvorsteher. Zur Geschichte des Oberamts und den Biographien der Ellwanger Oberamtmänner 1803-1938, in: Ellwanger Jahrbuch XXXVII (1977/98), S. 103-151, hier S. 135 (Bild S. 133).

Gropper, *Roberta* Franziska, * Memmingen/Allgäu 16. Aug. 1897, † Berlin 1. Feb. 1993, ev.

Die kommunistische Politikerin G. erfuhr als junge Frau während ihrer Ulmer Zeit ihre politische Prägung. Sie darf als erste Frau gelten, die sich in Ulm aktiv und öffentlich politisch betätigte.

Die Weberstochter kam bereits 1905 nach Ulm, wo sie die Volksschule besuchte. Im Alter von 14 Jahren begann sie als Arbeiterin in einer Ulmer Tabakfabrik, wo sie sich nach wenigen Jahren zur Vorarbeiterin hochgearbeitet hatte. Schon 1915 fand sie zur Arbeiterjugend und leitete in Ulm die „Freie Jugend", 1918 trat sie der Gewerkschaft bei.

In den Revolutionstagen des Jahres 1918 spielte sie in Ulm eine große Rolle. Die 21-jährige *ganz radikale Jugendleiterin* (ERNST, Garnison, S. 161) G. war Mitglied des Arbeiterrats und als dessen Vertreterin seit dem 10. Nov. 1918 auch Mitglied des Vollzugsausschusses unter dem Vorsitz von Friedrich →Göhring. Wenig später wurde sie zur Ersatzdelegierten der württ. Arbeiterräte zum ersten Reichsrätekongress in Berlin gewählt.

Bei der Wahl zur Württ. Verfassunggebenden Landesversammlung am 12. Jan. 1919 kandidierte sie auf Platz 67 der USPD-Landesvorschlagsliste. Im Jan. 1919 zählte G. zu den Mitgründern der Ulmer KPD. 1924 übernahm sie bei der Bezirksleitung Württemberg der KPD das Amt der Kassiererin, im Jahr darauf wurde sie Frauenleiterin der Bezirksleitung in Stuttgart, 1927 war sie württ. KPD-Delegierte auf dem XI. Parteitag in Essen. Im gleichen Jahr ging sie mit ihrem Lebensgefährten Paul Langner (1896-1935) nach Mannheim, wo sie als Stenotypistin und Frauenleiterin der Bezirksleitung Pfalz tätig war. 1928/29 war sie für den Parteibezirk Schlesien in Gleiwitz aktiv.

Im Sommer 1929 wechselte das Paar nach Berlin, wo sie eine Anstellung als Stenotypistin bei der sowjetrussischen Handelsvertretung erhalten hatte; zugleich war sie in der Informationsabteilung des Zentralkomitees (ZK) der KPD tätig. G. wurde im Jahr darauf zur Leiterin der Frauenabteilung der Bezirksleitung Berlin-Brandenburg ernannt, jedoch wegen ihrer innerparteilichen Ausrichtung (Zugehörigkeit zum Kreis um Hermann Remmele und Margarete Buber-Neumann) bald wieder abgesetzt. Sie verblieb aber als „Instrukteurin" beim ZK. Im Sept. 1930 als Berliner KPD-Kandidatin in den V. Reichstag gewählt, gehörte sie ihm bis zu dessen Auflösung im Juli 1932 an. Nach der NS-Machtübernahme Anfang 1933 arbeitslos und zum Abtauchen in die Illegalität gezwungen, gelang es ihr, über den Decknamen Paula Brenner an ihr Arbeitslosengeld zu gelangen. Mit Langner, der zeitweise in „Schutzhaft" gehalten wurde, hielt sie sich in leerstehenden Wohnungen und bei Freunden auf, um wenigstens ein Dach über den Kopf zu haben. 1934 setzte sie sich nach Paris ab, anschließend hielt sie sich bis Jan. 1935 im Saargebiet auf. Über Schweden emigrierte G. mit Langner Ende Feb. 1935 in die UdSSR, wo sich ihr Schicksal jedoch nicht in der erhofften Weise entwickelte. Langner starb

im Mai 1935, G. erhielt eine Stelle als Redakteurin bei der Verlagsgenossenschaft ausländischer Arbeiter in der UdSSR. Im Nov. 1937 erfolgte ihre Verhaftung wegen der Zugehörigkeit zur Gruppe um Remmele und Buber-Neumann. Im März 1939 ausgebürgert, wurde sie bis Juni 1941 im berüchtigten Untersuchungsgefängnis Butyrka gefangen gehalten, danach folgten die Ausweisung aus Moskau und Aufenthalte im Wolgagebiet und in Sibirien, wo sie sich als Hausangestellte und Schneiderin über Wasser hielt. Nach der Entlassung aus Butyrka fragte G. Buber-Neumann, ob sie über die Einzelheiten der Haft im Ausland berichten werde. Als diese bejahte und es geradezu als ihre Pflicht bezeichnete, beschwor G. sie, das nicht zu tun: *Du darfst den Arbeitern nicht ihre Illusionen, nicht ihre Hoffnungen rauben!*

1947 kehrte G. in die SBZ zurück, wo sie der SED beitrat und „Instrukteurin" der Frauenabteilung des SED-Parteivorstands wurde. Bis 1949 war sie auch Frauensekretärin der SED Groß-Berlin. Von 1949 bis 1952 Vorsitzende des „Demokratischen Frauenbunds Deutschlands" (DFD) und seit 1952 Direktorin der Sozialversicherung von Ost-Berlin, war G. seit 1950 SED-Mitglied der DDR-Volkskammer. Im Jahre 1981 schied sie nach über 30-jähriger Mitgliedschaft in der Volkskammer hochbetagt aus dem Gremium aus. 1977 mit dem Karl-Marx-Orden ausgezeichnet, erlebte G. noch den Zusammenbruch der DDR und die ersten Jahre im wiedervereinigten Deutschland. Über ihre Zeit und Erlebnisse im Gulag hat sie öffentlich nie gesprochen. Sie starb im 96. Lebensjahr.

Q   IfGA/ZPA, Berlin, Nachlass – StadtA Ulm, G 2.
L   BHdE I, S. 243 – SBZ-Biographie. Ein biographisches Nachschlagebuch. Zusammengestellt vom Untersuchungsausschuss freiheitlicher Juristen, Bonn-Berlin 1964, S. 118 – Luise DORNEMANN, Alle Tage ihres Lebens. Frauengestalten aus zwei Jahrhunderten, Frankfurt/Main 1981, S. 193-262 – Karlen VESPER-GRÄSKE, Roberta Gropper erinnert sich: Mit 21 Jahren im Rat der Arbeiter und Soldaten, in: Neues Deutschland 30./31. VII. 1988, S. 9 (Bild) – SBZ-Handbuch 1990, S. 916 – Hermann WEBER, „Weiße Flecken" in der Geschichte. Die KPD-Opfer der Stalinistischen Säuberungen und ihre Rehabilitation, Frankfurt/Main ²1991, S. 101 – In den Fängen des NKWD. Deutsche Opfer des stalinistischen Terrors in der UdSSR, hg. vom Institut für Geschichte der Arbeiterbewegung, Berlin 1991, S. 85 – SCHUMACHER, M.d.R., S. 160, Nr. 485 – Gabriele BAUMGARTNER/Dieter HEBIG, Biographisches Handbuch der SBZ/DDR 1945-1990, München u. a. 1996, Band 1, S. 248 – SPECKER, Großer Schwörbrief, S. 339 – WEBER/HERBST, Deutsche Kommunisten, S. 267 ff. (Bild).

Grosse, Hermann *Bruno*, * Neu-Ulm 13. Juli 1892, † Heilbronn/Neckar 18. Mai 1976, □ ebd., ev.
Vater   *Bruno* Hermann Grosse, * Chemnitz 19. IX. 1859, † Neu-Ulm 15. I. 1920, Ober-Lokomotivführer, Vorstand des 1900 gegründeten Lokalvereins der Lokomotivführer und deren Anwärter in Neu-Ulm[186].
Mutter   Magdalena Sauter, * Fischbach/OA Biberach 22. VII. 1868, † Neu-Ulm 4. III. 1917.
4 G   Auguste Amalie Grosse, * Neu-Ulm 15. VII. 1893; Maria *Magdalena* Grosse, * Augsburg 30. VII. 1894; Luise Grosse, * Neu-Ulm 29. X. 1896; Arno Grosse, * Neu-Ulm 22. VIII. 1898.
∞ Berta Losch, T. d. Friedrich →Losch.
Mehrere K, darunter Hermann Grosse.

Der Maler und Kunsterzieher G. wurde in Neu-Ulm geboren, wo er auch aufwuchs und die Schulzeit verbrachte. Die Familie war endgültig 1895 von Augsburg nach Neu-Ulm gekommen, wohin den Vater sein Beruf als Eisenbahner schon Anfang der 1890er Jahre geführt hatte.

Nach dem Abitur am Ulmer Gymnasium im Jahre 1910 bildete sich G. seit Nov. 1910 in Malerei an der Kunstakademie in München weiter, wo vor allem der berühmte Tiermaler Heinrich von Zügel sein Lehrer war, und erhielt erste Auszeichnungen für seine Arbeiten. Der Ausbruch des Ersten Weltkriegs unterbrach seine Ausbildung. Er meldete sich im Sommer 1914 als Freiwilliger zum Inf.-Rgt. 121 und nahm an den Feldzügen in Frankreich, Russland und Serbien teil. 1917 ließ er sich zum Flugzeugführer ausbilden, wurde über Chalons abgeschossen und geriet für zwei Jahre in Kriegsgefangenschaft. Nach der Rückkehr in die Heimat strebte er eine Übernahme in den

---

[186] Adreßbuch Ulm/Neu-Ulm 1910, Zehnte Abteilung, S. 68.

höheren Schuldienst Württembergs an, die 1921 auch erfolgte. Einige Jahre war G. Kunsterzieher an der Ulmer Realschule. In dieser Zeit malte er auch – wie sich erst 1982 herausstellte – ein Gemälde, das den Brand des Neuen Baus im Jahre 1924 darstellt. Dieses war in der Ausstellung „Kunst in Ulm 1919-1933" im Ulmer Museum gezeigt worden, hatte aber auf Grund der unleserlichen Signatur nicht zugeordnet werden können.

Seit 1925 wirkte G. als Studienrat am Realgymnasium und an der Oberrealschule Heilbronn/Neckar, wohnte aber in Weinsberg. G. entwickelte sich in den 1920er Jahren zu einem geschätzten Tier-, Landschafts- und Porträtbildnismaler und engagierte sich stark im Heilbronner Kunstleben. 1927 übernahm G. (bis 1934) die Geschäftsführung des Heilbronner Kunstvereins. Später war er u. a. im Künstlerbund und im Kunstausschuss für die Neugestaltung der Kilianskirche aktiv. Auf zahlreichen Reisen – u. a. nach Frankreich, Italien, Jugoslawien, Österreich und Schweden – malte und zeichnete G. und perfektionierte seinen Stil, der *durch die wohltuende Harmonie seiner Farben* gefangen nehme: *Hinzu treten die kraftvolle Art des Farbauftrages und die fein empfundene Stimmung des jeweiligen Landschaftsmotivs. Grosse versteht sich darauf, Luftschichten, die die Landschaft flimmern machen, optisch zu erfassen und mit flüchtiger Pinselschrift im Bilde festzuhalten* (Kein schöner Land, 15. Okt. 1955). G. widmete sich auch der Druckgraphik.

In der NS-Zeit wurde G.s Kunst als „entartet" eingestuft und der rastlos aktive Künstler im kulturellen Leben Heilbronns „kaltgestellt". Im Zweiten Weltkrieg war G. wieder als Flieger eingesetzt, nahm am Frankreich-Feldzug teil und war anschließend Kommandant verschiedener Fliegerhorste in Frankreich und Deutschland. 1945 geriet er als Fliegerhorstkommandant von Paderborn für sieben Monate in US-amerikanische Kriegsgefangenschaft in Cherbourg. Im Jahr darauf konnte er seine berufliche Laufbahn als Kunsterzieher zunächst an der Robert-Mayer-Oberschule, dann an der Oberschule für Mädchen (später Elly-Heuss-Knapp-Gymnasium) in Heilbronn/Neckar fortsetzen. 1957 trat er in den Ruhestand, nachdem er zwei Jahre zuvor zum Oberstudienrat ernannt worden war. Auch im Alter blieb G. sehr tätig und fand in seiner Arbeit schließlich zu einem maßvollen Expressionismus. Er stellte u. a. in Ulm, Stuttgart, München und Konstanz (Landesausstellung) aus, war aber besonders im Unterland eine feste Größe der Kunstszene. 1972 wurden anlässlich des 80. Geburtstages des „Altmeisters der Ölmalerei" Ausstellungen im Schießhaus und in der Harmonie in Heilbronn gezeigt. 1978 ehrte die Stadt Heilbronn G. mit einer großen Ausstellung seiner Werke im Historischen Museum.

Im Ulmer Museum befindet sich von ihm u. a. „An der Riviera" (1926), im Besitz der Stadt Heilbronn „Weinsberg und der Weibertreu".

Q   StadtA Neu-Ulm, A 9 – StadtA Heilbronn/Städtische Museen Heilbronn: Pressesammlungen zum Leben und Wirken.
L   Ih 1, S. 302 – CRAMER, Württembergs Lehranstalten ⁷1925, S. 164 – VOLLMER, Band 2, S. 318 – Deutsche Kunst für Alle 59 (1943/44), S. 88 f. [mit zwei Abbildungen] – TEUBER, Ortsfamilienbuch Neu-Ulm I, Nr. 1475 – http://matrikel.adbk.de, Nr. 03917.

Grub, *Friedrich (Fritz)* Albert, Dr. iur., * Stuttgart 14. Nov. 1890, † Ulm 23. Juli 1971, ⬜ feuerbestattet ebd., Hauptfriedhof, 27. Juli 1971, ev.

Vater   Friedrich Grub, Verlagsbuchhändler in Stuttgart.
Mutter   Anna Koch.
∞ *Helene* Elisabeth Schall, * Schäferhof/OA Tettnang 24. I. 1897, † 5. I. 1984, T. d. *August* Hermann Maximilian Schall[187], * Botnang bei Stuttgart 10. VIII. 1849, † Schäferhof/OA Tettnang 11. III. 1904, Ökonomierat, 1890-1904 Domänenpächter auf dem Schäferhof/OA Tettnang, u. d. Fanny Schall, * Ulm 10. II. 1863, T. d. Carl Ludwig →Schall.
3 K   *Hildegund* Berta Grub, * Ulm 1. VI. 1920, ∞ Müller; *Friedrich (Fritz)* Wilhelm Grub, * Ulm 5. VII. 1922, † gefallen 1945; *Gertrud* Else Grub, * Ulm 12. IV. 1926.

G. war als Justizbeamter und Verbandssyndikus über mehrere Jahrzehnte hinweg eine in der Ulmer Region weithin bekannte Persönlichkeit.

Nach dem Schulbesuch in Stuttgart studierte G. von 1909 bis 1914 Jura in Tübingen (Mitglied der Burschenschaft Germania) und Berlin. 1914 kam er nach der I. Höheren Justizdienstprüfung erstmals als Gerichtsreferendar nach Ulm, nach der II. Höheren Justizdienstprüfung wurde er 1918 als Amtsrichter zum Amtsgericht Ulm versetzt, wurde zum Amtsgerichtsrat ernannt und war zugleich Vorsitzender des Arbeitsgerichts Ulm und des Schlichtungsausschusses Ulm sowie von 1933 bis 1938 Beauftragter des Treuhänders der Arbeit für den Bezirk Ulm-Bodensee. In den 1920er Jahren gehörte der mit dem Titel Landgerichtsrat ausgezeichnete G. dem Ausschuss des nationalistischen und republikfeindlichen Wehrbundes „Schwabenbanner Ulm" an. Das NSDAP-Mitglied G. wurde m. W. zum 1. Aug. 1938 zum Ulmer Amtsgerichtsdirektor ernannt und stand bis 1945 an der Spitze des Amtsgerichts Ulm. Zugleich war er Vorsitzender des Einigungsamtes für Wettbewerbsstreitigkeiten bei der Industrie- und Handelskammer Ulm. Im April 1944 referierte G. aus Anlass des 125-jährigen Bestehens der Amtsgerichte in Württemberg bei einem Gemeinschaftsappell über die Geschichte der Ulmer Justizbehörde.

Als Führungspersönlichkeit der Ulmer Justiz im NS-Staat war G. 1945/46 in US-amerikanischer Internierungshaft in Garmisch. Trotz seiner NSDAP-Vergangenheit erreichte der auch als Vorsitzender eines Standgerichts in der letzten Kriegszeit schwer kompromittierte G. nach einigen Jahren seine Wiederaufnahme in den staatlichen Justizdienst und konnte 1951 wieder als Landgerichtsdirektor in Ulm tätig werden. Von 1954 bis zur Pensionierung am 1. Dez. 1955 übernahm G. die Geschäftsführung des Landgerichtspräsidenten an Stelle des pensionierten Wilhelm →Holzhäuer bis zur Ernennung von dessen Nachfolger Richard →Kleinmann.

Nach dem Eintritt in den Ruhestand, der mit der Verleihung des Titels „Landgerichtspräsident a. D." verbunden war, verpflichtete ihn 1956 der Erste Vorsitzende Karl →Eychmüller als Geschäftsführer der Bezirksgruppe Ulm des Verbandes Württ.-Badischer Metallindustrieller e. V. Als solcher habe er *den Verband in Ulm entscheidend geprägt*, hieß es im Nachruf des Verbandes: *Um die Gründung und Funktionsfähigkeit der Bezirksgruppe Ulm hat er sich große Verdienste erworben. Umfassendes Wissen und reiche Erfahrungen, Tatkraft und hohes Pflichtbewußtsein zeichneten ihn aus. Sein Rat und sein abgewogenes Urteil waren überall geschätzt. Als Mensch überzeugte er durch seine Bescheidenheit und sein feinsinniges Wesen.* 1963 trat G. auch als Geschäftsführer endgültig in den Ruhestand, den er als einer der führenden Ulmer Honoratioren in der Stadt, die ihm zur Heimat geworden war, verlebte. – Mitglied des Vereins für Geschichte und Kultur in Ulm und Oberschwaben.

Q   StadtA Ulm, G 2 – StAL, EL 902/21 Bü 1422.
L   GIES, Leube, S. 128 – BRAUN, Schwabenbanner, S. 47 – Landgerichtspräsident i. R. Dr. Grub verabschiedet, in: Schwäb. Donau-Zeitung Nr. 277, 1. XII. 1955, S. 3 (Bild) – Dr. Grub 75 Jahre alt, in: NUZ Nr. 264, 15. XI. 1965, S. 17 (Bild) – UBC 5a, S. 45, 273 – UBC 5b, S. 674 – Unabhängige Rechtlichkeit. Zum Tode von Landgerichtspräsident a. D. Dr. Fritz Grub, in: SWP Nr. 169, 27. VII. 1971, S. 9 (Bild) – PHILIPP, Germania, S. 134, Nr. 1783.

Grünenwald, *Albert* Karl Wilhelm, * Stuttgart 3. Feb. 1835, † Tübingen 20. April 1898, ev.

Vater   Christian Grünenwald, Oberamtsgeometer in Stuttgart.
Mutter   Rosine Kraft.
∞ Stuttgart 25. IV. 1870 Sophie Georgii, * Calw 13. XII. 1840, † Ulm 21. XII. 1922, T. d. Johann Christian *Ludwig* (von) Georgii[188], Dr. phil. h.c., D. theol. h.c., * Urach 25. IV. 1810, † Tübingen 18. III. 1896, Prälat und Generalsuperintendent von Tübingen, 1870-1890 MdL Württemberg (II. Kammer), u. d. Charlotte Renz, * Lauffen am Neckar/OA Besigheim 10. II. 1814, † Tübingen 3. IX. 1899.
2 K, darunter Theodor Grünenwald[189], Juli 1895 Abitur am Kgl. Gymnasium Ulm.

187 Ih 2, S. 757.

188 Ih 1, S. 269 – RABERG, Biogr. Handbuch, S. 259 – EHMER/KAMMERER, S. 154.
189 UBC 3, S. 102.

G. war gegen Ende des 19. Jahrhunderts Stadt-, Garnisons- und Festungspfarrer in Ulm.

Nach Absolvierung der theol. Seminare Blaubeuren (ab 1849) und Tübingen (ab 1854) studierte G. Theologie in Tübingen (Mitglied der Burschenschaft Roigel, „Tübinger Königsgesellschaft"). Anschließend war er als Hofmeister der Söhne des Prinzen Hermann von Sachsen-Weimar und dessen Ehefrau, Auguste von Württemberg, in Stuttgart tätig. G. war weithin bekannt für seine *schöne musikalische Begabung*, verfügte über eine *prächtige Baßstimme* und war ein eifriges Mitglied der Tübinger Liedertafel unter der Leitung des berühmten Friedrich Silcher (1789-1860). 1867 zum Stadtvikar in Stuttgart und 1868 zum Pfarrer in Dettenhausen ernannt, avancierte er 1877 zum Pfarrer in Möhringen auf den Fildern. Im Okt. 1889 kam G. als Erster Stadtpfarrer an der Dreifaltigkeitskirche nach Ulm, seit Feb. 1895 war er zugleich Garnisons- und Festungsprediger ebd. Im Sept. 1897 sprach G. den liturgischen Teil des Gottesdienstes im Münster anlässlich des XI. Deutsch-Evangelischen Kirchengesangsvereinstages in Ulm. Ab 1891 war G. Ausschussmitglied des neugegründeten Ulmer Wohnungsvereins. Er starb im Alter von 63 Jahren im Tübinger Universitätskrankenhaus: *Die Militärgemeinde betrauert in dem Verewigten einen Geistlichen, der durch die Lauterkeit und Milde seines Charakters in der Zeit seiner nur dreijährigen Amtsdauer die Verehrung und Hochschätzung seiner Gemeinde sich erworben hat* (Staatsanz. Nr. 92, 23. IV. 1898, S. 706, Todesanz. des Militärpfarrgemeinderats). – Ritterkreuz I. Kl. des Friedrichsordens.

L   Magisterbuch 30 (1897), S. 86 – Staatsanz. Nr. 92, 23. IV. 1898, S. 709 – UBC 2, S. 557 – UBC 3, S. 7, 57, 97, 172 – SCHMIDGALL, Burschenschafterlisten, S. 135, Nr. 121 – Hans-Ulrich Freiherr von RUEPPRECHT (Bearb.), Georgii. Stammliste der württembergischen Familie Georgii und ihres Thüringer Zweigs, Stuttgart 1986, S. 70.

Grüninger, Josef *Benjamin (Benno)*, * Villingen (Baden) 6. Okt. 1901, † Neu-Ulm 10. Nov. 1963, kath.
Vater   Benjamin Grüninger, Glockengießer in Villingen.
Mutter   Anna Roth.
∞ Köthen (Sachsen-Anhalt) Margarete Hoffmann, * Köthen 9. VII. 1903, † Neu-Ulm 6. VI. 1976, T. d. Otto Hoffmann, Fabrikant in Köthen, u. d. Minna Bartholomäus.
3 K   Hans Grüninger, * Freiburg im Breisgau 4. X. 1927, † 1980; Eva Grüninger, * Freiburg im Breisgau 21. II. 1935; *Klaus* Otto Grüninger, * Villingen 9. IX. 1938.

Der Name G. steht für ein fehlgeschlagenes unternehmerisches Experiment in Neu-Ulm aus der Zeit nach dem Zweiten Weltkrieg.

G. entstammte einer alten Glockengießerdynastie, die in Villingen bis 1570 zurückreicht. Die Familientradition zeichnete auch G.s Lebensweg vor. Er durchlief eine Ausbildung als Hütteningenieur und arbeitete nach deren Abschluss im Familienunternehmen mit. Durch staatlichen Eingriff wurde dieses 1938 stillgelegt. Erst nach der militärischen Besetzung Südwestdeutschlands ergab sich eine neue Zukunftsperspektive, jedoch nicht im französisch besetzten Villingen. Im zweiten Halbjahr 1945 konnte G. in Straß (US-amerikanische Zone) wieder eine Gießerei unter der Firma „B. Grüninger Söhne" eröffnen, der Firmensitz befand sich in Neu-Ulm, wo die Familie auch lebte. G. hatte ca. 130 Beschäftigte, das Geschäft schien erfolgreich zu laufen, doch Anfang 1951 musste die Gießerei die Produktion einstellen. Von betrügerischem Konkurs war die Rede. Gegen G. ermittelte der Oberstaatsanwalt in Memmingen. 1952 verkaufte G. sein Unternehmen an die Firma Eisen- und Metallindustrie Straß GmbH, die ab Herbst 1952 in den Betriebsanlagen der früheren Firma B. Grüninger Söhne mit der Erzeugung von Grau- und Temperguss begann. G. blieb in Neu-Ulm wohnen, wo er 1963 im Alter von 62 Jahren starb.

Q   StadtA Neu-Ulm, A 9 – ebd., D 12, IX.3.2., Materialsammlung Grüninger.
L   Schwäb. Donau-Zeitung, 7. XI. 1952 – WEIMAR, Wegweiser, S. 106.

Grüzmann, Adolf, * Saulgau oder Ehingen/Donau 31. Aug. 1808, † Ludwigsburg 8. Mai 1886, ev.
Vater   Grüzmann, Gerichtsnotar in Ehingen.

G. war Oberamtsvorstand in Ulm in der Mitte des 19. Jahrhunderts. Er bestand nach dem Besuch der Lateinschulen in Nürtingen und Riedlingen das Landexamen. Von 1822 bis 1826 Zögling des ev.-theol. Seminars Urach, studierte er von 1826 bis 1828 in Tübingen (Mitglied der Comment-Burschenschaft) Jura und Kameralwissenschaften sowie Philosophie und Geschichte. Nach Bestehen der I. Dienstprüfung begann G. 1829 als Schreiber beim Kameralamt Heiligkreuztal seine Laufbahn im Staatsdienst. Nach Tätigkeit als Schreiber bei einem Gerichtsnotar wurde G. 1831 als Oberamtsaktuar zum OA Saulgau, wenig später in gleicher Eigenschaft zum OA Riedlingen versetzt. Dort war er von 1832 bis 1837 Pfandhilfsbeamter, ehe er 1837 standesherrlicher Bezirksamtmann in Aulendorf wurde. Nachdem er 1838 die Höhere Dienstprüfung nachgeholt hatte, erfolgte 1843 (Dienstantritt 15. Feb. 1844) G.s Ernennung zum Oberamtmann von Tettnang. 1851 ging er in gleicher Eigenschaft an das OA Biberach/Riß, im Mai 1855 schließlich als Oberamtmann nach Ulm, wo er die Nachfolge von Karl Christian →*Meurer antrat und am 30. Dez. 1855 zum Regierungsrat ernannt wurde. G. war der siebte württembergische Oberamtmann von Ulm und wäre sicher länger in Ulm geblieben, wenn nicht eine unverschuldete Notlage ihn dazu veranlasst hätte, um seine Versetzung zu bitten. Am 2. Nov. 1865 als Regierungsrat zur Regierung des Neckarkreises in Ludwigsburg versetzt, trat er 1872 in den Ruhestand. Er übernahm danach die geschäftsführende Leitung des Archivs des Innern in Ludwigsburg. – Mitglied des Vereins für Kunst und Altertum in Ulm und Oberschwaben. – 1856 Ritterkreuz I. Kl. des Friedrichsordens; 1859 Ritterkreuz des Österr. Leopold-Ordens; Ritterkreuz des Kgl. Bayer. Verdienstordens vom Hl. Michael; 1866 Ritterkreuz des Württ. Militärverdienstordens.

Q   HStAS, E 146/1 Bü 2684-2686 und 2782-2783.
L   SK vom 11. V. 1886 – UBC 2, S. 35 – MÜLLER, Gesamtübersicht, S. 30 – SCHMIDGALL, Burschenschafterlisten, S. 118, Nr. 31 40 – Amtsvorsteher, S. 290 (Karin PETERS) – DVORAK I,2 (1999), S. 194.

Güthner (seltener: Guethner), *Regina (Nina)* Henrietta Wilhelmine, geb. Freiin Fuchs von Bimbach und Dornheim, * Schloss Bimbach, Stadt Prichsenstadt/ Kreis Kitzingen (Bayern) 25. Aug. 1835, † München 29. Jan. 1905, ev.
Vater   Freiherr Franz von Fuchs zu Bimbach und Dornheim, Gutsbesitzer.
Mutter   Franziska Ehrenfest.
Mehrere G, darunter Ludwig Freiherr Fuchs von Bimbach und Dornheim[190], * Schloss Bimbach 30. XII. 1833, † Landshut 21. XII. 1900, 1891-1895 Regierungsdirektor bei der Kammer des Innern der Regierung von Schwaben, seit Mai 1895 Regierungspräsident von Niederbayern
∞ 1859 Christoph Güthner, † Neu-Ulm 19. IV. 1891, Kgl. Bayer. Major im 12. Inf.-Rgt. in Neu-Ulm.
1 K   Emma Güthner, * Neu-Ulm 1. VIII. 1866, † ebd. 18. IV. 1867.

Über 30 Jahre ihres Lebens verbrachte die zu ihrer Zeit viel gelesene, heute fast völlig vergessene Schriftstellerin und Dichterin als Gemahlin eines Offiziers in Neu-Ulm.

G. wuchs im heimatlichen Unterfranken auf. Die junge Freiin erhielt eine ausgezeichnete Erziehung und Ausbildung, zeigte bald ein besonderes Talent für Sprachen (Englisch und Französisch) und entwickelte Interesse für die Literatur. Mit ihrem Ehemann kam sie nach Neu-Ulm, wo das Paar in der Marienstraße 7 lebte. Das einzige aus der Ehe hervorgegangene Kind, eine Tochter, starb vor dem ersten Geburtstag.

G. bedurfte der Ermunterung durch die Dichter Emanuel Geibel und Eduard Prutz, um ihr Talent auch umzusetzen und die zahlreichen beschriebenen Seiten mit Romanentwürfen, Lyrik und dramatischen Dichtungen nicht dauerhaft nur in der

[190] SCHÄRL, Beamtenschaft, S. 197, Nr. 289.

Schublade zu verschließen. Mit der Veröffentlichung ihrer Werke begann sie noch in der Neu-Ulmer Zeit. Ihre sprachlich gewandten Werke waren oft von autobiografischen Erfahrungen geprägt und spiegelten ihre kulturhistorischen Kenntnisse wider. Für die Region interessant war ihr Roman „Das Henkerstöchterlein von Ulm" (Berlin 1884, Ulm ²1928), der wie die meisten ihrer Romane ein vorwiegend jugendliches Publikum ansprach. Daneben schrieb sie im Stil der Zeit Erzählungen für mehrere Zeitschriften und Gedichte. Nach dem Tod ihres Mannes zog G. 1891 nach München. Dort entstand eines ihrer bekanntesten Werke, das Theaterstück „Die Wahl. Dramatische Kleinigkeit", das u. a. in München und Stuttgart aufgeführt wurde. Nach ihrem Tod geriet sie schnell in Vergessenheit.

Q   StadtA Neu-Ulm, D 12, III.2.3.22.
W   (Auswahl) Balladen, für den Vortrag geeignet, Leipzig 1880 – Die Schwanenjungfrauen. Erzählung für die reifere Jugend, Leipzig 1885 – Das Blaustrümpfchen. Erzählung für die reifere weibliche Jugend, Freyburg an der Unstrut 1887 – Überwunden. Roman. Zwei Teile, Berlin 1891 – Das Lied des Löwen. Er hat abgefärbt, zwei Novellen, Lübeck 1897.
L   KDLK 1890, Sp. 288 – Sophie PATAKY, Lexikon deutscher Frauen der Feder, Berlin 1898, Band 1, S. 298 – BJDN 10 (1905), S. 177 – Elisabeth FRIEDRICHS, Die deutschsprachigen Schriftstellerinnen des 18. und 19. Jahrhunderts, Stuttgart 1981, S. 110 – TREU, Neu-Ulm, S. 551 ff. (Hans RADSPIELER) – TEUBER, Ortsfamilienbuch Neu-Ulm I, Nr. 1499.

Gugel, Hermann, Dr. rer. pol., * Alt-Oberndorf/OA Oberndorf 25. Feb. 1852, † Frankfurt/Main 23. Juli 1935, kath.
Vater   Franz Xaver Gugel, Schulmeister, Mesner und Organist.
Mutter   Johanna Mezger.
3 G, 2 HalbG.
∞ Anna Luise Bertscher.

15 Jahre lang war G. Regierungsrat bei der Ulmer Kreisregierung.
G. studierte nach dem Besuch der Konviktsgymnasien in Rottweil und Ehingen/Donau von 1872 bis 1875 Regiminalwissenschaften in Tübingen und bestand 1875 und 1876 die beiden höheren Verwaltungsdienstprüfungen. 1885 Akademiesekretär und Lehrer der Rechtskunde in Hohenheim. Nach der Übernahme in den Dienst der württ. Innenverwaltung war er zunächst von 1877 bis 1879 Amtmann (= Zweiter Beamter) beim OA Horb/Neckar, bevor er zum 1. Okt. 1879 zugleich das Amt des Amtsanwalts für den Amtsgerichtsbezirk Horb übernahm. Am 2. Aug. 1882 wechselte er als Amtmann zur Stadtdirektion Stuttgart und am 6. April 1885 als Akademiesekretär und Lehrbeauftragter für Rechtskunde und Verwaltungsrecht an die Landwirtschaftliche Hochschule Hohenheim. 1886 wurde er mit der Arbeit „Die wichtigsten Bestimmungen der württ. Gesetzgebung über den Erwerb und die Veräußerung von Grundstücken unter besonderer Berücksichtigung des Gütererwerbs durch die tote Hand in ihrer Entwicklung und volkswirtschaftlichen Bedeutung" bei Professor Dr. Gustav Friedrich von Schönberg an der Universität Tübingen promoviert.
Am 31. Okt. 1887 erfolgte G.s Versetzung als Oberamtsverweser zum OA Nagold, im Mai 1892 als Oberamtmann zum OA Heilbronn/Neckar. Am 17. Sept. 1894 als Regierungsrat bei der Regierung des Donaukreises und zugleich Vorstand der Landwirtschaftlichen Berufsgenossenschaft (Unfallversicherung) für den Donaukreis nach Ulm versetzt, war G. während seiner Amtszeit in Fragen des Grundstückserwerbs ein wichtiger Berater des Oberbürgermeisters Heinrich (von) →Wagner. Am Ende seiner Ulmer Dienstzeit begann G. mit der Publikation von Gesetzeskommentaren und beamtenrechtlichen Fachveröffentlichungen, die große Verbreitung fanden. 1909 wurde G. zum Oberregierungsrat und stv. Mitglied des Verwaltungsrats der Gebäudebrandversicherungsanstalt in Stuttgart ernannt. 1915 trat er in den Ruhestand. – Ritterkreuz I. Kl. des Friedrichsordens; bronzene Karl-Olga-Medaille; bronzene Jubiläumsmedaille.

W   Das allgemeine Sportelgesetz in der Redaktion vom 28. Dez. 1899 samt den Vollzugszuschriften, Stuttgart 1907 – Das Württ. Beamtengesetz vom 28. Juni 1876/1. Aug. 1907 mit Wohnungsgeldtarif, den Grundsätzen über Gehaltsvorrückung, den Beamten-Unfallfürsorgegesetzen, Nebenbestimmungen, Ruhegehaltstabellen sowie dem Reichsbeamtengesetz in der Fassung vom 18. Mai 1907, Stuttgart 1907 – Württ. Volksschullehrergesetz sowie Gesetz betr. die Einkommensverhältnisse der Volksschullehrer, die Trennung des Mesnerdienstes vom Schulamte nebst Gesetz betr. die Rechtsverhältnisse der Lehrerinnen an Volksschulen nebst Gesetz betr. die höheren Mädchenschulen vom 8. Aug. 1907, Stuttgart 1907 – Deutsche Wehrordnung vom 22. Nov. 1888. Nach Feststellung des neuesten Textes bearb. und erläutert, Stuttgart 1908 – Das Gesetz betr. die Pensionsrechte der Körperschaftsbeamten und ihrer Hinterbliebenen in der Fassung vom 5. Sept. 1905, nebst den Gesetzen, betr. die Dienstenthebung dienstunfähiger Körperschaftsbeamten, betr. die Unfallfürsorge und betr. die Fürsorge für nicht pensionsberechtigte Lehrer, je mit den Vollzugsvorschriften, Erläutert, Stuttgart 1908 – Verwaltungsrecht des Königreichs Württemberg, Heidelberg 1909 – Die Reichsgesetze über den Unterstützungswohnsitz (in der Fassung durch Reichsgesetz vom 30. Mai 1908), die Freizügigkeit, den Erwerb und Verlust der Staatsangehörigkeit nebst den zu ersteren Gesetz ergangenen Ausführungsbestimmungen für Preußen, Sachsen, Württemberg und Baden, Mannheim-Leipzig 1910 – Das Besoldungsgesetz vom 15. Juli 1909 mit den Ausführungsbestimmungen für Preußen, Bayern, Sachsen und Württemberg, dem Reichsbeamtengesetz, dem Offizierpensions und dem Mannschaftsversorgungsgesetz. Mit Erläuterungen und Sachregister, Nürnberg-Leipzig 1910.
L   UBC 3, S. 195 – KLEIN, Die akademischen Lehrer, S. 145 – EBERL/MARCON, S. 24, Nr. 75 – Amtsvorsteher, S. 292 (Wolfram ANGERBAUER).

Gundert, Wilhelm, Dr. phil., Dr. h.c., * Stuttgart 12. April 1880, † Neu-Ulm 3. Aug. 1971, □ Ulm 9. Aug. 1971, ev.
Vater   David Gundert[191], * Tschirakal (Indien) 9. X. 1850, † Stuttgart 26. X. 1945, Verlagsbuchhändler in Stuttgart, 1912 Abg. für Calw zur 8. Landessynode, S. d. Hermann Gundert[192], * Stuttgart 4. II. 1814, † Calw 25 IV. 1893, Missionar in Indien, Leiter des Calwer Verlagsvereins, u. d. Julie Dubois, * Corcellas/Neufchâtel (Schweiz) 1. X. 1809, † Calw 18. IX. 1885.
Mutter   Marie Hoch.
∞ Yokohama (Japan) 31. XII. 1906 Helene Kathrine Bossert, * Bächlingen/Jagst 18. XI. 1883, † Neu-Ulm 13. I. 1986, Lehrerin, T. d. Gustav Bossert[193],* Dr. Dr. h.c., Täbingen/OA Rottweil 21. X. 1841, † 29. XI. 1925, 1869 Pfarrer in Bächlingen/Jagst, 1888 dsgl. in Nabern/OA Kirchheim, seit 1891 o. Mitglied der Württ. Kommission für Landesgeschichte, 1894 Abg. für Kirchheim/Teck zur 5. Ev. Landessynode, 1884 Ehrenmitglied des Historischen Vereins für Unterfranken und Aschaffenburg, seit 1886 korrespondierendes Mitglied des Kgl. Konservatoriums der vaterländischen Kunst- und Altertumsdenkmäler, seit 1892 korrespondierendes Mitglied des Badischen Historischen Kommission, seit 1907 Vorstandsmitglied des Vereins für Reformationsgeschichte, seit 1907 korrespondierendes Mitglied des Historischen Vereins der Pfalz, 1892 Dr. phil. h.c. (Universität Tübingen), 1897 D. theol. h.c. (Universität Leipzig), 1904 Ehrenmitglied der Gesellschaft für Geschichte des Protestantismus in Österreich, 1906 Große goldene Medaille für Kunst und Wissenschaft am Bande des Friedrichsordens, 1907 Ritterkreuz I. Kl. des Friedrichsordens, u. d. Henriette Karoline Donand, * 16. IV. 1846.
6 K, darunter Hermann Gundert[194], Dr. phil., * Tokio 30. IV. 1909, † Freiburg im Breisgau 10. X. 1974, seit 1949 o. Professor der Gräzistik an der Universit Freiburg im Breisgau.

G., einer der bedeutenden Sinologen und Japanologen deutscher Herkunft, war ein wichtiger Mittler ostasiatischer Religion und Kultur. Der Neffe Hermann Hesses, Sprössling einer einflussreichen pietistischen schwäbischen Missionarsfamilie, wuchs in Stuttgart auf, wo er das Gymnasium besuchte, das Landexamen bestand und im ev.-theol. Seminar (Schöntal/Jagst und Urach) auf den Beruf des Geistlichen vorbereitet wurde. Als „Stiftler" studierte G. in Tübingen und Halle/Saale Theologie und zeigte sich besonders beeindruckt von seinem Lehrer Adolf (von) Schlatter (1852-1938), zu dem verwandtschaftliche Bindungen bestanden. Nach dem zweiten Dienstexamen amtierte er seit 1904 als Sekretär des Studentenbundes für Mission.
G. war an fernen Ländern, besonders Indien, China und Japan, schon als Kind interessiert. Er wollte als Missionar nach Indien, was sich nicht realisieren ließ. So ging er 1906 als freier Missionar nach Japan, seine Braut folgte ihm nach, und an Silvester 1906 wurde das Paar vom deutschen Botschafter in Yokohama getraut. G. lehrte zunächst Deutsch an einem College in Tokio. Seit 1915 als Lehrer für deutsche Sprache und Literatur an japanischen Schulen und Hochschulen tätig, vor allem an der Universität Kumamoto, beschäftigte sich G.

---

[191] EHMER/KAMMERER, S. 99 ff. (Bild).
[192] Ih 1, S. 309 – DBE 4, 2. Ausgabe, S. 268.
[193] Ih 1, S. 97 – EHMER/KAMMERER, S. 99 ff. (Bild).
[194] Ih 1, S. 309 – DBE 4, 2. Ausgabe, S. 268.

intensiv mit der japanischen Sprache und Volkskultur. Besonders der Zen-Buddhismus hatte es ihm angetan. Einen Urlaubsaufenthalt in Deutschland nutzte G. zu japanologischen Studien an der Universität Hamburg. 1922 promovierte er dort bei Karl Florenz mit der Arbeit „Der Schintosimus im japanischen Nô-Drama" zum Dr. phil. und wechselte an die Universität Mito. 1927 übernahm er die Leitung des Japanisch-Deutschen Kulturinstituts in Tokio. 1936 kamen die G.s nach Deutschland zurück, da der 1934 der NSDAP beigetretene G. zum o. Professor an der Universität Hamburg berufen worden war. 1937 Dekan, 1938-1941 deren Rektor, wurde der 66-jährige G. nach Kriegsende in den Ruhestand versetzt.

Seit 1956 lebte G., der internationales Ansehen in der Fachwelt genoss, mit seiner Frau in Neu-Ulm, wo er die letzten 15 Jahre seines Lebens verbrachte. G.s vielleicht wichtigste Leistung bleibt die Übersetzung des „Bi Yan Lu" („Niederschrift der smaragdenen Felswandsammlung", Hauptbuch des Zen-Buddhismus) von Yüan-wu, von dessen 100 Kapiteln er mehr als die Hälfte ins Deutsche übertrug. Die beiden Bände erschienen 1960 und 1973. G. lieferte damit Allen, die ohne Kenntnis der Sprache, der kulturellen und geschichtlichen Hintergründe Zugang zur Welt des Buddhismus finden wollen, den Schlüssel. G. selbst fasste das Wesen des Zen-Buddhismus zusammen: *sich der Leerheit und Vergänglichkeit der Dinge bewusst zu werden. In diesem Gedanken erhebt sich der Mensch und schwebt über seinem eigenen Ich, wird allen Dingen gegenüber gleichgültig.* – Dr. h.c. der Toyo-Universität Tokio; 1969 Ksl. Japanischer Orden des Hl. Kleinods II. Kl.

Q   StadtA Ulm, G 2.
L   Ih 2, S. 309 – Magisterbuch 41 (1932), S. 145 – LEUBE, Tübinger Stift, S. 715 – Ein Mittler japanischer Religion und Kultur, in: SWP Nr. 82, 10. IV. 1970, S. 26 (Bild) – Trauer um Professor Gundert, in: Schwäb. Zeitung Nr. 178, 6. VIII. 1971 (Bild) – Fernen Osten ergründet, in: NUZ Nr. 178, 6. VIII. 1971 (Bild) – Professor Dr. Wilhelm Gundert zum Gedenken, in: Ev. Gemeindeblatt für Ulm und Neu-Ulm Nr. 9, 1. IX. 1971 – Eckart KRAUSE u. a. (Hgg.), Hochschulalltag im „Dritten Reich". Die Hamburger Universität 1933-1945, drei Bände, Berlin 1991 – KLEE, Personenlexikon, S. 211 – DBE 4, 2. Ausgabe, S. 268.

Guther, *Max* Rudolf, Dipl.-Ing., * Neu-Ulm 12. Feb. 1909, † Darmstadt 9. Juni 1991.

Vater   Michael Guther, Kohlenhändler in Neu-Ulm, Inhaber der am 1. X. 1907 in der Kasernenstraße 66 (Lagerplatz: Holzstraße 29) gegründeten Kohlenhandlung mit dem Stadtlager in der Maximilianstraße 20.
Mutter   Barbara Stetter.
∞ [Hamburg-] Altona-Blankenese 17. XI. 1936 Liesel Hensgen, † 1946, T. d. Heinrich Hensgen, Zahnarzt, u. d. Gertrud Bungardt; ∞ II. Hildegunt Mayer.
4 K, darunter Christian Guther, * Schwerin 14. XI. 1938; Liesel Guther, * Schwerin 13. V. 1941.

G. ist noch heute in Ulm nicht unumstritten. Der Mann, der in der Nachkriegszeit für den Wiederaufbau der schwer geschlagenen Stadt verantwortlich war, zog mit seinen Planungen – Stichwort Neue Straße – massive Kritik ebenso wie begeisterte Zustimmung auf sich.

Nach dem Besuch des Ulmer Gymnasiums und dem Architekturstudium an der TH Stuttgart war G. von 1931 bis 1940 zunächst als angestellter, dann freier Architekt in Stuttgart tätig. Nach weiteren Stationen im elsässischen Colmar, in Hamburg und Schwerin wurde er 1940 zur Wehrmacht eingezogen. 1939 erhielt G. für den Entwurf eines KdF-Dorfes in Badeort Graal-Müritz einen ersten Preis bei einem Architektenwettbewerb. Nach 1945 zunächst als Stadtbaurat in Schwerin und Wismar tätig, kehrte er 1947 nach Württemberg zurück. Am 27. März 1947 zum Stadtbaurat in Ulm ernannt, berief ihn

Oberbürgermeister Theodor →Pfizer 1949 nach Zusammenfassung aller städtischen Bauämter zum Stadtbaudirektor. Im gleichen Jahr wählte der Gemeinderat G. zum dritten Beigeordneten. G. war eine willensstarke Persönlichkeit mit festgefügten Vorstellungen, ein Modernisierer, der mit seiner Dynamik und seiner entgegengesetzte Meinungen oft mit einem Achselzucken quittierenden Haltung die Nachkriegsjahre in Ulm nachhaltig prägte. Während seiner Amtszeit plante G. u. a. die Wohngebiete Eselsberg und Böfingen, die Erschließung des Industriegebiets Donautal, den Wiederaufbau der Donaubrücken und die Neue Straße.

Bei vielen Ulmern kam G. mit seinen als progressiv geltenden Plänen nicht an. Bestehende Gräben wurden vertieft, als G. 1949 im Streit die Ulmer Künstlergilde verließ und Anfang 1950 mit Otl →Aicher, Kurt →Fried, Wilhelm →Geyer u. a. die „Gesellschaft 1950" gründete, die sich im direkten Gegensatz zum Verein „Alt-Ulm" für einen modernen Wiederaufbau der zerstörten Altstadt engagierte. G.s Bemühungen, gemeinsam mit Neu-Ulm ein einheitliches Industriegebiet auf bayerischem Terrain auszuweisen, scheiterten. 1952 lehnte G. das Angebot ab, Leiter der Bundesbaubehörde in Bonn zu sein. Als G. 1954 aus dem Amt schied, prägte er das Bonmot: die Stadt Ulm „möge statt eines Guther einen Besserer finden". Sie fand Anders Aldo Wilhelm, bisher Stadtbaumeister in Grenchen/Kanton Solothurn (Schweiz), der 1955 seine Nachfolge als Stadtbaudirektor antrat und bis 1961 im Amt blieb. G. war in Ulm umstritten wie nur wenige Persönlichkeiten in der Nachkriegszeit: Nicht wenige Ulmer trugen ihm nach, das Stadtbild „verschandelt" zu haben. Die Auseinandersetzungen mit dem um die Erhaltung bzw. Wiederherstellung des alten Stadtbildes bemühten Verein „Alt-Ulm" wurden über Jahre hinweg in großer Heftigkeit geführt und sind noch heute unvergessen.

Seit Okt. 1954 Professor für Städtebau und Siedlungswesen an der TH Darmstadt, 1969/70 Rektor ebd., 1975 emeritiert. Gutachter und Preisrichter im In- und Ausland, Anfang der 1960er Jahre Planer der Stadt Bahar Dar in Äthiopien, wofür er vom Kaiser Haile Selassie mit dem Menelikorden ausgezeichnet wurde. Im Alter von 82 Jahren starb G. in Darmstadt, wo er jahrzehntelang gewirkt hatte. Er war Mitgründer und 1970 Erster Vorsitzender der Vereinigung der Stadt-, Regional- und Landesplaner. Es ist überliefert, er habe einmal gesagt: „Ulm ist für mich eine Herzensaufgabe und kein Broterwerb". – 1974 Großes Verdienstkreuz des Verdienstordens der Bundesrepublik Deutschland; 1978 Cornelius-Gurlitt-Gedenkmünze der deutschen Akademie für Städtebau und Landesplanung.

Q   StadtA Ulm, G 2.
W   Ulm an der Donau. Zerstörung und Neuaufbau einer alten Reichsstadt, in: Schwäb. Heimat 5 (1954), S. 147-155 – Die ersten Jahre des Neuaufbaus, in: Ulmer Forum 22/23 (Sommer 1972), S. 2-7.
L   UBC 5a, S. 290 – Martin STROHEKER, Elan und Ideen für Ulms Wiederaufbau, in: Schwäb. Zeitung Nr. 36, 12. II. 1974 (Bild) – Max Guther gestorben. Wiederaufbau der Stadt Ulm prägend mitgestaltet, in: Schwäb. Zeitung Nr. 132, 11. VI. 1991 (Bild) – Gedenken an Max Guther. „Ulm war ihm eine Herzensaufgabe", in: Schwäb. Zeitung Nr. 134, 13. VI. 1991 – TREU, Neu-Ulm, S. 428 – GNAHM, Giebel oder Traufe?, passim.

Haakh, Alfred, * Heilbronn/Neckar 2. oder 4. Juni 1858, † Ulm-Wiblingen 28. Juni 1946, ev.
Vater   Haakh, Kaufmann.

H. war einer der württ. Beamten der Innenverwaltung, die ihre Laufbahn bei der Regierung des Donaukreises in Ulm beendeten und ihren Ruhestand in Ulm verlebten.

Der aus einer bekannten Heilbronner Kaufmannsfamilie stammende H. begann nach dem Besuch des Gymnasiums seiner Vaterstadt und des Stuttgarter Realgymnasiums 1878 mit dem Studium der Regiminalwissenschaften in Tübingen. Nach Studiensemestern in Leipzig und München bestand er 1882 und 1883 die beiden höheren Verwaltungsdienstprüfungen und trat in den Dienst der württ. Innenverwaltung, wo er zunächst

Probereferendar beim OA Weinsberg und bei der Regierung des Neckarkreises in Ludwigsburg war. Nach weiteren Stationen als Staatsassistent beim OA Reutlingen und stv. Amtmann beim OA Künzelsau kam er im Juli 1884 als Amtmann an das OA Mergentheim. 1890 als Kollegialhilfsarbeiter zur Regierung des Neckarkreises in Ludwigsburg versetzt, erhielt er im Jahre 1893 als Oberamtmann von Brackenheim erstmals die Möglichkeit, sich als Verwaltungsleiter eines Oberamts zu bewähren.

Nach siebenjähriger Amtszeit in Brackenheim erfolgte im Jahre 1900 H.s Versetzung als Regierungsrat zur Regierung des Schwarzwaldkreises in Reutlingen und 1905 in gleicher Funktion zur Regierung des Jagstkreises in Ellwangen/Jagst, wo er zugleich Vorsitzender der Landarmenbehörde des Jagstkreises war und 1910 Titel und Rang eines Oberregierungsrats verliehen bekam. 1913 erhielt er die Aufgabe, als Nachfolger des pensionierten Regierungspräsidenten Albert von Häberlen kommissarisch die Geschäfte des Vorstands der Kreisregierung zu führen, wurde jedoch wegen der Kriegsumstände und der seit langem in Aussicht genommenen Aufhebung der Kreisregierungen nicht offiziell zum Vorstand ernannt.

1918 wurde der bereits 60 Jahre alte H. zum Oberregierungsrat bei der Regierung des Donaukreises in Ulm ernannt, als welcher er ebenfalls das Amt des Vorsitzenden der Landarmenbehörde übernahm. Der überaus gewissenhafte und einsatzbereite H. war die rechte Hand des Behördenvorstands Eugen von →Dreher und hatte in den Jahren nach dem Ersten Weltkrieg angesichts des vorübergehenden Zusammenbruchs des Ulmer Wirtschaftslebens große Arbeitsfelder zu beackern und setzte sich vor allem für die Bevölkerung der Alb ein. Die Auflösung der Kreisregierungen im Jahre 1924 markierte auch das Ende von H.s dienstlicher Laufbahn. Seinen Ruhestand verlebte H. in Ulm-Wiblingen, wo er 1946 kurz nach seinem 88. Geburtstag starb. – Mitglied des Vereins für Kunst und Altertum in Ulm und Oberschwaben. – 1907 Ritterkreuz I. Kl. des Friedrichsordens; 1914 Ritterkreuz des Württ. Kronordens; Silberne Karl-Olga-Medaille; 1916 Wilhelmskreuz.

Q HStAS, E 151/01 Bü 996, 1047, 1064, 1164, 1172.
L SCHMIDGALL, Burschenschafterlisten, S. 141, Nr. 352 – Wolfram ANGERBAUER, Die Amtsvorstände des Oberamtes Brackenheim von 1803 bis zur Kreisreform 1938, in: Zeitschrift des Zabergäuvereins 1991, Heft 4, S.53-64, hier S. 59 – Amtsvorsteher, S. 294 (Wolfram ANGERBAUER).

Haas, *Carl Friedrich* Maximilian (von), Dr. iur. h.c., * Hochdorf/OA Vaihingen 16. Nov. 1794, † Mergentheim 2. Feb. 1884, ev.
Vater   Ludwig Friedrich Jacob Haas[195], Mag., * Grötzingen 26. VI. 1765, † Waldenbuch 7. VIII. 1848, 1793 Pfarrer in Hochdorf, zuletzt seit 1823 dsgl. in Untergruppenbach, 1843 u. D.
Mutter   Luise Beck.
∞ *Lida (Lydia?)* Johanne Caroline Ernestine Luise Friederike von Adelsheim-Wachbach, * 3. X. 1797, † Mergentheim 18.11.1856, T. d. Carl Maximilian Wilhelm Christian Ernst von Adelsheim-Wachbach, * 24. IV. 1764, † Tübingen 25. VIII. 1826, Karlsschüler, Kreisbaurat bei der Regierung des Jagstkreises in Ellwangen, u. d. Freiin Caroline von Rothschüz, * 22. VII. 1767, † 1813.
Mehrere *K*, darunter *Emma* Natalie Haas, ∞ 1855 Carl (von) Kohlhaas[196], Dr. iur. h.c., * Stuttgart 28. III. 1829, † ebd. 28. IV. 1907, Gerichtsaktuar in Göppingen, zuletzt Präsident des Oberlandesgerichts Stuttgart, Staatsrat und ao. Mitglied des Geheimen Rats, 1890-1897 Mitglied der Kammer der Standesherren im Württ. Landtags.

H. war der vierte württembergische Oberamtmann von Ulm in der Zeit des Baubeginns der Bundesfestung und der Restaurierung des Ulmer Münsters.
Der Pfarrerssohn besuchte das Gymnasium und absolvierte anschließend eine Schreiberausbildung. 1814 nahm er in Tübingen das Jurastudium auf und war führender Mitgründer der Burschenschaft Alte Arminia, der späteren Burschenschaft Germania. 1817 schloss er das Studium ab und wurde sogleich in die Justizverwaltung des Königreichs Württemberg über-

nommen, wo er zunächst als Aktuar beim OA Backnang wirkte. Von 1819 bis 1821 war er Sekretär beim Gerichtshof in Ulm, seit 1821 in gleicher Funktion beim Gerichtshof in Ellwangen/Jagst, wo er zum Assessoratsverweser und 1824 zum Oberjustizassessor aufstieg. 1825 wurde ihm die Verwaltung der Strafanstalt (Zuchthaus) Gotteszell/OA Schwäbisch Gmünd übertragen. 1829 wechselte er als Oberamtsrichter nach Maulbronn. 1831 übernahm er das neu geschaffene Amt des Universitätsamtmanns mit dem Titel Universitätsrat in Tübingen. Im Frühjahr 1833 für den Oberamtsbezirk Aalen in die Kammer der Abgeordneten des Württ. Landtags gewählt, gehörte H., der der Opposition zugerechnet wurde, dem Parlament bis 1839 an und war Mitglied der Justizgesetzgebungskommission. 1836 trat H. die Nachfolge von Carl Julius Wilhelm Ernst →Schumm als Oberamtmann von Ulm an und erhielt zugleich den Titel Regierungsrat. Im gleichen Jahr ehrte ihn die Universität Tübingen mit dem juristischen Ehrendoktorat.
In den elf Jahren seiner dienstlichen Tätigkeit in Ulm war H. mit einer Reihe von Problemen konfrontiert, von denen die Zwangsenteignungen im Rahmen des Baus der Bundesfestung das dauerhafteste war. H. stand auf der Seite der betroffenen Ulmer und verfasste eine Schrift, die später, in den Jahren der 1848/49er-Revolution, als Grundlage einer Eingabe beim württ. Innenministerium diente. Im Mai 1847 führten Lebensmittelknappheit und erhebliche Preissteigerungen zu Unruhen und Krawallen in Ulm, deren Niederschlagung H. oblag. Er kannte die Sorgen und Nöte der Menschen und ließ, wo es nur irgend möglich war, Milde walten. Auch zu konkreter Hilfe fand er sich bereit: 1847 war er im Gründungsausschuss für die Ulmer „Suppenanstalt" vertreten, die der Versorgung der Ärmsten dienen sollte.
1847 wurde H. als Oberamtmann nach Mergentheim versetzt, wo er seine dienstliche Laufbahn, dekoriert mit dem Titel „Vicedirektor", 1857 abschloss. Sein Nachfolger in Ulm, wo man H. ungern ziehen ließ, war Johannes →Friz. H. starb im Alter von 89 Jahren. – 1840 Ritterkreuz I. Kl. des Württ. Kronordens.

Q HStAS, E 146/1 Bü 2661, 2671 und 2760.
W Actenmäßige Ergänzung des vom Herrn Rechts-Consulenten Göriz zu Ulm verfaßten Actenstücks, die Expropriation zum Bau der Bundesfestung Ulm betreffend, Ulm 1846.
L RIECKE, Verfassung und Landstände, S. 52 – SK Nr. 30, 5. II. 1884, 201 und 204 (Todesanz. der Familie) – HARTMANN, Regierung und Stände, S. 42 – SCHMIDGALL, Burschenschafterlisten, S. 59 – Hans Alfred GEMEINHARDT, Universitätsamtmann - Universitätsrat - Universitätskanzler, in: Attempto 69 (1983), S. 39 – BRANDT, Parlamentarismus, S. 292, 299, 305, 534 – PHILIPP, Germania, S. 11, Nr. 13 – SPECKER, Ulm im 19. Jahrhundert, S. 237, 265 – Amtsvorsteher, S. 294 f. (Claudia WIELAND) – DVORAK 1,2 (1999), S. 207 – RABERG, Biogr. MdL-Handbuch, S. 300 f.

Habermaas, Jakob *Friedrich* Cunrad (Konrad), Dr. iur., * Illingen/OA Maulbronn (nicht Mönsheim/OA Leonberg!) 10. (nicht 18.!) Sept. 1795, † Ulm 7. Aug. 1841, ev.
Vater   Jacob Ernst Friedrich Habermaas, * 1773, † 1795, Bauer („Oeconom") und Schultheiß in Illingen.
Mutter   *Sophia* Dorothea Conrad, * 1776, † 1830, ∞ II. Balthasar Erlenmeyer, Amtmann in Mönsheim.
∞ 1823 Maria Bolley, * 1801, † 1858.
5 *K*, darunter Friedrich Habermaas, * 1824, † Berlin 16. IX. 1898, Generalauditor, Vorstand der Justizabt. im Kgl. Württ. Kriegsministerium; August Habermaas, * 1825, † [Stuttgart-] Degerloch 30. X. 1898, Oberkriegskommissär, zuletzt Direktor der Württ. Hypothekenbank.

Heutzutage würde man ihn als „Einserjuristen" bezeichnen, den umtriebigen und vielfältig engagierten regierungskritischen Richter und Landtagsabgeordneten mit dem Prädikatsexamen. Die Ulmer Bezüge seiner Biographie ergaben sich erst am Ende seines kurzen Lebens.
Nach dem Besuch der Lateinschule und des Gymnasiums sowie der Klosterschule in Blaubeuren studierte H. von 1813 bis 1815 zunächst Theologie und Philosophie, 1815 bis 1818

---

[195] EBERL, Klosterschüler II, S. 79, Nr. 901.
[196] Ih 1, S. 486 f. – RABERG, Biogr. Handbuch, S. 468 ff.

Jura in Tübingen (Mitglied des Corps Wirtembergica, später der Burschenschaft Alte Arminia bzw. Germania), 1. Dez. 1813 Baccalaureus, 1814 Teilnehmer an den Befreiungskriegen. 1820 bestand H. die I. Höhere Justizdienstprüfung mit dem Prädikat I. Kl. „ausgezeichnet gut bestanden" und wurde auf sein Gesuch im April des Jahres als Referendär II. Kl. dem Gerichtshof in Esslingen zugewiesen. 1824 Oberjustizassessor beim Gerichtshof für den Jagstkreis in Ellwangen/Jagst, 1828 Oberamtsrichter in Langenburg/OA Gerabronn, 16. Juli 1829 Oberamtsrichter in Tübingen. Von 1826 bis 1833 (3. o., 4. ao. und 5. o. LT) Mitglied der Kammer der Abgeordneten des Württ. Landtags (WK Künzelsau, demokratisch): 1826 provisorischer Sekretär im Vorstand, 1826 bis 1828 Mitglied der Justizgesetzgebungs- und der Petitionskommission, der Kommission zur Begutachtung des Entwurfs eines Gesetzes betr. die bürgerlichen Verhältnisse der Israeliten und der Kommission zur Begutachtung des Antrags betr. die Heimatlosen, 1828 bis 1833 Mitglied der Staatsrechtlichen Kommission. Im Sommer 1830 wollte H. mit anderen Abgeordneten der Stadt Paris zum Andenken an den Juliaufstand einen Silberpokal im Wert von etwa 400 Gulden schenken, was nach massiver Einflussnahme der württ. Regierung unterblieb. Von 1835 bis zum Tode war H. Oberjustizrat am Kgl. Gerichtshof für den Donaukreis in Ulm, wo er besonders als Vorstand der Ulmer Eisenbahngesellschaft hervortrat und die Streckenführung der Eisenbahn im Sinne Ulms zu beeinflussen suchte. Seine Beharrlichkeit in dieser Frage bestimmte die künftigen Planungen. H.s früher Tod im Alter von nicht ganz 46 Jahren beendete das Wirken eines Mannes, von dem Ulm noch einiges zu erwarten gehabt hätte und dessen Bedeutung für die Stadt völlig vergessen ist.

W Antrag, die Regierung um einen Gesetzentwurf über die Untersuchung und Bestrafung der Vergehen gegen die Abgaben..., besonders aber gegen die Zollgesetze zu bitten – Antrag, die Regierung um Mittheilung eines Gesetzentwurfs über Administrativ-Justiz zu bitten, gemeinsam mit anderen. Stuttgart 1830.
L. Regbl. 1820, S. 196 – Ulmer Schnellpost Nr. 187, 10. VIII. 1841, S. 451 f. und Nr. 189, 12. VIII. 1841, S. 462 [demnach * Mönsheim/OA Leonberg] – RIECKE, Verfassung und Landstände, S. 59 – HARTMANN, Regierung und Stände, S. 50 – SCHMIDGALL, Burschenschafterlisten, S. 59 – MUT Nr. 40.902, Nr. 41.136 – Klaus HERRMANN, Die Württembergische Eisenbahn-Gesellschaft 1836-1838, in: ZWLG 37 (1978), S. [179]-202, hier S. 189 [dort fälschlich „Habermans"] – EBERL, Klosterschüler II, S. 79, Nr. 1210 [demnach hieß der Vater „Gottlieb Friedrich"] – WAIBEL, Frühliberalismus, S. 251 f. – SCHALLER, Industrialisierung, S. 95, 97 – DVORAK I,2 (1998), S. 210 – RABERG, Biogr. MdL-Handbuch, S. 302 – HUBER, Haßler, S. 131, 164 f.

Habermann, *Willi* Hugo, * Neu-Ulm 12. Feb. 1922, † Bad Mergentheim 13. Okt. 2001, ev.
Vater   Karl Habermann, Bankbeamter in Neu-Ulm.
Mutter   Maria Frick.

Der gebürtige Neu-Ulmer H. war in der zweiten Hälfte des 20. Jahrhunderts einer der bekanntesten schwäbischen Mundartdichter. Wie sein Neu-Ulmer Dichter-Kollege Georg →Wagner war auch H. Lehrer.
Als junger Mann pflegte H., der in Neu-Ulm und Ulm seine schulische Ausbildung absolvierte, enge Kontakte zu Hans und Sophie →Scholl, die er spätestens seit seiner im Sept. 1940 begonnenen Studienzeit in München, vielleicht aber auch schon früher kannte. Er besorgte Material zu dem von Otl →Aicher initiierten Rundbrief „Windlicht". In der Ulmer DenkStätte „Weiße Rose" ist auch H. porträtiert. Am 1. Aug. 1941 wurde der 19-Jährige zur Wehrmacht eingezogen und diente bei einer Flak-Ersatzabteilung in Stetten. Sein Lehramtsstudium konnte H. erst nach 1945 beenden. Die Laufbahn im höheren Schuldienst führte ihn nach Württembergisch Franken, wo er viele Jahre am Deutschorden-Gymnasium in Mergentheim lehrte.
H.s Spezialität waren mundartliche Aphorismen und schwäbische Übersetzungen der Psalmen und anderer Teile der Bibel. Häufig veröffentlichte er Gedichte in den „Fränkischen Nachrichten", dem Mergentheimer Lokalblatt. Der von tiefer Religi-

osität und kritischem Humanismus geprägte H. war eine der bekanntesten literarischen Persönlichkeiten im Hohenlohischen. Er starb im Alter von 79 Jahren.

Q StadtA Neu-Ulm, A 9.
W Schriftenverzeichnis unter http://www.wachstums-impulse.de/habermann.html; Auswahl: (Hg.) Als wär´s ein Stück von ihm. Hans Heinrich Ehrler 1872 (VHS Bad Mergentheim), Bad Mergentheim 1972 – Wia där Hond beißt, 1978 – Du bist mein Freund. Psalmen schwäbisch gebetet, Stuttgart 1982 – s´ Leba bisch Lompadock, du, Stuttgart 1983 – Bloß falsch naglangt, 1988 – Alles Seifenblasen. Der Prediger Salomo schwäbisch, Stuttgart 1989 – Hartwig BEHR (Hg.), Em Karree gsät... - von und für Willi Habermann, Bad Mergentheim 2002 – Dr Hemmel duad sich auf. Das Markusevangelium auf Schwäbisch, 2002.
L. Carlheinz GRÄTER, Schwäbisches Psalterspiel. Dem Mundartdichter Willi Habermann zum 70. Geburtstag, in: Schwädds 17 (1992/93), S. 58-62 – Den Geist der kleinen Karos bloßgestellt, in: Fränkische Nachrichten, 12. II. 2002 – „Dr Lyriker in der Kloistadt" hat sehr viele Menschen inspiriert, ebd., 19. II. 2002 – Wikipedia.

Häberle, *Adolf* Gottlieb, * Stuttgart 25. Juni 1886, † Ulm 9. Juli 1959, ev.
Vater   Carl Häberle, Brunnenmacher und Weingärtner in Stuttgart, S. d. *Carl* Friedrich Häberle[197], * Stuttgart 11. VI. 1830, † Stuttgart 18. XII. 1902, Werkmeister, Steinhauer, Weingärtner und Friedhofaufseher in Stuttgart, u. d. *Luise* Caroline Henriette Beck, * Stuttgart 6. II. 1829, † ebd. 7. III. 1891.
∞ Wagner, T. d. Adolf Wagner, Kaufmann in Ulm.

Der gebürtige Stuttgarter H. war als Kustos des Ulmer Museums und lokalhistorischer Forscher eng mit der Münsterstadt verbunden.
Er entstammte einer Stuttgarter Steinarbeiterfamilie mit großer Tradition. In seiner Vaterstadt besuchte er die Schule und wurde, nachdem er in Jahr 1900 Vollwaise geworden war, zur Erlernung des Tapezierhandwerks gezwungen. Erst im Nachhinein anerkannte H. die Bedeutung dieser praktischen Ausbildung für sein weiteres Leben. Der an Innenarchitektur interessierte junge Mann nahm ein Studium an der Stuttgarter Kunstakademie auf, bildete sich in Paris und Nizza fort und konnte mit der erfolgreichen Erfüllung eines Auftrags bei der Schweizer Landesausstellung in Bern beweisen, was in ihm steckte. Er gewann einen ersten Preis.
Während des Ersten Weltkriegs kam H. als verwundeter Infanterie-Soldat erstmals nach Ulm, wo er fortan blieb. 1921 erfolgte in seiner Wohnung die Gründung der Ulmer Künstlergilde. 1924 trat er als Leiter der Beratungsstelle für Handwerk in die Dienste der Städtischen Gewerbeschule, im selben Jahr 1924 begann seine Tätigkeit als Kustos am Ulmer Museum, die besonders prägend war. Noch von Heinrich →Herrenberger persönlich in die Bestände des Museums eingeführt, entwickelte H. besonderes Interesse für die handwerkliche Sammlung, die vorgeschichtliche Abteilung und das „Festungsmuseum". Im Juli 1929 wirkte H. – ein rühriges Mitglied des Vereins für Kunst und Altertum in Ulm und Oberschwaben – bei der Organisation des 32. Schwäbischen Liederfestes in Ulm mit, indem er den Festzug zusammenstellte. Daneben zählte B. auch zu den Mitgründern des im Herbst 1920 gegründeten nationalistischen und republikfeindlichen Wehrbundes „Schwabenbanner Ulm", dessen Ausschuss er angehörte.
Nach dem erzwungenen Ausscheiden von Julius →Baum als Leiter des Ulmer Museums wurde H. zum kommissarischen Leiter ernannt, bis im Sommer 1939 der linientreue Carl →*Kraus offiziell zum Museumsleiter berufen wurde. H. erwarb das Maurerhaus für das Museum, veranstaltete Ausstellungen, Führungen, Vorträge und regte zahlreiche Publikationen an. Er selbst veröffentlichte eine Reihe fachwissenschaftlicher Bücher und Aufsätze. Von bleibendem Wert waren vor allem die Publikationen zur Ulmer Münz- und Geldgeschichte.
Nach dem Ende des Zweiten Weltkriegs erfolgte aus politischen Gründen H.s Suspendierung vom Amt, in das er allerdings schon 1946 zurückkehren und bis zu seiner regulären

---

[197] ZIEGLER, Fangelsbachfriedhof, S. 148.

138

Pensionierung 1951 unter dem kommissarischen Museumsleiter Joseph →Kneer verbleiben konnte.

Q   StadtA Ulm, G 2.
W   (Auswahl) Die Kienlen, eine Ulmer Goldschmiedfamilie, Augsburg 1926 – Alt-Ulmer Handwerkskunst und Brauch, Schorndorf 1927 – Die Zunftaltertümer des Museums der Stadt Ulm, Ulm 1929 – Ulmer Reformationsgedenkmünzen, in: UO 27 (1930), S. 70-76 – Der Ulmer Schulmodist und Rechenmeister Johann Krafft, in: UO 28 (1931), S. 32-34 – Die Goldschmiede zu Ulm, Ulm 1934 – Die Reichenauer Klosterhoffresken zu Ulm a. D. Der älteste deutsche Meistersingerraum aus der Zeit um 1380, Wien 1932 – Ulmer Münz- und Geldgeschichte des Mittelalters, Ulm 1935 – Ulmer Münz- und Geldgeschichte des 16. bis 19. Jahrhunderts, Ulm 1937.
L   UO 3, S. 161 – UBC 5a, S. 234 – UBC 5b, S. 343 – BRAUN, Schwabenbanner, S. 47 – Kustos Adolf Häberle wird heute 70 Jahre alt. Streiflichter aus seinem der Stadt Ulm gewidmeten Berufsleben, in: Ulmer Nachrichten Nr. 144, 25. VI. 1956 (Bild).

Häcker, *Otto* Adolf, * Esslingen/Neckar 18. Juni 1865, † Ulm 18. Aug. 1940, ev.

Vater   Karl Gustav (von) Häcker[198], Dr. iur., * Stuttgart 9. IX. 1822, † Baden-Baden 14. VI. 1896, Landgerichtspräsident in Stuttgart.
Mutter   Maria Mögling.
∞ Neu-Ulm 1. X. 1895 *Ida* Pauline Klara Kübel, * Esslingen/Neckar 27. VIII. 1862, T. d. Karl →Kübel, Landgerichtsdirektor a. D., u. d. Emma Hoffmann.

Der Justizbeamte und Historiker H. entstammte väterlicher- und mütterlicherseits württembergischen Beamtenfamilien, die im Laufe der Jahrhunderte zahlreiche Schulmänner, Geistliche und Justizbeamten gestellt hatten. Seine Kindheit und Jugend waren von den Versetzungen seines Vaters, eines hohen Justizbeamten, geprägt, und so besuchte H. die Schulen in Stuttgart, Ravensburg und Tübingen. Nach dem Jurastudium in Tübingen, wo er sich der Akademischen Gesellschaft Stuttgardia anschloss, und Leipzig ließ sich H. zunächst als Rechtsanwalt in Ulm nieder, trat dann aber in den württ. Justizdienst ein und wurde im Nov. 1892 zum Ortsrichter und Vorstand des Gewerbegerichts in Ulm ernannt. In dieser Zeit lernte er auch seine Ehefrau kennen, die er in Neu-Ulm heiratete.

1898 war er Sekretär des Geheimen Rats in Stuttgart mit dem Titel Regierungsassessor. Im Jahre 1899 als Amtsrichter nach Urach versetzt, wechselte er 1902 zum Landgericht Stuttgart und wenige Jahre später als Landrichter nach Ellwangen/Jagst. Dort zum Landgerichtsrat befördert, kam H. 1914 in gleicher Funktion an das Landgericht Ulm, wo er 1924 aus gesundheitlichen Gründen unter Verleihung des Titels Landgerichtspräsident in den Ruhestand versetzt wurde, den er in Ulm verlebte.

Frühzeitig an der Geschichte interessiert, hatte sich H. schon in Ellwangen sehr eifrig der Lokalgeschichte gewidmet. Er war langjähriger Vorstand des Geschichts- und Altertumsvereins Ellwangen und Schriftleiter des Vereinsorgans „Ellwanger Jahrbuch", arbeitete seit 1890 an einem Reiseführer für die Schwäbische und Fränkische Alb, von dem reichhaltigen Material konnte jedoch nur ein kleiner Teil erscheinen. Der Ehrenbürger von Ellwangen setzte seine historischen Arbeiten am neuen Wirkungsort Ulm fort, betätigte sich mit großer Hingabe bei der Erforschung der Ulmer Lokalgeschichte und war ein rühriges Mitglied des Vereins für Kunst und Altertum in Ulm und Oberschwaben, dem er auch als langjähriger Konservator diente. Im Sept. 1933 war H. Kuratoriumsmitglied des Ulmer Volksbildungsvereins bzw. später der NS-Gemeinschaft „Kraft durch Freude".

H. leitete den gut 100 Teilnehmer zählenden Wanderkurs des Volksbildungsvereins. Ende 1934 erhielt H. für einen Vorschlag zur Verschönerung Ulms den Preis des Bundes für Heimatschutz. Als Vortragsredner des Vereins referierte H. u. a. im April 1935 über den Ulmer Geographen Martin Zeiller, im April 1937 über die Verdienste der Familie Neubronner um die Erhaltung des Kiechelhauses. H. starb zwei Monate nach Vollendung des 75. Lebensjahres in Ulm, der Stadt, die ihm Heimat geworden war.

Q   StadtA Ulm, G 2.
W   (Auswahl) Das Dominikanerkloster in Ulm, in: Besondere Beilage des Staatsanz. für Württemberg 1929, S. 153-161 – Ein Besuch bei Daniel Kiechel, in: UBC 2, S. 445-453 und 468-477 – Ein Besuch bei Christoph Weickmann und seiner Familie, in: UBC 3, 302-310, 325-332, 349-351 – Das Bräuhaus zu den „Drei Kannen" als Geschichts- und Kunstdenkmal, ebd. S. 355 f. – Beiträge zur Heimatkunde des Bezirks Neu-Ulm: Aus dem Ulmer Winkel 1933 – Ulm im Lichtbild, ebd. S. 498-499 – Ein Streifzug durch die Jahrhunderte ulmischer Vergangenheit, in: Ulmer Blätter 1 (1934), Feb. – Der älteste deutsche „Bädeker". Ein kulturpolitischer Ausflug zur Reisezeit, in: Die deutsche Glocke Nr. 15 /1935. – Der Schneider von Ulm. Der Fall Berblinger nach dem heutigen Stande der Forschung, in: Württemberg. Monatsschrift im Dienste von Volk und Heimat, Jg. 1936, S. 403-417, 459-469 – Ulm. Die Donau- und Münsterstadt im Lichte der Vergangenheit. Ein Gang durch die Geschichte der führenden Reichsstadt Schwabens, Stuttgart 1940 – Schwäbische Erzbildnerei vom Mittelalter bis zur Neuzeit mit besonderer Berücksichtigung Ulms und der Beziehungen zwischen den Kunstgießereien der süddeutschen Städte, in: UO 31 (1941), S. 5-51.
L   UO 3, S. 35 – UBC 4, S. 228, 569 – UBC 5a, S. 111, 121, 507 – UBC 5b, S. 470, 503 – ARNOLD, Stuttgardia II, S. 37, Nr. 2 – TEUBER, Ortsfamilienbuch Neu-Ulm I, Nr. 1533.

Hähnle, Eugen, * Giengen an der Brenz/OA Heidenheim 20. Juli 1873, † Ulm 2. Feb. 1936, feuerbestattet ebd. 4. Feb. 1936, ⬚ Begräbnisstätte der Familie Hähnle im Columbarium in Giengen an der Brenz, ebd. ev.

Vater   Hans Hähnle[199], * Giengen 29. VII. 1838, † Heilanstalt Winnental 5. VII. 1909, Kommerzienrat, liberaler Politiker, MdL Württemberg, MdR.
Mutter   Lina Hähnle[200], geb. Hähnle (!), * Sulz/Neckar 3. II. 1851, † Giengen an der Brenz 1. II. 1941.
Mehrere G, darunter Hermann Hähnle, * Giengen an der Brenz 5. VI. 1879, † Göppingen 24. X. 1965, Vorsitzender des Bundes für Vogelschutz.

Der aus einer auch politisch einflussreichen Giengener Industriellenfamilie stammende H. war der letzte Ulmer Reichstagsabgeordnete vor 1918. Als Anwalt wirkte der linksliberale Politiker in Ulm.

Lateinschule in Giengen/Brenz, Gymnasium in Tübingen, Eberhard-Ludwig-Gymnasium in Stuttgart. Studium an der TH Stuttgart, Jurastudium in Berlin, Straßburg (Elsass), München und Tübingen (Mitglied der AV Igel). 1899. I., 1902 II. Höhere Justizdienstprüfung. Nach der II. Höheren Justizdienstprüfung trat Hähnle zunächst in die Kanzlei von Rechtsanwalt Theodor Liesching – nach 1918 württ. Finanzminister – in Tübingen ein, der ihn ebenso wie sein Vater politisch prägte. Seit 1910 Rechtsanwalt in Ulm, seit 1919 in Assoziität mit Rechtsanwalt Dr. Friedrich →Hahn, Spezialist für Wirtschafts- und Steuerrecht. 1912 bis 1918 (13. Legislaturperiode) MdR (Wahlkreis Württemberg XIV: Geislingen-Heidenheim-Ulm, FVP). Im Ersten Weltkrieg leistete er beim Reserve-Inf.-Rgt. 246 Kriegsdienst an der Westfront und erhielt das Eiserne Kreuz.

H. zählte im Nov. 1918 zu den Mitgründern der DDP in Württemberg und war nach 1919 Vorsitzender der DDP Ulm. Am 14. Nov. 1918 sprach er sich bei einer großen Versammlung von DDP, Nationalliberalen, Bürgerpartei und Zentrum im Ulmer Saalbau gegen die Rätebewegung aus und rief dazu auf, auf der Grundlage der durch die Revolution geschaffenen neuen Verhältnisse am Aufbau des Staates mitzuarbeiten. – Vorsitzender des Aufsichtsrats der Vereinigten Filzfabriken (Giengen/Brenz); Mitglied des Aufsichtsrats der „Ulmer Zeitungs AG"; Mitglied des Vereins für Kunst und Altertum in Ulm und Oberschwaben.

Q   StadtA Ulm, G 2.
L   RtHb 13. LP (1912), S. 261 (Bild S. 499) – UBC 4, S. 97 – Rechtsanwalt Eugen Hähnle †, in: Schwäb. Kronik Nr. 28, 4. II. 1936, S. 5 – KÖRNER/KILGER, Igel-Verzeichnis 1871-1996, S. 39, Nr. 233 – HAUNFELDER, Die liberalen Reichstagsabgeordneten, S. 173.

Häring, Hugo, Dr. h. c., * Biberach/Riß 22. Mai 1882, † Göppingen 17. Mai 1958, kath.

Vater   Häring, Schreinermeister.

198 Ih 1, S. 313.

199 Ih 1, S. 317 – RABERG, Biogr. Handbuch, S. 307 ff. – HAUNFELDER, Die liberalen Reichstagsabgeordneten, S. 174.
200 Ih 1, S. 317.

H. gilt als einer der bedeutendsten Initiatoren des „Neuen Bauens". Seine Theorien zur „Baukunst" bilden wesentliche Grundlagen der „Organischen Architektur". Wichtige Stationen seines Lebens und Schaffens sind mit Neu-Ulm und Ulm verknüpft.

Der Oberschwabe besuchte in Neu-Ulm die weiterführende Schule und schrieb sich nach dem Abitur, das er 1899 ablegte, für ein Architekturstudium an der TH Stuttgart ein. Von 1901 bis 1903 studierte er an der TH Dresden. Nach dem Studienabschluss in Stuttgart war der junge H. zunächst in Ulm tätig, ging aber 1904 nach Hamburg, wo er als Architekt und Lehrer an der Kunstgewerbeschule wirkte. Ab 1910 engagierte sich H. für die Eröffnung einer Filiale der Vereinigten Werkstätten für Kunst im Handwerk in Hamburg. Im Ersten Weltkrieg war H. ab 1915 Bauanwalt im ostpreußischen Allenburg (Kreis Wehlau) und übernahm mehrere Bauaufträge in Neu-Ulm. Das prominenteste Baudenkmal aus dieser Zeit ist die von 1916 bis 1921 von H. im Dessauer Bauhausstil erbaute sogenannte „Römervilla" im Glacis in der Neu-Ulmer Parkstraße 1, die er im Auftrag des Fabrikanten Hans →Römer entworfen hatte. Heute befindet sich darin ein Hotel-Restaurant. 1915/16 entwarf H. für die Wohnung des Bürgermeisters Josef →Kollmann in der Friedenstraße 21 die Wohn- und Schlafzimmereinrichtung, die von der Neu-Ulmer Möbelfirma Freyberger ausgeführt wurde.

Ab 1916 wurde H. als Dolmetscher auf dem Balkan eingesetzt. Nach Kriegsende arbeitete H. wieder in Hamburg, wechselte aber 1921 nach Berlin, wo ihm Ludwig Mies van der Rohe in seinem Büro ein Arbeitszimmer angeboten hatte. Im darauffolgenden Jahr beteiligte sich H. an der Großen Berliner Kunstausstellung. Ab 1926 engagierte sich H. als Sekretär der reichsweiten Architektenvereinigung „Der Ring", den er auch auf internationaler Ebene wiederholt vertrat. Wichtige Bauten H.s aus dieser Ära sind die Gutsanlage Garkau in Scharbeutz (Ostholstein), die Onkel-Tom-Siedlung in Berlin-Zehlendorf (1926/27) und die Ring-Siedlung in Siemensstadt (1929/30). Für die Häuser sollten die Häuser *Organe ihrer Bewohner sein* , deshalb lehnte er vorgegebene Formen und Ausführungen ab. Nach der NS-Machtübernahme galten die Vertreter des „Neuen Bauens" als „entartet" und erhielten kaum noch Aufträge. 1935 übernahm er die Leitung der Reimannschule in Berlin, die er in Schule „Kunst und Werk" umbenannte. Nachdem er 1943 ausgebombt worden war, übersiedelte H. wieder in seine Heimatstadt Biberach, wo er 1950 die nach ihm benannten Häuser der Familie Schmitz erbaute.

Nach Kriegsende verpflichtete sich H. als Beauftragter für den Wiederaufbau in der französischen Besatzungszone. Von Biberach aus arbeitete er an Hans Scharouns Institut für Bauwesen an der Akademie für Wissenschaften in Berlin mit. H. starb wenige Tage vor seinem 76. Geburtstag nach längerer Krankheit. 1969 wurde ein nach H. benannter Preis gestiftet, der für vorbildliche Bauwerke in Baden-Württemberg verliehen wird. – 1950 Dr. h.c. der TH Stuttgart; 1955 Mitglied der Akademie der Künste.

Q Stiftung Archiv der Akademie der Künste Berlin, Nachlass.
W Vom neuen Bauen, Berlin 1952.
L J. JOEDICKE (Hg.), Das andere Bauen. Gedanken und Zeichnungen von Hugo Häring, 1982 – Sabine KREMER, Hugo Häring (1882-1958). Bauten, Entwürfe, Schriften, phil. Diss., TU München 1982 – DIES., Hugo Häring. Zum 100. Geburtstag, unter: http://www.dr-kremer-architekten.de/html/hugo_haering-.html – http://deu.archinform.net/arch/917.html. – WEIMAR, Rundgang, S. 57, 88.

Härlin (auch: Härlen), genannt Tritschler, Johann Gottfried *Benjamin*, Dr. iur., * Wildberg/OA Nagold 13. oder 14. Juni 1749, † Stuttgart 10. Mai 1830, ⬚ ebd., Hoppenlaufriedhof, ev.
Vater Friedrich Ludwig Härlin, Lic. iur., Hofgerichtsadvokat in Stuttgart, Oberamtmann in Herrenberg.
Mutter Ursula Barbara Tritschler.
Mindestens 1 G Georg Friedrich Christian Härlin, Mag., * Stuttgart 12. XI. 1742, † 23. II. 1818, Stadtpfarrer in Weilheim unter Teck/OA Kirchheim.

∞ I. Stuttgart 10. X. 1776 Johanna Elisabetha Bengel, * Stuttgart 16. IV. 1759, † Ulm 13. I. 1805, T. d. Hofmedicus Dr. Viktor Bengel in Stuttgart; ∞ II. Stuttgart 16. IX. 1805 Christiane *Charlotte* Schott, * Stuttgart 9. XII. 1762, † ebd. 30. VIII. 1831, T. d. Johann Gottlieb Schott, * Erbstetten 11. 2. 1723, † Stuttgart 8. IX. 1788, Landschaftseinnehmer in Stuttgart, u. d. Katharine Salome Rümelin, * Nürtingen 15. V. 1728, † Stuttgart 22. XI. 1808.
Keine K.

H. zählt zu den Ulmer Ratskonsulenten, die sich nach dem Ende der reichsstädtischen Verfassung rasch in den neuen Verhältnissen zurechtfanden und ihre Laufbahn als Juristen sowohl unter bayerischer wie unter württembergischer Herrschaft fortsetzen konnten.

H. entstammte einer württ. Beamten- und Pfarrerfamilie und durchlief die obligatorische Ausbildung in den Klosterschulen. Nach dem Jurastudium in Tübingen bewarb sich H. mit Empfehlung eines Onkels, des Hzgl. Württ. Geh. Hofrats Elias Benjamin Tritschler, für die Stelle eines Ratskonsulenten und erhielt sie am 26. Juni 1775. Der ao. Ratskonsulent bei der Reichsstadt Ulm wirkte in der für die Errichtung des Zucht- und Arbeitshauses zuständigen Deputation mit, 1789 erhielt er die Sublevationsdeputationsstelle und wurde 1792 Mitglied der Ulmer Deputation beim Schwäbischen Kreis. Im Sommer 1802 ging H. mit dem Rottweiler Amtsbürgermeister als Delegierter der Reichsstädte zur Reichsdeputation nach Regensburg, um dort Vorsorge für die möglichst weitgehende Bewahrung der reichsstädtischen Unabhängigkeit gegenüber zukünftigen neuen Landesherren zu treffen. Das Mandat war den beiden Deputierten von dem letzten schwäbischen Städtetag in Ulm erteilt worden, der vom 16. bis zum 26. Aug. 1802 getagt hatte. H. und Hofer traten mit einer 40-seitigen Denkschrift auf, an deren Formulierung H. beteiligt gewesen war. Darin waren als Kernforderungen u. a. das Recht der landständischen Repräsentation, die Befreiung von der Militärpflicht und die Wahrung der grundherrlichen Rechte der Reichsstädte in ihren jeweiligen Territorien enthalten. Zu diesem Zeitpunkt kämpften die beiden Delegierten jedoch bereits auf verlorenem Posten. Nur die Landstandschaft Ulms konnte 13 Jahre später erreicht werden.

Am 20. März 1804 zum Kurpfalzbayer. Landesdirektions- und Konsistorialrat ernannt, war H. seit Feb. 1804 Mitglied der protestantischen Konsistorial-Sektion in Ulm, die für die evangelischen Pfarreien der neu an Bayern gefallenen Reichsstädte und der anderen neuen Gebiete zuständig war. Zuletzt war H. Obertribunalrat in Stuttgart. In seinem Testament rief er die nach ihm benannte Studienstiftung ins Leben.

W De Syndicis et Consiliariis Civitatum Imperialium, Tübingen 1775 – Vorschlag zu einer Brandversicherungs-Kasse in Reichsstädten, 1786 – Aktenmäßige Darstellung betreffend den von Ulm auf Verlangen des dasigen k. k. H. Festungskommandanten Obristen von Schaumberg sich zu seinem angewiesenen Buchhändlers Johann Georg Heinzmann. Mit Beilagen 1-4, Ulm 1798 – Aufsätze in „Jägers Magazin für die Reichsstädte".
L WEYERMANN I, S. 281 [mit „Härlen" und Geburtsdatum 14. Juni] – [Gottlieb Dietrich MILLER], Auch etwas über die Verweisung des Bürgers Heinzmann aus Ulm, das Benehmen des dortigen Magistrats und des Ratskonsulenten D. Härlin. Hg. von einem Weltbürger, o. O. 1799 – GRADMANN, Das gelehrte Schwaben, S. 205 f. – SK vom 13. V. 1830, S. 479 und 480 (Todesanz.) – FABER 77, § 89 und 89, § 4 c – GEORGII-GEORGENAU, S. 856 – PFEIFFER, Hoppenlau-Friedhof, S. 60 – MAIER, Nachfahrentafel Schott, S. 14 – UBC 1, S. 381 – GÄNßLEN, Ratsadvokaten, S. 229 f. – NEBINGER, Die ev. Prälaten, S. 565 – KLOPPING, Historische Friedhöfe, S. 292, Nr. 784 [mit Vorname „Karl" und Sterbedatum „17. III. 1830"] – UNGERICHT, Revolution, S. 152 – SCHMIDT, Revolution, S. 125, 290 f. – SPECKER, Großer Schwörbrief, S. 249.

Hagenmeyer, Otto *Erich*, * Deggingen/OA Geislingen 21. Aug. 1892, † Darmstadt 28. Sept. 1963, kath., später „gottgläubig".
Vater Otto Hagenmeyer, Katastergeometer in Münsingen.
Mutter Anna Maria Nusser.
∞ Stuttgart 12. VII. 1919 Maria Magdalene *Elise* Reuss, * Speichen/Kreis Bitburg 19. II. 1889, T. d. Ferdinand Thomas Reuss, Bürgermeister, u. d. Johanna Anna Eberhöfer.
2 K *Rolf* Otto Erich Hagenmeyer, * Stuttgart 22. IV. 1920, † Ulm 30. XII. 1937; *Irmgard* Margarethe Hagenmeyer, * Stuttgart 19. VII. 1927, ∞ Ulm 11. VI. 1949 *Friedrich* Karl Ehrmann, * Ulm 8. VIII. 1921, kaufmännischer Angestellter, S. d. Karl Ehrmann, kaufmännischer Angestellter in Ulm.

Der „Alte Kämpfer" und SA-Führer H. übernahm mitten im Krieg von Wilhelm →Dreher den hohen Posten des Ulmer Polizeidirektors. Der gebürtige Älbler war damit in die vorderste Stellung des Unterdrückungs- und Terrorapparats „vor Ort" gerückt.

Nach Volks- und Realschule in Münsingen und Oberrealschule in Reutlingen trat H. im Aug. 1908 als 16-jähriger Eisenbahnanwärter in den gehobenen württ. Eisenbahndienst ein; 1914 bestand er die Prüfung zum Eisenbahnassistenten. Danach war er Soldat im Ersten Weltkrieg, zuletzt Leutnant d. R. (Okt. 1938 Beförderung zum Oberleutnant d. R.). Nach Kriegsende kehrte er in den Eisenbahndienst zurück und bestand 1922 die Prüfung zum Eisenbahnobersekretär. Der mit dem EK II ausgezeichnete, von den Erfahrungen im Krieg stark geprägte H., der den Frieden von Versailles (Juni 1919) als „Schanddiktat" ablehnte, schloss sich zunächst dem Deutsch-Völkischen Schutz- und Trutzbund an, bevor er im Aug. 1920 der NSDAP beitrat. Nach deren zeitweiligem Verbot war er Mitglied der „deutsch-völkischen Freiheitspartei" sowie ab dem 27. Juli 1927 wieder NSDAP-Mitglied (Nr. 70.182). In die SA trat er am 1. Sept. 1929 ein und führte danach die SA-Standarte 129 in Zuffenhausen, dann die SA-Brigade 155 in Heilbronn/Neckar. Der glühende Gefolgsmann Hitlers, Träger des Goldenen Parteiabzeichens, wurde Anfang 1934 zum Reichsbahnoberinspektor befördert, ab 20. April 1934 jedoch zur Wahrnehmung hauptamtlicher SA-Führerstellen beurlaubt. Mitte 1935 kam er als Nachfolger von Georg →Schwäble als Führer der SA-Brigade 56 (Württemberg-Süd) nach Ulm. Im darauffolgenden Jahr erfolgte seine Beförderung zum SA-Brigadeführer. Am 9./10. Nov. 1938 ließ er, sich selbst im Hintergrund haltend, den Befehl zur Niederbrennung der Synagogen in seinem Befehlsbereich von den Standartenführern ausführen. Im Falle des misslungenen Anschlags auf die Synagoge in Buchau erteilte er den Befehl, diese am folgenden Tag niederzubrennen.

Im Zweiten Weltkrieg war der 1938 zum Oberleutnant d. R. beförderte H. zunächst in das Art.-Rgt. 260 in Ulm eingerückt und nahm am Frankreich-Feldzug sowie am Überfall auf die Sowjetunion teil. Im Osten war er Batterieführer bei einer Flakbatterie. Im Feb. 1942 musste er auf Grund seines Magenleidens den Kriegseinsatz beenden, war aber noch bis Nov. 1942 bei der Heeresflak-Artillerie-Ersatzabteilung 225 in Gotha eingesetzt. Er erhielt bei seiner Entlassung aus der Wehrmacht die Spange zum EK II im Frankreichfeldzug, das EK I hatte er im Aug. 1941 erhalten.

H., der im März 1939 zum Reichsbahnamtmann und zum Reichstagsabgeordneten ernannt worden war[201] und damit endgültig im Establishment des Hitler-Staates angekommen war, übernahm am 17. Feb. 1943 zunächst die Wahrnehmung der Dienstgeschäfte des Ulmer Polizeikommissars, am 14. Sept. 1943 erfolgte die offizielle Ernennung und am 12. Nov. 1943 die feierliche Amtseinsetzung als Nachfolger von Wilhelm →Dreher. Hinter den Kulissen hatte es ein längeres Tauziehen um die Besetzung des Postens gegeben, da Innenminister Dr. Jonathan Schmid den Regierungsrat Dr. Erhard Pfisterer beim Stuttgarter Polizeipräsidium favorisierte, während Reichsstatthalter Wilhelm →*Murr auf den „Alten Kämpfer" H. setzte, was letztlich den Ausschlag gab.

Als Polizeidirektor schied der 1942 noch zum Reichsbahnrat ernannte H. endgültig auch formal aus dem Eisenbahndienst aus. H. war in den letzten Kriegsjahren in Ulm der Exekutor der „Durchhalteparolen" in einer sterbenden Stadt. Zugleich fungierte er als Leiter der Staatlichen Kriminalabteilung in Ulm und des Luftschutzes für Ulm und Neu-Ulm.

Auf Anweisung des Reichsstatthalters Wilhelm Murr setzte sich H. am 23. April 1945 aus Ulm ab und geriet, in Zivil und ausgestattet mit einem Sonderausweis, wenig später in US-Gefangenschaft. Milde konnte er von den Besatzern nicht erwarten. Vom 14. Mai 1945 bis zum 22. Jan. 1948 war er in Ludwigsburg, Zuffenhausen, Dachau, Regensburg und Kornwestheim interniert. Das Landgericht Ravensburg verurteilte ihn 1948 wegen Beteiligung an den Vorgängen des 9. Nov. 1938 in Ulm zu einer Zuchthausstrafe von viereinhalb Jahren. Im Okt. 1949 wurde H. auf Bewährung aus der Haft entlassen und fand Arbeit als Bauhilfsarbeiter in Ulm. Im Jahr darauf stufte ihn die Spruchkammer Ludwigsburg als Belasteten ein und verurteilte ihn zur Zahlung von 20 Prozent seines Vermögens (mindestens 200 DM) an den Wiedergutmachungsfonds. H. bat um Gnade, erreichte aber nur den Erlass des Vermögenseinzugs, nicht die erstrebte Umstufung.

Im Juni 1960 zog H. nach Darmstadt, wo er drei Jahre später im Alter von 71 Jahren starb.

Q   StadtA Ulm, G 2 – HStAS, E 151/03 Bü 385, Bll. 1115, 128, 135.
L   UBC 5b, S. 316, 649, 651 – STOCKHORST, Die württ. Polizei, S. 175, 181, 304 – SPECKER, Ulm im Zweiten Weltkrieg, S. 263, 293, 364, 420, 454 – SCHMIDT, Kurzbiographien, S. 473-476 (Bild) – WILHELM, Polizei im NS-Staat, S. 175, 181, 304 – LILLA, Statisten, S. 206, Nr. 359.

Hagmeier (Hagmaier), Willy, * Ulm 28. Dez. 1887, † ebd. 8. Juni 1974, ev.

Vater   Max Hagmeier, * 1847, † 1904, Kaufmann in Ulm.
Mutter   Mina Stahl, 1853, † 1943.

Der erste Ulmer Landgerichtspräsident nach Ende des Zweiten Weltkriegs war ein Sohn der Stadt. Die Wiederingangsetzung des Ulmer Justizwesens unter schwierigsten Bedingungen bleibt eng mit seinem Namen verknüpft.

H. war Schüler der Elementarschule und des Ulmer Kgl. Gymnasiums, bestand im Juli 1906 das Abitur und studierte anschließend von 1906 bis 1911 Jura in Tübingen und Berlin. 1911 absolvierte H. die I., 1915 nach der vorwiegend in Ulm verbrachten Referendariatszeit die II. Höhere Justizdienstprüfung, um danach bis Kriegsende als Leutnant d. R. die Schrecken des Krieges in Frankreich kennen zu lernen. Es gehörten bis 1923 hilfsrichterliche Tätigkeiten in Waldsee, Maulbronn, Vaihingen/Enz, Tettnang, Tübingen und Ravensburg wahrzunehmen. 1923 als Landrichter zum Landgericht Heilbronn/Neckar versetzt, kam H. 1927 als Amtsrichter in seine Heimatstadt Ulm zurück. 1932 Landgerichtsrat ebd., wurde H. Ende 1944 zum Kriegsschädenamt der Stadt Ulm abgeordnet.

H. war fast 60 Jahre alt, als seine berufliche Laufbahn im Zeichen des Kriegsendes und der Notwendigkeit zur Reorganisation des Justizwesens eine neue Wendung nahm. Am 15. Mai 1945 mit der Reorganisation des Landgerichts Ulm beauftragt, verstand H. sich Respekt bei der Militärregierung zu verschaffen, indem er für Positionen in der Ulmer Justiz nur Personen vorschlug, die sich tatsächlich nicht oder nur wenig im Nationalsozialismus kompromittiert hatten. Am 16. bzw. 18. Juli 1945 als Präsident des Landgerichts Ulm eingesetzt, übernahm H. den Vorsitz der Großen Strafkammer und des Schwurgerichts ebd. Man rühmte ihm nach, ein „menschlicher" und humorvoller Präsident gewesen zu sein, der Land und Leute seines „Sprengels" wie kaum ein Zweiter gekannt und sich nicht gescheut habe, Schwäbisch zu sprechen. Berühmt war er für seine pointierten, schlagfertigen Formulierungen in Prozessen. Zum 1. Jan. 1953 wurde H. unter Verleihung des Bundesverdienstkreuzes in den Ruhestand versetzt. H., der ein eifriger Nutzer des Angebots der Stadtbibliothek und der vh Ulm war, starb in der Mitte des 87. Lebensjahres in seiner Heimatstadt Ulm.

Q   StadtA Ulm, G 2.
L   UBC 3, S. 367 – Präsident Hagmeier im Ruhestand. Ein verdienstvoller Jurist und Leiter des Landgerichts Ulm, in: Schwäb. Donau-Zeitung Nr. 301 (1952, S. 4

---

[201] 1936 und 1938 war er vergeblich als Reichstagsabgeordneter vorgeschlagen worden.

(Bild) – Landgerichtspräsident Hagmeier in den Ruhestand versetzt, in: Ulmer Nachrichten Nr. 303, 30. XII. 1952.

Hahn, *Friedrich* Wilhelm, Dr. iur., * Reutlingen 24. April 1883, † Ulm 22. Nov. 1961, ev.

H. war über Jahrzehnte hinweg einer der führenden Ulmer Liberalen.

Der gebürtige Reutlinger wurde nach dem Jurastudium in Tübingen zum Dr. iur. promoviert. Während des Ersten Weltkriegs bestand er die beiden Höheren Justizdienstprüfungen und trat in den württ. Justizdienst ein, der in dieser Zeit jedoch nur sehr schlechte Aufstiegsmöglichkeiten bot. Nach kurzer Dienstzeit als Gerichtsassessor ließ sich H. 1919 als Rechtsanwalt in Ulm nieder, wo er mit Eugen →Hähnle assoziiert war. Mit Hähnle war er auch Redakteur der „Ulmer Zeitung". Seit 1949 war er nach der bestandenen Notarprüfung auch Notar in Ulm.

Der zunächst der Fortschrittlichen Volkspartei (FVP) angehörende H., der u. a. Freundschaften zu Theodor Heuss und Reinhold Maier pflegte, schloss sich noch Ende 1918 der neu gegründeten Deutschen Demokratischen Partei (DDP) an. H. zog es in die Landespolitik; im Jan. 1919 war er Kandidat der DDP für die Württ. Verfassunggebende Landesversammlung (Platz 89 Landesliste), im Juni 1920 Reichstagskandidat (Platz 17 Landesliste). 1932/33 fungierte H. als Zweiter Vorsitzender der DDP Ulm. 1945 war H. der wohl maßgebliche Mitgründer der Demokratischen Volkspartei (DVP) in Ulm, die am 15. Dez. 1945 an die Öffentlichkeit trat. Bis 1955 war H. Erster Vorsitzender der DVP in Ulm. Am 26. Mai 1946 erfolgte H.s Wahl in den Gemeinderat, dem er bis 1951 angehörte. Die DVP war in Ulm mit sechs Mandaten zur drittstärksten kommunalpolitischen Kraft nach CDU und SPD geworden. Den Fraktionsvorsitz im Gemeinderat führte der von H. nicht besonders geschätzte Hermann →Wild, der in einem Brief an den Parteifreund und Ministerpräsidenten von Württemberg-Baden, Reinhold Maier, einmal schrieb, H. werde in Ulm zur „komischen Figur". In der Kommunalpolitik agierte H. unsicher und trat oft mit Maximalforderungen auf, bei denen wahrscheinlich auch er selbst wusste, dass sie in der Nachkriegszeit unerfüllbar waren. 1945/46 begann er seine Aktivität als Wiedergründer und Erster Vorsitzender des Vereins Alt-Ulm, blieb aber im Vergleich etwa zu Eugen →*Kurz, Hellmuth →Pflüger oder Albert →Unseld im Hintergrund. Lange Zeit war H. Zweiter Vorsitzender des Vereins für Kunst und Altertum. Von 1919 bis 1924 vertrat H. mit Dekan Heinrich →Holzinger den Bezirk Ulm in der Ev. Landeskirchenversammlung und übernahm dort das Amt des Schriftführers.

Q   StadtA Ulm, G 2.
L   UBC 4, S. 115, 254 – UBC 6, S. 33, 36, 48, 121 – DANNENBERG, Selbstverwaltung, S. 229, 232, 236 – EHMER/KAMMERER, S. 171 – GNAHM, Giebel oder Traufe?, S. 17 u. ö.

Hailer, Walter, Dr. iur., * Ravensburg 16. März 1905, † Konstanz 22. Sept. 1989, kath.
Vater   Walter Hailer, Landrichter, später Landgerichtsrat in Ravensburg.
∞. Mehrere K.

H. war in den ersten Jahren der Amtszeit von Oberbürgermeister Theodor →Pfizer Erster Beigeordneter der Stadt Ulm.
H. besuchte das humanistische Gymnasium seiner Vaterstadt und studierte anschließend ab 1924 in Tübingen zunächst drei Semester Chemie, ab 1926 Rechtswissenschaften und trat dort der Kath. Studentenverbindung Alamannia bei. Einer seiner engen Freunde aus dieser Zeit war der spätere Ministerpräsident von Baden-Württemberg, Dr. Gebhard Müller (1900-1990; CDU). 1930 legte H. seine I. Höhere Justizdienstprüfung ab, 1931 folgte die Promotion. 1933 war H. trotz einer glänzend bestandenen II. Juristischen Staatsprüfung angesichts sehr

ungünstiger Aussichten der Weg in den Staatsdienst praktisch versperrt, so dass er Hauptschriftleiter der Tageszeitung „Schwarzwälder Volksfreund" (Rottweil) wurde. Nachdem sich die Dinge dort im Zeichen der sehr eingeschränkten Pressefreiheit nicht wie erwartet entwickelten, wagte H. doch den Wechsel in die Verwaltungslaufbahn. Von 1934 bis 1945 war er Regierungsassessor, zunächst bis 1937 beim LRA Calw und im Wirtschaftsministerium in Stuttgart, anschließend Regierungsrat beim Technischen Landesamt in Ludwigsburg. Im Zweiten Weltkrieg war er zum Kriegsdienst eingezogen und u. a. Kriegsverwaltungsrat beim Stab des deutschen Militärverwaltungschefs für das besetzte Belgien in Brüssel. Das Kriegsende erlebte er mit Gebhard Müller an der deutsch-österreichischen Grenze. H. war mehr als ein Jahr lang französischer Kriegsgefangener.
Nach 1946 konnte H. seine Laufbahn fortsetzen, zunächst beim Landwirtschaftsministerium Württemberg-Baden und später wieder beim Technischen Landesamt in Ludwigsburg. 1948 wurde er zum Referenten bei der Oberen Flurbereinigungsbehörde in Ludwigsburg berufen. Als sich 1949 im Zuge der Neuordnung der städtischen Verwaltung in Ulm für H. die Möglichkeit eröffnete, dort Erster Beigeordneter zu werden, bewarb er sich für die Position und hatte Erfolg: Der Gemeinderat votierte für ihn als Ersten, für Julius Girmond als Zweiten und Max →Guther als Dritten Beigeordneten. H. leitete in Personalunion die Hauptverwaltung und das Personalamt. Er war ein ambitionierter Verwaltungsfachmann, der sich zu Höherem berufen fühlte. Als im Feb. 1954 die Neuwahl des Oberbürgermeisters in Ulm anstand, kandidierte H. gegen seinen sich erneut um das Amt bewerbenden Vorgesetzten Pfizer – und wusste wohl, dass er in Ulm nur eine Zukunft hatte, wenn er die Wahl gewann. H. scheiterte jedoch vollkommen, da Pfizer mit über 76 Prozent der gültigen Stimmen im Amt bestätigt wurde. H. konnte also nicht einmal einen Achtungserfolg für sich verbuchen. Er schied als Erster Beigeordneter aus; seine Nachfolge wurde 1955 von Dr. Hans →Lorenser angetreten. Als Leiter der Hauptverwaltung folgte ihm Regierungsrat Dr. Hermann Schmid, als Leiter des Personalamts Alfred Müller.
Noch im Jahr 1954 wechselte H. als Senatspräsident beim neu gebildeten Flurbereinigungssenat an den Verwaltungsgerichtshof Baden-Württemberg. Von 1957 bis 1963 war H. Ministerialdirektor und ab 1960 als Nachfolger des in den Ruhestand getretenen Staatsministers Oskar Farny Leiter der Vertretung des Landes Baden-Württemberg und dessen Bevollmächtigter beim Bund (offiziell „mit der Wahrung der Geschäfte beauftragt") sowie Mitglied des Ständigen Beirats des Bundesrates.
Im Sommer 1963 wurde H. zum Präsidenten des Verwaltungsgerichtshofs und des Disziplinarhofs Baden-Württemberg ernannt, ein Amt, das er bis zu seiner Zurrruhesetzung im Jahre 1970 ausübte. Von 1965 bis 1970 war er stv. Präsident des Staatsgerichtshofs von Baden-Württemberg, von 1970 bis Juli 1976 Präsident ebd. Im Ruhestand engagierte sich H. als Schiedsrichter in Fragen des Personalstatuts des deutsch-französischen Jugendwerks, als Leiter der Fortbildungslehrgänge der staatlichen Innenverwaltung für höhere Beamte und Verwaltungsrichter, als Mitglied der Enquêtekommission des Deutschen Bundestags in Fragen der Verfassungsreform. – Großes Verdienstkreuz mit Stern des Verdienstordens der Bundesrepublik Deutschland.

Q   StadtA Ulm, G 2.
L   UBC 6, S. 75, 77, 127, 142, 153 f., 175, 192 f., 211 – Konstantin HANK, Walter Hailer wurde 65 Jahre alt, in: Alamannenblätter N.F. Nr. 42/1970, S. 7 (Bild) – Alfred HAILE, Walter Hailer 70 Jahre alt, ebd. N.F. 52/1975, S. 2 f. (Bild) – Wolfgang ZELLER, Die Geschichte der Landesvertretung Baden-Württemberg in Bonn und ihrer Vorläufer (1619-1985), Dettenhausen-Stuttgart 1985, S. 85-92 – Albert PFITZER, Bb Dr. Walter Hailer †, in: Alamannenblätter N.F. 81/1989, S. 15 f. (Bild) – TREU, Neu-Ulm, S. 428.

Hainlen (auch: Heinlin, Hainle), Christian, * Ulm 3. Mai 1772, † ebd. 29. Juni 1826, ev.
Vater   Jacob Hainle, Weber und Meistersänger in Ulm.
∞. Mehrere *K*, darunter Karl Christian →*Hainlen, Pfarrer; Johann Hainlen, Uhrmacher und Bürgerausschussmitglied in Ulm.

Der ursprünglich zur Theologie strebende H. besuchte das Ulmer Gymnasium und seit 1789 die öffentlichen Vorlesungen. Da sich schon in seiner Jugend seine Fähigkeit als Uhrmacher gezeigt hatte, gab er den Plan des Studiums auf und bildete sich als Autodidakt, ohne Lehrer, zum kundigen Uhrmacher aus, der sich die Werkzeuge selbst verschaffte und zum Teil anfertigte. Nach 1792 ging er auf Wanderschaft u. a. nach Konstanz und Genf, um sich in den dortigen Werkstätten weiterzubilden. 1795 kehrte er nach Ulm zurück und begründete dort am Fischkasten sein eigenes Uhrmachergeschäft. Bald nahm er offizielle Aufträge der Stadt entgegen, durfte sich „Stadtuhrenmacher" nennen und unterschied sich von den Kollegen seiner Zunft durch das kunsthandwerkliche Können, mit dem er seine Arbeit betrieb. H. wurde im Juli 1811 vom König zum Ulmer Senator (Ratsherr) im Ratskollegium der Stadt gekürt.

Q   StadtA Ulm, H Waibel: Raimund WAIBEL, Mitglieder in Gemeinderat und Bürgerausschuss 1800-1899, Typoskript, S. 10.
L   WEYERMANN II, S. 167 f.

Haller, Friedrich (von), Dr. iur., Dr. rer. pol., * Ulm 10. April 1861, † Stuttgart 26. Nov. 1938, ev.
∞ Maria Roth.
Mehrere *K*, alle † vor H.

H. war einer der hervorragendsten Verwaltungsexperten Württembergs.
Aufgewachsen in Ulm, studierte H. in Tübingen Jura (Mitglied der Landsmannschaft Schottland) und spezialisierte sich bereits in dieser Zeit auf Verwaltungsrecht. Nach dem Abschluss der beiden Höheren Justizdienstprüfungen und zwei Promotionen (!) trat H. in den Dienst der württ. Innenverwaltung. Dieser führte ihn als Assistenten, stv. Amtmann und Amtmann an verschiedene Oberämter und um die Jahrhundertwende zur Regierung des Neckarkreises in Ludwigsburg, wo er zum Regierungsrat befördert wurde und nebenamtlich den stv. Vorsitz beim Schiedsgericht II für Arbeiterversicherung in Ludwigsburg führte.
1904 wechselte er vom Dienst der Innenverwaltung als Oberverwaltungsgerichtsrat zum Württ. Verwaltungsgerichtshof in Stuttgart, der zum Geschäftsbereich des Staatsministeriums gehörte. 1928 zum Direktor ebd. ernannt und im gleichen Jahr pensioniert, war H. als Vertreter des Verwaltungsgerichtshofs auch Mitglied des Württ. Staatsgerichtshofs. Mit dem Stuttgarter Rechtsanwalt Dr. Edmund Natter war er viele Jahre lang Herausgeber der „Württ. Zeitschrift für Rechts- und Verwaltungspflege" (WZRV), die er selbst begründet hatte. 1915 gab er das „Handwörterbuch der Württembergischen Verwaltung" heraus – bis auf den heutigen Tag ein unverzichtbares Grundlagenwerk. Anfang 1925 berief ihn Staatsrat Leopold Hegelmaier in die von ihm geleitete Kommission zur Aufstellung einer Landesordnung des Allgemeinen öffentlichen Rechts. Deren Aufgabe war die Fassung des gesamten Allgemeinen Verwaltungsrechts in Gesetzesform – ein ad dato in Deutschland nicht gewagter Versuch, bei dem H. seine Kenntnisse des Verwaltungsrechts sehr zugute kamen. Eine seiner letzten Arbeiten war die Mitwirkung an der Verwaltungsrechtsordnung für Württemberg, die 1931 in Kraft trat. Schon vor dem Ersten Weltkrieg war H. Mitgründer der Stuttgarter Ortsgruppe des Deutschen Wehrvereins gewesen. – Ritterkreuz des Württ. Kronordens; Ritterkreuz I. Kl. des Friedrichsordens.

W   (Auswahl) Zahlreiche Rezensionen in der WZRV; Württ. Wassergesetz vom 1. Dezember 1900. Aus der Gesetzesbegründung, den Kommissions-Berichten und den Kammerverhandlungen erläutert und mit den Vollzugsvorschriften hg.,

Stuttgart 1902   – (Hg.) Handbuch des Armenrechts, Stuttgart ²1909 – Aus der Rechtsprechung des Verwaltungsgerichtshofs, in: WZRV (1913), und (1914), Nr. 1 (Jan. 1914), S. 19-23, Nr. 2 (Februar 1914), S. 44 ff. – Die Teilnahme von Frauen an den Sitzungen der Kirchengemeinderats, ebd., S. 37 f. – Anfechtung einer Ortsvorsteherwahl wegen Nichtaufnahme eines Wählers in die Wählerliste, in: WZRV VII (1914), Nr. 3 (März 1914), S. 61 ff – Aus der Rechtsprechung des Verwaltungsgerichtshofs, in: WZRV VII (1914), Nr. 7 und 8 (Juli und August 1914), S. 166-179 – Das württ. Gesetz über die Kirchen vom 3. März 1924. Unter Berücksichtigung der Gesetzesbegründung, der Landtagsverhandlungen und der Bestimmungen der Reichsverfassung, Stuttgart 1924 – Der Begriff und die rechtliche Stellung des Interesse [sic] im Verwaltungsrecht, in: WZRV XX (1927), S. 33-45 – Aus der Wirksamkeit des Verwaltungsgerichtshofs, ebd., S. 187-192 – Wegrecht und Verwaltungsgerichtsbarkeit, in: WZRV XXI (1928), S. 145-149, 182-189.
L   Ih 1, S. 325 – Direktor i. R. Dr. v. Haller †, in: SK Nr. 279, 27. XI. 1938, S. 5 – SM Nr. 281, 30. XI. 1938, S. 4.

Haller, *Karl* Eugen, Dr. Ing., Dr. rer. pol., Dipl.-Bauing., * Ulm 25. Juni 1884, † Tübingen 11. April 1963, ev.
Vater   Matthäus Haller, Steuerwachtmeister.
Mutter   Marie Pauline Christine Wegler.
∞ I. Bertha Hermanny, Kunstmalerin; ∞ II. Luise Bopp.

Der gebürtige Ulmer H. war einer der umstrittensten Kommunalpolitiker Württembergs in der ersten Hälfte des 20. Jahrhunderts.
Nach Schulbesuch und Zimmermannslehre in seiner Vaterstadt besuchte H. von 1904 bis 1906 die Stuttgarter Baugewerkeschule. 1906 bestand er die Staatliche Prüfung für die Wasserbaufach und trat in den Dienst der Kgl. Württ. Generaldirektion der Staatseisenbahnen. Bis 1912 war er als Angestellter bei den Eisenbahnbauinspektionen Esslingen/ Neckar und Stuttgart sowie beim Militärbauamt I Ludwigsburg tätig. 1913 nahm er ein Ingenieurstudium an der TH Stuttgart, Braunschweig und München auf, das er im Sommer 1915 mit der Diplomprüfung für Bauingenieure an der TH München abschloss. 1916 wurde er ebd. auch zum Dr. Ing. promoviert. Im Ersten Weltkrieg war er 1918 als Oberingenieur bei einer Privatbahn an der Hauptbahn Przemysl-Lemberg-Tarnopol in Galizien tätig.
Nach Kriegsende studierte H., schon 35 Jahre alt, in Heidelberg und Tübingen Literatur, Kunstgeschichte, Philosophie, Volkswirtschaft und Verwaltungswissenschaft. Im Sommer 1920 wurde er mit der Arbeit „Die Bedeutung der Meliorationen (Be- und Entwässerungen) als Mittel zur Förderung der Landeskultur" bei Professor Dr. Carl Johannes Fuchs (Universität Tübingen) promoviert. Kurzzeitig beim städtischen Tiefbauamt in Ulm und beim preußischen Neubauamt der Mainkanalisierung in Hanau tätig, bestand H. im Frühjahr 1921 die Staatsprüfung für Bauingenieure und trat im Mai 1921 in die Dienste der Wasserkraftwerke im württ. Innenministerium. Vom 1. Okt. 1921 bis 15. Jan. 1926 war H. Berichterstatter beim Württ. Landesgewerbeamt. 1926 lehnte er einen Ruf an die Universität Tanshang (China) ab.
Der in der nationalliberalen DVP politisch aktive H., der 1928 Landtagskandidat für den Wahlkreis Aalen war, erklärte sich 1925 zur Kandidatur für das Amt des Stadtschultheißen von Langenau/OA Ulm bereit und konnte sich bei der Wahl im Dez. 1925 gegen fünf Konkurrenten durchsetzen. Vom 18. Jan. 1926 bis 25. März 1929 war er Stadtschultheiß von Langenau und als solcher o. Mitglied des Ulmer Bezirksrats. Anfang 1929 entschied sich H. zur Kandidatur um das Amt des Oberbürgermeisters von Reutlingen. Er wurde mit rund 86 Prozent der Stimmen triumphal gewählt. Das Wahlergebnis erregte großes Aufsehen, weil H.s Gegenkandidat, Stadtschultheiß Dr. Wilhelm →*Prinzing (Schwäbisch Hall), die Unterstützung der meisten Parteien und Organisationen genoss, während H. nur auf CSVD, Zentrumspartei und NSDAP setzen konnte.
Vom 26. März 1929 bis 28. Juli 1933 war H. Oberbürgermeister in Reutlingen. Der streitbare H. stand dort in harten Auseinandersetzungen mit den Stadtratsfraktionen von SPD, DDP und DVP. Als im April 1931 ein anonymer Brief auftauchte, in welchem eine Reihe führender Persönlichkeiten der Reutlinger Kommunalpolitik angegriffen wurden, und sich wenig später

herausstellte, dass H. diesen Brief verfasst hatte, trieb der „Reutlinger Rathausstreit" seinem Höhepunkt entgegen und wurde Ende 1931 vor einem Tübinger Schöffengericht verhandelt. Das Verhältnis zwischen Oberbürgermeister und Gemeinderat blieb zerrüttet, im Juli 1933 verweigerte der Gemeinderat dann nach einem weiteren anonymen Brief H.s, der der NSDAP in großer Kooperationsbereitschaft bei der Ausschaltung ihrer politischen Gegner in Reutlingen half, die weitere Zusammenarbeit. Das Innenministerium zog die Notbremse und enthob H. aus dienstlichen Gründen seines Amtes. Wiederholt wurde betont, dass politisch gegen H. nichts einzuwenden sei. Die ihm auf 1. Okt. 1933 angebotene Stelle beim Straßen- und Wasserbauamt Ravensburg wollte H. nur unter der Bedingung annehmen, dass ihm die finanziellen Einbußen ersetzt würden. Dies wurde ihm gewährt, so dass der noch nicht 50 Jahre alte H. bis zum Jahresende seine vollen Dienstbezüge und anschließend Ruhegehaltsbezüge erhielt.

Nach 1945 gelang H. ein kommunalpolitisches Comeback an alter Wirkungsstätte. Der 64 Jahre alte H. war vom 24. März 1948 bis 7. Okt. 1949 Bürgermeister in Langenau/OA Ulm. Sein persönliches Auftreten führte auch in Langenau zu heftigen Zusammenstößen mit einigen Gemeinderäten, bis die Stellung des Bürgermeisters sich als unhaltbar erwies und er seinen Rücktritt erklärte. Seinen Ruhestand verlebte H. in Tübingen. – Ehrenamtlicher Geschäftsführer der Württ. Volkswirtschaftlichen Gesellschaft.

L   EBERL/MARCON, S. 206, Nr. 670 – SCHNABEL, Württemberg, S. 56 f., 100, 195 – SCHMIDT, Langenau, S. 241, 261, 391.

Hanser, *Gustav* Adolf, * Ulm 2. Juli 1877, † Stuttgart 7. Feb. 1926, ▢ ebd., Pragfriedhof 9. Feb. 1926, kath.
Vater   Joseph Hanser, * 1841, † 1903, Kanzleiaufwärter bei der Regierung des Donaukreises in Ulm.
Mutter   Franziska Mack, * 1844, † 1913.
∞ 1903 Anna Braumiller.
5 K.

H. war im ersten Viertel des 20. Jahrhunderts einer der führenden Politiker der Zentrumspartei in Württemberg.

Er besuchte die Volks- und später die Realschule in seiner Vaterstadt Ulm und ließ sich anschließend an der Präparandenanstalt und am kath. Volksschullehrerseminar Saulgau zum Lehrer ausbilden. Von 1897 bis 1904 war er nach der I. Volksschullehrerdienstprüfung Volksschullehrer bzw. von 1902 bis 1904 Privatlehrer in Diensten des Grafen Fugger in Unterkirchberg (Bayern) und bestand 1903 die II. Volksschullehrerprüfung. Von 1904 bis 1911 arbeitete H. als Redakteur beim „Deutschen Volksblatt" (Stuttgart), dem Organ der Zentrumspartei für Württemberg, wo er Nachfolger des Reichstagsabgeordneten Matthias Erzberger war. Von 1911 bis 1915 war H. als Schriftleiter der zweiwöchentlich erscheinenden Zeitschrift „Katholischer Familienfreund" tätig. Von 1915 bis Nov. 1919 arbeitete H. erneut als Redakteur und Schriftleiter beim „Deutschen Volksblatt" (Stuttgart). Nach 1919 war er zeitweise für das Reichspresseamt tätig.

Von 1906 bis 1912 (37. und 38. o. LT) gehörte H. dem Württ. Landtag an (II. Kammer; Zentrumspartei; 2. Landeswahlkreis): seit 10. Aug. 1907 Mitglied der Bauordnungskommission, seit 1911 des Volksschulausschusses. Auch von 1912 bis 1918 war H., diesmal als direkt gewählter Abg., MdL Württemberg (II. Kammer; Zentrumspartei; WK Neckarsulm): Mitglied des Volkswirtschaftlichen Ausschusses. Von Jan. 1919 bis Juni 1920 war H. Mitglied der Württ. Verfassunggebenden Landesversammlung bzw. MdL Württemberg (Zentrumspartei; Platz 28 Landesliste): Vorsitzender des Ausschusses für den Entwurf eines Gesetzes betr. das Gemeindewahlrecht und die Gemeindevertretung, seit 5. Mai 1920 Mitglied des Ausschusses zur Beratung eines Amtsblattgesetzes, stv. Mitglied des Verfassungsausschusses und seit März 1920 des Finanzausschusses.

Von 1920 bis 1924 wiederum MdL Württemberg (Zentrumspartei; Spitzenkandidat im Wahlkreis Württemberg VI: Heilbronn-Neckarsulm): seit 22. März 1921 Schriftführer im Vorstand. 1919 war H. auch Kandidat für die Deutsche Nationalversammlung (Platz 11 Landesliste) gewesen. 1924 verlor er sein Landtagsmandat. Er war einer der rührigsten Parlamentarier der Zentrumspartei seiner Zeit. Im Jan. 1919 war H. Beisitzer im württ. Wahlausschuss für die Wahl zur deutschen Nationalversammlung. H. starb im Alter von 48 Jahren an einem Herzschlag.

W   Die Landesversammlung der württ. Zentrums-Partei zu Ravensburg am 8. und 9. Jan. 1905 (Politische Zeitfragen in Württemberg 6), Stuttgart 1905 – Der Proporz für Landtags- und Gemeindewahlen in Württemberg. Populäre Darstellung für die Hand des Wählers, Stuttgart 1906 (²1906) – Landwirtschaftliche Fragen auf dem Landtag 1907-1912. Auf Grund der Landtagsprotokolle dargestellt [...] (Politische Zeitfragen in Württemberg 10), Stuttgart 1912 – Der Proporz für die Neuwahlen in Land und Reich. Populäre Darstellung für die Hand des Wählers, Stuttgart 1919.
L   DBl 3 (²1998), S. 1300 – DBA II 522, 3 – SCHMID, Verfassung, S. 27 (Bild S. 21) – Gustav Hanser †, in: Deutsches Volksblatt Nr. 31, 8. II. 1926, S. 2 – KOSCH, Kath. Dtld. (1933), Sp. 1337 – RABERG, Biogr. Handbuch, S. 317 – WEIK, ²2003, S. 313.

Hanssler, Bernhard, * Tafern bei Überlingen (Baden) 23. März 1907, † Kath. Altenheim St. Monika in Stuttgart-Neugereut 11. Aug. 2005, ▢ Pfrungen bei Ravensburg 16. Aug. 2005, kath.

H., eine der bedeutendsten Persönlichkeiten des kirchlichen Lebens in Südwestdeutschland im 20. Jahrhundert, begann seine Laufbahn als Geistlicher in Ulm.

Nach dem Theologiestudium in Tübingen trat H. als Alumnus in das Priesterseminar in Rottenburg ein und empfing dort am 19. März 1932 die Priesterweihe. Bereits am 25. April 1932 zum Vikar an St. Michael zu den Wengen in Ulm ernannt, erhielt er am 1. Mai 1934 zugleich das Amt des Jugendpfarrverwesers ebd., am 22. Nov. 1935 wurde ihm der Titel „Jugendkaplan" verliehen. Am 15. Nov. 1936 verließ H. Ulm nach vier Jahren Tätigkeit, in denen er sich in der Donaustadt viele Freunde gemacht hatte, um stv. Studentenseelsorger in Tübingen zu werden. Später war er Pfarrer der kath. Studentengemeinde in Tübingen. Während des „Dritten Reiches" wurde ihm Rede- und Schreibverbot erteilt. Als Mitglied des Stuttgarter UNA-SANCTA-Kreises, in dem sich in den frühen 1940er Jahren kath. und ev. Christen trafen, um über Zukunftskonzepte nach dem Ende der NS-Herrschaft zu diskutieren, legte H. ein wichtiges Fundament für die Gründung der interkonfessionellen Volkspartei CDU in Nordwürttemberg. H. war auch Mitglied des von der französischen Besatzungsmacht eingesetzten und am 25. Mai 1945 konstituierten (vorläufigen) Tübinger Gemeinderats.

Die spätere Laufbahn des liberalen intellektuellen Vorreiters des Bistums Rottenburg führte ihn 1945 als Pfarrer nach Schwäbisch Hall und 1952 in gleicher Funktion an die St. Georgskirche in Stuttgart. Von 1956 bis 1970 war er Leiter der Bischöflichen Studienförderung Cusanuswerk, an deren Gründung er maßgeblich mitgewirkt hatte. Von 1957 bis 1970 war H. geistlicher Direktor des Zentralkomitees der deutschen Katholiken. Von 1970 bis 1974 wirkte H. als Leiter des deutschen Priesterkollegs Santa Maria im Campo Santo/Rom. Zum Prälaten ernannt, war er seit 1981 Akademieseelsorger in Stuttgart. Bis zu seinem Tod hielt H. zahlreiche Vorträge und schrieb Beiträge für das „Kath. Sonntagsblatt" und andere Organe. Er war einer der herausragenden Publizisten zum Spannungsfeld von Gesellschaft, Kirche und Kultur.

W   Die Kirche in der Gesellschaft, 1961 – Glaube aus der Kraft des Geistes, 1982.
L   Personalkatalog Rottenburg 1938, S. 248 – Oliver M. SCHÜTZ, Begegnung von Kirche und Welt. Die Gründung Katholischer Akademien in der Bundesrepublik Deutschland 1945-1975 (VKZG, Reihe B, Band 96), 2004, S. 176, Anm. 10 – Nicole HÖFLE, Prälat Hanssler verstorben, in: Stuttgarter Zeitung Nr. 186, 13. VIII. 2005, S. 22 – Süddeutsche Zeitung Nr. 187, 16. VIII. 2005, S. 44 – Hans MAIER, Nachruf, in: SALZkörner, 31. X. 2005, S. 12 – Klaus UNTERBURGER, Die Rezep-

tion des II. Vatikanischen Konzils in der Diözese Rottenburg. Bischof Carl Joseph Leiprecht, Pfarrer Josef Weiger und Pfarrer Hermann Breucha, in: RJKG 26 (2007), S. [137]-163, hier S. 142 f., 154, 161.

Hardegg, Oscar (von), * Ludwigsburg 19. Okt. 1815, † Stuttgart 25. Aug. 1877, ev.
Vater   Johann Georg Hardegg, * 1768, † 1822, Medizinalrat, Kgl. Württ. Leibarzt, S. d. Georg David Hardegg, Bärenwirt in Ludwigsburg, u. d. Sophie Elisabeth Bernhard.
Mehrere G, darunter Hermann Friedrich von Hardegg[202], * Ludwigsburg 31. VII. 1806, † Stuttgart 19. IV. 1853, Obermedizinalrat, Hofarzt; *Julius* Friedrich Moritz Karl (von) Hardegg[203], * Ludwigsburg 11. IV. 1810, † Stuttgart 16. IX. 1875, Kgl. Württ. General und Militärschriftsteller.
∞. Mehrere K, darunter Richard von Hardegg, * 1848, † 1904, Kgl. Württ. Generalmajor.

Der als historische Persönlichkeit nahezu ganz vergessene H. war in den Jahren vor seiner Berufung zum Leiter des Kriegsministeriums in hohen militärischen Funktionen in Ulm aktiv. Seine Laufbahn lässt sich nur bruchstückhaft rekonstruieren. 1843 war H. Oberleutnant beim Generalquartiermeisterstab in Ludwigsburg. Ende der 1850er Jahre war er Generalmajor, Vizegouverneur und Truppenkommandant der Bundesfestung Ulm, daneben Kommandant der 2. Inf.-Brigade ebd. Eine Verbindung zu Ulm muss es jedoch schon zuvor gegeben haben, da H. bereits 1849 als Mitglied des Vereins für Kunst und Altertum in Ulm und Oberschwaben geführt wurde. 1865 wurde H. zum Gouverneur von Stuttgart berufen und musste Ulm verlassen. Am 5. Mai 1866 als Nachfolger des Freiherrn Kuno von Wiederhold als Leiter des Departements des Kriegswesens eingesetzt, ruhten auf H. große Hoffnungen, da einige seiner Vorgänger sich als Fehlgriffe erwiesen hatten und Krieg in der Luft lag, den Württemberg schließlich an der Seite Österreichs gegen Preußen führte. H. war der neunte Ressortleiter seit 1816.
Am 24. Juli 1866 kommandierte H. persönlich die württ. Truppen (12.000 Mann) im Gefecht bei Tauberbischofsheim. Sie waren schlecht ausgebildet und von H. unzulänglich geführt. Die Niederlage war unausweichlich, und trotz fünf unternommener Anläufe gelang es nicht, Tauberbischofsheim zurückzuerobern. Am 27. April 1867 wurde der 51 Jahre alte H. nach weniger als einjähriger Amtszeit als Leiter des Kriegsministeriums abberufen und in den Ruhestand verabschiedet. Sein Nachfolger als Kriegsminister war Freiherr Rudolf von Wagner-Frommenhausen.
H. starb zwei Monate vor seinem 62. Geburtstag.

L   Ih 1, S. 329 – GEORGII-GEORGENAU, S. 1177 – RIECKE, Verfassung und Landstände, S. 34 – ADB X, S. 557 f. – HARTMANN, Regierung und Stände, S. 64 [mit falschem Sterbejahr 1876] – LINCK-PELARGUS, Pragfriedhof, S. 7 – NDB 7 (1966), S. 646 f. – SCHWABE, Regierungen, S. 35, 232 – Paul SAUER, Regent mit mildem Zepter. König Karl von Württemberg, Stuttgart 1999, S. 139, 148, 155, 163.

Hartberger, *Franz* Xaver, Dipl.-Ing., * Billenhausen/Kreis Krumbach 8. Dez. 1924, † Neu-Ulm 22. Jan. 2008, kath.
Vater   Johann Hartberger, Landwirt.
Mutter   Barbara Löffler.
∞ Dietmannsried/Kreis Kempten 3. V. 1954 *Rosa* Veronika Wüst, * Dietmannsried 28. VII. 1929.
3 K   *Edgar* Johannes Hartberger, * Ulm 26. II. 1956; Rudolf Hartberger, * Ulm 16. VII. 1958, Kreisbaumeister beim LRA Neu-Ulm; Gabriele Katharina Hartberger, * Ulm 2. VII. 1967, ∞ Eberle.

Der Architekt und CSU-Politiker H. war einer der Langzeit-Stadträte Neu-Ulms.
Nach dem Besuch der Schulen in Billenhausen und Krumbach absolvierte H. ab 1939 die Berufsschule und machte seinen Abschluss als Maurer. 1942 wurde er zum Reichsarbeitsdienst eingezogen und war in der Ukraine tätig, bevor Ende 1942 seine Einberufung zur Wehrmacht erfolgte. Im April 1943 wurde H. an der Ostfront schwer verwundet. 1944/45 besuch-

te er die Bauschule Augsburg, nach Kriegsende setzte er seine Ausbildung an der Staatsbauschule München fort, wo er 1948 seinen Abschluss als Hochbauingenieur machte. Im gleichen Jahr fand er seine ersten Anstellungen beim Landbauamt Memmingen und wenig später bei der Stadt Günzburg. Von 1950 bis 1953 war H. Architekturstudent an der TH München, wo er zum Dipl.-Ing. graduiert wurde.
Wenig später kam H. in den Raum Ulm/Neu-Ulm, nachdem er einen Wettbewerb für den Bau des Gymnasiums und der Doppel-Turnhalle in Neu-Ulm gewonnen hatte und ihm die Ausführung der Turnhalle anvertraut worden war. Zugleich leitete H. von 1954 bis 1956 den Bau der drei 15-geschossigen Hochhäuser auf dem Ulmer Eselsberg. Ab 1956 in Neu-Ulm lebend, vermochte sich H. dort mit eigenem Architekturbüro als gefragter Architekt zu etablieren. Zu den wichtigsten von ihm geplanten und ausgeführten Bauwerken zählen das Seniorenheim des Bayer. Roten Kreuzes in Ludwigsfeld, die Sonderschule in Pfuhl, das Neu-Ulmer AOK-Verwaltungsgebäude, den Kindergarten in Offenhausen, die Schule in Krumbach und das Gymnasium in Vöhringen mit 24 Klassen. Wiederholt war H. mit kirchlichen Bauaufträgen betraut. Er war Bauleiter bei den Kirchenbauten in Gerlenhofen, Nersingen und Senden und baute u. a. die Kirchen St. Margareta in Bühl und St. Paulus in Leipheim sowie die Pfarrhöfe in Bühl, Burgau, Gundremmingen und Leipheim. H. führte mehrere große Wohnbauten aus, u. a. in Günzburg und Leipheim, wo er 200 Wohnungen für Bundesbedienstete errichtete. Das von H. geschaffene Architekturbüro wurde nach seinem Rückzug ins Privatleben als Familienbetrieb weitergeführt.
1972 wurde er als Kandidat der CSU sowohl in den Neu-Ulmer Stadtrat als auch in den Kreistag gewählt. Beiden Gremien gehörte er 24 Jahre lang, bis 1996, an, als er im Alter von 74 Jahren aus der Kommunalpolitik ausschied. Aktiv blieb er in der CSU-Mittelstandsunion. H. starb zwei Monate nach seinem 83. Geburtstag.

Q   StadtA Neu-Ulm, D 12, III.7.2. – ebd., A 9.
L   TREU, Neu-Ulm, S. 577 – Markus WÜRMSEHER, Kirchenbau im Bistum Augsburg 1945 bis 1970 (Jahrbuch des Vereins für Augsburger Bistumsgeschichte e. V. 41, 2007), Augsburg 2007, bes. S. 672 u. ö. – Franz Hartberger ist gestorben, in: SWP (Ulm), 28. I. 2008 (Bild).

Hartmann, *Adele* Caroline Auguste, Dr. med., * Neu-Ulm 9. Jan. 1881, † München 15. Dez. 1937, ▢ Ostfriedhof München, kath.
Vater   *Richard* Anton Hugo Hartmann, * München 16.[204] VI. 1854, † 1909, Ing.-Leutnant bei der Ksl. Fortifikation in Ulm, zuletzt Generalmajor, S. d. Franz August Ernest Hartmann, * München 1817, † ebd. 1863, Kgl. Bayer. Major im General-Quartiermeister-Stab, u. d. Karoline Zenetti, * Dillingen/Donau 1826, † München 1899, T. d. Johann Baptist Ritter von →Zenetti.
Mutter   Marie *Rosalie (Rosa)* Schönlin[205], T. d. *Hermann* Ernst Theodor Schönlin, † München 1870, u. d. Marie von Besserer, † München ebd. 1896.
3 G   Maximilian Albert Hartmann, * Neu-Ulm 16. XII. 1881, † 20. X. 1882; Charlotte Hartmann, * Neu-Ulm 15. I. 1883; Otto Hartmann, * 11. IX. 1884.
Ledig. Keine K.

H. war die erste Frau in Deutschland, die sich habilitierte. Ihre Habilitation fiel in den Nov. 1918, als der Rat der Volksbeauftragten in Berlin das aktive und passive Wahlrecht für Frauen festschrieb.
H. kam in dem der Heirat ihrer Eltern folgenden Jahr in Neu-Ulm zur Welt und wurde 1887 in München eingeschult, wohin die Eltern kurz nach ihrer Geburt gezogen waren. Nach dem beruflichen Wechsel ihres Vaters nach Speyer besuchte H. dort von 1888 bis 1892 die Volksschule, nach einem erneuten berufsbedingten Wechsel nach Berlin 1892/93 eine Privatschule. Nach der Berufung des Vaters ins Kgl. Bayer. Kriegsministe-

---

[202] Ih 1, S. 329.
[203] Ih 1, S. 329.

[204] TEUBER, Ortsfamilienbuch Neu-Ulm I, Nr. 1637, gibt als Geburtsdatum Richard Hartmanns den 24. VI. 1854 an.
[205] TEUBER, Ortsfamilienbuch Neu-Ulm I, Nr. 1637, gibt als Familiennamen fälschlich „Schönlein" an.

rium kam die Familie wieder nach München zurück. H. erfuhr ihre grundlegenden Prägungen als Offizierstochter durch das Vorbild des Vaters. Disziplin, Fleiß, Geduld, Ausdauer und Ordnungsliebe waren wesentliche Eigenschaften, die H. gegeben waren und die sie kultivierte. Sie besuchte das Kgl. Max-Joseph-Stift, eine Privatschule für höhere Töchter, wo sie 1898 das Abschlussexamen bestand, das ihr die Befähigung zur Erteilung von Französischunterricht verlieh. Nachdem sich ihr Wunsch, das Abitur zu machen, um studieren zu können, aus finanziellen Gründen als nicht durchführbar erwiesen hatte, war H. zwei Jahre lang in England als Erzieherin tätig und bestand nach ihrer Rückkehr in Speyer die Lehrerinnenprüfung in Englisch. Mit dem in England verdienten Geld ging H. ihren Weg konsequent weiter und wurde Schülerin an einem Privatgymnasium, dem Kgl. Ludwigsgymnasium in München, das Mädchen aufs Abitur vorbereitete, da es Mädchengymnasien nicht gab und das Abitur nur extern an öffentlichen Gymnasien abgelegt werden konnte. 1906 bestand sie die Reifeprüfung. Danach schrieb sie sich als stud. med. an der Ludwig-Maximilians-Universität München ein und legte im Feb. 1909 mit sehr gutem Ergebnis die ärztliche Vorprüfung (Physikum) ab. Frauen konnten in Bayern erst seit dem Wintersemester 1903/04 studieren. H. durchlief die praktische Ausbildung, bestand die medizinische Staatsprüfung und erhielt am 20. Dez. 1912 die Approbation. Schon zuvor (1909) hatte die durch außergewöhnlich gute Leistungen auffallende Medizinerin eine Stellung als Hilfsassistentin an der Anatomischen Anstalt für Histologie und Embryologie der Universität erhalten. Anfang 1913 promovierte H. bei Siegfried Mollier mit der Dissertation „Zur Entwicklung der Bindegewebsknochen“. Nach der Promotion wurde ihre Hilfsassistenten- in eine Assistentenstelle umgewandelt, auf der sie bis Ende 1922 verblieb. Danach war sie sog. „gehobene Assistentin“ der Anatomischen Anstalt und ab 1. Feb. 1932 deren Konservatorin.

Während des Ersten Weltkriegs arbeitete H. an ihrer Habilitationsschrift und war beruflich mit erheblich erhöhtem Aufwand tätig, da ihre männlichen Kollegen zum Kriegsdienst eingezogen waren. Sie wirkte an der Vorbereitung von Vorlesungen mit und leitete de facto die Anstaltsbibliothek. Ihr Einsatz wurde 1917 mit der Verleihung des König-Ludwig-Kreuzes gewürdigt.

Als erste Frau in Deutschland habilitierte sich H. Ende 1918 mit der Arbeit „Die frühe Gefäßentwicklung von Salamandra atra und Siredon pisciformis“ an der Universität München. Gutachter waren Professor Geh. Hofrat Dr. Johannes Rückert und ihr Doktorvater Mollier. Am 20. Dez. 1918 hielt sie ihre Antrittsvorlesung zum Thema „Über die bisherigen Erklärungsversuche der Zellteilung“, am 13. Feb. 1919 erfolgte ihre Ernennung zur Privatdozentin an der Ludwig-Maximilians-Universität, am 15. Juli 1920 die Vereidigung als Beamtin des Freistaates Bayern. Sie bestritt neben den eigenen Vorlesungen an der Universität eine eigene Vorlesungsreihe über plastische Anatomie an der Akademie der Bildenden Künste in München und veröffentlichte ihre Forschungsergebnisse in medizinischen Fachzeitschriften. Am 21. Aug. 1924 wurde ihr der Titel einer ao. Professorin verliehen.

Ende der 1920er Jahre erkrankte die starke Raucherin H. an Brustkrebs. Nach langer Leidenszeit starb sie kurz vor ihrem 57. Geburtstag.

W   Schriftenverzeichnis bei EBERT, Zwischen Anerkennung und Ächtung, S. 114-116 – Auswahl: Zur Entwicklung der Bindegewebsknochen, in: Archiv für mikroskopische Anatomie und Entwicklungsgeschichte Bd. 76 (1910/11), S. 253-287 – Zur Entwicklung der Bindegewebsknochen, med. Diss., München 1912 – Über die Einwirkung von Röntgenstrahlen auf Amphibienlarven. Einwirkung geringer Strahlendosen auf das Blut und das blutbildende Gewebe von Rana temporaria und Larven, in: Archiv für Entwicklungsmechanik der Organismen Band 17 (1920) – Die Milz, in: Wilhelm von MÖLLENDORF (Hrsg.), Handbuch der mikroskopischen Anatomie des Menschen Bd. 6, I. Teil, Berlin 1924, S. 397-563 – Der Plexus aorticus abdominalis der Anthropoiden, in: Anatomischer Anzeiger 60 (1926), S. 545-584.

L   Elisabeth BOEDEKER/Maria MEYER-PLATH (Bearbb.), 50 Jahre Habilitation von Frauen in Deutschland. Eine Dokumentation über den Zeitraum von 1920-1970, (Schriften des Hochschulverbandes H. 27), Göttingen 1974, S. 93 f., Nr. 146 – Monika EBERT, Aus Ambergs Medizingeschichte. Vom Physikus-Eid (1477) zur ersten Ärztin. Dokumentation zur Begleitausstellung vom 53. Bayerischen Ärztetag und zur Ausstellung im Stadtarchiv Bamberg vom 9. bis 27. Okt. 2000, Amberg 2000, S. 33-38 – DIES., Zwischen Anerkennung und Ächtung. Medizinerinnen der Ludwig-Maximilians-Universität in der ersten Hälfte des 20. Jahrhunderts, Neustadt/Aisch 2003, S. 103-116.

Hartmann, Erwin, * Bietigheim/Kreis Rastatt (Baden) 24. Mai 1914, † Neu-Ulm 2. Aug. 1973, ⬜ ebd. 7. Aug. 1973, ev.
Vater   Pius Hartmann, Schlosser.
Mutter   Anna Haug.
∞ Ulm 12. X. 1939 Theresia Heinrich, * Hetschwang 24. XII. 1910, T. d. Alois Heinrich, Landwirt, u. d. Josefa Eberle.
3 K   *Eduard* („Edi“) Hartmann[206], Dipl.-Volkswirt, * Ulm 15. V. 1940, Steuerberater, 1970-1986 SPD-MdL Bayern, ab 1972 Stadtrat in Neu-Ulm, langjähriger Vorsitzender der SPD-Stadtratsfraktion; Franz *Gerhard* Hartmann, * Ulm 12. II. 1943; *Ella* Theresia Hartmann, * Ulm 8. VIII. 1944.

H. war einer der profiliertesten sozialdemokratischen Kommunalpolitiker der Nachkriegszeit in Neu-Ulm.

1939 kam der junge Badener H. nach Ulm. 1947 schloss sich der Verwaltungsangestellte H. der SPD an, ab Okt. 1953 lebte er in Neu-Ulm. 1956 erfolgte seine Wahl in den Stadtrat, dem er ununterbrochen bis zu seinem Tode angehörte. Zehn Jahre lang führte er die SPD-Stadtratsfraktion, von 1960 bis 1970 war H. Vorstandsmitglied der Neu-Ulmer SPD. H. gehörte dem Haupt- und dem Liegenschaftsausschuss des Stadtrats an und war Verwaltungsrat für die städtischen Wälder und die Stadtgärtnerei. H. gehörte dem Vorstand und dem Verwaltungsrat der Kreis- und Stadtsparkasse Neu-Ulm an und war nach 1966 Delegierter der Mitgliederversammlung und Planungsrat der Planungsgemeinschaft Donau-Iller, die eine regionale, also grenzüberschreitende Wirtschafts-, Verkehrs- und Raumentwicklung forcierte. 1972 erfolgte H.s Wahl in den Kreistag.

H. starb plötzlich im Alter von 59 Jahren. Sein Tod rief weit über die Parteigrenzen Betroffenheit und Trauer hervor. In seine politischen Fußstapfen trat sein ältester Sohn „Edi“ Hartmann, der sowohl als SPD Landtagsabgeordneter des heimischen Wahlkreises Schwaben im Bayerischen Landtag als auch im Stadtrat von Neu-Ulm sein Profil als einer der markantesten Neu-Ulmer Politiker der Gegenwart zu schärfen vermochte.

Q   StadtA Neu-Ulm, A 9 – ebd., D 12, III.7.2.
L   Erwin Hartmann gestorben, in: SWP (Ulm), 4. VIII. 1973 (Bild).

Hartmann, *Gustav* Adolf, * Bartholomä/OA Aalen 8. Jan. 1849, † Esslingen/Neckar 27. Mai 1923, ev.
∞ Mehrere *K*, darunter Hermann Hartmann[207], Dr. phil., * Nassau/OA Mergentheim 15. VII. 1883, Oberstudiendirektor an der Mädchenoberrealschule Bad Cannstatt.

H. war mehr als 20 Jahre lang, auch während des Ersten Weltkriegs, Ulmer Garnisons- und Festungspfarrer. Während seiner Amtszeit wurde die Garnisonskirche eingeweiht, für deren Bau er sich hartnäckig eingesetzt hatte.

Der von der Ostalb stammende H. begann nach der Absolvierung des ev.-theol. Seminars Maulbronn 1868 das Theologiestudium in Tübingen (Mitglied der Burschenschaft Normannia). Im Deutsch-Französischen Krieg von 1870/71 stand er als Soldat im Feld und war zuletzt Portepee-Fähnrich, ausgezeichnet mit der Kriegsdenkmünze für Kombattanten. 1875 erhielt er nach mehreren Vikariaten bzw. Pfarramtsverwesungen seine erste definitive Anstellung als Pfarrer in Nassau/OA Mergentheim. 1894 wechselte er in gleicher Eigenschaft nach Böttingen. Im Frühjahr 1898 erfolgte seine Ernennung zum Garnisons- und Festungspfarrer in Ulm, wo er die Nachfolge

206 GBP – TREU, Neu-Ulm, S. 458, 473, 577.
207 SCHMIDGALL., Burschenschafterlisten, S. 178, Nr. 753.

des verstorbenen Albert →Grünenwald antrat. Das herausragende Ereignis seiner Ulmer Amtszeit war die Einweihung der von den Architekten Theodor Fischer (1862-1938) entworfenen stattlichen Garnisonskirche am 5. Nov. 1910. Zu diesem Ereignis erschienen König Wilhelm II. und Königin Charlotte von Württemberg sowie weitere Mitglieder des Königshauses und die Spitzen sämtlicher ziviler und militärischer Ulmer Behörden. Die Festpredigt hielt Feldprobst Prälat Otto von Blum (1843-1921).

1919 wurde H. im Alter von 70 Jahren in den Ruhestand versetzt. Von 1890 bis 1894 war der historisch sehr interessierte H. Herausgeber der Veröffentlichungen des Historischen Vereins für Württembergisch Franken gewesen, daneben engagierte er sich langjährig als Ulmer Pfleger der Württ. Kommission für Landesgeschichte und Mitglied des Vereins für Kunst und Altertum in Ulm und Oberschwaben. –1888 Ersatzmitglied für Weikersheim zur 4. Landessynode. – 1894 Ehrenbürger von Nassau; 1906 Verleihung des Ranges auf der VII. Rangstufe; 1910 Ritterkreuz I. Kl. des Friedrichsordens; 1910 Goldene Militär-Verdienstmedaille; 1910 Ritterkreuz IV. Kl. des Preuß. Roten Adlerordens.

W (Auswahl) Bezeichnungen der christlichen Zeitrechnung, in: Württ. Vierteljahreshefte 10 (1887), S. 220 ff. – Eine Lehensinvestitur im Jahr 1791, ebd., N.F. 1 (1892), S. 354 ff.
L Magisterbuch 38 (1920), S. 87 – UBC 3, S. 471 – UBC 4, S. 212 – SCHMIDGALL, Burschenschafterlisten, S. 166, Nr. 259 – EHMER/KAMMERER, S. 176.

Hart[t]mann, Johann *Mori[t]z* Friedrich, Dr. med., * Göppingen (nicht Ulm!) 24. Juni 1817, † Neu-Ulm 16. März 1900, ev.
Vater Gottlob Friedrich Hart[t]mann, Oberaccciser in Göppingen, nach 1832 Oberrevisoratsassistent bei der Finanzkammer des Donaukreises in Ulm.
Mutter Christiane Johanne Lemppenau.
∞ Elisabethe Maier., wohnte nachweislich bis 1914 in Neu-Ulm, danach dort nicht mehr nachweisbar.

Ein abenteuerliches und außergewöhnliches Entdecker-Leben lag hinter ihm, als H. im Alter von fast 83 Jahren in Neu-Ulm starb.

H., der sich stets als Ulmer betrachtete, weil er mit seinen Eltern 1832 in die Donaustadt gekommen war, studierte Theologie in Tübingen, wo er dem Corps Franconia beitrat. Nach den Staatsprüfungen ließ er sich vorübergehend in Ulm nieder. Dort lebte er bis 1848, danach ging er, 31 Jahre alt, in die USA. Das riesige Land konnte zur damaligen Zeit als an der Ostküste weitgehend erschlossen gelten, doch den immer stärker am Arztberuf interessierten H. zog es auch in den Norden und den Westen – dabei immer auf der Suche nach Vervollkommnung seiner ärztlichen Fähigkeiten. H. hatte schon Delaware, Maryland, Virginia, Ohio und Indiana bereist, als er den Entschluss fasste, wieder nach Europa zurückzukehren und in Tübingen Medizin zu studieren und zu promovieren.

1855 begann seine zweite Zeit in den USA. Er bereiste nun den Süden der Vereinigten Staaten, lernte Chicago, St. Louis, Lawrence und das Mississippi kennen. Besonders interessierte sich H. für die Sklaverei und die Indianer, denen er als Arzt vielfach zu helfen wusste. H. war kompromissloser Gegner der Sklaverei. 1856 wurde er im südlichen Kansas zum Präsidenten einer „Town Company" gewählt, deren Aufgabe die Besiedlung bisher unbewohnter Gebiete war. Er zählte zu den Gründern der Stadt Humboldt und war am Weiterbau von Lawrence stark beteiligt. Nachdem H. 1859 wieder für ein Vierteljahr in Europa gewesen war, ließ er sich nach seiner Rückkehr in Lawrence nieder. 1869 begegnet er uns als Vertreter der Auswanderungsgesellschaft von Baltimore. Ruhelos erkundete H. die USA und Kanada, fuhr 1872 auf der neuen Eisenbahnlinie nach Westen bis Manitou, bestieg den 4.300 Meter hohen Pike´s Peak und bereiste 1874 den Norden, wobei er Toronto, Quebec, Saratoga, Albany kennenlernte und am Ende wieder New York eintraf. In die Jahre 1883 bis 1885 fallen zwei Aufenthalte in Europa. 1885 erkundete H. auf den Spuren des

von ihm sehr verehrten Alexander von Humboldt die Südstaaten der USA und Mexiko und bestieg den 5.440 Meter hohen Popocatepetl.

1887 kehrte er über Buffalo und die Niagarafälle von New York aus in die Heimat zurück – diesmal endgültig. Er ließ sich in Neu-Ulm in der Friedrichstraße 5 nieder, veröffentlichte in verschiedenen Zeitungen Reiseberichte und hielt Vorträge über seine Erlebnisse in den USA. Nach seinem Tod im 83. Lebensjahr wurde sein Leichnam im Heidelberger Krematorium feuerbestattet.

Q StadtA Ulm, G 2.
L Magisterbuch 30 (1897), S. 56 – SCHNEIDER-HORN, Die Tübinger Franken, S. 146, Nr. 112 – Edwin HENNIG, Württembergische Forschungsreisende der letzten anderthalb Jahrhunderte (Festschrift des Lindenmuseums Stuttgart), Stuttgart 1953, S. 30.

Hartnagel, Fritz, * Ulm 4. Feb. 1917, † Stuttgart (nicht Ulm!) 29. April 2001, ev.
Vater Friedrich Hartnagel, * Hummelsweiler/OA Crailsheim 1879, † 1957, Großhändler (Öle und Fette) in Ulm.
Mutter Barbara Strobl, * Grimmelfingen 1878, † 1945.
3 G Emilie Hartnagel, * 1905, † 1990, ∞ Christoph Miller; Willy Hartnagel, * 1912, † 2005, Professor an der Universität Münster/Westfalen, ∞ Dr. Hella Sander, Schuldirektorin in Gelsenkirchen; Frida Hartnagel, * 1913, ∞ Rudolf →Daub, Architekt.
∞ Ulm Okt. 1945 Elisabeth Scholl, T. d. Robert →Scholl, Schw. von Sophie und Hans →Scholl.
4 K Thomas Hartnagel, * 1947, Lehrer an einem Hamburger Gymnasium; Jörg Hartnagel, * 1949, Lehrer am Gymnasium Crailsheim; Klaus Hartnagel, * 1952, Informatiker bei der Oberfinanzdirektion Stuttgart; Martin Hartnagel, * 1956, Bühnenmeister beim Theaterhaus Stuttgart.

Ein Mann mit moralischem Impetus, zog H. als ehemaliger Offizier und einstiger Verlobter der von den Nationalsozialisten ermordeten Sophie →Scholl nach dem Ende des Zweiten Weltkrigs radikale Konsequenzen und verschrieb sich ganz dem Pazifismus.

Der für das Soldatische sehr empfängliche H. meldete sich nach vorgezogenem Abitur in Ulm im Frühjahr 1936 für eine Offizierslaufbahn, wobei er eine Verwendung bei der aufstrebenden Waffengattung der Luftwaffe anstrebte. An der Potsdamer Kriegsschule, wo Erwin →*Rommel einer seiner Lehrer war, erhielt er seine Ausbildung, die er im Herbst 1937 abschloss. Seit Nov. 1937 in Augsburg stationiert, durfte er dort bereits Rekruten ausbilden. 1937 lernte der junge Fähnrich die Oberschülerin Sophie →Scholl kennen. Beide waren bis dahin, wie Hunderttausende Andere, vom Nationalsozialismus und von Hitler begeisterte Jugendliche.

Die Beziehung H.s zu Sophie Scholl war nicht frei von Zweifeln und Schwierigkeiten, was in ihren Briefen deutlich zum Ausdruck kommt. Als Sophie Scholl im Krieg den Weg in den Widerstand gegen den Nationalsozialismus fand, stellten sich für H., der im Rahmen des „Unternehmens Barbarossa" am Russlandkrieg des Deutschen Reiches teilnahm und in Stalingrad kämpfte, grundsätzliche Fragen nach dem Sinn seines Handelns. Hinzu kam die Sorge um seine Verlobte. Die Liebe des jungen Paares war den denkbar schwersten Belastungsproben ausgesetzt, und nach Sophie Scholls Ermordung 1943 drohte H. zu verzweifeln. In der Familie Scholl fand er Halt und die Motivation für sein Tun nach dem Krieg: Er wollte die Erinnerung an Sophie Scholl wachhalten und ihr Vermächtnis weitertragen und sich bedingungslos für den Frieden einsetzen. Im Sept. 1945 aus US-amerikanischer Gefangenschaft entlassen, heiratete H. wenig später Elisabeth Scholl, die Schwester von Sophie. Beruflich versuchte er sich zunächst als Kaufmann im Unternehmen seines Vaters, gab aber im April 1946 auf. Daraufhin studierte er in München Rechts- und Staatswissenschaften und war nach den beiden juristischen Staatsexamina 1949 und 1952 als Referendar bzw. Assessor beim Amtsgericht Ulm tätig. Dort zum Amtsgerichtsrat befördert, wechselte H. zum Landgericht in Ulm, kam 1968 als Oberlandesgerichtsrat nach Stuttgart und beendete seine berufliche Laufbahn als

Vorsitzender Richter einer Zivilkammer beim Landgericht Stuttgart.

Die Spruchkammer Ulm Stadt stufte H. zunächst im Mai 1947 als „Mitläufer" ein und verurteilte ihn zu einer Geldbuße in Höhe von 200 RM. Dagegen legte H. Revision ein und setzte sich für die Einstufung als „Entlasteter" ein, was er im Sept. 1947 erreichte. 1953 zog H. für die SPD in den Ulmer Gemeinderat ein und wurde zum Mitglied des Bauausschusses gewählt. 1959 schied der „linke" Sozialdemokrat H. nach innerparteilichen Meinungsverschiedenheiten über seine Friedensaktivitäten und insbesondere über H.s Ablehnung der Wiederbewaffnung aus dem Gemeinderat aus. Danach forcierte H. seine Friedensaktivitäten noch als führender Organisator der Ulmer Ostermärsche. Während des Vietnamkrieges entwickelte sich H. zu einer wichtigen Identifikationsfigur der deutschen Friedensbewegung und beteiligte sich auch als pensionierter Richter an Abrüstungsdemonstrationen und Sitzblockaden wie etwa 1982 in Mutlangen, wo sich ein US-Raketenstützpunkt befand.

Der an der Parkinson´schen Krankheit leidende H. starb im Alter von 84 Jahren.

Q   StadtA Ulm, G 2 – Thomas HARTNAGEL (Hg.), Sophie Scholl/Fritz Hartnagel. Damit wir uns nicht verlieren. Briefwechsel 1937-1943, Frankfurt/Main 2005.
L   Hermann VINCKE, Fritz Hartnagel. Der Freund von Sophie Scholl, Zürich-Hamburg 2005 – DERS., Hoffentlich schreibst du recht bald. Sophie Scholl und Fritz Hartnagel. Eine Freundschaft 1937-1943, Ravensburg 2006.

Hasel, *Wilhelm* Hermann Paul, * Spaichingen 4. April 1865, † Esslingen/Neckar 12. März 1947, ev.
Vater   Johann Julius Hasel, * 1834, Ratsschreiber und Verwaltungsaktuar in Spaichingen.
Mutter   Sophia Maria Haberer, * 1832.
4 G.
∞. Mehrere K, darunter Helmut Hasel[208], * Geislingen/Steige 24. III. 1909, Rechtsberater der DAF in Ulm.

H. war einer der herausragenden württ. Beamten, die in ihrer Laufbahn wiederholt mit Ulm in Kontakt kamen.
Der Sohn eines Kommunalbeamten besuchte das Gymnasium in Stuttgart. Von 1883 bis 1887 studierte H. Rechts- und Staatswissenschaften in Tübingen. 1887 bestand er die I. und 1889 die II. Höhere Justizdienstprüfung. 1889/90 leistete er sein Einjährig Freiwilliges Militärdienstjahr ab. 1892 kam er als stv. Amtmann zum OA Künzelsau, 1893 erfolgte die Ernennung zum Amtmann ebd. 1897 wechselte H. als Amtmann und Zweiter Beamter bei Oberamtmann Karl Albert →Schmidlin zum OA Ulm. Von 1899 bis 1901 war H. als Kollegialhilfsarbeiter beim Vorstand der Versicherungsanstalt Württemberg eingesetzt. Von 1902 bis 1910 amtierte er als Oberamtmann beim OA Geislingen/Steige. 1910 erhielt er den Titel Regierungsrat und wurde fortan bei der Regierung des Donaukreises in Ulm verwendet. Dort erwarb sich H. in der schwierigen Zeit des Ersten Weltkriegs und in der krisengeschüttelten Zeit danach große Verdienste. Während seiner Ulmer Zeit war H. stv. Vorstand des III. Landwirtschaftlichen Gauverbands und als dessen Vertreter stv. Mitglied der Pferdezuchtkonferenz, seit 1908 auch stv. Vorstand des Ausschusses des Verbands der Pferdezuchtvereine im OA Ulm. Nach deren Auflösung wechselte H. 1924 als Oberregierungsrat zur neu gebildeten Ministerialabteilung für Bezirks- und Körperschaftsverwaltung (MABK) ins Innenministerium. 1927 wurde er zum Württ. Staatskommissar für die Gemeinde Schlossberg/OA Neresheim ernannt. 1932 erfolgte H.s Eintritt in den Ruhestand.
H. war als Mitglied der nationalliberalen Deutschen Partei (DP) auch politisch aktiv. Ende 1912 – also während seiner Dienstzeit in Ulm – errang er das Geislinger Mandat in der Stichwahl mit 3.233 zu 3.007 Stimmen gegen den bisherigen Abg. der Zentrumspartei, Joseph Herbster. Von 1913 bis 1918 gehörte

H. der II. Kammer des Württ. Landtags an und war dort Mitglied des Staatsrechtlichen und des Justizausschusses sowie von 1914 bis 1916 des Ausschusses für innere Verwaltung. – Mitglied des Vereins für Kunst und Altertum in Ulm und Oberschwaben. – 1914 Ritterkreuz I. Kl. des Friedrichsordens; Silberne Karl-Olga-Medaille; Olga-Orden; Landwehr-Dienstauszeichnung II. Kl.

Q   Schriftliche Mitteilung des Kath. Pfarramts Spaichingen vom 9. IV. 1999.
W   (Auswahl) Anfechtung einer Gemeinderatswahl. Außerachtlassung wesentlicher Vorschriften über das Wahlverfahren, Art. 23 Abs. 1 GdeO.), in: WZRV VI (1913), Nr. 3 (1. III. 1913), S. 100ff. – Können Ortsarmenverbände gegen den Landavbd. aus einer Kostenersatzsicherung, die letzterer auf Grund eines auf Art. 21 Abs. 1 W.AGUWG. beruhenden statuarischen Beschlusses abgegeben hat, im verwaltungsgerichtlichen Parteistreitverfahren klagen?, in: WZRV VI (1913), Nr. 5 (1. V.1913), S. 150f. – Bei Ermittlung des Unterstützungswohnsitzes im Sinne des Art. 33 UWG. und Art. 27 AGUWG. ist die seit 1. April 1909 geltende durch Art. 3 des Änderungsgesetzes vom UWG. v. 30. Mai 1908 eingeführte einjährige Frist, nicht die bis zum 31. März 1909 in Geltung gewesene zweijährige Frist anzuwenden, in: WZRV VI (1913), Nr. 5 (1. V. 1913), S. 151f. – Unterstützungswohnsitzgesetz § 11 (23) Abs. 2: Eintritt in eine Verwahranstalt bildet ein Hindernis für die Eröffnung des Fristenlaufs; Dienstboten- oder Pfleglingsverhältnis; Schutzbedürftigkeit, in: WZRV VI (1913), Nr. 7 und 8 (1. VII. 1913), S. 227-229 – Anfechtung einer Gemeinderatswahl. Einsprache- und Beschwerdefrist. Außerachtlassung wesentlicher Vorschriften über das Wahlverfahren. Gesetzwidrige Wahlbeeinflussung. (Art. 24 Abs. 1 und 2, Art. 23 Abs. 1 und 4 der GdeO.) Ausschließung beteiligter Gemeinderatsmitglieder von der Beratung und Beschlußfassung über die Einsprache (Art. 33 Abs. 2 der GdeO.), in: WZRV VI (1913), Nr. 9 (1. IX. 1913), S. 249-255 – Anfechtung einer Ortsvorsteherwahl. Verstöße gegen Verfahrensvorschriften; gesetzwidrige Wahlbeeinflussungen: Art. 23 Abs. 1 und 4 der GO., in: WZRV VI (1913), Nr. 12 (1. XII. 1913), S. 316-321.
L   WL 1912-1917, S. 80 – KALKOFF, NL-Parlamentarier, S. 344 – Amtsvorsteher, S. 304 (Rolf JENTE/Walter ZIEGLER) – RABERG, Biogr. Handbuch, S. 326 (Bild).

Haslinger, Johann *Michael*, * Heretsried 7. Juni 1836, † Augsburg 17. Jan. 1910, ☐ ebd., Hermanfriedhof 20. Jan. 1910, kath.

Der zweite Neu-Ulmer kath. Stadtpfarrer H. schloss 1856 seine schulische Laufbahn am Gymnasium bei St. Stephan in Augsburg mit der Bestnote ab. Danach studierte er Philosophie und Theologie in München, wo er am 11. Aug. 1860 zum Priester geweiht wurde. Im Feb. 1861 zum Stadtpfarrer in Schrobenhausen ernannt, übernahm H. nach Bestehen des Pfarrkonkurses dort auch zweimal das Pfarrvikariat. Am 5. Okt. 1867 kam er erstmals nach Neu-Ulm, und zwar als Stadtkaplan. 1869 wechselte er in gleicher Eigenschaft nach St. Georg in Augsburg, wo er im Dez. 1869 zum Dompfarrer ernannt wurde. Als Nachfolger von Johann Baptist →Wolf kam er im Herbst 1874 als Stadtpfarrer nach Neu-Ulm zurück. Dort erwies er sich als milder und ausgeglichener Seelsorger, der besonders Kindern und Jugendlichen religiöses Empfinden zu vermitteln wusste, und übte zudem eine umfassende karitative Tätigkeit aus. Von 1880 bis 1893 erteilte H. kath. Religionsunterricht an der Kgl. Realschule Neu-Ulm. Er protestierte erfolglos gegen die unmittelbar benachbarte Gräberabteilung der israelitischen Kultusgemeinde auf dem Neu-Ulmer Friedhof.
Die Bewerbungen des in Neu-Ulm beliebten und geschätzten H. um Aufnahme ins Augsburger Domkapitel wurden allerdings wiederholt abgelehnt, da er „ohne besondere Verdienste" sei. Erst 1893 – mittlerweile war er auch Kammerer des Landkapitels Weißenhorn geworden – fand H.s Arbeit in Neu-Ulm in einem Antrag des Kultusministers Ludwig August von Müller eine Würdigung, als er schrieb, H. habe es in Neu-Ulm verstanden, *nach allen Seiten den Frieden zu wahren, sei stehe mit den verschiedenen Zivil- und Militärbehörden in bestem Einvernehmen und hat sich auch als Stadtschulkommissär für die konfessionell gemischten Schulen in Neu-Ulm durch taktvolles Verfahren eine einflussreiche Stellung und allgemeine Achtung zu erwerben gewusst*. Am 27. Juni 1893 zum Domkapitular in Augsburg ernannt, schied der an einem Nervenleiden erkrankte H. nach 19-jähriger Amtszeit von Neu-Ulm. In Augsburg noch 1893 zum Dompfarrvikar und Stadtdekan ernannt, war H. ab 1898 auch Mitglied des neu gegründeten Diözesanausschusses für Seminarangelegenheiten. Seine Krankheit nötigte ihn 1903, das Amt des Dompfarrvikars

[208] SCHMIDGALL, Burschenschafterlisten, S. 189, Nr. 1178.

niederzulegen. – 1905 Kgl. Bayer. Verdienstorden vom Hl. Michael IV. Kl.

Q   Archiv des Bistums Augsburg, Personalakte 3503.
L   BUCK, Chronik Neu-Ulm, S. 75 – SPECKER/TÜCHLE, S. 314 – Eduard OHM, Neu-Ulmer zahlten für Grabmale Demolitionsgebühr (Neu-Ulmer Geschichten 19), in: NUZ, 21. IX. 1984, S. 19 – TREU, Chronik Neu-Ulm, S. 574 – GROLL, Augsburger Domkapitel, S. 561-566.

Haßler/Hassler sen., Conrad (Cunrad/Konrad) Dieterich (Dietrich), Dr. phil., * Altheim/OA Ulm[209] 18. Mai 1803, † Ulm 15. April 1873, ▢ ebd., Alter Friedhof, ev.

Vater   Johann Conrad Haßler[210], * Ulm 20. VIII. 1762, † ebd. 13. VIII. 1837, Diakon in Altheim, zuletzt bis 1830 Pfarrer in Degenfeld, S. d. Marcus Haßler, * 1729, † 1792, 1781 Rektor des gymnasium academicum Ulm.
Mutter   Maria Barbara Weidlin, T. d. Hospitalamtspflegers Weidlin in Ulm.
Mehrere G, darunter Christiane Barbara Haßler, * Altheim 1809, † Ulm 1873, ∞ 1833 Heinrich Friedrich →*Kerler.
∞ Ulm 22. V. 1827 Margarete K. Miller/Müller, * Ulm 22. XI. 1802, † ebd. 25. VIII. 1881, T. d. Bartholomäus →Miller.
11 K   Theodor Ritter von →Haßler; Caroline Friederike Haßler, * Ulm 1830, † ebd. 1906; Matthias Anton Benoni Haßler, * Ulm 1832, † ebd. 1833; Maria Haßler, * Ulm 1833, ∞ Reinhard Eduard Lamparter[211], Mag., * Gruibingen/OA Göppingen 12. I. 1824, † Salon bei Ludwigsburg 10. I. 1903, 1850-1859 Deutscher Prediger in Paris, 1859-1869 Helfer an der Dreifaltigkeitskirche in Ulm, 1869-1891 Dekan in Leonberg, zugleich bis 1874 Bezirksschulinspektor, 1888 Abg. für Leonberg zur 4. Landessynode, 1889 Ritterkreuz I. Kl. des Friedrichsordens; Margaretha Katharina Haßler, * Ulm 1834, † ebd. 1837; Conrad Dieterich →Haßler jun.; Rosalie Haßler[212], * Ulm 10. III. 1836, † ebd. 25. III. 1862; Conrad Haßler, * Ulm 1839, † ebd. 1841; Anna Haßler, * Ulm 1841, † ebd. 1842; Carl Haßler und Caroline Haßler, Zwillinge, beide *† Ulm 1845.

H. war ein Mann mit vielen Talenten, der als Historiker, Pädagoge, Orientalist, Philologe, Landeskonservator und Politiker aktiv war und als einer der unermüdlichsten und wirkungsvollsten „Propagandisten" in ganz Deutschland ein Bewusstsein für das Ulmer Münster weckte, zu dessen Vollendung er mit seinen Reden und Schriften sehr viel beitrug.

Nach dem Besuch der Dorfschule in Altheim und seit 1814 des Kgl. Gymnasiums Ulm bestand H. nacheinander 1816, 1817 und 1818 das Landexamen, das zur Aufnahme in eines der ev.-theol. Seminare berechtigte, wurde aber angeblich wegen seines Alters und zu geringer Bedürftigkeit nicht aufgenommen. H. studierte, nachdem er eine Sattlerlehre absolviert hatte, von 1820 bis 1825 ev. Theologie, Philosophie, Philologie und Jura in Tübingen, wo er sich zunächst dem Corps Ulma (und später vielleicht der Burschenschaft Germania, obwohl das angebliche Beitrittsjahr 1825 eher dagegen spricht) anschloss, sowie Orientalistik in Leipzig (Hebräische Gesellschaft) und Paris. Den Pariser Studienaufenthalt konnte er mit Hilfe eines Erbes finanzieren.

Im Feb. 1824 bestand H. das theol. Abschlussexamen. Von 1825 bis 1826 war er Pfarrvikar bei seinem Vater in Degenfeld, 1826 kurzzeitig Vikar in Lorch. Die geistliche Laufbahn behagte H. jedoch nicht. Seine Versuche, die Professur für Orientalistik an der Universität Tübingen zu erlangen, scheiterten an mancherlei Widerständen, die sowohl in der nominellen Besetzung des Lehrstuhls durch den in Paris forschenden Württemberger Julius Mohl (1800-1876) als auch darin begründet lagen, dass H. nicht Zögling eines ev.-theol. Seminars gewesen war.

Nach der Ende 1824 erfolgten Promotion zum Dr. phil. an der Universität Tübingen und der Professoratsprüfung erhielt er

noch 1826 eine Anstellung als ao. Professor für Hebräisch, Psychologie, Logik und Naturrecht an der oberen Abteilung des Kgl. Gymnasiums Ulm, von 1828 bis 1865 war er o. Professor ebd. Als 1852 Rektor Georg Heinrich von →Moser in den Ruhestand trat, übernahm H. die Führung der Amtsgeschäfte und machte sich Hoffnungen auf die offizielle Nachfolge. Als an seiner Stelle Karl →Schmid zum Rektor ernannt wurde, bedeutete dies für H. eine bittere Enttäuschung. 1856 vom Schuldienst auf ein Jahr beurlaubt, erfolgte 1864 die Ernennung zum Oberstudienrat durch den Staatsminister Ludwig von →Golther, einen seiner Schüler, 1867 folgte H.s Eintritt in den Ruhestand.

Im Sept. 1852 hatte H. das Amt des Ephorus´ des in Ulm im Sammlungsgebäude neu gegründeten Pensionats übernommen, das jedoch nach wenigen Jahren wieder aufgegeben werden musste.

Frühzeitig engagierte sich H. politisch, obwohl von ihm zahlreiche skeptische Äußerungen zum „Politbetrieb" seiner Zeit überliefert sind. Bereits 1831 war H. Mitglied des Ausschusses der Bürgerversammlung für die Wahl des Landtagskandidaten Gymnasialprofessor Christian →Schwarz (liberale Opposition). Nach der raschen Auflösung des sogenannten „vergeblichen Landtags" und angesichts der Auffassung, dass Schwarz den Erwartungen nicht gerecht geworden sei, suchten ihn Ulmer Honoratioren im Frühjahr als Landtagskandidaten zu gewinnen. Weil H. jedoch noch nicht das 30. Lebensjahr vollendet hatte, war er von einer Kandidatur durch die Bestimmungen der Verfassung ausgeschlossen. Erst 1844 entschloss sich H. zu einer Landtagskandidatur im WK Ulm Stadt. Vom 1. Feb. 1845 bis 1848 (12. bis 14. o. LT) war H. als Abg. der „guten Stadt" Ulm Mitglied der Kammer der Abgeordneten der Württ. Landtags und gehörte der Druckkommission, der Staatsrechtlichen Kommission und der Eisenbahnkommission an, außerdem war er Mitglied der Finanzkommission, der Kommission für die Ablösung des Zehnten und Koreferent der Schuldenverwaltungskommission sowie der Kommission für Angelegenheiten des Kriegsministeriums. Die Landtagsarbeit brachte H. wenig Befriedigung und viel Verdruss, deshalb stellte er sich bei den Neuwahlen 1848 nicht mehr als Kandidat zur Verfügung. Auch Angebote aus anderen Oberämtern, so Biberach, lehnte er ab.

Im März 1848 gehörte H. als Ulmer Vertreter dem sogenannten „Vorparlament" in Frankfurt/Main an, dem im Wesentlichen die Organisation der Wahlen zur Nationalversammlung oblag. Schon zuvor hatte er an der 5. März 1848 an der „Heidelberger Versammlung" teilgenommen. Im Frühjahr 1848 erfolgte im 2. Wahlkreis im Donaukreis (Ulm-Blaubeuren-Laupheim) gegen Friedrich →Albrecht mit großem Stimmenvorsprung H.s Wahl in die Deutsche Nationalversammlung in Frankfurt/Main, der er vom 18. Mai 1848 bis 11. April 1849 angehörte (Mitglied der Fraktion Westendhall): seit 18. Mai 1848 Mitglied des Vorbereitungskomitees für die Einrichtung der Nationalversammlung, seit 19. Mai 1848 des Revisionskomitees zur Vorberatung über die von der vorbereitenden Kommission abgeschlossenen Verträge, seit 22. Mai 1848 Schriftführer der Redaktionskommission für die Protokolle und in deren Auftrag Herausgeber der „Verhandlungen der deutschen verfassunggebenden Reichsversammlung zu Frankfurt am Main" (6 Bände, Frankfurt/Main 1848/49), seit 7. Juli 1848 Mitglied des Ausschusses für die Kirchen- und Schulangelegenheiten (Sektion für Volksschulwesen). H. setzte sich in Frankfurt für das monarchische Prinzip ein, da er den Erfolg der Republik für unmöglich hielt. Er stimmte daher auch für die Wahl König Friedrich Wilhelms IV. von Preußen zum deutschen Kaiser. Nach deren Zurückweisung durch den Gewählten und dem Scheitern des Plans der Errichtung eines deutschen Erbkaisertums schied H. aus der Nationalversammlung aus. Für ihn rückte Philipp Ludwig →Adam nach.

[209] Zum Zeitpunkt von H.s Geburt war Altheim bayerisch.
[210] SIGEL 12,2, Nr. 38,56 (S. 626).
[211] Magisterbuch 30 (1897), S. 63 – Staatsanz. Nr. 8, 12. I. 1903, S. 51 – SK Nr. 21/1903 – Württ. Jahrbücher 1903, S. III.
[212] Sie war behindert, blieb unverheiratet und wohnte bei den Eltern.

Der Politiker H. blieb in Ulm nicht ohne Anfeindungen. Seine Abgeordnetenaktivitäten in Frankfurt kreideten ihm viele Wähler als „Seitenwechsel" und „Täuschung" an. Im Jahre 1862 kandidierte H. im Oberamtsbezirk Ulm für den Landtag, unterlag aber mit 213 zu 300 Stimmen gegen Ludwig →Seeger. Wesentliches leistete H. für das Ulmer Münster, in dessen Schatten er lebte – er bewohnte das Haus neben Konditor Trögln am Münsterplatz – und arbeitete. Schon 1840 hatte H. den Riss des Münsterturms von Matthäus Böblinger aus dem Jahre 1477 aufgespürt, der später dem Ausbau als Grundlage diente. Unermüdlich war er jahrelang als „Reisender für das größte Haus Deutschlands" in ganz Deutschland unterwegs und hielt Vorträge, um die interessierten Menschen von der Bedeutung der Aufgabe der Münsterfertigstellung zu überzeugen. 1856 erhielt H. für ein Jahr Urlaub, um sich ausschließlich seinen Wandervorträgen widmen zu können. Beim Besuch des Königs Wilhelm I. von Württemberg in Ulm am 11. Juni 1856 ließ sich der Monarch von H. im Münster vom Stand der Arbeiten unterrichten, in gleicher Funktion war H. am 14. Aug. 1863 beim Besuch des Kaisers Franz Joseph I. von Österreich in Ulm tätig. Zur Erinnerung an den Besuch des deutschen und preuß. Kronprinzen Friedrich Wilhelm (später Kaiser Friedrich III.) in Ulm am 19./20. Aug. 1872, bei dem H. den hohen Gast durch das Münster führte, entstand 1900 das Kaiserfenster (Glasmalerei von Professor Alexander Linnemann, Frankfurt/Main) im Münster, auf dem H. neben Oberjustizprokurator Carl von →Schall und Carl von →Heim zu sehen ist.

Als Schriftsteller entfaltete H. eine staunenswerte Aktivität. Neben historischen, kunsthistorischen, pädagogischen und philologischen Schriften gab er auch eine Reihe von Quellenpublikationen heraus, die für Ulms Geschichte von Bedeutung sind, u. a. „Sämtliche Schriften in schwäbischer Mundart" von Sebastian Sailer (1842), „Ott Rulands Handlungsbuch" (1843), „Reisen und Gefangenschaft" von Hans Ulrich Krafft (1861), „Von den Falken, Pferden und Hunden" von Heinrich Mynsinger (1863) und „Die Reisen des Samuel Kiechel (1585-1589)". Ein vollständiges Verzeichnis seiner Veröffentlichungen fehlt, doch einschließlich der Schulprogramme, Broschüren und an verstreuten Orten publizierten kleineren Aufsätze wird man von mehreren hundert Einzelschriften ausgehen dürfen. Anfang 1858 wurde H. auch auf Empfehlung des Leiters des Ministeriums des Kirchen- und Schulwesens, Gustav Rümelin, zum Landeskonservator der vaterländischen Kunst- und Altertumsdenkmale in Stuttgart ernannt, zugleich war er seit 1867 Leiter der Staatssammlungen. Er war damit der erste staatliche Denkmalpfleger in Württemberg. Ein Angebot zur Übernahme der Direktion des Germanischen Nationalmuseums in Nürnberg lehnte er ab.

H. war seit Ende 1843 aktiv in der Freimaurerbewegung und längere Zeit (1849-1852 und 1862-1867 Meister vom Stuhl der Loge „Astraea zu den drei Ulmen" (bzw. seit 1844 „Carl zu den drei Ulmen"); seit etwa Ende der 1820er Jahre Mitglied im Ulmer Turnverein, zuletzt Ehrenmitglied; seit 1825 Mitglied des Ulmer Liederkranzes, später auch dessen Vorsitzender, Gründungs- und langjähriges Ausschussmitglied des Schwäbischen Sängerbundes. 1841 zählte H. zu den Gründungsmitgliedern des Vereins für Kunst und Altertum in Ulm und Oberschwaben, dessen Vorsitzender er von 1850 bis 1868 war. Seit 1829 Mitglied des bürgerlichen Schützenkorps, gehörte H. seit 1835 der „Ulmer Eisenbahngesellschaft" und seit 1839 als Mitgründer und engagierter Förderer der „Ulmer Donau-Dampfschifffahrts-Gesellschaft" an. H. war seit Feb. 1868 Mitglied der Bausektion des Münsterbaukomitees. Seine Gesundheit war in den letzten Lebensjahrzehnten schwer erschüttert, immer wieder litt er an Koliken und Katarrhen, seit 1851 plagten ihn ein Herzleiden und Asthma. Kurz vor seinem 70. Geburtstag starb er an einer Lungenentzündung. – 1844 korr. Mitglied des Vereins für Vaterlandskunde; 1845 Mitglied der

Deutschen Morgenländischen Gesellschaft; Ausschussmitglied des Litterarischen Vereins in Stuttgart; 1867 korr. Mitglied des internationalen Kongresses für vorhistorische Anthropologie und Archäologie. – 1865 Ritterkreuz I. Kl. des Friedrichsordens; 1871 gewerbliche Fortschrittsmedaille für Verdienste um die schwäbische Industrieausstellung in Ulm. Nach H. ist die Ulmer Haßlerstraße benannt, die vom Römerplatz über die Bundesstraße 311 zum Donauufer führt.

Q   StadtA Ulm, Bestand H, schriftlicher Nachlass – ebd., G 2 – ebd., H Waibel: Raimund WAIBEL: Mitglieder in Gemeinderat und Bürgerausschuss 1800-1899, Typoskript, S. 10.
W   (Auswahl) Briefe über den Fortgang der asiatischen Studien in Paris, Ulm 1826, ²1830 – Commentationis criticae de psalmis Maccabaicis quos ferunt particula prior, Ulm 1827 – Paragraphen für den Unterricht in der Philosophie auf Gymnasien und ähnlichen Lehranstalten, Ulm 1832-1834, ²1852 – Bemerkungen über den Unterricht in der französischen Sprache auf Realschulen und Gymnasien, Schulprogramm, Leipzig und Ulm 1836 – Zwei Reden. Gehalten am Lieder-Feste im Münster zu Ulm am 25. Juli 1836, Ulm 1836 – Die Buchdrucker-Geschichte Ulm´s zur vierten Säcularfeier der Erfindung der Buchdruckerkunst, Ulm 1840 – Explicatio Monumenti Typographici antiquissimi nuper reperti, Schulprogramm, Ulm 1840 – Felix Fabri: Evagatorium in terrae Sanctae, Arabiae et Egypti Peregrinationem, editii Cunradus Dietricus Hassler Gymnasii Regii Ulmani Professor, drei Bände, Stuttgart 1843-1849 – Über eine in mehreren Handschriften der kaiserlichen Bibliothek erhaltene persische Version des Alten Testaments, in: Verhandlungen der deutschen morgenländischen gesellschaft, Leipzig 1848 – Beiträge zur Ulmischen Kunstgeschichte. Ein Sendschreiben, Ulm 1855 – Collatio Codicis Vergiliani Minoraugiensis, Ulm 1855 – Das almannische Todtenfeld bei Ulm, 1860 – Die Beziehungen Gustav Adolphs zur Reichsstadt Ulm, Ulm 1860 – Schwäbische Fliese, Ulm 1862 – Ulms Kunstgeschichte im Mittelalter. Zugleich Text zu den drei ersten, ihn betreffenden Supplementheften „Kunst des Mittelalters in Schwaben", Stuttgart 1864 – Jüdische Alterthümer aus dem Mittelalter in Ulm, 1865 – Die Pfahlbaufunde des Ueberlinger Sees in der Staatssammlung vaterländische Alterthümer zu Stuttgart, Ulm 1866 – Studien aus der Staatssammlung vaterländischer Alterthümer, Ulm 1868 – Urkunden zur Baugeschichte des Mittelalters, in: Jahrbücher für Kunstwissenschaft 2 (1869), Heft 2, S. 97-128 – Über die mittelalterlichen Steinmetzzeichen, in: Christliches Kunstblatt 7 (1872).
L   DBI² 3, 1326 – DBA I/483, 122, 206 – DBA II/532, 72 – DBGR 11, 440 – Ih 1, S. 335 – Ih 3, S. 127 – WEYERMANN II, S. 163 f. [mit Geburtsdatum „13. Mai 1803"] – SK 1873, S. 1961 – Gustav VEESENMAYER in: Beilage zur Allgemeinen Zeitung 1873, S. 4013 f., 4026 ff. – Konrad Dieterich HAßLER (einer seiner Söhne) in: Münsterblätter 5 (1888), S. 1-29 – ADB 11 (1880), S. 15-20 (Gustav VEESENMAYER) – SCHULTES, Chronik, S. 481, 488 f., 495, 502 f., 507, 510, 527 ff. – Christian Friedrich SEYBOLD (Hg.), Heinrich Leberecht Fleischer. Fleischers Briefe an Hassler aus den Jahren 1823 bis 1870, Tübingen 1914 – UBC 1, S. 70, 135, 138, 498, 504, 506, 569, 594 – UBC 2, S. 12, 49, 54, 82, 107, 197, 317 – SCHMIDGALL, Burschenschafterlisten, S. 79, Nr. 724 – BIEDERMANN, Ulmer Biedermeier, S. 210 f. – Lebensbilder aus Schwaben und Franken 10 (1966), S. 361-374 (Georg SCHENK) – NDB 8 (1969), S. 51 f. (Max HUBER) – MANN, Württemberger, bes. S. 81 f. u. ö. – HEPACH, Königreich, passim – UNGERICHT, S. 152 ff. – BRANDT, Parlamentarismus, bes. S. 142 f. u. ö. – KOCH, Nationalversammlung, S. 201 (Bild) – Hubert KRINS, Die Gründung der staatlichen Denkmalpflege in Baden und Württemberg, in: Denkmalpflege in Baden-Württemberg, 12. Jg., 2/1983, S. 34-46 – August GEBESSLER, Professor Haßler. Der erste Konservator im Königreich Württemberg, in: Schwäbische Heimat 1/1988, S. 114-117 (Bild) – PHILIPP, Organisation, S. 51, Nr. 724 – Eckhard TROX, Bürger in Ulm: Vereine, Parteien, Geselligkeit, in: SPECKER, Ulm im 19. Jahrhundert, S. 169-238 – BEST/WEEGE (1996), S. 169 – DBE¹ 4 (1997), S. 431 – SPECKER, Großer Schwörbrief, S. 305, 311 – Herbert WIEGANDT, Konrad Dieterich Haßler, 1803-1873. Von der Politik zur Denkmalpflege, Ulm 1998 – DVORAK 1,2 (1999), S. 252 f. (Bild) – RABERG, Biogr. Handbuch, S. 327 ff. (Bild) – Hans BINDER, Ein Ulmer, der vieles bewegte: Vor 200 Jahren wurde Konrad Dieterich Haßler geboren, in: Schwäbische Heimat 3/2003, S. 266-275 (Bild) – HUBER, Haßler, passim – DBE² 4 (2006), S. 487 – Kurt VEHRBERGER, Das Todtenfeld – Konrad Detrich Haßler und die Archäologie, in: Archäologie in Deutschland 5 (2008), S. 34 ff. – BRAUN, Freimaurer, S. 176, 199, Nr. 076 – Frank RABERG, Konrad Dieterich Haßler und das Ulmer Münster. Württembergs erster Landeskonservator rettete als „Reisender für das größte Haus Deutschlands" das Wahrzeichen der Donaustadt, in: Denkmalpflege in Baden-Württemberg. Nachrichtenblatt der Landesdenkmalpflege, 38. Jg., 2/2009, S. 3-11 (mehrere Bilder) – Wikipedia.

Haßler/Hassler jun., Conrad (Konrad) Dieterich, * Ulm 14. Juni 1837, † Ulm 1919, ev.

Eltern und G siehe Conrad Dieterich →Haßler sen.
∞ Renz, T. d. Renz, † 1855, Professor am ev.-theol. Seminar Urach.
Mehrere K, darunter Konrad Haßler[213], * Schwäbisch Hall 28. VII. 1884, Studienrat an der Realschule Göppingen.

H. eiferte seinem Vater als Pädagoge und Historiker nach. Seine berufliche Laufbahn verfolgte er außerhalb Ulms, verlebte aber seinen Ruhestand in seiner Vaterstadt.

[213] CRAMER, Württembergs Lehranstalten ⁶1911, S. 130.

Anders als sein Vater wurde H. nach bestandenem Landexamen in das ev.-theol. Seminar Maulbronn aufgenommen. 1859 nahm er das Studium der Theologie und Philosophie in Tübingen auf (Mitglied der Burschenschaft Roigel „Tübinger Königsgesellschaft"). Nach dem theol. Examen und der philologischen Präzeptoratsprüfung für den höheren Schuldienst war H. zunächst in mehreren Gemeinden unständig verwendet, bevor er 1866 zum Präzeptor an der Lateinschule Esslingen berufen wurde. 1878 wechselte er in gleicher Funktion an das Gymnasium Schwäbisch Hall, wo er 22 Jahre lang als Lehrer wirkte. 1880 wurde ihm der Titel Oberpräzeptor, 1884 der Titel Professor verliehen.

H.s historisches Interesse wird man als „Erbteil" seines Vaters sehen dürfen. Der Sohn konzentrierte sich besonders auf historische Numismatik, worüber er auch wiederholt Vorträge hielt und veröffentlichte. Von 1884 bis 1888 war er Vorstand des Historischen Vereins für Württ. Franken, der ihn 1888 zum Ehrenmitglied ernannte. 1900 in den Ruhestand verabschiedet, lebte H. fortan in seiner Vaterstadt Ulm und übernahm noch im Jahr seiner Pensionierung die Krankheitsvertretung seines Kollegen Professor Ernst →Holzer am Kgl. Gymnasium ebd. – Mitglied des Vereins für Kunst und Altertum in Ulm und Oberschwaben.

W   (Auswahl) [Nekrolog für Konrad Dieterich Haßler] in: Münsterblätter 5 (1888), S. 1–29 – Haller Pfennige, in: Württ. Franken N.F. 5 (1894), S. 23 ff. – Geschichte des Historischen Vereins für das württ. Franken, ebd. N.F. 6 (1895), S. 1 ff. – Münzenfund von Großaltdorf, ebd. N.F. 7 (1900), S. 70 ff. – Bruder Felix Fabris Abhandlung von der Stadt Ulm, in: UO 13/15 (1908/09), S. V–XIV, 1–141.
L   CRAMER, Württembergs Lehranstalten ⁶1911, S. 7 – UBC 2, S. 51 (Bild) – UBC 3, S. 227 – UBC 4, S. 60 – SCHMIDGALL, Burschenschafterlisten, S. 136, Nr. 152.

Haßler/Hassler, Johann Conrad *Theodor* Ritter von, * Ulm 3. Juli 1828, † Augsburg 28. Feb. 1901, ev.
Eltern und G siehe Conrad Dieterich →Haßler.
∞ Augsburg 17. VIII. 1858 Bertha Wilhelmine Mathilde von Hoeßlin, * Triest 1835, T. d. Heinrich von Hoeßlin, Bankier, * 1799, † 1864, u. d. Mathilde von Heinzelmann, * 1811, † 1888.
9 *K*, darunter Maria Haßler, * Augsburg 1859, ∞ Theodor-Wilhelm Schmid, Ingenieur, technischer Direktor und zuletzt Generaldirektor der Vogtländischen Baumwollspinnerei in Hof/Saale; Emma Haßler, ∞ Alexander Kreuter, Oberst; Rudolf Haßler, * Kolbermoor, † 1916, technischer Direktor der Baumwollspinnerei Dülken, ∞ Helene Bockmühl; Bertha Haßler, * Kolbermoor 1863, † Augsburg 1964, ∞ Georg Fikentscher, Dr. med., Generaloberarzt.

Der Sohn des großen Ulmers Conrad Dieterich →Haßler widmete sich nicht den Geisteswissenschaften, sondern stieg in Bayern zu einem der führenden Industriellen der Kaiserzeit auf.

H. wuchs in der Großfamilie mit seinen Eltern, Geschwistern und der Mutter seiner Mutter in dem vom Vater 1829 erworbenen Haus gegenüber dem Hauptportal des Ulmer Münsters am Münsterplatz auf. Der Wunsch des Vaters, H. in die Fußstapfen seiner Vorfahren treten zu sehen, erfüllte sich nicht. Da die Begeisterung des Jungen für mathematisch-naturwissenschaftliche Fächer unübersehbar war, gab ihn der Vater nach dem Besuch des Gymnasiums bzw. der Oberrealschule 1843 in die Optiker- und Mechanikerlehre bei Otto →Autenrieth in Ulm. Daran schloss sich 1847 ein Volontariat bei der Maschinenfabrik Keßler in Esslingen/Neckar und danach ein Studium an der Polytechnischen Schule in Karlsruhe an. Letzteres wurde ihm durch ein Stipendium der Ulmer Wilhelmsstiftung ermöglicht.

In der Revolutionszeit schloss sich H. einem Freikorps an, was seinen Vater sehr beunruhigte. Er verstärkte seine Aktivitäten, dem Sohn in Bayern eine Anstellung zu verschaffen und war erfolgreich. Der junge Mann trat im Okt. 1849 als Praktikant in die Reichenbach'sche Maschinenfabrik in Augsburg ein, Vorläufer der späteren M.A.N. AG. Schon im Jahr darauf Ingenieur geworden, musste H. viel reisen und war u. a. für längere Zeit in England, Frankreich (im Elsass). 1857 wechselte H. in die Dienste des Textilfabrikanten Ludwig August Riedinger

(1809–1879) in Augsburg. Dessen rasch expandierende Textilfabrik benötigte dringend einen leitenden Ingenieur, der bei der Errichtung neuer Baumwollspinnereien, u. a. in Bayreuth, Bamberg und Köln, die Oberaufsicht führte, und H. war hier an seinem Platze. Auf H.s Initiative gründete Riedinger 1859 die Baumwollspinnerei Kolbermoor, an deren Spitze H. als technischer Leiter nach einem mehrjährigen Weiterbildungsaufenthalt in England – damals das Zentrum der Baumwollproduktion – 1862 trat. 1868 übernahm H. als Generaldirektor die Leitung der größten deutschen Baumwollspinnerei am Stadtbach in Augsburg. Er modernisierte die Fabrik und reorganisierte die Produktion. Im Nov. 1889 legte der 1878 zum Kommerzienrat ernannte H. die Direktion der Baumwollspinnerei nieder.

H. gehörte zahlreichen technischen und industriellen Vereinigungen und Verbänden an, so u. a. dem Technischen Verein Augsburg, dessen Vorstand er von 1870 bis 1900 war und den ihn danach zum Ehrenvorstand wählte. Daneben war er von 1880 bis 1882 und seit 1892 Vorstand und dazwischen Vizepräsident des von ihm 1875/76 mitgegründeten Zentralverbands deutscher Industrieller, einer Vorgängerinstitution der heutigen Bundesvereinigung der deutschen Industrie, zugleich von 1880 bis 1898 auch Vorstand des Vereins süddeutscher Baumwollindustrieller, 1889 zugleich dessen Ehrenmitglied. Seit 1881 war er Verwaltungsratsmitglied der M.A.N., seit 1885 Aufsichtsratsmitglied ebd. 1890 wurde er in den Aufsichtsrat der Haunstetter Spinnerei gewählt, 1892 in den Aufsichtsrat der Augsburger Buntweberei und 1894 in den Aufsichtsrat der Mechanischen Baumwollspinnerei und Weberei Augsburg, außerdem gehörte er den Aufsichtsräten der Internationalen Druckluft- und Elektrizitätsgesellschaft (Berlin) und der Lebens- und Unfallversicherungsgesellschaft „Nordstern" an (1898 Mitbegründer des deutschen Flottenvereins).

1897 verlieh ihm Prinzregent Luitpold den bayerischen Personaladel (Ritterkreuz des Bayerischen Verdienstordens), 1898 wurde H. in die Ritterklasse der bayerischen Adelsmatrikel aufgenommen. Zuletzt war H. seit 1893 (als einziger Nichtadliger) Mitglied der Kammer der Reichsräte der Krone Bayerns und setzte damit die von seinem Vater begründete parlamentarische Tradition der Familie in einem anderen Land und auf anderer Ebene fort. H., der sein Ulmer Bürgerrecht nie aufgegeben hatte, starb im 73. Lebensjahr an einem Gehirnschlag. – 1877 Ritterkreuz I. Kl. des Kgl. Bayer. Verdienstordens vom Hl. Michael; 1893 Ritterkreuz I. Kl. des Kgl. Württ. Friedrichsordens; 1898 Ritterkreuz des Württ. Kronordens; 1898 Ritterkreuz II. Kl. des Kgl. Preuß. Kronordens.

Q   StadtA Augsburg, Haßler-Archiv.
L   SM Nr. 101/1901 – Württ. Jahrbücher 1901, S. IV – Lebensbilder aus dem Bayerischen Schwaben 9 (1966), S. 352–383 (Friedrich HAßLER) – NDB 8, S. 52 ff. – DBE 4 (1997), S. 431 – Augsburger Stadtlexikon, S. 477 ff.

Haubenschmidt (auch: Haubenschmied, Haubenschmid), *Ferdinand* Theodor (von), * Ulm 10. Juli 1808, † München 15. Dez. 1890, kath.
Vater   Johann Nepomuk Haubenschmidt, Kgl. Bayer. Landesdirektionsrat in Ulm.

H. war einer der hohen bayer. Justizbeamten des 19. Jahrhunderts und daneben politisch aktiv. Er kam während der Dienstzeit seines Vaters, eines bayerischen Ministerialbeamten, in Ulm zur Welt. Nach dem 1834 erfolgreich abgeschlossenen Studium der Philosophie und der Rechtswissenschaften in München begann H. seine erfolgreiche Laufbahn im Justizdienst des Königreichs Bayern als Rechtspraktikant in Passau, wo er 1835 bis 1841 auch Akzessist beim Appellationsgericht war und von 1848 bis 1850 als Appellationsgerichtsassessor sowie von 1851 bis 1853 als Erster Staatsanwalt am Kreis- und Stadtgericht wirkte. Von 1841 bis 1846 Kreis- und Stadtgerichtsassessor in Schweinfurt bzw. von 1846 bis Juni 1848

Kreis- und Stadtgerichtsrat ebd., wurde er in dieser Zeit als Abgeordneter des 6. Wahlkreises in Niederbayern (Passau) zum Mitglied der Dt. Nationalversammlung in Frankfurt/Main gewählt. Bis zum 21. Mai 1849 übte er das Mandat aus und schloss sich der Fraktion des „Casino" an, war Mitglied des Zentralausschusses für die Prüfung der Wahlen und votierte für die Wahl des Königs von Preußen zum deutschen Kaiser. 1850 erfolgte H.s Versetzung als Geheimer Sekretär in das Kgl. Bayer. Staatsministerium der Justiz nach München, und nach weiteren Stationen in Passau (s. o.) und als Zweiter Staatsanwalt (Appellationsgerichtsrat) am Appellationsgericht in Freising (1853/54) kam er 1854 dauerhaft nach München. Von 1854 bis 1865 war er dort Zweiter Staatsanwalt am Oberappellationsgericht, von 1865 bis 1867 Oberstaatsanwalt und 1867-1876 Generalstaatsanwalt ebd. 1868 berief ihn der König als Mitglied auf Lebenszeit in die Kammer der Reichsräte der Krone Bayerns, die Erste Kammer des Landtags. Von 1876 bis 1879 war H. Präsident des Appellationsgerichts, zuletzt von 1879 bis zur Versetzung in den Ruhestand im Jahre 1884 Präsident des Oberlandesgerichts in München. Zum 80. Geburtstag wurde ihm das Prädikat „Exzellenz" verliehen.

L   SCHÄRL, Beamtenschaft, S. 356, Nr. 703 – Franz MADER, Tausend Passauer. Biographisches Lexikon zu Passaus Stadtgeschichte, Passau 1995, S. 90 [dort „Haubenschmied"] – BEST/WEEGE, S. 170.

Hauber, Friedrich *Albert* (von), D. theol. h.c., * Stuttgart 14. Dez. 1806, † Ludwigsburg 14. Sept. 1883, ev.
Vater   Christoph Albrecht Hauber, * 1759, † 1839, Zögling der Hohen Carlsschule in Stuttgart, Hofmusicus in Stuttgart, S. d. Schreibers Hauber in Wildberg
Mutter   Wilhelmine Siebold, verw. Sixt
∞ I. 1834 Emma Auguste Walther, * 1809, † 1853, T. d. Christian Gottlieb von Walther, Dr. med., * 1768, † 1836, Direktor des Medizinalkollegiums in Stuttgart;
∞ II. 1854 Maria Auguste Walther, * 1810, † 1890, Schw. d. I. Ehefrau.
9 K.

H., 17 Jahre lang Generalsuperintendent in Ulm, war nach Gymnasialbesuch in Stuttgart und Bestehen des Landexamens Zögling an den ev.-theol. Seminaren in Maulbronn und Schöntal/Jagst. Von 1820 bis 1824 studierte er Theologie in Tübingen, zuletzt wurde er ins Stift aufgenommen. Anschließend trat er als Vikar in Stuttgart in den Dienst der württ. ev. Landeskirche. 1832 Stiftsrepetent in Tübingen, war er 1833/34 auf einer wissenschaftlichen Reise, die ihn nach Berlin, Bonn, Dresden, Hannover, Hamburg und Wien führte. Nach einer weiteren Station als Stadtvikar und Hilfslehrer am oberen Gymnasium in Stuttgart erhielt H. Anfang 1834 eine Stelle als Diakon in Nürtingen. 1841 war er Mitglied einer ao. Synode der Landeskirche, auf der er nachdrücklich und erfolgreich für die Einführung des einstimmigen Chorals im Gottesdienst plädierte. Rasch hatte sich H. auf dem Gebiet der Gottesdienstgestaltung einen guten Ruf erarbeitet, weshalb er auch 1843 der Choralbuchkommission angehörte. 1843/44 kam H. als Erster Diakon (Archidiakon) nach Tübingen, wo er zugleich Mitglied des ehegerichtlichen Senats war und seit 1846 zugleich einen Lehrauftrag für württ. Kirchen- und Schulgesetzgebung an der Universität wahrnahm. 1848 übertrug man ihm die Leitung des Dekanats Tübingen. 1851 übernahm H. für 17 Jahre als Prälat und Generalsuperintendent sowie Frühprediger am Münster in Ulm die Nachfolge des in den Ruhestand versetzten Christian Nathanael von →Osiander. Während seiner Ulmer Zeit war H. Geistlicher Beisitzer des Ehegerichts beim Gerichtshof für den Donaukreis und publizierte mehrere Bücher, so 1854 „Recht und Brauch der Ev.-luth. Kirche Württemberg´s" (Stuttgart) und 1864 bei Ebner „Evangelisches Hauspredigtbuch. Predigten über die Evangelien an sämmtlichen Sonn-, Fest- und Feiertagen, zum Gebrauche bei der häuslichen Erbauung". 1876 erschien von ihm in Ulm „Württembergisches Eherecht der Evangelischen".
Im Herbst 1868 wechselte H., der 1853 auch Mitglied der von der Landeskirche eingesetzten Lesebuchkommission war, als

Prälat und Generalsuperintendent nach Ludwigsburg. Mit dem Amt des Generalsuperintendenten war auch die Wahrnehmung eines der geistlichen evangelischen Mandate in der Abgeordnetenkammer des Württ. Landtags verbunden, das H. vom 6. Mai 1851 bis zu seinem Tode am 14. Sept. 1883, also 32 (!) Jahre lang wahrnahm. Als Parlamentarier war er u. a. von 1851 bis 1868 und von 1870-1875 Vorstand der Kirchen- und Schulkommission, 1856 bis 1862 Mitglied der Kommission für Gegenstände der inneren Verwaltung, 1875 bis 1877 Mitglied der Finanzkommission und 1883 Mitglied der zur Beratung des Kirchengesetzes verstärkten Staatsrechtlichen Kommission. H. gehörte seit 1869 als Abg. von Ludwigsburg der 1. und seit 1874 als landesherrliches Mitglied der 2. Ev. Landessynode an, zu deren Vizepräsident er 1875 gewählt wurde. In der 1. Landessynode hatte er die Kommission für kirchenrechtliche Gegenstände geleitet.

Q   Württ. Landesbibliothek Stuttgart, Nachlass.
Weitere W Die Staatsgewalt in ihrem Verhältnis zur kath. und protestant.Kirche aus deutschem Gesichtspunkt, Stuttgart 1842 – Predigt am Geburtsfest Seiner Majestät des Königs Wilhelm I., den 27. Sept. 1848, Tübingen 1848 – Die Diener der ev. Kirche und die Zeit. Sendschreiben an Th. Eisenlohr, Stuttgart 1849 – Wegweiser für zeugen vor dem Schwurgericht, Stuttgart 1851 – Bischöfliche Theorien und positives Recht. Zur Beleuchtung der Denkschrift des oberrheinischen Episopats, Stuttgart 1853 – Wie lernt man? Ein psychologischer Versuch, in: Bll. aus Süddeutschland Heft 3/1880, S. 145-169.
L   Ih 1, S. 336 – Sixt Karl KAPFF, Die Revolution, ihre Ursachen, Folgen und Heilmittel, Hamburg 1851, S. 5, 47 – SK Nr. 219, 15. IX. 1883, S. 1533 – SK Nr. 220, 16. IX. 1883, S. 1541, 1543 (Todesanz.) – SK Nr. 221, 18. IX. 1883, S. 1545 – SK Nr. 255, 27. X. 1883, S. 1753 ff. – Württ. Vierteljahrshefte VI (1883), S. VIII – RIECKE, Verfassung und Landstände, S. 48 – HARTMANN, Regierung und Stände, S. 38, 68 – Hauptregister, S. 348 – E. KNAPP, Aus dem Nachlaß des Prälaten Hauber. Mitgeteilt von..., in: Bes. Beil des Staatsanz. Nr. 3, 1. IV. 1919, S. 49-58 – SIGEL 12,2, S. 628 – UBC 2, S. 219 – Eugen SCHMID, Friedrich Albert Hauber (1806-1883) in seiner Tätigkeit auf dem Gebiet der Politik, in: ZWLG 5 (1941), S. 141-153 – LEUBE, Tübinger Stift, S. 705 – NEBINGER, Die ev. Prälaten, S. 573 – SPECKER, Ulm im 19. Jahrhundert, S. 390 f., 418 – DIETRICH, S. 44 f. u. ö. – RABERG, Biogr. Handbuch, S. 328 f. – EHMER/KAMMERER, S. 178 (Bild).

Hauf, *Alfred* Meinrad, * Ottobeuren 18. Mai (nicht Jan.!) 1924, † Neu-Ulm 3. März 2008, ⬚ Pfuhl, 7. März 2008, kath.
Vater   Gottfried Hauf, * Lachen/Kreis Memmingen 8. III. 1897, Lehrer an der Zentralschule Neu-Ulm.
Mutter   Maria Antonia Schwägele, * Kranzegg/Kreis Sonthofen 17. XII. 1896, † Ottobeuren 24. V. 1924.
3 HalbG   Werner Hauf, * Neu-Ulm 19. IV. 1933; Irmgard Hauf, * Neu-Ulm 10. V. 1939; Gerhard Hauf, * Neu-Ulm 8. VI. 1940.
∞ Gertrud Walburga Schlaffner, * München 29. III. 1923, † 1995.
3 K   Reinhard Hauf, Dr. phil., * Ottobeuren 5. III. 1948, Historiker und Archivar; Markus Hauf, * Memmingen 14. III. 1952; Angela Hauf, * Memmingen 12. XII. 1954.

H. arbeitete sich vom Sparkassen-Lehrling bis zum Vorstandsvorsitzenden hoch und war in Neu-Ulm umfassend und vielfältig ehrenamtlich engagiert.
Nachdem seine Mutter kurz nach seiner Geburt gestorben war, ging der Vater mit seinem Sohn nach Neu-Ulm, wo Gottfried Hauf Lehrer geworden war und am 24. Nov. 1927 eine zweite Ehe mit Magdalena Stark, der Tochter des Regierungsrats Leopold Stark in Neu-Ulm, einging. Aus dieser Ehe stammen drei Kinder, mit denen H. in Neu-Ulm, Augsburg und Ottobeuren aufwuchs. Der Sohn besuchte die Schule in Neu-Ulm und die Oberschule in Ulm, um anschließend eine Sparkassenlehre in Memmingen zu absolvieren. In Memmingen bestand er auch die Prüfung als Bankkaufmann. Während des Zweiten Weltkriegs war H. bei den Fallschirmjägern. Als er aus dem Krieg zurückkehrte, konnte er zunächst nicht wieder im Sparkassenbereich Fuß fassen, sondern begann mit einer Lehre im Handwerk. Erst 1948 fand er wieder eine Anstellung bei der Memminger Sparkasse, erlangte den Abschluss als Sparkassenbetriebswirt und qualifizierte sich nach sieben Semestern als einziger seines Jahrgangs aus Bayern für ein Studium an der Deutschen Sparkassenakademie in Bonn.
Damit für die höhere Laufbahn ausgebildet, ging er zunächst zur Rheinischen Girozentrale und Provinzialbank in Düsseldorf (später Westdeutsche Landesbank), wo er vornehmlich im Kreditgeschäftsbereich eingesetzt war. Er entschied sich jedoch

für die freie Wirtschaft und war als kaufmännischer Direktor in der Stahlindustrie am Niederrhein sowie bei einem Bonner Chemieunternehmen erfolgreich.

Am 1. Juli 1968 übernahm H. als Nachfolger von Oskar →Reber bzw. des kommissarischen Leiters Josef Rudolph die Leitung der Kreis- und Stadtsparkasse Neu-Ulm und wurde nach Einführung der bayerischen Vorstandsverfassung deren erster Vorstandsvorsitzender. Sein Wirken für das Institut war überaus erfolgreich: Am Anfang wies die Bilanz 139 Millionen DM aus, 20 Jahre später lag sie bei 1,2 Milliarden DM. Innerhalb von 20 Jahren stieg der Umsatz von 2,1 Milliarden DM auf 20,2 Milliarden DM, die Anzahl der Konten stieg fast um das Dreifache. 1985 kam auf Initiative H.s die von seinem ältesten Sohn Reinhard Hauf verfaßte Geschichte der Kreis- und Stadtsparkasse („Von der Armenkasse zum Universal-Kreditinstitut") heraus. „Nebenher" war H. stv. Vorsitzender des Aufsichtsrats der Neu-Ulmer Wohnungsbaugenossenschaft, Mitglied des Verwaltungsrats der Landesbank München, des Bausparkassenausschusses, Beiratsmitglied der Bayernversicherung und Prüfer bei der Sparkassenakademie in Landshut. Außerdem engagierte sich der 1989 in den Ruhestand verabschiedete Kunstliebhaber und Mäzen H. umfassend ehrenamtlich. Genannt seien der Vorsitz des Neu-Ulmer IHK-Gremiums und die Mitgliedschaft bei der IHK-Vollversammlung Schwaben-Augsburg, der Vorsitz des TSV 1880 Neu-Ulm (zuletzt Ehrenvorsitzender) sowie seine Tätigkeit bei der Verkehrswacht Neu-Ulm, die er mitgründete und deren Vorsitzender er war, und beim Kreisverband des Bayerischen Roten Kreuzes, dessen Schatzmeister er war. Ein nach ihm benanntes Haus beim Verkehrsübungsplatz erinnert an den Gründer der Neu-Ulmer Verkehrswacht. Auf Grund seiner Verdienste um die Integration des Faches Wirtschaftspädagogik in Neu-Ulmer Schulen wurde er zum Schulrat ehrenhalber ernannt.

Bei einer Feier anlässlich von H.s 80. Geburtstag würdigte ihn Landrat Erich Josef Geßner als *Banker, der vor Ideen sprühte, dem Kunden auf der Spur war, das Team formte und als Vorbild motivierte sowie verlässlich im unternehmerischen wie auch im gesellschaftlichen Umfeld war.* H. lebte in Offenhausen. – Bundesverdienstkreuz am Bande; Fugger-Medaille der IHK; Goldener Ehrenring der IHK; Goldene Fördermedaille des Allgäu-Schwäbischen Musikbundes; Goldene Ehrennadel des Bayerischen Roten Kreuzes; Ehrenurkunde des Bundespräsidenten für beispielhafte Leistungen in der Berufsausbildung.

Q   StadtA Neu-Ulm, A9.
L   HAUF, Von der Armenkasse, S. 185 (Bild), 189 f. (Bild) u. ö. – Im Ruhestand noch Akzente gesetzt. Ex-Sparkassenchef Hauf feiert heute 80. Geburtstag, in: NUZ, 18. V. 2004 (Bild) – Ein Banker, der vor Ideen sprühte, ebd., 29. V. 2004 (Bild).

Hauff, Carl Victor (von), Mag., * [Stuttgart-]Botnang 2. Sept. 1753, † Cannstatt 18. Aug. 1832, ev.

Vater   Johann Albrecht Hauff, Mag., Pfarrer in Botnang, zuletzt in Bonlanden.
Mutter   Marie Justine Rieck[e].
Mehrere G, darunter Charlotte Justine Hauff, * Botnang 1. IX. 1763, † nach März 1820, ∞ Bonlanden 6. VII. 1801 Georg Balthasar Arnold, Mag., * Bonlanden/OA Stuttgart 12. X. 1751, † Aichschieß/OA Esslingen 24. XI. 1818, Präzeptor der Lateinschule auf der Festung Hohentwiel, zuletzt Pfarrer in Aichschieß; sie war die Stiefmutter des Friedrich Gottlob (von) →Arnold.
∞ Bonlanden 17. II. 1784 Philippine Christiane Zorer, * 28. III. 1765, † Cannstatt 29. VI. 1823, T. d. Tobias David Zorer, Pfarrer in Plieningen.
K   August Jakob Victor Hauff, Pfarrer; Charlotte Elisabeth Hauff, * Bebenhausen 29. II. 1792, † Cannstatt 28. II. 1871, ∞ Cannstatt 29. XI. 1821 Christian Gottlob Breuning, Kanzleirat in Reutlingen.

Der weithin bekannte Seminarlehrer H. war der zweite Ulmer Dekan nach dem Tod von Johann Martin →Miller. Seine vergleichsweise kurze Amtszeit führte dazu, dass er in Ulm schnell in Vergessenheit geriet. Auch die stadthistorische Geschichtsschreibung übergeht ihn durchweg.

H. entstammte einer alteingesessenen Familie der württ. Ehrbarkeit. Nach Privatunterricht bei seinem Vater war H. seit 1763 Schüler am „gymnasium illustre" in Stuttgart, bestand das Landexamen und kam als Klosterschüler zunächst nach Blaubeuren, dann nach Bebenhausen. Im Nov. 1769 schrieb er sich als stud. theol. an der Universität Tübingen ein und bezog 1771 Quartier im renommierten Tübinger Stift, am 13. Dez. 1771 war er Baccalaureus und am 27. Sept. 1773 erwarb er den Magistergrad. Nach Beendigung des Studiums war er zunächst seinem Vater, dem Pfarrer in Bonlanden auf den Fildern, als Vikar zugeteilt. 1779 kam er als Stiftsrepetent nach Tübingen zurück, bevor er 1782 als Vikar nach Stuttgart und 1783 als Diaconus nach Waiblingen versetzt wurde. Vor allem in Waiblingen intensivierte H. seine Studien im literarisch-philologischen und theologischen Bereich. 1791 erfolgte seine Ernennung zum Zweiten Professor an der Klosterschule in Bebenhausen, 1801 rückte er dort zum Ersten Professor auf. 1807 wechselte H. als Erster Professor an die Klosterschule in Maulbronn.

H. stand im 61. Lebensjahr, als das Konsistorium ihn am 30. Aug. 1814 zum Dekan des Bezirks Ulm ernannte. Dem gebürtigen Ulmer Johann Martin →Miller, der sich in Ulm alles andere als wohlgefühlt hatte, folgte ein tief verwurzelter Alt-Württemberger, den es überhaupt nicht nach Ulm zog. H. trat seinen Dienst in Ulm am 21. Sept. 1814 an. Nähere Angaben zu H.s Tätigkeit in Ulm fehlen. Angesichts der überwiegend noch von Ulmern aus der reichsstädtischen Zeit eingenommenen Pfarrerstellen in der Stadt und im Bezirk ist jedoch davon auszugehen, dass der „Import" aus Württemberg es nicht leicht gehabt haben dürfte. Schon Anfang des Jahres 1816 ergab sich die Möglichkeit für H., als Dekan nach Cannstatt zu wechseln. Er ergriff sie dankbar. Zu seinem Nachfolger als Dekan wurde am 20. März 1816 der seit Jahrzehnten in Ulm wirkende Johann Wilhelm →Stüber, Stadtpfarrer an der Dreifaltigkeitskirche, ernannt. H. blieb bis zu seinem Tod im Alter von fast 79 Jahren Dekan in Cannstatt. – 1816 Ritterkreuz des Civil-Verdienstordens.

W   Rede, von dem höchst glücklichen Einfluß der Herzogl. Militaer Academie in die Wohlfahrt des Staats, o. O. 1773 – Bemerkungen über die Lehrart Jesu mit Rücksicht auf jüdische Sprach- und Denkungsart, Offenbach am Main 1788, ²1798 – Ueber den Gebrauch der griechischen Profan-Scribenten zur Erläuterung des N[euen] T[estaments], Leipzig 1796.
L   Ih 1, S. 337 – GRADMANN, Das gelehrte Schwaben, S. 215 f. – FABER 3, § 515 – FABER 8, § 202 – GEORGII-GEORGENAU, S. 331 – SIGEL 12,2, Nr. 59,56 (S. 641) – MUT Nr. 36.855 – LEUBE, Tübinger Stift, S. 701 – NEBINGER, Die ev. Prälaten, S. 577 – EBERL, Klosterschüler II, S. 82, Nr. 764.

Hauff, Johann *Immanuel* Andreas *Heinrich*, * Oberholzheim/OA Laupheim 5. Dez. 1784, † Ludwigsburg 7. Jan. 1841, ev.

Vater   Wolfgang Christoph Heinrich Hauff.
Mutter   Eberhardina Johanna Klemm.
∞ Luise Schnell.

H. zählte zur personellen Erstausstattung der 1817 neu gebildeten Regierung des Donaukreises in Ulm.

Der Pfarrersohn besuchte die Lateinschule in Urach und studierte nach dem Besuch der Klosterschulen in Blaubeuren und Bebenhausen ab dem Herbst 1801 an der Universität Tübingen, widmete sich dort jedoch nicht der Theologie, sondern den Rechtswissenschaften. Nach Abschluss des Studiums, das ihn auch nach Heidelberg führte, ließ sich H. 1808 als Advokat in Böblingen nieder. Schon im darauffolgenden Jahr trat er in den württ. Staatsdienst und wurde als Aktuar an das OA Stockach versetzt, das kurzzeitig zu Württemberg gehörte. Im Nov. 1810 wechselte H. als Aktuar zur Landvogtei am unteren Neckar mit Sitz in Heilbronn/Neckar. Im Sept. 1811 wurde H. zum Oberamtmann in Saulgau ernannt. Sein Nachfolger in Heilbronn wurde Wilhelm Ludwig →Gmelin. Nachdem H. in unterschiedlichen Ämtern an verschiedenen Orten des Königreichs seine Befähigung unter Beweis gestellt hatte, wurde er im Nov. 1817 bei der Regierung des Donaukreises in das Kollegium der dort tätigen vier Räte aufgenommen. H. war am Aufbau der Kreisregierung in Ulm maßgeblich beteiligt. Nach fünfjähriger Wirksamkeit in Ulm erfolgte zum 1. Okt. 1822 H.s Versetzung zur Regierung des Schwarzwaldkreises in Reutlingen, 1832 schließlich zur Regierung des Neckarkreises in Ludwigsburg. Dort starb H. kurz nach Vollendung des 55. Lebensjahres. Seine Regierungsratsstelle in Ulm übernahm 1822 der bisher bei der Regierung des Schwarzwaldkreises tätig gewesene Regierungsrat Georg Amandus →*Schmalzigaug.

Q   HStAS, E 143 Bü 884 – ebd., E 146/1 Bü 2658 und 2660.
L   FABER 3, § 925 – ebd. 12, § 86 – ebd. 25, § 504 – MUT Nr. 39.754 – EBERL, Klosterschüler II, S. 82, Nr. 1123 – Amtsvorsteher, S. 305 (Edwin Ernst WEBER).

Hausch, Gustav *Adolf* (von) * Ludwigsburg 21. Juni 1831, † Faurndau/OA Göppingen 15. Juli 1900, ☐ ebd. 17. Juli 1900, ev.
∞ Anna Hausch.
3 *K* Elise Hausch, ∞ Erwin Heimerdinger, Major in Ludwigsburg; Helene Hausch, ∞ Carl Beckh, Fabrikant in Faurndau; Ida Hausch, ∞ Oskar Geigle, Oberleutnant in Ulm.

H. war Ulmer Landgerichtspräsident in der Kaiserzeit.
Nach dem Jurastudium in Tübingen durchlief H. die üblichen Stationen eines württ. Justizbeamten und war um 1870 Kreisgerichtsrat in Schwäbisch Hall. Am 1. April 1874 wurde er in gleicher Funktion an die Zivilkammer beim Kreisgerichtshof Ulm versetzt. 1884 zum Ministerialrat im Justizministerium berufen, erfolgte 1889 als Nachfolger des verstorbenen Karl (von) →Hölderlin H.s Ernennung zum Präsidenten des Landgerichts Ulm. 1896 wechselte H. als Senatspräsident an das Oberlandesgericht Stuttgart, ab 6. Nov. 1896 war er Präsident des Oberlandesgerichts. Als Landgerichtspräsident in Ulm war ihm Friedrich (von) →Bonhoeffer nachgefolgt. H. gehörte ab 1890 als richterliches Mitglied dem Württ. Staatsgerichtshof an und war ab 1898 dessen Präsident. Der König von Württemberg ernannte ihn zum Geheimen Rat. Wenige Wochen nach seiner Pensionierung starb H. – Ehrenritterkreuz des Württ. Kronordens; Kommenturkreuz II. Kl. des Friedrichsordens.

L   Staatsanzeiger Nr. 163, 16. VII. 1900, S. 1325 und 1326 (Todesanz.) – SK Nr. 334/1900, S. 5 – UBC 2, S. 339 – UBC 3, S. 3, 127 – Ortwin HENSSLER, 100 Jahre Gerichtsverfassung. Oberlandesgerichte Karlsruhe und Stuttgart 1879-1979 (Sonderheft DIE JUSTIZ, Jg. 28, Heft 5/1979), S. 45 (Bild).

Haxel, Otto, Dr. rer. nat., * Neu-Ulm 2. April 1909, † Heidelberg 26. Feb. 1998, ev.
Vater   *Karl* Philipp Haxel[214], * Memmingen 26. VIII. 1883, † 18. VII. 1919, Kaufmann in Neu-Ulm, S. d. Zuschneiders Philipp Jakob Haxel u. d. Susanna Ritter.
Mutter   Emma Justina Barbara Regina Kober, * Neu-Ulm 15. XI. 1888, T. d. Leonhard →Kober.

Der bedeutende Physiker H. entstammte mütterlicherseits einer Neu-Ulmer Handwerker-Familie. Er wuchs in seiner Geburtsstadt und Ulm auf und besuchte in Ulm die weiterführende Schule. Anschließend studierte er technische Physik an der TH München und an der Universität Tübingen, wo 1933 auch seine Promotion bei Prof. Dr. Hans Geiger auf Grund der Arbeit „Protonenemission von Aluminium angeregt durch Gamma-Strahlen von Radium C und Thor C" erfolgte. 1936 folgte H. Geiger als Oberassistent an die TH Berlin-Charlottenburg, wo er sich noch im gleichen Jahr mit der Arbeit „Die Kernspektren der leichten Elemente" habilitierte. Während des Zweiten Weltkrieges war H. Mitglied des „Uranvereins".
1946 begann er seine Tätigkeit am Max-Planck-Institut für Physik in Göttingen, im Jahr darauf erhielt er eine ao. Professur an der Universität ebd. 1951 erfolgte seine Berufung als Professor an die Universität Heidelberg und in die Heidelberger Akademie der Wissenschaften, an deren Spitze er 1978 als Präsident für vier Jahre trat. An der Universität Heidelberg baute H. das II. Physikalische Institut auf. 1970 zählte H.,

Mitglied der Deutschen Atomkommission, zu den Mitgründern des Kernforschungszentrums Karlsruhe, dessen technisch-wissenschaftlicher Direktor er bis 1975 war.
H. befasste sich schwerpunktmäßig mit der Erforschung der kosmischen Strahlung, mit Protonen- und Neutronenzahlen bei Atomkernen und der Kernspaltung. Unabhängig von Maria Goeppert-Mayer entwickelten H., Hans Daniel Jensen und Hans Eduard Suess das Schalenmodell des Atomkerns. H. war Mitunterzeichner der Erklärung der „Göttinger Achtzehn", die sich gegen die atomare Bewaffnung der Bundeswehr wendete. Viele Jahre lang war H. Mitherausgeber der „Zeitschrift für Physik". Seit 1966 war er Mitglied der Deutschen Akademie der Naturforscher Leopoldina, seit 1982 korrespondierendes Mitglied der Österreichischen Akademie der Wissenschaften. – 1980 Otto-Hahn-Preis der Stadt Frankfurt/Main.

W   (Auswahl) Energiegewinnung aus Kernprozessen (Arbeitsgemeinschaft für Forschung des Landes Nordrhein-Westfalen, Natur-, Ingenieur- und Gesellschaftswissenschaften, Heft 25), Köln-Opladen 1953 – Von Erde und Weltall. Eine Vortragsreihe. Mit Texten von Karl SCHÜTTE, Walter BAADE, Otto HAXEL u. a., Stuttgart 1955 – Die Grenzen der moderne Technik, 1980 – Hg. mit Wilhelm DOERR u. a., Semper apertus. Sechshundert Jahre Ruprecht-Karls-Universität Heidelberg 1386-1986. Festschrift, Berlin 1985.
L   Heinz FILTHUT (Hg.), Ein Vierteljahrhundert moderner Physik. Otto Haxel zum 60. Geburtstag gewidmet, Mannheim u. a. 1969 – Joachim HEINTZE, Otto Haxel zum Gedenken, in: Physikalische Blätter 54 (1998), S. 356 – GBBE 2, S. 780 - Wikipedia.

Hayn, Johann Ludwig Carl Friedrich von, * Reichenberg/OA Backnang 21. Sept. 1770, † Stuttgart 11. Feb. 1838, ev.
Vater   Ernst Friedrich von Hayn, seit 1759 Offizier in württ. Diensten, zuletzt Ksl. Russ. Kollegienrat in Wiborg.
Mutter   Friederike Sophie von Thünau, T. d. August Heinrich von Thünau, * 9. X. 1728, † 20. IX. 1786, Hzgl. Sachsen- Eisenacher Kammerherr.

H. war der württ. General, der im Nov. 1810 die militärische Übergabe Ulms von Bayern an Württemberg durchführte und die militärische Inbesitznahme Ulms durch Württemberg vornahm. Als historische Persönlichkeit scheint er nahezu völlig vergessen zu sein.
Der Sohn eines von preuß. in württ. Dienste gewechselten Offiziers wuchs in Württemberg und Russland auf und stand als junger Offizier zunächst in Diensten der Zarin Katharina II. In den 1780er Jahren fiel die Familie Hayn dem in Diensten der Zarin stehenden Prinzen Friedrich von Württemberg (1754-1816) auf. Der in St. Petersburg lebende H. gehörte um 1794 als zweiter Hofkavalier und Stallmeister zum Hofstaat des Prinzen Friedrich, des späteren Herzogs, Kurfürsten und Königs von Württemberg, mit dem er eng befreundet war. Nach der Machtübernahme Friedrichs in Stuttgart trat H. am 24. Dez. 1797 als Offizier (Rittmeister beim Garde du Corps-Rgt.) in württ. Dienste.
H. war fortan in allen Kriegen, in die Württemberg im Napoleonischen Zeitalter verwickelt war, an vorderster Stelle zu finden. Da er das besondere Vertrauen des Königs Friedrich genoss, war es nicht verwunderlich, dass H. immer wieder bei besonderen Missionen eingesetzt war. Im Nov. 1810 stand H. mit seinen Truppen in Söflingen, um seinen Auftrag der militärischen Besetzung Ulms für Württemberg in die Tat umzusetzen. Am 6. und 7. Nov. fand die Übergabe statt, am 8. Nov. rückte die bayer. Garnison ab. H. marschierte am 8. Nov. 1810 gegen 16 Uhr mit dem Cheveauxlegers-Regiment Prinz Heinrich und dem Inf.-Regiment König Friedrich sowie vier Kanonen in Ulm ein. Mit den Waffen der Hayn´schen Soldaten wurde Ulm der Weg unter die württ. Oberhoheit gebahnt, wobei es zu keinerlei Zwischenfällen kam. H. war bereits am 24. Okt. 1810 von König Friedrich zum Gouverneur der Stadt Ulm ernannt worden; zugleich waren die Ernennungen des bisherigen Kommandanten in Radolfzell, Oberst von Röder, zum Kommandanten in Ulm und des Majors Johann Heinrich Carl von →*Oberni[t]z zum Platzmajor in Ulm ausgesprochen worden.

---

[214] TEUBER, Ortsfamilienbuch Neu-Ulm I, Nr. 1670. Der ebd. angegebene Zusatz „gefallen in Frankreich" ist offenkundig unzutreffend.

Mit offenen Armen empfingen die Ulmer die neuen Landesherren nicht. In Ulm verstand man nicht, warum Teile des uralten reichsstädtischen Territoriums, wie Leipheim mit Riedheim und der sogenannte Riedzaun, Pfuhl, Steinheim, Reutti u. a. im Staatsvertrag zwischen Bayern und Württemberg abgetrennt und Bayern zugeschlagen worden waren. Auch verstand man nicht, wie Ulm, einst Hauptstadt der großen bayer. Provinz Schwaben, fortan nur noch Sitz einer Landvogtei sein sollte. Der Wohnungsmarkt brach ein, die Mietpreise sanken ins Bodenlose. Den württ. Beamten und Offizieren wurde nachgesagt, sie seien sparsamer als die Bayern, weshalb Handel und Wandel litten. Hinzu kamen die Mauten, die die Nachbarn an der Donau gegenseitig errichteten und die das Wirtschaftsleben nachhaltig niederdrückten. H. erließ am 22. Dez. 1810 ein strenges Waffenbesitzverbot – alle Schusswaffen mussten innerhalb von zwei Tagen abgeliefert werden. Wer danach im Besitz einer Schusswaffe angetroffen wurde, musste einer dreimonatigen Festungshaftstrafe gewärtig sein. Es war ein schwacher Trost für die Ulmer, gleich den Bewohnern der Residenzstadt Stuttgart von den „Jagdfrohnen" befreit zu werden. Davon hatte man in der Donaustadt bisher gar nichts gehört, und man konnte damit auch nichts anfangen. Das Verhalten der württ. Besatzung in der ersten Zeit spiegelte Unsicherheit und Ungeschicklichkeit gleichermaßen wider. H., der auch 1811 beim Besuch König Friedrichs in Ulm an der Seite seines Gönners war, war als Ulmer Gouverneur bis zum Nov. 1813 im Amt, dann wurde er in gleicher Eigenschaft nach Heilbronn/Neckar versetzt. Seine Nachfolge trat Georg Friedrich von →Scharffenstein an. Später stieg H. zum Kgl. Württ. Generalleutnant auf. Seine verwandtschaftlichen Verhältnisse zur freiherrlichen Familie von Hayn sind nach wie vor ungeklärt. Der langjährige Kommandant des in Ulm stationierten 2. Inf.-Rgts., Oberst Freiherr Clemens Ferdinand von Hayn[215] (* 17. Juni 1793), scheint mit H. nicht verwandt gewesen zu sein. – Kommandeurkreuz des Militär-Verdienstordens II. Kl.

L   Schwäb. Chronik, 26. X. 1810, S. 433 – SCHULTES, Chronik, S. 421 – Johannes GREINER, Ulm im ersten Jahrzehnt unter der Krone Württembergs. Eine Jahrhunderterinnerung, in: Besondere Beilage des Staatsanz. 1910, Nr. 5, S. 73-80, Nr. 6, S. 81-90 – UBC 1, S. 430 – Theodor SCHÖN, Aus Württemberg nach Rußland eingewanderte Edelleute, in: Jahrbuch für Genealogie, Sphragistik und Heraldik 1905/06, S. 9 f.

Hecker, *Robert* Julius (von), * Ulm 7. Feb. 1839, † Stuttgart 20. Aug. 1911, ev.
Vater   Heinrich Hecker, Rechtsanwalt.
Mutter   Rosine Beurer.
Mehrere *G*, darunter Karl Heinrich Friedrich August →*Hecker.
∞ Stuttgart 19. II. 1887 *Anna* Emilie Cuhorst, † 1912, T. d. Hermann Friedrich Cuhorst, Hauptmann, u. d. Margaretha Emilie Beck.
Mehrere *K*.

H. war einer der aus Ulm stammenden Justizbeamten des Königreichs Württemberg, die auch in Ulm wirkten, wobei H. das Ende seiner dienstlichen Laufbahn als Oberstaatsanwalt in seiner Vaterstadt erlebte.
Nach dem Jurastudium in Tübingen (Corps Suevia) und Heidelberg (Corps Guestfalia) sowie der Absolvierung der beiden höheren Justizdienstprüfungen 1862 und 1864 trat H. in den württ. Justizdienst und erhielt seine erste feste Anstellung als Justizassessor in Vaihingen/Enz. Im Dez. 1873 in gleicher Eigenschaft an das Stuttgarter Stadtgericht versetzt, wurde H. im Okt. 1877 zum Kreisrichter und Staatsanwalt am Landgericht Rottweil ernannt. 1880 kam er als Staatsanwalt in seine Heimatstadt Ulm, um vier Jahre später als Erster Staatsanwalt zum Landgericht Ravensburg zu wechseln. Im Sept. 1896 kehrte H. als Erster Staatsanwalt (Oberstaatsanwalt) am Landgericht nach Ulm zurück, wo er bis zu seiner Pensionierung als Nachfolger des verstorbenen Eduard →*Scheurlen im Juni

---

215 CAST I, S. 425.

1905 tätig war, eine stadtbekannte und hochgeachtete Persönlichkeit: *H. genoß als Strafrechtler besonderes Ansehen auch über die Grenzen Württembergs hinaus. Aus diesem Grunde wurde er zum Mitglied einer Kommission zur Reform des Strafprozesses beim Reichsjustizamt ernannt und war in dieser Eigenschaft in Berlin vom Februar bis zum Oktober 1903 tätig* (Suevia Tübingen). Seine Nachfolge trat der bisher in Tübingen tätige Franz Xaver →Walser an. – Mitglied des Vereins für Kunst und Altertum in Ulm und Oberschwaben. – 1890 Ritterkreuz I. Kl. des Friedrichsordens; 1901 Ehrenkreuz des Württ. Kronordens.

L   Staatsanzeiger Nr. 196/1911 – SK Nr. 386/1911, Nr. 387 und 390 – Württ. Jahrbücher 1911, S. V – Suevia Tübingen 3, S. 1600, Nr. 156 – UBC 2, S. 419 – UBC 3, S. 127, 171, 343, 515.

Heerbrandt, Gustav, * Reutlingen 14. März 1819, † New York/New York (USA) 26. Mai 1896, ev.
Vater   Gottlob Albrecht Heerbrandt, † 1839, Buchdrucker in Reutlingen, S. d. Johann Friedrich Heerbrandt, Buchhändler in Tübingen.
Mutter   Maria Magdalena Lorenz, verw. Elwert, † 1819, T. d. Carl Friedrich Lorenz, Buchdrucker in Reutlingen, Wwe. d. Noa Gottfried Elwert, * 1784, † 1807, Buchdrucker in Reutlingen.
∞ Ulm 27. VIII. 1843 Karoline Stahl, * Ulm 27. I. 1822, Pflegetochter des Dr. Johannes →Palm, T. d. Johann Gottlieb Stahl, * Böblingen, † Ulm 1828, Besitzer der Löwenapotheke in Ulm, u. d. Franziska Rosina Litzel, † Ulm 1824.
Mehrere *HalbG* aus 1. Ehe der Mutter, 2 *G*.
4 *K*   Mathilde Heerbrandt, * Ulm 3. III. 1844; Anna Heerbrandt, * Ulm 9. X. 1845; Gustav Heerbrandt, * Reutlingen 14. III. 1847; Robert Heerbrandt, * Reutlingen 22. XI. 1848.

Der Buchdrucker und Dichter H. verlebte als junger Mann entscheidende Jahre in Ulm.
In eine wohlhabende Reutlinger Buchdrucker-Dynastie hineingeboren, verlor H. seine Mutter noch im Geburtsjahr. Der Vater verheiratete sich mit der ebenfalls aus einer Reutlinger Buchdruckerfamilie stammenden Elisabeth Caroline Fischer. H., der in die Fußstapfen des Vaters treten sollte, besuchte die Reutlinger Lateinschule. Er war Buchdruckerlehrling in Tübingen und Stuttgart, als 1839 überraschend sein Vater starb. Noch im gleichen Jahr gelang es H., eine Stelle als Commis, später Sortiments-Geschäftsführer bei der Stettin´schen Buchhandlung in Ulm zu erhalten. Zu Ulm bestanden verwandtschaftliche Beziehungen, da sein Onkel (Bruder des Vaters) dort als Oberzollverwalter tätig war.
H. fühlte sich jedoch in Ulm nicht wohl, litt unter Geldsorgen und bekannte, er wolle *nicht ewig in Schwaben bleiben*. Er berief sich auf die Tradition des Buchdruckerberufs, im Ausland Erfahrungen zu sammeln, und unternahm im Sommer/Herbst 1840 eine recht kostspielige „Gesellschaftsreise", die ihn u. a. nach Leipzig und Berlin führte. In Leipzig misslang es ihm, eine Stelle als Commis zu erhalten. Seine Schulden wuchsen, der für den noch Minderjährigen zuständige Waisenpfleger in Reutlingen lehnte jede weitere Verantwortung ab.
H. kehrte nach Ulm zurück und versuchte, von Dr. Philipp Ludwig →Adam die Stettin´sche Buchhandlung zu einem günstigen Preis zu erwerben. Dieser kannte die finanzielle Situation H.s, war skeptisch und zog Erkundigungen in Reutlingen ein. Parallel dazu zeichnete der selbstbewusste H. seine Lage optimistisch und schrieb seinem Waisenpfleger, dass er sich *der Achtung sowohl der Ulmer, als aller derjenigen, die mit uns verkehrten, zu erfreuen hatte, und die lebhafte Teilnahme, die sich bei den ersten Unterhandlungen bei meinem Kunden zu meinem Vorteil zeigte, ließ mich darauf schließen, dass ich auf kräftige Unterstützung von seiten des Publikums zählen darf.* Mit einem Kompagnon namens Thämel gelang es H. tatsächlich, die Verkaufsverhandlungen im Aug. 1842 zu einem erfolgreichen Abschluss zu bringen. Das Unternehmen stand von Anfang an auf schwacher finanzieller Basis. Dem Oberamt und dem Gemeinderat war dies nicht bekannt, wohl aber der Steuerersatzkommission.
H. plante seine Zukunft offenbar langfristig in Ulm. Er erwarb neben dem Reutlinger am 29. Juli 1843 auch das Ulmer Bürgerrecht und schloss am 27. Aug. 1843 die Ehe mit der Pflege-

tochter des in Ulm hoch angesehenen Arztes Dr. Johannes →Palm. Die *vermögliche Bürgerstochter* ermöglichte H. eine Ausweitung seiner Aktivitäten, so ab Juni 1844 den Betrieb einer Leihbibliothek. Der freiheitlich eingestellte Demokrat H. brachte 1845 in seinem Verlag „Die Fragen der Gegenwart und das freye Wort. Abstimmung eines Poeten in politischen Angelegenheiten" von Hermann Kurz (1813-1873) heraus. H.s Plan, die Konzession zur Herausgabe der „Ulmer Kronik" zu erhalten, wurde in letzter Stunde vom Gemeinderat gestoppt. Dieser machte Bedenken geltend, H. könne sich mit dem Kauf der Konzession übernehmen.

Im Sommer 1846 endete H.s Ulmer Zeit, die so hoffnungsvoll begonnen hatte. Ständig in Geldsorgen, übernahm H. den „Reutlinger und Mezinger Courier" und engagierte sich politisch. Wesentlich war seine Beteiligung an der Gründung des Reutlinger Lesevereins, der Turngemeinde und des Feuerlöschvereins. Während der Revolutionszeit spielte H. in Reutlingen eine herausgehobene Rolle. Von vielen Seiten angefeindet und von der Staatsmacht drangsaliert, gab er Ende April 1848 die Herausgabe des „Reutlinger und Mezinger Couriers" auf, befand sich 1849 in Untersuchungshaft und 1850 in Festungsarrest auf dem Hohenasperg.

Der Enge der ihn bedrückenden schwäbischen Verhältnisse wollte H. nach der Haftentlassung entkommen, indem er in die USA auswanderte. Als er sich im Nov. 1850 einschiffte, ließ er zunächst seine Familie zurück. In New York baute sich H. mit großer Energie und nicht nachlassendem Fleiß eine neue Existenz auf, war als Importeur, fliegender Händler und Landspekulant aktiv und brachte es zu einigem Wohlstand, den er 1873 im Zuge des Börsenkrachs jedoch wieder verlor. Mit 50 Dollar, die er von einem Freund geliehen hatte, wurde er Herausgeber des „New Yorker Schwäbischen Wochenblattes", mit dem er ein geistiges Band zwischen der alten Heimat und den in die USA ausgewanderten Schwaben zu knüpfen suchte. Es gelang ihm, und H. war bald die *großen Schwabenkolonie Nordamerikas die bekannteste und beliebteste Persönlichkeit.* Ab 1877 gab H. auch den „New Yorker Schwaben-Kalender" heraus, in dem Erzählungen aus der alten Heimat abgedruckt wurden. Er handelte mit Büchern und anderen Druckerzeugnissen aus Württemberg und veröffentlichte selbst Gedichtbände. Der als „Schwabenkönig" bekannte H. besuchte 1884 noch einmal Württemberg. Der zu großem Reichtum gelangte Zeitungskönig H. starb zwölf Jahre später im 78. Lebensjahr in der neuen Heimat.

L   Ih 1, S. 344 – Staatsanz. 1896, S. 984 – Württ. Jahrbücher 1896, S. VII – Silke KNAPPENBERGER-JANS, Forschungen und Quellen zur Reutlinger Stadtgeschichte in der Revolution 1848/49. Eine Dokumentation des Stadtarchivs Reutlingen, in: Reutlinger Geschichtsblätter N.F. 38 (1999), S. 9-430, hier S. 37 ff. u. ö. [zahlreiche Nennungen] – Gerhard JUNGER, Gustav Heerbrandt (1819-1896). Ein Reutlinger Demokrat zur Zeit der Revolution 1848/49, ebd., S. 529-592.

Hefele, *Joseph* Vitus, * Ulm 23. Dez. 1865, † ebd. 31. März 1951, kath.
Vater   Vitus Hefele, Zimmermann in Ulm.
3 G.
∞ 1891 Rosel Hefele, † Ulm 1951.
Mehrere K.

H. war der erste Ulmer Sozialdemokrat, dem es 1905 gelang, in die bürgerlichen Kollegien gewählt zu werden. Bis 1933 war er ununterbrochen Mitglied des Gemeinderats. Als überragende Persönlichkeit der Ulmer SPD hat er sich nachhaltig in die Geschichte der Stadt und seiner Partei eingeschrieben.

H. wuchs nach dem frühen Tod seines Vaters, der bei der Arbeit verunglückte, als Halbwaise in seiner Vaterstadt auf und besuchte die Sedelhofschule. Nach der Wiederverheiratung seiner Mutter wurde er zu entfernten Verwandten, Bauern in Wippenreute bei Ravensburg, gegeben. 1879 kehrte er nach Ulm zurück, um eine Lehre bei einem Schuhmacher zu absolvieren. Die Wanderschaft als Geselle führte ihn in die Schweiz,

wo er sich u. a. in Schaffhausen und Bern aufhielt. In Bern schloss er sich dem Arbeiterverein an. In Basel war H. in der Zeit des „Sozialistengesetzes" der Schweizer Verbindungsmann der Ulmer Sozialdemokraten. 1890 kehrte H. nach Ulm zurück und übernahm 1893 das Amt des Ersten Vorsitzenden der Ulmer Sozialdemokraten von Robert →Dick, das er 1898 an den Schuhmacher Pflügel abgab. Neben Dick war H. maßgeblich daran beteiligt, den Aufstieg der Ulmer Sozialdemokratie zu organisieren. Dazu gehörte vor allem der Aufbau des Vereinslebens, den H. als Mitgründer des Gesangvereins „Liederlust", der freien Turnerschaft und des Arbeiter-Radfahrvereins wesentlich vorantrieb.

Da er als Sozialdemokrat keine dauerhafte Anstellung fand, war H. gezwungen, sich als Schuhmacher selbstständig zu machen. Seine erste Werkstatt befand sich in der Lautengasse. Bei der Bürgerausschusswahl am 30. Dez. 1905 wurde H. in das Gremium gewählt, zwei Jahre später hatte er auch bei der Gemeinderatswahl Erfolg. Noch vor dem Ersten Weltkrieg kandidierte H. erstmals im WK Ulm Amt für ein Mandat in der Kammer der Abgeordneten des Württ. Landtags, wurde aber, ebenso wie nach 1918, nicht gewählt, weil der Bezirk fest in der Hand des konservativen Bauernbundes war, dessen Abg. Wilhelm →Ströbel war. Im Nov. 1918 war H. einer der führenden Sozialdemokraten des Ulmer Arbeiterrates und gehörte auch dem von Friedrich →Göhring geleiteten provisorischen Vollzugsausschuss des Arbeiter- und Soldatenrates sowie dem Aktionsausschuss des Arbeiterrates an. H. stand für einen gewaltfreien und moderaten Übergang von der Monarchie zur Republik und enthielt sich radikaler Positionen. Manche Parteifreunde verargten ihm diese Haltung und strengten Parteiausschlussverfahren an, die jedoch nie zum „Erfolg" führten.

Nach 1918 intensivierte H. seine Tätigkeit im Bauwesen Ulms. Schon zuvor war er ein rühriges Mitglied der Bauabteilung des Gemeinderats gewesen. Nun rief er angesichts der großen Wohnungsnot die Heimstättenkolonie ins Leben, eine Baugenossenschaft, die zu Zeiten der Inflation den Wohnungsbau sichern half und u. a. die Weststadt-Siedlung errichtete. In der NS-Zeit blieb H. auf Grund seines Alters und großen Ansehens von Nachstellungen weitgehend verschont. Am 15. Mai 1933 erklärte H. mit seinen sozialdemokratischen Gemeinderatskollegen gezwungenermaßen seinen Rückzug aus dem Gemeinderat. H. zog sich als Privatmann aus der Öffentlichkeit zurück.

Nach 1945 – H. stand im 80. Lebensjahr – konnte er noch einmal tatkräftig für Ulm wirken. Er gründete mit Gleichgesinnten eine Aufbaugenossenschaft und eine Steinfabrik, die aus Trümmerschutt Baumaterial für den Wiederaufbau herstellte. Er selbst konnte noch ein Wohnhaus mit drei Wohnungen in Söflingen der Öffentlichkeit übergeben.

H. starb im 86. Lebensjahr in seinem Haus in der Ulmer Geigerstraße.

Q   StadtA Ulm, G 2 [darin achtseitiges Typoskript „Mein Vater Joseph Vitus Hefele" von dessen Sohn Franz Hefele].
L   UBC 3, S. 347 – Schwäb. Donau-Zeitung Nr. 75, 2. IV. 1951 (Bild) – KOLB/SCHÖNHOVEN, S. LX, 233 – SPECKER, Ulm im 19. Jahrhundert, S. 251, 253 (Bild) – SPECKER, Großer Schwörbrief, S. 328, 338-340, 370, 393 – DANNENBERG, Selbstverwaltung, S. 101-103, 113 f., 152.

Heider, *Wilhelm* August von, * Ulm 27. Mai 1849, † ebd. 24. Feb. 1934, ⌀ ebd., Hauptfriedhof.
Vater   *August* Albert Karl Valentin von →*Heider].
Mutter   Auguste Beck.
1 G   *August* Eitel von *→Heider, * Blaubeuren 13. II. 1854, † Ulm 16. IX. 1891, Amtsanwalt in Langenburg/OA Gerabronn, zuletzt Amtsrichter in Ulm.
∞ I. 1880 Karoline Heim[216], * Ulm 28. I. 1859, † 27. IV. 1881, T. d. Carl (von) →Heim; ∞ II. 6. VII. 1884 Mathilde Heim[217], * Ulm 16. VI. 1863 (nicht 1864!), † ebd. 28. IX. 1931, *Schw.* d. I. Ehefrau.

---

216 UNGERICHT, S. 70.
217 UBC 3, S. 216 (Bild).

Der Justizbeamte H. verbrachte fast 40 Jahre seiner Dienstzeit als Richter in Ulm, wo er zu einer der bekanntesten Persönlichkeiten wurde. Er begründete die Verbindung seiner Familie zu Ulm.

Der aus einer 1795 von Kaiser Franz II. geadelten Biberacher Juristenfamilie[218] stammende H. kam während der Dienstzeit seines Vaters bei der Finanzkammer des Donaukreises in Ulm zur Welt. Ein Jahr nach seiner Geburt wurde diese Mittelbehörde der Finanzverwaltung aufgelöst und der Vater als Kameralverwalter nach Waldsee und später nach Blaubeuren versetzt. In diesen kleinen Oberamtsstädten wuchs H. mit einem Bruder auf und besuchte die örtlichen Schulen, zuletzt das Ulmer Gymnasium. 1867 begann H. in Tübingen mit dem Jurastudium (Mitglied der Burschenschaft Germania), das ihn 1869/70 auch nach Berlin führte. Nach den juristischen Staatsprüfungen wurde H. in den Justizdienst des Königreichs Württemberg übernommen und war nach den üblichen unständigen Verwendungen Amtsrichter in Saulgau. Im Jan. 1880 kam er in gleicher Funktion nach Ulm, wo er später zum Landrichter am Landgericht, zuletzt zum Landgerichtsrat mit dem Titel Landgerichtsdirektor und Vorsitzenden der II. Strafkammer ernannt wurde. Im Sept. 1917 trat H. im Alter von 68 Jahren in den Ruhestand. Er erreichte als einer der wenigen Vertreter seiner Familie mit 85 Jahren ein hohes Lebensalter. Der sehr an der Geschichte Ulms interessierte H. war ein engagiertes Mitglied des Vereins für Kunst und Altertum in Ulm und Oberschwaben. – Ritterkreuz I. Kl. des Friedrichsordens.

L   UBC 2, S. 120 (Bild) – UBC 3, S. 175, 291, 458 – UBC 4, S. 63, 339 – PHILIPP, Germania, S. 92, Nr. 1329.

Heilmeyer, Ludwig, Dr. med., Dres. h.c. mult., * München 6. März 1899, † Desenzano am Gardasee (Italien) 6. Sept. 1969, kath.

Als Gründungsrektor der Hochschule/Universität Ulm ist der renommierte Internist und Hämatologe H., der sich wesentlich für die Gründung der Hochschule einsetzte, eine der wichtigsten Persönlichkeiten für die jüngere Geschichte Ulms. Mit seinem guten Ruf warb er für Ulms Hochschule und trug zum Erfolg gegen viele Widerstände entscheidend bei.
H. besuchte das Münchner Maxgymnasium bis zum Notabitur im Jahre 1917, in dem er zum Militär eingezogen wurde. Nach Kriegsende schrieb er sich als Medizinstudent an der Universität München ein, bestand 1925 das medizinische Staatsexamen und wurde wenig später zum Dr. med. promoviert. Nachdem er auch die ärztliche Approbation erhalten hatte, war er kurzzeitig als Assistenzarzt in München tätig. Da es H. aber in die Forschung und Lehre zog, nahm er 1926 eine Stelle an der Medizinischen Universitätsklinik in Jena an, wo er 1927/28 die Lehrberechtigung als Privatdozent an der Universität erhielt. H. war bis zu seiner Ablösung im März 1934 erster Führer der Jenaer Dozentenschaft. Sein Versuch, Mitglied der NSDAP zu werden, scheiterte. H. war in der Weimarer Republik Mitglied des Stahlhelm gewesen, später trat er in der SA an einem rassenpolitischen Schulungen in der Staatsschule für Führertum und Politik des Thüringischen Landesamts für Rassewesen in Egendorf teil. 1937 zum ao. Professor der inneren Medizin in Jena ernannt, wurde der Gelehrte mit den Spezialgebieten Luftfahrtmedizin und Blutkrankheiten 1941 als Luftwaffenarzt zur Wehrmacht einberufen. Zunächst in einem Lazarett in Halle/Saale tätig, ging er 1943 als beratender Internist beim Wehrmachtsbefehlshaber Ukraine nach Rowno und Ende 1944

als Direktor der Inneren Abteilung der Staatlichen Medizinischen Klinik nach Krakau und war zugleich beratender Internist bei Luftflotte 4 (Linne). Im Nürnberger Ärzteprozess war er Gutachter und sagte im Zusammenhang mit den KZ-Versuchen an „Zigeunern" entlastend zugunsten der Beschuldigten aus.
1946 in Wuppertal-Barmen und an der Medizinischen Akademie Düsseldorf tätig, wurde H. noch im gleichen Jahr zum Direktor der Medizinischen Universitäts-Klinik in Freiburg im Breisgau berufen und am 28. Aug. 1946 zum o. Professor ebd. ernannt, 1948/49 Dekan ebd. Mit einem aus nur wenigen Personen bestehenden Stab trug H. maßgeblich zum Wiederaufbau der Klinik bei. Er führte als Hochschullehrer die Psychosomatik in den Unterricht der Universität ein und praktizierte psychotherapeutische Behandlungsverfahren, was zu seinerzeit noch sehr ungewöhnlich war. Er setzte erstmals Chemotherapeutika bei der Behandlung von Leukämieerkrankungen ein, für die er in der Fachliteratur den Begriff „Zytostatika" einführte. Bedeutend war H.s Wirken im Bereich der quantitativ-chemischen Hämatologie, als deren Begründer in Deutschland er angesehen wird. Er analysierte zuerst die „chronische Erythroblastose" (Erkrankung des roten Blutbildungssystems), die später als „Heilmeyer-Krankheit" bekannt wurde. Daneben erprobte er neue Behandlungsmethoden in der Tuberkulose-Therapie und verwandte 1949 erstmals Radio-Isotope mit der dazu gehörenden Diagnostik und Therapie in der klinischen Forschung. Folgerichtig war der Schritt, in der Klinik eine eigene Abteilung für Nuklearmedizin aufzubauen. 1963 zählte er zu den Gründern der Gesellschaft für Nuklearmedizin in Freiburg im Breisgau, deren Erster Vorsitzender er wurde.
H., der Vorsitzender des Arbeitsausschusses der medizinischen Akademie Lübeck war, entfaltete eine umfassende publizistische Tätigkeit. Er war Autor mehrerer Standardwerke, wie des „Atlas der klinischen Hämatologie", des „Rezepttaschenbuches: mit ausgewählten Hinweisen auf die nichtmedikamentöse Therapie" und von „Innere Medizin: ein Lehrbuch für Studierende und Ärzte", daneben Herausgeber der Zeitschriften „Klinische Wochenschrift", „Münchener Medizinische Wochenschrift", „Medizinische Klinik", „Medizinische Monatsschrift" sowie Mitherausgeber der Zeitschrift „Blut" im J. F. Lehmann Verlag.
1967 erfolgte H.s Emeritierung als Professor in Freiburg im Breisgau. Der rastlos tätige Mediziner dachte jedoch nicht an Ruhestand. Schon seit Jahren setzte er sich für die Gründung der medizinisch-naturwissenschaftlichen Hochschule in Ulm ein. Er versprach sich davon neben einer Bereicherung der baden-württembergischen Hochschullandschaft vor allem einen neuen Hort für die medizinische Forschung. Sein exzellenter Ruf und seine Bereitschaft, das Rektorat der Neugründung zu übernehmen, trugen viel dazu bei, die spätere Universität Ulm – in Konkurrenz zu dem von der Landesregierung favorisierten Unternehmen der Gründung der Universität Konstanz – Realität werden zu lassen. Als am 25. Feb. 1967 die Gründungsfeier stattfinden konnte, war damit das Tor zu einer ganz neuen Entwicklung Ulms zur „Wissenschaftsstadt" aufgestoßen worden. H. wurde zum Gründungsrektor ernannt und stand mit seiner ganzen Persönlichkeit für den Anspruch der Hochschule ein, eine „Reform-Universität" zu sein – ein Anspruch, den H. in einer Denkschrift selbst formuliert hatte. Schon 1966 hatte H. den Anstoß zum Erwerb des baufälligen Schlosses Reisensburg gegeben, wo dann das „Internationale Institut für wissenschaftliche Zusammenarbeit e. V. Schloss Reisensburg" seinen Sitz nahm. Das Schloss sollte sich als Begegnungsstätte für Wissenschaftler verschiedener Disziplinen etablieren und war eng mit der Universität Ulm verbunden. H. setzte sich für die Erhaltung der historischen Bausubstanz ebenso ein wie für sorgsame Instandsetzungen. Sein plötzlicher Tod zwei Jahre später verhinderte, dass H. einen prägenden

---

[218] Sie besaß das Rittergut Dellmensingen/OA Laupheim.

nachhaltigen Einfluss auf die innere Entwicklung der Universität Ulm zu nehmen vermochte. Zu H.s Nachfolger als Rektor wurde der Rektor der Universität Freiburg im Breisgau, Helmut →Baitsch, ernannt.

Nach seinem Tod benannte die Stadt Ulm die Straße, in der sich das Studentenheim befindet, nach H. („Heilmeyersteige"). Das Freiburger Universitäts-Klinikum gab dem Tumorzentrum H.s Namen. Die „Gesellschaft für Fortschritte in der Inneren Medizin" rief einen nach ihm benannten Preis ins Leben, der alle zwei Jahre für wissenschaftliche Arbeiten zu Themen der Inneren Medizin vergeben wird. – Ehrenbürger von Freiburg im Breisgau, Günzburg und Reisensburg; Dr. h.c. der Universitäten Athen, Frankfurt/Main, Löwen, Santiago de Chile und Wien; 1960 Robert-Koch-Medaille; Großes Bundesverdienstkreuz.

Q   StadtA Ulm, G 2 – StAF, C 5/1 5229 – UniversitätsA Freiburg, B 24/1264-1265.
W   (Auswahl) Medizinische Spektrophotometrie, 1933 – Lehrbuch der speziellen pathologischen Physiologie, 1935, ⁹1953 – (mit HEIDERLIN und STÜRRE) Kupfer und Eisen als körpereigene Wirkstoffe, 1941 – Krankheiten des Blutes und der blutbildenden Organe, 1943, ²1953 – (mit Gerhart NEBINGER), Die Ahnengalerie auf Schloss Reisensburg (Günzburger Hefte 2. Arbeiten und Texte zur Heimatkunde von Stadt und Kreis Günzburg), Weißenhorn 1969.
L   Ih 1, S. 349 – Ingeborg HEILMEYER (Hg.), Ludwig Heilmeyer. Lebenserinnerungen, Stuttgart 1971 – Barbara SCHÄUFELEN, Sag niemals nie! Wie sich die Ulmer ihre Universität ertrotzten. Hg. von der Ulmer Universitätsgesellschaft, Ulm 2003 – KLEE, Personenlexikon, S. 238 – Wikipedia.

Heim, Carl (Karl) (von), * Walddorf/OA Tübingen 20. Dez. 1820, † 8. April 1895, ▢ ebd., Alter Friedhof 11. April 1895, ev.

Vater   Johannes Heim, * Walddorf 16. VII. 1791, † ebd. 8. X. 1837, Müller und Schultheiß, S.d. Carl Heim, * 1766, † 1829, Ochsenwirt in Walddorf, u. d. Anna Maria Kuom, * 1765, † 1833.
Mutter   Maria Barbara, geb. Heim, * Walddorf 2. VIII. 1793, † ebd. 14. XI. 1840.
7 G, darunter Wilhelm Ludwig Heim, * 1826, † 1900.
∞ I. Oberndorf 20. IV. 1852 Jakobine, geb. Heim²¹⁹, * 23. XI. 1826, † Ulm 10. XI. 1854, T. d. Johann Ludwig Heim, * 1790, † 1857, Ochsenwirt in Walddorf und ein Onkel Karl Heims, u. d. Jakobina Gaiser, * 1808, † 1829; II. ∞ Mai 1858 Karoline Bürglen²²⁰, * Ulm 4. IV. 1836, † ebd. 25. XII. 1860, T. d. Christoph Ferdinand →*Bürglen, Tabakfabrikant in Ulm, u. d. Maria Magdalena Lindenmayer²²¹, * Ulm 25. V. 1833, † [Friedrichshafen-]Manzell am Bodensee 1. VIII. 1889, Schwester der II. Ehefrau.
K   Marie Sofie Friederike Heim, * Oberndorf 8. IV. 1853, † 1898, ∞ 1875 Georg Ferdinand Bürglen,* Ulm 23. IV. 1847, † 10. I. 1890, Tabakfabrikant, Kommerzienrat in Ulm; Karoline Heim²²², * Ulm 28. I. 1859, † 27. IV. 1881, ∞ 1880 Wilhelm von →Heider, Amtsrichter, später Landgerichtsdirektor; Mathilde Heim²²³, * Ulm 16. VI. 1863 (nicht 1864!), † ebd. 28. IX. 1931, ∞ 6. VII. 1884 Wilhelm von →Heider, Amtsrichter, später Landgerichtsdirektor; Ferdinand Heim, * Ulm 27. IX. 1864, † Stuttgart 21. X. 1912, Rechtsanwalt in Stuttgart, ∞ 27. III. 1894 Fanny Jäckh, T. d. August Theodor Jäckh²²⁴, Crailsheim 15. II. 1834, † Ulm 1903, Professor am Realgymnasium Ulm.

H. war fast 28 Jahre lang Oberbürgermeister von Ulm. Nach Volksschule in Walddorf und Lateinschule in Nürtingen absolvierte H. eine Schreiberlehre bei Amtsnotar Heinrich Wiedersheim in Walddorf und in der Kanzlei des Oberamtsgerichts Tübingen. Daneben bereitete er sich auf die Reifeprüfung vor, die er 1840 ablegte, um anschließend bis 1844 Jura in Tübingen zu studieren. Dez. 1844 I., Mai 1846 II. Höhere Justizdienst-

prüfung, dazwischen Referendar beim Gerichtshof in Esslingen/Neckar und beim Oberamtsgericht Tübingen. 1847 trat H. als Gerichtsaktuar in den württ. Justizdienst ein und war zunächst in Weinsberg tätig, kam aber noch im Okt. 1847 als Assessoratsverweser beim Gerichtshof für den Donaukreis erstmals nach Ulm. 1849/50 Amtsverweser des Oberamtsgerichts für den Bez. Gerabronn in Langenburg, 1850 dsgl. am Oberamtsgericht Oberndorf, 30. Jan. 1851 Oberamtsrichter in Oberndorf. Im Feb. 1854 stieg H. zum Oberjustizrat am Ulmer Kreisgerichtshof auf und nahm mit seiner Familie Wohnung im sog. Bürglen'schen Haus, einem stattlichen Renaissancebau. Als Oberjustizrat präsidierte H. wiederholt bei Sitzungen der Schwurgerichtshöfe in Ulm und in Biberach/Riß. Am 21. April 1863 nach sorgfältiger Vorbereitung – H. wurde von den Honoratioren der Stadt unter Führung von C. D. →Magirus zur Kandidatur aufgefordert, stimmte aber erst zu, nachdem er sich über die Stimmung der Wahlberechtigten ins Bild gesetzt hatte – als Nachfolger des plötzlich verstorbenen Julius →Schuster fast einstimmig (2.080 von 2.125 Stimmen) zum Stadtschultheißen von Ulm gewählt, erhielt er am 27. Sept. 1864 von König Karl von Württemberg den Titel Oberbürgermeister verliehen. In seiner mehr als ein Vierteljahrhundert währenden Amtszeit ließ sich H. neben der wegweisenden Anlegung eines umfassenden Wasserleitungsnetzes besonders die Vollendung des Münsters, den Ausbau der Schulgebäude, den Bau des Gas- und Wasserwerks sowie des Schlachthauses, die Schaffung der Verbindungen zwischen Alt- und Neustadt und die Anlage der Promenade an der Donau angelegen sein. Auch der wirtschaftlichen Prosperität galt H.s Amtshandeln. Er holte Industrieausstellungen nach Ulm, 1867 konnte die Markthalle, 1875 das Gewerbemuseum eröffnet werden. Im Aug. 1863 trat auf Anregung H.s ein städtischer Verschönerungsverein ins Leben. Im Herbst 1863 wurde H. in den Ausschuss des Ulmer Schleswig-Holstein-Komitees gewählt. Im Aug. 1870 zählte H. zu den Unterzeichnern des öffentlichen Aufrufs zur Gründung eines Hilfsvereins. Der weithin geschätzte Kommunalpolitiker H. war mit seinem durchsetzungsfähigen und doch auf Ausgleich setzenden Wesen eigentlich die ideale Parlamentarierpersönlichkeit. Doch nachdem er sich bereits Ende 1865 einer Landtagskandidatur entzogen hatte, wurde er 1870 vom König und von der Regierung geradezu beschworen, sich für Ulm Stadt als Kandidat für den Landtag gegen Eduard →Pfeiffer aufstellen zu lassen. H. lehnte unter – wohl vorgeschobenen – Hinweisen auf seine Gesundheit ab und vermochte den Rechtsanwalt Karl Ludwig →Schall zur Kandidatur zu überreden. Diese realisierte sich jedoch nicht, nachdem die Ulmer Nationalliberalen wenig später die Kandidatur Pfeiffers unterstützten. Gerüchteweise hörte man in den 1870er Jahren davon, bei H. sei angefragt worden, ob er das Amt des Staatsministers des Innern übernehmen wolle.

Sechs Jahre später wagte H. hingegen den Sprung auf die Bühne der Reichspolitik. Von 1877 bis 1881 war H. – der schon 1851 im WK Gerabronn als regierungstreuer Bewerber erstmals für ein Landtagsmandat kandidiert hatte und nur knapp gegen den „demokratischen" Mandatsinhaber unterlegen war – für zwei Wahlperioden als Abgeordneter des Wahlkreises Württemberg XIV (Geislingen-Heidenheim-Ulm) Mitglied des Reichstags (freikonservative Partei). Bei der Wahl im Jan. 1877 erhielt H. von 13.889 Stimmen 13.414, die Mitbewerber blieben Außenseiter. So entfielen auf Redakteur Karl August Hillmann (Hamburg) nur 188 Stimmen, auf den Grafen Bissingen-Nippenburg 176 Stimmen, auf Kreisgerichtsrat Ludwig Friedrich Gaupp in Ellwangen 33 Stimmen²²⁵. Als Reichstagsabgeordneter trat H. nicht besonders hervor.

²¹⁹ UNGERICHT, S. 70.
²²⁰ UNGERICHT, S. 70.
²²¹ UNGERICHT, S. 70.
²²² UNGERICHT, S. 70.
²²³ UBC 3, S. 216 (Bild).
²²⁴ SCHMIDGALL, Burschenschafterlisten, S. 162, Nr. 118.
²²⁵ Staatsanz. Nr. 10, 14. 1. 1877, S. 3.

H. erklärte am 25. Nov. 1890 seinen Rücktritt vom Amt zum 1. Jan. 1891 und begründete diesen Schritt mit seinem Alter. Fünf Jahre später starb der 74-jährige H. an der im Jahr 1895 besonders heftig wütenden Influenza. Am Tag seiner Bestattung waren das Münster und das Rathaus mit Trauerflor geschmückt, die Schwörglocke läutete, die Mitglieder der bürgerlichen Kollegien von Ulm und Neu-Ulm mit der städtischen Beamtenschaft und zahlreichen Honoratioren folgten seinem Sarg. Die Grabrede hielt Dekan →Bilfinger, Gedenkreden wurden u. a. von Oberbürgermeister →Wagner und Stadtpfarrer →Ernst gehalten. Der König hatte einen prächtigen Lorbeerkranz übersenden lassen. – 1867 technischer Beirat des Geheimen Rats in Fragen der Gemeindeverwaltung; Ständisches Mitglied des Württ. Staatsgerichtshofs; Mitglied des Vereins für Kunst und Altertum in Ulm und Oberschwaben. Auf dem 1900 im Münster angebrachten Kaiserfenster (Glasmalerei von Professor Linnemann, Frankfurt/Main) ist H. neben Oberjustizprokurator von Schall zu sehen. – 1888 anlässlich seines 25-jährigen Amtsjubiläums als Oberbürgermeister Ernennung zum Ehrenbürger von Ulm; 1897 Errichtung eines Denkmals mit Büste „errichtet von dankbaren Mitbürgern" auf dem Ulmer Karlsplatz (es befindet sich heute beim Justizgebäude); 1900 Heimstraße in Ulm, Kommenturkreuz der Württ. Kronordens; 1868 Ritterkreuz des Württ. Kronordens; 1871 Ritterkreuz I. Kl. mit Eichenlaub des Großhzgl. Bad. Ordens vom Zähringer Löwen; Kommenturkreuz I. Kl. des Friedrichsordens; 1871 Ritterkreuz des Kgl. Bayer. Verdienstordens vom Hl. Michael; Kgl. Preuß. Kronorden II. Kl.; Olgaorden; Ehrenmitglied des Veteranenvereins „Prinz Hermann zu Sachsen-Weimar" und des Kriegervereins „Königin Olga".

Q   StadtA Ulm, G 2.
L   Ih 1, S. 349 – Ih 3, S. 132 – HARTMANN, Regierung und Stände, S. 87 – Staatsanz. Nr. 83, 9. IV. 1895, S. 599 – ebd. Nr. 84, 10. IV. 1895, S. 608 – ebd. Nr. 86, 13. IV. 1895, S. 625 – UBC 2, S. 107, 247, 274, 339 – Max NEUNHÖFFER (Hg.), Ein liberaler Theologe und Schulmann in Württemberg. Erinnerungen von Dr. Gustav von Binder 1807-1885 (Lebendige Vergangenheit 6. Band), Stuttgart 1975, S. 137, 174 – UNGERICHT, S. 92 f. – SPECKER, Ulm im 19. Jahrhundert, S. 30, 32, 34 f., 38, 42, 48, 52, 66, 70, 76, 82 f., 90, 92 f., 98 ff., 101 f., 291, 317, 319 ff., 324 f., 327, 345, 377, 400 f., 434, 437 – Oliver WEZEL, Der größte Teil trinkt nur Most. Alte Walddorfer Häuser: über 280 Jahre lang wohnte die Ochsenwirte Heim, in: Reutlinger General-Anzeiger, 9. III. 2002, S. 12 – So lange das Münster steht...bleibt der Walddorfer Karl Heim unvergessen - Als Ulmer OB hat er den Bau vollenden lassen, ebd., 30. III. 2002, S. 17.

Heim, *Ferdinand* Karl Theodor, * Reutlingen 27. Feb. 1895, † Ulm 14. Nov. 1971, ev.
Vater   Ferdinand Heim, * Ulm 27. IX. 1864, † Stuttgart 21. X. 1912, Rechtsanwalt in Stuttgart.
Mutter   Fanny Jäckh, * 1872, † 1936, T. d. August Theodor Jäckh[226], * Crailsheim 15. II. 1834, † Ulm 1903, Professor am Realgymnasium Ulm.
2 G.
∞ I. Stuttgart 1923 Hedwig Wunderlich, * 1896, † 1944; ∞ II. Detmold 1948 Johanna Meta *Ilse* Schultze, * 11. VI. 1916.
3 K, davon 2 aus I. Ehe.

Der im Todesjahr seines Großvaters, des langjährigen Ulmer Oberbürgermeisters Carl von →Heim, geborene Offizier H. war vielfältig mit Ulm verbunden. Nach dem Zweiten Weltkrieg musste er dort ein ganz neues Leben beginnen.
H. kam zwar nicht in Ulm zur Welt, wuchs aber dort auf und besuchte von 1903 bis 1907 das Ulmer Gymnasium, ehe er nach Stuttgart wechselte. Nach dem frühen Tod des Vaters ging die Mutter mit dem Rechtsanwalt Wilhelm Schoffer (1862-1937) eine zweite Ehe ein. Am Eberhard-Ludwig-Gymnasium machte H. 1914 das Abitur. Im gleichen Jahr begann er als Fahnenjunker beim Feld-Art.-Rgt Nr. 13 in Ulm seine militärische Laufbahn. Während des Krieges stieg der junge Soldat zum Abteilungsadjutanten auf. Nach 1918 konnte H. im Gegensatz zu vielen anderen beim infolge des Versailler Friedensvertrages stark reduzierten Militär bleiben und war Regiments-

adjutant, bevor er in der Reichswehr aufstieg. Die Karriereaussichten waren allerdings auch für ihn begrenzt. Trotz ausgezeichneter Zeugnisse, die sein vielseitiges Interesse und seine militärischen Kenntnisse lobten, erhielt er erst 1927 mit dem Eintritt in den Dienst des Reichswehrministeriums eine konkrete Perspektive. Dort 1928 zum Hauptmann befördert, wurde H. 1932 zum Batteriechef und 1934 zum Major ernannt. Erst die Wiederaufrüstung des „Dritten Reiches" brachte H.s Laufbahn richtig voran. Er wurde 1936 zum Generalstab der Kriegsakademie in Berlin kommandiert, schon im darauffolgenden Jahr zum Generalstab des Heeres und 1939 zum Generalstabschef des XVI. Armeekorps ernannt und dort 1939 zum Obersten befördert. Zu Beginn des Zweiten Weltkriegs zum Abteilungschef im Generalstab des Heeres berufen, war er von 1940 bis 1942 Generalstabschef der 6. Armee unter Generalfeldmarschall von Reichenau und dem späteren Generalfeldmarschall Paulus. Der 1942 zum Generalmajor beförderte H. erwies sich als fähiger und umsichtiger Truppenführer, der wenige Wochen nach Beginn des Russlandfeldzuges das Ritterkreuz des Eisernen Kreuzes erhielt. Beim Angriff auf Stalingrad 1942 zum Kommandeur eines Panzerkorps und zum Generalleutnant ernannt, tat sich H. mit den rumänischen Verbänden, die wenig Einsatzbereitschaft zeigten, ebenso schwer wie mit den sich ständig verschlimmernden Versorgungsengpässen bei Munition und Treibstoff. Adolf Hitler fand in H. seinen Sündenbock für den misslungenen Entsatz der in Stalingrad eingeschlossenen 6. Armee und den Durchbruch der Roten Armee. Er zieh H. in diesem Zusammenhang des größten Verbrechens, *das im Verlauf dieses Krieges je einem Führer zur Last gelegt werden konnte*. Im Nov. 1942 wurde H. verhaftet und aus der Wehrmacht ausgestoßen. H. selbst rechnete mit einer Verurteilung zum Tod.
Doch dazu kam es nicht. Der Ausschluss aus der Wehrmacht wurde in eine „Verabschiedung" umgemünzt, und nach dem Stauffenberg-Attentat des 20. Juli 1944 richtete H. eine Eingabe an Hitler, in der er um seine Wiederverwendung bat, um sich bewähren zu können. Dem Ansinnen wurde entsprochen, H. in seine Rechte als aktiver Offizier wieder eingesetzt. Die Wiederverwendung wurde zunächst nur „in befestigter Stellung" genehmigt.
Als Kommandant der Festung Boulogne geriet er im Sept. 1944 in kanadische (später britische) Kriegsgefangenschaft, in der er vier Jahre lang verblieb. Ende 1944 kamen seine Frau und einer seiner Söhne beim Luftangriff auf Ulm ums Leben. Nach der Entlassung aus der Gefangenschaft hatte H. Schwierigkeiten in seinem Entnazifizierungsverfahren, da ihm die Bitte um Wiederverwendung als Offizier 1944 belastend ausgelegt wurde. H.s Nachkriegsbiographie hätte sich gewiss anders gestaltet, wäre er aus der Wehrmacht ausgestoßen geblieben. So aber war H. für einige Jahre bis etwa Mitte der 1950er Jahre als Einkäufer bei dem Nahrungsmittelunternehmen Gaissmeier in Ulm tätig, zuletzt bei der US-amerikanischen Historical Division.

Q   StadtA Ulm, G 2.
L   BWB II (1999), S. 207 ff. (Gerhard GRANIER, mit ausführlichen Literaturangaben).

Heinlen/Heinlin, →Hainlen

Heintzeler, Emil, * Stuttgart 16. Sept. 1845, † Stuttgart-Degerloch 25. Nov. 1929, ev.
∞ Julie Tritschler.
Mehrere *K*, darunter *Karl* August Heintzeler[227], * Braunsbach 25. VIII. 1872, † Stuttgart 5. II. 1953, Ministerialrat im württ. Justizministerium, zuletzt bis 1937 Generalstaatsanwalt in Stuttgart, Mitglied des Landeskirchentages, ∞ Böblingen 1912 Mathilde Pregizer, * Essingen/OA Aalen 11. XII. 1889, † Stuttgart 6. IX. 1954; Richard →Heintzeler, Stadtpfarrer am Ulmer Münster.

[226] UBC 3, S. 127 – SCHMIDGALL, Burschenschafterlisten, S. 162, Nr. 118.

[227] ZIEGLER, Fangelsbachfriedhof, S. 178 – EHMER/KAMMERER, S. 184.

H. war eine der großen Persönlichkeiten des Mädchenschulwesens in Württemberg während der Kaiserzeit. Seine ersten Jahre im Dienst der ev. Landeskirche verbrachte er in Ulm.

Er absolvierte das ev.-theol. Seminar Maulbronn und studierte anschließend Theologie in Tübingen. Im Aug. 1869 kam H. als Stadtvikar nach Ulm, wo er den Zweiten Münsterpfarrer Johann Georg →Friz unterstützte. Nach dessen Tod war H. von Nov. 1869 bis März 1870 Amtsverweser des Zweiten Stadtpfarramts am Münster. Danach übernahm er bis Mai 1870 die Amtsverwesung des Dritten Stadtpfarramts am Münster. 1871 wurde er zum Pfarrer in Braunsbach ernannt. 1877 ging er als Zweiter Hauptlehrer (Titel Professor) an das Kgl. Katharinenstift Stuttgart, 1880 übernahm er zugleich die Aufgabe des Religionslehrers am höheren Lehrerinnenseminar ebd. 1890 kehrte H. als Garnisons- und Festungspfarrer nach Ulm zurück. 1894 wurde er zum Rektor und Ersten Hauptlehrer (1899 Titel Oberstudienrat) am Katharinenstift Stuttgart und zugleich zum Vorstand und Lehrer am höheren Lehrerinnenseminar ebd. ernannt. Von 1894 bis 1903 war er Mitglied der Kommission für die höheren Mädchenschulen. – 1889 Ritterkreuz I. Kl. des Friedrichsordens, 1894 Preuß. Roter Adlerorden IV. Kl., 1903 Ritterkreuz des Württ. Kronordens.

L   Ih 1, S. 345 – Magisterbuch 34 (1907), S. 94 – UBC 3, S. 7 – NEBINGER, Die ev. Prälaten, S. 583, 587.

Heintzeler, Richard, * Braunsbach/OA Künzelsau 16. Aug. 1873, † Aalen 23. Jan. 1953, ev.
Eltern und G siehe Emil →Heintzeler, Oberstudienrat.
∞ 1900 Luise Popp, * 1881, † 1962, T. d. Popp, Fabrikant in Obernzell bei Passau. Mindestens 1 K.

Der Sohn von Emil →Heintzeler, dessen Amtszeit als Garnison- und Festungspfarrer H.s Wege erstmals nach Ulm geführt hatten, war während der gesamten Zeit der Weimarer Republik Dritter bzw. Zweiter Stadtpfarrer am Ulmer Münster – eine stadtbekannte Persönlichkeit der ev. Landeskirche, die man ungern sehen sah, als H. nach Metzingen wechselte.

H. bestand im Sommer 1891 das Abitur am kgl. Gymnasium Ulm. Nach dem Landexamen, dem ev.-theol. Seminar und dem Theologiestudium in Tübingen war er mehrere Jahre lang Vikar in verschiedenen Gemeinden Württembergs sowie zwei Jahre lang Hauslehrer, ehe er 1900 als Pfarrer in Fachsenfeld/OA Aalen ständig in den Dienst der ev. Landeskirche trat. 1906 ging er als Pfarrer nach Winterlingen, 1912 als Zweiter Stadtpfarrer an die Oberhofenkirche in Göppingen.

Im Sept. 1918 als Nachfolger des verstorbenen Reinhold →Dieterich zum Dritten Stadtpfarrer am Ulmer Münster ernannt, hielt H. am 8. Dez. 1918 seine Antrittsrede im Münster. Von Okt. 1924 bis Dez. 1933 war H. Zweiter Stadtpfarrer ebd. In amtlichen Beurteilungen wird H.s Stärke als Seelsorger hervorgehoben. Daneben engagierte er sich für den Ev. Volksbund, der in Ulm erst 1921, zwei Jahre nach Gründung der Landesorganisation, Fuß zu fassen vermochte. Es gelang H. in unermüdlicher Überzeugungsarbeit, die Akzeptanz für den Volksbund in Ulm zu stärken und dafür zu sorgen, dass die Organisation in Ulm um 1930 immerhin an die 4.000 Mitglieder hatte. H. sah zuletzt seine Fähigkeiten am Münster zu wenig genutzt, waren ihm doch neben dem Prälaten und dem Dekan nur wenige Möglichkeiten zur Predigt in einem Hauptgottesdienst gegeben. Er strebte daher eine Versetzung an einen Ort an, der weder Sitz einer Prälatur noch eines Dekanats war. Der frühe Tod seines Sohnes verstärkte diese Ambitionen. Im Jan. 1934 ging H. als Stadtpfarrer nach Metzingen, wo er 1939 in den Ruhestand trat, den er in Aalen verlebte.

L   Magisterbuch 41 (1932), S. 124 – UBC 3, S. 89 (Bild) – UBC 4, S. 97, 289, 311 – NEBINGER, Die ev. Prälaten, S. 584, 589 – MAYER, Die ev. Kirche, bes. S. 494 f. u. ö.

Heinz, Carl Wilhelm (von), * Ulm 6. April 1816, † Ellwangen/Jagst 7. Aug. 1887, ev.
Vater   Johann Georg Heinz, Buchbinder in Ulm.
Mutter   Walpurga Clement.
∞ Stuttgart 3. VIII. 1848 Fanny Luise Emilie Henriette von Prieser, * Esslingen/Neckar 14. XI. 1824, † Ellwangen/Jagst 9. VI. 1888, T. d. *Heinrich* Sebastian von Prieser[228], Dr. iur. utr., * Augsburg 20. V. 1797, † Stuttgart 28. I. 1870, Obertribunalrat, Staatsrat, ao. Mitglied des Geheimen Rats, 19. IV. 1843 Geh. Rat, 26. IX. 1839 bis 6. bzw. 9. III. 1848 Leiter des Kgl. Württ. Departements der Justiz, u. d. Fanny Veiel.
8 K.

H. zählt zu den aus Ulm stammenden Beamten der württembergischen Innenverwaltung, die nicht aus Beamtenfamilien stammten, sondern deren Vorfahren Handwerker waren. Mit seiner Heirat erlebte er zusätzlich zum erfolgreich verlaufenden Berufsweg einen beachtlichen gesellschaftlichen Aufstieg.

H. wuchs in seiner Heimatstadt auf und besuchte dort das Gymnasium. Nachdem er in den Jahren von 1833 bis 1837 eine praktische Lehrzeit beim OA Ulm hinter sich gebracht hatte, studierte er 1837/38 Regiminalwissenschaft in Tübingen. Schon im März 1838 bestand er unter Dispensation von der üblichen akademischen Vorprüfung und der I. Höheren Dienstprüfung die II. Höhere Dienstprüfung für den Innenverwaltungsdienst und wurde als Aktuar beim OA Wiblingen übernommen. 1839 wechselte er in gleicher Eigenschaft zum OA Ulm, 1843 als provisorischer Kanzleiassistent bzw. Ministerialsekretär (ab 1845) ins Innenministerium nach Stuttgart. Im April 1846 zum wirklichen Ministerialsekretär ernannt, wurde H. bereits im Sept. 1847, gerade 31 Jahre alt, mit der Oberamtsverwesung beim OA Welzheim betraut. Im Herbst 1849 definitiv zum Oberamtmann ebd. ernannt, erwarb sich H. große Verdienste und wurde am 10. Juli 1886 zum Ehrenbürger der Oberamtsstadt ernannt. 1856 wurde er zum Oberamtmann von Nürtingen, 1868 zum Oberamtmann von Ellwangen ernannt, zuletzt war er seit Feb. 1871 Regierungsrat bei der Regierung des Jagstkreises in Ellwangen. Als Ellwanger Oberamtmann war Theodor →Grözinger seit 1871 sein Nachfolger. – 1874 Ritterkreuz des Württ. Kronordens; 1885 Ehrenritterkreuz des Württ. Kronordens; Ehrenmitglied des Veteranenvereins Ellwangen.

Q   HStAS, E 143 II Bü 3902, E 146 (alt) Bü 1264 und E 146/1 Bü 2739.
L   Amtsvorsteher, S. 310 (Immo EBERL.) – Immo EBERL, Das Oberamt Ellwangen und seine Amtsvorsteher. Zur Geschichte des Oberamts und den Biographien der Ellwanger Oberamtmänner 1803-1938, in: Ellwanger Jahrbuch XXXVII (1997/98), S. 103-151, hier S. 134 (Bild S. 133).
Vorarlberger Zeitung Nr. 179, 9. VIII. 1887, S. 722 und Nr. 181, 11. VIII. 1887, S. 727

Heinzmann, Johann Georg, * Ulm 27. Nov. 1757, † Bern (Schweiz) 23. Nov. 1802, ev.
Vater   Johann Georg Heinzmann[229], * Ulm 1707, † 1. II. 1779, Gastwirt und Weinhändler in Ulm.
∞. Mehrere K.

Zu den interessantesten Persönlichkeiten Ulms in der zweiten Hälfte des 18. Jahrhunderts zählend, war H. ein führender Buchhändler und Literat seiner Zeit, den es aus Ulm in die Schweiz und in einen frühen Tod trieb.

Sohn eines gewitzten und in Ulm sehr bekannten Mannes, der zeitweise über sehr viel Geld verfügte, es aber an zu viele Schuldner verlieh und auf zu vielen Schuldbriefen sitzen blieb, weshalb er nach zermürbenden Prozessen verarmt starb, genoss H. keine *gelehrte Erziehung [...], aber das war umso besser, weil er desto mehr practischer Mann und populärer Schriftsteller geworden ist* (WEYERMANN I, S. 304). „Keine gelehrte Erziehung" bedeu-

---

228 Reichsadelsstand vom 17. III. 1797 für dessen Vater Johann Heinrich Prieser, Dr. iur. utr., * Geislingen/Steige 8. V. 1747, † Augsburg 8. V. 1801, 1774-1777 Reichsstadt Ulmischer Ratskonsulent, später Ratskonsulent und Scholarch in Augsburg. Vgl. CAST I, S. 456 – GÄNßLEN, Ratsadvokaten, S. 251 f., Nr. 54. Vgl. zu Heinrich von Prieser HARTMANN, Regierung und Stände, S. 15.
229 WEYERMANN I, S. 300-304.

tete für Albrecht →Weyermann, dass H. nach Absolvierung der V. Klasse des Ulmer Gymnasiums abgegangen war und zu diesem Zeitpunkt über folgende Kenntnisse verfügte: *Latein konnte er zur Noth vertiren, etwas argumentiren, griechisch lesen, und aus dem N[euen] Testament übersezen; lateinische Verse scandiren usw.* (WEYERMANN I, S. 305). Hervorgehoben wurde die Beherrschung der deutschen Sprache, die H. bei Magister Johann Herkules Haid (1739-1788) erreicht hatte. So ging er 1771 nach Mannheim zu dem akademischen Buchhändler Tobias Löffler (1725-1801) in die Lehre, einem gebürtigen Ulmer, bei dem er die Arbeit des Buchhändlers von Grund auf erlernte. Befruchtend für die Lehre war der ganz außergewöhnliche Lesehunger des jungen Gesellen, der alles las, was in der literarisch überaus fruchtbaren Zeit der Aufklärung in Deutschland verlegt wurde. Entscheidend geprägt wurde er durch das Kulturangebot der kurfürstlichen Residenz Mannheim.

Im Sept. 1776 kehrte H. nach Ulm zurück und trat in die Dienste der Stettin'schen Buchhandlung, wo er zwei Jahre lang tätig war. 1778 ging er nach München und nach einem halben Jahr nach Bern, wo er als Commis in die Haller'sche Buchhandlung eintrat. Ihn trieb der Wille, sich als Buchhändler und Schriftsteller zu beweisen und es zu Erfolg zu bringen, deshalb erlernte er in Lausanne die französische Sprache, hielt sich in Basel auf und kehrte wieder nach Bern zurück, wo er bis zum Herbst 1787 blieb. Dann kehrte er wieder nach Ulm zurück, nachdem er sich mit einer Schweizerin verlobt hatte, und blieb dort bis zum Herbst 1789. Dann ging er wieder nach Bern, jedoch in der festen Absicht, sich letztlich in Ulm niederlassen zu wollen. 1798 schien der Wunsch Realität zu werden; alles sah danach aus, als ob er sich in seiner Heimatstadt würde als Buchhändler niederlassen können, Frau und Kinder waren schon in Ulm, Teile des Hausrates auch, H. befand sich in der Postkutsche auf der Reise nach Ulm. Als er gerade eingetroffen war, wurde ihm mitgeteilt, er habe die Stadt binnen zwölf, seine Frau und seine Kinder die Stadt binnen 24 Stunden zu verlassen. H.s Wunsch nach einer Rückkehr nach Ulm erfüllte sich nicht, da er dort nach angeblich „revolutionären Äußerungen", an denen Anstoß genommen worden war, in Misskredit geraten war. Andere Quellen teilen mit, H. sei von einem „französischen Emigranten" angeschwärzt oder wegen der angeblichen Äußerungen aus Bern ausgewiesen worden. Wie auch immer: Aus diesem Grund konnte auch Weyermanns Werk der „Nachrichten von Gelehrten, Künstlern ..." nicht bei H. erscheinen, da er aus Ulm flüchten musste.

In Bern wurde er danach zum Direktor der typographischen Anstalt bzw. Gesellschaft ernannt.

Die Zeitgenossen wussten angesichts der Unstetigkeit von H.s Leben und der Publikation zahlreicher anonymer Schriften nicht zu unterscheiden, was von ihm herausgegeben und was von ihm verfasst war. Auf Anfrage Weyermanns teilte H., dessen publizistische Arbeiten vom Geist des Patriotismus und der Aufklärung getragen sind, diesem für sein Werk die Schriften mit, deren Autorschaft tatsächlich ihm zuzurechnen ist – zumindest in H.s Lesart. Er starb, wenige Tage vor seinem 45. Geburtstag, als ein Entwurzelter, dessen Zeit noch nicht gekommen war, der aber vielleicht in den folgenden zehn Jahren hätte reüssieren können in einer Welt im Umbruch.

Q   StadtA Ulm G 2 alt.
W   (Auswahl) Die Feyerstunden der Grazien, 6 Theile, Bern 1780-1791 – Literarische Chronik. Sammlung zerstreuter Aufsätze zur schönen Literatur, o. O., 1785-1789 – (Hg.), Analakten für die Literatur. Von Gotthold Ephraim Lessing, 4 Theile, Bern 1785-1787 – Gemählde aus dem aufgeklärten achtzehnden Jahrhundert, 2 Theile, Bern 1786 – Albrecht von Hallers Tagebuch seiner Beobachtungen über Schriftsteller und über sich selbst, 2 Theile, Bern 1787 – Zur Charakteristik des grossen Mannes gehörig, 2 Theile, Bern 1787 – Regierungskunst des Königs von Preußen Friedrich II. Gesammelte Maximen dieses grossen Mannes, aus seinen Werken, Biel 1789 – Patriotisches Archiv für die Schweiz I, Basel 1790 – Beiträge zur Geschichte der Türkenkriege, Belagerung Wiens im J[ahre] 1683, Ulm 1790 – Briefe eines Schweizer-Jünglings an seine Braut. Unverändert abgedruckt, Bern 1791 – Rathgeber für junge Reisende, Bern 1793 – (Hg.), La Grammaire allemande selon Gottsched et Juncker, 1791, ²1795, ³1797 – Beschäftigungen für Kranke, 2 Bände, Basel 1793 –

Appell an meine Nation über Aufklärung und Aufklärer; über Gelehrsamkeit und Schriftsteller; über Büchermanufakturisten, Rezensenten und Buchhändler, über moderne Philosophen und Menschenerzieher; auch über mancherley anderes, was Menschenfreyheit und Menschenrechte betrifft, Bern 1795 – Neues ABC und Lesebuch für die Schweizer-Jugend, 1797 – Leben und Heldenthaten von Bonaparte, Obergeneral der Fränkischen Armeen und nun erster Consul der grossen Republik. Beschrieben von einem deutschen Manne, Winterthur 1800.
L   Ih 1, S. 352 – [Johann Gottfried Benjamin HÄRLIN], Aktenmäßige Darstellung betreffend den von Ulm auf Verlangen des dasiegen k. k. H. Festungskommandanten Obristen von Schauenberg sich zu entfernen angewiesenen Buchhändlers Johann Georg Heinzmann. Mit Beilagen 1-4, Ulm 1798 – [anonym], Freimütige und ernsthafte Prüfung und Widerlegung der sogenannten aktenmäßigen Darstellung des Magistrats der Reichsstadt Ulm, betreffend die Landesverweisung des Ulmischen Bürgers und Buchhändlers Johann Georg Heinzmann, Mainz und Köln 1798 – [Gottlieb Dietrich MILLER], Auch etwas über die Verweisung des Bürgers Heinzmann aus Ulm, das Benehmen der dortigen Magistrats und des Ratskonsulenten D. Härlin. Hg. von einem Weltbürger, o. O. 1799 – WEYERMANN I, S. 304-310 – GRADMANN, Das gelehrte Schwaben, S. 223-230 – SCHMIDT, Revolution, S. 289-293.

Heiser, *Anton* („Toni") Eduard, Dr. iur., * Linz an der Donau (Oberösterreich) 10. Juli 1904, † Würzburg 19. Juni 1961, kath., später „gottgläubig".
Vater   Anton Heiser, Dr. med., Facharzt in Linz.
Mutter   Rosa Karecker.
∞ Nürnberg 31. III. 1937 Maria Anna Kämmer, * Saalfeld/Land Salzburg (Österreich) 19. X. 1903, T. d. Hugo Kämmer, Baumeister, u. d. Lina Wiefel.
Keine K.

H. war nach Julius →Taschke der zweite NSDAP-Landrat Neu-Ulms, der während des Zweiten Weltkriegs eingesetzt und damit für seine Verdienste als „alter Kämpfer" belohnt wurde. Der geborene Österreicher absolvierte nach dem Besuch des Gymnasiums in Linz, wo er als Führer des großdeutschen „Mittelschülerbundes" hervortrat, sein Jurastudium in Wien und Innsbruck, promovierte und ließ sich als Rechtsanwalt in Oberösterreich nieder. Politisch wurde er durch die Deutschvölkische Turnbewegung und den „Deutsch-Österreichischen Heimatschutz" geprägt. Schon 1932 schloss sich H. der NSDAP und der SA an – in Österreich zu diesem Zeitpunkt eher eine Ausnahme. Nachdem die NSDAP in Österreich verboten worden war, engagierte sich H. als Redner in Tarnveranstaltungen des Turnerbundes weiter für die Partei. Als das herauskam, wurde er bei der Staatsanwaltschaft angezeigt und floh im Sept. 1933 nach Deutschland, wo er am 27. Juli 1935 eingebürgert wurde. In den Dienst der Innenverwaltung übernommen, war H. zunächst in Nürnberg, dann als Landrat des Kreises Preßnitz (Erzgebirge) tätig. Anfang 1942 wurde er als Nachfolger des früh verstorbenen Julius Taschke zum Landrat des Kreises Neu-Ulm ernannt, Amtsverweser war bis zu H.s Einsetzung Regierungsrat Christian →Wallenreiter gewesen. Als Landrat geriet er bald in Gegensatz zu Gauleiter Karl Wahl, der einen mit ihm befreundeten Pg. vor einem drohenden Gerichtsverfahren schützen wollte, während H. durchsetzte, dass der Mann vor Gericht kam. In hellem Zorn drohte Wahl H. daraufhin öffentlich, er sei *die längste Zeit Landrat in Neu-Ulm gewesen.*

Schon im März 1943 wurde H. zur Wehrmacht eingezogen und war bei Kriegsende Flakhelfer bei Wertingen. Im Mai 1945 begann seine langjährige Internierungshaft in einem Lager. Auf Grund seiner tiefen Verstrickung im Nationalsozialismus konnte er erst 1956 wieder Tritt fassen und in den bayerischen Justizdienst übernommen werden. Seit 1949 hatte er wieder in Neu-Ulm bzw. in Roth gelebt. Im Herbst 1956 kam er als Staatsanwalt nach Ansbach, später war er Verwaltungsrichter und zuletzt Oberverwaltungsrichter in Bayreuth und Würzburg.

Q   Bayer. HStA München, Abt. I, Allgemeines Staatsarchiv, MInn 83826/27, Personalakten – StadtA Neu-Ulm, A9 – Archiv des Amtsgerichts Neu-Ulm, Spruchkammerakten Neu-Ulm, Entnazifizierungsakten Dr. Heiser, Anton.
L   UBC 5b, S. 537 – GEIGER, Zwischen Loyalität, S. 121.

Helb, Johann Wilhelm, * Ulm 10. Sept. 1844, † Neu-Ulm 28. April oder 1. Mai 1892 (divergierende Angaben), ev.
Vater   Johann Wilhelm Helb, Buchdrucker in Ulm.
Mutter   Anna Benzinger.

∞ Ulm 24. V. 1870 Marie Antonie Held, Ulm 6. II. 1850, † Neu-Ulm 16. VIII. 1921.
3 K   Emma Bertha Helb, * Neu-Ulm 7. XI. 1870; Willy →Helb; Arthur
Helb, * Neu-Ulm 7. VIII. 1878, † ebd. 12. VIII. 1878.

H. war in zweiter Generation Buchdrucker in Neu-Ulm. Von seinem gleichnamigen Vater übernahm H. 1873 das „Neu-Ulmer Anzeigeblatt". Seit 1876 firmierte das Blatt als „Neu-Ulmer Anzeiger".

Der Vater, zunächst Buchdrucker in Ulm, arbeitete mit einer eisernen und einer hölzernen Presse mit vier Gehilfen und besorgte den Druck des „Allgemeinen Anzeigers für den Donaukreis". Später war er Geschäftsführer der 1850 mit Johann Adam Walter und Georg Paul Geuss neu gegründeten „Ulmer Zeitung". Schon 1851 zerstritten sich die drei Kompagnons, so daß H. fortan allein den Druck der „Ulmer Zeitung" besorgte. Seit 1856 war Vater H. Geschäftsführer des von Josef Keller (Schwäbisch Gmünd) übernommenen „Neu-Ulmer Anzeigeblattes" in Neu-Ulm. Nach dem 1858 erfolgten Tod Kellers und einer vorübergehenden Leitung des „Anzeigeblattes" durch dessen Witwe erwarb H. das Blatt Anfang 1859 und gab es seit dem 3. März 1859 allein heraus. Das „Neu-Ulmer Anzeigeblatt" war gleichzeitig Amtsblatt der Landgerichte Neu-Ulm, Roggenburg, Zusmarshausen und Illertissen. Das Anzeigeblatt erschien als Abonnementzeitung zunächst mittwochs und samstags in Großquart. Dieser Schritt bedeutete angesichts der schwachen Finanzbasis H.s ein großes Wagnis. Die bisher in der Hafengasse 2 befindlichen Verlagsräume wurden 1869 in die Marienstr. 14 verlegt. 1872 begann H. mit dem täglichen Erscheinen des „Anzeigeblattes", übergab das Geschäft aber schon im folgenden Jahr an seinen gleichnamigen Sohn. 1863 zählte H. senior zu den Gründungsmitgliedern der Gewerbebank Ulm.

H. übernahm das „Anzeigeblatt" in der Zeit des Aufstiegs von Neu-Ulm. Die Auftragslage verbesserte sich von Jahr zu Jahr und machte H. zu einem wohlhabenden Mann. Nach seinem frühen Tod im Alter von 47 Jahren führten zunächst seine Witwe und später sein einziger Sohn Willy →Helb, der beim Tod des Vaters 20 Jahre alt war, das Geschäft weiter.

L   BUCK, Chronik, S. 74, 106 – UBC 2, S. 73 – SPECKER, Ulm im 19. Jahrhundert, S. 471 – TEUBER, Ortsfamilienbuch Neu-Ulm I, Nr. 1731 – SIMON, Ulmer Presse, passim – TREU, Neu-Ulm, S. 152.

Helb, *Wilhelm („Willy")* Paul, * Neu-Ulm 6. Feb. 1872, † ebd. 24. Dez. 1951, ▢ ebd., ev.
Eltern und *G* siehe Johann Wilhelm →Helb.
∞ Neu-Ulm 9. VI. 1919 Emma Mailänder, * Neu-Ulm 28. VIII. 1885, T. d. Johann *Georg* Mailänder[230], * Niederstotzingen/OA Ulm 1. V. 1838, † Neu-Ulm 1. VI. 1912, Metzgermeister in Neu-Ulm, u. d. Maria Eckardt, * Niederstotzingen/OA Ulm 1842, † Neu-Ulm 2. XI. 1902.

H. besuchte bis zum frühen Tod seines Vaters im Jahre 1892 ein Münchner Gymnasium und kam dann nach Neu-Ulm zurück, wo er das Buchdruckerhandwerk beim „Neu-Ulmer Anzeigenblatt" erlernte. 1919 übertrug ihm seine Mutter die Leitung des Familienunternehmens „Neu-Ulmer Anzeiger". Buchdruckereibesitzer und Zeitungsverleger in Neu-Ulm, Vorstand des Gemeindekollegiums, bis 1933 langjähriges Mitglied des Stadtrats Neu-Ulm, Beirat der Sanitätskolonne Neu-Ulm des bayer. Roten Kreuzes, Ehrenmitglied der Sängergesellschaft Neu-Ulm, der Ulmer Liedertafel, des TSV 1880 Neu-Ulm, Sektion Neu-Ulm des Deutschen Alpenvereins und des Historischen Vereins Neu-Ulm. 1926 Gewerberat. 1942 übereignete er sein Unternehmen dem Gauverlag Schwaben. Nach den Luftangriffen von 1945 nach Memmingen evakuiert, kehrte H. 1947 in seine Heimatstadt zurück, wo der schwer zerstörte Betrieb als P. W. Helb´sche Buchdruckerei, Ebner und Helb KG, wiedergegründet wurde. – Mitglied des Vereins

für Kunst und Altertum in Ulm und Oberschwaben und des Historischen Vereins Neu-Ulm.

Q   StadtA Neu-Ulm, A 9 – StadtA Ulm, G 2.
L   Ulmer Nachrichten Nr. 204, 1951, S. 8 (Bild) – SIMON, Ulmer Presse, S. – Sven SCHNEIDER, Chronik des Neu-Ulmer Anzeigers, Facharbeit (Deutsch) am Lessing-Gymnasium Neu-Ulm, o. O., o. J. [Neu-Ulm 1996], Exemplar im StadtA Neu-Ulm, NSC 102/1 – TEUBER, Ortsfamilienbuch Neu-Ulm I, Nr. 1731, 2.

Hengerer, *Kurt* Eugen, Dr. iur., * Stuttgart 9. März 1903, † Chalopja-Polissj/Wolchow (Sowjetunion) 16. Jan. 1942, ev.
Vater   Hengerer, Architekt in Stuttgart, Baurat, Landesschützenmeister.

H. war Erster Bürgermeister in Ulm in den ersten Jahren des „Dritten Reiches", ein typischer Vertreter der NSDAP aus den ersten Geburtsjahrgängen des 20. Jahrhunderts.

Nach dem Abitur am Stuttgarter Gymnasium studierte H. von 1921 bis 1925 Jura in Tübingen (Mitglied der Burschenschaft Germania) und Königsberg. Der auch bei der „schwarzen Reichswehr" aktive Referendar begann seine Laufbahn 1928 beim Landratsamt Künzelsau, wo er zum Regierungsrat avancierte. Von 1931 bis 1933 war H. Regierungsrat beim Landratsamt Heilbronn/Neckar. Am 1. Mai 1933 Mitglied der NSDAP, später Mitglied der SA, seit Feb. 1934 KdF-Kreiswart und Kreisabteilungsleiter, wurde H. am 17. Juli 1933 als Nachfolger von Ernst →Sindlinger als Erster Bürgermeister und Erster Stellvertreter des Oberbürgermeisters von Ulm Friedrich →Foerster vereidigt. Im Sept. 1933 war H. Kuratoriumsmitglied des Ulmer Volksbildungsvereins. Mit Kreisleiter Eugen →Maier hatte H. wiederholt heftige Zusammenstöße, die ihm seine Arbeit in Ulm zunehmend verleideten. 1937 wechselte H. aus politischen Gründen zur Firma Bleyle in Stuttgart. Bei Ausbruch des Zweiten Weltkriegs wurde H. eingezogen und war als Oberleutnant Kompanieführer, wurde im Frankreichfeldzug mit dem Eisernen Kreuz beider Klassen ausgezeichnet und fiel sieben Monate nach Beginn des Russlandfeldzugs im Alter von 38 Jahren.

Q   StadtA Ulm, G 2.
L   UBC 4, S. 176 (Bild), 178, 228, 273 – UBC 5a, S. 14, 32 [beide Nennungen beziehen sich auf den Vater!], 34, 37, 48, 62, 83, 91, 98, 112, 130, 140, 151, 210 f. – UBC 5b, S. 537 – PHILIPP, Germania, S. 148, Nr. 1910.

Hepperle, Ludwig, * Colmar (Elsass) 28. Feb. 1895, † Neu-Ulm 16. April 1946, ▢ ebd., kath.
Vater   Ludwig Hepperle, Lokomotivführer.
Mutter   Elisabetha Hegmann.
∞ Neu-Ulm 14. V. 1921 Johanna Roschmann, * Laupheim 6. V. 1900, T. d. Kaufmanns Johann Roschmann u. d. Anna Göser.
3 K   Karl Theodor *Ludwig* Hepperle, * Neu-Ulm 28. II. 1922; *Hans* Egon Hepperle, * Neu-Ulm 17. XII. 1923; *Edgar* Rudolf Hepperle, * Neu-Ulm 28. IX. 1929.

H. war ab 1919 als Lehrer in Neu-Ulm tätig und eine stadtbekannte Persönlichkeit.

Nach Volksschule, Oberrealschule (mittlere Reife) und Absolvierung der Lehrerseminare in Colmar und Lauingen an der Donau (1913/14) war der musikbegeisterte H. Soldat im Ersten Weltkrieg, zuletzt als Vizefeldwebel und Leutnant d. R., und wurde mit dem EK II ausgezeichnet. Im Krieg wurde H. verschüttet und erlitt daraufhin einen Nervenzusammenbruch. 1919 bestand H. die Seminarschlussprüfung und 1921 die Anstellungsprüfung in Augsburg. Am 1. Sept. 1919 trat H. als Lehrer in die Volkshauptschule Neu-Ulm ein (bis 1. Mai 1930), von 1927 bis 1929 studierte H. vier Semester am Gewerbelehrerinstitut München und an der dortigen Universität, ab 1. Sept. 1929 war er Gewerbehauptlehrer (zunächst nur aushilfsweise, ab 1. Sept. 1931 vollbeschäftigt) an der Berufsfortbildungsschule ebd., ab 1. Mai 1935 Gewerbeoberlehrer. H gehörte vor 1933 dem Zentralverband der Gemeindebeamten Bayerns und dem Bayer. Lehrerverein an. Nach der NS-Machtübernahme geriet H. auf Grund angeblicher kommunistischer Sympathiebekundungen und seiner Tätigkeit als Musik-Berichterstatter für das

---

[230] TEUBER, Ortsfamilienbuch Neu-Ulm I, Nr. 2896.

„Ulmer Tagblatt" in die Kritik, die von zwei anschuldigenden Briefen des Ulmer Pianisten Willy Weyler ausgelöst wurden. H. konnte diese Anschuldigungen zerstreuen und einigte sich mit Weyler in einem Vergleich. Am 1. Mai 1934 wurde H. NSDAP-Mitglied (Nr. 4.134.734) und Mitglied der NSV (Zellenwalter), schon 1933 war er Mitglied des Reichsbundes der Deutschen Beamten und des NS-Lehrerbundes geworden. 1934 wollte sich H. um eine Stelle an der Deutsch-Persischen Gewerbeschule in Teheran bewerben. Der DAF-Kreisjugendwalter H. war auch im Zweiten Weltkrieg wieder im Felde, zunächst in Polen, dann als Oberleutnant z. V. und zuletzt als Hauptmann z. V. in Nordfrankreich. Im April 1945 wegen schwerer Erkrankung in Oberstdorf aus dem Wehrdienst entlassen, starb H. schon im darauffolgenden Jahr mit 51 Jahren. Am 1. Nov. 1945 war er als städtischer Beamter entlassen worden. Für sein Entnazifizierungsverfahren gewann H. eine Reihe hochkarätiger Fürsprecher, unter ihnen Kurt →Fried. Der Säuberungsausschuss Neu-Ulm kam am 4. Juni 1946 zu der Entscheidung, H. sei kein aktiver Nationalsozialist gewesen und daher „im Erlebensfall" für die Wiedereinstellung in den Schuldienst vorzuschlagen: *Die Einstellung des Hepperle entsprach demokratischen Grundsätzen und würde im Erlebensfalle alle Voraussetzungen für die Erziehung der Jugend besitzen.* – 1938 Treudienst-Ehrenzeichen, 1943 Kriegsverdienstkreuz II. Kl. mit Schwertern.

Q   StadtA Neu-Ulm, A 4, Nr. 156 – ebd., A 9.

Herbst, *Emil* Friedrich, * Mailand (Italien) oder Göppingen 9. (nicht 8.!) Okt. 1854, † Ulm 2. Sept. 1939, □ ebd., Neuer Friedhof, ev.

Mutter Margarethe Friedericke Herbst, * 1831, † 1902. ∞ Genovefa Bentele, * 7. XII. 1860, † 8. II. 1941.

H. war eine der bedeutenden Wirtschaftsgrößen Ulms in der Kaiserzeit und in den Jahren der Weimarer Republik.

Nach der Schulzeit absolvierte H. seine Berufsausbildung bei der Firma Gebr. Gutmann und war danach bei verschiedenen Unternehmen der Weiß- und Wollwarenbranche als Angestellter bzw. Reisender tätig. 1880 eröffnete er ein Agentur- und Weißwarengeschäft in Ulm (Münsterplatz 7, später in der Platzgasse); fabrikmäßige Herstellung von Schürzen und anderen Wäscheartikeln. Zwischen 1890 und 1905 erfolgte der Bau einer Wäschefabrik in der Kasernenstraße sowie (später) von Filialen auf der Alb und in Deggingen. Fabrikant in Ulm, 1904 Bau der großen Fabrikanlage in der Zinglerstr. 1914 verkaufte er die rasch angewachsene Wäschefabrik an die Fa. Becker & Co., Geislingen an der Steige, blieb aber verantwortlicher Gesellschafter und Teilhaber der „Fa. Emil Herbst, Kommanditgesellschaft, Bekleidungsindustrie, Schürzenfabrik, Ulm an der Donau". 1894 war H. Mitgründer des Schutzvereins für Handel und Gewerbe in Ulm, ab 1896 Mitglied der Handelskammer Ulm, ab 1908 stv. Vorsitzender, 1928/29 Vorsitzender, 1929 Ehrenvorsitzender. Ab 1902 war H. Mitglied und später Vorsitzender des Aufsichtsrates der Gewerbebank Ulm. Der König verlieh ihm den Titel eines Kommerzienrats.

Politisch engagierte sich H. bei der nationalliberalen DP. Im Dez. 1905 wurde er zum Mitglied des Ulmer Bürgerausschusses gewählt, von 1911 bis 1919 gehörte er dem Gemeinderat an. Ende 1918 zählte H. zu den Mitgründern der Württ. Bür-

gerpartei/DNVP und war Mitglied des Hauptausschusses, von 1919 bis 1920 Mitglied der Württ. Verfassunggebenden Landesversammlung bzw. MdL Württemberg (Platz 9 Vorschlagsliste; Bürgerpartei/DNVP). Im Juni 1920 nicht mehr in den Landtag gewählt (Platz 7 Vorschlagsliste; Bürgerpartei/DNVP), schlug H. im Herbst 1920 ein Nachrücken ins Parlament aus.

Der Mitgründer der Wohnungsbau-Genossenschaft Ulm-Söflingen und Vorstand der Bankgenossenschaft Ulm-Söflingen war 1907 Mitgründer und Vorsitzender des Ulmer Fremdenverkehrsvereins (UFV), der mit bescheidenem Erfolg die touristische Erschließung der Region versuchte, zuletzt dessen Ehrenmitglied. Auch im Karnevalsverein engagierte er sich. 1929 erfolgte H.s Rückzug aus allen Ämtern. – Mitglied des Vereins für Kunst und Altertum in Ulm und Oberschwaben.

Q   StadtA Ulm, G 2.
L   Erich SCHMID (Hg.), Verfassung des Volksstaats Württemberg, Stuttgart 1919, S. 28 (Bild S. 23) – Reichshandbuch I, S. 719 f. (Bild) – UBC 2, S. 237 ff. (Bild) – UBC 4, S. 520 (Bild), 521 – Emil Herbst zum Gedächtnis: Besinnliches aus der „guten alten Zeit", in: Schwäb. Donau-Zeitung Nr. 204 vom 2. IX. 1954, S. 4 – RABERG, Biogr. MdL-Handbuch, S. 343 f. (Bild) – WEIK ⁷2003, S. 313.

Herdegen, Friedrich, * 1793, † Neu-Ulm 2. (nicht 12.!) Dez. 1843, kath.

Mit H. ist der Beginn der Arbeiten an der Bundesfestung auf dem rechten Donauufer verbunden. Der Ingenieur-Major entwarf die Pläne für die Bauarbeiten, die später zum großen Teil ausgeführt wurden. Sein früher Tod noch vor Beginn der Bauarbeiten wurde allgemein betrauert.

H. durchlief die Ausbildung eines Ingenieuroffiziers und war zum Zeitpunkt seiner Ernennung zum Neu-Ulmer Festungsbaudirektor Ingenieur-Major, der zuvor u. a. in Ingolstadt und Germersheim eingesetzt gewesen war. Im Sept. 1841 wurde H. zum Kgl. Bayer. Festungsbaudirektor in Neu-Ulm und Bauleiter des Festungsbaus auf dem rechten Donauufer ernannt, nachdem die Vorbereitungen des gigantischen Bauunternehmens weitgehend abgeschlossen worden waren. Als sich Württemberg und Bayern am 6. Feb. 1842 auf eine gemeinschaftliche Festungsbaudirektion geeinigt hatten, wurden H. und sein Ulmer Kollege Moritz Karl Ernst von →Prittwitz und Gaffron beide auf den Deutschen Bund als Auftraggeber des Festungsbaus vereidigt. In der Praxis sah die Kooperation dergestalt aus, dass jeder der beiden Festungsbaudirektoren abwechselnd für vier Monate die Arbeiten leitete, die Ausführungen koordinierte, die Baukasse beaufsichtigte und die Leitung gegenüber der Militärkommission und der Bundesversammlung in Frankfurt/Main vertrat. Unabhängig voneinander trieben sie die Planungen für die Befestigungen auf „ihrer" jeweiligen Donauseite voran. Das Bayer. Kriegsministerium instruierte H. am 28. Juni 1842 dahingehend, dass für Bauarbeiten auf das rechte Donauufer bestimmte Gelder, die evtl. eingespart worden seien oder in Zukunft eingespart würden, unter keinen Umständen für das linke Donauufer verwendet werden durften.

Nachdem von Prittwitz am 4. Aug. 1842 einen unvollständigen Hauptbefestigungsentwurf eingereicht hatte, der keine Kostenberechnung beinhaltete, verwahrte sich H. dagegen. Die Militärkommission hatte jedoch Verständnis für die von Prittwitz vorgebrachten Argumente. H. entwarf derweil im Auftrag des Königs von Bayern, Ludwig I., einen auf Ziel und Zweck der Fortifikation abgestimmten Plan, der von Ingenieur-Leutnant Julius →*Riem gezeichnet und im Okt. 1842 vorgelegt wurde. Zugleich entwarf der Zivilbauinspektor Hermann in königlichem Auftrag einen Plan, der die Belange des sich entwickelnden städtischen Gemeinwesens berücksichtigen sollte. Beide Planer sollten ihre Pläne in möglichste Übereinstimmung bringen – eine schwierige Aufgabe, die jedoch tatsächlich gelöst werden konnte und zur Genehmigung eines „fusionierten" Grundplans durch den König am 24. Jan.

1843 führte. Auffällig war die schachbrettartige Anlage mit einer von Südwest nach Nordost durchlaufenden Achse, von der alle weiteren Straßen abgingen. Wesentliche Elemente dieses Planes sind später Realität geworden und bestimmen das Gesicht Neu-Ulms bis auf den heutigen Tag.

H. litt darunter, dass seine Messungsarbeiten und Planentwürfe, von denen er in kurzer Zeit drei fertigte, allesamt nicht zur Ausführung gelangten und der Baubeginn immer wieder aufgeschoben wurde. Die Vorstellungen der Stadt, des Königs, der Militärkommission und der Württemberger ließen sich nicht vereinbaren und führten zu z. T. völlig voneinander abweichenden Anweisungen an H., was dessen Nerven zunehmend strapazierte. H.s erster Entwurf vom Nov. 1842 wurde als zu kostspielig zurückgewiesen, und auch sein zweiter, wesentlich verschlankter Entwurf vom Juni 1843 lag noch über der veranschlagten Summe. Im Sept. 1843 legte er den dritten Entwurf vor, den der König am 24. Nov. 1843 mit dem Auftrag zur Vorlage eines vierten Entwurfs beantwortete.

H. sah sich nunmehr in einer ausweglosen Lage und fühlte sich als Offizier mit einem strengen Ehrenkodex zu Unrecht mit dem Odium der Unfähigkeit behaftet. Im Alter von über 50 Jahren setzte h. seinem Leben mit einem Pistolenschuss selbst ein Ende. In offiziellen Verlautbarungen hieß es, H. sei *am Abend des 2. December [...] in Folge eines Schlaganfalls plötzlich verstorben.*

Noch im Dez. 1843 folgte dem Verstorbenen Oberst Theodor Ritter von →Hildebrandt als Festungsbaudirektor nach, nachdem unmittelbar nach H.s Tod der Ingenieur-Hauptmann Anton →*Zäch zum kommissarischen stv. Festungsbaudirektor ernannt worden war. Hildebrandt agierte im Wissen um die Vorgeschichte und das Schicksal seines Vorgängers von Anfang an geschickter und kühler und brachte viele Elemente aus H.s Planentwürfen zur praktischen Ausführung: H., *der mit seinem Plan nicht nur der Festung, sondern auch der Stadt ihre künftige Gestalt umrissen hatte, durfte nicht mehr erleben, wie auf württembergischer wie auf bayerischer Seite zwei Jahre nach dem ersten Spatenstich die Grundsteine gelegt wurden* (Ferdinand ZENETTI). – Mitglied des Vereins für Kunst und Altertum in Ulm und Oberschwaben.

Q StAL, E 179 II Bü 721 (Ableben des Festungsbaudirektors von Herdegen).
L BUCK, Chronik Neu-Ulm, S. 60 – Eduard SCHEFOLD, Die Stadtumwallung von Ulm und Neu-Ulm, in: UBC 2, S. 59-64 – Katalog Materialien, S. 52, 55, 57-59, 72, 174 ff. – TREU, Neu-Ulm, S. 138 ff., 155, 231 ff., 245, 256, 258 f. – Markus THEILE, „[...] einst eine trutzige Feste"? Der Bau der Bundesfestung Ulm zwischen strategischer Bedeutung, politischen Auseinandersetzungen und finanziellen Nöten, in: UO 55 (2007), S. 358-401, hier bes. S. 366 ff.

Hermann (auch: Herrmann), Diet[e]rich, * Ulm 11. Feb. 1774[231], † ebd. 27. Nov. 1847, ev.
Vater Johann Georg Hermann, Schlosser und Garnisonssoldat in Ulm.
Mutter Magdalene Regina Joos.
∞ I. Christina Friederike Rosina Klein, † 25. II. 1816, T. d. Johann Josef Klein, Hofadvokat und Stadtorganist in Eisenberg (Sachsen-Altenburg); ∞ II. 1817 Maria Magdalena Wagner, T. d. Benedikt Wagner, Sergeant (Stadtrat) in Ulm.
4 K, je 2 aus beiden Ehen, darunter Hugo Albrecht Hermann, Dr. phil., * Ulm 1. I. 1820, † Cannstatt 1898, Rektor des Lyzeums Esslingen/Neckar, 1887 i. a. D., Ritterkreuz I. Kl. des Friedrichsordens.

H. studierte am Ulmer Gymnasium und anschließend an der Universität Jena Theologie. 1806 zum Pfarrer in Silbitz im Elstergrunde (Sachsen) ernannt, kam H. 1809 als Professor an der mittleren Abteilung des Gymnasiums nach Ulm zurück, wo es den Ruhelosen aber auch nicht lange hielt. Zum 5. Dez. 1813 wurde er nach auf eigenes Ansuchen gewährter Entlassung Pfarrer in Tettau bei Waldenburg (Schlesien), blieb aber auch dort nicht lange. Schon 1816 kam H. nach Ulm zurück, um Gymnasialprofessor für die Klasse IV am Gymnasium zu werden, jedoch folgte schon am 15. Juni 1816 die Ernennung zum Diakon an der Ulmer Dreifaltigkeitskirche. 1819 Stadtpfarrer ebd., war er bis 1830 zugleich Geistlicher am Ulmer Polizeihaus und führte nach der Ablösung von Stadtpfarrer

und Dekan Ludwig Jakob →Majer seit 1836 den Vorsitz des Stiftungsrates. Von der letzteren Aufgabe wurde er 1844 auf Antrag von Gemeinderat und Bürgerausschuss wegen *Altersschwäche [...], Streitsucht, Empfindlichkeit und Rechthaberei* wieder entbunden. H. war von 1822 bis 1830 Schulkonferenzdirektor sowie Bibliothekar der Schermarischen Bibliothek und seit 1822 Administrator der Auerschen und der Abtischen Stiftung. Schon 1803 war er Mitglied des Vereins für Mineralogie in Jena und 1804 Mitglied der lateinischen Gesellschaft ebd. geworden. H. nahm Übersetzungen aus dem Italienischen und Französischen vor und war als öffentlicher Redner geschätzt, u. a. bei der feierlichen Eröffnung der Ulmer Handwerksschule am 2. April 1826.

L WEYERMANN II, S. 175 – SIGEL, Band 12,2, S. 775 f. – SPECKER, Ulm im 19. Jahrhundert, S. 387 f.

Hermann, Maria, * Schlat/OA Göppingen 7. April 1925, † Herrenberg 5. Juli 2001, ev.
Vater Johannes Hermann[232], * Schwenningen 10. VII. 1886, † Backnang 17. I. 1975, 1916 Pfarrer in Schlat, 1928 Zweiter Stadtpfarrer in Calw, 1933 Dekan ebd., 1942 Dekan in Esslingen/Neckar, 1956 i. a. D., Mitglied des Ev. Landeskirchentags, Bruder von Otto →*Hermann.
Mutter Margarete Keim, Pianistin.
4 G, darunter Martin Hermann[233], * Schlat 6. IV. 1927, † Stuttgart-Bad Cannstatt 23. VI. 2000, Pfarrer in Ludwigsburg, Mitglied der Ev. Landessynode, 1. stv. Mitglied der EKD-Synode.
Ledig. Keine K.

Als erste Pfarrerin Ulms nimmt H. per se einen besonderen Platz in der Geschichte der Stadt ein.

H. stammte aus einer württ. Pfarrerfamilie und war vom Leben auf dem Land in einer großen Familie und im ganz selbstverständlichen Glauben an Gott tief geprägt. Die junge Frau wollte nach dem 1943 in Calw bestandenen Abitur Theologie studieren, folgte aber zunächst ihrem nach Esslingen versetzten Vater und wurde dort als Hilfslehrerin verpflichtet. Nach Kriegsende erhielt sie in Tübingen keinen Studienplatz, deshalb begann sie ihr Studium an einer bayer. Universität, wechselte aber, als sich die Möglichkeit eröffnete, nach einem Semester nach Tübingen. 1950 bestand sie die I., 1954 die II. theol. Dienstprüfung, dazwischen wirkte sie als Vikarin in Ludwigsburg.

Weibliche ev. Geistliche durften zwar Religionsunterricht an Mädchenschulen erteilen und in der Seelsorge arbeiten, Pfarrerin oder Dekanin konnten sie aber seinerzeit noch nicht werden. Erst 1968 ermöglichte eine Gesetzesänderung den Frauen die Ausübung des Pfarrerberufes und hob die automatische Kündigung nach einer Eheschließung auf. Die Pfarrvikarin H. ging von Ludwigsburg nach Göppingen und von dort an das Diakonieseminar in Denkendorf. 1965 trat sie an die Spitze der Frauenschule für den kirchlichen und sozialen Dienst in Wien. 1972 trat H., empfohlen von Dekan Theophil →Askani, nach einer überzeugenden Probepredigt die Zweite Pfarrstelle an der Ulmer Pauluskirche an. Bei H.s Investitur, zu der auch ihr ehemaliger Tübinger Professor Ebeling nach Ulm reiste, bezeichnete Askani H. als „Dolmetscherin des Evangeliums". In der Paulusgemeinde entfaltete H. eine reiche Tätigkeit, die von engagierten und die Menschen ansprechenden Predigten über ihre regelmäßige Teilnahme am „kirchlichen Gespräch zum Tage" im „Schwabenradio" bis zu ihren berühmten „Sonntagessen" in ihrem Hause reichte. An den Weihnachtsfeiertagen war bei H. der Treffpunkt für einsame Alte, Patienten aus der Klinik Dr. Schwarz und Wohnsitzlose. Unterstützt wurde sie bei der Vorbereitung und Durchführung von vielen Gemeindemitgliedern, aber auch von der Familie des Pfarrers Johannes →Schwesig. Die von einem hartnäckigen Hüftleiden

---

231 Nach anderen Quellen (Taufregister) 1772.

232 Magisterbuch 41 (1932), S. 159 – EHMER/KAMMERER, S. 187 (Bild).
233 EHMER/KAMMERER, S. 187 (Bild).

geplagte Junggesellin führte ein offenes Haus, das den Mitgliedern der Gemeinde mit ihren Sorgen und Anregungen stets freien Zutritt bot. H. schenkte und erntete Vertrauen.

Neben ihrer eigentlichen Arbeit war sie aktiv als gefragte Referentin in der Erwachsenenbildung, bei Pfarrfrauentagungen, bei Frauenkreisen und Pfarrergruppen. Sie schrieb mehrere Bücher (u. a. „Gottes geliebte Töchter – Frauen in der christlichen Gemeinde"), dichtete und reimte Kalenderverse. Mit dem berühmten Pfarrer und Schriftsteller Albrecht Goes (1908-2000) war sie befreundet. Seit 1979 widmete sie sich als Klinikseelsorgerin der Klinik am Michelsberg einer neuen Aufgabe. Wesentlich ihrer Initiative war die Gründung des Förderkreises für tumor- und leukämiekranke Kinder zu verdanken, der sich erfolgreich um den Bau eines Gästehauses für Angehörige einsetzte, das dann nach ihr benannt wurde.

1985 für ihren umfassenden sozialen Einsatz mit dem Bundesverdienstkreuz geehrt, trat H. 1988 in den Ruhestand, den sie im Mutterhaus der Herrenberger Schwestern verbrachte. Im Alter von 76 Jahren starb H. an Krebs.

Q   StadtA Ulm, G 2.
L   Ursula BLANKENHORN, Maria Hermann, in: Ökumenischer Arbeitskreis Frauen (Hg.), Ulmer Frauenwege im 20. Jahrhundert. Tatkraft aus Nächstenliebe, Ulm 2006, S. 96-101 (Bilder).

Herrenberger (sen.), Heinrich, * Ulm 3. Nov. 1815, † ebd. 23. Aug. 1873, ⬚ ebd., Alter Friedhof, ev.

∞ Babette Erasmus, * 25. VII. 1816, † Ulm 2. III. 1895.
K   Heinrich →Herrenberger (jun.).

Mit H. ist ein wesentliches Kapitel der Ulmer Gewerbeförderung verbunden. Er war einer ihrer Pioniere und ihr stärkster Motor.

Der Ulmer Schlossermeister war von 1854 bis 1865 Bürgerausschussmitglied und ab 1865 Mitglied des Gemeinderats in Ulm. Im Herbst 1863 wirkte H. führend an der Gründung der Gewerbebank Ulm mit, war Ausschussmitglied sowie 1872/73 Mitglied des Aufsichtsrats. Im Aug. 1870 zählte H. zu den Unterzeichnern des öffentlichen Aufrufs zur Gründung eines Hilfsvereins für die Württemberger im Krieg gegen Frankreich. H. erwarb sich große Verdienste um die 1871 in Ulm ausgerichtete Schwäbische Industrieausstellung, aus deren Überschuss die nach ihm benannte Herrenbergerstiftung gebildet wurde. Aus ihren Zinsen erfolgte die finanzielle Unterstützung von Handwerkslehrlingen. Seit dem Frühjahr 1873 war H. Ausschussmitglied des Ulmer Verschönerungsvereins. Wenig später starb er im nicht vollendeten 58. Lebensjahr. Eine Straße in Ulm ist nach H. benannt. – Ritterkreuz I. Kl. des Friedrichsordens.

Q   StadtA Ulm, G 2.
L   UBC 2, S. 97, 134, 151, 172, 194, 247, 290, 293, 317, 319 (Bild) – RIEBER/JAKOB, Volksbank, S. 58, 59 – UNGERICHT, S. 52 – WAIBEL, Gemeindewahlen, S. 342, 348.

Herrenberger (jun.), Heinrich, * Ulm 15. Juni 1851, † ebd. 25. oder 26. Okt. 1925, ⬚ Lautern, ev.
Eltern siehe Heinrich →Herrenberger (sen.).
∞, † 1921.

Geboren im elterlichen Haus Lautengasse Nr. 16, besuchte der hochbegabte H. noch das um 1875 aufgelassene Gymnasium auf dem Münsterplatz (ehemaliges Barfüßerkloster) und zuletzt

die Oberrealschule in Ulm. Zur Übernahme des Schlosserbetriebs seines Vaters bestimmt, durchlief H. die Schlosserlehre bei ihm und meldete sich als Einjährig-Freiwilliger zum Militärdienst. Der Ausbruch des Deutsch-Französischen Krieges führte ihn auf die Schlachtfelder in Frankreich. Zurückgekehrt als Vizefeldwebel, musste H. nach dem plötzlichen Tod des Vaters im Aug. 1873 als gerade 22-Jähriger – gegen seine innere Neigung – den Schlosserbetrieb übernehmen und zudem die Geschäfte des Eichmeisters versehen, wobei ihm das dafür eigentlich notwendige Examen erlassen wurde. Fortan konzentrierte sich H. auf die Aufgaben des Eichmeisters und zog sich sukzessive aus dem Schlosserbetrieb zurück. Ein angeborenes Herzleiden legte ihm schließlich nahe, sich nur noch als Eichmeister zu betätigen.

Als Eichmeister war H. eine in der Region und weit darüber hinaus bekannte und geschätzte Persönlichkeit. In einer Ära des sich rasch ausformenden Maß- und Gewichtswesens infolge der deutschen Einigung musste H. viele Reisen unternehmen, die ihn bis ins Rheinland führten. Sein Amt übte er bis zur Verstaatlichung des Eichwesens kurz vor dem Ersten Weltkrieg aus. Daneben bot er Ulmer Handwerkern kostenlose Beratung an – eine Tätigkeit, die ihn viel Zeit kostete, die ihm aber sehr wichtig war. H. war sehr an der Geschichte seiner Heimatstadt interessiert, gehörte selbstverständlich dem Verein für Kunst und Altertum in Ulm und Oberschwaben an und zählte in den 1880er Jahren zu den Gründern des Vereins „Alt-Ulm", für den er zahlreiche Gedenktafeln, geschmückt mit Wappen, Zahlen und Inschriften, entwarf und fertigte. Daneben war er in den Ausschüssen der meisten Ulmer Vereine vertreten, gehörte dem ev. Kirchengemeinderat der Dreifaltigkeitskirche an und fungierte als Kommandant der Ulmer Feuerwehr.

1908 erfolgte H.s Ernennung zum ersten hauptamtlich eingestellten Beamten (Bibliothekar und Kustos) des Gewerbemuseums (später Ulmer Museum). In diesem Amt erwarb sich H. größte Verdienste um die Ordnung und Ergänzung der Museumsbestände, die in neuen Räumlichkeiten (Anbau am Neubronnerschen Haus) untergebracht werden mussten. H. war zwar kein innovativer und dem Zeitgenössischen zugewandter Museumsleiter, aber er vermochte doch, dem Museum ein Gesicht und einen eigenen Stellenwert in der Stadt zu erarbeiten. So sammelte er im Hofraum alte Grabsteine, richtete eine Bauernstube und eine Kleinbürgerwohnung sowie einen Saal für Modelle und einen Saal für Erinnerungen an Max →Eyth ein. Gerade mit letzterer Einrichtung trug er maßgeblich zur Verankerung Eyths im Bewusstsein der Ulmer bei. H. war besonders als Numismatiker und Heraldiker ein gesuchter Gutachter. Im Feb. 1919 trat er als Direktor an die Spitze des Gewerbemuseums Ulm, aus dem später das Museum der Stadt Ulm hervorging. Er war Pfleger des Landeskonservatoriums bzw. des Landesamts für Denkmalpflege, als welcher er wiederholt gegen den Strom schwamm, wenn es ihm richtig erschien.

Im Aug. 1923 trat er in den Ruhestand, und obwohl er schon 72 Jahre alt war, verkraftete er diesen Einschnitt nur schwer. Zu seinem Tod hieß es, er habe *wie keiner die alten Schönheiten Ulms gekannt und geschätzt.* Besonders beliebt seien seine Altstadt-Führungen gewesen. 1938 erhielt das neue Eichamt an der Ecke Wörth- und Lützowstraße seinen Namen. – 1908 Ritterkreuz I. Kl. des Friedrichsordens.

Q   StadtA Ulm, G 2.
W   Namen- und Familienschilder an Kirchenstühlen, in: Volkskunst und
Volkskunde 6 (1908), S. 17.19.
L   Staatsanz. Nr. 251, 27. X. 1925, S. 5 – Museumsdirektor a. D. Heinrich
Herrenberger †, Ulmische Blätter für heimatliche Geschichte, Kunst und Denkmal-
pflege. Monatsbeilage zum Ulmer Tagblatt, 10. XII. 1925 – UBC 3, S. 318 – UBC 4,
S. 110, 218, 268 (Bild), 269 f. – UBC 5, S. 318, 411 – UBC 5a, S. 298.

Herterich, Oskar, Dr.-Ing., * Karlsruhe 8. Sept. 1906, † Ulm
13. Nov. 1978, ev.

H. begann 1932 als Konstrukteur bei der Feuerwehrgerätefabrik Carl Wetz Karlsruhe seine berufliche Laufbahn, die ihn
1936 nach Ulm führte. Er trat als Oberingenieur in die Dienste
der Firma Magirus, bei der er bereits 1937 Prokura erhielt und
die Leitung der Konstruktionsabteilung für Feuerwehrfahrzeu-
ge und -geräte übernahm. 1953 stieg er zum Direktor auf, 1968
übernahm er als Produktionsleiter den Bereich Brandschutz-
technik, 1970 ging er in den Ruhestand, den er in Thalfingen
und Böfingen verlebte.
Auch außerhalb seines beruflichen Wirkens setzte sich H.
intensiv für den Brandschutz ein. Von 1948 bis 1954 war er
Vorsitzender des Fachnormenausschusses Feuerlöschwesen,
von 1950 bis 1969 Vorstandsmitglied der Vereinigung zur
Förderung des Deutschen Brandschutzes. H. brachte die
Brandschutzseminare der Vereinigung auf den Weg und leitete
sie auch. 1950 zählte er zu den Mitgründern der Donau-Iller-
Gruppe des Vereins Deutscher Ingenieure (VDI).
Daneben engagierte sich H. im kirchlichen Bereich. Seit 1952
war H. Kirchengemeinderat, von 1972 bis 1977 war er Vorsit-
zender der Ulmer Kirchenchorsänger. 1972 wurde H. zum 2.
Ersatzmitglied für Ulm und Blaubeuren in den Landeskirchen-
tag gewählt.

L   NUZ/SWP, 6. IX. 1971 – Brandschutz/Dt. Feuerwehrzeitung 3 (1971) –
VDI-Nachrichten, 1. IX. 1971 – EHMER/KAMMERER, S. 188 f. (Bild).

Hertling, Freiherr Friedrich *Wilhelm* von, * Mannheim 30.
Okt. 1758, † München 19. Feb. 1816, kath.
Vater   Freiherr Johann *Friedrich* von Hertling, Kurpfalzbayer. Geh. Staatsrat,
Geh. Kanzler, Kgl. Bayer. Staats- und Konferenzminister, Staatsminister der Justiz.
Mutter   Maria Eleonore Freiin von Welser.
6 G, darunter Philipp Aloys Franz Xaver Freiherr von Hertling, * Mannheim 1756,
† Aschaffenburg 1810, Großhzgl. Hess. Geh. Rat und Hofgerichtsdirektor in
Darmstadt, ∞ 1783 Gisberta Freiin Deel von Deelsburg, * 1763, † 1843.
∞ Walburga Gräfin von Minucci. Keine K.

H. war in den Jahren von 1802 bis 1804 höchster Vertreter des
Kurfürsten von Bayern in Ulm und der Organisator des Über-
gangs der Reichsstadt Ulm und ihrer Territorien unter die
Herrschaft Bayerns. Er hat damit nicht nur für Ulm, sondern
auch für das Neu-Ulmer Territorium Bedeutung gewonnen.
H., Sohn eines der engsten Mitarbeiter des Kurfürsten Karl
Theodor von der Pfalz (und später von Bayern), durchlief eine
erfolgreiche Laufbahn im Verwaltungsdienst Bayerns und war
vor seinem Eintreffen in Ulm Stadtpfleger in Mindelheim und
Bayer. Gesandter beim Schwäbischen Kreis. Er kam am 30.
Aug. 1802 nach Ulm, um als Kurpfalzbayerischer Zivilkommissar im Auftrag des Kurfürsten Max Joseph die Einquartierung
bayerischer Truppen in der Stadt anzukündigen und durchzuführen, welche am 3. Sept. 1802 erfolgte, nachdem Ulmer
Territorien schon eine Woche zuvor von bayerischen Truppen
besetzt worden waren. Am 4. Sept. 1802 war er im Klarissenkloster Söflingen, um dessen Aufhebung einzuleiten und die
Beamten der Verwaltung auf Bayern zu vereidigen. Zu dieser
Zeit operierte H. noch von Dillingen/Donau aus, wo sich bis
zur Jahreswende 1802/03 der Sitz der provisorischen Gebiets-
regierung befand. Zu den Reichsstädten, die H. neben Ulm für
Bayern in Besitz nahm, zählten Bopfingen, Buchhorn, Dinkelsbühl, Kaufbeuren, Kempten, Leutkirch, Lindau, Memmingen, Nördlingen, Ravensburg, Wangen im Allgäu.

Der militärischen Besitznahme folgte die zivile. Am 29. Nov.
1802 nahm H. im Ratszimmer des Ulmer Rathauses die Huldi-
gung des Rats entgegen, nachdem er das Ende der reichsstädtischen Verfassung und die neue geltende Rechtslage verkündet
hatte. Schon zuvor hatte er Material über *den publiken Zustand*
angefordert und war sehr angetan vom Ratskonsulenten Gottlob Dietrich →Miller. H. seine „Staatsrechtliche Darstellung der Reichsstadt Ulm und ihres Gebietes" zur Verfügung
stellte, die sofort nach München geschickt wurde[234]. In seinem
Begleitschreiben merkte H. an, die Denkschrift könne *zum
Leitfaden der Einrichtungen dienen, die der Kurfürst der bedeutenden
Stadt Ulm und anderen Reichsstädten geben wolle.*
Ende Dez. 1802 avancierte H. zum Generalkommissar des in
Ulm eingerichteten Kurpfalzbayerischen Generallandeskommissariats (oberste Behörde der Provinz Schwaben) und nahm
seinen Wohnsitz in der dem Weinhändler Leipheimer gehörenden Wohnung in der Rossmühle neben der Dreifaltigkeitskirche. Er organisierte die Eingliederung der alten Reichsstadt und
ihres Territoriums in den bayerischen Staat. Er richtete in den
staatlichen und kirchlichen Bereichen die neuen Behörden ein,
so im Juli 1803 das Oberjustizgericht als höchste Gerichts-
instanz und im Sept. 1803 die Kurpfalzbayerische Landesdirektion in Schwaben. Im Juli 1803 verbot er die Abhaltung des
Schwörmontags, ließ aber das Fischerstechen zu. 1804 übernahm H., der in den letzten Monaten seines Ulmer Wirkens
besonders für die Errichtung der kath. Wengenpfarrei eingetreten war, den schwierigen Posten des Gesandten Bayerns beim
württembergischen Kurfürsten in Stuttgart, auf dem er drei
Jahre lang verblieb, bis er 1807 in gleicher Eigenschaft in die
Niederlande versetzt wurde. 1810 ging er als Gesandter an den
Hof des Königs von Preußen nach Berlin. Im März 1813 ist
H.s Anwesenheit am Hoflager in Breslau bezeugt. Zum 1. Mai
1813 erfolgte H.s Setzung auf Expektanzgehalt, d. h., er stand
in keiner Funktion, erhielt aber in Erwartung einer zukünftigen
gleichwertigen Position entsprechende Bezüge. Dazu kam es
jedoch nicht mehr, da H. im 58. Lebensjahr plötzlich starb.

L   DBI 3, S. 1418 – DBA II/571, 152 – SCHULTES, Chronik, S. 380, 385 – Karl
Freiherr von HERTLING, Geschichte der Familie von Hertling, Köln 1888 (als
Manuskript gedruckt) – Ahnentafel des Reichskanzlers Georg Friedrich Grafen von
Hertling, in: Ahnenlisten berühmter Deutscher, Lieferung 1, (1929), AT 1 – UBC 1,
S. 369, 381 – Die Stadt Ulm unter Bayerischer Herrschaft, in: Württ. Vierteljahrs-
hefte N.F. 34 (1928), S. 257-326 – SCHÄRL, Beamtenschaft, S. 319, Nr. 599 –
SPECKER/TÜCHLE, S. 155, 255 f. – Friedrich BLENDINGER, Die Mediatisierung der
schwäbischen Reichsstädte, in: Krone und Verfassung. König Max I. Joseph und der
neue Staat. Beiträge zur Bayerischen Geschichte und Kunst 1799-1825 (Wittelsbach
und Bayern, Band III,1), München-Zürich 1980, S. 101-113 – Theodor ROLLE,
Bayerns Griff nach Ostschwaben. Zur Mission des Freiherrn Wilhelm von Hertling
bei den schwäbischen Reichsständen in den Jahren 1802/03, in: Zeitschrift des
Historischen Vereins für Schwaben 85 (1992), S. 157-207 – SPECKER, Großer
Schwörbrief, S. 251 f., 256, 258, 263, 269 – DERS., Die Mediatisierung der Reichsstadt Ulm, in: Peter BLICKLE/Andreas SCHMAUDER (Hgg.), Die Mediatisierung der
oberschwäbischen Reichsstädte in europäischem Kontext, Epfendorf 2003, S. 57-71
– Gregor MAIER, Die Inbesitznahme der Landvogtei Schwaben 1806. Oberschwaben zwischen Bayern und Württemberg, in: UO 55 (2007), S. 288-304.

Hetzler, Michael, →„Griesbad-Michel"

Hierlinger (seltener auch: Hirrlinger), *Carl (Karl)* Friedrich
August von, * Ulm 22. Feb. 1805, † ebd. 25. Nov. 1884, ⯐ Wib-
lingen, 28. Nov. 1884, kath.
Vater   Johann *Franz* von Hierlinger[235], * 8. IV. 1769, † Wiblingen 22. III. 1841,
Oberamtsgerichtsverweser in Waldsee, zuletzt Oberamtsrichter in Wiblingen, S. d.
Johann Carl von Hierlinger, * 8. XI. 1722, † Jettingen/Donau 11. IV. 1811, Gräflich
Stauffenbergischer Oberamtmann.
Mutter   Wilhelmine Arnold, † 3. X. 1836.
∞ 7. II. 1837 *Louise* Marie Freiin von Schütz-Pflummern, * 21. II. 1805, † Ravens-
burg 19. V. 1875, T. d. August Heinrich Freiherr von Schütz-Pflummern, * 2. III.
1753, † 18. V. 1824.

234 Näheres zu Millers Denkschrift siehe Gottlob Dietrich →Miller.
235 Brüder des Vaters und Onkel von H. waren Joseph von Hierlinger, * 25. VIII.
1776, Freiherrlich von Boemmelbergischer Rentamtmann in Erolzheim, und
Willibald Joseph Matthias von Hierlinger, Oberregierungsrat, seit 1817 Vizedirektor
bei der Regierung des Donaukreises in Ulm.

4 K   *Carl* Friedrich August von Hierlinger, * 14. II. 1838; Anna von Hierlinger; Luise von Hierlinger; Mathilde von Hierlinger.

H. entstammte einer von Kaiser Karl VII. in den Reichsadelsstand erhobenen oberschwäbischen Beamtenfamilie. H.s Urgroßvater Johann Joseph Hierlinger war erster Rat des Reichsstifts Ochsenhausen und Syndikus des Schwäbischen Reichsprälaten-Kollegiums gewesen.

Nach Abschluss des Jurastudiums in Tübingen und Bestehen der beiden höheren Justizdienstprüfungen trat H. in den württembergischen Justizdienst und ist 1835 als Gerichtsaktuar in Biberach/Riß nachzuweisen, 1839 als Justizassessor am Gerichtshof für den Donaukreis in Ulm. 1843 war er Oberamtsrichter in Neckarsulm, 1847 bereits Oberjustizrat am Gerichtshof für den Donaukreis in Ulm. In dieser Position verblieb er etwa zehn Jahre lang, 1858 begegnet er uns als Obertribunalrat und Dirigent des Gerichtshofes in Esslingen/Neckar, zuletzt war er seit etwa 1868 Direktor des Kreisgerichtshofes in Ravensburg, 1879 wurde H. unter Verleihung des Titels Landgerichtspräsident in den Ruhestand versetzt.

H., der 1848 für den Bez. Neckarsulm und von 1862 bis 1868 für den Bez. Laupheim MdL Württemberg (Zweite Kammer) gewesen war, lebte im Ruhestand in Ulm. – 1856 Ritterkreuz des Württ. Kronordens; 1869 Kommenturkreuz II. Kl. des Friedrichsordens; 1873 Kommenturkreuz des Württ. Kronordens.

L   Ih 1, S. 370 – CAST 1, S. 419 f. – BECKE-KLÜCHTZNER, S. 342 – Württ. Jahrbücher 1884, VII – UBC 2, S. 485 – RABERG, Biogr. MdL-Handbuch, S. 357.

Hildebrand, Georg, * Dußlingen bei Tübingen 15. Okt. 1852, † Neu-Ulm 2. Aug. 1907, ev.

Vater   Christian Friedrich Hildebrand, * Möglingen 15. VI. 1800, † Dußlingen 13. XI. 1860, Pfarrer in Genkingen, zuletzt dsgl. in Dußlingen, S. d. Amandus Heinrich Hildebrand, * 19. XII. 1765, † 24. VIII. 1814, Pfarrer in Möglingen, u. d. Charlotte Friederike Kapff, * Balingen 6. V. 1762, † 1830.
Mutter   Friederike Sofie Krehl.
∞ Blaubeuren 15. X. 1882 *Franziska (Fanny)* Josefine Klara Charlotte Mörike, * Stuttgart 12. IV. 1855, † Neuenstadt am Kocher/OA Neckarsulm 10. XI. 1930, T. d. Margarethe →Mörike.
6 K   Eduard Hildebrand, * Neu-Ulm 18. VII. 1883, † ebd. 30. 1885, Max Hildebrand, * Neu-Ulm 31. X. 1884, [† Brand-Erbisdorf (Sachsen) 20. V. 1943, Ingenieur und Fabrikbesitzer, ∞ Nürnberg 17. V. 1913 Anna Karola Irmgard Maisenbacher, * Stuttgart 7. XI. 1885, T. d. Architekten Karl Friedrich Maisenbacher u. d. Frida Schillinger (Ehe geschieden); *Hermine* Auguste Hildebrand, * Neu-Ulm 23. VII. 1887, † ebd. 13. VIII. 1887; *Helene* Margaretha Hildebrand, * Neu-Ulm 11. XII. 1889, † München 8. I. 1962, ∞ Neu-Ulm 24. V. 1911 Edmund (genannt Eduard) Jöckel[236], * Schletzenhausen/Kreis Fulda 20. V. 1873, † München 29. V. 1943, Architekt in München, S. d. Landwirts Josef Jöckel u. d. Anna Katharina Gärtner; Gertrud Hildebrand, * Neu-Ulm 15. V. 1891, † ebd. 23. IX. 1891; Eduard Hildebrand, * Neu-Ulm 26. III. 1896, † Freiberg (Sachsen) 2. II. 1940, Ingenieur, Mitarbeiter in der Fabrik seines Bruders Max in Brand-Erbisdorf, ∞ Berlin 27. III. 1926 Anna Eugenie Elsbeth Maisenbacher, * Stuttgart-Degerloch 28. II. 1896, seine Schwägerin (*Schw* der Ehefrau seines Bruders Max).

H., der Schwiegersohn Eduard Mörikes – den er nie kennengelernt hat – und der zuletzt von ihrem Ehemann getrennt lebenden Margarethe →Mörike – die bei ihm und ihrer Tochter im Neu-Ulmer Haus wohnte – entstammte einer alten württembergischen Familie, die wiederholt auch als „Hildenbrand" erscheint und die im Laufe der Jahrhunderte zahlreiche Geistliche und Beamte hervorbrachte. Der zunächst in Blaubeuren tätige H. ließ sich in den 1880er Jahren als Uhrmachermeister in Neu-Ulm nieder, wo er Besitzer eines Uhrengeschäfts sowie einer Fabrik für medizinische Instrumente ebd. war. H. erarbeitete sich einen bescheidenen Wohlstand und lebte mit seiner Frau, den Kindern und der Schwiegermutter, die im Juni 1888 nach Neu-Ulm kam, in der Blumenstraße Nr. 4. Er starb kurz vor Vollendung seines 55. Lebensjahres. Seine Witwe, die von Neu-Ulm wegzog, überlebte ihn um 23 Jahre.

L   LOTTER, Schall, S. 134 – DGB 170 (1975), S. 110 ff. – TREU, Neu-Ulm, S. 556 – TEUBER, Ostfamilienbuch Neu-Ulm I, Nr. 1836.

---

236 TEUBER, Ortsfamilienbuch Neu-Ulm II, Nr. 2094.

Hildebrandt, Theodor Ritter von, * 21. Jan. 1794 (nicht 1791!), † München 1859, kath.

Vater   Georg Friedrich Hildebrandt, Dr. med., * 1764, † Erlangen 23. III. 1816, Professor an der Universität Erlangen.
∞. Mehrere K.

H., nach dem in Neu-Ulm seit 2006 der Platz vor der Caponniere 4 benannt ist, war der am längsten amtierende Kgl. Bayer. Festungsbaudirektor. Während seiner fast zwölfjährigen Amtszeit wurde der riesige Bau nach anfänglich großen Problemen ausgeführt. Auf die Entwicklung Neu-Ulms nahm H. damit nachdrücklich Einfluss.

H. wuchs in Erlangen auf und ging als junger Mann zum bayer. Militär. 1821 firmiert er als „Oberlieutenant im Königl. Bayrischen 6ten Linien-Infanterie-Regiment zu Ingolstadt". Im Vorjahr hatte er ein „Kriegshandwörterbuch" veröffentlicht. Er durchlief die Ausbildung eines Ingenieuroffiziers und war zum Zeitpunkt seiner Ernennung zum Neu-Ulmer Festungsbaudirektor Ingenieur-Major, der zuvor längere Zeit in der Festung Ingolstadt stationiert und dort maßgeblich am Festungsbau beteiligt gewesen war. Als H. am 12. Dez. 1843 zum Kgl. Bayer. Festungsbaudirektor in Neu-Ulm ernannt wurde, übernahm er keine leichte Aufgabe. Er wusste, dass sein Vorgänger Friedrich →Herdegen drei Pläne für den Festungsbau auf dem rechten Donauufer ausgearbeitet hatte, die allesamt im Wesentlichen aus Kostengründen zurückgewiesen worden waren. Seine erste Aufgabe musste es sein, gemäß dem Auftrag des Königs Ludwig I. vom 24. Nov. 1843 an Herdegen in relativ kurzer Zeit einen Plan zu entwerfen, der akzeptiert und durchgeführt werden konnte. H.s Plan vom 5. März 1844, der schließlich die Genehmigung des Monarchen fand, profitierte von den Erfahrungen und Kenntnissen seines Vorgängers. H. erkannte mit kühlem Kopf, dass der einzige Ermessensspielraum für den neuen Plan darin bestand, dass der Monarch die Ausbaustärke der Festungsanlagen nicht ausdrücklich angesprochen hatte. Klug nutzte H. diesen Spielraum unter Integration zahlreicher Elemente der Pläne Herdegens: *Wenn Hildebrandt [...] den Festungsplan in der außerordentlich kurzen Zeit von zweieinhalb Monaten vollständig ausgearbeitet hat, so hat dies zumindest mit seinen Grund in der nur vernünftigen Übernahme von soviel als möglich an Entwurfselementen aus den sorgfältigen, einen ganz erheblichen Realwert darstellenden Entwürfen der Ära Herdegen* (Hellmuth PFLÜGER). H.s Plan entsprach dem polygonalen System des „klassischen" Festungsbaumeisters Montalembert.

Nachdem Ludwig I. und die Militärkommission H.s Plan zugestimmt hatten, konnte an dessen Ausführung gegangen werden. Am 18. Okt. 1844 wurden auf beiden Seiten der Donau unter großer Beteiligung der Bevölkerung die Grundsteine gelegt, in welche die Urkunden des Baubeschlusses und die Porträts der Könige von Bayern und Württemberg eingesenkt waren. H. verstand es, mit großer Durchsetzungskraft die Bauarbeiten nachdrücklich voranzutreiben. Dabei hatte er sich wiederholt gegen Vorwürfe Württembergs, seine Bauführung sei zu kostspielig und unsachgemäß, zur Wehr zu setzen. Die Umwallung des rechten Donauufers war bereits 1848 (mit Ausnahme der 1855 bis 1859 erbauten sechs Waffenplatzreduits) fertiggestellt. Am 6. Okt. 1847 besuchte König Ludwig I. die Festungsarbeiten in Neu-Ulm und zeichnete H. aus, indem er am folgenden Tag in dessen Begleitung von Dillingen aus das Schlachtfeld von Höchstädt (Spanischer Erbfolgekrieg, 1704) besichtigte. H. wurde mit der Beförderung zum Oberstleutnant geehrt.

Daneben hatte er mit der Kgl. Bauinspektion über Baugesuche Neu-Ulmer Bürger zu entscheiden, die auf Grund des Platzbedarfs der Festungsanlage meist negativ beschieden werden mussten. Das schuf Ärger bei den bauwilligen Neu-Ulmern, der sich in einer dramatisch als „Nothschrei" titulierten Eingabe vom 28. Feb. 1845 an die Regierung von Schwaben und Neuburg in Augsburg Bahn brach. Darin wurde darauf hingewiesen, dass langfristig Nachteile für Neu-Ulm zu befürchten seien, da eine *allgemeine Entmuthigung* eintreten werde und *die Baulust immer mehr sich verlieren* müsse. Die Eingabe hatte Erfolg: König Ludwig I. genehmigte am 24. März 1845 den „Grundplan der für die Erweiterung Neuulms [sic] bis an die Grenzen des Fortifikations-Terrains verwendbar bleibenden innern Räumlichkeiten" und schuf damit für den Festungsbau auf dem rechten Donauufer Fakten, die H. zu beachten hatte.

Ende 1854 trat H. als Festungsbaudirektor in den Ruhestand, nachdem die Bauarbeiten im Wesentlichen abgeschlossen waren und sich die Festungsbaudirektion in Abwicklung befand. Zum Nachfolger H.s wurde Albert →Spieß ernannt. H., der den Rang eines Generals erhielt, verlebte seinen kurzen Ruhestand in München, wo er im Alter von 65 Jahren starb. Ob H. mit dem Verfasser einer Reihe von Abenteuer- und Schauerromanen zwischen 1824 und 1826 identisch ist, bedarf der Klärung. – Mitglied des Vereins für Kunst und Altertum in Ulm und Oberschwaben.

W   Kriegshandwörterbuch, oder Erklärung der vorzüglichsten und gebräuchlichsten in dem Kriegswesen vorkommenden Gegenstände und Kunstausdrücke, Erlangen 1820.
L   Das gelehrte Teutschland oder Lexicon der jetzt lebenden teutschen Schriftsteller. Angefangen von Georg Christoph HAMBERGER [...]. Fortgesetzt von Johann Georg MEUSEL [...]. 18. Band. Aus MEUSEL´s Nachlasse hg. von Johann Samuel Ersch [...], Lemgo 1821, S. 169 – Wegweiser Ulm/Neu-Ulm 1849, S. 61 – Emil LÖFFLER, Geschichte der Festung Ulm, Ulm 1881, bes. S. 552, Anm. 1, u. ö. – BUCK, Chronik Neu-Ulm, S. 60, 64, 66 – Katalog Materialien, S. 58, 60, 63, 67, 71, 107 f., 175 ff. – TREU, Neu-Ulm, S. 45, 140, 155, 231, 233 ff., 239, 242, 249, 255, 258 f. – Markus THEILE, „[...] einst eine trutzige Feste"? Der Bau der Bundesfestung Ulm zwischen strategischer Bedeutung, politischen Auseinandersetzungen und finanziellen Nöten, in: UO 55 (2007), S. 358-401, hier bes. S. 371 ff., 379-383 u. ö.

Hiller, Fritz (von), * Welzheim 10. Nov. 1844, † Stuttgart 23. Feb. 1918, ev.

Vater   Friedrich Hiller, Oberamtsrichter in Welzheim.
∞.
Mehrere *K*, darunter Kurt Hiller, Major

In H.s militärischer Laufbahn ergaben sich wiederholte Verbindungen zu Ulm, wohin ihn auch ihre letzte Station führte. H. entstammte einer alten württ. Beamtenfamilie. Der Halbwüchsige kam auf eigenen Wunsch 1858 auf die Kriegsschule in Ludwigsburg, wo er zum Offizier ausgebildet wurde. Nachdem er die Offiziersprüfung bestanden hatte, erfolgte H.s Ernennung zum Portepeekadetten, als der er kurz nach 1860 zum seinerzeit noch in Ulm stationierten 7. Inf.-Rgt. kam. In Ulm wurde er 1. April 1864 auch zum Leutnant ernannt. Außergewöhnlich war der Umstand, dass H. danach Urlaub erbat, um in Tübingen drei Semester lang staatsrechtliche, rechtswissenschaftliche und geschichtliche Vorlesungen zu besuchen. Er war noch keine 22 Jahre alt, als er im Krieg von 1866 das 1. Feldspital kommandierte und in Wahrnehmung dieser verantwortungsvollen Aufgabe erstmals an höherer Stelle auffiel. 1868 kehrte er als Inspektionsoffizier an die Kriegsschule Ludwigsburg zurück, avancierte 1869 zum Oberleutnant und wurde bei der Mobilmachung zu Beginn des Deutsch-Französischen Krieges 1870/71 zum 1. Inf.-Rgt. Königin Olga versetzt. Dort wurde er zum Adjutanten des II. Bataillons ernannt und vermochte sich erneut im Felde auszuzeichnen. Er erhielt das EK II und die Goldene Militärverdienstmedaille.

1872 zum Adjutanten der 52. Inf.-Brigade ernannt, erfolgte am 1. Aug. 1873 seine Beförderung zum Hauptmann und Kompaniechef im Grenadier-Rgt. Königin Olga, zehn Jahre später zum Major und Bataillonskommandeur. 1889 wurde H. als etatsmäßiger Stabsoffizier zum Inf.-Rgt. Nr. 126 nach Straßburg versetzt und avancierte 1890 zum Oberstleutnant. Während seiner Straßburger Zeit verfasste H. das Buch „Geschichte des Feldzugs 1814 gegen Frankreich mit besonderer Berücksichtigung des Anteils der K[gl]. Württ. Truppen" (Stuttgart 1893). Die Ernennung zum Oberst im März 1892 führte ihn als Kommandeur wieder zurück zum in Stuttgart stationierten Grenadier-Rgt. Königin Olga. Am 18. April 1896 folgte H.s Ernennung zum Generalmajor, die mit seiner Versetzung als Kommandeur der 52. Inf.-Brigade in Ludwigsburg verbunden war.

Zum Generalleutnant (mit dem Prädikat „Exzellenz") befördert, wechselte H. im April 1899 als Kommandeur der 27. Division (2. Kgl. Württ.) nach Ulm: *Hier bot sich ihm ein reiches Feld der Tätigkeit, wobei er durch sein gereiftes Urteil und seine eingehende Kenntnis des Dienstes und der Gefechtstätigkeit auch der anderen Waffengattungen in jeder Hinsicht fördernd wirken konnte* (von MUFF). H. war bei „seinen" Soldaten recht beliebt; in der Stadt genoss er hohes Ansehen. Im Jan. 1902 wurde H. auf eigenen Wunsch z. D. gestellt; seine Nachfolge als Kommandeur der 27. Division trat Generalleutnant Karl (von) Stohrer an. Der König verlieh ihm 1906 den Charakter eines Generals der Infanterie. H. verlebte seinen Ruhestand in Stuttgart, wo er im letzten Jahr des Ersten Weltkriegs 73-jährig verstarb. – Kommenturkreuz des Militärverdienstordens; Großkreuz des Friedrichsordens; Kommenturkreuz II. Kl. des Württ. Kronordens; Großkommenturkreuz des Kgl. Bayer. Militärverdienstordens; Ksl. Österr. Orden der Eisernen Krone II. Kl.; Kgl. Preuß. Roter Adlerorden II. Kl. mit Stern; Ritterkreuz I. Kl. des Großhzgl. Bad. Ordens vom Zähringer Löwen; Militärdienstehrenzeichen I. Kl.; Silberne Jubiläumsmedaille.

Q   HStAS, M 430/1 Bü 1165, Personalakten.
L   Ih 1, S. 372 – SK Nr. 95/1918 – WN 1918/19, S. 25-27 (Karl von MUFF).

Hiller, Immanuel Valentin (von), * Stuttgart-Berg 19. Feb. 1843, † Stuttgart 21. Sept. 1909, □ ebd., Pragfriedhof, ev.

Vater   Konrad Ludwig Hiller, * Neckarhausen/OA Nürtingen 4. II. 1809, † Stuttgart-Berg 8. VIII. 1883, Portier, Hofbediener.
Mutter   Eva Regine *Katharine* Köber, * Stuttgart-Berg 30. IX. 1811, † ebd. 14. X. 1883.
Mehrere *G*.

H. war eine der zahlreichen Persönlichkeiten des württ. Militärs, die in Ulm wirkten.

Aus einfachen Verhältnissen stammend, trat der 16 Jahre alte H. am 6. Mai 1859 freiwillig in die württ. Armee ein und wurde 1862 zum Portepeekadett im 1. Inf.-Rgt. in Ulm ernannt. 1864 erfolgte seine Versetzung als Leutnant zum 6. Inf.-Rgt., 1865 zum 3. Inf.-Rgt., zu dessen Ersatzkompanie er 1866 überwechselte. 1869 zum Oberleutnant beim 7. Inf.-Rgt. avanciert, zeichnete sich H. im Deutsch-Französischen Krieg aus, besonders am 2. Dez. 1870 bei der Eroberung von Champigny, wofür er später das Ritterkreuz des Militärverdienstordens erhielt. Die weiteren Stationen auf seinem Weg bis 1893, als er als Oberst das Kommando des Inf.-Rgts. König Wilhelm I. (6. Württ.) Nr. 124 in Ulm übernahm, waren: 1873 Hauptmann und Kompaniechef im Inf.-Rgt. Nr. 122, 1883 Hauptmann beim Stab des Inf.-Rgts. Nr. 120, 1884 Major, 1885 Bataillonskommandeur beim Grenadier-Rgt. Nr. 119, 1890 Oberstleutnant, 1891 etatsmäßiger Stabsoffizier beim 1. westpreußischen Grenadier-Rgt. Nr. 6.

H., der als guter Ausbilder und Truppenführer galt, kam am 3. Feb. 1893 nach Ulm zurück, von wo er am 17. Dez. 1896 als Generalmajor und Kommandeur der 51. Inf.-Brigade in Stuttgart abberufen wurde. Am 16. Nov. 1899 wurde H. unter Verleihung des Charakters eines Generalleutnants z. D. gestellt. H. verlebte seinen Ruhestand in Stuttgart. – 1898 Kommenturkreuz des Württ. Kronordens; Kommenturkreuz des Friedrichsordens; 1899 Kommenturkreuz des Militärverdienstordens; Großkommenturkreuz des Kgl. Bayer. Militär-Verdienstordens; Ksl. Österr. Orden der Eisernen Krone II. Kl.; Kgl. preuß. Roter Adlerorden II. Kl. mit Stern; Ritterkreuz I. Kl. des Großhzgl. Bad. Ordens vom Zähringer Löwen; Militärdienstehrenzeichen I. Kl.; Silberne Jubiläumsmedaille.

Q   HStAS, M 430/1 Bü 1167, Personalakten.

L   Ih 1, S. 372 (mit unzutreffendem Sterbedatum) – WN 1918/19, S. 201 ff. (Karl von MUFF, mit unzutreffendem Sterbedatum) – UBC 3, S. 265 – Hermann ZIEGLER, Ehemaliger Kirchhof Berg. Ehemaliger Bergfriedhof am Raitelsberg. Bergfriedhof (Friedhöfe in Stuttgart, 1. Band), Stuttgart 1987, S. 37.

Hilsenbeck, Wilhelm, Dr. rer. pol., * Ulm 20. Nov. 1877, † ebd. 17. Feb. 1959, ev.

H. zählte zu den hoch geachteten Persönlichkeiten der Ulmer Finanzwirtschaft von der Spätzeit der Monarchie bis in die Zeit nach dem Zweiten Weltkrieg. Im Sommer 1896 bestand H. das Abitur am Ulmer Realgymnasium. Nach Studium und Promotion begann er 1904 seine Laufbahn bei der Bankkommandite Ulm Thalmessinger & Co., wo er 1912 zum stv. Direktor aufrückte. Später wechselte er als Direktor der Ulmer Filiale zur Deutschen Bank. 1946 in den Ruhestand getreten, blieb er Gesellschafter der Firma Hilsenbeck & Co. Von 1931 bis 1953 gehörte H. dem Kirchengemeinderat an, danach war er Mitglied des Münsterbaukomitees. In der Zeit des „Dritten Reiches" war H. Mitglied des Beirats der Kirchenleitung, ab 1940 als Nachrücker von Rudolf →*Lechler Ulmer Vertreter beim Landeskirchentag.

Q   StadtA Ulm, G 2.
L   UBC 3, S. 125 – Schwäb. Donau-Zeitung, 21. XI. 1957 – Schwäb. Donau-Zeitung, 19. II. 1959 – Ulmer Nachrichten, 19. II. 1959 – EHMER/KAMMERER, S. 191 (Bild).

Hinrichsen, *Hans* Martin Albert, Dr. med., * Güstrow 29. Dez. 1892, † nicht ermittelt, ev.
Vater   Robert Hinrichsen, Dr. med., Justizrat (!).
Mutter   Margarethe Brummerstaedt.

H. war nach dem Ende des Zweiten Weltkriegs einer der führenden Ärzte in Neu-Ulm.
Nach dem Schulbesuch in Güstrow und Rostock bestand H. 1913 das Abitur am Humanistischen Gymnasium Rostock. Das Medizinstudium führte ihn nach Cambridge und Bonn, bevor er sich im Aug. 1914 als Kriegsfreiwilliger meldete. Im April 1916 zum Leutnant befördert, wurde H. mit beiden EK und dem Mecklenburg-Schwerin'schen Militärverdienstkreuz ausgezeichnet und im Dez. 1918 als Batterieführer aus dem Militär entlassen. Im Aug. 1919 bestand er das Physikum, im Jan. 1922 erfolgte die Bestallung als Arzt.
Zunächst Assistent auf der 2. chirurgischen Abteilung, der inneren Abteilung und des Pathologischen Instituts des Auguste-Viktoria-Krankenhauses in Berlin-Schöneberg, war er vom Sommer 1924 bis Dez. 1932 Assistent bei Professor Dr. Völcker an der chirurgischen Universitäts-Klinik Halle/Saale. Seit 1. Jan. 1932 war H. Chirurg und Urologe am Bethesda-Haus Ulm, wurde jedoch Ende 1934 entlassen und war seitdem praktischer Arzt in Ulm-Wiblingen. 1943 wurde H. von der Gestapo verhaftet und vom Sondergericht Stuttgart wegen Vergehens gegen das „Heimtückegesetz" zu einer einjährigen Haftstrafe verurteilt.
Seit Sommer 1945 leitender städtischer Krankenhausarzt in Neu-Ulm, gehörte H. mit zwölf weiteren Neu-Ulmern, darunter Jakob →Bantleon, Josef →Böck und Josef →Dirr, wohl schon seit Mai 1945 dem „Beirat" der Stadt Neu-Ulm an, der als Beratungsgremium dem kommissarischen Bürgermeister zur Seite stand. H. wurde 1950 von der CSU-Stadtratsfraktion zum Rücktritt von seinem Amt aufgefordert, weil ihm ein Fall unterlassener Hilfeleistung angelastet wurde. Auch legte man ihm zur Last, dass seine Arztpraxis ihn davon abhalte, sich im notwendigen Umfang um seine amtlichen Aufgaben zu kümmern. H. musste sich deshalb und wegen anderer Vergehen (u. a. Beamtenbeleidigung) vor Gericht verantworten. Nachdem die Atmosphäre derart vergiftet war, scheint H. bereits 1951 oder 1952 – die Akten lassen keinen präzisen Zeitpunkt erkennen – als städtischer Krankenhausarzt abgelöst worden zu sein.

Die Laufzeit seiner Personalakte reicht bis 1958, es geht darin jedoch ausschließlich um gerichtliche Auseinandersetzungen. Über seine „Zeit danach", sein Sterbedatum etc. sind darin keine Auskünfte enthalten.

Q   StadtA Neu-Ulm, A 4, Nr. 158.

Hirsch, Robert, Dr. iur., * Tübingen 10. Juli 1857, † Stuttgart 14. Jan. 1939, ⬚ ebd., Pragfriedhof, israelitischer Teil, mos.
Vater   Leopold Hirsch, * 1807, Landwirt und Altwarenhändler in Wankheim/OA Tübingen, erlangte als erster Jude in Württemberg 1852 das Bürgerrecht in einer Stadtgemeinde (Tübingen), zuletzt Kleiderhändler in Tübingen.
Mutter   Therese Wormser.
13 G.
∞ Stuttgart 24. II. 1887 Friedericke Kiefe.
3 K   Leopold Hirsch, Dr. iur., * Ulm 12. XI. 1887, † New Orleans/Louisiana (USA) 1973, Rechtsanwalt in Ulm, 1919-1933 Syndikus des Ulmer Detaillistenvereins, 1923 Mitglied des Israelitischen Vorsteheramts Ulm, zuletzt Buchhalter in New Orleans, ∞ Dora Elsas; Otto Hirsch, * Ulm 1. I. 1890, † gef. am Hilsenfirst (Hochvogesen) 15. VI. 1915 als Gefreiter bei der Gebirgskompanie 1; Mina Hirsch, * Ulm 1892.

H. zählte über Jahrzehnte zu den profiliertesten jüdischen Bürgern Ulms. Als erfolgreicher Anwalt trat er ebenso in Erscheinung wie als aktives Mitglied der israelitischen Kultusgemeinde. Die mörderische Judenfeindlichkeit des „Dritten Reiches" ließ ihn verzweifeln.
Nach Elementarschule und – von 1864 bis 1870 – unterem Gymnasium sowie von 1870 bis 1874 oberem Gymnasium in Tübingen, wo sich H. wiederholt als Klassenbester hervorgetan hatte, studierte er ab 1874 bis 1878 in Tübingen Jura und legte eine akademische Preisaufgabe an der Juristischen Fakultät vor („Über den Unterschied zwischen Mittäterschaft und Beihilfe"), auf deren Grundlage er 1881 promoviert wurde. Er war während seiner Studienzeit als Conkneipant der Landsmannschaft Ghibellinia beigetreten. Nach Bestehen der beiden Höheren Justizdienstprüfungen und dem in Ulm abgeleisteten Referendariat trat er in den Dienst der württ. Justizverwaltung und wurde im Mai 1880 Amtsanwalt beim Amtsgericht Münsingen, im Herbst 1881 stv. Amtsrichter in Aalen und war danach bis 1886 in gleicher Funktion in Schorndorf und Backnang. Ungeachtet seiner hohen Qualifikation verlief seine Laufbahn im Staatsdienst jedoch für ihn sehr unbefriedigend.
Während der Tätigkeit H.s als Amtsanwalt in Münsingen erhielt der Präsident des Ulmer Landgerichts, Freiherr Moritz von →Gemmingen-Guttenberg, vom Justizministerium den Auftrag, H., der bei ihm Referendar gewesen war, *zu überwachen*, da die Gemeinde Buttenhausen, in der zahlreiche Israeliten wohnten, zu dessen Amtsbezirk gehöre. Der Landgerichtspräsident setzte H. davon in Kenntnis und teilte ihm mit, er habe ihn *als korrekten und pflichttreuen Beamten kennengelernt*, wolle ihm aber die Anordnung des Ministeriums zur Kenntnis bringen. H. hat diese Geste des Präsidenten in seinen Erinnerungen dankbar vermerkt. Nachdem zahlreiche Bewerbungen auf definitive Anstellungen gescheitert waren, erbat und erhielt H. am 12. Feb. 1886 einen Gesprächstermin beim Kgl. Württ. Staatsminister der Justiz, Eduard von Faber. Dieser bekannte freimütig, er habe Bedenken bei der Anstellung jüdischer Juristen, und empfahl H., den Staatsdienst zu verlassen und sich als Rechtsanwalt niederzulassen. Obwohl dies H.s Neigungen nicht entsprach, folgte dieser nolens volens der Empfehlung des Ministers. H. ließ sich als Rechtsanwalt in Ulm nieder, wo seine Brüder Julius und Robert sowie Moritz und Heinrich jeweils eigene Firmen betrieben.
H.s Ulmer Rechtsanwaltskanzlei in der Syrlinstraße 8 lief sehr gut. Nach 1920 stieg H.s ältester Sohn Leopold H. bei seinem Vater als Rechtsanwalt ein. H. vertrat vor allem in Bahn- und Postsachen wiederholt das Königreich Württemberg, im Ersten Weltkrieg wurde er von Spanien als Schutzmacht zur Wahrnehmung der Rechte französischer Kriegsgefangener bestellt. Ab 1. Jan. 1890 war H. Mitglied und später stv. Vorstand des

Israelitischen Vorsteheramts in Ulm. H. strebte auch in die Kommunalpolitik, war im Dez. 1894 erfolglos bei der Bürgerausschusswahl, im Dez. 1898 wurde er dann aber in den Bürgerausschuss gewählt.

Als Verfolgter des NS-Regimes gab H. am 29. Sept. 1933 seine Zulassung als Rechtsanwalt auf – obwohl aus dem Rechtsanwaltsgesetz des Jahres 1933 eine Notwendigkeit dazu nicht hervorging. H. zog nach Stuttgart, wo sein Schwiegersohn lebte. Das Reichsjustizministerium untersagte ihm 1936, die Bezeichnung Rechtsanwalt i.R. zu führen. Anfang 1939 wählte H. angesichts der Verfolgungen, Bespitzelungen und des wachsenden psychischen Drucks verzweifelt den Freitod. Er war 81 ½ Jahre alt.

H. schrieb 1934/35 in Stuttgart seine Erinnerungen, die unveröffentlicht blieben und erst 50 Jahre später zum Teil an die Öffentlichkeit gelangten.

Q StadtA Ulm, G 2.
L Monika RICHARZ, Jüdisches Leben in Deutschland, Band 2: Selbstzeugnisse zur Sozialgeschichte im Kaiserreich, Stuttgart 1979, S. 113-115 – STRAUSS, Lebenszeichen, S. 121 – Manfred SCHMID, Erinnerungen aus dem 19. Jahrhundert: Von der Kneipe zur Katerfrühmesse, aus den unveröffentlichten Aufzeichnungen des Tübinger Juden Robert Hirsch, in: Schwäb. Tagblatt, 5. I. 1985 – Joachim HAHN unter Mitarbeit von Richard KLOTZ und Hermann ZIEGLER, Pragfriedhof, Israelitischer Teil (Friedhöfe in Stuttgart, Band 3), Stuttgart 1992, S. 36 – HILB, Zeugnisse, S. 13-15 – WAIBEL, Gemeindewahlen, S. 368, 371 – BERGMANN, Gedenkbuch, S. 73.

Hirschfeld-Scharff, Tetta, geb. Scharff, * 1925, † Zürich (Schweiz) 11. April 2007, kath.
Eltern und G siehe Edwin →Scharff.
∞ Kurt Hirschfeld, * 10. III. 1902, † Zürich 8. XI. 1964, Regisseur und Dramaturg, Vizedirektor am Schauspielhaus Zürich.

Neu-Ulms Oberbürgermeister Gerold Noerenberg würdigte die beiden Kinder von Edwin →Scharff und meinte, dass *ohne ihre Unterstützung und Großzügigkeit [...] ein repräsentativer Überblick über das Werk Edwin Scharffs in Neu-Ulm nicht möglich* gewesen wäre. Nur durch ihre Unterstützung sei es gelungen, Scharffs Werk einem großen Publikum zugänglich zu machen. Zusammen mit ihrem Bruder wurde H. im Jahre 2000 auf Grund ihrer einzigartigen, umfassenden und zukunftsweisenden Förderung und Pflege des künstlerischen Werks ihres Vaters mit der Neu-Ulmer Bürgermedaille in Gold geehrt.

H. war keine Neu-Ulmerin, und erste Kontakte zu der Heimatstadt ihres Vaters wurden erst nach dessen Tod im Jahre 1955 von der Schauspielerin geknüpft. Das mündliche Vermächtnis Scharffs, seine Plastik „Pandora" der Stadt Neu-Ulm zu stiften, markierte den Ausgangspunkt für diese Kontakte. Die interessierte Aufgeschlossenheit beider Seiten – die Stadt Neu-Ulm vertreten durch den Oberbürgermeister Dr. Dietrich →Lang – führte dazu, dass H. mit ihrem Bruder Peter Scharff den Nachlass des Vaters, zunächst als Dauerleihgabe, der Stadt Neu-Ulm überließ. Anlässlich des 50. Todestages ihres Vaters im Jahre 2005 schenkte H. den in ihrem Besitz befindlichen Teilnachlass Scharffs – allein etwa 3.000 Zeichnungen ! – der Stadt Neu-Ulm. Damit trug sie entscheidend und zukunftsweisend zur Förderung und Pflege der Kunst ihres Vaters bei. H. starb 82-jährig in einem Züricher Pflegeheim.

L Scharffs Tochter gestorben, in: SWP vom 13. IV. 2007 – Tetta Scharff gestorben. OB Noerenberg würdigt die Erbin und Mäzenin, in: NUZ vom 13. IV. 2007 (Bild) – Würdigung einer verdienten Erbin Edwin Scharffs, in: Neu-Ulmer Extra, 25. April 2007 (Bild).

Hirzel, Carl (Karl) Christian Friedrich, Dr. phil., * Maulbronn 8. Dez. 1845, † Ulm 2. Juli 1912, ⬚ ebd. 5. Juli 1912, ev.
Vater *Carl (Karl)* Christian Friedrich Hirzel[237], Dr. phil. h.c., * Künzelsau 10. V. 1808, † Stuttgart 12. IV. 1874, Erster Professor am ev.-theol. Seminar Maulbronn, 1852 Oberstudienrat in Stuttgart, 1857 o. Professor der Philologie und Vorstand des philologischen Seminars der Universität Tübingen, seit 1864 Rektor des Kgl.

Gymnasiums Tübingen, S. d. Johann Christian Hirzel[238], * Auenstein 9. III. 1778, † Spaichingen 22. X. 1834, Kameralverwalter in Künzelsau, seit 1824 Oberamtmann in Spaichingen, u. d. *Eleonora* Christiane Friederike Hirst, * 1787, † 1866.
G *Eduard* Hirzel, * wohl 1839, † 1864, Präzeptor.
∞ *Berta* Luise Luitgard Mosthaf.
K *Walter* Hirzel, Dr. iur., * Ellwangen/Jagst 10. II. 1881, † Stuttgart 14. X. 1943, Rechtsrat bei der Stadt Stuttgart, zuletzt Stadtkämmerer und Erster Beigeordneter sowie Stellvertreter des Oberbürgermeisters von Stuttgart, 1932-1933 MdL Württemberg (Württ. Bürgerpartei/DNVP bzw. „Kampffront Schwarz-Weiß-Rot"), Staatsrat; Ernst →Hirzel, Pfarrer.

H. entstammte einer alten württembergischen Pfarrer- und Beamtenfamilie. Er war Zögling des ev.-theol. Seminars Maulbronn, bevor er das Theologiestudium in Tübingen (Mitglied der Burschenschaft Roigel, „Tübinger Königsgesellschaft") aufnahm. 1867 bestand er das theologische Examen, 1870 erwarb er den akademischen Doktorgrad. 1871/72 war H. Repetent am ev.-theol. Seminar Schöntal/Jagst, 1872 bestand er das Professoratsexamen und wurde 1874 zum Oberpräzeptor an der Realschule Crailsheim ernannt. 1875 Professor am Kgl. Gymnasium Ellwangen/Jagst und 1876 zugleich Vorstand der Mädchenschule ebd., verblieb er 20 Jahre lang in diesen Ämtern. Zum 1. April 1896 zum Rektor und Professor an der oberen Abteilung des Kgl. Gymnasiums Ulm ernannt, 1907 mit dem Titel Oberstudienrat ausgezeichnet, erwarb H. in Ulm in seinen 16 Jahren dort einen ausgezeichneten Ruf und große Achtung.

Seit 1897 war H. Vorstandsmitglied des Deutschen Gymnasialvereins und entfaltete als solches eine rege Aktivität. Im Juni 1900 berief er hervorragende Schulmänner Württembergs nach Ulm, um die Frage des Reformgymnasiums zu diskutieren. Am 23. Mai 1912 unter Verleihung des Ritterkreuzes des Württ. Kronordens in den Ruhestand getreten, starb er bereits sechs Wochen später. An seinem Grabe sprachen Pfarrer →Rieber, Rektoratsverweser Dr. →Knapp, der Blaubeurer Seminarephorus Dr. Planck und Pecoroni, einer seiner Schüler. *Wie die Familie Hirzel der Schweiz entstammt, wo sie uns in Klopstocks „Zürchersee" begegnet, so war Karl Hirzel ein typischer Alemanne, nicht bloß mit der schwäbischen Innerlichkeit, sondern auch mit dem schwäb., nicht selten an der harten Wirklichkeit scheiternden Starrsinn. Aufs engste war bei Hirzel damit verknüpft der ihm auszeichnende Wahrheits- und Rechtsgeist, die unabhängige, rückhaltlose, mitunter leidenschaftliche Weise seines Eintretens für das, was er als wahr erkannt oder als richtig ansah. Darin sich und andern nichts zu schenken, war sein Wesen, koste es was es wolle. Innerhalb des Rahmens solcher Grundsätze bekundete er, wie im häuslichen und Freundeskreise, so in Amt und Beruf ein reiches Maß von echtem Wohlwollen, großer Milde und feinem Empfinden. Ein solches Temperament mit seinen kräftigen Einseitigkeiten war dann verbunden mit einer vielseitigen, vorzugsweise dialektischen Begabung, die Hirzel befähigte, mit Erfolg auf einer Reihe von gebieten speziell der Schulwissenschaften sich zu betätigen* (Staatsanzeiger). Seine Nachfolge trat Theodor →Meyer an, zuvor Professor am Stuttgarter Eberhard-Ludwigs-Gymnasium. – Redakteur des württ. Teils der „Südwestdeutschen Schulblätter". – 1902 Ritterkreuz I. Kl. des Friedrichsordens; 1904 Verleihung des Ranges auf der V. Stufe.

L Ih 1, S. 375 – Carl KELLER-ESCHER, Die Familie Hirzel, Zürich 1899 – Magisterbuch 34 (1907), S. 94 – CRAMER, Württembergs Lehranstalten ⁶1911, S. 24 – Staatsanz. Nr. 154, 4. VII. 1912, S. 1201 und 1202 (Todesanz.) – ebd. Nr. 156, 5. VII. 1912, S. 1209 – ebd. Nr. 158, 8. VII. 1912, S. 1224 f. – UBC 3, S. 126, 147, 223, 267, 387, 516 (Bild), 517, 521, 523 – RAPP, Egelhaaf, S. 87 – SIGEL 12,3, Nr. 92,55 (S. 858) – SCHMIDGALL, Burschenschafterlisten, S. 137, Nr. 201.

Hirzel, Ernst, * Ellwangen/Jagst 16. Feb. 1891, † Pfullingen 11. Juni 1975, ev.
Eltern und G siehe Carl →Hirzel, Rektor des Ulmer Gymnasiums.
∞ I. Elisabetha *Margareta* Gradmann; II. ∞ Anna Keil, verw. Runde.
Mehrere K, darunter Susanne Hirzel, * 1921, ∞ Zeller; Hans Hirzel, * Untersteinbach 30. X. 1924, † Wiesbaden 3. VI. 2006, Mitglied der „Ulmer Abiturientengruppe" der „Weißen Rose", Redakteur, stv. Bundesvorsitzender der Partei „Die Republikaner" (REP), 1994 Kandidat der REP bei der Wahl des Bundespräsidenten, seit 1997 Stadtverordneter in Wiesbaden, 2001 aus der REP-Partei ausgetreten.

---

[237] Ih 1, S. 375 – SIGEL 12,3, Nr. 84,4 (S. 858).

[238] Amtsvorsteher, S. 319 (Hans-Joachim SCHUSTER).

Er hatte zur Theologie ein lockeres, zur Kirche ein kritisches, zur Bibel ein liberales, aber zu den Menschen ein brüderliches und zu Gott ein kindlich frommes Verhältnis (Wolfgang THIBAUT). H. war einer der evangelischen Geistlichen in Ulm zur Zeit des Nationalsozialismus. Wegen der Freundschaft seiner Kinder zu den Geschwistern →Scholl geriet seine Familie 1943 in Gestapohaft.

H. war nach seiner Schulzeit am Ulmer Gymnasium, die er im Sommer 1909 mit dem Abitur abschloss, ursprünglich eine kaufmännische Laufbahn zugedacht. Während seiner Lehrzeit wohnte er u. a. bei der Pfarrerfamilie Burggraf in Bremen, wo sein Interesse an der Theologie geweckt wurde. Er brach die Ausbildung ab und studierte Theologie in Tübingen (Mitglied der Burschenschaft Roigel, „Tübinger Königsgesellschaft"), Berlin und Marburg/Lahn. Als Kriegsfreiwilliger nahm H. am Ersten Weltkrieg teil, wurde zum Leutnant befördert und erhielt beide Eisernen Kreuze, das Ritterkreuz II. Kl. des Friedrichsordens mit Schwertern, die Goldene Militärdienstmedaille und das weiße Verwundetenabzeichen. Er kehrte schwer verwundet aus dem Krieg zurück und war zunächst Vikar in Friedrichshafen und Ulm. 1920 gelangte er als Pfarrer nach Untersteinbach bei Öhringen. 1927 kam er als Zweiter Stadtpfarrer an der Weststadtkirche bzw. Martin-Luther-Kirche nach Ulm, wo er die Nachfolge von Immanuel →Friz antrat und am 19. Dez. 1927 von Dekan →Vöhringer in sein Amt eingesetzt wurde. Im Jahr darauf übernahm er auch das Amt des Hausgeistlichen am Ulmer Landesgefängnis, das er bis 1936 ausfüllte. Am Bau der Martin-Luther-Kirche hatte er mit seinem Vorgänger Friz großen Anteil, im Ruhestand verfasste er deren Geschichte.

Nach dem Weggang seines Studienfreundes Ernst →Schieber von Ulm im Jahre 1933 übernahm H. die Leitung der Ulmer Singgemeinde. Der sehr musische Geistliche war Geiger, Zeichner und Maler und ein großer Briefeschreiber. Seine von ihm verfasste Chronik gewährt tiefe Einblicke in die Atmosphäre und Stimmung in Ulm während des „Dritten Reiches".

In den Jahren nach 1935 betätigte sich H. als Kurier für die Kanzelpredigten des Landesbischofs Theophil Wurm. Als Brandschutzwart gelang es H. 1944, die Schäden an der Martin-Luther-Kirche relativ gering zu halten, während sein Pfarrhaus abbrannte. Anfang 1943 wurden H. und seine Ehefrau von der Gestapo inhaftiert, nachdem der Kontakt seiner zwei Kinder Hans und Susanne zu den Geschwistern Scholl bekannt geworden war. Die Eltern wurden von den drei noch minderjährigen Kindern getrennt, jedoch wieder auf freien Fuß gesetzt, nachdem man zur Überzeugung gelangt war, H. habe von den Aktivitäten seiner Kinder nichts gewusst. Diese hatten u. a. Flugblätter der „Weißen Rose" in der Orgel der Martin-Luther-Kirche versteckt. Der ev. Gesamtkirchengemeinderat übte sich angesichts des „Falles Hirzel" in großer Vorsicht und entschied, H. solle sein Pfarramt ruhen lassen. Erst nach der Entlastung durch die Gestapo München durfte H. seinen Amtspflichten wieder in vollem Umfang nachkommen.

Nach dem Ende des Zweiten Weltkriegs ging H. 1945 als Erster Stadtpfarrer nach Sindelfingen, 1954 trat er in den Ruhestand, den er in Neu-Ulm und Pfullingen verbrachte.

Q StadtA Ulm, G 2 – ebd., G 1, Chroniken 1945 – Ev. Oberkirchenrat Stuttgart, Fasc. Hirzel, Ernst.
L Magisterbuch 41 (1932), S. 174 – UBC 1, S. 328 – UBC 3, S. 440 – UBC 4, S. 295 – UBC 5b, S. 662 – SCHMIDGALL, Burschenschafterlisten, S. 152, Nr. 750 – Die Ulmer verdanken ihm viel, in: Schwäb. Donauzeitung Nr. 38, 16. II. 1966, S. 10 – Gemeindeblatt für Ulm und Neu-Ulm Nr. 4, 1. IV. 1966, S. 10 – Wolfgang THIBAUT, Mein Onkel Ernst Hirzel, in: Für Arbeit und Besinnung 33 (1979), Nr. 13, S. 515 ff. – SPECKER, Ulm im Zweiten Weltkrieg, S. 324, 325 (Bild), 334 f., 344 – MAYER, Die ev. Kirche, S. 497-499 – Susanne HIRZEL, Vom Ja zum Nein. Eine schwäbische Jugend 1933-1945, Tübingen 1998.

Hocheisen, Carl (Karl) Gustav, * Ulm 13. Mai 1803, † Biberach/Riß 5. Mai 1867, ev.

Vater   Ludwig Albert Hocheisen, Konditor in Ulm.

1821 begann der Ulmer Konditorsohn H. sein Theologiestudium in Tübingen (Stift), wo er dem Corps Ulma beitrat. 1825 begann er seine berufliche Laufbahn als Vikar in Biberach/Riß, 1829 ging er als Diakon nach Blaubeuren. 1836 kam er als Nachfolger des Pfarrers Moser als Stadtpfarrer nach Biberach, wo er 1845 zum Dekan ernannt wurde. H. war historisch interessiert und publizierte mehrere Abhandlungen über die Ulmer Geschichte, so „Ulms Verfassung im Mittelalter" und „Ulm zur Zeit des bayer. Einfalls 1702-04" (beide 1842).

L Ih 1, S. 376 – Ursula MAERKER (Red.), Chronik der Stadt Biberach. Vom Ende der Reichsstadtzeit bis zum Beginn des Weltkriegs 1800-1914 (mit Nachträgen bis 1930) von Adam KUHN, Oberlehrer (Biberacher Studien, Reihe: Quellen, Band 1), Biberach 2000, S. 77, 142, 200 – HUBER, Haßler, S. 136.

Höchstetter, Gotthold, * Hoheneck/OA Ludwigsburg 28. März 1849, † nicht ermittelt, ev.

Mehrere G, darunter Theodor Höchstetter[239], * Hoheneck 10. II. 1852, 1881 Pfarrer in Marschalkenzimmern, 1887 dsgl. in Tailfingen/OA Balingen, 1892 dsgl. in Weil im Schönbuch, 1901 dsgl. in Bissingen/Teck, 1921 a. D.

H. war 22 Jahre lang naturwissenschaftlicher Lehrer an der Ulmer Realanstalt.

Bei Ausbruch des Deutsch-Französischen Krieges 1870 meldete sich H., der in Tübingen studierte, als Freiwilliger und stand bis Kriegsende 1871 im Feld. 1872 bestand er die II. realistische Prüfung für die niederen Realklassen und 1875 das realistische Professoratsexamen. Unmittelbar danach erhielt er seine erste Stellung als Professoratsverweser an der Realanstalt Ulm und war nach offizieller Schaffung der Professorenstelle seit Okt. 1876 Professor für Physik und Chemie an der Oberen Abteilung ebd. Als der eigenwillige Bartträger im Okt. 1898 als Rektor an die Oberrealschule Reutlingen wechselte, übernahm in Ulm Dr. Friedrich Junker seine Nachfolge als Professor für Physik und Chemie. 1912 trat der 63 Jahre alte H. unter Verleihung des Ritterkreuzes des Württ. Kronordens in den Ruhestand: *Er war ein Original im besten Sinn und wegen seines trockenen Humors in weiten Kreisen beliebt. Sein Lieblingsspaziergang war nach Klingenstein, wohin er, einen großen Filzhut auf dem Kopf, bei jedem Wetter ging* (UBC 3, S. 198). – 1903 Ritterkreuz I. Kl. des Friedrichsordens; Verleihung des Ranges auf der V. Rangstufe.

L CRAMER, Württembergs Lehranstalten ⁷1925, S. 36 – Magisterbuch 41 (1932), S. 70 – UBC 2, S. 350 – UBC 3, S. 198 (Bild).

Högg, Clemens, * Wurzach/OA Leutkirch 20. Nov. 1880, † KZ Bergen-Belsen 11. März 1945 (genaues Todesdatum nicht bekannt; Datum des Tages, an dem H. für tot erklärt wurde), kath.

Mutter   Petronilla Högg.
Stiefvater   Georg Dengler, Taglöhner in Wurzach.
∞ 1913 Rosa Grözinger, * 1887, † 1955, T. d. Obersalzers Wilhelm Grözinger in Ersingen/OA Ehingen.
4 K.

H. war innerhalb der Ulmer und Neu-Ulmer Sozialdemokratie eine bestimmende Persönlichkeit in einer schwierigen Umbruchzeit. Als Zweiter Bürgermeister Neu-Ulms in der nachrevolutionären Epoche zählte er zu den ersten SPD-Verantwortungsträgern in der „oberen Etage" der dortigen Stadtverwaltung.

Der unehelich geborene Sohn einer Dienstmagd, der seine oberschwäbische Herkunft nie verleugnen konnte und wollte, war nach Besuch der Volksschule und der Ausbildung zum Schmied bis 1920 in seinem Beruf tätig, bis 1914 bei der Ulmer Pflugfabrik Eberhardt. Bei seiner Wanderschaft als Schmiedegeselle war er bis ins Ruhrgebiet gekommen. Der frühzeitig der SPD und dem Deutschen Metallarbeiterverband beigetretene H. war von 1908 bis 1914 Vorstandsmitglied des Ulmer Gewerkschaftskartells und von 1909 bis 1914 Vorsitzender der

[239] Magisterbuch 41 (1932), S. 74.

SPD Neu-Ulm, die er im Auftrag der Ulmer Sozialdemokraten gegründet hatte. Nach Teilnahme als Artillerist am Ersten Weltkrieg und Dienstverpflichtung bei der Firma MAN (Augsburg) hatte er im November 1918 großen Anteil an der Erhaltung der öffentlichen Ordnung in Ulm. Am 11. Nov. 1918 war er einer der Redner auf dem Münsterplatz, die vor einer großen Menge die Diktatur der Räte ablehnten und für eine demokratische Republik warben. Mit seinem Eintreten für einen maßvollen Wandel handelte es sich H. von radikaleren Parteifreunden den Vorwurf des Revolutionsverrats ein. Er amtierte von Juni 1919 bis März 1920 als Zweiter Bürgermeister in Neu-Ulm und zeigte Sachkenntnis und Besonnenheit in einer für Neu-Ulm sehr schwierigen Umorientierungsphase, da nicht nur der Wechsel im Bürgermeisteramt, sondern auch die Verwerfungen der nachrevolutionären Zeit und der Demobilisation zu verkraften waren.

Im Sommer 1920 wechselte H. als Parteisekretär nach Augsburg, pendelte aber bis zum endgültigen Umzug zwischen Augsburg und Neu-Ulm. Ebenfalls 1919 wurde er in den Neu-Ulmer Stadtrat gewählt und bereitete die Gründung der Neu-Ulmer Arbeiterwohlfahrt vor, die jedoch erst nach seinem Wegzug 1922 ins Leben gerufen werden konnte. Auch in Augsburg, wo er den stellvertretenden Parteivorsitz ebenso übernahm wie die Leitung des hauptamtlichen SPD-Bezirkssekretariats für Schwaben und wo er auch in den Stadtrat gewählt wurde, erwarb er sich große Verdienste um die Intensivierung der Parteiarbeit und zählte 1922 zu den Gründern der Augsburger Arbeiterwohlfahrt, seit 1927 zu den führenden Mitgründern des Bezirksverbands Schwaben der Arbeiterwohlfahrt. 1919 bis 1924 (Stimmkreise Neu-Ulm und Krumbach) und 1924 bis 23. Juni 1933 MdL Bayern (1924 Stimmkreise Augsburg II und Neu-Ulm-Illertissen). Der Landtagsabgeordnete H. trat der Rätebewegung energisch entgegen und widmete sich im Parlament vor allem agrarpolitischen Fragen. Im Februar 1932 zählte er als Vertreter seiner Partei zur Kampfleitung der Augsburger „Eisernen Front", die hauptsächlich als Saalschutz gegen NSDAP und SA gedacht war.

Als eine der herausragenden demokratischen Politikerpersönlichkeiten Bayerns war er Verfolgter und Opfer des NS-Regimes. Vom 2. März bis Anfang Juni 1933 im Augsburger Gestapo-Gefängnis „Katzenstadel" in „Schutzhaft" gehalten, konnte H. sein ihm im April 1933 zugefallenes Mandat als Mitglied des Augsburger Stadtrats nicht wahrnehmen.

Am 19. Juni 1933 verübten SS-Männer ein Pistolenattentat auf ihn, dem er in seiner Wohnung in Pfersee leicht verletzt entging. Im August 1933 in das KZ Dachau verschleppt, wurde er im Okt. 1934 entlassen und versuchte, ungeachtet aller Repressalien seinen Lebensunterhalt zu verdienen. Als Seifenvertreter kam er im Land herum und pflegte Kontakte zur illegalen Gruppe der „Revolutionären Sozialisten". Auch in dieser schweren Zeit hielten die Verbindungen zu Neu-Ulm, und es waren namentlich die früheren Stadträte Josef →Dirr und Anna Pfänder, die H.s Familie materiell und menschlich unterstützten. Im Sept. 1939 erneut verhaftet, wurde H. in das KZ Oranienburg-Sachsenhausen (Zellenbau) gebracht, wo die Handlanger des Unrechts-Regimes seine Standhaftigkeit mit Einzelhaft im Bunker brechen wollten.

Am 10. Feb. 1945 wurde der im KZ schwer geschundene H., der nach einem Oberschenkelhalsbruch ein Bein verloren hatte und zu erblinden drohte, mit einem Transport kranker und entkräfteter Häftlinge in das KZ Bergen-Belsen gebracht, wo er angeblich operiert werden sollte. H. wurde dort zwei Monate vor Kriegsende ermordet. – 1948 Clemens-Högg-Straße in Pfersee; 1983 Clemens-Högg-Weg in Neu-Ulm (Stadtteil Pfuhl); 1985 Clemens-Högg-Haus für psychisch kranke Menschen in Augsburg-Göggingen.

Q   StadtA Neu-Ulm, D 12, III.2.3.10. – StadtA Ulm, G 2.

I.   Amtliches Handbuch des Bayerischen Landtags, VI. Wahlperiode, 1933, München o. J. [1933], S. 44 (Bild S. 139) – Für demokratische Überzeugung zum Märtyrer geworden, in: Schwäb. Zeitung (Ulm) Nr. 72, 27. III. 1995 – Der Leidensweg eines aufrechten Nazi-Gegners, in: Neu-Ulmer Zeitung Nr. 77, 1. IV. 1995 (Bild) – SCHRÖDER, SPD-Parlamentarier, S. 515, Nr. 081320 – SCHUMACHER, M.d.L., S. 69, Nr. 532 – TREU, Neu-Ulm, S. 274, 277 ff., 288 f. – Von der Klassenbewegung zur Volkspartei. Wegmarken der bayerischen Sozialdemokratie 1892-1992. Im Auftrag der Georg-von-Vollmar-Akademie hg. von Hartmut MEHRINGER in Zusammenarbeit mit Marita KRAUSS, Rainer J. OSTERMANN, Wolf-Dieter KRÄMER und dem Historischen Arbeitskreis der bayerischen SPD (Schriftenreihe der Georg-von-Vollmar-Akademie Band 5), München u. a. 1992, S. 3, 158 (Bild), 177 – Augsburger Stadtlexikon, S. 505 (Bild) – Lebensbilder aus dem Bayer. Schwaben 16 (2004), S. 357-368 (Heinz MÜNZENRIEDER) – GBP (Bild) – LILLA, Der Bayerische Landtag, S. 382 f., Nr. 224.

Höhn, Adolf Wilhelm *Karl*, Dr. rer. nat. (nicht Dr. phil.!), * Ulm 29. Okt. 1880, † Ulm-Söflingen 1. April 1942, ev.

Vater   Robert Höhn[240], * Ulm 15. III. 1852 † ebd. 12. IV. 1891, Wirt und Brauereibesitzer „Zum Bären" in Ulm, S. d. Martin →Höhn.
Mutter   Karoline Julie Bek, † [Bad] Schussenried 2. V. 1923.
2 G, darunter Helene Höhn, * 1885, † 1891.
∞ Gernsbach (Baden) 9. XII. 1907 Hulda Johnsen, * Faaborg (Dänemark) 9. VII. 1885, † Hoyerberg bei Lindau 15. X. 1908, T. d. Johann Christoffer Voigt Johnsen, Rechtsanwalt in Faaborg, u. d. Theodora Wilhelmine Christensen.
Keine K.

Der Ulmer Verleger erwarb sich durch die Neuauflage und Weiterführung der „Ulmer Chronik" als „Ulmer Bilder-Chronik" wesentliche Verdienste um die Stadtgeschichte. Die insgesamt sechs Bände (davon zwei Teilbände) sind als Grundlagenwerke nach wie vor unverzichtbar.

H. entstammte einer alteingesessenen und sehr wohlhabenden Ulmer Bierbrauerdynastie. Im Sommer 1900 legte er am Ulmer Realgymnasium das Abitur ab. Anschließend ging er zum Studium der Naturwissenschaften nach Tübingen, wo er 1910 mit der Arbeit „Über Salze einer grünen und einer violetten Propionatchrombase" zum Dr. rer. nat. promoviert wurde. Die Dissertation erschien noch im gleichen Jahr bei der Buchdruckerei Heinrich Frey in Ulm. Noch 1910 erwarb H. diese 1830 von dem Buchdrucker und Buchhändler Christoph Siler gegründete Buchdruckerei, die sich seinerzeit im Haus am Frauengraben 28 befand. 1912 gründete die „Firma Dr. Karl Höhn" eine Filiale in Biberach/Riß, wo sich eine Linieranstalt befand und Geschäftsbücher produziert wurden. 1917 erwarb H. das „Lindauer Tagblatt" mit Zeitungsdruckerei, 1919 gründete er die „Allgäuer Neuesten Nachrichten" in Kempten mit einer Filiale in Blaubeuren. 1920 folgte der Kauf von Verlag und Druckerei des Blaubeurer Tagblattes „Der Blaumann", 1929 der Kauf der „Tübinger Chronik" mit Druckerei und Verlag. 1925 beschäftigte H. ca. 1.200 Angestellte und Arbeiter in seinen Betrieben in Ulm, Blaubeuren, Biberach und Lindau. 1925 begannen auch die vier Jahre währenden Bauarbeiten an einem neuen Firmengebäude in der Herrenkellergasse, für das das Gasthaus „Zum Roten Pflug" und die Bäckerei Löffler weichen mussten – was in der Stadt für sehr kontroverse Diskussionen sorgte. Fortschrittliche Fertigungsmethoden, vor allem die Chemiegraphie, waren für den Erfolg des Ulmer „Pressezaren" H. entscheidend. Im Adreßbuch von 1939 firmiert sein Unternehmen als „Graphische Kunstanstalt, Kartonagen-Fabrik, Buch-, Stein- und Offsettdruck, Stahlstichprägedruck, Packungen für alle Zwecke, Lischee-Anstalt, Schriftgießerei, Verlagsanstalt und Adreßbuch-Verlag". Mit der Herausgabe des Einwohner- und Adreßbuches Ulm/Neu-Ulm hatte H. 1933 begonnen.

Während des Ersten Weltkriegs war H. beim Stab des Ulanen-Rgts. 19 in Ulm. 1912 soll H. eine entscheidende Rolle bei der angeblich spontanen Ernennung des Grafen →Zeppelin zum Ulmer Ehrenbürger gespielt haben. Ende 1915 brachte er an der Geschichte seiner Heimatstadt interessiert H. die „Ulmer Chronik" von David August →Schultes in neuer Bearbeitung heraus. Ab 1929 erschienen die Bände der „Ulmer

240 UBC 3, S. 5 (Bild) – UNGERICHT, S. 158.

Bilder-Chronik", die bis 1881 auf Schultes zurückgriffen und jeweils mehrere „aktuelle" Jahrgangschroniken boten, im ersten Band z. B. die Jahre 1927 und 1928. Ihren besonderen dokumentarischen Wert erhielten sie in erster Linie durch die reichhaltige Bebilderung.

1919 stellte H. im Auftrag der Stadt Ulm das städtische Notgeld in Scheinen zu 25 und 50 Pfennig, einer, fünf, zehn und 20 RM her. Auch 1922 lieferte die Druckerei von H. Notgeld in Wertbeträgen von 500 und 1.000 RM.

Nach der NS-Machtübernahme geriet der nationalkonservativ eingestellte H. in Schwierigkeiten. 1933 musste er unter dem Druck der Partei seinen Betrieb in Tübingen an die NS-Presse verkaufen, 1935 auch seine Zeitung in Blaubeuren und 1940 den Betrieb in Lindau. Er wurde aus der Reichspressekammer ausgeschlossen und soll sogar von der Einweisung in ein KZ bedroht gewesen sein. Im Okt. 1939 wurde H. in einer „Unterwerfungsverhandlung" wegen angeblicher Erschleichung nicht gerechtfertigter Steuervorteile zu einer Geldstrafe in Höhe von 120.000 RM verurteilt.

Der vielseitig interessierte H. war ein begeisterter Vulkanologe, der wiederholt Reisen zum Vesuv, Ätna, Stromboli und zur Kykladeninsel Santorin unternahm. Auch als Erfinder machte er sich reden: So konstruierte er eine energiesparende Petroleumlampe, die zugleich das Rasierwasser wärmen konnte. H. starb im Alter von 61 Jahren. Das Unternehmen wurde als „Dr. Karl Höhn KG" von seinem Schwager Erich Haug in Biberach/Riß weitergeführt. 1944 wurden das Ulmer Stammwerk und Höhns Wohnhaus (Hafenbad 17) zerstört. – Ausschussmitglied des Oberschwäbischen Vereins für Luftschifffahrt.

Q   StadtA Ulm, G 2 [darin eine Aufstellung der wichtigsten Lebensstationen von Albrecht RIEBER, 24. III. 1975].
L   Ih 1, S. 378 – UBC S. 23 – UBC 3, S. 225, 245, 526 – UBC 4, S. 16, 110, 119, 193, 263, 268 – UBC 5a, S. 48 – UBC 5b, S. 327, 365, 548, 598 – Des „Bären"-Wirts Sohn, der Chemiker und Verleger. Über Salze promoviert und die Stadt mitgeprägt, in: Schwäb. Zeitung Nr. 253, 31. X. 1985 (Bild).

Hölderlin, Karl Wilhelm (von)

Hölderlin, *Karl* Wilhelm (von), * Großaspach 27. April 1823, † Ulm 20. Nov. 1889, ⬜ ebd. 22. Nov. 1889, ev.
∞ Karoline Hölderlin.
2 K   Julie Hölderlin, ∞ Knöller; Paul Hölderlin.

Über den Ulmer Landgerichtspräsidenten H. wissen wir sehr wenig. Nach dem Abschluss seines Jurastudiums in Tübingen trat er in den württ. Justizdienst ein und war 1869 Kreisgerichtsrat in Ulm, später Landgerichtsdirektor in Schwäbisch Hall. Im Frühjahr 1883 kam er als Nachfolger des verstorbenen Moritz Freiherr von →Gemmingen-Guttenberg(-Bonfeld) als Landgerichtspräsident nach Ulm zurück und war zugleich Vorsitzender der Ersten Zivilkammer. 1884 wurde er zum o. richterlichen Mitglied des Württ. Staatsgerichtshofes ernannt. – Ehrenritterkreuz des Württ. Kronordens; Kommenturkreuz II. Kl. des Friedrichsordens.

L   Staatsanz. Nr. 273, 22. XI. 1889, S. 1847 – ebd. Nr. 275, 24. XI. 1889, S. 1859 – SK Nr. 277 (Mittagsblatt), 21. XI. 1889, S. 2271 und 2272 (Todesanz.) – ebd. Nr. 278 (Mittagsblatt), 22. XI. 1889, S. 2280 – ebd. Nr. 279 (Mittagsblatt), 23. XI. 1889, S. 2289 – UBC 2, S. 219, 459, 557.

Hoelder-Weiß, Karl Josef Anton

Hoelder-Weiß (ursprünglich: Weiß), *Karl* Josef Anton, Dr. iur., * Ravensburg 29. Okt. 1893, † Ulm 23. Sept. 1969.
Vater   Karl Weiß, † 1916, Oberbahnmeister in Ravensburg.
Mutter   Anna Sohm, † 1913
∞ 18. VI. 1918 Antonie Bundschu, * 1896, † 1970, T. d. Anton Bundschu, † 1910, Oberamtrichter in Wangen/Allgäu, u. d. Maria Veiel, † 1935.
2 K   Carola Hoelder-Weiß, * Ulm 20. VII. 1926; Renate Hoelder-Weiß, * Ulm 8. XII. 1927.

H. war eine der bestimmenden Persönlichkeiten des Ulmer Kunst- und Kulturlebens vor und nach dem Zweiten Weltkrieg, ein weit über Ulm hinaus als Kapazität geschätzter Kenner besonders zeitgenössischer Kunst, für die er sich einsetzte wie kaum ein anderer.

Der Adoptivsohn des Majors Oskar Hoelder († 1918) beim 9. Württ. Inf.-Rgt. Nr. 127 in Ulm besuchte die Volksschule und das humanistische Gymnasium in seiner Heimatstadt Ravensburg. Nach dem Abitur 1912 studierte H. Rechts- und Staatswissenschaften sowie Kunstgeschichte in Tübingen, Leipzig und Berlin. Das Studium wurde vom Ersten Weltkrieg unterbrochen. Im Felde schwer verwundet, schied H. 1919 als Oberleutnant aus dem Militär aus und konnte sein Studium fortsetzen. Zwischen den beiden höheren Justizdienstprüfungen im Frühjahr 1921 und im Okt 1923 war H. als Gerichtsreferendar im juristischen Vorbereitungsdienst beim Amts- und Landgericht sowie bei der Staatsanwaltschaft Ulm, beim Bezirksnotariat und in einer Anwaltskanzlei in Ulm tätig. Im Okt. 1923 wurde er an der Universität Halle-Wittenberg mit einer Dissertation zum Thema „Neugestaltung des Vereins- und Versammlungsrechts" promoviert.

Da sich H. in Ulm sehr wohl fühlte, beantragte er seine Zulassung als Rechtsanwalt am dortigen Landgericht, die ihm im Jan. 1924 erteilt wurde. Schon zuvor, im Jahre 1921, hatte er die Aufgabe eines Hilfslehrers für Staatsbürgerkunde an der Ulmer Landwirtschaftsschule übernommen, von 1928 bis 1930 fungierte er als Hilfslehrer für Volkswirtschaftslehre, Staats- und Verwaltungsrecht an der Heeresfachschule sowie von 1929 bis 1933 als Hilfslehrer für Gewerbe und Technik im Gewerberecht ebd. 1926 wurde er Fürsorgeanwalt des Württ. Kriegerbundes für Kriegsbeschädigte und -hinterbliebene, von 1927 bis 1930 gehörte H. der Kammer Ulm des Württ. Versorgungsgerichts an, daneben übernahm er den Vorsitz des Volksbundes Deutsche Kriegsgräberfürsorge e. V. in Ulm.

Neben seinem breit gefächerten ehrenamtlichen Engagement für seine kriegsbeschädigten Leidensgenossen begeisterte sich H. vor allem für die Kunst. Er besuchte zahlreiche Ausstellungen im In- und Ausland und entwickelte sich zu einem Kenner der modernen Kunstszene. 1926 erfolgte seine Berufung in den Vorstand des Kunstvereins Ulm und den Verein der Museumsfreunde Ulm, 1929 übernahm er als Nachfolger von Otto →Leube das Amt des Ersten Vorsitzenden des Kunstvereins. H. hielt sich – mit Recht – viel darauf zugute, in den Jahren seiner Vorstandschaft renommierte Künstler für Ausstellungen in Ulm gewonnen zu haben, so Otto Dix, Erich Heckel, Oskar Kokoschka, Käthe Kollwitz, Gerhard Marcks, Edwin →Scharff und Oskar Schlemmer. Nicht wenige dieser Künstler galten wenig später als „entartet". H. zeigte als Vorsitzender des Kunstvereins einen freien Geist, der bald in Fesseln gelegt werden sollte. Kurt →Fried würdigte H. im Jan. 1932 als einen Mann mit *offenem Blick für wirklich wertvolle, lebendige Kunst*, der es verstanden habe, *mit den geringen [finanziellen] Mitteln, die ihm zur Verfügung stehen, neben notwendigen Zugeständnissen, einen Querschnitt durch die Strömungen der miodernen Kunst zu geben, der von einer ganz erstaunlichen Weite ist. Es steckt wirklich Linie in seinem Programm.* H. nahm seine Aufgaben als Vorsitzender des Kunstvereins bis 1937 wahr, als er berufsbedingt von Ulm wegzog. Sein Nachfolger als Vorsitzender wurde Walther Kilian.

Im Jan. 1935 war H. in den Dienst der neu errichteten Heeresjustiz getreten und fungierte seit dem 1. Juni 1935 als Kriegsgerichtsrat bei der V. Division in Ulm. Seine Beförderung zum Oberkriegsgerichtsrat beim IX. Armeekorps in Kassel erforderte seinen Wegzug von Ulm. Während des Zweiten Weltkriegs war H. Korps- und Armeerichter in den besetzten Gebieten, avancierte am 1. Aug. 1942 zum Oberstkriegsgerichtsrat und am 1. Mai 1944 zum Oberstrichter. Diese herausgehobene Rolle in der Justiz der deutschen Wehrmacht war nicht dazu angetan, nach Kriegsende H.s Säuberungsverfahren zu erleichtern. Am 4. Mai 1945 in französische Kriegsgefangenschaft geraten, aus der er zum 15. April 1946 wieder entlassen wurde, sah sich H. angesichts seiner Rolle im NS-Staat aufgerufen, diese im Rahmen seines Entnazifizierungsverfahrens zu erläutern. Er tat es mit Erfolg, letztlich wurde er 1949 als „Mitläufer" eingestuft.

Nachdem H. 1946/47 als juristischer Hilfsarbeiter bei einem Ravensburger Rechtsanwalt tätig gewesen war, firmierte er seit dem 1. Okt. 1948 als erwerbslos. 1949 bemühte er sich bei der Regierung von Württemberg-Hohenzollern erfolglos um eine Übernahme in den Bundesdienst. 1954 ließ sich H. wieder als Anwalt in Ulm nieder. Im Frühjahr 1958 übernahm er, nachdem Kurt Fried nach einem Eklat den Vorsitz beim Kunstverein, dessen Ehrenvorsitzender und Ausschussmitglied H. war, niedergelegt hatte, erneut das Amt des Ersten Vorsitzenden. Es sollte eine Interimslösung sein, die jedoch fast drei Jahre lang währte, bis H. im Jan. 1961 endgültig aus gesundheitlichen Gründen zurücktrat. Mit Elsbeth Zumsteg übernahm daraufhin erstmals eine Frau den Vorsitz beim Kunstverein. – 1954 Ehrenvorstand Ulmer Kunstverein; 1957 Ehrenmitglied der Künstlergilde Ulm e. V.

Q   StadtA Ulm, Bestand H, Schriftlicher Nachlass – ebd., G 2 – StAS, Wü 2 T 1 Nr. 163, Bll. 271-274 [Bewerbung für Übernahme un den Dienst der Bundesverwaltung].
L.   In der Landeshauptstadt blickt man neidvoll nach Ulm. Kleine Plauderei mit dem Ehrenvorsitzenden des Kunstvereins, in: Schwäb. Zeitung, Ulmer Kulturspiegel, 18. II. 1961, S. 11 – Ulms Kunstleben mitgeprägt. Zum Tode von Dr. Karl Hoelder-Weiß, in: Schwäb. Zeitung Nr. 220, 24. IX. 1969 (Ulmer Kulturleben, mit Bild) – UBC 5a, S. 25, 200 – 1887-1987 Kunstverein Ulm. Berichte und Dokumente. Hg. zum 100jährigen Bestehen des Kunstvereins Ulm e. V., Ulm 1987, S. 26 ff. (Bild).

Hölscher, *Walter* Ludwig, Dr. med., * Elberfeld [heute Wuppertal-Elberfeld] 17. Sept. 1872, † Hallwangen/Kreis Freudenstadt 30. Okt. 1953, ev.
Vater   *Heinrich* Ludwig Hölscher[241], * 13. V. 1842, Kaufmann in Elberfeld [heute Wuppertal-Elberfeld], später Fabrikbesitzer und zuletzt Privatier in Gummersbach bzw. in Odenkirchen/Kreis Mönchengladbach, lebte seit 1925 bei seinem Sohn in Ulm.
Mutter   Henriette Lisette Eßers.
∞ Oberstdorf 4. VII. 1898 Elisabethe Gräfin zu Inn und Knyphausen, * New York (USA) 11. IX. 1864, † 1943, T. d. Unico Graf zu Inn und Knyphausen, Majoratsherr in Cannstatt, u. d. Julia Mercedes Mendez Seixas, † Ulm 3. III. 1928.
Keine *K.*

Der Mediziner H. war in den 1920er Jahren einer der einflussreichen deutschnationalen Politiker in Ulm.

Nach dem medizinischen Staatsexamen 1897 und der Promotion zum Dr. med. 1898 an der Universität München trat H. als Militärarzt in die Dienste des württ. Kriegsministeriums, wo er als Assistenzarzt beim Grenadier-Rgt. Königin Olga (1. Württ.) Nr. 119 in Stuttgart begann. 1901 zum Oberarzt beim Grenadier-Rgt. König Karl (5. Württ.) Nr. 123 in Ulm ernannt, jedoch zur Dienstleistung kommandiert zur Universitäts-Ohrenklinik Tübingen, knüpfte H. in dieser Zeit enge Beziehungen zu Ulm, wo er kurzzeitig auch als Ohrenarzt wirkte. Um 1904 war H. Stabsarzt beim Württ. Inf.-Rgt. Nr. 127 in Ulm, von 1909 bis 1911 dsgl. wieder beim Grenadier-Rgt. König Karl (5. Württ.) Nr. 123 ebd. Wenig später erfolgte seine Ernennung zum Oberstabsarzt. 1911 wechselte H. als Abteilungsarzt an die Universitäts-Halsklinik Berlin und die Kaiser-Wilhelm-Akademie ebd. 1913 war H. Oberstabs- und Regimentsarzt und im Ersten Weltkrieg Divisionsarzt und Chirurgiearzt im Heimatlazarett, da felddienstunfähig. Bei Kriegsende wieder in Ulm, beteiligte er sich Ende 1920 an der Gründung einer Bundesgruppe Schwaben des Andreas-Hofer-Bundes, der sich für die Erhaltung des Deutschtums in Südtirol einsetzte. H. übernahm den Vorsitz der Bundesgruppe. 1921 ging H. als Regierungsmedizinalrat und Facharzt für Hals-, Nasen- und Ohrenkrankheiten an die Westdeutsche Kieferklinik nach Düsseldorf. 1923 floh er vor den Franzosen aus dem besetzten Rheinland nach Ulm, wo er zum Generaloberarzt ernannt wurde und den stv. Vorsitz der Bürgerpar-

tei/DNVP-Ortsgruppe übernahm. H. verstand es, sich als Vorstandsmitglied der Vaterländischen Verbände und der Württ. Offiziersbundes sowie als führender Aktivist des Stahlhelm neben Otto →Kirchgeorg in Ulm eine bestimmende innerparteiliche Position zu erarbeiten. Ab 1927 wirkte er daran mit, die Partei in Württemberg auf Hugenberg-Kurs zu bringen. In Ulm waren Emil →Herbst und Studienrat Georg →*Sigwart seine innerparteilichen Widersacher.

Von 1924 bis 1932 gehörte H. dem Württ. Landtag an (Bürgerpartei/DNVP): Mitglied des Verwaltungs- und Wirtschaftsausschusses, 1928-1932 Schriftführer im Vorstand und Mitglied des Büchereiausschusses, ab 21. Juli 1931 Mitglied des Untersuchungsausschusses gemäß Beilage 348 (Feststellung der Beziehungen zwischen Innenverwaltung, staatlicher Polizei und Organisationen der NSDAP). Ende 1924 Reichstagskandidat (Platz 5 LL Bürgerpartei/DNVP), ebenso 1928 (Platz 3 LL Bürgerpartei/DNVP) und 1930 (Platz 2 LL Bürgerpartei/DNVP). Ab 1937 lebte H. nach seiner altersbedingten Pensionierung mit seiner Frau in Stuttgart. – Ritterkreuz I. Kl. des Friedrichsordens mit Schwertern; 1917 Ritterkreuz des Militärverdienstordens.

Q   StadtA Ulm, G 2.
L.   Staatshandbuch Württemberg 1901, S. 356, 560 – ebd. 1904, S. 215, 406 – ebd. 1928, S. 2, 405 – HbWL 1927, S. 103, 107, 111, 113 – ebd. 1931, S. 103, 110, 112 ff. 116 – Wer ist's? 10 (1935), S. 345 – UBC 3, S. 405 – UBC 4, S. 146 f., 285 – RABERG, Biogr. Handbuch, S. 368 (Bild) – Klaus Peter MÜLLER, Die Bürgerpartei/Deutschnationale Volkspartei (DNVP) in Württemberg 1918-1933. Konservative Politik und die Zerstörung der Weimarer Republik, in: ZWLG 61 (2002), S. [375]-434, hier S. 421 – WEIK ⁷2003, S. 314 – Reinhold WEBER, Bürgerpartei und Bauernbund in Württemberg. Konservative Parteien im Kaiserreich und in Weimar (1895-1933), Düsseldorf 2004, S. 140, 145, 177, 264, 266 f., 270 f., 290, 293.

Hölzle, *Erwin* Albert Georg, Prof. h. c. Dr. phil., * Neu-Ulm 6. Sept. 1901, † Freiburg im Breisgau oder Konstanz 27. Dez. 1976, ev.
Vater   Richard Hölzle, Dr. med., Chemiker und Apotheker in Neu-Ulm.

Der Historiker H. wurde im Haus Friedrichstr. Nr. 18 (heute Hermann-Köhl-Str.) geboren und wuchs in Neu-Ulm auf. Nach dem beruflichen Wechsel seines Vaters besuchte er in Konstanz das Gymnasium und studierte nach dem Abitur Geschichtswissenschaft und Philosophie in Freiburg im Breisgau, München und Berlin. 1925 wurde er in München mit der Arbeit „Die altgermanische Freiheitsidee in der historisch-politischen Literatur vor Montesquieu" promoviert. Mit seinem Buch „Das Alte Recht und die Revolution. Eine politische Geschichte Württembergs in der Revolutionszeit von 1789-1805" (München und Berlin 1931) bewies H. seine Fähigkeiten als hervorragender Kenner der Landesgeschichte in der Zeit der Revolution. Das Buch ist noch heute unentbehrlich. 1933 erhielt er eine Anstellung als Leiter der landesgeschichtlichen Abteilung des Statistischen Landesamtes in Stuttgart und wurde zum Regierungsrat ernannt. Aus seinem Schaffen ragt das von ihm herausgegebene Kartenwerk „Der deutsche Südwesten am Ende des alten Reiches" (1938, ²1939) hervor. In den 1940er Jahren verlegte H. den Schwerpunkt seiner Forschungen auf den Ersten Weltkrieg und dessen internationale Folgen, vor allem auf Osteuropa und auf die Beziehungen zwischen Russland und den USA. Seine Arbeiten führten ihn verstärkt zur Ideengeschichte, die schließlich in das Zentrum des Schaffens von H. trat. Vergeblich regte er ein Handbuch der universalen Ideengeschichte an.

In der NS-Zeit war H. Mitarbeiter der „Arbeitsgemeinschaft zur Erforschung der bolschewistischen Weltgefahr", einer Dienststelle des Amtes Rosenberg. 1944 wurde er nach seiner in Wien erfolgten Habilitation zum Dozenten an der Universität Berlin berufen. Nach Kriegsende ließ sich H. in Konstanz nieder und war Mitglied des Konstanzer Arbeitskreises für mittelalterliche Geschichte. Daneben war H. Mitarbeiter der Zeitschrift „Das Historisch-Politische Buch". 1954 war er

[241] UBC 3, S. 405 (Bild).

(korrespondierendes) Gründungsmitglied der Kommission für geschichtliche Landeskunde in Baden-Württemberg (Stuttgart). Bereits 1937 war H. in deren Vorgänger-Institution, die Württ. Kommission für Landesgeschichte, aufgenommen worden. 1962 verlieh ihm Ministerpräsident Kurt Georg Kiesinger den Professorentitel. H. arbeitete zuletzt an „rowohlts deutscher enzyklopädie" mit und hielt über „seine" Themen zahlreiche Vorträge.

Q StadtA Neu-Ulm, D 12, III. 2.3.23.
W (Auswahl) Württemberg im Zeitalter Napoleons und die deutsche Erhebung, Stuttgart und Berlin 1937 – Der Osten im Ersten Weltkrieg, Leipzig 1944 – Russland und Amerika. Aufbruch und Begegnung zweier Weltmächte, München 1953 – Historisches Recht, in: Aus Verfassungs- und Landesgeschichte. Festschrift für Theodor Mayer, Band 1, Konstanz 1954, S. 265 ff. – Lenin 197. Die Geburt der Revolution aus dem Kriege, München 1957 (neu aufgelegt als: Lenin und die russische Revolution, Bern und München 1968, Dalp-Taschenbuch Band 392 D) – Geschichte der zweigeteilten Welt. Amerika und Russland, Reinbek 1961 (rowohlts deutsche enzyklopädie Band 135) – Die Revolution der zweigeteilten Welt. Eine Geschichte der Mächte 1905-1929, Reinbek 1963 (rowohlts deutsche enzyklopädie Band 169) [mit biographischen Angaben und Schriftenverzeichnis im Anhang] – Idee und Ideologie. Eine Zeitkritik aus universalhistorischer Sicht, Bern und München 1969 – (Hg.), Quellen zur Entstehung des Ersten Weltkriegs. Internationale Dokumente 1910-1914, Darmstadt 1978 (Ausgewählte Quellen zur deutschen Geschichte der Neuzeit, Band 27).
L KGL 1976 – TREU, Neu-Ulm, S. 552 ff. (Hans RADSPIELER) – SCHAAB, Staatliche Förderung, S. 237 – KLEE, Personenlexikon, S. 262.

Hof, *Karl* Adolf, * Schnaitheim/OA Heidenheim 20. Sept. 1889, † Stuttgart-Bad Cannstatt 11. Feb. 1960, ev.
Vater Johannes Hof, * Schnaitheim 4. XI. 1863, † ebd. 10. XII. 1935, Steinhauer in Ulm.
Mutter Anna Magdalena Schmid, * Schnaitheim 25. XI. 1868, † ebd. 25. VII. 1940.
11 G.
∞ Ulm 20. III. 1917 Emma Barth, * Ulm 24. IV. 1894.
3 K.

H. war als SPD-Politiker und Militär eine der Schlüsselfiguren der November-Revolution von 1918 in Ulm.
Er wuchs in bescheidenen Verhältnissen in Ulm auf, erlernte nach der Volksschule wie sein Vater das Steinmetzhandwerk und blieb als Steinmetz in Ulm. 1913 wurde das SPD-Mitglied Vorsitzender der Filiale des Steinarbeiterverbandes in Ulm. Im Ersten Weltkrieg war H. Frontsoldat und zuletzt Unteroffizier im Inf.-Rgt. Nr. 120 (Ulm). In der Revolutionszeit der Jahre 1918/19 spielte H. in Ulm und auf Landesebene eine aktive Rolle als Soldatenrat. Schon am 10. Nov. 1918 zählte er zu den Mitgliedern eines provisorischen Vollzugsausschusses des Ulmer Arbeiter- und Soldatenrates. Als solcher wurde H. am 12. Dez. 1918 in den Landesausschuss der Soldatenräte Württembergs gewählt und war dessen bevollmächtigtes Mitglied beim Generalkommando in Stuttgart (Abteilung Allgemeines) bzw. seit 24. März 1919 beim Kriegsministerium (Abteilung Allgemeines). 1918 hatte H. auch die Geschäftsführung und den Vorsitz der Filiale der Bauhütte Oberschwaben in Ulm übernommen.
Von 1919 bis 1920 war H. Mitglied der Württ. Verfassunggebenden Landesversammlung bzw. MdL Württemberg (Platz 52 SPD-Vorschlagsliste: Mitglied des Verwaltungs- und Wirtschaftsausschusses). Nach dem für die SPD katastrophalen Wahlergebnis von 1920 konnte er seine parlamentarische Laufbahn nicht fortsetzen, blieb aber parteipolitisch aktiv und war seit 1927 Vorsitzender der Ulmer SPD-Unterbezirksorganisation und der Bauarbeitergenossenschaft. 1928 kandidierte er für ein Reichstagsmandat (Platz 7 Wahlvorschlag SPD) und wurde vom Landtag zum Mitglied des Finanzgerichts in Stuttgart gewählt. 1930 zog H. mit seiner Familie nach Remscheid. Zuletzt begegnet er als Ministerialrat a. D. Näheres ließ sich nicht ermitteln.

Q Standesamt Ulm, Familienbuch Band 65, S. 251.
L SCHMID, Verfassung, S. 28 (Bild S. 15) – KOLB/SCHÖNHOVEN, S. 218 u. ö.– SCHRÖDER, SPD-Parlamentarier, S. 511 – SPECKER, Großer Schwörbrief, S. 339 – RABERG, Biogr. Handbuch, S. 370 – WEIK 72003, S. 314.

Hoffmann, Konrad, Dr. phil., Dr. theol. h.c., * Berlin 5. Sept. 1867, † Korntal 24. Feb. 1959, ev.
Vater Ludwig Friedrich *Wilhelm* Hoffmann[242], Dr. theol., * Leonberg 30. X. 1806, † Berlin 28. VIII. 1873, Oberhofprediger des Kaisers Wilhelm I. in Berlin, Mitglied des Preuß. Staatsrats, Generalsuperintendent der Kurmark, S. d. Gottlieb Wilhelm Hoffmann[243], * Ostelsheim/OA Calw 19. XII. 1771, † Korntal 31. I. 1846, Bürgermeister und Notar in Leonberg, 1819 Gründer der Ev. Brüdergemeinde Korntal, MdL Württemberg, ∞ Christiane Friederike Löffler, * 1779, † 1810.
Mutter Pauline Gräfin von Görlitz, * 1829, † 1913.
10 HalbG aus früheren Ehen des Vaters (H.s Mutter war die IV. Ehefrau des Vaters) und G, darunter Marie Hoffmann ∞ Seeger, Pfarrer in Seckmauern (Hessen); Wilhelm Hoffmann, Dr. phil., Professor am Sophiengymnasium in Berlin; Karl Hoffmann, Lic. theol., Pfarrer in Frauendorf, ∞ Elise Sarrazin.
∞ 6. VII. 1897 *Agnes* Margarethe Lang, * 19. II. 1873, † Besigheim 25. XII. 1962, T. d. Wilhelm Lang[244], Dr. phil., * Tuttlingen 16. VII. 1832, † Stuttgart 19. III. 1915, Schriftsteller, Redakteur beim „Schwäb. Merkur" in Stuttgart, u. d. Marie Bitzer.
5 K, darunter Wilhelm Hoffmann[245], Dr. phil., * Stuttgart 21. IV. 1901, † ebd. 7. III. 1986, 1945-1969 Direktor der Württ. Landesbibliothek in Stuttgart und 1946-1951 zugleich kommissarischer Direktor der Universitätsbibliothek Tübingen, Präsident der Schiller-Gesellschaft, ∞ 1928 Elfriede Frances Müller, * 1898, † 1974; Margarethe Hoffmann, * 6. II. 1904, ∞ 1926 Eberhardt Dieterich, Dr. phil., * Salach/OA Göppingen 3. XII. 1900, Dekan; Hildegard Hoffmann, Dr., * 13. III. 1906, † 1970, ∞ 1937 Otto →Pfleiderer; Konrad Hoffmann, Dr. phil., * Stuttgart 7. VI. 1910, † Ulm 10. IX. 2002, Oberstudienrat am Humboldt-Gymnasium Ulm, ∞ 1938 Helga Westerkamp, † 1990, Lehrerin.

H. war mehr als elf Jahre lang Prälat und Generalsuperintendent von Ulm. Der stark vom religiösen Sozialismus und der Idee des „Gustav-Adolf-Werkes", das sich der Stärkung ev. Diaspora-Gemeinden verschrieben hatte, geprägte H. geriet nach der Machtübernahme der NSDAP schnell ins Zentrum des „Ulmer Kirchenkampfes". Dessen Ergebnis zeigte, dass zumindest in der Vorkriegszeit nicht jedes „harte Durchgreifen" der Nationalsozialisten unwidersprochen blieb.
Für den einer pietistischen Familie entstammenden H. war sein Berufsziel vorgegeben – auch er sollte Geistlicher werden. Nach dem frühen Tod seines Vaters, der bei H.s Geburt 61 Jahre alt gewesen war, ging die Familie von Berlin zurück nach Württemberg. K. besuchte die Volksschule und das Lyzeum in Ludwigsburg und bestand anschließend das Landexamen. Es folgten seit 1881 die ev.-theol. Seminare in Maulbronn und Blaubeuren, ehe H. 1886 das Theologiestudium in Tübingen (Mitglied der Verbindung Normannia), seit 1887 als Zögling des berühmten Stifts aufnahm. Eine ausgedehnte Studienreise führte ihn nach Berlin. Das Studium schloss er 1891 mit der theol. Dienstprüfung ab und wurde zunächst für drei Jahre als Vikar nach Hirsau, Wildbad und Stuttgart entsandt.
1894 wurde H. mit der Dissertation „Jean Jacques Rousseaus Begründung der Religion auf Natur und Gefühl" zum Dr. phil. promoviert und übernahm die Stelle eines Repetenten am Ev. Stift in Tübingen. 1896 zum Zweiten Stadtpfarrer in Blaubeuren ernannt, wechselte er 1903 als Professor für Religion an das Stuttgarter Realgymnasium. Am 18. Okt. 1904 wurde H. zum Hofprediger in Stuttgart ernannt, am 1. Okt. 1917 zum Oberhofprediger mit dem Titel Prälat und zum Mitglied des Konsistoriums. Der als packender Prediger mit einer angenehmen Vortragsstimme geltende H. war in diesen Stellungen nicht nur für das Königspaar und dessen in Stuttgart lebende Familie zuständig, sondern für das gesamte Hofpersonal. Zu Beginn des Ersten Weltkriegs stellte sich H. als Lazarettpfarrer zur Verfügung. Nach Aufhebung seiner bisherigen Stellung infolge der Revolution war H. unter Beibehaltung des Titels Prälat Stadtpfarrer an der Stuttgarter Leonhardskirche, pflegte aber weiterhin enge Kontakte zum nunmehr als „Herzog zu Württemberg" in Bebenhausen lebenden Ex-König Wilhelm. Als dieser im Herbst 1921 starb, hielt H. die Trauerfeier ab und verfasste für den „Württembergischen Nekrolog" einen Lebensabriss des Monarchen.
Als Stuttgarter Stadtpfarrer blieb er Mitglied des Konsistoriums, engagierte sich im sozialen Bereich – u. a. als Vorstand

242 Ih 1, S. 384 f.
243 Ih 1, S. 383 – Ih 3, S. 147 – RABERG, Biogr. Handbuch, S. 373.
244 Ih 2, S. 523 – WN 1915, S. 13-42 (Konrad HOFFMANN).
245 Ih 1, S. 385 – BWB II (1999), S. 230-233 (Hans-Peter GEH).

des Stuttgarter Krippen-Verbands – und war u. a. seit 1921 auch Berater des Justizministeriums für Gefangenenseelsorge, nachdem er schon seit 1917 ao. Mitglied des Strafanstalten-Kollegiums gewesen war. Seit 1904 engagierte sich H. in besonderer Weise für den Gustav-Adolf-Verein, dessen 1843 in Stuttgart gegründeten Hauptverein er in Württemberg leitete – bis 1947! Danach wurde er zu dessen Ehrenvorsitzendem ernannt. H. nahm bei seiner Tätigkeit nicht nur das überwiegend kath. Oberschwaben in den Blick, sondern war vor allem für die ev. Diaspora-Gemeinden in Österreich aktiv, die er häufig besuchte. In den „Gustav-Adolf-Blättern für Württemberg" veröffentlichte er zahlreiche Beiträge.

1925 wechselte er als Prälat nach Heilbronn/Neckar. Am 1. April 1927 als Nachfolger des pensionierten Heinrich von →Planck zum Prälaten von Ulm ernannt, trat H. das Amt erst nach Abwicklung seiner Heilbronner Amtsverpflichtungen im Aug. 1927 an. Auch in diesem neuen Amt ließ sich H. die Interessen der ev. Gemeinden im Oberland besonders angelegen sein: mehrere nach ihm benannte Gebäude künden noch heute von seinem Einsatz, so z. B. der nach 1945 erstellte Neubau des Internats für Konfirmanden in Altshausen (ehemaliges Martinshaus).

H. war bereits seit rund sechs Jahren im Amt, als 1933 die Nationalsozialisten die Macht übernahmen. Der Geistliche, der in den 1920er Jahren die Deutsche Volkspartei (DVP) und auch einmal die SPD gewählt haben soll, betrachtete die nationale Euphorie mit Skepsis und innerer Ablehnung. Es war eine Frage der Zeit, dass er in den kirchenpolitischen Streit hineingezogen wurde, der in Württemberg 1934 zu toben begann. Maßgeblich war H. mit Landesbischof Theophil Wurm am 22. April 1934 am „Ulmer Bekenntnistag" beteiligt, der sich mit einer Kundgebung auf dem Münsterplatz gegen die Gleichschaltung der ev. Kirche durch Deutsche Christen (DC) und Reichsbischof Ludwig Müller aussprach. Die Folgen waren gravierend: Landesbischof Wurm wurde gezwungen, sich „zur Ruhe zu setzen", H. am 4. bzw. 9. Okt. 1934 vom „geistlichen Kommissar" der ev. Landeskirche Württembergs, Eberhard Krauß (1891-1944), seines Amtes enthoben und sogleich (am 13. Okt. 1934) ein Nachfolger in der Person des Stadtpfarrers von Friedrichshafen, Dr. Karl Steger (1889-1954), ernannt, der auch Präsident des Landeskirchentags war. H. soll von seiner Absetzung durch die Zeitung erfahren haben, da er sich auf der Rückfahrt von einem Kongress des Gustav-Adolf-Werks in Königsberg befand. Steger kam sofort nach Ulm und wollte sich in H.s Haus das Prälatenkreuz aushändigen lassen. H.s Ehefrau verweigerte dies. Als H. in Ulm am Bahnhof eintraf, begrüßten ihn zahlreiche Ulmer und stärkten ihrem Prälaten demonstrativ den Rücken und protestierten damit gegen die Einsetzung Stegers. Der Ulmer Dekan Theodor →Kappus verbot H. daraufhin die Kanzel. Der Prälat hielt in der Folge Bibelstunden ab, deren Manuskripte vervielfältigt und in den Gemeinden verteilt wurden. H. und ein überwältigender Großteil der Ulmer ev. Christen ließen zu keiner Zeit einen Zweifel daran, dass sie die Aktionen der Landeskirchenleitung in Stuttgart als illegal ansahen.

Diese Haltung zeitigte das Ergebnis, dass Stegers Ernennung vom Oberkirchenrat am 20. Nov. 1934 zurückgenommen und H. wieder als Prälat eingesetzt wurde. Er blieb weiterhin seiner Linie treu, gestärkt durch den Erfolg der Beharrlichkeit. 1938 schloss er in einer Predigt nach den gegen die jüdischen deutschen Bürger gerichteten Gewalttaten vom 8. und 9. Nov. 1938 mit einem Vers aus dem Losungsbüchlein der Herrnhuter Brüdergemeinde: *Was niemand böse glaubt, was jedermann erlaubt, das werd´ uns nimmermehr vergönnt, wenn´s nicht dein Wort für gut erkennt.* Damit machte H. seine Ablehnung der judenfeindlichen Aktionen deutlich, ohne sich zu sehr zu exponieren.

H. wurde Ende 1938 in den Ruhestand versetzt, führte sein Amt aber angesichts der Tatsache, dass sein bereits ernannter

Nachfolger, der Stuttgarter Stadtdekan Richard Lempp (1883-1945), unbedingt in Stuttgart bleiben wollte, bis zur Amtsübernahme des neu ernannten Nachfolgers Walter →Buder am 1. März 1939 weiter. Auch danach blieb H. in Ulm und half in den schweren Zeiten des Krieges und der Nachkriegszeit so häufig als Prediger und Seelsorger aus, dass er scherzhaft „Stadtvikar ehrenhalber" genannt wurde. Er war schon über 80 Jahre alt, als er in das von seinen Ahnen gegründete Korntal umzog, wo er seinen Lebensabend verbrachte.

1912 erfolgte H.s Wahl in die VIII. Landessynode als Vertreter von Ravensburg, 1919 war er erneut Vertreter von Ravensburg (sowie Blaubeuren und Biberach) in der Landeskirchenversammlung, seit 1931 wiederum Ravensburger Abg. zum 2. Landeskirchentag.

Die ev.-theologische Fakultät der Universität Tübingen zeichnete ihn im Juni 1930 mit dem theologischen Ehrendoktorat aus. – 1909 stv. Vorsitzender des Bach-Vereins; 1912 Ausschussmitglied des Ev. Presseverbands für Württemberg. – 1911 Ritterkreuz I. Kl. des Friedrichsordens; 1916 Wilhelmskreuz; 1917 Ritterkreuz des Württ. Kronordens.

Q   StadtA Ulm, G 2 – LKAS, Nachlass (P 22).
L   Ih 1, S. 384 – SIGEL 12,3, Nr. 102b,1 (S. 922) – Magisterbuch 41 (1932), S. 110 – UBC 3, S. 334, 432 – UBC 4, S. 307 – UBC 5a, S. 87 – LEUBE, Tübinger Stift, S. 713 – NEBINGER, Die ev. Prälaten, S. 575 – MAYER, Die ev. Kirche, S. 499-502 et passim – BWB III (2002), S. 164-167 (Konrad DIETERICH) – EHMER/KAMMERER, S. 195 (Bild).

Holl, Johann Leonhard, Lic. iur. utr., * Ulm 5. Juni 1748, † ebd. 23. Okt. 1834, ▢ ebd. 26. Okt. 1834, ev.

Vater   Johann Leonhard Holl[246], * Ulm 24. IV. 1699, † ebd. 8. oder 9. VII. 1780, 1739 Pfarrer in Pfuhl, 1742 dsgl. in Steinheim, 1747 Diakon an der Ulmer Dreifaltigkeitskirche, 1748 Pfarrer ebd., seit 1754 Zweiter Münsterprediger in Ulm.
Mutter   Anna Christine Fürnkranz, * 1714, † Ulm 14. IX. 1766, T. d. Rats- und Pflegherrn Sigmund Fürnkranz[247], * Ulm 10. VII. 1677, † ebd. 19. XII. 1746.
∞ Ulm 18. X. 1773 Regina Elisabeth von Köpf, † Ulm 15. XII. 1786, T. d. Bankiers und Handelsmannes Johann Christoph von Köpf in Augsburg.
Mehrere K.

Der einer weit verzweigten, sehr angesehenen Ulmer Familie entstammende H. studierte seit 1767 mit Unterstützung des Magistrats in Halle/Saale, seit 1770 in Göttingen und zuletzt in Gießen Jura. Sein Vater hatte für ihn die theologische Laufbahn vorgesehen, wogegen sich H. aber wehrte. In Gießen erwarb er auch die Licentiatenwürde, nachdem er sich zuvor am Reichskammergericht in Wetzlar praktische Eindrücke verschafft hatte. 1772 trat er als Ratskonsulent in die Dienste seiner Vaterstadt und wurde später Bücherzensor, Visitator Gymnasii, war von 1790 bis 1792 Eherichter, seit 1792 Prüfer bei den quartalsmäßig abgehaltenen Examina der Jurastudenten und von Dez. 1788 bis 1792 Mitglied der Sublevationsdeputation und der Schwäb. Kreisdeputation. 1789 zählte er zu den Gründungsmitgliedern der ersten Ulmer Lesegesellschaft. Als 1794 der Konflikt zwischen Bürgerschaft und Magistrat ausbrach, nahm er den Auftrag des von den „21 löblichen Zünften" neu gebildeten Bürgerausschusses an, als Syndikus dessen Interessen im Prozess gegen den Magistrat zu vertreten. Dies führte zur Niederlegung aller Ämter mit Ausnahme des Visitator Gymnasii. Der Magistrat stimmte dieser Entscheidung unter dem Vorbehalt der oberstreichsrichterlichen Ratifikation zu und verabschiedete H. auf ehrenvolle Weise aus seinen Diensten. Später focht der Magistrat jedoch H.s Wahl zum Syndikus an, woraufhin er zweimal die oberstreichsrichterliche Ratifikation erhielt. H. war *ein Anhänger der Aufklärung, verfügte jedoch über ein ausgeprägtes reichspatriotisches Empfinden und stand revolutionären Bestrebungen gänzlich ablehnend gegenüber.* Nach 1811 gehörte H. als Rat dem Provinzialjustizkollegium in Ulm an, zuletzt war er Rechtskonsulent in Ulm und Kgl. Württ. Justizrat.

246 APPENZELLER, Münsterprediger, S. 382 ff. (Nr. 116).
247 WEYERMANN II, S. 117.

Q   Stadt A Ulm, G 2 (alt).
W   De Matrimonia cum defunctae Uxoris Sorore, Gießen 1772 – Ueber einige bey der Reichsstadt-Ulmischen Staats-Verfassung vorkommende Hauptmängel und Gebrechen als die Veranlassung zu denen seit den letzten dreißig Jahren unter der dasigen Bürgerschaft bemerkten Bewegungen und angebrachten Beschwerden. Zur Belehrung ihrer Mitbürger und Zunftgenossen dargestellt, gewidmet und verfaßt von dem gegenwärtig im Jahre 1790 bestehenden bürgerlichen Ausschuss und Syndikus, 11 Bogen in Folio, [Ulm 1797].
L   WEYERMANN I, S. 325 – GRADMANN, Das gelehrte Schwaben, S. 243 f. – GÄNßLEN, Ratsadvokaten, S. 236 – SCHMIDT, Revolution, S. 55, 91, 95-97, 113, 123 f., 127, 129, 132, 147-150, 160, 276, 294, 306, 339 – SPECKER, Großer Schwörbrief, S. 218, 221 f., 236, 242 f., 245, 255.

Holland, Karl Christof Friedrich, * Tübingen 8. Dez. 1789, † ebd. 29. Feb. 1844, ev.

Vater   Magnus Friedrich Holland, * Rosenfeld 16. IV. 1747, † Tübingen 6. III. 1808, Stadtschreiber in Tübingen, S. d. Christof Ehrenreich Holland, geistlicher Verwalter in Rosenfeld, u. d. Maria Rosina Keller.
Mutter   Johanne Luise Schott, * Tübingen 11. II. 1756, † ebd. 17. I. 1820, T. d. Christof Friedrich Schott, Mag., * Erbstetten 13. IV. 1720, † Tübingen 18. VI. 1775, o. Professor der Theologie in Tübingen und Pädagogarch ob der Steig, u. d. Anna Rosine Fischer, * Zavelstein 15. V. 1731, † Tübingen 28. XII. 1794.
1 G   Christian Heinrich Holland, * Tübingen 28. X. 1792, † Stuttgart 15. I. 1855, Kgl. Württ. Oberst in Stuttgart, ∞ Asch 1. V. 1821 Karoline Friederike von Besserer-Thalfingen, * Leipheim 15. VIII. 1798, † Kirchheim/Teck 18. XI. 1876, T. d. Marx Philipp von Besserer-Thalfingen, Ulmischer Oberamtmann in Langenau, u. d. Regina von Neubronner.
∞ Unterriexingen/OA Vaihingen 20. I. 1819 Sofie Karoline Reyscher, * Riexingen 25. VIII. 1797, † Ellwangen/Jagst 16. VIII. 1873, T. d. Karl Ludwig Reyscher, Mag., * 1770, † 1837, Pfarrer in Riexingen, u. d. Marie Lebret, * 1776, † 1839.
4 K, davon 2 † früh   Karl Adolf (von) Holland, * Tübingen 27. I. 1825, † Ludwigsburg 25. VI. 1907, Regierungsdirektor bei der Regierung des Neckarkreises in Ludwigsburg, ∞ Ulm 14. V. 1867 Marie Waaser, * Tübingen 26. I. 1843, T. d. Ludwig August (von) →*Waaser, Vizedirektor bei der Regierung des Donaukreises in Ulm, u. d. Fanny Gsell; Paul Eduard Holland, * Tübingen 5. XI. 1830, † Ravensburg 1. VI. 1881, Oberamtsrichter in Ravensburg, ∞ Forchtenberg 12. V. 1867 Karoline Schott, * Forchtenberg 23. X. 1835, † Ellwangen/Jagst 19. III. 1896, T. d. Paul Friedrich Schott, Distrikts- und Stadtarzt in Forchtenberg, u. d. Marie Magdalene Burkhardt.

H. gehörte zur personellen „Erstausstattung" der württ. Verwaltung in Ulm. Mit ihm begann die vielfältige Verknüpfung seiner Familie mit der Donaustadt.

Der älteste Sohn des Tübinger Stadtschreibers studierte nach dem Besuch des Gymnasiums in seiner Heimatstadt Rechtswissenschaften. Da infolge der administrativen Neuordnung des territorial gewachsenen Königreichs nach 1803 Beamtenstellen förmlich aus dem Boden wuchsen, war eine Anstellung im Staatsdienst aussichtsreich. H. entschied sich nach dem Studienabschluss dafür und kam nach Ulm.

Durch Kgl. Reskript vom 26. Aug. 1811 wurde die Zivil- und Kriminalgerichtsverwaltung im Königreich Württemberg neu geordnet[248]. Dem Oberjustizkollegium in Stuttgart waren drei Provinzialjustizkollegien (in Ludwigsburg, Rottenburg/Neckar und Ulm) untergeordnet, wobei das Provinzialjustizkollegium in Ulm für die Landvogteien am Kocher, an der Rems und Fils, an der Donau und am Bodensee zuständig war. Der junge H. kam als Aktuar bei dieser neuen Institution nach Ulm und erwarb dort eine gründliche Kenntnis der neuwürtt. Gebiete. 1817 wurde er als Sekretär und Registrator dem neu gebildeten Kriminalgerichtshof für den Jagst- und Donaukreis in Ellwangen/Jagst zugeteilt und verblieb auch als Expeditor dort, nachdem ebd. der Kgl. Gerichtshof gebildet worden war.

Unter König Wilhelm I. wurde begonnen, im Verwaltungsbereich das Personal wieder zu reduzieren. Der Aufstieg in höhere Positionen wurde erschwert.

Als 1819 in Württemberg die Trennung von Exekutive und Judikative durchgeführt wurde und die Oberamtmänner ihre Richterfunktion an die Oberamtsrichter abgeben mussten, war für H. die Stunde des Abschieds von Ellwangen gekommen. Er wurde zum ersten Stelleninhaber als Oberamtsrichter in Sulz/Neckar ernannt, aber nicht zum definitiven Oberamtsrichter, sondern zum „Amtsverweser". Im selben Jahr heiratete H. die Schwester des späteren Landtags- und Reichstagsabge-

ordneten August Ludwig Reyscher[249] (1802-1880), der für seine grundlegende Sammlung der württ. Gesetze bekannt war und 1851 aus dem Staatsdienst ausschied, nachdem er auf Grund seines Verhaltens während der Revolution von der Regierung von seiner Tübinger Juraprofessur abberufen und als Regierungsrat zur Regierung des Donaukreises in Ulm [straf-]versetzt werden sollte. Nach zwei Jahren wechselte H. von Sulz in seine Heimatstadt Tübingen, wo er Sekretär beim Kgl. Gerichtshof war. Da sich seine berufliche Laufbahn unbefriedigend entwickelte, schied er 1823 aus dem Staatsdienst und ließ sich als Oberjustizprokurator, d. h. als beim Gerichtshof zugelassener Anwalt, nieder. Als solcher starb H. 1844 im Alter von 54 Jahren.

Die Verbindungen der Familie H. zu Ulm waren reichhaltig. H.s Bruder Christian Heinrich Holland, der einige Jahre als Offizier bei einem in Ulm stationierten Reiter-Rgt. stand, heiratete eine Tochter der alten Patrizierfamilie Besserer, die Tochter des letzten Ulmischen Langenauer Oberamtmanns. Zwei seiner Söhne, Heinrich (von) →*Holland (1822-1891) und Josef →*Holland, wurden in Ulm geboren. Der ältere Sohn H.s heiratete 1867 in Ulm eine Tochter des Vizedirektors der Ulmer Kreisregierung, Ludwig August von →Waaser. Und zahlreiche Hollands standen während ihrer militärischen Laufbahn als Offiziere bei Ulmer Regimentern.

L   GEORGII-GEORGENAU, S. 391 – MAIER, Nachfahrentafel Schott, S. 20.

Holle, Fritz, Dr. med., * Neu-Ulm 30. April 1914, † München 26. Dez. 1998, ev.

Vater   August Holle, Dr. med., Stabsarzt beim Gren.-Rgt. 123 in Neu-Ulm.

H., ein Chirurg von Weltruf, stammte aus Neu-Ulm. Seine wesentlichen Verdienste lagen in der Erforschung der pathophysiologischen Grundlagen der Magenchirurgie sowie im konsequenten Ausbau der mobilen Notfallmedizin mit Hilfe von Notarztwagen im Großraum München.

Der Sohn eines praktischen Arztes studierte nach Schulbesuch in Neu-Ulm und Ulm seit 1933 Medizin in München und Berlin und wurde 1940 mit der Arbeit „Ueber die inkonstanten Elemente am menschlichen Fußskelett" promoviert. 1952 folgte die Habilitation bei Werner Wachsmuth an der Universität Würzburg mit der Arbeit „Über die Heilungsbedingungen des Tracheobronchialbaumes und seinen plastischen Ersatz". Nach längerer Assistenzarztzeit in Würzburg erfolgte 1958 H.s Berufung zum ao. Professor der Speziellen Chirurgie an der Universität München, 1960 zum o. Professor ebd. und zum Direktor der Chirurgischen Poliklinik München. H. veröffentlichte eine Reihe wichtiger Abhandlungen über Chirurgie und speziell Magenchirurgie. Große Aktivität entfaltete er im Verein Bayerischer Chirurgen e. V. – 1977 Mitglied der Deutschen Akademie der Naturforscher Leopoldina. – 1984 Verdienstkreuz I. Kl. des Verdienstordens der Bundesrepublik Deutschland.

W   (unter Mitarbeit von Hans-Peter JENSEN) Grundriß der gesamten Chirurgie, München ⁷1960 – (mit Walter HART), Spezielle Magenchirurgie, München 1968 – (Hg.) Vagotomy. Latest advances with special reference to gastric and duodenal ulcers, Berlin 1974.
L   Leonhard SCHWEIBERER/Florian EITEL (Hgg.), 20 Jahre nicht resezierende Ulkuschirurgie. Rückblick und Ausblick. Herrn Professor Dr. Fritz Holle zum 70. Geburtstag, München 1985 – H. BAUER, In memoriam Fritz Holle, in: Deutsche Gesellschaft für Chirurgie, Mitteilungen (1999), Heft 2, S. 125 – GBBE 2 (2005), S. 900.

Hollenberger, Cäcilie, Dr. phil., * Krumbach/Schwaben 17. Feb. 1899, † Neu-Ulm 23. April 1984, kath.

Vater   Anton Hollenberger[250], Zimmermeister.
Mutter   Cäcilie Scheppach.

248 StRegbl. Nr. 41, 29. VIII. 1811, S. 432-440.

249 Ih 1, S. 711 – Ih 3, S. 275 – RABERG, Biogr. Handbuch, S. 719-721 (Bild).
250 BUCK, Chronik, S. S. 116, 124.

Mehrere *G*, darunter Rosa Hollenberger, * Krumbach/Schwaben 19. II. 1893, ∞ Neu-Ulm 25. Mai 1920 Josef Mühlbacher, * Neu-Ulm 4. III. 1890, Schriftsetzer in Neu-Ulm.
Ledig. Keine *K*.

H. war als Lehrerin und Rektorin über Jahrzehnte hinweg eine der prägenden Pädagoginnen Neu-Ulms und dazu eine bemerkenswerte Erscheinung in der Kommunalpolitik.

Sie kam schon im Jahre 1900 mit ihrer Familie nach Neu-Ulm, mit dem sie fortan sehr eng verbunden blieb. Ihr Vater, ein erfolgreicher Zimmermeister, erbaute im ersten Jahrzehnt des neuen Jahrhunderts Häuser in der Glacis- und in der Luitpoldstraße. Nach Schulbesuch in Neu-Ulm und Ulm entschloss sich H. zum Lehrerberuf und absolvierte die seminaristische Ausbildung, nach deren Abschluss sie zunächst von 1920 bis 1924 als Volksschul-Lehramtsanwärterin und schließlich -Lehrerin in Neu-Ulm tätig war. Daran anschließend lehrte H. bis 1927 in Untrasried/Kreis Marktoberdorf, seit 1927 wieder an der Mädchenvolksschule Neu-Ulm. 1937 an der Universität München zum Dr. phil. promoviert, soll H. geplante Berufungen zur Schulrätin abgelehnt haben, weil sie sich direkt und vor allem besonders der Neu-Ulmer Jugend widmen wollte. Am Ende des Zweiten Weltkriegs verließ sie das stark gefährdete Neu-Ulm und zog im März 1945 nach Straß, von wo sie aber schon im Aug. 1945 wieder nach Neu-Ulm zurückkehrte.

Ihre Energie stellte sie in den Dienst der Wiederingangsetzung der Mädchenvolksschule Neu-Ulm. 1946 folgte sie Helene Sporhan als Rektorin der Mädchenvolksschule und blieb bis 1966 im Amt. H. führte in den 1960er Jahren Stenografie- und Schreibmaschinenunterricht an der Mädchenvolksschule ein, weil diese Fähigkeiten verstärkt im beruflichen Leben verlangt würden. Sie brach damit einem praxisorientierten Unterricht Bahn, der bald Normalität war. Ihre Nachfolgerin als Rektorin war Oberlehrerin Gisela Püschel, T. d. Schulrats i. R. Joseph →Mannes. Zu H.s 60. Geburtstag schrieb Oberbürgermeister Tassilo →Grimmeiß: *Dankbar anerkenne ich aus diesem Anlass erneut ihre hervorragenden Verdienste um die Erziehung unserer Schuljugend und wünsche, daß Sie auch weiterhin bei voller Gesundheit Ihre besonderen pädagogischen Fähigkeiten zum Wohle unserer Schule verwenden dürfen.* H. genoss an der Schule und im öffentlichen Leben hohen Respekt und zählte zu den wenigen Frauen in der Nachkriegszeit in Neu-Ulm, der man auch eine aktive Mitwirkung in der Politik zutraute.

Nach 1960 war H. CSU-Stadträtin, Verwaltungsrätin für Kultur und Mitglied des Wohnungs-, Sozialhilfe- und Werksausschusses. H., eine Tante des Neu-Ulmer Stadtrats Dr. Anton →Mühlbacher, starb wenige Wochen nach Vollendung ihres 85. Lebensjahres.

Q   StadtA Neu-Ulm, A 9 – ebd., A 1, Nr. 10431, Schulgeschichte der Mädchenvolksschule Neu-Ulm (ab 12. Nov. 1941, Manuskript, teilweise von H. selbst verfasst).

Holzer, *Ernst* Constantin, * Stuttgart 9. März 1856, † Ulm 28. Feb. 1910, ev.
Vater   Holzer, † 1869, Gymnasialprofessor in Stuttgart.

H. war einer der langjährig in Ulm wirkenden Lehrer am Kgl. Gymnasium.
1874 begann H. in Tübingen, wo er Zögling des Stifts war, mit dem Studium der Theologie und Philologie. 1879 bestand er

das Professoratsexamen. 1884 zum Professor an der oberen Abteilung des Reallyzeums Nürtingen berufen, wechselte H. 1887 in gleicher Funktion an die obere Abteilung des Kgl. Gymnasiums Ulm. 1900 wurde ihm der Rang auf der VI. Rangstufe verliehen. H. starb kurz vor Vollendung des 54. Lebensjahres. Als Mitglied des Vereins für Kunst und Altertum in Ulm und Oberschwaben widmete sich H. besonders der Erforschung des Dichters Christian Friedrich Daniel Schubart und dessen Beziehung zu Ulm.

W   Schubartstudien, in: UO 10 (1902), S. 1-52.
L   Ih 1, S. 402 – Magisterbuch 30 (1897), S. 76 – CRAMER, Württembergs Lehranstalten ⁴1904, S. 50 – Staatsanz. 1910, Nr. 43 – SK 1910, Nr. 84 – Württ. Jahrbücher 1910, S. III – UBC 3, S. 458 (Bild) – LEUBE, Tübinger Stift, S. 712.

Holzhäuer, *Wilhelm* Adam Burkhard, * Reutlingen 10. Juli 1889, † Ulm 17. Okt. 1965, ev.
Vater   Wilhelm Holzhäuer, * 18. I. 1856, † 15. V. 1911, Oberpostkassier in Reutlingen, S. d. Ernst Burkhard Holzhäuer, Lehrer, Lammwirt und Posthalter in Pfullingen, u. d. Eva Barbara Beutel.
Mutter   Caroline Schauwecker, * 26. XII. 1866, † 23. II. 1953.
3 *G*   Maria Holzhäuer, * Reutlingen 5. II. 1891, † 1984, Volksschullehrerin in Urach; Gertrud Holzhäuer, Leiterin der „Emilienkrippe" in Reutlingen; Richard Holzhäuer.
∞ 1. 26. III. 1926 Margarethe Ohm, * 1. VIII. 1900, † 7. II. 1930; ∞ II. 1932 Gertrud *Marie* Helb, * Reutlingen 24. VII. 1898, † 15. XII. 1964, T. d. Eugen Helb, * Reutlingen 1847, † ebd. 1932, u. d. Marie Schwenk, * Ulm 1. VI. 1856.
3 *K*   Hans-Ulrich Holzhäuer, * 9. III. 1928, † 2. III. 1959; Karl *Wolfgang* Holzhäuer, * Stuttgart 25. X. 1929, † nach Unfall Tübingen 7. II. 1950, stud. phil.; Annegret Holzhäuer, * 1934, ∞ Claus Lamey.

H. war in den 1950er Jahren Ulmer Landgerichtspräsident.
Nach dem Besuch der Grundschule und des Gymnasiums in Reutlingen (Abitur 1907 ebd.) folgte 1907/08 die Militärdienstzeit als Einjährig Freiwilliger, die H. in Ulm verbrachte. Von 1908 bis 1912 studierte er Jura in Tübingen (Mitglied der Burschenschaft Germania) und Leipzig, im Frühjahr 1913 legte er die I. Höhere Justizdienstprüfung ab. Die weitere Vorbereitung auf den Eintritt in den württ. Justizdienst wurde vom Ausbruch des Ersten Weltkriegs unterbrochen, den H. als Batterieführer im Fußart.-Rgt. 13/24 mitmachte. Mehrfach ausgezeichnet, setzte H. seit 1919 seine Ausbildung fort und bestand im Frühjahr 1920 die II. Höhere Justizdienstprüfung. 1920 begann er als Gerichtsassessor beim Landgericht seine Laufbahn und war in der Zeit von 1923 bis 1942 Staatsanwalt, Oberstaatsanwalt und zuletzt stv. Generalstaatsanwalt in Stuttgart, zugleich nebenamtlich Mitglied des Justizprüfungsamtes. 1937 trat H. der NSDAP bei. Aussagen H.s im Umfeld der Tagung der höchsten Juristen des Reiches in Berlin am 23./24. April 1941 belegen die Anpassung des Juristen H. an das verbrecherische System des Hitler-Staates. Er sei Anhänger *einer gewissen Eugenik*, ist von ihm selbst überliefert, er habe deshalb angesichts der ihm bekannten „Euthanasie-Morde" keine Veranlassung, *persönlich in dienstlicher Hinsicht gegen diese Maßnahmen hervorzutreten*. Nachweisbar sind auf der anderen Seite mehrere Reisen H.s nach Berlin, die mit der Aktion T 4 („Vernichtung lebensunwerten Lebens") zu tun hatten und die 1941 mit dazu führten, dass die Aktion eingestellt wurde – wenn auch aus rein formellen Gründen, nachdem sich hohe Justizbeamte dagegen verwahrt hatten, eine solche Aktion könne nicht ohne Wissen der Justiz an dieser „vorbeilaufen".
1942 stand H. vor der Entscheidung, Reichsanwalt beim Obersten Gerichtshof in Berlin oder Präsident des Landgerichts Hechingen zu werden. H. entschloss sich zu Letzterem und trat das neue Amt im Juli 1942 an. Er übernahm zusätzlich die Ämter eines NS-Kulturwarts und eines „Ratsherrn" der Stadt Hechingen. Auf Grund seiner Rolle als hochrangiger Justizbeamter im NS-Staat und speziell seiner eine Unterwerfung der Justiz gegenüber dem Staat fordernden Einführungsrede verlor H. das Amt des Landgerichtspräsidenten und wurde Ende 1945 in den einstweiligen Ruhestand versetzt. Er konnte aber erreichen, in seinem Entnazifizierungsverfahren – wie so viele andere Stützen des Justizwesens im „Dritten Reich" –

letztlich als „Mitläufer" eingestuft zu werden. 1949 wurde ihm nach seiner „Rehabilitierung" das Amt des Oberstaatsanwalts beim Landgericht Hechingen übertragen.

Am Ende seiner beruflichen Laufbahn stand das Amt des Landgerichtspräsidenten in Ulm. Von April 1953 bis Dez. 1954 war der kurz vor dem Ruhestand stehende H. in Ulm im Amt, war Vorsitzender der Großen Strafkammer und des Schwurgerichts, daneben engagierte er sich als Vorsitzender des Vereins für Bewährungshilfe Ulm. H. setzte sich in seiner Ulmer Amtszeit vergeblich für die Restituierung des alten, 1945 durch die Zonenteilung zerrissenen Ulmer Landgerichtsbezirks in den Vorkriegsgrenzen ein. Mehr Erfolg hatte er mit seinen Bemühungen um die Schaffung einer dritten Zivilkammer beim Landgericht und baulichen Verbesserungen am und im Justizgebäude. Als Landgerichtspräsident trat Richard →Kleinmann H.s Nachfolge an. H., der in Ulm mit seiner Familie Wohnung genommen hatte, blieb dort auch im Ruhestand wohnen, zog aber kurz vor seinem Tod zu seiner Tochter nach Krumbach. Die Grabstätte der Familie Holzhäuer auf dem Hauptfriedhof existiert noch.

H.s berufliche Karriere nach 1945 spiegelt die Verdrängung der nationalsozialistischen Vergangenheit der Richterschaft in Deutschland exemplarisch wider. – 1953 Bundesverdienstkreuz.

Q   StadtA Ulm, G 2.
L   Landgerichtspräsident Holzhäuer in sein Amt eingeführt, in: Schwäb. Zeitung Nr. 87, 16. IV. 1953 [4] – Präsident Holzhäuer im Ruhestand, in: Ulmer Nachrichten, Nr. 304, 31. XII. 1954, S. 6 (Bild) – Das Richteramt war ihm Berufung, nicht Beruf, in: Ulmer Nachrichten Nr. 38, 16. II. 1955, S. 4 – PHILIPP, Germania, S. 133, Nr. 1769 – KLEE, Personenlexikon, S. 268 – Annegret LAMEY, Aufs falsche Pferd gesetzt, Augsburg 2004 – Peter WAX, Die Geschichte der Justiz in Hechingen, in: ZHG 41 (2005), S. 77-116, hier S. 103-105 (Bild S. 102) – Rolf VOGT, Das Ende des Zweiten Weltkriegs und die frühe Besatzungszeit in Hechingen, in: ZHG 42 (2006), S. 205-245.

Holzinger, *Heinrich* Albert Peter, Dr. phil., Lic. theol., Dr. theol. h.c., * Langenau/OA Gerabronn 31. März 1863, † Stuttgart-Degerloch 26. März 1944, ev.
Vater   Johannes Gottfried Holzinger, Volksschullehrer in Langenburg, zuletzt Oberlehrer in Tübingen.
Mutter   Wilhelmine Goeßler.
∞ 1893 Clara Schweickhardt, * 1868, † 1954, T. d. Bankiers Schweickhardt in Tübingen.
3 K, darunter Cläre Holzinger, * Ulm 16. VII. 1898, ∞ Ulm 19. XII. 1921 *Heinrich* Albrecht Kraut, Dr. phil., Dr. med. h.c., * Stuttgart 2. IX. 1893, † 1992, Prof. für Chemie in Münster/Westfalen, seit 1946 am Max-Planck-Institut für Ernährungsphysiologie, ab 1968 Vorsitzender der Deutschen Welthungerhilfe, S. d. Heinrich von Kraut, Rechtsanwalt und Politiker, u. d. Marianne Leipheimer.

H. war als ev. Geistlicher vielfältig mit Ulm verbunden, zunächst als Stadtpfarrer, später als Dekan und Ulmer Vertreter zur Landessynode.

Geboren im württ. Franken, wuchs H. in Tübingen auf, wo sein Vater als Lehrer angestellt war. Nach dem Besuch des Tübinger Gymnasiums, dem Landexamen und dem ev.-theol. Seminar studierte H. als „Stiftler" von 1881 bis 1885 in Tübingen Theologie. Das I. theol. Examen bestand er mit der Traumnote IIa. Danach war er seit 1886 als Vikar in Neuffen und Blaubeuren tätig, unternahm eine wissenschaftliche Reise nach Norddeutschland und England und wurde 1887 mit einer Arbeit über „Sprachcharakter und Abfassungszeit des Buches Joel" in Tübingen zum Dr. phil. promoviert. 1888 zum Repetenten am ev.-theol. Seminar Blaubeuren ernannt, kam er schon 1889 als Stiftsrepetent wieder nach Tübingen zurück. 1892 erwarb der hervorragende Kenner der hebräischen Sprache mit einer weiteren alttestamentlichen Arbeit den akademischen Grad des Lic. Theol. Obwohl H. seine wissenschaftliche Qualifikation unter Beweis gestellt hatte, wandte er sich dennoch dem Pfarrerdienst zu und kam 1893 als Zweiter Stadtpfarrer nach Münsingen.

Am 28. März 1898 wurde er als Zweiter Stadtpfarrer an der Dreifaltigkeitskirche nach Ulm versetzt, wo er zum 1. Okt.

1903 in der Nachfolge des zum Zweiten Münsterpfarrer ernannten Rudolf →Pfleiderer als Dritter Stadtpfarrer zum Münster ebd. wechselte. H. lebte sich in Ulm gut ein, pflegte beste Kontakte zur Gemeinde und gehörte seit 1904 dem Münsterbaukomitee an, auch war er Mitglied des Vereins für Kunst und Altertum in Ulm und Oberschwaben. Nach neunjähriger Tätigkeit in Ulm lockte H. dann doch die Aussicht, als Lehrer wirken zu können, und er ging 1907 als Professor für Religion zum Oberen Realgymnasium in Stuttgart, 1910 als Professor für Religion an das Karlsgymnasium ebd. Als Gymnasiallehrer führte H. seine wissenschaftlichen Forschungen zum Alten Testament fort und veröffentlichte mehrere Bücher und Aufsätze, darunter „Einleitung in den Hexateuch" (1893) sowie weitere Einleitungen in die Bücher Genesis (1898), Exodus (1900), Josua (1901), die in der Reihe „Kurzer Handcommentar zum Alten Testament" erschienen. 1909 kam „Die Heilige Schrift des Alten Testaments" in 3. Auflage heraus.

Am 5. Juli 1917 als Nachfolger des verstorbenen Paul →Knapp zum Dekan in Ulm ernannt, trat er die neue Stelle am 19. Sept. 1917 an. H. kehrte in schwierigen Zeiten nach Ulm zurück. Die Auswirkungen des Ersten Weltkriegs schlugen sich in bitterer Not großer Bevölkerungskreise der Donaustadt nieder, hinzu kam eine große Verunsicherung der Menschen, die nach der November-Revolution 1918 eher nur wuchs. H. bemühte sich, den Zusammenhalt in der Gemeinde trotz der „Fliehkräfte" auf Grund der allgemeinen Entwicklung zu erhalten. Er sorgte für den Kauf des Gemeindehauses in der Schaffnerstraße, das zum Sammelpunkt der gesamten Gemeinde wurde, und fasste alle karitativen Leistungen der ev. Kirche in Ulm in der „Gemeindehilfe" zusammen.

Im Herbst 1922 wurde H. zum Prälaten und Generalsuperintendenten von Ludwigsburg und damit zum Mitglied des Ev. Konsistoriums ernannt. In Ulm wurde zu seinem Nachfolger als Dekan Ludwig →Vöhringer bestimmt. 1933 trat H. im Alter von 70 Jahren in den Ruhestand. 1907 und 1912 war H. zum Abg. für Ulm zur 7. und 8. Landessynode gewählt worden, 1919 zum Mitglied der Landeskirchenversammlung für Geislingen/Steige. – 1897 o. Mitglied der deutschen Morgenländischen Gesellschaft; 1910 Schriftführer und 1913 Zweiter Vorsitzender des Württ. Hauptvereins des Ev. Bundes; 1924 Vorstand des Christlichen Kunstvereins und Mitglied des Landesrats für Denkmalpflege sowie des Ev. kirchlichen Disziplinargerichts und des Landeskunstbeirats. – 1911 Dr. theol. h.c. (Universität Tübingen).

Q   LKAS, P 20, Nachlass – StadtA Ulm, G 2.
L   CRAMER, Württembergs Lehranstalten ⁶1911, S. 149 – Magisterbuch 41 (1932), S. 94 – UBC 3, S. 172 – UBC 4, S. 61, 76 – LEUBE, Tübinger Stift, S. 713 – NEBINGER, Die ev. Prälaten, S. 580, 588 – MAYER, Die ev. Kirche, bes. S. 502-504 u. ö. – EHMER/KAMMERER, S. 198 (Bild).

Holzschuher zu Harrlach, Freiherr Johann Friedrich *Emil* Sigmund von, * Ulm 6. Nov. 1825, † Stuttgart 17. April 1878, □ ebd., kath.
Eltern siehe Freiherr Karl →Holzschuher zu Harrlach.
∞ Tübingen 31. V. 1855 *Antonie* Adelheid Gmelin, * Tübingen 3. VII. 1833, † Stuttgart 24. XI. 1878, T. d. *Christian* Gottlob Gmelin[251], Dr. med., * Tübingen 12. X. 1792, † ebd. 13. V. 1860, o. Professor der Chemie und Pharmazie in Tübingen, u. d. Luise Friederike Bohnenberger, * Tübingen 14. X. 1800, † ebd. 31. III. 1884.
3 K   Klara Freiin von Holzschuher zu Harrlach, * Tübingen 14. IV. 1858; Maria Anna Freiin von Holzschuher zu Harrlach, * Tübingen 27. III. 1860; Georg Freiherr von Holzschuher zu Harrlach, * Tübingen 16. XI. 1863.

Wie sein Vater war auch H. einer der herausragenden Beamten des Königreichs Württemberg, die vom König mit der Ernennung zum lebenslänglichen Mitglied in der Kammer der Standesherren des Württ. Landtags ausgezeichnet wurden – neben der Verleihung des Personaladels die höchste Ehrung, die zu vergeben war.

251 Ih 1, S. 280.

Als Sohn des langjährigen Vorstandes der Kreisregierung in Ulm geboren, besuchte H. dort das Gymnasium. Von Anfang an stand fest, dass auch H. eine Laufbahn im Staatsdienst anstrebte. Er studierte in Tübingen Jura und bestand 1848 und 1849 die beiden Höheren Justizdienstprüfungen. Beim Amtsgericht Rottenburg/Neckar begann er als Gerichtsaktuar seine Dienstlaufbahn, die ihn schon 1852 kurzzeitig auch nach Ulm führte, wo er beim Gerichtshof für den Donaukreis verwendet wurde. 1853 zum Oberjustizassessor beim Gerichtshof in Tübingen ernannt, war er dort zehn Jahre lang im Amt, ehe 1863 seine Versetzung an den Zivilsenat des Obertribunals in Stuttgart erfolgte. 1865 zum planmäßigen Oberjustizrat beim Gerichtshof in Esslingen/Neckar ernannt, verblieb H. beim Obertribunal. Im gleichen Jahr wurde er als Bevollmächtigter der württ. Regierung zu der in Hannover tagenden Kommission betr. Ausarbeitung einer einheitlichen deutschen Zivilprozessordnung abgeordnet. 1866 zum Oberjustizrat in Tübingen ernannt, erhielt er 1871 den Titel Obertribunalrat und wurde wieder an das Obertribunal in Stuttgart versetzt. Zuletzt Oberlandesgerichtsrat, war H. seit 1877 Mitglied der zur Ausführung der neuen Reichsjustizgesetze eingesetzten württ. Organisationskommission, daneben Regierungskommissär bei der Reichsbankhauptstelle Stuttgart und Mitglied der Reichsdisziplinarkammer für Württemberg und richterliches Mitglied des Reichseisenbahnrats. König Karl I. von Württemberg hatte H. bereits am 10. März 1869 zum lebenslänglichen Mitglied der Kammer der Standesherren des Württ. Landtags ernannt und H. damit einen besonderen Gunstbeweis erbracht. Als Landtagsabgeordneter war H. durchgehend Schriftführer im Kammervorstand und Mitglied der Justizgesetzgebungskommission, außerdem seit 1870 Mitglied der Finanz- und der Staatsrechtlichen Kommission. H. starb überraschend im Alter von 52 Jahren. – Ritterkreuz I. Kl. des Württ. Kronordens.

L. GGT (Freiherrliche Häuser) 15 (1865), S. 445 – Staatsanz. Nr. 93, 19. IV. 1878 – Württ. Jahrbücher 1878, S. 10 – RIECKE, Verfassung und Landstände, S. 45 – HARTMANN, Regierung und Stände, S. 66 – Hauptregister, S. 368 – MAIER, Nachfahrentafel Schott, S. 75 – Dt. Familienarchiv 58 (1973), S. 250 f. – RABERG, Biogr. MdL-Handbuch, S. 395.

Holzschuher zu Harrlach, Freiherr Johann Georg *Karl* Sigmund von, * 11. Juni 1782, † Stuttgart 1. Juli 1869, ⬚ ebd., Hoppenlau-Friedhof, kath.
∞ 1814 Freiin Sophie Caroline Marie Kreß von Kressenstein, * 1793.
4 *K*, darunter Freiherr Johann Friedrich *Emil* Sigmund von →Holzschuher.

Der einem Nürnberger Patriziergeschlecht entstammende H. – der erste Ehrenbürger von Ulm! – zählt zu den bedeutenden, aber ganz vergessenen Persönlichkeiten Ulms in der ersten Hälfte des 19. Jahrhunderts. Die meisten diese Zeit betreffenden Publikationen halten ihn nicht einmal einer Erwähnung für wert. Dabei stand H. an der Spitze der Kreisregierung und setzte sich wirksam für die Entwicklung der regelmäßigen Dampfschifffahrt auf der Donau und den Eisenbahnbau ein – zwei Verkehrsprojekte von langfristiger Bedeutung für den Aufschwung Ulms. Als führendes Mitglied der in den 1830er Jahren gegründeten Ulmer Eisenbahngesellschaft war er Verhandlungsführer mit der Regierung in Stuttgart und gehörte seit 1836 neben Conrad Dieterich →Haßler als einziger Ulmer Vertreter der Württ. Eisenbahn-Gesellschaft an.
1815 Kommissar bei der Landvogtei am unteren Neckar, wechselte H. im gleichen Jahr als Oberregierungsrat zum württ. Ministerium des Innern, wo er der Sektion der inneren Administration zugeteilt war. Ende 1817 wurde er zum Regierungsdirektor bei der Regierung des Jagstkreises in Ellwangen/Jagst ernannt, im Sept. 1822 dsgl. bei der Regierung des Donaukreises in Ulm. Als Nachfolger des Staatsrats Freiherrn von →Freyberg(-Wellendingen) war er, ohne den Titel zu erhalten, faktisch Regierungspräsident. Seiner Stellung entsprechend

spielte H. eine herausgehobene Rolle im öffentlichen Leben Ulms, war schon 1836 Vorsitzender des Ulmer Zweigvereins des Württ. Gewerbevereins und trat 1842 an die Spitze des neu gegründeten „Vereins für Kunst und Altertum in Ulm und Oberschwaben". 1848 trat er als Vorstand der Kreisregierung in den Ruhestand. Zu seinem Nachfolger wurde Georg Amandus von →*Schmalzigaug ernannt.
Am 16. Jan. 1836 ernannte ihn König Wilhelm I. von Württemberg zum lebenslänglichen Mitglied der Kammer der Standesherren des Württ. Landtags, dem H. bis zur Mandatsniederlegung am 4. Juli 1861, für die er Alters- und Gesundheitsgründe angab, ein Vierteljahrhundert lang angehörte. In der Kammer erwies sich H. als umtriebiges Mitglied, wirkte in zahlreichen Kommissionen (u. a. für die Reform des Strafgesetzbuches) und ergriff oftmals im Plenum das Wort. Der König von Württemberg ernannte ihn zum Staatsrat. Die bürgerlichen Kollegien der Stadt Ulm verliehen ihm 1863 das Ehrenbürgerrecht. – 1830 Kommenturkreuz des Württ. Kronordens.

L. Hof- und Staats-Handbuch 1815, S. 150 – GGT (Freiherrl. Häuser) 15 (1865), S. 445 – RIECKE, Verfassung und Landstände, S. 44 – HARTMANN, Regierung und Stände, S. 34 – Hauptregister, S. 368 – UBC 1, S. 552, 571 – Klaus HERRMANN, Die Württembergische Eisenbahn-Gesellschaft 1836-1838, in: ZWLG 37 (1978), S. [179]-202, hier S. 183, 188 f., 197 – BRANDT, Parlamentarismus, S. 101, 306 – SPECKER, Ulm im 19. Jahrhundert, S. 19, 143 – KLÖPPING, Historische Friedhöfe, 317, Nr. 1114 – RABERG, Biogr. MdL-Handbuch, S. 395 f.

Honold, Georg, * Pfuhl 19. Dez. 1791, † Neu-Ulm 26. Feb. 1873, ⬚ Ulm 1. März 1873, ev.
Vater   Georg Honold, Zimmermann.
Mutter   Christina Werner.
∞ Pfuhl 9. III. 1819 Anna Ursula Kißling, * Leipheim 4. X. 1790, T. d. Johann Kißling u. d. Ursula Schängler.

In frühen offiziellen Verzeichnissen der Bürgermeister von Neu-Ulm sucht man H.s Namen vergeblich. Er war nur wenige Monate im Amt. Doch in der Kommunalpolitik spielte er offenbar in den 1820er- und 1830er Jahren eine wichtige Rolle. Als gebürtiger Pfuhler gehörte H. zum lokalen „Urgestein" der Neu-Ulmer Frühgeschichte. Er folgte der Familientradition und erlernte das Zimmererhandwerk. Als es 1810 zwischen Bayern und Württemberg zur Grenzziehung an der Donau kam, war H. gerade 19 Jahre alt. Als Zimmermeister und Ziegelstadelbesitzer, der in der Friedenstraße eines der ältesten Häuser Neu-Ulms (sogenanntes Adam´sches Haus) errichtete, war H. eine Persönlichkeit, die von Anfang an die öffentlichen Geschicke der sich langsam ausformenden Gemeinde Neu-Ulm mitgestaltete. Ab 1825 war er Mitglied des Gemeindeausschusses Offenhausen/Neu-Ulm, nach der Trennung der Gemeinden von 1831 bis Juni 1832 Mitglied des Gemeindeausschusses Neu-Ulm. Im Juni 1832 trat H. die Nachfolge von Anton →Hug als Gemeindevorstand von Neu-Ulm an. Was den Anlass für die kurze Amtszeit H.s (nur sieben Monate) bot, lässt sich wegen fehlender Quellen nicht ermitteln. Im Feb. 1833 trat jedenfalls mit Baumeister Peter →Staiger ein weiterer Handwerker H.s Nachfolge als Neu-Ulmer Gemeindevorstand an.
H. stiftete im Sommer 1867 Altar und Taufstein der ev. Kirche in Neu-Ulm. H. erreichte das für seine Zeit hohe Alter von 81 Jahren und erlebte noch die Stadterhebung Neu-Ulms im Jahre 1869.

L. BUCK, Chronik Neu-Ulm, S. 95, 97, 114, 140, 269 – UBC 2, S. 174 – Katalog Materialien, S. 40, 193 f. – TEUBER, Ortsfamilienbuch Neu-Ulm I, Nr. 1964.

Honold (sen.), *Heinrich* Johann, * Neu-Ulm 12. Sept. 1880, † ebd. 4. Mai 1962, ⬚ ebd., Alter Teil des Friedhofs, ev.
Vater   Heinrich Honold, * 1845, † 1893, Güterbeförderer in Neu-Ulm.
Mutter   Walburga Schenk, * 1849, † 1922.
∞ Neu-Ulm 19. IV. 1906 *Maria* Magdalena Mayer, * Ulm 30. I. 1883, † Neu-Ulm 15. VI. 1962, T. d. Johannes Mayer, Ökonom, u. d. Margarete, geb. Mayer.

Maria Honold, * Neu-Ulm 7. X. 1908, † ebd. 22. I. 1930; Heinrich →Honold (jun.).

Das heute in der Neu-Ulmer Ernst-Abbe-Straße 7 ansässige Unternehmen Honold GmbH & Co. KG, Internationale Spedition, war eine Ulmer Gründung. Der Wechsel der Spedition nach Neu-Ulm entsprang einem fundamentalen Wandel der Geschäftsgrundlage. Speditionen wurden in der zweiten Hälfte des 19. Jahrhunderts in großer Zahl gegründet, weil die wachsende Mobilität des industriellen Zeitalters sehr schnell einen gewaltigen Bedarf geschaffen hatte. Das Güterbeförderungsunternehmen der Familie wurde 1879 von H.s Vater in der Ulmer Platzgasse („Bayerhof") gegründet. Zugleich vermochte sich der Vater die Position des bahnamtlichen Rollfuhrunternehmers in Neu-Ulm zu sichern. Die Anteile an den Brückenzöllen sicherten dem Unternehmen zusätzlich zu den erhobenen Preisen und Gebühren ein sicheres Einkommen. Nach dem frühen Tod des Vaters nahm dessen Witwe die Geschäftsleitung in die Hand. 1901 verlegte sie den Firmensitz in die Schützenstraße 49 in Neu-Ulm. Der Grund dafür war die Aufhebung des Brückenzolles, der die Entscheidung für eine Seite der Donau mehr oder minder erzwang.

H. wurde nach dem Schulbesuch in der elterlichen Firma ausgebildet und musste früh lernen, Verantwortung zu tragen. Als er 1906 die Firma übernahm, wurde der Güterverkehr vom Bahnhof zum Kunden und der Stadtverkehr noch hauptsächlich mit Pferdestärken durchgeführt. Die Firma bot daneben auch Verschiffungen mit „Ulmer Schachteln" auf der Donau an. „Rollfuhrwerke und Frächtel" kamen erst nach 1918 aus der Mode, als H. Motorfahrzeuge anschaffte und eine Holz- und Kohlenhandlung angliederte. In den 1920er Jahren gewannen Möbeltransporte mehr und mehr an Bedeutung für das Geschäft. H. ließ mehrere Lagerhäuser erbauen, und die Expansion der Spedition wurde erst durch die Zerstörungen des Zweiten Weltkrieges gestoppt. Während des Krieges war H. verantwortlich für die Kinderlandverschickung und die Versorgung der Bevölkerung mit Lebensmitteln in der Region Ulm/ Neu-Ulm durch den Abtransport der Güter vom Bahnhof.

H. war bereits im Pensionsalter, als er mit Hilfe seines gleichnamigen Sohnes an den Wiederaufbau ging und ab 1946 im Industriegelände (Im Starkfeld 47) einen modernen Ansprüchen genügenden Speditionsbetrieb mit einer massiven und 15.000 Quadratmeter großen Speditionsanlage sowie Lagerhäuser mit Anschlussgleis erbaute. Mit von der US-Militärregierung zur Verfügung gestellten LKWs wirkte H. in den ersten Nachkriegsjahren wesentlich an der Bauholzversorgung Neu-Ulms mit. Fortan war das Unternehmen auf lange Zeit Marktführer in der Region und bot in den 1950er Jahren verstärkt Fern-, Interzonen- und Sammelverkehre an. H., der auch ehrenamtlicher Vorstand der Volksbank war, konnte seinem Sohn ein florierendes Geschäft übergeben, als er sich nach 1955 in den Ruhestand zurückzog.

Q   StadtA Neu-Ulm, D 12, IX.3.2. (Mappe zur Firmengeschichte) – ebd., A 9 – StadtA Ulm, G 2.
L   BUCK, Chronik Neu-Ulm, S. 131 – Friedrich LANZENSTIEL (Hg.), Neu-Ulm. Das neue Gesicht, Neu-Ulm 1954, S. 145 – TREU, Neu-Ulm, S. 616 – WEIMAR, Rundgang, S. 14 f. – http://www.honold.net/geschichte.html. – Wikipedia.

Honold (jun.), Heinrich, * Neu-Ulm 10. Okt. 1911, † 1990, ev.
Eltern und G siehe Heinrich →Honold (sen.).
∞ Dora Honold, * 1918, † 2001.
Mehrere K, darunter Hans Heiner Honold.

Zunächst gemeinsam mit seinem Vater baute H. die Firma Honold in Neu-Ulm zur international operierenden Honold GmbH & Co. KG, Internationale Spedition und schließlich zur Honold Logistik Gruppe aus.

H. besuchte in Neu-Ulm und Ulm die Schule und absolvierte eine kaufmännische Lehre im elterlichen Betrieb, in dem er schon als junger Mann verantwortlich mitarbeitete. Nach dem Ende des Zweiten Weltkriegs führte H. mit seinem Vater den Wiederaufbau des Speditionsbetriebs (Im Starkfeld 47) durch und schuf damit die Basis für den weiteren Aufstieg des Unternehmens. Nach 1960 führte H. den Aufbau der Kraftwagen-spedition mit wöchentlichen Linien zu deutschen Zielstationen durch. Mitte der 1970er Jahre gründete er die Honold Reisebüro Gesellschaft. 1976 rief H. mit anderen deutschen Spediteuren den Deutschen Paket Dienst (DPD), heute Dynamic Parcel Distribution) ins Leben – die erfolgreichste Franchise-Organisation Deutschlands. Weitere Kooperationsgründungen waren im Lebensmittelbereich die Zusammenarbeit mit PINGUIN und im Bereich Textil die Deutsche Textil-Logistik (DTL). In den 1980er Jahren entstand in Neu-Ulm die erste, 7.500 Quadratmeter große Logistikanlage. In H.s Todesjahr 1990 entstand in Neu-Ulm ein Neubau für die Bereiche Spedition und Paketdienst. In den 1990er Jahren wurden DPD-Standorte in Tschechien, in der Schweiz und in den neuen Bundesländern sowie für die neue Kooperation „Night Star Express" in Augsburg und Memmingen gegründet. Das Unternehmen, das nach dem Jahr 2000 auch Standorte in Russland und China hat und dessen Jahresumsatz 2007 erstmals die 200-Millionen-Euro-Grenze überschritt, existiert noch heute.

In der Nachkriegszeit war H. auch kommunalpolitisch tätig. Von 1948 bis 1960 war er Stadtrat (Unpolitischer Wählerblock) in Neu-Ulm.

Q   StadtA Neu-Ulm, D 12, IX.3.2. (Mappe zur Firmengeschichte).
L   TREU, Neu-Ulm, S. 616 – WEIMAR, Rundgang, S. 15 – http://www.honold.net/geschichte.html. – Wikipedia.

Hornung, Georg, * Ulm 1. Mai 1858, † nicht ermittelt, ev.
Vater   Christian Hornung, Gärtner in Ulm.

H. war der Besitzer eines der erfolgreichsten Gärtnerbetriebe im Großraum Ulm und ein über Jahrzehnte hinweg engagierter liberaler Politiker mit landespolitischen Ambitionen.

Nach der Mittelschule in Ulm absolvierte H. im Betrieb seines Vaters eine Ausbildung zum Gärtner. Von 1878 bis 1881 leistete er seinen Militärdienst beim Grenadier-Rgt. König Karl (5. Württ.) Nr. 123 in Ulm; entlassen wurde er als Unteroffizier. 1885 übernahm H. den väterlichen Gärtnerbetrieb in Ulm und führte ihn zu großem Erfolg. Viele Jahre lang war er Vorstand des Ulmer Gärtnervereins.

Nachdem sich H. als einer der erfolgreichsten Geschäftsleute seiner Heimatstadt etabliert hatte, folgte er seinen politischen Ambitionen. Am 14. Dez. 1898 wurde er zum Mitglied des Bürgerausschusses gewählt, am 10. Dez. 1902 erfolgte die Wiederwahl. Am 12. Dez. 1905 hatte H. bei der Wahl des Gemeinderats der Stadt Ulm als Kandidat des ev. Arbeitervereins Erfolg und wurde am 11. Dez. 1907 und am 11. Dez. 1913 als Kandidat der Volkspartei bzw. der Fortschrittlichen Volkspartei (FVP) wiedergewählt.

Es gelang H. über den politischen Wechsel im Zuge der November-Revolution 1918 hinweg seine kommunalpolitische

Laufbahn fortzusetzen. Er schloss sich der linksliberalen DDP an und konnte bei der ersten Gemeinderatswahl mit neuem Wahlrecht am 11. Mai 1919 sein Mandat behaupten. 1926 verlor der im 69. Lebensjahr stehende H. im Zuge der massiven Stimmenverluste seiner Partei nach 27 Jahren sein kommunales Mandat. Bei der Landtagswahl 1912 hatte H. im 2. Landeswahlkreis auf Platz 8 der Proporzliste der FVP und bei der Wahl der Verfassunggebenden Landesversammlung am 12. Jan. 1919 auf Platz 125 der DDP-Landesliste auch für Landtagsmandate kandidiert.

Daneben entfaltete der von 1874 bis 1909 der freiwilligen Feuerwehr Ulm angehörende und sich ab dem 10. Juli 1904 auch als Mitglied des Ev. Kirchengemeinderats in Ulm (Münsterparochie) engagierende H. eine umfassende Aktivität im gesellschaftlichen Leben Ulms. Er war u. a. Vorstand der Sängergesellschaft Teutonia (mit ca. 600 Mitgliedern). Am 24. Februar 1920 erfolgte H.s Wahl (Ergänzungswahl) als Vertreter des Gartenbaus in die Württ. Landwirtschaftskammer.

L.   Die Proporzwahl am 18. Dezember 1912 [Wahlpropagandamaterial des Landesausschusses der Fortschrittlichen Volkspartei Württemberg], mit Bild – UBC 3, S. 182, 273, 318, 347, 396, 444, 458, 552 – WAIBEL, Gemeindewahlen, S. 370 – DANNENBERG, Selbstverwaltung, S. 119, Anm. 179.

Horst, Peter, * Köln 1. Juni 1833, † Colmar (Elsass) 22. Juli 1899, kath.
Vater   Johann *Arnold* Horst, * Vicht 24. IV. 1795, † Köln 8. IV. 1868, Faßbinder, Weinsticher und Weinwirt.
Mutter   Anna Sophia Richartz, * Köln 7. XII. 1789, † ebd. 10. VI. 1866.
∞ Ulm 7. VIII. 1862 Walpurga *Wilhelmine* Hermann, * Ulm 15. VIII. 1837, † Colmar (Elsass) 13. II. 1897, T. d. Johann *Ulrich* Hermann[252], * Ulm 19. X. 1810, † ebd. 8. I. 1883, Gärtner und Gärtnereibesitzer in Ulm, zuletzt städtischer Wagmeister im Kornhaus, u. d. Sabina Wilhelmina Holder, * Ulm 31. VII. 1813, † 18. II. 1878.
Mehrere *K*, darunter Eugen *Adolf* Horst, Dipl.-Ing., * Neu-Ulm 19. XII. 1874, † Magdeburg 7. VI. 1933, seit 1923 Direktor an den Vereinigten Technischen Staatslehranstalten für Maschinen- und Bergmaschinenwesen in Magdeburg, ∞ Berlin 24. XII. 1903 Luise Auguste *Anna* Hintz, * Deutsch-Eylau 2. V. 1875, † Braunschweig 21. VII. 1945.

H. ist eine der nicht wenigen Persönlichkeiten der Neu-Ulmer Geschichte, die fast völlig vergessen sind. Das liegt zum einen daran, dass er nicht lange in Neu-Ulm ansässig war, zum anderen an der Tatsache, dass er ganz im Schatten eines anderen steht – Friedrich →Aicham.

Einer rheinländischen Handwerkerfamilie entstammend, absolvierte H. nach dem Schulbesuch eine Vergolderlehre und begab sich auf die obligatorische Wanderschaft, die ihn schließlich nach Ulm führte. Er wurde dort sesshaft, heiratete und eröffnete einen kleinen Rahmenvergoldungsbetrieb. 1865 wohnte die Familie im Rebengässchen, 1868 bei der Hauptwache. Als Vergolder war H. nur mäßig erfolgreich. Eine Aufwärtsentwicklung nahm das Geschäft erst nach dem Eintritt von Friedrich →Aicham als Teilhaber des nunmehr als „Horst & Aicham" firmierenden Unternehmens. In einem Hintergebäude des Gasthofs „Zur Stadt Athen" in der Augsburger Straße in Neu-Ulm wurde von den Teilhabern eine Produktionsstätte für ihre Goldleistenfertigung eingerichtet. Zunächst waren sechs bis acht Mitarbeiter beschäftigt. In Folge der günstigen Wirtschaftslage nach dem Krieg von 1870/71 florierte und expandierte die Firma, so dass sie in den größeren Fabrikbau in der Kasernenstraße 13/15 umzog. 1877 verkaufte H. seinen Anteil am Grundstück in der Kasernenstraße für 38.000 RM an Aicham. H. soll größere Veruntreuungen begangen haben und sich zeitweise auf der Flucht im Ausland befunden haben. Sein Lebensweg nach 1878 ist nicht bekannt.

L.   DFA 27 (1964), S. 91-93 – Lore SPORHAN- KREMPEL, Chronik der Familie Aicham 1650-1965, Typoskript, ausgearbeitet 1964/65, S. 47 ff.

Hoser, Hermann (von), * Lustnau/OA Tübingen 13. Mai 1830, † Stuttgart 19. März 1913, □ ebd., Pragfriedhof, 22. März 1913, ev.
Vater   Christian Friedrich Hoser[253], * Nordheim 10. VII. 1784, † Heilbronn/Neckar 24. VII. 1857, Assessor bei den Finanzkammern des Neckarkreises in Ludwigsburg bzw. des Schwarzwaldkreises in Reutlingen, 1823-1839 Kameralamtsvorstand des Kameralbezirks Bebenhausen in Lustnau/OA Tübingen, 1839-1846 dsgl. in Großbottwar, S. d. Christian Eberhard Hoser, * 1753, † 1813, Pfarrer in Nordheim und Schmiden.
Mutter   Karoline Christine Luise Friz, * Alerheim bei Nördlingen.
∞.
Mehrere *K*, darunter Max Hoser (Hamburg), Ernst Hoser (Böblingen) und Helene Hoser, ∞ Scriba.

H. war in den Jahren vor und nach der Wende vom 19. zum 20. Jahrhundert Regierungspräsident in Ulm.

Nach Bestehen des Landexamens absolvierte H. – ein Neffe des Dichters und Politikers Ludwig Uhland – das Seminar Schöntal und studierte von 1848 bis 1853 Rechts- und Regiminalwissenschaften in Tübingen. 1855 und 1857 bestand er die beiden höheren Dienstprüfungen und trat 1857 in die Dienste der Innenverwaltung des Königreichs Württemberg. Zunächst 1857/58 Aktuariatsverweser bei den Oberämtern Cannstatt, Besigheim und Biberach, erhielt er 1858 seine erste ständige Anstellung als Aktuar beim OA Heilbronn. In gleicher Eigenschaft wirkte er 1859 bis 1862 beim OA Besigheim und 1862/63 bei der Stadtdirektion Stuttgart. 1863/64 Kollegialhilfsarbeiter bei der Regierung des Neckarkreises in Ludwigsburg und von Juni bis Dez. 1864 dsgl. bei der Regierung des Schwarzwaldkreises in Reutlingen, wechselte H. in gleicher Eigenschaft von Jan. bis Mai 1865 zur Ministerialabteilung für Straßen- und Wasserbau im Innenministerium. Von 1865 bis 1870 war H. mit Titel und Rang Regierungsassessor zur Polytechnischen Schule in Stuttgart abgeordnet, wo er einen Lehrauftrag für Staats- und Verwaltungskunde hatte.

Von 1870 bis 1874 Oberamtmann in Vaihingen/Enz und von 1874 bis 1877 Regierungsrat beim Landesamt für das Heimatwesen, ab 1877 auch Mitglied der Zentralleitung des Wohltätigkeitsvereins und der Armenkommission, trat H. 1877 an die Spitze der Stadtdirektion Stuttgart. Von 1889 bis 1894 war H. Vorstand der Regierung des Jagstkreises in Ellwangen im Range eines Regierungsdirektors und schließlich im Juni 1903 Vorstand der Regierung des Donaukreises in Ulm, als welcher er Gustav (von) →Lamparter nachfolgte, der vor seiner Ernennung nach Ulm ebenfalls Vorstand der Ellwanger Kreisregierung gewesen war. In diesem Amt war H. zugleich Vorsitzender des Schiedsgerichts für die landwirtschaftliche Berufsgenossenschaft des Donaukreises sowie des Württ. Schiedsgerichts V für die Invaliditäts- und Altersversicherung. 1899 verlieh der König H. Titel und Rang eines Präsidenten. 1903 trat er 73-jährig in den Ruhestand, den er in Stuttgart verlebte. Sein Nachfolger als Regierungspräsident in Ulm war Albrecht von →Schmidlin. – Silberne Jubiläumsmedaille; 1889 Olgaorden; 1888 Preuß. Roter Adlerorden II. Kl.; 1889 Kommandeurkreuz des persischen Sonnen- und Löwenordens; 1890 Kommenturkreuz des Friedrichsordens; 1878 Ritterkreuz II. Kl. des Württ. Kronordens; 1885 Ritterkreuz I. Kl. und 1897 Kommenturkreuz.

Q   HStAS, E 146/1 Bü 2686 – ebd. E 151/01 Bü 1063 – StAL, F 209 Bü 48.
L.   Staatsanz. Nr. 66, 20. III. 1913, S. 497 – Schwäb. Merkur (Kronik) Nr. 131 (Mittagsblatt), 20. III. 1913, S. 5 und 7 (Todesanz.) – Schwäb. Merkur Nr. 133 (Abendblatt), 22. III. 1913, S. 4 – Württ. Jahrbücher 1913, S. IV – WN 1913, S. 167 – UBC 3, S. 250, 294, 540 f. – Amtsvorsteher, S. 326 (Thomas SCHULZ).

Huber, Max (Maximilian), Dr. phil., * Weikersheim-Laudenbach/OA Mergentheim 13. Mai 1903, † Seeshaupt am Starnberger See (Oberbayern) 1. Mai 1973, kath.
Vater   Huber, Lehrer in Weikersheim-Laudenbach.

[252] Mit seiner Frau □ auf dem Alten Friedhof, vgl. UNGERICHT, S. 156 [„Daten fehlen"].

[253] FABER 1 A, 36 und 12, 129 – DGB 34, S. 214 – WINTERHALDER, Ämter, S. 41, 102.

H. war von 1939 bis 1968 Leiter des Ulmer Stadtarchivs und der Stadtbibliothek, vom Vorabend des Zweiten Weltkriegs bis in die Zeit der Kanzlerschaft Kurt Georg Kiesingers. In der Nachkriegszeit gelang es H., das Stadtarchiv zu einem der größten und bedeutendsten deutschen Kommunalarchive auszubauen.

Nach dem Besuch des Progymnasiums in Mergentheim und des Gymnasiums in Ehingen/Donau, wo er das Abitur bestand, studierte H. zunächst Theologie in Tübingen. Nach einigen Semestern wechselte er den Studiengang und die Universität und studierte Geschichte in München. 1936 wurde er mit der bei Professor Karl Alexander von Müller entstandenen Arbeit „Ludwig I. von Bayern und die Ludwig-Maximilians-Universität in München (1826-1832)" promoviert. H. erlebte anschließend seine fachliche Ausbildung an der Bayer. Archivschule München und war Volontär beim Bayer. Hauptstaatsarchiv München.

Am 1. April 1939 trat H. seine neue Stellung als Leiter des Stadtarchivs und der Stadtbibliothek als Nachfolger des verstorbenen Walter →Schmidlin in Ulm an. H. sorgte mit Unterstützung von Toni Haußer (1877-1950) für die Übernahme mehrerer Patrizier- und Adelsarchive. Die ersten Jahre seiner Ulmer Tätigkeit standen jedoch ganz im Zeichen des Ausbruchs des Zweiten Weltkriegs. Der 38 Jahre alte Archivrat H. wurde 1941 zur Wehrmacht eingezogen – Haußer war im Wesentlichen alleinverantwortlich mit der Bewahrung der Archiv- und Bibliotheksbestände vor Kriegszerstörungen konfrontiert. Ab 1942 wurden die wertvollen Bestände zu Sicherungszwecken nach Oberbalzheim, Oberdischingen, Oberstadion, Osterberg, Altheim bei Allmendingen, Reutti, Berkheim und Gutenzell verlagert. Beim Luftangriff vom 17. Dez. 1944 erlitten das Schwörhaus und das Magazin an der Sattlergasse schwere Bombentreffer; insgesamt wurden an diesem Tag rund 250 laufende Meter Akten zerstört, vorwiegend Hospitalakten und -rechnungen aus dem 17. bis 19. Jahrhundert, daneben alle Urkundenregesten, die Vorarbeiten zum Ulmer Urkundenbuch und zahlreiche Repertorien.

H. kehrte im Mai 1945 aus der Kriegsgefangenschaft nach Ulm zurück und hatte zunächst Aufräum-, Sichtungs- und Sicherungsarbeiten durchzuführen. Außerdem war die Rückführung der ausgelagerten Bestände zu bewerkstelligen, wobei langwierige Verhandlungen mit der frz. Militärregierung in Tübingen, die für die im frz. Besatzungsgebiet gelegenen Verlagerungsorte zuständig war, zu erheblichen Verzögerungen führten. Erst Ende 1946 waren alle Bestände wieder in Ulm vereint, während Archiv und Bibliothek kriegsbedingt immer noch auf mehrere Gebäude verteilt waren. Erst 1954 gelang es H., Archiv und Bibliothek dauerhaft im Schwörhaus zusammenzuführen. 1964 kam der nahegelegene Magazinbau hinzu. Dies waren wegweisende Schritte, die das Ziel H.s ermöglichten, mitten in Ulm an historischem Ort ein kulturelles Zentrum zu schaffen und forciert den Kontakt zur interessierten Öffentlichkeit zu pflegen. In diesem Zusammenhang ist auch die Reihe der vom Stadtarchiv herausgegebenen „Forschungen zur Geschichte der Stadt Ulm" zu sehen, die 1955 mit „Ulmer Biedermeier im Spiegel seiner Presse" von Rudolf Max Biedermann startete. In den folgenden 13 Jahren betreute H. acht Bände der Reihe. Ab 1949 führte das Stadtarchiv auch die Stadtchronik. Bereits 1951 hatte das Stadtarchiv die Schriftleitung der vom Verein für Kunst und Altertum in Ulm und Oberschwaben und der Stadt Ulm gemeinsam herausgegebenen Traditionszeitschrift „Ulm und Oberschwaben" übernommen. Mit zahlreichen Ausstellungen vermittelte H. Einblicke in die Schätze von Archiv und Bibliothek, so die Heinrich-Suso-Ausstellung aus Anlass des 600. Todestages des in Ulm verstorbenen Dominikanermönchs und Mystikers.

H. gehörte der Konstanzer Arbeitsgemeinschaft der Archivare und dem Südwestdeutschen Archivtag an und war ab 1954

korrespondierendes Mitglied der Kommission für geschichtliche Landeskunde in Baden-Württemberg. H.s Veröffentlichungen beschäftigten sich hauptsächlich mit Themen aus den Bereichen Archiv, Ulmer Stadtgeschichte und Personengeschichte. Für die „Neue Deutsche Biographie" verfasste er eine Reihe von biographischen Artikeln zu Ulmer Persönlichkeiten, wie zur Familie Besserer, Albrecht Ludwig Berblinger, Konrad Dieterich, Leonhard Fronsperger und Jakob Griesinger. Im Band 6 (Baden-Württemberg) des „Handbuchs der Historischen Stätten Deutschlands" verfasste er die Artikel zu Albeck, Altheim, Arnegg, Bermaringen, Bernstadt, Blaubeuren, Brandenburg, Dellmensingen, Dietenheim, Ehrenstein, Erbach, Gerhausen, Herrlingen, Klingenstein, Langenau, Lonsee, Machtolsheim, Nellingen, Oberkirchberg, Rammingen, Regglisweiler, Tomerdingen, Ulm, Unterkirchberg, Ursprung, Weiler und Westerstetten. Aus Anlass seines 65. Geburtstages erschien eine von Alice Rößler herausgegebene Festschrift „Aus Archiv und Bibliothek. Studien aus Ulm und Oberschwaben" (Weißenhorn 1969). Im Mai 1968 trat H. in den gesetzlichen Ruhestand. Zu seinem Nachfolger wurde Dr. Hans Eugen Specker ernannt, die Personalunion von Archiv und Bibliothek aufgegeben. Eine schwere Krankheit überschattete H.s letzte Lebensjahre.

W   Werkverzeichnis in UO 30/41 (1973), S. VI-VIII. Auswahl: Stadtarchiv Ulm 1939-1949, in: Schwäbisches Heimatbuch 1949, S. 169 ff. – Ulm im Schwäbischen Kreis, in: Schwäbische Heimat 5 (1954), S. 156-158 – Verfassung und innere Ordnung der Reichsstadt Ulm, in: 110 Jahre Ulm, Ulm 1954, S. 20-22 – Zum 125. Todestag von Albrecht Weyermann. „Wer ist Wer" im Reichsstadt Ulm: in: Schwäb. Donau-Zeitung (Ulm) Nr. 300/1957 – Städtarchiv und Reichsstandschaft der Städte im 16. Jahrhundert, in: Ulm 35 (1958), S. 94-112 – Die Reichsstadt Ulm und das Reich, in: Schwäb. Donau-Zeitung (Ulm) Nr. 120/1963 – Ein Einkünfteregister der Grafschaft Kirchberg-Kirchberg von 1379/1438, in: UO 40-41 (1973), S. 27-68.

L   Ih 1, S. 409 – UBC 5b, S. 323 – Alice RÖßLER (Hg.), Aus Archiv und Bibliothek. Studien aus Ulm und Oberschwaben. Max Huber zum 65. Geburtstag, Weißenhorn 1969 – Hermann TÜCHLE, Max Huber zum Gedächtnis. 13. Mai 1903 bis 1. Mai 1973, in: UO 40/41 (1973), S. III-VIII – Hans Eugen SPECKER, Nachruf auf Max Huber, in: Der Archivar 27 (1974), Sp. 425-427 – Wolfgang LEESCH, Die deutschen Archivare 1500-1945, Band 2: Biographisches Lexikon, München-London-Paris-New York 1992, S. 273 – SPECKER, Bestände, S. 36-39.

Huck, Johann *Joseph*, Dr. iur., * Bronnzell bei Fulda oder Dietershausen (damals Kurfürstentum Hessen) 13. Mai. 1805, † Esslingen/Neckar 27. Sept. 1859, kath.

Vater   Johann *Heinrich* Huck, Bauer, Gutsbesitzer und Schultheiß.
Mutter   Margareta Koch.
∞ 1845.
Mehrere K, darunter Erwin August Huck[254], * Ulm 21. III. 1848, † 30. VII. 1919, 2. Aug. 1871 Priesterweihe in Rottenburg, 1878 Pfarrer in Gamerschwang, 1885-1906 Kamerer, 1888 Pfarrer in Schmiechen/OA Blaubeuren, 1906 Verleihung des Ranges auf der VII. Rangstufe, 1919 kurz vor seinem Tod a. D., Hg. von „Der erste Bußunterricht in vollständigen Katechesen (nach Mey)", Freiburg 1885, ⁶1905.

Der kath. Justizbeamte H. war während seiner Ulmer Dienstzeit einer der profilierten Parlamentarier in Württemberg, daneben auch Mitglied des ersten deutschen Nationalparlaments in der Frankfurter Paulskirche. Da er nach damaligem Recht als Ulmer Beamter nicht für einen Ulmer Wahlkreis kandidieren durfte, firmierte er als Abg. anderer Wahlkreise.

Nach dem frühen Tod seines Vaters wuchs H. bei seinem Onkel auf, einem kath. Pfarrer in Rastatt, und besuchte das Lyzeum in Rastatt. Von 1826 bis 1830 führte ihn das Studium der Philologie und Rechtswissenschaften nach Marburg/Lahn, Heidelberg und Tübingen. 1829 schloss er das Studium mit der I. Juristischen Staatsprüfung und der Promotion zum Dr. iur. (Univ. Heidelberg) ab. Nachdem H. 1830 auch die II. Juristische Staatsprüfung bestanden hatte, war er bis 1834 Privatdozent der Rechte in Tübingen. 1834 wechselte H. in den Justizdienst und war als Gerichtsaktuar beim Kreisgerichtshof in Tübingen tätig, anschließend von 1836 bis 1840 in gleicher Funktion beim Oberamtsgericht in Langenburg/OA Gera-

---

[254] NEHER ⁴1909, S. 108.

bronn. Von 1840 bis 1846 wirkte er als Gerichtsassessor des Schwarzwaldkreises in Tübingen. 1846 kam H. als Oberjustizrat (stv. Staatsanwalt) an den Gerichtshof für den Donaukreis in Ulm. Von 1856 bis zum Tode war H. Oberjustizrat beim Zweiten Senat des Kreisgerichtshofes für den Neckarkreis in Esslingen/Neckar.

Der später konservative und großdeutsch eingestellte H. galt als liberal gesinnter Staatsbeamter, der sich für einen gemäßigten Fortschritt einsetzte. Redner auf der Volksversammlung auf dem Bussen (Buchau) am 10. April 1848. Einer der Redner bei der zentralen Volksversammlung des Donaukreises am 18. April 1848 in Biberach. Mit dieser Rede wurde er als „Freisinniger" schnell bekannt und wurde von verschiedenen Oberamtsbezirken, so von Biberach, Leutkirch, Laupheim, Riedlingen und Saulgau aufgefordert, für die FNV zu kandidieren. H. hatte sich frühzeitig für eine Kandidatur im 3. WK im Donaukreis, der das OA Leutkirch sowie Teile der OÄ Biberach und Laupheim umfasste, entschieden. Am Wahltag lag er jedoch mit 1.792 Stimmen deutlich hinter Konstantin Fürst von Waldburg-Zeil (3.792) und knapp vor dem Freiherrn von Hornstein-Bußmannshausen (1.729). In zwei Wahlkreisen wurde H. jedoch zum Ersatzmann gewählt, neben dem 4. WK im Jagstkreis auch im 5. WK (Saulgau-Waldsee-teilweise Biberach-teilweise Riedlingen) im Donaukreis. Als Nachrücker gelangte H. vom 17. Nov. 1848 bis 30. Mai 1849 als Abg. des 4. WK im Jagstkreis (teilweise Crailsheim-Ellwangen-teilweise Gaildorf-Neresheim) in die Nationalversammlung nach Frankfurt/Main, wo er als fraktionsloser Parlamentarier gegen die Wahl Friedrich Wilhelms IV. zum Kaiser der Deutschen votierte.

Bei der Landtagswahl des Jahres 1848 hatte H. im WK Waldsee mehr Erfolg. Er erhielt 270 von 385 abgegebenen Stimmen und lag damit klar vor dem Gegenkandidaten Dr. med. Wörz aus Waldsee. 1849 gelang es ihm zunächst nicht, das Mandat gegen Dr. Wilhelm Zimmermann zu verteidigen, der ihn mit 1.202 zu 1.070 Stimmen knapp besiegt hatte, jedoch die Wahl nicht in Waldsee, sondern in Schwäbisch Hall, wo er ebenfalls kandidiert hatte, annahm. So war das Waldseer Mandat wieder frei für H., der es auch bei den beiden folgenden Wahlen zur Verfassungberatenden Landesversammlung jeweils unangefochten wieder gewann. 1851 musste er Ludwig →Seeger weichen, der sich erst wenige Tage vor der Wahl für eine Kandidatur im WK Waldsee entschieden hatte.

H. war also vom Sept. 1848 bis 1850 als Abg. von Waldsee Mitglied der drei verfassungrevidierenden bzw. -beratenden Landesversammlungen und von Mai 1852 bis 1856 (19. o. LT) als Abg. von Ellwangen Amt MdL Württemberg: 1849 Mitglied der Verfassungs- und der Staatsrechtlichen Kommission, 1850 Mitglied der Ablösungskommission und der Schuldenverwaltungskommission. Nach seinem Rückzug aus dem Württ. Landtag im Jahre 1855 trat H., der in den letzten Jahren seines Lebens schwer erkrankt war, politisch nicht mehr in Erscheinung.

L. RIECKE, Verfassung und Landstände, S. 55, 70 – HARTMANN, Regierung und Stände, S. 46, 61, 82 – MANN, Württemberger, S. 81, 381 u. ö. – BRANDT, Parlamentarismus, S. 158 – BEST/WEEGE, S. 187 – HEINZ, Mitbürger, S. 120, 126-128, 132, 140f., 169, 174, 423 – Herbert HUMMEL, Johann Joseph Huck (1805-1859), in: SCHÜRLE, Revolution, S. 57 ff. – RABERG, Biogr. Handbuch, S. 405 ff.

Hübner, Kurt, * Hamburg 30. Okt. 1916, † München 21. Aug. 2007, ev.
Vater   Hübner, Hafenbeamter in Hamburg.
∞ Ingeborg Christanell.
Mehrere *K*, darunter Katharina, ∞ Gerhard Wagner; Gisela Hübner, ∞ Ringel.

H. verbrachte nur wenige, aber prägende Jahre in Ulm. Das „Ulmer Theaterwunder" ist mit seinem Namen untrennbar verbunden. In Ulm erwarb sich H. einen legendären Ruf.

Nach dem Abitur ging H. zum Militär und wurde zum Leutnant der Flak-Artillerie ausgebildet. Der theaterbegeisterte Jugendliche absolvierte seit 1938 eine Ausbildung an der Schauspielschule des Deutschen Theaters in Berlin, die vom Kriegsausbruch unterbrochen wurde. Im Zweiten Weltkrieg war er Kriegsberichterstatter und kam nach Nordafrika, Griechenland und Russland. Nach 1945 von der britischen Besatzungsmacht als „nazifrei" angesehen, ging H. als Reporter und Nachrichtensprecher zu Radio Hamburg. Da ihn weiterhin das Theater reizte, war er schon 1947 Regie- und Dramaturgieassistent am Hamburger Deutschen Schauspielhaus. Anschließend ging er nach Hannover und Göttingen, wo ihm die Gelegenheit zu ersten Inszenierungen geboten wurde, darunter „Woyzeck" von Georg Büchner. Als Oberspielleiter in Ingolstadt und Freiburg im Breisgau erwarb er sich die nötige Praxis, ehe er 1953 noch einmal wechselte und in Stuttgart als Chefdramaturg beim Rundfunk arbeitete. 1955 zum Leiter der Hörspielabteilung des Norddeutschen Rundfunks (NDR) berufen, kehrte H. 1957 wieder nach Stuttgart zurück, um am Staatstheater unter Generalintendant Walter Erich Schäfer zu inszenieren und zu spielen, vor allem aber als Chefdramaturg zu wirken. 1958/59 empfahl der Kritiker Siegfried Melchinger (1906-1988) H. als Nachfolger des verstorbenen Peter →Wackernagel für den Posten des Intendanten der Städtischen Bühnen Ulm. Das Ulmer Theater war ein Provinztheater, behelfsmäßig untergebracht in der Turnhalle eines Mädchengymnasiums, aber es war eine Bühne mit Potenzial, wie Wackernagel unter Beweis gestellt hatte. H. verstand es, dieses Potenzial zu nutzen und neue Freiräume zu schaffen. Zu diesem Zweck bot er vor allem jungen Talenten eine erste Chance. Er selbst beschränkte sich als Regisseur auf die deutsche Klassik – seine Inszenierungen u. a. von Schillers „Don Carlos" oder Lessings „Emilia Galotti" blieben den Ulmer Theaterbesuchern in bester Erinnerung –, holte als weitere Regisseure den von Bertolt Brecht geprägten Peter Palitzsch aus der DDR sowie Peter Zadek (1926-2009) aus England zurück. Die Arbeiten Brechts hatten seinerzeit in der Bundesrepublik Deutschland keinen hohen Stellenwert, doch H. ließ Palitzsch Brecht in Ulm inszenieren. Daneben verpflichtete er die innovativen Bühnenbildner Wilfried Minks, Jürgen Rose, Karl-Ernst Herrmann und Erich Wonder. Die junge Schauspielerin Hannelore Hoger (* 1942) begann 1961 in Ulm unter Intendant H. ihre erfolgreiche Laufbahn. Als Talentsucher und wagemutiger, experimentierfreudiger Theatermann war H. in seiner Zeit in Ulm absolut konkurrenzlos. Der berühmte Kritiker Friedrich Luft nannte ihn einen „Rattenfänger für Talente".

1961 sorgte Peter Zadeks Ulmer Inszenierung von Brendan Behans „Die Geisel" für einen veritablen Theaterskandal: *Da herrschte der rüde, saftige Ton der Gosse, da wurde mit Platzpatronen im Bordell herumgeballert, und am Ende zogen dicke Rauchschwaden durchs hustende Parkett.* Das Ulmer Publikum wurde gänzlich unvorbereitet mit diesem veristischen Regiestil konfrontiert und reagierte verstört und in großen Teilen ablehnend. H. stellte sich vor den Regisseur und sein Haus. Seine Stellung in Ulm war erschüttert, was ihn zum Weggang veranlasste. Minks, Palitzsch und Zadek folgten ihm. In Ulm war H. zuletzt im März 2006 zu Gast, anlässlich des Festaktes aus Anlass des 100. Geburtstages seines Freundes Kurt →Fried im Ulmer Museum.

1962 wechselte H. von Ulm nach Bremen, wo er bis 1973 wirkte und den – nicht exakt definierbaren, vielleicht auch undefinierbaren – „Bremer Stil" schuf. Seine Inszenierungen waren ebenso wegweisend wie seine revolutionäre Auffassung, das Theater müsse sich wieder und wieder neu erfinden, um nicht zu erstarren. Nach dem Weggang von Bremen wurde H. 1973 die Intendanz der Freien Volksbühne Berlin angetragen, an der er bis 1986 wirkte, danach war er freier Regisseur und Schauspieler. H. übernahm selten, aber immer wieder Aufgaben als Schauspieler auf der Bühne, im Fernsehen und im Film. 1970 stand er für sechs Folgen der Reihe „Theatergarderobe" (Regie: Paul May) vor der Kamera. 1977 war er in Theodor Kotullas

Film „Aus einem deutschen Leben" zu sehen. 1990 spielte er den Chef von Loriot in dessen Kinofilm „Pappa ante Portas". Nach seinem Tod würdigte Peter Zadek H. mit den Worten: *Kein Mensch hat in den vergangenen Jahrzehnten mehr für das deutschsprachige Theater bewirkt als Kurt Hübner.* – Professor h.c.; 1991 Fritz-Kortner-Preis; 2000 Peter-Weiss-Preis der Stadt Bochum als *Exempel für Streitkultur und Unbeugsamkeit gegenüber Politik und Öffentlichkeit*; 2005 ITI (Internationales Theaterinstitut)-Preis zum Welttheatertag 2005.

Q   StadtA Ulm, G 2.
L   Theaterlexikon, S. 253 – Dietmar N. SCHMIDT, Kurt Hübner. Von der Leidenschaft eines Theatermenschen, Leipzig 2006 [mit genauem Verzeichnis seiner Werke] – Der Herausforderer, in: Tagesspiegel vom 23. VIII. 2007 – Spürnase für Talente, in: Kölnische Rundschau vom 23. VIII. 2007 – Roland MÜLLER, Aus der Kaderschmiede. Zum Tod des Theaterintendanten Kurt Hübner, in: Stuttgarter Zeitung Nr. 195, 24. VIII. 2007, S. 31 (Bild) – Christine DÖSSEL, Generalissmus der Spielwiese. Zwischen Feldherrenhügel und Talentschmiede: Zum Tod des Theatermannes Kurt Hübner, mit dem das moderne Regietheater begann, in: Süddeutsche Zeitung Nr. 194, 24. VIII. 2007, S. 13 (Bild) – ebd. Nr. 195, 25./26. VIII. 2007, S. 34 (Todesanz. der Familie) – Ein ganz Großer in Ulm. Kurt Hübner war der legendäre Intendant/Der General des deutschen Theaters, in: NUZ Nr. 194, 24. VIII. 2007 (Bild) – „General Hübner"/Legendäre Etappe. Der einstige Ulmer Intendant Kurt Hübner ist tot, in: SWP Nr. 195, 24. VIII. 2007 (Bild) – Wikipedia.

Hüeber, Theodor, Dr. med., * Dillingen/Donau 18. Okt. 1848, † Ulm 1. April 1931, □ ebd., Hauptfriedhof, ev.
Vater   Theodor Hüeber, Postverwalter in Dillingen/Donau.
Mutter   Karoline Schmitt.
∞ Ulm 10. VIII. 1882 *Elisabeth (Elise) Mathilde* Mack, * Ulm 3. VI. 1859, † ebd. 9. VII. 1917, T. d. Heinrich →Mack, Stärkefabrikant in Ulm.
2 K   Elisabeth Hüeber, * Neu-Ulm 21. III. 1884, ∞ Ulm 5. VII. 1904 Karl *Willy* Foßler, * Lahr (Baden) 5. XI. 1875, Großkaufmann in Lahr und zuletzt in Freiburg im Breisgau; Theodora (Dora) Hüeber, * Neu-Ulm 17. VI. 1887, ∞ Ulm 29. IV. 1909 *Karl* Albert Ludwig Wilhelm Sieglin, * [Stuttgart-] Untertürkheim 5. X. 1884, 1929 Oberstleutnant, Kommandant von Stuttgart, S. d. Hermann Sieglin, Dr. phil., * Stuttgart 5. VI. 1849, † ebd. 12. VIII. 1923, 1884-1909 Professor für Tierzucht an der Landwirtschaftlichen Hochschule Hohenheim, u. d. Eliza Fehr.

H. war als Militärarzt und Insektenforscher in Ulm und Neu-Ulm, wo er lange lebte, eine gleichermaßen bekannte Persönlichkeit.
Bei Ausbruch des Deutsch-Französischen Krieges 1870 stellte sich der Medizinstudent H. als freiwilliger Unterarzt zur Verfügung. Nach der Promotion war er u. a. als Stabsarzt beim Pionier-Bataillon 13 und als Regimentsarzt und Oberstabsarzt tätig, zuletzt war er Generaloberarzt a. D. in Ulm. Schon vor dem Jahre 1900 hatte H. den Militärdienst quittiert und sich als approbierter praktischer Arzt in Ulm niedergelassen. Im Okt. 1928 trat H. im Alter von 80 Jahren als Senior der Ulmer Ärzteschaft in den Ruhestand. Er starb im Alter von 82 Jahren an einem Schlaganfall, der ihn auf dem Münsterplatz traf.
In seiner freien Zeit widmete sich H. der Insektenkunde. Er gewann als „Käferforscher" nationale Berühmtheit und hinterließ bedeutende Sammlungen, die zum Teil in den Naturkundlichen Sammlungen in Ulm, zum Teil im Zoologischen Institut in Tübingen überliefert sind. – 1898 Ritterkreuz I. Kl. des Friedrichsordens.

L   Württ. Jahrbücher 1930/31, S. [XVIII] – MAIER, Nachfahrentafel Schott, S. 79, 135 – UBC 1, S. 566 (Bild) – UBC 3, S. 94 f. (Bild).

Hügel, Freiherr Ernst August Joseph *Philipp* von, * Ulm 24. Jan. 1812, † Stuttgart 25. Jan. 1887, □ Pragfriedhof, ev.
Vater   *Ernst* Eugen Freiherr von Hügel[255], * Ludwigsburg 26. III. 1774, † Kirchheim/Teck 30. III. 1849, Geh. Rat, Kgl. Württ. Staatsminister des Kriegswesens, Mitglied der Ersten Kammer des Württ. Landtags.
Mutter   Luise Ernestine Freiin von Gemmingen.
Ledig. Keine *K*.

Als Sohn eines der führenden Stuttgarter Honoratioren wurde H., dessen Vater zur Zeit der Geburt des Sohnes als Offizier in Ulm war, privat erzogen und hatte von 1824 bis 1826 den

---

[255] RABERG, Biogr. MdL-Handbuch, S. 406 f.

Dichter Wilhelm Hauff als Hauslehrer. 1830 kam er als Hospitant an die Universität Tübingen, wo er sich bald dem Forststudium zuwendete und Mitglied des Corps Suevia wurde. Ende 1837 begann der fast 26-jährige H. seine dienstliche Laufbahn als Forstamtsassistent in Ochsenhausen, wurde 1840 Revierförster in Buhlbach, im Jan. 1841 dsgl. in Kirchheim/Teck, nach kurzer Zeit aber in gleicher Stellung wieder in Buhlbach. 1852 erfolgte unter gleichzeitiger Ernennung zum Oberförster seine Versetzung nach Rottweil, schon Ende des gleichen Jahres ging er in gleicher Stellung nach Ochsenhausen. Im März 1857 wurde er mit Titel und Rang Forstmeister nach Urach berufen, wo er sein weiteres Leben verbrachte. H., der am 9. Sept. 1873 Titel und Rang Forstrat erhielt, machte sich um die Pflege und Verschönerung der Uracher Waldbestände sehr verdient. Im April 1879 trat der erblindete H. in den Ruhestand und zog kurz vor seinem Tod nach Stuttgart.

L   Suevia Tübingen 3, S. 10 f., Nr. 10.

Hug, Franz *Anton*, * Goßholz 14. Sept. 1803, † nicht ermittelt.
Vater   Kristian Hug.
Mutter   Magdalena Stadler.
∞ Burlafingen 11. II. 1828 Johanna Lacher, * Zimmertshausen 21. II. 1798, T. d. Revierförsters Johann Nepomuk Lacher u. d. Johanna Hieber.
2 K   Maria Augusta Hug, * Neu-Ulm 31. III. 1829; Johanna Amalia Hug, * Neu-Ulm 23. II. 1833

Mit dem Namen des Eisenhändlers H. – der als Selbstbezeichnung den allgemeineren Begriff „Kaufmann" wählte – ist der Weg zur Gründung der eigenständigen Gemeinde Neu-Ulm eng verknüpft. Er setzte sich für die Trennung der kleinen Gemeinde Neu-Ulm von Offenhausen ein und trat als erster Bürgermeister für kurze Zeit an ihre Spitze.
Der junge H. war als Nachfolger des Ökonomen Georg Hannes vom 1. Jan. 1828 bis zum 1. Jan. 1831 Ortsvorstand von Offenhausen-Neu-Ulm und nach der Trennung des Landgemeindeverbandes „Ulm auf dem rechten Donauufer" bis Juni 1832 erster gewählter Gemeindevorstand in Neu-Ulm. Einzelheiten seiner Amtszeit sind auf Grund fehlender Quellen nicht ermittelbar. Auch warum der 29-Jährige das Amt des Gemeindevorstands verlor, lässt sich nicht rekonstruieren. Zu seinem Nachfolger wurde der Maurermeister Peter →Staiger gewählt.

L   BUCK, Chronik Neu-Ulm, S. XVII (Bild), XVIII, 55, 95, 97, 269 – TEUBER, Ortsfamilienbuch Neu-Ulm I, Nr. 2026 – TREU, Neu-Ulm, S. 179, 576.

Hummel, Johann Georg, * Dießen am Ammersee 18. April 1771, † nicht ermittelt, kath.
Vater   Dominikus Hummel.
Mutter   Maria Katharina Keil.
∞ Burlafingen 22. II. 1828 Theresia Victoria Katharine de Ziegler, * Landsberg am Lech 7. X. 1790, T. d. Judas Thaddäus de Ziegler, „Hofmarkts Herr zu Pürgen", u. d. Victoria Danner.
6 K   Theresia *Mathildis* Hummel, * Neu-Ulm 5. XII. 1819; Josepha Theresia Hummel, * Neu-Ulm 3. VI. 1821, † ebd. 21. X. 1821; Augusta Amalia Hummel, * Neu-Ulm 1. VIII. 1822, † ebd. 15. IX. 1822; *Maximiliane* Theresia Josepha Hummel, * Neu-Ulm 21. X. 1824; Carolina Sophia Elisabetha Hummel, * Neu-Ulm 13. V. 1826, † ebd. 30. VII. 1826; Wilhelmine Xaveria Agnes Hummel, * Neu-Ulm 16. I. 1828.

Der Neu-Ulmer Landrichter und Polizeikommissär H. war eine bestimmende Persönlichkeit in der Frühzeit des Landgemeindeverbandes „Ulm auf dem rechten Donauufer". Nach dem Weggang des ersten Polizeikommissärs Johann Baptist von →Zenetti war er viele Jahre lang der höchste Beamte des bayerischen Staates in Neu-Ulm.
Ein „Landgericht II. Kl." wurde in Neu-Ulm erst 1842 eingerichtet. 1851 erfolgte die Erhebung zum „Landgericht I. Kl." Zuvor zählte die Ansiedlung zum Landgerichtsbezirk Günzburg. Aber es gab seit 1811 ein eigenständiges Polizeikommissariat. H., der 1811 als Neu-Ulmer Polizeikommissär an die Donau kam, übte auch die Funktionen eines provisorischen Landrichters als Vertreter seines Kollegen in Günzburg aus. H. war damit nicht nur für die Aufrechterhaltung der öffentlichen

Ordnung zuständig, sondern z. B. auch Aufsichtsbeamter der bayer. Mautbeamten. Der am 7. April 1811 geschaffene Landgemeindeverband „Ulm auf dem rechten Donauufer" bestand aus der Ortschaft Offenhausen und der neuen Ansiedlung Neu-Ulm. Unfrieden entstand bald wegen der Meinung der Einwohner Offenhausens, von Neu-Ulm aus begegne man ihnen mit Geringschätzung. Die Bevölkerungsentwicklung Neu-Ulms, das um 1830 ca. 45 Familien zählte (gegenüber 25 Familien in Offenhausen), ließ die Offenhausener mit Recht fürchten, zukünftig von den Neu-Ulmern überstimmt zu werden. Nachdem 1827 ein Antrag Offenhausens an die Staatsregierung auf Trennung des Gemeindeverbandes abschlägig beschieden worden war, wurde 1830 erneut ein Anlauf unternommen – der diesmal von H. unterstützt wurde. Er gab zu Protokoll: *Diese zusammengesetzte Gemeinde ist so weit auseinandergestreut, daß von den beiden äußersten Einöden Striebelhof bis Freudenegg die Entfernung über drei geometrische Stunden beträgt, und wenn durch ihre sämtlichen Orte gegangen werden muß, hat der Gemeindediener einen ganzen Sommertag dazu nötig.*
Damit gab H. den Ausschlag zur Trennung, die offiziell durch Kgl. Reskript vom 14. März 1832 erfolgte. In Offenhausen wurde der Wagnermeister Georg Seybold zum Ortsvorsteher gewählt, in Neu-Ulm blieb der bisherige Gemeindevorstand des Landgemeindeverbandes, der Kaufmann Anton →Hug, im Amt.
H.s Töchter Mathildis und Maximiliane winkten und knicksten mit wenigen anderen Neu-Ulmer Kindern, als am 5. Aug. 1829 die Kaiserin von Brasilien auf der Durchfahrt kurz Station in Neu-Ulm machte. Die Monarchin stiftete deshalb nicht nur 300 Gulden für Bedürftige, sondern schenkte den Kindern ein kostbares Gebetbuch mit handschriftlicher Widmung. Am 15. Okt. 1829 war H. einer der Neu-Ulmer Zeugen bei der Grundsteinlegung der Ludwig-Wilhelms-Brücke.
Quellenmangel versperrt den Blick auf Einzelheiten des Wirkens H.s in Neu-Ulm. 1823 erscheint er einmal als „Kgl. Bayer. Polizeidirektor." Wann und ob er überhaupt versetzt worden ist, bleibt unklar. Sicher ist nur, dass 1842 mit der Erhebung Neu-Ulms zum „Landgericht II. Kl." Dr. Kienast das Amt des Landrichters übernahm.

L.   BUCK, Chronik Neu-Ulm, S. 55 – Eduard OHM, Spärliches Spalier für die Kaiserin von Brasilien (Neu-Ulmer Geschichten 9), in: NUZ, 14. VII. 1984, S. 27 – OHM, Neu-Ulmer Geschichten, S. 30 f. – TEUBER, Ortsfamilienbuch Neu-Ulm I, Artikel „Die Bevölkerung Neu-Ulm´s" und Nr. 2034.

Isenberg, Gerhard, Dr. rer. pol., * Ulm 11. Juni 1902, † Bonn 27. Juli 1982, ev.
Vater   *Karl* Gundert Isenberg[256], Dr. phil., * Haiderabad 25. V. 1869, Professoratsverweser am Kgl. Gymnasium Ulm, 1903-1906 Hauptlehrer (Titel „Oberreallehrer") an der höheren Mädchenschule (mittlere Abteilung) in Heilbronn/Neckar, 1906-1913 dsgl. am Karls-Gymnasium (mittlere Abteilung) in Stuttgart, 1913-1923 Gymnasialprofessor in Ellwangen/Jagst, 1923 dsgl. in Calw, Studienrat in Ludwigsburg, S. d. Karl Wilhelm Heinrich Isenberg, Missionar, und der Marie Gundert, nach dem Tod des ersten Ehemannes ∞ Johannes Otto Hehse, Missionar.
Mutter   Bertha *Elise* Berg, * Ulm 22. III. 1874, T. d. *Karl* Christian Friedrich (von) →Berg.
2 G   *Karl* Hermann Isenberg, * Ulm 24. IV. 1901; Maria Hildegard Isenberg, * Heilbronn/Neckar 9. IV. 1904.
∞ Berlin-Lankwitz 1935 *Charlotte* Clara Drobig, Gewerbelehrerin.
2 K   Ilse Isenberg, * 9. IV. 1936, ∞ Rietz; *Manfred* Günther Isenberg, * 20. XII. 1937.

Der Wirtschaftswissenschaftler und Raumplaner I. war als Hochschullehrer und Beamter in der Zeit nach dem Zweiten Weltkrieg eine der führenden Persönlichkeiten seines Fachs.
I., ein Neffe des Schriftstellers Hermann Hesse (1877-1962), wurde während der Lehrtätigkeit seines Vaters in Ulm geboren. Schon im Jahr nach seiner Geburt zog die Familie nach Stuttgart, wo I. zunächst die städtische Elementarschule und von 1910 bis 1914 das Karlsgymnasium besuchte. Nach einem

weiteren berufsbedingten Wechsel des Vaters schloss I. 1920 das Gymnasium in Ellwangen/Jagst ab. Von 1920 bis 1922 absolvierte I. eine Lehre im Sortimentsbuchhandel in Ludwigsburg, anschließend war er von 1922 bis 1924 Bankangestellter in Heilbronn/Neckar. 1924/25 studierte I. Mathematik und Physik an der TH Stuttgart, dann von 1925 bis 1929 Volkswirtschaftslehre in Tübingen, Berlin und an der TH Dresden. Am 12. Mai 1928 bestand er die Diplomprüfung für Volkswirte, anschließend war er 1928/29 Hilfsassistent am Volkswirtschaftlichen Seminar der Universität Tübingen, von 1929 bis 1933 Assistent bei Professor Dr. Robert Wilbrandt an der TH Dresden. Im Juni 1930 wurde I. in Tübingen mit der Arbeit „Die Produktionsbedingungen als Bestimmungsgrund für die internationalen Unterschiede des Lohn- und Preisniveaus" bei Professor Dr. Eduard Lukas promoviert. Sein Habilitationsvorhaben („Bestimmungsgründe und Struktur der ökonomischen Existenzgrundlagen") bei Wilbrandt gelangte aufgrund der Aufhebung von dessen Lehrstuhl aus politischen Gründen nicht zur Realisierung.
Von 1933 bis 1935 war I. wissenschaftlicher Mitarbeiter beim Projekt „Reichsstelle für bäuerliche Siedlungsplanung" in Berlin. Im April 1935 erhielt er einen Lehrauftrag für Wirtschaftswissenschaften an der Deutschen Hochschule Berlin. 1936 begann I.s Tätigkeit bei der Reichsstelle für Raumordnung in Berlin, wo er zunächst Hilfsreferent beim Referat Landwirtschaft, dann Referent und Referatsleiter für Statistik und Beschaffung von Planungsgrundlagen war. Ungeachtet der politischen Missliebigkeit des Liberalen, der – wie er im Entnazifizierungsverfahren glaubhaft nachzuweisen vermochte – unter Druck 1933 der SA beigetreten war, 1937 auch der NSDAP, wurde er 1939 zum Regierungsrat bei der Reichsstelle, 1942 zum Oberregierungsrat ebd. ernannt. Als Beamter mit Agrarstruktur, Wohnungswesen, Industrieansatz und Verkehr befasst, prüfte der im Zweiten Weltkrieg uk-gestellte I. die „Tragfähigkeit des Raumes" unter den Bedingungen des Luftkriegs – und arbeitete für den Widerstandskreis des 20. Juli 1944 heimlich an Entwürfen für die zukünftige Einrichtung der räumlichen Verwaltungsstrukturen Deutschlands. Im Falle des Gelingens des „Staatsstreichs" war I. nachweislich eine wichtige Rolle bei der Wiederaufbauarbeit in Deutschland zugedacht gewesen. Zugleich war er von 1940 bis 1944 Lehrbeauftragter für wirtschaftliche Raumforschung an der Universität Berlin.
Nach Kriegsende wurde I. wegen seiner NSDAP-Mitgliedschaft dienstenthoben und befand sich 1945/46 in US-amerikanischer Internierungshaft in Ziegenhain und Darmstadt. Nach der Entlassung entschloss sich I. zum Wechsel der Besatzungszone und fand 1946 bei der Landesdirektion des Innern bzw. später im Innenministerium Württemberg-Hohenzollern (in der französischen Besatzungszone) in Tübingen eine Anstellung als Referent bei der Baubehörde. Er war dort für die Unterbringung der Heimatvertriebenen zuständig. Sein Entnazifizierungsverfahren nahm dank zahlreicher Entlastungszeugen und schlagender Beweise für seine Gesinnung einen günstigen Verlauf; 1948 wurde er als „entlastet" eingestuft.
Im Feb. 1949 zum Oberregierungsrat im Innenministerium aufgerückt, wurde I. nach Bildung der Bundesbehörden von Mitte 1950 bis 30. Juni 1951 zur Hälfte an das Bundesfinanzministerium abgeordnet. Im Juli 1951 habilitierte sich I. in Tübingen mit der Arbeit „Tragfähigkeit und Wirtschaftsstruktur", am 1. Sept. 1951 wurde ihm die Venia legendi für Volkswirtschaftslehre verliehen. Bis 1959 war er an der Universität Tübingen Dozent, am 25. März 1959 erfolgte seine Ernennung zum apl. Professor ebd. Bereits am 1. Juli 1951 war I. als Ministerialrat im Bundesfinanzministerium voll eingestellt worden und als solcher bis 1961 als Fachmann für Fragen der Raumordnung zur Hälfte abgeordnet an das Bundesinnenministerium. Als Ministerialrat im Bundesfinanzministerium trat I. 1967 in den Ruhestand. Von 1969 bis 1972 war I. hauptamt-

[256] CRAMER, Württembergs Lehranstalten ⁶1911, 2. 89 –Magisterbuch 39 (1925), S. 137.

licher Vertreter des Lehrstuhls für Raumordnung und Landesplanung an der Universität Stuttgart, daneben betreute er wissenschaftliche Arbeiten an den technischen Hochschulen Aachen, Berlin, Hannover und Karlsruhe. – 1978 August-Loesch-Preis; 1979 Cornelius-Gurlitt-Denkmünze der Deutschen Akademie für Städtebau und Landesplanung.

L   Ih 3, S. 159 – EBERL/MARCON, S. 338 f., Nr. 1119 – MARCON/STRECKER, S. 591-601, Nr. 84 (mit ausführlichem Schriftenverzeichnis und weiterer Literaturangaben).

Jäger, *Tobias* Ludwig Ulrich, * Ulm 17. Jan. 1762, † ebd. 25. Feb. 1840, ▢ ebd.

Vater   Matthias Rudolf Jäger[257], Dr. med., * 11. VIII. 1724, † Ulm 5. III. 1794, Operateur und Accoucheur (Wundarzt und Geburtshelfer) in Ulm, S. d. Georg Ludwig Jäger, ~ 1673, † 1744, Handelsmann („Kramer und Salzhändler") in Ulm, u. d. Martha Theodora Otto, ~ 1692, † 1746.
Mutter   Johanna Nübling, get. 23. II. 1734, † Ulm 1772, T. d. Theodor Ulrich Nübling[258], * Ulm 24. VII. 1706, † ebd. 30. X. 1756, iuris utriusque doctor, Ratskonsulent in Ulm, u. d. Barbara Holtzhäu, get. 5. II. 1701, ▢ 3. III. 1766 ebd.
Mehrere G, darunter Marcus Friedrich Heinrich Jäger[259], * Ulm 26. XI. 1757, † 15. IX. 1822, seit 1783 Rektor in Isny, 1800 Zweiter Prediger ebd., 1811 Erster Prediger ebd.
∞ Mähringen bei Ulm 29. XI. 1791 Anna Elisabeth von Wogau, * 10. XI. 1744, T. d. Sigmund Friedrich von Wogau, Bankier in Memmingen.
Mehrere K.

J. war einer der Ulmer reichsstädtischen Ratsadvokaten, die sich nach dem Verlust der Selbstständigkeit Ulms mit den neuen Verhältnissen arrangieren mussten und ihre Karriere fast bruchlos erst im bayerischen, dann im württembergischen Staatsdienst fortsetzen konnten.
Nach dem Besuch des Ulmer Gymnasiums und dem 1782 dort abgelegten Examen nahm J. am 18. Okt. 1784 an der Stuttgarter Hohen Carlsschule das Studium der Rechts- und Kameralwissenschaften auf. Nach Abschluss des Studiums wurde er 1787 in Ulm zunächst Kanzleiadjunkt, Ober- und Ehegerichtsprokurator und am 17. Nov. 1790 in die Reihe der reichsstädtischen Ratskonsulenten aufgenommen. J., der Mitglied der 1794 geschlossenen Freimaurerloge war, gewann eine weit über Ulm hinausreichende Bedeutung durch die Veröffentlichung reichsstädtischer Akten und Urkunden in dem 1790 bis 1797 erschienenen sechsbändigen „Juristischen Magazin für die deutschen Reichsstädte". 1794 entfachte er einen Sturm der Entrüstung, als er in einer Druckschrift forderte, bürgerliche Rechtsgelehrte auf patrizische Rats- und Beamtenstellen zu wählen, weil diese aus den Reihen des Patriziats nicht länger zufriedenstellend besetzt werden könnten. Auch nach dem Ende der Selbstständigkeit Ulms veröffentlichte J. zahlreiche Schriften juristischen Inhalts.
In der frühen Zeit der bayerischen Herrschaft in Ulm war J. zuletzt neben Markus Tobias →Miller der letzte Ratsadvokat, der mit seinem Kollegen alle anfallenden Geschäfte zu erledigen hatte. 1804 trat J. in den bayerischen Staatsdienst ein und war zunächst provisorischer Stadtkommissar in Leutkirch, seit 4. Feb. 1806 Landrichter ebd. 1810 stieg er nach dem Übergang Leutkirchs von Bayern an Württemberg zum ersten Oberamtmann des Königreichs Württemberg ebd. auf, wurde jedoch bereits 1812 vom Amt suspendiert. 1812 erhielt er eine Anstellung als Justizrat beim Provinzialjustizkollegium bzw. seit 1819 bei der Justizretardatenkommission in Rottenburg/Neckar, war 1817 aber auch kurzzeitig Stadtkanzleiadjunkt und Advokat in Ulm. 1821 wechselte J. als Oberamtsrichter mit dem Titel „Justizrat" an das Oberamtsgericht Besigheim, zehn Jahre später wurde er in gleicher Funktion an das Oberamtsgericht Ludwigsburg versetzt. 1833 ging er im Alter von 71 Jahren in den Ruhestand, den er in seiner Heimatstadt Ulm verlebte.

Q   HStAS, E 143 Bü 867 – ebd., E 301 Bü 208 und 260.

W   (Auswahl) Von den Rechtsmitteln der Revision und Actenversendung, nebst einem Anhang, Stuttgart 1788 – Die vorteilhafte Verteilung des Rieds bei Ulm, gerettet wider Vorurteile und anscheinende Hindernisse, 1789 – Die Jurisdiction über Civilsachen in der freien Reichsstadt Ulm, Frankfurt/Main und Leipzig 1790 – Zuruf an die Einwohner von Ulm in Absicht der Anbauung des Rieds vor dem Heerdbrucker und Gögglinger-Tor. Von einem, der mit vielen andern hofft, daß es mit der Sache nun endlich werde, Ulm 1792 – (anonym) Etwas über die Ratfähigkeit bürgerlicher Gelehrter in der Reichsstadt, Ulm, 1794 – Gegenerinnerungen auf die Anmerkungen und Berichtigungen auf der Schrift: Etwas über die Ratfähigkeit bürgerlicher Gelehrter in der Reichsstadt, Ulm 1794.
L   WEYERMANN I, S. 345-348 – GRADMANN, Das gelehrte Schwaben, S. 266 f. – Das gelehrte Teutschland 23 (1834), S. 14 – WAGNER, Hohe Carlsschule I, S. 428, Nr. 50 [weitere Nennungen im Alphabetischen Personal-Register ebd. III, S. 178] – Emil VOGLER, Leutkirch im Allgäu. Geschichte, Wirtschaft und Kultur im Spiegel der Jahrhunderte, Leutkirch 1963, S. 74 – GÄNßLEN, Ratsadvokaten, S. 236 f. u. ö. – SCHMIDT, Revolution, S. 56 – Amtsvorsteher, S. 332 ff. (Reiner FALK) [ohne Sterbedatum und -ort].

Jaumann, Heiner, * Schloss Markt Wald 19. Nov. 1904, † Illertissen 26. Nov. 1991.

Vater   Jaumann, Fürstlich Fugger'scher Forstmeister.

J. war ein musikalisches „Wunderkind", ausgestattet mit reicher Begabung und absolutem Gehör. Schon als kleiner Junge machte er auf sich aufmerksam, da er zur freien Improvisation auf der Orgel fähig war, obwohl seine Füße das Pedal nur mühsam erreichten. Nach einmaligem Anhören vermochte er Klavierstücke in andere Tonarten zu transponieren. J. studierte Musik in München, u. a. bei Joseph Haas, nach Abschluss des Studiums war er als Musikerzieher tätig. Nachdem er zunächst am Kolleg der Schulbrüder in Illertissen gewirkt hatte, wechselte er nach Frankenthal in der Pfalz. Im Zweiten Weltkrieg Frontsoldat, nach Kriegsende an der Oberrealschule Aschaffenburg, seit 1949 Studienrat für Musik an der Oberrealschule Neu-Ulm, seit 1957 ständiger Vertreter des Schulleiters (Konrektor). Gemeinsam mit Karl →Steuerwald trieb J. den Neubau der Schule in der Augsburger Straße und dessen Einrichtung sowie die Umwandlung der Oberrealschule in ein Realgymnasium voran. J.s Fähigkeiten als Organisator und sein Fleiß sicherten ihm ebenso wie seine freundliche Art gegenüber Kollegen, Eltern und Schülern hohen Respekt in Neu-Ulm.
Angesichts seiner Musikbegeisterung verwundert J.s einschlägiges Engagement über den schulischen Wirkungskreis hinaus nicht. J. war Neu-Ulmer Kreis-Chorleiter und später auch Bundes-Chormeister des Schwäbisch-Bayerischen Sängerbundes. 1970 trat J. in den Ruhestand, den er seinen musikalischen Interessen und der Mitwirkung bei sozialen Einrichtungen widmete.

L   RADSPIELER, 100 Jahre, S. 55, 60-62 (Bild), 94.

Jehle (sen.), *Georg* Wilhelm, * Ulm 15. April 1858, † Neu-Ulm 23. Dez. 1909, ev.

Vater   Georg Jehle, Bierbrauer in Ulm.
Mutter   Anna Schuler
∞ Neu-Ulm 5. X. 1880 Maria Dunkelacker (Dunkelberg?), * Uigendorf 12. III. 1861, † 1937.
7 K   Georg →Jehle (jun.), Bierbrauer in Neu-Ulm; Anna Jehle, * Neu-Ulm 12. II. 1882, ∞ Wilhelm Egenberger[260], * Germeringen 5. IX. 1881, Kaufmann; Gustav Jehle, * Neu-Ulm 17. II. 1883; Max Jehle[261], * Neu-Ulm 27. I. 1887, † ebd. 15. XII. 1949, Bierbrauer in Neu-Ulm 19. VII. 1919 Maria Martha Dürr, * Holzschwang 26. XI. 1892, † Ulm 29. IV. 1947; Luitpold Jehle, * Neu-Ulm 12. III. 1890; Irma Jehle, * Neu-Ulm 3. XII. 1893; Fanny Eugenie Jehle, * Neu-Ulm 1. V. 1896.

J. entstammte einer bekannten Ulmer Brauerdynastie, die er nach Neu-Ulm brachte und dort das Geschäft ausbaute. Der tatkräftige und erfolgreiche junge Bierbrauereibesitzer erkannte die günstigen Entwicklungsmöglichkeiten auf dem rechten Donauufer, wo die Soldaten der Festung und die rasch wachsende Bevölkerung den Erfolg seines Geschäfts beinahe garantierten, während sich der Markt in Ulm durch große Konkur-

---

257 WEYERMANN I, S. 344 ff.
258 GÄNßLEN, Ratsadvokaten, S. 246 f.
259 WEYERMANN II, S. 201.

260 TEUBER, Ortsfamilienbuch Neu-Ulm I, Nr. 0868.
261 TEUBER, Ortsfamilienbuch Neu-Ulm I, Nr. 2087.

renz immer schwieriger gestaltete. Der von J. gegründete Wirtschaft „Zum König Maximilian" in der Maximilianstraße 13 wurde rasch zum Begriff über Neu-Ulm hinaus. Mit dem seit 1873 in Pfuhl existierenden „Max'l Bräu" erwarb J. seine eigene Brauerei.

J. ließ 1899 einen Neubau in der Neu-Ulmer Schützenstraße errichten. Er starb überraschend im 52. Lebensjahr. Sein ältester Sohn Georg →Jehle (jun.) trat die Nachfolge des Vaters an.

L   BUCK, Chronik Neu-Ulm, S. 131 – Katalog Materialien, S. 145 – TEUBER, Ortsfamilienbuch Neu-Ulm I, Nr. 2084 – WEIMAR, Wegweiser, S. 81.

Jehle (jun.), Georg, * Neu-Ulm 6. März 1881, † ebd. oder Göppingen 30. April 1933, ev.
Eltern und G siehe Georg Jehle (sen.).
Ledig. Keine K.

Der Sprössling der Neu-Ulmer Bierbrauerdynastie führte den die Bierwirtschaft in der Maximilianstraße und den „Max'l Bräu" in Pfuhl durch die Zeit des Ersten Weltkriegs und die wirtschaftlich schwierige Nachkriegszeit.

J. besuchte die Knaben-Volksschule in Neu-Ulm und arbeitete danach im Betrieb des Vaters. Im Alter von 28 Jahren übernahm J. nach dessen frühem Tod die volle Verantwortung für das Geschäft. Es gelang ihm, den Betrieb trotz Rückschlägen im Weltkrieg und in den 1920er Jahren zu erhalten und auszubauen. Zusammen mit seinem Bruder Max richtete er die alte Gastwirtschaft „Zur Scheibe" in der Ulmer Bockgasse neu her und machte sie zu einem neuen Anziehungspunkt. Bis 1911 gehörte J. dem Gemeindekollegium in Neu-Ulm an. Der weithin wegen seines gelegentlich derben Humors beliebte J. starb wenige Wochen nach seinem 52. Geburtstag.

L   Adreßbuch Ulm/Neu-Ulm 1910, Zehnte Abteilung, S. 65 – TEUBER, Ortsfamilienbuch Neu-Ulm I, Nr. 2084,1 – UBC 4, S. 107 (Bild).

Jeitter, Johann *Melchior*, * [Korb-]Kleinheppach/OA Waiblingen 21. Sept. 1757, † Beutelsbach im Remstal/OA Schorndorf 10. Mai 1842, ev.
Vater   Daniel Jeitter, Württ. Fahnenjunker, zuletzt Wachtmeister auf dem Hohentwiel.
∞ Friederike Pommer, * Merklingen 16. IX. 1760, T. d. Johann Christof Pommer[262], Chirurg und Bürgermeister in Großheppach, u. d. Maria Magdalena Ruthardt[263], * Großheppach 2. VIII. 1730, † 1790.
K, darunter Carl (Karl) Friedrich (von) Jeitter[264], * Botnang/OA Stuttgart 17. VI. 1787, † Stuttgart 3. VII. 1859, Pupillenrat in Ellwangen/Jagst und zuletzt bis 1852 dsgl. in Tübingen, Lehrbeauftragter für freiwillige Gerichtsbarkeit an der Universität Tübingen, 1839-1848 MdL Württemberg, ∞ 1818 Marie Sophie *Melanie* Souvestre, * 17. X. 1799, † Stuttgart 19. I. 1859; Wilhelmine Jeitter, ∞ Ludwig Friedrich Göz[265], Oberpolizeicommissar.

J. war nach dem Wechsel von Bayern zu Württemberg der erste für Ulms Forste zuständige Oberförster. Die schwierige Aufgabe bewältigte J., einer der herausragenden Forstleute Württembergs, mit Bravour.

Der Soldatensohn kam im Alter von zwölf Jahren 1770 als Jägerzögling in das militärische Waisenhaus der Hohen Carlsschule in Stuttgart, die er zehn Jahre später (1780) als Hofjäger und Forstverwalter in Wellingen/OA Kirchheim wieder verließ. 1782 Forstverwalter in Botnang, 1797 dsgl. in Heidenheim, 1806 dsgl. in Wildberg. 1810 Kgl. Württ. Oberförster in Ulm, war es neben der Verwaltung und Betreuung der Ulmer Forste in erster Linie seine Aufgabe, sie erst einmal für Württemberg aufzunehmen. 1818 wechselte J. nach nicht durchweg konfliktfreier Amtszeit, in der er sich als treuer Diener der Sache Württembergs erwiesen hatte, als Lehrer der Forstwis-

senschaft zur Feldjägerschwadron in Stuttgart. 1820 ging er als Professor der Forstwissenschaft an die zwei Jahre zuvor vom König gegründete Landwirtschaftliche Hochschule Hohenheim. J., der von Altersbeschwerden geplagt wurde und seinen Verpflichtungen als Professor nur schwer nachzukommen vermochte, trat 1826 mit fast 70 Jahren in den Ruhestand. Er hinterließ zahlreiche Veröffentlichungen zu forstwissenschaftlichen Themen, von denen einige in seiner Ulmer Zeit entstanden, darunter das „Versuch eines Handbuchs der Forstwissenschaft". J. starb im 85. Lebensjahr.

W   Systematisches Handbuch der theoretischen und praktischen Forstwissenschaft, 2 Bände, 1789 – Anleitung zur Taxation und Einteilung der Laubwaldungen, 1794 – Aufmunterung zum Anbau und zur Erhaltung der Salweide, 1798 – Forstkatechismus für Lehrlinge, Forstdiener und Liebhaber der Forstwissenschaft, 3 Bände, 1805-1807 – Jagdkatechismus für Lehrlinge der Jagdwissenschaft, Jäger, Forst- und Jagddiener, auch Liebhaber des Jagdwesens, 1816 – Versuch eines Handbuchs der Forstwissenschaft zur Unterrichtung der niederen Forstschulen in katechetischer Form, 2 Bände, 1820 – Entwurf einer systematischen Belehrung in der theoretischen und praktischen Forst- und Jagdkunde, 1830 – Die forst- und landwirtschaftliche Wasserkunde in ihrem ganzen Umfang, 1832.
L   Ih 1, S. 424 – Mosers Forstarchiv 7, 1790 – HAUG, Das gelehrte Württemberg, 1790 – GRADMANN, Das gelehrte Schwaben, S. 270 – Abhandlungen des Vereins für forstwissenschaftliche Ausbildung, 1. Heft (1825) – Allgemeine Forst- und Jagdzeitung 1842, S. 230 – Monatsschrift für das württ. Forstwesen 5 (18549, S. 46 ff. – WAGNER, Hohe Carlsschule I, S. 345, Nr. 5 [weitere Nennungen im Alphabetischen Personal-Register ebd. III, S. 178] – FABER 3, § 881 – ADB 13, S. 754 ff. – KLEIN, Die akademischen Lehrer, S. 11, 79.

Jochum, Otto, * Irsee/BA Kaufbeuren, Reg.bez. Schwaben 28. April 1865, † Augsburg 9. April 1938, ⬚ ebd., Hermanfriedhof, kath.
Vater   Andreas Jochum, Schullehrer.
Mutter   Karoline Petrich.
Ledig. Keine K.

Der aus einer bekannten Musikerfamilie[266] stammende J. war der fünfte katholische Stadtpfarrer von Neu-Ulm und in diesem Amt eine der prägenden kath. Persönlichkeiten in der Geschichte der Stadt.

Als Zögling des Bischöflichen Knabenseminars St. Joseph in Dillingen/Donau besuchte J. das dortige Gymnasium. Anschließend studierte er von 1886 bis 1889 zunächst Philosophie in Regensburg, dann Theologie in München, wo er Aufnahme im Georgianum fand. In dieser Zeit leistete er auch seinen Militärdienst als Einjährig Freiwilliger in der 1. Kompanie des Kgl. Inf.-Rgts. von der Tann in Regensburg ab. Am 26. Juli 1890 zum Priester geweiht, kam er als Stadtkaplan nach Memmingen, wo er zugleich auch als Gesellenpräses und als Religionslehrer an der Realschule wirkte. Nachdem er den Pfarrkonkurs bestanden hatte, wurde er im Frühjahr 1896 Pfarrer in Hainhofen bei Augsburg. Dort erwarb er sich besondere Verdienste in der Vereinsarbeit – u. a. war er Bezirkspräses der kath. Arbeitervereine von Augsburg und Umgebung – und die Entwicklung des Kirchenchors.

Anfang 1912 erhielt J. als Nachfolger von Bernhard →Mairhofer die Stadtpfarrstelle an St. Johann Baptist in Neu-Ulm übertragen, wo er am 21. April 1912 installiert wurde. J. hatte sich zuvor lange um eine größere Pfarrei bemüht. Er blieb für zwölf Jahre in Neu-Ulm im Amt und war dort zugleich Garnisonspfarrer, Stadtschulreferent, Vorstand des 1916 von ihm gegründeten Christlichen Müttervereins und Vorstand des 1920 von ihm gegründeten Caritas-Zweigvereins, Mitglied des Kreisschulbeirats, des Armenrats und Bezirkspräses. Seine Amtszeit in Neu-Ulm war geprägt von den Nöten des Ersten Weltkriegs und dessen Folgen, besonders der Novemberrevolution von 1918. Nach Kriegsausbruch ließ sich J. sogleich als Feldgeistlicher für die Reserve vormerken und widmete sich besonders der seelsorgerischen Betreuung der Soldaten, was ihm den Beinamen „Soldatenvater" eintrug. Während des

262 FABER 64, § 150.
263 FABER 3, § 881.
264 Ih 1, S. 424 –RABERG, Biogr. MdL-Handbuch, S. 412 f.
265 FABER 3, § 379.

266 Zu ihr gehören auch Otto Jochum (1898-1969), Chorleiter und Komponist, und der weltberühmte Dirigent Eugen Jochum (1902-1987).

Krieges musste sich J. gegen Anschuldigungen der Neu-Ulmer Baumeisterswitwe Anna Densel wehren, die ihm nachstellte und ihn beim Bischof in Augsburg u. a. der Verführung von Klosterfrauen bezichtigte. Die Haltlosigkeit der Vorwürfe konnte erwiesen werden. 1920 erfolgte Js. Wahl zum Dekan des Landkapitels Weißenhorn, 1922 die Ernennung zum Bischöflichen Geistlichen Rat. 1922 widmete sich J. u. a. auf Reisen in die USA, die Schweiz und in die Niederlande der Sammlung von Geldern für die Erweiterung der 1860 fertig gestellten Neu-Ulmer kath. Stadtpfarrkirche, die für die rasch wachsende Gemeinde zu klein geworden war. Die Fertigstellung des Umbaus von St. Johann Baptist nach Plänen von Dominikus →Böhm im Jahr 1927 erlebte J., der tatkräftig an den Arbeiten mitgewirkt hatte, schon als Augsburger Domkapitular.

1925 erfolgte, kurz nachdem J. Mitglied des Neu-Ulmer Bezirksfürsorgeverbandes geworden war, seine Ernennung zum Domkapitular in Augsburg, auf die er seit Jahren hingearbeitet hatte. Als Kunstreferent der Diözese und Rat im Bischöflichen Konsistorium, ferner als Vorstand der Diözesan-Emeritenanstalt hatte J. Aufgaben zu erfüllen, denen seine seit 1924 angegriffene Gesundheit nicht mehr gewachsen war. Trotz seiner schweren Krankheit habe J. *seine Frohnatur bis zuletzt bewahrt*, sagte Dompfarrer Robert →Domm bei der Beerdigung. – Päpstliches Verdienstkreuz „bene merenti"; 1916 Kgl. Bayer. König-Ludwig-Kreuz.

Q Archiv des Bistums Augsburg, Personalakte 819a.
W Drei Ansprachen an das 12. Inf.-Rgt. „Prinz Arnulf", Neu-Ulm 1914.
L Joseph FUNK, Das B. Knabenseminar St. Joseph in Dillingen. Jubiläums-Festschrift, Dillingen/Donau 1912, S. 173, Nr. 433 – Einwohner- und Geschäfts-Handbuch Ulm/Neu-Ulm 1921, Neunte Abteilung, S. 79 f. – RADSPIELER, 100 Jahre, S. 37, 89 – Engelbert Maximilian BUXBAUM, Maximilian von Lingg 1842-1930. Leben und Wirken eines Bischofs nach eigenen und zeitgenössischen Dokumenten (Beiträge zur Augsburger Bischofsgeschichte 1), St. Ottilien 1981, S. 105, Anm. 320 – BUCK, Chronik Neu-Ulm, S. 221 – Neue Augsburger Zeitung Nr. 85, 11. IV. 1938 – ebd. Nr. 87, 13. IV. 1938 – SPECKER/TÜCHLE , S. 314 – GROLL, Augsburger Domkapitel, S. 611-616 – TREU, Neu-Ulm, S. 574.

Kässbohrer, Heinrich, * Ulm 26. Mai 1936, † ebd. 17. Juli 2007, ⬚ ebd., Hauptfriedhof, 25. Juli 2007, ev.
Eltern und G siehe Karl →Kässbohrer (jun.)
∞. 3 K Marion Kässbohrer; Thomas Kässbohrer; Stephan Kässbohrer.

K. war in der dritten Generation Ulmer Fahrzeug-Unternehmer. Eng war er mit den SETRA-Omnibussen und dem Verband der Metallindustrie verbunden.

Sein ganzes Leben drehte sich um Ulm. Dort wurde er geboren, wuchs er auf und besuchte die Schule. Es verstand sich von selbst, dass er nach der kaufmännischen Ausbildung in die Kässbohrer-Fahrzeugwerke eintrat. Nachdem sein Vater 1973 gestorben war, arbeitete er eng mit seinem Onkel Otto →Kässbohrer zusammen, der ihn 1982 zum Geschäftsführer machte. K. führte 1992 die Verlegung eines Fertigungsbetriebes ins Pfuhler Ried durch. Die Auflösung der Kässbohrer-Fahrzeugwerke in den 1990er Jahren und den Verkauf der SETRA-Sparte erlebte er verständlicherweise mit gemischten Gefühlen. Er blieb aber Miteigner und stv. Beiratsvorsitzender der Firma Kässbohrer Transporttechnik bei Salzburg. Daneben war er auch in der regionalen Wirtschaft fest verankert als Vorsitzender des Verbands der Metallindustrie (VMI), ein Amt, das er von 1984 bis 1994 ausübte.

Der von seinen Mitarbeitern wegen seiner Menschlichkeit hoch geschätzte K. war aktiver ev. Christ. Er gehörte dem Kirchengemeinderat der Paulusgemeinde an, übernahm Krankenbesuche und begrüßte neue Gemeindemitglieder mit einem persönlichen Besuch. Außerdem war er Vorsitzender des von seinem Vater ins Leben gerufenen Karl-Kässbohrer-Hauses, in dem Jugendfreizeiten angeboten werden.

Q StadtA Ulm, G 2.
L Regina FRANK, Heinrich Kässbohrer ist tot. Die Familientradition stets hochgehalten, in: SWP vom 20. VII. 2007 (Bild).

Kässbohrer (sen.), *Karl* Heinrich, * Ulm 6. Sept. 1864, † ebd. 26. Dez. 1922, ⬚ ebd., Hauptfriedhof, ev.
Vater Georg Kässbohrer, * 1836, † 1919, Schiffmeister in Ulm.
Mutter Luise Friederike Wilhelmine Kübler, * 1837, † 1894.
8 G, darunter Georg Kässbohrer, * 1861, † 1929, Schiffmeister in Ulm, ∞ Babette Schäfer, * 1864, † 1964.
∞ 1897 Katharina Mayer, * 1867, † 1955.
4 K Karl →Kässbohrer jun. Otto →Kässbohrer; Mina Kässbohrer, ∞ Eugen →*Kurz; Emma Kässbohrer, * 1907, † 1979.

Mit K., dem Gründer der nach ihm benannten Ulmer Fahrzeugwerke, ist der Übergang und die Hinwendung seiner über Jahrhunderte in der Donauschifffahrt tätigen Familie zur Produktion von Wagen verbunden.

Nach dem Schulbesuch erlernte der im Fischerviertel geborene K. nicht, wie zwei seiner Brüder, das Handwerk des Schiffbauers, sondern durchlief seit 1887 eine Wagner- und Stellmacherlehre bei dem Ulmer Wagnermeister Karl Hirth. Nach Ableistung seines Militärdienstes beim Pionierbataillon Nr. 13 ging K. als Handwerksgeselle auf die obligatorische Wanderschaft. Diese führte ihn u. a. nach Stuttgart (Firma Nägele), München und Wien (Hofwagenfabrik Bähr). Diese Zeit nutzte K., um sich im wagenbautechnischen Zeichnen zu üben und sich im Bau von Kutschen weiterzubilden.

1893 machte er sich in seiner Vaterstadt, am Lautenberg, als Stellmacher und Wagnermeister selbstständig. Er gründete eine Wagenfabrik, die 1907 den Namen „Wagenfabrik Kässbohrer" und 1911 den Namen „Erste Ulmer Karosseriefabrik Karl Kässbohrer" erhielt. Damit trat er in Konkurrenz zu den zwölf anderen Ulmer Wagnermeistern. Zunächst hauptsächlich von Reparaturaufträgen lebend, widmete sich K. von Anfang an der Konstruktion von Wagen. 1897 lieferte er den ersten kompletten Brückenwagen aus. Seine Modelle stellte er u. a. regelmäßig auf dem Stuttgarter Pferdemarkt aus.

1904 verlegte K. sein rasch expandierendes Unternehmen in die Hartmannstraße in die sogenannte „Neustadt" am Michelsberg. Dort konnten fortan auch Schmiede-, Schlosser-, Sattler- und Lackierarbeiten ausgeführt werden. 1907 meldete er ein Patent für ein kombiniertes Personen- und Güterverkehrfahrzeug an – die Geburtsstunde des Omnibusses! Der Prototyp konnte 1910 an eine Ausflugsgaststätte bei Ulm geliefert werden. Im gleichen Jahr lieferte das Unternehmen einen Omnibus (Karosserie: Saurer-Fahrgestell aus der Schweiz) für 25 Personen für den Verkehr zwischen Ulm und Wiblingen – der erste Linien-Omnibus.

Neben der Omnibus-Produktion fertigte K. Karosserien für Personenkraftwagen (u. a. Studebaker, Lancia Lambda, NSU, Opel, Ford), wobei er erste Erfahrungen mit selbst tragenden Gestellen machte. Er bot Dog-Carts, Landauer und pferdebespannte Postkutschen ebenso an wie Gebrauchtwagen und den Bau von *Wagen nach speziellen Wünschen und Bedürfnissen*. K. war mit seinen Angeboten ganz auf der Höhe der Zeit – und ihr manchmal auch voraus. Vor dem Ersten Weltkrieg kam die Produktion von Lastwagen-Karosserien und -Anhängern hinzu. Im Jahr seines Todes entwickelte K. noch den vollgummibereiften Lastwagen-Anhänger. Der plötzliche Tod K.s und die im Zusammenhang mit der Inflation seit 1923 herrschenden wirtschaftlichen Schwierigkeiten stürzten die Firma in eine schwere Existenzkrise, die jedoch durch den Einsatz seiner beiden Söhne Karl →Kässbohrer (jun.) und Otto →Kässbohrer bewältigt werden konnte. In seinem Geburtshaus im Fischerviertel erinnert eine Ausstellung an den Firmengründer und die Geschichte seines Unternehmens.

Q StadtA Ulm, G 2.
L Franz BOLLINGER/Hellmuth PFLÜGER, 1893-1968. 75 Jahre Kässbohrer, hg. von Karl Kässbohrer Fahrzeugwerke GmbH, Ulm 1968 – Dieter MUTHARD/Petra FORBERGER, Großes aus kleinen Anfängen – 100 Jahre Otto Kässbohrer, Ulm 2003 – WB I (2006), S. 125 f. (Hans Eugen SPECKER) – Wikipedia (Artikel „Karl Kässbohrer sen." und „Kässbohrer Fahrzeugwerke").

Kässbohrer (jun.), *Karl* Georg, Dipl.-Ing., * Ulm 27. Mai 1901, † ebd. 29. April 1973, ⌂ ebd., Hauptfriedhof, ev.
Eltern und *G* siehe Karl →Kässbohrer (sen.).
∞ Ilse Graf, * 1910, † 1984, T. d. Rudolf Graf, * Baumerlenbach 1. I. 1877, seit 1925 Pfarrer in Nordheim, u. d. Hedwig Faust.
6 *K* Karl Kässbohrer, * Ulm 1934; Heinrich →Kässbohrer; Ulrich Kässbohrer, * 1939, † 2001; Otfried Kässbohrer, * 1941, Walter Kässbohrer, * 1944; Dorothee Kässbohrer, * 1952, ∞ Golling.

K. war mit seinem Bruder Otto →Kässbohrer Inhaber der Kässbohrer Fahrzeugwerke GmbH in Ulm, Konstrukteur von LKW-Anhängern und Spezialfahrzeugen (Tieflader, Autokrane). Die beiden Brüder machten das Unternehmen, das beim Tod des Gründers 1922 etwa 20 Mitarbeiter beschäftigte, trotz widriger Ausgangsbedingungen zu einer Weltfirma.
Der älteste Sohn von Karl →Kässbohrer (sen.) studierte nach der Reifeprüfung am Ulmer Gymnasium an der TH Stuttgart Ingenieurwissenschaften. Der Tod des Vaters rief den 21-jährigen K. frühzeitig in große Verantwortung. In der Zeit der Inflation stand die Existenz der Firma in Frage; Übernahmegerüchte liefen um. Mit seinem jüngeren Bruder Otto Kässbohrer gelang es ihm, das Unternehmen durch die wirtschaftlich schwierigen 1920er Jahre zu führen. 1928 erwarben die Brüder die Ulmer Karosseriefabrik Neuner & Thieme und forcierten die Spezialisierung auf Omnibusse, Anhänger und Aufbauten. Im gleichen Jahr siedelte das Unternehmen von der Hartmannstraße in die Söflinger Straße um, schon 1935 stand der nächste Umzug in die Peter-Schmid-Straße an. 1937 wurde zusätzlich ein größeres Terrain in Neu-Ulm erworben, das als Holzlager diente. 1938 kaufte K. mit seinem Bruder das Fahrzeugwerk Matthes & Co.; die Firma hieß seitdem Karl Kässbohrer Fahrzeugwerke.
Der Ausbruch des Zweiten Weltkriegs warf den scheinbar unaufhaltsamen Aufstieg der Firma zurück. Viele Mitarbeiter mussten zur Wehrmacht einrücken, der schwunghafte Exporthandel brach zusammen. 1942 wurden in Ulm erste Versuchsfahrten mit einem „Oberleitungs-Omnibus", dessen Elektromotor von Strom aus einer Oberleitung gespeist wurde, unternommen. Die Luftangriffe von 1944/45 legten die Werkshallen in Schutt und Asche.
Nach Kriegsende wurde der Neuaufbau unspektakulär, aber effizient in Angriff genommen: *Zu den knapp 200 bei Kriegsende verbliebenen Arbeitern und Angestellten kamen im Laufe des Sommers [1945] an jedem Tag neue, altbekannte Gesichter in notdürftig auf Zivil geänderten Uniformresten hinzu. Es waren die ersten Heimkehrer aus den Lagern und der Gefangenschaft, die an ihren alten Arbeitsplatz zurückkehrten. Eine `Bauabteilung´ wurde improvisiert, Notdächer [wurden] über den zerbombten Dächern errichtet und die Maschinen, die Werkzeuge und alles brauchbare Material aus dem Schutt ausgegraben. Es war eine aus der Not geborene Gemeinschaft, die [...] beinahe Unvorstellbares leistete [...]".* Schon 1951 konnte der erste Omnibus SETRA (für „SElbstTRAgend") gebaut werden, der nicht mehr Aufbau auf einem LKW- oder PKW-Gestell war, sondern sich selbst trug. 1953 konnte der erste Gelenkbus mit Platz für 170 Personen vorgestellt werden. 1954 wurden die ersten dreiachsigen Hochdeckerbusse „Silver Eagle" und „Golden Eagle" in die USA geliefert.
K.s über seine Arbeit im Unternehmen hinausgehendes Engagement war umfassend und vielgestaltig. 1949 zählte K. zu den Gründern des Verbandes der Metallindustriellen in Württemberg-Baden (später Baden-Württemberg) und war von 1963 bis 1971 Erster Vorsitzender der Bezirksgruppe Ulm. Von 1957 bis 1971 war er Mitglied des Präsidiums der IHK Ulm. Seit 1947 gehörte K. dem Kirchengemeinderat der Münstergemeinde an, war Mitglied des Engeren Rats und seit 1972 gewählter Vorsitzender der Gesamtkirchengemeinde, daneben auch Gründer des Arbeitskreises Kirche und Wirtschaft in Ulm.
Von 1960 bis 1971 gehörte er, zunächst als Abg. von Ulm, dann von Ulm, Blaubeuren und Münsingen, der Ev. Landessynode an, seit 1960 Mitglied des Ständigen Ausschusses, 1966

Mitglied des Ältestenbeirats, 1969 stv. Mitglied des Landeskirchenausschusses. K. war Mitorganisator der Ausbildungshilfe für Straßenjungen in Addis Abeba (Äthiopien). 1961 gründete K. mit Theodor →Wölpert den „Verein zur Förderung der Jugendarbeit" und erwarb im Allgäu ein nach ihm benanntes Vereinshaus. – Mitglied der Dt. Christlichen Studentenvereinigung und der Ev. Akademikerschaft.

Q StadtA Ulm, G 2.
L. Ih 1, S. 433 – UBC 5b, S. 561, 778 f. – NDB 10 (1974), S. 734 (Hans Christoph von SEHERR-THOß) – Dieter MUTHARD/Petra FORBERGER, Großes aus kleinen Anfängen - 100 Jahre Otto Kässbohrer, Ulm 2003 – EHMER/KAMMERER, S. 208 ff. (Bild).

Kässbohrer, Otto, * Ulm 26. Jan. 1904, † ebd. 20. Juni 1989, ev.
Eltern und *G* siehe Karl →Kässbohrer sen.
∞ 1948 Kathi Kemnitz, * 1913, † 1982.
Keine *K.*

Der aus der bekannten Ulmer Unternehmerfamilie stammende K. war mit seinem Bruder Karl →Kässbohrer jun. Inhaber der Kässbohrer Fahrzeugwerke GmbH in Ulm, Konstrukteur von LKW-Anhängern und Spezialfahrzeugen (Tieflader, Autokrane).
Nach dem Schulbesuch machte K. seine Lehre als Wagner in der von seinem Vater gegründeten Wagenfabrik Kässbohrer in Ulm. Nachdem er 1922 den Gesellenbrief erhalten hatte, übernahm er Ende des Jahres nach dem Tod des Vaters gemeinsam mit seinem Bruder Karl →Kässbohrer die Leitung des Unternehmens. Die individuellen Leistungen der beiden Unternehmensleiter abzuwägen, die in fünfzig Jahren den Erfolg ihrer Firma zu sichern und zu steigern wussten, ist schwierig. K. gilt als der eigentliche „Erfinder" des selbsttragenden Omnibusses (SETRA), der 1951 in Produktion ging.
Nach dem Tod seines älteren Bruders 1973 übernahm der 69 Jahre alte K. die alleinige Führung des Unternehmens. 1977 stiftete K. im Ulmer Münster das „Fenster der Erfüllung", im Jahr darauf würdigte die Stadt Ulm seine Verdienste um die Belange seiner Heimatstadt mit der Verleihung der Bürgermedaille. 1982 übergab K. die Geschäftsführung seinem Neffen Heinrich →Kässbohrer. 1984 wurde von K. die nach ihm benannte „Otto-Kässbohrer-Stiftung" ins Leben gerufen, die u. a. unverschuldet in Not geratenen Betriebsangehörigen hilft. Zu seinem 85. Geburtstag erhielt K. die Albrecht-Berblinger-Medaille, fünf Monate später starb der „Parade-Ulmer", der alte Unternehmer-Tugenden hochhielt und weit über „seine" Stadt hinaus größten Respekt genoss. 2004 legte EvoBus aus Anlass des 100. Geburtstages von K. die Sonderserie „100 Jahre Otto Kässbohrer" auf.

Q StadtA Ulm, G 2.
L. Ih 3, S. 165 – UBC 5a, S. 200 – TREU, Neu-Ulm, S. 616 – Dieter MUTHARD, Stefan LOEFFLER, Setra - Omnibusse seit 1951, Motorbuch Verlag Pietsch 2002 – Dieter MUTHARD/Petra FORBERGER, Großes aus kleinen Anfängen - 100 Jahre Otto Kässbohrer, Ulm 2003.

Kässbohrer, Wilhelm, Dr. rer. pol., Dipl.-Handelslehrer, * Ulm 28. Sept. 1902, † ebd. 5. März 1994, ⌂ ebd. 10. März 1994, ev.
Vater Friedrich Kässbohrer, Abteilungsleiter im kaufmännischen Büro der Firma Wieland in Ulm.
Mutter Emma Federle.
Mehrere *G.*
∞ Klara Rittmann.

Der einem Zweig der Ulmer Omnibusbauer-Familie Kässbohrer entstammende K. hatte ebenfalls mit dem Verkehrswesen zu tun, war jedoch Verbandsfunktionär der IHK.
Nach dem Abitur am Ulmer Gymnasium studierte K. von 1925 bis 1930 Nationalökonomie und Pädagogik in Tübingen und Frankfurt/Main. 1928 bestand er die Diplomprüfung für Handelslehrer, 1930 wurde er mit der Arbeit „Ausbau der oberen Donau zwischen Regensburg und Ulm als Großschif-

fahrtsstraße. Eine wirtschaftliche Untersuchung" bei Prof. Dr. Carl Johannes Fuchs (Universität Tübingen) zum Dr. rer. pol. promoviert. Schon 1928 übernahm er eine Tätigkeit als Handelslehrer in Ulm. 1937 vertauschte er sie mit dem Amt des stv. Geschäftsführer der IHK Ulm, als welcher er eng mit Karl →Eychmüller kooperierte. Von 1943 bis 1947 war K. Soldat und befand sich anschließend in Kriegsgefangenschaft.
Von 1947 bis 1954 Referent im Verkehrsreferat bei der IHK Stuttgart, war K. von 1954 bis 1966 Geschäftsführer ebd. und Leiter der Verkehrsabteilung sowie Mitglied des Deutschen Industrie- und Handelstages sowie des Landes-Verkehrsbeirats. K. war besonders seine Mitwirkung an der etappenweisen Elektrifizierung der Eisenbahnstrecke Stuttgart-Mannheim und an der Internationalisierung des Stuttgarter Flughafens nach der Freigabe durch die US-amerikanische Besatzungsmacht wichtig. Am 1. Okt. 1966 ging er in den Ruhestand, den er zurückgezogen in Böfingen verlebte. – Großes Verdienstkreuz des Verdienstordens der Bundesrepublik Deutschland.

Q   StadtA Ulm, G 2.
L   EBERL/MARCON, S. 336, Nr. 1109.

Kallhardt (Kallhart), Elias Dietrich, * Witzighausen 5. Jan. 1808, † Neu-Ulm 21. Juni 1887, ev.
Vater   Elias Dietrich Kallhardt[267], * Ulm 23. VI. 1765, Konditor in Ulm und Neu-Ulm, ev., S. d. Johannes Kallhardt u. d. Veronica Dieterle
Mutter   Maria Magdalena Haible, * Bellenberg 22. IX. 1786, † Neu-Ulm 7. III. 1840, kath., T. d. Lorenz Haible, Gärtner, u. d. Victoria Müller.
∞ Pfuhl 29. IX. 1835 *Karolina* Katharina Obermüller, * Heiningen 14. IV. 1811, † Neu-Ulm 20. VII. 1887.
3 K   Philipp Hubert Dietrich Kallhardt, * Neu-Ulm 4. VII. 1836, Klaviermacher, ∞ Alina Hubert; Elias Dietrich Kallhardt, * Neu-Ulm 27. VII. 1837, † ebd. 25. VIII. 1837; Hermann Conrad Friedrich Kallhardt, * Neu-Ulm 6. XI. 1843, Kaufmann.

K. war einer der „Pioniere" in Neu-Ulms früher Zeit, und wie so viele hatte er seinen familiären Wurzeln in Ulm. Vor allem der Aufbau eines eigenen örtlichen Postwesens ist mit seinem Namen verknüpft, daneben engagierte er sich kommunalpolitisch Mitte der 1850er Jahre als Mitglied im Neu-Ulmer Gemeindeausschuss.
K. entstammte einem Verhältnis seines gleichnamigen Vaters – Spezereihändler und Konditor in Ulm – mit einer Gärtnerstochter. Als sein Vater erklärte sich jedoch zunächst ein Kaufmann Monceur. Nach dem Tod seiner Frau Regina, geb. Hartmann († 1825) heiratete Kallhardt sen. in Burlafingen die über 20 Jahre jüngere Gärtnerstochter. Als sein Sohn K. in Pfuhl Karolina Obermüller ehelichte, erschien er erstmals mit dem Namen Kallhardt. Vater K. verkaufte Anfang 1825 sein Haus in der Ulmer Herdbruckerstraße und ging nach Neu-Ulm, wo er das spätere Café Fromm in der Augsburgerstraße 2 baute. Sein Sohn führte das Geschäft fort und erweiterte es. Im Nov. 1837 wurde Kallhardt jun. zum Posthalter – zeitgenössisch hieß es zunächst „Briefesammler" – bestellt, 1843/44 auch Postexpeditor, d. h. die Postkutsche nahm vor seinem Café Reisegäste auf. Seinem Geschäft schadete diese Kombination nicht, und der Name K. war bald rechts und links der Donau bestens bekannt. Der Plan zur Erweiterung der Stadt bedrohte Mitte der 1840er Jahre die gerade geschaffene neue Existenz, denn auch K.s Café sollte der Stadterweiterung zum Opfer fallen. Unter Verweis auf seine amtlichen Aufgaben und die Bedeutung des Verbleibens am bekannten Ort vermochte K. die Gefahr abzuwenden. 1848 eröffnete er im Haus seines Vaters ein Café mit Konditorei, 1849 erhielt er die Bierausschankerlaubnis, 1851 auch die Erlaubnis zur Ausgabe warmer Speisen. Sein Geschäft florierte, doch seine Söhne wollten es nicht übernehmen. Im Jahr vor seinem Tod verkaufte K. sein Café. Es wurde im Zweiten Weltkrieg zerstört.

L   BUCK, Chronik Neu-Ulm, S. 98, 140 – Eduard OHM, Neu-Ulmer Post gründete auf vergnüglichem Seitensprung (Neu-Ulmer Geschichten 15), in: NUZ Nr. 196, 25. VIII. 1984 – TREU, Neu-Ulm, S. 144 – Katalog Materialien, S. 75, 195, 197, 198, 199 – TEUBER, Ortsfamilienbuch Neu-Ulm I, Nr. 2166 [mit unzutreffender Mutterzuschreibung und dem Geburtsjahr „1809"].

Kallhardt, *Friedrich* Adolf Eugen, * Amorbach (Bayern) 2. Juli 1839, † München 21. Feb. 1920, ev.

K. war 20 Jahre lang eine der profilierten Lehrkräfte am Kgl. Gymnasium Ulm und eine stadtbekannte Persönlichkeit in der zweiten Hälfte der Kaiserzeit.
1863 bestand K. – gemeinsam mit Konrad Dieterich →Haßler jun. – die philologische Präzeptoratsprüfung, trat jedoch nicht in den württ. Schuldienst ein, sondern ging 1864 als Reallehrer nach Neunkirch/Kanton Schaffhausen (Schweiz). 1872 übernahm er eine Stellung als Subrektor in seiner Heimatstadt Amorbach. 1874 kam er als Präzeptor an die Lateinschule Nagold wieder nach Württemberg zurück. Im Jan. 1880 kam K. als Präzeptor an das Kgl. Gymnasium Ulm, wo er bereits 1864 vor seinem Wechsel in die Schweiz kurzzeitig gewirkt hatte. K. übernahm die Nachfolge von Robert →Werner als Lehrer der 3. Klasse. 1887 erhielt er den Titel Oberpräzeptor, 1891 den Titel Professor ebd. Im Jahre 1900, als er in den Ruhestand trat, wurde ihm der Rang auf der VII. Stufe der Rangordnung verliehen. K. verlebte seinen Ruhestand in München, wo er im Alter von 80 Jahren starb.

L   CRAMER, Württembergs Lehranstalten ⁶1911, S. 7 – UBC 2, S. 415 – UBC 4, S. 135 (Bild), 137.

Kapff, Rudolf, Dr. phil., * Zainingen/OA Urach 15. Okt. 1876, † Ulm-Wiblingen 30. Okt. 1954, ▢ Esslingen/Neckar, ev.
Vater   August Kapff[268], * Tübingen 8. I. 1831, † 1904, Pfarrer in Pfrondorf, 1876 dsgl. in Zainingen, 1884 dsgl. in Nellingen.
∞.
Mehrere K, darunter Siegfried Kapff.

Der Theologe, Schulmann und Volkskundler K. verbrachte seinen Lebensabend in Ulm-Wiblingen. Er bleibt vor allem wegen seiner Mitarbeit am „Schwäbischen Wörterbuch", seiner volkskundlichen Bücher und seiner Steinzeitfunde in der Umgebung von Urach in Erinnerung.
K. entstammte einer alteingesessenen württ. Beamten- und Pfarrerfamilie und war für die Laufbahn eines Geistlichen vorgesehen. So besuchte er nach dem Landexamen das ev.-theol. Seminar Urach, war 1894/95 Einjährig Freiwilliger in Ulm und studierte anschließend Theologie und Philologie in Tübingen (Mitglied der Studentenverbindung Nicaria). Nach der I. theol. Dienstprüfung und ersten Verwendungen als Vikar entschied sich K. jedoch für die Lehrerlaufbahn und studierte klassische Philologie und Germanistik. 1903 wurde er zum Dr. phil. promoviert. Nachdem K. 1903 auch das Professoratsexamen für die Verwendung im höheren Schuldienst bestanden hatte, avancierte er nach einer Zwischenstation als wissenschaftlicher Hilfsarbeiter an der Tübinger Universitätsbibliothek (1904-1906) und der II. Staatsprüfung 1908 zum Oberpräzeptor am Realgymnasium und an der Oberrealschule Göppingen. 1914 wechselte er in gleicher Funktion an das Realgymnasium und an die Oberrealschule Heilbronn/Neckar, wo er 1917 zum Professor ernannt wurde. 1920 zum Professor am ev.-theol. Seminar Urach ernannt, übernahm er 1933 als Ephorus die Leitung des Seminars. Im Herbst 1941 wurde K. in den Ruhestand verabschiedet. Als Ephorus musste K. erleben, wie die Seminare in den Konflikt zwischen nationalsozialistischem Staat und Kirche gerieten. Nach seiner Pensionierung wurde das Uracher Seminar vom Staat beschlagnahmt.

---

[267] UNGERICHT, S. 37

[268] Magisterbuch 30 (1897), S. 78.

Umfassend waren K.s Aktivitäten neben seinem eigentlichen Beruf. Der Philologe war besonders an Namenforschung interessiert und bot mit seinem Buch über die „Schwäbischen Geschlechtsnamen" eine bis heute sehr wertvolle Abhandlung über Herkunft und Bedeutung der gebräuchlichsten Geschlechtsnamen, die er mit sprachlichen und geschichtlichen Erläuterungen versah. Es war nur natürlich, dass er auch an Hermann Fischers „Schwäbischem Wörterbuch" mitarbeitete, galt er doch als Kapazität. Auch heute noch lesenswert sind die von ihm herausgegebenen „Schwäbischen Sagen", die innerhalb des „Deutschen Sagenschatzes" in der Sammlung Diederich erschienen.

K., der sein Leben lang gute Beziehungen zu Ulm gepflegt hatte, fand im Stadtteil Wiblingen in der Donaustraße 53 ein Haus und entschloss sich, seinen Ruhestand dort zu verleben. Er blieb weiterhin wissenschaftlich und publizistisch tätig. In Wiblingen starb K. zwei Wochen nach Vollendung seines 78. Lebensjahres. Seine letzte Ruhestätte fand er nach einer Trauerfeier in Wiblingen in Esslingen/Neckar. – Seit ca. 1903 Mitglied des Schwäbischen Albvereins.

Q   StadtA Ulm, G 2.
W   Das Ursulastift in Gussenstadt, 1914 – Mörike und das schwäbische Volkslied, 1919 – Schwäbische Sagen, Jena 1926 – Erzählungen aus der Geschichte des alten Orients sowie aus der griechischen, römischen und deutschen Sagenwelt, Stuttgart ⁷1927 – Geschichte von Dorf und Propstei Nellingen auf den Fildern Oberamt Eßlingen, Esslingen 1927 – Schwäbische Geschlechtsnamen. Geschichtlich und sprachlich erläutert (Schwäbische Volkskunde, Band 3), Stuttgart 1927 – Von den Aufgaben der schwäbischen Geschlechtsnamenforschung, in: Bes. Beilage des Stuttgarter NS-Kuriers und Regierungsanzeiger für Württemberg Nr. 10, 31. X. 1934, S. 241-246 – Vom Schwäbischen Wörterbuch, in: Bes. Beilage des Stuttgarter NS-Kuriers und Regierungsanzeiger für Württemberg Nr. 1, 27. II. 1937, S. 27-29 – Mundartgeographie und Geschlechtsnamenforschung, in: Bes. Beilage des Stuttgarter NS-Kuriers und Regierungsanzeiger für Württemberg Nr. 3, 30. VI. 1938, S. 84-87.
L   Ih 1, S. 438 – CRAMER, Württembergs Lehranstalten ⁶1911, S. 118 – Magisterbuch 41 (1932), S. 136 – Schwäb. Donau-Zeitung Nr. 86/1946, S. 2 – Rudolf Kapff zum Gedächtnis, in: Schwäb. Donau-Zeitung Nr. 240, 15. X. 1956.

Kapff, Sixt[us] *Wilhelm* Alexander, * Wildbad/OA Neuenbürg 7. Mai 1814, † Ulm 6. (nicht 5.!) Aug. 1877, ev.
Vater   *Gottfried* Ulrich David Kapff, * 9. II. 1768, † 1815, 1812 Dekan in Wildbad, zuletzt ernannter Dekan in Herrenberg.
Mutter   *Eberhardine* Friederike Hehl, * 1773, † 1855, T. d. Christian Friedrich Hehl, * 1742, † 1826, Oberamtmann und Keller in Calw, 1804 dsgl. in Bebenhausen. Ihr Onkel Eberhard Friedrich Hehl[269], * Tübingen 14. X. 1765, † ebd. 19. IX. 1847, Gelehrter und Erzieher, war 1819 Repräsentant der Stadt Tübingen in der Ständeversammlung.
8 G.
∞ 1841 ? Wunderlich, T. d. Wunderlich, Seminarephorus in Schöntal/Jagst.
3 K, darunter Robert Kapff[270]; Sixt *Rudolf* Kapff[271], * Ulm 10. IV. 1856, Präzeptor an den Lateinschulen Pfullingen und Blaubeuren, 1902-1923 Professor am Eberhard-Ludwig-Gymnasium Stuttgart.

K., eine der weniger bekannten Politikerpersönlichkeiten aus der Revolutionszeit, wuchs nach dem frühen Tod seines Vaters bei seinem Großvater in Tübingen auf und erhielt dort Privatunterricht. Von 1828 bis 1831 war K. nach Bestehen des dreifachen Landexamens Zögling des niederen ev.-theol. Seminars Schöntal/Jagst (nicht in Maulbronn!). Im Alter von 17 Jahren begann er am Tübinger Stift das Theologie- und Philologiestudium (1831 bis 1835) und war Mitglied der Stiftverbindung „Die Patrioten". Beeinflusst durch Ferdinand Christian Baur und David Friedrich Strauß, entwickelte sich K. zu einem kritischen evangelischen Christen, dessen Haltung ihn später wiederholt in Gegensatz zum Konsistorium brachte. Im Herbst 1835 bestand er die I. theol. Dienstprüfung. Von Aug. 1836 bis Juni 1838 war K. Pfarrgehilfe in Großsüßen, im Nov. 1838 bestand er das Präzeptoratsexamen, im April 1839 die II. theol. Dienstprüfung. Anschließend war K. von 1839 bis 1841 Repetent ev.-theol. Seminar Schöntal/Jagst. 1841 bestand

er das Professoratsexamen. 1841 Erster Lehrer und Oberpräzeptor an der Lateinschule Reutlingen, wurde er schon 1842 zum Professor ebd. ernannt; seit 1851 war er an der mittleren, ab 1860 Professor für Latein an der oberen Abteilung des Kgl. Gymnasiums in Ulm. Aktiv in der württembergischen Turnbewegung und im März 1867 zum Turninspektor für das Gymnasium und die Realanstalt berufen, führte K. zuletzt die Oberaufsicht über die Turnanstalten in Württemberg. Im Sommer 1862 wurde er in den dem Ausschuss der Ulmer Bürgerwehr zur Seite gestellten sogenannten „Männerausschuss" gewählt. Im Herbst 1863 wurde K. in den Ausschuss des Ulmer Schleswig-Holstein-Komitees gewählt, im Aug. 1870 zählte er zu den Unterzeichnern des öffentlichen Aufrufs zur Gründung eines Hilfsvereins für die Soldaten im Krieg gegen Frankreich. Am 2. Sept. 1874 hielt K. anlässlich des „Sedanstages" eine vaterländische Rede, womit er nicht nur einen Wandel vom „Liberalen" zum „Nationalliberalen" deutlich machte, denn bei der gleichen Gelegenheit wurde die neue Turnhalle ihrer Bestimmung übergeben, was in die Zuständigkeit des Turninspektors K. fiel.

In der Zeit der Revolution hatte K. in Reutlingen und weit darüber hinaus eine besondere Rolle gespielt. Im Juli 1848 war er Mitglied des Landesausschusses des Vaterländischen Vereins, später stand er in Reutlingen als Vorstand des Volksvereins an der Spitze der „demokratischen Partei" und kommandierte das neu gebildete bürgerliche Scharfschützenkorps. 1850 Mitglied der III. Verfassungberatenden Landesversammlung (WK Kirchheim/Teck), Mitglied der Petitions- und der Ablösungskommission. In einem Nachruf hieß es, mit K. hätten die Ulmer *einer ihrer ausgezeichnetsten Lehrer, die Freunde einen bewährten charaktervollen Freund und das deutsche Vaterland einen seiner wackersten Patrioten* verloren.

Q   LKAS Nr. 1539, Personalakte.
W   (Bearb.), Deutsche Dichterhalle für die Jugend. Ein Lesebuch in einer Auswahl erzählender Dichtungen aus deutschen Klassikern für Schule und Haus, Reutlingen 1847.
L   Ih 1, S. 438 – Staatsanz. Nr. 182, 9. VIII. 1877, S. 1257 – Neues Jahrbuch für die Turnkunst 23 (1877), S. 4 – EULER, Encyclopädie des Turnwesens 1, S. 605 – RIECKE, Verfassung und Landstände, S. 59 – HARTMANN, Regierung und Stände, S. 50 –SIGEL 13,1, Nr. 92,26 (S. 104, 110 f.) – UBC 2, S. 97, 107, 173 f., 247, 341 – SCHMIDGALL, Burschenschafterlisten, S. 123, Nr. 16 – LEUBE, Tübinger Stift, S. 706 – MANN, Württemberger, S. 168, 193, 223 f., 392 – Max NEUNHÖFFER (Hg.), Ein liberaler Theologe und Schulmann in Württemberg. Erinnerungen von Dr. Gustav von Binder 1807-1885 (Lebendige Vergangenheit 6. Band), Stuttgart 1975, S. 65, 156 – Heinrich BETZ, Wilhelm Kapff (1814-1877) - Lehrer und Revolutionär, in: Reutlinger Geschichtsblätter N.F. 38 (1999), S. 497-528 – RABERG, Biogr. Handbuch, S. 419 f.

Kappus, Theodor, * Pflummern/OA Riedlingen 15. März 1877, † Ulm 21. März 1939, □ ebd., Hauptfriedhof, ev.
Vater   Gottfried *Adolf* Matthäus Kappus[272], * Geislingen/Steige 6. VII. 1839, † Cannstatt 31. VII. 1930, 1870 Pfarrer in Pflummern, 1882 dsgl. in Entringen, 1897 dsgl. in Stetten im Remstal, 1909 a. D., 1888 und 1900 Ersatzmitglied zur 4. Landessynode für Herrenberg.
Mutter   Mathilde Denk.
∞ 1908 Johanna Klüpfel, * 23. VI. 1882, † 12. III. 1978, T. d. Klüpfel, Dr. med., Sanitätsrat in Urach.
5 K, darunter Fritz Kappus, * 1915, † 1941; Hilde Kappus, * 1919, † 1999.

Als Dekan und Erster Stadtpfarrer am Ulmer Münster war K. in den ersten Jahren des Nationalsozialismus eine der maßgeblichen – und umstrittensten – Persönlichkeiten der ev. Kirche in Ulm.

K. war nach dem Besuch des Gymnasiums in Tübingen und dem Landexamen Zögling der ev.-theol. Seminare Maulbronn und Blaubeuren. Als Stiftler studierte er Theologie in Tübingen (Mitglied der Burschenschaft Normannia). Nach Bestehen der theol. Dienstprüfungen war er zunächst von 1900 bis 1902 Vikar in Blaufelden, anschließend von 1902 bis 1905 Stadtvikar in Ellwangen/Jagst, 1906 Vikar in Frankenbach und Urach. Im

269 RABERG, Biogr. MdL-Handbuch, S. 339 f.
270 UBC 2, S. 81.
271 CRAMER, Württembergs Lehranstalten, ⁷1925, S. 50 – SCHMIDGALL, Burschenschafterlisten, S. 140, Nr. 311.

272 Magisterbuch 40 (1928), S. [65] – EHMER/KAMMERER, S. 211.

Juni 1907 kam er erstmals als Stadtvikar nach Ulm. 1908 wurde er zum Pfarrer in Upfingen/OA Urach ernannt. Während des Ersten Weltkriegs stand der Kriegsfreiwillige K. im Fronteinsatz, zunächst als Offizier bei einer Landwehrformation, bis 1916 als Leutnant und Bataillonsadjutant, danach als Divisionspfarrer bei der Inf.-Division 204. Auf seinen Kriegseinsatz war er stolz und verteidigte ihn wiederholt gegen Kritiker; er anerkannte aber auch das Recht auf Kriegsdienstverweigerung ev. Geistlicher.

1918 ging der mit dem EK II und dem Ritterkreuz II. Kl. des Friedrichsordens ausgezeichnete K. als Zweiter Stadtpfarrer nach Zuffenhausen, 1926 wurde er zum Dekan in Böblingen ernannt. K., der in den 1920er Jahren dem linksliberalen Flügel des württ. Protestantismus zugerechnet wurde, trat in dieser Zeit – um 1920 – an die Spitze der württ. Landesgruppe des 1914 gegründeten „Weltbundes für Freundschaftsarbeit der Kirchen". Diese Vereinigung stand für ökumenischen Verständigungswillen und Prävention gegen militärische Konflikte, geriet aber mit der Zeit in ein nationalistisches Fahrwasser, dem sich auch der spätere Landesbischof Theophil Wurm (1868-1953) nicht zu entziehen vermochte. In einem „Die Stellung des Christentums zur Friedensfrage" überschriebenen Beitrag für die Zeitschrift „Die Eiche" (Nr. 14/1926) machte sich K. zwar für einen christlichen Pazifismus stark, erlag aber gleichzeitig der Gefahr der Rechtfertigung des modernen Vernichtungskrieges. In die gleiche Kerbe schlug K. als Propagandist der 1920 gegründeten Organisation „Evangelischchristliche Einheit", für die er in Württemberg ebenfalls führend aktiv war. Aus diesem Dilemma fand er letztlich nie heraus, was wesentlich seine späteren Probleme in der Ulmer Gemeinde begründete.

Im Dez. 1933 übernahm K. als Dekan und Erster Stadtpfarrer am Ulmer Münster die Nachfolge des als Prälat nach Ludwigsburg versetzten Ludwig →Vöhringer. Seine Antrittspredigt hielt er am 14. Jan. 1934 im Münster, wo er durch Prälat Konrad →Hoffmann in sein Amt eingeführt wurde.

Der Oberkirchenrat hatte bei seiner Entscheidung für K. als neuen Ulmer Dekan besonderen Wert darauf gelegt, dass er als „aufgeschlossen" für die „neue Zeit" galt und ihm Verständnis für die künstlerischen Fragen des Ulmer Münsters zugestanden wurde. In beiden Punkten enttäuschte K. nicht. Der nationalkonservativ eingestellte Geistliche war bei den „Deutschen Christen" aktiv, die sich durch besondere Nähe zum Hitler-Regime auszeichneten, und zeigte sich bei öffentlichen Reden als loyaler Gefolgsmann des NS-Staates. Für das Münster gab er die Restaurierung der Kanzel in Auftrag und ließ alte Fresken aufdecken und restaurieren. Er setzte sich für höhere Reichsmittel zur Erhaltung des Münsters ein.

K. geriet wegen seiner politischen Einstellung in Gegensatz zur Kirchenleitung in Württemberg und auch zu den meisten Geistlichen des Dekanats. Er folgte im Herbst 1934 den Anweisungen der gleichgeschalteten württ. Kirchenleitung und verbot sowohl dem Prälaten Konrad Hoffmann als auch dem Stadtpfarrer Karl →Wittmann die Kanzel. Im Konflikt der württembergischen Landeskirche mit der Reichskirchenregierung nahm K.s Stellung weiteren Schaden, da Stadtpfarrer Eugen →Schmid Beauftragter des Landesbischofs Theophil Wurm im Kirchenbezirk Ulm war, was de facto einer Paralysierung des Dekans gleichkam. Am 29. Sept. 1934 war K. als einziger amtierender Geistlicher des Stadt- und Landkreises Ulm beim Besuch des Reichsbischofs Ludwig Müller anwesend, als dieser im Münster seine nationalsozialistischen Thesen für die „Deutschen Christen" vorstellte. Es gelang K. nicht, das Vertrauen der Landeskirche der ihm unterstellten Geistlichen zurückzugewinnen, auch nicht, als sich öffentlich *gesinnungsmäßig* zur Bekennenden Kirche bekannte. Die Situation war für K. psychisch sehr belastend, sein Herzleiden verschlimmerte sich zusehends. Er starb eine Woche nach Vollendung des 62.

Lebensjahres völlig unerwartet an den Folgen eines Herzinfarkts. Oberbürgermeister Friedrich →Foerster ließ sich zwar bei der Beerdigung K.s vertreten, lehnte aber eine offizielle Teilnahme der Stadt ab.

Q   StadtA Ulm, G 2 – Ev. Oberkirchenrat Stuttgart, Fasc. Kappus, Theodor – LKAS, Personalakte.
W   Das Kriegerehrenmal im Münster, in: Ev. Gemeindeblatt 24 (1934), Nr. 9 A, S. 2 f.
L   Magisterbuch 41 (1932), S. 139 – UBC 4, S. 296 f. (Bild), 307, 377 (Bild) – UBC 5a, S. 97, 140, 172, 259 – UBC 5b, S. 321 – SCHMIDGALL, Burschenschafterlisten, S. 176, Nr. 659 – NEBINGER, Die ev. Prälaten, S. 581 – SPECKER, Ulm im Zweiten Weltkrieg, S. 40 – MAYER, Die ev. Kirche, S. 504-508 et passim – TRAUTHIG, Im Kampf, S. 173-177, 183 f. – Frank RABERG, Zuffenhausen zwischen Reichsgründung und NS-Diktatur (1871-1931), in: Zuffenhausen. Dorf-Stadt-Stadtbezirk. Hg. von Albrecht GÜHRING im Auftrag des Vereins zur Förderung der Heimat- und Partnerschaftspflege sowie der Jugend- und Altenhilfe e. V., Stuttgart-Zuffenhausen 2004, S. 339-410, hier S. 402.

Karajan, Herbert (eigentlich: Heribert) von, * Salzburg (Österreich) 5. April 1908, † Anif (Österreich) 16. Juli 1989, kath.
Vater   Ernst von Karajan, Dr. med., Leiter der Chrirurgischen Klinik und Landessanitätsreferent in Salzburg, S. d. Max von Karajan, Dr. phil., Professor der klassischen Philologie an der Universität Graz.
Mutter   Martha Kosmac.
1 G   Wolfgang von Karajan, * 1906.
∞ I. 1938 Elmy Holgerloef, Operettensängerin in Aachen, Ehe geschieden; ∞ II. 1942 Anita Gütermann, Ehe geschieden; ∞ III. 1958 Eliette Mouet, * 1939.
2 K   Isabel von Karajan, * 1960, Schauspielerin; Arabel von Karajan, * 1964.

Als einer der international bekanntesten und prägendsten Dirigenten des 20. Jahrhunderts ist K., „der Magier des Taktstocks", nicht nur Musikfreunden in Erinnerung. Weniger bekannt ist die Tatsache, dass K. sein Debüt als Dirigent im Alter von nicht ganz 21 Jahren an der Ulmer Oper (Stadttheater) gab und er in eine entscheidende Lehrzeit verlebte. Als Kapellmeister brachte er dort zunächst „Figaros Hochzeit" zur Aufführung, womit er sogleich Erfolg hatte. Intendant Erwin Dieterich ermöglichte K. eine „Probezeit" in umfassendem Sinne: Er konnte experimentieren und sich künstlerisch entfalten. Die von ihm später als „Galeerenjahre" geschilderte Ulmer Zeit war eine wichtige Station seiner künstlerischen Entwicklung. Da K. zu den meistbeschriebenen Musikschaffenden aller Zeiten zählt, beschränken sich die folgenden Zeilen auf die wesentlichen Stationen K.s mit dem Schwerpunkt auf die Ulmer Zeit.

Die musikalische Begabung K.s, der über das absolute Gehör verfügte, brach sich früh Bahn, tatkräftig gefördert von seinen Eltern. Schon als Vierjähriger begann er eine pianistische Ausbildung am Konservatorium Mozarteum in Salzburg. Nach der Matura (Abitur) am Salzburger Gymnasium wendete sich K. 1926 zunächst einem Studium an der TH Wien und am Musikwissenschaftlichen Institut der Universität Wien zu. Hinzu kam eine Ausbildung an der Wiener Akademie für Musik und darstellende Kunst. Am 22. Jan. 1929 debütierte der junge K. als Dirigent mit dem Mozarteum Orchester, das sein Vater engagiert hatte, um der Karriere des begabten Sohnes einen Schub zu geben. Vorgetragen wurden Tschaikowskys 5. Sinfonie, Mozarts Klavierkonzert KV 488 und eine Tondichtung von Strauss. Im Auditorium befand sich der Intendant des Ulmer Stadttheaters, Erwin Dieterich, der K. sofort als Probedirigenten nach Ulm engagierte.

Das Ulmer Theater, an dem Opern, Operetten und Schauspiele aufgeführt wurden, war finanziell schlecht gestellt. Der sehr bewusst seinen Aufstieg zum Stardirigenten planende K. musste innerhalb weniger Wochen „Figaros Hochzeit" einstudieren. Die Aufführung hatte am 2. März 1929 Premiere und wurde zum Erfolg. Auch K.s Leistung fand eine angemessene Würdigung, obwohl er sich später wiederholt darüber ärgerte, dass das Orchester (und der Dirigent) „überdacht" waren und von Publikum und Berichterstattern nicht gesehen werden konnten. Zudem war er nach seiner Vertragsanstellung (12. März 1929) lediglich „koordinierter" Kapellmeister; mit Otto Schulmann gab es einen weiteren Ulmer Kapellmeister. Zwischen den beiden Dirigenten entwickelte sich eine Freundschaft, bis Schulmann 1933 „wegmusste", wie sich K. erinnert. Zu Ulm fiel ihm Jahrzehnte später ein: *Ulm war damals ein Theater, das nur 60.000 Mark Zuschuss pro Jahr gehabt hat. Das hatte zur Folge, dass das dortige Ensemble entweder aus reinen Anfängern oder aus ganz ausgesungenen Sängern bestand. Andere hätte man ja nicht bezahlen können. Ich habe in Ulm mit monatlich 80 Mark begonnen und nach fünf Jahren mit 120 Mark aufgehört. Für die Operette bestand das Orchester aus 17 Mann, die wurden in der Oper auf 26 verstärkt. Der Chor hatte 16 Mitglieder. Der Bühnenausschnitt war 7 ½ Meter; so lang ist ein größeres Zimmer. Dieses älteste Theater war in eine Art Scheune hineingebaut. Es sah nicht nur schrecklich aus, sondern war auf die primitivsten Mittel angewiesen. Als ich von Salzburg wegfuhr, hatte ich ja keine Ahnung, was Provinztheater ist...* (HÄUSSERMAN, Karajan, S. 38). Als diese Erinnerungen K.s an die Öffentlichkeit gelangten, schlug dies in Ulm hohe Wellen; die SWP hielt ihm „Nestbeschmutzung" und Undankbarkeit vor.

Am 17. März 1929 veranstaltete K. seine erste Mozart-Matinee, bei der er selbst als Pianist in Erscheinung trat. Alle zwei Wochen gab es eine Opernpremiere, dazwischen Operettenpremieren, Arbeitstage dauerten vom frühen Morgen bis in die späte Nacht. K. beschränkte sich dabei nicht auf seine eigentlichen Dienstobliegenheiten, sondern kümmerte sich auch um technische Dinge. Die Konzertproben fanden oftmals im Gasthaus „Schiff" statt, wobei die Instrumente in zweirädrigen Handkarren transportiert werden mussten. Auch wuchs der Wunsch in ihm, später einmal Regie zu führen: *Es war mir klar, dass ich das Metier lernen musste, und ich habe gerade in diesen fünf Jahren in Ulm, sei es in der Beleuchterloge, sei es hinter der Bühne, immer versucht, die Materie von Grund auf kennenzulernen [...]. Weil Ulm ein gemischter Betrieb war, nahm man notwendigerweise an allem Anteil. Ich habe ja auch sehr viele Operetten dirigiert. Das war oft fast schwieriger als eine Oper* (HÄUSSERMAN, Karajan, S. 40). Nach vier Jahren in Ulm hatte K. fast das gesamte Opernrepertoire dirigiert und sah sich nach einer anderen Wirkungsstätte um. Dennoch bedeutete es einen Schock für ihn, als ihm der Intendant 1933 mitteilte, er werde K.s Vertrag nicht verlängern. Es gelang K., Dietrich von einer Vertragsverlängerung bis zum 31. März 1934 zu überzeugen. Als dieser Termin gekommen war, hatte K. noch immer keine neue Stellung. Die Presse widmete ihm, der sich mit Wagners „Lohengrin" von Ulm verabschiedete, eine positive Leistungsbilanz und hob hervor, K. habe dem Orchester *junge, talentierte Musiker* zugeführt *und leistete bewusste Erzieherarbeit, so daß mit der Zeit ein Klangkörper entstand, der in Oper und Konzert ruhig einen Vergleich mit Orchestern weit größerer Städte aushielt [...]. Unter K.s Ära sind in der Oper hauptsächlich „Meistersinger", „Lohengrin", „Tannhäuser", „Fidelio", „Rosenkavalier", „Arabella", „Don Juan", „Figaros Hochzeit", „Troubadour", „Rigoletto" und die glänzende Aufführung von „Lustige Weiber [von Windsor]" zu erwähnen. Daneben galt seine besondere Sorge den großen Sinfoniekonzerten [...]. Wir hörten von ihm Beethovens Dritte, „Tod und Verklärung", „Till Eulenspiegel", das Mozartsche Klavierkonzert in d-Moll, wobei sich K. als glänzender Pianist vorstellte, ferner „Nachmittag eines Fauns" von Debussy. Ein besonderes Ereignis bildete die letzte große Veranstaltung mit einem Orchester von 90 Musikern. Der Strauss-Abend mit „Don Juan", den Orchesterliedern und „Heldenleben" bleibt unvergessen.* Und man rief K. hinterher, dass man ihm ein Wirkungsfeld wünsche, *welches seinem Musikertum gebührt* (zitiert nach HÄUSSERMAN, Karajan, S. 45).

K. konnte seine Laufbahn 1935 als Generalmusikdirektor in Aachen fortsetzen. Im „Dritten Reich" konnte K. zum „Jungstar" unter den Dirigenten Deutschlands aufsteigen, dirigierte in der Berliner Staatsoper, wurde Leiter der Staatskapelle Berlin, dirigierte auch in der Mailänder Scala und schloss einen Plattenvertrag mit der Deutschen Grammophon Gesellschaft ab. Magda Goebbels soll kein Konzert von ihm versäumt haben. Dokumentiert sind seine Beitritte zur NSDAP-Ortsgruppe V in Salzburg für den 8. April 1933 (wobei dieser Eintritt formell nie vollzogen worden sein soll) und zur Ulmer NSDAP-Ortsgruppe für den 1. Mai 1933. Anlässlich des 50. Geburtstages von Adolf Hitler erhielt K. 1939 den Titel Staatskapellmeister. Das Kriegsende erlebte er mit seiner zweiten Frau in Mailand und am Comer See.

Nachdem er zeitweise von der sowjetrussischen Besatzungsmacht mit Berufsverbot belegt worden war, setzte K. gegen Ende der 1940er Jahre zur Revitalisierung seiner Karriere an. 1951 war er mit Hans Knappertsbusch, dem früheren Direktor der Wiener Staatsoper, Dirigent der ersten Wagnerfestspiele in Bayreuth nach Ende des Zweiten Weltkriegs. 1955 Chefdirigent der Berliner Philharmoniker, war er schon im Jahr darauf zugleich Chefdirigent der Wiener Staatsoper. Prägend war seit 1956 seine Mitwirkung bei den Salzburger Festspielen, deren Oberleiter er war.

Der temperamentvolle, selbstbewusste und mit seiner suggestiven Ausstrahlung geschickt spielende K. setzte nicht nur als Dirigent und Organisator Glanzpunkte, sondern revolutionierte auch den Markt der klassischen Musik, indem er mit eigenen Produktionsfirmen und Verwertungsgesellschaften seine Arbeit von der Live-Aufführung über den Tonträger und die Bildaufzeichnung selbst organisierte, kontrollierte und vermarktete, was bis dahin völlig neu war. Als er 81-jährig starb, verlor die Welt eine der eigenwilligsten, erfolgreichsten und nachhaltig wirkenden musikschaffenden Persönlichkeiten des 20. Jahrhunderts.

Das Ulmer Theater erhielt im Jahre 2000 die neue Adresse „Herbert-von-Karajan-Platz 1". Im Foyer des Theaters wurde eine von Anna Chromy geschaffene Porträtbüste des berühmten Dirigenten aufgestellt.

Q   StadtA Ulm, G 2 – Karajan-Archiv, Salzburg [im Internet: www.karajan.org].
L   (angesichts einer zahlreicher Bücher, Aufsätze und Artikel kleine Auswahl) Karl LÖBL, Das Wunder Karajan, München 1965, ²1978 — Ernst HAEUSSERMAN, Herbert von Karajan. Eine Biographie, Gütersloh 1968 — Boguslaw DREWNIAK, Das Theater im NS-Staat, Düsseldorf 1983 — Hansjakob KRÖBER, Herbert von Karajan. Der Magier mit dem Taktstock, München 1986 — P. CSOBÁDI (Hg.), Karajan oder Die kontrollierte Ekstase, 1988 — Fred Kgl. PRIEBERG, Musik im NS-Staat, Frankfurt/Main 1989 — Richard OSBORNE, Herbert von Karajan. Dirigieren - das ist vollkommenes Glück, 1990 — Wolfgang STRESEMANN, „Ein seltsamer Mann...". Erinnerungen an Herbert von Karajan, Berlin 1991 — Franz ENDLER, Karajan. Eine Biographie, Hamburg 1992 — Klaus LANG, Herbert von Karajan. Der philharmonische Alleinherrscher, Zürich 1992 — Jürgen KESTING, Die großen Sänger des 20. Jahrhunderts, Düsseldorf u. a. 1993 [darin S. 487-495 das Kapitel „Herbert von Karajan und die Folgen"] — Franz ENDLER, Karl Michael FRITTHUM, Karajan an der Wiener Oper. Dokumentation einer Ära, Wien 1997 — Richard OSBORNE, Herbert von Karajan. Leben und Musik, Wien 2002 — Fred K. PRIEBERG, Handbuch Deutsche Musiker 1933-1945, CD-Rom 2004 — Annemarie KLEINERT, Berliner Philharmoniker. Von Karajan bis Rattle, Berlin 2005 — Peter UEHLING, Karajan. Eine Biographie, Hamburg 2006 — KLEE, Kulturlexikon, S. 296 — Reinhard J. BREMBECK, Der Mann, der nicht danke sagen konnte, in: Süddeutsche Zeitung (München) Nr. 146, 28. VI. 2007, S. 13 — Jürgen KANOLD, Ulms weltberühmtester Kapellmeister. Von großen Jubiläumsfeierlichkeiten aber ist außer dem üblichen Gedenkkonzert nicht die Rede, in: SWP Nr. 301, 31. XII. 2007 (Bild) — Eliette von KARAJAN, Mein Leben an seiner Seite. Autobiographie, Berlin 2008 — Wikipedia.

Kast, Christian, * Ulm 19. Nov. 1897, † Obermaiselstein bei Fischen/Allgäu 3. Juli 1964, ▢ Ulm 8. Juli 1964, ev. ∞ Maria Kübler.

K. besuchte von 1904 bis 1912 die Ulmer Knaben-Mittelschule, danach absolvierte er bis 1915 seine Lehrzeit als Schlosser in der Fa. Georg Maier im Ulmer Judenhof. 1915 begann er als achtzehnjähriger Schlossergeselle bei der Fa. C. D. Magirus in Ulm, wurde aber schon im März 1916 zum Kriegsdienst eingezogen.

Im Ersten Weltkrieg schwer verwundet, konnte K. dennoch zunächst wieder in seiner alten Stellung arbeiten bis zu einem Unfall, der ihm die gewohnte Tätigkeit unmöglich machte. Danach fand K. eine Anstellung als Pförtner bei der Fa. Steiger und Deschler in Ulm. Vom Ende der 1920er Jahre bis 1963 war er kaufmännischer Angestellter bei der Ulmer Volksbank, engagierte sich daneben auch im Verbandswesen und war bis 1933 Ulmer Bezirksvorsitzender des Reichsbundes der Schwerbeschädigten, der nach dem Ersten Weltkrieg gegründet worden war und in dem K.s Parteifreund Erich →Rossmann einer der führenden Funktionäre war. K. war 1917 der linksradikalen USPD beigetreten, 1922 aber nach deren Zerfall Mitglied der SPD geworden, für die er sich in Ulm tatkräftig engagierte. 1933 aus politischen Gründen als Bezirksvorsitzender des Reichsbundes der Schwerbeschädigten entlassen, stand K. unter Beobachtung der Gestapo und erhielt während des Zweiten Weltkriegs wiederholt Verwarnungen vom Polizeidirektor.

Im März 1945 floh K. nach Tirol, im Aug. 1945 kehrte er nach Ulm zurück. Der fast 50 Jahre alte K. konnte in seinen bisherigen Wirkungskreis zurückkehren, zählte zu den maßgeblichen Mitgründern des Ulmer VdK-Kreisverbandes und wurde 1946 zu dessen Erstem Kreisvorsitzenden gewählt. Außerdem war der SPD-Politiker seit 1947 Mitglied des Ulmer Gemeinderats und dort im Wirtschaftsausschuss und im Werksausschuss aktiv. – Beisitzer der Spruchkammer des Oberlandesgerichts der Landesversicherungsanstalt Württemberg. – 1963 Bundesverdienstkreuz am Bande des Verdienstordens der Bundesrepublik Deutschland.

Q   StadtA Ulm, G 2 (mit handschriftlichem Lebenslauf).
L   Selbstloser Dienst für die Allgemeinheit. Zum Tode von Stadtrat Christian Kast, in: Schwäb. Donauzeitung Nr. 152, 6. VII. 1964, S. 7 (Bild).

Kauf, *Erhard* Robert, * Wockendorf/Kreis Freudenthal (Sudetenland) 19. Juli 1920, † Neu-Ulm 19. Sept. 2006, ev.
∞ 28. VIII. 1954 Ruth Preissler, * Steinheim 28. XII. 1927.
2 K   Winfried Kauf, * Steinheim 22. IX. 1955; Harald Kauf, * Steinheim 25. III. 1958.

K. war der letzte Bürgermeister von Steinheim und nach der Eingemeindung des Ortes nach Neu-Ulm Leiter der Außenstelle Steinheim. Seine Amtszeit markierte für Steinheim eine Phase des Umbruchs.

Geboren im Sudetenland, nahm K. am Zweiten Weltkrieg teil, geriet in sowjetrussische Kriegsgefangenschaft und kam im Aug. 1949 nach Steinheim. Dort engagierte sich K., der eine Stellung als Kontrolleur bei Hydromatik in Oberelchingen gefunden hatte, als Vorstand des örtlichen Soldaten- und Kriegervereins und wurde 1966 erstmals in den Steinheimer Gemeinderat gewählt. 1972 wurde K. mit 97 Prozent der gültigen Stimmen (!) als Nachfolger von Johann Botzenhardt zum Bürgermeister von Steinheim gewählt.

Während seiner Amtszeit erfolgte im Zuge des Autobahnbaus Würzburg-Kempten die zweite große Flurbereinigung. 1972 wurde das „Steinheimer Mitteilungsblatt" eingeführt, 1973 begann die Erschließung weiterer Bebauungsgebiete, wenig später der Bau der Verbindungsstraße nach Finningen. 1976 erfolgte zunächst die Eingemeindung Steinheims nach Pfuhl und im Jahr darauf mit Pfuhl und Burlafingen die Eingemeindung nach Neu-Ulm. K. blieb aber als Leiter der Neu-Ulmer Stadtverwaltungsaußenstelle für Steinheim weiter aktiv, um erst am 31. Dez. 1990 auf eigenen Wunsch im 71. Lebensjahr aus dem Amt schied. Der ebenso erfolgreiche wie persönlich bescheidene Kommunalpolitiker K. wurde 1999 mit der Bürgermedaille der Stadt Neu-Ulm und dem Verdienstorden der Bundesrepublik Deutschland geehrt.

Q   StadtA Neu-Ulm, A4 Personalakte – ebd., A 9.
L   TREU, Steinheim, S. 67 f. (Bild), 71 – Zum Tod von Erhard Kauf, in: NUZ, 27. IX. 2006 (Bild).

Keckeisen, Johann Nepomuk, * Ochsenhausen/OA Biberach 31. März 1829, † Ulm 18. Juni 1902, kath.

K. gehört zu den Pionieren der Fotografie in Ulm. Leider sind nur wenige Einzelheiten über ihn bekannt. Er begann nach Volksschule und Buchbinderlehre um 1850 mit der Eröffnung eines Bilderladens in Ulm. Schon 1851 erregte K. öffentliches Aufsehen, als er einen Amor und Psyche darstellenden Stahlstich in seinem Schaufenster ausstellte, was einen anonymen Leser zu einem geharnischten Protest im „Allgemeinen Anzeigenblatt" veranlasste. Gerade für Jugendliche könnten solche Darstellungen schädliche Wirkungen nach sich ziehen, hieß es in dem Brief. K. hielt dagegen und wies darauf hin, der Stich sei auch schon andernorts ausgestellt worden, ohne vergleichbares Aufsehen zu erregen. Den Einsender schalt er als „heuchlerisch", „rechten Einfaltspinsel" und „elenden Schuft". Der kleine Skandal schade ihm nicht. Als Inhaber einer Buchbinderei in der Dreikönigsgasse und einer Kunsthandlung „Unter dem Bogen" in der Nähe des Münsters erweiterte der ebenso ideenreiche wie geschäftstüchtige junge Mann im Feb. 1854 sein Geschäft um eine fotografische Anstalt. In seinen Werbeanzeigen sprach er gezielt bestimmte Personengruppen an, so Auswanderer, die er anregte, für die Familie Aufnahmen anfertigen zu lassen. Die Preise richteten sich nach der Größe der Bilder. Schon 1856 waren Ambrotypien in K.s Angebot, die innerhalb von zehn Minuten lieferbar sein sollten. K. passte sich dem Zeitgeschmack an und fertigte Bilder auf Wachsleinwand (1859), für Broschen und Medaillons und seit 1864 auch die beliebten Visitenkartenbilder. Die Fotografie entwickelte sich so erfolgreich, dass er 1863 die Kunsthandlung aufgab. Ab 1864 firmierte er offiziell nur noch als „Photograph" und gründete auf der Insel (Neu-Ulm) ein zweites Atelier. Zu diesem Zweck stellte er zwei weitere Fotografen ein. Die 1860er Jahre sahen K. auf der Höhe seines Erfolgs. Nach der Reichsgründung war weniger von ihm zu hören, nur bis 1876 ist er in den Verzeichnissen der Geschäfts- und Gewerbetreibenden zu finden. Für die Zeit danach, das letzte Vierteljahrhundert seines Lebens, fehlen uns Nachrichten.

Q   StadtA Ulm, G 2.
L   SPECKER, Ulm im 19. Jahrhundert, S. 544, 547 f. (Bild), 567 (Wolfgang ADLER).

Keil, Heinz, * Koblenz 6. Juni 1916, † Ulm 25. Sept. 1994.
∞ Ulm 28. IX. 1940 Hildegard Kirchner, Ulm, * Ulm 20. VI. 1919, † ebd. 13. V. 1989, SPD-Stadträtin in Ulm..

K. machte sich um die Versöhnung zwischen Deutschland und den Juden nach 1945 verdient.

1939 kam er als Schirrmeister zum Militär nach Ulm und blieb auch nach Kriegsende in der Münsterstadt, wo er 1946 beim Städtischen Einwohnermeldeamt begann (das damals noch nicht diese Bezeichnung trug, sondern als Abteilung dem Amt für öffentliche Ordnung eingegliedert war). K. war zuletzt Leiter der Pass- und Ausländerabteilung des Ulmer Einwohnermeldeamts, 1979 erfolgte der Eintritt in den Ruhestand.

Ein besonderes Anliegen war K. die Verständigung mit Israel und die Wiedergutmachung für die jüdischen Mitbürger. Schon 1955 reiste er als einer der ersten Deutschen – sein Visum trug die Nr. 13 – nach Israel. Wenig später begann er im Auftrag des Ulmer Gemeinderats mit der Erforschung der jüngeren jüdischen Geschichte Ulms und legte mit seiner Dokumentation 1961 die erste Untersuchung dieser Art in Deutschland vor. K. hielt zahlreiche Vorträge zu diesem Thema und engagierte sich in der Deutsch-Israelischen Gesellschaft sowie in der Gesellschaft für Christlich-Jüdische Zusammenarbeit. Als K. 1979 im Alter von 63 Jahren in den Ruhestand ging, erhielt er das Bundesverdienstkreuz am Bande, wobei Oberbürgermeister →Lorenser im Rahmen der Verleihungsfeier ausdrücklich hervorhob, K. erhalte die Auszeichnung auch für seine Dokumentation über die Ulmer Juden und seine Verdienste als Vermittler zwischen der Stadt und den jüdischen Mitbürgern. K. war auch nach seiner Zurruhesetzung weiterhin als beim Landgericht zugelassener Anwalt aktiv. Er war von 1953 bis 1968 Ulmer Kreisvorsitzender der SPD, gehörte 16 Jahre lang dem Landesvorstand der SPD Baden-Württemberg an und hatte in der Nachkriegszeit in Ulm die Gründung der Parteijugendorganisation „Falken" vorgenommen. K. starb nach längerer Krankheit im Alter von 78 Jahren.

Q   StadtA Ulm, Bestand H, Nachlass Keil – ebd., G 2.
W   Dokumentation über die Verfolgung der jüdischen Bürger von Ulm. Hergestellt im Auftrag der Stadt Ulm, Ulm 1961 (masch.).
L   Dank und Anerkennung für Heinz Keil, in: SWP, 30. VI. 1977 – Verdienstkreuz für Heinz Keil: Auszeichnung für engagierten Wiedergutmachungs-Beitrag, in: SWP, 19. VI. 1979 – Heinz Keil gestorben. Verdienste um Verständigung von Christen und Juden, in: NUZ, 28. IX. 1994 (Bild).

Keller, *Joachim* Heinz Friedrich, Dr. phil., * Tübingen oder Freiburg im Breisgau 18. Mai 1934, † Ulm 1. Sept. 2007, ⬜ ebd., Hauptfriedhof, 14. Sept. 2007, ev.

Vater   *Herbert* Wilhelm Keller[273], * Isny 22. X. 1904, † 1982, 1932 Pfarrer in Biberach/Riß, 1935 dsgl. in Tübingen, 1946 Leiter der Außenstelle des Ev. Oberkirchenrats Stuttgart in Tübingen mit Titel Oberkirchenrat, Vorstand des Ev. Stifts in Tübingen und Geschäftsführer des Landesverbandes der Inneren Mission.
Mutter   Martha Sophie Keller, * Freiburg im Breisgau 17. IX. 1902.
Keine G.
∞. Mehrere K.

Als langjähriger Lehrer und Rektor des Ulmer Humboldt-Gymnasiums und großer Förderer der Neu-Ulmer Musikschule hinterließ K. bleibende Spuren links und rechts der Donau.
K. wuchs in Tübingen und Stuttgart auf und studierte nach dem Abitur Latein, Griechisch und Deutsch. Nach den Dienstprüfungen für den höheren Schuldienst erhielt K. sogleich eine Anstellung an einem Stuttgarter Gymnasium, wechselte aber schon wenig später, im Jahre 1961, an das Humboldt-Gymnasium Ulm. Von 1971 bis Sept. 1996 war er Rektor des Humboldt-Gymnasiums Ulm und erfüllte seinen selbst gesetzten Anspruch, das humanistische Gymnasium *als Schule zu führen, in der ein liberaler Geist weht*. So ermöglichte er in den stimmungsmäßig aufgeheizten 1970er Jahren Diskussionen mit den Schülern, weil er sie nicht nur für sinnvoll, sondern für notwendig hielt. In seiner langen Amtszeit verstand es K., die alten Sprachen und den Musikzug am Gymnasium zu erhalten und zu sichern. In seiner Freizeit widmete sich K. der Musik, komponierte und gehörte mit seinen Werken u. a. zum Repertoire der „Ulmer Spatzen" und des Kirchenmusikdirektors Friedrich Fröschle. Oft verknüpften seine Arbeiten klassisches und modernes Vokabular. Mit seiner nach ihm benannten Stiftung, in die er 300.000 DM aus einer Erbschaft einbrachte, unterstützte K. seit dem Frühjahr 2000 die Musikschule Neu-Ulm, die fortan alljährlich Stiftungskonzerte veranstaltete und ihren Konzertsaal nach K. benannte. Nach seinem Tod wurden die Stiftungskonzerte der Musikschule Neu-Ulm in Gedenkkonzerte umgewidmet.

Q   StadtA Ulm, G 2.
L   Kathrin CETANI, Schulleiter des Humboldt-Gymnasiums nach 25jähriger Amtszeit in Ruhestand verabschiedet, in: Schwäb. Zeitung Nr. 217, 18. IX. 1996 (Bild) – Pädagoge und Komponist. Dr. Joachim Keller ist gestorben, in: SWP Nr. 205, 5. IX. 2007 (Bild) – Herz für die Musikförderung. Musikschulstifter Dr. Joachim Keller erlag einem schweren Leiden, in: NUZ vom 6. IX. 2007 (Bild).

Keppeler, Josef, * Buch/BA Illertissen 22. Feb. 1883, † Neu-Ulm 4. März 1945, kath.

Vater   Josef Keppeler, Maurer, * Buch 19. I. 1849, † ebd. 23. IX. 1904.
Mutter   Maria Anna Reinhalter, * 16. II. 1852, † 29. IV. 1892..
∞ Neu-Ulm 7. X. 1914 Maria *Mathilde* Angelmaier, * Neu-Ulm 31. XII. 1893.
1 K   Otto Keppeler, * 23. XI. 1917.

Der Stadt- und Kreisbaumeister K. wirkte 40 Jahre lang in Neu-Ulm.
Aus einfachen Verhältnissen stammend, absolvierte K. die Baugewerkschule Augsburg und bestand 1903 die Abschlussprüfung. Von 1903 bis 1905 war er als Bauführer beim Baugeschäft C. Silberhorn in Ulm tätig. Am 16. März 1905 wurde er in Neu-Ulm zum Bauamtsassistenten, am 1. Jan. 1909 zum Bauamtsoffizianten ernannt. 1915/16 war K. Soldat in Neubreisach (Oberelsass). Am 1. April 1920 zum Bauamtssekretär

und wenig später zum Stadtobersekretär in Neu-Ulm ernannt, erfolgte am 1. Aug. 1922 bzw. 1. April 1936 (unter Berufung in das Beamtenverhältnis) die Berufung zum Neu-Ulmer Stadtbaumeister. K. oblag daneben die Leitung der Geschäfte des städtischen Wasserwerks. Im März 1943 wurde K. mit der Wahrnehmung der Amtsgeschäfte des Kreisbaumeisters betraut und zum Kreisbaumt abgeordnet. K., der am 1. April 1933 Mitglied der NSDAP (Nr. 1.649.242) und der NSV geworden war, erkrankte jedoch im Frühjahr 1944 schwer und war dienstunfähig. Kurz vor Ende des Zweiten Weltkriegs starb K. im Alter von 62 Jahren.

Q   StadtA Neu-Ulm, A 4, Nr. 174, Personalakte.

Kerler, *Dietrich* Heinrich, Dr. phil, * Neu-Ulm 16. Juni 1882, † München 16. Sept. 1921, ev.

Vater   Heinrich →*Kerler, Verlags- und Antiquariatsbuchhändler in Ulm.
Mutter   Klara Kunigunde Lina Lindner, * Rehlingen bei Augsburg 20. XII. 1847, † Neu-Ulm 1. VII. 1882, T. d. Ossian Lindner, Pfarrer, u. d. Friederike Wuhrmann.
1 G   Anna Lina Charlotte Kerler, * Erlangen 27. VI. 1876, ∞ Ulm 2. V. 1908 Gottfried Götz, Stadtvikar.

Der schon zu Lebzeiten einflussreiche Philosoph K. erhielt durch seinen Vater wesentliche geistige Anregungen.
Nach Abbruch seiner Schulausbildung stöberte er oft im Antiquariat seines Vaters und las zahlreiche philosophische Schriften, vor allem von Fichte, Scheler und Schelling. In seinen Veröffentlichungen verfocht er eine abstrakte, nüchterne philosophische Linie, die im ersten Viertel des 20. Jahrhunderts besondere Beachtung fand. Trotz eines schweren Herzfehlers, an dem er ein Leben lang litt, wurde K. zum Kriegsdienst eingezogen. Erst auf Intervention des Regimentskommandeurs Oberstleutnant z. D. Oskar →*Port, des Vaters seines Freundes Dr. Kurt Port (1896-1979), wurde K. wieder entlassen.
1917 wurde K. mit der Dissertation „Die Fichte-Schelling´sche Wissenschaftslehre" bei Clemens Baumker zum Dr. phil. promoviert. Den Plan der Habilitation musste er angesichts seiner schwachen Gesundheit aufgeben. K. starb, gerade 39 Jahre alt, an den Folgen einer Operation. Seinen philosophischen Nachlass vermachte K. seinem Freund Kurt Port.

Q   StadtA Ulm, G 2.
W   (Auswahl) Die Patronate der Heiligen, Ulm 1905, Nachdruck Hildesheim 1968 – Die Idee der gerechten Vergeltung in ihrem Widerspruch mit der Moral. Ethische Gedanken zur Strafrechtsreform, Ulm 1908 – Über Annahmen. Eine Streitschrift gegen A. von Meinongs gleichnamige Arbeit nebst Beiträgen zur Bedeutungslehre und Gegenstandstheorie, Ulm 1910 – Nietzsche und die Vergeltungsidee, Ulm 1910 – Jenseits von Optimismus und Pessimismus. Versuch einer Deutung des Lebens aus den Tatsachen einer impersonalistischen Ethik, 1914 – Deutschlands Verletzung der belgischen Neutralität eine sittliche Notwendigkeit. Im Zusammenhang mit allgemeineren Bemerkung zur Ethik des Kriegs, Ulm 1915 – Die Philosophie des Absoluten in der Fichteschen Wissenschaftslehre, Ansbach 1917 – Max Scheler und die impersonalistische Lebensanschauung, 1917 – Der Denker. Eine Herausforderung, Ulm 1920 – Die philosophischen Grundlagen der Steinerschen Anthroposophie, 1912 – Die auferstandene Metaphysik, 1921 – Weltwille und Wertwille. Linien des Systems der Philosophie. Aus hinterlassenen Notizen aufgebaut und hg. von Kurt PORT, Leipzig 1925.
L   DBI 4, S. 1744 – DBA II/696, 379 – Ih 1, S. 451 – Arnold KOWALEWSKI, Dietrich Heinrich Kerler. Eine Würdigung, in: Kant-Studien 31 (1926), S. 580-583 – Kurt PORT, Das System der Werte. Kerlers Werkethik und die Formen des Geistes im wertphilosophischen Sinne, München/Leipzig 1929 – UBC 4, S. 166, 192 (Bild) – Helmut SCHILLER, Kerler als Denker, in: Kriegs, 1915 – Die Frage nach dem Sinn des Lebens. Eine Einführung in die Wertphilosophie und Ethik. Mit Originaltexten von Dietrich Heinrich Kerler (1882-1921) und Kurt Port (1896-1979), Esslingen 1979 – Kurt PORT, Wie ich Kerler begegnete, in: DERS., Philosophische Schriften. Gesamtausgabe. Hg. von Helmut SCHILLER, Band 1, Esslingen 1993, S. 451-466 – TEUBER, Ortsfamilienbuch Neu-Ulm I, Nr. 2245 – GBBE 2 (2005), S. 1005 f.

Kern, Robert, * Stuttgart 16. Juli 1813, † Esslingen 2. Feb. 1886, ev.

Vater   Ludwig Franz Kern, Oberjustizrat in Stuttgart.
Mutter   Lotte Hermann.
Mehrere G, darunter Georg *Heinrich* Friedrich Carl Kern[274], * Öhringen 17. V. 1805, † Stuttgart 4. III. 1885, Gymnasialprofessor in Stuttgart, ∞ [Essen-]Rellinghausen

273 [Konrad WEITBRECHT] Die Nachkommen von Gottlieb Weitbrecht und Sibylle Sabine Weitbrecht, geb. Gruner. Calwer Linie der Schorndorfer Weitbrecht. Abgeschlossen Okt. 1957, Stuttgart o. J. [1958], S. 26 ff.

274 Ih 1, S. 451 – ZIEGLER, Fangelsbachfriedhof, S. 182.

1832 Emilie Berkenkamp, * Minden 17. V. 1806, † Stuttgart 28. XII. 1880, T. d. Carl Christoph Berkenkamp, Kgl. Preuß. Postdirektor, u. d. Auguste Kern.
∞ Thusnelde Steudel, T. d. Immanuel Steudel, * Esslingen/Neckar 20. I. 1785, † ebd. 9. XI. 1835, Spezereiwaren- und Eisenhändler ebd., u. d. Wilhelmine Oetinger.

Mehr als 20 Jahre lang leitete der auch politisch engagierte K. das Ulmer Kgl. Gymnasium.

K. entstammte einer ursprünglich im Hohenlohischen ansässigen Beamtenfamilie. Er wuchs in Stuttgart auf, bestand das Landexamen und kam als Zögling an das ev.-theol. Seminar Maulbronn. Daran schloss sich das Studium der Theologie und Philologie in Tübingen an (Mitglied der Stiftsverbindung „Die Patrioten"), wo er Zögling des berühmten Stifts war. Nach den theologischen Dienstprüfungen und den üblichen Vikariatsverwendungen ging K. 1840 als Stadtpfarrer nach Forchtenberg. Nach sechsjähriger Tätigkeit als Stadtpfarrer wechselte K. vom Pfarr- in den Schuldienst des Königreichs Württemberg und übernahm 1846 als Rektor die Leitung des Lyzeums in Öhringen. 1848 war der auch politisch aktive K. für den III. Wahlkreis im Jagstkreis, der das Oberamt Öhringen und teilweise das Oberamt Künzelsau umfasste, Ersatzmann des Rechtskonsulenten Friedrich Rödinger in der Deutschen Nationalversammlung in Frankfurt/Main. Im März 1859 trat K. als Rektor des Kgl. Gymnasiums Ulm die Nachfolge des nach Stuttgart beförderten Karl Adolf →Schmid an und war Klassenlehrer der Klassen IX und X der oberen Abteilung, wobei er Unterricht in Latein, Griechisch und Metrik sowie ev. Religion erteilte. Daneben erwarb sich K. Verdienste um den Neubau des 1878 eingeweihten Schulgebäudes für Gymnasium, Realgymnasium und Realschule in der Olgastraße. 1875 erhielt K., der fünfte Ulmer Gymnasialrektor der württ. Zeit war, vom König den Titel Oberstudienrat verliehen, im Juni 1881 wurde er unter Verleihung des Ritterkreuzes II. Kl. des Württ. Kronordens pensioniert. Als Rektor folgte ihm Hermann →Bender nach.

K. war einer der führenden Ulmer Honoratioren und trat wiederholt bei besonderen Anlässen als Redner in der Öffentlichkeit auf. So hielt er am 30. Aug. 1873 in der Au eine Festrede anlässlich der dritten Wiederkehr des deutschen Sieges in der Schlacht von Sedan. – Mitglied des Vereins für Kunst und Altertum in Ulm und Oberschwaben. – 1871 Ritterkreuz I. Kl. des Friedrichsordens.

Q StadtA Ulm, Bestand H, schriftlicher Nachlass.
L Magisterbuch 25 (1884), S. 69 – SCHULTES, Chronik, S. 508, 529 – Württ. Jahrbücher 1886, S. [VIII] – HARTMANN, Regierung und Stände, S. 81 – UBC 2, S. 73, 174, 319, 435, 511 – SCHMIDGALL, Burschenschafterlisten, S. 123, Nr. 17 – LEUBE, Tübinger Stift, S. 706.

Kiderlen, Robert (von), * Ulm 15. Feb. 1808, † Stuttgart 27. Mai 1857, ⯑ ebd., Fangelsbachfriedhof, ev.
Eltern und G siehe Johann Ludwig →*Kiderlen.
∞ Stuttgart 1851 *Marie* Auguste Freiin von Wächter, * Den Haag (Niederlande) 15. XII. 1815, † Stuttgart 13. IV. 1884, am 11. IX. 1868 per Kgl. Kabinettsbefehl mit ihren Kindern als „von Kiderlen-Wächter" in den erblichen württ. Adelsstand erhoben, T. d. Freiherrn[275] Heinrich Christoph *August* von Wächter, * 4. V. 1776, † 1852, Geh. Legationsrat, als Diplomatenleben im Kaiserreich (Schriftenreihe und in Frankfurt/Main, u. d. Marie Sophie Haagen, Schw. d. Freiherrn Johann *August* von Wächter, * 3. IV. 1807, † Lautenbacherhof/OA Neckarsulm 3. VIII. 1879, 9. I. 1871 bis 27. VIII. 1873 Kgl. Württ. Staatsminister des Kgl. Hauses und der Auswärtigen Angelegenheiten.
K Alfred von Kiderlen-Waechter[276], * Stuttgart 10. VII. 1852, † ebd. 30. XII. 1912, Diplomat, ab 1910 Staatssekretär im Reichs-Außenamt.

Der Vater des berühmten Diplomaten und Politikers Alfred von Kiderlen-Waechter war der erste aus der alten Ulmer Färberfamilie stammende Spross, der mit Außenpolitik zu tun hatte. König Wilhelm I. entsandte K. als Württ. Konsul nach Amsterdam. Dies geschah im Zuge einer sich intensiv den Niederlanden zuwendenden Politik Württembergs, die auch die Heirat einer Tochter des Königs mit dem niederländischen König einschloss. Später trat K. in die Dienste der Domänenverwaltung, zunächst als Hofkammerrat, zuletzt als Geheimer Hofdomänenrat und Direktor der Hofbank, womit ihm die Verwaltung des Vermögens der königlichen Familie oblag. K.s Haus stand an der Königsstraße, dort, wo sich später der Bau des „Hotel Marquardt" erhob. – Ritterkreuz des Württ. Kronordens.

L Ernst JÄCKH (Hg.), Kiderlen-Wächter, der Staatsmann und Mensch. Briefwechsel und Nachlaß, 2 Bände, Berlin-Leipzig 1925 – UBC 2, S. 54 – ZIEGLER, Fangelsbachfriedhof, S. 155.

Kientsch, Willy, * Neu-Ulm 12. Mai 1921, † *bei einem Luftkampf über dem Heimatkriegsgebiet gefallen*[277] 29. Jan. 1944, ⯑ ebd., Alter Teil des Friedhofs, Jan. 1945, ev.
Vater Emil Kientsch, Kaufmann (Milchprodukte) in Neu-Ulm, Hindenburg- bzw. Maximilianstraße, zuletzt Schützenstraße 40, Vorsitzender des Milchhändlervereins Neu-Ulm und Umgebung[278].
Ledig. Keine K.

K. war der jüngste Neu-Ulmer Ritterkreuzträger und diente dem NS-Regime als Beispiel für das geradezu ideale Vorbild eines „heldischen" Fliegeroffiziers. In Neu-Ulm identifizierte man sich während des Krieges stark mit K.

K. war 18 Jahre alt, als der Zweite Weltkrieg ausbrach. Nachdem er die Realschule in Neu-Ulm abgeschlossen hatte, meldete er sich zur Luftwaffe und ließ sich zum Jagdflieger ausbilden. Seine Feuerprobe bestand er in Afrika. Der junge Leutnant zeigte Tapferkeit und Kaltblütigkeit ebenso wie bemerkenswertes fliegerisches Können. Am 22. Nov. 1943 wurde K., der schon zuvor die Eisernen Kreuze beider Klassen erhalten hatte, mit dem Ritterkreuz ausgezeichnet. Das NS-Regime würdigte mit dieser Verleihung den Abschuss von 47 Flugzeugen, *darunter 16 viermotorige Bomber, ausnahmslos Anglo-Amerikaner*. Zuletzt war K. Staffelführer im 6. Jagdgeschwader JG 27 und zum Oberleutnant befördert worden. Am 29. Jan. 1944 kehrte er von einem Feindflug nicht zurück. Am 4. Feb. 1944 gedachte die Stadt Neu-Ulm in einer Trauerfeier im Rathaus des Verstorbenen, der später mit militärischen Ehren in einem Ehrengrab der Stadt Neu-Ulm beigesetzt wurde. Bei der Bestattung würdigte Generalmajor Huth die militärischen Leistungen K.s, der posthum am 20. Juli 1944 mit dem Eichenlaub zum Ritterkreuz ausgezeichnet worden war. Der Stein auf seinem Grab entstand nach einem Entwurf des Neu-Ulmers Hans →Bühler.

L UBC 5b, S. 656, 668 – TREU, Neu-Ulm, S. 355 – WEIMAR, Rundgang, S. 50-53.

Kienzerle, *Alfred* Gustav, * Ulm 8. Sept. 1885, † ebd. 30. März 1974, ⯑ ebd., Hauptfriedhof, 3. April 1974, kath.
Vater Andreas →*Kienzerle, * 1845, † Oberau /Kreis Garmisch-Partenkirchen (Oberbayern) 1928, gründete mit Hermann →*Haustein 1880 das Papiergeschäft Kienzerle und Haustein.
Mutter Margarete Schmid.
Mehrere G.
∞ I. Johanna Bochskanl; ∞ II. Olga Herforth, * Metz 4. II. 1909, T. d. Theodor Herforth u. d. Lilli Schmidt.
Mehrere K, darunter Sibylle Kienzerle, ∞ Gröll; Wolfgang →Kienzerle.

K. war der Erbe der von seinem Vater mitgegründeten Papier- und Pappengroßhandlung Kienzerle und Haustein in Ulm, die er zu einem Unternehmen von nationaler Bedeutung emporführte.

Nach dem Besuch der Ulmer Schulen begab sich K. in die kaufmännische Lehre im Geschäft des Vaters und an verschie-

---

[275] 1819 Nobilitierung, 1825 Erhebung in den württ. Freiherrenstand.
[276] NDB 11 (1977), S. 574 f. (Ekkhard VERCHAU) – Ralf FORSBACH, Alfred von Kiderlen-Wächter (1852-1912). Ein Diplomatenleben im Kaiserreich (Schriftenreihe der Historischen Kommission bei der Bayerischen Akademie der Wissenschaften 59), München 1997 – DVORAK I,3 (1999), S. 84 f. – Ralf FORSBACH, Alfred von Kiderlen-Wächter. Ein Stuttgarter im diplomatischen Dienst des Deutschen Reiches. 1852-1912, in: Lebensbilder aus Baden-Württemberg 20 (2001), S. 307-340.

[277] WEIMAR, Rundgang, S. 52.
[278] Adreß- und Geschäfts-Handbuch Ulm/Neu-Ulm 1925, S. 90.

denen Orten in Deutschland. Nach Abschluss der Lehr- und Wanderjahre folgte 1912 der Eintritt des 27-jährigen K. in das Ulmer Geschäft. Nach 1918, als sich sein Vater aus Gesundheitsgründen aus dem Unternehmen zurückzog, übernahm K. die Geschäftsleitung und baute es zu einem der bedeutendsten seiner Art in Süddeutschland aus. K. war eine anerkannte Kapazität in seinem Bereich und langjähriger Leiter der Fachgruppe Papier in Süddeutschland, als solcher auch Präsidiumsmitglied des Deutschen Papierhandels in Berlin. Daneben war K. jahrzehntelang als Handelsrichter in Ulm sowie von 1940 bis 1960 als Mitglied des Aufsichtsrats der Gewerbebank Ulm bzw. der Ulmer Volksbank aktiv.

Der schwere Luftangriff vom 17. Dez. 1944 führte zur völligen Zerstörung der Wohn-, Büro- und Lagergebäude in der Olgastraße. Nachdem am 1. März 1945 auch ein eilig errichtetes Behelfslager vernichtet worden war, stand das Unternehmen vor einer existentiellen Bedrohung. Mit großem Wagemut, der Unterstützung seiner Mitarbeiter und unter Nutzung seiner ausgezeichneten Kontakte gelang es K. 1949, mit einem neuen Gebäude in der Thalfinger Str. 7 den Wiederaufstieg des Geschäfts einzuleiten, das in den 1970er Jahren rund 1.200 Sorten Papier auf Lager hatte und damit zumindest im Süden der Bundesrepublik Deutschland konkurrenzlos war.

K., der in der Freizeit Rudersport im Ulmer Ruderclub Donau betrieb und Entspannung beim Jagen und Reiten fand, war ein Fabrikant klassischen Zuschnitts, eine Patriarchenfigur, die wie selbstverständlich auch mit knapp 80 Jahren keinen Tag verstreichen ließ, ohne im Geschäft nach dem Rechten zu sehen und den persönlichen Kontakt zu den Mitarbeitern zu pflegen. Sein Sohn Wolfgang →Kienzerle führte das Unternehmen weiter.

Q   StadtA Ulm, G 2.
L   Alfred Kienzerle 80 Jahre, in: Schwäb. Donau-Zeitung Nr. 207, 8. IX. 1965, S. 10 (Bild) – Ulmer Papiergroßhandel setzt 9 Millionen um. 75 Jahre Kienzerle und Haustein – Seniorchef Alfred Kienzerle 70 Jahre alt, in: Schwäb. Donau-Zeitung Nr. 207, 8. IX. 1955, S. 4 (Bild).

Kienzerle, Wolfgang, Dr. rer. pol., * Ulm 30. Dez. 1913, † ebd. 26. Sept. 1993, kath.

Eltern und G siehe Alfred →Kienzerle.
∞ Ursula Heeser, * Hechingen 25. XI. 1921, T. d. Fritz Heeser u. d. Ina Rütgers. Mehrere K.

Der Papierfabrikant K., eine zentrale Persönlichkeit des Ulmer Wirtschaftslebens in der zweiten Hälfte des 20. Jahrhunderts, war Präsident der Industrie- und Handelskammer (IHK) Ulm in der Zeit des westdeutschen „Wirtschaftswunders".

Die Familientradition bestimmte K.s Ausbildung. Nach dem Gymnasium und bestandenen Abitur durchlief K. von 1931 bis 1933 eine kaufmännische Lehre im väterlichen Unternehmen. Daran schloss sich das Studium der Betriebswirtschaft und die praktische Weiterbildung bei anderen Firmen an. K. war Soldat im Zweiten Weltkrieg, NSDAP-Parteianwärter und seit 1936 Mitglied des NSKK. Als Mitinhaber der Papiergroßhandlung Kienzerle und Haustein in Ulm, die sein Großvater mitbegründet hatte, war K. seit 1951 Mitglied der Vollversammlung der Industrie- und Handelskammer (IHK) Ulm. 1955 wurde K. als Nachfolger von Karl Bauer, Direktor der Ulmer Brauerei-Gesellschaft, zum Präsidenten der IHK Ulm gewählt, ein Amt, das er in einer Ära beispiellosen wirtschaftlichen Aufschwungs 20 Jahre lang erfolgreich ausübte. 1975 legte K. das Präsidentenamt nieder, zu seinem Nachfolger wurde Hermann Glässel gewählt, K. zum Ehrenpräsidenten ernannt.

Von 1960 bis 1972 war K. Vorsitzender des baden-württ. Landesverbands der Papiergroßhändler, danach Ehrenvorsitzender, seit 1969 Aufsichtsratsmitglied der Ulmer Volksbank, von 1969 bis 1984 als Nachfolger von Theodor →*Wölpert dessen Vorsitzender, danach Ehrenmitglied des Aufsichtsrats. – Goldene Ehrennadel des Deutschen Genossenschaftsverbandes; 1975 Bundesverdienstkreuz I. Kl.

Q   StadtA Ulm, G 2.
L   Zwanzig Jahre lang war er Präsident der IHK Ulm. Dr. Kienzerle heute 70 Jahre alt. Verdienter Mann der Wirtschaft, in: Schwäb. Zeitung (Ulm) Nr. 301, 30. XII. 1983 (Bild).

Kilbel, Gotthold (von), * Bodelshausen/OA Reutlingen 14. Sept. 1853, † Stuttgart 26. März 1927, ev.

Vater   Kilbel, Lehrer in Bodelshausen.

K. war als städtischer Polizeiamtmann und Regierungsrat bei der Regierung des Donaukreises im Laufe seiner Beamtenlaufbahn mit Ulm verbunden.

Nach dem Besuch der Realschule, des Lyzeums und des Oberlyzeums in Reutlingen erhielt K. eine vierjährige praktische Ausbildung im Schreiberfach. Von 1873 bis 1876 studierte er in Tübingen Staatswissenschaften und bestand 1876 und 1877 die beiden Höheren Dienstprüfungen. Schon im Dez. 1876 kam er als Referendar zum OA Reutlingen, im Feb. 1877 als Aktuariatsverweser und stv. Amtmann zum OA Vaihingen/Enz, wo er 1878 zum Verweser der Amtmannsstelle und am 4. Juli 1878 zum Amtmann aufrückte. Im Dez. 1878 wechselte er als Hilfsarbeiter zur Regierung des Neckarkreises in Ludwigsburg, wenige Monate später als Amtmann zur Stadtdirektion Stuttgart.

K. suchte jedoch einen Wirkungsbereich, in dem er mehr Eigenständigkeit besaß und sein eigener Herr sein konnte. So bewarb er sich im Aug. 1881 als Nachfolger des verstorbenen Polizeiamtmannes Kurz als städtischer Polizeiamtmann in Ulm und erhielt die Stelle. Die Polizei war in Württemberg traditionell kommunal organisiert, und K., der sich nach Antritt des neuen Amts vom Staatsdienst beurlauben ließ, war trotz seines bescheidenen Titels eigentlich der Polizeidirektor von Ulm, der nicht der Kreisregierung und auch nicht dem Oberamt, sondern dem Oberbürgermeister unterstand. Im Herbst 1887 gab K. seine bisherige Position in Ulm auf, um als Oberamtmann von Crailsheim in den Dienst der württ. Innenverwaltung zurückzukehren. Sein Nachfolger als städtischer Polizeiamtmann in Ulm wurde der spätere Oberbürgermeister Heinrich (von) →Wagner.

1893 kehrte K. als Regierungsrat bei der Regierung des Donaukreises nach Ulm zurück und übernahm zugleich das Amt des Vorstandsvorsitzenden der Landwirtschaftlichen Berufsgenossenschaft des Donaukreises. 1895 folgte K. einem Angebot, als Ministerialassessor in den Dienst des Innenministeriums in Stuttgart zu treten, wo er 1900 Titel und Rang eines Ministerialrats erhielt. Ab 1897 nahm er zugleich das Amt des Staatskommissars bei der Stuttgarter Effektenbörse wahr. Anfang des Jahres 1904 erreichte K. mit der Ernennung zum Präsidenten der Regierung des Neckarkreises in Ludwigsburg als Nachfolger des verstorbenen Regierungspräsidenten Carl (von) Huzel die letzte Stufe seiner Beamtenlaufbahn. Nebenamtlich war er Zivilvorsitzender der Oberersatzkommission im 1. Bezirk der 52. Inf.-Brigade und Vorsitzender der Prüfungskommission für Einjährig-Freiwillige. Wenige Monate nach Beendigung des Ersten Weltkriegs trat K. 1919 im 66. Lebensjahr in den Ruhestand, den er in Stuttgart verlebte. Sein Nachfolger als Regierungspräsident in Ludwigsburg wurde Otto →*Widmann, der mehr als 20 Jahre zuvor gemeinsam mit K. Regierungsrat bei der Regierung des Donaukreises in Ulm gewesen war. – 1898 Ritterkreuz I. Kl. des Friedrichsordens; 1903 Ritterkreuz des Württr. Kronordens; 1905 Ehrenkreuz des Württ. Kronordens.

Q   HStAS, E 151/01 Bü 1191 und 1726 – StAL, E 179 Bü 266 – ebd., EL 20/5 Bü 2983.
L   Staatshandbuch 1908, S. 124, 204 f. – SK Nr. 146/1927 – Württ. Jahrbücher 1927, S. [XIII] – UBC 2, S. 435 – Amtsvorsteher, S. 346 (Monika KOLB/Hans Peter MÜLLER).

Kimmel, Carl *Stanislaus*, * Regensburg 26. März 1831, † Neu-Ulm 17. März 1875, ev.

Vater   Kimmel, Kaufmann.
∞ Elise Braun.

7 *K*   Frieda Kimmel, * Landshut 28. XII. 1864; Maria Kimmel, * Landshut 23. XI. 1866, Elisabeth Kimmel, * Lanshut, 6. IV. 1868; Theodor Ludwig Friedrich Kimmel, * Neu-Ulm 24. II. 1870, † München 11. III. 1882; Luise Friederika Klara Kimmel, * Neu-Ulm 12. VI. 1871; Julie Kimmel, * Neu-Ulm 23. I. 1873; Karl Kimmel, * Neu-Ulm 23. V. 1874.

K. war der erste ev. Stadtpfarrer von Neu-Ulm, ernannt im Jahr der Stadterhebung 1869. Mit ihm sind die Anfänge der ev. Stadtpfarrgemeinde Neu-Ulm eng verknüpft.

Der aus Regensburg stammende K. studierte von 1848 bis 1852 Theologie in Erlangen, bestand 1852 die Aufnahmeprüfung für die Übernahme in den Dienst der ev. Landeskirche Bayerns und nach dem Besuch des Münchner Seminars 1857 die Anstellungsprüfung. Bereits 1853 im Alter von 22 Jahren ordiniert, war er seit Jan. 1855 ständiger Vikar in Straubing gewesen, 1857 wurde er zum Stadtvikar in München ernannt. Später erhielt er seine erste Festanstellung als Pfarrer von Landshut/Dekanat Regensburg.

Im Umfeld der Stadterhebung Neu-Ulms beschloss die ev. Kirchenleitung Bayerns die Errichtung einer eigenen Stadtpfarrstelle in Neu-Ulm, das bisher von Pfuhl aus betreut worden war. Der 38 Jahre alte K. übernahm am 16. Feb. 1869 als erster ev. Stadtpfarrer an der von 1863 bis 1867 erbauten ev. Stadtpfarrkirche Neu-Ulm die Geschäfte von Vikar Port in Pfuhl. K. baute die Organisation der Stadtpfarrgemeinde, die zu dem 1810 errichteten Dekanat Leipheim gehörte, aus dem Nichts heraus auf und nutzte jede Gelegenheit, sich in der Öffentlichkeit bekannt zu machen und für die Gemeinde zu werben. Besondere Nähe suchte er auch zur Garnison. Am 2. März 1871 nahm er mit seinem kath. Kollegen Johann Baptist →Wolf die Fahnenweihe für das III. Ersatz-Bataillon des 12. Inf.-Rgts. vor.

K. starb kurz vor seinem 44. Geburtstag, doch seine nur sechsjährige Amtszeit markierte den Beginn einer eigenständigen ev. Gemeindeentwicklung in Neu-Ulm, die er unter schwierigen Bedingungen mit zu formen wusste. Seine Nachfolge trat Adolf →Bauer an.

Q   LAELKB, Bestand Rep. Nr. 105 (Personalakten Theologen), Nr. 2781.
L   BUCK, Chronik Neu-Ulm, S. 76, 82 – TREU, Neu-Ulm, S. 574 – TEUBER, Ortsfamilienbuch Neu-Ulm I, Nr. 2270- WEIMAR, Wegweiser, S. 99.

Kimmich, Karl, Dr. sc. pol., * Ulm 14. Sept. 1880, † Köln 10. Sept. 1945, ev.

Vater   Karl →*Kimmich, * Oberesslingen/OA Esslingen 23. III. 1850, † Ulm 2. V. 1915, Professor am Kgl. Gymnasium Ulm, Zeichenlehrer.
Mutter   Christine Autenrieth, * Weiler/OA Blaubeuren 22. XI. 1856, T. d. Jakob Autenrieth, * Weiler 12. XI. 1824, † ebd. 25. XI. 1873, Gastwirt in Weiler, u. d. Anna Ott, * Weiler 6. IX. 1834, † ebd. 14. IX. 1903.
G   Max →Kimmich.

K. zählte zu den Multifunktionären im Wirtschaftsleben der Weimarer Republik und des „Dritten Reiches" und war einer der einflussreichsten „Wirtschaftsführer" im Rheinland und später in Berlin.

Der Lehrersohn wuchs in Ulm auf, besuchte dort das Kgl. Gymnasium und absolvierte anschließend eine Lehre in einem Ulmer Privatbankhaus. Danach studierte K. Staatswissenschaften in München und schlug nach der Promotion („Die Ursachen des niedrigen Kursstandes deutscher Staatsanleihen – eine Untersuchung über englischen, französischen und deutschen Staatskredit", München 1906) die Banklaufbahn ein. Nach der Banklehre trat er 1906 in die Dienste des A. Schaafhausen´schen Bankvereins in Berlin ein. 1915 wechselte er zur Zentrale des Bankvereins in Köln, wo er 1919 zum stv. und 1921 zum o. Mitglied des Aufsichtsrates aufstieg. 1929 übernahm in die Deutschen Bank nach ihrer Fusion mit dem A. Schaafhausen´schen Bankverein und der Disconto-Bank. Zunächst war K. vorwiegend für Konsortialgeschäfte zuständig und erhielt auf Grund seiner Erfolge Sonderaufträge, so die Sanierung des hoch verschuldeten Kölner Schokoladefabrikanten Stollwerck und der Bergbau AG Lothringen.

Im Mai 1933 rückte der mittlerweile zum Direktor Ernannte in den Vorstand der Deutschen Bank in Berlin auf, dessen Mitglied er bis 1942 war, ab 1940 fungierte er als Sprecher des Vorstands. 1942 übernahm er den Vorsitz des Aufsichtsrates der Deutschen Bank und war Vorsitzender des Kreditausschusses der Reichsbank. In der NS-Zeit beteiligte sich K. maßgeblich an den von der Deutschen Bank durchgeführten „Arisierungen". Im Nov. 1938 meldete K. nicht ohne Stolz, die Deutsche Bank habe bisher an 330 „Arisierungen" mitgewirkt. In einer Aktennotiz vom 25. Juli 1938 hatte er kurz zuvor festgehalten, man dürfe sich dabei nicht zu sehr engagieren, da sonst ausländische Kunden abgeschreckt werden könnten.

K., der vor 1933 Stadtverordneter und Handelsrichter in Köln gewesen war, engagierte sich als Geschäftsführer der Deutsch-Österreichischer Kohlenbergbau-Verein G.m.b.H., Berlin, sowie Vorsitzender des Grubenvorstandes der Braunkohlengewerkschaft Colonia, Brühl bei Köln, und der Gewerkschaft Berggarten, Siershahn, sowie Mitglied des Grubenvorstands der Gewerkschaft Lippramsdorf, Berlin, und der Gewerkschaft Saale, Schlettau, stv. Vorsitzender des Aufsichtsrats der Alexanderwerk A. von der Nahmer AG, Remscheid, Mitglied des Aufsichtsrats der Adler Kaliwerke AG, Oberröblingen am See, der Aktiengesellschaft für Verkehrswesen, Berlin, der Allgemeene Bruinkool Compagnie, Bottenbroich/Bez. Köln, der Bergischen Stahl-Industrie, Remscheid, der Bergwerksgesellschaft Hope G.m.b.h, Lindwedel, der Brandenburgische Carbid- und Elektrizitätswerke AG, Berlin, der Braunkohlen-Industrie AG Zukunft, Eschweiler, der der Deutsch-Atlantische Telegraphengesellschaft AG, Berlin, der Deutsche Eisenbahn-Gesellschaft AG, Frankfurt/Main, der Deutsche Erdöl-AG, Berlin-Schöneberg, der Deutsche Petroleum-AG, Berlin-Schöneberg, der Deutsche Schiffskreditbank AG, Duisburg, der Hallesche Kaliwerke AG, Schlettau, der Industriebau Held & Franke AG, Berlin, der Kaliwerke Adolfs Glück AG, Oberröblingen am See, der Kaliwerke Aschersleben, Aschersleben, der Kraftwerk Zukunft AG, Eschweiler, der Riegerwerk AG, Aalen, der Vereinigte Kleinbahnen AG, Köln und der Württ. Nebenbahnen AG, Stuttgart.

Der Plan der US-amerikanischen Besatzungsmacht, alle Vorstandsmitglieder der Deutschen Bank in Nürnberg zur Anklage zu bringen, wurde nicht realisiert, da sie auf die deutschen Finanzexperten angewiesen war. Den seit längerem kranken K. hätte es nicht mehr unmittelbar betroffen: er starb wenige Tage vor seinem 65. Geburtstag.

L   Reichshandbuch I, S. 922 – Wikipedia.

Kimmich, Max Wilhelm (genannt „Axel"), * Ulm 4. Juni 1893 (nicht 1898!), † Icking am Ammersee (Oberbayern) 16. Jan. 1980, ev.

Eltern und G siehe Karl →Kimmich.
∞ 1938 Maria Goebbels, * 1909, Schw d. Dr. Joseph Goebbels, NS-„Reichsminister für Volksaufklärung und Propaganda", - MdR.
1 K.

K. zählte zu den gut beschäftigten „Filmleuten" der NS-Zeit, was nicht nur an seinen einschlägigen Fähigkeiten lag, sondern auch an der Tatsache, dass er der Schwager von Reichsminister Goebbels war.

K. besuchte das Ulmer Gymnasium und war nach dem Abitur Zögling an Kadettenschulen in Karlsruhe und Berlin-Lichterfelde. Schon in dieser Zeit widmete sich K. als Autodidakt der Komposition von Militärmärschen und schrieb Schwänke. Im Ersten Weltkrieg Berufsoffizier (Oberleutnant und Batterieführer), entschied er sich nach Kriegsende angesichts des Abbaus des deutschen Militärs für ein Medizinstudium. Anfang der 1920er Jahre kam er dann zum Film, der in Deutschland mächtig aufblühte. Zunächst als Dramaturg und Assistent bei der Deutschen Lichtspielgesellschaft, später Produktionsleiter und Produzent bei der Rochus-Gliese-Film

199

AG (bzw. ab 1923 Europäische Lichtbild AG, „Eulag"). Zeitweise soll er auch eine eigene Produktionsfirma besessen haben. Für die zweite Hälfte der 1920er Jahre ist die Quellenlage ein wenig diffus. K. soll von 1924-1929 bei der Universal Pictures Corporation in Hollywood unter Vertrag gewesen sein, aber Filmtitel aus dieser Zeit sind nicht überliefert; ob er dort tatsächlich *Drehbücher für weltbekannte Stars* (UBC 5 b) verfasst hat, bleibt im Dunkeln. Nach seiner Rückkehr nach Europa drehte er mit Viktor Brumlik eine tschechisch-deutsche Co-Produktion „Kennst du das kleine Haus am Michigan-See?", zu dem er auch das Drehbuch verfasste. 1930 trat er auch als Filmkomponist in Erscheinung („Wellen der Leidenschaft", K.s erster Tonfilm). In den folgenden Jahren war er bei zahlreichen Filmen Co-Autor, so bei „Unter falscher Flagge" (1931/32), „Die unsichtbare Front" (1932) oder bei „On Secret Service" (1933). Nach der NS-Machtübernahme schrieb K. Drehbücher, u. a. zu dem Film „Der Flüchtling aus Chicago" (1933/34). 1935 verfasste K. das Drehbuch zu dem „Freikorps-Machwerk" (KLEE, Kulturlexikon) „Henker, Frauen und Soldaten". 1937 war er an der Regie von „Die Fledermaus" und „Es leuchten die Sterne" beteiligt. 1938/39 inszenierte K. den Kriminalfilm „Der Vierte kommt nicht", zu dem er auch das Drehbuch beigesteuert hatte. Der Film, in dem Dorothea Wieck, Ferdinand Marian und Werner Hinz die Hauptrollen spielten, ließ durchaus einen eigenen Stil erkennen, da er – dem Trend entgegen – die Auflösung des Mordes ganz in die Privatsphäre verlegte.

Im ersten Halbjahr des Jahres 1940 brachte K. die antibritische Produktion „Der Fuchs von Glenarvon" in die Kinos, der den irischen Unabhängigkeitskampf thematisierte und nach einigen Umarbeitungen von seinem Schwager Goebbels als *großartig* eingestuft wurde: *sehr gut für unsere Propaganda zu gebrauchen*. Olga Tschechowa, Karl Ludwig Diehl, Ferdinand Marian und Elisabeth Flickenschildt zählten zur prominenten Besetzung des Filmes, der nach 1945 alliiertes Aufführungsverbot erhielt. Nachdem K. 1941 einen weiteren Film aus diesem Themenkreis, „Mein Leben für Irland", inszeniert hatte, zeigte der Schwager Anzeichen von Überdrüssigkeit und nahm mit Besorgnis zur Kenntnis, *dass Filme dieser Art von den Polen und Tschechen sofort auf ihren Freiheitskampf gegen Deutschland umgedeutet werden können*. 1941 begann K. mit den Dreharbeiten am antibritischen Kolonialfilm „Germanin" (u. a. mit Lotte Koch und Luis Trenker), der 1943 uraufgeführt wurde und nach 1945 wegen überzogener Glorifizierung deutschen Heldentums und Verunglimpfung der Briten Aufführungsverbot erhielt. Sein letzter Film „Kleinigkeiten" blieb auf Grund der Kriegsumstände unvollendet.

Nach Kriegsende und Entnazifizierung fand K. nach einer längeren „Durststrecke" wieder Anschluss an die bundesdeutsche Film- und vor allem TV-Produktion.

Q www.filmportal.de.
L Glenzdorfs internationales Filmlexikon, Band 2, Bad Münder (Deister) 1961, S. 826 – UBC 5b, S. 328, 489, 705 – Felix MOELLER, Der Filmminister. Goebbels und der Film im Dritten Reich. Mit einem Vorwort von Volker SCHLÖNDORFF, Berlin 1998, S. 252 f., 287 – KLEE, Kulturlexikon, S. 306 [mit dem falschen Geburtsjahr „1898"] – Wikipedia.

Kirchgeorg, Otto, Dr. iur., * Plochingen/OA Esslingen 13. Okt. 1871, † Murnau/Oberbayern 29. Okt. 1946, ev.
3 G Hermann Kirchgeorg, † Plochingen 9. II. 1933, ∞ Clara Leuze; Albert Kirchgeorg, Freiburg/Breisgau; Hanna Kirchgeorg, Karlsbad. ∞ Mehrere K.

K. war über ein Vierteljahrhundert hinweg eine der herausragenden Persönlichkeiten der Ulmer Justiz, außerdem einer der Führer des württembergischen Deutschnationalen.

Nach dem Jurastudium in Tübingen und Berlin und der Promotion zum Dr. iur. trat K. in den württ. Justizdienst ein und war zunächst Ende der 1890er Jahre Richter in Aalen und Vaihingen/Enz. 1900 wechselte er als Assessor in die Kolonialabteilung des Auswärtigen Amts in Berlin, wo er sich für eine Tätigkeit im Kolonialdienst des Reiches vorbereitete. Als er schließlich nach Togo abreisen sollte, wurde dies durch Krankheit verhindert. 1901 setzte K. seine Tätigkeit im württ. Justizdienst fort und war nacheinander Amtsrichter in Sulz/ Neckar, Marbach/Neckar, Ludwigsburg und Biberach/Riß. 1912 kam er als Amtsrichter nach Ulm, am 22. Sept. 1912 erfolgte die Ernennung zum Landrichter ebd., 1921 zum Landgerichtsrat ebd.

Politisch engagierte sich der Chauvinist K. von Anfang an am rechten Rand des parteipolitischen Spektrums. Im März 1918 wirkte K. in Ulm an der Gründung einer Ortsgruppe der nationalistischen Dt. Vaterlandspartei mit. Von 1919 bis 1933 war er Erster Vorsitzender des Bezirksverbandes der Württ. Bürgerpartei Ulm-Oberschwaben, in der gleichen Zeit Mitglied des Ulmer Gemeinderates und dort Vorsitzender der Fraktion der Bürgerpartei. Seit 1922 gehörte er dem Landesvorstand (Mitglied des Engeren Ausschusses und des Hauptausschusses) der verfassungsfeindlichen Württ. Bürgerpartei an. Impulsiv und oftmals unbedacht, kennzeichnete es den Politiker K., wiederholt mit Vorwürfen an die Öffentlichkeit zu treten, die er dann nicht belegen konnte. Ein Beispiel: Ende 1919 sorgte K. für Schlagzeilen, als er Beamten des Landespolizeiamts (Kriegswucheramts) in Ulm in der Gemeinderatssitzung vom 20. Dez. 1919 vorwarf, die meisten der beschlagnahmten Lebensmittel zu stehlen bzw. zu unterschlagen. Konkret wies er auf den Diebstahl von 50 Pfund Schweinefleisch hin. Die Beamten in Ulm und Stuttgart wiesen in einem offenen Brief die Vorwürfe zurück und forderten K. auf, Beweise vorzubringen – was nicht erfolgte.

K. war 1920 Landtagskandidat in den Wahlkreisen 20 (Ulm-Heidenheim, Spitzenkandidat), 21 (Ehingen-Blaubeuren-Laupheim, Platz 6) und 24 (Waldsee-Leutkirch-Wangen, Platz 5), 1924 Landtagskandidat auf Platz 11 der Landesvorschlagsliste. In der Zeit der Weimarer Republik war K. einer der einflussreichsten „Rechten" in Württemberg. 1923 tauchte K.s Name im Zusammenhang mit Putschplänen der Rechten in Württemberg auf. Nach dem Sturz der Regierung von Hieber sollte K. Justizminister werden. Es ist bemerkenswert, dass diese öffentlich gewordene Tatsache der Karriere des Staatsbeamten K. nicht im mindesten schadete. Es verstand sich von selbst, dass Staatspräsident Wilhelm Bazille bei seinem Besuch in Ulm im Dez. 1927 in der Ulmer Villa seines Parteifreundes K. logierte.

K. zählte zu den politischen – und auch persönlichen – Gegnern des Oberbürgermeisters Emil →Schwammberger. Mit Konstantin →Wieland und Hermann →Schmid befehdete K. Schwammberger seit 1923 über Jahre hinweg öffentlich und in den Sitzungen des Gemeinderats und zählte damit zu den Hauptprotagonisten des sogenannten „Ulmer Rathauskrieges", der zuletzt sogar das Staatsministerium in Stuttgart beschäftigte. Der Aufstieg des Nationalsozialismus und die damit verbundene Demontage Schwammbergers erfüllten K. mit Freude und Genugtuung. Am 13. März 1933 sprach sich K. im Gemeinderat für dessen Neuwahl aus, weil *die Volksmehrheit jetzt zu Worte kommen* solle. Er scheint – ebenso wie sein Parteifreund Hermann Schmid, der nach Schwammbergers „Amtsverzicht" als Staatskommissar für die Nationalsozialisten den Platzhalter spielte –, nicht bemerkt zu haben, dass die Nationalsozialisten die Deutschnationalen nur noch kurzfristig als Steigbügelhalter benötigten, um sich ihrer dann, wie aller anderen Parteien auch, zu entledigen.

Von 1930 bis 1937 Landgerichtsdirektor in Ulm, Vorstand der Zweiten Großen Strafkammer und des Schwurgerichts, trat K. am 31. Mai 1937 altersbedingt in den Ruhestand. Zu seinem Nachfolger wurde der Stuttgarter Landgerichtsdirektor Alexander Krauss ernannt. Über seine letzten Lebensjahre konnten keine Quellen ausfindig gemacht werden. – Mitglied des Vereins für Kunst und Altertum in Ulm und Oberschwaben. 1930 bis 1932 stv. Mitglied des Württ. Staatsgerichtshofes.

Q   StadtA Ulm, G 2.
L   UBC 1, S. 325 – UBC 3, S. 286 – UBC 4, S. 82, 114 – UBC 5a, S. 14, 64, 100, 103, 119, 212 – Schwäbische Donau-Zeitung Nr. 96/1946, S. 4, Nr. 97/1946, S. 3 – SPECKER, Großer Schwörbrief, S. 369 – DANNENBERG, Selbstverwaltung, S. 108, 113, 133, 170 – Klaus Peter MÜLLER, Die Bürgerpartei/Deutschnationale Volkspartei (DNVP) in Württemberg 1918-1933. Konservative Politik und die Zerstörung der Weimarer Republik, in: ZWLG 61 (2002), S. [375]-434, hier S. 381, 393.

Kispert, Gustav, Dr. med., * Ulm 5. Juli 1843, † München 10. April 1921, ☐ Schwabing, kath.
Vater   Karl Gustav Kispert, Großkaufmann in Ulm, später Rittergutsbesitzer auf Reutti, S. d. Johann Georg Friedrich →*Kispert, Großhändler in Ulm, ab 1815 Rittergutsbesitzer auf Reutti.
Mutter   Charlotte Euphorina Stücklen.
Mehrere G, darunter Anna Kispert[279], * Reutti 16. X. 1845, ∞ Reutti 29. IX. 1867 Adolph Freiherr von Lindenfels, * München 30. IX. 1842, † gefallen in der Schlacht bei Sedan 1. IX. 1870, Kgl. Bayer. Offizier, S. d. Julius Freiherr von Lindenfels, Kgl. Bayer. Kämmerer, u. d. Elise Freifrau von Elbracht; Viktor Friedrich →*Kispert.
Ledig. Keine K.

K. war Besitzer des Schlosses Reutti und engagiertes Mitglied des Historischen Vereins Neu-Ulm, zu dessen Gründern er zählte.
Geboren im späteren Klemm´schen Haus am Münsterplatz als Spross einer über Jahrzehnte erfolgreichen Ulmer Kaufmannsfamilie, besuchte K. die Realschule in Ulm und anschließend das Stuttgarter Polytechnikum, da er nach dem Wunsch seines Vaters Architekt werden sollte. Obwohl K. die notwendigen Examina bestand, bat er seinen Vater kurz vor dessen Tod, auf den Arztberuf umsatteln zu dürfen. Daraufhin ging er an das Gymnasium Ellwangen/Jagst sowie zum Medizinstudium an die Universitäten in München und Heidelberg. Nach dem Abschluss des Studiums reiste K. nach Wien und 1873 nach England. Von dort ging er nach Madrid, wo er Ksl. Deutscher Botschaftsarzt wurde und so erfolgreich war, dass er eine Klinik gründete, *die sich des größten Zuspruchs erfreute und in welcher er dadurch besonders segensreich wirkte, dass er die Armen unentgeltlich behandelte.*
1901 kehrte er in die Heimat zurück und übernahm das seit 1815 im Familienbesitz befindliche Schloss Reutti, das er bereits 1891 in einem verheerenden Zustand von kurzzeitigen Besitzern zurückgekauft hatte, nachdem sein mit der Verwaltung überforderter jüngerer Bruder den Besitz verkauft hatte. Der später zum Sanitätsrat ernannte K. lebte bis zum Beginn des Ersten Weltkriegs in Reutti und war 1907 Gründungs- und Ausschussmitglied des Historischen Vereins Neu-Ulm. Das besondere Interesse K.s gehörte der Archäologie. Als er 1914 seinen Besitz in Reutti an Freifrau Pauline von Hermann verkaufte und nach München verzog, spendete er dem Verein seine gesamte Bibliothek mit Schränken, zahlreiche Gemälde und Kupferstiche.

W   Das Weltbild ein Schwingungsergebnis der Hirnrinde, 1914.
L   Aus dem Ulmer Winkel Nr. 6, 30. XII. 1921, S. [22] – GEIGER, Reutti, S. 20, 23, 28, 42, 65, 77, 80.

Kitzinger, Karl, * Neu-Ulm 18. April 1886 (nicht 1896!), † Stuttgart 15. April 1962, ev.
Vater   Karl Kitzinger, * 1856, † 1887, Apotheker.
Mutter   Katharina Gnann, * 1856, † 1910.
Keine G.
∞ Donaustetten 1915 Klara Ottilie Mayser, * 11. I. 1894, † 20. XI. 1981.
2 K.

Nach dem Besuch der Ulmer Elementarschule war K. 1896/97 Schüler der dortigen Realschule und von 1898 bis 1904 Schüler der Oberrealschule Ravensburg. Nach dem Abitur trat der 18jährige K. in die Armee ein und begann als Fahnenjunker beim Pionier-Bataillon Nr. 13 in Ulm. Bei Ausbruch des Ersten Weltkriegs war K. Leutnant und Adjutant dieses Bataillons. K.

zeichnete sich als Kompanieführer bei den Minenwerfern bzw. bei der Infanterie im Krieg aus und war zeitweise dem Karpathenkorps zugeteilt. 1916 zum Generalstabsoffizier und im Folgejahr zum Hauptmann befördert, fand K. nach Kriegsende als Mitglied des Reichswehrausschusses zum Aufbau der Reichswehr ein neues, großes Tätigkeitsfeld. Der begeisterte Sportler, der als Radler, Reiter und Skifahrer Höchstleistungen erbrachte, hatte wesentlichen Anteil an der Entwicklung der Reichswehr, war bis 1922 Referent in der Lehrabteilung des Reichswehrministeriums in Berlin. Danach ging er zum Landeskommando Württemberg und war Major beim Führerstab der 5. Division. Der Experte für Nachschubwesen, 1931 zum Kommandeur des I. Bataillons des Inf.-Rgts. 13 und Oberstleutnant ernannt, fungierte seit 1. Feb. 1933 als Nachfolger des aus dem Heeresdienst ausgeschiedenen Oberstleutnants Poetter kurzzeitig als Kommandant der Festung Ulm, ehe er dem Chef der Heeresleitung zugeteilt wurde. Daneben war er 1933/34 als Dozent für Wehrwissenschaft an der Universität Köln eingesetzt.
In Begutachtungen und Beurteilungen wiederholt als geborener Soldat geschildert, war K. eine eigenwillige Soldatenpersönlichkeit, der viel von sich und anderen verlangte und seinen weiteren Aufstieg sogfältig plante. 1934 zum Obersten und Festungsinspizienten II (Westen) bzw. zum Inspekteur der Wehrbefestigungen ernannt, trat K. noch im gleichen Jahr in den Dienst der Luftwaffe, einer erkennbar an Bedeutung gewinnenden Waffengattung innerhalb der Wehrmacht. Ungeachtet einer durch eine Kriegsverletzung ausgelösten verminderten Sehkraft des linken Auges erlernte er das Fliegen. Zunächst Luftzeugmeister im Reichsluftfahrtministerium in Berlin, avancierte K. bereits 1936 zum Generalmajor und Chef des Nachschubamtes im Ministerium, 1938 zum Generalleutnant und Befehlshaber der Luftverteidigungszone West. Letztere war als Ergänzung des Westwalls gedacht, gewann aber nach Ausbruch des Zweiten Weltkriegs keine größere Bedeutung.
K.s Beförderung zum General der Flieger im Jahre 1939 bereitete seine Ernennung zum Inspekteur der Luftverteidigungszonen bzw. seit 1940 der Luftwaffenbautruppen vor. 1940 war K. Befehlshaber im Luftgau Norwegen. 1941 erfolgte seine Ernennung zum Wehrmachtsbefehlshaber Ukraine. Von K. existiert ein von Okt./Nov. 1942 datierender Befehl an Oberstleutnant Hiltrop, Kommandant des Stammlagers (Stalag) für Kriegsgefangene 305, ca. 200 jüdische Kriegsgefangene „der Sonderbehandlung" zuzuführen. 1944 zum Militärbefehlshaber in Frankreich abkommandiert, erfolgte noch im gleichen Jahr seine Ernennung zum Oberbefehlshaber Festungsbereich West. Noch am 11. April 1945 erhielt K. einen Auftrag zur Aufstellung der Luftverteidigungszone Ost. Wenig später geriet er in britische Gefangenschaft, aus der er 1947 entlassen wurde. Nunmehr über 60 Jahre alt, gelang es K., eine Stellung als kaufmännischer Angestellter zu bekommen.

L   UBC 4, S. 24 – Karl Friedrich HILDEBRAND, Die Generale der deutschen Luftwaffe 1935-1945, Osnabrück 1991, Band 2, S. 176-178 – Gerhard GRANIER, Die Luftverteidigungszone West, in: Jahrbuch für westdeutsche Landesgeschichte 19 (1993), S. 541-553 – BWB II (1999), S. 267 ff. (Gerhard GRANIER) – KLEE, Personenlexikon, S. 312 [mit dem unzutreffenden Geburtsjahr 1896].

Klein, Paul *Richard*, * Weingarten 29. April 1879, † Ulm 20. Nov. 1960, ev.
Vater   Klein, Lehrer in Weingarten.
∞ Karoline Mößner, T. d. Friedrich Mößner[280], † Ulm 23. I. 1909, Kaufmann und Kirchengemeinderat in Ulm, Gründer der freiwilligen ev. Sonntagsschule ebd., u. d. Pauline Reichle.
Mehrere K.

Mit K. sind die Anfänge der eigenen ev. Pfarrei Söflingen eng verknüpft. K. war bereits ständiger Pfarrverweser in Söflingen, bevor die Pfarrei für selbstständig erklärt wurde, und er kehrte

---

[279] TEUBER, Ortsfamilienbuch Neu-Ulm II, Nr. 5104.

[280] UBC 3, S. 103, 433.

als Nachfolger des ersten offiziellen Söflinger Stadtpfarrers Eugen →Traub an seine ehemalige Wirkungsstätte zurück. Der Söflinger Gemeinde stand K. in den letzten Jahren der Weimarer Republik, während der gesamten NS- und Kriegszeit und in der ersten Nachkriegszeit vor.

Geboren in der oberschwäbischen „Diaspora", besuchte K. vor dem Theologiestudium in Tübingen die ev.-theol. Seminare Maulbronn und Blaubeuren. Nachdem er 1901 die theol. Prüfungen bestanden hatte, durchlief er die übliche Zeit der „unständigen Verwendungen" im Dienst der ev. Landeskirche und war an verschiedenen Orten Vikar bzw. Pfarrverweser. Als solcher kam K. 1905 als Nachfolger des zum Pfarrer von Ottenhausen ernannten Gotthilf →*Renz 1905 auch erstmals nach Söflingen, wo er nach der Eingemeindung nach Ulm am 1. Okt. 1905 den Titel „Stadtpfarrverweser" erhielt. Angesichts der rasanten Bevölkerungsentwicklung war Söflingen bereits am 14. Mai 1900 aus dem bisher bestehenden kirchlichen Verband mit Ulm herausgelöst und zu einer selbstständigen Kirchengemeinde erhoben worden. Auch war bereits am 5. Okt. 1901 die definitive Erhebung zur ev. Pfarrei erfolgt, jedoch kein eigener Pfarrer bestellt worden. Wie seine sieben Vorgänger seit 1889 (!) war K. „Verweser" des Pfarramts, also ein gegenüber offiziellen Amtsinhabern schlechter bezahlter Geistlicher.

Nach gut vierjähriger Amtszeit in Söflingen erfolgte Ende 1909 die Ernennung K.s zum Pfarrer in Pappelau/OA Blaubeuren. Sein Nachfolger in Söflingen war der erste definitiv zum Stadtpfarrer berufene Eugen →Traub, der jedoch erst Anfang 1910 seinen Dienst aufnehmen konnte, weshalb K. de facto bis 1910 in Söflingen im Amt war. 1919 folgte K.s Ernennung zum Pfarrer in Gärtringen/OA Herrenberg, 1928 schließlich zum Stadtpfarrer in Söflingen, wo er die Nachfolge von Eugen Traub antrat. K., ein Schwager des Ulmer Stadtpfarrers Eugen →Schmid an der Dreifaltigkeitskirche, war ein Geistlicher, der von der Würde seines Amtes ganz erfüllt war, feste Prinzipien hatte und seine persönliche Note in dem stark vom Vereinsleben geprägten Söflingen eigentlich fehl am Platze war. Sein aufrichtiges und gerades Wesen machte aber auch Eindruck auf jene, die ihn zunächst eher abgelehnt hatten. Auf Prälat Konrad →Hoffmann machte K. *einen kraftvollen Eindruck, [...] handfest und habhaft*; der von K. erteilte Religionsunterricht sei *volkstümlich, bestimmt, väterlich und vor allem erfolgreich*. K. empfand es als eine seiner wichtigsten Aufgaben, Kinder und Jugendliche mit dem ev. Glauben vertraut zu machen. Sein Einsatz für die sogenannte „Kinderkirche" bzw. die Ulmer „Sonntagsschule", die sein Schwiegervater aufgebaut hatte, gewann ihm viele Freunde.

In der NS-Zeit vertrat K., der 1931 zum Ulmer Ersatzabgeordneten des 2. Landeskirchentages gewählt worden war, von Anfang an die Ansicht, die ev. Jugendarbeit nur durch den Anschluss an die Hitlerjugend (HJ) gewährleisten zu können. Trotz seiner nachgiebigen Haltung in dieser Frage hatte K. in Söflingen nicht wenige Gegner, die ihm nunmehr als NS-Funktionäre Schwierigkeiten bereiteten. Die Söflinger NSDAP-Ortsgruppenleitung verlangte am 28. Jan. 1936 von ihm, ihr den Wortlaut seiner zuletzt gehaltenen Predigt vorzulegen, wogegen sich K. empörte und darauf verwies, er sei dazu nicht verpflichtet. Um „Missverständnisse" zu vermeiden, erklärte er sich aber bereit, die in der Predigt behandelten Fall, der die Aufmerksamkeit der NS-Spitzel während des Gottesdienstes erregt hatte, näher darzulegen. Anfang 1939 forderte K. während des Sonntagsgottesdienstes die Gemeinde auf, die Kinder nicht in den „Weltanschauungsunterricht" der NSDAP zu schicken, sondern sie weiterhin den ev. Religionsunterricht besuchen zu lassen. Im Feb. 1939 organisierte er nach dem Verbot für Pfarrer, an den Schulen Religionsunterricht zu halten, kirchlichen Religionsunterricht, der einstündig im Gemeindehaus erteilt wurde. Die Renitenz K.s führte zu einem

gespannten Verhältnis zur Ortsgruppenleitung, das sich bis in die letzten Kriegstage auswirkte. Als die Söflinger Christuskirche am 4. März 1945 von einer mit Verzögerung explodierten Brandbombe in Flammen gesetzt wurde, bat K. einige Männer des örtlichen Volkssturms um Löschhilfe. Nach etwa zehn Minuten mussten sie mit dem Löschen aufhören, als ihr Anführer sie angeherrscht hatte, sie hätten „wichtigere Aufgaben". Mit hohem persönlichen Einsatz gelang es K. dennoch, das Gotteshaus vor der Zerstörung zu bewahren. Die Söflinger haben ihm das nie vergessen, ebenso wenig wie seinen selbstlosen seelsorgerischen Einsatz in den letzten Kriegsjahren.

Zur Jahreswende 1946/47 trat K. im 68. Lebensjahr in den Ruhestand, den er in Söflingen verlebte.

L   Magisterbuch 40 (1928), S. 158 – ebd. 44 (1953), S. 92 – UBC 5a, S. 48 – MAYER, Die ev. Kirche, S. 234, 382 f., 407, 413, 418, 420, 455, 509 ff. – EHMER/KAMMERER, S. 218.

Kleinmann, Richard, Dr. iur., * Ulm 5. Jan. 1898, † ebd. 17. März 1969, ev.

Vater   Adolf Kleinmann[281], * Öhringen 19. IX. 1861, † Stuttgart 27. IV. 1933, Landrichter in Ulm, zuletzt Amtsgerichtspräsident in Stuttgart.

Mutter   Auguste Lämmert.

∞ I. Stuttgart 7. V. 1927 Elisabeth Feyerabend, * Heilbronn 11. April 1904, † 21. Nov. 1955, T. d. Karl →*Feyerabend; II. Elfi Wunderlich, verw. Engelmann, verw. von Chavanne.

K   Werner Kleinmann[282], Dr. iur., * Stuttgart 13. VII. 1937, Rechtsanwalt in Stuttgart, Lehrbeauftragter und Honorarprofessor an der Universität Hohenheim, ∞ Kristin Freiin von Gemmingen-Guttenberg, T. d. Johanne von →Gemmingen.

K. war einer der aus Ulm stammenden hohen Justizbeamten, die ihre Laufbahn in ihrer Heimatstadt abschlossen.

Nach dem Abitur wurde K. zum Kriegsdienst einberufen und konnte deshalb erst 1919 mit dem Jurastudium in Tübingen beginnen. Er schloss sich dort der Akademischen Gesellschaft Stuttgardia an. Seine berufliche Laufbahn führte ihn als Landrichter nach Schwäbisch Hall, später war er Staatsanwalt, Landgerichtsrat und Oberlandesgerichtsrat in Stuttgart. Von 1955 bis 1963 amtierte K. als Landgerichtspräsident in Ulm. 1960 übernahm er den Vorsitz des Verbands der Bewährungshilfe-Vereine in Württemberg und des Vereins zur Förderung der Bewährungshilfe im Landgerichtsbezirk Ulm. Auch nach seiner Pensionierung engagierte er sich als Vorsitzender der Museumsgesellschaft Ulm.

Q   StadtA Ulm, G 2.
L   ARNOLD, Stuttgardia, S. 73, Nr. 394.

Klemm (sen.), Wilhelm Maximilian *Hermann*, * Giengen an der Brenz/OA Heidenheim 7. Sept. 1824, † Ulm 19. Dez. 1893, ⬚ ebd., Hauptfriedhof, ev.

Vater   Karl Christian Friedrich Klemm, Mag., * 30. III. 1777, † 22. III. 1843 oder 1845, Stadtpfarrer und Hospitalprediger in Giengen/Brenz, S. d. Christian Konrad Klemm, Mag., * 15. X. 1741, † 1. III. 1806, Diakon in Backnang, 1789 Spezial in Dürrmenz, zuletzt Probst in Herbrechtingen, u. d. Justine Christine Jäger, * 7. III. 1756, † 26. IV. 1811.

Mutter   *Christiana* Friederike Wölfling, * 30. IX. 1786, † 3. I. 1854.

5 G   *Karl* Christian Friedrich Klemm, * 26. IX. 1813, † 7. II. 1835, stud. theol.; Christiana Johanna Elisabeth Klemm, * 14. III. 1815, † 30. VII. 1830; *Luise* Friederike Klemm, * 2. III. 1816, ∞ Rieger, Notar in Winnenden; *Ludwig* Friedrich Konrad Klemm, * 14. II. 1817, † 16. IV. 1851, Stiftungsverwalter in Giengen; *Friedrich* Wilhelm Amandus Klemm, * 4. IX. 1818, † 25. II. 1860, Apotheker in Giengen, ∞ Thekla Natalie Kauffmann, * 18. VII. 1824, † 1893.

∞ I. Ulm 1851 Dorothea Müller, * Ulm 23. IV. 1824, † ebd. 8. II. 1853, T. d. Daniel →Müller u. d. Anna Katharina Nägele; ∞ II. Ulm 18. XI. 1856 *Elise* Auguste Theophania Hartmann, * Stuttgart 18. XI. 1832, † Ulm 26. XI. 1905, T. d. Georg *Ludwig* Hartmann, Kaufmann in Heidenheim/Brenz, u. d. *Auguste* Wilhelmine Conradi.

7 K, davon 6 aus II. Ehe *Bertha* Friederike Dorothea Klemm, * Ulm 19. I. 1853, † ebd. 18. V. 1887, ∞ *Hermann* Theodor Hopff, * Stuttgart 6. X. 1838, † Ulm 27. VII. 1902, Eisengießereibesitzer in Ulm, S. d. Carl *Gottlob* Friedrich Hopff[283], * 4. I. 1805, † Ulm 1. VI. 1888, Oberzollinspektor in Ulm, u. d. Lina Bilfinger, * 13. XII. 1804, † Ulm 11. VIII. 1882; *Hermann* Ludwig →Klemm (jun.), Dr. med., Sanitätsrat; *Auguste* Luise Elise Klemm, * Ulm 20. V. 1859, ∞ Ulm 8. X. 1878 *Eduard* Leonhard Hagen, * Irsee bei Kaufbeuren 31. XII. 1851, Kgl. Bayer. Major, zuletzt General-

281 ARNOLD, Stuttgardia II, S. 31.
282 ARNOLD, Stuttgardia II, S. 114.
283 UNGERICHT, S. 46.

leutnant a. D., S. d. Friedrich Wilhelm Hagen, Dr. med., Professor, Direktor der „Irrenanstalt" in Erlangen; *Carl* Friedrich Wilhelm Klemm, * Ulm 18. III. 1861, † 1945, Kaufmann in Ulm, ∞ München 26. V. 1906 *Mathilde* Ullrich, * Erlangen 16. I. 1880, † 1972, T. d. Heinrich Ullrich, Dr. med., Medizinalrat in München; Elisabeth Klemm, * Ulm 8. III. 1863, ∞ Ulm 16. I. 1888 *Hermann* Theodor Hopff, s. o. bei Bertha Klemm; *Max* Arthur →*Klemm, Hauptschriftleiter; *Clara* Adelheid Klemm, * Ulm 23. IX. 1866, † ebd. 1944, ∞ Ulm 14. V. 1892 Richard Weisser, * Ulm 16. XI. 1860, † ebd. 1944, Kaufmann in Ulm, S. d. Christian Weisser, Gastwirt in Ulm.

Der Kaufmann K., seit 1856 Besitzer des Kispert´schen Hauses (später als Neubau seit 1912 Klemm´sches Haus) am Münsterplatz rechts des Münsters, zählt zu den prägenden Ulmer Kommunalpolitikern in der zweiten Hälfte des 19. Jahrhunderts. 35 Jahre lang gehörte er den bürgerlichen Kollegien an, nachdem er erstmals Mitte 1855 (auf drei Jahre) in den Bürgerausschuss gewählt und 1858 wiedergewählt worden war. Im Dez. 1861 erfolgte K.s Wahl in den Gemeinderat. K. war von 1861 bis 1867 und seit Dez. 1889 Gemeinderat in Ulm, dazwischen wieder Bürgerausschussmitglied und seit 1872 Bürgerausschussobmann. 1863 zählte er als Vertreter des Gewerbevereins zu den maßgeblichen Gründungsmitgliedern der Gewerbebank Ulm, die am 1. Okt. 1863 ihre „Schalter" in K.s Haus am Münsterplatz öffnete und für viele Jahre lang das Amt des Kassiers ausübte. Außerdem half K. der Gewerbebank in ihren ersten Jahren wiederholt mit Barmitteln aus. 1880 erwarb K. das Wechßler´sche Haus in der Hafengasse (später Münsterplatz 21) um 61.000 RM. Das Gebäude konnte auf eine jahrhundertelange Geschichte zurückblicken. Bis 1531 war in ihm die Lateinschule untergebracht, die nach der Auflösung des Franziskanerordens in dessen Gebäude auf dem Münsterplatz umzog (später „gymnasium academicum"). Im Herbst 1909 ging das „Stammhaus" von K. am Münsterplatz 33 zur Hälfte in den Besitz der Württ. Vereinsbank über. – 25 Jahre lang Vorstand der Ulmer Liedertafel; Mitglied des weiteren Ausschusses des Schwäb. Sängerbundes; Vorstand der „Herberge zur Heimat".

L   Ih 1, S. 467 – DGB 4 (1909), S. 160 – SCHIMPF, Stammtafeln Feuerlein, S. 38, 92 f. – UBC 2, S. 104, 107, 275, 350, 419 – UBC 3, S. 57, 75 (Bild), 433 – SPECKER, Ulm im 19. Jahrhundert, S. 134 f. – WAIBEL, Gemeindewahlen, S. 294, Anm. 221, 342.

Klemm (jun.), *Hermann* Ludwig, Dr. med., * Ulm 8. Jan. 1858, † ebd. 11. Dez. 1931, ⬚ ebd., Neuer Friedhof, ev.

Eltern und *G* siehe Hermann →Klemm (sen.).

∞ Ulm 28. IX. 1886 Marie Heinrich, * Ulm 13. VI. 1866, † ebd. 6. VII. 1931, T. d. Carl Heinrich[284], * 1838, † 1892, Hotelier zum Russischen Hof in Ulm, u. d. Hermine Emilie Spielberger, * 1844, † 1870.

4 *K*   Marie Klemm, * Ulm 12. VIII. 1888; Clara Klemm, * Ulm 9. II. 1890, ∞ Buenos Aires (Argentinien) 21. X. 1911 Eduard Albert Hermann *Walter* Kallee, * Michelbach am Wald/OA Öhringen 17. V. 1881, Kaufmann, Chef der Firma Walter Kallee u. Cie, Buenos Aires; Berta Klemm, * Ulm 14. IX. 1895; Gudrun Klemm, * Ulm 3. VI. 1905.

K. war in der Kaiserzeit und in der Zeit der Weimarer Republik einer der bekanntesten Ärzte in der Region Ulm. Aus einer der angesehensten Ulmer Kaufmannsfamilien stammend, ließ sich K. nach Studium und Promotion in Tübingen als praktischer Arzt in Ulm nieder. Daneben war er Armenarzt und 37 Jahre lang Postarzt in Ulm, außerdem Kgl. Bayer. Oberarzt der Landwehr a. D. Am 25. Feb. 1914 wurde K. wegen seiner großen Verdienste um das Ulmer Medizinalwesen von König Wilhelm II. von Württemberg zum Sanitätsrat ernannt. In seiner Freizeit befasste sich K. vorwiegend mit der Medizingeschichte seiner Vaterstadt und entfaltete als stv. Vorstand und Bibliothekar des Vereins für Kunst und Altertum in Ulm und Oberschwaben eine reichhaltige Tätigkeit. Er veröffentlichte Aufsätze, hielt Vorträge und stellte sich als „Reiseführer" in den Dienst des Vereins, wenn dieser Ausflüge durchführte. K. starb fünf Monate nach seiner Ehefrau, mit der er 45 Jahre verheiratet gewesen war, im Alter von fast 74 Jahren.

W   Die rechtliche und soziale Stellung der Ärzte in der Reichsstadt Ulm, in: UO 26 (1929), S. 3-23 – (mit Karl WÖHRLE), Zur Geschichte des Spitals zum heiligen Geist, in: UO 28 (1932), S. 61-70.
L   DGB 4 (1909), S. 160 – SCHIMPF, Stammtafeln Feuerlein, S. 38, 92 f. – UBC 2, S. 142 – UBC 3, S. 286 (Bild), 287, 562.

Klett, Adolf, * Stuttgart 18. Aug. 1809, † ebd. 26. Nov. 1893, ⬚ Ravensburg, ev.

Vater   Jacob *Friedrich* (von) Klett[285], * Oppelsbohm/OA Waiblingen 27. XI. 1781, † Ludwigsburg 25. XII. 1869, Stadtdirektor in Stuttgart, zuletzt Vizedirektor bei der Regierung des Neckarkreises in Ludwigsburg, 1839-1845 MdL Württemberg (II. Kammer).
Mutter   Christiane Faber du Faur, * Stuttgart 7. II. 1782, † Ludwigsburg 22. VII. 1865, T. d. Georg Albrecht Friedrich Faber du Faur, Oberst bei den Kreisdragonern, u. d. Philippine Friederike Zoller.
2 *G*   Wilhelm Klett, * 12. I. 1816; Julius Klett, * Ludwigsburg 12. III. 1821
∞ Ravensburg 5. XI. 1849 Luise Möhrlin, * Ravensburg 24. XII. 1829, † ebd. 2. VIII. 1886, T. d. Lorenz Möhrlin, Kaufmann in Ravensburg, u. d. Helene Elisabeth Spohn.
Keine *K*.

K. war mehr als drei Jahrzehnte lang eine der bekanntesten Persönlichkeiten der Justiz in Ulm. Aus angesehenem württ. „Beamtenadel" stammend, wuchs K. in Stuttgart und Ludwigsburg auf. In Ludwigsburg besuchte er das Gymnasium, in Tübingen studierte K. Jura. Ihm war die Laufbahn im Staatsdienst vorbestimmt. Nach der I. Höheren Justizdienstprüfung war er 1839 Justizreferendär I. Kl. 1841 kam er als Aktuar zum Oberamtsgericht Ulm, schied aber bald aus dem Staatsdienst aus. Er blieb in Ulm, wo er sich 1843 als Oberjustizprokurator niederließ, d. h. als beim Kreisgerichtshof zugelassener Rechtsanwalt. 1845 kandidierte K. für das Amt des Ulmer Oberbürgermeisters, errang aber mit 178 Stimmen die wenigsten Stimmen aller sieben Bewerber. 1868 wurde er zum Vorstand der Prokuratoren des Donaukreises bzw. seit 1869 der Rechtsanwälte beim Kreisgerichtshof in Ulm gewählt. 1872 zog er sich im Alter von 63 Jahren aus dem Berufsleben zurück und lebte in Ravensburg, von wo seine Ehefrau stammte, und Stuttgart. – 1872 Ritterkreuz I. Kl. des Friedrichsordens.

L   SK Nr. 278 (Abendblatt), 27. XI. 1893, S. 2431 und 2433 (Todesanz. der Familie) – CRAMER, Stammbaum Klett, S. 36 – SPECKER, Ulm im 19. Jahrhundert, S. 318, 321.

Klett, Theodor, Dr. phil., * Blaufelden/OA Gerabronn 4. Juni 1851, † Stuttgart 30. Dez. 1921, ev.

Vater   Friedrich Klett, * Heilbronn 15. IX. 1804, † Kirchberg an der Jagst 8. II. 1873, Dekan und Bezirksschulinspektor in Blaufelden.
Mutter   Bertha Steudel, * Winzerhausen 8. VI. 1821, † Blaufelden 5. IX. 1868.
5 *G*.
∞ Ulm (nicht Stuttgart!) 19. VII. 1881 Marie Landerer, * Stuttgart 21. II. 1862, T. d. August (von) →Landerer.
3 *K*   Gertrud Klett, * Ulm 17. VII. 1882, ∞ Cannstatt 15. VIII. 1907 Ernst Volz, * Steinenbronn 25. IV. 1875, Oberlehrer am Pädagogium Godesberg; Hildegard Klett, * Ulm 9. IX. 1884, ∞ Stuttgart 28. IX. 1918 Walther →Buder; Bernhard Klett, Dr. med., * Stuttgart 14. XII. 1888, † gefallen 31. III. 1918, Assistenzarzt in Kennenburg, ∞ Stuttgart 16. VII. 1915 Hedwig Mezger, * [Stuttgart-]Berg 14. X. 1884, T. d. Fabrikanten Hermann Mezger u. d. Bertha Niethammer.

K. war einer der profiliertesten Lehrer, die im Laufe des 19. Jahrhunderts am Ulmer Gymnasium wirkten. Nachdem er zunächst die Lateinschule in Crailsheim absolviert hatte, durchlief K. nach erfolgreichem Landexamen von 1865 bis 1869 das ev.-theol. Seminar Blaubeuren, wo er in engen Kontakt zu Eberhard →Nestle und Heinrich →Planck trat. Anschließend studierte K. als „Stiftler" Theologie, Philosophie, Altphilologie und Geschichte in Tübingen (Mitglied der Burschenschaft Normannia). Nach dem theologischen Examen 1873, der Promotion („Sallusts Catilina verglichen mit den Angaben Ciceros über die Catilinarische Verschwörung") im darauffolgenden Jahr und dem Einjährig Freiwilligen Militär-

[284] UNGERICHT, S. 155.

[285] RABERG, Biogr. Handbuch, S. 447.

dienst in Stuttgart bestand K. 1876 die Professoratsprüfung. Nachdem er bereits 1874 für kurze Zeit als Lehrer an der Lateinschule Marbach/Neckar tätig gewesen war, kam K. als Bibliothekar und philologischer Repetent an das Tübinger Stift.

1878 wechselte er als Nachfolger des nach Heilbronn/Neckar gewechselten Friedrich →Pressel als Professor an die obere Abteilung des Kgl. Gymnasiums Ulm, wo er für Altphilologie und Geschichte zuständig war. 1880 verfasste er das Gymnasialprogramm mit dem Titel „Das Verhältnis des Isokrates zur Sophistik". In den acht Jahren seines Wirkens in Ulm verschaffte er sich nicht nur einen ausgezeichneten Ruf als Pädagoge, sondern gründete auch seine Familie dort. 1886 wurde er als Professor an der oberen Abteilung des Eberhard-Ludwigs-Gymnasiums nach Stuttgart versetzt, 1891 als Erster Professor an das Kgl. Gymnasium Cannstatt, wo er 1898 zum Rektor aufstieg. 1906 erhielt K. den Titel Oberstudienrat, 1912 wurde er zum Rektor des Eberhard-Ludwig-Gymnasiums in Stuttgart ernannt.

1920 wurde K. in den Ruhestand versetzt, war aber am Königin-Charlotte-Gymnasium weiterhin als Lehrer an der obersten Klasse tätig. Von 1896 bis 1905 war K. Mitherausgeber der „Neuen Korrespondenzblätter", ab 1905 Vorstand des Gymnasiallehrervereins. Für den „Anzeiger für das Königreich Württemberg" steuerte er zahlreiche Abhandlungen bei. K. starb im 71. Lebensjahr an einem Schlaganfall. – Ehrenritterkreuz des Württ. Kronordens; 1903 Ritterkreuz I. Kl. des Friedrichsordens; 1909 Verleihung des Ranges auf der VI. Rangstufe.

L   Ih 1, S. 468 – CRAMER, Württembergs Lehranstalten ⁶1911, S. 34 – Magisterbuch 38 (1920), S. 90 – Staatsanzeiger Nr. 1, 2. I. 1922, S. 4 – ebd. Nr. 2, 3. I. 1922, S. 3 – WN 1920/21, S. 249-254 (Walther BUDER), 274 – GIES, Leube, S. 115 – CRAMER, Stammbaum Klett, S. 56 f., § 115 – UBC 2, S. 393 – SCHMIDGALL, Burschenschafterlisten, S. 166, Nr. 281 – LEUBE, Tübinger Stift, S. 711.

Klopfer, Gerhard, Dr. iur., * Schreibersdorf im Riesengebirge (Schlesien) 18. Feb. 1905, † Ulm 28. oder 29. Jan. 1987, ⬚ Langenburg, ev.

Vater   Klopfer, Landwirt in Schreibersdorf.
∞ Rosl Klopfer.
4 K   Helga Klopfer, ∞ Wilfried Müller; Inge Klopfer, ∞ Karl Sedelmeier; Hilde Klopfer, ∞ Alfred Kern; Elke Klopfer, ∞ Walter Gandara.

Über 30 Jahre lang lebte und wirkte K. in Ulm und Neu-Ulm. Als einer der Chef-Organisatoren der Verbrechen des NS-Staates konnte der mit feinen Umgangsformen ausgestattete K. in der Bundesrepublik Deutschland ein unbehelligtes Leben als weithin anerkannter Großbürger führen. Der Spitzenjurist vermochte der drohenden Anklage in Nürnberg zu entgehen, indem er alle Verantwortung auf seinen einstigen Chef Martin Bormann abwälzte und sich selbst als unwissenden Befehlsempfänger darstellte. Mit den historischen Fakten war das nicht vereinbar, aber das restaurative Klima der Adenauer-Ära schützte NS-Verbrecher.

K. studierte nach dem Abitur am Gymnasium Lauban Jura in Jena und Breslau, 1927 promovierte K. in Jena und legte die I. Juristische Staatsprüfung ab. Während seiner Studienzeit war er dem rechtsradikalen antisemitischen deutschen Hochschulring beigetreten. Nach der II. Staatsprüfung war K. zunächst als Richter im preuß. Justizdienst und ging nach Düsseldorf. Im April 1933 trat er der NSDAP und der SA bei (aus der SA trat der Rottenführer K. 1935 wieder aus) und war seit Dez. 1933 im Preuß. Landwirtschaftsministerium tätig. Ein Jahr später ging er zum Geheimen Staatspolizeiamt in Berlin, im April 1935 wurde er in den Stab der Dienststelle „Stellvertreter des Führers" unter Rudolf Heß berufen. Im Juni/Juli 1935 trat er auch der SS bei (zuletzt 1944 Gruppenführer) und war Führer im SD-Hauptamt sowie Mitglied des Polizeirechtsausschusses der Akademie für Deutsches Recht. 1941 zum Minis-

terialdirektor und Leiter der Abt. III (Zuständigkeit für staatsrechtliche Fragen) beim Stellvertreter des Führers befördert, nahm der wendige Parteifunktionär und ausgezeichnete Jurist K. am 20. Jan. 1941 an der sog. „Wannsee-Konferenz" teil, die sich der „Endlösung" der „Judenfrage" widmete. Später suchte sich K. – wie viele andere – damit zu entlasten, er habe das Ausmaß der „Endlösung" nicht verstanden, sondern sei von einer reinen Umsiedlungspolitik ausgegangen. Im Nov. 1942 wechselte K. nach der Flucht von Rudolf Heß als Staatssekretär zum Reichsleiter Martin Bormann in die NSDAP-Parteizentrale, wo er das Referat für „Rasse- und Volkstumsfragen" leitete und als Bormanns Stellvertreter agierte. K. will mäßigenden Einfluss auf Bormann ausgeübt haben, er habe sich manchen Anordnungen sogar widersetzt. Belegen lassen sich die Aussagen K.s nicht.

Das Verhältnis zwischen Bormann und K. soll zuletzt so gestört gewesen sein, dass K. seine Abkommandierung zur Waffen-SS gefordert haben soll, um aus dem Dienst ausscheiden zu können. Adolf Hitler schätzte K. hingegen so sehr, dass er ihn im Amt hielt und ihn mit finanziellen Sonderzuwendungen bedachte. Bei Kriegsende geriet K. bis 1949 in Internierungshaft und wurde mehrfach vor dem Internationalen Gerichtshof in Nürnberg verhört, auch vom Stellvertreter des US-Chefanklägers, Robert M. W. Kempner. K.s Entnazifizierungsverfahren endete für den Stellvertreter Bormanns 1949 mit der Einstufung als „minderbelastet" durch eine deutsche Spruchkammer. K.s Entnazifizierung ist damit ein bemerkenswertes Beispiel für das Fehlschlagen der „politischen Säuberung" in Deutschland nach 1945.

Nach der Haftentlassung lebte K. einige Zeit in Altenstadt an der Iller, wo er das Schreinerhandwerk erlernte und als Buchhalter tätig war. Schließlich zog er nach Vöhringen, dann nach Ulm, wurde als juristischer Mitarbeiter in einem Neu-Ulmer Bauunternehmen angestellt und 1952 bei den Finanzämtern Neu-Ulm und Illertissen als Steuerhelfer zugelassen. 1956 ließ sich K. als Rechtsanwalt in Ulm nieder, wo er eher unauffällig wirkte und in der Zinglerstraße 76 lebte. 1962 erfolgte die Einstellung eines von der Zentralstelle der Landesjustizverwaltungen in Ludwigsburg gegen K. angestrengten Ermittlungsverfahrens wegen seiner Beteiligung an der „Wannsee-Konferenz" mit der Begründung, K.s Teilnahme belege nicht seine Teilnahme an den Judenverfolgungen. Über den Tod hinaus löste K. Kopfschütteln und Wut aus. In der von beispielloser Selbstgerechtigkeit durchdrungenen Todesanzeige der Familie hieß es auf Wunsch der Witwe, K. sei *nach einem erfüllten Leben zum Wohle aller, die in seinem Einflussbereich waren*, gestorben. Will Böhmer von der „NUZ" sprach von einer „Ohrfeige für alle Opfer", die Ulmer SPD-Gemeinderatsfraktion erstattete Anzeige wegen Verunglimpfung des Andenkens Verstorbener. Die Staatsanwaltschaft leitete keine Ermittlungen ein. K.s Witwe erhielt Witwenrente auf Grund der zuletzt K. zugesprochenen Rentenbezüge.

K. zählt zum Typus des unverbesserlichen Schreibtischtäters, der auf Weisung die schlimmsten Verbrechen anordnete oder wenigstens mittrug, ohne darin – selbstgerecht, schamlos und frei von jedem echten Rechtsempfinden – auch nur den Hauch einer persönlichen Schuld zu sehen. Der Name K.s markiert ein schwarzes Kapitel in der kollektiven Nachkriegs-Biographik Ulms.

L   Peter LONGERICH, Hitlers Stellvertreter. Führung der Partei und Kontrolle des Staatsapparates durch den Stab Heß und die Partei-Kanzlei Bormann, München 1997 – Gernot RÖMER, Es gibt immer zwei Möglichkeiten. Mitkämpfer, Mitläufer und Gegner Hitlers am Beispiel Schwabens, Augsburg 2000, S. 73-77 (Bild) – WEIß, Personenlexikon, S. 268 – KLEE, Personenlexikon, S. 317 – Markus HECKMANN, Die Integration von NS-Funktionären in der Bundesrepublik am Beispiel von Dr. Gerhard Klopfer, Staatssekretär in der NS-Parteikanzlei. Magisterarbeit am Institut für Geschichtswissenschaft an der Humboldt-Universität Berlin, Berlin 2006 [Typoskript, 112 S.] – Rudi KÜBLER, Kein SA-Scherge, aber ein klassischer Schreibtischtäter. Markus Heckmann über Dr. Gerhard Klopfer, Staatssekretär und Teilnehmer der Wannsee-Konferenz, in: SWP Nr. 107, 10. V. 2007.

Knapp, *Hermann* Ferdinand, Dr. phil., * Ulm 29. Jan. 1845,
† Heilbronn 9. April 1921, ev.

Eltern und *G* siehe *Ludwig* August →Knapp.

∞ Ulm 3. V. 1885 Sophie Wilhelmine Kiderlen, * Ulm 15. IX. 1858, † ebd. 15. XI. 1920, T. d. Georg Kiderlen, Kaufmann, Bürgerausschussmitglied und Gemeinderat in Ulm, u. d. Luise Steidle.

Mehrere *K*, darunter Hildegard *Sophie* Knapp, * Ulm 3. I. 1887, ∞ Ulm 4. I. 1917 Karl Storz, * Neuhausen ob Eck/OA Tuttlingen 11. VIII. 1880, † Tübingen 6. X. 1948, seit 1924 Landoberstallmeister am Landgestüt Marbach/Lauter, 24. IV. 1945 bis 31. VII. 1945 kommissarischer Landrat des Kreises Münsingen[286]; *Hermann* Ernst Paul Otto Eberhard Knapp, * Ulm 29. XII. 1888, Forstmeister in Ochsenhausen, ∞ Ulm 3. IV. 1919 Martha Eychmüller, * Ulm 23. IX. 1890, T. d. Friedrich →Eychmüller; *Gertrud* Ernestine Knapp, * Ulm 25. VII. 1898, Bezirksfürsorgerin in Künzelsau.

K. war eine der profiliertesten Lehrerpersönlichkeiten Ulms in der Kaiserzeit.

Nachdem er 1867 das theologische Examen bestanden hatte, erfolgte 1871 zum Abschluss seines philologischen Studiums in Tübingen (Mitglied der Burschenschaft Normannia) die Promotion zum Dr. phil. Von 1873 bis 1876 war K. Oberlehrer am Gymnasium in Buchsweiler (Elsass). 1875 bestand er das Professoratsexamen und wechselte 1878 als Gymnasialprofessor an die obere Abteilung des Kgl. Gymnasiums in Ulm. 1898 war K. in gleicher Eigenschaft für eine Versetzung an das Eberhard-Ludwigs-Gymnasium in Stuttgart vorgesehen, verblieb aber auf eigenen Wunsch in Ulm. Politisch engagierte sich K. für die nationalliberale Deutsche Partei und trat als deren Vertreter wiederholt in der Öffentlichkeit auf, so im April 1891 bei einer Festveranstaltung der Partei im „Greifen" aus Anlass des Geburtstages von Altreichskanzler Fürst Bismarck. Seit 1901 war K. Vorstand des Vereins für Kunst und Altertum in Ulm und Oberschwaben und als dessen Vertreter o. Mitglied der Württ. Kommission für Landesgeschichte. 1913 erfolgte seine Pensionierung unter Verleihung des Ritterkreuzes des Württ. Kronordens. – 1900 Rang auf der VI. Stufe; 1905 Ritterkreuz I. Kl. des Friedrichsordens.

L   CRAMER, Württembergs Lehranstalten [6]1911, S. 16 – Magisterbuch 37 (1914), S. 86 – Schwäb. Merkur Nr. 161, 1921 – Württ. Jahrbücher 1921/22, S. VII – WN 1920/21, S. 269 – DGB 71 (1930), S. 115 – UBC 3, S. 5 – UBC 4, S. 159 (Bild) – SCHMIDGALL, Burschenschafterlisten, S. 164, Nr. 203.

Knapp, *Ludwig* August, * Leonberg 6. April 1812, † Esslingen/Neckar 28. Mai 1886, ev.

Vater   Jakob *Christian* Knapp, * Ludwigsburg 6. XI. 1752, † Leonberg 13. I. 1833, 1801-1831 Kameralverwalter in Leonberg.

Mutter   Johanna Justine Eberhardine Griesinger, * Leonberg 27. I. 1776, † ebd. 26. VII. 1837.

7 *G*, darunter Christian (von) Knapp[287], * Hohenheim 4. II. 1800, † Stuttgart 21. V. 1861, 1850-1852 Departementschef der Finanzen bzw. seit 1852 Kgl. Württ. Staatsminister der Finanzen; Luise Knapp, * 1803, † 1865, ∞ 1828 Heinrich Christoph Wilhelm (von) Sigwart[288], Mag., * Remmingsheim 31. VIII. 1789, † Stuttgart 16. XI. 1844, Prälat und Generalsuperintendent von Schwäbisch Hall, seit 1841 MdL Württemberg.

∞ Stuttgart 22. IX. 1842 Karoline Betulius, * Stuttgart 26. X. 1820, † Esslingen/Neckar 24. II. 1892, T. d. Johann Friedrich Betulius[289], * 21. I. 1773, † Stuttgart 20. VI. 1848, Apotheker in Stuttgart, u. d. *Ernestine* Regine Jakobine Bonz.

12 *K*   Hermann Ferdinand →Knapp; Ernestine Luise Knapp, * Ulm 19. VI. 1846, † ebd. 2. VII. 1846; *Sophie* Johanna Knapp, * Ulm 3. I. 1847, ∞ Ulm 19. VI. 1846, Zwilling zur Vorgenannten; *Ernst* Konradin Knapp, Dr. med., * Ulm 16. IV. 1848, † Ludwigsburg 26. V. 1925, Sanitätsrat, Oberamtswundarzt in Ludwigsburg, ∞ Herrenberg 29. I. 1881 Auguste Hornemann, * Hannover 11. VI. 1857, T. d. Georg Hornemann, Kunst- u. Musikalienhändler, u. d. Karoline Pahle; *Anna* Sophie Knapp, * Ulm 9. IV. 1850, † ebd. 24. IV. 1850; *Paul* Immanuel Knapp, Dr. phil., * Ulm 1. X. 1851, † Tübingen 8. IX. 1908, seit 1881 Professor am Gymnasium in Tübingen, ∞ Stuttgart 9. IV. 1885 Berta Johanna Wörner, * Stuttgart 15. XI. 1863, T. d. August Wörner, Buchdruckereibesitzer in Stuttgart, u. d. Thekla Sophie Friederike Jäger; *Albert* Theodor Knapp, * Ulm 21. IX. 1854, † ebd. 14. X. 1854; *Sophie* Emilie Knapp, * Ulm 21. IX. 1854, Zwilling zum Vorgenannten; *Adelheid* Knapp, * Ulm 23. XI. 1856, † ebd. 9. VIII. 1857; Otto Knapp, * Ulm 1. VI. 1858, ∞ Stuttgart 21. VII. 1900 Karoline *Betty* Eberle, * Solnhofen (Mittelfranken) 27. VII. 1868, T. d. Konrad Friedrich Eberle, Ingenieur und Bauunternehmer, u. d. Johanna Friederike Karoline

Maurer; *Sigmund* Eberhard Knapp, * Esslingen/Neckar 20. III. 1861, Professor für Geschichte und Deutsch am Königin-Charlotte-[Mädchen]Gymnasium Stuttgart, ∞ Ulm 10. IV. 1899 Rosa Hecker, * Augsburg 29. XII. 1875, T. d. Paul Hecker, Professor, u. d. Karoline Beurer.

K. war in der Zeit nach der Revolution von 1848/49 für zehn Jahre Stadtpfarrer an der Ulmer Dreifaltigkeitskirche.

Nach dem Besuch der ev.-theol. Seminare Blaubeuren und Urach studierte K. in Tübingen Theologie und trat nach den theol. Dienstprüfungen 1839 als Repetent in die Dienste des Tübinger Stifts. 1842 wechselte er als Diakon an die Ulmer Dreifaltigkeitskirche, womit seine 16-jährige Dienstzeit in Ulm begann. 1848 erfolgte K.s Ernennung zum Stadtpfarrer an der Dreifaltigkeitskirche. Schon zuvor war dem Verein für Kunst und Altertum in Ulm und Oberschwaben beigetreten. 1858 rief ihn seine Ernennung zum Dekan nach Esslingen/Neckar, 1879 trat in den Ruhestand, den er in Esslingen verlebte. 1869 wurde er als Ersatzmitglied für Ludwigsburg oder Esslingen (unterschiedliche Angaben) zur 1. Landessynode gewählt. – Kriegsdenkmünze für Nichtkombattanten; 1875 Ritterkreuz I. Kl. des Friedrichsordens.

L   GEORGII-GEORGENAU, S. 493 – Magisterbuch 25 (1884), S. 67 – DGB 71 (1930), S. 114 – EHMER/KAMMERER, S. 220.

Knapp, Otto, Dr. phil., * Hauerz/OA Leutkirch 3. Okt. 1874, † Freiburg im Breisgau 7. März 1954, kath.

Vater   Knapp, Dorfschullehrer in Hauerz.

11 *G*, darunter Alfons Knapp[290], Dr. rer. nat., * Hauerz 4. I. 1883, Oberreallehrer an der Realschule Bopfingen, später Beamter in einer chemischen Fabrik, nach 1920 Vorstand des Progymnasiums und der Realanstalt Biberach/Riß.

∞. Mehrere *K*, darunter G. Knapp, Dr. iur., Rrechtsanwalt; Klaus Knapp, Dr. med.

K. war in der ersten Hälfte der 1930er Jahre Rektor des Ulmer Realgymnasiums.

Aus einfachen Verhältnissen stammend, wuchs K. inmitten einer Großfamilie im ländlichen württ. Allgäu auf. Obwohl es ständig an Finanzmitteln mangelte, konnte der Vater mit geliehenem Geld vier seiner Söhne studieren lassen. Der tiefgläubige K. besuchte seit ca. 1888 eines der Volksschullehrerseminare in Württemberg und bestand 1892 die I. und 1896 die II. Volksschullehrerdienstprüfung. Danach war K. einige Jahre als Hilfs- und Volksschullehrer in verschiedenen Gemeinden tätig. Es spricht für die Zielstrebigkeit und den Durchsetzungswillen des jungen Lehrers, dass er sogleich nach Höherem strebte. 1898 begann er ein philologisches Studium, das ihn zunächst nach Tübingen, dann nach Straßburg und schließlich nach Heidelberg führte, wo er 1902 auch promoviert wurde. Im gleichen Jahr bestand er die I., 1903 die II. Dienstprüfung für den „realistischen" (an Realschulen) Schuldienst.

Seit 1902 war K. an der Oberrealschule Ravensburg tätig, 1904 übernahm er eine Oberreallehrerstelle an der Real- und Lateinschule Saulgau. 1907 wechselte K. an die mittlere und untere Abteilung der Kgl. Gymnasiums Ludwigsburg, um im Jahre 1909 als Rektor nicht nur die Leitung der achtklassigen (eine obere, sieben mittlere und untere Klassen) Realschule Feuerbach zu übernehmen, sondern zugleich die Führung der Feuerbacher Elementarschule für Knaben. Während des Ersten Weltkriegs wurde K. nicht zum Kriegsdienst herangezogen. 1922 stieg er zum Direktor (Titel Oberstudiendirektor) der Vollanstalt Reformrealgymnasium mit Oberrealschule Feuerbach auf, die nunmehr 21 Klassen umfasste.

1931 wurde die Doppelanstalt Realgymnasium und Oberrealschule in Ulm getrennt. Die Oberrealschule wurde in einem Gebäude in der Olgastraße untergebracht und erhielt als Leiter den bisherigen Vorstand der Doppelanstalt, Oberstudiendirektor Robert →*Weller*. Das Realgymnasium erhielt ein Gebäude

---

[286] Bei „Amtsvorsteher" nicht aufgeführt.
[287] In 1, S. 471.
[288] RABERG, Biogr. Handbuch, S. 867 f.
[289] KLÖPPING, Historische Friedhöfe, S. 234, Nr. 66.

[290] CRAMER, Württembergs Lehranstalten, S. 130.

am Blauring. Berechtigte Hoffnungen auf eine Ernennung zum Schulleiter des Realgymnasiums machte sich Studienrat Eugen →Zeller, der seit vielen Jahren mit Erfolg an der Schule gewirkt hatte, als interimistischer Schulleiter fungierte und auch den Ulmer Gemeinderat hinter sich hatte. Als sich die zuständige Ministerialabteilung für das höhere Schulwesen für K.s Berufung zum Leiter des Realgymnasiums Ulm entschied, wo er zugleich Oberstudiendirektor für Deutsch war, herrschte in der Donaustadt große Aufregung. K. war ein Mann „von außen", mit den Ulmer Verhältnissen gänzlich unvertraut und dazu noch – Katholik. Vor dem Hintergrund der in Württemberg seit Jahren geführten heftigen Debatte über die konfessionelle Parität bei der Besetzung von Beamtenstellen und angesichts von Befürchtungen, unter Staatspräsident Eugen Bolz (1928-1933) greife die Zentrumspartei auf allen Ebenen nach Schlüsselpositionen, konnte sich K. sogleich auf einen schwierigen Einstand in Ulm vorbereiten.

1932 geriet K. auf Grund seines Buches „Der katholische Mensch" zusätzlich in die Kritik, weil er darin angeblich evangelische Christen beleidigte. K. griff den Protestantismus aus moralischer Sicht scharf an und stellte den katholischen Glauben als „überlegen" heraus. Die Aufregung war überregional. Die vorgesetzte Behörde scheint mit dem Gedanken gespielt zu haben, K. deshalb von seinem Posten zu entfernen. In der Zeit des Nationalsozialismus geriet K., der nicht der NSDAP beitrat und auch nicht dem NS-Lehrerbund angehörte, ins Visier der Machthaber. Auch K.s Angewohnheit, den „deutschen Gruß" nur mit einer angedeuteten Armbewegung und einem halblauten „Heil" zu entbieten, erregte Misstrauen gegen seine „nationale Zuverlässigkeit". K. konnte auch bei der vom Kultministerium auf den 18. März 1933 angesetzten Schulfeier aus Anlass der „nationalen Erhebung" nur zu eher verhaltener Zustimmung verstehen. Er anerkannte die Begeisterung der Jugend für den neuen Staat, ließ aber auch Kritik daran anklingen, Schule und Lehrerschaft pauschal als altmodisch einzustufen. Es konnte daher nur eine Frage der Zeit sein, bis K. zum Ausscheiden aus seinem Amt aufgefordert wurde. Ein Bericht des Ulmer NS-Lehrerbundes vom Frühjahr 1935 an die Ministerialabteilung griff K. frontal an; das Realgymnasium sei ein *Hort des ehemaligen Zentrumsgeistes*, K. kümmere sich *um die durch die Machtergreifung des Nationalsozialismus geschaffenen neuen Verhältnisse nicht weiter*. Den Anlass für K.s Entlassung bot ein weltanschaulicher Aufsatz seines Sohnes, der am Realgymnasium sein Schüler war und den er gut beurteilte. Der Text geriet in Veröffentlichungsorgane und Schaukästen der Hitlerjugend in Ulm und Umgebung, K. wurde zu einer schriftlichen Stellungnahme gegenüber dem Kultministerium aufgefordert, die er am 2. Sept. 1935 absendete. Zugleich solidarisierte sich das Lehrerkollegium des Realgymnasiums mit K., als ob Schulleiter und Lehrer keinerlei Angriffsflächen boten. Obwohl sich Kreisleiter Eugen →Maier und Polizeidirektor Wilhelm →Dreher ebenfalls auf K.s Seite gestellt haben sollen, konnte das Kesseltreiben gegen K., dem auch seine angeblich „linke" politische Einstellung nach 1919 vorgehalten wurde, nicht beendet werden. Am 20. Sept. 1935 hielt K. letztmals Unterricht ab, zum 1. Juni 1936 wurde er offiziell in den Ruhestand versetzt. Die kommissarische Schulleitung übernahm bis zur offiziellen Einsetzung von Studienrat Otto →Sättele der K. eng verbundene Richard →Lebküchner.

Im Ruhestand veröffentlichte K., der sich in Freiburg im Breisgau niederließ, mehrere religiöse Bücher. Schon seit ca. 1908 hatte er als Übersetzer und Herausgeber italienischer und englischsprachiger Autoren deren Werke auf den deutschen Markt gebracht, so „Die Werte des Lebens" von St. B. Stanton (Stuttgart 1909), „Wege zum Erfolg" mit I. S. Marden (Stuttgart um 1910) und Bücher u. a. von Maria Montessori und Wakefield. – Wilhelmskreuz.

Q   StAL, E 203 I Bü 2928 – StadtA Ulm, G 2.

W   (Auswahl) Der katholische Mensch. Laiengedanken zur Lebensführung, Paderborn 1932 – Die heilige Theresia vom Kinde Jesu. Eine Heilige christlicher Entschlossenheit, Freiburg im Breisgau 1937 – Priester des Herrn. Persönlichkeits- und Lebensbilder, Freiburg im Breisgau 1939.
I.   CRAMER, Württembergs Lehranstalten ²1925, S. 88 – UBC 3, S. 356 f. – UBC 5a, S. 69 – ROTERMUND, Zwischen Selbstbehauptung, S. 80, 100-105, 232, 239-243, Anm. 11.

Knapp, **Paul** Gottlob Theodor (von), Mag., * Neckartailfingen/OA Nürtingen 1. Jan. 1844, † Merklingen/OA Leonberg 9. Mai 1917, ev.

Vater   Eduard Knapp, Pfarrer in Großsüßen.
Mutter   *Luise* Wilhelmine Geiger.

∞ Großsüßen 28. IX. 1871 Sofie Pfeilsticker, * Ravensburg 1. IV. 1849, † Weißenau bei Ravensburg 11. VIII. 1910, T. d. Baurats Gottlieb Pfeilsticker in Ravensburg u. d. Pauline Schuster[291].
3 K   *Albert* Eduard Heinrich Knapp, Dr. med., * Bergenweiler/OA Heidenheim 15. VII. 1872, † Stuttgart-Feuerbach 15. V. 1957, Professor, Privatdozent an den Universitäten Göttingen und Halle/Saale, Direktor der Anstalt Bethel bei Bielefeld, Facharzt für Innere Medizin in Düsseldorf 15. X. 1914 ∞ I. Düsseldorf 15. Jan. 1949 Amalie *Emma* Maria Kühn, * Meiningen 22. XII. 1889, † Bad Harzburg 1. IV. 1962 Ehe 1940 geschieden), ∞ II. Elisabeth Schade, gesch. Hübinger, * Oberhausen 29. IV. 1891; *Thekla* Knapp, * Bergenweiler/OA Heidenheim 4. III. 1873, ∞ Aalen 21. II. 1895 Hermann von Pomer, * Crailsheim 26. I. 1866, † Murrhardt 1937, Pfarrer in Marktlustenau und Merklingen, 1926 a. D., S. d. Ludwig Pomer, Stadtpfleger in Crailsheim, u. d. Emilie Amman; Sofie Knapp, * Bergenweiler/OA Heidenheim 8. V. 1875, † Stuttgart 28. VIII. 1928, ∞ Ulm 8. XI. 1900 Karl Ilg, * Adelsheim (Baden) 18. IV. 1869, † Tübingen 18. VII. 1938, Pfarrer an der Kreuzkirche Stuttgart, 1930 a. D., S. d. Karl Christian Ilg, Geometer in Herrenberg, u. d. Karoline Bräuchle.

Einer der führenden württembergischen Pfarrerfamilien entstammend, war K. nach dem Landexamen Zögling des ev.-theol. Seminars Urach, anschließend widmete er sich dem Theologiestudium in Tübingen (Mitglied der Burschenschaft Normannia). Von 1871 bis 1879 Pfarrer in Bergenweiler/OA Heidenheim, war K. ab 1877 zugleich Bezirksschulinspektor für Heidenheim. Von 1879 bis 1888 war er Stadtpfarrer und Bezirksschulinspektor in Ellwangen/Jagst. 1888 bis 1899 Dekan in Aalen, amtierte er seit Feb. 1899 als Nachfolger des als Oberhofprediger nach Stuttgart gewechselten Adolf von →Bilfinger Dekan und Erster Stadtpfarrer am Münster in Ulm, 1911 geschäftsführender Generalsuperintendent nach der Pensionierung des Emil von →Demmler. Am 25. Feb. 1912 wurde ihm der Titel Oberkirchenrat verliehen. Vorsitzender des Münsterausschusses. K. setzte sich in Ulm für Reformen im Sozial- und Gesundheitswesen ein und vermittelte die ersten ausgebildeten Krankenschwestern der Stuttgarter Diakonissenanstalt an das Städtische Krankenhaus. Im April 1917 trat K., vom König mit dem Ritterkreuz des Württ. Kronordens ausgezeichnet, im 74. Lebensjahr in den Ruhestand. Wenige Tage später starb er beim Besuch seines Schwiegersohns, der Pfarrer von Merklingen war. – 1889 Jubiläumsmedaille; 1903 Ritterkreuz I. Kl. des Friedrichsordens; 1906 Verleihung des Rangs auf der 6. Stufe; 1910 Silberne Karl-Olga-Medaille.

I.   Ih 1, S. 472 – Magisterbuch 37 (1914), S. 84 – Schwäb. Merkur Nr. 217 – WN 1917, S. 169 – UBC 3 – UBC 4, S. 58, 59, 61 (Bild) – SCHMIDGALL, Burschenschafterlisten, S. 164, Nr. 185 – DGB 170 (1975), S. 177 f. – NEBINGER, Die ev. Prälaten, S. 575, 580.

Kneer, **Joseph** (Josef), * Stuttgart 2. Juli 1900, † Ulm 3. Okt. 1990, kath.

∞ Gudrun Zeller, * Ulm 1902, Malerin in Ulm.

Der Maler und Kunsterzieher K. war in Ulm über Jahrzehnte hinweg eine Institution des Kunst- und Kulturlebens.
K. besuchte das Gymnasium in Stuttgart. Noch vor dem Abitur, im letzten Kriegsjahr 1918, wurde er zum Kriegsdienst eingezogen und war als Gebirgsschütze im Allgäu eingesetzt. Nach dem Studium an der Stuttgarter Kunstakademie 1919 bis 1925 und dem Examen als Kunsterzieher im Höheren Lehramt fand K. kurzzeitig bis 1928 eine Anstellung als Lehrer in Stuttgart. Bis 1930 widmete er sich dann in Italien und den

[291] Vgl. zu den Eltern bei August Ludwig →Schuster.

Niederlanden seiner Kunst und erwies sich als Angehöriger der „Stuttgarter Neuen Sezession". Anschließend erhielt er an der Oberrealschule/Realgymnasium Heidenheim/Brenz eine Stelle als Kunstlehrer. Ab 1936 lebte er in Ulm, wo er am Realgymnasium ebenfalls Kunstunterricht erteilte. Von 1939 bis 1943 war K., der dem Nationalsozialismus ablehnend gegenüberstand, zur Wehrmacht eingezogen.

Am 1. Aug. 1945 im Einvernehmen mit der Militärregierung auf Vorschlag von Kurt →Fried von Oberbürgermeister Robert →Scholl unter Beurlaubung vom Schuldienst als Leiter des Ulmer Museums eingesetzt, leistete K. bis zum 31. Dez. 1951 eine wichtige Aufbauarbeit im kulturellen Leben Ulms. Es gelang ihm, das teilweise zerstörte Museum wieder für die Öffentlichkeit zugänglich zu machen, wichtige Bestände zu erhalten und weitere hinzuzugewinnen. Mit geringen finanziellen Mitteln brachte es K. fertig, eine Reihe von Ausstellungen auf die Beine zu stellen, die große Resonanz fanden – darunter 1949 die Ausstellung „Gerettetes Kunstgut aus Ulmer Privatbesitz". Wiederholt beklagte er später, es habe an Geld gefehlt, um die Sammlungen weiterzuentwickeln. Kurt Fried bezeichnete K. in einer Würdigung zu dessen 50. Geburtstag als den *verdienstvolle[n] Leiter unseres Museums, einer von denen, die einsprangen, als es galt.* 1952 kehrte K. als Studienrat am Ulmer Schubart-Gymnasium in den höheren Schuldienst zurück; als Museumsleiter folgte ihm Dr. Herbert →Pée. Nach seiner Pensionierung als Lehrer im Jahre 1966 blieb K. mit seiner Ehefrau als freier Künstler in Ulm tätig, der auch als Graphiker noch im hohen Alter Erfolge feierte. Zuletzt lebte K. in einem Söflinger Altenwohnheim.

Als Kuratoriumsmitglied der vh Ulm und aktives Mitglied des Kunstvereins, den er von 1948 bis 1953 mit Unterstützung des rührigen Geschäftsführers Ernst Kapp leitete, zeigte K. ein außergewöhnliches Engagement, das er stets auch vor dem Hintergrund der Notwendigkeit begriff, einen kulturellen und bildungspolitischen Anfang zu wagen. K. fühlte sich als Ulmer und setzte sich in der „Gesellschaft 1950" u. a. mit Otl →Aicher, Kurt Fried, Hans →Gassebner, Wilhelm →Geyer und Herbert →*Wiegandt im Gegensatz zum Verein „Alt-Ulm" für einen zeitgemäßen Wiederaufbau der Innenstadt ein. – 1981 Bundesverdienstkreuz am Bande.

Q   StadtA Ulm, G 2.
L   Museumsleiter in der „Stunde Null". Ulmer Maler und Kunsterzieher Joseph Kneer 85 Jahre alt, in: Schwäb. Zeitung (Ulm) Nr. 150, 3. VII. 1985 (Bild) – 1887-1987 Kunstverein Ulm. Berichte und Dokumente. Hg. zum 100jährigen Bestehen des Kunstvereins Ulm e. V., Ulm 1987, S. 33 ff. (Bild) – Günter BUHLES, Nach dem Krieg Ulms erster Museums-Direktor. Heute wird der Ulmer Künstler und Kunstpädagoge Joseph Kneer in Söflingen 90 Jahre alt, in: Schwäb. Zeitung (Ulm) Nr. 149, 2. VII. 1990 – Joseph Kneer gestorben. Wichtige Aufbauarbeit nach dem Krieg in Ulm geleistet, in: NUZ Nr. 231, 8. X. 1990 (Bild) – ROTERMUND, Zwischen Selbstbehauptung, S. 283 – SPECKER, Großer Schwörbrief, S. 457 – GNAHM, Giebel oder Traufe?, S. 23.

Knef, *Hildegard* Frieda Albertine, * Ulm 28. Dez. 1925, † Berlin 1. Feb. 2002, ☐ Berlin-Zehlendorf, Waldfriedhof, Potsdamer Chaussee, Ehrengrab der Stadt Berlin, ev.

Vater   *Hans* Theodor Knef, * Elberfeld 18. IV. 1897, † Ulm 2. VI. 1926, Tabakkaufmann und Prokurist.
Mutter   Frieda Auguste Gröhn, * Berlin 14. IV. 1896, † München 22. XII. 1961.
∞ I. Berlin 15. XII. 1947 Kurt Hirsch, † 26. XII. 2008, US-Offizier, zuständig für den Bereich Film, Ehe geschieden; ∞ II. 1962 David Cameron (eigentlich: Palastanga), * 1933, Schauspieler, Ehe geschieden; ∞ III. 1977 Paul Rudolf Freiherr von Schell zu Bauschlott.
1 K   Christina Antonia Palastanga, genannt „Tinta", * 16. V. 1968, ∞ Peter Gardiner, * 1950, lebt in New Mexico (USA).

Der *erste Star des deutschen Nachkriegskinos* [Harenberg Personenlexikon] stammte aus Ulm. Die spätere „Vorzeige-Berlinerin" ließ keinen Zweifel daran, dass sie auf diese Tatsache – *ein Kommastrich ihrer Biographie* (Rüdiger BÄßLER) – wenig Wert legte. K. kam in der Turmgasse 3 zur Welt und wurde in der Dreifaltigkeitskirche getauft. Nachdem ihr Vater wenige Monate nach ihrer Geburt gestorben war, zog die Mutter nach Berlin, wo sie

1933 eine zweite Ehe mit dem Lederfabrikanten Wilhelm Wulfestieg (1891-1952) einging. K. besuchte nach der Absolvierung des Rückert-Lyzeums in Berlin-Schöneberg das Zeichenstudio und die Schauspielschule der UFA in Babelsberg – des größten deutschen Filmkonzerns –, wo sie von Karl

Meichsner und Else Bongers unterrichtet wurde. Ihr Ziel: sie wollte Schauspielerin werden. 1944 debütierte sie an den Kammerspielen des Deutschen Theaters in „Der kleine Herr Niemand". Der Schauspieler und Regisseur Dr. Wolfgang Liebeneiner holte sie zum Film. 1944 begann K. eine Affäre mit dem „Reichsfilmdramaturgen" Ewald von Demandowsky (* 1906, 1945 in Berlin verschollen), der auch

Produktionschef bei der Filmfirma Tobis war. In „Fahrt ins Glück" stand sie erstmals vor der Filmkamera, auch in Helmut Käutners „Unter den Brücken" (1945) wirkte sie mit.

1946 war sie, unter der Regie von Wolfgang Staudte, im ersten westdeutschen Nachkriegsfilm, „Die Mörder sind unter uns", wieder zu sehen. Der sich ambitioniert mit der jüngsten deutschen Vergangenheit auseinandersetzende Film konnte so kurz nach Ende des Krieges kein Kassenerfolg werden. „Film ohne Titel" (1947) brachte ihr den Preis der Filmfestspiele von Locarno. 1950 löste sie mit einer aus heutiger Sicht ebenso dezenten wie kurzen Nacktszene in dem schlechten Film „Die Sünderin" (Regie: Gustav Fröhlich) einen Skandal aus und wurde vielfach boykottiert. Sie tat sich danach schwer, weitere Rollen im bundesdeutschen Kino zu finden, und setzte zu einer internationalen Karriere (mit dem geänderten Namen „Hildegarde Neff") an. Die Grundlage dafür hatte sie bereits 1948 gelegt, als sie bei dem berühmten Produzenten David O. Selznick („Vom Winde verweht") einen Sieben-Jahres-Vertrag unterzeichnet hatte, der ihr in den ersten Jahren nur lukrative Schecks, jedoch keine Rollen bescherte.

1951 stand sie unter der Regie von Anatole Litvak mit Oskar Werner für „Decision before dawn" (dt. „Entscheidung vor Morgengrauen") vor der Kamera, 1952 neben Tyrone Power für „Diplomatic Courier" (dt. „Kurier nach Triest") und neben Gregory Peck in „The Snows of Kilimanjaro" (dt. „Schnee am Kilimanjaro"). Hollywood hatte ihr wenig anderes zu bieten als femme-fatale-Rollen, so drehte sie daneben in Frankreich (z. B. „La fête de Henriette", dt. „Auf den Straßen von Paris", 1952 und „Landru", dt. „Landru – Der Frauenmörder von Paris", 1962, Regie: Claude Chabrol), England (z. B. „The Man Between", dt. „Gefährlicher Urlaub", 1953) und immer wieder auch in Deutschland (z. B. „Alraune" und „Illusion in Moll", beide 1952, sowie „Geständnis unter vier Augen", 1954).

Von 1955 bis 1957 spielte K. am Broadway in New York mit sehr großem Erfolg fast 700 mal Cole Porters Musical „Silk stockings" (nach Ernst Lubitschs Film „Ninotchka" von 1939, mit Greta Garbo). Für ihre Darstellung in „Der Mann, der sich verkaufte" (1958) erhielt sie 1959 den Deutschen Filmpreis. 1962/63 wirkte sie in Wolfgang Staudtes „Die Dreigroschenoper" mit, 1964 übernahm sie eine Rolle in Alfred Vohrers Kriminalfilm „Wartezimmer zum Jenseits", einem vergleichsweise gelungenen Reißer. Der endgültige Niedergang des deutschen Films in den 1960er Jahren veranlasste sie zu Auftritten in mediokren ausländischen Filmen (wie etwa „The lost continent", dt. „Bestien lauern vor Caracas", 1968), vor allem aber zur Forcierung ihrer Karriere als Chansonsängerin. Schon 1950/51 hatte K. eine erste Schallplatte mit Liedern veröffentlicht, fand jedoch erst in den folgenden zehn Jahren zu ihrem eigenen Stil der selbstbewussten, lebenshungrigen Frau, die noch viel vom Leben erwartete. „Aber schön war es doch", „Für mich soll´s rote Rosen regnen", „Der alte Wolf", „Eins und eins, das macht zwei", „Ich hab´ noch einen Koffer in Berlin" und „Von nun an ging´s bergab" waren neben zahlreichen anderen Liedern große Erfolge des Stars mit der rauchigen Stimme, die K.s Bekanntheit zeitweise und zum Ende ihres Lebens gewiss eher sicherten als ihre schauspielerischen Arbeiten. Ella Fitzgerald bezeichnete die Kettenraucherin K. als *beste Sängerin ohne Stimme.*

Neben einem offensiv und öffentlich zelebrierten Privatleben, das auch eine detaillierte Presse-Berichterstattung über ihre zahlreichen schweren Krankheiten und Operationen einschloss, bewies K. auch als Buchautorin eine Schonungslosigkeit gegenüber sich selbst, die bei Stars ihres Kalibers selten ist. 1970 veröffentlichte sie den Welterfolg „Der geschenkte Gaul. Bericht aus einem Leben", 1972 „Ich brauch´ Tapetenwechsel". 1975 folgte „Das Urteil oder Der Gegenmensch", 1982 „So nicht!". Ihr Buch über Romy Schneider („Romy. Betrachtung eines Lebens", 1983) wurde von der Kritik kontrovers besprochen, aber überwiegend negativ beurteilt.

1975 gelang es ihr, in der Fallada-Verfilmung „Keiner stirbt für sich allein" eine gute Rolle an der Seite von Carl Raddatz zu erringen, für die sie mit dem Goldenen Filmpreis der Filmfestspiele in Karlsbad geehrt wurde. 1978 spielte sie in Billy Wilders „Fedora" einen alten Filmstar – eine Rolle, für die ursprünglich Marlene Dietrich vorgesehen war. Beiden Filmen, die deutlich über dem Durchschnitt angesiedelt sind, war der Erfolg versagt. Das Kino bot K. keine so fordernden und interessierenden Rollen mehr; ihre letzte Filmrolle in dem völlig verunglückten Horrorfilm „Witchery" (dt. „Witchcraft – Das Böse lebt", 1988) unterstreicht diesen Befund in überdeutlicher Weise.

Das deutsche Fernsehen griff wiederholt auf K. zurück, die neben Gastauftritten in Krimiserien wie „Der Alte" (1979) und „Peter Strohm" (1994) sowie in „Ein Schloss am Wörthersee" (1990) und der Agentenserie „Berlin Break" (1993) auch eine Reihe von guten Rollen in Fernsehfilmen wie „Der Gärtner von Toulouse" (1982), in „Champ Clos" (dt. „In inniger Feindschaft", 1990) oder „Tödliches Erbe" (1994) spielte. Ihre letzte TV-Arbeit, die Rolle der reichen Erbtante in Reinhard Schwabenitzkys „Eine fast perfekte Hochzeit" (1999), zeigte noch einmal das schauspielerische Potenzial K.s, der ihr Part sichtlich Freude bereitete. Doch die zuletzt insgesamt mit ihrer Rollenauswahl glücklose K. verlagerte ihren Schwerpunkt zunehmend auf die Gesangskarriere und nahm einige ihrer Erfolgslieder in neuer Bearbeitung auf, so 1992 „Für mich soll´s rote Rosen regnen" mit der Rockband „Extrabreit". Leben und ihre Karriere waren Gegenstand mehrerer TV-Dokumentationen, darunter „Eine Berlinerin – Hildegard Knef" (1969), „Hildegard Knef und ihre Lieder" (1975) und „Nein, ich gebe niemals auf" (1985) sowie „Hildegard Knef – Die frühen Jahre" (2005).

Im Jan. 2002 trat K. als Interview-Gast in der Talkshow von Johannes B. Kerner im ZDF auf. Zwei Wochen später starb K. im Alter von 76 Jahren am frühen Morgen des 1. Feb. 2002 an den Folgen einer akuten Lungenentzündung, Folge eines Lungenemphysems, an dem sie seit Jahren gelitten hatte. Ihre Beerdigung geriet zum medialen Großereignis, das noch einmal ihren Status als legendäre Persönlichkeit des Showbusiness unterstrich. 2009 kam der von Kai Wessel inszenierte Kinofilm „Hilde" mit Heike Makatsch in der Titelrolle heraus.

Die Annäherung der Stadt Ulm an ihre berühmte Tochter fand erst nach K.s Tod sichtbaren Ausdruck. Der Platz vor dem Ulmer Congress-Centrum wurde nach ihr benannt. Anfang 2007 zeigte das Ulmer Stadthaus eine Foto-Ausstellung mit zum Teil unveröffentlichten K.-Aufnahmen des Berliner Star- und Modefotografen Rico Puhlmann († 1996) aus den 1950er

bis 1970er Jahren, die wegen des großen Publikumsinteresses verlängert wurde. – 1968 Goldene Schallplatte; 1975 Bundesverdienstkreuz I. Kl. für Verdienste um die Anerkennung der Bundesrepublik Deutschland in der Welt; 1977 Filmband in Gold für hervorragendes und langjähriges Wirken im deutschen Film; 1993 Helmut-Käutner-Preis der Stadt Düsseldorf; 1995 Verdienstorden des Landes Berlin; 1996 Kulturpreis der „BZ" für ihr Lebenswerk; 1996 erste Trägerin des „Marlene"-Preises für Bühnenunterhaltung; 1999 DIVA-Award für ihr Lebenswerk; 2000 „Goldene Kamera" der TV-Programmzeitschrift „hörzu" für ihr Lebenswerk; 2000 Echo-Preis für ihr Lebenswerk; 2001 Bambi der Verlagsgruppe Burda für ihr Lebenswerk.

L. Glenzdorfs internationales Filmlexikon, Bd. 2, Bad Münder (Deister) 1961, S. 851 – LangenMüllers´s SchauspielerLexikon der Gegenwart. Deutschland-Österreich-Schweiz, München-Wien 1986, S. 508 f. (Bild) – Hans-Michael BOCK (Hg.), Lexikon FILM: Schauspieler international, Berlin 1995, S. 455 – Adolf HEINZLMEIER/Berndt SCHULZ, Das Lexikon der deutschen Filmstars. Mehr als 500 Biografien von damals bis heute, erweiterte Neuausgabe, 2003, S. 292-294 (Bild) – Harenberg Personenlexikon 2000, S. 552 (Bild) – Axel ANDRÉE, Die Knef, München 2000 – Paul von SCHELL, Hilde. Meine Liebeserklärung an Hildegard Knef, Berlin 2003 – Jürgen TRIMBORN, Hildegard Knef - Das Glück kennt nur Minuten, München 2005 – Joachim KRONSBEIN, Hildchens Legenden, in: Der Spiegel Nr. 34, 22. VIII. 2005, S. 132 f. (Bilder) – Rüdiger BÄßLER, Die späte Heimkehr der großen reuelosen Sünderin. Wer weiß schon, dass Hildegard Knef Ulmerin war? - Eine Fotoschau macht ihre Heimatstadt an der Donau neugierig, in: Stuttgarter Zeitung Nr. 78, 3. IV. 2007, S. 8 – Petra ROEK, „Fragt nicht warum". Hildegard Knef. Die Biographie, Hamburg 2009 – Wikipedia.

Knödler, Gotthold, * Bittenfeld/OA Waiblingen 3. März 1886, † Jan. 1955, ev.

Ausgebildet am Lehrerseminar Esslingen, bestand K. 1912 die II. Volksschullehrer-Dienstprüfung und 1917 die Höhere Volksschulprüfung. 1917 erhielt er an der Schorndorfer Volksschule seine erste Anstellung als Lehrer, noch im gleichen Jahr wechselte er an die Volksschule Metzingen, deren Rektor er noch 1917 wurde. Im Jahr darauf übernahm er eine Oberlehrerstelle am Nagolder Lehrerseminar, wo er 1925 zum Studienrat aufstieg. Zwei Jahre später übernahm er mit dem Titel Schulrat die Leitung des Bezirksschulamts Nagold, 1933 wechselte er als Leiter des Bezirksschulamts Ulm II nach Ulm. 1934 übernahm K. als Nachfolger von Oberschulrat Daniel →Scheffbuch die Leitung des Schulamts Ulm I, das er wenig später mit dem kath. Schulamt Ulm zu einem Schulamt fusionierte.

L. Grundbuch der ev. Volksschule ⁵1933, S. 163 – UBC 4, S. 153, 177.

Knoell, Karl Paul Friedrich *Julius*, * Augsburg 13. Nov. 1865, † Neu-Ulm 9. Feb. 1921, ev.
Vater   Karl Friedrich Knoell, Prokurist
Mutter   Friederike Lutz
∞ Augsburg 22. V. 1894 Maria Lembert, * Augsburg 22. XI. 1871, T. d. Raimund Lembert, Fabrikant in Augsburg, u. d. Jakobine Lutz.
4 K   Gertrud Knoell, * 23. III. 1895; Hermann Knoell, * Zeilitzheim 28. XII. 1896; Eberhard Knoell, * 26. VI. 1899; Walter Knoell, * 20. IX. 1903.

K. war der erste ev. Stadtpfarrer in Neu-Ulm, der auch als Dekan amtierte, nachdem 1918[292] der Sitz des Dekanats de facto von Leipheim nach Neu-Ulm verlegt worden war – ein sichtbarer Beleg für den Aufschwung der ev. Gemeinde innerhalb weniger Jahrzehnte.

Der vom Militärdienst freigestellte K. bestand 1888 die Aufnahmeprüfung für die Übernahme in den Dienst der ev. Landeskirche Bayerns, 1892 auch die Anstellungsprüfung, nachdem er 1888 in München ordiniert worden war. 1892 begann seine dienstliche Laufbahn als Pfarrer in Zeilitzheim/Dekanat Rüdenhausen, 1898 wechselte er in gleicher Funktion nach Reutin/Dekanat Kempten.

---

[292] Der Hinweis bei TREU, Neu-Ulm, S. 574, das Dekanat sei 1914 von Leipheim nach Neu-Ulm verlegt worden, ist unzutreffend. Das Amt des Dekans des Dekanats Leipheim ging 1918 auf den Neu-Ulmer Stadtpfarrer über, und erst am 3. Okt. 1947 erfolgte die Umbenennung des 1810 errichteten Dekanats Leipheim in „Dekanat Neu-Ulm". Vgl. http://www.dekanat.neu-ulm.telebus.de/dnuhisto.htm.

Im Sommer 1914 kam K. als Nachfolger des verstorbenen Friedrich →Müller als Stadtpfarrer nach Neu-Ulm. Am 3. Aug. 1918 fand sich König Ludwig III. von Bayern *allergnädigst bewogen, [...] den Kirchenrat, 1. Pfarrer Karl Engelhardt zu Leipheim, Dekanat Leipheim, seiner alleruntertänigsten Bitte entsprechend von der Funktion eines protestantischen Dekans für den Dekanatsbezirk Leipheim zu entheben und diese Funktion dem Pfarrer Julius Knoell in Neu-Ulm zu übertragen.*
Der neue Dekan K., der zugleich Distriktsschulinspektor war, übernahm nicht den Religionsunterricht an der Realschule Neu-Ulm, wie es zuvor beinahe üblich gewesen war. Dabei spielten wahrscheinlich gesundheitliche Gründe eine Rolle. Der als *sehr gewissenhaft und aufopfernd* und als hervorragender Prediger geltende K., zuletzt unter Husten und Fieber seinen Dienst versehend, starb nach nur knapp sieben Amtsjahren im Alter von 55 Jahren.

Q   LAELKB, Bestand Rep. Nr. 105 (Personalakten Theologen), Nr. 2773.
L   TREU, Neu-Ulm, S. 574.

Knoll, *Josef* Gabriel, Dr. agr., * Söflingen bei Ulm 26. Juni 1899, † Ulm 12. Sept. 1976, kath.
Vater   Knoll, Landwirt in Söflingen.
∞ Rottenburg/Neckar 19. II. 1938 Elisabeth Charlotte (Liselotte) Wenger.

K. war einer der Pioniere der Grünland- und Futterbauforschung in Deutschland. Auf diesen Gebieten erwarb er sich einen internationalen Ruf, ebenso als Agrarwissenschaftler, der die Forschung in engen Konnex zu den Bedürfnissen der Entwicklungsländer stellte. Von K. stammt die erste Grünland-Karte Deutschlands.
Er besuchte die Landwirtschaftliche Hochschule Hohenheim, wo K. 1926 mit einer Arbeit zum Thema „Die Pflanzengesellschaften der Dauerwiesen" promoviert wurde. Die Dissertation bestimmte den Schwerpunkt seiner künftigen wissenschaftlichen Tätigkeit. 1932 übernahm er in Hohenheim eine Privatdozentur. 1937 erfolgte K.s Berufung zum o. Professor der Landwirtschaft an der Universität Leipzig. Nach Kriegsende ging K. in die westlichen Besatzungszonen und übernahm 1946 im Auftrag des Landwirtschaftsministeriums des Landes Groß-Hessen den Aufbau einer Staatlichen Lehr- und Versuchsanstalt für Gründlandwirtschaft und Futterbau in Wehrda. 1948 übernahm er als Direktor die Leitung des Forschungs- und Beratungsinstituts für Höhenlandwirtschaft in Donaueschingen. 1954 wechselte K. nach Rom, wo er Direktor der Abteilung für Pflanzenproduktion und Pflanzenschutz bei der FAO (Food and Agriculture Organization, die Ernährungs- und Landwirtschaftsorganisation der Vereinten Nationen) wurde – als erster Deutscher in einer Direktorenstellung! In den sechs Jahren in Rom hatte K. maßgeblichen Anteil an der „Welt-Saatgut-Kampagne", die sich zum Ziel setzte, Entwicklungsländern mit Nahrungsmitteldefiziten hochwertiges Saatgut zukommen zu lassen, um die Bodenerträge langfristig wieder zu erhöhen. K. war viel auf Reisen, vor allem in Ägypten, wo er besonders erfolgreich wirkte: Ägypten, bisher auf den Import von Reis angewiesen, verwandelte sich innerhalb weniger Jahre zu einem Reis-Exportland. In Afrika widmete sich K. auch dem Kampf gegen die Plage der Wüstenheuschrecke.
K.s Tätigkeit in Rom bereitete ihn in geradezu idealer Weise auf die Übernahme einer an der Universität Hohenheim 1961 neu geschaffenen Professur für Ausländische Landwirtschaft vor, die dem hohen Anteil von Studenten aus Entwicklungsländern ebenso Rechnung trug wie der stetig wachsenden Bedeutung der erforderlichen Entwicklungshilfe auf dem agrarwirtschaftlichem Sektor. K. baute das neue Institut, aus dem später das „Zentrum für die Landwirtschaft in den Tropen und Subtropen" erwuchs, aus bescheidenen Anfängen heraus auf. 1966 kehrte K. nach seiner Emeritierung nach Ulm zurück, zu dem er stets engen Kontakt gehalten hatte. Mit der Familie →Eiselen verband K. seit ca. 1960 eine Freundschaft. Seine Erkenntnisse zur Welternährungslage flossen in die Arbeit des Deutschen Brotmuseums ein, das mit zahlreichen Ausstellungen, Vorträgen und Publikationen erst ein Bewusstsein für den Hunger in der „Dritten Welt" schaffen musste. Die Eiselen-Stiftung benannte 1989 den von ihr vergebenen Wissenschaftspreis nach K. – 1960 Großes Bundesverdienstkreuz.

Q   StadtA Ulm, G 2.
W   Die Pflanzenbestandsverhältnisse des süddeutschen Grünlandes, 1932 – Feldfutterbau. Kraft- und Saftfuttergewinnung vom Ackerlande, 1934 – Mittel und Wege zur Ertragssteigerung des Grünlandes, 1937 – Umwelt, Futter und Leistung. Eine kritische Betrachtung der Futterwirtschaft Südbadens, 1953.
L   KDGL 1954, Sp. 1198 – ebd. 1961, Sp. 1015 – ebd. 1966, Sp. 1216 – KLEIN, Die akademischen Lehrer, S. 39, 89.

Knorr, Robert, Dr. phil. h.c., * Ulm 12. Mai 1865, † Wattenweiler bei Backnang 21. Juli 1957, ⊡ Frankfurt/Main 5. Okt. 1957 (nach Einäscherung im Krematorium auf dem Pragfriedhof Stuttgart), ev.
Vater   Johann Christian Friedrich Knorr, † Ulm 1899, Werkmeister, später Oberamtsbaumeister in Ulm, Mitglied des Vereins für Kunst und Altertum in Ulm und Umgebung, Mitglied des Bürgerausschusswahl aufgeben. S. d. Georg Friedrich Theodor Knorr, † Ulm 1862, Revierförster in Altheim/OA Ulm.
Mutter   Elise Teichmann, † Stuttgart 1913, Musiklehrerin, T. d. Spitalverwalters Teichmann in Stuttgart.
4 *HalbG* aus I. Ehe des Vaters, 2 *G*.
Ledig. Keine *K*.

Der bedeutende provinzialrömische Archäologe, Pädagoge und Bildhauer K. stammte aus Ulm. Dort wuchs er auf und besuchte das Gymnasium. Seine starke künstlerische Ader führte ihn seit Okt. 1884 an die Akademie der Bildenden Künste in München, anschließend an die Stuttgarter Kunstschule (bzw. seit 1886 Kunstgewerbeschule). K. musste das Studium jedoch aus finanziellen Gründen aufgeben. Er war bis 1893 als Zeichner bei der Eisengießerei Stotz in Stuttgart tätig. Als Zeichner brachte er es rasch zu großer Fertigkeit, wie seine Veröffentlichungen über Ulmer Bildhauer- und Schmiedearbeiten der Gotik und Renaissance mit Zeichnungen auf 16 Tafeln eindrücklich belegen („Altes aus Ulm", Stuttgart 1891 bis 1893). K. stand im engen Kontakt mit dem Direktor der Staatssammlung vaterländischer Altertümer in Stuttgart, Ludwig Mayer (1851-1892), von dem er auch wiederholt Aufträge erhielt. Daneben veröffentlichte der eifrig an Grabungsfunden aller Art interessierte K. im „Generalanzeiger von Stuttgart", im „Archäologischen Anzeiger" und in der „Westdeutschen Zeitschrift". Für das 1892 erschienene Werk „Hügelgräber auf der Schwäbischen Alb" fertigte K. zahlreiche Zeichnungen. Im Jahr darauf erhielt er an der Kunstgewerbeschule in Stuttgart eine Stellung als Assistent für Zeichnen. Nachdem er im Jahre 1900 auf einer Pariser Ausstellung für einen Flügelentwurf die goldene Medaille erhalten hatte, erfolgte K.s Berufung zum Professor für Figurenmodellieren, Figuren- und Aktzeichnen an der Stuttgarter Kunstgewerbeschule. K. galt als guter Lehrer und hervorragender Aktzeichner, war aber wegen seiner Strenge und seiner aus einem cholerischen Temperament erwachsenden Wutausbrüche bei Kollegen und Schülern ebenso gefürchtet wie bei seinen wenigen Freunden. Im Lehrerkollegium fand er keinen Anschluss und isolierte sich zunehmend. Seine vorzeitige Zurruhesetzung 1923 stand im Zusammenhang mit Auseinandersetzungen mit Direktor Bernhard Pankok (1872-1943) und dem Zwang zur Einsparung von Lehrstellen. Zahlreiche Lehrfahrten führten ihn mit seinen Schülern nach Ulm, wo vor allem das Münster besichtigt wurde. K., der sich selbst als Bildhauer bezeichnete, hat nur sehr wenige bildhauerische Werke geschaffen, so etwa das Steinrelief an der Fassade eines Geschäftshauses in der Stuttgarter Königstraße, darstellend das Urteil des Paris.
Im Ruhestand intensivierte K. seine von Jugend auf betriebenen Forschungen zur Sigillatakunde und Vorgeschichte. K. erwarb sich große Verdienste um die Erforschung des römi-

schen Limes und der Römerstraßen in Süddeutschland. Mit akribischer Genauigkeit erfasste er zeichnerisch eine große Anzahl an Sigillaten in ganz Europa (u.a. Berlin, Zürich, Metz, Paris und Pompeji) und widmete sich besonders der Beschreibung und Überlieferung der Verzierungen dieser römischen Tafel-Gefäße. Auf Grund seiner Funde im römischen Rottweil (Arae Flaviae) versuchte er nach dem Stil der Sigillaten, sie bestimmten Töpfern und Fabriken zuzuordnen. Auf diese Weise waren auch Rückschlüsse auf die Geschichte der Römer im heutigen Baden-Württemberg möglich. U. a. stellte K. als erster die Bedeutung Donnstettens auf der Alb (das umstrittene Clarenna der Peutinger-Tafel) als früheren Kastellort fest. Seine detailgenauen Arbeiten und Beschreibungen, die er in großer Zahl seit 1905 veröffentlicht hatte, gelten noch heute als unverzichtbar. Es bedeutete einen schweren Schlag für den alten Mann, als ein Luftangriff auf Stuttgart im Sept. 1944 seine Wohnung und die Bibliothek, umfassende Sammlungen und Material für Veröffentlichungen zerstörte. K. zog nach Wattenweiler bei Backnang, woher seine Haushaltshilfe stammte. Auch dort arbeitete er weiter wissenschaftlich und bereitete seine letzte Buchpublikation (von 1952) vor. K. starb im 93. Lebensjahr, nachdem er zuvor länger bettlägerig gewesen war. Auf seinen Wunsch hin wurde sein Leichnam eingeäschert. Die Beisetzung erfolgte im Grab eines Neffen in Frankfurt/Main. – Mitglied des Württ. Geschichts- und Altertumsvereins. – 1913 Ritterkreuz I. Kl. des Friedrichsordens; 1927 Dr. phil. h.c. (Universität Tübingen).

W (Auswahl) Die verzierten Terra-Sigillata-Gefäße von Cannstatt und Köngen-Grinario, Stuttgart 1905 – Die verzierten Terra-Sigillata-Gefäße von Rottweil, Stuttgart 1907 – Die verzierten Terra-Sigillata-Gefäße von Rottenburg-Sumelocenna, Stuttgart 1910 – Südgallische Terra-Sigillata-Gefäße von Rottweil, Stuttgart 1912 – Töpfer und Fabriken verzierter Terra-Sigillata des Ersten Jahrhunderts, Stuttgart 1919 – Kastell Cannstatt. Neugefundene Terra-Sigillata-Gefäße, Stuttgart 1921 – Die westpfälzischen Sigillata-Töpfereien von Blickweiler und Eschweiler Hof, Speyer 1927 – Terrasigillata von Unterkirchberg-Viana, in: UO 26 (1929), S. 7-19 – Verzierte Sigillata des 1. Jahrhunderts mit Töpfernamen, Mainz 1930 – Terrasigillata-Gefäße des 1. Jahrhunderts in Rottweil und in Pompeji, Stuttgart 1932 – Terra-Sigillata-Gefäße des 1. Jahrhunderts mit Töpfernamen, Stuttgart 1952.
L Ih 1, S. 476 – Oscar PARET, Professor Dr. h.c. Robert Knorr (1865-1957), Bildhauer und Archäologe, in: UO 35 (1958), S. 285-293 [mit Schriftenverzeichnis] – http://matrikel.adbk.de, Nr. 03917 – Wikipedia.

Kober, Leonhard, * Schwabmünchen 23. Aug. 1853, † Neu-Ulm 5. Sept. 1912, □ ebd., Alter Teil des Friedhofs, kath.
Vater   Karl Kober, Fußmaler.
Mutter   Barbara Butz.
∞ Neu-Ulm 1882 Marie Magdalena Huber, * Neu-Ulm 12. IV. 1862, † ebd. 25. VI. 1909, T. d. Michael Huber, * Neckarweihingen 1821, † Neu-Ulm 26. II. 1872, Maurer in Neu-Ulm, u. d. Anna *Barbara* Boß, * 1827, † 1900.
1 K   Emma Justina Barbara Maria Kober, * Neu-Ulm 15. XI. 1888, ∞ Neu-Ulm 18. XI. 1907 *Karl* Philipp Haxel[293], * Memmingen 26. VIII. 1883, † 18. VII. 1919, Kaufmann in Neu-Ulm, S. d. Zuschneiders Philipp Jakob Haxel u. d. Susanna Ritter.

K. war Inhaber eines Farbengeschäfts auf der Insel an der alten Donaubrücke.
Der gelernte Maler kam als junger Mann nach Neu-Ulm, wo er sich zunächst in seinem Beruf betätigte, bevor er eines der am besten frequentierten Farbengeschäfte gründete. Er selbst bezeichnete sich schlicht als Kaufmann. K. war Vorstand des im Jahre 1900 auf Grund seiner maßgeblichen Initiative gegründeten Spar- und Vorschussvereins Neu-Ulm e. GmbH, dessen Aufgabe die *Beschaffung der erforderlichen Betriebsmittel zum Zwecke der Förderung des Erwerbes und der Wirtschaft der Mitglieder gegen angemessene Verzinsung, ferner die Annahme und Verzinsung der verfügbaren Geldvorräte der Mitglieder und Anschaffung von Maschinen für dieselben (Conto-Corrent-Verkehr)* war. Daneben engagierte sich K. als Mitglied der Lokalschulkommission, Stiftungskassier der Neu-Ulmer kath. Kirchenverwaltung und nach 1911 als Stellvertreter von Bürgermeister Josef →Kollmann im Vorstand

des Städtischen Armenpflegschaftsrates. Zum Magistratsrat wurde K. 1906 gewählt und gehörte dem Magistrat bis zu seinem Tod an. K. starb zwei Wochen nach Vollendung seines 59. Lebensjahres.

L Adreßbuch Ulm/Neu-Ulm 1910, Zehnte Abteilung, S. 65 f., 68 – ebd. 1912, Zehnte Abteilung, S. 69 ff., 72 – BUCK, Chronik Neu-Ulm, S. 102 – TEUBER, Ortsfamilienbuch Neu-Ulm I, Nr. 2362 – WEIMAR, Wegweiser, S. 94.

Kögel, Franz Xaver, * Unterweiler/OA Laupheim 8. März 1910, † Ulm 13. Aug. 2007, kath.
∞ Charlotte Forderer, * 2. VII. 1924, † 30. III. 2002.
Mehrere K, darunter Herbert Kögel.

Der Gründer der Kögel Fahrzeugwerke, respektvoll F. X. K. genannt, war eine der erfolgreichsten deutschen Unternehmerpersönlichkeiten in der Zeit nach dem Zweiten Weltkrieg.
Der junge K. war Arbeiter bei Kässbohrer und Gross, machte seine Wagnerlehre in Neu-Ulm und bestand die Prüfung als Wagnermeister. 1934 übernahm K. kurz nach der Meisterprüfung die kleine Wagnerei seines Lehrherrn Georg Schmid in der Keplerstraße 6 ½ in Neu-Ulm und baute sie zu einem Betrieb für Lastwagen-Aufbauten und Karosseriearbeiten aus. 1937 beschäftigte K. schon zehn Mitarbeiter. Im gleichen Jahr siedelte der Betrieb in die Blaubeurer Straße in Ulm über.
Nach 1945 produzierte K.s Unternehmen, das unter Kögel Fahrzeugwerke AG firmierte, auch Fahrerhäuser für Lastwagen. Eine wesentliche Rolle für die günstige Geschäftsentwicklung spielten seine guten Kontakte zu Magirus-Deutz. 1956 ließ sich das Unternehmen als einer der ersten Betriebe im Donautal nieder. 1962 erfolgte die Gründung des Werkes Karlsdorf (Baden), 1967 die Gründung des Werkes in Hanau. 1969 wurde mit Dipl.-Ing. Karl Weinmann die KAMAG-Transporttechnik gegründet, ein Unternehmen zur Entwicklung und zum Vertrieb von angetriebenen Spezialfahrzeugen, 1973 das Werk Bückeburg, 1980 die KAMAG-Tochter KCA in Florida zur Betreuung des nordamerikanischen Marktes, 1984 die österreichische Niederlassung im Burgenland.
1983 übergab K. die Firmenleitung an seinen Sohn Herbert, war aber in die unternehmerischen Entscheidungen weiterhin eingebunden. 1991 erfolgte der lange angestrebte Gang an die Börse, 1993 die Übernahme der Anhängersparte von Kässbohrer. 1998 wurde K. für seine unternehmerischen Verdienste das Bundesverdienstkreuz am Bande verliehen. Mit großzügigen Spenden unterstützte K. 2000 den Bau des Sportheims in Unterweiler, das nach ihm benannt wurde. 2004 musste Herbert Kögel Insolvenz anmelden, gründete die Firma als Kögel Fahrzeugwerke GmbH mit Sitz in Burtenbach aber noch im gleichen Jahr neu. K. starb drei Jahre später im 98. Lebensjahr.

Q StadtA Ulm, G 2 – StadtA Neu-Ulm, D 6, "Ordner" Nr. 90.
L Franz Xaver Kögel. 50 Jahre Fahrzeugbauer, [Neu-Ulm 1984] – Dieter MUTARD/Lothar RIESENEGGER, F. X. K. - ein Leben für das Unternehmen, Ulm 2000 – Ein schwäbischer Vorzeige-Unternehmer, in: SWP (Ulm) Nr. 55, 8. III. 2005 (Bild)– Frank KÖNIG, Große Persönlichkeit der Fahrzeugbranche. Franz Xaver Kögel mit 97 Jahren gestorben, in: SWP (Ulm) Nr. 190, 18. VIII. 2007, S. 18 (Bild), Todesanz. S. 15 – Wikipedia.

Köhl, *Georg* August Valentin, * Neu-Ulm 15. Sept. 1894, † ebd. 21. Okt. 1975, □ ebd., Alter Teil des Friedhofs, ev.
Eltern und G siehe Wilhelm →Köhl.
∞ I. Bärbl Schreiegg, * Thannhausen 7. XI. 1896, † Neu-Ulm 24. XII. 1965, T. d. Johann Schreiegg, Brauerei- und Gutsbesitzer in Thannhausen, u. d. Cäcilie Mayer; ∞ II. Anna Band, * Horgau/Kreis Augsburg 23. I. 1922.

K., der Bruder des berühmten Atlantikfliegers, steht ganz in dessen Schatten, hatte aber mit seinem Wirken als Landrat von Neu-Ulm in der Nachkriegszeit sicherlich eine unmittelbarere Bedeutung für Stadt und Land. Er war der "Landrat des Aufbaus" in der Adenauer-Ära.
Seinem Vater Wilhelm →Köhl folgend, schlug K. nach der schulischen Ausbildung die Offizierslaufbahn ein. Als der Erste Weltkrieg ausbrach, wurde K. als Kadett an die Front kom-

---

[293] TEUBER, Ortsfamilienbuch Neu-Ulm I, Nr. 1670. Der ebd. angegebene Zusatz „gefallen in Frankreich" ist offenkundig unzutreffend.

mandiert und zeichnete sich u. a. vor Verdun durch besondere Tapferkeit aus. Nach 1918 absolvierte er ein landwirtschaftliches Praktikum und studierte anschließend an der TH München. Nach 1921 war er als Zollbeamter tätig. Nach der

Machtübernahme der Nationalsozialisten und dem damit verbundenen forcierten Ausbau des Militärs beantragte K. seine Reaktivierung als Offizier und erreichte seine Übernahme in die Wehrmacht. Im Aug. 1933 trat K. der NSDAP und der SA bei, von Nov. 1933 bis Jan. 1934 war er SA-Rottenführer. Im Jan. 1934 schied er aus der NSDAP und der SA wieder aus. Im Zweiten Weltkrieg kommandierte K. als Oberst ein Artillerie-Rgt.

Nach Rückkehr aus der Kriegsgefangenschaft lebte K. zunächst in Pfaffenhofen, woher seine 1943 verstorbene Mutter stammte. Er trat nach 1945 der CSU bei, zu deren Mitgründern im Kreis Neu-Ulm K. gehörte und deren Vorsitzender (Kreisverband Neu-Ulm/Land) er bis 1960 war, und entfaltete auf lokaler Ebene politisches Engagement. Nachdem Landrat Dr. Ferdinand →Siebert aus dem Amt geschieden war, übernahm K. am 2. Juni 1948 nach seiner Wahl durch den Kreistag das Amt des Landrats von Neu-Ulm, als fünfter Amtsinhaber seit Kriegsende. Dem verwaltungsmäßig eher unerfahrenen K. gelang es in seiner 16-jährigen Amtszeit, die Landkreisverwaltung des Kreises Neu-Ulm den Gegebenheiten der Nachkriegszeit anzupassen und eine neue Kontinuität herzustellen, welche die Verfolgung langfristiger Perspektiven erst möglich machte. Er war Landrat in einer Zeit des Aufbaus. Als er sein Amt antrat, war Neu-Ulm trotz in großem Umfang voranschreitender Entschuttung noch eine fast völlig zerstörte Stadt ohne funktionierende infrastrukturelle Anbindung an das bayerische Hinterland. Bei seinem Eintritt in den Ruhestand waren die Grundlagen des modernen Neu-Ulm geschaffen und ein Verkehrswegenetz vorhanden, das erst nach dem Abzug der US-amerikanischen Streitkräfte in den 1990er Jahren erweitert werden musste. Vor allem ließ er die Kreisstraßen, die ad dato Kiesstraßen gewesen waren, asphaltieren. K. agierte klug und zurückhaltend aber, wenn es sein musste, auch bestimmt und immer zielstrebig, und vor allem zog er mit den Neu-Ulmer Oberbürgermeistern an einem Strang. Große Leistungen wurden bei der Aufnahme von Vertriebenen und Flüchtlingen erbracht. Bis 1953 waren im Landkreis ca. 14.500 Personen aufgenommen worden, womit er an der Spitze aller Landkreise in Bayern stand. Eine ähnliche Spitzenposition gewann der Landkreis auch beim Wohnungsbau. K. nutzte nach langwierigen Verhandlungen in München und Bonn verschiedene Wehrmachtsanlagen, wie in Weißenhorn und Straß, für die Unterbringung der Flüchtlinge. Während seiner Amtszeit wurden 25 größere Schulhausneubauten errichtet bzw. bestehende Schulgebäude erneuert. Die Gründung des Jugendsozialwerks für die Kreise Neu-Ulm, Illertissen, Krumbach und Günzburg im Jahre 1950 war wesentlich K.s Werk. Wichtig für die Stadt Neu-Ulm war K.s jahrelanger Einsatz für den Verbleib des Landratsamtes an der Donau gegen hartnäckige Versuche der Stadt Weißenhorn, den Sitz der Landkreisverwaltung zu verlegen. Nachdem das provisorische Landratsamt am Illerkanal den Raumbedarf bei weitem nicht mehr zu decken vermochte, musste eine Entscheidung fallen, die durch von der Stadt Neu-Ulm angebotene günstige Konditionen erleichtert wurde. In den Jahren von 1959 bis 1962 wurde

in der Maximilianstraße 2 der Neubau des Landratsamtes errichtet, das jedoch zu klein geplant war, weshalb man zur Auslagerung verschiedener Referate in andere Räumlichkeiten und zum Ausbau des Dachgeschosses schreiten musste. Im März 1952 vermochte sich K. bei der ersten „Volkswahl" des Landrats erst in der Stichwahl gegen seine Konkurrenten durchzusetzen. Im März 1958 wurde K. mit mehr als 64 Prozent der gültigen Stimmen noch einmal eindrucksvoll im Amt bestätigt. Am 30. April 1964 trat K. im Alter von 69 Jahren in den Ruhestand, und er in Neu-Ulm verlebte, wohin er im Nov. 1960 gezogen war. Zu seinem Nachfolger wurde Dr. Max →Rauth gewählt. K. starb fünf Wochen nach seinem 81. Geburtstag. Sein Grabstein auf dem Neu-Ulmer Friedhof stammt aus der Werkstatt von Hans →Bühler. – Vorsitzender der Kreis- und Stadtsparkasse Neu-Ulm-Weißenhorn; Vorsitzender des Zweckverbandes der Oberrealschule Weißenhorn; Beisitzer der Bayer. Dienststrafkammer Augsburg; Beiratsmitglied des Bundesministeriums für Vertriebene, Flüchtlinge und Kriegsbeschädigte sowie für Vertriebenen- und Flüchtlingsfragen im Bayer. Staatsministerium für Arbeit und soziale Fürsorge; Vorstands- und Hauptausschussmitglied des Landkreisverbands Bayern. – Kgl. Bayer. Militärverdienstorden IV. Kl. mit Schwertern; 1965 Bundesverdienstkreuz I. Kl.

Q   StadtA Neu-Ulm, A9 – StadtA Ulm, G 2.
L   HAUF, Von der Armenkasse, S. 171 f. (Bild) – TREU, Neu-Ulm, S. 444, 447 – WEIMAR, Rundgang, S. 47 – Peter WISCHENBARTH, Bezirks- und Landratsämter Illertissen und Neu-Ulm. Geschichte der Verwaltungsbehörden und die Biografien der Vorstände (Schriften der Kreisarchivpflege Neu-Ulm Band 2; in Vorbereitung), S. 216-219.

Köhl, *Hermann* Johannes Georg, Dr.-Ing. h.c., * Neu-Ulm 15. April 1888, † München 7. Okt. 1938, ⬚ Pfaffenhofen an der Roth 11. Okt. 1938, ev.

Eltern und G siehe Wilhelm →Köhl.
∞ 1922 Neu-Ulm, Elfriede Feyerabend, T. d. Max Feyerabend, * 1873, † 1930, Fabrikant in Ludwigsburg, u. d. Frieda Kerschbaum.
Keine K.

Für einige Jahre eine Persönlichkeit von nationaler Berühmtheit, war der Flugpionier K. bei seinem Tode schon fast wieder ganz vergessen. Mit seiner Ost-West-Überquerung des Atlantiks lenkte er, wie vor ihm Lindbergh, das Interesse vieler Menschen auf die Luftfahrt. Den modernen Personenluftverkehr revolutionierte er mit neuen Ideen und Versuchen, ja machte ihn eigentlich erst möglich.

Geboren während der Militärdienstzeit seines Vaters, eines später mit der Verleihung des Personaladels geehrten Offiziers, in der Neu-Ulmer Ludwigstr. 6, wuchs K. in Neu-Ulm und Ulm auf und besuchte die Schule in Ulm, München, Nürnberg und Augsburg, wo er das Abitur bestand. Auch der Sohn entschied sich für eine militärische Laufbahn, die für ihn nach Besuch einer Kadettenanstalt 1909 als Fahnenjunker bei den Ulmer Pionieren (Pionier-Bataillon 13) begann. Als Leutnant studierte er an der Militärtechnischen Akademie in Berlin. Zu Beginn des Ersten Weltkriegs zog er mit den Ulmer Pionieren ins Feld und wurde am Fuß verwundet, meldete sich Kgl. nach der Genesung bei der Fliegertruppe und begann seine Laufbahn als Pilot. Er begann als Beobachter bei der Fliegerabteilung 41, stieg zum Kampfstaffelführer bei der Kampfstaffel 22 und bei der Bomberstaffel 19 und schließlich zum Geschwaderkommandeur der Bogohl 7 auf. Im Dez. 1916 erneut durch Beinschuss verletzt, geriet er im Mai 1918 nach dem Abschuss seiner Maschine in französische Gefangenschaft. Ihm gelang jedoch ein halbes Jahr später unter abenteuerlichen Umständen die Flucht in die Schweiz. Im Frühjahr 1918 wurde K., mittlerweile Hauptmann und Kommandeur eines Bombergeschwaders, mit dem Orden Pour le Mérite dekoriert, schon zuvor waren ihm die Eisernen Kreuze beider Klassen und das Komturkreuz mit Stern des Hohenzollerischen Hausordens verliehen worden. Am 10. Okt. 1919 berichtete K. im Rahmen einer Veranstaltung der Bürgerpartei in Ulm von seinen Erlebnissen im letzten Kriegsjahr.

1919 trat K. in den Dienst der Polizei und wurde bei einer Polizeifliegerstaffel in Böblingen verwendet, ehe man ihn in die Reichswehr übernahm und er als Kompaniechef in Ludwigsburg und Neu-Ulm eingesetzt war. 1924 beauftragten die Junkers-Flugzeugwerke K. mit der Errichtung der ersten deutschen Post-Nachtflugstrecke Berlin-Warnemünde-Stockholm. K. trat Ende 1925 endgültig in die Dienste der Junkers Luftverkehrs AG ein, die 1926 in der neu gegründeten Deutschen Lufthansa AG aufging. K. war erfolgreich beim Aufbau der Nachtflugstrecke, so dass ihm die Leitung der Nachtflugabteilung bei der Lufthansa übertragen wurde. Er organisierte die Nachtflugstrecke Berlin-Königsberg als erste planmäßige europäische Nachtflugstrecke mit Passagierbeförderung.

Der Nonstopflug von New York nach Paris des Amerikaners Charles Lindbergh 1927 weckte in K. den Plan einer Überquerung in umgekehrter Richtung. Er setzte ihn gegen Skepsis und Widerstand der Entscheidungsinstanzen schließlich durch. Am 12. und 13. April 1928 unternahm K. bei großem öffentlichen Interesse gemeinsam mit Freiherr Günther E. von Hünefeld (1892-1929) und dem Iren James Fitzmaurice (* 1898) die erste Nordatlantiküberquerung in Ost-West-Richtung. Der mit einer Junkers W-33 „Bremen" durchgeführte Flug begann in Baldonnel bei Dublin (Irland) und endete in Greenly Islands (Kanada). Die Tat weckte weltweit Begeisterung, die Besatzung der „Bremen" wurde in New York ebenso gefeiert wie in Berlin. Vor allem K. wurde berühmt. Die Stadt Neu-Ulm ernannte ihn anlässlich seines Besuchs in der Stadt schon am 25. Aug. 1928 zum Ehrenbürger, auch Pfaffenhofen, Dublin (Irland) und US-amerikanische Gemeinden ehrten ihn auf diese Weise, die TH Braunschweig verlieh ihm die Ehrendoktorwürde. Ein Herr Anton Robert Sittl schlug gar vor, Neu-Ulm in Köhl umzubenennen. So weit kam es zwar nicht, aber die von der Krankenhausstraße zur Bahnunterführung führende Friedrichstraße wurde noch 1928 nach K. benannt.

Ernüchternd wirkte auf den Umjubelten, dass ungeachtet seines Erfolgs und seiner Weg weisenden Ideen von einer Fortentwicklung des Flugzeugs und des Luftverkehrs in Deutschland einstweilen abgesehen wurde.

Nach 1928 widmete er sich mit A. Lippisch der Konstruktion von Nurflügelflugzeugen (Delta) und Problemen des Transozeanfluges. Nach 1933 beendete die Distanz K.s zum Nationalsozialismus seine Laufbahn. Er zog nach Pfaffenhofen, woher seine Mutter stammte. Dort fand er nach seinem frühen Tod auch seine letzte Ruhestätte. Bei seiner Beerdigung gab ihm eine gewaltige Menschenmenge das letzte Geleit, Oberbürgermeister Franz Josef →Nuißl hielt eine herzliche Gedenkrede, und die 2. Staffel des Jagdgeschwaders 135 überflog den Friedhof. In Neu-Ulm ist eine Straße nach K. benannt. 1988 wurden die Flugtage in Schwaighofen in Erinnerung an den 100. Geburtstag K.s abgehalten. – Mitglied des ADAC, des Aeroklubs von Deutschland, des Touring-Clubs, des Stahlhelms sowie zahlreicher anderer deutscher, US-amerikanischer und irischer Vereine und Organisationen.

Q StadtA Neu-Ulm, D 12, III. 2.3.1. – StadtA Ulm, G 2.
W Unser Ozeanflug. Lebenserinnerungen von Hermann Köhl, James C. Fitzmaurice und E. G. Freiherr von Hünefeld. Der erste Ost-West-Flug über den Atlantik in der „Bremen", Berlin 1928 – Deutsche Stimmen zum ersten Nord-Atlantikflug von Ost nach West. Eingeleitet und hg. von hermann KÖHL, Berlin 1929 – Bremsklötze weg! Das Lebensbuch eines deutschen Fliegers, Berlin 1932.

L DBI 4, S. 1844 – DBA II/730, 149-175 – Ih 1, S. 480 – Reichshandbuch II, S. 975 f. (Bild) – UBC 4, S. 86, 117 – Peter SUPF, Das Buch der deutschen Fluggeschichte 2, Stuttgart ²1935, S. 383-385, 508-511 – UBC 1, S. 400, 421 ff. (Bild), 520 – UBC 4, S. 86 (Bild) – UBC 5a, S. 20, 288 ff. – Ernst KAPP in: Lebensbilder aus dem Bayerischen Schwaben 5 (1956), S. 416-429 – Festschrift zum 50. Jahrestag des ersten Ozeanfluges von Ost nach West am, 12. April 1928 durch Hermann Köhl, Neu-Ulm 1978 [mit Abbildungen und Reproduktionen zahlreicher Presseartikel] – Der Atlantikflug der „Bremen" 1928. Dokumentation zum 50. Jahrestag der ersten Ost-West-Überquerung des Nordatlantiks...[Begleitschrift zu einer Ausstellung], Bremen, Flughafen Bremen GmbH, 1979 – NDB 12 (1980), S. 298 f. (Gert BEHRSING) – OHM, Augenblicke, S. 82-87 – Fred W. HOTSON, The Bremen, Toronto 1988 – Eduard OHM, Die „Nachtraben" spukten durch die Fliegerseele Hermann Köhls (Neu-Ulmer Geschichten 58), in: NUZ, 19. VII. 1986 – Eduard OHM, Elfriede hielt den Angriffen des Piloten nicht lange stand (Neu-Ulmer Geschichten 59), in: NUZ Nr. 169, 26. VII. 1986 – Helmut SEITZ, Berühmten Leuten auf der Spur, München 1988, S. 213-219 – Elfriede KÖHL, Mein Leben mit Hermann Köhl, Pfaffenhofen 1990 – TREU, Neu-Ulm, S. 208, 305 f., 478, 513, 553-555 (Hans RADSPIELER) – OHM, Bildband, S. 575 – TEUBER (Hans Familienbuch Neu-Ulm) Nr. 2380 – Eduard OHM, Tollkühn. Der Atlantik-Flieger Hermann Köhl sorgte vor 75 Jahren für Begeisterung, in: Ebbes. Zeitschrift für das bayerische Schwaben (2003), Nr. 2, S. 29-32 – GBBE 2 (2005), S. 1953.

Köhl, Wilhelm, * Kaiserslautern 25. April 1859, † Pfaffenhofen an der Roth 29. Okt. 1942, ev.
Vater   Valentin Köhl, Landgerichtsrat in Speyer.
Mutter   Elise Geiger.
∞ Walburga Mahler, * 1862, † 1943, T. d. Ludwig Mahler, Landwirt in Pfaffenhofen an der Roth, u. d. Walburga Dirr.
7 K, darunter Georg →Köhl und Hermann →Köhl.

Der gebürtige Pfälzer stieg beim bayer. Militär zu hohen Positionen auf und war der Vater zweier bekannter Neu-Ulmer, des Landrats Georg →Köhl und des Atlantikfliegers Hermann →Köhl.

Der Beamtensohn besuchte das Realgymnasium in Speyer, um anschließend die militärische Laufbahn einzuschlagen. Mit 19 Jahren wurde K. 1878 als Avantageur (Offiziersaspirant) beim Kgl. Bayer. 2. Pionier-Bataillon aufgenommen und nach dem Besuch der Kriegsschule in München 1881 zum Leutnant befördert. Zunächst bei den Pionieren eingesetzt, war der junge K. von 1884 bis 1888 zur Ksl. Fortifikation in Ulm abkommandiert, danach absolvierte er bis 1891 die Kriegsakademie in München. 1894 kehrte er als Hauptmann und Chef der 3. Kompanie des 1. Fußart.-Rgts. (bei den sogenannten „Fußern") in Neu-Ulm an die Donau zurück, wo er bis zu seiner Versetzung als Direktor des Artillerie- und Traindepots in München um 1900 Dienst tat.

1910 zum Oberst und Kommandeur des 1. Fuß-Art. Rgts. in Ingolstadt ernannt, erfolgte 1913 K.s Beförderung zum Generalmajor und ersten Kommandanten der Festung Ingolstadt. 1914 ging er als Inspekteur der Technischen Institute bei der Feldzeugmeisterei nach München zurück. Während des Ersten Weltkriegs war K. u. a. 1915 General des Fuß-Art.-Rgts. Nr. 3 bei der Njemen-Armee und ab 22. Aug. 1916 Kommandant der Festung Namur. 1917 zum Generalleutnant mit dem Prädikat Exzellenz ernannt, erfolgte am 20. Mai 1918 seine Verabschiedung aus dem aktiven Militärdienst. K. zog mit seiner Familie nach Pfaffenhofen an der Roth. 1928 feierte er sein 50-jähriges Militärjubiläum. K. erlebte noch den Erfolg und den frühen Tod seines Sohnes Hermann. K. starb vier Jahre nach ihm im Alter von 83 Jahren.

Q StadtA Ulm, G 2.
L UBC 1, S. 541 (Bild) – UBC 4, S. 382 – UBC 5b, S. 594.

Köhler, Conrad Friedrich, * [Blaustein-]Wippingen 18. März 1752, † Ulm 8. Aug. 1838, ev.
Vater   Köhler, Pfarrer in Wippingen.
∞.
Mehrere K, darunter Johann Sigmund Köhler, * Ulm 1792, † ebd. 8. XII. 1838, Buchhändler in Ulm, seit 1835 Bürgerausschussmitglied, ∞ Maria Magdalena Kern.

Als langjähriger Besitzer der Wohlerschen Buchhandlung, die er zu einem neuen Aufschwung führte, Publizist und Verleger in Ulm war K. in der Zeit der Aufklärung, der napoleonischen Kriege und der Restauration eine Persönlichkeit von weit über die Stadtgrenzen hinausreichender Bedeutung.

1765 kam der 13-jährige K. in die Buchhandlung von Jeremias Jakob Wohler (1700-1785) in Ulm, um dort seine Buchhandelslehre zu absolvieren. 1789 kaufte K. die Wohlersche Buchhandlung zum Preis von 18.000 Gulden. Es gelang ihm, die Produktion auf einen Höchststand zu bringen und Ulmer Autoren – so Johann Michael →Affsprung, Johannes Kern (1756-1801), Johann Martin →Miller und Johann Christoph von →Schmid – an sein Haus zu binden, mit deren Werken er den Geist der Aufklärung und der „neuen Empfindsamkeit" verbreitete. Mit der Herausgabe der katholischen Zeitschriften „Der Freymüthige" (1782-1788) bzw. „Freyburger Beyträge zur Beförderung des ältesten Christenthums und der neuesten Philosophie" (1789-1793), die ihr Erscheinen nach einem Verbot der Ksl. Zensurbehörde einstellen mussten, leistete K. einen wesentlichen Beitrag zur Verbreitung aufklärerischen Gedankenguts unter katholischen Christen. Diesen Weg beschritt K. konsequent weiter, als er 1806 mit der Herausgabe der „Jahrschrift für Theologie und Kirchenrecht der Katholiken" begann. Der verantwortliche Redakteur der „Jahrschrift" war der einstige Hofprediger Herzog Carl Eugens und Benediktinermönch des Klosters Neresheim Benedikt Maria Werkmeister (1745-1823), ein überaus kritischer, von der Amtskirche heftig befehdeter Geist, der es im Königreich Württemberg zum Mitglied des Kath. Kirchenrats und des Oberstudienrats brachte. Nach 1810 geriet die Wohlersche Buchhandlung im Zuge des Übergangs von Ulm an Württemberg in wirtschaftliche Schwierigkeiten, die ihren langsamen Niedergang bedingten.

K. war auch selbst als Schriftsteller und Dichter aktiv, wobei er stets dafür warb, sich Wissen anzueignen und die Welt im Sinne der Aufklärung zu betrachten. Religion und Metaphysik interessierten ihn weniger. Er veröffentlichte seine Werke u. a. im „Schwäbischen Musenalmanach" (1783 und 1784), im „Deutschen Museum", im „Journal von und für Deutschland" (1786, 1787, 1789), in Kerns „Schwäbischem Magazin", in Christian Gottfried Elbens „Schwäbischer Chronik" (der zweiten Abteilung des „Schwäbischen Merkur"), im „Leipziger Litterarischen Anzeiger" und im „Reichsanzeiger". Er druckte auch das 1752 von Wohler gegründete „Ulmische Intelligenzblatt", zu dem er gelegentlich Aufsätze beisteuerte.

Nach dem Tod des Sohnes und Erben Johann Sigmund Köhler, der nur vier Monate nach dem Vater starb, verkaufte dessen Witwe die Buchhandlung an Jacob Friedrich →*Ebner, der sie gleich an Ferdinand Lindemann weiterverkaufte.

Q   StadtA Ulm, G 2 (alt).
L   Ih 1, S. 481 – WEYERMANN I, S. 368 – GRADMANN, Das gelehrte Schwaben, S. 303 f. – SCHMITT, Wohlersche Buchhandlung, S. 27-31.

König, Johannes Evangelist, * Laupertshausen/OA Biberach 6. Jan. 1885, † Lippach 16. Sept. 1949, kath.

K. war in der NS-Zeit und in den frühen Nachkriegsjahren kath. Stadtpfarrer in Ulm-Wiblingen.

Am 13. Juli 1910 empfing der gebürtige Oberschwabe – wie auch Karl →Anker – die Priesterweihe in Rottenburg/Neckar. Im Aug. 1910 Vikar in Epfendorf, seit Juni 1912 dsgl. in Igersheim, wurde K. im Aug. 1913 für ein halbes Jahr zum Zwecke kunstgeschichtlicher Studien an die Universität München beurlaubt. Im Febr. 1914 zum Vikar in Göppingen ernannt, stellte er sich nach Ausbruch des Ersten Weltkriegs dem Sanitätsdienst des Roten Kreuzes zur Verfügung. In der Kriegszeit zunächst zum Vikar in Hofen (Neuhausen), 1915 zum Vikar in Zipplingen und 1916 zum Expositur-Vikar in Horn ernannt, kam er gegen Kriegsende, im Okt. 1918, als Pfarrverweser nach Kehlen. Im Febr. 1919 in gleicher Funktion nach Eybach versetzt, erfolgte bereits im März 1919 seine Versetzung als Kaplan nach Obermarchtal, 1925 als Stadtpfarrer nach Schömberg.

1934 kam K. als Stadt- und Garnisonpfarrer in der Nachfolge des verstorbenen Alois →*Schwenger an die Stadtpfarrkirche St. Martin in Ulm-Wiblingen. Dekan Oskar →Gageur führte ihn am 21. Okt. 1934 in das neue Amt ein. Auffällig war, dass nach dem geschichts- und kunstinteressierten Schwenger mit K. erneut ein Pfarrer mit diesen Interessen nach Wiblingen kam. K. war ein umsichtiger und den Menschen sehr zugewandter Geistlicher, der die Gemeinde durch die schwierigen Zeiten von Diktatur und Krieg begleitete. Die Sorgen und Nöte der Kriegsjahre zehrten an seiner Gesundheit, so dass er 1947 nach 13-jähriger Amtszeit um die Versetzung in den Ruhestand bat. Sein Nachfolger als Wiblinger Stadtpfarrer wurde Ernst Zehringer.

L   UBC 4, S. 527 – Personalkatalog Rottenburg 1938, S. 183 – SPECKER/ TÜCHLE, S. 311, 427.

König von Königshofen, Freiherr *Wilhelm* Friedrich Victor Wenzeslaus Josef, * Ulm 14. Juli 1822, † Stuttgart 25./26. Feb. 1891.

Vater   Freiherr *Wilhelm* Friedrich Ludwig von →König zu Warthausen, Oberjustizrat am Kgl. Gerichtshof in Ulm, zuletzt Obertribunalrat und ritterschaftlicher Landtagsabgeordneter in Stuttgart.
Mutter   *Elise* Friederike Brastberger, * 1797, † Ulm 22. VI. 1824.
3 *HalbG* aus II. Ehe des Vaters mit Freiin Sophie Ernestine von Varnbüler, * 28. II. 1808 Freiherr August von →König zu Warthausen; Freiherr Carl von →König zu Warthausen; Freiherr Carl *Ferdinand* Ernst von Koenig-Fachsenfeld.
∞ Stuttgart 14. I. 1875 *Elisabeth* Sophie Luise Henriette Freiin von Podewils, * 6. V. 1850, † 1931, T. d. Freiherrn *Edwin* Carl Friedrich Bogislaw von Podewils[294], * Ludwigsburg 5. IX. 1819, † Stuttgart 12. I. 1869, Herr auf Leinstetten/OA Sulz, Kgl. Württ. Kammerherr, u. d. *Elisabeth* Ernestine Amalie Cotta Freiin von Cottendorf, * 17. V. 1823.
2 *K*   Freiin Elisabeth *Margarethe* König von und zu Warthausen, * Stuttgart 12. XII. 1875; Freiin Gabriele *Walburga* König von und zu Warthausen, * Stuttgart 9. IV. 1878.

Geboren als Sohn eines Justizbeamten, der viele Jahre am Ulmer Kreisgerichtshof tätig war, wuchs K. in Ulm auf und besuchte das dortige Gymnasium, wo er auch das Abitur bestand. 1841 begann er in Tübingen, wo er dem Corps Suevia beitrat, das Jurastudium, folgte jedoch dem Wunsch seines Vaters, vor Abschluss des Studiums die Universität zu verlassen und sich der Bewirtschaftung des Familienbesitzes zu widmen. Nachdem sein Vater das Gut Warthausen verkauft hatte, widmete sich K. der Bewirtschaftung des Gutes Königshofen bei Biberach und durfte sich mit Genehmigung des Königs „König von Königshofen" nennen und sein Wappen vermehren. 1853 wurde K. zum Abg. der Ritterschaft des Donaukreises im Württ. Landtag (II. Kammer) gewählt, ein Mandat, das er bis zu seinem Tod ununterbrochen innehatte (19. bis 31. o. LT). Vor allem als Mitglied der Finanzkommission und von 1866 bis 1868 als Vorstand der Militärkommission tat er sich hervor. Den Deutsch-Französischen Krieg 1870/71 machte K. als Johanniter mit. Im Juli 1877 erfolgte K.s Ernennung zum Kgl. Württ. Badkommissar in Wildbad, als welcher er bis 1890 tätig war. Der Ende 1886 zum Kgl. Württ. Kammerherrn ernannte K. war Mitglied der Sachverständigenkommission für das Konservatorium und die Staatssammlung vaterländischer Kunst- und Altertumsdenkmale. – Mitglied des Vereins für Kunst und Altertum in Ulm und Oberschwaben. – Ehrenritter des Johanniterordens; Ehrenritterkreuz des Württ. Kronordens; Kommenturkreuz II. Kl. des Friedrichsordens.

L   CAST I, S. 251 – BECKE-KLÜCHTZNER, S. 136 f. – RIECKE, Verfassung und Landstände, S. 46 – GGT (Freiherrl. Häuser) 36 (1886), S. 473 – SK Nr. 47, 26. II. 1891, S. 379 und 380 (Todesanz.) – ebd. Nr. 49, 28. II. 1891, S. 401 – Württ. Jahrbücher 1890/91, S. IX – HARTMANN, Regierung und Stände, S. 36, 67 – Hauptregister, S. 453 – Suevia Tübingen 2, S. 19 – ebd. 3, S. 76 f., Nr. 70 – RABERG, Biogr. MdL-Handbuch, S. 458 f.

---

[294] Suevia Tübingen 3, S. 55 f., Nr. 49.

König zu Warthausen, Freiherr *August* Ferdinand Wilhelm von, * Ulm 24. Aug. 1831, † Stuttgart 9. Feb. 1906, □ Familiengruft Schloss Fachsenfeld/OA Aalen, kath.

Eltern und G siehe Freiherr Wilhelm von →König von Königshofen.
∞ Würzburg 1. III. 1862 Anna Heine, * 17. IV. 1842, T. d. Heine, Professor an der Universität Würzburg.
Keine K.

K. zählt zu den aus Ulm stammenden hochrangigen Beamten des Königreichs Württemberg.

K. wuchs in Ulm und Stuttgart auf und besuchte in Stuttgart das Gymnasium. Nach dem Studium in Tübingen leistete er seinen Militärdienst ab und trat in den württ. Staatsdienst. Seit 1860 war K. Beamter des Kgl. Ministeriums der Auswärtigen Angelegenheiten, dem er bis zu seinem Tod über 45 Jahre lang angehörte. Am 30. März 1861 zum Expeditor mit Titel und Rang eines Geh. Legationssekretärs ernannt, wurde er am 31. Mai 1867 zum Lehenratsassessor berufen und erhielt am 5. März 1869 Titel und Rang eines Legationsrats. Mit seiner Beförderung zum Ministerialassessor und Kanzleidirektor am 17. Jan. 1871 gelangte K. in eine Schlüsselposition, da der gesamte Schriftwechsel über seinen Schreibtisch lief.

Am 5. März 1875 wurden ihm Titel und Rang eines Geh. Legationsrats verliehen, am 1. April 1883 erfolgte die Ernennung zum vortragenden Rat (Ministerialrat), am 16. Sept. 1892 schließlich zum Ministerialdirektor im Kgl. Ministerium der Auswärtigen Angelegenheiten, verbunden mit Titel und Rang eines Staatsrats. Am 24. Nov. 1900 verlieh ihm der König den Rang auf der 2. Stufe der Rangordnung mit dem Prädikat „Exzellenz". K., der seit dem 4. Jan. 1866 Kgl. Württ. Kammerherr war, starb im Alter von 74 Jahren an einer Herzlähmung. – Kommenturkreuz mit Stern des Württ. Kronordens; Kommenturkreuz I. Kl. des Friedrichsordens; Ritterkreuz des Kgl. Preuß. Kronordens II. Kl. mit Stern; Kgl. Bayer. Verdienstorden II. Kl. mit Stern; Großkreuz des Kgl. Sächsischen Albrechtsordens; Ksl. Österr. Orden I. Kl. der Eisernen Krone; Ksl. Österr. Franz-Josephs-Orden I. Kl.; Ksl. Russ. St.-Stanislaus-Orden I. Kl.

L.   Ih 1, S. 483 – GGT 36 (1886), S. 473 – Staatsanz. Nr. 34, 10. II. 1906, S. 236 f. – ebd. Nr. 37, 14. II. 1906, S. 259 – SK Nr. 68/1906 – Württ. Jahrbücher 1906, S. III.

König von und zu Warthausen, Freiherr *Carl* August Wilhelm von, * Ulm 14. März 1827, † Würzburg 22. Feb. 1898, □ Familiengruft Schloss Fachsenfeld/OA Aalen, kath.

Eltern und G siehe Freiherr Wilhelm von →König von Königshofen.
∞ Cannstatt 25. VI. 1896 Caroline König, T. d. Johann Georg König, Küfer in Laufen an der Eyach/OA Balingen, u. d. Anna Catharina Josepha Katzenmeier.

Geboren während der Dienstzeit seines Vaters als Oberjustizrat beim Gerichtshof für den Donaukreis in Ulm, ging K. einen eigenen, für ein Mitglied einer ritterschaftlichen Familie im Königreich Württemberg außerordentlichen Weg. Nach dem Gymnasium Stuttgart studierte K. ohne rechte Neigung in Tübingen und trat dort dem Corps Suevia bei. Er brach das Studium ab und lebte fortan seinen künstlerischen Interessen, besonders der Malerei. K. zeigte – auch auf den Stuttgarter Ausstellungen von 1860 und 1862 – Fähigkeiten beim Bleistiftzeichnen, weniger in der Öl- und Aquarellmalerei. Er lebte als Kunstmaler sehr zurückgezogen mit zahlreichen Tieren in Untertürkheim und widmete sich „nebenher" dem Weinbau. Der als Sonderling geltende K. ging noch im 70. Lebensjahr eine Ehe ein, erkrankte wenig später schwer an einem Magenleiden und unterzog sich bei Wilhelm Olivier von →Leube einer Behandlung, die ihn jedoch nicht mehr retten konnte. Er starb, fast 71 Jahre alt, in der Würzburger Ev. Diakonissenanstalt. – Mitglied des Vereins für Kunst und Altertum in Ulm und Oberschwaben.

L.   Suevia Tübingen 3, S. 117, Nr. 110.

König zu Warthausen, Freiherr *Wilhelm* Friedrich Ludwig von, * Stuttgart 25. Jan. 1793, † ebd. 9. Jan. 1879, □ Familiengruft Schloss Fachsenfeld/OA Aalen, ev.

Vater   *Carl* Friedrich Wilhelm von König, * 1748, † Stuttgart 22. VI. 1821, Geh. Oberjustizrat beim I. Senat des Oberjustizkollegiums in Stuttgart, zuletzt Direktor der Ausstandskommission in Stuttgart.
Mutter   Friederike Sophie Elisabeth Heigelin, * 1766.
5 G   Freiin Charlotte von König, * Stuttgart 8. VIII. 1791, ∞ Freiherr Friedrich Heinrich von Hayn, Kgl. Württ. Major und Oberförster zu Geroldseck; Freiin Sophie von König, * Stuttgart 3. IV. 1794, ∞ Freiherr Christian Philipp von Hayn auf Uhenfels, Kgl. Württ. Major und Bataillonskommandant; Freiherr Carl *Friedrich* August Christian von König, * Stuttgart 11. VIII. 1800, Kgl. Württ. Kammerherr und Besitzer des Rittergut Warthausen, Mitglied des Vereins für Kunst und Altertum in Ulm und Oberschwaben, ∞ 15. X. 1825 Pauline Lembke, * 6. IV. 1805, † 7. I. 1872, T. d. Johann Lembke, Kgl. Preuß. Geh. Regierungsrat und schwedischer Konsul; Freiin Elisabeth von König, * Stuttgart 4. V. 1805; Freiin *Emma* Marie Christiane Wilhelmine von König, * Stuttgart 10. I. 1810, † 1893, ∞ 1830 Freiherr Joseph von Linden, Oberjustizrat in Ulm, MdL, später Kgl. Württ. Staatsminister.
∞ I. 1821 Elise Friederike Brastberger, * 1797, † Ulm 22. VI. 1824; ∞ II. 1826 Freiin Sophie Ernestine von Varnbüler zu Hemmingen, * 1809, † 1837.
4 K   Freiherr Wilhelm von →König-Königshofen; Freiherr August von →König zu Warthausen; Freiherr Carl von →König zu Warthausen; Freiherr Carl *Ferdinand* Ernst von Koenig-Fachsenfeld.

Als Soldat, Justizbeamter und Landtagsabgeordneter war K. eng mit Ulm verbunden.

Spross einer ursprünglich im Elsass ansässigen, Ende des 17. Jahrhunderts nach Schwaben gekommenen Familie, die beim ritterschaftlichen Adel des Königreichs Württemberg immatrikuliert war, besuchte K. das Stuttgarter Gymnasium. Noch vor Beendigung der Schulzeit wurde K. auf Befehl von König Friedrich von Württemberg im Frühjahr 1811 zum Militär eingezogen und als Offiziersaspirant dem Inf.-Rgt. Franquemont Nr. 4 zugeteilt. Ende 1811 kam er zum Leibcheveaulegers-Rgt., um im Jan. 1812 als Leutnant dem Cheveauxlegers-Rgt. Herzog Heinrich Nr. 1 in Ulm zugeteilt zu werden. 1812 nahm K. im Verband der württ. Truppen an Napoleons Russland-Feldzug teil, überlebte die militärische Katastrophe und nahm 1814 als 21-Jähriger seinen Abschied vom Militär, um in Heidelberg und Tübingen Rechtswissenschaften zu studieren. Nachdem er die Dienstprüfung mit dem Prädikat III. Kl. („gut") bestanden hatte, wurde K. zunächst am 18. Feb. 1819 als Referendär II. Kl. dem Gerichtshof in Esslingen zugeteilt, kam aber bereits am 3. Dez. 1819 als Assessor zum Gerichtshof in Ulm.

In den 20 Jahren seiner dienstlichen Tätigkeit in Ulm stieg K. am Gerichtshof zum Justizrat und zum Oberjustizrat auf. Er gründete in Ulm einen eigenen Hausstand; seine Kinder kamen alle in der Donaustadt zur Welt. Auch seine politische Laufbahn begann in der Ulmer Zeit; 1832 wurde er zum Abgeordneten der Ritterschaft des Donaukreises für den 6. o. LT gewählt, der vom Jan. bis März 1833 tagte. Von 1845 bis 1848 gehörte er, wiederum für die Ritterschaft des Donaukreises, dem 12. bis 14. LT an.

Am 14. Nov. 1839 zum Obertribunalrat in Stuttgart ernannt, ließ K. die Verbindung zu Ulm nicht abreißen und gehörte bereits in den 1840er Jahren zu den Mitgliedern des Vereins für Kunst und Altertum in Ulm und Oberschwaben. K. erwarb um 1830 sowohl das Rittergut Warthausen/OA Biberach als auch das Rittergut Fachsenfeld/OA Aalen. Von 1849 bis 1857 gehörte der Kgl. Kammerherr als vom König berufenes Mitglied dem Württ. Staatsgerichtshof an. – Kommenturkreuz und Großkreuz des Württ. Kronordens; Kommenturkreuz des Friedrichsordens; Ritterkreuz des Württ. Militär-Verdienstordens.

L.   Ih 1, S. 483 – StRegbl. 1819, 73 – StRegbl. 1819, 875 – Ulmer Adressbuch 1836, S. [15] – FABER 26, § 123 – BECKE-KLÜCHTZNER, S. 136 f. – Staatsanz. Nr. 9, 11. I. 1879, S. 57 – RIECKE, Verfassung und Landstände, S. 46 – HARTMANN, Regierung und Stände, S. 36, 68 – Hauptregister, S. 471 – RABERG, Biogr. Handbuch, S. 460 f.

Königsberger, Johann Georg, * Inneberg/Pfarrei Egg an der Günz 1774 (nicht Illerberg!), † Ulm 27. April 1817, kath.

K. war der letzte bayer. und der erste württ. kath. Stadtpfarrer in Ulm. Der junge Geistliche sah sich schwierigen Ausgangsbedingungen gegenüber, die wohl auch seine Gesundheit angriffen und seinen frühen Tod mit herbeiführten.

Wir wissen nicht viel über K.s Leben und erste Laufbahnstationen. Er stammte aus ärmlichen Verhältnissen, wurde für den bayer. Pfarrdienst ausgebildet und war als Kaplan in Burgberg und anschließend in Augsburg tätig.

Seit 12. April 1808 wirkte K. als Nachfolger Johann Nepomuk Gassers als kath. Stadtpfarrer in Ulm. Die Landesdirektion in Ulm hatte zuvor der zuständigen Oberbehörde in München zwei andere Kandidaten empfohlen, darunter den Pfarrer in Drackenstein, Dr. theol. Franz Xaver Christmann. Doch in München entschied man sich für einen anderen Bewerber, nämlich für K. Was den Ausschlag für diese Personalentscheidung gab, ist nicht zu klären; vermutlich zog man dem Bayern dem württ. Pfarrerdienst tätigen Christmann aus landsmannschaftlichen Erwägungen heraus vor. K. tat sich in Ulm sehr schwer, und seine Stellung wurde nicht leichter, als Ulm 1810 an Württemberg überging. Seit 5. Jan. 1813 war er zugleich provisorischer Dekanats-Kommissär des neu errichten Landkapitels Blaubeuren, das aber bereits 1818 mit der Bildung des Dekanats Ulm wieder aufgelöst wurde. K. gelang es nicht, die Interessen der katholischen Gläubigen Ulms durchzusetzen. Er scheiterte u. a. mit seinem Anliegen, die Wengenkirche „entstauben" und restaurieren zu lassen. K. war in Ulm sehr unglücklich, erkrankte an einem Nervenfieber und starb im Alter von nur 43 Jahren.

L   Hof- und Staatshandbuch 1813, S. 489 – NEHER, S. 295, 300, 398 – SPECKER/TÜCHLE , S. 261, 265.

Kohn, *Friedrich* Ludwig, * Ulm 29. Jan. 1827, † ebd. 10. März 1891, ⬚ ebd., Alter Friedhof, ev.

K. war langjähriger Professor am Ulmer Gymnasium.

1853 kam der Altphilologe K. nach dem Studium in Tübingen als Präzeptor nach Leonberg, 1860 wechselte er in gleicher Funktion an das Kgl. Gymnasium Ulm, wo er zunächst Griechisch, später auch Philosophie unterrichtete. 1865 ging K. als Professor an das Eberhard-Ludwigs-Gymnasium in Stuttgart, kam aber bereits im Herbst 1869 wieder an die alte Wirkungsstätte als Professor nach Ulm zurück. Dort übernahm er als Nachfolger des nach Blaubeuren gewechselten Karl Christian →Planck die 5. und 6. Klasse und wurde zu einem der bekanntesten Lehrer in Ulm. – Mitglied des Vereins für Kunst und Altertum in Ulm und Oberschwaben.

L   CRAMER, Württembergs Lehranstalten ¹1886, S. 122 Magisterbuch 25 (1884), S. 95 – UBC 3, S. 3 (Bild) – UNGERICHT, S. 164.

Kolb, Gustav *Albert* (von), * Oferdingen/OA Tübingen 11. Feb. 1817, † 4. Jan. 1876, ev.
Vater   Johann Christian Kolb, Mag., * 1765, † 1843, Pfarrer in Oferdingen.
Mutter   Auguste Elisabeth Bardili.
∞ *Mathilde* Johanna Vogt, * 17. V. 1834, † 26. XI. 1905, T. d. Ferdinand Vogt, Stiftsverwalter in Tübingen, u. d. Christiane Elisabeth Ploucquet, * 8. IV. 1809, † Tübingen 18. X. 1881.
3 *K*   Theodor Kolb, Dr. phil., * 16. III. *1859, † Stuttgart 17. V. 1919, Privatlehrer in Stuttgart, ∞ Stuttgart 12. II. 1891 Amalie Lendner, * 1. III. 1861; Julie Charlotte Elisabeth Kolb, * 2. IX. 1872, † 1927, Hausdame; Richard Georg Ferdinand Kolb, * 2. IX. 1872, Ingenieur, ab 1896 an der Ksl. Werft in Kiel.

Der auch politisch aktive Ulmer Oberamtmann K. leitete die staatliche Innenverwaltung der Donaustadt in den Jahren vor der Reichsgründung.

Einer alteingesessenen württ. Pfarrersfamilie entstammend, studierte K. von 1834 bis 1838 Kameral- und Regiminalwissenschaften in Tübingen. Nach Ablegung der beiden Höheren Prüfungen für den Verwaltungsdienst und dem Referendariat beim OA Balingen und bei der Regierung des Schwarzwald-

kreises in Reutlingen begann er 1842 als Kanzleihilfsarbeiter bei der Regierung des Donaukreises in Ulm seine berufliche Laufbahn. 1843 Oberamtsaktuar bei den OÄ Ulm und Geislingen/Steige, war er in den folgenden Jahren bis 1854 in Reutlingen, Riedlingen und wieder bei der Regierung des Donaukreises in Ulm tätig. 1846 ging er als Assessor zum Ev. Konsistorium und zum Ev. Studienrat, 1851 nach Reutlingen. Schon 1852, im Alter von 35 Jahren, wurde er zum Oberamtmann von Tübingen ernannt, 1857 erhielt er den Titel und Rang eines Regierungsrats. Nach 14 Jahren in Tübingen erfolgte 1866 die Berufung K.s zum Oberamtsvorstand in Ulm. In diesem Amt trat er die Nachfolge von Adolf →Grüzmann an. K., der sich während seiner Ulmer Amtszeit dem Verein für Kunst und Altertum in Ulm und Oberschwaben anschloss, machte sich, wie auch später als Landtagsabgeordneter von Ulm Amt, für den raschen Bau der Eisenbahnstrecke von Heidenheim nach Ulm über Langenau stark. Seit Aug. 1870 war K. Ausschussmitglied des Ulmer Hilfsvereins.

1870 erfolgte seine Ernennung zum Regierungsrat bei der Regierung des Schwarzwaldkreises in Reutlingen, eine Position, die er bis zu seinem Tode innehatte. Als Ulmer Oberamtmann folgte ihm Regierungsrat Carl →Rampacher von Ravensburg. Da er nicht mehr Beamter im OA Ulm war, konnte K. Ende 1870 unter Beachtung der verfassungsmäßigen Bestimmungen als Landtagskandidat im Ulmer Landbezirk antreten. Zugleich sollte er anscheinend im Auftrag der württ. Regierung und des Königs den Ulmer Oberbürgermeister Carl (von) →Heim davon überzeugen, sich als Landtagskandidat in Ulm Stadt aufstellen zu lassen, was Heim jedoch bestimmt ablehnte. K. sprach sich für den Beitritt Württembergs zum Deutschen Bund aus. Als Landtagsabgeordneter für Ulm Amt im 25. und 26. o. LT war K. bis 1874 Mitglied der Volkswirtschaftlichen Kommission und der Kulturgesetzkommission, seit 1875 der Finanzkommission. Sein plötzlicher Tod im 59. Lebensjahr machte eine Landtagsersatzwahl für den Bez. Ulm Amt notwendig, aus welcher am 29. Feb. 1876 der Langenauer Stadtschultheiß Johann Friedrich Haug (ebenfalls NL) als Sieger hervorging. Haug blieb bis zu seinem Tode im Jahre 1900 Landtagsabgeordneter von Ulm Amt. – Mitglied des Vereins für Kunst und Altertum in Ulm und Oberschwaben. – 1862 Ritterkreuz des Friedrichsordens; 1868 Ritterkreuz I. Kl. des Kronordens.

L   Schwäb. Kronik Nr. 5, 6. I. 1876, S. 33 – RIECKE, Verfassung und Landstände, S. 69 – SCHULTES, Chronik, S. 523 – HARTMANN, Regierung und Stände, S. 79 – Hauptregister, S. 446 – OAB Ulm I (1907), S. 689 – SIGEL 10,2, S. 676 – UBC 2, S. 202, 247, 269, 348 – Amtsvorsteher, S. 358 (Karin PETERS) – SCHMIDT, Langenau, S. 172, 191 – RABERG, Biogr. Handbuch, S. 469 – NANNINGA, Wählen, S. 252, 256, 366, 661, 679 [dort fälschlich „Gustav Kolb"].

Kolb, August, Dr. iur., * Griesingen/OA Ehingen 13. Aug. 1905, † gefallen in Flandern 21. Mai 1940, kath.
Vater   Rudolf Kolb[295], * Ottmarsreute 18. III. 1876, Oberlehrer in Griesingen.

K. war einer der jungen NS-Staats- und später Kommunalbeamten, die in Ulm zeitweise eine wichtige Rolle spielten.

Nach dem Besuch der Volksschule in Obermarchtal und ab 1914 des Progymnasiums in Riedlingen sowie des Gymnasiums in Ehingen/Donau bestand K. 1923 das Abitur. Anschließend studierte er – in Rekordzeit – Jura und Volkswirtschaft in Tübingen, Berlin und München. 1927 erfolgte die juristische Promotion mit der Arbeit „Verbrechensversuch und Strafgesetz-Entwurf" (gedruckt Urach 1928). Nachdem K. bereits im Herbst 1926 die I. Höhere Justizdienstprüfung abgelegt hatte, bestand er im Herbst 1929 auch die II. Höhere Justizdienstprüfung. 1930 erhielt er als Rechtsanwalt die Zulassung beim Landgericht Stuttgart und beim Oberlandesgericht ebd. und

---

[295] Real-Katalog der katholischen Volksschulstellen Württembergs, Horb/Neckar 1908, S. 74.

trat in eine Stuttgarter Anwaltskanzlei ein, wechselte jedoch schon zum 1. Feb. 1931 in die württ. Innenverwaltung. Er ging zunächst als Regierungsassessor zum LRA Esslingen/Neckar, wo er zum Regierungsrat avancierte. Am 1. Mai 1933 der NSDAP und im Aug. 1933 der SS beigetreten, führte K. ab Juli 1933 als Stellvertreter von Polizeidirektor Wilhelm →Dreher die Politische Polizei in Ulm. Am 1. Juli 1935 als Regierungsrat zum LRA Ulm versetzt und zum Stellvertreter des Landrats Otto →Barth ernannt, winkte dem jungen Beamten eine Karriere im Dienst der Innenverwaltung. Was ihn veranlasste, diese aufzugeben, konnte nicht ermittelt werden.

Am 17. Jan. 1938 wurde K. als Bürgermeister und Erster Beigeordneter sowie als Stellvertreter des Oberbürgermeisters in sein Amt eingeführt. Zuvor war er unter 47 Mitbewerbern ausgewählt und an Stelle eines Bewerbers ins Amt gekommen, der nicht die erforderliche Zustimmung des Gauleiters Wilhelm →Murr erhalten hatte. K. galt als *weltanschaulich gefestigter und zuverlässiger Nationalsozialist* – und entsprach auch damit dem Profil der Stellenausschreibung. Am 30. Jan. 1938 zum SS-Oberscharführer und am 10. Mai 1938 zum Leiter des Kreisamtes für Kommunalpolitik der NSDAP in Ulm ernannt, war K. daneben auch Orts-Kreisgruppenführer des Reichsluftschutzbundes. Zu seinen Aufgaben im Amt zählte u. a. das Schulreferat. K. war keine lange Wirksamkeit beschieden, da er am 26. Aug. 1939 den Gestellungsbefehl erhielt und zur Wehrmacht einrückte. Im Okt. 1939 zum Leutnant d. R. befördert, geriet K. auf Grund angeblicher Beziehungen zur Ehefrau eines Soldaten in ein Ehrengerichtsverfahren und wurde aus dem Offizierskorps entlassen. K. beantragte, sich als Kriegsfreiwilliger im niedrigsten Mannschaftsgrad rehabilitieren zu dürfen, fiel jedoch wenige Wochen später, noch keine 35 Jahre alt, an der Front. Die Stadt Ulm verfolgte die Rehabilitierung K.s weiter und konnte im Jan. 1943 die Wiedereinsetzung in seinen früheren Offiziersdienstgrad erwirken.

Q   StadtA Ulm, 032/41/42 Nr. 211.
L.   UBC 5a, S. 171 f., 242, 258, 261, 268, 290 f., 293 – SCHMIDT, Kurzbiographien, S. 464 f. (Bild).

Kolb, Wilhelm, * Besigheim 19. Jan. 1874, † Ulm 11. Sept. 1935, ev.
Vater   Immanuel *Christian* Gottlieb Kolb[296], Dr. phil., * Dagersheim/OA Böblingen 16. III. 1843, † Tübingen 10. V. 1919, 1871 Diakon in Besigheim, 1884-1908 Gymnasialprofessor in Schwäbisch Hall, Historiker, ao. Mitglied der Kommission für Württ. Landesgeschichte und Ehrenmitglied des Historischen Vereins für Württembergisch Franken.
Mutter   *Amalie* Luise Marie Knapp, * 1. VIII. 1846, † Tübingen 2. XII. 1923.
3 G   Christian Eduard *Theophil* Kolb, * Besigheim 10. VIII. 1872, † ebd. 14. XI. 1875; Eugen Kolb, * Besigheim 9. VI. 1875, † ebd. 27. VII. 1882; Helene Kolb, * Besigheim 15. V. 1877, ∞ Tübingen 17. V. 1910 Karl Fahrion[297], Dr. phil., * [Stuttgart-]Feuerbach 12. III. 1869, Studienrat in Ellwangen/Jagst, philosophischer Schriftsteller.
∞ Ludwigsburg 7. XII. 1905 Martha Mößner, * Ludwigsburg 26. V. 1878, T. d. Julius Mößner, Baurat in Ludwigsburg, u. d. Maria Hayer.
3 K   Wolfgang Kolb, * Vaihingen/Enz 11. VIII. 1908; Elsbeth Kolb, * Vaihingen/Enz 13. X. 1910, † Ulm 11. XII. 1923; Siegfried Kolb, * Ulm 18. VII. 1913.

K. war einer der langjährig am Ulmer Realgymnasium wirkenden Lehrer, zuletzt stv. Schulleiter ebd.

Nach dem Studium in Tübingen, wo er Mitglied der Verbindung Luginsland war, bestand K. 1898 die philologische Prüfung für Präzeptorate und 1905 die Fachlehrerprüfung für Französisch. 1905 begann er auch seine berufliche Laufbahn als Oberpräzeptor an der Lateinschule Vaihingen/Enz. 1912 kam er als Professor für Geschichte und Altphilologie an das Ulmer Realgymnasium bzw. an die Oberrealschule in Ulm, wo

er zuletzt seit 1932 als stv. Schulleiter fungierte. K. war Lehrer aus Berufung und Leidenschaft. Wegen seines anschaulichen Unterrichts und seines ausgeglichenen Wesens war er bei der Schülerschaft sehr beliebt und im gesellschaftlichen Leben Ulms eine feste Größe. In der Revolutionszeit (Nov./Dez. 1918) geriet K. nach einer anonymen Anzeige in die Kritik, weil er an der Schule (in seiner Klasse VIII) die Bildung eines „Schülerrates" geduldet hatte. Die Ministerialabteilung für die höheren Schulen sah darin einen nicht hinnehmbaren Autoritätsverlust K.s, der sich der Schülerschaft unterworfen habe. Am 12. Dez. 1918 wurde K. offiziell gerügt, was auch Eingang in seine Personalakten fand. K.s Protest dagegen wurde abgewiesen. Die Angelegenheit blieb für ihn ohne weitere Folgen und tat seiner Beliebtheit keinen Abbruch. Sein Tod im 62. Lebensjahr rief in großen Teilen der Ulmer Bevölkerung Betroffenheit hervor.

K. trat als Historiker in die Fußstapfen seines Vaters und publizierte u. a. in neuer Bearbeitung den Aufsatz seines Vaters „Schola latina und Gymnasium illustre in Schwäbisch Hall" im 2. Band der „Geschichte des humanistischen Schulwesens in Württemberg". – Pfleger der Württ. Kommission für Landesgeschichte in Ulm; Mitglied des Vereins für Kunst und Altertum in Ulm und Oberschwaben; 1912 Ersatzmitglied für Vaihingen/Enz zur 8. Landessynode.

Q   StadtA Ulm, G 2 – StAL, E 203 I Bü 2982, Personalakten.
L.   CRAMER, Württembergs Lehranstalten [7]1925, S. 89 – DGB 1 (1930), S. 147, Anm. 165 – Magisterbuch 41 (1932), S. 129 – UBC 3, S. 334 – ROTERMUND, Zwischen Selbstbehauptung, S. 26 f., 81 – EHMER/KAMMERER, S. 224.

Kollmann, *Josef* Anton, * Remnatsried (nicht Rennertsried!) bei Stötten am Auerberg 25. März 1855, † Ulm 21. März 1932, kath.
Vater   *Josef* Martin Kollmann, * 1825, Landwirt in Remnatsried.
Mutter   Franziska Angerhofer, * Oberelmau 1827.
∞ 31. VII. 1883 Elisabetha Kathan, * Augsburg 10. XI. 1863.
4 K   Klara Kollmann, * Kaufbeuren 7. VIII. 1884, † Neu-Ulm 25. II. 1928; Ottmar →Kollmann; Emma Kollmann, * Neu-Ulm 2. V. 1888; Charlotte Kollmann, * Neu-Ulm 31. V. 1889, † ebd. 1971, ∞ Neu-Ulm 5. IV. 1916 Hans Römer[298], * Neu-Ulm 2. X. 1887, † ebd. 1967, Lederfabrikant in Neu-Ulm, Enkel des Hans →Römer.

K., über mehr als 30 Jahre lang und damit länger als jeder seiner Vorgänger und Nachfolger Stadtoberhaupt von Neu-Ulm, vollzog in seiner Amtszeit die wesentlichen Weichenstellungen für die Entwicklung der jungen Stadt Neu-Ulm, die durch ihn *den eigentlichen Charakter einer Stadt* (Ottmar Kollmann) gewann. Vor allem durch die „Entfestigung" der von der Festung geprägten Stadt vermochte Kgl. unter großen Mühen den Weg Neu-Ulms neu zu justieren und der Stadt die Möglichkeiten zu verschaffen, derer sie dringend bedurfte. Angesichts seiner stolzen Leistungsbilanz überrascht die Tatsache, dass der Name K. ad dato in keinem biographischen Nachschlagewerk und in keinem biographischen Index zu finden ist.

Nach dem Besuch der Volksschule in Rettenbach und des humanistischen Gymnasiums St. Stephan in Augsburg folgte für den hoch begabten Schüler K. vor Aufnahme des Jura-

[296] Ih 1, S. 487 – CRAMER, Württembergs Lehranstalten [6]1911, S. 60 – Magisterbuch 37 (1914), S. 82 – WN 1918/19, S. 100-103 (Theodor KNAPP) – Ein Bruder Christian Kolbs und Onkel von Wilhelm Kolb war Christoph von Kolb, Dr. theol. h.c., * Basel 2. XII. 1847, † Ludwigsburg 18. VI. 1928, Oberkonsistorialrat, Oberhofprediger und Prälat in Stuttgart.
[297] CRAMER, Württembergs Lehranstalten [7]1925, S. 83.
[298] TEUBER, Ortsfamilienbuch Neu-Ulm I, Nr. 3815.

studiums in München die Absolvierung des Einjährig freiwilligen Militärdienstjahres. Während des Studiums war er in das für besonders begabte Studenten gestiftete Maximilianeum aufgenommen. Der besonders an wirtschaftspolitischen und philosophischen Fragestellungen interessierte Student bestand die juristischen Staatsprüfungen und trat anschließend als Verwaltungsjurist in den bayerischen Staatsdienst ein. Vor seinem Eintritt in den Kommunaldienst Neu-Ulms war K. u. a. bei der Stadt Augsburg und zuletzt als Rechtsrat der Stadt Kaufbeuren tätig gewesen. Vom 10. Feb. 1885 (Amtsantritt und Verpflichtung) bis 1. Aug. 1919 (Eintritt in den Ruhestand) war K. rechtskundiger Bürgermeister der Stadt Neu-Ulm, wegen seiner Verdienste in diesem Amt wurde er vom König von Bayern zum Kgl. Bayer. Hofrat ernannt. K. war für Neu-Ulm Mitglied des Landrates von Schwaben und Neuburg.

Nach der Einführung des Amtes des berufsmäßigen rechtskundigen Bürgermeisters von Neu-Ulm im Jahre 1876 hatten J. W. →*Greiner (1876-1879), Otto →*Ploner (1879-1881) und Josef →*Hayd (1882-1885) die Stellung jeweils nur kurzzeitig innegehabt. K. war in weniger als neun Jahren bereits der vierte Bürgermeister. Mit ihm kam die Kontinuität und die Möglichkeit zur Verfolgung langfristiger stadtplanerischer Entwicklung nach Neu-Ulm, die man sich eigentlich von der Schaffung des Amtes versprochen hatte. Mit der ihm eigenen Tatkraft widmete er sein Augenmerk zunächst der Hebung der Straßenqualität. Da Neu-Ulms Straßen nicht entwässert und nicht gepflastert, sondern bestenfalls lediglich geschottert waren, musste hier Grundlagenarbeit geleistet werden. K. veranlasste diese und sorgte für einen Straßenreinigungsdienst. Wie sein Amtskollege in Ulm, Heinrich von →Wagner, war K. von der Bedeutung der Hygiene für eine positive städtische Entwicklung überzeugt, was sich für Neu-Ulm segensreich auswirken sollte. 1887 wurde mit dem Bau des Krankenhauses begonnen, 1888 folgten Armenhaus und Pfandleihanstalt, wenig später Leichenhaus und Schlachthof. Bekannt war allerdings, dass bauliche Maßnahmen der Stadt sehr rasch an eine Grenze stießen, die von der Existenz der Festung und den damit verknüpften Bestimmungen des Rayongesetzes herrührten. Die den Festungsbauten vorgelagerten Schutzbereiche durften nicht mit festen Bauwerken bebaut werden. In langjährigen Verhandlungen mit Ulm gelang es dem listenreichen K. 1899, gegen das Zugeständnis der Beteiligung Neu-Ulms am Bau des Illerkanals und einer zweiten Brücke zwischen den Städten über die Donau die Genehmigung zu erhalten, Ulmer Grundbesitz auf Neu-Ulmer Markung erwerben zu können. Das entsprechende Abkommen zwischen beiden Städten kann durchaus als *kommunaler Friedensvertrag* (Ottmar KOLLMANN) gewertet werden. K. strebte mit seiner Bodenpolitik dem Kollegen Wagner nach, der möglichst viel Grund auf städtischer Gemarkung auch in den Besitz der Stadt bringen wollte. 1897 verkehrte die erste Straßenbahn Neu-Ulms über die Herdbrücke mit Ulm, 1900 erfolgte die Elektrifizierung der Straßenbeleuchtung. K. ließ sich auch Hochwasser- und Feuerschutz angelegen sein: Hochwasserdämme wurden aufgeschüttet, 1898 bis 1900 der Wasserturm zur Verbesserung der städtischen Wasserversorgung errichtet.

Eine weitere Großtat K.s war die Überwindung des die städtische Entwicklung hemmenden Festungsgürtels[299]. Zu diesem Zweck waren Verhandlungen mit Berlin als Träger der Festung und mit München (der Grund, auf dem die Festung stand, gehörte dem bayerischen Staat) notwendig, die nicht frei von Rückschlägen blieben. 1900 erfolgte nur die Freigabe des Geländes auf dem linken Donauufer. Erst 1906 konnte der Vertrag, der den Übergang des größten Teiles des Festungsge-

ländes an die Stadt festschrieb, abgeschlossen werden. Der Kaufpreis in Höhe von 860.000 RM lud der Stadt eine gewaltige Schuldenlast auf. K. behielt trotz heftiger Kritik das große Ziel stets im Auge: schon 1907 war das Gebiet im Südosten mit einer Industriegleisanlage erschlossen. Im gleichen Jahr erfolgte zum 1. Jan. 1908 die Eingemeindung von Offenhausen nach Neu-Ulm.

Am 17. Feb. 1891 hatte Prinzregent Luitpold von Bayern dem wiederholt an ihn herangetragenen Wunsche K.s entsprochen, Neu-Ulm – die flächenmäßig größte Stadt in Schwaben – zum 1. März 1891 zur Stadt I. Kl. zu erheben und damit kreisfrei zu erklären. Damit hatte K. der kommunalen Selbstverwaltung Neu-Ulms wichtige Gestaltungsräume erstritten, die vorher angesichts der Rechtslage nicht existiert hatten und die weit gehende Unterordnung Neu-Ulms unter Bezirksamt und Bezirksregierung bedingten. Die Kreisfreiheit Neu-Ulms bedeutete daher eine für sein Selbstbewusstsein ganz wesentliche Aufwertung. Neben seinen Verdiensten als *Lokomotive der Stadtentwicklung* (OHM), die auch den Bau der Zentralschule auf dem Festungsgelände ab 1909 und die 1900 gegründete Musikschule einschließen, machte sich K. auf vielen Feldern für die Schaffung einer eigenständigen Identität Neu-Ulms stark und arbeitete hartnäckig daran, in den Jahrzehnten gewachsenen Unstimmigkeiten, ja den Streit zwischen den beiden Schwesterstädten an der Donau beizulegen. In diesem Zusammenhang sind auch seine Mitgliedschaften in Ulmer Vereinen zu sehen, so war er z. B. Mitglied des Vereins für Kunst und Altertum in Ulm und Oberschwaben und des Historischen Vereins Neu-Ulm, an dessen Spitze er als Gründungsvorsitzender kurzzeitig in den Jahren 1907 und 1908 stand. Nicht von ungefähr gingen Wagner und K. 1919 im Abstand nur weniger Monate in den Ruhestand. Auf den guten Kontakt beider Stadtoberhäupter war allerdings ein Schatten gefallen, nachdem K. noch im Frühjahr 1919 an Wagner die Frage der Vereinigung beider Städte sehr ernsthaft herangetragen, dies aber nach der Wiederherstellung stabilerer politischer Verhältnisse in Bayern nicht weiter verfolgt hatte. Die November-Revolution von 1918 und ihre Folgen belasteten K. sowohl persönlich als auch im Amt schwer. Der öffentlich erhobene Vorwurf, seine Ehefrau habe Weizenmehl unterschlagen, traf ihn schwer. Den Zusammenbruch der alten Ordnung vermochte er nicht zu akzeptieren. Daher beantragte er die Versetzung in den Ruhestand.

Am 12./20. Juni 1919 wurde K. anlässlich des bevorstehenden Ausscheidens aus dem Amt zum Ehrenbürger von Neu-Ulm ernannt. K., eine der bedeutendsten Persönlichkeiten in der Geschichte Neu-Ulms, starb, fast völlig erblindet, nach dreizehnjährigem Ruhestand kurz vor Vollendung seines 77. Lebensjahres. K. war in Neu-Ulm und Ulm hoch geschätzt. 1910 war der Park am Wasserturm zwischen Turmstraße und Parkstraße nach ihm benannt worden. Das Stadtarchiv Neu-Ulm präsentierte vom 26. März bis 25. Mai 2007 anlässlich von K.s 75. Todestag eine Ausstellung zu seiner Biographie und seinem Wirken als Bürgermeister. – Ehrenmitglied des Bürgervereins Neu-Ulm; Ehrenmitglied der Sängergesellschaft Neu-Ulm; Ehrenmitglied des Turnvereins Neu-Ulm; 1887 Gründungs- und Verwaltungsratsmitglied des Kunstvereins Ulm; 1907/08 Vorsitzender des Historischen Vereins Neu-Ulm.

Q   StadtA Neu-Ulm, D 12, III.8.1.12., darin u. a. Neu-Ulmer Anzeiger, 23. III. 1932 und die vierseitige gedruckte Würdigung "Zum Ableben des Altbürgermeisters der Stadt Neu-Ulm Herrn Hofrat Kollmann am 21. März 1932" (mit Bild).
L   BUCK, Chronik Neu-Ulm, S. [XVI], XVIII, 86, 97, 239 (Bild), 242, 243 (Bild), 246, 269 – Eduard OHM, Kollmann luchste Wagner Ulmer Grundbesitz ab (Neu-Ulmer Geschichten 33), in: NUZ, 19. I. 1985 – OHM, Geschichten, S. 90 ff., 92 (Bild) – UBC 3, S. 360 (Bild) – HAUFF, Von der Armenkasse, S. 107, 110, 125 (Bild) – UBC 3, S. 359, 360 (Bild) – UBC 4, S. 115, 116 – TEUBER, Ortsfamilienbuch Neu-Ulm 1, Nr. 2438 – TREU, Mengele, S. 179 f. (Bild), 182, 185 ff., 192 f., 195, 197, 199, 208 ff., 220, 225 f., 275, 278 ff., 286 (Bild), 301, 309, 575 f. – Anton AUBELE, 90 Jahre Historischer Verein Neu-Ulm 1907-1997, S. 69-87, hier S. 70 (Bild) – Chirin KOLB, Den Lästerern das Maul gestopft. Ausstellung über den Neu-Ulmer Bürgermeister Josef Kollmann, in: SWP Nr. 70, 24. III. 2007 (Bild).

---

[299] Das Stadtarchiv Neu-Ulm widmete dem Thema unter dem Titel „‚Entfestigungsvertrag' – Der Grundstückskauf von 1906 - die bauliche Entwicklungschance für Neu-Ulm" vom 17. Okt. bis 15. Dez. 2006 eine Ausstellung im Rathaus.

Kollmann, Erwin Johann *Ottmar*, Dr. iur, * Neu-Ulm 9. Mai 1886, † München 7. Juni 1969, ▢ ebd., Waldfriedhof, kath.

Eltern und *G* siehe Josef →Kollmann

∞ I. München 3. VI. 1912 Elisabeth Paula Weigand, * Würzburg 27. I. 1890, † Neu-Ulm 23. IV. 1916, T. d. Alfred Weigand, Ministerialrat, u. d. Antonia Lank; ∞ II. Mathilde Pfeilschifter, * 20. II. 1892, † 21. I. 1985.

5 *K* Walter Kollmann, * 23. III. 1913, † 12. X. 1938; Albrecht Paul Kollmann, * 15. IV. 1916, † 1. VI. 1982, ∞ Erna von Bihl, * 14. V. 1922; Gertraud Mathilde Elisabeth Kollmann, * 4. XII. 1922; Gabriele Kollmann, * 3. XII. 1929, † 10. XII. 1929; Ottmar Kollmann, * 12. IX. 1931.

Der Sohn des bedeutendsten Bürgermeisters Neu-Ulms im 19. Jahrhundert hat mit seinem 1965 erschienenen Buch „Vom Werden einer Stadt" wesentlich zur Bewusstseinsbildung seiner eigenen Vaterstadt beigetragen. Der Spitzenbeamte der bayer. Innenverwaltung diente ihr in vier politischen Systemen, von der Monarchie bis in die ersten Jahre der Bundesrepublik Deutschland.

K. wuchs in seiner Heimatstadt Neu-Ulm auf, besuchte dort die Volksschule und das Ulmer Gymnasium und bestand im Sommer 1904 das Abitur. Das Studium der Rechts- und Wirtschaftswissenschaften führte ihn nach München und Berlin. Nachdem er die beiden Verwaltungsdienstprüfungen bestanden hatte, trat K. im Jahre 1912 in den Dienst der bayer. Innenverwaltung. Zunächst Bezirksamtsassessor und Amtmann in Neu-Ulm, wo er in der Zeit des Ersten Weltkriegs unter Bezirksamtmann Karl →Risch tätig war, wechselte K. 1920 als Regierungsrat I. Kl. ins Staatsministerium für Landwirtschaft, wo er 1923 zum Oberregierungsrat befördert wurde. 1925 übernahm er die Leitung des Bezirksamts Bad Aibling, zwei Jahre später wechselte er in das Staatsministerium des Innern, wo er 1928 zum Ministerialrat aufstieg. Ab 1925 war K. auch Schriftleiter der „Bayerischen Blätter für administrative Praxis", für die er auch nach deren Umwandlung in die „Deutschen Verwaltungsblätter" 1934 weiter in dieser Funktion tätig blieb (bis 1937). K. machte sich als Fachmann für Kommunal- und Landwirtschaftsrecht sowie für Verwaltungsrecht im Innenministerium schnell einen guten Namen: *Als Neubearbeiter eines Registraturplanes für die bayerischen Landgemeinden, des sogenannten Kollmann-Planes, ist er Archivaren mit Aufgaben in der landschaftlichen Archivpflege und älteren Verwaltungsbeamten noch heute ein Begriff* (RUMSCHÖTTEL/ZIEGLER, S. 171).

Von Innenminister Karl Stützel (1872-1935) wurde K. am 1. Feb. 1933 – also noch vor der NS-Machtübernahme in Bayern – als Nachfolger des verstorbenen Staatsrats Heinrich von Jan zu seinem Stellvertreter (Titel Staatsrat) und zum Dienstvorgesetzten der Abteilungsleiter und Referenten im Bayer. Staatsministerium des Innern ernannt. NS-Innenminister Adolf Wagner (1890-1944), der Stützel am 10. März 1933 nachgefolgt war, beließ K. im Amt, traute dem Spitzenbeamten jedoch aus weltanschaulichen Gründen nicht über den Weg. Andererseits versuchte Wagner K. zu halten, als ein Personalkonflikt (Ministerialrat Ernst Eichner) im Ministerium dessen Stellung weiter schwächte. Nachdem er sich als unmöglich erwiesen hatte, K. in den einstweiligen Ruhestand zu verabschieden, wurde er im Mai 1935 entlassen und mit Sonderaufträgen zur Reichsreform bedacht – ein klarer Fall politisch bedingter Abschiebung. Im Aug. 1937 schließlich wurde er zum geschäftsführenden Leiter, späteren Präsidenten der Bayerischen Versicherungskammer ernannt. Kurz zuvor – am 1. Mai 1937 – war K. Mitglied der NSDAP (Nr. 4.824.515) geworden. Der politisch abgeschobene, aber in sicheren finanziellen Verhältnissen unbehelligt lebende K. überstand die folgenden Jahre des „Dritten Reiches" relativ unbeschadet. Am 1. April 1944 trat K. in den Ruhestand.

Nach dem Ende des Zweiten Weltkrieges griff der sich neu formierende bayer. Staat wieder auf die Kenntnisse K.s zurück. Die Spruchkammer München I stufte ihn am 21. April 1948 als „entlastet" ein. Ab 1948 wieder im Innenministerium und dort Leiter der Gruppe öffentlich-rechtliche Gesetzgebung, wirkte

K. daneben als Berater des bayer. Ministerpräsidenten Dr. Hans Ehard (CSU), dessen stark akzentuierten föderalistischen Kurs K. mittrug. Im Sommer 1948 war K. sehr aktiv in der dem Zusammentritt des Parlamentarischen Rates vorangehenden Zeit. So war er im Aug. 1948 gemeinsam mit Claus Leusser (1909-1966) Mitarbeiter des bayer. Bevollmächtigten Josef Schwalber (1902-1969) beim sog. „Verfassungskonvent" auf Herrenchiemsee, wo er in dem von der Konferenz der westdeutschen Ministerpräsidenten eingesetzten Unterausschuss II Berichterstatter für die Themen „Zuständigkeit des Bundes beim Vollzug des Bundesrechts" und „Zuständigkeit des Bundes auf dem Gebiet der Verwaltung" war.

Ebenfalls 1948 erarbeitete K. mehrere Denkschriften, die als Material für die Beratungen des Parlamentarischen Rates dienen sollten. So schlug er in der Denkschrift „Kirche und deutsche Verfassung" vor, den Bereich der Kultur möglichst ganz aus den Beratungen herauszuhalten, womit er als einer der frühen Vorkämpfer für die Kulturhoheit der Länder gelten darf. Er erlangte damit mittelbaren, jedoch keinen unmittelbaren Einfluss auf das Werden des Grundgesetzes der Bundesrepublik Deutschland. Am 1. Mai 1949 übernahm K. unter Beibehaltung des Titels Staatsrat die Leitung des Generalreferats für Gesetzgebungsangelegenheiten im Innenministerium. Am 1. Sept. 1950 zum Präsidenten des Bayer. Verwaltungsgerichts berufen, hat K. die Ausgestaltung eines demokratischen Verwaltungsrechts und der Verwaltungsgerichtsbarkeit im Freistaat Bayern stark geprägt. Eines seiner Spezialgebiete waren die Rechtsgrundlagen des unabhängigen Rundfunks. Am 1. Juni 1954 wurde er im Alter von 68 Jahren in den Ruhestand verabschiedet, den er in München verlebte. K. blieb aber weiterhin sehr aktiv und wurde wiederholt um Rat gebeten. Für die „Arbeitsgemeinschaft für Staatsvereinfachung", die auch als „K.-Ausschuss" bekannt war, fertigte er 1955 ein nach ihm benanntes Gutachten an, in welchem er die Stellung des Bayer. Senats gegenüber dem Landtag stärken wollte, indem er festlegte, mit Zweidrittelmehrheit gefasste Einwendungen des Senats könnten nur mit einer Zweidrittelmehrheit des Landtags abgewiesen werden. Doch dieser Vorschlag wurde nicht umgesetzt, weil damit eine unerwünschte „Politisierung" des Senats einhergegangen wäre.

Den „guten Draht" nach Neu-Ulm hatte K. nicht abreißen lassen, und im Ruhestand intensivierte sich der Kontakt noch. K. setzte nun den schon länger gehegten Plan um, über Neu-Ulm ein Buch zu schreiben, das sowohl die Geschichte als auch die aktuelle Situation beschreiben sollte. K. lieferte damit einen wichtigen Beitrag zur Identitätsgeschichte und -bildung Neu-Ulms. Er starb vier Jahre nach Erscheinen des Bandes im Alter von 83 Jahren. – Ehrenmitglied des Bürgervereins Neu-Ulm; Ehrenmitglied der Sängergesellschaft Neu-Ulm; Ehrenmitglied des Turnvereins Neu-Ulm.

Q StadtA Neu-Ulm, D 12, III.8.1.12. [darin u. a. Neu-Ulmer Anzeiger, 23. III. 1932] – Bayer. HStA München, MInn 84132 – Schriftliche Mitteilungen zur Familie von der Familie Kollmann – Schriftliche Mitteilungen von Joachim Lilla, Krefeld.
W (Auswahl) Hg. mit W. FUCHS, Vorschriftensammlung. Übersichtliche Zusammenstellung der in Württemberg geltenden Vorschriften: Gesetze, Verordnungen, Staatsverträge, Bekanntmachungen, Ministerialverfügungen, Ministerialerlasse und sonstige Erlasse, München 1929 – Vorschriftensammlung. Übersichtliche Zusammenstellung der in Bayern geltenden Reichs- und Landesvorschriften (Gesetze, Verordnungen, Bekanntmachungen, Staatsverträge, Ministerialentschließungen und sonstige Erlasse mit Einschluß der Vorschriften des ..., München-Berlin ⁵1937 – Die österreichische Verwaltung, München-Berlin 1938 – (mit Kurt BAURICHTER und Hugo SWART), Die Mittelstufe der Verwaltung (Institut zur Förderung Öffentlicher Angelegenheiten), Frankfurt/Main 1950 – Vom Werden einer Stadt. Ein Beitrag zur Entwicklungsgeschichte der Stadt Neu-Ulm, Neu-Ulm 1965.
L UBC 3, S. 318 – Bayer. Verwaltungsblätter, 1956, S. 177 – ebd., 1961, S. 146 – ebd., 1969, S. 237 [Nachruf] – Johannes Volker WAGNER (Bearb.), Der Parlamentarische Rat 1948-1949. Akten und Protokolle, Band 1: Vorgeschichte, Boppard am Rhein 1975, S. 385 – POTTHOFF/WENZEL, S. 368 – Kurt G. A. JESERICH/Hans POHL/Georg-Christoph von UNRUH (Hgg.), Deutsche Verwaltungsgeschichte, Band IV: Das Reich als Republik und in der Zeit des Nationalsozialismus, Stuttgart 1985, S. 711, 723 – OHM, Neu-Ulmer Geschichten, S. 108 f. – Erich SCHEIBMAYR, Wer? Wann? Wo?. Persönlichkeiten in Münchner Friedhöfen, München 1989, S. 197

– Karl-Ulrich GELBERG, Hans Ehard. Die föderalistische Politik des bayerischen Ministerpräsidenten 1946-1954 (Forschungen und Quellen zur Zeitgeschichte 18), Düsseldorf 1992, S. 224, 384 – TREU, Neu-Ulm, S. 179, 187, 189, 201, 208, 306 f. – Helga SCHMÖGER (Bearb.), Der Bayerische Senat. Biographisch-statistisches Handbuch 1947-1997 (Handbücher zur Geschichte des Parlamentarismus und der politischen Parteien 10), Düsseldorf 1998, S. 65, 355 – TEUBER, Ortsfamilienbuch Neu-Ulm, Nrn. 2435 und 2438,2 – Michael STOLLEIS, Geschichte des öffentlichen Rechts in Deutschland, Dritter Band: Staats- und Verwaltungsrechtswissenschaft in Republik und Diktatur 1914-1945, München 1999, S. 309 – Thomas FORSTNER, Die Beamten des bayerischen Innenministeriums im Dritten Reich, 2002, S. 225 und Register – Hermann RUMSCHÖTTEL/Walter ZIEGLER (Hgg.), Staat und Gaue in der NS-Zeit. Bayern 1933-1945, München 2004, S. 54, 121, 171 f., 179 – LILLA, Der Bayerische Landtag, S. 578.

Kopp, Joseph Ritter von, * Aschaffenburg 15. Nov. 1829, † München 1. Sept. 1911, kath.
∞. Mehrere K

K. war der erste von der Stadt Neu-Ulm ernannte Ehrenbürger. Die Ehrung erfolgte bei K.s Ausscheiden aus dem Amt des Regierungspräsidenten von Schwaben und Neuburg.

Nach Lateinschule und Gymnasium an seinem Geburtsort studierte K. Jura in Würzburg und bestand 1853 den Staatskonkurs. Zur Vorbereitung für die Aufnahme in den Verwaltungsdienst praktizierte K. beim Stadtgericht Aschaffenburg und bei der Regierung von Unterfranken in Würzburg. 1857 war er Assessor beim Landgericht Brückenau, 1862 dsgl. beim BA Aschaffenburg. 1866 wurde er zum Regierungsassessor bei der Kammer des Innern bei der Regierung von Unterfranken berufen. Nachdem er 1868 zum Bezirksamtmann in Haßfurt ernannt worden war, erfolgte 1871 seine Berufung als Regierungsrat bei der Kammer des Innern bei der Regierung von Oberbayern in München. 1874 Regierungsrat im Kgl. Bayer. Ministerium des Innern, wurde er dort 1876 zum Oberregierungsrat befördert, 1878 zum Ministerialrat. 1884 auf sein Ansuchen als Regierungsdirektor bei der Kammer des Innern zur Regierung von Oberbayern versetzt, erfolgte 1887 K.s Ernennung zum Regierungspräsidenten von Schwaben und Neuburg. Am 1. Okt. 1897 wurde K. anlässlich des Ausscheidens aus dem Amt des Regierungspräsidenten zum Ehrenbürger von Neu-Ulm ernannt. – 1880 Bayer. Verdienstorden (Personaladel).

L. SCHÄRL, Beamtenschaft, S. 203, Nr. 305 – TREU, Neu-Ulm, S. 575 – Augsburger Stadtlexikon, S. 576.

„Krättaweber"/„Kretteweber" (Jakob Weber), * Donnstetten/OA Urach oder Gruorn/OA Münsingen 3. Nov. 1858, † Ulm 4. Feb. 1920, ev.

K. war eines der beliebtesten und bekanntesten Ulmer Originale, das bis in die Gegenwart fortlebt. Der cholerische Mann, der besonders mit allen Vertretern der Ulmer Obrigkeit auf Kriegsfuß stand und in diesem Zusammenhang im Mittelpunkt zahlreicher Anekdoten stand, wurde nach seinem Tod als ein echtes „Stück Alt-Ulm" anerkannt.

Der Sohn der ledigen Händlerin und Tagelöhnerin Maria Agnes Weber (* Donnstetten 13. Sept. 1833, † Ulm 4. Nov. 1894) kam 1884 mit seiner Mutter von Zainingen in die Donaustadt, wo sie in der Lautengasse 12 lebten. In Ulm war der gelernte Schneider zunächst bei Schneidermeister Irion in der Neutorstraße beschäftigt. Später war der nach Ungebundenheit strebende K. in Ulm und im Umland ein „Ausgänger", also Vertreter zunächst von Gemüse und später – als er bei den Albbauern allerhand entdeckt hatte, was sich zum Handeln eignete, so Zinngeschirr, Holzfiguren, Waffen, Schmuck u. a. – von Antiquitäten, der mit einem geflochtenen Korb („Krätta") von Haus zu Haus zog. Sein wichtigstes Attribut, der Korb, führte gelegentlich zu der Fehleinschätzung, er selbst sei Korbflechter gewesen. K. war wegen seiner Freude an Uhren in Bernstadt als „Zwiebeljackel", in Beimerstetten als „Goldjackel" bekannt. Sein Sinn für kostbare Raritäten kam letztlich auch dem Ulmer Museum zugute, das ihm mehrere Stücke abkaufte. Als die Bauern allerdings bemerkten, dass K. teuer verkaufte, was sie ihm billig überlassen hatten, kehrte er zum Gemüseaustragen zurück.

Er gehörte über Jahrzehnte zum Ulmer Stadtbild, ´mal vor sich hinsinnenden, ´mal heftig auf Kinder schimpfend, die ihn ärgerten. Regelmäßiger Gast war er in den Ulmer Wirtshäusern, vor allem in der „Weinstube Fischer" (Glöcklerstraße) und im „Strudel" (Schelergasse).

Legendär waren seine Wutausbrüche gegen Polizisten, Gemeinderäte und den Oberbürgermeister. Schier unerschöpflich war sein urwüchsiger pikant-schwäbischer Schimpf-„Wortschatz", der von „grasdackeldämlichen Gnadafetze" über „Rauschkugel", „Schenderwasa" bis zu „Scheißpflauma" und „Saulompa" reichte. Eines Tages soll er mit einer Milchkanne ins Rathaus gekommen sein, „om die Rindviacher zu melken". Auch wird berichtet, er sei im Rathaus mit einer Stalllaterne erschienen, „om dene e Liecht aufz´stecka".

Der mit großer Menschenkenntnis und „knitzem" Witz ausgestattete K. starb, völlig verarmt, in der Ulmer Sterngasse 7 (Bäckerei Braun). Der Verein Alt-Ulm finanzierte ihm eine würdige Grabstätte auf dem Neuen Friedhof. 1926 schuf der Kunstmaler Schwarz ein Gemälde von ihm.

Als Ulmer Original – er selbst hat sich wohl nie so gesehen, was seinen „Ausbrüchen" besondere Authentizität verlieh – war K. mit grüner Schürze, runder Großvatermütze, hager und schnurrbärtig, ein Begriff, zuletzt sogar Motiv einer Ulmer Grußkarte mit dem Spruch „In Stadt und Land bekannt bin I, Krättaweaber hoissetse mi". Bis heute ist er eine Figur beim traditionellen Fischerstechen, wo er – wie könnte es anders sein? – gegen den Stadtpolizisten antritt. 1986 kam eine Farbpostkarte mit dem von Ewald Höhning dargestellten Original in Umlauf, die zu wohltätigen Zwecken verkauft wurde. Bis heute gilt K. als das originellste unter den Ulmer Originalen.

Q StadtA Ulm, G 2.
L Donau-Wacht, 11. II. 1920 – Erwin KELLER, Alte Ulmer denken mit Schmunzeln an ihn. Vor 50 Jahren starb der „Krettenweber", in: Schwäb. Zeitung Nr. 31, 7. II. 1970 (Bild) – Maxim GERLACH, Schimpfte nicht nur derb und schwäbisch: Der „Krättaweaber" roch alte Kunstwerke von weitem, in: SWP Nr. 180, 8. VIII. 1975 (Bild).

Kraf[f]t, Johann *Heinrich*, * 1807, † 1890, ⬚ ebd., Alter Friedhof, ev.

∞ 17. VI. 1833 Marie Berchthold, * 1813, † 1892.
Mehrere K, darunter Heinrich Krafft, * 20. I. 1850, † 4. V. 1884, Premierleutnant im Kgl. Württ. 7. Inf.-Rgt. Nr. 125.

K. war über Jahrzehnte hinweg eine bestimmende Persönlichkeit des öffentlichen Lebens in Ulm.

Der aus einer Alt-Ulmer Kaufmannsfamilie stammende K. stand als Kommunalpolitiker für eine konservative Linie. Im Aug. 1836 kandidierte der 29 Jahre alte K. erstmals für den Bürgerausschuss und gewann das Mandat auf Anhieb. Im Dez. 1860 in den Bürgerausschuss gewählt, Dez. 1867 erneut. Im März 1848 scheiterte er bei dem Versuch, auch eine Mandat im Gemeinderat zu erringen. Am 1. Juli 1846 verkaufte K. für 46.000 Gulden eines der ihm gehörenden Gebäude an die Ulmer Museumsgesellschaft. In den 1850er Jahren war K., der dem Gremium als Vertreter des Handelsstandes angehörte, stv. Vorsitzender der Ulmer Handels- und Gewerbekammer. K. und seine Ehefrau stifteten 1883 und 1885 jeweils 500 RM zur inneren Ausstattung des Münsters. – 1871 Olgaorden.

L.   UBC 1, S. 545 – UBC 2, S. 78, 194, 459 (Bild), 507 – UNGERICHT, S. 165 – WAIBEL, Gemeindewahlen, S. 267, 269, 325.

Krauß, Gottfried Gebhard, * Aalen 6. Dez. 1751, † Ulm 16. Okt. 1808, ev.

Vater   Johann Melchior Krauß, Schneider und Stadtmusicus in Aalen.

Einer der bekanntesten und besten Instrumentalmusiker aus Ulms „goldener" Musikzeit in der zweiten Hälfte des 18. Jahrhunderts, legte der Waldhornist und Violoncellospieler K. die Grundlagen seiner Kunst in seiner Heimatstadt Aalen. Gefördert vom Vater, gab dieser seinen Sohn in die Obhut des Hofmusicus Heinrich Hetsch († 1801) in Stuttgart, wo er sich bei seinem Lehrer und als praktizierender Musiker in der Hofkapelle weiter bildete. Ab 1778 bereiste K. zahlreiche Städte in Deutschland und der Schweiz und erreichte einen hohen Bekanntheits- und Beliebtheitsgrad. Nach dem Tod des Ulmer Stadtmusicus´ Johann Friedrich Henne erhielt K. dessen Position.
Ulm war damals unter Obermusikdirektor Christoph Heinrich von Besserer eine musikbegeisterte Stadt, in der u. a. die geschätzten Freitagskonzerte im Schwörhaus stattfanden. K. gab wiederholt Solokonzerte und machte sich am neuen Wirkungsort rasch einen guten Namen.

L.   WEYERMANN II, S. 260 f.

Kraut, Johann *Heinrich*, * Ulm 25. Juni 1824, † Schwäbisch Hall 24. Feb. 1887, ev.

Vater   *Karl* Christian *Heinrich* Gottlob Kraut, * Ludwigsburg 16. VI. 1801, † Ulm 20. VIII. 1849, Bindermeister in Ulm.
Mutter   Margarethe Barbara Härpfer, * Nördlingen (Bayern) 15. X. 1798, † Ulm 15. IV. 1843, T. d. Johann Georg Härpfer, Grenzzollstationist in Nördlingen, u. d. Catharina Dorothea ?.
11 *G*, 2 *HalbG*   Margarethe Euphrosine Kraut, * Ulm 22. VII. 1825, † 17. XII. 1838; Margarethe Elisabeth Kraut, * Ulm 23. X. 1826, † 1827; Carl Martin Kraut, * Ulm 14. IV. 1828, † 26. VI. 1849; Margarethe Sophie Dorothea Kraut, * Ulm 15. XI. 1829, ∞ 12. IX. 1859 Federle, Schreiner in Ulm; Anna Maria Kraut, * Ulm 15. XI. 1830, ∞ 9. XI. 1857 Müller, Schlosser in Ulm; Katharina Sophia Dorothea Kraut, * Ulm 18. IX. 1832, † ebd. 15. XI. 1832; Regina Katharina Sophia Kraut, * Ulm 15. XI. 1833, † Wildbad 5. VII. 1902; Catharina Regina Maria Kraut, * Ulm 25. I. 1835, † Stuttgart 4. X. 1913; Maria Louise Kraut, * Ulm 15. III. 1836, † ebd. 3. IV. 1836; Johannes →Kraut; Carl Wilhelm Kraut, * Ulm 28. VI. 1839, ∞ 4. V. 1876 Maria ?; Carl Friedrich Kraut, * Ulm 23. XI. 1846, † ebd. 25. X. 1847; Clara Elisabethe Kraut, * Ulm 16. IV. 1848, † ebd. 14. III. 1849.
∞ Ulm 20. VI. 1853 Katharina Sophie Mäderer (Mederer?).

K. zählt zu den prägenden, auch politisch aktiven aus Ulm stammenden Schulmännern des Königreichs Württemberg in der zweiten Hälfte des 19. Jahrhunderts.
Vor der am 8. Feb. 1825 in Ulm erfolgten Eheschließung seiner Eltern geboren, wuchs K. mit seinen Geschwistern, von denen vier früh starben, in seiner Geburtsstadt auf. K. schon lange aus dem Haus, als sein verwitweter Vater 1846 die Schulmeistertochter Sophia Schweizer (1811-1887) heiratete – aus der Ehe gingen noch zwei früh verstorbene Kinder hervor. K. schlug nach dem Besuch des Ulmer Gymnasiums, Seminarausbildung in Urach, Theologie- und Philologiestudium in Tübingen (Mitglied der Burschenschaft Normannia) und theologischen Dienstprüfungen nicht die Pfarrer-, sondern die Lehrerlaufbahn ein und fand nach kurzen Tätigkeiten als Hofmeister in Stuttgart und als Repetent am ev.-theol. Seminar Urach (1848-1850) 1853 eine erste feste Anstellung als Präzeptor an der Latein- und Realschule Cannstatt. 1859 stieg er zu deren Rektor auf. Noch im gleichen Jahr 1859 wechselte K. als Professor an die obere Abteilung des Gymnasiums, Vorstand des Pensionats und Inspektor der Turnanstalt nach Heilbronn/Neckar. 1877 wurde ihm die Leitung des Kgl. Gymnasiums Schwäbisch Hall anvertraut, wo er bis zu seinem Tode im Alter von 62 Jahren als Rektor wirkte.
K. hatte sich in der Revolutionszeit 1848/49 in Urach politisch exponiert, indem er im Volksverein eine führende Rolle spielte

und sich aktiv für die Ziele der Deutschen Nationalversammlung in Frankfurt/Main einsetzte. Vor allem für die Reichsverfassung engagierte er sich. Die Regierung leitete ein Disziplinarverfahren wegen *seines hervorstechenden politischen Gebahrens* [sic] gegen ihn ein, das zu einer Strafversetzung führte. Das gleiche Schicksal erlitt sein Kollege am Uracher Seminar, Gottlieb Friedrich →Strodtbeck, der nach Ulm strafversetzt wurde. – Mitglied des Vereins für Kunst und Altertum in Ulm und Oberschwaben. – 1874 Ritterkreuz I. Kl. des Friedrichsordens.

Q   Ev. Kirchenregisteramt Ulm, Familienbuch K II, Bl. 371 – LKAS, A 27/1818, Personalakte – StAL, E 202 I Bü 452 (Akten betr. „Untersuchung gegen die Professoren Strodtbeck und Kraz, sowie den Repetenten Kraut am Seminar in Urach wegen politischer Umtriebe 1850").
L.   Ih 1, S. 496 – Magisterbuch 25 (1884), S. 90 – SK 1887, S. 317, 338 – KLAIBER, Worte zum Andenken an Johann Heinrich Kraut, 1887 – OAB Urach ²1909, S. 569 – SIGEL 13,2, Nr. 96,29 (S. 413) – SCHMIDGALL, Burschenschafterlisten, S. 160, Nr. 29 – DIETRICH, Christentum, S. 413.

Kraut, *Johannes* Lorenz (J. L.), * Ulm 3. Juli 1837, † [Stuttgart-]Feuerbach 30. April 1904, ev.

Eltern und *G* siehe Heinrich →Kraut.
∞ Paris 18. V. 1867 Barbara (Babette) Schmid, * Ulm 4. XII. 1838, T. d. Franz Joseph Schmid, * Westerstetten 10. IV. 1794, † Ulm 31. XII. 1842, Zimmergeselle in Ulm, u. d. Barbara Joos, * Bolheim 30. IX. 1795, † Ulm 29. X. 1860.
Keine *K*.

K. war einer der aus Ulm stammenden württ. Landtagsabgeordneten des späten 19. Jahrhunderts. Seine Familie stellte in dieser Zeit eine Reihe von Persönlichkeiten des öffentlichen Lebens auch in Ulm, darunter Heinrich →Kraut und Karl →Kraut. K. war der Onkel des von 1913 bis 1918 amtierenden Landtagspräsidenten Heinrich von Kraut.
Nach dem Schulbesuch in Ulm machte K. eine Buchdruckerlehre in Ulm und Stuttgart. Nach der Gesellenprüfung ging er für zwölf Jahre auf die Wanderschaft, die ihn u. a. in die Schweiz, nach Paris und nach Wien führte, wo er in der Staatsdruckerei Arbeit fand. Nach seiner Rückkehr nach Württemberg konnte er 1869 als erster Faktor der J. G. Cotta´schen Offizin in Stuttgart eine sichere berufliche Stellung finden. Schon 1875 wurde K. Teilhaber der G. Hoffmann´schen Offizin in Stuttgart. Daneben betätigte sich K. seit 1879 als Papierwarenfabrikant, war Druckereibesitzer und Schreibwarenhändler en gros in dem nahe bei Stuttgart gelegenen und wirtschaftlich sich rasant entwickelnden Ort Feuerbach.
Politisch engagierte sich der seit 1875 der Stuttgarter Freimaurerloge „Wilhelm zur aufgehenden Sonne" angehörende K. bei der liberalen Süddeutschen Volkspartei. 1895 trat er im WK Stuttgart Amt, zu dem Feuerbach gehörte, als Landtagskandidat gegen den sozialdemokratischen Bewerber, den Buchdrucker Georg Baßler (1857-1900), an und gewann das Mandat. K. gehörte von 1895 bis 1901 dem 33. und 34. o. LT an und war in dieser Zeit Mitglied der Legitimationskommission, der Gemeinschaftlichen Staatsschulden- und der Justizgesetzgebungskommission, von 1895 bis 1899 der Verfassungskommission. Der WK Stuttgart Amt war zwischen Sozialdemokraten und Liberalen heiß umstritten, und bis zur Landtagsneuwahl Ende des Jahres 1900 hatte sich das sozialdemokratische Wählerpotenzial in einer Weise entwickelt, dass K. das Mandat an den SPD-Kandidaten Karl Hildenbrand (1864-1935) verlor; während Hildenbrand über 4.000 Stimmen auf sich vereinigen konnte, waren es bei dem Mandatsinhaber K. nur 1.775 Stimmen.
In seinen letzten Lebensjahren war K. schwer krank und vor seinem Tod im Alter von 66 Jahren wiederholt zur stationären Behandlung im Krankenhaus. An seiner Beerdigung nahmen auch Vertreter der Ulmer Volkspartei teil.

Q   Ev. Kirchenregisteramt Ulm, Familienbuch K II, Bl. 371 – ebd., Familienbuch S II, Bl. 54.
L.   Unsere neue Kammer, S. 38 – SK Nr. 199, 30. IV. 1904, S. 6 (Todesanz.) – Stuttgarter Neues Tagblatt Nr. 101, 2. V. 1904, S. 3, 8 (Todesanz.) – Der Beobachter Nr. 101, 2. V. 1904 – Württ. Jahrbücher 1904, S. III – RABERG, Biogr. MdL-Handbuch, S. 475 – BRAUN, Freimaurer, S. 203, Nr. 093.

Kraut, *Karl* Benjamin, * Ulm 20. Mai 1826, † Blaubeuren 5. Juli 1899, ev.

Vater   Johann Martin Kraut, Küfer in der Rebengasse in Ulm.
Mutter   Anna Dorothea Janz.
G   Johann Martin Kraut[300], * 5. IX. 1827, † Ulm 18. IX. 1889, Küfermeister in der Ulmer Rebengasse, erwarb 1869 das Haus des Gärtners Hornung in der Köpfingergasse A 141 (Nr. 9) für 16.000 Gulden[301].
∞ I. Bertha Waydt (Woydt?), † Blaubeuren 22. III. 1883; ∞ II. Neu-Ulm Jan. 1884 Julie Wilhelmine Christiane Eyth, verw. Conz, * Kirchheim/Teck 15. V. 1839, Schw. d. Max →Eyth, war zuvor ∞ mit Carl Wilhelm Conz[302], * Göggingen 12. III. 1827, † Obereiseshem 16. IX. 1877, Pfarrer.

Wie Heinrich →Kraut zählt auch sein Cousin (nicht Bruder, wie oft unzutreffenderweise angeführt) K. zu den bekannten aus Ulm stammenden ev. Schulmännern.

In Ulm aufgewachsen, machte K. seinen Schulabschluss am Ulmer Gymnasium und kam nach dem Landexamen als Zögling an das niedere ev.-theol. Seminar Schöntal/Jagst. Das Theologie- und Philologiestudium führte ihn anschließend nach Tübingen (Mitglied der Burschenschaft Normannia). Nach dem 1850 bestandenen Präzeptoratsexamen begann K. seine Laufbahn als Repetent am ev. Seminar in Schöntal/Jagst. Nach dem Professoratsexamen (1856) nahm er 1857 eine Stelle als Professor an der Kantonsschule in Frauenfeld (Schweiz) an, wo er schon 1858 zum Rektor aufstieg. 1862 wechselte er als Professor an das obere Gymnasium in Tübingen. 1868 kehrte er als Erster Professor an seine einstige Ausbildungsstätte, das niedere ev.-theol. Seminar Schöntal/Jagst, zurück. 1877 wurde er als Nachfolger seines späteren Schwiegervaters Eduard →Eyth zum Ephorus des ev.-theol. Seminars Blaubeuren ernannt. Durch seine Eheschließung mit Eyths Tochter verstärkten sich die Beziehungen K.s zu Ulm und Neu-Ulm wieder, da das Paar Eyths Witwe Julie →Eyth häufig an der Donau besuchten. 1895 in den Ruhestand getreten, blieb K. in Blaubeuren wohnhaft, wo er vier Jahre später 73-jährig starb. K. schrieb 1881 für das Blaubeurer Seminarprogramm die Abhandlung „Das vulgäre Element in der Sprache des Sallustius" und für das Seminarprogramm von 1889 „Uebersetzung der 1. und 2. olynthischen Rede des Demosthenes mit vergleichenden Proben & einigen Bemerkungen ueber die Art des Uebersetzens". – Mitglied des Vereins für Kunst und Altertum in Ulm und Oberschwaben. – 1878 Ritterkreuz I. Kl. des Friedrichsordens; 1889 Jubiläumsmedaille.

L   Ih 1, S. 496 – Magisterbuch 30 (1897), S. 69 – Blaubeurer Seminarprogammm 1897, S. 27 f. – Staatsanz. Nr. 154, 6. VII. 1899, S. 1225 – SK 1899, S. 1599 – Württ. Jahrbücher 1899, S. VIII – SIGEL 13,2, Nr. 79,5 (S. 413) – SCHMIDGALL, Burschenschafterlisten, S. 160, Nr. 49 – TEUBER, Ortsfamilienbuch Neu-Ulm I, Nr. 2483.

Kremeter, Joseph, * Neu-Ulm 3. Feb. 1831, † ebd. nicht ermittelt, kath.

Vater   Anton Kremeter[303], * Unterkirchberg 16. III. 1802, † Neu-Ulm 19. V. 1873, Ökonom „auf dem Schwaal 78", Lohnkutscher in Neu-Ulm, ein Br d. Xaver →Kremeter.
Mutter   Maria Barbara Mayr, * Silheim 1806.
5 G   Maria Magdalena Kremeter, * Neu-Ulm 1. V. 1829, ∞ Burlafingen 29. IX. 1856 Joseph Zettler[304], * Waltenhofen 20. VI. 1823, Schiffsmüller der Traßmühle; Maria Barbara Kremeter, * Neu-Ulm 2. II. 1832, † ebd. 10. IV. 1832; Maria Theresia Kremeter, * Neu-Ulm 1. II. 1833; Anton von Padua Ignatz Kremeter, * Neu-Ulm 29. I. 1838, † ebd. 26. II. 1838; Anna Kremeter, * Neu-Ulm 24. VII. 1843, ∞ Neu-Ulm 19. VII. 1869 Joseph Wolf[305], * Silheim 8. XI. 1842, † Neu-Ulm 19. VII. 1924, Gastwirt „Zum Bad" in Neu-Ulm, vor 1919 Mitglied des Gemeindekollegiums die.
∞ Burlafingen 13. X. 1857 Creszenz Schmutz, * Dornstadt/OA Blaubeuren 17. VII. 1824, T. d. Georg Schmutz, Bauer, u. d. Gertrud Nibling.
12 K   Maria Magdalena Kremeter, * Neu-Ulm 27. VII. 1858; Mathäus Kremeter, * Neu-Ulm 7. VIII. 1859, † ebd. 13. IX. 1859; Anton Kremeter, * Neu-Ulm 28. VII. 1860; Barbara Kremeter, * Neu-Ulm 5. X. 1861; Gertrud Kremeter, * Neu-Ulm 5. II. 1863; Maria Kremeter, * 30. VI. 1864; Anna Kremeter, * Neu-Ulm

9. VI. 1865; Joseph Kremeter, *† Neu-Ulm 7. IV. 1867; Johann Baptist Kremeter, * Neu-Ulm 7. VI. 1869, † ebd. 27. VI. 1869; Johann Georg Kremeter, * Neu-Ulm 7. VI. 1869, Zwilling zum Vorgenannten; Josef Kremeter, * Neu-Ulm 28. XII. 1870; Benedikt Kremeter, * Neu-Ulm 15. I. 1872.

K. war Mitglied einer in Neu-Ulm weitverzweigten Familie, die von Unterkirchberg zu Beginn der 1820er Jahre in die junge Gemeinde an der Donau gekommen war und dort als Wirte, Ökonomen – ein vornehmeres Wort für Bauer – und Mitglieder des Gemeindeausschusses die Geschichte Neu-Ulms mitprägten.

K. stand in der Tradition seines Vaters und erlernte auf dessen Hof die Landwirtschaft. Offenbar war er als Ökonom erfolgreich und erwarb sich zugleich eine angesehene gesellschaftliche Stellung. Frühzeitig stand K. in der Neu-Ulmer Kommunalpolitik und verfolgte damit eine von seinem Onkel Josef Kremeter (* 1795) begründete Familientradition. Dieser hatte bereits in den 1830er Jahren dem Gemeindeausschuss angehört. Nach 1863 war K. Mitglied des Gemeindeausschusses bzw. ab 1869/70 des nunmehr sechsköpfigen städtischen Magistrats, im Nov. 1869 wurde er wiedergewählt und gehörte dem Gemeindeparlament bis 1876 an.

L   BUCK, Chronik Neu-Ulm, S. 98 f., 137, 142 – UBC 2, S. 225 – TEUBER, Ortsfamilienbuch Neu-Ulm I, Nr. 2504.

Kremeter, Franz *Xaver*, * Unterkirchberg 9. März 1805, † Neu-Ulm 6. April 1879, kath.

Vater   Anton Kremeter, Sattler.
Mutter   Theresia Geiß.
Mehrere G, darunter Joseph Kremeter[306], * Unterkirchberg 12. II. 1795, bis 1836 Mitglied des Gemeindeausschusses Neu-Ulm, ∞ Burlafingen 7. X. 1828 Maria Magdalena Härtl, * Westendorf 9. VI. 1799; Anton Kremeter[307], * Unterkirchberg 16. III. 1802, † Neu-Ulm 19. V. 1873, Lohnkutscher in Neu-Ulm, ∞ Burlafingen 19. VIII. 1826 Maria Barbara Mayr, * Silheim 1806; Benedikt Kremeter[308], * Unterkirchberg 20. III. 1804, † Neu-Ulm 27. X. 1874, Fuhrmann in Neu-Ulm, ∞ Burlafingen 23. XI. 1847 Eleonora Gnann, verw. Wöhrle, * Unterelchingen 17. II. 1812, † Neu-Ulm 8. IV. 1882, Wwe. d. Ökonomen Joseph Wöhrle.
∞ Burlafingen 7. V. 1833 Theresia Mack, * Senden-Ay 8. VIII. 1810, † Neu-Ulm Juli 1891, T. d. Wirts Matthäus Mack[309] u. d. Creszenz Mayr.
5 K   Jakobus Xaverius Kremeter, * Offenhausen 21. VI. 1833, † Neu-Ulm 27. I. 1834; Magdalena Kremeter, * Offenhausen 17. XII. 1836, ∞ Neu-Ulm 22. VIII. 1861 Gustav Knuspert[310], * Ottobeuren 1. IV. 1828, Sekretär, S. d. Landarztes Alois Knuspert u. d. Louise Gogl; Crescentia Louisa Angelika Kremeter, * Offenhausen 28. III. 1838, ∞ Neu-Ulm 6. X. 1864 Franz Xaver Müller[311], * Dietenheim 7. X. 1843, Zimmermann in Neu-Ulm; Franz *Xaver* Coelestin Kremeter[312], * Offenhausen 19. V. 1839, Gastwirt in Neu-Ulm, ∞ Neu-Ulm 8. II. 1865 Ursula Graf, * Oberhausen 3. I. 1844, T. d. Casimir Graf[313], † 26. VI. 1886, Privatier in Neu-Ulm, u. d. Victoria Frick; Kaspar Kremeter, * um 1844.

K. war ein wohlhabender Wirt in Neu-Ulm, der als Besitzer des Gasthofes „Zur Stadt Athen" die Nachfolge von dessen Gründer Karl →Sauer antrat. Schon 1833 erbaute K. ein Haus in der Landstraße 10b. Der Gasthof „Zur Stadt Athen" befand sich in der Donaustraße und war ein Wirtshaus mit Pferdestallungen. 1850 wollte er nach Erwerb dieses Gasthofes den alten Bau abbrechen und vergrößert neu erbauen lassen. Er begründete dies damit, dass er *in dem neuen Hause größere und entsprechende Lokalitäten zur Beherbergung und Bedienung meiner Gäste mit Rücksicht auf die in Aussicht stehende Vermehrung der Frequenz, namentlich durch die Eisenbahn* anbieten wollte. Das Baugesuch wurde genehmigt mit der Auflage, den neuen Gasthof *an der Augsburger Chaussee, und zwar innerhalb der der Donau zunächst liegenden Quartiersgrenze des Stadtplans,* zu errichten. 1851 erwarb K. die Konzession für den Gasthof „Zur Stadt Athen", die er auf den von ihm veranlassten Neubau in der Augsburger Straße 50 transferierte. Er gestaltete den großzügigeren Neubau nebst Stallungen, Kegelbahn und Eiskeller in einer Weise, die den

300 UNGERICHT, S. 165.
301 UBC 2, S. 223.
302 TEUBER, Ortsfamilienbuch Neu-Ulm I, Nr. 0672.
303 TEUBER, Ortsfamilienbuch Neu-Ulm I, Nr. 2499.
304 TEUBER, Ortsfamilienbuch Neu-Ulm II, Nr. 5571.
305 TEUBER, Ortsfamilienbuch Neu-Ulm II, Nr. 5500.

306 TEUBER, Ortsfamilienbuch Neu-Ulm I, Nr. 2503.
307 TEUBER, Ortsfamilienbuch Neu-Ulm I, Nr. 2499.
308 TEUBER, Ortsfamilienbuch Neu-Ulm I, Nr. 2500.
309 TEUBER, Ortsfamilienbuch Neu-Ulm I, Nr. 2829.
310 TEUBER, Ortsfamilienbuch Neu-Ulm I, Nr. 2361.
311 TEUBER, Ortsfamilienbuch Neu-Ulm I, Nr. 3212.
312 TEUBER, Ortsfamilienbuch Neu-Ulm I, Nr. 2502.
313 TEUBER, Ortsfamilienbuch Neu-Ulm I, Nr. 1408.

Gasthof langfristig zu d e r ersten Adresse in Neu-Ulm machte. Das Konzept von Karl Sauer entwickelte er mit klugem
Blick auf die gastronomischen Entwicklungsmöglichkeiten
durch den Neu-Ulmer Bahnanschluss konsequent weiter.
Im Alter gehörte K., mittlerweile Privatier, ab 1876 dem Neu-
Ulmer Gemeindeausschuss an. Den Gasthof hatte er seinem
gleichnamigen Sohn übergeben.

L. BUCK, Chronik Neu-Ulm, S. 99 f., 109, 112, 139, 150 – Katalog Materialien
S. 89, 147, 196 f., 199 – TEUBER, Ortsfamilienbuch Neu-Ulm I, Nr. 2501.

Kroha, *Günther* Winfried, * Ulm 19. Nov. 1957, † Neu-Ulm 12.
Nov. 2005, □ Pfuhl 19. Nov. 2005, kath.
Vater   Wenzel Kroha, * Kottiken (CSSR) 7. V. 1921, Angestellter.
Mutter   Theresia Ritter, * Großkütz 22. X. 1923.
5 G.
∞ Ursula Kroha.
3 K.

K. war eines der kommunalpolitischen Talente der CSU Neu-
Ulm. Sein früher Tod beendete eine vielversprechende Laufbahn.
K. war Spross einer Familie von Heimatvertriebenen, die nach
1945 in Ulm neu beginnen musste. 1962 zog sie nach Neu-
Ulm, wo K. die Schule besuchte. Ab dem 1. Sept. 1978 war K.
im Fachbereich Rechtspflege bei der bayer. Justiz tätig und war
langjähriger Rechtspfleger beim Amtsgericht Neu-Ulm, dessen
Personalrat er vorstand. Frühzeitig engagierte sich K. politisch,
trat der CSU bei und stellte sich 1996 als CDU-Bürgermeister-
kandidat in Altenstadt zur Verfügung. Er unterlag zwar dem
SPD-Bewerber, zeigte aber Fähigkeiten, die seine Partei veranlassten, ihn 2002 in den Stadtrat von Neu-Ulm zu entsenden.
2004 übernahm er als Nachfolger von Bürgermeister Hermann
Hillmann den Vorsitz der CSU-Ortsgruppe in Pfuhl.
K. engagierte sich mit großer Begeisterung im öffentlichen
Leben von Pfuhl. Er war Leiter der dortigen Kolpingsfamilie
und ab 2001 Mitglied des Kirchenverwaltungsrats der Heilig-
Kreuz-Gemeinde. Sein plötzlicher Tod rief vor allem in Pfuhl
in weiten Kreisen der Bevölkerung große Betroffenheit und
Trauer hervor. An seinem 48. Geburtstag wurde K. auf dem
Friedhof in Pfuhl bestattet.

Q   StadtA Neu-Ulm, A 9.
L. Günther Kroha ist gestorben, in: SWP (Ulm) 14. XI. 2005 (Bild).

Kübel, Franz (von), * Heilbronn/Neckar (nicht Kirchheim/
Teck!) 26. Sept. 1800, † Stuttgart 14. Jan. 1860, ev.
Vater   Johann *Philipp* Kübel, * 24. VIII. 1759, † Kirchheim/Teck 1. V. 1829,
Kanzleiadvokat und Stadtgerichtsaktuar in Heilbronn/Neckar, 1803 Landvogtei-
Assistent ebd., 1804 Landvogtei-Gerichtsassessor in Ellwangen/Jagst, 1806
Oberjustizrat in Stuttgart, 1811 Stadt- und Amtsschreiber in Kirchheim/Teck, 1827
a. D.
Mutter   Dorothee Mögling, † 2. IV. 1817, T. d. Christian Friedrich Mögling,
Mag., * 25. XII. 1726, Special-Superintendent in Brackenheim, u. d. Maria Dorothea
Moser.
5 G, davon 2 † früh   Friedrich Franz *Karl* Kübel[314], * 22. I. 1790, † 10. IX. 1850,
Prokurator beim Appellationsgericht in Tübingen, später Vorstand der Rechtsanwäl-
te des Schwarzwaldkreises, ∞ 11. IX. 1818 Luise Christiane Hölder, verw. von
Lavenstein, † 28. VII. 1851, brachte eine Tochter Emma mit in die Ehe, T. d.
Christoph Ferdinand Hölder, Dr. med., Oberamtsarzt in Waiblingen u. d. Juliane
Margarethe Lavenstein; Johann Ludwig Kübel, * 9. V. 1792, † 10. IV. 1794; Franz
Wilhelm Kübel, * 17. VIII. 1793, † 19. II. 1794; Philipp Friedrich Kübel, * 16. V. 1796,
Kaufmann und Bürgermeister-Angestellter in Mainz, ∞ 14. VII. 1821 Anna
Margarethe Beker, * 9. II. 1794, † 25. VIII. 1845; Heinrich *August* Kübel[315],
* Heilbronn/Neckar 7. VII. 1798, Oberjustizrat und Stadtschultheiß in Kirchheim/Teck,
1848-1849 MdL Württemberg (II. Kammer, Bez. Kirchheim/Teck), ∞ 4. V. 1824
Rosine Christiane Sprenger, * 11. III. 1799, † 1865, T. d. Johann Gottlieb Sprenger,
Pfarrer in Bissingen, u. d. Rosine Knaus.
∞ 1832 Wilhelmine Keller, * Kirchheim/Teck 5. VII. 1804, † Ulm 25. II. 1842, T. d.
Philipp Friedrich Keller, Stadtschreiber in Kirchheim/Teck, u. d. Christiane
Oesterlen, † 1859.
3 K   Franz Kübel, * Freudenstadt 22. IV. 1833, † Cannstatt 19. XI 1901,
1864 Hofkameralverwalter in Stuttgart, 1885 Hofdomänenrat; Pauline Kübel,
* Freudenstadt 27. II. 1835, † Stuttgart 13. I. 1857; Wilhelm Edmund Kübel,
* Freudenstadt 4. VIII. 1836, Direktor der Deutschen Reichsbank, Zweigstelle
Stuttgart.

K. war einer der zahlreichen aus altwürtt. Familien stammenden Justizbeamten, die für längere Zeit am Ulmer Kreisgerichtshof, der Mittelinstanz zwischen dem Justizministerium
und den Oberamtsgerichten, wirkten.
Aufgewachsen in Heilbronn, Ellwangen und Stuttgart, erlernte
K. nach der Schule bei seinem Vater die Schreiberei und war
zeitweise Inzipient bei der Amtsschreiberei in Oberlenningen.
1818 begann er sein Jurastudium in Tübingen und trat der
Burschenschaft Germania bei. 1824 trat K. nach Abschluss des
Studiums und dem Bestehen der Justizdienstprüfungen in den
Staatsdienst und war zunächst Gerichtsaktuar in Waiblingen,
seit 1827 in gleicher Eigenschaft in Kirchheim/Teck.
1830 erfolgte seine Versetzung als Hilfsarbeiter zum Gerichts-
hof für den Donaukreis in Ulm, wo er am 23. Feb. 1832 zum
Justizassessor befördert wurde. Anfang 1833 endete K.s erste
Ulmer Zeit, als er zum Oberamtsrichter in Freudenstadt ernannt wurde. Nach sechsjähriger Amtszeit in Freudenstadt
wechselte K. zum 1. Nov. 1839 wieder zurück zum Kreisgerichtshof in Ulm, wo er nunmehr als Pupillenrat (Richter in
Vormundschaftssachen) mit dem Titel Oberjustizrat tätig war.
Während der folgenden gut sechs Jahre in Ulm erarbeitete sich
K. einen ausgezeichneten Ruf als kenntnisreicher, ebenso
sorgfältig wie hart arbeitender Beamter. In Stuttgart wurde
man auf ihn aufmerksam und holte ihn im Jan. 1846 als Ministerialrat mit Titel und Rang eines Obertribunalrats in das
Justizministerium. 1859 folgte K.s Ernennung zum Vorstand
des Kgl. Strafanstaltenkollegiums in Stuttgart mit dem Titel
Vizedirektor. Der engagierte Christ K. gehörte dem Pfarrgemeinderat der Stuttgarter Hospitalkirche an und war seit 1853
Vorstand der Beschäftigungs- und Erziehungsanstalten Katharinenschule und Paulinenpflege in Stuttgart. – 1853 Ritterkreuz
des Württ. Kronordens.

L   Die Familie Kübel, ihre Herkunft, ihr Stammbaum und ihre Geschichte nebst
einem Anhang mit Nachweisen über die Berechtigung der Familien-Angehörigen
zum Genusse von Familienstiftungen, dargestellt von Franz KÜBEL, gewidmet
seinem Onkel Edmund KÜBEL und von diesem hg. zum Nutz und Frommen der
lebenden und künftigen Familienmitglieder, Stuttgart 1902, S. 39 f. – PHILIPP,
Germania, S. 26, Nr. 274.

Kübel, *Karl* Julius, * Tübingen 1. Nov. 1820, † Neu-Ulm 14.
Jan. 1900, ev.
Vater   Friedrich Franz *Karl* Kübel, * 22. I. 1790, † 10. IX. 1850, Prokurator
beim Appellationsgericht in Tübingen, später Vorstand der Rechtsanwälte des
Schwarzwaldkreises.
Mutter   Luise Christiane Hölder, verw. von Lavenstein, † 28. VII. 1851, brachte
eine Tochter Emma mit in die Ehe, T. d. Christoph Ferdinand Hölder, Dr. med.,
Oberamtsarzt in Waiblingen u. d. Juliane Margarethe Lavenstein.
6 G, davon 2 † früh   *Franz* Friedrich Philipp (von) Kübel[316], * Tübingen 19. VIII.
1819, † Berlin 4. I. 1884, Direktor des Kgl. Obertribunals, 1877 Titel und Rang eines
Vizepräsidenten, zuletzt Senatspräsident beim Oberlandesgericht, ∞ 24. X. 1848
Louise Wüst; Adolf *Otto* Kübel, Dr. med., * Tübingen 9. III. 1822, † Mergentheim
24. V. 1877, Oberamtsarzt in Mergentheim, ∞ Bertha Wirsching; Traugott *Adolf*
Kübel, * 3. X. 1823, † 6. VII. 1826; Louise Kübel, *† 11. IV. 1825; Bertha *Adolfine*
Kübel, * 20. VI. 1827, Lehrerin für Musik und moderne Sprachen in Mergentheim ;
Thekla Kübel, * 9. I. 1829, Musiklehrerin, ∞ 3. XII. 1861 Wilhelm *Edmund* Kübel[317],
* Freudenstadt 4. VIII. 1836, † Stuttgart 9. I. 1916, Rechtsanwalt, Direktor der
Deutschen Reichsbank in Stuttgart.
∞ 1846 Emma Hoffmann, * Ludwigsburg 26. IV. 1824, † 1924, T. d. Sekretärs
Hoffmann.
3 K   *Emma* Karoline Kübel, * Blaubeuren 9. III. 1848, ∞ 1872 Adolf
Lubrecht[318], * Blaubeuren 25. VI. 1846, † Michelbach/OA Schwäbisch Hall 9. V.
1894, 1872 Pfarrer in Oberfischach, 1882 dsgl. in Weidenstetten/OA Ulm, seit 1885
dsgl. in Michelbach; *Karl* Benjamin Franz Kübel, * Blaubeuren 23. VI. 1852,
Direktor der Technischen Schule in Mainz, 1899 Direktor der Kunstgewerbeschule
Mainz, ∞ 1880 Maria von Misani; *Ida* Pauline Klara Mathilde Kübel, * Esslin-
gen/Neckar 27. VIII. 1862, ∞ Neu-Ulm 1. X. 1895 Otto →Häcker.

K. war eine der prominenten Persönlichkeiten der Ulmer Justiz
in der Reichsgründungszeit.
Der einer Juristenfamilie entstammende K. – sein Onkel,
Oberjustizrat Franz →Kübel war von 1830 bis 1833 Hilfsarbei-

---

[314] Vater des Karl →Kübel.
[315] RABERG, Biogr. Handbuch, S. 749.

[316] Ih 1, S. 502.
[317] Ih 1, S. 502.
[318] Magisterbuch 28 (1892), S. 124.

ter bzw. Assessor und von 1839 bis 1846 Pupillenrat am Kreisgerichtshof in Ulm gewesen – wuchs in Tübingen auf, besuchte das dortige Gymnasium und studierte von 1837 bis 1841 Jura ebd. Nach den juristischen Dienstprüfungen ließ er sich zunächst 1846 als Rechtsanwalt in Blaubeuren nieder. 1854 wechselte er als Oberjustizprokurator zum Kreisgerichtshof in Esslingen/Neckar. Bei Einführung der neuen Gerichtsorganisation in Württemberg trat K. im Feb. 1869 als Kreisrichter und Erster Staatsanwalt am Gerichtshof in Esslingen in den Staatsdienst über. Ende 1869 wurde er zum Kreisgerichtsrat und Oberstaatsanwalt am Landgericht Ravensburg ernannt. Nach 1879 erfolgte auf seinen Wunsch K.s Versetzung als Landgerichtsrat zur Strafkammer des Landgerichts Ulm. Anlässlich seiner Versetzung in den Ruhestand wurden K. Ende 1890 Titel und Rang eines Landgerichtsdirektors verliehen. Seinen Ruhestand verlebte K., der Mitglied des Vereins für Kunst und Altertum in Ulm und Oberschwaben und des Historischen Vereins Neu-Ulm war, in Neu-Ulm. – Ritterkreuz I. Klasse des Friedrichsordens.

L.   Württ. Jahrbücher 1900, S. VI – Die Familie Kübel, ihre Herkunft, ihr Stammbaum und ihre Geschichte nebst einem Anhang mit Nachweisen über die Berechtigung der Familien-Angehörigen zum Genusse von Familienstiftungen, dargestellt von Franz KÜBEL, gewidmet seinem Onkel Edmund Kübel und diesem hg. zum Nutz und Frommen der lebenden und künftigen Familienmitglieder, Stuttgart 1902, S. 42 – UBC 3, S. 219 – TEUBER, Ortsfamilienbuch Neu-Ulm I, Nr. 2535 [mit unzutreffendem Sterbedatum: „12. 01. 1900"].

Küchle, *Aloys (Alois)*, * Zimmern unter der Burg/OA Rottweil 4. Mai 1888, † Neu-Ulm 6. Aug. 1936, kath.

Vater   Aloys Küchle, * 1863, Oberlehrer.
Mutter   Franziska Schöller, * 1861.
5 G.
Ledig.

Der Ulmer Lehrer und Politiker zählte in der Zeit der Weimarer Republik zu den herausragenden Vertretern der Zentrumspartei im Landtag.

Von 1907 bis 1911 studierte K. klassische Philologie mit Latein, Griechisch und Deutsch in Tübingen (Mitglied der Kath. Studentenverbindung Alamannia) und München (Mitglied der Kath. Studentenverbindung Rheno-Bavaria). 1912 bestand er die I., 1913 die II. höhere Lehrerdienstprüfung, anschließend war K. bis 1916 Lehrer am Realgymnasium bzw. an der Oberrealschule Schwäbisch Hall, von 1916 bis 1917 Lehramtsverweser in Murrhardt, von 1917 bis 1918 am Realgymnasium Heilbronn/Neckar. Im Ersten Weltkrieg diente K. beim Inf.-Rgt. 121.
Von 1918 bis 1927 war K. zunächst als Oberpräzeptor, später als Studienrat am Reform-Realgymnasium Geislingen-Altenstadt tätig. Anfang 1919 war K. einer der Mitgründer der Geislinger Einwohnerwehr. 1927 kam er als Studienrat am Gymnasium nach Ulm bzw. ab 1934 an das Realgymnasium Ulm. K., der schon der Jugendorganisation „Windthorstbund" angehört hatte, war Mitglied der Zentrumspartei und zeitweise Vorstandsmitglied der Landesparteiorganisation für Württemberg und Hohenzollern. Von 1920 bis 1933 war er MdL Württemberg (1920 gewählt im WK Württemberg XII: Göppingen-Geislingen; 1924, 1928 und 1932 gewählt im 6. Wahlverband: Geislingen, Ulm, Blaubeuren, Heidenheim, Göppingen, Kirchheim; 1933 auf Platz 11 der Landesliste nachgerückt für Eugen Bolz, der das auf ihn entfallene Mandat nicht annahm): 1920 bis 1928 Mitglied des Petitionsausschusses, ab 1924 Mitglied und ab 1928 Schriftführer im Fraktionsvorstand, ab 1924 Mit-

glied des Verwaltungs- und Wirtschaftsausschusses, 1930 stv. Vorsitzender des Sonderausschusses für das Landtagswahlgesetz, 1932/33 Mitglied des Sonderausschusses für Geschäftsordnungsfragen, ab 15. Okt. 1932 Mitglied des Untersuchungsausschusses gemäß Beilage 51; am 4. Juni 1932 zum Lotteriebeirat der Preußisch-Süddeutschen Staatslotterie abgeordnet.
K. war nach seinem beruflichen Wechsel im Jahre 1927 die führende Persönlichkeit seiner Partei in Ulm, in der er schon in den Jahren zuvor als Wahl- und Versammlungsredner bekannt geworden war. K. bemühte sich als Politiker um Ausgleich und um gute Beziehungen auch zu den anderen im Landtag vertretenen Parteien. Er habe sich *auch in mancherlei einem Philologen fernerliegenden Gegenständen gewissenhaft und erfolgreich eingearbeitet. Küchle war ein untadeliger Katholik, [...], von ernster Frömmigkeit, aber Protestanten gegenüber so verträglich, dass ihn, der in dem so ganz evangelischen Murrhardt Amtsverweser an der Lateinschule war, der dortige Gemeinderat als dauernden Lehrer haben wollte* (RAPP, Egelhaaf, S. 161). K. trat nicht der NSDAP bei und wurde lediglich Mitglied des NSLB und der NSV. Reichsstatthalter Wilhelm Murr sah 1934 von der Entlassung K.s ab, die aus politischen Gründen von der beim Staatsministerium eingerichteten Prüfungsstelle beantragt worden war. K. wurde lediglich innerhalb Ulms versetzt. Wenig später starb er im Alter von 48 Jahren. – Ab 1928 Vorstandsmitglied des Landesverbands Württemberg der Paneuropäischen Union; ab 1933 Aufsichtsratsmitglied der Schwabenverlag AG; Mitglied des Vereins für Kunst und Altertum in Ulm und Oberschwaben.

Q   Schriftliche Mitteilung des Bürgermeisteramts Zimmern unter der Burg vom 6. VI. 1997.
W   Die württ. Gemeindeordnung vom 19. III. 1930 mit Erläuterungen, Stuttgart 1930 – Vollzugsverordnung zur württ. Gemeindeordnung vom 17. Okt. 1932 [...] nebst Gemeindewahlordnung vom 24. Dez. 1930 [...] mit Erläuterungen, Stuttgart 1933.
L   Wer ist's? 8 (1922), S. 873 – Wer ist's? 9 (1928), S. 883 – HbWL (1927), S. 104, 107, 111f. – HbWL (1931), S. 104, 108, 112, 115 – Staatshandbuch Württemberg 1928 I, S. 3, 95 – RAPP, Egelhaaf, S. 112, 154, 161 f. – SPECKER, Großer Schwörbrief, S. 363 (Bild) – ROTERMUND, Zwischen Gleichschaltung, S. 81 u. ö. – RABERG, Biogr. MdL-Handbuch, S. 482 f. (Bild) – WEIK ⁷2003, S. 315.

Kühnert, Mathilde, geb. Dillenz, * Talheim/OA Ehingen oder Göffingen/OA Riedlingen 10. Sept. 1874, † Schussenried 10. Aug. 1959, kath.
Vater   Johannes Dillenz, * Hundersingen/OA Ehingen 9. VII. 1852, † Schelklingen, Arbeiter, zuletzt Küfer in Schelklingen, S. d. Wilhelm Dillenz, Dreher in Hundersingen, u. d. Barbara Paul.
Mutter   *Anna* Maria Kräutle, * Talheim/OA Ehingen 8. IV. 1849, † Ulm 12. XII. 1883, T. d. Gebhard Kräutle, Taglöhner in Talheim, u. d. Creszentia Koch.
5 G, 3 HalbG (aus 2. Ehe des Vaters mit Agatha Maurer, * Gossenzugen/OA Münsingen 18. III. 1851, und aus 1. Ehe der Stiefmutter), darunter Anton Dillenz, * Talheim 11. X. 1872, ∞ Ulm 8. X. 1900 Martina Koch; Gebhard Dillenz, * Göffingen 27. XI. 1876; Wilhelm Dillenz, * Göffingen 8. XII. 1877; Felix Dillenz, * Göffingen 27. XI. 1878; Karl Dillenz, * Göffingen 17. I. 1880; Barbara Dillenz, * Ulm 1885, ∞ Sontheim 14. IV. 1923 Alois Binnig, Silberschmied; Erna Dillenz, * Ulm 24. XII. 1886.
∞ Leipzig 29. IX. 1900 Paul Kühnert, * Knispel/Kreis Leobschütz (Oberschlesien) 26. X. 1873, † Ulm 23. Juli 1934, Eisenbohrer, später Maschinenarbeiter, seit 1913 in Ulm, S. d. Josef Kühnert, Maurer in Leipzig, u. d. Johanna Bretschneider.
Keine K, seit 1926 eine Adoptivtochter Gertrude, * Leipzig 9. V. 1920.

K. war die erste Ulmerin (neben Mathilde →Planck), die ein parlamentarisches Mandat gewann. Leider wissen wir wenig über die Fabrikpflegerin und ihre politischen Aktivitäten, da sie offenbar auch in der Zentrumspartei nicht besonders hervorgetreten zu sein scheint. So bleiben einige Fragezeichen hinter ihrer Biographie.
Die ersten Fragen ergeben sich schon zu ihrer Geburt. Zwei verschiedene Geburtsorte sind in den Akten der Pfarrei Neuburg und im Familienbuch im Standesamt Ulm angegeben. Ob K. in Talheim oder in Göffingen zur Welt kam, bleibt demnach unklar. Sicher ist nur, dass sie zunächst in Göffingen aufwuchs, wo der Vater arbeitete. Auch sind verschiedene Geburtsdaten angegeben, am häufigsten der 10. Sept., aber auch der 16. (in den offiziellen zeitgenössischen Publikationen des Landtags) oder 17. Sept. Nach den Unterlagen der Pfarrei Neuburg war

K. wie ihr älterer Bruder Anton ein uneheliches Kind der Anna Kräutle, die den Vater der Kinder erst am 1. Feb. 1876 geheiratet hat. Im Familienbuch der Stadt Ulm ist das Heiratsdatum der Eltern von K. mit dem 4. Okt. 1871 angegeben. Es steht zu vermuten, dass letzterer Eintrag korrigiert wurde, um die vorehelichen Kinder von der damals als großer Makel angesehenen Unehelichkeit zu befreien.

Die Mutter starb 1883 im Alter von 34 Jahren in Ulm, wohin die Familie gezogen war, weil der Vater dort Arbeit gefunden hatte. Der Vater ging eine zweite Ehe mit einer Frau ein, die ein uneheliches Kind in die Ehe mitbrachte und mit der er zwei weitere Kinder hatte. K. besuchte die Elementarschule in Ulm und erhielt nach dem Schulabschluss eine Stelle als Fabrikpflegerin, wobei sie zunächst außerhalb Württembergs tätig war, wie ihre Eheschließung in Leipzig nahelegt. Wohl schon vor dem Ausbruch des Ersten Weltkriegs kam sie als Fabrikpflegerin nach Ulm. Sie engagierte sich daneben als Vorstandsmitglied des Landesausschusses der württ. kath. Arbeiterinnenvereine. Von 1919 bis 1920 war K. Mitglied der Württ. Verfassunggebenden Landesversammlung bzw. MdL Württemberg (Zentrumspartei; Platz 15 der Landesliste als zweite Frau nach Luise Rist) und dort stv. Mitglied des Verfassungsausschusses. Welche Gründe den Ausschlag gaben, dass sie schon bei der nächsten regulären Landtagswahl am 6. Juni 1920 nicht mehr für ein Mandat kandidierte und sich ganz aus der Politik zurückzog, ist unbekannt. Bis Mitte der 1930er Jahre noch in den Ulmer Adressbüchern nachweisbar, scheint K. nach dem Tod ihres Ehemannes von Ulm weggezogen zu sein.

Q Standesamt Ulm, Familienbuch Bd. 33, Blatt 80 – ebd., Bd. 16, Blatt 47 – Schriftliche Auskunft des Diözesanarchivs Rottenburg vom 29. I. 1997.
L. SCHMID, Verfassung, S. 29 (Bild S. 22) – SPECKER, Großer Schwörbrief, S. 360 f. – RABERG, Biogr. MdL-Handbuch, S. 484 – WEIK ²2003, S. 315 – HOCHREUTHER, S. 88 f.

Kuhn, Carl Friedrich, * Ulm 3. Feb. 1807, † Wien 8. April 1874, ev.

Vater Gottlieb Bernhard Kuhn, * 1775, † 1817, Säckler in Ulm, S. d. Johann Gottfried Kuhn aus Stuttgart, seit 1769 Säckler und Kramer in Ulm, u. d. Anna Katharine Mayer, Kramerstochter aus Neidlingen.
Mutter Christine Barbara Kern, * 1773, † 1816, T. d. Johann Conrad Kern, * 1740, † Ulm 1808, Goldarbeiter in Ulm, u. d. Anna Regina Reutte.
G Johann Gottfried Kuhn, * 1803, † 1874, Lebensmittelhändler in Ulm, zuletzt Zündholzfabrikant ebd.
∞ Blaubeuren 1831 Maria Rosina Benz, * 1806, † 1870, T. d. Christoph Friedrich Benz[319] × Köngen/OA Esslingen 19. I. 1765, † Blaubeuren 28. VII. 1837, Ziegelhüttenbesitzer, Posthalter und Ratsverwandter in Blaubeuren, u. d. Anna Maria Butzhuber, * 3. III. 1777, † 13. II. 1856.
Mindestens eine Tochter, ∞ Heinrich Brandauer, * 1833, † 1899, Geschäftsführer.

Der Stahlschreibfederfabrikant K., ein gebürtiger Ulmer, ist als führender Gestalter des Wandels in der Geschichte des Schreibens – vom Federkiel zur Stahlfeder – in seiner Heimatstadt noch ein Unbekannter. Sein 200. Geburtstag ging ohne würdigende Artikel der Lokalpresse vorüber.

Der früh verwaiste K. entstammte einer Stuttgarter Handwerkerfamilie. Er besuchte in seiner Vaterstadt die Schule und gründete 1831 in Ulm eine Quincaillerie- und Galanteriewarenhandlung. Nachdem er sie kurze Zeit später wieder verkauft hatte, widmete er sich mit seinem älteren Bruder Johann Gottfried Kuhn dem Aufbau der ersten Ulmer Zündholzfabrik, die er auf der einstigen Festungsbastion („Seelenbau") erbaute. K. überließ seinem Bruder die Geschäftsführung der Fabrik, die 1850 ganz an ihn fiel. Zu diesem Zeitpunkt hatte sich K. schon längst auf eine andere Tätigkeit konzentriert. Der über ein Kapitalvermögen in Höhe von 25.000 Gulden verfügende K. hatte zahlreiche Reisen unternommen und war auf der Suche nach Neuem James Perrys Stahlschreibfeder mit Mitteloch und Schlitzen kennen gelernt. K.s Leben veränderte sich danach völlig, da er diese Erfindung in Kontinentaleuropa einführen wollte. Mittlerweile hatte er seinen Lebensmittelpunkt in Wien

gefunden, wo er 1843 ein entsprechendes Erzeugungsprivileg vom Kaiser erhalten hatte. Dieses schloss die zollfreie Einfuhr von Maschinen und Material aus England ein. Die Anfänge von K.s Stahlschreibfederproduktion waren geprägt von den Schwierigkeiten, etwas völlig Neues durchzusetzen. Es fehlte an notwendigem Rohmaterial, das zum Teil aus England importiert werden musste, qualifizierte Arbeitskräfte waren Mangelware und mussten erst kostenintensiv angelernt werden, daneben verhielt sich die potenzielle Kundschaft abwartend bis desinteressiert und bediente sich weiterhin des traditionellen Federkiels. Um den Durchbruch zu ermöglichen, bedurfte es also zusätzlicher Anreize. K. bot sie im Bereich der Ästhetik und Praktikabilität an, indem er Halter aus Glas und Edelholz sowie Elfenbein und Perlmutt mit blecherner Einsteckhülse produzierte und den Halter-Durchmesser erweiterte, um das Schreiben zu erleichtern. K.s 1845 bei der Wiener Gewerbeausstellung präsentierte Spezialfedern in unterschiedlichen Härten erhielten eine ehrenvolle Erwähnung.

Mit der Zeit kam der Erfolg. Die Kalligraphenschulen von Derffel, Greiner und Rasner arbeiteten mit K.s Spezialfedern, die Verbesserung der Tintenqualität durch Leonhardi (Dresden) und Popp (Prag) beförderte den Siegeszug ebenfalls. Noch vor 1850 expandierte K., erweiterte seine Wiener Fabrik und nutzte Dampfmaschinen. Sein Schwiegersohn gründete in Birmingham eine entsprechende Fabrik, die 1850 dem Unternehmen K.s eingegliedert wurde. Nach K.s Tod führte sein Schwiegersohn das seit 1922 als „Carl Kuhn AG. 1. Österr. Schreibfedern- und Federhalterfabrik" firmierende Unternehmen weiter. Die Federn wurden in Birmingham produziert, die Halter in Wien. Wegen des Ersten Weltkriegs musste der Produktionsstandort Birmingham aufgegeben und die Arbeit in Wien zusammengefasst werden. Nach 1918 sorgten Absatzschwierigkeiten für große Probleme, 1938 erfolgte die Auflösung des Unternehmens.

L Ih 2, S. 506 – NDB 13 (1982), S. 264 f. (Albrecht RIEBER/Gustav OTRUBA).

Kurz, Elsa, * Neu-Ulm 19. Aug. 1876, † ebd. 22. Juni 1957, ⬜ ebd. 25. Juni 1957, ev.

Vater Johann Georg →*Kurz, Kunstgärtner und Pächter des Gesellschaftsgartens in Neu-Ulm.
Mutter Anna Ursula Weyher, * Neu-Ulm 27. VI. 1839.
9 G Babette Kurz, * Schorndorf 8. X. 1861, † Neu-Ulm 6. III. 1933; Maria Kurz, * Neu-Ulm 7. I. 1863, † ebd. 25. XI. 1942; Richard Kurz, * Neu-Ulm 1864, † ebd. 28. V. 1871; Emilie Kurz, * Schorndorf 1865, † Neu-Ulm 17. VII. 1865; Martin Otto Kurz, * Neu-Ulm 15. VI. 1866, † ebd. 2. I. 1951, Gärtner in Ulm, ∞ Neu-Ulm 26. VIII. 1902 Bertha Rößler, * Neu-Ulm 4. III. 1874; Emilie Kurz, * Neu-Ulm 10. IX. 1867, † ebd. 22. X. 1867; Johann Georg Kurz, * Neu-Ulm 1. II. 1869, † ebd. 10. V. 1944, Kunstgärtner in Neu-Ulm; Robert Adolf Kurz, * Neu-Ulm 26. XI. 1873, † ebd. 25. VI. 1940, ∞ Neu-Ulm 16. XI. 1919 Emma Enßlin, * Neu-Ulm 26. X. 1876, † ebd. 1. XI. 1942; Wilhelm Kurz, * Neu-Ulm 4. IV. 1875.
Ledig. Keine K.

Als „Seele des Gesellschaftsgartens" war K. über Jahrzehnte hinweg eine ebenso bekannte wie beliebte Persönlichkeit.
Geboren als jüngstes Kind des von Schorndorf nach Neu-Ulm übersiedelten Kunstgärtners Georg Kurz, betrieb dieser mit seiner Ehefrau den „Gesellschaftsgarten", den er seiner Tochter gewissermaßen vererbte.
Der „Gesellschaftsgarten" in der Friedrich- bzw. späteren Hermann-Köhl-Straße war von 19 Ulmer Bürgern 1793 gegründet worden – zum Zwecke der Erholung, aber auch, *um ein freies Wort reden zu können*. 1797 wurde ein eigenes Grundstück erworben, das *vor dem Herdbruckertor im Ößpacher Gäßlein beim St. Johannisbrunnen* lag, also auf der Markung des späteren Neu-Ulm, und auf dem im Laufe der Zeit ein heimeliges Empirehaus (K.s Geburtshaus), Kinderspielplatz, Kegelbahn, Blumenbinderei und Gewächshäuser entstanden. Zwischen schattigen Lauben und gepflegten Blumenrabatten konnten Erholungsuchende – die allerdings eingetragene Mitglieder sein mussten – einige Stunden entspannen. Waren in den ersten Jahrzehnten ausschließlich Ulmer Gäste des „Gesellschaftsgartens" gewe-

319 LONHARD, Familienbuch Blaubeuren I, S. 26, B 63.

sen, kamen ab ca. 1830 vermehrt auch Neu-Ulmer zu Besuch. So entwickelte sich der „Gesellschaftsgarten" zu einer Begegnungsstätte für die Einwohner der Schwesterstädte an der Donau. Ks. Aufgabe war nicht nur, die Anlage in Ordnung zu halten, sondern auch die Gäste zu betreuen. Der Frohnatur K., die Kaffee und selbstgemachten Napfkuchen anbot, war der „Gesellschaftsgarten" Berufung und Lebensinhalt. „Fräulein Elsa" bzw. „Fräulein Else", wie sie respektvoll genannt wurde, genoss große Beliebtheit und Anerkennung beiderseits der Donau.

1945 wurde die Gartenanlage mit Haus durch Fliegerbomben zerstört. An der Stelle des „Gesellschaftsgartens" entstand das neue Postgebäude.

Die Lebenskraft der fast 70 Jahre alten K. war damit gebrochen. Sie lebte danach in Illerberg und Pfuhl, ab 1951 in der Reuttier Straße in Neu-Ulm. Die Letzte der Geschwister aus der Gärtnerei Gebrüder Kurz starb im 81. Lebensjahr. Ihr Tod erinnerte die Menschen an eine unwiederbringlich vergangene Idylle und rief neben Trauer in weiten Kreisen auch große Wehmut hervor.

Q   StadtA Ulm, G 2.
L   Emil von LÖFFLER, Geschichte des Ulmer Gesellschaftsgartens, Ulm 1893 – Ihr Name gehörte zum Gesellschaftsgarten. „Fräulein Else" feiert 80. Geburtstag - Die Letzte der Familie Kurz, in: Schwäb. Donau-Zeitung Nr. 191, 18. VIII. 1956 – Der Gesellschaftsgarten - ein Stück Ulmer Geschichte, in: Ulmer Nachrichten Nr. 191, 18. VIII. 1956 (Bild) – TREU, Neu-Ulm, S. 117 (Bild) – TEUBER, Ortsfamilienbuch Neu-Ulm I, Nr. 2581.

Kurz, Eva-*Marie*, geb. Freiin von Brunnow, * Ulm 6. Aug. 1826, † München 26. Juni 1911, kath.
Vater   August Anton von Brunnow, * 22. VI. 1781, † 1850, Kgl. Württ. Major und Bataillonskommandant beim 7. Inf.-Rgt. in Ulm, zuletzt Oberst und Kammerherr.
Mutter   Wilhelmine von Oettinger, * 1794, † 1843.
6 *G*, alle † früh.
∞ Oberesslingen 1851 Hermann Kurz[320], * Reutlingen 30. XI. 1813, † Tübingen 10. X. 1873, Schriftsteller und Übersetzer.
5 *K*, darunter   Edgar Kurz, * 1853, † 1904, Arzt in Florenz; Isolde Kurz[321], * Stuttgart 21. XII. 1853, † Tübingen 5. IV. 1944, Schriftstellerin; Alfred Kurz, * 1855, † 1905, Arzt; Erwin Kurz, * 1857, † 1931, Bildhauer.

Der spätere erste Bundespräsident der Bundesrepublik Deutschland, Theodor Heuss, schrieb anlässlich des Todes von K., sie sei *eine der ersten politischen Frauengestalten im 19. Jahrhundert* gewesen: *Sie blieb zeitlebens eine glühende Demokratin, der Idee eines liberalen und geeinten Deutschland verpflichtet.* Geboren wurde diese Pionierin in Ulm.

Ihr Vater, ein in preußischen Kadettenanstalten erzogener Offizier, den es in württembergische Dienste verschlagen hatte, war zum Zeitpunkt ihrer Geburt als Oberstleutnant der Infanterie in Ulm stationiert. Die Familie von Brunnow war von altem Adel, wurzelte aber nicht im Württembergischen, sondern in Kurland. K. erhielt seitens des liberal eingestellten Elternhauses eine gediegene Ausbildung durch Privatlehrerinnen und am Königin-Katharina-Stift in Stuttgart. Nach der Verabschiedung des Vaters lebte die Familie einige Zeit in Stuttgart, dann in Ludwigsburg. 1838 erwarb der Vater ein großes Anwesen in Oberesslingen (heute zur Stadt Esslingen gehörend). Er verkehrte im sogenannten „Schwäbischen Dichterkreis", zu dem u. a. Graf Alexander von Württemberg, Ludwig Uhland, Friedrich Silcher, Justinus Kerner und der von ihr schwärmerisch verehrte Hermann Kurz, dessen Ehefrau sie kurz nach dem Tod ihres Vaters werden sollte, gehörten. K., die er oft mitnahm, empfing dort wesentliche Eindrücke und Prägungen. Wesentlich war für ihren weitere Lebensweg, dass sich Standesdünkel bei ihr nicht entwickelte. Sie wurde von den Eltern bei ihren Freundschaften nicht bevormundet, begeisterte sich für Literatur, Kunst und Politik, debattierte in Tübingen mit Studenten über Politik, kleidete sich unkonventionell und hielt flammende öffentliche

[320] NDB 13 (1982), S. 329-332 (Fritz MARTINI).
[321] NDB 13 (1982), S. 332-334 (Gabriele Freiin von KOENIG-WARTHAUSEN).

Reden in patriotischem Überschwang. Bei der Esslinger Jugend war sie überaus beliebt. Engen Kontakt pflegte sie schon als 20-Jährige zum Vorsitzenden des Esslinger Arbeitervereins, August Hochberger. Wenig später veröffentlichte die eifrige Tagebuchschreiberin in Zeiten der Revolution von 1848/49 in der „Esslinger Schnellpost" politische Gedichte. Wegen „aufrührerischer Reden" wurde sie wiederholt strafrechtlich verfolgt, zuletzt stand sie 1853 hochschwanger vor dem Stuttgarter Schwurgericht, das sie jedoch freisprach.

K. war nach Meinung ihrer Tochter, der berühmten Schriftstellerin Isolde Kurz, eine *Kommunistin besonderer Art*, die vieles aus ihrem Besitz verschenkte, weil sie den Gegensatz zwischen Reich und Arm als bedrückend empfand. Aus der Beobachtung der sozialen Gräben im Land erwuchs für sie eine Zeit „blutrote" und „ultraradikale" Gesinnung. K. hatte einen Blick für die Realitäten ihrer Zeit, der vielleicht eher noch geschärft wurde, als sich nach dem Tod des Vaters herausstellte, dass die Familie finanziell ruiniert war und das Landhaus verkauft werden musste.

Als Ehefrau des Schriftstellers und Redakteurs beim „Beobachter", dem liberalen Blatt in Württemberg, gewann K. tiefe Einsichten in die Politik. Finanziell ging es der Familie nicht gut, ihr Ehemann verdiente wenig, und die persönlich ohnehin anspruchslose K. musste häufig improvisieren, um Kleidung und Essen für die rasch wachsende Familie bereitzuhalten. Durch die Vermittlung eines Studienfreundes ihres Mannes, des Redakteurs und Landtagsabgeordneten Franz Hopf, konnte die Familie nach Oberesslingen zurückkehren und im oberen Stock des Hauses von Hopf leben. K. übernahm es, ihre Kinder zu unterrichten.

Nach der Ernennung von Hermann Kurz zum Tübinger Universitätsbibliothekar stand der Umzug nach Tübingen an. Ihr Haus am Marktplatz wurde zum Treffpunkt ehemaliger Revolutionäre, in deren Kreis sich K. wohlfühlte und über Erziehung, Philosophie und Politik debattierte. Für das Tübinger Bürgertum war das ein Umgang, der dazu führte, dass K. lange Zeit gemieden wurde.

Nach dem Tod ihres Ehemannes verließ K. Tübingen und zog wegen der schweren Krankheit ihres jüngsten Sohnes nach Italien. Unterstützt von ihren Söhnen, konnte sie in Florenz sorgenfrei leben. K. besaß eine stabile Gesundheit und badete noch mit über 80 Jahren bis in den Herbst hinein in Seen und Flüssen. 1910 kehrte sie mit ihrer bereits berühmt gewordenen Tochter Isolde Kurz nach Deutschland zurück.

K. überlebte ihren Ehemann um 38 Jahre und starb im Alter von fast 85 Jahren. Ihr authentisches Leben diente der Frauenbewegung und besonders den Bestrebungen zur politischen Emanzipation der Frauen in Deutschland über Jahrzehnte hinweg als Leitstern und Exempel.

Q   Deutsches Literaturarchiv Marbach/Neckar, Tagebücher.
L   Ih 2, S. 514 – Ih 3, S. 195 – Isolde KURZ, Meine Mutter, Tübingen 1926 – Ursula FÖRSTER, Marie von Brunnow verheiratete Kurz. Ein ungewöhnliches Freifräulein im Biedermeier, in: Gudrun SILBERZAHN-JANDT (Red.), Frauen leben Geschichte. Ein Weg durch Esslingen, Esslingen 1996, S. 10-17 (Bild).

Kusior, Max, Dipl.-Ing., * Klein-Kreutz/Westhavelland (Brandenburg) 29. Sept. 1909, † Neu-Ulm 4. Nov. 1977, □ ebd., ev.
∞. Mehrere *K*.

Als Vorsitzender des Altentreffpunkts Ulm/Neu-Ulm entfaltete K. eine rastlose Aktivität, welche dieser Institution zu einem bundesweit beachteten Modellcharakter verhalf.

Im Zweiten Weltkrieg verschlug es den Ingenieur nach Ulm. Er vermochte sich dort eine neue Existenz aufzubauen. Zu Beginn der 1970er Jahre verschrieb er sich zunehmend der Arbeit für den Altentreffpunkt Ulm/Neu-Ulm. Der organisatorisch begabte K. legte Wert auf eine professionelle Altenarbeit mit eigenem Haus und Selbstverwaltung. Mitte der 1970er Jahre waren die Aktivitäten von 650 Mitgliedern in 28 Gruppen zu koordinieren. K. war ein unermüdlicher, zielorientierter, dabei mit Humor und Schlagfertigkeit begabter „Macher", der im April 1976 den Vorsitz des Altentreffpunkts übernahm. Er pflegte gute Kontakte zu den Kirchen, Vereinen und Verbänden und ließ sich ein gutes Verhältnis zwischen den Senioren und den Sozialarbeitern besonders angelegen sein.

Zahlreiche Städte im In- und Ausland holten sich Anregungen, wie sie bei sich Altentreffpunkte nach Ulm/Neu-Ulmer Vorbild aufbauen konnten, so frühzeitig etwa Augsburg, Biberach/Riß und Zürich. Noch am Vorabend seines Todes führte K. eine Delegation des Bundesfamilienministeriums durch die Einrichtungen des Altentreffpunkts und freute sich über die bei diesem Anlass geäußerte Anerkennung.

Völlig unerwartet starb K. im Alter von 68 Jahren an einem Herzschlag. Bei seiner Beerdigung sprachen die Bürgermeister Götz Hartung und Eugen Weimar für die Städte Ulm und Neu-Ulm. K. habe seine ganze Kraft in den Dienst der älteren Mitbürger gestellt und *sich dieser Aufgabe mit Leib und Seele verschrieben*. Er sei *ein hervorragendes Beispiel bürgerschaftlichen Gemeinsinns*.

Q   StadtA Ulm, G 2.
L   Max Kusior ist tot: Unermüdlich für den Altentreff gearbeitet. Unerwartet erlag er gestern einem Herzversagen, in: SWP (Ulm) Nr. 256, 5. XI. 1977 (Bild) – Max Kusior unerwartet verstorben: Er leitete den Altentreff, in: Schwäb. Zeitung Nr. 256, 5. XI. 1977 – Letztes Geleit für Max Kusior, in: SWP (Ulm) Nr. 258, 8. XI. 1977.

Laiber, Joseph Ignaz (von), * Saulgau 24. April 1781, † 17. Juli 1856, kath.

L. zählt zu den Persönlichkeiten der katholischen Kirche, die den Aufbau einer Kirchengemeinde in Ulm in der ersten Hälfte des 19. Jahrhunderts betrieben. L. war dabei allerdings nur ein recht eingeschränkter Erfolg beschieden.

Er studierte in Salem, Innsbruck, Freiburg/Breisgau und Meersburg und empfing am 5. April 1806 die Priesterweihe. Nach kurzer Vikariatszeit in Stuttgart wurde er dort am 6. Sept. 1811 zum Zweiten Kaplan und Garnisonsprediger ernannt, am 10. Okt. 1816 zum Ersten Kaplan ebd. Am 11. Juni 1827 trat er als Nachfolger des verstorbenen Fortunat →Fauler das Amt des Dekans, Stadt- und Garnisonpfarrers in Ulm an. Der für die Ernennung zuständige Kath. Kirchenrat in Stuttgart hatte ihn unter vier Bewerbern nach Rücksprache mit dem Bischöflichen Ordinariat ausgewählt, das ihn als *guten Prediger für ein gebildetes Auditorium* bezeichnet hatte. Vor allem war man sich seiner absoluten Loyalität sicher. In seiner Amtszeit vermochte sich L. im Vergleich zu seinem Vorgänger weniger gut in den *komplizierten zarten Verhältnissen* (SPECKER, Ulm im 19. Jahrhundert, S. 398) für die Katholiken Ulms durchzusetzen. So konnte er z. B. 1834 ungeachtet wiederholter Einladungen kein Magistratsmitglied dazu bewegen, mit ihm gemeinsam die kath. Elementarschule zu visitieren. Er ließ auf Wunsch der Aufsichtsbehörde vier Seitenaltäre und mehrere Beichtstühle entfernen und lehnte Weihnachtskrippe, hl. Grab und den lateinischen Kirchengesang ab. Im Chor der Wengenkirche ließ er eine kleine Orgel von Schmal aufstellen und deutsche Kirchenlieder einstudieren, um das Gemeinschaftsgefühl der Gemeinde zu stärken. Zuständig war er daneben seelsorgerisch für die Garnison, das Militärspital und das Polizeihaus, daneben erteilte er drei Stunden pro Woche Religionsunterricht am Kgl. Gymnasium. L. beklagte sich zwar wiederholt über Missstände, entwickelte aber selbst nur wenig Initiative, um diese zu beseitigen.

Am 9. Dez. 1837/3. Jan. 1838 wurde L. zum Domkapitular in Rottenburg ernannt, wo er ebenfalls kaum hervortrat. Die Beförderung des Dekans L. bedeutete für die Ulmer Katholiken insofern einen Glücksfall, als ihm mit Ludwig Crato →Dirr eine Persönlichkeit folgte, die auf der Grundlage der bestehenden Verhältnisse virtuos zu agieren verstand. – Mitglied des Vereins für Kunst und Altertum in Ulm und Oberschwaben. – Ritterkreuz des Württ. Kronordens.

L   NEHER, S. 20, 295, 300 – SPECKER/TÜCHLE, S. 268-270 – SPECKER, Ulm im 19. Jahrhundert, S. 398 [mit einigen unzutreffenden Daten].

Lamparter, *Gustav* Heinrich (von), * Gruibingen/OA Göppingen 29. Okt. 1826, † Stuttgart 23. Aug. 1898, ⌂ ebd., Fangelsbachfriedhof, ev.
Vater   Lamparter, † Überkingen 1828, Pfarrer in Gruibingen, zuletzt in Überkingen.
Mutter   † 1849.
4 G   Reinhard *Eduard* Lamparter[322], Mag., * Gruibingen/OA Göppingen 12. I. 1824, † 10. I. 1903 Salon bei Ludwigsburg, 1850-1859 Deutscher Prediger in Paris, 1859-1869 Diakon an der Dreifaltigkeitskirche in Ulm, 1869-1891 Dekan in Leonberg, zugleich bis 1874 Bezirksschulinspektor, 1888 Abg. für Leonberg zur 4. Landessynode, 1889 Ritterkreuz I. Kl. des Friedrichsordens; ∞ Maria Haßler, * Ulm 1833, T. d. Conrad Dieterich →Haßler.
∞ Stuttgart Ottilie Bölz, T. d. Bölz, Hospitalverwalter in Schwäbisch Hall.
Mehrere *K*, darunter Gustav Lamparter, Landrichter in Schwäbisch Hall.

Der einer Pfarrer- und Beamtenfamilie entstammende L. studierte Regiminalwissenschaften in Tübingen und bestand 1849 die I., 1850 die II. höhere Verwaltungsdienstprüfung. 1851 in die Innenverwaltung des Königreichs Württemberg eingetreten, war er zunächst Oberamtsaktuar beim OA Schwäbisch Hall, 16. Juli 1858 bis 1863 Aktuar sowie ab 25. Dez. 1858 zugleich Stadtdirektionssekretär bei der Stadtdirektion Stuttgart. 1863 zum Oberamtmann in Saulgau ernannt, wechselte er bereits 1864 in gleicher Funktion nach Neckarsulm und 1870 nach Rottenburg/Neckar, wo er zugleich Verwalter des Arbeitshauses war. 1875 als Regierungsrat bei der Ministerialabteilung für den Straßen- und Wasserbau im württ. Innenministerium berufen, avancierte er 1881 zum Oberregierungsrat ebd. und wurde 1884 zum Regierungsdirektor bei der Regierung des Jagstkreises in Ellwangen/Jagst befördert. Die letzte Stufe seiner Laufbahn führte ihn nach Ulm. Im Nov. 1889 wurde L. als Nachfolger des in den Ruhestand getretenen Christoph Anton von →Wolff zum Regierungspräsidenten des Donaukreises in Ulm ernannt, dem er fünf Jahre früher schon an der Spitze der Kreisregierung in Ellwangen nachgefolgt war. Bei der Versetzung in den Ruhestand verlieh ihm König Wilhelm II. 1894 das Kommenturkreuz des Württ. Kronordens. Sein Nachfolger als Regierungspräsident war Hermann von →Hoser. – 1869 Ritterkreuz I. Kl. des Friedrichsordens; 1885 Kommenturkreuz II. Kl. des Friedrichsordens; 1883 Kommenturkreuz I. Kl. des Friedrichsordens.

Q   HStAS, E 146 Bü 2688 und 2772 – ebd., E 151/01 Bü 1963 und 1567.
L   SK 1898, S. 1777 – Worte am Grabe von Regierungspräsident a. D. v. Lamparter, gesprochen am 25. August 1898 von Garnisonsprediger Blum auf dem Fangelsbachfriedhof in Stuttgart, Schwäbisch Hall 1898. Jahrbücher 1898, S. VIII – Wolfram ANGERBAUER, Die Amtsvorstände des Oberamtes Neckarsulm von 1807 bis zur Kreisreform 1938, in: Aus südwestdeutscher Geschichte. FS für Hans-Martin Maurer. Dem Archivar und Historiker zum 65. Geburtstag. Hg. vom Württ. Geschichts- und Altertumsverein, Stuttgart 1994, S. [645]–652, hier S. 648 – Amtsvorsteher, S. 370 (Wolfram ANGERBAUER).

Landauer, Georg *Friedrich* Ludwig (von), * Ulm 14. Aug. 1841, † Ellwangen/Jagst 12. Nov. 1903, kath.
Vater   Georg *Christian* von Landauer, Oberst im Kgl. Ehreninvalidenkorps.
Mutter   Karolina Weiß.
∞ I. Ulm 3. X. 1872 Luise Schmidt, * Ehingen 19. VIII. 1849, † Ellwangen/Jagst 30. IV. 1889, T. d. Philipp Schmidt, Nagelschmied in Ehingen/Donau, u. d. Regina Hahn; ∞ II. Schwäbisch Gmünd 26. I. 1895 Anna *Genovefa* Schuhmacher, verw. Untersee, * Spaichingen 3. I. 1860, Wwe. des Adolf Untersee, Oberbürgermeister von Schwäbisch Gmünd und MdL Württemberg, T. d. Friedrich Schuhmacher, Kaufmann in Spaichingen, u. d. Pauline Leopold.

Der gebürtige Ulmer L. stieg im Justizdienst des Königreichs Württemberg bis zum Landgerichtspräsidenten in seiner Vaterstadt auf.

---

322 Magisterbuch 30 (1897), S. 63 – Staatsanz. Nr. 8, 12. I. 1903, S. 51 – SK Nr. 21 – Württ. Jahrbücher 1903, S. III.

L. wuchs in Ulm auf und absolvierte dort das Gymnasium, ehe er 1860 mit dem Jurastudium in Tübingen begann. Als Student schloss er sich in Tübingen dem Corps Suevia an, während des Studiums in Leipzig dem Leipziger Meißner. Nach den beiden höheren Justizdienstprüfungen trat L. in den Justizdienst des Königreichs Württemberg ein und war seit Jan. 1869 Justizassessor in Rottweil, wo er im Okt. 1869 auf eigenen Antrag in gleicher Eigenschaft nach Ravensburg wechselte. Im Okt. 1876 stieg er zum Kreisrichter bei der Zivilkammer des Kreisgerichtshofes in Stuttgart auf, wechselte aber schon im darauffolgenden Jahr in gleicher Funktion zum Kreisgerichtshof in Ellwangen/Jagst, wo zum 1. Okt. 1879 die Beförderungen zum Landrichter und im Juli 1884 zum Landgerichtsrat folgten. Im Juli 1890 zum Landgerichtsdirektor ebd. und am 21. Sept. 1898 als Nachfolger des in den Ruhestand getretenen Friedrich (von) →Bonhöffer zum Präsidenten des Landgerichts Ulm ernannt, trat L. sein Amt dort am 19. Okt. 1898 an. In dieser hohen Position blieb er seiner Vaterstadt jedoch nicht lange erhalten, da er bereits im Juli 1899 als Präsident des Landgerichts an seine alte Wirkungsstätte Ellwangen zurückkehrte. Als Präsident des Landgerichts Ulm folgte ihm Emil (von) →Pfizer. Im Juni 1903 trat L. wegen seines schweren Herzleidens vom Präsidentenamt zurück und in den Ruhestand. Noch im gleichen Jahr starb er im Alter von 62 Jahren.

Seine politischen Ambitionen führten L. in den Württ. Landtag. L.s Wahl in die Kammer der Abgeordneten erfolgte bei einer Ersatzwahl – ohne Gegenkandidaten – am 24. März 1881 für den Bezirk Ellwangen Stadt. Vom 24. Mai 1882 bis Jan. 1895 MdL Württemberg (II. Kammer, 28. bis 31. o. LT, Bezirk Ellwangen Stadt): 1883 bis 1895 Mitglied der Justizgesetzgebungskommission, 1883 Schriftführer im Vorstand, Mitglied der zur Beratung des Kirchengesetzes verstärkten Staatsrechtlichen Kommission, 1886 bis 1895 Mitglied der Staatsrechtlichen Kommission, 1886 bis 1889 und 1893 bis 1895 der Nachbarrechtskommission, 1889 bis 1893 der Unterstützungswohnsitzkommission und der Adresskommission. – Mitglied des Württ. Staatsgerichtshofs. – Ehrenkreuz des Württ. Kronordens; Kommenturkreuz II. Kl. des Friedrichsordens; Ritter des Päpstlichen St. Gregoriusordens.

L.   Ih 2, S. 519 – HARTMANN, Regierung und Stände, S. 70 – Staatsanz. Nr. 263, 12. XI. 1903, S. 1829 – SK Nr. 528, 12. XI. 1903, S. 5 f., Nr. 529, 13. XI. 1903, S. 7 (Todesanz. der Familie) und Nr. 533, 17. XI. 1903, S. 6 – Württ. Jahrbücher 1903, S. IV – Hauptregister, S. 480 f. – Suevia Tübingen 2, S. 174 f. – UBC 3, S. 180, 195 – RABERG, Biogr. Handbuch, S. 489 f.

Landerer (sen.), Christian *August* (von), Mag., * Heidenheim/Brenz 6. Jan. 1800, † Ulm 9. Okt. 1875, ⬚ ebd., Alter Friedhof, ev.

Vater   Philipp Gottlieb Landerer, Mag., Professor, Pfarrer in Walddorf, S. d. Philipp Theophil (Gottlieb) Landerer[323], Mag., get. Cleversulzbach 5. IX. 1738, † Rötenberg/OA Oberndorf 13. I. 1799, seit 1780 Pfarrer in Rötenberg.
Mutter   Christiane Friederike, geb. Landerer.
∞ 1826 Emilie *Friederike* Jeanmaire, * 12. II. 1804, † Ulm 12. II. 1869, T. d. Pfarrers Jeanmaire in Walddorf.
3 *K*, darunter Friedrich *August* (von) →Landerer.

L. war 30 Jahre lang Dekan in Ulm, länger als jeder andere Dekan vor und nach ihm. Aber nicht nur wegen dieser langen Amtszeit, sondern vor allem wegen seiner Amtsführung gilt er bis heute als eine der profiliertesten Persönlichkeiten der evangelischen Kirche in Ulm.

Er durchlief den üblichen Bildungsgang eines evangelischen Theologen in Württemberg, war nach dem Landexamen Zögling des ev.-theol. Seminars Schöntal/Jagst, studierte Theologie in Tübingen und trat nach den beiden theologischen Dienstprüfungen in den Dienst der Landeskirche. 1826 kam er als Zweiter Stadtpfarrer und Hospitalprediger nach Biberach/Riß,

zuletzt war er zugleich Dekanatsverwalter ebd. Der humanistisch gebildete L. übernahm nach dem Tod des Biberacher Stadtschultheißen Georg Ludwig Stecher den Vorsitz der Biberacher Lesegesellschaft. 1840 zum Ersten Diakon (später Zweiter Stadtpfarrer) am Ulmer Münster ernannt, wurde L. im März 1844 nach dem Tode Ludwig Jakob →Majers das Amt des Dekanats- und Stadtpfarrwesers übertragen, ehe im Jan. 1845 seine Ernennung zum Ersten Stadtpfarrer, Dekan und Vorsitzenden des Stiftungsrats ebd. erfolgte. Mit der Übernahme des letztgenannten Amtes beendete L. jahrelange Querelen, die mit seinen Vorgängern Ludwig Jakob Majer und Christian Ludwig →Neuffer verbunden waren.

Der als Geistlicher und in seiner politischen Haltung gemäßigt freisinnige L. genoß besonderes Renommee als wortgewaltiger Prediger. Wesentlich waren seine Verdienste bei der Restaurierung des Münsters, wobei er eng mit Conrad Dieterich →Haßler zusammenarbeitete. Die Aktivitäten in der Anfangsphase der Münsterrestaurierung wurden von L. koordiniert und mit großem Verständnis für die modernen Erfordernisse der Arbeiten nachhaltig vorangetrieben. Es war ein Glück für Ulm, dass in dieser Zeit mit L. ein verständnisvoller und kundiger Kirchenmann zur Verfügung stand. 1847 zählte L. mit anderen Ulmer Honoratioren zu den Initiatoren für die Errichtung einer „Suppenanstalt", um die Ärmsten mit Nahrung zu versorgen. Er war Geistlicher Beisitzer des Ehegerichts beim Gerichtshof für den Donaukreis sowie Mitglied des Vereins für Kunst und Altertum in Ulm und Oberschwaben. – 1840 Ehrenbürger von Biberach/Riß; 1856 Ritterkreuz I. Kl. des Kgl. Bayer. Verdienstordens vom Hl. Michael; 1862 Ritterkreuz I. Kl. des Friedrichsordens; 1870 Ehrenbürger der Stadt Ulm und Ritterkreuz des Württ. Kronordens; Träger der Goldenen Münstermedaille.

Q   StadtA Ulm, G 2.
L.   GEORGII-GEORGENAU, S. 676 f. – SCHULTES, Chronik, S. 532.– UBC 2, S. 36, 97, 347 – NEBINGER, Die ev. Prälaten, S. 579 – UNGERICHT, S. 54 – SPECKER, Ulm im 19. Jahrhundert, S. 22, 265, 387 f., 391 f., 423 f.

Landerer (jun.), Friedrich *August* (von), * Biberach/Riß 2. Jan. 1829, † Stuttgart 26. Nov. 1918, ev.

Eltern und G siehe Christian *August* (von) →Landerer.
∞ Ulm 6. VIII. 1859 Emilie Leube, * Ulm 21. IV. 1839, † Stuttgart 27. IX. 1919, T. d. Dr. Robert →Leube, Garnisonpfarrer und Diakonus am Ulmer Münster.
5 *K*   Marianne Landerer, * Ulm 16. VIII. 1860, † ebd. 20. VIII. 1860; Marie Landerer, * Stuttgart 21. II. 1862, ∞ Ulm 1881 Theodor →Klett, Dr. phil., Professor am Kgl. Gymnasium Ulm; *Robert* August Landerer[324], Dr. med., * Stuttgart 16. XII. 1863, † Göppingen 7. I. 1941, Frauenarzt in Stuttgart, im Ersten Weltkrieg Oberstabsarzt; Hedwig Landerer, * Stuttgart 25. VII. 1868; *Ernst* Sigmund Landerer[325], * Ravensburg 9. VI. 1872, † Tübingen 17. VII. 1947, 1924 Oberlandesgerichtsrat in Stuttgart, 1931 Landgerichtspräsident in Tübingen, ∞ Stuttgart 2. VIII. 1913 Maria Schall, geb. Prinzinger, * Pressee 15. III. 1870, T. d. Heinrich Prinzinger, Oberbergrat in Salzburg, u. d. Maria Zinner.

L. war einer der zahlreichen mit Ulm eng verbundenen Persönlichkeiten der Justizpflege in der Zeit des Königreichs.

Nach dem Besuch der Gymnasien in Biberach/Riß und seit 1840 in Ulm begann L. im Wintersemester 1845/46 in Tübingen mit dem Studium, verschaffte sich zunächst auf Wunsch des Vaters einen allgemeinen Überblick und nahm 1846 das Jurastudium auf. Er schloß sich der Burschenschaft Germania an, außerdem studierte er von 1848 bis 1849 in Heidelberg. In seiner Begeisterung für die freiheitlichen Ideen der Revolutionszeit nahm der politisch interessierte Studiosus an Pfingsten 1848 am zweiten Wartburgfest der Dt. Studentenschaft teil und versäumte nicht, auf der Reise eine Sitzung der Dt. Nationalversammlung in Frankfurt/Main zu besuchen. Auch im Mai 1849 befand sich L. in Frankfurt und erlebte auf der Rückreise den Zusammenbruch des badisch-pfälzischen Aufstandes.

323 EBERL, Klosterschüler II, S. 92, Nr. 593.

324 PHILIPP, Germania, S. 103, Nr. 1469.
325 PHILIPP, Germania, S. 103, Nr. 1521.

Nach Abschluss des Studiums 1851 und den beiden Höheren Justizdienstprüfungen war L. in den folgenden zehn Jahren in Ulm als Referendar und Hilfsarbeiter an verschiedenen Gerichten, zuletzt von 1857 bis 1861 beim Zivilsenat des Gerichtshofs tätig. 1857 erhielt er seine erste berufliche Anstellung als Gerichtsaktuar in Horb, konnte aber in gleicher Funktion beim Oberamtsgericht in Ulm verbleiben, wo er bei den Eltern lebte. 1861 erfolgte L.s Ernennung zum Sekretär im Kgl. Württ. Departement der Justiz in Stuttgart, vier Jahre später die Ernennung zum Assessor am neu errichteten Handelsgericht in Stuttgart. Im Dezember 1876 kandidierte L. als nationalliberaler Kandidat für das Landtagsmandat der „guten Stadt" Ulm, unterlag aber mit 1.357 zu 1.629 Stimmen gegen den liberalen Mitbewerber, Rechtsanwalt Robert →Ebner. 1879 avancierte er zum Ministerialrat im Kgl. Württ. Departement der Justiz in Stuttgart, im März 1883 Oberlandesgerichtsrat und 1885 zum stv. Mitglied des Kompetenzgerichtshofes und o. Mitglied des Strafanstaltenkollegiums, zu dessen Vorstand er 1896 berufen wurde. 1889 zum Präsidenten des Landgerichts Ravensburg ernannt, wechselte L. im März 1893 als Präsident des Landgerichts Stuttgart. 1894 und 1900 (landesherrliches Mitglied) war L. daneben Präsident der 5. und 6. Ev. Landessynode. 1897 verlieh ihm der König den Titel „Präsident" und den Rang auf der II. Stufe der Rangordnung. 1903 erfolgte L.s Eintritt in den Ruhestand.

König Wilhelm II. von Württemberg ernannte Landerer am 17. Mai 1897 zum lebenslänglichen Mitglied der Kammer der Standesherren des Württ. Landtags, in den er am 14. Juni 1897 eintrat. L. gehörte der Ersten Kammer 15 Jahre lang an (33. bis 38. o. LT) und erklärte vor Eröffnung des 39. o. LT im Jan. 1913 seine Mandatsniederlegung aus gesundheitlichen Gründen. Die Kammer genehmigte den Austritt am 10. Jan. 1913. L. erwies sich als fleißiger und engagierter Parlamentarier. Er gehörte der Justizgesetzgebungskommission bzw. dem Justizausschuss an, zuletzt seit 1907 als stv. Vorsitzender, war Mitglied der Legitimationskommission, zuletzt seit 1907 als stv. Vorsitzender, von 1897 bis 1907 Mitglied der Staatsrechtlichen Kommission, 1897 bis 1907 und seit 1911 der Petitionskommission, 1897 bis 1899 und 1904 bis 1907 der Verfassungskommission, 1897 bis 1899 der verstärkten Finanzkommission, Petitionskommission, 1899 bis 1912 der Rechenschaftsberichtskommission, zuletzt seit 1911 stv. Vorsitzender, und war von 1901 bis 1904 Mitglied der Steuerkommission sowie Stimmführer des Fürsten von Löwenstein-Wertheim-Rosenberg. – Sept. 1889 richterliches Mitglied des Reichseisenbahnamts; 1890 o. Mitglied, Dez. 1893 Präsident des Württ. Staatsgerichtshofes. – Kommenturkreuz mit Stern des Ordens der württ. Krone; Kommenturkreuz I. Klasse des Friedrichsordens.

L. Ih 2, S. 520 – SCHULTES, Chronik, S. 534 – Hauptregister, S. 481 – SK (Beilage) Nr. 559, 27. XI. 1918, S. 3 f. – ebd. Nr. 560, 28. XI. 1918, S. 4 (Todesanz. – ebd. Nr. 562, 29. XI. 1918, S. 3 ff. – ebd. Nr. 565, 30. XI. 1918 (Beilage) – Württ. Jahrbücher 1917/18, S. XI – WN 1918/19, S. 58-64 (Theodor KLETT) – GIES, Leube, S. 101 f. – DBJ, Überleitungsband II: 1917-1920 (1928), S. 696 – SCHMIDGALL, Burschenschafterlisten, S. 89 – Eberhard SIEBER, Das Jahr 1849 in Heidelberg im Augenzeugenbericht eines Studenten, in: Heidelberger Jahrbücher 15 (1971), S. 73-90 – PHILIPP, Germania, S. 73, Nr. 1064 – DVORAK I,3 (1999), S. 221 ff. (Bild) – RABERG, Biogr. Handbuch, S. 490 ff. – NANNINGA, Wählen, S. 369 [fälschlich: „Richard Landerer"] – EHMER/KAMMERER, S. 237 (Bild).

Lang, Dietrich, Dr. iur., * Karlsruhe 23. Sept. 1917, † Neu-Ulm 8. Aug. 2007, ▯ ebd. 14. Aug. 2007, kath.

Vater Wilhelm Lang, * Nürnberg 6. X. 1894, † Dietramszell 17. VIII. 1965, Kaufmann.
Mutter Frieda Fenchel, * Fautenbach/Achern (Baden) 5. XI. 1892, † Neu-Ulm 13. VII. 1972.
2 G Günther Lang, Dipl.-Volkswirt, * 1920, † 1994; Eberhard Lang, * Achern 1923, vermisst im Zweiten Weltkrieg.
∞ 21. VIII. 1948 Sofie Lutz, * Odenheim/Kreis Bruchsal (Baden) 1. XI. 1913, † Neu-Ulm 20. V. 2004, T. d. Anton Lutz, * 1880, † 1953, Sattlermeister, u. d. Maria Hörner, * 1885, † 1959.
2 K Eberhard Lang, * München 3. VIII. 1949, Richter; Ingrid Lang, * Ulm 16. IX. 1952, Krankenschwester.

L. war der dritte Nachkriegs-Oberbürgermeister von Neu-Ulm und der zweite, der sein Amt einer Volkswahl verdankte. Über drei Wahlperioden hinweg veränderte sich Neu-Ulm unter L. wesentlich. Mit zahlreichen Eingemeindungen vergrößerte sich das städtische Gebiet gewaltig, die Errichtung einer stattlichen

Anzahl öffentlicher Gebäude kündet nachhaltig vom Gestaltungswillen des Oberbürgermeisters. Der sympathische, geradlinige und dem üblichen „Politzirkus" abholde, in sich ruhende und geistig unabhängige „Macher", der von großen Ankündigungen wenig, von raschem und zielorientiertem Handeln hingegen sehr viel hielt, war weit über die Grenzen Neu-Ulms hinweg beliebt und geschätzt.

In Achern aufgewachsen, besuchte L. dort von 1924 bis 1928 die Volksschule und von 1928 bis 1934 das Realgymnasium. 1934 wechselte er an die Edertalschule in Frankenberg, wo er im Feb. 1937 die Reifeprüfung bestand. Von April bis Okt. 1937 zum Reichsarbeitsdienst (RAD) eingezogen, leistete L. seit dem 4. Nov. 1937 seinen Wehrdienst. Der Ausbruch des Zweiten Weltkriegs verlängerte nicht nur unverhofft seine Soldatenzeit, sondern verzögerte auch seine berufliche Entwicklung. Ehe er am 9. Mai 1943 in US-amerikanische Gefangenschaft geriet, war L. in Nordafrika eingesetzt, zuletzt als Oberleutnant d. R. Glücklicherweise war er nur leicht verletzt worden und hatte als Gefangener Gelegenheit, in Concordia (Kansas)/USA die Kriegsgefangenen-Universität zu besuchen. Im Zuge der „Weihnachtsamnestie" des Jahres 1946 als „nicht betroffen" aus der Entnazifizierung hervorgegangen, studierte L. von 1946 bis 1948 in München Jura und bestand im Dez. 1947 die Juristische Staatsprüfung. Dem juristischen Vorbereitungsdienst als Referendar an Münchner Gerichten schloss sich im Okt. 1950 die Große Juristische Staatsprüfung an, zuvor war er im Juni 1950 an der Universität München zum Dr. iur. promoviert worden. Sein Studium hatte sich L. als Trompeter u. a. in Clubs der US-Army verdient. Schon während seiner Gefangenschaft war die Big Band „Rudi Korpis and his American Style Orchestra" gegründet worden, mit der L. nach der Rückkehr nach Deutschland aufgetreten war.

Als Probebeamter kam Assessor L. im Nov. 1950 an das Amtsgericht Neu-Ulm, im Dez. 1950 erfolgte die Ernennung zum Gerichtsassessor und zum Beamten auf Lebenszeit, seit 16. Nov. 1952 wirkte L. als Amtsgerichtsrat mit der Zuständigkeit für Zivilsachen in Neu-Ulm.

Der plötzliche Tod von Oberbürgermeister Tassilo →Grimmeiß, mit dem der Wiederaufstieg der Stadt so eng verknüpft war, stürzte Neu-Ulm 1961 in Trauer und Sorge um die Zukunft. Der parteilose L. ließ sich angesichts einer breiten Unterstützung durch alle Stadtratsfraktionen von einer Kandidatur für das Amt überzeugen, wissend, dass man ihn stets an Grimmeiß messen würde. Einen Gegenkandidaten gab es nicht – für L. eine wichtige Vorbedingung, denn: *Auf einen Wahlkampf hätte ich mich wohl nicht eingelassen* (Interview zum 85. Geburtstag am 21. Sept. 2002 in der NUZ). Der Wunsch nach einem möglichst ruhigen Wahlkampf ohne Getöse war in Neu-Ulm ohnehin übermächtig. So gab es gar keinen Wahlkampf, was in der Wahlgeschichte größerer Städte beim ersten Antreten eines späteren Oberbürgermeisters ein sehr seltenes Phänomen ist. Am 3. Sept. 1961 erfolgte L.s Wahl zum Oberbürgermeister von Neu-Ulm bei einer Wahlbeteiligung von 43 Prozent mit 98,5 Prozent der abgegebenen gültigen Stimmen – ohne Gegenkandidaten. Am 5. Sept. 1961 übernahm mit L. nach Grimmeiß wiederum ein Jurist die Amtsgeschäfte und verfolgte zunächst eine Fortführung der Projekte seines Vorgängers. Neu-Ulm entwickelte sich unter L. zu einer der steuerstärksten Städte Bayerns. Schon 1962 forcierte L. allerdings das Tempo im Wohnungsbau und bei der Erschließung neuer Wohn- und Gewerbeflächen. Auf der einen Seite wuchsen große Wohngebiete, auf der anderen Seite mussten weiterhin Industrie, Handel und Gewerbe angesiedelt werden, um die Finanzkraft Neu-Ulms zu erhalten. Hand in Hand mit dieser Entwicklung ging die Ausweitung und Erneuerung des Straßennetzes, das ständig der neuen Lage angepasst werden musste. Am 25. Juni 1967 erfolgte nach Ablauf der ersten, sechsjährigen Wahlperiode L.s Wiederwahl, wiederum ohne Gegenkandidaten, nachdem die SPD nach innerparteilichen Querelen auf die Aufstellung eines eigenen Bewerbers verzichtet hatte. 1973 erfolgte bei einer sehr geringen Wahlbeteiligung von nur 34 Prozent L.s Wiederwahl mit 98 Prozent der Stimmen. Am 20. Juni 1977 schied der 60-jährige L. nach Beendigung seiner – wegen der Gebietsreform verkürzten – dritten Amtsperiode aus dem Amt. Die wichtigsten Projekte der L.s Amtszeit waren rückblickend betrachtet der Erweiterungsbau des Krankenhauses, Schulbauten (Grund- und Hauptschule Ludwigsfeld, Mehrzweckhalle Gerlenhofen, Dreifachturnhalle und Hallenbad Offenhausen, Bezirkssportanlage im Muthenhölzle) und Straßenbau, die Beschaffung geeigneter Räumlichkeiten für Heimatmuseum und Stadtbücherei sowie die Gründung des Kultur- und Tagungszentrums „Edwin-Scharff-Haus", mit dem L. die kulturelle Eigenständigkeit Neu-Ulms stärken wollte. Das Edwin-Scharff-Haus, das am 10. Juni 1977 eröffnet wurde, war ein Werk L.s von Anfang an, seiner Initiative verdankte es seine Entstehung, die er durchgängig begleitete. Auch den – durchaus kontrovers diskutierten – Standort des Neubaus am Neu-Ulmer Donauufer wusste L. durchzusetzen. Auch nach dem Ende seiner Amtszeit sprach sich L. stets dafür aus, dass der Kunst ihren Platz in Neu-Ulm zu schaffen und zu erhalten, und begrüßte daher nachdrücklich auch die Entstehung des nach Edwin →Scharff benannten Museums.

Akzente setzte L. auch mit dem Brunnen „Drei Männer im Boot" auf dem Rathausplatz und der Umgestaltung des Schwals.

Am 15. Jan. 1971 unterzeichneten Ulms Oberbürgermeister Theodor →Pfizer und L. den Ulmer/Neu-Ulmer Städtevertrag, der die gemeinsame Entwicklung der Schwesterstädte an der Donau gestalten sollte. In die gleiche Richtung wies die Gründung des Regionalverbandes Donau-Iller (1973), für den sich L. stets stark gemacht hatte. Mit den Eingemeindungen von Gerlenhofen (1. Juni 1972), Finningen (1. Juni 1975), Hausen und Jedelhausen (beide 1. Juli 1976), Pfuhl mit Burlafingen, Reutti, Holzschwang und Steinheim (alle 1. Juni 1977) vergrößerte sich das städtische Territorium von 24 auf 81 Quadratkilometer Fläche. Neu-Ulm erlebte damit unter L. die größte Gebietsreform seiner Geschichte.

Schwer trug L. am Verlust der Kreisfreiheit Neu-Ulms im Jahre 1972. Dieser sei ihm *im wahrsten Sinne des Wortes auf den Magen geschlagen*, erinnerte er sich noch ein Vierteljahrhundert später. Die Kreisfreiheit ging in einer Zeit verloren, als unausgegorene Pläne von einer Einverleibung Ulms nach Bayern oder Neu-Ulms nach Baden-Württemberg kursierten. L. suchte in Bonn den CSU-Vorsitzenden Franz Josef Strauß auf, um ihn von der Beibehaltung der Kreisfreiheit zu überzeugen, doch seine Bemühungen scheiterten. In der Rückschau bedauerte L. auch, dass es nicht gelungen war, ein Jugendhaus zu gründen. Auf Grund seines diplomatischen Vorgehens beim Bau der Europastraße, die über das Gelände der einstigen US-Kaserne führte, erhielt er den höchsten zivilen Orden der US-Streitkräfte. Die 1966 hergestellte Städtepartnerschaft mit Bois-Colombes (Frankreich) war eines seiner wichtigsten Projekte, ein Symbol für die Überwindung der deutsch-französischen

Feindschaft. Diese erste nach 1945 gegründete Städtepartnerschaft war dem überzeugten Europäer L. auch nach Ende seiner Amtszeit wichtig und jeder Mühe wert, bei jeder Gelegenheit setzte er sich für sie ein und war präsent, zuletzt im Jahre 2006 bei den 40-Jahr-Feierlichkeiten. Im Februar 1978 ehrte ihn Bois-Colombes mit der Verleihung der Ehrenbürgerwürde. Neu-Ulm verlieh dem Bürgermeister von Bois-Colombes und Mitarchitekten der Städtepartnerschaft, Emile Tricon, im Sept. 1981 die Ehrenbürgerwürde. Von 1972 bis 1977 gehörte L. dem Präsidium und dem Hauptausschuss des Deutschen Städtetages an, von 1972 bis 1978 dem Kreistag des Landkreises Neu-Ulm.

Aus Anlass seines 60. Geburtstags verlieh ihm die Stadt Neu-Ulm 1977 als sechster Persönlichkeit (und drittem Stadtvorstand) die Ehrenbürgerwürde. L. war nach seinem Ausscheiden aus dem Amt des Neu-Ulmer Oberbürgermeisters noch über 20 Jahre lang als Rechtsanwalt tätig. In seiner Freizeit war L. ein begeisterter Bridge- und Billardspieler und sehr aktiv in den entsprechenden Neu-Ulmer Clubs. L. starb sechs Wochen vor seinem 90. Geburtstag ohne längeres Leiden. Neu-Ulms Oberbürgermeister Gerold Noerenberg nannte L. im offiziellen Nachruf der Stadt Neu-Ulm *eine der bedeutendsten Persönlichkeiten unserer Stadt*. Landrat Erich Josef Geßner hielt im Nachruf des Landkreises fest, L. habe sich *mit seinem Wirken um die Stadt Neu-Ulm und den Landkreis in hohem Maße verdient gemacht.* – 1968 bis 1977 Vorstandsmitglied, Zweiter stv. Vorsitzender und Schatzmeister des Bayer. Städteverbandes in München; 1961 bis 1977 Mitglied und langjähriger Vorsitzender des Verwaltungsrates und des Zweckverbandes der Sparkasse Neu-Ulm; Erster Vorsitzender des Kreisverbandes Neu-Ulm des Bayer. Roten Kreuzes; Mitglied des Verwaltungsausschusses der Internationalen Bürgermeister-Union; Vorstandsmitglied beim Arbeitsamt Memmingen (Mitglied des Verwaltungs- und des Personalausschusses) und des Sparkassenbezirksverbandes Schwaben; Mitglied des Verwaltungsrats der Bayer. Landesbank München und des Verwaltungsrats der Bayer. Gemeindebank. – Bundesverdienstkreuz I. Kl. des Verdienstordens der Bundesrepublik Deutschland.

Q   StadtA Neu-Ulm, C 11 Nachlass – ebd., A 4, Nr. 330 – ebd., D 12, III.8.1.3. – StadtA Ulm, G 2 – Schriftliche Auskünfte von Herrn Eberhard Lang, Ettlingen, vom 20. VIII. 2007.
L   1966/1986. Partnerschaft/Jumelage. Bois-Colombes/Neu-Ulm - Neu-Ulm/Bois-Colombes. Hg. von der Stadt Neu-Ulm aus Anlass des 20jährigen Partnerschaftsjubiläums vom 2. bis 5. Oktober 1986 in Neu-Ulm (Dokumentation des Stadtarchivs Neu-Ulm 2), Neu-Ulm 1986 – TREU, Neu-Ulm, S. 400, 448, 451 ff. (Bild), 455 f., 459, 461 f. (Bild), 464 (Bild), 468 ff. (Bild), 470 (Bild), 504, 513, 516, 527 (Bild), 530 (Bild), 575 f. – Edwin RUSCHITZKA, Fit, rüstig – vor allem aber „sehr dankbar". Dr. Dietrich Lang wird 85, in: SWP 23. IX. 2002 (Bild) – DERS., Neu-Ulms Alt-OB Dietrich Lang ist tot, in: SWP 9. VIII. 2007 (Bild) – Neu-Ulms Alt-Bürgermeister Dr. Dietrich Lang im Alter von 89 Jahren gestorben, in: NUZ 10. VIII. 2007 (Bild) – Edwin RUSCHITZKA, „Ich habe wirklich ein schönes Leben gehabt". Die Stadt Neu-Ulm hat Abschied von Alt-OB Dr. Dietrich Lang genommen, in: SWP 15. VIII. 2007.

Lang, *Paul* Friedrich (von), Mag., * Flözlingen/OA Rottweil 15. Feb. 1815, † Ludwigsburg 20. Juni 1893, ev.
Vater   Heinrich Wilhelm Lang, * 1780, † 1863, Pfarrer in Flözlingen, zuletzt seit 1837 in Schwenningen/Neckar.
Mutter   Anna *Katharina* Beutter.
4 G, darunter Heinrich Lang[326], * Frommern/OA Balingen 14. XI. 1826, † Zürich 13. I. 1876[327], Diakon an St. Peter in Zürich (Schweiz), Schriftsteller und Redner, bedeutender Reformtheologe.
∞ 1844 *Charlotte* Amalie Gerok, * 1820, † 1898, T. d. Christoph Friedrich von Gerok.
3 K, darunter Ernst Lang, Dr. phil., * Sulz/Neckar 26. IV. 1845, † 1925, 1869 Lehrer in Annaberg, 1873 Gymnasiallehrer in Zittau, zuletzt Gutsbesitzer.

L. war der erste Ulmer Generalsuperintendent in der Zeit des Kaiserreiches.

---

326 Ih 2, S. 522.
327 Nicht 1878, wie in UBC 2, S. 249 angeführt.

Einer traditionsreichen württembergischen Pfarrerfamilie entstammend, bestand L. das Landexamen und war anschließend Zögling am ev.-theol. Seminar in Schöntal/Jagst. Nach Abschluss des Theologiestudiums in Tübingen erhielt L. 1836 eine Stelle als Vikar in Trossingen/OA Tuttlingen, unternahm 1838 eine wissenschaftliche Reise und kam noch 1838 als Repetent an das ev.-theol. Seminar in Urach, 1840 dann in gleicher Eigenschaft an das Tübinger Stift. 1844 kurzzeitig Stadtvikar in Stuttgart, und danach Diakon in Sulz/Neckar, erhielt er 1847 eine Stelle als Zweiter Diakon in Göppingen, 1851 Erster Diakon ebd. 1857 kehrte L. als Dekan nach Sulz zurück, 1864 wechselte er in gleicher Eigenschaft nach Heilbronn/Neckar, seit 1869 Mitglied des Ehegerichts des Kreisgerichtshofs. Am 6. Dez. 1870 als Nachfolger des verstorbenen Ludwig (von) →Weitzel zum Prälaten und Generalsuperintendenten von Ulm ernannt und im Jan. 1871 dort aufgezogen, war L. als solcher (wie auch später als Generalsuperintendent von Ludwigsburg) vom 19. Dez. 1870 bis 30. Okt. 1890 Mitglied der Kammer der Abgeordneten des Württ. Landtags, wo er seit 1883 Mitglied der Bibliothekkommission war. 1883 als Nachfolger des verstorbenen Albert (von) →Hauber Generalsuperintendent von Ludwigsburg. 30. Okt. 1890 Eintritt in den Ruhestand. Er starb gut zweieinhalb Jahre danach im Alter von 78 Jahren. – Vorstand des Komitees der Anstalten auf der Charlottenhöhe; Mitglied des Komitees der Charlottenkrippe und der Werner'schen Kinderheilanstalten. – 1873 Ehrenritterkreuz, 1887 Kommenturkreuz des Württ. Kronordens; 1877 Kriegsdenkmünze für Nichtkombattanten; 1877 Kommenturkreuz II. Klasse des Friedrichsordens.

Q   LKAS, PA 1901.
L   Ih 2, S. 523 – Hd 2, S. 480 – RIECKE, Verfassung und Landstände, S. 48 – SK Nr. 142, 21. VI. 1893, S. 1305 f. und 1307 (Todesanzeige) – Erinnerungen an Prälat von L., in: StNT Nr. 144, 23. VI. 1893, 3 – StNT Nr. 145 24. VI. 1893, S. 1 – HARTMANN, Regierung und Stände, S. 68 – Hauptregister, S. 504 – SIGEL 13,2, S. 524 – NEBINGER, Die ev. Prälaten, S. 574 – RABERG, Biogr. Handbuch, S. 493 f.

Lanzenstiel, Friedrich, * Krumbach/Schwaben 22. März 1905, † Neu-Ulm 9. Aug. 1967, ev.

Vater   Georg Lanzenstiel, Post-Oberschaffner.
Mutter   Friederike Gerstenmayer.
∞ Neu-Ulm 31. X. 1931 Margaretha Friederike, geb. Lanzenstiel, * Augsburg 14. XI. 1907, † Neu-Ulm 17. VII. 2002, Inhaberin eines Plakatinstituts (Außenwerbung, Werbevermittlung) im Milchweg 7, Neu-Ulm, T. d. Friedrich Lanzenstiel, † 4. XI. 1914, Hafnermeister, u. d. Friederike Büchele, * Augsburg 25. IX. 1885, † Neu-Ulm 24. VII. 1956.
2 K   Diethelm Friedrich Lanzenstiel, * Ulm 21. VI. 1934; Friedlinde Margaretha Friederike Lanzenstiel, * Ulm 13. V. 1937.

Mit dem von L. 1954 herausgegebenen Buch „Neu-Ulm. Das neue Gesicht" erschien neun Jahre nach Ende des Zweiten Weltkrieges die erste umfassende Bestandsaufnahme zum Wiederaufbau Neu-Ulms. Noch heute ist der Band eine unverzichtbare Quelle für die jüngere Geschichte der Stadt.
L. kam schon als junger Mann nach Neu-Ulm, wo er sich als „freier Kaufmann" – wie er sich selbst bezeichnete – niederließ und im Alter von 26 Jahren heiratete. 1945 gründete er die spätere „Friedrich Lanzenstiel KG, Moderne Büro-Organisation, Papierverkauf, Drucksachen, Schreibwaren, Bürobedarf" in Offenhausen, Schubertstraße 13. Politisch hatte sich L. der CSU angeschlossen, für die er 1961 in den Neu-Ulmer Stadtrat eingezogen war und dem er bis zu seinem Tod angehörte. L. war Mitglied des Bauausschusses. Seit seiner Jugend engagierte er sich in der ev. Gemeinde von Offenhausen und war langjähriger Vorstand des dortigen Kirchenbauvereins. Sein Interesse für Geschichte hatte ihn zum Historischen Verein Neu-Ulm geführt, dessen Zweiter Vorsitzender L. zuletzt war. Jahrelang bereitete er die Herausgabe des Buches „Neu-Ulm. Das neue Gesicht" vor, mit dem er nicht nur ein Schlaglicht auf die Erfolge des Wiederaufbaus nach den Zerstörungen des Zweiten Weltkrieges werfen, sondern eine weitgespannte Bestandsaufnahme vorlegen wollte. So versammelt der Band nicht nur Beiträge zur städtebaulichen Entwicklung, sondern bietet auch Aufsätze u. a. zur Verwaltungsgeschichte in Stadt und Kreis, zur Entwicklung der Kirchen und der Polizei, eine Übersicht (mit zum Teil detaillierten Angaben zur Firmengeschichte) über alle wichtigen Neu-Ulmer Gewerbebetriebe sowie eine von Arthur →Benz erarbeitete Chronologie der wichtigsten Ereignisse vom Kriegsende bis zum Erscheinungsjahr 1954. Die Publikation fand sofort großes Interesse und wirkte mit ihrer thematischen Vielfalt und ihrem „ganzheitlichen" Konzept wegweisend für vergleichbare Veröffentlichungen.

Q   StadtA Neu-Ulm, A 9 – ebd., A 3, Nr. 408, Bauakten betr. Schubertstraße 13 – ebd., A 6 – ebd., D 20, Nr. 1109, Plakat mit den Biographien der CSU-Kandidaten bei der Stadtratswahl Neu-Ulm 1966 (Bild).
L   Friedrich LANZENSTIEL (Hg.), Neu-Ulm. Das neue Gesicht, Neu-Ulm 1954, S. 171.

Laub, Kaspar (Caspar), * Steinental, Gde. Hauerz/OA Leutkirch 4. Jan. 1884, † Ulm-Söflingen 10. Jan. 1959, ⬚ ebd., 13. Jan. 1959, kath.

Vater   Laub, Söldner und Holzhauer.
Mutter   Walburga Laub.
11 G.
∞ 1911 Amalie Fliegauf, * wohl 1883, † Ulm-Söflingen 12. X. 1971.
3 K   Walburga („Wally") Laub, ∞ Eichhorn; Franz Laub; August Laub.

Der unehelich geborene L. war einer der führenden katholischen Gewerkschafter im Ulm der Weimarer Republik. Die ungesicherten finanziellen Verhältnisse der Familie zwangen Laub schon als Kind zur Tätigkeit als Hütejunge. Ab 1906 Eisenbahnhilfsunterbeamter bzw. -wärter und Arbeitersekretär in Leutkirch, ab 1908 Engagement in der kath. Arbeiterbewegung und bei den christlichen Gewerkschaften. 14. Juni 1916 bis 1918 als Nachrücker für den verstorbenen Biberacher Stadtpfarrer Dr. Karl Josef Späth MdL Württemberg (II. Kammer, 2. Landeswahlkreis, Z): Ab 17. Juni 1916 Mitglied des Justizausschusses. 1918/19 Vorsitzender des Arbeiter- und Bürgerrats Leutkirch, 1. Juli 1921 bis 1933 Verwaltungssekretär beim Ortsverband der vereinigten Obmannschaften der Gewerkschaft Dt. Eisenbahner in Ulm. 1933 verlor er als christlicher Gewerkschaftsfunktionär und versierter Sozialpolitiker nach der NS-„Machtergreifung" aus politischen Gründen seine Position und war als Versicherungsinspektor tätig, ehe er zur Dienstleistung beim Ulmer Landratsamt dienstverpflichtet wurde. – Gründer und Ehrenmitglied des Gaues 11 des Deutschen Rad- und Motorfahrerverbands, Mitglied des Kath. Arbeitervereins, des Verbands der Kriegsbeschädigten (VdK), aktiv in der Ortsgruppe Ulm-Söflingen, und des Kaninchenzüchtervereins ebd. – 1916 Wilhelmskreuz.

Q   StadtA Ulm, G 2.
L   KUHN, Rote Fahnen, S. 270, 272, 302 – RABERG, Biogr. Handbuch S. 495 – Unser Großvater Kaspar Laub [von Familienangehörigen zusammengestellte Schrift mit Text- und Bildkopien, Exemplar zugänglich gemacht von Dr. Uwe Schmidt, Ulm].

Laupheimer, Gertrud, Dr. oec. publ., * Neu-Ulm 9. Okt. 1894, † Lautern bei Blaustein 18. Dez. 1945, mos.

Vater   Alexander Laupheimer, * Laupheim 30. X. 1854, Kaufmann, Reisender einer Tuchhandlung, später Teilhaber einer Bank in Neu-Ulm.
Mutter   Pauline Wilhelmine Bert[h]a Gutermann[328], * Ulm 16. III. 1860, in der Revolutionszeit 1918/19 politisch aktiv.
5 G   Margarete Laupheimer, * Ulm 11. X. 1886; Elias Alexander Hans Laupheimer[329], Dr. rer. pol., * Ulm 27. II. 1888, † gefallen bei Saaraltdorf/Lothringen 19. oder 20. VIII. 1914, verdient um den Ausbau der städtischen Milchversorgung in Freiburg/Breisgau, zuletzt Teilhaber der Soya-Werke in Frankfurt/Main; Felizitas Laupheimer, * Ulm 11. VIII. 1889; Erwin Laupheimer, * Heilbronn 17. XI. 1891, † Maul/Bludenz 25. II. 1911; Reinhold Laupheimer, * Neu-Ulm 12. X. 1896.
Ledig.

328 UBC 4, S. 97.
329 EBERL/MARCON, S. 160.

An der Biographie L.s wird deutlich, wie Zeitumstände und Politik sich hemmend auf die Laufbahn einer jüdischen Akademikerin auswirken konnten. Die hoch begabte Tochter einer rasch aufgestiegenen Familie bestand 1913 als erste Frau am späteren Humboldt-Gymnasium in Ulm das Abitur. 1914-1926 (mit kriegsbedingten Unterbrechungen) Studium in Freiburg/Breisgau (SS 1914), München (SS 1915 bis WS 1916/17 und WS 1917/18 bis SS 1918) und Tübingen (WS 1924/25 bis WS 1925/26). Im Ersten Weltkrieg half L. im Lazarett und begann ihre praktische Berufsausbildung 1917 in der Kgl. Bayer. Hofgärtnerei Dachau, die sie 1918/19 an der staatlichen Gartenbauschule Hohenheim sowie in einem Obstbaubetrieb mit Gärtnerei fortsetzte. 1926 promovierte sie mit der Arbeit „Versuch eines Vergleichs landwirtschaftlicher und gärtnerischer Hektarerträge. Aufgezeigt an Beispielen aus Ulm a[n der]. D[onau]. und nächster Umgebung. Gemessen am Nährwert und mit Hinweis auf den Arbeitsaufwand" bei Prof. Dr. Robert Wilbrandt (Universität Tübingen) zum Dr. oec. publ. Ihr älterer Bruder Hans hatte vor Ausbruch des Weltkriegs mit der Arbeit „Die städtische Milchversorgung in Ulm a. D. in Vergangenheit und Gegenwart", ebenfalls in Tübingen, auch ein Thema mit Bezug zu seiner Heimatregion zum Gegenstand seiner Dissertation gewählt. Anschließend an die Promotion lebte L. zunächst bei ihrer Mutter in Lautern, ehe sie kurzzeitig Angestellte an der Landwirtschaftlichen Hochschule in Hohenheim und bei einer Gemeinnützigen Bausparkasse in Berlin wurde. Erst die im Dez. 1932 erfolgte Anstellung als wissenschaftliche Mitarbeiterin am Deutschen Forschungsinstitut für Agrar- und Siedlungswesen (Abteilung Berlin) brachte ihr eine ihren Fähigkeiten halbwegs angemessene Aufgabe. Der Rassenwahn des NS-Regimes führte zum 28. Feb. 1934 zu ihrer Entlassung auf Weisung der NSDAP. L. kehrte ohne eine berufliche Perspektive nach Lautern zurück und arbeitete in der Verwaltung des Kinderheims von Dr. Weimersheimer in Herrlingen mit. Daneben betrieb sie ein kleines Kindererholungsheim, bis ihr auch dies von der NSDAP untersagt wurde. Bis zu ihrem frühen Tod hielt sie sich mit Gelegenheitsarbeiten bei Bauern der Umgebung und der Züchtung von Angorakaninchen über Wasser. Im Alter von 51 Jahren starb sie in Lautern, das ihr unter dem Druck der Verhältnisse Heimat geworden war.

L   EBERL/MARCON, S. 311 f., Nr. 1028 – TEUBER, Ortsfamilienbuch Neu-Ulm I, Nr. 2634.

Lauritzen, Christian, Dr. med., * Rendsburg bei Kiel (Schleswig-Holstein) 6. Dez. 1923, † Ulm 12. Okt. 2007, ▢ ebd. 19. Okt. 2007, ev.
∞ K.

Der „Östrogen-Papst" und Vorsitzende der Menopause-Gesellschaft war fast ein Vierteljahrhundert lang als Leiter der Ulmer Frauenklinik und Professor an der Universität tätig. Er erwarb sich in dieser Zeit einen ausgezeichneten Ruf und trug durch seine Forschungen wesentlich zur ausgezeichneten Positionierung der Universität Ulm auch im Bereich der Medizin bei.
Der *kühle, aber immer faire Nordländer* (SWP) besuchte das Gymnasium in Kiel und bestand 1942 das Abitur. Das medizinisch-vorklinische Studium führte ihn nach Absolvierung des Wehrdienstes in die Reichshauptstadt Berlin, wo er noch Vorlesungen des berühmten Ferdinand Sauerbruch hörte und 1945 das Vorphysikum ablegte. Bis zum Staatsexamen 1949 studierte er in Kiel weiter, seine Dissertation befasste sich mit dem Thema „Die Veränderung der Hirnhäute bei Bewegungen der Wirbelsäule". Seine erste Anstellung fand er 1950 als Assistenzarzt an der Universitätsklinik Kiel, von 1952 bis 1956 wirkte er als Oberarzt der gynäkologischen Abteilung des Kreiskrankenhauses Bad Segeberg. Seine Kenntnisse vertiefte er während längerer Studienaufenthalte in Schweden (Stockholm) und

Schottland (Aberdeen). Im Dez. 1961 habilitierte sich L. für das Fach Geburtshilfe mit der Arbeit „Biologische Wirkungen von Oestrogen- und Gestagenmetaboliten". 1963 zum Oberarzt an der Universitäts-Frauenklinik Kiel ernannt, erfolgte 1967 seine Berufung zum Professor und zum Wissenschaftlichen Rat. Zuletzt war L. Leiter der Abteilung für gynäkologische Endokrinologie in Kiel.
Vom 1. Juli 1968 bis zum 31. März 1992 wirkte L. als Professor auf dem zweiten Lehrstuhl für Geburtshilfe und Gynäkologie der Universität Ulm, Dekan der Medizinischen Fakultät und Prorektor der Universität Ulm, zugleich Direktor der Frauenklinik. Während L.s Dienstzeit in Ulm entwickelte sich die Klinik zu einer der geburtenstärksten Kliniken überhaupt. 1983 produzierte sie Schlagzeilen mit dem ersten „Retortenbaby". L. fühlte sich als „Anwalt der Frauen" und bedauerte bei seinem Ausscheiden, dass die Universität keine Verwendung mehr für einen Emeritus habe. Im Ruhestand widmete er sich weiterhin seinen Veröffentlichungen und hielt zahlreiche Vorträge. – Bundesverdienstkreuz I. Kl.; Ehrenkreuz für Wissenschaft und Kunst I. Kl.; Laqueur-Medaille für Verdienste um Frauenheilkunde.

Q   StadtA Ulm, G 2.
W   (Auswahl) Das Klimakterium der Frau, Berlin 1982 – (mit H. SCHMIDT-MATTHIESEN und K. H. WULF), Gynäkologische Endokrinologie. Klinik der Frauenheilkunde und Geburtshilfe I, München ²1987 – (mit Peter GEIGER), Weibliche Sexualhormone, München o. J. – (mit Helmut W. MINNE), Osteoporose – Wenn Knochen schwinden ... Ursachen, Krankheitszeichen, Untersuchungen, Vorbeugung und Behandlung, Stuttgart 1990 – Keine Angst vor dem Wechseljahren!, Berlin 1996 – (mit Gunther und Ulf GÖRETZLEHNER), Praktische Hormontherapie in der Gynäkologie, Berlin 2003 – Schöpfungstag. Gedichte, Berlin 2005
L   2. Lehrstuhl für Gynäkologie. Professor Lauritzen gehört seit Juli der Universität Ulm an, in: SWP Nr. 197, 27. VIII. 1968, S. 13 (Bild) – „Ich fühlte mich stets als Anwalt der Frauen". 40 Jahre Arzt – Prof. Christian Lauritzen zieht Bilanz, in: SWP Nr. 34, 11. II. 1992 (Bild) – Prof. Lauritzen gestorben, in: SWP Nr. 239, 16. X. 2007 (Bild).

Lebküchner, Richard, * Billingsbach/OA Gerabronn 30. Juli 1871, † Ulm 26. Mai 1953, ▢ ebd., Hauptfriedhof, ev.
Vater   Richard Friedrich Christian Lebküchner, * Langenburg 7. II. 1839, † 1892, 1869 Pfarrer in Billingsbach, 1879 Stadtpfarrer in Niederstetten.
∞ Elisabeth Lang, T. d. Christian *Friedrich* Lang[330], * Hausen ob Verena/OA Tuttlingen 1. III. 1841, † Schwäbisch Hall 23. VIII. 1913, Dekan und Bezirksschulinspektor in Schwäbisch Hall, seit 1888 Mitglied der Landessynode.

L. zählt zu den bekanntesten Ulmer Lehrerpersönlichkeiten in der ersten Hälfte des 20. Jahrhunderts. 33 Jahre lang, von der Kaiserzeit bis in die Zeit vor dem Zweiten Weltkrieg, wirkte der gebürtige Hohenloher an Ulmer Schulen. 1939 wurde der Pensionär reaktiviert und war noch bis 1948 (!) als Lehrer an der Blauring-Oberschule tätig. Erst im Alter von 77 Jahren trat er endgültig in den Ruhestand.
L. war nach dem Landexamen Zögling des ev.-theol. Seminars in Blaubeuren, wo er auch die Konkursprüfung für das beabsichtigte Universitätsstudium bestand. 1889 nahm er das Studium der Theologie und Philosophie in Tübingen auf, wechselte aber später zu Mathematik und Naturwissenschaften und studierte auch in Berlin. In Tübingen schloss er sich der nichtschlagenden Akademischen Verbindung Nicaria (im Schwarzburgbund) an. 1896 und 1898 bestand L. die beiden Lehrerdienstprüfungen und begann danach seine dienstliche Laufbahn als unständiger Hilfslehrer in Reutlingen. Im Aug. 1903 wechselte L. als Oberpräzeptor für Mathematik und Naturwissenschaften an die mittlere Abteilung des Kgl. Gymnasiums nach Ulm. 1904 zum Professor der Chemie und Physik am Realgymnasium bzw. an der oberen Abteilung der Oberrealschule (Blauring-Oberschule) in Ulm befördert, übernahm L. im Okt. 1935 nach der Suspendierung des Rektors Dr. Otto →Knapp die kommissarische Leitung des Realgymnasiums bis zur Amtseinsetzung des neuen Rektors Otto →Sättele. Am 2. Nov. 1936 wurde L. im Alter von 65 Jahren pensioniert. Den

---

330 WN 1913, S. 275 – EHMER/KAMMERER, S. 238 (Bild).

Nationalsozialisten war er als Mitglied der „Bekennenden Kirche" ein Dorn im Auge.

Von 1914 bis 1916 war L. Frontoffizier (zuletzt Hauptmann) im Ersten Weltkrieg gewesen. Politisch engagierte er sich in Ulm bei den Nationalliberalen, nach 1919 bei der Deutschen Volkspartei (DVP). 1931 Ersatzmitglied für Ulm zum 2. Landeskirchentag, engagierte sich L. als Kirchengemeinderat der Martin-Luther-Kirchengemeinde. Er war Mitglied des Vereins für Kunst und Altertum in Ulm und Oberschwaben, des Ulmer Vereins für Mathematik und Naturwissenschaften, des Gymnasiallehrervereins, des Philologenvereins, des Reichsvereins höherer Beamter und des NS-Lehrerbundes, trat aber der NSDAP nicht bei.

Q   StadtA Ulm, G 2
L.   CRAMER, Württembergs Lehranstalten ⁷1925, S. 90 – Magisterbuch 41 (1932), S. 118 – ROTERMUND, Zwischen Selbstbehauptung, S. 81 – EHMER/KAMMERER, S. 241.

Lechler, *Karl* Johann Friedrich (von), Dr. phil., Dr. theol. h.c., * Großbottwar/OA Marbach 28. Juni 1820, † Ludwigsburg 25. Mai 1903, ev.

Vater   Karl *Maximilian* Lechler, Dr. med., * 1789, † 1878, Apotheker und Arzt in Markgröningen, Großbottwar, Weil im Schönbuch, Böblingen und Giengen an der Brenz/OA Heidenheim, zuletzt Oberamtsarzt in Nürtingen, 1874 a. D.
Mutter   Christiane Friederike Scholl, * 1801, † 1880.
16 G, davon 3 † früh, darunter Reinhold Lechler, * Nürtingen 10. III. 1841, †1929, Stadtpfarrer in Güglingen und Bopfingen, Pfleger der Württ. Kommission für Landesgeschichte.
∞ 1849 *Christiane* Wilhelmine Bossert, * 1823, † 1900.
11 K, davon 4 † früh, darunter *Georg* Martin Lechler³³¹, * Winnenden/OA Waiblingen 26. VII. 1851, † Heilbronn 28. XII. 1912, Gymnasialprofessor und Ephorus in Heilbronn/Neckar, seit 1911 Rektor am Gymnasium ebd.; Paul *Maximilian (Max)* Otto Lechler, Dr., * Nürtingen 11. VII. 1863, † Ulm 9. IX. 1948, 1912-1938 Apotheker (Hirsch-Apotheke) in Ulm, verdient um den Bau der Ulmer Martin-Luther-Kirche.
Cousin des Gotthard Viktor Lechler, * 1811, † 1888, Professor der Theologie, Kirchenhistoriker in Leipzig.

L. war Ulmer Prälat und Generalsuperintendent am Ende des 19. Jahrhunderts. Ungeachtet der relativen Einflusslosigkeit des Amtes, das Geistliche als Würdigung ihrer Lebensleistung meist am Ende ihrer Laufbahn erhielten, vermochte der bei Amtsantritt fast 64 Jahre alte L. doch zu einer prägenden Persönlichkeit in Ulm zu werden, die nicht nur vor Ort vieles bewegte und bewirkte, sondern auch als Politiker und in der Einigungsbewegung der ev. Landeskirchen vor 1900 wichtige Akzente setzte.

Sein Vater sah für ihn die theologische Laufbahn vor. L. kam nach dem bestandenen Landexamen 1834 als Zögling an das ev.-theol. Seminar in Urach. Von 1838 bis 1842 studierte er Theologie in Tübingen (Mitglied der Burschenschaft Roigel „Tübinger Königsgesellschaft") und wohnte während des Studiums im Stift. Nach der theol. Dienstprüfung ging er 1842 als Vikar nach Unterweissach, 1843 in gleicher Funktion nach Eningen unter Achalm. 1843 wurde er zum Dr. phil. promoviert. L. war unter den ev. Geistlichen seiner Zeit einer der produktivsten Schriftsteller. In seinen zahlreichen Veröffentlichungen plädierte er für eine Stärkung der Selbstständigkeit der Landeskirche gegenüber dem Staat und in diesem Zusammenhang besonders für einen Bedeutungszuwachs der Pfarrgemeinderäte.

Nach Rückkehr von einer wissenschaftlichen Reise wurde er 1844 als Vikar nach Degerloch versetzt, 1845 als Stadtpfarrverweser nach Langenburg/OA Gerabronn und als Stadtvikar nach Stuttgart (Leonhardskirche). 1847 zum Repetenten am Tübinger Stift berufen, erhielt L. 1849 seine erste definitive Anstellung als Oberhelfer in Winnenden, zugleich war er dort Geistlicher an der Heilanstalt Winnental. Während seiner 12-jährigen Tätigkeit in Winnenden gründete L. seinen eigenen

Hausstand, indem er die ebenfalls aus einer schwäbischen Pfarrersfamilie stammende Christiane Bossert heiratete. In Winnenden entstanden seine ersten wichtigen Bücher und Aufsätze, in denen er seine Auffassung vom ev. Ideal des Kirchenamts als Bischofsamt und – in Palmers 1860 erschienener „Pastoraltheologie" – einen Abriss der Theorie der Seelsorge an Geisteskranken formulierte.

1861 zum Diakon in Nürtingen ernannt, wurde L. schon 1864 zum Dekan in Calw befördert, 1878 zum Dekan in Heilbronn/Neckar. Am 30. Okt. 1883 als Nachfolger des als Prälat und Generalsuperintendent nach Ludwigsburg versetzten Paul von →Lang zum Prälaten und Generalsuperintendenten von Ulm ernannt, trat L. das Amt am 3. März 1884 an. In den 13 Jahren seiner Tätigkeit in Ulm war er qua Amt 1884 bis zum 5. Juli 1897 (30. bis 33. o. LT) auch Mitglied der Kammer der Abgeordneten des Württ. Landtags: 1886 bis 1888 Mitglied der Verstärkten Staatsrechtlichen Kommission, 1893 bis 1894 Mitglied der Verfassungskommission. 1895 schloss sich L. in der Kammer der Sammelfraktion „Freie Vereinigung" an.

L. schuf mit seinem Bericht vom 3. Juni 1889 über die Ulmer Verhältnisse einen sehr aufschlussreichen Einblick in das städtische Leben der Zeit. In Ulm setzte sich L. besonders für die 1877 gegründete Kinderkrippe in der Sattlergasse 4 ein und war Vorstand der von ihm 1890 gegründeten Karl-Olga-Heilanstalt für Kinder im städtischen Hospital. In diesen Aktivitäten manifestierte sich L.s ungewöhnliches Interesse an sozialen Fragen, die ihn noch im Ruhestand als Redner auf dem Ev.-Sozialen Kongress in Karlsruhe (1900) auftreten ließ.

Mit Dekan Adolf →Bilfinger organisierte er 1893/94 die Umwandlung der kaum aktiven Pfarrgemeinderäte in Kirchengemeinderäte, denen L. mehr Leben einhauchen wollte – was ihm auch gelang. Bereits 1884 hatte L. den Umbau der Münstersakristei – Tagungsort des Pfarrgemeinderates – angeordnet, weil die Gegebenheiten dort derartig waren, dass nicht einmal hinreichende Sitzmöglichkeiten bestanden. Zuvor hatte er mit Bilfinger die Ausscheidung des ev. Kirchengutes durchgeführt. Im Juli 1897 wurde L. anlässlich seines Eintritts in den Ruhestand vom König mit der Verleihung des Kommenturkreuzes des Württ. Kronordens geehrt. L.s Nachfolge in Ulm trat Gottlieb von →Weitbrecht an. L. verlebte seinen Ruhestand in Ludwigsburg, blieb aber sehr aktiv. Vor allem die Arbeit des Ev. Bundes fand sein lebhaftes Interesse, und noch 1899 nahm er an dessen Generalversammlung in Nürnberg teil. In seinem Todesjahr 1903 war er maßgeblicher Mitgründer des „Dt. Ev. Kirchenausschusses", der die Erfüllung seines Lebensthemas bedeutete, den Zusammenschluss der ev. Landeskirchen. Sein Tod verhinderte eine geplante Teilnahme an der Generalversammlung des Ev. Bundes in Ulm. – Seit 1869 (mit Ausnahme der Jahre 1875 bis 1886) Mitglied der Ev. Landessynode, zunächst Abg. von Calw (Mitglied des Synodalausschusses), 1879 von Heilbronn, 1888 von Münsingen und seit 1894 als landesherrliches Mitglied und Alterspräsident; seit 1877/78 Mitglied der musisch-technischen Abteilung des neu gegründeten ev. Kirchengesangvereins. – 1889 Jubiläumsmedaille; 1890 Kommenturkreuz II. Kl. des Friedrichsordens; Olgaorden; 1897 Dr. theol. h.c. (Univ. Tübingen).

Q   StadtA Ulm, G 2.
W   Die neutestamentliche Lehre vom heiligen Amt in ihren Grundzügen dargestellt, Stuttgart 1857 – Die Konfessionen in ihrem Verhältnis zu Christus, Heilbronn 1877 – Beicht- und Abendmahlsbüchlein, Heilbronn 1881 (Stuttgart ⁵1890) – Brennende Fragen, 1882 – Bischof Cyprian, ein dramatisches Gedicht, Stuttgart 1882 – Das Gotteshaus im Lichte der dt. Reformation, Heilbronn 1883 – Der Ev. Bund und die kirchlichen Parteien, Stuttgart 1887 – Die Erneuerung des Taufbundes und die erste Abendmahlsfeier, Heilbronn 1888 – Der dt. ev. Kirchenbund, Gütersloh 1890 – Die Erziehung unserer theologischen Jugend zum Kirchendienst. Denkschrift […] verfaßt von K. von L., Stuttgart 1897 – Diaspora-Katechismus d. i. kurzgefaßter Unterricht über die Unterschiede zwischen der ev. und der kath. Kirche für die Evangelischen in der Zerstreuung, Stuttgart ³1897 – Die biblische Lehre vom heiligen Geiste, 3 Bände, Gütersloh 1899-1904 – Die Fortbildung der Religion, Stuttgart 1903.

³³¹ CRAMER, Württembergs Lehranstalten ⁶1911, S. 41 – EHMER/KAMMERER, S. 241.

L   Ih 2, S. 530 – Worte zum Begräbnisse von [...] Karl Lechler. [...], Ludwigsburg 1903 – Staatsanz. Nr. 119, 26. V. 1903, S. 881 – SK Nr. 238, 26. V. 1903, S. 5 und 8 (Todesanzeige) und Nr. 242 vom 28. V. 1903, S. 6 – Kirchl. Anz. für Württemberg 1903, S. 244-246 – Ev. Kirchenbl. für Württemberg 1903, S. 227 ff. (Rudolf PFLEIDERER) – Württ. Jahrbücher 1903, S. III – BJDN VIII (1903), Sp. 67* (Totenliste) – Hauptregister, S. 506 – KALKOFF, S. 345 – Eberhard FEUCHT (Bearb.), Familienbuch der Nachkommen des M. Johann Christof Friedrich Lechler, Stuttgart 51921, S. 36 ff. – SIGEL 13,2, S. 558 f. – DGB 110, S. 344 – UBC 3, S. 151, 156 (Bild) – SCHMIDGALL, Burschenschafterlisten, S. 132, Nr. 12 – LEUBE, Tübinger Stift, S. 707 – NEBINGER, Die ev. Prälaten, S. 574 – SPECKER, Ulm im 19. Jahrhundert, S. 149 f., 357, 392-394, 395, 408, 419, 426, 431 f. – BBKL 4 (1992), Sp. 1309-1311 (Hermann EHMER) – DBE 6 (1997), S. 282 – RABERG, Biogr. Handbuch, S. 496 f. – EHMER/KAMMERER, S. 242 (Bild).

Lechner, Max, * Meerane/Kreis Zwickau (Sachsen) 10. Jan. 1889, † Ulm 21. Jan. 1952, ev.

Vater   Bernhard Alois Otto Lechner, Lithograf und Druckereibesitzer in Meerane.
Mutter   Anna Glaser
∞ Meerane 10. V. 1919 Klara Uhlig, * Meerane 30. IV. 1898, T. d. Privatiers Bruno Uhlig u. d. Klara Uhlig.
1 K   Rosemarie Ursula Lechner, * Stuttgart 16. X. 1930.

L. zählt zu den Neu-Ulmer Kommunalpolitikern der Nachkriegszeit, über die relativ wenig bekannt ist. Er war das erste Neu-Ulmer Stadtratsmitglied der Nachkriegszeit, das in seiner Amtszeit gestorben ist.

Der gebürtige Sachse scheint frühestens in den 1920er Jahren nach Württemberg gelangt zu sein, wo er langjähriger Prokurist der Härtsfeld-Kalkwerke in Neresheim war. In den 1930er Jahren übernahm er die Direktion der Süddeutschen Weißkalkwerkstelle GmbH in Ulm. Im Mai 1937 zog die Familie L. von Ulm nach Neu-Ulm um und nahm eine Wohnung in der Schützenstraße 72. Zuletzt war L. Direktor der Weißkalkwerke Kurt Mühlen & Co. in Ehrenstein.

Am 30. Mai 1948 wurde L. bei der zweiten Kommunalwahl auf dem Wahlvorschlag der CSU in den Stadtrat von Neu-Ulm gewählt, dem er bis zu seinem Tode angehörte. L. war Mitglied der Verwaltungs- und des Finanzausschusses und entfaltete ein besonderes Engagement als Krankenhausreferent. L. starb unter tragischen Umständen: 1945 hatte er bei einem Raubüberfall auf sein Haus in Neu-Ulm eine schwere Schussverletzung am Kopf erlitten. Seitdem litt er an Depressionen. Kurz nach seinem 63. Geburtstag verschwand L. spurlos. Nach mehrtägiger Suche fand man seinen Leichnam in der Donau. – Ehrenvorsitzender der TSG Ulm 1846; Zweiter Vorsitzender des ADAC Ulm/Neu-Ulm; Kassier der Jägervereinigung des Kreisvereins Ulm.

Q   StadtA Neu-Ulm, A 9.
L   Tragischer Tod von Stadtrat Lechner. Leiche nach umfangreicher Suche im Donaualtwasser gefunden, in: Schwäb. Donauzeitung, 22. I. 1952.

Leipheimer, Robert, * Oberbalzheim/OA Laupheim 2. Juni 1829, † Ulm ? 12. oder 15. Jan. 1914, mos.

Vater   Gottlob Dietrich Leipheimer, * 1796, † 1873, Waldmeister in Oberbalzheim.
Mutter   Katharina Regina Röscheisen.
Mehrere G, darunter Max Leipheimer, * Oberbalzheim/OA Laupheim 3. V. 1832, † Stuttgart 23. oder 24. V. 1903, Rechtsanwalt in Stuttgart, Justizrat, Vorsitzender der Württ. Anwaltskammer. Über dessen u. d. Antonie Leube, * Ulm 18. I. 1841, † Stuttgart 26. I. 1903, Tochter Marianne Luise Leipheimer, * 8. Okt. 1865, † Stuttgart 13. VI. 1966, war L. ein angeheirateter Onkel des Politikers Heinrich Kraut, MdL und 1913-1918 Präsident der Kammer der Abgeordneten des Württ. Landtags.
∞ 1862. 6 K, darunter Hans Dietrich Leipheimer, * 1870, Kunstmaler in Sersheim.

L. war eine der einflussreichsten jüdischen Persönlichkeiten Ulms in der Zeit des Kaiserreichs.

Sein Jurastudium führte ihn nach Tübingen (Mitglied der Burschenschaft Germania) und Heidelberg. Anschließend ließ er sich als beim Landgericht zugelassener Rechtsanwalt in Ulm nieder, wo er später den Titel Justizamtmann erhielt. L.s Kanzlei war sehr erfolgreich. Daneben hatte L. noch viel Zeit und Energie, sich im öffentlichen Leben Ulms zu engagieren.

Im Dez. 1861 in den Bürgerausschuss gewählt, war er schon im Jahr darauf bis 1867 dessen Obmann. Sein parteipolitisches Engagement scheint dann mit dazu beigetragen zu haben, dass ihm Ende 1867 die Wahl in den Gemeinderat misslang und er 1876 auch nicht mehr in den Bürgerausschuss gewählt wurde. Im Herbst 1863 war L. in den Ausschuss des Ulmer Schleswig-Holstein-Komitees gewählt worden, 1865 hatte er neben Robert →Ebner und Gustav →Wolbach zu den maßgeblichen Mitgründern des Demokratischen Volksvereins in Ulm gezählt. 1870 stand er im Lager der Großdeutschen Partei. L. war weit über die Region hinaus bekannter Vertreter seiner Partei.

1863 Gründungsmitglied und Schriftführer der Gewerbebank in Ulm, war er seit Feb. 1868 auch Mitglied der Finanzsektion des Münsterbaukomitees. – Mitglied des Vereins für Kunst und Altertum in Ulm und Oberschwaben.

L   Staatsanzeiger Nr. 12, 1914 – Württ. Jahrbücher 1914, S. III – WN 1914, S. 248 – UBC 2, S. 107 – RUNGE, Volkspartei, S. 42, 129 – RIEBER/JAKOB, Volksbank, S. 57 – SPECKER, Ulm im 19. Jahrhundert, S. 103, 208, 219, 221 – PHILIPP, Germania, S. 74, Nr. 1092 – WAIBEL, Gemeindewahlen, S. 347.

Lempp, Eugen (von), * Knittlingen/OA Maulbronn 15. Sept. 1847, † Ulm 27. Mai 1939, ev.

Vater   Christian Friedrich Lempp[332], * [Bad] Boll/OA Göppingen 1. X. 1808, † Esslingen 6. III. 1885, Dekan in Knittlingen und Blaubeuren, zuletzt Pfarrer in Altenstadt bei Geislingen/Steige, S. d. Ferdinand Friedrich Lempp, Pfarrer in Boll, u. d. Maria Elisabeth Köstlin.
Mutter   Amalie Eytel, T. d. Johann Jacob Eytel, Mag., Pfarrer in Neuhausen an der Erms, u. d. Renata Christiana Köstlin.
G   Adolf Lempp[333], * Balingen 6. V. 1843, † Heilbronn 10. X. 1901, Kgl. Oberförster in Heilbronn, 1894 Abg. für Neuenstadt zur V. Landessynode; Christian Eduard Lempp[334], D. Dr. phil., * Blaubeuren 14. XII. 1855, † Stuttgart 23. I. 1939, Waisenhaus-Oberinspektor und Schulrat in Stuttgart, 1919-1931 stv. Vorsitzender des Ev. Volksbundes für Württemberg, Abg. für Neuenstadt zur VI. und VII. Landessynode, ∞ Herrenberg 1883 Anna Emilie Friederike Schüz, * Wolfschlugen/OA Nürtingen 17. VI. 1859, † Stuttgart 20. III. 1938, T. d. Christof Paul Schüz, Dekan in Herrenberg, u. d. Emilie Haumeier.
∞ Rottweil 23. VIII. 1881 Helene Speidel, * Balingen 24. II. 1862, † Ulm 4. XI. 1938, T. d. Wilhelm (von) Speidel, Landgerichtspräsident, u. d. Julie von Alberti.
4 K.

L. zählte zu den württ. Justizbeamten, die ihre dienstliche Laufbahn nach Ulm führte und die sich dort so einlebten, dass sie auch ihren Ruhestand dort verbrachten.

Nach dem Jurastudium in Tübingen (Mitglied der Burschenschaft Normannia) und den beiden Staatsprüfungen trat L. in den württ. Staatsdienst, der ihn u. a. als Justizassessor nach Schwäbisch Gmünd, und als Landrichter nach Heilbronn/Neckar führte. Nach wenigen Jahren als Oberamtsrichter in Heidenheim/Brenz kam L. 1890 als Landgerichtsrat nach Ulm, wo er zuletzt Landgerichtsdirektor war. Daneben ließ er sich in der Nachfolge von Max →*Haldenwang als Justitiar bei der Reichsbankstelle Ulm verpflichten und wurde 1901 zum o. richterlichen Mitglied der Regierung des Donaukreises berufen. 1900/01 erfolgte L.s Wahl zum Abg. für Ulm zur 6. Ev. Landessynode. Die Verleihung des Ehrenritterkreuzes mit Krone des Württ. Kronordens brachte ihm den Personaladel ein. 1913 trat er im 66. Lebensjahr in den Ruhestand, den er in Ulm verlebte. – 1901 Ritterkreuz I. Kl. des Friedrichsordens.

L   UBC 3, S. 225 – SCHMIDGALL, Burschenschafterlisten, S. 165, Nr. 210 – EHMER/KAMMERER, S. 246 (mit Bild).

---

[332] EHMER/KAMMERER, S. 245.
[333] EHMER/KAMMERER, S. 245.
[334] Hd 8, S. 467 – ZIEGLER, Fangelsbachfriedhof, S. 74 – EHMER/KAMMERER, S. 245 f.

Leplat, Jérome, * Neu-Ulm 10. Okt. 1903, † Weißenhorn 28. März 1988, ⬚ Neu-Ulm 31. März 1988, ev.

Vater Jérome Leplat, Gründer der nach ihm benannten Lederwarenfabrik.
∞ I., † 1950; II. ∞ Angelika Münch.
2 *K* André Leplat; Jérome Leplat.

L. war einer der bedeutenden Neu-Ulmer Unternehmer des 20. Jahrhunderts. Nach dem Besuch der Realschule Neu-Ulm und der Absolvierung seiner kaufmännischen Ausbildung trat L. 1926 als Geschäftsführer in die im Jahre 1900 in Ulm gegründete und 1908 bzw. 1910 nach Neu-Ulm übergesiedelte Lederwarenfabrik OHG, Neu-Ulm, ein, die zeitweise bis zu 300 Beschäftigte und um die 40 Handelsvertreter hatte und deren Seniorchef er zuletzt war (1998 Konkurs). Das Unternehmen fertigte und vertrieb hochwertige Lederwaren. Nach Ende des Zweiten Weltkriegs produzierte L. angesichts der veränderten Bedarfslage kurzfristig Schuhe und großstückige Lederwaren. Er besaß sechs Lederwarendetailgeschäfte an verschiedenen Orten, 1955 gründete er eine Spezialfabrik für Plastikwaren „Monopolit Werk" GmbH in Weißenhorn, 1962 ein Zweigwerk in Nersingen. Nach der Übergabe der Fabrik an den Sohn begründete L. 1975 noch einen Lederwarengroßhandel (Verband der Bayer. Lederwaren-, Koffer- und Sportartikel-Industrie e. V.). L., der an einem Herzinfarkt starb, setzte sich als einer der frühen Pioniere des betrieblichen Versorgungswesens auch für die sozialen Belange seiner Angestellten ein und begründete Ende der 1950er Jahre ein betriebliches Altersversorgungswerk, nachdem er schon 1938 ein betriebliches Ausbildungswesen gegründet hatte, das in der Branche als beispielhaft galt. – Erster Vorsitzender des Tennisclubs „Blau-Weiß" Neu-Ulm. – Bundesverdienstkreuz.

Q StadtA Ulm, G 2.
L. Eine Neu-Ulmer Unternehmerpersönlichkeit: Jérome Leplat 60 Jahre, in: Ulmer Nachrichten Nr. 234, 10. X. 1963, S. 12 (Bild) – Dynamische Unternehmergeist. Jérome Leplat 65 Jahre alt – Im In- und Ausland bekannt, in: Neu-Ulmer Zeitung Nr. 234, 10. X. 1968, S. 16 (Bild) – Jérome Leplat Infarkt erlegen, in: Neu-Ulmer Zeitung Nr. 74, 29. III. 1988 (Bild) – TREU, Neu-Ulm, S. 617.

Lerchenfeld, Freiherr *Gustav* Anton von, * Ulm 30. Mai 1806, † Berchtesgaden 10. Okt. 1866, kath.
Vater Freiherr Maximilian Emanuel von Lerchenfeld[335], * Ingolstadt 16. XI. 1778, † Gut Heinersreuth bei Bamberg 14. X. 1843, 1800 Rat bei der Kurpfalzbayerischen Generaldirektion für Schwaben in Ulm, 1805 Direktor der Staatsrechtlichen Abteilung ebd., 1807 Kgl. Bayer. Gesandter in Stuttgart [ihm oblag die Regelung der Grenzverhältnisse mit Württemberg], 1808 Generalkommissar in Ansbach, 1809 dsgl. in Nürnberg, 1810 dsgl. in Innsbruck, 1814 dsgl. in Würzburg, 1817–1825 und 1833–1835 Kgl. Bayer. Staatsminister der Finanzen, 1825–1833 Kgl. Bayer. Gesandter zum Bundestag in Frankfurt/Main, seit 1835 dsgl. am Kaiserhof in Wien, S. d. Freiherrn Maximilian Joseph Adam von Lerchenfeld, * Kraiburg 1740, † Ingolstadt 1805, Kurpfalzbayerischer Kämmerer, Hofrat und Kastner in Ingolstadt, u. d. Maria Anna Sophia Freiin von Eyßelsberg, * Bamberg 1824, T. d. Landsturmeinnehmer Freiherr von Eyßelsberg in Oberösterreich.
Mutter Luise von Hailbronner.
Mehrere *G*, darunter Freiherr Ernst von Lerchenfeld, * Würzburg 15. VI. 1816, † Bayreuth 28. VIII. 1878, Regierungspräsident von Schwaben und Neuburg, zuletzt seit 1868 dsgl. von Oberfranken, ∞ 28. XII. 1841 Babette Bronzetti.
∞ Landau 11. VI. 1831 Elisabeth Rühle von Lilienstern, T. d. Jakob Heinrich von Lilienstern, k. k. Rittmeister, u. d. Johanna Franziska Elisabetha von Barkhausen.
Keine *K*.

Wenn er auch nur seine ersten zwei Lebensjahre in Ulm verbrachte, war L. doch ein typischer Vertreter der neuen Zeit, der bayerischen Herrschaft in Ulm. Sein Vater, enger Mitarbeiter

[335] ADB 18 (1883), S. 423 f. – SCHÄRL, Beamtenschaft, S. 99, Nr. 33 – NDB 14 (1985), S. 312.

des Freiherrn Wilhelm von →Hertling bei der Besitznahme neuer Territorien in Ulm und in Oberschwaben, schloss in Ulm am 4. Aug. 1805 die Ehe mit Luise von Hailbronner, Tochter einer der ersten Familien des reichsstädtischen Ulmer Patriziats. Erster Spross dieser Verbindung war L.

L. widmete sich nach dem Besuch des Gymnasiums in München in Wahrung der Familientradition ab 1824 dem Jurastudium in München und Heidelberg. Nach Ablegung der juristischen Dienstprüfungen trat er in den bayerischen Staatsdienst und wirkte zunächst als Bezirksrichter in der Pfalz (Landau) und als Appellationsgerichtsrat in Bamberg. Der Tod seines Vaters verlagerte sein Wirken auf die politische Ebene. Mit der Übernahme des Familiengutes Heinersreuth zählte er zu den adeligen Grundbesitzern mit Gerichtsbarkeit in Bayern und gehörte als Vertreter dieses Standes seit 1845 der Zweiten Kammer des Bayer. Landtags an. Der rasch zum Finanzexperten der Kammer avancierte L. war ein Gegner des Innenministers Karl August von Abel und positionierte sich frühzeitig als einer der Führer der liberalen Opposition, zu denen er neben Graf Hegnenberg auch in den 1850er Jahren noch zählte.
In den turbulenten Monaten der Revolutionszeit amtierte L. vom 25. März bis 14. Nov. 1848 als Kgl. Bayer. Staatsminister der Finanzen, vom 14./15. Nov. 1848 bis 19. Dez. 1848 hatte er die Leitung des Staatsministeriums des Innern inne. Nach seinem Rücktritt lebte der nunmehrige Staatsrat auf dem Familiengut Heinersreuth und widmete sein besonderes Interesse neben der Wahrnehmung seines Mandats im Landtag der Lösung der deutschen Frage im großdeutschen Sinne, also unter Einbindung des Kaisertums Österreich. Weithin vergessen sind Ls Verdienste um die Lösung dieses Problems, für das er sich auch als Mitgründer und Präsident des deutschen Reformvereins nachdrücklich einsetzte.
L. verfasste eine Reihe von Publikationen zu historischen Themen und gab mit dem Reichsarchivdirektor Rockinger die bayerischen landständischen Freibriefe heraus. Daneben war er ständiger Mitarbeiter der in ganz Deutschland verbreiteten „Augsburger Allgemeinen Zeitung". Persönlich keinen Konflikt scheuend und ausgestattet mit einer losen Zunge, wurde er bei einem Duell, zu dem ihn der von ihm beleidigte Fürst Wrede gefordert hatte, verwundet. Der Sechzigjährige erlag wenige Tage nach einem Sturz bei einer Wanderung auf dem Untersberg den dabei erlittenen Verletzungen. Mit ihm starb eine der interessantesten in Ulm geborenen Politikerpersönlichkeiten des 19. Jahrhunderts.

W Die altbayerischen landständischen Freibriefe mit den Landesfreiheitserklärungen, München 1853 – Geschichte Bayerns unter König Maximilian Joseph I., Berlin 1854 – Das Verfahren der deutschen Großmächte gegen Schleswig-Holstein und den Bund, Jena 1866.
L. Ih 2, S. 538 – SCHÄRL, Beamtenschaft, S. 99 f., Nr. 34 – SCHWABE, Regierungen, S. 51, 55, 250 – GBBE 2, S. 1166.

Leube, Eduard, * Ulm 2. Okt. 1800, † ebd. 24. Jan. 1883, ⬚ ebd., Alter Friedhof, ev.
Eltern und *G* siehe Ernst →Leube (1767–1849).
∞ Ulm 23. VI. 1831 Emilie Kindervatter, * Ulm 3. VI. 1805, † ebd. 10. XII. 1883, T. d. Johann Joseph Kindervatter u. d. Dorothea Regina Weißböck. Eine *Schw* Emilies, Karoline, war verheiratet mit Wilhelm →Lödel.
Keine *K*.

L. wuchs in Ulm auf und besuchte dort die vorbereitende Schule und das Gymnasium, woran sich die kaufmännische Lehre anschloss. Durch seine Eheschließung mit einer Tochter des Spediteurs Kindervatter, dessen Geschäftsgebäude neben der Konditorei der Leubes gelegen war, wurden wichtige Weichen gestellt. L. trat als Teilhaber in das Kindervatter'sche Geschäft ein. Kaufmann in Ulm, Mitinhaber der Firma Gebr. Leube, Ulm. Bereits 1833 zählte L. zu Ulms höchstbesteuerten Bürgern, was ihm das Recht einbrachte, als Wahlmann I. Kl. an den Wahlen zur Abgeordnetenkammer des Württ. Landtags teilzunehmen. Im Dez. 1846 scheiterte L. mit seiner ersten

Kandidatur für ein Gemeinderatsmandat, ebenso im Sept. 1849. Im Dez. 1853 erfolgte L.s Wahl in den Gemeinderat seiner Vaterstadt, ohne dass er vorher Bürgerausschussmitglied gewesen war – ein seltenes kommunalpolitisches Phänomen in Ulm, das sich zwischen 1819 und 1900 nur zwölfmal einstellte. 1855 trat L. als Präsident an die Spitze der neu gegründeten Handels- und Gewerbekammer Ulm, die – dem Vorbild von Stuttgart, Heilbronn/Neckar und Reutlingen folgend – ein Bindeglied zwischen der staatlichen Zentralstelle für Gewerbe und Handel und den örtlichen Gewerbevereinen bilden sollte. Sie löste die seit 1843 existierende Ulmer Privathandelskammer ab, in der L. bereits tätig gewesen war. Für seine Verdienste im Amt des Kammerpräsidenten verlieh ihm der König von Württemberg den Titel Kommerzienrat. Nach zwölfjähriger Tätigkeit trat L. 1867 zurück, zu seinem Nachfolger wurde Philipp Ludwig →Adam ernannt.

L., über den es nicht viel Material gibt, scheint eine der „stillen" Ulmer Wirtschaftsgrößen gewesen zu sein, auch von gesellschaftlichem Engagement ist – abgesehen von der kommunalpolitischen Tätigkeit – nicht die Rede. Er starb im Alter von 82 Jahren.

L F. C. HUBER, Jubiläumsschrift zum 50jährigen Bestehen der Württembergischen Handelskammern, Band 1, Stuttgart 1905, S. 15 ff. – GIES, Leube, S. 31, 32 (Bild), 42, 54-57, 95, 97 – UBC 2, S. 435, 437 (Bild) – UNGERICHT, S. 167 – WAIBEL, Gemeindewahlen, S. 294, 341 – SPECKER, Ulm im 19. Jahrhundert, S. 126, 145.

Leube, Wilhelm *Ernst*, * Maienfels/OA Weinsberg 20. Feb. 1767, † Ulm 2. Mai 1849, ⌂ ebd., Alter Friedhof, ev.
Vater   Johann *Christian* Leube, * Obersontheim/OA Gaildorf 4. I. 1732, † Maienfels 29. IV. 1809, 1756 Pfarrer in Weiler/OA Weinsberg, 1765 dsgl. in Maienfels, 1803 a. D.
Mutter   *Charlotte* Rosine Margarethe Rittmann, * 15. X. 1739, † Maienfels 1. XI. 1810, T. d. Johann Georg Rittmann, Pfarrer in Maienfels, u. d. Anna Helene Hezel.
16 G   Friedrich Leube, * Weiler 1. I. 1759, † Maienfels 24. VI. 1760; Lorenz Heinrich Leube, * Weiler 1. IV. 1760; Juliane Friederike Katharina Leube, * Weiler 15. IV. 1761, † Maienfels 22. X. 1761; Charlotte Christine Leube, * Weiler 18. X. 1762, ∞ Maienfels 3. V. 1791 Christian Gottlieb Jahn, Präzeptor in Öhringen; Georg Karl Friedrich Leube, * Weiler 2. V. 1764, † Schwäbisch Hall 24. I. 1836, Goldschmied in Schwäbisch Hall, ∞ Schwäbisch Hall 7. XI. 1789 Susanna Marie Dötschmann, * Schwäbisch Hall 2. IV. 1763, † ebd. 21. X. 1831, T. d. Haalmeisters Johann Friedrich Dötschmann u. d. Anna Marie Schloßstein; Christian Friedrich Leube, * Maienfels 1. I. 1766, † Maienfels 4. II. 1766; Sophie Christine Leube, * Maienfels 23. V. 1769, ∞ Öhringen 1797 Johann Christian Ernst Beyer, Präzeptor in Öhringen; Johann Georg Leube, * Maienfels 20. VIII. 1770, † 1. II. 1771; Christian Dietrich Leube, * Maienfels 14. V. 1772, † 1. IX. 1810; Georg Heinrich Ludwig Leube, * Maienfels 16. XII. 1773, † ebd. 28. XI. 1813, Pfarrer in Maienfels, ∞ Wolpertshausen/OA Schwäbisch Hall 4. VII. 1804 Katharina Magdalena Elisabeth Graeter, * Haßfelden 19. III. 1780, T. d. Nikolaus Lorenz Graeter, Pfarrer in Haßfelden, u. d. Maria Katharina Röder; Rosine Wilhelmine Leube, * Maienfels 14. VIII. 1775, † 8. IX. 1775; Karoline Heinrike Leube, * Maienfels 24. VIII. 1776, † 5. IX. 1776; Friedrich Christian Leube * Maienfels 1. IX. 1778, † 11. IX. 1778; Wilhelm Friedrich Ernst Leube, * Maienfels 6. VI. 1780, † 22. XI. 1781; Wilhelm Christian Leube, *† Maienfels 22. V. 1782; Gottlob Christian Leube, * Maienfels 9. II. 1784, 1803 in Marktbreit nachweisbar.
∞ Ulm 31. X. 1797 Catharina Mayr, * Ulm 15. XI. 1778, † Ulm 19. VI. 1818, T. d. Martin Mayr, Dr. med., * Ulm 7. XII. 1740, † ebd. 8. IV. 1794, Arzt, Stadt- und Garnisonsphysicus in Ulm, u. d. Anna Barbara Wagner, * Ulm 17. I. 1756, † ebd. 1. VIII. 1786.
10 K   Johann *Wilhelm* →Leube (1799-1881); Eduard →Leube (1800-1883); Moriz Leube[336], * Ulm 9. I. 1802, † Schwäbisch Gmünd 25. V. 1886, Konditor in Ulm, ∞ I. Ulm 16. VII. 1839 Nanette Abt, † Ulm 9. V. 1842, d. Pfarrers Abt, ∞ II. Ulm 21. VI. 1846 Auguste Majer[337], * 27. IV. 1814, † Ulm 18. X. 1886, T. d. Dekans →Majer; Gustav Leube, * Ulm 4. II. 1803, † ebd. 17. VII. 1807; Robert →Leube (1804-1838), Dr. phil., Garnisonpfarrer und Diakon am Münster in Ulm; Auguste Leube, * Ulm 17. II. 1806, † ebd. 27. II. 1888, ∞ Ulm 26. V. 1835 Anton Dieterlen, * Ulm Nov. 1793, † Stuttgart 2. II. 1837, Sekretär im Kgl. Württ. Kriegsministerium; Gustav →Leube (sen.); *Maximilian (Max)* Ludwig (von) →*Leube (1809-1881); Ernestine Pauline Leube, * Ulm 3. IV. 1812, † ebd. 13. X. 1813; *Julius* Ernst Leube[338], * Ulm 19. IV. 1815, † ebd. 14. II. 1891, Direktor der Papierfabrik Carl Beckh Söhne, Faurndau, zuletzt Privatier in Ulm, ∞ Ulm 2. VIII. 1842 Caroline Löffler, * Ulm 26. X. 1822, † ebd. 1. VI. 1898.

L. war der Stammvater der weit verzweigten und mit der Geschichte Ulms in vielfältiger Weise verbundenen Familie Leube.

L. wuchs im ländlichen Maienfels auf, wo er bis zur Konfirmation lebte und ersten Unterricht von seinem Vater und dem örtlichen Schulmeister erhielt. Als Heranwachsender gab ihn der Vater in die Lehre nach Schwäbisch Hall, wo der Sohn Handlung und Konditorei erlernen sollte. Während der Lehre erfuhr der junge L. von seinem älteren Bruder, in Ulm sei bei Konditor Kauffmann eine Lehrstelle frei. So kam L. 1787 nach Ulm, dort freilich mit einer herben Enttäuschung konfrontiert: die Lehrstelle war mittlerweile besetzt. Doch L. hatte Glück, da ihn der Konditor Johann Leonhard Wagner († Ulm 17. Jan. 1797) am Markt unter seine Fittiche nahm. Wagner war ein gelegentlich harter und launischer Dienstherr. L. schloss in Ulm rasch Freundschaften mit den Brüdern →*Kindervatter und Ludwig →*Kiderlen, aber auch mit dem Schwiegersohn von Wagner, Garnisonsphysicus Dr. Martin Mayr, der im oberen Stock des Geschäftshauses am Markt wohnte und dessen Tochter später L.s Ehefrau wurde. Der Tod Mayrs und Wagners brachte im Leben L.s wesentliche Veränderungen. Wagner starb, bevor er seine Pläne, L. sein Geschäft zu übergeben, hatte realisieren können. Dennoch trat L. in Wagners Fußstapfen und übernahm das Geschäft am Markt. L. heiratete im Todesjahr Wagners Catharina Mayr, die ihm zehn Kinder schenken sollte. Der Konditor und Spezereimeister erlebte die Jahre der Revolutionskriege, des Untergangs der Reichsstadt, die bayerische und württembergische Zeit und klagte besonders über die zahlreichen wechselnden Einquartierungen von Offizieren und Soldaten: *Es tut fürchterlich weh, wenn ich mit meiner Frau und Kindern bei geringer Kost vorlieb nehmen und mit weißem Bier oder Wasser mich begnügen und täglich meinen vollen Tisch Fremden geben muß, wo mich die meisten noch bis aufs Blut quälen* (GIES, Leube, S. 28 ff.). L. engagierte sich auch im Ulmer Bürgermilitär und avancierte im Juli 1808 zum Oberleutnant der Grenadier-Kompanie im 2. Bataillon, 1809 zum Hauptmann einer Füsilier-Kompanie. Daneben führte er auch noch im Alter einen Zug der Rettungskompanie und war Beisitzer am Oberamtsgericht.

Da seine ältesten Söhne zu anderen Tätigkeitsfeldern strebten, wurde der Sohn Moriz Leube frühzeitig in das Geschäft eingebunden und übernahm es schließlich. L. verließ Ulm nur noch selten, um die Familien seiner Kinder zu besuchen, zuletzt 1843, als er zur Familie seines Sohnes Julius nach Faurndau reiste. L. starb im 83. Lebensjahr an einem hitzigen Fieber.

L LOTTER, Schall, S. 131 – GIES, Leube, S. 24, 26-32 (Bild), 62, 65, 92, 95, 117 – UNGERICHT, S. 167.

Leube (sen.), Ernst *Gustav*, Dr. phil., * Ulm 23. Mai 1808, † ebd. 15. Nov. 1881, ⌂ ebd., Alter Friedhof, ev.

Eltern und G siehe Ernst →Leube.
∞ Ulm 2. VIII. 1832 Auguste Dieterich, * Ulm 2. VIII. 1810, † ebd. 21. XII. 1897, T. d. Conrad Daniel von →Dieterich.
8 K   Auguste Leube, * Ulm 7. V. 1833, † ebd. 14. X. 1906, ∞ Ulm 25. IX. 1855 *Carl* Ludwig →Schall; Luise Leube, * Ulm 22. VII. 1834, † ebd. Aug. 1834; Gustav →Leube (jun.); Marie Luise Leube, * Ulm 21. I. 1839, † ebd. März 1839; Helene Leube, * Ulm 5. VI. 1841, † Stuttgart 30. XII. 1910, ∞ Ulm 11. V. 1863 Karl (von) Stoll[339], Dr. med., * Stuttgart 15. II. 1828, † ebd. 11. I. 1913, Generalarzt 2. Kl., 1880 Divisionsarzt bei der 26. Division, 1891 a. D., Stifter der Martin-Luther-Skulptur im Ulmer Münster (1903), S. d. Karl Stoll, Dr. med., Hofrat, Chefarzt des Katharinenspitals in Stuttgart, u. d. Ernestine Naschold; Eduard Leube, * Ulm 15. IV. 1843,

336 GIES, Leube, S. 96 – UNGERICHT, S. 167.
337 UNGERICHT, S. 167.
338 GIES, Leube, S. 98 – UNGERICHT, S. 89.

339 Staatsanz. Nr. 10 – SK Nr. 16 –Württ. Jahrbücher 1913, S. III – WN 1913, S. 18-20.

Der „*Begründer der deutschen Zement-Industrie*"[340] zählt zu den bekanntesten Ulmern des 19. Jahrhunderts. Er darf als Prototyp des modernen „Wirtschaftsbürgers" gelten, eine Persönlichkeit, die ruhelos, ideenreich, tatkräftig und zielstrebig durchs Leben ging und der ein oder zwei Bereiche der Betätigung und die Konzentration darauf bei weitem nicht genügten. Die Galionsfigur Ulmer Erfindergeistes im 19. Jahrhundert war nicht nur Apotheker und Fabrikant, sondern auch Chemiker, Naturforscher, Geologe, Mathematiker, Kunstfreund, Mäzen und – nicht zuletzt – Politiker.

L. kam im Leube'schen Stammhaus am Markt in Ulm zur Welt, wuchs in seiner Vaterstadt auf und besuchte dort auch die Volksschule und das Gymnasium. Als er zehn Jahre alt war, starb seine Mutter. Der Vater bestimmte mit Blick auf die Tatsache, dass Ls Onkel, der Ulmer Kronenapotheker Christoph Jakob →Faulhaber, kinderlos war, den Sohn zur Erlernung des Apothekerberufs. Seit Herbst 1822 Lehrling in der Universitätsapotheke Heidelberg, erhielt er ab dem dritten Lehrjahr die Erlaubnis, Vorlesungen an der Universität zu besuchen. L. machte reichlich Gebrauch davon und interessierte sich besonders für Chemie, Botanik und Pharmazie. Nachdem er 1826 ein hervorragendes Examen als Apothekergehilfe abgelegt hatte, trat er bei seinem Onkel in die Apotheke zur Krone in Ulm ein. Nach gut einem Jahr zog es den wissensdurstigen jungen Mann nochmals an die Universität, diesmal nach Tübingen, wo er 1830 das Staatsexamen „in der Apothekerzunft" ablegte.

Nachdem sich sein Interesse besonders auf Chemie und Geognosie konzentriert hatte, vervollkommnete er seine Kenntnisse als Student an der Bergakademie in Freiberg (Sachsen). Eine im Anschluss an das Studium nach Norddeutschland und Dänemark unternommene Reise diente vor allem der Besichtigung großer Industrieunternehmen. In seinem Tagebuch, das seit 1957 in den „Leube'schen Familienblättern" publiziert wurde, trug er seine Eindrücke und Erlebnisse ein.

Zum 1. Jan. 1832 trat L. als „Associé" bei Apotheker Faulhaber ein, zum 1. Mai 1832 übernahm er die Kronenapotheke „auf eigene Rechnung". Der Konkurrenzkampf unter den Ulmer Apothekern war hart und kostete viel Geld. Seit seiner Heirat mit einer Tochter des Stiftungspflegers Conrad Daniel von →Dieterich, der seinem Schwiegersohn bereitwillig Kredite einräumte, war L. seine Geldsorgen aber los. Das Beziehungsgeflecht zur Ulmer Familie Dieterich knüpfte sich noch enger, als drei seiner Brüder Schwestern seiner Frau heirateten – ein schlagendes Beispiel für die Heiratspolitik der sogenannten „Ehrbarkeit" – ein Begriff, der ja aus Ulm stammen soll, auch wenn er sich ursprünglich nur auf die gesellschaftlichen Verhältnisse in Altwürttemberg bezog.

L. sah seine Tatkraft in einem – übrigens sehr erfolgreichen – Apothekerleben nicht erschöpft. In der Regel arbeitete der Frühaufsteher nur am Vormittag in der Apotheke. Er war lange Jahre Vorstand der Apotheker des Donaukreises und Apothekenvisitator im Ulmer Bezirk. Die Ulmer Bevölkerung versuchte er von den Vorzügen der Molkekuren zu überzeugen. Er war und blieb sein Leben lang ein Tüftler, der mit Schießbaumwolle, Zündhölzern, Gichtpapier, Schreibkreide, Tinte und Schuhwichse experimentierte. 1839 erlitt er mit seiner Beteiligung an einer Ulmer Zuckerfabrik Schiffbruch. 1848 probierte er selbst hergestelltes Chloroform an seinen Geschwistern aus – der Wissensdurst und Tatendrang Ls kannte keine Grenzen.

Neben seiner beruflichen Tätigkeit widmete er sich umfänglichen chemischen Experimenten, über die er die Öffentlichkeit laufend unterrichtete. Schon 1833 war er ehrenamtlicher Chemielehrer an der Ulmer Gewerbeschule, seit 1834 hielt er

öffentliche Vorträge über Experimentalchemie vor ausgewählter Ulmer Zuhörerschaft. Seine vielstündigen Wanderungen in der Umgebung von Ulm, auf der Alb und bis weit ins Bayerische hinein, von denen er Pflanzen und Steine mit nach Hause brachte, waren die Grundlage für sein Lebensthema: den Zement. Von 1835 bis 1839 widmete er sich schwerpunktmäßig der Erforschung der Gesteinsschichten der Schwäbischen Alb. Er ging dabei mit wissenschaftlicher Akribie zu Werke, hielt über seine Erkenntnisse Vorträge und veröffentlichte sie. Die Universität Tübingen ernannte ihn im Mai 1839 auf Grund einer seiner Abhandlungen („Geognostische Beschreibung der Umgegend von Ulm. Beiträge zur Kunde der Jura- und Süßwasser-, insbesondere der jüngsten Süßwasser-Kreide-Formation", Ulm 1839) zum Dr. phil. Er stieß auf große Kalkvorkommen und experimentierte mit hydraulischem Kalk, der sich gewerblich nutzen ließ. Diesen Kalk („Caementum") kannten bereits die Römer, und vor L. hatten andere, so Geißel (Tuttlingen) und Weil (Blaubeuren) schon Zement produziert. Aber diese Entdeckung mit einer zeitgemäßen Geschäftsidee zu verknüpfen und daraus einen Welterfolg zu machen, war das Verdienst Ls.

Schon im Okt. 1839 war sein erstes Zementwerk, ein Brennofen in Gerhausen/OA Blaubeuren und ein Stampfwerk mit Mahlgängen in Ehrenstein/OA Ulm fertiggestellt. Die beiden Werke wurden später als Aktiengesellschaft vereinigt. Bei Gerhausen war L. auf seinen Wanderungen auf Mergel gestoßen, der sich zur Herstellung von Zement eignete. Schon 1840 lieferte L. den Zement für den Fußboden des Ulmer Münsters. Das Ausscheiden seines Bruders Julius Leube aus dem Unternehmen auf Grund ungünstiger Aussichten im gleichen Jahr zeigt, dass die Anfänge schwierig waren. Richtig in Schwung kam die Produktion erst seit 1843, als der Ulmer Festungsbau und der Bau verschiedener Eisenbahnlinien den Bedarf an Zement enorm erhöhten. Als Schlaglicht sei erwähnt, dass L. 1844 2.600 Zentner Zement für den Festungsbau lieferte und 1846 der Rosensteintunnel zwischen Cannstatt und Stuttgart ebenso wie Bauten der Südbahn aus Zement von L. erbaut wurden. 1848 konnte er auch mit Bayern einen Zementliefervertrag für den Festungsbau in Neu-Ulm abschließen. 1864 begann L. im Werk Allmendingen mit der Herstellung von Portlandzement, der mit der Zeit andere Zementarten verdrängte. Im gleichen Jahr erwarb L. die Zementfabrik und das Schloss in Gartenau bei Salzburg.

In seiner Vaterstadt war L. ein sehr aktives Mitglied des öffentlichen Lebens. 1847 zählte L. mit Philipp Jakob →Wieland zu den treibenden Kräften für eine (Wieder-)Gründung des Ulmer Gewerbevereins, den er 30 Jahre lang leitete. 1863 war er mit seinem Sohn Gustav →Leube (jun.) unter den Gründungsmitgliedern der Ulmer Gewerbebank, der Vorläuferin der Volksbank. 1858 war auch auf sein Betreiben die Ulmer Gasfabrik gegründet worden. L. war Ulmer Schützenmeister.

Auch in der Kommunalpolitik engagierte sich L., der spätestens seit 1841 zu den höchstbesteuerten Bürgern Ulms zählte. Im Juli 1855 erfolgte seine Wahl in den Ulmer Bürgerausschuss. 1861 erwarb L. die Burgruine Klingenstein (Gde. Blaustein) „auf Abbruch"; er ließ zwar einen Flügel des Schlossbaus tatsächlich abbrechen, sicherte aber gleichzeitig die Mauerreste und gab seinen Erben den Auftrag, das wertvolle Kulturdenkmal zu erhalten. Klingenstein wurde zum Sommeraufenthaltsort der Familie L. 1877 stifteten die Familien L. und Dieterich das Gethsemane-Fenster im Ulmer Münster (1944 zerstört). L. starb nach langer, schwerer Krankheit im 74. Lebensjahr. – 1835 korrespondierendes Mitglied der Zentralstelle für Handel und Gewerbe in Stuttgart; 1855 Mitglied der Academie nationale, agricole, manufacturière et commerciale in Paris; Mitglied des Vereins für Kunst und Altertum in Ulm und Oberschwaben; Vorsitzender des württembergischen naturhistorischen Vereins; Gründungsmitglied des Vereins für vaterländische

---

[340] So die Inschrift am Gebäude der Kronenapotheke in Ulm.

Naturkunde in Württemberg; 1865 Gründungsmitglied des Ulmer Vereins für Mathematik und Naturwissenschaften. – L. wurde wiederholt ausgezeichnet und geehrt, u. a. mit Medaillen der Weltausstellungen in Paris (1855), London (1862), Salzburg (1865) und Paris (1867); 1854 Württ. Goldene Medaille für Wissenschaft und Kunst.

Q   StadtA Ulm, G 2.
W   Geognostische Beschreibung der Umgegend von Ulm. Beiträge zur Kunde der Jura- und Süßwasser-, insbesondere der jüngsten Süßwasser-Kreide-Formation, Ulm 1839 – (mit seinem Bruder Wilhelm LEUBE) Untersuchungen über das mineralische Material der Umgegend von Ulm in betreff seiner Verwendbarkeit für Bauzwecke und insbesondere seiner Bedeutung für den Festungsbau, Ulm 1843 – Über den Hausschwamm, sein Entstehen und die Mittel zu seiner Vertilgung. Als Manuskript gedruckt, Ulm 1862.
L   Ih 2, S. 539 – Jahreshefte des Vereins für vaterländische Naturkunde in Württemberg 1883, S. 36-47 (Gustav VEESENMEYER) – LOTTER, Schall, S. 131 – Hundert Jahre Ulmische Gewerbeschule 1826/1926. Ulms Handwerk, Gewerbe und Industrie. Zum 100jährigen Bestehen der Schule, Ulm 1926, S. 54 ff. – GIES, Leube, S. 31 f., 35, 45, 50-55 (Bild), 59, 63, 95, 97 – UBC 1, S. 577 – UBC 2, S. 36, 54, 202, 217 – Karl WIMMER, Dr. G. L., Apotheker und Zementfabrikant. 1808 bis 1881, in: Schwäb. Lbb. 6 (1957), S. 325-336 (Bild) – HEPACH, Königreich, S. 42, 77, 146, 188 – UNGERICHT, S. 59 – WAIBEL, Gemeindewahlen, S. 310, 342 – SPECKER, Ulm im 19. Jahrhundert, S. 69, 121, 125 f. (Bild), 133, 137, 139 f., 143, 181, 188 f. [mit falschem Geburtsjahr 1803], S. 226, 314, 348, 491, 500, 525 – Wikipedia.

Leube (jun.), Gustav, Dr. chem., * Ulm 10. April 1836, † ebd. 5. Dez. 1913, ev.

Eltern und G siehe Gustav →Leube sen.

∞ Ulm 2. V. 1864 *Bertha* Emilie Lödel, * Ulm 23. XI. 1845, † ebd. 8. V. 1907, T. d. Franz Wilhelm →Lödel.
4 K   Gustav Ernst *Wilhelm* →Leube; Marie *Elisabeth (Lise)* Leube, * Ulm 2. VII. 1867, ∞ Ulm 29. IX. 1887 *Carl* Gustav →Schall; Berta Luise (Netty) Leube, * Ulm 20. I. 1869, ∞ Ulm 18. IX. 1890 Karl *Wilhelm* Völter[341], * Stuttgart 5. II. 1860, † ebd. 20. II. 1935, Hilfsrichter in Ravensburg, 1894-1896 Staatsanwalt beim Landgericht Ulm, 1900-1904 Landrichter in Ulm, zuletzt 1915 Oberstaatsanwalt in Stuttgart, 1927 a. D.; Gustav *Otto* →Leube.

L. war der älteste Sohn und geistige Erbe seines vielseitig begabten Vaters, eine herausragende Persönlichkeit Ulms in der Ära der Gründerzeit.
Nach dem Besuch des Gymnasiums in Ulm trat L. als Lehrling in die Apotheke seines Vaters ein und erlernte den Apothekerberuf außerdem in Weilburg, Wiesbaden und Lausanne. Von 1858 bis 1861 studierte L. Pharmazie in Tübingen (Mitglied der Burschenschaft Germania), München und Jena, 1861 schloss er das Studium mit der Promotion in Jena ab. Er übernahm die Apotheke zur Krone in Ulm und war Teilhaber der Zementfabrik Gebrüder L. in Salzburg/Gartenau. Im Bereich der Portlandzementfabrikation legte L. gemeinsam mit Prof. Bauschinger (München) die Normen und Prüfungsvorschriften fest. Die Kronenapotheke verkaufte L. im Sommer 1899 an Dr. Adolf Schall.
Stärker als bei seinem Vater war L.s politische Ader ausgebildet. Im Dez. 1864 zum Mitglied des Ulmer Bürgerausschusses gewählt und seit 1877 dessen Obmann, konnte L. 1893 auch in den Gemeinderat einziehen, in den er jedoch 1899 nicht wiedergewählt wurde. 1895 übernahm L. bei der Landtagswahl die nationalliberale Kandidatur für den Bezirk Ulm Stadt, unterlag aber am 1. Feb. 1895 mit 1.206 zu 1.846 Stimmen gegen den bisherigen Abg. Friedrich →Mayser.
Vielfältig war daneben das öffentliche Engagement L.s in Ulm. Wie sein Vater langjähriger Ulmer Schützenmeister, zählte L. 1863 mit seinem Vater zu den Mitgründern der Gewerbebank Ulm. Seit 1870 war er ehrenamtlicher Lehrer für die Chemie an der Höheren Töchterschule. 1890 trat er als Gründungsdirek-

tor an die Spitze des Museums für Altertümer in Ulm. L. war einer der engagiertesten Mitgründer des Kunstvereins Ulm und wurde am 7. Juli 1887 zu dessen Erstem Vorsitzenden gewählt – ein Amt, in dem L. für ein Vierteljahrhundert Maßstäbe im Ulmer Kunstleben zu setzen wusste. Im Aug. 1870 hatte L. zu den Unterzeichnern des öffentlichen Aufrufs zur Gründung eines Hilfsvereins während des Krieges mit Frankreich gezählt. Am 21. März 1874 referierte L. in voll besetztem Saal zum „Deutschen Kaiser" in Ulm über das Thema Leichenverbrennung. Im Mai 1902 wurde er in den Vorstand des Ulmer Vereins für fakultative Feuerbestattung gewählt. Er gehörte auch dem Münsterbaukomitee an. – L. war 1865 mit seinem Vater Gründungsmitglied des Vereins für Mathematik und Naturwissenschaften in Ulm; Mitglied des Vereins für Kunst und Altertum in Ulm und Oberschwaben; Vorstandsmitglied des Vereins Deutscher Portlandzement-Fabrikanten und seit 1911 dessen Ehrenmitglied; 1872 Vorstandsmitglied des Deutschen Apothekervereins, später dessen Vorstandsmitglied und seit 1898 dessen Ehrenmitglied. – 1890 Ritterkreuz I. Kl. des Friedrichsordens.

Q   StadtA Ulm, G 2.
L   Ih 2, S. 539 – SK Nr. 569, 5. XII. 1913 – LOTTER, Schall, S. 178 f. – WN 1913, S. 179 – GIES, Leube, S. 55-58 (Bild), 97, 102 – UBC 2, S. 225, 247, 339 – UBC 3, 12, 25, 36, 57, 97, 179, 200, 217, 270, 289, 293, 315, 363, 461, 552 – 1887-1987 Kunstverein Ulm. Berichte und Dokumente. Hg. zum 100jährigen Bestehen des Kunstvereins Ulm e. V., Ulm 1987, S. 10 ff. (Bild) – PHILIPP, Germania, S. 83, Nr. 1220 – SPECKER, Ulm im 19. Jahrhundert, S. 380 f. – WAIBEL, Gemeindewahlen, ab S. 348 passim – NANNINGA, Wählen, S. 370.

Leube, Gustav *Otto*, * Ulm 20. Okt. 1870, † Klingenstein 26. März 1964, ev.
Eltern und G siehe Gustav →Leube jun.
∞ Basel 5. VIII. 1897 Mathilde Heyne, * Basel 30. VII. 1872, T. d. Karl Moritz Heyne, Professor in Basel, später dsgl. in Göttingen, u. d. Hermine Schilling.
4 K   *Margarethe* Leube, * Ulm 1. V. 1898, ∞ Ulm 11. X. 1924 Hermann Dieterich; * Gerdt, Gde. Repelen-Baarl (Kreis Moers) 9. IX. 1892, 1924 Studienrat an der Realschule Sulz/Neckar, S. d. Georg Dieterich, Baurat in Ulm, u. d. Mina Stengelin; *Hertha* Luise Leube, * Mannersdorf 17. XII. 1899; *Karoline* Bertha Leube, * Mannersdorf 15. V. 1902; *Werner* Gustav Leube, * Blaubeuren 3. IX. 1904.

L. war in seiner Familie der dritte Apotheker in Folge, eiferte seinem Vater und seinem Großvater jedoch auch in anderen Bereichen nach. Das Interesse für die Kunst kam bei ihm besonders ausgeprägt zum Vorschein.
Er absolvierte nach dem Besuch des Ulmer Gymnasiums im väterlichen Geschäft seine Apothekerlehre und war danach als Apothekergehilfe in Berlin tätig. Das Studium in Straßburg und Zürich schloss er mit dem Apothekerexamen ab. Nach nur kurzer Zeit als Apotheker in Ulm begann auch bei L. das Interesse an der Zementherstellung das Übergewicht zu gewinnen, und 1899 war er Zementfabrikant in Mannersdorf bei Wien, seit 1904 dsgl. in Blaubeuren, Laupheim und Ulm. Ihm blieben allerdings die Erfolge seiner Vorväter versagt. 1907 kehrte er nach Ulm zurück, wo er – finanziell ungebunden – als Privatier lebte. Als Landwehroffizier stand L. im Ersten Weltkrieg an der Westfront. Seit 1919 war er Kaufmann in Ulm und Inhaber einer Baumaterialienhandlung, die im selben Haus untergebracht war, wo sein Großvater 80 Jahre zuvor mit der Zementfabrikation begonnen hatte. Der kunstsinnige Mäzen und eifrige Sammler Ulmer Altertümer war von 1919 bis 1929 Vorstand des Ulmer Kunstvereins. 1922 gab es allerdings eine Unterbrechung, als L. den Vorsitz vorübergehend an Landgerichtsrat Gustav →*Baitinger abgab. Nach seinem Rücktritt wirkte er noch zehn Jahre lang als Kassier des Kunstvereins. L. war Beiratsmitglied des Ulmer Museums und Pfleger des Germanischen Museums Nürnberg in Ulm, außerdem von 1925 bis 1933 und von 1937 bis 1947 Mitglied des Kirchengemeinderats der Münstergemeinde, auch Mitglied des Münsterbaukomitees. 1931 erfolgte seine Wahl zum Ersatzmann für Ulm zum 2. Ev. Landeskirchentag. In der NS-Zeit zog sich L. fast völlig aus dem öffentlichen Leben zurück und lebte seit 1943/44 bevorzugt in Klingenstein.

341 PHILIPP, Germania, S. 100, Nr. 1430.

Q StadtA Ulm, G 2.
L. GIES, Leube, S. 50, 58, 70, 103, 118 – UBC 3, S. 66 - UBC 4, S. 181 – Paul SAUER, Württemberg in der Zeit des Nationalsozialismus, Ulm 1975, S. 189 – 1887-1987 Kunstverein Ulm. Berichte und Dokumente. Hg. zum 100jährigen Bestehen des Kunstvereins Ulm e. V., Ulm 1987, S. 23-26 (Bild) – EHMER/KAMMERER, S. 247 f.

Leube, Robert, Dr. phil., Mag. art., * Ulm 23. Aug. 1804, † ebd. 11. Dez. 1838, □ ebd., Alter Friedhof, ev.

Vater Wilhelm *Ernst* →Leube, Kaufmann und Konditor in Ulm.
Mutter Catharina Mayer.
∞ Ulm 11. IX. 1834 Marie *Rosalie* Dieterich, * Ulm 18. II. 1808, † ebd. 25. II. 1897, T. d. Conrad Daniel von →Dieterich.
3 K *Eugenie* Maria Leube, * Ulm 17. VII. 1835, † Stuttgart 10. XII. 1905, ∞ Ulm 1. IX. 1856 Heinrich (von) Fischbach[342], * Hohenheim, Gde. Plieningen/AOA Stuttgart 21. V. 1827, † Stuttgart 5. VII. 1900, 1854-1866 Professor der Forstwissenschaft an der LH Hohenheim, Forstdirektor in Stuttgart; Dr. Robert →Leube (1837-1911); Emilie Leube, * Ulm 21. IV. 1839, † Stuttgart 27. IX. 1919, ∞ Ulm 6. VIII. 1859 August (von) →Landerer.

L. studierte nach dem Besuch des Gymnasiums seiner Vaterstadt Theologie in Tübingen und promovierte 1827 zum Dr. phil. Im gleichen Jahr trat er in den Dienst der württ. Landeskirche. Seit dem 26. Okt. 1827 fungierte L. als Vikar des Stadtpfarrers →Neuffer am Ulmer Münster, mit dem seine ganze berufliche Laufbahn engstens verbunden blieb. L. unternahm 1828 eine längere Studienreise im norddeutschen Raum, die ihn u. a. nach Hamburg und Berlin führte und ihn tief beeindruckte. Im Jan. 1831 erfolgte L.s Ernennung zum Vikar des gesundheitlich angeschlagenen Ersten Münsterdiakons Andreas →Adam, drei Jahre später übernahm er offiziell die Diakonatsverweserschaft und wechselte im Okt. 1836 zum Verweser des Zweiten Diakonats am Ulmer Münster. Im April 1834 hatte L. zusätzlich die Verweserschaft des Amtes des Ulmer Garnisonspfarrers übernommen, im Okt. 1836 trat er dieses Amt offiziell an. Daneben erteilte er am Ulmer Gymnasium Unterricht und wirkte als Schulinspektor. Der in Ulm vor allem bei der Jugend beliebte L. starb im Alter von nur 34 Jahren nach einer Österreich- und Italienreise an einem nervösen Schleimfieber. Sein drittes Kind kam erst vier Monate nach seinem Tod zur Welt. Ls. Nachfolger als Münsterdiakon war Johann Georg →Friz.

L. GIES, Leube, S. 43 ff. (Bild), 96 f. – UBC 3, S. 529, 530 (Bild) – NEBINGER, Die ev. Prälaten, S. 582, 587, 591 – UNGERICHT, S. 71 f. – HUBER, Haßler, S. 38 f., 140.

Leube, Robert, Dr. med., * Ulm 27. Nov. 1837, † Langenau/OA Ulm 28. Nov. 1911, ev.
Eltern und G siehe Dr. Robert →Leube, Diakon am Ulmer Münster und Garnisonspfarrer.
∞ I. Langenau 6. VI. 1866 Emma Freiin von Ziegesar, * Langenau 20. X. 1842, † ebd. 23. XII. 1870; ∞ II. Langenau 3. X. 1872 Anna Ströhle, * Albeck 2. XII. 1853, † Langenau 5. IX. 1920, T. d. L. Ströhle, Posthalter in Langenau, u. d. Christine Mann.
7 K, davon 3 aus I. Ehe *Maria* Luise Emma Leube, * Langenau 25. III. 1867, ∞ Langenau 24. VI. 1886 *Gotthold* Friedrich Weizsäcker[343], * Adelberg/OA Schorndorf 7. XII. 1859, † Heilbronn/Neckar 23. I. 1914, 1885 Pfarrer in Oellingen/OA Ulm, 1897 dsgl. in Feldstetten/OA Münsingen, ab 1903 Hausgeistlicher am Zellengefängnis Heilbronn, S. d. Friedrich Weizsäcker; † 1879, Stadtpfarrer in Lorch, u. d. Wilhelmine Meier; Emma Leube, * Langenau 23. X. 1868, † Essen 9. VII. 1892, ∞ Essen 14. VIII. 1888 *Friedrich* (Fritz) Ludwig Rudolf Salomon, Dr. phil., * Braunschweig 14. VIII. 1849, † Kreuzlingen (Schweiz) 26. X. 1898, Chemiker in Essen; Luise Leube, * Langenau 22. XII. 1870, ∞ Langenau 4. VIII. 1904 Friedrich Wilhelm Schubert, * Ramholz bei Schlüchtern 13. VI. 1875, † Elvese bei Göttingen 27. I. 1916, Förster in Zeitlofs (Unterfranken); Robert Leube[344], * Langenau 22. IX.

342 Ih 1, S. 223 – Klein, Die akademischen Lehrer, S. 62.
343 Magisterbuch 37 (1914), S. 121.
344 PHILIPP, Germania, S. 109, Nr. 1537.

1873, † gefallen Carency bei Arras 10. V. 1915, ab 1910 Stadtschultheiß in Geislingen/Steige[345], ∞ Langenau 26. V. 1902 Anna Hölzinger, * Langenau 20. II. 1879, T. d. Carl Hölzinger, Dr. med., u. d. Hedwig Leube, * Langenau 18. VIII. 1875, ∞ Langenau 2. V. 1899 *Paul* Christian Dürr[346], * Stuttgart 19. XI. 1868, 1899 Zweiter Stadtpfarrer und Oberpräzeptor in Weikersheim, 1917 Stadtpfarrer in Wasseralfingen/OA Aalen, Ehrenbürger von Weikersheim, Mitglied des Systemausschusses der Gabelsberger´schen Stenographenschule, Pfleger der Württ. Kommission für Landesgeschichte, S. d. Carl Friedrich Dürr, Oberpräzeptor in Stuttgart, u. d. Caroline Benignus; Helene Leube, * Langenau 30. XII. 1876, ∞ ebd. 3. III. 1898 Oskar Emil Julius Sonntag, Dr. med., * Rottenburg 30. VI. 1866, praktischer Arzt in Lonsee/OA Ulm, 1913 Stadt- und Bahnarzt in Schwaigern, S. d. Benedikt Sonntag, Stationsverwalter in Westhausen/OA Ellwangen, u. d. Amalie Kuder; Max Leube[347], Dr. med., * Langenau 5. I. 1880, † Stuttgart 23. X. 1944, Hofrat, 1909 Oberarzt am Katharinenspital Stuttgart, 1918 Chefarzt der inneren Abt. des Karl-Olga Krankenhauses ebd., ∞ I. Stuttgart 15. VI. 1912 Margarethe Gußmann, * Stuttgart 15. VI. 1887, † ebd. 3. XI. 1918, T. d. *Felix* Eugen (von) Gußmann[348], Dr. med., * Markgröningen 4. I. 1858, ∞ Stuttgart 2. XII. 1930, Obermedizinalrat, Leibarzt Königs Wilhelms II. von Württemberg in Stuttgart, u. d. Margarethe Wrede, ∞ II. Hamburg 13. XII. 1920 Clara Kuntze, * Cajamarca (Peru) 5. VI. 1887, T. d. Oskar Kuntze, Konsul, u. d. Martha Guttzeit.

L. studierte nach dem Besuch des Ulmer Gymnasiums ab 1856 in Tübingen Medizin und trat der Burschenschaft Germania bei (1861 Austritt), außerdem führte ihn sein Studium nach Würzburg, Wien und Prag. Nach bestandenen Examina war L. zunächst als praktischer Arzt tätig, ehe er 1863 Distriktsarzt in Langenau wurde – ein Amt, das er nur bis zum 1. März 1865 ausübte. Danach wirkte er als praktischer Arzt in Langenau.

L. Württ. Jahrbücher 1915, S. II – GIES, Leube, S. 47 f. (Bild), 101 – PHILIPP, Germania, S. 81, Nr. 1196 – SCHMIDT, Langenau, S. 438, 440.

Leube, Johann *Wilhelm* (von), Dr. med., * Schwäbisch Hall 4. April 1799, † Ulm 6. Jan. 1881, □ ebd., Alter Friedhof, ev.
Eltern und G siehe Wilhelm *Ernst* →Leube.
∞ I. Tübingen 13. IX. 1825 Luise Uhland[349], * Tübingen 16. IX. 1801, † ebd. 17. VII. 1837, T. d. *Gotthold* Immanuel Uhland, Dr. med., * Tübingen 5. IX. 1759, † ebd. 22. V. 1834, Oberamtsarzt in Tübingen, u. d. Dorothee Baur; ∞ II. Ulm 7. VIII. 1838 Marianne Dieterich, * Ulm 7. XI. 1819, † ebd. 22. I. 1889, T. d. Conrad Daniel von →Dieterich.
6 K aus II. Ehe Luise Leube, * Ulm 26. V. 1839, † ebd. 8. VIII. 1908, ∞ Ulm 9. VII. 1860 Friedrich Hochstetter, * Schlat/OA Göppingen 3. IV. 1824, † Giengen/Brenz 15. IV. 1885, Pfarrer in Schopfloch, 1866 Stadtpfarrer in Biberach/Riß, 1884 dsgl. in Giengen/Brenz; Marianne *Antonie* Helene Leube, * Ulm 18. I. 1841, Stuttgart 24. V. 1903, ∞ Oberbalzheim/OA Laupheim 17. V. 1864 Max Leipheimer, * Oberbalzheim 3. V. 1832, † Stuttgart 24. V. 1903, Justizrat in Stuttgart, Vorstand der Württ. Anwaltskammer, Br. d. Robert →Leipheimer; Wilhelm Olivier (von) →Leube; *Eugenie* Sophie Leube, * Ulm 8. XI. 1844, ∞ Ulm 24. V. 1869 Otto Keller, Dr. phil., * Tübingen 29. V. 1838, † Ludwigsburg 16. II. 1916, K. K. Österr. Hofrat, Professor für klassische Philologie in Graz und Prag, S. d. Heinrich Adelbert (von) Keller, * 1812, Professor in Tübingen, Präsident des literarischen Vereins in Stuttgart, u. d. Charlotte Scholl; *Adele* Natalie Leube, * Ulm 17. XII. 1846, ∞ Ulm 1. V. 1868 Karl →Engel; Clementine *Mathilde* Leube, * Ulm 28. I. 1849, ∞ Ulm 31. V. 1877 Friedrich Wilhelm *Carl* (von) →Schill.

L. wuchs in Ulm auf, studierte nach dem Besuch des Gymnasiums in Ulm mit einem hervorragenden Abschlusszeugnis in der Tasche von 1817 bis 1821 Medizin in Tübingen, wo er sich auch der Burschenschaft Germania anschloss. Eine enge Freundschaft verband ihn seit Studientagen mit dem später berühmten Rechtsgelehrten und Präsidenten der Kammer der Abgeordneten des Württ. Landtags Carl Georg von Wächter (1797-1880). Im März 1821 bestand er die Abschlussprüfung und erlangte mit der Arbeit „Adnotationes ad Coxarthrocacen" den Doktorgrad in Medizin, höherer Chirurgie und Geburtshilfe. Das Kgl. Medizinalkollegium erteilte ihm daraufhin am 6. Feb. 1822 *die Erlaubniß zur Ausübung dieser Wissenschaften.* L. unternahm mit einem Reisestipendium Studienreisen nach Würzburg, Wien und Paris. In Paris inspizierte er im Auftrag der württ. Regierung die „Privatirrenanstalten" und fasste seine Beobachtungen in Berichten zusammen.
1825 ließ er sich als praktischer Arzt in Tübingen nieder und war zugleich Lehrbeauftragter an der Universität. Letztere

345 Bei der Wahl in Geislingen hatte sich Leube 1910 u. a. gegen seinen Mitbewerber Dr. Emil →Schwammberger durchgesetzt.
346 Magisterbuch 40 (1928), S. 121.
347 PHILIPP, Germania, S. 118, Nr. 1624.
348 PHILIPP, Germania, S. 98, Nr. 1408.
349 Cousine des Dichters und Politikers Ludwig Uhland (1787-1862).

Tätigkeit musste L. jedoch aufgeben, nachdem er für seinen Schwiegervater die Funktionen des Oberamtsarztes in Tübingen hatte übernehmen müssen. Dessen Tod 1834 und der Tod seiner Frau 1837 ließen den schwer getroffenen L. in seine Vaterstadt Ulm zurückkehren, wo er in einem Haus am Weinhof seine Praxis aufbaute und sich erneut verheiratete. Ende 1851 erwarb er das Patrizierhaus der Welser am Grünen Hof und zog dorthin um. 1854 übernahm L. die Stelle des Kreismedizinalrats (Berichterstatter für das Medizinalwesen) bei der Regierung des Donaukreises in Ulm, die er 25 Jahre lang gewissenhaft versah und die ihn in den oberschwäbischen Oberämtern bis an den Bodensee führte, da zu seinen Aufgaben die Prüfung des Medizinalwesens im Donaukreis zählte. 1879 trat er im Alter von 80 Jahren in den Ruhestand.

L., der zu medizinischen Themen publizierte, betrieb mit seinem Bruder Gustav →Leube (sen.) mineralogische und geognostische Studien. Er war wesentlich am späteren Erfolg des Bruders als Zementfabrikant beteiligt. L. starb im 82. Lebensjahr in Ulm. Die Familie stiftete ihm ein repräsentatives Grabdenkmal mit einem Brustbild L.s in Medaillenform.

Q   StadtA Ulm, G 2.
W   (mit Gustav LEUBE) Untersuchungen über das mineralische Material der Umgegend von Ulm in Betreff seiner Verwendbarkeit für Bauzwecke und insbesondere seiner Bedeutung für den Festungsbau, Ulm 1843.
L   Ih 2, S. 539 – WEYERMANN II, S. 274 ff. – Otto KELLER, W. v. Leube, Kreismedizinalrat. Nekrolog, in: SK Nr. 70, 24. III. 1881, Beilage – Württ. Jahrbücher 1881 S. [XI] – GIES, Leube, S. 33-36 (Bild S. 36), 96 – UBC 2, S. 290, 395, 433 – UNGERICHT, S. 59 – PHILIPP, Germania, S. 18, Nr. 131 – HUBER, Haßler, S. 38, 39, 140.

Leube, *Wilhelm* Olivier (von), Dr. med., * Ulm 14. Sept. 1842, † Stuttgart oder Langenargen am Bodensee 16. Mai 1922, ⬜ Langenargen am Bodensee, ev.

Eltern und G siehe Johann *Wilhelm* (von) →Leube.
∞ Jena 27. VIII. 1872 Natalie Strecker, * Christiania (heute Oslo, Norwegen) 2. X. 1853, † München 28. IX. 1923. T. d. Adolf Strecker, Dr. chem., * Darmstadt 21. X. 1812, † Würzburg 9. XI. 1871, 1846 Privatassistent von Justus Liebig in Gießen, 1848 Privatdozent an der Universität Gießen, 1851 Universitäts-Professor in Christiania, 1860 dsgl. an der Universität Tübingen, 1870 dsgl. in Würzburg, u. d. Natalie Weber.
5 K   Adolf Leube, * Jena 22. VI. 1873, † April 1874; Lilli Leube, * Erlangen 22 VI. 1875, ∞ Ernst Bumm, Dr. med., * Würzburg 15. IV. 1858, † München 2. I. 1925, Privatdozent an der Universität Halle/Saale, zuletzt Direktor der Frauenklinik Charité in Berlin, Geh. Medizinalrat; Antonie (Toni) Leube, * Erlangen 8. XI. 1876, ∞ Würzburg 26. IX. 1901 Hermann Friedreich, * Fürth 22. XII. 1870, Kgl. Bayer. Offizier, zuletzt Oberstleutnant a. D.; Wally Leube, * Erlangen 28. XI. 1878, ∞ Würzburg 3. I. 1903 Hans von Seißer, * Würzburg 9. XII. 1874, Kgl. Bayer. Offizier, zuletzt Leiter des Landespolizeiamts in München; Cornelie Leube, * Erlangen 9. II. 1882, ∞ Langenargen 1908 Alexis Freiherr von Buddenbrock-Hettersdorf, * Wriezen in der Mark 5. III. 1878, † gefallen bei Beaumont 28. VIII. 1914, Hauptmann, fiel als Führer einer Maschinengewehrkompanie in den ersten Kriegstagen.

Unter den zahlreichen Medizinern aus der Familie Leube war L. als international geschätzter Internist, Pathologe und Neurologe vielleicht der bedeutendste. Seine Vornamen erhielt er nach dem Willen von Mutter (Wilhelm) und Vater (Olivier, nicht Oliver!); für den Vater hatte dieser Name die Bedeutung des *Ölzweigs, des Friedens und der nützlichen Wirksamkeit* [FISCHER, Montfort, S. 77], mit der Namensgebung war also ein Programm verbunden. Vom Neunjährigen wird berichtet, er habe damit begonnen, Tagebuch zu führen und Gedichte zu verfassen. Dem Gymnasium in Ulm schloss sich von 1861-1865 das Medizinstudium in Tübingen (Mitglied der Burschenschaft Germania) und Zürich an, 1866 folgten Promotion und erstes Staatsexamen. In Tübingen stand L. besonders unter dem Einfluss seines späteren Schwiegervaters Adolf Strecker, in dessen Haus er auch privat verkehrte und wo er seine spätere Ehefrau kennenlernte. 1866/67 studierte er physiologische Chemie in Berlin und München (bei Justus Liebig), erkannte aber rasch, dass ein von ihm in diesem Fach angestrebte Professur wenig aussichtsreich war. 1867 bestand L. das zweite Staatsexamen und im Folgejahr eine dritte Staatsprüfung in Bayern, um die Voraussetzungen für seine Habilitation zu

schaffen. 1868 Erster Assistent an der medizinischen Klinik Erlangen und Habilitation für innere Medizin ebd.. Im Deutsch-Französischen Krieg von 1870/71 war L. als Militäroberarzt in Ulm eingesetzt. 1872 a. o. Professor, im gleichen Jahr o. Professor der speziellen Pathologie und Therapie der Medizin in Jena, zugleich Direktor der Medizinischen Universitäts-Klinik ebd., 1874 o. Professor in Erlangen, 1885 dsgl. an der Ludwig-Maximilian-Universität Würzburg, zugleich Leiter der Medizinischen Universitäts-Klinik im Juliusspital ebd., 1912 a. D. L. wurde wiederholt zum Dekan der Universität Würzburg gewählt, war außerdem Senator und einmal Rektor ebd. Noch heute steht vor einem Hörsaal der Universität Würzburg eine Marmorbüste L.s. Er wurde nicht nur mit der Verleihung des Kgl. Bayer. Kronordens – der ihm den Personaladel einbrachte – geehrt, sondern auch mit der Verleihung des Titels Geheimer Rat, der mit dem Prädikat „Exzellenz" verbunden war, und mit der Berufung zum fachärztlichen Beirat im Bereich des Stv. Generalkommandos des 13. Armeekorps während des Ersten Weltkriegs. L. machte sich in erster Linie als Erforscher von Magen- und Darmkrankheiten sowie mit der Behandlung der betroffenen Patienten einen guten Namen. Mit Magensonde und -pumpe erwarb er sich ebenso wie mit der Entwicklung neuer Behandlungsmethoden von Magen-Darm-Krankheiten und mit der Einführung der künstlichen Ernährung Schwerkranker große und bleibende Verdienste. Die Leube-Rosenthal'sche Fleischsolution war jahrzehntelang ein „Renner". Auch im Bereich der Tuberkulosebekämpfung war L. ein wichtiger Vorreiter künftiger Entwicklungen und zählte zu den Gründern der bekannten Lungensanatorium Lohr am Main. L. war ein kunst- und kulturinteressierter Mann, der besonders Freude an der Malerei hatte. 1902 erwarb L., der im Ruhestand in Stuttgart lebte und sich vorwiegend seinen künstlerischen Neigungen widmete, von Prinz Friedrich Karl von Hessen zum Preis von 170.000 RM das Schloss Montfort in Langenargen am Bodensee, das schon bei seinem ersten Besuch dort 1853 – damals war es noch eine „romantische" Burgruine – großen Eindruck auf ihn gemacht hatte. Im Sommer 1904 errichte der sehr wohlhabende L. den „Leube'schen Familien-Fideikommiß Montfort" zur Erhaltung des unveräußerlichen und unteilbaren Familienbesitzes, der in den 1930er Jahren allerdings wieder aufgehoben worden sein muss, denn 1937 stand der Besitz zum Verkauf. Auf dem Friedhof von Langenargen ist noch heute das Grab L.s und seiner Frau erhalten.

W   (Auswahl) Über die Wirkung des Dünndarmsaftes, Erlangen 1868 – Über die Ernährung vom Mastdarm aus, Leipzig 1872 – Die Krankheiten des Magens und Darms (in ZIEMSSENS „Handbuch der Pathologie und Therapie, Leipzig 1875) – Die Magensonde, Erlangen 1879 – Über Eiter im Harn (mit SALKROWSKI, Berlin 1883) – Über die Behandlung der Urämie, Wiesbaden 1883 – Über die Bedeutung der Chemie in der Medizin, Berlin 1884 – Spezielle Diagnose der Inneren Krankheiten, 2 Bände, 1889.
L   Ih 2, S. 539 – Meyers Konversations-Lexikon ⁴10, S. 731 – SK Nr. 226, 1922 – Württ. Jahrbücher 1921/22, S. XV – GIES, Leube, S. 38-41, 99 – I. FISCHER (Hg. und Bearb.), Biographisches Lexikon der hervorragenden Ärzte der letzten fünfzig Jahre, Berlin 1933, Band 2, S. 899 – Anton CHRONST (Hg.), Lebensläufe aus Franken, Band 5, Erlangen 1936 (Georg STICKER) – Kurt Erhard von MARCHTALER, Schwäbische Professoren. Naturwissenschaftler und Techniker in ihren Sippenkreisen, in: Bes. Beil. des Stuttgarter NS-Kuriers mit Regierungsanz. für Württemberg 1939, S. 24-32, hier S. 29 f. – PHILIPP, Germania, S. 85, Nr. 1252 – Barbara FISCHER, Von der königlichen Villa zum Kurhaus „Schloß Montfort", in: Das Schloß Montfort (Langenargener Geschichte[n], Band 7), Langenargen 1993, S. 76-93.

Leube, Gustav Ernst *Wilhelm*, Dr. med., * Ulm 20. April 1866, † Konstanz 30. April 1941, ev.

Eltern und G siehe Gustav →Leube (jun.).
∞ Stuttgart 17. X. 1896 Paula Breitling, * Stuttgart 16. X. 1875, T. d. Wilhelm von →Breitling, Kgl. Württ. Ministerpräsident.
8 K   Irmgart (Nanna) Leube, * Konstanz 24. X. 1897, ∞ Konstanz 21. X. 1922 Erwin Ludwig Bundschuh, Dr. med., * Enselfingen bei Engen/Hegau 30. VII. 1891, praktischer Arzt in Konstanz; Gustav Leube, * Konstanz 22. VIII. 1898, † gefallen bei Bullecourt 3. V. 1917, Leutnant im Kgl. Württ. Grenadier-Rgt. König Karl Nr. 123; Berthilde (Hette) Leube, * Konstanz 27. X. 1899, ∞ Konstanz 19. V. 1920 Hans Gies, * Hamm 7. XI. 1894, Oberleutnant a. D., Verfasser der Leu-

be´schen Familienchronik von 1927; Gertrud Leube, * Konstanz 24. III. 1901, ∞ Konstanz 18. IX. 1923 *Hugo* Gustav Adolf Ribstein, * Bruchsal 18. II. 1891, Leiter der M.G.K. Konstanz; Wilhelm Ernst Leube, * Konstanz 13. I. 1903, † ebd. 10. I. 1906; Fritz Leube[350], * Konstanz 2. XII. 1905, † ebd. 24. V. 1983, praktischer Arzt in Zizenhausen bei Stockach; Ilse Leube, * Konstanz 5. X. 1907; Inge Leube, * Konstanz 12. III. 1920.

Der älteste Sohn von Gustav →Leube (jun.) war einer der bekanntesten Frauenärzte und Geburtshelfer in Deutschland. L. studierte nach der Absolvierung des Ulmer Gymnasiums von 1885 bis 1891 Medizin in Tübingen (Mitglied der Burschenschaft Germania), Berlin und Würzburg. Aller finanziellen Sorgen ledig, lebte L. nach dem Studienabschluss und der Promotion in Basel, wo er 1891/92 als Assistenzarzt tätig war, in London und Jena, ehe er sich zum 1. April 1895 als Facharzt für Geburtshilfe und Frauenkrankheiten in Konstanz niederließ und noch im selben Jahr dort eine eigene Frauenklinik gründete. Diese sehr bekannte und gut frequentierte Klinik leitete L. bis 1923. Ab 1898 war er zugleich Leiter des städt. Wöchnerinnenheims in Konstanz. 1913[351] wurde L. zum Medizinalrat ernannt. In einer Würdigung zum 70. Geburtstag 1936 schätzte der Verfasser, L. habe an etwa 10.000 Entbindungen mitgewirkt.

L.   GIES, Leube, S. 58, 70, 102, 117 – SCHMIDGALL, Burschenschafterlisten, S. 101, Nr. 1482 – PHILIPP, Germania, S. 104, Nr. 1485.

Leutrum von Ertingen, Graf *Hugo* Carl Emanuel Friedrich Joseph August Johann Eberhard, * Stuttgart 6. Aug. 1814, † ebd. 13. März 1884, ev.
Vater   Graf *Victor* Carl Emanuel Philipp Leutrum von Ertingen[352], * Alessandria (Italien) 26. XII. 1782, † Ulm 17. IX. 1842, Kgl. Württ. Vizeoberstkammerherr, Intendant der Kgl. Kapelle und Schauspiele, K. K. österr. Wirklicher Kämmerer.
Mutter   Maria *Johanna* Schad von Mittelbiberach, * Ulm 16. I. 1792, † ebd. 16. XI. 1851, T. d. Johann Jakob →Schad von Mittelbiberach.
3 G   Gräfin *Mathilde* Henriette Marie Leutrum von Ertingen, * Ulm 28. X. 1815, † Stuttgart 1892, ∞ Stuttgart 1852 Graf *Karl* Theodor Friedrich von Linden[353], * Wetzlar 30. XI. 1801, † Ludwigsburg 8. I. 1870, Regierungspräsident des Neckarkreises in Ludwigsburg, lebenslängliches Mitglied der Kammer der Standesherren des Württ. Landtags; Graf *Wilhelm* Carl Emanuel Heinrich Marcus Leutrum von Ertingen, * 5. IV. 1817, Kgl. Württ. Leutnant bei der Leibgarde zu Pferd; Gräfin *Pauline* Wilhelmine Antoinette Marie Caroline, * 13. VII. 1820.
Ledig. Keine K.

L., der entscheidende Jahre seiner juristischen Berufslaufbahn in Ulm verbrachte und dessen Mutter dem Ulmer Patriziat entstammte, gehörte der jüngeren, gräflichen Linie des alten Adelsgeschlechts derer von Leutrum an. Er stieg zu höchsten Ämtern auf, schließlich bis in den Geheimen Rat, das oberste Beratungsgremium des württembergischen Königs. König Karl von Württemberg und L. waren seit der Jugendzeit des Monarchen gut befreundet.
L., erstes Kind aus der am 17. Sept. 1812 geschlossenen Ehe seiner Eltern, studierte nach Absolvierung der Stuttgarter Gewerbeschule von 1832 bis 1835 Jura in Tübingen und Berlin, trat nach der I. Justizdienstprüfung als Justizreferendär in den Justizdienst des Königreichs Württemberg ein und war als solcher u. a. auch beim Gerichtshof in Esslingen und beim Stadtgericht Stuttgart tätig. Später Gerichtsassessor bei den Oberamtsgerichten Kirchheim/Teck, Urach, Nürtingen und Tettnang, kam L. 1839 als Gerichtsaktuar an den Ulmer Kreisgerichtshof. Dort wurde er 1841 zum Oberjustizassessor und 1843 zum Staatsanwalt befördert, seit 1847 war er Oberjustizrat in Ulm. 1851/52 war er Staatsanwalt im Ludwigsburger Schwurgerichtsprozess gegen August Becher und Genossen, wobei es um deren Aktivitäten im Revolutionsjahr 1849 ging, es sich also um einen politischen Prozess handelte. Der König wusste den regierungstreuen Juristen zu belohnen und berief ihn, der schon lange Kgl. Württ. Kammerherr war, 1852 zum

Oberjustizrat und Staatsanwalt beim Obertribunal in Stuttgart, dem höchsten Gericht des Königreichs.
Nach 13 Jahren verließ L. Ulm, wurde schon im Juli 1852 Generalstaatsanwalt beim Kassationshof in Stuttgart ernannt, 1854 schließlich zum Obertribunalrat. 1859 zum ao. Mitglied des Geheimen Rats berufen, ernannte ihn König Wilhelm I. am 13. Feb. 1861 zum Wirklichen Staatsrat und verlieh ihm 1869 Titel und Rang eines Geheimen Rats a. D., nachdem sich L. aus gesundheitlichen Gründen hatte pensionieren lassen. Er war Administrator des Ritterguts Balzheim und von 1870 an Vormund seines minderjährigen Neffen Freiherr Hugo von →Linden. – 1866 Großkreuz des Friedrichsordens; 1861 Kommenturkreuz des Württ. Kronordens; Ksl. Russ. St.-Stanislausorden I. Kl.; Olgaorden; EK II.

L.   CAST I, S. 262 – BECKE-KLÜCHTZNER, S. 58 – GEORGII-GEORGENAU, S. 1182 – SK Nr. 64, 15. III. 1884, S. 425 (S. 426 Todesanz.) – ebd. Nr. 66, 18. III. 1884, S. 441 – Staatsanz. Nr. 63, 15. III. 1884, S. 427 – HARTMANN, Regierung und Stände, S. 20.

Lex, *Otto* Hans, * Ulm 14. April 1890, † ebd. 22. März 1963, kath.
∞ Elisabeth Wiedemeier, 1917-1983, T. d. Franz →Wiedemeier.

L. zählt zu den bekanntesten Persönlichkeiten des Ulmer Musiklebens im 20. Jahrhundert. Er besuchte das Realgymnasium Ulm und anschließend staatliche Musikschulen in Stuttgart und Berlin. Seit 1909 war er Musikerzieher und Chorleiter in Ulm, von 1937 bis 1939 zugleich Chordirigent und Musiklehrer an der Realschule Neu-Ulm. L., der später den Titel Musikdirektor erhielt, spielte im Musikleben Ulms eine große Rolle, u. a. war er Mitglied im Gesangverein Eintracht Söflingen, im Gesangverein Frohsinn (1933-1947), im Freien Volkschor Harmonia (1927 bis 1933), 39 Jahre lang bei der Sängerriege der TSG Ulm, von 1924 bis 1939 beim Laupheimer Sängerbund, von 1954 bis 1960 bei der Liedertafel Ehingen. Er war Gründer des nach ihm benannten Madrigalchores Lex, daneben langjähriger Chorleiter der Kirchenchöre St. Michael zu den Wengen und St. Elisabeth.

Q   StadtA Ulm, G 2.
L.   Otto Lex 70 Jahre, in: Schwäb. Donau-Zeitung Nr. 88, 14. IV. 1960, S. 8 (Bild) – Musikdirektor Otto Lex gestorben, in: Ulmer Nachrichten Nr. 71, 25. III. 1963, S. 9 (Bild).

Leyh, Elisabeth („Lisl"), geb. Erne, * Pfuhl 29. Nov. 1919, † ebd. 16. Feb. 2007, ▢ ebd. 22. Feb. 2007, ev.
Vater   Georg Erne, * Pfuhl 22. VI. 1876, † Ichenhausen 1934.
Mutter   Maria Erne, * Pfuhl 17. IX. 1892.
∞ Karl Leyh, * Pfuhl 24. I. 1914.
Keine K.

Die aus einer alteingesessenen Pfuhler Familie stammende L. – schon zu Lebzeiten als Neu-Ulmer Original bezeichnet – wuchs in Pfuhl und Rieden im Günzburgischen auf. Aus der Zeit in Rieden blieb ihr, als einziger evangelischer Schülerin, in Erinnerung, dass sie stets einen sehr langen Fußmarsch auf sich nehmen musste, um in Ichenhausen den Religionsunterricht zu besuchen. Nach Abschluss ihrer kaufmännischen Lehre kehrte sie nach Pfuhl zurück, heiratete und war bis zu ihrer Pensionierung im Jahre 1978 als Kontoristin tätig.
Zur Malerei hatte L. in den Jahren unmittelbar davor gefunden. In kurzer Zeit machte sie sich als autodidaktische naive Malerin einen Namen in der Region, schuf Collagen und feingliedrige Radierungen; seit 1989 zeigte sie ihre Werke in mehr als 50 Ausstellungen. In zahlreichen Malkursen verstand sie es, ihre Phantasie und Malkunst zu entwickeln. In einem Nachruf hieß es: *In ihren Bildern wimmelt es, neben heimatorientierten Giftpfeilen und Konterfeis zur Politik und Ökologie, vom menschlichen Beziehungsgeflecht zur Tierwelt, von den Schwätzbäsle, dem immergleichen Raps bei Ulm und der Herbsternte bei Pfuhl. Das Karikaturhafte setzte sie so gekonnt in Szene wie das tägliche Kaffeetässle. Daneben schrieb*

[350] PHILIPP, Germania, S. 153, Nr. 1959.
[351] Andere Quellen: 1911.
[352] UNGERICHT, S. 78.
[353] RABERG, Biogr. MdL-Handbuch, S. 510 f.

die agile, durch ihre Vitalität auffallende L. Mundartgedichte. Letztere boten gelegentlich spitze Kommentare zur Zeit und zu ihrem Erleben in ihrer Heimat. L. erzählte gern, suchte den Kontakt mit anderen Menschen und kam so letztlich auch zum Schreiben. Ihre 2003 veröffentlichten Lebenserinnerungen geben Einblicke in das zunehmend unbekannte, weil vergessene Leben der Menschen in der Zeit zwischen den Weltkriegen. Sie las, obwohl schon hoch betagt, öffentlich daraus, u. a. in der Zeit-Zeugen-Reihe der Ulmer Volkshochschule, und war bis zuletzt ein Beispiel für ein lebenswertes Alter. Ihre positive Lebenseinstellung, Offenheit und Kreativität waren Grundlage ihres künstlerischen Schaffens. Die meist gut gelaunte alte Dame in ihrem nicht ganz so alten Golf wurde schon kurz nach ihrem Tod im Neu-Ulmer Stadtbild sehr vermisst.

Q   StadtA Neu-Ulm, A 9.
W   Vom Krauteinstampfen bekommt man saubere Füße, 2003 – Auf jeden Fall Optimist, 2004.
L   Roland MAYER, Herz für Heimat. Durch den Tod von Lisl Leyh verliert Neu-Ulm ein Original, in: NUZ vom 20.II. 2007 (Bild) – Helmut PUSCH, Ein Pfuhler Original, in: SWP vom 20. II. 2007 (Bild).

Liebermann, Richard, * Neu-Ulm 21. Okt. 1900, † St. Just-St. Rambert/Departement Loire (Frankreich) 10. Dez. 1966, mos., seit 1923 oder 1924 kath.
Vater   Heinrich Liebermann, * Ichenhausen 26. II. 1866, † Noé 1942, Hopfenhändler in Neu-Ulm, S. d. Julius Liebermann, * Ichenhausen 3. I. 1825, † Neu-Ulm 16. VII. 1892, Kaufmann in Neu-Ulm, u. d. Pauline Jordan, * Ludwigsburg 16. VIII. 1837.
Mutter   Hedwig Wieler, * Konstanz 21. V. 1875.
3 G   Paul Liebermann, * Neu-Ulm 24. VI. 1899, † 1958, Kaufmann; Gertrud Liebermann, * Neu-Ulm 17. I. 1902, † Konstanz 1995; Hans Liebermann, * Neu-Ulm 24. II. 1903, Kaufmann.
Ledig. Keine K.

L. war zu Lebzeiten und Jahrzehnte nach seinem Tod weithin unbekannt und auch in seiner Heimatstadt Neu-Ulm kein Thema. Erst im Zusammenhang mit einer Ausstellung seiner Werke, die Anfang 2002 in Neu-Ulm stattfand, wurden Leben und Werk L.s von Grund auf erforscht.

L. wuchs in einer von Geldsorgen geplagten Familie auf und lebte nur als Kind in Neu-Ulm. Die Behandlung der kranken Mutter verschlang Unsummen, die der Vater immer schwerer erwirtschaftete. In den Jahren von 1907-1916 war L. Schüler an der Volksschule im Kgl. Zentral-Taubstummen-Institut in München, wo sich seine künstlerische Begabung zeigte. Er lernte unter größten Mühen, sich – für andere nicht immer leicht verständlich – mit einer Kehlkopfstimme zu artikulieren. Im Anschluss ging er, nachdem er an einer Begabtenförderungsmaßnahme des Instituts teilgenommen hatte, 1921 als Student der Malerei an die Akademie der Bildenden Künste in München, wo u. a. Franz von Stuck sein Lehrer war. In seiner Studienzeit, die bis 1930 dauerte, konvertierte L. 1923 oder 1924 zum kath. Glauben; auch seine Geschwister konvertierten, allerdings erst 1943. Der Glaube spielte in L.s Leben eine wichtige Rolle, und 1945 stellte er sich als Kirchendiener zur Verfügung und malte vorwiegend christliche Motive. Dr. Friedrich Wanner, einer der Ärzte am Zentral-Taubstummen-Institut in München, beauftragte L. 1925 mit einem Porträt. Diese Aufgabe meisterte L. zur Zufriedenheit Wanners, und so erhielt er in den Folgejahren mehrere Aufträge dieser Art. Unter seinen Kunden waren auch sein mit ihm nicht verwandter Namensvetter, der Maler Max Liebermann, und Albert →Einstein. Letzterer war der Meinung, L.s 1931 entstandenes Porträt sei das beste, das je von ihm gemalt worden sei. Nach Beendigung des Studiums wirkte L. als freier Maler. Bis zur Machtübernahme der Nationalsozialisten 1933 wurden die Werke L.s auch wiederholt ausgestellt, noch Ende 1933 in der Ausstellung des Württ. Kunstvereins in Stuttgart und in der Jahresschau der Ulmer Künstlergilde; danach erhielt er als „Rassejude" Ausstellungsverbot. L.s Gemälde „Der Zeitungsleser" von 1933 ist eines seiner bekanntesten.

1935 zog die Familie in die Geburtsstadt von L.s Mutter, Konstanz am Bodensee. Von dort wäre eine Flucht in die Schweiz leicht möglich gewesen. 1936 erhielt L., der von einer seiner Schwestern in rührender Weise umsorgt wurde, eine Stelle als Kunsterzieher im jüdischen Landschulheim Herrlingen, dessen Direktor, Hugo Rosenthal, ihn einstellte, nachdem er ihn zufällig am Bodensee getroffen hatte. Die Kommunikation mit den Schülern und Kollegen erfolgte schriftlich und über das Lippenlesen. 1939 schlossen die Nationalsozialisten das Landschulheim, und L. geriet in existenzielle Not. Nur Wenige wollten sich von ihm malen lassen; bei einer Sitzung für das „Porträt der Wilhelmine Mayer im Alter" brach L. vor Hunger ohnmächtig zusammen.

Sein Übertritt zum katholischen Glauben schützte L. nicht vor der Verfolgung durch die Nationalsozialisten. Im Okt. 1940 wurde er mit seinem Vater und zwei Geschwistern in das KZ Gurs deportiert, während die Mutter und der Bruder Hans, die erkrankt waren, in Konstanz verblieben. Später wurden sie ermordet, die Mutter in Hadamar, der Bruder im polnischen Cholm bei Lublin.

L. litt in Gurs unter Hunger und Krankheit und suchte die bedrückende Situation psychisch zu überwinden, indem er unter primitivsten Bedingungen zeichnete. Unter ungeklärten Umständen entging die Familie Liebermann der Deportation in eines der Vernichtungslager, sondern wurde in das Krankenlager Noé verlegt, wo der Vater L.s 1942 starb. L. bemalte die Fensterscheiben des Barackenlagers. Malen und Zeichnen machten L. das Überleben möglich. Die in der Schweiz ansässige Familie der Mutter L.s schickte Lebensmittel und Geld. Im Aug. 1943 wurden die Geschwister Liebermann in Noé entlassen und kamen in St. Rambert-St. Just in einem von Nonnen geführten Heim unter. Dort lebte L. bis zu seinem Lebensende, arbeitete weiter künstlerisch, ohne allerdings die Meisterschaft seiner frühen Jahre wieder zu erreichen: *Der Künstler hat die Lager Gurs und Noé überlebt, aber sein Talent scheint von den braunen Verfolgern und deren französischen Helfern zertreten worden zu sein* (Gernot RÖMER). Mit seinen Bildern erwirtschaftete er einen bescheidenen Lebensstandard, daneben wurde er weiter von der Familie seiner Mutter unterstützt.

Nach Deutschland kehrte er nie wieder zurück.

L.s Schicksal wird auch in der Ausstellung des Jüdischen Kulturmuseums Augsburg-Schwaben dokumentiert.

Q   StadtA Neu-Ulm, D 12, III. 2.3.28.
L   Lucie SCHACHNE, Erziehung zum geistigen Widerstand - das jüdische Landschulheim Herrlingen 1933-1945, Frankfurt/Main 1986 – Gabriele MITTAG, Es gab Verdammte nur in Gurs, Tübingen 1996 – Gernot RÖMER, „Jüdisch versippt". Schicksale von „Mischlingen" und nichtarischen Christen in Schwaben. Mit einem Beitrag von Liora SEEWI, Augsburg 1996, S. 113-122 – Helga GUTBROD (Hg.), Spurensuche. Richard Liebermann. 1900-1966. Lebenslinien eines gehörlosen jüdischen Künstlers. Edwin Scharff Museum Neu-Ulm 9. Nov. 2001 bis 3. Feb. 2002. Katalog, [Neu-Ulm 2002] – TEUBER, Ortsfamilienbuch Neu-Ulm I, Nrn. 2724-2726.

Liebhart, Zenta, geb. Elbs, * Ulm-Söflingen 1. Aug. 1910, † ebd. 11. April 1991, ⬚ ebd. 15. April 1991, kath.
Vater   Karl Elbs.
Mutter   Julia Elbs.
∞ 1939 Liebhart, † 1942.
2 K   Ansgar Liebhart; Johannes Liebhart.

L. war eine der herausragenden Persönlichkeiten des kath. Lebens in Ulm nach dem Zweiten Weltkrieg.

Schon vor 1939 engagierte sich die gebürtige Söflingerin als Leiterin einer Söflinger Mädchengruppe. Nach 1953 war sie Caritas-Helferin im Römerlager und übernahm als Diözesan- und Dekanatsleiterin der Caritas ebenso besondere Verantwortung wie als Mitglied des Kirchenstiftungsrats und des Kirchengemeinderats St. Elisabeth und Heilig Geist, den sie seit 1960 leitete. 1966 kam die Leitung des Kath. Altenwerks hinzu, für das sich L. stark engagierte. Sie hatte wesentlichen Anteil an der Gründung von 14 Altenclubs in Ulm, Neu-Ulm und

Umgebung. L. genoss Sympathie und Respekt in der Bevölkerung, weshalb es nicht von ungefähr kam, dass die CDU versuchte, sie auch in die Kommunalpolitik zu holen. 1968 und von 1971 bis 1975 war L. CDU-Gemeinderätin in Ulm. – 1976 Bundesverdienstkreuz; 1985 Martinus-Medaille.

Q   StadtA Ulm, G 2.
L.   K. WIEDER, Zenta Liebhart wird 70. Immer für die anderen da, in: SWP Nr. 175, 31. VII. 1980 – Susanne SCHWARZKOPF-GONNER, Zenta Liebhart ist tot, in: SWP Nr. 86, 13. IV. 1991 (Bild).

Limberger, Josef, * Baach bei Zwiefalten/OA Münsingen 23. April 1821, † Söflingen 22. Juni 1870, kath.

L. war einer der beliebtesten Söflinger Schultheißen im 19. Jahrhundert.

Der aus einfachen Verhältnissen stammende L. durchlief nach der Volksschule eine Ausbildung zum Volksschullehrer. Schon im Juli 1840 kam er als Lehrgehilfe nach Söflingen, in die Gemeinde, mit der sich sein Leben fortan fest verband. 1845 zum Unterlehrer ernannt, war L. seit 1847 als Schreiber bei Oberjustizprokurator Andreas Alois →Wiest in Ulm tätig. 1852 wurde L. als Nachfolger des am 16. März 1852 verstorbenen Jakob Fraidel zum Schultheiß, Ratsschreiber und Verwaltungsaktuar in Söflingen gewählt. L. zeigte ein außergewöhnliches Engagement und setzte sich mit seiner ganzen Persönlichkeit für das Gemeinschaftsgefühl der Söflinger ein. Er war u. a. aktiv als Dirigent des Kirchenchores, Kapellmeister der Bürgerwehrkapelle, Vorsitzender und Dirigent des Söflinger Liederkranzes sowie als Mitgründer und Vorstand des Söflinger Turnvereins. Auf L.s Anregung erfolgte die Gründung der Freiwilligen Feuerwehr Söflingen, für die er die Statuten entwarf. Als er überraschend im Alter von 49 Jahren starb, war die Trauer Allgemein.

Q   StadtA Ulm, G 2.
L.   UBC 2, S. 53, 241 – Vom Lehrgehilfen zum Schultheiß. 100. Todestag von Josef Limberger – Söflingen verdankt ihm vieles, in: SWP Nr. 142, 25. VI. 1970, S. 11.

Linck, Otto, Dr. h.c., * Ulm 15. Mai 1892, † Güglingen 24. Aug. 1985, ev.

Vater   Otto von Linck[354], * 1859, † [Stuttgart-]Degerloch? 3. X. 1937, Generalleutnant, im Ersten Weltkrieg Kommandeur des Inf.-Rgts. 180. S. d. Karl (von) Linck[355],* Ludwigsburg 22. IX. 1825, † Stuttgart 11. XI. 1906, Generalleutnant z. D., früher Kommandeur des 3. Jägerbataillons und des Grenadier-Rgts. Nr. 123 „König Karl" in Ulm.
Mutter   Emilie Leuthaus.
2 G.
∞ Heilbronn/Neckar 1921 Gertrud Löffelhardt, † 1974.
1 K.

L. war eine der vielseitig begabten aus Ulm stammenden Persönlichkeiten, die ihre Prägungen in ihrer Heimatstadt erfuhren, aber ihre Lebensleistung andernorts erbrachten. Der Forstbeamte und Forstwissenschaftler, Geologe, Landschaftspfleger, Naturschützer, Historiker, Kunstinteressierte, Fotograf und Schriftsteller war einer der Pioniere auf dem Gebiet des Heimatschutzes.

Der Offizierssohn L. wuchs in Ulm auf, wo er auch die Elementarschule und das Gymnasium besuchte. Im Sommer 1909 bestand er am Ulmer Gymnasium das Abitur; zu seinen Mitabiturienten gehörte der spätere Ulmer Stadtpfarrer Ernst →Hirzel. Zum Studium der Forstwissenschaft und der Geologie bezog L. die Universität Tübingen, wo er 1916 die forstliche Fachprüfung bestand. 1914 zog er als Kriegsfreiwilliger in den ersten Weltkrieg und erhielt 1917 die Goldene Militär-Verdienstmedaille und das EK II.

Nach Kriegsende begann er seine berufliche Laufbahn in der Forstverwaltung Württembergs als Forstreferendar bei den Forstämtern Adelberg und Gaildorf sowie bei der Forstdirektion Stuttgart. 1920 bestand er auch die forstliche Staatsprüfung in Stuttgart, womit seiner endgültigen Übernahme als Assessor in den Staatsdienst nichts mehr im Wege stand. Er war zunächst als Forstassessor bei den Forstämtern Heilbronn, Schorndorf und Güglingen tätig, ehe er 1922 zum Forstamtmann in Schorndorf befördert wurde. 1924 trat er als Forstmeister an die Spitze des Forstamts Güglingen, im Zweiten Weltkrieg versah der zum Oberforstrat beförderte L. auch die Verwaltung des Forstamts Sternenfels. 1957 trat er in den Ruhestand und wurde mit dem Bundesverdienstkreuz I. Kl. ausgezeichnet.

Frühzeitig drängte es L., seine Fähigkeiten als Kunst- und Kulturhistoriker unter Beweis zu stellen und einschlägige Werke zu veröffentlichen. Ergebnisse dieses Interesses sind seine Bücher über Alt Ludwigsburg (1920) und Alt Ulm (1927), Arbeiten zum mittelalterlichen Mönchtum, zur klösterlichen Baugeschichte und hier besonders zum Kloster Maulbronn. Daneben schrieb er über Pflanzensoziologie und Standortfragen des Waldbaus, wobei er die Forstversuchsanstalt auf dem Stromberg nutzte und sein Forum auch in Vorträgen und Führungen im Bereich „seines" Forstamts Güglingen fand. Güglingen erlangte dadurch den Ruf einer Ausbildungsstätte des forstlichen Nachwuchses. Seine Forschungen über die Steppenheide und den heimischen Weinbau waren mit einer Entwicklung L.s zum engagierten Naturschützer und Landschaftspfleger verbunden, die schon 1935 zu seiner Berufung zum Bezirksbeauftragten für den Naturschutz in Brackenheim und wenig später für den Kreis Heilbronn geführt hatte. L. hat nachhaltig gegen die Zersiedelung der Landschaft Stellung bezogen und dazu beigetragen, überhaupt erst ein Bewusstsein für die Eigenart der Landschaft zu schaffen.

Als Geologe und Paläontologe erlangte L. besondere Bedeutung. Schwerpunkt seiner wissenschaftlichen Arbeit war die Erforschung der württ. Trias. Bereits 1936 hatte ihn ein Fund von Zähnen des Ceratodus (Lungenfisch) im Stubensandstein des Strombergs bekannt gemacht. Es folgten u. a. Arbeiten zur marinen Muschelfauna der Anatinenbank des Keupers und die Freilegung einer Platte von Muschelkalkseelilien (heute im Museum des Portlandzementwerks Lauffen am Neckar). Insgesamt hat L. über 50 Veröffentlichungen zur Paläontologie und Geologie vorgelegt.

L. ist wiederholt ausgezeichnet worden. Dem langjährigen Vorsitzenden des Zabergäuvereins (von 1940 bis 1985) wurde 1952 die Ehrendoktorwürde der mathematisch-naturwissenschaftlichen Fakultät der Universität Tübingen verliehen. Im gleichen Jahr ernannte ihn Güglingen zum Ehrenbürger und der Schwäbische Heimatbund zum Ehrenmitglied. 1961 erhielt er die Ehrenmitgliedschaft der Württ. Gesellschaft für Naturkunde, 1969 die Ehrenmitgliedschaft des Oberrheinischen geologischen Vereins. 1972 wurden ein Lehrpfad am Stromberg und 1982 eine Straße in Güglingen nach ihm benannt. 1977 erhielt L. die Robert-Mayer-Medaille, 1983 die Verdienstmedaille des Landes Baden-Württemberg.

W   Schriftenverzeichnis in: Zeitschrift des Zabergäuvereins 1972, S. 53-56 (zusammengestellt von Hermann KRAUß) – Alt Ulm. Das Bild einer schwäbischen Reichsstadt. Mit 70 Federzeichnungen von Wilhelm WEISSER, Tübingen 1924.
L.   Ih 2, S. 545 f. – Ih 3, S. 207 – UBC 3, S. 440 – Hans FRANKE, Dr. h.c. Otto Linck zum 65. Geburtstag, in: Zeitschrift des Zabergäuvereins 1957, S. 49-51 – Helmut HOLDER, Otto Linck zum 70. Geburtstag, in: Bll. des Schwäb. Albvereins 68 (1962), S. 76 – BWB I (1994), S. 213-215 (Gerhard AßFAHL, mit weiteren Literaturangaben).

Lindemann, Ferdinand, * Lüneburg 17. Okt. 1811, † Neu-Ulm 17. April 1882, ev.

∞ I. Emilie Beiselen; ∞ II. 1859 Henriette →Lindemann, geb. Schmidt.
1 K aus I. Ehe   Elise Lindemann, * Ulm 1. IV. 1854, ∞ Hermann →Möller, Rektor der Realschule Neu-Ulm.

354 Ih 2, S. 545.
355 Ih 2, S. 545 – Württ. Jahrbücher 1906, S. IV – UBC 3, S. 373.

L. war nach dem Tod von Vater und Sohn Köhler für drei Jahrzehnte Besitzer der traditionsreichen Wohler´schen Buchhandlung in Ulm.

Der gebürtige Norddeutsche war 1841 in das Ulmer Bürgerrecht aufgenommen worden, wofür er 120 Gulden bezahlt hatte. Kurz zuvor hatte er von Jakob Friedrich Ebner die Wohler´sche Buchhandlung gekauft, die dieser kurz zuvor von Konrad Friedrich →Köhlers Witwe Maria Magdalena Köhler erworben hatte, während deren Plan, den Betrieb mit einem Geschäftsführer allein weiterzuführen, sich nicht hatte realisieren lassen. L. heiratete in Ulm in die Bierbrauerdynastie Beiselen ein und verlegte das kurzzeitig im Haus Münsterplatz 40 untergebrachte Geschäft in das Haus Münsterplatz 45, wo früher die Stettin´sche Buchhandlung untergebracht gewesen war. Der Verlagsbuchhändler L., der dem Firmennamen „Wohler´sche Buchhandlung" seinen Namen hinzufügte, besaß nicht das Format seiner großen Vorgänger und konzentrierte sich fast ausschließlich auf die Produktion von Schul- und Lehrbüchern sowie Ratgebern für den praktischen Gebrauch. Unter den von ihm verlegten Büchern waren z. B. Conrad Dieterich →Haßlers „Propädeutisches Lehrbuch der Psychologie, der Logik und der philosophischen Moral" und Christian Heinrich →Nagels „Lehrbuch der ebenen Geometrie".

Der Geschäftserfolg war schwankend, zuletzt entschied sich L. daher zum Verkauf und veräußerte das Unternehmen 1872 an Arnold Gustav Kuthe (1845-1914), der mit einer Enkelin von Johann Daniel →Wagner verheiratet war. Das Haus Münsterplatz 45 verkaufte L. zum Preis von 56.000 Gulden an L. M. Bernheimer. Mit seiner zweiten Ehefrau Henriette →Lindemann lebte L. seitdem in Neu-Ulm, wo er 1882 im Alter von 71 Jahren starb.

L   SK Nr. 91, 19. IV. 1882, S. 591 – UBC 2, S. 291 – SCHMITT, Wohlersche Buchhandlung, S. 31 – TEUBER, Ortsfamilienbuch Neu-Ulm I, 2731 und 2732.

Lindemann, geb. Schmidt, *Henriette* Sophie, * Ulm 16. März 1830, † Neu-Ulm 7. April 1915, ev.

Vater   Schmidt, Kaufmann und Gutsbesitzer.
∞ 1859 Ferdinand →Lindemann, Verlagsbuchhändler in Ulm.

L. war unter dem Pseudonym L.-Schmidt bzw. Sophie Schmidt eine bekannte Jugendschriftstellerin der Kaiserzeit, im Stil verwandt ihrer Ulmer Kollegin Marie →Cranz.

In Ulm geboren, aber am Bodensee aufgewachsen, wo der Vater ein Hofgut bewirtschaftete, kam bei L. schon frühzeitig ein literarisches Interesse zum Ausdruck. Die junge Frau versuchte sich in Erzählungen und Romanentwürfen. Ihre literarische Ader intensivierte sich noch nach ihrer Eheschließung mit Ferdinand →Lindemann, dem Besitzer der Wohler´schen Buchhandlung in Ulm. Nachdem ihr Mann 1872 nach dem Verkauf der Wohler´schen Buchhandlung nach Neu-Ulm gezogen war, wurde die junge und aufstrebende Stadt auch zu L.s Lebensmittelpunkt. In der Marienstr. Nr. 14 fand sie ihr Domizil und entschloss sich, ihre Werke zu veröffentlichen. 1885 publizierte die finanziell unabhängige Witwe eine Erzählung in den seinerzeit sehr bekannten „Jugendblättern"; im gleichen Jahr „Der Großmutter Erzählungen. 12 Geschichten für die Jugend". Sie hatte Erfolg, der sie anspornte und zahlreiche weitere Zeitschriftenbeiträge, Romane, Erzählungen und Schauspiele nach sich zog. Es zeigte sich, dass L. in der Lage war, sich unterschiedlicher literarischer Darstellungsformen zu bedienen. Sie schrieb im Stil der Zeit literarisch relativ anspruchslos, ohne eigenes stilistisches Gepräge, aber unterhaltend und belehrend zugleich in erster Linie für junge Frauen. Ihre Bücher „Backfischchens Kaffeekränzchen" (Stuttgart 1886) und „Dreißig Jahre nach Backfischchens Kaffeekränzchen" (Stuttgart 1888) waren typisch und im Titel geradezu programmatisch. Ihre Erzählung „Wendelgart" (Stuttgart 1891) trug das „für junge Mädchen" im Untertitel, der Untertitel von „Hausmütterchen" (Reutlingen 1897) lautete „Zwei Erzählungen für

meine jungen Freundinnen". Ihr patriotisches Erbauungsstück aus der Reichsgründungszeit hieß „Zwei deutsche Knaben im Jahre 1870" und war ein „Schauspiel in drei Bildern". Eine ihrer letzten Veröffentlichungen war der Roman „Der verhängnisvolle Apfelbaum" (Reutlingen 1911). Einige ihrer Werke erlebten mehrere Auflagen bis in die 1920er Jahre hinein.

L. starb kurz nach ihrem 75. Geburtstag in Neu-Ulm, das ihr in über 30 Jahren zur Heimat geworden war.

Q   StadtA Neu-Ulm, D 12, III.2.3.24.
L   Sophie PATAKY, Lexikon deutscher Frauen der Feder, Berlin 1898, Band 1, S. 506 f. – ebd., Band 2, S. 254 – Franz BRÜMMER, Lexikon der deutschen Dichter und Prosaisten vom Beginn des 19. Jahrhunderts bis zur Gegenwart, Leipzig o. J. [1913], Band 4, S. 269 f. – Kürschners Dt. Literatur-Kalender 1915, S. 1047 – Elisabeth FRIEDRICHS, Die deutschsprachigen Schriftstellerinnen des 18. und 19. Jahrhunderts, Stuttgart 1981, S. 186 – Heinz WEGEHAUPT, Alte Kinderbücher. Bibliographie 1851-1900, Stuttgart 1985, S. 275 – TREU, Neu-Ulm, S. 555.

Linden, Freiherr *Hugo* Edmund Josef Paul von, * Ludwigsburg 1. Feb. 1854, † Schloss Hausen bei Neu-Ulm 10. Jan. 1936, kath.

Vater   Freiherr *Carl* Theodor Friedrich von Linden[356], * Wetzlar 30. XI. 1801, † Ludwigsburg 18. I. 1870, Präsident der Regierung des Neckarkreises in Ludwigsburg, MdL Württemberg (1851-1853 als Vertreter der Ritterschaft des Schwarzwaldkreises in der Kammer der Abgeordneten, ab 1853 als vom König ernanntes Mitglied auf Lebenszeit in der Kammer der Standesherren), Kgl. Württ. Kammerherr.
Mutter   Mathilde Gräfin Leutrum von Ertingen, * Ulm 28. X. 1815, † Stuttgart 1892, Schw. d. Grafen Hugo von →Linden.
StiefG aus I. Ehe des Vaters mit Freiin Charlotte Friederike von Palm, * 6. I. 1814, † 18. VI. 1844:   Freiherr *Carl* Franz Eberhard von Linden, * 9. VII 1836, Kgl. Württ. Leutnant, ∞ Juni 1860 Caroline Gräfin von Normann-Ehrenfels, * 28. III. 1836; Freiin Henriette Amalie Charlotte von Linden, * 28. V. 1844, ∞ 11. X. 1864 Freiherr *Ernst* Ferdinand von Gültlingen, * Crailsheim 7. X. 1839, Mitbesitzer des Rittergutes Berneck, Kommandeur des Kgl. Württ. Trainbataillons Nr. 13.
∞ Rißtissen 3. VII. 1893 *Elisabeth* Henriette Gabriele Maria Schenkin von Stauffenberg, * Augsburg 15. II. 1862, † Ulm 20. IV. 1939, T. d. Franz August Schenk Freiherr von Stauffenberg[357], Dr. iur. h.c., * Würzburg 3. VIII. 1834, † Rißtissen 2. V. 1901, Politiker der Fortschrittspartei, 1866-1877 MdL Bayern, 1871-1875 Präsident der Abgeordnetenkammer, 1868 Mitglied des Zollparlaments, 1871-1893 MdR (NL, zuletzt Deutsch-Freisinnige Partei), 1876-1879 Vizepräsident des Reichstags, ∞ Ida Theresia Karoline Henriette Gräfin Geldern-Egmont, * Turnstein 16. X. 1837, † Pallanza 27. III. 1887.
7 *K*, darunter Freiherr *Willy* von Linden, * 1905.

L. entstammte einer im Jahre 1806 nach Württemberg gekommenen, ursprünglich in den Niederlanden ansässigen freiherrlichen Familie. Der Cousin des Freiherrn Karl von →Linden war als Besitzer des Schlosses Hausen über Jahrzehnte hinweg eng mit der Region Ulm/Neu-Ulm verbunden.

L. besuchte in Ludwigsburg und Stuttgart das Gymnasium. Nach dem Tod seines Vaters übernahm L.s Onkel Graf Hugo von →Leutrum die Vormundschaft. 1872 begann L. nach bestandenem Abitur sein Jurastudium in Tübingen, Straßburg und Berlin. Neben dem Studium stellte er sich als Reserveoffizier der Landwehr zur Verfügung und nahm regelmäßig an den militärischen Übungen teil. Im Jan. 1883 trat L., der zugleich zum Kammerjunker ernannt wurde, als Geheimer Legationssekretär und Expeditor in den Dienst des Kgl. Württ. Departements der Auswärtigen Angelegenheiten. 1886 erfolgte seine Ernennung zum Geschäftsträger bei der Württ. Gesandtschaft in St. Petersburg, wo er für ein halbes Jahr seinen Vetter, den Grafen Eberhard von Linden (1836-1903), welcher der letzte Württ. Gesandte in St. Petersburg war, vertrat. 1887 zum Kgl. Württ. Kammerherrn ernannt, stieg L. im Württ. „Außenministerium" rasch auf, wurde zum Kanzleidirektor, Geheimen Legationsrat, 1906 zum Ministerialdirektor ebd. ernannt, schließlich 1909 auch zum Staatsrat. Nach dem Sturm der November-Revolution von 1918 trat er in den Ruhestand.

Um die Wende vom 19. zum 20. Jahrhundert erwarb L. das Schloss Hausen, 1907 ließ er zwischen Hausen und Jedelhausen die Grabkapelle mit kleinem Friedhof anlegen. Diese Maßnahmen zeigten, dass L. daran dachte, seiner Familie in Hausen

---

[356] RABERG, Biogr. Handbuch, S. 510 f.
[357] GBP.

einen langfristig angelegten Sitz zu schaffen. L. gestattete Pfarrer Sylvester →Eberle die Nutzung des Schlossarchivs, das von diesem spätestens ab 1909 erschlossen wurde und dessen Forschungen sich in zahlreichen Veröffentlichungen in „Aus dem Ulmer Winkel" niederschlugen.

L. hielt sich zumeist mit der Familie in Hausen auf und nahm regen Anteil am Vereinsleben in Ulm und Neu-Ulm, wo er sich besonders für die Arbeit der Historischen Vereine interessierte. Kurz vor seinem 82. Geburtstag ist L. auf seinem Schloss gestorben. – Mitglied der Zentralleitung des Wohltätigkeitsvereins; Administrator des Ritterguts Balzheim; Mitglied des Vereins für Kunst und Altertum in Ulm und Oberschwaben und des Historischen Vereins Neu-Ulm.

Q   HSTAS, Q 1/7, Familienunterlagen der Freiherren und Grafen von Linden [darin u. a. Tagebuchnotizen L.s] – StadtA Ulm, Schlossarchiv Hausen.
L   Ih 3, S. 207 – GGT 36 (1886), S. 535 f. – Franz-Karl Freiherr von LINDEN, Aus Großvaters Tagebüchern, in: Schönes Schwaben 1 (1993), S. 78-83 (Bild) – GEIGER, Holzschwang, S. 17, 82, 147.

Linden, Graf *Karl* Heinrich von, Dr. phil. h.c., * Ulm 28. Mai 1838, † Stuttgart 15. Jan. 1910, ⬜ Burgberg/OA Heidenheim, kath.

Vater   Freiherr (seit 1846 Graf) *Edmund* Heinrich Friedrich Maria von Linden, * Wetzlar 11. I. 1798, † Schloss Burgberg 27. III. 1865, zuletzt Kgl. Württ. Generalmajor, Patronatsherr auf Burgberg. S. d. Freiherrn Franz Joseph Ignaz von Linden[358], Dr. iur., * Mainz 5. XII. 1760, † Stuttgart 3. I. 1836, Kgl. Württ. Staatsrat, Präsident des Kath. Kirchenrats, ao. Gesandter und bevollmächtigter Minister, Regierungspräsident des Jagst- und später des Neckarkreises, lebenslängliches Mitglied der Kammer der Standesherren des Württ. Landtags, u. d. Maria *Anna Walburga* Scholastika Gedult von Jungenfeld, * Mainz 1770, † Wetzlar 1798.
Mutter   Freiin *Wilhelmine* Natalie von Fuchs zu Bimbach und Dornheim, * 8. VIII. 1808, † Stuttgart 24. IV. 1878, T. d. Freiherrn Friedrich Joseph von Fuchs zu Bimbach und Dornheim, Kgl. Bayer. Kämmerer und Kgl. Preuß. Hauptmann.
4 G, darunter   Graf *Wilhelm* Heinrich Otto Carl Franz Edmund von Linden, * 21. XI. 1827; Graf Heinrich *Alexander* von Linden, * 3. VIII. 1829; *Edmund* Heinrich Eugen Carl von Linden, * 22. VIII. 1833, Württ. Oberleutnant a. D., ∞ Eugenie Freiin Hiller von Gaertringen.
∞ 8. V. 1877 Maria Beck[359], * New York 26. VI. 1847, † 17. X. 1914, Mitgründerin des Lindenmuseums Stuttgart, Ehrenmitglied der Württ. Vereins für Handelsgeographie, T. d. Gutsbesitzers Eduard Beck.
Keine K.

Der Gründer des Stuttgarter Lindenmuseums stammte aus Ulm. Sein Vater war Offizier in württ. Diensten und in den 1830er Jahren Rittmeister beim 3. Reiter-Rgt. in Ulm. In erster Ehe war er seit 1823 mit Clementine Walburga Dorothea Schad von Mittelbiberach (* 1804, † 1824), verheiratet gewesen, einer Tochter des Ulmer Patriziers Johann Jakob →Schad von Mittelbiberach.

L. kam in dem Jahr zur Welt, als sein Vater das Schloss Burgberg mit allen Besitzungen vom Fürstlichen Hause Oettingen-Wallerstein erwarb. Dort und in Ulm wuchs er auf, in Ulm absolvierte er auch das Gymnasium. Anschließend studierte er in Tübingen Jura und Nationalökonomie und trat nach dem Abschluss in den württ. Staatsdienst ein. 1871 zum Kgl. Württ. Kammerherrn ernannt, war er zuletzt Oberkammerherr und Hofmarschall des Königs von Württemberg. 1886 trat er im 49. Lebensjahr in den Ruhestand und widmete sich seinen Verpflichtungen als Gutsbesitzer und dem Verein für Handelsgeographie.

Diesem 1882 gegründeten Verein war L. 1885 beigetreten und hatte sogleich eine außergewöhnliche Aktivität entfaltet. Schon 1887 wurde er in den Vereinsausschuss, 1889 schließlich zu dessen Vorsitzendem gewählt. Unter Ls Vorsitz erlebte der Verein einen rasanten Aufschwung; schon sechs Jahre nach seinem Amtsantritt hatte sich die Mitgliederzahl verdreifacht. L. holte die renommiertesten Wissenschaftler der Erd- und Völkerkunde zu Vorträgen nach Stuttgart, baute und auf Grund einer gewaltigen Korrespondenz ein Beziehungsnetz auf, das unerlässlich war für sein Ziel: Gründung eines völker-

kundlichen Museums in Stuttgart. L. wollte die Kultur unbekannter Weltgegenden authentisch dokumentieren in dem Bestreben, *alles mögliche vor der Invasion der Weißen in allen Erdteilen zu retten und zu bergen, ehe es vernichtet ist [...].* Er wendete dabei viel von seinem Vermögen auf. Bei seinem Tod bestand seine Sammlung aus 63.000 Objekten. Im Jan. 1910 erfolgte die Grundsteinlegung des später nach ihm benannten Stuttgarter Lindenmuseums. Wenige Tage danach starb der weithin geschätzte Mäzen L. im 72. Lebensjahr. Das Museum wurde am 28. Mai 1911 in Gegenwart König Wilhelms II. von Württemberg eröffnet. 1973 wurde es vom Land Baden-Württemberg übernommen. – Ehrenritterkreuz des Württ. Kronordens; Kommenturkreuz des Friedrichsordens; Kommandeurkreuz I. Kl. des Großhzgl. Bad. Ordens vom Zähringer Löwen; Jan. 1910 Dr. phil. h.c. (Universität Tübingen) und Erhebung auf die II. Stufe der Rangordnung.

L   Ih 2, S. 546 – CAST I, S. 266 f. – [Zum 90. Geburtstag des Grafen Karl von Linden] in: SK Nr. 243 (Morgenblatt), 26. V. 1928, S. 5 – NDB XIV – www.burgberg-onlinede/Burgberg/Linden.html.

Lindenmayer, Johann Michael, * Ulm 15. Nov. 1796, † ebd. 25. Okt. 1858, ⬜ ebd., Alter Friedhof, ev.

Vater   Johann Jakob Lindenmayer, Bäcker in Ulm.
G   Johann Michael →*Lindenmayer, † Ulm 1. IV. 1864, Bäckermeister, Zunftvorgesetzter und Bürgerausschussmitglied in Ulm.

Der Spross einer alteingesessenen Ulmer Handwerkerfamilie war nach Besuch des Gymnasiums seiner Heimatstadt bis 1817 Inzipient beim OA Ulm und studierte nach der praktischen Schreiberausbildung ab 1817 Philosophie in Tübingen (Mitglied der Burschenschaft Alte Arminia bzw. Germania und der Ulmia) bzw. ab 1818 Jura in Heidelberg (Mitglied der Alten Heidelberger Burschenschaft) und Tübingen. Nach den beiden Staatsprüfungen trat er 1822 zunächst provisorisch, dann definitiv als Aktuar beim OA Ulm in den württembergischen Staatsdienst. 1831 wechselte er als Kollegialhilfsarbeiter zur Regierung des Donaukreises ebd., ehe er 1834 als Amtsverweser beim OA Gaildorf dem nach Heilbronn beförderten Oberamtmann Friedrich Mugler nachfolgte. 1836 selbst zum Oberamtmann befördert, ging L. im späten Frühjahr 1841 für zwölf Jahre als Oberamtmann nach Wiblingen, wo er die Nachfolge des im Amt verstorbenen Oberamtmannes Franz Wilhelm →Gaul antrat. Unter L. wurde 1844/45 der Sitz der Oberamtsverwaltung von Wiblingen nach Laupheim verlegt. 1853 wurde L. zum Sekretär bei der Regierung des Jagstkreises in Ellwangen/Jagst ernannt, wo er zuletzt Kanzleirat war. Die üblichen Beförderungen und Titulierungen zum Regierungsrat etc. blieben ihm versagt. Er starb kurz vor Vollendung des 62. Lebensjahres in Ulm, wohin er nach seiner Pensionierung wieder gezogen war. Auf seinem Grabstein bezeichnet er sich als „Regierungsassistent". – Mitglied des Vereins für Kunst und Altertum in Ulm und Oberschwaben.

Q   HStAS, E 143 Bü 865 – ebd., E 146/1 Bü 2661, 2742 und 2754
L   SCHMIDGALL, Burschenschafterlisten, S. 63 – UNGERICHT, S. 168 – PHILIPP, Germania, S. 18, Nr. 132 – Amtsvorsteher, S. 386 (Wolfram ANGERBAUER/Kurt DIEMER/Sylvia EITH-LOHMANN) – DVORAK I,3 (1999), S. 295 (Bild) – HUBER, Haßler, S. 38, 51, 141 (Bild), 168.

Lippe-Biesterfeld[-Falkenflucht], Graf Carl Wilhelm zur, * Gelnhausen 24. Feb. 1788, † Ulm 22./23. Juni (nicht Juli!) 1848, ⬜ Lahr, ev.

Vater   Graf Ludwig Heinrich zur Lippe-Biesterfeld, * Biesterfeld 21. IV. 1743, † Gelnhausen 14. X. 1794, k. k. Kämmerer.
Mutter   Christine Elisabeth Kellner, * 27. III. 1765, † 27. XI. 1794, 1792 in München in den Reichsgrafenstand „von Lippe-Falkenflucht" erhoben.
Mehrere G, darunter Graf Ernst Heinrich zur Lippe-Biesterfeld, * 16. VI. 1787, † 2. II. 1830, Kgl. Württ. Oberstleutnant; Graf Casimir Ferdinand zur Lippe-Biesterfeld, * 19. VIII. 1791, † 12. IX. 1864, Kgl. Württ. Generalmajor und Kammerherr.
∞ Lahr 19. VI. 1822 Freiin Luise von Lotzbeck auf Weyhern, * Lahr 5. III. 1803, † ebd. VII. 1835.
3 K   Gräfin Octavia zur Lippe-Biesterfeld, * Ludwigsburg 8. I. 1828, † Stuttgart 13. X. 1842; Gräfin Elise Bernhardine Albertine Charlotte Sofie zur Lippe-

358 RABERG, Biogr. Handbuch, S. 507 f. – JAHNS, Reichskammergericht II,1, S. 191-207, Nr. 20.
359 WN 1914, S. 273.

Biesterfeld, * Ludwigsburg 15. V. 1829, † Unterriexingen/OA Vaihingen 27. IX. 1899, ∞ I. 24. VII. 1847 Wilhelm Friedrich Adolf von Moltke, * Kgl. Württ. Major, geschieden, ∞ II. Freiherr Maximilian Taets von Amerongen, Kgl. Preuß. Oberst und Kommandeur des Leib-Kürassier-Rgt.s Nr. 1; Graf Ernst Carl Casimir zur Lippe-Biesterfeld-Falkenflucht[360], * 28. VI. 1830, † Stuttgart 20. X. 1896, Kommandeur des 2. Ulanen-Rgts. Nr. 20 in Ludwigsburg, zuletzt Kgl. Württ. Generalmajor z. D., Kommenturkreuz des Kronordens, Kommenturkreuz II. Kl. des Friedrichsordens, ∞ 7. VIII. 1855.

Das Leben des württ. Offiziers L. war seit den 1830er Jahren mit Ulm verknüpft – allerdings in sehr tragischer Weise. Der Spross einer der erbherrlich gräflichen Linien des Fürstenhauses Lippe trat als Offizier in den Dienst des Königreichs Württemberg und stieg zum Kgl. Württ. Generalmajor und Kommandanten der Bundesfestung Ulm auf. Als solcher mietete sich L. im Haus von Philipp Ludwig →Adam ein. 1835 überreichte er im Namen der ehemaligen in Ulm garnisonierenden Infanterie-Regimenter Nr. 7 und Nr. 8 ein von dem Maler Stirnbrand gemaltes Bildnis des Königs Wilhelm I. an die Stadtverwaltung, das seinen Platz im Ratssaal fand. Seit 1835 war L. auch führendes Mitglied des Ulmer Eisenbahnkomitees und später der Württ. Eisenbahngesellschaft.
Am 11. April 1848 wurde L. als Nachfolger des Freiherrn Ludwig von →Gaisberg-Schöckingen zum Gouverneur der Stadt Ulm ernannt. Es war bekannt, dass diese Aufgabe in einer großen Garnisonsstadt Durchsetzungskraft und persönliche Autorität verlangte. Die militärische Disziplin in Ulm war seit dem März 1848 merklich verfallen, deshalb war die Wahl auf den als tüchtiger Offizier geschätzten L. gefallen. Seine Versuche, seine Vorstellungen von militärischer Ordnung durchzusetzen, endeten an der Kaserne im Gelächter und Pfeifen der versammelten Soldaten, deren vorangegangene Exzesse in der Gastwirtschaft „Zum Turm" er scharf verurteilt hatte. Angesichts der von ihm als sehr bitter empfundenen Haltung der Ulmer Garnison verzweifelte L. und verübte Suizid, indem er sich mit seiner Pistole erschoss.
Sein Tod erregte allgemeines Aufsehen. Man müsse ihn als *politischen Selbstmord* ansehen, wie er in Frankreich während der Revolution so häufig gewesen sei: *Solches Blut schreit zum Himmel um Rache, denn es sind in der Regel die redlichsten und zartesten Gemüter, denen der Druck der Unbilden zu stark wird* (Ulmer Kronik, 24. VI. 1848). Zum Nachfolger L.s wurde Graf von →Sontheim ernannt, dem es gelang, die Disziplin in der Ulmer Garnison wiederherzustellen.

L   BECKE-KLÜCHTZNER, S. 236 – SCHULTES, Chronik, S. 484 – UBC 1, S. 506, 600 – Klaus HERRMANN, Die Württembergische Eisenbahn-Gesellschaft 1836-1838, in: ZWLG 37 (1978), S. [179]-202, hier S. 183, 189, 197 – HEPACH, S. 196, 201 – SPECKER, Ulm im 19. Jahrhundert, S. 202, 205 – ZIEGLER, Fangelsbachfriedhof, S. 125.

List, Daniel *Friedrich*, * Reutlingen 6. Aug. 1789, † Kufstein/Tirol (Österreich) 30. Nov. 1846, ev.
Vater   Johannes List, * 5. I. 1746, † 22. X. 1813, Weißgerber und Gerichtsverwandter in Reutlingen, 1796 Zunftmeister, 1799 Spitalpfleger, 1800 stv. Bürgermeister ebd.
Mutter   Maria Magdalena Schäfer, * 12. X. 1754, † 21. III. 1815.
8 G.
∞ Wertheim/Main 19. II. 1818 Karoline Seybold, verw. Neidhard, * Buchsweiler (Elsaß) 27. VIII. 1789, † München 9. III. 1866, T. d. David Christof Seybold[361], * Brackenheim 26. V. 1747, † Tübingen 10. II. 1804, Professor der klassischen Philologie an der Universität Tübingen, u. d. Friederike Charlotte Keller, Wwe. d. Johannes Friedrich Neidhard, Kaufmann in Wertheim. Ihr *Br* Wilhelm Christian Seybold, * Buchsweiler (Elsaß) 19. X. 1790, † Stuttgart 1823, war 1819 Redakteur der „Neckarzeitung" in Stuttgart.
4 K   Emilie List, * Tübingen 10. XII. 1818, † München 14. XII. 1902; Oskar List, * Stuttgart 23. II. 1820, † Algier 1839; Elise List, * Stuttgart 1. VII. 1822, † München 4. I. 1893, ∞ 1845 Gustav Moritz Pacher von Theinburg, Fabrikbesitzer in Schönau; Karoline (Lina) List, * Reading/USA 20. I. 1829, † München 8. V. 1911, ∞ 1855 August Hövemeyer, * 1824, † 1878, Historienmaler.

Unter den zahlreichen Berühmtheiten, die auf ihrem Lebensweg mit Ulm in Berührung kamen, zählt L. zu den wegweisendsten und zugleich tragischsten Persönlichkeiten. Heute als bedeutender Nationalökonom mit visionärer Kraft weltweit geschätzt, blieb ihm zu Lebzeiten nicht nur weitgehend die verdiente Anerkennung versagt, er zog auch scharfe Kritik und Verfolgung auf sich und seine Familie. L., der der Idee des Eisenbahnbaus in Deutschland zum Durchbruch verhalf und für eine nationale Einigung unter Überwindung der inneren Zollschranken stritt, erschoss sich im Alter von 57 Jahren. Nach ihm ist in Ulm die List-Schule benannt.
Im Nov. 1819 kam der gerade 20 Jahre alte L. als Stadtschreibereiverweser für August →Schuster nach Ulm, ab dem 15. Jan. 1811 firmierte er als Erster Stadtschreibereisubstitut ebd. Während seiner Ulmer Zeit formulierte L. Organisationspläne für die Neuordnung der Ulmer Steuerwesens unter württembergischer Oberhoheit. L. verließ im Okt. 1811 Ulm, um als Aktuar an das OA Tübingen zu wechseln. Sein weiterer Lebenslauf ließ ihn mit Ulm nicht mehr in Berührung kommen.

W   STRECKER/MARCON, S. 115-120 [ausführliches Schriftenverzeichnis].
L   Ih 2, S. 549 – Ih 3, S. 208 – GEHRING, List, passim – Georg SCHENK, Friedrich Lists Ulmer Jahre 1810/11, in: UO 38 (1967), S. 228 ff. – HEPACH, Königreich, S. 59, 186 – F. BÜLOW, Friedrich List, ²1975 – W. O. HENDERSON, Friedrich List, der erste Visionär eines vereinten Europas, 1989 – H. BESTERS (Hg.), Die Bedeutung Friedrich Lists, 1990 – Friedrich List. Gesamteuropäische Wirkungsgeschichte seines ökonomischen Denkens, 1996 – RABERG, Biogr. Handbuch, S. 515-517 – STRECKER/MARCON, S. 102-143 [mit ausführlichem Schriften- und Literaturverzeichnis].

List, Friedrich, * Ulm 1. Aug. 1869, † ebd. 6. Juli 1940, ev.
Eltern und *G* siehe Wilhelm →List, Münsterpfarrer.

L. ist – anders als sein berühmter Namensvetter, der Nationalökonom – völlig vergessen. Dabei war der L. ein gesuchter Anwalt, einflussreicher nationalliberaler Politiker und als Präsident des Deutschen und des Schwäbischen Sängerbundes zeitweise eine überregional bekannte Persönlichkeit.
Nach dem Besuch des Gymnasiums in Ulm studierte L. von 1887 bis 1891 Jura in Tübingen und Berlin. Daran schloss sich seine Militärdienstzeit als Einjährig Freiwilliger an, zuletzt war er Leutnant der Landwehr-Fußartillerie II. Aufgebots a. D. Seit 1896 war er als beim Landgericht Tübingen zugelassener Rechtsanwalt in Reutlingen tätig. Dort trat L. der nationalliberalen Deutschen Partei (DP) bei, wurde zum Zweiten Vorsitzenden und Schriftführer des Reutlinger Ortsvereins gewählt und war schon um 1910 Erster Vorsitzender des geschäftsführenden Ausschusses des württ. Partei-Landesverbandes.
1911 wurde L. nach dem Rückzug des bisherigen nationalliberalen Abgeordneten Professor Albert Wetzel (Esslingen) als gemeinsamer Reichstagskandidat seiner Partei und der Volkspartei im Reichstagswahlkreis Württemberg V: Esslingen-Kirchheim-Nürtingen-Urach aufgestellt. Gegen ihn stellte die SPD den Landtagsabgeordneten Louis Schlegel, der BdL und die Konservativen den Landtagsabgeordneten Hermann Hiller sowie das Zentrum Landgerichtsdirektor Adolf Gröber (als Zählkandidaten) auf. Bei der Wahl am 12. Jan. 1912 lag Schlegel mit 15.473 Stimmen weit vor L., dem mit 9.906 Stimmen nur der zweite Platz blieb (Hiller 5.009, Gröber 643). Vor der Stichwahl zwischen den beiden stimmenstärksten Bewerbern am 22. Jan. 1912 erklärten sich BdL und Konservative zur Unterstützung L.s bereit. Dennoch ging das Rennen denkbar knapp aus: Schlegel gewann 16.327, L. 16.371 und damit nur 44 Stimmen mehr. L., der nach der Wahl Mitglied des Reichsparteivorstandes wurde, übernahm 1914 das Amt des Geschäftsführers der Reichstagsfraktion, im Feb. 1917 wurde er zum stv. Fraktionsvorsitzenden (bis Sept. 1918) gewählt.
Im Nov./Dez. 1918 zählte L. zu den Mitgründern der DDP und war Mitglied des provisorischen Vorstands auf Reichsebene. 1919 führte L. kurzfristig den württ. Partei-Landesverband. Noch im gleichen Jahr wechselte L. als Rechtsanwalt nach Berlin, wo er zum Präsidenten des Berliner Sängerbundes gewählt wurde. – 1906 bis 1919 Präsident des Dt. Sän-

[360] Staatsanz. Nr. 246, 21. X. 1896, S. 1669.
[361] Ih 2, S. 827 – EBERL, Klosterschüler II, S. 115, Nr. 692.

gerbundes und des Schwäbischen Sängerbundes; Mitglied des Hansabundes. – 1919 Ehrenpräsident des Schwäbischen Sängerbundes.

Q   StadtA Reutlingen, Nachlass.
L   Reichstags-Handbuch, 13. Legislaturperiode, Berlin 1912, S. 312 (Bild S. 493) – SIMON, Die württ. Demokraten, S. 206 – Angelika HAUSER-HAUSWIRTH/Theo BALLE/Walther SCHNEIDER/Herbert BÄHR, 150 Jahre Schwäbischer Sängerbund 1849 e. V. Vergangenheit - Gegenwart - Zukunft, Tübingen 1999, S. 127 (Bild) – HAUNFELDER, Die liberalen Reichstagsabgeordneten, S. 260.

List, *Wilhelm* Heinrich, * Ulm 2. Jan. 1818, † ebd. 6. März 1878, ⬚ ebd., Alter Friedhof, ev.

Vater   Johannes List, Tuchmacher und Stadtrat in Ulm.
Mutter   Anna Maria Dorothea Röscheisen.
∞ 23. X. 1851 Auguste Bührlen, * 28. III. 1826, † Ulm 3. VII. 1895, T. d. Bartholomäus Bührlen, Oberförster in Kapfenburg/OA Neresheim.
4 *K*, darunter Walter List, Dr. med., * 1853, † 1907, praktischer Arzt, ∞ Christine Schorn, * 1845, † 1937. Ein Sohn von Walter List und Enkel von L. war *Wilhelm* Siegmund Walther List[362], * Oberkirchberg 14. V. 1880, † Garmisch-Partenkirchen 16. VIII. 1971, Generalfeldmarschall; Karl List[363], * Plieningen 11. I. 1859, † Herbrechtingen 21. V. 1940, Pfarrer in Herbrechtingen, Ostdorf und zuletzt 1911-1926 in Göttingen, ∞ I. Adelheid Planck, T. d. Karl Christian →Planck.

L. war einer der wenigen aus Ulm stammenden Geistlichen des 19. Jahrhunderts, die als Münsterpfarrer in ihrer Heimatstadt wirkten.

Aus alter Ulmer Handwerkerfamilie stammend, besuchte L. das ev.-theol. Seminar Maulbronn und studierte anschließend ab 1835 Theologie in Tübingen (Mitglied der Stiftsverbindung „Die Patrioten"). Nach mehreren unständigen Vikariaten (u. a. 1839 bis 1842 in Echterdingen) und einer längeren wissenschaftlichen Reise (1842/43) wurde L. 1843 zum Repetenten am ev.-theol. Seminar Maulbronn ernannt. Bevor er 1850 zum Diakon in Plieningen bei Stuttgart ernannt wurde, war L. Diakonatsverweser in Langenau und Friedrichshafen gewesen.

Nachdem er in Plieningen 15 Jahre lang tätig gewesen war, wurde L. am 12. Okt. 1865 als Nachfolger des zum Zweiten Stadtpfarrer am Münster aufgerückten Johann Georg →Friz zum Zweiten Helfer (bzw. Dritten Stadtpfarrer)[364] am Ulmer Münster ernannt. Von 1866 bis 1871 übte L. zugleich das Amt des Bezirksschulinspektors aus. Am 15. März 1870 wurde er nach dem Tode von Johann Georg Friz zum Ersten Helfer ebd. bzw. zum Zweiten Münsterpfarrer ernannt. Als „alter Ulmer" nahm L. sein Amt mit Begeisterung wahr. Im Juli 1870 zählte L. zu den Unterzeichnern des öffentlichen Aufrufs zur Gründung eines Hilfsvereins für die Soldaten im Krieg gegen Frankreich und deren Angehörige. Nach seinem plötzlichen Tod im Alter von 65 Jahren trat der Zweite Helfer am Münster, Christian →Ernst, seine Nachfolge an. – Mitglied des Vereins für Kunst und Altertum in Ulm und Oberschwaben.

L   SIGEL 13,2, Nr. 912,2 (S. 637) – UBC 2, S. 226, 247, 249 – SCHMIDGALL, Burschenschafterlisten, S. 124, Nr. 50 – NEBINGER, Die ev. Prälaten, S. 583, 587 – UNGERICHT, S. 168.

Löchner, Hans Adolf *Walter*, Dr. rer. pol., Dipl.-Volkswirt, * Nürtingen 10. Okt. 1902, † Ulm 1. Dez. 1977, ⬚ ebd., Hauptfriedhof, ev.

Vater   Friedrich Löchner, Oberamtspfleger in Nürtingen.
Mutter   Sophie Balz.
2 *G.*
∞ Erika Dieter, * 1910, † 1998.

L. war eine der führenden Persönlichkeiten der Arbeitsvermittlung im deutschen Südwesten. Seine Tätigkeit führte ihn wiederholt nach Ulm, wo er zuletzt lebte.

Vom 15. April 1921 bis zum 15. Mai 1923 absolvierte L. nach dem Besuch des Nürtinger Gymnasiums eine Banklehre bei der Handwerkerbank Nürtingen. Vom 1. Juni 1923 bis zum 15. April 1924 war er als Bankbeamter bei der Discontogesellschaft Filiale Stuttgart tätig, anschließend bis zum 30. Aug. 1924 als kaufmännischer Angestellter bei der Strickwarenfabrik Gottlob Ebinger (Nürtingen). 1924 ging er zum Studium der Staatswissenschaften nach Tübingen, wo er im Nov. 1927 die Dipl.-Prüfung für Volkswirte bestand und im Juli 1930 bei Professor Dr. Robert Wilbrandt promoviert wurde.

Nach dem Studium war L. zunächst kaufmännischer Angestellter bei der Strickwarenfabrik P. Jenisch & Co. (Nürtingen). Im April 1930 wurde er Volontär bei der Nebenstelle Nürtingen des Arbeitsamts Esslingen/Neckar, am 1. Juli 1930 konnte er als Hilfsarbeiter beim Arbeitsamt Esslingen/Neckar anfangen. Nachdem er im Sommer 1933 als Vermittlungsfachkraft beim Arbeitsamt Stuttgart tätig gewesen war, übernahm er am 28. Aug. 1933 die Leitung des Vermittlungsabschnitts für Männer beim Arbeitsamt Esslingen/Neckar. Vom 19. Aug. 1935 bis zum 19. Aug. 1936 war L. als Abteilungsleiter Verwaltung beim Arbeitsamt Ludwigsburg tätig, vom 20. Aug. bis 21. Sept. 1936 als Abteilungsleiter und stv. Amtsleiter beim Arbeitsamt Weinheim. Am 30. Sept. 1936 ging L. als Abteilungsleiter für Arbeitsvermittlung zum Arbeitsamt Göppingen, am 4. Jan. 1937 als Abteilungsleiter und stv. Amtsleiter zum Arbeitsamt Schwäbisch Hall.

Nach der sogenannten „Zerschlagung der Rest-Tschechei" wurde L. am 28. Dez. 1938 als Amtsleiter (seit 9. Juli 1940 Regierungsrat) zum Arbeitsamt Krummau/Moldau abgeordnet. Am 16. Okt. 1941 wurde er als stv. Amtsleiter zum Arbeitsamt Linz (Österreich) versetzt. Ab Nov. 1943 übernahm L. als Referent beim Sonderbeauftragten für Italien mit den Dienststellen Verona und Rom bzw. als Referent bei der Hauptabteilung Arbeit bei der Außenstelle Rom eine neue Aufgabe, verblieb aber planmäßig auf seiner Linzer Stelle. Ab dem 27. Jan. 1944 leistete L. Kriegsdienst als Militärverwaltungsrat. Nachdem er sich bis zum 9. Mai 1946 in Kriegsgefangenschaft befunden hatte, trat L. am 17. Juni 1946 als Chemie-Hilfswerker in die Dienste der Dachpappen- und Teerprodukten-Fabrik Gebr. Braun in Ulm. Vom 5. Aug. 1947 bis zum 12. März 1948 war er zugleich Hilfsarbeiter bei der Firma Südwest-Chemie in Neu-Ulm. Diese Tätigkeiten waren Notlösungen, um den Lebensunterhalt zu sichern.

L. strebte zurück in die Arbeitsverwaltung, hatte aber Probleme mit seinem Entnazifizierungsverfahren. Daher wich L. in die französische Besatzungszone aus. Am 10. Mai 1948 wurde er als Sachbearbeiter beim Landesarbeitsamt Württemberg-Hohenzollern in Tübingen eingestellt.

Am 18. Okt. 1951 übernahm L. in der Nachfolge von Otto Brucker als Direktor die Leitung des Arbeitsamts Ulm. Er kehrte in einer Zeit nach Ulm zurück, als sich die Beschäftigungslage langsam zu normalisieren und zu stabilisieren begann. Im Mai 1955 ging er als Direktor (29. Nov. 1955 Ernennung zum Bundesverwaltungsoberrat) des Arbeitsamts nach Heidelberg; in Ulm folgte ihm Rudolf Heusinger nach. In Heidelberg war L. nur wenig länger als ein halbes Jahr tätig, da er im Jan. 1956 zur Bundesanstalt für Arbeitsvermittlung und Arbeitslosenversicherung in Nürnberg versetzt und schon am 1. Feb. 1956 zum Direktor der Deutschen Kommission der Bundesanstalt in Italien mit Sitz in Mailand ernannt wurde.

Im Nov. 1956 kehrte L. als Direktor des Arbeitsamts nach Heidelberg zurück. Am 18. Juni 1962 übernahm er das Amt des Referatsleiters (7. Sept. 1962 Ernennung zum Verwaltungsdirektor) bei der Hauptstelle der Bundesanstalt für Arbeitslosenvermittlung und Arbeitslosenversicherung in Nürnberg. Am 1. Nov. 1967 trat L. in den Ruhestand, den er in Ulm verlebte. – 1959 bis 1963 ehrenamtlicher Beisitzer bei der Fachkammer

362 Ih 2, 549 – BWB I (1994), S. 215-218 (Othmar HACKL) – KLEE, Personenlexikon, S. 374 f.
363 SIGEL 13,2, Nr. 106,22 (S. 636).
364 In den Akten des LKAS werden zu verschiedenen Zeiten voneinander abweichende Bezeichnungen benutzt, so dass sich Missverständnisse ergeben. Offiziell wurde die Zweite Helfer- bzw. Diakonsstelle am Münster erst am 24. Sept. 1889 in die Dritte Münsterpfarrerstelle umgewandelt. Vgl. NEBINGER, Die ev. Prälaten, S. 586.

für Angelegenheiten der Personalvertretung beim Verwaltungsgericht Karlsruhe.

W   Grundsätzliches zum Rationalisierungsproblem, rer. pol. Diss., Tübingen 1930
L   EBERL/MARCON, S. 331 f., Nr. 1097.

Löckle (seltener auch: Lökle), Alfred, Dr. phil., * Böblingen 12. Juni 1878, † München 10. Mai 1943, ev.

Vater   *Wilhelm* Friedrich Jakob Löckle, * Ludwigsburg 28. IV. 1847, † Kirchheim/Teck 1887, 1877 Diakon in Böblingen, 1880 dsgl. in Marbach, zuletzt dsgl. in Kirchheim/Teck.
Mutter   Emilie Steiger.
∞ Johanna Haist.

L. verbrachte in der Zeit vor dem Ersten Weltkrieg nur wenige Jahre in Ulm, war jedoch für die Entwicklung des Stadtarchivs eine wichtige Persönlichkeit.

Nach dem Besuch der Lateinschulen in Marbach/Neckar und Kirchheim/Teck bestand L. 1892 das Landexamen. In den Jahren von 1892 bis 1895 war er Zögling an den ev.-theol. Seminaren Schöntal und Urach. 1896 nahm er in Tübingen als Stiftsstudent das Studium der neueren Philologie auf, trat aber 1899 aus dem Stift aus. 1900 wechselte er zum Studium der Geographie und neueren Geschichte mit Schwerpunkt deutsche Geschichte in München und Tübingen über. Während seiner Münchner Studienzeit war L. im Geh. Staatsarchiv tätig. 1902 erfolgte bei Prof. Dr. Georg von Below an der Universität Tübingen seine Promotion. Anschließend nahm L. eine Stelle als Erzieher beim Ksl. Oberstallmeister Graf von Wedel in Aachen bzw. Berlin an, ehe er 1903 als Hilfsarbeiter in die Dienste der neu gegründeten Kaiser-Wilhelm-Bibliothek in Posen trat. Im Herbst 1905 wurde L. als Zweiter Bibliothekar an die Universitätsbibliothek Rostock berufen.

Der Ulmer Gemeinderat stimmte im Nov. 1906 L.s Ernennung zum Hilfsbibliothekar und Archivar der Stadt Ulm zur Entlastung von Christian Friedrich →Müller zu, im Feb. 1908 rückte L. nach dem Ausscheiden Müllers zum Stadtbibliothekar auf. In L.s Ulmer Amtszeit fielen neben der Überführung der Bestände von Bibliothek und Archiv in das 1898 vom Staat zurückerworbene und durch einen Anbau erweiterte Schwörhaus am Weinhof im Herbst 1908 die Begründung der Autographensammlung (Bestand J des Stadtarchivs) und die Ausscheidung irrtümlich in der Stadtbibliothek verwahrter Folianten, Sammelbände und Akten für das Stadtarchiv. Auf L. geht auch die Neuordnung der Stadtbibliothek nach modernen Grundsätzen zurück. Schon 1913 wechselte L. als Direktor der Stadtbücherei nach Elberfeld, 1924 in gleicher Eigenschaft an die Stadtbibliothek in Dresden. 1933 wurde L. aus politischen Gründen in den Ruhestand verabschiedet.

Q   StadtA Ulm, J (Bestand Löckle) – ebd., G 2.
W   (Hg.) Reisebüchlein eines Ulmer Apothekers aus dem 17. Jahrhundert (Wolfgang Wilhelm MAIR), in: Der Schwabenspiegel 3, Stuttgart 1909, S. 77-79 – Briefe von Johann Gottlieb Fichte an den Philosophen Johann Jakob Wagner, mitgeteilt und hg. von A. LÖCKLE, in: Südt. Monatshefte 7 (1910), S. 487 ff.
L   Kürschners Gelehrten-Kalender 4 (1931) – UBC 3, S. 389, 541 – Wer ist´s? 10 (1935) – Alexandra HABERMANN/Rainer KLEMMT/Frauke SIEFKES (Bearb.), Lexikon deutscher wissenschaftlicher Bibliothekare 1925-1980 (Zeitschrift für Bibliothekswesen und Bibliographie, Sonderheft 254), Frankfurt am Main 1985, S. 198 f. – SPECKER, Bestände, S. 35, 456.

Lödel, Eduard (von), * Ulm 30. Okt. 1848, † ebd. 10. oder 11. April 1923, ev.

Eltern und G siehe Franz *Wilhelm* →Lödel.
∞ Martha Leipheimer.
4 K.

Der Ulmer Jurist L. stieg nach beruflichen Anfängen in seiner Vaterstadt in der Reichsjustizverwaltung auf, blieb aber stets eng mit Ulm verbunden.

Nach der Reifeprüfung am Kgl. Gymnasium in Ulm studierte L. ab 1866 Jura in Tübingen (Mitglied der Burschenschaft Germania), Berlin und Leipzig. Nach Teilnahme am Dt.-Frz.-Krieg 1870/71 im I. Reiter-Rgt. war L. nach Bestehen der beiden Höheren Justizdienstprüfungen (1872 und 1874) zunächst in unständiger Stellung am Oberamtsgericht Ulm tätig, bis am 6. Juni 1876 die Ernennung zum Justizassessor beim Oberamtsgericht Schorndorf erfolgte. Ab dem 1. Okt. 1879 war er Hilfsstaatsanwalt am Landgericht Ulm, seit 5. Okt. 1883 Staatsanwalt ebd., zuletzt Oberstaatsanwalt in Ulm. 1891 bewarb sich L. mit erheblichem Aufwand finanzieller Mittel als „Sohn der Stadt" um das Amt des Ulmer Stadtschultheißen, erhielt aber gegen den aus Leonberg stammenden Ulmer Polizeiamtmann Heinrich →Wagner nur 203 Stimmen – für L. ein Debakel in jeder Hinsicht.

Von 1900 bis 1903 war L. Oberlandesgerichtsrat am Oberlandesgericht in Stuttgart und o. richterliches Mitglied des Disziplinarhofs für Staatsbeamte sowie o. Mitglied des Strafanstaltenkollegiums. Von 1903 bis 1914 war L. als Nachfolger des Ludwig (von) Zimmerle Reichsgerichtsrat beim Reichsgericht in Leipzig. Am Ersten Weltkrieg nahm L., der als Reserveoffizier im Dragoner-Rgt. König Nr. 26 diente, als Rittmeister der Landwehr teil und kommandierte die Landsturmschwadron der roten Ulanen. Sein einziger Sohn fiel als Leutnant im Pionierbataillon 13. Bereits im Sommer 1914 war L. im Alter von 65 Jahren aus gesundheitlichen Gründen in den Ruhestand getreten, den er in seiner Vaterstadt verlebte. – Vorstand der Ulmer Museumsgesellschaft. – Landwehr-Dienstauszeichnung I. Kl.; Silberne Jubiläumsmedaille; Kriegsdenkmünze; 1897 Ritterkreuz I. Kl. des Friedrichsordens.

L   Hof- und Staats-Handbuch Württemberg 1901 I, S. 95, 172, 181, 191 – SK Nr. 84, 12. IV. 1923, S. 5 – ebd. Nr. 85, 13. IV. 1923, S. 4 – Württ. Jahrbücher 1923/24, S. XII – UBC 4, S. 207 (Bild), 210 f. – SCHMIDGALL, Burschenschafterlisten, S. 96, Nr. 1320 – PHILIPP, Germania, S. 91, Nr. 1320.

Lödel, Franz *Wilhelm*, * Villingen (Baden) 9. Okt. 1811, † Ulm 30. Dez. 1886, ▢ ebd., Alter Friedhof, ev.

Vater   Johann Wilhelm Martin Lödel, Direktor der Thruneisen´schen Seidenfabrik in Villingen.
Mutter   Marie Margarete Anastasia Weis[s]er.
∞ Caroline Kindervatter, * Ulm 6. IX. 1807, † ebd. 17. III 1887, T. d. Johann Josef Kindervatter, Kaufmann in Ulm, u. d. Dorothea Regine Weißbock.
Mehrere K, darunter *Bertha* Emilie Lödel, * Ulm 23. XI. 1845, † ebd. 8. Mai 1907, ∞ Ulm 2. V. 1864 Gustav →Leube; Eduard (von) →Lödel.

L. war eine der überragenden Persönlichkeiten des Wirtschaftslebens im Ulm des 19. Jahrhunderts.

Der Bankier, Kaufmann und Spediteur, dessen Verdienste vom König von Württemberg mit der Verleihung des Titels Kommerzienrat gewürdigt wurden, entstammte einer badischen Familie. In Ulm vermochte sich L. nach 1841 rasch zu etablieren. Er war einer der höchstbesteuerten Bürger der Stadt. Von 1875 bis 1878 war er Vorsitzender der Handels- und Gewerbekammer Ulm. Im Dez. 1860 wurde L. in den Bürgerausschuss gewählt, im Dez. 1865 und im Dez. 1871 scheiterte er bei der Gemeinderatswahl. Im Herbst 1866 war L. Mitgründer der nationalliberalen Deutschen Partei in Württemberg und gehörte als Ulmer Vertreter mit Carl →Schall dem ersten Landeskomitee der Partei an. – Mitglied des Vereins für Kunst und Altertum in Ulm und Oberschwaben.

Q   StadtA Ulm, G 2 – ebd., H Waibel: Raimund WAIBEL, Mitglieder in Gemeinderat und Bürgerausschuss 1800-1899, Typoskript, S. 19.
L   Wilhelm LANG, Die Deutsche Partei in Württemberg. Festschrift zur Feier des fünfundzwanzigjährigen Bestandes der Partei 1866-1891, Stuttgart 1891, S. 25 – UBC 2, S. 78, 134, 344, 514 (Bild) – UNGERICHT, S. 168 – WAIBEL, Gemeindewahlen, S. 346, 349.

Löffler (Loeffler), *Emil* Wilhelm (von), * Ludwigsburg 26. Juni 1825, † Ulm 14. Juni 1906, ev.

Vater   Karl August (von) Löffler, Oberst, Kommandant des 4. Inf.-Rgts.
Mutter   Luise Welsch.
∞ Marie Henriette Beckh, † 1910.

Der in Ulm stationierte Pionieroffizier L. hat mit seinem monumentalen Buch „Geschichte der Festung Ulm" einen der wichtigsten Beiträge zur Stadtgeschichte im 19. Jahrhundert geliefert. Seine Forschungen bilden bis heute die Grundlage für die Beschäftigung mit der Bundesfestung Ulm.

Nach Ausbildung auf der Ludwigsburger Kriegsschule erfolgte im Okt. 1845 die Ernennung des Offizierssohnes L. zum Leutnant beim 4. Inf.-Rgt. in Stuttgart. Seit 1847 zur Dienstleistung bei der 1817 gegründeten Pionierkompanie in Ludwigsburg zugeteilt und wenig später zu dieser versetzt, wurde er 1855 zum Hauptmann und Kommandanten einer neu aufgestellten 2. Pionierkompanie ernannt, deren Umorganisation nach preußischem Vorbild ihm nach der Gründung des Kaiserreichs ab 1871 oblag (nunmehr Pionierbataillon Nr. 13 mit vier Kompanien). Im Krieg Preußens gegen Österreich, an dem Württemberg an der Seite Österreichs teilnahm, war L. 1866 Kommandeur des Avantgardenbrückenzugs des 8. Bundesarmeekorps. Kurz nach dem Krieg zum charakterisierten Major befördert, wurde L. im Juni 1869 zum wirklichen Major und zum Nachfolger des Obersten Eduard von Niethammer als Kommandant des Pionierkorps in Ulm ernannt, als welcher er am Krieg 1870/71 teilnahm und in dem er mit dem Militär-Verdienstorden und dem Eisernen Kreuz ausgezeichnet wurde. 1873 zum Obersten befördert, erfolgte im April 1874 seine Abkommandierung zur Dienstleistung beim Preuß. Pionierkorps und zur Führung des Westfälischen Pionierbataillons Nr. 7. Nach einjähriger Tätigkeit war er erneut bis 1877 Kommandant des Württ. Pionierbataillons. 1877 wurde L. unter Verleihung des Charakters als Generalmajor und des Kommenturkreuzes des Militärverdienstordens pensioniert. Seinen Ruhestand verlebte L. in Ulm, wo er in besonderer Weise am gesellschaftlichen und kulturellen Leben teilnahm. 1867 war er Gründungsmitglied des Münsterbaukomitees, ab Feb. 1868 Mitglied von dessen Bausektion. Das aktive Mitglied des Vereins für Kunst und Altertum in Ulm und Oberschwaben, des Vereins für Mathematik und Naturwissenschaften und der Lichtensteingesellschaft (eines Gesangvereins) widmete sich nicht nur seinen historischen Forschungen, die sich in Vorträgen und Veröffentlichungen niederschlugen, sondern schrieb auch eine Geschichte des Ulm/Neu-Ulmer Gesellschaftsgartens (1. April 1793 gegründet als Ulmer Gartengesellschaft) und verfasste aus Anlass des 75-Jahr-Jubiläums der württ. Pioniertruppe 1892 ein Festspiel mit zahlreichen Ulmer Bezügen.

L.s Hauptwerk, die „Geschichte der Festung Ulm", zeichnet sich durch die Beherrschung und klare Ordnung des gewaltigen Stoffes ebenso aus wie durch die präzise Schilderung eines Nicht-Historikers, dem es gelang, die Festungsgeschichte organisch in die Stadtgeschichte einzubinden und dabei nicht auf Ulm fixiert blieb, sondern auch die Entwicklung in Neu-Ulm mit einbezog und damit für beide Städte ein einzigartiges und sehr bedeutsames historisches Grundlagenwerk schuf.

Q   StadtA Ulm, H, schriftlicher Nachlass – ebd., G 2 – HStAS, E 291, Handakten/Nachlass Löffler.
W   (Auswahl) Geschichte der Festung Ulm, Ulm 1881 – Ulmische Renaissance, Ulm 1882 – Festspiel zur Feier des 75jährigen Bestehens der Königlich Württ. Pioniertruppe von Emil von Löffler, Ulm 1892 – Geschichte des Ulmer Gesellschaftsgartens, Ulm 1893 – Das Treffen bei Elchingen im Jahre 1805, in: UO 11 (1904), S. 3-36.
L   1h 2, S. 550 – Staatsanz. 1906, S. 991 – SK Nr. 272 – Württ. Jahrbücher 1906, S. IV – UBC 2, S. 197, 223, 435 – UBC 3, S. 29, 56 – SPECKER, Ulm im 19. Jahrhundert, S. 179, 181, 595 (Bild), 627 f., 635.

Löffler, Paul, Dr. oec. publ., Dipl.-Volkswirt, * 13. Juli 1903 Tübingen, † 28. Juni 1959 Stuttgart, ev.

Vater   Paul Löffler, Reichsbahnobersekretär, bis 1933 DDP-Gemeinderat in Tübingen, 1952 Ehrenbürger von Tübingen.
Mutter   Emma Memminger.
∞ Wuppertal 29. VIII. 1939 Emma Rottenheußer, Werklehrerin.

Nach dem Besuch der Volksschule in Rottenburg sowie der Realschule ebd. und in Tübingen absolvierte L. nach Erstehen der Reifeprüfung eine zweijährige Ausbildungszeit bei der Württ. Vereinsbank Tübingen. L. studierte von 1923 bis 1928 Rechts- und Staatswissenschaften in Tübingen und München und bestand am 6. Nov. 1926 die Dipl.-Prüfung für Volkswirte. Nach dem Studium war L. zunächst als Hilfsassistent beim Wirtschaftswissenschaftlichen Seminar in Tübingen tätig und arbeitete an seiner Promotion, ehe ihn sein Doktorvater Oswald Lehnich, mittlerweile zum Leiter des württ. Wirtschaftsministeriums aufgestiegen, als wissenschaftlichen Hilfsarbeiter in das von ihm geführte Ministerium nach Stuttgart holte. 1933 bzw. 1938 wurde er in Tübingen promoviert. L. trat in die NSDAP ein und stieg rasch auf. Auch war er Mitglied der SS, Fürsorgereferent des SS-Oberabschnitts Südwest und zeitweilig als Hauptabteilungsleiter beim Reichsführer SS tätig, zuletzt SS-Sturmbannführer. Als stv. Leiter des Stuttgarter Landeswirtschaftsamts wurde er am 1. Feb. 1937 zum Regierungsrat, am 1. Aug. 1941 zum Oberregierungsrat ernannt – zur gleichen Zeit, als altgedienten Laufbahnbeamten aus politischen Gründen ihre fällige Beförderungen versagt wurden. Im Juli 1943 wurde L. nach Linz abgeordnet, um den Aufbau des neu gegründeten Landeswirtschaftsamts Oberdonau zu leiten. 14. Aug. 1944 Erster Beigeordneter und Bürgermeister in Ulm. 1954 bewarb sich L. erfolglos für die Stelle des Wirtschaftsreferenten der Stadt Ulm. Zuletzt wirkte er beim Regierungspräsidium von Nordwürttemberg in Stuttgart.

Q   StadtA Ulm, G 2 – StAL, EL 901/21 (Spruchkammer Ulm Stadt) Bü 45/86/6487.
W   Das gemischte Werk. Ein Beitrag zur Kombinationsbewegung, oec. publ. Diss., Tübingen 1938.
L   Ulmer Tagblatt Nr. 181, 4. VIII. 1944, S. 4 (Bild) – EBERL/MARCON (1984), S. 358 – SCHMIDT, Kurzbiographien, S. 467-470 (Bild).

Lorenser, Hans, Dr. rer. pol., Dr. med. h.c., Dipl.-Volkswirt, * Stuttgart 6. Feb. 1916, † Ulm 19. Juli 1989, ⬜ ebd., Hauptfriedhof (Ehrengrab), kath.

Vater   Otto Lorenser, * 1896, † 1962, Werkmeister in einem Ziegelwerk bei Ludwigsburg.
Mutter   Cäcilie Sandhas, * 1897, † 1963.
1 G.
∞ Ludwigsburg 1941 Rosa („Rosl") Freitag.
2 K   Brigitte Lorenser, * 1943; Monika Lorenser, * 1944.

Der zweite in „Volkswahl" gewählte Ulmer Oberbürgermeister der Nachkriegszeit war als Nachfolger von Theodor →Pfizer für zwei Amtsperioden der Lenker der Geschicke Ulms. Nach kaufmännischer Lehre (1933-1935) und einer Tätigkeit als Kaufmannsgehilfe in einer Maschinenfabrik und Eisengießerei in Ludwigsburg (1935-1937) wurde der seit 1927 in der kath. Jugendbewegung „Neudeutschland" aktive L. zum Arbeitsdienst und bei Ausbruch des Zweiten Weltkriegs zur Wehrmacht eingezogen. In Russland schwer verwundet, gelang es ihm in der Zeit der Rekonvaleszenz, die Sonderreifeprüfung zu bestehen. Im Wintersemester 1942/43 begann er an der TH Stuttgart mit seinem rechts- und wirtschaftswissenschaftlichen Studium, das ihn 1944 nach fast einjähriger kriegsbedingter Pause auch an die Universität Tübingen führte. Nach Kriegsende konnte der kurzzeitig in US-amerikanischer Gefangenschaft gehaltene L., der mittlerweile auch die Bilanzbuchhalterprüfung bestanden hatte, im Sommersemester das Studium wieder aufnehmen. Im März 1947 bestand er in Tübingen die Diplomprüfung für Volkswirte. Daneben (!) leitete er, politisch unbelastet, bereits seit Sept. 1945 in Ludwigsburg das Kreisernährungsamt. Die Leistungsfähigkeit und Umsicht des jungen L. riefen schon damals Erstaunen hervor. 1947 wurde L. zum Verwaltungsdirektor des Kreiskrankenhauses Ludwigsburg ernannt, ein Amt, das er sieben Jahre lang mit großer Hingabe ausfüllte und das ihn mit der Zeit zu einem hervorragenden Fachmann in allen Fragen des modernen Krankenhauswesens reifen ließ. 1949 wurde L. mit der Arbeit „Etat oder Bilanz? Finanzwirtschaftliche oder privatwirtschaftliche Rechnungsweise bei kommunalen Krankenanstalten" bei Professor Dr. Rudolf Johns (Universität Tübingen) zum Dr. rer. pol. promoviert.

L., der 1952 der CDU beigetreten war, gehörte von 1953 bis 1954 dem Gemeinderat in Ludwigsburg an. Die Tatsache, dass er leitender Beamter einer Kreisbehörde war, führte seinerzeit zu Diskussionen, ob diese berufliche Stellung mit dem Gemeinderatsmandat vereinbar sei. Von 1964 bis 1972 war er als Mandatsnachfolger von Franz →Wiedemeier für zwei Wahlperioden MdL Baden-Württemberg (4. und 5. o. LT, WK Ulm-Stadt; CDU). „Psychologisch" wichtig war die Tatsache, dass es L. gelungen war, der SPD das Ulmer Direktmandat, das Hugo →Roller innehatte, wieder zu nehmen. Im Landtag gehörte er dem Finanzausschuss sowie dem Ausschuss für Landesplanung, Raumordnung und Wohnungswesen an.

1954 wechselte L. – nicht zuletzt auf Grund tiefgreifender Meinungsverschiedenheiten mit dem Ludwigsburger Landrat Dr. Hermann Ebner – als Zweiter Beigeordneter nach Ulm und rückte dort schon 1955 zum Ersten Beigeordneten bzw. Bürgermeister der Stadt Ulm im Referat Wirtschaftsverwaltung auf. L. leistete in diesem Amt Erstaunliches; es gelang ihm, im Ulmer Westen zahlreiche neue Betriebe mit (um 1970) ca. 78.000 Beschäftigten anzusiedeln. Die Arbeitsteilung mit Oberbürgermeister Theodor Pfizer, der sich vorwiegend um Verwaltung, Bildung und Kultur kümmerte, funktionierte hervorragend. L. gewann mit den Jahren eine große Popularität in Ulm, welche die CDU auch veranlasste, ihm 1964 die Landtagskandidatur anzuvertrauen. 1966 erhielt L. bei der Wahl zum Oberbürgermeister fast fünf Prozent der Stimmen, ohne überhaupt zu kandidieren. Als Oberbürgermeister Pfizer 1972 in den Ruhestand trat, galt L. als der gegebene Mann für seine Nachfolge. Dieser verzichtete auf eine erneute Landtagskandidatur und bewarb sich um Pfizers Nachfolge. Am 14. Mai 1972 wurde L. mit 63,5 Prozent gegen zwei Mitbewerber zum Oberbürgermeister von Ulm gewählt, ein Amt, in das er am 1. Aug. 1972 eingeführt wurde.

Die zwölfjährige Amtszeit L.s stand im Wesentlichen im Zeichen der Weiterverfolgung der Ziele Pfizers. So konnte 1974 die Eingemeindung der Orte Gögglingen, Donaustetten, Eggingen, Ermingen und Einsingen vollzogen werden, die L. als Verhandlungsführer vorbereitet hatte. 1975 folgte unter schwierigen Bedingungen die Eingemeindung von Lehr gegen den Widerstand von Gemeinderat und des Großteils der Bevölkerung. Der überaus volkstümliche L. verfolgte auch Pfizers Weg weiter, Ulm als Zentrum der Bildung, Forschung und Kultur weiter auszubauen. Als Beispiele seien genannt der Ausbau der jungen Universität, der Bau des Rehabilitationskrankenhauses, für das sich L. ganz besonders einsetzte, und der Bau mehrerer Schulen. Erfolgreich und beliebt war seine Wiederwahl 1980 mit überwältigender Mehrheit (91,4 Prozent bei drei Mitbewerbern) keine Überraschung. Die zweite Amtszeit war allerdings überschattet vom wirtschaftlichen Wandel in der Bundesrepublik Deutschland, der den Industriestandort

Ulm vergleichsweise hart traf. Firmeninsolvenzen und ein stetiges Anwachsen der Arbeitslosenzahlen drohten die Erfolgsbilanz L.s zu verdunkeln, der unverzüglich mit Gegenmaßnahmen im kommunalen Bereich auf die Probleme zu reagieren versuchte, die jedoch nur langsam griffen. L. setzte 1982 die Verstaatlichung der städtischen Kliniken durch und war maßgeblich an der Gründung der grenzüberschreitenden Versorgungs- und Verkehrsgesellschaft mit Neu-Ulm (1983) beteiligt. Hingegen misslang ihm 1980 die Durchsetzung des Baus einer vom Alb-Donau-Kreis und vom Landkreis Neu-Ulm getragenen Müllverbrennungsanlage, weil der Gemeinderat dagegen votierte.

L. war seit 1972 stv. Vorsitzender des Städtetags Baden-Württemberg. Als er 1984 im Alter von 68 Jahren in den Ruhestand trat, verlieh die Stadt Ulm ihm und seiner Ehefrau die Ehrenbürgerwürde. Der Pensionär pflegte einen überaus unruhigen Ruhestand, blieb er doch in zahlreichen Verbänden, Vereinen, Aufsichts- und Verwaltungsräten weiterhin aktiv. Ferner übernahm er die ehrenamtliche Geschäftsführung des Rehabilitationskrankenhauses Ulm GmbH (RKU), wurde in das Kuratorium der Dt. Altenhilfe-Wilhelmine-Lübke-Stiftung (Köln) berufen und übernahm das Amt des Vorsitzenden des Schwäbischen Heimatbundes. Der sportliche L., ein leidenschaftlicher Spaziergänger, erlag in der Mitte des 74. Lebensjahres einem Herzversagen. 1991 wurde eine Straße im neuen Industriegebiet Donautal nach ihm benannt, ebenso 1994 das Hans-L.-Sportzentrum. – Seit 1948 Mitglied der kommunalen arbeitsrechtlichen Vereinigung Baden-Württemberg (KAV) Stuttgart und bis 1964 Vorsitzender des Fachgruppenausschusses für Kranken-, Heil- und Pflegeanstalten, seit 1974 Vorsitzender des Verbandes; Mitglied der Vereinigung kommunaler Arbeitgeberverbände (VKA) Köln, seit 1949 Mitglied des Fachgruppenausschusses für Kranken-, Heil- und Pflegeanstalten, seit 1964 dessen Vorsitzender und Mitglied des Verbandspräsidiums, 1975 bis 1981 stv. Vorsitzender des Verbandes, seit 1981 Vorstandsmitglied der Baden-Württembergischen Krankenhausgesellschaft (BWK) Stuttgart, seit 1974 Vorsitzender; seit 1947 Vorsitzender der Dt. Krankenhausgesellschaft (DKG) Düsseldorf; seit 1954 Mitglied der Sachverständigenkommission beim Bundeswirtschaftsministerium für Bundespflegesatzverordnung, seit 1963 Vorstandsmitglied, 1982 deren Präsident; seit 1973 Mitglied im Tarifausschuss des Dt. Bühnenvereins; seit 1975 Verwaltungsratsmitglied der Versorgungsanstalt dt. Bühnen und Verwaltungsratsmitglied der Versorgungsanstalt der dt. Kulturorchester; 1961 bis 1972 stv. Vorsitzender der Landesgruppe Baden-Württemberg und Mitglied des Bundesvorstands des Verbands kommunaler Unternehmen (VKU); 1958 bis 1969 stv. Mitglied der Vertreterversammlung des Württ. Gemeindeunfallversicherungsverbandes, 1969 bis 1974 o. Mitglied ebd., 1969 Vorstandsmitglied; seit 1969 Vorsitzender des Aufsichtsrats der Ulmer Parkbetriebsgesellschaft mbH, seit 1970 des Chirurgisch-Orthopädischen Rehabilitierungszentrums Ulm GmbH, seit 1972 der Fernwärme Ulm-Süd GmbH im Wechsel mit EVS, Stuttgart, seit 1972 der Ulmer Wohnungs- und Siedlungs-GmbH und der Sparkasse Ulm (im Wechsel mit dem Landrat), seit 1975 der Ausstellungshallen GmbH Ulm; Vorsitzender der Abendrealschule Ulm; Aufsichtsrats- bzw. Verwaltungsratsmitglied der Milchwerke Schwaben, der Oberland-Milchverwertung GmbH Ravensburg (OMIRA), der Kernkraftwerk Obrigheim GmbH, der Gasversorgung Süddeutschland GmbH; 1977 Mitglied des Gründungskuratoriums der Sozial- und Arbeitsmedizinischen Akademie Ulm, 1983 bis 1987 deren Vorstandsvorsitzender; 1980 bis 1983 Mitglied des Beirats beim Bundesarbeitsministerium zur Beratung des Ausschusses für Fragen der wirtschaftlichen Sicherung der Krankenhäuser; seit 1960 Verwaltungsratsmitglied des Arbeitsamtes Ulm; 1951 bis 1975 Landesarbeitsrichter am Landesarbeitsgericht in Stuttgart;

Gründungsmitglied der Fachvereinigung der Verwaltungsleiter
Dt. Krankenanstalten und Krankenhausfachmessen; Mitglied
der Denkmalstiftung Baden-Württemberg. – 1976 Bundesverdienstkreuz I. Kl.; 1984 Großes Verdienstkreuz des Verdienstordens der Bundesrepublik Deutschland mit Stern; 1985
Komtur des Päpstlichen Silvesterordens; 1987 Großes Ehrenzeichen der Stadt Linz (Österreich).

Q   StadtA Ulm, Nachlass H, Hans Lorenser – ebd., G 2.
W   Schriftenverzeichnis in BWB II (vgl. L), S. 304.
L   Ih 3, S. 210 – Klaus SCHRODE, Beamtenabgeordnete in Landtagen der
Bundesrepublik Deutschland. Eine Untersuchung über das parlamentarische
Verhalten von Abgeordneten in den Landtagen von Baden-Württemberg, Hessen
und Rheinland-Pfalz, die in der öffentlichen Verwaltung tätig sind, Heidelberg 1977,
S. 96 f., 109, 114, 173, 179, 224, 276 – EBERL/MARCON, S. 394, Nr. 1315 –
Stadtverwaltung Ulm, Hauptamt (Hg.), Ulm. „Reichen und Armen im gemeiner
Mann...“. Dr. Hans Lorenser, Oberbürgermeister 1972-1984, Ulm 1984 – TREU,
Neu-Ulm, S. 399, 447, 459, 461, 468, 523, 530, 537 – SPECKER, Großer Schwör-
brief, S. 449-451 (Bild), 504 – Gustav MORÉ, „Gut Nacht, Herr Dekan...“. Erinne-
rungen an Dr. Hans Lorenser. Hg. von der Stadt Ulm 1996 – BWB II (1999),
S. 301-304 (Gerhard STUBER) – WEIK ⁷2003, S. 94.

Lusser, Robert, * Ulm 19. April 1899, † München 19. Jan.
1969, ev.

Vater   Albert Lusser, * 29. V.
1866, † 19. VI. 1920, Kaufmann in
Ulm.
Mutter   Auguste Benz, * 25. XII.
1868.
∞ I. 23. VIII. 1926 Hildegard Fichter,
† 13. III. 1945; ∞ II. 1948 Gisela
Sautter, * Posen 1914.
9 K, davon 4 aus II. Ehe.

*Die Leidenschaft eines Erfinders
hat nichts zu tun mit den
Konsequenzen seiner Erfindung.*
Mit derartigen Einlassungen
suchte L., der mit seinen
Erfindungen die Durch-
schlagskraft der Kriegsfüh-
rung des nationalsozialistischen Deutschland erheblich zu
steigern vermochte, eine persönliche Verantwortung für den
Tod von vielen tausend Menschen im Krieg von sich zu weisen. Der in seinem Fach geniale Chefentwickler von Hitlers
angeblicher Wunderwaffe „V 1“ war ein Mann zwiespältigen
Charakters.
Nach dem Abitur in Ulm nahm L. an der TH Stuttgart das
Studium der Elektrotechnik auf. Seine Leidenschaft galt frühzeitig dem Fliegen. Wiederholt nahm er erfolgreich an Flug-
wettbewerben teil. 1933 fand er eine Anstellung als Konstrukteur bei dem Flugzeugbauer Messerschmitt und entwickelte die
Maschinen der Typen Messerschmitt Bf 108 und Bf 109. L. war
Spezialist für die Steigerung der Fluggeschwindigkeiten und
entwarf in Kenntnis der Arbeiten von Hans-Joachim Papst von
Ohain über Turboluftstrahltriebwerke mit den Typen Messerschmitt Me 209 und Bf 110 erfolgreiche Modelle, die wesentlichen Anteil beim kriegerischen Überfall auf Polen 1939 hatten.
Bevor er zum 1. Juni 1939 zu Heinkel wechselte, war L. an den
Entwürfen der Grundzüge der Messerschmitt Me 262 beteiligt.
Bei Heinkel konstruierte L. die Heinkel He 280, den ersten
zweistrahligen Jäger der Welt, und die Heinkel He 219, den
ersten spezialisierten Nachtjäger. Nachdem das Reichsluftfahrtministerium L.s Entwürfe für diese Typen als zu kompliziert
und teuer abgelehnt hatte, wurde H. gekündigt. Er ging 1941
zu Fieseler und wirkte an der Entwicklung der Fernbombe Fi
103 (auch „V 1“ genannt) mit und brachte sie mit Fritz Goss-
lau von den Argus-Werken zur Serienreife. 1944/45 kamen in
London und Antwerpen ca. 10.000 Menschen ums Leben, als
die „V 1“ einschlug. Reichsmarschall Hermann Göring würdigte L. mit der Verleihung des Ritterkreuzes mit Schwertern und
Brillanten und den Worten: *Ihre schöpferische Kraft hat verwirklicht,
was das ganze deutsche Volk sehnlichst erwartete.*

Nach Kriegsende vorübergehend arbeitslos und nervlich über-
reizt – seine Kinder berichten, er habe in dieser Zeit seine
schwangere Ehefrau geschlagen –, wartete er das Ergebnis seines Entnazifizierungsverfahrens ab. Man attestierte ihm, nur
aus beruflichen Gründen Mitglied der NSDAP geworden zu
sein. Moralische Kategorien spielten bei der Einstufung L.s
offenbar keine Rolle. 1948 holten ihn die Amerikaner im Zuge
der „Operation Paperclip“ in die USA, wo er zunächst in Point
Mugu, Kalifornien, für die US-Navy tätig war. Anschließend
wechselte er zum Pasadena Jet Propulsion Laboratorium und
1954 nach Huntsville (Alabama), wo er bis 1958 mit Wernher
von Braun an der Entwicklung der Redstone Rakete zusammenarbeitete. In dieser Zeit erarbeitete sich L. seinen internationalen Ruf als „Vater der Zuverlässigkeit“. Seine Untersuchungen über die Zuverlässigkeit komplexer Systeme, besonders im
Hinblick auf die Entwicklung von Raketen, zogen den Schluss,
dass die Zuverlässigkeit eines Gesamtsystems nur so gut sein
könne wie das Produkt der Zuverlässigkeit der Einzelsysteme.
Nach seiner Rückkehr in die Bundesrepublik Deutschland im
Jahre 1959 überwachte L. als technischer Direktor des Ent-
wicklungsringes Süd die Produktion des Starfighter F 104. Die
im Aufbau befindliche Luftwaffe der Bundeswehr wollte dieses
Flugzeug zu einem Allzweckflugzeug und zum Atomträger
umbauen. L.s Kritik an dem „Witwenmacher“ führte 1964 zu
seiner Entlassung (bzw. Nicht-Verlängerung des Vertrags).
Doch L. behielt Recht: mehr als 300 Maschinen stürzten ab,
116 Piloten starben.
Nach seinem Ausscheiden beim Entwicklungsring Süd entwickelte L. eine neue Sicherheitsbindung für Skifahrer und
verkaufte sie an die Samuel G. Wyss AG in der Schweiz. Den
großen Erfolg der Sicherheitsbindung in Mitteleuropa und den
USA erlebte L. der ebenso begeisterte Tüftler wie skrupellose
Erfinder todbringender Maschinen, nicht mehr.

Q   Dokumentarfilm „Menschen im Nationalsozialismus: Robert Lusser und die
`V1´ – Hitlers Ingenieur für die `Wunderwaffe´“ von Petra REINFELDER und
Benedikt BURKARD, gesendet im SWR am 10. I. 2008, 23 Uhr (45 Minuten).
L   Rudi KÜBLER, Ein Mann mit Widersprüchen. Film über den gebürtigen
Ulmer Robert Lusser, Vater der „V1“ und Vater der Zuverlässigkeit, in: SWP Nr. 6,
8. I. 2008 (Bild) – Wikipedia.

Mack (sen.), *Heinrich* Ludwig, * Ludwigsburg 28. (nicht 18.!)
Sept. 1820, † Ulm 31. Juli 1908, ev.

Vater   Christian Adam [Ludwig?]
Mack, Ökonom und Gemeinderat in
Ludwigsburg.
Mutter   Christiane Rommel.
3 G, darunter Gottlieb *Ludwig*
Mack³⁶⁵, Dr. phil., * Ludwigsburg 15.
XI. 1811, † ebd. 18. IV. 1892, Profes-
sor an der Kriegsschule in Ludwigs-
burg,
∞ Kirchheim/Teck 2. X. 1856 Frie-
derike *Emilie* Schott, * Ellwangen/
Jagst 15. II. 1830, † Ludwigsburg
17. I. 1905.
∞ Hemmingen 1. IX. 1850 *Charlotte*
(nicht Christine!) Sophie Rosine
Schott, * Hemmingen 28. IX. 1826,
† Ulm 14. X. 1894, T. d. Christoph
Friedrich Schott, Mag., * Asch/OA
Blaubeuren 6. III. 1790, † Hemmin-
gen 4. XI. 1854, Pfarrer in Hemmingen, u. d. Caroline *Mathilde* Elisabeth Gmelin,
* Tübingen 28. VII. 1798, † Hemmingen 19. II. 1831, eine *Schw* des Christian
Heinrich →Gmelin.
4 K, davon 1 † früh   *Ernst* Ludwig Mack, * Ulm 17. VI. 1851, † Sulzberg
(Bayern) 14. VI. 1891, Kaufmann, Stärkefabrikant in Ulm, ∞ Stuttgart 3. IX. 1881
Emmy Sofie Friederike Hofmann, * Ulm 10. X. 1860, † Stuttgart 12. IX. 1928, T. d.
Johannes Hoffmann, Kaufmann in Ulm; Heinrich →*Mack (jun.), * Ulm 21. VIII.
1853, † ebd. 31. III. 1927, Stärkefabrikant und Bürgerausschussmitglied in Ulm,
∞ Stuttgart 23. IX. 1882 Orpine (Fini) Krämer, * San Francisco (USA) 28. II. 1858,
T. d. Kaufmanns Karl Krämer; *Elisabeth* (Elise) Mathilde Mack, * Ulm 3. VI. 1859,
† ebd. 2. VII. 1917, ∞ Ulm 10. VIII. 1882 Theodor →Hüeber.

³⁶⁵ SK 1892/Nr. 92.

Ein bewährtes, vorzügliches Stärkemittel, welches das Plätten ungemein erleichtert, schon alle nötigen Zusätze erhält, um die Wäsche stets gleichmäßig blendend weiß, steif und glänzend zu machen und dabei für das Gewebe absolut unschädlich ist. Vorrätig in den meisten Colonialwaren- und Droguen-Geschäften des In- und Auslands. Auf diese selbstbewusste Weise warb der Ulmer Stärkefabrikant für „Mack´s Doppel-Stärke". Er war einer der erfolgreichen Ulmer Fabrikanten in der zweiten Hälfte des 19. Jahrhunderts und musste, wie etwa auch Wieland, sein expandierendes Unternehmen aus Platzgründen aus der Stadt Ulm heraus aufs Land verlegen.

M. entstammte einer Ludwigsburger Honoratiorenfamilie und durfte frühzeitig mit seinem Großvater und seinem Vater größere Reisen unternehmen. Nach seiner Kaufmannslehre in Heilbronn/Neckar führte ihn die obligatorische Wanderschaft nach Schaffhausen am Rhein, Mühlhausen (Elsaß) und Paris. In Ulm gründete M. im Jahre 1848 in der Kohlgasse (Haus D 217, heute Hausnummer 31) eine Kolonialwarenhandlung. Sein geschäftlicher Erfolg – M. zählte nach 1851 zu den höchstbesteuerten Bürgern Ulms und war damit Wahlmann I. Kl. bei den Landtagswahlen – gründete sich jedoch nicht nur auf dieses Geschäft, sondern auf eine Petroleum-Großhandlung und die 1849 in der Kohlgasse errichtete Fabrik zur Herstellung von Reisstärke. Diese wurde zum Stärken der Wäsche benötigt und war in der zweiten Hälfte des 19. Jahrhunderts sowohl in Privathaushalten als auch in Wäschereien unverzichtbar. Das expandierende Unternehmen wuchs aus der Enge des Ulmer Stadtzentrums heraus, 1872 erwarb M. in Au bei Illertissen ein 40 Tagwerk großes Grundstück und eine für die Energiegewinnung benötigte Ölmühle. Zur gleichen Zeit entstand Ecke Olgastraße 49/Syrlinstraße 4 ein Büro- und Wohnhauskomplex, in dem auch die Verwaltung des Unternehmens untergebracht war. Das Gebäude fiel dem Luftangriff vom 17. Dez. 1944 zum Opfer.

M.s Produkte – neben „Pyramiden-Reisstärke" und „Doppel-Reisstärke" auch Kosmetika wie Badtabletten oder ein Badezusatz „Kaiser-Borax" – waren auch international gefragt. Nachdem 1871 ein erster Anlauf bei der Wahl in den Bürgerausschuss gescheitert war, gelang M. im Jahr darauf der Sprung in das bürgerliche Kollegium. 1900 übergab der 80-jährige M. das Unternehmen seinem gleichnamigen Sohn. Dieser veräußerte die Firma 1920 mit der Maßgabe für die neuen Besitzer, den Firmennamen „Heinrich Mack Nachf." zu erhalten. 1971 wurde die Firma dem US-amerikanischen Pfizer-Konzern eingegliedert. Der Name Heinrich Mack aber ist noch heute ein Begriff. Der ernste und gewissenhafte Kaufmann nahm nur sehr dosiert am Ulmer Gesellschaftsleben teil. Eine seiner Liebhabereien war das Kegeln, daher schloss er sich der Ulmer Kegelgesellschaft an. Daneben war er Mitglied des Vereins für Kunst und Altertum in Ulm und Oberschwaben.

Q   StadtA Ulm, G 2 (enthaltend u. a. eine Kurzbiographie von Uta WITTICH).
L   MAIER, Nachfahrentafel Schott, S. 40 – UBC 3, S. 342 (Bild), 413 (Bild), 417 – Anton H. KONRAD, Au an der Iller. Stadt Illertissen. Ein Dorf im Wandel der Zeiten, Weißenhorn S. 222-236 – WAIBEL, Gemeindewahlen, S. 353 – Wolfgang PFEIFER, Wachstum durch Innovation – 150 Jahre Heinrich Mack Nachf. und 150 Jahre Pfizer Inc. New York, in: Zeitschrift des Historischen Vereins für Schwaben 92 (1999), S. 165-172.

Mährlen, Johannes, * Ulm 28. Juni 1778, † ebd. 17. Dez. 1828, ⬚ ebd., ev.

Vater   Albrecht Mährlen, Pflastermeister.
Mutter   Anna Miller, * 1748, † Ulm 1827.
∞ Ulm 31. V. 1803 Anna Katharina Gerber, * 19. III. 1779, † Ulm 31. VIII. 1827, T. d. Jacob Gerber, * 22. IX. 1749, † 17. VIII. 1812, Gerbermeister in Ulm, u. d. Anna Barbara Hildebrand, * 1755, † 28. IV. 1806.
9 K, davon 2 † früh   Johannes →Mährlen, 1803-1871; Maria Barbara Rosine Mährlen, * 1804, † Göppingen 3. X. 1812; Maria Albertine Mährlen, * Ulm 15. XI. 1806, † ebd. 13. V. 1842, Haushälterin in Stuttgart; Marie Margarethe Mährlen, * Ulm 1808, † 1869; Johannes *Matthäus (Max)* Mährlen, * Ulm 2. VI. 1810, † Biberach 14. VII. 1869, Bauinspektor in Reutlingen, zuletzt seit 1862 dsgl. in Biberach, ∞ Berta Rock; August Friedrich Mährlen, * Ulm 15. VIII. 1814, † Stuttgart 14. X. 1842, Kaufmann in Cannstatt; Karl Gottlob Friedrich Mährlen, * Göppingen, † Ludwigsburg 1819; Christiane Henriette *Friederike* Mährlen, * Ludwigsburg 10. I.

1820, † 1898, Erzieherin in England; Christine *Henriette* Mährlen, * Ludwigsburg 26. XI. 1822, † 1900, Erzieherin in England.

M. gehört zu den Ulmern, die in der Zeit der geschichtlichen Wende im ersten Jahrzehnt des 19. Jahrhunderts versuchten, ihre Fähigkeiten im Staatsdienst nutzbar zu machen. Sein persönliches Schicksal verhinderte jedoch die angestrebte Sicherung seiner Familie, die nach seinem Tod für einige Jahre auseinanderfiel.

Als sichtlich begabter Planzeichner und Feldmesser tritt M. erstmals ins Licht der Geschichte. Das Ulmer Stadtgericht hatte 1807 bei ihm die Erstellung eines exakten Stadtplans von Ulm in Auftrag gegeben, den M. 1808 vorlegte. Er ist eines der wichtigsten Dokumente der Stadtgeschichte aus der frühen nachreichsstädtischen Zeit. M. lebte zu dieser Zeit mit seiner schnell wachsenden Familie als Mieter in der Breiten Gasse 10 im Stadtviertel „D". Nach der 1810 erfolgten Einrichtung von Landvogteien als Mittelinstanzen zwischen der Regierung und den Oberämtern bemühte sich M. um eine Stelle im Rahmen der neuen Verwaltungseinheiten und wurde zum Kgl. Württ. Weginspektor bei der „Landvogtei an der Rems und Fils" mit Sitz in Göppingen ernannt. Nach der Aufhebung der Landvogteien und der Einrichtung von Regierungsbezirken wechselte M. 1819 als Kreis-Baurat und Referent für die Straßen- und Wasserbauwesen zur Regierung des Neckarkreises in Ludwigsburg. In diesem Amt war er fast ununterbrochen auf Reisen, da ihm die Prüfung von Straßen, Brücken und Wasserstraßen im gesamten Regierungsbezirk oblag. Die Tätigkeit untergrub die ohnehin schwache Gesundheit M.s, der 1824 und 1825 mehrere Schlaganfälle erlitt. Im Herbst 1825 gelang es ihm, mit dem Ulmer Weginspektor Pfeiffelmann einen Stellentausch zu organisieren und nach Ulm zurückversetzen zu lassen. Noch Ende des gleichen Jahres erlitt er einen weiteren Schlaganfall, von dem er sich nicht mehr erholte. Im Alter von 47 Jahren musste er aus dem Staatsdienst ausscheiden.

Den Lebensunterhalt sichernde Pensionen gab es seinerzeit für solch junge Beamte noch nicht. Seine Ehefrau war mit seiner Pflege – der Sohn Matthäus (Max) Mährlen schreibt, der Vater sei *in einen kindlichen Zustand* übergegangen – und der Sorge um die Kinderschar überlastet und starb 1827. Der Sohn Johannes →Mährlen suchte über seinen Studienfreund Eduard Mörike den Rat des berühmten Arztes Justinus Kerner in Weinsberg. M. starb kurz vor dem Weihnachtsfest 1828 im Alter von 50 Jahren. Das jüngste Kind war bei seinem Tod sechs Jahre alt. Die Vollwaisen wurden bei verschiedenen Familien untergebracht, wobei Matthäus (Max) Mährlen seine Ausbildung bei dem Ulmer Kreis-Baurat Christian Wilhelm →Bühler erhielt.

L   DBI 5, S. 2205 – DBA I/795, 347-349 – Ih 2, S. 563 – HUBER, Mährlen, S. 16-20.

Mährlen, Johannes, Dr. phil., * Ulm 14. Sept. 1803, † Stuttgart 19. März 1871, ⬚ ebd., Hoppenlaufriedhof, 21. März 1871, ev.

Eltern und *G* siehe Johannes →Mährlen, Kreis-Baurat.
∞ Obertürkheim 22. IV. 1839 *Elise* Auguste Emilie Conradi, * Stuttgart 23. VII. 1816, † ebd. 22. X. 1871, T. d. Johann Nepomuk *Leopold* Friedrich Conradi, * Obergimpern 13. XI. 1776, † Stuttgart 14. II. 1839, Kaufmann in Stuttgart, u. d. Wilhelmine Auguste *Luise* Feuerlein, * Stuttgart 26. V. 1780, † ebd. 6. VI. 1861.
3 K   Joseph *Hermann* Johannes Mährlen[366], * Stuttgart 8. IV. 1840, † Kirchheim/Teck 17. VI. 1902, Gutspächter auf dem Elfinger Hof, ∞ Daasdorf (Sachsen-Weimar) 7. IV. 1864 Marie Stark, * Buttelstedt 22. III. 1842, † Kirchheim/Teck 21. III. 1922, T. d. Carl Leopold Friedrich Stark, Gutsbesitzer in Buttelstedt; Auguste Mährlen, * Stuttgart, ∞ . . . Daasdorf (Sachsen-Weimar); *Ernst* Johannes Mährlen, * Stuttgart 4. VII. 1850, † gef. bei Champigny 2. XII. 1870.

M. war in der Phase des wirtschaftlichen Aufbruchs in Württemberg eine der maßgeblichen ideengebenden Persönlichkeiten. Umfassend gebildet und vielseitig interessiert, wirkte er nicht nur gestaltend am Aufbau des Stuttgarter Polytechnikums

---

366 Ein Sohn Hermann Mährlens war *Wilhelm* Otto Mährlen, * Elfinger Hof/OA Maulbronn 15. V. 1870, † Weinsberg 6. VI. 1939, Landesökonomierat, Weinbauinspektor in Weinsberg. Vgl. Ih 2, S. 564.

mit, sondern erwarb sich als Eisenbahnpionier und Gewerbestatistiker bleibende Verdienste, die jedoch nicht verhindert haben, dass M. fast ganz vergessen ist.

M. wuchs in Ulm, Göppingen und Ludwigsburg auf und besuchte dort die Schule. 1820 im Alter von fast 17 Jahren in das ev.-theol. Seminar Urach aufgenommen, wo er u. a. mit Eduard Mörike (1804-1875) enge Freundschaft schloss, die bis zum Tode M.s währte. In Mörikes Briefen und Notizen taucht M. als „guter Marus" oder „Mein guter Jobst" wiederholt auf. Beide verband ein inneres Widerstreben gegen die geistige Enge der sie erwartenden Zukunft als schwäbische Landpfarrer, das sich sogar in Selbstmordgedanken steigerte. M. studierte Theologie in Tübingen, wo sich Freundschaften u. a. zu David Friedrich Strauß (1808-1874) und Friedrich Theodor Vischer (1807-1887) entwickelten. Nach der theol. Dienstprüfung trat er in den Pfarrerdienst. M. wurde nach dem Studienabschluss zum Vikar in Zell am Neckar ernannt, sah sich aber wegen seiner liberalen politischen Einstellung wiederholten Angriffen ausgesetzt; zudem litt er darunter, einen ungeliebten Beruf ausüben zu müssen. Dazu plagten ihn familiäre Sorgen, da seine Eltern in Ulm schwer krank waren; seine Mutter starb im Sommer 1827. M. verließ daraufhin 1827 den Pfarrerdienst – eine seinerzeit nicht unspektakuläre Entscheidung, für die ihn Mörike bewunderte und beneidete. M. war bereit, für seine geistige Unabhängigkeit einen hohen Preis zu zahlen. In den folgenden Jahren eröffnete sich ihm keine sichere berufliche Perspektive.

Der literarisch, politisch und historisch sehr beflissene M. trat zunächst als Korrektor in die Dienste des Cotta-Verlags in Augsburg. 1830 wirkte er als einer der Redakteure am neu gegründeten, bald wieder verbotenen und dann unter dem Namen „Der Beobachter" wieder gegründeten liberalen Blatt „Der Hochwächter" mit, das von Rudolf Lohbauer (1802-1873) und Gottlob Tafel (1801-1874) gegründet worden war.

Am 24. Okt. 1832 wurde er als Lehrer für Religion, Geschichte, Geographie, Deutsch und Stilübungen an die neu gegründete Stuttgarter vereinigte Real- und Gewerbeschule berufen, aus der später das Polytechnikum und die Technische Hochschule Stuttgart erwuchs. Am 12. April 1841 berief ihn der König auch zum Professor der Nationalökonomie. Während seiner Zeit in Stuttgart war der überaus tatkräftige und ideenreiche M. ständig damit beschäftigt, den Lehrplan zu reformieren und Verbesserungen im Unterricht umzusetzen. Er hatte damit nicht immer Erfolg. Daneben setzte sich M. für den Eisenbahnbau in Württemberg ein, sammelte seit 1842 als Beobachter Erfahrungen in anderen deutschen Ländern und im Ausland und beriet den König von Württemberg in allen die Eisenbahn betreffenden Fragen. Gerade in der Frühzeit des württ. Eisenbahnwesens – 1845 wurde als erste Strecke die Linie Cannstatt – Obertürkheim eingeweiht – war M.s Sachkunde von ausschlaggebender Bedeutung. Im Frühjahr 1847 bat M. um seine Entlassung als Professor am Polytechnikum, um als Direktor für eine Privatgesellschaft tätig zu werden, die im Kinzigtal Bergbau betreiben wollte. Die Tätigkeit in der Wirtschaft schärfte M.s Blick für die Nationalökonomie, auf die er sich mehr und mehr konzentrierte.

Im Mai 1854 nahm er seine Tätigkeit am Polytechnikum Stuttgart wieder auf. Außerdem trat er 1855 nebenamtlich als erster geschäftsführender „Sekretär" – d. h. als eigentlicher Manager – in den Dienst der neu gegründeten Stuttgarter Handels- und Gewerbekammer. M.s Arbeit auf diesem neuen Betätigungsfeld war von grundlegender und wegweisender Bedeutung. Vor allem redigierte er die seit 1860 erscheinenden „Jahresberichte der Handels- und Gewerbekammern" in Württemberg und lieferte selbst jeweils einen instruktiven „Statistischen Anhang". Diese „Anhänge" zählen zu den wichtigsten Quellen zur württ. Wirtschaftsgeschichte in der Zeit vor der Reichsgründung. M. behandelte u. a. „Die Darstel

lung und Verarbeitung der Gespinste und die Papierfabrikation im Königreich Württemberg" (1860), das Markt- und das Hausierwesen, die Vermögensaufteilung der aufgehobenen Zünfte (beide 1863), die Lehranstalten Württembergs für Gewerbe und Handel (1864), die Entwicklung der Arbeitslöhne und die Entwicklung einzelner Zweige der Nahrungsmittelindustrie (beide 1865), die Entwicklung der Handwerkerbanken (1867), das Schicksale der heimischen Textilfabrikation (1868) und die Statistik der Weißstickerei und der Kredit-Institute in Württemberg (beide 1869). 1867 wurde er damit beauftragt, den Katalog der württ. Erzeugnisse für die Weltausstellung zu erarbeiten. Heraus kam dabei mit dem „Rapport sur l´économie politique et sociale du Royaume de Wurtemberg" (Stuttgart 1868) eine gründliche Landesbeschreibung, die M.s „ganzheitlichen" Ansatz dokumentiert. M. war Kollegialmitglied der Zentralstelle für Gewerbe und Handel. – Ritterkreuz I. Kl. des Friedrichsordens.

W (Auswahl) Die Bedeutung der Eisenbahnen für den deutschen Zollverein mit besonderer Rücksicht auf Württemberg, Stuttgart 1842 – Die Schwarzwaldbahn über Böblingen und die Station am Feuersee zu Stuttgart, Stuttgart 1865.
L – Ih 2, S. 564 [mit unzutreffendem Todesjahr 1870] – SK Nr. 67, 21. III. 1871, S. 695 – ebd. Nr. 75, 30. III. 1871, S. 801 – SCHIMPF, Stammtafeln Feuerlein, S. 15 – Otto BORST, Schule des Schwabenlands. Geschichte der Universität Stuttgart, Stuttgart 1979, S. 81, 92 f., 104, 189-199 u. ö. – HUBER, Mährlen.

Magg, Stephan, * Laupheim 9. Jan. 1847, † Ulm 24. März 1934, kath.

Als eine der bekanntesten und wirkungsmächtigsten Persönlichkeiten des kath. Ulmer Gemeindelebens nimmt M. einen besonderen Platz unter den kath. Geistlichen der Donaustadt ein. 46 Jahre lang wirkte er in Ulm.

M. empfing am 2. Aug. 1872 in Rottenburg die Priesterweihe. Anschließend war er als Vikar in Kirchbierlingen, seit Nov. 1875 als Pfarrverweser in Eisenharz und seit Febr. 1876 als Kaplaneiverwalter in Leutkirch tätig.

Am 20. Aug. 1878 wurde M. zum Kaplan an St. Vincent in Ulm ernannt. Damit begann das langjährige und vielseitige Wirken M.s in Ulm, das für das Gemeindeleben einen nicht zu überschätzenden Schub brachte. Der auch als Gesellenvereinspräses aktive M. engagierte sich für die Eröffnung der von der ev. Gemeinde getragenen „Herberge zur Heimat" für wandernde Handwerksburschen und setzte sich nach deren Eröffnung im Jahre 1885 für den Bau eines kath. Gesellenhauses ein. Dieses konnte am 26. Nov. 1888 eingeweiht werden, bei welcher Gelegenheit Oberbürgermeister Carl von →Heim eine Rede hielt. M. war stolz darauf, denn an der Einweihung der „Herberge zur Heimat" hatte Heim nicht teilgenommen. Das Ulmer Kolpinghaus entwickelte sich zum gut frequentierten Zentrum des Gemeindelebens.

Zwischen Stadtpfarrer Adalbert →Berger und M. scheint es zu Konflikten gekommen zu sein, die das Bischöfliche Ordinariat in Rottenburg veranlassten, Berger die Versetzung nahezulegen, die zum Jahresende 1888 erfolgte. Zu seinem Nachfolger wurde am 17. Febr. 1889 M. ernannt, der als Stadtpfarrer an St. Michael 35 Jahre im Amt blieb und in dessen Amtszeit die Aufgliederung des Ulmer Gemeindesprengels in verschiedene Seelsorgesprengel begann – 1904 Militärpfarrei St. Georg, 1920 Zivilpfarreien St. Georg und St. Elisabeth.

Seit dem 28. April 1894 war M., der ab 1891 Ausschussmitglied des neugegründeten Ulmer Wohnungsvereins war, zugleich Dekan in Ulm. Wie er schon während seiner Zeit als Kaplan nachdrücklich unter Beweis gestellt hatte, dass er die Aufgaben eines Geistlichen nicht allein im seelsorgerischen Bereich sah, entfaltete M. ein umfassendes soziales Engagement in Vereinen und Verbänden. So führte er u. a. auch den Vorsitz der 1875 gegründeten Industrie- und Kleinkinderschule der Schwestern des Franziskanerordens aus Reute und des Pfarr-Cäcilienvereins. Für die Schwestern aus Reute erwarb er 1891 das An wesen von Carl Waidelich in der Zinglerstraße als Wohnhaus. Gemeinsam mit Agnes →Schultheiß konnte er durch rege Vereinsarbeit eine wesentliche Intensivierung des religiösen Lebens erreichen. M. war stark an der Vorbereitung der beiden 1890 und 1901 in Ulm abgehaltenen deutschen Katholikentage beteiligt. Nachdem 1893 das Kirchenvermögen vom Kirchenstiftungsrat übernommen und die Gemeinde selbstständig geworden war, versuchte M. mit großem Eifer, aber wenig Verhandlungsgeschick, den Neubau einer eigenen Kirche durchzusetzen. Das Kriegsministerium in Stuttgart schritt schließlich zum Bau einer eigenen Garnisonskirche (St. Georg), der 1904 vollendet wurde. Es war der erste Kirchenneubau in der explosionsartig anwachsenden Stadt Ulm. Am 20. Sept. 1904 weihte M. die neuen Glocken der Garnisonskirche. Seither durften die Geistlichen von St. Michael Sonntagsgottesdienste auch in St. Georg abhalten – allerdings nach jeweiliger Erteilung der Erlaubnis durch den Garnisonspfarrer resp. das Kriegsministerium. Da sich das Verhältnis M.s zu Garnisonspfarrer Franz Xaver →Effinger kontinuierlich verschlechterte, war diese Lösung nicht frei von Problemen.

Der Bau der Garnisonskirche behinderte auf viele Jahre auch die Pläne zum Bau einer neuen Kirche für die Zivilgemeinde. Diese musste lange auf die Turnhalle in der Sedelhofschule als Behelfsraum für Gottesdienste zurückgreifen.

Die Herausgabe der seit 1898 erscheinenden kath. Zeitung „Ulmer Volksbote" (seit 1913: „Schwäbischer Volksbote") war von M. gefördert worden. 1917 kam ein Kirchenblatt der kath. Ulmer Pfarreien hinzu, das seit 1921 als „Kirchenzeitung" firmierte. 1922 konnte die nach St. Hildegard benannte kath. private höhere Töchterschule an der Wagnerstraße 65 eröffnet werden.

M. war 77 Jahre alt, als er am 1. Juli 1924 in den Ruhestand trat. Er ließ es sich nicht nehmen, seinen Nachfolger Oskar →Gageur am 24. Aug. 1924 selbst zu investieren.

M., der auch Monsignore und seit 1916 Oberkirchenrat war und später zum Päpstlichen Ehrenkämmerer ernannt worden war, konnte auf eine sehr erfolgreiche berufliche Laufbahn als Geistlicher zurückblicken. Wenn ihm auch nicht alles gelang, was er erreichen wollte, so hatten seine vermittelnde Art und sein „guter Draht" zur Ulmer Stadtverwaltung doch einen Aufschwung des Gemeindelebens bewirkt, der auch nach seiner Zurruhesetzung anhielt und seinem Nachfolger Verpflichtung war. 1932 konnte M. als einer der wenigen kath. Geistlichen seine Zeit das diamantene Priesterjubiläum feiern. Bei dieser Gelegenheit stand er noch einmal im Mittelpunkt. Zwei Jahre später starb er im Alter von 87 Jahren. – Ritterkreuz I. Kl. des Friedrichsordens; Preuß. Roter Adlerorden IV. Kl.; 1906 Verleihung des Ranges auf der VI. Stufe der Rangordnung.

Q   StadtA Ulm, G 2.
L   NEHER ⁴1909, S. 112 – Personalkatalog Rottenburg 1938, S. 18 – UBC 2, S. 557 – UBC 3, S. 7, 320 – UBC 4, S. 42, 53, 360 – SPECKER/TÜCHLE, S. 281, 284-288, 290-293 (Bild), 300, 302, 316 f. – SPECKER, Ulm im 19. Jahrhundert, S. 325, 363, 401, 437, 490.

Magirus, Adolf (von), * Ulm 12. März 1861, † Stuttgart Feb. 1945 (genaues Datum nicht ermittelt), ev.

Eltern und *G* siehe Conrad Dietrich →Magirus jun.

∞ Nürtingen 17. V. 1887 *Mathilde* Emilie Otto, * Nürtingen 29. VI. 1867, † Stuttgart 1945, T. d. Heinrich Otto[367], * Nürtingen 13. III. 1820, † ebd. 3. VII. 1906, Kommerzienrat, Kaufmann in Nürtingen, Mitbegründer der württ. Baumwollindustrie, u. d. Anna Berg.

1 *K*   Adolf Magirus, * Ulm 28. VI. 1888, † als Kleinkind gestorben.

M. repräsentierte das Militär im Hause Magirus.

Er durchlief nach dem Besuch des Gymnasiums seiner Vaterstadt eine sehr erfolgreiche Laufbahn bei der württembergischen Armee und war Offizier in den Garnisonen Potsdam, Ulm, Ludwigsburg, Straßburg und Stuttgart. In den Jahren 1893 bis 1896 war er zeitweise Adjutant des Herzogs Wilhelm von Württemberg (1828-1896), der seit 1894 zweiter Chef des Grenadier.-Rgts. Nr. 123 „König Karl" in Ulm war. Über diesen schrieb M. eine Biographie, die in den ersten beiden Jahrzehnten des 20. Jahrhunderts recht verbreitet war. Zuletzt war M. Kgl. Württ. Generalleutnant mit dem Prädikat Exzellenz und nach 1914 Abteilungsleiter (Allgemeine Armee- und persönliche Angelegenheiten) im württembergischen Kriegsministerium. Im Jahre 1918 erfolgte seine Berufung zum Ksl. Kreischef und stv. Gouverneur der Provinz Namur (Belgien). 60-jährig schied M. 1921 aus dem aktiven Militärdienst aus und betätigte sich fortan unternehmerisch. Er gründete in München die Photofirma Uvachrom und war von 1928 bis 1934 Vorsitzender des Aufsichtsrates der Magirus AG, dem er schon zuvor viele Jahre lang angehört hatte. M. setzte sich erfolgreich für die Konzentration der Magirus AG auf Rüstungsaufträge ein und forcierte vor allem die Produktion von Tanks und Panzerwagen. – 1911 Verleihung des Personaladels.

Q   StadtA Ulm, G 2 – HStAS, Bestand M 660/... (Nachlass).
L   Reichshandbuch II, S. 1178 (Bild) – UBC 3, S. 66 – UBC 5b, S. 482, 775 – Stammbuch Magirus, S. 16 (Bild), 25.

Magirus (sen.), Conrad (Konrad) Dietrich, * Ulm 15. Jan. 1783, † ebd. 28. Sept. 1868, □ ebd., Alter Friedhof, ev.

Eltern und *G* siehe Conrad Heinrich →Magirus, Kaufmann des Rats und Handlungsvorstand in Ulm.

∞ Susanna Christiana Hocheisen, * Ulm 21. IV. 1798, †, T. d. Caspar Hocheisen, * 8. II. 1762, † 14. I. 1827, Kaufmann in Ulm, u. d. Christiane Philippine Hindenach, * Augsburg 6. V. 1774, † Ulm 13. IX. 1805.

3 *K*   Pauline Magirus, * 23. II. 1820, † 9. V. 1884, ∞ Karl Langensee, * 1808, † 1858, Kaufmann in Neapel; Johanna Berta Magirus, * Ulm 28. VII. 1832, ∞ 1850 Georg Kaufmann, * 1821, Gymnasialprofessor in Ulm.

M. war der Stammvater der Ulmer Fabrikantendynastie Magirus. Der Kaufmann war Handlungsvorstand in Ulm, Kolonialwarenhändler und Manufakturbesitzer. Im Juni 1811 erfolgte M.s Ernennung zu einem der sechs Ulmer Ratsherren. M. war einer der höchstbesteuerten Ulmer Bürger und damit nach der Verfassung Württembergs einer der Ulmer Wahlmänner I. Kl. bei den Landtagswahlen. Im Juni 1854 wurde M. in den Ulmer Bürgerausschuss gewählt.

L   SCHULTES, Chronik, S. 424 – HEPACH, Königreich, S. 13, 137 – UNGERICHT, S. 59 – WAIBEL, Gemeindewahlen, S. 259.

Magirus (jun.), Conrad (Konrad) Dietrich, * Ulm 26. Sept. 1824, † ebd. 26. Juni 1895, □ ebd., Alter Friedhof, ev.

Eltern und *G* siehe Conrad Dietrich →Magirus (sen.), Kaufmann in Ulm.

∞ Ulm 26. V. 1851 *Pauline* Charlotte Egelhaaf, * Ulm 22. XI. 1830, † ebd. 6. X. 1909, T. d. Karl →*Egelhaaf, Kaufmann, nach 1851 Geschäftsführerin der Detailgeschäfts Magirus.

7 *K*   Maria Magirus, * Ulm 6. IV. 1852, † Ulm 5. XII. 1899, ∞ 17. IV. 1876 Wilhelm Bretschneider, Dr. phil., * Paris 7. IV. 1847, † Stuttgart 17. V. 1931, Professor an der Friedrich-Eugens-Realschule Stuttgart, Hilfslehrer an der TH Stuttgart; Heinrich →Magirus, * Ulm 29. V. 1853, † 1. VIII. 1916, Kommerzienrat, Teilhaber der Feuerlöschgerätefabrik C. D. Magirus Ulm, Vorsitzender des Aufsichtsrats; Karl →Magirus, Dr. phil.; Otto →Magirus; Hermann →Magirus; Adolf →Magirus, Generalleutnant; Eugen Magirus, Dr. med, * Ulm 16. XI. 1864, praktischer Arzt in Stuttgart, ∞ Nürtingen 23. IX. 1902 Anna Melchior, * 1. VIII. 1873, † Stuttgart 24. VI. 1922, T. d. Albert (von) Melchior[368], * Bönnigheim/OA Besigheim 17. V. 1844, † Nürtingen 13. III. 1913, Geh. Kommerzienrat, Baumwollfabrikant, seit 1907 MdL Württemberg (Erste Kammer), u. d. Berta Otto, † 1908, T. d. Heinrich Otto, Geh. Kommerzienrat.

367 Ih 2, S. 658.

368 RABERG, Biogr. MdL-Handbuch, S. 560.

M. ist eine der bekanntesten und wichtigsten Persönlichkeiten der Ulmer Geschichte im 19. Jahrhundert. Als Feuerwehrpionier, Erfinder der fahrbaren Feuerwehrleiter, Wirtschaftsführer und Kommunalpolitiker hinterließ M. tiefe Spuren in der Donaustadt.

Nach Absolvierung der Elementarschule seiner Heimatstadt wurde M. zum Kaufmann ausgebildet und verbrachte u. a. ab 1838 mehrere Jahre in Neapel. Dort lernte er bei seinem Schwager Karl Langensee, der mit M.s Schwester Pauline verheiratet war. Nach Deutschland zurückgekehrt, war er 1843 einige Monate in einem Mannheimer Papierwarengeschäft tätig, ehe er wieder nach Ulm kam. M. trat in die elterliche Firma (Spezerei-, Ellen- und Merceriewarenhandlung) ein. Es stellte sich allerdings heraus, dass M. weniger Kaufmann als Denker und Erfinder war. In Ulm entfaltete er frühzeitig eine reichhaltige Tätigkeit in Vereinen und Verbänden. Besonderes Engagement widmete der sich den Ideen des „Turnvaters" Jahn verbunden fühlende M. der Ulmer Turnerschaft, die er wohl schon vor 1848 auch als Turnwart leitete. M.s Hauptinteresse begann sich allerdings verstärkt auf den Feuerschutz zu verlagern. Er wusste um die großen Gefahren des Feuers gerade in den Städten. Stall- und Häuserbrände, aus denen sich Großbrände entwickelten, die ganze Stadtteile vernichteten, gehörten zum Alltag, und M. betrachtete es als seine Lebensaufgabe, daran etwas zu ändern. Bereits 1846/47 bildete er aus 32 Mitturnern den ersten offiziellen Feuer-Spritzenzug („Steigerzug") in Ulm. Mit der Zeit gelang es ihm, aus diesen Anfängen den Wechsel von der veralteten und daher nur sehr begrenzt effektiven Pflicht- zur Freiwilligen Feuerwehr zu organisieren – ein Modell, das sich in den kommenden Jahrzehnten deutschlandweit durchsetzen sollte.

Fortan stellte M. sein Leben in den Dienst des Feuerwehrwesens, wobei er sowohl praktisch als auch theoretisch wesentliche Grundlagen in Ulm und darüber hinaus schuf. Im gleichen Jahr, als er als einziger Sohn die Leitung des elterlichen Unternehmens übernahm, 1850, erschien von ihm eine erste Publikation über das Feuerlöschwesen, ausgestattet mit zahlreichen Abbildungen. Im Aug. 1851 besuchte er mit Unterstützung der württembergischen Regierung Paris und London, um das dortige Feuerlöschwesen vor Ort zu studieren. M. schaffte nach seiner Rückkehr 200 Lederhelme nach englischem Vorbild für die Turnerspritze an. Im Sept. 1852 erschien das von ihm erarbeitete Statut der Feuerwehr, das zum Vorbild zahlloser Feuerwehren wurde. Zugleich ließ er Ulmer Handwerker von ihm konstruierte Anstell-Leitern, tragbare Schiebleitern, Hakenleitern und einige Jahre später auch Handdruckspritzen anfertigen. 1853 wählte ihn die Ulmer Freiwillige Feuerwehr, die er eigentlich aufgebaut hatte – zwei Spritzenkompanien zu je 64 Mann waren ad dato aufgestellt – zum Kommandanten, ein Amt, das M. bis zum Sept. 1880 über 27 Jahre lang mit Hingabe ausfüllte. In Ulm lagen die Wurzeln seiner Tätigkeit, hier experimentierte M. und probte seine Ideen auf Tauglichkeit. 1861 rief er die acht Mann starke ständige Nachtwache im Ulmer Rathaus ins Leben, 1865 den Feuertelegrafen mit Verbindung zum Rathaus und zur Polizeiwache.

M.s über Ulm hinausreichendes Anliegen war es, einen möglichst einheitlichen Standard bei der Feuerwehren herzustellen. Am 10. Juli 1853 war M. unter den Vertretern verschiedener Feuerwehren Württembergs (außer Ulm Ellwangen/Jagst, Esslingen/Neckar, Göppingen, Heilbronn/Neckar, Kirchheim/Teck, Reutlingen, Schorndorf, Stuttgart und Tübingen), die im Gasthaus „Waldhorn" in Plochingen den Deutschen Feuerwehrverband gründeten, dessen Komitee M. bis 1870 angehörte. Im Jahr darauf, am 3. Sept. 1854, wurde in Ulm unter Beteiligung von 20 Wehren der erste Deutsche Feuerwehrtag abgehalten. Diese Aktivitäten führten zum Anwachsen der Zahl der Feuerwehren von zehn auf 125 im Zeitraum von 1853 bis 1863. 1861 Vorsitzender des Landes-Feuerwehr-Ausschus-

ses für Württemberg, war M. 1863 maßgeblicher Betreiber der Gründung des Württ. Landesfeuerwehr-Verbandes in Stuttgart. 1869 holte er die 3. Württ. Landesfeuerwehrversammlung nach Ulm.

Nachdem er bereits Pläne für Feuerwehrleitern erarbeitet hatte, war der Schritt zur Erfindung der fahrbaren Feuerwehrleiter nicht mehr weit. Daneben entwickelte er eine Wasserpumpe mit leicht zugänglichen Saug- und Druckventilen. 1864 trat er als Kommanditist (Teilhaber) in die neu gegründete „Gebr. Eberhardt offene Handels- und Kommanditgesellschaft" (Ulm) ein, die Feuerwehrgeräte herstellte, um seine Ideen umzusetzen. Schon auf dem 5. Feuerwehrtag 1865 in Leipzig konnte M. die ersten von ihm entwickelten und bei Eberhardt gebauten Feuerwehrgeräte präsentieren. Da sich M. weniger um das Kaufmännische kümmerte als um die Produktion seiner Erfindungen, kam es zu Unstimmigkeiten mit Eberhardt, die aber erst 1873 zum offiziellen Ausscheiden von M. führten.

In letzter Konsequenz entschied sich M. 1866/67 zur Gründung einer eigenen Feuerlöschgerätefabrik („Feuerwehr-Requisiten-Fabrik") unter der Firma C. D. Magirus in Ulm, nachdem er zuvor schon eine kleine Werkstatt im eigenen Haus eingerichtet hatte. Er produzierte Leitern und Spritzen, wobei er nach wie vor auch bei Ulmer Werkstätten herstellen ließ. 1872 brachte seine Fabrik eine freistehend besteigbare Zwei-Rad-Schiebeleiter heraus, die sich überaus schnell bei der Brandbekämpfung durchsetzte. Die von M. produzierten Geräte mussten sich wiederholt bei Ulmer Großbränden bewähren, so am 23. Nov. 1871 beim Brand in der Messingfabrik Wieland, am 29. Juli 1873 beim Dachstuhlbrand in der Paradiesgasse und am 15. Jan. 1876 beim Brand in der Dreikönigsgasse. M. verkaufte 1873 das elterliche Doppelhaus in der Hirschstraße B 331/32 und ließ 1874 das Haus an der Promenade 24 erbauen, in dessen Untergeschoss er Werkstätten und im Hinterhaus eine kleine Fabrik einrichtete. Angesichts der ständig rasant wachsenden Produktion erwiesen sich die Räumlichkeiten als ungenügend. 1885 entstand ein großangelegter Fabrikbau an der Donaubastion (Werk I) in Nähe der Bahnlinie, der in den darauf folgenden Jahren wegen Erweiterung der Produktion auf Heeresgeräte stetiger Vergrößerung bedurfte. 1887 übergab M., der jedoch weiter mitarbeitete, die Firma an seine Söhne Heinrich, Hermann und Otto Magirus.

Dem Gemeinwohl zu dienen, war M.s lebenslanges Anliegen. Daher scheute er sich auch nicht, nach dem Vorbild zahlreicher anderer Gewerbetreibenden und Wirtschaftsgrößen in die Ulmer Kommunalpolitik einzusteigen. Im Dez. 1868 kandidierte M., einer der höchstbesteuerten Bürger Ulms, erstmals erfolglos für den Bürgerausschuss, im Dez. 1869 wurde er gewählt und zum Obmann bestimmt, eine Aufgabe, die er bis zu seiner Abwahl 1873 wahrnahm. Auch 1878 misslang ihm der Einzug in den Bürgerausschuss. 1880 zog er sich dann weitgehend aus der Politik zurück.

Frühzeitig propagierte M. in Ulm die kleindeutsche Lösung der deutschen Frage und machte aus seiner Verehrung für Fürst Bismarck kein Hehl. Als nationalliberaler Kandidat bewarb er sich im Okt. 1882 bei der Reichstagsersatzwahl im Wahlkreis Württemberg XIV (Ulm-Heidenheim-Geislingen) um das Mandat, unterlag aber in der Stichwahl gegen Hans Hähnle (VP). 1878 übernahm M. von Wilhelm →Lödel den Vorsitz der Handels- und Gewerbekammer Ulm, den er bis zu seinem Tode führte und als der er sich u. a. für die Schiffbarmachung der Donau engagierte. Dieses Anliegen vertrat er auch als Mitglied der Zentralstelle für Gewerbe und Handel in Stuttgart. Im Aug. 1870 zählte M. zu den Unterzeichnern des öffentlichen Aufrufs zur Gründung eines Hilfsvereins für Soldaten. 1886 erfolgte M.s Ernennung zum Kgl. Württ. Kommerzienrat. Das eifrige Mitglied des Vereins für Kunst und Altertum in Ulm und Oberschwaben tüftelte bis zu seinem Lebensende, u. a. an einem neuen Schleppschiff mit Grundrad (was sich nicht durchsetzte). M. erlag im 71. Lebensjahr einem Nierenleiden. Nach ihm ist in Ulm die Straße benannt, welche die Sedanstraße mit der Blaubeurer Straße verbindet, in der sich ein Werk von M. befand. Auch in anderen Städten wurden Straßen nach M. benannt, so in Berlin und Stuttgart. – 1855 Goldene Verdienstmedaille von Württemberg; Ritterkreuz I. Kl. des Friedrichsordens; Olgaorden.

Q   StadtA Ulm, G 2.
W   Alle Theile des Feuer-Lösch-Wesens, Ulm 1850 [zahlreiche fortgeschriebene Neuauflagen, die wichtigste „Das Feuerlöschwesen in allen seinen Theilen nach seiner geschichtlichen Entwicklung von den frühesten Zeiten bis zur Gegenwart" dargestellt von…, Ulm 1877] – Bemerkungen über die Beschaffung des Wassers, in: Dt. Feuerwehrzeitung vom 12. und 19. X. 1860 – Der Rauchapparat von C. D. Magirus, ebd., vom 18. II., 26. VIII. 1870, 4. IV. 1873 sowie 1874, S. 75 und 129 – Die Einführung gleicher Schraubengewinde, ebd. vom 30. XI. 1860 und 4. IX. 1863 – Exerzier-Reglements und Gebrauchsanweisung zu Feuerwehr-Requisiten, 1864 – Die Gründung von Feuerwehren in Landstädten und Dörfern, 1864, ²1872 – Übungs- und Feuerlöschregeln, 1872 – Bericht über die Feuerwehr in Ulm 1847-80, in: Ulmer Schnellpost vom 1. I. 1880, Beilage – Übersichtskarte über die von Ulm aus sichtbaren Alpen 1 : 500.000, 1889 – Johannes Magirus, 1894.
L   DBA 5, S. 2209 – DBI I/796, 344 – DBI II/846, 445-446 – Ih 2, S. 565 – SCHULTES, Chronik, S. 496, 553 – Staatsanz. Nr. 147, 27. VI. 1895, S. 1113 – ADB 53 (1907), S. 770 f. (F. N. FELDHAUS) – UBC 2, S. 8, 10, 12, 247 – UBC 3, S. 101 ff. (Bild) – Stammbuch Magirus, S. 13-17 (Bild) – Egid FLECK, Gestalten aus dem Brandschutz- und Feuerwehrwesen in Baden und Württemberg, Stuttgart 1963 – HEPACH, Königreich, S. 42 f., 137 f., 203. – UNGERICHT, S. 55 – NDB 15 (1987), S. 655 f. (Hans Christoph Graf von SEHERR-THOß) – SPECKER, Ulm im 19. Jahrhundert, S. 129 f., 137, 139 f., 145, 147 f., 151, 158, 163, 181, 229, 319, 353 f. 539 – WAIBEL, Gemeindewahlen, S. 351, 354, 357 – Rolf A. AMBROSIUS, Magirus. Die Geschichte eines Ulmer Unternehmens von 1864 bis 1935, Ulm 1997 - wikipedia.

Magirus, Conrad Heinrich, * Stuttgart 19. Sept. 1745, † Ulm 28. Feb. 1818, ev.

Vater   Conrad Jacob Magirus, * Stuttgart 16. VIII. 1696, † ebd. 23. III. 1753, Hofkonditor und Kaufmann in Stuttgart, S. d. Samuel Magirus, * Zell 12. I. 1666, † Stuttgart 10. V. 1731, Hofkonditor in Stuttgart, u. d. Dorothea Straub, * Esslingen/Neckar 16. XII. 1673.
Mutter   Christiane Ploucquet, * Stuttgart 6. IX. 1716, † ebd. 29. V. 1748, T. d. Heinrich Daniel Ploucquet, * Marbach/Neckar 4. I. 1688, † Stuttgart 11. XII. 1728, Schönfärber in Stuttgart, u. d. Maria Dorothea Kodweiß³⁶⁹, verw. Rathmann, * Marbach/Neckar 8. II. 1674, † Stuttgart 10. II. 1745.
Ein Halbbruder aus I. Ehe des Vaters mit Anna Christina Schaber, verw. Dietrich: Jakob Andreas Magirus, * Stuttgart 15. XII. 1735, † ebd. 7. II. 1755.
5 G   Johanna Sabina Magirus, * Stuttgart 9. II. 1738, ∞ Oberstenfeld 20. XI. 1759 Johann Jakob Kodweiß, Handelsmann in Oberstenfeld; Heinrich Daniel Magirus, * Stuttgart 18. VIII. 1739; Christiane Heinrike Magirus, * Stuttgart 16. I. 1741; Julie Charlotte Magirus, * Stuttgart 12. X. 1742, † ebd. 13. III. 1753; Johann Andreas Magirus, * Stuttgart 13. V. 1758.
∞ I. Ursula Barbara Kallhardt, † 1775; ∞ II. Magdalene Ursula Faulhaber, * 2. XII. 1752, † Ulm 19. XII. 1813, T. d. Christoph Matthäus Faulhaber³⁷⁰, * Ulm 14. XII. 1707, † ebd. 1754, Artillerie- und Fortifikationsoffizier in Ulm, u. d. Magdalena Ursula Keßler.
16 K, darunter   Matthias Magirus, * Ulm 15. II. 1772, † 1793, Kaufmann; Conrad Friedrich Magirus, * Ulm 31. V. 1773, † ebd. 1. V. 1859, Kaufmann in Ulm, ∞ Berghülen/OA Blaubeuren 4. XI. 1798 Marie Eberhardine Brecht, * Berghülen 13. X. 1775, † Stuttgart 3. XII. 1849, T. d. Christian Friedrich Brecht³⁷¹, Mag., get. Erpfingen 23. XII. 1725, † Berghülen 27. V. 1800, Pfarrer in Berghülen; Christiane Magdalena Dorothea Magirus, * Ulm 16. IV. 1777, † ebd. 7. VII. 1840, ∞ Wilhelm Anton Frühwirth, Kupferschmied und Gemeinderat in Ulm; Christine Katharina Magirus, * Ulm 24. V. 1778, † 1808, ∞ 1799 Philipp Heinrich Himmel, * 1775, † 1868, Konditor in Tübingen; Dorothea Sibylla Magirus, * Ulm 3. VI. 1780, † ebd. 19. VII. 1844, ∞ I. Martin Schreiber, Konditor in Ulm, ∞ II. C. F. Werner, Konditor in Ulm; Conrad Dietrich →Magirus, Conrad Heinrich Magirus, * Ulm 15. I. 1785, † Stuttgart 1827, Kaufmann in Ulm, assoziiert mit seinem Bruder C. D. →Magirus (sen.); Johann Jakob Magirus, Mag., * Ulm 2. VII. 1789, † Sindelfingen 31. V. 1835, 1818 Pfarrer in Upfingen, seit 1823 Diakon in Sindelfingen, ∞ Stuttgart 20. VI. 1820 Luise Burk, * Stuttgart 13. XI. 1798, † Wolfschlugen 31. VIII. 1871, T. d. Christian David Burk, Kaufmann in Stuttgart; Magdalena Ursula Magirus, * Ulm 8. V. 1791, † 1862, ∞ 1810 Johann Schnaitmann, opticus und mechanicus in Ulm.

M. war der Namensträger der nachmals berühmten Ulmer Familie, der ihre Verbindung mit Ulm durch seine Übersiedlung von Stuttgart begründete. Schon allein deshalb beansprucht M. seinen Platz in vorliegendem Werk, auch wenn wir wenig über ihn wissen.

1770 ließ sich M. als Konditor und Kaufmann in Ulm nieder. Mit Tatkraft, Umsicht und Fleiß sowie gezielter „Heiratspolitik" – er war nacheinander mit Frauen aus ersten Ulmer

Familien verheiratet – verschaffte sich M. in kurzer Zeit eine feste Position in der Reichsstadt und avancierte noch vor 1790 zum Handlungsvorstand in Ulm. In der bayerischen Zeit bemühte sich M. mit anderen Ulmer Handelsleuten in einer Eingabe vom 1. Jan. 1803 an die Regierung in München um Förderung des Ulmer Handels; die Donau dürfe *nicht zur Grenze genommen werden*. Allerdings drang M. mit dieser Eingabe nicht durch. M. fungierte um 1804 – nach der Neueinteilung der Stadt in acht Bezirke – als einer der „Viertelsmeister", d. h., er übernahm hilfspolizeiliche Aufgaben in einem Ulmer Stadtviertel. Ob er oder sein gleichnamiger Sohn 1811 zum Ratsherrn ernannt wurde, ist nicht sicher zu klären, wahrscheinlicher ist aber aus Altersgründen M.s Ernennung.

Q   StadtA Ulm, G 2.
L   Stammbuch Magirus, S. 12 f. (Bild) – UBC 2, S. 12 – HEPACH, Königreich, S. 13, 23 – WAIBEL, Gemeindewahlen, S. 259, 318.

Magirus, Heinrich, * Ulm 29. Mai 1853, † Ulm 1. Aug. 1916, □ ebd., Neuer Friedhof, ev.

Eltern und G siehe Conrad Dietrich →Magirus (jun.)
∞ 25. IX. 1883 Laura Knoderer, * 28. II. 1860, † Ulm 11. X. 1925.
Keine K.

Der älteste Sohn von Conrad Dietrich →Magirus jun. trat 1887 an die Spitze der Firma, in die er 1883 offiziell eingetreten war und die er mit seinen Brüdern Hermann →Magirus und Otto →Magirus sowie später seinem Neffen Heinrich →Bretschneider endgültig zu einem Unternehmen von nationaler Bedeutung ausbaute. M. war anders als sein Vater ein Kaufmann von hohen Graden, entscheidungsfreudig, willensstark und innovativ. Persönlich eher zurückhaltend und bescheiden, enthielt er sich offener politischer Betätigung, wie sie sein Vater als Gemeinderat und Reichstagskandidat ausgeübt hatte.
1892 kam die erste Magirus-Drehleiter – noch von Pferden gezogen – mit einer Steighöhe von 25 Metern (!) auf den Markt, 1903 wurde die erste selbstfahrende Dampffeuerspritze produziert. Schon 1904 konnte die weltweit erste Drehleiter mit vollautomatischem Antrieb vorgestellt werden. Im Juni 1915 von König Wilhelm II. von Württemberg mit dem Titel Kommerzienrat geehrt, war M. zuletzt Teilhaber der Feuerlöschgerätefabrik C. D. Magirus Ulm. M. war der erste Vorsitzende des Aufsichtsrats der am 8. Juni 1911 als Aktiengesellschaft neu gegründeten C. D. Magirus AG, Fabrik von Feuerwehr- und Militärgeräten, Ulm. Mit seinen Brüdern Adolf, Hermann und Otto sowie seinem Neffen Heinrich Bretschneider übernahm M. das gesamte Aktienkapital in Höhe von 1.500.000 RM mit einem Aufschlag von zehn Prozent und erzielte 1911/12 eine Dividende von elf und zwölf Pfennig. Sein plötzlicher Tod mitten im Ersten Weltkrieg traf das Unternehmen in schwieriger Zeit.

L   SK 1916, Nr. 358 – Württ. Jahrbücher 1916, S. V – Stammbuch Magirus, S. 16 – UBC 4, S. 11, 35, 114 (Bild) – BOELCKE, Millionäre, S. 144, 266.

Magirus, Konrad Dietrich *Hermann*, * Ulm 14. Juli 1863, † ebd. 8. März 1928, ev.

Eltern und G siehe Conrad Dietrich →Magirus jun.
∞ Düsseldorf 1903 *Johanna* Charlotte Engels³⁷², * [Wuppertal-]Elberfeld 7. oder 8. III. 1877, † Aug. 1956, T. d. Engels, * 1828 † 1884, Kommerzienrat, Fabrikant, Besitzer einer Baumwollspinnerei in Engelskirchen.
Keine K.

Nach Besuch des Ulmer Gymnasiums studierte M. an der TH Stuttgart Maschinenbau. Seine kaufmännische Ausbildung führte ihn u. a. für ein Jahr in die Maschinenfabrik von John Fowler in Leeds (Großbritannien), für die früher auch Max →Eyth tätig gewesen war. Als sein Vater 1887 die Fabrik für Feuerlöschgeräte in die Schillerstraße verlegte, übernahm M.

³⁶⁹ Eine Schwester des Urgroßvaters mütterlicherseits des Dichters Friedrich Schiller.
³⁷⁰ WEYERMANN II, S. 90 f.
³⁷¹ EBERL, Klosterschüler I, S. 47, Nr. 452.
³⁷² Johanna war eine Nichte von Friedrich Engels (1820-1895), des sozialistischen Theoretikers, Freundes und Förderers von Karl Marx.

mit seinen beiden Brüdern deren Leitung, wobei er den kaufmännischen Bereich leitete und für die technische Leitung und die Konstruktion zuständig war. M. trieb zunächst die Fortentwicklung der Feuerwehrgeräte voran, wobei er sich besonders auf den Leiterbau konzentrierte. Ab 1916 nach dem Tod seines Bruders Heinrich Vorsitzender des Aufsichtsrats der Magirus-Werke AG Ulm. M. führte das Unternehmen in der schwierigen Zeit der 1920er Jahre, als es nach Einstellung der Kriegsproduktion und dem fast vollständigen Rückgang der Produktion von Feuerlöschgeräten ganz auf die Herstellung von Automobilen und hier besonders auf Lastkraftwagen umstellte. Am 25. Feb. 1909 verlieh ihm König Wilhelm II. den Titel Kommerzienrat. M. war ab 1895 Mitglied und von 1900 bis 1908 stv. Vorstand, ab 1908 Vorstand der Industrie- und Handelskammer Ulm.

Im Dez. 1925 erfolgte seine Wahl als DVP-Kandidat in den Gemeinderat. Als aktives Mitglied des Südt. Kanalvereins, des Bayer. Kanalvereins (dessen Sektion Ulm/Neu-Ulm er 1904 mitgegründet hatte und deren Vorstandsmitglied er war) und des Verbands „Obere Donau" erwarb sich M. Verdienste um den Ausbau des Wasserstraßennetzes im Südwesten. M. erlag einer Lungenentzündung. Mit seinem Tod habe *nicht nur die Stadt Ulm, sondern auch die württ. Industrie einen ihrer bedeutendsten Köpfe verloren* (SK). – Vorsitzender des Ulmer Münsterbauvereins; 1901 bis 1909 Vorsitzender des Ulmer Handelsvereins; 1910 bis 1913 Ortsvorsitzender des Hansabundes; Mitglied des Eisenbahnverkehrsrates; führendes Mitglied der Ulmer Gewerbebank.

Q   StadtA Ulm, G 2.
L   DBA 5, S. 2209 – DBI II/846, 442 – Ih 2, S. 565 – Komm.Rat Hermann Magirus †, in: SK Nr. 115, 9. III. 1928 (Morgenblatt), S. 4 (Todesanz. der Familie) – Württ. Jahrbücher 1928, S. XII – WENZEL, Wirtschaftsführer, Sp. 1411 – UBC 1, S. 398 (Bild) – UBC 3, S. 315 – Stammbuch Magirus, S. 17 – NDB 15 (1987), S. 657 f. (Hans Christoph Graf von SEHERR-THOß) – BOELCKE, Millionäre, S. 144, 263, 266.

Magirus, Karl, Dr. phil., * Ulm 22. Nov. 1856, † ebd. 6. Juni 1939, ev.

Eltern und G siehe Conrad Dietrich →Magirus jun.
∞ I. 27. IX. 1884 Helene Egelhaaf, * 13. III. 1861, † Ulm 6. IX. 1893, T. d. Adolf Egelhaaf, Kaufmann in Mannheim; ∞ II. 8. VIII. 1908 Franziska Entreß, * 4. IV. 1872, T. d. Wilhelm von →Entreß, Oberfinanzrat in Ulm.
5 K   Walter Magirus, * Ulm 1. VII. 1885, † 10. VII. 1940; Hedwig Magirus, * Ulm 10. XI. 1886, † Geislingen/Steige 4. IV. 1893; Anna Magirus, * Stuttgart 14. VIII. 1893, Kindergärtnerin, im Ersten Weltkrieg Rotkreuz-Pflegerin im Ulmer Hauptkriegslazarett; Ilse Magirus, * Ulm 14. IV. 1909; Karin Magirus, * Ulm 10. IX. 1911, ∞ 14. XI. 1933 Heinz von Delft, * Schüttdorf 30. IX. 1908, Pastor der ev. Gemeinde in Stutterheim (Südafrika).

M. war der humanistische Gelehrte der Familie. Nach dem Besuch des Gymnasiums in Ulm und dem Studium der Philologie in Tübingen erhielt er 1884 als Präzeptor am K. Gymnasium Ulm seine erste feste Stellung. 1885 Promotion, 1887 tit. Oberpräzeptor. 1889 übernahm er die Leitung der Reallateinschule Geislingen/Steige und erhielt den Titel Professor. 1893 wurde er zum Rektor des Reallyzeums in Geislingen/Steige berufen. 1904 kehrte er als Rektor der höheren Mädchenschule nach Ulm zurück und verblieb in diesem Amt bis zu seiner Zurruhesetzung zum 1. Mai 1921. Sein Nachfolger wurde Dr. Reinhold →Frick. M. spielte im gesellschaftlichen Leben Ulms in der Kaiserzeit eine große Rolle. Zu zahlreichen Anlässen ergriff M. das Wort, so 1905 anlässlich der Feierlichkeiten zum 100. Todestag Friedrich Schillers.

M., Reserveoffizier im Dragoner-Rgt. Nr. 26, meldete sich zu Beginn des Ersten Weltkriegs als Kriegsfreiwilliger und war als Oberleutnant, dann Rittmeister und Kolonnenführer vorwiegend in Flandern eingesetzt. Nach dem Ende des Ersten Weltkriegs machte sich M., der sich an der Front ein schweres Herzleiden zugezogen hatte, zum Fürsprecher eines Zusammenschlusses aller Schwaben in einem an das alte staufische Herzogtum angelehnten „Reichsland Schwaben" zwischen Rhein und Lech stark. Zu diesem Zweck wurde ein „Schwa-

benkapitel" gegründet und mit Rechtsanwalt Max →*Oßwald ein öffentlichkeitserfahrener Protagonist gefunden, der auch die erfolgreiche Flugschrift „Zeitblatt Schwaben" auf den Weg brachte. In den unsicheren Zeiten der unmittelbaren Nachkriegsmonate erzielte M. mit seiner Idee einen beachtlichen Erfolg. In anderen Städten – wie Kaufbeuren, Überlingen, Rottweil – entstanden ebenfalls „Schwabenkapitel", andere Städte versicherten M. ihrer Sympathie. 1920 war er unter den Gründungsmitgliedern des Wirtschaftsverbandes Schwaben-Vorarlberg, der ebenfalls das Ziel der politischen Einheit Schwabens verfolgte. Die Pläne, die auch im politischen Raum Anklang fanden, verloren offenbar in der Stabilisierungsphase der Weimarer Republik ihre Attraktivität, können jedoch kaum als Kuriosität abgetan werden, wozu die landesgeschichtliche Forschung teilweise neigt. M. war Mitglied des Vereins für Kunst und Altertum in Ulm und Oberschwaben.

L.   Ih 2, S. 565 – CRAMER, Württembergs Lehranstalten ⁶1911, S. 57 – Stammbuch Magirus, S. 17 f. – UBC 3, S. 342 – UBC 4, S. 98, 109, 115, 161 – Günther BRADLER, Eine Vorstufe zur Entstehung des Bundeslandes Baden-Württemberg: Der „Großschwaben-Plan" des preußischen Regierungspräsidenten Dr. Emil Belzer innerhalb der Diskussion um die „Reichsreform" in den Jahren 1920 bis 1922, in: ZHG 13 (1977), S. 91-118.

Magirus, Otto, Dipl.-Ing., * Ulm 5. Feb. 1858, † ebd. 11. Juni 1939, ⊡ ebd., Hauptfriedhof, ev.

Eltern und G siehe Conrad Dietrich →Magirus jun.
∞ Ulm 28. IX. 1887 *Sophie* Luise Otto, * Nürtingen 22. VII. 1859, † Ulm 12. XI. 1938, T. d. *Heinrich* Gotthold Otto[373], * Nürtingen 13. III. 1820, † 3. VII. 1906, Kommerzienrat in Nürtingen, Besitzer einer Baumwollspinnerei, u. d. Sophie Luise Stierlen.
4 K   Konrad Otto Magirus, * Ulm 4. III. 1889; Heinrich Magirus, Dipl.-Ing., * Ulm 10. IV. 1890, bei der Daimler Benz AG; Robert Magirus, * Ulm 30. VII. 1891, † ebd. 12. VIII. 1906; Mathilde („Thilde") Magirus, * Ulm 23. XII. 1897, ∞ 24. X. 1921 Gustav Habermaas, * Stuttgart 12. VII. 1889, † 1944, Kaufmann, Direktor der Krupp-Kraftwagenfabriken in Essen, T. d. Hermann (von) Habermaas[374], Dr. iur., * Stuttgart 5.III.1856, † ebd. 1.IV.1938, Kgl. Württ. Staatsminister des Kirchen- und Schulwesens, u. d. Lydia Firnhaber.

M., Sohn eines bedeutenden Vaters, war Teilhaber der Feuerlöschgerätefabrik C. D. Magirus, Ulm. Er ist in erster Linie als Erfinder der sogenannten „Gulaschkanone" in Erinnerung. Zu Unrecht vergessen ist die Tatsache, dass er die Firma C. D. Magirus zum Weltunternehmen machte.

Nach dem Abitur am Ulmer Gymnasium studierte M. an der TH Stuttgart Ingenieurwissenschaften. Praktische Erfahrungen sammelte er bei der Firma John Fowler in Leeds (England) und in mehreren deutschen Maschinenfabriken. Nach seiner Rückkehr trat er in das väterliche Unternehmen ein. 1887 übernahm M. mit seinen Brüdern Heinrich →Magirus und Hermann →Magirus dessen Leitung. Mit M. befand sich als technischer Leiter in der Firmenführung, dessen Ideen und Kenntnisse wesentlich für die weiterhin sehr erfolgreiche Entwicklung waren. Die Firma C. D. Magirus wurde wiederholt mit Preisen ausgezeichnet, so 1900 mit dem Grand Prix der Pariser Weltausstellung, 1903 mit der Goldenen Medaille der Society of Arts in London. Bei den Feuerwehrgeräten betrieb M. vor allem die Automobilisierung.

Sein spezielles Interesse gehörte den Militärgeräten. Berühmt wurde die Erfindung der „Gulaschkanone", die im Rahmen eines Wettbewerbs für eine Armeefeldküche 1905 erfunden wurde. M. gewann den Wettbewerb unter 40 Teilnehmern, indem er die Feldküche mit einem Selbstkocher mit einem mit Glyzerin gefüllten Überkessel ausstattete. Damit konnte bei kurzer Heizzeit und langer Kochzeit die Gefahr des Anbrennens vermieden werden. Die Firma Magirus wurde danach mit Aufträgen überschüttet und war für lange Zeit der einzige Lieferant für Feldküchen. König Wilhelm II. von Württemberg zeichnete M. dafür mit dem Ritterkreuz I. Kl. des Friedrichsordens aus. Die Angliederung der neuen Militärgerätefabrik an

───────────────
373 Ih 2, S. 658.
374 Ih 1, S. 314 – RABERG, Biogr. Handbuch, S. 303 (Bild).

die bereits seit Jahrzehnten bestehende Feuerwehrgerätefabrik bedeutete für das Unternehmen einen gewaltigen Aufschwung und bedingte auch die 1911 erfolgte Umwandlung in eine Aktiengesellschaft. Bereits vor Ausbruch des Ersten Weltkriegs zog sich M., der die Leitung des Konstruktionsbüros beibehielt, sukzessive aus der Arbeit in der ersten Linie zurück, blieb dem Unternehmen aber noch bis 1934 als Aufsichtsratsmitglied und stv. Vorsitzender des Aufsichtsrats verbunden. Im Ersten Weltkrieg meldete er sich als Leutnant d. R. freiwillig zur Armee, musste aber 1915 aus gesundheitlichen Gründen wieder ins Zivilleben zurückkehren. In Ulm engagierte er sich danach im Bereich der Verwundetenpflege und für den vaterländischen Heimatdienst.

M., der auch Mitglied des ev. Kirchengemeinderats und des Münsterbaukomitees war, wurde zu seinem 80. Geburtstag öffentlich hoch geehrt. 1935/36 erfolgte die Fusion des Unternehmens mit der Kölner Klöckner-Humboldt-Deutz-AG.

L DBA 5, S. 2209 – DBI II/846, 447-451 – Reichshandbuch II, S. 1178 f. (Bild) – UBC 4, S. 50 – UBC 5a, S. 244, 287 – UBC 5b, S. 336, 774 – Stammbuch Magirus, S. 19 (Bild) – BOELCKE, Millionäre, S. 141, 190, 263.

Mahler, Johann *Gottfried*, * Oberdorf bei Bopfingen/OA Neresheim 2. Sept. 1854, † Ulm 5. Dez. 1919, ev.
∞. Mehrere *K*, darunter Karl →*Mahler.

M. war einer der langjährigen Lehrer am Kgl. Gymnasium Ulm. Nach Bestehen des realistischen Professoratsexamens 1877 begann der Mathematiker und Physiker M. seine berufliche Laufbahn an der Realanstalt Schwäbisch Hall, wo er den Titel Oberreallehrer erhielt. 1879 wechselte er an das Stuttgarter Realgymnasium, drei Jahre später als Professor an das Kgl. Gymnasium Ulm, wo er bis zu seiner Pensionierung 1919 über 36 Jahre lang blieb. 1900 verlieh ihm der König den Rang auf der VI. Stufe der Rangordnung, 1908 das Ritterkreuz I. Kl. des Friedrichsordens. M. starb kurz nach seiner Pensionierung.

W Ebene Geometrie, 1895, [4]1905 – Leitfaden der ebenen Geometrie, 1895, [2]1907 – Leitfaden der Algebra, 1896, [2]1911 – Physikalische Formelsammlung, 1901, [4]1912 – Physikalische Aufgabensammlung, 1905, [2]1910.
L CRAMER, Württembergs Lehranstalten [6]1911, S. 35 – SK Nr. 568 (Morgenblatt), 9. XII. 1919, S. 4 (Todesanz.) und 5 – WN 1918/19, S. 204.

Maier, Christian Gottlieb, * Mergelstetten/OA Heidenheim 21. Feb. 1813, † Ulm 26. Okt. 1898, ev.
Vater Johann Christoph Maier, * 4. V. 1765, † Mergelstetten 10. IV. 1847, Schulmeister in Mergelstetten, S. d. Johann Martin Maier, Schulmeister in Zang, u. d. Anna Maria Welde.
Mutter Anna Maria Launer, * Steinheim am Albuch/OA Heidenheim 18. II. 1772, † Mergelstetten 1856.
1 G Heinrich (von) Maier[375], * Mergelstetten/OA Heidenheim 20. IX. 1843, † Stuttgart 7. VI. 1914, 1877-1887 Oberamtmann beim OA Gerabronn, 1887-1895 Regierungsrat bei der Regierung des Jagstkreises in Ellwangen/Jagst, seit 1895 bei der Regierung des Neckarkreises in Ludwigsburg, 1899 Oberregierungsrat, 1908 a. D. tit. und Rang Regierungsdirektor.
∞ Göppingen 27. XI. 1843 Rosine Beck, * Göppingen 26. XI. 1823, † Ulm 4. I. 1898. T. d. Johannes Beck, Zeugmacher in Göppingen, u. d. Dorothea Wagner.
5 K Karl Maier, * 1845, † Dietenhofen 1873, Bergwerksingenieur; Albert Maier, * Stuttgart 1848, † Unterschmeien bei Sigmaringen 1905; Berta Maier, * Stuttgart 1850, † Ulm 1910; Eugen Maier, * Sulz/Neckar 1854, † Ulm 1906; Friedrich Maier, * Sulz/Neckar 1855, † Ulm 1888; Rosa →*Maier.

Nach Besuch der Lateinschule in Heidenheim/Brenz und der Schreiberlehre studierte M. von 1836 bis 1838 in Tübingen Regiminalwissenschaften, erstand 1838 die höhere Dienstprüfung und trat noch im gleichen Jahr 1838 als Aktuar beim OA Maulbronn in den Dienst der württ. Innenverwaltung ein. 1839 Aktuar beim OA Göppingen, 1849 zugleich Amtsverweser ebd., 1850 Expeditor (Revisor) bei der Ministerialabteilung für das Straßen- und Wasserbauwesen im Kgl. Württ. Departement des Innern, 1853 Amtsverweser beim OA Sulz/Neckar, 1854 Oberamtsvorstand und Oberamtmann ebd., 1860 dsgl.

beim OA Leonberg, 1870 Expeditor, tit. Oberamtmann, bei der Regierung des Donaukreises in Ulm, 1878 a. D.

Q HStAS, E 146/1 Bü 2755 und 2778 – StAL, E 177 I Bü 278 – ebd., E 179 II Bü 262-264 und 6574 – StAS, Wü 65/34 T 1 Nr. 25 – Auskünfte zur Familiengeschichte von Frau Thilde Battran, Ulm, 2. X. 2006.
W Amtsvorsteher, S. 394 (Bettina EGER/Bernhard RÜTH).

Maier, Eugen, * Untertürkheim/OA Cannstatt 13. Nov. 1899, † Ulm 16. Jan. 1940, kath., 1938 aus der Kirche ausgetreten.

Vater Vitus Maier, * 1872, † 1915, Hilfsweichenwärter.
Mutter Rosa Schweizer, * 1874, † 1952.
10 G.
∞ 1922 Elsa Emma Baumeister, * 1902, † 1967.
3 K.

M. war als Ulmer NS-Kreisleiter eine Schlüsselfigur des Nationalsozialismus in Ulm. Bis zu seinem frühen Tod wurde er seiner Rolle als absolut linientreuer Statthalter der NSDAP an der Donau voll gerecht.

Aus einfachen Verhältnissen stammend, war M. nach Abschluss der Volks- und Realschulbildung in Mergentheim – die Realschule musste er aus finanziellen Gründen abbrechen – als Taglöhner bei verschiedenen Bau- und Industriefirmen tätig. Danach fand er 1915 Arbeit als Schreibgehilfe bei der württ. Bahn. Von 1916 bis 1918 war er im Ersten Weltkrieg Soldat (zuletzt Gefreiter d. R.; die bei seinem Tode verbreitete Meldung, er habe es bis zum Oberleutnant gebracht, ist unzutreffend) an der Westfront im Reserve-Inf.-Rgt. 247, im Bayer. Sturmbataillon 15 und im Inf.-Rgt. 476; M. wurde mit dem EK II, der Silbernen Militärverdienstmedaille und dem Verwundetenabzeichen ausgezeichnet. Von Jan. bis Nov. 1919 war er Freiwilliger beim „Grenzschutz Ost" im Freiwilligen-Schützen-Rgt. 72 und im Schützen-Rgt. 26 der Reichswehr in Litauen. Seit Ende 1919 wieder als Bahnarbeiter tätig, war er nach 1921 Handlungsgehilfe bei verschiedenen Industriefirmen und zuletzt Vorsteher des Lohnbüros in einem mittleren Betrieb in Geislingen/Steige. In dieser Zeit schloss er sich den Freien Gewerkschaften an und scheint sich der Freidenkerbewegung zugewendet zu haben.
Wie viele junge Männer seiner Generation fand er frühzeitig zur NSDAP. Schon am 1. April 1928 wurde er Parteimitglied und gleichzeitig Mitglied der SA, noch im gleichen Jahr SA-Truppführer. Im Feb. 1929 übernahm er als Ortsgruppen- und Bezirksleiter der NSDAP in Geislingen/Steige und Göppingen führende Aufgaben in der lokalen Parteiorganisation. Von Dez. 1931 bis Nov. 1932 war er Vorsitzender der NSDAP-Fraktion im Gemeinderat der Stadt Geislingen/Steige.
M. fiel in der Partei durch seine Einsatzfreude und Durchsetzungsfähigkeit auf und schien zu Höherem berufen. Bereits am 1. Aug. 1931 übernahm er die Ortsgruppenleitung der NSDAP Ulm/Neu-Ulm, zugleich war er Bezirksleiter im Parteibezirk Ulm-Fils. Der feurige Redner war auch NS-Bezirksredner und seit 1. Okt. 1932 hauptamtlicher Kreisleiter der NSDAP in Ulm sowie (bis 1933) Beauftragter des 7. Gaubezirks.
Im März 1933 gehörte M. dem „Untersuchungsausschuss" an, der Negatives über die entlassenen städtischen Beamten herausfinden sollte. Seit April 1933 war er als Nachfolger des zum Polizeidirektor aufgestiegenen Wilhelm →Dreher Vorsitzender der NSDAP-Fraktion im Gemeinderat der Stadt Ulm, außerdem politischer Sonderkommissar für die Stadt und das OA Ulm. Im selben Monat wurde er auch zum Mitglied des 5. („gleichgeschalteten") Württ. Landtags (Platz 21 LL der NSDAP-Liste) ernannt und war dort Mitglied des „Ausschus-

[375] WN 1914, S. 256 – Amtsvorsteher, S. 395 (Monika KOLB/Hans Peter MÜLLER).

ses III" (Rechts- und Petitionsausschuss). Von Nov. 1933 bis zum Tode war er auch MdR. Im Juli 1933 erfolgte die Ernennung M.s zum Gauinspekteur der Gauinspektion II (Südwest) des NSDAP-Gaus Württemberg-Hohenzollern. 1935 übernahm M. zugleich die Kreisleitung des Kreises Laupheim und war NS-Beauftragter für die Kreise Ulm und Laupheim. Im gleichen Jahr zum Feldwebel d. R. und zum SA-Sturmführer ernannt, war M. auch Mitglied der Gauarbeitskammer und des Landesbauernrats Württemberg-Hohenzollern, Redner der Deutschen Arbeitsfront (DAF), seit 1936 Reichsredner der NSDAP und Leutnant d. R., 1937 SA-Standartenführer, 1939 Oberleutnant d. R.

M., der als Kreisleiter seine Stellung eifersüchtig gegen Oberbürgermeister Friedrich →Foerster und Polizeidirektor Wilhelm Dreher verteidigte, starb kurz nach seinem 40. Geburtstag an den Folgen einer Magenoperation. Anlässlich seines Todes wurde in der ganzen Stadt Ulm halbmast geflaggt. Am 18. Jan. 1940 wurde Ms. Leichnam nach einem nächtlichen Fackelzug und Schweigemarsch unter Beteiligung von 500 Parteigenossen im Rathaus öffentlich aufgebahrt. Tags darauf hielt Reichsstatthalter Wilhelm Murr im Rathaus die Gedenkrede. – 15. Okt. 1932 vom LT gewähltes o. Mitglied des Württ. Staatsgerichtshofes.

Q   StadtA Ulm, G 2.
L   RtHb 9. WP (1934), S. 251ff. – UBC 4, S. 80, 273, 375, 380, 407 – UBC 5a, S. 6, 13, 16 et passim – UBC 5b, S. 309, 312, 316 et passim bis S. 691 – Wer ist´s 10 (1935), S. 1019 – Ein alter Kämpfer ist von uns gegangen. Gauinspekteur und Kreisleiter Maier, Ulm, gestorben, in: Stuttgarter NS-Kurier Nr. 16, 17. I. 1940, S. 5 – RUCK, Korpsgeist, S. 106 – Sabine SCHMIDT, E. M., NSDAP-Kreisleiter 1932-1940, in: SPECKER, Ulm im Zweiten Weltkrieg, S. 476 ff. (Bild) – ARBOGAST, Herrschaftsinstanzen, S. 170 ff. et passim – ROTERMUND, Zwischen Gleichschaltung, S. 203 – Sabine SCHMIDT, Vom Hilfsarbeiter zum Kreisleiter. E. M., NSDAP-Kreisleiter von Ulm, in: KISSENER/SCHOLTYSECK, S. 361-403 – RABERG, Biogr. Handbuch, S. 536 (Bild) – WEIK ²2003, S. 316 – LILLA, Statisten, S. 396 f., Nr. 669.

Maier, Wilhelm, * Aalen 12. Feb. 1894, † Ludwigsburg (Lager 74) 15. März 1947, ev.

Vater   Maier, Oberregierungsrat.
∞. Mehrere K.

M. war der letzte Ulmer NSDAP-Kreisleiter.

M. ging in Aalen, Cannstatt und Ulm zur Schule. In Ulm bestand er 1914 das Abitur am Realgymnasium mit so gutem Ergebnis, dass er von der mündlichen Prüfung befreit wurde. Anschließend studierte er Tiefbau an der TH Stuttgart, der Ausbruch des Ersten Weltkriegs unterbrach jedoch das Studium, das M. nach Kriegsende nicht fortsetzte. Er fand eine Anstellung bei der Maschinenfabrik Voith in Heidenheim/Brenz, wo er bis 1937 im Personalbüro und beim Werkschutz arbeitete. Daneben fand M. frühzeitig zur NSDAP, der er schon Mitte der 1920er Jahre ebenso wie „völkischen Organisationen" angehörte. Im Frühjahr 1931 trat er der zeitweilig verbotenen NSDAP wieder bei und entfaltete eine reichhaltige Aktivität beim Aufbau ihrer Organisation im Großraum Heidenheim. Als Sektionsleiter, Kreisgeschäftsführer und Ortsgruppenleiter sowie seit 1934 als ehrenamtlicher NS-Kreisleiter von Heidenheim verlagerte sich sein Wirken mehr und mehr zur Partei. Im Okt. 1937 zum hauptamtlichen NS-Kreisleiter ernannt, im Aug. 1939 zum Hauptmann der Wehrmacht befördert, führte M.s Laufbahn jedoch das „Gau Oberdonau" und nach Wien, wo er bei der Festigung der Macht der Nationalsozialisten in Österreich nach dem „Anschluss" tatkräftig mitwirkte.

Nach längerer Vakanz bzw. kommissarischer Versehung des NS-Kreisleiter-Postens in Ulm nach dem Tod von Eugen →Maier erfolgte zum 1. Feb. 1942 M.s Bestellung zum kommissarischen Kreisleiter in der Nachfolge von Christian →Binzinger, wobei er auch bis 15. Sept. 1943 Kreisleiter in Heidenheim blieb. Im Jan. 1943 „endgültig" zum Ulmer NS-Kreisleiter ernannt, avancierte M. im Nov. des Jahres zum Oberbereichsleiter der NSDAP. M. war der typische linientreue NS-Funktionär, ein verbohrter Scharfmacher, der noch im Feb. 1945 die Ulmer Volkssturmmänner mit Durchhalteparolen zu bedingungslosem Gehorsam aufrief: *Ich will aber ebenso deutlich zum Ausdruck bringen, dass ich nicht gewillt bin, diesem Geist der Schlappheit weiterhin Raum zu geben [...]. Volkssturmdienst ist eiserne Pflicht! Ein Feigling ist der, der sich davor drückt und ich werde in Zukunft denjenigen so benennen und bestrafen, der das tut und so seinen Kameraden in den Rücken fällt.*

M. setzte sich kurz vor dem Einmarsch der US-amerikanischen Truppen mit weiteren Ulmer NS-Spitzenfunktionären nach Oberschwaben ab, geriet jedoch in Gefangenschaft und wurde im Lager 74 in Ludwigsburg interniert, wo Tausende Deutsche eingesperrt waren. Dort starb M. im Alter von 53 Jahren an Herzversagen. Das Spruchkammerverfahren gegen den Verstorbenen wurde am 2. Dez. 1949 mit der Begründung eingestellt, es sei kein hinreichendes Belastungsmaterial gegen ihn gefunden worden. 1950 hob das in Abwicklung befindliche Befreiungsministerium von Württemberg-Baden den Spruch mit der Begründung auf, die Entscheidung sei *offensichtlich verfehlt*, da der Verstorbene *als überzeugter Nationalsozialist aufgetreten* sei. Der Spruch vom 6. Sept. 1950 stellte fest, dass M., wenn er noch lebte, als Belasteter einzustufen wäre, leitete jedoch keine vermögensrechtlichen Maßnahmen gegen die Familie ein.

Q   StadtA Ulm, G 2.
L   UBC 5b, ab S. 316 passim – ROTERMUND, Zwischen Gleichschaltung, S. 11, 116 f., 203, Anm. 16 – SCHMIDT, Kurzbiographien, S. 480-482 (Bild) – SPECKER, Ulm im Zweiten Weltkrieg, S. 63, 104 u. ö. – ARBOGAST, Herrschaftsinstanzen, S. 142.

Maier, *Wilhelm* Friedrich, * Rot am See/OA Gerabronn 25. Juli 1859, † Ulm 24. Dez. 1931, ev.
Vater   Wilhelm Konrad Maier[376], * 1816, † Esslingen 13. XII. 1879, 1854-1860 Kameralverwalter in Rot am See, 1860 dsgl. in Backnang, seit 1877 dsgl. in Esslingen, Ritterkreuz I. Kl. des Friedrichsordens.
Mutter   *Emilie* Wilhelmine Scheid, * Reutlingen 19. II. 1830, † Esslingen/Neckar 13. X. 1903.
∞ Ludwigsburg 18. VII. 1891 *Hedwig* Christiane Friederike Mack, * Ludwigsburg 17. I. 1868, † Ulm 9. I. 1925, T. d. Gottlieb *Ludwig* Mack[377], Dr. phil., * Ludwigsburg 15. XI. 1811, † ebd. 18. IV. 1892, Professor an der Kriegsschule in Ludwigsburg, u. d. Friedrike *Emilie* Schott, * Ellwangen/Jagst 15. II. 1830, † Ludwigsburg 17. I. 1905.
4 K   *Helmuth* Ludwig Maier[378], * Hohenheim, Gde. Plieningen/AOA Stuttgart 8. V. 1892, † Nürtingen 22. VIII. 1976, Landrat in Spaichingen und Nürtingen, bekannte Genealoge, ∞ I. Ulm 9. V. 1925 Elisabeth Hesse, * Stellingen 26. X. 1899, † Rottweil 9. XI. 1926, T. d. Max Hesse, Fabrikdirektor, u. d. Olga Hansen; ∞ II. Königsfeld (Baden) 20. XII. 1928 Gunhild Braukmann, * Königsfeld 2. IX. 1906, T. d. Kaufmanns Rudolf Braukmann u. d. Gertrud Lehmann; *Luise* Emilie Maier, * Neuenbürg 26. IV. 1894, Bezirksfürsorgerin in Ulm; *Wilhelm* Erwin Otto Maier, Dr. rer. nat., * Neuenbürg 4. I. 1896, Privatdozent an der Univ. Frankfurt/Main; Gerhart Maier, * Heilbronn/Neckar 6. IX. 1900, Gerichtsreferendar in Ulm.

M. stand fast ein Vierteljahrhundert an der Spitze des OA Ulm und war damit der bis dahin am längsten amtierende Oberamtmann dort. In seine Amtszeit fielen die Jahre des Ulmer Baubooms, die Notzeit des Ersten Weltkriegs und die Nachkriegsjahre, Revolution, Inflation und der Wiederaufstieg in den ersten Jahren der Weimarer Republik. Und in seine Amtszeit fielen auch die unruhigen Junitage des Jahres 1920 in Ulm, als M. beinahe von einigen Demonstranten gelyncht worden wäre.

376 WINTERHALDER, Ämter, S. 33, 83, 220.
377 SK 1892/Nr. 92.
378 Amtsvorsteher, S. 395 (Christoph J. DRÜPPEL).

M. entstammte einer württembergischen Beamtenfamilie. Kindheit und Jugend verbrachte M. an den Dienstorten seines Vaters. Nach der Volksschule und der Lateinschule in Backnang kam M. 1873 an die obere Abteilung des Kgl. Gymnasiums Heilbronn/Neckar. Zwei Jahre später bezog er nach bestandenem Landexamen das ev.-theol. Seminar Blaubeuren, dem von 1877 bis 1881 das Studium der Philosophie und der Rechtswissenschaften in Tübingen folgte (Mitglied der Burschenschaft Normannia). 1881 bestand M. die I., 1883 die II. Höhere Verwaltungsdienstprüfung. Dazwischen war er als Referendar beim OA Esslingen/Neckar und bei der Regierung des Donaukreises in Ulm tätig gewesen. Nach der II. Staatsprüfung kam er zur Stadtdirektion Stuttgart und zum OA Cannstatt, ehe er – noch 1883 – als Amtmann zum OA Neckarsulm versetzt wurde. 1886 ging er in gleicher Funktion zum OA Heidenheim/Brenz, im Dez. 1887 erfolgte die zunächst provisorische, im Mai 1888 definitive Berufung zum Akademiesekretär und 1891 zum Lehrbeauftragten für Rechtskunde an der Landwirtschaftlichen Hochschule Hohenheim mit Titel und Rang Regierungsassessor. 1892 kam er als Amtsverweser zum OA Neuenbürg, dem er von 1893 bis 1896 als Oberamtmann vorstand. 1896 in gleicher Eigenschaft zum OA Heilbronn/Neckar versetzt, wurden ihm 1897 Titel und Rang eines Regierungsrats verliehen. Im Sept. 1900 wurde M. zum Nachfolger Albert von →Schmidlins als Oberamtmann von Ulm ernannt, ein Amt, das er erst am 20. Feb. 1901 antreten konnte und in dem er 24 Jahre lang verblieb. 1905 erfolgte M.s Beförderung zum Oberregierungsrat.

Als Ulmer Oberamtmann ließ sich M. besonders die sozialen Belange in Stadt und Amt Ulm angelegen sein. Im Sommer 1909 gründete M., selbst Mitglied des Beirats der Zentralleitung für Wohltätigkeit in Württemberg, einen Ulmer Wohltätigkeitsverein, der sich vor allem der Jugendfürsorge widmete. M. trat an seine Spitze. In den Jahren des Ersten Weltkriegs engagierte sich M. umfassend für die Kriegswohlfahrtspflege, wofür er vom Kaiser mit dem Eisernen Kreuz am weiß-schwarzen Bande ausgezeichnet wurde. Gemeinsam mit Oberbürgermeister Heinrich von →Wagner und Adolf (von) →Schempp sowie den Spitzen des Ulmer Arbeiter- und Soldatenrats gelang es M., in den Monaten nach der November-Revolution 1918 die öffentliche Ordnung in der Stadt und der Region weitgehend aufrecht zu erhalten.

Während der Unruhen in Ulm im Juni 1920 wurde M. jedoch Opfer von Gewalttätigkeiten. Bei einer Teuerungsdemonstration am 22. Juni 1920 kam es zur Eskalation. Die von Nahrungsmittelknappheit und ständigen Preissteigerungen verunsicherten Demonstranten zogen zum Oberamtsgebäude, wo auch der für die Lebensmittelversorgung zuständige Kommunalverband seinen Sitz hatte. Man hisste die rote Fahne und bemächtigte sich des Oberamtmannes, der geschmäht und verhöhnt wurde. M. wurde mißhandelt, ihm schließlich ein Strick um den Hals gelegt und er an diesem durch die Straßen zum Rathaus gezerrt, das von der Menge besetzt wurde. Oberbürgermeister Emil →Schwammberger geriet in ihre Gewalt und wurde ebenfalls beschimpft und misshandelt. Während der Polizei ein Abriss der Ereignisse überrollt wurde, konnte die Einwohnerwehr mit einer Einheit der Reichswehr den Tätlichkeiten ein Ende bereiten. Im Maschinengewehrfeuer starben sechs Menschen, 26 wurden zum Teil schwer verwundet.

M. war nach diesem Erlebnis nicht mehr derselbe. Im Gegensatz zu Schwammberger, der die Stadt für einige Tage verließ, blieb M. aber in Ulm. Am 11. Sept. 1924 pensioniert – seine Nachfolge als Oberamtmann trat der bisherige Ulmer Polizeidirektor Anton →Beutel an –, verlebte M. seinen Ruhestand in Ulm, wo er im 73. Lebensjahr am Morgen des Heiligen Abend 1931 starb. Wie später auch sein Sohn Helmuth Maier befasste sich M. mit genealogischen Forschungen, deren Ergebnisse er auch veröffentlichte. Als Beispiel sei genannt die 1930 in Ulm

(bei Baur und Schäuffelen) publizierte umfassende „Nachfahrentafel des Göppinger Vogts Georg Sigmund Schott". M. habe *mit vorbildlicher Treue in den schweren Jahren des Kriegs und der Inflation sein verantwortungsvolles Amt* geführt *und trotzdem in den Tagen der Revolution den Undank und die Verblendung der Massen im schlimmsten Maße erfahren* müssen, heißt es im Nachruf der UBC. – 1898 Olgaorden; 1901 Ritterkreuz I. Kl. des Friedrichsordens; Ritterkreuz des Württ. Kronordens; Preuß. Rot-Kreuz-Medaille in Bronze.

Q   HStAS, E 151/01 Bü 1335 (Personalakte) – StadtA Ulm, H Ernst, Nr. 53 (Anklageschrift des Staatsanwalts gegen die Rädelsführer der Demonstration vom 22. VI. 1920).
L   MAIER, Nachfahrentafel Schott, S. 80, 137 – UBC 2, S. 168 – UBC 3, S. 225, 243, 273, 287 (Bild), 288, 441 – UBC 4, S. 88 f., 142 f., 237 – SCHMIDGALL, Burschenschafterlisten, S. 169, Nr. 372 – KLEIN, Die akademischen Lehrer, S. 149 – Wolfram ANGERBAUER, Porträts der 16 Vorstände des Oberamts Heilbronn 1804-1938, in: Schwaben und Franken (Heimatbeilage der Heilbronner Stimme) 39/1993, Nr. 3, S. 3 – Amtsvorsteher, S. 396 f. (Wolfram ANGERBAUER; Bild) – SPECKER, Großer Schwörbrief, S. 350.

Mairhofer, Bernhard, * Oberdießen 21. Aug. 1860, † Augsburg 11. Aug. 1912, ▢ ebd., Hermanfriedhof, kath.

M. war der vierte kath. Stadtpfarrer von Neu-Ulm.

Der Lehrersohn M., ein Neffe des Augsburger Dompropstes Franz Joseph Heim (1817-1890), der sich nach dem frühen Tod des Vaters um ihn kümmerte, besuchte als Zögling des Bischöflichen Knabenseminars St. Joseph in Dillingen/Donau das dortige Gymnasium. Nach dem mit Auszeichnung bestandenen Abitur studierte er in Dillingen Theologie und Philosophie. Nach der Primiz im Aug. 1884 ging er zunächst als Stadtkaplan nach Memmingen, im Sept. 1886 als Stadtkaplan nach St. Moritz in Augsburg, wo er im Aug. 1887 zum Dompfarrkaplan ernannt wurde. Nach erfolgreichem Pfarramtskonkurs erhielt M. 1892 die Pfarrei Zusmarshausen übertragen, wo er im folgenden Jahr auch Distriktschulinspektor wurde. Im Aug. 1903 wurde M. als Nachfolger von August →*Kotter zum kath. Stadtpfarrer von Neu-Ulm ernannt, wo er am 6. Sept. 1903 installiert wurde. 1909 zugleich Dekan, war der sich besonders für das Neu-Ulmer Schulwesen und die Wohlfahrt engagierende M. ab 1909 für Neu-Ulm auch Mitglied des Landrats von Neuburg und Schwaben. Der besonders als wortgewaltiger Kanzelredner und Beichtvater beliebte M., der den kath. Kirchenbauverein Neu-Ulm gründete und wiederholt größere Summen spendete, wirkte als Katechet an der Neu-Ulmer Volksschule, als Religionslehrer an der Realschule, als Stadtschulreferent, Lokalschulinspektor sowie ab Aug. 1905 als Distriktschulinspektor. Im Frühjahr 1911 erfolgte M.s Berufung in die Schwäbische Kreisschulkommission. Ende 1911 von Prinzregent Luitpold von Bayern zum Domkapitular in Augsburg ernannt, wo er im Jan. 1912 verpflichtet und in das Bischöfliche Konsistorium aufgenommen wurde, übernahm er als jüngstes Mitglied des Domkapitels auch die Aufgabe des Sekretärs. Die in ihn gesetzten Hoffnungen – M. war wiederholt *ein hervorragendes Maß rüstiger Arbeitskraft* nachgesagt worden – vermochte er nicht zu erfüllen, da er wenig später, noch vor Vollendung des 52. Lebensjahres, seinem Herzleiden erlag. M. war außergewöhnlich stark mit Neu-Ulm verbunden: *Was die Neuulmer ihm und er den Neuulmern war, das zeige sich so recht bei den ganz außergewöhnlichen, imposanten Abschiedsfeierlichkeiten, an denen sich alles betheiligte ohne Unterschied der Konfession, des Alters und des Standes.* In einem Nachruf hieß es, er habe das Heimweh nach Neu-Ulm mit ins Grab genommen. – Bischöflicher Geheimer Rat; Prosynodal-Examinator; Ehrenmitglied des Landkapitels Weißenhorn. – Inhaber des Goldenen Jerusalemkreuzes.

Q   Archiv des Bistums Augsburg, Personalakte Pers 3530.
L   Augsburger Postzeitung Nr. 181, 13. VIII. 1912 – BUCK, Chronik Neu-Ulm, S. 75, 221 – Joseph FUNK, Das B. Knabenseminar St. Joseph in Dillingen. Jubiläums-Festschrift, Dillingen/Donau 1912, S. 165 – SPECKER/TÜCHLE, S. 314 – TREU, Neu-Ulm, S. 574 – GROLL, Augsburger Domkapitel, S. 676-680.

Maisch, *Herbert* Karl Adolf, * Nürtingen 10. Dez. 1890, † Köln 10. Okt. 1974, ev.
Vater   *Carl* Friedrich Conrad Gottlob Maisch, Oberamtsrichter in Münsingen, Nürtingen und Stuttgart, später Vorstand des Landesgefängnisses Heilbronn/Neckar, Oberjustizrat.
Mutter   Hildegard Knapp.
∞ I. Ulm 4. X. 1913 Gertrud Schefold, * [Köln-]Deutz 2. III. 1893, † Ulm 17. VI. 1943[379], Musikpädagogin in Ulm, Organistin am Ulmer Münster, T. d. Eduard (von) →Schefold; ∞ II. Gabriele Moest, † Berlin 17. X. 1934, Schauspielerin, Dozentin an der VHS Mannheim; ∞ III. Ingeborg Rinn, Sängerin.
4 K   Liselotte Maisch, * Ulm 11. VII. 1914; Helmut Maisch, * Ulm 1. IX. 1916, † ebd. 9. II. 1918; Wiltrud Maisch, * Ulm 3. VI. 1919; Hanns-Hartmann Maisch.

Den bekannten Theaterintendanten und Regisseur M. in diesem Buch vorzufinden, mag Manchem verwunderlich erscheinen, ist doch eine Ulmer Zeit den meisten seiner Biographen keine Zeile wert. Und doch lebte M., Leutnant im Inf.-Rgt. Kaiser Wilhelm, König von Preußen (2. Württ.) Nr. 120 in Ulm, mehrere Jahre als Berufsoffizier in der Donaustadt und verband sich in erster Ehe mit einem Mitglied der einflussreichen Ulmer Familie Schefold. Seine Kinder kamen in Ulm zur Welt. Und seine erfolgreiche Laufbahn als einer der führenden deutschen „Theatermänner" begann ebenfalls in Ulm.
M. studierte nach dem Abitur am Realgymnasium in Nürtingen Kunstgeschichte an der TH Stuttgart, ehe er sich entschloss, Berufsoffizier zu werden. Dieser Entschluss führte ihn in den Jahren vor dem Ersten Weltkrieg nach Ulm, wo er seine Familie gründete. Im Ersten Weltkrieg wurde er mehrfach verwundet und verlor seinen rechten Arm – seitdem trug er eine lederbezogene Prothese.
Nach Kriegsende und dem damit verbundenen Abbau des deutschen Militärs musste sich der invalide Hauptmann a. D. nach einem neuen Wirkungsbereich umsehen und fand ihn beim Theater. Er begann als Volontär für Regie und Dramaturgie am Ulmer Stadttheater. Schon 1919 ging er an das Württ. Staatstheater Stuttgart, avancierte zum Schauspielregisseur und 1924 zum Intendanten der Württ. Volksbühne. Diese spielte als Wanderbühne in 30 kleineren Städten. Am 18. Jan. 1924, als in Stuttgart die Reichswehr eine Parade aus Anlass des einstigen Reichsgründungstages veranstaltete, ließ M. in seiner Inszenierung von Georg Büchners „Dantons Tod" auf der Bühne die Marseillaise singen und eine Trikolore zeigen. Das erhitzte manche Gemüter so sehr, dass M. sich vor Gericht verantworten musste. An der Volksbühne lernte er seine spätere zweite Ehefrau kennen. 1924 wechselte M. als Direktor an das Theater der Stadt Koblenz und 1928 an das Erfurter Stadttheater. 1930 kam er an das Nationaltheater Mannheim, wo er 1933 aus politischen Gründen von seiner Position verdrängt wurde.
M. vermochte sich trotz inneren Widerstands gegen das NS-Regime als Filmregisseur und Drehbuchautor bei den Produktionsgesellschaften UFA und Tobis zu etablieren. 1935 inszenierte er „Königswalzer", den ersten Film mit dem jungen Curd Jürgens, eine eskapistische Nach-Biedermeierromanze, wie sie damals beliebt war. Im Folgejahr 1936 drehte er „Liebeserwachen" und „Boccaccio", letzteres eine belanglose Filmoperette mit Willy Fritsch und Heli Finkenzeller in den Hauptrollen. 1937 folgten „Menschen ohne Vaterland" (auch Mitarbeit am Drehbuch) und „Starke Herzen", 1938 „Nanon", „Frau Sylvelin" und „Andalusische Nächte". 1939 inszenierte M. den propagandalastigen Jagdfliegerstreifen „D III 88", zu dessen Aufführung M. im Nov. 1939 in Ulm war. 1940 war M. Regisseur des berühmten „Schiller"-Films mit Horst Caspar (Schiller) und Heinrich George (Herzog Carl Eugen). Das Werk hatte einigen Erfolg in den Kinos, so dass M. neben Karl Anton an dem antibritischen Propagandafilm „Ohm Krüger" (mit Emil Jannings) und allein an „Andreas Schlüter" (1942) mit Heinrich George und Mila Kopp in den Hauptrollen

arbeitete, wobei er mit Helmut Brandis auch das Drehbuch schrieb. „Musik in Salzburg", ein Melodrama im Musikmilieu mit Willy Birgel und Lil Dagover, war 1944 sein letzter Kinofilm.
Nach Kriegsende gelang es M., als Regisseur in Westdeutschland wieder Fuß zu fassen. Zunächst Regisseur an der Komödie am Kurfürstendamm in Berlin, wirkte er seit 1947 als Generalintendant des Kölner Schauspielhauses und der Städtischen Bühnen Köln. In diesem Amt bis 1959, übernahm er 1960 die Leitung der Schauspielklasse an der Staatlichen Hochschule für Musik in Frankfurt/Main. M., ein Theatermensch aus Leidenschaft, inszenierte insgesamt weit mehr als 200 Bühnenstücke, darunter Schillers „Wallenstein" (1959), Hauptmanns „Biberpelz" (1959) und Shaws „Pygmalion" (1960).

W   Helm ab - Vorhang auf. 70 Jahre eines ungewöhnlichen Lebens, Emsdetten 1965.
L   DBI 5, S. 2214 – DBA II/848, 194-199 – DBA III/593, 98-103 – Ih 2, S. 569 - UBC 5b, S. 366 – Wilhelm KOSCH, Deutsches Theaterlexikon. Biographisches und bibliographisches Handbuch, Band 2, Klagenfurt-Wien 1960, S. 1332 – Glenzdorfs internationales Filmlexikon, Bd. 2, Bad Münder (Deister) 1961, S. 1055 – PFIZER, Schatten, S. 70 – DBE 6 (1997), S. 574 – C. Bernd SUCHER (Hg.), Theaterlexikon. Autoren, Regisseure, Schauspieler, Bühnenbildner, Kritiker, München ²1999, S. 451 – KLEE, Kulturlexikon, S. 386 – Wikipedia.

Maisch, Margarete, Dr. rer. pol., * Ulm 31. Aug. 1898, † Berlin 22. Feb. 1984, ev.
Vater   Johannes Maisch[380], * Laichingen/OA Münsingen 11. XII. 1864, 1890 Schullehrer in Ulm, 1897 Mittelschullehrer ebd., 1911 Reallehrer an der Stuttgarter Bürgerschule I.
Mutter   Mathilde Kodweiß, Lehrerin. 1 G.
∞ I. Hans Hartenstein[381], Dr. iur., * Ludwigsburg 8. VII. 1897, † Berlin 17. V. 1944, Geschäftsführer der Tübinger Studentenhilfe, später beim deutschen Studentenwerk in Dresden, 1926 Amtmann beim OA Marbach/Neckar, verwendet beim Reichswirtschaftsministerium, Delegierter beim Deutsch-Englischen Schiedsgerichtshof in Berlin, zuletzt ab 1937 aus politisch motivierter Entlassung Vorstand der Schering AG Berlin, S. d. Gustav Hartenstein[382], Oberbürgermeister von Ludwigsburg und MdL Württemberg, * Cannstatt 3. XI. 1872, † Ludwigsburg 3. XI. 1920, ab 1897 Oberbürgermeister von Ludwigsburg, liberaler Politiker, 1913-1920 MdL bzw. MdVL Württemberg, u. d. Franziska (Fanny) Demmler; ∞ II. Gert von Eynern, Dr. rer. pol., * 29. XII. 1902, † 17. III. 1987, o. Professor für Politische Wirtschaftslehre an der FU Berlin, SPD-Politiker.
Mehrere K.

M. wurde als Tochter eines Lehrerehepaares, das zur Zeit ihrer Geburt in Ulm tätig war, geboren und wuchs ebd. auf und besuchte bis zum beruflich bedingten Wechsel ihres Vaters nach Stuttgart die Schule in Ulm. Von 1918 bis 1921 absolvierte sie ihr volkswirtschaftliches Studium in Tübingen, Frankfurt/Main und Freiburg im Breisgau. 1921 wurde M., die mittlerweile als Angestellte im Privatsekretariat des Fabrikanten Robert Bosch in Stuttgart arbeitete, mit der Dissertation „Die wertfreie Richtung der deutschen Nationalökonomie (Ludwig Pohl und sein Kreis). Eine literaturhistorische Studie" bei Professor Dr. Robert Wilbrandt (Universität Tübingen) promoviert. Ihre Ehe mit Hans Hartenstein wurde prägend für ihr Leben; *sie wurde seine im Wissen und Beurteilen aller geistigen, politischen und Lebensfragen adäquate und mit ihm, auch wenn sie ihre Eigenständigkeit nie aufgab, gleichgestimmte Lebensbegleiterin* (PFIZER, Schatten, S. 124). M. arbeitete 1922-1923 bei der „Wirtschaftshilfe der deutschen Studentenschaft" (Vorgänger des Deutschen Studentenwerks) mit, zog sich aber nach der Heirat und der Geburt der Kinder vorläufig aus der Öffentlichkeit zurück. Wegen der Ablehnung des NS-Regimes trat sie nach 1933 nicht mehr öffentlich in Aktion und verzichtete auch auf eine Berufstätigkeit. In den 1920er Jahren war das Ehepaar im engen Kontakt mit Theodor →Pfizer. Nach Ende des Zweiten Welt-

[379] Fernmündliche Mitteilung von Herrn Eckhart Wimmer, Blaustein, vom 3. II. 2007.

[380] CRAMER, Württembergs Lehranstalten ⁶1911, S. 117.
[381] H. konzipierte das sog. „Haavara-Abkommen" von 1933 zur Auswanderung deutscher Juden nach Palästina. Das SPD-Mitglied konnte bis 1937 im Reichswirtschaftsministerium, wo H. seit 1931 die Devisenzwangswirtschaft organisierte, gehalten werden, danach erfolgte die Entlassung aus dem Privatwirtschaft angeboten. Vgl. Werner FEILCHENFELD u.a., Haavara-Transfer nach Palästina und Einwanderung deutscher Juden 1933-1939, Tübingen o. J., S. 10 et passim. Zu Hartenstein siehe Ih 1, S. 331 – PFIZER, Schatten, S. 88, 123-125 – RUCK, Korpsgeist, S. 52.
[382] RABERG, Biogr. Handbuch, S. 319 – EHMER/KAMMERER, S. 175.

kriegs engagierte sich M. gegen Rechtsradikalismus und Antisemitismus und schrieb zu mehreren Büchern entsprechende
Einleitungen, daneben gab sie einen umfangreichen Band über
den 1922 ermordeten Minister Walther Rathenau heraus. Von
1956 bis 1974 war sie Mitglied des Auswahlausschusses der
„Studienstiftung des deutschen Volkes" und Mitglied des
Ehrenpräsidiums der „Gesellschaft der Freunde der Hebräischen Universität Jerusalem".

W   Walther Rathenau – In Brief und Bild, Frankfurt/Main 1967.
L   PFIZER, Schatten, S. 124 – EBERL/MARCON, S. 231, Nr. 751.

Majer, Georg *Emil* (von), * Neipperg/OA Brackenheim 19.
Juni 1810, † Stuttgart 2. Juni 1884, ⬜ ebd., Pragfriedhof, ev.

Vater   Ludwig Friedrich Ferdinand Majer[383], Mag., * Lauffen am Neckar/OA
Besigheim 22. XII. 1777, † Stöckenburg/OA Schwäbisch Hall 8. II. 1838, Pfarrer in
Neipperg, ab 1822 dsgl. in Stöckenburg, S. d. Jacob Friedrich Majer, Kommerzien-
rat, u. d. Catharina Varion.
Mutter   Katharina Christiane Friederike Fischhaber, † 1829.
Mindestens 1 *G*   Paul Ludwig Ferdinand Majer, * Neipperg 3. II. 1808, † Liebenzell
24. VI. 1875, ev. Geistlicher, Pfarrer in Ohrnberg und Schlaitdorf.
∞ Nane Scheurlen.
Mehrere *K*, darunter Julie Majer, * Stuttgart 22. VII. 1852, † Ulm 8. IV. 1875, ∞ Ulm
1873 Ernst August Jäger, * Lauffen am Neckar/OA Besigheim 28. X. 1842,
Auditeur in Ulm, zuletzt ith. Kriegsrat.

Mit 17 Jahren Amtszeit war M. der am längsten amtierende
Vorstand der Regierung des Donaukreises in Ulm. Sie umfasste
die ereignisreiche Zeit von der Kriegsteilnahme Württembergs
auf österreichischer Seite gegen Preußen 1866 über die Gründung des deutschen Kaiserreiches 1871 bis zu den Anfängen
der Bismarck´schen Sozialgesetzgebung zu Beginn der 1880er
Jahre.
M. besuchte das Gymnasium in Stuttgart. Von 1830 bis 1833
studierte er Regiminal- bzw. Kameralwissenschaften in Tübingen (Mitglied der Burschenschaft Germania bzw. Feuerreiter).
Laut Erkenntnis des Kriminalsenats des Gerichtshofs für den
Schwarzwaldkreis in Tübingen vom 17. Dez. 1836 wurde er
wegen „entfernter Teilnahme an dem Versuch eines die Selbständigkeit des Staates gefährdenden Aufruhrs" zu einer acht-
monatigen Festungsstrafe verurteilt, die er auf dem Hohenasperg verbüßte. Wie sich zeigen sollte, wirkte sich diese Episode auf die weitere Karriere M.s nicht hemmend aus.
1837 begann er nach der I. Höheren Verwaltungsdienstprüfung
als Kanzleigehilfe beim OA Esslingen, um 1839 nach dem
Bestehen der II. Höheren Verwaltungsdienstprüfung als Oberamtsaktuar an das OA Besigheim zu wechseln. Schon 1843
wurde er nach Stuttgart versetzt, wo er Kanzleiassistent beim
Ev. Konsistorium wurde. Von 1845 bis 1848 war M. Erster
Aktuar bzw. Stadtdirektionssekretär bei der Stadtdirektion
Stuttgart, 1848 folgte die Ernennung zum Oberamtsverweser
beim OA Münsingen. Er trat die neue Stelle jedoch erst am 23.
April 1849 an, nachdem er zum regulären Oberamtmann
ernannt worden war. Doch schon im Juni 1849 kehrte er nach
Stuttgart zurück, um die Amtsverwesung bei der Stadtdirektion
Stuttgart zu übernehmen. 1851 folgte die offizielle Ernennung
zum Stadtdirektor von Stuttgart, 1855 erhielt er Titel und Rang
eines Regierungsrats, 1858 Titel und Rang eines Oberregie-
rungsrats.
Für seine Verdienste als Stuttgarter Stadtdirektor war die
Beförderung zum Regierungspräsidenten in Ulm die Beloh-
nung. Von 1866 bis 1883 war M. als Nachfolger von Freiherr
Carl →Schott von Schottenstein Vorstand der Regierung des
Donaukreises in Ulm mit dem Titel Regierungsdirektor, seit
1880 mit dem Titel Regierungspräsident. 1883 trat er in den
Ruhestand, den er in Stuttgart verbrachte. Er war Mitglied des
Vereins für Kunst und Altertum in Ulm und Oberschwaben. –
1851 Ritterkreuz I. Kl. des Württ. Kronordens; 1865 Ritter-
kreuz mit der Krone des Württ. Kronordens; 1868 Ksl. Russ.
St.-Stanislausorden II. Kl.; 1868 Kommenturkreuz II. Kl. des

Friedrichsordens; 1883 Kommenturkreuz I. Kl. des Friedrichsordens; Ritterkreuz des Kgl. Preuß. Roten Adlerordens; Ritterkreuz des Kgl. Hannoveranischen Guelphenordens; Offizier
der frz. Ehrenlegion.

Q   HStAS, E 146/1 Bü 2661, 2684, 2686, 2761 – ebd., E 146/2 Bü 1274 – StAL,
E 173 I Bü 1044, 1009 – ebd., E 179 II Bü 1537, 264.
L   Ulmer Tagblatt 7. VI. 1884 – SK Nr. 131, 4. VI. 1884, S. 393 und 394
(Todesanz. der Familie) – Schwäb. Merkur, 28. V. 1894 – Theodor SCHÖN, Die
Staatsgefangenen auf dem Hohenasperg (Württ. Neujahrsblätter, N. F., Blatt 4),
S. 69 f. – UBC 2, S. 197 – LINCK-PELARGUS, Pragfriedhof, S. 4 – UBC 2, S. 197 –
SCHMIDGALL, Burschenschafterlisten, S. 83 – PHILIPP, Germania, S. 59, Nr. 852 –
Amtsvorsteher (1996), S. 397 (Annette BIDLINGMAIER) – DVORAK I,4 (2000), S. 17
(Bild).

Majer, Ludwig Jacob (von), Mag., * Höpfigheim/OA Marbach
6. Okt. 1769, † Ulm 8. März 1844, ev.

Vater   Johann Melchior Majer, Stabsamtmann in Höpfigheim.
Mutter   Susanna Margaretha Pfister.
∞ I. 1802 Friederike Gratianus, T. d. Philipp Christoph Gratianus[384], Mag.,
* Oberrot Juli 1742, † Weinsberg 7. I. 1799, Dekan und Stadtpfarrer in Weinsberg;
∞ II. 1813 Auguste Palm, † 1814, T. d. Apothekers Palm in Schorndorf; ∞ III. 1815
Rosine Louise Bilhuber, * 1788, 1854, T. d. Oberamtsarztes Bilhuber in Vaihin-
gen/Enz bzw. Ludwigsburg.
6 *K*, davon 3 aus I. Ehe, 1 aus II. Ehe und 2 aus III. Ehe, darunter Auguste Majer[385],
* 27. IV. 1814, † Ulm 18. X. 1886, ∞ Ulm 21. VI. 1846 Moriz Leube[386], * Ulm 9. VI.
1802, † Schwäbisch Gmünd 25. V. 1886, Konditor in Ulm; Luise *Friederike* Majer,
* Wildbad 1816, ∞ 1844 Gustav Adolf Weisser[387], * Unterjettingen/OA Herrenberg
30. VII. 1815, † Göppingen 28. IX. 1863, Redakteur beim „Beobachter" in Stuttgart,
früher (1838/39) Diakonatsverweser am Ulmer Münster.

M. war der erste „Altwürttemberger", der in Ulm als Dekan
und Erster Stadtpfarrer fungierte.
Nach dem obligatorischen Besuch der Klosterschule und dem
Theologiestudium in Tübingen fand M. 1795 eine Anstellung
als Stiftsrepetent in Tübingen, 1800 wurde er zum Vikar in
Stuttgart ernannt, 1802 zum Diakon in Backnang und Pfarrer
in Allmersbach. 1815 folgte M.s Beförderung zum Dekan in
Wildbad. 1822 ging M. als Nachfolger von Johann Wilhelm
→Stüber als Dekan nach Ulm, seit 1832 war er nach dem Tod
von Dekan Samuel →Baur zugleich Dekan von Albeck. Was
offiziell erst 1844 vom Konsistorium verfügt wurde, traf bereits
auf M. zu, der die Ämter des Dekans und Ersten Stadtpfarrers
in Ulm in seiner Person vereinigte. M. führte mit dem Oberbürgermeister den gemeinschaftlichen Vorsitz im Ulmer Stiftungsrat, im gemeinschaftlichen Oberamt bildete er mit dem
Oberamtmann die Aufsichtsbehörde des Stiftungsrates. Diese
personelle Konstellation barg Konflikte in sich, die M.s Amtszeit zunehmend überschatteten. Er erwies sich dabei in erster
Linie als treuer Staatsdiener, der in Ulm im Sinne der Regierung
agierte – was ihm bei den Ulmer Geistlichen auf lange Sicht
keine großen Sympathien einbringen konnte. Wiederholt stellte
er sich mit dem Oberamtmann gegen den Stiftungsrat. Ärger
gab es z. B. im Zusammenhang mit den Plänen zu einer vollständigen Erneuerung des Chorgestühls im Ulmer Münster, die
1827 auch auf Intervention M.s verhindert wurde. 1839 erwirkte M. einen Baustopp seitens der Kreisregierung, als der Stiftungsrat in sehr viel bescheidenerem Umfang als früher geplant
mit der Erneuerung begonnen hatte, ohne dem gemeinschaftlichen Oberamt den Kostenvoranschlag vorgelegt zu haben.
Nach einem Gutachten aus Stuttgart wurde die Erneuerung auf
noch sehr viel stärker geschrumpfter finanzieller Grundlage
fortgesetzt. M. agierte auch in anderen Fällen, wie etwa der an
Geistliche des Stiftungsrats wegen Fehlens bei Sitzungen ergangenen Rüge des Oberamts, die von ihm unterzeichnet war, von
der er aber auf Nachfrage nichts wissen wollte, sehr unglücklich. Schließlich erging an M. seitens der Kreisregierung eine
Rüge wegen dessen *sich zu Schulden gebrachten ungeeigneten
Benehmens*. 1836 musste M. den Vorsitz des Stiftungsrates
aufgeben, der geschäftsführend von Dieterich →Hermann

383   EBERL, Klosterschüler II, S. 96.
384   Ih 1, S. 294.
385   UNGERICHT, S. 167.
386   GIES, Leube, S. 96 – UNGERICHT, S. 167.
387   NEBINGER, Die ev. Prälaten, S. 591.

übernommen wurde. 1827 zum Beisitzer des Ehegerichts ernannt, war M. Vorsitzender des Ulmer Wohltätigkeitsvereins und Mitglied des Vereins für Kunst und Altertum in Ulm und Oberschwaben. Anders als seine Nachfolger und viele der ihm unterstehenden Geistlichen hielt er sich aus dem Vereinsleben Ulms ganz heraus und trat auch als Pädagoge nicht in Erscheinung, wenn er auch als Privatlehrer für alte Sprachen fungierte. Als Prediger hatte er nur bescheidenen Erfolg, da er monoton vortrug und sein Organ als *minder angenehm* empfunden wurde. – 1841 Ritterkreuz I. Kl. des Württ. Kronordens.

L.   Ih 2, S. 924 – Neuer Nekrolog der Deutschen 1844, Band 1, S. 263 – NEBINGER, Die ev. Prälaten, S. 579 – SPECKER, Ulm im 19. Jahrhundert, S. 371, 385-388, 416 – Volker SCHÄFER, Das Stammbuch des Tübinger Stiftlers August Faber mit seinem Hölderlin-Eintrag von 1789, in: Sönke Lorenz/Volker Schäfer (Hgg.), Tubingensia. Impulse zur Stadt- und Universitätsgeschichte. Festschrift für Wilfried Setzler zum 65. Geburtstag, Stuttgart 2008, [397]-426, hier 420.

Malsen-Ponickau, Johann *Lambert* Ludwig Edmund Freiherr von, * München oder Osterberg 26. Mai 1904, † Neu-Ulm 11. Jan. 1981, ⬚ Reutti, Friedhof, ev., 1942 „gottgläubig", 1951 wieder ev.
Vater   Theodor Maria Konrad *Theobald* Freiherr von Malsen, * Bayreuth 20. VI. 1867, † Osterberg/Kreis Illertissen 20. X. 1930, Kgl. Bayer. Kammerjunker und Oberleutnant im Inf.-Leibrgt., zuletzt Oberst a. D.
Mutter   Johanna *Olga* Adele Maria Freiin von Ponickau, * Dillingen/Donau 9. VI. 1873, † Bad Tölz 1940.
4 G, darunter Johann-Erasmus Freiherr von Malsen-Ponickau[388], * München 5. VI. 1895, † ebd. 12. VI. 1956, häufig mit seinem jüngeren Bruder verwechselt, 1919 beim Freikorps Epp, nach Ende seines Studiums 1922 Übernahme der Bewirtschaftung des Gutes seiner Mutter in Nieder-Raunau bei Krumbach (Schwaben), 1930 Mitglied der NSDAP (Nr. 213.542) und der SS (Nr. 3.914), Okt. 1931 SS-Standartenführer, später Oberführer im hauptamtlichen SS-Dienst, 1932 Führer des SS-Abschnitts I in München. An der Gesinnung M.s kommt Zweifel eigentlich nicht bestehen angesichts dokumentierter Äußerungen wie *Wenn einer unter Euch ist, der glaubt, es sind Menschen wie Ihr, soll er sofort nach links raustreten* (Dachau, 10. April 1933 vor SS-Hilfspolizisten über Häftlinge). 20. April 1933 Befehlshaber des SS-Abschnitts IX und Polizeipräsident zu Nürnberg-Fürth. Aug. 1933 SS-Brigadeführer im Stab des Reichsführers-SS. April 1938 kommissarischer Polizeidirektor von Frankfurt/Oder, 1939 definitive Ernennung. 1942 Polizeipräsident von Posen. Sept. 1943 Polizeipräsident von Halle/Saale. M. wurde am 28. Mai 1946 von einem polnischen Gericht zu einer siebenjährigen Haftstrafe verurteilt.
∞ 31. VII. 1929 Gisela Freiin von Herman, * Genf 30. VIII. 1906, † München 3. VI. 2005, NS-Ortsfrauenschaftsleiterin in Reutti, T. d. *Walter* Gerhard Julius Freiherr von Herman, * Wain 6. IX. 1866, Geh. Legationsrat a. D., seit 1918 Patronatsherr in Reutti, S. d. *Benedikt* Freiherr von Herman[389], * Memmingen 18. I. 1834, † Andeer (Schweiz) 15. VII. 1913, Rittergutsbesitzer, 1877-1901 MdL Württemberg (II. Kammer als ritterschaftlicher Abg. des Donaukreises) u. d. *Pauline* Wilhelmine Freiin von Massenbach, * Stuttgart 4. X. 1838, † Reutti 9. XII. 1917 u. d. *Emma* Henriette Juillard.
4 K   Johann *Reiner* Freiherr von Malsen-Ponickau, * 26. X. 1934; Johanna *Oda* Freiin von Malsen-Ponickau, * 27. VIII. 1938; Johanna *Monika* Freiin von Malsen-Ponickau, * 4. VII. 1941; Johanna *Bettina* Freiin von Malsen-Ponickau, * 29. XII. 1942.

M. war einer der am stärksten exponierten Neu-Ulmer Nationalsozialisten. Ungeachtet seiner tiefen Verstrickung in das mörderische NS-Regime, dem er bedingungslos und begeistert diente, vermochte sich M. nach 1950 eine geachtete gesellschaftliche Position zu sichern.
Er besuchte die Humanistischen Gymnasien in Ulm, Augsburg und Rossleben und machte im Feb. 1923 Abitur. Daran schloss sich ein landwirtschaftliches Praktikum an. Vom 1. Feb. bis 15. März 1924 war M. Zeitfreiwilliger beim Reiter-Rgt. 17 in Bamberg, musste die erstrebte militärische Laufbahn aber wegen schwerer Erkrankung aufgeben. Wiederholte Aufenthalte in der Schweiz, Italien und Jugoslawien dienten der Wiederherstellung seiner angeschlagenen Gesundheit. Nach 1925 machte er ein Architektenpraktikum in Ulm und studierte anschließend Architektur an der Kunstschule Frankfurt/Main, wo er im März 1929 die Abschlussprüfung ablegte und anschließend als Architekt tätig war. Seit dem 1. Mai 1931 war er Mitinhaber des Architekturbüros Kraus & von Malsen in Ulm und lebte auf

Schloss Reutti bei Neu-Ulm, das über seine Verehelichung in seinen Besitz gelangt war und wo er der 30. Patronatsherr war. 1954 verkaufte M. den Besitz an den Pfarrer Hans-Martin Schott.
Als Architekt war M. für die Errichtung einer stattlichen Anzahl öffentlicher Bauten im Raum Ulm/Neu-Ulm verantwortlich, u. a. für das im Sommer 1938 errichtete HJ-Heim in Neu-Ulm, von dem Oberbürgermeister Franz Josef →Nuißl meinte, es sei das größte und wahrscheinlich schönste im Gau Schwaben.
Der junge M. war bereits am 1. Aug. 1931 Mitglied der NSDAP (Nr. 604.148) geworden, am 15. Nov. 1931 Mitglied der SS (Nr. 15.143 bzw. 107.163), SD-Abschnitt X. Eine Mitwirkung an der Gründung der NSDAP-Ortsgruppe Reutti im Herbst 1932 ist quellenmäßig nicht belegbar. Seit dem Frühjahr 1933 war M. Mitglied des „gleichgeschalteten" Gemeinderats in Reutti. Am 16. Juni 1934 wurde M. zum SS-Untersturmführer, am 9. Nov. 1935 zum SS-Obersturmführer, am 9. Nov. 1936 zum SS-Hauptsturmführer, am 20. April 1939 zum SS-Sturmbannführer, am 9. Nov. 1940 zum SS-Obersturmbannführer und am 30. Jan. 1944 zum SS-Staffelführer ernannt und war SS-Brigadeführer im Reichssicherheitshauptamt und Freiwilliger bei der Waffen-SS, uk-gestellt zur Dienstleistung für den SD beim Reichsführer SS, Heinrich Himmler. Vor 1933 ehrenamtlicher Leiter der SD-Außenstelle Ulm, war M. Träger des Totenkopfrings und des SA-Sportabzeichens in Bronze. Kreisamtsleiter (Amt für Technik), stv. Leiter und m. W. vom 28. Juni 1943 Leiter der Einwandererzentralstelle „zur Erfassung germanischen Blutes" in Litzmannstadt/Lodz (Polen), wo er sich die besondere Anerkennung Heinrich Himmlers erwarb, war M. ab 1941 für die Ausreise Volksdeutscher in der Gottschee (Slowenien) nach Deutschland verantwortlich.
Später zum Leiter der Einwanderungszentralstellen in Krakau und Paris ernannt, wurde nach Plänen in einem Spezialzug gebaut, der als „Fliegende Einwandererzentralstelle Litzmannstadt" gelten konnte und in dem 120 Mitarbeiter beschäftigt waren. Angeblich konnten pro Tag 400 „Umsiedler" durchgeschleust werden: *Der Sonderzug ist ein technisches Wunderwerk, ausgestattet mit den modernsten Apparaten und den neuesten bürotechnischen Errungenschaften. Eine hochmoderne Röntgenanlage zur gesundheitlichen Untersuchung, eine Lichtbildstelle, das Modernste auf diesem Gebiet, Arztkabinen mit medizinischen Einrichtungen, weiträumige Schreib- und Diensträume, Registraturen und ein festlich gestalteter Raum, in dem in feierlicher Form den Umsiedlern die Einbürgerungsurkunden ausgehändigt werden, befinden sich in dem Zug. Daneben gibt es eine Dieselmotoranlage zur Stromerzeugung, einen Kesselwagen für die Wasserversorgung und Heizung, eine Telefonanlage für sämtliche Räume des Zuges und zum Anschluss an das jeweilige Ortsnetz und eine Radio- und Befehlsdurchgabezentrale* (UBC 5b, S. 549). In zahlreichen Beurteilungen wurden M.s Treue zum und sein besonderer Einsatz für den Nationalsozialismus ausdrücklich herausgestellt.

Vom 20. März 1946 bis 19. Juli 1948 im Lager Ludwigsburg interniert, wurde M. im Spruchkammerverfahren in die Gruppe der Belasteten eingereiht und zu einer zweijährigen Arbeitslagerstrafe verurteilt, die jedoch durch die Internierungshaft als verbüßt galt. Das damit einhergehende Berufsverbot traf ihn besonders, deshalb bat er auf dem Weg des Gnadengesuchs wiederholt bei der zuständigen Zentral-Berufungskammer VIII Nord-Württemberg um dessen Aufhebung. Erst nach einem Gnadenakt der Landesregierung konnte M. nach 1950 in der Adenauer-Ära fast bruchlos seine berufliche Laufbahn als Architekt fortsetzen und erhielt zahlreiche Aufträge zur Renovierung von ev. Kirchenbauten im Raum Ulm/Neu-Ulm.

Q   Bundesarchiv, SSO Malsen-Ponickau, Lambert – ebd., PK Malsen-Ponickau, Lambert – Aktenband Nr. D 5328 [die vorstehend genannten, M. betreffenden Akten sind von Konrad Geiger in kopierter Form beim StadtA Neu-Ulm hinterlegt worden] – StadtA Neu-Ulm, B F Ortsarchiv Reutti, Nr. 5524 [Entnazifizierungsakten 1945-1950].

---

[388] Führerlexikon, S. 297 (Bild) – STOCKHORST, Fünftausend Köpfe, S. 283 – Friedrich WILHELM, Die Polizei im NS-Staat. Die Geschichte ihrer Organisation im Überblick, Paderborn 1997, S. 222 – KLEE, Personenlexikon, S. 388.

[389] Ih 2, S. 361 – RABERG, Biogr. Handbuch, S. 345.

L.   UBC 5a, S. 277 – UBC 5b, S. 549 – Isabel HEINEMANN, „Rasse, Siedlung, deutsches Blut". Das Rasse- & Siedlungshauptamt der SS und die rassenpolitische Neuordnung Europas, Göttingen 2003 – KLEE, Kulturlexikon, S. 387 – GEIGER, Reutti, S. 23, 78, 90, 92-94.

Mandelsloh, Graf Friedrich von, * Stuttgart 29. Dez. 1795, † Mergentheim 15. Feb. 1870, ev.

Vater   Ulrich Leberecht von Mandelsloh[390], * Toitenwinkel (Mecklenburg) 16. II. 1760, † Stuttgart 30. IV. 1827, 1808 in den Grafenstand erhoben, Kgl. Württ. Staats- und Finanzminister, zuletzt ab 1819 ao. Gesandter und bevollmächtigter Minister am Kaiserhof zu Wien.
Mutter   Freiin *Caroline* Philippine von Cramm, † 1825, T. d. Freiherrn von Cramm, Hzgl. Braunschweigischer Staatsminister.
1 G   Graf *Carl* (Karl) August von Mandelsloh, * 4. XII. 1788, † 1852, Kgl. Württ. Staatsrat und Kammerherr, 1815 Kgl. Württ. Gesandter am Zarenhof in St. Petersburg, später dsgl. in London und Wien.
∞ 1. IV. 1823 Gräfin *Josephine* Louise von Degenfeld-Schonburg, * 19. VIII. 1800.
4 K   Graf *Ulrich* Ferdinand von Mandelsloh, * 10. III. 1824; Graf *Gustav* Adolf von Mandelsloh, * 18. I. 1825; Graf *Albrecht* Friedrich von Mandelsloh, * 30. VIII. 1830; Gräfin Marianne Ernestine Franziske von Mandelsloh, * 12. IV. 1834.

Der bedeutende Geologe M. prägte für Jahrzehnte die Vorstellung über den geologischen Aufbau der Schwäbischen Alb.
M. entstammte einer altadligen Familie, die ursprünglich aus Mecklenburg und Hannover stammte. Sein Vater, der zu Beginn des 19. Jahrhunderts als Minister in Württemberg hoch aufstieg und von König Friedrich in den Grafenstand erhoben wurde, war bereits 1773 als Zögling in die Hohe Carlsschule zu Stuttgart eingetreten und hatte damit die Verbindung der Familie zu Württemberg geknüpft. M. wuchs in seiner Heimatstadt Stuttgart auf und wurde frühzeitig auf eine Laufbahn beim Militär vorbereitet. Am 3. Okt. 1811 zum Kgl. Leibpagen ernannt, trat er 1812 als Leutnant in die Kgl. Garde zu Fuß ein, ließ die militärische Laufbahn jedoch schon nach drei Jahren hinter sich und quittierte den Dienst als Seconde-Leutnant.
M. studierte Forstwissenschaften an der Forstakademie in Tharandt, wo er sein naturwissenschaftliches Interesse entwickelte. Er trat nach Abschluss der Studien in den Dienst der württ. Forstverwaltung und war Forstassistent, Revieramtskandidat, um 1824 Förster in Altenstadt/OA Geislingen, Revierförster und Oberförster bzw. Oberforstmeister in Urach, zuletzt ab 1840 als Nachfolger des pensionierten Freiherrn Carl Friedrich von →Gemmingen-Bonfeld Kreisforstmeister bei der Finanzkammer des Donaukreises in Ulm. Schon früher mit dem Sammeln und Bestimmen von Gesteinen befasst, intensivierte M. seine Sammelleidenschaft in Ulm und betrieb wissenschaftliche Studien. 1834 veröffentlichte er die Schrift „Mémoire sur la constitution géologique de l'Alb" (Straßburg) und verschaffte sich damit einen ausgezeichneten Ruf als Kenner der geologischen Verhältnisse der Schwäbischen Alb. Manche seiner Erkenntnisse bedurften der Korrektur, wie Forschungen des Tübinger Geologen Friedrich August Quenstedt (1809-1889) zeigten. Versuche in der Nähe von Neuffen Steinkohle zu fördern, scheiterten, da sich M. zu stark an das Vorbild Englands hielt. 1854 trat M. wegen gesundheitlicher Probleme in den Ruhestand, den der in den letzten Jahren seines Lebens Erblindete in Stuttgart und zuletzt in Mergentheim verlebte. – 1838 Ritterkreuz des Württ. Kronordens.

L.   Ih 2, S. 571 – StRegbl. 1811, S. 522 – ADB 20 (1884), S. 171 f. (GÜMBEL) – NDB 16 (1990), S. 11 f. (Hans-Jürgen RIECKENBERG).

Mann, Siegfried, * Ulm 22. Okt. 1877, † Kew Gardens (USA) 1973, mos.

Vater   *Benjamin* Mann, Inhaber der Textilfabrik „Beny Mann & Comp., Schürzen- und Hemdenfabrik" in Ulm.
Mutter   *Louise* Moos.
Mehrere G.
∞ Fanni Kohn, * Ulm 30. IV. 1885, † Kew Gardens (USA) 1973.
K   Hanne Mann, * Ulm 6. II. 1914, ∞ René Serkey (Szoeke), * 1909, Kaufmann; Ernest Anthony Mann, * Ulm 1910.

M. war der Spross einer jüdischen Fabrikantenfamilie in Ulm. Er besuchte das Kgl. Gymnasium seiner Vaterstadt, wo er 1896 das Abitur bestand. 1905 Rechtsanwalt in Ulm, Vorstand der Anwaltskammer und 1924-1933 Vorstand des Ulmer Anwaltsvereins und zuletzt auch Angehöriger des Ehrengerichts. Als Mitglied der linksliberalen DDP war M. von 1925 bis 1933 Mitglied des Ulmer Gemeinderats. Am 1. Dez. 1938 wurde M. seine Zulassung entzogen, im Jahr darauf wurde M. bei der sog. „Reichskristallnacht" in Ulm misshandelt. Der aufgebrachte Mob zerrte ihn aus dem Bett und trieb ihn auf den Weinhof. Vor der brennenden Synagoge blutig geschlagen, war M.s Einlieferung ins Krankenhaus erforderlich. Im April 1939 emigrierte M. unter Zurücklassung seines Vermögens nach England, wohin zuvor sein Sohn ausgewandert war, nach den deutschen Luftangriffen auf London wanderte M. 1940 in die USA aus, wo er im Alter von 63 Jahren neu anfangen musste.

L.   UBC 3, S. 125, 286 – KEIL, Dokumentation, S. 328 – HILB, Zeugnisse, S. 16, 43, 58 (Bild, mit seiner Ehefrau), 59 ff., 256.

Mannes, Joseph, * Emersacker/Kreis Wertingen 1. Feb. 1891, † Neu-Ulm 25. März 1966, kath.

6. Kind eines Bauern und Holzhändlers.
∞, 5 K.

M. zählt zu den prägenden Lehrerpersönlichkeiten Neu-Ulms in der ersten Hälfte des 20. Jahrhunderts.
Die Vorbereitung auf den Lehrerberuf erfolgte in Neustadt/Saale, Marktoberdorf und Lauingen/Donau. 1911 bestand M. die I. Lehramtsprüfung und 1915 die Anstellungsprüfung, anschließend war er Lehrer in seinem Heimatort Emersacker, ab Herbst 1916 in Hafenhofen/BA Günzburg, wo er kath. Schullehrer, Organist und Mesner war und sehr gut entlohnt wurde, denn sein Dienstherr war Karl Ernst Fürst Fugger von Glött-Oberndorf. Fast 20 Jahre lang wirkte M. danach als Lehrer und zuletzt als Hauptlehrer an der kath. Volksschule Nersingen und in Neu-Ulm. M. trat am 1. Juli 1937 der NSDAP bei, bereits 1934 war er Mitglied des NSV und 1933 durch kollektive Eingliederung des Bayer. Lehrervereins Mitglied des NSLB geworden, außerdem gehörte er dem Veteranenverein, dem Reichskolonialbund und dem RLB an. Im Zuge seines Entnazifizierungsverfahrens am 19. Okt. 1946 in die Gruppe der „Mitläufer" eingereiht, wies die Spruchkammer Neu-Ulm am 19. Mai 1948 M.s Antrag auf Wiederaufnahme des Verfahrens – er strebte die Eingruppierung in die Gruppe der „Entlasteten" bzw. „Nichtbetroffenen" an – zurück. Am 1. Okt. 1948 lehnte der Senat Günzburg der Berufungskammer Augsburg M.s Antrag auf Wiederaufnahme seines Verfahrens ebenfalls ab. M. war bis Nov. 1946 kommissarischer Schulrat in Neu-Ulm gewesen, im Aug. 1948 übernahm er die Leitung der Knabenvolksschule Neu-Ulm. 1956 trat M. in den gesetzlichen Ruhestand. M. war musikalisch sehr aktiv und besonders dem Chorgesang verbunden. Ab 1930 hatte er als Chorleiter in Nersingen gewirkt, wo er zuletzt Ehrenchorleiter war. Neben dem Gesang widmete er seine Freizeit Natur und Heimat und zeigte sich als kenntnisreicher Ornithologe. M. erlag den Folgen eines Schlaganfalls. – Mitglied des Bayer. Lehrerinnen- und Lehrervereins. – 1956 Bundesverdienstkreuz.

Q   StadtA Neu-Ulm: Schulgeschichte der Mädchenvolksschule Neu-Ulm (ab 12. Nov. 1941), Manuskript – ebd., Entnazifizierungsakten der Spruchkammer Neu-Ulm Nr. 7414.

Marchtaler, *Otto* Erhard von, * Wiblingen/OA Laupheim 9. Juni 1854, † Stuttgart 11. Jan. 1920, ☐ ebd., Pragfriedhof, ev.

Vater   Heinrich („Harry") von Marchtaler, * 1822, † Stuttgart 17. VIII. 1891, Hauptmann, zuletzt Oberst im Landjägerkorps, Ehrenritterkreuz des Württ. Kronordens, Ritterkreuz I. Kl. des Friedrichsordens, S. d. Heinrich („Hans") Veit Philipp Erhard von Marchtaler, * 17. IV. 1786, † 1848, Kgl. Württ. Major, u. d. Freiin Franziska Alexia von Handel, * 1794, † 1880.

Mutter   Elise Müller, * 1830, † 1894, T. d. Johann Friedrich Müller, Fürstlich Fürstenbergischer Rechnungsrat in Donaueschingen, u. d. Friederike Lisette Christiane Glock.
∞ Heilbronn/Neckar 1879 Helene Milz, * 20. III. 1855, † 15. IX. 1935, T. d. Ewald (von) Milz, * 20. VII. 1826, † Stuttgart 29. VII. 1906, Landgerichtsrat und Landgerichtsdirektor in Heilbronn, zuletzt Generalstaatsanwalt in Stuttgart, u. d. Bertha Louise Marie Haag[391], * 30. III. 1831, † Stuttgart 29. XII. 1905, T. d. Carl Leonhard Haag, Kaufmann in Esslingen/Neckar, und der Wilhelmine Brodbeck.
Keine K.

Der letzte und mit mehr als zwölf Jahren Amtszeit am längsten amtierende Kriegsminister des Königreichs Württemberg seit dem Freiherrn von Hügel (1829-1843) entstammte einem seit dem 15. Jahrhundert in Ulm urkundlich nachweisbaren Geschlecht (die Schreibweise war zunächst „Marchtaller", später „Marchthaler", zuletzt „Marchtaler"), das bald zum reichsstädtischen Adel (3. März 1599 Erhebung in den Reichsadelsstand durch Kaiser Rudolf II.) zählte und eine stattliche Reihe von Ratsherren, Senatoren und Bürgermeistern nicht nur in Ulm, sondern auch in Regensburg und Esslingen stellte. Unter den für die Geschichte Ulms relevanten Vorfahren des Ministers finden sich der Samtfabrikant Bartholomäus Marchthaler (1476-1560), der Rats- und Handelsherr Bartholomäus Marchthaler (1519-1579), der Ulmer Chronist Veit Marchthaler (1612-1676) und der Geh. und Kriegsrat Veit von Marchthaler (1564-1641). M. war ein Nachfahre des letztgenannten Veit in der 9. Generation und entstammte dem Familienzweig, der in Esslingen zu hohen Würden gelangt war. Seine und seiner Familie Ulmer Wurzeln hat er nie vergessen, hielt sich häufig in Ulm auf und wurde 1919 zum Ehrenbürger der Donaustadt ernannt.
Enkel und Sohn württembergischer Offiziere, kam M. während der Dienstzeit seines Vaters in Wiblingen zur Welt, wuchs aber in Stuttgart, Ellwangen/Jagst und Ludwigsburg auf, wo sein Vater danach stationiert war, und besuchte dort die Gymnasien. Die militärische Tradition prägte die Kindheit M.s, für den nur eine Offizierslaufbahn in Frage kam. Fünfzehnjährig kam er 1869 als Kadett auf die Ludwigsburger Kriegsschule und nahm 1870/71 als Portepeefähnrich am Dt.-Frz. Krieg teil, seit 30. Dez. 1870 als Leutnant im 4. Inf.-Rgt. des Generals von Miller. Nach Kriegsende seit 1872 Adjutant beim Mergentheimer Bataillon, erfreute sich M. der Förderung seines Kommandeurs, des Freiherrn Max →Schott von Schottenstein, des späteren Kriegsministers. Der am 21. Mai 1884 zum Hauptmann avancierte M. blieb Adjutant im Füsilier-Rgt. Kaiser Franz Joseph von Österreich, König von Ungarn (4. Württ.) Nr. 122 bis zu seiner Beförderung zum Kommandeur des Inf.-Rgts. Kaiser Wilhelm Nr. 120 in Weingarten (1884). Schon am 30. März 1886 wurde ihm die Adjutantur beim Generalkommando des XIII. (Württ.) Armeekorps in Stuttgart übertragen, am 5. Mai 1890 erfolgte die Beförderung zum Major.
Nach Abschluss der sog. „Bebenhäuser Konvention", die bei Angleichung der Dienstverhältnisse württ. Offiziere an das preußische Vorbild u. a. besagte, ein Offizier aus Württemberg sei dem preußischen Militärkabinett zuzuteilen, fiel die Wahl für diesen Posten auf M., der zugleich am 28. Dez. 1893 zum Flügeladjutanten des Königs Wilhelm II. von Württemberg ernannt wurde. In Berlin war es M.s Aufgabe, der neuen Position das nötige Gewicht zu verschaffen und bei Stellenbesetzungen im Interesse Württembergs zu agieren. Am 16. Nov. 1894 zum Oberstleutnant (planmäßig in Ulm) und am 22. März 1897 zum Obersten unter Beibehaltung seiner Eigenschaft als Flügeladjutant befördert, musste M. Ende 1898 seine Tätigkeit in Berlin aufgeben, nachdem ihn Kriegsminister Schott von Schottenstein als Abteilungsleiter der Militärabteilung ins Kriegsministerium berufen hatte.
Im Kriegsministerium wirkte M. mit Unterbrechungen in den folgenden 20 Jahren. Seine herausragenden Fähigkeiten führten

schon am 3. Juli 1900 zu seiner Ernennung zum Militärbevollmächtigten und stv. Bevollmächtigten zum Bundesrat in Berlin. Seit 18. April 1901 Generalmajor und General à la suite des Königs, ernannte ihn der Kriegsminister 1903 zum Kommandanten von Stuttgart und Vorstand des Oberrekrutierungsrats, am 19. Okt. 1904 zum Generalleutnant.
Der 52-jährige Offizier galt frühzeitig als Nachfolger des kränkelnden Kriegsministers Albert von Schnürlen. Vom 10. Juni 1906 bis 6. Nov. 1918 Kgl. Württ. Staatsminister des Kriegswesens, zugleich seit 25. Feb. 1908 Generaladjutant des Königs und seit 5. März 1908 General der Infanterie, wurde er am 25. Feb. 1913 à la suite seines bisherigen „Stammregiments" Nr. 122 gestellt. M. ging mit Feuereifer an seine Aufgabe heran und verstand die Eigenständigkeit der württ. Militärverwaltung gegenüber Preußen zu wahren. Nach dem Ausbruch des Ersten Weltkriegs übernahm er zugleich die Leitung des Stellvertretenden Generalkommandos des XIII. Armeekorps, um eine höhere Effizienz in der Kooperation zu erzielen. Der schwer herzkranke M. trat jedoch wegen der kräftezehrenden Doppelaufgabe schon im Jan. 1916 wieder vom Stellvertretenden Generalkommando zurück und legte dessen Leitung in die Hände des Generalleutnants von Schäfer. Am 5. Okt. 1916 zum Chef des Inf.-Rgts. Nr. 180 und am 25. Feb. 1918 zum Generalobersten ernannt, verstand es M. im Krieg nicht nur, den Beitrag Württembergs an den militärischen Aktionen zu sichern, sondern ihn sogar zu steigern. Im Verwaltungswesen zeigte sich durch die Auswahl fachlich qualifizierten Personals, dass M. auch unter Kriegsbedingungen auf Sorgfalt und Ordnung achtete.
Die württembergische Regierung unter Ministerpräsident von Weizsäcker erklärte am 6. Nov. 1918 angesichts des Drängens der meisten Parlamentsfraktionen auf eine Beteiligung der Parteien an der Regierung ihren Rücktritt. Er wurde zwei Tage später wirksam, als unter Führung des FVP-Landtagsabgeordneten Theodor Liesching ein parlamentarisches Kabinett gebildet wurde. Der König versuchte erfolglos, M. zum Verbleib in seinem Amt zu bewegen, doch dieser hatte schon lange vor der Revolution aus gesundheitlichen Gründen an Rücktritt gedacht. M. trug persönlich schwer am Untergang der Monarchie und der alten Ordnung. 65-jährig starb er in Stuttgart, ohne nach seinem Rücktritt noch einmal in der Öffentlichkeit aufgetreten zu sein. Mitglied des Vereins für Kunst und Altertum in Ulm und Oberschwaben. – 1898 Kommenturkreuz II. Kl. des Friedrichsordens; 1899 Kommenturkreuz des Württ. Kronordens; Großkreuz des Württ. Kronordens; Großkreuz des Friedrichsordens; EK I; Preuß. Schwarzer Adlerorden; Militär-Dienstehrenzeichen I. Kl. – Ehrenmitglied des Württ. Kriegerbundes; 1919 Ehrenbürger von Ulm.

Q   HStAS, Nachlasssplitter – StadtA Ulm, G 2.
L   Ih 2, S. 573 – Ih 3, S. 218 – Staatsanz. Nr. 9 und 12 – SK Nr. 17 – Württ. Jahrbücher 1919/20, S. XI – WN 1920/21, S. 19-24 (Karl Ludwig von MUFF) – LINCK-PELARGUS, Pragfriedhof, S. 26 – WELLER, Staatsumwälzung, S. 37, 77, 82, 99 – Theodor von PISTORIUS, Aus der Geschichte des Königreichs Württemberg. Mit Lebenserinnerungen und Lebensbekenntnissen von seinem letzten Finanzminister, dem nachmaligen Hochschullehrer [...], Stuttgart 1935, S. 3, 10, 16, 18, 19, 59, 73, 76, 86, 117, 136, 151 – UBC 4, S. 133 – KOLB/SCHÖNHOVEN, Räteorganisationen, S. 124 – SCHWABE, Regierungen, S. 36, 235 – NDB 16 (1990), S. 117 f. (Günter CORDES).

Mauch, Karl Friedrich *Eduard*, * Geislingen an der Steige 7. März 1800, † Ulm 21. Feb. 1874, □ ebd., Alter Friedhof, ev.
Vater   Johann *Anton* Mauch[392], * Ulm 1753, † Gaildorf 1836, Ulmischer Kornschreiber und Amtmann in Pfuhl, Hausen und Böhringen, Geislingen an der Steige, später Oberjustizregistrator in Stuttgart, S. d. Georg Christoph Mauch[393], † 1786, Fourier bei den Dragonern in Ulm, 1768 Rathausmann.
Mutter   Christina *Regina* Schneidenbach, † Gaildorf 1831.
Mehrere G, darunter August *Friedrich* Mauch[394], * Geislingen an der Steige 10. XI. 1796, † Gaildorf 7. XII. 1886, □ ebd. 9. XII. 1886, Gräfl. Waldeck-Bentinck´scher

[391] Verstorben „Heute früh 1 Uhr", 31. XII. 1905 bestattet auf dem Pragfriedhof. Todesanzeige in: SK Nr. 604 (Abendblatt), 29. XII. 1905, S. 3.

[392] WEYERMANN II, S. 297.
[393] Ebd.

Oberrentamtmann in Gaildorf, limpurgischer Geschichtsforscher, Gründungsmitglied des Historischen Vereins für Württ. Franken, Mitglied des Vereins für Kunst und Altertum in Ulm und Oberschwaben, ∞ Johanna Elisabetha Vetter, † 27. III. 1883; Johann Matthäus →Mauch.

∞ Mathilde Schwenk, * Ulm 27. X. 1805, † ebd. 12. Feb. 1889, T. d. Johannes →Schwenk, Kupferhammerbesitzer in Ulm, u. d. Catharina Magdalena Leipheimer.
Keine K.

M. zählt zu den berühmtesten und wichtigsten Ulmer Kunstschaffenden und Kunsthistorikern seiner Zeit. Als Zeichenlehrer, Kupferstecher, Lithograph und Kunstschriftsteller war er eine bekannte Größe seiner Zeit, allerdings wirkte er nicht nur in seinem beruflichen Bereich, sondern – was weniger bekannt ist – auch in der Ulmer Kommunalpolitik in der Zeit des Vormärz.

M.s Ausbildung begann in Ulm und Stuttgart, ehe er in Berlin unter Karl Friedrich Schinkel – wie vor ihm schon sein älterer Bruder Johann Matthäus →Mauch – seine entscheidende Prägung erhielt. Er arbeitete in seiner Berliner Zeit an einer „Sammlung theils ausgeführter, theils projektirter Gebäude des geheimen Oberbauraths Schinkel in Berlin". 1828 wurde er zunächst Zeichenlehrer an der Polytechnischen Schule in Zerbst, ehe er kurz darauf in gleicher Eigenschaft an das K. Gymnasium Ulm wechselte, wo er wenig später den Titel Professor erhielt und die Klassen der mittleren und oberen Stufen unterrichtete. M. wirkte später zugleich an der Ulmer Handwerkerschule. 1864 ging er in den Ruhestand. M. hinterließ zahlreiche Zeichnungen von Ulmer Bauwerken und Stätten (Münster, Weinhof, Marktplatz) und Stadtansichten, die er teils selbst lithografierte, teils von F. Abresch, A. H. Payne, J. Poppel und C. Wiesner als Vorlagen für deren Lithografien genutzt wurden. Daneben übersetzte er zahlreiche Bücher aus dem Englischen, vornehmlich von James Fenimore Cooper und Edgar Bulwer-Lytton, die damals in Deutschland Konjunktur hatten.

1841/42 zählte M. zu den wesentlichen Mitgründern des Vereins für Kunst und Altertum in Ulm und Oberschwaben, dessen Sekretär er war, wobei er innerhalb des Vereins vor allem für die Erhaltung des Münsters warb und darüber eine Reihe von Vorträgen hielt. Schon zuvor hatte er mit der gemeinsam mit seinem Freund Prälat Carl von Grüneisen (1802-1878) besorgten Publikation über „Ulm´s Kunstleben im Mittelalter" 1840 die programmatische Vorlage für alle Bemühungen um Erhaltung und Vollendung des Ulmer Münsters geliefert. Für den Bürgerausschuss hatte M. 1838 ein Verzeichnis mit 33 Bauschäden am Münster zusammengestellt, deren unverzügliche Behebung er forderte. Der Beginn der Wiederherstellungsarbeiten am Münster unter Leitung M.s im Sommer 1844 war wesentlich auf seine stetigen Bemühungen zurückzuführen. Er überzeugte den Ulmer Stiftungsrat und die Regierung in Stuttgart von der Wichtigkeit des Unternehmens und beschaffte nach einem von seinem Bruder Johann Matthäus Mauch erstellten Fachgutachten die notwendigen Gelder. Der Stiftungsrat stellte zunächst 10.000 Gulden zur Verfügung. 1845 übertrug M. die Leitung an den bisherigen Bauführer Ferdinand →Thrän, der zum ersten Münsterbaumeister avancierte. Das Ulmer Münster blieb M.s Lebensthema, und er widmete sich ihm mit Eifer und Leidenschaft. Ständig begleitete er publizistisch alle Pläne und Maßnahmen und scheute sich nicht, etwa Mitte der 1850er Jahre den Münsterbaumeister

Ferdinand Thrän geradezu polemisch zu kritisieren. Auch stritt er gegen die Anbringung des steinernen „Ulmer Spatzen" auf dem Münsterdach. Dieser habe vielleicht an Gasthäusern seinen Platz, nicht aber auf einem Sakralgebäude.

Im Juli 1837 wurde der den „Liberalen" zugerechnete M. – er war eng befreundet u. a. mit Philipp Ludwig →Adam, Friedrich →Eser und Conrad Dieterich →Haßler – in den Bürgerausschuss gewählt und sowohl im Folgejahr als im Juli 1840 im Mandat bestätigt. Einige Zeit fungierte M. als Obmann des Bürgerausschusses, seine im Juni 1845 erfolgte erneute Wahl in den Bürgerausschuss lehnte er ab. Im Okt. 1842 war mittlerweile M.s Wahl in den Gemeinderat erfolgt. 1838 gehörte M. zu den Mitgründern der Ulmer „Bürgergesellschaft", einer liberalen Honoratiorenvereinigung, die nicht nur für die Förderung der städtischen Wirtschaft, sondern auch und vor allem für die Unterstützung ihrer Kandidaten bei Wahlen stand. 1848/49 war M. Offizier der Ulmer Bürgerwehr. Nach der Revolution zog sich der fest im Ulmer gesellschaftlichen Leben verankerte M. weitgehend aus der Politik zurück und widmete sich seinen künstlerischen Neigungen und der Publizistik.

Q   StadtA Ulm, G 2.
W   [Über den Zustand des Ulmer Münsters], in: Intelligenzblatt für die Kreishauptstadt Ulm und deren Umgebung 1838, S. 342 f. – (mit Carl GRÜNEISEN) Ulm´s Kunstleben im Mittelalter. Ein Beitrag zur Culturgeschichte von Schwaben, Ulm 1840 – Bartholomäus Zeytblom und seine Altarbilder auf dem Heerberge. Fünf Abb. (Veröffentlichungen des Vereins für Kunst und Alterum in Ulm und Oberschwaben 3), Ulm 1845 – Beiträge zur schwäbischen Kunstgeschichte. Brief. 4.5, in: Christliches Kunstblatt 8 (1857), S. 131 ff., 306 ff. – [Zur Restaurierung des Münsters], in: Deutsches Kunstblatt 8 (1957), S. 324 f. – Die Baugeschichte der Stadt Ulm und ihres Münsters bis zur Mitte des 16. Jahrhunderts, Ulm 1864 – Das Christus-Standbild am Hauptportal des Münsters, in: Verhandlungen des Vereins für Kunst und Altertum in Ulm und Oberschwaben 1869, S. 19-24 – Bausteine zu Ulm´s Kunstgeschichte: Das Denkmal der Grundsteinlegung und das Alter des Münsters, ebd., S. 13-19 – dsgl.: Die Münster-Baumeister bis Mitte des 16. Jahrhunderts, ebd. 1870, S. 11-27 – dsgl. 10: Des Münsterbaues frühe Mittel, ebd., 1872, S. 1-8 – Münstersagen, ebd. 1873, S. 19-24.
L   Ih 2, S. 580 – Ih 3, S. 221 – WEYERMANN II, S. 297 f. – SK Nr. 46, 24. II. 1874, S. 421 und 422 (Todesanz.) – ebd. Nr. 47, 25. II. 1874, S. 433 – SCHULTES, Chronik, S. 461, 530 f. – Illustrirte Zeitung, Leipzig, Band 80 (1883) 9 – Katalog des Gewerbemuseums Ulm, Ulm 1904, S. 56 – ADB 20 (1884), S. 686 (August WINTTERLIN) – Max SCHEFOLD, Das Ulmer Stadtbild 1493-1850 (Ulmer Schriften zur Kunstgeschichte I), Ulm 1924, S. 73 f., 99 – UBC 1, S. 66 [falsches Todesjahr], 528, 552, 556 – UBC 2, S. 337 f., 341 (Bild) – THIEME-BECKER XXIV, S. 271 (Max SCHEFOLD) – BIEDERMANN, Ulmer Biedermeier, S. 209 – HEPACH, Königreich, S. 110, 138, 145, 169 – Herbert Karl KRAFT, Pionier der Denkmalpflege. Schinkelschüler Eduard Mauch und die neue Stilreinheit, in: Ulmer Forum H. 58 (1981), S. 3-7 – UNGERICHT, S. 56 – SCHMITT, Münsterbibliographie, Nrn. 259, 270, 1244, 1246, 1247 – SPECKER, Ulm im 19. Jahrhundert, S. 18-20 (Bild S. 18), 26, 178 f., 194 (Bild), 207, 313 – WAIBEL, Gemeindewahlen, S. 265, 293, 326, 327, 329, 334.

Mauch, Johann Matthäus (von), * Ulm 22. Feb. 1792, † Stuttgart 13. April 1856, □ ebd., Fangelsbachfriedhof, ev.
Eltern und G siehe Eduard →Mauch.
∞ Berlin 1825 Emilie Angelica Palonic, * Berlin 1. XI. 1799, T. d. Johann Michael Palonic, Konsistorialrat in Berlin, u. d. Emilie Henriette Berger.
K   Maximilian August Mauch, * Berlin 6. V. 1828, † Wien 29. IX. 1896, Ingenieur bei der Südbahngesellschaft in Wien, ∞ Stuttgart 5. V. 1863 Julie Tafel, * Stuttgart 28. II. 1843, † Wien 8. I. 1928, T. d. Johann Friedrich Gottlob Tafel[395], * Sulzbach am Neckar/OA Gaildorf 10. I. 1801, † Stuttgart 3. XII. 1874, Rechtsanwalt, Publizist und liberaler Politiker in Stuttgart, 1848-1856 und 1862-1868 MdL Württemberg, 1848/49 Mitglied der Dt. Nationalversammlung, 1868-1870 Mitglied des Zollparlaments, u. d. Natalie Schmid, * Ulm 13. I. 1809, † Stuttgart 10. VI. 1883, T. d. Prälaten Johann Christoph von →Schmid.

Der Versuch, das Leben M.s in lexikalischer Kurzform zu fassen, ist ein unmögliches Unterfangen, weil sich der Reichtum seiner Begabungen und die Fülle seiner Werke diesem Ansinnen in ähnlicher Weise entziehen, wie es bei Max →Eyth der Fall ist. Aufgewachsen in Ulm – wo er und nicht, wie oft fälschlich angeführt, sein Bruder Eduard →Mauch im Kornschreiberhaus das Licht der Welt erblickte – und Geislingen/ Steige, verstand es der genialisch veranlagte M. schon als Schuljunge, *in Holz, Bein und Metall zu drechseln, Modelle für Sägemühlen und Hammerwerke zu bauen und die auch in Gang zu*

394 SK Nr. 290, 9. XII. 1886, S. 2229 und 2230 (Todesanz.) – Württ. Jahrbücher 1886, S. X – KÖNIG, Menschen, S. 144-146.

395 RABERG, Biogr. Handbuch, S. 918 f.

bringen. Er erfand sogar Verbesserungen an den Drehbänken und fertigte den Geislinger Drechslermeistern geschmackvolle Formen zu den Figuren ihrer Schachspiele: ehe der kleine Mauch die deutsche Currentschrift geläufig schreiben konnte, zeichnete er schon die römische Antiqua (BORST, S. 182). 1804 von Geislingen in das mittlerweile bayerische Ulm zurückgekehrt, war M. seit 1809 für zwei Jahre Eleve der Baukunst an der neu gegründeten Akademie der Bildenden Künste in München und wurde dort besonders von K. Fischer geprägt. Nach Abschluss seiner Ausbildung kam M. 1811 in das nunmehr zum Königreich Württemberg gehörige Ulm zurück und bewarb sich beim König um ein Stipendium zur Fortsetzung seiner Studien, das er auch erhielt. Doch die kriegerischen Zeiten zwangen M. zunächst in die Armee, wo er bei der Artillerie zum Oberfeuerwerker und Quartiermeister aufstieg. 1815/16 arbeitete er unter der Leitung des Hofbaumeisters Nikolaus Friedrich von Thouret in Stuttgart bei der Kgl. Bau- und Gartendirektion und erbaute u. a. das „Bärenschlößchen" bei der Solitude. In der gleichen Zeit soll M. im Auftrag des Königs Friedrich eine funktionsfähige Straßenlokomotive gebaut haben. Das Projekt wurde aber nach dem plötzlichen Tod des Monarchen nicht weitergeführt. 1816 verließ M. den württ. Staatsdienst wieder, wirkte unter dem mit ihm befreundeten Karl Alexander Heideloff an der Restaurierung der Veste Coburg und widmete sich intensiv dem Studium mittelalterlicher Kunst in Franken. Noch 1816 ging er nach Berlin, wo er Zeichner an der Kgl. Preuß. Eisengießerei wurde und als Kgl. Preuß. Bau-Konducteur unter Karl Friedrich Schinkel am Bau des Schauspielhauses mitwirkte. Daneben studierte er Mathematik, Physik, Chemie und Kunstgeschichte. Von 1821 an war M. Lehrer (1835 Professor) der Architektur und des Handzeichnens am neu gegründeten Kgl. Gewerbeinstitut bzw. an der Kgl. Polytechnischen Schule Berlin, seit 1832 auch an der Artillerie- und Ingenieurschule ebd. und Mitglied der Akademie der Künste und des Künstlervereins ebd. 1830 hielt sich M. für längere Zeit in Italien auf und erfasste zeichnerisch eine Reihe von Städten und Baudenkmälern, die er zum Teil später zu Aquarellen ausgestaltete. Am 21. Dez. 1836 zum Lehrer (Titel und Rang Professor) für Archäologie und Baukunst, Ornamentzeichnen und Modellieren an der Polytechnischen Schule in Stuttgart ernannt, trat M. die Stelle zunächst aus finanziellen Gründen nicht an, weil man in Württemberg nicht sein Berliner Gehalt weiterzahlen wollte. Erst 1838 nahm M. die Arbeit in Stuttgart auf, nachdem man eine Einigung gefunden hatte. Bis zu seinem Tod wirkte er an der Polytechnischen Schule und begründete die ältere Stuttgarter Bauschule. M. löste sich in Stuttgart vom Berliner Klassizismus Schinkels und wandte sich der Gotik zu. Von 1841 bis 1845 war er am Bau der Stuttgarter Reiterkaserne beteiligt. 1842 übernahm M. auf Empfehlung des Innenministeriums für einige Jahre die Oberaufsicht der Renovierungsarbeiten am Ulmer Münster und wurde in dieser Zeit Mitglied des Vereins für Kunst und Altertum in Ulm und Oberschwaben. Zugleich war M. Lehrbeauftragter für Perspektive und Inspekteur der Formerei der Kgl. Eisengießerei in Wasseralfingen/OA Aalen. Sein Tod im Alter von 64 Jahren beraubte das Land und besonders die Stadt Ulm eines ihrer faszinierendsten Söhne. – Ritterkreuz des Württ. Kronordens. – Mitglied des Archäologischen Instituts in Rom.

Q StadtA Ulm, G 2.
W Vergleichende Darstellung griechischer Bauordnungen, Potsdam 1832-1845, 4 Bände [mit Lithographien M.s] – Abhandlungen über die mittelalterlichen Baudenkmale in Württemberg, 1849.
L Ih 2, S. 580 – THIEME-BECKER XXIV, S. 271 f. (Max SCHEFOLD) – ADB 20, S. 684-686 (August WINTTERLIN) – WINTTERLIN, Württ. Künstler in Lebensbildern mit Bildnissen, Stuttgart 1895, S. 272-277 – Katalog des Gewerbemuseums Ulm, Ulm 1904, S. 53, 55, 57, 58, 59, 60 – Max SCHEFOLD, Das Ulmer Stadtbild 1493-1850 (Ulmer Schriften zur Kunstgeschichte 1), Ulm 1924, S. 26, 28, 72, 99 – UBC 1, S. 556 – Otto BORST, Schule des Schwabenlands. Geschichte der Universität Stuttgart, Stuttgart 1979, S. 126, 133, 154, 182-186, 188, 201, 205, 215 – SPECKER, Ulm im 19. Jahrhundert, S. 22 f. (Bild), 29, 31, 61, 79 – ZIEGLER, Fangelsbachfriedhof, S. 122 – http://matrikel.adbk.de, Nr. 00080.

Maur, *Heinrich* Karl Theodor Alexander von, Dr. oec. publ., * Ulm 19. Juli 1863, † Stuttgart 10. April 1947, ev.
Vater   Jakob Heinrich von Maur, Oberst.
Mutter   Sophie Kaufmann.
2 G.
∞ Auguste Agnes Anne Elsa Wittich.

M. zählt zu den eigenwilligsten aus Ulm stammenden Offizierspersönlichkeiten.
Mit 18 Jahren trat er zum 1. Okt. 1881 in den aktiven Heeresdienst, 9. Mai 1882 Fähnrich, 16. Juni 1886 Hauptmann, März 1887 Artillerie-Offizier, à la suite des 2. Feldart.-Rgts. Nr. 29 Prinzregent Luitpold von Bayern in Ludwigsburg. Auf Grund seiner organisatorischen Fähigkeiten kam M. im Feb. 1898 als Adjutant des württ. Kriegsministers in das Kriegsministerium nach Stuttgart, wo er nach der Ablösung von Gustav →Steinhardt das Zentralbüro (Kanzlei) leitete. Am 18. Juni 1903 avancierte M. zum Major, am 20. April 1910 zum Oberstleutnant, am 22. März 1913 zum Oberst. Im Mai 1911 war er Mitglied des Reichsmilitärgerichts geworden. Im Ersten Weltkrieg am 27. Jan. 1916 Generalmajor. Zum 3. Nov. 1919 schied M., mittlerweile Generalleutnant mit dem Prädikat Exzellenz, aus dem Heeresdienst aus. Er entschied sich nach Studien an der TH Stuttgart für ein nationalökonomisches Studium in Tübingen. 1922 wurde der 58jährige M. mit der Arbeit „Über die Kaufkraft des Geldes im neuzeitlichen Verkehr" bei Professor Dr. Theodor von Pistorius (Universität Tübingen) promoviert. 1924 erfolgte Ms. Wahl zum Präsidenten des Württ. Kriegerbundes (bis 1934), von 1934 bis 1938 und 1940 bis 1941 war er Landesgebietsführer Südwest des Reichskriegerbundes/ Kyffhäuserbundes. Anfang 1932 rief M. den „freiwilligen Arbeitsdienst" des Kriegerbundes ins Leben, der für die arbeitslosen Söhne seiner Mitglieder ins Leben gerufen wurde. Als Verbandsfunktionär organisierte der spätere SS-Oberführer die Gleichschaltung des Verbandes mit radikalen Mitteln: im Vorfeld der Reichstagswahl von Nov. 1933 erließ er einen Aufruf, in dem er verkündete, wer nicht für die Regierung stimme, müsse als Vaterlands- und Volksverräter gelten und werde aus dem Verband ausgeschlossen. In der Schaffung des „Großdeutschen Reiches" durch Hitler sah er sein höchstes Lebensglück erfüllt. – 1897 Kaiser-Wilhelm-Erinnerungsmedaille; 1899 Preuß. Roter Adlerorden IV. Kl.; 1901 Ritterkreuz I. Kl. des Friedrichsordens; 1902 China-Medaille in Stahl; 1906 Dienstehrenzeichen I. Kl.; 1910 Ritterkreuz des Württ. Kronordens; 1912 Ehrenkreuz des Württ. Kronordens; 1913 Offizierskreuz des Bayer. Militärverdienstordens; 1914 EK II und EK I; 1914 Ritterkreuz des Württ. Militärverdienstordens; 1914 Offizierskreuz des Bayer. Militärverdienstordens mit Schwertern; 1916 Kommenturkreuz des Württ. Kronordens mit Schwertern; 1917 Preuß. Roter Adlerorden III. Kl. mit Schwertern; 1917 Pour le mérite; 1917 Kommenturkreuz I. Kl. des Friedrichsordens mit Schwertern; 1934 Ehrenkreuz für Frontkämpfer; 1940 Großoffizierskreuz des Ordens der Krone von Italien; 1942 Kriegsverdienstkreuz II. Kl.; 1944 Kriegsverdienstkreuz I. Kl.

L MOSER, Württemberger im Weltkrieg, S. 75 (Bild), 80, 94, 100, 110a – UBC 3, S. 333 – UBC 5a, S. 262, 574 – EBERL./MARCON, S. 238, Nr. 775.

Mayer, *Albert*, Dr. iur., * Laupheim 5. Juni 1855, † Stuttgart 29. Jan. 1909, mos.
∞ 1888 Sofie Thalmessinger, T. d. Nathan Thalmessinger, Kaufmann und Bürgerausschussmitglied in Ulm.
3 K.

Der jüdische Rechtsanwalt M. war zwei Jahre lang liberaler Landtagsabgeordneter der Stadt Ulm, daneben Bürgerausschussmitglied und Gemeinderat.
Er entstammte einer Laupheimer Familie. Nach dem Besuch des Ulmer Gymnasiums leistete er von 1873 bis 1874 das

Einjährig Freiwillige Militärdienstjahr beim 6. Württ. Infanterie-Rgt. Nr. 124 ab. Anschließend studierte er bis 1879 Rechtswissenschaften in Tübingen und Leipzig. Das Studium schloss

er mit der Promotion zum Dr. iur. ab. Von 1880 bis zu seinem Tode war M. beim Landgericht zugelassener Rechtsanwalt in Ulm. Seine Kanzlei ging sehr gut, und M. erwarb sich beachtlichen Wohlstand. In Ulm war er Besitzer mehrerer Immobilien. Im März 1896 erwarb M. gemeinsam mit dem Privatier Reinemann die östliche Hälfte des Ommerleschen Hauses in der Olgastraße.

M.s Bedeutung liegt hauptsächlich im politischen Bereich. 1889 war er Mitgründer des Demokratischen Vereins in Ulm. Nachdem im Dez. 1892 ein erster Anlauf, ein Bürgerausschussmandat zu erringen, gescheitert war, gelang ihm im Dez. 1894 der Einzug in den Bürgerausschuss. Er gehörte ihm bis zu seinem Wechsel in den Gemeinderat Anfang des Jahres 1900 an. Mehrfach war M. bei Wahlen der 1890er Jahre auf Listen der sich erst formierenden Ulmer Zentrumspartei zu finden – ein sehr seltenes Phänomen in der württ. Kommunalpolitik, dass eine kath. Interessenvertretungspartei einen jüdischen Vertreter bei sich kandidieren ließ. Zuvor hatte er zweimal erfolglos für den Gemeinderat kandidiert. Er war dessen Mitglied bis zu seinem Tod. M. stimmte am 28. Feb. 1895 gegen die Verleihung des Ulmer Ehrenbürgerrechts an Reichskanzler a. D. Fürst von Bismarck.

Bei der Landtagsstichwahl im Dez. 1906 errang M. als Bewerber der Volkspartei mit 3.357 gegen 2.228 Stimmen das Landtagsmandat der Stadt Ulm gegen den Zentrumskandidaten Karl →Ostberg, nachdem er schon bei der Hauptwahl stimmenstärkster Kandidat gewesen war. Mit ihm zog allerdings nicht, wie die „Ulmer Bilder-Chronik" (Band 3, S. 374) verkündet, der erste Israelit in den Landtag ein. Der erste jüdische Landtagsabgeordnete in Württemberg war Eduard →Pfeiffer gewesen, ebenfalls Abgeordneter von Ulm Stadt und bereits 1868 gewählt. M. war von Jan. 1907 bis zum Tode Mitglied der Kammer der Abgeordneten des Württ. Landtags (37. o. LT, WK Ulm Stadt) und dort Mitglied der Justizgesetzgebungskommission sowie der Bauordnungskommission. 1907 kritisierte M. in scharfer Form im Landtag einen Hirtenbrief des Rottenburger Bischofs Paul Wilhelm von Keppler, was ihm eine Rüge des Kammerpräsidenten (von) Payer einbrachte. Der Vorfall zog weite Kreise, und selbst die „Allgemeine Zeitung des Judentums" distanzierte sich von M., dem sie Taktlosigkeit vorwarf. M. starb während einer Landtagssession im Stuttgarter Wilhelmsspital. Er wurde nur 53 Jahre alt. Bei der Landtagsersatzwahl verlor die Volkspartei, die seit über 30 Jahren das Ulmer Landtagsmandat innegehabt hatte, das Mandat an die Nationalliberalen. – Seit 1908 Mitglied der Freimaurer-Loge „Carl zu den drei Ulmen".

Q   StadtA Ulm, G 2 – Schriftliche Information von Herrn Rainer Braun, Illingen, vom 2. VI. 2006.
L   Beobachter Nr. 23, 29. I. 1909, S. 2 und 4 (Todesanz.) – Landtagsabgeordneter Rechtsanwalt Albert Mayer †, in: Ulmer Zeitung Nr. 28, 30. I. 1909, S. 1 – Zum Tode des Landtagsabgeordneten Albert Mayer-Ulm, in: Ulmer Zeitung Nr. 29, 30. I. 1909, S. 1 und Nr. 39, 10. II. 1909, S. 1 – UBC 2, S. 413 – UBC 3, S. 82, 98, 123, 182, 204 , 347, 374, 433, 435 (Bild) – Ernest HAMBURGER, Juden im öffentlichen Leben Deutschlands. Regierungsmitglieder, Beamte und Parlamentarier in der monarchischen Zeit 1848-1918, Tübingen 1968, S. 346, 381, 396, 545 – WAIBEL, Gemeindewahlen, S. 290 u. ö. – RABERG, Biogr. Handbuch, S. 502 – BRAUN, Freimaurer, S. 204, Nr. 096.

Mayer, *Dieter* Karl Ernst, * Neu-Ulm 13. Sept. 1930, † Ulm 22. Dez. 2008, kath.

Eltern und G siehe Georg →Mayer.
∞ Sigrid Mayer.
Keine K.

M. war der letzte Besitzer der bedeutenden Neu-Ulmer Möbelfirma, deren Grundstein 1878 von seinem Urgroßvater in Leipheim gelegt worden war.

Nach dem Schulbesuch in Neu-Ulm und Ulm und der im väterlichen Betrieb absolvierten kaufmännischen Lehre stieg M. in der „großen Zeit" von „Mayer´s Söhne", in den 1950er Jahren, in die Firma ein. Anfang der 1970er Jahre übernahm er nach dem Rückzug seines Vaters als Alleininhaber das Sagen bei „Mayer´s Söhne". In den 1990er Jahren verschlechterte sich die Situation der Möbelbranche. Am 16. März 2002 schloss der 71 Jahre alte M. das traditionsreiche Möbelhaus nach einem Totalausverkauf, weil der kinderlose Unternehmer keinen Nachfolger gefunden hatte: *Irgendwann ist halt Feierabend, ich kann doch nicht noch mit 80 hier drin stehen,* war sein lakonischer Kommentar. Er hielt aber auch fest, der Entschluss sei ihm ein Jahr vor dem 75-jährigen Jubiläum der Firma *gewiss nicht leicht gefallen.* M., der zuletzt sechs Mitarbeiter beschäftigte, betonte, dass das Unternehmen trotz der Krise in der Möbelbranche nach wie vor schwarze Zahlen schreibe und „Möbel Inhofer" oder IKEA keine Konkurrenz für ihn bedeuteten, weil er das höherwertige Segment designorientierter Möbel, Kundenberatung und Service anbiete. Sechs Jahre später starb M. im Alter von 78 Jahren.

L   Friedrich LANZENSTIEL (Hg.), Neu-Ulm. Das neue Gesicht, Neu-Ulm 1954, S. 216 f. – Das Möbelhaus Mayers [sic] Söhne gibt auf, in: NUZ, 14. II. 2002 – Mayer´s Söhne in Neu-Ulm: Schon wieder schließt ein Möbelhaus, in: Schwäb. Zeitung (Ulm), 14. II. 2002 – Kein Nachfolger in Sicht: Möbelhaus Mayer´s Söhne macht nach fast 75 Jahren zu, in: SWP (Ulm), 14. II. 2002 – Chef des Möbelhauses Mayer ist tot, in: SWP (Ulm), 30. XII. 2008 (Bild).

Mayer, Georg, * Leipheim 20. Okt. 1901, † Günzburg (nicht Neu-Ulm!) 24. Feb. 1975, kath.

Vater   Andreas Mayer, Schreinermeister und Möbelfabrikant in Leipheim und Ulm.
Mutter   Maria Wagner.
Mehrere G, darunter Karl Mayer, Möbelfabrikant in Neu-Ulm, Stadtrat bzw. „Ratsherr" ebd.
∞ Ulm 10. III. 1928 *Helene* Luise Röhl, * Ulm 13. VII. 1901.
Mehrere K, darunter *Dieter* Karl Ernst →Mayer; *Jörg* Joachim Mayer, * Ulm 6. II. 1941.

M. war eine der erfolgreichsten Neu-Ulmer Wirtschaftsgrößen in der Zeit nach dem Zweiten Weltkrieg.

M. wuchs in Leipheim und Ulm auf, wo er auch die Schule besuchte und im elterlichen Betrieb seine Schreinerlehre machte. Den Grundstein für das spätere Möbelhaus hatte bereits M.s Großvater, der Schreiner Jacob Mayer, 1875 in Leipheim gelegt. Er machte sich mit einem Möbelhandels- und -produktionsbetrieb selbständig und widmete sich vorrangig der seriellen Fertigung von Schlafzimmern. M.s Vater war 1909 in die Ulmer Gasse in Ulm gezogen und hatte den Betrieb weiter ausgebaut. M. begab sich nach Ende seiner Lehrzeit auf die Wanderschaft und lernte in verschiedenen Teilen Deutschlands weiter. 1927/28 verlegte er gemeinsam mit seinem Bruder Karl den Firmensitz, der sich mittlerweile in der Ulmer Fischergasse befand, nach Neu-Ulm – der aufstrebende Betrieb „Mayer´s Söhne" war geboren. Bald gab es zwei Werke in Neu-Ulm (Werk I in der Turmstraße, Werk II in der Max-Eyth-Straße) und eine Filiale in Kempten. 1938/39 konnte ein Möbelgeschäft in der Hermann-Köhl-Straße/Ecke Schützenstraße eröffnet werden. Kurz vor Ende des Zweiten Weltkriegs wurde Werk I im Bombenhagel völlig zerstört.

Nach 1945 konnte M. trotz schwieriger Grundvoraussetzungen an die Erfolge von früher anknüpfen. Die erfolgreichste Zeit für die Firma waren die 1950er Jahre, als das „Wirtschaftswunder" einen Boom im Einrichtungswesen auslöste. In den Jahren von 1948 bis 1952 entstand das große Einrichtungshaus am Augsburger Torplatz. Um 1960 war „Mayer´s Söhne" der größte Industriebetrieb Neu-Ulms und galt als größte Möbelproduktion in Bayern. Nach dem Ausscheiden seines Bruders 1966 leitete M. die Firma allein.

Von 1952 bis 1967 gehörte M. als Mandatsträger des Unpolitischen Wählerblocks (UPW) dem Neu-Ulmer Stadtrat an, führte die Fraktion und gehörte u. a. dem Ältestenrat an. Zunächst war M. langjähriger Verwaltungsrat für Sportangelegenheiten, nach 1962 für das Wasserwerk. Der Neubau der städtischen Turnhalle wird weitgehend auf seinen unermüdlichen Einsatz zurückgeführt.

In seiner Freizeit widmete sich M. dem Reitsport und ritt für den Reiterverein Ulm/Neu-Ulm, dessen Ehrenvorsitzender er war, erfolgreich bei Turnieren mit. Er war ein großer Förderer des Neu-Ulmer Vereinslebens und unterstützte u. a. die Chorgemeinschaft „Sängertreu-Frohsinn", die ihn 1961 zum Ehrenmitglied ernannte.

Q   StadtA Neu-Ulm, D 12, IX.3.2. (Unterlagen zur Firmengeschichte) – ebd., A 9 – StadtA Ulm, G 2.
L   Friedrich LANZENSTIEL (Hg.), Neu-Ulm. Das neue Gesicht, Neu-Ulm 1954, S. 216 f. – Ein Neu-Ulmer Unternehmerporträt: Fabrikant Georg Mayer 60 Jahre. Mitbegründer der weitbekannten Neu-Ulmer Möbelfabriken Mayer´s Söhne, in: NUZ, 20. X. 1961 (Bild) – Mayer´s Söhne OHG. Möbelfabrik und Einrichtungshaus, Neu-Ulm, in: SWP, 19. IV. 1969 (mehrseitige Beilage) – Unternehmer mit Engagement. Georg Mayer im Alter von 74 Jahren gestorben, in: SWP (Ulm), 26. II. 1975 (Bild).

Mayer, Gustav, * Reutlingen 25. Nov. 1879, † 1967, ev.
Vater   Mayer, Kaufmann.

M. war Ulmer Landrat in der Zeit vor der NS-Machtübernahme. Obwohl er nur vier Jahre in Ulm wirkte, zählt er zu den profiliertesten Landräten im 20. Jahrhundert.

Er studierte nach dem Abitur am Gymnasium in Reutlingen Jura in München (Turnerschaft Novis) und Tübingen (Turnerschaft Hohenstaufia) und bestand 1902 bzw. 1904 die beiden höheren Justizdienstprüfungen. 1904 trat er in den württ. Verwaltungsdienst und war als Regierungsassessor zunächst mehrere Jahre lang in unständigen Verwendungen mit häufigen Versetzungen tätig, so in Laupheim, Geislingen/Steige, bei der Stadtdirektion Stuttgart und in Balingen. 1910 wurde er zum Amtmann beim OA Nagold ernannt. Im Ersten Weltkrieg wurde M. seit März 1916 bei der neu gegründeten württ. Fleischversorgungsstelle für Württemberg und Hohenzollern in Stuttgart verwendet, wo er 1918 zum stv. Vorsitzenden und im Juni 1920 zum Vorsitzenden aufrückte. Schon zuvor, am 20. März 1920, war er zum planmäßigen Assessor mit der Amtsbezeichnung Oberamtmann bei der Regierung des Schwarzwaldkreises in Reutlingen ernannt worden. Nicht unüblich war es, dass M. nach der Auflösung der Fleischversorgungsstelle als Berichterstatter (stv. Abteilungsleiter) bei der Polizeiabteilung im Innenministerium – und nicht auf seiner planmäßigen Stelle in Reutlingen – verwendet wurde. 1921 wurde er rückwirkend zum 1. Juni 1920 in eine Regierungsratsstelle „auf gehobener Stelle" eingruppiert und 1926 zum Oberregierungsrat befördert.

1929 trat M. die Nachfolge des ins Innenministerium gewechselten Ulmer Landrats Anton →Beutel an. Er verfügte zwar als ehemaliger Zweiter Beamter in Nagold über Erfahrung in der Kreisverwaltung, hatte bisher aber noch kein Oberamt bzw. einen Landkreis geleitet. M. stürzte sich mit vollem Einsatz in die Arbeit, die angesichts der wirtschaftlichen Probleme mit Massenentlassungen und Teuerung keine leichte war. 1931 gelang M. mit Unterstützung von Oberbürgermeister Emil →Schwammberger die Gründung des Straßenverbandes Ulm-Land, eines Zweckverbandes mehrerer Gemeinden der Ulmer Alb mit dem Ziel der Erstellung und Erhaltung von Straßen für den PKW- und LKW-Verkehr, so die Strecken von Jungingen nach Altheim, von Westerstetten nach Langenau und von Westerstetten nach Niederstotzingen/OA Ulm. M. übernahm den Vorsitz des Zweckverbandes. M. war auch Ulmer Bezirksvertreter des Roten Kreuzes, Vorstand des Bezirkswohltätigkeitsvereins und Leiter der Winterhilfe. Im Sommer 1933 erfolgte – da NS-Innenminister Dr. Jonathan Schmid seinen Freund Otto →Barth auf dem Ulmer Landratsposten sehen wollte – M.s Berufung als Abteilungsvorstand bei der Ministerialabteilung für Bezirks- und Körperschaftsverwaltung im Innenministerium. Die Ulmer ließen den beliebten und verdienten Landrat ungern ziehen.

M. trat nicht der NSDAP bei und wurde deshalb bald aus der Position im Innenministerium verdrängt. Schon am 1. Nov. 1933 wurde er zum Ministerialrat beim Rechnungshof in Stuttgart befördert. Daneben war er Beisitzer und stv. Vorsitzender der Dienststrafkammer für Körperschaftsbeamte und Mitglied der Dienststrafkammer für Richter. Im Mai 1937 wurde der 57 Jahre alte Spitzenbeamte von der Auflösung des Rechnungshofes in den Wartestand versetzt, seit 1938 aber mit der Amtsbezeichnung „Ministerialrat z. D." als Verwaltungshauptberichterstatter im Geschäftsteil X (Gesundheitswesen) des Innenministeriums verwendet – eine Stellung, in der er mit einer kurzen Unterbrechung als Personalsachbearbeiter für den höheren Dienst und Hauptberichterstatter des Geschäftsteils III E (Reichsverteidigungs- und Wehrmachtsangelegenheiten) bis zum Sept. 1945 verblieb, als er auf Weisung der US-Militärregierung von Württemberg-Baden entlassen wurde. Am 30. Nov. 1947 erfolgte die reguläre Versetzung des 68 Jahre alten M. in den Ruhestand.

Q   HStAS, E 130c Bü 86 (Personalakten).
L   UBC 3, S. 46, 407 – UBC 4, S. 200 – Amtsvorsteher, S. 402 f. (Michael RUCK) – RUCK, Korpsgeist, S. 175.

Mayer, Johann (Hans), * 23. Nov. 1897, † Neu-Ulm 20. Okt. 1967, „religionslos".

∞ 13. XI. 1920 (Ehe geschieden) Elisabeth Volz.
K   Anneliese Mayer, * 20. I. 1921.

Wir wissen wenig über den ersten Chef der Neu-Ulmer Polizei nach dem Ende des Zweiten Weltkriegs. Seine Personalakten beleuchten nur schlaglichtartig seine kurze Amtszeit, gehen nur sehr bruchstückhaft zurück in die Zeit vorher und geben auch für das Leben M.s nach dem Ausscheiden aus dem städtischen Dienst nur wenige Hinweise. Sie spiegeln damit exemplarisch auch die Stellung eines Nicht-Beamten in der unmittelbaren Nachkriegszeit wider. Als politisch Unbelasteter in einer Zeit der Personalnot kurzzeitig in eine wichtige Stellung gelangt, verschwand er bald wieder von der Bildfläche. Der gelernte Monteur gehörte mit Christian →Wittmann zu den führenden Neu-Ulmer Kommunisten.

M. hatte nach dem Besuch der Volksschule, der Fortbildungsschule und zwei Jahren Realschule eine Lehre als Monteur absolviert, war aber mit 19 Jahren am 1. März 1917 zum 1. Pionier-Bataillon in München eingezogen worden. Erst 1919 wieder aus dem Militär entlassen, kam M. als Monteur nach Neu-Ulm und wohnte mit seiner kleinen Familie in der Reuttier Straße 23. Bekannt ist weiterhin, dass er sich als kommunistischer Agitator betätigte und im selben Hochverratsprozess wie sein Freund Christian Wittmann 1933 zu einer Haftstrafe verurteilt wurde, die er teilweise im KZ Dachau verbrachte.
Wenige Tage nach Kriegsende, ausweislich der Personalakten seit dem 30. April 1945, wurde M. zum Leiter der Polizei in der schwer zerstörten Stadt ernannt. Wenn dieser Termin stimmt, ist M. bereits unter Hans →Erdle ins Amt gelangt und nicht erst unter Wittmann. Die Neu-Ulmer Polizei war bis 1970, als sie verstaatlicht wurde, kommunal organisiert. M. oblag die Aufrechterhaltung der öffentlichen Ordnung, die vor allem durch Plünderungen gefährdet war. Mit seiner kleinen Mannschaft konnte er jedoch zunächst vornehmlich nur „symbolisch" wirken, weil deutsche Polizisten wenige Tage und Wochen nach Kriegsende natürlich unbewaffnet zu agieren hatten. Nachdem Wittmann Erdle als kommissarischer Bürgermeister gefolgt war, wurde ihm ein 13-köpfiger „Beirat" zur Seite gestellt, dem neben M. u. a. auch Jakob →Bantleon, Josef →Böck und Josef →Dirr angehörten. M. trat bei der ersten Stadtratswahl nach Kriegsende am 20. Jan. 1946 als parteiloser Bewerber mit der Berufsbezeichnung „Installateur" zur Wahl an und wurde gewählt. So ist der Name M.s auch mit den Anfängen der Neu-Ulmer Kommunalpolitik nach 1945 verknüpft.
Das Regierungspräsidium Augsburg forderte mit Schreiben vom 20. März 1946, die Entlassung M.s als Polizeichef sei nach *unvermuteter überörtlicher Kassenprüfung* sofort herbeizuführen. Was dahinter steckte, ließ sich den Akten nicht entnehmen. Landrat Walter Lüneburg vollzog die Entlassung jedoch bis zu seinem Ausscheiden aus dem Amt im Mai 1946 nicht. Sein Nachfolger Ferdinand →Siebert befasste sich mit der Angelegenheit und forderte schriftlich am 26. Aug. 1946 M.s sofortige Entlassung. Zwei Tage später bat M. selber schriftlich um seine Entlassung. Sie wurde am 31. Aug. 1946 angenommen; am 2. Sept. 1946 befasste sich der Stadtrat mit der Angelegenheit und bewilligte M. Bezüge bis zum 31. Dez. 1946. Die Leitung der Polizei ging auf Wilhelm Strauss (* Ulm 6. Okt. 1916) über, der seit dem 27. Juni 1945 der Neu-Ulmer Stadtpolizei vorstand und sie über die Verstaatlichung hinweg bis 1976 leitete.
M. starb kurz vor Vollendung seines 70. Lebensjahres in Neu-Ulm.

Q   StadtA Neu-Ulm, A 4, Nr. 210.
L   Konrad GEIGER, Übergangszeiten - Neu-Ulms Verwaltung zwischen April und Dezember 1945. Ein Neu-Ulmer Kommunist regiert im Auftrag der amerikanischen Besatzungsmacht, in: Geschichte im Landkreis Neu-Ulm 9 (2003), S. 97-112.

Mayer, Maximilian (Max), * Ulm 18. Okt. 1918, † Neu-Ulm/Burlafingen 18. April 2004, ⬜ ebd., 26. April 2004, kath.
Vater   Mayer, Schreinermeister in Offenhausen.
∞ Erika Mayer.
3 K, darunter Max Mayer jun., ab 1995 Chef der Firma MAKA, Gemeinderat in Nersingen.

Der Gründer der in Nersingen und Burlafingen ansässigen Maschinenfabrik MAKA – ein echter schwäbischer Tüftler – war einer der bekanntesten Neu-Ulmer Unternehmer.
Der gebürtige Ulmer, der aus alter Offenhausener Familie stammte, wuchs in Weißenhorn und Schießen auf. M. beschloss, in die Fußstapfen seines Vaters zu treten, durchlief die Schreinerlehre und arbeitete im Betrieb des Vaters. Nach dem Zweiten Weltkrieg baute M. die zerstörte Schreinerei des Vaters von Grund auf wieder auf. 1952 begann M. in Offenhausen mit dem Bau von Holzbearbeitungsma

schinen, welche die industrielle Fertigung von Fenstern und Türen in großen Stückzahlen ermöglichten. M. entwickelte selbst eine Spezialmaschine, mit der Hohlräume für die Beschläge von Fenstern hergestellt wurden. Diese Entwicklung beruhte auf einem Großauftrag der US-amerikanischen Militäradministration in Neu-Ulm, die hunderte neuer Fenster für die Renovierung der Neu-Ulmer Kasernen bestellt hatte. M. nannte die neue Firma in Offenhausen MAKA – zusammengesetzt aus den ersten beiden Buchstaben seines Vornamens und den letzten beiden Buchstaben des Vornamens seiner Ehefrau Erika.
Der Erfolg stellte sich, nicht zuletzt auch wegen M.s Innovationstalent, rasch ein und veranlasste den Firmenchef, bereits 1957 den Firmensitz nach Burlafingen zu verlegen, wo er im ganz großen Stil mit dem Maschinenbau begann. Später gründete M. das heutige „Stammwerk" in Nersingen. Nach 1970 waren die von M. produzierten Spezialmaschinen für Holz-, Kunststoff- und Aluminium-Bearbeitung auf der ganzen Welt verbreitet. Zweimal erhielt M. für seine Erfindungen den Bayerischen Staatspreis für innovative Leistungen. Sein Schwiegersohn Jörg Jergon würdigte die Leistungen M.s mit den Worten, der Autodidakt habe *mit guten Ideen und enormem Weitblick* den Erfolg von MAKA begründet und gesichert: *Er hat die Dinge erkannt, die der Markt braucht, und Produkte verschiedener Branchen entsprechend entwickelt.* 1995 übergab M. seinem gleichnamigen Sohn die Firmenleitung, blieb aber als Konstrukteur und für den Vertrieb zuständiger Fachmann dem Unternehmen eng verbunden. Zu diesem Zeitpunkt beschäftigte MAKA ca. 170 Mitarbeiter (davon 35 in Burlafingen).
In seiner Freizeit frönte M. dem Reitsport. Er besaß einen eigenen Reitstall und zählte zu den Mitgründern des Reitclubs in Straß. Bis ins hohe Alter fuhr M. mit großer Begeisterung Motorrad. Der 85 Jahre alte M. starb überraschend kurz nach Rückkehr aus dem Osterurlaub. Der Trauergottesdienst in der St. Konrad-Kirche in Burlafingen fand unter außergewöhnlich großer öffentlicher Beteiligung statt. Das von ihm gegründete Unternehmen existiert noch heute.

Q   StadtA Ulm, G 2.
L   MAKA-Seniorchef Max Mayer gestorben. Ein schwäbischer Tüftler, in: NUZ, 21. IV. 2004 (Bild) – Max Mayer ist gestorben, in: SWP (Ulm), 21. IV. 2004.

Mayer, *Wilhelm* Friedrich, * Leipheim/BA Günzburg 29. Jan. 1878, † Neu-Ulm 7. März 1956, ev.
Mutter[396]   Katharina Mayer, Haushälterin.
∞ Neu-Ulm 21. IV. 1910 Anna Dürr, * Steinheim 6. V. 1886, † Neu-Ulm 2. II. 1953, T. d. Johannes Dürr, Landwirt in Steinheim, u. d. Ursula Reuter.
3 K   Anna Mayer, * Neu-Ulm 15. VI. 1911, ∞ Gerstlauer; Wilhelm Mayer, * Neu-Ulm 8. III. 1915, Ingenieur, Inhaber der „Wilhelm Mayer GmbH & Co.", Neu-Ulm; Irma Mayer, * Neu-Ulm 12. VII. 1919.

M. zählt zu den Neu-Ulmer Fabrikanten, die ihr Unternehmen zu Beginn des 20. Jahrhunderts gründeten und in ihrem Bereich eine Art Monopolstellung gewannen.
M. begann nach der Volksschule eine Schlosserlehre und kam während seiner Gesellenzeit in die Schweiz und nach München. 1901 gründete der erst 23 Jahre alte M. in Neu-Ulm die spätere „Wilhelm Mayer GmbH & Co.", die landwirtschaftliche Maschinen und Schlepper herstellte. Das aus sehr bescheidenen

---

[396] Der Vater ist auf der Meldekarte nicht angegeben.

Anfängen sich rasch aufwärts entwickelnde Unternehmen profitierte von der Maschinisierung in der Landwirtschaft, die bereits vor dem Ersten Weltkrieg große Fortschritte machte. Während des Zweiten Weltkriegs wurde die Fabrik zum großen Teil zerstört, aber in der Industriestraße wieder neu aufgebaut. Das Unternehmen konnte in den letzten Lebensjahren M.s nicht nur an alte Erfolge anknüpfen, sondern sogar expandieren. Neben dem Großhandel für Schlepper und Landmaschinen baute M. mit seinem Sohn eine UNIMOG-Generalvertretung, eine Gabelstapler-Exklusivvertretung und eine Hauptvertretung für Anlagenbau auf. Heute beschäftigt das Unternehmen ca. 200 Mitarbeiter bei 70.000 Quadratmeter Gewerbefläche.

M. engagierte sich in den 1920er Jahren politisch als Vorsitzender der Neu-Ulmer Ortsgruppe der Reichspartei des deutschen Mittelstandes (Wirtschaftspartei) und war langjähriger Vorstandsvorsitzender der Ortskrankenkasse (OKK) Neu-Ulm sowie Beisitzer der Volksbank.

Q   StadtA Neu-Ulm, A 9 – ebd., D 12, IX.3.2.
L   Adreßbuch Ulm/Neu-Ulm 1929, Elfte Abteilung, S. 95 – NUZ, 12. III. 1956 – TREU, Neu-Ulm, S. 374, 617.

Mayrhofer, Johann (Hans), Dr. phil., * Teisnach/BA Viechtach (Bayern) 16. Dez. 1886, † Greding (Mittelfranken) 19. Sept. 1959, ⎕ Neu-Ulm, kath.

Vater   Johann Mayrhofer, Maschinenmeister.
Mutter   Krescenzia Brunner.
∞ Käthi Blümel, * Teisnach/BA Viechtach (Bayern) 8. XI. 1883, † Neu-Ulm 16. IV. 1952, T. d. Privatiers Alois Blümel u. d. Anna Maurer.
1 K   Anna Maria Mayrhofer, * Ulm 30. X. 1920, ∞ Grasser.

M. war eine der prägenden Neu-Ulmer Lehrerpersönlichkeiten. Nach der Militärdienstzeit beim Kgl. Bayer. Leibregiment nahm er in München das Studium der Orientalistik auf und wurde 1911 ebd. mit einer Dissertation auf dem Gebiet der arabischen Sprachwissenschaft promoviert. M. galt als Sprachgenie; er soll sieben Sprachen beherrscht haben. 1920 war er als Studienprofessor für Englisch und Französisch an die Realschule Neu-Ulm, wo er bald sehr angesehen und eine über den Schulbereich hinaus sehr bekannte Persönlichkeit war. Häufig hielt er Vorträge über seine Reisen sowie über die politischen und kulturellen Verhältnisse im Vorderen Orient. Als Mitglied und Bibliothekar des Historischen Vereins Neu-Ulm baute er dessen umfassende, im Zweiten Weltkrieg zu großen Teilen vernichtete Fachbücherei auf. Nach der Einberufung des Rektors Otto Ruck zur Wehrmacht im Zweiten Weltkrieg war M. kommissarischer Rektor der Realschule. Die Familie M. wohnte zunächst in Ulm, ab Ende 1921 in Miete bei Valentin →Angelmaier, zunächst in der Hindenburgstraße 24, seit 1949 in der Maximilianstraße 18. Vom 1. Nov. 1933 bis 1941 war M. Mitglied der SA, seit 1938 SA-Oberscharführer, seit 1934 Mitglied der NSV, seit 1936 des NS-Lehrerbundes und des VDA; am 1. Mai 1937 trat er der NSDAP bei. Die Spruchkammer Neu-Ulm stufte M. am 10. April 1947 als Mitläufer ein und erlegte ihm als Sühnemaßnahme eine Zahlung von 300 RM auf. M. habe *nicht mehr als nominell am Nationalsozialismus teilgenommen und ihn nur unwesentlich unterstützt.* Dieser Spruch ermöglichte ihm die Fortsetzung seiner beruflichen Laufbahn. Von 1947 bis 1951 war M. stv. Leiter der Realschule Neu-Ulm und blieb bei vielen seiner Schüler als strenger und gefürchteter Lehrer in Erinnerung.

Q   StadtA Neu-Ulm, Entnazifizierungsakten Neu-Ulm, Nr. 7414 – ebd., A 9.
L   Eduard OHM, Couleurbänder waren den Neu-Ulmer Schülern verboten (Neu-Ulmer Geschichten 92), in: NUZ 28. III. 1987, S. 31 (Bild) – RADSPIELER, 100 Jahre, S. 37, 43 (Bild), 92.

Mayser (sen.), Hieronymus *Friedrich*, * Ulm 7. Dez. 1808, † ebd. 12. Jan. 1887, ev.

Vater   Leonhard Mayser, * 1775, † 1839, Hutmacher in Ulm.
Mutter   Juliane Woydt, * 1781, † 1840.
∞ Friederike *Wilhelmine* Schultes, * 1813, † 1867.
K   Friedrich →Mayser (jun.).

Mit dem Namen von M. sen. ist die erfolgreiche Umwandlung des Handwerkbetriebs in ein Industrieunternehmen verknüpft.

In der Werkstatt seines Vaters erlernte M. das Hutmacherhandwerk. Mit Geschicklichkeit und großem Geschäftssinn rief M. die nach ihm benannte Hutfabrik in Ulm ins Leben, die mit den Jahren eine marktführende Stellung über die Region hinaus erlangte. 1863 zählte er zu den Gründungsmitgliedern der Gewerbebank Ulm. Als einem der wenigen Handwerker Ulms war M. der Aufstieg in das Großbürgertum gelungen – was nicht zwangsläufig damit zusammenhing, dass er ein Produkt herstellte, das dort als unverzichtbar galt. 1843 erstmals in den Bürgerausschuss gewählt, scheiterte er 1845 und 1846 insgesamt dreimal bei Gemeinderatswahlen, bevor ihm im März 1848 der Einzug in den Gemeinderat gelang. 1856 wurde er erneut in den Bürgerausschuss gewählt, im Dez. 1863 mit der höchsten Stimmenzahl wieder in den Gemeinderat. – M. war Mitglied und zuletzt Ehrenmeister der Freimaurer-Loge „Carl zu den drei Ulmen".

Q   StadtA Ulm, H Waibel: Raimund WAIBEL, Mitglieder in Gemeinderat und Bürgerausschuss 1800-1899, Typoskript, S. 20 – Schriftliche Information von Herrn Rainer Braun, Illingen, vom 2. VI. 2006.
L   UBC 2, S. 51, 529 – RIEBER/JAKOB, Volksbank, S. 56 – SPECKER, Ulm im 19. Jahrhundert, S. 140, 257.

Mayser (jun.), Friedrich, * Ulm 28. Aug. 1840, † ebd. 5. Aug. 1907, ⎕ ebd., Neuer Friedhof/Hauptfriedhof 7. Aug. 1907, ev.

Eltern und *G* siehe Hieronymus *Friedrich* →Mayser (sen.).
∞ 1862 Anna Katharina Autenrieth, * Ulm 28. VII. 1840, † ebd. 1913, T. d. Johann Georg Autenrieth, * Ulm 15. III. 1796, † ebd. 23. Sept. 1870, Dreikannenwirt, später Friedrichsauwirt ebd., u. d. Anna Maria Ruisinger.
12 K, davon 3 † früh, darunter u. a. Maria Mayser, * Ulm 2. IV. 1870, † 14. X. 1955, ∞ Neu-Ulm 3. X. 1892 Friedrich →Scheerer; Carl Mayser, * Ulm 18. VI. 1871, † ebd. 26. V. 1936, ∞ Paula Ludwig, * 21. III. 1871, † 10. I. 1952; Friedrich Mayser, * Ulm 7. Juli 1872, † ebd. 8. Sept. 1931, Kaufmann und Gemeinderat in Ulm.

M., eine der zentralen Ulmer Persönlichkeiten der Kaiserzeit, befand sich nach dem Besuch des Gymnasiums seiner Vaterstadt zur Ausbildung in Hutfabriken Englands und Frankreichs. Besitzer (Direktor) der seit 1800 existierenden Firma Hutfabrik „Maysers Hutmanufaktur" in Ulm, die unter seiner Leitung zu einer der führenden Hutfabriken Europas wurde. 1886 Umwandlung in eine AG (ca. 600 Arbeiterinnen und Arbeiter) unter der Direktion M.s. Kommerzienrat in Ulm.

Mitglied der liberalen Volkspartei. 1891 Kandidat für das Amt des Ulmer Stadtvorstands (wurde als „Strohmann" des aussichtsreichen Bewerbers Heinrich →Wagner angesehen; erhielt 1.345 Stimmen). 1893 bis zum Tode Mitglied des Gemeinderats der Stadt Ulm. Am 20. März 1894 wurde M. in Ersatzwahl für den verstorbenen Abg. Robert →Ebner gegen Kommerzienrat Engel zum Landtagsabgeordneten der Stadt Ulm gewählt, 15. Mai 1894 bis Jan. 1907 MdL Württemberg (II. Kammer; Bez. Ulm Stadt; VP): Mitglied der Legitimationskommission, 1895-1899 der 1. Ortsvorsteherkommission, 1895-1905 der Volksschulkommission, 1895-1907 Mitglied des Weiteren Ständischen Ausschusses, 1901-1904 der Justizgesetzgebungskommission und Bibliothekkommission, war vom 2. Juni bis 17. Juli 1905 und 19. V. 1906 wegen Krankheit beurlaubt: *Er nahm sich stets eifrig der Interessen der Stadt Ulm an, wenn ihm auch die eigentliche Gabe der parlamentarischen Rede versagt war. Mit dem Schluß des vorigen Landtags schied er wegen Kränklichkeit aus. Mayser war der richtige „alte Ulmer", der aus dem früheren Leben der alten Reichsstadt anregend zu erzählen wusste* (Staatsanzeiger). Bei seiner Beerdigung hielt Stadtpfarrer →Pfleiderer die Gedenkrede, Oberbürgermeister von Wagner und Kammerpräsident Friedrich von Payer legten Kränze nieder und würdigten den Verstorbenen. Dabei führte Payer aus, M. habe *der allmählich aussterbenden Art der Idealisten angehört, denen es ein Herzensbedürfnis sei, für alles Schöne zu schwärmen. Er habe aber auch alles darangesetzt, seine Ideale in die Wirklichkeit umzusetzen. Niemand sei so entschieden und standhaft gewesen, wenn es gegolten habe, Programmsätze durchzuführen, und gleichzeitig niemand so versöhnlich als er. Er sei kein Mann der Rede gewesen, habe in einer knappen, überzeugenden Worten ausspräch, sei immer praktisch und für die Zwecke des Lebens verwendbar gewesen* (Staatsanz.). — M. war seit 1863 Mitglied der Freimaurer-Loge „Carl zu den drei Ulmen" und hob 1902 den Ulmer Verein für fakultative Feuerbestattung mit aus der Taufe, dessen Vorstand er angehörte.

Q   Schriftl. Mitteilung des StadtA Ulm vom 9. VI. 1998 – Schriftliche Information von Herrn Rainer Braun, Illingen, vom 2. VI. 2006.
L   HARTMANN, Regierung und Stände, S. 70 – UNK (1895), 40 f. (Bild) – Staatsanz. Nr. 182, 6. VIII. 1907, S. 1245 – ebd. Nr. 184, 8. VIII. 1907, S. 1259 – Hauptregister, S. 527 – UBC 3 (1933), 240, 394 (Bild) – Josef MAYSER, Die Mayser aus den Donaustädten Riedlingen und Ulm, 1959 – Peter SCHALLER, Zur Wirtschaftsgeschichte Ulms, in: SPECKER, Ulm im 19. Jahrhundert, S. 105-168 – RABERG, Biogr. Handbuch S. 558 f. (Bild) – BRAUN, Freimaurer, S. 202, Nr. 090.

Meckes, Leonhard, * Erbach 5. April 1822, † Ulm 21. März 1914, kath.
Vater   Leonhard Meckes, Schulmeister in Tomerdingen.
∞ I. 1851 Pauline Walburga Meckes; ∞ II. 6. VII. 1866 Maria, geb. Meckes, T. d. Ferdinand Meckes, Schreiner in Ludwigsburg.
4 K aus I. Ehe, 1 K aus II. Ehe, darunter *Karl* Leonhard Meckes, * Ulm 25. III. 1856, † I. V. 1909, 1883-1909 Inhaber des Photoateliers Meckes in Ulm; Ferdinand Paul Eugen Meckes, * Ulm 16. VIII. 1878, † ebd. 17. XII. 1944, 1909 Inhaber des Photoateliers Meckes in Ulm.

Der Photograph M. prägte die Entwicklung der Geschichte der Ulmer Photographie maßgeblich. Mit zahlreichen Aufnahmen dokumentierte M. das Ulmer Stadtbild in der Kaiserzeit. Seine Innenaufnahmen des Ulmer Münsters aus dem Jahre 1870 wurden in einer Qualität gefertigt, *welche bis heute photographisch kaum übertroffen werden kann* (Wolfgang ADLER).
Der gelernte Buchbinder M. ging 1860 nach Stuttgart, um seiner Leidenschaft für die Photographie eine solide Grundlage durch eine Ausbildung bei dem in Württemberg sehr bekannten Photographen Friedrich Brandseph zu verschaffen. Nach Abschluss der Lehre trat M. in die Dienste Brandsephs, bei dem er gut verdiente. Am 22. Feb. 1863 eröffnete M. als gelernter Berufsphotograph sein eigenes Geschäft an der Promenade nahe dem Gögglinger Tors und warb mit seiner Ausbildung bei Brandseph, nach dessen System er den Betrieb zu führen gedachte. M. hatte gleich großen Erfolg und stattete sein Atelier in modernster Weise aus. Noch 1893

erschien es als Musterbeispiel[397]. Am 30. Aug. 1863 arrangierte M. das aus zwei Aufnahmen zusammengesetzte Photo „Uebung der Ulmer Feuerwehr" am Ulmer Rathaus, das zu seiner Entstehungszeit als spektakulär galt. Im Sommer 1864 kaufte M. den Garten des Herrn Aufrecht am Gögglinger Tor zum Preis von 12.000 Gulden und erbaute ein dreistöckiges Wohnhaus mit angebautem Atelier, fortan das Stammhaus des Photographengeschäfts M. Das Haus von M. fiel im März 1927 Straßenbauarbeiten zum Opfer.
M. blieb bis 1876 in Ulm, als zwei Brüder seiner zweiten Ehefrau das Geschäft unter dem Namen „Gebrüder Meckes" übernahmen. Was M. zur Aufgabe seines erfolgreichen Geschäfts veranlasste, ist nicht bekannt. Er wechselte 1877 nach Neu-Ulm und von 1878 bis 1881 nach Biberach/Riß, wo sein Sohn Karl ein eigenes Photoatelier aufgebaut hatte. 1882 kehrte M. mit seinem Sohn nach Ulm zurück, wo er fortan lebte. Der Sohn übernahm das Geschäft von den Brüdern Meckes und führte es bis zu seinem Tod 1909. Im Sommer 1877 wirkte M. maßgeblich an der Vorbereitung und Durchführung des Münsterfestzuges mit und sorgte für dessen Verewigung, indem er zahlreiche Photographien anfertigte, die 1879 in einem gemeinsam mit dem Münchner Maler Braun und dem Ulmer Maler Julius →*Füßlen erarbeiteten Prachtband erschienen, der auf Bestellung von König Karl hergestellt wurde. Der Monarch schenkte den Band der Stadt Ulm. 1890 unterstützte M. seinen Sohn bei den Photographie-Arbeiten des Münsterfestzuges. M. starb im hohen Alter von fast 92 Jahren.

L   Ih 3, S. 224 – UBC 1, S. 95 – UBC 2, S. 127, 371, 395 – SPECKER, Ulm im 19. Jahrhundert, S. 552, 558-560 (Wolfgang ADLER).

Meditsch, Otto, * Ulm 15. Mai 1896, † Stuttgart 28. Feb. 1976, ▢ Ulm, Hauptfriedhof, ev.
Vater   Alfred Meditsch, * 1853, † 1919, Kaufmann in Ulm.
Mutter   Luise Bauer, * 1862, † 1956.
∞ Franziska Meditsch, * 1906, † 2001.

M. zählt zu den aus Ulm stammenden Beamten, die bis in Schlüsselpositionen der Verwaltung gelangten und trotz wechselnder Dienstorte stets engen Kontakt zu ihrer Vaterstadt hielten.
Nach dem Besuch der Ulmer Schulen und dem im Juni 1915 bestandenen Abitur am Ulmer Gymnasium studierte M. Jura in Tübingen, wo er der „Eliteverbindung" Virtembergia beitrat. Nach Absolvierung der beiden Höheren Justizdienstprüfungen 1921 und 1923 erfolgte am 1. März 1923 M.s Übernahme in den Dienst der württ. Innenverwaltung. Zunächst war er beim OA Waldsee tätig, wo er 1925 zum Amtmann ernannt wurde. Von 1928 bis 1930 war er bei der Zentralleitung für Wohltätigkeit in Stuttgart tätig, um im März 1930 wieder an ein OA versetzt zu werden, diesmal in Esslingen/Neckar. Im Feb. 1933 ging er in gleicher Funktion an das OA Ravensburg, wo er noch im Jahr 1933 zum Regierungsrat ernannt wurde. Der 1933 der NSDAP beigetretene M. stieg 1935 zum Landrat von Böblingen auf. Während seiner Böblinger Amtszeit geriet M. wiederholt wegen Personalfragen mit NS-Kreisleiter Ernst Krohmer aneinander, was letztlich 1938 zu seiner Versetzung als Landrat nach Leonberg führte.
Im Juli 1945 auf Anordnung der US-Militärregierung als Landrat entlassen, befand sich M. 1945/46 neun Monate lang in einem Internierungslager. Da er sich im Zuge seines Entnazifizierungsverfahrens als „unpolitischer" Beamter zu präsentieren verstand, der innerlich dem NS-Regime ablehnend gegenüberstanden habe, da sich die Konfrontation mit dem Böblinger NS-Kreisleiter Krohmer für ihn nun entlastend auswirkte, konnte M. schon im Sommer 1946 wieder als „Hilfsarbeiter" beim Arzneimittellager (das dem Innenministerium des Landes

397 Josef M. EDER, Das Atelier und Laboratorium für Photographen, Halle/Saale 1893.

Württemberg-Baden unterstand) seine dienstliche Laufbahn fortsetzen. Am 20. Aug. 1948 trat er in die Dienste des Landwirtschaftsministeriums von Württemberg-Baden, wo er später – nach Gründung des neuen Bundeslandes Baden-Württemberg im Jahre 1952 – zum Ministerialrat und Leiter der Abteilung I (Kanzleidirektion) avancierte und damit die Schlüsselposition im Ministerium einnahm. Zur Jahreswende 1962/63 erfolgte M.s Versetzung in den Ruhestand, den er in Stuttgart verlebte. Nach seinem Tod im Alter von 79 Jahren wurde er im Familiengrab in Ulm beigesetzt. – Vorstandsmitglied des Vereins Württ. höherer Verwaltungsbeamter, dessen zweiter Vertreter im Beamtenbeirat beim Innen- und Wirtschaftsministerium.

Q   Die Hauptpersonalakten Meditschs wurden nach Freigabe durch das HStAS vom Landwirtschaftsministerium kassiert (!) – HStAS, EA 2/150 Bü 1130 (Rest-Personalakten) – StAL, EL 902902/14 Az. 29/6/III 168 - B 5040/47 (Spruchkammerakten).
L   UBC 4, S. 11 – Amtsvorsteher, S. 404 (Michael RUCK) – RUCK, Korpsgeist, S. 244 f.

Meier-Reutti (eigentlich: Meier), Michael *Gerhard*, Dr. phil., * Wassertrüdingen 28. Aug. 1933, † ebd. 16. Juli 2006, □ ebd., 21. Juli 2006, ev.
∞ 1961 *Erika* Anneliese Else Bickel, * Gittelde/Kreis Gandersheim 12. XI. 1938, Katechetin.
1 K   Martin Gernot Meier, Dr. phil., * 1963, wissenschaftlicher Mitarbeiter bei der Abteilung Christliche Publizistik der Universität Erlangen-Nürnberg.

M. war langjähriger ev. Pfarrer in Reutti und fühlte sich dem späteren Neu-Ulmer Stadtteil so verbunden, dass er ihn in seinen Namen aufnahm. Der überaus beliebte Geistliche hielt auch nach seinem Weggang von Reutti Kontakt zu dem Ort und zur Region.
Als M. am 1. Sept. 1962 seine neue Stelle als Pfarrer in Reutti antrat, war es seine erste Pfarrerstelle überhaupt. Zuvor war er im unständigen Dienst der bayer. Landeskirche gewesen. Tatendurstig stürzte sich der junge Ortspfarrer bei maßgeblicher Unterstützung durch die Kirchenvorsteher Johannes Stäb und ab 1970 Hermann Häußler in die Arbeit und begann sofort mit Bemühungen zum Um- bzw. Neubau des Pfarr- und des Gemeindehauses, zur Finanzierung einer neuen Kirchenorgel (die 1975 aufgestellt wurde) und die Anstellung einer Gemeindeschwester für Reutti und Holzschwang; das neue Pfarrhaus war Ende 1965 bezugsfertig, das Gemeindehaus wurde am 4. Dez. 1966 vom Neu-Ulmer Dekan Klaus-Peter Schmid eingeweiht, aber die Verpflichtung einer Gemeindeschwester scheiterte wegen des Personalmangels bei der Augsburger Diakonissenanstalt. Schließlich trat die Kirchengemeinde Reutti 1976 der Sozialstation Neu-Ulm bei.
Ab 1963 bot der an einer Intensivierung des Gemeindelebens interessierte M. neben den Bibelstunden Bibelwochen und Gemeindeseminare an, wobei M. meist selbst referierte. Die Veranstaltungen wurden im Gasthaus „Rößle" oder im Schloss abgehalten. Ab 1964 wurden Gemeindeabende und Altennachmittage angeboten, ab 1969 erschien ein Gemeindebrief. 1973 konnte M. durch persönliche Vorsprache beim Landeskirchenamt München erreichen, dass die dringend notwendige Außenrenovierung der Reuttier Kirche in Angriff genommen und die Verteilung der Vorschulkinder von Reutti und Holzschwang auf die Kindergärten in Aufheim und Finningen abgewendet werden konnte, indem M. für Reutti, Hausen und Holzschwang einen „Mittelpunktskindergarten" durchzusetzen vermochte, der am 19. Sept. 1976 durch den Kreisdekan Oberkirchenrat Dr. Walter Rupprecht eingeweiht wurde. Die Kosten für die Außenrenovierung der Kirche explodierten und betrugen schließlich fast das Dreifache der ursprünglich angesetzten Summe, was die Gemeinde vor große Probleme stellte, die jedoch durch Spenden (auch seitens des Gemeinderates) ausgeräumt werden konnten. 1985 konnte die Innenrenovierung der Kirche St. Margarethen in Reutti durchgeführt wer-

den. Von 1987 an organisierte und führte M. für seine Gemeinde auch biblische Studienreisen nach Israel.
Am 1. April 1991 übernahm M. als erster Professor für Christliche Publizistik an der Universität Erlangen-Nürnberg eine neue Aufgabe. Nach fast 30 Jahren erfolgreicher Tätigkeit in Reutti ließ man ihn dort nur sehr ungern ziehen, war aber stolz auf die ehrenvolle Berufung des Professors. In seiner Dissertation hatte sich M. mit der Rolle der Sonntagsblätter in der Zeit des Nationalsozialismus befasst. M. musste den Lehrstuhl und den Studiengang von Grund auf aufbauen, rief ein studienbegleitendes Curriculum für Theologinnen und Theologen und einen Aufbaustudiengang ins Leben. Als herausragender Erfolg des leise und bescheiden auftretenden M. wurde wiederholt hervorgehoben, er habe der christlichen Publizistik innerhalb der Praktischen Theologie ein erkennbares Ausbildungsprofil verliehen. Neben seiner Professur in Erlangen-Nürnberg nahm er eine Honorarprofessur am Humboldt-Studienzentrum der Universität Ulm wahr, war Mitglied des Landesausschusses für Publizistik und Mitinitiator und Herausgeber der Reihe „Studien zur christlichen Publizistik". 2001 trat M. in den Ruhestand, publizierte aber weiter und hielt Vorträge, die ihn auch nach Ulm und Neu-Ulm führten.

Q   StadtA Neu-Ulm, A 9 [enthält weder Angaben zu den Eltern noch zur Ehefrau noch zu Kindern].
W   Politik der Unpolitischen - Kirchliche Presse zwischen Theologie und Gemeinde, Bielefeld 1976 – Kirchenvorstand der ev.-luth. Kirchengemeinde Reutti (Hg.), Reutti ob der Donau. Aus dem Leben einer Gemeinde, 1991 – (Hg.), Von Gott und Welt reden. Kirche und Theologie im Radio. Festschrift zum 80. Geburtstag von Prof. Dr. Bernhard Klaus, Erlangen 1993.
L   SWP (Ulm) 19. VII. 2006 – Journalistik, Ethik, Theologie. Gerhard Meier-Reutti, erster Professor für „Christliche Publizistik", ist tot, Sonntagsblatt Bayern Nr. 48, 26. XI. 2006 (Bild) – GEIGER, Reutti, S. 23, 89, 97, 176-179, 182.

Mendler, *Alfred* Maximilian, Dr. med., * Riedlingen 20. Feb. (nicht Juli!) 1879, † Ulm 23. Feb. 1955, □ ebd., Hauptfriedhof, 26. Feb. 1955, kath.
Vater   Martin Mendler, Amtsdiener in Riedlingen.
Mutter   Rosalie Ehinger, † 1882.
1 G   Josef Mendler, Apotheker in Ulm, ∞ Emma Rößler.
∞ Ulm 1906 *Johanna* Magdalena Herrmann, * Ulm 24. VI. 1882, † 1962, T. d. Max →*Herrmann.
2 K   Rudolf Mendler, Geiger, ∞ Maria Mayer, * 1906, † 1994; Alfred →*Mendler, Schauspieler und Regisseur, ∞ Elisabeth Jäger, * Mannheim 1911, † 2002, Schauspielerin.

Der Arzt und Künstler M. war einer der bekanntesten und originellsten Ulmer des 20. Jahrhunderts.
Der gebürtige Oberschwabe besuchte die Lateinschule in Riedlingen und anschließend das Gymnasium in Ravensburg, wo seine künstlerische Begabung von seinem Zeichenlehrer Theodor Schnell (1870-1938), dem Kirchenmaler und Bildhauer, erkannt und gefördert wurde. Mit Schnell stand er bis zu dessen Tod in freundschaftlicher Verbindung. Das Medizinstudium, das der kunstsinnige M. auf ausdrücklichen Wunsch des Vaters aufnahm, führte ihn ab 1898 nach Tübingen, Freiburg im Breisgau, Straßburg, Berlin und München. Schon als Student fertigte M. zahlreiche Kohle-Zeichnungen an und gab seinen Kommilitonen Nachhilfe in anatomischem Zeichnen. 1904 zum Dr. med. promoviert, ließ er sich in Straßburg bei Professor Bogumil Lange zum Facharzt für Chirurgie und Orthopädie ausbilden. M. war kurz als Arzt in München tätig, wo er auch ein eigenes kleines Atelier besaß. Ab 1905 wirkte M. in Ulm. 1911 gründete er in der Ulmer Parkstraße die Privatklinik „Johanneum". Im Ersten Weltkrieg diente M. als Oberstabsarzt im Kriegslazarett St. Dieux (Frankreich), wo er ca. 5.000 Operationen durchgeführt haben soll. Sein besonderer Einsatz als Militärarzt wurde mit hohen Auszeichnungen honoriert.
Nach 1918 war M. zeitweise Mitarbeiter von Ferdinand Sauerbruch an der Münchener Universitätsklinik. Nachdem das „Johanneum", das während des Weltkriegs als Lazarett gedient hatte, renoviert worden war, spezialisierte sich M. auf allgemeine Chirurgie und verschaffte sich rasch einen ausgezeichneten

Ruf weit über Ulms Grenzen hinaus. 1936 hatte das „Johanneum" schon ca. 100 Patientenbetten. Künstlerisch wechselte er ab ca. 1920 zum Malen mit Farbe über, wobei die Bekanntschaft mit den Malern Leo Putz und Gustav Jagersbacher von entscheidendem Einfluss war. M. war als Maler ein klassischer Autodidakt. Von Lovis Corinth, Max Liebermann und Oskar Kokoschka war er besonders beeindruckt. 1923 wurde die Villa Mendler im Ulmer Galgenbergweg nach M.s eigenen Entwürfen erbaut. Von 1945 bis 1948 diente sie der US-amerikanischen Militärregierung in Ulm als Amtssitz.

Während des Zweiten Weltkriegs war der weiterhin seine Klinik betreibende M. zum Wehrmachtsdienst eingezogen und Chefchirurg des Ulmer Standortlazaretts. Entspannung fand er in der Malerei, wobei er sich verstärkt der Landschaftsmalerei zuwendete. 1943 forderte die jahrelange Überstrapazierung ihren Tribut, M. erkrankte schwer und musste sich schonen. Der Klinikbau wurde am Ende des Krieges zweimal von Bomben getroffen, viele seiner Bilder gingen verloren.

Noch einmal wagte M. den Neuanfang, baute die Klinik wieder auf und malte wieder. Im Okt. 1949 erfolgte in Anerkennung seiner Verdienste durch die Verleihung des Titels Professor durch die Landesregierung von Württemberg-Baden. 1954 zog sich M. nach einem sehr erfüllten Berufsleben in den Ruhestand zurück.

Die zahlreichen „Mendleriana", Anekdoten um M.s bisweilen deftigen Humor, der nicht jedermanns Sache war, waren schon zu seinen Lebzeiten legendär. Gertrud →Beck hat eine reichhaltige Auswahl für die Nachwelt erhalten.

Q   StadtA Ulm, G 2.
L   Ih 3, S. 227 – Professor Dr. Alfred Mendler gestorben, in: Schwäb. Donau-Zeitung Nr. 46, 25. II. 1955, S. 4 (Bild) – Professor Dr. Alfred Mendler zum Gedächtnis. Ein Arzt, Künstler und Menschenfreund vollendete sein Leben, in: Ulmer Nachrichten Nr. 56, 25. II. 1955, S. 4 (Bild) – Gertrud BECK, „Mendleriana", in: Ulmer Forum, Heft 20, 1971/72.

Metzger, Heinrich („Heiner") Lorenz, * Reinhartshausen bei Augsburg 1. Dez. 1921, † Neu-Ulm 11. Sept. 1997, kath.

Vater   Karl →Metzger.
Mutter   Wally Sappler.
∞ Anneliese Knab, * Neu-Ulm 22. II. 1928, T. d. Matthias Knab, Kaufmann in Neu-Ulm, u. d. Anna Göppel.
3 K   Ingrid Angelika Metzger, * Neu-Ulm 10. XI. 1947; Cornelia Anna Metzger, Neu-Ulm 16. IV. 1953; Heinrich Karl Matthias Metzger, * Straß 5. XI. 1954.

M. war einer der profiliertesten Neu-Ulmer SPD-Politiker der Nachkriegszeit. Zunächst Lehrer und SPD-Gemeinderat in Straß, kam er in den 1950er Jahren nach Neu-Ulm, wo er Oberlehrer an der Realschule war. Von 1960 bis 1977 SPD-Stadtrat, amtierte M. von 1966 bis 1969 als ehrenamtlicher Zweiter Bürgermeister in Neu-Ulm, von 1969 bis 1977 als hauptamtlicher Zweiter Bürgermeister ebd. Diese Aufgabe lud M. in der Zeit der Eingemeindungen viel Arbeit auf. Daneben war er von 1972 bis 1995 Kreistagsmitglied, davon 15 Jahre SPD-Fraktionsvorsitzender im Kreistag Neu-Ulm.

M. erwarb sich in seiner langen kommunalpolitischen Tätigkeit große Verdienste um den Wohnungs-, Schul- und Krankenhausbau in Stadt und Kreis, daneben fiel er als Vorkämpfer der Eigenständigkeit Neu-Ulms auf. So stritt er um 1970 gegen den Verlust der Kreisfreiheit (1972) und plädierte mit dem ihm eigenen Elan dafür, Neu-Ulm zum Sitz eines Landgerichts zu machen, was ihm eine Zurechtweisung von Justizminister Philipp Held einbrachte. Dies beeindruckte M. nicht, doch er blieb

mit seinem Werben diesbezüglich erfolglos. Hochverdient war M. um das Zustandekommen der Städtepartnerschaft mit Bois-Colombes im Jahre 1966. Auch M.s Engagement für das Vereinswesen (Mitglied in 20 Vereinen) beeindruckte, vor allem im musikalischen Bereich. So war M. von 1970 bis 1996 Vorsitzender des Musikbezirks Neu-Ulm des Allgäu-Schwäb. Musikbundes, 1996 Träger von dessen höchster Auszeichnung, der Fördermedaille in Gold für langjähriges Wirken in Sachen Blasmusik, und seit 1966 Vorsitzender der Stadtkapelle Neu-Ulm. Für den Bau des Hauses der Neu-Ulmer Musikschule im Jahre 1969 hatte sich M. besonders stark gemacht.

1977 gedachte der rastlos für Neu-Ulm tätige M., die Früchte seines jahrelangen Einsatzes zu ernten. Er kandidierte für das Amt des Oberbürgermeisters, unterlag jedoch knapp gegen Peter →Biebl. M. war nicht nur über seine persönliche Niederlage tief enttäuscht, sondern auch über das schlechte Abschneiden seiner Partei, die ihre Position als stärkste Stadtratsfraktion an die CSU verlor. Biebl wollte den verdienten, 55 Jahre alten Kommunalpolitiker halten und bot ihm das Amt des Vizebürgermeisters an. M. konnte sich dazu nicht entschließen, verzichtete zudem auf sein Stadtratsmandat und lehnte 1979 auch die Annahme der ihm zugedachten Bayerischen Verdienstmedaille ab. Sein Tod im Alter von knapp 76 Jahren beendete ein tätiges Leben im Dienste der Stadt, das nach der Wahlschlappe von 1977 nicht ohne Bitternis blieb. – 1982 Bundesverdienstkreuz am Bande; 2002 wurde der bisherige Bahnhofsplatz nach ihm benannt.

Q   StadtA Neu-Ulm, D 12, III.8.2. – ebd., A 9.
W   Stadt Neu-Ulm (Hg.), Neu-Ulm. 100 Jahre junge Stadt 1869-1969. Texte von Horst GAISER und Heinrich METZGER, Neu-Ulm 1969.
L   TREU, Neu-Ulm, S. 462 f. (Bild), 470 (Bild), 472, 507, 527 (Bild), 531.

Metzger, Karl, * Ulm 28. März 1897, † ebd. 14. Sept. 1962, kath.

∞ Reinhartshausen bei Augsburg 16. II. 1922 Walburga (Wally) Sappler.
Mehrere K, darunter Heiner →Metzger.

M. war in der ersten Hälfte des 20. Jahrhunderts einer der bekanntesten Neu-Ulmer Lehrer. Ungeachtet seiner Exponierung in der NS-Zeit gelang ihm nach Ende des Zweiten Weltkriegs die Fortsetzung seiner Berufslaufbahn in gehobener Stellung.

Die Ausbildung des jungen M. wurde durch Kriegsdienst im Ersten Weltkrieg unterbrochen. Er brachte es bis zum Leutnant und wurde mit dem EK I ausgezeichnet. Nach den Volksschullehrerexamina erhielt M. zu Beginn der 1920er Jahre eine Stelle als Hauptlehrer an der Volksschule Neu-Ulm, der er fortan ununterbrochen verbunden blieb. Im „Dritten Reich" engagierte sich M. als Kreispropagandaleiter und Kreisamtsleiter des Nationalsozialistischen Lehrerbundes (NSLB) Neu-Ulm, wurde Mitglied des Stadtrats sowie dessen „Kleinem Ausschuss" und gehörte damit dem entscheidenden kommunalen Gremium an. Im Zweiten Weltkrieg war M. erneut Frontoffizier.

Nach 1945 befand sich M. ca. zwei Jahre in einem Internierungslager. Die Spruchkammer Neu-Ulm reihte ihn am 11. Mai 1948 in die Gruppe der „Mitläufer" ein. Anfang der 1950er Jahre fand M. eine Anstellung bei REISELLA. Nach 1951 fand er in den ständigen Volksschuldienst zurück und wurde zum Rektor der Zentralschule Neu-Ulm (späteren Peter-Schöllhorn-Schule) ernannt.

Q   StadtA Neu-Ulm, A 9 – ebd., D 6, Ordner 24 [mehrere Presseartikel zur Vita M.s].

Meyer, Theodor Alexander, Dr. phil., * Stuttgart-Berg 21. Feb. 1859, † Korntal-Münchingen 12. Okt. 1936, ▢ ebd., wohl Pragfriedhof, cv.

∞.

M. war vor Ausbruch des Ersten Weltkriegs kurzzeitig Rektor des Ulmer Kgl. Gymnasiums.

1877 begann M. in Tübingen mit dem Studium der Philologie (Mitglied der Burschenschaft Normannia). Nach der Promotion 1884 wurde M. zunächst Professor am ev.-theol. Seminar Schöntal (1889), ehe er 1903 in gleicher Eigenschaft an das Stuttgarter Eberhard-Ludwig-Gymnasium wechselte. Im Sommer 1912 wurde er als Nachfolger von Carl →Hirzel Rektor des Kgl. Gymnasiums Ulm, verließ Ulm aber schon knapp zwei Jahre später wieder, um Professor am Lehrstuhl für Deutsche Sprache und Literatur und Ästhetik an der TH Stuttgart zu werden, wo er später zum Rektor aufstieg. Der „Rote Meyer" war *ein bedeutender Gelehrter und ein lauterer, ein gütiger Mensch, ein Mann überdies, der wie wenige seiner Generation eine, nicht einmal sehr scharf ausgeprägte Seite der schwäbischen Geistigkeit vertrat, die freilich gerade den Größten des Stammes das entscheidende Gepräge gab: den Sinn für die Form, für das Maß, für das Gleichgewicht der Kräfte* (BORST, S. 377). – 1929/30 Lehrbeauftragter für Neuere Literatur an der Landwirtschaftlichen Hochschule Hohenheim.

W   Das Stilgesetz der Poesie – Ästhetik – Die volkstümlichen Festspiele in Schwaben, in: Württemberg. Monatsschrift im Dienst von Volk und Heimat 4 (1932), S. 211-220.
L   Ih 2, S. 603 – CRAMER, Württembergs Lehranstalten ⁶1911, S. 54 – UBC 3, S. 523 – SK 16. X. 1936, S. 5 – KLEIN, Die akademischen Lehrer, S. 150 – Otto BORST, Schule des Schwabenlands. Geschichte der Universität Stuttgart, Stuttgart 1979, S. 329, 368, 370, 377 f.

Miller, siehe auch →Müller

Miller, Johann *Bartholomäus*, * Ulm 19. Aug. 1766, † ebd. 11. Mai 1807, ev.

Vater   Johann Bartholomäus Miller, Wirt „Zum Hohentwiel" in Ulm.
Mutter   Anna Rosina Weißbeck.
∞ I. 1794 Maria Walburga Magdalena Wi[e]dmann, * 1774, † 1795, T. d. Johann Jacob Wi[e]dmann[398], Mag., * Ulm 17. IV. 1731, † ebd. 10. X. 1793, Münsterprediger in Ulm; ∞ II. 1795 Walburga Magdalena Daumer, * 1777, † 1800, T. d. Daumer, Weinhändler in Ulm; ∞ III. 1801 Caroline Friederike Bührlen, * 1780, † 1846, T. d. Pfarrers Bührlen in Asselfingen.
Jeweils 3 *K* aus II. und III. Ehe, darunter Margarethe Katharina Miller, ∞ Conrad Dieterich →Haßler; Johann Matthias Miller, Dr. phil., * Ulm 23. IX. 1801, † Stuttgart 1856, Professor der Mathematik an der Kriegsschule in Ludwigsburg.

M. zählte zu dem am Ende der reichsstädtischen Zeit zehn Personen umfassenden Kollegium der Ulmer Münsterprediger. Über seinem Tod in der bayerischen Zeit Ulms stehen viele Fragezeichen.

Zeugnisse seines Bildungsweges fehlen, doch es ist davon auszugehen, dass der junge, aus alteingesessener Ulmer Familie stammende Mann das Gymnasium seiner Vaterstadt absolviert hat. Er war noch recht jung, als er 1792 im Alter von 26 Jahren zum Professor des Naturrechts am Gymnasium Ulm berufen wurde. Im Jan. 1794 zum Pfarrer in Jungingen und Ende 1794 zum Münsterprediger ernannt, übernahm der 31 Jahre alte M. im Jahre 1797 zusätzlich die Aufgaben eines Professors der griechischen Sprache und des Rechts am Ulmer Gymnasium und des Katecheten an der Barfüßerkirche. Er war in seinen Funktionen ein Exponent des Ulmer Bürgertums, der scheinbar bruchlos den Übergang vom Ende der reichsstädtischen Souveränität zur bayer. Herrschaft über Ulm mitvollzog.

Doch an dieser Stelle treten spätestens die Fragezeichen auf. Der 40-jährige M. ertrank – wie Jahre vor ihm schon sein Vater – in der Donau. Am Morgen seines Todes hatte M. wie üblich im Münster die Montagspredigt gehalten, zuhause das Mittagessen eingenommen und war dann spazieren gegangen. Am Montagnachmittag fand eine Frau seinen Hut und Stock am Donauufer, während seine Familie noch die ganze Nacht auf Dienstag durchwachte und sich fragte, was geschehen war. Sehr rasch war man mit der Lesart vom „Unglücksfall" bei der Hand: *Der brave, beliebte Mann wurde allgemein betrauert* (SCHULTES, Chronik, S. 410).

Doch war es ein Unglücksfall? Kann es nicht auch das suizidale Erbe seines Vaters gewesen sein? Oder Sorgen um die Zukunft

in einer schwer bewegten Zeit? Das kam für einen Ulmer Münsterprediger offiziell überhaupt nicht in Frage. Klären lässt sich das Schicksal des hoch begabten M. nicht mehr mit letzter Sicherheit.

L   David WIEDENMANN, Programm in lateinischer Sprache, des zum Professor des Naturrechts erwählten Predigers Johann Bartholomäus Müller [= Miller] im Münster mit dessen Lebensumständen, Ulm 1783 – Karl Friedrich VETTER, Rede bei der feierlichen Beerdigung des [...] Herrn Johann Barthol. Müller verdienten Predigers am Münster und Professors der Griechischen Sprache am Gymnasium zu Ulm, welcher den 11. May 1807 durch einen traurigen Unglücksfall den geliebten Seinen entrissen wurde, Ulm 1807 – SCHULTES, S. 409 f. – UBC 1, S. 411 – APPENZELLER, Münsterprediger, S. 420, Nr. 131 – NEBINGER, Die ev. Prälaten, S. 566, 570 f. – SPECKER, Die Ulmer Bürgerschaft, S. 261, Anm. 33 [dort „Müller"] – HUBER, Haßler, S. 144 [dort „Müller"].

Miller (jun.), Gottlob Dietrich (von), Dr. iur. utr., * Ulm 26. Okt. 1753, † München 16. Nov. 1822, ev.

Vater   Johann Peter Miller, Mag., * Scharenstetten bei Ulm 22. X. 1705, † Ulm 17. XI. 1781, Professor für Geschichte und alte Sprachen am Ulmer Gymnasium, später Rektor ebd., S. d. Johann Peter Miller[399], * Ulm 15. V. 1665, † ebd. 22. XI. 1740, Pfarrer in Scharenstetten, ab 1711 Münsterprediger in Ulm, u. d. Anna Katharina Heilbronner.
Mutter   Anna Maria Mettes, get. Ulm 27. I. 1718, T. d. Johann Peter Mettes, Handelsmann in Ulm, u. d. Anna Maria Cramer.
Mehrere *G*, darunter Markus (Marx) Tobias →Miller.
∞ Ulm 9. V. 1780 Elisabeth Welz, get. Ulm 2. XI. 1757, † München 20. VI. 1810, T. d. Philipp Jakob Welz, Handelsherr, Ratsherr, Oberrichter und Geheimer Rat in Ulm, u. d. Maria Regina König.
10 *K*, darunter Johann Peter Miller, * Ulm 26. X. 1789, † Smyrna (Türkei) 1870, Kaufmann.

Mit seinem Kollegen Tobias →Jäger war M. nach dem Übergang Ulms an Bayern der letzte Ratskonsulent. M. hielt sich nach dem Wechsel Ulms von Bayern nach Württemberg – wie eine Minderheit des Ulmer Bürgertums – an die bisherigen Landesherren und war Beamter im Justizdienst des Königreichs Bayern.

M. besuchte das Ulmer Gymnasium, dessen Rektor sein Vater war, und studierte dann Jura in Göttingen und Gießen, wo er den Doktorgrad erlangte. Anschließend leistete er als Sekretär des Ulmischen Visitationsgesandten von Wölckern Dienst beim Reichskammergericht in Wetzlar. Im Feb. 1777 trat er als Ratskonsulent in den Dienst der Reichsstadt Ulm und war zugleich Bücherzensor, Visitator am Gymnasium, Sublevationsdeputierter, Deputierter beim Schwäb. Kreiskonvent, dort zuletzt ab 1789 senior officii. Von 1797 bis 1799 vertrat er den Ulmer Magistrat auf dem Rastatter Friedenskongress. Der auch publizistisch sehr aktive M. sammelte über Jahrzehnte Material zu einer Verfassungsgeschichte der Reichsstadt Ulm, die er jedoch nie vollendete. 1794 lieferte er sich mit seinem Kollegen Tobias Ludwig Ulrich Jäger einen publizistischen Kampf um die Frage, ob bürgerliche Gelehrte auf patrizische Rats- und Beamtenstellen gewählt werden konnten, da nach Jäger das Patriziat nicht mehr in der Lage sei, freiwerdende Stellen adäquat neu zu besetzen. M. lehnte diesen Vorschlag Jägers in der vorliegenden pauschalen Form ab, wies ihm mehrere Ungenauigkeiten nach und setzte sich für eine den verfassungsmäßigen Bestimmungen genügende Lösung ein.

Eine wesentliche Rolle spielte M. bei der Inbesitznahme Ulms durch Bayern im Jahre 1802. Er verfasste eine auf den 20. Juli 1802 datierte, in einen politischen und einen religiösen Teil gegliederte Denkschrift[400]. Darin versuchte M., Ulm in den neuen staatlichen Verhältnissen eine Teilautonomie zu erhalten, die sich im politischen Teil vor allem auf die Berufung und Abberufung des Stadtrats, die Erhaltung des Stadtgerichts (Gerichtsbarkeit I. Instanz) und der Stadtkämmerei sowie die notwendige Regelung der Schuldenbereinigung bezog. Die Privatrechte der Stadt und ihre Stiftungen müssten erhalten bleiben. Im religiösen Teil forderte M. die Gewährleistung des

[398] WEYERMANN II, S. 611 f. – APPENZELLER, Münsterprediger, S. 388-391, Nr. 119.

[399] WEYERMANN II, S. 331 f. – APPENZELLER, Münsterprediger, S. 317-320, Nr. 103.
[400] BayHStA, Abt. II GStA MA 4540.

ev.-luth. Bekenntnisses und die Erhaltung der Kirchenbauten und Stiftungen. Kath. Kirchen und Klöster sollten nicht errichtet, öffentliche Prozessionen verboten werden. Nachdem Generalkommissär Freiherr von →Hertling Statistiken und Informationen über die öffentlichen Verhältnisse Ulms eingefordert hatte, war M. dank der gewaltigen Materialsammlung zu seiner projektierten Ulmer Verfassungsgeschichte in der Lage, binnen kürzester Zeit eine „Staatsrechtliche Darstellung der Reichsstadt Ulm und ihres Gebietes"[401] vorzulegen, die Hertling am 5. Okt. 1802 nach München weiterleitete. In seinem Begleitschreiben würdigte Hertling die Arbeit des *sehr geschickten* M. und wies darauf hin, dass dessen Denkschrift *zum Leitfaden der Einrichtungen dienen* könne, *die der Kurfürst der bedeutenden Stadt Ulm und anderen Reichsstädten geben wolle.* Tatsächlich flossen M.s Vorschläge in die Neustrukturierung der Ämterorganisation in anderen Reichsstädten, wie etwa Augsburg, ein.

Nach dem Übergang an Bayern trat der bereits hoch geschätzte M. in die Dienste der neuen Machthaber und war zunächst in der Ulmer Justizverwaltung tätig. 1811 wechselte er als Kgl. Bayer. Oberappellationsgerichtsrat nach München. 1816 erhielt er den Verdienstorden der Bayer. Krone, mit dem für seine Person die Erhebung in den Adelsstand verbunden war.

W   De eo, quod iustum est circa vias publicas et militares in Imperio Romano-Germanico speciatim in Suevia exstruendas, Gießen 1776 –Anmerkungen und Berichtigungen zu der vor einiger Zeit erschienenen Schrift: Etwas über die Rathsfähigkeit bürgerlicher Gelehrten in der Reichs-Stadt Ulm, Ulm 1794 – Dienstgehorsame gutachtliche Official-Anzeige des löblichen Collegii Iuridici an einen Hochlöbl. Magistrat der Reichsstadt Ulm über die gegenwärtig zwischen Obrigkeit und Bürgern vorwaltenden Mißhelligkeiten und die deswegen zu ergreifenden Maasregeln. Den 5. Jänner 1795 bey Rath producirt, Ulm 1795 – [anonym], Auch etwas über die Verweisung des Bürgers Heinzmann aus Ulm, das Benehmen des dortigen Magistrats und des Ratskonsulenten D. Härlin. Hg. von einem Weltbürger, o. O. 1799.
L   WEYERMANN I, S. 393 f. – GRADMANN, Das gelehrte Schwaben, S. 385 f. – GÄNßLEN, Ratsadvokaten, S. 143, 241 f., Nr. 45 – Friedrich BLENDINGER, Die Mediatisierung der schwäbischen Reichsstädte, in: Krone und Verfassung. König Max I. Joseph und der neue Staat. Beiträge zur Bayerischen Geschichte und Kunst 1799-1825 (Wittelsbach und Bayern, Band III,1), München-Zürich 1980, S. 101-113, hier S. 105 f. – SCHMIDT, Revolution, S. 56, 291, 293.

Miller, Johann Heinrich, * Ulm 16. Nov. 1757, † ebd. 17. März 1831, ev.
Vater   Johann Philipp Miller, Wirt zur Goldenen Krone in Ulm.
Mutter   Apollonia Nusser (von Stotzingen).
∞ Amstetten 4. VIII. 1783 Rosina Christina Glöcklen, * 16. II. 1761 Ulm, † 11. II. 1820.
7 *K*, davon erreichten 5 das Erwachsenenalter, darunter Heinrich Miller[402], * 24. VII. 1799, † 1839, Rechtskonsulent und seit 1830 Gemeinderat in Ulm.

M. war der erste Abgeordnete der Stadt Ulm in der Württ. Ständeversammlung.
Kaufmann (Großhändler und Mitglied des Handelsstandes) in Ulm, 1789 bürgerlicher Almosenkastenpfleger, 1790 Goischenkeller-Deputierter. 1809 marschierte M. als Hauptmann mit der ersten bürgerlichen Grenadierkompanie nach Kempten, um den Einfall der Tiroler abzuwehren, kam aber nicht mehr zum Einsatz, da die Tiroler sich bereits wieder zurückgezogen hatten. Er erhielt für seine Leistungen im Dienst der Stadt vom König von Bayern die goldene Verdienstmedaille. Vom 15. März 1815 bis 4. Juni 1817 war M. Repräsentant der Stadt Ulm in der Württ. Ständeversammlung. M. setzte sich in erster Linie für die wirtschaftlichen Interessen seiner Heimatstadt ein und vermittelte einen Empfangstermin einer Ulmer Deputation des Handelsstandes, die am 12. Aug. 1816 mit dem Finanzminister Dr. von Otto in Stuttgart verhandelte. Obwohl der Minister dabei geäußerte Wünsche nach Ansiedlung staatlicher Verwaltungsbehörden in Ulm und einer Vergrößerung des Oberamtsbezirks zunächst strikt zurückwies, wurde Ulm 1817 zum Sitz einer Kreisregierung bestimmt und 1819 der Oberamtsbezirk

vergrößert. Als Abgeordneter widmete sich M. außerdem der Reform des Schreiberstandes, der Vereinfachung des kommunalen Rechnungswesens und des Bürger- und Aufnahmerechts. Am 2. Juni 1817 stimmte M. mit 66 anderen ständischen Repräsentanten gegen die Annahme des Kgl. Verfassungsentwurfs, was den König veranlasste, zwei Tage später die Ständeversammlung aufzulösen.
Im „Allgemeinen Anzeiger für den Donaukreis" publizierte M. mehrere Aufsätze. In der Chronik von Schultes wurde seiner als eines *braven, sanften Mannes* gedacht.

L   WEYERMANN II, S. 326 f. – RIECKE, Verfassung und Landstände, S. 36 – SCHULTES, Chronik, S. 428, 450 – HARTMANN, Regierung und Stände, S. 11, 21 – OAB Ulm (1897), S. 687 – UBC 1, S. 498 – HEPACH, Königreich, S. 27, 28, 31, 52, 88 ff., 158, 182 – SPECKER, Großer Schwörbrief, 278, 303 f. – RABERG, Biogr. Handbuch, S. 568.

Miller, Johann Martin, * Ulm 2. oder 3. Dez. 1750, † ebd. 21. Juni 1814, ⬚ ebd., Alter Friedhof, ev.

Vater   Johann Michael Miller[403], Mag., * Leipheim 14. XI. 1722, † Ulm 14. III. 1774, nach Theologiestudium in Jena und Leipzig 1748 ao. Professor der hebräischen Spache und Präzeptor der VI. Klasse am Ulmer Gymnasium sowie Adjunkt an der Stadtbibliothek, 1753 Pfarrer in Leipheim, 1762 Diakon an der Ulmer Dreifaltigkeitskirche und Professor der hebräischen Sprache am Ulmer Gymnasium, seit 1763 Münsterprediger und Inspektor der Stadtbibliothek in Ulm, S. d. Johann Martin Miller[404], Mag., * Leipheim 10. X. 1693, † 16. I. 1747, seit 1731 Münsterprediger in Ulm.
Mutter   Dorothea Sibylla Wick, * 1726, † 1804, T. d. Johann Jakob Wick, * 1687, † 1733, Handelsherr und Mitglied des Rats in Ulm.
5 *G*, davon 3 † als Säuglinge, darunter Anna Maria Miller, * 1753; Johann Gustav Miller, * 1756, † 3. VI. 1794.
∞ I. Ulm 4. VII. 1780 Anna Magdalena Spranger, * Ulm 1758, † ebd. 9. III. 1805, T. d. Oberstubenverwalters und Salzschreibers Spranger in Ulm; ∞ II. Ulm 30. VII. 1805 Sibylla Juliana Jehle, * 1774, † Ulm 2. IV. 1812, Magd im Hause M.s, T. d. Garnisonmusketiers Jehle in Ulm; ∞ III. 27. X. 1812 Magdalena Kröner, verw. Wör[t]z, * 1770, Weberstochter von Ulm, Wwe. d. Pfarrers Johannes Wör[t]z in Jungingen.
4 *K* aus II. Ehe, davon 2 † früh   Christian *Friedrich (Fritz) Ernst* Miller, * Ulm 28. XI. 1805; Friederica Catharina Miller, * Ulm 5. VIII. 1809.

M. war einer der führenden Ulmer Geistlichen und Literaten in der Zeit der Aufklärung. Er fühlte sich jedoch in seiner Heimatstadt sehr unwohl, zuletzt hat er Ulm zweifellos gehasst.
M. entstammte einer schon im 16. Jahrhundert in Ulm nachweisbaren Familie. Sein Ururgroßvater Johann Martin Miller (1636-1707), Pfarrer in Jungingen, Albeck, Ursprung und zuletzt in Großsüßen, war der erste Geistliche der Familie. Die direkten männlichen Vorfahren M.s waren seitdem alle Münsterprediger und betätigten sich literarisch.
In Ulm geboren, wuchs M. in Leipheim auf, wo sein Vater Pfarrer war. 1762 kehrte die Familie nach Ulm zurück, wo M. das Gymnasium besuchte. Die Grundlagen für seine Kenntnis des Griechischen und Hebräischen legte der Privatunterricht bei seinem Vater. Seit Herbst 1770 studierte er Theologie in Göttingen, wo sein Onkel Johann Peter Miller (1725-1789) Theologieprofessor war. Während seiner Göttinger Studienzeit war M. einer der Stifter des Göttinger Hainbundes, eines Dichterbundes, dem u. a. Christian Heinrich Boie, Gottfried August Bürger, Johann Friedrich Hahn, Ludwig Christoph Heinrich Hölty, Resewitz, die beiden Grafen von Stolberg-Stolberg und Johann Heinrich Voß angehörten. Im Okt. 1774 ging M. nach Leipzig, um auf Wunsch seines Onkels Johann Peter Miller den

401 Ebd.
402 HUBER, Haßler, S. 143.

403 WEYERMANN II, S. 333 ff. – APPENZELLER, Münsterprediger, S. 391 ff., Nr. 120.
404 WEYERMANN II, S. 332 ff. – APPENZELLER, Münsterprediger, S. 356 ff., Nr. 109.

Magistergrad zu erwerben. Er schrieb sich zwar an der Universität ein, scheint aber nicht studiert zu haben. Vielmehr widmete er sich Theaterbesuchen, dem gesellschaftlichen Leben, der Korrespondenz mit Freunden des Hainbundes und der Arbeit an eigenen Gedichten und Liedern, von denen schon zuvor einige u. a. im „Musen-Almanach" erschienen waren. Den Magistergrad erwarb er nicht.

Im Frühjahr 1775 entschied er sich für die Rückkehr nach Ulm, folgte aber erst Friedrich Gottlieb Klopstock nach Hamburg und trat dort in näheren Kontakt zu Matthias Claudius. Erst im Aug. 1775 kehrte M. nach Ulm (und zu einem sehr verärgerten Onkel) zurück und erhielt eine Stellung als Kandidat und Vikar der oberen Klassen am Gymnasium.

M.s schriftstellerische Arbeit war geprägt von der Empfindsamkeit und dem gefühlsbetonten Mystizismus seiner Zeit, wie sie sich besonders in M.s bekanntestem Werk, „Siegwart, eine Klostergeschichte" (Leipzig 1776), zeigten. Der stark von Goethes „Die Leiden des jungen Werthers" beeinflusste Roman wurde häufig nachgedruckt und in mehrere europäische Sprachen, so ins Französische, Polnische und Ungarische, übersetzt. M. wurde so sehr mit diesem Buch identifiziert, dass er häufig als „Siegwartmiller" firmierte. Seine frühen Werke waren im beliebten Briefstil des letzten Drittels des 18. Jahrhunderts verfasst. 1789 zählte M. zu den Mitstiftern der ersten Ulmer Freimaurerloge (Asträa zu den 3 Ulmen) und der Ulmer Lesegesellschaft. M. war als Dichter „für alle Fälle" in Ulm zur Stelle und verfasste zu zahlreichen Gelegenheiten meist elegische Gedichte. Daneben veröffentlichte er eine Reihe von vielgelesenen Predigtsammlungen und schrieb Lieder (u. a. „Ich leb´ das ganze Jahr vergnügt", „Mir ist halt nie so wohl zumut", „Was frag´ ich viel nach Geld und Gut, wenn ich zufrieden bin"), von denen „Du, du, liegst mir am Herzen" heute noch das bekannteste sein dürfte.

Der geistig überaus regsame M. fand nicht zuletzt auch durch seine Freundschaft zu Christian Friedrich Daniel Schubart, der von 1775 bis 1777 in Ulm lebte und wirkte, zur Aufklärung und begehrte in zahlreichen Schriften gegen geistige Enge und verkrustete Strukturen auf. Nach Schubarts Verhaftung und Einkerkerung auf dem Hohenasperg Anfang 1777 übernahm M. zeitweise die Herausgabe von Schubarts „Deutscher Chronik" und unterstützte dessen Familie finanziell.

1780 übernahm M. das Amt des Pfarrers in Jungingen, wobei er wie seine Vorgänger in Ulm wohnen bleiben konnte[405], wurde aber schon im darauffolgenden Jahr zum Professor des Naturrechts und wenig später zum Professor für Griechisch ernannt. 1783 erfolgte M.s Ernennung zum Münsterprediger, 1797 zum Professor der Katechetik am Gymnasium seiner Vaterstadt. Im Feb./März 1804 wurde M. zum Kgl. Bayer. geistlichen Konsistorialrat in Ulm ernannt und gehörte dem der Landesdirektion Schwaben unterstehenden neugebildeten Konsistorium an – neben Johann Christoph →Schmid war er der einzige Ulmer in diesem fünfköpfigen Gremium. Im Sept. 1809 stieg M. im Zuge der bayer. Neueinteilung der Ulmer Pfarrsprengel zum Dekan des neu gebildeten Dekanats Ulm, zum Zweiten Frühprediger und zugleich zum ersten Pfarrer der neuen Dreifaltigkeitspfarrei auf, die etwa ein Drittel des Stadtgebiets umfasste. Den Titel Konsistorialrat durfte M. weiter führen. Nach dem Wechsel Ulms von Bayern nach Württemberg ernannte König Friedrich I. von Württemberg M. am 23. Nov. 1810 im Zuge der Neuordnung der ev. Kirchenstellen in Ulm zum Dekan mit dem Titel Geistlicher Rat in Ulm, bestätigte also die bayer. Entscheidung. Bis zu seinem Tod im 64. Lebensjahr füllte M., der sich in Ulm nicht wohlfühlte und an den ihm verhassten Verhältnissen in der Stadt litt, seine Ämter aus – eine faszinierende Persönlichkeit, die ihren Höhepunkt

Q   StadtA Ulm, G 2 alt.
W   Schriftenverzeichnis bei BREITENBRUCH, Miller, (s. u.) – (Auswahl) Beyträge zur Geschichte der Zärtlichkeit aus den Briefen zweyer Liebenden, Leipzig 1776 – Briefwechsel dreyer akademischer Freunde, 2 Theile, Ulm 1776/77 – Gedichte, Ulm 1783 – Predigten über verschiedene Texte und Evangelien, hauptsächlich für Stadtbewohner. Gehalten von Johann Martin Miller, Ulm 1792 – Sechs Predigten bey besonderen Veranlassungen gehalten, Ulm 1795 – Auch Etwas über die Verweisung des Bürgers Heinzmann aus Ulm, das Benehmen des dortigen Magistrats und den Rathskonsulenten D. Härlin. Hg. von einem Weltbürger, Ulm 1799.
L   Ih 2, S. 606 – WEYERMANN I, S. 397-410 – GRADMANN, Das gelehrte Schwaben, S. 386-389 – SCHULTES, Chronik, S. 342 f., 384, 400 – OAB Ulm, S. 319 – UBC 1, S. 316, 318 (Bild), 334, 381 – Kurt WENSCH, Stammtafel eines Ulmer Miller-Geschlechts, Dresden 1940 – HEPACH, Königreich, S. 54, 126 – NEBINGER, Die ev. Prälaten, S. 565, 567, 570, 577 – APPENZELLER, Münsterprediger, S. 404-412, Nr. 128 – UNGERICHT, S. 14, 35, 73 f. (Bild) – SCHMITT, Wohlercos Buchhandlung, S. 64-71 (Bild) – SPECKER, Ulm im 19. Jahrhundert, S. 174, 355, 382, 384 – SCHMIDT, Revolution, S. 52, 55, 291 – Bernd BREITENBRUCH, Johann Martin Miller 1750-1814. Liederdichter der Göttinger Hain, Romancier, Prediger am Ulmer Münster. Ausstellung zum 250. Geburtstag, Stadtbibliothek Ulm, Schwörhaus, 3. Dez. 2000 bis 27. Jan. 2001 (Veröffentlichungen der Stadtbibliothek Ulm 20), Weißenhorn 2000 – SPECKER, Bestände, S. 457 – Bernd BREITENBRUCH (Hg.), Christian Friedrich Daniel Schubart. Briefwechsel. Kommentierte Gesamtausgabe in drei Bänden (Bibliotheca suevica, Band 20), Konstanz-Eggingen 2006, passim – SCHMIDT, Demokratie, S. 11.

Miller, Markus (Marx) Tobias, Dr. iur. utr., * Ulm 30. Okt. 1742 (1745?), † ebd. 20. April 1829, □ ebd., ev.
Eltern und G siehe Gottlob Dietrich →Miller.
∞ Pfuhl (heute Stadt Neu-Ulm) 1. IX. 1772 Christine Alphonsine Veiel, * wohl 1749, † Ulm 31. III. 1809, T. d. Elias Ludwig Veiel, Kaufmann und bürgerlicher Almosenkastenpfleger in Ulm.
10 K, davon 7 † früh   Elias Ludwig Miller, * 17. X. 1774, Hofgerichtssekretär in Memmingen, ∞ Großsüßen bei Göppingen 17. X. 1803 Anna Magdalene Hauser, T. d. Johannes Hauser, Amtmann in Ulm; Maria Regine Miller, get. Ulm 1. Okt. 1778, ∞ 10. VI. 1799 Sebastian Ludwig Vetter, Dr. med., Stadtphysikus, zuletzt Oberamtsarzt in Ulm; Anna Maria Miller, * Ulm 8. I. 1784, ∞ Großsüßen bei Ulm 26. X. 1813 Andreas Hauser, * 13. II. 1779, Pfarrer in Lindau am Bodensee, ihr Schwager.

Der ältere Bruder des Ulmer Ratskonsulenten Gottlob Dietrich →Miller wies im Hinblick auf seine berufliche Laufbahn, die ihn nach dem Ende der reichsstädtischen Zeit in bayer. Dienste führte, in denen er auch nach dem Übergang Ulms an Württemberg verblieb, viele Gemeinsamkeiten mit dem jüngeren Bruder auf.

Nach dem Besuch des Gymnasiums seiner Vaterstadt gewann M. als Kanzleijunge erste Einblicke in die Verwaltung der Reichsstadt. Nach dem Jurastudium in Halle/Saale, Göttingen und Gießen durchlief M. eine praktische Ausbildung am Reichskammergericht in Wetzlar, wo neben Freiherr Ulrich von Cramer Hofrat Johann Jakob Wickh zu seinen wichtigsten Lehrern gehörte. Seit Juli 1769 war M. Ratskonsulent der Stadt Ulm und erhielt später den Titel eines Ksl. Hof- und Pfalzgrafen. Im Dez. 1788 zum Eherichter, 1790 zum Stadtamtmann und Scholarchen ernannt, erfüllte M., der auch Zensor war, in der reichsstädtischen Hierarchie wichtige Aufgaben. Als Ulm an Bayern fiel, war er bereits 60 Jahre alt, musste sich also um seine berufliche Zukunft – anders als seine jüngeren Kollegen aus dem Ratskonsulentenkollegium – keine Sorgen machen. Im Okt. 1804 wurde M. zum Konsistorialrat ernannt, wechselte also in die Kirchenverwaltung des Kurfürstentums Bayern. Er war Mitglied der protestantischen Konsistorial-Sektion in Ulm, die für die evangelischen Pfarreien der neu an Bayern gefallenen Reichsstädte und der anderen neuen Gebiete zuständig war. Für die beiden letzten Jahrzehnte seines Lebens fehlen uns Hinweise, es steht jedoch zu vermuten, dass er sich 1809/10 in den Ruhestand begab. Er starb als verwitweter Kgl. Bayer. Konsistorialrat a. D. im Alter von 86 Jahren in Ulm.

Q   StadtA Ulm, G 2 alt.
W   De Advocatia Liberarum S. R. I. Civitatum Monastica; pro Gradu Doctoris, Gießen 1769.
L   WEYERMANN I, S. 413 f. – GRADMANN, Das gelehrte Schwaben, S. 389 – GÄNßLEN, Ratsadvokaten, S. 243 f. u. ö. – NEBINGER, Die ev. Prälaten, S. 565, Anm. 3.

---

[405] Erst ab 1837 waren die Pfarrer von Jungingen auch an ihrem Amtsort wohnhaft. Vgl. UBC 1, S. 319.

Möller, Georg *Hermann*, Dr. phil., * Veckenhagen (Hessen-Kassel) 22. Dez. 1843, † nicht ermittelt.

Vater   Hermann Möller, Dr. med., Amtsphysicus.
Mutter   Kunigunde Dorothea Israel.
∞ Juni 1881 Elise Lindemann, * Neu- Ulm 1. IV. 1854, T. d. Ferdinand →Lindemann, Buchhändler in Neu-Ulm, u. d. Emilie Beiselen.
2 K   Georg Hermann Ferdinand Möller, * Neu-Ulm 18. III. 1882, Ingenieur in Neu-Ulm, ∞ Maria Minna Steinhardt, * Schlieban 18. VI. 1887; Eckart Möller, * Neu-Ulm 19. IX. 1887, † gefallen 8. I. 1915.

Das Rektorat Dr. Möller dauerte nur einige Jahre, war aber das an Konflikten reichste in der Anstaltsgeschichte. Sicher lag das in erster Linie an seiner ausgeprägten Persönlichkeit, doch spielten auch die Zeitumstände ihre Rolle (RADSPIELER). Am Aufbau der Neu-Ulmer Realschule hatte M. als Lehrer wesentlichen Anteil. Während seiner Zeit als Rektor agierte er hingegen unglücklich.

Der hoch begabte und außerordentlich schaffensfreudige M. studierte zunächst Pharmazie in Marburg/Lahn, wo er das Apotheker-Staatsexamen ablegte. Nach einigen Jahren in der Schweiz kehrte er zum Studium der neuen Sprachen nach Bayern zurück und bestand 1878 das Lehrerexamen für Englisch und Französisch. Danach war eine Assistentenstelle am Gymnasium Passau seine erste Station im höheren Schuldienst des Königreichs Bayern. Im Nov. 1880 wurde M., zunächst zum Lehramtsverweser, 1881 dann als Reallehrer für Englisch, Französisch und Naturbeschreibung an der neu gegründeten Realschule Neu-Ulm ernannt. 1898 erfolgte seine Ernennung zum Professor mit Rang und Gehalt eines Gymnasialprofessors. 1888 wurde er mit der Dissertation „Die Auffassung der Kleopatra in der Tragödienliteratur der romanischen und germanischen Nationen" (gedruckt 1888 bei Heinrich Kerler) an der Universität Freiburg im Breisgau promoviert. M. verfasste seit Anfang der 1880er Jahre eine große Anzahl von Büchern, Broschüren und Zeitungsartikeln, so in den „Fliegenden Blättern" und den „Blättern für das bayerische Realschulwesen". Daneben schrieb M. auch Gedichte und feuilletonistische Beiträge, hielt historisch-politische und naturwissenschaftliche Vorträge. Naturkundliche Exkursionen und die Vorbereitung biologischer, chemischer und physikalischer Versuche waren ein weiteres Betätigungsfeld M.s. Ein von ihm erfundenes Herstellungsverfahren für biologische Präparate war zu seiner Zeit als „System Dr. Möller-Morin" recht bekannt.

Im Jahre 1900 spielte M. in der sog. „Affäre Mulert", die seinerzeit gewaltige Wellen schlug, eine Rolle. Reallehrer Dr. Alfred Mulert, im Vorjahr an die Realschule Neu-Ulm gekommen, wandte im Französischunterricht die phonetische Lehrmethode an, ließ also seine Schüler die Fremdsprache sprechen und auch singen, bevor sie schriftlich – auch unter Zuhilfenahme einer eigens entwickelten phonetischen Schrift – erlernt wurde. Während Gründungsrektor Julius Bräuninger die moderne Methode des jungen Lehrers nicht recht einzuschätzen vermochte, ihn aber deswegen nicht ansprach, kritisierte M. Mulert im Kollegium. Er stand als Verfasser eines der herkömmlichen Lehrmethode verpflichteten Lehrbuchs im Gegensatz zu Mulert. Bräuninger berichtete in privater Runde Bürgermeister Josef →Kollmann von der Angelegenheit, der davon den Landtagsabgeordneten Landmann unterrichtete. Dieser sprach sie am 5. Mai 1900 in einer Sitzung der Abgeordnetenkammer des Landtags in München an und tadelte die Methode; die Schüler würden nichts oder *nicht so viel, wie [...] bisher* lernen. Rektor Bräuninger empfand Kollmanns Berichterstattung des Abgeordneten als Indiskretion und betrieb verstärkt einen bereits seit längerem angestrebten Ortswechsel, der sich zu Beginn des Schuljahres mit der Übernahme des Rektorats der Realschule in Bayreuth realisierte. Über Bräuningers Weggang herrschte allgemeines Bedauern. M. übernahm als zweiter Rektor der Realschule mit der Nachfolge Bräuningers ein schweres Erbe. Der sanguinische und von selbstgerechter Arroganz nicht freie neue Schulleiter suchte Mulert zu maßregeln und beschwor die Visitation des

Universitätsprofessors Hermann Breymann (München) – des Mitautors seines Lehrbuches – in Neu-Ulm herauf. Breymann fand wider M.s Erwarten bei Mulerts Methode auch Positives, was M.s Stellung an der Realschule jedoch nicht stärkte. Mulert wurde im Schuljahr 1901/02 nach Kitzingen versetzt. M. verfolgte einen durchaus zeittypischen autoritären Kurs, indem er die Schutzmannschaft anwies, jeden nach 18 Uhr auf der Straße anzutreffenden Realschüler nach seinem und dem Namen des Wohnungsgebers zu fragen und dem Rektorat anzuzeigen. Gegenüber dem Ministerium in München vermochte er sich damit nicht durchzusetzen, das lapidar mitteilte, auch in Neu-Ulm müssten die Bestimmungen, die in ganz Bayern bestünden, ausreichen. 1902 kam M. einer unerlaubten Schülerverbindung „Concordia" auf die Spur, die ihre Aktivitäten auf unerlaubten Wirtshausbesuch zu beschränken schien. M. verhängte für die zwölf betroffenen Schüler Karzerstrafen, dem „Vorsitzenden" drohte er mit Entlassung von der Schule. 1903 führte die Beschuldigung, M. habe einen Schüler geohrfeigt, zu einer langwierigen Untersuchung, die letztlich zutage förderte, dass die Beschuldigung nicht den Tatsachen entsprach. Unabhängig davon zeigte sich aber im Laufe der Zeit, dass sich M. in der Schule und auch bei der Stadtverwaltung viele Gegner geschaffen hatte. Der Freimaurer M. hatte beim katholischen Bevölkerungsteil wenig Rückhalt, und als der katholische Stadtpfarrer Kotter sich vom Religionsunterricht zurückzog, weil eine vertrauensvolle Zusammenarbeit nicht mehr möglich sei, wirkte dies wie ein Fanal. Kotter zeigte M. bei der Regierung an, die M. im Juni 1903 einen ungewöhnlich strengen Verweis erteilte. Zunehmend verbittert, beantragte M. seine Versetzung an das humanistische Gymnasium Schweinfurt, die sich zum Schuljahresbeginn 1904/05 realisierte. M.s Nachfolge trat Dr. Ludwig Angerer an.

W   Internationales medizinisch-pharmazeutisches Wörterbuch [in deutscher, englischer und französischer Sprache], 1879 – Zur Reform des französischen Unterrichts. Offener Brief von Hermann Möller an Herrn D. H. in B., o. o. J. (München ca. 1883) – Zur Reform des neusprachlichen Unterrichts. Anleitung zum Gebrauch des französischen Elementar-Übungsbuches von Hermann Breymann und Hermann Möller, München 1884 – (mit Hermann Breymann), Französisches Elementarbuch, 1886, ⁸1901– (Hg.) Friedrich von Hellwald´s Culturbilder, Ulm 1894 – Beiträge zur dramatischen Cleopatra-Literatur, Gymnasialprogramm Schweinfurt, 1907.
L   RADSPIELER, 100 Jahre, S. 19, 22 ff., 24 ff. – TREU, Neu-Ulm, S. 199.

Mörike, *Margarete (Gretchen)* Elisabetha Antonia, geb. Speeth, * Mergentheim 10. Juni 1818, † Neu-Ulm 8. Jan. 1903, kath.

Vater   Valentin von Speeth[406], * Mannheim 6. VI. 1778, † Mergentheim 10. VIII. 1845, Kgl. Württ. Oberstleutnant.
Mutter   Josefa Schaupp.
∞ Mergentheim 25. XI. 1851 *Eduard* Friedrich Mörike, Dr. phil., * Ludwigsburg 8. IX. 1804, † Stuttgart 4. VI. 1875, Dichter und Pfarrer, 1851 Professor am Katharinenstift Stuttgart.
2 K   *Franziska (Fanny)* Josefina Klara Charlotte Mörike, * Stuttgart 12. IV. 1855, † Neuenstadt am Kocher 10. XI. 1930, ∞ Blaubeuren 15. X. 1882 Georg →Hildebrand, Uhrmacher in Neu-Ulm; *Marie* Charlotte Margarethe Valentine Mörike, * Stuttgart 28. I. 1857, † Mergentheim 29. VII. 1876.

Als Gattin eines berühmten Mannes leben zu müssen, hatte zu allen Zeiten seine Tücken. Noch schwieriger war es, wenn die Beziehung zerbrach. M., die Ehefrau des schon zu Lebzeiten sehr bekannten Dichters Eduard Mörike, verlebte nach der Trennung von ihrem Ehemann ihre letzten Lebensjahre in Neu-Ulm, da ihre Tochter dorthin geheiratet hatte.

M. war keine Figur von literarhistorischer Bedeutsamkeit, und ihr Mann war ein schwieriger Charakter, ein Pfarrer, der nicht Pfarrer sein wollte und mit M. eine kath. Ehefrau nahm, die nicht konvertieren wollte. Der zeitlebens kränkliche Mörike, der in seiner Jugend die Landpfarrerstochter Luise Rau verehrt hatte, bis diese enttäuscht die Verlobung löste, war schon 47 Jahre alt, als er die Ehe mit der um 14 Jahre jüngeren Offizierstochter schloss, und Konflikte gab es zwischen den

---

[406] Ih 2, S. 840.

Ehepartnern von Anfang an. Über dem Ehebund schwebte die grundsätzliche Veränderung der Ausgangslage. Mörike hatte nach dem Rückzug vom Pfarrerberuf eine reiche Heirat angestrebt, die mit M. gesichert zu sein schien. Doch nach dem Tod ihres Vaters brachte M.s Bruder das ganze Vermögen durch, so dass sich Mörikes Grundvoraussetzung für die Eheschließung in Luft auflöste. Sein Eheversprechen konnte er nicht rückgängig machen.

Dennoch scheint M. ihren Ehemann zeitweilig literarisch inspiriert zu haben; Mörike widmete ihr mehrere Gedichte, auch das nach ihr benannte „Margareta".

1873 trennte sich das Paar, zwei Jahre später starb Mörike. Seine Witwe, die schon vorher häufig ihre in Neu-Ulm verheiratete Tochter Fanny Hildebrand besucht hatte, zog im Juni 1888 zu ihr nach Neu-Ulm. Sie lebte dort sehr zurückgezogen noch fast 15 Jahre bis zu ihrem Tod, nahm nur gelegentlich am kath. Gottesdienst teil und unternahm oft Spaziergänge. – 1952 Benennung des Margarethenweges von der Turmstraße beim Wasserwerk zum Festungswall in Neu-Ulm.

Q   StadtA Neu-Ulm, D 12, III.2.3.3 – Dt. Literaturmuseum Marbach/Neckar: Nachlass Eduard Mörike (darin auch M.s schriftlicher Nachlass).
L.   Staatsanz. Nr. 8, 12. I. 1903, S. 51 – Eduard Mörike´s Briefe und Gedichte an Margarete von Speeth, Stuttgart o. J. – LOTTER, Schall, S. 352 – Aus dem Ulmer Winkel Nr. 12/1935, S. 46 – DGB 170 (1975), S. 110 f. – Bernhard ZELLER u. a., Mörike 1804 - 1875 - 1975. Katalog der Gedenkausstellung zum 100. Todestag im Schiller-Nationalmuseum Marbach/Neckar, München 1975, bes. S. 296-299 und passim – Eduard OHM, In Neu-Ulm gehen Uhren anders. Wie Dichter Mörike sich im Schießhaus erholte (Neu-Ulmer Geschichten 3), in: NUZ Nr. 104, 5. V. 1984 – Hans HOLTHUSEN, Eduard Mörike in Selbstzeugnissen und Bilddokumenten, Reinbek 1991 – TREU, Neu-Ulm, S. 556 (Hans RADSPIELER).

Molfenter, *Hans* Bernhard, * Neu-Ulm (nicht Ulm!) 21. Juni 1884, † Stuttgart-Rohr 22. Nov. 1979, ev.

Mutter   Bertha Molfenter, *ledige Kleidermacherin aus Ulm, protestantischen Glaubens, wohnhaft in Neu-Ulm, Augsburger Str. 6.*
Ledig. Keine K.

Der Tier-, Landschafts- und Figurenmaler M. war einer der bekanntesten Stuttgarter Künstler des 20. Jahrhunderts.

M. besuchte die Volksschule in Neu-Ulm und die höhere Schule in Ulm. Im Juli 1901 bestand M. am Ulmer Realgymnasium die Reifeprüfung. Seine künstlerische Begabung hatte sich früh gezeigt, so dass eine weitere Ausbildung nahelag, die er an der Akademie der bildenden Künste in Stuttgart durchlief. Seine Hauptlehrer waren Robert Poetzlberger, Gustav Igler und Friedrich von Keller. Der stark vom Impressionismus geprägte M., der besonders Edouard Manet und in Deutschland Hermann Pleuer und Otto Reiniger verehrte, gewann bei Ausstellungen der Akademie zweimal goldene Medaillen. Im Ersten Weltkrieg war er Frontsoldat. Nach Kriegsende führten ihn große Reisen u. a. nach Hamburg, Marseille und Tunis.

Motive seiner Malerei waren vor allem Landschaften, Tiere, Zirkus- und Marktszenen, weniger Porträts. Seine bis um ca. 1920 eher dunkle Farbpalette hellte sich auf; nach ca. 1930 verfolgte er konsequent eine weitgehende Reduktion der künstlerischen Mittel: *Bei den mit wenigen Pinselstrichen und sparsamstem dünnen Farbauftrag hingeschriebenen Landschaften, Markt- und Zirkusszenen, den bayrischen Bierszenen und insbesondere bei seinen großartigen Raubtierporträts liegt der Vergleich mit den alten ostasiatischen Meistern nahe* (Eugen KEUERLEBER).

1937 siedelte M., der persönliche Freiheit und Unabhängigkeit als einziges Mittel sah, keine künstlerischen Kompromisse eingehen zu müssen, nach München über, kehrte aber 1946 nach Stuttgart zurück. Der eigenwillige und gegenüber der Öffentlichkeit misstrauische M., der auf Verkaufs- und Ausstellungserfolge wenig Wert legte und sich zeitlebens nie anderen Künstlern oder einer Gruppe angeschlossen hatte, trieb seine Selbstkritik nach den Worten eines Rezensenten *bis zur Selbstpeinigung.* Dabei sei *die Sicherheit der Technik, die Knappheit der Mittel [...] unerhört,* und aus M.s Raubtierbildern schlage *einem geradezu atemberaubende Spannung entgegen.*

1976 wurde M. vom baden-württembergischen Ministerpräsidenten Hans Karl Filbinger der Professorentitel verliehen. M. starb drei Jahre später im 96. Lebensjahr. Aus Anlass seines 100. Geburtstages würdigte ihn die Landeshauptstadt Stuttgart, der er seinen gesamten künstlerischen Nachlass und seine Ersparnisse vererbt hatte, mit einer Gedächtnisausstellung, die im Mai/Juni 1984 im Kunstgebäude am Schlossplatz zu sehen war.

Der aus dem Nachlass von M. finanzierte Hans-Molfenter-Preis der Landeshauptstadt Stuttgart wurde 1983 ins Leben gerufen. Er wird an Kunstschaffende vergeben, die mit *Südwestdeutschland verbunden sind und durch ein herausragendes künstlerisches Werk* Anerkennung erfahren haben. Der zunächst im Zwei-Jahres-Turnus, seit 1995 alle drei Jahre vergebene Preis ist mit 16.000 Euro dotiert und seine Verleihung mit einer dem jeweiligen Preisträger gewidmeten Ausstellung im Stuttgarter Kunstmuseum verbunden.

Q   StadtA Ulm, G 2.
L.   Ih 2, S. 611 – Ih 3, S. 235 – THIEME-BECKER 25 (1931), S. 33 – UBC 3, S. 248 – Schwaben 12 (1940), 333 – VOLLMER 3, S. 410 – Hans Molfenter. Bilder, Studien, Zeichnungen, [Katalog], hg. von der Galerie der Stadt Stuttgart 1975 – Hans Molfenter 1884-1979. Ein Vermächtnis, hg. von der Galerie der Stadt Stuttgart 1984 [mit Einführung von Eugen KEUERLEBER] – Wikipedia.

Molfenter, Robert, Dr. iur., * Ulm 10. Dez. 1901, † nicht ermittelt, ev.

Vater   Molfenter, Gastwirt in Ulm.

M. war der erste Präsident des Landesamts für Flurbereinigung und Siedlung Baden-Württemberg.

Der aus alter Ulmer Familie stammende M. besuchte in seiner Vaterstadt die Grundschule und das Gymnasium und studierte anschließend Jura in Tübingen. 1928 wurde M. nach Bestehen der beiden Höheren Justizdienstprüfungen und der größtenteils in Ulm zugebrachten Referendarzeit mit der Arbeit „Die Geldfälschungsdelikte im Entwurf 1925" promoviert. Damit die Voraussetzungen für eine Übernahme in den höheren Staatsdienst bietend, übernahm M. Ende 1929 die Amtsverweserschaft für den Landrat in Oberndorf/Neckar, 1930 auch kurzzeitig für den Landrat in Sulz/Neckar. Am 22. April 1930 zum Regierungsrat beim OA Oberndorf/Neckar ernannt, übernahm M. dort von Okt. 1930 bis April 1931 erneut die Amtsverweserschaft für den Landrat. 1933 jeweils kurzzeitig bei den OÄ Göppingen und Ehingen/Donau verwendet, kam er im Mai 1933 zum Oberversicherungsamt nach Stuttgart, im Nov. 1933 zum Technischen Landesamt in Ludwigsburg. 1934 kam er zum dritten Male als Amtsverweser an das (finanziell) wenig attraktive Landratsamt in Oberndorf/Neckar, diesmal zumindest mit dem Recht der Amtsnachfolge des Landrats Hermann Reihling, der auf dem Sprung zum endgültigen Wechsel ins Innenministerium stand. Nach Reibereien mit der Oberndorfer NSDAP-Kreisleitung wurde M. zum Technischen Landesamt versetzt, im Dez. 1935 jedoch formell zum Landrat in Oberndorf ernannt, ohne dieses Amt tatsächlich zu übernehmen, sondern lediglich, um als Oberregierungsrat in der Landwirtschaftsabteilung des würt. Wirtschaftsministeriums (beim Technischen Landesamt) in die Planstelle gleicher Besoldungsgruppe eingewiesen werden zu können, was Ende 1938 geschah. Zuvor war M. als Hauptberichterstatter des Geschäftsteils Umlegung und Kulturbau beim Technischen Landesamt tätig gewesen und hatte im Jan. 1938 zugleich den stv. Vorsitz der Oberen Spruchkammer für Umlegungen übernommen.

Der 1933 der NSDAP beigetretene M. wurde am 23. Aug. 1945 auf Weisung der US-Militärregierung von seinem Amt suspendiert, aber schon Ende 1946 wieder in die Dienste des neu gebildeten Landwirtschaftsministeriums Württemberg-Baden übernommen, wo er wiederum für den Geschäftsteil Umlegung und Wasserwirtschaft zuständig war. 1950 erfolgte M.s Ernennung zum Abteilungsleiter im Landwirtschaftsministerium.

Nachdem im Jahr darauf die Aufgabengebiete Umlegung und Siedlung zusammengelegt worden waren, übernahm M. 1952 die Leitung dieser vergrößerten Abteilung und wurde 1954 zum Präsidenten des Landesamtes für Flurbereinigung und Siedlung Baden-Württemberg mit Sitz in Ludwigsburg ernannt. In seinem neuen Amt war für M. besonders die Rationalisierung und Beschleunigung der Flurbereinigungsverfahren vorrangig. Die Einführung von Lochkarten war nur eines der sichtbaren Zeichen effizienter Verwaltungsarbeit. Auf M.s Initiative gehen zahlreiche Aussiedlungshöfe zurück, und auch mit der Integration tausender heimatvertriebener Landwirtsfamilien schuf M. die moderne Agrarstruktur Baden-Württembergs mit.
1966 trat M. in den Ruhestand.

Q   StadtA Ulm, G 2 – HStAS, E 7/150, Anhang, ohne Bü-Nr.
W   Die Geldfälschungsdelikte im Entwurf 1925, iur. Diss., Tübingen 1928.
L   Der geistige Vater der Flurbereinigung. Präsident Dr. Molfenter wird am Sonntag 60 Jahre alt – Große Verdienste, in: Ulmer Nachrichten Nr. 284, 9. XII. 1961 (Bild) – RUCK, Korpsgeist, S. 173 f., 245 f. – Amtsvorsteher, S. 411 (Michael RUCK).

Molfenter, David *Samuel*, * Ulm 20. März 1783, † ebd. 27. Aug. 1831, ev.
Mutter   Anna Magdalena Molfenter.
G   Jakob Molfenter, ∞ Regina Haegelin; Martin Molfenter, ∞ Luise Conrad; Christoph Molfenter, ∞ Juliana Knaeringer; Michael Molfenter, ∞ Regina Schmidt.
∞ Martin, T. d. Martin.

Der einer der bekanntesten Ulmer Familien des Bürgertums entstammende M., Kaufmann in Ulm, zählt zu den Persönlichkeiten, die in den ersten Jahrzehnten des 19. Jahrhunderts die Verbindung zwischen dem alten und dem neuen Ulm unter fremder Oberhoheit verkörperten. 1817 in den ersten gewählten Bürgerausschuss gewählt, trat M. 1823 nach dem nächsten Wahl an dessen Spitze und blieb es bis zu seinem Tod. Im Okt. 1819 erfolgte M.s Wahl in den Gemeinderat. Als er 1825 erneut in den Gemeinderat gewählt wurde, lehnte M. die Wahl unter Verweis auf seine geschäftlichen Verpflichtungen ab. Im Nov. 1827 nochmals in den Gemeinderat gewählt, nahm er die Wahl nunmehr an und gehörte ihm bis zu seinem Tod an.

Q   StadtA Ulm, G 2.
L   HEPACH, Königreich, S. 48, 59, 95, 98, 102, 183 – WAIBEL, Gemeindewahlen, S. 258, 260 f., 318-321.

Molsberg, Freiherr *Heinrich* Otto von, * Ulm 19. Feb. 1832, † Stuttgart 30. Okt. 1909, ☐ Ludwigsburg, Alter Friedhof, 3. Nov. 1909, ev.
Vater   Freiherr *Jakob* Karl von Molsberg, * 10. IV. 1784, † 13. VIII. 1850, Kgl. Württ. Major in Ulm, S. d. Freiherrn Karl Friedrich Emmanuel von Molsberg, * 1735, † 1792, u. d. Henriette Friederike von Geißspitzheim, † 15. III. 1804.
Mutter   Christine Büttner.
1 G   Freiherr Paul Hermann Adolf von Molsberg, * 16. IX. 1828, ∞ I. 1858 Freiin Marie von Röder, † 27. II. 1859, ∞ II. 1861 Marie Wettsein, von Basel.
∞ 1. X. 1857 Anna von Baur-Breitenfeld, T. d. Fidel Baur von Breitenfeld[407], * Rottweil 8. IV. 1805, † Ludwigsburg 20. III. 1882, Kgl. Württ. Generalleutnant, 1849/50 Chef des Kriegsdepartements, seit 1851 vom König ernanntes lebenslängliches Mitglied der Ersten Kammer des Württ. Landtags.
2 K   Freiin Elisabeth von Molsberg, * 27. VIII. 1862, ∞ Freiherr Otto von Hügel[408], * Stuttgart 20. IX. 1853, † Mainz 4. I. 1928, General der Infanterie, war früher u. a. Kommandeur der 54. Inf.-Brigade in Ulm; Freiin Gertrud von Molsberg, * 15. XI. 1873.

M. war einer der zahlreichen in Ulm geborenen hohen Offiziere Württembergs. Als Generaladjutant des Königs erfreute sich der populäre M. der besonderen Wertschätzung des Monarchen.
Seine Familie stammte aus Hessen-Nassau. Die namengebende Burg liegt in Hadamar. Seit der frühen Neuzeit lebten zahlreiche Mitglieder der Familie in Mainz. M. war einer der letzten sicher nachweisbaren Blutsverwandten von Johannes Gutenberg, dem Erfinder der Buchdruckerkunst. Erst mit M.s Vater,

der in württ. Militärdienste trat, kam die Familie nach Württemberg. M. kam während der Dienstzeit seines Vaters in Ulm zur Welt, und als Zweitgeborenem scheint der Vater ihm von Anfang an ebenfalls die militärische Laufbahn zugedacht zu haben. Im Alter von 16 Jahren trat M. am 2. Okt. 1848 in die Offiziers-Bildungsanstalt (später Kadettenkorps) ein und wurde am 20. Sept. 1852 zum Leutnant im Art.-Rgt. in Ludwigsburg ernannt. Im Herbst 1853 auf ein Jahr zur Artillerie- und Ingenieurschule Berlin abkommandiert, avancierte M. am 25. Sept. 1855 zum Oberleutnant und am 15. Mai 1859 zum Hauptmann.
Im Preußisch-Österreichischen Krieg von 1866, an dem Württemberg auf Seiten Österreichs teilnahm, war M. als Zweiter Hauptmann bei der 4. Fußartillerie bei der Reserveartillerie des VIII. Bundesarmeekorps eingesetzt. Bei Ausbruch des Dt.-Frz. Krieges 1870 wurde M. zum Chef der 2. Batterie der württ. Festungsartillerie in Ulm ernannt, musste dann aber an Stelle des erkrankten Chefs der 5. leichten Batterie der Felddivision ein Frontkommando übernehmen und zeichnete sich im Krieg mehrfach aus, u. a. in der Schlacht bei Sedan. M. wurde mit dem Ritterkreuz des Militär-Verdienstordens und dem Eisernen Kreuz ausgezeichnet. Am 22. Juli 1872 zum Major und Abteilungskommandanten befördert, stand schon sechs Jahre später, am 8. Sept. 1878, die Beförderung zum Oberstleutnant an. Nachdem er am 5. April 1881 zum Abteilungskommandeur im 2. Württ. Feld-Art.-Rgt. Nr. 29 und am 31. Okt. 1883 zum Obersten ernannt worden war, erfolgte am 21. Mai 1884 die Ernennung zum dienstuenden Flügeladjutanten des Königs. Am 19. April 1886 wurde M. als Nachfolger des Freiherrn von Spitzemberg mit den Funktionen des Generaladjutanten des Königs Karl von Württemberg betraut, am 10. Sept. 1886 erfolgte dann die definitive Ernennung M.s zum dienstuenden Generaladjutanten unter Beförderung zum Generalmajor. M. hatte auf diese Stellung gezielt hingearbeitet, wurde aber von höfischen Beobachtern als wenig geeignet dafür angesehen, da er zu sehr Soldat und zu wenig Diplomat sei. In der Tat bedurfte es in der Spätzeit der Regierung des Königs Karl großen Fingerspitzengefühls, um als Generaladjutant nicht zwischen alle Stühle zu geraten. M. scheint dies besser gelungen zu sein, als seine Gegner ahnen mochten.
Am 8. Juli 1892 wurde M. nach dem Tod König Karls als Generaladjutant in den Ruhestand verabschiedet, am 13. Sept. 1899 verlieh ihm Karls Nachfolger Wilhelm II. den Charakter eines Generals der Artillerie z. D. M. wurde auf seinen eigenen Wunsch in Ludwigsburg bestattet. Bei seiner Bestattungsfeier wurden auf seine Bitte hin alle militärischen Ehrenbezeugungen unterlassen. – Mitglied des Vereins für Kunst und Altertum in Ulm und Oberschwaben. – 1891 Kommenturkreuz des Württ. Kronordens mit Stern; Kommenturkreuz des Militär-Verdienstordens; Großkreuz des Friedrichsordens; 1900 Großkreuz des Großhzgl. hess. Ordens Philipps des Großmütigen.

L   Ih 2, S. 612 – BECKE-KLÜCHTZNER, S. 272 – Staatsanz. 1909, 255 – SK Nr. 507 (Mittagsblatt), 1. XI. 1909, S. 5 (Todesanz. S. 8) – Beerdigung des Generals Frhr. v. Molsberg, in: SK Nr. 512 (Abendblatt), 3. XI. 1909, S. 6 – Württ. Jahrbücher, S. IV – PHILIPPI, Württemberg, S. 73, 85 – Paul SAUER, Regent mit mildem Zepter. König Karl von Württemberg, Stuttgart 1999, S. 238, 252.

Moos, Alfred, * Ulm 11. April 1913, † ebd. 1. April 1997, mos.
Vater   Hugo Moos[409], * Ulm 28. X. 1877, † KZ Theresienstadt 18. XII. 1942, Kaufmann (Wäsche- und Aussteuergeschäft) in Ulm, Mitbegründer des örtlichen „Reichsbanners Schwarz-Rot-Gold".
Mutter   Ida Herzfelder, * Augsburg 1886, † Ulm 1932, T. d. Isaak Herzfelder, Rechtsanwalt in Augsburg.
Keine G.
∞ 1936 Erna Adler, * Ulm 1916, Kosmetikerin und Friseurin, T. d. Isaak Adler[410], * Laupheim 6. IV. 1877, † Netanya (Palästina) 12. VII. 1939, Viehhändler in Ulm, u. d. Frieda Obernauer, † Ulm-Söflingen 1956.

[407] RABERG, Biogr. Handbuch, S. 34-36.
[408] Ih 1, S. 411 – Württ. Jahrbücher 1928, S. [XII].
[409] BERGMANN, Gedenkbuch, S. 116 f. (Bild).
[410] Ebd., S. 26 f. (Bild).

Michael Moos, * Tel Aviv 1947, Rechtsanwalt in Freiburg im Breisgau; Peter Moos, Dipl.-Ing., * Ulm 1956.

M. war der einzige Ulmer Jude, der nach der Flucht vor den Nationalsozialisten viele Jahre später aus freien Stücken in seine Geburtsstadt zurückkehrte und dort wieder lebte. Enge verwandtschaftliche Bande waren zu Albert →Einstein geknüpft, dessen Vater ein Bruder von M.s Großmutter Friederike war.
M. besuchte nach der Elementarschule ab 1921 das humanistische [heutige Humboldt-]Gymnasium, wo er 1931 das Abitur bestand. Er war, dem Vorbild seines Vaters folgend, beim republikbejahenden „Reichsbanner Schwarz-Rot-Gold" aktiv und Fußballer beim Ulmer Fußballverein 1894. Ab 1931 studierte M., der nach dem Abitur der SPD und der Sozialistischen Studentenschaft beitrat, Jura in Heidelberg und Berlin, brach sein Studium aber nach der NS-Machtübernahme ab. Zuvor war er aus der SPD und der Sozialistischen Studentenschaft aus- und der Roten Studentengruppe Berlin beigetreten. Er sah keine Perspektive für sich und ging noch 1933 nach London, wo er in der Firma „Landauer & Co." eine kaufmännische Ausbildung durchlief. In London schloss sich M. der Auslandsorganisation der Sozialistischen Arbeiterpartei (SAP) an.
1936 emigrierte M. nach Palästina, wo er 17 Jahre lang lebte, zuletzt im 1948 gegründeten Staat Israel. Sein Vater besuchte ihn 1937, wollte aber nicht emigrieren und kehrte wieder nach Ulm zurück. M. erhielt eine Stellung bei der deutschen Levante-Linie in Jaffa, einer Gründung der aus Württemberg stammenden sogenannten „Templer". Als nach Ausbruch des Zweiten Weltkrieges die britische Mandatsverwaltung die Levante-Linie schloss, machte sich M. mit Unterstützung seines früheren Londoner Arbeitgebers als Kaufmann für Lebens- und Futtermittel selbstständig und pflegte besonders enge Kontakte zu australischen Firmen. Nach 1942 war er auch für die US-Army tätig. Bei Kriegsende knüpfte er die Kontakte zu den früher mit ihm zusammenarbeitenden australischen Firmen erneut an und hatte wieder als Kaufmann Erfolg. Nach der Gründung des Staates Israel gab es rasch Devisenprobleme, die M.s Lage schwierig gestalteten. Hinzu kam, dass sich M. zunehmend unwohl fühlte wegen der Konflikte zwischen Juden und Arabern und seiner Ablehnung gegenüber Terrorakten jüdischer rechtsgerichteter Kreise.
1953 kam M. nach Ulm zurück und engagierte sich vielfältig im kulturellen und politischen Leben der Stadt. Er engagierte sich wieder für die SPD, für die Ostermarsch- und Friedensbewegung und mit Hilfsaktionen für Vietnam. Als Kaufmann fand er hingegen nur schwer wieder seinen Weg.
Am Schwörmontag 1988 erhielt M. aus der Hand von Oberbürgermeister Ernst →Ludwig die Bürgermedaille der Stadt Ulm in Anerkennung dafür, dass M. *trotz der widerfahrenen Not während seiner Flucht vor dem Naziterror seine Hand wieder ausgestreckt hat und dazu bereit war, seine alte Heimat wieder anzunehmen.*

Q   StadtA Ulm, G 2.
L   HILB, Zeugnisse, S. 97-103 (Bilder), 264 f. (Bild) – Claudia DAUERER, Alfred Moos. Ein Ulmer Jude auf der Flucht vor dem NS-Staat, Ulm 1995.

Moos (I), Salomon, * Buchau am Federsee 2. März 1862, † 1944, mos.
∞ Schlesinger, † Ulm 2. IV. 1933, T. d. Isidor Schlesinger u. d. Fanni Redelmaier, * 31. VII. 1855, † KZ Theresienstadt 4. IX. 1942.

M. war in der Kaiserzeit und während der Jahre der Weimarer Republik eine der bekanntesten Persönlichkeiten des öffentlichen Lebens in Ulm.
Seit 1889 in Ulm als Rechtsanwalt zugelassen, erarbeitete sich M. rasch eine angesehene gesellschaftliche Stellung in der Stadt. Von 1905 bis 1919 war er der liberalen Volkspartei bzw. seit 1910 der Fortschrittlichen Volkspartei angehörende M. Bürgerausschussmitglied, bis 1909 als stv. Obmann, danach als Ob-

mann. Ende 1918 schloss sich M. der neu gegründeten linksliberalen DDP an und zog für sie bei den ersten Kommunalwahlen nach Kriegsende am 11. Mai 1919 auf drei Jahre in den Gemeinderat ein.
Nach der NS-Machtübernahme erkannte M. schneller als Andere die Gefahr für die Juden und gab mit Schreiben vom 8. Mai 1933 seine Zulassung als Rechtsanwalt auf und emigrierte nach Frankreich.

I.   UBC 3, S. 323, 421, 481, 529 – UBC 4, S. 114 – KEIL, Dokumentation, S. 330, 362 – HILB, Zeugnisse, S. 16, 53, 256 – BERGMANN, Gedenkbuch, S. 9.

Moser, Heinrich, * Limbach (Unterfranken) 13. Jan. 1880, † Stuttgart 8. Okt. 1956, □ ebd., Waldfriedhof, 12. Okt. 1956, ev.
∞ Leimering 1907 Maria Tausend, * Neu-Ulm 16. II. 1878, T. d. Blasius Tausend[411], * Gundelfingen 3. II. 1852, Maler in Neu-Ulm, u. d. Philomena Fischer, * Burgau 7. IX. 1852.
3 K   Leo Moser, Dipl.-Ing.; Wilhelm Moser, Ingenieur; Klothilde Moser, ∞ Bartenbach.

Etwa dreißig Jahre lang war M. einer der beliebtesten Lehrer an der Neu-Ulmer Realschule.
Der gebürtige Unterfranke studierte in Würzburg Mathematik und Naturwissenschaften und war nach dem Studienabschluss zunächst als Privatlehrer an der Klosterschule St. Ottilien am Ammersee tätig. Im ersten Jahrzehnt des 20. Jahrhunderts trat er in den bayer. Schuldienst ein und lehrte an den Oberrealschulen in Passau und Ingolstadt. 1915, 1917 oder 1919 – die Angaben sind abweichend – kam M. an die Realschule Neu-Ulm, wo er den Unterricht für Mathematik und Physik übernahm. Vielen seiner Schüler blieb er als geduldiger, gut erklärender Lehrer in Erinnerung. Der gesellige Studienprofessor, der schon lange vor seinem Dienstantritt in Neu-Ulm eine Neu-Ulmerin geheiratet hatte, war ein Mensch, der sich für Sport und Musik begeisterte. Beim Sport hatte es ihm besonders das Fußballspiel angetan. Der in Ulm lebende Lehrer trat der TSG 1846 bei und war Mitglied und zuletzt Ehrenmitglied der Ulmer Liedertafel. 1946 trat M. in den Ruhestand, den er in Ulm verlebte, wo er zuletzt in der Schülinstraße 9 wohnte. Sein Wunsch, nach Kriegsende in Neu-Ulm eine Wohnung zu finden, scheiterte. Fast täglich unternahm er einen Spaziergang nach Neu-Ulm und pflegte alte Kontakte. M. erlag im 77. Lebensjahr überraschend einer Gehirnblutung, die er bei einem Besuch seiner Tochter in Stuttgart erlitt. Für seine frühere Schule legte Studienrat Hans Hack einen Kranz am Grabe M.s nieder.

Q   StadtA Ulm, G 2.
L   Prof. Heinrich Moser †, in: NUZ vom 12. X. 1956 – Professor Moser gestorben, in: Schwäbische Donau-Zeitung vom 12. X. 1956 – RADSPIELER, 100 Jahre, S. 91 – TEUBER, Ortsfamilienbuch Neu-Ulm I, Nr. 3167.

Moser, Georg *Heinrich* (von), Dr. phil., * Ulm 14. Jan. 1780, † ebd. 27. Dez. 1858, □ ebd., Alter Friedhof, ev.
Vater   Johannes Moser, † 1799, Schneider und Zwölfmeister der Schneiderzunft in Ulm.
Mutter Juliane Braunholz, † 1803.
G   Johannes →Moser.
∞ I. Ulm 14. oder 16. IV. 1811 Barbara Röscheisen, * 13. IV. 1793, † 12. VII. 1831, Stieftochter des Johann →Glöcklen; ∞ II. Anna Barbara Stettner, * Ulm 13. III. 1799, † ebd. 1. IV. 1874.
12 K, davon 2 aus II. Ehe, darunter Wilhelm Heinrich Moser[412], * Ulm 19. VI. 1813, † 1889, 1842 Oberpräzeptor in Urach, 1858 Pfarrer in Mägerkingen, 1870 dsgl. in Ostdorf, 1886 a. D.; Eduard Moser[413], * Ulm 31. I. 1819, † Heiningen 23. VI. 1881, Pfarrer in Heiningen, ∞ 1845 Emilie Pflüger, * 1822.

Der hoch begabte und besonders am Studium der alten Sprachen interessierte Schneidersohn war schon 26 Jahre alt, als er sein Studium begann. Er hatte als Sohn einer mit finanziellen

411 TEUBER, Ortsfamilienbuch Neu-Ulm II, Nr. 4928.
412 Magisterbuch 25 (1884), S. 72 – CRAMER, Württembergs Lehranstalten 1886, S. 49.
413 NEBINGER, Die ev. Prälaten, S. 591, Anm. 3.

Mitteln nicht gesegneten Schneiderfamilie *viele Jahre auf dem Gymnasium zubringen* müssen, *bis er so viele Stipendien abgewartet hatte, um eine Universität beziehen zu können* (SCHULTES, Chronik, S. 441). Dies war allerdings zu seiner Zeit nicht selten. Bereits

1796 war M. in das mit dem Ulmer Gymnasium verbundene akademische Kollegium aufgenommen worden, 1806 hielt er vor seinem Weggang zum Studium der Philologie und Theologie in Heidelberg u. a. mit Johann David Ruprecht, Johann August Miller und Christoph Leonhard →Wolbach eine Abschiedsrede auf dem Münsterplatz. In Heidelberg mit Professor Friedrich Creuzer befreundet, dem Verfasser des damals bekannten Werkes „Symbolik und Mythologie", wechselte er nach Lösung einer Preisaufgabe, für die er die große goldene Medaille und das Doktordiplom erhalten hatte, nach Leyden. In dieser Zeit hielt er für andere Studenten Repetitorien ab und machte sich einen so guten Namen, dass er dort gleich mehrere berufliche Angebote erhielt, u. a. Professuren in Bamberg und Landshut. M. hing aber sehr an Ulm und wollte unbedingt wieder an die Donau zurückkehren. Im Sommer 1810 kehrte M. in seine Heimatstadt zurück und wurde – ohne Examen – am 24. Dez. 1810 vom König von Württemberg zum Nachfolger des entlassenen Professors Stolz zum Professor an der oberen Abteilung des Kgl. Gymnasiums Ulm ernannt, zunächst war er Hauptlehrer für Hebräisch der IV., seit 1814 der V. Klasse ebd. 1818 lehnte er einen Ruf, in Frankfurt/Main das dortige Gymnasium zu leiten, ab. 1826 trat er die Nachfolge Friedrich David →Gräters als Rektor des Ulmer Gymnasiums an und wurde zugleich Hauptlehrer der VI. Klasse, daneben folgte er Gräter auch als Pädagogarch der Lateinschulen des Donaukreises. Im Juni 1852 trat M. im 73. Lebensjahr in den Ruhestand, wobei ihm der Stiftungsrat eine Zulage von 300 Gulden bewilligte. Das starke Nachlassen des Augenlichts überschattete M.s Alter, da er nicht mehr lesen und schreiben konnte und auf das Vorlesen angewiesen war. – Mitglied des Vereins für Kunst und Altertum in Ulm und Oberschwaben. – 1852 Ritterkreuz des Württ. Kronordens.

Q StadtA Ulm, Bestand H, schriftlicher Nachlass – ebd., G 2.
L Ih 2, S. 617 – StRegbl. 1810, S. 569 – WEYERMANN II, S. 342-345 [mit ausführlichem Schriftenverzeichnis] – SCHULTES, Chronik, S. 407, 441, 495 – OAB Ulm 2, S. 327 – UBC 1, S. 460 – UBC 2, S. 10, 29 (Bild) – UNGERICHT, S. 172.

Moser, Johannes, Mag., * Ulm 2. Okt. 1789, † Reutlingen 6. Jan. 1871 (nicht 1869!), ev.
Eltern und *G* siehe Georg *Heinrich* (von) →Moser.
∞ Magdalena Blößt, * 1792, † 1864, T. d. Kantors Blößt in Ulm.
5 *K*.

Nach dem Studium der ev. Theologie in Heidelberg und Tübingen (1810-1813) kam M. 1814 als Vikar und Präzeptor nach Murrhardt, wo er 1816 auch Assistent des Stadtpfarrers wurde. Am 25. Sept. 1819 zum Diakon an der Hospitalkirche in Ulm (= Ulmer Dreifaltigkeitskirche) bestellt: *Seine Predigten fanden alsbald den größten Beifall, so dass man in der sogenannten Einskirche oft kaum noch Platz fand* (SCHULTES, Chronik, S. 437). 15. April 1829 Zweiter Diakon am Ulmer Münster, 9. Aug. 1836 Erster Diakon bzw. Dritter Stadtpfarrer ebd., 1845 als Nachfolger des Christian August →Landerer Zweiter Stadtpfarrer ebd., 31. Juli 1865 a. D. Am 1. Juli 1864 feierte M. sein 50-jähriges Dienstjubiläum. Zu diesem Anlass wurde M. in öffentlicher Sitzung des Stiftungsrates und des Bürgerausschusses das Ritterkreuz I. Kl. des Friedrichsordens überreicht. In

besonderer Weise nahm M. am politischen und gesellschaftlichen Leben Ulms teil. 1821 unterschrieb M. einen Ulmer Aufruf zur Unterstützung des Freiheitskampfes der Griechen gegen die Türken. 1832 war er Vorsitzender des Polenkomitees und hielt am 25. März 1832 anlässlich der Beerdigung des polnischen Majors Kosinsky, der sich in Ulm erschossen hatte, eine ergreifende Trauerrede. 1859 schrieb er den Text zu einem Festlied anlässlich der 100-Jahr-Geburtstagsfeierlichkeiten in Erinnerung an Friedrich Schiller. Seinen Ruhestand verlebte M. in Reutlingen. – Mitglied des Vereins für Kunst und Altertum in Ulm und Oberschwaben.

Q StadtA Ulm, G 2.
L WEYERMANN II, S. 345 – SCHULTES Chronik, S. 437 f., 451, 506 – UBC 1, S. 460 (Bild), 498, 502 – UBC 1, S. 460 – UBC 2, S. 127 – HEPACH, Königreich, S. 111 – NEBINGER, Die ev. Prälaten, S. 582, 587, 591 – SPECKER, Ulm im 19. Jahrhundert, S. 388 ff. – HUBER, Haßler, S. 71, 144.

Moser, Otto (von), * Stuttgart 21. März 1860, † Landgut Ludwigshöhe bei Isny/OA Leutkirch 11. Okt. 1931, ▭ Ulm, Hauptfriedhof, kath.
Vater Alwin Moser[414], * Obernheim/OA Spaichingen 3. III. 1823, † Stuttgart 26. V. 1906, Interkalarfondsverwalter in Stuttgart, Kommerzienrat, Vorsitzender des Aufsichtsrats der Dt. Verlagsanstalt Stuttgart, 1856/57 MdL Württemberg (II. Kammer) für Wangen.
Mutter Auguste Kleinlogel, * 1827, † 1900.
6 *G* August Ferdinand Moser, * 20. VII. 1851, Justizassessor; Carl Moser, * 12. XI. 1852, Handelsgärtner; Maximilian Moser, * 3. VIII. 1854; Thekla Moser, * 10. XII. 1856; Julius Moser, * 18. IX. 1858; Hugo Moser, * 18. VIII. 1865.
∞ Stuttgart 15. X. 1883 Maria *Antonie* Distel, T. d. Friedrich Distel[415], * Welzheim 1. oder 7. II. 1827, † Isny 18. II. 1904, Notar und 1883-1895 MdL Württemberg (II. Kammer).
3 *K* Helene Hildegard Moser, * 1886; Otto Moser, * 1894; *Albrecht* Otto →*Moser, Dr. rer. pol., * 13. I. 1899, † Baden-Baden 11. I. 1969.

Unter den württ. Offizieren, die in enger Verbindung zu Ulm standen, nimmt M. eine Sonderstellung ein. Der beliebte Truppenführer und Autor war wiederholt in Ulm eingesetzt, fühlte sich dort ausgesprochen wohl und wurde auch dort bestattet.
Schon 1874 trat er nach dem Besuch des Stuttgarter Gymnasiums in die Kadettenanstalten Bensberg bzw. Berlin ein und kam 1877 als 17-jähriger Fähnrich zum württ. Militär. Seine Laufbahn begann im 8. Württ. Inf.-Regt. Nr. 126 in Straßburg. Von 1889 bis 1892 konnte sich M. an der Berliner Kriegsakademie fortbilden und wurde anschließend im großen Generalstab in Berlin verwendet, wo er 1893 zum Hauptmann befördert wurde. 1894 wurde ihm ein Kompaniekommando im 1. Württ. Inf.-Rgt. „Königin Olga" (Nr. 119) in Stuttgart übertragen, doch schon 1896 wurde er wieder zum großen Generalstab abkommandiert.
1897 kam M. als „Ia" (erster Generalstabsoffizier) bei der 27. Inf.-Division (2. Württ.) nach Ulm, wo er 1899 zum Major befördert wurde. 1900 wurde er zum Generalstab des XVIII. Armeekorps in Frankfurt/Main, später zum XIII. (Württ.) Armeekorps nach Stuttgart abkommandiert. 1904 ging M. als Bataillonskommandeur des I. Bataillons im 2. Württ. Inf.-Rgt. „Kaiser Wilhelm, König von Preußen" (Nr. 120) nach Ulm zurück, wo er 1906 zum Oberstleutnant befördert wurde, aber auch wieder an die Berliner Kriegsakademie gerufen wurde, wo der anerkannt glänzende Pädagoge als Lehrer wirkte und später zum Abteilungschef beim großen Generalstab ernannt wurde. 1910 kehrte er als Oberst und Kommandeur des in Ludwigsburg stationierten 3. Württ. Inf.-Rgts. (Nr. 121) nach Württemberg zurück, übernahm aber schon im Jan. 1913 – nach der im Sept. 1912 erfolgten Ernennung zum Generalmajor der Armee – das Kommando der 53. Inf.-Brigade (3. Württ.) in Ulm. M. war vor Ausbruch des Ersten Weltkriegs als Verfasser zahlreicher Schriften und Denkschriften zum Militärwesen eine anerkannte Kapazität. Er scheute sich nicht, seine gelegentlich von den Anschauungen seiner Vorgesetzten abweichenden Ansich-

---

[414] Ih 2, S. 616 – RABERG, Biogr. Handbuch, S. 580.
[415] Ih 1, S. 159 – RABERG, Biogr. Handbuch, S. 147.

ten nachdrücklich zu vertreten, womit er seine innere Unabhängigkeit unter Beweis stellte.

Bei Ausbruch des Ersten Weltkriegs war M. Führer der ersten württ. mobilen Formation der 54. Inf.-Brigade. Bereits im Sept. 1914 schwer verwundet, erhielt er nach seiner Genesung das Kommando über die an der Ostfront eingesetzte 107. Infanteriedivision, zuletzt über das IV. Reservekorps innerhalb der von General Otto von Below befehligten 6. Armee. Anfang 1917 führte er als Chef einer Übungs- und Lehrdivision in Valenciennes Ausbildungskurse für höhere Truppenführer und Generalstabsoffiziere an der Westfront durch. Als er 1917 General Georg von der Marwitz, Oberbefehlshaber der 2. Armee an der Westfront, unterstellt wurde, kam es wegen unterschiedlicher Auffassungen über die Kriegsführung zu einem persönlichen Bruch zwischen von der Marwitz und M., der dazu führte, dass M. – einer der 25 württ. Träger des Ordens Pour le Mérite – vor Beginn der Frühjahrsoffensive 1918 als Generalleutnant zur Disposition gestellt wurde. Der württ. Kriegsminister Otto von →Marchtaler betrachtete diese Entwicklung als *Unglück* und bedauerte, M. nicht helfen zu können. M. ging zunächst nach Ulm zurück.

Nach Kriegsende zog sich M. auf sein Gut Ludwigshöhe bei Isny zurück, wo er sich der Abfassung militärgeschichtlicher Schriften widmete. Als sein wichtigstes Werk darf „Die Württemberger im Weltkrieg" gelten, eine gründliche und nicht unkritische Darstellung des Beitrags des württ. Militärs. Das Honorar und den Erlös aus dem Verkauf des populären Buches stiftete er der von ihm 1918 gegründeten Otto-von-Moser-Stiftung in Isny, die soziale Zwecke verfolgte.

Nach seinem Tod im 72. Lebensjahr erfolgte die Beisetzung des hoch verehrten Offiziers und anerkannten Militärschriftstellers auf dessen Wunsch in Ulm, mit dem er sich seit seiner ersten Dienstzeit dort (seit 1897) besonders verbunden fühlte. – Ehrenkreuz des Württ. Kronordens; Kommenturkreuz II. Kl. des Friedrichsordens; Militär-Dienstehrenzeichen I. Kl.; Ritterkreuz des Kgl. Preuß. Roten Adlerordens; Ritterkreuz des Kgl. Preuß. Kronordens; Kommenturkreuz II. Kl. des Kgl. Sächsischen Albrechtsordens; Kommenturkreuz II. Kl. des Großhzgl. bad. Ordens vom Zähringer Löwen; Kommenturkreuz II. Kl. des Großhzgl. Hess. Verdienstordens Philipps des Großmütigen; 1914 Ritterkreuz des Württ. Militär-Verdienstordens; 1917 Pour le Mérite; Ehrenbürger von Isny. – Mitglied des Vereins für Kunst und Altertum in Ulm und Oberschwaben.

Q   HStAS, M 430/2, Nr. 1463 (Personalakte) – ebd., M 660/031 (Nachlass, u. a. mit ausführlichem Schriftenverzeichnis).
W   Kurzer strategischer Überblick über den Krieg 1870/71, Stuttgart ⁴1914 – Kurzer strategischer Überblick über den Weltkrieg 1914-1918, Stuttgart 1921 – Ernsthafte Plaudereien über den Weltkrieg. Eine kritische militärpolitische Geschichte des Weltkrieges für Fachleute und Nichtfachleute, zur Rückschau in die Vergangenheit und Ausschau in die Zukunft, Stuttgart 1925 – Die Württemberger im Weltkrieg, Stuttgart 1927, ²1928 – Das Ulmer Münster (Gedicht), in: UO 25 (1927), S. 6 – Die obersten Gewalten im Weltkrieg. Das Werk der Staatsmänner, Heerführer, Parlaments-, Presse- und Volksführer bei der Entente und bei den Mittelmächten, Stuttgart 1931.
L   Ih 2, S. 617 – MOSER, Württemberger im Weltkrieg, S. 54 (Bild) – UBC 3, S. 236 (Bild) – UBC 4, S. 56, 58 – Stephan MILLER, Generalleutnant Otto von Moser, in: ZWLG 63 (2004), S. [369]-380 – WB I (2006), S. 183 (Stephan MILLER).

Mühlbacher, Anton, Dr. iur., * Neu-Ulm 5. März 1921, † Faaker See (Kärnten) 15. Juli 1994, ⬚ Neu-Ulm 22. Juli 1994, kath.

Vater   Josef Mühlbacher, * Neu-Ulm 4. III. 1890, Schriftsetzer in Neu-Ulm, S. d. Isidor Mühlbacher, * Sontheim/Brenz 2. IV. 1839, † 5. V. 1917, Hausmeister, u. d. Anna Ammann, * Wiblingen 9. IV. 1853, † Neu-Ulm 29. I. 1925.
Mutter   Rosa Hollenberger, * Krumbach/Schwaben 19. II. 1893, Schw. d. Dr. Cäcilie →Hollenberger.
∞ Melanie Schneider.
2 K   Michael Mühlbacher; Achim Mühlbacher.

Der Gründer der renommierten, auf Wirtschaftsrecht spezialisierten Neu-Ulmer Anwaltskanzlei „Mühlbacher und Partner" war einer der prägenden Neu-Ulmer Kommunalpolitiker der Nachkriegszeit.

M. wuchs in Neu-Ulm auf, besuchte dort die Grundschule und machte am Ulmer Kepler-Gymnasium das Abitur. Das Studium der Rechts- und Staatswissenschaften sowie der Volks- und Betriebswirtschaft führte ihn anschließend nach Erlangen und München. Während des Studiums entwickelte sich M.s besonderes Interesse an Wirtschaftsrecht. Als Wirtschaftsjurist ließ er sich nach Ende des Zweiten Weltkriegs in seiner Heimatstadt nieder und baute eine Anwaltskanzlei auf, die sich rasch einen ausgezeichneten und weit über die Region hinausreichenden Ruf erwarb.

Politisch schloss sich M. der CSU an. 1952 erfolgte M.s Wahl in den Stadtrat von Neu-Ulm. 1964 übernahm M., nachdem er zuvor einige Jahre den stv. Fraktionsvorsitz innegehabt hatte, den Vorsitz der CSU-Fraktion im Stadtrat. Er war Verwaltungsrat für die Polizei und gehörte dem Haupt- und dem Liegenschaftsausschuss an. Die 1966 hergestellte Städtepartnerschaft mit Bois-Colombes (Frankreich) war eines seiner wichtigsten Anliegen, ein Symbol für die Überwindung der deutsch-französischen Feindschaft. M. dachte stets im Interesse der Region, deren Wirtschaftskraft er gestärkt sehen wollte, und suchte deshalb die Kooperation mit Ulm. Wesentlich war er an der Gründung der gemeinsamen Stadtwerke beider Städte Ende 1981 beteiligt und gehörte viele Jahre dem Aufsichtsrat der Stadtwerke an. 1990 schied der 69 Jahre alte M. nach 38-jähriger Zugehörigkeit zum Stadtrat auf eigenen Wunsch aus der Kommunalpolitik aus und kandidierte nicht mehr. Der auf streng sachliche Auseinandersetzungen setzende und mit der Fähigkeit zum Kompromiss ausgestattete M. beklagte bei seinem Abschied den Verfall der Streitkultur in der Kommunalpolitik.

Der Rückzug aus der Politik war nicht mit einem Ausscheiden aus dem Berufsleben verbunden. M. blieb als Anwalt weiterhin aktiv. In großem Umfang genoss er das Vertrauen der heimischen Wirtschaft. Viele Jahre war er geschäftsführender Vorsitzender der Industrievereinigung im Kreis Neu-Ulm. Der 73 Jahre alte M. starb während des Sommerurlaubs an plötzlichem Herztod. Oberbürgermeister Dr. Peter →Biebl würdigte in einem offiziellen Nachruf M.s Verdienste als Stadtrat und kennzeichnete ihn als *einen Mann, der durch sein umfassendes Wissen und seine große Erfahrung in vielen Bereichen den Aufschwung der Stadt Neu-Ulm nach dem Krieg entscheidend mitgeprägt* habe. – Zweiter Vorsitzender des Kreisverbandes Neu-Ulm des Deutschen Roten Kreuzes; Mitglied des Vereins Lebenshilfe.

Q   StadtA Neu-Ulm, D 12, III.7.2. – ebd., D 20, Nr. 1109, Plakat mit den Biographien der CSU-Kandidaten zur Stadtratswahl Neu-Ulm 1966 (Bild).
L   Kompromissfähigkeit als Markenzeichen. Ex-Stadtrat Dr. Anton Mühlbacher 73jährig gestorben, in: SWP (Ulm), 16. VII. 1994 (Bild) – Mühlbacher im Urlaub plötzlich gestorben, in: NUZ, 18. VII. 1994 (Bild).

Mühlhäuser, Johannes, * Schlat/OA Göppingen 27. Okt. 1834, † Ulm 2. April 1914, ev.

Vater   Johannes Mühlhäuser, * Schlat 30. IV. 1803, † ebd. 22. IV. 1839, Land- und Gastwirt in Schlat.
Mutter   Anna Katharina Link, * Großeislingen 13. V. 1807, † Schlat 19. I. 1839.
2 G, davon 1 † früh   Johann Georg Mühlhäuser, * Schlat 26. XII. 1838, † 18. XII. 1927, ∞ Pauline Breuning.
∞ *Julie* Antonie Leube, * Faurndau/OA Göppingen 24. IV. 1846, † Ulm 4. XII. 1923, T. d. *Julius* Ernst Leube[416], * Ulm 19. IV. 1815, † ebd. 14. II. 1891, Direktor der Papierfabrik Carl Beckh Söhne Faurndau, zuletzt Privatier in Ulm, u. d. Caroline Löffler, * Ulm 26. X. 1822, † ebd 1. VI. 1898, T. d. Christian Hieronymus Löffler, Dr. med., Regimentsarzt in Ulm, u. d. Karoline Glö[c]klen.

---

[416] GIES, Leube, S. 98 – UNGERICHT, S. 89.

5 *K*   Julius Mühlhäuser[417], * Weinsberg 29. III. 1869, Güterdirektor in Unteruhldingen, Finanzamtmann, 1922 Regierungsrat und Vorstand des Staatsrentamts Ellwangen, ab 1925 Vorstand des Staatsrentamts Ulm, 1933 a. D., ∞ Aalen 16. I. 1904 Johanna Marie Enßlin, * Aalen 25. I. 1880, T. d. Johann *Ferdinand* Enßlin, Schönfärbereibesitzer in Aalen, u. d. *Pauline* Amalie Egelhaaf; *Emma* Maria Mühlhäuser, * Weinsberg 20. VII. 1870, ∞ Weinsberg 19. VII. 1894 Friedrich Bürner[418], * Weikersheim 28. IV. 1861, † Reutlingen 22. I. 1926, 1898-1901 Kollegialhilfsarbeiter bei der Regierung des Donaukreises in Ulm, 1901-1919 Oberamtmann in Blaubeuren, Regierungsrat, 1922 Oberregierungsrat, 1924 a. D., S. d. Friedrich Immanuel Bürner, Verwaltungsaktuar in Weikersheim, u. d. Emma Hochstetter; Johanna Mühlhäuser, * Weinsberg 1. XI. 1871, ∞ Weinsberg 21. X. 1893 *Karl* Georg Löffler, * Ulm 25. I. 1857, † Heilbronn/Neckar 7. III. 1927, Oberkontrolleur, S. d. *Johann* Georg Löffler, Stadtcaciser in Winnenden, u. d. Margarethe Staib; *Eugen* Otto Mühlhäuser, * Weinsberg 8. VII. 1874, † ebd. 3. II. 1875; Eugenie Mühlhäuser, * Weinsberg 25. IX. 1876, ∞ Neuenbürg 17. IX. 1896 Hugo Bozenhardt[419], * Calw 30. III. 1869, † Neuenbürg 11. XI. 1934, Apotheker in Neuenbürg, Vorsitzender des Schwarzwaldvereins, 1919 und 1925 Mitglied der Landeskirchenversammlung, 1925 Mitglied des 1. Landeskirchentags, jeweils als Abg. von Neuenbürg, S. d. Carl Bozenhardt, Gerbereibesitzer in Calw, u. d. Friederike Schlatterer.

Der Önologe und Politiker M. verbrachte seinen Ruhestand in Ulm.

Nach dem frühen Tod der Eltern wohl bei einer Tante in Göppingen aufgewachsen, besuchte er dort die Schule. Zunächst in der mittleren Verwaltungslaufbahn, war er 1857 Kassenamtsbuchhalter in Hohenheim. 1867 zum Inspektor und später zum Vorstand der neugegründeten Weinbauschule in Weinsberg ernannt, wurde M. am 16. Mai 1871 der Titel Ökonomierat verliehen. Er war Vorstand des Landwirtschaftlichen Bezirksvereins und Vertrauensmann des württ. Obstbauvereins in Weinsberg. Von 1879 bis 1881 wirkte M. als Lehrbeauftragter für Weinbau an der Landwirtschaftlichen Hochschule Hohenheim, von 1879 bis 1886 auch als Abg. von Weinsberg zur III. Ev. Landessynode. 1895 trat er als Direktor in die Dienste der Gräflich Kesselstadt´schen Majoratsverwaltung in Trier, ein Posten, in dem er gut zehn Jahre verblieb. Mit über 70 Jahren trat der begeisterte Önologe 1906 in den Ruhestand, den er in Ulm verlebte, wo die Familie seiner Frau Julie zu Hause war. Er starb dort acht Jahre später im 80. Lebensjahr, Angehöriger der Oberschicht in einer Gesellschaft, die auf Erfolg und Verdienste achtete.

Auch politisch war M. in Erscheinung getreten. 1870 setzte sich der über seine Kandidatur zum Landtag lange Zeit unentschlossene M., der für die nationalliberale Deutsche Partei antrat, überraschend im Wahlbezirk Weinsberg als Befürworter eines Beitritts Württembergs zum Dt. Bund mit 2.064 zu 704 Stimmen klar gegen Rechtsanwalt Hermann Niethammer (VP) durch. 19. Dez. 1870 bis 1877 MdL Württemberg (II. Kammer, Bez. Weinsberg, 25. und 26. o. LT): Schriftführer im Vorstand, Mitglied der Waldwirtschaftskommission, ab 1875 der Kulturgesetzkommission und der Steuergesetzkommission. 1893 RT-Kandidat im WK Württemberg XI: Backnang-Schwäbisch Hall-Öhringen-Weinsberg, mit 4.820 zu 9.940 Stimmen gegen Friedrich Hartmann (VP) unterlegen.

Q   Schriftliche Mitteilung des Ev. Pfarramtes Schlat (Pfarrer Rainer Kittel) vom 1. IV. 1999.
L   RIECKE, Verfassung und Landstände, S. 70 – HARTMANN, Regierung und Stände, S. 79 – Hauptregister, S. 536 – SK Nrn. 155 und 156 vom April 1914 – Württ. Jahrbücher 1914, S. III – Württ. Wochenblatt für Landwirtschaft Nr. 15, 11. IV. 1914, S. 245 – WN 1914, S. 253 – GIES, Leube, S. 193 f. – KLEIN, Die akademischen Lehrer, S. 150 – RABERG, Biogr. Handbuch, S. 585 – NANNINGA, Wählen, S. 250, 671 – EHMER/KAMMERER, S. 268.

Müller, siehe auch →Miller

Müller, Christian Friedrich, * Ulm 10. Nov. 1834, † ebd. 23. Dez. 1922, ev.
∞ 15. VIII. 1860.

M. war eine der über Jahrzehnte hinweg in Ulm wirkenden Lehrerpersönlichkeiten. Im Ruhestand erwarb er sich Verdienste als Archivar und Bibliothekar der Stadt.

1866 kam M. als Elementarlehrer nach Ulm, wo er im Nov. 1870 zum Hauptlehrer an der II. Klasse ebd. aufstieg. 1876 erhielt er den Titel Präzeptor und wurde am Kgl. Gymnasium Ulm übernommen, wo er bis zum 1. April 1900 wirkte, als er in den Ruhestand trat. Um 1898 an war er, vom König ausgezeichnet mit dem Titel Professor, Stadtbibliothekar und Archivar in Ulm. Das Archiv war seinerzeit im Südlichen Münsterturm untergebracht, die Registratur im Rathaus. M. betrieb die Übernahme archivwürdigen Schriftguts aus der Registratur ins Archiv konsequent weiter und hielt die entsprechenden Repertorien auf dem Laufenden. Daneben verzeichnete er Akten, erfasste Urkunden und führte Ulmensien von der Stadtbibliothek zurück ins Archiv. Anfang 1908 trat er als Stadtbibliothekar und Archivar im 74. Lebensjahr in den Ruhestand. Der geschätzte Kalligraph, der im Juni 1878 die an Kaiser Wilhelm I. gerichtete Ergebenheitsadresse von über 2.000 Ulmer Bürgern künstlerisch gestaltete, war ein gesuchter Sachverständiger für Handschriften. – Bis 1891 Adjutant bei der Ulmer Freiwilligen Feuerwehr. – 1900 Bronzene Jubiläumsmedaille.

Q   StadtA Ulm, B 320/03, Nr. 4 – ebd., G 2.
L   CRAMER, Württembergs Lehranstalt [6]1911, S. 152 – SK 1922/Nr. 304 – Württ. Jahrbücher 1922, S. XVI – UBC 2, S. 249, 512 – UBC 3, S. 11, 222, 267, 322, 409, 466, 576 – SPECKER, Bestände, S. 34 ff.

Müller, Johann *Daniel*, * Ulm 15. Okt. 1782, † ebd. 12. Dez. 1853, ev.
Vater   Gottlieb Adolph Müller, * 13. VII. 1751, † 6. II. 1798, Kauf- und Handelsmann in Ulm.
Mutter   Elisabetha Köberle, * 10. III. 1752, ∞ II. 26. XI. 1798 Gottlieb Daniel Pfizmaier, † Ulm 24. I. 1803.
∞ I. Steinheim 9. VII. 1804 Maria Magdalena Bürglen, * Ulm 29. VI. 1777, † ebd. 18. III. 1808, T. d. Theodor Albrecht Bürglen, Handelsmann in Ulm; ∞ II. Pfuhl (heute Stadt Neu-Ulm) 20. VI. 1809 Sibylla Weidlen, * Ulm 10. III. 1786, † ebd. 14. IV. 1810, T. d. Daniel Weidlen, Kaufmann in Ulm, u. d. Kunigunde Kaufmann; ∞ III. Pfuhl 1810 Regina Weidlin, * 12. IX. 1782, *Schw* der II. Ehefrau; ∞ IV. Ulm 6. VII. 1819 Maria Benigna Junginger, * Langenau 25. XI. 1795, † Ulm 7. I. 1821, T. d. Sylvester Junginger u. d. Angelika Herzog; ∞ V. 1821 Anna Katharina Nägele, * Ulm 29. III. 1793, † ebd. 28. V. 1866.
15 *K*, davon eines aus I. Ehe, eines aus III. Ehe, 2 aus IV. Ehe, davon insgesamt 6 † früh, unter den überlebenden *K* u. a. *Adolph* Eduard Müller, * Ulm 13. I. 1805, † ebd. 1836, Kaufmann in Ulm, ∞ Maria Elisabeth Jungblut, *1805, † 1838.

M. war der sechste Abgeordnete der Stadt Ulm in der Ständeversammlung des Königreichs Württemberg bzw. in der Kammer der Abgeordneten des Württ. Landtags seit 1815, also innerhalb von 26 Jahren. Der Zunder-Kaufmann, der seine eigene Firma in Ulm 1827 gegründet hatte, besaß seine kommunalpolitische Machtbasis als einer der höchstbesteuerten Ulmer Bürger und auf Lebenszeit gewählter Stadtrat in „seiner" Stadt. Er überlebte vier seiner fünf Ehefrauen und die meisten seiner 15 Kinder.

M. entstammte einer alteingesessenen Ulmer Kaufmannsdynastie. Bei den ersten Wahlen zum Ulmer Bürgerausschuss im Okt. 1819 wurde M. gewählt, im Nov. 1821 gelang ihm – mit der höchsten Stimmenzahl (!) – auch der Sprung in den Gemeinderat. Im Okt. 1823 auf Lebenszeit zum Gemeinderat in Ulm gewählt, legte M. nach 29-jähriger Mitgliedschaft in den bürgerlichen Kollegien am 17. Sept. 1848 mit fünf weiteren lebenslänglichen Gemeinderäten sein Mandat nieder. Vorangegangen war eine heftige Debatte über die Lebenslänglichkeit der Stadträte in Württemberg, die in anderen Gemeinden des Landes zu Gewalttätigkeiten geführt hatte. Als M. im Dez. 1851 erneut versuchte, in den Gemeinderat einzuziehen, erlitt er eine Wahlniederlage.

Im Dez. 1841 erfolgte M.s Wahl zum Mandatsnachfolger des aus gesundheitlichen Gründen ausgeschiedenen Landtagsabgeordneten →Schultes. Der konservativ-rechtsliberal eingestellte M. war vom 23. Okt. 1841 bis 1845 (11. o. LT) Mitglied der

---

[417] WINTERHALDER, Ämter, S. 352, 368.
[418] Amtsvorsteher, S. 201(Karin PETERS) – EHMER/KAMMERER, S. 109.
[419] EHMER/KAMMERER, S. 100 (Bild).

Kammer der Abgeordneten des Württ. Landtags (WK Ulm Stadt).

Im Mai 1847 wurde M. mit seinen Stadtratskollegen Clemens und Reichard im Umfeld der Hungerkrawalle in Ulm nach Stuttgart entsendet, um bei der Staatsregierung die Zusicherung eines Korn-Quantums aus Ungarn im Wert von 50.000 Gulden und die Erlaubnis, eine bestimmte Menge Getreide verbilligt verkaufen zu dürfen, zu erwirken, was auch gelang. Nach der Revolution von 1848/49 verlor M. an Einfluss.

L.   RIECKE, Verfassung und Landstände S. 51 – HARTMANN, Regierung und Stände, S. 41 – SCHULTES, Chronik, S. 468, 486 – HEPACH, Königreich, S. 28, 39 – BRANDT, Parlamentarismus, S. 171 – SPECKER, Ulm im 19. Jahrhundert, S. 271– WAIBEL, Gemeindewahlen, S. 294, 319, 320, 340 – RABERG, Biogr. Handbuch, S. 588.

Müller, Franz von Padua, * Kempten 20. oder 21. April 1816, † Füssen 30. Aug. 1880, kath.
Vater   Franz Joseph Müller, Kreisschulrat in Kempten und Augsburg.
Mutter   Carolina Kinn.
∞ I. Anna Müller[420], * um 1818, † Neu-Ulm 12. XII. 1860; ∞ II. München 22. IX. 1863 Elise Friedreich, * Würzburg 23. V. 1830, † 1878, T. d. Johann Adam Friedreich, Oberappellationsrat in Würzburg, u. d. Eva Goldman.

M. war der erste Neu-Ulmer Bezirksamtmann.

Der Beamtensohn absolvierte nach der Volksschule das Gymnasium in Augsburg und das Lyzeum in Landshut. Das Jurastudium führte ihn nach München, wo er mit Auszeichnung abschloss. 1849 erhielt im bayer. Justizdienst seine erste feste Anstellung als Landgerichtsassessor in Illertissen, später dsgl. in Schwabmünchen. 1860 kam M. als Landrichter nach Neu-Ulm, wo seine Ehefrau wenig später starb. M.s zweite Ehe wurde während seiner Neu-Ulmer Amtszeit geschlossen, allerdings in München.

1862 erfolgte die Erhebung des Landgerichts I. Kl. Neu-Ulm zum Bezirksamt Neu-Ulm, dessen Leitung M. übernahm. Das neue Bezirksamt umfasste den Geltungsbereich des bisherigen Landgerichts, also Teile der früheren Landgerichte Günzburg und Illertissen. M.s Aufgabe in den ersten Jahren war der Aufbau der Bezirksverwaltung aus kleinen Anfängen. Sein besonderes Augenmerk galt der Hebung der Landwirtschaft. 1867 spendete M. ein silbernes Kruzifix für die ev. Kirche in Neu-Ulm. Gewissenhaft und effizient bei der Erledigung seiner Aufgaben, empfahl sich M. für eine höhere Stellung und wurde 1868 als Regierungsrat und Schulreferent nach Augsburg versetzt. Dort entfaltete er in einem ihm durch die Tätigkeit des Vaters vertrauten Bereich eine sehr erfolgreiche Wirksamkeit in der schulischen Entwicklung des Augsburger Bezirks.

Nach dem Tod seiner zweiten Ehefrau verschlimmerte sich M.s Gehörleiden, das ihn Anfang 1879 zum Eintritt in den Ruhestand zwang. Im Jahr darauf starb M. im Alter von 64 Jahren während einer Kur an einem Schlaganfall.

L.   ADB 22 (1885), S. 582 f. (HÖRMANN) – UBC 2, S. 174 – TEUBER, Ortsfamilienbuch Neu-Ulm I, Nr. 3211.

Müller, Karl Christian *Friedrich*, * Nördlingen 21. Nov. 1856, † Neu-Ulm 14. Jan. 1914, ☐ ebd., Alter Teil des Friedhofs, ev.
∞ 1882 *Margareta* Adolfine Johanna Bergdolt, * 1860, † 1940.
Mehrere K, darunter Siegfried Müller, 1914 Pfarrvikar in Neu-Ulm; Berta Müller, * 1889, † 1981; Else Müller * 1886, † 1953, ∞ Ludwig Miller, Dr. med., * 1883, † 1934, Bezirksarzt.

Der aus dem Ries stammende M. war in der Zeit vor dem Ersten Weltkrieg ev. Stadtpfarrer von Neu-Ulm.

Er bestand 1878 die Aufnahmeprüfung für die Übernahme in den Dienst der ev. Landeskirche Bayerns, absolvierte 1878/79 sein Einjährig Freiwilliges Militärdienstjahr und wurde 1879 in Ansbach ordiniert.

Er begann als Privatvikar in Burghaslach, also als vom Ortspfarrer angeforderter Hilfsgeistlicher. Schon 1880 ging er als

420 TEUBER, Ortsfamilienbuch Neu-Ulm I, Nr. 3199.

ständiger Vikar nach Immenstadt. 1882 bestand er die Anstellungsprüfung und wurde zum Pfarrer in Oppertshofen/Dekanat Ebermergen ernannt. 1893 Zweiter Pfarrer in Leipheim, kam M. am 1. Nov. 1908 als Nachfolger des im März 1908

verstorbenen Adolf →Bauer als dritter ev. Stadtpfarrer nach Neu-Ulm. Es war eine schwere Aufgabe für den Geistlichen, das Erbe des Neu-Ulmer Ehrenbürgers anzutreten, der in seiner jahrzehntelangen Amtszeit größte Beliebtheit erlangt hatte. In seiner fünfjährigen Amtszeit vermochte M., der zudem krank war und wiederholt über das hohe Maß an Arbeit in Neu-Ulm klagte, keine Akzente zu setzen. 1912 erteilte er Religionsunterricht an der Realschule Neu-Ulm. Zuletzt von seinem Sohn Siegfried als Vikar unterstützt, starb M. zwei Monate nach seinem 57. Geburtstag in Neu-Ulm. Seine Nachfolge trat Julius →Knöll an.

Q   LAELKB, Bestand Rep. Nr. 105 (Personalakten Theologen), Nr. 3431.
L.   BUCK, Chronik Neu-Ulm, S. 76 – TREU, Neu-Ulm, S. 574 – WEIMAR, Rundgang, S. 83.

Müller, Walter A[lbert], * Vevey (Schweiz) 5. Dez. 1905, † Ascona (Schweiz) 22. Okt. 1964, ☐ ebd.

∞ I. 19. XI. 1932 Erica Cronjäger; ∞ II. Eva Gertrud Krull.
Mehrere K, darunter Stefanie Gertrud Müller, * Berlin-Lankwitz 23. IV. 1939, ∞ *Peter* Otto Eisenlohr, * Reutlingen 13. IX. 1936, Jurist in Hamburg.

M. war in den Jahren nach Ende des Zweiten Weltkriegs Bürgermeister und nach der Erringung der von ihm mit erkämpften Kreisunmittelbarkeit kurzzeitig sogar Oberbürgermeister von Neu-Ulm. Doch sein Bild fehlte bis 2008 in der Galerie der Oberbürgermeister im Foyer des Neu-Ulmer Rathauses – weil sich keines hatte finden lassen. Sein Aufstieg zum Stadtvorstand Neu-Ulms ist letztlich nur aus den Umständen der Nachkriegszeit heraus verständlich, denn M. verfügte über keinerlei Verwaltungserfahrung. Dennoch war er, besonders angesichts der schwierigen Ausgangslage, kein erfolgloser Bürgermeister.

Aufgewachsen in Ulm – Mutter Ulmerin, Vater aus Giengen/Brenz –, besuchte M. das Gymnasium und Realgymnasium Ulm, ging 1920 mit der Familie nach Berlin und bestand dort die Reifeprüfung. Anschließend absolvierte M. eine kaufmännische Lehre bei der Papierfabrik Max Krause. 1925 bei der Firma Atlantis GmbH in Barcelona, zunächst als Korrespondent, später als Vertreter des Inhabers, 1928/29 für ein Jahr im großelterlichen Geschäft in Giengen/Brenz, danach Sprachstudium und Besuch der Handelsschule in England. 1931 zur Ausbildung im Überseehandel in Amsterdam in der Tochterfirma seiner Lehrfirma Max Krause, anschließend als Exportreisender der Firma Krause, 1932 dsgl. bei der Firma Grätz AG, Berlin. Nach Reisen u. a. durch Amerika und Nordafrika und den Vorderen Orient 1936 Leiter der zwei Exportabteilungen ebd. und Prokuraerteilung, 1938 Direktor bei der Firma Grätz AG. M. war nicht Mitglied der NSDAP. M.s Leben in der NS-Zeit liegt im Dunkeln, das auch durch die ihn betreffenden Personalunterlagen im Stadtarchiv Neu-Ulm keine Aufhellung erfährt. Nach 1945 wurde die Firma Grätz AG demontiert, M. kehrte nach Süddeutschland zurück und musste dort neu anfangen.

Nachdem Dr. Ferdinand →Siebert im Aug. 1946 das Amt des Ersten Bürgermeisters von Neu-Ulm, das er zugleich mit dem Amt des Neu-Ulmer Landrats ausübte, hatte aufgeben müssen, war der Stadtrat auf der Suche nach einem Nachfolger, während Bürgermeister-Stellvertreter Josef →Böck die Geschäfte führte. Auf Grund eines ebenso selbstbewussten wie überzeugenden Bewerbungsschreibens vom 30. Sept. 1946 wurde M. vom Stadtrat mit Beschluss vom 11. Okt. 1946 als Erster Bürgermeister von Neu-Ulm gewählt. M. übte das Amt vom 1. Nov. 1946 bis zum 30. Juni bzw. 3. Juli 1948 aus, seit 1. April 1948 trug er im Zuge der maßgeblich von ihm errungenen Kreisunmittelbarkeit Neu-Ulms den Titel eines Oberbürgermeisters. Bei der Begründung des Antrags auf Gewährung der Kreisunmittelbarkeit verwies M. auf Neu-Ulms besondere Lage als Grenzstadt und hob besonders die rasante industrielle Entwicklung der Stadt hervor.

In M.s Amtszeit erfolgten u. a. im Mai 1947 die Wiederingangsetzung des öffentlichen Personennahverkehrs zwischen Ulm und Neu-Ulm, im gleichen Monat der Umzug der Stadtverwaltung von der Notunterkunft in der Zentralschule in das Gebäude der Sparkasse auf der Insel und im Mai 1948 die Einführung des ersten eigenen Amtsblattes für die Stadt Neu-Ulm. Am 9. Mai 1948 konnte M. den bayerischen Ministerpräsidenten Dr. Hans Ehard (CSU) in Neu-Ulm begrüßen, der ein Gastgeschenk in Höhe von 150.000 RM, bestimmt zur Finanzierung des Wiederaufbaus der kriegszerstörten Herdbrücke, mitbrachte.

Eine erneute Kandidatur M.s war im Sommer 1948 nicht möglich, weil er den Erfordernissen, die an das Amt des 1948 eingeführten rechtskundigen Oberbürgermeisters gestellt waren, als Kaufmann nicht entsprach.

Das erzwungene Ausscheiden von Oberbürgermeister M. brachte der Stadt Neu-Ulm zunächst keine Vorteile. Josef Böck und die Stadträte Josef →Dirr und Julius →Rohm bildeten ein Bürgermeister-Triumvirat, das nur auf kurze Zeit bis zur Wahl des neuen Oberbürgermeisters fungieren sollte. In Folge der mit der Wahl von Karl Wiebel aufgetretenen Unklarheiten über die Annahme des Amtes, die dann nicht zustande kam, musste das Trio bis zur Amtseinsetzung von Tassilo →Grimmeiß tätig bleiben.

In einem Zeugnis vom 4. Sept. 1948 würdigte M.s Nachfolger Grimmeiß M.s Leistungen für Neu-Ulm in der Nachkriegszeit und hob hervor, es sei wesentlich M.s Bemühungen zu verdanken, dass Neu-Ulm zum 1. April 1948 wieder die Kreisunmittelbarkeit verliehen worden sei, die es 1940 verloren hatte. Streit gab es um die Ruhegehaltsbezüge, da er dem Neu-Ulmer Vorschlag, ihm monatlich 500 DM zu überweisen, nicht folgen wollte. Er verklagte die Stadt daraufhin beim Landgericht Memmingen. Im April 1954 erhielt er einen einmaligen Abfindungsbetrag in Höhe von 9.500 DM.

Nach seiner kommunalpolitischen Zeit kehrte M. in seinen alten Beruf zurück und lebte als Handelsvertreter in der Textilbranche. Sein Büro lag in der Donaustraße, aber als Vertreter von Firmen in der Schweiz und in den USA war er häufig auf Reisen. Um 1960 zog er nach Ascona im Tessin. M. starb wenige Wochen vor seinem 59. Geburtstag an einem Herzinfarkt. Seine Tätigkeit als Neu-Ulms erster Oberbürgermeister ist weitgehend vergessen.

Q   StadtA Neu-Ulm, A 4, Nr. 325.
L   Jürg ARNOLD, Die Familie Arnold aus Bonlanden auf den Fildern, Stuttgart 1975, S. 288 – TREU, Neu-Ulm, S. 379, 576 – Edwin RUSCHITZKA, Auf den Spuren von Walter Albert Müller. Erstes Foto des „vergessenen" ersten Nachkriegs-Oberbürgermeisters in Neu-Ulm aufgetaucht, in: SWP, Nr. 139, 20. VI. 2007 (Bild) – DERS., Vergessener Ex-OB hängt in der Galerie, in: SWP, 22. VIII. 2008, S. 17 (Bild).

Mündler, *Eugen* Wilhelm, Dr. phil., * Ulm 15. Jan. 1889, † 1981, ev.
Vater   Wilhelm Mündler, Maler.
Mutter   Anna Regine Sigloch.

M. war einer der bedeutenden „Zeitungsmänner" in der Zeit der Weimarer Republik.

M. besuchte die Schulen in Blaubeuren und Geislingen/Steige sowie das Gymnasium in Halle/Salle. Anschließend studierte er neuere Sprachen, Geschichte und Philosophie sowie Volkswirtschaft in Halle/Saale und schloss das Studium mit der Promotion ab. In der Studienzeit begann er als Journalist zu arbeiten und war zunächst bei der „Saale-Zeitung" tätig, ehe er Anfang 1913 als stv. Geschäftsführer und Redakteur zur „Zeitungskorrespondenz für Südwestdeutschland" in Stuttgart ging. Bereits 1914 wechselte er als politischer Schriftleiter der „Dresdner Nachrichten" nach Dresden, wo er auch Vorsitzender des Bezirksvereins im Reichsverband der deutschen Presse war. 1921 folgte er dem Angebot, Hauptschriftleiter bei der „München-Augsburger Abendzeitung" in München zu werden. Im Sept. 1930 übernahm er als Hauptschriftleiter der „Rheinisch-Westfälischen Zeitung" in Essen eine neue Aufgabe. 1938 wechselte M. als Chefredakteur des vergleichsweise liberalen „Berliner Tageblatts" in die Reichshauptstadt.

1940 übernahm M. die Leitung der neuen NS-Wochenzeitung „Das Reich", die auf hohem journalistischem Niveau das „Dritte Reich" publizistisch repräsentieren sollte. M. wusste wohl, worauf er sich bei der Übernahme des Postens einließ, denn „Das Reich" sollte das „Renommierblatt" des Reichsministers für Volksaufklärung und Propaganda, Josef Goebbels, werden. Es erschien in einer Auflage von etwa 800.000 (!) Exemplaren. Zu Beginn seiner Tätigkeit ließ M. verlauten, „Das Reich" werde *im geistigen Kampf des deutschen Volkes [...] als neue Waffe eingesetzt*. Zu diesem Zweck griff M. auf ausgewiesene und prominente Autoren wie Theodor Heuss, Werner Höfer, Max Planck und Elisabeth Noelle[-Neumann] zurück. Auf Grund der sprunghaften nationalsozialistischen Presselenkung und damit verbundener häufiger Eingriffe in die redaktionelle Arbeit trat M. im Dez. 1942 von seinem Amt zurück.

Nach Kriegsende kehrte M. nach Essen zurück und war kurzzeitig bei der „Westdeutschen Allgemeinen", ab 1951 stv. Chefredakteur des „Industriekuriers".

L   Reichshandbuch II, S. 1295 (Bild) – Dr. Eugen Mündler 70 Jahre, in: Ulmer Nachrichten, Nr. 15, 20. I. 1959 – Erika MARTENS, Zur Phänomenologie der Presse im totalitären Regime. Zum Beispiel „Das Reich", Hamburg 1972 – KLEE, Kulturlexikon, S. 712.

Muff, August Ludwig Ferdinand Heinrich (von), Mag., * Ludwigsburg 31. Okt. 1775, † Ulm 22. Mai 1833, □ ebd., Alter Friedhof, ev.
Vater   Muff, Oberamtmann in Ludwigsburg.
∞.
Mehrere *K*, darunter Ludwig →Muff, Oberamtmann.

M. war der zweite württ. Ulmer Oberamtmann und einer der am längsten amtierenden Oberamtmänner.

Er stammte aus einem alteingesessenen Geschlecht der altwürttembergischen „Ehrbarkeit", die dem Staat über Jahrhunderte hinweg zahlreiche Beamte stellte. Das Studium der Philosophie und Theologie, 1797 bis 1799 der Rechtswissenschaften, führte ihn nach Tübingen, wo er seit 1794 das berühmte Stift bezogen hatte und wo er den Grad eines Mag. phil. erwarb. 1799 war er als Hofgerichtsadvokat immatrikuliert. Nach der Jahrhundertwende stieg M. in der Innenverwaltung des rasch wachsenden württ. Staates auf. Von 1803 bis 1806 Oberamtmann in Schwäbisch Gmünd, von 1806 bis 1811 dsgl. in Göppingen, übernahm er 1811 als Nachfolger des nach Böblingen wechselnden Ludwig Friedrich →Fischer die Leitung des Oberamts Ulm. In seiner 22-jährigen Amtszeit, die bis zu seinem Tode in Ulm währte, verfügte der Oberamtmann zunächst über beträchtlichen Gestaltungsspielraum, war er doch auch unmittelbarer Vorgesetzter des Magistrats und der Stadtverwaltung sowie bis 1819 im Besitz der richterlichen Befugnisse, welche durch die Einführung der Oberamtsgerichte an diese übergingen. M. war ein überaus gewissenhafter Staatsdiener und geriet wiederholt mit den Ulmern aneinander. Ihm oblag die Vereidigung des Magistrats bzw. später der Mitglieder der bürgerlichen Kollegien ebenso wie die Aufrechterhaltung der öffentlichen Ordnung im nach der Pariser Revolution von 1830 auf Jahre hinweg unruhigen Ulm, das in dieser Zeit zudem ein Zentrum der „Polenbegeisterung" war – was die Mächte der Restauration sehr ungern sahen. 1817 übernahm M. als erster Oberamtmann die Vorstandschaft des neu gegründeten Landwirtschaftlichen Bezirksvereins Ulm.

L. LEUBE, Tübinger Stift, S. 702 – HEPACH, Königreich, S. 94, 98 f., 112 ff., 138 – UNGERICHT, S. 174 – Amtsvorsteher, S. 420 f. (Karin PETERS/Wolfram ANGERBAUER).

Muff, Hans Friedrich Wilhelm *Ludwig*, * Göppingen 5. Sept. (oder Okt.) 1806, † Ulm 11. Feb. 1882, ev.
Vater   August Ludwig Ferdinand Heinrich (von) →Muff.
∞ Emilie Stängel, * 1822, † Ulm 1893, T. d. Friedrich Carl →Stängel.
3 *K*   *Karl* Ludwig (von) Muff, * Reutlingen 13. III. 1846, † Lorch 1935, Kgl. Württ. Generalleutnant; Fritz Muff, Revierförster, zuletzt Oberförster mit Titel Forstmeister in Göppingen; Julius Muff, Amtsrichter, zuletzt mit Titel Landgerichtsrat in Reutlingen.

M. war Sohn und Enkel von württ. Oberamtmännern, wobei sein Vater der zweite Ulmer Oberamtmann gewesen war. Auch M. zog es nach Ulm, wo er seinen Ruhestand verlebte.
Geboren während der Dienstzeit seines Vaters in Göppingen, kam M. als Fünfjähriger nach Ulm, wo sein Vater an die Spitze der Oberamtsverwaltung trat. Er besuchte die Vorschule und das Gymnasium in Ulm sowie das Gymnasium in Stuttgart, um anschließend Kameralwissenschaften in Tübingen (Mitglied der Burschenschaft Germania) zu studieren. 1830 legte er die Höhere Verwaltungsdienstprüfung ab und trat in den Dienst der Innenverwaltung des Königreichs Württemberg, der ihn zunächst als Oberamtsaktuar nach Kirchheim/Teck, Brackenheim und Gaildorf führte, 1839 wieder nach Kirchheim/Teck. 1841 als Kanzleiassistent zur Kanzlei bei der Regierung des Schwarzwaldkreises in Reutlingen versetzt und dort 1843 zum Sekretär ernannt, wurde ihm 1856 erstmals ermöglicht, seine Fähigkeiten in der Oberamtsverwaltung zu erproben: Für einige Monate war er Oberamtsverweser in Welzheim. 1857 erfolgte die Beförderung zum Oberamtmann von Blaubeuren – ein Amt, in welchem er 18 Jahre verblieb und in dem er sich vor allem im Bereich der Infrastruktur um eine bessere Anbindung an Ulm kümmerte. In den Jahren von 1863 bis 1867 war er wegen Krankheit nur bedingt arbeitsfähig und hielt sich häufig in Ulm auf. Dennoch wurde er erst im Alter von 68 Jahren in den Ruhestand versetzt, den der 1873 mit dem Ritterkreuz I. Kl. des Friedrichsordens ausgezeichnete Beamte in Ulm verlebte.

Q   HStAS, E 151/01 Bü 1143 – ebd., E 146/1 Bü 2732.
L.   SK Nr. 37, 14. II. 1882, S. 231 und 233 (Todesanz.) – UNGERICHT, S. 174 – PHILIPP, Germania, S. 52, Nr. 735 – Amtsvorsteher, S. 421 (Karin PETERS/Wolfram ANGERBAUER).

Muff, Wolfgang (von), * Ulm 15. März 1880, † Bad Pyrmont 17. Mai 1947, ev.
Vater   *Karl* Ludwig (von) Muff, * Reutlingen 13. III. 1846, † Lorch 1935, Kgl. Württ. Generalleutnant, S. d. Ludwig →Muff, Oberamtmann, u. d. Emilie Stängel.
Mutter   Anna Luise Eisenbach, * 1856, † 1933, T. d. Wilhelm Eisenbach, Kameralverwalter, u. d. Ida Bohnenberger.
1 *G*   Friedrich Erich Muff, * 1881, † 1948, Major, Direktor der schweizerischen Mercedes-Benz AG in Zürich.
∞ Berlin 1919 Käthe Sternberg, geb. Heckert.
1 *K*   Adoptivtochter.

M. entstammte einer Familie mit berufsbedingten Bindungen an Ulm.

Nach dem Abitur am Stuttgarter Karlsgymnasium begann M. 1899 als Fahnenjunker im 8. Inf.-Rgt. Nr. 26 (8. Württ.) in Straßburg seine militärische Laufbahn, in der er dem Vater nacheiferte. 1900 zum Leutnant avanciert, war M. zunächst Kompanieoffizier und Adjutant im III. Bataillon des Regiments. 1908 erfolgte die Abkommandierung zur Berliner Kriegsakademie. 1913 zum Hauptmann befördert, wurde M. 1914 zum Großen Generalstab versetzt und diente während der Kriegsjahre bei verschiedenen Stäben, so 1915 im Generalstab des Beskidenkorps, 1916 im Stab des Chefs des Feldeisenbahnwesens, 1918 im Generalstab der Heeresgruppe Gallwitz. Als Bataillonsführer im 2. Inf.-Rgt. 120 (2. Württ.) war er an der Frühjahrsoffensive der 2. Armee in Frankreich beteiligt und wurde schwer verwundet. Ende 1916 zum Bevollmächtigten in Wien ernannt, konnte M., der noch vor Kriegsende zum Major befördert wurde, dort seine diplomatischen Fähigkeiten erproben. Nach Kriegsende dem Stab des Wehrkreiskommandos V in Stuttgart zugeteilt, übernahm M. 1924 das Kommando des II. Bataillons des 14. Inf.-Rgts. in Tübingen und wurde 1925 zum Oberstleutnant ernannt. Ende 1926 trat er in die Dienste des Reichswehrministeriums, wo er in der Völkerbundabteilung tätig war, die die Aufgaben der aufgelösten Heeres-Friedenskommission übernommen hatte. 1928 kehrte er als Oberst und Chef des Stabes der 3. Kavalleriedivision nach Württemberg zurück, 1930 folgte die Beförderung zum Kommandeur des 13. württ. Inf.-Rgts. in Ludwigsburg. Schließlich wurde er 1931 zum Generalmajor und zum Infanterieführer V ernannt, 1932 zum Landeskommandanten von Württemberg. In diesem Amt oblag M. die Berichterstattung über alle Bereiche des Heerwesens bei der württ. Staatsregierung und die Vertretung der Landesinteressen bei der Reichswehr.
Im Alter von 52 Jahren schied M. aus dem aktiven Heeresdienst aus und war als Lehrbeauftragter an der Universität Tübingen sowie an der TH Stuttgart tätig. Im April 1933 reaktiviert, übernahm M. neue Aufgaben im Reichsdienst und war als Militärattaché mit Sitz in Wien für den Kontakt mit den Gesandtschaften in Wien, Bern und Sofia tätig. 1936 zum Generalleutnant befördert, spielte M. eine wichtige Rolle beim „Anschluss" Österreichs an den NS-Staat, den er seit Jahren nachdrücklich unterstützt hatte. M., der schon im Sommer 1934 dem Anführer eines missglückten Umsturzversuches in Österreich Unterschlupf in seinem Haus gewährt hatte, unterbreitete dem österreichischen Bundespräsidenten Miklas am 11. März 1938 die ultimative Forderung Hitlers, Arthur Seyß-Inquart zum Bundeskanzler zu ernennen.
Vor dem Ausbruch des Zweiten Weltkriegs zählte M. neben Walther von Brauchitsch und Erich von Manstein zu den Hauptarchitekten der Eingliederung der österreichischen Armee in die deutsche Wehrmacht. Er leitete die „Personalgruppe" beim Heeresgruppenkommando 5, die über die Weiterverwendung österreichischer Offiziere in der Wehrmacht entschied. M.s österreichische Zeit endete am 1. Aug. 1939, als er zum XI. Armeekorps in Hannover versetzt wurde. 1940 avancierte er zum stv. Kommandierenden General und Befehlshaber im Wehrkreis XI und zum General der Infanterie. Am 30. April 1943 erfolgte seine Verabschiedung. Nach Kriegsende lebte M. auf der Hämelschenburg bei Hameln. Er starb im Alter von 67 Jahren.

L.   Ih 3, S. 244 – NDB 18 (1997), S. 565 f. (Helmut R. HAMMERICH).

Mutschler, *Albert* August, * Großsüßen/OA Göppingen 9. März 1894, † Ulm 25. Feb. 1970, ☐ Neu-Ulm, Alter Teil des Friedhofs, ev., 1950 Kirchenaustritt.
Vater   Georg Mutschler, Metzgermeister in Ulm.
Mutter   Albertine Reinhardt.
∞ I. Ulm 22. XI. 1919 *Luise* Christine Gulden, * Ulm 28. III. 1897, † 1988, Ehe geschieden 1947; ∞ II. Neu-Ulm 29. X. 1949 Magdalena Ott, * Rißtissen/OA Ehingen 19. VIII. 1913, † 2004, T. d. Franz Ott u. d. Franziska Müller.
1 *K* aus I. Ehe   Erwin →Mutschler.

286

Der Gründer von „Möbel Mutschler" in Ulm und Neu-Ulm schuf eines der großen Möbelunternehmen der Nachkriegszeit.

Der in Ulm aufgewachsene M. war für einen Handwerkerberuf bestimmt und durchlief vor 1914 eine Lehre als Schreiner. Die obligatorische Wanderschaft führte ihn in die Schweiz und nach Frankreich. Im Alter von 20 Jahren wurde er Soldat im Ersten Weltkrieg und musste nach dessen Ende in schwierigen wirtschaftlichen Verhältnissen seine Existenz in Ulm aufbauen. Er bestand die Schreinermeister-Prüfung, wurde aber als Möbelkaufmann tätig und eröffnete 1923 in der Ulmer Vestgasse einen kleinen Möbelladen („Angebot von Möbeln in allen Holzarten"), in dem sechs Mitarbeiter beschäftigt waren. Mit einem Tisch und vier Stühlen habe die „Mutschler-Story" begonnen, erzählte M. gern. Schon 1932 erfolgte der Umzug in ein größeres Geschäft in der Lautengasse, das im Krieg zerstört wurde. 1938 wurde der Bau einer Ausstellungshalle an der Vorwerkstraße 6-20 in Neu-Ulm begonnen. Bereits ab 1931 hatte M. auch einen Wohnsitz in Neu-Ulm.

Obwohl der Zweite Weltkrieg auch für M. einen schweren geschäftlichen Einbruch mit sich brachte, vermochte er sich davon rasch zu erholen und profitierte nach 1950 vom einsetzenden „Wirtschaftswunder". Davon kündeten Geschäftseröffnungen in Ulm am Marktplatz und in der Sterngasse sowie in Neu-Ulm an der Augsburger Straße. 1957 übergab M. das Geschäft an seinen einzigen Sohn Erwin →Mutschler, der nach seiner Rückkehr aus russischer Kriegsgefangenschaft ab 1949 in der Unternehmensleitung tätig gewesen war. M. hatte die Firma bei der Übergabe zu einem international operierenden Unternehmen ausgebaut, das in zahlreichen europäischen Ländern, aber auch in Übersee Stützpunkte und Geschäfte besaß und eine bekannte deutsche Marke geworden war. „Möbel Mutschler" war ein Begriff.

Q   StadtA Ulm, G 2 – StadtA Neu-Ulm, D 12, IX.3.2. (Firma Mutschler) – ebd., A 9.
L   Albert Mutschler 65 Jahre, in: NUZ, Nr. 56, 9. III. 1959 (Bild) - Albert Mutschler gestorben, in: NUZ, Nr. 47, 26. II. 1970, S. 18 (Bild) – TREU, Neu-Ulm, S. 618 – 75 Jahre Möbel Mutschler: Die Firmengeschichte beginnt in Ulm, in: Schwäb. Zeitung Nr. 220, 23. IX. 1998 – WEIMAR, Rundgang, S. 66 f.

Mutschler, *Erwin* Albert, * Ulm 13. Juni 1921, † ebd. 21. Jan. 2001, ☐ Neu-Ulm, Alter Teil des Friedhofs, ev., 1951 Kirchenaustritt.
Eltern und *G* siehe Albert →Mutschler.
∞ Neu-Ulm 14. VIII. 1951 Hanna-Liese Barth, * Neuffen/OA Nürtingen 6. VI. 1920, Lehrerin, T. d. Leo Barth, Lokomotivführer, u. d. Margarete Lohrmann.
3 *K*   *Albert* Erwin Mutschler, * Ulm 19. X. 1952; *Klaus* Thomas Mutschler, * Ulm 17. XI. 1956; *Dieter* Jörg Mutschler, * Ulm 24. IX. 1958.

M. führte das von seinem Vater gegründete Unternehmen „Möbel Mutschler" in die Blütezeit der 1970er und frühen 1980er Jahre, musste zuletzt aber auch schwere Geschäftseinbrüche hinnehmen, die zum Verkauf zwangen.

Der einzige Sohn eines erfolgreichen Vaters sollte in dessen Fußstapfen treten. Ab 1938 durchlief er deshalb eine Lehre im elterlichen Betrieb. M.s Neigungen lagen aber auch auf künstlerischem Gebiet – vor allem die Kunstgeschichte hatte es ihm angetan. So studierte er romanische Kunst in Spanien. Bei Ausbruch des Zweiten Weltkriegs wurde M. gleich zur Wehrmacht eingezogen und in Augsburg bei einem Art.-Ersatzbataillon ausgebildet. In Russland geriet er in Kriegsgefangen-

schaft, aus der er erst im Mai 1949 zurückkehrte. Die Erfahrungen des Krieges lasteten schwer auf M.

Die elterliche Firma stand nach schwierigen Jahren um 1950 am Beginn eines fulminanten Aufstiegs. In der Familie war es in der Zeit seiner Abwesenheit zu Schwierigkeiten gekommen,

die Eltern hatten sich scheiden lassen. Wenige Monate nach M.s Rückkehr ging der Vater eine zweite Ehe ein. Er band den Sohn in das Geschäft ein und beschäftigte ihn in der Unternehmensleitung. 1957 schied der Vater als Geschäftsleiter aus und übertrug die Firma an M., nahm aber nach wie vor regen Anteil an der Entwicklung von „Möbel Mutschler" und war regelmäßig im Geschäft zu sehen. Unter der Geschäftsführung des Sohnes erreichte das Möbelgeschäft seine größte Ausdehnung. 1967 ließ M. das sechsgeschossige Hauptgebäude auf dem Starkfeld in Neu-Ulm (bekannt als „Mutschler-Center") erbauen, 1971 das Zentrallager an der Dornierstraße. Die „Möbel Mutschler Neu-Ulm GmbH & Co." hatte zu Hochzeiten zwischen 550 und 600 Beschäftigte und verfügte über 60.000 Quadratmeter Gewerbefläche. Dem „Boom" der 1970er und 1980er Jahre folgten deutlich schlechtere Geschäftsjahre, die M. veranlassten, das Unternehmen 1997 an die Walther AG zu veräußern.

M. war als Kunst-Mäzen eine beiderseits der Donau bekannte und geschätzte Persönlichkeit. Er sammelte moderne Kunst, unterstützte Jazzkonzerte und das Ulmer Museum finanziell und war Mitglied des Vorstands der Freunde des Ulmer Museums. Er starb knapp vier Jahre nach der Übernahme von „Möbel Mutschler" durch die Walther AG im Alter von 79 Jahren.

Q   StadtA Ulm, G 2 – StadtA Neu-Ulm, D 12, IX.3.2. (Firma Mutschler) – ebd., A 9.
L   TREU, Neu-Ulm, S. 618 – Erwin Mutschler gestorben, in: Schwäb. Zeitung Nr. 21, 26. I. 2001 – Erwin Mutschler ist gestorben. Geschäftsmann und Förderer der Kunst, in: SWP (Ulm) Nr. 20, 25. I. 2001 (Bild) – WEIMAR, Rundgang, S. 64.

Mutzel, Ulrich, * Kirchhaslach bei Babenhausen/Kreis Illertissen 22. Mai 1922, † Neu-Ulm 9. Juni 2009, ☐ ebd., kath.
Vater   Gottfried Mutzel, Schreinermeister.
Mutter   Maria Miller.
∞ Neu-Ulm 20. III. 1959 Rosemarie Leichs, * Nürnberg 17. VI. 1934, T. d. Hans Leichs, Schneidermeister, u. d. Maria Hell.
Keine *K*.

Seine Devise *Ich denke an das Leben und nicht an Krankheiten* führte den Neu-Ulmer Lehrer durch sein von Verletzungen und Krankheiten mitgeprägtes Leben. Doch er resignierte nicht, führte ein sehr aktives Leben und hielt sich körperlich topfit. Im hohen Alter stellte er fest, sein Beispiel liefere den Beweis, *dass man als Schwerkriegsbeschädigter nicht resignieren* dürfe.

1939 wurde M., gerade 17 Jahre alt, zur Wehrmacht eingezogen und kam zu einer Fallschirmspringertruppe. M. machte den ganzen Krieg an der Ost- und Westfront, wurde fünfmal verwundet und war zuletzt 100 Prozent kriegsbeschädigt. Als der Krieg endete, war M. 23 Jahre alt. Obwohl es ihm körperlich sehr schwerfiel, machte er eine Schreinerlehre und bestand die Meisterprüfung, konnte aber den Beruf nicht ausüben. Daraufhin entschloss er sich zu einer Ausbildung zum Berufsschullehrer. Als solcher wirkte er nach 1955 – zuletzt als Oberstudienrat – jahrzehntelang in Neu-Ulm, hatte seinen Hauptwohnsitz aber in seinem Geburtsort Kirchhaslach. Daneben hielt er Vorträge über Baustilkunde, oft an den Volkshochschulen in Neu-Ulm und Ulm. Der überaus reisefreudige M.

bereiste mit seiner Ehefrau fast die ganze Welt und spezialisierte sich besonders auf den Nahen Osten und Mittelasien. 1967 hielt er sich zur Zeit der chinesischen Kulturrevolution in Peking auf. Er dokumentierte seine Reisen mit Aufzeichnungen und rund 20.000 Fotos und fand mit seinen Reiseberichten zahlreiche interessierte Zuhörer.

Seine Kriegserfahrungen blieben für M. Verpflichtung zur Erinnerung. Er engagierte sich besonders im Dienst des Volksbundes Deutsche Kriegsgräberfürsorge (VDK). Etwa 50 Jahre lang war er unermüdlich aktiv, hielt Vorträge über die beiden Weltkriege an Volkshochschulen in Baden-Württemberg und Bayern und führte Fahrten zu Kriegsgräberstätten in ganz Europa durch. Er sammelte Spenden in Höhe von rund 150.000 Euro und warb fast 900 neue Mitglieder. Mit seiner Ehefrau zählte er zu den Gründungsmitgliedern des Pädagogischen Landesbeirates im VDK Landesverband Bayern.

Am 13. Mai 1964 wählte die Mitgliederversammlung des Historischen Vereins Neu-Ulm M. als Nachfolger des aus Gesundheitsgründen zurückgetretenen Dr. Richard Zimprich zum Vorsitzenden – ein Amt, das er bis zu seinem Rücktritt am 21. Juni 1967 ausfüllte. M. hatte sich stets vorgenommen, sich von seiner Behinderung und von den Schmerzen nicht niederdrücken zu lassen. Noch mit über 80 Jahren meldete er sich freiwillig alle zwei Jahre zur Führerscheinprüfung. Er starb drei Wochen nach Vollendung des 87. Lebensjahres in Neu-Ulm, wo er heimisch geworden war. – Bundesverdienstmedaille; 2006 Albert-Schweitzer-Plakette (höchste Auszeichnung des VDK).

Q   StadtA Neu-Ulm, C 9, Nr. 21, u. a. mit Veröffentlichungsliste – ebd., A 9.
L   Ulrich Mutzel bekommt die Albert-Schweitzer-Plakette; Auszeichnung der Deutschen Kriegsgräberfürsorge, in: NUZ, 11. VIII. 2006 – Ulrich Mutzel: An das Leben denken. Geburtstag: Der bekannte Neu-Ulmer Oberstudienrat wird heute 85, in: NUZ, 22. V. 2007 (Bild) – Ulrich Mutzel gestorben, in: NUZ, 20. VI. 2009 (Bild) – Anton AUBELE, 90 Jahre Historischer Verein Neu-Ulm 1907-1997, S. 69-87, hier S. 84 f. (Bild).

Nachi, Tomitaro, * Yokohama (Japan) 7. Mai 1924, † Ulm 1. März 2007, ⬜ 8. März 2007.
G   Nachi, Tsugio, * 1929, † Neu-Ulm 1999

Zahlreich sind die Zeugnisse des Wirkens des Malers, Zeichners und „Objektmachers" N. in der Region Ulm/Neu-Ulm. Der persönlich sehr bescheidene Erfinder des Begriffs „Lichtkinetik" war – in enger Zusammenarbeit mit seinem jüngeren Bruder – einer der bedeutenden modernen Künstler auch über die Region Ulm/Neu-Ulm hinaus.

Der gelernte Flugzeugkonstrukteur und Testpilot folgte schon 1947 einem Ruf an die Universität Tokio, später nach Tschiba, wo er Malerei, Bildhauerei, Industrial Design und Architektur lehrte. Er war ein unermüdlicher und begeisterter Förderer moderner Kunst, weshalb er auch Mitte der 1950er Jahre zu den Mitgründern der „Gruppe der 20er" zählte, die sich in Tokio zur Förderung moderner Kunst verschrieben hatte. N.s Interessen waren aber weit gespannt: alte chinesische und japanische Kunst, aber auch griechische Kultur und italienische Renaissance. Ohne diesen Hintergrund ist sein Schaffen nicht denkbar.

1957 war ein Wendepunkt in seinem Leben: N. definierte sich als Künstler und brachte seine persönlichen Vorstellungen über Licht, Linien, Fläche, Masse, Bewegung, Zeit etc. zu Papier und entwickelte damit ein künstlerisches Programm, auf dessen Grundlage er ein halbes Jahrhundert lang wirken sollte. Eduard Ohm hielt in seiner Trauerrede bei der Bestattung N.s fest: *Schon als kleiner Junge hatte er in seiner Vaterstadt auf dem Wellengekräusel eines Baches das Licht entdeckt, davon fasziniert und gebannt, wie das Wasser mit ihm spielte, es reflektierte, scheinbar mit sich fort trug. Unterdessen künstlerisch arbeitend, formulierte er seine persönlichen Wertvorstellungen über Licht, Fläche, Bewegung, Linie und Masse, an denen er festhielt, auch als er 1961 nach Ulm übersiedelte*, wo sein

jüngerer Bruder, der Industrie-Designer Tsugio Nachi (1929-1999) lebte und an der HfG studierte. Auch N. stellte seine Fähigkeiten in den Dienst der HfG und wirkte dort als freier Mitarbeiter. Von 1965 bis 1967 lehrte und forschte er an der TH Stuttgart.

Sein Lebensthema Licht, mit dem er sich in vielen künstlerischen Variationen befasste, vor allem seine lichtkinetischen Arbeiten (den Begriff Lichtkinetik hat N. anlässlich einer Ausstellung seiner Werke auf der Biennale in Venedig 1972 selbst geprägt), bildete den Kern seines reichhaltigen Schaffens, das weit in die Region hinein ausstrahlte: seine Installationen etwa beim Ulmer Westbad und vor dem Krankenhaus Illertissen stehen dafür, aber auch gemeinsame Ausstellungen mit seinem Bruder, wie 1964 im Ulmer Museum, 1973 im „studio f" in Ulm oder 1983 die Ausstellung des Kunstvereins Ulm im Ulmer Museum, wo auch Aquarelle N.s gezeigt wurden und die 1984 auch in der Kunsthalle in Nürnberg zu sehen war. In einer Kritik dazu hieß es: *Aus dem, was Nachi hier ausgebreitet hat, würden andere gleich ein paar Lebenswerke zapfen.*

Viel Aufsehen erregte N.s bis dahin größte Skulptur für das Olympia-Zentrum Kiel[-Schilksee]. Die Brüder entwickelten seit 1970 das monumentale Windflügelobjekt, bei dem sich auf mehreren Masten großformatige Aluminiumzungen drehten und damit die Eleganz und Leichtigkeit des Segelsports veranschaulichten. *Ich will nicht komplizierte Formen oder komplizierte Farben, das Einfachste hinterläßt den stärksten Eindruck*, war das Credo N.s.

Seit 1972 hatten die Brüder ein Atelier in der Gabelsberger Straße 17 in Neu-Ulm. Die Brüder waren bis zum Tod Tsugio Nachis schier unzertrennlich, arbeiteten gemeinsam, traten fast immer gemeinsam auf. Der Tod des Bruders erschütterte N. tief. Die meist gemeinsam geschaffenen Werke wurden in ganz Deutschland und darüber hinaus gezeigt, so u. a. 1966 in der Staatsgalerie Stuttgart, 1969 in der Kunsthalle Basel, 1970 und 1972 auf der Biennale in Venedig, 1974 im Stedelijk Museum Amsterdam und in der Hamburger Kunsthalle, 1977 auf der Documenta 6 in Kassel.

Auch im Alter bewies N. weiterhin seinen unbestechlichen Sinn für Schönheit, Harmonie und Eleganz. Davon zeugen späte Werke wie seine „Windfahnen" bei der Grundschule am Eichenplatz und die Stahl-„Segel" am Willy-Brandt-Platz in Ulm, die „Lichtsäule" in der Neu-Ulmer Donauklinik und seine Plastik an der Oberelchinger Donaubrücke. Im Nov. 2003 wurde das von N. geschaffene, sechs Meter hohe Objekt „Unendlich" eingeweiht, eine bewegliche Skulptur vor dem Museum des Landkreises Neu-Ulm in Oberfahlheim.

N. lebte zuletzt seit 2001 wieder in Ulm, wo er im 83. Lebensjahr starb.

Q   StadtA Neu-Ulm, A 9 – ebd., D 12.
L   OHM, Augenblicke, S. 120 ff. (Bild) – Unbeirrbarer Sinn für Schönheit. Der Künstler Tomitaro Nachi ist gestorben, in: SWP, 6. III. 2007 (Bild) – http://www. uni-ulm.de/kunstpfad/51kuen.html.

Nagel, Christian Heinrich (von), Dr. phil., * Stuttgart 28. Feb. 1803, † Ulm 26. oder 27.[421] Okt. 1882, ⬜ ebd., Alter Friedhof, ev.
Vater   Johann Heinrich Nagel, † 1822, Schneider.
Mutter   Christiane Friedrike Huntzinger.
∞ I. 1831 Johanna Braun, † 1839, T. des Schuhmachers Braun in Tübingen; ∞ II. 1840 Wilhelmine Büxenstein, * 1. V. 1811, † 1866 oder 1869, T. des Speisemeisters und Musiklehrers Büxenstein, † 1847, in Urach.
2 K aus II. Ehe   Friederike Nagel[422], * 1841, † Ulm 1. Okt. 1897, Musiklehrerin in Ulm; Rudolf Nagel, * Ulm 13. VII. 1844, † ebd. 7. XII. 1876, Buchhändler.

Als Gründer der Ulmer Real- und Fortbildungsschule lebt N. im Gedächtnis Ulms weiter.

---

[421] Auf seinem Grabstein ist der 27. Okt. als Todestag festgehalten.
[422] UBC 3, S. 154.

Der schon zu Lebzeiten in der Stadt sehr verehrte N. wuchs in bescheidenen Verhältnissen auf, besuchte das Stuttgarter Gymnasium und bestand 1817 das Landexamen, was ihm zum Eintritt in eines der ev.-theol. Seminare berechtigte. In Blaubeuren war N. von 1817 bis 1821 Zögling, dann studierte er als „Stiftler" in Tübingen Theologie. Seinen eigentlichen Neigungen folgend, hörte er daneben Vorlesungen über Physik und Mathematik. Nach der bestandenen theol. Dienstprüfung trat er 1825 in den Kirchendienst ein, wechselte aber Ende 1826 als Lehrer für Mathematik und Naturwissenschaften an das Lyzeum und an die Realschule Tübingen. Die Geometrie fesselte ihn besonders, und so promovierte er im Herbst 1827 mit einer Dissertation über Konstruktionsaufgaben für rechtwinklige Dreiecke. An der Universität Tübingen wirkte er danach als Privatdozent, die erhoffte Professur erhielt er aber nicht. N.s Name bezeichnet übrigens bis heute einen Schnittpunkt von bestimmten Dreieckstransversalen.

1830 kam N. als Professor für Mathematik und Naturwissenschaften an das K. Gymnasium Ulm. Zugleich war er Hauptlehrer am Realinstitut, das dem Gymnasium seit kurzem angegliedert war. Dem Ausbau des Realschulwesens galt fortan sein Hauptaugenmerk. Er verschaffte der Idee der „praktischen" Schulbildung als Gegenmodell zum schwerpunktmäßig „persönlichkeitsbildenden" Unterricht an den Gymnasien den Durchbruch. Bekanntheit über Württemberg hinaus erlangte er 1840 mit seinem Buch „Die Idee der Realschule". 1842 bereiste er im Auftrag der Regierung mehrere deutsche Staaten, um dort die Realschulen kennen zu lernen. Als 1844 die Ulmer Realschule selbständig wurde und ihren Sitz im alten Steuerhaus auf dem Weinhof nahm, trat N. als Rektor an ihre Spitze (bis 1875). Daneben beriet N. die Stadtverwaltung in technischen Belangen, war 1856 führend an der Einführung der Gasbeleuchtung in Ulm beteiligt, gründete und leitete die gewerbliche Fortbildungsschule. N. war einer der führenden Ulmer Honoratioren und beteiligte sich auch an der Politik, allerdings mehr als Strippenzieher im Hintergrund als auf offener Bühne. Wiederholt griff der konservativ-konstitutionelle N., ein bekannter „Großdeutscher", auch in Landtagswahlkämpfe ein. Zu seinem 25-jährigen Dienstjubiläum als Rektor 1869 wurde N. mit Ehrungen geradezu überschüttet: am Vorabend des Jubeltages (12. Juni 1869) brachten ihm seine Schüler einen Fackelzug, König Karl ehrte ihn mit dem Titel Oberstudienrat, die Stadt Ulm mit der Verleihung des Ehrenbürgerrechts. Als er 1875 in den Ruhestand trat, folgte ihm im Rektoramt Gustav →Binder nach. – 1875 Ritterkreuz des Württ. Kronordens anlässlich seiner Pensionierung; Ritterkreuz I. Kl. des Friedrichsordens. – Mitglied des Vereins für Kunst und Altertum in Ulm und Oberschwaben; Mitglied des 1865 gegründeten Vereins für Mathematik und Naturwissenschaften in Ulm; Mitglied des Vereins für vaterländische Naturkunde in Württemberg.

Q   StadtA Ulm, Bestand H, Nachlass – ebd., G 2.
W   Lehrbuch der ebenen Geometrie, 1833 – Untersuchungen über die wichtigsten zum Dreiecke gehörigen Kreise, 1836 – Reise-Erfahrungen über den gegenwärtigen Zustand des Realschulwesens in Deutschland, Ulm 1844.
L   Ih 2, S. 630 – Ih 3, S. 245 ff. – ADB 23 (1886), S. 214 (CANTOR) – Otto KRIMMEL, Nekrolog des Kgl. Württ. Oberstudienraths Dr. Christian Heinrich v. Nagel, in: Korrespondenzblatt für die Gelehrten- und Realschulen Württembergs 31 (1884), S. 1-14 – LEUBE, Tübinger Stift, S. 705 – UNGERICHT, S. 94 f. – UBC 2, S. 223, 345, 441 – SPECKER, Ulm im 19. Jahrhundert, S. 186, 212, 222, 348, 445 ff., 529 ff. – Peter BAPTIST, Christian Heinrich von Nagel (1803-1882), Elementargeometer und Lehrer, in: Bausteine zur Tübinger Universitätsgeschichte VI (1992), S. 77-90 – NDB 18 (1997), S. 709 f. (Peter BAPTIST).

Nessen, Albert *August* von, * Friedrichsroda/Kreis Waltershausen (Herzogtum Sachsen-Coburg-Gotha, heute Thüringen) 28. Feb. 1868, † Ulm 16. Nov. 1948, □ ebd., ev.

Vater   Ernst Louis von Nessen, Schneidermeister, Besitzer eines Manufakturbetriebes für Herren- und Damenoberbekleidung.
Mutter   Dorothea Eberhardina Schath.
∞ Elise Unseld[423], * Ulm 2. IX. 1889, † ebd. 11. VIII. 1966, T. d. Ulrich Unseld, * 1845, † 1920, Bäckermeister in Ulm, u. d. Elisabeth Braunwarth, * 1850, † 1927.
1 K   Hugo von Nessen, * Neu-Ulm 30. IV. 1921, Grund- und Hauptschullehrer in Ulm, Chordirektor im Allgemeinen Deutschen Chorverband (ADCV).

N. war eine der herausragenden Persönlichkeiten des Neu-Ulmer Musiklebens in der ersten Hälfte des 20. Jahrhunderts.

Der aus einem alten, ursprünglich in Friesland ansässigen Adelsgeschlecht stammende N. entwickelte bereits als Schuljunge eine besondere Neigung zur Musik und speziell zur Posaune. Bald reifte der Entschluss, Berufsmusiker zu werden, ein Wunsch, der allerdings bei den Eltern keine Unterstützung fand. Nach dem Schulabschluss verließ N. deshalb 1887 die Heimat, um in Württemberg Militärmusiker zu werden. Beim Musikkorps des III. Bataillons des Inf.-Rgts. Nr. 121 (3. Württ.) in Schwäbisch Gmünd begann er seine Laufbahn. Die Verdienstmöglichkeiten in der Provinz waren allerdings kärglich, so dass er sich mit Erfolg um eine Versetzung nach Ludwigsburg bemühte, die zweite Kgl. Residenzstadt und zweitgrößte Garnisonsstadt des Königreichs. Mittlerweile auch virtuos mit dem Flügelhorn, blieb N. bis 1892 in Ludwigsburg. Er war in seiner württembergischen Zeit durchaus erfolgreich, vermochte seinen Verdienst durch zahlreiche Auftritte bei offiziellen Veranstaltungen, Platzkonzerten etc. aufzubessern und wurde sogar außerplanmäßig zum Unteroffizier befördert.

Dennoch verließ er Ludwigsburg im Herbst 1892, nachdem sich endlich die lange erstrebte Möglichkeit ergeben hatte, eine Planstelle bei einem Musikkorps zu erlangen.

Er fand sie am 1. Okt. als Sergeant und Flügelhornist (Hoboist) beim Musikkorps des 12. Bayer. Inf.-Rgt.s Prinz Arnulf in Neu-Ulm, wo er bald zum Korpsführer aufstieg. In Ulm existierten drei Musikkorps´, in Neu-Ulm nur eins. Diese Tatsache begründete einen gewissen „Exklusivitätsstatus" rechts der Donau. N. komponierte einen erfolgreichen „Prinz-Arnulf-Marsch". Er bewarb sich voller Tatendrang gleich für eine Nebentätigkeit als Violinist am Ulmer Theater, der er in den Abendstunden nachging. Er war sehr erfolgreich und wurde bald zum Konzertmeister des Ulmer Theaters gewählt. Allerdings zwang ihn die Erkrankung des Leiters des Neu-Ulmer Musikkorps´, Wilhelm Koch, 1897 zur Beendigung seiner Ulmer Aktivitäten, da er Koch ständig zu vertreten hatte. Außerdem traf der mittlerweile zum Vizefeldwebel beförderte N. die Vorbereitungen für sein Studium an der Münchner Akademie der Tonkunst, zu dem er zum Wintersemester 1899/1900 abkommandiert wurde.

Während des zweijährigen Studiums, das er mit Bestnoten abschloss, erlernte N. neben Dirigieren, Komposition, Partiturlesen und Klavier als weiteres Blasinstrument die Klarinette. Nach seiner Rückkehr nach Neu-Ulm trat der Stabshoboist 1904 die Nachfolge von Wilhelm Koch als Obermusikmeister des Musikkorps´ des 12. Bayer. Inf.-Rgt. Prinz Arnulf an und trug unter schwierigen Bedingungen zur Erhaltung des von Nachwuchssorgen geplagten Musikkorps bei. Viele junge Militärmusiker, die in Neu-Ulm bei N. ausgebildet worden waren, wanderten über kurz oder lang wegen der besseren Verdienstmöglichkeiten nach Ulm ab. Einen schweren Schlag versetzte der Ausbruch des Ersten Weltkriegs der Arbeit N.s. Das Regiment zog an die Front, das Musikleben kam praktisch zum Erliegen, die Musiker wurden vor allem als Sanitäter eingesetzt. N. war als solcher im Frontdienst eingesetzt und wurde wiederholt wegen tapferen Verhaltens ausgezeichnet,

_____

[423] Schwester von Albert →Unseld.

u. a. mit dem EK II. 1916 erwarb er sich besondere Verdienste um den Rücktransport bei Verdun verwundeter Soldaten.

Im Frühjahr 1918 wurde der 50 Jahre alte Leutnant der Landwehr N. ins Ersatzbataillon versetzt. 1919 übernahm N., nachdem das 12. Inf.-Rgt. aufgelöst worden war, eine neue Aufgabe, indem er an der Neu-Ulmer Realschule Musikunterricht erteilte. N. erfüllte sie bis zu seinem Ausscheiden im April 1925 mit Hingabe. Daneben rief der 1921 als bayer. Staatsangehöriger aufgenommene N. 1923 mit weiteren ehemaligen Militärmusikern den Orchesterverein Ulm/Neu-Ulm ins Leben und leitete ihn bis 1930. Dann übernahm er für fünf Jahre die Leitung der beiden Orchester des Musikvereins Söflingen/Ulm, seit 1935 wirkte er als Dirigent der Werkskapelle der Wieland-Werke in Vöhringen und der Klingensteiner Blasmusik. Ebenfalls 1935 erwarb er in Ulm ein Grundstück, wo er sein Haus baute und Unterricht für Violine und Klavier erteilte. Seine letzten Lebensjahre waren von der Kammermusik bestimmt, und nach 1945 wirkte er am Neubeginn des Ulmer Musiklebens mit. Seine Kompositionen müssen zum großen Teil als verloren angesehen werden; über das Wenige, was sich erhalten hat, ging der Zeitgeschmack hinweg. Als leidenschaftlicher Musiker beiderseits der Donau und Vater der Stadtkapelle Ulm bleibt er jedoch in Erinnerung. – u. a.: 1896 Dienstauszeichnung III. Kl., 1903 Dienstauszeichnung II. Kl.; 1909 Militärverdienstkreuz I. Kl.; 1911 Verdienstmedaille des Friedrichsordens; 1915 Militärverdienstkreuz II. Kl. mit der Krone und mit Schwertern; 1915 Verdienstkreuz mit Schwertern des Sachsen-Ernestinischen Hausordens; 1918 Militärverdienstkreuz I. Kl. mit Schwertern; 1918 Schwarzes Abzeichen für Verwundete.

Q   StadtA Neu-Ulm, C 12, Nachlass – ebd., D 12, III. 20.
W   Leitfaden für Musiker - Aus der Praxis für die Praxis, Heft 1 a, Ulm 1936.
L   Hanns-Helmut SCHNEBEL, Albert August von Nessen zum 125. Geburtstag am 28. Februar [1993], in: Bayerische Blasmusik Nr. 2/1993, S. 4 f.

Nestle, Christoph *Eberhard*, Dr. phil., D. theol., Lic. theol. h.c., * Stuttgart 1. Mai 1851, † ebd. 9. März 1913, ev.
Vater   Christian Gottlieb von Nestle[424], * Stuttgart 24. X. 1808, † ebd. 19. XII. 1879, Obertribunalprokurator und Bürgerausschussobmann in Stuttgart, 1851-1856 MdL Württemberg (II. Kammer), 1869 Mitglied der Landessynode als Abg. von Stuttgart Stadt, S. d. Johann Gottlieb Nestle, * 1763, † 1836, Bäckermeister und Mehlhändler in Stuttgart, u. d. Christine Dorothea Zaiser, * 1772, † 1846.
Mutter   Sofie Beate Kleinmann, * 1820, † 1855, T. d. Johann Ferdinand Kleinmann, * 1777, † 1848, Oberamtspfleger in Heilbronn/Neckar, u. d. Beate Friederike Haackh, * 1785, † 1831.
Mehrere *HalbG* und *G*   Gottlieb *Friedrich* (von) Nestle[425], * Stuttgart 21. VI. 1841, † ebd. 3. II. 1914, Landgerichtspräsident in Schwäbisch Hall, langjähriges Mitglied der Landessynode als Abg. von Calw, Gaildorf und Schwäbisch Hall; Ernst *Theodor* von Nestle[426], * Stuttgart 24. VIII. 1852, † Hattenbach/Kreis Hersfeld 20. X. 1929, Präsident des Medizinalkollegiums; *Wilhelm* Albrecht Nestle[427], * Stuttgart 16. IV. 1865, † ebd. 18. IV. 1959, klassischer Philologe, Oberstudiendirektor, Rektor des Stuttgarter Karls-Gymnasiums, Honorarprofessor, ∞ Ulm 10. VIII. 1899 Klara Neuffer, * Nürtingen 7. VII. 1877, † 1950, T. d. Eugen →Neuffer.
∞ I. Tübingen 1880 Klara Kommerell, * 1852, † 1887, T. d. Ferdinand Kommerell[428], Dr. phil., * Tübingen 16. I. 1818, † ebd. 22. II. 1892, Mathematiker, Gymnasialprofessor, Rektor der Realschule Tübingen, u. d. Julie Steudel, * 1825, † 1886; ∞ II. 1890 Elisabeth Aichele, * 1867, † 1944, T. d. Christian →*Aichele, Pfarrer in Bernstadt, Historiker, u. d. Maria Schmoller.
6 *K*, darunter Erwin →Nestle; Bernhard Nestle, * Maulbronn 6. II. 1902, 1927 Pfarrer in Buchenbach.

N. war einer der herausragenden württ. Philologen und Orientalisten der Kaiserzeit und erwarb sich mit seinen Neuübersetzungen, Textforschungen und Kommentaren zur Bibel bleibende Verdienste. Weltruhm genoss er als Herausgeber des Neuen Testaments in Griechisch, Latein und Deutsch. Ein großer Teil seiner Arbeiten entstand während N.s Ulmer Dienstzeit.

N. wuchs in Stuttgart auf, besuchte dort das Gymnasium und kam 1865 nach dem bestandenen Landexamen als Zögling in das ev.-theol. Seminar Blaubeuren. 1869 begann er sein Theologie- und Philologiestudium an der Universität Tübingen, wo er im berühmten Stift lebte. Das Studium wurde vom Deutsch-Französischen Krieg unterbrochen, an dem er als Kriegsfreiwilliger und Krankenpfleger teilnahm. 1874 beendete er seine Studienzeit mit der Promotion zum Dr. phil. Seine aus einer Preisaufgabe der philosophischen Fakultät hervorgegangene Dissertation befasste sich mit den Beziehungen zwischen den hebräischen und griechischen Textformen des Buches Ezechiel im Alten Testament und wies ihm seinen wissenschaftlichen Weg. Weitere Studien führten ihn, nachdem er bereits unständig in den württ. Pfarrdienst eingetreten war, nach Leipzig, Berlin und London, wo er im British Museum forschte und syrische Handschriften abschrieb. 1877 übernahm er nach einer kurzen Vikariatszeit in Schnait im Remstal das Amt des Stiftsrepetenten in Tübingen, 1880 wechselte er als Diakon nach Münsingen.

Von 1883 bis 1890 und wieder von 1893 bis 1898 war N. Professor für Religion, Deutsch, Hebräisch und Englisch am Obergymnasium Ulm, von 1890 bis 1893 war N. als Lehrbeauftragter für semitische Sprachen an der Universität Tübingen von seinem Ulmer Amt beurlaubt. Er kehrte jedoch nach Ulm zurück, weil der erhoffte Ruf auf den Lehrstuhl für Orientalistik ausblieb. N. war als Lehrer sehr beliebt und weit über Ulm hinaus bekannt für seine Forschungen an den LXX-Textzeugnissen und besonders dem Codex Sinaiticus. Aus der Fülle seiner textgeschichtlichen und -kritischen Veröffentlichungen ragt besonders seine Edition einer kritischen Handausgabe des Neuen Testaments hervor, die 1898 unter dem Titel „Novum Testamentum Graece cum apparatu critico ex editionibus et libris manu scriptis collecto" von der Württ. Bibelanstalt herausgebracht wurde. Neben seiner ihn völlig ausfüllenden umfassenden philologischen Arbeit, die auch im angelsächsischen Sprachraum sehr geschätzt wurde, nahm er sich Mitte der 1890er Jahre noch die Zeit, für die 1897 publizierte Neuausgabe der „Ulmer Oberamtsbeschreibung" den Beitrag „Namhafte Männer der Stadt und des Oberamts" (Band 2, S. 302-338) zu erarbeiten.

N. war ab 1898 Erster Professor und zuletzt ab 1912 Ephorus am ev.-theol. Seminar Maulbronn, nachdem er eine entsprechende Stellung in Blaubeuren ausgeschlagen hatte. – 1900/01 Abg. für Knittlingen zur 6. Ev. Landessynode; 1872 Mitglied der deutschen morgenländischen Gesellschaft; korrespondierendes Mitglied der American oriental society; korrespondierendes Mitglied des Landeskonservatoriums; auswärtiges Mitglied der Britischen Bibelgesellschaft; 1900 Verleihung des Ranges auf der VI. Rangstufe. – 1882 Lic. theol. h.c.; 1894 Promotion zum Dr. phil. h.c. (Universität Königsberg); 1909 Ritterkreuz I. Kl. des Friedrichsordens.

Q   StadtA Ulm, G 2.
W   Werkverzeichnis in: WN 1913, S. 56-59 – (Auswahl) Septuagintastudien (I). Beilage zum Programm des Gymnasium Ulm, Ulm 1886 [19 S.] – Syrische Grammatik mit Litteratur, Chrestomathie und Glossar, 2. vermehrte und verbesserte Auflage der Brevis linguae syriacae grammatica [Berlin 1881], Berlin 1888 – Dunkle Klingen-Inschrift, in: Reutlinger Geschichtsblätter 3 (1892), S. 63 – Die Reutlinger Reformationsmünze von 1717, ebd., S. 64 – Grabfunde in der Georgenkirche in Tübingen, ebd., S. 80 – Zur dunklen Klingen-Inschrift von Willmandingen, ebd. 4 (1893), S. 32 – Philologica sacra. Bemerkungen über den Urgestalt der Evangelien und der Apostelgeschichte, Berlin 1896 – Septuagintastudien (II). Beilage zum Programm des Gymnasiums Ulm, Ulm 1896 [22 S.] – Die Kirchengeschichte des Eusebius, aus dem Syrischen übersetzt (Texte und Untersuchungen VI, 2), Leipzig 1901.
L   DBI 5, S. 2745 – Ih 2, S. 635 – Magisterbuch 34 (1907), S. 108 – CRAMER, Württembergs Lehranstalten ⁶1911, S. 152 f. – WN 1913, S. 50-76 (Heinrich HOLZINGER) – UBC 3, S. 66, 287 – NDB 19 (1999), S. 79 (Erwin NESTLE) – BBKl. 6 (1993), Sp. 625-627 (Eberhard BONS) – EHMER/KAMMERER, S. 275 (mit weiterer Literatur) - Wikipedia.

Nestle, Erwin, Dr. phil., D. theol. h.c., * Münsingen 22. Mai 1883, † Ulm 21. Juni 1972, ⬜ ebd., Hauptfriedhof, ev.
Eltern und *G* siehe Eberhard →Nestle

424 RABERG, Biogr. Handbuch, S. 609 – EHMER/KAMMERER, S. 274 (mit Bild), jeweils mit weiterer Literatur.
425 Ih 2, S. 635 – EHMER/KAMMERER, S. 275 (mit Bild).
426 Ih 2, S. 635.
427 Ih 2, S. 635 – NDB 19 (1999), S. 79 f. (Erwin NESTLE).
428 Ih 1, S. 488.

∞ 1920 Ruth Elsenhans, * 1890, † 1965, Hauptlehrerin, T. d. Paul Wilhelm Elsenhans, * Weiler bei Weinsberg 26. II. 1862, † 1904, Pfarrer in Dürrenzimmern, zuletzt dsgl. in Iptingen.
5 K.

N. war im Gegensatz zu seinem berühmten Vater Eberhard →Nestle die längste Zeit seines Lebens in Ulm tätig und wohnhaft. Eine der bekanntesten Lehrerpersönlichkeiten Ulms vom Ende der Kaiserzeit bis in die Gründungszeit der Bundesrepublik Deutschland, hatte er die wissenschaftlichen Interessen des Vaters geerbt und führte sein Werk weiter.
N. kam während der Münsinger Amtszeit seines Vaters, damals Diakon in Münsingen, zur Welt. Nach dem bestandenen Landexamen wurde er als Zögling in das ev.-theol. Seminar Maulbronn aufgenommen. Die 1901 bestandene sogenannte Konkursprüfung brachte ihm die Zulassung für das Theologiestudium in Tübingen (Stift), wo er Mitglied des Studentenkreises Luginsland wurde. Wissenschaftliche Reisen führten den jungen Mann nach Berlin und Jerusalem. 1905 bestand er die I., 1911 die II. theol. Dienstprüfung, dazwischen lagen verschiedene Anstellungen als Pfarrverweser, darunter auch in Schafhausen/OA Böblingen. 1908 Repetent am ev.-theol. Seminar Blaubeuren, kam er im April 1910 als Stadtvikar erstmals dienstlich nach Ulm. 1911 erfolgte N.s Promotion zum Dr. phil.
Im Mai/Juni 1912 versah N. vertretungsweise das nach der Pensionierung von Rudolf →Pfleiderer vakante Zweite Stadtpfarramt am Ulmer Münster. Von Juni 1912 bis 1914 war N. Repetent am ev.-theol. Seminar Maulbronn. 35 Jahre lang, von 1914 bis 1949 (1945 suspendiert, 1948 wieder eingestellt), war N. dann Oberreallehrer für Religion am Realgymnasium und an der Oberrealschule Ulm. Im Ersten Weltkrieg war er Sanitätsgefreiter in Ulm und Stuttgart, ab 1916 im Felde, ausgezeichnet mit dem EK II und der Silbernen Militär-Verdienstmedaille. N. war bis 1922 Mitglied der DVP, ab 1930 des Christlich-Sozialen Volksdienstes und des Reichsbundes der Deutschen Familie. In der NS-Zeit trat N. 1937 der NSDAP bei, außerdem dem NS-Opferbund bzw. später dem NS-Opferring, dem NSLB, dem Reichskriegerbund und der NSV, bei der er von 1934 bis 1938 stv. Ulmer Amtsleiter war und anschließend stv. Ortsgruppenwalter. N. war förderndes Mitglied des NSKK sowie Mitglied des VDA, des Reichskolonialbundes und des NSRL. Diese Mitgliedschaften führten nach Kriegsende zu N.s vorübergehender Suspendierung vom Schuldienst. In seinem Entnazifizierungsverfahren sagten zahlreiche Kollegen und Schüler für ihn aus und charakterisierten ihn als einen *weltfremden Gelehrten von naiver Gutgläubigkeit*. Beim Versuch einer Gesamtbeurteilung N.s in der NS-Zeit wird man auch im Auge behalten müssen, dass sich der der „Bekennenden Kirche" angehörende N., der für eine liberale Theologie stand, gegen ideologische Eingriffe in das Schulleben wehrte. Am 11. Sept. 1936 wurde während einer von ihm erteilten Religionsstunde eine Tränengasbombe geworfen.
1949 erfolgte N.s Eintritt in den Ruhestand auf eigenes Ansuchen. Er war in umfassender Weise im Verbands- und Vereinsleben Ulms und Württembergs aktiv, so als Vorsitzender der Freien Volkskirchlichen Vereinigung und ab 1927 zugleich als Vorsitzender des Ev. Volksbundes in Ulm, seit 1929 Mitglied des Landesausschusses des Ev. Volksbundes, 1931 bis 1933 Ulmer Abg. zum Landeskirchentag, Mitglied des Kirchengemeinderats der Dreifaltigkeitskirche Ulm und Mitglied des Vereins für Kunst und Altertum in Ulm und Oberschwaben, des Volksbildungsvereins, der Museumsgesellschaft und des Münsterbauvereins sowie Schöffe beim Ulmer Jugendgericht.
N. führte im Ruhestand die Editionstätigkeit seines Vaters als Herausgeber des Novum Testamentum Graece weiter und erlangte wie sein Vater auf diesem Gebiet Weltruhm. Daneben legte er eine Reihe von Veröffentlichungen zur Ulmer Geschichte vor und erarbeitete personengeschichtlich wichtige

Zusammenstellungen zu Ulmer Theologen und Pfarrern („Pfarrerbuch Ulm", eine Zusammenstellung aller Theologen, die von 1560 bis 1816 in der Stadt Ulm einschließlich Gymnasium und Jungingen tätig waren, ein Band, fertiggestellt 1963, und ein „Pfarrerbuch Ulm-Land", zwei Bände, fertiggestellt 1965). – 1930 D. theol. h.c. (Universität Tübingen).

Q StadtA Ulm, G 2.
L Magisterbuch 41 (1932), S. 152 – UBC 2, S. 432 – UBC 3, S. 66, 287 – LEUBE, Tübinger Stift, S. 715 – NEBINGER, Die ev. Prälaten, S. 564, 584 – BBKL 6 (1993), Sp. 627 (Eberhard BONS) – ROTERMUND, Zwischen Gleichschaltung, S. 81 f., 233 – MAYER, Die ev. Kirche, S. 80, 99, 143 f., 398, 406, 474, 519 – EHMER/KAMMERER, S. 275 (Bild) – Wikipedia.

Netzer, Berndt, * Ulm 25. Mai 1949, † 29. Jan. 2007, ▢ Ulm 7. Feb. 2007, ev.
∞. 2 K.

Nach dem Jurastudium in Tübingen und der Referendarszeit im Landgerichtsbezirk Ulm trat N. im Jan. 1976 in den baden-württembergischen Justizdienst ein. Als Assessor war er in Stuttgart, Ulm und Geislingen/Steige eingesetzt, ehe er als Richter an das Amtsgericht Ulm versetzt wurde. Im April 1989 erfolgte nach Abordnung an das Oberlandesgericht Stuttgart N.s Ernennung zum Vorsitzenden Richter. Im April 1991 ging N. für zweieinhalb Jahre in die neuen Bundesländer, um – abgeordnet an das Kreis- bzw. Amtsgericht Leipzig – am Aufbau der dortigen Justiz mitzuwirken. Ende 1993 als Direktor des Amtsgerichts Esslingen/Neckar nach Baden-Württemberg zurückgekehrt, folgte im Mai 1996 seine Ernennung zum Präsidenten des Amtsgerichts Stuttgart. N.s fachliche und organisatorische Fähigkeiten waren über die Landesgrenzen hinaus bekannt. So war es nicht überraschend, als N. im Juni 2000 von Bundesministerin Herta Däubler-Gmelin als Ministerialdirektor in das Bundesministerium der Justiz geholt wurde, wo er Leiter der Abt. Rechtspflege wurde. Der baden-württembergische Justizminister Ulrich Goll würdigte N.s Verdienste um die Entwicklung zahlreicher Justizreformen. In der Todesanz. des Bundesministeriums der Justiz wurden ihm exzellenter juristischer Sachverstand, außerordentliche Einsatzbereitschaft und politischer Feinsinn attestiert: *Mit seiner zupackenden Art, seiner Entschlusskraft und seiner Geradlinigkeit hat er die Leitlinien der Rechtspolitik im Hause mit gestaltet und wichtige Gesetzgebungsvorhaben mit gesteuert. Sein Anliegen war es, die Justiz einem überfälligen Modernisierungsprozess zuzuführen, das Verfahrensrecht den aktuellen Herausforderungen anzupassen und unser Gerichtswesen zukunftsfähig und europafreundlich zu gestalten.*

L Stuttgarter Zeitung Nr. 28, 3. II. 2007, S. 9 (Todesanz. des Bundesministeriums der Justiz) – Trauer um Berndt Netzer, in: Eßlinger Zeitung vom 6. II. 2007.

Neubronner, Carl (Karl) Felician von, * Ulm 10. Dez. 1770, † Ulm 20. April 1837 oder 1838[429], ev.
Eltern und G sowie zur Familiengeschichte siehe Carl Friedrich von →Neubronner.
∞ Regine Barbara von Wagenseil, † 15. IV. 1820.
2 K Carl von Neubronner, * Kaufbeuren 28. V. 1809, † Ulm 21. X. 1866, Justizreferendar in Ulm; Rudolf von →*Neubronner, Oberjustizassessor und ritterschaftliches MdL.

N. war einer der Pragmatiker in den Reihen der alten Ulmer Patriziergeschlechter. So wenig ihm die politischen Umbrüche der Zeit behagt haben dürften, so unbeirrbar blieb er an Ulm gebunden und wirkte dort erst in bayerischen und später in württembergischen Diensten.
Er studierte von 1789 bis 1791 Jura in Jena sowie seit dem 1. Nov. 1791 Jura und Ökonomie auf der Hohen Carlsschule in Stuttgart. Im Herbst 1792 nach Ulm zurückgekehrt, erfolgte noch im Nov. des Jahres seine Aufnahme in den Rat der Stadt (Senator). Nach dem Übergang der Herrschaft an Bayern trat N. in den kurpfalzbayerischen Staatsdienst ein und ging im

---

[429] Abweichende Angaben in der aufgeführten Literatur.

Sommer 1804 als Stadtrichter nach Kaufbeuren, nach der Aufhebung des Gerichts 1809 als erster Assessor zum Stadtgericht Augsburg. Nach 1810 stellte er sich in den Dienst der Krone Württembergs und wurde – was üblich war, um Fähigkeiten und Treue der neuen Staatsdiener zu prüfen – zunächst nicht in Ulm eingesetzt, sondern seit 1812 als Landvogtei-Kriminalrat bei der Landvogtei am unteren Neckar mit Sitz in Heilbronn/Neckar. Mit der Neuorganisation des württembergischen Gerichtswesens Ende 1817 wurde N. als Oberjustizrat an den Kriminalgerichtshof für den Jagst- und Donaukreis in Ellwangen/Jagst versetzt. Der König gab im Nov. 1818 den wiederholten Gesuchen N.s um Versetzung an den Kgl. Kreisgerichtshof in Ulm nach, wo er ebenfalls als Oberjustizrat am dortigen Gerichtshof wirkte. 1828 folgte er dem nach Stuttgart gewechselten Benjamin (von) →Pfizer als Präsident des Gerichtshofs in Ulm nach. 1836 wurde N., der an einem schweren Augenleiden laborierte, auf sein Gesuch hin in den Ruhestand verabschiedet, einige Monate später verlieh ihm der König das Ritterkreuz des Württ. Kronordens. Seit 1825 (mit Erwerb der vormaligen reichsunmittelbaren Herrschaft Balzheim) zählte die Familie N. zum ritterschaftlichen Adel des Königreichs Württemberg. Ihr gehörten außerdem mehrere Hofgüter, Feldlehen und Gülten, daneben auch ein Schloss im bayerischen Holzschwang.

L.   WEYERMANN II, S. 361 – CAST I, S. 279 – WAGNER, Hohe Carlsschule I, S. 445, Nr. 563, II, S. 416 f. [weitere Nennungen im Alphabetischen Personal-Register ebd. III, 189] – BECKE-KLÜCHTZNER, S. 216 – Simon PALAORO, Politische Identitäten des Ulmer Patriziats. Zwischen dem Ende der reichsstädtischen Epoche und dem Neubeginn im Kurfürstentum Bayern, in: Adel im Wandel, Band 2, S. 643-656, hier S. 653.

Neubronner, Carl (Karl) Friedrich von, * 2. Nov. 1733, † Ulm 15. Juni 1804, ev.

Vater   Franz Daniel von Neubronner, * Ulm 26. IV. 1700, † ebd. 7. VI. 1766, 1721 Senator, 1746 Bürgermeister, 1757 Ratsältester in Ulm.
∞ Maria Justina Freiin von Welser, 14. X. 1814.
3 K   Carl Felician von →Neubronner; Carl Friedrich von Neubronner, * Ulm 11. II. 1775, † ebd. 9. VI. 1857, Kgl. Württ. Oberleutnant in Ulm, ∞ Friederike von Renz, * Ulm 22. VIII. 1780, † ebd. 9. VII. 1832, Schw d. Gustav Heinrich Friedrich von →Renz; Franz Daniel von Neubronner, * Ulm 5. XI. 1779, Stadtgerichtsassessor, Gustherr in Holzschwang.

Der Ulmer Patrizier und Bürgermeister war fast 70 Jahre alt, als „seine Welt" zusammenbrach und Ulm seine Selbstständigkeit verlor.
N. entstammte einer sehr alten schwäbischen Familie, die schon im Mittelalter in Ulm nachweisbar ist und dort zu hohen Würden und Ämtern aufstieg. Lorenz Neubronner erhielt 1560 von Kaiser Ferdinand I. Adel und Wappen erneut bestätigt. In der zweiten Hälfte des 16. Jahrhunderts teilte sich das Geschlecht in einen älteren und jüngeren Zweig. N. war Spross des jüngeren Zweiges. Sein Ururgroßvater Marx Tobias, Stadtammann und Scholarch in Ulm, erhielt 1669 von Kaiser Leopold I. und dessen gleichnamiger Sohn, geheimer Rat, Oberrichter und Herrschaftspfleger in Ulm, 1714 von Kaiser Karl VI. Adel und Wappen erneuert. 1796 Bürgermeister in Ulm. Präses des Ulmer Magistrats.

L.   WEYERMANN II, 361 – CAST I, S. 278 f. – BECKE-KLÜCHTZNER, S. 216.

Neuffer, Christian Ludwig, Dr. phil., Mag., * Stuttgart 26. Jan. 1769, † Ulm 29. Juli 1839, ev.

Vater   Ludwig Ehrenreich Neuffer, * Engstlatt 13. I. 1738, † Stuttgart 19. VI. 1802, Sekretär und Kanzlist, zuletzt seit 1791 Registrator beim Konsistorium in Stuttgart, S. d. Christian Ehrenreich Neuffer, Mag., * Ötisheim 27. I. 1707, † Engstlatt 22. IX. 1785, Pfarrer in Engstlatt, u. d. Maria Martha Sannenwald, * Metzingen 28. I. 1716, † Plattenhardt 28. I. 1797.
Mutter   Maria Magdalena Pelargus, * 2. IX. 1746, † 13. I. 1799, T. d. Ludwig Joseph Pelargus, * 1710, † Stuttgart 22. VI. 1785, Hofzinngießer und Obermeister in Stuttgart, u. d. Elisabeth Dorothea Ludwig.
5 G   Marie Luise Wilhelmine Christiane Neuffer, * Stuttgart 18. XII. 1770; Marie Regine Luise Neuffer, * Stuttgart 26. V. 1772; Friedrich Wilhelm Neuffer, * Stuttgart 14. V. 1774; Christiane Friederike Elisabeth Neuffer, * Stuttgart 30. V. 1776; Karoline Euphrosine Regine Neuffer, * Stuttgart 28. X. 1782.

∞ Stuttgart 20. XI. 1803 Luise Wilhelmine Oesterlen, * Stuttgart 3. IX. 1783, † 21. IV. 1859, T. d. Johann Kaspar Oesterlen, Kontrolleur am Stuttgarter Waisenhaus, u. d. Anna Renschler.
8 K, darunter ein Zwillingspaar, *† 1806; Luise Wilhelmine Neuffer, * Weilheim/Teck 6. XI. 1804, † Stuttgart 18. I. 1888, ∞ Ulm 15. V. 1828 Konrad Kocher, Dr. phil., * Ditzingen 16. XII. 1786, † Stuttgart 12. III. 1872, Musikdirektor und Stiftsorganist in Stuttgart; Amalie Adelheid Neuffer, * Weilheim/Teck 9. XII. 1807, † Reinerzau/OA Freudenstadt 11. V. 1839, ∞ Ulm 4. IV. 1837 Gustav Hoffmann[430], * Stuttgart 7. VI. 1806, † Nürtingen 2. IX. 1889, 1837 Pfarrer in Reinerzau, 1841 dsgl. in Stötten, 1854 dsgl. in Perouse, 1874 a. D.; Auguste Emilie Neuffer, * Zell unter Aichelberg 18. IX. 1809, † ebd. 28. VI. 1811; Sophie Mathilde Neuffer, * Zell unter Aichelberg 7. I. 1811, † Stuttgart 23. IX. 1886, ∞ Ulm Alexander Hugo Freiherr von Spitzemberg, * Ludwigsburg 5. V. 1801, † Stuttgart 28. III. 1882.

N. war der erste Inhaber der neu geschaffenen Stelle des Zweiten Münsterpfarrers in Ulm.
Er erhielt seine erste schulische Bildung am Stuttgarter Gymnasium und war danach Zögling der Klosterschule Maulbronn, seit 1786 dann als Theologie- und Philosophiestudent im Tübinger Stift und mit Rudolf Friedrich Heinrich Magenau (1767-1846) Haupt eines Tübinger Freundes- und Dichterbundes, in den im Jahr darauf auch der junge Friedrich Hölderlin aufgenommen wurde. Die Freundschaft zu Hölderlin endete erst Ende 1799. An Christian Friedrich Daniel Schubarts (1739-1791) „Deutscher Chronik" arbeitete N. als ganz junger Mann zeitweilig mit, nahm aber Abstand von Schubarts Vorschlag, ihm als freier Herausgeber dieses Unternehmens zu folgen.
N. war nach dem Studienabschluss zunächst als Stiftsrepetent in Tübingen tätig gewesen, 1791 ging er als Prediger nach Stuttgart. 1798 war er Vikar in Tübingen. Nachdem er wegen „Jakobinertum" als Hofprediger abgelehnt worden war, ging er 1803 als Diakon nach Weilheim/Teck, als welcher er zugleich die Filialpfarrei Hepsisau versehen musste. 1808 als Pfarrer nach Zell unter Aichelberg versetzt, war N. seit dem 8. Aug. 1819 Zweiter Stadtpfarrer am Ulmer Münster – diese Stelle war neu geschaffen worden und N. somit der erste Inhaber dieser Position – und Ulmer Bezirksschulinspektor. Der Amtsantritt war mit der Verpflichtung verknüpft, eine Unterrichtsanstalt für Töchter zu errichten. N., der bei seinem geistlichen Wirken den pädagogischen Aspekt besonders hoch einschätzte, hatte in seiner Stuttgarter Zeit schon ein Mädchenbildungsinstitut ins Leben gerufen, aus dem später das Katharinenstift hervorging. Mit dem Stiftungsrat gründete er noch 1819 das „Institut für confirmierte Töchter" in Ulm, das besonders durch den für die Zeit ungewöhnlichen Unterricht auffiel. Die Schülerinnen (über 14 Jahre, seit 1822 auch über Zwölfjährige) wurden nicht nur klassisch-humanistisch ausgebildet, sondern auch in naturwissenschaftlich-geographischen Fächern. Wenn auch – aus der Zeit heraus – gewiss nicht an eine spätere Berufstätigkeit der Schülerinnen gedacht war, so sollten sie doch in gut aufklärerischem Sinne zu Selbstständigkeit und Kritikfähigkeit erzogen werden – ein Ansatz, der seiner Zeit sehr voraus war. Dennoch oder gerade deswegen ging N.s Institut rasch ein, nachdem Diakon →Scholl 1834 seine Töchterschule gegründet hatte.
1821 erfolgte N.s Berufung zum geistlichen Assessor beim Kgl. Ehegericht für den Donaukreis in Ulm. N.s Ulmer Amtszeit begann vielversprechend für den beredten und umgänglichen Mann, als Prediger und Seelsorger genoss er einen guten Ruf. Im Laufe der Zeit gestattete sich N. jedoch Nachlässigkeiten bei der Betreuung seiner Gemeinde, die in erster Linie im

---

430 Magisterbuch 25 (1884), S. 57.

häufigen Fehlen des Geistlichen zu sehen waren. Als N. und Andreas →Adam dagegen Klage einlegten, dass Diakon Johannes →Moser Trauungen und Beerdigungen zu sehr an sich reiße, erhielt der Angeklagte Moser Recht; er habe nur die Aufgaben übernommen, zu deren Erfüllung die Kläger nicht bereit oder fähig gewesen seien. Auf diese Weise legte sich über das Ende von N.s Ulmer Zeit ein Schatten. Nach seinem Tod im 71. Lebensjahr übernahm für mehr als ein Jahr Johann Jakob →*Baur jun. die Amtsverwesung.

Als klassischer Philologe erarbeitete N. Übersetzungen einiger römischer Dichter, als Schriftsteller und Publizist brachte er im Stil der Zeit „Taschenbücher" mit eigenen Werken, vor allem aber Arbeiten anderer Dichter seiner Zeit, wie Conz, Hauff, Hölderlin, Miller, Schwab, Stäudlin und Uhland heraus. Mit einer Schwester Stäudlins war der junge N. verlobt gewesen.

W (Hg.) Taschenbuch für Frauenzimmer von Bildung auf das Jahr 1800, Stuttgart 1799 – Die Herbstfeier. Ein Sittengemälde in neun Gesängen. Ein Taschenbuch auf das Jahr 1802, Stuttgart o. J. – Monatsschrift für Geistes- und Herzensbildung junger Frauenzimmer, in Verbindung mit mehreren Gelehrten. Zwei Jahrgänge, Stuttgart 1802 und 1803 – Predigten über einige wichtige Gegenstände der Religion und Moral. Mit dem Bildniß des Verfassers, Augsburg 1803 – Kleiner Taschenkalender für 1804, Stuttgart 1804 – Vermischte Gedichte, Stuttgart o. J. – Der Tag auf dem Lande. Eine Idylle in zehn Gesängen. Umgearbeitete Ausgabe, Reutlingen 1815 – (Übersetzer) Virgils Aeneis im Versmaß der Urschrift neu verdeutscht, 2 Teile in einem Band, Reutlingen 1816 – Günther, oder Schicksal und Gemüth. Ein episches Gedicht in sechs Gesängen. Mit einem Kupfer, Reutlingen 1816 – Auserlesene lyrische Gedichte, Tübingen 1816 – Erato, Zürich 1818 – Die Werke des Kajus Krispus Sallustius, enthaltend den Jugurtha und Katilina, wie auch die zwei Episteln an Caesar, nebst einem Anhang der 4 katilinarischen Reden von Cicero, Reutlingen und Leipzig 1819 – Christliche Urania, oder Gesänge für Freunde der Religion und eines heitern Christensinnes, Leipzig 1820 – (Hg.) Taschenbuch von der Donau auf das Jahr 1824 [und 1825], zwei Bände, Ulm 1824 und 1825 – Poetische Schriften, drei Bände, Leipzig 1827/28 – Über den Zerfall des Kultus, Ulm 1837.
L Ih 2, S. 637 – GRADMANN, Das gelehrte Schwaben, S. 411 – WEYERMANN II, S. 364-366 – GEORGII-GEORGENAU, S. 640 ff. – ADB 23, S. 491 – UBC 1, S. 460, 474 (Bild), 525 – LEUBE, Tübinger Stift, S. 702 – BIEDERMANN, Ulmer Biedermeier, S. 207 – SPECKER, Ulm im 19. Jahrhundert, S. 385 f. (Bild), 388 f., 391, 406 f., 450 – NEBINGER, Die ev. Prälaten, S. 578, 582, 591 – Richard STAWITZ, Die Neuffer aus Münsingen 1400-1900. Genealogische Studie über die Verbreitung des schwäbischen Familiennamens Neuffer als Beitrag zur Familienforschung, Bad Krozingen 1984, S. 60 f.

Neuffer, *Eugen* Nathanael (von), * Rotenberg/OA Cannstatt 4. April 1843, † Ulm 6. März 1915, ev.
Vater *Carl* (Karl) Friedrich Nathanael Neuffer[431], * Stuttgart 5. V. 1807, † Notzingen/OA Kirchheim 7. III. 1856, 1840-1847 Pfarrverweser in Rotenberg, seit 1847 Pfarrer in Notzingen.
Mutter *Amalie* Luise Husuadel, * Kirchheim/Teck 17. VI. 1807, † Rotenberg 23. XI. 1844, T. d. Kaufmanns Johann Christoph Husuadel u. d. Elisabeth Catharina Ramminger.
1 G, 9 HalbG aus II. Ehe des Vaters Nathanael Edmund Neuffer, * Rotenberg, in die USA ausgewandert; Klara Amalie Neuffer, * Rotenberg 6. XI. 1846, ∞ N. Neumann, in die USA ausgewandert; Gertrud Amalie Neuffer, * Notzingen 14. XI. 1847, ∞ N. Körner, in die USA ausgewandert; Ernst Nathanael Neuffer, * Notzingen 29. XII. 1848, † ebd. 3. IV. 1849; Marie Amalie Neuffer, * Notzingen 15. III. 1850, † Nürtingen 3. IV. 1881, ledig; Luise Amalie Neuffer, * Notzingen 21. III. 1851, † Tübingen 1. VI. 1882, in die USA ausgewandert, kehrte schwer krank zurück nach Württemberg; Ernst Nathanael Neuffer, * Notzingen 2. II. 1852, † ebd. 3. II. 1853; Eduard Nathanael Neuffer, * Notzingen 2. II. 1852, † 8. XI. 1859, Zwilling zum Vorstehenden; Theodor Nathanael Neuffer, * Notzingen 23. III. 1853, † Ludwigsburg 13. I. 1877, Einjährig Freiwilliger im Inf.-Rgt. „Alt-Württemberg" Nr. 121 in Ludwigsburg.
∞ I. Blaubeuren 12. II. 1874 *Luise* Bertha Charlotte Plochmann, * Cleebronn/OA Brackenheim 20. VII. 1847, † Ulm 27. V. 1885, T. d. Johann Karl Georg Plochmann, Oberförster in Blaubeuren, u. d. Luise Friederike Kaiser; ∞ II. Ulm 3. III. 1887 *Thekla* Luise Palm, * Ulm 5. III. 1858, † ebd. 28. I. 1943, T. d. Carl →Palm.
3 K *Klara* Neuffer, * Nürtingen 7. VII. 1877, † 1950; ∞ Ulm 10. VIII. 1899 *Wilhelm* Albrecht Nestle[432], * Stuttgart 16. IV. 1865, † ebd. 18. IV. 1959, klassischer Philologe, Rektor des Stuttgarter Karls-Gymnasiums, Bruder von Eberhard →Nestle; Rudolf Helmut Nathanael Neuffer, * Ulm 31. X. 1882, † ebd. 24. I. 1884; *Karl* Eugen Nathanael →*Neuffer, ledig.

N. war eine der herausragenden Lehrerpersönlichkeiten Ulms in der Kaiserzeit. Als langjähriger Rektor des Realgymnasiums und der Oberrealschule trug er wesentlich zur Konsolidierung

431 SCHMIDGALL, Burschenschafterlisten, S. 81, Nr. 784 – PHILIPP, Germania, S. 55, Nr. 784.
432 IH 2, S. 635 – NDB 19 (1999), S. 79 f. (Erwin NESTLE).

des Ulmer Realschulwesens in der Nachfolge von Christian Heinrich (von) →Nagel bei.

N., der seine jüngeren Geschwister und Halbgeschwister alle überlebte, verlor seine Mutter, als er eineinhalb Jahre alt war. Der Vater heiratete in II. Ehe die jüngere Schwester seiner Ehefrau, Sophie Husuadel (1812-1861). N. durchlief das ev.-theol. Seminar in Urach, studierte Theologie in Tübingen und begann nach dem Theologieexamen 1866 und dem Präzeptoratsexamen 1873 seine berufliche Laufbahn als Professor an der Realanstalt in Esslingen/Neckar. Von 1874 bis 1884 war er Rektor des Reallyzeums in Nürtingen.

Von 1884 bis 1913 war N. Rektor des Realgymnasiums und der Oberrealschule in Ulm, im Feb. 1906 wurde ihm vom König Titel und Rang eines Oberstudienrats verliehen. Bei seiner Pensionierung im April 1913 erhielt der bereits wiederholt vom König hoch ausgezeichnete N. das Ehrenkreuz des Württ. Kronordens. Zu seinem Nachfolger wurde Friedrich →Sauter ernannt. – Mitglied des ev. Kirchengemeinderats; Mitglied des Vereins für Kunst und Altertum in Ulm und Oberschwaben. – 1888 Ritterkreuz I. Kl. des Friedrichsordens; 1889 Jubiläumsmedaille; 1901 Rang auf der V. Stufe; 1907 Ritterkreuz des Württ. Kronordens.

L Ih 2, S. 637 – Magisterbuch 30 (1897), S. 106 – ebd. 37 (1914), S. 85 – CRAMER, Württembergs Lehranstalten [6]1911, S. 15 – Württ. Jahrbücher 1915, S. II – WN 1915, S. 226 f. (Wilhelm NESTLE) – SCHIMPF, Stammtafeln Feuerlein, S. 75 ff. – UBC 3, S. 103, 247, 362, 387, 543 – UBC 4, S. 3, 4 (Bild) – Richard STAWITZ, Die Neuffer aus Münsingen 1400-1900. Genealogische Studie über die Verbreitung des schwäbischen Familiennamens Neuffer als Beitrag zur Familienforschung, Bad Krozingen 1984, S. 75.

Neuhaus, Hugo, Dr. med., * Ellwangen/Jagst 26. April 1885, † Freeport/Long Island, New York (USA) 25. Nov. 1959, mos.
Vater Emanuel Neuhaus, * 12. IX. 1852, † 1899, Kaufmann in Ellwangen.
Mutter Flora Heumann, † Gailingen 1937.
∞ 15. VIII. 1920 *Marie* Röschen Siegheim, * Laupheim 27. XII. 1891, † Jonkers/New Jersey (USA) 24. IX. 1974.
2 K *Gottfried* Emanuel Wolfgang Neuhaus, * Ulm 28. VIII. 1926, ∞ Helen Haydn Bull, * 29.IX. 1928; Barbara Eva Neuhaus, Dr. med., * Ulm 21. I. 1928.

N. war einer der beliebtesten Ärzte im Ulm der 1920er- und 1930er Jahre. Als Jude emigrierte er später mit seiner Familie in die USA.

Aufgewachsen in Ellwangen, besuchte N. dort die Schule und bestand 1904 am dortigen Gymnasium das Abitur. Anschließend studierte N. Medizin in München, Kiel und Freiburg/Breisgau. 1910 wurde er in Freiburg/Breisgau promoviert und erlangte die ärztliche Approbation. Seinen Militärdienst leistete er anschließend ab und kam u. a. als Schiffsarzt auf dem Dampfer „Sachsenwald" bis in die Karibik. 1912 begann er als Arzt am Städtischen Waisenhaus in Berlin, wechselte aber schon im Herbst 1913 an die Heidelberger Universitätsklinik. Im Ersten Weltkrieg war er Armeearzt und war sowohl an der West- wie an der Ostfront eingesetzt. 1916 überlebte er als einziger in einem verschütteten Unterstand an der Somme. Der im Dez. 1918 aus der Armee entlassene N. wurde mit dem EK I und dem Verwundetenabzeichen ausgezeichnet.

Von Jan. bis April 1919 leitete N. die Säuglingsstation an der Universitätsklinik Heidelberg. Dann konnte er seinen Traum verwirklichen und sich als selbstständiger Kinderarzt niederlassen. Seine in der Olgastr. 63 bzw. 64 gelegene Praxis eröffnete er am 1. Mai 1919. Später praktizierte er in der Karlstr. 45, von 1931 bis 1934 in der Ehinger Str. 1. Seit 1926 wirkte er zugleich als Schulkinderarzt am Landschulheim Herrlingen bei Ulm, als welcher er auch für das angeschlossene Kinderheim und das Pensionat zuständig war. Dem ebenso fähigen wie gesuchten und beliebten Mediziner, der sich in Ulm sehr wohl fühlte, wurde das Leben nach der Machtübernahme durch die Nationalsozialisten erheblich erschwert. Hellsichtig erkannte er die Gefahr des aggressiv geschürten Antisemitismus, weshalb er sich bald mit Emigrationsplänen beschäftigte. Bereits im Dez. 1933 verließ er Deutschland über Hamburg und übersiedelte in die USA, wo er sich in New York um Einwanderungspapiere für sich und seine Familie sowie um eine Arbeitserlaubnis bemühte. Nachdem er die erforderliche Sprachprüfung bestanden und eine Praxiserlaubnis für den Staat New York erwirkt hatte, waren die Weichen für die Emigration gestellt.

Eine schwere Erkrankung seiner Mutter und ein Hilferuf seiner von der Fülle der Aufgaben und Sorgen zermürbten Ehefrau riefen N. im Frühjahr 1934 nach Württemberg zurück. Er musste, um zu überleben, unter erheblich schwierigeren Bedingungen die Kinderarztpraxis in Ulm wieder eröffnen. In dieser Zeit lebte N. am Jahnufer in Neu-Ulm. Im Sept. 1935 veröffentlichte die antisemitische Zeitung „Flammenzeichen" einen Hetzartikel, in dem die Namen der Familien von städtischen Beamten und Angestellten veröffentlicht wurden, deren Kinder sich in Behandlung von N. befanden. Damit wurde ein Druck aufgebaut, der letztlich N.s endgültige Emigration erzwang. Im Aug. 1936 verließ N. mit seiner Familie Europa, um nie wieder zurückzukehren.

Die Anfänge in den USA waren schwierig. Es gelang N. aber, schon 1937 in Freeport/Long Island eine Arztpraxis zu gründen. Mit seiner Frau half er zahlreichen jüdischen Immigranten bei ihren ersten Schritten in der „Neuen Welt". Sein Sohn Gottfried kam nach Ende des Zweiten Weltkriegs als Angehöriger der US-amerikanischen Besatzungsarmee nach Ulm und Neu-Ulm und frischte den Kontakt zu Freunden der Familie wieder auf, den N. brieflich solange als möglich gepflegt hatte.

Das Zentrum für Allgemeine Wissenschaftliche Weiterbildung der Universität Ulm (ZAWiW) erforschte im Rahmen eines Projekts „Dr. Hugo Neuhaus" seit 1999 die Geschichte des in Ulm auch noch Jahrzehnte nach seinem Tod hoch verehrten Arztes und dessen Familie und erarbeitete eine materialreiche Dokumentation mit reichhaltigem Quellen- und Fotomaterial. 2003 wurde im Ulmer Stadthaus eine Ausstellung zum Thema gezeigt.

Q   StadtA Ulm, G 2.
L   Zentrum für Allgemeine Wissenschaftliche Weiterbildung der Universität Ulm, Ehrung für Dr. Hugo Neuhaus, Ulm 2003.

Novák, Jan, * Nová Říše (Mähren) 8. April 1921, † Neu-Ulm 17. Nov. 1984, ⬚ Rovereto (Italien), ev.
∞ 1949 Elissa Hanousková.
Mehrere K.

N. war einer der bedeutenden tschechischen Komponisten des 20. Jahrhunderts. Zuletzt lebte er in Neu-Ulm.

Der schon als Kind musikbegeisterte N. besuchte das Gymnasium in Brünn und studierte anschließend seit 1940 am Konservatorium Brünn Komposition bei Vilém Petrželka, Klavier bei František Schäfer und Dirigieren bei B. Liška. Während des Zweiten Weltkriegs war der junge N. für zweieinhalb Jahre Zwangsarbeiter in Deutschland. Nach seiner Rückkehr schloss er das Studium in Brünn 1946 ab, bildete sich aber an der Musikakademie Prag bei Pavel Bořkovec sowie an der Janáček-Akademie in Brünn weiter, wo wieder Vilém Petrželka sein Lehrer war. Durch ein Stipendium der Ježek-Stiftung wurde N. 1947/48 ein Studium in den USA ermöglicht, zunächst am Berkshire Music Center in Tanglewood bei Aaron Copland und in New York bei Bohuslav Martinů. Er konzentrierte sich auf Klavier und Komposition.

1948 trotz der Machtübernahme der Kommunisten in seine Heimat zurückgekehrt, ließ er sich in Brünn nieder und heiratete eine Pianistin, mit der er ein beliebtes Klavierduo bildete, das auch eigene Werke N.s zur Aufführung brachte, so beim Festival „Warschauer Herbst" 1956 das Konzert für zwei Klaviere und Orchester. N. war freischaffender Künstler. Lediglich zu Beginn der 1950er Jahre war er für kurze Zeit als Korrepetitor an der Staatsoper Brünn tätig. Er arbeitete hauptsächlich mit tschechischen Bühnen und Filmregisseuren zusammen. 1963 gehörte N. zum Gründungskreis der „Schöpferischen Gruppe

A" in Brünn, die später als „Parasiti Appollinis" bekannt war und sich der modernen Kompositionstechnik verschrieb.

Das sozialistische Regime in Prag sah solche Abweichungen von der offiziellen Doktrin nicht gern. Ebensowenig machte sich N. mit seiner offen zur Schau getragenen liberalen Haltung Freunde in der Regierung. Als „Disziplinierungsmaßnahmen" folgten der Entzug staatlicher Aufträge und der Ausschluss aus dem Komponistenverband. Nach den Ereignissen des sogenannten „Prager Frühlings" 1968, mit denen N. während einer Auslandsreise konfrontiert wurde, kehrte er nicht wieder in seine Heimat zurück. Die Familie lebte zunächst in Dänemark und in Oberitalien, wo N. als Klavierlehrer an der Musikschule in Rovereto eine Anstellung fand. In seiner Freizeit intensivierte er dort sein kompositorisches Schaffen, in dem die lateinische Sprache eine große Rolle spielte. N. orientierte sich bei seinen Kompositionen am lateinischen Metrum und dichtete auch in Latein: Seit der Renaissance habe es keinen Musiker gegeben, *der so wie Jan Novák auf die lateinische Sprache ausgerichtet war. Er sprach und schrieb lateinisch, als wäre es seine Muttersprache* (Wilfried STROH). In Rovereto gründete er den Chor „Voces Latinae" und veranstaltete dort 1972 das Musikfestival „Feriae Latinae". Sein Werk als Komponist schloss Instrumentalkompositionen für Orchester und kammermusikalische Besetzungen ebenso ein wie Vokalwerke, Bühnenmusiken und Kompositionen für Bühnenwerke und Filme. Auch eine Oper („Dulcitius") komponierte N.

1977 ließ er sich mit seiner Familie in Neu-Ulm nieder und hatte einen Lehrauftrag an der Musikhochschule in Stuttgart. N. starb im 64. Lebensjahr in Neu-Ulm.

Q   StadtA Neu-Ulm, D 12, III.2.3.25.
W   Verzeichnis in: Jan Novák. Operum musicorum conspectus, München 1984 (Neuausgabe 1994).
L   Friedrich BLUME (Hg.), Die Musik in Geschichte und Gegenwart, Band 16 (Supplement), Kassel u. a. 1979, Sp. 1415 f. (Ottone TONETTI) – TREU, Neu-Ulm, S. 557 ff. (Hans RADSPIELER, mit Bild) – Hanns-Werner HEISTER/Walter-Wolfgang SPARRER (Hgg.), Komponisten der Gegenwart, München 1992 ff. (Loseblattsammlung) – Wilfried STROH, Nachruf, in: Vox Latina 20 (1984), S. 490 f. – DERS., Jan Novák, Lateiner aus Mähren, in: Neue Zeitschrift für Musik 152 (1991), S. 91 ff. – Wikipedia [mit ausgewähltem Werkverzeichnis].

Nübling, Ernst, * Ulm 1. März 1810, † ebd. 20. Sept. 1878, ev.
Eltern und G siehe *Theodor* Ulrich →Nübling.
∞ Johanna Dieterich, * Besigheim 1815; † Ulm 10. VIII. 1877.
5 K, davon 2 † früh; darunter Emma Johanna Nübling, * Ulm 23. XI. 1844, † Schwäb. Gmünd 13. II. 1921, ∞ Ulm 14. IX. 1865 Otto Heintzmann, * Trier 7. V. 1830; † Ulm 18. VI. 1884; Eugen →Nübling.

In der Pressegeschichte Ulms ist der Name N.s von besonderer Bedeutung. Der Gründer der „Ulmer Schnellpost", der ersten lokalen Tageszeitung, nutzte seit 1840 die erste mit Dampf betriebene Schnellpresse in Ulm und zeigte auch sonst beachtliches geschäftliches Geschick.

N. war der Sohn eines übermächtigen Vaters, Besitzers des „Ulmer Landboten", der seinen Lebensweg bestimmen wollte. Nach dem Gymnasium war für ihn zunächst die Laufbahn eines ev. Geistlichen vorgesehen. Doch N. bestand das Landexamen nicht. Danach war für N. die 1824 in Tübingen begonnene Druckerlehre vorgesehen, die ihn nach Wien, Passau, Augsburg, München und Stuttgart führte. 1832 kehrte der junge N. nach Ulm zurück und trat in die Dienste der Wagner´schen Buchdruckerei ein. 1833 machte er sich als Buchhändler in seiner Vaterstadt selbstständig und erwarb 1835 mit Unterstützung des Stiftungsverwalters Conrad →Dieterich das Haus des Pupillenrats August →Schuster in der Frauengasse, um darin eine vergrößerte Buchdruckerei einzurichten. Zu dieser Zeit lebte N. noch hauptsächlich von der im Auftrag der Ulmer Tabakfabriken Bürglen und Wechßler durchgeführten Bedruckung von Tabaktüten. Seit 1834 gab er ein „Ulmer Sonntagsblatt zur Belehrung und Unterhaltung für die Jugend" heraus, zu dem sich 1836 die Beilage „Die Ameise. Ein Unterhaltungsblatt für Erwachsene" gesellte. 1835 schaffte er für seinen Betrieb die erste gusseiserne Presse in Ulm an.

Am 1. Dez. 1837 gründete N. die „Ulmer Schnellpost", die er bis 1847 auch redaktionell leitete. Danach gelang ihm mit der Verpflichtung z. B. von Ludwig →Seeger oder Friedrich →Albrecht als Schriftleiter die Heranziehung hervorragend qualifizierter Journalisten. Auf Grund der Nutzung der Schnellpresse konnte N. billiger produzieren und die Preise der Konkurrenz unterbieten. Ende 1847 gründete er mit seinem jüngeren Bruder Theodor Nübling eine offene Handelsgesellschaft. Die geschäftliche Wendigkeit N.s, die journalistische Qualität der „Schnellpost" und deren liberale Positionierung gegenüber der nach rechts gerückten „Ulmer Kronik" Heinrich →Elsners waren die Basis für den Erfolg der „Schnellpost" als führender Zeitung Ulms vor der Revolution 1848/49. In beispielhafter Weise stärkte N. den Zusammenhalt unter seinen Mitarbeitern, indem er ein gesundes Betriebsklima zu schaffen verstand. Der begeisterte Sänger gründete mit Angestellten den „Gesangverein Nübling", der bald als „Die Zehner" bekannt war und im Ulmer Vereinsleben eine wichtige Rolle spielte.

Da N. wusste, dass die Auflagenhöhe der Zeitung entscheidend davon abhing, ob die Stadt ihre offiziellen Bekanntmachungen darin veröffentlichte, versuchte N. seit 1837 das „Amtsblattprivileg" für seine „Schnellpost" zu gewinnen – und dem „Intelligenzblatt" wegzunehmen. Seit 1842 gab N. daneben das „Allgemeine Anzeigenblatt für Ulm und Umgebung" heraus, das innerhalb kurzer Zeit die meisten Anzeigenaufträge erhielt. Da es der „Schnellpost" beilag, erreichte es einen hohen Verbreitungsgrad. Wer es separat bezog, musste nur den Austrägerlohn zahlen. 1843 beschloss der Stadtrat, die städtischen und stiftungsrätlichen Anzeigen in den drei Zeitungen „Kronik", „Intelligenzblatt" und „Schnellpost" zu veröffentlichen. Diese Lösung stellte jedoch keinen der Verleger zufrieden, am wenigsten N., der nach wie vor versuchte, Ulmer „Anzeigenmonopolist" zu werden. 1848 schien er am Ziel zu sein, als der Stadtrat ihm das alleinige „Amtsblattprivileg" einzuräumen gewillt war. Der Protest von N.s Verlegerkollegen ließ nicht lange auf sich warten und hatte Erfolg. 1850 scheiterte N.s Plan, auch die Anzeigen der Oberamtsverwaltung zu erhalten, die sich für die Gründung eines eigenen Blattes, der „Ulmer Zeitung", entschieden. Dieser gelang es schließlich, N. 1859 das „Amtsblattprivileg" zu nehmen. Die „Ulmer Zeitung" ging jedoch nur wenige Monate später ein, um im Aug. 1860 als „Ulmer Tagblatt" des Verlegers Johann Ling weitergeführt zu werden. Der Konkurrenzkampf zwischen N. und Ling wurde durch die politische Entwicklung der 1860er Jahre angeheizt, da N. mit der „Schnellpost" die kleindeutsche Lösung der deutschen Frage propagierte, während das „Ulmer Tagblatt" bis 1871 großdeutsch eingestellt war. Unter Friedrich →*Ebner überflügelte das „Tagblatt" die „Schnellpost" und hatte im Todesjahr N.s, 1878, mit 10.000 Exemplaren eine doppelt so hohe Auflage wie diese.

N. engagierte sich zwar in öffentlichen Belangen und gründete z. B. 1841 den Armenverein, der sich im Gegensatz zum „Wohltätigkeitsverein" der Hilfe für alle Armen, unabhängig vom Besitz des Bürgerrechts, einsetzte. Er verzichtete aber auf eine kommunalpolitische Laufbahn und kandidierte nie für den Bürgerausschuss oder Gemeinderat. 1865 zählte N. zu den Mitgründern des Ulmer Volksvereins, aus dem die liberale Süddeutsche Volkspartei hervorging.

N. starb im Alter von 68 Jahren an einem Herzschlag.

Q   StadtA Ulm, G 2.
L   UBC 1, S. 525, 571 – UBC 2, S. 134, 391 – BIEDERMANN, Ulmer Biedermeier, S. 22-26, 31, 122, 180, 205-207 – HEPACH, Königreich, S. 171 ff., 180 – SPECKER, Ulm im 19. Jahrhundert, S. 278, 466 ff., 471 ff.

Nübling, *Eugen* Theodor, Dr. phil., * Ulm 28. Mai 1856, † Schlossgut Neusteußlingen bei Münsingen 24. Jan. 1946, ev.
Eltern und *G* siehe Ernst →Nübling.
∞ Ulm 16. V. 1881 Berta Fuchs, * 9. VIII. 1861, † 26. III. 1922, T. d. Wilhelm →*Fuchs.

2 *K*, darunter *Ernst* Wilhelm Eugen Nübling, * Ulm 30. VI. 1882, † 26. I. 1939, Staatsanwalt in Ulm; Hermann Adolf Nübling, * Ulm 21. V. 1884, † gefallen 10. IX. 1914, Oberleutnant.

N. zählt zweifellos zu den wichtigen Ulmer Historikern am Ende des 19. und in der ersten Hälfte des 20. Jahrhunderts. Daneben spielte er als einflussreicher Zeitungsverleger und umtriebiger Politiker eine wichtige Rolle in der Region. Seine Verdienste werden durch den offensiven Antisemitismus N.s, den er wiederholt in die Öffentlichkeit getragen hat, nachhaltig verdunkelt.

N. entstammte einer der ersten Ulmer Familien. Der Spross der Verlegerdynastie Nübling besuchte bis 1874 das Kgl. Gymnasium in Ulm, unterbrochen durch Lehrzeiten bei Verlagsbuchhandlungen in Stuttgart (Julius Weise) und Braunschweig. Von 1874 bis 1875 leistete er sein Einjährig Freiwilliges Militärdienstjahr beim Dragoner-Rgt. Nr. 26 in Ulm ab. Später war N. Offizier, zuletzt Rittmeister der Landwehr-Kavallerie a. D. Von 1875 bis 1878 studierte er Volkswirtschaft sowie Rechts- und Staatswissenschaften in München, Leipzig und Berlin. Der plötzliche Tod des Vaters 1878 zwang den 22 Jahre alten N. zum Abbruch des Studiums und zur Übernahme der Leitung der „Ulmer Schnellpost". Der Konkurrenzkampf mit anderen Ulmer Zeitungen veranlasste den geschäftlich unerfahrenen N. zur Verbesserung der Vertriebswege, zum Angebot eines täglich kostenlos abgegebenen „Anzeigenblattes" und (seit 1882) zur Beilage eines Sonntagsblattes. 1884 übernahm er selbst die Schriftleitung der „Schnellpost", nachdem er den altgedienten Friedrich →Albrecht entlassen hatte – der ihm dies sehr übel nahm. 1890 verpflichtete N. den nationalkonservativen Journalisten Hans Kleemann als Redakteur. Gemeinsam mit N. negierte er die liberale Grundausrichtung der „Schnellpost" und wandelte sie in ein chauvinistisches und antikatholisches Blatt um. Seit Nov. 1891 war die „Schnellpost" offizielles Organ der von N. und Kleemann maßgeblich mitgegründeten Deutsch-sozialen antisemitischen Partei in Württemberg. Deren Vorsitzender Viktor Hugo Welcker hielt sich bis 1893 in Ulm auf und sorgte in engem Schulterschluss mit N. und Kleemann dafür, dass Ulm zeitweilig als antisemitische Hochburg galt. N., der die Juden für den „Krebsschaden" der deutschen Wirtschaft hielt, konnte mit diesem in jeder Hinsicht radikalen Wechsel nicht mehr Kunden gewinnen, als er verlor – anders als er gehofft hatte. Der politisch organisierte Antisemitismus verfügte weder landes- noch reichsweit über eine tragfähige Grundlage. Dieser Befund schließt die Zeit bis zum Beginn des Ersten Weltkriegs mit ein. N.s politischer Richtungswechsel leitete den endgültigen Niedergang der „Schnellpost" ein. Aufgrund ihrer antisemitischen Einstellung wurde der „Schnellpost" noch 1891 auf Beschluss des Ulmer Stadtrats der Titel „Städtisches Amtsblatt" entzogen. 1895 schloss sich N. der kurzlebigen Wirtschaftspartei an und stellte ihr die „Schnellpost" ebenso zur Verfügung wie im Jahr darauf, nach einem weiteren Parteiwechsel, dem Bund der Landwirte (BdL).

1899 sorgte der Entzug der städtischen Annoncen für die „Schnellpost" aufgrund publizistischer Angriffe N.s gegen den Oberbürgermeister und die Stadtverwaltung für eine weitere Schwächung der Zeitung. 1901 folgte eine Anklage gegen N. wegen Beleidigung der Stadtverwaltung infolge einer Artikelserie gegen den Kauf der Wallanlagen und des Vorwurfs, es sei ein überhöhter Preis gezahlt worden; N. wurde jedoch in 2. Instanz freigesprochen. Aufgrund des wirtschaftlichen Niedergangs der „Schnellpost" musste N. sie 1903 verpachten und 1912 ihr Erscheinen einstellen. Im Feb. 1925 rief N. die „Schnellpost" mit altem Kopf als „Zeitungskorrespondenz für Heimatgeschichte und Heimatpolitik" wieder neu ins Leben. Das Blatt hatte mit der früheren „Schnellpost" nichts zu tun und ging nach sieben Jahren ein.

Anders als sein Vater, sondern auch in diesem Bereich seinem Großvater nacheifernd, dessen antisemitische Grundhaltung er voll adaptierte, wollte N. auch eine politische Rolle spielen. Seinen drei Versuchen (1883, 1892 und 1894), in den Ulmer Bürgerausschuss gewählt zu werden, war jedoch kein Erfolg beschieden. Nachdem sich N. zum Propagandisten der Deutsch-sozialen antisemitischen Partei gemacht hatte, zog es *den politischen wie käufmännischen Wirrkopf* (MÜLLER, Antisemitismus, S. 563) N. in die große Politik. Es muss wohl mehr als ein Versuch, aus seiner Sicht ein „Zeichen zu setzen", denn als ernsthafte Bewerbung gesehen werden, wenn N. bei der Wahl am 15. Juni 1893 als RT-Kandidat für die Deutsch-soziale antisemitische Partei im WK Württemberg I (Stuttgart) und als Zählkandidat im WK Württemberg XII (Crailsheim-Gerabronn-Künzelsau-Mergentheim) antrat und gegen den langjährigen Mandatsinhaber Gustav Siegle chancenlos blieb. 1896 Trennung von der Partei und Wechsel zum BdL. Ausweislich seiner Wahlaufrufe änderte er seine antisemitische Haltung nicht. 1903 war N. RT-Kandidat für den BdL (WK Württemberg XIV: Geislingen-Heidenheim-Ulm) und 1912 wiederum RT-Kandidat für den BdL (WK Württemberg VIII: Freudenstadt-Horb-Oberndorf-Sulz).

Bei der LT-Wahl Ende 1900 versuchte sich N. in einer „antisemitischen Zählkandidatur" gegen Oberbürgermeister Heinrich (von) →Wagner, der für die Nationalliberalen ins Rennen ging. Beide waren jedoch chancenlos gegen den langjährigen liberalen Mandatsinhaber Friedrich →Mayser. Vom 7. Feb. 1907 bis 1918 war N. als Abg. des Oberamtsbezirks Münsingen MdL Württemberg (II. Kammer, 37. bis 39. o. LT): bis 1915 Mitglied des Volkswirtschaftlichen Ausschusses, seit 1913 stv. Mitglied des Finanzausschusses, 1918 stv. Mitglied des Legitimationsausschusses. N. *war im Landtag kein Außenseiter wie etwa die Sozialdemokraten, sondern Ehrenmann unter Ehrenmännern; kein Protest regte sich bei seinem Einzug in den Halbmondsaal* (MÜLLER, Antisemitismus, S. 573).

Neben dem Zeitungsmann und Politiker N. steht der Historiker. Schon seit den späten 1880er-Jahren arbeitete er an verschiedenen Darstellungen und Urkundeneditionen zur Ulmer Wirtschaftsgeschichte des Mittelalters, die ihn über Ulm und Württemberg hinaus bekannt machten. 1896 erfolgte auf Anregung des Rostocker Nationalökonomen Wilhelm Stieda (1852-1933) N.s Promotion zum Dr. phil. (Universität Rostock). Seit 1897 war N. Gutsbesitzer auf Schloss Neusteußlingen im Schmiechtal/OA Ehingen, wo er weiterhin schriftstellerisch tätig war. Seine Veröffentlichungen sind von bleibendem Wert.

N. starb hochbetagt und fast völlig vergessen acht Monate nach Ende des Zweiten Weltkrieges auf seinem Schlossgut Neusteußlingen auf der Münsinger Alb. – Mitglied des Vereins für Kunst und Altertum in Ulm und Oberschwaben; Mitglied des Vereins für Mathematik und Naturwissenschaften in Ulm. – 1951 Benennung eines Weges in Ulm.

Q   StadtA Ulm, wissenschaftlicher Nachlass, Bestand H (N., E.) – vgl. auch G 2 (N., E.) – Schriftliche Auskünfte von Herrn Dr. Wolfgang Nübling, 26. X. 1997.
W   Schriftenverzeichnis bei Max HUBER, Eugen Nübling, in: UO 32 (1951), S. 116-119 – Auswahl: Ulms Baumwollweberei im Mittelalter. Urkunden und Darstellung (Socialwissenschaftliche Forschungen 9, Heft 5), Leipzig 1890 – Ulms Fischereiwesen im Mittelalter, Ulm 1892 – Ulms Fleischereiwesen im Mittelalter, Ulm 1892 – Ulms Lebensmittelgewerbe im Mittelalter, Ulm 1892 – Ulms Weinhandel im Mittelalter, Ulm 1893 – Das Schustergewerbe in Württemberg, in: Schriften des Vereins für Socialpolitik 64 (Leipzig 1895), S. 222-285 – Die Judengemeinden des Mittelalters, insbesondere die Judengemeinde der Reichsstadt Ulm, Ulm 1896 – 1897 – 3 Beiträge in der OAB Ulm – Das Ledergewerbe in Württemberg, in: Schriften des Vereins für Socialpolitik 69 (1897), S. 437-550 – Der Leinwandhandel der Rauhen Alb, insbesondere die Orte Gersteten und Laichingen, in: Schriften des Vereins für Socialpolitik 77 (1898), S. S. 413-520 – Ulms Kaufhaus im Mittelalter, Ulm 1900 – Ulm unter Kaiser Karl IV. (1347-1378), Ulm 1902 – 10 Jahre Währungs- und Infanzgeschichte, Ulm 1908 – Die Karolinger und das Haus Montfort, in: Schwäb. Geschichtsbll. 1-7 (1926-1932).
L   In 2, S. 654 – WL 1912-1917 (1913), 88 (Bild) – UBC 3, S. 36, 529 – UBC 4, S. 254 – Vor 100 Jahren geboren: E. N. - eine Persönlichkeit seiner Zeit, in: Ulmer Nachrichten Nr. 121, 28. V. 1956 – SPECKER, Ulm im 19. Jahrhundert, S. 92, 181,

464-477 – WAIBEL, Gemeindewahlen, S. 299, Anm. 250, 361, 367 ff. – SPECKER, Großer Schwörbrief, S. 307 – SCHMIDT, Langenau, S. 270, 274 – RABERG, Biogr. Handbuch, S. 620 f. (Bild) – Andreas GAWATZ, Wahlkämpfe in Württemberg. Landtags- und Reichstagswahlen beim Übergang zum politischen Massenmarkt, Düsseldorf 2001, S. 57, 126, 176, 267, 269, 272, 306, 360 – Hans Peter MÜLLER, Antisemitismus im Königreich Württemberg zwischen 1871 und 1914, in: Württ. Franken 86 (2002), S. [547]-583, hier S. 563-567, 572 ff. – Reinhold WEBER, Bürgerpartei und Bauernbund in Württemberg. Konservative Parteien im Kaiserreich und in Württemberg (1895-1933), Düsseldorf 2004, S. 76 ff., 93 ff., 101, 217, 400, 438, 456 ff., 459 – WB I (2006), S. 193-196 (Hans Eugen SPECKER).

Nübling, *Theodor* Ulrich, * Ulm 23. Aug. 1766 (1767?, nicht 1764!), † ebd. März 1837, ev.

Vater Theodor Nübling, Kanzleiadjunkt in Ulm. ∞ I. Schultes, T. d. Pfarrers Schultes; ∞ II. Ulm Schmid, T. d. Schönfärbers Schmid; ∞ III. Ulm Sibylle Jakobine Holl, T. d. Septimus Holl, Senator, Oberrichter und Handelsherr in Ulm. 16 *K*, darunter August →*Nübling, Kaufmann und Bürgerausschussmitglied; Wilhelm →*Nübling, Kameralverwalter; Heinrich →*Nübling (aus I. Ehe), Kunsthändler und Bürgerausschussmitglied in Ulm; Max Nübling, * 1804, † 1834, in die USA ausgewandert; Thekla Nübling, * 1805, † 1853, in die USA ausgewandert; Ernst →Nübling; Pauline Nübling, * Ulm 10. VII. 1813, † ebd. 13. X. 1893, ∞ Johannes Michael →*Leibinger, Pfeifenfabrikant in Ulm; Fanny Nübling, * Ulm 21. X. 1816, ∞ 23. X. 1843 Otto →Autenrieth; Theodor Nübling, * 1817, † 1873, seit 1847 Teilhaber der Buchdruckerei Nübling.

Der Mann, der die Geschichte des „Ulmer Spatzen" in seine Heimatstadt gebracht haben soll, entstammte einer seit dem 16. Jahrhundert in der Reichsstadt Ulm nachweisbaren und mit einigen Vertretern in Diensten der Reichsstadt stehenden Familie.

N., der nach dem frühen Tod des Vaters bei Verwandten in Ulm und Augsburg aufwuchs, kam nach dem Besuch der Gymnasien in Augsburg und Ulm 14-jährig zu Buchhändler Wohler in Ulm in die Lehre. Von 1782 bis 1790 stand er in dänischen Kriegsdiensten, in die er nach einer „Flucht" mit seinem Jugendfreund Samuel →Baur geraten war. In dieser Zeit soll er die Geschichte vom Spatzen, der mit seinem „Transportverhalten" (Halm nicht quer, sondern der Länge nach im Schnabel) begriffsstutzigen Menschen den richtigen Weg wies, das Holz durch das Stadttor zu bringen, aufgeschnappt und später für Ulm adaptiert haben.

Während sich N.s Verdienste um den „Ulmer Spatzen" nicht ganz klar feststellen lassen, herrscht an seiner Urheberschaft an dem Tagebuch „Acht Jahre in Dänemark" kein Zweifel. N. schildert darin seine Zeit beim dänischen Heer und liefert damit ein authentisches Zeitbild. N., der sich in dänischen Diensten Erfrierungen an den Füßen holte, avancierte bis zum Unteroffizier.

1791 nach Ulm zurückgekehrt und wieder in die Dienste der Buchhandlung Wohler eingetreten, gründete N. 1794 eine eigene Lese- und Leihbibliothek in Ulm, die es bisher nicht gegeben hatte, und im Jahr darauf eine sich rasch erfolgreich entwickelnde Kunsthandlung – ebenfalls die erste ihrer Art in der Stadt. Er war auch Mitglied der im Okt. 1794 verbotenen Freimaurerloge „Astraea zu den drei Ulmen". 1797 gab er die Zeitschrift „Der Ulmische Bücherfreund" heraus, deren Erscheinen nach Einspruch der Ulmischen Obrigkeit wegen der Kritik am patrizischen Übergewicht im Ratskollegium nach fünf Heften eingestellt werden musste. N., der auch „Gelegenheitsgedichte" schrieb und teilweise veröffentlichte, publizierte um 1800 mehrere Aufsätze in „Beckers Nationalzeitung der Deutschen" und im „Reichsanzeiger".

Zum Zeitpunkt des Übergangs Ulms an Bayern war N. einer der bekanntesten, ökonomisch und politisch einflussreichen

Ulmer Bürger. Seine Stellung erfuhr eine zusätzliche Stärkung durch die Wahl zum Vorsteher der Ulmer Handelsleute. 1806 trat er als Kommandant an die Spitze der auf bayerische Anordnung gebildeten „Rettungs-Kompagnie", wohl dem ersten militärisch organisierten Feuerwehrkorps in Württemberg, das bei Bränden Mobiliar und Wertgegenstände vor Zerstörung bewahren sollte. 1809 sollte N. als „Oberstleutnant" das Ulmer Bürgermilitär auf Befehl Bayerns gegen die aufständischen Tiroler führen. Die Aktion blieb aber in Ansätzen stecken.

N., der auch den „Ulmer Landboten" herausgab und redigierte, verfügte über großen Einfluss und nutzte ihn auch politisch. Am 12. Aug. 1816 führte N. eine Ulmer Deputation, die von Finanzminister Christian Friedrich von Otto empfangen wurde. Bei dem Gespräch ging es um eine Stärkung des Wirtschaftsstandortes Ulm. N. wurde im Okt. 1817 an Stelle des ausgeschiedenen Magistratsmitglieds Conrad Heinrich →Magirus mit 92 Stimmen zum ersten „demokratisch" gewählten Stadtrat Ulms berufen. In einem Schreiben an den Magistrat wertete er seine Wahl als Aufmunterung für den Handelsstand, da außer ihm kein Handelsmann dem Magistrat angehöre. Er bat als jüngstes Magistratsmitglied um Entbindung von der Mitarbeit in den Deputationen, die auch gewährt wurde. Er warb in einem Aufruf im „Ulmer Intelligenzblatt" 1819 für eine Änderung tradierter Grußformen, indem er propagierte, das Hutziehen solle zugunsten eines Tippens an den Hut aufgegeben werden. Das Hutziehen galt als gesundheitsschädlich, da man sich Verkühlungen dabei einhandeln konnte, und außerdem als Ausdruck sozialrestaurativer Devotion. Der einerseits gemäßigt demokratische und antipatrizische Positionen vertretende N. hatte damit aber nur wenig Erfolg.

Andererseits erwies er sich nach der Einführung der Gewerbefreiheit und der Judenbefreiung im Jahre 1828, die auch jüdischen Mitbürgern in Handel und Wandel gleiche Rechte zugestand, als übler Antisemit. In einer von ihm verfassten und an die Regierung gerichteten Denkschrift („Eingabe des Handels- und Gewerbs-Standes in Ulm", Ulm 1828) suchte N. in haltlos negativer und geradezu hasserfüllter Einseitigkeit die Juden kollektiv herabzusetzen und schlug vor, bei Stuttgart eine „Judenstadt" zu gründen, womit er die Ghettoisierung der jüdischen Mitbürger propagierte. N. hatte mit seiner Eingabe jedoch keinerlei Erfolg. Die ohnehin schon stark angegriffene Position der alteingesessenen Zünfte führte schließlich zu ihrer Auflösung. Als kurzlebig erwies sich die von N. mit Friedrich David →Gräter Ende 1822 unternommene Gründung der „Gesellschaft der Dänenfreunde an der Donau", die sich Forschung und Lehre der germanischen Sprachen zum Ziel gesetzt hatte.

N. war der Begründer des Erfolgs seiner Familie als Verleger, Buchdrucker und Redakteure in Ulm und gab den Nachfahren auch seinen politischen Engagement ein Beispiel.

Q StadtA Ulm, G 2.
L Ih 2, S. 645– WEYERMANN I, S. 417 [mit Geburtsjahr 1764] – GRADMANN, Das gelehrte Schwaben, S. 418 – SCHULTES, Chronik, S. 353 f. – UBC 1, S. 437 u. ö. – UBC 2, S. 197 (Bild) – BIEDERMANN, Ulmer Biedermeier, S. 117, 170 f., 196, 204 ff., 227 – Egid FLECK, Gestalten aus dem Brandschutz- und Feuerwehrwesen in Baden und Württemberg, Stuttgart 1963 – HEPACH, Königreich, S. 24, 27, 51, 170, 180 – SPECKER, Ulm im 19. Jahrhundert, S. 172, 174, 233 f., 261, 353 – WAIBEL, Gemeindewahlen. S. 258, 318 – SCHMIDT, Revolution, S. 129, 132, 336.

Nuffer (nicht Nufer!), Johann *Dominikus*, * Neu-Ulm 30. Aug. 1871, † ebd. 16. Juli 1928, □ ebd. 18. Juli 1928, kath.

Vater Andreas Nuffer[433], * Jettingen/Donau 9. I. 1827, Maurer.
Mutter Franziska Seif, * Jettingen um 1830, ∞ Neu-Ulm 25. I. 1875.
Mehrere *G*, darunter Eugen Nuffer, * Neu-Ulm 14. X. 1868, Architekt, ∞ Elisabeth Seif, * Ichenhausen 18. XI. 1874.
∞ Neu-Ulm 12. VIII. 1895 Sofie Jeuttner, * Ludwigsburg 29. XI. 1872, † 1953, T. d. Zeugschmieds Jacob Jeuttner u. d. Maria Bauermeister.
2 *K* Eugenie Nuffer, ∞ Karl Schweizer; Walther Nuffer, * 18. V. 1906, † gefallen bei Stalingrad 5. X. 1942, Oberleutnant d. R., Rechtsassessor.

---

[433] TEUBER, Ortsfamilienbuch Neu-Ulm I, Nr. 3335 [dort: „Nufer"].

N. zählt zu den Neu-Ulmer Persönlichkeiten, deren Wirken fast gänzlich in Vergessenheit geraten ist. Dem einen oder anderen vielleicht noch über den „Nuffer-Rubel", das Neu-Ulmer Papier-Notgeld aus der Inflationszeit in der Weimarer Republik bekannt, scheint die Erinnerung an den verdienten Kommunalpolitiker, der vor dem Ersten Weltkrieg auch eine landespolitische Wirksamkeit entfaltet hatte, schnell verblasst. Dabei hatte er sich vor allem um Neu-Ulms öffentliche Wohlfahrtspflege in schwerer Zeit große Verdienste erworben.

Der aus einfachen Verhältnissen stammende N. trat nach dem Besuch des Gymnasiums in Augsburg in den Kgl. Bayer. Postdienst ein. Rasch stieg er zum Postadjunkt, Postexpeditor I. Kl., Postsekretär, Postamtmann und schließlich zum Kgl. Postverwalter in Neu-Ulm (Bahnhofstraße 21) auf.

Die Anfänge des politischen Engagements N.s reichen zurück bis ins letzte Jahrzehnt des 19. Jahrhunderts. Unter seiner maßgeblichen Beteiligung wurde im Jahre 1900 der Kath. Volksverein in Neu-Ulm ins Leben gerufen, dessen Vorstand er viele Jahre war. Er wurde in das Neu-Ulmer Gemeindekollegium gewählt, dem er bis zur Auflösung im Jahre 1919 angehörte. Im Juni 1919 als Dritter Bürgermeister von Neu-Ulm gewählt und bis Okt. 1919, als Josef →Kollmanns Nachfolger Franz Josef →Nuißl sein Amt antrat, im Dreierkollegium amtierend, war N. anschließend weiterhin bis zu seinem Tode Zweiter Bürgermeister sowie als Mitglied der „Arbeitsgemeinschaft" Stadtrat in Neu-Ulm. Als Zweiter Bürgermeister war N. stv. Vorsitzender des Verwaltungs-Senats, des Spruchausschusses, der Schulvorstandschaft für die Berufsfortbildungsschule, der Stadtschulpflegschaft und des Wohlfahrtsausschusses des Bezirksfürsorgeverbandes Neu-Ulm-Stadt, war Vorstand des Wohnungsamts und leitete das Vermittlungs- bzw. Sühne-Amt. Der vielfältig in Vereinen und Verbänden engagierte Politiker genoss in Neu-Ulm großes Ansehen, weil seine amtliche und politische Tätigkeit von einem starken sozialen Bewusstsein geprägt war, das stets den Menschen in den Mittelpunkt stellte. Der Zentrumspolitiker war von 1905 bis 1918 MdL Bayern (II. Kammer, Stimmkreis Günzburg/Schwaben) und gehörte dort den Ausschüssen für Petitionen und für Finanzen und Staatsschuld an; seit 1912 war N. Zweiter stv. Vorsitzender des Ausschusses für Finanzen und Staatsschuld. 1919 schloss sich N. der Bayerischen Volkspartei (BVP) an, übernahm die Leitung der Neu-Ulmer Ortsgruppe und kandidierte u. a. im Stimmkreis Neu-Ulm für ein Landtagsmandat, wurde jedoch nicht gewählt. 1928 unternahm er einen neuen Anlauf zur Erringung eines Landtagsmandats, scheiterte jedoch wiederum. N. war Mitglied des Historischen Vereins Neu-Ulm. Als Zweiter Bürgermeister folgte ihm nach seinem Tod Josef →Ostermann nach.

L Adreßbuch Ulm/Neu-Ulm 1910, Zehnte Abteilung, S. 65, 67 – ebd. 1912, Zehnte Abteilung, S. 69 – ebd. 1925, S. 86 f. – Wer ist´s? VIII (1922), S. 1120 – BUCK, Chronik Neu-Ulm, S. 249 – UBC 1, S. 494 (Bild) – Eduard OHM, Nuffer-Rubel machte Besitzer zum Millionär, aber bettelarm. 1919 wählte das Volk Franz Josef Nuißl zu Neu-Ulms OB, (Neu-Ulmer Geschichten 108), in: NUZ Nr. 108, 8. VIII. 1997 – TREU, Neu-Ulm, S. 280, 284 – TEUBER, Ortsfamilienbuch Neu-Ulm I, Nr. 3337 [dort: „Nufer"] – GBP – LILLA, Der Bayerische Landtag, S. 18, 99, 178, 573 – WEIMAR, Rundgang, S. 71.

Nuißl, *Franz* Josef, * Furth im Wald/Kreis Cham (Oberpfalz) 9. Sept. 1877, † Neu-Ulm 28. Aug. 1955.

∞ 3. IV. 1907 Ida Stipberger, * 12. X. 1884.
2 *K* Erna Nuißl, * 27. I. 1908, ∞ Georg Staber, Dr. med. in Neu-Ulm; Maria Nuißl, * 22. II. 1911, ∞ Friedrich Conrady, Dr. med. dent. in Ehingen/Donau.

Der Neu-Ulmer Oberbürgermeister in Zeiten der Weimarer Republik und des „Dritten Reiches" verstand trotz schlechter Ausgangsbedingungen die Fortentwicklung der Stadt zu sichern, bis sie im Bombenkrieg fast vollständig zerstört wurde. N. genießt nach wie vor große Verehrung in Neu-Ulm, mit einer Amtszeit von über 25 Jahren ist er nach Josef →Kollmann der „Rekordhalter" bei den Amtszeiten der Neu-Ulmer

Stadtvorstände. Unumstritten ist er bis heute nicht, kann es wohl auch nicht sein als ein Funktionsträger, der scheinbar bruchlos den kommunalpolitischen Übergang von der Republik zur NS-Diktatur mitorganisierte.

Der Arbeitersohn absolvierte die Gymnasien in Landshut und Regensburg und studierte anschließend Jura und Nationalökonomie in München, Erlangen und Prag. Während des Studiums in München lernte N. den späteren NS-Ministerpräsidenten von Bayern, Ludwig Siebert (1874-1942) kennen. 1905 fand er nach kurzer Tätigkeit im bayer. Justizdienst eine Anstellung als Rechtsassessor und wenig später als Rechtsrat (Finanz- und Liegenschaftsreferent) der Stadt Bamberg. 1919 wurde N. in erster „Volkswahl" auf Empfehlung von SPD, BVP und DDP zum Neu-Ulmer Bürgermeister gewählt. Bei der Bürgermeisterwahl am 21. Sept. 1919 beteiligten sich nur 1.018 von 5.303 Wahlberechtigten an der Abstimmung. N. erhielt 957 Stimmen, Bezirksamtsassessor Meinzolt (Sulzbach) 61 Stimmen. Am 10. Okt. 1919 offiziell in sein Amt eingeführt, führte N. sein Amt von 1919 bis 1945, seit 1. Jan. 1927 mit dem persönlich verliehenen Titel Oberbürgermeister. Als solcher war N. Vorsitzender des Kleinen Ausschusses des Stadtrats, des Spruchausschusses des Wohlfahrtsamts, des Gutachterausschusses, des Stadtjugendamts, der Stadtschulpflegschaft, des Standesamts und Mitglied der Stadtschulbehörde.

Besonders die ersten Jahre seiner Amtszeit wiesen den visionären Stadtplaner N. in die Schranken: Arbeitslosigkeit, Inflation, Lebensmittel- und Brennstoffmangel, leere Kassen und Wohnungsnot banden ihm die Hände. Die Reduzierung der Garnison um 2.500 Mann (!) brachte Neu-Ulm in fundamentale finanzielle Schwierigkeiten. N. sprach von einem *furchtbaren Schlag*, der *das Rückgrat für das Erwerbsleben* Neu-Ulms gebrochen habe. Zusätzlich bestanden Probleme mit Flüchtlingen, aus dem Elsass ausgewiesenen Bayern, die vorübergehend in einem Rot-Kreuz-Sammellager in Neu-Ulm lebten. N. sprach von *Landplage* und einer *öffentlichen Gefahr*. Im Frühjahr 1922 entspannte sich die Flüchtlingsproblematik, etwa 100 blieben als Neubürger in Neu-Ulm. Außer dem Mangel schien es wenig zu verwalten zu geben.

N. sorgte dafür, dass Neu-Ulm bayerisch blieb, obwohl die Verhandlungen betreffend eines Zusammenschlusses mit Ulm, vorbereitet von seinem Amtsvorgänger Kollmann, 1919 schon sehr weit gediehen waren. Nach einer Vermutung von Konrad Geiger war N. – *von München animiert* – sogar aus dem Grund, Neu-Ulm bei Bayern zu halten, in die Donaustadt gekommen. Der Grund dafür lag vor allem in – letztlich nicht realisierten – Plänen, die Region Ulm/Neu-Ulm zum Schnittpunkt der künftigen europäischen Verkehrsadern (Kanäle) zu machen. N. vermochte nochmals 1927 Vereinigungspläne abzuwehren, nachdem Ulm im Zuge der Eingemeindung Wiblingens nochmals verstärkte Anstrengungen zu einer Vereinigung unternommen hatte. Der bayerische Ministerpräsident Heinrich Held kam am 26. April 1927 auf Intervention N.s nach Neu-Ulm und stellte kategorisch fest: *Der bayerische Staat legt größten Wert darauf, Neu-Ulm selbständig zu erhalten.* Das „Gespenst" der „Annexion" durch Ulm war dennoch nicht zu bannen, sowohl der Grund- und Hausbesitzerverband als auch die SPD-Stadtratsfraktion intervenierten auch nach Helds Auftritt für eine rasche Vereinigung beider Städte. N. wusste solche Initia-

tiven immer wieder für Neu-Ulm zu nutzen, indem er bei der Staatsregierung in München auf diese verwies und Forderungen stellte, die angesichts der „Gefahr" nicht abweisbar waren. Streit zwischen Neu-Ulm und Ulm gab es immer wieder, ein Dauerthema war u. a. die strittige Unterhaltspflicht der Stadt Ulm an der Reuttier- und der Finninger Straße. Die Kooperation mit seinem Oberbürgermeisterkollegen in Ulm, Emil →Schwammberger, gestaltete sich gegen Ende der 1920er Jahre immer schwieriger, und nachdem N. im Sommer 1931 mit einer wohl gezielten Indiskretion Schwammberger verärgert hatte, gerieten die Beziehungen in den Bereich dessen, was man gemeinhin „Funkstille" nennt. Schwammberger empörte sich öffentlich über N. Als bei einer Neu-Ulmer Stadtratssitzung im Juli 1931 daraufhin auch die *unverständliche[n], ungerechte[n] und kränkende[n] Bemerkungen gegen das Neu-Ulmer Stadtoberhaupt* (UBC 3, S. 165) angesprochen wurden, sah sich das Bürgermeisteramt Ulm zu einer längeren öffentlichen Erklärung aufgerufen. Schwammbergers Amtsnachfolger Friedrich →Foerster stand N. in offener Feindschaft gegenüber.

Ein besonderes Augenmerk legte N. auf die wirtschaftliche Entwicklung Neu-Ulms. In den Anfangsjahren seiner Amtszeit stieg die Zahl der eingetragenen Gewerbetreibenden in Neu-Ulm von 167 (1919) auf 686 (1921). Zum 1. Mai 1933 wurde N. mit zahlreichen städtischen Beamten und Gewerbetreibenden Mitglied der NSDAP. Wie er in seinem Innersten zur Hitler-Bewegung stand, ist unklar. Zumindest ist nachweisbar, dass er sich im amtlichen Bereich um eine reibungslose Kooperation mit allen Funktionsträgern der Partei bemühte und zu allen offiziellen Anlässen NS-konforme Reden hielt. Andererseits existieren mehrere Belege für seine eigenständige Haltung. Spannungen bestanden im Verhältnis zu dem jungen NS-Kreisleiter Hermann →Boch, der einen Vertreter der „Bewegung" als Oberbürgermeister installieren wollte und dem N. ein Dorn im Auge war, spätestens, seitdem dieser der Hakenkreuz-Flaggenhissung am 10. März 1933 nicht nur nicht zugestimmt hatte, sondern ihr auch ferngeblieben war. Bochs Versuche, den Zweiten Bürgermeister Josef →Ostermann gegen N. in Stellung zu bringen, scheiterten an der persönlichen Loyalität Ostermanns gegenüber N. *Jetzt geh´ ich heim, ich hab´ genug vom Indianerspielen,* soll er nach einer der zahlreichen endlosen und heftig geführten Besprechungen mit Funktionären einmal gesagt haben, eine Äußerung, für die N. von Kreisleiter Boch denunziert und daraufhin für acht Monate vom Dienst suspendiert wurde. Nachweislich suchte der Oberbürgermeister Neu-Ulmer Juden vor der Deportation zu schützen und legte stets Wert auf die Feststellung, die Stadt habe sich nie an jüdischem Eigentum bereichert.

N. hat sich in späteren Einlassungen gerne selbst als integren Administrator stilisiert, der dem Regime nur widerwillig in dem Maße gedient habe, in dem er es als für den Nutzen Neu-Ulms notwendig erachtete. Abgesehen davon, dass diese proklamierte Selbsteinschätzung eines der Grundmuster der deutschen Entnazifizierungsgeschichte darstellt, ist es in erster Linie ein Quellenproblem, in dieser Frage zu gesicherten Aussagen gelangen zu können. In der NS-Zeit war N. Erster Vorsitzender für die städtischen Feuerlöscheinrichtungen, Vorsitzender des Städtischen Versicherungsamtes und der Städtischen Fürsorgestelle für Kriegsbeschädigte und Kriegshinterbliebene, des Stadtjugendamts und der Schulvorstandschaft für die Berufsschule.

Zu N.s Verdiensten als Oberbürgermeister zählen die Krankenhauserweiterung, der Bau des neuen Leichenhauses, die Erschließung des Baugeländes in Offenhausen und am Illerkanal, der Ausbau des Straßennetzes, der Grundstückserwerb und die Ansiedlung des Straßen- und Flussbauamts in Neu-Ulm. Während seiner Amtszeit wurden ca. 400 Wohnungen gebaut, das sogenannte „Nuißl-Heim" für sozial Schwache errichtet, die Turnhalle an der Schützenstraße ausgebaut, Schlachthaus und Wasserwerk renoviert, das seit 1919 als Rathaus genutzte Offizierskasino erworben und die katholische Stadtpfarrkirche als das Stadtbild prägendes Bauwerk ausgeführt. 1932 wurde das Kriegerdenkmal von Edwin →Scharff auf dem Schwal eingeweiht. Schon Anfang 1933 machte sich N. bei den zuständigen Wehrkreiskommandos für eine „Renaissance" Neu-Ulms als Garnisonsstadt stark und hatte Erfolg: 1934 war Baubeginn für die Reinhardtkaserne (spätere Nelson Barracks), 1936 für die Ludendorff-Kaserne (spätere Wiley Barracks). Ende 1936 gelang die maßgeblich von N. betriebene Fusion der Sparkassen von Neu-Ulm und Weißenhorn zur Bezirks- und Stadtsparkasse Neu-Ulm/Weißenhorn, wobei er zugleich deren Vorstand und Vorsitzender des Verwaltungsrats war. N. war Vorsitzender der Gruppe kreisunmittelbarer Städte Bayerns mit weniger als 20.000 Einwohnern.

Nach dem Einmarsch US-amerikanischer Truppen in Neu-Ulm wurde N. am 23. April 1945 von seinem Amt entfernt und die kommissarische Versehung der Geschäfte des Neu-Ulmer Oberbürgermeisters dem Stadtamtmann Hans →Erdle übertragen. N. kam für fast zwei Jahre in Internierungshaft, erfuhr aber im Spruchkammerverfahren eine volle Rehabilitierung. 1952 wurde N. anlässlich seines 75. Geburtstages auf Grund seiner Verdienste um die Stadt zum Ehrenbürger von Neu-Ulm ernannt. – Ehrenmitglied der Sängergesellschaft und des TSV 1880 Neu-Ulm.

Q StadtA Neu-Ulm, A 4, Nr. 226 – ebd., D 12, III.8.1.13.
W Aus der Arbeit der Stadtverwaltung Neu-Ulm von 1919 bis 1945, in: Friedrich LANZENSTIEL (Hg.), Neu-Ulm. Das neue Gesicht, Neu-Ulm 1954, S. 87-98 (Bild).
L UBC 1, S. 520 – UBC 3, S. 165 f. – UBC 4, S. 103, 117 – UBC 5a, S. 18, 76, 109, 130, 157, 260, 277, 289 – UBC 5b, S. 365, 579, 604, 680, 700 – NUZ vom 8. IX. 1952 (Bild) – HAUF, Von der Armenkasse, S. 155, 170 (Bild) u. ö. – TREU, Neu-Ulm, S. 271, 280, 282 ff., 289, 292, 296 ff., 298 (Bild), 300 (Bild), 305 ff., 311 f., 314, 316 f., 321 ff., 334 f. 338, 355, 575 – Eduard OHM, Nuffer-Rubel machte Besitzer zum Millionär, aber bettelarm. 1919 wählte das Volk Franz Josef Nuißl zu Neu-Ulms OB (Neu-Ulmer Geschichten 108), in: NUZ Nr. 108, 8. VIII. 1997 – Dem Volk zu dienen war Franz Josef Nuißls Richtschnur, in: NUZ vom 29. VIII. 1994 (Bild) – Werner GAILBRONNER, Als Neu-Ulm beinahe eine Hafenstadt mit Kanalanschluss geworden wäre. Vom Wirken des früheren Oberbürgermeisters Franz Nuißl nach dem 1. Weltkrieg. in: SWP 22. XI. 1996 – Konrad GEIGER, „Schwere Zeiten menschlich integer übersteh'n". Der Schriftsteller Hans Carossa und Neu-Ulms Bürgermeister Franz Nuißl, in: Geschichte im Landkreis Neu-Ulm 6 (2000), S. 102-113 – WEIMAR, Rundgang, S. 32 ff. (Bild).

Nusser, Fritz, * Ulm 11. Feb. 1846, † ebd. 3. Mai 1937, ⛢ Feuerbestattung ebd., Pragfriedhof, 5. Mai 1937, ev.

N. war einer der bekanntesten Ulmer Architekten.
Nach Studium am Stuttgarter Polytechnikum (Mitgründer der Burschenschaft Alemannia) und I. Staatsprüfung mehrere Jahre in Stuttgart unter Oberbaurat Morlock an der Erbauung des sog. „Eisenbahnerdörfchens" beteiligt. Ab 1871 in Wien tätig, war er dort beteiligt an Neubauten für die Weltausstellung im Prater und bei der Donauregulierung. N. plante und baute auch die Hochbauten für die Nordwestbahn Wien-Dresden. Der Architekt, der um 1896 wieder in Ulm tätig war, baute u. a. den Neubau anstelle der alten Landmühle, die Apotheke in Söflingen, die „Kalte Herberge" in Klingenstein, das Haus von Kommerzienrat Carl →Schwenk (sen.) am Karlsplatz, führte die Erneuerung der Hoffassaden des Gebäudes der Museumsgesellschaft durch und war an Bauten für WMF in Geislingen/Steige beteiligt.

L Ih 2, S. 646 – Architekt Fritz Nusser †, in: SM Nr. 103, 5. V. 1937, S. 4 (Todesanz.) und 5.

Obermair-Schoch, Hilde, geb. Schoch, Dr. rer. pol., Dipl.-Volkswirtin, * Neu-Ulm 26. Juni 1897, † München 23. Okt. 1970.

Vater Karl Schoch, Generalmajor, Kommandeur der 4. Inf.-Brigade in Neu-Ulm und Kgl. Bayer. Kontingentsältester in der Festung Ulm.
∞ 1929 Max Obermair, † 1948, Dr. rer. pol., Banksyndikus.
1 K.

Nach der Schulzeit in München und Nürnberg und dem Abitur am Gymnasium in Nürnberg 1915 widmete sich die später im Wohlfahrtswesen Bayerns sehr engagierte O.-S. bis 1920 dem volkswirtschaftlichen Studium an der Universität München, 1920 erfolgte die Promotion zum Dr. rer. pol. mit der Arbeit „Die bayerischen Hypothekenbanken 1914-1918" an der Universität München. Noch 1920 nahm sie ihre Tätigkeit als Lehrerin für Sozialkunde auf und trat als Geschäftsführerin in den Dienst mehrerer Frauenverbände, aus denen 1924 der Paritätische Wohlfahrtsverband erwuchs. Nach 1945 widmete sich O.-S. der praktischen Fürsorgearbeit mit dem Schwerpunkt auf Flüchtlinge und Heimatvertriebene im Landkreis Füssen. Zugleich wirkte sie an der Wiedergründung der unter der NS-Herrschaft verbotenen Frauenorganisationen mit und zählte z. B. zu den Gründerinnen des Ortsrings Füssen des Landesverbandes Bayern des Deutschen Frauenringes. Ab 1953 war sie stv. Vorsitzende des Landesverbands Bayern des Deutschen Paritätischen Wohlfahrtsverbandes und Referentin für Sozialarbeit. Von 1958 bis 1963 war O.-S. als Vertreterin der Wohlfahrtsorganisationen Mitglied des Bayer. Senats und gehörte dem Ausschuss für Sozial-, Gesundheits- und Familienpolitik an. – 1919 bis 1923 Geschäftsführerin des Vereins für Fraueninteressen in München, 1925 bis 1929 Zweite Vorsitzende ebd., 1929 bis 1935 Erste Vorsitzende ebd., ab 1954 Vorstandsmitglied ebd.; Mitglied des Beirats für Vertriebenen- und Flüchtlingsfragen im Bayer. Staatsministerium für Arbeit und Sozialordnung; Mitglied des Bayer. Berufsförderungswerks; Mitglied des Jugendwohlfahrtsausschusses der Stadt München und der Arbeitsgemeinschaft für öffentliche und freie Fürsorge München und Oberbayern.

L SCHMÖGER, Der Bayerische Senat, S. 232 (Bild) – GBP.

Oechsle, Paul[us], * Neu-Ulm 3. Mai 1829, † ebd. 3. April 1908, ev.

Vater Johannes Oechsle, * Geislingen/Steige 13. XI. 1796, † 18. XI. 1850, Seilermeister, S. d. Johannes Oechsle, Sattler, u. d. Angelika Ulmer aus Kuchen/OA Geislingen.
Mutter Justina Schneider, * Stubersheim 10. XI. 1798, † Neu-Ulm 1. X. 1840, T. d. Paulus Schneider, Schullehrer, u. d. Katharina Gugenha[h]n.
7 G Ursula Oechsle, * Neu-Ulm 9. I. 1831, ∞ Heinrich Grünwald, Mechaniker; Angelika Oechsle, * Neu-Ulm 13. IV. 1832, † ebd. 26. XII. 1841; Katharina Oechsle, * Neu-Ulm 13. VII. 1833, ∞ Pfuhl 1. VI. 1852 Johann Jacob Benz, * Neu-Ulm 1. II. 1830; † ebd. 16. VI. 1788, Bäcker- und Zunftmeister ebd.; Leonhard Oechsle, * Neu-Ulm 10. V. 1835, † Mai 1836; Johannes Oechsle, * Neu-Ulm 8. XII. 1836, † ebd. 13. IX. 1903, Spenglermeister, ∞ Neu-Ulm 18. XI. 1862 Anna Maria Schmidt, * Bermaringen 14. XII. 1838, ∞ I. Ulm 25. III. 1867 Floriane Caroline Gaiger, ∞ II. 1878 Maria Rosina Schwarz, ∞ III. Ulm 14. II. 1888 Friederike Simmendinger; Wilhelm Oechsle, * Neu-Ulm 11. VII. 1840, † ebd. 23. VIII. 1840.
∞ Pfuhl 5. IV. 1853 Barbara Schuler, * Ulm 18. VI. 1833, † Neu-Ulm Juli 1914, T. d. Bartholomäus Schuler, Metzger, u. d. Christina Wittlinger.
13 K, davon 6 † früh; unter den überlebenden K Leonhard Friedrich *Albert* Oechsle, * Neu-Ulm 7. IX. 1854, ebd. 8. XII. 1931, Kaufmann in Neu-Ulm, ∞ I. Neu-Ulm 23. X. 1883 Karoline Spatz, * Illerrieden 11. I. 1860, † Neu-Ulm 28. IV. 1912, ∞ II. Neu-Ulm 23. IX. 1913 Theres Oberhigler, * Pfaffenhofen 18. I. 1866; Ursula *Babette* Friederike Oechsle, * Neu-Ulm 17. VIII. 1856, ∞ Neu-Ulm Mai 1878 Albert Ernst Ricker, * Ulm 8. VI. 1847, Tapezierer; Katharina Pauline *Mathilde* Oechsle, * Neu-Ulm 17. X. 1857, ∞ Neu-Ulm 22. X. 1882 Karl Jakob Gauss, * Neckartenzlingen 28. I. 1850, Kaufmann in Neu-Ulm; Laura Oechsle, * Neu-Ulm 10. XII. 1863, ∞ Juli 1888 Johann Reith, * Gaisberg 5. IV. 1853, Kaufmann in Neu-Ulm; Sophie Oechsle, * Neu-Ulm 17. IV. 1866, † ebd. 28. IX. 1930, ∞ Neu-Ulm 27. VII. 1890 Hermann Schmollinger, * Ummendorf/OA Biberach 7. IX. 1849, † Ulm 7. III. 1908, Bahninspektor in Ulm.

Die Familie Oechsle zählte zu den ersten Familien, die sich in Neu-Ulm niederließen. Der Vater von O. erhoffte sich, als er 1827 nach Neu-Ulm kam, als Seilermeister gute Geschäfte – und er sollte Recht behalten.
Seiler wurden in Neu-Ulm dringend benötigt. Die umfangreiche Bautätigkeit der Stadt und beim Festungsbau erforderte Unmengen von Seilen und Tauen, die, vor Ort produziert, schnell und in der Regel preiswerter verfügbar waren, als wenn man sie auswärts hätte bestellen müssen. Außerdem bot O. auch Reparaturen beschädigter Seile und Taue an. Der Seilermeister war gerade mit der Ausbildung fertig, als sein Vater

starb. Diesem war es gelungen, das Geschäft auf eine solide Grundlage zu stellen. O. war im Vergleich zu anderen Neu-Ulmer Handwerkern nicht reich, aber es gelang ihm, ohne finanzielle Sorgen sein Unternehmen zu festigen und auszubauen. Ca. 1888/89 übergab O. das Geschäft seinem ältesten Sohn Albert.

1869 zählte O. mit Bruno →*Rosenheim und Leonhard Wintergerst zu den Meistbietenden bei der Versteigerung der Frohnfeste (Insel 2) mit Stall, Holzlege, Waschküche, Garten etc. Im Jahr darauf ließ er auf der Insel ein Haus errichten, 1873/74 zwei Häuser in der Marienstraße (Nrn. 9a und 9b). 1899 ließ er zwei Häuser (Nrn. 26 und 28) in der Friedensstraße erbauen.

Ende 1861 wurde O. zum ersten Kontrolleur der Neu-Ulmer Distrikts-Sparkasse gewählt. Von 1882 bis 1894 war O. Mitglied des Neu-Ulmer Magistrats. Er starb kurz vor Vollendung des 79. Lebensjahres. Nach ihm und Paul →Frank ist die Paulstraße in Neu-Ulm benannt.

L.   BUCK, Chronik Neu-Ulm, S. 78, 100, 114, 119, 126, 143 – Eduard OHM, Durch Sparen zu gesetzestreuen Bürgern… (Neu-Ulmer Geschichten 20), in: NUZ, 29. IX. 1984, S. 25 – HAUF, Von der Armenkasse, S. 89, 93 (Bild) – Katalog Materialien, S. 199, 201, 208 f. – TEUBER, Ortsfamilienbuch Neu-Ulm I, Nrn. 3357-3363.

Oehler, Gustav, * Basel (Schweiz) 8. Juli 1891, † Ulm 20. Sept. 1974, ev.
Vater   Theodor Friedrich Oehler[434], Dr. theol. h.c., * Breslau 8. VI. 1850, Basel 15. VI. 1915, Inspektor und ab 1909 Direktor der Basler Mission.
Mutter   Natalie Lawton.
6 *G.*
∞. *K.*

O. war der erste Pfarrer der 1921 neu geschaffenen Vierten Stadtpfarrstelle an der Ulmer Dreifaltigkeitskirche.
In der Schweiz aufgewachsen, war O. im Ersten Weltkrieg Leutnant und Batterieführer und wurde mit dem Eisernen Kreuz beider Klassen, dem Ritterkreuz II. Kl. des Friedrichsordens mit Schwertern und dem schwarzen Verwundetenabzeichen ausgezeichnet. 1921 zum Vierten Stadtpfarrer an der Dreifaltigkeitskirche und Garnisonpfarrer in Ulm ernannt, amtierte O. von 1922 bis 1925 zugleich als Hausgeistlicher am Landesgefängnis ebd. Anfang 1935 gab O. das Amt des Garnisonpfarrers an den bisherigen Pfarrer von Gussenstadt, Karl →*Reustlen, ab. Ab 1938 Pfarrer an der Heilandskirche Stuttgart, leistete O. ab 1941 erneut Kriegsdienst und befand sich von 1944 bis 1948 in russischer Kriegsgefangenschaft. Nach seiner Rückkehr war O. zuletzt Pfarrer in Wildbad, 1956 trat er in den Ruhestand.

L.   UBC 4, S. 279, 377 (Bild) – UBC 5a, S. 97 – Magisterbuch 41 (1932), S. 175 – MAYER, Die ev. Kirche, S. 512-515.

Ofterdinger, Ludwig Felix, Dr. phil., * Biberach/Riß 18. Mai 1810, † Ulm 10. April 1896, ev.
Vater   Georg Ludwig Ofterdinger, * Balingen 19. IX. 1777, † 22. VIII. 1859, seit 1807 städtischer Arzt in Biberach, Sohn des Ofterdinger, † 1815, Apotheker in Balingen.
Mutter   Johanne Louise Auguste Seyffer, * Lauffen am Neckar/OA Besigheim 27. XII. 1779, † Biberach 6. III. 1848, T. d. Johann Friedrich Seyffer, * 12. V. 1746 Bitzfeld, † 1815 Cannstatt, Oberamtmann in Lauffen und Cannstatt, und der Johanne Auguste Faber, * Nürtingen 18. VI. 1748.
3 *G.* (zwei Brüder, eine Schwester).
∞. 2 *K.*   Cornelie Ofterdinger, ∞ Härlin; Guido Ofterdinger, Dr. med.

O. war über Jahrzehnte hinweg eine der prägenden Lehrerpersönlichkeiten Ulms. Der zeitweise auch politisch aktive Naturwissenschaftler verbrachte über 40 Jahre seines langen Lebens in der Donaustadt.
Von 1827 bis 1831 studierte O. Mathematik und Astronomie an der Universität Berlin. In dieser Zeit entwickelten sich

persönliche Kontakte zu Georg Friedrich Hegel und Alexander von Humboldt. Nach Lösung einer akademischen Preisaufgabe (1829) erfolgte O.s Promotion zum Dr. phil. (Universität Berlin) mit der Arbeit „Methodo expositium quarum ope principia calculi superioris inventa sunt". Im Herbst 1831 erhielt O. eine Anstellung als Privatdozent für die mathematischen Fächer (Mathematik, Physik, Astronomie) an der Universität Tübingen, 1850 wurde er zum ao. Professor ebd. ernannt.

1851/52 wechselte O. als Professor für Mathematik an das Obergymnasium in Ulm. Im Sept. 1875 trat er in den Ruhestand, in dem er sich besonders mit der Erforschung des Lebens von Christoph Martin Wieland befasste. Er trug wesentlich zum Zustandekommen des Wieland-Denkmals in Biberach bei. In Ulm zeigte er als Mitglied des Vereins für Mathematik und Naturwissenschaften eine besondere Aktivität, die sich u. a. in mehreren Vorträgen niederschlug. Seine 1867 erschienene Schrift zur Mathematikgeschichte Ulms ist noch heute von Wert. Der Verein ernannte ihn später zu seinem Ehrenmitglied. O. starb im 86. Lebensjahr an „Herzlähmung".

In die Revolutionszeit 1848/49 fiel O.s politische Aktivität. Im April 1848 kursierte O.s Name im Oberamtsbezirk Biberach als Kandidat für den Landtag ebenso wie für die Nationalversammlung in Frankfurt/Main. Bei der Versammlung zur Aufstellung der Kandidaten für die Wahlkreise im Donaukreis am 18. April 1848 war O. in Biberach dann aber nicht zugegen, und von ihm war im Zusammenhang mit einem Mandat in Frankfurt auch keine Rede mehr. Bei den Landtagswahlen vom 15. bis 17. Juni 1848 wurde O. mit 365 von 572 abgegebenen Stimmen zum Mitglied der Kammer der Abgeordneten der Ständeversammlung des Königreichs Württemberg auf dem 15. o. Landtag (sog. „langer Landtag") gewählt (WK Biberach). Die erste Wahl, bei der Alois →Wiest im Mai 1848 gewählt worden war, hatte wiederholt werden müssen, da dieser die auch im WK Saulgau auf ihn gefallene Wahl angenommen hatte, womit das Biberacher Mandat unbesetzt geblieben war. O. warb für sich mit der Feststellung, er habe sich seit Jahren *mit aller Schärfe gegen den Polizeistaat und gegen alle Bürokratie* gestellt und für Öffentlichkeit und Mündlichkeit plädiert. Fortschritt im Rahmen der Gesetze sei sein Ziel, und er bekannte, sich für eine Stärkung des Bauernstandes und den Wohlstand des Bürgertums einsetzen zu wollen. Die Verbesserung des Schulwesens hatte er sich ebenso wie die Freiheit der Kirche auf die Fahne geschrieben. Im Dez. 1848 sprach der Biberacher Volksverein aufgrund O.s angeblich *unvolkstümlicher Haltung* das Misstrauen aus; O.s Verhalten stehe nicht im Einklang mit seinen öffentlich ausgesprochenen Grundsätzen. Die Stellung des Abg. O. im Bezirk war damit unterminiert. Bei der nächsten Wahl im Jahre 1849 wurde Rudolf Probst gewählt, der den Bezirk 45 Jahre lang vertreten sollte. – Ehrenbürger von Biberach; Mitglied des Vereins für Kunst und Altertum in Ulm und Oberschwaben.

W.   (Auswahl) Ueber Kometen, deren Bahnen, Größe, physische Beschaffenheit und Bestimmung. Mit besonderer Rücksicht auf die Kometen, welche in den nächsten Zeiten wieder sichtbar werden, populär dargestellt von [...], Stuttgart 1835 – Einige Worte über den Abgang der Actien bei der Stuttgarter allgemeinen Rentenanstalt, Stuttgart 1839 – Beiträge zur Geschichte der griechischen Mathematik, Ulm 1860 – Beiträge zur Geschichte der Mathematik in Ulm bis zur Mitte des XVII. Jahrhunderts, Ulm 1867 – Ein Manuscript Keppler's, 1872 – C. M. Wieland's Leben und Wirken in Schwaben und in der Schweiz, Heilbronn 1877 – Geschichte des Theaters in Biberach von 1686 an bis auf die Gegenwart, in: Württ. Vierteljahreshefte VI (1883), S. 36-43, 113-126, 229-242 – Johann Gottlieb Friederich von Bohnenberger, in: Mathematisch-naturwissenschaftl. Mitteilungen 1885.
L.   S. 651 – RIECKE, Verfassung und Landstände, S. 53 – HARTMANN, Regierung und Stände, S. 43 – Staatsanz. Nr. 83, 11. IV. 1896, S. 575 – ebd. Nr. 84, 13. IV. 1896, S. 583 – SK Nr. 84, 11. IV. 1896, S. 727 und 728 (Todesanz.) – Ulmer Tageblatt Nr. 85, 11. IV. 1896 – Württ. Jahrbücher 1896, S. VI – H. KÜNSSBERG, Zum Andenken an L. O., in: Bibliotheca Mathematica 1896, S. 50 ff. – Rudolf KRAUSS in: BJDN 1 1896 (1897), S. 99 ff. – Paul von WEIZSÄCKER, Erinnerungen eines alten Mannes, in: Besondere Beilage des Staatsanz. Nr. 1 und 2, 13. II. 1903, S. 17-22, und Nr. 3 und 4, 20. III. 1903, S. 57-64 – ADB 52 (1906), S. 702 ff. (CANTOR) – UBC 2, S. 345 – HEINZ, Mitbürger, S. 124, 133, 164, 171f., 174, 244, 340 f. – RABERG, Biogr. Handbuch, S. 631 f.

[434] Ih 2, S. 649.

Ohm, Eduard, * Neu-Ulm 9. April 1906, † ebd. 28. Dez. 1989, ⬜ ebd., Alter Teil des Friedhofs, 2. Jan. 1990, kath.

Vater   Wilhelm Ohm, * 1873, † 1958, Schuhmachermeister in Neu-Ulm.
Mutter   Anna Schneid, * 1874, † 1919.
∞ I. Neu-Ulm 12. X. 1931 Maria Weh, * Augsburg 23. IX. 1908, † Ulm 10. III. 1950, T. d. Josef Weh, Lokführer, u. d. Maria Fischer; ∞ II. Neu-Ulm 20. XI. 1957 (Ehe 1968 geschieden) Marie Stegmann, verw. Altstädde, * Neu-Ulm 10. II. 1916.
4 K   Gabriele Ohm, * Neu-Ulm 21. VIII. 1932, CSU-Stadträtin in Neu-Ulm, ∞ Karl Stoll; Hans Eduard Ohm, * Neu-Ulm 25. X. 1933; Eduard Ohm, * Neu-Ulm 1. X. 1945, Journalist und Neu-Ulmer Historiker; Maria Ohm, * Ulm 2. III. 1950.

O. war einer der prägenden kommunalpolitischen Köpfe Neu-Ulms in der zweiten Hälfte des 20. Jahrhunderts.
Als Sohn eines Schuhmachermeisters, der gemeinsam mit

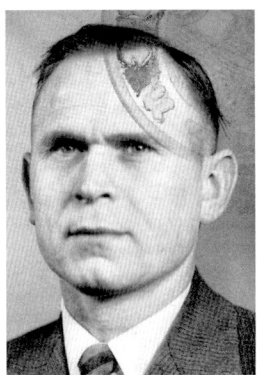

seiner Ehefrau an der Kasernstraße 26 eine Schuhwerkstatt betrieb, war O., den den Betrieb übernehmen sollte, der berufliche Weg vorgezeichnet. Er bestand, wie vor ihm sein Vater, nach dem Schulbesuch in Neu-Ulm und der Schuhmacherlehre in München und Stuttgart 1928 die Meisterprüfung und trat in dessen Fußstapfen. Der frühe Tod der Mutter hatte die Familie kurz nach Ende des Ersten Weltkriegs schwer getroffen. O. stieg als noch sehr junger Mann in den väterlichen Betrieb ein, übernahm ihn 1931 und spezialisierte sich auf die Fertigung orthopädischer Schuhe. Zur Werkstatt kam ein Schuhgeschäft hinzu, das gut lief. Im Zweiten Weltkrieg wurde O. nach Polen geschickt, konnte jedoch bald wieder nach Neu-Ulm zurückkehren, da seine beruflichen Dienste angesichts steigenden Bedarfs vor Ort unverzichtbar waren. 1944 fielen Wohnhaus und Geschäft von O. Bomben zum Opfer. Nach 1945 baute er beides wieder auf und vermochte zu expandieren. Im Alter übergab O. das Geschäft an seinen langjährigen Mitarbeiter Ernst Mayer. O. war stv. Obermeister und Vorstand der Einkaufsgenossenschaft der Schuhmacherinnung Neu-Ulm sowie Vorsitzender des Prüfungsausschusses für Schuhmachergesellen.
Politisch fand O., der sich stark dem Werk von Adolf Kolping verbunden fühlte und zuletzt Senior der Neu-Ulmer Kolping-Familie war, eine Heimat in der CSU. 1956 erfolgte O.s Wahl in den Neu-Ulmer Stadtrat, dem er bis 1977 angehörte. Er engagierte sich als Mitglied des Liegenschaftsausschusses und als Verwaltungsrat für den städtischen Friedhof. Am 4. Mai 1966 wurde O. zum Dritten ehrenamtlichen Bürgermeister Neu-Ulms gewählt und verblieb bis 1972 in diesem Amt. Entspannung fand O. bei seinem Hobby, dem Krippenbau. Er war Vorsitzender des Neu-Ulmer Krippenbauvereins und gehörte 60 Jahre lang der Sängergesellschaft Neu-Ulm an.

Q   StadtA Neu-Ulm, A 9 – ebd., D 20, Nr. 1109, Plakat mit den Biographien der CSU-Kandidaten bei der Stadtratswahl Neu-Ulm 1966 (Bild)
L   Über Jahrzehnte Stadtrat und Sänger. Eduard Ohm senior ist gestern früh 83jährig gestorben, in: NUZ, 29. XII. 1989 (Bild) – Eduard Ohm gestorben, in: SWP (Ulm) Nr. 299, 29. XII. 1989 (Bild) – WEIMAR, Rundgang, S. 74 f.

Osiander, Christian Nathanael (von), Mag., * Kohlberg/OA Nürtingen 15. Jan. 1781, † Ulm 13. April 1855, ev.

Vater   Johann Adam Osiander[435], Mag., * Gönningen/OA Tübingen 14. X. 1747, † Bietigheim/OA Besigheim 20. XI. 1812, Pfarrer in Kohlberg, 1795 dsgl. in Ditzingen, seit 1799 Special-Superintendent und Stadtpfarrer in Bietigheim, S. d. Pfarrers Johann Adam Osiander u. d. Regina Magdalena Hofsess.
Mutter   Philippine Henrike Wilhelmine Kapff, * Stuttgart 4. IX. 1753, † Freudental 1823 (1829?), T. d. Georg David Kapff, Kirchenrats- und Expeditionsrat in Stuttgart, u. d. Luise Gottliebin Gmelin.
12 G, davon 5 † früh   Gottlob Friedrich Osiander, * Kohlberg 13. IV. 1782, † 3. IV. 1784; Johanna Eleonore Osiander, * Kohlberg 20. III. 1784, † 13. V. 1784;

Johann Gottlieb Osiander, * Kohlberg 3. V. 1785, † Stuttgart 15. XII. 1815, Sekretär im Departement des Kriegswesens, ∞ Öhringen 12. VIII. 1813 Sophie Christiane Luise Jan, * Kirchenhall 10. XII. 1786, † Stuttgart 9. I. 1819, T. d. Pfarrers Johann Friedrich Jan in Neuenstein u. d. Friederike Gebhard; Gottlob Friedrich Osiander, * Kohlberg 13. IX. 1786, † 13. VIII. 1787; Luise Eleonore Osiander, * Kohlberg 14. X. 1787, ∞ Bietigheim 14. X. 1810 August Friedrich Nanz, * Stuttgart 11. VIII. 1781, † Bernhausen 1863, Pfarrer in Bernhausen; Friedrich Gottlob Osiander, * Kohlberg 4. III. 1789; Charlotte Beate Osiander, * Kohlberg 30. VII. 1790, † 3. VI. 1791; Karl August Osiander, * Kohlberg 15. V. 1792, † Maichingen 7. X. 1834, Pfarrer in Maichingen, ∞ Stuttgart 4. I. 1833 Emilie Hoffmann, * Stuttgart 23. VI. 1809, † ebd. 20. IX. 1849, T. d. Obersteuerrats Wilhelm Friedrich Hoffmann u. d. Elisabeth Magdalena Epple; Immanuel Osiander, * Kohlberg 22. I. 1794, † Stuttgart 18. VIII. 1859, Oberzollverwalter in Tuttlingen, ∞ I. Nördlingen 10. X. 1819 Christine Wilhelmine Beck, * Kaufbeuren 17. II. 1798, † Stuttgart 26. IX. 1835, T. d. Dekans Johann Philipp Beck in Nördlingen u. d. Katharina Klaiber, ∞ II. Stuttgart 26. XI. 1837 Charlotte Friederike Gaupp, * Kirchheim/Teck 29. IV. 1791, † Winnenden 26. II. 1849, T. d. Karl Heinrich Gaupp, Kaufmann in Kirchheim/Teck, u. d. Anna Barbara Schöning; Charlotte Beate Osiander, * Ditzingen 9. VI. 1795, † ebd. 4. IX. 1796; Christian Wilhelm Osiander, * Ditzingen 27. I. 1797, † Walddorf 11. VI. 1830, seit 1822 Pfarrer in Walddorf, ∞ 16. V. 1821 Wilhelmine Christine Majer, * 1798, † 1861; Charlotte Christiane Osiander, * Ditzingen 3. V. 1799, † Grunbach 11. III. 1889, ∞ 1824 Johannes Michael Müller, Simmozheim/OA Calw 4. X. 1798, † Dettingen am Albuch/OA Heidenheim 16. VII. 1870, Pfarrer u. a. in Nattheim und zuletzt seit 1850 in Dettingen am Albuch.
∞ Bietigheim/OA Besigheim 9. II. 1809 Elisabeth Friederike Rosina Mohr, verw. Jordan, * Hengen/OA Urach 18. X. 1779, † Stuttgart 15. XI. 1854, Wwe. des Landschaftsbuchhalters Georg Eberhard Friedrich Jordan, ehemals Karlsschüler, T. d. Ludwig Achatius Mohr, Pfarrer in Hengen/OA Urach, u. d. Friederike Luise Gottliebin Kapff.
2 K   Hermann Immanuel Theodor August Osiander, * Stuttgart 18. X. 1816, † Karlsruhe 10. X. 1877, Oberjustizregistrator in Esslingen/Neckar, ∞ 1851 Louise Karoline Marie Enslin, * Wittershausen 27. V. 1824, T. d. Johann Christoph Enslin, Pfarrer, u. d. Friederike Ludovika Grundler; Karl Christian Ludwig Heinrich Osiander, * Stuttgart 9. IV. 1820, † Maienfels 20. VI. 1850, Pfarrer in Maienfels, ∞ Gräfenhausen 10. I. 1848 Luise Karoline Marie Enslin[436].

O. war der dritte Ulmer Prälat und Generalsuperintendent der württ. Zeit.
Aus einer der ersten württ. Familien stammend, bezog O. 1798 zum Zwecke des Studiums der ev. Theologie in Tübingen das berühmte Stift. 1800 erwarb er den Magistergrad. 1802 wurde er zum Schlossprediger, 1805 zum Stiftsrepetenten in Tübingen ernannt. Von 1803 bis 1805 war O. Vikar an der Hospitalkirche in Stuttgart. Von 1808 bis 1842 wirkte er als Professor an der oberen Abteilung des Kgl. Gymnasiums Stuttgart. 1834 hatte er zugleich die Kreisschulinspektion für den Schwarzwaldkreis übernommen. Am 7. Dez. 1842 wurde er als Nachfolger des pensionierten Carl Friedrich von →Flatt zum Prälaten und Generalsuperintendenten von Ulm ernannt, in dieser Eigenschaft war er von 1843 bis 1849 (11.-15. LT) auch Mitglied der Kammer der Abgeordneten des Württ. Landtags. Am 22. April 1851 erfolgte der Eintritt in den Ruhestand, seine Nachfolge trat der bisherige Tübinger Dekan Albert Friedrich →Hauber an. O., der zu Beginn seiner Amtszeit Mitglied des Vereins für Kunst und Altertum in Ulm und Oberschwaben geworden war, verlebte seinen Ruhestand in Ulm, wo er im Alter von 74 Jahren starb. – Seit 1826 (mit anderen) Hg. der „Griechischen und römischen Dichter und Prosaiker in neuen Uebersetzungen". – 1834 Ritterkreuz I. Kl. des Württ. Kronordens.

Q   LKA Stuttgart, PA 2387, Personalakte.
L   Ih 2, S. 654 – GEORGII-GEORGENAU, S. 667 – RIECKE, Verfassung und Landstände, S. 48 – ADB 24 (1887), S. 484 (LEHMANN) – HARTMANN, Regierung und Stände, S. 38 – SIGEL 14,2 (1931), S. 104 – LEUBE, Tübinger Stift, S. 703 – DGB 170 (9. Schwabenband), Limburg/Lahn 1975, S. 316 – NEBINGER, Die ev. Prälaten, S. 573 – RABERG, Biogr. Handbuch, S. 632 f.

Oßwald (sen.), Jakob, * 3. Jan. 1833, † Rapallo 2. April 1908, ev.

∞ Mehrere K, darunter Max →*Oßwald, Rechtsanwalt in Ulm.

O. war einer der meistbeschäftigten Rechtsanwälte in Ulm. Er engagierte sich zunächst politisch in der Volkspartei. Noch bevor diese gegründet wurde, erfolgte im Dez. 1859 O.s Wahl in den Bürgerausschuss. Im Dez. 1863 wurde er im Mandat nicht bestätigt, im Dez. 1871 aber erneut in den Bürgerausschuss gewählt. Ab 1871/71 bei den Nationalliberalen und

[435] EBERL, Klosterschüler II, S. 100, Nr. 697.

[436] Heiratete nach dem Tod ihres Mannes dessen Bruder.

zuletzt für den Bund der Landwirte und die Konservativen. Am 27. Feb. 1895 trat O. im Zuge der Gründung einer „deutschen Wirtschaftspartei" in Ulm an die Spitze des Organisationskomitees. Er setzte wesentliche Akzente auf dem Gebiet des gewerblichen Genossenschaftsbankwesens im Großraum Ulm, so war er u. a. 1863 einer der Hauptgründer der Ulmer Gewerbebank, zu deren erstem Vorstand er gewählt wurde, sowie des Landesverbands der Genossenschaftsbanken. O. starb an seinem Erholungsort Rapallo, zu dem er sich 14 Tage vor seinem Tod (Schlaganfall) zur Auskurierung eines Schlaganfalls mit seiner Ehefrau begeben hatte. – Mitglied des Vereins für Kunst und Altertum in Ulm und Oberschwaben. – Ehrenmitglied des Landesverbands der württ. Gewerbevereine; 1834 Ritterkreuz des Württ. Kronordens; 1905 Ritterkreuz I. Kl. des Friedrichsordens.

L   Staatsanzeiger Nr. 50, 1. 3. 1895, S. 345 – Staatsanz. Nr. 80, 4. IV. 1908, 551 (Mitteilung) – ebd. Nr. 81, 6. IV. 1908, 559 – ebd. Nr. 84, 9. IV. 1908, 581 – UBC 2, S. 99 – UBC 3, S. 345, 411 (Bild), 413.

Ostberg, Karl, * Heilbronn/Neckar 13. Sept. 1864, † Ulm 17. Dez. 1944, kath.
Vater   Johann Ludwig Ostberg, zuletzt Wagenwärter in Ulm.
Mutter   Maria Katharina Müller.
∞ Ulm 8. V. 1894 Maria Dorothea Buck, * Ulm 13. XII. 1868, † 1. VI. 1938, T. d. Hermann Gottlob Buck, Gastwirt in Ulm, u. d. Maria Rampf.
5 K, davon erreichten 3 das Erwachsenenalter   Karl Franz Xaver Ostberg, * Ulm 4. IX. 1895, † gefallen Ypern 7. VII. 1916; Maria Theresia Ostberg, * Ulm 24. II. 1897, † ebd. 28. VII. 1908; Antonia Elisabeth Ostberg, * Ulm 1. VI 1898, † ebd. 25. VII. 1898; Klara Josefine Katharina Ostberg, * Ulm 23. VIII. 1900, ∞ Ulm 17. X. 1925 Karl Traub, städtischer Obersekretär in Ulm, später Rechnungsrat ebd.; Elisabeth Helene Ostberg, * Ulm 9. III. 1904, † ebd. 16. XI. 1959.

Der gebürtige Unterländer O. kam im Laufe seiner dienstlichen Laufbahn bei der württembergischen Post im Alter von etwa 30 Jahren nach Ulm, wo er eine Ulmer Gastwirtstochter heiratete und laut Gemeinderatsbeschluss vom 5. Dez. 1895 das Ulmer Bürgerrecht erhielt. O. stieg beruflich vom Postsekretär zum Oberpostsekretär, Postinspektor und schließlich Oberpostinspektor auf. Im Dez. 1907 wurde der der Zentrumspartei angehörende O. in den Ulmer Gemeiderat gewählt. O. kandidierte erstmals im Dez. 1906 für ein Mandat in der Kammer der Abgeordneten der Württ. Landtags und erhielt im Wahlbezirk der Stadt Ulm 988 Stimmen – ein Achtungserfolg. Bei der Landtagsersatzwahl am 20. März 1909 (1.901 Stimmen) und der Stichwahl am 3. April 1909 (2.835 Stimmen) unterlag er gegen Philipp Wieland. 1920 Landtagskandidat (Platz 6 WK 20: Ulm-Heidenheim; Zentrum). Der 80-jährige O. kam beim großen Luftangriff auf Ulm ums Leben. – Mitglied des Vereins für Kunst und Altertum in Ulm und Oberschwaben und des Aufsichtsrates des „Ulmer Volksboten".

Q   Standesamt Ulm, Familienbuch Band 61, S. 123.
L   UBC 3, S. 374, 396, 437, 552, 562.

Ostermann, Josef, * Unterschönegg/BA Illertissen 29. Juni 1878, † Neu-Ulm 3. Aug. 1948, ⊡ ebd., Alter Teil des Friedhofs, kath.
Vater   Martin Ostermann.
Mutter   Therese Degendorfer.
∞ Rosina Schmid, * Waldsee 21. I. 1889, † Neu-Ulm 1. XII. 1962.
3 K   Wiltrud Ostermann, * Neu-Ulm 7. XII. 1911, Wirtschaftslehrerin, ∞ Steck; Irmgard Ostermann, * Neu-Ulm 11. XI. 1913, Kontoristin; Wolfgang Ludwig Ostermann, * Neu-Ulm 21. IV. 1923.

O., eine wichtige Persönlichkeit des nationalsozialistischen Neu-Ulm, stammte aus dem Allgäu und schlug nach dem Schulbesuch die Laufbahn eines Postbeamten ein. Schon 1897 kam er erstmals nach Neu-Ulm, später – in der Zeit vor Ausbruch des Ersten Weltkriegs – war er als Postamtmann, später Oberpostinspektor Amtsvorsteher des Postamtes Neu-Ulm. 1911 ließ O. ein Haus in der Villenstraße Nr. 1 erbauen. O. engagierte sich privat besonders im Neu-Ulmer Turnverein und vor allem in der Jugendarbeit, daneben als Gründungsmitglied

des Historischen Vereins Neu-Ulm, dem er ab 1907 als Ausschussmitglied und Schriftführer diente.
In den frühen 1920er Jahren war er Gründungsmitglied der NSDAP-Ortsgruppe Ulm/Neu-Ulm, als solcher ein enger Weggefährte des Ulmer Nationalsozialisten Wilhelm →Dreher, mit dem er sich später überwerfen sollte. O. war seit 1925 (gewählt am 7. Dez. 1924) als Mitglied der Arbeitsgemeinschaft von BVP, DVP, christlichen Gewerkschaften und NSDAP Stadtrat der NSDAP in Neu-Ulm, als welcher er bis 1945 im Mandat verblieb, in der NS-Zeit war er zugleich Mitglied des sog. „Kleinen Ausschusses". Für seine Partei leistete O. vor Ort wichtige Schrittmacherdienste, trat aber als „scharfer" Nationalsozialist nicht hervor, sondern war eher als Mann moderater Töne bekannt. 1928 wurde O. als Nachfolger des verstorbenen Dominikus →Nuffer zum Zweiten Bürgermeister von Neu-Ulm gewählt. Die Zusammenarbeit mit Oberbürgermeister Franz Josef →Nuißl funktionierte reibungslos. 1932 trat O. bei der organisatorischen Trennung der NSDAP-Ortsgruppen Neu-Ulm und Ulm an die Spitze der Neu-Ulmer Ortsgruppe, das Amt des Kreisleiters enthielt man dem „alten Kämpfer" aber vor und übertrug es dem fast 30 Jahre jüngeren Hermann →Boch, einem fanatischen jungen Nationalsozialisten, der O. fortan das Leben schwer machte.
Nach 1933 wurde von Ulm aus die Frage einer Vereinigung mit bzw. eines Anschlusses von Neu-Ulm von Oberbürgermeister Friedrich →Foerster und Polizeidirektor Wilhelm →Dreher forciert. O. stellte sich in dieser Frage an die Seite des Neu-Ulmer Kreisleiters Arthur Roedel und des Oberbürgermeisters Nuißl, die den Ulmer Pläne entschieden ablehnten. Vor allem Dreher schoss sich mit haltlosen und aggressiven Beschuldigungen auf Neu-Ulms Kommunalpolitiker, besonders aber auf O. ein. Das Verhältnis der „alten Kämpfer" erlitt schweren Schaden dabei. Als Neu-Ulms NSDAP-Kreisleiter Hermann →Boch Oberbürgermeister Nuißl im Frühjahr 1933 aus dem Amt drängen und als Nachfolger installieren wollte, widersetzte sich dieser dem *niederträchtigen* Ansinnen aus persönlicher Loyalität gegenüber dem Oberbürgermeister. Boch wollte O. daraufhin aus dessen Amt als Zweiter Bürgermeister verjagen und kandidierte Ende April 1933 gegen O., der bei der Wahl im Stadtrat 16 Stimmen erhielt, Boch nur eine. Für den Unterlegenen wurde das Amt des Dritten Bürgermeisters geschaffen. Später wandelte sich das Amt O.s vom Zweiten Bürgermeister zum Ersten Beigeordneten. 1936 setzte Boch O. als Ortsgruppenleiter ab und vertröstete ihn mit dem mehr dekorativen Amt des Vorsitzenden des Kreisgerichts Neu-Ulm. Daneben war O. in der NS-Zeit stv. Vorsitzender der Stadtschulpflegschaft sowie stv. Vorsitzender der Schulvorstandschaft für die Berufsschule. Während des Zweiten Weltkriegs trat O. weiter in den Hintergrund.
O. ging aus seinem Spruchkammerverfahren als „Mitläufer" hervor und starb wenige Wochen nach seinem 70. Geburtstag.

Q   StadtA Neu-Ulm, A 9 – ebd. D 12, 2.3.12.
L   Adreßbuch Ulm/Neu-Ulm 1910, Zehnte Abteilung, S. 65, 69 – BUCK, Chronik Neu-Ulm, S. 132 – TREU, Neu-Ulm, S. 285, 308, 313 (Bild), 316, 322 ff., 325 – Anton AUBELE, 90 Jahre Historischer Verein Neu-Ulm 1907-1997, S. 69-87, hier S. 70 – WEIMAR, Wegweiser, S. 83.

Ott, Georg, * 17. Dez. 1853, † Ulm 26. Dez. 1927, ⊡ ebd., Hauptfriedhof, ev.
∞ Katharina Sick, * 3. I. 1855, † Ulm 2. XI. 1924.
Mehrere K.

O. war eine der bedeutenden Persönlichkeiten der Ulmer Wirtschaft in der Kaiserzeit.
Der Fabrikant (Holzbearbeitungsgeräte) in Ulm, unter dessen Ägide sich die kleine Schreinerwerkstätte zu einer Werkzeug- und Maschinenfabrik von Weltrang wandelte, gründete die Firma seines Namens im Sept. 1877. Mit einer neuartigen Gehrungssäge schuf O. das erste Spezialfabrikat, das in der Holzindustrie reißenden Absatz fand. Hobel und Hobelbänke aus

seiner Fabrik waren besonders begehrt und führten zu stetiger Expansion der Firma. 1903 ließ O. in der König-Wilhelm-Straße eine stattlichen Neubau errichten. O. war einer der ersten Ulmer Honoratioren und führte ein standesgemäßes Leben. Als Arbeitgeber fühlte er sich als Patriarch und Patron. Als seine Tochter 1904 heiratete, lud O. seine Arbeiter zu einem Familienausflug nach Herrlingen ein, wo im Gasthof „Kreuz" 230 Personen zum Essen zusammenkamen. Von 1893 bis 1907 war O. Mitglied des Bürgerausschusses, im Dez. 1907 erfolgte erstmals seine Wahl als Vertreter des Bürgervereins in den Gemeinderat, dem er bis 1919 angehörte. Daneben war der vom König zum Kommerzienrat ernannte O. stv. Mitglied des Ulmer Bezirksrats, Mitglied der Handelskammer Ulm und des Kirchengemeinderats der Dreifaltigkeitskirche.

L   SK Nr. 605 (Morgenblatt), 28. XII. 1927, S. 3 und 4 (Todesanzeige) – Bes. Beil. d. Staatsanz. 1927, S. 385 – Bes. Beil. d. Staatsanz. 1927, S. 385 – Württ. Jahrbücher 1927, S. XV – UBC 1, S. 253 (Bild), 328 – UBC 3, S. 5, 36, 57, 82, 182, 273, 300, 319, 374, 396, 552, 561.

Otto, Johannes, Dr. phil., Mag., * Ulm 21. Aug. 1771, † ebd. 26. März 1819, ev.
Vater   Christoph Otto[437], * Ulm 3. I. 1728, † ebd. 28. VII. 1798, Münsterprediger und Professor am Ulmer Gymnasium, Senior ministerii.
Mutter   Anna Catharina Abelen.
∞ 1798 Maria Magdalena Schemer, * 1775, † 1854, T. d. Adolf Friedrich Schemer[438], * Setzingen 22. IX. 1732, † Ulm 12. XII. 1796, Münsterprediger und Professor am Ulmer Gymnasium.
10 K.

O. war der Spross mehrerer Ulmer Münsterprediger-„Dynastien" des 18. Jahrhunderts. Die veränderten Zeitumstände verhinderten die glänzende Karriere, die ihm in der reichsstädtischen Zeit ohne Zweifel offengestanden wäre. Nach dem Besuch des Gymnasiums seiner Vaterstadt und dem 1791 aufgenommenen Theologiestudium in Tübingen erwarb O. 1795 den Magistergrad und erhielt 1797 eine Stelle als Professor der hebräischen Sprache am Ulmer Gymnasium. Schon am 17. Jan. 1797 wurde er zum Münsterprediger ernannt, am 4. Sept. 1798 zugleich zum Diakon an der Ulmer Dreifaltigkeitskirche und am Spital. 1810 Subdiakon ebd. unter Beibehaltung des Titels Diakon, war O. ein Verlierer der Neuordnung des Ulmer Kirchenwesens durch den König von Bayern, der das Kollegium der Münsterprediger am 14. Sept. 1809 auflöste. Für O. blieb die untergeordnete Stelle des Subdiakons die Endstation seiner Laufbahn. 1819 starb er im Alter von nur 47 Jahren.

W   Dissertatio Philologico-Critico ad Threnos Jeremiae, Tübingen 1795.
L   DBA I/924, 223-224 – WEYERMANN I, S. 422 – GRADMANN, Das gelehrte Schwaben, S. 426 – MUT Nr. 38.805 – NEBINGER, Die ev. Prälaten, S. 567 ff., 571 – APPENZELLER, Münsterprediger, S. 421, Nr. 132.

Palm, Carl (Karl) Georg Matthäus, Dr. med., * Ulm 20. Jan. 1821, † ebd. 27. Juni 1878, ev.
Eltern und G siehe Johannes →Palm.
∞ I. Ulm 15. VIII. 1850 Sophie Pauline Caroline Vischer, * Stuttgart 30. IV. 1828, † Ulm 28. II. 1860, T. d. Carl Friedrich →Vischer, Nichte des Dichters Ludwig Uhland; ∞ II. Ulm 16. II. 1862 Pauline Baur, * Ulm 22. IV. 1839, † ebd. 29. XI. 1909.
5 K, davon 4 aus I. Ehe Emma Caroline Wilhelmine Palm, * Ulm 26. V. 1851, † ebd. 7. VIII. 1935, ∞ Ulm 7. X. 1875 Emil Ludwig →Majer, Sanitätsrat; Hedwig Wilhelmine Palm, * Ulm 14. XI. 1855, † ebd. 27. IX. 1856; Thekla Luise Palm, * Ulm 5. III. 1858, † ebd. 28. I. 1943, ∞ Ulm 3. III. 1887 Eugen Nathanael →Neuffer, Rektor; Sophie Pauline Palm, * Ulm 10. II. 1860, † 29. X. 1860; Carl Hans →*Palm, Dr. med. et chir., * Ulm 29. XI. 1862, † ebd. 23. VI. 1939, seit 1912 Sanitätsrat, leitender Arzt am Städtischen Krankenhaus Ulm, ∞ Ulm 12. V. 1891 Clara Schultes, * Ulm 8. II. 1871, † ebd. 10. II. 1939.

Als einer der bekanntesten Ärzte Ulms im 19. Jahrhundert blieb P. lange über seinen Tod hinaus vielen Menschen in Erinnerung.

P. wuchs in seiner Vaterstadt auf und besuchte dort das Gymnasium. Während seines Medizinstudiums in Tübingen beteiligte er sich 1840 an der Gründung der „Landsmannschaft Ulmia". Nach Abschluss des Studiums ließ sich P. als praktischer Arzt in Ulm nieder und übernahm wenig später, ca. 1846, die Aufgaben des Hospital- und Stadtarmenarztes. Auch im politischen Bereich zeigte sich P. traditionsbewusst und betätigte sich im Sinne der späteren Volkspartei. Er war 1848 einer der Offiziere der Ulmer Bürgerwehr. Im Herbst 1863 wurde P. in den Ausschuss des Ulmer Schleswig-Holstein-Komitees gewählt. Im Feb. 1862 erwarb P. das Haus des verstorbenen Oberjustizprokurators Andreas →Wiest (Marktplatz 8) für 17.000 Gulden. Der beliebte und sich in Ausübung seines Berufes nie schonende P. starb – ebenso wie sein Vater – im Alter von nur 57 Jahren. Als Hospital- und Stadtarzt folgte ihm sein jüngerer Bruder Wilhelm →Palm nach. – Mitglied des Vereins für Mathematik und Naturwissenschaften in Ulm.

Q   StadtA Ulm, G 2.
L   Ih 2, S. 660 – UBC 2, S. 107, 121, 389, 391 (Bild) – SPECKER, Ulm im 19. Jahrhundert, S. 181, 194.

Palm, Johannes, Dr. med. et chir., * Ulm 17. Juni 1794, † ebd. 29. Mai 1851, ▢ ebd., Alter Friedhof, ev.

Vater   Wilhelm Friedrich Palm[439], Lic. med., * Schorndorf 16. II. 1764, † Ulm 8. VI. 1814, Chirurg und Accoucheur, seit 7. IX. 1799 Stadtbarbier und zuletzt seit 1799 Stadt- und Land-Wundarzt bzw. Oberamtsarzt und -chirurg in Ulm, S. d. Johann Leonhard Palm, * 1730, † 1783, Chirurg und Umgelter in Schorndorf.
Mutter   Ulm 2. XII. 1793 Justina Magdalena Majer, * Ulm 23. VII. 1758, † ebd. 3. XI. 1806, T. d. David Majer, Stadt- und Spitalwundarzt in Ulm.
2 G   Philipp Jakob Palm, * Ulm 25. IX. 1795, † ebd. 28. III. 1834, Unterpfandsaktuar in Ulm, 1831 Kandidat bei der Gemeinderatswahl; Anna Maria Barbara Palm, * Ulm 3. XI. 1799, † 23. VII. 1853.
∞ I. Ulm 13. IV. 1819 Anna Katharina Maria Litzel, * Ulm 10. IX. 1798, † ebd. 12. V. 1837, T. d. Georg Friedrich Litzel, Besitzer der Löwenapotheke in Ulm, u. d. Anna Catharina Schaller, T. d. Gastwirts „Zum Schwarzen Ochsen" in Ulm; ∞ II. Ulm 26. V. 1840 Friederike Louise Murschel[440], verw. Bantlin, * Stuttgart 26. II. 1797, † Cannstatt 30. VI. 1843, Wwe. d. Karl Bantlin, † Ulm 1839, Kaufmann in Ulm, T. d. Friedrich Jakob Murschel, * 1760, † Stuttgart 17. III. 1837, Konditor in Stuttgart, u. d. Margarete Friederike Roser, * Stuttgart 27. IV. 1764, † ebd. 9. V. 1829.
12 K aus I. Ehe Wilhelmine Katharina Palm, * Ulm 4. XII. 1819, † Sondershausen 12. I. 1891; Carl →Palm, Dr. med.; Julius Ernst Palm, * Ulm 20. IX. 1821, † Reutlingen 22. VI. 1870, Schönfärber in Reutlingen, ∞ Reutlingen 17. I. 1853 Luise Maria Barbara Schradin, * Reutlingen 14. I. 1833, † Reutlingen 8. VIII. 1884; Mathilde Auguste Palm, * Ulm 18. IV. 1823, † Stuttgart 26. V. 1899, ∞ Ulm 16. VII. 1843 Julius Alexander Gesell, * Mannheim 5. X. 1818, † Stuttgart 26. XI. 1884, Kaufmann in Ulm und Stuttgart; Wilhelm →Palm, Dr. med.; Katharina Maria Franziska Palm, * Ulm 25. X. 1827, † Weißenau/OA Ravensburg 19. XI. 1899, ∞ Ulm 20. I. 1852 Eberhard Karl Boecklen, * Heilbronn/Neckar 7. VII. 1825, † Esslingen/Neckar 13. VII. 1873, Apotheker in Esslingen/Neckar; Johannes Palm, * Ulm 28. VIII. 1828, † ebd. 8. XII. 1828; Hans Palm, * Ulm 16. VIII. 1829, † Sondershausen 2. XI. 1896, Ingenieur, zuletzt Bankdirektor in Sondershausen, ∞ Buoch/OA Waiblingen 31. VIII. 1857 Pauline Juliane Wilhelmine Kleinfelder, * Buoch/OA Waiblingen 21. VIII. 1832, † Heilbronn/Neckar 25. XI. 1861; Marie Pauline Palm, * Ulm 20. X. 1830, † Stuttgart 6. VII. 1897, ∞ Ulm 9. XII. 1856 Franz Albert Gaupp, * Owen unter Teck 16. VI. 1828, † Stuttgart 16. X. 1887, Intendanturrat und Oberkriegskommissär in Stuttgart, früher dsgl. in Ulm; Richard Philipp Jakob Palm, * Ulm 19. III. 1833, † ebd. 5. VI. 1834; Albertine Palm, * Ulm 1. X. 1835, † ebd. 15. VIII. 1836; Albert Palm, * Ulm 1. X. 1835, † ebd. 30. X. 1835.

P., ein Neffe des 1806 auf Befehl Napoleons standrechtlich erschossenen Nürnberger Buchhändlers Johann Philipp Palm,

[437] DBA 923, 444-450 – WEYERMANN I, S. 419 f. – APPENZELLER, Münsterprediger, S. 392 f., Nr. 121.
[438] WEYERMANN II, S. 471 – APPENZELLER, Münsterprediger, S. 402, Nr. 127.
[439] SCHULTES, Chronik, S. 368 f.
[440] Ein älterer Bruder der II. Ehefrau und damit P.s Schwager war Wilhelm Heinrich Murschel, * Stuttgart 13. IX. 1795, † ebd. 17. I. 1869, Advokat in Stuttgart, 1833-1839, 1844-1849 (1848/49 Präsident) und 1856-1862 MdL Württemberg, 1848-1849 Mitglied der FNV. Vgl. Ih 2, S. 627 – RABERG, Biogr. Handbuch, S. 596 ff.

entstammte einer alten schwäbischen Familie, deren erste urkundliche Erwähnung in das beginnende 15. Jahrhundert zurückreicht. Seine Vorfahren waren über drei Generationen als Wundärzte tätig gewesen.

P. wuchs in Ulm auf, wo sein Vater Stadt- und Land-Wundarzt war und 1804 das Haus A 334 (Taubengasse 2, später Vorderhaus des Museums der Stadt Ulm) erworben hatte. Er absolvierte das im Barfüßerkloster am Münsterplatz untergebrachte Ulmer Gymnasium und begab sich 1808 bei seinem Vater in die medizinische Ausbildung. Dieser hatte im Jahr zuvor nach dem frühen Tod seiner ersten Ehefrau eine zweite Ehe mit *Margaretha* Sibylla Blöst (* Ulm 17. Juli 1771, † ebd. 4. Feb. 1826) geschlossen, der Tochter des Hofmeisters des Sammlungsstiftes. P. hatte stets ein sehr gutes Verhältnis zu seiner Stiefmutter. Nach dem Ende der praktischen Ausbildung meldete sich P. im Sommer 1813 zum Wehrdienst bei der Landwehr und diente zunächst als Soldat beim 3. Landwehrbataillon, nach dessen Aufhebung ab Ende Okt. 1813 als Unterarzt bei der 3. Kompanie des 4. Inf.-Rgts. Franquemont. Er war beim Vormarsch württembergischer Einheiten in Frankreich dabei, wegen Krankheit fehlte P. aber beim Einzug in Paris. Schwer an Typhus leidend, kehrte der stark abgemagerte und angegriffene P. als Unterarzt am Spital in Tettnang zurück. Ende Nov. wurde die von ihm erbetene Entlassung aus dem Militärdienst genehmigt.

P. kehrte nach Ulm zurück und studierte dann seit dem Frühjahr 1815 in Tübingen Medizin und Chirurgie, wo er 1818 seinen Doktorgrad erwarb. Die von Johann Heinrich Ferdinand von Autenrieth betreute medizinische Dissertation befasste sich mit einem typischen Thema der Zeit, den „künstlichen Füßen", von denen nach einem Zeitalter der Kriege mit Tausenden von Invaliden seinerzeit viel die Rede war. Als Student war der begeisterte Pfeifenraucher P. – Ulmer Pfeifen waren weithin beliebt und geschätzt – Mitglied des kurzlebigen Corps „Württembergia" und der Verbindung „Ulma".

1819 ließ er sich als praktischer Arzt, Chirurg, Geburtshelfer und Augenarzt in Ulm im ererbten Haus Taubengasse 2 nieder. Mit einer Schwester der Löwenapothekerin Franziska Rosina Stahl († Ulm 1824) begründete er im selben Jahr seinen eigenen Hausstand. P. erwarb vor allem als „Steinoperateur" schnell einen glänzenden Ruf. Die stattliche Sammlung der von ihm herausoperierten Blasensteine blieb 1944 in der Familie, als sie im Haus am Marktplatz Nr. 8 seines Urenkels Dr. Carl Palm zerstört wurde. Auch scheinbar hoffnungslose Fälle vermochte P. noch erfolgreich zu operieren, und so hatte er Patienten aus ganz Süddeutschland und darüber hinaus. Über 1.000 Operationen soll P. vorgenommen haben – ohne Betäubung der Patienten, was nicht nur von diesen, sondern vor allem auch vom Operateur eiserne Nerven verlangte. Seit 1847/48 nutzte P. bei seinen Operationen Schwefeläther und auch schon Chloroform. Sein Erfolg verursachte Neid bei einigen Kollegen, die – rein formal berechtigt – darauf hinwiesen, P. dürfe sich nicht in der inneren Medizin betätigen, da er nicht die notwendige Fachprüfung abgelegt habe. Nach Jahren der Auseinandersetzung und einer Verurteilung zu einer dreiwöchigen Arreststrafe *wegen vielfachen unbefugten Practicierens*, von deren voller Verbüßung ihn nur die Intervention des ihm wohlgesonnenen Herzogs Heinrich von →Württemberg bewahrte, legte P. 1827 die benötigte Prüfung ab.

1827 vermietete P. sein Haus in der Taubengasse an den Kaufmann Johann Eberhard Bühler, der es wenig später auch kaufte, nachdem P. ein größeres Haus in der Langen Straße Nr. 2 erworben hatte. Das Leben P.s war aufreibend, oft musste er bei Wind und Wetter hoch zu Ross zu Patienten auf die raue Alb oder nach Bayern, und auch zuhause gab es keine Ruhe, wo er mit seiner Frau neben seiner eigenen reichen Kinderschar noch die drei Kinder seines früh verstorbenen Schwagers Stahl mit aufzog. 1833 erfolgte P.s Ernennung zum Hospital-

arzt, zwei Jahre später wurde er Oberamtswundarzt in Ulm. Im Mai 1836 leitete P. als Geschäftsführer die Versammlung der Ärzte Württembergs im Ratssaal zu Ulm.

1829 beteiligte sich P. an der Gründung der Ulmer bürgerlichen Ehrengarde zu Pferd, welche die Tradition des reichsstädtischen Freireiterkorps wieder aufnehmen wollte. Im Mai 1833 avancierte der gewandte Reiter P. zum Oberleutnant, 1834 zum Ersten Rittmeister (Kommandeur), nachdem der bisherige Kommandeur Apotheker Carl →Reichard, im Rahmen eines ehrenrührigen Jagdprozesses in die Mühlen der Justiz geraten war und zornig die Ehrengarde verließ. P. scheint das Kommando bis 1848 geführt zu haben. Wie er zu den Ideen der Revolution von 1848/49 stand, bleibt angesichts fehlender Quellen unklar. Von der bekannten, begeisterten demokratischen Gesinnung seines Sohnes Carl →Palm auf eine entsprechende Vorbildfunktion des Vaters zu schließen, könnte in die Irre führen. Beim sogenannten „Judenhofkrawall" am 17. Juni 1849 konnten P. und sein Sohn Carl Palm durch mäßigendes Eingreifen, nachdem schon ein Schanzarbeiter im Tumult umgekommen war, eine Eskalation der Gewalt verhindern. P., Gründungsmitglied des Vereins für Mathematik und Naturwissenschaften in Ulm, verfügte über eine eiserne Gesundheit, die 1843 durch einen mehrmonatigen Gelbsuchtanfall erschüttert wurde. 1849 zog er sich nach einem Sturz eine schwere Quetschung der Brust zu. Sein Tod im Alter von nicht ganz 57 Jahren bedeutete den Verlust eines der bekanntesten und angesehensten Ulmer Bürger in der ersten Hälfte des 19. Jahrhunderts. Zwei seiner Söhne ehrten die Familientradition, indem sie ebenfalls den Arztberuf ergriffen. – 1840 Kriegsdenkmünze zur Erinnerung an den Frankreichfeldzug.

Q   StadtA Ulm, G 2.
W   Dissertatio inauguralis de Pedibus artificialibus, Tübingen 1818.
L   Ih 2, S. 660 – WEYERMANN II, S. 386 – SCHULTES, Chronik, S. 369, 494 f. – UBC 1, S. 356 – UBC 2, S. 8 – Karl PALM (Hg.), Dr. Johannes Palm 1794-1851. Lebensbild eines Ulmer Arztes dargestellt von Albrecht RIEBER und Liste der Nachkommen des Ulmer Zweiges der Familie Palm, Ulm 1952 – UNGERICHT, S. 49 ff. – SPECKER, Ulm im 19. Jahrhundert, S. 181 – HUBER, Haßler, S. 146 f, 165.

Palm, *Wilhelm* Friedrich, Dr. med., * Ulm 13. Sept. 1824, † ebd. 29. Feb. 1896 Ulm, ⯁ ebd., Alter Friedhof, 2. März 1896, ev.
Eltern und G siehe Dr. Johannes →Palm.
∞ Ulm 31. XII. 1849 Emilie Bantlin, T. d. Karl Bantlin u. d. Friederike Louise Murschel, II. Ehefrau seines Vaters Dr. Johannes →Palm.
3 K   Alwine Palm, * Ulm 12. IX. 1851, † München 26. III. 1933, ∞ Ulm 28. IV. 1874 Joseph *Eugen* Fischer, * Straßburg (Elsass) 10. III. 1846, † München 3. VI. 1931, Kgl. Württ. Oberst; Clothilde Palm, * Ulm 26. X. 1853, † 6. VI. 1944, ledig; Bertha Palm, * Ulm 13. III. 1857, † ebd. 15. VI. 1935, ∞ Ulm 12. X. 1880 Adolf Thümling, Dr. med., * Ulm 25. I. 1853, † ebd. 22. IX. 1915, praktischer Arzt und Bürgerausschussmitglied in Ulm.

P. führte die Tradition der bekannten Ulmer Arztfamilie weiter. Nach dem Medizinstudium in Tübingen, wo er Mitglied der Landsmannschaft Ulmia und der Burschenschaft Germania war, kehrte P. als Arzt in seine Vaterstadt zurück. 1856 wurde er als Oberarzt mit der Leitung der chirurgischen Abteilung des Ulmer Krankenhauses beauftragt. Im Sommer 1878 übernahm P. von seinem verstorbenen älteren Bruder Carl →Palm die Ämter des Hospital- und Stadtarmenarztes. Vom König wurde ihm der Titel eines Sanitätsrats verliehen. Der im liberalen Sinne auch politisch aktive P., der 1865 zu den Gründern des Ulmer Volksvereins gehörte, starb im Alter von 71 Jahren nach mehreren Schlaganfällen. Zu seinem Nachfolger als Hospital- und Stadtarmenarzt wurde sein Neffe Carl →*Palm bestellt. – Mitglied des Vereins für Kunst und Altertum in Ulm und Oberschwaben; 1887 Gründungs- und Verwaltungsratsmitglied des Kunstvereins Ulm.

Q   StadtA Ulm, G 2.
L   Ih 2, S. 660 – Staatsanz. Nr. 49, 29. II. 1896, S. 337 – ebd. Nr. 51, 3. III. 1896, S. 349 – Med. Korrespondenzblatt 1896, S. 110, 165 – Württ. Jahrbücher 1896, S. [VI] – UBC 2, S. 134, 391 – UBC 3, S. 123, 517 – UNGERICHT, S. 50, 89 – PHILIPP, Germania, S. 70, Nr. 1022.

Pechmann, Hans Max August *Günther* Freiherr von, Dr. sc. pol., * Neu-Ulm 10. Nov. 1882, † München 12. Sept. 1968, kath.

Vater Heinrich *Ludwig* von Pechmann, * Roth am Sand 17. X. 1845, † Reutin bei Lindau am Bodensee 14. IV. 1925, Kgl. Bayer. Oberstleutnant.
Mutter Anna Freiin von Malchus, * Oberhof /OA Tettnang 3. VI. 1857, T. d. Friedrich August Freiherr von Malchus, * 12. IV. 1833, Kgl. Württ. Kammerherr und Gutsbesitzer in Oberhof, u. d. Bertha Johanna Ganzstuck von Hammersberg, * Wien 17. XI. 1835.
2 G *Irmengard* Bertha Ursuline Freiin von Pechmann, * Neu-Ulm 16. V. 1885; Waldemar Freiherr von Pechmann, * 1. II. 1892, † gefallen bei Przasnisz, Kgl. Württ. Leutnant im Gren.-Rgt. 119.
∞ Alice Hesse, T. d. Hesse, Geh. Rat in Brandenburg/Havel.
Mehrere *K.*

Der Sprössling einer ursprünglich österreichischen, ab 1632 bayerischen Adelsfamilie kam während der Dienstzeit seines Vaters in Neu-Ulm zur Welt, mit der sich die Geschichte seiner Familie bereits zuvor verknüpft hatte – so war ein Vorfahr, Oberbaurat Heinrich Freiherr von Pechmann[441], Ende der 1820er Jahre Mitglied der Kommission zum Bau der Wilhelms-Brücke gewesen.
P. verlebte seine Kindheit in seiner Geburtsstadt Neu-Ulm, studierte von 1903 bis 1907 Jura und Nationalökonomie in München und Freiburg im Breisgau, promovierte 1908 in München und übernahm noch im selben Jahr organisatorische Aufgaben bei der Vorbereitung und Durchführung der großen Ausstellung „München 1908". Vor allem pflegte P. Kontakte zwischen den Architekten und Künstlern auf der einen und den Industriellen und Handwerkern auf der anderen Seite. Offenbar agierte er mit Erfolg, denn schon im darauffolgenden Jahr 1909 vertraute man ihm die Leitung der staatlich anerkannten Vermittlungsstelle für angewandte Kunst so sowie die Geschäftsstelle der Vereinigung für angewandte Kunst ebd. Im Ersten Weltkrieg war P. zunächst Kompanieführer im Bayer. Inf.-Leib-Rgt. und später Kommandeur des Preuß. Sturmbataillons Nr. 9.
Nach Kriegsende vorübergehend in der rheinischen und mitteldeutschen Industrie tätig, übernahm P. 1925 die Leitung der Abt. für Gewerbekunst („Neue Sammlung") am Bayer. Nationalmuseum in München. Mit der Organisation von Sonder- und Wanderausstellungen mit Exponaten „angewandter Kunst" sollte *auf breite Schichten geschmacksbildend* eingewirkt werden (Eduard OHM). P.s besonderes Interesse galt der keramischen Produktion, was mit einer gewissen Folgerichtigkeit in den Vorstand des Deutschen Werkbundes und in den Ausschuss für künstlerische Fragen der „Deutschen Keramischen Gesellschaft" führte. 1929 trat er als Direktor an die Spitze der Staatlichen Porzellanmanufaktur, Berlin. In Kooperation mit der Kunstgewerbeschule Burg Giebichenhausen sorgte P. für die Produktion hochwertigen Gebrauchsporzellans für die Serienproduktion.
P.s Position gestaltete sich nach 1933 aus politischen Gründen schwierig, 1938 gab er dem unablässigen Druck der Nationalsozialisten nach und zog sich bis Kriegsende auf das Familiengut Oberhof/OA Tettnang zurück. 1946 kehrte er in seine alte Stellung in München zurück, in der er bis zur Pensionierung im Jahre 1952 verblieb. In seinen beruflichen Wirkungskreisen sowie als Leiter des „Arbeitskreises für industrielle Formgebung" prägte P. das Stil- und Formbewusstsein im deutschen Kunsthandwerk und -gewerbe in der erste Hälfte des 20. Jahrhunderts entscheidend mit. – Ritterkreuz des Kgl. Bayer. Max-Joseph-Militärverdienstordens.

W Die Qualitätsarbeit [sc. pol. Diss.], Frankfurt/Main 1925.
L DBI 6, S. 2601 – DBA II/988, 109-112 – GGT B 81 (1931), S. 362 f. – Reichshandbuch II, S. 1388 (Bild) – Margarete JARCHOW, Die Staatliche Porzellanmanufaktur Berlin (KPM) 1918-1933, Diss. Hamburg 1984 – Eduard OHM, Geschmack war sein Metier. Traf sich Scharff mit dem Freiherrn in Berlin? (Neu-Ulmer Geschichten 50), in: NUZ 10. V. 1986, S. 29 (Bild) – NDB 20 (2001), S. 153 f. (Eva CHRAMBACH) – GBBE 3, S. S. 1467.

---

[441] BUCK, Chronik Neu-Ulm, S. 51 – GBBE 2, S. 1467 f.

Pée, Herbert, Dr. phil., * Halberstadt 7. Juli 1913, † München 13. Feb. 1998, ⬜ Ulm, Hauptfriedhof, ev.

∞ Lieselotte Lehmann, * Lübeck 2. II. 1917, † Ulm März 2002, Vorsitzende des Arbeitsausschusses „spiel gut" für Kinderspiel und Spielzeug in Ulm.
1 *K.*

Zwanzig Jahre lang leitete P. in der Nachkriegszeit das Ulmer Museum und war auch außerhalb seiner beruflichen Stellung eine der wichtigsten Persönlichkeiten des Ulmer Kulturlebens.
P. besuchte das Gymnasium seiner Heimatstadt und studierte anschließend Wirtschaftswissenschaft, Kunstgeschichte, Archäologie und historische Hilfswissenschaften in München, Berlin und Göttingen. 1937 wurde er zum Dr. phil. promoviert, anschließend volontierte er an den Staatlichen Museen Berlin. 1938 erhielt er ein Stipendium am Deutschen Kunsthistorischen Institut in Florenz. Die ihm dort angebotene Stelle des Zweiten Assistenten konnte er nicht antreten, weil er zur Wehrmacht einberufen wurde. P. war während der gesamten Dauer des Zweiten Weltkrieges Soldat. Nach Kriegsende konnte er ab Okt. 1945 als Erster Assistent am Amt für Denkmalpflege in Braunschweig arbeiten. 1947 war P. im Rahmen eines Sonderauftrags mit der Erfassung, Restaurierung und Ausstellung von etwa 250 Gemälden der Berliner Nationalgalerie befasst. Im Okt. 1947 ging er als Assistent an die Hamburger Kunsthalle, wo seine wichtigsten Aufgaben die Verwaltung der Plastik-Abteilung, die Aufstellung des Katalogs, die Leitung des Wiederaufbaus des Fotoarchivs und die Mitarbeit bei den Ausstellungen des Hamburger Kunstvereins waren. Daneben hielt P., dessen besondere Interessengebiete die Plastik, das Mittelalter und die Kunstgeschichte nach 1800 waren, zahlreiche Vorträge und arbeitete als Dozent an der Hamburger Volkshochschule.
Für P.s Ernennung zum Leiter des Ulmer Museums als Nachfolger des kommissarischen Leiters Joseph →Kneer machte sich vor allem Oberbürgermeister Theodor →Pfizer stark. In Ulm fand P. ein nach den Verwerfungen des Zweiten Weltkrieges geordnetes Haus vor, dem er nach Jahren des Wiederaufbaus eine neue Perspektive geben wollte. Bei seinen Veranstaltungs- und Kaufplänen für Museumsstücke wurde er nachdrücklich von Pfizer unterstützt, der sich auch sehr engagiert dafür einsetzte, die notwendigen Finanzmittel zu beschaffen. Das Ulmer Museum gewann unter P. eine weit über Ulm und die Region hinausreichende Bedeutung. P., der auch zahlreiche Vorträge hielt, setzte sich als Mitglied der „Gesellschaft 1950" für einen Neuanfang beim Wiederaufbau Ulms ein. Nach 20-jähriger Amtszeit wechselte P. von 1971 bis 1977 als Leiter der Staatlichen Graphischen Sammlung nach München. Zu P.s Nachfolger als Leiter des Ulmer Museums wurde Dr. Erwin Treu ernannt.

Q StadtA Ulm, G 2.
L Die neue Museumsleitung. Dr. phil Herbert Pée, in: Ulmer Nachrichten Nr. 252, 29. X. 1951, S. 3.

Pfaff, Gustav (von), * Ulm 26. Juli 1841, † Stuttgart 28. Okt. 1919, ev.

Eltern und G siehe Moriz (von) →Pfaff (sen.).
∞ Stuttgart 3. IX. 1868 *Marie* Hedwig Schill, * Stuttgart 16. II. 1842, † Cannstatt 21. III. 1929, T. d. *Eduard* Friedrich Schill, * Stuttgart 23. I. 1815, † ebd. 12. VI. 1891, Kaufmann in Stuttgart, u. d. Sofie *Luise* Hartmann, * Rotterdam 9. VIII. 1820, † Stuttgart 24. XII. 1887.
3 *K* Marie Luise Julie Pfaff, * Stuttgart 1. IX. 1874, ∞ Stuttgart 11. II. 1899 Adolf Volck, Dr. med., * Nürnberg 15. VI. 1867, † Cannstatt 1928; Moriz Pfaff, * Stuttgart 16. X. 1875, † Bombay (Indien) 8. X. 1908; *Julius* Ferdinand Pfaff, * Stuttgart 28. V. 1878, Fabrikant in Darmstadt, ∞ Dresden 7. X. 1905 *Dora* Hedwig Hoffmann, * Meuslitz 11. VIII. 1884.

P. zählt zu den aus Ulm gebürtigen Wirtschaftsgrößen der Wende vom 19. zum 20. Jahrhundert in Württemberg. Die Familie stammte ursprünglich aus der Schweiz. Sein Vater war Justizbeamter beim Gerichtshof in Ulm, wo P. kurze Zeit die Schule besuchte. Dann führte der berufliche Weg des Vaters die Familie nach Stuttgart. Dort absolvierte P. Realanstalt und

Gymnasium, um von 1857 bis 1862 in die kaufmännische Lehre bei dem bekannten Stuttgarter Kaufmann Louis Duvernoy zu gehen, danach erwarb er in Antwerpen und London praktische Erfahrungen auf dem internationalen Parkett. 1865 trat er als 24-Jähriger in das Bankhaus Gustav Hartenstein in Cannstatt ein, dessen Teilhaber er im Jahre 1869 wurde.

Mit der Zeit wuchs P.s Einfluss im württembergischen Geldwesen, zahlreiche Ämter kamen auf ihn zu. Seit 1888 Mitglied des Aufsichtsrats der Württ. Notenbank, war P. u. a. stv. Vorsitzender der Stuttgarter Effektenbörse, Aufsichtsratsmitglied der Württ. Vereinsbank und der Allgemeinen Rentenanstalt in Stuttgart, deren Direktor P. von 1897 bis 1913 war. Daneben gehörte er dem Ausschuss der Versicherungsanstalt Württemberg und dem Aufsichtsrat der Stuttgarter Gewerbekasse sowie dem Aufsichtsrat des Deutschen Vereinsbank (Frankfurt/Main) an und war Bezirksausschussmitglied der Ksl. Reichsbank-Hauptstelle Stuttgart, Ausschussmitglied der Paulinenpflege, Rechner des K. Charlottengymnasiums, der Gesellschaft zur Förderung deutscher Ansiedlung in Palästina und der Sammlung für das Stuttgarter Reformationsdenkmal.

Der nationalliberale Politiker P. kandidierte 1895 für das Cannstatter Landtagsmandat, unterlag aber dem SPD-Bewerber Menrad Glaser. 1896 bewarb sich P. bei der Nachwahl für den mittlerweile verstorbenen Abg. Glaser erneut für ein Mandat in der Kammer der Abgeordneten des Württ. Landtags und setzte sich klar gegen den SPD-Bewerber Leonhard Tauscher durch. Er trat am 11. Dez. 1896 in den Landtag ein und war von 1899-1901 Schriftführer im Vorstand sowie Mitglied der Kommission zur Prüfung der Ständischen Kassenrechnungen. Bei der regulären Hauptwahl zum nächsten Landtag stand P. nicht mehr als Kandidat zur Verfügung; die Nationalliberalen verloren das Cannstatter Mandat wieder an die SPD. – 1901 Ehrenmitglied des Cannstatter Kriegervereins.

L   Ih 2, S. 667 – GEORGII-GEORGENAU, S. 678 – Hauptregister, S. 574 – SK Nr. 505, 1. XI. 1919, S. 5 – WN 1918/19, S. 112, 202 – MAIER, Nachfahrentafel Schott, S. 94 – BOELCKE, Millionäre, S. 134, 258 – RABERG, Biogr. Handbuch, S. 652 f.

Pfaff (sen.), *Moriz* Heinrich Burkhard (von), * 9. Okt. 1803 Stuttgart, † 22. Mai 1875, ▢ ebd., Hoppenlauffriedhof, ev.

Vater   Christian Gottfried Pfaff, * 29. X. 1768, † 1838, 1778-1787 Zögling der Hohen Carlsschule in Stuttgart, 1787 Rentkammerbuchhalter, zuletzt Hof- und Finanzrat, Oberzahlmeister bei der Staatshauptkasse, S. d. Expeditionsrates und Generalkassiers Pfaff.

Mutter   Henrike Franziska Charlotte Fischer, T. d. Reinhard Ferdinand Fischer, Kgl. Württ. Major und Oberbaudirektor.

Mehrere G, darunter Emil Paul Pfaff, * Stuttgart 21. IV. 1805, † ebd. 7. IX. 1839, Assistent beim Statistisch-Topographischen Bureau in Stuttgart.

∞ Ulm 6. VIII. 1833 Julie Schuster, T. d. Schuster, Fürstlich Hohenlohe-Kirchberg zuletzt Hof.

4 K   Gustav (von) →Pfaff; Ottilie Pfaff, ∞ 1862 Georg Zoeppritz, Gutsbesitzer in Gieshübel bei Würzburg; Moriz (von) →*Pfaff (jun.); Wilhelm (von) →Pfaff.

P. war einer der hohen Justizbeamten Württembergs, deren berufliche Laufbahn sie für längere Zeit auch nach Ulm führten. Zuletzt gehörte der bedeutende Jurist dem Geheimen Rat an.

P. entstammte einer im 16. Jahrhundert aus der Schweiz nach Württemberg eingewanderten Familie, die sich als Beamte im Dienst der Herzöge von Württemberg eine achtbare Stellung errungen hatten. Er kam unweit des Stuttgarter Schlosses dort, wo später das Prinzessinnen-Palais errichtet wurde, zur Welt. Während seiner Zeit als Schüler des Stuttgarter Gymnasiums nahm er im Sept. 1819 an den Feierlichkeiten zur Verkündung der württ. Verfassung teil. 1821 begann er in Tübingen Jura zu studieren und wurde Mitglied der Burschenschaft Germania, der auch sein enger Freund Wilhelm Hauff, der frühverstorbene Dichter, angehörte. Mit Hauff unternahm P. 1822 eine Rheinreise.

Nach den juristischen Staatsprüfungen trat P. in den Staatsdienst und begann seine Laufbahn als Referendar beim Kreisgerichtshof in Ellwangen/Jagst, wurde anschließend an das

Oberamtsgericht Neckarsulm versetzt und war dann als provisorischer Aktuar bei den Oberamtsgerichten Künzelsau und Ellwangen/Jagst verwendet, ehe er 1829 als Oberamtsgerichtsaktuar nach Biberach/Riß kam. Dort schloss er Freundschaft mit dem Stadtpfarrer und Hospitalprediger August →Landerer, dem späteren langjährigen Ulmer Dekan. 1831 erfolgte P.s Berufung als Justizassessor an den Kreisgerichtshof in Ulm, wo einer von fünf Assessoren und dem Zivilsenat zugeteilt war. Während seiner Ulmer Zeit gründete P. seine Familie; seine Kinder kamen alle in Ulm zur Welt. Zehn Jahre lang wirkte P., der 1837 zum Oberjustizrat ernannt worden war, beim Kreisgerichtshof und erwarb sich dort seinen Ruf als versierter Jurist.

1841 als Oberjustizrat dem höchsten Gericht des Königreichs Württemberg, dem Obertribunal in Stuttgart, zugeteilt, erfolgte 1846 seine Beförderung zum Obertribunalrat, nachdem er bereits 1843 zum Mitglied des Strafanstaltenkollegiums ernannt worden war. 1848 folgte P.s Berufung in die Ablösungskommission. In der Revolutionszeit war P. 1849 Zivilkommissär beim 6. Banner der Stuttgarter Bürgerwehr. P.s Ruf als ausgezeichneter Justizbeamter führte am 15. Nov. 1851 zu seiner Berufung als ao. Mitglied des Geheimen Rats, ab 24. Dez. 1853 bis 27. Mai 1870 war er dessen o. Mitglied ebd. und Staatsrat, am 11. Sept. 1865 erfolgte seine Ernennung zum Wirklichen Geheimen Rat. Der Geheime Rat war eine dem König unmittelbar unterstellte Staatsbehörde, deren Mitglieder den Monarchen in allen wichtigen Angelegenheiten berieten. P. rechtfertigte die in ihn gesetzten Hoffnungen voll. Hervorzuheben ist seine führende Mitwirkung an der Vorbereitung einer Reihe wichtiger Gesetzentwürfe, wie z. B. der Zivilprozessordnung, des Handelsgesetzbuches und der Wechselordnung. Der kunstsinnige und musikbegeisterte P. trat 1870 in den Ruhestand, blieb aber u. a. Verwaltungsratsmitglied der Katharinenschule und der Paulinenpflege sowie Mitglied des Vorsteherkollegiums der Württ. Sparkasse.

P. starb im Alter von 71 Jahren an einer Bronchitis. – Kommenturkreuz des Württ. Kronordens; Großkreuz des Friedrichsordens.

L   Ih 2, S. 668 – SK, 17. VII. 1875, 167 – GEORGII-GEORGENAU, S. 676-678 – HARTMANN, Regierung und Stände. S. 20, 65 – SCHMIDGALL, Burschenschafterlisten, S. 72, Nr. 464 – PHILIPP, Germania, S. 37, Nr. 464 – KLÖPPING, Historische Friedhöfe, S. 271, Nr. 511 – DVORAK I,4 (2000), S. 306.

Pfaff, Wilhelm (von), * Ulm 4. Jan. 1840, † Berlin-Charlottenburg 22. Sept. 1919, ev.

Eltern und G siehe Moriz (von) →Pfaff (sen.).

∞ Karoline (Lina) Hübner, T. d. berühmten Statistikers Dr. Otto Hübner, † 4. II. 1877, Bankdirektor in Berlin.

3 K, eine T. war ∞ Otto von Below, * Danzig 18. 1. 1857, † Besenhausen bei Göttingen 9. III. 1944, Kgl. Preuß. General, im Ersten Weltkrieg hochdekoriert, nach 1919 Armeeoberkommandierender Nord beim Grenzschutz Ost, Generalstabsoffizier der 27. Division in Ulm.

Der gebürtige Ulmer P. war einer der hohen Militärs in Württemberg in der Zeit des Kaiserreiches.

Wegen der Versetzung seines Vaters als Oberjustizrat an das Stuttgarter Obertribunal verließ P. Ulm schon im zweiten Lebensjahr. In Stuttgart besuchte er bis Herbst 1856 das Gymnasium und anschließend die Kriegsschule in Ludwigsburg. Im Aug. 1859 wurde er als Leutnant der reitenden Artillerie zugeteilt. Der junge Offizier wurde 1863 für ein Jahr zum Generalquartiermeisterstab abkommandiert und am 10. Okt. 1864 zum Oberleutnant befördert. Am Feldzug gegen Preußen und am Gefecht bei Tauberbischofsheim nahm er in den Reihen der reitenden Artillerie teil. Danach wurde er zur taktischen Abteilung des Generalquartiermeisterstabes versetzt und übernahm an der nach preußischem Vorbild in Ludwigsburg neu errichteten Kriegsschule eine Stelle als Lehrer für Terrainlehre. Im Okt. 1868 erfolgte auf ein Jahr seine Kommandierung zum großen Generalstab nach Berlin, am 15. Nov. 1869 die Beförderung zum Hauptmann. Im Deutsch-Französischen Krieg von 1870/71 war er Generalstabsoffizier der 1. Württ. Feldbrigade und tat sich durch besondere Tapferkeit hervor, wofür er mit dem Ritterkreuz des Militär-Verdienstordens und den Eisernen Kreuzen beider Klassen ausgezeichnet wurde.

Nach Kriegsende trat P. im Herbst 1871 zur Infanterie über und wurde zum 2. Garde-Rgt. zu Fuß abkommandiert. Ende 1872 übernahm er eine Kompanie im 8. Inf.-Rgt. in Straßburg, kam aber schon zwei Jahre später wieder zum Großen Generalstab nach Berlin, wo er am 22. Juli 1875 zum Major befördert wurde. Von 1878 bis 1883 war P. erster Generalstabsoffizier beim Generalkommando des XIII. Armeekorps in Stuttgart und wurde zum Oberstleutnant befördert. Im Sommer 1883 folgte die Übertragung eines Bataillonskommandos im 7. Inf.-Rgt. Nr. 125, wo er im Dez. des Jahres als etatsmäßiger Stabsoffizier eingereiht wurde. Im April 1884 wechselte er als Generalstabschef zum Generalkommando des VI. Armeekorps in Breslau. Dort wurde er am 28. Juli 1886 zum Oberst befördert. Im Juli 1888 kehrte P. als Kommandeur des Gren.-Rgts. „Königin Olga" Nr. 119 (1. Württ.) nach Stuttgart zurück. Seine Hoffnung, die häufigen Dienststellenwechsel wären damit langsam beendet, erfüllte sich nicht. Schon im Aug. 1889 wurde er unter Ernennung zum Generalmajor als Kommandeur der 39. Inf.-Brigade nach Hannover versetzt, 1890 wieder nach Stuttgart, als Kommandeur der 51. Inf.-Brigade. Im Mai 1892 wurde ihm das Kommando der 6. Inf.-Division in Brandenburg übertragen, am 28. Juli 1892 erfolgte P.s Beförderung zum Generalleutnant.

Da Kriegsminister Freiherr Max Schott von →Schottenstein dem Drängen des Landtags auf die Rückberufung der in Preußen eingesetzten württ. Generale nachgeben musste, kehrte P. nach Württemberg zurück und übernahm im Feb. 1895 als Nachfolger des zum Gouverneur der Festung Posen ernannten Generalleutnants von Nickisch-Rosenegk, der fünf Jahre lang Divisionskommandeur gewesen war, das Kommando der 27. Inf.-Division in Ulm. Bei P.s Abschied von der 6. Division in Brandenburg soll Kaiser Wilhelm II. zu ihm gesagt haben: *Die 6. Division weint!*. In Ulm wurde der „Sohn der Stadt" hingegen freudig begrüßt. Am 16. Juli 1895 hielt P. aus Anlass des 25. Jahrestages der Mobilmachung im Jahre 1895 eine „vaterländische" Rede vor den auf dem Lerchenfeld versammelten Ulmer Truppen. Am 20. Mai 1896 kommandierte er die Königsparade. Am 24. Jan. 1897 wurde P. unter Verleihung des Charakters als General der Infanterie und des Großkreuzes des Friedrichsordens z. D. gestellt. Seinen Ruhestand verlebte er in Stuttgart, wo er den Vorsitz des Verwaltungsrats der Württ. Invalidenstiftung übernahm, in zahlreichen Kriegervereinen und bei der deutschen Kolonialgesellschaft Mitglied war und zum Ehrenmitglied des Württ. Kriegerbundes ernannt wurde. 1904 siedelte P. mit seiner Familie nach Berlin über. P. arbeitete gelegentlich schriftstellerisch und legte daneben Übersetzungen französischer Werke vor, so u. a. die Erinnerungen des Vicomte Gontaut-Biron und des Maréchal Canrobert. – 1910 Großkreuz des Militär-Verdienstordens.

L   Ih 2, S. 668 – SK 1919, Nr. 444 – WN 1918/19, S. 112-115 (Karl von MUFF) – UBC 3, S. 97, 103, 124.

Pfannenschwarz, *Karl* Ludwig Friedrich, Dr. iur., * Ulm 13. Juli 1901, † Balingen (frz. Internierungslager) 30. April 1946, ev.

Vater   *Karl* August Pfannenschwarz, Feldwebel und Kontorist.
Mutter   Marie Staigmüller.
Keine G.
∞ I. Steinbach/OA Schwäbisch Hall 1926 (Ehe am 27. VII. 1936 per Urteil der 2. Zivilkammer des Landgerichts Ulm geschieden) Martha *Julie* Pfützner, * Wüstenrot/OA Weinsberg 24. XI. 1902, T. d. Gustav Paul Pfützner, Forstmeister in Steinbach, u. d. Marie Luise Antonie Wesener; ∞ II. Ulm 22. III. 1937 *Hildegard* Elisabeth Lilli Hägele, geb. de Fallois, * Biedenkopf 28. III. 1914.
3 K aus I. Ehe   *Karl* Paul Kuno Pfannenschwarz, * Ulm 25. IV. 1927, ∞ Ulm 12. XI. 1954 Rose Käthe Abendroth; *Susanne* Ella Maria Pfannenschwarz, * Ulm 5. X. 1929, ∞ Neu-Ulm 13. XI. 1948 Georg Werner Busch; Hans Ulrich Pfannenschwarz, * Ulm 13. IX. 1933.

P. zählt zu den führenden Ulmer Nationalsozialisten und war ein Prototyp des jungen, forschen völkischen Radikalen, dessen scheinbar unaufhaltsamer Aufstieg nur von ihm selbst torpediert werden konnte – was auch geschah.

P. besuchte von 1908 bis 1921 die Elementarschule und das Realgymnasium Ulm, wo er 1921 das Abitur bestand. Von 1921 bis 1925 studierte er Rechtswissenschaften und Volkswirtschaftslehre in Tübingen (Mitglied der Landsmannschaft Ulmia) und (WS 1921/22) München. 1925 bestand er die I. Höhere Justizdienstprüfung, danach war er Referendar am Amtsgericht und Landgericht sowie bei der Staatsanwaltschaft in Ulm. 1926 folgte die Promotion zum Dr. iur. bei Professor Dr. August Schoetensack (Universität Tübingen), 1927 bestand P. die II. Höhere Justizdienstprüfung. Danach ließ sich der durchaus talentierte, wenn auch mit einem übersteigerten Selbstgefühl ausgestattete junge Jurist als Rechtsanwalt in seiner Vaterstadt nieder.

P. war zunächst Mitglied und seit 1928 Vorstandsmitglied der DVP Ulm. Um 1930 wechselte er zur NSDAP, der er in Württemberg als juristischer Berater diente, ebenso wie der SA (Gruppe Süd-West). Wiederholt verteidigte P. SA- und SS-Männer in Prozessen vor Ulmer Gerichten. 1932 wurde er als NSDAP-Kandidat für den Wahlverband Ulm-Blaubeuren-Geislingen in den 4. Württembergischen Landtag gewählt, wo er dem Verwaltungs- und Wirtschaftsausschuss, dem Geschäftsordnungsausschuss, dem Sonderausschuss für Geschäftsordnungsfragen, dem Rechtsausschuss und seit dem 15. Okt. 1932 dem Untersuchungsausschuss gemäß Beilage 51 angehörte. Daneben wählte ihn der Landtag am 15. Okt. 1932 zum stv. Mitglied des Württ. Staatsgerichtshofes.

P. war auf Platz 15 der NSDAP-Liste auch Mitglied des gleichgeschalteten 5. Württ. Landtags, der im April 1933 auf der Grundlage des Ergebnisses der Reichstagswahlen vom 5. März 1933 unter Nichtberücksichtigung der KPD-Stimmen willkürlich zusammengesetzt wurde. Am 8. Juni 1933 wählte ihn dieser „Landtag" zum Zweiten Vizepräsidenten sowie zum Mitglied des Ausschusses A III (Rechts- und Petitionsausschuss). So war P. einer der herausragenden Sargträger des traditionsreichen württ. Parlamentarismus.

Nachdem sich eine avisierte Ernennung P.s zum Chef der württ. Landespolizei Anfang April 1933 aus unbekannten Gründen zerschlagen hatte – seine Ernennung war bereits bekanntgegeben worden, wurde aber zurückgezogen –, wurde er im Aug. 1934 mit dem prestigeträchtigen, aber einflusslosen Amt des Landesjägermeisters für Württemberg abgefunden. Das Landesjagdamt wurde 1937 von Stuttgart nach Ulm verlegt. P. hatte den Machtkampf mit Wilhelm →Dreher und Eugen →Maier verloren.

Im Feb. 1934 zum SS-Untersturmführer ernannt, im Nov. 1934 zum SS-Obersturmführer, im April 1935 zum SS-Hauptsturmführer, im Sept. 1935 zum SS-Sturmbannführer, im Jan. 1936 zum SS-Obersturmbannführer, im Jan. 1938 schließlich zum SS-Standartenführer und Degenträger, suchte man P. seitens der NSDAP und SS mit Ehrenrängen geradezu zu überhäufen, um seine Unzufriedenheit darüber, in der „Karriere-Falle" gelandet zu sein, zu übertünchen. P., der auch mit seinem Privatleben Aufsehen erregte, zog sich aus der Parteiarbeit seit 1935 fast völlig zurück. Er erregte zunehmend Aufsehen wegen Forderung stark überhöhter Honorare, deswegen wurde er 1937 auch aktenkundig (SD-Unterabschnitt Württemberg-Hohenzollern). 1945 erfolgten seine Gefangennahme und Internierung im französischen Internierungslager Balingen, wo er wenige Monate vor seinem 45. Geburtstag starb. – Ab 1935 Aufsichtsratsmitglied bei der C. D. Magirus AG Ulm.

Q   StadtA Ulm, G 2 – Standesamt Ulm, Familienbuch Band 80, S. 343 – Mitteilungen des StadtA Ulm vom 12. XII. 1996 und von Dr. Dr. Friedrich Wilhelm, Stuttgart-Feuerbach, im Feb. 1997.
W   Mord und Totschlag mit bes. Berücksichtigung des Entwurfs von 1925, jur. Diss., Tübingen 1926.

L   UBC 5a, S. 16, 18, 86, 130, 139, 205, 258 – UBC 5b, S. 566 – SCHNABEL, Württemberg, S. 399 f. – WEIK ⁷2003, S. 318 – WILHELM, Die württ. Polizei, S. 252 – RABERG, Biogr. Handbuch, S. 654 f.

Pfeiffer, *Eduard* Gotthilf (von), Dr. h.c., Dipl.-Ing., * Stuttgart 24. Nov. 1835, † ebd. 13. Mai 1921, ⬜ ebd., Pragfriedhof, mos.

Vater   Marx Pfeiffer, * Weikersheim 15. VI. 1785, † Stuttgart 30. IX. 1842, Hofrat, Bankier und Hoffaktor, 1832 geschäftsführender Direktor der Kgl. Hofbank in Stuttgart.
Mutter   Pauline Wittersheim, * Metz 16. VI. 1802, † 10. I. 1867, T. d. Nathan Wittersheim, Oberrabbiner in Metz, u. d. Esther Mayer-Marx.
12 *HalbG*[442] und G   Julie Pfeiffer, * 13. IV. 1812, ∞ 30. X. 1832 Bieckmann, Hofjuwelier in Wien; Julie Pfeiffer, * 29. X. 1818, ∞ 16. VI. 1840 Friedrich Kusel, Kaufmann in Karlsruhe; Luise Pfeiffer, * 26. I. 1820, ∞ 5. XII. 1837 Salomon *Friedrich* Kaulla, * 1807, Rittergutsbesitzer in Oberdischingen/OA Ehingen; Helene Pfeiffer, * 14. I. 1821, ∞ Georg Kugelmann, Buchhändler in Paris; Joseph Pfeiffer, * 23. III. 1822, ∞ Wien 1849 Fanny Königswärter; Rosalie Pfeiffer, * 23. IV. 1824, ∞ 8. IV. 1845 Alfons Dreifuß, Straßburg; Clarisse Pfeiffer, * 4. V. 1826, ∞ 1849 Dr. Kaulla, Straßburg; Esther Pfeiffer, * 23. VIII. 1827, ∞ 2. V. 1852 Martin Wackenhauser, Antwerpen; Marie Pfeiffer, * 4. V. 1830, ∞ 24. V. 1849 Franz Schuster, Frankfurt/Main; *Ernst* Ezechiel Pfeiffer[443], * Stuttgart 14. V. 1831, † Cannstatt 3. III. 1904, Geh. Hofrat; Mathilde Pfeiffer, * 1. III. 1834, ∞ 18. V. 1852 Adolf Schwabe, Fabrikant in Manchester (Großbritannien).
∞ Baden-Baden 12. IX. 1872 Julie Kaim, verw. Benary, * Paris 24. II. 1843, T. d. Edmund Kaim u. d. Stephanie Bär.
Keine K.

P. ist außer als großer Wohltäter, Bankier, Genossenschaftler und Sozialreformer vor allem als erster jüdischer Landtagsabgeordneter in Württemberg in Erinnerung. Das Landtagsmandat gewann er in der Stadt Ulm, kurze Zeit, nachdem das Wahlrecht Kandidaten jüdischen Glaubens zugelassen hatte. Die folgenden Ausführungen beleuchten in erster Linie die Ulmer Aspekte v. P.s Vita.

Der aus einer vermögenden jüdischen Familie stammende P. besuchte das Gymnasium und anschließend 1851/52 das Polytechnikum in Stuttgart. Das Studium der Nationalökonomie und der Finanzwissenschaft führte ihn nach Heidelberg, Berlin und Leipzig. 1857 erwarb er den Grad eines Diplomingenieurs an der „École Centrale des Arts et Manufacture" in Paris. Danach unternahm er mehrere Studienreisen nach Frankreich, Italien und England. Seit 1862 wieder in Stuttgart wohnhaft, widmete sich P. der Politik. *In der glücklichen Lage, sich durch keine Rücksichten auf Broterwerb beeinflussen lassen zu müssen* (Nachruf in SK 1921), engagierte er sich frühzeitig in kleindeutschem Sinne und zählte im Aug. 1866 zu den maßgeblichen Gründern der nationalliberalen Deutschen Partei (DP).

1868 rief P. in Stuttgart ein Büro für Arbeitsnachweis ins Leben, die erste öffentliche Arbeitsvermittlungsstelle auf neutraler Basis in Deutschland. Er war dort Vorsitzender des Verwaltungsrats. 1869 gründete P. mit Kilian (von) Steiner die Württ. Vereinsbank (Stuttgart) und war bis 1872 deren Erster Vorsitzender, danach Mitglied des Aufsichtsrats und Mitglied der geschäftsleitenden Kommission. P. hatte maßgeblichen Anteil an vielen wirtschafts- und finanzpolitischen Entscheidungen, wie z. B. bei der Gründung der Bad. Anilin- und Sodafabrik (BASF) oder der Vereinigung der Geschäfte der Württ. Bankanstalt mit denen der Württ. Vereinsbank. Daneben war er Gründer der allgemeinen Pfandleihanstalt, 1890 des ersten Arbeiterheims und später des Ledigenheims in Stuttgart. Der König verlieh ihm den Titel eines Geheimen Hofrats. Nach seinem Tod floss sein Vermögen in die 1917 gegründete und noch heute existierende Eduard-Pfeiffer-Stiftung ein.

Mit Friedrich →Albrecht gründete P. Anfang 1867 den Ulmer Lokalverein der nationalliberalen Deutschen Partei (DP). P. war auch auf Landesebene einer der führenden Persönlichkeiten dieser Partei und gehörte u. a. dem ersten Landesausschuss an. Daneben war er einer der Finanziers des wenig erfolgreichen Parteiblattes „Schwäbische Volkszeitung". Nachdem sich durch Verfassungsgesetz vom 31. Dez. 1861 über die Unabhängigstel-

lung der staatsbürgerlichen Rechte von dem religiösen Bekenntnis die bisherige Situation, dass nur Abgeordnete christlichen Bekenntnisses in den Landtag gewählt werden konnten, grundlegend verändert hatte, war auch die Landtagskandidatur von Angehörigen der jüdischen Religion möglich. 1868 suchten die Ulmer Nationalliberalen einen überzeugenden Kandidaten für die Landtagswahl, obwohl mit Carl Ludwig →Schall ein nationalliberaler Politiker Ulmer Abgeordneter war. Man vertraute jedoch offenbar mehr auf die Zugkraft des landesweit bekannten P. Dieser kandidierte im WK Ulm Stadt gegen den antipreußischen Philipp Ludwig →Adam und errang das Ulmer Mandat mit 1.681 zu 1.478 Stimmen. Bei der Wahl zum Zollparlament unterlag P. hingegen im WK Württemberg III (Laupheim-Ulm, Teile von Biberach und Blaubeuren) gegen Albert Schäffle. Bei der Landtagswahl des Jahres 1870 siegte P. mit 2.208 zu 1.722 Stimmen über seinen Mitbewerber, den großdeutsch eingestellten Gymnasialprofessor Karl Gustav →Veesenmayer. Im Landtag gehörte er der Volkswirtschaftlichen Kommission, der Steuergesetzkommission und der Kriegskommission an. P. war insgesamt acht Jahre lang Landtagsabgeordneter der Stadt Ulm. Da P. 1876 nicht mehr kandidierte, ging das Ulmer Mandat an den volksparteilichen Politiker Robert →Ebner über, der es gegen den DP-Bewerber August →Landerer errang. P. zeigte u. a. als Mitglied des Vereins für Kunst und Altertum in Ulm und Oberschwaben seine Verbundenheit mit der Donaustadt. Er war auch Mitglied der Freimaurer-Loge „Zu den drei Cedern". In dem von ihm errichteten und nach ihm benannten Haus in der Stuttgarter Heusteigstraße 45 tagte seit 1947 im Landtag von Württemberg-Baden bzw. seit 1952 der Landtag von Baden-Württemberg. – 1867 Gründer der Herberge der Fabrikarbeiterinnen; Mitgründer und Aufsichtsratsmitglied des Stuttgarter Volksbades, der Stadtgartengesellschaft, des Vereins für Volksheilstätten, des Vereins der Stuttgarter Knabenhorte, des Vereins für Ferienkolonien, des Erholungsheims für Kinder und des Stuttgarter Säuglingsheims; Vorsitzender des Aufsichtsrats der Allgemeinen Baugesellschaft und der Terraingesellschaft Stitzenburg; Vorsitzender des Vereins für das Wohl der arbeitenden Klassen, des Stuttgarter Volksküchenkomitees, der Dampfziegelei Waiblingen und des Stuttgarter Gipsgeschäfts; seit 1870 Mitglied des württ. Landeskomitees und des geschäftsführenden Ausschusses der Kaiser-Wilhelm-Stiftung für Kriegsinvaliden; Verwaltungsratsmitglied des Württ. Kunstvereins; 1880 Mitgründer und stv. Vorsitzender des Stuttgarter Vereins zur Förderung der Kunst; Mitglied und zeitweilig Vorsitzender des Vereins der Freunde des Landesgewerbemuseums Stuttgart; 1864 Mitgründer und bis 1874 Vorsitzender, später Ehrenvorsitzender des Spar- und Konsumvereins Stuttgart (zeitweise Redakteur und Hg. der Zeitschrift „Der Konsumverein") und des Arbeiterbildungsvereins, an dessen Gründung er führend beteiligt gewesen war. – Ehrenbürger der Gemeinde Pinzolo (Italien); Mai 1909 Ehrenbürger der Stadt Stuttgart und Benennung einer Straße in Stuttgart.

Q   StadtA Ulm, G 2 – Schriftliche Information von Herrn Rainer Braun, Illingen, vom 2. VI. 2006.
W   Ueber Genossenschaftswesen - Was ist der Arbeiterstand in der heutigen Gesellschaft? Und was kann er werden?, Leipzig 1863 – Die Consumvereine, ihr Wesen und Wirken. Nebst einer practischen Anleitung zu deren Gründung und Einrichtung, Stuttgart ²1865 – Das Steuerwesen in Württemberg und die von der Regierung beabsichtigte Steuererhöhung, Stuttgart 1867 – Württemberg und sein Verhältnis zum Zollparlament und zum Nordbund, Ulm 1868 – Eigenes Heim und billige Wohnungen. Ein Beitrag zur Lösung der Wohnungs-Frage mit besonderem Hinweis auf die Erstellung der Kolonie Ostheim Stuttgart, Stuttgart 1896.
L   in 2, S. 670 – RIECKE, Universitäten und Landstände, S. 51 – HARTMANN, Regierung und Stände, S. 70 – Hauptregister, S. 575 – RAPP, Württemberger (1910), S. 102 u. ö. – Karl BITTEL, Eduard Pfeiffer und die deutsche Konsumgenossenschaftsbewegung (Schriften des Vereins für Sozialpolitik), München-Leipzig 1915 – SM Nr. 218 (Beilage), 14. V. 1921 – SK Nr. 221 vom 18. V. 1921, 9 f. – Württ. Jahrbücher 1921/22, S. VII – Peter SCHLACK in: Dt. Arbeit 7 (1922), S. 27 – Wolfgang SCHMIERER, Eduard Pfeiffer – Schriftsteller, Politiker, Vorsitzender des Vereins für das Wohl der arbeitenden Klassen, Geheimer Hofrat und Ehrenbürger von Stuttgart, in: Lebensbilder aus Schwaben und Franken 15 (1983), S. 316-355 – BRANDT, Parlamentarismus, S. 48, 171, 766, 770, 781, 787 – SPECKER, Ulm im 19.

---

442 Aus zwei vorangegangenen Ehen des Vaters mit Henriette Kaulla und nach deren Tod mit Dorothea Wolff, geb. Kaulla.
443 Ih 2, S. 670 – Württ. Jahrbücher 1904, S. III.

Jahrhundert, S. 208, 222 – BOELCKE, Millionäre, S. 177-179 – SPECKER, Großer Schwörbrief, S. 306 – RABERG, Biogr. Handbuch, S. 656 f. – NANNINGA, Wählen, bes. S. 40 u. ö. – BRAUN, Freimaurer, S. 199 f., Nr. 079 – Wikipedia.

Pfeif[f]er, Friedrich Ferdinand, * Stuttgart 2. Sept. 1791, † Neu-Ulm 6. Jan. 1840, ev.

∞ Angelika Blanck, * Ulm 27. V. 1792.

12 K Ferdinand Friedrich Pfeifer, * München 20. XII. 1814; Wilhelm Pfeifer, *† München 1815; Friederika Pfeifer, * München 5. XI. 1816; Maximilian Georg Pfeifer, * Neu-Ulm 5. XI. 1819; Maria *Elisabeth* Pfeiffer, * Neu-Ulm 6. II. 1822, ∞ 1842 Ferdinand Thrän, Münsterbaumeister in Ulm; Louisa Amalia Pfeifer, * Neu-Ulm 27. VI. 1823; August Pfeifer, *† Neu-Ulm 27. IX. 1824; Maria Theresia Charlotte Pfeifer, * Neu-Ulm 7. XI. 1825; Ludwig Georg August Pfeifer, * Neu-Ulm 15. III. 1828; Sohn, *† Neu-Ulm 10. III. 1829; Kind, * Neu-Ulm 10. XII. 1830, † ebd. 13. XII. 1830; Wilhelm August Benedict Pfeifer, * Neu-Ulm 1. VI. 1832, † ebd. 29. VIII. 1832.

P. war einer der frühen Einwohner der im Werden befindlichen kleinen Siedlung Neu-Ulm, die nicht aus der Region stammten, sondern von weiter her kamen, weil sie Entwicklungsmöglichkeiten sahen, die sie zu nutzen verstanden. P. war von Haus aus Weinhändler und kam von München nach Neu-Ulm. Es ist möglich, dass der Anstoß zu diesem Wechsel von P.s Frau ausging, die aus Ulm stammte. P. baute auf der Neu-Ulmer Donauseite ein Privatfährunternehmen auf und betrieb daneben seit ca. 1820 eine Weinwirtschaft an der Ulmer Gänslände. Diese war im ehemaligen Zollhaus untergebracht, das P. käuflich erworben hatte. Da zu P.s Zeit nur eine entferntere Brücke Ulm und Neu-Ulm verband, war die Fähre ein sicheres und einträgliches Geschäft. Viele Überfahrende vertrieben sich die Wartezeit in P.s Gastwirtschaft. Was ihn veranlasste, 1838 das Gasthaus an Carl →Sauer zu verkaufen, bleibt angesichts fehlender Quellen unklar. Es ist anzunehmen, dass der 1832 fertiggestellte Bau der Ludwig-Wilhelms-Brücke (späteren Herdbrücke) geschäftliche Einbußen für P. mit sich brachte. Er starb kurz nach dem Verkauf des Gasthauses im Alter von 48 Jahren.

L   BUCK, Chronik Neu-Ulm, S. 112, 142 – TREU, Neu-Ulm, S. 131 – TEUBER, Ortsfamilienbuch Neu-Ulm, Nr. 3483.

Pfizer, *Benjamin* Friedrich (von), Dr. iur. utr., * Wildberg/OA Nagold 28. Feb. 1764, † Stuttgart (nicht Ulm!) 25. Aug. 1829, ⌂ ebd., Hoppenlau-Friedhof, ev.

Vater   *Philipp* Christian (Christoph?) Friedrich Pfizer, * Calw 16. IV. 1729 (nicht 1730!), † 1799, Oberamtmann in Wildberg, zuvor Pfleger in Rottweil, S. d. Philipp Reinhard Pfizer, * 1690, † 1753, Handelsmann in Calw, u. d. Agnes Elisabeth Weiss, * 1702, † 1737.
Mutter   Regine Margarete Daser, * 24. V. 1740, T. d. Jakob Daser, * 24. IV. 1709, Klosterhofmeister in Reutin/OA Oberndorf, u. d. Maria Elisabeth Bechtlin.
3 G   Carl Immanuel Gottlob (von) Pfizer, * Wildberg 1. I. 1767, † Stuttgart 20. IV. 1844, Obertribunaldirektor in Stuttgart, Ritterkreuz des Württ. Kronordens, ∞ Stuttgart 9. V. 1797 *Charlotte* Friederike Heyd, * Stuttgart 9. XII. 1778, † ebd. 21. I. 1863, T. d. Johann Georg Friedrich (von) Heyd, * Alpirsbach 30. I. 1748, † Stuttgart 10. XI. 1834, Professor der Rechte an der Hohen Carlsschule, zuletzt Obertribunaldirektor in Stuttgart, Staatsrat, u. d. Christina Maria Renck * 1750, † Stuttgart 1780; Ehrenreich Jacob *Friedrich* (von) Pfizer[444], * Wildberg 23. XI. 1777 (nicht 1778!), † Mergentheim 28. XII. 1860, Oberamtsrichter in Ravensburg, ∞ I. 28. II. 1802 Luise Christiane Fuess; ∞ II. Mergentheim 20. II. 1854 *Charlotte* Auguste Mathilde Heller, * Liebenzell/OA Calw 7. IV. 1799, † Stuttgart 30. IX. 1874, T. d. Ernst Christoph Wilhelm Heller, * Murrhardt 16. VII. 1758, † Lauffen am Neckar/OA Besigheim 23. XI. 1818, Oberamtmann in Liebenzell, u. d. Luise *Auguste* Sophie Magdalene Feuerlein, * Stuttgart 19. VIII. 1768, † ebd. 26. X. 1805.
∞ Stuttgart 23. I. 1797 Heinrike Friederike Jäger, * Stuttgart 7. XII. 1778, T. d. Christian Friedrich (von) Jäger[445], Dr. med., * Stuttgart 7. IX. 1739, † ebd. 7. IX. 1808, seit 1768 o. Professor der Medizin in Tübingen, seit 1780 Leibarzt des Herzogs Carl Eugen von Württemberg in Stuttgart, seit 1785 Professor an der Hohen Carlsschule ebd., u. d. Friederike Luise Sonntag, * 1743, † 1823.
3 K   Luise *Charlotte* Emilie Pfizer, * Tübingen 26. V. 1802, ∞ Dr. Karl Scheurlen[446] Tübingen 31. III. 1798, † ebd. 4. I. 1850, Professor in Tübingen, Präsident der Zentralleitung des Wohltätigkeitsvereins und MdL.; Paul Eduard Pfizer, * Tübingen 7. V. 1804; Marie Louise Pfizer, * Tübingen 2. IX. 1811, † Stuttgart 27. XII. 1863, ∞ Tübingen 23. VI. 1832 *Franz* Emil Schott, * Vaihingen/Enz 30. X. 1798, † Stuttgart 2. V. 1867, Oberamtsrichter in Geislingen/Steige und Göppingen.

P. war in der frühen württembergischen Zeit Ulms die ranghöchste Persönlichkeit der Justiz in der Stadt, außerdem vom König mit der Verleihung des Titels Staatsrat geehrt. Er entstammte einer alten württembergischen Beamtenfamilie, die eine Reihe individueller und hochbegabter Köpfe hervorgebracht hat, in erster Linie P.s Neffen Paul Pfizer (1801-1867), den herausragenden politischen Publizisten, Landtags- und Paulskirchen-Abgeordneten sowie „Märzminister" in Württemberg. Als P. im Rahmen seiner Dienstlaufbahn nach Ulm kam, begannen die Verbindungen seiner Familie zur Donaustadt.

Nach dem Jurastudium in Tübingen zunächst als Kanzleiadvokat in Stuttgart tätig, wechselte P. als Dozent an die Hohe Carlsschule in Stuttgart, wo gerade bei der Juristenausbildung besonders darauf geachtet wurde, dass sie von Praktikern geleitet wurde. Nach der Auflösung der Carlsschule im Jahre 1794 trat er in den Dienst der Innenverwaltung des Herzogtums Württemberg ein und war von 1796 bis 1799 Oberamtmann, Keller und Geistlicher Verwalter in Altensteig, von 1799 bis 1809 Regierungsrat und Oberamtmann in Tübingen und zugleich Schirmvogt des Klosters Bebenhausen.

Von 1809 bis 1817 Obertribunalrat in Tübingen, stieg P. im Zuge der Neuordnung der württ. Justizverwaltung im Nov. 1817 zum ersten Direktor des Kgl. Appellationsgerichtshofes für den Jagst- und Donaukreis in Ulm auf. Seit 1823 trug er den Titel Präsident. Daneben war P. seit 1820 eines der vom König ernannten Mitglieder des Württ. Staatsgerichtshofes und hatte schon am 27. Sept. 1820 vom König von Württemberg den Titel und Rang eines Staatsrats verliehen bekommen. Der derart ausgezeichnete Spitzenbeamte war außerdem seit 1827 Träger des Kommenturkreuzes des Kronordens (Personaladel), nachdem er bereits 1812 das Ritterkreuz des Württ. Zivilverdienstordens und 1818 das Ritterkreuz des Württ. Kronordens erhalten hatte.

1828 schied P. aus seinem Amt als Gerichtshofpräsident in Ulm, nachdem ihn König Wilhelm damit betraut hatte, den Entwurf eines Kriminalgesetzbuches anzufertigen. Diesen Auftrag konnte P. jedoch nicht mehr vollenden. Er starb im Alter von 65 Jahren in Stuttgart und fand seine letzte Ruhestätte auf dem Hoppenlau-Friedhof. Sein Grabstein wurde von einem seiner früheren Schüler von der Hohen Carlsschule gefertigt. Als Präsident des Ulmer Kreisgerichtshofs folgte ihm Carl Felician von →Neubronner.

W   Dissertatio inauguralis de pignore privilegiato, quod mutando ad rem compatandam acquiritur, Stuttgart 1792 – Rechte und Verbindlichkeiten der Weiber bey einem Gantproceß über das Vermögen ihrer Männer, nach deutscho und besonders nach Wirtemb. Recht, 2 Teile, Stuttgart 1794/96.
L   GRADMANN, Das gelehrte Schwaben, S. 456 – WAGNER, Hohe Carlsschule I, S. 607, 639 – GEORGII-GEORGENAU, S. [679] f. – DGB 75 (1931), S. 737 ff. – KLÖPPING, Historische Friedhöfe, S. 292, Nr. 781.

Pfizer, Paul *Emil* (von), * Stuttgart 14. Feb. 1843, † Geislingen an der Steige 11. Dez. 1920, ev.

Vater   Gustav Pfizer[447], Dr. phil., * Stuttgart 29. VII. 1807, † ebd. 19. VII. 1890, Gymnasialprofessor, Dichter und MdL.
Mutter   Maria Friederike Jäger, * Stuttgart 2. V. 1809, † 24. III. 1872, T. d. Christian Friedrich von Jäger, Direktor der Oberrechnungskammer, u. d. Christiane Sophie Friederike Schwab.
4 G   Karl Pfizer, * Stuttgart 26. I. 1838, † ebd. 25. III. 1874, Kreisrichter in Rottweil; Gustav Pfizer[448], * Stuttgart 13. IX. 1840, † Ulm 24. XII. 1899, Landgerichtsrat, zuletzt Rechtsanwalt in Ulm; Marie Pfizer, * Stuttgart 17. VI. 1846, † ebd. 11. XI. 1917, ledig; Friedrich *Theodor* (von) Pfizer, * Stuttgart 18. VII. 1850, † Stuttgart 15. XII. 1922, Senatspräsident beim Oberlandesgericht Stuttgart.
∞ Tübingen 19. VIII. 1871 Clementine *Caroline* Wilhelmine („Nina") Geib, * Zürich/Schweiz 29. I. 1847, † Tübingen 26. II. 1924, T. d. Karl *Gustav* Geib[449], Dr. iur., * Lambsheim (bayer. Rheinpfalz) 12. VIII. 1808, † Tübingen 23. III. 1864, Professor der Rechte an der Universität Tübingen, bedeutender Kriminalist und Strafrechtler, und der Louise Abegg.

444 SCHIMPF, Feuerlein, S. [2].
445 Ih 1, S. 420 – NDB 10, S. 267 f. (Gerhard FICHTNER).
446 RABERG, Biogr. Handbuch, S. 781 f.
447 RABERG, Biogr. Handbuch, S. 659 f.
448 Ih 2, S. 673.
449 Ih 1, S. 265.

Friedrich *Karl* Pfizer, * Tettnang 26. VIII. 1872, † gefallen bei Nauroy in der Champagne 23. V. 1917, Landgerichtsrat in Stuttgart; Louise Wilhelmine *Emilie* Pfizer, * Stuttgart 21. VII. 1874, ∞ Ulm 17. IV. 1900 Oskar Jetter[450], Dr. iur., * Reutlingen 16. V. 1867, † Sanatorium Schloss Hornegg 24. oder 25. XI. 1920, Landrichter in Ravensburg, zuletzt Direktor bei WMF in Geislingen/Steige, Vorstandsmitglied ebd., Vorsitzender der Vereinigung württ. Betriebskrankenkassen, Ausschussmitglied der Landesversicherungsanstalt Württemberg; Marie Louise Pfizer, * Stuttgart 24. VII. 1877, † Oppenweiler/OA Backnang 14. IV. 1901, ∞ Stuttgart 17. IV. 1900 *Otto Heinrich* Rieber, * Dettingen an der Erms/OA Urach 5. VIII. 1873, Forstamtmann bei der Forstdirektion in Stuttgart, zuletzt Forstrat in Stuttgart, S. d. Ludwig Rieber, * Hausen an der Zaber/OA Brackenheim, Diakon in Dettingen, zuletzt Erster Stadtpfarrer in Weilheim unter Teck/OA Kirchheim, u. d. Mathilde Henriette Hopf; Gustav Theodor Pfizer, * Tettnang 10. III. 1880, † Göppingen 29. V. 1885; Paul *Gustav* Pfizer, * Göppingen 1. IX. 1887, † 13. I. 1973, Landgerichtsrat in Tübingen, Präsident des Oberlandesarbeitsgerichts Württemberg-Hohenzollern ebd., zuletzt Senatspräsident beim Oberlandesgericht Stuttgart.

P. setzte die von seinem Großonkel Benjamin von →Pfizer (Präsident des Kreisgerichtshofs) begründete und von seinem Onkel Karl von →*Pfizer (Justizassessor beim Kreisgerichtshof) und seinem Bruder Gustav Pfizer (Landgerichtsrat) weitergeführte Ulmer Tradition der Familie Pfizer fort. 18 Jahre lang war P., ein Mann von strengem Gerechtigkeitssinn und persönlicher Originalität, Präsident des Landgerichts Ulm.
Geboren als Sohn eines literarisch und politisch aktiven Schulmannes, der zuletzt eine der wichtigsten Identifikationsfiguren der Stuttgarter Nationalliberalen war, besuchte P. das Stuttgarter Eberhard-Ludwigs-Gymnasium und studierte nach dem Abitur Jura in Tübingen. Nach den beiden Höheren Justizdienstprüfungen trat er in den Staatsdienst des Königreichs Württemberg und besetzte zunächst Stellen als Justizassessor beim Kreisgericht und als Kreisrichter in Stuttgart sowie als stv. Amtsrichter in Tettnang. 1877 wechselte er als Oberamtsrichter nach Göppingen, 1879 als Oberamtsrichter nach Freudenstadt. 1887 kehrte er als Landgerichtsrat nach Göppingen und wenig später nach Stuttgart zurück, als Rat am Oberlandesgericht.
Im Sommer 1899 wurde P. als Nachfolger von Friedrich (von) →Landauer zum Präsidenten des Landgerichts Ulm ernannt. Seit 1911 war er zugleich Präsident des Württ. Staatsgerichtshofs, dem er bereits seit 1900 als vom König ernanntes o. Mitglied angehörte. Daneben war er Mitglied und zuletzt stv. Vorstand des Disziplinargerichts für ev. Geistliche. P. war auf Grund seiner geselligen Persönlichkeit und seiner Originalität in Ulm sehr beliebt. 1917 feierte P. in Ulm sein 50-jähriges Richterjubiläum und trat mit Ablauf des Monats Aug. 1917 im Alter von 74 Jahren in den Ruhestand. Als Landgerichtspräsident folgte ihm Paul von →Schneider nach. Den Ruhestand verlebte P. zuletzt in Geislingen an der Steige. Zeit seines Lebens ein ausdauernder Wanderer, ging er auch als Pensionär den Weg von Geislingen nach Ulm über die Alb zu Fuß. In seiner Freizeit widmete sich P. der klassischen griechischen und römischen Literatur, übersetzte auch selbst, las wiederholt die Bibel ganz durch und lebte seiner Musikbegeisterung. Er selbst spielte allerdings kein Instrument.
Sein Enkel Theodor →Pfizer, der ihn in Ulm häufig in dessen Haus in der Friedrich-Ebert-Straße besuchte, schildert P. als eines *der profilierten Originale, der die 18 Jahre seiner Ulmer Amtszeit durch seine Persönlichkeit bestimmte. Er trug lange, fast die Schulter berührende Haare, auch an strengen Wintertagen keinen Mantel und wurde deshalb einmal beim Kaiser-Geburtstagsessen vom Posten vor der Villa des Divisionskommandeurs angehalten, bis er sich durch seine Kommenturkreuze des Friedrichs- und Kronenordens auswies.* P. sei in seinem Urteil als Richter *weitgehend unbeeinflußt von der Judikatur, auch des Reichsgerichts,* gewesen, *dessen veröffentlichte Entscheidungen – für viele Richter eine Bibel – er nicht besitzen wollte und kaum zu Rate zog.* Als Gegner des Automobils habe er nur ein einziges Mal einen Kraftwagen benutzt – 1912, bei der Einweihung der Gänstorbrücke, als die Ehrengäste hinterher zum Festessen gefahren wurden: *Er soll diese durch das Protokoll erzwungene Fahrt mit grimmiger Miene ertragen haben.*

Der im Gemeindeleben der Ulmer Dreifaltigkeitskirche engagierte P. wurde 1900 für Ulm zum Ersatzmitglied zur Landessynode gewählt, 1919 als Nachfolger von Heinrich →Holzinger für Ulm zum Mitglied der Landeskirchenversammlung. – Vorstandsmitglied und 1898/99 Vorstand der Vereine für klassische Kirchenmusik in Stuttgart und Ulm. – 1891 Ritterkreuz I. Kl. des Württ. Kronordens; 1900 Ehrenkreuz des Württ. Kronordens; Ritterkreuz I. Kl. des Friedrichsordens; Kommenturkreuz des Württ. Kronordens und des Friedrichsordens; Verleihung des Ranges auf die III. Stufe der Rangordnung.

Q StadtA Ulm, G 2.
L. DGB 75 (1931), S. 743 f. – SM Nr. 577/1920, S. 5 – Württ. Jahrbücher, 1919/20, S. XIV – WN 1920/21, S. 265 – UBC 3, S. 225, 297, 458 – UBC 4, S. 58, 62, 139 (Bild), 146, 162 – PFIZER, Schatten, S. 10 f., 22, 26, 28 f., 32, 34, 46, 76 – EHMER/KAMMERER, S. 285 (Bild).

Pfizer, *Theodor* Paul, Dr. phil. h.c., * Stuttgart 19. Feb. 1904, † München 17. Juli 1992, ⬚ Fangelsbachfriedhof Stuttgart, ev.

Vater Friedrich *Karl* Pfizer, * Tettnang 26. VIII. 1872, † gefallen bei Nauroy in der Champagne 23. V. 1917, Landgerichtsrat in Stuttgart, S. d. Emil von →Pfizer.
Mutter *Erica* Margaretha Haagen, * Stuttgart 1. IV. 1882, † 1947, T. d. *Georg* Ludwig Hermann (von) Haagen, * Zell am Aichelberg 3. II. 1844, † Konstanz 16. I. 1906, Regierungsrat a. D., Direktionsdelegierter der Versicherungsgesellschaft „Victoria" (Berlin), u. d. Agnes Diezel, * 1848, † 1928.
1 G *Marie* Agnes Pfizer, * Stuttgart 22. VI. 1910.
∞ Stuttgart 1945 Ursula Zaiss, * 1920, T. d. Hermann Zaiss, Kaufmann in Solingen-Ohligs.
2 K.

Der erste direkt von der Bevölkerung gewählte Ulmer Oberbürgermeister der Nachkriegszeit, eine prägende Persönlichkeit der Stadtgeschichte, entstammte einer Familie, deren Geschichte eng mit Ulm verknüpft war. Der Großvater, Emil (von) →Pfizer, war zur Zeit von P.s Geburt Landgerichtspräsident in Ulm, ein weiterer Vorfahr, Benjamin (von) →Pfizer, war erster Präsident des Ulmer Gerichtshofes gewesen. In seiner fast ein Vierteljahrhundert während Amtszeit hat P. in Ulm Entwicklungen vorangebracht, die noch heute fortwirken. Der Platz neben dem Pyramidenbau der Stadtbibliothek in Ulm ist nach ihm benannt, ebenso die Turnhalle in Söflingen.
Geboren und aufgewachsen ist P. in Stuttgart, wo sein Vater zum Zeitpunkt seiner Geburt Amtsrichter war. Dennoch wurden die Bindungen zu Ulm gepflegt, das P. in seinen Erinnerungen als „zweite Heimat" schon seiner Kinderjahre bezeichnet. In Ulm lebte der Großvater Emil (von) →Pfizer, der häufig Besuch von seinem Enkel erhielt. P. besuchte nach der Elementarschule in der Stuttgarter Neckarstraße seit Herbst 1912 das Eberhard-Ludwigs-Gymnasium. Dort schloss er einige dauerhafte Freundschaften, u. a. mit den Brüdern Stauffenberg, die 1944 von den Nationalsozialisten ermordet wurden. Mit ihnen und einigen anderen Mitschülern konnte er seine Begeisterung für deutsche Literatur teilen, vor allem für Friedrich Hölderlin und Stefan George. P.s freiwillige Meldung zur Reichswehr 1923 lässt sich zumindest zum Teil durch die vom George-Kreis gepflegte nationale Begeisterung erklären.
Von 1923 bis 1927 studierte er Rechtswissenschaften und Volkswirtschaft in Tübingen, Berlin und München. In Tübingen schloss er sich im Sommersemester 1923 der Akademischen Verbindung „Igel" an – wie vor ihm schon sein Vater und sein Onkel. Im gleichen Semester wurden auch Dietrich Bonhoeffer und der spätere Stuttgarter Oberbürgermeister Arnulf Klett Mitglieder des „Igel". Von 1927 bis 1929 Geschäftsführer der „Tübinger Studentenhilfe", des späteren Stu-

[450] SM Nr. 544/1920 – WN für die Jahre 1920 und 1921 (1928), S. 265.

dentenwerks, blieb P. lebenslang der Studentenhilfe verbunden und zählte 1946 zu den Mitgründern der Studienstiftung des Deutschen Volkes, deren Auswahlausschuss er angehörte und deren Vorsitz er seit 1960 innehatte.

Der Familientradition folgend, strebte P. ungeachtet der schlechten Karriereaussichten eine Laufbahn im Staatsdienst an und trat 1931 als Hilfsreferent beim Landesarbeitsamt Südwestdeutschland in Stuttgart an. Seine Übernahme als Beamter in den Dienst der Reichsbahn 1932 empfand er als großes Glück. Seine Laufbahn führte ihn nach Frankfurt/Main, Ludwigshafen, Mainz, Wien, Dresden, Berlin und Gleiwitz, zuletzt als Verkehrsdezernent (Oberreichsbahnrat) nach Stuttgart. Bei der Bewertung der persönlichen Haltung P.s in der NS-Zeit sollte die Tatsache, dass er nicht Mitglied der NSDAP war, nicht vernachlässigt werden.

P. blieb im zunächst seit April 1945 französisch besetzten Stuttgart im Amt, wurde aber im Juli 1945, nach dem Wechsel von der französischen zur US-amerikanischen Militärregierung, für einige Tage inhaftiert, im Okt. 1945 nochmals für eine Woche. Nachdem sein Entnazifizierungsverfahren zu seinen Gunsten mit dem Entscheid „nicht betroffen" abgeschlossen war, konnte P. die Leitung der vereinigten Verkehrs-, Tarif- und Rechtsabteilung der Reichsbahndirektion Stuttgart übernehmen. Wie er in seinen Erinnerungen berichtet, strebte er mittelfristig das Amt des Präsidenten der Reichsbahndirektion Stuttgart an. Im Sommer 1946 avancierte er zum Ministerialrat im neu gebildeten Verkehrsministerium Württemberg-Baden, vertrat dort für längere Zeit den erkrankten Ministerialdirektor Konstantin Ilg und war die eigentliche rechte Hand des Ministers Otto Steinmayer. Überlegungen der Regierung von Württemberg-Hohenzollern, P. im Jahre 1948 zum Präsidenten der Betriebsvereinigung der Südwestdeutschen Eisenbahnen vorzuschlagen, führten zu keinem konkreten Ergebnis.

1948 traten einige Ulmer Bürger, unter ihnen Prälat Walter →Buder, einst P.s Religionslehrer am Eberhard-Ludwigs-Gymnasium, an P. heran, um ihn für die Kandidatur für das Amt des Ulmer Oberbürgermeisters zu interessieren. In seinen Erinnerungen schildert P. den Hintergrund dahingehend, der amtierende Oberbürgermeister Robert →Scholl sei amtsmüde und an einer Kandidatur nicht interessiert, von seinem Amt auch *in mancher Hinsicht überfordert gewesen*. P. scheint eher am Oberbürgermeister-Posten in Stuttgart interessiert gewesen zu sein, entschied sich dann aber doch für Ulm. Der später der CDU nahe stehende P. kandidierte 1948 als parteiloser Bewerber in Ulm gegen Scholl und den aus einer Ulmer Handwerkerfamilie stammenden Wilhelm →Schöneck, Direktor im Innenministerium Württemberg-Baden. Alle Kandidaten wucherten mit ihren „Ulmer Pfunden", Scholl verwies auf seine Bilanz als Stadtoberhaupt, P. und Schöneck brachten ihre Ulmer Beziehungen und ihre Erfahrungen als Staatsbeamte ins Spiel. P. warb für sich als „ein Baustein für Ulm" und gewann bei der Wahl am 21. März 1948 mit 35,2 Prozent die meisten Stimmen, Schöneck erhielt 33,1 Prozent, Scholl 31,7 Prozent. P. und Schöneck kamen in die Stichwahl am 11. April 1948, die P. bei einer Wahlbeteiligung von 66 Prozent mit 55,4 Prozent für sich entschied. Am 31. Mai 1948 überreichte ihm der Sprecher des Gemeinderats, Franz →Wiedemeier (CDU), die Amtskette des Oberbürgermeisters bei der feierlichen Amtseinsetzung in Gegenwart des Innenministers von Württemberg-Baden, Fritz Ulrich.

Als Oberbürgermeister erwarteten ihn fundamentale Aufgaben, von deren Lösung Ulms Entwicklung in den folgenden Jahrzehnten abhing. Die Ausgangslage eröffnete einem tatkräftigen „Macher" wie P. aber auch große Gestaltungsmöglichkeiten. Die unmittelbaren Aufräum- und Entschuttungsarbeiten waren zum größten Teil abgeschlossen und damit die Grundbedingung für die Umsetzung aller Pläne für den Neuaufbau geschaffen. Vor allem musste es darum gehen, die fatalen wirt-

schaftlichen Folgen der Randlage zu überwinden, in welche die Stadt durch die Zoneneinteilung geraten war. P. war von 1949 bis 1971 Vorsitzender des Verbandes Obere Donau und von 1965 bis 1971 Vorsitzender der Regionalen Planungsgemeinschaft Donau-Iller-Blau. Beide Organisationen, an deren Gründung P. maßgeblich beteiligt war, dienten der Einbindung Ulms in größere Wirtschaftsstrukturen, die die Ländergrenzen überwinden sollten.

Die Einwohnerzahl musste steigen, um die Wirtschaft wieder in Gang zu bringen. Zu diesem Zweck ließ P. den Wohnungsbau und die Wiederherstellung der Infrastruktur forcieren. Seinem besonderen Interesse für Bildung und Kultur entsprach sein Engagement für die bereits 1946 gegründete Ulmer Volkshochschule (vh Ulm), deren Kuratorium er angehörte, und für die Hochschule für Gestaltung (HfG), die den Betrieb 1955 aufnahm. 1960 erfolgte die Gründung der Fachhochschule für Ingenieurwesen, 1967 die Gründung der Universität Ulm, die P. in jahrelangem zähen Ringen gegen zahlreiche Widerstände mit Anderen durchsetzte und damit den Grundstein für die „Universitätsstadt Ulm" legte.

Als Oberbürgermeister begann P. einen neuen Stil zu entwickeln, der innerhalb der Stadtverwaltung das Prinzip der Kollegialität stärken sollte. Zwischen Rathaus und Bürgerschaft verbesserte er die Kommunikation durch Einführung von Sprechstunden, der Bürgerversammlungen („Ulmer Forum") und der Bürgerinnen- und Jungwählerversammlungen sowie die Wiedereinführung der Schwörwoche im Jahre 1949. Den Schwörmontag nutzte P. für Zustandsbeschreibung, Rechenschaftsbericht und visionäre Wegweisung der Stadtentwicklung. Mit Neu-Ulm suchte er den Ausgleich und ein gutnachbarschaftliches Verhältnis herzustellen, ein Streben, das am 15. Jan. 1971 in der Unterzeichnung des Ulm/Neu-Ulmer Städtevertrags gipfelte.

Am Ende seiner letzten Amtszeit stand eine Reihe von Eingemeindungen, die 1971 mit Jungingen, Mähringen und Unterweiler begann, während die Eingemeindungen von Gögglingen, Donaustetten, Eggingen, Erminen und Einsingen, die sich dann 1974 realisierten, vorbereitet wurden. P. war von 1968 bis 1971 Vorsitzender des Baden-Württembergischen Städteverbandes und seit 1955 o. nichtrichterliches Mitglied des Staatsgerichtshofs von Baden-Württemberg. 1972 konnte er, mittlerweile 68 Jahre alt, nicht mehr für eine Neuwahl kandidieren. Die Stadt Ulm ehrte ihn im gleichen Jahr mit der Verleihung der Ehrenbürgerschaft. Seinen 20 Jahre währenden Ruhestand verlebte er in seiner Heimatstadt Stuttgart, blieb Ulm aber eng verbunden und war häufig zu Gast in der Stadt, deren Entwicklung er nachhaltig geprägt hatte. – 1945 Mitgründer und später Vorstandsmitglied der Württembergischen Bibliotheksgesellschaft Stuttgart, zeitweise Vorsitzender; 1948 bis 1972 Vorsitzender des Schulausschusses des Deutschen Städtetags, 1949 Mitglied des Kulturausschusses des Deutschen Städtetags, später dessen stv. Vorsitzender; 1954 bis 1965 Vorsitzender des 1953 von Bundespräsident Theodor Heuss gegründeten Deutschen Ausschusses für das Erziehungs- und Bildungswesen, 1966 bis 1975 Mitglied in der Nachfolgeinstitution Deutscher Bildungsrat; um 1950 bis 1955 Vorsitzender des Verwaltungsrats der Geschwister-Scholl-Stiftung (Stiftung Hochschule für Gestaltung); 1950 bis 1955 Vorstandsmitglied, 1955 bis 1978 Präsident der Hölderlin-Gesellschaft, 1978 Ehrenpräsident; seit 1956 Beiratsmitglied der Geschwister Boehringer-Stiftung für Geisteswissenschaften; seit 1956 Vorsitzender des Ulmer Ortskuratoriums „Unteilbares Deutschland"; 1960 bis 1973 Vorsitzender des Arbeitskreises Universität Ulm; 1960 bis 1981 Vorstandsvorsitzender der Studienstiftung des Dt. Volkes, 1981 Ehrenpräsident; seit 1971 Mitglied des Kuratoriums der Landeszentrale für politische Bildung Baden-Württemberg; 1972 bis 1980 Vizepräsident der Dt. Schillergesellschaft, 1973 bis 1981 Vorsitzender der Ulmer Universitäts-Gesellschaft e. V.,

1981 Ehrenvorsitzender; 1973 bis 1977 Vorstandsvorsitzender der Stiftung Landeserziehungsheime Hermann-Lietz-Schulen; Vorsitzender der Gesellschaft der Freunde des Leibniz-Kollegs in Tübingen. – 1957 Ehrensenator der Universität Freiburg im Breisgau; 1958 Ehrensenator der Universität Tübingen; 1960 Dr. phil. h.c. (Universität Heidelberg); 1975 Ehrensenator der Universität Ulm; 1978 Verleihung des Titels Professor durch die Landesregierung von Baden-Württemberg; 1986 Benennung der gemeinnützigen Stiftung zur Unterstützung der Studienstiftung in „Theodor Pfizer Stiftung"; 2004 Benennung des Platzes an der Stadtbibliothek Ulm.

Q   StadtA Ulm, Nachlass H Pfizer – ebd., G 2.
W   (Auswahl) Neubau der Stadt. Die Ulmer Schwörreden von 1949 bis 1958, Ulm 1958 – (als Hg.), Baden-Württemberg. Staat, Wirtschaft, Kultur, Stuttgart 1963 (darin Vf. des Aufsatzes „Der Verkehr", S. 173-197) – Ausbau der Stadt. Die Ulmer Schwörreden von 1959 bis 1968, Ulm 1968 – Kommunalpolitik. Praxis der Selbstverwaltung, Stuttgart 1973 – Im Schatten der Zeit 1904-1948 (Lebendige Vergangenheit, Band 7), Stuttgart 1979 – (Hg. mit Hans-Georg WEHLING), Kommunalpolitik in Baden-Württemberg (Schriften zur politischen Landeskunde Baden-Württembergs 11), Stuttgart-Berlin-Köln 1985, ²1991 (darin mit WEHLING Vf. des Beitrags „Die Gemeinden und ihre Aufgaben. Eine Einführung", S. 17-30 sowie allein der Beiträge „Rat und Bürgermeister im Zusammenspiel", S. 177-186, und „Kommunale Kulturpolitik", S. 290-313) – Schwörreden des Oberbürgermeisters 1969-1995, hg. von der Stadtverwaltung, Ulm 1995.
L   Ih 3, S. 261 – DGB 75 (1931), S. 744 – Hans Eugen SPECKER (Hg.), Tradition und Wagnis. Ulm 1945-1972. Theodor Pfizer als Festschrift gewidmet (Forschungen zur Geschichte der Stadt Ulm, Band 12), Ulm 1974 [mit Biografie von Wolfgang HOFFMANN und Bibliografie von Heidrun SCHLEYER] – UBC 6, passim – Peter HOFFMANN, Claus Schenk Graf von Stauffenberg und seine Brüder, Stuttgart ²1992 – TREU, Neu-Ulm, S. 455 f. (Bild) – ZIEGLER, Fangelsbachfriedhof, S. 92 – KORNER/KILGER, Igel-Verzeichnis, S. 65, Nr. 539 – SPECKER, Großer Schwörbrief, S. 443-450, 456 f., 504 – NDB 20 (2001), S. 344 f. (Hans Eugen SPECKER).

Pflaum, Richard, * Augsburg 21. März 1884, † München 14. April 1951, ev.

Die Informationen über den als Soldatenrat in der Zeit nach der November-Revolution 1918 in Neu-Ulm eine wichtige Rolle spielenden P. sind spärlich. In Neu-Ulm hielt er sich nur kurze Zeit auf.

Der schon vor Ausbruch des Ersten Weltkriegs als „Publizist und Verleger" firmierende P. hielt sich in den Jahren von 1906 bis 1914 in England auf und gründete 1909 in London die „Anglo-German Publishing-Company". Der Kriegsausbruch im Sommer 1914 machte P.s Zukunftsaussichten in England zunichte, und er kehrte nach Deutschland zurück. Wohl nicht beruflich, sondern als Soldat bzw. Offizier kam er nach Neu-Ulm. Als sich am 10. Nov. 1918 im Gebäude der Brigade der Neu-Ulmer Arbeiter- und Soldatenrat konstituierte, wurde der Offiziers-Stellvertreter P. zum 1. Brigade-Soldatenrat gewählt; zum 2. Brigade-Soldatenrat wurde der Gefreite Hilbert, zum Garnisons-Soldatenrat der Gefreite Frech und zum Regiments-Soldatenrat der Offizier-Stellvertreter Brunninger bestimmt. Die Räte boten ein Gegenmodell zur von den meisten bürgerlichen Parteien und der Sozialdemokratie angestrebten parlamentarischen Republik und strebten die Machtübernahme nach dem Zusammenbruch der alten politischen Ordnung an. Am 18. Dez. 1918 hob P. bei einer Veranstaltung im Konzertsaal den Alleinvertretungsanspruch der *aus geheimer Wahl hervorgegangenen berufenen Vertreter der Soldaten* hervor. Von Nov. 1918 bis Jan. 1919 gehörte P. als Vertreter Neu-Ulms dem Landessoldatenrat (I. Armeekorps) und dem Provisorischen Nationalrat Bayerns an, einer Vorgängerinstitution des sich am 21. Feb. 1919 konstituierenden Bayerischen Landtags, für den P. nicht kandidiert hatte.

P. war kein Radikaler, der mit dem Feuer spielte, sondern eher ein gemäßigter Soldatenrat, der dennoch in bürgerlichen Kreisen als einer der *neugebackenen marxistischen Machthaber* diskreditiert wurde, deren Einfluss in der Revolutionszeit einzig darauf zurückzuführen sei, dass sie angeblich *nur Panduren und Kroaten* bei den Wahlen des Jahres 1919 als wahlberechtigt erklärt hatten. Bezirksamtmann Karl →Risch hielt fest, dass alle Verhandlungen, *bei denen auch Vertreter des hiesigen Arbeiterrates zugegen*

waren, vollständig ruhig und glatt verlaufen seien. Der Arbeiter- und Soldatenrat Neu-Ulm unter P. verfolgte die Aktionen des städtischen Magistrats mit kritischem Blick und lehnte (erfolglos) die Bildung von Bürgerwehren und Freikorps' ab, die bei der Niederschlagung des Putsches gegen die Regierung Hoffmann im Frühjahr 1919 eingesetzt wurden. Am 17. Feb. 1919 erklärte der Arbeiter- und Soldatenrat Neu-Ulm, er stehe hinter der parlamentarisch bestätigten Regierung von Ministerpräsident Johannes Hoffmann. Der SPD-Politiker Clemens →Högg bekämpfte die Rätebewegung mit großem rhetorischen Einsatz und begeisterte etwa am 10. April 1919 bei einer Anti-Räte-Demonstration eine über 2.000 Menschen zählende Menge. Zu diesem Zeitpunkt scheint P. jedoch nicht mehr in Neu-Ulm gewesen zu sein, da von ihm in der Presse nicht mehr die Rede ist. Der Arbeiter- und Soldatenrat Neu-Ulm hatte bereits, wie die Rätebewegung in Bayern allgemein, jeglichen Einfluss verloren.

Noch 1919 gründete P. in München ein nach ihm benanntes Verlagsunternehmen. Von 1922 bis 1928 gab er die Wochenzeitung „Welt am Sonntag" und später die „AZ am Abend" in München heraus. 1933 wurde er aus politischen Gründen in den Hintergrund gedrängt und konnte sich nur noch als Herausgeber technischer Zeitschriften betätigen. Nach Ende des Zweiten Weltkriegs wurde P. als Berater für die Herausgabe der ersten in Bayern erscheinenden Zeitungen herangezogen und gründete selbst 1946 seinen Verlag in München neu. P., der zu den Gründungsmitgliedern der CSU zählte und Vorsitzender des Münchner Bezirksvereins Kurfürstenplatz war, gehörte vom 6. Dez. 1946 bis 1949 dem CSU-Landesvorstand an; zuvor hatte er schon den Vorsitz des CSU-Informationsausschusses geführt. Nach der Absetzung von Ministerpräsident Fritz Schäffer hatte P. von April bis Dez. 1946 den geschäftsführenden Vorsitz des Münchner CSU-Bezirksverbandes inne. Von 1946 bis 1949 war P. CSU-Stadtrat in München.

Q   Schriftliche Auskunft von Herrn Joachim Lilla, Krefeld, vom 24. XII. 2006.
L   Georg KÖGLMEIER, Die zentralen Rätegremien in Bayern 1918/19. Legitimation - Organisation - Funktion (Schriftenreihe zur bayerischen Landesgeschichte 135), München 2001, Anhang VII Nr. 72, Anhang XVI Nr. 250 – TREU, Neu-Ulm, S. 276 – Barbara FAIT/Alf MINTZEL unter Mitarbeit von Thomas SCHLEMMER (Hgg.), Die CSU 1945-1948. Protokolle und Materialien zur Frühgeschichte der Christlich-Sozialen Union (Texte und Materialien zur Zeitgeschichte 4), München 1993, Band 3, S. 1913 f. – Burkhard HANEKE/Renate HÖPFINGER (Hgg.), Geschichte einer Volkspartei. 50 Jahre CSU 1945-1995, München 1995, S. 81, 95, 543, 643 – GBP – LILLA, Der Bayerische Landtag, S. 223, Nr. 414.

Pfleiderer, Karl *Immanuel* Friedrich, Dr. phil., * Waiblingen 11. Okt. 1841, † Stuttgart 28. Aug. 1909, ev.

Vater   *Jakob* Gottfried Pfleiderer, * Waiblingen 22. III. 1795, ebd. 3. X. 1872, Rotgerber in Waiblingen.
Mutter   Karoline Wilhelmine Pfander, * Waiblingen 11. III. 1815, † ebd. 29. XII. 1893.
4 *HalbG* aus früheren Ehen des Vaters und 3 *G*   Johannes *Gottlob* Pfleiderer[451], Dr. phil., * Waiblingen 17. III. 1825, † Korntal 23. XII. 1897, 1848 Vorsteher des Knabenerziehungsinstituts in Korntal, 1882 dsgl. der Lerber-Schule in Bern (Schweiz), seit 1886 dsgl. des Johanneums in Bonn, ∞ Korntal 254. X. 1848 Maria Kern, * Besigheim 4. VII. 1821, † Korntal 6. IV. 1907; *Sofie* Friederike Margarete Pfleiderer, * 15. VI. 1826, † Waiblingen 15. XI. 1904, ∞ Waiblingen 20. XII. 1845 Christian Pfander, * Waiblingen 13. IV. 1813, † ebd. 10. VI. 1892, Seifensieder in Waiblingen; *Jakob* Christoph Friedrich Pfleiderer, * Waiblingen 5. I. 1831, † ebd. 25. IX. 1884, Rotgerber in Waiblingen, ∞ Waiblingen 15. V. 1857 Christiane Gottliebin Häcker, * Waiblingen 14. VII. 1830, † ebd. 20. V. 1887; *Marie* Luise Pfleiderer, * Waiblingen 31. I. 1837, † Stuttgart 31. X. 1907, ∞ 5. VII. 1860 Christian Paul August Renatus Zeller, * 24. 3. 1816, † 26. VII. 1880, Verwaltungsaktuar in Münchingen; *Gotthilf* Christian Pfleiderer, * Waiblingen 23. III. 1843, † ebd. 8. II. 1927, Rotgerber und Stadtrat in Waiblingen, ∞ I. Waiblingen 15. V. 1869 Karoline Hähnle, * Großsachsenheim 20. VII. 1845, † Waiblingen 3. III. 1872, ∞ II. Waiblingen 14. VII. 1874 Julie Fleischhauer, * Heutingsheim 6. XI. 1847, † 5. I. 1919; *Johannes* Gottlieb Pfleiderer, * Waiblingen 11. IV. 1849, † Wiesbaden 15. XI. 1898, Fabrikant und Kirchmeister in Barmen, ∞ I. Limburg/Lahn 22. V. 1875 *Marie* Johanna Wilhelmine Elisabeth Michaut, * Wesel 26. X. 1849, † Barmen 21. II. 1881, ∞ II. Berlin 2. VIII. 1883 Martha Salome Beyerhaus, * Berlin 2. VIII. 1851, † Hagen 2. II. 1924; Karl Pfleiderer, * Waiblingen 9. IV. 1850, † Basel (Schweiz) 10. X. 1919, Missions-Kaufmann in Ostindien, seit 1898 Geschäftsführer der Missions-

451 Ih 2, S. 674.

Handlungsgesellschaft zu Basel, ∞ Calicut (Ostindien) 5. XII. 1876 Maria Josenhans, * Calw 26. XI. 1854, † Schwäbisch Hall 13. V. 1930.

∞ Ravensburg 1. V. 1873 *Elisabeth* Franziska Lempp, * Ravensburg 9. II. 1850, † Stuttgart 26. V. 1932, T. d. *Karl* Heinrich Lempp, * Ravensburg 28. XII. 1817, † Stuttgart 29. VII. 1879, Apotheker in Ravensburg, u. d. *Marie* Friederike Metzger, * Metzingen/OA Urach 8. III. 1822, † Ravensburg 10. IX. 1890.
3 K   Karl August *Hermann* Pfleiderer, * Murrhardt 30. IV. 1879, 1. X. 1902 bis 1904 Vikar in Göttelfingen, seit 1926 Erster Stadtpfarrer in Lauffen/Neckar; Immanuel Friedrich Karl Pfleiderer, Dr. iur., * Murrhardt 17. XII. 1880, Amtsrichter in Schwäbisch Gmünd, 1930 Staatsanwalt in Rottweil; Maria Pfleiderer, * Murrhardt 18. VIII. 1883, ∞ 4. X. 1910 Theodor Huzel, Landgerichtsdirektor in Stuttgart.

Aus altschwäbischer Familie stammend, besuchte P. nach dem Landexamen das ev.-theol. Seminar Schöntal. Nach dem Theologie- und Philologiestudium in Tübingen und den theologischen Dienstprüfungen kam er 1864 als Vikar nach Warmbronn/OA Leonberg, 1865 in gleicher Eigenschaft nach Süßen bei Göppingen. 1868 erfolgte P.s Ernennung zum Stadtpfarrverweser in Tettnang, 1871 zum Pfarrverweser in Weil im Schönbuch, anschließend dsgl. in Rudersberg und Bittenfeld. 1872 wechselte er als Oberpräzeptor nach Korntal, 1873 als Diakon nach Murrhardt, 1884 als Dritter Stadtpfarrer und Bezirksschulinspektor nach Biberach/Riß. 1895 kam P. als Erster Stadtpfarrer an die Dreifaltigkeitskirche nach Ulm. 1906 wurde ihm der Rang auf der VII. Rangstufe verliehen. Er starb wenige Monate nach seiner 1909 erfolgten Zurruhesetzung und 14-jähriger Ulmer Amtszeit im Alter von fast 68 Jahren. – 1890 Ritterkreuz I. Kl. des Friedrichsordens.

L   Magisterbuch 34 (1907), S. 88 – SK 402, S. – Württ. Jahrbücher 1909, S. IV – SIGEL 14,2, Nr. 109,37 (S. 237) – UBC 3, S. 101, 442, 443 (Bild)– Stammfolge Pfleiderer, S. 270, 277.

Pfleiderer, Otto Ernst, Dr. sc. pol., Dipl.-Volkswirt, * Ulm 17. Jan. 1904, † Stuttgart 6. Feb. 1989, □ Ulm, Neuer Friedhof, ev.

Vater   Alfred Pfleiderer, Dr. med., * Stuttgart 18. III. 1868, † 1945, seit 1902 praktischer Arzt in Ulm, zuvor dsgl. in Schussenried und Bondorf/OA Herrenberg, engagierter Streiter gegen den Alkoholismus, S. d. Andreas Pfleiderer, * 1810, † 1889, Weinwirt in Stuttgart, u. d. Maria Langfritz, * 1838, † 1877.
Mutter   Angelika Henning, * Stuttgart 21. XI. 1867, † 1958, T. d. Kaufmanns Ludwig Henning.
2 G   Angelika Pfleiderer, * Schussenried 15. I. 1896; Otto *Heinrich* Alfred Pfleiderer, * Bondorf/OA Herrenberg 2. II. 1900, † 1973, o. Professor für Medizinische Klimatologie und physikalische Therapie in Kiel, ∞ Köln 16. V. 1926 Ilse Riemerschmid, * München 10. X. 1897, approbierte Ärztin, T. d. Architekten Prof. Richard Riemerschmid.
∞ Ulm 14. X. 1937 Hildegard Hoffmann, Dr. sc. pol., * Stuttgart 13. III. 1906, † 1970, Volkswirtin, T. d. Konrad →Hoffmann, Prälat, *Schw* d. Wilhelm Hoffmann, * 1901, † 1986, Dr. phil., Direktor der Württ. Landesbibliothek Stuttgart.
1 K.

P., Wirtschaftswissenschaftler, Währungspolitiker und Vater der D-Mark, stammte aus Ulm, wo sein Vater ein geachteter Arzt war. Nach dem Abitur in Ulm studierte P. von 1922 an Volkswirtschaft in Tübingen, Hamburg und Kiel. In Kiel promovierte er mit einer Arbeit, die auch heute in ihren Grundzügen noch nicht überholt ist. Nachdem sich ein angestrebtes Studienjahr in den USA nicht hatte verwirklichen lassen, begann P. 1930 als Redakteur der Fachzeitschrift „Keramos" in Bamberg, erhielt aber 1932 eine Assistentenstelle bei dem Soziologen Professor Dr. Alfred Weber an der Universität Heidelberg. Diese verlor er wegen Webers 1933 selbst betriebener Emeritierung wieder, konnte aber mit einem Stipendium der Rockefeller-Stiftung sein Buch „Pfund, Yen und Dollar in der Weltwirtschaftskrise" fertigstellen, das 1937 erschien. 1935 kam er als wissenschaftlicher Mitarbeiter zu der von Max Sering geleiteten Deutschen Gruppe der Internationalen Konferenz

für Agrarwissenschaften nach Berlin-Dahlem. Danach war er von 1937 bis 1945 Mitarbeiter der Volkswirtschaftlichen Abteilung der „Reichs-Kredit-Gesellschaft AG" in Berlin. In dieser Zeit veröffentlichte P., der auf Grund seiner Erfahrungen und guten Kontakte bereits zu den deutschen Geld- und Währungsexperten zählte, mehrere einschlägige Aufsätze im „Bank-Archiv" und stand in fachlicher Verbindung zu vielen deutschen Nationalökonomen, die wegen des Krieges vom Informationsfluss abgeschnitten waren, während P. beruflich fast ohne Einschränkung über alle neuen Entwicklungen im Bilde war.

1945 nach Stuttgart geflüchtet, holte ihn die US-Militärregierung von Württemberg-Baden als Finanzberater in ihre Finanzabteilung. Anschließend war P. von 1946 bis 1948 Hauptabteilungsleiter (Ministerialrat) im Finanzministerium des Landes Württemberg-Baden und zugleich Leiter der Bank- und Versicherungsaufsichtsbehörde von Württemberg-Baden. Bereits Ende 1945 zum Mitglied einer vom Finanzausschuss des Länderrats der US-Zone ins Leben gerufenen Sachverständigenkommission zur Ausarbeitung eines Sanierungsprogrammes für das Geldwesen, legte P. schon frühzeitig die Grundlagen für seinen späteren überragenden nationalen und internationalen Ruf. In der Sitzung des US-Länderrats am 3. April 1946 referierte er über Wertpapiere und Versicherungsaufsicht sowie über Währungsfragen. P., der seit 1947 dem Bankrat der US-Zone angehörte, war wesentlich an der rechtlichen und organisatorischen Vorbereitung der Währungsreform im Juni 1948 beteiligt und gilt als einer der „Väter der D-Mark". So war er u. a. Teilnehmer an dem von den Westalliierten streng isolierten „Konklave von Rothwesten" (20. April bis 8. Juni 1948) gewesen, wo deutsche Experten aus den Westzonen alliierte Entwürfe zur gesetzlichen Neuordnung des Geldwesens bearbeitet und diskutiert hatten. Bei der bizonalen „Sonderstelle Geld und Kredit", geleitet von Ludwig →Erhard mit Sitz in Bad Homburg vor der Höhe, warb P. für die Einbeziehung eines allgemeinen Lastenausgleiches in eine Währungsneuordnung. Mit großem Sachverstand, Beharrlichkeit und Durchsetzungsfähigkeit prägte P. die frühe bundesdeutsche Geldpolitik. Über Jahrzehnte hinweg setzte er sich für ein unabhängiges Zentralbanksystem, stabilen Geldwert und ein funktionstüchtiges Weltwährungssystem ein. Als Mitglied des Zentralbankrats der Bank deutscher Länder – an dem Gesetzentwurf zur Einrichtung dieser Institution hatte P. führend mitgearbeitet – bzw. später (1957-1972) der Deutschen Bundesbank zählte er zu den führenden Wirtschaftsgrößen der Bundesrepublik Deutschland. Mit seinen zahlreichen Veröffentlichungen, u. a. auch mit verschiedenen Beiträgen für das „Handwörterbuch der Staatswissenschaften" ([4]1959/60) und das „Staatslexikon" ([6]1963) unterstrich er auch in der Theorie, was die Praxis ihn gelehrt hatte. P. war von 1948 bis 1952 Präsident der Landeszentralbank Württemberg-Baden und von 1952 bis 1972 der Landeszentralbank Baden-Württemberg, 1950/51 stv. Direktor bei der Europäischen Zahlungsunion in Paris, 1952-1953 Direktor im Exekutivausschuss beim Internationalen Währungsfonds in Washington (USA). 1961 erfolgte P.s Ernennung zum Honorarprofessor an der Universität Heidelberg, nachdem er bereits 1947 Lehrbeauftragter für Geld und Kredit ebd. gewesen war. Seit 1965 „Wirtschaftsweiser" im wissenschaftlichen Beirat des Bundeswirtschaftsministeriums. Vorsitzender der Gesellschaft für angewandte Wirtschaftsforschung Tübingen und der Gesellschaft der Freunde des Leibnizkollegs Tübingen. Ab 1954 war P. Mitglied des 5. Ev. Landeskirchentages, 1955 Mitglied der 2. EKD-Synode, 1960 auf dem Stuttgarter Wahlvorschlag gewähltes Mitglied der 6. Landeskirchentages bzw. ab 1964 der Landessynode und dort Mitglied des Ältestenbeirats und stv. Vorsitzender des Finanzausschusses sowie als Vertreter des Landeskirchentages wiederum Mitglied der EKD-Synode. – Mitglied des „Vereins für christlich-jüdische Zusammenarbeit" und der „Stuttgarter Musikfreunde". – Ehrensenator der Universitäten Freiburg im Breisgau (1957) und Tübingen (1964); 1980 Bernhard-Harms-Medaille des Instituts für Weltwirtschaft, Kiel.

Q   StadtA Ulm, G 2.
W   (Auswahl) Die Staatswirtschaft und das Sozialprodukt, sc. pol., Diss. 1929, gedruckt Jena 1930 – Pfund, Yen und Dollar in der Weltwirtschaftskrise, Berlin 1937 – Umrisse einer Sanierung des deutschen Geldwesens, 1946 – Zur Frage der Konvertibilität der Währung. Vortrag, gehalten am 14. XI. 1953, Frankfurt/Main, Commerz- und Creditbank – Währungsordnungen und europäischen Integration, 1963.
L   DBI 6, S. 2646 – DBA II/1002, 381-383 – Ih 3, S. 261 – Stammfolge Pfleiderer, S. 83, 85 – Präsident Pfleiderer Direktor im Währungsfonds, in: Stuttgarter Zeitung Nr. 215, 13. IX. 1952, S. 3 (Bild) – AVBRD 1 (1976) S. 144, 422, 436 ff., 718, 1011, 1110 f. – DBE 7 (1998), S. 649 – NDB 20 (2001), S. 352 f. (Norbert KLOTEN) – EHMER/KAMMERER, S. 285 f. (Bild) – Gerhard RAFF, Der Währungspapst, in: Stuttgarter Zeitung Nr. 11, 15. I. 2004, S. 22 (Bild).

Pfleiderer, *Rudolf* Immanuel Gottlieb (von), Dr. phil., * Nagold 25. Juli 1841, † Stuttgart 11. Nov. 1917, □, ebd., Pragfriedhof, ev.

Vater   Christoph Immanuel Daniel Pfleiderer, * Waiblingen 14. III. 1810, ∞ Windsheim/BA Uffenheim (Bayern) 4. VI. 1883, Kaufmann in Nagold, zuletzt dsgl. in Windsheim.
Mutter   *Luise* Magdalene Sautter, * Nagold 18. VII. 1815, † Essingen/OA Aalen 24. XII. 1874, T. d. Gottlieb Friedrich Sautter, Handelsmann in Nagold, u. d. Anna Magdalene Wangner.
G   *Theodor* Wilhelm Heinrich Pfleiderer, * Nagold 10. VI. 1853, † 30. I. 1926, Kaufmann in Berlin, ∞ Feuchtwangen 30. X. 1877 Emilie Belschner, * 17. I. 1857, † Berlin 25. I. 1923.
∞ Wädenswil/Kanton Zürich 1. VII. 1875 Anna Ehrsam, * Arlen bei Singen am Hohentwiel (Baden) 26. II. 1856, † Meuschenmoos bei Ravensburg 2. II. 1923, T. d. Fabrikanten Johannes Ehrsam u. d. Karolina Hafner.
4 K   *Wolfgang* Paul Theodor Wilhelm Pfleiderer[452], Dr. phil., * Essingen/OA Aalen 26. IX. 1877, † Waldenbuch 23. I. 1971, Vorsitzender des Verbandes württembergischer Volkshochschulen, seit 1932 Professor an der Reformrealgymnasium und an der Oberrealschule Stuttgart, ∞ Ulm 29. I. 1907 *Johanna* Kirstine Valborg Johnsen, * Faaborg (Dänemark) 2. I. 1880; Eberhard Pfleiderer, * Essingen/OA Aalen 6. IX. 1880, Bildhauer in Ulm; Margaret Pfleiderer, * Ulm 22. V. 1882, † Esslingen 18. V. 1935; Elsbeth Pfleiderer, * Ulm 18. VII. 1890, Musiklehrerin in Esslingen/Neckar.

Als Geistlicher an der Dreifaltigkeitskirche wirkte P. über 20 Jahre lang in Ulm, daneben errang er als Kunst- und Literaturhistoriker, der sich immer wieder auch mit Ulmer Themen auseinandersetzte, einen Platz in der Kulturgeschichte Württembergs.
Als Sprössling des Remstäler Zweiges der weit verbreiteten Familie Pfleiderer studierte P. seit 1859 Theologie in Tübingen, wo er Zögling des legendären Stiftes war. Seit 1863 zunächst als Vikar in verschiedenen württembergischen Landgemeinden tätig, trat er 1867 als Hofmeister in die Dienste des Prinzen Hermann von Sachsen-Weimar-Eisenach (1825-1901), der mit einer Schwester Königs Karls I. von Württemberg verheiratet war und 1865 als Generalleutnant den aktiven Dienst beim Militär quittiert hatte. Der Prinz führte in Stuttgart ein großes Haus mit zahlreichen Gästen, die künstlerisches und besonders literarisches Interesse verband. Noch im gleichen Jahr wechselte P. die Stelle und ging als Amtsverwesers des Ersten Stadtpfarrers nach Waldenburg im Hohenlohischen. Dort übernahm er 1868 als Verweser auch die Leitung des Diakonats, ehe er als Stadtvikar nach Stuttgart wechselte. Am 24. Juli 1871 wurde er in Tübingen zum Dr. phil. promoviert. P. befasste sich in seiner Dissertation mit Dantes „Die göttliche Komödie", die zudem in einer berichtigten und neu kommentierten Ausgabe

herausgab. 1873 erfolgte nach einer dreimonatigen Italienreise P.s Ernennung zum Pfarrer auf der Freiherrlich Woellwarth'schen Patronatspfarrei Essingen/OA Aalen, wo er sich weiteren Dante-Forschungen widmete. 1878 wurde er zum Mitglied der Dante-Gesellschaft ernannt. 1881 kam er als Diakon an die Dreifaltigkeitskirche Ulm, 1883 dsgl. am Münster ebd., 1891 Dritter Stadtpfarrer ebd., 1903 Zweiter Stadtpfarrer ebd. Zugleich fungierte P. traditionsgemäß als Religionslehrer am K. Realgymnasium ebd. In Ulm war er Vorstand der von ihm begründeten Herberge zur Heimat (preiswerte Wohngelegenheit für Wandergesellen und Gaststätte für Ulmer Gesellen und Lehrlinge) und des Gustav-Adolf-Vereins. Im März 1884 erwarb P. zum Zwecke des Baus der Herberge zur Heimat einen Bauplatz in der oberen Zeitblomstraße. Bereits am 15. Nov. 1885 konnte der Bau eingeweiht werden. 1912 wurde der 71-jährige P. unter Verleihung des Ritterkreuz des Württ. Kronordens in den Ruhestand versetzt, den er in Stuttgart verlebte. Bei seinem Abschied widmete er „seiner" Münstergemeinde unter dem Titel „Inneres Leben" eine Sammlung seiner Münsterpredigten. Oberbürgermeister und Bürgerausschuss schenkten dem verdienten Geistlichen eine goldene Uhr mit Widmung.
P. erwarb sich als Literatur- und Kunsthistoriker große Verdienste, von denen vor allem die Erforschung der Kunstdenkmale des Ulmer Münsters profitierte. Der kulturkämpferische Geistliche publizierte 1878 eine kritische Schrift über Papst Pius X. P. hatte 1887 die Redaktion des Deutschen Literaturblattes, 1909 auch die Redaktion der Literarischen Rundschau des „Kirchlichen Korrespondenzblattes" übernommen. Im Ruhestand schrieb er zahlreiche Artikel und Abhandlungen für das „Christliche Kunstblatt". Von 1892 bis 1895 arbeitete er als Pionier der religiösen Volkserziehung an der „Bibel in Bildern", für die er zahlreiche Bilder alter und neuer Künstler zusammenstellte. P. erhielt für seine Verdienste eine Reihe von Auszeichnungen, so 1890 das Ritterkreuz I. Kl. des Friedrichsordens, 1892 anlässlich der Überreichung seiner „Illustrierten Bibel" an König Wilhelm II. die Goldene Medaille für Kunst und Wissenschaft am Bande des Württ. Kronordens, 1905 für sein Buch „Das Münster zu Ulm und seine Kunstdenkmale" die Große Goldene Medaille für Kunst und Wissenschaft am Bande des Friedrichsordens, 1906 die Verleihung des Ranges auf der VII. Rangstufe und zu seinem Ruhestand die Goldene Münstermedaille und das Ritterkreuz des Württ. Kronordens.

W   Dantes göttliche Komödie nach Inhalt und Gedankengang dargestellt, Stuttgart 1871 Dante Alighieri, Göttliche Komödie. Übersetzt und erläutert von Karl STRECKFUß, mit berichtigter Übertragung und völlig umgearbeiteter Einleitung neu hg. von Rudolf PFLEIDERER, Leipzig 1876 – Stille Erdenwinkel. Reisebilder aus Italien, Heidelberg 1880 – Albrecht Dürer. Ein deutsches Künstlerleben, Kreuznach o. J. [um 1884] – (mit Wilhelm OSIANDER und Gustav SEUFFER) Ulm, sein Münster und seine Umgebung. Ein Führer für Fremde und Einheimische, Ulm 1890 – Das Münster in Ulm, Ulm o. J. [1890] – Bilder vom Ulmer Münster, 1890 – (Hg.), Die Bibel, das ist die ganze heilige Schrift des alten und neuen Testaments nach Doktor Martin Luthers Übersetzung. Mit Bildern der Meister christlicher Kunst, 3 Bände, Stuttgart 1892-1895– Die Attribute des Heiligen. Ein alphabetisches Nachschlagebuch zum Verständnis kirchlicher Kunstwerke, Ulm 1898 (?1920) – Blicke in Ulms Geschichte und Gegenwart, Stuttgart 1898 – Eine biblische Kunstgabe in 20 Bildern nach Gemälden des Meisters nebst dazu gehörigen Schriftschnitten, mit Raffaels Selbstbildnis. Geleitwort, biographische Einleitung und erläuternder Text von Rudolf PFLEIDERER, in: Hausschatz christlicher Volkskunst, Heft 4, o. J. – Ulm und sein Münster, in: Blicke in Ulms Geschichte und Gegenwart, Stuttgart 1898, S. 33-48 – Baustätte und Gründung des Münsters. Die Bildwerke des Südwestportals, in: UO 9 (1900), S. 1-20 – Kämpfe und Siege des Evangeliums in Ulm, Ulm 1903 – Die jüngst restaurierten Steinbildwerke und Altäre des Münsters, in: Christliches Kunstblatt für Kirche, Schule und Haus 46 (1904), S. 65-70, 143-149 – Das Münster zu Ulm und seine Kunstdenkmale, Stuttgart 1905 – Münsterbuch. Das Ulmer Münster in Vergangenheit und Gegenwart. Mit 45 Abbildungen nach Originalaufnahmen, Ulm 1907 (?1923) – Die Ulmer Kargen-Nische, ihr Bildwerk und ihre Bestimmung, in: Christliches Kunstblatt für Kirche, Schule und Haus 52 (1910), S. 74-86 – Neues vom und am Ulmer Münster, in: Christliches Kunstblatt für Kirche, Schule und Haus 55 (1913), S. 268-271 – Ulm und sein Münster im Spiegel der Zeitgeschichte, in: Schwäb. Heimatbuch 1913, S. 35-56.
L   Ih 2, S. 675 – Magisterbuch 37 (1914), S. 79 – WN 1917, S. 149 ff. (David KOCH) – DGB 43 (1923), S. 333 ff. – SIGEL 14,2, Nr. 290,16 (S. 239) – UBC 2, S. 505 f, 509, 559 – UBC 3, S. 516 (Bild), 519 – UBC 4, S. 64 – Stammfolge Pfleiderer, S. 233 ff.– NEBINGER, Die ev. Prälaten, S. 584, 588.

[452] Ih 2, S. 675 [der angegebene Geburtsort Ulm ist zu korrigieren] – CRAMER, Württembergs Lehranstalten ⁶1911, S. 116.

Pflüger, Hellmut, * Neu-Ulm 2. Jan. 1927, † Ulm 19. Juli 2003, ev.

Vater   Emil Pflüger, * Esslingen/Neckar 18. IV. 1890, † Ulm 6. IV. 1946, Kaufmann in Ulm.
Mutter   Mathilde Heinrich, * Esslingen/Neckar 13. X. 1889, † Stuttgart 10. VII. 1962.
1 G   Siegfried Pflüger.
∞ Ulm 1956 Rose Kurz, T. d. Eugen →Kurz, Graveurmeister in Ulm, vor 1939 Vorsitzender des Vereins „Alt-Ulm", u. d. Mina Kässbohrer, * Ulm 12. XII. 1898, † ebd. 7. VI. 1985.
1 K   Ulrich Pflüger, * 1967.

Wenn wir heute noch einiges vom alten Ulm wissen, dann ist das auch ganz wesentlich ein Verdienst P.s. Als er starb, hieß es in einem Nachruf, er sei *die wichtigste Auskunftei über die städtische Bausubstanz von der Pfalz bis heute* gewesen. In der Tat sammelte P. im Laufe seines Lebens eine schier unfassliche Fülle von Kenntnissen zur Ulmer Baugeschichte. Bis wenige Monate vor seinem Tod, als seine Krankheit ihn stark einschränkte, war er als Führer durch die Altstadt und in den Festungsanlagen sehr gefragt.
Schon als Kind entwickelte P., angeregt von seinem Vater, sein Interesse an den Bauten Ulms, vor allem aber an den Überresten der Bundesfestung rechts und links der Donau. Zeichnerisch hochbegabt, hielt er das Gesehene in Hunderten von Zeichnungen, in Plänen und später photographisch fest. Seine Berufswahl lag fernab seiner früh entwickelten Liebhaberei – er bestand das Notarexamen, war Justizamtmann und zuletzt Amtsrat beim Landgericht in Ulm und trat 1989 in den Ruhestand. Ab 1962 spielte P. als Erster Vorsitzender und zuletzt Ehrenvorsitzender des Vereins „Alt-Ulm" eine herausgehobene Rolle, auf die sich der junge Mann seit seinem Beitritt im Jahre 1950 vorbereitet hatte. Im Mittelpunkt seiner rastlosen Tätigkeit im Verein stand die Überzeugung, der Wiederaufbau Ulms müsse sich gerade nach der Erfahrung der Zerstörungen im Krieg an den Vorgaben des Vorkriegszustandes orientieren. P. hielt für den Verein zahlreiche Vorträge, wobei er sich von Anfang an stark mit der Bundesfestung beschäftigte und damit langfristig einen Themenschwerpunkt der Vereinsarbeit festlegte. Er bekämpfte den Bau des 1993 eingeweihten Stadthauses auf dem Münsterplatz („Meier-Bau") und setzte den Bürgerentscheid vor 1987 durch, der jedoch knapp das nötige Quorum verfehlte, um den Bau zu verhindern. Seitdem war P. angeschlagen, es war seine schwerste Niederlage.
Bei aller Emotionalität und teilweise Schärfe der Auseinandersetzung genoss er auch bei seinen „Gegnern" hohes Ansehen. P., der Ulmer Beauftragter des Landesdenkmalamtes und Träger des Bundesverdienstkreuzes war, erhielt 2002 die Bürgermedaille der Stadt Ulm. In der Mitte des 77. Lebensjahres starb P. im darauffolgenden Jahr. Seine Geschichte der Bundesfestung Ulm, an der er über Jahrzehnte hinweg gearbeitet hatte, ist nicht im Druck erschienen. – Mitglied des Vereins für Kunst und Altertum in Ulm und Oberschwaben; Mitglied des Historischen Vereins Neu-Ulm.

Q   StadtA Ulm, G 2 – Auskünfte von Frau Rose Pflüger, Ulm.
W   (Auswahl) zahlreiche Artikel in Zeitungen und Zeitschriften – Die Bundesfestung Ulm rechten Ufers, Ulm 1956 – Ulm. Das alte Stadtbild, Weißenhorn 1963, ²1982 – (mit Max SCHEFOLD) Ulm. Das Bild der Stadt in alten Ansichten, Weißenhorn 1967 – Das Bild der Stadt: in: Der Stadtkreis Ulm. Amtliche Kreisbeschreibung, Stuttgart 1977 – Die Entwicklung des Neu-Ulmer Stadtplanprojektes und seine Beziehungen zum Befestigungsentwurf, in: Katalog Materialien, S. 174-191 – Verein Alt-Ulm, in: Ulmer geographische Hefte 2 (1981) – Die Bundesfestung Ulm rechten Ufers, in: TREU, Neu-Ulm, S. 229-269 – Ulm. Ein verlorenes Stadtbild, Gudensberg-Gleichen 1994 – (mit Eugen SAUTER), Ulm gestern und heute. Eine Gegenüberstellung, Gudensberg-Gleichen 1998 – Rundgang durch das alte Ulm, Gudensberg-Gleichen 2001.
L   Henning PETERSHAGEN, Hellmut Pflüger ist gestorben. Unerschöpfliche Quelle ist endgültig versiegt, in: SWP vom 21. VII. 2003 (Bild) – GNAHM, Giebel oder Traufe?, S. 18 f., u. ö.

Pflüger, Johannes, * Pfuhl 9. Okt. 1865, † ebd. 7. Aug. 1947, ev.

Vater   Christof Pflüger, † Pfuhl 5. V. 1900, Landwirt in Pfuhl.
Mutter   Katharina Kumpf.

∞ Katharina Semle, * Pfuhl 25. VIII. 1864, † ebd. 14. X. 1931.
9 K   Katharina Pflüger; Johann Pflüger, * Pfuhl 13. XI. 1888; Ursula Pflüger, * Pfuhl 9. VIII. 1892; Georg Pflüger, * Pfuhl 29. VIII. 1893; Christof Pflüger, * Pfuhl 8. IV. 1896; Babette Pflüger, * Pfuhl 28. XII. 1899; Magdalena Pflüger, * Pfuhl 24. VIII. 1903; Thomas Pflüger, * Pfuhl 22. VII. 1905; Karl Pflüger, * Pfuhl 11. X. 1910.

P. zählt zu den Persönlichkeiten, über die wenig zu ermitteln ist. Der Lebensgang des Landwirts in Pfuhl scheint keine besonderen oder gar spektakulären Wendungen aufzuweisen, und wäre da nicht seine Mitgliedschaft im Vorläufigen Reichswirtschaftsrat der „Weimarer Republik", so wäre er wohl ganz in Vergessenheit geraten. Dieses Gremium sollte Elemente des Rätesystems von 1918/1919 in der Verfassungsordnung der Republik verankern, was letztlich fehlschlug. Eines der 326 Mitglieder war P., der dem Gremium vom 30. Juni 1920 bis zu dessen Auflösung durch die Nationalsozialisten am 6. April 1934 als einer von 14 Vertretern des landwirtschaftlichen Kleinbesitzes angehörte.

Q   StadtA Neu-Ulm, A 9.
L   Joachim LILLA, Die Mitglieder des Vorläufigen Reichswirtschaftsrates 1921-1933 nach Gruppen, in: Vierteljahresschrift für Sozial- und Wirtschaftsgeschichte (VSWG) 93 (2006), Heft 1, S. [34]-57, hier S. 39.

Planck, Georg *Heinrich* (von), Dr. theol. h.c., * Esslingen/Neckar 27. Mai 1851, † Ulm 25. April 1932, ev.

Vater   Heinrich Planck, * Nürtingen 29. VIII. 1819, † Esslingen 1. II. 1859, Diakon in Esslingen, S. d. Heinrich Planck, * Nürtingen 16. XII. 1788, † Bempflingen 1839, Rektor in Nürtingen, u. d. Sophie Günzler, * Stuttgart 14. VI. 1797, † Esslingen 17. IV. 1872.
Mutter   Adelheid Jäger, * Stuttgart 24. X. 1824, † Esslingen 21. IX. 1905, T. d. Georg Friedrich (von) Jäger, Dr. med., * Stuttgart 25. VI. 1785, † ebd. 10. IX. 1866, Professor, Obermedizinalrat, u. d. Wilhelmine *Charlotte* Schwab[453], * Stuttgart 11. X. 1794, † ebd. 17. III. 1874.
1 G   Hermann Planck[454], Dr. phil., * Esslingen 5. VIII. 1855, † Blaubeuren 1. II. 1923, Gymnasialprofessor in Stuttgart, ab 1909 Ephorus des ev.-theol. Seminars Blaubeuren, ∞ 1884 Frieda Voelter.
∞ Esslingen 20. VII. 1880 Emma Klett, * Blaufelden/OA Gerabronn 8. VII. 1858, † Ulm 15. I. 1931, T. d. Friedrich (Fritz) Klett, * Heilbronn 15. IX. 1804, † Kirchberg an der Jagst/OA Gerabronn 8. II. 1873, Dekan und Bezirksschulinspektor in Blaufelden, u. d. Berta Steudel, * Winzerhausen/OA Marbach 8. VI. 1821, † Blaufelden 5. IX. 1868, Schw. d. Rektors Dr. Theodor →Klett, Nichte des Adolf →Klett.
6 K   Heinrich Planck, * 11. VI. 1881, † 22. III. 1891; Theodor Planck, * 12. VIII. 1884, † in der Jagst ertrunken 8. V. 1899; Elisabeth Planck, * 17. VIII. 1889; Friedrich Planck, * 1891; Berta Planck, * 1894; Emma Planck, * 1896.

P. war als Prälat und Generalsuperintendent in den Jahren des späten wilhelminischen Kaiserreiches bis zur Spätphase der Weimarer Republik die bestimmende Persönlichkeit im ev. Kirchenleben Ulms.
1858/59 besuchte P. die Schule in Esslingen, von 1859 bis 1865 in Stuttgart. Von 1865 bis 1869 war er Zögling am ev.-theol. Seminar in Blaubeuren. Das Studium der ev. Theologie führte ihn anschließend nach Tübingen („Stiftler"; Mitglied der Burschenschaft Normannia). Nach den theol. Dienstprüfungen kam er im März 1874 als Stadtvikar nach Neubulach/OA Calw, im Okt. des Jahres 1875 in gleicher Funktion nach Ulm. Als solcher hielt P. am 31. Okt. 1876 die erste Predigt in der nunmehr selbstständigen ev. Kirchengemeinde Söflingen. Von Okt. 1877 bis April 1878 unternahm P. eine wissenschaftliche Studienreise, die ihn nach Nürnberg, Prag, Dresden, Berlin, Hamburg, England, in die Niederlande und nach Paris führte.

---

[453] Schwester des berühmten Dichters Gustav Schwab.
[454] Ih 2, S. 679 – Magisterbuch 38 (1920), S. 100 – Staatsanz. Nr. 34 – SK Nr. 27 und Nr. 30 – Württ. Jahrbücher 1923/24, S. XI.

Von Mai 1878 bis März 1880 war er als Repetent am Tübinger Stift tätig. Im März 1880 begann seine langjährige geistliche Tätigkeit in seiner Vaterstadt Esslingen, wo er zunächst Diakon, seit 1884 Archidiakon, seit 1891 Dritter Stadtpfarrer und seit 1901 Dekan war. Sein großes Interesse an sozialen Fragen führte zu seinem Beitritt zum Ev.-Sozialen Kongress. P. war ein großer Befürworter des Gedankens der Volkskirche und setzte sich daher auf breiter gesellschaftlicher Ebene, die den Rahmen des Kirchlichen oft sprengte, für sie ein. Nicht von ungefähr war P. später einer der wesentlichen Mitgründer der Ulmer Volkshochschule.

Am 20. Sept. 1912 trat P. als Nachfolger des bereits im März 1911 in den Ruhestand verabschiedeten Emil (von) →Demmler das Amt des Prälaten und Generalsuperintendenten von Ulm an, das zuvor über eineinhalb Jahre von Paul →Knapp verwaltet worden war. Zugleich übernahm P. das Amt des Ersten Frühpredigers am Münster. Als Vertreter der ev. Geistlichkeit war P. von 1913 bis 1918 (39. o. LT) Mitglied der Ersten Kammer des Württ. Landtags und dort Mitglied des Petitions- und des Justizausschusses. Der in Ulm wegen seiner Liberalität und Volksnähe beliebte P. war ein kaisertreuer deutscher Geistlicher, der wie selbstverständlich auch bei den Ulmer Frauenvereinen am 19. April 1921 organisierten Trauerfeier für die verstorbene Gemahlin des einstigen Kaiser Wilhelm II., Auguste Viktoria, im Ulmer Münster die Gedenkrede hielt. Umfassend war auch P.s Wirken im ev. Kirchenleben Württembergs. Bereits 1894 war er als Esslinger Vertreter zum Ersatzmitglied der 5. Landessynode gewählt worden. 1907 folgte P.s Ernennung zum landesherrlichen Mitglied der 7. Landessynode, wo er geistliches Mitglied des Synodalausschusses und seit 1911 stv. Vorsitzender der Kommission für das Gesang- und Choralbuch war. 1912 wiederum zum landesherrlichen Mitglied der 8. Landessynode ernannt, stand P. nach den Umwälzungen am Ende des Ersten Weltkriegs für Kontinuität und Reform gleichermaßen. 1918 zum Mitglied der Ev. Kirchenregierung berufen, wurde er 1919 als Abg. von Tübingen in die Landeskirchenversammlung gewählt und leitete den Ausschuss für Lehre und Kultus; seit Nov. 1924 war er Stellvertreter des Präsidenten. Seit 1925 war P. zugewähltes Mitglied des 1. Landeskirchentags.

1924 lehnte P. eine Kandidatur für das Amt des ev. Kirchenpräsidenten ab, obwohl ihm eine Mehrheit der Stimmen sicher gewesen wäre. Am 31. März 1927 trat P. in den Ruhestand, den er in Ulm verbrachte. Seine Amtsnachfolge übernahm Konrad →Hoffmann. Am 10. April 1927 hielt P. im Münster seine Abschiedspredigt. Doch auch im Ruhestand blieb P. Ulm eng verbunden und nahm z. B. am 6. Mai 1928 in vorderster Reihe an der Einweihung der neuen Weststadtkirche (Martin-Luther-Kirche) teil, die er sehr gefördert hatte. Selbstverständlich war auch seine Teilnahme an den alljährlich durchgeführten Ulmer Missionsfesten. Das Fest der Goldenen Hochzeit im Juli 1930 konnte P. als hochverehrter Senior der ev. Geistlichkeit Ulms begehen. Als seine Ehefrau ein halbes Jahr später starb, war die Lebenskraft des 80-Jährigen gebrochen. Als er ein gutes Jahr nach seiner Ehefrau, kurz vor seinem 81. Geburtstag, starb, rief man ihm in Ulm nach, er habe der ev. Gemeinde dort *die besten, reifsten und reichsten Jahre seines Lebens* gewidmet, *eine edle, Persönlichkeit, führend und volkstümlich, ehrfurchtgebietend und herzgewinnend.* – Vorsitzender des Bibelvereins, des Ev. Bundes, des Missionsvereins, des Vereins für arme Kranke, des Vereins zur Belohnung treuer Dienstboten, der Wilhelm-Stiftung zur Unterbringung verwahrloster Kinder aus Stadt und Amt und des Martha-Vereins für ältere Mädchen in Esslingen; Mitglied des Esslinger Zwölferkranzes. – 1906 Verleihung des Ranges auf der VI. Stufe der Rangordnung; 1910 Ritterkreuz I. Kl. des Friedrichsordens, 1914 Ehrenkreuz des Friedrichsordens; Okt. 1917 Dr. theol. h.c. (Universität Tübingen); Kriegsdenkmünze für Nichtkombattanten; Jubiläumsmedaille.

W   D. Martin Luther, Siebenzig Predigten auf alle Sonn-und Festtage des Kirchenjahres, ausgewählt von Heinrich PLANCK, Diakonus in Esslingen, Calw-Stuttgart 1888 – Mitgabe fürs Leben, ein Büchlein für unsere Neukonfirmierten, Calw 1898 – Predigten auf die Sonn- und Feiertage des Kirchenjahres, gehalten in den Jahren 1880-1906 von Dekan Planck in Esslingen, Esslingen 1907– Kleines homiletisches Testament, Stuttgart 1911, ²1921 – Aus dem Buch der Erfahrung. Reimsprüche, Stuttgart 1913, ³1928 – (mit Martha KROCKENBERGER) Ein Geleitwort zur Hochzeit, Stuttgart 1936.
L   Ih 2, S. 679 – Max CRAMER, Stammbaum der Familie Klett, Stuttgart ²1926, S. 57 – Magisterbuch 41 (1932), S. 76 ff. – Konrad HOFFMANN in: SK Nr. 96, 26. IV. 1932, S. 7 – Zur Erinnerung an D. Heinrich Planck. Grabrede, gehalten von H. PLANCK. Nachrufe, Ulm 1932 (siehe auch Das ev. Deutschland 19 (1942)), S. 174 – Friedrich PLANCK, H. P. Lebensbild eines schwäb. Prälaten. Briefe, Predigten, Vorträge, Gedichte, Reimsprüche, Erinnerungen, zusammengestellt und mit verb. Text versehen, Stuttgart 1933 – UBC 1, S. 64, 128, 445, 565 – UBC 2, S. 456 (Bild) – UBC 3, S. 21, 384, 562 – UBC 4, S. 63, 159, 195, 292 – SCHMIDGALL, Burschenschafterlisten, S. 166, Nr. 282 – Normannenbll. 31, 3 (1951), S. 38-40 (Hermann STEIDLE) – LEUBE, Tübinger Stift, S. 711 – RAPP, Egelhaaf, S. 144 ff. – Walter BERNHARDT, Der Esslinger Zwölferkranz, in: Esslinger Studien (Zeitschrift 18), 1979, S. 206-224, hier S. 217 – Herbert HUMMEL, Die Plancks in Blaubeuren, in: DERS., Geist und Kirche. Blaubeurer Klosterschüler und Seminaristen. Biographische Skizzen aus vier Jahrhunderten (Alb und Donau – Kunst und Kultur 17), Stuttgart 1998, S. 196-201 – MAYER, Die ev. Kirche, bes. S. 515-518 et passim – RABERG, Biogr. Handbuch, S. 669 (Bild) – EHMER/KAMMERER, S. 286 (Bild).

Planck, *Karl* (Carl) Christian, Dr. phil., * Stuttgart 17. Jan. 1819, † Heilanstalt Winnental bei Winnenden/OA Waiblingen 7. Juni 1880, ev.

Vater   Johann Jakob Christian Planck[455], * Markt Nenslingen 8. VII. 1790, † Blaubeuren 12. VIII. 1855, Revisor bei der Hofdomänenkammer Stuttgart und Theatersekretär, 1823-1830 Hofkammerverwalter beim Hofkameralamt Stammheim, ab 1830 Kameralverwalter in Blaubeuren.

Mutter Christiane Luise Megenhardt, * 1800, † 1879, T. d. Christof Friedrich Megenhardt, * 1760, † 1830, Präzeptor in Großbottwar, u. d. Regine Elisabeth Kiefer.

∞ Katharina Henriette Mathilde *Auguste* Wagner, * 1834, † 1925.

7 K   Karl Planck * Ulm 1857, † 1899, Professor für Englisch am Eberhard-Ludwigs-Gymnasium Stuttgart, ∞ Thusnelde Gaupp; Marie Planck, * Ulm 1858, † 1930, Erzieherin und Lehrerin; Adelheid Planck, * Ulm 1860, † 1894; Mathilde →Planck; Reinhold →*Planck; Hermann Planck, * Ulm 1868, † 1926; Clara Planck, * Blaubeuren 1873, † 1892.

Der Naturphilosoph P., ein Vertreter des reinen Realismus, bekämpfte in seinen Schriften die aktuellen philosophischen Strömungen des Positivismus, Materialismus und Darwinismus. Er wollte die Erkenntnisse der Naturwissenschaften nicht negieren, sondern sie in ein System der sich von ethischen Werten leiten lassenden menschlichen Gesellschaft integrieren, wobei er aber die Nutzung neuer Erfindungen zu inhumanen Zwecken scharf ablehnte.

P. verlebte seine Kindheit in Stuttgart und in Stammheim, wo sein Vater als Beamter der Kgl. Finanzverwaltung tätig war. Die Volksschule besuchte er in Großbottwar, wo sein Großvater Megenhardt Präzeptor war. 1830 kam er nach Blaubeuren, wo sein Vater mittlerweile Kameralverwalter war, und besuchte die Lateinschule, um sich auf das Landexamen vorzubereiten. Er bestand es und kam 1832 als Zögling in das ev.-theol. Seminar Schöntal/Jagst, das er 1836 als einer der Besten seines Jahrgangs verließ.

Das darauf folgende Theologiestudium führte ihn nach Tübingen, wo er im berühmten Stift wohnte. 1840 bestand er das erste Staatsexamen, im Jahr darauf wurde er mit der Arbeit „Die Völker der neueren Zeit" zum Dr. phil. promoviert. Während einer Studienreise besuchte er u. a. Berlin und Dresden, danach übernahm er 1842 die Amtsverwesung des Zweiten Blaubeurer Stadtpfarramts. Aus dieser Zeit sind erste Predigttexte und philosophische Manuskripte erhalten. 1843 als Repetent an das ev.-theol. Seminar Maulbronn versetzt, kehrte er schon 1844 als Stiftsrepetent nach Tübingen zurück. 1848 habilitierte er sich dort als Privatdozent und übernahm die Leitung der Bibliothek des Stifts.

Obwohl P. fleißig veröffentlichte und seine Lehrverpflichtungen sehr ernst nahm, bot sich ihm mittelfristig keine Aussicht auf die ersehnte Professur. Der Privatdozent begann mit dem

[455] WINTERHALDER, Ämter, S. 52, 393.

Studium der klassischen Philologie, um in den höheren Schuldienst übernommen werden zu können. 1854/55 erhielt er als Hauptlehrer (Titel Professor) für Latein, Hebräisch, Deutsch und Philosophie an der 5. und 6. Klasse des Kgl. Gymnasiums Ulm eine feste Anstellung, die ihm auch die Möglichkeit zur Gründung einer Familie bot. Sechs seiner sieben Kinder kamen in Ulm zur Welt. An seinem ersten Ulmer Wohnhaus, im Fischerviertel, ist eine Gedenktafel angebracht.

1869 verließ P. nach 15 Jahren Ulm, um Professor in Blaubeuren zu werden. Zuletzt war P. seit 1879 Ephorus des ev.-theol. Seminars Maulbronn. Er starb, geistig zerrüttet, in der „Irrenanstalt" Winnental.

P. entfaltete bereits im Alter von etwa 20 Jahren eine umfassende schriftstellerische Tätigkeit, zunächst als Mitarbeiter der „Hallischen Jahrbücher" und bei den „Berliner Jahrbüchern für wissenschaftliche Kritik". Mit Eduard Zeller und Carl Schwegler gründete P. 1843 die „Jahrbücher der Gegenwart", das Organ des schwäbischen Hegelianismus. Seine Hauptwerke, so das zweibändige „Die Weltalter" (I.: „System des reinen Realismus", 1850; II. „Das Reich des Idealismus", 1851), „Katechismus des Rechts" (1852), „Grundlinien einer Wissenschaft der Natur" (1864), „Seele und Geist" (1871), „Wahrheit und Flachheit des Darwinismus" (1872) und „Anthropologie und Psychologie auf naturwissenschaftlicher Grundlage" (1874), weisen ihn als gründlichen Denker aus, dem es allerdings nicht durchweg gelang, die Leserschaft bei seinen bisweilen schlecht dokumentierten Gedankengängen mitzunehmen. Auch sein weitschweifiger, vorsichtiger Stil wurde schon von der zeitgenössischen Kritik moniert.

Modern war der Ansatz des Bismarck-Gegners, die sozialen Fragen seiner Zeit in den Mittelpunkt der Rechts-, Staats- und Wirtschaftswissenschaften zu stellen und der Arbeit einen höheren sittlichen Charakter beizulegen. Die sozialrevolutionären Aspekte seiner Philosophie werden meistens nur ungenügend gewürdigt. – Mitglied des Vereins für Kunst und Altertum in Ulm und Oberschwaben. – Karl-Christian-Planck-Seniorenstift in Blaubeuren.

Q   StadtA Ulm, G 2.
W   Annemarie RAYHRER, Karl Christian Planck 1819-1880. Bibliographie, Württembergische Landesbibliothek Stuttgart, 1987.
L   Ih 3, S. 679 – Ih 3, S. 263 – Otto Ludwig UMFRID, Karl Planck, dessen Werke und Wirken. Aus dem Andenken an den Verewigten seinen Schülern und Freunden gewidmet, Tübingen 1881 – Adolf BAUMEISTER, Die Behandlung der Offenbarung bei Karl Planck, Schwäbisch Hall 1886 – ADB 26 (1888), S. 228-231 (K. v. PRANTL) – Meyers Konversations-Lexikon ⁴13, S. 104 – Reinhold PLANCK, Der Rechtsbegriff Karl Christian Plancks, iur. Diss., Winnenden 1922 – UBC 2, S. 225 – Mathilde PLANCK, Karl Christian Planck, Stuttgart 1950 – LEUBE, Tübinger Stift, S. 707 – Klara NESTLE (Hg.), Karl Christian Planck. Philosoph, Prophet und Vorbild (1819-1880), Ulm 1980 – KOSCH, BStHb S. 985 – Wikipedia.

Planck, Johanna Friederike *Mathilde*, * Ulm 29. Nov. 1861, † Gochsen bei Heilbronn (nicht Ludwigsburg, wie vielfach angegeben) 31. Juli 1955, ⬚ Stuttgart, Pragfriedhof, ev.

Eltern und *G* siehe Karl Christian →Planck, Professor, Gymnasiallehrer in Ulm, Lehrer am ev.-theol. Seminar in Blaubeuren, Ephorus am ev.-theol. Seminar Maulbronn.
Ledig. Keine *K*.

P., eine der Weg weisenden Frauenfiguren der württ. Geschichte in der ersten Hälfte des 20. Jahrhunderts, kam während der Dienstzeit ihres Vaters als Lehrer am Kgl. Gymnasium in Ulm zur Welt, wo sie bis zum 8. Lebensjahr aufwuchs. In der Familie wurden die Errungenschaften der Revolution von 1848/49 hoch gehalten, was P.s spätere Hinwendung zur liberalen Partei erklärt. Obwohl hoch begabt und vom Vater frühzeitig mit einem großen Wissensschatz ausgestattet, blieb ihr nach dem Besuch der Realschulen in Neu-Ulm (bis 1869) und Blaubeuren (bis 1876) ein Studium versagt, weil die Familie es nicht wollte. Der Vater wurde kritiklos verehrt, sein nicht allseits geschätztes Werk – er verfasste zahlreiche philosophische Schriften – von der Tochter energisch verteidigt. Bis 1884

half P. im elterlichen Haushalt mit, verstärkt nach einer Erkrankung der Mutter. In der Familie fand sie dafür wenig Anerkennung, man nahm ihre aufopfernde Arbeit als selbstverständlich hin. Befriedigung fand sie im Selbststudium klassischer Schriftsteller. Nach dem Tod des Vaters zog die Familie nach Stuttgart wo sich P. von 1884 bis 1886 am Lehrerinneninstitut des Fräuleins von Prieser zur Lehrerin ausbilden ließ. Von 1886-1899 wirkte sie anschließend als Lehrerin an einer Privatschule in Stuttgart, 1899 verpflichtete sie das Hölderlin-Gymnasium in Stuttgart, das erste Mädchengymnasium in Württemberg, dessen Leitung sie bereits 1901 übernahm. Sie war Vegetarierin, rauchte nicht und trank keinen Alkohol. Seit Anfang der 1900er Jahre engagierte sich die von Natur aus zurückhaltende, ja scheue P. vornehmlich als Aktivistin der Frauenbewegung und war u. a. Redakteurin der Zeitschrift „Die Frauenwacht", von 1906 bis 1916 Vorsitzende des Württ. Lehrerinnenvereins, seit 1906 zugleich Vorsitzende des Verbandes württ. Frauenvereine, daneben Gründungsmitglied des Verbandes Württembergischer Frauenvereine und der Stuttgarter Frauenlesegruppe. P. stritt in diesen Funktionen u. a. für die Gleichstellung der Lehrerinnen mit ihren männlichen Kollegen und die Abschaffung des Ehelosigkeitsverdikts für Lehrerinnen (das erst 1929 abgeschafft wurde) sowie für die Einführung des Wahlrechts für Frauen. Bei Kriegsausbruch schrieb sie an Kaiser Wilhelm II., er möge alles in seinen Kräften Stehende tun, den Krieg zu vermeiden. In einem Klima totaler Kriegsbegeisterung stand P. einmal mehr fast allein.

Im Vorfeld des Ersten Weltkriegs schritt die Politisierung von P. stärker voran. Sie trat der Fortschrittlichen Volkspartei bei und hielt als deren Vertreterin sowie als Mitglied der deutschen Friedensgemeinschaft zahlreiche Vorträge, auch in Ulm. Sie quittierte den Schuldienst und lebte als Schriftstellerin in Korntal, seit 1919 in Beuren, später in Gerlingen und Ludwigsburg. Ende 1918 gründete sie die neue linksliberale Partei „Deutsche Demokratische Partei" (DDP) auf Reichs- und Landesebene mit und war 1918/19 Mitglied des Provisorischen Reichs-Hauptvorstands, 1918 und 1925 bis 1930 des Reichs-Parteiausschusses. Im Jan. 1919 wurde sie (Platz 6 der DDP-Landesliste) in die Württ. Verfassunggebende Landesversammlung gewählt, wo sie dem Verfassungsausschuss und seit 5. Mai 1920 dem Ausschuss zur Beratung des Entwurfs eines Amtsblattgesetzes angehörte. 1920 bis 1928 MdL Württemberg (1920 Platz 2 DDP-Landesliste, 1924 Platz 4 DDP-Landesliste), gehörte bis 1924 dem Finanzausschuss und seit 1924 dem Fraktionsvorstand an, daneben war sie Vorsitzende des Petitionsausschusses und seit 17. Dez. 1926 vom Landtag gewähltes Mitglied des Oberbewertungsausschusses beim Landesfinanzamt. Ihre Versuche, 1919 und 1920 ein Reichstagsmandat zu erlangen, führten nicht zum Erfolg. 1928 verfehlte sie auch den Wiedereinzug in den Landtag. Von der eigenen Partei wurde sie zum Ende hin nicht genügend unterstützt. Ihr Parteifreund Fritz Elsas schrieb über sie, sie sei eine *starke Persönlichkeit[...], hochanständig, feingebildet, christlich und sozial in gleichem Maße, jedoch für das politische Leben zu fein, zu wenig kraftvollkämpferisch* (SCHMID, Elsas, S. 86).

P. war maßgeblich an der Gründung der Abteilung Frauenstudium der Stuttgarter Volkshochschule beteiligt, wo sie auch zahlreiche Vorträge hielt. Von 1921 bis 1927 war sie Redakteurin der Frauenbeilage „Die Rosa Frau" des „Stuttgarter Neuen Tagblatts", daneben schrieb sie auch für die „Frauenwacht". 1921 Mitgründerin der ältesten Bausparkasse „Gemeinschaft der Freunde" (GdF, später Wüstenrot Bausparkasse), bis 1936 Vorstandsmitglied und Mitglied im Aufsichtsrat. In Ludwigsburg gründete sie 1929 mit Hilfe des Deutschen Altersheimvereins und der nach ihr benanntes modernes Altersheim, das 1936 von der GdF ohne P.s Wissen für Wehrmachtszwecke verkauft wurde. Angeblich sei es überschuldet gewesen. P. war über diesen Schritt so verärgert, dass sie alle

Funktionen bei der GdF – auch den Ehrenvorsitz – niederlegte. Als Pazifistin eine Gegnerin des Nationalsozialismus, zog sie nach Gerlingen und widmete sich, da die Presse aus politischen Gründen von ihr nichts mehr veröffentlichen durfte, ganz der Erforschung und Bewahrung des literarischen Werks ihres Vaters. Da sie pazifistische ausländische Zeitungen abonniert und in Ludwigsburg am Heim keine NS-Fahne gehisst hatte, wurde der Bespitzelungsapparat des NS-Regimes auf sie aufmerksam. Mit Vorsicht konnte sie in der selbst gewählten Zurückgezogenheit schlimmere Anfechtungen verhindern.

Der Zusammenbruch des NS-Staates 1945 ermöglichte ihr die Rückkehr auf die publizistische Ebene. 1950 zog sie, fast 90-jährig, in das Ludwigsburger Gerokheim, 1953 war P. Bundestagskandidatin der Gesamtdeutschen Volkspartei im WK Ludwigsburg (mit 91 Jahren bundesweit die älteste Kandidatin). Sie starb während eines Besuchs ihres Neffen, der Pfarrer in Gochsen war. – Vor 1900 Vorsitzende des Stuttgarter Abolitionistenvereins; seit 1890 Vorsitzende der Stuttgarter Abteilung „Frauenbildung-Frauenstudium"; Gründerin des Stuttgarter Frauenklubs. – 1951 BVK.

Q   Schriftl. Mitteilung des Stadtarchivs Ulm vom 9. VI. 1998 – Nachlass in der Württ. Landesbibliothek (Handschriftenabt.), Stuttgart; darin ein Manuskript der Autobiographie „Lebensgang mit Umwegen", abgeschlossen 1955 – StadtA Ulm, G 2.
W   (Auswahl) Unsere Bestrebungen und die modernen Erziehungsprobleme. Vortrag gehalten in der Abt. Stuttgart des Vereins Frauenbildung – Frauenstudium, Stuttgart 1905; Die obligatorische Mädchenfortbildungsschule. Referat gehalten bei dem 1. Württ. Frauentag in Stuttgart am 28. Okt. 1906 (Schriften des Verbands württ. Frauenvereine 29, Stuttgart 1907 – Arbeit und Recht im neuen Deutschland, Stuttgart 1917 – Der Berufsstaat nach der Rechtslehre Carl Christian Plancks, Jena 1918 – Ottilie Hoffmann. Ein Beitrag zur Geschichte der dt. Frauenbewegung, Bremen 1930 – Das unsichtbare Reich, Stuttgart 1946 – Vom Sinn des Lebens, Ulm 1947 – Karl Christian Planck. Leben und Werk (Klassiker der Philosophie 32), Stuttgart 1950.
L   Ih 2, S. 679 – SCHMID, Verfassung, S. 30 (Bild S. 20) – Wer ist's? 8 (1922), S. 1185 – Wer ist's? 9 (1928), S. 1188 – Wer ist's? 10 (1935), S. 1218 – Therese KÖSTLIN, Zum 80. Geburtstag von Mathilde Planck, in: Die Frau 49, Doppelheft 3/4 (1941/42) – Elsbeth STOCKMAYER (Hg.), Mathilde Planck. Erinnerungen und Auszüge aus ihren Werken, Ludwigsburg 1959 – Anna HAAG, Ein Leben der Mitverantwortung. Mathilde Planck, ein Gedenkblatt zu ihrem 100. Geburtstag am 29. November 1961, in: Stuttgarter Zeitung vom 25. XI. 1961 – Clara MAYER-BRUCKMANN, Eine begabte, tapfere Frau. Erinnerungen an Mathilde Planck, in: Stuttgarter Zeitung vom 28. XI. 1961 – Richard J. EVANS, The Feminist Movement in Germany 1894-1933, London 1976 – Sabine HERING/Cornelia WENZEL, Frauen riefen, aber man hörte sie nicht. Die Rolle der deutschen Frauen in der internationalen Frauenbewegung zwischen 1892 und 1933, Kassel 1986 – Ute GERHARD, Die Geschichte der deutschen Frauenbewegung, Reinbek bei Hamburg 1990 – Maja RIEPL-SCHMIDT, Gegen jede Falschheit: Mathilde Planck, in: DIES., „Wider das verkochte und verbügelte Leben". Frauenemanzipation in Stuttgart seit 1800, Stuttgart 1990, S. 150-156 – Manfred SCHMID (Hg.), Auf dem Stuttgarter Rathaus. Erinnerungen von Fritz Elsas (1890-1945), Stuttgart 1990, S. 86, 231 – Ilse BREHMER/Karin EHRICH, Mütterlichkeit als Profession? Lebensläufe dt. Pädagoginnen in der ersten Hälfte dieses Jahrhunderts, Band 2: Kurzbiographien, Pfaffenweiler 1993, S. 205 f. – Johannes MEHNER, M. P. Wenn etwas nötig ist, muß es getan werden, in: Birgit KNORR/Rosemarie WEHLING (Hgg.), Frauen im dt. Südwesten (Schriften zur politischen Landeskunde in Baden-Württemberg 20), Stuttgart-Berlin-Köln 1993, S. 292-29 – Adolf PALM in: Lebensbilder aus Baden-Württemberg 18 (1994), S. 418-446 (Bild) – SPECKER, Großer Schwörbrief, bes. 361 f. – DBE 7 (1998), S. 650 – Herbert HUMMEL, Die Plancks in Blaubeuren, in: DERS., Geist und Kirche. Blaubeurer Klosterschüler und Seminaristen. Biographische Skizzen aus vier Jahrhunderten (Alb und Donau – Kunst und Kultur, Band 17), Stuttgart 1998, S. 196-201 – Frank RABERG, Mathilde Planck (1861 bis 1955). Politikerin in drei Systemen, in: BzL 4/Aug. 2000, S. 13 (Bild) – SCHUMACHER, M.d.B., S. 316, Nr. 4381 [mit falschem Sterbeort] – RABERG, Biogr. Handbuch, S. 670 f. – WEIK ?2003, S. 318 – HOCHREUTHER, Frauen im Parlament ²2002, S. 90-93 (Bild) – Vertreterin der Frauen, in: Stuttgarter Zeitung Nr. 166, 21. VIII. 2005, S. 20 (Gerhard RAFF) – Mathilde Planck 1861-1955 (Menschen aus dem Land 8, 2005), hg. von der Landeszentrale für politische Bildung Baden-Württemberg (Mascha RIEPL-SCHMIDT) – DIES., Mathilde Planck. Für Frieden und Frauenrechte, Leinfelden-Echterdingen 2009.

Planck, Max (von), Dr. phil., * Feuerbach 8. Juli 1822, † Stuttgart 8. April 1900, ▢ ebd., Pragfriedhof, ev.
Vater   Karl (Carl) Planck, Mag., * Nürtingen 9. VII. 1793, † Stuttgart 4. V. 1872, ev. Geistlicher, 1817 Vikar in Münsingen, Stadtpfarrverweser in Friedrichshafen, 1818 Diakon in Münsingen, 1821-1866 Stadtpfarrer in Feuerbach.
Mutter   Friederike Uhland, † Feuerbach 10. V. 1864[456].

Mehrere G, darunter Karl Planck[457], * 6. VI. 1819, † Ellwangen/Jagst 7. VIII. 1878, Rechtskonsulent in Ludwigsburg, zuletzt Kanzleirat in Ellwangen, 1856-1862 MdL Württemberg; Eugenie Planck.
∞ Henriette Roßteuscher, * 1826, † Stuttgart 2. IV. 1900[458].
2 K.

20 Jahre lang war P. eine der angesehensten Lehrerpersönlichkeiten in Ulm.

P. wuchs in Feuerbach auf und besuchte ab 1833 die Lateinschule in Nürtingen, anschließend ab 1836 das ev.-theol. Seminar Schöntal/Jagst. Er studierte seit 1840 als „Stiftler" in Tübingen Theologie, Philosophie und Philologie und war dort Mitstifter der Stiftsverbindung „Die Patrioten" bzw. der daraus hervorgehenden Burschenschaft Normannia. 1845 bestand P. die I. theol. Dienstprüfung mit Auszeichnung und wurde sogleich als Hilfslehrer an den Gymnasien in Stuttgart und Tübingen eingesetzt. Von Ende 1845 bis 1847 war er Hofmeister im Haus des Kriegsministers und späteren Ulmer Gouverneurs Graf von →Sontheim. 1846 erfolgte die Promotion zum Dr. phil., mit einer in Latein verfassten Arbeit über den gefesselten Prometheus des Aischylos.

Zeitweise Vikar bei seinem Vater in Feuerbach, unternahm der sich für das klassische Altertum begeisternde P. von Sept. 1847 bis Mai 1848 eine Reise nach Italien, die ihn sehr beeindruckte. 1848 ging er als Repetent an das ev.-theol. Seminar Urach, von Ende 1848 bis Frühjahr 1852 war P. Stiftsrepetent in Tübingen. 1850 bestand er die II. theol. Dienstprüfung, 1851 die Professoratsprüfung. 1852/53 wirkte er als unständiger Lehrer am Obergymnasium Heilbronn/Neckar. 1853 erfolgte P.s Ernennung zum Rektor der Latein- und Realschule in Biberach/Riß. 1858 ging er als Professor für Latein, Geschichte und Französisch an der oberen Abteilung des Kgl. Gymnasiums nach Ulm. Während seiner langjährigen Tätigkeit in Ulm verschaffte sich P. als Lehrer und Schriftsteller einen ausgezeichneten Ruf. 1877 fungierte P. als Vorstand des Festkomitees für das große Münsterjubiläum.

1878 zum Rektor (1880 Titel Oberstudienrat) des Gymnasiums in Stuttgart ernannt, übernahm er 1881 die Leitung des neuen Karlsgymnasiums ebd. Von 1895 bis 1898 war P. Direktor (1898 bei Zurruhesetzung Verleihung von Titel und Rang Präsident) der Ministerialabteilung für die Gelehrten- und Realschulen im Kgl. Württ. Ministerium für die Kirchen- und Schulwesens. P. starb, wie seine Frau eine Woche vor ihm, an den Folgen der Influenzawelle des Winters 1900. – 1873 Ritterkreuz I. Kl. des Friedrichsordens; 1881 Ritterkreuz des Württ. Kronordens; 1886 Ehrenritterkreuz des Kronordens; 1889 Jubiläumsmedaille; 1898 Ehrenmitglied der Ministerialabteilung für Gelehrten- und Realschulen.

W   Verzeichnis in: Schwäb. Lebensbilder 4 (1948), S. [196]-222 (Gustav WIDMANN), hier S. 221 f.
L   Ih 2, S. 679 – SCHULTES, Chronik, S. 544 – Magisterbuch 30 (1897), S. 61 – Staatsanz. Nr. 83, 9. V. 1900, S. 650 f. – SK 1900, Nr. 166 – Württ. Jahrbücher 1900, S. VII – LINCK-PELARGUS, S. 27 – SCHMIDGALL, Burschenschafterlisten, S. 125, Nr. 93, S. 147, Nr. 587 – LEUBE, Tübinger Stift, S. 708.

Podlaszewski, Boleslawa, * Griebenau/Kreis Kulm an der Weichsel (Westpreußen) 11. Okt. 1905, † Ulm 23. Juli 1997, kath.
Vater   Podlaszewski, Dorfschulmeister in Griebenau.
5 G.
Ledig. Keine K.

Als erste Leiterin des Ulmer Jugend- und Sozialamtes und im öffentlichen Leben vielfach engagierte Persönlichkeit war „die Podla", wie sie kurz genannt wurde, über Jahrzehnte hinweg eine der bekanntesten Frauen Ulms.

P. wuchs in ihrem Geburtsort und – nach dem frühen Tod des Vaters – nach 1913 in Berlin auf, wohin die Mutter übergesie-

[456] Todesanz. SK Nr. 113, 14. V. 1864, S. 1093.

[457] RABERG, Biogr. Handbuch, S. 671.
[458] Staatsanz. Nr. 79, 4. IV. 1900, S. 619.

delt war. In der Reichshauptstadt besuchte P. ein Lyzeum und das Oberlyzeum und bestand 1924 die Abschlussprüfung. Danach übernahm sie Aufgaben als Erzieherin in verschiedenen Privathäusern, auch im Ausland, so in der Schweiz, Belgien und in den Niederlanden. Von 1930 bis 1934 ließ sie sich an der späteren Helene-Weber-Akademie in Berlin zur Sozialarbeiterin ausbilden und übernahm anschließend eine Stelle beim Jugend- und Sozialamt der Stadt Berlin. Als Sozialarbeiterin im Bezirk Friedrichshain sammelte sie umfassende Erfahrungen, die sie, rückblickend betrachtet, für ihre spätere Aufgabe in Ulm vorbereiteten.

Nach 1945 zur Abteilungsleiterin beim Berliner Jugendamt ernannt, war P. mit ihren Mitarbeitern für Erziehungsberatung zuständig, ein Bereich also, dem in der Nachkriegszeit besondere Bedeutung zukam. P. bildete auch den Beamtennachwuchs aus. Im Sommer 1947 und 1949 konnte sie an einem sozialpädagogischen Auslandskurs in England teilnehmen, 1951 lernte sie die Verhältnisse in den USA kennen. Daneben bildete sie sich mit einem Studium am Institut für Psychogene Erkrankungen in Berlin fort. Ihr beruflicher Einsatz ging weit über das übliche Maß hinaus.

Es war Ulms Oberbürgermeister Theodor →Pfizer, der 1956 den Wechsel P.s von Berlin nach Ulm bewerkstelligte. Ihre Schwester Helene begleitete sie. Anfang 1957 übernahm sie als Nachfolgerin von Eduard Barnickel die Leitung des Ulmer Jugend- und Sozialamtes. Die „Neue aus Berlin" mit dem „unaussprechlichen polnischen Namen" hatte es am Anfang nicht leicht, verstand es aber, sich mit Engagement und Selbstbewusstsein innerhalb kurzer Zeit eine respektable Stellung zu verschaffen. Das Hauptaugenmerk der zumeist pointiert autoritär auftretenden, groß gewachsenen Ressortchefin lag zunächst auf der Einrichtung von Jugendhäusern. Gerade in der Jugendarbeit vertrat sie ihr Prinzip „Hilfe zur Selbsthilfe" konsequent; von Almosenverteilung hielt sie wenig. P. gehörte dem Landeswohlfahrtsausschuss in Stuttgart und dem Widerspruchsausschuss des Landeswohlfahrtsverbandes an. 1970 schied P. nach 13-jähriger Tätigkeit als Leiterin des Jugend- und Sozialamtes aus. Zu ihrem Nachfolger wurde Ernst Walcher ernannt.

Die tatkräftige P. übernahm nach ihrer Zurruhesetzung den Vorsitz des Bezirksverbandes Donau-Iller/Ostwürttemberg des Deutschen Paritätischen Wohlfahrtsverbandes (DPWV) mit Sitz in Ulm und vertrat ihn als Delegierte im Ulmer Seniorenrat. Auch war sie Mitglied des Landesbeirats des DPWV Baden-Württemberg und für drei Jahre Mitglied des Landesvorstands sowie für vier Jahre Beiratsmitglied des DPWV-Bundesverbandes in Frankfurt/ Main. Sie spielte im „Überparteilichen Frauenarbeitskreis Ulm" und im „Verein Frauenbildung-Frauendienst", dem späteren Frauenring, eine wichtige Rolle. Daneben war ihr Engagement für an multipler Sklerose erkrankte Menschen herausragend. Für ein später nach ihr benanntes Haus am Eselsberg, in dem die Kranken weitgehend selbstständig leben konnten, sammelte sie unermüdlich Spendengelder.

Ihr herausragendes Engagement fand 1975 mit der Verleihung des Bundesverdienstkreuzes öffentliche Anerkennung. 1990 erhielt P. als Auszeichnung für ihr öffentliches Engagement die Bürgermedaille der Stadt Ulm. Die Theater- und Musikfreundin P., die regelmäßig das Ulmer Theater besuchte, starb im Alter von 91 Jahren an den Folgen eines Schlaganfalls. – 1968 bis 1976 Kirchengemeinderätin von St. Maria Suso; 1971 bis 1976 Zweite Vorsitzende des Dekanatsrats; langjährige Vorsitzende von „Ulmer helft!".

Q   StadtA Ulm, G 2.
L   Mathilde BATTRAN, Boleslawa Podlaszewski, in: Ökumenischer Arbeitskreis Frauen (Hg.), Ulmer Frauenwege im 20. Jahrhundert. 12 Lebensbilder. Tatkraft aus Nächstenliebe, Ulm 2006, S. 48-55 (Bilder).

Pohlhammer, Ulrich, * Neu-Ulm 26. Feb. 1852, † Stuttgart 28. Aug. 1926, kath.
Vater   Franz Pohlhammer, stammte aus Schwäbisch Gmünd, Oberpostsekretär in Neu-Ulm.
Mutter   Maria Theresia Braun.
2 G   Maria Pohlhammer, * Neu-Ulm 24. III. 1851, † ebd. 7. IV. 1851; Johanna Pohlhammer, * Neu-Ulm 6. IV. 1854.

Der aus Neu-Ulm stammende P. war neben Josef Cades zwischen 1890 und 1910 die beherrschende Persönlichkeit im Kirchenbau der Diözese Rottenburg/Neckar.

Aufgewachsen an der Donau, besuchte P. in Neu-Ulm und Ulm die Schule und schrieb sich anschließend für das Studium der Architektur an der TH Stuttgart ein. Dort waren Carl Friedrich (von) Leins und Robert (von) Reinhardt seine wichtigsten Lehrer. Der junge Architekt erprobte nach Bestehen der staatlichen Bauprüfungen erstmals 1886/87 sein Können als Kirchenbaumeister. In Schwäbisch Hall schuf er die Josefskirche als dreischiffige Basilika im Stil des Historismus. *Sein Kirchenoeuvre in Württemberg ist mit über zwei Dutzend Neubauten und ca. fünf Erweiterungen recht stattlich, hauptsächlich „mittlere und kleine Landkirchen", wie er es selbst nennt. Er variiert bei ihnen den Basilikastil mit Dreischiffigkeit, eingezogenem Chor und Chorseitturm* (STROBEL, S. 78). Zu den zahlreichen Kirchenbauten des für seinen nüchtern-sparsamen Stil bekannten P. zählen die kath. Kirche in Eislingen/Fils (1892/93), St. Josef in Feuerbach (1895), St. Michael in Kupferzell (1900), St. Nikolaus in Stuttgart-Ost (1899), St. Antonius in [Stuttgart-]Zuffenhausen (1902), St. Margareta in Salach (1904), die Herz-Jesu-Kirche in Obergriesheim, die Jakobuskirche in Tiefenbach, die Walburgakirche in Bachenau, die St.-Martins-Kirche in Sontheim/ Brenz, die Kilianskirche in Massenbachhausen, die kath. Kirche in Bargau und die St.-Josephs-Kirche in Spaichingen, wobei er *mit seiner routinierten Typenwahl und der billigen Ziegelbauweise über lange Zeit dem allgemeinen Baubetrieb verpflichtet blieb* (Richard STROBEL, S. 78). P., der über Jahrzehnte Regierungsbaumeister war und zuletzt den Titel Baurat verliehen bekommen hatte, starb im Alter von 74 Jahren.

W   Ulrich Pohlhammer, Katholische Kirchen in Württemberg. Bauten und Entwürfe des Architekten Baurat Ulrich Pohlhammer in Stuttgart, Stuttgart 1920.
L   THIEME-BECKER 27 (1933), S. 192 – KOHLHAAS, Chronik 1918-1933, S. 336 – Joachim KÖHLER (Hg.), Katholiken in Stuttgart und ihre Geschichte, Ostfildern 1990, S. 150 f., 153 f., 167, 173, 177, 180 – TEUBER, Ortsfamilienbuch Neu-Ulm I, Nr. 3536,3 – Richard STROBEL, Landkirchen in den Ortsteilen von Schwäbisch Gmünd um 1900. Kirchenbau und -erweiterungen zwischen Historismus und „Moderne": Materialien aus einem Band „Die Kunstdenkmäler in Baden-Württemberg", in: Denkmalpflege in Baden-Württemberg 34 (2005), S. 73-87 – Wikipedia.

Pressel, Karl *Friedrich* (von), Dr. phil., * Tübingen 16. Aug. 1830, † Cannstatt 20. Feb. 1910, ev.
Vater   Johann Gottfried Pressel[459], Mag., * Stuttgart 19. V. 1789, † Tübingen 31. III. 1848, Diakon und zuletzt Dekan in Tübingen, Mitglied des ehegerichtlichen Senats des Gerichtshofs für den Schwarzwaldkreis.
Mutter   Elisabeth *Friederike* Jäger, * 2. II. 1798, † 20. X. 1855.
Mehrere G, *darunter Wilhelm* Friedrich Martin Pressel[460], * Tübingen 25. XI. 1818, † Cannstatt 17. III. 1902, Pfarrer in Wankheim und Lustnau, Ritterkreuz I. Kl. des Friedrichsordens, Hebraist und Erzähler; *Theodor* Friedrich Ernst Christian Pressel[461], Dr. phil., * Tübingen 26. XI. 1819, † Schorndorf 30. I. 1877, Dekan in Schorndorf, Reformationshistoriker; *Gustav* Adolf Pressel, * Tübingen 11. VI. 1827, † Berlin 30. VII. 1890, Tondichter; *Paul* Heinrich Franz →Pressel, Dekan und Erster Münsterpfarrer in Ulm.
∞.
K   Ludwig Pressel[462], * Ulm 23. II. 1870, † Stuttgart 8. V. 1935, 1899 Parochialvikar in Zuffenhausen, 1901 Pfarrer in Mundingen, 1911 dsgl. in Schornbach.

Das Ehrenmitglied des Vereins für Kunst und Altertum in Ulm und Oberschwaben erwarb sich um die Erforschung der Ulmer

[459] Ih 3, S. 265 – SIGEL Nr. 118,9.
[460] Ih 2, S. 684 – Ih 3, S. 265 – Magisterbuch 30 (1897), S. 56 – SIGEL 14,2, Nr. 686,39 – Württ. Jahrbücher 1902, S. III.
[461] Ih 2, S. 684 – ADB 26, S. 572.
[462] Magisterbuch 40 (1897), S. 134 – SIGEL 14,2, Nr. 749,43.

Geschichte besondere Verdienste. Vor allem die Herausgabe des „Ulmer Urkundenbuchs" war wegweisend.

P. entstammte einer Familie, die über Generationen im württ. Pfarrerdienst wirkte. Er durchlief die übliche Ausbildung eines angehenden ev. Geistlichen, besuchte nach dem Gymnasium in Tübingen das ev.-theol. Seminar in Schöntal und studierte anschließend Theologie in Tübingen (Mitglied der Burschenschaft Roigel, „Tübinger Königsgesellschaft"). 1857/58 wurde er zum Dr. phil. promoviert, anschließend war er provisorischer Lehrer an der Reutlinger Lateinschule. P. entschied sich für eine Lehrerlaufbahn und ging nach dem 1860 bestandenen Professoratsexamen als Amtsverweser einer Professorenstelle an das Kgl. Gymnasium in Ulm, wo er 1865 zum wirklichen Professor ernannt wurde, zunächst als Klassenlehrer der VI. Klasse und Lehrer für Neues Testament, ab 1869 an der oberen Abteilung ebd. 1878 trat er die Nachfolge des plötzlich verstorbenen Julius Rieckher als Rektor des Kgl. Gymnasiums Heilbronn/Neckar an, 1896 wurde ihm der Titel Oberstudienrat verliehen. 1898 erfolgte P.s Pensionierung unter Verleihung des Ehrenritterkreuzes des Württ. Kronordens. Der historisch sehr interessierte N. war Zweiter Vorstand und Bibliothekar des Vereins für Kunst und Altertum in Ulm und Oberschwaben, zuletzt ab 1879 dessen Ehrenmitglied. 1864 vom Verein mit der Herausgabe des „Ulmer Urkundenbuchs" beauftragt, gab P. von 1878 bis 1888 auch die „Münster-Blätter" heraus. Er war auch Mitglied des Münsterbaukomitees. Sein Lehrerkollege Gottlob Egelhaaf schildert ihn als *überaus gewandte[n] Steuermann des Schiffes, das ihm anvertraut war; er besaß die Gabe, die Menschen zu beurteilen und zu verwenden; wen er für brauchbar hielt, den zog er hervor und förderte ihn.* Nervös und *manchmal launisch* sei P. gewesen, *an vielen Tagen überaus liebenswürdig, konnte er an anderen zurückhaltend, ja ablehnend sein.* – 1877 Kriegsdenkmünze für Nichtkombattanten; Ritterkreuz I. Kl. des Friedrichsordens; 1889 Ritterkreuz des Württ. Kronordens und Jubiläumsmedaille.

Q StadtA Ulm, Bestand H, Nachlass – ebd., G 2.
W (Hg.), Ulmisches Urkundenbuch, Band 1: Die Stadtgemeinde. Von 854-1314, Stuttgart 1873 – Aus Alt-Ulm, in: UO 12 (1905), S. 1-20.
L Ih 2, S. 684 – SCHULTES, Chronik, S. 56, 547, 550, 553 – Magisterbuch 30 (1897), S. 76 – Staatsanz. 1910, Nr. 43 – SK 1910, S. 84 – Württ. Jahrbücher 1910, S. III – SCHMIDGALL, Burschenschafterlisten, S. 134, Nr. 74 – RAPP, Egelhaaf, S. 42-44, 49, 76.

Pressel, *Paul* Heinrich Franz, * Tübingen 16. Juni 1824, † ebd. 4. April 1898, ev.

Eltern und Geschwister siehe Karl *Friedrich* (von) →Pressel.
∞ 1857 Anna *Elisabeth* Tiedemann-Wellin, * 1826, † 1872, T. eines Kaufmanns in Bremen.
1 K.

P. war eine bedeutende Persönlichkeit der ev. Kirche in Ulm in der Gründerzeit, Dekan und Mitglied der Landessynode, Schriftsteller und Historiker.
Nach dem ev.-theol. Seminar Urach folgte das Theologiestudium (Stiftler) in Tübingen (Mitglied der Burschenschaft Roigel, „Tübinger Königsgesellschaft"). Zunächst war P. nach dem theol. Examen von 1847 bis 1849 Vikar in Alfdorf/OA Welzheim. 1849/50 unternahm er eine längere Studienreise nach Paris und übernahm nach der Rückkehr die Hofmeisterstelle auf der Nippenburg bei Münsingen. Von 1854 bis 1859 war er Institutsvorsteher in Reutlingen, von 1860 bis 1866 Diakon in Brackenheim, von 1866 bis 1871 dsgl. in Geislingen/Steige,

zugleich Bezirksschulinspektor ebd. Von 1869 bis 1874 war er Abg. für Geislingen/Steige zur 1. Ev. Landessynode. Von 1871 bis 1876 fungierte D. als Dekan in Neuenstadt an der Linde, seit 1872 zugleich als Bezirksschulinspektor, von 1874 bis 1878 war er Abg. für Neuenstadt zur 2. Ev. Landessynode und dort Vorstand der Kommission für Lehre und Kultus sowie geistliches Mitglied des Synodalausschusses. Vom 21. März 1876 bis 31. Okt. 1888 war P. als Nachfolger des verstorbenen Christian August von →Landerer Dekan und Erster Münsterpfarrer in Ulm, ab 1884 zugleich auch Bezirksschulinspektor. Von 1879 bis 1886 war er Abg. für Ulm zur 3. Ev. Landessynode und dort wie schon bei der 2. Landessynode Vorstand der Kommission für Lehre und Kultus sowie geistliches Mitglied des Synodalausschusses.

1888 erfolgte nach einem Schlaganfall P.s Pensionierung unter Verleihung des Ritterkreuzes des Württ. Kronordens. Er lebte zuletzt im Haus seiner verwitweten Tochter in Tübingen. P. engagierte sich bereits seit Anfang der 1860er Jahre politisch in kleindeutschem Sinne, was seinerzeit in Württemberg nicht mehrheitsfähig war. P.s Standhaftigkeit trug ihm die Verehrung der Nationalliberalen ein. P. war umfangreich schriftstellerisch tätig und verfasste u. a. volkstümliche Biographien über Calvin (1864) und über Herzog Christoph von Württemberg (1868) sowie Gedichte („Franz von Sickingen"). – 1871 Olgaorden; 1874 Kriegsdenkmünze für Nichtkombattanten; 1877 Ritterkreuz I. Kl. des Friedrichsordens; 1889 Jubiläumsmedaille.

W Lebensbilder: Philipp Melanchthon, Stuttgart 1860 – Die geistliche Dichtung von Luther bis Klopstock (Ev. Volksbibliothek 5), Stuttgart 1863 – Johann Calvin, Elberfeld 1864 – Christoph Herzog zu Württemberg, Stuttgart 1868 – Luther von Eisleben bis Wittenberg. 1483-1517. Chronik und Stammbaum, Stuttgart 1883 – (als Hg.) Johannes Brenz. Ausgewählte Dokumente, Leipzig 1893.
L DBI 6, S. 2719 – DBA I/980, 54-57 – Ih 2, S. 684 – Ih 3, S. 265 – SCHULTES, Chronik, S. 533 – Magisterbuch 30 (1897), S. 64 – Staatsanz. 1898, S. 655 – SK Nr. 79 (Abendblatt), 5. IV. 1898, S. 713, 715 (Todesanz. d. Tochter Frida Schumann) – ebd. Nr. 82, 9. IV. 1898 (Mittagsblatt), S. 734 – ebd. Nr. 85, 14. IV. 1898 (Mittagsblatt), S. 767 – Württ. Jahrbücher 1898, S. VII – BJDN 3, S. 149 ff. – ADB 53 (1907), S. 113 f. (Julius HARTMANN) – SIGEL 14,2, Nr. 154,37 (S. 298) – SCHMIDGALL, Burschenschafterlisten, S. 133, Nr. 36 – NEBINGER, Die ev. Prälaten, S. 580 – EHMER/KAMMERER, S. 288 (Bild).

Pressmar, *Emma* Karoline, Dr. rer. nat, * Ulm 13. Mai 1909, † ebd. 9. Jan. 2000, ▢ Bangalore (Südindien), ev.

Vater Thimotheus Pressmar, Lokomotivführer in Ulm.
Mutter Maria Margarete Barbara Ströbel.
Ledig. Keine K.

Die Pädagogin und Prähistorikerin P., die in ihrer Person das Verbindende zwischen Ulm und Neu-Ulm sinnfällig verkörperte, erwarb sich grundlegende und nachhaltige Verdienste um das Neu-Ulmer Heimatmuseum und engagierte sich über fast 20 Jahre als Kreisheimatpflegerin.
Die künstlerisch begabte P. wollte eigentlich Malerin werden, doch ihr Vater veranlasste sie nach Abschluss der höheren Schule in Ulm zum Beginn eines naturwissenschaftlich-philologischen Studiums, das sie nach Tübingen, Berlin und München führte. Sie entwickelte ein reges Interesse an Vorgeschichte und Archäologie, das bei ihr von Anfang an in der Heimat verortet war, dem „Ulmer Winkel". In mühevoller Kleinarbeit ordnete und verzeichnete P. von 1934 bis 1937 die zahlreichen Funde aus dem „Ulmer Winkel", deren älteste Stücke in die Mittelsteinzeit (um 8000 v. Chr.) zurückreichen. Sie schuf damit das Fundament ihrer wissenschaftlichen Erschließung. 1936 eröffnete mit ihrer maßgeblichen Unterstützung die vor- und frühgeschichtliche Abteilung des Neu-Ulmer Heimatmuseums. Ihre Forschungsergebnisse fasste sie in einem Vortrag zusammen, den sie am 6. Nov. 1936 vor den Mitgliedern des Vereins für Kunst und Altertum in Ulm und Oberschwaben in Ulm hielt. Im Feb. 1937 wurde sie mit einer Dissertation „Vor- und Frühgeschichte des Ulmer Winkels auf bodenkundlicher Grundlage" an der Universität München zum Dr. rer. nat. promoviert. Die auch heute noch mustergültige

Arbeit erschien 1938 in München im Druck. Im April 1937 analysierte sie die bei einem Neubauprojekt in Oberfahlheim zu Tage geförderten Bronzefunde und datierte sie in die Zeit um 2000 v. Chr. Viel später (nach 1979) erregten ihre Grabungen am Elchinger Kreuz Aufsehen, wo sie auf Überreste eines urnenfelderzeitlichen Töpferofens stieß. Bemerkenswert waren ihre Tatkraft und ihre Begeisterung auch noch im Alter. Noch 1979 wurden unter ihrer Leitung subfossile Eichenstämme unter dem Neubau des Neu-Ulmer Landratsamtes geborgen. Noch mit Mitte 80 beaufsichtigte sie prähistorische Grabungen in Bellenberg. Ihr besonderes Interesse neben der Archäologie galt dem Sammeln antiker Ringe und Gemmen. 1985 wurden 100 Stücke aus ihrem Besitz von der Prähistorischen Staatssammlung München ausgestellt. 1991 stiftete sie dem Ulmer Museum 250 Ringe aus 38 Ländern, die in einer Ausstellung gezeigt wurden.

P., die während der NS-Zeit wenig Zweifel daran ließ, dass sie der völkischen „Blut-und-Boden"-Ideologie der Nationalsozialisten nicht ganz fernstand, war Lehrerin für Biologie, Englisch und Französisch am Kepler-Gymnasium in Ulm, später an der Ulrich-von-Ensingen-Realschule ebd. und zuletzt Oberstudienrätin am Humboldt-Gymnasium ebd. Als „Bio-Presse" verehrt und teilweise gefürchtet, war sie eine Lehrerpersönlichkeit „vom alten Schlag".

1954 organisierte P. mit Professor Wetzel (Tübingen) die Ausstellung „Vorgeschichte des Ulmer Raums", die im Ulmer Museum gezeigt wurde. Sie übernahm Mitte der 1960er Jahre als Kreisheimatpflegerin die Federführung bei der Neueröffnung der Prähistorischen Abteilung des Heimatmuseums Neu-Ulm, die am 1. Feb. 1969 aus Anlass der 100-Jahr-Feier der Stadterhebung Neu-Ulms eröffnet wurde. Am 1. Juli 1985 trat sie, mittlerweile 76 Jahre alt, vom Amt der Kreisheimatpflegerin zurück. Damit endete aber nicht ihre umfassende Aktivität. Weiterhin hielt sie Vorträge an den Volkshochschulen Ulm, Neu-Ulm, Weißenhorn, Illertissen, Illerberg und schrieb kleine und größere Aufsätze und Zeitungsartikel.

P. starb im 91. Lebensjahr. Bis in ihre letzten Lebenstage hinein hatte sie an der Fertigstellung der 27. Ausgabe ihrer „Jahres-Mosaiken" gearbeitet, die sie für ihre Schüler zusammenstellte und die einen geradezu legendären Ruf genossen. Die Trauerfeier fand am 14. Jan. 2000 auf dem Ulmer Hauptfriedhof statt. Ihre Asche wurde in Bangalore beigesetzt, wo eine „Kindergarten School" nach ihr benannt ist. In der Traueranzeige von Stadt und Landkreis Neu-Ulm hieß es, P. habe sich *mit ihrer Arbeit als Kreisheimatpflegerin für Vor- und Frühgeschichte und mit ihrem Engagement für unser Prähistorisches Museum in Neu-Ulm in herausragender Weise um den Landkreis und die Stadt Neu-Ulm verdient gemacht. Wir gedenken ihrer in hoher Wertschätzung und Dankbarkeit.* – 1962 Ehrenmitglied des Deutschen Brotmuseums e. V. in Ulm; 1964 Ehrenmitglied des Seminario de Prehistoria y Arqueologia Sautuola, Santander; 1978 Bundesverdienstkreuz am Bande; 1981 Hermann-Köhl-Medaille der Stadt Neu-Ulm; 1982 Bayer. Denkmalschutzmedaille; Juni 1986 Bayer. Verdienstorden; 1986 Benennung einer neuen Orchideenzüchtung nach P. durch die Deutsche Orchideen-Gesellschaft.

Q StadtA Neu-Ulm, D 12, III.2.3.11. – StadtA Ulm, G 2 (darin Schriftenverzeichnis) – ebd., H, Teil-Nachlass.
W Vor- und Frühgeschichte des Ulmer Winkels auf bodenkundlicher Grundlage, München 1938 – Zeugnisse der Vor- und Frühzeit, in: Anton H. KONRAD u. a. (Hgg.), Zwischen Donau und Iller. Der Landkreis Neu-Ulm in Geschichte und Kunst, Weißenhorn 1972, S. 42-53 – Prähistorische Funde. Erfolgreiche Siedlungsgrabung am Elchinger Kreuz, in: Ulmer Forum 45 (Frühjahr 1978), S. 30 f. – (mit Host GAISER) Finningen in alter Zeit. Beilage zur FS 70 Jahre RSV-Germania Neu-Ulm/Finningen, 1982 – Aus Steinheims Frühzeit, in: TREU, Steinheim, S. 28-31 – Vor- und Frühgeschichtliches aus Ludwigsfeld, in: FS 125 Jahre Ludwigsfeld, Neu-Ulm 1987.
L UBC 5a, S. 183, 185, 200, 206 – TREU, Neu-Ulm, S. 45, 47 f., 57, 67, 499, 502 (Bild) – Gerhard KAISER, Nachruf: Pädagogin und Prähistorikerin. Im Dienst der Forschung. Dr. Emma Pressmar ist gestorben, in: SWP Nr. 7, 11. I. 2000 (Bild).

Primus, Rupert, * Babenhausen 12. März 1812, † Neu-Ulm 25. Juli 1872, kath.

Vater   Andreas Primus[463], Gerichtsarzt und Fürstlich Fugger´scher Hofrat.
Mutter   Carolina Heiserer, aus Obermoschel (Pfalz), † Neu-Ulm 18. I. 1874.
∞ Burfalingen 3. VI. 1839 Johanna Hug, geb. Stadler[464], * Staufen 22. V. 1809, † 13. VI. 1874, T. d. Handelsmanns Josef Stadler u. d. Anna Barbara Witzigmann.

P. war der dritte Bürgermeister Neu-Ulms seit Einführung des Bürgermeisteramts im Jahre 1830.

Der Lebensgang P.s ist auf Grund der spärlichen Quellenlage nicht en detail zu verfolgen. Sicher ist nur, dass er von 1839 bis 1864 als Nachfolger des 1839 verstorbenen ersten Apothekers Anton →Wolff Apotheker in Neu-Ulm (in der Marienstraße) war und zugleich seit 1839 als Gemeindepfleger ebd. wirkte. In letzterer Eigenschaft war P. von 1839 bis 1842 Mitglied des Gemeindeausschusses ebd. 1843 übernahm er als Gemeindevorstand (Bürgermeister) die Nachfolge von Peter →Staiger und blieb bis 1852 im Amt. Während seiner Amtszeit wurde die bauliche Entwicklung Neu-Ulms angesichts der Erfordernisse des Festungsbaus auf eine neue Grundlage gestellt. Aus welchen Gründen der 40-jährige P. 1852 aus dem Amt schied, ist nicht bekannt. Zu seinem Nachfolger wurde der Wichsefabrikant Anton →Stiegele gewählt.

L BUCK, Chronik, S. XVII (Bild), XVIII, 97 f., 105, 269 – Eduard OHM, Spärliches Spalier für die Kaiserin von Brasilien (Neu-Ulmer Geschichten 9), in: NUZ, 14. VII. 1984, S. 27 – TEUBER, Ortsfamilienbuch Neu-Ulm II, Nr. 3569 – TREU, Neu-Ulm, S. 179, 576.

Prinzing, Friedrich, Dr. med., * Ulm 3. April 1859, † ebd. 31. Jan. 1938, ev.

P. war einer der profiliertesten Ärzte in Ulm an der Wende vom 19. zum 20. Jahrhundert.

Nach dem Medizinstudium in Tübingen, München, Berlin und Wien ließ er sich als praktischer Arzt in seiner Vaterstadt nieder. Bald war P. einer der gefragtesten Mediziner in der Donaustadt, in der er sich auch als stv. Oberamtsarzt, Armen- und Bahnarzt engagierte. Neben seiner umfangreichen Praxis widmete er sich intensiv der medizinischen Statistik; seine Arbeitsergebnisse legte er in einer Reihe von Veröffentlichungen vor. Diese Tätigkeit trug ihm die Mitgliedschaft in einer Reihe auswärtiger wissenschaftlicher Vereinigungen ein. Im Ersten Weltkrieg war er Leiter der inneren Abteilung des Ulmer Festungshauptlazaretts. Seine Verdienste fanden durch Verleihung des Titels Sanitätsrat große Anerkennung. – Mitglied des Vereins für Kunst und Altertum in Ulm und Oberschwaben.

L Ih 2, S. 685 – UBC 4, S. 373.

Prittwitz und Gaffron, Moritz Karl *Ernst* von, * Kreisewitz bei Brieg (Schlesien) 9. Feb. 1795, † Berlin 21. Okt. 1885, ev.

Vater   *Ernst* Karl Ludwig von Prittwitz und Gaffron, * 21. VIII. 1743, † Brieg 7. XI. 1831, Kgl. Preuß. Landrat und Rittmeister a. D.
Mutter   Johanna Sophie von Prittwitz und Gaffron aus dem Hause Karisch, * 23. XI. 1762, † Brieg 25. V. 1832.
2 G   *Bernhard* Karl Heinrich von Prittwitz und Gaffron, * Kreisewitz 26. III. 1796, † Breslau 21. I. 1881, Kgl. Preuß. Generalmajor, ∞ 20. VIII. 1831 *Selma* Charlotte Wilhelmine Auguste Julie von Korckwitz, * Lampersdorf 30. VIII. 1811, † Breslau 6. XII. 1874; *Robert* Karl August von Prittwitz und Gaffron, * Kreisewitz 25. IV. 1806, † Breslau 16. IV. 1889, Kgl. Preuß. Regierungspräsident, ∞ I. Cawallen 22. IV. 1840 *Johanne* Ernestine Henriette von Prittwitz und Gaffron, * 1. II. 1821, † Münster 28. IV. 1841, ∞ II. 9. VIII. 1848 Luise Henriette Sophie Julie von Prittwitz und Gaffron, * 31. XII. 1828, † Berlin 1. V. 1851, ∞ III. 28. XII. 1854 *Helene* Charlotte Eleonore von Stülpnagel, * 30. V. 1825.
∞ 9. II. 1830 Therese Emilie *Domicilie* von Colbe aus dem Hause Lissewo, * 27. VIII. 1810, † Owinsk 4. III. 1871.
5 K   *Hans* Gustav Viktor von Prittwitz und Gaffron, * Posen 31. III. 1831, † Öls 3. VIII. 1884, Kgl. Preuß. Hauptmann, ∞ Randowhof 4. XI. 1862 Charlotte Ottilie Wilhelmine Anna von Randow, * Bogschütz 12. XI. 1840; *Ernst* Ferdinand

463 TEUBER, Ortsfamilienbuch Neu-Ulm I, Nr. 3567.
464 Wwe. des Kaufmanns Franz Xaver Hug in Neu-Ulm, der am 22. XII. 1838 gestorben war, vgl. TEUBER, Ortsfamilienbuch Neu-Ulm I, Nr. 3567.

von Prittwitz und Gaffron, * Posen 20. I. 1833, † Karlsruhe (Baden) 24. II. 1904, Kgl. Preuß. Generalleutnant z. D., ∞ Mahlberg bei Kippenheim (Baden) Freiin

Franziska (Fanny) Marie Friederike Auguste von Türckheim zu Altdorf, * Karlsruhe 14. VI. 1855; Anna Therese Hermine von Prittwitz und Gaffron, * Posen 1. V. 1836, *Cordula* Domicile von Prittwitz und Gaffron, * 11. V. 1838, ∞ Berlin 26. III. 1868 Rudolf von Bandemer, Kgl. Preuß. Rittmeister und Kammerherr; *Walter* Paul Bernhard von Prittwitz und Gaffron, * Posen 14. II. 1840, † Berlin 20. VI. 1901, Kgl. Preuß. Generalleutnant z. D., ∞ Glowitz 19. XII. 1882 *Marie* Elisabeth Albertine Ida Mathilde von Puttkammer, * Glowitz 27. XII. 1855.

Als Erbauer der Bundesfestung Ulm genießt der preußische Offizier und Militärschriftsteller P. im Rahmen der Geschichte Ulms im 19. Jahrhundert eine besondere Stellung: *Ihm ist es zu verdanken, dass Ulm überhaupt zu einer klar gegliederten Festung wurde, die darüber hinaus in ihrer ursprünglichen Planung als stark bezeichnet werden durfte* (Markus THEILE).

Er entstammte einem schlesischen Uradelsgeschlecht, das bis zum Anfang des 14. Jahrhunderts zurückzuverfolgen ist. Es stellte Brandenburg und Preußen zahlreiche Offiziere und Beamte. P. genoss nach Unterweisung durch einen Hauslehrer eine ausgezeichnete Schulbildung am Gymnasium in Brieg und studierte Jura in Breslau, ehe er sich beim Militär zum Ingenieuroffizier ausbilden ließ. Seine Anfänge als Offizier gehen zurück in die Zeit der Befreiungskriege, als er erste Erfahrungen im Festungsbau und bei der Befestigung militärischer Lager sammelte, wie etwa in Glatz und 1815 bei der Okkupationsarmee in Frankreich. Der Festungsbau spielte nach der Gründung des Deutschen Bundes und im Zusammenhang mit den zahlreichen Festungsbauprojekten, zu denen schon frühzeitig auch die Festungen in Ulm und Neu-Ulm zählten, eine hervorragende Rolle in der Bundespolitik. 1818 wurde P. zum Festungsbau nach Koblenz abkommandiert, zehn Jahre später erfolgte die Ernennung des nunmehrigen Hauptmanns I. Kl. im Kgl. Preuß. Ingenieur-Corps zum Festungsbaudirektor in Posen.

In den 1830er Jahren verschaffte sich P. – 1838 zum Major ernannt – durch seine Leistungen in Posen und als Schriftsteller zu Themen des Festungsbaus einen weit über Deutschland hinausreichenden Ruf als Fachmann für militärisches Ingenieurwesen und Festungsbau.

Da Württembergs Ingenieurkorps erst im Aufbau befindlich war und daher über keine hinreichend qualifizierten Fachleute verfügte, kam der preuß. Offizier P. an die Donau. Der Bundestag in Frankfurt/Main ernannte ihn zum Leiter des Ulmer Festungsbaus. Am 19. Juni 1841 traf P. in Ulm ein. P. ging die Aufgabe des Festungsbaus ebenso weitsichtig an wie die damit untrennbar verknüpfte Frage der Erweiterungsmöglichkeiten der Stadt Ulm. Ihn leitete dabei die Überzeugung, dass sich die Bevölkerungszahl Ulms innerhalb eines halben oder vollen Jahrhunderts verdoppeln oder gar vervielfachen werde. Daher war sein Plan, in Ansehung dieser ja voll zutreffenden Prognose eine Fläche von ca. 280 Hektar zu umwallen, zwar groß angelegt, aber in der Perspektive angemessen. Schwierigkeiten gab es von Anfang an mit dem bayer. Kollegen in Neu-Ulm, Friedrich →Herdegen, der sehr genau auf die Rechte Bayerns beim Festungsbau achtete, letztlich aber der Errichtung einer gemeinsamen Festungsbaudirektion mit zwei Direktoren nicht im Wege stand. Am 18. Okt. 1844 konnte auf dem Wilhelmsburg die Grundsteinlegung festlich begangen werden. P. stand im ständigen Konflikt mit dem Deutschen Bund, der letztlich mit seinen permanenten Einsparungsgeboten die Planung P.s

für einen Hauptwaffenplatz Ulm/Neu-Ulm untergrub und dem Festungsbaudirektor nur gestattete, einen Torso zu bauen.

Die breite und gerade Straßenverbindung zwischen dem Blaubeurer und dem Stuttgarter Tor – eine seinerzeit militärisch wichtige Ost-West-Achse (heutige Karlstraße) – geht auf einen von P. 1846 unterbreiteten Vorschlag zurück. Mit seinen Vorschlägen für die Führung der Eisenbahnstrecke an der Donau und am Albrand entlang mit dem Bahnhof am Fuße des Michelsberges drang er nicht durch, da die Ulmer Entscheidungsträger, denen P. in den 1840er Jahren recht suspekt war, nach grundstückspolitischen Gesichtspunkten entschieden und den Bahnhof dort platzierten, wo er sich noch heute befindet – womit die organische Entwicklungsmöglichkeit der Kernstadt nach Westen abgeschnitten war. P. ließ für die zahlreichen Schanzer, die er mit Akkordlohnangeboten zu Höchstleistungen anspornte, bei den Bauarbeiten eine Pflichtkasse errichten, um sie bei Unglücken und Krankheiten zu versichern. Diese soziale Komponente seines Wirkens führte später zu seinem Engagement als Vorsitzender des „Centralvereins für das Wohl der arbeitenden Klassen" und des geschäftsführenden Ausschusses der Victoria-National-Invaliden-Stiftung. Als P. Anfang 1849 eine Kollekte für die (zu ohnehin nur sehr milden Strafen) verurteilten Angehörigen des 3. Kavallerie-Rgts. veranstaltete, die für das gewaltsame Ende des sogenannten „Ulmer Schiffs-Krawalls" vom Juni 1848 verantwortlich waren, kam das in der Ulmer Bevölkerung nicht gut an; in der Nacht des 31. Jan. 1849 musste P. vor seinem Haus eine „Katzenmusik" über sich ergehen lassen. Neben seiner Tätigkeit in Ulm war P., der 1846 zum Oberstleutnant und 1848 zum Obersten befördert wurde, auch für den Bau der Festung Rastatt und der Burg Hohenzollern bei Hechingen verantwortlich. Während der Revolution 1848/49 war P. beim Einmarsch der preuß. Truppen in Baden dabei und kämpfte im Gefecht bei Gernsbach. Auch war er an der Einschließung und Beschießung von Rastatt beteiligt.

Im Dez. 1850 wurde P. von Ulm abberufen, um als Chef der 1. Ingenieur-Inspektion in Berlin die Bauleitung der preußischen Festungen im Osten (u. a. wieder in Posen) zu übernehmen. Seine Nachfolge als Festungsbaudirektor „linken Ufers" trat Gustav von →Erhardt an.

Von 1851 bis 1856 gehörte P., der 1853 zum Generalmajor ernannt wurde, dem Abgeordnetenhaus des Preuß. Landtags an. 1857 erfolgte seine Berufung zum Inspekteur der vereinigten Artillerie- und Ingenieurschule Berlin, 1858 seine Beförderung zum Generalleutnant, 1860 zum Zweiten Generalinspekteur des gesamten Preuß. Ingenieurkorps und der Festungen. 1863 trat er im Jahr seines 50-jährigen Dienstjubiläums als General der Infanterie z. D. außer Dienst.

Die Verbindung zu Ulm war nach P.s Wechsel nach Berlin im Jahre 1850 nie ganz abgerissen. P. war zuletzt in Ulm geschätzt und hoch verehrt gewesen, und deshalb ist es nicht völlig verwunderlich, dass er im Juli 1870 auf ausdrücklichen Wunsch des Königs Karl I. von Württemberg als Gouverneur der Bundesfestung nach Ulm zurückkehrte, ein Amt, für das er für die Dauer des Krieges gegen Frankreich ernannt worden war. Auch in dieser Zeit kamen – wie schon knapp 30 Jahre früher – Animositäten zwischen württ. und preuß. Offizieren zum Tragen, wobei erstere letzteren eine arrogante Haltung nachsagten, die vor allem in der korrekten Form von Ehrenbezeugungen fassbar wurde. Als ein Beispiel sei angeführt der Vorfall mit dem württ. Truppenkommandeur Oberst Hegelmaier, der in einem Schreiben an P. monierte, dieser habe ihn auf seinen Gruß bei den Feiern zum Geburtstag des Königs von Bayern 1870 nicht zurückgegrüßt. P. schickte Hegelmaiers Brief an den aus Preußen stammenden württ. Kriegsminister Albert von Suckow, der Hegelmaier deswegen tadelte und ihm das Gehalt kürzte. Wenig später beantragten P. und Hegelmaier *aus Gesundheitsrücksichten* Urlaub. P. beantragte wiederholt seine Entlassung, die ihm jedoch nicht gewährt wurde. So stellte er am 2. März 1871 ein Gesuch auf Gewährung eines Urlaubs auf unbestimmte Zeit und ging nach Berlin. Seine Nachfolge als Gouverneur übernahm im Juli 1871 General von Rosenberg-Gruszynsky.

P., dem vom König von Preußen das Prädikat Exzellenz verliehen worden war, hatte schon in den 1840er Jahren dem Verein für Kunst und Altertum in Ulm und Oberschwaben angehört, der ihn zuletzt zum Ehrenmitglied ernannte. P. war auch Mitglied des Vereins für Mathematik und Naturwissenschaften in Ulm. Die Stadt Ulm ernannte ihn 1872 zum Ehrenbürger. Zuvor war schon ein Fort der Ulmer Befestigungsanlage nach ihm benannt worden. Später folgte die Benennung einer Straße in Ulm. P. starb im 91. Lebensjahr in Berlin. – Kommenturkreuz I. Kl. des Württ. Kronordens; 1840 Großhzgl. Bad. Feldzugsmedaille; 1863 Kgl. Preuß. Kronorden I. Kl. mit dem Band des Roten Adlerordens; Kgl. Preuß. Roter Adlerorden I. Kl. mit Eichenlaub; Ksl. Russischer St.-Stanislaus-Orden I. Kl.; Kommandeurkreuz des Ksl. Österr. Leopold-Ordens.

Q   StadtA Ulm, G 2.
W   (Auswahl) Beiträge zur angewandten Befestigungskunst, Berlin 1836 – Über allgemeine Landesbewaffnung, Ulm 1848 – Die Schanzer von Ulm, Ulm 1850 – Andeutungen über die künftigen Fortschritte und die Grenzen der Zivilisation, Berlin ²1855 – Über die Verwendung der Infanterie bei Verteidigung der Festungen, Berlin 1858 – Ueber die Leitung großer Bauten mit besonderer Beziehung auf die Festungsbauten von Posen und Ulm, Berlin 1860 – Friedrich der Große und die freie Reichsstadt Ulm 1754 bis 1756, in: Zeitschrift für Kunst, Wissenschaft und Geschichte des Krieges, Berlin 1861 – Lehrbuch der Befestigungskunst und des Festungskrieges, Berlin 1865.
L   Ih 2, S. 685 – Robert von PRITTWITZ UND GAFFRON, Das von Prittwitz´sche Adelsgeschlecht, Breslau 1870, S. 171 f. – SCHULTES, Chronik, S. 466, 520, 525 – LÖFFLER, Festung, passim – ADB 26 (1888), S. 609 ff. (Bernhard von POTEN) – UBC 1, S. 548, 554 – UBC 2, S. 7, 265, 274 – Eduard SCHEFOLD, Die Stadtumwallung von Ulm und Neu-Ulm, ebd., S. 59-64 – GGT (Adelige Häuser) 7 (1906), S. 596 ff. – HEPACH, Königreich, S. 71-73, 77 ff., 80 f., 202 – SCHÄUFFELEN, Bundesfestung, passim – SPECKER, Bestände, S. 357, 457 – Markus THEILE, „[…] einst eine trutzige Feste"? Der Bau der Bundesfestung Ulm zwischen strategischer Bedeutung, politischen Auseinandersetzungen und finanziellen Nöten, in: UO 55 (2007), S. 358-401 – Wikipedia.

Rabich, Friedrich, * Vohwinkel (jetzt Wuppertal) 2. Feb. 1922, † Neu-Ulm/Reutti 21. März 1993.

∞ Lauingen/Donau 3. I. 1948 Viktoria Schrötter, * Deggendorf/Kreis Hengersberg 19. XI. 1915.

Als Lehrer, Gemeinderat, Bürgermeister und Verfasser einer „Chronik von Reutti und Jedelhausen" hinterließ R. selbst Spuren in der Geschichte von Reutti.

R. kam nach Kriegsdienst und Studium als Lehrer nach Reutti. 1966 zog er in den Reuttier Gemeinderat ein. 1972 wurde R. als Nachfolger des langjährigen Amtsinhabers Leonhard →*Schmid zum Bürgermeister der Gemeinde gewählt. Seine Amtszeit fiel in eine für die weitere Entwicklung Reuttis entscheidende Phase, da seit geraumer Zeit Eingemeindungspläne nach Neu-Ulm kursierten. Auf der anderen Seite wurde über die Bildung einer aus Reutti, Holzschwang und Hausen bestehenden Großgemeinde diskutiert, wobei Reutti den Rang als Verwaltungssitz beanspruchte. Der Gemeinderat von Reutti beschloss am 20. Dez. 1975 mit sechs zu drei Stimmen die Eingemeindung nach Neu-Ulm, wobei R. für die Eingemeindung votierte. Die letzte Sitzung des Gemeinderats schloss R. mit den Worten: *Das wär´s für heute und für immer! Freundliche Grüße Rabich*. Ab dem 1. Juni

1977 war R. Leiter der neu geschaffenen Außenstelle der Neu-Ulmer Stadtverwaltung in Reutti. R.s Verdienste um die Gemeinde waren umfassend und sind unbestritten. In enger Zusammenarbeit mit Pfarrer Gerhard →Meier-Reutti half R. z. B. dabei mit, den Kindergartenbau für Reutti, Hausen und Holzschwang finanziell zu ermöglichen. R. starb wenige Wochen nach seinem 71. Geburtstag.

Die von R. mit Unterstützung des Neu-Ulmer Städtischen Kulturamts verfasste „Chronik von Reutti und Jedelhausen" (Neu-Ulm 1982) stützt sich ausschließlich auf Sekundärquellen und lässt Quellenstudium und -kritik vermissen. Darüber hinaus geriet sie in die öffentliche Kritik, weil R. auf die Darstellung der NS-Zeit fast ganz verzichtete und in einigen Passagen unreflektiert den Jargon der Nationalsozialisten übernommen hatte. Nach 1984 wurde das Buch nicht mehr vertrieben.

Q   StadtA Neu-Ulm, Personalakte Rabich – ebd., Meldekartei Reutti.
L   GEIGER, Reutti, S. 9, 14, 34, 79, 86, 88-91, 102-104, 109 (Bild), 112 f. (Bild), 150 (Bild), 193, 199 f.

Rad, Gerhard von, Dr. theol., Dres. h.c. mult., * Nürnberg 21. Okt. 1901, † Heidelberg 31. Okt. 1971, ev.

Vater   Carl von Rad[465], Dr. med., * Fischen/Allgäu 7. IX. 1870, Sanitätsrat, Stadtobermedizinalrat, Vorstand der psychiatrisch-neurologischen Klinik am Städtischen Krankenhauses Nürnberg, S. d. Paul von Rad, † 1872, Kgl. Oberförster in Fischen, u. d. Luise Krämer.
Mutter   Else Spitta, T. d. Heinrich Spitta[466], Dr. phil., * Berlin 9. VII. 1849, † Tübingen 8. II. 1929, Professor der Philosophie an der Universität Tübingen.
G   Hans von Rad[467], * Nürnberg 16. I. 1899, † Nürnberg 4. IX. 1923, cand. med. in Tübingen.
∞ Luise Freiin Loeffelholz von Colberg.
1 K.

Der bedeutende ev. Theologe, einer der wichtigsten Bibelwissenschaftler überhaupt, verbrachte in der frühen Zeit seiner Laufbahn zwei Monate als Pfarrvikar in Neu-Ulm.

Der aus einer angesehenen Familie stammende R. wuchs in seiner Vaterstadt Nürnberg auf und besuchte dort sowie (Mittel- und Oberstufe) in einem Coburger Internat die Schule. Von 1921 bis 1925 studierte er Theologie in Erlangen und Tübingen (Mitglied der Akademischen Gesellschaft Stuttgardia). Nach den theologischen Examina trat er in den Dienst der Ev. Bayer. Landeskirche und leistete an verschiedenen Orten Vikariatsdienst. Vom 1. Okt. bis 30. Nov. 1926 war R. Pfarrvikar (Pfarrverweser) an der späteren ev. Petruskirche Neu-Ulm und erteilte zugleich Religionsunterricht am Realschule ebd. Anschließend widmete er sich seiner Promotion, die 1928 an der Universität Erlangen zur Erlangung des Dr. theol. führte.

1930 erhielt er eine Stelle als Privatdozent für Alttestamentliche Theologie und als Assistent am Alttestamentlichen Seminar der Universität Leipzig, 1934 erfolgte die Ernennung zum o. Professor für Alttestamentliche Theologie in Jena. 1944 wurde R. trotz seiner Herzkrankheit als Kraftfahrer zum Kriegsdienst eingezogen. 1945 konnte er seine akademische Laufbahn in Göttingen, 1950 in Heidelberg fortsetzen. Grundlage für R.s wissenschaftliches Wirken war die Betonung des überlieferungsgeschichtlichen Ansatzes der Theologie des Alten Testaments, wobei ihn die Erfahrungen der NS-Zeit, in der er stark angefeindet wurde, nachhaltig prägten und zum Engagement für die Bekennende Kirche geführt hatten. R. wirkte als Wissenschaftler und akademischer Lehrer nachhaltig auf die Entwicklung der alttestamentlichen Theologie in der Nachkriegszeit. – O. Mitglied der Heidelberger Akademie der Wissenschaften; 1963 Orden Pour le Mérite (Friedensklasse).

465 Reichshandbuch II, S. 1465 f. (Bild).
466 Ih 2, S. 843.
467 ARNOLD, Stuttgardia II, S. 72, Nr. 384.

W (Auswahl) Das formgeschichtliche Problem des Hexateuchs, Stuttgart 1938 – Das erste Buch Mose: Genesis, drei Bände, Göttingen 1949, 1952, 1953 – Theologie des Alten Testaments, Band 1: Die Theologie der geschichtlichen Überlieferung Israels, München 1957 – Theologie des Alten Testaments, Band 2: Die Theologie der prophetischen Überlieferung Israels, München 1967 – Das fünfte Buch Mose: Deuteronomium, Göttingen 1964 – Gottes Wirken in Israel: Vorträge zum Alten Testament, Neukirchen-Vluyn 1974 – Weisheit in Israel, Neukirchen-Vluyn 1970
L Ih 2, S. 681 – BBKL 16 (1999), S. 1307-1309 (J. MADEY) – ARNOLD, Stuttgardia II, S. 82, Nr. 466 – Christian MÖLLER, Gerhard von Rad oder: Homiletik als Stimmbildung. Eine Heidelberger Antrittsvorlesung, in: DERS., Die homiletische Hintertreppe, Göttingen 2007, S. 11-30 – Rudolf SMEND, Gerhard von Rad, in: Deutsche Alttestamentler in drei Jahrhunderten, Göttingen 1989, S. 226-254 – Wikipedia.

Radwansky, Gustav, Dr. med., * Leobschütz 2. April 1860, † Neu-Ulm 2. Mai 1928, ▢ ebd., Alter Friedhof, ev.
∞ Weißenhorn 17. V. 1886 Anna Boehme, * Weißenhorn 28. IV. 1863, † Nürnberg 18. I. 1942.
Mehrere K, darunter Maria Radwansky, * Weißenhorn 26. IV. 1896, † Augsburg Feb. 1976, ∞ Franz Neumayr, * Waldsassen 29. III. 1890, † Herrsching 1. III. 1946, Generalmajor; Gustav Radwansky, * Neu-Ulm 21. VI. 1900, praktischer Arzt.

R. war der am längsten als Leiter des Städtischen Krankenhauses Neu-Ulm wirkende Chefarzt.
Im April 1900 übernahm R., der zuvor als Arzt in Weißenhorn praktiziert hatte, die Leitung des Städtischen Krankenhauses Neu-Ulm in der Nachfolge des verstorbenen Dr. Oskar →Beck und war zugleich Bahnarzt. Im Laufe von fast 30 Jahren erwarb sich R. beiderseits der Donau einen ausgezeichneten Ruf und war einer der angesehensten Bürger Neu-Ulms. 1911 wurde er in das Gemeindekollegium von Neu-Ulm gewählt, dem er bis zu dessen Auflösung 1919 angehörte. Viele Jahre leitete R. den Ulmer Ärzteverein. Vom bayer. Prinzregenten wurde R. in Anerkennung seiner Verdienste zum Geheimen Sanitätsrat ernannt. Auch R.s gleichnamiger Sohn studierte Medizin und ließ sich als praktischer Arzt in Neu-Ulm nieder.
R. starb vier Wochen nach seinem 68. Geburtstag in Neu-Ulm, das ihm zur Heimat geworden war: *Der Verstorbene hat sich neben seiner hervorragenden praktischen Tätigkeit [...] noch besonders durch belehrende Vorträge große Verdienste um das Wohl der Stadt erworben* (UBC).

Q StadtA Neu-Ulm, A 4, Nr. 245.
L Adreßbuch Ulm/Neu Ulm 1912, Zehnte Abteilung, S. 69, 71 – ebd. 1914, Zehnte Abteilung, S. 73 f. – BUCK, Chronik Neu-Ulm, S. 105 – UBC 1, S. 444 (Bild) – TEUBER, Ortsfamilienbuch Neu-Ulm II, Nr. 3589 – WEIMAR, Rundgang, S. 69.

Rahn, Rudolf, Dr. phil., * Ulm 16. März 1900, † Düsseldorf 7. Jan. 1975, ev., später konfessionslos.
Vater *Ernst Albert Friedrich Rahn*, Bezirksnotar in Ehingen/Donau.
Mutter Emma Augusta Jakobina Becker, † 1929.
4 G Fritz Rahn, * 1891; Helene Rahn, * 1892, † 1917; Emma Rahn; Otto Rahn, * 1903, † 1906.
∞ 2. IV. 1936 Martha Gerhardy, T. d. Karl Leopold Gerhardy, Amtsgerichtsrat.
2 K Sibylla Rahn, * 20. X. 1938; Andreas Rahn, * 8. II. 1942.

R. wuchs in Ulm und Ehingen/Donau auf, dort und in Esslingen/Neckar besuchte er die Gymnasien. Im Frühjahr 1918 legte er das Notabitur ab, weil er zum Kriegsdienst beim Feldartillerieregiment 49 einberufen wurde. Nach Entlassung vom Militär nahm er in Tübingen das Studium der Soziologie, Staatsphilosophie und Religionssoziologie auf, das ihn auch nach Heidelberg und Berlin führte. 1923 wurde er zum Dr. phil. promoviert. Nach privaten wissenschaftlichen Studien trat R. im Herbst 1924 als Direktionsassistent bei einer Berliner Maschinenbaufirma ein, strebte jedoch in den diplomatischen Dienst des Reiches. 1925 hielt er sich zu Sprachstudien in Genf auf und war seit Frühjahr 1927 beim Sekretariat des dort ansässigen Völkerbunds (Informationsabteilung) tätig; 1928 war er, ebenfalls zum Zwecke der besseren Erlernung der Sprache, in England.
Im April 1928 erfolgte die Einberufung in den Dienst des Auswärtigen Amts, wo er zunächst als Attaché in der Abteilung

V (Recht) tätig war, jedoch noch im gleichen Jahr zur Abteilung IV (Osteuropa, Skandinavien, Ostasien) wechselte. Nach der im Feb. 1931 bestandenen diplomatisch-konsularischen Prüfung wurde R. wenige Monate später zum Botschafter in Ankara ernannt. 1934 kehrte er ins Auswärtige Amt zurück und war dort als Referent für den Orient in der Abteilung III (Großbritannien, Amerika, Orient) eingesetzt; im gleichen Jahr erfolgte die Ernennung des 1933 der NSDAP beigetretenen R. zum Legationssekretär. 1936 war er kurzzeitig der deutschen Delegation für die deutsch-türkischen Wirtschaftsverhandlungen in Ankara zugeteilt, bevor er zum Zwecke der Wahrnehmung einer Tätigkeit beim Rohstoff- und Devisenstab des Amtes für Roh- und Werkstoffe des Beauftragten für den Vierjahresplan beurlaubt wurde.
Nach Beendigung dieser Tätigkeit Ende 1936 als Leiter des neu eingerichteten Referats W I (Rohstoffe) in die Handelspolitische Abteilung des Auswärtigen Amts zurückgekehrt und seit Jan. 1937 zugleich Leiter des Referats W VIII (Süd- und Mittelamerika), erfolgte im Jan. 1938 R.s Ernennung zum Gesandtschaftsrat II. Kl. und Gesandten in Lissabon. Schon 1939 kehrte er wiederum ins Auswärtige Amt zurück und übernahm die Leitung des Sonderreferats Allgemeine Planung sowie die stv. Leitung der neu eingerichteten Informationsabteilung (Auslandspropaganda).
Nachdem er im Feb. 1940 zum Legationsrat I. Kl. ernannt worden war, wechselte R. im Aug. 1940 als Bevollmächtigter des Auswärtigen Amts und Propagandaleiter beim Militärbefehlshaber in das besetzte Frankreich, wo er seinen Sitz in Paris hatte. Am 22. Feb. 1941 zum Vortragenden Legationsrat ernannt, wurde er im Juli 1941 dem Persönlichen Stab des Reichsaußenministers Joachim von Ribbentrop zugeteilt.
Ab Nov. 1942 war R. in Tunis eingesetzt, wo er einen Sonderauftrag bei den deutschen und italienischen Truppen bzw. beim Oberkommando der 5. Panzerarmee (seit 23. Feb. 1943 Heeresgruppe Afrika) erfüllte. Im Juni 1943 erhielt der zum General I. Kl. ernannte R. das Ritterkreuz zum Kriegsverdienstkreuz und das EK I verliehen. Im Aug. 1943 übernahm er kommissarisch die Leitung der deutschen Botschaft in Rom und war Bevollmächtigter des „Dritten Reiches" bei der italienischen Regierung. Am 5. Nov. 1943 wurde er auch offiziell zum Botschafter in Rom ernannt. Angesichts der politischen und militärischen Lage übte R. seine Tätigkeit jedoch nicht auf dem Quirinal in Rom aus, sondern in Fasano. R. soll 1944 durch persönliche Vorsprache bei Hitler erreicht haben, dass Florenz nicht verteidigt, sondern zur „offenen Stadt" erklärt wurde. Auch soll er den Generalkonsul in Genua, Hasso von Etzdorf, darin unterstützt haben, dass die von Hitler befohlene Zerstörung der Hafenanlagen und Industriebetriebe in Genua nicht ausgeführt wurde.
Von 1945 bis 1947 war R. interniert, zunächst in Italien, danach auf dem Hohenasperg bei Ludwigsburg. Das Entnazifizierungsverfahren endete für ihn glimpflich. Anfang der 1950er Jahre sympathisierte er mit der rechtsgerichteten „Tatgemeinschaft freier Deutscher". Seinen Lebensunterhalt verdiente R. als Geschäftsführer bei Coca-Cola in Essen. Daneben betätigte er sich als Schriftsteller und versuchte in autobiographischen Schriften, seine Mitwirkung an der NS-Außenpolitik im wahrsten Sinne des Wortes ins „rechte" Licht zu rücken.

Q StadtA Ulm, G 2 – Politisches Archiv des Auswärtigen Amts, Berlin: Nachlass Rudolf Rahn.
W Das Reich in der Verfassungsidee von 1848 und 1919. Erstes Kapitel einer Arbeit über die Verfassungsideen in der neuen Reichsverfassung von 1919, phil. Diss. 1924 – Ruheloses Leben. Aufzeichnungen und Erinnerungen, Düsseldorf 1949 – Talleyrand. Portrait und Dokumente, Tübingen 1949 – Ambasciatore di Hitler a Vichy e a Salò, Milano 1950 – Aussaat im Sturm. Aufzeichnungen und Erinnerungen, Buenos Aires 1950 – Yo, embajador de Alemania, Barcelona 1954 – Der goldene Kiel, Berlin 1967 – Anker im Bosporus und spätere Gedichte, München 1973.
L Ih 2, S. 688 – UBC 5b, S. 632 – WEIß, Personenlexikon, S. 363 ff. – KLEE, Personenlexikon, S. 477 – Gerhard KEIPER/Martin KRÖGER (Bearbb.), Biographi-

sches Handbuch des deutschen Auswärtigen Dienstes 1871-1945, Band 3, Paderborn u. a. 2008, S. 557-559 (Bild).

Rampacher, *Carl (Karl)* Friedrich Wilhelm (von), * Ludwigsburg 28. Dez. 1822, † Ulm 18. Nov. 1910, ev.
Vater   Johann Christioph *Friedrich* (von) Rampacher, * Vaihingen 9. IX. 1789, † Ludwigsburg 6. XI. 1844, Kgl. Württ. Oberst, Kommandeur der 7. Inf.-Rgts.
Mutter   *Henriette* Luise Rosalie Finckh, * Murr 10. IV. 1795, † Stuttgart 25. XI. 1877.
3 G   Ludwig *Friedrich* Rampacher, * Ludwigsburg 6. V. 1824, † ebd. 23. VI. 1851, Leutnant; Gustav *Adolf* Rampacher, * Ludwigsburg 11. I. 1826, † Baden-Baden 8. VII. 1897, Kaufmann in Stuttgart, ∞ Philadelphia (USA) 21. X. 1850 Marguerite Fournier, * 3. VI. 1824, † Cannstatt 12. VI. 1879; Henriette *Luise* Charlotte Rampacher, * Ludwigsburg 31. III. 1827, † Stuttgart 28. II. 1895, ∞ Ludwigsburg 18. X. 1853 *Karl* Theodor Groß, * Stuttgart 16. III. 1821, † ebd. 16. XI. 1871, Kaufmann in Stuttgart.
∞ Aldingen/OA Ludwigsburg Luise Christine Kemmler, * Rickelsberg/OA Sulz 9. I. 1833, † Ulm 25. VI. 1902, T. d. Friedrich Kemmler, Pfarrer in Aldingen, u. d. Luise Holl.
5 K   Elvire Rampacher, * Stuttgart 27. VI. 1855, † ebd. 2. VIII. 1856; Karl Friedrich *Richard* Rampacher, * Stuttgart 13. VI. 1857, Oberförster in Langenau; *Maximilian (Max)* Hermann Karl Rampacher, * Tettnang 15. III. 1861, 1910 Oberamtsrichter (tit. Landgerichtsrat) in Biberach/Riß, ∞ Ulm 21. VIII. 1889 Lina Haverkamp, * Ulm 26. IV. 1864, † Biberach/Riß 2. VII. 1909, T. d. Georg *Heinrich* August Haverkamp, Kunstmaler in Ulm, u. d. Veronieke Frick; *Melanie* Luise Henriette Rampacher, * Tettnang 21. VII. 1863; Karl Ernst Wilhelm *Oskar* Rampacher, * Tettnang 14. VI. 1866, † Ravensburg 14. V. 1867.

R. war Ulmer Oberamtmann in den Jahren nach der Gründung des deutschen Kaiserreiches.
Kindheit und Jugend R.s wurden von den Dienstortwechseln seines Vaters bestimmt, der Offizier in der württ. Armee war. R. studierte nach den Lyzeen und Gymnasien in Ludwigsburg, Ulm und Stuttgart von 1841 bis 1844 Rechts- und Regiminalwissenschaften in Tübingen. Nach Bestehen der beiden höheren Verwaltungsdienstprüfungen 1844 und 1845 – das Referendariat hatte er beim OA Ludwigsburg und bei der Regierung des Neckarkreises ebd. zugebracht – trat R. 1845 als provisorischer Aktuar beim OA Marbach/Neckar in den Staatsdienst des Königreichs Württemberg. 1846 in Marbach zum definitiven Aktuar ernannt, ging R. 1852 als Revisor zum Verwaltungsrat der Württ. Gebäudebrandversicherungsanstalt, wechselte später in gleicher Eigenschaft zur Ministerialabteilung für den Straßen- und Wasserbau im württ. Innenministerium, zur Armenkommission und zur Zentralleitung des Wohltätigkeitsvereins in Stuttgart. 1858 zum Oberamtmann nach Tettnang ernannt, ging R. 1866 als Oberamtmann nach Ravensburg. Im Dez. 1870 als Nachfolger des zum Regierungsrat bei der Regierung des Schwarzwaldkreises in Reutlingen beförderten Albert (von) →Kolb zum Oberamtmann von Ulm ernannt, konnte R., der zugleich zum Regierungsrat befördert worden war, das Amt in Ulm erst Anfang April 1871 antreten. 1873 gehörte R. dem Ausschuss des Ulmer Verschönerungsvereins an. Zum 1. Juni 1888 trat R. in den Ruhestand, in Stuttgart verlebte. Zu seinem Nachfolger wurde Albert →Schmidlin ernannt. – Mitglied des Vereins für Kunst und Altertum in Ulm und Oberschwaben. – 1864 Ritterkreuz des Ksl. Russ. St.-Stanislaus-Ordens; 1873 Ritterkreuz I. Kl. des Friedrichsordens; 1878 Ritterkreuz II. Kl. und 1888 Ehrenkreuz des Württ. Kronordens; 1883 Ritterkreuz I. Kl. des Kgl. Bayer. Verdienstordens vom Hl. Michael.

Q   StadtA Ulm, G 2 – HStAS, E 151/01 Bü 1697, E 141/01 Bü 2684.
L   SK Nr. 539, 19. XI. 1910 (Mittagsblatt), S. 7 und 9 (Todesanz. der Familie) – DGB 43 (1923), S. 111 f. – UBC 2, S. 269, 317, 535 – UBC 3, S. 471 [dort fälschlich als „Regierungsbaurat" bezeichnet] – Amtsvorsteher, S. 448 f. (Karin PETERS).

Rapp, *Max*, * Ehingen/Donau 17. Dez. 1850, † Biberach/Riß 29. Mai 1900, kath.

R. war eine der profilierten Lehrerpersönlichkeiten Ulms in der zweiten Hälfte des 19. Jahrhunderts.
Seinem Studium in Tübingen folgten 1873 und 1874 die beiden realistischen Prüfungen für die Lehrbefähigung bei niederen Realklassen. 1878 bestand er auch das realistische Professo-

ratsexamen. Noch im gleichen Jahr erhielt R. die Stelle eines Oberreallehrers an der IV. Klasse der Realanstalt in Ravensburg. Im Nov. 1879 wurde R. die Reallehrstelle (mit dem Titel Professor) an der V. und VI. Klasse der Ulmer Realanstalt übertragen, 1886 erfolgte die Ernennung zum Professor am oberen Realgymnasium und an der Realanstalt ebd. R. erwarb sich während seiner Ulmer Tätigkeit einen ausgezeichneten Ruf, der ihn für höhere Aufgaben qualifizierte. Im Sept. 1896 erfolgte R.s Berufung zum Rektor der Realschule Biberach/Riß, zugleich war er dort Vorstand der gewerblichen Fortbildungsschule. Sein früher Tod im 50. Lebensjahr beraubte das württ. Realschulwesen einer Persönlichkeit, deren weiterer Aufstieg den Zeitgenossen sicher schien.

L   CRAMER, Württembergs Lehranstalten 1886, S. 95 – UBC 2, S. 413 – UBC 3, S. 127.

Rau, *Christian*, * Leipheim 21. Feb. 1854, † Neu-Ulm 6. Okt. 1928, kath.
Vater   Johannes Rau, Landwirt.
Mutter   Katharina Schuler.
∞ Neu-Ulm 31. VII. 1879 Rosina Schwenk, * Leipheim 21. X. 1857, † Neu-Ulm 10. V. 1937, T. d. Johann Georg Schwenk, Schreinermeister, u. d. Maria Margaretha Häusele.
10 K   Pauline Rau, * Neu-Ulm 10. VII 1881; Ludwig Rau, * Neu-Ulm 14. X. 1882, 1916 vermisst in Frankreich, Bezirksgeometer; *Maria* Katharina Rau, * Neu-Ulm 20. VI. 1885, † 7. IV. 1951, ∞ Hübler; Friedrich Rau, * Neu-Ulm 5. VII. 1887, † gef. bei Wigneulle 7. I. 1915, Kaufmann in Neu-Ulm; Luise Rau, * Neu-Ulm 21. III. 1889, † 19. IV. 1978; Gustav Rau, * Neu-Ulm 7. IX. 1890, † gef. bei Arras 10. VI. 1915, Ingenieur in Neu-Ulm; Frieda Emilie Rau, * Neu-Ulm 4. XI. 1891, † ebd. 25. VIII. 1939, Kontoristin; Martha Rau, * Neu-Ulm 26. VI. 1893, † ebd. 20. III. 1983, ledig, Lehrerin, allgemein bekannt als „Fräulein Rau"; Wilhelmina („Mina") Rau, * Neu-Ulm 1. VII. 1894, † 14. X. 1942, ∞ Karl Döbler, * 1. V. 1892, † 16. V. 1976; Hermann Rau, * Neu-Ulm 2. IX. 1897, † ebd. 23. I. 1983, Kaufmann in Neu-Ulm, Inhaber der Lederhandlung Rau in der Augsburger Straße 1, Stadtrat in Neu-Ulm, ∞ Johanna Zwissler, * 30. IV. 1897, † 2. IX. 1973.

R. war Lederhändler in Neu-Ulm, einer der zahlreichen von außen in die Stadt gekommenen Handwerker, die dort ihr Glück fanden. Das von ihm gegründete Ledergeschäft existiert noch heute und wird von seinem Enkel Gustav Rau geführt.
Näheres zu R.s Biografie ist nicht bekannt. Der Landwirtssohn kam als junger Mann nach Neu-Ulm, wo er sich verheiratete und eine große Familie gründete. Die von ihm gegründete (und 1919 in der Augsburger Straße 1 neu gegründete) Lederhandlung bot Schuhmacherbedarf, Maschinentreib-, Näh- und Binderiemen an – Artikel, die in einer Garnisonsstadt laufend großen Absatz garantierten. R. war sehr erfolgreich und genoss auch gesellschaftlich großes Ansehen. Er war langjähriger Vorstand des 1872 gegründeten Neu-Ulmer Zigarrenspitzensammelvereins und gehörte der Neu-Ulmer ev. Kirchenverwaltung an, deren Stiftungskassier er war. Ab 1906 war R. Mitglied des Magistrats der Stadt Neu-Ulm an und vertrat wiederholt in Urlaubs- und Krankheitsfällen Bürgermeister Josef →Kollmann. R. starb 1928 im 75. Lebensjahr. Das Geschäft wurde von seinem jüngsten Sohn Hermann weitergeführt.

L   Adreßbuch Ulm/Neu-Ulm 1910, Zehnte Abteilung, S. 65-67, – BUCK, Chronik, S. 102, 252 – TEUBER, Ortsfamilienbuch Neu-Ulm II, Nr. 3617 – WEIMAR, Rundgang, S. 44.

Rau, *Konrad*, →"Spatzameez"

Rauscher, *Friedrich* Simon, * Ödenwaldstetten/OA Münsingen (Württemberg) 20. Sept. 1873, † Neu-Ulm 15. März 1962, ⬚ ebd., Alter Teil des Friedhofs.
Vater   Jakob Rauscher, Bader.
Mutter   Luisa Katharina Kober.
∞ Neu-Ulm 23. XI. 1897 Elisabeth Mayer, * Burlafingen 26. VI. 1874, † Neu- Ulm 31. V. 1941, T. d. Daniel Mayer, Ökonom in Burlafingen, u. d. Ursula Rösch, * 1848, † 1935.
2 K   Elisabeth („Lisl") Rauscher, * Neu-Ulm 20. XI. 1898, † ebd. 25. IV. 1972, Textilhändlerin; Friedrich Rauscher, * Neu-Ulm 29. I. 1900, † 20. I. 1963, Kraftwagenfahrer.

Mit R. sind die Anfänge der Neu-Ulmer „Taxi-Geschichte" verbunden. Vielfach vergessen ist die Tatsache, dass der gebürtige Älbler als Besitzer einer Droschkenkutsche nach Neu-Ulm kam und dort als „Taxiunternehmer" tätig wurde.

Das Bürgerrecht in Neu-Ulm erwarb der 24 Jahre alte R. am 20. Okt. 1897, die Urkunde wurde am 10. Juni 1898 ausgefertigt. Einen Monat später schloss er die Ehe mit einer Tochter aus alteingesessener Burlafinger Familie. Seinen Lebensunterhalt verdiente er sich seit 1893 mit Einzelfahrten und Leichentransporten mit seiner Droschke. Später stieg R. auch in den Güternahverkehr ein. Die Idee, das erste Neu-Ulmer Taxi mit wirklichen Pferdestärken aufzubauen, zahlte sich offenbar aus, denn schon im Jahre 1900 konnte R. mit seiner Familie das in der Friedenstraße mit der alten Hausnummer 12 gebaute Haus beziehen. Seine Kinder traten in seine Fußstapfen. Der Sohn übernahm in den 1930er Jahren das Taxigeschäft. Seit 1954 gab es zwei Teilhaber. Seine Tochter Elisabeth, die in der Friedenstraße ein Textilgeschäft betrieb, übernahm den Betrieb und chauffierte viele Jahre lang den Stadtpfarrer Albert →Waibel mit ihrem schwarzen Mercedes zu Beerdigungen auf dem Neu-Ulmer Friedhof.

Q   StadtA Neu-Ulm, A 6, Gewerbekartei, Lohnkutscherei F. Rauscher.
L.   BUCK, Chronik, S. 114 – TREU, Neu-Ulm, S. 181 [Faksimile der Verleihungsurkunde des Neu-Ulmer Gemeindebürgerrechts] – TEUBER, Ortsfamilienbuch Neu-Ulm, Nr. 3638 – WEIMAR, Rundgang, S. 31.

Rauth, Maximilian (Max), Dr. med., * Reinhartshausen/Kreis Augsburg 16. Juli 1911, † Ulm 30. Nov. 1973, ⬜ Friedhof Senden, kath.

∞ Helga Ottilie Basko.

Der der SPD angehörende R. war neun Jahre lang Neu-Ulmer Landrat und damit der erste sozialdemokratische Amtsinhaber im Regierungsbezirk Schwaben. R. war der „Manager" der Gebietsreform zu Beginn der 1970er Jahre.

Der Chefarzt des Stiftungsklinik der Kreisspitalstiftung Weißenhorn engagierte sich nach dem Ende des Zweiten Weltkriegs in der SPD und wurde 1948 in den Kreistag und Kreisrat gewählt. In Weißenhorn war er ab 1960 Stadtrat und ehrenamtlicher Zweiter Bürgermeister, zuletzt Erster Bürgermeister. Im März 1964 kandidierte R., unterstützt von der FDP und anderen kleineren kommunalpolitischen Wählergruppen, für das Amt des Landrats von Neu-Ulm und wurde mit fast 54 Prozent der gültigen Stimmen gegen den CSU-Bewerber gewählt. Zu dem großen Erfolg trug sicherlich auch bei, dass R. vor der Wahl versprochen hatte, sein Amt streng sachlich zu führen und sich der Parteipolitik zu enthalten – ein Versprechen, das er auch gehalten hat und das ihm Respekt über die Parteigrenzen hinweg verschaffte.

R. übernahm ein großes Erbe, als er die Nachfolge von Georg →Köhl antrat. Im März 1970 erfolgte R.s Wiederwahl – ohne Gegenkandidaten – mit Unterstützung der CSU. Am 1. Juli

1972 trat die Gebietsreform in Kraft, die für die Stadt Neu-Ulm den Verlust der Kreisfreiheit mit sich brachte, für den bisherigen Landkreis Neu-Ulm die Fusion mit dem Landkreis Illertissen zum neuen Großkreis mit der kurzlebigen Bezeichnung „Illerkreis". Mit der vollzogenen Gebietsreform endete auch die Amtszeit R.s als Landrat von Neu-Ulm. Er bewarb sich um das Amt des Landrats des Illerkreises. Bei einer Wahlbeteiligung von 72 Prozent lag er mit 54 zu 46 Prozent deutlich vor seinem CSU-Gegenkandidaten Gerd Anzinger, der zum stv. Landrat ernannt wurde.

Die Landkreisverwaltung unter R. erarbeitete Konzepte für ein ganz neues Straßenbauprogramm und ermöglichte mit der Übernahme durch die Kreisspitalstiftung den 2. Bauabschnitt des Neu-Ulmer Krankenhauses. Auch in den Bereichen Reform des Volksschulwesens und Entwicklung des höheren Schulwesens setzte R. im Kreis Akzente.

Am Abend des Samstags, den 30. Nov. 1973, erlitt R., der sich mit dem Auto auf dem Weg von Ludwigsfeld nach Ay, wo er mit seiner Ehefrau lebte, befand, am Steuer seines Wagens einen Herzanfall. Es gelang R. zwar noch, sein Auto an den rechten Rand der Memminger Straße zu lenken. Aus der Bewusstlosigkeit erwachte R. nicht mehr und starb etwa eine Stunde nach dem Vorfall in der Ulmer Universitätsklinik. Im Rahmen einer Sondersitzung des Kreistags nahm Neu-Ulm am 5. Dez. 1973 Abschied von R. Zum Nachfolger R.s wurde im Feb. 1974 Franz-Josef Schick (CSU) gewählt, bis zu dessen Wahl führte Gerd Anzinger die Geschäfte des Landrats.

R. war ein beliebter Landrat, der sich volksnah präsentierte und ein zünftiges „Schafkopf"-Spiel ebenso zu schätzen wusste wie seine Auftritte in der Bütt während der Faschingszeit. Anlässlich einer Gedenkfeier zu R.s 30. Todestag im Jahre 2003 sagte Landrat Erich Josef Geßner: *Sein plötzlicher Tod hat uns alle, unabhängig davon, welcher politischen Partei oder Gruppierung wir angehörten, traurig gestimmt und in der schmerzlichen Erkenntnis vereint, eine kommunalpolitische Persönlichkeit und einen großartigen Menschen verloren zu haben.* – Mitglied des Hauptausschusses der Bayer. Krankenhausgesellschaft; Mitglied des Gesundheitsbeirats des Landkreisverbandes Bayern. – Ehrenmitglied der Kgl. privilegierten Schützengesellschaft Weißenhorn von 1847.

Q   StadtA Ulm, G 2.
L.   Der Landkreis Neu-Ulm trauert um seinen Landrat. Dr. Max Rauth starb an den Folgen eines Herzanfalles, in: Schwäb. Zeitung Nr. 279, 3. XII. 1973. – TREU, Neu-Ulm, S. 455, 459 f.

Reber, *Oskar* Adolf Johann, * Regensburg 6. Jan. 1903, † nicht ermittelt, kath.
Vater   Johann Reber, Bezirksdirektor in Regensburg.
Mutter   Hedwig Schindler.
∞ München 31. VII. 1933 Maria Barbara Gailer, * Hanau 30. I. 1904, † 12. VI. 1973, Lehrerin, T. d. Franz Xaver Gailer, Sparkassenverwalter, u. d. Maria Maag.
3 K   Ottmar Josef Reber, * Neumarkt (Oberpfalz) 15. VII. 1934; Rosemarie Hedwig Reber, * Ulm 22. VI. 1937, Verwaltungsangestellte, ∞ Rauby; Hansjörg Oskar Reber, * Ulm 25. IV. 1944.

R. war der „Gründungsdirektor" der Bezirks- und Stadtsparkasse Neu-Ulm-Weißenhorn, die er – unterbrochen von Kriegsdienst und -gefangenschaft – in der NS-Zeit und in der Zeit des „Wirtschaftswunders" mehr als 20 Jahre lang führte.

Der einer Regensburger Beamtenfamilie entstammende R. wuchs in seiner Vaterstadt auf, besuchte dort das Gymnasium und trat 1921 als Lehrling bei der Filiale der Dresdner Bank in Regensburg ein. 1929 nahm er ein Angebot wahr, als Direktor die Stadtsparkasse Neumarkt (Oberpfalz; nicht Neustadt!) zu leiten. Anfang 1935 kam R. von Neumarkt nach Neu-Ulm, wo er die Leitung der Stadtsparkasse übernahm. Kurz nach Beginn seiner Tätigkeit am neuen Wirkungsort kam am 1. Nov. 1936/1. Jan. 1937 die Fusion der Sparkassen Weißenhorn und Neu-Ulm zur neuen „Bezirks- und Stadtsparkasse Neu-Ulm-Weißenhorn" zustande, die wesentlich von Oberbürgermeister Franz Josef →Nuißl und R. betrieben worden war. R. trat als geschäftsleitender Direktor an die Spitze der neuen Organisation. Daneben gehörte er dem Verwaltungsrat an. Da sich die bisherigen Räumlichkeiten der Hauptstelle im alten Schulgebäude in der Ludwigstraße 4 angesichts der neuen Struktur des Neu-Ulmer Sparkassenwesens als ungenügend erwiesen, betrieb R. ab 1937 den Neubau eines Hauptgebäudes, das am 9. März 1939 auf der Insel eingeweiht werden konnte. Die Bezirks- und Stadtsparkasse unterhielt neben der Neu-Ulmer Hauptstelle eine Hauptzweigstelle in Weißenhorn sowie drei Nebenzweigstellen: in Senden, Pfaffenhofen und Roggenburg. Unter R. erlebte das Institut einen rapiden Geschäftszuwachs, was nicht zuletzt an R.s Umsicht und Ideenreichtum lag. Er führte Werbekampagnen für das Sparen durch und war mit Werbeplakaten und Informationsveranstaltungen präsent. So führte er u. a. im Bezirk das sogenannte „Schulsparen" ein, d. h. die Schüler in Stadt und Bezirk wurden angespornt, ihre Ersparnisse der Sparkasse anzuvertrauen.

Seine Aufgabe musste er nach der Einberufung zur Wehrmacht im Jan. 1940 an Arthur →Benz abgeben. R. war an der Ostfront eingesetzt, geriet in sowjetrussische Kriegsgefangenschaft und konnte erst 1950 nach Deutschland zurückkehren. Im Aug. 1950 übernahm R., mittlerweile 47 Jahre alt, seine bisherige Position erneut und nahm seine Tätigkeit unter den schwierigen Bedingungen der Nachkriegszeit auf. Die Sparkasse teilte sich bis zu deren Umzug in das neu erbaute Rathaus 1954 die Räumlichkeiten mit der Neu-Ulmer Stadtverwaltung. R. beauftragte den Architekten Lambert von →Malsen-Ponickau mit der Planung der Erweiterung und des Umbaus des 1939 eingeweihten Hauptgebäudes. Neue Zweigstellen entstanden: 1959 in Pfuhl, 1960 in Pfaffenhofen und Nersingen, 1961 in Thalfingen und Burlafingen, 1962 in Offenhausen, 1963 in Ludwigsfeld und 1964 in Ay. Unter R.s Leitung gelang es der Sparkasse in den 1950er und 1960er Jahren, sich als führendes Kreditinstitut im Landkreis Neu-Ulm zu behaupten. Nach dem Einlagenstand rangierte sie Mitte 1967 an 207. Stelle unter 861 Sparkassen-Hauptstellen im Bundesgebiet.

Altersbedingt trat R. am 31. Jan. 1968 in den Ruhestand. Es war eine Zeit beginnender wirtschaftlicher Probleme in der Bundesrepublik Deutschland: das reale Bruttosozialprodukt sank, die Arbeitslosenquote stieg auf 2,2 Prozent und damit auf den Höchststand der 1960er Jahre. Die kommissarische Nachfolge übernahm Josef Rudolph, der die Geschäfte bis zur Wahl von R.s offiziellem Nachfolger Alfred →Hauf führte.

Q   StadtA Neu-Ulm, A 9.
L   HAUF, Von der Armenkasse, S. 155-157 (Bild), 168, 185 (Bild).

Reichard, *Carl* Georg Ludwig, * 14. Juli 1783, † Ulm 14. April 1869, ▢ ebd., Alter Friedhof, ev.
Vater   Georg Reichard, Kriegs- und Landschaftskassier in Ulm.
Mutter   Maria Agnes Raith.
∞ I. Ersingen 14. VII. 1807 Charlotte Hopfengärtner, * Ulm 28. X. 1783, † ebd. 8. XII. 1807, T. d. Inhabers der Mohren-Apotheke in Ulm; ∞ II. Langenau 3. V. 1808 Sara Schwenk, * Langenau 20. oder 28. IX. 1788, † Ulm 30. XII. 1855, T. d. Martin Schwenk, * Langenau 26. XII. 1759, † ebd. 16. XI. 1834, Handelsmann in Langenau, u. d. Barbara Kern, * Geislingen/Steige 23. I. 1767, † Ulm 8. II. 1814.
4 K   Eugen Reichard, * Ulm 26. X. 1810, † Bad Überkingen 21. VII. 1826; Charlotte Reichard, * Ulm 15. II. 1812, † ebd. 17. IX. 1889, ∞ Ulm 1. VIII. 1839 Fritz (von) Lipp, Kgl. Württ. Oberst; Thekla Reichard, * Ulm 20. IV. 1822, † ebd. 6. VIII. 1899, ∞ Ulm 31. V. 1842 August Teichmann, Kaufmann in Ulm, seit 1852 Gemeinderat, Eltern von Karl →Teichmann; Marie Reichard, * Ulm 2. II. 1828, † ebd. 24. VI. 1904, ∞ Ulm 8. VII. 1847 Eduard →Schwenk, Eltern von Carl →Schwenk (sen.)

R. war einer der bekanntesten – und einflussreichsten – Apotheker (Mohren-Apotheke) in Ulm *und eine der hervorragendsten Persönlichkeiten des öffentlichen und gesellschaftlichen Lebens des Ulmer Biedermeier* (BIEDERMANN, Ulmer, Biedermeier, S. 214).

R. war der Sohn eines Kriegs- und Landschaftskassiers, der wegen seiner einen Konflikt nicht scheuenden Geradheit bekannt war. Nachdem der Oberamtmann von Blaubeuren, Philipp Friedrich Scholl, den in Ulm lebenden Dichter Christian Friedrich Daniel Schubart auf württembergisches Territorium

gelockt und damit in die langjährige Gefangenschaft auf der Festung Hohenasperg geschickt hatte, quittierte Vater R. empört den Dienst in Blaubeuren. Seinen Sohn vertraute der Vater, der für den Sprössling die theologische Laufbahn bestimmt hatte, 1791 einer Privatschule an, die vom Pfarrer von Gerstetten geleitet wurde. R. litt dort eineinhalb Jahre unter den mehr als harten Erziehungsmethoden des Pfarrers, ehe die Eltern ihn nach Ulm zurückholten und ihm durch den Rektor des alten Gymnasiums Privatunterricht erteilen ließen, bis er 1797/98 in die VII. Klasse des Gymnasiums aufgenommen werden konnte. Der junge R. wehrte sich gegen die Absicht des Vaters, ihn Theologie studieren zu lassen, und wendete sich der Pharmazie zu. In den Jahren von 1802 bis 1807 führten ihn seine Lehr- und Wanderjahre nach Göttingen, Zürich, Burgdorf, Neuchâtel, Solothurn und Bern. Nach Ulm zurückgekehrt, bestand er 1807 das Staatsexamen bei der Regierung des Oberdonaukreises und konnte noch im gleichen Jahr die Mohrenapotheke von der Witwe Hopfengärtner erwerben. Deren Tochter Charlotte, seine große Liebe, heiratete er ebenfalls im Jahre 1807, doch sie starb nach nur wenigen Monaten. In seiner zweiten Ehe verband er sich mit Sara Schwenk und so mit einer Familie, deren Aufstieg er noch erlebte.

R. erwarb schnell Wohlstand und war schon 1819 einer der höchstbesteuerten Bürger Ulms und damit Wahlmann I. Kl. bei den Landtagswahlen. 1838 wurde er in den Gemeinderat gewählt, ohne zuvor Mitglied des Bürgerausschusses gewesen zu sein – eine seltene Ausnahme in der Ulmer Kommunalpolitik.

R. war an der Organisation zahlreicher Feste in Ulm beteiligt, war Mitglied im „Hirschcasino" und 1829 eines der führenden Mitglieder der von ihm mitgegründeten bürgerlichen Ehrengarde zu Pferd in Ulm, die er bis 1834 als Rittmeister befehligte. Als die Ehrengarde den eng mit der Löwenapotheke verbundenen Dr. Johannes →Palm zum neuen Rittmeister wählte, während R. in einen ehrenrührigen Jagdprozess verwickelt war (zu Unrecht, wie sich später herausstellte), trat R. voller Zorn aus der Ehrengarde aus. 1841 gründete R. den Ulmer Gartenbauverein. Er war Verfasser historischer Beiträge zur Ulmer Apotheken- und Kriegsgeschichte, daneben Autor seiner Lebenserinnerungen, die von seinem Enkel Carl →Schwenk (sen.) als Privatdruck herausgegeben wurden und die ein farbiges Bild Ulms in der ersten Hälfte des 19. Jahrhunderts vermitteln – und die spürbare Subjektivität R.s auf jeder Seite durchscheinen lassen.

Mit Oberbürgermeister Christoph Leonhard →Wolbach stand R. spätestens seit dessen Haltung zur Genehmigung einer weiteren Reichard´schen Apotheke im Streit, was sich auch auf R.s Einschätzung Wolbachs als Stadtoberhaupt niederschlug. Er bezeichnete dessen Verhalten als Oberbürgermeister als „elend". 1845 setzte sich R. bei der Wahl des neuen Oberbürgermeisters massiv für Julius →Schuster ein. Der sehr wohlhabende R. besaß ein eigenes Jagdpachtgebiet, wohin er immer wieder Honoratioren und Offiziere aus Ulm zu Jagden einlud.

W   REICHARD, Erinnerungen – Geschichte der Apotheken Ulms, Ulm 1825 – Geschichte der Kriege und der Bürgerbewaffnung Ulms, Ulm 1832.
L   Ih 2, S. 699 – UBC 1, S. 498 – BIEDERMANN, Ulmer Biedermeier, bes. S. 214 u. ö. – UNGERICHT, S. 178 – SPECKER, Ulm im 19. Jahrhundert, S. 196, 214, 318, 322, 324, 604, 635, 639 – WAIBEL, Gemeindewahlen, S. 295, 327, 329.

Reichold (nicht Reichohl!), *Ernst*, * Coburg 25. Dez. 1859, † nicht ermittelt, aber nach Okt. 1940, kath.
Vater   Christof Reichold, Kaffeehausbesitzer in Coburg.
Mutter   Josephine Reuder.
∞ Ulm 10. III. 1900 Berta Schrader, * Langenargen/OA Tettnang 3. III. 1876, T. d. Obersteuerrats Wilhelm →Schrader u. d. Fanny Laub.
1 K   Annemarie Reichold, * Weingarten 26. VII. 1905.

R. war einer der zahlreichen Offiziere, die während ihrer langjährigen Laufbahn so starke Wurzeln in Ulm bzw. in Neu-

Ulm schlugen, dass sie sich nach Ende ihrer aktiven Dienstzeit dort niederließen und ihren Lebensabend an der Donau verlebten.

R. trat am 1. Okt. 1879 in den Militärdienst und war dem Inf.-Rgt. König Wilhelm I. (6. Württ.) Nr. 124 in Ulm, später nach dessen Verlegung in Weingarten zugeteilt, wo er zum Hauptmann und Major aufstieg. Als Major kam er nach 1903 zum Inf.-Rgt. Kaiser Wilhelm, König von Preußen (2. Württ.) Nr. 120 nach Ulm. Dort hatte er im Jahre 1900 eine Tochter des Oberstudienrats Schrader geheiratet. Noch vor Ausbruch des Ersten Weltkriegs stieg er zum Oberstleutnant und Kompanieführer auf. Im Ersten Weltkrieg war R. Kommandeur des Ersatzbataillons des Inf.-Rgts. Nr. 124. Nach 1918 wirkte R. als Bataillonskommandeur und Bezirkskommandeur in Ravensburg weiter beim Militär. Nach seiner Zurruhesetzung Mitte der 1920er Jahre ließ sich R. in Ulm nieder und war als einer der dort bekanntesten Offiziere des „alten Heeres" – wie es in der Zeit der Weimarer Republik hieß – eine fest ins gesellschaftliche Leben integrierte Persönlichkeit von großer Bekanntheit. R. kam 1931, bereits hochbetagt, als Oberst a. D. von Ulm nach Neu-Ulm, wo er ein Haus in der Reuttier Straße bezog. In Ulm war er Mitglied des Vereins für Kunst und Altertum in Ulm und Oberschwaben, an seinem neuen Wohnsitz schloss er sich sogleich dem Historischen Verein Neu-Ulm an, zu dessen treuesten Mitgliedern der alte Oberst gehörte. – Ritterkreuz I. Kl. des Friedrichsordens; Preuß. Roter-Adlerorden IV. Kl.

Q   StadtA Neu-Ulm, A 9.
L.   StHb 1901, S. 356 – ebd. 1910, S. 228 – ebd. 1913, S. 237 – UBC 4, 572 ff., 574 (Bild).

Reinhardt, Ernst, * Mergentheim 28. Dez. 1870, † Konstanz 28. Okt. 1939, ⌂ Stuttgart, Pragfriedhof, 1. Nov. 1939, ev.

Vater   August (von) Reinhardt[468], * Schömberg/OA Rottweil 7. X. 1827, † Stuttgart 15. X. 1907, Kgl. Württ. Generalmajor, zuletzt Kommandeur des Inf.-Rgts. Nr. 124 in Weingarten, 1885 a. D.
Mutter   Emilie Widenmann[469], * Tübingen 19. XI. 1836, T. d. Wilhelm (von) Widenmann[469], Dr. oec. publ., * Calw 18. X. 1798, † Bebenhausen 14. VII. 1844, bis 1836 Professor der Forstwissenschaft und Landwirtschaftslehre in Tübingen, nach 1836 Kreisforstrat in Bebenhausen, 1833-1839 MdL Württemberg (II. Kammer, für die Bezirke Oberndorf und Tübingen Amt) u. d. Luise Friederike Jäger, * Stuttgart 28. VIII. 1799, † 1871.
1 G   Walther Reinhardt[470], * Stuttgart 24. III. 1872, † Berlin-Lichterfelde 8. VIII. 1930, General, 1919 Preuß. Kriegsminister, 1920-1924 Befehlshaber im Wehrkreis V (Stuttgart).
Ledig. Keine K.

R. war zu Beginn der 1920er Jahre in einer nach dem Abbau des Militärs für Ulm sehr schwierigen Zeit des Umbruchs Festungskommandant.

Sohn eines beim württ. Militär hoch aufgestiegenen Vaters, hielt dieser seine beiden Söhne dazu an, ebenfalls die Offizierslaufbahn einzuschlagen. Nach dem Schulbesuch in Weingarten und Stuttgart trat R. in das Kadettenkorps ein und wechselte 1889 zum Inf.-Rgt. Alt-Württemberg (3. Württ.) Nr. 121 in Ludwigsburg über, wo er seine Leutnantszeit verbrachte und es zuletzt bis zum Chef der 9. Kompanie bringen sollte. 1896 erfolgte R.s Zuteilung zum Grenadier-Rgt. Königin Olga (1. Württ.) Nr. 119 in Stuttgart. Im gleichen Jahre wurde der sehr einsatzfreudige junge Offizier, dessen militärische Leistungen wiederholt Anerkennung an höherer Stelle fanden, zur Kriegsakademie nach Berlin abkommandiert. 1907 nach Stuttgart zurückgekehrt, war der mittlerweile zum Hauptmann beförderte R. zur Dienstleistung beim Kriegsministerium abkommandiert, später erfolgte seine offizielle Versetzung ins Ministerium, wo er beim Topographischen Büro tätig war, das er zuletzt leitete.

Bei Ausbruch des Ersten Weltkriegs übernahm Major R. das Kommando des II. Bataillons seines „Stammregiments" Nr.

121 und wurde an der Westfront schwer verwundet. Nach einjähriger Rekonvaleszenz wurde R. das Kommando des Reserve-Inf.-Rgts. 248 übertragen. 1918 zum Oberst ernannt, wurde R. bei der Frühjahrsoffensive 1918 erneut verwundet und übernahm nach seiner Wiederherstellung das Kommando der 53. Inf.-Brigade.

R. genoss als Truppenführer große Wertschätzung und war einer größeren Öffentlichkeit relativ bekannt. Dieser Aspekt wird seine Nachkriegslaufbahn mit bestimmt haben. Im Jan. 1919 wurde R. als Nachfolger des vom Garnisons-Soldatenrat abgelehnten Oberst Strölin zum Kommandanten von Stuttgart ernannt. R. übernahm das neue Amt unter schwierigsten Umständen, da unmittelbar nach der Amtsübergabe der Spartakus-Aufstand in Stuttgart ausbrach, der die Mitglieder der Regierung zwang, sich im Bahnhofsturm zu verschanzen und nur mit Hilfe der von Paul Hahn gebildeten Sicherheitswehren, zu denen auch Ulmer Einheiten zählten, niedergeschlagen werden konnte. Als nach dem Ende des Aufstands der mit den Spartakisten sympathisierende Kriegsminister Ulrich Fischer von Staatspräsident Wilhelm Blos (SPD) entlassen wurde, sollte R. dessen Nachfolge übernehmen. Die Landesausschüsse der Arbeiter- und Soldatenräte verlangten jedoch unbedingt einen Angehörigen der SPD in diesem Amt und setzten Immanuel Herrmann gegen R. durch.

Im Sommer 1919 erfolgte R.s Ernennung zum Infanterieführer der Reichswehrbrigade 13 in Stuttgart. Als Nachfolger des zurückgetretenen Obersten Hugo →Flaischlen trat er am 23. Sept. 1920 das Amt des Kommandanten der Festung Ulm an[471]. Der 50 Jahre alte Offizier, der mit der neuen Aufgabe zum Generalmajor ernannt worden war, sah sich in Ulm mit den umfassenden Problemen konfrontiert, die aus dem massiven Abbau des deutschen Militärs nach Kriegsende resultierten. Mit dem zeitweiligen Zusammenbruch der wirtschaftlichen Strukturen gingen soziale Spannungen einher, die erst im Juni 1920 in Ulm zu bürgerkriegsähnlichen Zuständen geführt hatten. R. war als Chef auch der Ulmer Sicherheits- und Bürgerwehren für die Erhaltung der Ordnung im Festungsbereich zuständig – und das bei sich ständig verringernder Mannschaftsstärke. R. war drei Jahre lang Ulmer Festungskommandant. Dann trat er unter Verleihung des Charakters eines Generalleutnants in den Ruhestand, den er zunächst in Ulm verlebte. Erst Anfang der 1930er Jahre zog er nach Stuttgart um. Noch in Ulm hatte er nach dem frühen Tod seines bekannten Bruders Walther Reinhardt die Arbeiten an dessen Nachlass aufgenommen, den er für eine Publikation vorbereitete.

Im Herbst 1939 hielt sich der fast 69 Jahre alte R. auf seinem Besitz auf der Insel Reichenau am Bodensee auf, als er plötzlich erkrankte und ins Krankenhaus nach Konstanz gebracht werden musste. Er starb dort an einer Blinddarmentzündung. – 27. Mai 1916 Ritterkreuz des Kgl. Württ. Militärverdienstordens; Pour le mérite.

W   Walther Reinhardt. Wehrkraft und Wehrwille. Aus seinem Nachlass mit einer Lebensbeschreibung hg. von Ernst REINHARDT, Berlin 1932.
L.   MOSER, Württemberger im Weltkrieg, S. 118 – WELLER, Staatsumwälzung, S. 165, 244 – UBC 4, S. 116, 144 – UBC 5b, S. 362 – Generalleutnant a. D. Reinhardt †, in: SK Nr. 254, 30. X. 1939, S. 5 – SK Nr. 257, 2. XI. 1939, S. 5 – NDB 21 (2003), S. 363 (Bruno THOß, über den Bruder, mit Angaben zur Familie) – KOLB/SCHÖNHOVEN, S. 133, 312, 325.

Reinhardt, Johann Carl *Friedrich* (von), Dr. iur., Mag., * Nagold 1. März 1786, † Stuttgart 26. März 1864, ⌂ ebd., Hoppenlaufriedhof, ev.

Vater   Philipp Friedrich Reinhardt, Amtspfleger und Rechnungsprobator in Nagold.
Mutter   Maria Catharina Johanna Hauff.

[468] Ih 2, S. 703.
[469] RABERG, Biogr. Handbuch, S. 1012 – STRECKER/MARCON, S. 167-170.
[470] Ih 2, S. 703 – Ih 3, S. 272 – LILLA, Reichsrat, S. 240 f., Nr. 569.

[471] Der Hinweis bei ERNST, Garnison, S. 186, R. sei bereits 1919 Ulmer Festungskommandant gewesen und Flaischlen sei nach ihm in das Amt gekommen, ist falsch.

∞ Stuttgart 19. X. 1815 Sophia Betulius, * Ludwigsburg 25. XII. 1789, † wohl Ulm 4. VIII. 1852, T. d. Johann Christoph Betulius, Oberamtmann in Merklingen, u. d. Charlotte Heinrike Stockmayer.
Keine K.

R., langjähriger Direktor bzw. Präsident des Kgl. Kreisgerichtshofs in Ulm in der ersten Hälfte des 19. Jahrhunderts, muss zu den großen Unbekannten der württ. Landesgeschichte gerechnet werden. Obwohl er in der Staatsverwaltung hoch aufstieg und vom König sogar zum Staatsrat ernannt wurde, existiert von ihm keine zusammenfassende Lebensbeschreibung, und die Stationen seiner Laufbahn sind bruchstückhaft.

R. besuchte nach der Lateinschule zunächst seit dem Herbst 1799 die Klosterschule in Blaubeuren. Im Okt. 1803 immatrikulierte er sich als Theologie- und Philosophiestudent in Tübingen, wechselte aber schon im Okt. 1805 zum Studium der Rechtswissenschaften. 1805 erwarb er den Magistergrad, 1807 wurde er promoviert. Nach Beendigung des Studiums ließ sich R. als Advokat in seiner Heimatstadt Nagold nieder.

Im März 1819 trat R. im Zuge der Neuordnung des württ. Gerichtswesens als Oberamtsgerichtsverweser in Herrenberg in den Staatsdienst. Im Juni 1820 erfolgte seine Beförderung zum Stadtrichter und Regierungsrat in Stuttgart. Im Nov. 1822 verlieh ihm der König den Titel eines Oberjustizrates.

1836 trat R. als Nachfolger des pensionierten Direktors von Baur als Direktor an die Spitze des Kgl. Kreisgerichtshofs in Ulm. Mit 18 Jahren Amtszeit war R. länger im Amt des Vorstands des Kreisgerichtshofs als alle seine Vorgänger. Der Kreisgerichtshof hatte seinen Sitz im Schwörhaus in Ulm, wo R. auch Vorstand des Zivil-und Ehesenats war. R. zählte zur Ulmer Honoratiorenschaft und war im gesellschaftlichen Leben der Stadt fest verankert. Nach dem Tod seiner Ehefrau zog sich R. jedoch weitgehend ins Privatleben zurück.

Zu Beginn des Jahres 1854 trat R. im Alter von 68 Jahren in den Ruhestand, nachdem König Wilhelm I. ihm am 29. Dez. 1853 Titel und Rang eines Staatsrats verliehen hatte. Zu seinem Nachfolger wurde Friedrich Matthäus (von) →Zeyer ernannt. R. war vom König ernanntes Mitglied des Staatsgerichtshofs. R., der seinen Ruhestand in Stuttgart verlebte, starb kurz nach seinem 78. Geburtstag. Die Todesanzeige in der „Schwäbischen Kronik" ist gezeichnet von seinem Neffen Carl Moser. – 1841 Kommenturkreuz des Württ. Kronordens.

Q   Familienregister Stuttgart 1808, Band 4.
L   StRegbl. 1822, S. 839 – HStHb 1843, S. 32, 74, 86, 92 – SK Nr. 74, 29. III. 1864, S. 707 – PFEIFFER, Hoppenlauffriedhof, S. 72, Nr. 274 – NWDB § 2650 – MUT Nrn. 39.892 und 40.102 – EBERL, Klosterschüler II, S. 105, Nr. 1113 [ebd. für die Zeit ab 1807 die Bemerkung: *weiterer Lebensweg unbekannt*] – KLÖPPING, Historische Friedhöfe, S. 331, Nr. 1237.

Reinwald, *Hermann* Ernst, * Schwaigern/OA Brackenheim 20. Feb. 1901, † Ulm 10. Mai 1982, ev.
Vater   Ernst Reinwald, Schreinermeister.
∞ Ulm 10. VIII. 1935 Anna Mayer, * Leipheim 2. V. 1904.
1 K   Hannelore Reinwald, * 1. XI. 1936.

R. war eine der Neu-Ulmer Lehrerpersönlichkeiten um die Mitte des 20. Jahrhunderts, in deren Biografie sich dessen Brüche und Untiefen spiegelten.

Nach drei Jahren Volksschule und vier Jahren Mittelschule und Lehrerseminar in Heilbronn/Neckar bestand R. 1921 die Volksschullehrerdienstprüfung mit „gut". Von Nov. 1921 bis Feb. 1922 war er Hilfsschullehrer bei der Württ. Schutzpolizei. Von Feb. 1922 bis 1926 als Unterlehrer tätig, absolvierte R. von Mai 1926 bis März 1929 den Gewerbelehrerkurs der Ministerialabteilung für die Fachschulen, den er ebenfalls mit „gut" abschloss. Anschließend arbeitete er als Gewerbehilfslehrer, bis April 1934 an der Gewerbeschule Weikersheim, wo er zugleich Schulleiter war, von April 1934 bis Mai 1935 an der Hoppenlau-Gewerbeschule Stuttgart, von Mai 1935 bis Mai 1936 an der Gewerbeschule Heidenheim/Brenz und seit Mai 1936 als Gewerbehilfslehrer an der Gewerbeschule Ulm. R. war

NSDAP-Mitglied (Nr. 1.289.694), Mitglied der SA seit 5. Juli 1933, des VDA, des NSLB, des Reichskolonialbundes und seit Juli 1934 der NSV. Für die Stelle des Gewerbeoberlehrers in Neu-Ulm bewarb er sich unter besonderem Hinweis auf seine „weltanschauliche" Einstellung und aktive Betätigung für die NSDAP und hob als Gewinner des SA-Sportabzeichens von 1934 die zweimalige Leitung von Schulungslagern hervor, *wobei besonders die weltanschauliche und die sportliche Schulung der Lehrlinge in meinen Händen* lag.

R. trat zum 1. Juni 1936 als Gewerbeoberlehrer für Turnunterricht an der Berufsschule in die Dienste der Stadt Neu-Ulm, 1941 wurde er uk-gestellt und nach Einberufung von Direktor Johann →Deininger und Lehrer Ludwig →Hepperle zum stv. Leiter der Berufsschule ernannt. Ab Jan. 1942 war R. zur Wehrmacht eingezogen.

Die US-amerikanische Militärregierung entließ R. auf Grund seiner Parteizugehörigkeit am 31. Okt. 1945, nachdem er zuvor seit Kriegsende bei der Passierscheinstelle Neu-Ulm tätig gewesen war. Da R. eine rasche Wiedereinstellung anstrebte, forcierte er sein Entnazifizierungsverfahren. Zunächst von der Spruchkammer Neu-Ulm als „Mitläufer" eingestuft (11. Okt. 1946), erhob der öffentliche Kläger bei der Spruchkammer des Landkreises Neu-Ulm im Sept. 1947 Klage mit dem Antrag, R. als Minderbelasteten einzureihen. Der Stadtrat bot dem mittlerweile im württemberg-badischen Berufsschuldienst und ab April 1948 an der Berufsschule Ulm lehrenden R. im Nov. 1947 eine Berufung als Gewerbeoberlehrer im Angestelltenverhältnis an, was R. zwar dankbar quittierte, jedoch unter Verweis auf die seiner Ansicht nach schlechte Bezahlung ausschlug.

Es bedurfte langwieriger Verhandlungen, um den als Lehrer geschätzten R. doch noch nach Neu-Ulm zurückholen zu können. 1950 kam er als Beamter auf Probe wieder an die Berufsschule Neu-Ulm. Am 1. Sept. 1956 wurde er zum Bezirksschuldirektor in Neu-Ulm ernannt. Die Amtszeit R.s in Neu-Ulm wurde ausweislich seiner Personalakte durchzogen von Querelen um seine Besoldung. Mit Ablauf des Monats Aug. 1966 trat R. in den Ruhestand. Er starb 81-jährig in seiner Wohnung im Grimmelfinger Weg 7 in Ulm.

Q   StadtA Neu-Ulm, A 4, Nr. 242.
L   Grundbuch der ev. Volksschule ⁵1933, S. 137.

Reizele, Johann *Georg*, * Ulm 27. Feb. 1871, † Neu-Ulm 1944, ev.
Vater   Hieronymus Reizele, * Riedheim 24. IX. 1839, Bäcker in Ulm.
Mutter   Christine Hitzler, * Dettingen 15. XII. 1844.
4 G   Maria Reizele, * Ulm 10. VI. 1869; Walburga Sofie Reizele, * Neu-Ulm 28. II. 1876, ∞ Neu-Ulm 1899 Johann Puppele[472], * Möttingen 10. X. 1870, Sergeant; Albert Reizele, * Neu-Ulm 28. X. 1880; Hermann Hieronymus Reizele, * Neu-Ulm 26. VIII. 1884, Werkzeugmacher, ∞ Emma Vöhringer.
∞ Neu-Ulm 5. II. 1901 Margaretha Bitriod, * Lorenzkirchen (Sachsen) 25. V. 1874.
K   Hedwig *Martha* Reizele, * Neu-Ulm 3. V. 1901.

R. war über Jahrzehnte einer der erfolgreichsten und angesehensten Bäcker in Neu-Ulm und Umgebung und ein engagierter Vertreter berufsständischer Interessen.

Von seinem Vater, der ebenfalls Bäcker war, zur Erlernung des Berufes angehalten, ging R. nach der Volks- und Realschule in Ulm bei ihm in die Lehre, machte sich aber nach der Jahrhun-

---

[472] TEUBER, Ortsfamilienbuch Neu-Ulm II, Nr. 3584.

dertwende und der bestandenen Meisterprüfung in der Neu-Ulmer Kasernstraße 21 bzw. 25 selbstständig, wo der Vater eine Filiale gegründet hatte. R. war langjähriger Schriftführer der Freien Bäcker-Innung Neu-Ulm, Offenhausen und Pfuhl. 1906 gehörte R. zu den Mitgründern der das Bezirksamt umfassenden Bäcker-Innung Neu-Ulm/Weißenhorn. Als 1915 deren Gründungs-Obermeister Jakob →Albrecht nach neunjähriger Amtszeit starb, trat R. im Jahr darauf nach einstimmiger Wahl dessen Nachfolge als Obermeister der Freien Bäcker-Innung Neu-Ulm und Umgebung, der Bäcker-Innung Neu-Ulm/Weißenhorn und der Einkaufsgenossenschaft selbstständiger Bäckermeister in Neu-Ulm und Umgebung GmbH an und blieb 18 Jahre, bis 1934, im Amt. Zu seinem Nachfolger wurde Hans →*Honold gewählt.

Q   StadtA Neu-Ulm, D 12, IX.2.1.1.
L   Adreßbuch Ulm/Neu-Ulm 1910, Zehnte Abteilung, S. 67 – ebd. 1912, Zehnte Abteilung, S. 71 – ebd. 1914, Zehnte Abteilung, S. 75 – Einwohner- und Geschäfts-Handbuch Ulm/Neu-Ulm 1921, Neunte Abteilung, S. 81 – TEUBER, Ortsfamilienbuch Neu-Ulm II, Nr. 3701.

Renftle, Johann *Georg*, * Pfuhl 7. März 1857, † Neu-Ulm 22. März 1958, ev.

∞ 1884 Anna *Regina* Fink, * Ulm 15. VIII. 1861, † 9. V. 1935.
8 K   Regina Renftle, * Neu-Ulm 24. X. 1884, ∞ I. Neu-Ulm 21. V. 1907 Georg Stark, * Griesheim 7. VI. 1878, † gefallen 21. IV. 1917, ∞ II. Neu-Ulm Philipp Schwerberger, * 18. V. 1887, † 18. VIII. 1959; Georg Renftle, * 22. IX. 1885, ∞ Neu-Ulm 13. VII. 1912 Sophie Regina Langmaier; Christian Renftle, * Neu-Ulm 18. III. 1887; Anna Renftle, * Neu-Ulm 30. XI. 1888; Christian Renftle, * Neu-Ulm 28. VIII. 1880, ∞ Neu-Ulm 30. IV. 1921 Kreszenz Neidlinger; Karl Renftle, * Neu-Ulm 24. X. 1894, ∞ Ulm 10. VII. 1920 Friederike Schreiber; Johannes (Hans) →Renftle, Besitzer eines Textilhauses in Neu-Ulm.; Margaretha Renftle, * Neu-Ulm 9. X. 1897, † 2. XII. 1936, ∞ Schlickenrieder.

R. war einer der bekanntesten Neu-Ulmer seiner Zeit. Seine Verdienste als Landwirt und als Kommunalpolitiker trugen ebenso dazu bei wie sein für die Zeit außergewöhnlich hohes Alter.
Der gebürtige Pfuhler verlor früh seine Eltern. In seinem Geburtsort besuchte er die Schule, wurde zum Landwirt ausgebildet und erwarb nach Lehrjahren in fremden Diensten ca. 1878 ein Anwesen auf der Insel in Neu-Ulm, das er zu einem prosperierenden Mustergut ausbaute. Auch nachdem es in den 1880er Jahren bei einem Hochwasser vollständig überflutet worden war, nahm der für seine Zähigkeit und Tatkraft bekannte R. die Mühen des völligen Neuaufbaus an und hatte wiederum Erfolg. Von 1892 bis 1910 war er Mitglied des Neu-Ulmer Gemeindekollegiums und ab 1896 zugleich Mitglied des Kreisrats.
Von 1897 bis 1909 wirkte R. als amtlich vereidigter Schätzer für landwirtschaftliche Grundstücke im Bezirk Neu-Ulm. Noch 1933 gehörte er dem Schätzungsausschuss zum Vollzuge des Viehseuchengesetzes an. Vom Ulmer Oberbürgermeister Heinrich (von) →Wagner wurde R. wiederholt als Gutachter in Grundstücksfragen beigezogen. 1900 gründete R. den Verein für Wiesenbaupflege, den er auch viele Jahre lang führte. R., der zahlreiche Ehrenämter in landwirtschaftlichen Organisationen ausübte, konnte anlässlich seines 100. Geburtstages die Oberbürgermeister von Ulm und Neu-Ulm, Theodor →Pfizer und Tassilo →Grimmeiß, als Gäste in seinem Haus begrüßen. Beide Städte betrachteten R. als einen der ihren, und der alte Herr fühlte sich beiden Städten zugehörig. *Mit Georg Renftle ist [...] eine Gestalt aus unserem Lebenskreis ausgeschieden, die in sich die Trennungslosigkeit und Einheit des Ulm/Neu-Ulmer Raumes verkörperte* (Ulmer Nachrichten Nr. 70, 25. III. 1958, S. 4).

Q   StadtA Ulm, G 2.
L   Adreßbuch Ulm/Neu-Ulm 1912, Zehnte Abteilung, S. 72 – Einwohnerbuch Ulm/Neu-Ulm 1933, Zehnte Abteilung, S. 122 – TEUBER, Ortsfamilienbuch Neu-Ulm II, Nr. 3718.

Renftle, Johannes (Hans), * Neu-Ulm 30 Juni 1896, † ebd. 6. Aug. 1975 (nicht 1976!), ▢ ebd., Alter Friedhof, ev.
Eltern und G siehe Georg →Renftle.

∞ Neu-Ulm 23. III. 1929 (Ehe 1947 geschieden) Babette Niklass, * Pfuhl 25. I. 1896, † Neu-Ulm 18. XII. 1975, T. d. Georg Niklass, Kohlenhändler, u. d. Maria Keppler.
2 K   Rudolf Renftle, * Ulm 12. I. 1930, † 19. III. 1987, Inhaber des Textilhauses Renftle, ∞ Wiebke Maria Renftle; Eva Renftle, * Ulm 2. VII. 1934.

R. war der Gründer des noch heute existierenden Fachgeschäfts für Betten und Aussteuerwaren am Petrusplatz in Neu-Ulm.

Da R. der zweitgeborene Sohn des bekannten Landwirts Georg →Renftle und daher sein älterer Bruder Georg Erbe des Musterhofs auf der Insel war, musste er für sich eine andere Lebensperspektive entwerfen. Nach dem Besuch der Grund- und der Realschule in Neu-Ulm durchlief R. eine kaufmännische Lehre in Ulm. Am 6. März 1923 begründete er das Textilhaus Hans Renftle in der Ludwigstraße, das spätere Fachgeschäft für Betten und Aussteuerwaren. Während R. mit Motorrad und Musterkoffer für sein Geschäft warb, führte in den ersten Jahren seine Mutter den Verkaufsladen. Der Bekanntheitsgrad seines Vaters war ein wichtiges Kapital für den Erfolg des neuen Geschäfts. 1929 konnte ein größeres Etagengeschäft in der Schützenstraße 1 bezogen werden. Schließlich entstand 1936 ein neues Wohn- und Geschäftshaus an der Ecke Schützen-/Marienstraße mit 180 Quadratmetern Geschäftsfläche und fünf Schaufenstern. R. beschäftigte bis zum Ausbruch des Zweiten Weltkriegs fünf bis acht Mitarbeiter.
Im letzten Kriegsjahr wurde das Haus stark beschädigt, bei Kriegsende die verbliebenen Warenvorräte geplündert. R. musste von Grund auf neu beginnen und bot anderen Neu-Ulmer Gewerbetreibenden in der Ruine Verkaufsplätze an, so dass bis 1948 im Geschäftshaus von R. auch Haushalts- und Hartwaren, Bürsten und Kämme sowie Feinkost mit Fisch, Wild und Geflügel erhältlich waren. Zeitweise waren bei ihm auch eine Apotheke und ein Bankgeschäft untergebracht. Nach der Währungsreform im Jahre 1948 vermochte R. an die einstigen Erfolge nicht nur anzuknüpfen, sondern sie zu übertreffen. Der Neuaufbau des Geschäftshauses brachte eine Erweiterung der Geschäftsfläche auf 420 Quadratmeter mit neun Schaufenstern. R.s Sohn Rudolf trat 1952 in den Betrieb ein und unterstützte den Vater in den für Neu-Ulm schwierigen 1950er Jahren, als das benachbarte Ulm seine frühere Handelskapazität zurückzugewinnen begann und die über mehrere Jahre in Neu-Ulm florierenden Einzelhandelsgeschäfte einbrachen. Für R. war das geschäftliche Überleben nur mit einer radikalen Sortimentsbereinigung möglich: Strickwaren, Berufsbekleidung und Kleiderstoffe wurden aufgegeben. 1961 konnte eine Betten-Filiale in Ulm eröffnet werden, im Jahr darauf führte R. für seine Mitarbeiterschaft eine Ertragsbeteiligung in Form einer Jahrestantieme ein. In den 1960er Jahren konzentrierte sich R. fast ausschließlich auf das Betten- und Wäschegeschäft. Zu Hochzeiten bot R.s Unternehmen 44 Beschäftigten Arbeit und verfügte über 1.500 Quadratmeter Gewerbefläche.
Nach R.s Tod im Alter von 79 Jahren führte sein Sohn Rudolf, Gesellschafter seit 1961, das Unternehmen weiter. Nach dessen frühem Tod übernahm R.s verwitwete Schwiegertochter die Geschäftsleitung. 1998 verkaufte sie das Geschäft an Günter Stemmler.

Q   StadtA Neu-Ulm, A 9.
L   50 Jahre Wäsche- und Aussteuerhaus Renftle. Eine Firmen-Chronik für Geschäftsfreunde und Mitarbeiter [Neu-Ulm 1972], Exemplar im StadtA Neu-Ulm,

D 12, IX.3.2. – TREU, Neu-Ulm, S. 620 – TEUBER, Ortsfamilienbuch Neu-Ulm II, Nr. 3718 – WEIMAR, Rundgang, S. 26.

Renner, *Otto* Johann Nepomuk, Dr. phil.,* Neu-Ulm 25. April 1883, † München 8. Juli 1960, kath.

Vater   Ludwig Renner * Oberottmarshausen 22. VIII. 1838, † 1901, Volksschullehrer, später Bezirkshauptlehrer in Neu-Ulm, zeitweise Schulleiter und Organist.
Mutter   Marie Kopf, * Weißenhorn 22. I. 1847, † 1934, T. d. Lehrers Franz Anton Kopf, * 1815, † 1871.
9 G   Max Renner, * Dillishausen 15. V. 1867, Bezirksamtmann; Karl Renner, * Dillishausen 24. VII. 1868, Oberzollassessor, zuletzt Bankdirektor; Maria Renner, * Dillishausen 23. II. 1870; Luise Renner, * Stadtbergen 9. X. 1873; Adelheid Renner, * Stadtbergen 4. IV. 1875; Otto Renner, † Neu-Ulm 17. I. 1881; Alexine Renner, † Neu-Ulm 19. VIII. 1880; Cäcilia Renner, † Neu-Ulm 2. II. 1882; Ludwig Renner, * Neu-Ulm 15. IX. 1884.
∞ Landshut 1920 Johanna Unterbirker, * 1889, † 1963 , T. e. bayer. Offiziers.
2 *K*, darunter Hildegard Renner, Dr. med., * 1927, Fachärztin f. Innere Medizin in München, ∞ Hans Berthold * 1924, † 1986, Dr. med., Facharzt f. Chirurgie u. Gynäkologie.

R. war einer der bedeutendsten deutschen Botaniker und Genetiker aller Zeiten. Er genoss auf Grund seiner wissenschaftlichen Pionierleistungen Weltruf, besonders in den USA stand er in hohem Ansehen. Die Verbindung zu seiner Heimatstadt Neu-Ulm ließ er nie abreißen.

R. kam im Schulhaus Ludwigstraße 4 in Neu-Ulm zur Welt, wo er auch aufwuchs. Die große Familie lebte in bescheidenen Verhältnissen, denn ein Volksschullehrergehalt war seinerzeit alles andere als üppig. Der Vater musste als Organist hinzuverdienen, bis er zum Schulleiter aufgestiegen war. R. besuchte die Grundschule in Neu-Ulm und das Gymnasium in Ulm. R. war der beste Abiturient des Jahrgangs 1901 in Ulm. Einer seiner Mitabiturienten war Ludwig →Weickmann. Schon als Schüler brach sich sein Interesse für die Botanik mit Macht Bahn, nachdem ihm sein Bruder Max ein Buch mit Bildern und Beschreibungen der am häufigsten vorkommenden Pflanzen geschenkt hatte. Er sammelte, unterstützt und bestärkt von seinem Vater, Pflanzen und widmete sich in seiner freien Zeit ihrem Studium. Nach dem Abitur stellte sich die Frage, welches Fach er studieren sollte – neben der Botanik wäre auch die klassische Philologie eine Option gewesen. Die Entscheidung fiel zugunsten der Botanik.

Noch 1901, im Todesjahr seines Vaters, nahm R. an der Universität München das Studium der Botanik auf, das er später in Leipzig fortsetzte und in München abschloss. In München suchte ihn ein Professor schon nach den ersten vier Semestern als Assistenten am Botanischen Institut an. 1906 erfolgte seine Promotion mit der Dissertation „Beiträge zur Anatomie und Systematik der Artocarpeen und Conocephaleen insbesondere der Gattung Ficus". Ebenfalls an der Universität München habilitierte sich R. fünf Jahre später mit der Arbeit „Experimentelle Beiträge zur Kenntnis der Wasserbewegung" für Botanik. 1913 planmäßiger ao. Professor für Pflanzenphysiologie und Pharmakognosie an der Universität München. Während des Ersten Weltkriegs fungierte R. zeitweise als Vorstand der Abteilung Bakteriologie im Ulmer Lazarett und organisierte den Seuchenschutz. Die in dieser Zeit gewonnenen Erkenntnisse stellte R. später wiederholt als „Kriegsgewinn" heraus.

1920 folgte R. einem Ruf als o. Professor für Botanik der Universität Jena und Direktor des Botanischen Instituts und Gartens ebd. R. schätzte die Konditionen dort so hoch ein, dass er wiederholt Berufungen an andere Hochschulen – nach Heidelberg, Kiel, Frankfurt am Main, Freiburg im Breisgau und Berlin – ausschlug. Bis 1948 blieb R. in Jena. In diesen fast drei Jahrzehnten festigte R. seinen internationalen Ruf als Pionier der Vererbungslehre und der Pflanzenphysiologie. Im Bereich der Vererbungslehre experimentierte er schon seit der Zeit seiner Dissertation bevorzugt mit den Oenotheren (Nachtkerzen) und stellte auf der Grundlage seiner Untersuchungen zu deren Artbastarden eine neue, wissenschaftlich umfassend begründete Mutationstheorie auf. Als Pflanzenphysiologe be-

reiste er Nordafrika (1911) ebenso wie die indonesischen Regenwälder (1930), um dem Geheimnis des Saftsteigens in den Bäumen auf die Spur zu kommen. R. wies nach, dass der Zusammenhalt der Wassermoleküle (Kohäsion) die Wasserversorgung kleiner Pflanzen ebenso wie riesiger Bäume ermöglicht, und verwarf damit ältere Theorien. R. legte seine Forschungserkenntnisse in zahlreichen Publikationen, Büchern wie Aufsätzen, insgesamt etwa 120 an der Zahl, nieder. Außerdem war er von 1932/33 bis 1944 Herausgeber der Fachzeitschrift „Flora oder Allgemeine Botanische Zeitung", seit 1947 gab er die „Planta" und seit 1949 die „Fortschritte der Botanik" heraus.

Nachdem sich Schwierigkeiten mit dem kommunistischen System in der Sowjetischen Besatzungszone ergeben hatten, kehrte R. 1948 als o. Professor und Direktor des Botanischen Gartens nach München zurück. Am Wiederaufbau des kriegszerstörten Botanischen Gartens hatte R. maßgeblichen Anteil. 1952 erhielt er den „Friedens-Pour le mérite" für Wissenschaft und Künste. R.s Tod kam überraschend. Der 77-jährige Wissenschaftler beteiligte sich am Abend des 7. Juli 1960 aktiv an einem botanischen Kolloquium, am folgenden Morgen bereitete er einen physiologischen Versuch vor. Danach gönnte er sich ein wenig Schlaf, aus dem er nicht mehr erwachte.

Neben seiner beruflichen Arbeit befasste sich R. mit Literatur, Musik und Malerei, er malte auch selbst. In Neu-Ulm, wo R. immer wieder Schulfreunde besucht hatte, ist eine Straße nach ihm benannt. – Auswärtiges Ehrenmitglied der American Academy of Arts and Sciences in Boston/Massachusetts (USA), auswärtiges Mitglied der Société Botanique de Genève, auswärtiges Mitglied der Akademie gemeinnütziger Wissenschaften in Erfurt, seit 1934 Mitglied der Deutschen Akademie der Naturforscher Leopoldina (seit 1958 Ehrenmitglied).

Q   StadtA Neu-Ulm, D 12, III.2.3.4.
W   (mit Otto MAASS) Einführung in die Biologie, München 1912 – Artbastarde bei Pflanzen, Berlin 1929 – (mit Edgar HOEPPENER), Genetische und zytologische Oenotherenstudien, 2 Teile, Jena 1929 – (mit Wilhelm TROLL), Festschrift zum siebzigsten Geburtstag von George Karsten, Jena 1933 – (mit Friedrich MARKGRAF), Führer durch die Gewächshäuser des Botanischen Gartens München-Nymphenburg, München ⁷1957 (München ⁸1963, bearb. von Franz SCHÖTZ).
L   Reichshandbuch II, S. 1512 (Bild) – UBC 3, S. 248 – Erwin BÜNNING (Hg.), Festgabe zum 60. Geburtstag von Otto Renner, Jena 1943 (= Flora oder Allgemeine Botanische Zeitung N. F. 37, H. 1/2) – Berichte der Deutschen Botanischen Gesellschaft 74 (1961), Nr. 11, S. 82-94 (Friedrich OEHLKERS) – Jahrbuch der Deutschen Akademie der Wissenschaften zu Berlin 1961, S. 882-886 (Hans STUBBE) – Kürschners Deutscher Gelehrten-Kalender 1961, S. 1640 – Karl von FRISCH, Gedenkworte für Otto Renner, in: Orden Pour le Mérite für Wissenschaften und Künste. Reden und Gedenkworte 4 (1960/61), S. 129-137 – Yearbook of the American Philosophical Society 1961, S. 166-171 (Ralph E. CLELAND) – Karl MÄGDEFRAU, Otto Renner. Ein Nachruf, in: Berichte der Bayerischen Botanischen Gesellschaft 34 (1961) – Almanach der Österreichischen Akademie der Wissenschaften 112 (1962), S. 429 (Fr. KNOLL) – Eduard OHM, Ein Botaniker mit Weltruf. Die Wiege des berühmten Mannes stand in Neu-Ulm (Neu-Ulmer Geschichten 37) – Karl MÄGDEFRAU, Geschichte der Botanik. Leben und Leistung großer Forscher, Stuttgart ²1992 – Siegfried Jost CASPER/Manfred EICHHORN, Otto Renner (1883-1960), in: Jürgen KIEFER (Hg.), Jenaer Universitätslehrer als Mitglieder der Akademie gemeinnütziger Wissenschaften zu Erfurt, 2. Lieferung, Erfurt 1997, S. 93-142 – TREU, Neu-Ulm, S. 558 f. (Bild) – TEUBER, Ortsfamilienbuch Neu-Ulm, Nr. 3727 – NDB 21 (2003), S. 433 f. (Ilse JAHN) – GBBE 3, S. 1593.

Renz, Gustav Heinrich Friedrich von, * Ulm 4. April 1789, † Karlsruhe 23. April 1860, ev.

Vater   Albrecht Konrad Friedrich von Renz, Dr. iur. utr., * Stuttgart 19. IX. 1757, † Karlsruhe 1. VII. 1831, erhielt am 4. V. 1783 die Bestätigung des Reichsadels, Hzgl. Württ. Offizier, Major à la suite, seit 1794 in Baden lebend, Großhzgl. Bad. Kammerherr, S. d. Johann Friedrich Renz, * Esslingen/Neckar 13. V. 1730, † Stuttgart 20. II. 1802, Hzgl. Württ. Regierungsrat, Geh. Ratssekretär und Sekretär beim Schwäbischen Kreiskollegium, u. d. Friederike Magdalena Hartmann, * 1734, † 1759, T. d. Friedrich Joseph Hartmann, Hzgl. Württ. Hofkammerrat und Schwäbischer Kreiseinnehmer in Ulm.
Mutter   Sibylle Jacobine von Köpf, * Augsburg 8. V. 1759, † 18. IV. 1832.
2 G   Friederike von Renz, * Ulm 22. VIII. 1780, † 9. VII. 1832, ∞ 1799 Carl Friedrich von Neubronner, * 11. II. 1775, † 9. VI. 1857; Albertine von Renz, * Ulm 10. IX. 1781, † 12. III. 1857, ∞ 13. IV. 1801 Carl Christian von Watter, * 13. I. 1775, † Heilbronn/Neckar 1838, Kgl. Württ. Major.
∞ I. 29. VII. 1813 Louise Amalie Freiin von Stockhorn, * 15. VII. 1795, † 11. XI. 1819, T. d. Freiherrn Karl Stockhorner von Starein, Großhzgl. Bad. Generalmajor und Kriegspräsident; ∞ II. 21. V. 1822 Nanette von Siegle, * 1. X. 1806, † Karlsruhe 15. XI. 1868.

9 K, davon 5 aus I. Ehe *Heinrich* Ludwig von Renz[473], * Karlsruhe 5. IX. 1814, † ebd. 28. VI. 1879, Chef des Generalstabs, Kgl. Preuß. Generalmajor a. D., ∞ I. 5. IX. 1842 Hermine Fueßlin, * 5. II. 1818, † 24. V. 1846, ∞ II. 8. IX. 1849 Freiin Luise Caroline Wilhelmine Schilling von Canstatt aus dem Hause Hohenwettersbach, * Hohenwettersbach 6. IX. 1822; Luise von Renz, * Karlsruhe 16. I. 1816, † ebd. 7. VII. 1818; Albrecht von Renz, * 21. IV. 1817, † 29. I. 1842, Großhzgl. Bad. Leutnant im 4. Inf.-Rgt.; Carl Friedrich Josef Ferdinand von Renz[474], * Karlsruhe 2. VIII. 1818, † gefallen bei Nuits 18. XII. 1870, Großhzgl. Bad. Oberst, Kommandeur des 2. Grenadier-Rgts., ∞ 5. VII. 1855 Anna Michaele Catharine Seitz, * 13. I. 1834, T. d. Josef Seitz, Dr. med., Hofrat in Mannheim; Ludwig von Renz, * Karlsruhe 6. XI. 1819, Großhzgl. Bad. Oberst, ∞ 19. XI. 1850 Freiin Luise von Adelsheim, * 13. IX. 1825, † 16. XI. 1880; Gustav von Renz, * Karlsruhe 8. VIII. 1823, † 6. V. 1848, Großhzgl. Bad. Leutnant im Leib-Inf.-Rgt.; Friedrich von Renz, * Karlsruhe 22. I. 1825, † Vera Cruz (Mexiko) 5. II. 1848, Großhzgl. Bad. Leutnant; Rudolf von Renz, *† 1827; Theodor von Renz, *† 1828.

Der im Militärdienst des Großherzogtums Baden hoch aufgestiegene Ulmer R. entstammte einer zum Patriziat der Reichsstadt Ulm gehörigen Familie, die mit einigen Vertretern bereits im 13. Jahhundert als „viri imperii" erscheint. Während das Geschlecht in Ulm im Lauf des 16. Jahrhunderts erlosch, hatte es sich bereits seit dem 15. Jahrhundert in verschiedenen schwäbischen Städten verzweigt. Einige Linien – nicht aber die württembergische – wurden von Kaiser Maximilian I. 1513 in den Reichsadelsstand erhoben. Daher kämpfte R.s Vater darum, für seinen Zweig eine Bestätigung dieses Reichsadels zu erhalten, was 1783 gelang.
R. kam als Sohn eines württ. Offiziers in Diensten des Schwäbischen Kreises in Ulm zur Welt, wo er auch aufwuchs. Die Mutter war Tochter eines Augsburger Bankiers, dessen Familie 1733 von Kaiser Karl VI. in den Reichsadelsstand erhoben worden war. Zwei seiner Onkel, August Friedrich von Renz (1763-1820) und Carl Friedrich von Renz (1779-1844), waren Zöglinge der von Herzog Carl Eugen von Württemberg gegründeten Hohen Carlsschule in Stuttgart gewesen und hatten es in der Verwaltung des Königreichs Württemberg zum Oberamtmann von Freudenstadt, später Radolfzell bzw. zum Direktor der Kanzlei des Geheimen Rats gebracht. Für R. scheint frühzeitig eine Laufbahn im Militärdienst in Aussicht genommen worden zu sein. Nach 1800 ließ der Vater seinen einzigen Sohn in einer Erziehungsanstalt im seinerzeit noch preuß. Bayreuth ausbilden. Am 1. Feb. 1804 trat R. als Junker in bad. Militärdienste, stieg vom Seconde-Leutnant im Rgt. „Churfürst" schon 1807 zum Premier-Leutnant und 1810 zum Stabskapitän bei der Grenadier-Garde auf. Der junge Mann, 1813 zum Hauptmann I. Kl. befördert, nahm an den Feldzügen, zu denen Baden Mannschaften stellte, teil und wurde 1807 vor Stralsund erstmals verwundet. Im gleichen Jahr wurde er mit dem Ritterkreuz des Karl-Friedrich-Militär-Verdienstordens ausgezeichnet.
1814 war er Kompaniechef beim Feldzug in Frankreich und wurde vor Paris erneut verwundet. Die nach der Niederwerfung Napoleons I. einsetzende Friedensperiode ließ R.s erfolgreiche militärische Laufbahn stocken. Erst 1835 erfolgte die Beförderung zum Major, am 13. März 1839 die Ernennung zum Kommandeur der Gendarmerie und 1840 zum Oberstleutnant. In dieser Stellung erwies sich R. in zumindest zeitweise sehr schwierigen Verhältnissen – vor allem während der Revolution von 1848/49 – als unbedingt treuer, gewissenhafter Offizier, der die Gendarmerie der badischen Residenzstadt mit Umsicht und Effizienz zu führen verstand. 1844 zum Großhzgl. Bad. Oberst und zuletzt, am 15. Feb. 1859, zum Generalmajor befördert, hatte R. 1858 das Kommandeurkreuz des Karl-Friedrich-Militär-Verdienstordens erhalten, dessen ältester lebender Ordensritter er damals war.
Nach seiner Pensionierung scheinen sich Depressionen, unter denen R. seit Jahrzehnten litt, verstärkt zu haben. Sechs seiner neun Kinder waren ihm im Tod vorangegangen, darunter drei hoffnungsvolle Jungoffiziere, von denen zwei innerhalb eines

Vierteljahres 1848 gestorben waren. Wenige Tage nach seinem 71. Geburtstag starb R. von eigener Hand. – 1814 Ritterkreuz des Ksl. Russ. Wladimir-Ordens IV. Kl.; 1826 Ritterkreuz des Großhzgl. Bad. Ordens vom Zähringer Löwen; 1844 Kommandeurkreuz des Großhzgl. Bad. Ordens vom Zähringer Löwen.

I.   Ih 2, S. 707 – [Karl von WECHMAR] Handbuch für Baden und seine Diener oder Verzeichniß aller badischen Diener vom Jahr 1790 bis 1840, nebst Nachtrag bis 1845, von einem ergrauten Diener und Vaterlandsfreund, Heidelberg 1846, S. 8, 297 – GEORGII-GEORGENAU, S. 713 – Eduard von der BECKE-KLUCHTZNER, Stammtafeln des Adels des Großherzogthums Baden. Ein neu bearbeitetes Adelsbuch, S. 360 f. – Badische Biographien A. F. 2 (1875), S. 182.

Renz, *Maximilian (Max)* Eugen, * Ulm 24. Mai 1933, † Neu-Ulm 28. Aug. 2008, kath., 1971 Kirchenaustritt.
Vater   Eugen Renz, Maschinenmeister in Ulm.
Mutter   Kreszentia Wäckerle.
∞ Ulm Sigrid Maria Marta Busch, * Gaggenau/Kreis Rastatt 9. V. 1935.
1 K   Sabrina-Simone Renz, Dr. phil., ∞ Weinmann.

Der Spediteur R. war eine der bedeutenden Persönlichkeiten Neu-Ulms im Bereich der Wirtschaft in der zweiten Hälfte des 20. Jahrhunderts.
Der gelernte Goldschmied gründete 1960 oder 1962 (divergierende Angaben) mit drei Lastwagen eine Speditionsfirma in Neu-Ulm, die spätere „Max Renz International" mit Sitz in der Leibnizstraße 9. Die Spedition fand noch in den 1960er Jahren ihre internationale Ausrichtung und spezialisierte sich auf weltweite logistische Paketlösungen. R. eröffnete Logistikzentralen in Kassel, Koblenz, Köln-Hürth und Neumünster, die alle von trans-o-flex, einem Kooperationspartner von R., genutzt wurden. R. war Mitinitiator und Gesellschafter der Spediteurkooperation Log-Sped, später Vorsitzender von deren Aufsichtsrat, und Gesellschafter des deutsch-italienischen Unternehmens Ventana-Renz. 1994 gab R. die Leitung von „Max Renz International" ab. Das Unternehmen beschäftigte zu dieser Zeit 350 Mitarbeiter und hatte 100 Fahrzeuge und ca. 90.000 Quadratmeter Gewerbefläche. Bis 2007 leitete R. die „Max Renz GmbH & Co. KG" in der Neu-Ulmer Messerschmittstraße. Der in verschiedenen Gremien der IHK Schwaben aktive R. war Mitglied im Verkehrsausschuss der Stadt Neu-Ulm, Vorstandsmitglied der Industrievereinigung Landkreis Neu-Ulm e. V., Neu-Ulm, und der Gesellschaft der Freunde der Fachoberschule Neu-Ulm e. V., Neu-Ulm, Mitglied des BRK-Kreisverbands Neu-Ulm und bei der Lebenshilfe Ulm/Neu-Ulm. – 1989 Bundesverdienstkreuz; 1996 Capo-Cicero-Preis der Vereinigung für italienisch-deutsche Freundschaft.

Q   StadtA Neu-Ulm, A 9 – ebd., D 12, IX.3.2. (Unterlagen zur Firma Renz).
L   TREU, Neu-Ulm, S. 620 – Max Renz gestorben, in: NUZ, 30. VIII. 2008 (Bild) – Max Renz ist tot, in: SWP (Ulm), 30. VIII. 2008 (Bild).

Reuß, Gottlob *Christian*, Dr. phil., * Esslingen/Neckar 20. März 1808, † Ulm 28. März 1891, ☐ ebd., Alter Friedhof, 30. März 1891, ev.
Vater   Jeremias Friedrich (von) Reuß[475], Mag., * Tübingen 27. April 1775, † Stuttgart 12. XII. 1850, Rektor des Lyceums in Esslingen/Neckar, 1817 Ephorus am ev.-theol. Seminar Blaubeuren, 1846 a. D., S. d. Christian Friedrich Reuß[476], Dr. med., * Kopenhagen 7. VII. 1745, † Tübingen 19. X. 1813, Professor der Medizin an der Universität Tübingen, u. d. Rosina Dorothea Oetinger.
Mutter   *Friederike* Christiane Dorothea Johanna Williardts, T. d. Johann Christian Williardts, Dr. med., Oberamtsarzt in Esslingen.
2 G   Gottlieb Reuß, * 20. XII. 1819, † 1885, Apotheker in Tübingen; Wolfgang August Reuss[477], Mag., * Blaubeuren 21. XII. 1823, † 20. I. 1899, 1883-1898 Pfarrer in Stöckenburg.
∞ Luise Hiller, * 8. VIII. 1819, † Ulm 28. X. 1876.
3 K   Hugo Reuß, Apotheker in Tübingen; Selma Reuß, * Ulm 13. II. 1852, † (ermordet) ebd. 26. II. 1893, Klavierlehrerin; Viktor Reuß, Techniker bei WMF in Geislingen/Steige.

473 Ih 2, S. 707 f.
474 Ih 2, S. 708.

475 SIGEL 15,1, Nr. 79, 1 (S. 442).
476 Ih 2, S. 710 – GRADMANN, Das gelehrte Schwaben, S. 486.
477 SIGEL 15,1, Nr. 193, 30 – Magisterbuch 30 (1897), S. 65.

R. war eine der zahlreichen bedeutenden Lehrerpersönlichkeiten Ulms im 19. Jahrhundert. Mit seinen naturwissenschaftlichen und technischen Interessen zog er sich nicht ins „stille Kämmerlein" zurück, sondern suchte die Öffentlichkeit und engagierte sich im Ulmer Vereinsleben, hielt zahlreiche Vorträge und gab sein Wissen weiter.

R. entstammte einer der angesehensten Familien der württembergischen Ehrbarkeit, die dem Land über Jahrhunderte hinweg Gelehrte, hohe Beamte und Geistliche gestellt hatte. Von daher war R.s Lebensweg bis zu einem gewissen Grad vorbestimmt. Nach Landexamen und dem Durchlaufen des ev.-theol. Seminars führte das Theologie- und Philologiestudium R. nach Tübingen und anschließend in den Pfarrdienst. 1831 war er Vikar in Seißen/ OA Blaubeuren, anschließend bis 1837 Vikar in Asch/OA Blaubeuren. 1837 wechselte er vom Pfarr- in den Schuldienst. Während er Lehrer in Stetten im Remstal war, bereitete er sich auf die Prüfungen für den höheren Schuldienst vor und studierte nochmals in Tübingen. Im Tübinger Reallehrerseminar lernte er Professor Johann Christian Gottlieb Nörrenberg (1787-1862) kennen, den bekannten Mathematiker und Physiker. Nörrenberg vermochte R.s Interesse an der Daguerrotypie zu wecken. Als R. 1878 dem Verein für Kunst und Altertum zwei Nörrenberg'sche Daguerrotypien vermachte, handelte es sich zumindest bei einer (Motiv: sitzende Venus) um eine Arbeit von 1839. Sie zählt zu den frühesten in Württemberg hergestellten Lichtbildern überhaupt und *gilt heute als die älteste in Deutschland gefertigte und zugleich erhaltene Aufnahme* (SPECKER, Ulm im 19. Jahrhundert, S. 530). Mit einiger Wahrscheinlichkeit mutmaßt Wolfgang ADLER (ebd.), die Tatsache, dass R. solche frühen Daguerrotypien besaß, *könnte im Beweis [...] für seine Beteiligung an den photographischen* Versuchen sein. Nach den 1839 bzw. 1840 bestandenen Reallehrer- bzw. Oberreallehrerexamina erhielt R. 1841 eine Stellung als Erster Reallehrer in Göppingen. Nach seiner Promotion 1842 wurde ihm im darauf folgenden Jahr der Titel Oberreallehrer verliehen, als welcher er 1844 mit Zuständigkeit für die naturwissenschaftlichen Fächer an die Ulmer Realanstalt (Klasse VI) kam, der er bis zu seiner Pensionierung 1878 treu blieb. 1864 erhielt R. den Titel Professor. 1848/49 stellte er sich als Referent dem Ulmer Arbeiterverein zur Verfügung. Als einer der maßgeblichen Mitgründer des 1865 ins Leben gerufenen Vereins für Mathematik und Naturwissenschaften in Ulm setzte sich R. für eine lokal verankerte Popularisierung seines Interessengebiets ein, womit er in Ulm sehr erfolgreich war. Der Träger der Medaille für gewerblichen Fortschritt von 1871 verfasste ein systematisches Gesamtverzeichnis der von Oberfinanzrat Friedrich →Eser zusammengestellten Petrefaktensammlung und sammelte auch selbst Naturabdrücke von Pflanzenblättern. R. hinterließ bei seinem Tod eine große botanische Sammlung.

L   FABER 105, § 156 – Magisterbuch 25 (1884), S. 61 – SK Nr 73 (Mittagsblatt), 30. III. 1891, S. 615 und 616 (Todesanz.) – SIGEL Nr. 79,1 (Band 15,1, S. 442) – UBC 3, S. 5 – UNGERICHT, S. 179 – SPECKER, Ulm im 19. Jahrhundert, S. 180, 243, 529 ff.

Reuter, Emil, Dr. iur., * Heidingsfeld bei Würzburg 8. Dez. 1889, † nicht ermittelt, ev.
Vater   Friedrich Reuter, Privatier.
∞ 1921 Luise Freiin von Canstein, * 28. XI. 1890.
1 K.

Fünf Jahre lang stand R. in Diensten der Stadt Neu-Ulm. Doch eine längerfristige berufliche Perspektive an der Donau ergab sich daraus nicht.

Der aus dem Fränkischen stammende R. besuchte ab 1900 das Kgl. Alte Gymnasium in Würzburg, studierte Jura in Würzburg und München und trat in die Kgl. Bayer. Militärverwaltung ein. Von 1915 bis 1919 war er bei der Intendantur des II. Armeekorps tätig. Am 15. Mai 1920 erfolgte R.s Ernennung zum Ratsassessor in Neu-Ulm, wo er die Rechtsauskunftsstelle leitete, als stv. Vorstand für das städtische Versicherungsamt, Gewerbe- und Kaufmannsgericht, Armen- und Schulreferat sowie das Standesamt zuständig war, daneben nahm er an den Stadtratssitzungen teil. Zum 1. Jan. 1922 erhielt R. zusätzlich die Leitung des Mieteinigungs- und Wohnungsamtes, am 1. Juli 1922 erfolgte seine Ernennung zum Stadtamtmann in Neu-Ulm.

Offenbar vermochte R. in seiner Position nicht in der erwarteten Weise zu reüssieren, da ihm in einer Sitzung des Hauptausschusses vom 5. Okt. 1923 attestiert wurde, er sei *infolge seiner ganzen Persönlichkeit [...] bei der Arbeiterschaft unten durch*. „Streng vertraulich" hieß es weiter, R. sei erst kürzlich nahegelegt worden, *sich um eine andere Stelle umzusehen, da er infolge seiner völligen Energielosigkeit und Ungeschicklichkeit in der städt. Verwaltung vollständig fehl am Platze* sei. Man könne ihn sich in der Bibliothek oder im Archiv vorstellen, aber für die Verwaltungstätigkeit *unter den ungeheuer schwierigen Verhältnissen der Gegenwart* eigne er sich nicht.

Diese Ansichten teilte der Betroffene offenkundig nicht. 1924 bewarb er sich erfolglos auf die Stelle des rechtskundigen Ersten Bürgermeisters von Münchberg (Oberfranken). Da R. mit einer unwiderruflichen Einstellung nicht rechnen konnte, legte ihm der Neu-Ulmer Stadtrat die Kündigung nahe. R. kam dem nicht nach, woraufhin der Stadtrat ihm zum 1. Juli 1925 kündigte. R. bat unter Hinweis auf laufende Bewerbungen um vorläufige Weiterbeschäftigung, was bis zum 1. Sept. 1925 genehmigt wurde. R. wechselte als Assessor zum Gericht in Werneck (Unterfranken).

Q   StadtA Neu-Ulm, A 4, Nr. 243 [bis 1935].
L   Einwohner- und Geschäfts-Handbuch Ulm/Neu-Ulm 1921, Neunte Abteilung, S. 79 f.

Rieber, *Albrecht* Christof Emil, * Ulm 16. Jan. 1912, † ebd. 22. Nov. 1989, ⌷ ebd., Hauptfriedhof, 27. Nov. 1989, ev.
Eltern und G siehe Jakob →Rieber, Stadtpfarrer.
∞ Elfriede Wieser.
K   Christine Rieber, ∞ Dr. Herbert Bütterlin; Walther Rieber; Christof Rieber, Dr. phil., Historiker.

R. war einer der besten Kenner der Ulmer Geschichte und Genealogie im 20. Jahrhundert. Eng mit seiner Vaterstadt verwachsen, verstand es R., Stadtgeschichte als Ganzes zu begreifen und zu vermitteln. Ob als Autor, Stadtführer oder Vortragsredner – rastlos war R. mit der Erforschung der Ulmer Geschichte und deren Vermittlung an ein interessiertes Publikum beschäftigt.

Inmitten einer großen Geschwisterschar aufgewachsen und vom Vater mit dem Interesse an Geschichte und Genealogie „infiziert", kam für R. nach dem Abitur am Ulmer Gymnasium nichts anderes als ein Studium der Archäologie und Geschichte in Frage. In Tübingen und Berlin studierte R., bis er in das Räderwerk der NS-Ideologie geriet. Er verlor – nach eigenen Angaben – 1934 sein Stipendium, weil er im Gegensatz zur nationalsozialistischen „Lehre" den Orient und nicht den germanischen Norden als Wiege der Kultur ansah. Damit wurde ihm auch die angestrebte Promotion unmöglich gemacht. Er musste sich als freiberuflicher Familienforscher durchschlagen und arbeitete u. a. für die Familien Ebner und Schwenk.

Seit 1940 Soldat, machte er den Russlandfeldzug mit, geriet in US-amerikanische Gefangenschaft und kehrte nach der Entlassung nach Ulm zurück. In der ausgebombten Stadt suchte R. historische Reste aus den Trümmern zu bergen und erhielt von Joseph Kneer, dem ersten Nachkriegsdirektor des Ulmer Museums, den Auftrag, die kriegsbedingt ausgelagerten Bestände des Museumsguts wieder zusammenzuführen. Von 1951 bis 1958 Assistent des Ulmer Museums, amtierte R. von 1958 bis 1967 als Leiter der dem Hauptamt unterstellten stadtgeschichtlichen Forschungsstelle in Ulm, die dann dem Stadtarchiv Ulm angeschlossen wurde. Danach war R. als Mitarbeiter im Stadtarchiv angestellt, 1977 schied er aus dem Amt. R. war als Mitarbeiter des Stadtarchivs ein Mann mit eigenem Kopf, mit eigenen Ideen und eigenen Schwerpunkten. Als „Mannschaftsspieler" sah er sich nie.

1953 hatte R. mit Karl Reutter die Pfalzkapelle unter dem Schwörhaus ausgegraben, womit er die Grundlage für Ulms Stellung als stadtarchäologische Pionierstadt schuf. Umso größer war die Enttäuschung R.s, als Oberbürgermeister Theodor →Pfizer ihm 1958 die Grabung aus der Hand nahm. Im Verein „Alt-Ulm" engagierte sich R. für die Bewahrung des alten Ulmer Stadtbildes. Er leitete später die Restaurierung der Totenschilder im Ulmer Münster in die Wege.

Überaus zahlreich waren die Publikationen, die R. allein oder mit anderen herausbrachte. So bearbeitete er, um an dieser Stelle nur ein Beispiel zu nennen, mit Gerhart Nebinger die Ulmer Geschlechter in den Bänden 3-6 des Genealogischen Handbuchs des in Bayern immatrikulierten Adels (erschienen 1952-1957). Der Fertigstellung seiner lange geplanten Geschichte des Ulmer Patriziats kamen Krankheit und Tod zuvor. – Mitglied des ev. Kirchengemeinderats. – Ehrenmitglied des Vereins für Familien- und Wappenkunde in Württemberg.

Q   StadtA Ulm, G 2 – Nachlass ebd., Bestand H.
W   Auswahl: (mit Karl SCHWAIGER) Erasmus Rauchschnabel. Ein Ulmer Ratsherr der Reformationszeit, in: UO 33 (1941), S. 171-180 – Karl PALM (Hg.), Dr. Johannes Palm 1794-1851. Lebensbild eines Ulmer Arztes dargestellt von Albrecht RIEBER und Liste der Nachkommen des Ulmer Zweiges der Familie Palm, Ulm 1952 – Templum parochale ulmensium Ulmisches Münster, oder: Eigentliche Beschreibung von Anfang, Fortgang, Vollendung und Beschaffenheit deß herrlichen Münster-Gebäudes zu Ulm von Elias Fricken, [mit Nachwort von Albrecht RIEBER] Neu-Ulm 1964 – (mit Gerhart NEBINGER) Die Freiherrn von Cramer aus Wallenhausen, Lkr. Neu-Ulm, in: Blätter des Bayer. Landesvereins für Familienkunde 30 (1967) S. 477 ff. – Das Patriziat in Ulm, Augsburg, Ravensburg, Memmingen, Biberach, in: Hellmuth RÖSSLER (Hg.), Deutsches Patriziat 1430-1740 (Büdinger Vorträge), Limburg/Lahn 1968 – Anton H. KONRAD, Zwischen Donau und Iller. Der Landkreis Neu-Ulm in Geschichte und Kunst. Mit Beiträgen von Horst GAISER, Josef MATZKE, Emma PRESSMAR, Albrecht RIEBER und Gerhard THOST, Weißenhorn 1972 – (mit Gerhart NEBINGER) Die Stebenhaber, ein reichsstädtisches Geschlecht in Memmingen, [Schwäbisch] Gmünd, Augsburg, Überlingen und Ulm, in: Blätter des Bayer. Landesvereins für Familienkunde 40 (1977) – Söflingen im Laufe der Jahrhunderte (Ulmer Stadtgeschichte, Heft 25, hg. von der Ulmer Volksbank), Ulm 1981.
L   Ih 3, S. 277 – Eberhard NEUBRONNER, Ein bekannter Archäologe und Familienforscher wird 75: Immer unbequem streitbar geblieben, in: SWP Nr. 10, 14. I. 1987 (Bild) – Albrecht Rieber ist gestorben. Ulms Geschichte war sein Leben, in: Schwäb. Zeitung Nr. 270, 23. XI. 1989 (Bild) – Henning PETERSHAGEN, Von der Eiszeit bis zur Hundskomödie: Riebers Ziel war die Zusammenschau, in: SWP Nr. 271, 24. XI. 1989 (Bild) – SWDB 19 (1988/89), S. 430 (Gerhart NEBINGER) – GNAHM, Giebel oder Traufe?, S. 18.

Rieber, Jakob, * Winterlingen/OA Balingen 22. Sept. 1858, † Ulm 16. Sept. 1926, ev.

Vater   Johann Georg Rieber, Taglöhner.
Mutter   Rosamunde Faigle.
∞ 1889 *Emma* Marie Rösler, * Hohenstadt/OA Aalen 13. VII. 1867, † Ulm 10. III. 1936, T. d. Gräflich Adelmannschen Gutsverwalters Heinrich Rösler in Hohenstadt/OA Aalen.
17 K, darunter Amalbert Rieber, * Isny 29. XII. 1890, † gefallen 25. X. 1914, Predigtamtskandidat, Unteroffizier; Hermann Rieber, * Isny 21. II. 1892, Pfarrer in Neuhütten und Eltingen, ∞ Luise Bauer; *Richhert* Eberhard Rieber, * Isny 4. III. 1896, Pfarrer in Mönsheim, Hattenhofen und Wiernsheim, ∞ 1929 Mathilde Reuss, * Pfrondorf 2. V. 1898, † 25. VIII. 1965; Albrecht →Rieber.

Der Ulmer Münsterpfarrer hinterließ sowohl als Geistlicher als auch in seiner Eigenschaft als unermüdlich sammelnder Historiker und Genealoge in den ersten Jahrzehnten des 20. Jahrhunderts Spuren in Ulm.

Der aus einfachen Verhältnissen von der Zollernalb stammende R. verdankte es dem Winterlinger Pfarrer, dass er eine höhere Schule besuchen und studieren konnte. Das Studium der Theologie, Orientalistik und Geschichte führte ihn 1878 nach Tübingen, wo er Zögling des berühmten Stiftes war. Nach Bestehen der theol. Dienstprüfung 1882 war er zunächst im unständigen Vikariatsdienst verwendet, u. a. bis 1884 als Vikar und Pfarrverweser in Aldingen, 1884 als Pfarrverweser in Nattheim und Auendorf sowie zuletzt auf der Kapfenburg/OA Neresheim, ehe er im Aug. 1886 seine erste feste Anstellung als Zweiter Stadtpfarrer in Isny/OA Leutkirch erhielt. 1894 in Isny

zum Ersten Stadtpfarrer aufgerückt, übernahm der historisch sehr interessierte R. 1904 dort die Aufgabe eines Pflegers der Württ. Kommission für Landesgeschichte.

Im Okt. 1907 erfolgte R.s Versetzung als Dritter Münsterpfarrer nach Ulm; im Juni 1912 wurde er dort zum Zweiten Münsterpfarrer ernannt und verblieb bis zum Eintritt in den Ruhestand im Jahre 1924 in diesem Amt. Von April bis Sept. 1917 nahm R. nach dem Tod von Paul von →Knapp die Vertretung des Ulmer Dekans und Ersten Stadtpfarrers wahr. R. war ein ungewöhnlich leutseliger und den Menschen zugewandter Geistlicher, der viele Hausbesuche machte und sich vor allem für Alleinstehende, Bedürftige und Arme einsetzte.

Bemerkenswert waren auch R.s historische und genealogische Forschungen. In Isny sorgte er für die Erschließung der wertvollen Bibliothek der Nikolauskirche für die Forschung. Sein genealogisches Interesse erwuchs aus der praktischen Notwendigkeit heraus, dass viele junge Menschen, die studieren wollten, ihren Anspruch auf eine der zahlreichen an der Universität Tübingen existierenden Familienstiftungen mit Nachweisen geltend machen mussten, um in den Genuss einer finanziellen Förderung zu gelangen. R. befasste sich intensiv mit den württ. Familienstiftungen und erhielt bald Anfragen aus dem ganzen Land. Seine Versetzung in das zentraler gelegene Ulm soll sogar vor diesem Hintergrund zustande gekommen sein. R. war ein „lebendes Lexikon" der Genealogie und eine über Württemberg hinaus anerkannte Kapazität. Leider veröffentlichte er nur wenig, sondern hielt zahlreiche Vorträge, mit denen es ihm gelang, auch komplizierte Zusammenhänge verständlich darzubieten. Vieles aus seinen in Jahrzehnten gesammelten Materialien führte später sein Sohn Albrecht →Rieber zusammen und brachte es zur Veröffentlichung.

R. starb an den Folgen eines Unglücksfalles, nachdem er sich bei einem Treppensturz in seinem Haus einen Schädelbruch zugezogen hatte. – 1912 Korrespondierendes Mitglied des „Deutschen Herold" (Berlin) und des „St. Michael"; Mitglied des Vereins für Kunst und Altertum in Ulm und Oberschwaben sowie des Historischen Vereins Neu-Ulm. – 1913 Verleihung des Ranges auf der VII. Stufe der Rangordnung; Ehrenmitglied des Württ. Vereins für Familienkunde.

Q   StadtA Ulm, G 2.
W   Zur Geschichte der Familie von Besserer, in: UO 17 (1910/11), S. 19-36.
L   Ih 2, S. 713 – Magisterbuch 30 (1897), S. 144 – Magisterbuch 34 (1907), S. 128 – Magisterbuch 39 (1925), S. 101 – SIGEL 15,1, Nr. 564,23 (S. 463) – UBC 3, S. 395, 523 – UBC 4, S. 287 (Bild), 291 – Zum 100. Geburtstag von Stadtpfarrer J. Rieber, in: Ev. Gemeindeblatt Ulm, 1. X. 1958 (Bild) – LEUBE, Tübinger Stift, S. 712 – NEBINGER, Die ev. Prälaten, S. 580, 584, 588 – MAYER, Die ev. Kirche, S. 518 f., 532.

Rieber, Julius, * Hausen an der Zaber/OA Brackenheim 20. Nov. 1832, † Ulm 28. Juni 1911, ⊡ ebd., Hauptfriedhof, 1. Juli 1911, ev.

Vater   *Ludwig* Benedikt Rieber, * Bönnigheim/OA Besigheim 11. II. 1801, † Göppingen 7. IX. 1870, Pfarrer in Hausen an der Zaber/OA Brackenheim.
Mutter   Christina Riederer, * Berghülen 23. XI. 1811, T. d. Gustav Gottlieb Riederer[478], Mag., / Erkenbrechtsweiler/OA Nürtingen 26. XII. 1768, † Hausen an der Zaber/OA Brackenheim 2. I. 1848, 1810 Pfarrer in Berghülen, 1819 dsgl. in Neckarwestheim, 1843 a. D.
Mehrere G, darunter Ludwig Rieber[479], * Hausen an der Zaber/OA Brackenheim 22. VII. 1831, † Tübingen 22. VII. 1923, 1892-1906 Erster Stadtpfarrer in Weilheim, Ritterkreuz I. Kl. des Friedrichsordens.
∞ Emma Hähnle.
6 K   Helene Rieber, ∞ Max Rheinwald, praktischer Arzt in Stuttgart-Münster; Felix Rieber, Rechtsanwalt in Urach; Eugenie Rieber, ∞ Karl Schickhardt[480], Reutlingen 24. XII. 1848, † Betzingen 17. XI. 1907, Kommerzrat, Fabrikant in Reutlingen-Betzingen, 1901-1907 MdL Württemberg; Lina Rieber; Emma Rieber; Hedwig Rieber.

Fast ein Vierteljahrhundert war R. in der Kaiserzeit als Lehrer am Ulmer Realgymnasium tätig und wurde in dieser Zeit selbst zum Ulmer.

478 EBERL, Klosterschüler II, S. 107, Nr. 947.
479 SIGEL 15,1, Nr. 211,48 (S. 463 f.).
480 RABERG, Biogr. Handbuch, S. 784 f.

Aus einer Pfarrerfamilie stammend, war auch für R. der Beruf eines Pfarrers oder Lehrers vorbestimmt. Er durchlief das ev.-theol. Seminar in Urach und studierte anschließend ab 1851 Theologie und Philologie in Tübingen (Mitglied der Burschenschaft Roigel, „Tübinger Königsgesellschaft"). 1854 bestand R. das theol. Examen und war danach als Vikar am Gymnasium in Stuttgart tätig, anschließend ab ca. 1859 als Repetent am Pensionat in Heilbronn/Neckar. 1867 nach Bestehen der I. philologischen Prüfung für Präzeptorate zunächst als Präzeptoratsverwalter in Lauffen am Neckar/OA Besigheim angestellt, wechselte H. noch im gleichen Jahr als Präzeptor an der Realschule in Giengen an der Brenz/OA Heidenheim auf seine erste feste Stelle.

1880 zum Oberpräzeptor am Ulmer Realgymnasium und dort die V. Klasse übernehmend, wurde R. 1883 der Titel eines Professors verliehen. Von 1897 bis 1903 war R. wirklicher Professor an Kl. IV des Ulmer Realgymnasiums. Im Jahre 1903 erfolgte R.s Versetzung in den Ruhestand unter Verleihung des Ritterkreuzes I. Kl. des Friedrichsordens. R. blieb in Ulm wohnen, ein hoch verehrter Honoratior klassischer Prägung. – 1889 Jubiläumsmedaille; 1900 Verleihung des Ranges auf der VII. Stufe.

Q   StAL, E 203 I Bü 1323, Personalakten.
L   CRAMER, Württembergs Lehranstalten ⁴1904, S. 20 – Magisterbuch 34 (1907), S. 71 – Staatsanz. 149 – SK Nr. 297, 29. VI. 1911, S. 5 f. – Württ. Jahrbücher 1911, S. V – SIGEL 15,1, Nr. 461,25 (S. 464; betreffend den Vater, mit Hinweisen zu R.) – UBC 3, S. 490, 492 (Bild) – SCHMIDGALL, Burschenschafterlisten, S. 134, Nr. 80.

Riedel, Johann Friedrich *Wilhelm*, * Leutershausen bei Ansbach 23. Sept. 1792, † Oberampfrach 2. April 1860, ev.

Vater   Johann Paul Riedel, Stadt- und Amtsvogt in Leutershausen und Jochsberg, später Stadtgerichtsassessor in Fürth und Stadt- und Gerichtsrat in Ansbach.
Mutter   Sophie Christiane Beck.
9 *G*, davon 4 ┼ im Säuglingsalter.
∞ I. Bayreuth 21. X. 1818 Rosina Christiane Carolina Baur, * 15. VIII. 1789, † Pfuhl 22. VII. 1848, T. d. Pfarrers Johann Christoph Baur in Kautendorf; ∞ II. Pfuhl 9. X. 1849 Sofie Auguste Beuningsaus, * Rielingshausen/OA Marbach 3. IX. 1793, † Neu-Ulm 19. VII. 1878, T. d. Lehrers Beuningsaus in Rielingshausen.
K aus I. Ehe   Karl Riedel, * Neidhartswinden 2. X. 1821; Max Riedel, * Pfuhl 28. X. 1824; Wilhelm Riedel, * Pfuhl 27. VI. 1827; Julius Riedel, * Pfuhl 25. VIII. 1830.

Als langjähriger ev. Pfarrer von Pfuhl und Reutti, aber auch als Schriftsteller hinterließ R. Spuren in der Ortsgeschichte.
R. besuchte von 1806 bis 1812 das Gymnasium Ansbach, von 1812 bis 1816 studierte er Theologie in Erlangen. Ende 1816 in Ansbach unter die Kandidaten der Landeskirche aufgenommen, war R. bis 1818 bei Pfarrer Stumm in Weihenzelle Vikar. Nach bestandener Anstellungsprüfung im Aug. 1818 wirkte R. zunächst als Pfarrer in Neidhartswinden und als Diakon in Wilhelmsdorf. Am 7. Nov. 1821 zum Pfarrer und Schulinspektor in Pfuhl ernannt, verwaltete er seit Juli 1824 auch die Pfarrei Reutti vorübergehend mit. Zum 1. April 1856 wechselte R. – nach 35 Jahren und gegen seinen Willen – als Pfarrer nach Oberampfrach, wo er nach wenigen Jahren im Alter von 67 Jahren starb.
R. hinterließ ein reiches schriftstellerisches Werk, das von Untersuchungen zur Tauben-, Hühner-, Enten-, Schwanen-, Gänse-, Pfauen- und Bienenzucht über historische Biographien (u. a. über Feldmarschall Fürst von Wrede) bis zu religiös-erbaulichen und patriotischen Ergüssen im Stil der Zeit reichte. Während seines 35-jährigen Wirkens in Pfuhl war R. sehr eng mit dem Ort verwachsen und verließ ihn nur äußerst ungern. Als Geistlicher und Publizist eigener Prägung verdient er, in Erinnerung zu bleiben. In Pfuhl erinnert eine nach ihm benannte Straße an R.

L   Erwin NATTENMILLER, „Die Taubenzucht in ihrem ganzen Umfange" von Johann Friedrich Wilhelm Riedel, Pfarrer und Schulinspektor in Pfuhl. Was wissen wir über ihn?, in: Columba. Mitteilungen aus dem Deutschen Taubenmuseum Nürnberg 2002 [Exemplar im StadtA Neu-Ulm vorhanden].

Rieß, Hermann, * Stuttgart 7. Sept. 1914, † Korntal-Münchingen 18. Aug. 1990, ev.

Vater   Hermann Rieß[481], * Tübingen 28. I. 1880, Dritter Geistlicher der Ev. Gesellschaft in Stuttgart, 1916 Pfarrer in Langenbrand, 1925 Stadtpfarrer in [Stuttgart-]Botnang.
Mutter   Amalie Meyder.
∞ 1943 Klara Maria Gruner, * 1915, T. d. Pfarrers Gruner in Hegnach. 3 *K.*

R. war in den 1960er Jahren Prälat von Ulm.
In seiner Jugend Mittelstreckenläufer bei den Stuttgarter Kickers, führte den gebürtigen Stuttgarter das Theologiestudium nach Tübingen. 1939 bestand er die I. theol. Dienstprüfung, 1944 die II. theol. Dienstprüfung. Noch 1944 übernahm er die Pfarrstelle in Rötenberg. Von 1950 an leitete er das Ev. Männerwerk in Stuttgart. 1957 wurde R. zum landeskirchlichen Pfarrer in Korntal ernannt, 1962 trat er die Nachfolge des zum württ. Landesbischof gewählten Erich →Eichele als Prälat von Ulm an, ein Amt, in dem er bis zu seiner Ernennung zum Prälaten von Stuttgart im Herbst 1969 sieben Jahre verblieb. In seiner Ulmer Zeit war er nach wie vor aktiver Sportler R. dort Mitglied der Männerriege der TSG Ulm 1846.
R. war u. a. von 1964-1983 Präsidiumsmitglied des Deutschen Ev. Kirchentags sowie von 1965-1983 Vorsitzender des Arbeitskreises „Kirche und Sport" der EKD. Sein Nachfolger als Ulmer Prälat wurde Friedrich →Epting. 1980 trat R. in den Ruhestand, den er in Korntal verlebte. R. war von 1954 bis 1962 zunächst für Degerloch Mitglied der 5. Landessynode des anschließend für Weinsberg Mitglied der 6. Landessynode, zugleich stv. Mitglied der Synode der EKD. Von 1962 bis 1981 amtierte er als Vorsitzender des Gustav-Adolf-Werks in Württemberg, von 1979 bis 1988 zugleich als Präsident des Gustav-Adolf-Werks in Deutschland. – Vorsitzender des Verwaltungsrats der Ev. Diakonieschwesternschaft Herrenberg, Vorsitzender des Verwaltungsausschusses der Ev. Haus- und Landschwesternschaft Korntal.

Q   StadtA Ulm, G 2.
W   Der Philemon-, Titus- und 2. Timotheusbrief, Stuttgart 1956 – Die beiden Thessalonicherbriefe, Stuttgart 1960 – (Hg.) In der Liebe lebt Hoffnung. 150 Jahre Gustav-Adolf-Werk, Stuttgart 1985.
L   – NEBINGER, Die ev. Prälaten, S. 576 – Johannes Eißler, Prälat Rieß gestorben, in: SWP Nr. 191, 20. VIII. 1990 (Bild) – Prälat i. R. Rieß ist gestorben. Den Menschen als Ganzes gesehen, in: Schwäb. Zeitung Nr. 191, 20. VIII. 1990– EHMER/KAMMERER, S. 299 (Bild).

Risch, Karl, Dr. iur., * Würzburg 6. Jan. 1865, † Ulm 9. Mai 1933, ev.

Vater   Risch, Geh. Rat, Universitätsprofessor in Würzburg.
∞ Zweibrücken 14. IX. 1897 Luise Gulden, * Kandel 15. VI. 1877, Erste Vorsitzende des Deutschen Frauenvereins vom Roten Kreuz für die Kolonien Abteilung Neu-Ulm[482], T. d. Oberlandesgerichtsrats Gustav Gulden u. d. Luise Kleiner.

R. war fast 28 Jahre lang Bezirksamtmann von Neu-Ulm und damit in der Spätzeit des Kaiserreichs und während der Weimarer Republik der leitende Beamte der Bezirksverwaltung. Neu-Ulm hatte Glück mit ihm, in einer offiziellen Beurteilung aus dem Jahre 1924 hieß es, R. gehöre *zu den besten Amtsvorständen des Regierungsbezirks. Das ganze Amt gibt Zeugnis von einer zielbewussten Leitung des Amtsvorstandes.*
R. stammte aus „gutem Hause", wuchs in Würzburg als Sohn eines Universitätsprofessors auf und schlug, wie von ihm erwartet wurde, die Beamtenlaufbahn ein. Zu diesem Zweck studierte er in Würzburg und München, absolvierte mit großem Erfolg die juristischen Staatsprüfungen, promovierte und trat 1892 in den Dienst der bayer. Innenverwaltung ein. Seine Laufbahn begann in Zweibrücken und fiel dem Regierungspräsidenten in Speyer positiv auf. Mittlerweile zum Regierungsrat befördert, übernahm R. am 17. Dez. 1902 als Nachfolger von Bezirksamtmann Kätzlmeier, der als Regierungsrat zur Regierung von Schwaben und Neuburg in Augsburg versetzt wurde,

---

[481] Magisterbuch 41 (1932), S. 145.
[482] Adreßbuch Ulm/Neu-Ulm 1912, Zehnte Abteilung, S. 72.

das Amt des Bezirksamtmanns in Neu-Ulm, wurde am 1. April 1920 zum etatmäßigen Oberregierungsrat ernannt und trat am 1. März 1930 in den Ruhestand.

R. erwarb sich während seiner ungewöhnlich langen Amtszeit große Verdienste vor allem um die wirtschaftliche Entwicklung des Landkreises Neu-Ulm: *Die von ihm ins Leben gerufene Schweinemastanstalt Reutti trug in den schweren Zeiten des Krieges und der Inflation wesentlich zur Ernährung der Bevölkerung der beiden Städte Ulm und Neu-Ulm bei* (UBC 2, S. 358). R.s Interesse für die Landwirtschaft hatte bereits vor Ausbruch des Ersten Weltkriegs zu einer beachtlichen Hebung der landwirtschaftlichen Produktion im Bezirk geführt. Neben der bereits erwähnten bezirkseigenen Schweinemastanstalt und der genossenschaftlichen Schweinezuchtanstalt in Weißenhorn trugen die maßgeblich von R. initiierten Betriebe wie die Jungviehweide in Luippenhof (die er auch leitete) und die Fischzuchtanstalt in Unterfahlheim mit dazu bei, dass in Stadt und Bezirk Neu-Ulm vergleichsweise gute Ernährungsverhältnisse herrschten, während man andernorts in der zweiten Hälfte des Ersten Weltkriegs und in den ersten Nachkriegsjahren Hunger litt. Auch die Stadt Ulm profitierte von seinem vorausschauenden und langfristigen Engagement. R. ging dabei unbeirrt vor und wusste Kritik aus dem politischen Raum, die ihm die Unterstützung genossenschaftlicher Bestrebungen der Bauern vorwarf, wohl zu parieren.

R. war ein königstreuer Beamter, der die November-Revolution 1918 nicht begrüßte. Nach der Bildung von Arbeiter- und Soldatenräten in Neu-Ulm und Umgebung versuchte R., seine guten Kontakte zur Bezirksbauernschaft politisch zu nutzen und einen am 17. Nov. 1918 gebildeten Neu-Ulmer Bauernrat als „konservatives" Gegenstück zu den linksorientierten anderen Räten zu installieren – was ihm immerhin teilweise geglückt ist. Bürgerkriegsähnliche Zustände wie in anderen Teilen Bayerns waren aus dem Bezirk Neu-Ulm nicht zu vermelden. Für R. stand über allem die Erhaltung von Ruhe und Ordnung, auch in schwerer Zeit. Besonders mit seinem erfolgreichen Einsatz für die Schaffung solider Ernährungsverhältnisse ist ihm dies in einer Zeit großer politischer Aufgeregtheit und massenhafter Einquartierungen zu demobilisierender Truppeneinheiten gelungen. Als er 1930 in den Ruhestand trat, folgte ihm Friedrich →Schreck als Bezirksamtmann nach. – Langjähriges Ausschussmitglied des Historischen Vereins Neu-Ulm; Mitglied des Vereins für Kunst und Altertum in Ulm und Oberschwaben. – 1908 Südwestafrikadenmünze; 1910 Ritterkreuz des Kgl. Bayer. Verdienstordens vom Hl. Michael IV. Kl. mit der Krone; 1916 König-Ludwig-Kreuz.

Q BHStAS München, MInn 78944 (Personalakten) – StadtA Neu-Ulm, A 9.
L BUCK, Chronik Neu-Ulm, S. 240 – UBC 2, S. 358 – UBC 3, S. 289 – UBC 4, S. 27, 123 – TREU, Neu-Ulm, S. 275 f. – GEIGER, Zwischen Loyalität, S. 113-119.

Röhnlen (Röhnlin), Gottlieb Theophil *Konrad*, * Leutkirch 5. Aug. 1755, † Aidlingen/OA Böblingen 27. April 1827, ev.
Vater Johann Jakob Röhnlen, Prediger in Leutkirch.
Mutter Margaretha Weing aus Zürndorf.
∞ 1796 Anna Regina Jäger, * 1761, T. d. Pfarrers Jäger in Unterböhringen.

R. war im ersten Jahrzehnt des 19. Jahrhunderts ev. Geistlicher und Lehrer in Ulm.
Nach Abschluss des Theologiestudiums in Jena kam R., einer der letzten reichsstädtischen Ulmer Münsterprediger, 1792 als Vikar nach Nellingen auf die Alb, 1794 in gleicher Eigenschaft nach Geislingen/Steige. Im Feb. 1796 wurde er zum Pfarrer in Jungingen ernannt. Im Jan. 1797 zum Münsterprediger und Professor der Physik am Ulmer Gymnasium berufen, war er nach dem Übergang Ulms an Bayern um 1803 auch „Garnisonsprediger, Supernumerarius und Pestilentiarius". Seit Sept. 1809 Oberdiakon am Ulmer Münster, wechselte R. angesichts des personellen Überschusses am Ulmer Münster im Nov. 1811 als Pfarrer nach Aidlingen/OA Böblingen.

L NEBINGER, Die ev. Prälaten, S. 567, 571, 586 – APPENZELLER, Münsterprediger, S. 421, Nr. 133.

Römer, Georg *Albert*, * Dettingen 10. Aug. 1864, † Neu-Ulm 10. Jan. 1941, kath.
Eltern und *G* siehe Johann (Hans) →Römer (sen.), 1841-1919.
∞ Johanna *Nanette* Silberhorn, * Ulm 24. VII. 1866, T. d. Johann Silberhorn[483], * 1824, † 1888, Pfeifenfabrikant in Ulm, u.d. Anna *Katharina* Schmid, * 1841, † 1930.
3 *K* Hans →Römer, 1887-1967; Emma Römer, * Neu-Ulm 1. VIII. 1890; Albert Römer, * Neu-Ulm 8. III. 1895, Kaufmann in Neu-Ulm, ∞ Pirmasens 29. VII. 1922 Elisabeth König, * Pirmasens 30. V. 1903.

R. war Mitgesellschafter der Militäreffektenfabrik Hans Römer in Neu-Ulm, eine der wirtschaftlich und politisch bedeutendsten Persönlichkeiten der Stadtgeschichte zwischen Kaiserreich und NS-Zeit.

Der Militäreffektenfabrikant und später mit dem Titel Kommerzienrat geehrte R., einer der reichsten und einflussreichsten Männer Neu-Ulms, führte die Geschäfte des Familienunternehmens zunächst mit seinem Vater und nach dessen Tod gemeinsam mit seinem ältesten Sohn. Die Schwierigkeiten der Nachkriegszeit, die in Deutschland einen großflächigen Abbau des Militärs mit sich brachte, vermochte die Firma durch Umstellung auf Sport- und Freizeitprodukte zu überwinden.

1893 ließ R. in der Arnulfstraße das Haus Nr. 3 und 1901 das Haus Nr. 5 erbauen, die Häuser Nr. 1, 2, 4, 6 und 8 wurden von R.s Vater zum Teil allein, zum Teil mit dessen Schwiegersohn und R.s Schwager Karl →Tuffentsammer errichtet. 1907 entstand im Auftrag R.s ein kleines Maschinenhaus. Im Sommer 1918 verkaufte er seine Häuser Münsterplatz 34 und Lange Straße 2 der Stadt Ulm gegen Grundstücke auf der bayerischen Seite.

Umfassend waren R.s Aktivitäten im öffentlichen Leben Neu-Ulms. Seit Anfang des 20. Jahrhunderts war er Mitglied des Gemeindekollegiums, also des bayer. Gegenstücks zum württ. Bürgerausschuss, und dessen Erster Vorstand, 1913 wurde er in den Magistrat gewählt. Daneben war R. Mitglied des Armenpflegschaftsrates. Nach 1919 gehörte R. bis 1923 dem Neu-Ulmer Stadtrat an und war Mitglied des Armenrats. Ebenfalls seit 1919 führte er in dem für die Amtsbezirke Neu-Ulm und Illertissen zuständigen Handelsgremium (später: Industrie- und Handelsgremium) Neu-Ulm den Vorsitz, zuvor war er Stellvertreter des Vorsitzenden Friedrich →Scheerer gewesen. 1915 gehörte R. dem Volksfestausschuss „Glückshafen-Comité" an. – Langjähriger Vorsitzender des 1880 gegründeten Turnvereins Neu-Ulm; Vorsitzender der 1900 gegründeten Ortsgruppe Neu-Ulm des Deutschen Flottenvereins und des Deutsch-Österr. Alpenvereins, Sektion Ulm.

L Adreßbuch Ulm/Neu-Ulm 1910, Zehnte Abteilung, S. 65 f., 68, 70 – ebd. 1912, Zehnte Abteilung, S. 69, 72, 74 – ebd. 1914, Zehnte Abteilung, S. 73-77 – Einwohner- und Geschäfts-Handbuch Ulm/Neu-Ulm 1921, S. 79, 81 – BUCK, Chronik Neu-Ulm, S. 107 – UBC 4, S. 89 – Katalog Materialien, S. 153 – TREU, Neu-Ulm, S. 207 (Bild) – TEUBER, Ortsfamilienbuch Neu-Ulm II, Nr. 3814.

Römer, Georg, Dr. phil., * Neu-Ulm 14. Nov. 1923, † Ulm 19. März 1997, kath.
Eltern und *G* siehe Hans →Römer (jun.), 1887-1967.
∞ Neu-Ulm 16. IV. 1956 *Hannelore* Waltraud Christine Wilhelmine Kleesaat, * Rostock 8. XII. 1924, T. d. Walter Kleesaat, Kaufmann in Rostock, u. d. Gertrud Strauß.
4 *K.*

Der jüngere Bruder von Dr. Richard →Römer war Mitgesellschafter der Firma Hans Römer in Neu-Ulm, die er nach dem unerwarteten Tod des Bruders ab 1978 allein weiterführte.
R. wuchs in Neu-Ulm auf, besuchte dort die Schulen und wurde als 19-Jähriger im Juni 1942 zur Wehrmacht eingezogen. Erst im Dez. 1946 konnte R. nach Neu-Ulm zurückkehren. In München studierte er Philosophie und Nationalökono-

---

[483] UNGERICHT, S. 189.

mie. R. war zwar Mitgesellschafter der Firma Hans Römer, das Sagen dort hatte aber sein Großvater Hans Römer und nach dessen Tod sein älterer Bruder Dr. Richard Römer. Erst nach dessen überraschendem Tod im Jahre 1978 übernahm R. als letzter überlebender Sohn Hans Römers die Firma, wobei er die Leitung Geschäftsführern überließ, bei deren Auswahl R. offenbar keine glückliche Hand hatte. 1989 musste die Firma nach über 100 Jahren Konkurs anmelden.

Umfangreich engagierte sich R., der abwechselnd in Neu-Ulm, Ulm und Thalfingen lebte, in der CSU. Er war Redakteur des Parteiblattes „Informationen", Vorstandsmitglied des Neu-Ulmer Parteiverbandes und wiederholt Kandidat bei Kommunalwahlen – ohne gewählt zu werden. Der kunst- und kulturinteressierte R. war Vorstandsmitglied des Vereins „Sommerliche Musiktage" Ulm/Neu-Ulm. Als tiefgläubiger Katholik, der sich in Neu-Ulm sehr nachhaltig um ökumenische Kontakte zwischen den christlichen Konfessionen bemühte, war er Pfarrgemeinderat der Gemeinde St. Johann Baptist in Neu-Ulm. In Ulm gehörte R. dem Kirchengemeinderat der dortigen Heilig-Geist-Gemeinde an.

Q StadtA Neu-Ulm, D 12, IX.3.2. (Unterlagen zur Firma Römer) – ebd., D 20, Nr. 1109, Plakat mit den Biographien der CSU-Kandidaten bei der Stadtratswahl Neu-Ulm 1966 (Bild) – ebd., A 9.
L Hans HERDER, Jugend-Sünden: Zubehör der wilden Jahre, in: Motorrad 11 (1996).

Römer, Hans, * Neu-Ulm 2. Okt. 1887, † ebd. 17. Okt. 1967, ev.
Eltern und G siehe Albert →Römer.
∞ Neu-Ulm 5. IV. 1916 Charlotte Kollmann, * Neu-Ulm 31. V. 1889, † ebd. 17. II. 1971, T. d. Josef →Kollmann.
4 K Ulrich Römer, * Ulm 8. III. 1917, † gefallen in Russland 1941; Dorothea →*Römer; Dr. Richard →Römer; Dr. Georg →Römer.

R. war einer der führenden Fabrikanten Neu-Ulms vom Ende der Kaiserzeit bis in die Ära von Bundeskanzler Konrad Adenauer.

Der Enkel des Johann (Hans) →Römer besuchte in Neu-Ulm und Ulm die Schule und durchlief anschließend eine kaufmännische Lehre. Mit seinem Vater passte R. die Fabrikationspalette des vom Großvater gegründeten Unternehmens – eine Lederwarenfabrik – in der Zeit vor Ausbruch des Ersten Weltkriegs an die durch die Garnison geschaffenen Bedürfnisse vor Ort an und stellte auf die Produktion von Militäreffekten wie Helme, Gürtel, Gamaschen und Pistolentaschen, aber auch auf gesamte Heeresausrüstungen um. In der NS-Zeit belieferte R. die Wehrmacht mit Feuerwaffen. Der Firmensitz war in der Arnulf- und in der Lessingstraße. Die Familie lebte in Ulm, Neu-Ulm und Thalfingen. Von 1916 bis 1921 ließ R. von dem Architekten Hugo →Häring die sogenannte „Römervilla" im Glacis in der Neu-Ulmer Parkstraße 1 im Dessauer Bauhausstil erbauen. Heute befindet sich darin ein Hotel-Restaurant.

1939 erwarb der historisch und künstlerisch interessierte R. die aus dem 12. Jahrhundert stammende Burgruine Hohengundelfingen bei Münsingen und das dazugehörige Gelände. Im Laufe von 17 Jahren ließ R. Ausgrabungs- und Wiederherstellungsarbeiten durchführen, wobei ausschließlich das Steinmaterial der Ruine verwendet wurde. 1965 konnte Hohengundelfingen – ein Paradebeispiel für private Denkmalpflege – der Öffentlichkeit als Wanderziel und Erholungsort vorgestellt werden und erfreut sich seitdem großer Beliebtheit. Nach seinem Tod erbte R.s Tochter Dorothea →*Römer Hohengundelfingen und brachte es in die nach ihr benannte Stiftung ein.
R. starb zwei Wochen nach Vollendung seines 80. Lebensjahres. Die Leitung der Firma übernahmen seine Söhne Dr. Richard →Römer und Dr. Georg →Römer.

Q StadtA Neu-Ulm, D 12, IX.3.2. (Unterlagen zur Firma Römer).
L TEUBER, Ortsfamilienbuch Neu-Ulm II, Nr. 3815 – WEIMAR, Rundgang, S. 88 – www.hohengundelfingen.de/eigenedateien/01b68b9257142b21c/index.html.

Römer (sen.), Johann (Hans), * Leipheim 15. Feb. 1841, † Neu-Ulm 4. Feb. 1919, kath.
∞ Maria Hitzler, * Dettingen 2. III. 1841, † Neu-Ulm 9. VII. 1909.
2 K Georg *Albert* Römer[484], * Dettingen 10. VIII. 1864, † Neu-Ulm 10. I. 1941, Kaufmann in Neu-Ulm, ∞ Neu-Ulm 31. VIII. 1886 Johanna Nanette Silberhorn, * Ulm 24. VII. 1866, T. d. Johann Silberhorn[485], * 1824, † 1888, Pfeifenfabrikant in Ulm, u. d. Anna *Katharina* Schmid, * 1841, † 1930; Margarethe Römer, * Dettingen 15. X. 1867, ∞ Georg Friedrich *Karl* Tuffentsammer[486], * Neu-Ulm 4. XI. 1858, Buchbinder in Neu-Ulm.

R. war einer der führenden Fabrikanten in Neu-Ulm seit der Erhebung zur Stadt.

Seit 1871 als Lederwarenfabrikant in Neu-Ulm ansässig und auf Militäreffekten und Heeresausrüstungen, vor allem aber auf Helme spezialisiert, war R. eine der bekanntesten und angesehensten Persönlichkeiten in Neu-Ulm und Ulm. Prinzregent Luitpold von Bayern ernannte ihn zum Kgl. Bayer. Kommerzienrat. 1896 erbaute der sehr wohlhabende R. ein Haus in der Arnulfstraße, 1898 eines in der Karlstraße und 1903 eines in der Bahnhofstraße. Seit 1904 war er Vorstandsmitglied der neu gegründeten Sektion Ulm-Neu-Ulm des bayerischen Kanalvereins. Sein Tod kurz vor seinem 78. Geburtstag beraubte die Region Ulm/Neu-Ulm einer der wichtigsten Wirtschaftsgrößen der Kaiserzeit.

L BUCK, Chronik Neu-Ulm, S. 107, 110, 120 – UBC 3, S. 315 – UBC 4, S. 110, 113 (Bild) – Katalog Materialien, S. 152 – TEUBER, Ortsfamilienbuch Neu-Ulm II, Nr. 3816.

Römer, Julius (von), * 1856, † Ulm 24. oder 25. Juni 1921, □ ebd., Hauptfriedhof, ev.
∞ Julie Schultes, * 1866, † 1946, T. d. Friedrich →Schultes, Kaufmann und Fabrikant in Ulm, u. d. Pauline Frick.
Mehrere K, darunter Julius Römer, * 10. VI. 1887, † 22. VIII. 1914, Leutnant d. R., Referendar; Gertrud Römer, * 17. IX. 1888, † 9. XII. 1984, ∞ Martin.

R. war in einer Zeit des Umbruchs Landgerichtspräsident in Ulm.

Die Laufbahn des aus angesehener württ. Beamtenfamilie stammenden R. verlief nach dem Jurastudium in Tübingen und den beiden Höheren Justizdienstprüfungen in den gewohnten Bahnen eines württ. Justizbeamten. In jungen Jahren war R. Staatsanwalt beim Landgericht Ulm, wo er mit einer Ulmer Kaufmannstochter seine Familie gründete. Er wechselte dann als Landgerichtsrat nach Heilbronn/Neckar und später an das Landgericht Stuttgart. Dort stieg er zum Oberlandesgerichtsrat beim Oberlandesgericht auf und war zugleich richterliches Mitglied des Disziplinarhofs, richterliches Mitglied des Landesversicherungsamts und stv. Mitglied des Kompetenzgerichtshofs. Nachdem R. nach 1913 zum Landgerichtspräsidenten in Rottweil ernannt worden war, trat er im Nov. 1918 als Landgerichtspräsident in Ulm die Nachfolge des verstorbenen Paul (von) →Schneider an. Zweieinhalb Jahre nach Übernahme des Amtes und kurz vor Versetzung in den Ruhestand starb R. überraschend im Alter von 65 Jahren. – Ehrenkreuz des Württ. Kronordens.

L Hof- und Staats-Handbuch 1908, S. 26, 35, 121 – ebd. 1913, S. 27 f., 36, 137 – SM Nr. 291/1921 – Württ. Jahrbücher 1921/22, S. VII – WN 1920/21 (1928), S. 271 – UBC 4, S. 88 (Bild), 97, 163.

484 TEUBER, Ortsfamilienbuch Neu-Ulm II, Nr. 3814.
485 UNGERICHT, S. 189.
486 TEUBER, Ortsfamilienbuch Neu-Ulm II, Nr. 4964.

Römer, Richard, Dr. rer. pol., Dipl.-Kaufmann, * Ulm 17. Juli 1920, † ebd. 13. März 1978, kath.

Eltern und *G* siehe Hans →Römer.
∞ Kottern/Kreis Kempten 27. IX. 1947 Antonie Kreszentia Eberspacher, * Leuterschach bei Marktoberdorf 25. VIII. 1923, T. d. Xaver Eberspacher, Bürgermeister, u. d. Angela Fichtl. 7 *K.*

Der Enkel von Bürgermeister Josef →Kollmann und Urenkel des Fabrikgründers Hans →Römer führte die Lederfabrik in Neu-Ulm in die Moderne. Außerdem schrieb er sich als Zeitungsherausgeber und Politiker in die Geschichte Neu-Ulms nach dem Zweiten Weltkrieg ein.

Nach dem Abitur am humanistischen Gymnasium in bestand R. die ledertechnische Lehre mit dem Prädikat „Reichsbester". Die volkswirtschaftlichen Studien mit der abschließenden Promotion erfolgten an der Universität München. Nach 1945 war R. Mitgesellschafter der Firma Hans Römer in Neu-Ulm und konnte trotz mancher Rückschläge – 1954 richtete ein Brand erhebliche Schäden in der Fabrik an –ihren Wiederaufstieg in den 1950er Jahren erreichen. 1970 gründete er in Ulm das neue Unternehmen Römer-Wingard-Autogurte GmbH. Nachdem der Absatzmarkt für Helme beim Militär mehr und mehr weggebrochen war, wendete sich R. neben Leder und Textil neuen Kunststofftechniken zu, bemühte sich erfolgreich um den Wiedergewinn und Ausbau der ausländischen Märkte und schuf durch enge Kooperationen mit Frankreich, Österreich, Italien eine sichere Basis für das Unternehmen. 1977 erhielt die Firma den Sicherheitspreis des ADAC auf den von R. hergestellten Pneu-Helm. Die Produktpalette änderte und erweiterte sich: neben Schutzhelmen für Sport, Industrie und Behörden und Gurten stellte das Unternehmen auch Kindersitze und Sicherheits-Schulgepäck her.

1949 übernahm R. mit der Herausgabe der „Neu-Ulmer Zeitung" zusätzlich eine neue Aufgabe. Nachdem am 31. Okt. 1949 das Erscheinen der „Neu-Ulmer Tagespost" eingestellt worden war, gab R. mit dem Augsburger Verleger Curt Frenzel (1900-1970) ab dem 2. Nov. 1949 die neue Zeitung heraus, die in der zuvor neugegründeten „Neu-Ulmer Verlags-GmbH" erschien. Das Blatt wurde in Zusammenarbeit mit der ebenfalls von Frenzel herausgegebenen „Schwäbischen Landeszeitung" in der P. W. Helb´schen Buchdruckerei hergestellt.

R. betätigte sich auch politisch. Er zählte zu den Mitgründern der CSU im Kreis Neu-Ulm und wurde am 27. Jan. 1946 für zwei Jahre in den Neu-Ulmer Stadtrat gewählt. Danach stellte er sich als Kandidat nicht mehr zur Verfügung, da ihn die geschäftlichen Verpflichtungen zu sehr in Anspruch nahmen. R., der der Erbauer des ersten Gastarbeiterwohnheims in Bayern war, engagierte sich auch als Mitglied des CSU-Kreisverbands „Saubere Leinwand" und war Förderer des Jugendsozialwerks Neu-Ulm. R. starb überraschend im Alter von 57 Jahren.

Q   StadtA Neu-Ulm, D 12, IX.3.2. – ebd., A 9 – StadtA Ulm, G 2..
L   Trauer um Dr. Richard Römer, in: Schwäb. Zeitung Nr. 63, 16. III. 1978 – Dr. Richard Römer gestorben, in: SWP (Ulm) Nr. 63, 16. III. 1978 (Bild) – TREU, Neu-Ulm, S. 381 – WEIMAR, Rundgang, S. 36 f.

Rösch, Hans, Dr. iur., * Ulm 6. Mai 1908, † Tübingen 20. Juni 1970, ev.

Vater   Georg Rösch, Garnisonsverwaltungs- und später Steuerinspektor.

In der Laufbahn von R. spiegeln sich die Brüche wider, denen eine deutsche Beamtenkarriere im 20. Jahrhundert unterliegen konnte. Nach Absolvierung des Realgymnasiums Stuttgart (1917-1920) und des Realgymnasiums Heilbronn/Neckar (1920-1926) studierte R. Jura in Berlin, Paris (Sorbonne) und Tübingen, wo er sich der Burschenschaft Roigel – Tübinger Königsgesellschaft anschloss. Nach den 1931 und 1934 bestandenen beiden höheren Justizdienstprüfungen und der 1934 abgelegten Promotion trat R. in die Innenverwaltung Württembergs ein. 1933 war er Mitglied der NSDAP (Nr. 3.248131) geworden, was er im Entnazifizierungsverfahren damit begründete, dass ohne einen Parteieintritt eine Laufbahn im Staatsdienst aussichtslos gewesen wäre. 1937 Regierungsrat beim LRA Ludwigsburg, wurde er als Hilfsberichterstatter im Geschäftsteil VIII (Wohnungswesen) im Innenministerium verwendet. Seit Sept. 1939 im Krieg, wurde R. 1942 als Regierungsrat in das Innenministerium einberufen, 1943 zum LRA Böblingen versetzt, 1944 zum Landrat ebd. befördert, ohne diese Positionen kriegsbedingt ausfüllen oder auch, wie das Amt des Landrats, nur antreten zu können. Die US-amerikanische Militärregierung für Württemberg-Baden entließ den in Kriegsgefangenschaft geratenen R. am 14. Juli 1945. Angesichts der in der US-amerikanischen Besatzungszone relativ strengen Entnazifizierungssanktionen war R. eine Fortsetzung seiner Beamtenlaufbahn verwehrt. Im Herbst 1947 bot sich ihm die Möglichkeit, als Cheflektor beim Rainer Wunderlich-Verlag in Tübingen tätig werden zu können, zuletzt arbeitete R. beim Artemis-Verlag in Zürich.

Q   Personalakten in: HStAS, EA 2/150 Bü 1367.
W   Wesen und Rechtsnatur der parlamentarischen Geschäftsordnung, iur. Diss., Tübingen 1934 – Die Ungehorsamsstrafe – ein Erziehungsmittel, in: Württembergische Verwaltungs-Zeitschrift 34 (N.F. 1), Nr. 2, 15. II. 1938, S. 29-32.
L   SCHMIDGALL, Burschenschafterlisten, S. 156, Nr. 931 – Amtsvorsteher, S. 469 f. (Michael RUCK) – DVORAK 1,5 (200), S. 97 f.

Rößlen, *Karl* Ludwig, * Ulm 6. Dez. 1813, † ebd. 28. Jan. 1892, ev.

Vater   Marx Christoph Rößlen, Hospitalhausmeister in Ulm, S. d. *Johann* Georg Rößlen[487], * 1. IV. 1738, † 2./3. XI. 1803, 1776 Pfarrer in Nellingen auf der Alb, 1777 dsgl. in Albeck, 1781 dsgl. in Gingen/Fils.
∞ 1845 Wilhelmine Theodora Schnell, * 18. X. 1816, T. d. Johann Heinrich Schnell, Kameralverwalter in Neuenbürg, u. d. Theodora Küble.
Mehrere *K*, darunter *Karl* Friedrich Theodor Rößlen[488], * Pflummern 18. X. 1845, † Ulm 9. VII. 1922, 1868 Stadtvikar in Neuenbürg, 1871 dsgl. in Ulm, 1874 Pfarrer in Bräunisheim, 1892 dsgl. in Göttingen, 1910 a. D., Ritterkreuz I. Kl. des Friedrichsordens, ∞ Neuenbürg 5. V. 1874 Anna Waldraff, * Baiersbronn/OA Freudenstadt 4. II. 1854, † 10. VI. 1940, T. d. *Hermann* Adolf Waldraff, Forstmeister in Neuenbürg.

R. entstammte einer alten schwäbischen Pfarrerfamilie mit weit zurückreichender geistlicher Tradition. Ein Vorfahr, Chrysostomus Rößlen[489], ist von 1538 bis 1540 als Pfarrer in Pfuhl nachweisbar.

Nach Landexamen, ev.-theol. Seminar und Studium in Tübingen durchlief R. zunächst den üblichen unständigen Vikardienst. 1836 war er Vikar in Neuenbürg, 1842/43 Diakon ebd. 1844 zum Pfarrer im oberschwäbischen Pflummern ernannt, rückte er 1852 zum Dritten Stadtpfarrer in Biberach/Riß auf. Im Juni 1865 kehrte R. als Nachfolger des verstorbenen Ferdinand →Russ als Zweiter Stadtpfarrer an die Ulmer Dreifaltigkeitskirche in seine Heimatstadt zurück. Dieses Amt füllte R. 24 Jahre lang als beliebter und aufopfernder Seelsorger aus. 1889 unter Verleihung des Ritterkreuzes I. Kl. des Friedrichsordens in den Ruhestand verabschiedet, war das aktive Mitglied des Vereins für Kunst und Altertum in Ulm und Oberschwaben ab 1879 Ersatzmitglied für Ulm zur 3. Landessynode.

L   Magisterbuch 28 (1892), S. 60 – SIGEL 15,1, Nr. 108,29 (S. 553) – UBC 2, S. 147 – EHMER/KAMMERER, S. 303.

487 SIGEL 15,1, Nr. 17,36 (S. 553).
488 Magisterbuch 38 (1920), S. 82.
489 SIGEL 15,1, Nr. 1062,4 (S. 553).

Rößling (auch: Roesling), Carl (Karl) Wilhelm (kurz: C. W.), * Erlangen 11. Feb. 1806, † nicht ermittelt.
Vater   Christian Lebrecht Rößling[490], Privatdozent an der Universität Erlangen, Professor am Kgl. Gymnasium Ulm, Schreib- und Mathematiklehrer.
Mutter   Anna Martha Barbara Schlegel.
∞ Pfuhl 13. X. 1829 Johanna Charlotte Bäuerle, * Göppingen 15. VI. 1808, † Ulm 21. I. 1846, T. d. Johann Friedrich Bäuerle u. d. Johanna Charlotte Remshardt.
7 K   Carl Friedrich Christian August Rößling, * Neu-Ulm 20. V. 1830; Johanna Auguste Carolina Rößling, * Neu-Ulm 7. VII. 1831; Emilie Carolina Charlotte Rößling, * Neu-Ulm 25. X. 1832; Carl Christian Lebrecht Rößling, * Neu-Ulm 13. III. 1835, † ebd. 9. VI. 1835; Karl Richard Hugo Lebrecht Rößling, * Ulm 16. XI. 1836; Carl Wilhelm Rößling, * Ulm 16. V. 1840, † ebd. 9. IX. 1840; Carl Hugo Edmund Richard Rößling, * Ulm 10. I. 1842, † ebd. 13. IV. 1842.

R. war einer der ersten Fabrikanten, die sich auf Neu-Ulmer Gemarkung niederließen. Die erhaltenen Baupläne seiner Fabrikgebäude zählen zu den ältesten noch heute erhaltenen und stellen wichtige Dokumente zur frühesten Zeit Neu-Ulms dar. Über sein Leben ist wenig bekannt.
Der Chemiker R. ließ sich Anfang der 1830er Jahre in Neu-Ulm (damals meist noch „Neuulm" geschrieben) nieder und betätigte sich dort als Salmiak- und Ammoniumproduzent. Die „Abgase" seiner kleinen Fabrik erregten wegen des durch die verbrannten Tierknochen hervorgerufenen schlechten Geruchs Aufsehen und Streit. Die „Knochenbrennerei" war mit Wissen des Polizeikommissariats, aber ohne Genehmigung der Kreisregierung angesiedelt worden, was dem Neu-Ulmer Polizeikommissär auf Anweisung des Königs einen *derben Verweis* einbrachte. Die Kreisregierung wies R. einen Ödgrund zu, wo er sein Unternehmen auf den sogenannten Riedhöfen erweitern wollte. Der Plan der neuen Fabrik vom März 1832 reflektiert den Stand der Technik der Biedermeierzeit, als es noch eines Pferdes im Keller des Gebäudes bedurfte, um die Stampfmaschine anzutreiben. Aus den Riedhöfen entwickelte sich eine Siedlung, die am 30. Nov. 1894 in Erinnerung an die mittelalterliche Vorläufersiedlung Schwaighofen benannt wurde.
Lange Zeit scheint sich R. als Fabrikant nicht gehalten zu haben. Sicher ist, dass er seine Fabrik bereits 1836 an den Sattler Johann Martin Häusler verkauft hatte, der sie sogleich erweitern wollte, was ihm – wohl wiederum wegen der Geruchsentwicklung – eine Beschwerde des Ulmer Gemeinderates eintrug.
Da zwei Kinder R.s nach 1836 in Ulm zur Welt kamen, ist es möglich, dass der ehemalige Fabrikant mit dem Ulmer Architekten R. identisch ist, der auch in Neu-Ulm eine Reihe von Häusern entwarf.

L   Eduard OHM, Erster Öko-Streit erschüttert aufstrebendes Dorf Neu-Ulm (Neu-Ulmer Geschichten 8), in: NUZ, 23. VI. 1984, S. 27 – Katalog Materialien, S. 39, 57, 75, 193, 195, 196, 197 – TREU, Neu-Ulm, S. 131 ff., 162 – TEUBER, Ortsfamilienbuch Neu-Ulm II, Nr. 3831.

Rohm (sen.), *Julius* Oskar, * Neu-Ulm 4. Nov. 1912, † ebd. 11. März 2004, ▢ 17. März 2004 ebd., Alter Teil des Friedhofs, kath.
Vater   Robert *Alfred* Rohm[491], * Neu-Ulm 1. X. 1882, † Neu-Ulm 4. XI. 1968, Maler bei Magirus in Ulm, S. d. Julius Oskar Rohm[492], * Ulm 17. VI. 1859, Spengler, u. d. Margaretha Hecht, * Berlichingen 20. II. 1862.
Mutter   Rosa Schlegel, * Unterkirchberg/OA Laupheim 1. XII. 1883, † Neu-Ulm 16. I. 1970, T. d. Theodor Schlegel, Maurer in Unterkirchberg, u. d. Margaretha Bauer.
3 G   Karl Rohm, * Neu-Ulm 21. VIII. 1909; Alfred Rohm, * Neu-Ulm 14. XII. 1910, Chemiker; Erwin Rohm, * 8. XII. 1911, Schlossergehilfe.
∞ Neu-Ulm 16. V. 1938 *Anna* Rosa Justina Brechenmacher, * Offenbach/Main 17. X. 1910, † 11. II. 2003, T. d. Rupert Brechenmacher[493], * Oberdischingen/OA Ehingen 7. II. 1878, † Ulm 31. V. 1948, Stadtgärtner in Neu-Ulm, u. d. Anna Spahn, * Schondra (Rhön) 2. IV. 1880, † Neu-Ulm 10. II. 1949.
3 K   *Anna* Rosina Rohm, * Berlin 9. XI. 1939; Dr. Julius Rohm (jun.), * Ulm 18. V. 1942; *Klara* Agnes Rohm, * Neu-Ulm 19. X. 1947.

490 SCHULTES, Chronik, S. 443 ff. – UBC 1, S. 478, 482.
491 TEUBER, Ortsfamilienbuch Neu-Ulm II, Nr. 3834.
492 TEUBER, Ortsfamilienbuch Neu-Ulm II, Nr. 3835.
493 WEIMAR, Rundgang, S. 42 ff. Brechenmacher war der jüngere Bruder von Josef Karlmann Brechenmacher, * Oberdischingen 7. II. 1877, † Saulgau 8. VI. 1960, zuletzt Oberstudiendirektor an der Lehrerseoberschule in Saulgau, eines bedeutenden Namen- und Sprachforschers. Vgl. zu ihm Ih 1, S. 104 und BWB III (2002), S. 24-26 (Norbert FEINÄUGLE).

R. war einer der bedeutendsten Nachkriegspolitiker Neu-Ulms und als Kaufmann ein „Grenzgänger" an der Donau.

Der Spross einer gut kath. Ulmer Arbeiterfamilie kam im Haus Stadtgasse 6/III in Neu-Ulm zur Welt, wohin sein Vater 1908 gezogen war und über die Donau „pendelte", da sich sein Arbeitsplatz bei der Firma Magirus in Ulm befand. R. besuchte die Volks- und danach die Oberrealschule in Ulm, wurde von 1929 bis 1932 bei Valentin →Angelmaier in Neu-Ulm zum Importkaufmann für Lebensmittel ausgebildet (spezialisiert für den Import und Export von Kaffee und Trockenfrüchten) und holte 1934 nach Selbststudium das Abitur an der Kepler-Oberschule Ulm nach. In dieser Zeit war er bis zu ihrer Auflösung durch die nationalsozialistischen Machthaber aktives Mitglied in der kath. Jugendbewegung. Anschließend war er Niederlassungsleiter bei seinem Lehrherrn Angelmaier. Von 1937 bis 1939 als Angestellter in der Kontrollstelle für Außenhandel und dort zuständig für Überwachung der Devisenkonten, führte ihn sein sich ausweitender Geschäftsbereich von Neu-Ulm nach Ludwigshafen, Regensburg, und schließlich nach Berlin, wo seine Familie ausgebombt wurde. Als Soldat der Wehrmacht geriet R. 1944 in Ägypten in britische Kriegsgefangenschaft und war in Alexandria, Kairo und in England inhaftiert, wo er das renommierte Gefangenen-College Wilton Park besuchte.
Am 19. Nov. 1946 kam R. nach Neu-Ulm zurück und avancierte zum Leiter des Ernährungsamts B in Neu-Ulm, eine Tätigkeit, die er bis zum 1. Juli 1948 ausübte, um danach erneut als Prokurist in die Dienste der Firma Angelmaier zu treten.
Im kommunalen Bereich Neu-Ulms konnte R. schnell einen guten Namen machen und war vom 4. Juli bis 15. Aug. 1948 mit Josef →Böck und Josef →Dirr Triumvirats-Bürgermeister in der Zeit bis zur Amtsübernahme von Oberbürgermeister Tassilo →Grimmeiß. R., Gründungsmitglied der CSU und erster CSU-Vorsitzender in Neu-Ulm, hatte sich zuvor für die Ausschreibung der Stelle eines rechtskundigen Oberbürgermeisters stark gemacht und wurde am 16. Aug. 1948 zum OB-Stellvertreter (Zweiter Bürgermeister) gewählt – ein Amt, das R. bis zum Rückzug aus der Kommunalpolitik im Jahre 1966 ausübte. 1952 konnte R. das Amt des Zweiten Bürgermeisters erst in der Stichwahl wieder erringen. Er übernahm 1961 nach dem Tod von Tassilo Grimmeiß die Führung der Amtsgeschäfte des Oberbürgermeisters bis zum Amtsantritt von Dr. Dietrich →Lang. Oberbürgermeister wollte er selbst nicht werden, obwohl er sich sicher war, dass er bei einer Wahl gute Chancen besessen hätte.
R. war seit 1948 Mitglied des Stadtrats und als solches bis 1966 Vorsitzender der CSU-Fraktion, Mitglied im Ältestenrat, des Hauptausschusses, des Verkehrsausschusses sowie des Krankenhaus-Sonderausschusses ebd. R. zog sich aus der Kommunalpolitik zurück, um sich ganz seinem Unternehmen zu widmen. Der Kommunalpolitiker R. erkannte die Standortvorteile des Wirtschaftsstandortes Neu-Ulm und wollte sie durch eine angepasste Verkehrspolitik und Flächennutzung erhalten und ausbauen. Auch pflichtete er prinzipiell dem Stadtbaurat Ellenrieder in dessen Einschätzung bei, die Reste Neu-Ulms auch abzureißen, um von Grund auf neu zu bauen. Damit hätten sich zwar spätere Probleme – wie ein fehlendes Stadtzentrum jenseits der Donau – vermeiden lassen, der Schritt wäre aber in

der unmittelbaren Nachkriegszeit nicht durchsetzbar gewesen. Als roter Faden durch seine kommunalpolitische Tätigkeit zieht sich R.s Einsatz für einen forcierten sozialen Wohnungsbau.

Zum 1. Jan. 1949 trat R. als persönlich haftender Gesellschafter in die nach dem Tod des Firmenchefs Friedrich Seeberger jun. (1945) geschäftlich aus dem Tritt geratene Ulmer Kaffee- und Lebensmittelgroßhandlung Seeberger KG ein. Auf Grund seiner geschäftlichen Kenntnisse und Fähigkeiten sowie weit verzweigter Kontakte vermochte R. das Unternehmen zu konsolidieren und in der "Wirtschaftswunderzeit" zu einem neuen Aufstieg zu führen. Vom 1. Jan. 1949 bis 1. Jan. 2002 war er persönlich haftender Gesellschafter und bis 1975 Geschäftsführer der Seeberger KG, die er 1963 wegen Expansion nach Neu-Ulm geholt hatte und die Ende der 1970er Jahre in das Ulmer Industriegebiet Donautal verlagert wurde, weil ihm die Stadt Neu-Ulm kein geeignetes Gelände anbieten konnte. Als einer der ersten in der Bundesrepublik Deutschland führte R. in seinem Unternehmen eine Betriebsrente und später eine Erfolgs- und Kapitalbeteiligung für die Mitarbeiter ein.

Mit seiner kranken Ehefrau zog R. gegen Ende seines Lebens in das Neu-Ulmer Caritas-Altenheim. Sein Tod im Alter von 91 Jahren rief die Verdienste einer *der herausragendsten Persönlichkeiten der Neu-Ulmer Nachkriegsgeschichte* (wie es in einem Nachruf hieß) wieder in Erinnerung, die auch in Ulm Spuren hinterlassen hat. – 1970 Mitglied des Gremiums Neu-Ulm der IHK für Augsburg und Schwaben und dort 1974 Mitglied der Vollversammlung und des Außenhandelsausschusses. – 1967 silberne Medaille für besondere Verdienste um die kommunale Selbstverwaltung; 2007 Benennung des Platzes vor dem neuen Bahnhof Neu-Ulm in "Julius-Rohm-Platz".

Q   StadtA Neu-Ulm, D 12, III.8.2.8. – ebd., A 9.
L   Helmut PUSCH, Ein Ehrenamtlicher als Interims-OB, in: SWP vom 4. XI. 1992 (Bild) – Julius Rohm baute nach dem Krieg Neu-Ulm mit auf, in: NUZ vom 4. XI. 2002 – Julius Rohm gestorben, in: SWP vom 13. III. 2004 – "Ein Pionier der ersten Stunde". Julius Rohm wurde gestern in Neu-Ulm beerdigt - Er hat die Stadt nachhaltig geprägt, in: NUZ vom 18. III. 2004 – StadtMenschen [Firmenporträts] – WEIMAR, Rundgang, S. 38 ff. – www.seeberger.de.

Roller, Hugo, * Ulm 13. Mai 1907, † ebd. 7. Jan. 1990, bestattet ebd., Neuer Friedhof, 11. Jan. 1990.
∞ Isa Mödl.

R. zählt wie u. a. auch Johannes →Weisser zu den Ulmer Sozialdemokraten, die ihre politische Prägung noch ganz in der Zeit der Weimarer Republik erfuhren, in der NS-Zeit ausgeschaltet und verfolgt und nach Kriegsende führend am Neuaufbau ihrer Partei und darüber hinaus des politischen Lebens im Land beteiligt waren.

R., der in Ulm die Realschule besuchte, trat bereits als 15-Jähriger der SPD bei und gründete die Arbeiterjugend in seiner Heimatstadt. In der NS-Zeit gelang es R., weitgehend unbehelligt zu bleiben und als Installateur beim Städtischen Gaswerk und später als Kupferschmied bei Magirus die schweren Jahre der Diktatur und des Krieges zu überstehen. R.s Tätigkeit bei Magirus verhinderte seine Einberufung zur Wehrmacht.

Nach Kriegsende drängte R. gleich wieder zu öffentlicher Betätigung. Oberbürgermeister Robert →Scholl berief ihn als Beauftragten für den Wiederaufbau der Jugendverbände ins Rathaus. 1947 wechselte R. als Kreissekretär der Ulmer Arbeiterwohlfahrt (AWO), die er mit aufgebaut hatte, wieder in einen vertrauten Wirkungskreis, dem er ein Vierteljahrhundert, bis 1972, treu blieb. An der Neugründung der Ulmer SPD wirkte R. an vorderster Stelle mit und wurde 1950 zum Vorsitzenden der SPD-Ortsgruppe Ulm gewählt, zuletzt war er deren Ehrenvorsitzender. Von 1948 bis 1971 gehörte er dem Ulmer Gemeinderat an, war Vorsitzender des Ortsvereins und zuletzt Ehrenvorsitzender.

1950 wurde R. im WK Ulm Stadt zum MdL Württemberg-Baden gewählt. Von 1952 bis 1956 und von 1960 bis 1964

MdVLV bzw. ab Nov. 1953 war er für den gleichen WK MdL Baden-Württemberg 1957 kandidierte R. auf Platz 35 der SPD-LL Baden-Württemberg erfolglos für ein Bundestagsmandat.

R., der zuletzt einen Herzschrittmacher tragen musste, starb nach längerer Krankheit im Alter von 82 Jahren in seinem Haus in der Soldatenstraße an Herzversagen. – 1974 Bürgermedaille der Stadt Ulm; 1981 Bundesverdienstkreuz.

Q   StadtA Ulm, G 2.
L   Sozialdemokrat mit Herz und Verstand: Hugo Roller ist tot, in: Schwäb. zeitung Nr. 5, 8. I. 1990 (Bild) – Hugo Roller 82jährig gestorben: Abschied von der grauen Eminenz der Ulmer SPD, in: SWP (Ulm) Nr. 5, 8. I. 1990 (Bild) – SCHUMACHER, M.d.B., S. 345 – WEIK ?2003, S. 119 - Wikipedia.

Rossmann, Hermann *Erich*, * Pößneck (Sachsen-Meiningen, heute Thüringen) 10. Jan. 1884, † Meran/Tirol 26. Sept. 1953, ev.
Vater   Karl Rossmann, Arbeiter.
Mutter   Pauline Küfner.
∞ Stuttgart 1907 Auguste Frida Haug, * 1881.
1 K   Erich *Lothar* Rossmann[494], * Stuttgart 12. XI. 1909, † ebd. 3. I. 1966, SPD-Politiker, 1945/46 Landesdirektor des Innern von Württemberg-Hohenzollern, später Landeswahlleiter für Baden-Württemberg, ∞ Lidwina Wolf.

R. war in der Weimarer Republik einer der profiliertesten SPD-Politiker Württembergs, nach 1945 als Generalsekretär des Länderrats der Länder in der US-Zone und Leiter von Radio Stuttgart eine wichtige Persönlichkeit des Wiederaufbaus. Wesentliche Impulse empfing er während seiner Zeit als Redakteur bei SPD-Blättern in Stuttgart und Ulm.

Als jüngstes von sieben Kindern einer Arbeiterfamilie machte R. nach dem Besuch der Bürgerschule in Pößneck eine kaufmännische Lehre, ehe er als kaufmännischer Angestellter der SPD beitrat und nach Württemberg ging. 1904 wurde er zunächst als Berichterstatter, später als Redakteur beim Parteiblatt "Schwäbische Tagwacht" in Stuttgart eingestellt. Er schloss sich eng an den schon damals einflussreichen Wilhelm Keil an, der mit Berthold Heymann, Carl Hugo Lindemann und Albert Pflüger zu den Hauptvertretern der in Württemberg stark revisionistischen SPD zählte. R. wurde in den Vorstand der Stuttgarter SPD-Ortsgruppe gewählt und übernahm nach Keils Wahl zum Reichstagsabgeordneten 1910 dessen Arbeit am allgemeinen politischen Teil der "Schwäbischen Tagwacht".

1911 wechselte R. in die Lokalredaktion des neu gegründeten Ulmer SPD-Blattes "Donau-Wacht", das R. wesentlich mit aufbaute. Es bedurfte einer versierten und tatkräftigen Persönlichkeit, um die Zeitung in Ulm und Oberschwaben zu etablieren. In den vier Jahren seiner Ulmer Tätigkeit war R. zugleich Vorstandsmitglied der Wahlkreisorganisation für den WK XIV (Ulm-Heidenheim) und setzte seine in Stuttgart begonnene Aktivität als Versammlungsredner seiner Partei fort.

Der Erste Weltkrieg, den R. als Soldat fast ausschließlich an der Westfront erlebte, schärfte seinen Blick für soziale Missstände weiter. Noch 1918 gründete R. den Reichsbund der Kriegsbeschädigten mit und war als Referent im Reichsausschuss für Kriegsbeschädigtenfürsorge, wenig später als Regierungsrat im Reichsarbeitsministerium tätig. 1920 trat er an die Spitze des Hauptversorgungsamtes in Stuttgart und begann 1924 seine politische Karriere als Reichstagsabgeordneter; im gleichen Jahr wählte ihn der württ. SPD-Landesverband zu seinem Vorsitzenden. R. machte sich als Haushaltsexperte im Reichstag einen Namen und war zu Beginn der 1930er Jahre vor allem wegen seiner guten Beziehungen zu den franz. Veteranenverbänden als Sachberater bei vielen internationalen Konferenzen, u. a. 1932 in Lausanne, unentbehrlich.

Innerparteilich war R. sehr umstritten; vor allem der 1920 von ihm nach Stuttgart empfohlene Kurt Schumacher zählte zu seinen Gegnern, weil R.s Kurs des vorsichtigen Abwartens angesichts der Erfolge der NSDAP von ihm verurteilt wurde.

---

[494] BWB 3 (2002), S. 319-321 (Frank RABERG).

Als R. gemeinsam mit Keil und anderen Vorstandsmitgliedern im Mai 1933 seine Parteiämter zur Verfügung stellte und den SPD-Gemeinderatsmitgliedern empfahl, die „nationale Revolution" der Nationalsozialisten zu unterstützen, war für Schumacher das Maß voll: er bezeichnete dieses Vorgehen als *unentschuldbar, schmählich und sinnlos*. R. wurde im Juni 1933 erstmals verhaftet und bis 1945 mehrfach in Gefängnissen und im KZ (u. a. Heuberg, Militärgefängnis Ulm, Sachsenhausen) eingesperrt. Dennoch gelang es ihm, während des „Dritten Reiches" eine gutgehende Immobilienfirma in Berlin aufzubauen. Ende 1945 erfolgte auf besondere Intervention des Ministerpräsidenten von Württemberg-Baden, Reinhold Maier, die Berufung R.s zum Generalsekretär des Länderrats der US-Zone. Als solcher war R. maßgeblich an der Schaffung der Grundlagen der späteren Bi- und Trizone beteiligt und erwarb sich hier historische Verdienste. Er besaß aufgrund seiner Vergangenheit als Sozialdemokrat und Verfolgter des NS-Regimes einen fast unangreifbaren Nimbus, der den persönlich schwierigen R. nicht selten zu einem diktatorischen Führungsstil verleitete. Sein Intimfeind Kurt Schumacher bezeichnete ihn deshalb sogar als *einen kleinen Hitler*.
Nachdem der Länderrat 1948 aufgrund der Weichenstellungen zur Bildung der Bundesrepublik einen politischen Bedeutungsverlust erlitten hatte, wechselte R. zu Radio Stuttgart, dessen Leiter er wurde. Aus Radio Stuttgart entwickelte sich wenig später der Süddeutsche Rundfunk. Ehrenamtlich versah R., der im Sommer 1949 in den Ruhestand ging, das Amt des Generalsekretärs der Europa-Union. Er starb überraschend während eines Kuraufenthaltes in Tirol.

Q   Bundesarchiv Koblenz, Nachlaß NL 12.
W   Ein Leben für Sozialismus und Demokratie, 1947.
L   Reichstags-Handbuch, 2. Wahlperiode, 1924, S. 504 (Bild S. 630) – R. E. MILLER, The South German Länderrat: The Origins of Postwar German Federalism, Phil. Diss. 1960 – F. OSTERROTH, Biogr. Lexikon des Sozialismus 1, Berlin 1960, S. 256 – C. F. LATOUR/Th. VOGELSANG, Okkupation und Wiederaufbau. Die Tätigkeit der Militärregierung in der amerikanischen Besatzungszone Deutschlands, München 1973 – Edgar LERSCH, Rundfunk in Stuttgart, Stuttgart 1990 – SCHRÖDER, SPD-Parlamentarier, S. 686, Nr. 181050 – BWB 3 (2000), S. 316-319 (Frank RABERG, mit umfangreichem Literaturverzeichnis) – NDB 22, S. 96 f. (Frank RABERG).

Roßmann, Jakob, Dipl.-Kaufmann, * Schwetzingen/Kreis Mannheim (Baden) 17. Sept. 1890, † Ulm 14. Mai 1960, ev.
Vater   Johann Roßmann, Bierbrauer.
Mutter   Maria Gamber.
∞ I. Erna Lanig; ∞ II. Chlothilde Blendinger.

R. zählt zu den profiliertesten Ulmer Nationalkonservativen.
Nach Besuch der Volksschule und Oberrealschule durchlief R. eine kaufmännische Ausbildung, die er mit der Diplomprüfung an der Handelsfachschule Mannheim abschloss. Nach Erwerb des Handelslehrerdiploms trat R. in den badischen Staatsdienst ein. Später war er Handelsschulrat und beeidigter Bücherrevisor in Ulm.
Bei einem Ausspracheabend der DVP Ulm am 30. Dez. 1919[495] ergriff der zu Besuch dort weilende Landesvorsitzende Dr. Gottlob Egelhaaf das Wort zu einem Referat über die Geschichte Deutschlands seit der Novemberrevolution 1918. Die DDP habe sich in zahlreichen Fragen als von der SPD abhängig gezeigt. Aus diesem Grunde sei die Gründung der DVP auch in Württemberg erfolgt. Im Anschluss an Egelhaafs Rede entschlossen sich die bisher nur lose organisierten Ulmer DVP-Anhänger zur Gründung einer eigenen Ortsgruppe und wählten R. zum Ersten, Dipl.-Ing. Buschmann zum Zweiten Vorsitzenden. Dem sechsköpfigen Ausschuss gehörten auch zwei Frauen an. 1920 bewarb sich R. als DVP-Spitzenkandidat im Wahlkreis 20 (Heidenheim-Ulm) um ein Landtagsmandat und

war erfolgreich: mit drei weiteren Vertretern zog er für die DVP in den Landtag ein und wurde am 10. Dez. 1920 zum Mitglied des Volkswirtschaftlichen Ausschusses gewählt. R. gehörte dem Landtag für eine Wahlperiode (bis 1924) an. 1924 misslang ihm der Wiedereinzug in das Landesparlament. Am 31. Jan. 1928 wählte ihn der Landtag zum Mitglied des Finanzgerichts.

Q   StadtA Ulm, G 2.
L   RABERG, Biogr. Handbuch, S. 738 – WEIK ⁷2003, S. 318.

Rottenkolber, Josef, Dr. phil., * Röthenbach/Allgäu 3. Mai 1890, † Kempten/Allgäu 11. Jan. 1970, kath.
∞. Mehrere K.

Der bedeutende Allgäuer Geschichtsforscher hat seine Liebe zu Kempten stets herausgestellt. Aber auch zu Neu-Ulm bestanden enge Bindungen. Fast 18 Jahre lang wirkte er dort als Lehrer und hinterließ als Historiker Spuren, die auch heute noch nicht vergessen sind.
Der Sohn eines Bahnbeamten besuchte die Volksschule in Illereichen bei Illertissen sowie von 1900 bis 1904 das Gymnasium in Dillingen/Donau und von 1904 bis 1910 das humanistische Gymnasium in Kempten, wo er das Abitur bestand. Anschließend führte das Studium der Germanistik und der Geschichte nach München. Er wollte in den bayerischen Schuldienst und war zunächst als Aushilfspraktikant in Wunsiedel, 1915 als Präfekt in Landsberg am Lech tätig. 1916 wurde er mit einer Arbeit über Heinrich von Ulm, Fürstabt von Kempten (1607-1616), zum Dr. phil. promoviert. Mit dieser Dissertation bestimmte R. bereits das Hauptfeld seiner künftigen wissenschaftlichen Forschung: die schwäbische Landesgeschichte mit den Schwerpunkten Allgäu und Kempten. Schon 1912 hatte R. mit Veröffentlichungen im „Heimgarten", der Heimatbeilage einer der Kemptener Tageszeitungen, begonnen und wenig später auch im „Allgäuer Geschichtsfreund" publiziert. Das historische Interesse brach sich damit Bahn und R. fand nach frühen Arbeiten wie über die „Herkunft der Alemannen" schnell zum Lebensthema der Allgäuer Geschichte.
R. trat in den bayerischen höheren Schuldienst und kam 1920 als Lehrer-Assistent für Deutsch, Geschichte und Erdkunde an die Realschule Neu-Ulm, wo er ein Jahr später zum Studienrat ernannt wurde und bis zu seiner Versetzung an die Oberrealschule Kempten im Jahre 1938 verblieb. 1955 erfolgte seine Pensionierung, danach verlebte er seinen Ruhestand in Kempten. Kaum einer der Lehrer seiner Generation fühlte sich mit der Schule und Neu-Ulm so eng verbunden wie R., der über 18 Jahre hinweg, durch die Zeit der Weimarer Republik und des „Dritten Reiches", nicht nur als Lehrer, sondern vielfältig im öffentlichen Leben Neu-Ulms aktiv war. 1930 verfasste er die Festschrift zum 50-Jahr-Jubiläum der Realschule Neu-Ulm.
R. entfaltete daneben auch in seiner Neu-Ulmer Zeit eine umfassende Aktivität als Historiker. Er arbeitete weiterhin an wissenschaftlichen Publikationen, die von sicherer Quellenbeherrschung ebenso geprägt waren wie von seiner anschaulichen Darstellungsweise. 1923 übernahm er als Nachfolger von Georg →*Michahelles den Vorsitz des Historischen Vereins Neu-Ulm, den er bis zur Auflösung im Jahre 1938 leitete. Auch war er Mitglied des Vereins für Kunst und Altertum in Ulm und Oberschwaben. Ein sich rasch verschlimmerndes Augenleiden schränkte R. im Alter sehr in seinen Forschungen ein und machte ihm schließlich die Arbeit ganz unmöglich.

Q   StadtA Neu-Ulm, D 12, III.2.3.5.
W   (Auswahl; Bibliografie bei Wolfgang HABERL, Bibliographie Dr. Josef Rottenkolber, in: Allgäuer Geschichtsfreund 1979 Nr. 79, S. 116-123. – Wichtigste W: Aus den Anfängen Neu-Ulms, in: Aus dem Ulmer Winkel, 1928, Nr. 1 – Die Stadt Ulm unter Bayerischer Herrschaft, in: Württ. Vierteljahreshefte N.F. 34 (1928), S. 257-326 – Das Ulmer Schulwesen während der bayerischen Zeit (1802-1810), in: Aus dem Ulmer Winkel 1928, Nrn. 10 und 11/12 und 1929, Nr. 2 – Geschichte der Realschule Neu-Ulm 1880-1930. Festschrift zur Fünfzigjahrfeier, Neu-Ulm 1930 –

495 SK Nr. 1 (Morgenblatt), 2. I. 1920, S. 5f.

Die Säkularisation des Reichsstiftes Oberelchingen, in: Aus dem Ulmer Winkel 1930, Nrn. 4 bis 7 – Wie Neu-Ulm unmittelbare Stadt wurde, in: Aus dem Ulmer Winkel 1931, Nr. 3 – Geschichte des hochfürstlichen Stiftes Kempten, München 1933 – Geschichte der Stadt Kempten im 19. Jahrhundert 1800-1914, Kempten 1935 – Geschichte des Allgäus, München 1938, ²1951.
L Wolfgang HABERL, Josef Rottenkolber, in: Lebensbilder aus dem Bayerischen Schwaben 12 (1980), S. 368-374 – RADSPIELER, 100 Jahre, S. 37-39 – Anton AUBELE, 90 Jahre Historischer Verein Neu-Ulm 1907-1997, S. 69-87, hier S. 77 f. (Bild) – TREU, Neu-Ulm, S. 559 f. (Hans RADSPIELER; Bild).

Rucker, Ernst, * Höchstädt 6. April 1928, † 12. Sept. 2006, kath.

R. war einer der profilierten Schulmänner Neu-Ulms im letzten Viertel des 20. Jahrhunderts.
Nach dem Schulbesuch in Lauingen wurde R. als Luftwaffenhelfer eingezogen. Nach dem Abitur 1948 absolvierte er die Lehrerbildungsanstalt Lauingen und war danach bis 1968 zunächst als Lehrer in Wittislingen und später in Gundelfingen tätig. 1968 begann er als Seminarleiter Lehramtsanwärter für das Zweite Staatsexamen vorzubereiten. Diese Tätigkeit führte 1975 zu seiner Berufung zum Schulrat am Staatlichen Schulamt für den Landkreis Neu-Ulm, wo er 1979 zum stv. Leiter und 1986 zum Fachlichen Leiter mit der Amtsbezeichnung Schulamtsdirektor aufstieg.

L Schulamtsdirektor Rucker gestorben. Im Alter von 78 Jahren, in: NUZ, 14. IX. 2006.

Rudolph, Charlotte, * Neu-Ulm 13. Nov. 1903, † Babenhausen 13. Mai 2002, und
Rudolph, Margarete, * Neu-Ulm 13. Nov. 1903, † Babenhausen 16. Okt. 1999, beide □ ebd., beide ev.
Vater Friedrich Rudolph, * 1862, Petroldirektor.
Mutter Christine Förster, * 1872, † 1948.
Beide ledig. Keine K.

Die beiden aus Neu-Ulm stammenden Künstlerinnen trugen als legendäres Showduo „Dussy und Dussy" (Zusammenziehung der Anredeform von Du und Sie) einiges zur Blüte des deutschen Varietés in den 1920er und frühen 1930er Jahren bei.
Die eineiigen Zwillinge R. wuchsen in Augsburg auf, wohin die Familie 1906 gezogen war. Dort besuchten sie das Maria-Theresia-Gymnasium. Schon zuvor hatte sich bei ihnen eine Begeisterung für die Musik entwickelt, die auch darin ihren Ausdruck fand, dass ihnen im Alter von acht Jahren Geigen geschenkt worden waren, um für Hausmusik zu sorgen. Ihre Begabung wurde am Augsburger Konservatorium weiter kultiviert. Doch die Schwestern wollten nicht nur musizieren, sie wollten auch tanzen und schauspielern. Sie waren 16 Jahre alt, als sie in „Dornröschen" am Augsburger Stadttheater debütierten. Heimlich nahmen sie beide Tanzunterricht und stellten, da es sie zur Bühne drängte, eigene Shownummern zusammen. Ganz neu war in den Jahren nach dem Ende des Ersten Weltkriegs die Kombination von Geigenspiel und Stepptanz. Ohne die Eltern zu informieren, nahmen sie – schon als „Dussy und Dussy" auftretend – 1925 ein Engagement beim „Circus Krone" in Bremen an. Als der Vater davon erfuhr, wollte er die Töchter zum Abbruch des Engagements zwingen. Diese hatten aber schon so großen Erfolg, dass der „Circus Krone" mit einer saftigen Konventionalstrafe bei Nichteinhaltung des Künstlervertrags drohte. Der Vater gab klein bei, der Karriere der R.s stand nichts mehr im Wege.
Rasch gewann die Karriere der Zwillingsschwestern, die mit Banjo, Geige und Hawaiigitarre auftraten und das Publikum begeisterten, internationale Dimensionen. Ihre große Musikalität, anmutige Beweglichkeit und tänzerisches Können sicherten den „Original Zwillingen Dussy und Dussy" mit ihrer tänzerischen und musikalischen Verwandlungsschau Spitzengagen und die Aufmerksamkeit der Prominenz, in deren Häusern sie

oft verkehrten. In ganz Europa – Paris, Berlin, Budapest, Kopenhagen u. a. – waren sie auf Tournee, trafen auf berühmte Kollegen wie die „Comedian Harmonists" und riefen mit einzelnen Nummern, wie dem English Walse „Charmain" oder mit der Darbietung einer Kombination zweier völlig unterschiedlicher Bewegungsabläufe, die von beiden höchste Körperbeherrschung verlangte, Begeisterungsstürme hervor. Bald trennten sie sich von ihrem Soloagenten und nahmen dessen Aufgaben in die eigenen Hände.
Die große Zeit der in Augsburg lebenden R.-Schwestern endete spätestens Mitte der 1930er Jahre. Nach Ausbruch des Zweiten Weltkriegs wurden sie zur Truppenbetreuung verpflichtet und kamen mit ihren Auftritten bis an die russische Front. Als sie von einer ihrer Truppentourneen 1944 zurückkehrten, fanden sie ihre Wohnung in Augsburg zerstört vor. Auch aus Gründen der Sicherheit zogen sie mit ihrer Mutter zu Verwandten nach Babenhausen. Sie begannen dort in einer Wäschefabrik zu arbeiten, um ihren Lebensunterhalt zu sichern. Ihre große Vergangenheit lag hinter ihnen.
Nur zweimal noch traten sie in der Öffentlichkeit auf. 1986 wirkten sie in einer TV-Show aus Anlass der „Kessler-Zwillinge" mit und zeigten noch einmal, was sie konnten – obwohl sie schon 83 Jahre alt waren. Und 1994 wurden sie für eine TV-Sendung gewonnen, in der es um noch lebende Künstler aus der „goldenen Zeit" des Kabaretts und Varietés ging. Zuletzt lebten sie im Altenheim des Fuggermarktes und waren, hochbetagt, als immer gleich gekleidete, sich im Gleichschritt bewegende Schwestern ein einmaliger Beitrag zum Ortsbild.

L Edith FINDEL, Irene LÖFFLER und Anne SCHMUCKER (Hgg.), Augsburger Frauenlexikon, Augsburg 2006 – Dieter SPINDLE, Neu-Ulmer Revue-Girls unvergessen. Rudolph-Schwestern (†) als „Dussy und Dussy" im neuen Augsburger Frauenlexikon vermerkt, in: NUZ vom 29. XII. 2006 (Bild).

Rübenack (auch: Rübenak, Ribenaker, Riebenack), Georg, * Gutenberg 25. April 1802, † Neu-Ulm 27. Nov. 1883, ev.
Vater Sebastian Rübenack, Bauer.
Mutter Kreszentia Notz.
∞ Burlafingen 10. VII. 1831 Anna Salome Büchele, * Lahr 13. X. 1793, † Neu-Ulm 21. VI. 1868, T. d. Christian Büchele u. d. Salome Metzger.
5 K Johann Karl Rübenack, * Neu-Ulm 29. V. 1832, † ebd. 1888, Hafner; Georg Christian Rübenack, * Neu-Ulm 12. IX. 1834; Salome Christine Lisette Rübenack, * Neu-Ulm 1. V. 1836; Sohn, *† Neu-Ulm 2. XI. 1838; Ferdinand Dietrich Adolph Rübenack, * Neu-Ulm 10. V. 1841, † 4. VI. 1841.

Der Hafnermeister R., über den wir wenig wissen und der mit verschiedenen Schreibweisen seines Familiennamens auftaucht, zählte zu den ersten „Industriepionieren" in der Geschichte Neu-Ulms. In der Biedermeierzeit brannte er Kacheln und betrieb die Fabrikation von Porzellanöfen. Der Grundriss seines Hafnerhauses Nr. 69 (später Schützenstraße 28) von 1837, den er wegen der geplanten Errichtung eines neuen liegenden Brennofens einreichte, ist überliefert, ebenso ein Plan für die Errichtung einer Werkstätte im selben Haus aus dem Jahr 1838.

L BUCK, Chronik Neu-Ulm, S. 131, 143 – Katalog Materialien, S. 41, 193, 194 – TREU, Neu-Ulm, S. 131 – TEUBER, Ortsfamilienbuch Neu-Ulm II, Nr. 3875.

Rümelin, Emil (von), * Ulm 21. Juni 1846, † Baden-Baden 24. März 1899, feuerbestattet Heidelberg 26. März 1899, □ Stuttgart, Pragfriedhof 28. März 1899, ev.
Vater Eugen (von) Rümelin[496], * Weikersheim 2. XII. 1812, † Stuttgart 2. XI. 1899, Revisor beim Steuerkollegium in Stuttgart, nach 1844 Assessor bei der Finanzkammer Ulm, Oberfinanzrat im Ministerium der Finanzen, 1877 Oberverwaltungsgerichtsrat, Regierungsdirektor, 1893 a. D., Mitglied des Kompetenzgerichtshofs, Ehrenritterkreuz des Württ. Kronordens mit der Krone, Kommenturkreuz II. Kl. des Friedrichsordens.
Mutter Emilie Schoffer, * Ellwangen/Jagst 10. V. 1821, † Ulm 30. VI. 1846.
Keine G.

---

[496] Ih 2, S. 737 – Staatsanz. Nr. 259, 6. XI. 1899, S. 1917.

∞ 4. I. 1877 Natalie Oesterlen[497], * Stuttgart 27. VI. 1853, † Solitude 9. VII. 1912, Übersetzerin und Schriftstellerin (u. a. Mitarbeiterin der Zeitschriften „Bazar" und „Zukunft"), Vorsitzende des kaufmännischen Vereins für Frauen und Mädchen, des Lehrerinnenheims, der Gärtnerinnenschule und der Kinderküchen in Stuttgart, T. d. Ludwig August Oesterlen[498], * Öhringen 1. V. 1819, † Stuttgart 1. III. 1893, Rechtsanwalt in Stuttgart, demokratischer Politiker, MdL Württemberg, 1868-1870 Abg. des Zollparlaments, u. d. Natalie Tafel, * Stuttgart 7. XII. 1831, † Öhringen 23. VI. 1891.

1 K   Eugen Rümelin[499], * Münster (Westfalen) 8. XII. 1880, † 1947 (nicht 1945!), ab 1909 im Dienst des Auswärtigen Amts, 1912 Vizekonsul in Konstantinopel, 1918 Legationsrat im Auswärtigen Amt, Wirklicher Legationsrat und Vortragender Rat, 1922 Dirigent, Personalchef des Auswärtigen Amts, März 1923 Gesandter I. Kl. und bevollmächtigter Minister des Deutschen Reiches in Sofia (Bulgarien), 1939 Leitung der Auslandabteilung beim Generalgouvernement im besetzten Polen, nach 1945 in Internierungshaft genommen, in der er starb.

Im letzten Jahrzehnt des 19. Jahrhunderts war R. Oberbürgermeister der württ. Landeshauptstadt Stuttgart. Er gilt als einer der Wegbereiter der Gründung von Arbeitsämtern und der kommunalen Alters- und Invaliditätsversorgung.
R. entstammte einer Familie aus altwürtt. „Ehrbarkeit". Zahlreiche seiner Vorfahren hatten Ämter als Pfarrer, Schultheißen und Staatsbeamte ausgefüllt. Sein Onkel Gustav (von) Rümelin (1815-1889) – Ehrenmitglied des Vereins für Kunst und Altertum in Ulm und Oberschwaben – war Finanzwissenschaftler, Leiter des Departements des Kirchen- und Schulwesens, Landtagsabgeordneter und Paulskirchen-Parlamentarier sowie Kanzler der Universität Tübingen, dessen Sohn – R.s Cousin – Max (von) Rümelin (1861-1931) ebenfalls Kanzler der Universität Tübingen. R.s Vater war zum Zeitpunkt von R.s Geburt Beamter bei der Finanzkammer des Donaukreises in Ulm. Die Mutter starb wenige Tage nach R.s Geburt.
In Ulm und Stuttgart aufgewachsen, studierte R. Finanzwissenschaften in Tübingen und Heidelberg. Danach trat er in die Finanz- und Zollverwaltung Württembergs ein und war als Zollbeamter in Esslingen, Friedrichshafen am Bodensee und als Stationskontrolleur in Münster (Westfalen) eingesetzt. Nach einer weiteren Station in Heilbronn/Neckar kam R. 1889 als Obersteuerrat (Kollegialrat) zum Kgl. Württ. Steuerkollegium in Stuttgart.
R. war als Beamter parteilos, stand aber der Sozialdemokratie und den Liberalen nahe. Kaiser Wilhelm II. meinte, dass *ein Obersteuerrat, der Sozialist ist*, eigentlich *auf den Hohenasperg* gehöre. Er pflegte – nicht unbeeinflusst von seiner Ehefrau, die als hochbegabte Tochter und Enkelin maßgeblicher demokratischer Politiker eine genuin freiheitliche politische Einstellung zeigte – Umgang mit führenden Politikern in Württemberg und strebte nach einer selbstständigeren Stellung. 1891 erregte seine Schrift „Die Selbstverwaltung in ihrer Bedeutung für die soziale Frage" Aufsehen und empfahl ihn für höhere Aufgaben.
Im Okt. 1892 trat der Stuttgarter Oberbürgermeister Dr. Friedrich von Hack (1843-1911) aus gesundheitlichen Gründen vom Amt zurück. Als Kandidaten für die Nachfolge Hacks meldeten sich R. und der Stuttgarter Gemeinderat und nationalliberale Landtagsabgeordnete Karl Göz (1844-1915), der Hack während seiner langen Krankheit vertreten hatte. Ein heftiger Wahlkampf entbrannte. Am 18. Nov. 1892 wurde R. mit 5.410 zu 4.031 Stimmen zum Stuttgarter Stadtschultheißen auf Lebenszeit gewählt, am 28. Dez. 1892 erfolgte die Bestätigung der Wahl, am 9. Jan. 1893 die Amtseinführung und noch im gleichen Jahr (18. Nov., anlässlich der Einweihung der König-Karl-Brücke) die Ernennung zum Oberbürgermeister.
In R.s nur sechsjähriger Amtszeit, während der die Bevölkerung der Landeshauptstadt stark wuchs und das Stadtgebiet

ausgeweitet wurde, fielen der Neubau des Schwabtunnels, des Bürgerhospitals und der Wilhelms-Realschule, die Elektrifizierung der Straßenbahn und die Aufhebung des Volksschulgeldes. 1895 gründete R. das städtische Arbeitsamt, im Jahr darauf das städtische Statistische Amt. 1897 zählte er zu den Mitbegründern des Württ. Städtetags. Auf seine Initiative ist die erste, als vorbildlich angesehene Alters- und Invalidenversorgung für städtische Mitarbeiter zurückzuführen. Als die Erhaltung des historischen Hoppenlaufriedhofs, auf dem auch zahlreiche mit der Ulmer Geschichte verbundene Persönlichkeiten bestattet sind, in Gefahr war, setzte sich R. erfolgreich für die Bewahrung des im 17. Jahrhundert angelegten Gräberfeldes ein. Hochgewachsen und mit aristokratischem Habitus, beredt und hochgebildet, verschaffte sich R. rasch eine herausragende Stellung im politischen Leben Württembergs. Mit seiner Frau stand er in keiner seiner Amtsvorgänger im Mittelpunkt des gesellschaftlichen Lebens in Stuttgart.
Obwohl R. bis zu seinem Tode Oberbürgermeister der Stadt Stuttgart blieb, zwang ihn seine schwere Krebserkrankung wiederholt zu längeren Krankheitsaufenthalten, u. a. in Baden-Baden, wo er im Alter von 52 Jahren starb. Seine Bestattung auf dem Pragfriedhof war eine der größten Trauerfeiern, die Stuttgart ad dato erlebt hatte. – 1896 Ritterkreuz des Württ. Kronordens; 1898 Ehrenritterkreuz des Württ. Kronordens; Kgl. Preuß. Kronorden III. Kl. – Ehrenmitglied des Stuttgarter Liederkranzes.

Q   StadtA Stuttgart, Nachlass Rümelin (Größere Nachlässe) – StAL, F 201 Bü 89 [Stadtvorstandswahl Stuttgart 1892, enthält u. a.: Untersuchungen über das Vorleben des Obersteuerrats Rümelin].
L   Ih 2, S. 737 – Staatsanz. Nr. 69, 24. III. 1899, S. 508-510 (Todesanz.) – ebd. Nr. 70, 25. III. 1899, S. 515 – ebd. Nr. 73, 29. III. 1899, S. 536 – ADB 53 (1907), S. 595 ff. (Heinrich RETTICH) – Bernhard ROLF, Reformer in stürmischen Zeiten. Zum 150. Geburtstag des ehemaligen Oberbürgermeisters Emil von Rümelin, in: Amtsblatt der Landeshauptstadt Stuttgart Nr. 25, 20. VI. 1996, S. 9 (Bild) – Wikipedia.

Rummel, Johannes *Anton Peter* (von), * Ellingen/Bayern (damals Sitz der Ballei Franken des Deutschen Ordens) 22. Sept. 1771, † Mergentheim 12. Jan. 1863, kath.
Vater   Peter Rummel, Ober-Hofjäger.
Mutter   Anna Maria Rummel.
4 G.
∞ Catharina Josephine Lindner.
Mehrere K, darunter Adelheid Rummel, * 1807, † 1835, ∞ Johann *Heinrich* von Hefele, Oberfinanzrat, später Finanzkammerdirektor in Ulm, 1848 für zwei Tage württ. Ministerpräsident; Hermann Philipp →*Rummel.

Der Katholik R. war mehr als 15 Jahre lang einer der hervorragenden württ. Beamten in Ulm. Bei der Regierung des Donaukreises war er in der Zeit des Vormärz eingesetzt und eine ihrer Stützen.
R., der aus einer über viele Jahrzehnte in Diensten des Deutschen Ordens stehenden Familie stammte, besuchte das Gymnasium in Ellingen und studierte anschließend Rechtswissenschaften in Würzburg. Ab ca. 1795 war er Justiz- und Kameralverwalter der Deutschordenskommende Horneck. Von 1805 bis 1807 war R. nach dem Untergang der Deutschordensherrschaft zunächst Kameral- und Justizbeamter in württ. Diensten im Amt Gundelsheim.
1807 wechselte R. in die württ. Innenverwaltung über und war zunächst Oberamtmann beim OA Wiesensteig, von 1808 bis 1810 Oberlandesökonomierat in Stuttgart. Von 1810 bis 1817 war R. Oberamtmann beim OA Öhringen.
Als im Nov. 1817 die Regierung des Donaukreises in Ulm als Mittelbehörde des Ministeriums des Innern geschaffen wurde, wies zunächst nichts darauf hin, dass R. einer ihrer profiliertesten Beamten werden sollte. Die 2. Ratsstelle, die R. schließlich einnehmen sollte, wurde an den Oberregierungsrat Johann Philipp Heinrich von Linden vergeben, der jedoch vorzog, aus dem Staatsdienst auszutreten. Als Ersatzmann kam Regierungsrat Heinrich Groß bei der Regierung des Schwarzwald-

[497] Sophie PATAKY, Lexikon deutscher Frauen der Feder, Berlin 1898, Band 2, S. 215 f. – Frank RABERG, Natalie Rümelin (1853 bis 1912) - „First Lady" mit sozialem Touch, in: Beiträge zur Landeskunde von Baden-Württemberg (Regelmäßige Beilage zum Staatsanzeiger für Baden-Württemberg), Nr. 4 (August) 1999, S. 12. Das gemeinsame Grabmal mit ihrem Ehemann auf dem Stuttgarter Pragfriedhof ist noch erhalten, vgl. auch LINCK-PELARGUS, S. 18.
[498] RABERG, Biogr. Handbuch, S. 624-626.
[499] Vgl. Ih 3, S. 286 – Das Deutsche Führerlexikon 1934/35, Berlin 1934, S. 398 (mit Bild).

kreises in Reutlingen in Vorschlag, früher Oberamtmann von Ellwangen und Zögling der Hohen Carlsschule. Auch Groß schlug die Versetzung aus, so dass R. zum Zuge kam. Fast 18 Jahre lang, bis 1835, war er Regierungsrat bei der Regierung des Donaukreises in Ulm. 1835 erfolgte R.s Versetzung als Regierungsdirektor bei der Regierung des Schwarzwaldkreises in Reutlingen. 1844 trat R. in den Ruhestand, den er in Mergentheim verlebte.

In seiner Zeit bei der Ulmer Kreisregierung hatte R. seine parlamentarische Laufbahn begonnen, die mehr als 20 Jahre dauern sollte. Vom 1. Dez. 1826 bis zur Mandatsniederlegung Anfang Jan. 1848 (mit der Unterbrechung des „vergeblichen" 6. o. LT 1833, für den er das Saulgauer Mandat an Andreas Alois →Wiest verloren hatte) gehörte R. als führender Exponent der konservativen Fraktion der II. Kammer der Württ. Landtags (3. bis 13. o. LT) an, zunächst bis 1833 für den WK Saulgau, vom 20. Mai 1833 bis 1839 für den WK Leutkirch und von 1839 bis 1848 für den WK Horb. Im Landtag war R., der 1830, 1833 und 1845 Alterspräsident der II. Kammer war, u. a. von 1836 bis 1845 Vizepräsident, von 1828 bis 1833 und von 1839 bis 1848 Mitglied des Weiteren Ständischen Ausschusses, Vorstand der Finanzkommission und der Staatsrechtlichen Ausschusses sowie Vorstand der Kommission zur Begutachtung des Zusatzgesetzes zum Verwaltungsedikt, Mitglied der Petitionskommission, der Adresskommission, der Kommission zur Begutachtung des Antrags betr. die Heimatlosen, der Kommission zur Begutachtung der Motion des Abg. Rhomberg wegen Beschränkung der Teilbarkeit der Lehengüter, der Kommission zur Begutachtung der Beschränkung der öffentlichen Erziehung der Waisenkinder und Aufhebung des Waisenhauses in Weingarten und der Kommission zur Begutachtung der Motion des Abg. →Habermaas betr. Vereinfachung der Verwaltung und Verminderung der Vielschreiberei. – 1828 Ritterkreuz des Württ. Kronordens; 1835 Kommenturkreuz des Württ. Kronordens.

Q   HStAS, E 143 Bü 879 – ebd., E 146/1 Bü 2658 – schriftliche Mitteilung des DiözesanA Eichstätt vom 8. II. 1999.
L   SK Nr. 11, 14. I. 1863, S. 75 – RIECKE, Verfassung und Landstände, S. 59, 60, 66 [mit unterschiedlichen Geburtsdaten!] – HARTMANN, Regierung und Stände, S. 35, 50 f., 57 [mit unterschiedl. Geburtsdaten!] – BRANDT, Parlamentarismus, bes. S. 94 u. ö. – ZIEGLER, Fangelsbachfriedhof, S. 106 – Amtsvorsteher, S. 478 (Rainer GROSS) – RABERG, Biogr. Handbuch, S. 749.

Russ (seltener: Ruß, Ruess), Ferdinand *Eduard*, * Ulm 22. Dez. 1808, † ebd. 1. März 1865, ev.

Vater   Johann Georg Russ, † Ulm Jan. 1810, Kaufmann in Ulm.
4 G.
∞ 30. VI. 1835 Charlotte Knab, T. d. Karl *August* Knab, * 1772, Sekretär beim Geheimen Rat in Stuttgart, 1819 a. D. wegen Blindheit.
Mehrere K, darunter Eduard Friedrich *Otto* Russ, * Leonberg 13. IX. 1842, † 1880, Professor am Gymnasium Schaffhausen (Schweiz), 1877 dsgl. in Lörrach (Baden); Andolin Russ, Dr. med., * Ulm 17. XII. 1851, † 1939, Medizinalrat in Rottweil.

R. war der Sohn eines Ulmer Kaufmanns, der 1803 mit einem Vertreter der Familie Neubronner eine Wollwarenfabrik im ehemaligen Brechhaus am Gänshölzle gegründet hatte. Weil die Ehefrauen der Fabrikanten und die meisten der dort beschäftigten Arbeiter aus der Niederrhein-Gegend stammten, bürgerte sich für die Fabrikanlage bald die Bezeichnung „Niederländer Hof" ein. Die Fabrik stand jedoch nach wenigen Jahren vor dem Konkurs, und Vater Russ erschoss sich. Die Mutter stand mit ihren unmündigen Kindern allein und mittellos da.

R. besuchte in Ulm die Schulen, bis er das Landexamen bestand und sich im ev.-theol. Seminar Maulbronn für das Theologiestudium in Tübingen vorbereiten konnte. Er studierte von 1826 bis 1829 Theologie und Philologie (Mitglied der Burschenschaft Concordia), danach folgten die üblichen unständigen Verwendungen im ev. Kirchendienst. 1835 erhielt R. nach Bestehen des Präzeptoratsexamens eine Anstellung als Präzeptor in Leonberg. 1843 wurde er zum Diakon in Vaihingen/Enz ernannt. 1848 ging er als Diakon an die Dreifaltigkeitskirche in

Ulm in seine Heimatstadt zurück, 1858 wurde er zum Zweiten Stadtpfarrer ebd. ernannt. R. starb im Alter von 56 Jahren.

L   SIGEL 15,2, S. 607 – UBC 1, S. 378 – UBC 2, S. 147 – SCHMIDGALL, Burschenschafterlisten, S. 120, Nr. 7 [dort „Friedrich Ruß"].

Sättele, Otto, * Blaufelden/OA Gerabronn 26. Dez. 1895, † 31. Dez. 1946 (Todeserklärung des Amtsgerichts Ulm vom 13. Juli 1946, tatsächlich wohl in Stalingrad gefallen oder in sowjetrussischer Kriegsgefangenschaft 1943 gestorben), ev.

Vater   Robert Sättele, Kaufmann.
∞. 2 K.

S. war Leiter des Ulmer Realgymnasiums in der NS-Zeit.

Nach Volksschule Blaufelden und Oberrealschule Reutlingen bestand S. 1913 das Abitur, um anschließend bis 1914 und von 1919 bis 1920 Mathematik und Physik an der TH Stuttgart und in Tübingen (Mitglied des Tübinger Wingolf, einer evangelischen, nichtschlagenden Verbindung, deren politische Einstellung nach 1919 zum Antirepublikanismus neigte) zu studieren. Seit Aug. 1914 kriegsfreiwilliger Soldat im Ersten Weltkrieg, zunächst beim Fußart.-Rgt. 13 an der Ostfront, im Juli 1915 verwundet, seit Herbst 1915 an der Westfront, ausgezeichnet mit dem EK II, der Württ. Verdienstmedaille und dem Ritterkreuz II. Kl. des Friedrichsordens mit Schwertern. Nach den beiden realistischen Lehrerdienstprüfungen in unständigen Verwendungen in Ludwigsburg, Rottweil, Ravensburg, von 1921 bis 1928 als Hauptlehrer in Schwäbisch Hall, von 1928 bis 1929 in Böblingen, Studienrat in Marbach/Neckar und von 1929 bis 1934 dsgl. in Cannstatt, kam S. 1934 als Studienrat an das Realgymnasium Ulm.

S. war bereits am 1. Jan. 1931 der NSDAP (Nr. 426.400) beigetreten, im März 1933 dem NSLB. Seine politische Einstellung und seine Begeisterung für Hitler waren ausschlaggebend für seine am 1. April 1936 erfolgte Ernennung zum kommissarischen Leiter des Realgymnasiums Ulm und zum Oberstudiendirektor (als Nachfolger von Otto →Knapp), ab 30. Dez. 1936/1. Jan. 1937 war er offiziell Leiter des Realgymnasiums (später umbenannt in Hans-Schemm-Oberschule) Ulm. So sehr S. auf Linientreue achtete, so wenig scheint er den Lehrkörper ideologisch indoktriniert zu haben. Er bemühte sich um eine sachgerechte Amtsführung. Bei Ausbruch des Zweiten Weltkriegs Batterieführer in Polen und Frankreich, war S. seit 22. Juni 1941 an der Ostfront eingesetzt, wo er unter ungeklärten Umständen verstarb.

Q   StadtA Ulm, G. 2.
L   CRAMER, Württembergs Lehranstalten 71925, S. 155 – Oberstudienrat Sättele: Amtseinsetzung am 22. Jan. [1937], in: Ulmer Tagblatt, 20. I. 1937 – Neuer Schulleiter am Realgymnasium. Oberstudiendirektor Sättele wird in sein Amt eingeführt, ebd., 23. I. 1937 – ROTERMUND, Zwischen Selbstbehauptung, S. 105-107, 284, 292.

Sailer, Christian Erhard, * 19. April 1779, † Ulm 31. Okt. 1836, ☐ Alter Friedhof, ev.

∞ Maria Walburga Bosang, * Geislingen/Steige 10. VIII. 1792, † Ulm 21. III. 1859.
Mehrere K, darunter Johannes Sailer, * Ulm 11. VI. 1805, † ebd. 5. V. 1869, Kaufmann in Ulm; Helene Sailer, * 14. IV. 1809, † 5. X. 1879; Karl Wilhelm Dietrich Sailer, * Ulm 11. I. 1813, † 3. X. 1873, Privatier in Ulm, ∞ Christiane Sophie Lohrmann, * 21. IV. 1821, † Ulm 3. III. 1882; Heinrich Ludwig Sailer, * Ulm 28. X. 1819, † 15. X. 1873, Buchhändler in Ulm, ∞ Marie Lohrmann, * 1. VIII. 1835, † 23. VI. 1898.

Der Kaufmann und Bierbrauereibesitzer „Zum Bock" in Ulm war einer der höchstbesteuerten Bürger der Stadt. Kommunalpolitisch war er – mit wechselndem Erfolg – aktiv. Er wurde im Juli 1825 und erneut 1831 in den Bürgerausschuss gewählt. Kurze Zeit war er Bürgerausschussobmann, 1832 wurde er aber nicht wiedergewählt. Erst im Aug. 1835 zog er wieder in den Bürgerausschuss ein. Seinen Versuchen, in den Gemeinderat zu gelangen, war hingegen kein Erfolg beschieden. Im Aug. 1829, im Feb. 1832, im Nov. 1833, im März und im Juli 1836 scheiterte S. bei den Gemeinderatswahlen. Er starb wenige Monate später im Alter von 57 Jahren.

Q   StadtA Ulm, H Waibel: Raimund WAIBEL, Mitglieder in Gemeinderat und Bürgerausschuss 1800-1899, Typoskript, S. 26
L   UNGERICHT, S. 182 – WAIBEL, Gemeindewahlen, S. 320 ff.

Saller, Karl *Heinrich*, Dr.-Ing., * Neu-Ulm 14. Sept. 1868, † München 27. Aug. 1955, kath.
Vater   *Karl* Philipp Saller, * Obermoschel (Pfalz) 15. XII. 1825, † Augsburg 4. IV. 1904, Baurat, Betriebsingenieur in Neu-Ulm, zuletzt dsgl. in Augsburg, S. d. Johann Michael Saller, Steuerbote.
Mutter   *Magdalena* Johanna Regina Flach, * Memmingen 31. V. 1846, † Augsburg 25. II. 1923, T. d. Heinrich Flach, Kaufmann, u. d. Bettina Schropp.
5 *G*   Maria Elisabetha Auguste Saller, * Neu-Ulm 24. III. 1870, † Augsburg 15. X. 1918; *Wilhelm* Ludwig Otto Hellmuth Saller, * Neu-Ulm 17. II. 1871, Oberreichsbahnrat in Tutzing; Karl Saller, *† Neu-Ulm 1872; Adolf Saller, * Neu-Ulm 1. V. 1873, Oberregierungsbaurat in Traunstein; *Rudolf* Saller, * Augsburg 12. IX. 1876, Oberregierungsrat in Leipzig, ∞ 23. V. 1905 Irma Löll.
∞ 1. X. 1901 Gertrud Franziska Stieve.
3 *K*   *Karl* Felix Saller[500], Dr. med., Dr. phil., * Kempten/Allgäu 3. IX. 1902, † München 15. X. 1969, Anthropologe und Humangenetiker, 1945-1949 ärztlicher Direktor am Robert-Bosch-Krankenhaus Stuttgart, seit 1949 o. Professor für Anthropologie und Humangenetik an der Universität München, Vorsitzender des Bundesverbandes deutscher Ärzte für Naturheilverfahren, Präsident des Deutschen Kulturrats, ∞ I. 6. XI. 1930 Hertha Groß, * † 1. III. 1909, Ehe 1945 geschieden, ∞ II. 1. XII. 1948 Nina Elsner, * 6. XI. 1924; *Friedrich* Wilhelm Saller, Dr. iur., * Hof 24. XII. 1904, Notar in Ingolstadt, ∞ 18. XI. 1937 Hildegard Bensel; *Gertrud* Agnes Magdalena Saller, * Hof 8. V. 1906, ∞ 6. XI. 1935 Dr. Schmidt, Bayreuth.

Der gebürtige Neu-Ulmer S. wuchs in seiner Geburtsstadt und in Augsburg auf. In München studierte er Ingenieurwesen und trat Mitte der 1890er Jahre in den Dienst der bayer. Eisenbahn- und Bauverwaltung ein. 1907 war er Direktionsrat bei der Kgl. Bayer. Bauinspektion in Plattling, nachdem er zuvor als Bauinspektor in Kempten und Hof gewirkt hatte. In dieser Zeit schloss er auch seine Dissertation ab, die ein Thema aus dem Eisenbahnwesen behandelte. S. entwickelte sich in diesem Bereich zu einem der führenden Experten. Zuletzt war er bis zu seiner Zurruhesetzung im Jahre 1933 Reichsbahn-Abteilungspräsident in Regensburg. In seiner Freizeit und besonders während seines langen Ruhestandes widmete sich S. der Erforschung seiner Familiengeschichte.

W   Stoßwirkungen an Tragwerken und am Oberbau im Eisenbahnbetriebe, Diss. ing., Darmstadt 1909, Wiesbaden 1910.
L   DFA 11 (1959), S. 56 f. – TEUBER, Ortsfamilienbuch Neu-Ulm II, Nr. 3938.

Salzmann, Karl Rudolf *Eugen*, * Knittlingen/OA Maulbronn 17. Nov. 1847, † Tübingen 19. Sept. 1917, ev.
Vater   Karl Salzmann, Amtsnotar in Knittlingen und [Stuttgart-] Untertürkheim.
∞ *Luise* Caroline Wilhelmine Hartenstein, * Cannstatt 6. XII. 1858, † Ulm 31. VII. 1917, T. d. Ludwig („Louis") Hartenstein[501], * Cannstatt 9. V. 1827, † ebd. 20. IV. 1898, Kaufmann und Bankier, Bürgerausschussmitglied bzw. Gemeinderat in Cannstatt, u. d. *Julie* Wilhelmine Charlotte Reyscher, * Tübingen 17. VII. 1834, † Cannstatt 23. III. 1923, T. d. August Ludwig Reyscher[502], Dr. iur., * Unterriexingen/OA Vaihingen 10. VII. 1802, † Cannstatt 1. IV. 1880, Bearb. der Sammlung württembergischer Gesetze, MdL Württemberg, MdR.
4 *K*   *Walther* Rudolf Ludwig Salzmann, * Plieningen/AOA Stuttgart 4. XI. 1886; *Hedwig* Julie Luise Salzmann, * Plieningen 20. II. 1888; *Gertrud* Ida Salzmann, * Plieningen 13. VII. 1889; *Richard* Karl Eugen Salzmann, * Königsbronn/OA Heidenheim 26. VII. 1891.

S. war in der Zeit des Ersten Weltkriegs Stadtpfarrer an der Dreifaltigkeitskirche.
Er entstammte einer altwürtt. Beamtenfamilie und absolvierte den üblichen Bildungsweg eines württ. Geistlichen, indem er nach dem Landexamen das niedere ev.-theol. Seminar in Maulbronn besuchte, danach in Tübingen studierte und nach dem Abschluss der Studien und dem Bestehen der beiden theologischen Dienstprüfungen in den Dienst der ev. Landeskirche trat. Im Alter von 30 Jahren erhielt er 1877 seine erste feste Anstellung als Diakon in Plieningen. 1890 wurde er zum Pfarrer in Königsbronn/OA Heidenheim ernannt, ab 1891 war er zu-

gleich Bezirksschulinspektor ebd. 1898 erfolgte S.s Versetzung als Zweiter Stadtpfarrer nach Biberach/Riß, wo er ab 1901 ebenfalls zugleich als Bezirksschulinspektor wirkte und 1906 zum Ersatzmitglied für Biberach zur Landessynode gewählt wurde.
1909 zum Ersten Stadtpfarrer an der Ulmer Dreifaltigkeitskirche ernannt, verblieb er in diesem Amt, bis er im Juni 1917, 69-jährig, kurz vor seinem Tod in den Ruhestand trat. Während des Ersten Weltkriegs intensivierte S. seine seelsorgerische Arbeit und war wegen seiner stets offenen, hilfsbereiten Art weithin beliebt. 1915 verlor S. innerhalb von vier Wochen seine zwei Söhne im Krieg. – 1906 Verleihung des Ranges auf der VII. Stufe der Rangordnung.

L   Magisterbuch 37 (1914), S. 90 – MAIER, Nachfahrentafel Schott, S. 159 – UBC 4, S. 2, 60, 61 (Bild), 63 [dort mit falschem Todesdatum] – EHMER/KAMMERER, S. 308.

Salzmann, *Karl* Christian, * Pfuhl 7. Nov. 1920, † Ulm 30. Mai 1993, ev.
Vater   Leonhard Salzmann, Zimmermeister in Pfuhl.
Mutter   Anna Miller.
∞ I. Pfuhl 26. VII. 1944 Frieda Held, * Pfuhl 3. III. 1922, † Ulm 20. III. 1987; ∞ II. Neu-Ulm 30. XII. 1987 Eva Anna Küster, * Ravensburg 19. II. 1931.
4 *K*   Werner Hans Salzmann, * Pfuhl 11. I. 1945; Irene Gertrud Salzmann, * Pfuhl 11. II. 1949; Renate Elfriede Salzmann, * Pfuhl 12. IV. 1950; *Gabriele* Anna Salzmann, * 22. VIII. 1960.

S. war der letzte Bürgermeister der selbständigen Gemeinde Pfuhl. In vielfältiger Weise erwarb er sich Verdienste um Pfuhl, nicht zuletzt auch um die geschichtliche Aufarbeitung der Ortsgeschichte, über der er starb.
Nach dem Besuch der Volksschule wurde S. 1934 vom Pfuhler Gemeinderat als Lehrling auf Probe eingestellt. Von 1937 bis 1940 dauerte seine Lehre in Pfuhl, von 1940 bis 1942 und 1944/45 war er Beamtenanwärter, von 1942 bis 1944 leistete er Wehrdienst. Nach Kriegsende wurde S. am 11. Juni 1945 von Bürgermeister Mutschler fristlos entlassen und war danach für längere Zeit beschäftigungslos. Per Spruch der Spruchkammer des Landkreises Neu-Ulm vom 2. April 1947 war er als vom Entnazifizierungsgesetz „nicht betroffen" eingestuft worden und galt als politisch unbelastet. Obwohl Personen mit „weißer Weste" dringend gesucht wurden, erfuhr S.s Gesuch um Wiedereinstellung bei der Gemeinde Pfuhl durch den Gemeinderat eine dilatorische Behandlung. Schließlich doch als Verwaltungsangestellter eingestellt, amtierte S. vom 28. Mai 1948 bis 30. April 1956 als ehrenamtlicher Bürgermeister in Pfuhl, vom 1. Mai 1956 bis 30. Mai 1977 als hauptamtlicher Bürgermeister ebd.
In seiner Amtszeit entwickelte sich Pfuhl zur Wohngemeinde, das Kanal- und Straßennetz wurde auf- und ausgebaut, ein Schulzentrum errichtet. 1965 zählte S. zu den maßgeblichen Mitgründern des Pfuhler CSU-Ortsverbandes, an dessen Spitze er trat. 1977 trat S. in den einstweiligen Ruhestand, im Jahr darauf in den Ruhestand. Seine Verdienste erfuhren 1969 mit der kommunalen Verdienstmedaille in Bronze und 1975 mit dem Bundesverdienstkreuz am Bande öffentliche Würdigungen. Zuletzt engagierte sich S. in der Arbeitsgruppe „Chronik Pfuhl", das Erscheinen des Bandes „Pfuhl 1244-1994" erlebte er jedoch nicht mehr. Er starb im Alter von 72 Jahren. – 1964 Beisitzer bei der Bayer. Dienststrafkammer Augsburg. – 2007 wurde die Hauptschule im Pfuhler Schulzentrum nach S. benannt.

Q   StadtA Neu-Ulm, D 8, Nachlass Salzmann – ebd., A 4, Nr. 328.
L   Franz Josef SCHICK in: TREU, Pfuhl, S. 232 ff.

Sambeth, Heinrich, Dr. rer. pol. (nicht Dr. sc. nat.!), * Bad Mergentheim 22. April 1874, † Ulm 1. April 1968, ▢ Bad Mergentheim 4. April 1968, kath.
Vater   Sambeth, Kaufmann.
6 *G*, davon zwei Ordensschwestern.

500 NDB 22 (2005), S. 378 f. (Gerfried ZIEGELMEYER).
501 EHMER/KAMMERER, S. 175.
502 Ih 2, S. 711 – RABERG, Biogr. Handbuch, S. 719-721

Den Gründer der kath. Oststadtpfarrei St. Georg wird man mit einigem Recht unter die bedeutenden Persönlichkeiten aus dem Bereich der Kirche in Ulms Geschichte im 20. Jahrhundert zählen dürfen.

Studium der kath. Theologie in Tübingen, erhielt 1897 eine öffentliche Belobigung der Staatswissenschaftlichen Fakultät der Universität Tübingen. Am 21. Juni 1898 auf Grund der Vakanz des Rottenburger Bischofsamtes vom Mainzer Bischof Paul Haffner in Rottenburg zum Priester geweiht, ging S. zum 19. Juli 1898 für drei Jahre als Vikar nach Cannstatt. Im Sommer 1901 für ein Jahr zur Fortsetzung seiner staatswissenschaftlicher Studien beurlaubt, unternahm S. in den Jahren vor 1914 Studienreisen nach England, Spanien, Italien, in die Balkanländer, nach Island und in den Kaukasus. Die bei dieser Gelegenheit entstandenen Reisenotizen veröffentlichte S. zum Teil in der Tagespresse. Sein Studium schloss S. mit der Promotion ab.

Am 10. März 1904 ging S. als Kaplanei-Verweser an die St. Georgskirche nach Isny, im Nov. 1904 als Stadtpfarrei-Verweser nach Aalen. Am 17. Juli 1905 kam er als Kaplan an St. Michael (Wengenkirche) erstmals nach Ulm, lehrte daneben Religion am Kgl. Gymnasium und entfaltete schon in dieser Zeit eine reichhaltige öffentliche Wirksamkeit. 1908 zählte S. mit Garnisonpfarrer Franz Xaver →Effinger zum Gründerkreis des „Rettungsvereins zum Guten Hirten" in Ulm, den er bis 1912 leitete. Am 29. Okt. 1913 zum Pfarrer in Winterstettendorf bei Biberach/Riß ernannt, beendete der Ausbruch des Ersten Weltkriegs diese Tätigkeit nur allzu bald. Im Sept. 1915 als Hilfsgeistlicher bei der 7. Landwehr-Division eingezogen, war S. Ende des Jahres etatmäßiger Gouvernementspfarrer im nordfranzösischen Lille, im März 1916 Feldgeistlicher bei der 54. Reserve-Division und seit März 1917 in gleicher Funktion bei der 242. Infanterie-Division. Für seine Verdienste im Krieg wurde S. mit den Eisernen Kreuzen beider Klassen sowie mit dem Ritterkreuz I. Kl. des Friedrichsordens mit Schwertern ausgezeichnet.

Im Sommer 1920 kehrte S. als kath. Stadtpfarrer an St. Elisabeth bzw. St. Georg nach Ulm zurück, wo er in den folgenden 30 Jahren wirkte. Er war damit der „Gründungspfarrer" der kath. Oststadtpfarrei St. Georg, die er aus schwierigen Anfängen in der Zeit von Inflation und Arbeitslosigkeit durch die Bedrückung des Hitler-Staates, den Zweiten Weltkrieg und die von Not und Elend geprägten ersten Nachkriegsjahre führte. Zunächst galt es, Aufbauarbeit zu leisten und z. B. Kirchenpflege, Kirchenstiftungsrat und den Kirchenchor einzurichten und zu organisieren. Aus der Doppelnutzung der Pfarrkirche als Zivil- und als Garnisonkirche (als welche sie Eigentum des Reiches war) ergaben sich zahllose Schwierigkeiten, denen S. mit Diplomatie und Festigkeit zu begegnen wusste. Er war nicht immer erfolgreich dabei; der Plan eines Kirchenbaus für die Zivilgemeinde scheiterte ebenso wie der Ankauf der Garnisonskirche an unüberwindlichen finanziellen Hürden. 1921 erwarb die Gemeinde das Gasthaus zum „Weißen Roß" am Kornhausplatz als Gemeindehaus. Es wurde gegen Ende des Zweiten Weltkriegs völlig zerstört. S. gründete 1921 bzw. 1925 pfarrliche Kindergärten im „Guten Hirten" und in der einstigen Brauerei am Schiffberg, die jedoch im „Dritten Reich" wieder abgeschafft wurden. 1922/23 unternahm S. Bettelreisen in die Schweiz, um (wertbeständiges) Geld für den Erwerb und Umbau des St.-Anna-Stifts (Altenheim) zu erwerben, das er auch zum Gemeindehaus umgestalten wollte. Von besonderer Bedeutung war S.s Engagement in der christlichen Gewerkschaftsbewegung, er war langjähriger Präses der Kath. Arbeitervereine. Nach 1945 gelang es ihm in direkten Verhandlungen mit dem Finanzministerium Württemberg-Baden, die Innenausstattung der Kirche mit allen bisher in Reichsbesitz befindlichen Paramenten und Geräten in den Besitz der Kirchengemeinde zu überführen, wohingegen die Pfarrkirche

selbst als Wehrmachtseigentum noch lange in der Verwaltung der US-Militärregierung stand.

Als S. zum 1. März 1951 im Alter von 77 Jahren in den Ruhestand trat, ging für das katholische Ulm eine Ära zu Ende. Sein Nachfolger war der bisherige Pfarrer in Illerrieden und frühere Söflinger Ortsgeistliche Franz →Weiß. Der beneidenswert gesunde Ruheständler, der noch im Alter von 70 Jahren den Großvenediger (3.660 m) bestiegen hatte und noch im Ruhestand stundenlange Spaziergänge und Zweitausender-Besteigungen unternahm, blieb Ulm sehr verbunden und verlebte seinen Ruhestand in der Stadt, die ihm Heimat geworden war. Bei runden Geburtstagen und anlässlich seines Todes im Alter von fast 94 Jahren attestierte ihm die Lokalpresse unisono ein energisches, nüchternes Wesen, scharfsinnige Beobachtungsgabe, sicheres Urteil, offene, unverblümte Rhetorik und schlagfertigen Humor.

Q   StadtA Ulm, G 2 [darin eine Würdigung S.s anlässlich seines Goldenen Priesterjubiläums 1948].
L   NEHER ⁴1909, S. 217 – Personalkatalog Rottenburg 1938, S. 117 – UBC 4, S. 141 – Stadtpfarrer Dr. Sambeth 90 Jahre alt, in: Kath. Sonntagsblatt Nr. 17, 26. IV. 1964 – Maxim GERLACH, Stadtpfarrer Dr. Georg wäre jetzt 100. Pfarrer Dr. Heinrich Sambeth wirkte 39 Jahre in Ulm, in: SWP Nr. 92, 20. IV. 1974 (Bild) – SPECKER/TÜCHLE, S. 300 f., 339, 400, 402 – SPECKER, Ulm im Zweiten Weltkrieg, S. 336 ff. (Bild).

Sametinger, Friedrich, * Heidenheim/BA Gunzenhausen (Mittelfranken) 25. Juli 1872, † München Sept. 1957, □ ebd., ev.
∞ Neunkirchen/BA Trier 18. XII. 1899 Berta Mundorf, * Neunkirchen/BA Trier 12. III. 1878, † Neu-Ulm 12. XII. 1928.
2 K   *Walter* Ludwig Sametinger, * Nürnberg 21. I. 1901, † Neu-Ulm 30. VIII. 1926; *Ernst* Adolf Sametinger, * Nürnberg 13. I. 1902, stud. med.

S. zählt zu den bedeutenden Lehrerpersönlichkeiten in der Geschichte Neu-Ulms.

Der gebürtige Franke studierte in Würzburg Philologie, Geschichte und Geographie und trat in den bayer. Schuldienst ein. Er war bereits Studienrat in Hof, als er als Soldat eingezogen und im Ersten Weltkrieg an die Front geschickt wurde. Am 7. Juli 1917 folgte er dem als Konrektor an die Oberrealschule Passau gewechselten bisherigen Rektor →*Dorner als Rektor der Realschule Neu-Ulm nach, wo er Oberstudienrat für Deutsch, Geschichte und Erdkunde war. Später zum Oberstudiendirektor ernannt, trat S. 1937 im Alter von 65 Jahren in den Ruhestand. Zu seinem Nachfolger wurde Heinrich Held, Studienrat für Deutsch, Geschichte und Englisch, ernannt.

S. führte die Schule durch die schweren letzten Monate des Ersten Weltkriegs, die Jahre der Weimarer Republik und die ersten Jahre der NS-Zeit. Der national gesinnte Schulmann trug persönlich schwer am Ausgang des Ersten Weltkriegs. Mit Begeisterung engagierte sich der vor allem an Vor- und Frühgeschichte interessierte S. im Historischen Verein Neu-Ulm, hielt zahlreiche geschichtliche Vorträge und redigierte von 1920 bis 1924 die Vereinszeitschrift „Aus dem Ulmer Winkel". Neben der Gestaltung des Übergangs zu demokratischer Staatsform in seiner Schule war S. mit einer weiteren Neuerung konfrontiert, nämlich der seit 1919 möglichen Zulassung von Mädchen zu den höheren Schulen in Bayern. Im Frühjahr 1924 wurde im Zuge der Verstaatlichung sämtlicher Real- und Oberrealschulen in Bayern auch „seine" Schule in Neu-Ulm verstaatlicht. 1930 richtete S. die Feierlichkeiten zur 50-Jahr-Feier der Realschule Neu-Ulm aus. Der mit Bürgermeister Franz Josef →Nuißl gut befreundete S. war in der Bevölkerung beliebt. Er fasste schnell Fuß in Neu-Ulm und entwickelte zur Stadt und ihren Menschen ein so starkes Gefühl der Verbundenheit, dass er ein Angebot zur Leitung des renommierten Nürnberger Melanchthon-Gymnasiums (das auch mit einem höheren Gehalt lockte) ablehnte.

S. war Gegner des Nationalsozialismus und verweigerte z. B. den „Hitler-Gruß". Es ist zu vermuten, dass er in erster Linie deshalb weitgehend unbehelligt blieb, weil er sehr beliebt war und 1937 seine reguläre Zurruhesetzung anstand. Als Pensionär blieb er bis zur Ausbombung in seiner Wohnung in der Neu-Ulmer Kasernstraße wohnen und zog danach nach München um. Nach Kriegsende stellte er sich in einer Zeit akuten Lehrermangels nochmals der Schule zur Verfügung und übernahm eine Oberklasse am Alten Realgymnasium München. Rückblickend sah er seine Zeit in Neu-Ulm als *die schönste und eindrucksvollste Erinnerung seiner Dienstzeit* an. – Vorstand der Ortsgruppe Neu-Ulm des Bayer. Beamtenbundes.

Q StadtA Neu-Ulm, A 9.
L Eduard OHM, Couleurbänder waren den Neu-Ulmer Schülern verboten (Neu-Ulmer Geschichten 92), in: NUZ 28. III. 1987, S. 31 – RADSPIELER, 100 Jahre, S. 32-36 (Bild), 89.

„Sandjackel"/„Sand-Jackl" (Jakob Binder), * Ulm 18. Juni 1866, † ebd. 26. Juli 1923, ev.

Im ersten Viertel des 20. Jahrhunderts war S. eines der bekanntesten Ulmer Originale. Der eher kleingewachsene und hinkende Herr mit dem großen Hut war Vertreter des Scheuermittels „Fegsand", zog mit seinem von einem treuherzigen Esel gezogenen Sandkärrele durch Ulm und war für viele Ulmer ein *romantisches Relikt idyllischerer Ulmer Zeitläufte.* Zahlreiche Geschichten waren über ihn im Umlauf, z. B. jene, in der sich heftig plagender Esel beim Ziehen des Kärreles auf den Schifferberg das Mitleid eines Passanten erregte und der Passant beim Ziehen half. Oben angekommen, brummte der S. verschmitzt: *Han´ mr doch glei denkt, dass oi Esel es net alloi ziehe kann.*
Bekannt war der trinkfreudige S. für seinen häufig dargebrachten Spruch, gegen das kühlfeuchte Ulmer Wetter helfe „am besten ein warmes Jäckchen – ein Cognäkchen". Anlässlich seines Todes wurde vielfach bemerkt, er habe unverzichtbar zum Ulmer Stadtbild gehört.

Q StadtA Ulm, G 2.
L UBC 4, S. 217.

Sauer, Johann Georg Nepomuk *Carl (Karl)*, * Ulm 28. April 1808, † 11. Aug. 1847, ev.
Vater Johann Michael Sauer, Regimentsarzt, † 1812 im napoleonischen Russland-Feldzug.
∞ Nauplia (Griechenland) 21. V. 1834 Barbara Schmidt, * Augsburg 27. III. 1807, † 8. XII. 1849.

Mit S.s Namen ist die Gründung des über viele Jahrzehnte hinweg ersten Gasthauses am Platze in Neu-Ulm, „Zur Stadt Athen", verbunden. Diese Benennung kam nicht von ungefähr. Der als Sohn eines bayerischen Militärarztes während der bayerischen Herrschaft in Ulm geborene S. war in den frühen 1830er Jahren Kgl. Bayerischer Bataillonsquartiermeister bei den deutschen Truppen in Griechenland gewesen, welche die Griechen im Kampf gegen die Türken unterstützten und den bayerischen Prinzen Otto als König von Griechenland installieren wollten, was 1833 auch gelang. In der neu aufgebauten Verwaltung des neuen Königs mit Sitz in Athen diente S. eine Zeitlang als Ministerialsekretär, ehe er nach Bayern zurückkehrte. 1838 erwarb S. die an der Donau gelegene Weinwirtschaft von Friedrich Ferdinand →Pfeiffer und baute das ehemalige Zollhaus der Ulmer Gänslände zu einem repräsentativen Gasthof um, dem er in Erinnerung an seine Zeit in Griechenland den Namen „Zur Stadt Athen" gab, der bis zur kriegsbedingten Zerstörung 1945 existierte.
Offizielle Festveranstaltungen und großbürgerliche Familienfeierlichkeiten fanden fortan bei S. statt. Mit dem Bau einer Kegelbahn musste er zuwarten, da seine Nachbarin, die Hauptmannswitwe Elisabetha von Baldinger, Einspruch erhoben hatte. Der „SituationsPlan" betr. den Bau der Kegelbahn aus dem Jahre 1838 ist überliefert. Der Bezug zu Griechenland verstärkte sich später über das 12. Kgl. Bayer. Inf.-Rgt. Prinz Arnulf, Leibregiment des Königs Otto von Griechenland, das

nach dem Ende der Herrschaft König Ottos nach Neu-Ulm übersiedelte. Nähere Informationen zu S.s Lebensweg fehlen. So ist auch nicht bekannt, woran er im 40. Lebensjahr starb. Der Gasthof „Zur Stadt Athen" wurde 1851 von Xaver →Kremeter übernommen.

L BUCK, Chronik Neu-Ulm, S. 150 – Eduard OHM, „Zwölfer" aus Neu-Ulm gegen griechische Partisanen (Neu-Ulmer Geschichten 22), in: NUZ, 27. X. 1984 – Katalog Materialien, S. 45, 194 – TREU, Neu-Ulm, S. 131 – TEUBER, Ortsfamilienbuch Neu-Ulm II, Nr. 3946.

Saur, Gustel, * Holzheim/Kreis Neu-Ulm 27. Aug. 1920, † Ulm 21. Aug. 1998, □ ebd., Hauptfriedhof, 26. Aug. 1998, kath.
Vater Karl Saur.
Mutter Anna Jehle.
2 *G.*
Ledig. Keine *K.*

Die Ulmer Lehrerin und Kommunalpolitikerin S. studierte Altphilologie in München und Würzburg und verbrachte als Lehrerin zwei Unterrichtsjahre an einer Münchner Schule. Nach dem Zweiten Weltkrieg durchlief sie eine Ausbildung zur Gymnasiallehrerin und war Oberstudienrätin, zuletzt Studiendirektorin für Latein, Deutsch und Geschichte am Kepler-Gymnasium Ulm bzw. seit 1959 am Anna-Essinger-Gymnasium Ulm. S. war eine Verfechterin des sogenannten „Zweiten Ulmer Modells" und hatte im Gründungsausschuss der Reformschule mitgewirkt. 1980 trat sie in den Ruhestand.
Bis 1956 in der Kath. Jugend aktiv, war S. von 1956 bis 1975 CDU-Gemeinderätin in Ulm und Kulturbeauftragte der CDU-Fraktion. *Franz* →*Wiedemeier* wollte eine Frau im Gemeinderat haben, und da die weibliche Personaldecke der CDU in Ulm nicht besonders lang war, stellte sich S. als Kandidatin zur Verfügung und wurde gewählt. Sie war Vorsitzende der CDU-Frauengruppe. Geistigen Wurzeln im Humanismus und liberalen Katholizismus verpflichtet, stand S. im legendären Theaterskandal um Brendan Behans „Geisel" auf der Seite des Ulmer Intendanten Kurt →Hübner und des Regisseurs Peter Zadek. Eng befreundet war sie mit dem Ehepaar →Aicher-Scholl. – Beiratsmitglied der Ulmer Universitätsgesellschaft; Kuratoriumsmitglied der vh Ulm.

Q StadtA Ulm, G. 2.

Sauter (nicht: Sauttter!), Eduard Gustav Eugen *Friedrich*, * Ludwigsburg 2. Juli 1859, † München 20. Dez. 1928, ev.
∞ Karoline Pauline Erbe.

S. war die unbestritten bedeutendste Persönlichkeit des Ulmer Real- und Gewerbeschullebens im ersten Viertel des 20. Jahrhunderts.
1878 ging S. nach dem Abitur in Ludwigsburg zum Studium nach Tübingen, wo er sich der Verbindung Igel anschloss. 1882 bestand er die mathematisch-naturwissenschaftliche Fachlehrerprüfung mit Auszeichnung. 1886 begann S. seine Laufbahn nach den üblichen unständigen Verwendungen als Professor am Realgymnasium und an der Realanstalt Ulm, als welchem ihm 1904 der Rang auf der VI. Stufe der Rangordnung verliehen wurde. Neben seiner Position am Realgymnasium nahm S. von 1898 bis zum 31. Okt. 1913 die Aufgaben des Vorstands der Städtischen Gewerbeschule Ulm wahr und war in dieser Eigenschaft seit 1911 Mitglied des Beirats für die gewerblichen Fortbildungsschulen im Ministerium des Kirchen- und Schulwesens: *Seit 15 Jahren Vorstand der gewerblichen Fortbildungsschule und Visitator solcher Schulen, trat er mit der Umwandlung dieser Schulkategorie in die Gewerbeschule an die Spitze dieser Anstalt. Große Verdienste hat er sich während der Zeit seiner Amtsführung erworben. Sein Verdienst ist die Einrichtung der verschiedenen Schulwerkstätten, des vorbildlichen „Ulmer Systems". Unermüdlich eifrig tätig für das Wohl seiner Anstalt, mit großzügigem Blick und Organisationstalent, hat er sich die Anerkennung geholt bei den höchsten Stellen, die Hochachtung*

aller Kreise, die amtlich oder privatim mit ihm zu verkehren hatten. Seinen Lehrern war er ein loyaler Vorgesetzter, der vollen Sympathien aller sicher. Mit Bedauern sieht man deshalb Rektor Sauter von seinem Amte scheiden. Die Notwendigkeit des Rücktritts ergab sich durch die Uebernahme des Rektorats der Kgl. Oberrealschule und des Realgymnasiums. Aus Anlaß des Rücktritts erhielt Rektor Sauter von Staatsrat v. Mosthaf, dem Vorstand des Kgl. Gewerbe-Oberschulrats, ein längeres Dank- und Anerkennungsschreiben. Am 31. Okt. verabschiedete sich Rektor Sauter von seinen Gewerbelehrern, wobei herzliche Worte, zeugend von bestem Einvernehmen und bedauernd die Notwendigkeit des Rücktritts, gewechselt wurden (SK Nr. 516/1913). 1913 wurde er als Nachfolger des in den Ruhestand verabschiedeten Eugen →Neuffer zum Rektor des Realgymnasiums und der Oberrealschule Ulm ernannt und erhielt 1920 den Titel eines Oberstudienrats. 1923 trat S. nach 37-jähriger Tätigkeit an Ulmer Schulen in den Ruhestand, den er in Freiburg im Breisgau verbrachte. – Mitglied des Vereins für Naturwissenschaften und Mathematik in Ulm. – Ritterkreuz I. Kl. des Friedrichsordens.

Q   StadtA Ulm, G. 2.
L   CRAMER, Württembergs Lehranstalten ⁶1911, S. 55 – SK Nr. 516 (Mittagsblatt), 5. XI. 1913, S. 7 – KÖRNER/KILGER, Igel-Verzeichnis 1871-1996, S. 23, Nr. 40.

Sauter, *Otto* August, * Esslingen/Neckar 5. April 1883, † Ulm 5. April 1955, ⬚ ebd., Hauptfriedhof, 9. April 1955, ev.
Vater   August Sauter, Lokomotivführer.
Mutter   Karoline Spohn.
∞ 1909 Fanny Maier, * 1879, † 1966, T. d. Theodor Maier[503], * Oberböbingen 26. VI. 1847, † Ersingen 22. V. 1906, Pfarrer in Attenweiler und Ersingen, Ersatzmitglied zur IV. Landessynode.
2 K.

S. war ev. Ulmer Dekan während des Zweiten Weltkriegs und in der Nachkriegszeit.
Im Gegensatz zu seinen Vorgängern stammte S. nicht aus einer Theologenfamilie. Der begabte Arbeitersohn ließ seine Neigung zur Theologie früh erkennen und studierte seit 1902 ev. Theologie in Tübingen (Mitglied der Verbindung Nikaria). Nach der üblichen unständigen Dienstzeit als Vikar und Pfarrverweser erfolgte 1910 S.s Ernennung zum Stadtpfarrer in Sindringen, wo der Fürst zu Hohenlohe-Bartenstein Patronatsherr war. 1918 wechselte S. als Pfarrer nach Laichingen auf der Münsinger Alb. 1925 übernahm S. als erster Amtsträger das neue Zweite Stadtpfarramt an der Martin-Luther-Kirche in Ulm und war zugleich Hausgeistlicher am Landesgefängnis. 1927 wurde er als Nachfolger des als Dekan nach Reutlingen wechselnden Immanuel →Friz zum Ersten Stadtpfarrer an der Martin-Luther-Kirche ernannt und konnte am 6. Mai 1928 die Einweihung der neu erbauten Martin-Luther-Kirche vornehmen, mit der die Weststadtgemeinde ein neues Zentrum gefunden hatte. Am 8. Aug. 1939 als Nachfolger des verstorbenen Theodor →Kappus zum Dekan und Ersten Stadtpfarrer am Münster in Ulm ernannt, trat S. das Amt am 13. Sept. 1939 an. Seiner Ernennung zum Dekan waren eindeutige Signale aus der Ulmer Pfarrerschaft vorausgegangen, die darauf hindeuteten, S. werde im Gegensatz zu seinem Vorgänger für eine gute Kooperation stehen und das zumindest teilweise vergiftete Klima in der Ulmer ev. Kirche wieder verbessern können. In der NS-Zeit Mitglied des Reichskolonialbundes und der NSV, war S. Bezirksvertrauensmann für Aussteiger aus der Kampfgruppe „Deutsche Christen" (DC) und seit 1934 für die Württ. Bekenntnisgemeinschaft. Prälat Konrad →Hoffmann beschrieb S. in seinen Pfarrberichten als sachlichen, auch ein wenig ängstlichen Mann, dessen Geradlinigkeit, Gewissenhaftigkeit und Glaubensgehorsam jedoch außer Frage stünden. 1931 erfolgte S.s Wahl als Ulmer Abg. zum Mitglied des 2. Landeskirchentags, 1933 wurde er auch in den 3. Landeskir-

chentag gewählt, wo er dem Ständigen Ausschuss und dem Beirat der Kirchenleitung angehörte und seit 1937 geistliches Mitglied des Ausschusses war. 1946 wurde S. zum Zweiten Vizepräsidenten des Landeskirchentags gewählt. Nach 1945 erwarb sich S. wesentliche Verdienste um den Wiederaufbau kriegszerstörter Gemeindehäuser und Kirchen im Ulmer Kirchensprengel.
S. wurde zum 31. Juli 1953 in den Ruhestand versetzt, versah aber sein bisheriges Amt noch bis zum 10. Nov. 1953 weiter. Zu seinem Nachfolger wurde Dr. Hans →Seifert ernannt. Bis 1953 war S. Vorsitzender der Liga der freien Wohlfahrtspflege (Arbeiterwohlfahrt, Caritas, Ev. Hilfswerk, Rotes Kreuz), danach deren Ehrenvorsitzender. Seinen Ruhestand verlebte S. in Ulm, wo er an seinem 72. Geburtstag starb.

Q   StadtA Ulm, G 2.
L   Magisterbuch 41 (1932), S. 152 – UBC 4, S. 179, 290 – Dekan Sauter zum Gedächtnis, in: Schwäb. Donau-Zeitung Nr. 80, 5. IV. 1960, S. 8 – NEBINGER, Die ev. Prälaten, S. 581 – MAYER, Die ev. Kirche, bes. S. 519-521 u. ö. – EHMER/KAMMERER, S. 257 (Bild).

Schaal, *Wolfgang* Wilhelm, Dr. med., * Scheer (bei Sigmaringen) 17. Nov. 1914, † Ulm 24. April 1981, ⬚ ebd., Hauptfriedhof, ev.
Vater   Hans Schaal, Dr. med., Facharzt für Innere Medizin.
Mutter   Elsa Block.
∞ Ulm 27. II. 1943 *Gertrud* Berta Kässbohrer, * Ulm 20. X. 1920.
2 K   Hans Dieter Schaal, * 27. VI. 1943; Ursula Schaal, * 7. II. 1945.

S. war einer der bekanntesten Ärzte der Region Ulm/Neu-Ulm in der zweiten Hälfte des 20. Jahrhunderts.
Nach dem Schulbesuch in Freiburg/Breisgau, wo der Vater an der medizinischen Universitäts-Klinik arbeitete, bestand S. 1935 das Abitur am Realgymnasium ebd. 1935 für sechs Monate beim Reichsarbeitsdienst, studierte S. anschließend bis 1941 Medizin in Freiburg/Breisgau und München, unterbrochen in den Jahren von 1936 bis 1938 vom aktiven Wehrdienst. Im Okt. 1941 schloss er das Studium mit dem Staatsexamen und der Promotion ab und erhielt seine chirurgische Fachausbildung in Freiburg/Breisgau. Von 1941 bis 1944 leistete S. Kriegsdienst an der Ostfront und in Italien, wo er im Juni 1944 in Gefangenschaft geriet. In der bis März 1947 dauernden britischen Kriegsgefangenschaft war S. als Chirurg im Kriegsgefangenenlager Caserta tätig, wo er unter A. Flemming, dem Entdecker des Penicillins, ein Jahr lang an den ersten großen Vergleichsbehandlungen mitwirkte.
In Ulm fand S. nach Kriegsende als Assistenzarzt eine Anstellung an der chirurgischen Klinik, wurde am 1. Juli 1947 Assistenzarzt und am 1. Dez. 1951 Oberarzt ebd., am 1. Okt. 1956 Chefarzt und zum 1. Jan. 1960 in das Beamtenverhältnis übernommen. Der hochbegabte Mediziner, später mit den Titeln Obermedizinalrat und zuletzt Medizinaldirektor geehrt, kam 1961 als Chefarzt der chirurgischen Abteilung des Städtischen Krankenhauses nach Neu-Ulm. S. litt an einer Krankheit, die ihm die Ausübung seiner Tätigkeit sehr erschwerte und langfristig unmöglich machte. Im Aug. 1972 wurde ihm dauernde Dienstunfähigkeit bescheinigt, zum 31. Dez. 1972 erfolgte seine Versetzung in den Ruhestand. Er starb achteinhalb Jahre später im Alter von nur 56 Jahren.

Q   StadtA Neu-Ulm, A 4, Personalakte.
W   Untersuchung über die Wirkung und den Wirkungsgrad des Prolaktins aus Wal- und Rinderhypophysenvorderlappenextraktion an Taubenkröpfen, med. Diss. Freiburg 1941

Schad von Mittelbiberach, Franz Daniel, * Ulm 14. oder 15. Sept. 1766, † ebd. 30. Sept. 1827, ev.
Vater   Theodor August Schad von Mittelbiberach, * 1724, † 1796.
Mutter   Elisabetha von Besserer-Thalfingen.
∞ Elisabetha Häklin, † Ulm 1810.
1 K   Elisabethe Auguste Schad von Mittelbiberach, * Ulm 1794, ∞ Theodor von Klapp, Kgl. Württ. Oberst, Kommandant des Inf.-Rgts. Nr. 6.

---

[503] EHMER/KAMMERER, S. 309.

Als Mitglied des alteingesessenen Patriziats gehörte S. dem Ulmer Rat an. Er war der erste Vertreter des Amtes Ulm in der Ständeversammlung des Königreichs Württemberg und wollte auch erster vom Volk gewählter Stadtvorstand Ulms werden. Sein Scheitern markierte den Schlusspunkt des politischen Einflusses der Patrizier.

S.s Ausbildung am Ulmer Gymnasium folgte das Jurastudium in Erlangen, wo er in die Freimaurerloge „Libanon zu den drei Cedern" aufgenommen und im März 1788 zum Meister erhoben wurde. Nach seiner Rückkehr in seine Heimatstadt trat er der dortigen Loge „Aströa zu den drei Ulmen" bei, wo er als Zugeordneter Meister vom Stuhl und Erster Aufseher aktiv war. 1804 ernannte der Kurfürst von Bayern S. zum Mitglied des städtischen Verwaltungsrats bzw. des Magistrats und zum Bürgermeister von Ulm. Auch nach dem Wechsel Ulms von Bayern an Württemberg blieb S. als Bürgermeister in führender politischer Stellung. Gleich nach der Besitznahme führte er eine Delegation zum König nach Stuttgart: *Stuttgart, den 12. Nov. [1810]. Heute Vormittag hatte eine Deputation der Ulmer Bürgerschaft das Glück, Sr. Königlichen Majestät vorgestellt zu werden. Dieselbe war hieher gekommen, um AllerhöchstDenenselben [sic!] die Gefühle ihrer Mitbürger bei dem Uebergang ihrer Vaterstadt an die Krone Württemberg zu Füßen zu legen. Der Minister-College des Innern Graf von Reischach führte sie bei Sr. Königl. Majestät ein, und Allerhöchstdieselben geruhten, die von dem Bürgermeister v. Schad gehaltene Anrede in den huldreichsten und gnädigsten Ausdrücken zu beantworten[504].*

Am 1. Juli 1811 wurde S. zum Mitglied des vom König von Württemberg bestimmten Magistrats (Titel Senator) mit einem Jahresgehalt von 200 Gulden ernannt. Anfang 1815 wählten ihn die Wahlmänner des Wahlbezirks Ulm Amt zu ihrem Repräsentanten in der Württ. Ständeversammlung, wo eine neue Verfassung erarbeitet werden sollte. Am 15. Sept. 1815 nahm S. an einer seitens der Regierung und des Königs höchst unerwünschten Versammlung von Abgeordneten in Metzingen teil, bei der über landständische Angelegenheiten gesprochen wurde. Nach langen Verhandlungen stimmte S. am 2. Juni 1817 mit einer Minderheit der Abgeordneten für die Annahme des von König und Regierung vorgelegten Verfassungsentwurfs. Der König löste die Ständeversammlung daraufhin auf. Bei den nächsten Wahlen im Jahre 1819 wurde S. nicht wiedergewählt.

1819 unterlag er bei der ersten „Volkswahl" des Ulmer Stadtschultheißen (Oberbürgermeister) mit 419 Stimmen gegen den bisherigen Bürgermeister Ludwig Christoph Karl Leopold von →Wölkern und den mit großem Vorsprung erfolgreichen bisherigen Oberjustizprokurator Christoph Leonhard →Wolbach. Nicht nur für S. persönlich, sondern auch für seinen ganzen Stand bedeutete dieses Ergebnis einen ungeheuren Tiefschlag. Das Patriziat war einem Vertreter aus der Bevölkerung – Wolbach entstammte einfachen Verhältnissen – unterlegen, und er wurde aus dem Amt gewählt. Bei der Amtsübernahme Wolbachs im Herbst 1819 gab er der versammelten Bürgerschaft mahnend mit auf den Weg: *Enthaltet euch voreiliger Urteile, wenn Ihr nicht gleich den Zweck der Verfügungen erkennt, denn Eure Obrigkeit muss mit allgemeiner Umsicht handeln, dem Gemeinwohl nützen, höhere Rücksichten einhalten. Fürchtet Gott und ehret den König – dies ist die Stimme der bürgerlichen Weisheit* (zitiert nach HEPACH, Königreich, S. 96). Mit diesen Worten zeigte S. noch einmal, dass er den Obrigkeitsvorstellungen der reichsstädtischen Zeit weiterhin verhaftet war und den Beginn des Zeitalters der bürgerlichen Emanzipation nicht erkannte. Bis zu seinem Tod blieb er Gemeinderat, trat aber nur noch wenig in Erscheinung.

Q   StadtA Ulm, E Archiv der Herren und Freiherren Schad von Mittelbiberach. Urkundenregesten (Repertorium von Oliver FIEG) – ebd., G 2 alt (Familie von Schad).

L   CAST I, S. 314-318 – RIECKE, Verfassung und Landstände, S. 37 – HARTMANN, Regierung und Stände, S. 14, 21 – OAB Ulm I (1897), S. 687 – UBC 1, S. 434 – HEPACH, Königreich, S. 93, 95 f. – Hans Eugen SPECKER, Reichsstadt und Stadt Ulm, in: Der Stadtkreis Ulm. Amtliche Kreisbeschreibung, hg. von der Landesarchivdirektion Baden-Württemberg in Verbindung mit der Stadt Ulm, Ulm 1977, S. 33- 324, hier S. 227, 308 f., 311 – GERNER, Verfassung, S. 233 – SPECKER, Ulm im 19. Jahrhundert, S. 321 – WAIBEL, Gemeindewahlen, S. 318 – SPECKER, Großer Schwörbrief, S. 299 – RABERG, Biogr. Handbuch, S. 763 f. – Oliver FIEG, Das Ulmer Patriziat zwischen Zunftbürgertum und Landadel, in: Adel im Wandel, Band 2, S. 631-642, hier S. 640 f. – Simon PALAORO, Politische Identitäten des Ulmer Patriziats. Zwischen dem Ende der reichsstädtischen Epoche und dem Neubeginn im Kurfürstentum Bayern, in: Adel im Wandel, Band 2, S. 643-656, hier S. 653, 656 – Michael WETTENGEL, Ende oder Aufbruch? Das Ulmer Bürgertum nach der Mediatisierung, in: UO 53/54 (2007), S. 229-246, hier S. 240 – BRAUN, Freimaurer, S. 196, Nr. 068.

Schad von Mittelbiberach, Johann Jacob, * Ulm 28. März 1761, † Cannstatt 9. Aug. 1828, ev.
Vater   Gotthard Daniel Schad von Mittelbiberach, * Ulm 5. V. 1724, † ebd. 24. VIII. 1766, Senator in Ulm.
Mehrere G, darunter Christoph Friedrich Schad von Mittelbiberach, * Ulm 1765, † 20. IX. 1790, Eherichter außerhalb des Rats in Ulm.
∞ Maria Dorothea von Besserer-Thalfingen, † Ulm 18. II. 1836.
3 K   Maria Johanna Schad von Mittelbiberach, * Ulm 16. I. 1792, † ebd. 16. XI. 1851, ∞ Graf Victor Carl Emanuel Philipp Leutrum von Ertingen[505], * Alessandria (Italien) 26. XI. 1782, † Ulm 17. XI. 1842, Kgl. Württ. Vizeoberststammerherr, Intendant der Kgl. Kapelle und Schauspiele, K. K. österr. Wirklicher Kämmerer; Henriette Schad von Mittelbiberach, * Ulm 20. VII. 1795, ∞ 16. IV. 1815 Freiherr Ludwig Georg Dietrich von →Gaisberg-Schöckingen; Clementine Walburga Dorothea Schad von Mittelbiberach, * 1804, † 1824, ∞ Wiblingen 1823 Freiherr (seit 1846 Graf) Edmund Heinrich Friedrich Maria von Linden, * Wetzlar 11. I. 1798, † Schloss Burgberg 27. III. 1865, zuletzt Kgl. Württ. Gesandter, Generalmajor, Patronatsherr auf Burgberg, S. d. Freiherrn Franz Joseph Ignaz von Linden[506], Dr. iur., * Mainz 5. XII. 1760, † Stuttgart 3. I. 1836, Kgl. Württ. Staatsrat, Präsident des Kath. Kirchenrats, ao. Gesandter und bevollmächtigter Minister, Regierungspräsident des Jagstund später des Neckarkreises, lebenslängliches Mitglied der Kammer der Standesherren des Württ. Landtags, u. d. Maria Anna Walburga Scholastika Gedult von Jungenfeld, * Mainz 1770, † Wetzlar 1798.

Die herausragende Persönlichkeit unter den [Ulmer] Patriziern jener Zeit (FIEG, S. 640), ein Cousin des Franz Daniel →Schad von Mittelbiberach, musste zu Beginn des 19. Jahrhunderts den Bedeutungsverlust des reichsstädtischen Patriziats erleben und sich in den neuen Verhältnissen zurechtfinden.

S. besuchte das Ulmer Gymnasium und wurde 1776 zu den öffentlichen Vorlesungen zugelassen. Danach studierte er Jura in Göttingen und trat in Berlin der Freimaurerloge „Zum Widder" bei. Nach seiner Rückkehr nach Ulm wirkte er auch dort führend bei der Gründung der Loge „Astraea zu den drei Ulmen" und, neben Eberhard Anton von Roth und dem Prälaten von →Schmid, bei der Gründung der Ulmer öffentlichen Lesegesellschaft mit, in der die Rats- und die Bürgerpartei vereinigt werden sollten. Die Mitglieder der Lesegesellschaft trafen sich zunächst in der „Goldenen Krone", später in der „Oberen Stube". S. gehörte dem Gründungsvorstand der Lesegesellschaft an. Er war seit dem 7. Aug. 1789 Senator der Reichsstadt Ulm, Bauherr und 1801 Präses der Demolierungs-Deputation (Schleifung der alten Festungswerke zugunsten der Anlage von Promenaden und Gärten). Nach dem Ende der Reichsstadt trat er 1803 als Beamter in den Dienst des bayer. Staates und wurde zum Oberappellationsrat und Staatsanwalt an dem in Ulm neu eingerichteten Kgl. Bayer. Oberappellationsgerichtshof ernannt, 1805 zum „Obrist-Justizrat" ebd. Offiziell wegen seiner sich verschlimmernden Schwerhörigkeit trat S. schon 1808 im Alter von 47 Jahren in den Ruhestand. Nach dem Übergang Ulms an Württemberg erwirkte er schon 1811 die Aufnahme seiner Familie in die Adelsmatrikel des Königreichs. Seine Töchter verheiratete S. nicht ins Patriziat, sondern in angesehene württ. Adelsfamilien. Sein Schwiegersohn war der Gouverneur der Bundesfestung Ulm im Vormärz, Freiherr Georg Ludwig von →Gaisberg-Schöckingen, sein Enkel war der Staatsrat Graf Hugo von →Leutrum.

504 StRegbl. Nr. 49, 17.11.1810, S. 491.

505 UNGERICHT, S. 78.
506 RABERG, Biogr. MdL-Handbuch, S. 507 f. – JAHN, Reichskammergericht II,1, S. 191-207, Nr. 20.

S. starb im Alter von 67 Jahren während einer Badekur in Cannstatt. Er verfügte über *gut geordnete Kenntnisse in Sprachen, der Geschichte, den Rechtswissenschaften und in den bildenden Künsten, war ein großer Freund der Tonkunst und selbst Musiker, u[nd] mit dieser wissenschaftlichen Bildung verband er einen gefälligen, edlen Charakter, der alle Verehrung verdiente, sie aber auch genoß* (WEYERMANN II, S. 460).

Q   StadtA Ulm, Archiv der Herren und Freiherren Schad von Mittelbiberach. Urkundenregesten (Repertorium von Oliver FIEG) – ebd., G 2 alt.
L   Ih 2, S. 753 – WEYERMANN II, S. 459 ff. – Theodor SCHÖN, Johann Jacob Schad von Mittelbiberach, in: Heraldisch-genealogische Blätter für adelige und bürgerliche Geschichte 4 (1907), S. 37-42 – HEPACH, Königreich, S. 128 – SPECKER, Ulm im 19. Jahrhundert, S. 173 f. – SCHMIDT, Revolution, S. 54 – SPECKER, Großer Schwörbrief, S. 233, 235 – Oliver FIEG, Das Ulmer Patriziat zwischen Zunftbürgertum und Landadel, in: Adel im Wandel, Band 2, S. 631-642, hier S. 640 f. – Simon PALAORO, Politische Identitäten des Ulmer Patriziats. Zwischen dem Ende der reichsstädtischen Epoche und dem Neubeginn im Kurfürstentum Bayern, in: Adel im Wandel, Band 2, S. 643-656, hier S. 653 f.

Schad von Mittelbiberach, *Mori[t]z*, * Ulm 6. Juli 1821, † ebd. 30. Dez. 1902, □ ebd. Hauptfriedhof, ev.

Vater   Eitel Albert Schad von Mittelbiberach, * Ulm 25. III. 1782, † ebd. 10. VII. 1841, Kgl. Württ. Hauptmann, Ritter des Württ. Militärverdienstordens.
Mutter   Sibylle Albertine von Baldinger, * Stubersheim 24. X. 1797, † Ulm 10. IX. 1876, T. d. Daniel von →Baldinger.
7 G   Mathilde Schad von Mittelbiberach, * Ulm 10. VI. oder VII. 1822, † ebd. 9. V. 1892; Amalie Schad von Mittelbiberach, * 26. IX. 1823; Johanne *Constanze* Schad von Mittelbiberach, * 10. III. 1825; Emilie Schad von Mittelbiberach, * 4. XII. 1826; Caroline Schad von Mittelbiberach, * 13. IX. 1829; Albertine Schad von Mittelbiberach, * Ulm 8. XII. 1832, † ebd. 24. XII. 1896; *Theodor* August Schad von Mittelbiberach, * 25. III. 1834.
∞ Ulm 23. V. 1863 Marie Gräfin von Sontheim, * Ludwigsburg 4. VIII. 1839, † Ulm 10. V. 1897, T. d. Grafen Johann Georg von Sontheim.
2 K.

S. machte als Sprössling einer alten Ulmer Patrizier- und später ritterschaftlichen Familie des Königreichs Württemberg Karriere im württ. Justizdienst und entfaltete ein beachtliches politisches und gesellschaftliches Engagement.

Er besuchte das Gymnasium in Ulm und studierte anschließend von 1839 bis 1843 Rechtswissenschaften in München, Heidelberg und Tübingen. Seine Laufbahn begann S. nach unständigen Verwendungen als Oberjustizassessor in Ellwangen, später in Esslingen, wo er 1865 zum Oberjustizrat befördert wurde. 1868 führte ihn eine erneute Beförderung zum Kreisgerichtsrat am Gerichtshof für den Donaukreis nach Ulm zurück. 1878 Obertribunalrat in Ravensburg, erhielt er 1879 eine Direktorenstelle beim Landgericht Ulm. 1886 erfolgte S.s Eintritt in den Ruhestand unter Verleihung des Titels Landgerichtspräsident.

S. gehörte der Ritterschaft des Donaukreises an und besaß die Rittergüter Ringingen/OA Blaubeuren sowie Anteile an den Rittergütern Mussingen und Balzheim/OA Laupheim. Er war einer der ritterschaftlichen Landtagsabgeordneten (20. bis 34. o. LT) mit der längsten ununterbrochenen Mandatszeit (44 Jahre lang). Er gehörte als nationalliberal eingestellter Politiker seit 1895 der Sammelfraktion Freie Vereinigung an. Gewählt 1856 als Vertreter der Ritterschaft des Donaukreises und gleich zum Schriftführer im Vorstand bestimmt, konnte S. acht Mal seine Wiederwahl als Vertreter dieser Körperschaft erreichen, ehe er im Alter von 79 Jahren vor Eröffnung des Landtags im Jahre 1901 aus Krankheitsgründen sein Mandat niederlegte. Im Landtag war er von 1878 bis 1883 Vorstand der Gemeindesteuerkommission und von 1883 bis 1895 Vorstand der Justizgesetzgebungskommission, Mitglied der Petitionskommission, der Handelsrechtlichen Kommission, der Verfassungskommission, der Fünfzehnerkommission, der Staatsrechtlichen und der Justizgesetzgebungskommission, der Kommission für den Eintritt in das Dt. Reich, der Steuergesetzkommission, der Sportel- und Gemeindesteuer- sowie der Adresskommission. Seit 1883 war er auch Mitglied des Weiteren Ständischen Ausschusses, des Gremiums, das den Landtag zwischen den Sessionen vertrat, aber im Gegensatz zum Engeren Ausschuss nicht ständig, sondern nur bei Bedarf versammelt war.

Als Politiker war S. ein unablässiger Kämpfer gegen die Katholiken. Am 13. März 1892 führte er den Vorsitz bei einer Protestversammlung gegen die Einführung von Männerorden in Württemberg – die tatsächlich erst 1918 zugelassen wurden.

S. war im Ulmer Vereins- und Verbandsleben vielfältig engagiert. Als Mitglied und zuletzt in der Nachfolge von Hugo →Bazing von 1893 bis 1901 als Vorstand des Vereins für Kunst und Altertum in Ulm und Oberschwaben war er über Jahrzehnte hinweg einer der bekanntesten Repräsentanten des Vereins und im März 1891 bei der 50-Jahr-Feier einer der Festredner. Selbst forschend war er jedoch nicht tätig. Dem Ulmer Münster galt sein Hauptinteresse in der Freizeit. Anlässlich des Münsterjubiläums 1877 stiftete er namens der Agnatschaft der Karg'schen Familienstiftung 400 RM. Nach seinem Tod wurde 1903 die von ihm gestiftete Philippus-Skulptur im Münster angebracht.

Seit 1891 gehörte S. als Gründungsmitglied der Württ. Kommission für Landesgeschichte an. Daneben war er Ausschussmitglied des Kunstvereins Ulm und Ausschussmitglied des Hauptvereins des Ev. Bundes in Württemberg und Gründer des Ulmer Ortsvereins. Von 1888 bis 1894 war S. Abg. für Ulm und von 1894 bis 1900 Abg. für Münsingen zur Ev. Landessynode und wirkte u. a. als weltliches Mitglied des Synodalausschusses und als Vorsitzender der kirchenrechtlichen Kommission. – 1878 Ehrenritterkreuz des Württ. Kronordens; 1887 Kommenturkreuz des Friedrichsordens; Ehrenritter des Johanniterordens.

Q   StadtA Ulm, G 2.
L   Ih 2, S. 753 – CAST I, S. 314-318 – BECKE-KLÜCHTZNER, S. 69 ff. – RIECKE, Verfassung und Landstände, S. 47 – ALLGAIER, Stände, S. 25 – HARTMANN, Regierung und Stände, S. 37, 68 – Unsere Neue Kammer (1895), S. 19 (Bild) – Staatshandbuch 1901, S. 38, 78, 328, 541 – SK Nr. 607, 31. XII. 1902, S. 5 und 7 (Todesanz. der Familie) u. Nr. 2, 1. 1. 1903, S. 6 – Staatsanz. Nr. 1, 2. 1. 1903, S. 3 – Worte bei der Beisetzung des Landgerichtspräsidenten a. D. Moritz Schad von Mittelbiberach, Ulm 1903 – Württ. Jahrbücher 1903, S. V – Hauptregister, S. 651 – RAPP, Württemberger, S. 95, 358 u. ö. – KALKOFF, NL-Parlamentarier, S. 347 – UBC 2, S. 219 – UBC 3, S. 5, 27, 289 – Max MILLER, 70 Jahre landesgeschichtliche Forschungsarbeit. Bericht über die Tätigkeit der Württ. Kommission für Landesgeschichte 1891-1954 und der Kommission für geschichtliche Landeskunde in Baden-Württemberg 1954-1961. Sonderausgabe der ZWLG XXI (1962), S. 24, 44, 50, 55, 159, 164 – 1887-1987 Kunstverein Ulm. Berichte und Dokumente. Hg. zum 100jährigen Bestehen des Kunstvereins Ulm e. V., Ulm 1987, S. 17 – SPECKER, Ulm im 19. Jahrhundert, S. 73 f., 84 – RABERG, Biogr. MdL-Handbuch, S. 764 f. – EHMER/KAMMERER, S. 310 – Frank RABERG, Für die „wohl erworbenen Rechte des Adels". Die Vertretung der Ritterschaft des Donaukreises im Württembergischen Landtag, in: Adel im Wandel. Oberschwaben von der frühen Neuzeit bis zur Gegenwart. Hg. im Auftrag der Gesellschaft Oberschwaben von Mark HENGERER und Elmar L. KUHN in Verbindung mit Peter BLICKLE, Ostfildern 2006, Band 2, S. 605-618.

Schaechterle, Karl-Heinz, Dipl.-Ing., * Stuttgart 11. Dez. 1920, † Ulm 16. Aug. 2008, □ ebd., Hauptfriedhof, 22. Aug. 2008, ev.

∞. Mehrere K.

Der international renommierte Verkehrsexperte S. verbrachte den größten Teil seines Lebens in Ulm.

Kriegsbedingt konnte S. sein Studium des Bauingenieurwesens an der TH Stuttgart erst 1952 im Alter von 31 Jahren abschließen. Danach war er sieben Jahre lang für ein Ingenieurbüro in Ulm tätig, arbeitete in der Straßenplanungs- und Verkehrstechnikbranche und spezialisierte sich auf regionale und städtische Verkehrsplanung. Besonders interessierte ihn die Wechselwirkung von Siedlungsstruktur, Mobilität, Verkehrsnachfrage und Umwelt. In großem Umfang war S. als Gutachter in der Verkehrs-, Stadt- und Regionalplanung gefragt. 1960 übernahm S. mit einem Partner die Leitung des Ingenieurbüros, in dem er zuvor beschäftigt gewesen war. S. war besonders in den Großräumen Ulm und Stuttgart gefragt, wurde aber später auch zu Planungen in anderen deutschen Städten herangezogen, so in Karlsruhe, Kaiserslautern, Freiburg im Breisgau und – nach der Wiederherstellung der deutschen Einheit – in Dessau. In Ulm geriet er vor allem in den 1970er Jahren in die Schlagzeilen, als er vorschlug, die Straßenbahn aufzugeben und die Linie 1 durch

Busverkehr zu ersetzen. S. konnte sich damit nicht durchsetzen, galt aber seither als Lobbyist der Autofahrer. In den 1970er Jahren war er Gutachter für die Entlastung der Neu-Ulmer Verkehrsknotenpunkte und den Bau der Neu-Ulmer Südtangente.

Seit 1956 war S. Mitglied des ADAC. 1966 erfolgte S.s Wahl in den Vorstand des ADAC Württemberg e. V. 1974 übernahm er dort den Vorsitz, den er bis 1992 innehatte. Zugleich war er im Verwaltungsrat des ADAC-Gesamtclubs tätig. Von 1979 bis 1995 wirkte S. als Vizepräsident des ADAC für Verkehr. Nach dem Ausscheiden ernannte ihn der ADAC zum Ehrenvorsitzenden und Mitglied des Ehrensenats.

1963 übernahm S., der auch einen Lehrauftrag an der TH (späteren Universität) Stuttgart wahrnahm, an der Fakultät für Bauingenieur- und Vermessungswesen der Technischen Universität München eine o. Professur für Verkehrs- und Stadtplanung. 1987 wurde er emeritiert. Im Nachruf der Technischen Universität München hieß es, S. habe *Theorie und Praxis in idealer Weise miteinander* verbunden: *Er ersetzte die bis dahin übliche isolierte Betrachtung der einzelnen Verkehrssysteme durch eine systemübergreifende Sichtweise, erweiterte den Verkehrswegebau um die Aufgaben des Entwurfs und der Planung von Verkehrsanlagen und band beide in die Stadtplanung ein. Damit hat er dem Fachgebiet des Verkehrswesens über die eigene Hochschule hinaus entscheidende Impulse gegeben.* – 1980 Bundesverdienstkreuz am Bande; 1985 Verdienstkreuz I. Kl. des Verdienstordens der Bundesrepublik Deutschland; Ehrennadel in Gold mit Brillanten des ADAC.

Q   StadtA Ulm, G 2.
L   TREU, Neu-Ulm, S. 465 – Mann des Verkehrs. Karl-Heinz Schaechterle starb mit 87 Jahren, in: SWP Nr. 193, 19. VIII. 2008 (Bild) – Schaechterle stirbt im Alter von 87 Jahren, in: Schwäbische Zeitung Nr. 194, 20. VIII. 2008 – Karlheinz Schaechterle ist tot, in: Stuttgarter Zeitung Nr. 194, 20. VIII. 2008 – Süddeutsche Zeitung (München) Nr. 199, 27. VIII. 2008, S. 31 (Todesanz. der Technischen Universität München).

Schäfer, *Karl (Carl)* Ludwig, * Oßweil/OA Ludwigsburg 25. Aug. 1840, † Neu-Ulm 17. Feb. 1919, ▢ ebd., Alter Teil des Friedhofs, ev.

∞ Karoline Clement (nicht Clemens!), * Ulm 1. IV. 1850, † Weilheim/Teck 18. X. 1912.
5 K   Karl Jakob Eugen Schäfer, * Neu-Ulm 14. VI. 1874, Werkmeister in Ulm, ∞ Karoline Elisabeth Wurster, * Baiersbronn/OA Freudenstadt 31. V. 1876; Pauline Schäfer, * Neu-Ulm 13. I. 1879, ∞ Neu-Ulm 1902 Johann Paul Schobert, * Weißenstadt 30. XI. 1872, Kaufmann in Neu-Ulm; Friedrich →*Schäfer, ∞ München-Pasing 20. IV. 1904 Amalie Fährnich, verw. Wiest, * Ulm 1. oder 2. III. 1871, † 25. XI. 1936; Paul Schäfer, * Neu-Ulm 27. VI. 1881, † gefallen 1915 in Frankreich; Karoline Schäfer, * Neu-Ulm 6. X. 1884.

S. war einer der meistbeschäftigten Baumeister Neu-Ulms in der Kaiserzeit.

S. scheint nach seiner Ausbildung an der Baugewerkschule in Stuttgart gegen Ende der 1860er Jahre, in der Zeit der Stadterhebung, nach Neu-Ulm gekommen zu sein, wo er später auch ein Baugeschäft in der Augsburger Straße 22 betrieb. S. erbaute u. a. die Häuser Bahnhofstraße 3, 4 und 4 ½ (1873/74), das Haus des Glasermeisters Wilhelm →*Biedenbach in der Augsburger Straße 18 (1874), 1892 sein eigenes Wohn- und Geschäftshaus in der Augsburger Straße 22, das Haus Steinhäuslesweg 1 (1894), das Haus 14 in der Maximilianstraße (1894, mit einem Anbau 1901), die Häuser 21 und 23 in der Donaustraße (1896), die Häuser Eckstraße 2, 4, 6 und 8 (1902), die Häuser Schützenstraße 5, 13 und 15 (1900), das Haus Johannistraße 4 (1905), die Häuser Krankenhausstraße 44 und 46 (1901/02) sowie das Haus 8 in der Krankenhausstraße (1905), die Häuser Moltkestraße 28, 30, 32 und 45 (1904), die Häuser Luitpoldstraße 33, 35a und 35b (1905/06), das Haus 64 in der Bahnhofstraße (1908) und das Haus Dammstraße 5 (1910). Die von ihm geplante und gebaute „Villa Schäfer" steht gegenüber dem heutigen Landratsamt.

1903 erfolgte S.s Wahl in den Magistrat der Stadt Neu-Ulm, dem er bis 1906 angehörte. Die Kommunalpolitik war jedoch nicht seine Welt, so dass seine Tätigkeit als Magistratsrat nur eine Episode blieb. Nach seinem Tod im Alter von 78 Jahren führte sein Sohn Friedrich →*Schäfer das Unternehmen fort.

L   BUCK, Chronik Neu-Ulm, S. 102, 108, 110, 112 f., 120, 122, 124, 127-129, 137 – Katalog Materialien, S. 211 – TEUBER, Ortsfamilienbuch Neu-Ulm II, Nr. 3974 – WEIMAR, Wegweiser, S. 79.

Schäffer (Schäfer), Johann *Friedrich*, Dr. med., * Stuttgart 1772 oder 1773, † nicht ermittelt.
Vater   Schäffer, Chirurg.

S. entstammte einer Medizinerfamilie und kam am 27. April 1789 als Zögling an die Hohe Carlsschule, um dort Medizin zu studieren. Das Medizinstudium setzte er nach der Aufhebung der Carlsschule im Jahre 1794 in Wien fort. 1796 ließ er sich als Stadtphysicus und Accoucheur in Ulm nieder. S. veröffentlichte Krankengeschichten, arbeitete am „Magazin der verbesserten theoretischen und praktischen Arzneykunst, für Freunde und Feinde der neuen Lehre" (1796-1797) mit und übersetzte ein Werk („Heilart in der klinischen Lehranstalt zu Pavia") seines akademischen Wiener Lehrers Professor Dr. Joseph Frank „aus dem Lateinischen mit Zusätzen und praktischen Bemerkungen" (1797). Ausweislich seiner Veröffentlichungen beschränkte sich S. in seinem Schaffen nicht auf den Bereich der Medizin, sondern publizierte laut Albrecht →Weyermann schon vor 1800 Aufsätze und Gedichte in der Wochenschrift „Beobachter", daneben Gedichte und ein Schauspiel in „Kapfs Erstlinge meiner Muse", Gedichte in „Langs Almanach der Freude und Liebe" sowie Gedichte und Aufsätze im „Ulmischen Intelligenzblatt".

W   Episoden der schlichten Vernunft. Aus einem Exilluminaten-Brevier, 1791 – De influxu assuetudinis in corpus humanum, Stuttgart 1794.
L   WEYERMANN I, S. 462 – WAGNER, Hohe Carlsschule I, S. 438, Nr. 357 [dort „Schäfer"; weitere Nennung im Alphabetischen Personal-Register ebd. III, S. 196].

Schäuffelen, Otmar, Dr. med. vet., * Ulm 12. Juni 1932, † ebd. 31. Aug. 2001, ▢ Söflingen 7. Sept. 2001.
∞ Barbara Steinbacher, ∞ 1938.
3 K   Thomas Schäuffelen, ∞ Karin Geiger; Dr. Andreas Schäuffelen; Dr. Angelika Schäuffelen-Mader, ∞ Christian Mader.

Die Erhaltung und Erschließung der Ruinen der Bundesfestung war das große Verdienst von S.

In Ulm aufgewachsen, machte S. sein Abitur an der Kepler-Oberschule. Das Studium der Tiermedizin führte ihn nach München. 1958 bestand er das tierärztliche Staatsexamen, danach war er zunächst in einer Tierklinik tätig, bevor er 1961 die eigene Praxis in Söflingen gründete. 1972 erfolgte der Umzug des Tierarztes in die Bessererstraße.

Sein großes Hobby war die Bundesfestung. Mit großer Leidenschaft setzte sich S. für die Bewahrung der verfallenden Ruine ein, ab 1974 war er Vorsitzender des Fördervereins Bundesfestung Ulm. Dabei ging es ihm nicht um eine abgeschieden-eigenbrötlerische Feierabendbeschäftigung, sondern vor allem um die Weckung eines Bewusstseins in der Öffentlichkeit für dieses einmalige städtische Baudenkmal. Das rege Mitglied des Vereins für Kunst und Altertum in Ulm und Oberschwaben hielt zahlreiche Vorträge zum Thema, organisierte internationale Jugendlager, um mit Hilfe junger Menschen die Festung von allerorts wucherndem Gestrüpp zu befreien, rettete u. a. das zum Abriss vorgesehene Blaubeurer Tor und fasste 1980 seine Kenntnisse in dem noch heute mit Recht viel gelesenen Buch „Die Bundesfestung Ulm und ihre Geschichte – Europas größte Festungsanlage" (Ulm 1980) zusammen. Seine Verdienste um die Bundesfestung fanden 1986 mit der Verleihung des Bundesverdienstkreuzes eine angemessene Würdigung.

S.s anderes großes Hobby waren Segelschiffe. S. fuhr 1976 an Bord der „Gorch Fock" bis nach Grönland, verfasste Bücher über Windjammer und legte mit dem reich bebilderten Band

„Die letzten großen Segelschiffe" einen Klassiker vor, an dessen elfter Auflage er bis zuletzt arbeitete. S. starb kurz nach seinem 69. Geburtstag. – April 2002 Dr. Otmar-Schäuffelen-Weg in der Nähe der Wilhelmsburg.

Q   StadtA Ulm, G 2.
W   Die Bundesfestung Ulm und ihre Geschichte, Ulm 1980, ³1989.
L   Willi BÖHMER, Ein Stück lebendiger Stadtgeschichte, in: SWP (Ulm) Nr. 132, 12. VI. 1997 (Bild) – Der Bundesfestung galt seine Leidenschaft: Dr. Otmar Schäuffelen im Alter von 69 Jahren gestorben – Denkmalstiftung würdigt Schaffen, in: NUZ Nr. 205, 6. IX. 2001 (Bild).

Schaffer, *Rudolf*-Franz, * Chodau/Reg.bez. Karlsbad (Tschechoslowakei) 1. April 1936, † Neu-Ulm 2002, kath.
Vater   Franz Schaffer, Bauingenieur.
Mutter   Anna Moissl.
∞ Neu-Ulm 10. X. 1963 *Christa* Maria Szagger, * Oberfahlheim/Kreis Neu-Ulm 6. I. 1942, Apothekenhelferin.
Keine *K*.

Der Apotheker S. war eine der prägenden Persönlichkeiten der Neu-Ulmer CSU in der zweiten Hälfte des 20. Jahrhunderts. Als Stadtrat und Bürgermeister setzte er bleibende Akzente, vor allem im kulturellen Bereich.
S.s Kindheit und Jugend wurden vom Zweiten Weltkrieg überschattet. Gegen Ende des Krieges musste die Familie fliehen und fand in Senden eine erste Zuflucht. Ende 1950 kam die Familie nach Neu-Ulm, wo S. seine Schulzeit beendete. Als niedergelassener Apotheker lebte und wirkte er nach Abschluss des Studiums bis 1971 in Neu-Ulm, danach wohnte er mit seiner Familie in Pfuhl.
In den 1970er Jahren wendete sich S. verstärkt der Kommunalpolitik zu, in der er schließlich fast ganz aufging. S. gehörte der CSU-Stadtratsfraktion an und spielte bei der Aufstellung von Dr. Peter →Biebl als Oberbürgermeister-Kandidat der CSU im Jahre 1976 eine entscheidende Rolle. Unter Biebl übernahm S. in den 1980er Jahren das Amt des Dritten Bürgermeisters mit den Schwerpunkten Kunst, Kultur und Wissenschaft. S. war in diesem Amt der richtige Mann am richtigen Platz. S. war nicht nur an Kunst und Theater interessiert, er verstand von beidem sehr viel und war selbst als Mitgründer der Neu-Ulmer AUGUREN (ab 1955) ein aktiver „Theatermann". Die Aufführungen des Neu-Ulmer AUGUS-Theaters ziehen noch heute viele begeisterte Gäste von nah und fern an.
Bahnbrechend für das Verständnis moderner Kunst in Neu-Ulm ist Bürgermeister Rudolf Schaffer geworden, heißt es in der Stadtgeschichte (TREU, Neu-Ulm, S. 497). Tatsächlich war die Aufstellung verschiedener Skulpturen der Gegenwartskunst im öffentlichen Raum vor allem auf die Initiative des CSU-Politikers und Bürgermeisters S. zurückzuführen, der auch für das Edwin-Scharff-Museum stets ein offenes Ohr hatte und dessen Entwicklung sehr begünstigt hat. S. erhielt u. a. 100 Werke des Malers Erwin Geitlinger als Schenkung, die es ermöglichten, ab dem 24. Juli 2009 die deutschlandweit einzige Dauerausstellung von Kunstwerken Geitlingers in Neu-Ulm zu eröffnen.
S. war nach 1989 – gegen viele Widerstände, angefangen beim zuständigen Bayer. Staatsministerium – einer der wesentlichen Kämpfer für die Gründung der Fachhochschule Neu-Ulm, die ihre erste Heimstatt im Schulgebäude der amerikanischen Wohnsiedlung Vorfeld fand und deren Neubau im Wiley-Gelände erst nach seinem Tod eröffnet werden konnte. Auf diese Weise wirkte der ebenso gewitzte wie durchsetzungsfähige S., der 2002 im Alter von 66 Jahren starb, weit über seinen Tod hinaus in die Gegenwart als eine Persönlichkeit, die viel getan hat für Neu-Ulm und damit den Weg der Stadt ins 21. Jahrhundert bereitet hat.

Q   StadtA Neu-Ulm, D 12, III.7.2.
W   Festschrift zum 10-jährigen Bestehen des AUGUREN-Kreises Neu-Ulm, Neu-Ulm 1965.
L   TREU, Neu-Ulm, S. 493 (Bild), 497, 503 (Bild), 509, 533 (Bild), 577 – Rudi KÜBLER, Hochschule Neu-Ulm: Endlich angekommen, in: SWP (Ulm), 3. VIII. 2008.

Schall, *Carl (Karl)* Gustav, * Ulm 14. Jan. 1857, † Blaubeuren 5. April 1945, ev.
Eltern und G siehe *Carl* Ludwig (von) →Schall.
∞ Ulm 29. IX. 1887 Maria *Elisabeth* Leube, * Ulm 2. VII. 1867, T. d. Gustav →Leube jun.
4 K   Wilhelm *Albrecht* Schall, * Ulm 15. VII. 1888, † Klingenstein 27. VII. 1889; Karl Gustav *Otto* Schall, * Weingarten 7. II. 1890, Württ. Hauptmann a. D., Landwirt in Heiligenstadt, ∞ Kassel 6. V. 1916 Sophie Elisabeth Auguste Hartdegen, * Kassel 18. III. 1894, T. d. Heinrich Hartdegen, Fabrikant in Kassel, u. d. Anna Engelbrecht; *Elisabeth* Auguste Schall, * Weingarten 22. XI. 1891, ∞ Ulm 5. III. 1913 *Karl* Ludwig Eugen Schall, * Stuttgart 25. XI. 1885, Major a. D., S. d. Carl Friedrich (von) Schall[507], Dr. oec. publ., * Waldsee 26. V. 1843, † Stuttgart 20. II. 1911, Kgl. Württ. Geh. Rat und Wirklicher Staatsrat und lebenslängliches Mitglied der Kammer der Standesherren des Württ. Landtags, u. d. Fanny Seeger, * Neuenbürg 6. XII. 1850, † Ulm 3. XII. 1936; Ernst *Ludwig (Lutz)* Schall, Dr. med., * Ulm 22. VII. 1894, seit 1924 leitender Arzt der Kinderabteilung des Landeskrankenhauses in Homburg an der Saar.

S. war nach dem Besuch des Gymnasiums in Ulm 1874/75 Einjährig Freiwilliger beim Grenadier-Rgt. Nr. 123. 1875 ging er zum Jurastudium nach Tübingen (Mitglied der Burschenschaft Germania) und Leipzig, 1880 bestand er das Staatsexamen. S. versuchte sich 1883/84 zunächst als Rechtsanwalt in seiner Vaterstadt, wechselte aber dann in den württ. Staatsdienst über. Nach ersten Anstellungen als stv. Amtsrichter in Backnang und Heilbronn/Neckar 1884 wurde S. Staatsanwalt in Ulm, wechselte 1887 in die militärische Laufbahn und war zunächst als Auditeur (Kriegsrichter) der Garnison Ulm, anschließend in gleicher Funktion von 1889 bis 1893 beim Inf.-Rgt. Nr. 120 in Weingarten eingesetzt.
Ab 1893 war S. wieder beim Ksl. Gouvernement der Festung Ulm tätig, wo der Oberleutnant der Landwehr 1896 zum Justizrat und 1900 zum Kriegsgerichtsrat ernannt wurde. 1909 rückte er zum Oberkriegsrat beim Ksl. Gouvernement der Festung Ulm und bei der 27. Infanterie-Division ebd. auf. S. war sehr eng mit Ulm verbunden und schlug Versetzungen, u. a. nach Stuttgart und Berlin, stets aus. Zum Ende des Monats Nov. 1923 erfolgte die Versetzung des fast 67-jährigen S. in den Ruhestand.
Politisch war er nationalliberal eingestellt und nach 1919 Mitglied der Württ. Bürgerpartei. 1944 in Ulm ausgebombt, starb S. wenig später im Alter von 88 Jahren in Blaubeuren. – Mitglied des Vereins für Kunst und Altertum in Ulm und Oberschwaben. – Ritterkreuz des Württ. Kronordens; Ritterkreuz I. Kl. des Friedrichsordens; Preuß. Kronorden III. Klasse; Landwehr-Dienstauszeichnung II. Klasse.

Q   StadtA Ulm, G 2.
L   LOTTER, Schall, S. 17 – GIES, Leube, S. 115 – SCHMIDGALL, Burschenschafterlisten, S. 98, Nr. 1399 – UBC 5a, S. 195 – PHILIPP, Germania, S. 98, Nr. 1400.

Schall, *Carl (Karl)* Ludwig (von), * Ellwangen/Jagst 12. Sept. 1827, † Ulm 16. Aug. 1909, ev.

Eltern und G siehe *Six[tus]* Jakob Friedrich (von) →Schall.
∞ Ulm 25. IX. 1855 Auguste Leube, * Ulm 7. V. 1833, † ebd. 14. X. 1906, T. d. Gustav →Leube sen., Dr. phil.
6 K, davon erreichten 5 das Erwachsenenalter *Carl (Karl)* Gustav →Schall; Eduard Schall, * Ulm 23. VI. 1858, Geschäftsführender Teilhaber der Fa. Gebr. Leube in Gartenau, ∞ Ulm 21. VII. 1887 Anna Dorothea Bittinger, * Ulm 20. X. 1867, T. d. Bertram Bittinger, Architekt in Ulm, u. d. Charlotte Kilzer; Fanny Schall, * Ulm 10. III. 1861, ∞ Ulm 26. V. 1883 *August* Hermann Maximilian Schall[508], * [Stuttgart-]Botnang 10. VIII. 1849, † Schäferhof bei Tettnang 11. III. 1904, Ökonomierat, seit 1889 Pächter der Kgl. Domäne Schäferhof bei Tettnang; *Hermann* Ernst Schall, * Ulm 18. VI. 1864, Forstmeister a. g. St. beim Forstamt Tettnang, ∞ I. Ulm 4. IV. 1893 Maria Prinzinger, * Ebensee

507 RABERG, Biogr. MdL-Handbuch, S. 772 f.
508 Ih 2, S. 757.

15. III. 1870, T. d. Heinrich Prinzinger, Oberbergrat in Salzburg, u. d. Marie Zinner, ∞ II. München 8. VIII. 1912 Hedwig Ottilie Splitgerber, * Augsburg 21. VIII. 1875, T. d. Eugen Splitgerber, Oberlandesgerichtsrat in Kempten, u. d. Hulda von Stettner-Grabenhofen; *Ernst* Friedrich Wilhelm Schall, * Ulm 5. V. 1872, Landwirt in Oberbeuren/BA Landsberg am Lech, ∞ Ulm 10. IX. 1903 Hedwig Klein, * Jagsthausen 19. VI. 1881, T. d. Josef Klein, Ökonomierat, Pächter der Kgl. Domäne Einsiedel/OA Tübingen, u. d. Marie Schnurrer.

S. war in der Kaiserzeit eine der bekanntesten politischen Persönlichkeiten Ulms. Als Mitglied der bürgerlichen Kollegien, Landtagsabgeordneter und vielfältig in das Vereinsleben eingebundener Honoratior übte er jahrzehntelang großen Einfluss aus.

In Ellwangen/Jagst und ab 1832 in Ulm aufgewachsen, wo sein Vater bei der Kreisregierung tätig war, besuchte S. in Ulm zunächst die Realanstalt und zuletzt das Gymnasium. Von 1847 bis 1851 studierte er Jura in Tübingen (Mitglied der Burschenschaft Germania, 1850/51 deren Sprecher). Nach kurzer Tätigkeit im württ. Justizdienst, die ihn u. a. als Hilfsrichter an das Oberamtsgericht Balingen führte, ließ er sich 1855 als beim Kreisgerichtshof zugelassener Oberjustizprokurator bzw. Rechtskonsulent in Ulm nieder und war in den folgenden 50 Jahren einer der erfolgreichsten Anwälte.

S. war erst wenige Jahre in Ulm, als er begann, sich politisch zu engagieren. Bereits im Juli 1858 zog er in den Bürgerausschuss ein, der ihn zum Obmann wählte, ebenso wie 1867. 1863 kandidierte er für das Amt des Ulmer Oberbürgermeisters gegen Carl →Heim, erhielt aber nur 69 Stimmen. Unklar ist, ob S. nur ein „Strohmann" war, der Heim eigentlich unterstützte. Im Dez. 1869 im zweiten Anlauf zum Mitglied des Ulmer Gemeinderats gewählt, gehörte er diesem Gremium fast 25 Jahre lang, bis 1893, als einer der profiliertesten Mandatsinhaber an. Zunächst bei der Fortschrittspartei aktiv und 1865 Mitgründer des Ulmer Volksvereins, wurde S. 1862 für die Volkspartei gegen Philipp Ludwig →Adam in den Landtag gewählt (21., 22. und 23. LT) und war bis 1868 Mitglied der Württ. Kammer der Abgeordneten (WK Ulm Stadt): Schriftführer im Vorstand der Kirchen- und Schulkommission, Mitglied der Verfassungskommission und der Militärkommission. Bei der Neuwahl des Landtags 1868 verzichtete S. auf eine Kandidatur. 1866 hatte er sich als Parteigänger der kleindeutschen Nationalliberalen bekannt, im Herbst 1866 war S. unter den Mitgründern der nationalliberalen Deutschen Partei (DP) in Württemberg und gehörte als Ulmer Vertreter mit Wilhelm →Lödel dem ersten Landeskomitee der Partei bzw. später dem Landesausschuss an. 1870 erklärte sich S. im WK Ulm Stadt auf Betreiben des Oberbürgermeisters Carl Heim erneut zur Landtagskandidatur gegen Eduard →Pfeiffer bereit, zog die Zusage jedoch zurück, nachdem sich die Ulmer Nationalliberalen mehrheitlich für Pfeiffers Kandidatur ausgesprochen hatten. Nach 1870 spielte die DP zwei Jahrzehnte lang eine wichtige politische Rolle in Württemberg, verlor dann aber rasch an Rückhalt. Auf Regional- und Landesebene war S. eine innerparteilich bestimmende Figur.

S., eines der führenden Mitglieder der Ulmer Honoratiorenschaft, stand in den letzten Jahrzehnten seines Lebens politisch im konservativen bzw. rechtsliberalen Lager. 1863 Gründungsmitglied der Gewerbebank Ulm, war S. auch als Sekretär der Ulmer Handels- und Gewerbekammer aktiv, daneben seit 1868 als Mitglied des Münsterbaukomitees und von dessen Finanzsektion sowie des ev. Kirchengemeinderats der Münsterpfarrei und als Mitglied des Vereins für Kunst und Altertum in Ulm und Oberschwaben. Im Aug. 1870 zählte S. zu den Unterzeichnern des öffentlichen Aufrufs zur Gründung eines Hilfsvereins für kriegsverwundete Soldaten. Im Febr. 1900 stiftete S. mit seiner Ehefrau die von Carl →Federlin geschaffene Ezechiel-Skulptur im Mittelschiff (erster Freipfeiler der Südseite von unten) des Münsters. Auf dem ebenfalls 1900 im Münster angebrachten Kaiserfenster (Glasmalerei von Professor Linnemann, Frankfurt/Main) ist S. zwischen Konrad Dieterich

→Haßler und Carl von Heim zu sehen. – 1889 Ritterkreuz I. Kl. des Friedrichsordens; 1894 Ritterkreuz des Württ. Kronordens.

Q   StadtA Ulm, G 2 – ebd., H Waibel: Raimund WAIBEL, Mitglieder in Gemeinderat und Bürgerausschuss 1800-1899, Typoskript, S. 27.
L   Ih 2, S. 757 – RIECKE, Verfassung und Landstände, S. 51 – Wilhelm LANG, Die Deutsche Partei in Württemberg. Festschrift zur Feier des fünfundzwanzigjährigen Bestandes der Partei 1866-1891, Stuttgart 1891, S. 25, 111 – HARTMANN, Regierung und Stände, S. 41, 70 – HStHb Württemberg 1901, S. 41, 87, 190 – Hauptregister, S. 653 – SK vom 17. VIII. 1909 und vom 19. VIII. 1909 – Württ. Jahrbücher 1909, S. IV – RAPP, Württemberger, S. 96, 186 – LOTTER, Schall, S. 10 f. – GIES, Leube, S. 102 – UBC 2, S. 82, 134, 194, 225, 247, 413, 509, 561 – UBC 3, S. 175, 243, 395, 515 f. (Bild) – SCHMIDGALL, Burschenschafterlisten, S. 90, Nr. 1086 – BRANDT, Parlamentarismus, S. 171, 703, 714, 774 f. – PHILIPP, Germania, S. 74, Nr. 1086 – SPECKER, Ulm im 19. Jahrhundert, S. 73, 208, 219, 226, 321 – WAIBEL, Gemeindewahlen, S. 344, 350, 352 ff. – RABERG, Biogr. Handbuch, S. 773 f. – DVORAK I,5 (2002), S. 194 (Bild) – NANNINGA, Wählen, S. 367.

Schall, *Sixt[us] Jakob Friedrich* (von), * Lauffen/Neckar 21. Nov. 1789, † Ulm 22. März 1877, ⛫ ebd., Alter Friedhof, ev.
Vater   Johann Carl Friedrich Schall[509], Mag., * Ludwigsburg 12. XII. 1754, † Dürrmenz 29. oder 30. VIII. 1811, 1785-1803 Diakon in Lauffen, ab 1803 Stadtpfarrer und Spezialsuperintendent (Dekan) in Dürrmenz, S. d. Cafetiers Johann Michael Schall in Ludwigsburg u. d. Maria Ursula Keiler.
Mutter   Christiane Euphrosine Kapff, * Lorch 9. VIII. 1762, † Schorndorf 3. III. 1833.
10 K, davon erreichten 8 das Erwachsenenalter, darunter Carl Friedrich Schall[510], Mag., * Lauffen/Neckar 21. III. 1788, † Stuttgart 9. VII. 1857, 1811-1814 Präzeptor in Bietigheim, 1814-1824 dsgl. in Schorndorf, 1824-1853 Professor am mittleren Gymnasium in Stuttgart, ∞ Louise Wagenmann.
∞ Schwäbisch Hall 24. XI. 1823 *Johanna* Sibilla Egner, * 24. IV. 1799, † Ulm 20. III. 1877, T. d. Johann Ludwig Egner, * Schwäbisch Hall 25. III. 1755, † ebd. 29. Nov. 1811, Ziegler und Gutsbesitzer in Schwäbisch Hall, u. d. Maria Sibilla Leonhard, * 13. I. 1766, † 17. Okt. 1832.
10 K, davon erreichten 7 das Erwachsenenalter Wilhelm Friedrich Schall, * Schwäbisch Hall 4. III. 1824, † Neapel 30. III. 1861; Johanna Luise Schall, * Ellwangen 17. IV. 1825, † 1. XII. 1899; Christiane Pauline Schall, * Ellwangen 7. V. 1826, † 1. X. 1896, ∞ Ulm 11. VII. 1852 Gustav Theodor Goll, * Biberach an der Riß 5. II. 1822, † 13. III. 1879, Oberamtmann von Ehingen und Leonberg; *Carl* Ludwig →Schall, Oberjustizprokurator und Gemeinderat in Ulm, MdL; *Wilhelm* Heinrich Schall, * Ulm 27. XI. 1829, † Dürrmenz 3. I. 1882, Amtsnotar in Dürrmenz, ∞ Rosine Magdalene *Friederike* Rückert, * Öhringen 17. VII. 1834, T. d. Johann Adam Rückert, * Öhringen 22. VIII. 1801, † Tübingen 29. I. 1887, Schneider, Privatier in Öhringen, u. d. Anna Magdalene Rollhaus, * Ulm 8. IV. 1802, † Öhringen 8. XII. 1872; Marie Caroline Schall, * 19. I. 1831, † 26. I. 1844; Charlotte *Emilie* Schall, * Ulm 23. VI. 1832; Ernst Julius Schall, * Ulm 4. III. 1834, † 18. III. 1834; Carl Gustav →*Schall, Kaufmann in Ulm; Sophie Louise Schall, * 14. VI. 1838, † 29. XII. 1839.

S. ist weniger wegen seiner respektablen, aber unspektakulären Beamtenlaufbahn erwähnenswert als wegen der Tatsache, dass er nach seiner Versetzung nach Ulm den Zweig der „Ulmer Schall" gründete.

Aufgewachsen in Lauffen am Neckar und Dürrmenz, studierte S. Regiminalwissenschaften in Tübingen und trat nach den Staatsprüfungen in den Dienst der württ. Innenverwaltung. Nach Einrichtung der Kreisregierungen 1817/18 war er Assessor mit Titel Regierungsrat bei der Regierung des Jagstkreises in Ellwangen/Jagst. 1832 wechselte S. als Regierungsrat zur Regierung des Donaukreises in Ulm, wo er bis zu seiner Pensionierung Mitte der 1850er Jahre wirkte. S. wurde gemeinsam mit seiner ihm um zwei Tage im Tod vorausgegangenen Ehefrau am 23. März 1877 auf dem Alten Friedhof bestattet.

L   FABER 11, § 66 – LOTTER, Schall (1913), S. 5 ff. – UNGERICHT, S. 86-88.

Schanz, *Albert* Konrad, * Neu-Ulm 25. Aug. 1909, † Ulm 4. Jan. 2007, ⛫ ebd., Hauptfriedhof, 10. Jan. 2007, ev.
Vater   Max Schanz, Arbeiter.
Mutter   Anna Barbara Nagel.
∞ Ulm 31. XII. 1936 Emilie Kaupp.
3 K   Wolfgang Schanz; Elisabeth Dederer; Otmar Schanz.

S. war ein „Urgestein" der Ulmer und Neu-Ulmer Sozialdemokratie, ein kritischer Zeitzeuge und Mahner, der über Jahrzehnte hinweg die Erinnerung an den Kampf der Demokraten in

[509] EBERL, Klosterschüler II, S. 109, Nr. 789.
[510] EBERL, Klosterschüler II, S. 1135.

der „Weimarer Republik" um die Bewahrung des Staates und an die Schrecken der NS-Zeit aufrecht erhielt.

Als ganz junger Mann trat S. Mitte der 1920er Jahre – die Angaben schwanken zwischen 1923 und 1925 – der SPD bei, der er bis zu seinem Lebensende, also gut 80 Jahre lang, angehörte. 1930 ging S. für einen Familienvater, der wegen einer Handgreiflichkeit mit einem SA-Mann zu einer Haftstrafe verurteilt worden war, ins Gefängnis. 1933 verließ er aus Protest einen Demonstrationszug der Nationalsozialisten. Im Herbst 1934 zog S. auf den Ulmer Kuhberg. Seit 1968 war S. als Nachfolger des verstorbenen Hans Amann Vorsitzender des Kuhbergvereins, dessen Mitglied er seit 1951 war. Zuletzt war S. Leiter von dessen Seniorenabteilung. Daneben engagierte er sich als Ulmer Kreisvorsitzender der Arbeiterwohlfahrt, als Mitglied des Prüfungsausschusses für Kriegsdienstverweigerer und als Schöffe beim Landgericht Ulm. S. genoss bis ins hohe Alter eine ausgezeichnete Gesundheit, die ihn in die Lage versetzte, noch als 70-Jähriger mit einem seiner Söhne das 4.200 Meter hohe Breithorn bei Zermatt zu besteigen. Nach einem Schlaganfall kurz vor seinem 95. Geburtstag lebte S. im AWO-Seniorenheim Neu-Ulm. Bei seiner Beerdigung hob u. a. Ulms Oberbürgermeister Ivo Gönner S.s Verdienste hervor.

Q   StadtA Neu-Ulm, A 9 – StadtA Ulm, G 2.
L   Anke SCHMITT, Sozialer Demokrat vom Kuhberg. Albert Schanz wird 95 Jahre alt, in: SWP Nr. 196, 25. VIII. 2004 (Bild) – Albert Schanz gestorben, in: SWP Nr. 6, 9. I. 2007 (Bild) – DZOK-Mitteilungen Heft 47/Juni 2007, S. 26 (Bild).

Scharff, *Edwin* Paul, * Neu-Ulm 21. März 1887, † Hamburg 18. Mai 1955, ⬚ ebd., Friedhof Ohlsdorf, kath.

Vater *Franz* Xaver Scharff, * Bamberg 4. VI. 1841, ab 1877 Stadtsekretär, zuletzt Magistratsobersekretär in Neu-Ulm, S. d. Schuhmachers Heinrich Scharff u. d. Elisabeth Macker. Mutter Emma Bäuerle, * Rothenburg ob der Tauber 26. III. 1853, T. d. Bäuerle, Verleger und Buchhändler. 5 Halb*G* aus I. Ehe des Vaters, 7 *G* Franz Scharff, * Zusmarshausen 7. XII. 1873; Hedwig Scharff, * Neu-Ulm 17. VIII. 1877; Laura Scharff, * Neu-Ulm 6. V. 1879; Oskar Scharff, * Neu-Ulm 30. IX. 1888, Architekt; Gisela Scharff, * Neu-Ulm 28. V. 1890; Alfred Scharff, * Neu-Ulm 17. XI. 1891, † gefallen 1914; Emil Scharff, * Neu-Ulm 17. VII. 1895, † ebd. 27. VIII. 1895. ∞ 1919 *Helene* (genannt Ilonka) Ritscher, * 1888, † 1964, Schauspielerin am Burgtheater in Wien.

2 *K*   Peter Scharff, * München 1922, Filmarchitekt und Kunstmaler in München; Tetta →Hirschfeld-Scharff.

Mit Wilhelm Lehmbruck, Ernst Barlach und Georg Kolbe gilt S. als einer der bedeutendsten deutschen Bildhauer der ersten Hälfte des 20. Jahrhunderts. Neu-Ulm ist sehr stolz auf einen seiner größten Söhne, auch wenn S. die Stadt schon als junger Mann verließ und nicht durchweg gut über sie sprach. Doch anders als viele andere in Neu-Ulm geborene Künstler blieb er seiner Vaterstadt verbunden und schuf u. a. die Brunnenplastik „Männer im Boot" (1953), die auf der von Hans →Bühler geschaffenen Brunnenstele am Rathausplatz posthum aufgestellt wurde. Nach S. ist das Edwin Scharff Museum am Petrusplatz benannt, wo in der Dauerausstellung sein Werk den Menschen nahegebracht wird, wie auch zuletzt in der Ausstellung „Edwin Scharff. Die Weite seines Himmels. Stationen und Weggefährten eines deutschen Künstlers der Moderne" (11. Sept. bis 13. Nov. 2005). Er ist Teil des Neu-Ulmer Selbstverständnisses als moderne prosperierende Stadt.

S. kam im alten Schulhaus, Ludwigstraße Nr. 4, in der Dienstwohnung seines als Stadtsekretär in Neu-Ulm tätigen Vaters zur Welt. Er wuchs in bescheidenen, manche sagen ärmlichen Verhältnissen auf. Überliefert ist S.s frühzeitiges Interesse am

Zeichnen und Malen. Nach Abschluss der Realschule schrieb er sich, erst 15 Jahre alt und gegen den Willen des Vaters, aber mit Unterstützung seiner Mutter, als Architekturstudent an der Kunstgewerbeschule in München ein. An Neu-Ulm scheint er ausweislich späterer Äußerungen zumindest zur damaligen Zeit eher negative Erinnerungen und Eindrücke gehegt zu haben. Er fühlte sich dort eingeengt. 1904 wechselte er an die Kunstakademie München, wo er Schüler von Ludwig Herterich und Gabriel Hackl war. 1907 erhielt der erfolgreiche Student den Rompreis der Akademie und ein Reisestipendium, mit dem er Reisen nach Frankreich, Spanien und Italien finanzierte. Er sah Paris, Madrid, Toledo und Florenz, versuchte sich dort auch in Naturzeichnen und Gebrauchsgraphik, kopierte Werke von Grünewald, El Greco und Velazquez.

In München verarbeitete er seine Reiseeindrücke, schuf einige große Gemälde und hatte besonders mit der 1907 entstandenen „Brücke von Toledo" einigen Erfolg, der sich auch in lobenden Erwähnungen in der Presse niederschlug. S. war in der Zeit vor dem Ersten Weltkrieg auf der Suche nach seinem eigenen Stil und konzentrierte sich unter dem Eindruck der Bildhauer der Renaissance sowie der Werke Auguste Rodins, die er in Paris gesehen hatte, verstärkt auf die Bildhauerei, die er autodidaktisch erlernte. Seit 1912 entstanden mehrere Skulpturen; die Großskulptur „Junger Athlet" (1913) ist heute im Innenhof des Edwin Scharff Museums aufgestellt. 1913 gehörte S. zu den Mitgründern der Neuen Sezession in München. Der Erste Weltkrieg durchkreuzte viele seiner Pläne und verstörte den jungen Künstler, der sich im „Selbstporträt als Soldat" selbst malte. 1914 schuf er eines seiner ersten Bronzeporträts, das seinen im Krieg gefallenen jüngeren Bruder Alfred zeigt. Auch S. wurde an der Front schwer verletzt und war ein Jahr lang im Lazarett.

Die in München außerordentlich bewegte und gewalttätige Revolutionszeit 1918/19 veranlasste S. zu politischer Aktivität. Er engagierte sich im „Künstlerrat" und im „Roten Arbeiterausschuss", was ihm später, in der NS-Zeit, angelastet wurde. Auch die Eheschließung mit der ungarischen Schauspielerin und Jüdin Helene Ritscher bereitete der Familie später Probleme.

Seit 1923 lehrte S. als Professor an der Hochschule für Bildende Künste in Berlin. S. widmete sich verstärkt der Plastik, modellierte wichtige zeitgenössische Künstler wie Lovis Corinth und Max Liebermann (beide 1923) oder den Schriftsteller Heinrich Mann und entwarf Denkmäler. Er arbeitete nicht nur mit Bronze, sondern auch mit Marmor; die Skulpturen „Pastorale", die „Hockende" und die „Parze" sind ebenfalls in Neu-Ulm zu sehen. S. feierte in seiner Berliner Zeit große Erfolge und erhielt z. B. den ehrenvollen Staatsauftrag, eine Büste des Reichspräsidenten Paul von Hindenburg zu fertigen. S. avancierte 1927 zum stv. Präsidenten des Deutschen Künstlerbundes, für den er 1929 das Signet „Männer im Boot" schuf, welches sich als vieldeutiges Leitmotiv seines künstlerischen Schaffens erweisen sollte. Als Großskulpturen sind die „Männer im Boot" am Hamburger Schwanenwik (Außenalster) und auf dem Neu-Ulmer Rathausplatz (seit 1969) aufgestellt.

Im Herbst 1930 stellte der Ulmer Kunstverein im Schwörhaus Werke und Entwürfe von S. aus. 1931 wurde S. u. a. mit Otto Dix, Ernst-Ludwig Kirchner und Emil Nolde als Mitglied der Preuß. Akademie der Künste berufen. Am 17. Juli 1932 wurde das von S. geschaffene Ehrenmal für die Gefallenen des Ersten Weltkriegs auf der Donauinsel in Neu-Ulm feierlich eingeweiht. Nach der NS-Machtübernahme geriet S. aus politischen Gründen, aber auch auf Grund seines künstlerischen Schaffens und seiner jüdischen Ehefrau in Schwierigkeiten. Man legte ihm seine politische Tätigkeit im Münchner „Künstlerrat" zur Last, den fehlenden „Ariernachweis" seiner Ehefrau und die angebliche Vernachlässigung seiner Schüler an der Landeskunstschule.

Zum 1. Nov. 1933 erfolgte S.s Zwangsversetzung an die Düsseldorfer Akademie, seine Werke durften nicht mehr öffentlich gezeigt werden. Er versuchte durch die Mitgliedschaft in der NSDAP, die Gefahr für seine Frau und die Kinder sowie den wirtschaftlichen Ruin abzuwenden, wurde aber 1938 wieder ausgeschlossen. 1939 schied S. unter Druck aus der Düsseldorfer Akademie aus und wurde in den Ruhestand versetzt. 1937 waren drei seiner Werke in der „Schandschau" Entartete Kunst in München zu sehen gewesen. 1940 wurde S. aus der Reichskammer der Bildenden Künste ausgeschlossen. Ungeachtet des Arbeitsverbots erhielt S. weiterhin Aufträge, vor allem aus kirchlichen Kreisen, die er auch erfüllte. So schuf er im Auftrag des Pfarrers Augustinus Winkelmann für die Kirche in Marienthal bei Wesel einen Taufstein und ein Predigtpult.

Kurz vor Kriegsende verwüsteten SS-Schergen sein Atelier und zerstörten zahlreiche Modelle. Nach dem Krieg erfolgte Mitte 1946 S.s Berufung an die Hamburger Landeskunstschule. Mit seiner Marienthaler Kirchentür, die von 1945 bis 1949 entstand, bewirkte S. geradezu eine Renaissance bronzener Türen in der frühen Bundesrepublik. S., der u. a. Mitglied der Preuß. Akademie der Künste, der Bayer. Akademie der Schönen Künste, der Hamburger Freien Akademie der Künste und der Hamburger Sezession war, konnte im Gegensatz zu manch anderem Kollegen nach Kriegsende wieder an die Erfolge vor 1933 anknüpfen und seine Position als einer der bedeutendsten deutschen bildenden Künstler des 20. Jahrhunderts weiter ausbauen. Von den Figuren, die er nach 1945 schuf, vermachte er die „Pandora" seiner Heimatstadt Neu-Ulm. Zuletzt war er mit der Neugestaltung des Jungfernstiegs in Hamburg beschäftigt, starb aber vor deren Abschluss.

Q   StadtA Neu-Ulm, D 12, IV.6. – StadtA Ulm, G 2.
L   UBC 2, S. 551 – Kurt PFISTER, Edwin Scharff (Junge Kunst, Band 10), Leipzig 1920 [mit einem autobiographischen Text von S.] – P. F. SCHMIDT, Edwin Scharff, Berlin, in: Deutsche Kunst und Dekoration 61, Darmstadt 1927/28, S. 433 f. – VOLLMER 4, S. 174 ff. [mit zahlreichen Literaturangaben] – Edwin Scharff. Gedächtnisausstellung, Düsseldorf 1957 (Ausstellungskatalog) – Edwin Scharff und seine Schüler. Mit Texten von Edwin SCHARFF, Heinz SPIELMANN u. a. (Hamburger Künstlermonographien zur Kunst des 20. Jahrhunderts, hg. von der Lichtwark-Gesellschaft, Band 4), Hamburg 1976 – Barbara TREU, Edwin Scharff, Die plastischen Werke (Ausstellungskatalog), Neu-Ulm 1979 – Eduard OHM, Neu-Ulm – ein elendes Nest voll Spießer und Soldaten (Neu-Ulmer Geschichten 44), in: NUZ vom 8. III. 1986, S. 29 – DERS., Aus Neu-Ulmer Geschichten. Die schwäbischen Wesenszüge des Künstlers Scharff (Neu-Ulmer Geschichten 46), in: NUZ Nr. 78, 5. IV. 1986 – Gottfried SELLO, Edwin Scharff, Hamburg 1956 – OHM, Augenblicke, S. 90-94 – Edwin Scharff Retrospektive. Skulpturen - Gemälde - Aquarelle - Zeichnungen - Graphik. Zum 100. Geburtstag des Künstlers, Bremen 1987 – TREU, Neu-Ulm, S. 561-563 (Bild) – TEUBER, Ortsfamilienbuch Neu-Ulm II, Nr. 4021 – GBBE 3 (2005), S. 1701 – KLEE, Kulturlexikon, S. 515 – http://matrikel.adbk.de, Nr. 02789.

Scharffenstein (seltener: Scharfenstein), Georg Friedrich (von), * Montbéliard (früher Mömpelgard)[511], 13. Sept. 1758 (nicht 13. Dez. 1760!, wie in der Literatur durchweg angegeben), † Ulm 11. Feb. 1817, ev.
Vater   David Nikolaus Scharffenstein, † 11. I. 1770, Goldschmied und Mitglied des Magistrats.
Mutter   Madeleine Brandt.
∞ Besigheim 4. IX. 1804 Wilhelmine Kornacher, * 1778, † Heilbronn/Neckar 1. XII. 1848, T. d. Georg Christian Kornacher, Bürgermeister in Heilbronn/Neckar.

Der Jugendfreund Friedrich Schillers beendete seine dienstliche Laufbahn beim Militär als württ. Gouverneur in Ulm. Obwohl er nur wenige Jahre mit Ulm verbunden war, verdient seine Biographie im Rahmen dieses Lexikons Beachtung auch auf Grund seiner aus der Zeit in der Hohen Carlsschule rührenden Kontakte zu zahlreichen maßgeblichen Persönlichkeiten aus der Frühzeit des Königreichs Württemberg. Wie viele andere Zöglinge der von Herzog Carl Eugen zunächst als „Pflanzschule" auf der Solitude gegründeten Akademie zählte S. zur Führungselite des erst 1806 zum Königreich aufgestiegenen Landes

511 Kam 1793 an Frankreich.

Württemberg. Der umfassend gebildete, sich auch künstlerisch betätigende, die Zeitläufte kritisch verfolgende und analysierende Offizier, dessen vornehme Art ebenso wie seine Humanität wiederholt gewürdigt wurden, gehört ohne Frage zu den interessantesten Persönlichkeiten im Württemberg des beginnenden 19. Jahrhunderts.

S. entstammte einer angesehenen Handwerkerfamilie in Mömpelgard, wo er aufwuchs und seine erste Schulbildung erhielt. Im Sommer 1771 warb Herzog Carl Eugen von Württemberg bei einem Besuch in Mömpelgard 24 Knaben für seine neue militärische Pflanzschule auf der Solitude, die spätere Hohe Carlsschule. Unter ihnen war auch der vaterlose S., der am 29. Aug. 1771 als Militärzögling offiziell eintrat. Mit dem zwei Jahre später eintretenden Friedrich Schiller trat er in engen freundschaftlichen Kontakt; man diskutierte im Kreis um Schiller, dem u. a. Albrecht Friedrich Lempp und S.s Mömpelgarder Landsmann Friedrich Boigeol angehörten, über Lyrik, versuchte sich selbst im Dichten – er war u. a. Mitarbeiter bei der „Anthologie" – und kompensierte damit zum Teil die bedrückenden Umstände des Lebens in der Carlsschule. 1776 erlitt die Freundschaft zu Schiller einen Bruch, der S.s spöttischer Kritik an Schillers frühem Werk, das er nur als Nachahmung empfand, zurückzuführen war. S. nahm das Zerwürfnis persönlich schwerer als Schiller. Später gab es wieder eine Annäherung zwischen den beiden Schülern, gemeinsam schrieb man Gedichte und suchte nach Veröffentlichungsmöglichkeiten. Die alte Vertrautheit kehrte jedoch nicht zurück.

Der gelehrige junge Mann gewann an der Carlsschule wiederholt Preise und wurde Ende 1777 zum Leutnant im Inf.-Rgt. von Stain befördert. Am 15. Dez. 1778 schied S. als Leutnant im Inf.-Rgt. von Gabelenz, das in Cannstatt und Waiblingen stand, aus der Carlsschule aus. 1782 wurde sein Regiment nach Stuttgart verlegt, der Kontakt zu Schiller konnte wieder geknüpft werden. Man verstand sich wieder so gut, dass S. den Dichter bei dessen Flucht nach Mannheim unterstützte. S. wurde zum 1. Okt. 1782 zum auf dem Hohenasperg stationierten Inf.-Rgt. von Scheler versetzt, wo er zum Bewachungspersonal des dortigen Staatsgefängnisses gehörte. Dort lernte S. den Dichter Christian Friedrich Daniel Schubart (1739-1791) kennen, der als Kritiker des Herzogs und der Franziska von Hohenheim nach dem Verlassen Ulms auf württ. Gebiet 1777 festgenommen worden war. S. bezeichnete ihn als seinen *ersten Freunde [...], ein Genie, glühend und herzig*, als seinen *Seelenbruder*. Man schätzte sich gegenseitig, und S. fertigte 1784 sogar ein Elfenbeinminiatur-Bildnis von Schubart, das dieser an seine Ehefrau schickte. Auch Schiller wurde von S. porträtiert.

Ende 1793 wurde S. als Hauptmann zur neu gegründeten Landmiliz versetzt und war zunächst beim 6. Bataillon in Calw, dann beim 5. Bataillon in Ludwigsburg stationiert, ehe er am 19. Mai 1794 zum Kommandanten des 19. Bataillons und Chef der 1. Kompanie in Kirchheim/Teck avancierte. Dort organisierte S. seine Einheit, unterstützt von seinem Freund von der Carlsschule, dem Kirchheimer Oberamtmann Albrecht Friedrich Lempp, in vorbildlicher Weise. Noch vor Auflösung der Landmiliz im Dez. 1799 erfolgte im Okt. 1799 S.s Ernennung zum Kommandanten der neu gebildeten Jägerkompanie in der Garde zu Fuß, nach dessen Flucht im Jan. 1800 nach Vaihingen/Enz verlegt wurde. S.s weitere Laufbahn war geprägt von den Kriegen zunächst gegen das revolutionäre Frankreich, später an dessen Seite und zuletzt wieder gegen Napoleon. 30. April 1803 Oberstwachtmeister (Major), 1. Juni 1804 als Bataillonskommandeur zum Musketierbataillon von Seckendorff versetzt, 4. Aug. 1806 Oberstleutnant, 6. Nov. 1806 Oberst, 1. Dez. 1806 Personaladel, Dez. 1807 Generalmajor, Sept. 1808 Kommandeur der 3. Inf.-Brigade. Im Sept. 1809 wurde S. zum Chef eines neu gebildeten Inf.-Rgts. Nr. 8 ernannt, das nach ihm benannt war und zu dem u. a. auch Friedrich Gottlob (von) →Arnold gehörte, der spätere Infanterieoberst in Ulm.

S. schied zum 7. Juni 1811 unter Verleihung des Charakters als Generalleutnant mit Ruhegehalt aus dem aktiven Heeresdienst aus und wurde zum Gouverneur von Heilbronn/Neckar ernannt, von wo er am 22. Nov. 1813 in gleicher Eigenschaft nach Ulm wechselte, wo er die Nachfolge des ersten württ. Gouverneurs dort, des Johann Ludwig Carl Friedrich von →Hayn, antrat. S. übte dieses Amt in unruhiger Zeit aus, die napoleonischen Kriege neigten sich dem Ende zu, Einheiten mussten ausgehoben und in Marsch gesetzt bzw. 1814/15 nach dem Sturz des französischen Kaisers wieder „abgebaut" werden. S. empfand es als persönliche Zurücksetzung, an den Feldzügen der Jahre 1814/15 nicht teilnehmen zu dürfen.

Neben dem Oberamtmann und dem Landvogt höchster Repräsentant der (seit 1810) neuen württembergischen Landesherrn, hatte S. in dem von reichsstädtischem Stolz erfüllten Ulm keinen leichten Stand. Schwer erkrankt, musste S. wiederholt Bad Überkingen aufsuchen, um Erleichterung für sein Hautleiden und die Brustbeschwerden zu suchen. Schließlich musste er um Enthebung vom Amt des Gouverneurs bitten, die am 16. Dez. 1816 gewährt wurde. Wenig später erlag er, 58-jährig, seiner Krankheit. S.s Briefwechsel mit seinem Mitschüler an der Hohen Carlsschule, Albrecht Friedrich Lempp, ist eine wichtige zeitgeschichtliche Quelle. Gleiches gilt für seine Lebenserinnerungen, die in der Württ. Landesbibliothek Stuttgart (Handschriftenabteilung) verwahrt werden. – 1807 Kreuz und 1809 Großkreuz der französischen Légion d´honneur; 1807 Kommandeurkreuz und 1809 Großkreuz des Württ. Militärverdienstordens.

Q   Schriftliche Mitteilungen von Herrn Dr. Dipl.-Ing. Werner Gebhardt, Esslingen-Berkheim.
W   Jugenderinnerungen eines Zöglings der hohen Karlsschule, in: Morgenblatt für gebildete Stände, 7. bis 9. III. 1837.
L   In 2, S. 758 – WAGNER, Hohe Carlsschule I, Nr. A 332 [weitere Nennungen im Alphabetischen Personal-Register ebd. III, S. 197] – Julius HARTMANN, Schillers Jugendfreunde, Stuttgart-Berlin 1904, S. 158 – Werner FLEISCHHAUER, Das Bildnis in Württemberg 1760-1860. Geschichte, Künstler und Kultur, Stuttgart 1939, S. 63 – Schwäb. Lebensbilder V (1940), S. [89]-106 (Hermann NIETHAMMER, mit weiterer Literatur) – Württembergisches Landesmuseum Stuttgart u. a. (Hgg.), Ausstellung „Die Hohe Carlsschule" 4. Nov. 1959 bis 30. Jan. 1960, Stuttgart 1959, S. 98, 147, 163 – Peter-André ALT, Schiller. Leben - Werk - Zeit. Eine Biographie, München 2000, 2 Bände, Band 1, S. 85, 90, 94, 98-101 u. ö. – BREITENBRUCH, Briefwechsel Schubart, mehrere Nennungen (vgl. Register S. 438).

Scheerer, Friedrich, * Ulm 2. März 1866, † Neu-Ulm 7. Jan. 1917, ev.
Vater   Friedrich Scheerer, Kaufmann in Ulm.
Mutter   Wilhelmine Ricker.
∞ Neu-Ulm 3. X. 1892 Maria Mayser, * Ulm 2. IV. 1870, T. d. Friedrich →Mayser u. d. Anna Katharina Autenrieth.
1 K   Maria Katharina Wilhelmine Scheerer, * Neu-Ulm 26. VII. 1895, ∞ Neu-Ulm 17. IX. 1918 Karl Ferdinand Robert Reischach[512], * Leipheim 4. V. 1893, Bankbeamter in Neu-Ulm, S. d. Karl Franz Reischach, Kaufmann in Ulm, u. d. Johanna Berta Emma Bundschuh.

S. war in der späten Kaiserzeit eine der einflussreichsten Persönlichkeiten Neu-Ulms.

Der aus einer Ulmer Kaufmannsfamilie stammende S. machte sich nach der kaufmännischen Lehre um 1890 als Großkaufmann in Neu-Ulm selbstständig. Der rastlose und tatkräftige S. betätigte sich daneben auch politisch. Von 1909 an gehörte S. dem Stadtmagistrat an und übernahm die Verwaltungsaufsicht über das Städtische Krankenhaus sowie über das Stadtstift (Pfründenanstalt), eine Anstalt, in die *jede Person, ohne Rücksicht auf die Heimatzugehörigkeit gegen Einzahlung einer entsprechenden Summe und soweit Raum vorhanden ist, auf Wunsch aufgenommen werden konnte.* Er gehörte der ev. Kirchenverwaltung Neu-Ulms an. Ab 1904 war er Vorstandsmitglied der von ihm mitgegründeten Sektion Ulm/Neu-Ulm des Bayerischen Kanalvereins. Sein überraschender Tod im Alter von kaum 51 Jahren löste beiderseits der Donau Trauer und Betroffenheit aus.

L   Adreßbuch Ulm/Neu-Ulm 1910, Zehnte Abteilung, S. 65 f. – BUCK, Chronik Neu-Ulm, S. 102, 254 – UBC 3, S. 315 – UBC 4, S. 113 (Bild) – TEUBER, Ortsfamilienbuch Neu-Ulm II, Nr. 4041.

Scheffbuch, *Daniel* Konrad, * Stuttgart 8. April 1869, † Ulm 24. Jan. 1957, ev.
Vater   Johann Daniel Scheffbuch.
Mutter   Luise Schober.
∞ *Lina* Babette Rosine Schaffert.
2 K.

S. war in der ersten Hälfte des 20. Jahrhunderts einer der bemerkenswertesten Ulmer Schulmänner.

S. besuchte nach der Stuttgarter Bürgerschule das Lehrerseminar in Nürtingen, wo er 1895 die II. Dienstprüfung bestand. Anschließend war er Lehrer an der Präparandenanstalt in Esslingen/Neckar, bevor er 1897 als Lehrer an die Volksschule (Knabenmittelschule) Ulm versetzt wurde, wo 1899 die Ernennung zum Mittelschullehrer erfolgte. 1905 wechselte S. als Oberlehrer an das Lehrerseminar Künzelsau, 1911 in gleicher Funktion an das Lehrerseminar Esslingen/Neckar. 1914 wurde S. zum Bezirksschulinspektor und Leiter des neu errichteten Bezirksschulamts Rottweil ernannt. 1920 wechselte S. als Nachfolger des pensionierten Schulrats Dr. Wilhelm →*Weber als Vorstand des Bezirksschulamts I nach Ulm, wurde zum Schulrat und 1931 zum Oberschulrat ernannt. S. genoss hohes Ansehen und erwarb sich mit der Einrichtung des neuen Grundschulwesens und der Aufstellung der neuen Lehrpläne große Verdienste. Im April 1934 trat S. auf eigenes Ansuchen in den Ruhestand, den er in Ulm verbrachte. Unter seinem Nachfolger Gotthold →Knödler erfolgte die Verschmelzung des katholischen Schulamts und der beiden evangelischen Schulämter Ulm I und Ulm II zu einem Bezirksschulamt.

Q   StadtA Ulm, G 2.
L   Grundbuch der ev. Volksschule ⁵1933, S. 102 – UBC 4, S. 377, 379 (Bild) – Oberschulrat Scheffbuch zum 70. Geburtstag [am] 8. April, in: SK Nr. 83, 7. IV. 1939, S. 5.

Schefold, *Carl (Karl)* Mauritius, Dr. iur., * Erbach 10. Jan. 1845, † Ulm 25. April 1923, kath.
Vater   Eduard Franz Schefold[513], * Biberach 20. X. 1808, † Ehingen 17. IX. 1873, Rentbeamter in Diensten der Freiherren von Ulm-Erbach in Erbach, Rechtskonsulent in Ehingen, 1850 MdL Württemberg, S. d. Johann Franz (von) Schefold[514], * 1750, † 1828, Gutsbesitzer in Biberach, Geheimer Rat, u. d. Maria *Karoline* Widmann, * 1763, † 1838.
Mutter   Catharina Caroline Kolb, * 1816, † 1897.
13 G, davon 8 † früh.
∞ Ida Beiger, 1919 Kandidatin der DDP für die Württ. Verfassunggebende Landesversammlung (Platz 48 Wahlvorschlag).

S. zählte für ein halbes Jahrhundert zu den einflussreichsten und bekanntesten Ulmer Persönlichkeiten. Der Rechtsanwalt und nationalkonservative Politiker war auch im Ulmer Vereinsleben vielfältig verankert.

Der aus einer alten oberschwäbischen Familie stammende S. besuchte Gymnasium und Obergymnasium in Ehingen/Donau. Anschließend studierte er Jura in Tübingen und Heidelberg. Nach den beiden Justizdienstprüfungen trat er in den württ. Justizdienst und war zunächst in Münsingen und von 1869 bis 1872 in Reutlingen beschäftigt. 1870/71 war er im Deutsch-Frz. Krieg Freiwilliger, danach trat er in den Dienst der Militärjustiz und war zunächst Auditeur (Justizassessor) bei der Stuttgarter, später bei der Ulmer Garnison. Im Sommer 1872 kam er als beim Landgericht zugelassener Rechtsanwalt nach Ulm, wo S. zunächst mit Carl →Schall assoziiert war, sich aber später selbstständig machte und einer der gesuchtesten Ulmer Anwälte wurde.

S. engagierte sich für die uneingeschränkt kaisertreuen Nationalliberalen (Deutsche Partei) und war von ca. 1875 bis 1909

---

512 TEUBER, Ortsfamilienbuch Neu-Ulm II, Nr. 3685.

513 RABERG, Biogr. Handbuch S. 778.
514 Ih 2, S. 761.

Vorsitzender des Ulmer Stadtverbandes (zuletzt Ehrenvorsitzender) und des Parteiverbandes für den 14. Reichstagswahlkreis, zu dem Ulm gehörte. Daneben gehörte S. dem württ. Landesausschuss der Nationalliberalen an. Zu den Selbstverständlichkeiten gehörten S.s Redneraufritte bei den Landesversammlungen der Nationalkonservativen, vor allem in Ulm, so am 30. Okt. 1898.

In der Ulmer Kommunalpolitik vermochte S. erst relativ spät Fuß zu fassen, nachdem er im Dez. 1886 in den Bürgerausschuss gewählt worden war, dessen Obmann er allerdings sogleich bis 1888 und wieder 1890/91 war. Im Dez. 1892 bei Ersatzwahlen in den Ulmer Gemeinderat gewählt, erfolgte bei den regulären Wahlen regelmäßig S.s Wiederwahl mit z. T. besten Ergebnissen. Daneben war er stv. Mitglied des Ulmer Bezirksrats. S. übernahm auch die Stellvertretung des Oberbürgermeisters Heinrich von →Wagner. Mit dieser Ernennung kam die besondere kommunalpolitische Stellung S.s zum Ausdruck, die sich schon zuvor in mehreren „Sondermissionen" gezeigt hatte, so etwa im Nov. 1891, als S. gemeinsam mit dem Oberbürgermeister und einer kleinen Abordnung der bürgerlichen Kollegien im Innenministerium wegen der als unhaltbar empfundenen Zustände des „Mohrenkopfübergangs" vorgesprochen hatte. Über Jahrzehnte hinweg gab es kaum eine Entscheidung in der Ulmer Stadtverwaltung, an der S. nicht beteiligt gewesen wäre. Daneben erwies er sich als flammender patriotischer Redner an Gedenktagen wie Kaisers Geburtstag, Reichsgründungstag und bei den Ulmer Sedansfeiern (1. Sept.). Natürlich hielt S. auch bei der Enthüllung des Kriegerdenkmals am Frauentor (9. Aug. 1903) und bei der Einweihung des Teichmannbrunnens (16. Sept. 1909) die Festreden. Er stand in der Öffentlichkeit wie kaum ein anderer Ulmer neben dem Oberbürgermeister.

Bei der Landtagswahl im Dez. 1906 kandidierte S. für das Landtagsmandat für Ulm Stadt und wagte sich, obwohl er unter vier Bewerbern das drittschlechteste Ergebnis erzielt hatte, zwei Wochen später, am 18. Dez. 1906, in die Stichwahl gegen den VP-Kandidaten, Rechtsanwalt Albert →Mayer. Diesem unterlag er mit 2.228 zu 3.359 Stimmen. Nach der Novemberrevolution des Jahres 1918 zog sich S. aus dem öffentlichen Leben zurück, kandidierte auch nicht mehr für den Gemeinderat. Seine Ehefrau schloss sich der linksliberalen DDP an und kandidierte im Jan. 1919 für ein Mandat in der Württ. Verfassunggebenden Landesversammlung. Als er im Alter von 78 Jahren starb, ging eine Ära zu Ende: *Mit ihm ist ein Mann dahingegangen, der in Ulm eine außerordentliche Rolle gespielt hat, und mit allen Geschicken der Stadt im letzten halben Jahrhundert aufs engste verwachsen war* (UBC). – Vorstand des Ulmer Anwaltsvereins; Vorstandmitglied der württ. Anwaltskammer, stv. ständisches Mitglied des Württ. Staatsgerichtshofs; Vorsitzender und zuletzt Ehrenvorsitzender der Ulmer Liedertafel; ab 1900 Vorstand des Gemeindewaisenrates; Mitglied des Vereins für Kunst und Altertum in Ulm und Oberschwaben. – 1893 Ritterkreuz I. Kl. des Friedrichsordens; Silberne Jubiläumsmedaille; 1923 Benennung der früheren Kasernenstraße in Ulm nach S.

Q StadtA Ulm, G 2.
W Der zivilrechtliche Inhalt der Reichsversicherungsordnung, in: WZRV V (1912), Nr. 1, S. 89, und WZRV VI (1913), Nr. 2, S. 31-36.
L Ih 2, S. 761 – SK Nr. 95/1923 – SK Nr. 98/1923 – Württ. Jahrbücher 1923/24, S. XII – UBC 2, S. 297, 413, 483, 507, 561 – UBC 3, S. 11 f., 57, 104, 156, 181, 245, 297 f., 301, 374, 445, 492, 540 – UBC 4, S. 1, 2 (Bild), 5, 135, 135 (Bild), 211 – Max SCHEFOLD, Familiengeschichte der Schefold. Markdorfer und Buchauer Stamm (masch.), 1933, S. 69 ff. – WAIBEL, Gemeindewahlen, S. 367 – DANNENBERG, Selbstverwaltung, S. 113 f.

Schefold, Eduard Gustav (von), * Ehingen/Donau 8. Nov. 1856, † Ulm 30. März 1937, ev.
Eltern und G siehe Carl →Schefold.
∞ Ulm 21. VII. 1887 Anna Maria Schall, * Ulm 9. IV. 1866, T. d. Carl Gustav →Schall.

5 K   Karl Gustav →*Schefold; Eberhard Otto Schefold, * Ulm 6. VIII. 1890, † gefallen Miraumont 4. VIII. 1916, Kgl. Württ. Oberleutnant, ∞ Ulm 4. VIII. 1914 Eleonore (Ella) Karoline Haas, * Kleinheubach/Main 21. VII. 1894, T. d. Wilhelm Haas, Dr. med., Arzt in Wertheim/Main, u. d. Else Bauer; Gertrud Schefold, * [Köln-]Deutz 2. III. 1893, ∞ Ulm 4. X. 1913 Herbert →Maisch, Theater- und Filmregisseur; Eduard Wilhelm (Willy) →Schefold; Max Erich →Schefold.

S. war der wohl bekannteste Militär aus der Ulmer Familie Schefold. Als Pionier-Offizier war er eine weit über die Grenzen Ulms hinaus bekannte Persönlichkeit.
1871 als einer der letzten württ. Kadetten in die Kadettenanstalt Ludwigsburg aufgenommen, avancierte er 1875 zum Leutnant beim Württ. Pionierbataillon Nr. 13 in Ulm. 1879 zur Ingenieurschule Berlin abkommandiert, wurde S. 1889 zum Hauptmann und Kompaniechef ernannt. Von 1890 bis 1893 bei der Fortifikation in Köln eingesetzt. Von 1893 bis 1898 war S. Kompaniechef in Ulm, von 1898 bis 1902 Hauptmann beim Stabe des Pionierbataillons Nr. 4 in Magdeburg. Dort 1900 zum Major befördert, kehrte S. 1902 als Ingenieur-Offizier vom Platz der Festung Ulm in seine Vaterstadt zurück, wurde 1906 zum Oberstleutnant ernannt und trat 1907 in den Ruhestand.
Von Aug. 1914 bis Kriegsende 1918 war S. als Leiter der Fortifikation in Ulm reaktiviert worden und erwarb sich um die Armierung der Stadt wiederholt öffentlich gewürdigte Verdienste. Im Okt. 1914 rief er mit Turnlehrer Balthasar →*Fischer und Malzfabrikant Ziegler eine Ulmer Jugendwehr ins Leben.
S. feierte im April 1934 sein 60-jähriges Militärjubiläum. Im gesellschaftlichen Vereins- und Verbandsleben Ulms spielte S. in der Kaiserzeit und danach eine herausgehobene Rolle. Im März 1912 wurde er bei der konstituierenden Sitzung des Jungdeutschlandbundes neben Turnlehrer Fischer zum Vertrauensmann bestellt. 1912 übernahm S. das Amt des Konservators beim Kunstverein Ulm. Daneben war er Mitglied des Vereins für Kunst und Altertum in Ulm und Oberschwaben.

W Die Stadtumwallung von Ulm und Neu-Ulm, in: UBC 2, S. 59-64.
L LOTTER, Schall, S. 18 – GIES, Leube, S. 119 f. – UBC 3, S. 362, 517, 573 – UBC 4, S. 7, 374 – UBC 5a, S. 205 – Staatsanz. Nr. 79, 6. IV. 1934, S. 3 – 1887-1987 Kunstverein Ulm. Berichte und Dokumente. Hg. zum 100jährigen Bestehen des Kunstvereins Ulm e. V., Ulm 1987, S. 21 ff.

Schefold, Max Erich, * Ulm 1. Okt. 1896, † Stuttgart-Sillenbuch 1. Jan. 1997, ev.
Eltern und G siehe Eduard Gustav (von) →Schefold.

S. war einer der bedeutendsten Kunsthistoriker seiner Zeit.
Der von seinem kunstinteressierten Vater an sein Lebensthema herangeführte S. studierte nach dem Schulbesuch in Ulm Kunstgeschichte in München. In Erlangen wurde S. mit einer Arbeit über Andachtsbilder gotischer Plastik promoviert. 1924 begann er seine berufliche Laufbahn als Assistent von Direktor Julius →Baum am Ulmer Museum. Baum bestärkte S. in seiner Begeisterung für Stadt- und Landschaftsdarstellungen, deren wissenschaftliche Rezeption noch in den Kinderschuhen steckte. Wesentlich trug S. dazu bei, dass 1929 das Heimatmuseum in Illertissen gegründet werden konnte. 1930 wechselte S. nach einer kurzen Station am Württ. Landesgewerbemuseum Stuttgart als Konservator an die Staatsgalerie Stuttgart. Nach 1945 erwarb sich S. als Hauptkonservator und Leiter der Graphikabteilung an der Staatsgalerie grundlegende Verdienste um den Wiederaufbau. 1962 erfolgte S.s Versetzung in den Ruhestand.
S.s wissenschaftliches Lebenswerk orientierte sich an seiner großen Begeisterung für Veduten, also der sachlich richtigen Darstellung alter Stadt- und Landschaftsdarstellungen. Er fasste sein in Jahrzehnten gesammeltes phänomenales Wissen zu diesem Thema in den Bänden „Alte Ansichten aus Württemberg" (1956/57) und – bereits im Ruhestand – in „Alte Ansichten aus Baden" (1972) zusammen: *Sein wissenschaftliches*

Lebenswerk gehört zu den bedeutendsten Quellenwerken schwäbischer Kunstgeschichte (SWP Nr. 4, 7. I. 1997). Es bleibt S.s wesentliches Verdienst, die Veduten-Forschung von einem nicht durchweg ernstgenommenen Randgebiet zu einer anerkannten wissenschaftlichen Disziplin der Kunstgeschichte gemacht zu haben. Über der Erfassung der Veduten in Bayerisch Schwaben, mit der er im Alter von 78 Jahren begann, ist S. gestorben.

Daneben veröffentlichte S. zahlreiche Aufsätze zu schwäbischen Künstlern (z. B. Johann Baptist Pflug), einzelnen Kunstwerken und Gebäuden und immer wieder auch zu Themen, die mit seiner Heimatstadt Ulm in Verbindung standen. So widmete er sich dem zeichnerischen Werk von Max →Eyth, alten Ulmer Ansichten, Keplers Ulmer Maß- und Gewichtssystem, der Baugeschichte des Barfüßerklosters und der Geschichte des Ehinger und des Reichenauer Hofes in Ulm. – 1975 Marbacher Schillerpreis; 1975 Verleihung des Titels „Professor" durch die Landesregierung von Baden-Württemberg.

Q   StadtA Ulm, G 2.
W   (Auswahl) Die venezianischen Veduten der Württ. Staatsgalerie, in: Bes. Beil. des Staatsanz. 1933, S. 165-171 – Ein Bildnis König Wilhelms I., in: Bes. Beil. des Staatsanz. 1934, S. 6-10 – Von neuen Forschungsergebnissen auf dem Gebiete altulmischer Kunst, ebd. S. 275-278 – Der Maler und Kupferstecher Johann Hans, in: UO 29 (1934), S. 84-96 – Der schwäbische Landschafter Gottlob Friedrich Steinkopf, in: Bes. Beil. des Stuttgarter NS-Kuriers mit Regierungsanz. für Württemberg 1937, S. 121-131 – Von niedersächsischem Fachwerkbau, ebd. 1938, 26-30 – Von neuen kunstgeschichtlichen Forschungen im schwäbisch-alemannischen Raum, ebd. 1938, S. 142-145 – Eine Lieblingsschöpfung Herzog Karl Eugens in Hohenheim, ebd. 1938, S. [65]-75 – Alte Ansichten der Schwäbischen Alb, Stuttgart 1954 – Alte Ansichten aus Württemberg, 3 Bände, Stuttgart 1956-1974 – (Hg.), Württemberg. Malerische Ansichten aus alter Zeit, [Bad] Honnef 1957 – Die Bodenseelandschaft. Alte Ansichten und Schilderungen (Bodensee-Bibliothek Band 15), Konstanz 1961 – Der Schwarzwald in alten Ansichten und Schilderungen, Konstanz 1965 – Ulm. Das Bild der Stadt in alten Ansichten. Stadttopographischer Teil von Hellmut PFLÜGER, Weißenhorn 1967 – Das Alte Württemberg, Frankfurt/Main 1969 – Alte Ansichten aus Baden, Weißenhorn 1971.
L   Ih 3, S. 295 – LOTTER, Schall, S. 18 – GIES, Leube, S. 120 – Vom Reichtum der Veduten: Zum Tode des Kunsthistorikers Max Schefold, in: Stuttgarter Zeitung Nr. 3, 4. I. 1997 – Alte Ansichten: Zum Tode von Max Schefold, in: SWP (Ulm) Nr. 4, 7. I. 1997 (Bild) – Beispiele anschaulich gemacht: Der Kunsthistoriker Max Schefold starb im Alter von 100 Jahren, in: NUZ Nr 5, 8. I. 1997 (Bild) – Raimund KAST, Reiche Ernte: Ulmer Kunsthistoriker Max Schefold starb hundertjährig, in: Schwäb. Zeitung (Ulm) Nr. 5, 8. I. 1997 (Bild).

Schefold, Eduard *Wilhelm (Willy),* Dr. iur., * Ulm 10. Mai 1894, † Stuttgart 1. Nov. 1985, ev.

Eltern und *G* siehe *Eduard* Gustav (von) →Schefold.

∞ 25. XI. 1930 Hildegard Bosler, * 18. VIII. 1903, † Stuttgart 22. XII. 1998, T. d. Otto Bosler[515], Dr. iur., * Stuttgart 26. III. 1872, † ebd. 27. II. 1950, 1919-1924 Präsident beim Landesfinanzamt Stuttgart, 1924-1934 Württ. Gesandter in Berlin, zuletzt Präsident der Hzgl. Württ. Rentkammer, Staatsrat, u. d. Gertrud Benger, * 1881.

2 *K*   Doris Schefold, * Berlin 15. VIII. 1933, ∞ Hermann Hartmann[516], Dr. med., * Schorndorf 24. VI. 1923, Chefarzt der Geburts-gynäkologischen Abteilung des Kreiskrankenhauses Waiblingen; *Dietrich* Jochen Wilhelm Schefold[517], * Berlin 27. IX. 1936, Dr. iur., Syndikus der Dresdner Bank in Frankfurt/Main, ∞ Ingrid Meyer.

Der Spross der Ulmer Großbürgerfamilie Schefold war einer der aus Ulm stammenden Spitzenbeamten, denen sowohl auf Reichs- als auch auf Landesebene über die Umbrüche des 20. Jahrhunderts hinweg eine beachtliche Laufbahn gelang.

S. besuchte von 1902 bis 1911 das Realgymnasium in Ulm, 1911 bestand er dort das Abitur. Anschließend studierte er von 1911 bis 1914 und 1919 Jura in Tübingen (Mitglied der Burschenschaft Germania) und Berlin. Im Ersten Weltkrieg leistete er Kriegsdienst als Kriegsfreiwilliger, zunächst beim Feldart.-Rgt. 13 in Ulm. Im Juni 1916 zum Leutnant d. R. befördert, wurde er 1915 mit dem EK II, 1917 mit dem EK I und dem Verwundetenabzeichen, 1932 mit dem Ehrenkreuz für Frontkämpfer, 1942 mit dem Kriegsverdienstkreuz II. Kl. mit Schwertern ausgezeichnet. Im Herbst 1919 bestand S. die I.

Höhere Justizdienstprüfung und war seit 17. Dez. 1919 Gerichtsreferendar beim Amts- und Landgericht sowie bei der Staatsanwaltschaft Ulm und bei Rechtsanwalt und Notar Eugen Sieß in Ulm. S. zählte in dieser Zeit zu den Initiatoren des im Herbst 1920 gegründeten nationalistischen und republikfeindlichen Wehrbundes „Schwabenbanner Ulm", dessen Ausschuss er angehörte.

Im März 1922 bestand er auch die II. Höhere Justizdienstprüfung, nachdem er schon 1921 zum Dr. iur. promoviert worden war (Universität Erlangen). Vom 27. März bis 14. Juli 1922 stv. Amtmann beim OA Böblingen, war er in gleicher Funktion vom 15. Juli bis 5. Nov. 1922 beim OA Heidenheim und vom 6. Nov. 1922 bis 22. Jan. 1925 beim OA Geislingen/Steige. Am 20. Jan. 1923 zum Regierungsassessor ernannt, war er seit 20. Jan. 1923 planmäßiger Amtmann beim OA Mergentheim (unter weiterer Verwendung beim OA Geislingen/Steige), von Jan. bis Juli 1925 Amtmann beim Amtsoberamt Stuttgart, vom 1. Aug. 1925 bis 30. Sept. 1926 Amtmann beim Landesgewerbeamt in Stuttgart und vom 29. Juni bis Ende Sept. 1926 Amtmann beim OA Esslingen (unter weiterer Verwendung beim Landesgewerbeamt).

Am 1. Okt. 1926 kommissarisch zum Reichsministerium für Ernährung und Landwirtschaft (Referate Landwirtschaftliche Kredite und landwirtschaftliche Berufsvertretung sowie Marktbeobachtung) abgeordnet mit der Amtsbezeichnung Regierungsrat, kehrte S. zum 1. Nov. 1929 als Regierungsrat bei der Ministerialabteilung für das Hochbauwesen im württ. Innenministerium nach Württemberg zurück. Vom 1. Feb. 1930 bis 31. März 1933 war er Regierungsrat im württ. Wirtschaftsministerium (Referat Landwirtschaft und Hilfsberichterstatter bei der Kanzleidirektion). 1931 bewarb er sich um das Amt des Landrats in Besigheim, 1932 um die Ämter des Landrats in Heidenheim und Schwäbisch Hall. Am 19. Jan. 1933 durch Entschließung des Staatspräsidenten Eugen Bolz zum Landrat von Backnang ernannt, trat S. das Amt nicht an, weil sich mittlerweile günstige Karriereaussichten in Berlin ergeben hatten, woran sein Schwiegervater, Staatsrat Dr. Otto Bosler, nicht ganz unbeteiligt war.

S. schied offiziell am 29. April 1933 auf eigenes Ansuchen aus dem württ. Staatsdienst aus, nachdem er schon seit dem 28. März 1933 wieder in den Dienst des Reichsministeriums für Ernährung und Landwirtschaft getreten war, zunächst als Oberregierungsrat (Referat für handels- und zollpolitische Fragen). 1934 zum Ministerialrat befördert, 1941 zum Ministerialdirigenten, ging er im gleichen Jahr als Kriegsverwaltungsvizechef zum Wirtschaftsstab Ost. S. war seit 1. Jan. 1940 NSDAP-Mitglied. Später gab er an, der Parteieintritt sei auf Drängen seines Dienstvorgesetzten Staatssekretär Herbert Backe (1896-1947) erfolgt, der ihm eröffnet habe, dass andernfalls mit einer Beförderung nicht zu rechnen sei. Der Säuberungsausschuss für das Staatssekretariat in Tübingen erklärte S. am 6. Dez. 1946 als „im Dienst einer obersten Landesbehörde an verantwortlicher Stelle nicht tragbar". Die Spruchkammer Vaihingen/Enz stufte ihn am 9. Dez. 1947 als „Mitläufer" ein und belegte ihn mit einem Wiedergutmachungsbeitrag in Höhe von 600 Reichsmark. Dieser Bescheid wurde von der Spruchkammer VII des Staatskommissariats für die politische Säuberung am 3. Sept. 1948 bestätigt.

Der fachlich bestens ausgewiesene Landwirtschafts- und Ernährungsexperte stand bei Kriegsende bereit, um seine Erfahrungen den Alliierten zur Verfügung zu stellen. Bereits seit dem 19. Juni 1945 war er „Adviser" bei der Deutschen Gruppe Ernährung und Landwirtschaft beim Ministerial Collecting Center in Fürstenhagen bei Hessisch-Lichtenau, bis diese im Jan. 1946 aufgelöst wurde. Im Aug. 1946 fand er wieder eine Beamtenposition in der engeren Heimat, als er bei der Abteilung Landwirtschaft der Landesdirektion der Wirtschaft von Württemberg-Hohenzollern in Tübingen eine Anstellung fand.

---

[515] LILLA, Reichsrat, S. 27 f., Nr. 58.
[516] PHILIPP, Germania, S. 175, Nr. 2157.
[517] PHILIPP, Germania, S. 181, Nr. 2220.

Am 18. Aug. 1948 zum Regierungsdirektor (Beamtenverhältnis auf Lebenszeit) und später zum Ministerialdirigenten im Landwirtschaftsministerium Württemberg-Hohenzollern ernannt, wo er die Rechtsabteilung leitete, war S. zugleich seit Sept. 1949 Vorstand des Landesjagdamts Württemberg-Hohenzollern und seit dem 28. Juni 1952 Leiter der Abwicklungsstelle des Landwirtschaftsministeriums Württemberg-Hohenzollern, nachdem die Behörden und Institutionen des kleinen Landes in der französischen Besatzungszone im Zuge der Länderneugliederung im deutschen Südwesten nach Gründung des Landes Baden-Württemberg aufgelöst werden mussten.

Wieder konnte S. seine Laufbahn bruchlos fortsetzen und wechselte von Tübingen nach Stuttgart, wo er vom 23. Mai 1952 bis 18. Nov. 1955 Ministerialrat (23. Aug. 1952 Leiter der Rechtsabteilung, zunächst nur abgeordnet, seit 1. Okt. 1952 offiziell versetzt) im Landwirtschaftsministerium Baden-Württemberg war. Vom 19. Nov. 1955 bis zur Versetzung in den Ruhestand am 31. Aug. 1960 war S. als Ministerialdirektor Amtschef des Ministeriums. – 1937 bis 1945 Mitglied des Verwaltungsrats des Weltwirtschaftsinstituts Hamburg; 1949 Mitglied des Beirats der Württ. Landeskreditanstalt; 1950 bis 1953 Beisitzer beim Dienststrafsenat Tübingen; 1951 Mitglied des Vorstands der Gesellschaft zur Förderung der inneren Kolonisation (GFK) e. V.; 1954 Mitglied des Beirats der Landmaschinen Finanzierung AG (Frankfurt/Main), der Württ. Landeskreditanstalt in Stuttgart, der Badischen Landeskreditanstalt in Karlsruhe, des Aufsichtsrats der Badischen Landsiedlung GmbH und des Aufsichtsrats der „Norddeutschen Hagel"; 1956 bis 1960 Mitglied des Aufsichtsrats der Südwestdeutschen Landwirtschaftsbank GmbH in Stuttgart; 1959 Mitglied des Verwaltungsrats der Deutschen Siedlungsbank; 1960 Mitglied des Verwaltungsrats der Deutschen Landesrentenbank. – Großes Verdienstkreuz des Bundesverdienstkreuzes mit Stern.

Q   HStAS, EA 7/150, Sch 133 [ohne Bü-Nr.], Personalakten.
W   Landwirtschaft und Ernährung, in: Das Land Württemberg-Hohenzollern 1945-1952. Darstellungen und Erinnerungen. Hg. von Max GÖGLER und Gregor RICHTER in Verbindung mit Gebhard MÜLLER, Sigmaringen 1982, S. 323-332.
L   LOTTER, Schall, S. 18 – GIES, Leube, S. 120 – UBC 3, S. 489 – BRAUN, Schwabenbanner, S. 47 – Ministerialdirektor Dr. Schefold im Ruhestand, in: Württ. Wochenblatt für Landwirtschaft Nr. 36, 3. IX. 1960 (Bild) – RUCK, Korpsgeist, S. 32, 244 – PHILIPP, Germania, S. 137, Nr. 1811 – RABERG, Kabinettsprotokolle WüHoZ I, S. 476, Anm. 902.

Scheible, Johann *Martin*, * Neu-Ulm 10. März 1873, † Ulm 9. Juni 1954, ev.

Vater   Martin Scheible, * Holzkirch 16. IV. 1842, Gasthofbesitzer in Neu-Ulm, S. d. Conrad Scheible, Bauer in Holzkirch, u. d. Anna Maria Bühler.
Mutter   Elisabetha Häge, T. d. Gastwirts Conrad Häge u. d. Anna Maria Wittlinger.
3 G   Conrad Scheible, * Neu-Ulm 29. XII. 1869, Verwalter, ∞ Amalie Güller, * Römismühle 22. III. 1879; Max Scheible, * Neu-Ulm 5. XII. 1870, † ebd. 12. IX. 1871; Anna Maria Scheible, * Neu-Ulm 22. II. 1872.
∞ 1905 *Emilie* Katharina Bühler, * Neu-Ulm 27. III. 1880, T. d. Johannes →Bühler[518].

S. war in der ersten Hälfte des 20. Jahrhunderts einer der bekanntesten und meistbeschäftigten Bildhauer, Holzschnitzer und Maler in Ulm. Er schuf u. a. die Reliefs an der Ulmer Münsterkanzel (1936/37, Reliefs Adam und Eva, Christi Geburt und Kreuzigung), die figürliche Steinplastik am Neu-Ulmer Sparkassengebäude sowie die Figuren am Taufstein und Portalreliefs der Kirche in Truchtelfingen auf der Alb (1939-1942).

Der gebürtige Neu-Ulmer mit starken familiären Bindungen zum rechten Donauufer wirkte vorwiegend in Ulm. Seine Ausbildung zum Steinmetz erhielt er in den Jahren von 1886 bis 1889 bei Karl Gregor →*Heyberger an der Gewerblichen Fortbildungsschule Ulm. 1889 ging S. nach München und später nach Berlin, wo er am Bau des Reichstagsgebäudes mitwirkte. Von 1894-1896 leistete S. in München Militärdienst, war danach in Münchner Werkstätten tätig und studierte von 1898 bis 1900 an der Akademie für Bildende Künste München bei Professor Wilhelm von Rümann.

1901 ließ sich S. mit einem Studienfreund in München nieder und eröffnete ein Atelier für Bildhauerei. 1905 und 1906 war S. mit seinen Arbeiten bei den Jahresausstellungen der Münchner Sezession beteiligt. 1909 verließ er München und ließ sich in Ulm nieder, wo er ein Atelier für Bildhauerei und Grabmalkunst eröffnete. Schnell verstand er es, sich als Spezialist für Krieger- und Grabdenkmale einen weit über die Region Ulm/Neu-Ulm hinausreichenden Ruf zu schaffen. Schon 1912 erhielt er den Auftrag, das Figurenrelief am Ulmer Krankenhaus am Safranberg auszuführen, im gleichen Jahr schuf er das Relief „Der Kaufmannswagen" über dem Eingangsportal des Kaufhauses Müller (heute Wöhrl-Plaza).

Nach Ende des Ersten Weltkriegs wandte sich S. stark der sakralen Kunst zu und wurde zum Kunstbeauftragten der Ev. Landeskirche in Württemberg ernannt. Von ihm stammen – um nur einige wenige Beispiele zu nennen – die Holzfiguren der Weihnachtskrippe im Ulmer Münster, die seit 1923 auf dem Kreuzaltar hinter Glas ausgestellt ist, daneben die künstlerische Innenausstattung der Martin-Luther-Kirche (1926-1928), die Kruzifixe in der Ev. Stadtkirche St. Peter und Paul in Blaubeuren (1940), in der Stuttgarter Stiftskirche (1943), in der Schlosskirche im Stuttgarter Alten Schlosses (1947) und in der Ev. Christuskirche Ulm-Söflingen (1949), das Samenhändlerdenkmal in Gönningen (1943), das Relief „Lasset die Kindlein zu mir kommen" (Kindersegnung) an der Ev. Jakobuskirche Ulm-Grimmelfingen (1948) und der Schlussstein über dem Choroktogon der Stuttgarter Stiftskirche (um 1950). Weitere Arbeiten S.s finden sich u. a. in Albstadt, Bernstadt, Dettingen/Teck, Freudenstadt, Gammertingen (Mariaberg), Geislingen/Steige, Gerlingen, Illertissen, Isny, Kusterdingen, Laupheim, Pfahlheim und Reutlingen (Marienkirche).

Im Jahre 1919 gründete S. mit Ludwig →Ade und Ludwig →*Moos die Ulmer Künstlergilde. Wiederholt zeigte der Ulmer Kunstverein seine Arbeiten, so im Herbst 1933. 1935 schuf S. mit Ludwig Ade und Wilhelm →Geyer den Bildschmuck in der neu eröffneten „Ratskeller". Im Sommer 1936 wurden im Kupferstichkabinett Zeichnungen, grafische Blätter und Skizzen von S. gezeigt. 1939 waren Arbeiten S.s in der Ausstellung „Wandbild und Bauplastik in Ulm" im Kupferstichkabinett zu sehen. 1949 wurden S.s Werke im Rahmen einer Sonderausstellung des Kunstvereins in der Ulmer Wielandgalerie gezeigt. Anlässlich seines 80. Geburtstages richtete das Museum der Stadt Ulm 1953 eine Ausstellung mit Werken S.s aus. Der Künstler erkrankte wenig später schwer und starb im 82. Lebensjahr.

L   Kunst und Kirche 18 (1941), S. 75 f. – VOLLMER 4, S. 179 – UBC 5a, S. 45, 118, 171, 178, 209, 210 – UBC 5b, S. 318 – Helmut KAST, Evangelische Jakobuskirche Ulm-Grimmelfingen, hg. von der Ev. Kirchengemeinde Grimmelfingen, Ulm o. J. – TEUBER, Ortsfamilienbuch Neu-Ulm II, Nr. 4050 und 4051 – Brigitte KÄRN, Der Bildhauer Martin Scheible, Weinstadt 2001 – http://matrikel.adbk.de, Nr. 01887 – Wikipedia.

Schemer, *Adolf* Friedrich, * Ulm 10. Dez. 1809, † Waiblingen 1. Feb. 1896, ev.

Vater   Franz Daniel Schemer, Konditor in Ulm.
Mutter   Maria Ursula geb. Schemer.

518 TEUBER, Ortsfamilienbuch Neu-Ulm I, Nr. 0607.

∞ I. 1843 Anna Ursula Hornung, * 1811, † 1844, T. d. Hornung, Vorsitzender der Gärtnerzunft ebd., ∞ II. Müller, *Schw* d. Ferdinand Gottlob Jakob (von) Müller[519], Dr. theol. h.c., * Winnenden/OA Waiblingen 9. VI. 1816, † Stuttgart 2. II. 1897, Feldpropst und Prälat in Stuttgart.

Der ev. Geistliche und Lehrer S. entstammte einer alten Ulmer Familie. Der angesehene Schulmann war nach Studium und Bestehen der theologischen Dienstprüfungen vom 13. Dez. 1833 bis 12. Sept. 1836 Vikar des Zweiten Stadtpfarrers am Ulmer Münster, Christian Ludwig →Neuffer. Als Vikar unterstützte S. 1836 den Antrag des pietistischen Diakons Gottlob →Scholl auf Zulassung einer „Christlichen Leihbibliothek" in Ulm, die aber nicht genehmigt wurde. S. entschied sich anschließend für eine Laufbahn im Schuldienst und begann als Lehrer am Kgl. Gymnasium Ulm. 1846 ging er als Präzeptor nach Winnenden, 1857 in gleicher Eigenschaft nach Neuenstadt, 1872 schließlich nach Herrenberg, wo er bis zu seiner Pensionierung 1879 verblieb. 1869 war S. Ersatzmitglied für Neuenstadt zur I. Landessynode.

L.   Magisterbuch 25 (1884), S. 65 – ebd. 28 (1892), S. 57 – NEBINGER, Die ev. Prälaten, S. 582 – SPECKER, Ulm im 19. Jahrhundert, S. 417, Anm. 275 – EHMER/KAMMERER, S. 315.

Schemm, Georg *Gottfried*, * Dottenheim 13. April 1870, † Nürnberg 18. Jan. 1965, □ ebd., Friedhof St. Jobst, 20. Jan. 1965, ev.
Vater   Georg *Paulus* Schemm, * Dottenheim 12. XII. 1822, Bauer.
Mutter   Anna Elisabeth Hertlein, * Dottenheim 10. VIII. 1828.
9 *G.*
∞ Karlsruhe 7. X. 1910 *Frida* Elisabeth Anna Rees, * Karlsruhe 30. XI. 1887, † Neuendettelsau/Lkrs. Ansbach 29. XII. 1978, T. d. Robert Rees, * Herbolzheim 28. VII. 1854, Kaufmann und Fabrikbesitzer in Karlsruhe, u. d. Maria Ebersberger, * Karlsruhe 2. V. 1863.
2 *K   Dorothea* Anna Maria Schemm, * Roth 11. III. 1911, ∞ Biemüller; *Elsbeth* Maria Schemm, * Roth 9. IX. 1918.

S. leistete nach dem Abschluss seiner gymnasialen Schulbildung den Einjährig Freiwilligen Militärdienst und gehörte zum Sanitätspersonal. 1893 bestand er die Aufnahmeprüfung für die Übernahme in den Dienst der ev. Landeskirche Bayerns und wurde im gleichen Jahr in Bayreuth ordiniert. Zunächst Hauslehrer in Kronach, übernahm er 1895 die Verwesung des Pfarramts in Weißenbrunn. Nachdem er 1896 Hilfsgeistlicher in Hof geworden war, bestand S. 1898 die Anstellungsprüfung und erhielt 1899 seine erste Festanstellung als Pfarrer in Kautendorf/Dekanat Hof. Am 1. Okt. 1906 auf sein Ansuchen entlassen und in Karlsruhe wohnhaft, kehrte er 1909 als Zweiter Pfarrer in Roth bei Nürnberg in die Dienste der ev. Landeskirche Bayerns zurück, 1919 wurde er zum Ersten Pfarrer und Dekan ebd. ernannt.
Am 1. Nov. 1921 trat S. als Nachfolger des verstorbenen Julius →Knöll das Amt des Stadtpfarrers und Dekans in Neu-Ulm an, in dem er nur fünf Jahre lang verblieb. Von 1924 bis 1926 erteilte er Religionsunterricht an der Realschule Neu-Ulm. Sein Nachfolger als Stadtpfarrer und Dekan wurde Franz →Schmid. Am 1. Okt. 1926 wechselte S. als Erster Pfarrer nach Lauf I/Dekanat Hersbruck, zum 1. Jan. 1936 trat er in den Ruhestand, war aber bis zum 29. Febr. 1936 Amtsverweser ebd. Seinen langen Ruhestand verlebte S. in Nürnberg.

Q   LAELKB, Bestand Rep. Nr. 25 (LKR), Nr. 50183 und Bestand Rep. Nr. 105 (Personalakten Theologen), Nr. 246/2.
L.   TREU, Neu-Ulm, S. 574.

Schempp, Adolf (von), * Stuttgart 19. Dez. 1846, † Pasing bei München 21. April 1929, ev.

Der Offizier S. war schon über 70 Jahre alt, als er während der Revolution in Ulm eine entscheidende Rolle spielte.
Am 4. April 1867 trat S. beim 8. Inf.-Rgt. in den württ. Militärdienst ein, avancierte am 17. Jan. 1870 zum Leutnant und

bewährte sich im Deutsch-Französischen Krieg von 1870/71 in den Gefechten und Schlachten bei Wörth, Sedan und Villiers. Er erhielt das Eiserne Kreuz und stieg danach beim Grenadier-Rgt. König Karl 1879 zum Hauptmann und Kompaniechef auf. 1891 Bataillonskommandeur im Regiment Nr. 126 in Straßburg (Elsaß), 1897 Oberst und Kommandeur des Inf.-Rgts. Kaiser Wilhelm (2. Württ.) Nr. 120 in Ulm. 1901 trat er als char. Generalmajor z. D. in den Ruhestand. Im Ersten Weltkrieg 1915 als Kommandeur der stv. 53. Inf.-Brigade in Ulm reaktiviert, war er zugleich württ. Kontingentsältester in Ulm. Obwohl bereits fast 70 Jahre alt, wirkte er der ob seiner vornehmen und um Gerechtigkeit bemühten Art allseits geschätzte kaisertreue Patriot mit Umsicht und Tatkraft. Er kümmerte sich nicht nur um die Ausbildung und Ausrüstung der ihm unterstehenden Offiziere und Soldaten, sondern organisierte in vorbildlicher Weise die militärische Invalidenfürsorge.
Im Nov. 1918 nahm S. entscheidenen Einfluss auf den Verlauf der Revolution in Ulm, als er sich mit einer Bekanntmachung auf den Boden der neu geschaffenen Tatsachen stellte. S. hatte in die Rolle des entscheidenden Militärs in Ulm in den bewegten Tagen des Umsturzes hineinwachsen müssen, nachdem der eigentlich zuständige Generalleutnant Götz, Gouverneur der Festung Ulm, sich nach der Ausrufung der Republik als nicht mehr im Besitz der Befehlsgewalt befindlich erklärt und damit ein gefährliches Macht- und Kompetenzvakuum geschaffen hatte. Dieses suchte er durch die Übertragung der Befehlsgewalt an S. zu verhindern. S. hatte schon am Nachmittag des 9. Nov. 1918 per Kontingentbefehl die Abdankung des Kaisers mitgeteilt und Offiziere und Soldaten auf die „gesetzmäßigen Führer" der neuen Republik eingeschworen sowie „unbedingt Disziplin" gefordert. Der Wortlaut der Bekanntmachung vom 10. Nov. 1918: *Nachdem auch unser liebes Württemberg, vom Strudel der Revolution erfaßt, in Stuttgart die Republik ausgerufen, eine provisorische Regierung gebildet worden ist, bin ich bereit, im Verein mit den neuen Gewalthabern, hier Ruhe und Ordnung aufrecht zu erhalten, friedliche Bürger und Eigentum zu schützen. Ich erwarte von allen Militärpersonen, daß sie mich dabei unterstützen und dabei selbst die Ruhe bewahren.*
Mit seiner pragmatischen Haltung konnte S. in den emotional aufgeladenen Tagen der November-Revolution eine Eskalation verhindern und die Aufrechterhaltung der öffentlichen Ordnung gewährleisten. Wenn man bedenkt, dass er auch zu militärischer Gewalt hätte greifen können, mag man erahnen, welche andere Entwicklung die Ereignisse hätten nehmen können. S. erhielt den Charakter eines Generalleutnants und verlebte seinen Ruhestand in Pasing, wo er im 83. Lebensjahr starb. – 1898 Ehrenkreuz des Württ. Kronordens; 1900 Kommenturkreuz des Friedrichsordens.

Q   StadtA Ulm, H (Ernst, Max) 14: Erinnerungen und Aufzeichnungen des damaligen Württembergischen Kontingentsältesten Generalmajor von Schempp (Handschrift von 1922).
L.   Ih 2, S. 764 – UBC 2, S. 96 (Bild) – UBC 4, S. 92 – Max HUBER (Hg.), Max Ernst: Die Ulmer Garnison in der Revolution 1918/19, in: UO 39 (1970), S. 149-188, bes. S. 169, Anm. 14 et passim – SPECKER, Großer Schwörbrief, S. 336, 341-343, Anm. 6 – HBWG 4, S. 75 f.

Schenk, Georg, Dr. rer. pol., Dipl.-Volkswirt, * Ulm 14. Dez. 1894, † Laupheim 25. Dez. 1975, ev.
Vater   Jakob Schenk, Schreinermeister.
Mutter   Walburga Müller.
1 *G.*
∞ Anna Maria Schenk, Krankenschwester.
Mehrere *K*, darunter Hilde Schenk.

Der aus Ulm stammende Historiker, der eigentlich Volkswirtschaftler war, entfaltete als Mitglied des Vereins für Kunst und Altertum in Ulm und Oberschwaben und als Schriftsteller ein reges Engagement zur Erforschung der oberschwäbischen Geschichte. Mit seiner Geburtsstadt blieb er ein Leben lang eng verbunden.

[519] Ih 2, S. 620 – Magisterbuch 30 (1897), S. 54.

Im Sommersemester 1914 begann er nach dem Besuch des Ulmer Gymnasiums an der Universität München mit seinem Studium der Volkswirtschaftslehre, das er jedoch bald kriegsbedingt abbrechen musste. Im Jan. 1915 zum Kriegsdienst eingezogen, kämpfte S. vor allem an der Westfront. Von 1919 bis 1922 studierte er weiter, diesmal an den Handelshochschulen München, Mannheim und Berlin, wo er Ende 1922 auch die Diplomprüfung für Volkswirte bestand. Im Herbst 1926 bestand er auch die Staatsprüfung für das höhere Lehramt an Handelsschulen und ging anschließend noch für zwei Semester zum Fortbildungsstudium nach Tübingen.

1927 zum Handelsschulassessor in Geislingen/Steige ernannt, 1929 dsgl. in Laupheim, später auch in Ulm, war S. sowohl an gewerblichen als auch an kaufmännischen Berufsschulen tätig. 1934 wurde er bei Professor Dr. Carl Johannes Fuchs an der Universität Tübingen mit der Dissertation „Ersingen an der Donau. Ein Beitrag zur oberschwäbischen Agrargeschichte", im Druck: „Ersingen an der Donau. Ein Beitrag zur Geschichte des oberschwäbischen Erbhofrechts" promoviert. Am 11. Dez. 1935 zum Handelsschulrat ernannt, wurde S. Anfang 1945 zum Polizeidienst eingezogen. Nach Kriegsende fasste er rasch wieder Fuß und konnte im Herbst 1945 die Wiedereinstellung in den Schuldienst erreichen, der ihn nach Biberach führte. Zum 1. Juli 1953 erfolgte S.s Ernennung zum Oberstudienrat, im März 1961 trat er in den Ruhestand.

S. war ein aktiver ev. Christ und gehörte von 1953 bis 1964 dem Kirchengemeinderat in Biberach an. Von 1960 bis 1965 war er Ersatzmitglied für Biberach zum 6. Ev. Landeskirchentag bzw. zur 6. Landessynode. Auch politisch engagierte er sich und war von 1958 bis 1964 Stadtrat in Biberach. In seinem Ruhestand intensivierte S. seine Liebhabereien: Heimatpflege und oberschwäbische Landeskunde. Schon 1934 war er zum Beauftragten für den Naturschutz ernannt worden. Als Vorsitzender der Ortsgruppe des Schwäbischen Albvereins, Denkmalpfleger und Stadtarchivar in Biberach widmete sich S. intensiv der Erforschung der Geschichte seiner näheren und weiteren Umgebung. Das Mitglied des Vereins für Kunst und Altertum in Ulm und Oberschwaben legte zahlreiche Veröffentlichungen zur Ulmer, Laupheimer und Biberacher Geschichte vor. Für seine Verdienste um die Laupheimer Geschichtsforschung ernannte ihn der Laupheimer Gemeinderat am 12. Mai 1969 zum Ehrenbürger.

Q   StadtA Ulm, G 2 (mit Veröffentlichungsverzeichnis).
W   (Auswahl) Die Bevölkerung von Seißen bei Blaubeuren bis zum jahre 1800, in: UO 31 (1941), S. 126-148 – Konrad Dieterich Haßler, Schulmann, Sprach- und Geschichtsforscher, Politiker, Landeskonservator, 1803-1873, in: Lebensbilder aus Schwaben und Franken 10 (1966), S. 370 ff. – Familiengeschichtliches über Max Eyth. Eine bedeutsame Ahnfrau des Ulmer Dichter-Ingenieurs, in: Schwäb. Zeitung Nr. 275, 28. XI. 1968 – Friedrich Lists Ulmer Jahre 1810/11, in: UO 38 (1967), S. 228 ff. – Die Juden in Laupheim, in: UO 39 (1969), S. 103-120.
L   EBERL./MARCON, S. 327, Nr. 1081 – EHMER/KAMMERER, S. 315.

Schenk, *Walter* Friedrich Albert Max, * Neu-Ulm 6. Juli 1887, † München 2. Jan. 1958, kath.

Vater   Albert Schenk, Premierleutnant beim 12. Kgl. Bayer. Inf.-Rgt. in Neu-Ulm, zuletzt Kgl. Bayer. Generalmajor.
Mutter   Leopoldine Röder.
G   Annette →Thoma.

S. war einer der in Neu-Ulm während der Dienstzeit ihrer im Militärdienst stehenden Väter Geborenen, die ebenfalls zum Militär gingen. Kurzzeitig fiel S. in der Zeit nach der Novemberrevolution des Jahres 1918 eine politische Rolle zu.

Er wuchs in Neu-Ulm und München auf, besuchte in München das Gymnasium und ist bereits im Jahre 1906, also als 19-Jähriger, aktenkundig als Leutnant im 2. Bayer. Inf.-Rgt. Im Ersten Weltkrieg zog er als Fernsprechoffizier mit diesem Regiment in den Krieg. Im Okt. 1914 zum Regimentsadjutanten und im Nov. 1914 zum Oberleutnant befördert, war er nach 1916 zeitweilig auch Kompanieführer. Im Jan. 1917, mit 29 Jahren, schon Hauptmann, übernahm er am 1. April 1917 die Stellvertretung des Maschinengewehroffiziers beim Stab und im Juni 1917 das stv. Kommando des I. und II. Bataillons. Im Juli 1917 zum Adjutanten der 21. Inf.-Brigade ernannt, avancierte er im Juni 1918 zum Generalstabsanwärter bei der 6. Kgl. Bayer. Kavallerie-Division. Wie aus seinen Militärpapieren hervorgeht, war er vom 8. Juli bis 4. Aug. 1918 zur Verfügung des Chefs des Generalstabs des Feldheeres gestellt; am 31. Aug. erfolgte die Ernennung zum Bataillonskommandeur bei der 16. Kgl. Bayer. Inf.-Division.

Ende 1918 hielt sich S. in München auf und wurde Zeuge der Staatsumwälzung. Noch im Nov. 1918 berief man ihn in den Provisorischen Nationalrat, dem er als Mitglied des Arbeitsausschusses der Offiziere in München bis Jan. 1919 angehörte, als der aus Volkswahlen hervorgegangene Landtag zusammentrat. Leider verliert sich danach S.s Spur in der Geschichte.

Q   BayHStA München, KA OP 12701.
L   Georg KÖGLMEIER, Die zentralen Rätegremien in Bayern 1918/19. Legitimation - Organisation - Funktion (Schriftenreihe zur bayerischen Landesgeschichte 135), München 2001, Anhang VII Nr. 228, Anhang XVI Nr. 294 – GBP – LILLA, Der Bayerische Landtag, S. 485, Nr. 489.

Schenzinger, Karl *Aloys (Alois)*, Dr. med., * Neu-Ulm 28. Mai 1886, † Prien am Chiemsee 4. Juli 1962, ev.

Vater   Karl August Schenzinger, * Buchau 25. V. 1861, Steueruntersuchungsassistent, Zollbeamter, zuletzt Zollinspektor und Vorstand des Zollamts Heidenheim/Brenz.
Mutter   Theresia Knoll, * 31. III. 1865.
∞ 1944 Gertraud Mettendorff.
1 K   Axel Schenzinger, * 1946 oder 1947, Antiquar in Prien.

Auch auf S. trifft zu, was für viele bekannte in Neu-Ulm geborene Persönlichkeiten gilt: Schon kurze Zeit nach ihrer Geburt verließen sie Neu-Ulm. Bekannt war der „unruhige Geist" S. für seine zahlreichen, in hoher Auflagenzahl erschienenen Romane und Sachbücher, vor allem aber für seinen 1932 erschienenen Roman „Hitlerjunge Quex". Dieser wurde von den Nationalsozialisten propagandistisch ausgebeutet, was S., der nicht NSDAP-Mitglied war, aber Ehrenmitglied der HJ, nach 1945 in Schwierigkeiten brachte. Viele dachten – und denken noch heute –, S. sei ein „Obernazi" gewesen, was nicht zutrifft. Auch S.s eigener Lebensweg könnte ein Romanstoff sein.

Geboren im Haus Augsburger Str. 10, zog die Familie wegen Versetzung des Vaters schon 1888 nach Ravensburg, wo „Schenz", wie seine Freunde ihn nannten, das Gymnasium besuchte. Der Vater hatte ihn für den Kaufmannsberuf bestimmt, doch der Sohn absolvierte eine Apothekerlehre. Angeblich auf Grund seines Widerwillens gegen „Fliegenleim", gegen das Stehenbleiben und das Sesshafte, sattelte S. um und studierte von 1908 bis 1913 Medizin in Freiburg im Breisgau, München und Kiel. Mit der Arbeit „Abnorme Hormone bei der Schizophrenie" wurde er promoviert, allerdings erst nach Ende des Ersten Weltkrieges, in dem S. als Adjutant eines Armeearztes bei einem Bayerischen Inf.-Rgt. diente. S.s Dissertation untersuchte den Zusammenhang zwischen den Gehirnvorgängen und der Reaktion der Hormone und galt seinerzeit als weit vorausschauend.

Von 1923 bis 1925 lebte er in New York. Nach seiner Rückkehr arbeitete er als Arzt der Berliner Ortskrankenkasse. Mit „Hitlerjunge Quex" (Berlin-Leipzig 1932) schuf er eines der populärsten Jugendbücher der Zeit in Deutschland. Der Stoff wurde schon 1933 von Regisseur Hans Steinhoff verfilmt. Der von Hitler zu Beginn fast begeisterte S. trat nicht der NSDAP bei und war lediglich Mitglied in der Reichsärzte- und der

Reichskulturkammer sowie bei der NS-Volkswohlfahrt. 1935 habe er innerlich *einen dicken Strich* unter das Kapitel Hitler gezogen, beschrieb er später seine Haltung. Deshalb ist er aber weder ein Widerstandskämpfer noch ein Deutscher in der „inneren Emigration" gewesen. Manche seiner Werke stellen sich durchaus in den Dienst der NS-Ideologie. 1933 gab er eine Broschüre des Titels „Der erste deutsche Mai" heraus, *ein Sündenfall des Schriftstellers, keine Frage* (Gernot RÖMER). In „Der Herrgottsbacher Schülermarsch" (Berlin 1934), einem dem „Reichsjugendführer" Baldur von Schirach in „treuer Kameradschaft" gewidmeten Werk, glorifiziert er den Weg katholischer Jugendlicher in die Hitlerjugend. Weltanschaulich muß S. also zumindest als indifferent gelten.

Im Zweiten Weltkrieg war S. Arzt bei der Luftwaffe und zuletzt in Wien eingesetzt. Bei Kriegsende setzte sich S. nach Tirol ab, wo er jedoch von US-amerikanischen Truppen entdeckt und ins Lager Mauerkirchen verbracht wurde. Nach der Entlassung praktizierte er wieder als Arzt, zunächst in Niederbayern, 1948/49 an der Heil- und Pflegeanstalt Mainkofen bei Deggendorf, seit 1951 schließlich in Prien am Chiemsee. Er lebte dort recht zurückgezogen, schrieb aber weiter. Mehrere seiner in der Welt der Technik und Naturwissenschaft spielenden Romane wurden in Fremdsprachen übersetzt und waren mit einer Auflage von ca. drei Millionen Exemplaren (wie „Anilin", „Metall" und „Atom") sehr erfolgreich. Ihm kam dabei seine Fähigkeit zugute, schwierige Zusammenhänge verständlich und spannend darzustellen.

Im Alter von 76 Jahren traf ihn an seinem Wohnort ein tödlicher Herzschlag. 1987 ließ die Metall-Innung Neu-Ulm an seinem Geburtshaus in Neu-Ulm, Augsburger Straße 10, eine Gedenktafel anbringen.

Q   StadtA Neu-Ulm, D 12, III. 2.3.9.
W   (Auswahl) Hinter Hamburg, Berlin 1930 – Man will uns kündigen, Berlin 1931 – Busse wandert aus, Berlin 1932 – Wehe den Wehrlosen!, Berlin 1934 – Anilin, 1936 – Metall, Berlin 1936 – Atom, Berlin 1950 – Schnelldampfer, München-Wien 1951 – Bei I. G. Farben, München-Wien 1953 – 99% Wasser, Stuttgart 1956 – Magie der lebenden Zelle, München-Wien 1957 – (mit Heiner SIMON und Anton ZISCHKA), Heinrich Nordhoff (Biographie), München 1969.
L   Eduard OHM, Keiner nahm von ihm in Neu-Ulm irgendeine Notiz. Dr. Karl Alois Schenzinger: Weltenbummler, Forscher, Filmproduzent (Neu-Ulmer Geschichten 35), in: NUZ vom 6. I. 1986, S. 17 – TEUBER, Ortsfamilienbuch Neu-Ulm II, Nr. 4086 – Gernot RÖMER, Es gibt immer zwei Möglichkeiten ... Mitkämpfer, Mitläufer und Gegner Hitlers am Beispiel Schwabens, Augsburg 2000, S. 109-112 (Bild) – TREU, Neu-Ulm, S. 563 ff. (Bild) – GBBE 3 (2005), S. 1715 – NDB 22 (2005), S. 683 f. (Johannes SACHSLEHNER; ohne Nennung der Mutter) – KLEE, Kulturlexikon, S. 519.

Scheu, *Ludwig August*, * Künzelsau 1. Aug. 1830, † Ulm 7./8. Nov. 1880, □ ebd., Alter Friedhof, ev.
Vater   Christian Friedrich Scheu, Schneidermeister.
Mutter   Christine Auerbach.
∞ Ulm 29. III. 1868 Anna Friederike Eugenie Geisselbrecht, * Konstanz 13. XII. 1843.
7 K   Anna Rosa Scheu, * Ulm 25. VII. 1870; Ludwig August Scheu, * Ulm 11. XII. 1871; Karl Friedrich Eduard Scheu, * 17. VI. 1873, † ebd. 19. III. 1874; Karl Friedrich Scheu, * Ulm 1874; Friedrich Scheu, * 20. VII. 1876; August Scheu, * Ulm 12. XII. 1877; Anna Eugenie Scheu, * Ulm 7. IX. 1879, † 23. IX. 1879.

S. war einer der bedeutendsten Ulmer Münsterbaumeister in der Zeit nach der Wiederaufnahme der Bauarbeiten in den 1840er Jahren. Sein früher Tod verhinderte, dass er die Früchte seiner Arbeit ernten konnte.

Der gebürtige Hohenloher S. studierte an der Stuttgarter Baugewerkeschule und war ein Schüler des mit der Münsterrestauration eng verbundenen Professors Joseph von →Egle. Ab dem Frühjahr 1871 war S. als Nachfolger des verstorbenen Karl Friedrich Ferdinand Seebold Münsterbaumeister in Ulm. Unter seiner Leitung erfolgte die Fertigstellung der beiden letzten Strebebögen, der beiden Chortürme und des Chorumgangs. Die früher über dem Westportal angebrachte Renaissancegalerie wurde wieder beseitigt. Der künstlerisch hoch begabte S. richtete seit Herbst 1875 im Neubronnerschen Haus in der Taubengasse die Sammlungen des Gewerbemuseums ein

– dem Vorläufer des Ulmer Museums. S. war Konservator des Vereins für Kunst und Altertum in Ulm und Oberschwaben. Er starb, kurz bevor der Ruf der Stadt Bern an ihn erging, das dortige Münster zu vollenden. Sein Nachfolger wurde August →Beyer. – 1877 Ritterkreuz II. Kl. des Friedrichsordens.

Q   StadtA Ulm, G 2.
L   Ih 2, S. 767 – SCHMITT, Münsterbibliographie, Nrn. 267, 469 f. – SCHULTES, Chronik, S. 524, 547, 553 – UBC 2, S. 273, 373, 420 – UNGERICHT, S. 89 f.

Scheuerle, Achill, * Neu-Ulm 10. Sept. 1878 (1879?), † 24. Nov. 1959, ev.
Vater   Friedrich →*Scheuerle, * Hausen 26. V. 1831, † Neu-Ulm 23. XI. 1896, Redakteur des „Neu-Ulmer Anzeigers".
Mutter   Sophie Weiß, * Calw 30. IX. 1837.
12 G Virginia Scheuerle, * Hertlern 19. XI. 1859; Oskar Scheuerle, † Neu-Ulm 12. II. 1878, Handelslehrling; Melanie Scheuerle, * 16. IV. 1863, † 28. VIII. 1868; Eugen Scheuerle, * Ravensburg 13. I. 1864; Hugo Scheuerle, * Ravensburg 7. VIII. 1865; Arthur Scheuerle, * Mehring 23. XI. 1866; Helena Scheuerle, * Milleretlitz 6. III. 1868; Alfred Scheuerle, * 3. XI. 1870, † Neu-Ulm 1891, Bahnpraktikant; Leonie Scheuerle, * 9. I. 1871, † Neu-Ulm 1908; Reinhold Scheuerle, * Neu-Ulm 17. IV. 1872; Sophie Leonie Albertine Mathilde Scheuerle, * Neu-Ulm 9. I. 1872; Emil Otto Edwin Scheuerle, * Neu-Ulm 23. XI. 1873, † Singapur 1896.
∞ 2 K. Ein Enkel S.s ist Thomas Scheuerle[520], * Nürnberg 17. IV. 1944, Kaufmann in Nürnberg, Präsident des Landesverbandes Bayern Groß- und Außenhandel, Vertrieb und Dienstleistungen (LGAD), Vizepräsident der IHK Nürnberg, ab 1996 als Vertreter der Gruppe Industrie und Handel Mitglied des Bayer. Senats.

S. war eine der aus Neu-Ulm stammenden Persönlichkeiten der Wirtschaft, die nach 1945 wesentlich am Wiederaufbau in Bayern beteiligt und auch in der Politik aktiv waren.

Nach Absolvierung der 5. Klasse des Gymnasiums in Ulm begann S. eine kaufmännische Ausbildung. Nach deren Abschluss hielt sich S. mehrere Jahre beruflich im Ausland auf, so in verschiedenen europäischen Ländern, in den USA und Mittelamerika sowie in den franz. Kolonien. 1911 trat er in die Dienste der Firma Alfred Graf, Waren-Agentur, Im- und Export, Nürnberg, deren Besitzer er später wurde. 1932 wurde S. zum norwegischen Vizekonsul in Nürnberg und 1937 zum norwegischen Konsul ernannt. Von 1945 bis 1949 war er in der schwierigen Aufbauzeit nach dem Ende des Zweiten Weltkriegs Präsident der IHK Nürnberg, nach seinem Rücktritt vom Amt deren Ehrenpräsident.

Auch politisch aktiv, nahm S. 1946 an der 2. und 3. Tagung des Bayer. Beratenden Landesausschusses teil. Von 1947 bis zu seinem Tod war S. als Vertreter der Gruppe Industrie und Handel Mitglied des Bayer. Senats, 1958 dessen Alterspräsident, von 1950 bis 1957 Mitglied des Haupt- und Bauausschusses, von 1952 bis 1957 auch des Wirtschaftsausschusses. – 1953 Bundesverdienstkreuz; 1955 Ehrensenator der Hochschule für Sozialwissenschaften Nürnberg; 1959 Bayer. Verdienstorden.

L   SCHMÖGER, Der Bayerische Senat, S. 258 (Bild) — GBP.

Scheuffele (seltener: *Schäuffele*), Johann Friedrich *Matthäus*, * Ulm 8. Dez. 1814, † München 1877, ev.
Vater   Friedrich Scheuffele.
Mutter   Elisabeth Schmalzigaug.
∞ Pfuhl 23. IV. 1844 Susanna Dorothea Wieland, * Ulm 19. IV. 1822, T. d. Jacob Wieland u. d. Regina Barbara Schlumberger.
4 K   Regina Wilhelmina Scheuffele, * Neu-Ulm 1. XII. 1844; Friederike Elisabetha Scheuffele, * Neu-Ulm 1. XII. 1844, † ebd. 10. XII. 1844, Zwilling zur Vorgenannten; Elise Dorothea Scheuffele, * Neu-Ulm 9. III. 1847, ∞ Neu-Ulm 14. VII. 1868 Maximilian Steinmetz, Baumeister; Friedrich Scheuffele, * Neu-Ulm 24. VIII. 1849, Holzhändler in Neu-Ulm, ∞ Karoline Wieland, * Schwabsoien 17. IX. 1865.

S., der fünfte Bürgermeister von Neu-Ulm, war – wie auch sein Nachfolger, Rudolf →*Wolber – eine Übergangsfigur, von der wir wenig wissen. Es ist nicht einmal mit Gewissheit zu sagen, ob er mit dem namensgleichen Neu-Ulmer Dampfsägewerks-

---

520 SCHMÖGER, Der Bayerische Senat, S. 258 f.

besitzer identisch ist, dessen in der Donaustraße gelegene Sägemühle im Juni 1870 abbrannte.

Der aus einer alten und bekannten Ulmer Handwerkerfamilie stammende S. ließ sich zum Wagner ausbilden und scheint schon als junger Mann seine Zukunft in Neu-Ulm erblickt zu haben, wo er sich als Wagnermeister niederließ und seine Familie gründete. Nach 1851 war S. Mitglied des Gemeindeausschusses, der Vorform des späteren Magistrats. In den Jahren 1864 und 1865 war S. Bürgermeister von Neu-Ulm, gab das Amt aber schon nach kurzer Zeit wieder ab, ohne dass wir Näheres wüssten. Die Nachfolge als Bürgermeister trat der Kaufmann Rudolf Wolber an.

L   BUCK, Chronik, S. XVII f. (Bild), 97-99, 145, 269 – TREU, Neu-Ulm, S. 576 – TEUBER, Ortsfamilienbuch Neu-Ulm II, Nr. 4101.

Scheyhing, Hans *Robert* Ulrich, Dr. iur., * Ulm 19. März 1927, † Tübingen 6. Dez. 1989, ev.
Vater   Hans Scheyhing, * Ulm 13. X. 1894, Verwaltungsrat, Vorstand des Personalamts der Stadt Ulm.
Mutter   Berta Hagmann, † 1938.
1 G   Beate Scheyhing, * 7. IV. 1931, ∞ 1970 Rudolf Warth.
∞ 30. V. 1958 *Sigrid* Anna Elfriede Welz, * Stuttgart 5. X. 1934, Lehrerin.
2 K   Christiane Scheyhing, * Kiel 27. IX. 1962; Florian Scheyhing, * 26. VIII. 1965, † Mössingen-Öschingen 28. XII. 1992.

S. war einer der zahlreichen aus Ulm stammenden hervorragenden Juristen in Deutschland.

Der Sohn eines Ulmer städtischen Beamten besuchte in Ulm die Volksschule und anschließend seit 1937 das humanistische Gymnasium. Seit Feb. 1943 war S. Luftwaffenhelfer in Ulm, von Sept. bis Nov. 1944 beim Reichsarbeitsdienst (RAD) und seit 1. Dez. 1944 als Grenadier bei der Wehrmacht. 1946 arbeitete er nach seiner Entlassung aus der Kriegsgefangenschaft einige Monate lang als Bauhilfsarbeiter, nachdem sein Wunsch, in Tübingen zu studieren, sich einstweilen wegen der Überfüllung der Universität nicht realisieren ließ. Im Wintersemester 1946/47 begann er daher das Jurastudium an der Philosophisch-theologischen Hochschule in Dillingen/Donau, wechselte aber im Jahr darauf nach Tübingen. Im Juni 1950 bestand er die I. Staatsprüfung und durchlief anschließend als Referendar am Amtsgericht, beim Landrat und bei einer Rechtsanwaltskanzlei in Ulm sowie bei der Staatsanwaltschaft und beim Landgericht Tübingen den obligatorischen juristischen Vorbereitungsdienst. Daneben war S. wissenschaftlicher Assistent bei Professor Dr. Eduard Kern (1887-1972) in Tübingen, bei dem er 1952 mit der Arbeit „Die Entwicklung des deutschen Gerichtsverfassungsrechts vom 8. Mai 1945 bis zum 1. Okt. 1950" promoviert wurde. Anfang 1954 bestand S. die II. Staatsprüfung.

Von 1954 bis 1958 war S. wissenschaftlicher Assistent am Juristischen Seminar der Universität Tübingen und erhielt zum Wintersemester 1956/57 seinen ersten Lehrauftrag. In der zweiten Jahreshälfte 1957 war er Stipendiat der Deutschen Forschungsgemeinschaft (DFG), um sich auf seine Tübinger Habilitation (1958) vorzubereiten. Die Arbeit, deren Erstgutachter Prof. Dr. Hans Erich Feine (1890-1965) war, trug den Titel „Eide, Amtsgewalt und Bannleihe. Eine Untersuchung zur Bannleihe im hohen und späten Mittelalter". Schon am 11. April 1958 wurde dem Dozenten (Beamter a. W.) S. die Venia legendi für Deutsche Rechtsgeschichte und Bürgerliches Recht verliehen, im Mai des Jahres erhielt er eine Stiftungsdozentur, im Jahr darauf eine (Diäten-)Dozentur.

Solange sich in Tübingen seine Aussichten nicht klärten, übernahm S. andere Aufgaben andernorts, so im Sommersemester 1958 die Lehrstuhlvertretung für Römisches Recht und Bürgerliches Recht an der Universität Göttingen und – schon seit Frühjahr 1958 – eine Tätigkeit bei der Rechts- und Organisationsabteilung im Finanzministerium Baden-Württemberg. Im Mai 1960 folgte S. einem Ruf der Rechts- und Staatswissenschaftlichen Fakultät der Universität Kiel, wo er zum o. Pro-

fessor der Deutschen Rechtsgeschichte, des Bürgerlichen und Handelsrechts ernannt wurde. Zum 1. März 1965 wechselte S. als o. Professor für die gleichen Fächer an die Universität Tübingen. Von 1966 bis 1970 fungierte S. als geschäftsführender Direktor des Juristischen Seminars, 1970/71 als Dekan und 1971/72 als Prodekan des Fachbereichs Rechtswissenschaft an der Universität Tübingen. Seit Okt. 1981 war er zugleich Richter auf Lebenszeit am Landgericht Tübingen. Von 1971 bis 1980 gehörte er dem Großen Senat an, von 1984 bis 1988 dem Fakultätsrat der Juristischen Fakultät.

Neben seiner überaus fruchtbaren Hochschularbeit und der publizistischen Tätigkeit, die außer juristischen Themen mit dem Schwerpunkt Verfassungsgeschichte und Staatsrecht im weitesten Sinne auch rechtshistorische und biographische Veröffentlichungen einschloss, setzte sich S. besonders für die Förderung des wissenschaftlichen Nachwuchses ein. Seit 1958 war er Mitglied des Ständigen Ausschusses beim Landesjustizprüfungsamt für die I. Juristische Staatsprüfung, seit 1965 Vertreter der Juristischen Fakultät in der Kommission zur Förderung des wissenschaftlichen Nachwuchses, seit 1975 Mitglied des Förderungsausschusses nach dem Bundesausbildungsförderungsgesetz (Bafög). S. war in der Straffälligenhilfe in Tübingen tätig und lehrte an der Württ. Verwaltungsakademie in Stuttgart.

Politisch engagierte sich S. in der CDU, war zunächst Mitglied des Ortschaftsrates von Öschingen bei Mössingen/Kreis Tübingen, danach seit 1975 Stadtrat in Mössingen und dort zuletzt CDU-Fraktionsvorsitzender.

W   Ausführliches Schriftenverzeichnis bei STRECKER/MARCON I, S. 812-815. (Auswahl) Die Entwürfe der Verfassung des ehemaligen Landes Württemberg-Hohenzollern vom 20. 5. 1947, in: Baden-Württembergisches Verwaltungsblatt 4 (1959), S. 65-68 – Deutsche Verfassungsgeschichte der Neuzeit, Köln, Berlin u. a. 1968 – Das Kaiserliche Landgericht auf dem Hofe zu Rottweil, in: ZWLG 20 (1961), S. 83-95 – (mit Hermann LANGE), Fälle zum Sachenrecht, München 1977 – Landsmannschaftliche Zugehörigkeit als Motiv politischer Handlungen. Der „Württembergische General" Wilhelm Groener in der Novemberkrise 1918, in: ZWLG 40 (1981), S. 580-602 – Der Mössinger Generalstreik Ende Januar 1933, in: ZWLG 45 (1986), S. 352-362.
L   Ih 3, S. 298 – STRECKER/MARCON I, S. 810-815, Nr. 124 (Bild), mit ausführlichen weiteren Literaturangaben.

Schickhardt, Paul, * Friedrichstal/OA Freudenstadt 7. Juni[521] 1835, † Neu-Ulm 30. März 1893, ev.
Vater   Julius Friedrich Josef (von) Schickhardt[522], * Stuttgart 15. XII. 1792, † Geislingen/Steige 6. I. 1865, Hüttenkassier in Friedrichstal, ab 1842 Kameralamtsvorstand in Geislingen/Steige, S. d. *Josef* Israel Schickhardt[523], * Stuttgart 4. I. 1751, † ebd. 3. X. 1829, Hüttenkassier, 1803-1812 Hofdomänenrat, Oberfinanzrat in Stuttgart, u. d. Maria Sophie Wolf[f], * Stuttgart 11. XI. 1755, † ebd. 3. X. 1829.
Mutter   Marie Mutschler, * Kirchheim/Teck 23. I. 1806, † Stuttgart 29. X. 1871, T. d. Ernst Christoph Mutschler[524], Mag., * Stuttgart 1. V. 1767, † Blaufelden 23. IV. 1817, 1795-1800 Repetent in Tübingen, 1800-1810 Diakon in Kirchheim/Teck, 1810/11 Dekan in Knittlingen, zuletzt ab 1811 dsgl. in Blaufelden, u. d. Louise Friederike Zeller, * Hohenentringen 3. III. 1777, † Kirchheim/Teck 7. VI. 1849.
Mehrere G, darunter Albrecht Schickhardt[525], * Friedrichstal 7. VI. 1835, † Neuenstadt am Kocher 1916, Finanzrat, Kameralverwalter in Neuenstadt am Kocher.
∞ Stuttgart 6. VI. 1872 Johanna Schall, * Stuttgart 23. X. 1846, T. d. Friedrich Wilhelm (von) Schall, * Dürrmenz 27. VI. 1808, † Stuttgart 15. VII. 1880, Auditor, zuletzt Oberkriegsgerichtsdirektor in Stuttgart, u. d. Agnes Mutschler, * Blaufelden 15. III. 1812, † Stuttgart 5. IV. 1903, eine Tante des Paul Schickhardt.
3 K   Hans Schickhardt, * Tübingen 7. VI. 1873, † Reutlingen 12. VIII. 1876); Benedict Schickhardt, * Reutlingen 14. VIII. 1876; *Wolfgang* Friedrich Wilhelm Schickhardt[526], * Neresheim 27. II. 1881, Regierungsbaumeister in Stuttgart, [1928] Vorstand des Kulturbauamts Heilbronn/Neckar, Baurat a. g. St., ∞ Stuttgart 3. IX. 1909 Louise Gertrud Seckler, * Stuttgart 15. IV. 1887, T. d. *Ludwig* („*Louis*") Heinrich Friedrich Seckler, Rechnungsrat beim Württ. Statistischen Landesamt Stuttgart, u. d. *Amalie* Pauline Marie Gräter.

---

[521] Andere Quellen: Jan.
[522] WINTERHALDER, Ämter, S. 94 f.
[523] LOTTER, Schall, S. 285 – EBERL, Klosterschüler II, S. 109 f. [dort: Schickard].
[524] LOTTER, Schall, S. 285 – EBERL, Klosterschüler II, S. 98 f. Einer von Mutschlers Brüdern, Ernst Friedrich Ludwig Mutschler (* Ludwigsburg 22. Okt. 1770, † Esslingen/Neckar 1. Jan. 1848) war von 1802-1818 Oberamtmann in Rosenfeld, Hornberg und Marbach/Neckar, 1818-1834 Oberjustizrat in Esslingen, vgl. EBERL, Klosterschüler II, S. 99 und Amtsvorsteher, S. 422 (Thomas SCHULZ).
[525] SCHMIDGALL, Burschenschafterlisten, S. 162, Nr. 139.
[526] LOTTER, Schall, S. 318.

S. zählte zu den Beamten bei der Kreisregierung in Ulm, die enge Kontakte zu Neu-Ulm pflegten und zuletzt dort lebten. Der einer altwürtt. Beamtenfamilie entstammende S. bestand nach dem Besuch der Lateinschule in Geislingen/Steige das Landexamen. Von 1849 bis 1853 war er Zögling des ev.-theol. Seminars Blaubeuren. Von 1854 bis 1858 studierte S. Regiminalwissenschaften in Tübingen (Mitglied der Burschenschaft Normannia); 1858 bestand er die I., 1859 die II. Höhere Verwaltungsdienstprüfung. Nach den üblichen provisorischen Verwendungen als Aktuariatsverweser und Verwaltungsassistent bei den OÄ Leutkirch, Riedlingen, Weinsberg und Esslingen/Neckar fand er 1862 die erste definitive Anstellung als Aktuar beim OA Vaihingen/Enz. 1864 wechselte er in gleicher Eigenschaft zum OA Künzelsau. Von 1868 bis 1870 Polizeikommissär bei der seinerzeit noch kommunal organisierten Stuttgarter Stadtpolizei, war S. anschließend von 1870 bis 1874 Amtmann und Aktuar beim OA Tübingen.

Im Jan. 1874 wurde er zum Kollegialhilfsarbeiter und am 19. Feb. 1874 zum Regierungsassessor bei der Regierung des Schwarzwaldkreises in Reutlingen ernannt. Von 1877 bis 1885 verwaltete er als Oberamtsvorstand und Oberamtmann das OA Neresheim. Anfang 1885 (Kgl. Entschließung vom 29. Dez. 1884) wurde ihm nach der achtjährigen Dienstzeit in der Provinz mit der Ernennung zum Regierungsrat bei der Regierung des Donaukreises in Ulm gedankt. Es handelte sich dabei um eine begehrte Position, in der S. vornehmlich mit der Wahlprüfung von Schultheißen in den Gemeinden des Kreises zu tun hatte. S., der über seine Ehefrau mit den Ulmer Schalls verwandt war, lebte sich in Ulm recht gut ein, tendierte aber frühzeitig mehr nach Neu-Ulm, wo er im Alter von knapp 58 Jahren auch starb. – Mitglied des Vereins für Kunst und Altertum in Ulm und Oberschwaben. – 1886 Ritterkreuz I. Kl. des Friedrichsordens.

Q HStA, E 151/01 Bü 994, 1066 und 1487.
L GEORGII-GEORGENAU, S. 797 – ZELLER, Stammbuch, S. 200 ff. – LOTTER, Schall, S. 16, 285 – SCHMIDGALL, Burschenschafterlisten, S. 162, Nr. 138 – Amtsvorsteher, S. 494 (Wolfram ANGERBAUER).

Schieber, Ernst, * Machtolsheim/OA Blaubeuren 12. Mai 1889, † Stuttgart 26. Juli 1972, ev.
Vater   Karl →Schieber.
Mutter   Eugenie Cramer.
Mehrere G.
∞ 1917 Gertrud Hahn, * 1893, T. d. Michael Christian Hahn, * Althausen/OA Mergentheim 2. Jan. 1851, † 1919, 1878 Pfarrer in Böfingen, 1890 Inspektor auf der Karlshöhe bei Ludwigsburg, 1904 Stadtpfarrer in Dornhan.
6 K, darunter Karl Schieber.

S., ein Neffe der Schriftstellerin Anna Schieber (1867-1945), war von 1926 bis 1933 Ulmer Münsterpfarrer und einer der populärsten ev. Geistlichen in der Stadt.
Während seines 1908 begonnenen Studiums der Theologie in Tübingen schloss S. Freundschaft mit Ernst →Hirzel, der wie er (und auch der spätere Ulmer Oberstudiendirektor Dr. Walter →*Sontheimer) der Burschenschaft Roigel „Tübinger Königsgesellschaft" angehörte. Nach mehreren unständigen Verwendungen als Vikar erhielt S. 1918 seine erste feste Anstellung als Pfarrer in Asch/OA Blaubeuren. Am 12. März 1926 wurde S. zum Dritten Stadtpfarrer am Ulmer Münster ernannt, nachdem diese Stelle seit Nov. 1924 vakant gewesen und von Ernst →Claß versehen worden war. S. trat sein neues Amt erst am 4. Aug. 1926 an, nachdem er seine Amtsgeschäfte in Asch abgewickelt hatte. In seiner Ulmer Zeit war S. als Sänger aktiv und leitete die Ulmer Singgemeinde. Der temperamentvolle Prediger schätzte das Singen als gemeinschaftsstiftend und –stabilisierend ein und entfaltete daher gerade in diesem Bereich eine umfassende Tätigkeit. Vor allem junge Menschen führte er damit näher zur Kirche.
Zum 1. Okt. 1933 übernahm der dem Nationalsozialismus mit einer Mischung aus Indifferenz und Blauäugigkeit gegenüber-

stehende S. eine neue Aufgabe als Militärpfarrer (mit Titel Kirchenrat) beim Wehrkreiskommando V in Ludwigsburg. Seine Nachfolge am Ulmer Münster trat Ernst Claß an. 1934 zum Heeresoberpfarrer und 1938 zum Wehrkreisdekan ernannt, blieb S. bis zum Kriegsende 1945 im Amt. Danach war er zunächst Pfarrer in Ludwigsburg, ehe er 1948 zum Dekan ebd. ernannt wurde. 1959 wurde er in den Ruhestand verabschiedet, den er in Stuttgart verlebte. 1948 war S. zum Vorsitzenden des Ev. Pfarrvereins in Württemberg gewählt worden, ein Amt, das er bis 1965 führte. Als solcher wurde er 1948 als Mitglied des 4. Landeskirchentags zugewählt. Dem 5. Landeskirchentag und der 6. Landessynode gehörte er als Abg. von Ludwigsburg an und war u. a. Zweiter Vizepräsident, Mitglied des Ältestenbeirats und des Ständigen Ausschusses, Alterspräsident und Erster Vizepräsident der 6. Landessynode sowie stv. Mitglied des Landeskirchenausschusses.

Q StadtA Ulm, G 2 – LKAS, Nachlass.
W Jahresringe, Stuttgart 1965.
L Magisterbuch 41 (1932), S. 169 – UBC 3, S. 262 – UBC 4, S. 104, 155, 250, 252 (Bild), 289 – SCHMIDGALL, Burschenschafterlisten, S. 151, Nr. 723 – NEBINGER, Die ev. Prälaten, S. 589 – Mayer, Die ev. Kirche, bes. S. 521-523 u. ö. – EHMER/KAMMERER, S. 317.

Schieber, *Karl* Jakob, * Esslingen/Neckar 23. Okt. 1860, † Ulm 14. Juli 1924, ev.
Vater   Gottlob Jakob Schieber, Küfermeister.
Mutter   Friederike Schmid.
12 G, darunter Anna Schieber[527], * Esslingen/Neckar 12. XII. 1867, † Tübingen 7. VIII. 1945, Schriftstellerin, DDP-Politikerin.
∞ Eugenie Cramer.
Mehrere K, darunter Ernst Schieber.

Der Geistliche und Schulmann erlebte den Höhepunkt seiner Laufbahn als Bezirksschulinspektor in Ulm.
Nach dem Besuch des Esslinger Gymnasiums und dem ev.-theol. Seminar in Urach begann S. 1878 mit dem Studium der Philologie in Tübingen (Mitglied der Burschenschaft Roigel „Tübinger Königsgesellschaft"). Nach den theol. Dienstprüfungen und verschiedenen Vikariaten wurde S. 1887 zum Pfarrer in Machtolsheim/OA Blaubeuren ernannt. Ab 1896 war der ausgewiesene Schulfachmann zugleich Bezirksschulinspektor für Blaubeuren. 1903 wurde er als Stadt- und Garnisonspfarrer nach Weingarten versetzt, wo er ebenfalls zugleich Bezirksschulinspektor für den Bezirk Ravensburg war. Der Bezirksschulinspektor war als hauptamtlicher Vertreter des Ev. Oberschulrats Leiter des gesamten Volksschulwesens in seinem Bezirk.
1913/14 wechselte S. als Bezirksschulinspektor (mit Titel Schulrat) des neu geschaffenen Bezirksschulamts Ulm II nach Ulm. Der Bezirk war in anderem Zuschnitt bisher von Schulrat Dr. Wilhelm →*Weber, der fortan Bezirksschulinspektor des Bezirks Ulm I war, geleitet worden. Der neue Bezirk umfasste die Oberämter Biberach, Blaubeuren, Ehingen, Laupheim, Leutkirch, Ravensburg, Riedlingen, Saulgau, Tettnang, Waldsee und Wangen. Während seines mehr als zehnjährigen Wirkens gelang es S., das ev. Volksschulwesen in der oberschwäbischen „Diaspora" unter den schwierigen Bedingungen der Kriegs- und Nachkriegszeit entscheidend zu stärken und zu stabilisieren. In Ulm, wo er seinen Sitz hatte, zählte S. zu den angesehensten Persönlichkeiten, vielfach verankert im städtischen Leben u. a. als Mitglied von Vereinen (wie dem Verein für Kunst und Altertum in Ulm und Oberschwaben und dem Verein für Mathematik und Naturwissenschaften) und Redner in öffentlichen Versammlungen. 1900 war er Ersatzmitglied von Blaubeuren zur 6. Landessynode. Nach S.s plötzlichem Tod im 64. Lebensjahr wurde Albert →*Schöttle, bisher Bezirksschulinspektor in Dürrmenz, zu seinem Nachfolger ernannt.

---

[527] Ih 2, S. 769.

L   Grundbuch der ev. Volksschule 1914, S. 6 – Magisterbuch 38 (1920), S. 111 – SCHMIDGALL, Burschenschafterlisten, S. 141, Nr. 347 – EHMER/KAMMERER, S. 317.

Schiele, Fritz, * Ulm 13. Nov. 1876, † Tübingen ? 11. Juni 1965.

∞ Julie Bantlin.
Mehrere *K*, darunter Elisabeth Schiele, ∞ 1935 Kurt Kiderlen[528], * Friedrichshafen 11. IV. 1904, † gef. 9. II. 1945, Forstbeamter, zuletzt Forstmeister in Wehingen bei Spaichingen und Kreisjägermeister in Calais, im Weltkrieg Oberleutnant.

S. war einer der zahlreichen aus Ulm stammenden hochrangigen Vertreter der württ. Justiz.
Von 1894 bis 1900 studierte S. Jura in Tübingen (Mitglied der Burschenschaft Germania) und Leipzig. Der wegen einer schweren Schnittverletzung an der Hand militäruntaugliche S. begann seine Laufbahn im württ. Justizdienst 1903 als Hilfsrichter (Amtsanwalt) in Balingen. 1909 wechselte er als Staatsanwalt zum Landgericht Tübingen, wo er 1914 zum Landrichter und 1919 zum Landgerichtsrat ernannt wurde. Zuletzt Landgerichtsdirektor ebd., war er zugleich Vorsitzender des Landesarbeitsgerichts Tübingen. Von 1935 bis 1937 amtierte S. als Landgerichtspräsident in Rottweil, kehrte aber 1937 als Landgerichtspräsident nach Tübingen zurück. 1942 wurde S. in den Ruhestand versetzt, aber bereits 1943 kriegsbedingt wieder reaktiviert. S. wirkte nach dem Einmarsch der französischen Besatzungstruppen im April 1945 an der Neuorganisation des Gerichtswesens in Tübingen mit. Sein Entnazifizierungsverfahren endete mit der Einstufung als politisch Unbelasteter. Dennoch verhinderten die Franzosen im Sommer 1947 eine Verwendung S.s als Vorsitzender einer Spruchkammer. – Rettungsmedaille in Silber.

Q   StAS, Wü 13 T 2 Nr. 2077 (Az. 15/D/01189), Entnazifizierungsakten – HStAS, EA 4/150 Bü 1007.
L   PHILIPP, Germania, S. 111, Nr. 1552 – RABERG, Kabinettsprotokolle WüHoz 2, S. 9, Anm. 33.

Schifterling, Georg Bernhard, * Creglingen/OA Mergentheim 24. Sept. 1815, † USA (Todesort unbekannt) 1880, ev.

Vater   Schifterling, Tagelöhner.
4 *G*.
∞ wohl nach 1850 mit einer Irin.

Der Revolutionär und erste Vorstand des „Ulmer Arbeitervereins" war die erste Führungsfigur der Arbeiterbewegung in Ulm. Nur knapp zwei Jahre hielt sich S. in Ulm auf, aber in dieser Zeit bewirkte er mehr als andere in Jahrzehnten.
In ärmlichen Verhältnissen aufgewachsen, war S. von Kindesbeinen an daran gewöhnt, zum Lebensunterhalt der Familie beitragen zu müssen. Nach der Volksschule musste sich der begabte Junge schon im Alter von 14 Jahren als Wanderknecht verdingen und arbeitete auf verschiedenen Bauernhöfen im Fränkischen. 1837 begegnete S., der seinem tristen Dasein entkommen wollte, Michael Krönlein, einem einstigen Zögling der Basler Mission. Dieser eröffnete ihm die Aussicht auf eine Stellung im Dienst der Mission, zu welchem Zweck sich S. aber privat fortbilden musste. Es spricht für die Entschlusskraft und Beharrlichkeit S.s, dass er sich trotz mehrerer Zurückweisungen schließlich in Korntal in die Dienste eines Gastwirts begab, um mit dem Verdienst Privatunterricht zu bezahlen. Das Haupt der württ. Pietisten, Pfarrer Sixt Karl Kapff, vermittelte ihn an die „Wissenschaftliche Bildungsanstalt der Brüder Paulus" auf dem Salon bei Ludwigsburg, wo er sein Schulgeld und den Lebensunterhalt mit Knechtsarbeiten verdiente. Im Frühjahr 1838 konnte er als Zögling in das Basler Missionshaus einziehen.
Der Weg S.s als Missionar schien nun vorbestimmt, doch auf Grund seiner engen Verbindung zu dem an der Universität

Basel lehrenden Pfarrer Johann Tobias Beck wurde er 1839 des Missionshauses verwiesen, da Beck die Mission in einer Rede scharf angegriffen hatte, woraufhin seine Anhänger diszipliniert wurden. S. stand vor einem Scherbenhaufen. Beck nahm ihn bei sich auf und ermöglichte ihm das Studium an der Universität Basel. S. studierte Theologie und Philologie, musste aber im Herbst 1840 abbrechen, da seine Geldnöte stetig wuchsen. Er kehrte nach Württemberg zurück, besuchte als Hospitant – er hatte kein Abitur – theol. Vorlesungen an der Universität Tübingen und bestand 1842 das zur Immatrikulation berechtigende Examen. 1843 erhielt er das zum Vikardienst berechtigende Zeugnis.
Noch im gleichen Jahr war S. als Aushilfsvikar in Schmerbach bei Weikersheim, Aichelberg, [Stuttgart-]Münster und Zaberfeld sowie 1844/45 in Alfdorf/OA Welzheim tätig und zeichnete sich durch besonderes Engagement und Ideenreichtum aus, was bei den örtlichen Pfarrern nicht immer gut aufgenommen wurde. Einer von ihnen klagte ihn wegen *Trunkliebe und Unzucht* an und erreichte, dass S. im Feb. 1845 aus der Liste der Pfarrkandidaten gestrichen wurde. S. stand erneut vor einem Scherbenhaufen und wehrte sich heftig, u. a. in scharfem Ton gehaltenen Schreiben an König Wilhelm I. von Württemberg. Obwohl er bemerken musste, dass seine Kritik auf taube Ohren stieß und ihm höchstens noch größere Schwierigkeiten einbrachte, suchte S. weiterhin die Öffentlichkeit und führte z. T. völlig maßlose Angriffe gegen die Amtskirche. Im Frühjahr 1846 wurde S. deswegen zu einer sechswöchigen Haftstrafe auf dem Hohenasperg verurteilt, die er 1847 antrat.
Körperlich und seelisch beinahe gebrochen, lernte er während der Haft den Ulmer Fabrikanten Philipp Jacob →Wieland kennen, der dort eine Haftstrafe wegen schwerer Körperverletzung an einem seiner Arbeiter absaß. Wieland holte S. als Aushilfsarbeiter in seine Fabrik nach Ulm. Im Sommer 1847 konnte S. eine Stelle als Hauslehrer bei einem Wirt und Bierbrauer in Oberthalfingen antreten.
Die Revolution 1848 führte jedoch zu einer neuen radikalen Wendung in seinem Leben. S. wollte als republikanischer Journalist zum Umbau der gesellschaftlichen Verhältnisse beitragen und erhielt die Gelegenheit, die Redaktion des „Erzählers an der Donau. Ein württ. Volksblatt" in Ulm zu übernehmen, eines bis dahin unpolitischen Blattes, für das er schon zuvor Artikel geschrieben hatte. Er übernahm die Redaktion am 1. April 1848. Innerhalb kurzer Zeit entwickelte sich der „Erzähler" zu einem der radikalsten Organe der Revolution und wurde in ganz Württemberg und darüber hinaus gelesen. Es war nur eine Frage der Zeit, bis die Behörden dagegen einschritten. Am 15. Juli 1848 musste der „Erzähler" sein Erscheinen einstellen.
Schon zuvor, am 25. April 1848, war S. in Ulm verhaftet worden und sollte zu weiterer Untersuchung nach Stuttgart gebracht werden. Einige Ulmer holten S. aus der Kutsche, befreiten ihn und veranstalteten für ihn und Oberbürgermeister Julius →Schuster, der sich für S. eingesetzt hatte, am Abend des Tages einen Fackelzug.
Von Anfang an fürchtete S., die Unorganisiertheit der Demokraten könne ihren politischen Misserfolg herbeiführen. Aus diesem Grund rief er Anfang Juni 1848 den „Ulmer Arbeiterverein" ins Leben, der die Anhänger der sozialen Republik zusammenfassen sollte. Ihm gehörten zuletzt – beim Verbot im Okt. 1852 – rund 450 Mitglieder an. S. schrieb sich vor allem das Thema Bildung auf die Fahnen, weil er davon überzeugt war, gesellschaftliche Veränderungen könnten sich nur ergeben, wenn Arbeiterschaft und Bürgertum über einen annähernd gleichen Bildungshintergrund verfügten. Zu diesem Zweck wollte S. eine Verkürzung der Arbeitszeiten und billigere Eisenbahntarife für Wandergesellen erreichen, eine Unterstützungskasse für kranke und wandernde Arbeiter einrichten

528 PHILIPP, Germania, S. 148.

und staatliche Willkür eindämmen. Als Vertreter des Arbeitervereins Ulm nahm S. vom 14. bis 17. Juni 1848 am ersten deutschen „Demokratenkongress" in Frankfurt/Main teil. Im Nov. 1848 vollzog er den Anschluss des Ulmer Vereins an den Frankfurter „Zentralmärzverein".

S.s Versuch, mit Gründung eines „Demokratischen Vereins" Republikfreunde in Ulm zusammenzufassen, scheiterte. Die am 27. Juni 1848 in den Gasthof „Zum Schiff" einberufene Versammlung, an der rund 700 Menschen teilgenommen haben sollen, wurde von Soldaten gewaltsam gesprengt. Zahlreiche Menschen wurden bei diesem „Ulmer Schiffs-Krawall" verletzt, ein Bäckerlehrling starb.

S., der von Juli bis Okt. 1848 in Untersuchungshaft in Stuttgart saß, begann in dieser Zeit für die „Sonne", das Zentralorgan der württ. Arbeitervereine, zu schreiben und forderte in einem seiner Artikel die Schaffung einer *deutschen Bundesrepublik*. Sein Kampf gegen Fürstenrechte und für einen radikalen Umbau der bestehenden Gesellschaftsordnung ließ ihn für die Repräsentanten der bestehenden Ordnung zum „roten Tuch" werden. Ihm wurden unablässig Gerichtsverfahren angedroht, eine Gefahr für S., die sich mit dem sich abzeichnenden Erfolg der politischen Reaktion im Frühjahr 1849 so schnell konkretisierte, dass er sich zur Auswanderung entschloss. Am 12. April 1849 verließ S. Ulm in Richtung Heilbronn/Neckar, um in die USA zu emigrieren.

S. geriet in den pfälzisch-badischen Aufstand hinein, stellte seine persönlichen Pläne hintan und stürzte sich erneut in den Kampf für die Demokratie. Er nahm an mehreren Volksversammlungen teil – besonders wortgewaltig am 27. Mai 1849 in Bretten – und wurde von der provisorischen Regierung Badens mit der Aufstellung einer „Schwäbischen Legion" beauftragt. Es gelang S. und seinen Helfern, eine Truppe von etwa 500 Mann zu bilden. Es genügte dem in einem Gefecht verletzten S. aber nicht, die preuß. Truppen in Baden zu bekämpfen – er wollte die Revolution vom badischen Seekreis aus nach Württemberg hineintragen. Seine eigenen badischen Gesinnungsfreunde verhafteten ihn deshalb.

Nach der Niederschlagung des Aufstands in Baden flüchtete S. in die Schweiz. Er führte kurzzeitig ein Gasthaus bei St. Gallen und nahm, nachdem ihm die Behörden die Aufenthaltsgenehmigung nicht mehr verlängern wollten, im Sommer 1850 seine Auswanderungspläne wieder auf. Am 29. Juli 1850 schiffte er sich in Le Havre nach New York ein, wo sich seine Spur fast ganz verliert. Der Kriminalsenat des Gerichtshofes in Esslingen/Neckar verurteilte S. 1852 in Abwesenheit zu einer achtjährigen Zuchthausstrafe. Es ist fraglich, ob S. das jemals erfahren hat. Er heiratete und soll Pfarrer in Niagara Falls an der US-amerikanisch-kanadischen Grenze geworden sein.

Q StadtA Ulm, G 2.
W Beurteilung von religiösen Wirren unserer Tage, Heilbronn 1845.
L Peter MÜLLER, Württemberg und die badischen Erhebungen 1848/49, phil. Diss., Tübingen 1952 (masch.), S. 238 ff. – MANN, Württemberg, S. 115, 120 – HEPACH, Königreich, S. 151, 154 ff., 162, 174 f., 195 f., 198, 200 ff., 204, 206 – SPECKER, Ulm im 19. Jahrhundert, S. 202 f., 208, 240-243 – Uwe SCHMIDT, Georg Bernhard Schifterling - Tagelöhner, Pfarrer, Journalist und Revolutionär, in: Schwäbische Heimat 2/1998, S. 175-185 – SCHMIDT, Demokratie, S. 28, 30-32, 36.

Schill, Friedrich Wilhelm *Carl (Karl)* (von), * Ludwigsburg 9. Juli 1843, † Stuttgart 13. Aug. 1904, ev.
Vater Johann Baptist Schill, * Dischingen 23. VI. 1793, † Ludwigsburg 8. VIII. 1868, Arsenalassistent in Ludwigsburg.
Mutter Rosine Keppler, * Tamm/OA Ludwigsburg 14. III. 1802, † Ludwigsburg 13. III. 1865.
G Paul (von) →*Schill.
∞ Ulm 31. V. 1877 Clementine *Mathilde* Leube, * Ulm 28. I. 1849, † Stuttgart 26. I. 1934, T. d. Wilhelm (von) →Leube.
2 K Mathilde Schill, * Ulm 20. IV. 1878, † Stuttgart 6. I. 1921, ∞ Stuttgart 15. VI. 1902 *Carl (Karl)* Friedrich Gutbrod, Dr. iur, * Stuttgart 7. VIII. 1872, † Wiesbaden 24. VI. 1936, Direktor der Württ. Hypothekenbank in Stuttgart; *Thusnelde* Antonie Schill, * Köln-Deutz 18. V. 1882, ∞ Stuttgart 24. V. 1902 *Selmar* August Lorenz Hans Hatzky, * Gerstrode/Kreis Worbis 9. V. 1870, Regierungsbaumeister, 1921 bis 1925 Stadtverordneter in Berlin.

S. war einer der zahlreichen ursprünglich aus einfachen Verhältnissen stammenden Offiziere Württembergs, die während ihrer Dienstzeit in Ulm enge Bindungen an die Stadt knüpften und dort auch ihren Hausstand begründeten. Gesellschaftlich stieg S. mit seiner Eheschließung mit einer Tochter aus dem Hause Leube ohne Frage auf.

S. wuchs in Ludwigsburg auf, machte dort seinen Abschluss an der Oberrealschule und trat im Juli 1858 als „Pionierassistent" in die 1. Kompanie des in Ludwigsburg stationierten Pionier-Rgts. ein. Dort stieg er zum Portepeekadetten im Ing.-Rgt. (1863) und Leutnant (1865) auf. Bereits Mitte der 1860er Jahre kam der hochgewachsene S. – er soll der drittgrößte Offizier des deutschen Heeres gewesen sein – als Oberleutnant zu der einzigen württembergischen Pioniereinheit, dem Pionierbataillon Nr. 13, das wegen des Festungsbaus in Ulm stationiert war. 1866 Pionierleutnant, kämpfte S. 1870/71 im Deutsch-Französischen Krieg und wurde mit dem EK II ausgezeichnet. Erst im Juli 1871 wieder nach Ulm zurückgekehrt, wurde er dort 1875 zum Hauptmann ernannt, nach Köln-Deutz und als Major nach Königsberg und danach als Oberstleutnant und Kommandeur des Eisenbahnregiments nach Berlin versetzt. 1892 zum Oberst ernannt, wurde S. drei Jahre später als Inspekteur der III. Inspekteur-Inspektion in Straßburg versetzt, 1896 als Inspekteur der II. Pionier-Inspektion nach Mainz, wo er zum Generalmajor befördert wurde. 1900 erfolgte unter Ernennung zum Generalleutnant und Verleihung des Prädikats „Exzellenz" S.s Versetzung in den Ruhestand, den er in Stuttgart verlebte. Er starb im Alter von 61 Jahren.

L Ih 2, S. 770 – Staatsanz. 1904, S. 1288 – SK Nr. 375/1904 – Württ. Jahrbücher 1904, S. IV – GIES, Leube, S. 38, 100, 110, 110.

Schimpf, *Friedrich* Wilhelm, * Esslingen/Neckar 31. Mai 1851, † Ulm 19. (nicht 20.!) Dez. 1923, □ ebd., Hauptfriedhof, ev.
∞ Cannstatt 7. I. 1879 *Berta* Christiane Sayler, * 4. IV. 1856, † 22. I. 1928.
K Eugen Wilhelm *Friedrich* Schimpf, * Ulm 8. III. 1880, † ebd. 14. V. 1913, 1909-1913 Direktor des Gas- und Wasserwerks der Stadt Ulm, ∞ Klara Besemfelder; Julie Schimpf, ∞ Alfred Flaxland[529], * 1. I. 1875 Weinsberg, † 6. V. 1940 Stuttgart, Landgerichtsrat und zuletzt -direktor in Stuttgart.

S. erwarb sich in der Kaiserzeit große Verdienste um die Wasserversorgung Ulms.

Nach dem Besuch der Real- und Oberrealschule Esslingen/Neckar war S. seit Herbst 1866 Schüler an der mathematischen, seit Herbst 1868 nach bestandener Maturitätsprüfung auch der technischen Abt. des Stuttgarter Polytechnikums. Bis zum Frühjahr 1872 studierte er Ingenieurwissenschaften und fand nach Ablegung der I. Staatsprüfung im Baufach Verwendung beim Eisenbahnbauamt Stuttgart. 1872/73 folgte das Einjährig-Freiwillige Militärdienstjahr. Vom Herbst 1873 bis Feb. 1874 war S. beim Eisenbahnbüro Freudenstadt beschäftigt, danach kam er zum Eisenbahnbauamt Langenau/OA Ulm, wo er für die Bauausführung des auf Ulmer Markung liegenden Abschnitts (Böfinger Halde bis Hoher Steg) der Eisenbahnlinie Ulm-Heidenheim Sorge trug. Seit 1876 Regierungsbaumeister und städtischer Straßeninspektor in Ulm, legte S. zwei Jahre darauf die II. Staatsprüfung im Ingenieurfach ab.

Der Ulmer Gemeinderat wählte S. am 4. Feb. 1889 als Nachfolger des ausscheidenden bisherigen Direktors Termin zum Direktor des Gas- und Wasserwerks der Stadt Ulm. Unter seiner Leitung entwickelte sich die Wasserreinigung Ulms zu einer der anerkannt Besten des Landes. Der Illerkanal wurde angelegt, das Elektrizitätswerk errichtet. 1906 war S. für den Bau des Wasserwerks Wiblingen und der Grundwasserversorgungsanlage für Ulm und Söflingen verantwortlich. Der Ulmer Gemeinderat wählte S. Ende 1908 als ersten Techniker zum besoldeten Gemeinderat mit dem Titel Stadtbaurat, 1912

---

529 PHILIPP, Germania, S. 110.

erhielt er den Titel Betriebsdirektor. Einige Jahre lang fungierte S. als Stellvertreter des Oberbürgermeisters und war stv. Mitglied des Ulmer Bezirksrats. 1909 erhielt er den Titel Oberbaurat, im Herbst 1920 trat S. nach 44-jähriger Tätigkeit bei der Stadt Ulm in den Ruhestand. Er starb drei Jahre später im Alter von 72 Jahren an einem Schlaganfall. – 1901 Ritterkreuz I. Kl. des Friedrichsordens.

Q StadtA Ulm, G 2.
L Staatsanzeiger Nr. 31, 6. II. 1889, S. 213 – Ulmer Tagblatt Nr. 300, 22. XII. 1923, S. 1397 – Schwäb. Merkur Nr. 300, 22. XII. 1923, S. 4 (Todesanz. der Familie) – Oberbaurat a. D. Schimpf †, in: ebd. Nr. 300, 22. XII. 1923, S. 5 – UBC 3, S. 517 – UBC 4, S. 27, 36, 115, 145, 218 (Bild).

Schleicher, Eberhard, Dr. rer. pol., Dipl.-Volkswirt, * Stuttgart 28. Feb. 1926, † Ulm 21. April 2007, ev.
Vater   Rudolf Schleicher, Schneidermeister, zuletzt selbständiger Unternehmer für Textil und Bekleidung.
Mutter   Paula Schorr.
∞ 1954 Regina Schwenk, * 28. IV. 1923, T. d. Dr. Carl →Schwenk (jun.) u. d. Elisabeth Scholl.
3 K   Jürgen Schleicher; Ursula Schleicher, ∞ Hermann Hutter; Eduard Schleicher.

Der Träger der Medaille der Stadt Ulm (1996) und der Carl-Schwenk-Nadel des Bundesverbandes der Deutschen Zementindustrie e. V. *hat über fünf Jahrzehnte die Entwicklung unserer Unternehmensgruppe maßgeblich gestaltet und* geprägt, hieß es im Nachruf der Unternehmensgruppe Schwenk. In der Presse war von *einem der großen Ulmer Unternehmer* die Rede, der *die Schwenk Zement KG in den 80er und 90er Jahren zu einem der führenden Unternehmen der deutschen Baustoffindustrie gemacht* habe (SWP). Ulms Oberbürgermeister Ivo Gönner würdigte S. als eine *Unternehmerpersönlichkeit mit vorbildlichem Verantwortungsbewusstsein für die Gesellschaft. Mit seinem selbstlosen Einsatz für das Allgemeinwohl hat er bleibende Verdienste erworben und Spuren in Ulm hinterlassen,* so Gönner in einem Kondolenzschreiben.
S. wurde im Feb. 1942 zur Wehrmacht eingezogen und war Soldat, bis er in Gefangenschaft geriet. Im Spätsommer 1945 wieder in der Heimat, studierte er zunächst an der TH Stuttgart, anschließend von 1947 bis 1950 an der Universität Tübingen. Nachdem er 1949 die Diplomprüfung für Volkswirte bestanden hatte, promovierte er 1950 mit der Arbeit „Die Verselbständigung der Leihzinstheorie" bei Prof. Dr. Hans Peter (Universität Tübingen). Anschließend war er Angestellter einer privaten Treuhandgesellschaft. 1954 erfolgte die entscheidende Weichenstellung seines Lebens, als er mit der Einheirat in die Familie Schwenk in die Geschäftsleitung der E. Schwenk Zementwerke KG eintrat, des größten Familienunternehmens der deutschen Zementindustrie. Bereits im Vorjahr war er in dessen Dienste getreten. 1966 geschäftsführender und persönlich haftender Gesellschafter ebd., 1978 nach dem Tod seines Schwiegervaters allein verantwortlicher Leiter des Unternehmens. Unter seiner Führung expandierte das Unternehmen, das er um- und neustrukturierte. Am Hindenburgring entstand die neue Hauptverwaltung, nach dem Fall der Mauer engagierte sich S. frühzeitig in den neuen Bundesländern und erwarb das Zementwerk Bemburg (Sachsen-Anhalt), das sich nach weniger als zwei Jahren Bauzeit zum größten und modernsten seiner Art in Europa entwickelte. Präsidiums- und Vorstandsmitglied, zeitweise Vizepräsident des Bundesverbandes der Deutschen Zementindustrie und von dessen Forschungsinstitut. Er habe *die Unabhängigkeit unserer Firmengruppe [...] mit klugen, strategisch weit vorausschauenden Entscheidungen gewahrt und gefestigt und damit die Grundlage für eine erfolgreiche Zukunft geschaffen.* S. lagen Natur- und Umweltfragen sowie die Jugendarbeit besonders am Herzen. Er war von 1975 bis 2003 Mitglied des Aufsichtsrats der Heidelberger Zement AG (bzw. HeidelbergCement) und der Wieland-Werke AG, Ulm/Donau, bis 2002 Mitglied des zentralen Verwaltungsrates der Dresdner Bank AG. S. starb wenige Wochen nach seinem 81. Ge-

burtstag. Die Trauerfeier für den Verstorbenen fand am 2. Mai 2007 im Ulmer Münster statt, die Beisetzung auf seinen Wunsch im engsten Familienkreis. S. zählte zu den 50 reichsten Persönlichkeiten in Deutschland. – Ehrenbürger von Allmendingen, Heidenheim und Karlstadt. 1984 Ehrensenator der Universität Tübingen. Bundesverdienstkreuz I. Kl.

L   EBERL/MARCON, S. 404, Nr. 1355 – Eberhard Schleichter tot, in: SWP Nr., 24. IV. 2007 (Bild).

Schlotterbeck, Johann Friedrich, Mag., * Altensteig/OA Nagold 7. Juni 1765, † [Stuttgart-]Obertürkheim 14. Juni 1840, ev.
Vater   Johann Jakob Schlotterbeck, * Blaubeuren 23. III. 1726 (nicht 1736!), † 29. V. 1772, 1756 Stadtpfarrer in Altensteig, 1766 Pfarrer in Gerlingen, seit 1768 dsgl. in Weissach, S. d. Johann Michael Schlotterbeck, * Aidlingen bei Böblingen ca. 1693, † 1754, 1725 Präzeptor in Blaubeuren, 1732 Pfarrer in Feldstetten, u. d. Anna Maria Mack.
Mutter   Wilhelmine Dorothea Grülin, * Altensteig 26. IV. 1734.
1 G   Johann Heinrich Schlotterbeck, Kaufmann in Stuttgart.
∞ I. Kleinbottwar/OA Marbach 1787 Henriette Regine Rösch, T. d. Kaufmanns Rösch in Ludwigsburg; ∞ II. Emilie Schlotterbeck.
Mehrere K, von denen nur eine Tochter aus I. Ehe den Vater überlebte.

S. war nach 1817 *als biedermeierlicher Ulmer Lokaldichter nicht mehr von der Münsterstadt wegzudenken* (BIEDERMANN, Ulmer Biedermeier, S. 207). Er war ein typischer Vertreter der von der Romantik unbeeinflussten älteren schwäbischen Poetenschule. Aus altwürttembergischer Pfarrer- und Beamtenfamilie stammend, durchlief S. nach dem bestandenen Landexamen die Klosterschulen und studierte danach seit 1782 als „Stiftler" Theologie in Tübingen, wurde jedoch 1784 – im Jahr, als er das Magisterexamen bestand – aus dem Tübinger Stift verbannt („hinausgeworfen" heißt es in den Akten). Diese „Schande" brandmarkte den besonders im Bereich der Philologie hoch begabten S. dauerhaft. Es bedeutete für ihn ein großes Glück, 1788 eine Anstellung als Lehrer der Philologie und Geographie an den unteren Klassen der Hohen Carlsschule in Stuttgart zu erhalten. Die Carlsschule war ein Bildungsinstitut, das sich der intensiven Förderung durch Herzog Carl Eugen erfreute und auf Grund ihres modernen Bildungsangebots zur Konkurrenz für die alteingesessene Tübinger Universität entwickelte. S. hielt u. a. Vorlesungen zur „Politischen Erdbeschreibung" und erteilte Unterricht in Latein. Schon während seiner Tätigkeit an der Carlsschule wurde S. in Stuttgart als Fest- und Gelegenheitsdichter bekannt, dessen gefällige Texte geschätzt wurden und ihm das ein willkommenes Nebeneinkommen verschafften, auf das er angesichts der schlechten Bezahlung als Lehrer (nicht Professor!) angewiesen war.
Nach der Aufhebung der Carlsschule im Jahre 1794 zum Hof- und Theaterdichter in Stuttgart ernannt, wurde er später „referierender" Theaterdirektionssekretär mit dem Rang eines Geh. Sekretärs. 1797 erhielt er die Stellung eines Kanzlisten und Sekretariatsassistenten beim Kirchenrat mit dem Charakter als Sekretär. 1807 Sekretär bei der Oberfinanzkammer, finden wir ihn nach 1810 als Sekretär beim Oberhofbaudepartement und wieder als Hoftheatersekretär.
Ende 1817 kam S. als Kanzleidirektor bei der Regierung des Donaukreises nach Ulm. Dem ungeliebten Beamtendasein entfloh S. immer wieder mit seinen Gedichten, Festspielen und Operntexten (u. a. 1813 Libretto zu „Die Insulanerin" nach einer Vorlage von Pietro Metastasio), die er mit nicht nachlassender Energie verfasste. Anlässlich des Wegfalls der Zollschranken zwischen Württemberg und Bayern am 1. Juli 1828 – dem Beginn der deutschen Zolleinigung –, der in Ulm volksfestartig gefeiert wurde, dichtete S. z. B.:
Heil Dir, Danubius, wir segnen Deinen Strand,
Zwar Grenze bist du noch - doch nicht mehr Scheidewand!
S. lieferte zu zahlreichen Gelegenheiten festlicher Art in Ulm seine Gedichte ab, die sehr beliebt waren. Eines bezieht sich auf den Vergnügungsplatz Friedrichsau an der Donau und lautet:

Am Sonntag ziehts mich in die Aue,
Daß ich die schöne Welt beschaue,
Da bläst man gratis meinem Ohr
Den Jungfernkranz und Jägerchor.
Der Donnerstag will keine Pause,
Erst ziel ich nach dem Schützenhause,
Seh aber pünktlich auf die Uhr,
Denn in der Au ein kleine Kur.

Schon im Sept. 1822 wurde S. in den vorläufigen Ruhestand versetzt, den er zunächst in Ulm verlebte. Er engagierte sich weiterhin im Kulturleben der Stadt und widmete sein besonderes Interesse dem Theater. 1828 erfolgte die endgültige Versetzung in den Ruhestand.

W Fabeln und Lieder der Liebe, Schwäbisch Gmünd 1786 – Fabeln und Erzählungen nach Phädrus und in eigener Manier, Stuttgart 1791 – Huldigungs-Cantate, Stuttgart 1795 – Sammlung vermischter Gedichte, Ulm 1825.
L DBI 7, S. 3109 – DBA I/1111, 34-38 – Ih 2, S. 778 – GRADMANN, Das gelehrte Schwaben, S. 567 – SK vom 17. VI. 1840, S. 653 – SK vom 18. VI. 1840, S. 658 – SK vom 3. VII. 1840, S. 713 f. – FABER LXV B. § 20 – WAGNER, Hohe Carlsschule I, S. 141, 274, 610 – ebd. II, S. 181 ff., 201, 209, 388 – ebd. III, S. 88 – SCHULTES, Chronik, S. 447 f. – ADB XXXI (1890), S. 553 (Friedrich WINTTERLIN) – SIGEL 11,2, 34,24 (S. 781) – UBC 1, S. 434, 497 f. – MUT Nr. 38.152 – LEUBE, Tübinger Stift, S. 701 – BIEDERMANN, Ulmer Biedermeier, S. 163, 207 – Württembergisches Landesmuseum Stuttgart u. a. (Hgg.), Ausstellung „Die Hohe Carlsschule" im Museum der Bildenden Künste Stuttgart 4. Nov. 1959 bis 30. Jan. 1960, Stuttgart 1959, S. 49, 54, 164 f.

Schlumberger, Johannes, * Ulm 12. Feb. 1767, † ebd. 24. Dez. 1831, ev.
Vater Johann Leonhard Schlumberger, Soldat beim Schwäb. Kreiskontingent in Ulm.
Mutter Christina Buck, * Berghülen.
∞ I. Ulm 12. II. 1798 Anna Fezer, * Ulm 1771, † ebd. 30. VI. 1804, T. d. Wilhelm Fezer, Sauerbäcker in Ulm, u. d. Barbara Straub; ∞ II. Ulm 15. VIII. 1808 Sophie Maria Möhrlin, * Isny 18. VII. 1770, † 29. XI. 1853, T. d. Johann Georg Möhrlin, Ratskonsulent in Isny, u. d. Ursula Margaretha Herman.
6 K, davon 2 † früh, darunter Johann Georg Schlumberger, * Ulm 3. V. 1803, † ebd. 13. VI. 1870, 1830 Privatdozent der Kameralistik in Freiburg/Breisgau, vorher in Stuttgart.

S. war in mancher Hinsicht einer der frühen „Grenzgänger" zwischen Ulm und Neu-Ulm, zwischen Württemberg und Bayern. Zeitweise geriet er als Beamter in den Strudel der Folgen des Herrschaftswechsels um 1810. Als Urheber eines bekannten Planes von Ulm sicherte er sich einen Platz in der lokalen Geschichte.

Nach dem frühen Tod des Vaters, der an den Folgen des Huftritts eines Pferdes verstarb, schlug auch S. die militärische Laufbahn ein und ging als Tambour zum Ulmer Militär und später, wie zuvor sein Vater, als Soldat zum Schwäb. Kreiskontingent. Der begabte S. bildete sich privat weiter bei dem Ingenieur-Leutnant Nicolaus Kräuter, der ihm Grundkenntnisse der Mathematik und Geometrie beibrachte und in *allen zur Kriegskunst gehörigen Wissenschaften gründlichen Unterricht ertheilte; auch erhielt er Unterricht von dem damaligen Prof. der Mathematik und Philosophie Gottl. Konrad →Röhnlen* (WEYERMANN II). S. wurde von der Stadt Ulm als Feuerwerker übernommen. Nach Ausbruch der Koalitionskriege gegen das revolutionäre Frankreich war S. um 1793 als Oberfeuerwerker beim Schwäb. Kreis an der Fortifikation des Kniebis in Baden beteiligt. 1800 zum Zeugwart und 1802 zum Artillerie-Leutnant in Ulm ernannt, war S. beim Übergang Ulms an Bayern Kommandeur der Feuerwerker- und Kanonierkompanie. Als Kurpfalzbayerischer Artillerieleutnant in bayerische Dienste übergetreten, avancierte S. 1806 zum Kgl. Bayer. Straßen- und Brückenbaudirektor für die Provinz Schwaben. In diesem Amt verblieb er bis zum Herbst 1808, als er – zum Wasser-, Brücken- und Straßenbaudirektor des Illerkreises mit Sitz in Kempten ernannt – versetzt wurde.

Nach dem Übergang Ulms an Württemberg kämpfte S. mit existenziellen Schwierigkeiten, da er als Nicht-Bayer sein Amt in Kempten verlor und in Ulm kein neues Amt fand. Von der bedrückenden Zeit der Unsicherheit berichtet seine zweite

Ehefrau in ihren Erinnerungen, die im Stadtarchiv Ulm überliefert sind.

König Friedrich von Württemberg, an den sich S. wandte, ließ sich zwar von S.s Qualitäten überzeugen, konnte ihn aber 1812 zunächst auch nur zum „Ober-Wasser- und Wegbauinspektor" in Stuttgart und später in Ulm ernennen. Erst mit der Bildung der Regierung des Donaukreises in Ulm erfolgte 1818 S.s Ernennung zum Kreisbaurat des Donaukreises mit Zuständigkeit für Straßen-, Brücken- und Wasserbau. S. veranlasste und dirigierte die Fertigung des Plans „der königlich Wirtembergischen Stadt Ulm, aufgenommen unter der Leitung des K. B. Wasser-Brücken-und Straßenbaudirectors Johannes Schlumbergers aus Ulm, durch die Geometer Zobel, Hartmann und Mährlin, im Jahr 1808. Gezeichnet und gestochen von J. Hans, Maler und Kupferstecher, 1812" auf zwei Bogen. Der Plan ist ein für Ulm und Neu-Ulm wichtiges Dokument aus der Zeit des Machtwechsels an der Donau. Nach seinem überraschenden Tod trat Carl Christian Wilhelm →Bühler S.s Nachfolge als Kreis-Baurat in Ulm an.

Q StadtA Ulm, G 2 alt, Schlumberger Teil I (darin u. a. Erinnerungen seiner zweiten Ehefrau.)
L WEYERMANN II, S. 482 f.

Schmelzle, Hans, Dr. oec. publ., * Buch bei Illertissen 1. Okt. 1874, † München 7. März 1955, ▭ ebd., Nordfriedhof, kath.
Vater Schmelzle, Landwirt in Buch.
∞. 1 K.

Die Laufbahn des bayer. Spitzenbeamten S. begann zu Anfang des 20. Jahrhunderts in Neu-Ulm.

Nachdem S. das Gymnasium in Dillingen/Donau besucht und dort 1894 das Abitur bestanden hatte, studierte er in München Jura und Volkswirtschaft. 1897 erfolgte die Promotion auf Grund einer von der dortigen Staatswissenschaftlichen Fakultät gestellten Preisaufgabe mit dem Titel „Der Staatshaushalt des Herzogtums Bayern im 18. Jahrhundert. Mit Berücksichtigung der wirtschaftlichen, politischen und sozialen Verhältnisse des Landes". Im Jahr darauf bestand S. das I. juristische Staatsexamen und durchlief den Vorbereitungsdienst in München, 1901 legte er auch das II. juristische Staatsexamen ab. Ab Nov. 1901 erhielt er eine Beschäftigung beim Kgl. Statistischen Büro, im Feb. 1903 wurde er zum Akzessisten bei der Kammer des Innern der Regierung von Oberbayern ernannt, blieb jedoch weiterhin beim Statistischen Büro beschäftigt.

Am 16. Dez. 1904 wurde S. als Assessor zum Bezirksamt Neu-Ulm abgeordnet, wo er in den folgenden fast vier Jahren unter Bezirksamtmann Karl →Risch seine Lehrjahre in der Verwaltung erlebte. Im Sommer 1908 zur ao. Dienstleistung wieder an das Statistische Büro in München berufen, erfolgte 1910 die Ernennung zum etatmäßigen Bezirksamtsassessor und 1912 zum Regierungsassessor. Im April 1914 wurde der 39-Jährige zur vorübergehenden Dienstleistung in das Staatsministerium des Innern berufen. Seine neue Stelle als Bezirksamtmann in Sonthofen konnte er 1916 nicht antreten, weil das Staatsministerium des Innern ihn für unabkömmlich erklärte. Am 1. Okt. 1918 zum Regierungsrat befördert, wirkte S. ab April 1919 im neu gebildeten Staatsministerium für Landwirtschaft und war Regierungskommissar bei der Bayer. Landwirtschaftsbank. Am 1. Nov. 1919 übernahm S. unter Beurlaubung vom Staatsdienst eine neue Aufgabe als Erster Direktor der Bayer. Landwirtschaftsbank. Schon 1921 erfolgte S.s Berufung als Ministerialrat in das Staatsministerium des Äußern.

Am 1. Juni 1921 zum Staatsrat ernannt, war S. 1924 Mitglied der deutschen Delegation bei den Reparationsverhandlungen in London. Am 28. Juni 1927 übernahm S. als Nachfolger des verstorbenen Wilhelm Krausneck das Amt des Bayer. Staatsministers der Finanzen, das er bis zu seinem Rücktritt am 20. Aug. 1930 führte. Als solcher war er auch Bevollmächtigter

Bayerns zum Reichsrat in Berlin. Unter Belassung der Amtsbezeichnung und des Ranges eines Staatsrats trat S. am 1. Jan. 1931 als Präsident an die Spitze des Bayer. Verwaltungsgerichtshofs, am 1. Juni 1933 wurde er zugleich zum Beisitzer des Staatsgerichtshofs für das Deutsche Reich ernannt. Im Frühjahr 1933 sollte S. in Bayerns erster NS-Regierung die Leitung des neu geschaffenen Wirtschaftsministeriums übernehmen, was er jedoch unter Verweis auf gesundheitliche Gründe ablehnte. Zuvor hatte S. bekundet, er befinde sich mit den wirtschaftspolitischen Grundanschauungen der Nationalsozialisten im Einklang. Am 1. Feb. 1939 erfolgte S.s Versetzung in den vorzeitigen Ruhestand. S. veröffentlichte zahlreiche Aufsätze zu juristischen und volkswirtschaftlichen Themen in Fachzeitschriften und in der Tagespresse. Er war auch Verfasser einer Denkschrift der Bayer. Staatsregierung zur Revision der „Weimarer Verfassung" vom 11. Aug. 1919. – Ehrenbürger der Universität München.

Q   BHStA München, MInn 84872.
L   Reichshandbuch II, S. 1649 f. (Bild) – Franz MENGES, Hans Schmelzle. Bayerischer Staatsrat im Ministerium des Äußern und Finanzminister. Eine politische Biographie mit Quellenanhang, München 1972 – SCHWABE, Regierungen, S. 114, 118, 134 f., 139, 313 – RUMSCHÖTTEL/ZIEGLER, S. 57 – LILLA, Reichsrat, S. 270 f., Nr. 637.

Schmid, *Emil* Ernst, * Friedrichshafen am Bodensee 10. März 1873, † Tübingen 27. Dez. 1938, ev.
Vater   Schmid, Hüttenkassier, Rechnungsrat.
∞, mindestens 1 *K* Ernst Schmid.

S. war in der Zeit der Weimarer Republik Polizeidirektor in Ulm.
Nach dem Abitur am Realgymnasium in Stuttgart leistete S. als Einjährig-Freiwilliger den Militärdienst beim Inf.-Rgt. Kaiser Friedrich, König von Preußen (7. Württ.) Nr. 125 in Stuttgart ab und wurde Reserveoffizier (Leutnant d. R.). Von 1892 bis 1896 studierte er Staatswissenschaften in Tübingen (Mitglied der Burschenschaft Normannia) und Berlin. Nachdem S. im Herbst 1896 die I. höhere Verwaltungsdienstprüfung bestanden hatte, war er Referendar bei der Regierung des Jagstkreises in Ellwangen/Jagst. Im Herbst 1898 bestand er die II. höhere Verwaltungsdienstprüfung, anschließend folgte zum 3. Feb. 1899 sein Eintritt als Regierungsassessor in die württ. Innenverwaltung.
Im Nov./Dez. 1902 Amtmann beim OA Horb, erfolgte im Dez. 1902 seine Versetzung zur Stadtdirektion Stuttgart, wo er bis 1. Juli 1905 unter Beurlaubung aus dem Staatsdienst Polizeikommissar beim Stadtpolizeiamt Stuttgart war – die Polizei war damals in Württemberg noch kommunal organisiert, daher bedurfte es S.s Übertritt in den Gemeindedienst. 1905 zum planmäßigen Amtmann beim OA Ravensburg ernannt, blieb S. bis 1913 weiter bei der Stadtdirektion Stuttgart, wo er 1907 zum Amtmann ernannt wurde. Von April bis Juni 1909 als Kollegialhilfsarbeiter bei der Ministerialabteilung für das Hochbauwesen bzw. bei der Ministerialabteilung für den Straßen- und Wasserbau im württ. Innenministerium verwendet, fungierte er 1911/12 zugleich als stv. Vorsitzender des Schiedsgerichts II für Arbeiterversicherung in Ludwigsburg. Im Jan. 1913 zum planmäßigen Regierungsassessor mit dem Titel eines Oberamtmanns befördert, war er als solcher beim OA Heilbronn/Neckar eingesetzt. Während seiner Heilbronner Zeit war S., mittlerweile Hauptmann der Landwehr, als Adjutant beim dortigen Bezirkskommando eingesetzt.
Von Jan. 1916 bis Mai 1919 war S. Oberamtsvorstand und Oberamtmann von Neresheim, vom 29. Mai 1919 bis Okt. 1924 Amtsverweser und 2. Nov. 1924 Oberamtsvorstand und Oberamtmann von Schorndorf. Staatspräsident Wilhelm Bazille ernannte S. am 27. Okt. 1924 zum „Polizeidirektor in besonders wichtiger Stellung" (Besoldungsgruppe 12), der damit die Leitung der Polizeidirektion Ulm als Nachfolger des zum Ulmer Landrat berufenen Anton →Beutel übernahm.

Nach der „Machtergreifung" 1933 zeigte sich S., der der NSDAP nicht beitrat, überaus zurückhaltend bei der eingeforderten „Kooperation" mit den neuen NS-Machthabern. Die NSDAP-Kreisleitung beschwerte sich am 22. Juni 1933 bei Reichsstatthalter Wilhelm Murr schriftlich darüber, dass die Polizeidirektion im Gegensatz zum Oberamt nicht mit ihr zusammenarbeite und bat darum, *diesem Übelstand* abzuhelfen. S. wurde deshalb auf Betreiben der Ulmer NSDAP-Kreisleitung und besonders des neuen Polizeidirektors Wilhelm →Dreher, der seit 17. März 1933 als Staatskommissar für das Polizeiwesen auch S.s Vorgesetzter war, bereits am 30. Juni 1933 abgelöst (jedoch bis März 1935 auf der Planstelle des Ulmer Polizeidirektors geführt) und der Ministerialabteilung für Bezirks- und Körperschaftsverwaltung im württ. Innenministerium zugeteilt. S. war der erste Polizeidirektor in Württemberg, der seinen Posten wegen Unstimmigkeiten mit der Partei räumen musste und „kaltgestellt" wurde.
Am 30. Aug. 1933 erhielt S. die Amtsbezeichnung Oberregierungsrat. S. war bis zu seiner Pensionierung zum 31. März 1938 Berichterstatter für den Geschäftsteil II (Vertretung des Präsidenten auf dem Gebiet der Polizeisachen und in Angelegenheiten der Ortsvorsteher). Ab 21. Sept. 1933 auf die Dauer von drei Jahren zum Zweiten Stellvertreter des Vorsitzenden der Dienststrafkammer für Körperschaftsbeamte bestellt, zuletzt ab 1934 in der Dienststellung eines Oberregierungsrats. Nebenamtlich war er Vorstand der Landwirtschaftlichen Berufsgenossenschaft für den Neckarkreis und Vorsitzender des Verwaltungsrats der Pensionskasse für Körperschaftsbeamte sowie ständiges Mitglied im Vorstand der Versicherungsanstalt Württemberg. – Mitglied des Vereins für Kunst und Altertum in Ulm und Oberschwaben. – Landwehr-Dienstauszeichnung II. Kl.

Q   HStAS, E 151/21 Bü 1190, Restpersonalakten, außerdem ebd., E 151/01 Bü 1603 Qu. 7 Ernennungsantrag vom 25. Sept. 1919 –StAL, EL 20/5 Bü 5219, Versorgungsakten.
L   Staatshandbuch Württemberg 1901 I, S. 253 – ebd. 1912 I, S. 135, 379 – UBC 3, S. 334 – UBC 4, S. 156 – UBC 5a, S. 15 – SCHMIDGALL, Burschenschafterlisten, S. 175 – WILHELM, Die württ. Polizei, S. 107, 141, 268 f. – Amtsvorsteher, S. 501 (Michael RUCK) – RUCK, Korpsgeist, S. 115 – Frank RABERG, Stadt und Oberamt Neresheim 1810-1945. Politische und administrative Verhältnisse zwischen Napoleon und Hitler, in: Gerd DANNENMANN (Hg.), Neresheim - Die Härtsfeldstadt, Aalen 2000, S. 115-171, hier S. 123 – DVORAK I,5 (2002), S. 259.

Schmid, *Emil* Hugo Michael, * Neu-Ulm 11. Juni 1921, † ebd. 7. Juli 1977, kath.
Vater   Georg Schmid, * 1896, † 1960.
Mutter   Maria Schmid, * 1892, † 1962.
∞ Sept. 1946 Anna Schmid.
6 *K*, darunter Peter Schmid, * Neu-Ulm 6. II. 1947, Geschäftsführer, seit 1984 CSU-Mitglied des Kreistags Neu-Ulm, 1985-1996 stv. Vorsitzender der CSU-Kreistagsfraktion, seit 1996 stv. Landrat des Landkreises Neu-Ulm, seit 1998 CSU-MdL Bayern für den Wahlkreis Neu-Ulm, seit 2003 Vorsitzender des CSU-Kreisverbandes Neu-Ulm, Ehrenvorsitzender des TSF Ludwigsfeld und des Sportkreises Neu-Ulm.

S. war einer der populärsten Schulmänner und Kommunalpolitiker Neu-Ulms nach 1945.
Geboren in der Neu-Ulmer Schützenstraße, war S. fast sein ganzes Leben lang privat, beruflich und politisch sehr eng mit seiner Vaterstadt verknüpft. Er wuchs in Neu-Ulm auf, besuchte die Schule (Zentralschule, dann Humboldt-Gymnasium Ulm) und musste 1939 ein „Notabitur" ablegen, da er 18-jährig zur Wehrmacht eingezogen wurde. Bei Kriegsende geriet er in US-amerikanische Gefangenschaft, aus der er im Okt. 1945 entlassen wurde. In Christertshofen bei Roggenburg, wo seine Familie seit der Zerstörung ihres Hauses in Neu-Ulm lebte, lernte er seine Ehefrau kennen, arbeitete bei einem Bauern und entschloss sich zu einem Lehramtsstudium, das er nach einem Abiturientenlehrgang in Lauingen/Donau absolvierte. Er erhielt eine Anstellung als Hilfslehrer an der Volksschule Christertshofen, später in Rennertshofen und Mohrenhausen. 1952 kam er als Lehrer an die Knaben-Volksschule (spätere West-

stadtschule) Neu-Ulm, war zeitweilig Aushilfslehrer in Holzheim und kam 1956 an die Zentralschule. 1960 zum Oberlehrer ernannt, übernahm S. drei Jahre später die Stellvertretung des Schulleiters, seit 1969 war er Konrektor. Am 1. Aug. 1970 wurde S. zum Rektor der Volksschule Neu-Ulm (Hauptschule) ernannt, deren Schülerstand bis Mitte der 1970er Jahre auf über 1.000 anwuchs.

S. war Lehrer aus Berufung, er unterrichtete in der Grund- und Hauptschule und leitete auch eine 9. Klasse. Der Sportunterricht lag ihm besonders am Herzen, seit 1963 wirkte er als Fachberater für Leibeserziehung. Als CSU-Stadtrat wirkte S. seit 1962 in der Neu-Ulmer Kommunalpolitik, übernahm den Vorsitz der CSU-Stadtratsfraktion, war Verwaltungsrat für Kultur und Vorsitzender des Rechnungsprüfungsausschusses, daneben gehörte er u. a. dem Haupt- und Liegenschaftsausschuss an. 1972 wurde er zum ehrenamtlichen Dritten Bürgermeister gewählt und war Mitglied des Kreistages, wo er dem Kreisausschuss sowie dem Schul- und Kulturausschuss angehörte. Als Kommunalpolitiker hatte er vor allem auf die Schulentwicklung ein wachsames Auge. 1977 lehnte er das Amt des hauptamtlichen Zweiten Bürgermeisters mit der Begründung ab, er habe Lehrer gelernt und wolle es auch bleiben. Der musikbegeisterte S., der Klavier und Gitarre spielte und dessen Musikalität sich schon bei dem Schüler gezeigt hatte, leitete die „Liederlust Ludwigsfeld" und den kath. Kirchenchor. Mit Heinrich →Metzger (SPD) war er einer der wesentlichen Initiatoren für die Gründung der Neu-Ulmer Musikschule.

Daneben war er Sportler, hatte schon als Jugendlicher beim USF 1894 Hockey gespielt und war als Faustballspieler beim TSF Ludwigsfeld aktiv. Eine weitere Leidenschaft gehörte der Imkerei. Personalratsvorsitzender beim Stadtschulamt, Vorsitzender des Kreisverbandes der bayerischen Lehrer und Lehrerinnen Neu-Ulm. Vier Wochen nach Vollendung des 56. Lebensjahres starb S. an einem Herzinfarkt. Sein Tod löste in weiten Teilen der Bevölkerung große Betroffenheit und Trauer aus. In einem Nachruf wurden S.s Natürlichkeit und Aufrichtigkeit gewürdigt, die ihn zum Mittler und zum Anlaufpunkt der Bürger von Neu-Ulm prädestiniert hätten. Im Jahr nach seinem Tod erhielt die Hauptschule Neu-Ulm-Süd seinen Namen.

L   FS Emil-Schmid-Schule, S. 24-27 (Bilder) – TREU, Neu-Ulm, S. 507, 512 – WEIMAR, Wegweiser, S. 113.

Schmid, Eugen, * Ulm 29. Jan. 1880, † ebd. 26. März 1960, ⌂ ebd., Hauptfriedhof, 30. März 1960, ev.
Vater   Christian Schmid, Konditor in Ulm.
Mutter   Anna Burk.
∞ 6. VI. 1911 Karolina *Pauline* Mößner, † 26. V. 1954, T. d. Friedrich Mößner[530], † Ulm 23. I. 1909, Kaufmann und Kirchengemeinderat in Ulm, Gründer der freiwilligen ev. Sonntagsschule ebd., u. d. Pauline Reichle.
6 K, darunter Margot Schmid, ∞ Karl Villinger, Großbottwar; Herta →Wittmann; Mathilde Schmid, ∞ Hans Kärn, Schwaighofen; Hermann Schmid, * Seißen 4. VII. 1917, † 18. IX. 1941. Zwei Söhne fielen im Zweiten Weltkrieg.

S. war in der Zeit der Auseinandersetzung zwischen Kirche und Nationalsozialismus in Ulm die *unbestritten führende Autorität der Ulmer Pfarrerschaft* (MAYER, Die ev. Kirche, S. 523), ein selbstlos-bescheidener Geistlicher, für den der Mensch stets im Mittelpunkt stand.

Aus einer bekannten Ulmer Bäcker- und Konditorenfamilie mit Geschäft in der Frauenstraße stammend, war S. nach Absolvierung der Ulmer Schulen und dem bestandenen Landexamen Zögling an den ev.-theol. Seminaren in Schöntal/Jagst und Urach. Nach dem Theologiestudium in Tübingen und den theol. Dienstprüfungen war er seit 1903 im unständigen Pfarrerdienst tätig, u. a. 1903 auch kurzzeitig als stv. Stadtvikar in Ulm, als Vikar in Aldingen, 1904 dsgl. in Herrenberg, 1905 dsgl. in Ulm und Ludwigsburg, 1907 als Pfarrverweser in

Kleinsachsenheim, 1907/08 als Stadtvikar in Heilbronn/Neckar, 1908 einige Monate beurlaubt, 1909/10 als Stadtvikar in Welzheim.

1910 erhielt er als Pfarrer in Seißen bei Blaubeuren seine erste feste Stellung. Von 1915 bis 1918 leistete er Kriegsdienst als Leutnant und Bataillonsadjutant, seit 1916 als Feldgeistlicher. S. wurde für seine Leistungen im Feld mit den Eisernen Kreuzen beider Klassen und dem Ritterkreuz II. Kl. des Friedrichsordens mit Schwertern ausgezeichnet. Nach Kriegsende wieder in seine Stellung nach Seißen zurückgekehrt, wurde S. 1924 als Nachfolger von Wilhelm →Grauer zum Zweiten Stadtpfarrer an der Ulmer Dreifaltigkeitskirche und zugleich als Nachfolger von Friedrich →Schrägle zum Jugendgeistlichen (bis 1931) ernannt. 1939 rückte S. nach der Pensionierung von Julius →Endriß zum Ersten Stadtpfarrer an der Dreifaltigkeitskirche auf.

Als Ulmer Stadtpfarrer setzte sich S. von Anfang an besonders für die Kleinkinderkrippe ein, die der Betreuung von Kindern berufstätiger Mütter diente. Gleich nach seinem Dienstantritt in Ulm hatte er zu diesem Zweck den „Verein Krippe" gegründet und dessen Vorsitz übernommen. An der Bastei konnte ein Gebäude zu diesem Zweck erworben werden, Clara Greiß, eine Tochter des Kommerzienrats Carl →Schwenk (sen.), übernahm das Amt der Vorsteherin. Infolge der Zerstörung der Krippe im Zweiten Weltkrieg musste S. ganz neu anfangen und warb bei jeder Gelegenheit – besonders bei seinen runden und halbrunden Geburtstagen – um Spenden für die Krippe, die schließlich in der Schillstraße 44 eine neue Unterkunft fand. Kinder- und Jugendarbeit besaßen für S. einen hohen Stellenwert, was sich auch in seinem Engagement für die von der Ulmer Gemeindehelferin Hohreiter eingeführte Ev. Ferienfürsorge, zunächst in Klingenstein, dann in Herrlingen und zuletzt in Feldstetten auf der Alb, zeigte.

Als engagiertes Mitglied der „Bekennenden Kirche" hatte S. große Schwierigkeiten mit dem aufkommenden Nationalsozialismus, war aber *mit Geschick darum bemüht, sich solange es irgendwie ging, die Möglichkeit zu erhalten, im Religionsunterricht, wie in den Männer- und Frauenkreisen, der weltanschaulichen Irreführung der Gemeinde und ihrer Jugend kräftig und stetig entgegenzuwirken* (Ev. Gemeindeblatt Ulm, 26. II. 1955). Bemerkenswert ist die Charakterfestigkeit, mit der S. gegen die Zumutungen des NS-Regimes aufstand. So legte er bei den manipulierten Kirchenwahlen des Jahres 1933 aus Protest den Vorsitz der Wahlkommission nieder und übernahm 1934 die Aufgabe des Verbindungsmannes zwischen der Landeskirchenleitung und den Ulmer Geistlichen, nachdem erstere im Kampf mit den „Deutschen Christen" suspendiert worden war und letztere daraufhin dem Ulmer Dekan Theodor →Kappus die Gefolgschaft verweigert hatten. S. war damit eine Schlüsselfigur des „Ulmer Kirchenkampfes", deren Aktivitäten dazu beitrugen, dass die Gleichschaltung der Ulmer Kirchengemeinden unterlaufen wurde.

Beim Erntedankfest 1934 ging er in Böhringen, wo sein Schwiegersohn Pfarrer war, ganz offen mit der Familie eines jüdischen Arztes durch den Ort, was zu *wütenden Protesten* führte. Während des Zweiten Weltkriegs versah S. auch das Amt des Ulmer Standortpfarrers und betreute das Lazarett. Es war S., der auf ausdrücklichen Wunsch von Frau Lucie Rommel die Aussegnung des zum Selbstmord gezwungenen Generalfeldmarschalls Erwin Rommel vornahm. Die Ulmer NSDAP-Kreisleitung ließ S. überwachen und hielt fest: *Hat nach seiner Einstellung nicht viel für den Nationalsozialismus übrig. Grüßt neuerdings mit „Heil Hitler". Vorsicht geboten.*

Beim schweren Luftangriff auf Ulm am 17. Dez. 1944 wurde nicht nur seine Wohnung mit der in Jahrzehnten aufgebauten wertvollen Bibliothek zerstört, sondern auch die Dreifaltigkeitskirche. 1948 trat S. in den Ruhestand, blieb aber Ulm und seiner Gemeinde weiterhin verbunden. Noch in seinem letzten

---

[530] UBC 3, S. 103, 433.

Lebensjahr besuchte er kranke Menschen im Johanneum und in der Heimklinik und spendete Trost. S. setzte sich für die Sache des Gustav-Adolf-Werks, für den Evangelischen Bund und den Christlichen Verein Junger Männer (CVJM) ein, dessen Vorsitz in Ulm er seit 1931 innehatte.

Q   StadtA Ulm, G 2.
L   SIGEL 15,2, Nr. 1034,23 (S. 799 f.) – Magisterbuch 41 (1932), S. 145 – UBC 3, S. 334 – Ein ertragreicher Geburtstag, in: Ev. Gemeindeblatt Ulm, 26. II. 1955 (Bild) – Pfarrer Eugen Schmid und 80. Geburtstag. Der Dienst am andern wurde zum Maßstab seines selbstlosen Lebens, in: Ulmer Nachrichten Nr. 23, 29. I. 1960 (Bild) – Dem Verein Krippe gehört seine besondere Liebe. Stadtpfarrer i. R. Eugen Schmid wird heute 80 Jahre alt, in: Schwäb. Donau-Zeitung Nr. 23, 29. I. 1960, S. 10 (Bild) – Stadtpfarrer i. R. Eugen Schmid 80 Jahre alt, in: Ev. Gemeindeblatt Ulm, 1. II. 1960 (Bild) – Zum Tode von Stadtpfarrer Schmid. Beistand für bedrängte Mitmenschen, in: Schwäb. Donau-Zeitung Nr. 74, 29. III. 1960, S. 8 – NEBINGER, Die ev. Prälaten, S. 594 – SPECKER, Ulm im Zweiten Weltkrieg, S. 344 – MAYER, Die ev. Kirche, bes. S. 523 ff. u. ö.

Schmid, *Franz* Christian Theodor, * Löpsingen bei Nördlingen 10. Okt. 1875, † Forheim bei Nördlingen 7. Juli 1954, ☐ ebd., ev.

Vater   *Eduard* Wilhelm Theodor Schmid, * 24. XI. 1846, Kirchenrat.
Mutter   Maria Christina Hofstätter, * Göggingen bei Augsburg 17. VIII. 1853.
∞1. III. 1908 Augusta Berta *Elisabeth* Scherf, * Bremervörde bei Hannover 4. III. 1882, † 27. IX. 1960, Volksschullehrerin, T. d. Gerhard Scherf, Dr. med., * 19. V. 1859, Sanitätsrat, u. d. Emma Heye, * 24. XI. 1859.
7 *K*, darunter ein Sohn, gefallen 1944.

S. war Neu-Ulmer ev. Stadtpfarrer und Dekan in der Endphase der Weimarer Republik, als die Weltwirtschaftskrise auch an der Donau tausende Menschen in existenzielle Nöte stieß.
Der aus dem Ries an der bayerisch-württembergischen Grenze stammende S. bestand nach dem Abitur am Nördlinger Gymnasium 1898 die Aufnahmeprüfung für die Übernahme in den Dienst der ev. Landeskirche Bayerns, 1903 auch die Anstellungsprüfung. Schon 1899 war S.s Ordination in München erfolgt, wo er als Pfarramtskandidat und Hilfsgeistlicher an der Lutherkirche in München-Giesing auch seine Laufbahn begann. 1905 zum Pfarrer in Forheim/Dekanat Nördlingen ernannt, wechselte S. im Juni 1913 als Zweiter Pfarrer an St. Lorenz nach Nürnberg, 1915 als Pfarrer nach Traunstein. Am 1. April 1927 übernahm er als Stadtpfarrer und Dekan in Neu-Ulm offiziell die Nachfolge von Gottfried →Schemm, nachdem er zuvor schon einige Monate kommissarisch eingesetzt gewesen war. S. übernahm den Religionsunterricht an der Realschule Neu-Ulm und an den Mittelschulen und wurde auch an der Donau seinem Ruf als guter Prediger mit großer Nähe zu seiner Gemeinde gerecht. Nach gut fünf Jahren in Neu-Ulm wurde S. jedoch am 16. März 1932 als Pfarrer nach Rosenheim versetzt, wo er am 1. Jan. 1933 auch erster Dekan des neu errichteten Dekanats Rosenheim wurde. 1935 wurde ihm der Titel Kirchenrat verliehen. Am 1. Juni 1943 trat S. in den Ruhestand, war danach aber noch bis 1952 Verweser der Pfarrstelle in Forheim, wo er seinen Lebensabend verbrachte.

Q   LAELKB, Bestand Rep. Nr. 25 (LKR), Nr. 50579 und Bestand Rep. Nr. 105, (Personalakten Theologen), Nr. 631/2.
L   Einem Pfarrer zum Gedächtnis, in: Rieser Kirchen-Bote Nr. 8, Aug. 1954 – TREU, Neu-Ulm, S. 574 [mit unzutreffender Angabe betr. die Amtszeit in Neu-Ulm].

Schmid, Georg, * Steinheim 14. April 1856, † Neu-Ulm 8. Nov. 1934, kath.

Vater   Jakob Schmid, Wagner und Söldner (= Kleinbauer) in Steinheim.
Mutter   Anna Schlegel.
∞ Neu-Ulm 20. VIII. 1886 Katharina Meyer, * Jedelhausen 20. VIII. 1863, † Neu-Ulm 20. VIII. 1935, T. d. Michael Meyer, Ökonom in Steinheim, u. d. Barbara Goggele.
4 *K*   Anna Schmid, * Neu-Ulm 19. IV. 1888; Babette Schmid, * Neu-Ulm 8. IX. 1889, Kontoristin; *Emma* Rosina Schmid, * Neu-Ulm 9. XII. 1890, Haustochter; Maria Schmid, * Neu-Ulm 12. XII. 1891, † ebd. 9. V. 1941, Sekretärin.

S. arbeitete sich aus kleinen Anfängen zum viel beschäftigten, wohlhabenden und hoch angesehenen Wagnermeister in Neu-Ulm hoch. Handwerker hatten in Neu-Ulms Aufschwungszeit

im letzten Viertel des 19. Jahrhunderts Konjunktur, eine Tatsache, die W.s Erfolg begründete. Der *infolge seines biederen Wesens in weitesten Kreisen* beliebte W. war Mitglied der Handwerkskammer Schwaben und Neuburg, die ihn wegen seiner Verdienste zum Ehrenobermeister der Wagner- und Karosseriebauerinnung ernannte.

L   UBC 4, S. 545, 546 (Bild) – TEUBER, Ortsfamilienbuch Neu-Ulm II, Nr. 4200.

Schmid, Helmut, * Neu-Ulm 8. April 1925, † Heiligenschwendi/Kanton Bern (Schweiz) 18. Juli 1992, ev.

Vater   Paul Schmid, * Günzburg 5. I. 1895, † (Verkehrsunfall) Salzburg 24. I. 1958, Schauspieler und Regisseur, Oberspielleiter am Stadttheater Ulm, 1941 Oberspielleiter und zuletzt ab 1950 Intendant des Landestheaters Innsbruck.
Mutter   Helene Schrag, * Göppingen 4. IV. 1898, † Bad Wiessee am Tegernsee 27./28. VIII. 1974, Schauspielerin und Sängerin, T. d. Leonhard Schrag, Hotelier, Pächter des „Münchner Hofes" in Neu-Ulm.
Zwillingsschwester Doris Schmid, * Neu-Ulm 8. IV. 1925, † 18. III. 1957.
∞ I. 1. V. 1948 Erna Sautter, Schauspielerin; ∞ II. Zürich 8. IX. 1961 Liselotte („Lilo") Pulver, * Bern 11. X. 1929, Schauspielerin.
2 *K*   Marc-Tell Schmid, * 1. VIII. 1962; Charlotte *Mélisande* Schmid, * 2. II. 1968, † Bern 1989.

Der in den 1950er und 1960er Jahren besonders populäre und viel beschäftigte Schauspieler S. kam in der Zeit zur Welt, als seine Eltern für kurze Zeit in Neu-Ulm (Hotel „Münchner Hof" an der Ecke Karlstraße/Bahnhofstraße, am 19. April 1945 zerstört) lebten. Eine engere Bindung an seine Vaterstadt konnte sich bei S. nicht entwickeln. Nach Schulbesuch in Heilbronn und Leipheim und dem Abitur an der Staatl. Oberschule für Jungen in Remscheid studierte S. zunächst Medizin, dann drei Semester Jura und nahm nebenher Schauspielunterricht. Im Zweiten Weltkrieg war er Soldat, geriet in sowjetrussische Gefangenschaft, aus der er entlassen wurde und auf dem Rückweg von den Amerikanern in Heidenheim/Brenz erneut verhaftet und für sechs Wochen im Gefangenenlager Neu-Ulm festgesetzt wurde.
Schon 1945 erhielt der Medizin- und Jurastudent S. seine erste Chance am von seinem Vater geleiteten Landestheater Innsbruck, fiel aber bei der Schauspielprüfung durch. S. kam 1947 an das Stadttheater Memmingen, 1949 an das Saarländische Landestheater Saarbrücken und wirkte danach in Wuppertal, Kiel und 1956/57 am Württ. Staatstheater Stuttgart. Daneben lieh er seine markante Stimme zahlreichen Radioproduktionen des Saarländischen Rundfunks, des Norddeutschen Rundfunks und des Süddeutschen Rundfunks. Ab Mitte der 1950er Jahre war S. eine feste Größe im deutschsprachigen Kinofilm, der für ihn eine Reihe oftmals schwieriger, negativ besetzter Charakterrollen bereithielt. Dabei war diese Sparte nur eine Fassette des vielseitigen Schauspielers, der auch in zahlreichen Komödien glänzte. Zu bedauern ist, dass die Qualität der meisten seiner Filme kaum den Durchschnitt überragt. S.s wuchtiger Naturalismus prädestinierte ihn für kraftvolle, selten nachdenkliche Typen, die mit dem Kopf durch die Wand wollten. Seinem Debüt in „Geliebtes Fräulein Doktor", inszeniert von Hans H. König (1954), folgten u. a. „Heiße Ernte" (1956) – einer seiner besten Filme, ein ungewöhnlich intensiv gespieltes Heimatdrama im Hopfenpflückermilieu am Bodensee, wiederum unter der Regie von König –, „Das Totenschiff" und „Rivalen der Manege" (1958), „Lockvogel der Nacht", Soldatensender Calais" (beide 1960), „Zarte Haut in schwarzer Seide" (1961) und „Das Testament des Dr. Mabuse" (1962). Anfang der 1960er Jahre gewann seine Leinwandkarriere internationale Dimension: Nach „No Time to Cry" (dt. „Keine Zeit für Tränen") und der italienischen Produktion „Sotto dieci bandiere" (dt. „Unter zehn Flaggen", beide 1960), in der u. a. auch Charles Laughton spielte, war er in „Journey into Nowhere" (dt. Der Tod fährt mit" (1962), in den europäischen Western „Die Gejagten der Sierra Nevada" (1964) und „Sein Name war Gringo" (1965), sowie in „Himmelfahrtskommando El Alamein" (1968) und „The Salzburg Connection" (dt. „Top

Secret", 1972) zu sehen. In „Gustav Adolfs Page" (1960) und „Kohliesls Töchter" spielte er zusammen mit seiner Frau Liselotte Pulver, mit der er auf einige Tourneen ging, wobei er wiederholt Regie führte. Im Fernsehen war S. neben Gastauftritten in Serien wie „Das Kriminalmuseum" (1967 und 1968) und „Dem Täter auf der Spur" (1972) in den Serien „Timo" (1970) und „Die fünfte Jahreszeit" (1983) sowie in dem TV-Film „Immobilien" (1972) zu sehen. Mit seiner Ehefrau spielte er u. a. in den TV-Produktionen „Der Regenmacher" (1966), „Pistolen-Jenny" (1969), „Die Baumwollpflücker" (1973) und „Moral" (1975). Noch 1986 gastierte S. mit seiner Frau in dem Stück „Lauf doch nicht immer weg", das auch für das Fernsehen aufgezeichnet wurde, in Neu-Ulm. Ende der 1980er Jahre zog sich S. von der Bühne zurück. S. starb nach längerer Krankheit, deren Verlauf seine Ehefrau im zweiten Band ihrer Erinnerungen eindrucksvoll zu schildern weiß, an einem Herzinfarkt.

L   Glenzdorfs Internationales Filmlexikon. Biographisches Handbuch für das gesamte Filmwesen, 3. Bd., Bad Münder (Deister) 1961, S. 1507 – LangenMüllers´s SchauspielerLexikon der Gegenwart. Deutschland-Österreich-Schweiz, München-Wien 1986, S. 916 (Bild) – Eduard OHM, Lilos Mann ein echter Neu-Ulmer (Neu-Ulmer Geschichten 45), in: NUZ vom April 1986 (Bild)– Liselotte PULVER, ...wenn man trotzdem lacht. Tagebuch meines Lebens, München 1990 – DIES., Bleib doch noch ein bißchen, München 1996 – GGBE 3, S. 1739.

Schmid, *Hermann* Eugen, Dr. iur., * Ulm 8. Aug. 1892 (nicht 1882!), † ebd. 21. Juli 1972, ev.

Vater   Johann Georg Schmid, Kaufmann und Gemeinderat in Ulm.
Mutter   Pauline Knauß.
∞ Maria Gertrud Thusnelda Mauk.
K   Werner Schmid, Dr. iur., ∞ Gertrud Neubrand; Dieter Schmid, Dr., ∞ Rita Jendreck.

S. spielte im März 1933 bei der Gleichschaltung der Ulmer Kommunalpolitik eine kurze, aber entscheidende Rolle als „Staatskommissar". In der Presse nach 1945 wurde diese Seite des Wirkens von S. entweder verschwiegen oder beschönigt.
Nach dem Besuch des Realgymnasiums Ulm studierte S. Jura in Tübingen und Leipzig, wo er auch promoviert wurde. Als Soldat im Ersten Weltkrieg erlitt er am rechten Auge eine schwere Verwundung. Nach 1919 trat er als Syndikus in die Dienste des Industrieverbandes Ulm und ließ sich 1920 als Rechtsanwalt in der Frauenstraße 28 nieder. S. war von 1920 bis 1923 Vorsitzender des Turnerbundes Ulm. Daneben zählte er zu den Mitgründern des im Herbst 1920 gegründeten nationalistischen und republikfeindlichen Wehrbundes „Schwabenbanner Ulm", dessen Ausschuss er angehörte.
S. engagierte sich politisch in der Württ. Bürgerpartei/DNVP, einer verfassungsfeindlichen, ultra-reaktionären Partei, deren Vertreter in Württemberg 1919 die neue Staatsverfassung mehrheitlich abgelehnt hatten. 1925 erfolgte S.s Wahl in den Ulmer Gemeinderat, wo er in kürzester Zeit zu einem der Hauptbeteiligten in dem seit 1923 während sogenannten „Ulmer Rathauskrieg" wurde, der vor allem von Otto →Kirchgeorg und Konstantin →Wieland gegen Oberbürgermeister Emil →Schwammberger geführt wurde und jahrelang die Gerichte und das Staatsministerium beschäftigte. S. erhielt schon 1925 in Ulm den Spitznamen „Säbelschmid", nachdem er den Oberbürgermeister im Streit um die Bebauung des Münsterplatzes zu einem Säbelduell gefordert haben soll. Zu S.s Mandanten zählten zahlreiche Persönlichkeiten, die einen Rechtsstreit mit der Stadtverwaltung ausfochten.
Am 17. März 1933 wurde S. vom zwei Tage zuvor zum württ. Staatspräsidenten gewählten NSDAP-Gauleiter Wilhelm Murr zum Staatskommissar für die Verwaltung der Stadt Ulm ernannt. Am Tag zuvor hatten SS-, SA- und Stahlhelmangehörige das Rathaus durchsucht; Oberbürgermeister Schwammberger war zum Antritt eines „Krankheitsurlaubs" gezwungen worden. Die Ernennung von S. zeigt, dass es den Nationalsozialisten am Anfang ratsam erschien, eine Persönlichkeit, die nicht

der NSDAP angehörte, in dieser Position zu installieren, weil damit nach außen der Anschein der Neutralität und Ordnung gewahrt werden konnte. An der politischen Einstellung und Gesinnung S.s, der sich seit Jahren als heftiger Gegner der Stadtverwaltung profiliert hatte, bestanden offenbar nicht die geringsten Zweifel. Man hatte eine nützliche Marionette gefunden, die nicht zu viele Fragen stellte.
Am 18. März 1933 wies S. im Gemeinderat darauf hin, dass dieser seine Tätigkeit nur ausüben könne, wenn der Staatspräsident oder Innenminister es ausdrücklich gestattete. Die demokratische Selbstverwaltung Ulms war damit zumindest vorläufig aufgehoben.
In seiner Amtszeit als Staatskommissar zeichnete S. als williger Exekutor der Politik der neuen Machthaber für die Beurlaubung missliebiger Beamter wie Julius →Baum und Albrecht →*Hieber, gegen die wegen angeblicher Verfehlungen im Amt ein Untersuchungsausschuss seine Arbeit aufnahm, verantwortlich. Am 21. März 1933 ordnete S. die Umbenennung einiger Straßen an, so erhielt die Friedrich-Ebert-Straße wieder ihren früheren Namen Münchner Straße, die Einsteinstraße wurde in Fichtestraße umbenannt und die Promenade hieß fortan Adolf-Hitler-Straße. Am 28. März 1933 untersagte er allen Organisationen, die *marxistischen Anschauungen huldigen* (z. B. den Vereinen des Arbeiter-Sport- und Kulturkartells), die Benutzung städtischer Gebäude und Plätze.
Am 5. April 1933 erfolgte auf S.s eigenes Ansuchen nach knapp dreiwöchiger Amtszeit seine Entbindung vom Amt des Staatskommissars, das an Baurat Friedrich →Foerster überging. Erst danach, zum 1. Mai 1933, erfolgte S.s formeller Eintritt in die NSDAP, außerdem war er SA-Standartenfürsorgereferent, Mitglied der NSKOV, der NSV und des NS-Juristenbundes. S. blieb als Mitglied der NSDAP-Fraktion im Gemeinderat.
Nach dem Krieg musste sich S. im Rahmen seines Entnazifizierungsverfahrens verantworten. Im Nov. 1947 wurde er von der Spruchkammer Ulm als Minderbelasteter eingestuft und ihm eine Sühne von 15.000 RM, eine einjährige Bewährungsfrist und 60 Tage Sonderarbeit auferlegt. Der in Ulm hoch angesehene S. eröffnete bald danach, da sein bisheriges Haus im Krieg zerstört worden war, eine neue Kanzlei am Münsterplatz. 1952 bezog er ein neues Büro in der Bahnhofstraße. 1955 ließ er sich nach der bestandenen Notariatsprüfung auch als Notar nieder und gehörte der Anwaltssozietät J. Weller, S. Mössner und G. F. Weller an. Im öffentlichen Leben setzte sich S. vor allem für die Ziele des Vereins „Alt-Ulm" ein, wobei er auch im Alter keinen Konflikt scheute, was dazu führte, dass er des öfteren über das Ziel hinausschoss. 1952 brach er einen Streit mit Oberbürgermeister Theodor →Pfizer vom Zaun, als er Pfizer als Marionette des Stadtbaudirektors Max →Guther bezeichnete und dessen Vorwürfen an den Verein reagierte, den er der „Brunnenvergiftung" zieh.
Bei seinem Tod hieß es in der Lokalpresse: *Mit ihm verliert die Stadt eine profilierte Persönlichkeit, die stets ihren Standpunkt gewahrt hat und sich immer treu geblieben ist, und zwar ohne Scheu. Er habe das Amt des Oberbürgermeisters (!) in konservativer Weise bekleidet: Es war ihm jedoch nicht gegeben, Unrecht für Recht anzusehen und setzte sich freimütig für die Bedrängten ein* (Schwäb. Zeitung Nr. 169, 26. VII. 1972). Kein Wort über seine Rolle als Handlanger der NS-Machtübernahme in Ulm. – Ulmer Vertreter des Landesamts für Denkmalpflege.

Q   StadtA Ulm, G 2.
L   UBC 4, S. 74 (Bild), 77, 80, 103, 123 – UBC 5a, S. 15-18, 112, 120 – BRAUN, Schwabenbanner, S. 47 –   Dr. Hermann Schmid gestorben. Er setzte sich für den Wiederaufbau Ulms ein, in: SWP Nr. 169, 26. VII. 1972, S. 10 (Bild) – SPECKER, Großer Schwörbrief, S. 369, 378, 384, 386-389 (Bild), 397 – DANNENBERG, Selbstverwaltung, S. 108 – GNAHM, Giebel oder Traufe?, S. 19, 61.

Schmid, *Johann Christoph* (von), Dr. theol. h.c., * Ebingen/OA Balingen 25. Juni 1756, † Ulm 10. April 1827, ⬚ ebd., Münster, ev.

Vater Johann *Gottfried* Schmid, * Ebingen 24. V. 1732, † Ulm 19. IX. 1771, Kunst-, Waid- und Schönfärber in Ebingen, seit 1768 Teilhaber einer Zeugfabrik in Ulm, S. d. Johann Jakob Schmid, * Ebingen 24. VII. 1683, † ebd. 16. V. 1755, Schönfärber und Zeugmacher in Balingen, u. d. Anna Barbara Ruoff, * Balingen 9. XI. 1695, † Ebingen 31. VIII. 1761.
Mutter Maria Christina Volz, * Tieringen 20. VIII. 1731, † Ulm 30. V. 1809, T. d. Johann Christoph Volz, Mag., * Sindelfingen 1. II. 1695, † Ebingen 16. IX. 1766, seit 1743 Stadtpfarrer in Ebingen, u. d. Anna Johanna Beck, * Schloss Hohenmühringen/OA Horb 3. XII. 1703, † 1777; Maria Christina Schmid nach dem frühen Tod ihres I. Ehemanns ∞ II. Ulm 3. VIII. 1772 Christian Hartwig Selle, Waid- und Schönfärber in Ulm.
6 G, darunter Johann Martin →Schmid.
∞ I. Ulm 1789 Juliana *Catharina* Dapp, * Ulm 14. XI. 1768, † ebd. 20. II. 1811, T. d. Marx Friedrich Anton Dapp, * Geislingen/Steige 26. XII. 1735, † Ulm 30. XI. 1811, Hospitalhofmeister in Ulm, u. d. Maria Crescentia Otto, verw. Neubronner, * Ulm 8. III. 1736, † ebd. 30. XI. 1771; II. Ulm 21. X. 1811 Luise Juliane Dorothee Kaiser, eine Freundin der I. Ehefrau.
11 K, davon 9 † früh Marie Auguste Schmid, * 1790, † 1836, ∞ Ulm 9. IX. 1811 Johann *Carl Christian* (von) Tafel, * Wüstenrot 2. I. 1785, † Wildbad 3. IV. 1854, Kgl. Württ. Hofdomänenrat, Oberhofkassier in Stuttgart; Natalie Schmid, * Ulm 13. I. 1809, † Stuttgart 10. VI. 1883, ∞ Ulm 1. VIII. 1828 Johann Friedrich *Gottlob* Tafel[531], * Sulzbach am Kocher/OA Gaildorf 10. I. 1801, † Stuttgart 3. XII. 1874, Rechtsanwalt, Publizist und liberaler Politiker in Stuttgart, 1848-1856 und 1862-1868 MdL Württemberg, 1848/49 Mitglied der Dt. Nationalversammlung, 1868-1870 Mitglied des Zollparlaments.

S. war über Jahrzehnte hinweg eine der bestimmenden Persönlichkeiten der evangelischen Kirche in Ulm, einer ihrer höchsten Würdenträger in der Zeit des politischen Umbruchs, ein umfassend gebildeter, liberal denkender und pragmatisch handelnder Mann, der zu den herausragenden Geistesgrößen in der Geschichte Württembergs im ersten Viertel des 19. Jahrhunderts zählt.

Zunächst erhielt S. Unterricht bei den Präzeptoren Guoth (Vater und Sohn) auf der Lateinschule in Ebingen. Seit Herbst 1768 lebte er nach dem Umzug der Familie in Ulm, wo er das Gymnasium besuchte und Schüler von Johann Peter Miller war. Der frühe Tod des Vaters brachte die Familie in größte finanzielle Schwierigkeiten, deren Lösung eine erneute Heirat der Mutter mit einem Kollegen ihres verstorbenen Ehemannes brachte. Seit 1773 war S. Schüler des akademischen Gymnasiums der Reichsstadt Ulm. 1775 ging er in großer Enttäuschung darüber, dass sein Stiefvater Christian Hartwig Selle seine Zusage wieder zurückgezogen hatte, ihm ein Studium in Göttingen mitzufinanzieren, kurzfristig in die Schweiz. In Zürich versuchte er, am Waisenhaus eine Stelle zu erhalten, ließ sich jedoch von dessen Leiter Johann Caspar Lavater (1741-1801) überzeugen, nach Ulm zurückzukehren und seine Studien fortzusetzen. Noch im gleichen Jahr begann er mit dem Studium der ev. Theologie (daneben Privatstudium der italienischen, spanischen, englischen und holländischen Sprache) in Erlangen und war dort nebenbei, um sich Geld hinzuzuverdienen, Erzieher der Söhne von D. Johann Georg Rosenmüller (1736-1815). 1782 Magister und sogleich als Lehrbeauftragter der Theologie (Dogmen- und Kirchengeschichte) sowie für Hebräisch und Englisch ebd. verpflichtet, ging S. schon 1783 mit Rosenmüller, der zum Professor, Superintendenten und Konsistorialassessor berufen worden war, nach Gießen. Seit Herbst 1784 Predigtamts-Kandidat in Ulm, folgte S. Rosenmüller 1785 nach Leipzig und schloss dort wichtige Kontakte u. a. zu dem Verleger Georg Joachim Göschen, zu dem Sprachforscher Johann Christoph Adelung und zu dem Theo-

logen Johann Joachim Spalding. 1788 kam er als Lehrer (Präzeptor) der VI. Klasse an das Ulmer Gymnasium, wo er 1790 zum Professor der Moral ernannt wurde, von 1797 bis 1804 war er Professor der Geschichte am akademischen Gymnasium in Ulm. 1792 zum Diakon und 1798 zum Pfarrer an der Dreifaltigkeitskirche und an der Hospitalkirche in Ulm berufen, gab S. schließlich der geistlichen Laufbahn den Vorzug vor dem Lehrberuf. Zu der Entscheidung wird seine große Begabung für die Predigt beigetragen haben, die immer wieder von den Zeitgenossen betont wird. Mit Johannes Kern (1756-1801) und Johann Martin →Miller bildete S. in den letzten eineinhalb Jahrzehnten des 18. Jahrhunderts das sog. „Ulmer Dreigestirn", das in der Reichsstadt gegen zahlreiche Widerstände die Ideen der Aufklärung vertrat. Im Dez. 1789 wirkte der sehr aktive Freimaurer – er war Mitglied der „Asträa zu den drei Ulmen" – bei der Gründung der Ulmer Lesegesellschaft im Gasthaus „Zur Goldenen Krone" mit, deren Erbe in der Museumsgesellschaft bis heute fortlebt. Diese sollte als *Bindeglied zwischen Patriziat und Bürgertum* dienen und vertrat *das in den liberalen Fortschrittsglauben mündende Humanitätsideal der Aufklärung* (HEPACH, Königreich, S. 130). In der gleichen Zeit führte S. die bisher in Ulm nicht üblichen Grabpredigten ein.

Um 1800 war S.s gesellschaftliche und politische Stellung so stark geworden, dass in Ulm ohne ihn „nichts mehr ging". Im Dez. 1802 zählte S. zu den vier Vertretern der Reichsstadt Ulm, die in München dem neuen Kurpfalzbayer. Landesherrn Max Joseph ihre Aufwartung machten. Am 20. März 1804 (ernannt bereits am 27. Feb. 1804) als Kurpfalzbayer. Konsistorial-, Kreis-, Kirchen- und Schulrat vereidigt sowie am 9. Juli 1804 zum Oberschulkommissär (Mitglied der Sektion für das Schul- und Erziehungswesen in der Provinz Schwaben) in Ulm ernannt, war S. gewiss ein Mann, der eng mit Bayern kooperierte, jedoch einer Dominanz der überwiegend katholischen Administration stets entgegentrat. Er warnte Bayern vor überhasteten und extremen Reformen im Bildungsbereich und stellte die Vorzüge des erprobten protestantischen Bildungssystems heraus. Mit Kgl. Erlass vom 14. Sept. 1809 im Zuge der Neueinteilung der Ulmer Pfarrsprengel zum Ersten Frühprediger am Ulmer Münster und schon zuvor, im März des Jahres, auch zum Kreiskirchenrat (dem Generalkommissar des Oberdonaukreises beigegebener Sachbearbeiter) ernannt, war S. seit dem 23. Nov. 1810, wenige Wochen nach dem Übergang Ulms von Bayern an Württemberg, erster württembergischer Prälat und Generalsuperintendent für Oberschwaben in Ulm, von 1817 bis 1819 zugleich Kurator des Ulmer Gymnasiums.

1819 gehörte S. als einer der beiden dem Dienstalter nach ersten ev. Generalsuperintendenten der Ständeversammlung des Königreichs Württemberg zur Erarbeitung einer neuen Verfassung an. Seine Unterschrift steht unter dem Verfassungsvertrag vom 25. Sept. 1819. Von 1820 bis zum Tode war er qua Amt als Ulmer Generalsuperintendent Mitglied der Kammer der Abgeordneten der Württ. Landtags und wirkte u. a. in der Petitions- und Beschwerdenkommission, der Kommission zur Ausscheidung des ev. Kirchenguts, der Kommission für geistige Bildung und Bildungsmittel, besonders Kirchen und Schulen, sowie der Adresskommission mit. S. war im Gegensatz zu vielen seiner Kollegen aus der Kirche, die Sitz und Stimme im Landtag hatten, ein genuin politisch denkender Mensch. Er erkannte die Bedürfnisse der Kirche im neuen Staat und strebte sowohl eine kirchliche Verfassung als auch eine Stärkung der Stellung der Kirche im württembergischen Staatskirchentum an. Schon 1815 wehrte er sich mit anderen Generalsuperintendenten in einer Adresse an König Friedrich I. gegen die radikale Entmachtung des Konsistoriums, dem sogar das Vorschlagsrecht für die Besetzung von Pfarrerstellen entzogen werden sollte. Geradezu revolutionär war sein 1819 in der Ständeversammlung vorgestellter Plan, die Gemeinden durch frei gewählte Mitglieder am Kirchenregiment zu beteili-

[531] RABERG, Biogr. Handbuch, S. 918 f.

gen. S. war damit einer der ersten Amtsträger der Kirche, die eine kirchliche Selbstverwaltung forderten, die erst viele Jahrzehnte später Realität wurde. Ungeachtet seines politischen und beruflichen Engagements war und blieb S. fest in der Ulmer Gemeinde verwurzelt und ließ es sich bis zu seinem Tod nicht nehmen, selbst den Konfirmandenunterricht in seiner Wohnung im Sammlungsgebäude zu erteilen.

S. beschäftigte sich in seinen Mußestunden mit Philosophie, Pädagogik, Geschichte und speziell Ulmer Lokalgeschichte sowie Sprachforschung. Er war Verfasser zahlreicher Bücher und Schriften, unter denen besonders sein „Schwäbisches Wörterbuch" herausragt, das er 1795 erstmals publizierte, dessen endgültige Fassung aber erst vier Jahre nach seinem Tod nach mehrmaliger Umarbeitung erschien. 1824 argumentierte S. mit Herzblut gegen die Ausscheidung von Akten in Ulm, die an das Staats- und Hauptarchiv Stuttgart gehen sollten. Seine Ausführungen lesen sich als flammendes Plädoyer für die Bereitstellung einschlägiger Quellen „am Ort" und gegen eine „Zentralisierung" kommunaler Archivalien. Auch in diesem Bereich dachte S. modern. Sein im Alter von fast 71 Jahren erfolgter Tod beraubte Ulm einer bemerkenswert vielseitigen Persönlichkeit mit genialischen Zügen. S. erhielt seine letzte Ruhestätte im Ulmer Münster, wo sein Epitaph bis heute existiert. Zu seinem Nachfolger als Ulmer Generalsuperintendent wurde offiziell erst 1828 D. Carl Christian (von) →Flatt ernannt, der die Amtsverwesung bereits im April 1827 übernommen hatte. – 1804 Mitglied der Bayer. Akademie der Wissenschaften. – 1824 Ritterkreuz des Württ. Kronordens.

Q   StadtA Ulm, Nachlass, Bestand H (26 lfm!) – ebd., G 2.
W   (Auswahl) De legis Mosaicae apud Veteres Christianos Auctoritate, Sect. I, Erlangen 1782 – Anleitung zur dt. Sprache und zu schriftl. Aufsätzen für Ungelehrte, Leipzig 1787 – Die gute Betha von Reuthe, in: Schwäb. Magazin zur Beförderung der Aufklärung, hg. von Johannes KERN, Ulm 1787, S. 179-216 – Kurzgefaßte Beschreibung der Reichsstadt Ulm, in: Geogr. Lexicon von Schwaben, Ulm 1791 – seit 1780 mit dem späteren Konsistorialrat BAYER Hg. der „Christlichen Religionsgeschichte für allerley Gattungen von Lesern" – Reden, gehalten am Grabe, Ulm 1797, ²1802 – Predigt, gehalten zu Ulm am 23. Jenner 1803, als daselbst der Uebergang der Stadt und ihres Gebiets unter die Kurbairische Regierung religiös gefeiert wurde, Ulm [1803] – Rede bei der Andenken des 28. November 1805 verstorbenen Grafen Philipp von Arco von der protestantischen Gemeinde zu Ulm begangenen Gedächtnißfeier, den 6. Dezember 1805 im Münster gehalten, Ulm [1806] – Predigt am 12. Januar 1806, als das Fest der dem Kurhause Baiern zu Theil gewordenen Königswürde von der protestantischen Gemeinde in Ulm gefeiert wurde, Ulm [1806] – Tabellarischer Entwurf der Prinzipien aller Wissenschaften in ihrem nothwendigen Zusammenhange unter sich, und mit dem ersten Prinzip des Wissens. Sammt der Darstellung der Grundlosigkeit des Kantischen Kriticism, und des Schellingschen Idealism, Ulm 1812 – Johann Martin Schmid, Predigten. Besorgt von Johann Jakob MAYER, und neu hg. von Johann Christoph SCHMID, Ulm 1816 – [anonym] Dritte Jubelfeyer der Reformation, in Ulm begangen 1817, Ulm 1817 – Trauerrede bei der Beerdigung des Stadtpfarrers Karl Gustav Weller, gehalten im Münster am 15. Okt. 1818, Ulm [1818] – Trauerrede zur Todtenfeier Ihrer K. Majestät Katharina von Württemberg, am 7. März 1819 im Münster gehalten, Ulm [1819] – Schwäb. Wörterbuch mit etymologischen und historischen Anmerkungen, Stuttgart 1831.
L   DBA I/1117, 374-414 – Ih 2, S. 781 – Ih 3, S. 303 – WEYERMANN I, S. 470-472 – GRADMANN, Das gelehrte Schwaben, S. 571-574 – Neuer Nekrolog der Deutschen V (1827), Teil 1, S. 371-378 – Therese HUBER in: Bll. für literarische Unterhaltung 1827 – Johann Gottfried PAHL in: Württ. Jahrbücher 1828, 1. Heft, S.40-58 – Christian Jakob WAGENSEIL, Prälat v. Schmid zu Ulm. Nach seinem Leben, Wirken und Charakter (mit Portrait), Augsburg 1828 – Georg Heinrich MOSER, Lebensabriß des Prälaten v. Schmid, in: Tübinger Zeitschrift für Theologie 1 (1828), S. 265-291 – RIECKE, Verfassung und Landstände, S. 48 – SCHULTES, Chronik, S. 380, 384, 412, 447 – ADB 32 (1890), S. 673 ff. (Wilhelm HEYD) – HARTMANN, Regierung und Stände, S. 23, 38 – UBC 1, S. 369, 381, 406 (Bild), 408, 412, 497 – BIEDERMANN, Ulmer Biedermeier, S. 209 f. – Martin BLÜMCKE in: Zur Geschichte von Volkskunde und Mundartforschung in Württemberg. Helmut Dölker zum 60. Geburtstag (Volksleben, 5. Band), Tübingen 1964, S. 11-33 (Bild) – HEPACH, Königreich, S. 12, 128 – NEBINGER, Die ev. Prälaten, S. 565 ff., 570, 572 – SCHMITT, Wohlersche Buchhandlung, S. 59-63 (Bild) – BRANDT, Parlamentarismus, S. 15, 40, 227, 236 – SPECKER, Ulm im 19. Jahrhundert, S. 14, 263, 355, 357, 368-370, 382, 384 f., 388, 391, 394, 403 – APPENZELLER, Münsterprediger, S. 422-428, Nr. 136 – SCHMIDT, Revolution, S. 52, 54 – SPECKER, Schwörbrief, S. 233, 235 – RABERG, Biogr. Handbuch, S. 796 f. (Bild) – SPECKER, Bestände, S. 31 f., 47, 448 – Karl LIKO, Ahnenliste der Familie Tafel. Zweig Johann Friedrich Gottlob Tafel - Natalie Schmid, [Wien 2006], S. 24 f. – BRAUN, Freimaurer, S. 197, Nr. 070.

Schmid, *Johann Martin*, * Ulm 21. März 1771, † Bermaringen 30. Sept. 1815, ev.
Eltern und G siehe Johann Christoph (von) →Schmid.

S., der wie sein älterer Bruder Johann Christoph (von) →Schmid in den geistlichen Stand trat, steht ganz in dessen Schatten.

Nach dem Besuch des Gymnasiums in Ulm und dem Theologiestudium in Leipzig und Jena (1791-1796) hatte S. 1796 seine erste Stellung als Hofmeister in einem Patrizierhaushalt in Frankfurt am Main. Schon im darauffolgenden Jahr kam er als Rektor und Adjunkt des Predigtamtes nach Biberach/Riß, wo er 1806 Direktor und Erster Lehrer mit dem Titel Professor am Gymnasium wurde. 1812 schließlich ging er als Pfarrer nach Bermaringen auf der Alb.

S.s Bedeutung liegt in erster Linie in seinem publizistischen Wirken. Mit Pfarrer Mayer gab er von 1802 bis 1805 ein „Nützliches und unterhaltendes Wochenblatt für verschiedene Leser" in Biberach heraus, wirkte am neuen Gesangbuch für die ev. Gemeinde Biberachs mit und schrieb in „Hufelands Zeitschrift für Christenthum, Aufklärung und Menschenwohl" (seit 1786) eine Reihe von Aufsätzen und Abhandlungen.

W   Drey Predigten bei wichtigen Zeitveranlassungen des Jahrs 1801, nemlich beim Eintritt ins neue Jahrhundert, am Friedens-Feste, und am Schlusse des Jahrs, Biberach 1802.
L   GRADMANN, Das gelehrte Schwaben, S. 575 – WEYERMANN II, S. 486 f.

Schmid, *Karl* Adolf (von), Dr. phil. h.c., * Ebingen/OA Balingen 19. Jan. 1804, † Stuttgart 23. Mai 1887, ev.
Vater   Schmid, † 1825, Präzeptor in Ebingen, Pfarrer in Darmsheim und Roßwag.
Mehrere G.
∞ Friederike Nönnich, * 19. III. 1802, † Stuttgart 13.? VIII. 1864.
Mehrere K.

Sieben Jahre lang war der herausragende Schulmann S. Rektor des Kgl. Gymnasiums Ulm.

S. gehörte der sogenannten Blaubeurer „Genie-Promotion" (1817-1821) an, deren Mitglieder 1825 ihre I. theol. Dienstprüfung ablegten. Sein theologisches und philologisches Studium hatte ihn bereits 1821 – er war 17 Jahre alt – nach Tübingen geführt, wo er im berühmten Stift untergebracht war. Noch 1825 kam er als Präzeptor an die Lateinschule in Besigheim, 1829 als Diakon und Präzeptor nach Göppingen. 1838 übernahm S. im Alter von 34 Jahren die Leitung des Pädagogiums in Esslingen/Neckar. Nach 14 Jahren allseits geschätzter Amtstätigkeit, in denen er zu einem landesweit geachteten Fachmann in Erziehungsfragen avanciert war, wechselte S. vom Neckar an die Donau und trat im Juni 1852 in der Nachfolge Georg Heinrich von →Mosers als Rektor an die Spitze des Kgl. Gymnasiums in Ulm. S.s Berufung in dieses Amt rief bei Conrad Dieterich →Haßler, den mit seiner Berufung zum Rektor rechnenden Rektoratsamtsverweser, große Enttäuschung hervor, die letztlich zu seinem Rückzug aus dem aktiven Schuldienst führte.

In seiner Ulmer Zeit arbeitete S. mit Christian Palmer und Johann David Wildermuth an der von ihm herausgegebenen 11-bändigen „Enzyklopädie des gesamten Erziehungs- und Unterrichtswesens" (Gotha 1859-1878), daneben auch schon an seiner erst viel später publizierten „Geschichte der Erziehung" (10 Bände, Stuttgart und Berlin 1878). Im Frühjahr 1859 folgte er dem verlockenden Angebot, Vorstand (Rektor) des Eberhard-Ludwig-Gymnasiums Stuttgart zu werden, als Rektor des Ulmer Gymnasiums folgte ihm Robert →Kern nach.

In Stuttgart übernahm S. zugleich von 1862 bis 1867 die Leitung der neu gegründeten Turnlehrer-Bildungsanstalt und war Referent für das Turnwesen in der Ministerialabteilung für das höhere Schulwesen des Ministeriums für Kirchen- und Schulwesen. 1865 erhielt er den Titel Oberstudienrat. Im Okt. 1878 pensioniert mit dem Titel und Rang eines Prälaten, ließ sich S., der auch dem Stuttgarter Pfarrgemeinderat angehörte, 1879 zum Abgeordneten seiner Heimat-Diözese Balingen in die Landessynode wählen, legte das Mandat jedoch aus gesundheitlichen Gründen 1886 nieder. – 1859 Ausschussmitglied der Stuttgarter Jugendwehr; Mitglied des Stuttgarter Sanitätsvereins. – 1862 Dr. phil. h.c. (Universität Tübingen); 1862 Ritterkreuz I. Kl. des Friedrichsordens; 1865 Ritterkreuz II. Kl. des Ksl. Russischen Stanislaus-Ordens; 1869 Ritterkreuz I. Kl. des Württ. Kronordens; 1871 Olga-Orden; 1874 Kriegsdenkmünze für Nichtkombattanten und Ksl. Russischer St.-Annen-Orden; 1875 (anlässlich seines goldenen Dienstjubiläums) Kommenturkreuz II. Kl. des Friedrichsordens.

W (mit C. F. L. METZGER) Griechische Chrestomathie für die mittleren Abteilungen des Gymnasiums, 1846 – Aus Schule und Zeit. Reden und Aufsätze, Gotha 1875 – Pädagogisches Handbuch für Schule und Haus, 2 Bände, Gotha 1877 und 1879 – (Bearb.), Geschichte der Erziehung von Anfang an bis auf unsere Zeit, 10 Bände, Stuttgart 1884-1902.
L Ih 2, S. 781 f. – Magisterbuch 25 (1884), S. 54 – SK Nr. 26 (Abendblatt), 18. I. 1904, S. 5 – ADB 31 (1890), S. 676-679 (Theodor SCHOTT) – LEUBE, Tübinger Stift, S. 705 – ZIEGLER, Fangelsbachfriedhof, S. 140 – EHMER/KAMMERER, S. 322 (Bild).

Schmid, *Oskar* Paul, Dr. iur., * Ulm 4. Nov. 1880, † Immenstaad am Bodensee 22. Juni 1962, kath.

Vater   Paul Schmid[532], * Oberkirchberg 30. VI. 1848, † Ravensburg 23. IX. 1907, Oberstleutnant, Teilnehmer am Krieg 1870/71, Ritterkreuz I. Kl. des Friedrichsordens.
Mutter   Paulina Lauterwein, * Oberkirchberg 9. I. 1858, † 8. II. 1940.
1 G   Maria Schmid, * 1883, † 1932.
∞ Leutkirch 11. X. 1920 *Philomena* Maria Theresia Franziska Sofia Lang, * Kelheim 14. XII. 1893, † Immenstaad/Bodensee 26. XII. 1970, T. d. Julius Lang, Gutsbesitzer in Leutkirch, u. d. Maria Ehrle.
4 K   *Brigitte* Maria Philomena Schmid, * Stuttgart 6. VIII. 1921, Dr. med., ∞ Göppingen 28. X. 1950 *Leonhard* Karl Abele; Gisela Paula Marie Schmid, * Stuttgart 26. XI. 1923, ∞ Stuttgart 18. VI. 1943 Herbert Katz, Oberstleutnant; Oskar Paul Konrad Schmid, * Stuttgart 4. VI. 1925, ∞ Vöhringen 20. V. 1966 Paula Huter; *Roswitha* Maria Theresia Schmid, * Stuttgart 3. XI. 1927, Dr. rer. nat.

S. war eine der herausragenden aus Ulm stammenden Beamtenpersönlichkeiten des 20. Jahrhunderts. Sowohl in der Zeit der Weimarer Republik als auch in der Zeit nach Ende des Zweiten Weltkriegs war er als einer der ersten Juristen Württembergs eine Schlüsselfigur.
Aufgewachsen in Ulm und Ravensburg, besuchte S. nach zwei Jahren Volksschule das humanistische Gymnasium Ravensburg. Von 1898 bis 1902 führte ihn das Jurastudium nach Tübingen (Mitglied der Akademischen Verbindung Stuttgardia). Nach der I. Höheren Justizdienstprüfung war S., der wegen seines hervorragenden schriftlichen Prüfungsergebnisses von der mündlichen Prüfung befreit wurde, Gerichtsreferendar in Ravensburg und Stuttgart; 1905 bestand er die II. Höhere Justizdienstprüfung und wurde zum Dr. iur. promoviert ("Die Stellung des Testamentsvollstreckers und ihre Durchführung im Normalfall der Testamentsvollstreckung"). 1906 erhielt er als Hilfsrichter am Amtsgericht Stuttgart seine erste Anstellung im Justizdienst. Am 3. Dez. 1907 folgte der Eintritt des jungen, durchsetzungsfähigen Karriere-Juristen als Hilfsarbeiter ins württ. Justizministerium. Dort stieg er 1914 zum Kanzleidirektor auf, über dessen Tisch alle die Angelegenheiten des Justizwesens betreffenden Schriftwechsel und Akten gingen. Da seine Ambitionen, zum Ministerialrat befördert zu werden, nach den starren württ. Vorgaben an seinem zu geringen Lebensalter scheiterten, entschied sich der 37-jährige S. Anfang 1918, als Landgerichtsrat in Stuttgart in den aktiven Richterdienst zurückzukehren. 1921 wechselte er vom Landgericht zum Oberlandesgericht, wo er später zum Oberlandesgerichtsrat ernannt wurde, und wirkte nebenamtlich u. a. als Mitglied des Disziplinarhofs für Staatsbeamte, des Disziplinarhofs für Polizeibeamte und der Disziplinarkammer für Schutzpolizeibeamte. 1925 lehnte er eine Berufung an das Reichsgericht in Leipzig ab.
Eine Wende seiner beruflichen Laufbahn vollzog sich 1927. Da Staatspräsident Wilhelm →*Bazille eine umfassende Sammlung des württ. Rechts und eine Neuordnung des Beamtenrechts

plante, suchte er geeignete Fachleute, die daran mitwirken sollten. Bazille sicherte S. zu, ihn später zum Staatsrat zu ernennen, was den Ausschlag für S.s Zusage gab. Am 1. April 1927 trat S. als Ministerialrat in die Dienste des württ. Staatsministeriums, zugleich war er seit 1930 nebenamtlich o. Mitglied des Württ. Verwaltungsgerichtshofs. Im Staatsministerium stimmte S. mit den Ministerien die Gesetzesvorhaben ab und führte die Korrespondenz mit der Reichsregierung und den Länderregierungen im Reich. Vor 1933 veröffentlichte S. zudem zahlreiche Aufsätze in der "Zeitschrift für freiwillige Gerichtsbarkeit" und in der "Württ. Zeitschrift für Verwaltung und Verwaltungsrechtspflege".
Nachdem sich auf Grund des Regierungswechsels von 1928 die Zusage Bazilles, S. zum Staatsrat zu befördern, nicht realisierte, strebte dieser wieder in den Richterdienst. Diese Entscheidung wurde nach der Machtübernahme der Nationalsozialisten zusätzlich forciert, denen der gläubige Katholik S. ablehnend gegenüberstand. Es dauerte jedoch bis zum Mai 1934, bis er als Senatspräsident zum Oberlandesgericht Stuttgart wechseln konnte, wo er den Vorsitz des IV. Zivilsenats übernahm. Als nach den schweren Luftangriffen vom Sommer 1944 die Zivilrechtsprechung beim Oberlandesgericht ganz eingestellt worden war, kehrte S. als Vorsitzender der Zivilkammer an das Landgericht Ravensburg zurück, wo er einst Referendar gewesen war.
Nach Kriegsende verfügte S. über den Vorteil der "weißen Weste", weshalb die französische Militärregierung in Stuttgart ihn einlud, in einer Prüfungskommission an der Rekrutierung politisch sauberer Juristen mitzuwirken. Daneben wurde ihm in Aussicht gestellt, Präsident des Oberlandesgerichts werden zu können. S., der das Kriegsende in seinem Haus in Immenstaad erlebt hatte, ging nach Stuttgart, erlebte jedoch erneut eine bittere Enttäuschung. Nachdem die Amerikaner die Franzosen im Juli 1945 als Machthaber in Stuttgart abgelöst hatten, wurde gegen S. der Vorwurf erhoben, er habe dem Nationalsozialismus nahegestanden, schließlich sei er bis 1934 im Staatsministerium gewesen und danach Senatspräsident geworden. In den Augen der US-Besatzungsmacht war das eine formale Belastung.
Die Zukunft des 65-jährigen S. lag im französisch besetzten Württemberg-Hohenzollern. Dort zählte er zu den ersten wieder zum Dienst zugelassenen Juristen. Am 5. Okt. 1945 wurde er zum Präsidenten des Landgerichts Ravensburg ernannt. Aus Verärgerung über die Vorfälle in Stuttgart lehnte er Anfang 1946 das Angebot des württ.-bad. Ministerpräsidenten Reinhold Maier ab, im Verfassungsausschuss der Vorläufigen Volksvertretung in Stuttgart mitzuwirken. Mitte 1947 mochte S. auch dem Angebot, Präsident des Oberlandesgerichts und des Staatsgerichtshofs in Tübingen zu werden, nicht folgen. Im Herbst 1949 trat er in den Ruhestand, wurde aber 1950 auf ausdrücklichen Wunsch des Staatspräsidenten Gebhard Müller mit 69 Jahren reaktiviert, um als Präsident an die Spitze des Oberlandesgerichts und des Staatsgerichtshofs in Tübingen zu treten. Am 31. Mai 1953 trat er in den endgültigen Ruhestand, den er in Immenstaad verlebte. – 1916 Wilhelmskreuz; Ritterkreuz I. Kl. des Friedrichsordens; 1952 Verdienstkreuz des Verdienstordens der Bundesrepublik Deutschland; 1953 Großes Verdienstkreuz des Verdienstordens der Bundesrepublik Deutschland.

L ARNOLD, Stuttgardia II, S. 53, Nr. 240 – BWB III (2002) S. 364-367 (Frank RABERG), mit ausführlichen Angaben zu Q, W und L.

Schmid, Trudl, geb. Heinrich, * Ulm 26. April 1913, † ebd. 27. Feb. 2002, □ ebd., Hauptfriedhof, ev.

Vater   Ludwig Heinrich, † 1930, Hotelier in Ulm.
3 G   Luise Heinrich; Maximilian Heinrich; Walter Heinrich.
∞ März 1940 August ("Gustl") Schmid, † gefallen im Kaukasus 4. XI. 1942, Bezirkssportwart in Ulm, württembergischer Meister im Speerwurf.

---

[532] Staatsanz. Nr. 225, 25. IX. 1907, S. 1507.

Mit Disziplin und Fröhlichkeit das Graue vom Alltag nehmen – das Lebensmotto von S., die im Krieg ihren Mann verlor, half ihr durchs Leben. Sie entstammte der Ulmer Hotel-Dynastie Heinrich. Die Büroangestellte und spätere Fachlehrerin in Hauswirtschaft, Handarbeit und Turnen in Ulm engagierte sich frühzeitig sportlich. Bereits 1919 trat sie dem Turnerbund Ulm (heute SSV Ulm 1846) bei, dem sie fortan ihr ganzes Leben verschrieb. 1926 übernahm sie erstmals ein Amt beim Turnerbund (Vorturnerin) und stellte sich als Kinder-, Jugend- und Frauenturnwartin, Frauenwartin und Übungsleiterin über Jahrzehnte in seinen Dienst. Daneben fungierte sie von 1936 bis 1948 als Gaufrauenturnwartin, von 1948 bis 1983 Gaufrauenwartin, von 1946 bis 1957 Mädelwartin und von 1957 bis 1983 Vertreterin für Frauensport im Sportkreis Ulm. Von 1956 bis 1977 Vorsitzende des Frauenbeirats des Württ. Landessportbundes e. V., Trägerin von dessen Ehrenring. In den meisten Gremien war S. die einzige Frau und hatte sich dementsprechend zu behaupten. Sie setzte sich besonders für eine moderne Festlegung von Richtlinien für die Aus- und Weiterbildung von Übungsleitern ein, daneben entwarf sie Konzepte für die Organisation und Durchführung von Modellseminaren für weibliche Führungskräfte und die Betreuung von weiblichen Leistungs- und Spitzensportlerinnen. S. ging ihren Weg mit Sachkenntnis, Energie und Durchsetzungsvermögen und vermochte mit ihrer Unbeirrbarkeit viel für ein neues Selbstbewusstsein im Mädchen- und Frauensport zu leisten. Bis ins hohe Alter leitete sie Gymnastikgruppen, fünf Stunden in der Woche.

Zahlreich waren die Ehrungen für ihr Wirken: 1960 zeichnete sie der Turngau Ulm mit der Jakob-Salzmann-Plakette aus, 1969 verlieh ihr die Stadt Ulm die Ehrenplakette in Gold, der Württ. Landessportbund die goldene Ehrennadel. 1976 wurde sie mit dem Bundesverdienstkreuz ausgezeichnet. 1981 erhielt S. im 68. Lebensjahr die Seniorenstufe in Gold des deutschen Gymnastikabzeichens, 1988 die Theodor-Georgii-Plakette des Schwäbischen Turnerbundes.

Q   StadtA Ulm, G 2.
L   Gerda SEEPE, Wegbereiterin des neuen Frauen-Selbstbewußtseins. Trudl Schmid wird morgen 75 Jahre, in: SWP vom 25. IV. 1988, S. 16 (Bild) – Sylvia BLANK, Trudl Schmid feiert am Montag den 80. Geburtstag: „So lange wie möglich selbständig bleiben", In: Schwäbische Zeitung Nr. 94, 24. IV. 1993 (Bild).

Schmidbleicher, Christian, * Holzgerlingen/OA Böblingen 16. Dez. 1885, † Blaubeuren 30. April 1958, ev.
∞ Anny Oßwald.
1 K   Liselotte Schmidbleicher, ∞ Wilhelm Bracht.

S. war nach dem Ende des Zweiten Weltkriegs für sechs Wochen kommissarischer Landrat von Ulm.

S. ging aus dem kommunalen Verwaltungsdienst hervor. Ab 1911 war er Sekretär beim Schultheißenamt und später Stadtkassier in Feuerbach/OA Stuttgart. Von 1921 bis 1933 amtierte S. als Bürgermeister von Bietigheim. 1933 wurde das NSDAP-Mitglied S. zum Bürgermeister von Blaubeuren gewählt und blieb bis 1945 im Amt.

Am 16. Mai 1945 wurde S. von der US-Militärregierung für die Stadt und den Landkreis Ulm (Lieutenant Colonel Irvin L. Harlow) *mit sofortiger Wirkung zum ausübenden Landrat* ernannt. Gewiss war es S.s langjährige kommunalpolitische Erfahrung, die den Ausschlag für diese Berufung hatte. In einer in der ersten Nummer des „Amtsblattes der Stadt Ulm und des Landkreises Ulm" veröffentlichten „Bekanntmachung des Landrats" sprach S. die Bitte aus, *mich in der Erfüllung meiner schwierigen Amtspflichten tatkräftig zu unterstützen. Dies kann insbesondere dadurch geschehen, daß landrätliche Weisungen und Anträge rasch, pünktlich und zuverlässig erledigt werden.* Im Hinblick auf die politische Überprüfung der Ortsvorsteher kündigte S. an, er wolle die Amtsträger, *sobald eine gewisse Stabilität eingetreten sei, zu eingehender Aussprache über die amtlichen Tagesfragen* zusammenrufen.

Nachdem S.s Zugehörigkeit zur NSDAP bekanntgeworden war, verlor er sein Amt am 27. Juni 1945 an den früheren Ersten Bürgermeister von Ulm, Ernst →Sindlinger.

1948 wurde S. erneut zum Bürgermeister von Blaubeuren gewählt. Das großzügig angelegte Freibad von Blaubeuren, dessen Bau er maßgeblich angeregt hatte, wurde nach ihm benannt. 1954 trat er als Bürgermeister im 69. Lebensjahr in den Ruhestand, blieb aber Kreisverordneter im Ulmer Kreistag. In einem Presse-Nachruf hieß es, S. sei *einer der verdienstvollsten Kommunalpolitiker des Ulmer Raums* gewesen. Landrat Wilhelm →Dambacher würdigte *das Andenken eines ausgezeichneten Verwaltungsmannes und allseits beliebten und geschätzten Menschen, der sich in unermüdlicher Tätigkeit in den schweren Nachkriegsjahren hervorragende Verdienste um die Belange des Landkreises erworben* habe. – Mitglied des Verwaltungsausschusses des Arbeitsamtes Ulm; Mitglied des Verwaltungsrats und des Kreditausschusses des Kreis- und Sparkasse Ulm. – Ehrenbürger von Bietigheim.

Q   StadtA Ulm, G 2 – StAL, F 154 II Bü 3711 (Personalakten als Bürgermeister von Bietigheim) – ebd., EL 902/22 Bü 2647 und 13233 (Spruchkammerakten der Spruchkammer 47 – Ulm Land).
L   Hof- und Staats-Handbuch 1912 I, S. 407 – Amtsblatt der Stadt Ulm und des Landkreises Ulm Nr. 1., 23. VI. 1945, S. [1] – ebd. Nr. 2, 30. VI. 1945, S. [1] – Altbürgermeister Schmidbleicher gestorben, in: Schwäb. Donauzeitung Nr. 100, 1./2. V. 1958, S. 10 – SPECKER, Tradition und Wagnis, S. 257 [mit unzutreffender Angabe zur Amtszeit „1945-1946"].

Schmidlin, Karl *Albert (Albrecht)* Wilhelm (von), * Bürg/OA Neckarsulm 11. Mai 1844, † Ulm 14. Juni 1910 Ulm, ⬚ 17. Juni 1910, ev.

Vater   Otto Schmidlin, * Urach 26. I. 1815, † Bürg 23. X. 1844, Pfarrer in Bürg, S. d. Christoph *Friedrich* (von) Schmidlin[533], * Stuttgart 25. VIII. 1780, † ebd. 28. XII. 1830, Staatsrat und Wirklicher Geh. Rat, Kgl. Württ. Staatsminister des Innern sowie des Kirchen- und Schulwesens, u. d. *Carolina* Auguste Friederike Enslin, * 1. XI. 1780, † 4. VIII. 1832, T. d. Carl Ludwig Enslin, Buchhändler in Stuttgart, und der Auguste Friederike Mezler.
Mutter   Karoline Faber[534], * Magstadt 6. IV. 1821, † Stuttgart 5. VII. 1906, T. d. Christian Faber, Mag., * Unterjesingen 24. I. 1786, † Neckartailfingen 30. XII. 1842, 1814 Pfarrer in Magstadt, 1833 dsgl. in Neckartailfingen, u. d. Karoline Wagner, * Sindelfingen 11. VIII. 1796, † Ravensburg 24. IX. 1854.

∞ Stuttgart 18. IX. 1873 Mathilde („Tilla") Rustige, * Stuttgart 6. IV. 1848, † 18. 12. 1923, T. d. Heinrich Rustige, Galeriedirektor in Stuttgart, und der Emma Arndts.
3 K   Toni →Schmidlin; Otto Schmidlin, * Hohenheim, † 27. IX. 1888 Köngen; Walter →Schmidlin. Vetter von Friedrich (von) Schmidlin, Kgl. Württ. Staatsminister der Justiz.

S. entstammte einer Familie, die in der ersten Hälfte des 19. Jahrhunderts sehr rasch zu einer der ersten Beamtendynastien Württembergs aufgestiegen war. Nachdem sein Vater wenige Monate nach S.s Geburt gestorben war, wuchs S. im Hause des Publizisten und Politikers Friedrich Notter (1801-1884) auf, den seine Mutter 1854 geheiratet hatte. S. wurde mit seinem 1855 geborenen Halbbruder Richard Notter in Stuttgart aufgezogen und besuchte dort das Karlsgymnasium. 1862 bezog er die Universität Tübingen, um sich dem Studium der Kameral- und Regiminalwissenschaften zu widmen. Wie zahlreiche andere Mitglieder seiner Familie schloss er sich während des Studiums der Burschenschaft Germania an. Nach Bestehen der beiden Höheren Verwaltungsdienstprüfungen begann S.s Beamtenlaufbahn, nachdem

533   Ih 2, S. – ZIEGLER, Fangelsbachfriedhof, S. 75 – Amtsvorsteher, S. 502 f. (Annette BIDLINGMAIER).
534   Die Mutter heiratete in II. Ehe am 13. VIII. 1854 in Stuttgart Friedrich Notter, Dr. phil., * Ludwigsburg 22. IV. 1801, † Stuttgart 5. II. 1884, Schriftsteller und liberaler Politiker in Stuttgart, MdL Württemberg, MdR, vgl. NDB 19 (1999), S. 366 f. (Frank RABERG).

ihn sein Referendariat zuvor u. a. schon als provisorischen Polizeikommissär nach Stuttgart geführt hatte, 1870 als Oberamtsaktuar beim OA Weinsberg. Rasch zum Amtmann aufgestiegen, übernahm S. im Jahre 1873 – zunächst provisorisch – mit Titel und Rang Regierungsassessor die Ämter eines Akademiesekretärs und Lehrbeauftragten für Rechtskunde an der Landwirtschaftlichen Hochschule Hohenheim. Im April 1879 erfuhr der hervorragend bewährte S. durch die Ernennung zum Oberamtsverweser beim OA Heidenheim/Brenz in der Nachfolge des ins Innenministerium gewechselten Oberamtmannes Friedrich Karl Boller eine weitere Auszeichnung. Am 27. Okt. 1879 zum definitiven Oberamtmann von Heidenheim ernannt, erhielt er 1888 Gehalt und Dienststellung eines Regierungsrats. Am 14. April 1888 erfolgte S.s Beförderung zum Oberamtmann dem OA Ulm, wo er die Nachfolge des in den Ruhestand versetzten Karl →Rampacher antrat: *In 12 Jahren eifriger und vielseitiger Tätigkeit auf allen Gebieten der Verwaltung verschaffte er sich eine große Vertrautheit mit den Verhältnissen des Bezirks und trat insbesondere mit der Bewohnerschaft selbst in regste Fühlung. Das öffnete ihm namentlich den Blick für die mannigfachen Bedürfnisse des Landvolkes und die damalige Notlage der Landwirtschaft. Mit Eifer wandte sich der Verstorbene der Besserung dieser Verhältnisse zu, und obwohl fast jeder Zweig der Verwaltung auf ein volles Verständnis und auf eine gerechte Würdigung bei ihm rechnen durfte, wurde sein besonderer Schützling doch die Landwirtschaft. Er wurde bald an die Spitze des landwirtschftl. Vereins gestellt und entfaltete da im Verein mit den beiden Haug von Langenau und den Ulmer Oekonomieräten Bräuninger und Bantleon eine ersprießliche und erfolgreiche Tätigkeit.* S. war als Ulmer Oberamtmann auch Vorsitzender des Ulmer Landwirtschaftlichen Gauverbands.
Im Feb. 1895 mit dem Titel Oberregierungsrat ausgezeichnet, erfolgte im Jahre 1900 S.s Bestellung zum Stadtdirektor bei der Stadtdirektion Stuttgart als Nachfolger Gustav Ludwig (von) Klaibers. S. schied ungern von seinem Ulmer Wirkungsort, wo ihm Wilhelm →Maier im Amt nachfolgte. Am 15. Juni 1903 wurde S. als Nachfolger von Hermann →Hoser zum Regierungspräsidenten des Donaukreises ernannt, was für ihn die Rückkehr nach Ulm bedeutete. Neben seinen dienstlichen Aufgaben ließ sich S. besonders die Förderung der Künste und der wissenschaftlichen Forschung angelegen sein. S. starb völlig überraschend wenige Wochen nach Vollendung des 66. Lebensjahres. Stadtpfarrer →Salzmann versah bei der Trauerfeier in der Einsegnungshalle des Neuen Friedhofs die kirchlichen Funktionen. – Mitglied des Vereins für Kunst und Altertum in Ulm und Oberschwaben sowie des naturwissenschaftlich-mathematischen Vereins Ulm. – 1899 Ritterkreuz des Württ. Kronordens, Ehrenritterkreuz des Württ. Kronordens, 1890 Ritterkreuz I. Kl. des Friedrichsordens, Kommenturkreuz II. Kl. des Friedrichsordens.

Q   HStA, E 146/1 Bü 2686 und 2689 – ebd., E 151/01, Bü 1697.
L   Ih 2, S. 783 – Staatsanz. 1910, S. 999 – SK Nr. 271 (Abendblatt), 15. VI. 1910, S. 5 und 7 (Todesanzeige der Familie) – Regierungspräsident v. Schmidlin †, in: ebd. Nr. 272 (Mittagblatt), 16. VI. 1910, S. 5 – ebd. Nr. 277 (Abendblatt), 18. VI. 1910, S. 6 – Blätter für das Armenwesen H. 63, 1910, S. 116 – Württ. Jahrbücher 1910, S. IV – CRAMER, Faberbuch, S. 40, § 62 – UBC 3, S. 462 (Bild) – UBC 2, S. 535 – UBC 3, S. 3, 97, 195, 225, 294, 318, 362, 458, 462 – SCHMIDGALL, Burschenschafterlisten, S. 95 – KLEIN, Die akademischen Lehrer, S. 154 – PHILIPP, Germania, S. 86, Nr. 1269 – Amtsvorsteher, S. 503 (Karin PETERS)– DVORAK I,5, S. 265 (Bild).

Schmidlin, Antonie („Toni"), * Hohenheim, Gde. Plieningen/ OA Stuttgart 17. Nov. 1874, † Schwäbisch Hall 2. Dez. 1950, ev.
Eltern und *G* siehe Albert (von) →Schmidlin.
Ledig. Keine *K*.

Die ältere Schwester des Stadtarchivars Walter →Schmidlin war ab 1926 Mitglied des Ulmer Gemeinderates (Bürgerpartei/DNVP). Im Dez. 1928 wiedergewählt, war S. fortan das einzige weibliche Mitglied des Gremiums. 1928 war sie auch Landtagskandidatin (Platz 5 Wahlvorschlag Bürgerpartei/ DNVP und im Bez. Saulgau). Von 1930 bis 1946 (andere Quellen: 1920 bis 1949) war sie Ulmer Vorsitzende des Ev. Frauenbundes. In der NS-Zeit verhinderte sie dessen Eingliederung in die NS-Frauenschaft.

L   UBC 1, S. 606.

Schmidlin, Walter, * Heidenheim/Brenz 21. Okt. 1881, † Ulm 7. Juni 1938, ▢ ebd., Hauptfriedhof, ev.
Eltern und *G* siehe Albert (von) →Schmidlin.
Ledig. Keine *K*.

Der Ulmer Stadtarchivar und -bibliothekar S. war eine stadtbekannte Ulmer Persönlichkeit in den 1920er und -30er Jahren.
S. kam während der Dienstzeit seines Vaters als Oberamtmann in Heidenheim zur Welt. Dort und seit der Versetzung des Vaters im Jahre 1888 wuchs S. in Ulm auf, wo er das Gymnasium besuchte. Nach dem Abitur im Jahre 1900 studierte S. von 1901 bis 1905 Jura in Tübingen (wie sein Vater Mitglied der Burschenschaft Germania), Leipzig und München. Nach Abschluss des Studiums und Bestehen der juristischen Examina trat er in den württ. Justizdienst ein und war Gerichtsreferendar beim Amts- und Landgericht Ulm. Erst nach dem Tod des Vaters zog der in seinem Beruf unglückliche S. die Konsequenzen und studierte von 1912 bis 1914 Kunst- und Kulturgeschichte in München und an der TH Stuttgart. Bei Ausbruch des Ersten Weltkriegs meldete sich S. als Kriegsfreiwilliger, wurde in Flandern und vor Verdun schwer verwundet und war zuletzt Regimentsadjutant.
In der dem Ende des Weltkriegs folgenden unruhigen Übergangszeit 1918/19 war S. Kompanieführer beim Grenzschutz Ost. Im Okt. 1919 trat er als wissenschaftlicher Hilfsarbeiter beim Städtischen Wohnungsamt Ulm in die Dienste seiner Vaterstadt. Im Feb. 1928 übernahm S. die Leitung des Stadtarchivs und der Stadtbibliothek Ulm, die nach dem Tod von Johannes →Greiner längere Zeit vakant gewesen war. Neben der Häuserforschung galt sein besonderes Interesse der Genealogie. 1930 übernahm er nebenamtlich auch die Leitung der Städt. Volksbücherei. Erst 1933 wurde er zum Archivar ernannt, während er mit Toni Haußer (1877-1950) eine tüchtige und erfahrene Stütze in der Bibliotheksarbeit erhielt. 1934 konnte die Raumnot des Archivs und der Bibliothek im Schwörhaus durch die Erlaubnis zur Nutzung des Gewölbes im Steuermeisterhaus (Sattlergasse 4) kurzfristig gebannt werden. Die während der S.s Amtszeit von dem Amtsgehilfen Georg Rissler angefertigten Sach- und Personenregister dienen noch heute als Findbehelfe. Mit dem Angebot von Ausstellungen und Führungen suchte und fand das Archiv verstärkt Kontakt zur Öffentlichkeit.
S. zählte zu den Initiatoren des im Herbst 1920 gegründeten nationalistischen und republikfeindlichen Wehrbundes „Schwabenbanner Ulm", an dessen Spitze er am 24. Mai 1924 nach dem Umzug des Vorstands Dr. Carl Schmid nach Friedrichshafen trat. Er führte dieses Amt bis zu seinem Tod. Dem Ulmer „Schwabenbanner" gehörten zuletzt rund 5.000 „wehrfähige" Männer an. S. starb im Alter von 56 Jahren an den Folgen eines Schlaganfalls. Im Jahr nach seinem Tod wurde das „Schwabenbanner" aufgelöst.

Q   StadtA Ulm, G 2.
W   Neuerwerbungen der Stadtbibliothek und des Stadtarchivs [Ulm], in: UO 28 (1932), S. 90-92 – Ulmer im fernen Osten während des 17. Jahrhunderts, in: UO 29 (1934), S. 53-68 – Felix Fabris Beschreibung Schwabens und dessen Abhandlung von der Stadt Ulm, ebd., S. 97-100 – Die Juden in Ulm, in: UO 31 (1941), S. 73 ff.
L   Ih 2, S. 784 – UBC 3, S. 225 – UBC 5a, S. 269 – BRAUN, Schwabenbanner, S. 7 (Bild), S. 11, 47 u. ö. – PHILIPP, Germania, S. 123, Nr. 1666 – LEESCH, Archivare, S. 535 – SPECKER, Bestände, S. 36.

Schmidt, Karl, Dr. rer. pol. h.c., * Kaiserslautern 16. April 1877, † Wiesbaden 26. Sept. 1945, ev.
Vater   Philipp Peter Schmidt, Kaufmann und Erster Adjunkt der Stadt Kaiserslautern, MdL Bayern.

Mutter   *Karoline* Margarete Jakob.
8 *G.*
∞ I. Anna Dorothea Margarethe Albers; ∞ II. Elisabeth Albertine Dorst.
3 *K*   Walter Schmidt; Gerhard Schmidt; Heinrich Schmidt.

S. stand in einer Ära tief greifender Veränderungen fast ein Vierteljahrhundert lang in Diensten der Gewerbebank Ulm. Vom Ende der Kaiserzeit bis in die ersten Jahre des „Dritten Reiches" lenkte S. mit großem Sachverstand und viel Energie die Geschicke der Gewerbebank, setzte sich für das Genossenschaftswesen, Handwerk, Industrie und die kommunale Entwicklung Ulms ein.

Er machte nach der Realschule in Kaiserslautern eine Banklehre und absolvierte seinen Militärdienst, bevor er zur Rheinischen Kreditbank nach Mannheim ging. Schon 1898 war er Bankleiter des Vorschussvereins in Winnweiler, 1903 stieg er zum Vorstand der sanierungsbedürftigen Kreditgenossenschaft in Pirmasens auf. 1912 wechselte S. als Direktor der Volksbank nach Kreuznach. 1914 trat er als Nachfolger von Ludwig Graf als Direktor und Vorstandsmitglied in die Gewerbebank Ulm e.G.m.b.H. ein. Während seiner bis 1938 reichenden Amtszeit nahm die Gewerbebank Ulm einen rasanten Aufschwung zu einer der größten Kreditgenossenschaften in Deutschland. S. war Vorsitzender des Ulmer Handelsvereins und Mitglied der Industrie- und Handelskammer Ulm, außerdem Mitglied des Aufsichtsrats der Ulmer Brauereigesellschaft AG, Ulm, der Gemeinnützigen Wohnungsbaugenossenschaft, Ulm, der Stuttgarter Bau-AG, Stuttgart, der Württ. Elektrizitäts AG, Stuttgart, der Palast-Lichtspiele AG, Stuttgart, der Schwäbischen Treuhand AG (Schitag), Stuttgart, der Electromophon AG, Vaihingen, und der Elektrizitätswerke der Argen, Wangen/Allgäu. In Ulm fungierte er als Handelsrichter. Die Universität Tübingen verlieh ihm 1923 anlässlich seines Silberjubiläums als Bankvorstand für seine Verdienste um das Genossenschaftswesen und die kommunale Entwicklung Ulms das staatswissenschaftliche Ehrendoktorat.

L.   Reichshandbuch II, S. 1660 (Bild) – Die Rheinpfalz vom 16. VII. 1974 – UBC 5a, S. 66 – EBERL/MARCON, S. 589, Nr. 88.

Schmidt, Karl, * Neu-Ulm 7. April 1901, † Ulm 22. März 1958, ⬚ Pfuhl, 26. März 1958, ev.
Vater   Jakob Schmidt, * Steinheim 1. X. 1862.
Mutter   Maria Werner, * Bäumlersburg 14. V. 1859.
∞ Neu-Ulm 19. X. 1924 Katharina Lehner, * Neu-Ulm 23. I. 1903, T. d. Georg Lehner, * Marbach 5. IX. 1877, u. d. Maria Preißler, Pfuhl 20. II. 1875.
2 *K.*

Nach Schulbesuch in Neu-Ulm begann S. 1914 bei den Ulmer Magirus-Werken eine Schlosserlehre. 1916 bestand er die Gesellenprüfung, später auch die Meisterprüfung als Motorenschlosser. Bei Magirus galt er als praktischer Erfinder des luftgekühlten Magirus-Dieselmotors. S. arbeitete sich vom Arbeiter zum Vorarbeiter hoch, wurde Betriebsingenieur, Oberingenieur und Abteilungsleiter (Motorenbau) bei Magirus, zuletzt bei Klöckner-Humboldt-Deutz in Ulm. Als „Motoren-Schmidt" war er ein Begriff.

1935 baute S. auf dem Kapellenberg (Hindenburgstr. Nr. 362, heute Nr. 52) ein Wohnhaus und zog nach Pfuhl. Dort engagierte er sich als Mitglied des Ev. Kirchenvorstandes, seit 1952 auch als Gemeinderat. Ihm lag besonders der Bau eines neuen Schulgebäudes am Herzen, den er jedoch nicht mehr erleben sollte. S., Mitglied der Ev. Landessynode Bayern, starb überraschend im Alter von knapp 57 Jahren an einer Embolie.

Q   StadtA Neu-Ulm, A 9 – ebd., Nachlass Salzmann.

Schmidt-Logan[535] (eigentlich: Schmidt), Wolfgang, * Ludwigsburg 8. Sept. 1884, † Schliersee 1945.
∞, *K.*

Nach Besuch des Dillmann-Realgymnasiums in Stuttgart schlug S. die militärische Laufbahn ein. Er trat am 1. Juli 1903 als Fahnenjunker in das 4. Württ. Feldart.-Rgt. Nr. 65 ein, bei dem er 1908 zum Abteilungsadjutanten avancierte. 1910 zum Militär-Reitinstitut in Hannover und 1912 zur Kriegsakademie in Berlin abkommandiert, wurde S. im Frühjahr 1914 zum Beobachter im Flugzeug ausgebildet. Im Ersten Weltkrieg war er Offizier bei der Feldfliegerabteilung 25 des Armeeoberkommandos der 5. Armee. 1915 geriet er in französische Gefangenschaft.

1920 als charakterisierter Major und mit beiden Eisernen Kreuzen sowie der goldenen Württ. Militärverdienstmedaille ausgezeichnet aus dem Heer ausgeschieden, wendete sich S. der Polizeilaufbahn zu. Schon Ende 1919 war er als Polizeihauptmann zur Polizeiwehr gekommen und hatte eine Polizei-Flakschar geführt. 1920 wurde er Adjutant beim Stuttgarter Polizeikommandeur, wo er für die Einwohnerwehr zuständig war. Im Jahr darauf übernahm er das Kommando der berittenen Schutzpolizei in Württemberg mit Sitz in Ludwigsburg, 1925 erfolgte die Ernennung zum Polizeimajor. Seit 1928 bei der Stuttgarter Revierpolizei, wurde der fanatische Nationalsozialist S. Ende 1930 zum Kommandeur der Schutzpolizei in Ulm m. W. vom 1. Jan. 1931 ernannt, am 1. Okt. 1932 erhielt er die Amtsbezeichnung Polizeioberstleutnant. In dieser Eigenschaft organisierte S. neben Wilhelm →Dreher seit März 1933 die Gleichschaltung der Polizei in Ulm und in der Region und stellte seine Einheiten willig in den Dienst der Partei. Schon am 17. März 1933 holte ihn Reichskommissar Dietrich von Jagow als Chef des Stabes nach Stuttgart, wo S. sich unentbehrlich zu machen wusste und die neu geschaffene Position eines Kommandeurs der Württ. Schutzpolizei erhielt. Im Mai durfte er schon die Amtsbezeichnung „Polizeigeneral" führen, im Juni 1933 erfolgte die Beförderung zum Polizeioberst.

Im Okt. 1934 trat er an die Spitze der Reichszwischenbefehlsstelle – Landesinspektion Süd – und war Hauptberichterstatter im Innenministerium. Nach der Eingliederung der Landespolizei in die Wehrmacht übernahm S. das Kommando einer Heeresdienststelle in Pforzheim und wurde zum Generalleutnant ernannt. Über dem Ende S.s liegt mehr als nur ein Hauch von Ungewissheit. Er soll seine Ehefrau und sich beim Einmarsch der Alliierten erschossen haben. In Ulm hatte er die Machtübernahme der NSDAP mit organisiert, flankiert und mit seinen Schutzpolizeistaffeln abgesichert.

L.   Ih 3, S. 304 – Führerlexikon, S. 426 (Bild) – UBC 5a, S. 15 – WILHELM, Die württ. Polizei, S. 43, 87 ff., 92, 119, 126, 131, 282, 291 f., 321, 325.

Schmückle, Hans-Ulrich, * Ulm 15. Aug. 1916, † Augsburg 2. Juni 1993, ⬚ Westerland auf Sylt, ev.
Vater   Georg Schmückle[536], Dr. iur., * Esslingen/Neckar 18. VIII. 1880, † Stötten am Auerberg (Bayern) 8. IX. 1948, Staatsanwalt, Dichter und Erzähler, NS-Gaukulturwart, Leiter der Reichsschrifttumskammer für den Parteigau Württemberg und Hohenzollern, Landesvorsitzender des „Kampfbundes für deutsche Kultur", Leiter des Schiller-Nationalmuseums in Marbach/Neckar, S. d. *Hermann* Wilhelm Schmückle, * 1845, Hotelier in Esslingen/Neckar, u. d. Rosalie Böckel.
Mutter   Lucie Schönhut, * 1894, † 1985, T. d. Fabrikanten Otto Schönhut u. d. Pauline Neef.
1 *G*   Gerd Schmückle, * Stuttgart 1. XII. 1917, General der Bundeswehr, 1957-1962 Pressesprecher des Bundesministeriums der Verteidigung, 1962-1966 Mitarbeiter des deutschen Vertreters bei der NATO, Wilhelm Grewe, 1966 Direktor des Internationalen Militärstabes in Brüssel, 1978 General und stv. Supreme Allied Commander Europe, ∞ Maria von Minckwitz,
∞ I. Bad Cannstatt 1949 Hedwig Rathmann, * 1908, † 1952; ∞ II. 1957 Sylta Busse[537], * Westerland (Insel Sylt) 7. VII. 1906, † Augsburg 1. III. 1989, zuvor verheiratet mit Janos Reismann, Fotoreporter, Kostümbildnerin, Mitarbeiterin ihres Ehemannes.
Keine *K.*

[535] Das Württ. Justizministerium gestattet im Aug. 1933 die Führung des Namens „Schmidt-Logan".

[536] Ih 2, S. 789 – Ih 3, S. 206 – Führerlexikon, S. 428 (Bild) – KLEE, Kulturlexikon, S. 534.
[537] Augsburger Stadtlexikon, S. 326.

S. war einer der bekanntesten Bühnenbildner in Deutschland in der zweiten Hälfte des 20. Jahrhunderts.

Er kam während der Ulmer Dienstzeit seines Vaters mitten im Ersten Weltkrieg zur Welt, wuchs aber in Marbach/Neckar auf, wo er die Grundschule und das Gymnasium besuchte. Danach volontierte er in den Jahren von 1932 bis 1935 beim Staatstheater Stuttgart und begann mit einem Studium an der Kunstakademie ebd. Der Schüler des bekannten Malers Adolf Hölzel (1853-1934) lernte als junger Mann zahlreiche berühmte Künstler kennen, darunter auch Oskar Schlemmer (1888-1943). Von 1935 bis 1937 studierte S. an der Akademie der Bildenden Künste in München, wurde aber exmatrikuliert, nachdem er sich an einer Resolution gegen den Nachfolger des von den Nationalsozialisten entlassenen Professors Karl Caspar (1879-1956) beteiligt hatte. 1940 erhielt S. die Stelle des Assistenten des Ausstattungsleiters an den Städtischen Bühnen Düsseldorf, war daneben aber auch als freier Bühnenbildner tätig. 1941 zur Wehrmacht eingezogen, war S. in den folgenden vier Jahren Soldat.

1946 fand S. in Stuttgart eine Anstellung als Bühnenbildner bei den Kammerspielen und am Schauspielhaus. In dieser Zeit lernte er auch seine spätere zweite Ehefrau, die Kostümbildnerin Sylta Busse, kennen. S. machte sich in Stuttgart rasch einen guten Namen und hielt seit 1949 Vorlesungen über Bühnenbildgestaltung an der Akademie der Bildenden Künste. Von 1950 bis 1952 wirkte er auch am Staatstheater Stuttgart, daneben an mehreren anderen deutschen Bühnen, so am Stadttheater Osnabrück. 1954 folgte er einem Angebot aus Augsburg, dort Ausstattungsleiter und Chef-Bühnenbildner an den Städtischen Bühnen zu werden. S. war daneben immer wieder an anderen Bühnen tätig, so von 1961 bis 1966 als Ausstattungsleiter von Erwin Piscator (1893-1966) an der Freien Volksbühne Berlin, an der Städtischen Oper ebd. und am Theater am Schiffbauerdamm, am Burgtheater in Wien, am Züricher Schauspielhaus, bei den Salzburger Festspielen und in Edinburgh. Er arbeitete mit zahlreichen bedeutenden Regisseuren zusammen, wie Harry Buckwitz, Fritz Kortner, Luigi Nono, Erwin Piscator und Manfred Wekwerth.

S. war ein unabhängiger Geist, als in der Tradition von Bertolt Brecht und Caspar Neher stehender Künstler mit starker Neigung zum politischen Theater in seiner Zeit oft unverstanden und wegen seiner linken politischen Einstellung nicht selten offen angefeindet. 1962 wurde ein Ermittlungsverfahren gegen ihn eingeleitet, weil er erotische Illustrationen (von Boucher, 18. Jahrhundert) für das Bühnenbild der Augsburger Produktion „Figaros Hochzeit" verwendet hatte. Man warf ihm „Verbreitung unzüchtiger Bilder" vor. Sein enger Kontakt zu Künstlern der DDR irritierte ebenso wie seine Aufnahme in die (Ost-)Berliner Akademie der Künste. S. selbst verstand sich als Vermittler zwischen dem Kulturschaffen der Bundesrepublik und der DDR. S.s Bühnenbilder bildeten *jenseits bloßer Dekoration stets geistige Räume, motiviert durch die Dramaturgie des jeweiligen Stücks* (Augsburger Stadtlexikon). 1983 ernannten ihn die Städtischen Bühnen Augsburg zum Ehrenmitglied, die Stadt Donauwörth hatte ihm 1977 den Werner-Egk-Preis verliehen. – 1976 Bundesverdienstkreuz am Bande.

Q   Akademie der Bildenden Künste Berlin und Theatermuseum München (Teilnachlässe).

W   (mit Sylta BUSSE) Theaterarbeit. Eine Dokumentation, hg. v. E. NÖLLE, München o. J. [1975].

L   Christoph TRILSE/Klaus HAMMER/Rolf KABEL (Hgg.), Theaterlexikon, [Ost-]Berlin 1978, S. 481 – Augsburger Stadtlexikon, S. 792 ff. (Bild) – NDB 23 (2007), S. 265-267 (Susanne de PONTE) [mit zahlreichen weiterführenden Hinweisen und L].

Schneider, Johann *Heinrich* (von), * Lauffen am Neckar/OA Besigheim 12. Jan. 1801, † Ulm 15. Okt. 1871, ⬚ ebd., Alter Friedhof, ev.

Vater   Georg David Schneider, Bürger und Bauer in Lauffen.
Mutter   Catharina Barbara Seybold.

∞ Winnenden 25. XI. 1834 *Friederike* Caroline Johanna Closs[538], * Winnenden/OA Waiblingen 8. IV. 1809, † Ulm 28. VIII. 1889, T. d. Johann Friedrich Closs, * Winnenden/OA Waiblingen 1. VI. 1783, † ebd. 3. III. 1856, Handelsmann, Rats- und Gerichtsverwandter sowie Almosenpfleger in Winnenden, u. d. *Johanna* Catharina Friederike Ebensperger, * Korb 27. XII. 1786, † Winnenden 5. I. 1856.

12 *K*, davon 5 † früh   *Julius* Friedrich Carl Schneider, * 29. VII. 1836, nach USA ausgewandert; Wilhelmine Friederike Amalie *Bertha* Schneider, * 15. XI. 1837, ledig; Carl Eduard Heinrich Theodor Schneider, * 26. III. 1839, † 31. VIII. 1839; Christian Heinrich Otto Schneider, * 6. VII. 1840, † 19. I. 1841; Carl Friedrich *Theodor* Schneider, * 28. XI. 1841, Regierungsdirektor in Stuttgart, ∞ I. Ellwangen/Jagst 9. I. 1868 Pia Ströhlin, ∞ II. Emma Walther; Pauline Friederike Marie Schneider, * 17. VII. 1843, † 8. III. 1844; Paul Albert Friedrich Schneider, * 25. I. 1845, † 1. IV. 1846; Friederike Wilhelmine Maria Schneider, * 19. XI. 1846, † 31. VIII. 1847; Friederike Johanna *Maria* Schneider, * Ravensburg 23. III. 1848, † Göppingen 18. II. 1936, ∞ Göppingen 9. XI. 1869 Gotthold Stockmayer, * 25. I. 1845, † Göppingen 18. II. 1918, Pfarrer in Holzheim, später Stadtpfarrer in Göppingen; Emma Pauline Schneider, * 27. IV. 1850, † 30. VIII. 1859; Friedrich *Wilhelm* Schneider, * 7. II. 1853, † Ulm 1. VIII. 1869; Johanna Sophie *Pauline* Schneider, * 23. IX. 1854.

S. war einer der Beamten der Ulmer Kreisregierung vor Gründung des Kaiserreiches. Schon zuvor war er als Oberamtsverweser mit Ulm in Berührung gekommen.

Der Bauernsohn vom Unterland war nach Volksschulbildung und Schreiberausbildung bis 1824 als Schreiber tätig. Nachdem er „nebenbei" mit Fleiß und Energie die Voraussetzungen für ein Universitätsstudium erworben hatte, studierte S. von 1824 bis 1828 Rechtswissenschaften in Tübingen. 1828 bestand er die Verwaltungsdienstprüfung und die Abschlussprüfung der Juristenfakultät in Tübingen. Danach war S. zunächst Hilfsarbeiter bei der Stadtdirektion Stuttgart und 1828/29 Aktuar beim OA Waiblingen, 1829 beim OA Ludwigsburg und bis 1830 wieder bei der Stadtdirektion Stuttgart. 1830 wechselte er als Referendar ins Innenministerium in Stuttgart. 1832 wurde S. zum Sekretär bei der Regierung des Jagstkreises in Ellwangen/Jagst ernannt. 1834 war er nach dem Tode des Oberamtmannes Ludwig →Muff für kurze Zeit Oberamtsverweser beim OA Ulm, 1835 erfolgte S.s Ernennung zum Oberamtmann beim OA Sulz/Neckar. Im Aug. 1838 wechselte er in gleicher Funktion zum OA Ravensburg. 1842 gelang S. im WK Sulz bei einer Ersatzwahl für den ausgeschiedenen Abg. Ludwig Becherer der Sprung in die Zweite Kammer des Württ. Landtags, der er bis zum Ablauf der Wahlperiode 1845 angehörte. Zum 9. Juli 1857 kam S. als Regierungsrat zur Regierung des Donaukreises in Ulm, wo er zwölf Jahre lang Dienst tat, ehe er am 23. Sept. 1869 in den Ruhestand trat, den er in Ulm verlebte. Der in der Familie als geizig und grob geltende S. starb im 71. Lebensjahr an Typhus. – 1856 Ritterkreuz des Friedrichsordens.

Q   HStAS, E 143, Bü 880 – ebd., E 146/1, Bü 2660, 2661, 2769 – KreisA Ravensburg, B.I.RV prov. Bü Y 2033, 2040.

L   RIECKE, Verfassung und Landstände, S. 67 – HARTMANN, Regierung und Stände, S. 58 – Paul WEH, 150 Jahre Landkreis Ravensburg. Markante Gestalten unter den Oberamtmännern im letzten Jahrhundert, in: Schwäb. Zeitung (Ravensburg) vom 23. XII. 1960 – UNGERICHT, S. 186 – Jürg ARNOLD, Die Kaufmanns- und Fabrikanten-Familie Cloß in Winnenden und Heilbronn/Neckar..., Stuttgart 1987, S. 14, 205, 259 ff. – Reiner FALK, Porträt des Ravensburger Oberamtmannes Heinrich Schneider (1838-1857), in: Vom Oberamt zum Landkreis. 1810-1938-1973. Dokumente und Bilder zur geschichtlichen Entwicklung des Landkreises Ravensburg, Ravensburg 1989, S. 24 – Amtsvorsteher, S. 506 ff. (Bild) – HEINZ, Regierung, S. 18, 59 f., 80, 92, 189, 257, 262, 410 ff., 428, 460 f., 517, 519 f., 533 ff., 536, 538, 540, 547, 550 f. – RABERG, Biogr. MdL-Handbuch, S. 815 – Alfred LUTZ, Zwischen Beharrung und Aufbruch. Ravensburg in den Jahren 1810 bis 1847, Münster 2005, S. 34, 43, 54 f., 60-62, 179, 253, 434 f., 742 f., 752, 763, 779 f.

Schneider, *Paul* Alexander (von), * Stuttgart 16. Okt. 1855, † Ulm 30. Okt. 1918, ⬚ ebd. 2. Nov. 1918, ev.

Vater   Johann Georg *Heinrich* (von) Schneider[539], * Geislingen/Steige 23. XII. 1816, † Stuttgart 8. I. 1893, Präsident der Oberrechnungskammer und der Staatskassenverwaltung, 1862-1877 MdL Württemberg (II. Kammer).
Mutter   Marie Tauber.

Mehrere *G*, darunter Eduard (von) Schneider[540], * Güglingen/OA Brackenheim 1. III. 1853, † Stuttgart 3. III. 1922, Staatsrat im württ. Staatsministerium, stv. Bevollmächtigter zum Bundesrat; Eugen (von) Schneider[541], * Stuttgart 22. IX. 1854,

[538] UNGERICHT, S. 186 [dort fälschlich „Moss"].
[539] RABERG, Biogr. Handbuch, S. 814.
[540] In 2, S. 790.
[541] In 2, S. 790.

† ebd. 31. VIII. 1937, nach Studium der ev. Theologie in Tübingen (Mitglied der Burschenschaft Normannia) Hilfslehrer am Realgymnasium Stuttgart und am ev.-theol. Seminar Blaubeuren, nach Studium der Geschichte und Literatur in Berlin seit 1881 im württ. Archivdienst, zunächst als Hilfsarbeiter im Staatsarchiv Stuttgart, 1882 als Archivsekretär ebd., 1905 Archivdirektor in Stuttgart, Wappenzensor, Mitglied der Württ. Kommission für Landesgeschichte, Verfasser zahlreicher archivalischer und geschichtlicher Veröffentlichungen.
∞ Esslingen/Neckar 11. VIII. 1881 *Julie* Mathilde Theodore Weitbrecht, * Notzingen 17. I. 1860, T. d. *Karl* Gottlob Weitbrecht[542], * Schorndorf 9. X. 1810, † Esslingen/Neckar 30. XI. 1886, Stadtpfarrer in Markgröningen, 1875 a. D., Ritterkreuz I. Kl. des Friedrichsordens, u. d. Julie Finckh, * Besigheim 14. I. 1823, † Horkheim 12. II. 1893.
3 *K* Hilde Schneider, ∞ Otto Gaupp[543], Dr. med., * Schwenningen/ Neckar 20. VI. 1881, † 21. I. 1949, Chefarzt der Inneren Abteilung der Waldparkkrankenanstalt in Dresden-Blasewitz; Gertrud Schneider, ∞ Theodor Weitbrecht[544], Dr. rer. nat., * Maulbronn 14. V. 1881, Professor für Mathematik an der Wilhelms-Realschule Stuttgart, zuletzt Oberstudiendirektor, Vorstand der Schickhardt-Realschule ebd.; Kurt Schneider, Dr. med., Oberarzt in Tübingen.

Der aus einer Beamtenfamilie stammende S. war in der Zeit des Ersten Weltkriegs Landgerichtspräsident in Ulm.
S. begann nach dem Abitur am Eberhard-Ludwigs-Gymnasium in Stuttgart 1873 mit dem Jurastudium in Tübingen (Mitglied der Burschenschaft Normannia). Nach den beiden juristischen Staatsprüfungen trat er in den württ. Justizdienst und war zunächst Amtsanwalt in Welzheim. Sein weiterer beruflicher Weg führte ihn als Landrichter nach Stuttgart und Ulm, wo er zum Landgerichtsrat ernannt wurde. Nach 1904 war S. Oberlandesgerichtsrat in Stuttgart.
Im Sommer 1917 wurde S. als Nachfolger des in den Ruhestand getretenen Emil (von) →Pfizer zum Präsidenten des Landgerichts in Ulm ernannt. Ihm war dort nur eine Amtszeit von einem Jahr beschieden. Er starb zwei Wochen nach seinem 63. Geburtstag. Zu seinem Nachfolger wurde Julius (von) →Römer ernannt. – Ehrenritterkreuz des Württ. Kronordens. – Stv. richterliches Mitglied des Landesversicherungsamts.

L. UBC 4, S. 62, 88 (Bild), 91 – Schwäb. Merkur (Beilage) Nr. 513 (Abendblatt), 31. X. 1918 – WN 1918/19, S. 195 – Stammfolge Pfleiderer, S. 238 – SCHMIDGALL, Burschenschafterlisten, S. 168, Nr. 330.

Schneiderhan, Vincenz (von), Dr. phil., * Rexingen/OA Horb 6. Jan. 1824, † Neu-Ulm 1. Feb. 1894, kath.
Ledig. Keine *K*.

S. zählt zu den bedeutenden kath. Schulmännern Württembergs im 19. Jahrhundert. Seinen Ruhestand verlebte er in Neu-Ulm.
S. studierte Theologie und Philologie in Tübingen und fiel frühzeitig durch seine besonderen Leistungen auf; 1845 erhielt er den Preis der kath.-theol. Fakultät. Nach der Priesterweihe am 6. Sept. 1847 erhielt er ein Vikariat in Ravensburg. Am 3. März 1848 wechselte er als Repetent an das Konviktsgymnasium in Rottweil. 21. Sept. 1849 Lehramtskandidat, bestand S. 1850 die I. philologische Prüfung für Professorate und war 1852 Gymnasialprofessor in Ellwangen/Jagst, 1853 dsgl. in Ehingen/Donau und 1854 dsgl. in Ravensburg. Am 9. Nov. 1858 zum Gymnasialprofessor am Konviktsgymnasium Rottweil und Kaplan an der St. Marienkirche ebd. ernannt, erfolgte am 22. Juli 1868 seine Ernennung zum Rektor des Konviktsgymnasiums in Rottweil und der Gymnasialkirche ebd. In dieser Zeit gab er mehrere Programme des Gymnasiums heraus, u. a. „Die Politik des Cajus Julius Cäsar in seinem ersten Konsulate" (1859) und eine auf mehrere Teile angelegte „Entwicklung der attischen Demokratie von Perikles bis in die Zeit des Demosthenes" (1866/67). Am 23. Juli 1878 wurde S. zum Rektor des Konviktsgymnasiums in Ehingen/Donau ernannt. Nach seiner Pensionierung am 5. Feb. 1886 nahm S. seinen Wohnsitz in Neu-Ulm, wo er die letzten Jahre seines Lebens verbrachte. In seinem Testament vermachte er der

---

kath. Gemeinde Alt- und Neu-Ulm je 300 RM zur Unterstützung verschämter Armer. – 1878 Ritterkreuz I. Kl. des Friedrichsordens; 1886 Ritterkreuz II. Kl. des Württ. Kronordens.

L CRAMER, Württembergs Lehranstalten, S. 64 – Württ. Jahrbücher 1894, S. [VI] – NEHER [4]1909, S. 16 – TEUBER, Ortsfamilienbuch Neu-Ulm II, Nr. 5116.

Schnitter, Alois, * Achstetten/OA Laupheim 4. Juni 1857, † Ulm 2. März 1936, kath.

S. war eine der bedeutenden kath. Persönlichkeiten Ulms im ersten Viertel des 20. Jahrhunderts.
Er studierte kath. Theologie in Tübingen, wobei er sich vor allem mit Rechtsfragen beschäftigte und 1879 den Preis der Fürstbischöflich Speyerschen Stiftung für seine Abhandlung „Zusammensetzung und Zuständigkeit der katholischen geistlichen Gerichte, nach dem in Deutschland gegenwärtig geltenden Rechte" erhielt. Am 26. Juli 1881 in Rottenburg zum Priester geweiht, erhielt S. am 22. Aug. 1881 als Vikar in Ravensburg seine erste Dienststelle. Am 27. Dez. 1882 ging S. als Repetent an das Konviktsgymnasium nach Rottweil, am 16. Sept. 1886 als Pfarrer nach Hohenstadt/OA Aalen, wo er elf Jahre lang wirkte. Am 29. Sept. 1897 zum Pfarrer im nahe gelegenen Abtsgmünd/OA Aalen ernannt, übernahm er als Nachfolger des Heidenheimer Stadtpfarrers Johann Georg Seifriz (1856-1916) zum 15. Nov. 1901 zugleich das Schulinspektorat des Bezirks Hofen. S. vermochte sich gerade in letzterem Amt in einer Weise auszuzeichnen, die ihm zum 10. Juni 1910 das Amt des hauptamtlichen Schulinspektors (ab 1912 mit dem Titel Schulrat) für den Bezirk Ulm eintrug, das er von Alfons Neher (1853-1919), dem Stadtpfarrer von Niederstotzingen/OA Ulm, übernahm. Zum 1. Juni 1924 trat S. als Schulrat in den Ruhestand, den er in Ulm verlebte.
S. erwarb sich in seiner 14-jährigen Amtszeit grundlegende Verdienste um die Fortentwicklung des kath. Schulwesens in Ulm und Umgebung. Er entfaltete seit seiner Zeit in Rottweil eine reichhaltige schriftstellerische und publizistische Tätigkeit, wobei er vornehmlich in Tageszeitungen (z. B. dem „Deutschen Volksblatt" und der „Ipf- und Jagstzeitung" bzw. deren Beilage „Hausfreund") und Periodika (z. B. „Pädagogische Monatshefte" und „Pastoralblatt für die Diözese Rottenburg") veröffentlichte. Die von ihm behandelten Themen schlossen kirchen- und schulrechtliche Fragen ebenso ein wie biografische Darstellungen und Nachrufe sowie zahlreiche Buchrezensionen u. a. in der „Augsburger Postzeitung".
Neben seinen seelsorgerischen und schulischen Aufgaben wirkte S. umfänglich im Vereins- und Verbandsleben. Schon in seiner Zeit als Pfarrer auf der Ostalb hatte er 1899 in Abtsgmünd einen Müttterverein und die Frauenarbeitsschule gegründet, 1900 den gewerblichen Zeichenunterricht eingeführt und 1905 die ambulante Krankenpflege sowie eine Kleinkinderschule ins Leben gerufen. 1897 hatte er die Schnitter-Fischersche Stiftung für Kinder der Pfarrei Hohenstadt gestiftet. 1918 gründete S. in Ulm den Paulusverein „Dem Tüchtigen freie Bahn", der junge Menschen bei der Erreichung eines mittleren Berufes unterstützte. Zum 1. Okt. 1918 trat er an die Spitze des neuen kath. Kindergärtnerinnenseminars in Ulm, seit Ende 1918 war er als Vertreter der caritativen Fachvereine (neben Dr. Wilhelm →Sedlmayr im Paulusverein) Mitglied des Diözesanausschusses des Caritasverbandes für Württemberg (Diözese Rottenburg). Im April 1921 gründete S. in Ulm den Landesverband Katholischer Kinderhorte und Kleinkinderanstalten in Württemberg, der in Ulm seinen Sitz hatte und dessen Erster Vorsitzender S. wurde. Der neue Landesverband sollte die katholischen Kindergärten und „Kleinkinderschulen" des Landes besser zusammenfassen und koordinieren. Zunächst war die Mitgliedschaft freigestellt, 1928 wies Bischof Joannes Baptista Sproll alle entsprechenden Einrichtungen der Diözese an, dem Landesverband beizutreten. Im gleichen Jahr

---

[542] Magisterbuch 25 (1884), S. 65.
[543] PHILIPP, Germania, S. 121, Nr. 1651.
[544] CRAMER, Württembergs Lehranstalten [6]1911, S. 123.

gab sich der Landesverband eine Satzung und wurde am 28. Dez. 1928 in das Ulmer Vereinsregister eingetragen. S. führte den Vorsitz bis zu seinem Tode, sein Nachfolger war Dekan Josef →Effinger.

W   St. Patrizius. Ein Gebet- und Wallfahrtsbüchlein für das katholische Volk, 1889.
L   NEHER ⁴1909, S. 146 f., 280 [mit Veröffentlichungen bis 1909] – UBC 3, S. 517 – Personalkatalog Rottenburg 1938, S. 38 – SPECKER/TÜCHLE, S. 459 – LAUBACHER, Caritas, S. 20, 349.

Schöllhorn, Peter, * Kaufering/Lkr. Landsberg 13. Okt. 1888, † Neu-Ulm 8. Jan. 1970, ▢ ebd. 16. Jan. 1970, kath.

Vater   Leonhard Eder, Landwirt.
Mutter   Katharina Schöllhorn.
∞ I. Theresia Wiedemann, * Wattenweiler/BA Krumbach (Bayern) 24. VII. 1888, † Neu-Ulm 16. V. 1959;
∞ II. Mathilde Renfftlen, * Ulm 12. X. 1915.
3 K   Josef Wiedemann, * Wattenweiler 19. X. 1909 (unehelich geb.); Peter Schöllhorn 2. II. 1913; Georg Schöllhorn, * 9. VIII. 1919.

S. zählt zu den bedeutenden Neu-Ulmer Kommunalpolitikern. Bei seinem jahrzehntelangen Wirken stand stets der Mensch im Mittelpunkt. Der Sozialdemokrat war jedoch nicht nur „vor Ort" in Neu-Ulm, sondern als Landtagsabgeordneter auch auf Landesebene an der Gestaltung des Neubeginns nach Kriegsende maßgeblich beteiligt.

Nach der Volksschule machte S., der als uneheliches Kind den Familiennamen seiner Mutter trug, eine Schreinerlehre und leistete danach seit 1908 seinen Militärdienst beim 12. Inf.-Rgt. in Neu-Ulm. Der junge Mann lebte sich dort schnell ein, fand Zugang zur örtlichen Sozialdemokratie um Clemens →Högg und konnte nach der Militärzeit als nebenamtlicher Gewerkschaftsfunktionär in Neu-Ulm tätig werden, wo er sich als Schreiner niederließ. 1911 trat er der SPD und den freien Turnern bei, später (nach 1919) war er auch Mitglied des Freien Volkschores und des Reichsbanners.

S. arbeitete in den frühen Jahren der „Weimarer Republik" eng mit Clemens Högg zusammen und bereitete u. a. mit ihm gemeinsam die 1925 erfolgte Gründung der Neu-Ulmer Arbeiterwohlfahrt vor, deren Vorstand er war. 1926 errang S. bei der Kommunalwahl ein Stadtratsmandat, das er bis zur „Gleichschaltung" des Neu-Ulmer Stadtparlaments 1933 beibehielt. S. war während seiner Amtszeit als Stadtrat Mitglied des Verwaltungs-Senats. Auch die Arbeiterwohlfahrt konnte ab dem Frühjahr 1933 ihre Arbeit nicht fortsetzen, da sie von den neuen Machthabern als *eine der marxistischen Weltanschauung nahestehende* Organisation angesehen und aufgelöst wurde. Das Büro im Zimmer Nr. 81 der Friedenskaserne war im April 1933 *mit sofortiger Wirkung* zu räumen. Als führender Neu-Ulmer Sozialdemokrat wurde S. bespitzelt. Am 17. Dez. 1944 beim schweren Bombenangriff ausgebombt, stand S. wie viele andere Neu-Ulmer vor dem Nichts.

Nach Kriegsende war es für den im 57. Lebensjahr stehenden S. keine Frage, am Wiederaufbau des vom Krieg schwer geschlagenen Neu-Ulm zu beteiligen. Noch 1945 stellte er sich als Berater für Schwerbeschädigte beim Arbeitsamt zur Verfügung. Vom 1. Feb. bis 29. April 1946 amtierte er als Nachfolger von Josef →Böck kurzzeitig als ehrenamtlicher Zweiter Bürgermeister von Neu-Ulm. Am 30. Mai 1948 wurde er mit einer der höchsten Stimmenzahlen erneut zum SPD-Stadtrat gewählt und blieb es bis 1966. Im Juli 1948 unterlag er bei der Wahl des stv. Bürgermeisters gegen den CSU-Mitbewerber Tassilo →Grimmeiß. Als Vorsitzender der SPD-Fraktion verstand es

S., im steten Kontakt mit der Stadtverwaltung und den anderen Stadtratsfraktionen Neu-Ulmer Kommunalpolitik in einer Phase, in der zahlreiche wegweisende Entscheidungen getroffen wurden, zu beeinflussen. So ging 1954 von ihm der wesentliche Impuls für den Bau des Altenheims an der Eckstraße aus. Daneben war er von 1946 bis 1953 SPD-Ortsgruppenvorsitzender und arbeitete auch wieder bei der Arbeiterwohlfahrt mit. Am 31. Juli 1961 zum Dritten ehrenamtlichen Bürgermeister Neu-Ulms gewählt, legte er dieses Amt bei seinem Rückzug aus dem öffentlichen Leben im Jahre 1966, als er 78 Jahre alt war, nieder.

S. war 1946 für die SPD zum Mitglied der Verfassunggebenden Landesversammlung von Bayern gewählt worden und arbeitete an der Landesverfassung des Freistaats Bayern mit. Von 1948 bis 1950 war er Mitglied des Bayerischen Landtags.

Als S. knapp vier Jahre später im Alter von 81 Jahren starb, verlor Neu-Ulm einen der führenden Gestalter der Zeit des Wiederaufbaus. Im Nachruf von Oberbürgermeister Dr. →Lang hieß es, mit S. habe Neu-Ulm *einen aufrechten Mann von tiefem sozialen Empfinden, der seine Schaffenskraft uneigennützig seinen Mitmenschen gewidmet hat*, verloren. Nach seinem Tod wurde die Volksschule (Hauptschule) in Neu-Ulm nach ihm benannt. – 1968 Medaille für besondere Verdienste um die Selbstverwaltung in Silber.

Q   StadtA Neu-Ulm, D 12, III.8.2 – ebd., A 9.
L   Adreßbuch Ulm/Neu-Ulm 1929, Zehnte Abteilung, S. 88 f., 93 – TREU, Neu-Ulm, S. 325 f., 379, 381, 434, 576 – Karl-Ulrich GELBERG, Die Protokolle der SPD-Fraktion in der Bayerischen Verfassunggebenden Landesversammlung 1946, in: ZBLG 60, H. 2 (1997), S. [1051]-1093, hier S. 1061 – WEIMAR, Wegweiser, S. 109 – GBP.

Schöneck, Karl *Wilhelm*, Dr. iur., * Ulm 11. Okt. 1902, † Stuttgart 22. Jan. 1974, ▢ ebd., Pragfriedhof 25. Jan. 1974, kath.

Vater   Alfred Schöneck, Klaviertechniker.
Mutter   Anna Maria Zimmermann.
∞ Hela Merkle.
1 K   Renate Schöneck, ∞ John Reilly.

S. war einer der aus Ulm stammenden Spitzenbeamten des 1952 neu gegründeten Bundeslandes Baden-Württemberg.

In der Ulmer Schuhhausgasse 8 geboren, besuchte S. das humanistische Gymnasium seiner Vaterstadt und legte 1921 die Reifeprüfung ab. Nach einer Banklehre studierte S. Jura in Tübingen (Mitglied der Landsmannschaft Ulmia) und München, 1925 schloss er das Studium mit der Promotion ab („Gemeinschaftsverhältnisse unter Grundstücksnachbarn"). Im Nov. 1925 bestand er die I. Höhere Justizdienstprüfung. Die Referendarzeit absolvierte er beim Amtsgericht und bei der Staatsanwaltschaft Ulm. Da die Aussichten in der württ. Justizverwaltung in der zweiten Hälfte der 1920er Jahre wenig erfolgversprechend waren, betätigte sich S. mehrere Jahre als Versicherungsjurist in Köln und Dresden. 1934 ließ er sich als Rechtsanwalt in Stuttgart nieder. 1941 zur Stuttgarter Preisbehörde bei der Stuttgarter Polizei kriegsdienstverpflichtet, entging der uk-gestellte S. dem Frontdienst.

Nach dem 15. Juni 1945 berief ihn der SPD-Politiker Fritz Ulrich, Landesdirektor des Innern, zum Leiter des Rechtsreferats in seiner Behörde, die im Herbst 1945 im Innenministerium des Landes Württemberg-Baden aufging. S. war 1947 Vorsitzender der Berufungskammer in Stuttgart und ab März 1949 als Nachfolger von Direktor Emil →Schwammberger Ministerialdirektor und Leiter der Kommunalabteilung im Innenministerium.

S. war seiner Vaterstadt stets eng verbunden und wollte an führender Stelle am Wiederaufbau Ulms mitwirken. Im Sept. 1946 kandidierte S. gegen den Amtsinhaber Robert →Scholl für das Amt des Ulmer Oberbürgermeisters, der zu diesem Zeitpunkt nicht aus allgemeinen Wahlen hervorging, sondern vom Gemeinderat gewählt wurde. S. erzielte einen großen Erfolg, da er im zweiten Wahlgang Stimmengleichheit mit Scholl erreichte – jeder Bewerber konnte 18 Stimmen auf sich vereinigen. Nur einer Losentscheidung verdankte Scholl, dass er im Amt bleiben konnte. S. scheint bereits in dieser Zeit den Entschluss gefasst zu haben, bei der nächsten Wahl, die dann auf Grund eines Votums der wahlberechtigten Bevölkerung fallen würde, erneut einen Versuch zu wagen, an die Spitze der Donaustadt zu gelangen, wobei er in erster Linie bei der Ulmer SPD und den Sportvereinen Unterstützung fand. Der Wahlkampf war heftig und nicht frei von gegenseitigen persönlichen Verunglimpfungen. S. warb mit einem Plakat mit der Aufschrift *Wir brauchen einen Mann und keine Hintermänner* für sich und versuchte damit seine Mitbewerber ins Zwielicht zu rücken. Bei der Wahl am 21. März 1948 kandidierte S. erneut gegen Scholl und erreichte im ersten Wahlgang 33,1 Prozent der gültigen Stimmen, Scholl nur 31,7 Prozent und S.s Stuttgarter Beamtenkollege Theodor →Pfizer 35,2 Prozent. Der sich aus dem Ergebnis notwendig ableitende zweite Wahlgang am 11. April 1948 brachte Pfizer mit 55,4 Prozent ins Amt des Ulmer Oberbürgermeisters. S. war relativ knapp unterlegen. Obwohl er zweimal sehr nah daran war, die Geschicke seiner Vaterstadt in die Hand zu nehmen, wies S. in späteren Jahren mehrfach darauf hin, er sei wegen seiner knappen Niederlage nicht erbittert.

1951/52 erwarb sich S. als Leiter der Abwicklungsstelle des Innenministeriums von Württemberg-Baden besondere Verdienste um die administrativen Grundlagen der Innenverwaltung des im Frühjahr 1952 neu gegründeten Bundeslandes Baden-Württemberg, da die Notwendigkeit bestand, die Behörden der drei bisher bestehenden Länder in Südwestdeutschland – Baden, Württemberg-Baden und Württemberg-Hohenzollern – zu integrieren, zu verschlanken und zu vereinheitlichen. Am 29. Sept. 1952 wurde S. von Ministerpräsident Dr. Reinhold Maier zum ersten Regierungspräsidenten von Nordwürttemberg mit Sitz in Stuttgart ernannt, nachdem Baden-Württemberg in vier Regierungsbezirke eingeteilt worden war. Als S. sein neues Amt antrat, umgab ihn nur eine kleine Mannschaft, als er in den Ruhestand trat, war die Behörde auf mehr als 900 Personen angewachsen. S. setzte sich für die Instandhaltung alter Burgen ein, plädierte frühzeitig für die Einrichtung verkehrsberuhigter Zonen und von Fußgängerzonen und sprach sich für die Schaffung von Rückhaltebecken aus. Am 31. Okt. 1967 in den Ruhestand getreten, erhielt S. für seine Verdienste die Verfassungsmedaille in Gold des Landes Baden-Württemberg. S. starb an den Folgen eines Hirnschlags.

Q StAL, Pl 703, Nachlass – StadtA Ulm, G 2.
L. Dr. Schöneck wird nach der Uhr. Ulms prominenter Bürger scheidet aus dem Amt als Regierungspräsident, in: Schwäb. Donau-Zeitung Nr. 269, 21. XI. 1967 (Bild) – Mann der ersten Stunde, in: Stuttgarter Zeitung Nr. 234, 10. X. 1972, S. 18 (Bild) – Früherer Regierungspräsident stirbt in Stuttgart: In Ulm herrscht tiefe Trauer um Dr. Schöneck, in: Schwäb. Zeitung Nr. 21, 25. I. 1972 (Bild) – PFIZER, Im Schatten, S. 179 [dort irrtümlich „Karl Schöneck"] – RUCK, Korpsgeist, S. 237 – SPECKER, Großer Schwörbrief, S. 441, 443.

Schönlin, *Hermann* Ernst Theodor, * Stuttgart 11. Aug. 1824, † München 15. Juli 1873, ☐ Ulm

Vater Bernhard Friedrich (von) Schönlin[545], * 13. VIII. 1790, † Stuttgart 25. XII. 1865, Oberkriegsrat in Stuttgart, Major a. D.
Mutter Freiin Nanette von Phull, * 12. V. 1796, † Stuttgart 20. V. 1863.
11 G, darunter Caroline Maria *Amalie* Schönlin, * 10. III. 1821, † Lorch/OA Welzheim 31. VIII. 1897, ∞ Stuttgart 31. V. 1847 Ludwig *Albert* Julius von Starkloff, * Stuttgart 24. III. 1818, † ebd. 5. IX. 1879, Kgl. Württ. Oberst, Kommandeur des Landjägerkorps.
∞ um 22. II. 1859 Marie von Besserer, * München 1842, † ebd. 1896, T. d. Christoph Heinrich von Besserer, Kgl. Württ. Gendarmeriemajor, u. d. Rosalie Schmidt.
K Marie *Rosalie (Rosa)* Schönlin, Mutter der Ärztin Adele →Hartmann.

Der streng erzogene S. besuchte das Stuttgarter Gymnasium und wurde aufgrund des Vertrauensverhältnisses, das König Wilhelm I. zu seinem Vater unterhielt, dem um drei Jahre älteren Kronprinzen, späteren König Karl von Württemberg als Begleiter auf Reisen und während der Tübinger Studienzeit beigegeben. S. studierte in Tübingen Jura und schloss sich dem Corps Suevia an. S. verfolgte jedoch keine juristische Laufbahn, sondern trat nach dem Studium 1848 in das Kgl. Württ. 5. Inf.-Rgt. ein, wurde im Mai 1849 zum Leutnant und im November 1849 zum Regimentsadjutanten befördert, 1855 zum Oberleutnant. Unter gleichzeitiger Versetzung zum 4. Württ. Inf.-Rgt. in Ulm erfolgte 1866 die Beförderung zum Hauptmann. 1870 kam er als einziger Offizier aus Württemberg unter Beförderung zum Major in die taktische Abteilung des Generalquartiermeisterstabes nach Berlin. S. vernachlässigte eine schwere Erkältung, die sich zu einem bleibenden Leiden auswuchs und ihn im Nov. 1871 zum Ausscheiden aus dem aktiven Heeresdienst nötigte. Fortan Kgl. Württ. Major a. D. in Neu-Ulm und Ulm, suchte S. Heilung bei einem Naturarzt in München. S. erlag den Verletzungen, die er sich selbst in einem Anfall von Verfolgungswahn am Starnberger See beigebracht hatte.

L. Suevia Tübingen 3, S. 86 f. – TEUBER, Ortsfamilienbuch Neu-Ulm I, Nr. 1637, gibt als Familiennamen fälschlich „Schönlein" an.

Scholl, *Gottlob* Heinrich Friedrich, * Haubersbronn/OA Schorndorf 22. Dez. 1802, † Walddorf/OA Tübingen 28. Sept. 1870, ev.

Vater *Gottfried* Heinrich Scholl, Mag., * Poltringen/OA Herrenberg 18. XII. 1761, † Beutelsbach 12. XII. 1820, Pfarrer in Haubersbronn, ab 1810 dsgl. in Beutelsbach.
Mutter Henriette Dorothea Wölfing, * Hausen a. Z. 11. VII. 1780.
Mehrere G, darunter Wilhelm Gottfried Scholl, Oberrechnungsrat in Stuttgart; Traugott Ferdinand Scholl, Pfarrer; *Sophie* Wilhelmine Scholl, * Stuttgart 14. X. 1821, † Tübingen 4. XII. 1888, ∞ 23. VIII. 1858 Heinrich *Adelbert* (von) Keller[546], Dr. phil., * Pleidelsheim 5. VII. 1812, † Tübingen 13. III. 1883, Professor für neuere Sprachen und Oberbibliothekar der Universitätsbibliothek in Tübingen, Präsident des Literarischen Vereins.
∞ 29. V. 1829 *Johanna* Friederike Lächelin, T. d. Friedrich Ludwig Lächelin, Pfarrer.
K Adolf Scholl; Franziska Henriette Mathilde Scholl, * 1834, † 1904, ∞ Otto Ludwig Umfried, * 1822, † Stuttgart 5. I. 1913, Rechtsanwalt in Stuttgart; Ottilie Scholl, ∞ 1867 Paul Buder, Eltern von Walther →Buder; Amalie Scholl, * Ulm 10. VIII. 1836, † Blaubeuren 6. IV. 1912, ∞ Nürtingen 24. IV. 1864 Adolf →*Gastpar.

Der ev. Geistliche S. hinterließ in Ulm Spuren als Gründer einer privaten Töchterschule, aus der später die erste Mädchenschule der Stadt hervorging.

Der einer Pfarrersfamilie entstammende S. studierte nach dem Landexamen und niederen ev.-theol. Seminar seit 1820 Theologie in Tübingen und trat der Burschenschaft Germania bei. Nach den theologischen Dienstprüfungen war er zunächst Vikar in Köngen, 1825 dsgl. in Esslingen/Neckar. Seit 1826 Stiftsrepetent in Tübingen, kam S. 1829 als Diakon an der Dreifaltigkeitskirche nach Ulm. S. war der erste pietistische Geistliche in Ulm und suchte den pietistischen Einfluss in der Donaustadt zu stärken. Im Juni 1834 rief S. in Ulm eine private Töchterschule ins Leben, die den Unterrichtsschwerpunkt auf Zeichnen, französische Konversation, „weibliche Arbeiten" und Gesang legte. S.s Institut lief dem „Institut für confirmierte Töchter" des Stadtpfarrers Christian Ludwig →Neuffer schnell den Rang ab, so dass es schließen musste und 1839 in S.s Institut integriert wurde. Aus diesem ging später die erste Mädchenschule in städtischer Trägerschaft unter Rektor Karl →Weitzel hervor.

1836 scheiterte S. mit seinem Versuch, in Ulm eine „Christliche Leihbibliothek" ins Leben zu rufen. Er gehörte zu den Gründungsmitgliedern des Vereins für Kunst und Altertum in Ulm und Oberschwaben. 1842 verließ er Ulm, um Dekan in Blaufelden zu werden. 1848 erfolgte die Ernennung zum Dekan in Nürtingen. 1862 wechselte er unter dem Vorbehalt seines Titels und Rangs als Pfarrer nach Walddorf bei Tübingen, wo er im 68. Lebensjahr verstarb.

[545] KLÖPPING, Historische Friedhöfe, S. 269, Nr. 494.

[546] Ih 1, S. 447.

Scholl, *Hans* Fritz, * Ingersheim/OA Crailsheim 22. Sept. 1918, † ermordet München-Stadelheim 22. Feb. 1943, ⬚ München, Friedhof am Perlacher Forst, ev.

Scholl, *Sophie* Magdalena, * Forchtenberg/OA Öhringen 9. Mai 1921, † ermordet München-Stadelheim 22. Feb. 1943, ⬚ München, Friedhof am Perlacher Forst, ev.

Eltern und G siehe Robert →Scholl und Magdalene →Scholl. Beide ledig. Keine K.

Der gegen das NS-Unrechtsregime gerichtete zivile Widerstand der „Weißen Rose", der Münchner Studentengruppe mit den Geschwistern S. als maßgeblichen Mitgliedern, hat in den Jahrzehnten nach 1945 in Deutschland und international höchste Anerkennung und größten Respekt gefunden. Gewiss zählen sie zu den am meisten untersuchten und beschriebenen Persönlichkeiten in der Geschichte Deutschlands im 20. Jahrhundert. Mehr als 60 Jahre nach ihrem gewaltsamen Tod gelten ihr Mut sowie ihre Standhaftigkeit und Konsequenz im Kampf gegen ein verbrecherisches Regime als Beispiel gebend und vorbildlich. Damit gehören sie zum identitätsstiftenden Kanon des demokratischen Deutschland nach 1945.

Die Geschwister S. wuchsen im Hohenlohischen in ländlicher Umgebung auf. Bevor die Familie 1932 nach Ulm zog, hatten beide die Grundschule bereits absolviert und waren zuvor Schüler an weiterführenden Schulen in Ludwigsburg gewesen. In Ulm besuchte Hans die Oberrealschule in der Olgastraße, Sophie die Mädchenoberrealschule in der Steingasse. Beide waren gute Schüler, die 1937 bzw. 1940 ihr Abitur mit gutem Erfolg bestanden. Geprägt waren sie vom liberalen Geist des Elternhauses und besonders von ihrer christliche Werte vermittelnden Mutter, in deren Händen die eigentliche Erziehung ihrer Kinder lag. Zuhause lernten die lebhafte und impulsive Hans S. und die künstlerisch interessierte Sophie, dass es wichtig war, sich eine Meinung zu bilden und zu ihr zu stehen und sich öffentlich zu engagieren. Die Eltern sahen es ungern, dass sich beide und auch die anderen Geschwister der Ulmer „Hitlerjugend" (HJ) anschlossen, wobei Hans schon 1933 den Anfang gemacht hatte und bis zum Fähnleinführer aufgerückt war. Bei Hans scheint ein Autoritäts- und Generationenkonflikt entscheidend für den Eintritt in die HJ gewesen zu sein. 1935/36 entfernte er sich jedoch innerlich von der gleichge-

schalteten NS-Jugend und wurde an Ostern 1936 als Fähnleinführer abgesetzt – blieb aber noch ein Jahr lang offiziell Jungzugführer. Er wendete sich der bündischen Jugendgruppe „dj.1.11" zu, die kollektive Solidarität und Naturbegeisterung auf ihre Fahnen geschrieben hatte.

Anders als in manchen Veröffentlichungen dargelegt, war die bündische Bewegung jedoch kein diametraler Gegenpol zur NS-Jugend, auch wenn sie vom NS-Staat bekämpft wurde. Im Nov. 1937 wurden zunächst die Geschwister Inge, Sophie und Werner, im Dez. dann auch Hans von der Gestapo verhaftet und wegen verbotener „bündischer Umtriebe" inhaftiert. Zu diesem Zeitpunkt hatte Hans bereits seine Zeit beim Reichsarbeitsdienst (RAD) in Göppingen hinter sich und war Kavallerist in Cannstatt. Hans blieb mehrere Wochen in Haft und kam auf Fürsprache eines seiner Vorgesetzten Ende 1937 wieder frei. Die Haft bedeutete für Hans S. eine wesentliche Erfahrung, die ihn innerlich weit vom Nationalsozialismus entfernte. 1939 begann er sein Medizinstudium in Tübingen, dem nach dem ersten Semester ein Ernteeinsatz in Ostpreußen folgte. Dort vom Ausbruch des Zweiten Weltkriegs überrascht, kehrte er zunächst zur Fortsetzung des Studiums zurück, wurde aber im März 1940 zur Wehrmacht einberufen und nahm als Sanitäter am Frankreichfeldzug teil. Nach dessen unerwartet raschem Ende setzte Hans in München sein Studium fort und bestand im Jan. 1941 das Physikum.

Sophie, die im März 1940 das Abitur bestand, suchte den obligatorischen Einsatz beim RAD zu umgehen, indem sie eine Ausbildung als Kindergärtnerin begann und sich zu diesem Zweck beim Ulmer Fröbel-Seminar anmeldete. Während ihrer Ausbildungszeit war sie in Ulmer Kindergärten und in einem Kindersanatorium in Bad Dürrheim tätig. Dem Examen als Kindergärtnerin folgte für nur kurze Zeit eine Tätigkeit als Säuglingsschwester. Dem RAD-Einsatz konnte sie jedoch nicht entgehen und musste im April 1941 in das RAD-Lager Krauchenwies im Hohenzollerischen, wo sie ein „Leiden an der Gemeinschaft" empfand. Es gehörte zum Wesen der Geschwister S., sich in dieser Zeit nur im ganz vertrauten, engen Freundeskreis zu öffnen und wohlzufühlen, während sie sich gegen alle anderen Menschen abgrenzten, wobei auch das Empfinden, einer intellektuellen Minderheit anzugehören, eine wichtige Rolle spielte.

Von nicht zu unterschätzender Bedeutung war die Begegnung mit Otl →Aicher, der mit Werner Scholl befreundet war. Ungeachtet des konfessionellen Unterschieds vermochte Aicher die Geschwister S. und einige wenige andere Freunde für die modernen Ideen des deutschen und französischen Katholizismus zu interessieren, für Klassiker der Philosophie, Literatur und Theologie, über die in vertrauter Runde, auch bei Wanderungen und Skitouren, diskutiert wurde. Dabei wurde auch verbotene Literatur gelesen, die man bei der Buchhandlung von Josef Rieck in Aulendorf bezog. Diese Anregungen verstärkten die Ablehnung der Geschwister S. gegenüber dem Nationalsozialismus. Sophie verlobte sich in dieser Zeit mit Fritz →Hartnagel und entwickelte einen kompromisslosen Pazifismus, der zumindest in der ersten Zeit die Beziehung zu ihrem in der Wehrmacht dienenden Verlobten nicht eben konfliktfrei gestaltete.

1942 nahm auch Sophie S. ihr Philosophie- und Biologiestudium in München auf, wo sie zum Freundeskreis ihres Bruders stieß, zu dem Alexander Schmorell (1917-1943), Christoph Probst (1919-1943; 2004 wurde die Realschule Neu-Ulm in Christoph-Probst-Schule umbenannt), Willi Graf (1918-1943) und Professor Kurt Huber (1893-1943) gehörten. Wesentliche geistige Anregungen der Gruppe kamen von Carl Muth (1867-1944), dem ehemaligen Herausgeber der verbotenen katholischen Zeitschrift „Hochland", einem Organ des Reformkatholizismus, und von dem von den Nationalsozialisten mit Rede- und Schreibverbot belegten Kulturkritiker Theodor Haecker

(1879-1945). Für die Geschwister S. bedeutete der Umgang mit diesen Männern neben einer Stärkung ihrer anti-nationalsozialistischen Haltung die Klärung wichtiger sie beschäftigender Glaubensfragen.

Die Verurteilung ihres Vaters Robert Scholl im Sommer 1942 führte ihnen die Willkür des NS-Staates und die Unterdrückung der Meinungsfreiheit schmerzlich vor Augen. Gewiss spielte das Erleben in der eigenen Familie eine große Rolle, dass sich Hans und Sophie S. entschlossen, ihre gewachsene Grundhaltung, man dürfe seine Überzeugungen nicht ohne entsprechendes Handeln pflegen, in die Tat umzusetzen. Im Freundeskreis gab es das „Windlicht", ein Forum des Gedanken- und Meinungsaustauschs, das im privaten Kreis der Selbstvergewisserung diente. Hans S. verfasste mit Alexander Schmorell im Juni/Juli 1942 vier Flugblätter und verschickte sie an einige Hundert Adressaten im Münchner Raum. Darin wurden, beruhend auf einer klar erkennbaren christlichen Grundüberzeugung, die Methoden des NS-Staates angeprangert und die Legitimität des Widerstandes, sowohl aktiv als auch passiv, postuliert. Ebenso erstaunlich wie die Eindeutigkeit der Analyse der gesellschaftlichen und politischen Situation war das uneingeschränkte Eingeständnis des Mitschuld an den Verbrechen des „Dritten Reiches". Inwiefern Sophie S. an diesen ersten „Flugblättern der Weißen Rose" beteiligt war, ist noch ungeklärt. Da Hans S. in der zweiten Jahreshälfte 1942 als Feldfamulus an die Ostfront musste, ruhte die Flugblattverteilung bis Nov. 1942. Das Russland-Erlebnis bestärkte Hans S. noch in seiner Haltung, was auch in den nächsten beiden Flugblättern („Flugblätter der Widerstandsbewegung in Deutschland. Aufruf an alle Deutsche" und „Kommilitoninnen! Kommilitonen!") klar zum Ausdruck kam, die erheblich programmatischer und radikaler formuliert waren. Mit Unterstützung eines Freundes von Vater Scholl, des Stuttgarters Eugen Grimminger (1892-1986), konnten sie Anfang Jan. 1943 tausendfach kopiert und in München ausgelegt werden. Daneben fanden sie aber auch in anderen süddeutschen Städten, in Salzburg, Linz und Wien Verbreitung. Vor allem über Willi Graf lief der Versuch, Kontakt zu Widerstandskreisen an anderen Universitäten zu knüpfen. In gefährlichen nächtlichen Aktionen schrieben Studenten in München regimefeindliche Parolen an Mauern.

Als am 18. Feb. 1943 in der Münchner Universität das nächste, unter dem Eindruck der Niederlage von Stalingrad formulierte Flugblatt ausgelegt wurde, wurden die Geschwister vom Hausmeister Jakob Schmid beobachtet, gestellt und angezeigt. Die Gestapo hatte zuvor eine Belohnung ausgesetzt. Das Regime handelte rasch und hart, *um durch Abschreckung die innere Front zu stabilisieren* (Michael KIßENER). Der Präsident des Volksgerichtshofes, Roland Freisler, kam eigens nach München gereist, um den Vorsitz im „Prozess" gegen die Geschwister und Christoph Probst zu führen. Sie wurden am 22. Feb. 1943 vom Volksgerichtshof „wegen landesverräterischer Feindbegünstigung, Vorbereitung zum Hochverrat, Wehrkraftzersetzung" zum Tode verurteilt und noch am gleichen Tag in München-Stadelheim guillotiniert. Der „Ulmer Sturm" titelte am 27. Feb. 1943: „Zwei ehrlose Subjekte hingerichtet".

Das Nachleben und -wirken der „Weißen Rose" begann noch während des Krieges. Der Initiator des Kreisauer Widerstandskreises, Helmuth James Graf von Moltke, machte das letzte Flugblatt im Ausland bekannt, von dem dann Nachdrucke von alliierten Flugzeugen abgeworfen wurden. Der im Exil lebende Schriftsteller Thomas Mann berichtete Ende Juni 1943 in der BBC deutschen Hörern von der „Weißen Rose" und sprach von „braven, herrlichen Leuten", deren Namen dank ihres Einsatzes für Freiheit und Ehre verewigt würden. Romano Guardini würdigte am 4. Nov. 1945 in der Universität München die Geschwister Scholl und ihren Kreis. Der Platz vor der Universität wurde 1946 nach ihnen benannt. Etwa 230 Schulen

in Deutschland folgten diesem Beispiel, 1972 auch Ulm mit dem Hans-und-Sophie-Scholl-Gymnasium. Wesentlichen Einfluss auf das Fortwirken des Erbes der Geschwister Scholl und der „Weißen Rose" nahm ihre Schwester Inge →Aicher-Scholl mit ihrem 1952 erschienenen Buch „Die weiße Rose".

Wiederholt befassten sich auch Film und Fernsehen mit der Geschichte der Geschwister Scholl und der „Weißen Rose". 1982 inszenierte Michael Verhoeven mit Lena Stolze und Wulf Kessler in den Rollen der Geschwister S. „Die weiße Rose". Im gleichen Jahr und ebenfalls mit Lena Stolze in der Rolle von Sophie S. drehte Percy Adlon seinen Film „Fünf letzte Tage". Ein Sensationserfolg war der Spielfilm „Sophie Scholl - Die letzten Tage" (2005) mit Julia Jentsch in der Rolle der Sophie S., der auch international große Aufmerksamkeit erregte und für den „Oscar" nominiert war. Mehrere TV-Dokumentationen arbeiteten das Leben und Wirken der Geschwister S. auf. Es ist sicher zutreffend, wenn die Geschwister S. heute als *Ikonen für Zivilcourage und Mut unter den Bedingungen der Diktatur* (Pia NORDBLOM) angesehen werden. Ihr Widerstand entwickelte sich langsam und konsequent, nachdem sie sich zuvor, wie so viele ihrer Zeitgenossen, für den Nationalsozialismus begeistert hatten. Aus reflektiertem Erkennen des Unrechts erwuchsen ihr Wille zur Tat und der Mut zum Handeln. – 1945 Geschwister-Scholl-Straße in Neu-Ulm; 2003 wurde eine Büste der Sophie S. in die „Ruhmeshalle" der Walhalla bei Regensburg aufgenommen; 2006 Geschwister-Scholl-Platz in Ulm.

Q   StadtA Ulm, G 2.
L   Ih 2, S. 798 – Ih 3, S. 310 ff. – Inge SCHOLL, Die weiße Rose, Frankfurt/Main 1952 – UBC 5b, S. 603, 614 f., 647, 659-662 – Christian PETRY, Studenten aufs Schafott. Die Weiße Rose und ihr Scheitern, München 1968 – Hermann VINKE, Das kurze Leben der Sophie Scholl, Ravensburg 1980 – Richard HANSER, Deutschland zuliebe - Das Leben und Sterben der Sophie Scholl. Die Geschichte der Weißen Rose, München 1980 – WISTRICH, S. 244 f. (Bilder) – Inge JENS (Hg.), Hans Scholl und Sophie Scholl. Briefe und Aufzeichnungen, Frankfurt/Main 1984 – Inge AICHER-SCHOLL, Sippenhaft. Nachrichten und Botschaften der Familie Scholl in der Gestapo-Haft nach der Hinrichtung von Hans und Sophie Scholl, Frankfurt/Main 1993 – Henning PETERSHAGEN, „Und die hätten wohl auch geschossen". Studierende Soldaten gründen „Weiße Rose", in: Schwäb. Post/Sonntagspost, 20. II. 1993, S. 7 – Edwin Ernst WEBER, Sophie Scholl und das weibliche Reichsarbeitsdienstlager Krauchenwies, in: ZHG 34 (1998), S. 207-224 – Rudolf LILL (Hg.), Hochverrat? Neue Forschungen zur „Weißen Rose" (Porträts des Widerstands, Band 1), veränderte Neuauflage, Konstanz 1999 – Barbara LEISNER, „Ich würde es genauso wieder machen" - Sophie Scholl, München 2000 – Barbara SCHÜLER, „Im Geiste der Gemordeten..." - Die „Weiße Rose" und ihre Wirkung in der Nachkriegszeit, Paderborn 2000 – Armin ZIEGLER, Die unvollendete Geschichte der „Weißen Rose" - Hemmnisse, Forschungslücken, Streitfragen, Legenden. Ein Beitrag zur „Weiße Rose"-Forschung, Schönaich 2001 [Privatdruck] – Claudia LANFRANCONI, Im Pantheon der Marmorlocken. Die kalte Ästhetik des Erinnerns: Heute wird Sophie Scholls Büste in der Walhalla aufgestellt, in: Süddeutsche Zeitung (München) Nr. 44, 22. II. 2003, S. 14 – Inge JENS (Hg.), Hans Scholl, Sophie Scholl. Briefe und Aufzeichnungen, Frankfurt/Main ⁸2003 – Detlef BALD, Die Weiße Rose. Von der Front in den Widerstand, Berlin 2004 – KLEE, Personenlexikon, S. 557 – Christiane MOLL, Die Weiße Rose, in: Peter STEINBACH/Johannes TUCHEL (Hgg.), Widerstand gegen die nationalsozialistische Diktatur 1933-1945, Bonn 2004, S. 375-395 – Pia NORDBLOM, Hans (1918-1943) und Sophie Scholl (1921-1943), in: Reinhold WEBER und Ines MAYER (Hgg.), Politische Köpfe aus Südwestdeutschland (Schriften zur politischen Landeskunde Baden-Württembergs, Band 33), Stuttgart 2005, S. 190-203 – Fred BREINERSDORFER (Hg.), Sophie Scholl - Die letzten Tage, Stuttgart 2005 – Hermann VINCKE, Fritz Hartnagel. Der Freund von Sophie Scholl, Zürich-Hamburg 2005 – DERS., Hoffentlich schreibst du recht bald. Sophie Scholl und Fritz Hartnagel. Eine Freundschaft 1937-1943, Ravensburg 2006 – Sibylle BASSLER, Die Weiße Rose. Zeitzeugen erinnern sich, Reinbek 2006 – Rüdiger BÄßLER, Ein deutsches Lehrstück ohne Publikum. Die Stadt Ulm und ihr belastetes Verhältnis zu der Familie Scholl, in: Stuttgarter Zeitung Nr. 63, 16. III. 2006, S. 3 – Barbara MILLER, Standen die Geschwister Scholl unter Drogen?, in: Schwäb. Zeitung Ulm Nr. 155, 9. VII. 2007, S. [3] – Sönke ZANKEL, Die Weiße Rose war nur der Anfang. Geschichte eines Widerstandskreises, Köln 2006 – NDB 23 (2007), S. 445 ff. (Michael KIßENER).

Scholl, geb. Müller, Magdalene, * Künzelsau 5. Mai 1881, † Ulm 31. März 1958, ▢ Friedhof am Perlacher Forst, München, ev.

Vater   Ludwig Friedrich Müller, * 1852, † 1924, Schuhmachermeister in Künzelsau.
Mutter   Christine Sophie Hofmann, * 1853, † 1929.
3 *G.*
∞ 1916 Robert →Scholl.
6 *K*   Inge →Aicher-Scholl; Hans →Scholl; Elisabeth Scholl, * Forchtenberg 27. II. 1920, ∞ Okt. 1945 Fritz →Hartnagel; Sophie →Scholl; Werner Scholl, * Forchtenberg 13. XI. 1922; Thilde Scholl, * Forchtenberg 22. III. 1925, † 1926.

Als Ehefrau des Ulmer Nachkriegs-Oberbürgermeisters Robert →Scholl, Mutter der Geschwister Inge →Aicher-Scholl, Hans →Scholl und Sophie →Scholl und Schwiegermutter von Fritz →Hartnagel ist S. in besonderer Weise mit Ulms Geschichte im 20. Jahrhundert verbunden. Da sie nie die Öffentlichkeit und Anerkennung suchte und im Hintergrund agierte, gelangten ihre Verdienste in der Nachkriegszeit erst sehr spät in das Bewusstsein der Nachwelt.

Geboren in einfachen Verhältnissen im Hohenlohischen, wuchs S. in ländlicher Umgebung auf und wäre als gute Schülerin nach Abschluss der Volksschule gerne Lehrerin geworden. Die Verwirklichung dieses Wunsches lag außerhalb der finanziellen Möglichkeiten ihrer Eltern, und so durchlief sie an der Diakonissenanstalt in Schwäbisch Hall eine Ausbildung zur Krankenschwester. In diesem Beruf war sie in zahlreichen Gemeinden tätig, u. a. auch um 1910 in Ulm-Söflingen, wo sie zu den Mitgründern einer Kinderkrippe zählte – übrigens das erste ökumenische Projekt der Gemeinden der Christuskirche und Mariä Himmelfahrt.

Während des Ersten Weltkriegs war S. in Verwundetenheimen und Lazaretten tätig, zuletzt im Reservelazarett in Ludwigsburg. Dort lernte sie ihren späteren Ehemann Robert Scholl kennen, der dem sie nach dessen Wahl zum Schultheißen nach Ingersheim zog. Für ihr aufopferungsvolles Wirken für die Kriegsverwundeten wurde S. mit dem Charlottenkreuz und der Württ. Militärverdienstmedaille ausgezeichnet.

Als Ehefrau eines Schultheißen boten sich S. viele Möglichkeiten, den Menschen „vor Ort" zu helfen. Sie wollte ihr soziales Engagement leben und auch ganz bewusst ihren Kindern vorleben. Hauptsächlich kümmerte sich um den großen Haushalt der Familie und die Erziehung der Kinder. Auch die Organisation der Umzüge von Ingersheim nach Forchtenberg (1920), dann nach Ludwigsburg (1930) und nach Ulm (1932) lag hauptsächlich in ihrer Hand. In Ulm lebte die Familie zunächst am Michelsberg, später in einer Etagenwohnung in der Olgastraße und seit 1939 in einem Jugendstilhaus neben dem Münster. S. vermisste dort jedoch den fehlenden Garten so schmerzlich, dass sie nur der Erwerb eines kleinen Stückes Garten bei der Neu-Ulmer Gastwirtschaft „Letzter Heller" zu trösten vermochte. Wie ihr Ehemann sah sie die zeitweilige Neigung ihrer Kinder zur „Hitlerjugend" mit Befremden, nicht zuletzt auch deshalb, weil sie darin einen Misserfolg ihrer Erziehungsbemühungen sehen musste. Für die fromme, warmherzige und lebensbejahende S. waren ein freier Geist und klares Denken unerschütterliche Grundfesten einer Persönlichkeit.

Ihre persönliche Stärke musste S. im „Dritten Reich" oft beweisen. Die herzkranke Frau erlebte schon im Herbst 1937 die erste Verhaftung dreier ihrer Kinder durch die Gestapo. 1942 folgte die Inhaftierung ihres Ehemannes. Die Ermordung von Hans und Sophie Scholl im Feb. 1943 teilte ihr Leben in „davor und danach". Ende Feb. 1943 wurden die Scholls (mit Ausnahme von Werner, der bei der Wehrmacht war) in „Sippenhaft" genommen und im Untersuchungsgefängnis Frauengraben festgesetzt. Erst nach ca. sechs Monaten erfolgte die Freilassung. Wenig später wurde ihr Ehemann erneut zu einer Haftstrafe verurteilt und in das KZ Kislau bei Karlsruhe verbracht. In dieser Zeit schrieb sie ihm: [...] Und im Gebet sind wir immer vereint. [...] Das ist mein ganzer Trost, denn sonst könnte ich nicht bestehen, mit all dem Jammer, der über uns hereingebrochen ist und immer wieder neu über mir zusammenschlägt. Die Kündigung der Wohnung am Münsterplatz erzwang erneut einen Umzug. Auf dem Bruderhof im Schwarzwald fand die geschlagene Familie ein Refugium. Fernab der Anfeindungen in Ulm, wo die Scholls als „Vaterlandsverräter" gebrandmarkt waren, vermochte sich S. zu erholen.

Das Ende des Zweiten Weltkriegs und die Einsetzung Robert Scholls zum kommissarischen Oberbürgermeister von Ulm

hielt auch für S. neue Aufgaben bereit. In der Bahnhofsmission von Elise →Ernst kümmerte sie sich um die zahlreichen Flüchtlinge und Kriegsheimkehrer. Um die Schuhknappheit zu bekämpfen, fertigte sie mit vielen anderen Ulmerinnen Schuhe aus Maisstroh, die günstig verkauft wurden. Die seit 1946 aus den USA nach Ulm gelangenden CARE-Pakete wurden von S. verteilt. Daneben übernahm S. die Leitung der Ulmer „Hoover-Speisung", deren Zentrale in der Pionierkaserne in der Oststadt untergebracht war. Die nach dem Ex-Präsidenten der USA, Herbert J. Hoover, benannte Speisung sollte die Ernährung der Kinder in Deutschland sicherstellen, die infolge der Lebensmittelnot unterernährt waren. Im Raum Ulm waren so täglich ca. 10.000 Kinder zu ernähren. S.s Wirken fand ungeteilte Anerkennung.

Auch unterstützte sie ihre Tochter Inge Aicher-Scholl bei der Gründung der vh Ulm. S. leistete unverzichtbare praktische Dienste, wenn sie Dozenten bei sich aufnahm und sie zum Essen einlud.

Es war daher eine erfüllte Zeit, die im Sommer 1948 nach der Wahlniederlage ihres Ehemannes zu Ende ging. Im Nov. 1951 zog das Ehepaar Scholl nach München, wo es ein Haus mit Garten am Perlacher Forst gekauft hatte. In der Nähe befanden sich die Gräber ihrer 1943 ermordeten Kinder. Eng blieb die Verbindung zu S.s überlebenden Kindern und damit zu Ulm.

S. starb im Alter von fast 77 Jahren während eines Besuchs in Ulm. Ihre letzte Ruhestätte fand sie neben ihren Kindern Hans und Sophie Scholl.

Q   StadtA Ulm, G 2.
L   Monika LEDERLE, Magdalene Scholl, in: Ökumenischer Arbeitskreis Frauen (Hg.), Ulmer Frauenwege im 20. Jahrhundert. 12 Lebensbilder. Tatkraft aus Nächstenliebe, Ulm 2006, S. 16-27 (Bilder).

Scholl, Robert, * Steinbrück, Gde. Geißelhardt/OA Weinsberg 13. April 1891, † München (nicht Stuttgart!) 25. Okt. 1973, ev.

Vater Michael Wilhelm Scholl, * 1856, † 1940, Bauer in Steinbrück. Mutter Christiane Heinrike Eurich, * 1860, † 1916.
∞ 1916 Magdalene →Scholl, geb. Müller.
6 K, siehe Magdalene →Scholl.

S. ist als erster Nachkriegs-Oberbürgermeister von Ulm und als Vater der Geschwister →Scholl auch über Ulm hinaus bekannt geworden. Nach der mittleren Reife absolvierte der aus einfachen Verhältnissen stammende S. die Württ. Verwaltungsfachschule Stuttgart. Im Ersten Weltkrieg war er Infanterist und Sanitäter. 1917 zum Schultheißen in Ingersheim/OA Crailsheim gewählt, folgte 1920 die Wahl zum Schultheißen in Forchtenberg/OA Öhringen. In dieser Zeit erwarb er sich wichtige kommunalpolitische Kenntnisse, die ihm nach 1945 in Ulm zugute kommen sollten. S. war ein Bürgermeister von ganz eigenem Zuschnitt, überzeugt von sich und seinen Plänen, gelegentlich ruppig gegenüber Andersdenkenden. Die schwierige finanzielle Lage der Landgemeinde ließ einige der S.schen Pläne für Forchtenberg scheitern. Im Dez. 1929 wurde er nicht wiedergewählt. Nachdem er 1930 zum Leiter der Stuttgarter Handwerkskammer gewählt worden war, zog die Familie nach Ludwigsburg um. 1932 übernahm S. eine Kanzlei als Wirtschaftsprüfer und Steuerberater in Ulm. S. war in seiner neuen Position erfolgreich. Dem Nationalsozialismus stand er von Anfang an sehr ablehnend gegenüber.

1942 wurde S. von einer Angestellten seines Büros denunziert, weil er dezidierte Zweifel am „Endsieg" geäußert hatte. *Hast Du es denn immer noch nicht gemerkt? Das merkt doch jeder, wenn er auch von Politik nichts versteht, daß in Deutschland in zwei Jahren ein Chaos ist und die Bolschewisten bis dahin Berlin besetzt haben*, soll er u. a. gesagt haben. Das Sondergericht in Stuttgart unter dem Vorsitz des berüchtigten Hermann Cuhorst verurteilte ihn im Aug. 1942 zu einer viermonatigen Gefängnisstrafe, am 23. Okt. 1942 wurde ihm die Strafe nach Verbüßung der Hälfte der Haftzeit zur Bewährung ausgesetzt. Nach der Ermordung seiner Kinder Hans und Sophie Scholl wurde S. mit anderen Familienmitgliedern erneut in Haft genommen, im März 1943 die Verbüßung der Reststrafe angeordnet. Im Mai 1943 erfolgte wegen Hörens von „Feindsendern" S.s Verurteilung zu einer 18-monatigen Gefängnisstrafe. Der „Ulmer Sturm" brachte am 8. Okt. 1943 unter der Überschrift „Wie lange noch Scholl? Eine berechtigte Frage" einen Hetzartikel, der S. und seine Familie in übelster Weise verunglimpfte und dem Vater die Schuld am Tod seiner Kinder anlastete, da er sie nicht richtig erzogen habe. S., der zuletzt im KZ Kislau bei Karlsruhe gefangen gehalten wurde, erkrankte während der Haft schwer, im Nov. 1944 entließ man ihn.

Am 6. bzw. 9. Juni 1945 ernannte ihn die US-amerikanische Besatzungsmacht in Ulm als Nachfolger von Karl →Eychmüller zum kommissarischen Oberbürgermeister und de facto zu ihrem Vertrauensmann in der Stadt. Er war politisch unbelastet und verfügte über Erfahrungen in der Kommunalpolitik. In seiner dreijährigen Amtszeit musste der tatkräftige, aber psychisch nicht völlig unbeschadet aus den Bedrängungen der NS-Zeit hervorgegangene Mann Aufgaben bewältigen, die unlösbar schienen. Die Stadt war zu großen Teilen zerstört, Tausende von Ulmern waren tot oder ins Umland ausgewichen, es gab keine funktionierende Verwaltung mehr, das Versorgungswesen war vollständig zusammengebrochen. Ulm war verkehrsmäßig abgeschnitten und wirtschaftlich ruiniert.

Vor allem aber konnte S. nichts tun, ohne sich vorher der Zustimmung der Militärregierung zu versichern. Ihr gegenüber hatte er es als Vater der ermordeten Geschwister Scholl und ausgewiesener Gegner des Hitler-Regimes sicher ein wenig leichter als mancher andere deutsche Nachkriegs-Funktionär. Es bestand aber kein Zweifel daran, dass auch er ein Stadtoberhaupt in Fesseln war, der jede Anweisung vorher besprechen und vom Stadtkommandanten genehmigen lassen musste. Wöchentlich hatte er Berichte für den Stadtkommandanten abzufassen, in denen er die Tätigkeit der Verwaltung (und später des Gemeinderats), wirtschaftliche, kulturelle und soziale Entwicklungen, Stimmung in der Bevölkerung, Fortschritte bei der Entnazifizierung und das kommunale Parteiwesen Bericht zu erstatten hatte. Im Großen und Ganzen konnte und musste S. „Aufräumarbeiten" im buchstäblichen und im übertragenen Sinne leisten. Ulm musste erst wieder zu einem überlebensfähigen Gemeinwesen werden, und S. gelang es unter schwierigsten Rahmenbedingungen, unter Nutzung seines „kurzen Drahtes" zum jeweiligen Stadtkommandanten, pragmatisch und unideologisch, vor allem aber überparteilich, den Weg Ulms in eine neue Zukunft zu gestalten.

Unter S. wurde die Entschuttung in der Stadt in Angriff genommen, der Ansturm der Heimatflüchtlinge bewältigt, die Entnazifizierung begonnen, die Wirtschaft und das Kulturleben der Stadt neu belebt, die Verwaltung wieder aufgebaut und die demokratische Struktur Ulms von Grund auf neu errichtet. Vor den ersten Gemeinderatswahlen kooperierte S. mit dem im Juni 1945 geschaffenen Gemeindebeirat. Der Oberbürgermeister war von Anfang an deutscherseits nicht unangefochten. Wiederholt gingen Beschwerden über ihn bei der Militärregierung ein, die vor allem monierten, er vertrete eine zu moderate Haltung in der Entnazifizierungsfrage. Dabei ging es um die Personalauswahl S.s für die Stadtverwaltung. Er wusste, dass er

nur mit politisch ganz unbelasteten Personen die Verwaltung nicht wieder in Gang bringen konnte, und griff daher auf einige kompromittierte Personen zurück. Dies machte man ihm zum Vorwurf. Hätte es eine Alternative gegeben?

Im Frühjahr 1946 wurden die ersten Kommunalwahlen abgehalten, im Juni und Nov. 1946 die Wahlen zur Verfassunggebenden Landesversammlung und zum 1. Landtag von Württemberg-Baden.

In der ersten Hälfte des Jahres 1946 war S. in seiner Eigenschaft als Oberbürgermeister von Ulm Mitglied der Vorläufigen Volksvertretung von Württemberg-Baden, einem auf Befehl der Besatzungsmacht einberufenen „Vorparlament", dem neben der Beratung der aktuellen Probleme vor allem die Erarbeitung eines Entwurfs für die künftige Landesverfassung oblag. Nach dessen Vorlage vor dem Plenum äußerte sich S. in der Sitzung am 28. Mai 1946 dazu. Der Entwurf zeuge von *seltener staatsmännischer Weisheit*, er müsse deshalb nur einige wenige Kritikpunkte anbringen, die er u. a. in der Absetzbarkeit des Staatsoberhauptes und in der Schaffung eines Senats sah. Bei der Bezirksverwaltung rief er zu mehr Sparsamkeit auf, die Stellung des Landratsamts in der Kreisordnung vom 7. März 1946 nannte er *eine der unmöglichsten Geburten in staatsorganisatorischer Hinsicht seit 130 Jahren*, weil der Landrat vom Kreistag gewählt werde, während dessen Stellvertreter und Landratsbeamte vom Staat ernannt würden. Er trat für eine größere Selbständigkeit der Kreise ein, die größere Einheiten bilden müssten, um Einsparungspotenziale zu bieten. Er stellte den Antrag, die Landesregierung möge mit *den anderen deutschen Regierungen die Planung einer modernen staatlichen Gliederung Deutschlands in Angriff nehmen; ferner möge die Regierung eine lebensfähige Kreisorganisation unseres Landes einleiten.*

Als im Sept. 1946 die erste (indirekte) Oberbürgermeisterwahl nach Kriegsende dem Gemeinderat oblag, zeigte sich, dass S., der auch die Bürgerversammlungen eingeführt hatte, in denen er vor der interessierten Bevölkerung Rechenschaft über die Amtstätigkeit der Stadtverwaltung ablegte, in Ulm alles andere als unumstritten war. Mit seinem Mitbewerber Wilhelm →Schöneck erreichte er Stimmengleichstand (18 Stimmen) und konnte nur im Amt verbleiben, weil das Los für ihn entschied. Am 21. März 1948 unterlag S. bei der ersten „Volkswahl" des Ulmer Oberbürgermeisters seit 1929 seinen Konkurrenten Theodor →Pfizer und Wilhelm Schöneck, die 35,2 % bzw. 33,1 % der Stimmen erhielten, mit 31,7 % einfuhr und damit nicht einmal in die Stichwahl gelangte. Die Wahlbeteiligung lag bei 66 %. Der Wahlkampf war von persönlicher Aggressivität und Verleumdungen geprägt gewesen. S. zog sich tief enttäuscht aus der Kommunalpolitik zurück und verzog später nach München.

Zu Beginn der 1950er Jahre zählte S. u. a. neben Gustav Heinemann und Pastor Martin Niemöller zu den Mitgründern der Gesamtdeutschen Volkspartei (GVP).

Q   StadtA Ulm, G 2.
W   Zusammenbruch und Wiedergeburt einer Stadt. Bericht über den Wiederaufbau in Ulm, Ulm 1948.
L   Ih 2, S. 799 – UBC 5b, S. 647, 662 – UBC 6, passim – J. MÜLLER, Die Gesamtdeutsche Volkspartei, Düsseldorf 1990 – SPECKER, Ulm im Zweiten Weltkrieg, S. 279, 292, 297 f. – DERS., Großer Schwörbrief, S. 424, 426, 428 f., 432, 436, 441, 443, 446 – WEIK⁷2003, S. 136 – StadtMenschen, S. 164 (Bild) – Frank RABERG, „Katastrophe und Chance" - Zum Kriegsende in Ulm, in: UO 53/54 (2007), S. 495-506 – DERS., Ulm - Untergang und Neuanfang in doppelter Randlage, in: Karl MOERSCH/Reinhold WEBER (Hgg.), Zeit nach dem Krieg: Städte im Wiederaufbau (Schriften zur politischen Landeskunde Baden-Württembergs Band 37), Stuttgart 2007, S. 399-415 – Wikipedia.

Schott, *Emil* Otto Carl, Dr. phil., * [Stuttgart-]Berg 14. März 1871, † Ulm 9. Jan. 1932, □ ebd., Hauptfriedhof, ev.
Vater   *Theodor* Friedrich Schott[547], Dr. phil., D. theol. h.c., * Esslingen 16. XII. 1835, † Stuttgart 18. III. 1899, 1867 Pfarrer in [Stuttgart-]Berg, 1873 Professor und

---

[547] Magisterbuch 30 (1897), S. 87 – Württ. Jahrbücher 1899, S. VII – EHMER/ KAMMERER, S. 331.

Bibliothekar an der Kgl. Öffentlichen Bibliothek Stuttgart, 1888 Abg. für Sulz zur 4. Landessynode, o. Mitglied der Württ. Kommission für Landesgeschichte, S. d. Pupillenrats Carl Heinrich Schott, * Asch/OA Blaubeuren 9. II. 1793, † Tübingen

12. I. 1879, u. d. Emilie Friederike Kapff, * Göppingen 5. XI. 1800, † Tübingen 29. XI. 1883.
Mutter   Clotilde Elben, * Stuttgart 8. VI. 1843, † ebd. 22. III. 1899, T. d. Medizinalrats Dr. Otto Elben, * Stuttgart 17. XII. 1813, † ebd. 27. IX. 1862, u. d. Emilie Pfizer, * Stuttgart 24. IX. 1817, † ebd. 8. II. 1876.
∞ Cannstatt 20. VIII. 1898 Emma Luise Eleonore Meßner, * Stuttgart 8. V. 1877, T. d. Kaufmanns Julius Meßner in Cannstatt, u. d. Emma Hirzel.
1 K   Marianne Emma Chlothilde Schott, * Cannstatt 5. VII. 1902, ∞ Ulm 5. IX. 1925 Paul Wilhelm Gustav Frantz, * Neu-Breisach 19. VII. 1891, Solocellist in München und Kissingen, S. d. Paul Frantz, Kgl. Musikdirektor in Weingarten-Ravensburg.

S. war 20 Jahre lang Leiter des Ulmer Gymnasiums, eine stadtbekannte Persönlichkeit auch wegen seines umfassenden gesellschaftlichen Engagements.
Der aus einer Beamten- und Pfarrerfamilie stammende S. wuchs in Stuttgart auf, wo er auch die Schulen besuchte. Nach dem Abitur am Eberhard-Ludwigs-Gymnasium begann er im Wintersemester 1889/90 mit dem Studium der Philosophie und Philologie in Tübingen (Mitglied der Akademischen Verbindung Igel). 1895 erfolgte S.s Promotion zum Dr. phil., nachdem er im Vorjahr die I. philologische Prüfung für Präzeptorate bestanden hatte. 1896 und 1903 absolvierte er mit großem Erfolg die Fachlehrerprüfungen für Französisch und Englisch.
Von 1903 bis 1904 war S. Oberpräzeptor an der Lateinschule Marbach/Neckar, 1906 wechselte er in gleicher Eigenschaft an das Kgl. Gymnasium Ellwangen/Jagst. 1910 kam S. als Professor an das Kgl. Gymnasium Ulm. Der weitere Aufstieg ließ dort nicht allzu lange auf sich warten. Im Aug. 1914 übernahm S. als Nachfolger des als Professor an die TH Stuttgart wechselnden Theodor →Meyer das Amt des Rektors des Kgl. Gymnasiums Ulm. S. übte dieses Amt bis zu seinem Tod fast 18 Jahre später aus. Der asketische Rektor mit dem überaus strengen Blick war ein ausgewiesener und geachteter Schulmann, der jedoch von seinen Schülern mehr gefürchtet als verehrt wurde. Der jüdische Gymnasiast Alfred →*Moos erinnerte sich Jahrzehnte später, S. sei zwar Mitglied der rechtsstehenden Deutschnationalen Volkspartei gewesen, aber er hätte nie geduldet, dass sich bei seinen Lehrern oder Schülern antisemitische Tendenzen breitgemacht hätten[548].
Anlässlich der Feierlichkeiten zum 400-Jahr-Jubiläum des Ulmer Gymnasiums Ende März 1931 verfasste S. ein Festspiel, das im Saalbau aufgeführt wurde. Auch familiengeschichtlich interessiert, regte S. die Erarbeitung der 1930 in Ulm (Baur und Schäuffelen) publizierten umfassenden „Nachfahrentafel des Göppinger Vogts Georg Sigmund Schott" aus der Feder von Wilhelm →Maier an. S. – ein trefflicher Schulmann, ein treues Glied der evangelischen Kirche, ein warmherziger Vaterlandsfreund (UBC 3, S. 310) – erlag im 61. Lebensjahr überraschend einer Herzlähmung. Seine Nachfolge als Rektor trat Dr. Walther →*Sontheimer an, bisher Studienrat am Eberhard-Ludwigs-Gymnasium in Stuttgart.
Von den zahlreichen Aktivitäten S.s ist vor allem sein Engagement für die Kirche zu nennen. Er war Ulmer Ortsvorsitzender des Ev. Volksbundes, von 1925 bis 1929 Landesausschussmitglied des Ev. Volksbundes, ab 1919 Kirchengemeinderat der Dreifaltigkeitskirche und von 1925 bis 1931 Ulmer Abg. zum

1. Landeskirchentag. –Ausschussmitglied der Ulmer Liedertafel; Mitglied des Vereins für Kunst und Altertum in Ulm und Oberschwaben.

W   Zum Jubiläum des Ulmer Münsters, in: Bes. Beil. des Staatsanz. für Württemberg 1927, S. 276-278.
L   CRAMER, Württembergs Lehranstalten 71925, S. 81 – MAIER, Nachfahrentafel Schott, S. 79 – SCHIMPF, Stammtafeln Feuerlein, Calw 1933, S. 69 – UBC 3, S. 66, 71, 310 f. (Bild), 356, 371 – UBC 4, S. 254 – KÖRNER/KILGER, Igel-Verzeichnis 1871-1996, S. 32, Nr. 154 – EHMER/KAMMERER, S. 331.

Schott, Karl (Carl) Christian, * Ulm 26. Nov. 1834, † 15. Juli 1917, □ ebd. Pragfriedhof, ev.
Vater   Johann Christian (von) Schott[549], * Asch/OA Blaubeuren 28. II. 1794, † Kirchheim/Teck 12. II. 1874, Gerichtsassessor und Kanzleivorstand in Ulm, zuletzt Oberamtsrichter in Kirchheim/Teck und Mitglied des Vorsteherkollegiums der Württ. Sparkasse, Ritterkreuz des Württ. Militärverdienstordens.
Mutter   Friederike Pistorius, T. d. Carl Christian Pistorius[550], * Göppingen 1. XI. 1772, † Wiblingen 14. VIII. 1819, Kameralverwalter in Langenau, ab 1810 dsgl. in Wiblingen, u. d. Friederike, geb. Pistorius.
4 G   Christian Albert Schott, * 5. V. 1828, Oberamtsrichter in Welzheim, ∞ 24. VIII. 1858 Marie Volz, T. d. Volz, Professor in Tübingen, Hofrat; Emilie Schott, * 15. II. 1830, ∞ 2. X. 1856 Gottlieb Ludwig Mack, Dr., † 1892, Professor an der Kriegsschule in Ludwigsburg; Adolf Wilhelm Schott, * 25. XI. 1831, † Göppingen 8. VIII. 1866; Olga Schott, * 2. I. 1848, ∞ 29. VII. 1875 Hermann Greeff ∞ I. Stuttgart 30. XI. 1865 Charlotte Ostertag, † 11. IV. 1871, T. d. Johann Friedrich Ostertag[551], Dr. phil., * Stuttgart 24. XI. 1803, † 1885, Pfarrer und Ehrenbürger in Eltingen, Ritterkreuz I. Kl. des Friedrichsordens; ∞ II. Tübingen 12. III. 1874 Fanny Palmer, * Tübingen 8. X. 1846, T. d. Christian (von) Palmer[552], Dr. theol., * Winnenden/OA Waiblingen 27. I. 1811, † Tübingen 29. V. 1875, o. Professor für Pädagogik, praktische Theologie und Moral in Tübingen, Vizepräsident der Landessynode und 1870-1872 MdL Württemberg (II. Kammer), ein Schwager des Ulmer Prälaten und Generalsuperintendenten Karl von →Lechler, u. d. Henriette Wilhelmine Bossert, * 1818, † 1895.
7 K, 3 aus I. Ehe, 4 aus II. Ehe, davon 2 † im Säuglingsalter   Karl Friedrich Schott, * Stuttgart 18. IX. 1866, Kaufmann in Hamburg, ∞ Stuttgart 3. X. 1896 Anna Marie Luise Voßler, * Hohenheim, Gde. Plieningen/AOA Stuttgart 31. III. 1871, T. d. Otto Voßler, Direktor der Landwirtschaftlichen Akademie Hohenheim, u. d. Anna Faber; Charlotte Irene Luise Schott, * Stuttgart 5. III. 1871, † Zazenhausen/OA Cannstatt 29. V. 1895, ∞ Stuttgart 1. II. 1892 Theodor Christian Eugen Vogt[553], * Stuttgart 3. XI. 1859, 1889 Pfarrer in Zazenhausen, 1907-1925 Stadtpfarrer an der Lukaskirche in Stuttgart, S. d. Glockengießers Christian Vogt in Stuttgart u. d. Sofie Lorenz; Luise Wilhelmine Schott, * Stuttgart 21. IV. 1877, ∞ Stuttgart 9. VII. 1898 Otto Schwarz, * Heilbronn/Neckar 25. IV. 1868, Kaufmann in Hamburg, S. d. Färbermeisters Michael Schwarz in Heilbronn u. d. Friederike Christiane Gerok; Elisabeth Friederike Schott, * 21. IV. 1877, Zwilling zur Vorgenannten, ∞ Stuttgart 26. XI. 1901 Reinhold Constantin Glitsch, Dr. med., * Tübingen 20. IX. 1869, † Stuttgart 29. XI. 1924, praktischer Arzt in Herrenalb, Horneeg und zuletzt in Stuttgart, S. d. Senffabrikanten Theodor Constantin Glitsch u. d. Philippine Götz; Walther Schott, * Stuttgart 30. VII. 1882, Kaufmann in Hamburg, ∞ Hamburg 27. IX. 1913 Olga Marie Luise Fahr, T. d. Kaufmanns Andreas Fahr in Hamburg.

S. entstammte einer der bedeutenden Familien der württembergischen Ehrbarkeit. Er kam während der Dienstzeit seines Vaters, eines Justizbeamten, in Ulm zur Welt. Nach dessen Versetzung als Oberamtsrichter nach Kirchheim/Teck wuchs er dort auf, besuchte die Kirchheimer Lateinschule und das Gymnasium in Stuttgart. 1853 begann er in Tübingen mit dem Jurastudium und wurde, wie schon sein Vater, Mitglied der Burschenschaft Germania, später studierte er auch in Heidelberg. Als Student begeisterte sich S. für die Idee der nationalen Einigung Deutschlands und begann nach der Gründung des Deutschen Nationalvereins im Sept. 1859 öffentlich für diese Idee einzutreten. Da dieses Engagement nicht der politischen Grundlinie der württembergischen Regierung entsprach, war es nur eine Frage der Zeit, bis S. in Konflikt mit ihr geriet. Im März 1861 maßregelte die Regierung S. wegen dessen Eintreten für den Nationalverein mit Entlassung als Justizreferendär beim Amtsgericht Reutlingen, womit eine Laufbahn im Staatsdienst unmöglich war, zumindest aber in weite Ferne rückte. Zuvor hatte S. an einer Versammlung in Esslingen/Neckar teilgenommen, in deren Verlauf der Linken der Beitritt zum Nationalverein empfohlen wurde. S. ließ sich daraufhin als Rechts-

548 HILB, Zeugnisse, S. 97 f.

549 GEORGII-GEORGENAU, S. 854 f.
550 WINTERHALDER, Ämter, S. 149, 336.
551 Magisterbuch 25 (1884), S. 58.
552 lh 2, S. 660 – RABERG, Biogr. Handbuch, S. 645 f. – EHMER/KAMMERER, S. 281 f. (Bild).
553 MAGISTERBUCH 41 (1932), S. 84.

anwalt in Stuttgart nieder. Seiner politischen Anschauung blieb er treu und zählte folgerichtig im Sommer 1866 zu den Mitgründern der nationalliberalen Deutschen Partei in Württemberg. Diese setzte im Gegensatz zur Volkspartei auf eine nationale Eingung Deutschlands unter Ausschluss Österreichs und unter Preußens Führung. Mitglied des Stuttgarter Gemeinderats. Beim Besuch Kaiser Wilhelms I. überbrachte er namens der städtischen bürgerlichen Kollegien den Huldigungsgruß. – Rechtskundiger Beirat der Württ. Privatfeuerversicherung AG; Mitgründer und Aufsichtsratsmitglied sowie Rechtsrat des Allgemeinen Deutschen Versicherungsvereins und der Stuttgarter Mit- und Rückversicherungs-Aktiengesellschaft; Mitglied des Stuttgarter Anwaltsvereins, zwölf Jahre dessen Vorstand; seit 1888 Ständisches Mitglied des Württ. Staatsgerichtshofes.

L Ih 2, S. 800 – GEORGII-GEORGENAU, S. 855 – RAPP, Württemberger, S. 39, 171 – Stuttgarter Neues Tagblatt 19. VII. 1917 – WN 1917, S. 117-120 (Karl HÖLDER) – MAIER, Nachfahrentafel Schott, S. 41 – PHILIPP, Germania, S. 79, Nr. 1168.

Schott, Carl *Otto*, Dr. iur., * Geislingen/Steige 29. April 1840, † Ulm 14. Okt. 1905, ⬚ ebd. 16. Okt. 1905, ev.

Vater Franz Emil Schott, * Vaihingen/Enz 30. X. 1798, † Stuttgart 27. XII. 1863, Oberamtsrichter in Geislingen/Steige und Göppingen, S. d. Oberamtmannes Christoph Friedrich Schott in Besigheim u. d. Elisabetha Friederike Jäger.
Mutter Marie Louise Pfizer, * Tübingen 2. IX. 1811, † Stuttgart 27. XII. 1863, T. d. Benjamin (von) →Pfizer.
4 G Gustav Adolf Schott, * Geislingen/Steige 1. XII. 1833, † Tübingen 9. VII. 1914, Revisor bei der Oberrechnungskammer in Stuttgart, ∞ Stuttgart 2. IV. 1867 Antonie Lutz, * Weinsberg 14. I. 1845, † Stuttgart 16. X. 1901, T. d. Eduard Lutz, Dr. med., praktischer Arzt in Weinsberg; *Paul* Eugen Schott554, * Geislingen/Steige 24. XI. 1836, † Stuttgart 27. II. 1907, Regierungsrat, Oberamtmann von Leutkirch und Marbach, ∞ I. Musberg 24. VIII. 1871 Maria Magdalene *Auguste* Müller, * Langenburg/OA Gerabronn 12. IV. 1848, † Leutkirch 17. XII. 1878; ∞ II. Stuttgart 28. VII. 1887 Elise Friedrike Heimsch, * Großbottwar 21. X. 1843, † Stuttgart 13. VIII. 1903, T. d. Ludwig Heimsch u. d. Regine Stängelin; *Sofie* Marie Schott, * Göppingen 12. VIII. 1842, † Stuttgart 3. I. 1890; Marie Mathilde Schott, * Göppingen 9. I. 1844, † ebd. Jan. 1900.
∞ Ulm 15. III. 1870 *Babette* Catharine Eleonore Riekert, * Ulm 26. I. 1850, † ebd. 31. VIII. 1916, T. d. Andreas Riekert, Bierbrauereibesitzer und Gastwirt „Zum Roten Ochsen" in Ulm, Bürgerausschussmitglied.
2 K *Sofie* Bertha Schott, * Ulm 16. VIII. 1873, ∞ Ulm 28. XI. 1895 Julius Peringer, * Donauwörth 16. VI. 1870, Kgl. Bayer. Oberleutnant beim Inf.-Rgt. 12 Neu-Ulm, später Oberst a. D. in Neuburg/Donau, S. d. Limpert Peringer, Kgl. Bayer. Bezirksamtmann, u. d. Julie Braun; *Otto* Paul Schott, * Ulm 3. IV. 1875, Oberleutnant.

S., eine der bekanntesten Ulmer Persönlichkeiten in der Kaiserzeit, entstammte einer alten württembergischen Beamtenfamilie. Er kam nach dem Jurastudium und den beiden juristischen Dienstprüfungen als Justizassessor nach Ulm, schied aber aus dem Staatsdienst aus und ließ sich – mit dem Titel Oberjustizassessor – in Ulm als Rechtsanwalt nieder. Frühzeitig streckte S. die Fühler nach einer politischen Laufbahn aus und kandidierte bereits im Dez. 1870 erstmals für den Bürgerausschuss – erfolglos. Im Dez. 1873 verfehlte er den Einzug in den Gemeinderat, gelangte aber in den Bürgerausschuss, zu dessen Obmann er gewählt wurde und dem er bis zu seiner Abwahl im Dez. 1884 angehörte. Im Dez. 1886 gelang es ihm nicht, ein Mandat im Bürgerausschuss zurückzugewinnen, wohl aber im Dez. 1888. Um in den Gemeinderat aufzurücken, kandidierte S. sowohl im Dez. 1879 sowie im Dez. 1881, hatte aber erst im Dez. 1889 Erfolg und konnte das Gemeinderatsmandat im Dez. 1895 erneut gewinnen. 1901 schied S. aus dem Gemeinderat und der Ulmer Kommunalpolitik aus. In die öffentlichen Angelegenheiten mischte er sich immer wieder ein, zählte u. a. im Frühjahr 1873 zu den Protest-bewegten Ulmer Bürgern, die gegen die Neuanlage der Friedhofswege opponierten, weil dabei wiederholt Gräber angeschnitten und Grabsteine versetzt und beschädigt worden waren. An allen Fragen des Münsters und der verschiedenen damit zusammenhängenden Aktivitäten und Feste war S. interessiert und beteiligte sich eifrig am gesellschaftlichen Leben. Der Stadt diente er wiederholt als Rechtsberater.

S. wagte sich auch auf die landespolitische Bühne. Am 29. Feb. 1876 verfehlte er bei der Ersatzwahl für den verstorbenen Albert von →Kolb knapp (1425 zu 1510 Stimmen) die Erringung des Landtagsmandates des Bezirks Ulm Amt, das an den Langenauer Stadtschultheißen Johann Friedrich Haug fiel. Im Dez. 1876 unternahm S. bei der regulären Landtagshauptwahl im selben Bezirk nochmals einen Anlauf gegen Haug, unterlag aber erneut.

Anfang 1874 hatte S. für 57.000 Gulden die Villa Hoffmann in der Ulmer Olgastraße Nr. 45 gekauft. Er entfaltete eine rege schriftstellerische Tätigkeit und war vornehmlich wegen seiner Veröffentlichungen zur württembergischen Verfassungsfrage bekannt.

W Die Versuche einer Verfassungsrevision in Württemberg geschichtlich dargestellt, Ulm 1890 – Ein Kompromiß-Vorschlag zur Frage der Verfassungs-Revision, Ulm 1897.
L GEORGII-GEORGENAU, S. 868 – SK Nr. 480 (Mittagsblatt), 16. 10. 1905, S. 5, 6 – Württ. Jahrbücher 1905, S. III – MAIER, Nachfahrentafel Schott, S. 63 (Bild auf Bildtafel 25 unten links) – UBC 2, S. 315, 323, 337, 348, 350, 413, 539 – UBC 3, S. 105, 346 – WAIBEL, Gemeindewahlen, S. 352, 354, 358, 359, 360, 362, 364, 365, 369.

Schott von Schottenstein, Freiherr Ludwig (Louis) *Eduard* Bernhard Johann, * Ulm 20. Feb. 1822, † Reutlingen 3. April 1897, ev.

Eltern und G siehe *Carl* (Karl) Johann Sigmund Freiherr →Schott von Schottenstein.
∞ 15. II. 1851 Pauline Wilhelmine *Franziska* von Gionneau des Marêts, T. d. Ludwig Philipp Friedrich Franz von Gionneau des Marêts, Kgl. Preuß. Oberstleutnant, u. d. Elisabeth Coomons.
1 K Freiherr Eugen Schott von Schottenstein, * 19. III. 1852.

Als Sohn eines über Jahrzehnte hinweg in Ulm wirkenden hochrangigen Beamten und Ulmer Ehrenbürgers setzte S. die Familientradition fort, als Beamter in der Innenverwaltung des Königreichs Württemberg zu wirken.

S. besuchte die Gymnasien in Ellwangen und Ulm und ging 1840 als Student der Rechts- und Regiminalwissenschaften nach Tübingen, wo er dem Corps Suevia beitrat. Nach den höheren Verwaltungsdienstprüfungen 1848 und 1849 erhielt er als Aktuariatsverweser in Spaichingen und als Aktuar beim OA Kirchheim/Teck seine ersten Stellen. 1851 bei der Stadtdirektion Stuttgart, erfolgte 1853 die Versetzung als Kollegialhilfsarbeiter zur Regierung des Neckarkreises in Ludwigsburg, wo er 1854 zum Regierungsassessor befördert wurde. 1856 kam er als Oberamtsverweser zum OA Böblingen, 1857 erfolgte dort die Ernennung zum Oberamtmann (Titel Regierungsrat). In diesem Amt verblieb S. bis zu seiner Berufung zum Hofmarschall der Königinmutter Pauline von Württemberg am 1. Okt. 1864 in Ludwigsburg. Während seiner Böblinger Zeit war er Aktionär der Zuckerfabrik Böblingen. Fast sechs Jahre, bis Mai 1870, füllte er dieses Amt aus. Dann trat er wieder in den Staatsdienst ein und war Regierungsrat, seit 1885 Oberregierungsrat bei der Regierung des Schwarzwaldkreises in Reutlingen. 1888 trat S. in den Ruhestand, den er in Reutlingen verlebte. – 1865 Ehrenritterkreuz des Württ. Kronordens; 1885 Kommenturkreuz II. Kl. des Friedrichsordens; 1891 Olgaorden.

Q HStAS, E 16a Bü 28, 84 und 85 – ebd., E 146 /1 Bü 2733 – ebd., E 151/01 Bü 1045.
L Ih 2, S. 801 – CAST 1, S. 471 – BECKE-KLÜCHTZNER, S. 294 – Staatsanzeiger 1897, Nrn. 77 und 79 – SK 1897, Nr. 79 – Württ. Jahrbücher 1897, S. VII. – Suevia Tübingen 3, S. 69 f., Nr. 64 – Amtsvorsteher, S. 513 (Fred RAITHEL).

Schott von Schottenstein, *Carl* (Karl) Johann Sigmund Freiherr, * Hohenaltheim bei Nördlingen (Bayern) 21. Juli 1792, † Stuttgart 15. Juni 1882, ⬚ ebd., Pragfriedhof, 17. Juni 1882, ev.

Vater Freiherr Johann Sigmund Schott von Schottenstein, * 26. III. 1747, † Nov. 1799, Fürstl. Oettingen-Wallerstein'scher Oberjägermeister.
Mutter Freiin Albertine Wilhelmine Karoline von Hessberg, † 7. II. 1829, Staatsdame der Königinwitwe Charlotte von Württemberg.
Mehrere G, darunter *Christian* Ludwig Wilhelm Freiherr Schott von Schottenstein, * 3. IX. 1785, † Dez. 1848, Kgl. Württ. Kammerherr und Kreis-Ober-

---

554 Amtsvorsteher, S. 512 f. (Thomas SCHULZ).

forstmeister bei der Regierung des Neckarkreises in Ludwigsburg, ∞ 4. VII. 1811 Charlotte Olenschlager von Olenstein, * 2. X. 1790, † 1853.
∞ I. 1819 *Adelheid* Freiin Brand von Lindau aus dem Hause Wiesenburg-Schmerwitz, geb. zu Wurzen[555], * 14. VI. 1796, † 8. III. 1830; II. 27. III. 1834 *Luise* Jakobine Friederike von Vischer[556], verwitwete von Grundherr, * 31. X. 1803, † 26. XI. 1849.
5 *K*, davon 3 aus 1. Ehe Freiherr *Carl* Albert Friedrich Robert Schott von Schottenstein, * 14. XI. 1820, Kgl. Württ. Revierförster, ∞ 1856 Marie von Minckwitz, * 1832, † 20. VI. 1877; Freiherr Louis *Eduard* Bernhard Johann →Schott von Schottenstein; Freiin Adelheid Schott von Schottenstein, * 6. VI. 1826, † 1898, ∞ 1849 Ferdinand (1882 Freiherr) von Dusch[557], * Karlsruhe 10. XII. 1819, † ebd. 8. V. 1889, 1853-1872 Großhzgl. Bad. Gesandter in Stuttgart und bei der Eidgenossenschaft in Bern (Schweiz), 1872-1878 Geheimer Rat, Minister der Justiz, des Großhzgl. Hauses und des Auswärtigen, Eltern des Freiherrn Alexander von Dusch[558], * Karlsruhe 11. IX. 1851, † Schloss Mauren bei Ehningen/Kreis Böblingen 17. IX. 1923, 1905-1917 Bad. Staatsminister; Freiherr *Friedrich* Ludwig Schott von Schottenstein, * 27. IV. 1829, † 26. IX. 1857, Kgl. Württ. Legationssekretär und Kammerherr, ∞ 25. IX. 1856 Freiin Anna Varnbüler von und zu Hemmingen, * 16. VII. 1836; Freiherr Maximilian →Schott von Schottenstein.

Der Ulmer Ehrenbürger S. war ein Spross der im 19. Jahrhundert eng mit Ulm verbundenen ritterschaftlichen Familie Schott von Schottenstein, die über Jahrhunderte hinweg beim Ritterkanton Braunach immatrikuliert war. Er entstammte dem nassauischen Zweig des Geschlechts und kam als Sohn eines Markgräflich-Ansbachischen Kammerherrn, der als Oberjägermeister in Diensten der Fürsten von Oettingen-Wallerstein stand, auf dem Fürstlichen Schloss Hohenaltheim zur Welt.
S. studierte von 1810 bis 1813 Rechtswissenschaften in Tübingen. Die Familie orientierte sich nach der napoleonischen Neuordnung nach Württemberg, so dass für ihn eine Beamtenlaufbahn im Staatsdienst des Königreichs vorgesehen war. Der König ernannte ihn zum Kgl. Württ. Kammerherrn. Seit 1820 war er Assessor (Charakter eines Regierungsrats) bei der Regierung des Donaukreises in Ulm, bei der er mit einer Ausnahme – er war Ende der 1820er Jahre Regierungsrat bei der Regierung des Jagstkreises in Ellwangen – seine gesamte Dienstzeit verbrachte. Nach dem Tod des Regierungsdirektors Georg Amandus von →Schmalzigaug ernannte König Wilhelm I. den mittlerweile 60 Jahre alten S. zu dessen Nachfolger als Vorstand der Kreisregierung und zum Regierungsdirektor. Bis zu seiner Pensionierung im Jahre 1866 verblieb er in diesem Amt. Aus Anlass von S.s Eintritt in den Ruhestand verlieh ihm die Stadt Ulm das Ehrenbürgerrecht. Sein Nachfolger als Vorstand der Kreisregierung wurde Emil von →Majer. Der Zeit seines Lebens mit einer robusten Gesundheit ausgestattete S. starb kurz vor Vollendung des 90. Lebensjahres.
S. war offenbar eine Beamtenpersönlichkeit mit politischem Kopf und einem gewissen Verständnis für die Nöte der „einfachen“ Menschen. Ende 1838 wurde – eine große Seltenheit in Württemberg – der Adlige S. im WK Saulgau zum Abgeordneten des Bezirks in der Kammer der Abgeordneten des Württ. Landtags gewählt, wo er der Kommission für Zoll- und Handelsgegenstände angehörte. Bei der 1844 abgehaltenen nächsten Landtagswahl unterlag er allerdings gegen Alois →Wiest und verlor das Mandat. Während der Revolution im Jahre 1848 hatte er als Regierungskommissar verschiedenen Anzeigen der Oberämter bezüglich der Unruhen in Oberschwaben nachzugehen und hielt sich u. a. im März 1848 in Obermarchtal auf, wo er mit unzufriedenen Bauern sprach, die sich für eine Minderung der ihnen auferlegten Lasten einsetzten. S. scheint Verständnis gezeigt zu haben; jedenfalls ließ er nicht das vom Oberamt geforderte Militär einschreiten, was ihm eine Beschwerde seitens des Oberamts eintrug. 1849 musste S. dann doch militärisch einschreiten und nahm u. a. am 17. Juni 1849 Riedlingen mit 1.200 Soldaten ein, wobei er sich bemühte, Eskalationen zu vermeiden. Im Oberland hat man ihm dies nicht vergessen. – 1839 Ritterkreuz des Württ. Kronordens; Kommenturkreuz des Württ. Kronordens; Kommenturkreuz I. Kl. des Friedrichsordens.

[555] UNGERICHT, S. 186.
[556] UNGERICHT, S. 186.
[557] Ih 1, S. 171.
[558] Ih 1, S. 171 – BWB N.F. V (2005), S. 55-58 (Frank RABERG).

L CAST 1, S. 471 f. – Staatsanzeiger Nr. 140, 20. VI. 1882, S. 998 – SK Nr. 140, 16. VI. 1882, S. 927 – ebd. Nr. 141, 17. VI. 1882, S. 933 (Todesanz. der Familie) – ebd. Nr. 143, 20. VI. 1882, S. 947 – BECKE-KLÜCHTZNER, S. 294 – RIECKE, Verfassung und Landstände, S. 47 – HARTMANN, Regierung und Stände, S. 57 – GGT (Freiherrl. Häuser) 64 (1914), S. 755 ff. – GGT (Freiherrl. Häuser), Teil A (86) 1936, S. 578 f. – UBC 2, S. 107 – LINCK-PELARGUS, Pragfriedhof, S. 16 – HEINZ, Mitbürger, S. 536 – RABERG, Biogr. Handbuch, S. 834.

Schott von Schottenstein, Maximilian Freiherr, * Ulm 22. Nov. 1836, † Schloss Schottenstein bei Coburg 10. Aug. 1917, ev.-luth.
Eltern und *G* siehe *Carl* Johann Freiherr →Schott von Schottenstein.
∞ 1868 Ottilie von Ochs, * 7. VIII. 1845, † 1916, T. d. Generals von Ochs in Kassel. 6 *K*.

S. war der einzige gebürtige Ulmer, der es in der Zeit des Königreichs bis zum Amt des Ministerpräsidenten schaffte, und neben Ludwig (von) →Golther war er der einzige aus Ulm stammende württ. Staatsminister. Seine Geburtsstadt ernannte ihn zum Ehrenbürger – nach seinem Vater war er bereits das zweite Mitglied der Familie, das auf diese Weise ausgezeichnet wurde.
Nach dem Besuch des Ulmer Gymnasiums bestand der Sohn des späteren Vorstands der Kreisregierung des Donaukreises 1851 das Landexamen und war bis 1855 Hospes im ev.-theol. Seminar zu Maulbronn. Im Anschluss daran schlug S. die militärische Laufbahn ein und kam im Herbst 1855 auf die Kriegsschule in Ludwigsburg, um nach dreijähriger Ausbildung am 20. Sept. 1858 als Leutnant in das 5. Inf.-Rgt. einzutreten. Als einer der besten Absolventen der Kriegsschule wurde er wenig später zum Generalquartiermeisterstab und zur bayerischen Artillerie- und Genieschule in München abkommandiert. Nach deren Absolvierung erfolgte im März 1859 S.s Abkommandierung zum Ingenieurkorps. Nach nochmaligem Besuch der Artillerie- und Genieschule in München kam er 1861 zum Pionierkorps und wurde am 6. Jan. 1862 zum Oberleutnant ernannt. Am 13. Sept. 1866 zum Hauptmann befördert und der taktischen Abteilung des Generalquartiermeisterstabes zugeteilt, wurde er 1867 erstmals als Referent in das Kriegsministerium berufen. S. erhielt wiederholt Sonderaufträge, so 1869 als württ. Delegierter zur süddeutschen Festungskommission in Württemberg, wo er nach dem Verlust des Status´ Ulms als Bundesfestung über die neuen Verhältnisse Ulms verhandelte, so auch 1870 in Verhandlungen mit dem bayerischen Kriegsministerium. Am Krieg 1870/71 nahm er als Ingenieuroffizier im Stabe teil und erhielt für seine Verdienste bei der Einschließung von Paris das EK II und das Ritterkreuz des Württ. Militärverdienstordens. Nach 1871 zum 3. Hessischen Inf.-Rgt. Nr. 83 kommandiert, avancierte er im Herbst 1872 zum Kompaniechef im 1. Württ. Inf.-Rgt. Nr. 119 („Königin Olga“). Am 5. Mai 1873 Major, wenig später auch zum Bataillonskommandeur ernannt, wechselte er im Dez. 1876 als Kommandeur des Mergentheimer Bataillons im 4. Württ. Inf.-Rgt. Nr. 122 nach Tauberfranken.
Die nächsten Laufbahnstationen – 1879 Oberstleutnant, 9. Juli 1883 Kommandeur des Grenadier-Rgts. „Königin Olga“ Nr. 119 (1. Württ.), 27. Jan. 1884 Oberst ebd., 18. Aug. 1888 Generalmajor und Kommandeur der 51. Inf.-Brigade, 1890 Kommandeur der 30. Division in Straßburg, 18. Nov. 1890 Generalleutnant ebd. – markierten den unaufhaltsamen Aufstieg des Ulmers. Von Straßburg kam er 1892 nach Stuttgart zurück, um seinen neuen Posten als Mitglied der Kgl. Regierung anzutreten. Vom 10. Mai 1892 bis 13. April 1901 als Nachfolger des pensionierten Staatsministers Gustav von →Steinheil Kgl. Württ. Staatsminister des Kriegswesens und Bevollmächtigter zum Bundesrat in Berlin. In seiner Amtszeit wurde u. a. der große Truppenübungsplatz bei Münsingen errichtet. Der hochgeschätzte und fähige Offizier fühlte sich im neuen Amt nicht sehr wohl und beklagte wiederholt die geringen Aktionsspielräume. König Wilhelm II. ernannte ihn am 18. April 1896 zum General der Infanterie. Vom 3. Dez. 1900/

2. Jan. 1901 bis 13. April 1901 – also nur wenige Monate lang – amtierte S. unter Beibehaltung des Ministerpostens im Kriegsministerium als Nachfolger des Freiherrn Hermann von Mittnacht als Kgl. Württ. Ministerpräsident. S. betrieb im Großen und Ganzen eine Fortführung der Mittnacht'schen Politik, signalisierte aber anders als dieser dem Landtag eine liberale Fortentwicklung des Wahlrechts und stellte die Verfassungsreform, an der Mittnacht gescheitert war, dezidiert in Aussicht. Der Ministerpräsident trat aufgrund seiner Kompromittierung in einem Kuppeleiprozess, in dessen Verlauf er als Zeuge aufgetreten war, nach kurzer Amtszeit zurück. Der König entsprach dem Rücktrittsgesuch nach einem längeren Urlaub S.s und betraute im April 1901 Wilhelm von Breitling mit den Aufgaben des Ministerpräsidenten, Albert von Schnürlen mit der Leitung des Kriegsministeriums. Als Grund für den Rückzug S.s wurden offiziell gesundheitliche Probleme angegeben. S. blieb à la suite des Grenadier-Rgts. „Königin Olga" gestellt und wurde mit Pension zur Disposition gestellt. S., der als Ministerpräsident ganz im Schatten seines Vorgängers und seines Nachfolgers stand und im Amt überfordert gewirkt hatte, verlebte seinen Ruhestand auf dem von ihm 1888 erworbenen Schloss Schottenstein im Fränkischen. – Großkreuz des Württ. Kronordens und des Friedrichsordens; Kommenturkreuz des Württ. Militärverdienstordens. – 1900 Ehrenbürger von Ulm.

L HARTMANN, Regierung und Stände, S. 65, 84 – SK Nr. 375/1917 – WN 1917, S. 123-128 (Karl Ludwig von Muff) – PHILIPPI, Königreich Württemberg, S. 106, 114, 139, 149, 190 – SCHWABE, Regierungen, S. 35 f., 43, 239 – HBWG 3, S. 393 – SAUER, Wilhelm II., S. 38, 143, 146, 157, 222 – Wikipedia.

Schrader, Wilhelm, * Neuenstein/OA Öhringen 12. Jan. 1848, † Ulm 30. oder 31. Okt. 1914, ev.
Vater   Julius Schrader, Apotheker in Neuenstein.
Mutter   Wilhelmine Lindner.
2 G, darunter Julius Schrader[559], † Feuerbach 8. XII. 1906, Apotheker, Fabrikant in Feuerbach.
∞ Tettnang 1873 Fanny Laub, † 1892.
3 K   Otto Schrader, Direktor der Städtischen Straßenbahnen und Elektrizitätswerke Ulm; Berta Schrader, * Langenargen/OA Tettnang 3. III. 1876, ∞ Ulm 10. III. 1900 Ernst →Reichold; Tochter, ∞ Guido Gerber[560], Dr. med., * Bretten 30. III. oder 31. V. 1869, † Baden-Baden 4. IX. 1956, praktischer Arzt und Gemeinderat in Bretten, nach 1934 in Baden-Baden, NL-Politiker, 1913-1917 MdL Baden.

W., der als Begründer der hohenlohischen Mundartdichtung gilt, verlebte die letzten rund 20 Jahre seiner Dienstzeit als Zollbeamter in Ulm.
Aus einer väterlicherseits in Arolsen (Kreis Waldeck) beheimateten Familie stammend, wuchs S. nach dem frühen Tod des Vaters als Halbwaise auf. In Öhringen absolvierte S. das Lyzeum, anschließend war er Zögling am ev.-theol. Seminar Blaubeuren. Seit Herbst 1865 studierte S. Kameralwissenschaften in Tübingen (Mitglied des Corps Franconia) und bereitete sich auf eine Übernahme in die Finanzverwaltung des Königreichs Württemberg vor. Nach den Examina im Kameralfach war S. zunächst beim Kameralamt Göppingen tätig, bevor er 1871 als Kameralamtsbuchhalter nach Tettnang wechselte. 1876 erhielt er eine neue Position als „berittener Grenzkontrolleur" in Langenargen am Bodensee. Schon 1878 wurde S. nach Stuttgart versetzt, wo er sowohl bei der Staatshauptkasse als auch beim Württ. Statistischen Landesamt beschäftigt war. Etwa 1885 kehrte er als Hauptzollamtskontrolleur an den Bodensee zurück und hatte seinen Dienstsitz in Friedrichshafen.
1895 wurde er in gleicher Eigenschaft nach Ulm versetzt, wo er zuletzt als Oberzollinspektor das Hauptzollamt leitete. Dieses war für die Oberämter Aalen, Biberach, Blaubeuren, Ehingen, Ellwangen, Geislingen/Steige, Göppingen, Heidenheim/Brenz, Kirchheim/Teck, Laupheim, Münsingen, Neresheim, Nürtin-

gen, Reutlingen, Riedlingen, Rottenburg, Tübingen, Ulm und Urach zuständig; untergeordnet waren ihm die Zollämter Biberach, Göppingen, Heidenheim, Reutlingen und Tübingen. Am 25. Feb. 1903 erhob ihn der König in den Rang eines Obersteuerrats. Im Juli 1914 trat der 66 Jahre alte S. in den Ruhestand. Ein Vierteljahr später starb er in Ulm.
Als hohenlohischer Mundartdichter, der sich selbst als „alter Gäwele" bezeichnete, gewann S. einen Platz in der württ. Literaturgeschichte. Schon seit den 1880er Jahren hatte der gesellige und humorige S. als Schriftleiter der humoristischen Wochenzeitschrift „Vetter aus Schwaben" (Beilage der „Württ. Landeszeitung") publizistisch gewirkt und erste Erzählungen in Hohenloher Mundart (mit dem Untertitel „Luschtige Hohenloher Gschichtlich und Gedichtlich von Wilhelm Schrader, eme alte Naiestaaner"; u. a. die Erzählungen: „Ma Raas nach Rußland und in d´ Türkei", „Ma ärschte Bariser Raas" und „Worum i leddich bliewe bin") veröffentlicht, die später in dem Sammelbüchlein „Bamm alte Gäwele" (1895) vereint wurden. S. hatte damit großen Erfolg weit über Hohenlohe hinaus und war um 1900, als er bereits in Ulm Beamter war, einer der bekanntesten Literaturschaffenden in Württemberg. 1897 ließ er ein zweites Bändchen „Aus em scheine Hohenlohe" folgen, in dem er neben Schwänken auch einige Gedichte zur Veröffentlichung brachte – wobei dieser Versuch erwies, dass letztere nicht seine eigentliche Domäne waren. In Ulm verfasste er auch „Was se der Houfgärte z´Ähringen alles verzeihlt" (1899) und die Darstellung „Ähringe und Naiestaan im Johr Achtzehvärzich" sowie die umfangreiche historische Erzählung „Straußenkrieg", die eine tatsächliche Begebenheit aus dem frühen 16. Jahrhundert zum Gegenstand hatte, den Streit eines Neuensteiner Salzfuhrmannes mit der Reichsstadt Schwäbisch Hall. S. erwies sich in seinen Arbeiten als ein Mann guten Gedächtnisses – die Mundart, in der er schrieb, hatte er jahrzehntelang kaum pflegen können –, guter Beobachtung und anregender Erzählkraft. Allerdings war er ganz dem Stil seiner Zeit verhaftet, und sein Biograph Friedrich Weller hält fest, dass es S. an *schriftstellerische[r] Selbstzucht* ebenso gefehlt habe wie an *Kraft, größere und sprödere Gegenstände zu bewältigen.* Seine Bedeutung als Pionier der hohenlohischen Mundart im deutschen Schrifttum bleibt davon unberührt. – 1906 Ritterkreuz I. Kl. des Friedrichsordens; Silberne Jubiläumsmedaille.

L Ih 2, S. 801 – Staatsanz. Nr. 264/1914 – SK Nr. 511/1914 – Württ. Jahrbücher 1914, S. V – WN 1914, S. 208-211 (Friedrich WELLER), 277 – UBC 3, S. 291, 362, 573 f. – SCHNEIDER-HORN, Die Tübinger Franken, S. 202, Nr. 329.

Schrägle, *Friedrich* Reinhold, * Tübingen 9. Aug. 1876, † Tübingen 1939, ev.
Vater   August *Friedrich* Schrägle[561], * Fluorn/OA Oberndorf 28. XI. 1840, † Stuttgart 1. VII. 1910, Oberreallehrer an der Realanstalt Stuttgart, 1885 tit. Professor ebd., 1900 Verleihung des Ranges auf der VII. Rangstufe, S. d. Johann Christoph Schrägle, Wundarzt in Fluorn.
Mutter   Mathilde Schott, * Weingarten 3. III. 1841, † Ulm 17. VI. 1918, T. d. Wilhelm Christof Schott, * Stuttgart 13. XI. 1822, † ebd. 13. III. 1859, Oberinspektor und Lehrer am Waisenhaus Weingarten, 1847 dsgl. am Waisenhaus Stuttgart, u. d. Henriette Mathilde Hesler, ∞ Widdern/OA Neckarsulm 26. X. 1814, † Stuttgart 6. I. 1890.
∞ Stuttgart 26. IX. 1906 Lydia Helbling, * Stuttgart 11. II. 1882, T. d. Ernst Helbling, Kaufmann in Stuttgart, u. d. Henriette Bienemann.
3 K   Walther Schrägle, * Hohebach 26. XI. 1907, Kaufmann in Ulm; *Friedrich (Fritz)* Ernst Schrägle[562], * Hohebach 15. VIII. 1910, † Eningen unter Achalm/Kreis Reutlingen 31. VIII. 1992, 1964-1975 Dekan in Blaubeuren, zuvor Erster Stadtpfarrer in Friedrichshafen, Mitglied des 5. Landeskirchentages und der 6. Landessynode; Martin Schrägle, * Hohebach 12. VII. 1914.

S. war mehr als 15 Jahre lang ev. Geistlicher in Ulm und setzte sowohl als Oststadt- wie als erster Ulmer Jugendpfarrer Akzente in der Zeit nach dem Ersten Weltkrieg.
Der Lehrersohn aus dem Schwarzwald durchlief nach dem Hochschulstudium in Tübingen und den theol. Examina die

559 SCHNEIDER-HORN, Die Tübinger Franken, S. 202, Nr. 332.
560 SCHNEIDER-HORN, Die Tübinger Franken, S. 268, Nr. 525 – BRAUN, Freimaurer, S. 191, Nr. 053.

561 CRAMER, Württembergs Lehranstalten [4]1904, S. 22.
562 EHMER/KAMMERER, S. 331 (Bild).

übliche Vikariatszeit, bevor er 1906 als Pfarrer in Hohebach/OA Künzelsau seine erste eigene Stelle erhielt. Im Feb. 1918 wurde S. zum Dritten Stadtpfarrer an der Ulmer Dreifaltigkeitskirche und zugleich zum Jugendgeistlichen (bis Dez. 1923) ernannt, eine vom Ministerium des Kirchen- und Schulwesens am 8. Jan. 1918 genehmigte neue Stelle. Sie trug den neuen Erfordernissen an die Seelsorge in der Endzeit des Ersten Weltkriegs Rechnung, als es darum ging, der desillusionierten Jugend besondere Aufmerksamkeit zu widmen. S. verstand es, das Amt mit Umsicht erfolgreich zu führen, obwohl es ihm nach einer Beurteilung des Prälaten Heinrich (von) →Planck weniger lag als das später übernommene Amt des Krankenhauspfarrers.

Im Dez. 1923 erfolgte die Abberufung S.s von seinem bisherigen Amt als Jugendgeistlicher, um sich verstärkt als Krankenhauspfarrer und Pfarrer für die Oststadt betätigen zu können. Seine Nachfolge als Jugendgeistlicher trat nach einer fast neunmonatigen Vertretung durch Karl Freudenreich Eugen →Schmid an. Als Krankenhauspfarrer erfreute sich S. großer Beliebtheit, da er mit großem persönlichen Einsatz bei der Sache war und seine menschliche Art ihm den Zugang zu den Kranken und ihren Angehörigen ermöglichte. Im Mai 1934 erfolgte S.s krankheitsbedingter Eintritt in den Ruhestand. Fünf Jahre später starb S. im 63. Lebensjahr.

L   MAIER, Nachfahrentafel Schott, S. 100 – Magisterbuch 41 (1932), S. 133 – UBC 4, S. 405 – NEBINGER, Die ev. Prälaten, S. 594 – MAYER, Die ev. Kirche, S. 525.

Schreck (auch: Schreck-Normann), Franziska („Fanny"), geb. Ott, * 1877, † Ulm-Söflingen 11. Dez. 1951.

Über dem Leben der Ehefrau des berühmten Stummfilm-Stars Max Schreck (1879-1936), u. a. bekannt als „Nosferatu" im gleichnamigen Film von F. W. Murnau (1922), liegt ein Dunkel, das nur eine vorsichtige Annäherung erlaubt. Die Schauspielerin heiratete 1910 den aufstrebenden Bühnendarsteller Schreck, mit dem zusammen sie öfters spielte. Sie scheint eine gewitzte Schauspielerin gewesen zu sein, denn obwohl sie selten über Chargenrollen hinauskam, erhielt sie immer wieder besondere Erwähnungen in Besprechungen und sehr gute Kritiken. Sie spielte schon im Stummfilm erste Kinorollen, so neben ihrem Ehemann in dem bereits erwähnten „Nosferatu" und in „Die Talfahrt des Severin Hoyer" (1922). Zu ihren Tonfilmen zählen „Die Koffer des Herrn O. F." (1931), „Das Mädchen Johanna", „Ehestreik", „Das Mädchen vom Moorhof" (alle 1935), „Der Jäger von Fall" (1936), „Die Nichte aus USA" (1937), „Rote Mühle", „Die Stimme aus dem Äther", „Sylvesternacht am Alexanderplatz" (alle 1939), „Der Herr im Haus" (1940), „Alles aus Liebe" (1941) und „Der Seniorchef" (1942). Bei Kriegsende floh S. von Berlin nach Ulm-Söflingen, wo sie sechs Jahre später, völlig vergessen, im Alter von 76 Jahren starb.

L   Glenzdorfs internationales Filmlexikon, Bd. 3, Bad Münder (Deister) 1961, S. 1547 – Stephan EICKHOFF, Max Schreck - Gespenstertheater, 2007 – Wikipedia.

Schreck, Friedrich, * 8. Okt. 1878, † 1946, kath.
∞ Irene Freiin von und zu Guttenberg.

S. war in politisch schwierigen Zeiten Bezirksamtmann bzw. Landrat des Kreises Neu-Ulm.
Einer pfälzischen Beamtenfamilie entstammend, folgte S. nach dem Studium der Familientradition und trat in die Dienst der bayerischen Innenverwaltung. Bevor er 1930 seinen Dienst als Bezirksamtmann von Neu-Ulm antrat, war S. bei den Bezirksämtern Rosenheim und Bogen tätig gewesen. In Neu-Ulm folgte er Karl →Risch nach. Nach der Machtübernahme der Nationalsozialisten trat S. im Mai 1933 der NSDAP bei, sah sich aber Bedenken der Hitler-Partei gegenüber, die an seiner politischen Zuverlässigkeit und auch an seiner „arischen Herkunft" zweifelte. Solcherlei den Betreffenden meist nur indirekt, aber zielsicher zur Kenntnis kommenden Zweifel dienten im totalitären Regime dazu, Beamte gefügig zu machen oder aber ihre Absetzung einzuleiten. Oberregierungsrat S. verwies in einem Schreiben vom 10. Sept. 1934 auf seinen NSDAP-Beitritt und versicherte das Innenministerium seiner Loyalität. Zu einem überzeugten Nationalsozialisten scheint sich S. jedoch nicht entwickelt zu haben. Die schlechte Quellenlage verhindert jedoch abschließende Wertungen. Offenbar war S. aber in Neu-Ulmer Parteikreisen nicht sonderlich angesehen. In einem Bericht des NS-Kreisleiters Roedel an die Gauleitung Schwaben hieß es 1938, S. sei *ein alter, eingefleischter Bürokrat und Paragraphenreiter, der längst abgebaut gehört*. Der 60-jährige Landrat wurde zunehmend zermürbt und beantragte im Frühjahr 1939 seine Versetzung in den Ruhestand. Dieser Antrag bot die willkommene Gelegenheit, einen jüngeren, überzeugten Nationalsozialisten im Amt des Neu-Ulmer Landrats zu installieren, der mit Julius →Taschke gefunden wurde. Zum 1. Nov. 1939 trat S. in den Ruhestand, ohne dass sein Wirken eine öffentliche Würdigung gefunden hätte. Über seine letzten Lebensjahre ist nichts bekannt. S. starb 68-jährig, bevor sein Entnazifizierungsverfahren eingeleitet wurde. – Stv. Vorstandsvorsitzender des Zweckverbandes sowie des Verwaltungsrats „Kreis- und Stadtsparkasse Neu-Ulm/Weißenhorn".

L   HAUF, Von der Armenkasse, S. 155 –GEIGER, Zwischen Loyalität, bes. S. 113 u. ö.

Schröter, Fritz, Dr. rer. nat., Dres.-Ing. E.h., * Berlin 28. Dez. 1886, † Ulm 11. Okt. 1973, ev.
Vater   Gustav Schröter, Prokurist bei der Deutschen Bank in Berlin.
Mutter   N.N. Rochna.
∞ I. Kate Schubring; ∞ II. Ursula Juschka.
3 *K* aus I. Ehe.

Der berühmte Elektrophysiker und Fernsehpionier S. verbrachte die letzten Lebensjahre in Ulm, wo er als wissenschaftlicher Berater beim Forschungsinstitut von Telefunken tätig war.
Der in gesicherten finanziellen Verhältnissen aufgewachsene S. studierte zunächst Physik und Chemie in Lausanne und an der Universität Berlin, bevor er zum Studium der Elektrotechnik an die TH Berlin-Charlottenburg wechselte. 1909 wurde er mit der Arbeit „Über die elektrische Verstäubung von Metallen in flüssigem Argon und flüssigem Stickstoff" bei Franz Fischer (1877-1947) promoviert. Danach beschäftigte sich S. in seinem eigenen, von seinem Vater finanzierten Labor in Berlin u. a. mit Versuchen zur Glimmentladung in Edelgasen und war als Berater bei den „Elektrizitäts-A.G. Hydrawerken" (Berlin) tätig.
1915 übernahm er die Leitung der Studienabteilung für Elektrotechnik der „Julius Pintsch AG" (Berlin) und befasste sich mit elektrotechnischen Anwendungen von Gasentladungsröhren und den Grundlagen für Leuchtstofflampen. Er entwickelte in dieser Zeit das Konzept der Stabilisierung durch eine Glimmentladung in Edelgasen (Stabilisatorröhre), erfand eine Neon-Glimmlampe und baute erste Kaltkathodenröhren (Thyratrons). 1921 kam S. als Mitarbeiter zur „Gesellschaft für drahtlose Telegraphie mbH" (seit 1923 Telefunken) und intensivierte dort seine Forschungen u. a. zur Bildtelegraphie, der Ultrakurzwellentechnik und zum Fernsehen. 1923 stieg er zum Abteilungsleiter und Direktor der Technischen Abteilung bei Telefunken auf und betrieb vorrangig die Entwicklung des Fernsehens. 1926 ließ er sich die Verwendung von „ausi-optischen Wellen" (Ultrakurzwellen) für die Verteilung von Fernsehprogrammen in Großstädten patentieren, 1930 die noch heute verwendete Kombination der Braunschen Röhre mit dem Zeilensprungverfahren. Über Jahrzehnte hinweg arbeitete S. an der Verbesserung der Bildqualität und entwickelte 1936 das Konzept der Differenzbildübertragung mit Ge-

schwindigkeitswechsel, das erst viel später praktisch angewendet werden konnte. Insgesamt sicherte sich S. mehr als 170 Patente und legte seine Erkenntnisse in zahlreichen Monographien und Fachaufsätzen nieder. Von 1931 bis 1945 wirkte er als Honorarprofessor an der TH Berlin-Charlottenburg.

Nach dem Ende des Zweiten Weltkriegs ging der international geschätzte Fernsehpionier S. nach Frankreich, wo er von 1947 bis 1950 in Corbeville bei Paris das Fernsehlaboratorium der „Compagnie des Compteurs" leitete. 1949 wurde er zum Mitglied des Internationalen Fernsehkomitees berufen. 1950 wechselte er als Professor an die Universität Madrid. Nach fünfjähriger Tätigkeit in Madrid kehrte der 68-jährige S. 1955 zu Telefunken zurück und stellte sich als wissenschaftlicher Berater im Ulmer Forschungsinstitut zur Verfügung. Er verlegte seinen Wohnsitz nach Ulm und nahm neben der Tätigkeit bei Telefunken einen Lehrauftrag für Elektronenoptik an der Universität Bonn wahr. Seine letzten Lebensjahre waren bestimmt von Forschungen zur Entwicklung des Farbfernsehens. Der bis ins hohe Alter geistig rege S. starb im 87. Lebensjahr in Ulm, wo er seit fast 20 Jahren heimisch geworden war. – 1933 Gauss-Weber-Medaille der Universität Göttingen; 1937 Bronzene Auszeichnung der Pariser Weltausstellung; 1953 Ehrensenator der fernsehtechnischen Gesellschaft; 1962 Dr.-Ing. E.h. (Darmstadt); 1966 Dr.-Ing. E.h. (Berlin); 1966 Bundesverdienstkreuz I. Kl. des Verdienstordens der Bundesrepublik Deutschland. – 1970 Mitglied der Rheinisch-Westfälischen Akademie der Wissenschaften (Düsseldorf).

W Werkverzeichnis: Fachbücherei des Röhrenwerks Ulm (Hg.), Bibliographie der wissenschaftlich-technischen Veröffentlichungen von Fritz Schröter, Ulm 1956 – Vorschläge für eine neue Fernsehbildsynthese, in: Beiträge der Akademie der Wissenschaften in Nordrhein-Westfalen 1970, S. 7-36.
L Ih 2, S. 804 – NDB 23 (2007), S. 589 ff. (Wolfgang MATHIS) – Wikipedia.

Schübel, *Albrecht* Karl Johann Christian, * Winterhausen (Unterfranken) 11. Nov. 1894, † München 25. März 1974, ⬚ ebd., Ostfriedhof, 28. März 1974, ev.
Vater   Wilhelm Schübel, Oberlehrer.
Mutter   Lisette Merkel.
∞ 1923 *Elsa* Frieda Johanna Clara Köhler, * Dietfurt/Kreis Treuchtlingen 21. II. 1900, T. d. Gottfried Köhler, Pfarrer, u. d. Gertrud Leonhardt.
K eine Pflegetochter, Irmgard Kränzl, * München 16. VI. 1928.

S. war Neu-Ulms ev. Stadtpfarrer und Dekan in der Zeit nach dem Zweiten Weltkrieg.

Nachdem er 1917 die Konkursreife erlangt hatte, bestand er 1920 die Aufnahmeprüfung für die Übernahme in den Dienst der ev. Landeskirche Bayerns. Bereits am 1. Jan. 1921 wurde der 26-jährige S. zum Pfarrer an St. Johannis in München ernannt und wenig später ordiniert. Am 1. April 1925 wechselte er als Pfarrer an die Lutherkirche in München-Giesing. 1933 der NSDAP und 1934 dem Reichsbund deutscher Beamten beigetreten, erfolgte am 1. Feb. 1934 S.s Beurlaubung bis auf Weiteres zwecks Dienstleistung als Wehrkreispfarrer in München. S. stellte sich ganz in den Dienst der Seelsorge bei der Wehrmacht, wurde am 1. Okt. 1935 zum Heeresoberpfarrer und 1938 zum Wehrmachtsdekan ernannt. Dass er mit seinem Wirken sehr tief in das Räderwerk des kriegstreibenden NS-Regimes geriet, scheint S. nicht irritiert zu haben.

Während des Zweiten Weltkriegs als Pfarrverweser nach Mindelheim gerufen, erfolgte am 14. Sept. 1945 die von der Militärregierung in Mindelheim befohlene Entfernung aus dem Dienst. Mit großem Selbstbewusstsein trat diesem Schritt der mit S. befreundete Oberkirchenrat Daumiller in München entgegen, der dagegen Einspruch erhob und darauf verwies, Dienstentfernungen seien nur von der Landeskirchenleitung zu veranlassen, die im Falle von S. allerdings keinen Grund dafür habe. Daumiller sorgte dafür, dass S. am 15. Okt. 1945 rückwirkend zum 1. Mai 1945 wieder in den Dienst der Landeskirche übernommen wurde, und bahnte damit S.s Weg nach Neu-Ulm.

Nach dem Wechsel des Neu-Ulmer Dekans und Stadtpfarrers Otto →Sittig nach Dottenheim trat S. am 1. Aug. 1947 dessen Nachfolge als Stadtpfarrer und Dekan an. Am 3. Okt. 1947 erfolgte angesichts der Tatsache, dass sich der Dekanatssitz seit 1918 in Neu-Ulm befand, die längst überfällige Umbenennung des Dekanats Leipheim in „Dekanat Neu-Ulm". Mit S.s Namen ist die eigentliche Konsolidierungsarbeit in der Neu-Ulmer ev. Kirchengemeinde verbunden. Neben dem Einsatz für die alteingesessenen Gemeindemitglieder oblag es S. auch, sich um die zahlreichen Heimatflüchtlinge in den Lagern, vor allem in Offenhausen, zu kümmern. In diesem Zusammenhang ist auch die Entstehung neuer selbstständiger Pfarreien im Neu-Ulmer Dekanatsbezirk während S.s Amtszeit zu sehen, so 1949 in Weißenhorn, 1951 in Lauingen und 1953 in Burgau.

Am 23. März 1950 empfing die Neu-Ulmer Kirchengemeinde drei neue Glocken für ihre zerstörte Kirche, die von Oberkirchenrat Daumiller geweiht wurden. Am 4. Juni 1950 konnte das neue ev. Gemeindehaus in der Friedensstraße 26 von Oberkirchenrat Bezzel eingeweiht werden, am 9. Aug. 1953 das neu aufgebaute ev. Pfarrhaus an der Marienstraße. Im Feb. 1954 feierte die Gemeinde das 50-Jahr-Jubiläum der Neu-Ulmer Diakonie. Am 31. Juli 1954 weihte S. mit seinem auch. Kollegen Albert →Waibel den Rathausneubau. S. war seit 1947 Religionslehrer an der Realschule (bzw. seit 1950 Oberrealschule) Neu-Ulm. Am 11. Nov. 1952 zum Kirchenrat ernannt, trat S. zum 1. Juli 1955 wegen Krankheit in den Ruhestand, den er in München verlebte, zuletzt in einem Seniorenheim. Sein Nachfolger in Neu-Ulm wurde Friedrich von →Ammon.

Q LAELKB, Bestand Rep. Nr. 105 (Personalakten Theologen), Nr. 4592 – StadtA Neu-Ulm, Meldekarte.
L TREU, Neu-Ulm, S. 428, 527 f., 576.

Schukardt, *Johannes* Stephanus, Dr. med., * Petershofen/Kreis Ratibor (Oberschlesien) 21. Dez. 1912, † Neu-Ulm 25. Okt. 1990, ev.
∞ II. München 29. IX. 1951 *Anneliese* Charlotte Land, verw. Gerlich, * Breslau 31. XII. 1913.
4 *K*[563].

S. war eine der aus den deutschen Ostgebieten stammenden Persönlichkeiten, die nach Flucht und Vertreibung an ihrem neuen Wirkungsort politisches Engagement entfalteten. In Neu-Ulm war er fast ein Vierteljahrhundert lang Mitglied des Stadtrats.

Der gebürtige Oberschlesier und praktische Arzt kam nach dem Kriegsdienst nach Mindelheim, wo er sich als Arzt niederließ. Er praktizierte in Tussenhausen/Kreis Mindelheim. Bereits 1949 stellte er sich auf Bitten der Heimatvertriebenenverbände als Kandidat für den Kreistag Mindelheim zur Verfügung und wurde gewählt. Bis 1961 war er auch Mitglied des Kreisrats. Ende des Jahres 1961 zog S. mit seiner Familie nach Neu-Ulm, wo er in der Baumgartenstraße 38 wohnte. Auch in Neu-Ulm ließ ihn die Politik nicht los, und er wurde 1966 in den Stadtrat gewählt, dem er zuletzt als Mitglied der CSU-Fraktion angehörte.

Im Frühjahr 1990 schied S., der ein aktives Mitglied der Neu-Ulmer Stadtkapelle war, nach 24 Jahren aus dem Stadtrat aus und beendete damit seine über 40-jährige kommunalpolitische Tätigkeit. Ein halbes Jahr später starb er im Alter von knapp 78 Jahren.

Q StadtA Neu-Ulm, A 9 – ebd. D 12, III.7.2.
L Dr. Johannes Schukardt ist tot, in: NUZ, 26. X. 1990 (Bild).

Schuler, *Christian* Gottlieb, * Ulm 8. Mai 1785, † Neu-Ulm 26. April 1837, ⬚ Pfuhl, ev.
Vater   Christian Gottlieb Schuler, Schützenwirt in Ulm.

---

[563] Schukardt hatte aus seiner I. Ehe (Name und Daten der Ehefrau auf der Meldekarte nicht genannt) drei Töchter, seine II. Ehefrau brachte einen Sohn mit in die Ehe.

Mutter Friederica Luise Barbara Markart, * Winterbach/OA Schorndorf 3. XII. 1758, † Neu-Ulm 5. VIII. 1837.
∞ Pfuhl 21. VIII. 1815 Sophie Magdalena Ludwig, * Göttingen bei Ulm 19. IX. 1786, T. d. Martin Ludwig u. d. Konstanzia Hag.
Keine K.

Der Schützenwirt S., Besitzer des 1712 erbauten Schießhauses, zählt zu den „Pionieren" der Neu-Ulmer Frühgeschichte. Er war Mitglied des ersten Gemeindeausschusses des Landgemeindeverbandes Neu-Ulm/Offenhausen, der offiziell als „Ulm auf dem rechten Donauufer" firmierte.
Es war sein Vater, der das Schieß- bzw. Schützenhaus vor dem Herdbrucker Tor schon 1784 im Besitz hatte. Seinerzeit gehörte das Gebiet noch zum Territorium der Reichsstadt Ulm. Es war aus Sicherheitsgründen auf dem rechten Ufer der Donau erbaut worden und diente der Ulmer Schützengesellschaft zu Schießübungen und geselligem Beisammensein – mehrmals die Woche. Der Name „Schützenstraße" im westlichen Bereich der Stadt Neu-Ulm rührt von diesem Hintergrund her. Die gut gehende Gastwirtschaft bot aber nicht nur den Ulmer Schützen, sondern auch den zahlreichen Spaziergängern eine attraktive Einkehrmöglichkeit.
In der kleinen Gemeinde Neu-Ulm war S. einer der bekanntesten und angesehensten Bürger. Kein Wunder, dass er, wie auch Markus Bulach, zu den ersten Mitgliedern des Gemeindeausschusses von Neu-Ulm/Offenhausen gehörte, der sich am 1. Okt. 1819 konstituierte und dem S. bis zum 1. Okt. 1825 angehörte. Danach rückte für ihn der Zimmermeister Georg →Honold nach.
Nach S.s Tod, der ihn im Alter von knapp 52 Jahren ereilte, ging das Schützenhaus in den Besitz des jungen, 1815 geborenen Philipp Ulrich Weiß[564] über, der 1854 mit seiner Familie in die USA übersiedelte. Danach übernahm die von Besserer´sche Stiftung das Schützenhaus.

L   BUCK, Chronik Neu-Ulm, S. 28, 95, 142 – TREU, Neu-Ulm, S. 98 – TEUBER, Ortsfamilienbuch Neu-Ulm I, Artikel „Die Bevölkerung Neu-Ulm´s" und Nr. 4417.

Schuler, Heinrich *Hugo*, * Ulm 19. Dez. 1864, † Würzburg 29. Sept. 1942, ev.
Vater   *Christoph* Erhard Schuler, * 2. VII. 1815, † ebd. 18. VIII. 1887, Kaufmann in Ulm, S. d. Johann Georg Schuler, * 14. VI. 1781 Ulm † ebd. 17. I. 1853, Schulmeister in Ulm, u. d. Anna Magdalena Röscheisen,* Elberfeld 3. III. 1791, † Ulm 7. II. 1868.
Mutter   *Natalie* Wilhelmine Luise Hartmann, * Göppingen 2. VI. 1825, † Ulm 22. VII. 1912, T. d. Gottlieb Friedrich Hartmann, * 1777, † 1853, Stadt-Oberacciser in Göppingen, zuletzt 1827-1847 Revisor bei der Finanzkammer Ulm, u. d. Christiane Johanna Lempenau, * 1791, † 1865.
8 G, davon 4 † früh.
∞ Feldstetten 12. VII. 1892 Emma Autenrieth, * Feldstetten 4. VIII. 1869, † Garmisch-Partenkirchen 2. VII. 1964, T. d. Christoph *Jakob* Autenrieth, * Feldstetten 11. IV. 1831, † ebd. 6. VI. 1892, Posthalter ebd., u. d. Emma Christiana Büxenstein, * Blaubeuren 1. VI. 1841, † Feldstetten 1. X. 1912.
2 K   *Hildegard* Erna Schuler, * Ernsbach 4. V. 1893, † Erlangen 19. XII. 1962, ∞ Neuenstein 23. IX. 1920 Karl Friedrich Scholl, * Erlangen 10. V. 1889, † ebd. 18. X. 1971, Kaufmann in Erlangen – *Gertrud* Emma Schuler, * Orendelsall 17. III. 1898, † Diessen am Ammersee 23. V. 1995, ∞ Kurt Walcher, Dr. med., * Stuttgart 23. X. 1893, † Diessen am Ammersee 20. III. 1973, o. Professor der Medizin an der Universität Würzburg.

Der ev. geistliche und Genealoge S. entstammte einer Göttinger bzw. Ulmer Familie. Bis 1884 besuchte er das Kgl. Gymnasium Ulm, anschließend studierte er Theologie in Tübingen (Mitglied der AV Virtembergia). Nach der im März 1888 bestandenen I. theol. Dienstprüfung folgte am 13. Mai 1888 S.s Ordination im Ulmer Münster. Vom 15. Mai 1888 bis 30. Sept. 1889 war er Vikar in Feldstetten auf der Alb, vom 1. Okt. 1889 bis 22. Okt. 1890 Pfarrverweser in Oberlenningen/Dekanat Kirchheim/Teck, vom 23. Okt. 1890 bis Jan. 1891 dsgl. in Urspring, von Jan. 1891 bis 8. Sept. 1891 dsgl. in Merklingen. Im Juni 1891 bestand er die II. theol. Dienstprüfung. Danach musste er zunächst weiterhin als Pfarrverweser tätig bleiben, so vom 9. Sept. 1891 bis April 1892 in Rudersberg/Dekanat

---

564 TEUBER, Ortsfamilienbuch Neu-Ulm II, Nr. 5318.

Welzheim. Von April bis Aug. 1892 war S. zum Zwecke einer wissenschaftlichen Reise nach Norddeutschland beurlaubt.
In der Zwischenzeit hatte er seine erste Pfarrerstelle erhalten. 21. März 1892 nominierter, 31. Juli 1892 eingesetzter und 23. Sept. 1892 verpflichteter Pfarrer in Ernsbach/Dekanat Öhringen, 21. Dez. 1896 dsgl. in Orendelsall, war S. zuletzt von 1902 bis 1931 Erster Stadtpfarrer in Neuenstein/OA Öhringen. 1931 trat er im 65. Lebensjahr in den Ruhestand, den er in Neuenstein und zuletzt in Erlangen verbrachte. 1902 hatte sich S. als Gründer des „Familienverbands Autenrieth" in Feldstetten große Verdienste erworben, da er nicht nur einen der aktivsten und größten Familienverbände des Landes ins Leben rief, sondern auch selbst Familienforschung betrieb und seine Erkenntnisse publizierte. Herausragend ist sein 1925 erschienenes Werk „Chronik und Stammtafeln der Familien Autenrieth. Quellenmäßig erforscht und dargeboten von Stadtpfarrer Schuler". Seit 1909 war S. korrespondierendes Mitglied des Konservatoriums vaterländischer Kunst- und Altertümer. – 1916 Charlottenkreuz.

L   Magisterbuch 30 (1897), S. 161 – ebd. 41 (1932), S. 100 – UBC 4, S. 571 – Werner GEBHARDT, Hugo Schuler - Geschichte und Geschichten der Familie Schuler, geschrieben in Würzburg 1939/40, Privatdruck, Stuttgart 2002 (Bild) – Hermann EHMER, Pfarrer Hugo Schuler - ein Lebensbild, in: Werner GEBHARDT (Red.), Festschrift 100 Jahre Familienverband Autenrieth, Stuttgart 2002, S. 30-64 – Elisabeth PRELL, Erinnerungen an meinen Großvater Hugo Schuler, ebd., S. 65-70 – Werner GEBHARDT, Hugo Schulers väterliche Ahnenreihe und Verwandtschaft, ebd., S. 71-76.

Schuler, Josef, * Erolzheim/OA Biberach 2. Nov. 1874, † Liebenau, Gde. Meckenbeuren/Lkr. Bodenseekreis 19. Okt. 1944, kath.
Vater   Johann Georg Schuler, * 1836, † 1896, Bäckermeister in Erolzheim.
Mutter   Veronica Hornung, * 1849, † 1875.
8 G.

Während seiner Tätigkeit als Sekretär der Handwerkskammer Ulm war S. Landtagsabgeordneter. Den größten Teil seines Lebens verbrachte er in Ulm.
S. besuchte die Lateinschule und bestand 1896 die Verwaltungsdienstprüfung, anschließend war er Verwalter des städtischen Arbeitsamts und des Arbeitersekretariats sowie des Wohnungsvermittlungsamts und des Wohnungsaufsichtsamts in Ulm. 1899 bewarb sich S. um das Amt des Schultheißen seiner Heimatgemeinde Erolzheim, unterlag jedoch gegen Gemeinderat Konstantin Maier. Ab 1903 war er als Nachfolger des Sekretärs Dengler Sekretär der Handwerkskammer Ulm. Von Jan. 1919 bis 9. März 1921 war S. Mitglied der Verfassunggebenden Landesversammlung bzw. MdL Württemberg (1919 Platz 8 Vorschlagsliste; Zentrum; 1920 WK 24: Waldsee-Leutkirch-Wangen; Zentrum): 1919 kurzzeitig Mitglied des Finanzausschusses, 1920/21 stv. Vorsitzender des Volkswirtschaftlichen Ausschusses, Schriftführer im Vorstand, Mitglied des Steuerausschusses und des Sonderausschusses für den Entwurf eines Gesetzes betr. die staatliche Polizeiverwaltung, 1920 erneut Mitglied des Finanzausschusses. Bei der Reichstagswahl im Juni 1920 kandidierte S. auf Platz 6 der Landesliste des Zentrums in Württemberg. Seit Jan. 1920 war er Beisitzer im Reichsparteiausschuss. Seine politische Karriere endete abrupt, als er sich im Zusammenhang mit seiner Verwicklung in einen Gerichtsprozess zur Niederlegung seines Landtagsmandats veranlasst sah.

L   SCHMID, Verfassung, S. 22 (Bild), 31 – RABERG, Biogr. Handbuch, S. 840 – WEIK 7 2003, S. 320.

Schuler, Josef, * Höchstädt 8. Dez. 1882, † Neu-Ulm 14. Mai 1949, □ ebd., Alter Teil des Friedhofs, kath.
∞ I. Autenried 22. X. 1917 Magdalena Schorn, * Neu-Ulm 17. I. 1893, † Ulm 14. VII. 1919; ∞ II. 1920 Judith Schäfer, * 29. I. 1893, † 29. VII. 1977.
2 K aus II. Ehe   Ewald Schuler, * 8. XII. 1920, † 14. VIII. 1968, Bauingenieur; Klara Schuler, * 1929, † 1993.

S. war einer der erfolgreichsten Bauunternehmer Neu-Ulms in der ersten Hälfte des 20. Jahrhunderts.

Neben der Bauunternehmung betrieb er nach der Jahrhundertwende in der Bahnhofstraße 33 auch eine Großhandlung für Baumaterialien. S. erbaute in der Bahnhofstraße ab 1907 die Häuser 71, 73 75, 77, 79 (ein Fabrikbau der Jahre 1910/11), 81, 83 und 60, 1910/11 in der Gabelsbergerstraße das Haus 17 und 1911 das Haus Reuttier Straße 36. 1924 wurde der Nationalsozialist S. als einer von 15 Vertretern der Einheitsliste der sogenannten „Arbeitsgemeinschaft" in den Neu-Ulmer Stadtrat gewählt, wo er dem Bau-Senat angehörte. Angesichts fehlender Quellen lässt sich mit großer Vorsicht sagen, dass er zumindest *bei keinem kommunalpolitischen Vorgang als Verfechter nationalsozialistischer Vorstellungen* hervortrat (TREU, Neu-Ulm, S. 313). Nach der NS-Machtübernahme spielte S. offenbar in Neu-Ulm keine politische Rolle mehr, gehörte auch nicht mehr dem Stadtrat an und war lediglich noch stv. Mitglied des städtischen Gutachterausschusses. Er starb vier Jahre nach Ende des Zweiten Weltkriegs im Alter von 66 Jahren. Sein Sohn Ewald Schuler trat beruflich in S.s Fußstapfen.

L. Adreß- und Geschäfts-Handbuch Ulm/Neu-Ulm 1925, S. 86 – ebd. 1929, S. 88 – BUCK, Chronik Neu-Ulm, S. 110, 116, 128 – TEUBER, Ortsfamilienbuch Neu-Ulm II, Nr. 4423 – TREU, Neu-Ulm, S. 313 – WEIMAR, Rundgang, S. 78 f.

Schultes, David *August*, * Ulm 27. Okt. 1810, † ebd. 27. Nov. 1891, ▢ ebd., Alter Friedhof, ev.

∞ Emilie Frühwirt, * Ulm 7. II. 1812, † ebd. 20. IV. 1888, T. d. Wilhelm Anton →*Frühwirt, † 1862, Stadtrat in Ulm, u. d. Christiane Magdalena Dorothea Magirus, * Ulm 16. IV. 1777, † ebd. 7. VII 1840, T. d. Conrad Heinrich →Magirus.
Mehrere K, darunter *Wilhelm* Johann Schultes, * Sülzbach/OA Weinsberg 24. VI. 1846 (nicht 1848!), † Ulm 7. XI. 1919, 1874 Präzeptor am Pädagogium Geislingen/Steige, 1877 dsgl. an der 3. Klasse des Realgymnasiums Ulm, 1883 Titel Oberpräzeptor, 1897-1906 Professor an der 5. Klasse ebd., 1900 Verleihung des Ranges auf der VII. Rangstufe, 1906 a. D. und Ritterkreuz I. Kl. des Friedrichsordens.

S. schuf mit seiner „Chronik von Ulm" in der zweiten Hälfte des 19. Jahrhunderts eine der wichtigsten Quellen für die Ulmer Stadtgeschichte. Sie fand in der „Ulmer Bilder-Chronik" ihre Fortsetzung.
Der einer alten Ulmer Kaufmannsfamilie entstammende S. ergriff nach dem Theologiestudium in Tübingen die geistliche Laufbahn und kam 1834 als Diakon und Präzeptor an der Lateinschule nach Leutkirch. 1844 wurde er zum Pfarrer in Sülzbach/OA Weinsberg ernannt. 1851 kehrte er als Präzeptor am Kgl. Gymnasium nach Ulm zurück. Im Aug. 1862 wechselte er als Pfarrer nach Eschenbach/Dekanat Göppingen, zuletzt war er seit 1867 Pfarrer in Göttingen und Albeck auf der Ulmer Alb. Anfang 1881 trat S. im Alter von 70 Jahren in den Ruhestand, den er in Ulm verlebte.
Im Ruhestand erwarb er sich als Verfasser der „Chronik von Ulm von den Zeiten Karls des Großen bis auf die Gegenwart (1880)" große Verdienste um die Geschichtsschreibung seiner Heimatstadt. S. hatte die Niederschrift während seiner Dienstzeit eifrig vorangetrieben und konnte die erste Lieferung seiner „Chronik" bereits Anfang 1881, fast zeitgleich mit dem Eintritt in den Ruhestand, im Verlag der Gebr. Nübling erscheinen lassen. In der Vorrede beklagte er das bisherige Fehlen einer *Geschichte Ulms, in chronologischer Ordnung die Ereignisse erzählend und hiedurch, sowie durch ein vollständiges Namen- und Sachregister zum Nachschlagen geeignet.* Nachdem er wiederholt, aber erfolglos

seinen verehrten Lehrer und Freund Professor →Haßler dazu ermuntert habe, reifte der Entschluss, die Aufgabe selber zu übernehmen. Dezidiert stellte er fest, sein Buch sei nicht für *die Geschichtskundigen* geschrieben, *sondern für das größere Publikum, insbesondere für die Ulmer und Ulmerinnen [...], denen ich eine belehrende, aber zugleich unterhaltende Lektüre bieten wollte.*
S. war ein sehr aktives Mitglied des Vereins für Kunst und Altertum in Ulm und Oberschwaben und einer der Festredner beim 50-Jahr-Jubiläum dieses Vereins.

Q StadtA Ulm.
L. Magisterbuch 25 (1884), S. 62 – UBC 2, S. 97, 374, 433 – UBC 3, S. 5, 9 (Bild), 11 f. – UNGERICHT, S. 187.

Schultes, David, * Ulm 18. Nov. 1786, † ebd. 7. Sept. 1874, ▢ ebd., Alter Friedhof, ev.

Vater Johannes Schultes, * 1758 oder 1759, † 1831, Schiffmeister, später Leinwandhändler, Ratsherr/Senator/Stadtrat in Ulm.
Mutter Walburga Unseld, † 1837.
9 G, davon 6 † jung.
∞ I. Ulm 1815 Ursula Kindervatter, * 1791, † 1817; ∞ II. ebd. 1818 Euphrosine Kißling, * 1795, † 1850.
2 K, beide † im Säuglingsalter.

S. war über Jahrzehnte hinweg einer der bekanntesten und einflussreichsten Ulmer Kaufleute mit politischem Profil. Als Landtagsabgeordneter und Mitglied der bürgerlichen Kollegien in der Biedermeierzeit schrieb er an der Ulmer Geschichte mit. Der einer alten und einflussreichen Ulmer Familie entstammende S. besuchte bis 1804 das Gymnasium seiner Vaterstadt. Anschließend absolvierte er von 1805 bis 1808 eine kaufmännische Lehre in Nürnberg. Von 1808 an stand er im Militärdienst, zunächst in Frankfurt/Main, seit 1810 in Aachen und Burtscheid. 1815 erfolgte nach dem Ende der Napoleonischen Kriege die Übernahme der väterlichen Leinwandhandlung mit seinem Bruder Matthäus Schultes (1781-1839) unter dem Firmennamen „Gebrüder Schultes". Geschäftsbeziehungen bestanden besonders nach Bayern und nach Italien. Ende der 1830er Jahre erlitt S. einen Schlaganfall, der eine teilweise Lähmung der linken Körperhälfte nach sich zog. 1849 wird er als Geschworener erwähnt. *Er hat vielen Hilfesuchenden durch Anlehen und milde Gaben geholfen. Zum Münster stiftete er 300 Gulden* (SCHULTES, Chronik, S. 531).
S. war ein typischer Repräsentant des alteingesessenen Ulmer Bürgertums und gehörte zu den höchstbesteuerten Bürgern der Donaustadt. Zum Münsterbau stiftete er 300 Gulden. Eine politische Betätigung bedeutete für S. eine pure Selbstverständlichkeit. Nachdem er 1820 bei der Wahl zum Bürgerausschuss durchgefallen war, gelang ihm im Jahr darauf der Einzug in die bürgerlichen Kollegien. Von 1831 bis 1833, 1834 bis 1836, 1838 bis 1840, 1842 bis 1844 und 1844 bis 1846 war S. Mitglied des Gemeinderates. Vom 1. Dez. 1826 bis 1831 (3. bis 5. LT) war S. Mitglied der Kammer der Abgeordneten des Württ. Landtags (Wahlkreis Ulm Stadt): Mitglied der Kommission zur Beratung der Gewerbsordnung und des Hausiergesetzes. 1831 verfehlte S. den Wiedereinzug in den Landtag: an seiner Stelle wurde der als liberal geltende Gymnasialprofessor Christian Wilhelm →Schwarz gewählt. Von 1833 bis 1841 (7. bis 10. LT) war S. erneut Mitglied der Kammer der Abgeordneten des Württ. Landtags (WK Ulm Stadt): Mitglied der Kommission für Zoll- und Handelsgegenstände. Vor dem Zusammentritt des 11. o. LT legte S. sein Mandat *wegen leidender Gesundheit* nieder: *Er war ein Liberaler, aber ein Gegner der schrankenlosen Ansiedlungs- und Gewerbefreiheit, sowie der vollständigen Emancipation der Juden* (SCHULTES, Chronik, S. 454). – Mitglied der Loge „Concordia" in Aachen, 1844 Mitglied der neu gegründeten Ulmer Loge bei Carl zu den drei Ulmen; 1813 Mitglied der Ulmer Museumsgesellschaft; 1835 Mitglied des Gründungscomitees der Ulmer Dampfschifffahrtsgesellschaft; 1838 Vorstand der Assecuranzgesellschaft für Güter; 1843 Ausschussmitglied der Leih- und Sparkasse; 1845 Mitglied des Vereins für Kunst und

Altertum in Ulm und Oberschwaben; Vorstand der Großhänd-
lerinnung; Rottmeister, später Ehrenmitglied der Feuerret-
tungskompanie.

Q   StadtA Ulm, G 2 alt; Schriftl. Auskünfte von Dr. Jürg Arnold, Ostfildern
(1. VIII. 1997).
W   Eingabe des Handels- und Gewerbe-Standes in Ulm an die Stände-
Versammlung den Gesetz-Entwurf „über die öffentlichen Verhältnisse der Israeli-
ten" betreffend, Ulm 1828 – Vorstellung des Stadt-Raths und Bürger-Ausschusses
zu Ulm an die Stände-Versammlung gegen die Artikel 21, 22 und 23 des Gesetz-
Entwurfs betreffend das Gemeinde-, Bürger- und Beisitzrecht, Ulm 1828.
L   SK Nr. 215, 11. IX. 1874, S. 2117 – A. SCHULTES, Rede am Grabe des Herrn
D. S., Kaufmanns, [...], Ulm 1874 – RIECKE, Verfassung und Landstände, S. 51 –
SCHULTES, Chronik, S. 446, 454, 461, 468, 531 – HARTMANN, Regierung und
Stände, S. 41 – OAB Ulm II, S. 687 – UBC 2, S. 223, 341 – Thomas MILLER, Das
Ende der reichsstädtischen Judenpolitik Ulms, in: Besondere Beilage des Stuttgarter
NS-Kuriers mit Regierungsanz. für Württemberg Nr. 1, 28. II. 1939, S. 10-15 –
HEPACH, Königreich, S. 28, 115, 117ff., 133, 182 – UNGERICHT, S. 187 – BRANDT,
Parlamentarismus, S. 82 – SPECKER, Ulm im 19. Jahrhundert, bes. S. 189 u. ö. –
WAIBEL, Gemeindewahlen, S. 294, 319 u. ö. – SPECKER, Großer Schwörbrief,
S. 291 – RABERG, Biogr. Handbuch, S. 841 (Bild).

Schultheiß, Agnes, geb. Landmann, * Danzig 9. Jan. 1873, † Ulm-Wiblingen 10. Dez. 1959, ▢ Hauptfriedhof Ulm, 14. Dez. 1959, kath.

Vater   Ferdinand Matthias Landmann, Kaufmann und Gründer der Marienschule in Danzig.
Mutter   Franziska Landmann, † 1908.
11 G, darunter Maria Landmann, Direktorin der Marienschule in Danzig.
∞ 1906 Franz Schultheiß, † 1927, Postbetriebsinspektor in Tübingen, 1907 dsgl.
beim Postamt Nr. 1 in Ulm, zuletzt Postdirektor in Ulm.
Keine K.

S. war d i e große, bedeutende katholische Frauenpersönlich-
keit im Ulm des 20. Jahrhunderts. Als sozial engagierte „Tat-
frau" hat sie Ulm über Jahrzehnte hinweg geprägt, als Politikerin der Zentrumspartei war sie einflussreich auf kommunaler,
Landes- und Reichsebene.

S. wuchs inmitten einer großen Geschwisterschar in einer
wohlhabenden, großbürgerlichen Kaufmannsfamilie auf, in der
ein liberaler Geist herrschte. Nach der Volksschule und der
Höheren Mädchenschule wurde sie am Danziger Lehrerinnenseminar ausgebildet und war anschließend für ein Jahr bei den
Ursulinerinnen in Breslau tätig, ehe sie nach Danzig zurückkehrte. Dort war sie neun Jahre lang Lehrerin an der von ihrem
Vater gegründeten und von ihrer Schwester geleiteten Marienschule, einem katholischen höheren Lehrerinnenseminar. S.
drängte es nach Weitung ihres Horizontes und Vervollkommnung ihrer Kenntnisse. Da sich in Preußen Frauen erst 1903 als
Studentinnen immatrikulieren konnten, führte S. 1902 ein
philologisch ausgerichtetes Universitätsstudium zunächst für zwei
Jahre nach Oxford (Großbritannien) und anschließend nach
Bonn. Sie schloss es mit dem Staatsexamen ab. In Großbritannien lernte S. die Frauenbewegung kennen und wurde für den
Kampf um das politische Frauenwahlrecht sensibilisiert.

Die sichere Aussicht auf eine Laufbahn als Erzieherin gab S.
jedoch auf, als sie 1906 Danzig verließ, um in Tübingen einen
verwitweten Postbeamten, der einen Sohn hatte, zu heiraten.
Das Paar zog 1907 nach Ulm um, wo es in der Wagnerstraße
44 eine Wohnung bezog. S. teilte mit ihrem Mann das Interesse
an Kunst, Literatur und Musik. Die Ehe blieb kinderlos, der
Ehemann unterstützte S.s umfangreiches gesellschaftliches Engagement.

S. war sogleich aktiv in der katholischen Kirchengemeinde und
in der bürgerlichen Frauenbewegung. 1912 übernahm S. das
Amt der Ersten Vorsitzenden des 1908 von Franz Xaver
→Effinger und Heinrich →Sambeth gegründeten „Rettungsvereins zum Guten Hirten" in Ulm, für den sie sich schon
zuvor engagiert und an dessen Gründung sie mitgewirkt hatte.
Der Verein hatte das einstige Spital für Leprakranke von der
Stadt Ulm gemietet und bot fortan vielen entwurzelten, ver-
zweifelten Menschen – in der Anfangszeit waren es junge
Mädchen, die schwanger geworden waren und von ihren Eltern
oder dem Kindsvater nicht unterstützt wurden – Obdach. Bis

1940 leitete sie den Verein 35 Jahre lang mit großem Engage-
ment durch bewegte und schwierige Zeiten. Der Verein musste
sich größtenteils selbst finanzieren, er lebte von Kostgeldern,
Stiftungsgeldern und vor allem von der Einwerbung von
Geldern durch Betteln. S. war unermüdlich, warb öffentlich für
den „Guten Hirten", stand direkt und schriftlich in Verbindung
mit Eltern, Jugendämtern, Polizei, Vormundschaftsgerichten,
Fürsorgevereinen etc. Unter ihrer Leitung entwickelte sich der
Verein zum größten und aktivsten der 14 Zweigvereine mit 45
Sprechstellen, die sich 1920 unter dem Dach des neuen Lan-
desausschusses der Württembergischen Rettungsvereine zum
Guten Hirten" zusammenfanden. Schon 1914 fanden beim
„Guten Hirten" 210 Erwachsene und 128 Kinder Unterkunft,
1918 wurde ein Nachbarhinterhaus erworben, 1926 ein Umbau
durchgeführt, 1932 konnten eine Krippe und ein Kinderhort
angegliedert werden. Anlässlich des 25-Jahr-Jubiläums des
„Guten Hirten" wurde S. im April 1933 mit dem Goldenen
Päpstlichen Ehrenkreuz Pro Ecclesia et Pontifice geehrt. Zu
den besonderen Verdiensten S.s zählt die Erhaltung des Vereins in der NS-Zeit, da die Nationalsozialisten zahlreiche
kirchliche Einrichtungen auflösten oder massiv behinderten.
Der Rettungsverein konnte vor allem wegen des hohen persönlichen Ansehens und Einsatzes von S. in Ulm und in Württemberg weiter existieren. 1940 legte S., mittlerweile 67 Jahre alt,
den Vorsitz beim „Guten Hirten" nieder. Man ernannte sie zur
Ehrenvorsitzenden. Im Zweiten Weltkrieg wurde das „Haus
Guter Hirte" in der Ulmer Prittwitzstraße zerstört, aber später
wieder neu aufgebaut und 1957 bezogen. S. hat die Einweihung
noch erlebt und empfand sie als Krönung ihres Lebenswerkes.

1914 war S. Mitgründerin des Kath. Mädchenschutzvereins in
Ulm, 1917 des Ulmer Zweigvereins des Katholischen
Deutschen Frauenbundes, dessen Vorsitz sie übernahm, sowie
Mitglied des Vorstands des Katholischen Frauenbundes Württemberg. Nach 1933 kam die Aktivität des Frauenbundes zum
Erliegen, nach Kriegsende wirkte sie an seiner Neugründung
mit, war von 1946 bis 1950 wieder Vorsitzende und danach
Ulmer Ehrenvorsitzende. 1918 zugewähltes Ausschussmitglied
des Diözesanausschusses des Caritasverbandes für Württemberg (Diözese Rottenburg). Seit 1932 engagierte sich S. im
engen Schulterschluss mit der Diözesanvorsitzenden Maria
→Bolz auch für das Priesterhilfswerk, das sie in Ulm bis 1951
leitete.

S., die sich für die Einführung des Frauenwahlrechts stark
gemacht hatte und bei den verschiedenen Wahlkämpfen des
Jahres 1919 wiederholt an die Frauen appellierte, ihr Wahlrecht
auszuüben, trat noch Ende 1918 der Zentrumspartei bei. Ende
1919 rückte sie, die bei den Gemeinderatswahlen im Mai 1919
nicht zum Zuge gekommen war, in den Ulmer Gemeinderat
nach, dem sie bis 1928 angehörte. Ende 1928 verzichtete S. auf
eine erneute Kandidatur für den Gemeinderat. Bei der Wahl
zur Deutschen Nationalversammlung am 19. Jan. 1919 stand
S.s Name auf Platz 8 der Landesliste Württemberg der Zentrumspartei. Zur Württ. Verfassungsgebenden Landesversammlung am 12. Jan. 1919 hatte sie auf dem aussichtslosen Platz 51
der Landesvorschlagsliste der Zentrumspartei kandidiert. Seit
1919 Mitglied des Landesvorstands der Zentrumspartei Württemberg und Hohenzollern, seit Jan. 1920 Beisitzerin im
Reichsparteiausschuss. S. kandidierte in den 1920er Jahren
noch öfters für ein Reichstagsmandat, so Ende 1924 (WK 31:
Württemberg, Platz 7 Wahlvorschlag, und Platz 18 des Reichs-
wahlvorschlags) und 1928 (WK 31: Württemberg, Platz 7
Wahlvorschlag), kam jedoch nicht zum Zuge.

1939 hatte S. ein eigenes Haus in der König-Wilhelm-Straße 5
bezogen, das sie 1951 zugunsten einer bescheideneren Wohnung in der Wiblinger Abteistraße 6 aufgab. Ihre letzten Lebensjahre waren von schwerer Krankheit überschattet, ein
Herzleiden ließ ihre Lebenskraft mehr und mehr schwinden.
Zu den Feiern zu ihrem 80. Geburtstag 1953 konnte sie nicht

erscheinen. Die tief gläubige Frau freute sich über Besuche und darüber, wenn die heilige Messe in ihrer Wohnung gelesen werden konnte. Sie starb vier Wochen vor ihrem 87. Geburtstag. Den Nachruf bei ihrer Beerdigung, zu der u. a. rund 50 Geistliche erschienen, hielt Dekan Josef →Gantert. Seit Dez. 2002 erinnert eine Stele in der Ulmer Bahnhofstraße an S.

Q   StadtA Ulm, G 2.
L.   Ih 2, S. 808 – UBC 1, S. 592 – UBC 5a, S. 23 – Am Grab von A. Schultheiß, in: Ulmer Nachrichten Nr. 289, 15. XII. 1959 – August HAGEN, Gestalten aus dem schwäbischen Katholizismus, Band 4, Stuttgart 1962, S. 376-399 (Bild) – SPECKER/TÜCHLE, S. 292, 327, 460 – LAUBACHER, Caritas, S. 21, 337 – SPECKER, Großer Schwörbrief, S. 373 – Ilse SCHULZ, Agnes Schultheiß, in: Ökumenischer Arbeitskreis Frauen (Hg.), Ulmer Frauenwege im 20. Jahrhundert. 12 Lebensbilder. Tatkraft aus Nächstenliebe, Ulm 2006, S. 11-16 (Bilder).

Schulz, Ilse, * Poppow/Kreis Lauenburg (Pommern) 20. Sept. 1924, † Neu-Ulm 31. Jan. 2009, ev.

Als Zentraloberin war S. ein Vierteljahrhundert lang Pflegedienstleiterin zunächst der Ulmer städtischen Kliniken und später der Universitätskliniken Ulm. In ihrem Ruhestand widmete sie sich mit großem Erfolg der Frauenforschung.
Geboren und aufgewachsen in Pommern, zwang sie der Krieg zum Verlassen ihrer Heimat. Ihre Flucht endete 1945 in Flensburg. Die 20-Jährige hatte dabei viel Leid gesehen, was sie in ihrem Entschluss bestärkte, sich zur Krankenschwester ausbilden zu lassen. Die Ausbildung erfolgte in Hamburg, wo sie nach deren Abschluss auch zunächst als Krankenschwester tätig war. 1949 übernahm S. eine neue Aufgabe als Stationsschwester an der Bonner Universitätsklinik. 1953 verließ sie diese Wirkungsstätte, um im Dienst der US-amerikanischen Near East College Association Infirmary die Gesundheitsfürsorge am American College for Girls in Istanbul zu übernehmen. 1963/64 hielt sie sich in den USA auf, wo sie im Health Department des Hood College in Frederick/Maryland tätig war.
1966/67 kehrte sie von Istanbul nach Deutschland zurück und nahm an einer weiterführenden Ausbildung an der Krankenpflegeschule Agnes-Karll in Frankfurt/Main teil. Das obligatorische Praktikum im Rahmen dieser Ausbildung führte sie 1968 nach Ulm. Damit begann eine Verbindung, die bis an ihr Lebensende andauern sollte. Die hochqualifizierte S. erhielt 1969 die Gelegenheit, als Zentraloberin – ein in Baden-Württemberg bis dahin unbekanntes Amt – den gesamten Pflegebereich der städtischen Kliniken in Ulm zu leiten. Die neue Aufgabe erforderte bei guter Menschenkenntnis und großem Organisationstalent große körperliche, seelische und zeitliche Belastbarkeit. S. erwies sich ihr als gewachsen und verstand in den 25 Jahren ihrer Tätigkeit die Entwicklung des reformierten Pflegebereichs entscheidend mitzuprägen. Die Kliniken der Universität Ulm verstanden sich als modellhaft für die Bundesrepublik und versuchten, neue Formen der Kooperation zwischen den Ärzten und dem Pflegebereich zu erproben, wobei vor allem der partnerschaftliche Aspekt im Vordergrund stehen sollte. Die Ablösung der alten hierarchischen Leitungsstrukturen war mit einer Professionalisierung der Pflegetätigkeit und der Durchführung berufsbegleitender Fortbildungsangebote verknüpft. 1975 dokumentierte die neue Klinikumsordnung der Stadt Ulm den Erfolg der Bemühungen: Erstmals wurde an einem Universitätsklinikum in Baden-Württemberg ein kollegiales, paritätisch besetztes Leitungsgremium installiert, in dem die Pflege gleichberechtigt vertreten war. Der Erfolg hielt allerdings nicht lange an, da im Zuge der zu Beginn des Jahres 1982 umgesetzten Übernahme der Ulmer städtischen Krankenanstalten durch das Land Baden-Württemberg wenig später das Experiment kollegialer Führungsstrukturen unter Einbeziehung der Pflege beendet wurde. In ihrem Buch „Krankenpflege im Wandel" hat S. diese Entwicklung beschrieben und dokumentiert.

S., die Vorstandsmitglied im Deutschen Berufsverband für Krankenpflege war, entschied sich – auch aus Verärgerung über die Wiederkehr starrer hierarchischer Strukturen – für den Vorruhestand und schied am 1. Okt. 1984 aus dem Amt der Zentraloberin, das kommissarisch von ihrer bisherigen Vertreterin Wulfhild Schmid übernommen wurde.
Ihren sehr erfüllten und kreativen Ruhestand verlebte S. in Neu-Ulm, wo sie in der Kolpingstraße 19 wohnte, und in Ulm. Sie widmete sich in erster Linie historischen Themen und veröffentlichte 1992 ein erstes Buch zum Thema „Schwestern - Beginen - Meisterinnen". Ab 1996 war sie ein engagiertes Mitglied des Ökumenischen Arbeitskreises Frauen; für dessen Publikation „Ulmer FrauenWege im 20. Jahrhundert" verfasste S. den Beitrag über Agnes →Schultheiß. Im März 2001 gründete sie den Arbeitskreis Frauengeschichte. Vom 28. Juli bis 31. Nov. 2003 „Ulmer Bürgerinnen. Söflinger Klosterfrauen in reichsstädtischer Zeit" im Ulmer Museum zu sehen. Ihre in enger Kooperation mit dem Ulmer Stadtarchiv entstandenen Arbeiten fanden wiederholt lokale und überregionale Anerkennung, so 2004 mit der Verleihung des Ulmer Bandes für ihre herausragenden Leistungen für das Gemeinwesen der Stadt Ulm im kulturellen und sozialen Bereich und 2007 mit der Verleihung der Ulmer Bürgermedaille. Im Jahre 2001 erhielt sie für ihr Buch „Verwehte Spuren – Frauen in der Stadtgeschichte" den Landespreis für Heimatforschung des Landes Baden-Württemberg.
Obwohl krank und schon über 80 Jahre alt, entfaltete S. eine Aktivität, um die sie manche Jüngere nur beneiden konnten. Ihre Erfahrung und ihre Kenntnisse stellte sie bereitwillig zur Verfügung, so bei ihrer Ausstellung „Da wir alle Bürgerinnen sind und Bürgerrechte haben" im Gebäude der Sparkasse Ulm über die Ulmer Sammlungsfrauen (2008) oder bei der Konzipierung des vorliegenden Lexikons, in deren Rahmen sie zahlreiche Vorschläge unterbreitete. Mit Disziplin, Beharrlichkeit und Charme brachte sie die Projekte, für die sie sich entschieden hatte, zum Abschluss, zuletzt eine autobiographische Studie, in der sie ihr Leben bis zur Flucht aufzeichnete und die wenige Wochen vor ihrem Tod erschien. S. erlag im Alter von 84 Jahren einem Krebsleiden. In der am 4. März 2009 in der Ulmer Volkshochschule eröffneten Ausstellung „Politeia – Frauen, die Geschichte mach(t)en" des Hauses der Frauengeschichte in Bonn wurde die Arbeit von S. und ihre Bedeutung für die Erforschung der Frauengeschichte gewürdigt. – Ab 1994 ehrenamtliches Mitglied bei Soroptimist International Ulm.

Q   StadtA Ulm, G 2.
W   Schwestern - Beginen - Meisterinnen, Ulm 1992 – Verwehte Spuren. Frauen in der Stadtgeschichte, Ulm 1998, ²2005 – Was hatten die Ulmer Bürgerinnen der Reichsstadtzeit uns heutigen Frauen voraus?, Ulm 1999 – Krankenpflege im Wandel. Erinnerungen an die Anfänge des Klinikums der Reformuniversität Ulm 1968-1984, Ulm 2006 – Frauen und Pilgerinnen im Werk von Felix Fabri 1441-1502, Ulm 2007 – Lebensstationen. Ein Weg aus Pommern, Ulm 2008.

Schumm, Carl Julius Wilhelm Ernst (von), * Ansbach 11. Sept. 1794, † Ellwangen/ Jagst 27. Juli 1863, ev.

Vater   David Joseph Christoph Heinrich Schumm, † 6. XI. 1811, Obersteuereinnehmer, zuletzt Kriegsrat.
Mutter   Sophie Rosina Yelin, * 5. XII. 1775, † München vor 1826, T. d. Johann Andreas Friedrich Yelin, * 14. XII. 1722, † Wassertrüdingen, seit 1779 Stadtvogt in Wassertrüdingen, u. d. Anna Henriette Dorothea Geuder, * Wassertrüdingen 22. III. 1745.
2 G   Friederike Lisette Henriette Christina Schumm, * Ansbach 2. XII. 1792; Christiane Lisette Jeanette Wilhelmine Schumm, * Ansbach 28. IV. 1796.
∞ I. Esslingen/Neckar 31. VII. 1821 Amalie Marie Margarethe d´ Eslon de Servance, * 18. XII. 1798, † 9. IV. 1847, T. d. Jean Batipste Josephe d´Eslon de Servance, Kgl. französischer Hauptmann, u. d. Franziska Kirschbaum; ∞ II. April 1849 Christiane Friederike Louise Essich.
3 K.

S. war der dritte württembergische Oberamtmann in Ulm.
Der Beamtensohn studierte Rechts- und Kameralwissenschaften in Erlangen und Landshut. Nach Bestehen der Prüfungen

als bayerischer Rechtskandidat – mit nachfolgender Verwendung in Heilsbronn (sic!), Cadolzburg und Ansbach sowie als Gehilfe eines Advokaten in Ansbach und Praktikum im Finanzfach bei den Rentämtern München und Ansbach – und württembergischer Rechtsreferendar kam S. als Assessoratsamtsverweser nach Ellwangen/Jagst. 1820 Oberjustizassessor am Gerichtshof in Esslingen, war S. von 1826 bis 1834 Oberjustizrat beim Gerichtshof für den Donaukreis in Ulm. Es sah alles nach einer rein juristischen Laufbahn aus, bis das Angebot an den 40jährigen S. erging, in den Dienst der württembergischen Innenverwaltung zu treten. 1834 trat er als Nachfolger des bereits im Mai 1833 verstorbenen Ludwig →Muff das Amt des Oberamtmannes in Ulm an. Bleibende Spuren konnte S. in der Biedermeier-Zeit nicht hinterlassen, denn bereits 1836 wurde er mit dem Titel Oberregierungsrat als dritter Vortragender Rat in das württembergische Innenministerium berufen. Beim OA Ulm trat Carl Friedrich Maximilian →Haas S.s Nachfolge an. S. wurde 1844 zum Vorstand (Regierungsdirektor) der Regierung des Schwarzwaldkreises in Reutlingen befördert, zuletzt war er seit 1854 Vorstand (Regierungsdirektor) der Regierung des Jagstkreises in Ellwangen/Jagst. – 1838 Ritterkreuz des Württ. Kronordens; 1856 Kommenturkreuz II. Kl. des Friedrichsordens; 1862 Kommenturkreuz des Württ. Kronordens.

Q   HStAS, E 146/1 Bü 2671, 2684-2685, 2782-2783.
L   Amtsvorsteher, S. 518 (Karin PETERS) – Jürgen RASCHER, Neues zur Biographie des Marbacher Astronomen Tobias Mayer (1723-1762), in: SWDB 24 (2004), S. 28-42, hier S. 37.

Schuon, Emil, Dr. rer. pol., * Ulm 20. März 1894, † Stalingrad 13. Okt. 1953, ev.

Vater   Heinrich *Gottlob* Schuon[565], * Haiterbach/OA Nagold 5. X. 1856, 1881 Schullehrer in Isny, 1891 Elementarlehrer (Turnen) an der Elementarschule Ulm, 1904 Titel Oberlehrer a. D.
Mutter   Magdalena Catharina Wolpert.
2 *G.*
∞ Elisabeth Meise, Bankangestellte.

S. absolvierte das Realgymnasium seiner Vaterstadt und bestand dort 1912 die Reifeprüfung. Anschließend durchlief er bis zum Ausbruch des Ersten Weltkriegs eine Banklehre. Im Krieg zeichnete sich S. bei der Maschinengewehr-Scharfschützenabteilung 77 wiederholt an verschiedenen Fronten aus und wurde mit den Eisernen Kreuzen beider Klassen, 1917 mit der Württ. Goldenen Militär-Verdienstmedaille und dem Ritterkreuz des Württ. Militär-Verdienstordens und später mit den Kriegsverdienstkreuzen beider Klassen dekoriert. Bei Kriegsende als Oberleutnant d. R. entlassen, begann S. noch im Wintersemester 1918/19 S. ein Studium der Nationalökonomie in Tübingen. 1921 wurde er bei Professor Dr. Franz Gutmann an der Universität Tübingen mit der Dissertation „Die württembergischen Kreditgenossenschaften im Weltkriege" promoviert. Nach Abschluss seines Studiums verbrachte S. bis 1926 einige Jahre als Bankfachmann in den Niederlanden. Dann trat er als Prokurist in die Dienste der Banka Kreditua in Sofia (Bulgarien). 1929 ging er nach Persien, wo er als Bankdirektor in Ahwaz und Täbris am Aufbau des neuen Nationalbanksystems mitwirkte. 1935 kehrte er in die Heimat zurück und erhielt eine Referentenstelle beim Reichsamt für Wirtschaftsaufbau. 1940 erfolgte S.s Einberufung zum Oberkommando der Wehrmacht, wo er für Wirtschaftsfragen der Nah- und Mittelostländer zuständig war. Bei Kriegsende in sowjetrussische Kriegsgefangenschaft geraten, starb S. im 60. Lebensjahr.

L   MOSER, Württemberger im Weltkrieg, S. 119, 139 – UBC 3, S. 523 – EBERL/MARCON, S. 212 f., Nr. 691.

---

565 CRAMER, Württembergs Lehranstalten 61911, S. 154.

Schuon, *Gustav* Adolf, Dr. rer. pol., * Metzingen/OA Urach 17. Dez. 1890, † Stuttgart 10. Juni 1921, ev.

Vater   Gustav Schuon, Kanzleirat, stv. Bürgermeister in Stuttgart.
Mutter   Sofie Pauline Breitenbücher.
5 *G.*
Ledig. Keine *K.*

S.s Beitrag zur Ulmer Geschichte besteht in seiner Dissertation, die sich mit der Ulmer Gewerbebank befasste und noch heute mit Gewinn herangezogen werden kann.
Der Beamtensohn absolvierte von 1908 bis 1910 seine Banklehre bei der Gewerbebank Ulm e.G.m.b.H., in deren Dienste er anschließend als Angestellter trat. 1911 begann er ein nationalökonomisches Studium an der Handelshochschule Köln, das er seit dem Wintersemester 1911/12 in Tübingen fortsetzte. Seine Dissertation zum Thema „Die Entwicklung der Gewerbebank Ulm in Ulm/Donau und ihre Bedeutung für das württembergische Genossenschaftswesen 1863-1918" (Universität Tübingen) entstand bei Prof. Dr. Carl Johannes Fuchs (1865-1934). Das Rigorosum war am 25. Juli 1914, danach war S. Soldat im Ersten Weltkrieg. 1919 übernahm S. die Leitung der Zentrale der Außenhandelszweigstellen im neu gebildeten württ. Arbeitsministerium in Stuttgart. Eine aussichtsreiche Laufbahn in der Wirtschaft wurde von seinem frühen Tod im Alter von 30 Jahren verhindert. – EK I; Ritterkreuz IV. Kl. des Friedrichsordens.

L   EBERL/MARCON, S. 169, Nr. 551.

Schuster, *August* Ludwig Friedrich, * Kirchheim/Teck 16. März 1773, † 1842, ev.

Vater   Schuster, Peruquier in Kirchheim/Teck.
∞ 1800 Gottlieb *Hedwig* Christine Roth, T. d. Oberamtmanns Roth von Alpirsbach.
Mehrere *K*, darunter August Schuster, Dr. iur., † Ravensburg 1856, Rechtskonsulent in Ravensburg; *Pauline* Friederike Susanne Albertine Schuster, * 10. X. 1812, † Ravensburg 10. V. 1868, ∞ Ulm 21. X. 1845 *Gottlieb* Friedrich Daniel Pfeilsticker, * Reutlingen 29. IX. 1811, † Ravensburg 9. XII. 1866, Baurat in Ravensburg, erbaute u. a. das Montfort-Schlösschen in Langenargen und den Glockenturm der Ravensburger Stadtkirche; Julius →Schuster, Oberbürgermeister von Ulm.

S. war der erste württ. Stadt- und Amtsschreiber in Ulm und der Vater des zweiten Ulmer Oberbürgermeisters Julius →Schuster. Eine gewisse Bekanntheit errang er lange nach seinem Tod als früher Förderer des jungen Friedrich →List.
Der gebürtige Alt-Württemberger wurde nach seinem Jurastudium in Tübingen zum Vogt und Pfleger (d. h. für die Finanzen zuständigen Beamten) in Rottenacker/OA Ehingen ernannt. 1807 erfolgte S.s Ernennung zum ersten Kameralverwalter im neu errichteten Kameralamtsbezirk Wiblingen, wo er aber nur drei Jahre im Amt verblieb, da er 1810 als Stadtschreiber nach Ulm versetzt wurde. Während der Amtszeit in Wiblingen erwarb S. 1807 den bei Wiblingen gelegenen Fischbachhof und verfolgte 1808 Abt Ulrich IV. von Wiblingen, der im Verdacht stand, Wertgegenstände des Klosters außer Landes bringen zu wollen. Bei einem Zusammentreffen mit dem Abt in Salzburg musste S. erkennen, dass sein Verdacht unbegründet war.
Der Nachwelt bekannt geworden ist S. als „Prinzipal" des jungen Friedrich List in Wiblingen und Ulm. S. schickte nach seiner Ernennung zum Stadt- und Amtsschreiber im nunmehr württembergischen Ulm den von ihm sehr geschätzten jungen List 1810 als Verweser seiner Stelle nach Ulm voraus, um selbst in Wiblingen seine Amtsgeschäfte abwickeln zu können. In Ulm war es dann S.s Aufgabe, die hoch entwickelte Verwaltungspraxis der Reichsstadt, die zuvor acht Jahre lang in die Verwaltungsstruktur Bayerns integriert gewesen war, nun an württembergische Verwaltungsstandards anzupassen. Nach zehnjähriger Tätigkeit als Stadt- und Amtsschreiber wechselte S. das Arbeitsfeld und war seit 1820 Pupillenrat (Richter in Vormundschaftssachen) beim Kgl. Appellationsgerichtshof für den Donaukreis in Ulm.

W Wie müssen neue Herrschaften in Civilbesitz genommen, organisiert und verwaltet werden? Mit Rücksicht auf die Rechnungsmethoden Württembergs und Baierns und die wechselseitigen Vorzüge der einen vor der andern bearbeitet, Ulm 1809.
L. Paul GEHRING, Friedrich List - Jugend- und Reifejahre 1789-1825, Tübingen 1964, S. 22 f., 27, 43, 98, 113, 132 f. – DGB 170 (1975), S. 175 f. – WINTERHALDER, Ämter, S. 336.

Schuster, *Julius* Friedrich Eberhard, * Ulm 8. Aug. 1817, † Augsburg 17. März 1863, ⬚ Alter Friedhof Ulm, ev.

Eltern und G siehe August →Schuster.
∞ 1846 Irene *Henriette* Emilie Stouder, * St. Anna/Kuba 20. X. 1824, † Ulm 20. X. 1856.
4 K.

S. zählt zu den weniger bekannten Ulmer Stadtvorständen. Er war der jüngste Ulmer Stadtschultheiß in neuerer Zeit.
S. besuchte das Gymnasium in Ulm und studierte anschließend Rechtswissenschaften, u. a. in Tübingen. Über seinen frühen Jahren liegt angesichts fehlender Quellen ein Schleier, so dass weder weitere Studienorte noch seine Referendariats- und ersten Dienstorte bekannt sind. Er soll eine wissenschaftliche Reise in Deutschland und Frankreich unternommen haben, bestand 1841 die I. und 1842 die II. Höhere Justizdienstprüfung. Referendär I. Klasse. 1842-1844 Oberamtsgerichtsaktuar in Welzheim, 1844 dsgl. in Ulm. Der 28 Jahre alte S. bewarb sich 1845 um die Nachfolge des in den Ruhestand getretenen Stadtschultheißen →Wolbach. In einer „Den Bürgern Ulms" betitelten Wahlbroschüre nutzte S. in geradezu moderner Weise die Möglichkeiten der schriftlichen Eigenwerbung. Nachhaltig und bedingungslos unterstützt besonders vom Apotheker Carl →Reichard, nahm S. den Kampf gegen das liberal-konservative Ulmer „Establishment" auf, dem der Beamte S. ein Dorn im Auge war. Am 6. Feb. 1845 wurde S. nach einem heftigen Wahlkampf, in dem sich seine Mitbewerber Philipp Ludwig →Adam, Rechtsanwalt Johann Jakob →*Handschuh, Amtsnotar →*Bloest, Oberjustizprokurator Adolf →Klett und Assistent Denzel gegenseitig nichts schenkten, mit 1.233 Stimmen gewählt, Adam erhielt als schärfster Konkurrent nur 409 Stimmen. Letzterer hatte seine Wahlchancen allerdings selbst mit seiner Ankündigung gemindert, er stehe nur für eine Amtszeit zur Verfügung. Viele Wähler sahen darin eine zu geringe Bereitschaft, sich voll und ganz für die Belange der Stadt einzusetzen.
S. galt als Mann des „gemäßigten Fortschritts", d. h. als Befürworter einer Änderung des Kommunalwahlrechts sowie von Öffentlichkeit und Mündlichkeit in Sitzungen und Verfahren und Einschränkung des Gewerbes auf das für Ulm notwendige Maß. Sein Programm hatte große Teile des liberal orientierten Ulmer Bürgertums und der Handwerkerschaft angesprochen. Das neue Stadtoberhaupt war von 1845 bis zu seinem frühen Tod Stadtschultheiß (mit dem Titel Oberbürgermeister) von Ulm und als solcher einer der jüngsten im Königreich Württemberg. Die Amtszeit S.s war geprägt von Umbrüchen und Neuerungen, wobei der Stadtschultheiß durchaus innovativ agierte. So entstand unter seinem Vorsitz auf dem Rathaus ein Büro für Arbeitsvermittlung. 1847 reagierte er auf die in Folge der Agrarkrise entstandene Lebensmittelknappheit mit Mehrrationierungen und dem Verbot von Privataufkäufen von Getreide. Außerdem war er – neben Dekan →Landerer und Conrad Dieterich →Haßler – einer der führenden Mitgründer der Ulmer „Suppenanstalt", die der größten Not wehren sollte. Er hatte als zäher Verhandler mit den Entscheidungsträgern in Stuttgart wesentlichen Anteil am Anschluss Ulms an das württ. Eisenbahnnetz 1850. In der Stadt traf er die Vorbereitungen für eine Verbesserung der antiquierten Wasserversorgung und des Baus eines Gaswerks, zahlreiche Straßen wurden gepflastert, Bürgersteige angelegt. Durchsetzungsfähig, temperamentvoll und ungeduldig, scheute S. keine Konflikte und geriet wiederholt in Gegensatz zu Beamten von Kreisregierung und Oberamt. Im April 1848 etwa ergriff S. offen Partei für den von der Ausweisung bedrohten Redakteur Bernhard →Schifferling, dessen politische „Umtriebe" den Behörden missliebig waren. Als Vorsitzender im Gemeinderat griff S. zu drakonischen Maßnahmen. Mancher Stadtrat rieb sich verwundert die Augen, wenn S. wegen vorzeitigen Verlassens von Sitzungen Geldstrafen gegen sie verhängte. Das hatte es noch nie gegeben.
S. war ein ausgesprochen politischer Mensch. In Ulm ließ er keine Gelegenheit ungenutzt, um für seine politischen Vorstellungen zu werben und sie durchzusetzen. Bei einer Rede im Ulmer „Hirschen" prägte er das geflügelte Wort: *Der Barometer steht auf Sturm*. Im April 1848 war er eines der führenden Mitglieder des von Philipp Ludwig Adam geleiteten Ulmer „National-Verfassungsvereins", der große Hoffnungen auf die Nationalversammlung in Frankfurt/Main setzte, aber angesichts der politisch sehr heterogenen Zusammensetzung an heftigen inneren Spannungen litt. Wiederholt setzte sich S. in öffentlichen Referaten für die Bildung einer deutschen Republik ein, wobei ihn diesbezüglich eher Vernunft als Begeisterung zu leiten schien. Sein Versuch, im Sept. 1848 *alle Stände und Fraktionen* in Ulm zu einem „Gesamtverein" zusammenzuschließen, schien zwar zunächst zu glücken, erwies sich aber nach kurzer Zeit als gescheitertes Unterfangen – zu weit lagen die politischen Standpunkte auseinander. S. gelang es hingegen, die öffentliche Ordnung in Ulm während der Jahre 1848/49 aufrecht zu erhalten. Im Sommer 1849 war S. Mitglied des „constitutionell-monarchischen Wählervereins", der sich für die Wahl von Philipp Ludwig Adam in die verfassungrevidierende Landesversammlung einsetzte. Im Dez. 1855 kandidierte S. im Wahlkreis Ulm Stadt für ein Abgeordnetenmandat in der Zweiten Kammer des Württ. Landtags, das er gegen den bisherigen Vertreter der Stadt Ulm, den liberalen Adolf →Seeger, gewann. Vom 20. Feb. 1856 bis 1862 war S. MdL Württemberg (20. o. LT, WK Ulm Stadt): Mitglied der Legitimationskommission, der Staatsrechtlichen Kommission, der Ablösungskommission und des ständigen Ständischen Ausschusses. Im Juni 1860 war S. einer der führenden Köpfe des Ulmer großdeutschen Komitees, das eine Erklärung zirkulieren ließ, die eine Einigung Deutschlands nur unter Einschluss Österreichs begrüßte. Nachdem S. schon in der Revolutionszeit auf Grund seiner konservativen Einstellung und seines wiederholt in der Presse zitierten „schwierigen Charakters" in Gegensatz zu großen Teilen der Ulmer Bevölkerung geraten war, verlor er um 1860 stetig weiter an Rückhalt und Popularität in Ulm. Sein Ansehen sank im Juni 1861 auf einen Tiefpunkt. Er hatte in der Abgeordnetenkammer gegen die Mehrheit für den Regierungsantrag eines Konkordats mit dem Vatikan votiert, was nicht nur in Ulm nicht mehrheitsfähig war. Diese Frage – der „Konkordatskampf" – bewegte die Öffentlichkeit in Württemberg in besonderem Maße, der zuständige Minister Rümelin trat nach der Abstimmungsniederlage zurück.
Bei der Neuwahl des Landtags 1861 war S.s politische Position so aussichtslos, dass er nicht einmal zur Verteidigung seines Mandats antrat. Bei einem Verwandtenbesuch in Augsburg starb der erst 45 Jahre alte S. völlig überraschend an einer Infektion, die er sich infolge einer Fußverletzung zugezogen hatte. Der Leichnam wurde, begleitet von einer Abordnung der Ulmer bürgerlichen Kollegien, nach Ulm überführt. Seine letzte Ruhestätte fand er an der Seite seiner bereits sechseinhalb Jahre

vor ihm verstorbenen Ehefrau auf dem Alten Friedhof in Ulm. – Mitglied des Vereins für Kunst und Altertum in Ulm und Oberschwaben. – 1859 Ritterkreuz des K. K. österr.-ungarischen Franz-Josephs-Ordens.

Q   StadtA Ulm, G 2.
L   Ih 3, S. 315 – SK Nr. 66, 19. III. 1873, S. 559, und Nr. 67, 20. III. 1873, S. 571 f. – Staatsanz. Nr. 65, 19. III. 1863, S. 537 – Dr. Joh. MOSER, Rede am Grabe des Herrn J. S., [...], im Juni 1863 – RIECKE, Verfassung und Landstände, S. 51 – SCHULTES, Chronik, S. 473, 500, 502, 508, 511 – HARTMANN, Regierung und Stände, 41 – Hauptregister, S. 667 – UBC 1, 575, 582 – UBC 2, S. 1, 49, 53, 75, 77, 82, 101 – HEPACH, Königreich, S. 56, 147 ff., 157, 163 u. ö. – UNGERICHT, S. 80 – BRANDT, Parlamentarismus, S. 171, 260, 357, 401f. u. ö. – SPECKER, Ulm im 19. Jahrhundert, S. 26, 208, 211 f., 217, 265, 283, 314, 317 f. (Bild, Karikatur), 322-324, 348, 376 – RABERG, Biogr. Handbuch, S. 846.

Schuster, Konrad, * Oberfahlheim 5. Mai 1801, † Neu-Ulm 6. Jan. 1884, kath.

Vater   Konrad Schuster.
Mutter   Antonia Eberle.
∞ I. Burlafingen 9. III. 1829 Kreszentia Stuhlmüller, * Unterliezheim 13. III. 1804, † Neu-Ulm 16. II. 1839, T. d. Revierförsters Eustachius Stuhlmüller u. d. Rosalia Kleinle; ∞ II. Burlafingen 16. III. 1836 Maria Margaretha Deiser, * Öttingen 18. VIII. 1805, † Neu-Ulm 20. IX. 1878.
9 K, davon 5 aus II. Ehe und davon 3 † früh   Maria Walburga Schuster, * Neu-Ulm 5. IX. 1829; Josepha Schuster, * Neu-Ulm 17. III. 1831, † ebd. 29. VIII. 1831; Theresia Schuster, * Neu-Ulm 20. V. 1832, † ebd. 22. V. 1832; Carolina Theresia Schuster, * Neu-Ulm 3. XI. 1833; Markus Ferdinand August Schuster, * Neu-Ulm 8. IX. 1836, ∞ Neu-Ulm Anna Margaretha Seefelder, * Neu-Ulm Sept. 1879 Euphrosine Johner; Otto Nikodemus Schuster, * Neu-Ulm 15. IX. 1838, † ebd. 1. X. 1838; Johann Baptist *Konrad* Schuster, * Neu-Ulm 13. VIII. 1839, Schreinermeister und Möbelfabrikant in Neu-Ulm, 1866-1870 Gemeindeausschussmitglied und 1879-1881 Magistratsmitglied, ∞ Neu-Ulm 28. III. 1868 Johanna Maisch, * Öttingen 30. VII. 1839; Karl Franz Xaver Schuster, * Neu-Ulm 12. II. 1841, Schreiner in Neu-Ulm, ∞ Neu-Ulm 18. VIII. 1868 Margaretha Mathilda Bertha Schmutz, T. d. Johann Jacob Schmutz u. d. Maria Ursula Kahl; Rosalia Ursula Antonia Schuster, * Neu-Ulm 23. XI. 1844, ∞ 10. XII. 1866 *Otto* Georg Schober, * Neu-Ulm 16. IX. 1839, † ebd. 6. IX. 1892.

Der wohlhabende Schreinermeister S. war der letzte nicht rechtskundige Bürgermeister von Neu-Ulm. Er kam im nach damaligen Maßstäben hohen Alter von 71 Jahren ins Amt, das er drei Jahre lang ausübte.

Schreinermeister wurden beim raschen Wachsen der Gemeinde dringend benötigt und konnten, wie man am Beispiel S.s sehen kann, dabei zu Wohlstand und Einfluss gelangen. S. war zunächst Besitzer eines Hauses in der Hafengasse (Haus Nr. 49 bzw. später Nr. 1), seit 1838 war er Besitzer des Hauses Donaustraße 83 (bzw. später Nr. 5), später des Hauses Augsburgerstraße 316 (bzw. nach 1871 Nr. 16) und der Häuser Kasernstraße 149 (bzw. 13) und 173 (bzw. Nr. 36) in Neu-Ulm, daneben gehörten ihm auch fünf (!) Häuser in der Wallstraße (alle erbaut in den frühen 1860er Jahren) und das Gebäude Bahnhofstraße 230 (bzw. Nr. 17).

Schwierig zu klären ist der Beginn der kommunalpolitischen Tätigkeit S.s. Sein gleichnamiger Sohn kam 1866 in den Gemeindeausschuss. Von 1870 bis 1872, von 1876 bis 1878 und von 1879 bis 1881 gehörte ein „Konrad Schuster" dem Magistrat von Neu-Ulm an. Es ist zu vermuten, dass der ältere S. von 1870 bis 1872 Mitglied des ersten Neu-Ulmer Magistrat war, weil er sich dann als Bürgermeister empfahl, während die Magistratsmitgliedschaften nach 1876 dem Sohn zuzuschreiben sind, da S. sich mit dem Ablauf seiner Amtszeit als Bürgermeister – nicht zuletzt altersbedingt – aus der Politik zurückgezogen hatte.

S. wurde am 17. Mai 1872 als Nachfolger von Dr. Wilhelm →Sick zum Bürgermeister Neu-Ulms gewählt, nachdem er zuvor schon einige Jahre Bürgermeisterstellvertreter gewesen war. Am 22. Aug. 1872 konnte er, was viele und wohl auch er selber als Höhepunkt seiner amtlichen Laufbahn ansahen, den deutschen Kronprinzen Friedrich Wilhelm von Preußen in Neu-Ulm begrüßen, den späteren Kaiser Friedrich III.

L   BUCK, Chronik Neu-Ulm, S. XVII, XVIII, 83, 97, 100, 108, 110, 111, 116, 121, 122, 133, 142, 269 – UBC 2, S. 291 – Katalog Materialien, S. 129, 194, 195, 196, 197, 199, 200, 201, 203, 204, 206, 208 –TREU, Neu-Ulm, S. 173, 176, 576 – TEUBER, Ortsfamilienbuch Neu-Ulm, Nr. 4448.

Schwäble, Georg, * Königsbronn/OA Heidenheim 14. Feb. 1884, † Ulm 19. Dez. 1937, ev.

∞ Friederike Steigmüller.

S. war einer der führenden nationalsozialistischen Köpfe Ulms vor Ausbruch des Zweiten Weltkriegs.

Nach Besuch der Volksschule und Erlernung eines handwerklichen Berufs meldete sich S. 1902 als Freiwilliger zum Grenadier-Rgt. König Karl (5. Württ.) Nr. 13 in Ulm, wo er bis 1906 Dienst tat. Er schlug die Laufbahn eines Finanzbeamten ein, die den Frontkämpfer nach Ende des Ersten Weltkriegs nach Oberschwaben führte, wo er für Ravensburg-Weingarten schon 1923 die erste NSDAP-Ortsgruppe gründete. 1923 kam er an das Finanzamt Ulm, 1934 wurde er dort zum Obersteuerinspektor ernannt. Der Nationalsozialist der ersten Stunde trat am 1. Okt. 1929 nach Aufhebung des Parteiverbots erneut der NSDAP bei, am 1. Sept. 1930 wurde er auch Mitglied der SA, 1931 Führer des Sturmbanns I/120, 1932 SA-Standartenführer. Im April 1933 als „Sonderkommissar für SA- und SS-Angelegenheiten" ernannt und damit eine der entscheidenden Persönlichkeiten der „Gleichschaltung" im Ulmer Raum, avancierte S. 1933 zum SA-Oberführer, im Feb. 1934 zum Führer der Brigade 56 (Württemberg-Süd), 1935 schließlich zum SA-Brigadeführer. S. fungierte häufig als öffentlicher Redner bei den besonderen Ereignissen. So hielt er am Vorabend von „Führers Geburtstag" 1933 auf dem Münsterplatz eine Ansprache an die versammelten nationalen Verbände. Bei der Einweihung des SA-Heims, zu dem das einstige „rote" Turnerheim in der Friedrichsau umgebaut worden war, äußerte S., noch vor Jahresfrist habe man hier *dem Wahn der Völkerversöhnung* gehuldigt; fortan werde *hier statt Völkerversöhnung deutsches Wesen* gepredigt.

Wer sich in dem Maße wie S. um die Partei verdient gemacht hatte, erwartete mit der Zeit einen entsprechenden Lohn seiner Mühen. Für S. war es im Juni 1935 soweit: von Oberbürgermeister Friedrich →Foerster und Kreisleiter Eugen →Maier wurde er zum Zweiten Beigeordneten der Stadt Ulm mit der Amtsbezeichnung Stadtrat berufen und war für das Referat Polizei- und Wohlfahrtswesen sowie für das Städtische Sportamt zuständig, später firmierte er als Verwaltungsdirektor. Dass ihm die fachliche Qualifikation für die neue Aufgabe fehlte, stellte im NS-Staat kein Problem dar. Bei seiner Beerdigung hielt Dekan Theodor →Kappus die Trauerrede, ehrende Worte sprachen Reichsstatthalter Wilhelm →*Murr und SA-Obergruppenführer Hans Elard Ludin.

Q   StadtA Ulm, G 2.
L   UBC 4, S. 106, 337 – UBC 5a, S. 18, 20, 37, 62, 79, 112, 119, 123, 129, 130, 152, 171, 190, 238.

Schwaiger, Karl, * Villenbach bei Wertingen (Augsburg) 6. Mai 1869, † München 26. Mai 1953, kath.

Vater   Schwaiger, Volksschullehrer in Villenbach.

S. folgte dem Beispiel des Vaters und ließ sich zum Volksschullehrer ausbilden, als der er u. a. in Pfaffenhofen tätig war. Der Lehrerberuf befriedigte ihn wenig, so dass er sich mit der historischen Forschung – stets nah an den Quellen – befasste. Den letzten Schritt zum „hauptberuflichen Historiker" wagte er jedoch nicht – vorrangig aus Existenzgründen –, sondern wendete sich dem Journalismus zu und erhielt eine erste Stelle in Ulm. Ende 1899 trat S. im Alter von 30 Jahren in die Redaktion des „Ulmer Tagblatts" ein, der er bis zum Eintritt in den Ruhestand im Jahre 1935 angehörte, zuletzt als Schriftleiter. Zu seinem 30-jährigen Dienstjubiläum hieß es, S. habe es verstanden, *sich in dem Herzen jedes Ulmers festzusetzen* (UBC 2, S. 116). Seinen Ruhestand verlebte S. in München, ließ die Verbindung zu Ulm aber nicht abreißen.

Das rege Mitglied des Vereins für Kunst und Altertum in Ulm und Oberschwaben war als Historiker ein reiner Autodidakt.

Obwohl in seinem Brotberuf sehr beschäftigt, verbrachte er nahezu seine gesamte freie Zeit im Ulmer Stadtarchiv, auch an Sonntagen, und versuchte die Fülle der Quellen sachthematisch zu kategorisieren, wobei er sich auf Familien-, Gewerbe- und Häusergeschichte konzentrierte. Es entstanden, ausgehend vom 16. Jahrhundert, zahlreiche Zettelsammlungen und ein umfangreiches Namensregister, auf die noch heute zurückgegriffen werden kann. Zu bedauern ist, dass die Früchte seiner jahrzehntelangen Arbeit nie in Druckform erschienen – dies gilt besonders für S.s umfassende Forschungen zu einem Ulmer Häuserbuch, die nach den Zerstörungen des Zweiten Weltkriegs letztlich Makulatur blieben. Es gilt auch für S.s grundlegende Arbeiten zu Ulmer Bürgerbüchern, die ebenfalls nicht den Weg in eine größere Öffentlichkeit fanden.

In seiner Freizeit war S. außerdem ein begeisterter Ballonfahrer. Im Sommer 1910 erwarb er die Befähigung zur Führung eines Ballons und führte in der gleichen Zeit eine nicht ungefährliche Nachtfahrt per Ballon durch. S. zählte zu den Enthusiasten, die das Schachtelfahren wiederbelebt haben, und nahm selbst an mehreren Donaufahrten teil. S. war auch begeisterter Fotograf.

S. starb drei Wochen nach Vollendung seines 84. Lebensjahres. Einige Jahre vor seinem Tod hatte er dem Stadtarchiv Ulm seine vollständige Sammlung geschenkt, *ein unschätzbares Hilfsmittel der Heimatforschung und ein ehrendes Denkmal seines Fleißes und seiner Verbundenheit mit der Stadt und ihren Bürgern* [Max HUBER].

Q   StadtA Ulm, G 2 – ebd., Bestand H., Nachlass Schwaiger.
W   (Auswahl) Der Ulmer Handelsverein 1862-1912, Ulm 1912 – Der Brand des „Neuen Baues" zu Ulm, Ulm 1924 – Der beiden Sürlin [sic] und Johann Keplers Wohnstätten in Ulm, in: UO 28 (1932), S. 56-60 – Wohnstätten altulmischer Künstler, in: UO 29 (1934), S. 69-74 – Die Ulmer Abstimmungslisten vom Nov. 1531, Ulm 1931 – 300 Jahre Ulmische Presse 1634-1934, Ulm 1934 – Der Kupferhammer in Ulm, Ulm 1937 – Geschichte der Altulmer Familie Leipheimer, Ulm 1937 – 250 Jahre Engel-Apotheke in Ulm, Ulm 1937 – Ulmer Apotheker im Mittelalter und die Anfänge der Löwenapotheke, in: Beiträge zur Württ. Apothekergeschichte 1952 ff.
L   Ih 2, S. 814 – UBC 2, S. 116, 240 – UBC 3, S. 464 f. – UBC 5b, S. 686 – Max HUBER, Karl Schwaiger †, in: UO 33 (1953), S. 187 f. – SPECKER, Bestände, S. 461.

Schwammberger[566], *Emil* Wilhelm, Dr. iur., * Löwenstein/ OA Weinsberg 9. Feb. 1882, † Stuttgart 20. Juli 1955, ev.

Vater Ernst Schwammberger, Weingutsbesitzer in Löwenstein.
Mutter Luise Weigele.
∞ Stuttgart 1907 Anne Lang, * 1886, † Stuttgart 1960, Ausschussmitglied des Ulmer Vereins „Frauenbildung - Frauenstudium".
2 K Wolfgang Schwamberger[567], * Stuttgart 10. XI. 1908, † Warmbronn/Krs. Leonberg 19. VI. 1994, Dr. iur., Rechtsanwalt, führendes Mitglied der Dt. Wählergesellschaft, Vorsitzender der „Dt. Union" in Württemberg und politischer Publizist, ∞ Stefanie Lilier; Horst Schwamberger, * 1909, † 1995, ∞ Hanna Gropp.

S. war Ulms Oberbürgermeister in der Zeit der „Weimarer Republik", 1919 gewählt als Nachfolger Heinrich von →Wagners, zehn Jahre später triumphal wieder auf zehn Jahre gewählt und im Frühjahr 1933 auf Betreiben seines Intimfeindes Wilhelm →Dreher amtsenthoben. Die Umstände seines erzwungenen Weggangs aus Ulm hinterließen bei dem überaus selbstbewussten Stadtoberhaupt tiefe Spuren, die in seiner persönlichen Wahrnehmung seine erfolgreiche 14-jährige Amtszeit überschatteten. Unter S. entwickelte sich Ulm zur modernen Großstadt.

Nach Besuch der Volksschule in Löwenstein, der Lateinschule in Göppingen und der Gymnasien Schwäbisch Hall und Heilbronn/ Neckar studierte der einer Winzerfamilie entstammende S. nach der Reifeprüfung Rechts- und Staatswissenschaften sowie Volkswirtschaft in Tübingen und Berlin. 1905 bestand er die I., 1907 die II. Höhere Verwaltungsdienstprüfung, dazwischen war er als Regierungsreferendar beim OA Nürtingen, beim Stadtschultheißenamt Aalen und bei der Regierung des Neckarkreises in Ludwigsburg tätig und wurde an der Universität Heidelberg promoviert. 1907 begann S.s Laufbahn im Staatsdienst als Amtmann bei den OÄ Schwäbisch Gmünd und Urach. Doch er strebte frühzeitig nach größeren eigenen Gestaltungsmöglichkeiten, die er als Stadtoberhaupt zu finden hoffte. 1910 bewarb sich der 28-jährige S. um das Amt des Stadtschultheißen in Geislingen/Steige, unterlag aber mit 480 zu 663 Stimmen gegen den Esslinger Polizeiamtmann Robert Leube. 1914 wurde S. zum Regierungsrat bei der Stadtdirektion Stuttgart ernannt. Sein FVP- bzw. DDP-Parteikollege Fritz Elsas sah in ihm *eine aufgeblasene Null*, hinter dessen *wichtigtuerischem Gehaben* nichts stecke: *Sein Selbstbewußtsein und sein Wunsch, sich vorzudrängen, standen mit seinem sachlichen Können und seinen Leistungen im umgekehrten Verhältnis.* E. scheint bei seinem harschen Urteil persönliche Antipathie geleitet zu haben, denn alle erhaltenen Zeugnisse zu S.s Arbeitskraft als Beamter sind voll des Lobes. Davon unabhängig, galt S. schon in dieser Zeit als wenig liebenswürdig, grob im Umgang und voller Ungeduld.

Ende 1918 zählte S., der mittlerweile als Referent bei der Zentralstelle für Gewerbe und Handel in Stuttgart tätig war, zu den Mitgründern der linksliberalen DDP in Stuttgart. Im Jan. 1919 war er Kandidat für die Württ. Verfassunggebende Landesversammlung (Platz 77 Vorschlagsliste; DDP), wurde jedoch nicht gewählt. 1919 kurzzeitig Abteilungsleiter für Kriegsgüterverwertung im württ. Arbeitsministerium, bewarb sich S. im Frühjahr 1919 für das Amt des Oberbürgermeisters von Ulm, das nach dem Rücktritt des bisherigen Amtsinhabers vakant war. Sein Parteifreund Mühlhäuser, Rechtsanwalt und Gemeinderat in Ulm, bat, als er hörte, dass S. kandidieren werde, seine Partei um Entbindung von seiner Kandidatur-Zusage. Ende April 1919 wurden neben S. die Namen von Eugen →*Jaekle, Oberbürgermeister in Heidenheim, Karl Keller, Oberbürgermeister in Gießen, Landesrat Dr. Kuhrin in Kassel, Regierungsrat Riederer in Speyer sowie von Rechtsanwalt Dr. Roth in Heidelberg genannt. Als S. und Jaekle sich am 28. April 1919 im Saalbau mit ihren Bewerbungsreden vorstellten, hatten die anderen Interessenten ihre Kandidatur jedoch wieder zurückgezogen. Während Jaekle besonders von den Sozialdemokraten unterstützt wurde, konnte S. auf die Innungen und die einflussreiche Mittelstandsvereinigung setzen. Jaekle wucherte mit dem Pfund seiner reichhaltigen kommunalpolitischen Erfahrung, S. stellte den Ulmern eine neue kommunalpolitische Zukunft in Aussicht, indem er ankündigte, im Falle seiner Wahl würde er dem Rathaus die Überschrift „Den Ulmern zur reinen Selbstverwaltung" geben.

Bei der Wahl am 5. Mai 1919 vermochte sich S. mit 10.153 zu 7.200 Stimmen gegen Jaekle durchzusetzen. Beide hatten es aber nicht vermocht, die landesweit bekannte Wahlmüdigkeit der Ulmer zu überwinden: nur 61 Prozent der Wahlberechtigten übten ihr Wahlrecht aus. Das mag auch damit zusammenhängen, dass schon am 11. Mai 1919 die Gemeindewahlen anstanden und im Januar zweimal gewählt worden war, zur Deutschen Nationalversammlung und zur Württ. Verfassunggebenden Landesversammlung. S.s Amtseinführung durch den Regierungspräsidenten Eugen (von) →Dreher wurde am 2. Juni 1919 im Rathaus feierlich begangen, zugleich wurden die neuen Gemeinderäte verpflichtet. Ein neues Kapitel in Ulms kommunalpolitischer Geschichte wurde aufgeschlagen.

Die Amtszeit S.s als Ulmer Oberbürgermeister – den Titel erhielt S. 1920 vom Staatspräsidenten verliehen, zuvor hatte er

566 Die Schreibung „Schwamberger" wurde von S. erst nach 1945 durchgesetzt und bezieht sich daher nicht auf seine Ulmer Amtszeit. Auch seine Personalakten dokumentieren diesen Sachstand.
567 Ih 3, S. 315 – KOSCH, BStHb, S. 1099.

als Stadtschultheiß firmiert – war gekennzeichnet von überaus schwierigen Rahmenbedingungen, nach dem Ende des Ersten Weltkriegs. Ulm kämpfte wirtschaftlich ums Überleben, nachdem die Garnison als Wirtschaftsfaktor weggefallen war. Die überaus erfolgreiche Aufwärtsentwicklung der Stadt war schlagartig zum Erliegen gekommen. Es herrschte Versorgungs-, Nahrungsmittel- und Wohnungsnot, Schwarzmarkt und Schiebertum blühten. S. nahm sich mit großer Tatkraft der verschiedenen Probleme an. Mit Rechtsrat Dr. Karl Bub erarbeitete er im Auftrag des Reichswirtschaftsministeriums einen Gesetzentwurf betr. Bekämpfung des Schieber- und Wuchertums, der vom zuständigen Ausschuss der Deutschen Nationalversammlung mit nur wenigen Änderungen akzeptiert wurde. Kurz nach seinem Amtsantritt begann S. mit der Reorganisation der städtischen Ämter, sprach sich für die notwendige Ausdehnung des städtischen Gebiets nach Westen aus – 1926 erfolgte die Eingemeindung von Grimmelfingen, 1927 jene von Wiblingen. Infrastrukturell prägte er die Stadtentwicklung mit dem Bau der Kraftwerke (mit Stauseen) in Öpfingen und Donaustetten, ließ das Stadion und das Schwimmbad bauen.

Seine Maßnahmen zur Stabilisierung der städtischen Wirtschaft waren hart, aber langfristig wohl unumgänglich. Wer hungern musste, hatte dafür naturgemäß wenig Verständnis. Am 22. Juni 1920 geriet S. mit Oberamtmann Wilhelm →Maier in die Gewalt eines außer Kontrolle geratenen Demonstrationszuges und wurde körperlich misshandelt. Dieses traumatische Erlebnis verfolgte S. ein Leben lang und machte ihn noch verschlossener. Auf der anderen Seite zeigte sich, dass sein Kurs für die Stadt überaus erfolgreich war. Am Ende seiner Amtszeit, deren Erfolg auch S.s Erstem Bürgermeister und Vorstand des Personalamts, Ernst →Sindlinger, wesentlich zu verdanken war, stand Ulm wirtschaftlich und finanziell wesentlich besser da als zahlreiche vergleichbare Städte Süddeutschlands.

S. fühlte sich weiterhin zu Höherem berufen, hielt sich für ministrabel und wollte nicht ausschließen, wieder von Ulm fortzugehen. 1921 kursierte S.s Name im Vorfeld der Stuttgarter Oberbürgermeisterwahl. Er warf seinen Hut aber nicht in den Ring, als Amtsinhaber Karl Lautenschlager erklärte, er werde nochmals kandidieren. Im Gemeinderat verhielt sich S. meistens als geschmeidiger Verhandler und geschickter Strippenzieher, konnte aber dennoch nicht verhindern, dass seit 1923 der „Ulmer Rathauskrieg" zu toben begann. Sowohl die Parteifreunde von Konstantin →Wieland als auch Mitglieder der DNVP-Fraktion befehdeten S. öffentlich und beschäftigten wiederholt die Gerichte des Landes, um ein Dienststrafverfahren gegen den Oberbürgermeister in Gang zu setzen. Sie scheiterten jedoch damit.

S. wurde im März 1929 bei seiner Wiederwahl eindrucksvoll im Amt bestätigt und auf 15 Jahre wiedergewählt. Er war von 1930 bis 1933 Vorstandsmitglied des Dt. Städtetags, Zweiter Vorsitzender des Württ. Städtetags und Vorsitzender des Aufsichtsrats des Württ. Gemeindeversicherungsvereins. Mit Neu-Ulm bemühte er sich um gute Nachbarschaft, fühlte sich jedoch seit 1931 durch seinen Amtskollegen Franz Josef →Nuißl herausgefordert, der S. mit einer wohl gezielten Indiskretion verärgerte. Neu-Ulm bangte um seine Selbstständigkeit, da von Seiten Ulms Signale in Richtung Zusammenschluss zu hören waren, die man auf der anderen Donauseite ungern empfing. Amtliche Schuldzuweisungen und Zurückweisungen derselben kreuzten über der Donau und vergifteten die Atmosphäre. Das persönliche Verhältnis der beiden Stadtvorstände war wenige Monate vor der Machtübernahme der Nationalsozialisten völlig zerrüttet.

Einer der profiliertesten Gegner S.s im Gemeinderat war der NS-Politiker Wilhelm Dreher, der sein Mandat in erster Linie als Aufforderung zur Ausfechtung seines Privatkrieges mit dem Oberbürgermeister missverstand. Beide gerieten im Gemeinderat wiederholt hart aneinander. Im Herbst 1932 ließ S. Dreher wegen fortgesetzter Störung der Gemeinderatssitzung des Saales verweisen.

Drehers Rache kam bald. Nach der Ernennung Hitlers zum Reichskanzler wurde die Luft für S. merklich dünner, nach der Reichstagswahl am 5. März 1933 griffen die Nationalsozialisten auch in Württemberg nach der Macht. Dreher hetzte öffentlich gegen S. und forderte ihn wiederholt zum Rücktritt auf. Am 16. März 1933 trat S. angesichts gegen ihn erhobener massiver Drohungen einen „Krankheitsurlaub" an. Am darauffolgenden Tag wurde Staatskommissar Hermann →Schmid (DNVP) – einer von S.s Gegnern aus dem „Ulmer Rathauskrieg" – mit der Wahrnehmung der Aufgaben des Oberbürgermeisters betraut und setzte einen „Untersuchungsausschuss" ein, der die Ordnungsmäßigkeit der Stadtverwaltung zu prüfen hatte, vor allem aber, ob S. ein Fehlverhalten vorgeworfen werden konnte. Am 8./9. Mai 1933 erfolgte S.s Amtsenthebung, am 26. Juli 1933 die Dienstentlassung auf Grund des „Gesetzes zur Wiederherstellung des Berufsbeamtentums". S., gerade 51 Jahre alt, überstand das „Dritte Reich" als Ruhestandsbeamter in Stuttgart, widmete sich der Schriftstellerei (er veröffentlichte unter dem Pseudonym Will Burgen) und führte ein unauffälliges Leben. Nachdem das Haus der Familie S. 1944 zerstört worden war, ging sie nach Tuttlingen, wo sie das Kriegsende erlebte.

Die Umstände des Endes seiner Amtszeit in Ulm verbitterten den selbstbewussten S. sehr und wirkten lange nach. Als man ihn nach Kriegsende bat, seine Tätigkeit in Ulm fortzusetzen, winkte S. unter Verweis auf die ihm zuteil gewordene *wegwerfende und entehrende Behandlung* ab und trat in die Dienste des Innenministeriums Württemberg-Baden, um das Kommunalwesen des neu geschaffenen Landes wieder zu ordnen. In der von dem SPD-Politiker Fritz Ulrich geführten Landesdirektion des Innern war S. seit Juni 1945 – Stuttgart war noch von den Franzosen besetzt – als Hauptberichterstatter für das Kommunalwesen im Range eines Direktors tätig. Ulrich, der später zum Innenminister von Württemberg-Baden aufstieg, wies das Ansinnen S.s, ihn offiziell zu seinem Stellvertreter zu ernennen, zurück, woraufhin S. mit Rücktritt drohte. Als er feststellte, dass diese Drohung wirkungslos zu verpuffen drohte, entschied er sich anders und blieb. Seit 1947 einem Ministerialdirektor gleichgestellt, kümmerte sich S. neben seinen eigentlichen Amtspflichten um die Erarbeitung eines neuen Beamtengesetzes und um Fragen des Wahlrechts. Mit seiner Forderung nach einem reinen Mehrheitswahlrecht, das er als führendes Mitglied der „Deutschen Wählergesellschaft" offensiv nach außen vertrat, drang er allerdings nicht durch. Die Kreis- und Gemeindeordnung von Württemberg-Baden geht wesentlich auf S.s Vorarbeiten zurück.

1945/46 hatte S. zu den Mitgründern der DVP (späteren FDP) Württemberg-Baden gehört. Von 1948 bis 1949 war er als Vertreter der DVP Württemberg-Baden Mitglied des Wirtschaftsrats der Bizone in Frankfurt/Main. 1952 ließ sich S. nach dem Mandatsverzicht von Hermann →Wild als DVP-Kandidat für den Wahlkreis Ulm Stadt zur Wahl der Verfassunggebenden Landesversammlung aufstellen, hatte jedoch keinen Erfolg. In seinen letzten Lebensjahren trat S. wieder öfter in Ulm auf. Er starb überraschend im 74. Lebensjahr. Oberbürgermeister Theodor →Pfizer würdigte die Verdienste des Verstorbenen in der Gemeinderatssitzung am 26. Juli 1955. – Mitglied des Aufsichtsrats der Mittelschwäb. Überlandzentrale AG. – Nov. 1945 Ehrenbürger von Ulm; 1983 Schwambergerstraße in Ulm, 1952 Bundesverdienstkreuz.

Q   StadtA Ulm, G 2 – HStAS, EA 2/150 Bü 1586 (Personalakten).
W   Das Verbrechen der Vergiftung, iur. Diss., Heidelberg 1906, gedruckt Aalen 1906 – Mitarbeiter beim Handwörterbuch der Württ. Verwaltung, hg. von Friedrich HALLER, Stuttgart 1915 – Peter Qualm. Ein heiteres Leben, 1950 – Zitronen und Orangen. Sonnige Italienfahrt, 1952.
L   Ih 2, S. 814 – Ih 3, S. 315 – Reichshandbuch II, S. 1739 (Bild) – UBC 1, S. 128, 184, 278, 326, 472, 496, 520, 544, 590 – UBC 2, S. 23, 69, 95, 161, 168, 192,

239, 264, 359, 405, 408, 478, 526 – UBC 3, S. 46, 70 f., 117, 143, 165, 261, 287, 336, 511, 582 – UBC 4, 76, 113-119, 123, 141-144, 157 f., 177, 187, 200, 219, 229, 233, 270, 281 – Manfred SCHMID (Hg.), Auf dem Stuttgarter Rathaus 1915-1922. Erinnerungen von Fritz Elsas (1890-1945) (Veröffentlichungen des Archivs der Stadt Stuttgart 47), Stuttgart 1990, S. 86, 196 f. – SPECKER, Großer Schwörbrief, S. 350, 367-369 (Bild), 372 f., 378, 382-384, 386-388, 391 – SCHUMACHER, M.d.B., S. 387, Nr. 5340 – DANNENBERG, Selbstverwaltung, passim – BWB 3 (2002), S. 374 ff. (Frank RABERG; mit weiterer L).

Schwarz, *Christian* Wilhelm, Dr. phil., Mag., * Frauenzimmern/OA Brackenheim 26. April 1793, † Ulm 9. Feb. 1848, ev.
Vater   Johannes Schwarz[568], get. Winnenden/OA Waiblingen 7. XII. 1754, † 7. XII. 1807, 1780-1790 Präzeptor in Beilstein, 1790-1806 Pfarrer in Frauenzimmern, 1806 bis zum Tode dsgl. in Großglattbach bei Vaihingen/Enz, S. d. Johannes Jacob Schwarz, Kellereiküfer in Winnenden, u. d. Rosina Gross.
Mutter   Christine Friederike Seeger.
∞ Sophie Braun, † 1869.

Als einer der Ulmer „Schulmänner" in der Zeit des Vormärzes würde S. auch Beachtung verdienen, wenn er nicht zu Beginn der 1830er Jahre als erster Vertreter der Stadt Ulm nach einem öffentlichen Diskussionsmarathon und zahlreichen „Bürgerversammlungen", die insgesamt eine ganz neue Qualität der politischen Partizipation der Bürgerschaft markierten, in den Landtag eingezogen wäre – wo ihm dann aber nur eine sehr kurze Wirksamkeit beschieden war.
S. entstammte einer altwürttembergischen Beamten- und Pfarrerfamilie. Von 1811 bis 1815 studierte er Theologie und Philologie in Tübingen, am 27. Sept. 1811 war er Baccalaureus, am 22. Sept. 1813 Magister und Dr. phil. (Universität Tübingen). Von 1816 bis 1819 war S. als Oberpräzeptor für Latein und Geschichte in Urach tätig. 1819 kam er nach Ulm, wo er als Professor für Latein und Geschichte am Kgl. Gymnasium wirkte, zunächst bis 1826 an Klasse IV, seither bis zum Tode an Klasse V. Der Verfasser der „Ulmer Chronik", dessen Lehrer S. war, erinnert sich daran, dass S. seine Schüler *gar lieblos behandelt habe: Bei all seinem Scharfsinn und seiner gründlichen Kenntnis der lateinischen Sprache war er kein Pädagog.*
Ende 1831 standen die Wahlen für die dritte Wahlperiode des Württ. Landtags an, die regulär von 1832 bis 1838 gedauert hätte. Die Zeiten waren jedoch unruhig, auch in Ulm wirkten die revolutionären Unruhen in Frankreich von 1830 nach. Viele Wahlmänner vertraten die Ansicht, es solle von der Stadt Ulm ein „liberalerer" Abgeordneter als der bisherige Volksvertreter David →Schultes in die II. Kammer entsendet werden. Conrad Dieterich →Haßler sollte zum Kandidaten gekürt werden, doch dieser erfüllte die verfassungsgemäßen Anforderungen nicht, da er am Tag der Wahl das 30. Lebensjahr noch nicht vollendet haben würde. So wurde aus einer gewissen Verlegenheit heraus der gegenüber Haßler um zehn Jahre ältere S. zum Kandidaten erhoben. Bei der Wahl am 29. Dez. 1831 besiegte S. Schultes mit 183 Stimmen Vorsprung. Er war der erste Ulmer Landtagsabgeordnete, der nicht Kaufmann war. S. scheint auch nicht so „liberal" gewesen zu sein, wie man es sich von ihm versprochen hatte: Kurz nach der Wahl bezeichnete er sich in der Presse als „gemäßigt liberal" und wies darauf hin, man dürfe vom Abgeordneten keine „Wunderdinge" erwarten.
Die Einberufung des Landtags ließ lange auf sich warten, da die Wahlen nicht so ausgefallen waren, wie König und Regierung es geschätzt hätten. Am 30. April 1832 nahm S. am ersten „Konvent" der liberalen Bewegungspartei Württembergs in Bad Boll teil und war Mitunterzeichner der Schlusserklärung, die sich gegen die Behinderung des liberalen Vereinslebens und gegen die Lähmung des „verfassungsmäßigen öffentlichen Lebens" richtete. Erst am 15. Jan. 1833 trat der 1831 gewählte Landtag (6. o. LT, sog. „vergeblicher Landtag") zusammen. S. war Mitglied der Kommissionen für Schul- und Unterrichtswesen und für das ev. Kirchenwesen. S. scheint den Erwartungen seiner Wähler nicht entsprochen zu haben. Nachdem der

König schon im März 1833 den Landtag wieder aufgelöst und Neuwahlen ausgeschrieben hatte, sprach niemand mehr von einer erneuten Kandidatur S´. Dieser fühlte sich in Ulm von einer „gewissen Partei" angegriffen, weil er im Landtag nicht mit der liberalen Oppositionspartei gestimmt habe. Nachdem S. seine Meinung öffentlich gemacht hatte, wurde er vom Bürgerausschuss, aber auch von anderen Seiten gefragt, wen er mit seiner Äußerung meine. S. suchte abzuwiegeln und zog sich auf einen Allgemeinplatz zurück, der zwar die Gemüter beruhigte, aber seine politische Stellung in Ulm vollständig untergraben hatte. David Schultes kehrte in den Landtag zurück. Politisch ist S. nach 1833 nicht mehr hervorgetreten.

W   (Auswahl) Justinus: Philippische Geschichte. Übersetzt und mit Anmerkungen versehen von Christian SCHWARZ, 6 Bde., Stuttgart 1834-1837 – Der Liberalismus unserer Tage. Kirche und Staat, Ulm 1839.
L   FABER 26, 4 B 15 – ebd. 30, 157 – RIECKE, Verfassung und Landstände, S. 51 – SCHULTES, Chronik, S. 441, 454 – HARTMANN, Regierung und Stände, S. 41 – UBC 1, S. 477, 504 – MUT Nr. 40.745 – HEPACH, Königreich, S. 28, 114 ff., 119 – EBERL, Klosterschüler 2, S. 112 – BRANDT, Parlamentarismus, S. 171, 508 – SPECKER, Ulm im 19. Jahrhundert, S. 206 f. – SPECKER, Großer Schwörbrief, S. 304 ff. – RABERG, Biogr. Handbuch, S. 848.

Schwenk (sen.), Carl, Dr.-Ing. e. h., * Ulm 12. Sept. 1852, † ebd. 18. Dez. 1942, ev.

Eltern und G siehe Eduard →Schwenk.
∞ 28. VII. 1879 Lina Ebner, * Ulm 15. VII. 1857, † ebd. 30. XI. 1921, T. d. Friedrich Wilhelm →*Ebner.
2 K   Clara Schwenk, * Ulm 10. VI. 1880, ∞ I. Ulm 21. X. 1902 *Hermann* Robert Holland, * Ellwangen/Jagst 8. IV. 1876, † Montmédy 15. IX. 1914, Hauptmann und Kompaniechef in Ulm; ∞ II. 1919 Greiß, Oberstleutnant; Carl →Schwenk (jun.).

Als einer der bedeutendsten Industriellen seiner Zeit war Kommerzienrat S. eine Symbolfigur des wirtschaftlichen Booms in der Kaiserzeit. Er produzierte, was die baufreudige Zeit benötigte: Zement.
S. wurde hineingeboren in eine Familie des wohlhabenden Ulmer Großbürgertums. Nach dem Besuch der Oberrealschule durchlief er eine kaufmännische Ausbildung in Stuttgart und leistete seinen Militärdienst als Einjährig Freiwilliger beim Feldartillerie-Rgt. Nr. 15 ab, dessen Reserveoffizier er lange Zeit war. In Zürich widmete sich der junge S. dem Studium der Chemie und der Naturwissenschaften, hörte auch technische Vorlesungen und bereiste die Schweiz, Italien und Frankreich, um sich praktische Kenntisse anzueignen. 1876 trat er im Alter von 24 Jahren in die väterliche Firma ein, die seit dem frühen Tod seines Vaters von seiner Mutter geleitet wurde. Drei Jahre später übernahm er die Geschäftsführung selbst und war Alleininhaber des Unternehmens. Er setzte auf die konsequente Fortentwicklung der Produktion durch die Herstellung von künstlichem Portlandzement und legte 1887 das Kupferhammerwerk, die Grundlage für den Aufstieg der Familie, still. S. erwarb in Allmendingen/OA Ehingen ein Steinbruch- und Fabrikgelände und ließ dort 1888/89 eine neue Zementfabrik errichten, später kamen Filialen in Mergelstetten und Herrlingen hinzu. Die Umstellung der Produktion von natürlichem auf künstlichen Portlandzement sicherte dem Unternehmen auf Grund der besseren Verwendungsmöglichkeiten des Produkts nicht nur das Überleben, sondern auch den Aufstieg zu internationaler Geltung. S. selbst stellte nicht nur Rohre und Zementwaren her, sondern bereits seit den 1880er Jahren auch Kunststeine. 1896 begann die Firma als erste mit der sog. Terrazzo-Produktion. 1897 konnte das 50-jährige Bestehen der Firma gefeiert werden, das gebührend begangen wurde. König Wil-

568 EBERL, Klosterschüler 2, S. 112 f., Nr. 800.

helm II. von Württemberg zeichnete S. aus diesem Anlass mit dem Ritterkreuz I. Kl. des Friedrichsordens aus. Im Jubiläumsjahr beschäftigte die Firma 450 Arbeiter und produzierte jährlich 700.000 Zentner Zement. 1889 gründete er eine Betriebskrankenkasse, deren Vorsitz S. 40 Jahre lang führte, bis er ihn im Dez. 1929 aus Altersgründen an Direktor Dr. Großmann abgab. 1889 und 1903 erwarb S. den bei den Ulmern beliebten, seit geraumer Zeit getrennten Grundbesitz des Oberberghofes und vereinigte ihn wieder. Obwohl er sich mit wachsendem Alter mehr und mehr aus der Geschäftsleitung zurückzog, blieb S. doch bis zu seinem Lebensende mit seiner Firma geradezu verwachsen.

Der deutschnational-kaisertreu eingestellte S. war ein aktiver Ulmer Kommunalpolitiker. Wiederholt hielt er Ansprachen und Reden zu patriotischen Gedenktagen, so 1910 zur 40. Wiederkehr des Jahrestages der Schlacht von Sedan. Im Dez. 1891 wurde S. erstmals in den Ulmer Bürgerausschuss gewählt, im Jahr darauf war er bei der Wahl nicht erfolgreich, im Dez. 1893 zog er wieder in den Bürgerausschuss ein, im Dez. 1895 gelang ihm auch erstmalig der Einzug in den Gemeinderat, vier Jahre später verfehlte er jedoch auch in diesem Gremium die Wiederwahl. Erst 1901 zog er wieder in den Gemeinderat ein, 1907 konnte er sein Mandat erneuern. 1913 schied S. aus dem Gemeinderat aus. Daneben war er seit 1907 auch Mitglied des ev. Kirchengemeinderats.

S. war reich und einflussreich, einer der höchstbesteuerten Ulmer Bürger, der Idealtypus des kaiserzeitlichen Honoratioren. 1903 ernannte ihn der König von Württemberg zum Kommerzienrat. 1906 stiftete er mit seiner Frau das Patriarchenfenster im Ulmer Münster. Am 6. Mai 1936 wurde in Ulm ein Schwenk'scher Familientag abgehalten, zu dem mehr als 250 Namensträger erschienen. Der renommierte Genealoge Albrecht →Rieber hielt bei dieser Gelegenheit einen familiengeschichtlichen Vortrag. S. starb im 91. Lebensjahr in seiner Heimatstadt Ulm. – Ehrenvorstandsmitglied des Deutschen Betonvereins; Ehrenmitglied des Württ. Kriegerbundes (S. war auch über Jahrzehnte hin ein sehr agiler und unermüdlicher Vorsitzender bzw. Bezirksobmann des Ulmer Kriegerbundes), 1930 des Veteranen- und Kriegervereins „Eintracht Ulm", 1931 des Pionier-Vereins Ulm und Umgebung, 1932 des Stahlhelm Bund der Frontsoldaten Gau Ulm-Oberschwaben, des Württ. Landesfischvereins, des Allgemeinen Deutschen Jagdschutzvereins, des Landesvereins Württemberg in Stuttgart, 1922 des Vereins für Mathematik und Naturwissenschaften in Ulm; Zweiter stv. Vorsitzender der Sektion II der Steinbruchberufsgenossenschaft; Ausschussmitglied des Deutschen Museums; 1928 Ehrenmitglied des Turn-Vereins Ulm e. V.; Alterspräsident und seit 1932 Ehrenmitglied des Vereins alter Corpsstudenten von Ulm, Neu-Ulm und Umgebung; 1930 Träger des goldenen Museumsringes des Deutschen Museums in München; 1933 Ehrenmitglied des Jagdvereins Hubertus e. V. Ulm; 1935 Ehrenmitglied des 1. Motorschifffahrts-Vereins Ulm, 1937 Ehrenmitglied des Vereins zur Züchtung und Prüfung reiner Jagdhunderassen für Württemberg – 1885 Landwehr-Dienstauszeichnung II. Kl.; 1890 Erinnerungsmedaille in Silber; Ehrenbürger der Gemeinde Allmendingen; Mai 1923 Dr.-Ing. e. h. der TH Stuttgart; Ritterkreuz des Württ. Kronordens; 1916 Wilhelmskreuz; 1932 Mackensen-Ehrenkreuz I. Kl. des Waffenrings der Deutschen Kavallerie; 1937 Kyffhäuser-Ehrenzeichen I. Kl.

Q   StadtA Ulm, G 2.
W   Werden und Wirken. Aus den Aufzeichnungen des Kommerzienrats Dr. ing. C. S., Ulm [1937] – Erinnerungen an meine Vorfahren, Ulm 1937 – (Hg.) Geschichte der altulmer Familie Leipheimer, [Schwäb. Hall] 1937 [ursprünglich nur für den privaten Gebrauch bestimmt, später von Wilhelm BRUDE für den Druck bearb.].
L   WENZEL, Wirtschaftsführer, Sp. 2098 – UBC 2, S. 95, 140, 286, 405, 430 – UBC 3, S. 12, 57, 105, 150, 252, 291, 393, 396, 467, 510 (Bild), 511, 529 – UBC 4, S. 115, 145, 212, 479 – UBC 5a, S. 167, 216 – UBC 5b, S. 587, 600 ff. – Reichshandbuch II, S. 1747 (Bild) – SPECKER, Ulm im 19. Jahrhundert, S. 70, 314 – WAIBEL, Gemeindewahlen, S. 310, 366, 367, 369, 371 – BOELCKE, Millionäre, 155, 278.

Schwenk (jun.), Carl, * Ulm 16. Mai 1883, † ebd. 23. April 1978, ⌂ ebd., Hauptfriedhof, ev.

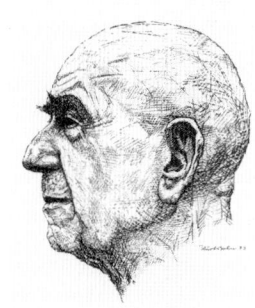

Eltern und G siehe Carl →Schwenk (sen.).
∞ 1920 Elisabeth Scholl, * Tübingen 7. XI. 1896.
3 K   Carl Dieter Schwenk, * 20. XII. 1921; Regina Schwenk, 28. IV. 1923, ∞ 1954 Eberhard →Schleicher; Konrad Schwenk, * 20. IV. 1928.

Als einziger Sohn eines überaus erfolgreichen und dominanten Vaters und Unternehmers trat S. kein leichtes Erbe an, als er nach dem Soldatentod seines älteren Schwagers in die Firmenleitung hineinwuchs. S. studierte an der TH Zürich Ingenieurwissenschaften und an der Universität Leipzig Chemie. Ab 1913 im Familienunternehmen beschäftigt, nahm er als Rittmeister d. R. am Ersten Weltkrieg teil. Er wurde von seinem Vater frühzeitig in die Geschäftsführung der Zementwerke Eduard Schwenk in Ulm geholt, deren Seniorchef er zuletzt war. S. verstand es, die herausragende Stellung des Unternehmens über schwierige Zeiten zu retten und seinen Namen als bedeutender Förderer öffentlicher Belange und Mäzen im Gespräch zu halten. Von seinen zahlreichen Ehrenämtern seien der Vorsitz des Münsterbauvereins und ab 1939 das Amt des Gaujägermeister für Württemberg Süd genannt. Im Okt. 1944 war S. Besucher bei Generalfeldmarschall Erwin →*Rommel in dessen Haus in Herrlingen. Bei dieser Gelegenheit, so S., habe Rommel gesagt: *Jetzt waren wir wenigstens noch einmal zusammen. Es ist aber das letzte Mal. Sie bringen mich um.* S. starb einen Monat vor Vollendung des 95. Lebensjahres. – Ehrenbürger von Allmendingen, Karlstadt, Michelbach und Thalfingen; 1961 Ehrensenator der TH Stuttgart; 1964 Bürgermedaille der Stadt Ulm; Goldene Ehrennadel der Deutschen Jägerschaft; 1953 Großes Verdienstkreuz des Verdienstordens der Bundesrepublik Deutschland.

Q   StadtA Ulm, G 2.
L   WENZEL, Wirtschaftsführer, Sp. 2098 – UBC 5b, S. 307, 722 – Wer ist wer? XVIII (1978), S. 988 – Zum Tode von Dr. Carl Schwenk: Unternehmer und Naturfreund, in: SWP Nr. 94, 24. IV. 1978 – Trauerfeier für Dr. Carl Schwenk: Große Verdienste um Land und Wirtschaft, in: SWP Nr. 98, 28. IV. 1978 (Bild).

Schwenk, Eduard, * Ulm 21. Dez. 1812, † ebd. 6. Mai 1869, ⌂ ebd., Alter Friedhof, ev.

Eltern und G siehe Johannes →Schwenk.
∞ Ulm 8. VII. 1847 Marie Reichard[569], * 1822 oder 1823, † Ulm 24. Juni 1904, T. d. Apothekers Carl →Reichard u. d. Sara Schwenk, 1869 nach dem Tod ihres Mannes Geschäftsführerin des Familienunternehmens.
K   Emma Schwenk, * Ulm 21. V. 1848, † ebd. 31. X. 1901, ∞ Ulm 14. V. 1868 Ernst Theodor Binder[570], * 23. III. 1833, † Ulm 13. VI. 1876, Kreisgerichtsrat in Ulm; Carl Schwenk (sen.); Marie Schwenk, * Ulm 7. VI. 1849, † ebd. 24. VI. 1849; Eduard Schwenk, * Ulm 25. VII. 1850, † ebd. 4. I. 1851; Aline Schwenk, * Ulm 13. IX. 1851, † ebd. 12. IV. 1856; Helene Schwenk, * Ulm 28. XII. 1853, † Ulm 1. V. 1935, ledig;

Mathilde Schwenk, * Ulm 18. III. 1855, † Lahr 28. X. 1909, ∞ Ulm 3. IV. 1877 August Hiller, 1849-1916, Oberleutnant, Handelskammersekretär in Lahr; Marie Schwenk, * Ulm 1. VI. 1856, ∞ Reutlingen 6. IV. 1875 Eugen Helb, * 1847, † 1932,

569 Staatsanz. Nr. 146, 25. VI. 1904, S. 1009.
570 UNGERICHT, S. 139.

Lederfabrikant in Reutlingen; Olga Schwenk, * Ulm 23. I. 1859, † ebd. 2. VIII. 1932, ∞ Ulm 12. VIII. 1886 Robert Hochstetter, 1853-1918, Oberbaurat in Schwäbisch Hall, später dsgl. in Heilbronn/Neckar; Elise Schwenk, * Ulm 4. XII. 1865, † ebd. 4. III. 1869.

Der Gründer des Ulmer Zementwerks zählt zu den Industriepionieren Südwestdeutschlands.

Geboren und aufgewachsen in Ulm, durchlief S. eine Handwerkerausbildung, ehe er in die Kupferhammerschmiede seines Vaters eintrat. Nachdem er 1844 ein Messingwalzwerk gegründet hatte (1857 aufgegeben), errichtete S. schon im Juli 1847 in Söflingen ein Zementwerk, da er mit Blick auf den Erfolg Gustav →Leubes die großen Aussichten der Zementproduktion erkannte. Fortan Kupferhammerbesitzer und Zementfabrikant in Ulm, vermochte S. mit diesen Schritten der Tatsache, dass er in Folge des Festungsbaus ein großes Grundstück hatte abtreten müssen, durch Verlegung auch positive Seiten abzugewinnen. Es ist sogar möglich, dass S. mit seinem mutigen Schritt, auf eine völlig andere Produktion auszuweichen, den Untergang des Familienunternehmens abgewendet hat.

S. zählte spätestens seit der Revolution von 1848/49 zu den höchstbesteuerten Ulmer Bürgern. Sein Zementwerk entwickelte sich in rasantem Tempo zum größten Werk dieser Art in Oberschwaben. Die Zementsteine wurden in Allmendingen/OA Ehingen und in Blaubeuren-Gerhausen gebrochen, in Allmendingen in Schachtöfen gebrannt und in der Söflinger Zementmühle mittels Wasserkraft gemahlen. Das Produkt, genannt Romanzement, war sehr gefragt und wurde u. a. bei den Festungs- und Bahnbauten in Ulm genutzt, daneben auch bei den Kunstbauten der schweizerischen Nordostbahn und von 1853 bis 1855 zum Bau des Seehafens in Romanshorn auf der schweizerischen Bodenseeseite. 1866 ließ S. weitere Schachtöfen errichten und modernisierte das Zementwerk Söflingen in der Weise, dass zur Produktion von Portlandzement übergegangen werden konnte. Gegen Ende seines Lebens schritt S. zum Aufbau des Zementwerks Blaubeuren, um die unrationellen Transportwege zu umgehen und die Produktion an einem Ort zusammenzufassen. Der kontinuierliche Ausbau seiner Produktion nach modernen Gesichtspunkten sicherte ihm und seinen Nachfolgern langfristigen Erfolg. Der Welterfolg der Firma Schwenk war allerdings ein Werk seines Sohnes Carl →Schwenk sen.

Auch in der Ulmer Kommunalpolitik spielte S. eine Rolle. Im Juni 1852 wurde er in den Bürgerausschuss gewählt, im Juni 1856 wiedergewählt. Eine Kandidatur für den Gemeinderat ist nicht nachweisbar. S. war eine feste Größe im gesellschaftlichen Leben Ulms, gehörte u. a. der Honoratioren-Kegelgesellschaft in Wassermanns Garten am Frauentor an. Er starb überraschend im 57. Lebensjahr.

Q   StadtA Ulm, G 2.
L   Festschrift der Zementfabrik Schwenk, Ulm 1897 – UBC 2, S. 34 (Bild), 35, 51, 393 (Bild) – Carl SCHWENK, Der Kupferhammer in Ulm, Ulm 1932 – Tradition verpflichtet. Ein Werk biographischer Kreis- und Firmenchronik der Stadt und des Kreises Ulm/Donau, Stuttgart 1953, S. 46 ff. – HEPACH, Königreich, S. 41 – UNGERICHT, S. 56 ff. – SPECKER, Ulm im 19. Jahrhundert, S. 126, 140, 313 (Bild) – WAIBEL, Gemeindewahlen, S. 341, 343.

Schwenk, Johannes, * Nerenstetten/OA Ulm 15. Nov. 1774, † Ulm 16. Mai 1855, ev.

Vater   Sylvester Schwenk, * Langenau 22. II. 1752, † Nerenstetten 8. I. 1794, Posthalter in Nerenstetten.
Mutter   Katharina Moser, * Nerenstetten/OA Ulm 26. VII. 1742, † Ulm 19. IV. 1819, T. d. Daniel Moser, Gastwirt in Nerenstetten, u. d. Ursula Junginger.
∞ 12. II. 1805 Catharina Magdalena Leipheimer, * Ulm 26. VIII. 1786, † ebd. 24. XI. 1860, T. d. Johann Martin Leipheimer, * Ulm 23. IX. 1761, † ebd. 17. IX. 1791, Kupferhammerschmiedmeister in Ulm, u. d. Barbara Schwenk, * Langenau 27. V. 1765, † Wiblingen 30. IX. 1804.
3 K   Mathilde Schwenk, * Ulm 27. X. 1805, † ebd. 12. II. 1889, ∞ Eduard →Mauch, Professor; Julius Schwenk, * Ulm 24. XII. 1811, † 20. IV. 1845, Kupferhammerschmied in Ulm; Eduard →Schwenk.

Der aus einer Langenauer Kaufmannsfamilie stammende S. legte mit dem Standortwechsel seiner Familie nach Ulm und

dem planmäßigen Ausbau des Ulmer Kupferhammers die Grundlage für ihren Aufstieg zu einer der erfolgreichsten und einflussreichsten Industriellendynastien im deutschen Südwesten.

Der 36-jährige S. übernahm, nachdem ihn nach Abschluss seiner Kupferschmiedlehre die Wanderschaft bis nach Norwegen geführt hatte, am 18. April 1811 den im Jahre 1800, also noch zu reichsstädtischer Zeit, gegründeten und schnell weit über die Grenzen Ulms hinaus bekannt gewordenen Kupferhammer auf der Ulmer Blauinsel. Durch Einheirat in die Familie Leipheimer, zu der schon zuvor Bindungen bestanden hatten – seine Tante Barbara war die Mutter seiner Ehefrau – schuf sich S. eine finanzielle Grundlage, die seine großen Pläne erst ermöglichte. Er verstand es, durch Kauf und Tausch seinen Grundbesitz zu arrondieren und den Kupferhammer zum führenden Unternehmen seiner Art im Königreich Württemberg auszugestalten. Der Ulmer Festungsbau drohte allerdings in den 1840er Jahren die Geschäfte der Familie Schwenk hart zu torpedieren, größere Grundstücke mussten abgegeben werden, was letztlich zum Eingehen der von seinem Sohn Eduard →Schwenk gegründeten Messingfabrik kurz nach S.s Tod 1857 führte. Der Kupferhammer existierte bis 1887. S. war eine Unternehmerpersönlichkeit alten Schlages, der viel von seinen Mitarbeitern verlangte, aber auch selbst viel einbrachte. Man weiß, dass S. einen fest geregelten Tagesablauf befolgte, um fünf Uhr morgens aufstand, um sechs Uhr frühstückte und sich dann in den Betrieb begab, wo bis fünf Uhr gearbeitet wurde. Nur samstags habe er Freunde besucht.

Bereits bei der ersten Wahl zum Bürgerausschuss im Sommer 1817 gelang dem zu den höchstbesteuerten Ulmer Bürgern zählenden S. der Einzug in das bürgerliche Kollegium, im Okt. 1819 als Vertreter der höchstbesteuerten Handwerker „vor den Toren" auch der Sprung in den Ulmer Gemeinderat (Magistrat). 1825 verfehlte S. jedoch den Wiedereinzug in den Gemeinderat und verzichtete daraufhin auf weitere Bewerbungen. Schon 1821 hatte S. allerdings in einer Anzeige gebeten, ihn nicht mehr zu wählen, da der zeitliche Aufwand für ihn zu groß sei. Auf politische Betätigung verzichtete er hingegen nicht. S. blieb einer der führenden Ulmer „Aktivbürger", der u. a. 1831 die Bewerbung von Professor Christian →Schwarz für den Landtag mit durchsetzte. S. errichtete im Garten des ehemaligen Klarissinnenklosters in Söflingen einen Drahtzug an der Blau.

Q   StadtA Ulm, G 2.
L   SCHULTES, Chronik, S. 386 – Carl SCHWENK, Der Kupferhammer in Ulm, Ulm 1932, S. 40 ff. – UBC 2, S. 35 – HEPACH, Königreich, S. 39, 41 f., 95, 98, 115, 140 f., 182 ff. – WAIBEL, Gemeindewahlen, S. 258, 318, 319, 320 – SPECKER, Ulm im 19. Jahrhundert, S. 121, 140, 591, 597.

Schwesig, Johannes, * Allenstein (Ostpreußen) 24. Jan. 1929, † Ulm 21. Mai 2000, ev.

Vater   August Schwesig, Oberinspektor bei der Reichsbahn in Allenstein.
Mutter   Auguste Sczepanek.
∞ 1956 Brigitte Mund, * Salzwedel (Altmark) 7. XII. 1929, Pfarrerin, 1990-2002 Vorsitzende des Frauenbunds Ulm, T. d. Oberschullehrers Mund in Salzwedel. 4 K, darunter Frithjof Schwesig, 2005 Pfarrer an der Christuskirche in Söflingen, 2005 adoptierte K.

S. wuchs in seiner ostpreußischen Heimat auf, die er mit seiner Familie angesichts der anrückenden sowjetrussischen Truppen 1945 verlassen musste. Die schrecklichen Erlebnisse dieser

Flucht – S. war Zeuge des britischen Bomberangriffs auf Dresden und von Erschießungen und Vergewaltigungen in der Tschechoslowakei – prägten ihn tief. Die Familie fand schließlich im altmärkischen Salzwedel eine neue Heimat, die sich allerdings als gefährdet erwies, als S. sich als Mitglied der „Jungen Gemeinde" gegen Krieg als Mittel der Politik engagierte. Die Besatzer ordneten an, die Familie Schwesig müsse die SBZ innerhalb von 24 Stunden verlassen. Immerhin: in Salzwedel hatte S. seine spätere Ehefrau kennengelernt.

S. entschied sich für den Pfarrerberuf und durchlief nach dem Theologiestudium das übliche Vikariat, das in seinem Falle durch einen einjährigen USA-Aufenthalt, ermöglicht durch ein Stipendium des Weltkirchenrats, ergänzt wurde. Nach der II. Dienstprüfung erhielt S. eine Stellung als Pfarrer in Kirchdorf an der Iller bei Biberach/Riß. 1963 folgte er dem Angebot, Pfarrer der kleinen deutschsprachigen Kongregation und Seemannspfarrer in Edinburgh (Schottland) zu werden, auch mit dieser Entscheidung seinem Motto treu, *mit großen Augen die Welt kennen zu lernen*. S. war eine Persönlichkeit eigener Prägung mit einem stark entwickelten Sinn für Gerechtigkeit. So war es für ihn keine Frage, auch in Zeiten des „Kalten Krieges" Besatzungsmitglieder von Schiffen der DDR seelsorgerlich zu betreuen. Als Redakteur des „Londoner Boten" (deutschsprachige Kirchenzeitung in Großbritannien) tat er viel für den inneren Zusammenhalt der Deutschen auf der britischen Halbinsel.

Im Herbst 1970 kam S. als Nachfolger von Walter →Gölz als Zweiter Münsterpfarrer nach Ulm und übernahm nach zwölf Jahren in diesem Amt mit Wirkung vom 1. Juli 1982 als Nachfolger von Martin Streicher auch (zunächst provisorisch) das Amt des Ulmer Militärdekans, nachdem er den Militärdekan schon zuvor immer wieder unterstützt hatte. S.s Nachfolger als Zweiter Münsterpfarrer wurde nach mehr als einjähriger (!) Vakanz der Zweite Stadtpfarrer an der Ravensburger Stadtkirche, Paul Eberhard Dieterich (* Edelfingen 23. Okt. 1941). Der pazifistisch eingestellte S. überwand dabei seinen inneren Zwiespalt. Er anerkannte den Verteidigungsauftrag der Bundeswehr, trat aber stets ohne Einschränkung für das Recht auf Kriegsdienstverweigerung aus Gewissensgründen ein. In seiner Ulmer Zeit verstand er es, neue Akzente zu setzen. Im Münster hielt er 1972 Kurzandachten für die Olympia-Touristen, auch die deutsch-amerikanischen Weihnachtsgottesdienste führte er ein. Besonders engagierte sich S. für ostafrikanische Flüchtlinge (Eritrea), die in den 1970er Jahren nach Ulm kamen. 1989 aus gesundheitlichen Gründen Ruhestand, bis 1999 Vertreter der ev. Kirche in der Arbeitsgemeinschaft christlicher Kirchen. Erster Vorsitzender der Ulmer Kinderkrippe e. V.

Q   StadtA Ulm, G. 2.
L   NEBINGER, Die ev. Prälaten, S. 586 [siehe auch Ergänzungen und Nachträge in der 2. Auflage 1984, S. 616] – Ulrich RITZEL, Lebensmut auf die Fahne geschrieben: Militärdekan Johannes Schwesig wird verabschiedet, in: SWP Nr. 226, 29. IX. 1992 (Bild).

Sedlmayr, Wilhelm, Dr. iur., * Stuttgart 28. Okt. 1881, † Ulm 26. Nov. 1936, ▢ ebd., Hauptfriedhof, kath.

Vater   Joseph Sedlmayr, Oberrevisor bei der Kgl. Württ. Generaldirektion der Staatseisenbahnen.
Mutter   Theresia Kaiser.
∞ *Elisabeth (Elise)* Marie Hortensie Huggle, * 1886, † 1956, T. d. Josef →*Huggle, Verlagsdirektor der Süddeutschen Verlagsanstalt und Stadtrat in Ulm.
2 K   Rolf Sedlmayr, Dr. phil., * 1912, † 1941; *Gert* Klaus Joseph Eugen Sedlmayr, Dr. med., * Ulm 14. III. 1920, † 23. VIII. 1971, praktischer Arzt in Ulm, Theater- und Literaturkritiker, ∞ Christa Rödiger, Dr. med., * Kindelbrück (Thüringen) 12. I. 1922, † 1991, Ärztin.

S. war eine der zentralen Persönlichkeiten des Ulmer politischen Katholizismus. Als Publizist und Politiker war er über Jahrzehnte in Ulm sehr präsent und in der Zeit der „Weimarer Republik" einer der bekanntesten Ulmer Honoratioren. *Die neuere Geschichte der Stadt wird den Namen Wilhelm Sedlmayr festhal-*

ten müssen, schrieb Anton Wiech anlässlich des 80. Geburtstages von S. (Ulmer Nachrichten Nr. 272, 25. Nov. 1961).

Nach Besuch des Eberhard-Ludwigs-Gymnasiums Stuttgart studierte S. Jura in Tübingen und Erlangen und promovierte 1910 an der Universität Erlangen zum Dr. iur. Er trat noch im gleichen Jahr als Volontär in die Dienste der Süddeutschen Verlagsanstalt in Ulm und ging wenig später als Chefredakteur nach Radolfzell, ehe er zum 1. Jan. 1916 Verlagsdirektor der „Süddeutschen Verlagsanstalt e.G.m.b.H., Zeitungsverlag, Akzidenzdruckerei und Buchhandlung Ulm" wurde, wo der „Schwäbische Volksbote" erschien. Ende 1918 war er als Vertreter der caritativen Fachvereine (neben Schulrat Alois →Schnitter für den Paulusverein) Mitglied des Diözesanausschusses des Caritasverbandes für Württemberg (Diözese Rottenburg).

Nach 1919 war S. Bezirksvorsitzender der Ulmer Zentrumspartei und Mitglied des Landesausschusses der Zentrumspartei Württemberg und Hohenzollern. Bei der Wahl zur Württ. Verfassunggebenden Landesversammlung am 12. Jan. 1919 kandidierte S. auf dem aussichtslosen Platz 38 der Landesvorschlagsliste der Zentrumspartei. 1920 Landtagskandidat (WK 20: Ulm-Heidenheim; Zentrum). Von 1922 bis 1933 war S. Mitglied des Ulmer Gemeinderates, Vorsitzender der Fraktion des Zentrums und seit Jan. 1929 Erster Stellvertreter des Oberbürgermeisters. In der Gemeinderatssitzung vom 13. März 1933 nahm S. gegen den Antrag betr. Neuwahl des Gemeinderates Stellung und unterstützte die Erklärung des DDP-Stadtrats Heinrich →Bantleon, welche die Angriffe von Wilhelm →Dreher (NSDAP) gegen die Amtsführung von Oberbürgermeister Emil →Schwammberger als sachlich unbegründet zurückwies. In seiner Freizeit betätigte sich S., der auch dem Kirchenstiftungsrat angehörte, als Theaterkritiker und Heimatforscher. Er starb kurz nach seinem 55. Geburtstag an einem Herzinfarkt. – Vorsitzender des Fachausschusses für das Buchdruckgewerbe im Handwerkskammerbezirk Ulm; Vorsitzender des Aufsichtsrats des Verbandes Oberschwäbischer Zeitungsverleger (VERBO); Vorstandsmitglied des Vereins Württ. Zeitungsverleger und des Kreises IV des Dt. Buchdruckervereins. Nach S.s Tod wurde der „Schwäbische Volksbote" zum 1. Okt. 1937 mit dem „Ulmer Tagblatt/Ulmer Sturm" (zwangs-)vereinigt.

Q   StadtA Ulm, G 2.
W   Von Bildhauern und Malern der Künstlergilde Ulm, Ulm o J. [1929].
L   Ih 2, S. 821 – UBC 1, S. 605 – UBC 2, S. 23 – UBC 5a, S. 14, 229 – WENZEL, Wirtschaftsführer, Sp. 2102 – Reichshandbuch 2, S. 1752 (Bild) – Einem Freunde, in: Schwäb. Donau-Zeitung Nr. 274, 26. XI. 1950 – LAUBACHER, Caritas, S. 20.

Seeberger, Friedrich, * Ulm 10. Juni 1853, † ebd. 8. Nov. 1924, ▢ ebd., Hauptfriedhof, ev.

Vater   Christoph Seeberger, Kolonialwarenhändler in Ulm.
∞ Maria Müller, T. d. Daniel Müller, Kaufmann in Ulm.
K   Friedrich Seeberger jun., * 1898, † 1945, Kaufmann in Ulm.

S. war der Gründer des noch heute florierenden, nach ihm benannten Unternehmens, das Kaffee und Trockenfrüchte vertreibt.

Der junge S. erweiterte das Familienunternehmen in der Pfluggasse, wo sein Vater 1844 eine Kolonialwarenhandlung eingerichtet hatte, im Jahre 1882 um eine am Marktplatz gelegene Kaffeerösterei. Er trug damit in Ulm dazu bei, Kaffee für größere Volksschichten interessant und erschwinglich zu machen. 1902 übernahm S. in der Kronengasse 2 das Anwesen seines Schwiegervaters Daniel Müller, um dem wachsenden Raumbedarf seines expandierenden Unternehmens Rechnung zu tragen. Schon vor 1900 war S. einer der angesehensten Kaufleute in Ulm und Mitglied der Handels- und Gewerbekammer. In den 1890er Jahren war S. mit Oberlehrer August →*Dußler maßgeblich an der Gründung der freien Bibliothek und Lesehalle in Ulm beteiligt. S. engagierte sich politisch bei der liberalen Volkspartei, deren Mitgründer er in Ulm gewesen war. Im Dez. 1896 und 1897 erfolglos bei der Bürgerausschusswahl, wurde S. im Jan. 1900 in den Bürgerausschuss gewählt und im Dez. 1904 wieder gewählt. Am 30. Dez. 1905 schließlich gelang S. die Wahl in den Gemeinderat, dem er bis 1913 angehörte. Nach S.s Tod führte sein gleichnamiger Sohn das Unternehmen weiter.

Q   StadtA Ulm, G. 2.
L   Ulmer Tagblatt 10. XI. 1924 – UBC 3, S. 217, 323 – UBC 4, S. 237 (Bild), 239 – WAIBEL, Gemeindewahlen, S. 369, 371 – StadtMenschen [Firmenporträts] – www.seeberger.de.

Seeger, *Adolf* Wilhelm, * Wildbad/OA Neuenbürg 13. Mai 1815, † Stuttgart 15. Sept. 1865, ⬚ ebd., Fangelsbachfriedhof, ev.

Vater   Ludwig Seeger, * Schwann 29. VIII. 1776, † Wildbad 8. III. 1843, Präzeptor und Reallehrer in Wildbad.
Mutter   Friederike Gottliebin Zeller, * 26. XII. 1778, † 27. II. 1841, T. d. Wilhelm Heinrich Zeller, Diaconus in Wildbad.
6 G   Luise Friederike Seeger, * 12. VIII. 1805, † 29. VIII. 1883, ∞ 1831 Christian Daniel Kielmeyer, * 24. III. 1794, † 30. VI. 1876, Professor; Wilhelmine Regine Seeger, * 14. II. 1807, † 21. VII. 1855; Friederike Henriette Seeger, * 7. XI. 1803, † 8. IX. 1872, ∞ 15. IX. 1840 Oskar Friedrich Seeger, * 20. VII. 1811, † Ravensburg 6. XII. 1848, Stadtschultheiß in Wildbad; Gustav Wilhelm Heinrich Seeger, * 9. V. 1812, † 8. IX. 1856, Kaufmann in Wildbad, ∞ 27. VII. 1840 Franziska Sigelen; Ludwig →Seeger; Eduard Seeger, * 23. II. 1821, † 19. III. 1845, stud. iur.
∞ I. Ludwigsburg 1844 Johanna Friederike *Pauline* Fischer, * Tübingen 27. VII. 1819, † Stuttgart 15. II. 1848, T. d. Wilhelm Christian Fischer, Kaufmann in Ludwigsburg, u. d. Christine Rosine Zeller; ∞ II. Ludwigsburg 1849 Johanna Friederike *Luise* Fischer, * Ludwigsburg 27. V. 1826, † Stuttgart 13. VI. 1900, *Schw* d. I. Ehefrau.
2 K aus 1. Ehe, 2 K aus 2. Ehe.

Als einer der bedeutenden Führer der Liberalen im Württemberg der Revolutionszeit hat sich S. einen Platz in der Geschichte erobert. In der Zeit der Restauration in den 1850er Jahren war er Abgeordneter der Stadt Ulm im Landtag.

Für S. war gemäß der Familientradition eine Beamtenlaufbahn vorgesehen, und so begann der halbwüchsige S. als Schreibereiinzipient beim Notariat in Wildbad. Daneben erhielt er Privatunterricht beim Vater und bei Diaconus Johann Jakob Seybold in Wildbad. 1834/35 besuchte er das Gymnasium in Stuttgart, daran anschließend studierte S. von 1835 bis 1839 Rechtswissenschaften in Tübingen (Mitglied der Burschenschaft Giovannia, seit 1837 der maßgeblich von ihm wiederbegründeten Burschenschaft Germania, die von der Regierung wegen ihrer „politischen Umtriebe" verboten worden war). 1839 wurde der in Burschenschaftskreisen „roter Seeger" genannte S. wegen seiner burschenschaftlichen Aktivitäten zu einer mehrwöchigen Karzerstrafe verurteilt und danach aus Tübingen ausgewiesen. 1839 bestand er die I., 1841 die II. Höhere Justizdienstprüfung und trat als Assistent und Aktuar beim Stadtgericht in Stuttgart in den württ. Justizdienst ein. 1842 setzte er seine berufliche Laufbahn nach einer mehrmonatigen Studienreise in die Schweiz als planmäßiger Gerichtsaktuar in Schwäbisch Hall (unter Verbleib am Stadtgericht Stuttgart als Stadtgerichtsverwalter) fort. 1844 Oberjustizassessor in Stuttgart, wechselte er noch im gleichen Jahr in den Dienst der Innenverwaltung und wurde zum Regierungsrat im Ministerium des Innern ernannt. In der Revolutionszeit war S., von April 1848 bis Okt. 1849, Stadtdirektor von Stuttgart. Im Herbst 1849 zum Oberregierungsrat bei der Regierung des Neckarkreises in Ludwigsburg und zum Mitglied der Ablösungskommission ernannt, musste S. diese Versetzung als „Weglobung" eines politisch unliebsamen Beamten empfinden, dessen Aktivitäten als Landtagsabgeordneter von der Regierung nur ungern gesehen wurden. Nach Quittierung des Staatsdienstes aufgrund einer von S. als Strafversetzung empfundenen Versetzung zur Kreisregierung nach Ellwangen wurde er im Sept. 1850 Rechtsanwalt in Stuttgart. 1853 gründete S. mit seinem Parteifreund Dr. Hermann Stockmayer die Lebensversicherungs- und Ersparnisbank in Stuttgart, der er sich auch als Rechtsrat („Bankbevollmächtig-

ter") zur Verfügung stellte. S. starb im Alter von 50 Jahren an einem langjährigen Brustleiden.

Politisch engagierte sich S. bei den „Demokraten" bzw. im „Volksverein", der Urzelle der späteren Süddeutschen Volkspartei. 1848 hinderten ihn seine Amtspflichten als Stuttgarter Stadtdirektor an einer Kandidatur für die Deutsche Nationalversammlung in der Frankfurter Paulskirche; er wurde aber als Vertreter des OA Neuenbürg in die II. Kammer des Württ. Landtags (15. o. LT) gewählt, wo er Berichterstatter der Adresskommission und Mitglied der Legitimationskommission und der Staatsrechtlichen Kommission sowie des Ständischen Ausschusses war. Auch in den Landesversammlungen der Jahre 1849 bis 1850 vertrat S. Neuenbürg und war durchgehend Mitglied des Ständischen Ausschusses sowie stv. Vorstand der Verfassungs- und Staatsrechtlichen Kommission, außerdem Referent der Staatsrechtlichen Kommission.

1851 nach dem „Staatsstreich" des Regierungschefs Freiherr Josef von Linden, der die Errungenschaften der Landesversammlungen in der Revolutionszeit liquidierte und den alten Verfassungszustand wiederherstellte, für Ulm Stadt und Tübingen Amt gewählt, nahm S. die Wahl für Ulm Stadt an, wo sein Gegenkandidat der regierungstreue Oberjustizrat August →*Walther* gewesen war, der 1850 S.s Bruder Ludwig →Seeger das Ulmer Mandat entrissen hatte. Die Wahl S.s in Ulm war ein sichtbarer Beweis für die liberale Grundhaltung der Mehrheit der Ulmer Wahlmänner, die ungeachtet des Linden´schen „Staatsstreichs" ihr Votum für einen der bekanntesten Verfechter revolutionärer Errungenschaften abgaben. S. war Mitunterzeichner der von 18 Abgeordneten abgegebenen „Erklärung betr. die nicht berechtigte Berufung der Ständeversammlung auf Grundlage der Verfassungsurkunde", mit der gegen den Regierungschef protestiert wurde, außerdem gehörte er der Justizgesetzgebungskommission an. 1855 unterlag er im WK Ulm Stadt gegen den Ulmer Oberbürgermeister Julius →Schuster. Erst 1862 wurde S. noch einmal in den Landtag gewählt, diesmal für den Bezirk Freudenstadt.

Nach dem Tod seines Freundes Adolf Schoder 1852 hatte S. die Führung der württ. Liberalen übernommen. Seit 1861 war der glühende Befürworter der deutschen Einheit Ausschussmitglied des Dt. Nationalvereins. Er trug viel dazu bei, dass der Nationalverein das Programm der Reichsverfassung von 1849 übernahm. In den Jahren 1862/63 war er auch Mitglied des Ausschusses des Dt. Abgeordnetentages. Mit S. starb eine der profiliertesten Politikerpersönlichkeiten im Württemberg des 19. Jahrhunderts.

Q   HStAS, Q 1/57, Nachlass.
L   Ih 2, S. 821 – SK Nr. 220, 17. IX. 1865, S. 2325 und 2326 (Todesanz. der Familie) – SK Nr. 238, 8. X. 1865, S. 2485 (Julius HÖLDER) – GEORGII-GEORGENAU, S. 912 f. – SCHULTES, Chronik, S. 490, 494, 500 – RIECKE, Verfassung und Landstände, S. 51, 56, 63 – ADB 33 (1891), S. 570 f. (Eugen SCHNEIDER) – HARTMANN, Regierung und Stände, S. 41, 47, 54 – Hauptregister, S. 670 – RAPP, Württemberger, S. 11 u. ö. – RIECKE, Burschenschafterlisten, S. 86, 130 – DGB 71 (Schwäb. Geschlechterbuch 5) 1930, S. 392 ff. – UBC 2, S. 7, 49 – RUNGE, Volkspartei, S. 11, 13 f., 16 ff., 21 f. u. ö. – LANGEWIESCHE, Liberalismus, S. 224 u. ö. – MANN, Württemberg, bes. S. 158 f. – BOTZENHART, Parlamentarismus, S. 241 f., 246 f., 741 – BRANDT, Parlamentarismus, bes. S. 154 f. u. ö. – PHILIPP, Germania, S. 64, Nr. 926 – WAIBEL, Frühliberalismus, S. 39, 63, 134, 256, 386 – ZIEGLER, Fangelsbachfriedhof, S. 69 – RABERG, Biogr. Handbuch, S. 821 – DVORAK, Lexikon I,5, S. 402 f. (Bild).

Seeger, *Ludwig* Friedrich Wilhelm, Dr. phil., * Wildbad 30. Okt. 1810, † Stuttgart 22. März 1864, ⬚ ebd., Fangelsbachfriedhof 24. März 1864, ev.

Eltern und *G* →Seeger.
∞ 1842 Pauline Zeller, * 10. I. 1819, † 15. III. 1892, T. d. Christoph *Maximilian* (von) Zeller, Dr. med., * Hoheneck/OA Ludwigsburg 1. II. 1788, † Stuttgart 23. IX. 1867, Obermedizinalrat in Stuttgart, u. d. *Louise* Christiane Henrike Pistorius, * Stuttgart 6. I. 1791, † ebd. 21. III. 1872.
2 K   Max Seeger, * 4. III. 1843; Moritz Seeger, * 2. III. 1844.

Als Redakteur und liberaler Politiker setzte S. in der Revolutionszeit 1848/49 in Ulm wichtige Akzente, die wesentlich dazu beitrugen, dass Ulm zu einer Hochburg der demokratischen Bewegung wurde.

Nach erstem Unterricht bei seinem Vater und bei Diaconus Johann Jakob Seybold in Wildbad besuchte S. von 1822 bis 1824 die Lateinschule in Calw. Nach Bestehen des Landexamens war er von 1824 bis 1828 Zögling des Ev.-theol. Seminars in Schöntal/Jagst, wo er sich vor allem für die griechische Sprache begeisterte und erste Gedichte schrieb. Vom Herbst 1828 bis 1832 führte ihn das Studium der ev. Theologie und Philologie nach Tübingen, wo er zunächst im Ev. Stift lebte. 1830 verließ er nach mehreren Disziplinarstrafen das Stift, setzte aber sein Studium fort. Im Sommer 1832 bestand S. die I. theol. Dienstprüfung und kam als Vikar nach Wildberg. 1833 war S. Hauslehrer bei der Familie des Pfarrers Cellarius in Geifertshofen bei Gaildorf. 1835 Professor für Alte Sprachen am Realgymnasium Bern (Schweiz), 1838 zugleich Privatdozent für alte und neue Literatur an der Universität Bern. Daneben war S. schriftstellerisch tätig und verfasste vornehmlich Gedichte und Lieder. Später machte er sich auch als Übersetzer fremdsprachiger Literatur, so der Werke von Victor Hugo und William Shakespeare, einen Namen. 1848 kehrte S. voller Hoffnung auf einen grundlegenden politischen Wandel nach Württemberg zurück und war von Dez. 1848 bis Dez. 1850 als Nachfolger von Vogel Redakteur bei der „Ulmer Schnellpost", des in Ulm führenden Blattes der demokratischen Bewegung.

S. versteckte seine Gesinnung auch als Journalist nicht und nannte in seiner Zeitung die Sprengung des Rumpfparlaments in Stuttgart im Juni 1849 eine „Freveltat". Er wurde wegen „Schmähung der Regierung" und Majestätsbeleidigung angeklagt und am 26. Sept. 1849 zu einer sechswöchigen Festungsstrafe verurteilt und kam zur Strafverbüßung auf den Hohenasperg. Vor Gericht hatte er sich teils selbst verteidigt, teils wurde er von seinem Bruder Adolf →Seeger vertreten. Aus diesem Grunde konnte S. das Mandat von Stadt und Amt Ulm[571] in der Verfassungrevidierenden Landesversammlung, das er am 1. Aug. 1849 gegen Philipp Ludwig →Adam gewonnen hatte, nicht ausüben. Nachdem die Landesversammlung bereits am 22. Dez. 1849 wieder aufgelöst worden war, konnte S., mittlerweile wieder auf freiem Fuß, im Feb. 1850 das Ulmer Mandat für die II. Verfassungberatende Landesversammlung mit 2.396 zu 2.038 Stimmen gegen Oberjustizrat August →*Walther gewinnen. Nachdem auch dieses Parlament schnell (am 4. Juli 1850) wieder aufgelöst und eine Neuwahl ausgeschrieben worden war, unterlag S. am 20. Sept. 1850 gegen Walther. 1851 zog S. als Vertreter des Bezirks Waldsee wieder in die Kammer der Abgeordneten des Württ. Landtags ein. Im Dez. 1855 unterlag S. bei der Neuwahl des Landtags im Bezirk Ulm Amt sehr knapp gegen den Mandatsinhaber Johann Georg Ott, Schultheiß von Beimerstetten. Im Jan. 1862 errang er gegen Conrad Dieterich →Haßler das Landtagsmandat des Bezirks Ulm Amt, das er bis zu seinem frühen Tod innehatte. S. starb an einem Nervenfieber. Zu seinem Mandatsnachfolger wurde Gustav →Wolbach gewählt. – 1863 Mitglied des Ausschusses des Dt. Abgeordnetentages und des Schleswig-Holstein-Komitees in Stuttgart.

Q   StadtA Ulm, G 2 – StAL, E 350, Bü 24: Akten zum Prozess wegen Majestätsbeleidigung (1849).
L   Ih 2, S. 822 – SK Nr. 70, 23. III. 1864, S. 661 und Nr. 103, 1. V. 1864, S. 987 – GEORGII-GEORGENAU, S. 912 – RIECKE, Verfassung und Landstände, S. 68, 70 – SCHULTES, Chronik, S. 487, 490, 500, 510 – ADB 33 (1891), S. 573 (Hermann FISCHER) – HARTMANN, Regierung und Stände, S. 60, 61 – Hauptregister, S. 670 – Hermann FISCHER, Ein halbvergessener Lyriker und Übersetzer, in: Deutsche Rundschau 145 (1910), S. 280-288 – RAPP, Württemberger, S. 11 u. ö. – SK Nr. 504/1910, S. 9 f. – UBC 2, S. 3, 4, 5 (Bild), S. 49, 82, 123 – LEUBE, Tübinger Stift, S. 706 – Hermann SIMON, Geschichte der Ulmer Presse. Von den Anfängen bis zum Beginn des 20. Jahrhunderts, phil. Diss. (Universität München) 1954, bes. S. 128 f. – LANGEWIESCHE, Liberalismus, S. 273 ff. – MANN, Württemberger,

S. 168 u. ö. – HEPACH, Königreich, bes. S. 173 u. ö. – BRANDT, Parlamentarismus, bes. S. 154 u. ö. – SPECKER, Ulm im 19. Jahrhundert, S. 210 f., 213, 472, 497, 601 – SPECKER, Großer Schwörbrief, S. 283, 314 (dort fälschlich die Lebensdaten von Sigmund →Schott), S. 323 – DBE 9 (1998), S. 258 – HEINZ, Mitbürger, S. 243, 375, 398, 428, 454 – Uwe SCHMIDT, Ludwig Seeger (1810-1864), in: Revolution 1848/49, S. 53-56 (Bild) – RABERG, Biogr. Handbuch, S. 860 – Fridtjof NAUMANN, Die Reichsverfassungskampagne in Ulm (April - Juni 1849), in: UO 53/54 (2007), S. 247-315 – SCHMIDT, Demokratie, S. 30, 34, 37 – http://www.rcs-krueger.de/annalen.htm.

Seifert, Hans, Dr. phil., * Schweinfurt (Bayern) 18. Feb. 1905, † Winnenden/Rems-Murr-Kreis 20. Sept. 1983, ev.

Vater   Otto Seifert, Großkaufmann.
Mutter   Toni Wagner.
∞ 1930 Ursula Dischner, * 1906, T. d. Professors Dischner in Erfurt (Thüringen).
4 K.

S. war Ulmer Dekan in der Zeit zwischen „Wirtschaftswunder" und Studentenrevolte.

Der Spross einer fränkischen Kaufmannsfamilie studierte ev. Theologie, Philologie und Medizin in Tübingen, Marburg/Lahn und Erlangen. Den Ausschlag für die Theologie gab die Begegnung mit dem Tübinger Theologen Karl Heim (1874-1958), der S. persönlich stark beeindruckte. Nach Bestehen der Staatsprüfungen blieb S. in Württemberg und war zunächst für kurze Zeit Lehrer am Gymnasium Reutlingen. 1930 erfolgte seine Ernennung zum Zweiten Pfarrer in Weikersheim/OA Mergentheim, 1933 zum Pfarrer in Frickenhofen/OA Gaildorf. Während des Zweiten Weltkriegs war S. für zwei Jahre Soldat bei der Infanterie. Beim Einmarsch der US-amerikanischen Truppen in Frickenhofen 1945 war S. maßgeblich an der kampflosen Übergabe des kleinen Ortes beteiligt.

1947 wurde S. als Dekan und Stadtpfarrer nach Neuenbürg versetzt. Am 4. Sept. 1953 als Nachfolger des pensionierten Otto →Sauter zum Dekan und Ersten Stadtpfarrer am Ulmer Münster ernannt und am 11. Nov. 1953 als solcher aufgezogen, blieb S. 16 Jahre lang in diesem Amt, bis er am 1. Nov. 1969 aus gesundheitlichen Gründen in den Ruhestand ging. 1969 fand mit der Einweihung der neuen Hauptorgel auch die langjährige Innenerneuerung des Ulmer Münsters ihren Abschluss. S. war in allen Belangen des Münsters ein großer Werber und Kommunikator. Sein Interesse, ja seine Begeisterung für das Münster schlug sich auch in mehreren von ihm verfassten Veröffentlichungen nieder. In seine Ulmer Amtszeit fielen daneben der Bau dreier Gemeindezentren (Paul-Gerhardt-, Lukas- und Auferstehungs-Gemeinde), von zwölf ev. Kindergärten (Ulm genoss den Ruf der kindergartenfreundlichsten Stadt Württembergs) und zahlreiche Renovierungen (allein 28 Kirchen außerhalb Ulms). 1963 führte der kunstgeschichtlich interessierte S. den Ulmer Reformationstag ein. Seinen Ruhestand verlebte S. zunächst in Ulm-Böfingen. Erst kurz vor seinem Tod verzog er nach Winnenden, wo er im Alter von 78 Jahren starb.

Q   StadtA Ulm, G. 2.
W   Das Chorgestühl im Ulmer Münster, Königstein im Taunus [1953], 1975 unveränderte Neuauflage – Das Ulmer Münster, Königstein im Taunus [1957] – Alte und neue Fenster im Ulmer Münster, Königstein im Taunus [1963] – (mit Elisabeth von WITZLEBEN] Das Ulmer Münster. Glasmalereien einer bedeutenden Kirche, Augsburg 1963 – Baugeschichte des Münsters. Ein Gang durch die Jahrhunderte, in: 1377-1977. 600 Jahre Ulmer Münster, Sonderbeilage der SWP (Ulm), 8. VI. 1977.
L   NEBINGER, Die ev. Prälaten, S. 581 – Dr. Hans Seifert im Alter von 78 Jahren gestorben, in: SWP Nr. 219, 22. IX. 1983 (Bild).

Seisler, Else, * Mannheim 23. Dez. 1912, † 2. März 2007, ☐ Senden-Wullenstetten 8. März 2007, ev.

∞ 1931 Fritz Seisler, † 1978.
1 K   Freyja Seisler.

S. war *die Seele des Altentreffpunkts Ulm/Neu-Ulm.*

Die gebürtige Kurpfälzerin kam als Ehefrau des Möbelhändlers Seisler nach Ulm, wo sie von etwa 1932 bis 1964 im Möbelgeschäft Seisler am nördlichen Münsterplatz wirkte. Seit 1964 lebte sie mit ihrem Mann in Senden-Wullenstetten. Als Schriftführerin,

571 Bei den Parlamentswahlen 1849 und 1850 besaß die „gute Stadt" Ulm auf Grund des geänderten Wahlgesetzes kein eigenes Mandat, Stadt und Amt stellten einen gemeinsamen Abgeordneten.

407

stv. Vorsitzende und 1982 bis 1996 Leiterin des 1974 gegründeten Altentreffpunkts Ulm/Neu-Ulm erwarb sich S. große Verdienste. 1997 zu dessen Ehrenvorsitzender ernannt und im März 1997 in Neu-Ulm von Oberbürgermeisterin Dr. Beate Merk verabschiedet, konnte sich S. einen geradezu sensationellen Anstieg der Mitgliederzahl von einigen hundert auf rund 2.000 als Erfolg anrechnen. 1992 mit dem Bundesverdienstkreuz am Bande und 1994 mit der Bürgermedaille der Stadt Ulm geehrt, hielt der Ulmer Oberbürgermeister Ivo Gönner in einem an die Familie gerichteten Kondolenzschreiben aus Anlass des Todes der im 95. Lebensjahr Verstorbenen fest, S. habe mit ihrer ehrenamtlichen Tätigkeit im Altentreffpunkt *durch ihre gewinnende und zugleich gütige Art* Interessen gebündelt und *bei Meinungsverschiedenheiten zwischen unterschiedlichen Positionen konstruktiv* vermittelt.

Q   StadtA Ulm, G. 2.
L   Altentreff trauert um Else Seisler, in: NUZ Nr. 54, 6. III. 2007 (Bild) – Die langjährige Seele des Altentreffes ist tot, in: SWP Nr. 54, 6. III. 2007 (Bild).

Setzensack, Sebastian, * Hörgertshausen/Kreis Freising (Bayern) 14. Sept. 1924, † Ulm 22. Jan. 1980, □ ebd., Hauptfriedhof, 29. Jan. 1980, kath.
∞ 1948. 3 K.

S. war in den 1960er und 1970er Jahren einer der profiliertesten SPD-Kommunalpolitiker und Verbandsfunktionäre.
S., der von 1931 bis 1939 die Volksschule und kaufmännische Berufsschule besucht hatte, trat 1939 als 15-Jähriger in den Dienst der Deutschen Reichsbahn bzw. später der Deutschen Bundesbahn. Nach der bestandenen Prüfung für den mittleren Bahnbeamtendienst wurde S. 1942 zur Wehrmacht eingezogen und geriet in US-amerikanische Gefangenschaft. Nach seiner Entlassung aus der Gefangenschaft konnte S. in Ulm seine Tätigkeit bei der Bahn wieder aufnehmen. Ab 1955 war der in Ulm-Böfingen wohnende S. vom Bahndienst beurlaubt zur Dienstleistung bei der Gewerkschaft der Eisenbahner Deutschlands, ab 1956 war er als Geschäftsführer (Erster Bevollmächtigter) der Eisenbahnergewerkschaft Ulm tätig. Ab 1956 auch Vorstandsmitglied des DGB-Kreises Ulm, engagierte sich S. ab 1957 als Sozialrichter beim Sozialgericht Ulm, war von 1963 bis 1968 Vorsitzender des Kreisbeamtenausschusses im DGB, 1964/65 Erster Vorsitzender der Verbrauchergemeinschaft Ulm und von 1965 bis 1976 stv. Vorsitzender, anschließend Vorstandsmitglied. Ab 1950 SPD-Mitglied, gehörte S. von Dez. 1965 bis zu seinem Tode dem Ulmer Gemeinderat an, wobei er jeweils mit hohen Stimmenzahlen gewählt und 1971 sogar mit der höchsten Stimmenzahl wiedergewählt wurde. Von 1968 bis 1973 war S. stv. Vorsitzender der SPD-Fraktion, von 1973 bis 1975 deren Vorsitzender, außerdem ab 1965 o. Mitglied des Wirtschaftsausschusses bzw. des Finanz- und Wirtschaftsausschusses, des Werkausschusses, zeitweise Mitglied des Krankenhausausschusses, des Verwaltungsausschusses, Haushalts-, Personal-, Sozial- und Schätzungsausschusses, des Ausschusses zur Vorberatung der Jahresrechnung, des Verkehrsbeirats und des Aufsichtsrats der Ulmer Parkbetriebs GmbH sowie Mitglied der Stadtratskommission Ulm/Neu-Ulm und der Parlamentarischen Kommission Stadt Ulm/Alb-Donau-Kreis. S. starb nach längerer Krankheit im Alter von nur 55 Jahren. Nach seinem Tod erschien seine Arbeit über die Geschichte des Eisenbahnwesens im Ulmer Raum seit 1850. – 1979 Bundesverdienstkreuz am Bande.

Q   StadtA Ulm, G 2.

Seuffer, *Gustav* Heinrich, * Ulm 8. Jan. 1835, † ebd. 24. Mai 1902, ev.
Vater   Seuffer, Metzger und Schankwirt in Ulm.
∞ Ulm 1867 Marie Magdalena Woydt T. d. Hieronymus Friedrich Woydt, * Ulm 8. IV. 1800, † ebd. 22. VI. 1865, Seifensieder und Bürgerausschussmitglied in Ulm, u. d. Anna Noll, * 21. VII. 1802, † 28. XI. 1880.

Mehrere *K*, darunter Gustav Seuffer[572], * Neresheim 15. II. 1868, 1903 Oberpräzeptor an der Lateinschule Mergentheim, ab 1912 zunächst als Oberpräzeptor, ab 1916 als Professor am Gymnasium Ulm, Mitglied des Vereins für Kunst und Altertum in Ulm und Oberschwaben.

Der langjährig in Ulm wirkende Reallehrer S. war als humorvoller Dialektdichter eine bekannte Persönlichkeit.
S. wuchs in einfachen Verhältnissen auf und kam durch die Tätigkeit seines Vaters frühzeitig in Kontakt mit vielen Menschen. Er durchlief das Ulmer Gymnasium, bestand die sogenannte „Konkursprüfung", war Zögling des ev.-theol. Seminars Blaubeuren und begann im Herbst 1853 mit dem Studium der Theologie, später der Mathematik und Naturwissenschaften in Tübingen (Mitglied der Burschenschaft Roigel „Tübinger Königsgesellschaft"). 1857 bestand er die theol. Dienstprüfung, studierte danach aber noch ein Jahr die „realistischen" Fächer weiter, weil er nicht Pfarrer, sondern Lehrer werden wollte. Als solcher zunächst unständig in Ravensburg, Schwenningen/Neckar, Esslingen, Freudenstadt und Rottweil, war er von 1866 bis 1870 Reallehrer in Neresheim. 1870 bis 1878 dsgl. in Bietigheim/OA Besigheim, kam S. im Herbst 1878 als Reallehrer an der II. Klasse des Realgymnasiums nach Ulm, wo er 1884 den Titel Oberreallehrer und im Okt. 1887 den Titel Professor erhielt.
Schon als Student hatte S. seine dichterische Ader gezeigt und im Kreis der Kommilitonen vor allem mit seinen humoristischen Texten großen Anklang gefunden. An die 40 Jahre lang war S. ein geschätzter Mitarbeiter des Witzblattes „Fliegende Blätter" und anderer humoristischer Periodika. S. dokumentierte seine Heimatliebe wiederholt publizistisch, so in „In Ulm und um Ulm rum" (o. J., erschienen bei J. Ebner, Ulm), in dem von ihm gemeinsam mit Richard Weitbrecht herausgegebenen „s´ Schwobaland in Lied und Wort" (o. J., erschienen bei J. Ebner, Ulm), in dem von ihm von 1889 bis 1895 bei Ebner herausgegebenen „Ulmer Donauboten" und in seinem bekanntesten Gedichtband „Hellauf Schwobaland" (Stuttgart 1879, 1888 bei J. Ebner, Ulm). S.s Verdienst ist besonders in der Popularisierung der schwäbischen Dialektpoesie zu sehen, deren Kenntnis er breiteren Schichten nahezubringen wusste.
Der auch unter dem Pseudonym H. G. Raffus veröffentlichende S. war in Ulm eine feste Größe im gesellschaftlichen Leben und steuerte zu so mancher festlichen Gelegenheit Festgedichte bei. Beim Besuch des Königspaares Wilhelm II. und Charlotte von Württemberg am 30. Juni/1. Juli 1892 in Ulm wurden von S. verfasste Ulmer Verse vorgetragen. Als Herzogin Wera von Württemberg im Juni 1898 das nach ihr benannte Ulanen-Rgt. in Ulm besuchte, wurde das von S. verfasste Schauspiel „Die Vertreibung der Franzosen aus Württemberg" aufgeführt. Ein dreiteiliges Festspiel aus Anlass des Ulmer Münsterfestes kam 1890 nicht zur Aufführung. S. schrieb auch Liedertexte, die wiederholt vertont wurden. – Mitglied des Vereins für Kunst und Altertum in Ulm und Oberschwaben.

W   Die Frau Hasenwirtin von Ulm in Paris. Eine lustige Geschichte aus den 50er Jahren, in: UBC 2, S. 42-44.
L   Ih 2, S. 826 – Magisterbuch 30 (1897), S. 87 – Staatsanz. S. 929 – SK Nr. 238, 446 – Württ. Jahrbücher 1902, S. III – KRAUß, Schwäb. Literaturgeschichte 2, S. 343 – UBC 2, S. 391, 533 – UBC 3, S. 31, 174 – SCHMIDGALL, Burschenschafterlisten, S. 135, Nr. 121.

Sevegnani, Heinrich, * Esslingen-Rüdern (nicht Obertürkheim!) 11. Mai 1919, † Neu-Ulm 6. Sept. 1976, ev.
Vater   Heinrich Sevegnani, Werkmeister.
Mutter   Albertine Staib.
∞ I.; ∞ II. Winterbach/Kreis Waiblingen 24. II. 1950 *Ruth* Sophie Geiger, * Winterbach 27. VI. 1924, T. d. Otto Geiger, Schreinermeister, u. d. Sophie Dreetz.
3 *K*, davon aus I. Ehe *Heinrich* Adalbert Sevegnani, * Zwiesel 15. I. 1944; Manfred Sevegnani, * Dorf Eisenstein * 25. IV. 1945; Ulrich Sevegnani, * Neu-Ulm 25. X. 1951.

[572] CRAMER, Württembergs Lehranstalten [6]1911, S. 83 – Magisterbuch 41 (1932), S. 110.

Als Architekt hat sich S. in die Neu-Ulmer Nachkriegsgeschichte eingeschrieben. Sein Lebensgang ist unerforscht und kann daher nur bruchstückhaft wiedergegeben werden.

S. studierte Architektur und hielt sich während des Zweiten Weltkriegs in der früheren Tschechoslowakei auf. Im Herbst 1949 zog er von Straß nach Neu-Ulm, wo er eine Wohnung in der Wiblinger Straße bezog. Nach einer Zwischenstation in Winterbach bei Schorndorf, wo er seine zweite Ehe einging, kehrte S. mit der Familie nach Neu-Ulm zurück, wo er sich als selbstständiger Architekt niederließ und nicht nur in Neu-Ulm, sondern auch in Ulm und Umgebung wirkte. 1952/53 erbaute S. das neue ev. Pfarrhaus, das mit einem Verbindungsgang an die Stadtpfarrkirche herangerückt wurde. 1957 entstand nach seinen Plänen und unter seiner Bauleitung die Ukrainisch-Kath. Kirche „Maria Himmelfahrt", ein moderner Kirchenbau in der Reuttier Straße, wo die Gemeinde unter Monsignore Basilius →Turkowyd seit 1952 ihr Zentrum eingerichtet hatte. Daneben baute S. zahlreiche Profanbauten, u. a. die Molkerei in Steinheim.

Q   StadtA Neu-Ulm, A 9 – Stadt Neu-Ulm, Bauakte Buchbergstr. 16.

Seybold, Karl *Julius* (von), * Ulm 15. Dez. 1823, † Stuttgart 6. Nov. 1887, ev.

Vater   Johann Karl Christoph (von) Seybold, * Buchsweiler (Elsaß) 12. XI. 1777, † Heilbronn/Neckar 17. V. 1833, Kgl. Württ. Generalmajor, Oberst und Kommandant des 8. Inf.-Rgts. in Ulm, zuletzt Gouverneur der Stadt Heilbronn/Neckar, S. d. David Christoph Seybold[573], * Brackenheim 26. V. 1747, † Tübingen 19. II. 1804, Literaturwissenschaftler, Professor der klassischen Literatur in Tübingen, u. d. Friederike Charlotte Keller, * 1751, † 1796.
Mutter   Louise Caroline Haussmann.
G   eine früh verstorbene Schwester.
∞ Stuttgart 24. X. 1863 *Pauline* Wilhelmine Henriette Elisabeth Stälin, * Stuttgart 25. X. 1834, † ebd. 3.. I. 1909.
2 K   *Julius* Seybold, * Berlin 18. XII. 1864; Karoline Wilhelmine *Pauline* Seybold, * Stuttgart 9. XI. 1867, ∞ Stuttgart 3. I. 1889 *Karl* Eberhard Gottlieb Immanuel (von) Strölin, * Pfullingen 20. VI. 1858, † Stuttgart 17. VII. 1920, Kgl. Württ. Generalmajor, 1892/93 Adjutant der 54. Inf.-Brigade in Ulm, 1893 Hauptmann, seit 1900 Kompaniechef in Ulm[574].

S., Neffe von Friedrich →List und von Fritz Seybold[575] (1783-1843) sowie Großvater des Stuttgarter Oberbürgermeisters Karl Strölin war einer der aus Ulm stammenden Offiziere, die fast während ihrer ganzen Laufbahn beim württ. Militär waren. Aufgewachsen in Ulm, Heilbronn/Neckar und Stuttgart, trat S. 1842 in die württ. Armee ein und wurde am 25. Sept. 1843 zum Leutnant ernannt. 1848 kam der junge Offizier, der am 1. Mai 1848 zum Oberleutnant befördert worden war, als Regimentsadjutant zu seinem ersten größeren Einsatz, als er mit württ. Truppeneinheiten zur Niederschlagung der badischen Erhebung ausrückte und später mit einer württ. Feldbrigade zum Reichsheer nach Schleswig-Holstein abkommandiert wurde. Nach dem Frieden von Malmö kehrte S. zur Besatzungsarmee in Baden zurück, wo er bis zum Frühjahr 1849 verblieb. 1850/51 absolvierte der Brigadeadjutant freiwillig einen Zweijahreskurs für kommandierte Offiziere im Generalstab, am 15. Nov. 1858 wurde er zum Hauptmann ernannt. 1861 zum Gardegrenadier-Rgt. „Kaiser Franz" nach Berlin kommandiert, war S. 1866 im Preuß.-Österr. Krieg Kompanie-Kommandant. Am 13. April 1868 und 7. Sept. 1869 erfolgten S.s Beförderungen zum Major bzw. zum Oberstleutnant und Bataillonskommandeur im 4. Inf.-Rgt. von Miller. Im Deutsch-Französischen Krieg 1870/71 kommandierte S. ein Bataillon. S. wurde am 3. März 1873 als Kgl. Württ. Oberst zur Disposition gestellt, war

danach aber noch als Stuttgarter Landwehrbezirkskommandeur aktiv. Er starb 1887 kurz vor seinem 64. Geburtstag, nachdem er noch am 10. Mai des Jahres zum wirklichen Oberst ernannt worden war. – 1870 Ritterkreuz I. Kl. des Württ. Kronordens mit Krone und Schwertern; Kommenturkreuz II. Kl. des Friedrichsordens mit Schwertern; EK II; Kriegsdenkmünze für Kombattanten von 1870/71.

L   GEORGII-GEORGENAU, S. 918 – DGB 110 (1940), S. 565 f.

Sick, *Wilhelm* Joseph, Dr. med., * Speyer 20. April 1837, † Hamburg 15. Okt. 1899, ev.

Vater   Johann Georg Christian Sick, Regimentschirurg, zuletzt Gastwirt zum „Wittelsbacher Hof" in Speyer.
Mutter   Katharina Elisabeth Jung.
4 G.
∞ Ulm 17. IX. 1867 Henriette Auguste Rosenbusch, * Ulm 16. IX. 1843, † 1916, T. d. Kaufmanns Conrad →*Rosenbusch*, * 18. V. 1812, † Ulm 7. XII. 1865, u. d. Henriette Caroline Wilhelmine Krick.
8 K, davon mindestens 4 † früh, unter den Überlebenden u. a. *Johanna* Maria Sick, * Neu-Ulm 22. II. 1876, † Stuttgart 1946, ∞ Max Kohlhaas, Dr. med., * 1867, † 1952, Obermedizinalrat.

S. war Neu-Ulms Bürgermeister in der Zeit des Deutsch-Französischen Krieges und der Gründung des Kaiserreiches und der erste Bürgermeister der S t a d t Neu-Ulm.
Er besuchte das Gymnasium seiner Vaterstadt Speyer, erlernte den Apothekerberuf und war als Lehrling in Aachen, Horstmar (Westfalen), Speyer und Hamburg tätig, bevor er das Medizin- und Pharmaziestudium in München aufnahm. Dort schloss er sich dem Corps Isaria an. Im April 1859 bestand er die staatliche Approbationsprüfung für Apotheker mit ausgezeichnetem Ergebnis und trat im Sommer des Jahres als Unterapotheker in den Dienst der bayerischen Armee. Zuletzt in Germersheim tätig und daneben mit der Abfassung seiner Dissertation an der Universität Heidelberg befasst, verließ S. den Armeedienst 1863, um sich in Neu-Ulm selbstständig zu machen. Bindungen an die Region Ulm bestanden seit der Heirat einer Verwandten S.s mit dem Ulmer Verleger und Politiker Philipp Ludwig →Adam.
1863 erwarb S. von Rupert →Primus die Marien-Apotheke in Neu-Ulm um 42.000 Gulden. Der Kaufvertrag trägt der besonderen Lage Neu-Ulms als Garnisonsstadt, in der mehr Soldaten als Zivilisten lebten, Rechnung: *Sollte innerhalb von fünf Jahren in Neu-Ulm eine Militärapotheke errichtet werden, so verpflichtet sich der Verkäufer, an der Kaufsumme 4000 Gulden nachzulassen; Belagerungen oder Kriegsfall würden indessen diesen Nachlass nicht gewähren.* Bis 1876 war S. Chef in Offizin und Kräuterkammer in Neu-Ulm. Er erarbeitete sich rasch eine gesellschaftliche Stellung und wurde zum Gemeindpfleger in Neu-Ulm gewählt. 1866 trat er, gerade 29 Jahre alt, als Bürgermeister von Neu-Ulm die Nachfolge des nur kurzfristig (1865-1866) als Bürgermeister amtierenden Kaufmanns Rudolf Wolber an. In seiner sechsjährigen Amtszeit erfolgte mit Reskript vom 29. Sept. 1869 die Erhebung Neu-Ulms zur Stadt durch König Ludwig II. von Bayern. S. hatte sich zuvor hartnäckig für die Erhebung zur Stadt eingesetzt, nachdem das Bayerische Staatsministerium des Innern bereits am 3. Feb. 1857 im Zusammenhang mit der Genehmigung eines Neu-Ulmer Stadtwappens festgestellt hatte, durch Einschluss in den Festungsbereich sei Neu-Ulm faktisch zur Stadt erhoben, jedoch sei es de jure keine Stadt. Die Stadterhebungsakt brachte auch Veränderungen im Verfassungsleben Neu-Ulms mit sich; so gab es fortan zwei bürgerliche Kollegien, den Gemeinderat (Magistrat) und den Bürgerausschuss. Im Jahr darauf kamen auf Bürgermeister S. neue Aufgaben zu, da die Stadt im Zuge des Deutsch-Französischen Krieges wiederholt Truppendurchzüge zu verkraften hatte und ein großes Lazarett aufbaute. S. war Patriot durch und durch und ließ es sich nicht nehmen, einen der ersten freiwilligen Hilfszüge mit „Liebesgaben" für die deutschen Truppen bis an die Front in Frankreich zu führen.

573 Ih 2, S. 827 – EBERL, Klosterschüler II, S. 115, Nr. 692.
574 Aus der Ehe ging Karl Strölin, Dr. rer. pol., * Berlin 21. X. 1890, † Stuttgart 21. I. 1963, hervor, der von 1933 bis 1945 Oberbürgermeister von Stuttgart war. Vgl. Ih 2, S. 864 f. und Ih 3, S. 337 f.
575 Bekannter Redakteur und Schriftsteller, seit 1837 bei dem liberalen Stuttgarter Blatt „Der Beobachter", 1819 Repräsentant des Oberamtsbezirks Brackenheim in der Württ. Ständeversammlung. Vgl. Ih 2, S. 827 – RABERG, Biogr. Handbuch, S. 863 f.

Schon 1868 hatte S. in enger Anlehnung an das Ulmer Vorbild und in gutem Kontakt zu Conrad Dietrich →Magirus die Freiwillige Feuerwehr gegründet (zehn Steiger, 15 Spritzenleute). 1871 organisierte S. die Neu-Ulmer Beteiligung an der Schwäbischen Industrie-Ausstellung in Ulm, was ihm ein Dankschreiben des Präsidenten der Zentralstelle für Gewerbe und Handel, Ferdinand von →Steinbeis, einbrachte. 1872 gab S. das Bürgermeisteramt an Konrad →Schuster ab. Er litt zunehmend unter den sehr begrenzten Entwicklungsmöglichkeiten für einen Apotheker in Neu-Ulm. 1875 geriet S. in die öffentliche Kritik, als er im Zusammenhang mit dem Konkurs der „Württ. Commissionsbank" seines Verwandten Philipp Ludwig Adam in Ulm helfend einsprang und ihm den Wechsel nach München ermöglichte.

S. entschied sich 1876, nach Hamburg zu gehen, wo er die Apotheke am Alstertor erworben hatte. Der Freimaurer S. – zuletzt war er „Meister vom Stuhl" in Hamburg – verstand es, sich gut in der Hansestadt einzuleben und verkehrte unter den Honoratioren. Er stieg wieder in die Politik ein und wurde 1887 zum Mitglied der Hamburger Bürgerschaft für den I. Bezirk gewählt, 1888 zum Armenvorsteher, war stv. Vorsitzender der Hamburger Apothekervereinigung, Schulpfleger und Kirchenvorsteher der Jakobi-Gemeinde und seit 1880 pharmazeutischer Assistent und „Medicinal-Assessor" (Beisitzer der städtischen Gesundheitsbehörde). Die letzten Lebensjahre S.s, eines begabten Cellisten, waren von einem sich verschlimmernden Herzleiden überschattet, dem er im Alter von 62 Jahren erlag. Der Einladung von Bürgermeister Josef →Kollmann, 1894 als Ehrengast an der Fünfundzwanzigjahrfeier der Stadterhebung Neu-Ulms teilzunehmen, war S. nicht gefolgt. – 1871 Ritterkreuz II. Kl. des Bayer. Militärverdienstordens.

Q   StadtA Neu-Ulm, D 12,.2.3.15.
L   BUCK, Chronik Neu-Ulm, S. XVII (Bild), XVIII, 80, 81, 82, 97, 99, 105, 269 – UBC 2, S. 104 – Dr. Max Kohlhaas, Obermedizinalrat in Stuttgart. Lebenserinnerungen. zur 100. Wiederkehr seines Geburtstages hg. von Wilhelm KOHLHAAS (Lebendige Vergangenheit, Zeugnisse und Erinnerungen, Band 3), Stuttgart 1967, S. 58-60, 162 – Wilhelm KOHLHAAS, Wilhelm Sick. Apotheker und erster Bürgermeister der Stadt Neu-Ulm (1837-1899), in: Lebensbilder aus dem Bayerischen Schwaben 12 (1980), S. 225-235 (Bild) – Eduard OHM, Spärliches Spalier für die Kaiserin von Brasilien (Neu-Ulmer Geschichten 9), in: NUZ, 14. VII. 1984, S. 27– TEUBER, Ortsfamilienbuch Neu-Ulm II, Nr. 4592 – Katalog Materialien, S. 208 – TREU, Neu-Ulm, S. 167, 172, 179, 199, 208, 576.

Siebert, Ferdinand, Dr. rer. pol., Dipl.-Handelslehrer, * Neu-Ulm 22. Mai 1912, †[576] 10. Okt. 2000, ev., später „gottgläubig".
Vater   Wilhelm Siebert, Proviantamtsinspektor.
Mutter   Elisabeth Zellermann.
Ledig. Keine K.

S. ist eine der zentralen Persönlichkeiten des politischen Neubeginns nach 1945 in Neu-Ulm. Als Landrat und Bürgermeister war er eine Zeitlang in Personalunion führend am Neuaufbau der Stadt und des Kreises Neu-Ulm beteiligt.

Er besuchte die Schulen in Neu-Ulm und Ulm sowie das Gymnasium der „Illertisser Kollegbrüder". Das Jurastudium führte ihn nach Heidelberg, Tübingen und München. Nach der Promotion kam er 1939 als Dipl.-Handelslehrer nach Ulm, zog aber 1940 nach München, kehrte bald wieder nach Württemberg zurück und lehrte in Backnang, später Neumarkt, Ingolstadt, Biberach und Stuttgart. In Stuttgart ausgebombt, hielt sich S. bei Kriegsende in Thalfingen auf, wo seine Eltern ein Haus hatten.

1945 zählte S. zu den CSU-Mitgründern im Landkreis Neu-Ulm, im Feb. 1946 wurde er mit zehn zu fünf Stimmen zum Ersten Bürgermeister von Neu-Ulm gewählt, nachdem zuvor als Zweite Bürgermeister nacheinander Josef →Böck und Peter →Schöllhorn als kommissarische Stadtvorstände die Verant-

wortung für die Stadt getragen hatten. S. konnte das neue Amt erst am 30. April 1946, nach politischer Überprüfung durch die US-Militärregierung, antreten. Seit dem 28. Aug. 1946 war er als Nachfolger von Walter Lüneburg zugleich Landrat des Kreises Neu-Ulm, jedoch nur bis Aug. 1946, nachdem das bayer. Innenministerium das Doppelmandat verboten hatte. S. entschied sich für den Landratsposten und gab das Bürgermeisteramt auf. Unter Bürgermeister S. hatte der Stadtrat am 16. Mai 1946 das Stadtneubaukonzept des späteren Stadtbaumeisters Karl Ellenrieder abgelehnt und einstimmig den Entschluss gefasst, den Wiederaufbau der Stadt auf der Grundlage der alten Baulinien unter Berücksichtigung der neuen Verkehrserfordernisse ins Werk zu setzen. Als Bürgermeister folgte ihm Walter A. →Müller nach.

S. amtierte bis zum 30. Juni 1948 als Landrat des Kreises Neu-Ulm und war in diesem Amt, wie auch schon als Bürgermeister, mit der Behebung der Kriegszerstörungen und der allgemein herrschenden Not konfrontiert. Der Sitz des Landratsamtes wurde am 15. Juni 1946 in das Jugendheim am Illerkanal verlegt, wo auch die US-amerikanische Militärregierung ihren Sitz hatte. Als Landrat wurde S. nach zweijähriger Dienstzeit von Oberst a. D. Georg →Köhl abgelöst. S. war von 1948 bis 1952 CSU-Mitglied des Kreistags und als Studienrat für Wirtschaftswissenschaften an der Realschule bzw. Oberrealschule Neu-Ulm tätig. Als er sich im Sommer 1948 um das Amt des Oberbürgermeisters von Kaufbeuren bewarb, wurde seine Kandidatur zurückgewiesen, da er kein Volljurist war. Im Nachruf des Neu-Ulmer Landrats Erich Josef Geßner hieß es, S. sei ein Mann der ersten Stunde gewesen, der *beherzt und engagiert am Aufbau unseres demokratischen Gemeinwesens mitgewirkt* und *mit seiner Politik die Weichen für eine positive Entwicklung unseres Landkreises* gestellt habe: *Der Landkreis Neu-Ulm trauert um eine herausragende Persönlichkeit und um einen erfolgreichen Kommunalpolitiker, der sich um den Landkreis Neu-Ulm in hohem Maße verdient gemacht hat.*

1952 verließ S. Neu-Ulm, nachdem er zum Landrat des Kreises Kempten gewählt worden war. Seit 1958 war er, nachdem er als Landrat nicht wiedergewählt worden war, bis zu seinem Eintritt in den Ruhestand im Jahre 1977 wieder als Lehrer in München tätig. Die Region Ulm/Neu-Ulm ließ ihn aber nicht los. 1973 war er unter den Kandidaten für das Amt des Verbandsdirektors des Regionalverbands Donau-Iller, zog seine Bewerbung aber vor dem Wahlgang kurzfristig zurück. Seinen Ruhestand verlebte S. in München.

Q   StadtA Neu-Ulm, D 12, III.8.1.1. – ebd., A 9 – StadtA Ulm, G 2.
W   Zur Geschichte der Nachkriegszeit. Der ehemalige Oberbürgermeister und Landrat von Neu-Ulm Dr. Ferdinand Siebert erinnert sich, in: Mitteilungen des Landkreisverbandes Bayern Nr. 6, Juli/Aug. 1987, S. 10-14.
L   Ein Oberbürgermeister, den man nicht vergessen darf. Erster Nachkriegs-OB Dr. Siebert ist heute 80 Jahre, in: NUZ Nr. 118, 22. V. 1992 – SWP Nr. 237, 13. X. 2000 (Todesanz. des Landkreises Neu-Ulm) – TREU, Neu-Ulm, S. 379, 410, 576.

Siegwarth, *Georg* Karl, * Metzingen/OA Urach 12. März 1893, † Ulm 10. Aug. 1989, ⬚ ebd., Hauptfriedhof, 15. Aug. 1989, ev.
6 G.
∞ 1916 Karoline Laible.

S. war einer der wenigen bedeutenden kommunistischen Politiker in Ulm. Er entstammte einer Weingärtner- und Kleinbauernfamilie in Metzingen auf der Alb. Nach der Volksschule begann S. 14-jährig eine Ausbildung zum Maschinenschlosser und trat dem Metallarbeiterverband bei, 1908 wurde er Mitglied der SPD, 1919 der USPD, 1921 der KPD. Seine Militärdienstpflicht führte S. 1913 nach Ulm. Im Ersten Weltkrieg verwundet, war S. von 1919 bis 1925 und von 1935 bis 1945 als Kraftfahrer, Lagerverwalter und Platzmeister bei der Eisengießerei Hopff in Ulm tätig.

Als „technischer Leiter" der Ulmer KPD-Ortsgruppe war S. einer der bekanntesten kommunistischen Funktionäre in

---

[576] Der Sterbeort ließ sich nicht ermitteln.

Ostwürttemberg und wirkte auch nach Neu-Ulm herüber. Von 1931, als die KPD erstmals in das Stadtparlament eingezogen war, bis 1933 war S. KPD-Gemeinderat in Ulm, konnte jedoch sein Mandat ab 1932 nicht mehr ausüben, da er seit Feb. 1932 wegen Hochverratsverdachts in Untersuchungshaft saß – ein Umstand, der das Ruhen des Mandats nach sich zog. Bereits 1923 erstmals inhaftiert, wurde S. am 23. Jan. 1933 vom 5. Strafsenat des Reichsgerichts in Leipzig wegen „Vorbereitung zum Hochverrat" zu einer 27-monatigen Haftstrafe verurteilt. Im März 1933 erneut in Haft genommen, wurde der „wehrunwürdige" S. nach dem 20. Juli 1944 nochmals inhaftiert. Über sein Leben während des „Dritten Reiches" liegen aussagekräftige Quellen nicht vor.

Nach Kriegsende scheiterte S. mit seinem Plan, in Ulm eine gemeinsame Arbeiterpartei zu gründen. Von 1945 bis 1951 amtierte S. als stv. Leiter des Arbeitsamts Ulm und enger Mitarbeiter der Dienststellenleiter Eugen Sperle und Otto Brucker.

Noch im Mai 1945 setzte Johann →Weisser S.s Namen auf seine Vorschlagsliste für den Ulmer Gemeindebeirat, dem S. bis zu den ersten Gemeinderatswahlen nach dem Krieg angehörte. Von 1946 bis 1953 war S. erneut Gemeinderat in Ulm, wurde aber 1953 nicht mehr gewählt. Wie schon vor 1933 war S. auch nach 1946 Vorsitzender der KPD-Ortsgruppe Ulm. 1949 und 1953 kandidierte S. im Wahlkreis Ulm-Heidenheim für ein Bundestagsmandat. Weil er Flugblätter gegen die Wiederaufrüstung verteilte, wurde S. Mitte der 1950er Jahre degradiert und durfte nur noch als Hilfskraft in der Prüfungsabteilung des Arbeitsamts beschäftigt werden. 1957 trat er in den Ruhestand, 1971 war er letztmals DKP-Gemeinderatskandidat in Ulm. Nach dem Tod seiner Ehefrau lebte S. mit seiner Lebensgefährtin Theresia Eigl bis zu seinem Tod im 97. Lebensjahr in Ulm. – Mitglied der VVN.

Q   StadtA Ulm, G 2.
L   Georg Siegwarth tot, in: NUZ Nr. 184, 12. VIII. 1989 – SPECKER, Großer Schwörbrief, S. 391, Anm. 27, 429, 436 (Bild) – SCHUMACHER, M.d.B., S. 397, Nr. 5474 – DANNENBERG, Selbstverwaltung, S. 117, Anm. 171.

Sigel, *Friedrich* Wilhelm, * Burgberg bei Giengen an der Brenz/OA Heidenheim 15. März 1876, † Neu-Ulm 1. Feb. 1960, ev.

Vater   Karl Sigel, Gastwirt in Giengen an der Brenz.
Mutter   Maria Buck.
∞ Giengen an der Brenz 23. II. 1901 Maria Mayer, * Giengen an der Brenz 3. XI. 1877, † Neu-Ulm 20. I. 1951, T. d. Jacob Mayer, Metzgermeister, u. d. Maria Kölz.
3 K   Karl Sigel, * Ulm 4. I. 1903, Schlosser; Hildegard Sigel, * Neu-Ulm 7. III. 1907; Maria Sigel, * Neu-Ulm 4. IV. 1909, Haustochter.

Der Schlossermeister S. wirkte über ein halbes Jahrhundert als Handwerker, Politiker und als berufsständischer und Vereinsfunktionär in Neu-Ulm.

S. wuchs in seiner Heimatstadt Giengen auf, besuchte dort die Realschule und machte seine Schlosserlehre. 1893 begab er sich auf die Wanderschaft als Schlossergeselle, die ihn u. a. in die Schweiz und nach Italien führte. Italien zog ihn immer wieder an, und noch im hohen Alter verlebte er dort seinen Urlaub. Nach Stationen in München und in Norddeutschland kehrte er 1901 nach Württemberg zurück und arbeitete in der Schlosserei von Georg →Maier am Judenhof in Ulm. Im Frühjahr 1903 übernahm S. die Schlosserei von Georg Erhardt in der Friedrich-, heutigen Hermann-Köhl-Straße 25 in Neu-Ulm. 1909 legte S. die Meisterprüfung als Schlosser ab. S. war fortan eine der bekanntesten und angesehensten Persönlichkeiten in Neu-

Ulm, wozu gewiss auch sein umfangreiches öffentliches Engagement beitrug. Von 1946 bis 1952 war S. Obermeister der Neu-Ulmer Schlosser-Innung.

Mehrere Jahre lang stand S. an der Spitze des 1881 gegründeten Neu-Ulmer Gewerbevereins. Er übernahm als Nachfolger von Hermann →*Vietzen 1921 den Vorsitz der DDP-Ortsgruppe Neu-Ulm. 1921 wurde H. auch für die DDP in den Neu-Ulmer Stadtrat gewählt und war Mitglied des Bau-Senats sowie der Schulvorstandschaft für die Berufsfortbildungsschule.

1947 war S., der dem Historischen Verein Neu-Ulm seit Jahrzehnten angehörte, gemeinsam mit Arthur →Benz Initiator der Wiederzulassung des Vereins. Am 19. Jan. 1948 konnte im Gasthof „Zum Schiff" die Wiedergründungsversammlung abgehalten werden. Aus den Vorstandswahlen ging S. als Vorsitzender hervor. Von 1953 bis 1956 war S. sehr krank, was zu einem fast völligen Erliegen der Vereinstätigkeit führte. Im Alter von 82 Jahren erklärte S. am 27. Jan. 1958 nach zehnjähriger Amtszeit seinen Rücktritt vom Amt des Vorsitzenden, das Studienrat Dr. Richard Zimprich übernahm. S. wurde auf Grund seiner Verdienste um die Wiedergründung des Vereins zum Ehrenvorsitzenden ernannt.

Q   StadtA Neu-Ulm, A 9 – ebd., D 12, IX.2.1.1.
L   Adreßbuch Ulm/Neu-Ulm 1921, Neunte Abteilung, S. 82 – ebd. 1925, Zehnte Abteilung, S. 86, 89 – ebd., 1929, Elfte Abteilung, S. 88, 93, 95 – 50 Jahre Schlosserei Sigel, in: Schwäb. Donau-Zeitung, 1. IV. 1953 (Bild) – Anton AUBELE, 90 Jahre Historischer Verein Neu-Ulm 1907-1997, S. 69-87, hier S. 82-84 (Bild).

Sigloch, Daniel, Dr.-Ing. e. h., * Ulm 4. Dez. 1873, † Stuttgart 1. Sept. 1961, ⃞ ebd., Pragfriedhof, ev.

Vater   Daniel Sigloch, * Blaubeuren 1844, Stadtbaumeister in Langenau/OA Ulm.

S. kam während der Ulmer Dienstzeit seines Vaters zur Welt. 1882 kehrte die Familie nach Blaubeuren zurück. S. absolvierte die Lateinschule in Blaubeuren und die Realschule in Ulm, 1891 begann er nach dem Abitur mit dem Bauingenieurstudium an der TH Stuttgart. Nach dessen Abschluss 1895 und dem Bestehen der Staatsexamina begann S. seine Laufbahn als Regierungsbaumeister beim Bahnbau an der Strecke Münsingen – Schelklingen. Im Jahre 1900 trat er an die Spitze der Bahninspektion I beim Rat der Stadt Leipzig, 1905 wechselte er als für das Wasserversorgungswesen, Kanalisation, Baupolizeiwesen, Hochbauwesen und Schlachthofanlage zuständiger Beigeordneter in das westfälische Hamborn. Verhandlungen S.s mit der Kgl. Preuß. Staatsbahn wegen Beteiligung am Bau eines Hauptbahnhofs in Hamburg führten nicht zu einem positiven Ergebnis.

Am 3. Dez. 1910 von den Stuttgarter bürgerlichen Kollegien zum ersten besoldeten technischen Gemeinderat (also Beigeordneten, ab 1916 Bürgermeister) der Stadt Stuttgart gewählt, trat S. die Stelle Anfang 1911 an und verblieb auf ihr bis 1937. S. kam in einer Zeit des mächtigen Aufblühens des Landeshauptstadt nach Stuttgart; in den 26 Jahren seines Wirkens vergrößerte sich das Stadtgebiet flächenmäßig um das Doppelte. Die Einwohnerzahl wuchs Jahr für Jahr, Wohnungen mussten gebaut werden, ebenso die notwendigen Energie- und Wasserversorgungsanlagen. 1914 gründete S. das Stadterweiterungsamt und die Stuttgarter Kraftlinien GmbH (SKG – im Volksmund „Siglochs kluger Gedanke") . In der Zeit des Ersten Weltkriegs leitete S. das städtische Kohlen- und Brennstoffamt. S. war auch politisch engagiert. Im Jan. 1919 kandidierte er auf dem allerdings wenig aussichtsreichen Platz 58 der DDP-Landesliste für ein Mandat in der Württ. Verfassunggebenden Landesversammlung. 1921 war S.s Name im Vorfeld der Stuttgarter Oberbürgermeisterwahl im Gespräch – ebenso wie der des Ulmer Oberbürgermeisters Emil →Schwammberger. Beide kandidierten dann aber nicht. Im Jan. 1923 ehrte ihn die TH Stuttgart, an der er einst sein fachliches Rüstzeug erworben hatte, mit der Verleihung der Ehrendoktorwürde.

Mit Stuttgarts neuem Oberbürgermeister Karl Strölin arbeitete S. gut zusammen. Strölin regierte in S.s Amtsbereich nicht hinein und gestattete ihm relative Selbstständigkeit. In der NS-Zeit häuften sich die Schwierigkeiten S.s mit den Machthabern, die 1937 zu seiner vorzeitigen Ablösung führten. Zuvor hatte seit dem Herbst 1936 namentlich das Gauamt für Technik S. in gewohnter Weise mit haltlosen Vorwürfen überschüttet. S. wurden amtliche Unzulänglichkeiten vorgeworfen, er pflege enge Beziehungen zu jüdischen Bürgern und bevorzuge diese bei Bauvorhaben.

Nach Ende des Zweiten Weltkriegs bedurfte das darniederliegende Land seiner Dienste. Der fast 72 Jahre alte Mann wurde ins Innenministerium des Landes Württemberg-Baden übernommen, wo er als Hauptberichterstatter für das Bau- und Wohnungswesen fungierte.

Q   StadtA Ulm, G 2.
L   Ih 2, S. 833 – Wilhelm KOHLHAAS, Chronik der Stadt Stuttgart 1918-1933 (Veröffentlichungen des Archivs der Stadt Stuttgart Band 17), Stuttgart 1964, S. 9, 35, 51 f. u. ö. – Manfred SCHMID (Hg.), Auf dem Stuttgarter Rathaus 1915-1922. Erinnerungen von Fritz Elsas (Veröffentlichungen des Archivs der Stadt Stuttgart Band 47), Stuttgart 1990, S. 142, 145, 178, 189, 193, 196, 233 – Walter NACHTMANN, Karl Strölin - Stuttgarter Oberbürgermeister im „Führerstaat", Tübingen-Stuttgart 1995, S. 92, 104, 123, 124.

Sindlinger, Ernst, * Ulm 6. April 1883, † ebd. 1. Jan. 1963, ev.
Vater   Sindlinger, Oberkontroller.
Mehrere G, darunter Hermann →*Sindlinger.

S. war als Erster Bürgermeister in der Zeit der Weimarer Republik und als Landrat nach dem Zweiten Weltkrieg eng mit Ulm verbunden.

S. besuchte zunächst ab 1889 die Ulmer Elementarschule, anschließend das Realgymnasium und studierte danach von 1903 bis 1908 Regiminalwissenschaften in Tübingen (Mitglied der Burschenschaft Germania). Er erlitt während seiner Studentenzeit bei einem Marsch nach Hohenentringen bei Tübingen einen Schädelbruch. Nach der Staatsprüfung für den höheren Verwaltungsdienst war S. von 1908 bis 1910 Referendar am Amtsgericht und beim OA Ulm, bei der Regierung des Donaukreises ebd. und bei den Gemeinden Baiersbronn/OA Freudenstadt und Ludwigsburg. Von 1911 bis 1916 war S. als Regierungsassessor bei den OÄ Schwäbisch Gmünd, Waldsee und Ulm eingesetzt. Am 3. Okt. 1916 erfolgte seine planmäßige Anstellung als Amtmann beim OA Urach, wurde aber weiterverwendet beim OA Ulm, wo er zuletzt den Titel eines Oberamtmanns verliehen bekam.

Während des Ersten Weltkriegs hatte S. vor allem seine Qualitäten als Wirtschafts- und Finanzfachmann unter Beweis stellen können. 1918/19 wurde er aus dem Dienst der württ. Innenverwaltung zur Verwendung beim Reichswirtschaftsministerium in Berlin freigestellt, 1919 war er kurzzeitig bei der württ. Gesandtschaft (Wirtschaftsvertretung der Regierung) in Berlin tätig und im Aug. 1919 stv. Mitglied Württembergs im Staatenausschuss in Berlin. 1920/21 Hilfsberichterstatter im württ. Arbeitsministerium, erfolgte am 24. Juni 1921 seine Entlassung aus dem Staatsdienst zwecks Übertritt in die Dienste der Ulmer Stadtverwaltung. Von 1921 bis zum 6. April 1933 war S. Städtischer Rechtsrat und Erster Bürgermeister (stv. Oberbürgermeister) der Stadt Ulm. Gemeinsam mit Oberbürgermeister Emil →Schwammberger stand S. für einen stabilen wirtschaftlichen Kurs der Stadt in schwieriger Zeit.

Als die Nationalsozialisten Schwammberger beurlaubt hatten, erklärte S. am 18. März 1933 gegenüber dem Staatskommissar Dr. Hermann →Schmid, die Amtsvorstände der Stadtverwaltung seien bereit, zum Wohle der Stadt vertrauensvoll mit ihm zu kooperieren. Nachdem er drei Wochen später von Schmids Nachfolger Friedrich →Foerster, dem späteren NS-Oberbürgermeister, von seinem Amt suspendiert worden und an seine Stelle kurzfristig der NS-Funkionär August Wirsching getreten war, beschwerte sich S. deswegen beim Innenministe-

rium in Stuttgart. Ministerialdirektor Dr. Jonathan Schmid entschied, die Entscheidung Foersters müsse aus politischen Gründen bestehen bleiben. Der Staatskommissar für die Bezirks- und Körperschaftsverwaltung, Ludwig Battenberg, und der Kanzleidirektor im Innenministerium, Gustav Himmel, arbeiteten derweil hinter den Kulissen an einer „Auffanglösung" für S., der sich überreden ließ, ein Disziplinarverfahren gegen sich selbst einzuleiten. Dabei konnte S. alle vermeintlichen Vorwürfe entkräften, wurde danach aber gemäß § 6 BBG („Vereinfachung der Verwaltung") unter Verstoß gegen NS-Vorschriften auf den 6. April 1933 bzw. den 16. Sept. 1933 in den Ruhestand verabschiedet. Mittlerweile war seine frühe Position als Erster Bürgermeister an Dr. Kurt →Hengerer vergeben worden. S. erhielt zum 8. Dez. 1933 eine Position bei der Pensionskasse für Körperschaftsbeamte, wo er als Stellvertreter des Vorsitzenden fungierte. 1939 erfolgte die Berufung in das Beamtenverhältnis auf Lebenszeit und die Ernennung zum Oberregierungsrat.

Nach dem Ende des Zweiten Weltkriegs wartete eine neue und verantwortungsvolle Aufgabe auf den 62 Jahre alten S. Vom 27. Juni 1945 bis 1946 war er als Nachfolger des von der US-Militärregierung abgesetzten Christian →Schmidbleicher kommissarischer Landrat des Landkreises Ulm, von 1946 bis 1953 gewählter Landrat ebd. 1953 trat er 70-jährig auf eigenen Antrag in den Ruhestand. In seiner Eigenschaft als Ulmer Landrat gehörte S. in der ersten Jahreshälfe 1946 der Vorläufigen Volksvertretung von Württemberg-Baden an. Seine Nachfolge als Landrat trat der bisherige stv. Landrat Wilhelm →Dambacher an. – Ausschussmitglied der Ulmer Liedertafel.

Q   StadtA Ulm, G 2.
L   UBC 3, S. 98 (Bild als Erstkklässler), 296, 559 – UBC 4, S. 104 (Bild), 163, 178, 296 – UBC 5a, S. 15, 18, 34, 55 – SCHMIDGALL, Burschenschafterlisten, S. 106, Nr. 1694 – PHILIPP, Germania S. 126, Nr. 1699 – Amtsvorsteher, S. 533 (Karl MAIER) – RUCK, Korpsgeist S. 105 ff., 110, 115, 120 – SPECKER, Ulmer Bürgerschaft, S. 368, 397 f. (Bild) – WEIK ?2003, S. 142 – DANNENBERG, Selbstverwaltung, S. 108 – LILLA, Reichsrat, S. 292, Nr. 692.

Singer, Ludwig, Dr. med., * Neu-Ulm 16. Mai 1896, † München 26. Juni 1973, □ ebd., Nordfriedhof, ev.
∞ München 20. III. 1923 Emma Gilardone, T. d. Ludwig Eugen Gilardone, * 17. VIII. 1870, u. d. Emmy Gilardone, * 18. VII. 1875, † 18. I. 1929.
3 K   Gerard Singer; Lieselotte Singer; Hannelore Singer.

Der gebürtige Neu-Ulmer S. war einer der führenden deutschen Pathologen in der ersten Hälfte des 20. Jahrhunderts.

S. studierte Medizin in München und war ab 1923 Erster Assistent am Pathologischen Institut des Krankenhauses München-Schwabing. Er spezialisierte sich auf die Erforschung des Blutes. 1933 erfolgte dort seine Ernennung zum Chefarzt. Den Lehrstuhl für Pathologische Anatomie an der Universität München nahm S. 1936 als außerplanmäßiger Professor ein. Der Oberstabsarzt d. R. war Luftgaupathologe in München und widmete sich intensiv der Luftwaffenforschung. In diesem Zusammenhang soll er auch an der Auswertung (Sektionen) der Höhenversuche der Luftwaffe in Dachau beteiligt gewesen sein. Nach 1945 konnte S. seine Laufbahn bruchlos fortsetzen und blieb bis 1961 im Amt des Chefarztes.

L   Erich SCHEIBMAYR, Wer? Wann? Wo?. Persönlichkeiten in Münchner Friedhöfen, München 1989, S. 378 – KLEE, Kulturlexikon, S. 584.

Sittig, *Otto* Christian Eberhard, * München 15. Mai 1884, † Dottenheim 21. Dez. 1971, ev.
Vater   *Ottmar* Carl Justinus Sittig, * 3. XI. 1847, † Kulmbach 10. VII. 1911, Regierungsrat (Oberinspektor älterer Ordnung bei der Reichsbahn), S. d. Dekans und Kirchenrats Georg Sittig.
Mutter   *Maria* Katharina Viandt, * 8. IX. 1854, † Presseck/Oberfranken 2. IV. 1934.
∞ Schwarzenbach am Wald/Oberfranken 19. VI. 1919 Elisabeth Ottilie Maria Schirmer, * Üngershausen/ Unterfranken 1. IV. 1895, † 21. VIII. 1978, T. d. Georg Schirmer, * Schauenstein/Oberfranken 5. III. 1867, † Schwarzenbach am Wald 25. VIII. 1925, Pfarrer, u. d. *Hedwig* Barbara Solger, * 29. XII. 1873.
4 K.

S. war 15 Jahre lang, vom Ende der Weimarer Republik über die ganze NS-Zeit bis in die Zeit des Wiederaufbaus, ev. Dekan und Stadtpfarrer in Neu-Ulm. Der beliebte Seelsorger verstand es, in schwierigen Zeiten die Einheit der Gemeinde zu wahren und nach Kriegsende den Neubeginn des schwer dezimierten Dekanats zu bewerkstelligen.

1907 bestand der Beamtensohn die Aufnahmeprüfung zur Übernahme in den Dienst der ev. Landeskirche Bayerns, im gleichen Jahr folgte seine Ordination in Ansbach, 1911 die Anstellungsprüfung. Bereits seit dem 1. Mai 1910 war S. Zweiter Hilfsgeistlicher in Gostenhof (Nürnberg) und seit dem 1. April 1913 Erster Hilfsgeistlicher ebd. 1914 folgte die Ernennung zum Pfarrer in Presseck/Dekanat Kulmbach, am 1. Okt. 1925 zum Pfarrer und Dekan in Insingen (Mittelfranken). Am 1. Juli 1932 übernahm er als Stadtpfarrer und Dekan in Neu-Ulm die Nachfolge des als Pfarrer nach Rosenheim gewechselten Franz →Schmid. In der Gemeinde gewann S. rasch Rückhalt, während es mit Vertretern der Neu-Ulmer NSDAP wiederholt zu Schwierigkeiten kam. 1940 wurde an S. ein Exempel statuiert, als ihm die Erlaubnis zur Erteilung von Religionsunterricht an den Mittelschulen entzogen wurde. Er soll auf eine Predigt seines Vikars Kurz Einfluss genommen haben, an deren Ende dieser auf den in „Schutzhaft" sitzenden Sendener Pfarrer Karl Kleinbauer hingewiesen habe, den die Gläubigen in ihr Gebet einschließen sollten. Obwohl sich mehrere Kollegen für die Wiedererteilung der Unterrichtserlaubnis einsetzten, verwehrte sie das Bayer. Staatsministerium für Unterricht und Kultus.

Nach dem Ende des Zweiten Weltkriegs oblag S. die Sammlung einer verstörten und zahlenmäßig stark reduzierten Gemeinde. 1946 übernahm er den Religionsunterricht an der Realschule. Die Arbeit begann S., der gesundheitlich angeschlagen war, zu überfordern, und so bat er um Versetzung in eine andere Gemeinde, nachdem er so lange in Neu-Ulm geblieben war, dass man ihm nicht den Vorwurf machen konnte, er laufe vor den Problemen davon und lasse seine Gemeinde im Stich. Das war ihm wichtig. Er verwies auch auf die nach Adolf →Bauer längste Amtszeit eines Neu-Ulmer Stadtpfarrers. In Neu-Ulm sah man ihn sehr ungern ziehen. Seine Nachfolge trat Albrecht →Schübel an.

Am 1. Juli 1947 kam S. als Pfarrer nach Dottenheim/Dekanat Neustadt a. d. Aisch, 1948 erhielt er den Titel Kirchenrat. Am 1. Juni 1954 in den dauernden Ruhestand versetzt, übernahm er im direkten Anschluss noch auf drei Monate die Verwesung der Dottenheimer Pfarrstelle, deren Dauer dann nochmals verlängert wurde.

Q   LAELKB, Bestand Rep. Nr. 25 (LKR), 50174.
L   TREU, Neu-Ulm, S. 574.

Sitzler, Alfred, Dipl.-Ing., * Sulzbach-Rosenberg (Oberpfalz) 6. Okt. 1901, † Ulm 30. Sept. 1955.
∞ Ulm 2. IV. 1938 Maria Abb, Dr. med., Ärztin.

S., Sohn eines im Ersten Weltkrieg gefallenen Vaters, meldete sich 1918 als Kriegsfreiwilliger. Nach Kriegsende war er bis 1920 beim Freikorps Epp und 1919 in München an der gewaltsamen Zerschlagung der Räterepublik beteiligt. Nach seinem Ausscheiden aus dem Freikorps – der militärische Typ S. nahm in den 1930er Jahren noch mehrfach an Wehrübungen teil und

wurde zum Leutnant d. R. befördert – studierte S. an der TH München und bestand 1925 das Diplom-Examen für Bauingenieure. Seine ersten beruflichen Schritte unternahm er danach bis Jan. 1927 bei der Rhein-Main-Donau AG, anschließend bei der Reichsbahndirektion Nürnberg. Dort war er Bauleiter einer Nebenbahn. Im Mai 1928 trat er in ein Ingenieurbüro in München ein und leitete den Bau einer städtischen Wasserkraftanlage. S., ebenso fleißig wie ehrgeizig, bestand im Okt. 1928 die Staatsprüfung als Regierungsbaumeister für den höheren Baudienst im Eisenbahn-, Straßenbau- und Wasserbaufach. Im Sept. 1929 ging S. nach Bremen, wo er eine Anstellung beim Hafenbauamt gefunden hatte und den Bau eines Getreidespeichers leitete. Sein berufliches Fortkommen geriet allerdings ins Stocken, als sämtliche geplanten Bauvorhaben auf Grund der Wirtschaftslage auf Eis gelegt wurden und S. im Aug. 1931 entlassen wurde.

S. kehrte nach München zurück, wo er nach rund zweimonatiger Arbeitslosigkeit zunächst unbesoldeter, später fest angestellter Assistent am Lehrstuhl für städtisches Ingenieurbauwesen der TH München wurde. Im Juli 1934 kam S. nach Ulm, wo er eine Stellung als Leiter der wasserbautechnischen Abteilung des städtischen Elektrizitätswerks erhalten hatte. S. war seit 1. Mai 1933 Mitglied der NSDAP, so dass seinem Aufstieg in Ulm nichts im Wege stand. Im Herbst 1937 setzte sich S. mit Unterstützung von Oberbürgermeister Friedrich →Foerster gegen 40 Mitbewerber durch, als es die Stelle des hauptamtlichen Beigeordneten für die technischen Ämter (Stadtbaurat) zu besetzen galt. S.s Amtseinsetzung im Mai 1938 erfolgte im Rahmen einer Gemeinderatssitzung in Anwesenheit des Kreisleiters. Er führte bei diesem Anlass aus, er wolle *das Bauschaffen in Ulm unter Berücksichtigung ihrer ehrwürdigen Tradition in die Richtung unserer großen Zeit und der nationalsozialistischen Idee [...] lenken.*

Ende Aug. 1939 zur Wehrmacht einberufen, erwirkte die Stadt zunächst eine einjährige u.k.-Stellung S.s. Seit 1940 im Kriegseinsatz, vermochte S. in Ulm nicht die Akzente zu setzen, die er offenbar im Auge hatte. Im Juni 1945 von der US-Militärregierung aus seinem Amt entlassen, fand S. eine Anstellung in einem Ulmer Bauunternehmen. Die Spruchkammer Ulm Stadt stufte S. am 14. Nov. 1946 unter Auflage einer zweijährigen Bewährungsfrist, Sonderarbeit und Zahlung eines Sonderbeitrags in Höhe von 1.000 RM als „Minderbelasteten" ein. Die Berufungskammer Stuttgart befasste sich mit S.s Einspruch und reihte ihn in der Sitzung am 13. März 1948 unter die „Mitläufer" ein. Allerdings sollte er einen Sühnebeitrag in Höhe von 1.500 RM an den Wiedergutmachungsfonds zahlen und unter Rückgängigmachung seiner Beförderung zum Stadtbaurat in ein geringeres Amt zurückversetzt werden. Gegen letztere Maßnahme reichte S. mehrere Gnadengesuche ein, die im Aug. 1949 zum Erfolg führten.

Nachdem S. 1947 in Tübingen tätig gewesen war, erhielt er 1948 eine Anstellung als technischer Leiter eines Ulmer Bauunternehmens. 1951 erwarb er selbst ein Ulmer Bauunternehmen, das er bis zu seinem frühen und plötzlichen Tod im Alter von knapp 54 Jahren leitete.

Q   StadtA Ulm, G 2 – StAL, 902/21 (Spruchkammer 45 - Ulm Stadt) Bü 45/85/13472.
L   UBC 5b, S. 347, 487, 439 – Sabine SCHMIDT, Alfred Sitzler. Hauptamtlicher Beigeordneter für die technischen Ämter (Stadtbaurat) 1938-1945, in: Hans Eugen SPECKER (Hg.), Ulm im Zweiten Weltkrieg (Forschungen zur Geschichte der Stadt Ulm, Reihe Dokumentation, Band 6), Ulm 1995, S. 466 ff. (Bild).

Sonntag, Konradin von, * Ludwigsburg 23. Nov. 1823, † Stuttgart 13. Feb. 1913, ev.
Vater   Carl Friedrich Sonntag, * 21. XI. 1790, Kgl. Württ. Oberst, Ritterkreuz des Militärverdienstordens und des Württ. Kronordens I. Kl., 4. II. 1876 in den erblichen württ. Adelsstand erhoben[577], S. d. Jakob Sonntag[578], * Winnenden/OA

[577] GEORGII-GEORGENAU, S. 1166.
[578] WINTERHALDER, Ämter, S. 26.

Waiblingen 2. V. 1763, † 1818, geistlicher Verwalter in Leonberg, 1807 Kameralverwalter in Altensteig, 1808 Kanzlist beim Tutelarratskollegium in Stuttgart, u. d. Susanna Elisabeth Walter, * Mömpelgard 26. VII. 1766, † 1809.
Mutter   Luise Charlotte Roth, * 1. XI. 1790, † 7. XI. 1863.
Mehrere G, darunter Paul von Sonntag, * 19. V. 1822, ∞ Emilie von Schuknecht-Treuenegg; Julius Ferdinand Heinrich von Sonntag, * 11. XI. 1830, Kgl. Württ. Oberstleutnant z. D., ∞ Gräfin Auguste Clementine Maria von Ferrary-Occhieppo. ∞ Bertha Neidhardt, † 5. III. 1863.
7 K   Marie von Sonntag, * 24. XII. 1850, ∞ Eugen von Jagemann[579], Dr. iur., * Karlsruhe 25. V. 1849, † Heidelberg 15. VIII. 1926, Großhzgl. Bad. Wirklicher Geh. Rat und Gesandter in Berlin; Emma von Sonntag; Emilie von Sonntag; Aline von Sonntag; Clara von Sonntag; Karl von Sonntag, * 12. VIII. 1858, Kgl. Württ. Inf.-Leutnant; Konradin von →*Sonntag.

S. gehörte in der Zeit der Reichsgründung zum Offizierskorps der Festung Ulm.
Als Offizierssohn in Ludwigsburg geboren, hatte S. mütterlicherseits Wurzeln in Ulm, da seine Mutter aus der Ulmer Bürgerfamilie Roth stammte. S. trat nach dem Schulbesuch 1842 als Leutnant bei der Artillerie in den württ. Militärdienst ein. 1845 folgte die Beförderung zum Oberleutnant, 1853 zum Hauptmann. 1868 kam er als Artillerieunterdirektor der Festung nach Ulm und wurde dort im Jahr darauf zum Oberstleutnant befördert. Im Deutsch-Französischen Krieg 1870/71 kommandierte S. das 2. Bataillon des 6. Württ. Inf.-Rgts. Während seiner Ulmer Zeit erstellte S. u. a. Verzeichnisse über die Geschütze und Munition der Festung Ulm sowie Planskizzen über die Fortifikation und hielt Vorträge über die Eisenpanzerung (mit kolorierten Zeichnungen). S. war in Ulm einer der bekannteren Offiziere, der den Kontakt zur Zivilbevölkerung nicht scheute. Er trat dem Verein für Kunst und Altertum in Ulm und Oberschwaben bei. Nach dem Verlust der militärischen Selbstständigkeit Württembergs nahm S. 1873 als charakterisierter Oberst seinen Abschied und verlebte seinen Ruhestand zunächst in Ulm, später in Stuttgart, wo er im Alter von 89 Jahren starb. – Ritterkreuz des Württ. Kronordens mit Krone und Schwertern; Kommenturkreuz des Friedrichsordens II. Kl.

Q   HStAS, M 660/207, militärischer Nachlass von Sonntag.
L   BECKE-KLÜCHTZNER, S. 383 – Staatsanz. Nr. 39/1913 – Württ. Jahrbücher 1914, S. IV – WN 1913, S. 165.

Sontheim, Graf Johann Georg von, * Mömpelgard (Frankreich) 26. April 1790, † Ulm 14./15. Dez. 1860, ev.
Vater   Friedrich Eugen von Württemberg, * Stuttgart 21. I. 1732, † Hohenheim bei Stuttgart 22. XII. 1797, Statthalter der württ. Grafschaft Mömpelgard, seit 1795 Herzog von Württemberg.
∞ I. 6. X. 1816 Luise Freiin von Liebenstein, * 12. X. 1799, † 22. VIII. 1820; ∞ II. 3. II. 1823 Mathilde Freiin von Liebenstein, * 8. IV. 1803, Schw der ersten Frau.
6 K, darunter Gräfin Pauline von Sontheim, * 11. IV. 1824, † 3. III. 1900; Gräfin Charlotte von Sontheim, * 5. III. 1827, † 24. II. 1900; Gräfin Emma von Sontheim, * 23. IV. 1829, ∞ 16. X. 1858 Eduard von der Osten, Kgl. Württ. Major à la suite des 4. Württ. Inf.-Rgts.; Graf Wilhelm Friedrich Georg von Sontheim[580], * 15. IX. 1837, † Ulm 25. IX. 1873, Rittmeister und Eskadronchef im 2. Württ. Dragoner-Rgt. Nr. 26, Ritterkreuz I. Kl. des Friedrichsordens mit Schwertern; Gräfin Marie von Sontheim, * 1839, † Ulm 10. V. 1897, ∞ 1863 Moritz →Schad von Mittelbiberach.

S. begann seine Dienstzeit als Gouverneur der Ulmer Bundesfestung unter schwierigen Bedingungen. Die Revolution drohte das bisherige Machtgefüge ins Wanken zu bringen, sein Amtsvorgänger in Ulm, Graf zur →Lippe-Biesterfeld, hatte sich erschossen. S. war amtierender Kriegsminister in dem von Friedrich Römer geleiteten sogenannten „Märzministerium", als er nach Ulm gehen musste – für den standesbewussten, wenn auch illegitimen Sohn eines württembergischen Herzogs eine Degradierung! Aber der König benötigte in Ulm einen Gouverneur mit starker Hand, aber auch diplomatischen Fähigkeiten. S. war dieser Mann.
S. genoss eine ausgezeichnete schulische und militärische Ausbildung. Dass er für die Offizierslaufbahn vorbereitet wurde, unterlag zu keiner Zeit einem Zweifel. König Friedrich erhob den jungen Leutnant per Dekret vom 24. Jan. 1807 in den

Grafenstand. In der Zeit der napoleonischen Kriege stieg S. schnell auf. Der Oberst war schon 1818 Direktor der Geheimen Kriegskanzlei, wurde Generalmajor in Ludwigsburg und schließlich Generalleutnant. König Wilhelm I. von Württemberg ernannte S. am 15. bzw. 18. Nov. 1829 zum lebenslänglichen Mitglied der Kammer der Standesherren des Württ. Landtags, wo er u. a. Stimmführer für mehrere Prinzen des Hauses Württemberg sowie Schriftführer im Vorstand, Mitglied der Gemeinschaftlichen Kommission beider Kammern zur Prüfung der Ständischen Kassenrechnungen sowie der Finanzkommission war.
1839 bestimmte der König S., der auch die Vormundschaft über den Reichsgrafen Friedrich von Zeppelin-Aschhausen (1819-1870) führte, zum militärischen Erzieher des Kronprinzen Karl von Württemberg, den S. in Ludwigsburg ausbildete und dem er zu dessen Studienorten in Tübingen und Berlin folgte. Regelmäßig verfasste er schriftliche Berichte an den König. Mit seinem Schützling kam er nicht leicht zurecht, zuletzt scheint Karl S. geradezu gehasst zu haben. Dabei stellten zahlreiche Zeitgenossen, von Bettina von Arnim bis Robert von Mohl, S. ein ausgezeichnetes Charakterzeugnis aus. Am 15. Sept. 1842 wurde S. als Nachfolger des Freiherrn von Hügel z. Kgl. Württ. Staatsminister des Kriegswesens ernannt – ein Amt, in dem er auch verblieb, nachdem im März 1848 ein „parlamentarisch-politisches" Ministerium unter der Leitung von Friedrich Römer gebildet worden war. Am 24. Juni 1848 wurde S. nach fast sechsjähriger Ministerzeit unter Ernennung zum Gouverneur der Bundesfestung Ulm als Staatsminister des Amtes enthoben.
In Ulm fand S. die eingangs genannten schwierigen Bedingungen vor. Seine ersten Maßnahmen mussten daher der Wiederherstellung der militärischen Disziplin und Ordnung gelten. Dies gelang ihm relativ schnell und gründlich. Im Juni 1849 erhielt er unter Umgehung seines Amtsnachfolgers als Kriegsminister, des Freiherrn von Rüpplin, von König Wilhelm I. den direkten Befehl, für den Fall revolutionärer Unruhen in Ulm von der Wilhelmsburg aus die Stadt zu bombardieren – wozu es dann nicht kam. S. nahm großen Anteil am gesellschaftlichen Leben Ulms und war u. a. Mitglied des Vereins für Kunst und Altertum in Ulm und Oberschwaben. Im Herbst 1857 wurde S. pensioniert. Er blieb in Ulm und starb dort drei Jahre später im 71. Lebensjahr. Sein Nachfolger als Gouverneur von Ulm war Graf Wilhelm von →Württemberg. – Kommandeurkreuz des Württ. Civil-Verdienstordens; 1809 Ritterkreuz des Württ. Militär-Verdienstordens und des Ksl. Österr. Leopold-Ordens.

L   RIECKE, Verfassung und Landstände, S. 44 – BECKE-KLÜCHTZNER, S. 241 – GEORGII-GEORGENAU, S. 1166, 1176 – SCHULTES, Chronik, S. 509 – HARTMANN, Regierung und Stände, S. 18, 34 – Hauptregister, S. 675 – UBC 1, S. 582, 601 – Europäische Stammtafeln N. F. 3 (1983), Tafel 265b – SCHWABE, Regierungen, S. 35 f., 240 – Paul SAUER, Regent mit mildem Zepter. König Karl von Württemberg, Stuttgart 1999, S. 31 f., 34, 36 ff., 40-43 – RABERG, Biogr. Handbuch, S. 873.

„Spatzameez" (**Rau**, Konrad), * 1790, † Ulm 26. Sept. 1860, ev.

Der städtische Ausscheller gewann sich den Ruf eines der bekanntesten Ulmer Originale, der eindrucksvoll mit seiner Aufnahme in typischer Pose in den Kopf der „Ulmer Bilder-Chronik" dokumentiert wurde.
Dabei war nicht er der erste Träger des Beinamens S., sondern sein Vorgänger Kaspar Rau. Eigentlich Weber von Beruf, war es seine Aufgabe als städtischer Ausscheller, Bekanntmachungen des Rathauses und der bürgerlichen Kollegien öffentlich bekannt zu machen, indem er mit einer Glocke und einem langen Stock an verschiedenen Orten der Stadt auf sich aufmerksam machte und die Neuigkeiten verkündete.

Q   StadtA Ulm, G 2.
L   UBC 2, S. 78, 79 (Bild).

---

[579] Ih 1, S. 422 f.
[580] UNGERICHT, S. 189.

Speidel, Ludwig, * Ulm 11. April 1830, † Wien 3. Feb. 1906, ev.
Vater   Johann *Konrad* Speidel[581], † Ulm 26. I. 1880, Musikdirektor, Musiklehrer in Ulm.
Mehrere *G*, darunter Wilhelm →Speidel.
∞ 1858 Leontine Ziegelmayer, † 1903, T. d. Ziegelmayer, Professor an der k. u. k. Ingenieurschule in Wien.
2 *K*.

S. war einer der bekanntesten Redakteure und Theaterkritiker seiner Zeit.

Das Aufwachsen in einer musikbegeisterten Familie führte bei S. – anders als bei seinem älteren Bruder Wilhelm →Speidel – nicht zur Ergreifung eines entsprechenden Berufes. So sehr S. die Musik liebte und so viel er von ihr verstand – er begeisterte sich frühzeitig für die Dichtung. Schon der Ulmer Gymnasiast versuchte sich an einem Epos im Stil von Goethes „Hermann und Dorothea", musste aber erkennen, dass er zum Dichter nicht geboren war. 1852 begann S. nach kurzer Studienzeit in München seine Laufbahn als Musikkritiker in der „Allgemeinen Zeitung", wechselte aber schon 1853 nach Wien, wo er bei verschiedenen Blättern tätig war, so 1854 beim „Lloyd", 1855 bis 1863 bei der „Donau", 1860 bis 1864 beim „Vaterland". In den frühen Wiener Jahren entwickelte S. seinen später von anderen oft kopierten, aber selten erreichten Stil als Meister des Feuilletons.

1872 trat der persönlich bescheidene und zurückgezogen lebende S. als Redakteur bei der „Neuen Freien Presse" in Wien ein und verstand mit Ferdinand Kürnberger (1823-1897) und Daniel Spitzner (1835-1893) so einprägsam zu formulieren, dass er zu den Mitgründern des Wiener Feuilletons schlechthin gezählt wird und den europäischen Rang des Feuilletonteils der „Neuen Freien Presse" wesentlich mit schuf. Als ihm zu Ehren in Wien ein Festbankett gegeben wurde, hielt er eine Rede, die nur aus einem Satz bestand: *Das Feuilleton ist die Unsterblichkeit des Tages.*

S. befasste sich in verschiedenen Veröffentlichungen vorwiegend mit Theatergeschichte, so in seinen Beiträgen für den Sammelband „Bilder aus der Schillerzeit" (Stuttgart 1885), „Wien 1848-1888" (1888) und „Die österreichisch-ungarische Monarchie in Wort und Bild" (1886). Seine nach seinem Tod herausgegebenen gesammelten Feuilletons stellen ein zentrales Dokument der Wiener Kulturgeschichte im 19. Jahrhundert dar.

W   Kleine Schriften von Heinrich NATTER. Einleitung von Ludwig SPEIDEL, Innsbruck 1893 – Ludwig SPEIDEL, Schriften. Auswahl in vier Bänden. Hg. und mit einem Vorwort von Hugo WITTMANN, Berlin 1910/11 – Sigismund von RADECKI (Hg.), Ausgewählte Schriften in einem Band, 1947 – Kritische Schriften. Ausgewählt, eingeleitet und erläutert von Julius RÜTSCH (Klassiker der Kritik, hg. von Emil STAIGER), Zürich 1963.
L   Ih 2, S. 841 – Ludwig HEVESY, Ludwig Speidel. Eine literarisch-biographische Würdigung, Berlin 1910 – Otto HEUSCHELE in: Lebensbilder aus Schwaben und Franken 12 (1972), S. [276]-283 (mit weiteren Literaturangaben).

Speidel, Wilhelm, * Ulm 3. Sept. 1826, † Stuttgart 13. Okt. 1899, □ Fangelsbachfriedhof, ev.
Vater   Johann *Konrad* Speidel, Musikdirektor, Musiklehrer in Ulm.
Mehrere *G*, darunter Ludwig →Speidel.
∞ Karoline Schmidt, * 1844, † 1908.

S. war einer der bekanntesten württ. Musiker seiner Zeit.

Aufgewachsen in einer sehr musikalischen Familie und angeleitet von seinem Vater, trat S. bereits im Alter von acht Jahren als Pianist öffentlich auf. Seine Schulbildung erhielt er am Ulmer Gymnasium. Ab 1843 setzte S. seine musikalischen Studien in München fort, wo Ignaz Lachner einer der ihn prägenden Lehrer war. Der junge S. erwarb sich rasch einen ausgezeichneten Ruf als Pianist, wobei er besonders als Interpret von Beethovens Sonaten bekannt war.

1846/47 war S. als Hauslehrer bei der Familie Kestner in Thann (Elsass) tätig und unterrichtete die Urenkelinnen von Goethes „Lotte in Weimar" in Musik. Danach unternahm er größere Konzertreisen und gab in zahlreichen Großstädten Deutschlands, aber auch im Ausland viel bejubelte Vorstellungen. 1855 trat S. als Musikdirektor an die Spitze der Ulmer Liedertafel, ging aber schon 1857 nach Stuttgart, wo er mit einigen Gleichgesinnten die Musikschule gründete, das spätere Kgl. Konservatorium für Musik. Als Professor erteilte er dort Klavierunterricht, zerstritt sich aber mit seinem Kollegen Siegmund Lebert (1823-1884) und verließ das Konservatorium, um eine eigene Klavierschule zu gründen und zu leiten.

Ein Jahr nach Leberts Tod kehrte S. auf seine alte Stelle am Konservatorium zurück und trug wesentlich zu ihrem guten Ruf bei. Von 1857 bis 1885 war S. Dirigent des Stuttgarter Liederkranzes. Für den Schwäbischen Sängerbund übernahm er bei zahlreichen Liederfesten die musikalische Leitung, was ihm die Ernennung zum Ehrenmitglied des Schwäbischen Sängerbundes eintrug. S. erlag einem schweren Herzleiden. Er hinterließ zahlreiche Chor- und Sololieder, Orchesterstücke, Ouvertüren, Streichquartette, Klavier-, Violin- und Cello-Sonaten. – Ritterkreuz des Württ. Kronordens; Ritterkreuz I. Kl. des Friedrichsordens; Große goldene Medaille für Kunst und Wissenschaft; Kgl. Preuß. Kronorden III. Kl.; Ritterkreuz des Sachsen-Ernestinischen Hausordens.

L   Ih 2, S. 841 – Staatsanz. Nr. 240, 14. X. 1899, S. 1793 – ebd. Nr. 241, 15. X. 1899, S. 1804 – SK 1899, S. 2317 – Württ. Jahrbücher 1899, S. VIII – ADB 54 (1908), S. 409 (Rudolf KRAUß) – ZIEGLER, Fangelsbachfriedhof, S. 154.

Sperr, Franz, * Karlstadt am Main (Unterfranken) 12. Feb. 1878, † hingerichtet Berlin-Plötzensee 23. Jan. 1945, kath.
Vater   Sperr, Ingenieur bei den Kgl. Bayer. Staatseisenbahnen.
∞ Gertrud Sperr.

S. war einer der bedeutendsten bayerischen Beamten in der Zeit der Weimarer Republik und wurde als Angehöriger des Widerstands 1945 hingerichtet. Seine Kindheit und Jugend verlebte er in Ulm und Neu-Ulm, die ersten Jahre als junger Soldat verbrachte S. in Neu-Ulm.

Der Beruf des Vaters führte die Familie in kurzer Zeit an verschiedene Orte Bayerns, so nach Kempten und um 1894 auch nach Neu-Ulm, wo Vater Sperr an den Bahnarbeiten mitwirkte. Im Juli 1897 bestand S. das Abitur am Ulmer Gymnasium. Anschließend trat er als Offiziersanwärter in das Kgl. Bayer. 12. Inf.-Rgt. Prinz Arnulf in Neu-Ulm ein, wo er 1898 zum Fähnrich ernannt wurde. Danach nahm er an einem Offizierslehrgang an der Münchner Kriegsschule teil und wurde im März 1899 zum Leutnant ernannt und wieder seinem „Stammregiment" in Neu-Ulm zugeteilt, wo er bis 1903 verblieb. Im Herbst 1903 als Adjutant zum Landwehrbezirkskommando in Passau versetzt, besuchte er von 1906 bis 1909 nochmals die Münchner Kriegsakademie, wo er die uneingeschränkte Qualifikation für den Generalstabsdienst erlangte. Als Oberleutnant kehrte er nach Neu-Ulm zurück, bis er 1911 zur Zentralstelle des Generalstabs nach München versetzt wurde.

1913 wurde S. nach der Beförderung zum Hauptmann für zwei Jahre zum Großen Generalstab nach Berlin abkommandiert und kurz vor Ausbruch des Ersten Weltkriegs als Sachbearbeiter für Eisenbahnfragen beim Generalkommando des I. Armeekorps nach Königsberg versetzt. Im Aug. 1914 erfolgte seine Ernennung zum Leiter des Feldeisenbahnwesens der 8. Armee, im Frühjahr 1915 zum Nachrichtenoffizier (I c) des I. Bayer. Armeekorps in Péronne und im Aug. 1916 zum Ersten Generalstabsoffizier (I a) bei der neu aufgestellten bayer. 14. Inf.-Division. 1917/18 war er im Kriegsministerium in München mit Plänen zur Demobilmachung des bayer. Heeres nach Kriegsende beauftragt. Im Feb. 1918 kam S. als Stabschef der bayer. 15. Inf.-Division noch einmal für ein halbes Jahr an die Westfront.

[581] UBC 2, S. 415.

Am 27. Okt. 1918 erfolgte S.s Berufung zur Dienststelle des Kgl. Bayer. Militärbevollmächtigten in Berlin, die S. nach der November-Revolution selber übernahm. Anfang des Jahres 1919 zum stv. Bevollmächtigten Bayerns zum Reichsrat in Berlin ernannt, blieb S. bis 1934 in diesem Amt und wurde 1919 zum Ministerialrat und 1927 zum Ministerialdirektor ernannt. 1919 schied er als Major z. D. aus dem aktiven Armeedienst aus und erhielt 1922 den Charakter als Oberstleutnant verliehen. Am 1. Dez. 1932 übernahm S. die kommissarische Leitung der Gesandtschaft Bayerns in Berlin und wurde am 1. März 1933 zum Gesandten ernannt. Am 1. Nov. 1934 ging S. auf eigenen Wunsch in den einstweiligen Ruhestand, fünf Jahre später endgültig in den Ruhestand, den er in München verlebte. Dort leitete er ab 1936 die Zweigstelle der „Deutschen Gesellschaft für Wehrpolitik und Wehrwissenschaften" und übte ab 1943 eine Beratertätigkeit für die Münchner Rückversicherung aus. Der gläubige Katholik S., der enge Kontakte zu Prinz Rupprecht von Bayern, dem Sohn des letzten bayer. Königs Ludwig III., pflegte, war ein entschiedener Gegner des Nationalsozialismus, sah aber auch nach 1942 keine realistische Möglichkeit für einen Sturz Hitlers. Es bestanden Kontakte S.s zum Kreisauer Kreis um Helmuth James von Moltke und zum militärischen Widerstand um Graf Stauffenberg. Diese Verbindungen wurden nach dem 20. Juli 1944 von der Gestapo aufgedeckt. S. geriet schon am 28. Juli 1944 in Haft und wurde vor dem Volksgerichtshof angeklagt. Unter dem Vorsitz von Roland Freisler wurde S. am 11. Januar 1945 zum Tod durch Erhängen verurteilt und die Strafe am 23. Jan. 1945 vollstreckt – am gleichen Tag, an dem auch Eugen →*Bolz in Plötzensee hingerichtet wurde.

L. UBC 3, S. 150 – KOSCH, Biogr. Staatshandbuch, S. 1117 – Peter PFISTER (Hg.), Blutzeugen der Erzdiözese München und Freising. Die Märtyrer des Erzbistums München und Freising in der Zeit des Nationalsozialismus, Regensburg 1999, S. 67-69 – Hermann RUMSCHÖTTEL/Walter ZIEGLER (Hgg.), Franz Sperr und der Widerstand gegen den Nationalsozialismus in Bayern, München 2001 – Winfried BECKER, Franz Sperr (1878-1945), in: Zeitgeschichte in Lebensbildern. Aus dem deutschen Katholizismus des 19. und 20. Jahrhunderts, Band 11, München 2004, S. 92 ff. – LILLA, Reichsrat, S. 294, Nr. 697 – Ralf LIENERT, Franz Sperr, in: Kemptener Widerstandskämpfer, Kempten 2008 – Wikipedia.

Spieß, Albert, * Nürnberg 2. Okt. 1797, † Ingolstadt 4. April 1858, ev.

S. war der bayer. Ingenieuroffizier, unter dessen Leitung die Festungsbauarbeiten auf dem rechten Donauufer zum Abschluss gebracht wurden.
Nachdem Theodor Ritter von →Hildebrandt 1854 infolge der bevorstehenden Auflösung der Kgl. Bayer. Festungsbaudirektion (23. April 1855 gemäß Bundesbeschluss am 29. März 1855) aus ökonomischen Gründen sein Amt als Festungsbaudirektor verloren hatte, übernahm Oberstleutnant S. vom 18. Feb. bis 1. Aug. 1857 die Leitung der noch zu erledigenden Bauarbeiten und schließlich die Auflösung der Kgl. Bayer. Festungsbaudirektion Neu-Ulm. Der Festungsbaudirektion gehörten seinerzeit elf Offiziere des Kgl. Bayer. Offizierskorps und ein Kgl. Hannoveranischer Offizier an. Der von Ulm aus operierende S. wurde am 31. März 1855 zum Oberst befördert und im Sommer 1857 als Kommandant des Genie-Rgts. nach Ingolstadt versetzt, wo er im folgenden Jahr im Alter von 60 Jahren starb. Am 1. Aug. 1857 erfolgte die Umbenennung der bisherigen Festungsbaudirektion in Geniedirektion – auch in der Begrifflichkeit ein Hinweis darauf, dass die Bauarbeiten im Wesentlichen als abgeschlossen angesehen wurden.

L. BUCK, Chronik Neu-Ulm, S. 69, 131 – KLARMANN, Offiziers-Stammliste, S. 122, Nr. 94 – Eduard SCHEFOLD, Die Stadtumwallung von Ulm und Neu-Ulm, in: UBC 2, 59-64 – Katalog Materialien, S. 71, 104, 188 – TREU, Neu-Ulm, S. 236 – Markus THEILE, „[...] einst eine trutzige Feste"? Der Bau der Bundesfestung Ulm zwischen strategischer Bedeutung, politischen Auseinandersetzungen und finanziellen Nöten, in: UO 55 (2007), S. 358-401, hier S. 390 f.

Spindler, Johannes, * Ravensburg 11. Feb. 1886, † Ulm 14. Juni 1962, ⌂ ebd., Hauptfriedhof, 18. Juni 1962, kath.
∞ I. 26. I. 1920; ∞ II. 24. V. 1949 Josefina Gold, * 19. III. 1896.
2 K Gertrud Spindler, ∞ Henle in Ulm; Berta Spindler, ∞ Kiechle in Neu-Ulm.

Der Gewerkschaftssekretär S. war wesentlich am Aufbau der christlichen Gewerkschaften und der AOK in Ulm beteiligt, zuletzt war er Vorstandsvorsitzender der AOK Ulm. Politisch engagierte er sich in der Zentrumspartei. Er kandidierte 1920 auf Platz 3 der Ulmer Bezirksliste für ein Mandat im Württembergischen Landtag und war von 1919 bis 1933 Mitglied des Ulmer Gemeinderats sowie stv. Mitglied des Ulmer Bezirksrats. In der Zeit des „Dritten Reiches" wurde er politisch verfolgt: Bereits am 24. März 1933 verhafteten ihn Ulmer Kriminalpolizisten, am 27./29. März 1933 erfolgte seine Absetzung als Vorstandsvorsitzender der AOK. 1944 wurde er nach dem gescheiterten Stauffenberg-Attentat auf Hitler zusammen mit den ehemaligen Zentrumspolitikern Franz →Wiedemeier und Eugen Wizigmann nochmals verhaftet. Von 1945 bis 1952 war S. Direktor des Jugendgefängnisses für Nordwürttemberg in Ulm und zugleich wieder Vorstandsvorsitzender der AOK ebd. Am 26. Mai 1946 erfolgte seine erneute Wahl (diesmal für die CDU) in den Ulmer Gemeinderat.

Q StadtA Ulm, G 2.
L. Regierungsrat a. D. Johannes Spindler gestorben, in: Schwäb. Donau-Zeitung (Ulm) Nr. 137, 16. VI. 1962 – UBC 4, S. 80 – UBC 5a, S. 16 f. – UBC 6, S. 36, 391.

Srna (auch: Serna), Johann, * Budwitz 20. Aug. 1781, † Neu-Ulm 18. Juni 1847, ⌂ Burlafingen, kath.
Vater Martin Serna, Seifensieder.
Mutter Franziska Dworzack.
∞ Pfuhl 14. X. 1822 Juliana Veil, * Ulm 9. VIII. 1782, † Neu-Ulm 20. V. 1870, T. d. Johann Melchior Veil u. d. Margaretha Barbara Hecking.
5 K Johann August[in] Srna[582], * Pfuhl 20. VII. 1818, † nach 1883, Seifensieder in Neu-Ulm, ∞ Pfuhl 13. X. 1874 Anna Magdalena Wirth; Katharina Elisabetha Srna, * Pfuhl 5. I. 1820, † Neu-Ulm 25. III. 1872, ledig; Melchior Srna, * 6. IV. 1821; Markus Wilhelm Srna, * Neu-Ulm 31. VII. 1823, † ebd. 25. VIII. 1823; Juliana Srna, * Neu-Ulm 7. III. 1825, † ebd. 7. III. 1826.

S. war mit C. W. →Rößling und Georg →Rübenack einer der ersten Gewerbetreibenden, die sich um 1820/30 in Neu-Ulm niederließen.
Näheres über den Hintergrund S.s ist nicht bekannt. Zu vermuten steht, dass der junge S. in Folge der Napoleonischen Kriege aus seiner Heimat weggehen musste, um in dem vom Vater überkommenen Gewerbe des Seifensieders seinen Lebensunterhalt zu verdienen. Seine aus Ulm stammende Ehefrau heiratete er zwar erst 1822, aber zu diesem Zeitpunkt hatte er mit ihr bereits drei uneheliche Kinder. Er scheint also bereits relativ kurz nach 1815 an die Donau gekommen zu sein. Und da es in Ulm genügend Seifensieder gab, siedelte sich S. erst in Pfuhl und später in „Ulm auf dem rechten Donauufer" bzw. „Neuulm" – wie es fortan vermehrt und zunächst ohne Bindestrich geschrieben wurde – an, einer seinerzeit kaum 300 Seelen zählenden Gemeinde.
Am 12. Mai 1832 veröffentlichte S. nachstehende Anzeige in der Lokalpresse: *Unterzeichneter macht einem schätzbaren Publikum die ergebenste Anzeige, daß er mit guter Kernseife nebst allerlei Gattungen Lichtern aufs beste versehen ist, verspricht möglichst billige Preise und gute Bedienung.* Der Zeitpunkt war günstig, denn durch die Eröffnung der neuen Donaubrücke zwischen Herdbrucker Tor und der Insel am 8. Juni 1832 wurde der Verkehr zwischen Ulm und Neu-Ulm erheblich erleichtert, und auch die Ulmer kamen, um S.s Angebote zu prüfen.
Das Geschäft scheint nicht schlecht gelaufen zu sein, denn auch sein Sohn August[in] ist in Neu-Ulm als Seifenfabrikant dokumentiert. Er ließ das nach der Familie benannte Haus in der Augsburger Straße 4 erbauen. S. starb im Alter von fast 66 Jahren.

---

582 Katalog Materialien, S. 204 f.

L   OHM, Neu-Ulmer Geschichten, S. 27 – TREU, Neu-Ulm, S. 131 – TEUBER, Ortsfamilienbuch Neu-Ulm II, Nr. 4574.

Stählin, Otto, Dr. phil., Dr. theol. h.c., * Reutti 22. Jan. 1868, † Erlangen 14. Juni 1949, ev.

Vater   Wilhelm Stählin, * Westheim 1. VII. 1831, † Gunzenhausen 22. V. 1886, Pfarrer in Reutti, Missionar in Trankebar (Indien), 1867 Pfarrer in Reutti, seit 1874 dsgl. in Gunzenhausen.

Mutter   Sophie Hauser, * Doferhof bei Neuburg/Donau 3. X. 1838, † Augsburg 3. VIII. 1905.

8 G   Adolf Stählin, * Trankebar 13. VIII. 1863, † Augsburg 16. III. 1890, Regierungsfunktionär; Ludwig Heinrich Stählin, * Augsburg 14. VI. 1865, † Reutti 6. IV. 1874; Eduard Stählin, * Reutti 22. VIII. 1869, † ebd. 9. IX. 1869; Jakobine Maria Elisabetha Stählin, * Reutti 22. VIII. 1869, † Augsburg 23. I. 1943, Zwilling zu Vorgenanntem, seit 1900 Diakonisse; Elisabeth Stählin, * Reutti 23. IV. 1872, † Erlangen 25. XII. 1938, ∞ Erlangen 8. IV. 1915 Wilhelm Kalb, Dr. phil., Dr. iur. h.c., * Engelthal 29. II. 1860, † Hohenstadt 11. IX. 1933, Oberstudienrat in Nürnberg; Agnes Stählin, * Reutti 23. IV. 1872, † Augsburg 27. II. 1945, Zwilling zu Vorgenannter; Wilhelm Stählin, * Gunzenhausen, † 7. XI. 1877; Wilhelm Stählin[583], Dr. phil., * Gunzenhausen 24. IX. 1883, † Prien am Chiemsee 16. XII. 1975, Theologe.

∞ Frankenheim 4. IV. 1899 Anna Seiler, * Schopfloch 7. IX. 1871, T. d. Gustav Seiler, * Wallerstein 12. VIII. 1824, † Dornhausen 15. II. 1893, Pfarrer in Dornhausen, u. d. Julie Ranke, * Thurnau 6. X. 1834, † Nürnberg 26. I. 1914.

5 K   Gustav Stählin[584], Dr. phil., Lic. theol., * Nürnberg 28. XI. 1900, † Göttingen 25. XI. 1985, o. Professor der ev. Theologie in Erlangen und zuletzt dsgl. in Mainz, ∞ I. Goldap 18. VIII. 1930 Irmgard Fischer, * Goldap 24. IV. 1897, † Erlangen 24. XII. 1952, T. d. Pfarrers Johann Fischer u. d. Julie Friederike Preuß, ∞ II. Nürnberg 20. VIII. 1954 Ursula Michaelis, verw. Kalthöner, Dr. med., * Schönberg (Mecklenburg) 9. I. 1914, T. d. Oberstudiendirektors Dr. phil. Hans Michaelis u. d. Charlotte Straube; Adolf Stählin[585], Dr. rer. techn., Dr. agr. habil., * Nürnberg 13. X. 1901, † Wißmar bei Gießen 20. IX. 1992, Agrarwissenschaftler, 1951 ao. Professor für Gründlandwirtschaft an der Landwirtschaftlichen Hochschule Hohenheim, 1956-1970 o. Professor für Gründlandwirtschaft und Futterbau in Gießen, ∞ Welsow 19. V. 1935 Julie Fischer, * Erching bei Freising 14. IV. 1901, T. d. Gutsverwalters Wilhelm Fischer in Straßberg bei Augsburg u. d. Luise Hubel; Sophie Stählin, Dr. med., * München 1. III. 1903, Kinderärztin; Johannes Stählin, Dr. iur., * Würzburg 18. V. 1913, † Juli 1944 bei Caen, Regierungsrat in Ansbach; Agnes Stählin, Dr. phil., * Erlangen 11. III. 1919, Bibliothekarin in Erlangen.

S. zählt zu den bedeutenden deutschen klassischen Philologen. Sein Geburtshaus steht in Reutti, wo sein Vater Pfarrer war.

Er entstammte einer bekannten, ursprünglich in Memmingen ansässigen Beamten- und Theologenfamilie, aus der u. a. Adolf (von) Stählin[586] und dessen Sohn Friedrich Stählin[587] hervorgingen.

S. besuchte das Augsburger St.-Anna-Gymnasium und bestand dort 1885 das Abitur, anschließend studierte er klassische Philologie und Theologie in Erlangen und München. 1888 bestand er die I. philologische Staatsprüfung, 1889 die Sonderprüfung. Im gleichen Jahr promovierte er in Erlangen, 1890/91 absolvierte er nach der theol. Dienstprüfung sein Einjährig Freiwilliges Militärdienstjahr beim 3. Kgl. Bayer. Inf.-Rgt. 1892 zum Reserveoffizier befördert, war er 1914 Hauptmann der Landwehr.

Seit 1891 war S. Inspektor am St.-Anna-Kollegium in Augsburg. Bevor er 1894 in den bayerischen höheren Schuldienst eintrat, unternahm S. ausgedehnte Studienreisen in Italien, Griechenland und in der Türkei. Er begann als Gymnasiallehrer am Neuen Gymnasium in Nürnberg und wurde 1902 zum Gymnasialprofessor am Maximilian-Gymnasium in München ernannt. 1908 übernahm er die o. Professur für klassische Philologie und Pädagogik an der Universität Würzburg. 1913 wechselte er an die Universität Erlangen, wo er 1921/22 Rektor und später Vorstand des Seminars für klassische Philologie war. Der unermüdlich Forschende unternahm weitere Reisen zum Handschriftenstudium nach Frankreich, Italien,

Griechenland, Ägypten und England. Neben der klassischen Philologie widmete er sich der Patristik, der Pädagogik und der freien Volksbildung. Er veröffentlichte auch zahlreiche Aufsätze und Buchrezensionen.

S. wurde vielfach geehrt und ausgezeichnet, u. a. mit der Prinzregent-Luitpold-Jubiläumsmedaille, dem Militär-Verdienstorden IV. Kl. mit Schwertern, dem EK II, dem theol. Ehrendoktorat und der Verleihung des Titels Geh. Regierungsrat. Unter seinen zahlreichen Veröffentlichungen sind neben der Herausgabe der Werke des Clemens von Alexandria in vier Bänden (hg. im Auftrag der Kirchenväter-Kommission der Kgl. Preuß. Akademie der Wissenschaften, Leipzig 1905-1909) seine „Geschichte der griechischen Literatur" ([6]1924) und „Zwang und Freiheit in der Erziehung" (1911, [4]1927). Eine von S. erarbeitete Familiengeschichte „Familie Stählin aus Memmingen" mit Einzelbiografien und Genealogie wurde 1959 als Band 11 in der Reihe „Deutsches Familienarchiv" veröffentlicht.

W   (Auswahl) Editionstechnik, Leipzig 1909, [2]1914 – „Warum kommen die Kinder in der Schule nicht vorwärts?", München 1907, [3]1927 – Geschichte der hellenistisch-jüdischen und der christlichen Literatur [in: CHRIST-SCHMID, Geschichte der griechischen Literatur, München [5]1911 und 1913, [6]1920 und 1924] – Die deutsche Jugendbewegung, ihre Geschichte, ihr Wesen, ihre Formen, Leipzig und Erlangen 1922 – Das Seminar für klassische Philologie an der Universität Erlangen. Rede anlässlich des 150jährigen Bestehens des Seminars [Erlangen 1928].
L   Reichshandbuch II, S. 1820 (Bild) – GBBE 3 (2005), S. 1872 f.

Stängel, Carl Friedrich, * Rudersberg/OA Welzheim 16. Sept. 1791, † Ulm 24. Aug. 1852, ev.

Vater   Carl Friedrich Stängel, * 1751, † 1822, Rat und Stabsamtmann in Rudersberg, 1818 a. D.

Mutter   Jacobina Charlotte Gundrum, * 1763, † 1841.

9 G, davon 6 früh, darunter Christiane Caroline Stängel, * 1800, † 1867, ∞ 1818 Christian August Andreas Stängel, * 1792, † 1849, Kanzleirat, Buchhalter und Kontrolleur bei der Staatsschuldenkasse in Stuttgart.

∞ 1821 Eva Marie Bareis.

Mehrere K, darunter Emilie Stängel, * 1822, † Ulm 1893, ∞ Ludwig →Muff, Oberamtmann; Friedrich (von) Stängel, bis 1884 Oberregierungsrat bei der Regierung des Donaukreises in Ulm.

Der Ulmer Oberamtsrichter S. war einer der politisch aktiven Beamten in der Zeit des Vormärz.

S. entstammte einer altwürtt. Beamtenfamilie. Er studierte von 1809 bis 1812 Jura in Tübingen (Mitglied des Corps Suevia Superior „Oberschwäbische Landsmannschaft"). Nach Beendigung der Studien trat er in den württ. Staatsdienst und erhielt eine Stelle als Auditor (Militärrichter) in Stuttgart. Im März 1819 wurde S. zum ersten Oberamtsrichter in Welzheim ernannt. Ende der 1820er Jahre kam S. als Oberamtsrichter nach Ulm, wo er den Titel eines Oberjustizrates erhielt.

Das Oberamtsgericht Ulm war in Folge des V. Edikts des Königs über die Ämterorganisation im März 1819 geschaffen worden und vollzog die Trennung von Exekutive und Judikative, die zuvor in der Person des Oberamtmanns vereinigt gewesen waren. Das Ulmer Oberamtsgericht hatte seinen Sitz im ehemaligen Steuerhaus. Der erste Ulmer Oberamtsrichter und Vorgänger von S. war Carl Heinrich Diet[e]rich gewesen, zuvor Rat bei den Provinzialjustizkollegien in Ulm und Ludwigsburg. S. war in seinem Amt zugleich Verwalter der Kgl. Strafanstalt im ehemaligen Ulmer Waisenhaus. Gemeinsam mit Emil Le Prêtre, dem Kanzleivorstand des Kgl. Gerichtshofs, war S. auch Rechner der Oberpolizeidirektion Ulm.

Zu Beginn der 1830er Jahre spielte S. kurzzeitig eine politische Rolle. Beamte, die sich zu Landtagsabgeordneten wählen lassen wollten, durften nicht in dem Wahlbezirk kandidieren, in welchem sie wirkten, wohl aber in einem anderen. S. wurde von Wahlmännern des Bezirks Welzheim, wo er vor seiner Ulmer Zeit tätig gewesen war, eine Kandidatur angetragen, die er auch annahm. Er wurde 1831 wurde S., empfohlen vom liberalen „Beobachter", im WK Welzheim zum Abgeordneten der Zweiten Kammer des Württ. Landtags gewählt. Der Landtag wurde jedoch lange Zeit nicht einberufen, weil die Mehrheits-

583   GBBE 3 (2005), S. 1873.
584   GBBE 3 (2005), S. 1872.
585   GBBE 3 (2005), S. 1872.
586   * Schmähingen 27. X. 1823, † München 4. V. 1897, 1864 Stadtpfarrer in Nördlingen, 1866 Konsistorialrat in Ansbach, 1879 Oberkonsistorialrat in München und 1883-1896 Oberkonsistorialpräsident ebd., Mitglied der Kammer der Reichsräte der Krone Bayerns. S. schrieb über diesen Verwandten ein 1898 in München erschienenes Lebensbild und einen biografischen Aufsatz in „Lebensläufe aus Franken" 2 (1922), S. 427-437.
587   * Nördlingen 9. IV. 1874, † Erlangen 22. VI. 1936, klassischer Philologe, Oberstudiendirektor am Melanchthon-Gymnasium in Nürnberg, bekannt wegen seiner Ausgrabungen in Thessalien.

verhältnisse nicht nach den Wünschen der Regierung ausgefallen waren. Am 30. April 1832 unterzeichnete S. mit zahlreichen anderen gewählten Abgeordneten eine Erklärung, in welcher die baldige Einberufung des Landtags durch den König gefordert wurde – der sich damit aber bis Jan. 1833 Zeit ließ. In dieser Zeit versuchte der Leiter des Innenministeriums, Johannes von Schlayer, S. als Kandidaten für das Amt des Präsidenten der Abgeordnetenkammer zu gewinnen. S. war einer der *Individualisten der Mitte* (BRANDT, Parlamentarismus, S. 530), die noch unentschlossen waren, wie sie als Abgeordnete stimmen sollten, deshalb suchte Schlayer Kontakt zu ihm und wollte ihn als Präsidenten installieren – um ihn an die Regierung zu binden. Der Plan schlug fehl, S. war in der Kammer nicht mehrheitsfähig. Er wurde in mehrere Kommissionen, darunter die staatsrechtliche und die Legitimationskommission, gewählt, konnte aber als Parlamentarier der rechten Mitte nicht recht reüssieren, weil der Landtag schon im März 1833 wieder aufgelöst und S. nicht wiedergewählt wurde. *Den talentvollen, tüchtigen Geschäftsmann* (ADAM, Verfassung, S. 44) zog es zurück nach Ulm. Anfang der 1840er Jahre trat Eduard →*Hammer die Nachfolge S.s als Ulmer Oberamtsrichter an. Über die letzten Lebensjahre S.s fehlen Nachrichten.

Q StAL, E 226/170, Bände 72-80, Kassenrechnungen der Oberpolizeidirektion Ulm.
L FABER XLII, C.b. § 16 – RIECKE, Verfassung und Landstände, S. 71 – HARTMANN, Regierung und Stände, S. 62 – ADAM, Verfassung, S. 44 – Die Tübinger Rhenanen, Tübingen ⁴1982, S. 316 – BRANDT, Parlamentarismus, S. 189, 508, 530, 534, 536, 549, 553 – RABERG, Biogr. Handbuch, S. 885.

Stahlecker, Walter, Dr. iur., * Ravensburg 12. Juli 1889, † Tübingen 27. Aug. 1970, ev.
Vater Reinhold Stahlecker[588], * Lustnau/OA Tübingen 21. II. 1861, 1887 Gymnasialprofessor in Ravensburg, 1898 dsgl. in Tübingen, 1927 a. D.

In schwieriger Zeit, in der Weltwirtschaftskrise und in den ersten Jahren der NS-Herrschaft, war S. Leiter des Ulmer Arbeitsamts.
Der Lehrersohn wuchs in Ravensburg und Tübingen auf und studierte nach dem Abitur Jura. Nachdem er 1913 die I. Höhere Justizdienstprüfung bestanden und die ersten Stationen des Referendariats durchlaufen hatte, unterbrach der Ausbruch des Ersten Weltkriegs seine Laufbahn. Als Leutnant der Reserve diente er beim Landwehr-Inf.-Rgt. 122 und wurde im Mai 1916 mit der Württ. Goldenen Militärverdienstmedaille ausgezeichnet.
Nach der Entlassung vom Militär setzte S. seinen Vorbereitungsdienst fort und bestand 1920 die II. Höhere Justizdienstprüfung. Im Jahr zuvor war er mit der Arbeit „Die Zwangsstrafe im Verwaltungsrecht" zum Dr. iur. promoviert worden. Er erhielt 1922 als Amtmann (= Zweiter Beamter) beim OA Backnang seine erste feste Stellung. 1924 wechselte er als Regierungsrat zum Kommando des Landjägerkorps. 1926 übernahm S. als Oberamtmann (seit 1928 Titel Landrat) die Leitung der Verwaltung des Bezirks Balingen. Im Sept. 1928 gelangte S. im Zuge der „Verreichlichung" der Arbeitsverwaltung an die Spitze des bisher städtischen Ulmer Arbeitsamts und folgte in diesem Amt dessen langjährigem Vorstand, Verwaltungsdirektor Karl Staiger, nach. Da er auf diese Weise aus dem Landesdienst aus- und in den Reichsdienst eingetreten war, erfolgte im März 1929 seine offizielle Entlassung als württ. Beamter unter Verleihung des Titels „Oberregierungsrat". Bei der Eröffnung des Arbeitsamts-Neubaus an der unteren Olgastraße am 2. Nov. 1931 hielt S. einen Vortrag über die Geschichte der öffentlichen Arbeitsvermittlung und des Arbeitsamts Ulm. Während seiner Ulmer Zeit trat S. dem Verein für Kunst und Altertum in Ulm und Oberschwaben bei.

1935 schied S. als Vorstand des Ulmer Arbeitsamts aus und kehrte in den württ. Staatsdienst zurück, zunächst als Oberregierungsrat im Innenministerium, ab März 1938 im Wirtschaftsministerium. 1945 verschlug es ihn von Stuttgart in die französische Besatzungszone, wo er seine Beamtenlaufbahn als Referent für Kammern und Fachverbände mit dem Titel „Ministerialrat" bei der Landesdirektion der Wirtschaft bzw. im Wirtschaftsministerium Württemberg-Hohenzollern in Tübingen fortsetzen konnte. 1951 wechselte S. noch vor dem Zusammenschluss der drei südwestdeutschen Staaten zum neuen Bundesland Baden-Württemberg als Ministerialrat in das Wirtschaftsministerium Württemberg-Baden und stieg nach der Gründung des Südweststaates 1952 zum Ministerialdirektor und Ministerstellvertreter im Wirtschaftsministerium von Baden-Württemberg auf. 1954 trat er in den Ruhestand. – 1946 Mitglied des Aufsichtsrats der Zellstoff-Fabrik Ehingen.

Q HStAS, EA 2/150, Personalakten bis 1938 (nach 1938 beim Wirtschaftsministerium).
L MOSER, Württemberger im Weltkrieg, S. 140 – UBC 1, S. 544 – UBC 3, S. 261 – Amtsvorsteher, S. 539 (Andreas ZEKORN) – Andreas ZEKORN, Oberamtmänner und Landräte im Gebiet des heutigen Zollernalbkreises 1806-1992, in: Zollernalb-Profile. 20 Jahre Zollernalbkreis - ein Geburtstag 1973-1993 (Jahrbuch des Kreises Band 3, hg. vom Zollernalbkreis), Balingen 1993, S. 27–69, hier 39 (Bild) – RABERG, Kabinettsprotokolle I, S. 46, Anm. 123, 48, 184, 262.

Staiger (Steiger), Peter, * Jan. 1790, † Neu-Ulm 7. Dez. 1861, kath.
∞ vor 1824 Magdalena Mayer, † Neu-Ulm 19. VI. 1873.
2 K Andreas Staiger[589], * Pfuhl 21. VII. 1824, † Neu-Ulm 20. IX. 1865, Maurerpolier, ∞ Pfuhl 10. I. 1859 Elisabeth Gerst, * Ulm 9. IV. 1818, T. d. Theodor Gerst u. d. Maria Mohn; David Staiger, * Neu-Ulm 17. III. 1827.

S. war der dritte Bürgermeister der jungen Gemeinde Neu-Ulm in der Zeit des Vormärz. Die bauliche Entwicklung Neu-Ulms ist mit dem Wirken des Baumeisters S. eng verknüpft.
Leider fehlen detaillierte Belege zu seiner Herkunft und seinem Werdegang. Mit Sicherheit lässt sich nur sagen, dass sich S. bereits in den 1820er Jahren als Maurer- bzw. Baumeister in Neu-Ulm niedergelassen hatte. Die Gemeinde bot für sein Handwerk unbeschränkte Möglichkeiten, da ihr rasches Anwachsen einen Wohnraumbedarf schuf, der nach Beginn der Festungsbauarbeiten in den 1840er Jahren nochmals kräftig anwuchs. S. steht für die beginnende eigenständige bauliche Entwicklung Neu-Ulms, an der er planerisch und praktisch maßgeblichen Anteil hatte.
1833 übernahm S. als Nachfolger des nur kurzzeitig amtierenden Georg →Honold für neun Jahre das Amt des Neu-Ulmer Gemeindevorstehers (zunächst „Gemeindebevollmächtigter"), also des Bürgermeisters. Wie seine beiden Vorgänger war S. ein Vertreter des Handwerks- bzw. des Handelsstandes – ein Faktum, das zu den Besonderheiten der Entwicklung Neu-Ulms zu zählen ist und für sie typisch und prägend war. Die aufstrebende Gemeinde verließ sich nicht auf – ohnehin in den ersten Jahrzehnten nur spärlich vorhandene – Juristen, sondern gab praktischem Sachverstand den Vorzug. S.s Leistungen als Gemeindevorsteher sind im einzelnen angesichts fehlender Quellen nicht darstellbar, die Tatsache jedoch, dass er erheblich länger als seine Vorgänger im Amt war, weist aus, dass er in einer entscheidenden Phase der Stadtentwicklung der richtige Mann am richtigen Platz gewesen zu sein scheint.
Daneben gründete S. Anfang 1842 im Gasthof „Stadt Athen" die Bürgergesellschaft. Die Mitglieder mussten eine wöchentliche Einlage in Höhe von drei Kreuzern in die Gesellschaftskasse machen, aus der dann in Not geratenen Einwohnern geholfen werden konnte. Aus der Bürgergesellschaft ging 1873 der Bürgerverein Neu-Ulm hervor.

L BUCK, Chronik Neu-Ulm, S. XVII (Bild), XVIII, 97 f., 269 – Eduard OHM, Kavalleriemusik von der Bellevue eröffnete das Fest (Neu-Ulmer Geschichten 16),

[588] CRAMER, Württembergs Lehranstalten 61911, S. 66 – Magisterbuch 41 (1932), S. 91.

[589] TEUBER, Ortsfamilienbuch Neu-Ulm I, Nr. 4704.

in: NUZ, 1. IX. 1984 – TEUBER, Ortsfamilienbuch Neu-Ulm I, Nr. 4705 – Katalog Materialien, S. 40, 46, 91, 115, 117, 193-204 – TREU, Neu-Ulm, S. 135, 163, 178, 576.

Starkloff, Heinrich *Adolf* Freiherr von, * Ludwigsburg 11. Nov. 1810, † Stuttgart 9. März 1892, ▭ ebd., Fangelsbachfriedhof, ev.

Vater   Friedrich *Heinrich* von Starkloff, * Rauschenberg 7. III. 1777, † Stuttgart 25. VI. 1840, zunächst in Diensten des Landgrafen von Hessen-Kassel, 1817 Major und Platzmajor von Stuttgart, Oberstleutnant im Kgl. Württ. Ehreninvalidenkorps.
Mutter   Theresie Schwarz, * Regensburg 21. I. 1786, † Stuttgart 8. XI. 1856.
6 G   Carl Gustav Ludwig Wilhelm von Starkloff, * Stuttgart 15. X. 1809, † ebd. 29. II. 1812; Leopold *Albert* Ludwig Heinrich von Starkloff, * Stuttgart 27. I. 1812, † ebd. 5. VI. 1812; Gustav von Starkloff, * Stuttgart 22. X. 1813, Gutsbesitzer und Privatier in Stuttgart, ∞ 28. VII. 1844 Marie Abel, * Stuttgart 15. XII. 1823, † ebd. 12. I. 1897, T. d. Johann Friedrich *August* (von) Abel, * Stuttgart 22. XI. 1791, † Großheppach 6. VII. 1866, Regierungsrat in Ludwigsburg, u. d. Wilhelmine Abel, * 1796, † 1877; Karl August *Hermann* von Starkloff, * Ludwigsburg 21. IV. 1815, † 10. VII. 1885, Kgl. Württ. Oberstleutnant, ∞ I. Stuttgart 21. II. 1843 Josephine Wilhelmine Sophie Löning, * 19. II. 1824, † bei New Orleans (USA) 25. IX. 1855, ∞ II. 31. I. 1861 Antonie la Prêtre, Ulm 6. IV. 1835, † Stuttgart 16. IX. 1897; Ludwig *Albert* Julius von Starkloff, * Stuttgart 24. III. 1818, † ebd. 5. IX. 1879, Kgl. Württ. Oberst, Kommandeur des Landjägerkorps, ∞ Stuttgart 1847 Caroline Maria *Amalie* Schönlin, * 10. III. 1821, † Lorch/OA Welzheim 21. VIII. 1897, Schw. des Hermann →Schönlin; Bertha von Starkloff, * 1827, † Stuttgart 20. VI. 1829.
∞ Weil der Stadt 1847 Luise Vischer von Ihingen[590], * Calw 23. XII. 1826, † Stuttgart 5. IV. 1907, T. d. Gustav Leonhard Vischer von Ihingen, Kgl. Württ. Rittmeister a. D., u. d. Luise Wilhelmine Kayser.
2 K   Freiin Louise Therese Wilhelmine Anna von Starkloff, * Stuttgart 7. X. 1848, † ebd. 10. III. 1869; Freiherr Günther *Gustav* Adolf von Starkloff, * Stuttgart 24. I. 1853, † Oberstdorf/Allgäu 11. VI. 1918, Kgl. Württ. General der Kavallerie und diensttuender Generaladjutant des Königs Wilhelm II. von Württemberg, ∞ Ulm 9. VIII. 1887 Freiin *Mathilde* Charlotte Eugenie von Gemmingen-Guttenberg, * Eichhäuser Hof/OA Heilbronn 12. VI. 1864.

Der während seiner militärischen Laufbahn wiederholt eng mit Ulm verbundene S. gehörte einer aus Kurland stammenden adeligen Familie an, die seit dem Ende des 15. Jahrhunderts auch in Deutschland ansässig war und deren Adel vom Landgrafen von Hessen bestätigt wurde. Nachdem sie zahlreiche Offiziere in hessischen und preußischen Diensten gestellt hatte, war S.s Vater in die Dienste des Königs von Württemberg getreten. Ein Vetter S.s, Karl von Starkloff (1802-1841), war beim 6. Inf.-Rgt. in Ulm stationiert.
Aufgewachsen in Ludwigsburg und Stuttgart, besuchte S. das Gymnasium in Stuttgart, bis er 17-jährig am 25. März 1827 in die württ. Armee eintrat. 1830 zum Leutnant, 1836 zum Oberleutnant und 1846 zum Hauptmann ernannt und in den 1840er Jahren als Schützenoffizier beim Kgl. Württ. 2. Inf.-Rgt. in Ulm stationiert, verlief S.s Laufbahn in Friedenszeiten zunächst ohne besondere Höhepunkte. Der 1857 zum Major ernannte S. übernahm 1860 als Oberstleutnant das Kommando des 1. Jägerbataillons auf der Festung Hohenasperg bei Ludwigsburg. Den Feldzug Württembergs auf Seiten Österreichs 1866 machte S. als Oberst und Regimentskommandeur mit.
S. hatte bereits eine beachtliche militärische Laufbahn hinter sich, als er im April 1869 als Generalmajor, Brigadekommandant und Vizegouverneur der Bundesfestung nach Ulm kam. Dort trat er die Nachfolge des in den Ruhestand getretenen Generals Carl von →*Malchus an. S. zeigte sich von Anfang an sehr interessiert an der Ulmer Geschichte und am Ulmer Vereinsleben und trat als Mitglied den Vereinen für Kunst und Altertum in Ulm und Oberschwaben sowie für Mathematik und Naturwissenschaften bei. Im Krieg von 1870/71 war S. Anführer der 2. württ. Brigade und erwarb sich nationale Berühmtheit mit seinen umsichtigen Kommandos im Gefecht bei Wörth und vor Paris. Noch 1870 wurde ihm das Großkreuz des Friedrichsordens mit Schwertern verliehen.
Nach Kriegsende kehrte S. auf seinen alten Posten in Ulm zurück, wo er zum Kommandeur der in Ulm stationierten, neu formierten und benannten 27. Division (2. Württ.) ernannt wurde. Am 25. Jan 1872 nahm er im Hof der Friedenskaserne erstmals den in ihre neuen Uniformen gekleideten württ. Truppen den Fahneneid auf den neuen Kriegsherrn, Kaiser

Wilhelm I., ab, nachdem der Fahneneid bisher stets auf den König von Württemberg geschworen worden war. König Karl von Württemberg erhob S. am 12. Juni 1873 (Diplom vom 29. Aug. 1873) in den erblichen württ. Freiherrenstand. S., der 1876 im Alter von 66 Jahren seinen Abschied nahm, wurde als General der Infanterie z. D. gestellt und blieb als Generaladjutant des Königs Karl von Württemberg aktiv. Daneben war er Vorstand des Verwaltungsrats der Württ. Invalidenstiftung. – 1876 Großkreuz des Württ. Militär-Verdienstordens; Großkreuz des Ksl. Russischen St.-Annen-Ordens; Träger zahlreicher weiterer nationaler und internationaler Auszeichnungen.

L   Ih 2, S. 849 – GEORGII-GEORGENAU, S. 1166 – ADB 35 (1893), S. 497 ff. (Theodor SCHÖN, mit weiterer zeitgenössischer Literatur) – Theodor SCHÖN, Angehörige adeliger Geschlechter aus Kur-, Liv- und Estland in Württemberg, in: Jahrbuch für Genealogie, Heraldik und Sphragistik 1903, hg. von der Kurländischen Gesellschaft für Litteratur und Kunst, Mitau 1905 [sic!], Anhang Stammtafel 28 – UBC 2, S. 223, 289 – ZIEGLER, Fangelsbachfriedhof, S. 190.

Staudacher, Carl (Karl), * München 8. Okt. 1821, † ebd. 1. Feb. 1894, kath.

Vater   Josef Staudacher, Feldwebel.
Mutter   Sabina Dippert.
∞ Neu-Ulm 15. V. 1862 Clotilde Burgatz, * Burghausen 21. IV. 1841, T. d. Josef Burgatz, Oberstleutnant, u. d. Sophie Drexler.
3 K   Max Joseph Staudacher, * Neu-Ulm 23. III. 1863; Bertha Sophie Clotilde Staudacher, * Neu-Ulm 2. VII. 1868; Theres Staudacher, * Neu-Ulm 4. III. 1873.

S. war sieben Jahre lang bei der Kgl. Bayer. Lokal-Geniedirektion Neu-Ulm eingesetzt. Im Gegensatz zu den meisten dort eingesetzten Offizieren knüpfte S. auch private Bande, heiratete und gründete eine Familie in Neu-Ulm.
Der Soldatensohn S. wurde zum Ingenieur-Offizier ausgebildet und kam am 4. Juli 1859 als Hauptmann zur Neu-Ulmer Lokal-Geniedirektion, der er bis zum 26. Mai 1866 angehörte. Während seiner Dienstzeit in Neu-Ulm war S. u. a. zuständig für den Bau des Heumagazins (1859/60), des Schlachthauses (1861) und des Friedensspitals auf dem ehemaligen Wieland´schen Gelände (1862 bis 1866). 1863 entstand in der Schützenstraße 19, wohl nach eigenem Entwurf, da stilistisch stark an den Baustil des Friedensspitals angelehnt, S.s Wohnhaus. S., der zuletzt den Charakter eines Generalmajors verliehen bekommen hatte, verlebte seinen Ruhestand in München.

L   BUCK, Chronik Neu-Ulm, S. 69, 131 – KLARMANN, Offiziers-Stammliste, S. 118 f., Nr. 255 – Katalog Materialien, S. 111 f., 119, 190, 204 – TEUBER, Ortsfamilienbuch Neu-Ulm II, Nr. 4724.

Stauß, Johannes, * Weilheim 7. Dez. 1797, † Neu-Ulm 14. Okt. 1869, kath.

Vater   Johann Stauß, Bauer in Oberfahlheim.
Mutter   Creszenz Fahr.
∞ Burlafingen 20. IX. 1836 Ursula Auer, * Lindau/Bodensee 10. XII. 1809, † Neu-Ulm 4. IX. 1878.

S. war während der Amtszeit des Bürgermeisters Anton →Stiegele (1851 bis 1863) Gemeindepfleger in Neu-Ulm.
Der Bauernsohn scheint schon in jungen Jahren nach Neu-Ulm gekommen zu sein, wo er 1831 in der Donaustraße 15 sein Haus erbauen ließ. S. war Merzler bzw. Viktualienhändler, handelte also mit Lebensmitteln aller Art und war damit neben Conrad Stauß (Schützenstraße 74) – möglicherweise ein jüngerer, ebenfalls aus Weilheim stammender Halbbruder von S. – und Anton Steiner (Offenhausergäßchen 101) eine von drei Persönlichkeiten, die in Neu-Ulm um die Mitte des 19. Jahrhunderts dieser Tätigkeit nachgingen.
Nach der Wahl des bisherigen Gemeindepflegers Anton Stiegele zum Neu-Ulmer Bürgermeister fiel dessen bisheriges Amt 1851 an S., der es während der gesamten Amtszeit Stiegeles ausübte. Er war als Finanzbeamter für das gesamte Finanzwesen der rasch wachsenden Gemeinde verantwortlich. 1863 gab S. sein Amt im Alter von 65 Jahren an Peter Staiger ab.

---

[590] Cousine der Ehefrau des Dichters und Politikers Ludwig Uhland.

L.   Wegweiser Ulm/Neu-Ulm 1857, S. [179], 183 – BUCK, Chronik Neu-Ulm, S. 98, 112, 143 – TEUBER, Ortsfamilienbuch Neu-Ulm II, Nr. 4737.

Steffelin, Leopold Ritter S. Edler von Hartenstein, * Wurzach/ OA Leutkirch 13. Dez. 1797, † Ravensburg 31. Okt. 1859, kath.

Vater   von Steffelin[591], * wohl 1755, † Nieder-Raunau (Bayern) 26. XII. 1828, Fürstlich Waldburg-Wurzach'scher Kanzler a. D.
Mutter   Ursula von Bentele[592], * um 1761, † Ulm 9. IX. 1844.

S. zählt zu den „großen Unbekannten" der Ulmer Geschichte im 19. Jahrhundert. Dabei verbrachte er nicht nur fast seine gesamte Dienstzeit als Justizbeamter in Ulm, sondern engagierte sich als Vorstand der Donau-Dampfschifffahrts-Gesellschaft auch für die uireigentsten wirtschaftlichen Belange der Stadt.
Er entstammte einer Beamtenfamilie in Diensten der Fürsten von Waldburg. Fürst Maximilian Wunibald von Waldburg zu Zeil und Trauchburg hatte die Familie noch am 20. Aug. 1804 in den Adelsstand erhoben. Mehrere Familienmitglieder wechselten nach der Säkularisation in den Verwaltungsdienst des Königreichs Württemberg, darunter auch S.s Onkel Johann Jakob S. von Hartenstein (1754-1838), der seine Laufbahn 1826 als Hafendirektor und Oberamtmann in Friedrichshafen beschloss.
S. wuchs in Oberschwaben auf. In den Jahren von 1815 bis 1818 führte ihn das Studium der Rechtswissenschaften nach Tübingen, wo er sich der Burschenschaft Alte Arminia bzw. seit 1818 der Burschenschaft Germania anschloss. 1820 absolvierte er die I. Höhere Justizdienstprüfung mit dem Zeugnis dritter Klasse („gut bestanden"), im Juni des Jahres schickte ihn das Justizministerium auf sein Ansuchen als Referendär II. Kl. an den Gerichtshof in Ulm, wo er bald zum Referendär I. Kl. aufrückte. Am 18. März 1822 zum Oberamtsgerichtsaktuar in Nagold ernannt, entschied sich S. später für den Austritt aus dem Staatsdienst und ließ sich als Oberjustizprokurator (beim Gerichtshof zugelassener Rechtsanwalt) in Ulm nieder. Dort zählte er zu den Honoratioren, war Mitglied des Vereins für Kunst und Altertum in Ulm und Oberschwaben und mehrere Jahre lang Vorstand der Donau-Dampfschifffahrts-Gesellschaft in Ulm, welche die wirtschaftliche Nutzung des Flusses vorantreiben wollte.
Im Herbst 1850 war S. für den Bez. Wangen im Allgäu Mitglied der III. Verfassungberatenden Landesversammlung Württembergs und fungierte dort als Schriftführer im Vorstand.

Q   HSTAS, J 1 Nr. 205, 2ᵗ u. ö. [Einträge zu S.s politischen Aktivitäten, u. a. seiner Teilnahme an der Göppinger Versammlung].
L   StRegbl. 1820, S. 289 – ebd. 1822, S. 273 – RIECKE, Verfassung und Landstände, S. 70 – HARTMANN, Regierung und Stände, S. 62 – SCHMIDGALL, Burschenschafterlisten, S. 60 – MANN, Württemberger, S. 80, 450 – PHILIPP, Germania, S. 13, Nr. 46 – RABERG, Biogr. Handbuch, S. 889.

Steidle, Luitpold, * Ulm 12. März 1898, † Weimar 27. Juli 1984, kath.

Vater   Steidle, Oberkriegsgerichtsrat in Ulm.

S. war einer der gebürtigen Ulmer, die auf eine überaus abwechslungsreiche politische Laufbahn zurückblicken konnten. Das NSDAP-Mitglied rückte nach Ende des Zweiten Weltkriegs als Mitglied der ostdeutschen CDU in das Establishment der DDR auf und nahm führende Aufgaben in der Staatsverwaltung wahr.
S. wuchs in Ulm bzw. Neu-Ulm und München auf, wo er das Realgymnasium absolvierte und das Abitur bestand. Im Ersten Weltkrieg diente S. seit 1915 bei einem Schneeschuhkorps und avancierte zum Leutnant. 1919 begann er ein Studium der Agrarwissenschaft in München und durchlief eine Ausbildung zum praktischen Landwirt. 1922 machte er sich als Landwirt in

Loibersdorf im bayerischen Landkreis Rosenheim selbstständig, wechselte aber schon 1926 als Gutsverwalter nach Kampehl bei Neustadt/Dosse und 1928 als Gestütsinspektor nach Berberbeck bei Kassel.
Zum 1. Mai 1933 der NSDAP beigetreten, wurde S. nach kurzer Arbeitslosigkeit und einer Tätigkeit als Versicherungsagent Ende 1934 als Offizier bei der Reichswehr reaktiviert. 1942 war er als Oberst und Regimentskommandeur am „Unternehmen Barbarossa" beteiligt, dem Überfall der Wehrmacht auf Russland. 1943 in Stalingrad in sowjetrussische Kriegsgefangenschaft geraten, schloss sich S. dem „National-Komitee Freies Deutschland" an, dessen Frontbevollmächtigter er bis 1945 war. Noch 1943 wurde er von einem NS-Gericht zum Tode verurteilt.
Seine ideologische Wendigkeit begründete seinen Aufstieg im sowjetrussisch besetzten Ostdeutschland. 1945 in die SBZ zurückgekehrt, war der Mitgründer und Vizepräsident des „Bundes Deutscher Offiziere" nach 1945 zunächst Zweiter Vizepräsident der Deutschen Zentralverwaltung für Land- und Forstwirtschaft in der SBZ. 1946 trat er der Ost-CDU bei, als deren Vertreter er 1949 in die (zunächst provisorische) Volkskammer der DDR gewählt wurde, der er bis 1971 als Abgeordneter angehörte. 1950 wirkte S. maßgeblich an der Gründung des Politischen Ausschusses der Ost-CDU mit und war später langjähriger Präsident von deren Hauptausschuss. Im gleichen Jahr erfolgte S.s Ernennung zum Minister für Arbeit und Volksgesundheit der DDR, von 1950 bis 1958 amtierte er als Minister für Volksgesundheit. 1959/60 war S. Berater (u. a. für Luftschutz) des Ministeriums des Innern. 1960 erfolgte S.s Wahl zum Oberbürgermeister von Weimar. Als solcher amtierte er von 1964 bis 1970 als Vizepräsident des Städte- und Gemeindetags der DDR. 1969 trat S. im Alter von 71 Jahren in den Ruhestand. – 1958 Erster Stellvertreter des Vorsitzenden der Arbeitsgemeinschaft ehemaliger Offiziere; 1959 Mitglied des Ausschusses für Nationale Verteidigung; 1960 Mitglied des Bezirksausschusses Erfurt und des Kreisausschusses Weimar der „Nationalen Front des demokratischen Deutschland"; 1961 Mitglied des Präsidiums der Deutsch-Afrikanischen Gesellschaft der DDR; 1968 bis 1972 Vizepräsident des „Kulturbundes zur demokratischen Erneuerung Deutschlands", anschließend Ehrenmitglied von dessen Präsidialrat. – 1956 Ehrensenator der Universität Greifswald.

L   Ih 2, S. 853 – KOSCH, Biogr. Staatshandbuch, S. 1123 – Gabriele BAUMGARTNER/Dieter HEBIG, Biographisches Handbuch der SBZ/DDR 1945-1990, München u. a. 1996, Band 2, S. 886 – Helmut MÜLLER-ENBERGS/Jan WIELGOHS/Dieter HOFFMANN/Andreas HERBST (Hgg.), Wer war wer in der DDR? Ein Lexikon ostdeutscher Biographien. Unter Mitarbeit von Olaf W. REIMANN, Berlin 2006, Band 2, S. 971.

Stein, Wilhelm (von), * Ulm 14. oder 16. Okt. 1847, † Stuttgart 11./12. Dez. 1914, ev.

Vater   Franz Stein, † 1881, Leutnant im 3. Württ. Reiter-Rgt.
Mutter   Clementine Amalie Wechßler, * Ulm 27. XII. 1825, † 6. VIII. 1907, T. d. Friedrich →Wechßler.
5 G   Anna Stein, * 16. XII. 1844, ∞ Letsch, Hauptmann in Wien; Friedrich Stein, * 9. VIII. 1849, ∞ Emma Mufai; Mathilde Stein, * 27. XI. 1856, ∞ I. 25. VII. 1877 Hedinger, Gutsbesitzer in Stuttgart, ∞ II. 25. VII. 1889 Mehl, Kaufmann; Emma Stein, * 2. V. 1858, ∞ Christian Friedrich Eugen Eisele, * Freudenstadt 9. XII. 1856, † 1932, 1881 Pfarrer in Täbingen, 1889 dsgl. in Tieringen, 1894 dsgl. in Plüderhausen, 1902 dsgl. in Schnaitheim, 1923 a. D.; Carl Stein, * 3. VII. 1867, ∞ I. Elise Weber, ∞ II. Anna Welker.
∞ Luise Kuhn, T. d. Georg Kuhn, † 22. X. 1903, Kommerzienrat, Fabrikant in Stuttgart-Berg.

S. zählt zu den zahlreichen Offizieren des württembergischen Heeres in der Zeit der Monarchie, die aus Ulm stammten. Er war der Sohn eines unruhigen Vaters, der 1849 mit seiner kleinen Familie in die USA auswanderte, um dort Farmer zu sein. Die Mutter kehrte mit ihrem Sohn schon nach wenigen Jahren wieder nach Ulm zurück. Dort war er Schüler der Elementarschule und der Realanstalt. 1856 kehrte auch der Vater, dem der Charakter als Rittmeister verliehen worden war,

591 Schwäb. Chronik vom 7. I. 1829, S. 12 (Todesanz.).
592 TEUBER, Ortsfamilienbuch neu Ulm II, Nr. 5119.

nach Württemberg zurück und kaufte einen Gutshof in Gaugenwald/OA Nagold. Nach kurzer Zeit wurde S. in die Obhut der Großmutter mütterlicherseits, Mathilde Wilhelmine Friederike Wechßler, gegeben, um weiterhin die Realschule zu besuchen. 1863 kam S. wieder zur Familie und erlernte unter der Aufsicht des Vaters die Landwirtschaft. Von 1865 bis 1867 war er Student an der Landwirtschaftlichen Akademie Hohenheim, anschließend diente er als Einjährig Freiwilliger beim 5. Württ. Inf.-Rgt. „König Karl".

Nach Ableistung des Militärdienstes nahm S. eine Stelle auf dem Fürstlich Hohenloheschen Hofgut Weißenkirchen bei Eichstätt an. 1870 wechselte er in die Verwaltung des Gräflich Leutrumschen Gutes Schloss Nippenburg bei Schwierberdingen. Die sich abzeichnende weitere Laufbahn als Gutsverwalter brach mit Ausbruch des Deutsch-Französischen Krieges jäh ab. Als Portepeefähnrich und Leutnant im 5. Inf.-Rgt. machte er diesen Krieg vom ersten bis zum letzten Tag mit und entschied sich nach dessen Ende für eine Offizierslaufbahn.

Beim 5. Inf.-Rgt. war S. zunächst Adjutant des Obersten Karl von →*Linck. 1883 übernahm er als Hauptmann das Kommando des Füsilierbataillons des 7. Württ. Inf.-Rgts. Nr. 125 in Tübingen. 1889 wechselte er zum Inf.-Rgt. Kaiser Wilhelm, König von Preußen (2. Württ.) Nr. 120 in Weingarten, um 1892 als Major und Bataillonskommandeur zum Gren.-Rgt. König Karl (5. Württ.) Nr. 123 nach Ulm zurückzukehren. Dort erwarb er sich Verdienste um die Einrichtung und Ausschmückung des Offizierskasinos. 1895 als Bataillonskommandeur zum 4. Württ. Inf.-Rgt. Nr. 122 Kaiser Franz Joseph versetzt, erhielt er am 16. Feb. 1897 den erbetenen Abschied und 1899 den Charakter als Oberstleutnant.

Dem Ausscheiden aus dem aktiven Militärdienst folgten Jahre eines intensiven Einsatzes S.s für die koloniale Sache. S. warb unermüdlich für die Kolonialpolitik des Kaiserreiches und stellte sich 1899 als Schatzmeister des neu gegründeten Württ. Landesvereins des deutschen Frauenvereins für Krankenpflege in den Kolonien zur Verfügung. Innerhalb weniger Jahre wurden zahlreiche Abteilungen des Vereins im ganzen Land gegründet, woran S. mit seinem Freund, Oberstleutnant z. D. Wibbekink, großen Anteil hatte. Im ersten Jahrzehnt des 20. Jahrhunderts stellte Württemberg ein Drittel aller Vereinsmitglieder im Deutschen Reich. Als S. 1909 von seinem Amt als Schatzmeister zurücktrat, wurde er zum Ehrenmitglied ernannt. Daneben war er Ausschussmitglied der Abteilung Stuttgart der deutschen Kolonialgesellschaft. – Ritterkreuz des Württ. Kronordens, Ritterkreuz I. Kl. des Friedrichsordens, Ehrenkreuz des Württ. Kronordens; Olgaorden.

L Ih 2, S. 855 – Württ. Jahrbücher 1914, S. V – WN 1914, S. 220-222 (Karl Ludwig von Muff).

Steinbeis, Ferdinand (von), Dr. phil. h.c., * Ölbronn/OA Maulbronn 5. Mai 1807, † Leipzig 7. Feb. 1893, ▫ Ulm, Alter Friedhof 11. Feb. 1893, ev.
Vater Johann Jakob Steinbeis[593], Mag., get. Vaihingen/Enz 27. XII. 1762, † 22. II. 1829, Hofmeister im Hause des Freiherrn d'Autel, 1799 Pfarrer in Ölbronn, 1807 dsgl. in Niederbronn, ab 1811 dsgl. in Ilsfeld/OA Besigheim, S. d. Johannes Steinbeis, Bäcker, u. d. Justina Margaretha Engel.
Mutter Auguste Charlotte *Wilhelmine* Kerner[594], * Ludwigsburg 3. V. 1782, † Stuttgart 3. V. 1864, T. d. Christoph Ludwig Kerner * Hechingen 8. I. 1744, † Maulbronn 1. VIII. 1799, Regierungsrat, Oberamtmann in Ludwigsburg und Maulbronn, u. d. Friederike Luise Stockmayer, * Stuttgart 23. II. 1750, † Ilsfeld 20. VI. 1817.
G Charlotte Steinbeis, ∞ 11. VI. 1838 Friedrich Ludwig Schott, * 26. X. 1793, Pfarrer in Böckingen.
∞ 1833 Friedericke Klumpp, * 30. XI. 1814, † Brannenburg/OA Rosenheim (Oberbayern) 9. X. 1876, T. d. Gottfried Klumpp, Holzhändler und Gasthausbesitzer in Schwarzenberg.
4 K, darunter Otto (von) Steinbeis[595], * Bachzimmern bei Immendingen (Baden)

7. X. 1839, † Brannenburg/OA Rosenheim (Oberbayern) 27. XII. 1920, Geh. Kommerzienrat, Großindustrieller, Holz- und Papierfabrikant mit Fabriken in Bayern, Österreich und Bosnien, führend im Wasser-, Brücken- und Eisenbahnbau tätig, u. a. Erbauer der Wendelsteinbahn, Ehrenbürger von Ulm, stiftete 1907 ein Fenster im Ulmer Münster.

Der Ulmer Ehrenbürger S., der neben seiner Frau auf dem Alten Friedhof bestattet ist, war als Gewerbeförderer für die wirtschaftliche Entwicklung Ulms im 19. Jahrhundert von einiger Bedeutung. S. erwarb sich als Präsident der Zentralstelle für Handel und Gewerbe in Stuttgart große Verdienste nicht nur mit der gezielten Förderung aufstrebender Ulmer Industriebetriebe wie Magirus und Wieland, sondern auch mit der Anbindung Ulms an das Eisenbahnnetz und dem Ausbau zur Verkehrsdrehscheibe zwischen Stuttgart, München und dem Oberland.

In Ölbronn und Ilsfeld/OA Besigheim (dort Bürgerrecht) aufgewachsen und vom Vater unterrichtet, absolvierte S. nach dem Besuch der Volks- und einer Privatschule von 1821 bis 1824 seine „hüttenmännische Lehrzeit" als Bergscholar in den staatlichen Eisen- bzw. Hüttenwerken Wasseralfingen und in Abtsgmünd (beide OA Aalen). Von 1824 bis 1827 folgte das Studium des Berg- und Hüttenfachs in Tübingen, 1825 die I. und schon 1826 die II. Höhere Staatsprüfung. Seit 25. Mai 1826 „Bergkadett" im württ. Staatsdienst, erhielt der 19-jährige S. 1826 die Große Goldene Medaille der Staatswissenschaftlichen Fakultät, 1827 (!) den Dr. h.c. der philosophischen Fakultät der Universität Tübingen. 1827 Hüttenschreiberei-Amtsverweser, 1829 Hüttenschreiber bei der Eisengießerei und Frischhütte in Ludwigstal/OA Tuttlingen, trat S. im Juni 1830 als Fürstl. Fürstenbergischer Oberhüttenamtsverwalter in Bachzimmern bei Immendingen in Baden eine neue Stellung an. 1842 wechselte er als Leiter der Stumm'schen Eisenwerke nach Neunkirchen. Seit Sommer 1848 war er technischer Rat bei der neugegründeten Zentralstelle für Gewerbe und Handel, später (seit 1855) deren Leiter (mit dem Titel Direktor), seit 28. Dez. 1865 Titel Präsident, zugleich Leiter der Kgl. Kommission für die gewerblichen Fortbildungsschulen. 1880 trat S. in den Ruhestand, den er in Leipzig bei seiner jüngsten Tochter verlebte. Von 1862 bis 1868 war S. Mitglied der Kammer der Abgeordneten des Württ. Landtags (Bez. Blaubeuren) und dort Mitglied der Bundesrechtlichen Kommission sowie der Volkswirtschaftlichen Kommission. S. hatte wesentlichen Anteil an der 1862 eingeführten württ. Gewerbeordnung und war eine der für die wirtschaftliche Entwicklung Württembergs bedeutenden Persönlichkeiten. Seine Aufgabe verfolgte er mit Feuereifer. Wiederholt an ihn ergangene Angebote, in anderen deutschen Staaten lukrativere Stellen anzunehmen, schlug er aus, so 1855 den Posten des Direktors der „Bank für Handel und Industrie" in Darmstadt oder 1865 die Leitung der Ministerialabteilung für Handel, Gewerbe und öffentliche Arbeiten im Kgl. Bayer. Handelsministerium. Neuere Forschungen werfen Schatten auf die „Lichtgestalt" S., der sich als elitärer Wirtschaftslenker nicht nur für die Kinderarbeit (auch nachts und an Feiertagen) einsetzte, sondern auch gegen das theoretische Lernen in den Schulen. Damit konservierte und verschärfte er die Lage der Arbeiterschaft. Eine nach ihm benannte, nach der Pariser Weltausstellung von einigen Industriellen begründete Stiftung zur Ausbildung und Unterstützung des gewerblichen Nachwuchses existiert heute noch. 1976 wurde die Gewerbliche Berufs- und Fachschule II in Ulm nach S. benannt. – Großkreuz des Württ. Kronordens; 1871 Ehrenbürger von Ulm, Reutlingen, Blaubeuren, Vaihingen/Enz; 1877 große Medaille für Gewerbe und Handel.

Q StAL, PL 3 und PL 702, Nachlass.
L Ih 2, S. 855 – Ih 3, S. 330 – GEORGII-GEORGENAU, S. 456 – RIECKE, Verfassung und Landstände, S. 53 – HARTMANN, Regierung und Stände, S. 44, 71 – ADB 35 (1893), S. 789-791 (Rudolf KRAUß) – Württ. Jahrbücher 1893, S. VI – F. von S. Sein Leben und Wirken 1807-1893. Eine Gedenkschrift von Dr. Fr. MÜLLER mit einem biographischen Begleitwort von Dr. R. PILOTY, Tübingen 1907 – Hauptregister, S. 757 – UBC 3, S. 51 – Paul SIEBERTZ in: Lbb. aus Schwaben und

---

[593] Ih 2, S. 855 – Ih 3, S. 330 – FABER 3, § 906 – ebd 30, § 225 – MUT Nr. 37.836 – EBERL, Klosterschüler II, S. 117, Nr. 886.
[594] *Schw* des Dichters Justinus Kerner, * 1786, † 1862.
[595] Württ. Jahrbücher 1919/20, S. XIV – UBC 3, S. 390.

Franken 3 (1942), S. 486-508 – DERS., F. v. S. Ein Wegbereiter der Wirtschaft, Stuttgart 1952 – Wilhelm PABST, Ein schwäbischer Industriepionier - F. v. S., in: Helfenstein. Geschichtliche Mitteilungen von Geislingen und Umgebung 16 (1959), S. 173-175 – Helmut CHRISTMANN, F. v. S. Gewerbeförderer und Volkserzieher (Schwäbische Lebensläufe 3), Heidenheim 1970 – UNGERICHT, S. 96, 98 – BRANDT, Parlamentarismus, S. 653 – JESERICH/NEUHAUS, S. 540 – Willi A. BOELCKE, „Glück für das Land". Die Erfolgsgeschichte der Wirtschaftsförderung von S. bis heute, Stuttgart 1992 – Erich RANGER, F. S. (1807-1893) – ein Wegbereiter der württ. Industrie, in: Aalener Jahrbuch 1992, S. 128-140 – Christian GLASS, „Die rohen Menschenkräfte sammeln und veredeln". F. von S. und der Aufbau einer württ. Industrie im neunzehnten Jahrhundert, in: Stuttgarter Zeitung vom 6. 2. 1993, S. 49 – Gisela MEISTER (Hg.), Ansprachen und Vorträge anläß. des 100. Todestages von F. von S., Stuttgart 1993 – Willi A. BOELCKE in: Schwäb. Heimatkalender 104 (1993), S. 57-61 – DERS., Die Technik für den Menschen nutzen – Gewerbeförderer von europäischem Rang: F. von S. 1807-1893, in: BzL 3 (Juni) 1993, S. 12-16 – Bernhard BONZ (Hg.), Berufsbildung und Gewerbeförderung. Zur Erinnerung an F. S. (1807-1893). 4. Berufspädagogisch-Historischer Kongreß, 6. bis 8. 10. 1993 in Stuttgart, Bielefeld 1994 – Willi A. BOELCKE, F. v. S. 1807-1893. Ein Gewerbeförderer von europäischem Rang, in: Vaihinger Köpfe. Porträts aus fünf Jahrhunderten (Schriftenreihe der Stadt Vaihingen a. d. Enz 8) 1994, S. 165-174 – Große Stuttgarter – RABERG, Biogr. Handbuch, S. 891 f. – Ursula ROTTMANN, Die Förderung beruflicher Bildung in Württemberg. Berufliche Bildung als Wirtschaftsförderung unter Ferdinand Steinbeis - Mythos und Realität, Aachen 2006 – Werner BIRKENMAIER, Ferdinand Steinbeis als ein Verfechter der Kinderarbeit entlarvt, in: Stuttgarter Zeitung Nr. 268, 20. XI. 2006, S. 6.

Steinhardt, *Gustav* Albrecht (von), * Ulm 13. Mai 1859, † Tübingen 30. Nov. 1915, □ Stuttgart, Pragfriedhof, 3. Dez. 1915, ev.
Vater   Steinhardt, Postmeister in Ulm.
∞ 1890 Marie Kleinertz, T. d. Dr. med. Kleinertz, Arzt, Besitzer des Kurhauses in [Bad] Herrenalb.
2 K.

Die militärische Laufbahn S.s fällt besonders durch den Umstand auf, dass er zu keiner Zeit einen Truppenverband befehligte. Erst im Ersten Weltkrieg erhielt der 55-jährige Ulmer die Gelegenheit, ein Kommando zu führen.
S. wuchs in seiner Vaterstadt Ulm und in Stuttgart auf, wohin sein Vater, ein Postbeamter, versetzt wurde. Am 1. Okt. 1876 trat S., nachdem er das Stuttgarter Realgymnasium absolviert hatte, als Freiwilliger in das Inf.-Rgt. Kaiser Friedrich, König von Preußen (7. Württ.) Nr. 125 ein, wo er am 9. Feb. 1878 zum Sekondeleutnant ernannt wurde. 1883 zum Adjutanten beim Landwehrbezirkskommando in Horb/Neckar ernannt, rückte er einige Jahre später nach der Rückkehr zu seinem alten Regiment zum Bataillons- und zuletzt zum Regimentsadjutanten auf. Seine Versetzung als Adjutant zur 53. Inf.-Brigade führte ihn wenig später in seine Vaterstadt Ulm zurück, wo er 1893 zum Hauptmann befördert wurde. Am 19. März 1896 erfolgte unter seiner à la suite-Stellung des Grenadier-Rgts. Königin Olga (1. Württ.) Nr. 119 S.s Ernennung zum Adjutanten des ebenfalls aus Ulm stammenden Kriegsministers Freiherr Max →Schott von Schottenstein und zum Leiter des Zentralbüros im Kriegsministerium. Der am 22. Mai 1899 zum Major beförderte S. genoss beim Kriegsminister eine besondere Vertrauensstellung. Daher war es absehbar, dass Schott von Schottensteins Nachfolger als Kriegsminister, Albert von Schnürlen, S. nach dem Wechsel an der Spitze des Kriegsministeriums im Frühjahr 1901 seiner Stelle enthob. S.s Nachfolger als Leiter des Zentralbüros wurde mit Heinrich von →Maur aber wiederum ein Ulmer.
S. erhielt im Sept. 1901 bei seinem alten Inf.-Rgt. Nr. 125 ein Bataillonskommando, das er bis 1906, als er zum Oberstleutnant befördert und zum Stab des Grenadier-Rgts. Nr. 119 versetzt wurde, innehatte. Anfang des Jahres 1907 kehrte S. als Chef der Abteilung für Waffen und Feldgerät sowie der Justiz- und Versorgungsabteilung ins Kriegsministerium zurück, zu dem ihn der neue, ebenfalls aus Ulm stammende Kriegsminister Otto von →Marchtaler ernannt hatte. Am 27. Jan. 1909 zum Obersten ernannt, schied S. 1912 aus dem Kriegsministerium aus, um als Generalmajor das Amt des Kommandanten von Stuttgart zu führen. Nachdem der Reichstag im Jahre 1913 dieses seit 1771 bestehende Amt nicht mehr genehmigt hatte und es liquidiert wurde, übernahm S. die Leitung der am

1. Okt. 1913 neu geschaffenen Landwehrinspektion Stuttgart. Der Ausbruch des Ersten Weltkriegs im Sommer 1914 stellte den gesundheitlich wenig robusten S. vor ganz neue Aufgaben: Er wurde zum Kommandeur der gemischten 51. Ersatz-Brigade ernannt, die er erst aufzustellen hatte. Von Saarbrücken aus marschierte die Brigade unter S.s Kommando im Aug. 1914 nach Frankreich ein und wurde gleich in mehrere Gefechte verwickelt. Die Gesundheit S.s war schnell erschüttert, und Anfang Nov. 1914 musste er nach Stuttgart zurückkehren. Die Ärzte konnten ihm nicht mehr helfen. Er starb im 57. Lebensjahr in der medizinischen Klinik in Tübingen. – 1899 Ritterkreuz I. Kl. des Friedrichsordens; Ritterkreuz des Württ. Kronordens; 1914 Ritterkreuz des Württ. Militärverdienstordens; Ritterkreuz I. Kl. des Großhzl. Bad. Ordens vom Zähringer Löwen; Ritterkreuz II. Kl. des Kgl. Bayer. Militär-Verdienstordens; Ritterkreuz des Kgl. Preuß. Kronordens; Ritterkreuz IV. Kl. des Kgl. Preuß. Roten Adlerordens; Ritterkreuz II. Kl. des Kgl. Sächsischen Albrechtsordens; EK II.

I.   Ih 2, S. 856 – SK Nr. 565/1915 – ebd. Nr. 418/1916 – Württ. jahrbücher 1915, S. III – WN 1915, S. 205-207 (Karl Ludwig von MUFF).

Steinheil, Carl *Gustav* Heinrich (von), * Ludwigsburg 3. März 1832, † Stuttgart 13. (nicht 14.!) März 1908, □ ebd., Pragfriedhof, ev.
Vater   *Carl* Christoph Friedrich Steinheil, * Oberesslingen 15. II. 1775, † Ludwigsburg 1852, Revisor bei der Regierung des Neckarkreises in Ludwigsburg.
Mutter   Johanna Friederika, * Besigheim 1794.
Mehrere *G* und *HalbG* (aus 1. Ehe des Vaters des Vaters mit Friederika von Jan, † Besigheim 1824), darunter *Carl* Ferdinand Friedrich Albert Steinheil, * Besigheim 22. XII. 1812, † Stuttgart 17. XII. 1847, Kgl. Publikationskommissär in Nagold, zuletzt Kanzleiassistent beim Steuerkollegium, ∞ 1841 Maria Anna Johanna Franziska Netzer, * Wiesensteig, † Bühlhof/OA Kirchheim 1854.
∞ I. 6. IX. 1860 Charlotte Elise Cellarius, * Ulm 1836, † Stuttgart 1886 T. d. Joseph Cellarius, Kaufmann in Ulm; ∞ II. 1889 Marie von Brusselle, * 1849.
1 *K*   Charlotte Steinheil, * 1864, ∞ 1884 Friedrich Sprandel, * 1849, † 1909, Kgl. Württ. Oberstleutnant z. D.

Das Leben des württ. Kriegsministers S. war eng mit Ulm verbunden. Der mit einer Ulmer Kaufmannstochter verheiratete Militär war als junger Offizier in Ulm stationiert und unmittelbar vor seiner Berufung zum Leiter des Ministeriums Kommandeur der in Ulm garnisonierten 54. Infanteriebrigade.
Aufgewachsen in Ludwigsburg und Ravensburg, scheint die militärische Laufbahn für S. frühzeitig in den Blick genommen worden zu sein. Nach Abschluss der Realschule begann S. 1848 seine Karriere als Offizierszögling der württ. Infanterie und kam als 21-jähriger Leutnant beim 1. Inf.-Rgt. am 2. Aug. 1853 erstmals nach Ulm. 1858 avancierte er dort zum Oberleutnant, nachdem er 1857 in das Kriegsministerium in Stuttgart gewechselt war, wo er von 1870 bis 1872 als Kanzleidirektor (Vorstand der Zentralabteilung) eine Schlüsselstellung einnahm. S. war im Kriegsjahr 1866 als Hauptmann Kriegsteilnehmer (als Kommissär im Hauptquartier der Felddivision) gewesen; im Deutsch-Französischen Krieg 1870/71 war er als Adjutant des württ. Kriegsministers Albert von Suckow an der Front. 1874 zum Oberstleutnant befördert, wenig später zum Oberst, übernahm er die Leitung der Militärabteilung im Kriegsministerium. 1883 erfolgte S.s Ernennung zum Generalmajor und Kommandeur der 54. Infanteriebrigade in Ulm, wo er jedoch nur wenige Monate tätig sein konnte, da König Karl von Württemberg ihn am 28. Juli 1883 als Nachfolger des überraschend verstorbenen Theodor von Wundt zum Leiter des Kriegsministeriums ernannte. Am 28. Feb. 1885 folgte S.s offizielle Berufung zum Staatsminister.
S. – *ein an sich versöhnlich gestimmter Charakter* (PHILIPPI, Königreich, S. 72) – übernahm ein schwieriges Erbe. Unter seinem wenig durchsetzungsfähigen Vorgänger hatte der kommandierende General des XIII. Armeekorps in Württemberg, Hans Ferdinand Rudolf von Schachtmeyer, eine so beherrschende Stellung erlangt, dass er seine Personalwünsche ohne Konsultierung des Königs und des zuständigen Ministers in Berlin

durchzusetzen gewohnt war – was den bundesrechtlichen Militärvereinbarungen widersprach. Als S. selbstbewusst seine Kompetenzen durchzusetzen suchte, kam es wiederholt zu heftigen Zusammenstößen mit Schachtmeyer und seinem Nachfolger, Gustav Hermann von Alvensleben. S. hatte die Rückendeckung durch den König, aber nicht immer durch den württ. Ministerpräsidenten, Hermann von Mittnacht. S. war bis 10. Mai 1892 Staatsminister; er wurde auf eigenes Ansuchen entlassen. Zu seinem Nachfolger wurde der Ulmer Freiherr Maximilian →Schott von Schottenstein ernannt. S., dem der König das Prädikat „Exzellenz" verliehen hatte, dem 1887 der Rang eines Generalleutnants verliehen und der 1891 zum General der Infanterie ernannt worden war, verlebte seinen Ruhestand in Stuttgart, kehrte jedoch häufig zu Verwandtenbesuchen und Militärfesten nach Ulm zurück. – Großkreuz des Württ. Kronordens und des Friedrichsordens; Preuß. Roter Adlerorden I. Klasse; Preuß. Kronorden I. Klasse.

L   Ih 2, S. 856 – GEORGII-GEORGENAU, S. 975 – HARTMANN, Regierung und Stände, S. 65 – Staatsanz. Nr. 61, 13. III. 1908, 417 (Mitteilung) – ebd. Nr. 62, 14. III. 1908, 423 – ebd. Nr. 63, 16. III. 1908, 431 – SK Nr. 121 (Mittagsblatt), 13. III. 1908, S. 5, 7 (Todesanz. der Familie) – ebd. Nr. 122 (Abendblatt), 13. III. 1908, S. 5 – ebd. Nr. 125 (Mittagsblatt), 16. III. 1908, S. 7 – Chronik der Haupt- und Residenzstadt Stuttgart 1908, S. 13 (Bild gegenüber S. 14) – Geschichte der Familie Steinheil. Verwandten und Freunden gewidmet von Alfred STEINHEIL, München 1910, S. 42 ff. – PHILIPPI, Königreich, S. 72 ff., 81, 177 – SCHWABE, Regierungen, S. 35, 240.

Stengel, Freiherr Georg von, * München 4. April 1814, † Regensburg 9. Mai 1882, kath.
G   Freiherr Stephan von Stengel, † 23. II. 1855, Kgl. Bayer. Oberaufschlagsbeamter, ∞ Eugenie von Baldinger; Freiherr Franz von Stengel, * München 1809, † Freising 25. XI. 1860, Kgl. Bayer. Forstmeister in Freising, ∞ 15. X. 1838 Friederike Frank, * Bamberg 22. XII. 1816, † 2. I. 1879.
∞ Mathilde Damboer, * 25. XII. 1827.
2 K   Freiin Katharina von Stengel, * 6. VI. 1848; Freiin Marie von Stengel, * 28. IX. 1851, ∞ 3. X. 1871 Carl Vetter, Fabrikbesitzer in Nürnberg.

In den 1850er und 1860er Jahren war S. Bauplaner und -leiter beim Bau der beiden Stadtkirchen in Neu-Ulm.
Die Familie von Stengel zählte seit 1740 zum Adel des Kurfürstentums Pfalz, 1786 war sie in den kurpfalzbayer. Freiherrenstand erhoben worden. Während seines Architekturstudiums in München war S. Schüler von Friedrich von Gärtner (1791-1847), der ihn stark prägte. 1844 zum Zivilbauinspektor bei der Kgl. Bayer. Regierung von Schwaben und Neuburg in Augsburg ernannt, war der später zum Regierungsbaumeister avancierte S. auch für Neu-Ulm zuständig. 1849 führte su auf der Grundlage des am 12. Nov. 1848 durch König Max II. genehmigten neuen Neu-Ulmer Stadtplans, der sich an der Bahnstreckenführung und an der Anlage des Bahnhofs orientierte, den Absteckungsauftrag durch. Die kath. Kirche St. Johann Baptist wurde von S. als Backsteinrohbau in schlicht neuromanischen Formen geplant und in den Jahren von 1857 bis 1860 gebaut. Die Pläne S.s für die ev. Kirche in Neu-Ulm (Petruskirche) waren ganz dem neugotischen Stil der Zeit verpflichtet. Der Bau wurde in den Jahren von 1863 bis 1867 ausgeführt.
1872 wurde S. zum Kreisbaurat bei der Regierung in Regensburg ernannt.

L   GGT (Freiherrl. Häuser) 36 (1886), S. 907 – SPECKER/TÜCHLE, S. 312 – Katalog Materialien, S. 101, 121, 186, 189 – TREU, Neu-Ulm, S. 154 ff. (Bild).

Steudel, Karl *Julius* (von), * Ulm 20. Sept. 1812, † Rottweil 26. Aug. 1875, ev.
Eltern und G siehe Christian *Samson* (von) →Steudel.
∞ Kirchheim/Teck 1841 Caroline Ott.
1 K.

S. war einer der aus Ulm stammenden hervorragenden Juristen des Königreichs Württemberg. Daneben erwarb er sich einen ausgezeichneten Ruf als Entomologe. Als Spross einer angesehenen Esslinger Bürgerfamilie während der Amtszeit seines Vaters – des ersten württ. Finanzbeamten in Ulm – in der

Donaustadt geboren, kam S. schon 1814 infolge der Versetzung seines Vaters nach Stuttgart, wo er das Gymnasium besuchte. Dem Willen des Vaters folgend, studierte der naturbegeisterte S. seit dem Herbst 1830 Jura in Tübingen (Burschenschaft Germania) und 1833 Heidelberg. Von dort wurde S. jedoch bald infolge der Untersuchungen nach einem Attentat in Frankfurt/Main als bekannter Burschenschafter zurückberufen und in einen mehrere Monate andauernden Untersuchungsarrest genommen. Anschließend durfte S. mit Erlaubnis des Königs und unter strenger polizeilicher Beobachtung das Studium fortsetzen. 1836 bestand S. die I. Höhere Justizdienstprüfung, musste aber danach, von Jan. bis Sept. 1837, eine achtmonatige Festungsstrafe auf dem Hohenasperg absitzen – Folge des Prozesses gegen die Burschenschafter. Seine Referendarzeit verbrachte S. in Stuttgart und Ulm.
Während des Studiums ging er seiner Liebhaberei für die Botanik weiter nach, sammelte systematisch Pflanzen und Kräuter und legte mit peinlicher Sorgfalt und Sauberkeit ein Herbarium an, das er später, während seiner Ulmer Dienstzeit, beträchtlich erweitern und vermehren konnte. Nach Bestehen der II. Höheren Justizdienstprüfung 1838 wurde S. als Referendar I. Kl. dem Ulmer Kreisgerichtshof zugeteilt, wo er bis Dez. 1840 als Gerichtsaktuariatsverweser tätig war. In Ulm lernte er auch seine spätere Ehefrau kennen.
1841 zum definitiven Gerichtsaktuar am Oberamtsgericht in Kirchheim/Teck aufgerückt, kehrte S. 1847 als Oberjustizassessor nach Ulm zurück. Im Okt. 1852 zum Oberjustizrat und zugleich Staatsanwalt am Kgl. Gerichtshof in Tübingen ernannt, wechselte S. 1867 als Obertribunalrat nach Stuttgart und schließlich im April 1868 als Direktor des Kreisgerichtshofes nach Rottweil. Der schwer lungenkranke S. starb in diesem Amt kurz vor Vollendung des 63. Lebensjahres.
Während seiner Ulmer Zeit begann S. mit dem Sammeln von Käfern und intensivierte seine Pflanzenforschungen, die ihn immer wieder zu großen Spaziergängen und Wanderungen in die Gegend von Blaubeuren, nach Oberschwaben und auf die Alb veranlassten. Bei Pflanzen, Kräutern und Käfern versuchte er sich mit Erfolg auch in der Kunst ihrer Bestimmung und entdeckte so zahlreiche bisher nicht bestimmte Arten. Seine Sammlung ging nach seinem Tod in den Besitz des Naturalienkabinetts der Universität Tübingen über. – Mitglied des Vereins für vaterländische Naturkunde in Württemberg. – Ritterkreuz des Württ. Kronordens; Kommenturkreuz II. Kl. des Friedrichsordens.

L   Ih 2, S. 861 SK Nr. 204, 28. VIII. 1875, S. 1981 – ebd. Nr. 205, 29. VIII. 1875, S. 1993 – Wilhelm STEUDEL, Necrolog des Directors Julius v. Steudel in Rottweil, in: Jahreshefte des Vereins für vaterländische Naturkunde in Württemberg 33 (1877), S. [36]-44 – Hermann OEHLER (Bearb.), Familie Steudel. Aus der Geschichte der Familie und der Stiftung. Gemeinsame Ahnenliste, Esslingen/Neckar 1936, S. 38, 58 – PHILIPP, Germania, S. 61, Nr. 875.

Steudel, Christian *Samson* (von), * Esslingen/Neckar 19. Okt. 1786, † Stuttgart 25. Jan. 1864, ev.
Vater   Johann Samson Steudel, * Esslingen 18. II. 1747, † ebd. 29. X. 1796, Senator in Esslingen, Stadtregistrator und -kassier, Bauverwalter.
Mutter   Regine *Katharine* Burk, ∞ [Stuttgart-]Hedelfingen 13. III. 1754, † Esslingen/Neckar 29. IX. 1814, T. d. Philipp David Burk, Mag., * Neuffen 26. VII. 1717, † Kirchheim/Teck 22. III. 1770, Pfarrer in Hedelfingen, zuletzt Dekan in Kirchheim/Teck, u. d. Maria Barbara Bengel, * Denkendorf 30. XI. 1727, † Kirchheim/Teck 15. III. 1782.
9 G, davon 1 † früh   Christian *Gottlob* Steudel, * Esslingen 15. X. 1777, † ebd. 30. IV. 1856, Handelsmann und Tuchfabrikant in Esslingen, 1825-1848 Stadtrat ebd., ∞ Esslingen 27. VI. 1803 Eberhardine Karoline Bonz, T. d. Paul Johann Bonz, Dr. chem., Apotheker in Esslingen, u. d. Karoline Godelmann; Johann Christian *Friedrich* Steudel[596], Dr. theol., Mag., * Esslingen 25. X. 1779, † Tübingen 24. X. 1837, seit 1815 o. Professor der Theologie an der Universität Tübingen, ∞ 19. VI. 1810 Heinrike *Charlotte* Flatt, * 7. V. 1786, † Tübingen 18. I. 1816, T. d. Johann Friedrich (von) Flatt[597], Dr. theol., * Tübingen 20. II. 1759, † 24. XI. 1821, ev. Theologe, Professor in Tübingen, tit. Prälat, ∞ II. 12. IX. 1817 *Luise* Christiane Gottliebin Liesching, * 25. I. 1796, † Tübingen 12. I. 1864, T. d. Christoph Ludwig Liesching,

---

[596] Ih 2, S. 861.
[597] GEORGII-GEORGENAU, S. 207.

Mag., Pfarrer in Weissach/OA Vaihingen; Christian David Steudel, * Esslingen 4. VII. 1781, † Stuttgart 13. XI. 1868, 1809 Kameralverwalter in Radolfzell, 1810 dsgl. in Mergentheim, 1819 Assessor bei der Finanzkammer des Donaukreises in Ulm, 1830 Kanzleirat (Revisor) bei der Finanzkammer des Neckarkreises in Ludwigsburg, ∞ Esslingen 29. XI. 1809 *Wilhelmine* Auguste Heller, * Liebenzell 3. IX. 1790, † Esslingen 27. XI. 1827, T. d. Ernst Heller, Oberamtmann in Liebenzell, u. d. Auguste Feuerlein; *Ernst* Gottlieb Steudel[598], Dr. med., * Esslingen 30. V. 1783, † ebd. 12. V. 1856, seit 1828 Oberamtsarzt in Esslingen, Botaniker, 1825 Gründer des Württ. naturhistorischen Reisevereins, ∞ 6. VII. 1811 Rosine Bührer, † Esslingen 28. X. 1857, T. d. Bührer, Pfarrer in Echterdingen; Imanuel Steudel[599], * Esslingen 20. I. 1785, † ebd. 9. XI. 1835, Kaufmann in Esslingen, Leutnant des Bürgerschützenkorps, ∞ 24. VIII. 1813 Wilhelmine Oetinger, † Esslingen 20. I. 1864, T. d. Oetinger, Gräflich Neipperg'scher Rentamtmann in Schwaigern; Caroline Steudel, * Esslingen 12. VI. 1788, † 17. VIII. 1857, ∞ 2. V. 1809 Christian Hoffmann, * 1779, † 29. III. 1834, Pfarrer in Deizisau, S. d. Christian Gottfried Hoffmann[600], * Tübingen 12. VIII. 1758, † ebd. 4. VI. 1784, Professor der Rechte an der Universität Tübingen; *Joseph* Albrecht Steudel, Mag., * Esslingen 14. VI. 1792, † Brackenheim 30. IV. 1834, 1820 Pfarrer in Winzerhausen/OA Marbach, 1826 dsgl. in Oberurbach, 1833 Erster Stadtpfarrer in Brackenheim, ∞ 2. V. 1820 Johanne Luise Lächelin (auch: Laecheler), * [Stuttgart-]Botnang 19. VI. 1797, T. d. Friedrich Ludwig Lächelin[601], Mag., * Haberschlacht 28. VII. 1759, † 19. V. 1820, Pfarrer in Botnang, später dsgl. in Rommelshausen.

∞ I. Esslingen 24. V. 1811 *Luise* Helene Bonz, † 28. XII. 1848, T. d. Paul Johann Bonz, Dr. chem., Apotheker in Esslingen, u. d. Karoline Godelmann, ∞ II. Stuttgart 8. I. 1850 Johanna von Krieger-Kleinpaul.

4 K, von denen nur 2 das Erwachsenenalter erreichten, Julius (von) →Steudel und Pauline *Luise* Steudel, ∞ 1841 Friedrich Berner, † 1858.

Der in der Staatsverwaltung Württembergs hoch aufgestiegene S. begann seine dienstliche Laufbahn in Ulm, wo er seit Herbst 1810 zur personellen Erstausstattung der nunmehr württ. Stadt gehörte.

S. entstammte einer in der Reichsstadt Esslingen/Neckar verwurzelten Bürgerfamilie, die dort seit Ende des 17. Jahrhunderts rasch aufgestiegen war. Wie seine Brüder besuchte er zunächst das Pädagogium in seiner Vaterstadt. Danach absolvierte S. eine Ausbildung zum Schreiber. Seit 1806 studierte er in Tübingen Kameralwissenschaften und war daneben Inzipient bei Regierungsrat Pfizer in Tübingen. Nach Abschluss des Studiums 1808 fand der nunmehrige Substitut S. eine Stelle als Kameralamtsaktuar und wenig später als Gehilfe eines Rechnungskommissärs.

Im Nov. 1810 erfolgte S.s Ernennung zum „Kommunrechnungsrevisor" beim neu errichteten Oberamt Ulm, seit April 1811 war er zugleich „Kommunrechnungsrevisor" für die Oberämter Ulm und Wiblingen mit Sitz in Ulm, seit 1812 zugleich auch Stiftungsrechnungsrevisor ebd. S. war damit der erste württ. Finanzbeamte in Ulm und hatte ein gewaltiges Aufgabenfeld. De facto war er der Kontrollbeamte für die Rechnungslegung der Gemeinden im Bereich des neuen Oberamts Ulm, wobei er die Rechnungen nicht nur zu prüfen, sondern auch die Umstellung auf württ. Gepflogenheiten zu bewerkstelligen hatte. Für den jungen Beamten gab es also viel zu tun. Große Beliebtheit war damit nicht zu erringen, aber S. scheint sich seiner Aufgabe mit Bravour entledigt zu haben. Anders ist seine Berufung zum Sekretär bei der Sektion der Kommunverwaltung in Stuttgart Anfang 1814 nicht zu erklären – nach nur knapp dreijähriger Tätigkeit in Ulm. Ende 1816 wechselte S. als Assessor zur Hofdomänenkammer, wo er schon 1817 zum Hofdomänenrat ernannt wurde – einer der jüngsten mit 31 Jahren.

Unklar bleibt, aus welchem Grund S. 1822 vom Finanz- zum Justizdienst des Königreichs Württemberg überwechselte und eine Stelle als Pupillenrat (Richter in Vormundschaftssachen) beim Obertribunal in Stuttgart übernahm. Der weithin geschätzte Beamte machte sich jedenfalls auch im neuen Amt einen guten Namen und wurde schon 1824 zum Mitglied des Strafanstaltenkollegiums berufen. Als solches übernahm S. die

Funktionen des Hauptreferenten über die Strafanstalten und den Strafvollzug in den württ. Gefängnissen und Zuchthäusern. 1830 zum Vortragenden Rat im Justizministerium ernannt, wurde ihm 1840 der Titel eines Vizedirektors des Strafanstaltenkollegiums verliehen. 1850 legte er die Stelle des Oberpupillenrats, die er seit 28 Jahren ausgefüllt hatte, nieder, 1854 auch die Stelle des Vortragenden Rats im Justizministerium. Auf seinen besonderen Wunsch wurde er als Vizedirektor des Strafanstaltenkollegiums im Amt belassen. 1856 übernahm S. den Vorsitz des Familienrats der Familie Steudel, den er bis zu seinem Tod innehatte. Der bis ins Alter rüstige S. hielt sich mit Wandern und regelmäßigem Schwimmen fit. Er erlag im 78. Lebensjahr einer typhösen Lungenentzündung. – 1829 Ritterkreuz des Württ. Kronordens.

L. Hof- und Staats-Handbuch 1812 II, S. 504 – ebd. 1843, S. 33, 87, 181 – FABER 3, § 895 – Hermann OEHLER (Bearb.), Familie Steudel. Aus der Geschichte der Familie und der Stiftung. Gemeinsame Ahnenliste, Esslingen/Neckar 1936, S. 38, 58 – Frank RABERG, Die Esslinger Landtagsabgeordneten in den Ständeversammlungen und in der Kammer der Abgeordneten des Königreichs Württemberg sowie in den Landtagen des Freien Volksstaates Württemberg. Ein biographisch-politischer Überblick, in: Esslinger Studien 39 (2000), S. 143-223, hier S. 149 f.

Steuerwald, *Karl* Wilhelm, Dr. phil. habil., * Straßburg/Elsaß (nicht Kaiserslautern!) 2. Juli 1905, † Neu-Ulm 1. Nov. 1989, ev.

Vater   Karl Steuerwald, Rechnungsrat in Kaiserslautern.
Mutter   Anna Daxheimer.

∞ *Käthe* Auguste Alwine Wilhelm, * Berlin 31. VIII. 1909, T. d. Bernhard Wilhelm, Architekt, u. d. Elisabeth Rosenkranz.

1 K   Claudia Steuerwald, * Istanbul 1. X. 1942.

Der Türkeiexperte S. hinterließ als Rektor der Oberrealschule bzw. des Realgymnasiums Neu-Ulm deutliche Spuren in der Nachkriegsgeschichte der Stadt.

Studium der Romanistik, Anglistik und Germanistik in Frankfurt/Main, Berlin und München, Anfang der 1930er Jahre Assistent und Lehrbeauftragter am Englischen Seminar der Universität München. Studienassessor an der Deutschen Oberrealschule in Istanbul, verstärkte Hinwendung zur Orientalistik, 1931 ao. Professor für deutsche Philologie an der Pädagogischen Akademie Ankara, zugleich Inspektor des gesamten neusprachlichen Unterrichts in der Türkei, bis 1933 Lehrer für deutsche Sprache und Literatur des türkischen Ministerpräsidenten Ismet Pascha (späterer Staatspräsident Ismet Inönü). 1935 Professor für deutsche Philologie und Leiter des deutschen Seminars an der neu gegründeten Universität Ankara. 1940 bis 1942 gab er mit deutschen und türkischen Kollegen ein sechsbändiges Lehrbuch zur Erlernung der deutschen Sprache in türkischen Gymnasien heraus, das lange nachwirkte und das Deutschlandbild der Türkei stark beeinflusste. 1944 zwang ihn der Abbruch der diplomatischen und kulturellen Beziehungen zwischen dem „Dritten Reich" und der Türkei zur Rückkehr nach Deutschland. Nach Kriegsende habilitierte sich S. an der Universität Berlin für Islamwissenschaft mit dem Schwerpunkt Turkologie. Auch später blieb er der türkischen Sprachgeschichte und Lexikographie neben seinem Lehrerberuf treu. Schwerpunktmäßig widmete sich S. der Untersuchung der ab Ende der 1920er Jahre einsetzenden Nationalisierung des von anderen Sprachen überlagerten Türkischen. Zwischen 1963 und 1966 gab er in drei Teilen bei Langenscheidt in Berlin „Untersuchungen zur türkischen Sprache der Gegenwart" heraus, eine Arbeit, die auch heute noch herangezogen wird. 1966 kam auch das von S. erarbeitete „Langenscheidts Taschenwörterbuch der türkischen und deutschen Sprache" heraus. 1972 und 1974 veröffentlichte er, gewissermaßen als Summe seiner jahrzehntelangen Forschungsarbeit, ein zweibändiges Wörterbuch, das in der Sprachwissenschaft einen sehr guten Ruf genießt.

Nach Kriegsende ging S. nach Bayern, wo er in den Schuldienst trat und zunächst als Studienrat in Aschaffenburg, später als

[598] Ih 2, S. 861 – Rainer LOOSE, Passion und Profession. Der Esslinger Oberamtsarzt und Botaniker Ernst Gottlieb (von) Steudel (1783-1856), in: Esslinger Studien 45 (2006), S. [81]-140.
[599] Imanuel Steudels Tochter Thusnelde Steudel war verheiratet mit dem Ulmer Gymnasialrektor Robert →Kern.
[600] Ih 1, S. 383.
[601] EBERL, Klosterschüler II., S. 92, Nr. 849.

Oberstudiendirektor in Schwabach tätig war. 1956 kam er als Rektor und Lehrer für Englisch und Französisch an die Oberrealschule Neu-Ulm, die er 14 Jahre leitete. Gemeinsam mit seinem Stellvertreter Heiner →Jaumann führte S. die Oberrealschule in einer Zeit der Veränderungen, Umstrukturierungen und Modernisierung. Wesentlich war der Bau eines neuen Schulgebäudes an der Augsburger Straße, dessen Ostflügel mit Haupttreppenhaus 1957 und dessen Westflügel 1959 eingeweiht werden konnten. 1959 erfolgte die Aufwertung der Oberrealschule zum Realgymnasium mit Lateinunterricht, dessen erfolgreiche Absolvierung zur Hochschulreife führte. In seinem Ruhestand widmete sich S. weiterhin der Turkologie, 1973 erhielt er eine Ehrenurkunde von der Regierung der Türkei für seine Verdienste um die türkisch-deutsche Verständigung.

Q   StadtA Neu-Ulm, D 12, III. 2.3.6. – ebd., A 9.
W   Die Londoner Vulgärgespräche in Thackerays Jellowplush Papers, dargestellt auf historischer Grundlage, phil. Diss., München 1930, im Druck als: Max FÖRSTER (Hg.), Beiträge zur englischen Philologie, Heft 14, Leipzig 1930 – Wesen und Bedeutung der neusprachlichen Reform. Eine historisch-kritische Darstellung (= Friedrich Mann´s Pädagogisches Magazin. Abhandlungen vom Gebiete der Pädagogik und ihrer Hilfswissenschaften Heft 1360, Langensalza 1932.
L   RADSPIELER, 100 Jahre, S. 55, 58-60 – Materialia Turcica Band 15 (1989), S. 191 f. (Nachruf von Else EBEL) – TREU, Neu-Ulm, S. 565 f. (Hans RADSPIELER; Bild).

Stiegele, Anton, * Weißenhorn 6. Okt. 1806, † Neu-Ulm 8. Nov. 1874, kath.
Vater   Johann Nepomuk Stiegele.
Mutter   Barbara Koch.
∞ Burlafingen 17. XI. 1831 Barbara Walburga Mayr, * Weißenhorn 19. II. 1806, † Neu-Ulm 22. I. 1851, T. d. Braumeisters Joseph Mayr u. d. Anna Klotz.
Keine K.

Der Wichsefabrikant S. war mit einer Amtszeit von elf Jahren der am längsten amtierende Bürgermeister Neu-Ulms vor Einführung des rechtskundigen Bürgermeisters. Doch biografische Einzelheiten über ihn sind kaum in Erfahrung zu bringen.
Nach 1842 erschien S.s Name unter den Neu-Ulmer Gemeindeausschussmitgliedern. 1852 übernahm S. das Amt des Bürgermeisters in Neu-Ulm von Rupert →Primus. Er führte es mit Selbstbewusstsein und Bestimmtheit. Der Katholik sah mit Freude, dass in seiner Amtszeit 1857 mit dem Bau der Stadtpfarrkirche St. Johann Baptist begonnen wurde. Allerdings vertrat er die Ansicht, der Bau gehe zu langsam voran. Er hätte schon 1858 und nicht erst 1860 vollendet sein können, meinte S. und sah den Grund für die Verzögerung in der Tatsache, dass der Bauleiter Georg von →Stengel jährlich 200 Gulden zusätzlich für die Leitung des Kirchenbaus beziehe.
1863 legte S. sein Amt nieder, Matthias →Scheuffele trat seine Nachfolge an.

L   BUCK, Chronik Neu-Ulm, S. XVII f. (Bild), 97 f., 269 – SPECKER/TÜCHLE, S. 312 – TREU, Neu-Ulm, S. 179, 576 – TEUBER, Ortsfamilienbuch Neu-Ulm II, Nr. 4827.

Stockhammern (auch: Stockhammer), Franz Xaver Anton Carl (Karl) Alois Edler von, * Neu-Ulm 13. Juli 1873, † München 26. Feb. 1930, kath.
Vater   Anton Edler von Stockhammer, * Eichstätt 8. III. 1843, Oberleutnant im 12. Inf.-Rgt. in Neu-Ulm, zuletzt Kgl. Bayer. Generalmajor z. D., S. d. Ferdinand Edler von Stockhammer, Hauptmann im 15. Inf.-Rgt. „Prinz Johann von Sachsen“, u. d. Afra Schreckenbacher.
Mutter   Pauline Krafft von Dellmensingen, * München 7. III. 1848, T. d. Karl Krafft von Dellmensingen, Kgl. Bayer. Appellationsgerichtsrat, u. d. Anna von Kokott.
2 G, früh verstorben.

S. ist einer der in Neu-Ulm geborenen bayerischen Beamten, die es auf Reichsebene in hohe Positionen schafften.
Er studierte Jura in München, bestand den Staatskonkurs (höhere Dienstprüfung) und begann als Regierungsakzessist im Kgl. Bayer. Außenministerium. 1907 stieg er dort zum Legationssekretär II. Kl. auf und war erster Hilfsarbeiter der Staatsminister Graf von Podewils und Graf von Hertling. 1909 zum

Legationssekretär I. Kl. ernannt, 1912 zum Legationsrat, 1915 Titel und Rang Geh. Legationsrat II. Kl. und im Folgejahr wirklicher Geh. Legationsrat II. Kl., wurde S. im Ersten Weltkrieg zur besonderen Verwendung nach Berlin entsandt, wo er noch vor Kriegsende 1918 zum Ministerialrat aufstieg. 1919 wurde S. in die Dienste des Reichsministeriums der Finanzen übernommen, wo er als Ministerialdirektor dessen Schaltstelle, die Organisations- und Personalabteilung, leitete. Ihm war in dieser Position allerdings nur eine relativ kurze Zeitspanne beschieden, da er bereits im April 1921 im Alter von 47 Jahren aus gesundheitlichen Gründen in den Ruhestand versetzt wurde. Neun Jahre später starb S. in München.

L   SCHÄRL, Beamtenschaft, S. 340, Nr. 660 – TEUBER, Ortsfamilienbuch Neu-Ulm, Nr. 5121.

Stö[c]kle, Ulrich, Dr. phil., * Ölkofen bei Hohentengen/OA Saulgau 15. Juni 1888, † nicht ermittelt, kath.
Vater   Stö[c]kle, Oberlehrer.

S. studierte von 1907 bis 1911 kath. Theologie und Philologie in Tübingen und trat nach der I. theologischen Dienstprüfung in das Priesterseminar in Rottenburg/Neckar ein. Am 20. März 1912 wurde S. im Rottenburger Dom zum Priester geweiht. Im Aug. 1912 kam er als Vikar nach Heilbronn/Neckar, im Sept. 1913 als Präzeptorats-Kaplaneiverweser nach Neckarsulm. Ende Okt. 1913 wurde S. die erbetene Dienstbefreiung gewährt, um seine philologischen Studien in Tübingen fortzusetzen.
Am 16. Sept. 1914 wurde S. zum Aushilfslehrer für Religion am Realgymnasium und an der Oberrealschule Ulm ernannt, jedoch schon im Jan. 1915 als Amtsverweser für einen Gymnasialprofessor nach Ravensburg versetzt. Am 1. Juli 1915 kehrte er nach Ulm zurück, nachdem er die II. Dienstprüfung bestanden hatte. Ab 1. April 1922 war S. Studienrat für Religion am Realgymnasium und an der Oberrealschule Ulm und blieb ein Vierteljahrhundert in dieser Funktion. In der NS-Zeit verstand es S., Distanz zum Regime zu wahren. Er schloss sich lediglich dem NS-Lehrerbund, dem Reichsluftschutzbund und der NS-Volkswohlfahrt an und unterwarf sich damit den absoluten Mindestanforderungen, um seinen Beruf weiter ausüben zu können. Seine Gegnerschaft gegenüber der NSDAP war bekannt. Mit seinem Kollegen Hermann →Wild geriet er deshalb im Lehrerkollegium in eine Außenseiterposition. Dass er weitgehend unbehelligt seinen Dienst ausüben konnte, schreibt Wild in seinen Erinnerungen auch dem Schulleiter Walter →*Sontheimer zu, der sich stets vor S. gestellt habe.
Nach dem Ende des Zweiten Weltkriegs konnte S. unbeanstandet weiter seinen Dienst versehen. 1948 wurde er zum Schulleiter des Ulmer Kepler-Gymnasiums ernannt. 1953 trat er in den Ruhestand. S. ist nicht zu verwechseln mit Wilhelm Stöckle, der von 1910 bis 1924 Professor am Realgymnasium und an der Oberrealschule war. – Mitglied des Vereins für Kunst und Altertum in Ulm und Oberschwaben.

Q   StAL, E 203 I Bü 3756
L   Personalkatalog Rottenburg 1938, S. 196 – ROTERMUND, Zwischen Selbstbehauptung, S. 82 – Heinrich STEINMEYER, Hermann Wild (1884-1962). Ein schwäbischer Theologe, Pädagoge und Politiker, in: UO 52 (2001), S. 180-256, hier S. 204, 206 f., 212.

Storr, Johann Nepomuk (Pater Amandus, OSB), * Ulm 16. Okt. 1743, † Unterkirchberg/OA Laupheim 8. März 1818, kath.
Vater   Johann Georg Storr, Rat und Obervogt am Deutschordenshaus in Ulm.
Bruder   Aloysius Storr, † Schwäbisch Gmünd März 1794, Stadtarzt in Schwäbisch Gmünd.

S. war unter den Benediktinern des Klosters Wiblingen derjenige, der sich neben Michael →Braig um die Historiographie des Klosters am meisten verdient gemacht hat. Er erschloss mit seinen „Analecta continuandis, emendandis ac supplendis Annalibus Wiblinganis inservientia" nicht nur neues, die Jahre von 1700 bis 1709 betreffendes Quellenmaterial, sondern widmete sich dem ehrgeizigen Unternehmen, in dem auf drei Bände angelegten „Chronicon Wiblignanum a fundatione usque ad annum 1799" alle die Klostergeschichte betreffenden Nachrichten von seiner Gründung an in chronologischer Ordnung zusammenzuführen. Die handschriftlichen Werke sind in der Diözesanbibliothek Rottenburg bzw. in der Stadtbibliothek Ulm überliefert.

Nach Beendigung der schulischen Ausbildung und des Studiums, das ihn an das Ulmer Wengenkloster, nach Mergentheim und in das Kloster Wiblingen geführt hatte, trat er 1760 als kaum 17-Jähriger dem Benediktinerorden bei. Der Profeß am 11. Nov. 1761 in Wiblingen folgte die Fortsetzung seiner Studien in Dillingen/Donau und Ingolstadt. Dem Kloster Wiblingen eng verbunden, wurde er dort 1766 Priester und zwei Jahre später Moderator Fratrum Studentium, also Novizmeister, Professor der Mathematik, der Theologie und des Kirchenrechts und übernahm die Leitung der Klosterbibliothek und des -archivs. S. gestaltete einen umfassenden, bisherige Grenzen überwindenden Unterricht, indem er u. a. starken Wert auf die Numismatik legte, was auch überregional auffiel (SK Nr. 57/1788). 1776 zum Prior unter Abt Roman Fehr (1728-1798) aufgerückt, hielt S. im Dez. 1786 beim Besuch des Herzogs Carl Eugen von Württemberg in Wiblingen eine Rede über den Einfluss Wiblingens auf die Anfänge des Buchdrucks in Augsburg.

S.s bisheriges Leben geriet nach der Säkularisation aus der Bahn. Die Bindung an Wiblingen lockerte sich im Zuge der Auflassung des Klosters. S., der auch liturgische Werke verfasste und als Historiker und Chronist wesentlichen Einfluss auf Michael Mathias Braig ausübte, erhielt 1809 die Stelle des katholischen Pfarrers in Unterkirchberg, nachdem er schon 1799 mehr oder minder als Pfarrverweser dorthin abgeschoben und kurz danach von französischen Soldaten ausgeplündert und misshandelt worden war.

W   Posititones Selectae ex Philosophia juncta Mathesi, Günzburg 1771 – Positiones ex theologicis disciplinis excerptae, 1773 – Sacra Philosophia Juris ecclesiastici ad Statum Germaniae accomodati, 1776 – Predigt auf das Marianische Jubelfest in der Wallfahrtskirche zu schiessen, Kloster Roggenburgischer Herrschaft, gehalten im Jahr 1782 – TrauerRede auf den Herrn Reichs-Prälaten Gilbert in Roggenburg, Ulm 1789 – Lob- und TrauerRede auf den Herrn Reichs-Prälaten Robert in Elchingen, gehalten am 23. April 1793, Ulm 1793 – Katholische Charfreytagsfeier, in die deutsche übersetzt, mit Erläuterungen und Melodien. Nebst einer Andacht für eine Singbetstunde, Ulm 1808 – Ueber die Grundsätze der Liturgie, die Hindernisse der Einführung der deutschen Sprache und die in seiner Pfarrkirche gemachten liturgischen Verbesserungen, in: Archiv für Pastoralkonferenzen im Bisthum Konstanz 11, Heft 11.
L   Ih 2, S. 868 – WEYERMANN II, S. 531 ff. – Franz Karl FELDER (Hg.), Gelehrten- und SchriftstellerLexikon der deutschen katholischen Geistlichkeit, fortgesetzt von Franz Josef WAITZENEGGER, Band 2, Landshut 1820, S. 427 f. – Michael BRAIG, Kurze Geschichte der ehemaligen vorderösterreichischen Benediktiner-Abtey Wiblingen in Schwaben, Isny 1834, S. 396 u. ö. – August LINDNER, Die Schriftsteller und die um die Wissenschaft und Kunst verdienten Mitglieder des Benedictiner-Orden in heutigen Königreich Württemberg vom Jahre 1750 bis zu ihrem Aussterben, in: Studien und Mittheilungen aus dem Benedictiner- und dem Cistercienser-Orden V (1884), Heft 1, S. 113-115 – Heribert HUMMEL, Die Bücherverzeichnisse der ehemaligen Benediktinerabtei Wiblingen, in: ZWLG 37 (1978), 1981, S. [87]-121, hier bes. S. 111 – Stefan J. DIETRICH (Bearb.), Georg Maximilian GEISENHOF: Geistliche im Landkapitel Laupheim und Wiblingen. Nekrolog (Documenta suevica Band 4, hg. von Wolfgang SCHÜRLE), Konstanz-Eggingen 2004, S. 165-168, 250 f. – DERS., Pater Michael Braig OSB und die Geschichte des Klosters Wiblingen, in: UO 53/54 (2007), S. 199-219, bes. 205 ff u. ö.

Storz, *Christian* Johannes,

* Tuttlingen 8. Dez. 1865, † Günzburg 2. Okt. 1943 (nicht Neu-Ulm 1933!), ev.

Vater   Christian Storz[602], * Tuttlingen 9. V. 1832, † ebd. 20. IX. 1907, Bierbrauer und Kleinbärenwirt in Tuttlingen, Stadtschultheiß ebd., 1868-1876 Mitglied der Kammer der Abgeordneten der Württ. Landtags (WK Tuttlingen).
Mutter   Regine Barbara, geb. Storz, * Tuttlingen 5. II. 1835, † ebd. 10. VI. 1881. 15 G, davon erreichten 5 das Erwachsenenalter.
∞ I. München 4. V. 1915 Elsa Roth, * Stuttgart 11. V. 1877, † München 5. XII. 1950, geschieden, T. d. Albert (von) Roth[603], Dr. med., * Steinheim an der Murr/OA

Marbach 19. IX. 1829, † Stuttgart 3. III. 1910, Medizinalrat, Orthopäde, praktischer Arzt, ärztlicher Vorstand der orthopädischen Abteilung der Paulinenhilfe in Stuttgart, Ehrenkreuz des Württ. Kronordens, Ritterkreuz I. Kl. des Friedrichsordens.
1 K   Lieselotte Storz, * Bern 23. I. 1917.

S. war in den 1920er Jahren einer der führenden Ulmer Kommunalpolitiker. Ebenso idealistisch und einsatzbereit wie sprunghaft und unstet, wirkte S. in den ersten Jahrzehnten des 20. Jahrhunderts als einer der wenigen liberal geprägten Politiker seiner Zeit sowohl im Reichs- und im Landtag als auch in der Kommunalpolitik.

S. entstammte einer politisch aktiven Tuttlinger Familie; sein Onkel und sein Vater vertraten den Bezirk in der Kammer der Abgeordneten des Württ. Landtags, der Vater war Stadtschultheiß vor Tuttlingen. S. besuchte die Volks- und Lateinschule seiner Vaterstadt und anschließend das Gymnasium in Tübingen. 1883/84 leistete er als Einjährig-Freiwilliger seinen Militärdienst ab und schied als Leutnant d. R. aus. Das Studium der Rechtswissenschaften führte ihn in den Jahren 1884 bis 1888 nach Tübingen, München und Straßburg. 1892 ließ er sich als Rechtsanwalt in Tuttlingen und 1893 in Heidenheim/Brenz nieder und war ab 1900 zugleich Sekretär der Handelskammer Heidenheim. 1910/11 wechselte S. als Rechtsanwalt nach Stuttgart.

Der bereits während seiner Militärdienstzeit der Volkspartei beigetretene S. war von 1899 bis 1905 Mitglied des Heidenheimer Gemeinderats. Von 1903 bis 1912 (11. und 12. Legislaturperiode, WK Württemberg XIV: Geislingen-Heidenheim-Ulm; Dt. Volkspartei) gehörte S. als Mandatsnachfolger von Hans Hähnle dem Reichstag an, nachdem er das Mandat am 25. Juni 1903 in der Stichwahl gegen den Sozialdemokraten Adam Dietrich mit 11.735 zu 8.058 Stimmen errungen und nach der Auflösung des Reichstags im Dez. 1906 am 25. Jan. 1907 mit Unterstützung der nationalliberalen Deutschen Partei verteidigt hatte. Neben seiner Tätigkeit als Reichstagsabgeordneter war S. von 1906 bis 1913 (36., 37., 38. und 39. o. LT) Mitglied der Kammer der Abgeordneten des Württ. Landtags (WK Tuttlingen; Volkspartei bzw. Fortschrittliche Volkspartei) und gehörte dort der Petitionskommission sowie der Volkwirtschaftlichen Kommission an. 1911/12 kam es zu heftigen Kontroversen zwischen S. und seiner Partei, nachdem er ihr vorgeworfen hatte, sie tendiere zu stark nach links. Sein Landtagsmandat legte er aus diesem Grund 1913 nieder. Der in bedrückenden privaten Verhältnissen lebende S. trug sich mit Auswanderungsgedanken, hielt sich vor Ausbruch des Ersten Weltkriegs aus beruflichen Gründen längere Zeit in der Türkei auf und zog, nachdem der Kriegsfreiwillige S. von der zuständigen Militärbehörde abgelehnt worden war, nach Konstantinopel, wo er die türkische Staatsangehörigkeit erworben haben soll. Der Weltkrieg führte zum Verlust seines Vermögens und zwang ihn zur Rückkehr nach Deutschland. Nachdem 1917 nochmals ein Gesuch S.s abgelehnt worden war, ihn beim deutschen Heer „im Orient" einzusetzen, ließ er sich in Ulm nieder. 1918/19 zählte S. zu den Gründern der DDP in Ulm und auf Landesebene.

In den 1920er Jahren griff S. als Mitgründer und 1922/23 als Vorsitzender der Ulmer Ortsgruppe der „Deutschen Friedensgesellschaft" in die Ulmer Kommunalpolitik ein. S. führte die Vereinigung zur Gemeindepolitik, zerstörte damit aber zugleich ihre frühere „pazifistische" Ausrichtung, welche zuvor Auseinandersetzungen um konkrete Themen der Kommunalpolitik gemieden hatte. 1923 verlegte der Landesverband seinen Sitz von Stuttgart nach Ulm, und S. war für kurze Zeit Landesvorsitzender. 1923 trat er aus der DDP aus, da er am 11. Aug. 1922 die Festrede zum Verfassungstag im Ulmer Saalbau hielt, war ein flammender Redner und erfahrener Parlamentarier, der zahlreiche Wahlversammlungen in Ulm und Neu-Ulm abhielt

[602] RABERG, Biogr. Handbuch, S. 905 – EHMER/KAMMERER, S. 352 (Bild).
[603] Ih 2, S. 732.

und große Menschenmengen zu fesseln vermochte, aber in den Ulmer Gemeinderat wollte er nicht einziehen. Bei der ersten Gemeinderatswahl, zu der die Ulmer „Deutsche Friedengesellschaft" 1922 antrat, stand sein Name nicht auf dem Wahlvorschlag. Auf Anhieb konnte die Vereinigung fünf Vertreter in das Stadtparlament entsenden, bei der darauffolgenden Wahl sogar neun, doch danach wurde sie von innerparteilichen Flügelkämpfen ausgezehrt und spielte Ende der 1920er Jahre kaum noch eine kommunalpolitische Rolle. Bezeichnend ist die Tatsache, dass S.s engster politischer Weggefährte in dieser Zeit, Konstantin →Wieland, ihm von der Persönlichkeit sehr ähnelte.

1924 kandidierte S. noch einmal für den Reichstag, diesmal für den „Volksbund der Entrechteten und der betrogenen Sparer". 1928 war er ein letztes Mal Landtagskandidat (Platz 11 Wahlvorschlag Volksrechtpartei). Die Rückkehr auf die überregionale politische Bühne gelang jedoch nicht. S. lebte zuletzt in Neu-Ulm.

Q   Schriftliche Mitteilung des Standesamtes Tuttlingen vom 24. VIII. 1998.
W   Gedanken und Vorschläge über das süddeutsche Bahnsystem, o. O., o. J. – Reisebriefe aus Westafrika und Beiträge zur Entwicklung der deutschen Kolonien Togo und Kamerun, o. O., o. J.
L   Reichstags-Handbuch Elfte Legislaturperiode (1903), S. 33 f. – ebd., Zwölfte Legislaturperiode (1907), S. 382 (Bild S. 506) – Der Württ. Landtag 1912-1917, Stuttgart 1913, S. 106 (Bild) – UBC 3, S. 294, 385 – UBC 4, S. 191 – Ulmer Tagblatt, 17. IV. 1923 – SCHWARZ, MdR, S. 475 – TREU, Neu-Ulm, S. 311 – Andrea RUMMEL, „Und der Friedensgedanke marschiert auch in Ulm...". Die Ulmer Friedensbewegung von 1933, Diplomarbeit (masch.), Universität Mannheim 1996 [Exemplar im StadtA Ulm], S. 43-45, 73 u. ö. – SPECKER, Großer Schwörbrief, S. 307, 372 – RABERG, Biogr. Handbuch, S. 905 f. (Bild) – HAUNFELDER, Die liberalen Reichstagsabgeordneten, S. 392 f.

Straub, *Lorenz* Wilhelm (von), Dr. phil., * Ulm 12. März 1839, † Stuttgart 4. Feb. 1926, ev.

S. war einer der aus Ulm stammenden herausragenden humanistischen Gelehrten Württembergs.

1857 begann er in Tübingen mit dem Studium der Theologie und Philosophie (Mitglied der Burschenschaft Roigel „Tübinger Königsgesellschaft") und wurde Zögling des Stifts. Bestand 1861 das theologische Examen und promovierte im Jahr darauf. Repetent am ev.-theol. Seminar in Urach, wo ihn sein Schüler Gottlob Egelhaaf als einen *sehr aufs Ästhetische* gerichteten Mann *von feinem Formgefühl, vortrefflich für griechische Lyrik*, erlebte. 1870 kam er als Professor an das Gymnasium Ellwangen/Jagst, 1875 in gleicher Eigenschaft an die obere Abteilung des Eberhard-Ludwigs-Gymnasiums Stuttgart. Von 1884 bis 1900 war er zugleich Dozent für Geschichte u. Kulturgeschichte an der TH Stuttgart. Im Herbst 1900 zum Rektor des Eberhard-Ludwig-Gymnasiums in Stuttgart ernannt, trat er 1912 in den Ruhestand, nachdem ihm bereits 1902 der Titel Oberstudienrat verliehen worden war. – 1886 Ritterkreuz I. Kl. des Friedrichsordens, 1900 Verleihung des Ranges auf der 6. Stufe der Rangordnung, 1905 auf der 5. Rangstufe, 1903 Ritterkreuz des Württ. Kronordens, 1909 Ehrenkreuz des Württ. Kronordens.

L   Ih 2, S. 871 – CRAMER, Württembergs Lehranstalten ⁶1911, S. 17 – CRAMER, Württembergs Lehranstalten ⁷1925, S. 32 – Magisterbuch 39 (1925), S. 68 f. – Bes. Beil. d. Staatsanz. 1926, S. 311 – SCHMIDGALL, Burschenschafterlisten, S. 135, Nr. 139 – LEUBE, Tübinger Stift, S. 710 – RAPP, Egelhaaf, S. 8f., 87, 104 – KOHLHAAS, Chronik 1918-1933, S. 334.

Strauss, *Richard* Jakob, Dr. rer. pol., Dipl.-Volkswirt, * Ulm 14. Sept. 1909, † Nahariya (Israel) 23. Okt. 1975, mos.
Vater   Julius Strauss, * Berlichingen 14. IX. 1870, Fabrikant in Ulm, Inhaber der Hüttenwerke Nathan Strauss AG.
Mutter   Martha Levy, * Waiblingen 25. X. 1882.
3 G.
∞ Hilde Bach, * Laupheim 19. V. 1911.

S. studierte von 1928 bis 1929 Nationalökonomie in Frankfurt/Main, von 1929 bis 1930 in Berlin und von 1930 bis 1931 in Tübingen. Bereits im Mai 1931 bestand er die Diplomprü-

fung, im Folgejahr wurde er mit der Dissertation „Das arbeitende Kind in der Unfallversicherung der Reichsversicherungsordnung" bei Professor Dr. Ludwig von Köhler, dem früheren letzten Kgl. Württ. Staatsminister des Innern, in Tübingen promoviert. 1932 erfolgte S.s Eintritt in den Dienst der Hüttenwerke Nathan Strauss AG, von 1933 bis 1936 war er Vorstandsmitglied ebd., zugleich Mitglied der Handelskammer Ulm und Handelsrichter. 1936 wanderte S. nach Palästina aus, erwarb Landbesitz in Nahariya und war Co-Leiter der landwirtschaftlichen Kooperative ebd. – Träger des Großen Verdienstkreuzes des Verdienstordens der Bundesrepublik Deutschland.

L   KEIL, Dokumentation, S. 335 – EBERL/MARCON, S. 353, Nr. 1166 – HILB, Zeugnisse, S. 40-42.

Strodtbeck, Gottlieb Friedrich, Mag., * Brackenheim 17. März 1795, † Hösslinswart/OA Schorndorf 4. Sept. 1861, ev.
Vater   Immanuel Christoph Strodbeck, Chirurgus in Brackenheim.
Mutter   Caroline Elisabeth Dorothea Luz.
∞ Karoline Friederike Bohnenberger.
Mehrere K.

S. zählt zu den Lehrern des höheren Schuldienstes in Württemberg, die ihr Wirken in Ulm ihrer politischen Aktivität während der Revolution 1848/49 „verdanken". Die Regierung veranlasste seine Strafversetzung an das Kgl. Gymnasium Ulm. Offenbar ging man davon aus, dass er dort weniger Gelegenheit finden würde, die Jugend mit seinen politischen Ideen zu „infizieren".

Der aus altwürttembergischer Familie stammende S. wurde nach dem Besuch der Lateinschule in Brackenheim und dem bestandenen Landexamen 1809/10 Klosterschüler in Blaubeuren. Von 1813 bis 1816 studierte er Theologie in Tübingen, am 1. Dez. 1813 war er Baccalaureus, im Sept. 1815 wurde ihm der akademische Grad des Magisters verliehen. Von 1819 bis 1820 wirkte S. nach unständigen Verwendungen als Repetent am Seminar Blaubeuren, ehe er 1821 Vikar in Oberstenfeld wurde. 1822 wechselte er als Pfarrer nach Gronau.

1830 schlug er die schulische Laufbahn ein und war zunächst Professor am Heilbronner Obergymnasium, danach von 1836 bis 1846 Zweiter Professor am Seminar in Urach, ab 1846 Erster Professor ebd. In der Revolutionszeit 1848/49 engagierte sich S. politisch für den Volksverein und kandidierte sogar für ein Mandat in der Württ. Landesversammlung, womit er ins Visier des Ev. Konsistoriums und der Regierung geriet. 1850 kam er im Zuge einer politisch bedingten Strafversetzung nach einem Disziplinarverfahren als Professor an die obere Abteilung des Kgl. Gymnasiums Ulm, wo er bis zu seinem Tode wirkte.

Q   LKAS, A 27/3266 (Personalakte).
L   MUT Nr. 40.901 – MANN, Württemberger, S. 346 – EBERL, Klosterschüler II, S. 118, Nr. 1217 – DIETRICH, Christentum, S. 414.

Ströbel, Wilhelm, Dr. agr. h. c., * Hengsfeld/OA Gerabronn 10. Nov. 1870, † Beutelsbach/Lkr. Rems-Murr 16. Aug. 1952, ev.
Vater   Johann Michael Ströbel, * Hengsfeld/OA Gerabronn 16. XII. 1829, † ebd. 6. VII. 1872, Bürger und Bauer in Hengsfeld.
Mutter   Justina Maria Margaretha Barbara Marker, * Arzbach 14. XI. 1835, † Hengsfeld 1. I. 1886. Jüngstes von 8 G, davon erreichten 4 das Erwachsenenalter.
∞ Heilbronn 28. X. 1902 Julie Bessler, * Heilbronn/Neckar 7. II. 1875, † Stuttgart 21. X. 1960.
2 K   Wilhelm Ströbel[604], * Ulm 2. VIII. 1903, † 1993, Rechtsanwalt in Stuttgart; Kurt Ströbel, * 1914, † 1995, Direktor.

Als erfolgreicher Leiter der Landwirtschaftlichen Winterschule Ulm, Landwirtschaftsinspektor und Vorstand des Landwirtschaftlichen Bezirksvereins wirkte S. 16 Jahre lang in Ulm und konnte in der Zeit vor dem Ersten Weltkrieg eine deutliche Hebung der lokalen Landwirtschaft erreichen. Daneben begann

---

[604] SCHMIDGALL, Burschenschafterlisten, S. 209, Nr. 513.

in Ulm seine bemerkenswerte politische Karriere als Interessenvertreter der württ. Bauernschaft.

Der gebürtige Hohenloher besuchte die Volksschule und die Ackerbauschule in Hohenheim. Seine praktische Ausbildung zum Landwirt erfuhr er auf dem elterlichen Hof. Daran schloss sich das Studium der Land- und Volkswirtschaft sowie der Finanz- und Staatswissenschaften an der Landwirtschaftlichen Hochschule Hohenheim und an den Universitäten Jena und Halle/Saale an. Von 1896 bis 1898 wirkte er als Lehrer an der Landwirtschaftsschule in Hannover, von 1898 bis 1902 an der Landwirtschaftsschule in Heilbronn/Neckar.

1902 übernahm S. als Nachfolger des bisherigen Direktors Köstlin das Amt des Direktors der Landwirtschaftlichen Winterschule in Ulm. Der von seiner Mission (die Kenntnisse der bäuerlichen Bevölkerung zu mehren und damit ihre z. T. sehr schwierige Lage zu verbessern) erfüllte S. erreichte binnen weniger Jahre, dass sich die Winterschule in Ulm zu einer der meistfrequentierten in Württemberg entwickelte. Ein besonderes Augenmerk hatte er auf die Fachausbildung der Bäuerinnen. Auf seine Initiative ging die Gründung der Landwirtschaftlichen Frauenschule in Oberthalfingen zurück, ebenso die Gründung der Landfrauenschulen in Blaubeuren und Kupferzell. Daneben galt S.s Interesse der Kaltblutpferde- und Fleckviehzucht. Hier machte er sich mit der Gründung der Farrenaufzuchtstation in Langenau und der Anlage der Fohlenweide in Scharben verdient. Während des Ersten Weltkriegs beteiligte sich S., der für seine Verdienste 1914 mit der Verleihung des Titels Ökonomierat ausgezeichnet worden war, in Ulm an Aufklärungsvorträgen zur Volksernährung. Er war Wanderlehrer für die Albbezirke und Sachverständiger der Abteilung für Feldbereinigung bei der Zentralstelle für die Landwirtschaft.

S.s umfassendes Engagement gerade für den Ulmer Amtsbezirk bildete die Grundlage für seine politische Laufbahn. Der beim Bund der Landwirte (BdL) aktive S. trat am 20. März 1908 bei der Landtags-Ersatzwahl für den verstorbenen Gottlieb Haug im Bezirk Ulm Amt als Kandidat des BdL an und wurde mit 2.334 von 3.222 abgegebenen Stimmen auf Anhieb zum Mitglied der Kammer der Abgeordneten des Württ. Landtags gewählt, deren Mitglied er bis 1918 war (37., 38. und 39. o. LT): 1908 bis 1910 Mitglied der Sonderkommission für den Gesetzentwurf betr. die Landwirtschaftskammer, 1911/12 des Ausschusses für den Gesetzentwurf betr. die Oberamtsärzte und des Ausschusses für innere Verwaltung, von 1913 bis 1915 des Finanzausschusses. Am 1. Nov. 1918 musste er sein Mandat niederlegen, nachdem er zum Regierungsrat bei der Zentralstelle für die Landwirtschaft ernannt worden war. Schweren Herzens verließ S. Ulm, wo er auch den Vorsitz des III. Landwirtschaftlichen Gauverbands und des Oberschwäbischen Fleckviehzuchtverbands sowie des Aufsichtsrats der Gold-Ochsen Brauerei AG geführt hatte.

Die von S. abgelehnte neue politische Ordnung nach der November-Revolution von 1918 führte zu einer Intensivierung seiner politischen Laufbahn. Von 1919 bis 1933 (1., 2., 3. und 4. o. LT) war er Mitglied der Württ. Verfassunggebenden Landesversammlung bzw. MdL Württemberg (1919 Platz 3 Vorschlagsliste, Württ. Bauernbund; seit 1920 Spitzenkandidat im WK Ulm-Heidenheim, Württ. Bauern- und Weingärtnerbund WBWB). Von 1919 bis 1920 war S. in der aus seiner mit der Württ. Bürgerpartei/DNVP gebildeten Fraktionsgemeinschaft Zweiter stv. Fraktionsvorsitzender, Mitglied des Verfassungsausschusses, des Ausschusses zur Beratung eines Gesetzes über die Landwirtschaftskammer, des Volkswirtschaftlichen Ausschusses und stv. Mitglied des Finanzausschusses. 1920 rückte er zum Ersten stv. Fraktionsvorsitzenden auf, von 1924 bis 1932 war er zur Fraktionsvorsitzender und durchgehend Mitglied des Finanzausschusses sowie mehrerer Unter- und Sonderausschüsse, von 1924 bis 1928 auch Mitglied des Steuer-

ausschusses. 1932 wurde er vom Landtag zum stv. Mitglied des Staatsgerichtshofs gewählt.

1920 trat S. aus dem Staatsdienst aus, um das Amt des Direktors der neu gegründeten Württ. Landwirtschaftskammer zu übernehmen. Mit dieser Einrichtung landwirtschaftlicher Selbstverwaltung hatte sich ein Traum S.s erfüllt, und er stellte seine ganze Kraft in ihren Dienst. Als Direktor gehörte er dem Vorstand des Deutschen Landwirtschaftsrats und der Deutschen Landwirtschaftsgesellschaft an, daneben war er Vorsitzender des Verbandes der Pferdezuchtvereine für das Kaltblut, bei der Kaufstelle des Verbandes landwirtschaftlicher Genossenschaften und des Aufsichtsrats der Landwirtschaftlichen Viehverwertung.

S. war national und konservativ eingestellt, teilte aber nicht die antisemitischen und offen verfassungsfeindlichen Inhalte seiner Partei, die sich seit Ende der 1920er Jahre merklich radikalisierte. Beim Bauern- und Weingärtnerbund geriet S. zunehmend in eine Außenseiterrolle, weshalb er auch 1932 den Fraktionsvorsitz verlor. Im April 1933 weigerte er sich, für ein Mandat im „gleichgeschalteten" Württ. Landtag zu kandidieren. Mit großer Verbitterung sah S. 1933, wie die Nationalsozialisten die Landwirtschaftskammer unter ihre Kontrolle brachten und eigenes Personal installierten. Er selbst musste zum 31. Aug. 1933 das Amt des Direktors abgeben. Fortan betätigte er sich nur noch gelegentlich als Fachberater.

Sein Lebenswerk wurde von den Nationalsozialisten vollständig ruiniert. Der Krieg entzog der Landwirtschaft für mehrere Jahre die Grundlage. Nach 1945 trat S. wieder in die Öffentlichkeit und setzte sich für die Gründung einer Landwirtschaftskammer im Südwesten ein, die sich aber nach zahlreichen erfolglosen Verhandlungsrunden nicht realisieren ließ. Der Bauernverband Württemberg-Baden ernannte ihn 1947 zum Ehrenmitglied. – 1925 Ehrensenator der Universität Tübingen; 1925 Dr. agr. h.c. der Landwirtschaftlichen Hochschule Hohenheim; 1952 Verdienstkreuz am Bande des Verdienstordens der Bundesrepublik Deutschland.

Q   Schriftl. Mitteilungen des Ev. Pfarramtes Wallhausen vom 20. III. 1998 und des Standesamtes Weinstadt-Beutelsbach vom 31. VII. 1998.
L   Die Landtagsersatzwahl in Ulm Amt, in: SK Nr. 135, 21. III. 1908, S. 7 – WENZEL, Wirtschaftsführer, Sp. 2241 f. – Reichshandbuch 2, S. 1871 – UBC 3, S. 411, 529 – UBC 4, S. 3, 83 – Württ. Wochenblatt für Landwirtschaft Nr. 35, 2. IX. 1933, S. 341 – ebd. Nr. 34 (N.F.), 23. VIII. 1952, S. 759 und Nr. 35, 30. VIII. 1952, S. 781 – SPECKER, Großer Schwörbrief, S. 353, 360, 362, 364 – RABERG, Biogr. Handbuch, S. 910 f. (Bild) – WEIK 72003, S. 321 – Reinhold WEBER, Bürgerpartei und Bauernbund in Württemberg. Konservative Parteien im Kaiserreich und in Württemberg (1895-1933), S. 101 ff., 115, 248 ff., 253, 299, 385, 414, 435 – BWB IV (2007), S. 363-365 (Frank RABERG).

Stüber, Johann Wilhelm, * Geislingen/Steige 2. Feb. 1754, † Ulm 11. Juni 1822, ev.

Vater   Simon Stüber, Schuhmacher in Geislingen.
Mutter   Susanna Bührlen.
∞ I. 1790 Ursula Schultes, * 1764, † 1802, T. d. Diakons Schultes in Leipheim; ∞ II. 1802 Veronika Elisabeth Schneider, * 1774, † 1856, T. d. Pfarrers Schneider in Bräunisheim.
K   Simon Stüber[605], * Weiler ob Helfenstein 14. II. 1793, † Gerstetten 5. X. 1846, 1819 Vikar in Gammertingen, 1822 Stadtpfarrer in Friedrichshafen, 1823 Pfarrer in Haubersbronn, 1842 dsgl. in Gerstetten.

S., Ulms dritter ev. Dekan der württ. Zeit, erhielt seine erste schulische Bildung in seiner Heimatstadt, u. a. durch den damals als Lehrer dort tätigen Christian Friedrich Daniel Schubart (1739-1791). Mit 13 Jahren kam er nach Ulm, mit 26 Jahren – so spät aus Finanzierungsgründen! – 1780 nach Göttingen, wo er in den folgenden drei Jahren studierte. 1783 nahm er eine Tätigkeit als Hofmeister bei dem Amtmann Johannes Hauser in Großsüßen auf, um 1787 in den Pfarrdienst überzuwechseln. Dieser führte ihn zunächst in den Jahren bis 1790 als Vikar nach Holzkirch, Ursprung und Geislingen, und er blieb dem Raum der Schwäbischen Alb treu, als er 1790 Pfarrer in

---

605 HUBER, Haßler, S. 157 [dort fälschlich „Stuber"].

Weiler ob Helfenstein wurde. Ende 1793 als Münsterprediger nach Ulm berufen, war er dort seit 1794 zugleich Professor der Mathematik und Physik am dortigen Gymnasium, wobei er die Professur für Physik 1797 an seinen Kollegen Gottlieb Konrad →*Röhnlen abtrat. S. setzte unter dem Titel „Ulmische Volks- und Kirchenliste" die 1786 von Registrator Klett begonnene Volksliste fort und bearbeitete seit 1795 den Ulmerkalender in Quart und den Wappenkalender. Seine publizistische Aktivität schloss auch mehrere Lehr- und Lesebücher für Schüler und eine Methodik für Lehrer ein. Im Jahre 1809 ließ er die Lehrerlaufbahn hinter sich, um Zweiter Stadtpfarrer an der Dreifaltigkeitskirche zu werden. 1816 schließlich vereinigte er die Ämter des Münsterpredigers und des Stadtpfarrers, des Dekans des Bezirks Ulm sowie des Schulkonferenzdirektors für den Bezirk Ulm in seiner Person und nahm die Aufgaben des Ersten Stadtpfarrers wahr. Zugleich war er Vorsitzender des Stiftungsrats.

Der noch ganz in der reichsstädtischen Zeit Ulms wurzelnde S. war damit die entscheidende Figur des Übergangs und der Kontinuität evangelischen Kirchenlebens in Ulm zwischen der Vergangenheit und den neuen Verhältnissen in Bayern bzw. in Württemberg. 1822 ging S. mit 68 Jahren in den Ruhestand und starb wenige Wochen später in der Stadt, die ihm Heimat geworden war.

Q   StadtA Ulm, G 2.
L   DBA I/1244, 334-337 – WEYERMANN I, S. 497 – GRADMANN, Das gelehrte Schwaben, S. 671 f. – NEBINGER, Die ev. Prälaten, S. 567, 570, 570, 577 ff. – APPENZELLER, Münsterprediger, S. 418-420, Nr. 130 [mit Schriftenverzeichnis] – SPECKER, Ulm im 19. Jahrhundert, S. 358, 386, 403, 408.

Syring, Hans-Willi, Dr. iur., * Landau (Pfalz) 31. Aug. 1918, † Ulm 1. April 1999, ev.

Vater   Richard Syring, Kaufmann in Ludwigshafen/Rhein.
Mutter   Elisabeth Weisser.
∞ Ludwigshafen/Rhein 25. VII. 1942 Gertraude Antz, * Zweibrücken 3. XII. 1920, T. d. Walter Antz, Regierungsvizepräsident, u. d. Franziska Klein.
2 K   Gabriele Syring, * Nördlingen 12. XII. 1944; Dieter Syring, * Nördlingen 24. V. 1950.

Als Beamter und Politiker war S. eng mit Neu-Ulm verbunden. Der langjährige Landtagsabgeordnete und städtische Verwaltungsdirektor scheiterte jedoch mit seinem Versuch, Oberbürgermeister von Neu-Ulm zu werden.

Der gebürtige Pfälzer besuchte nach der Volksschule die Oberrealschule in Ludwigshafen am Rhein und bestand 1937 das Abitur. Von 1939 bis 1945 war er Soldat im Zweiten Weltkrieg, der ihm mehrere schwere Verletzungen eintrug. Behinderungen an beiden Armen blieben. Am Tag des Attentats auf Adolf Hitler in der Wolfsschanze, am 20. Juli 1944, war S. Augenzeuge der Vorgänge. Danach wurde der mittlerweile zum Offizier aufgestiegene S. als Kompaniechef an die Ostfront abkommandiert.

Nach Kriegsende begann der 27-jährige S. sein Jurastudium in Erlangen, das er 1950 mit der Promotion und dem I. juristischen Staatsexamen abschloss. 1952 bestand er auch das II. juristische Staatsexamen und trat in den bayer. Staatsdienst ein. S. war zunächst bei der Regierung von Schwaben in Augsburg tätig, anschließend war er Beamter bei verschiedenen Landratsämtern und kam Mitte der 1950er Jahre zum Landratsamt Neu-Ulm. 1957 trat er von der Innen- in die Kommunalverwaltung über und als Rechtsrat in die Dienste der Stadt Neu-Ulm, wo er

zuletzt rechtskundiger Verwaltungsdirektor und Leiter des Wirtschaftsreferats war. In den 20 Jahren seiner Tätigkeit in Neu-Ulm erwarb sich S. großes Ansehen und auch einige Beliebtheit.

Der SPD-Politiker wurde 1966 als Vertreter des WK Schwaben 6 in den Bayer. Landtag gewählt, wo er dem Ausschuss für Verfassungs-, Rechts- und Kommunalfragen angehörte. 1970 gelang ihm im WK Schwaben 7 die Behauptung seines Landtagsmandats. Im April 1972 trat S. wegen innerparteilicher Querelen aus der SPD aus, was nicht zum Verlust seines Mandats, wohl aber zum Ende seiner Mitgliedschaft im Ausschuss für Staatshaushalt und Finanzfragen führte. Im Jan. 1973 schloss sich S. der FDP an, im Nov. 1974 schied er aus dem Landtag aus.

Seine politische Erfahrung, sein langjähriges Wirken in der Stadtverwaltung von Neu-Ulm und seine Beliebtheit ließen bei S. 1977 den Entschluss reifen, in der Nachfolge von Dr. Dietrich →Lang für das Amt des Oberbürgermeisters von Neu-Ulm zu kandidieren. S. trat bei der Oberbürgermeisterwahl gegen Dr. Peter →Biebl (CSU) und Heinrich →Metzger (SPD) an, erzielte jedoch als Drittplatzierter ein enttäuschendes Ergebnis, das ihn zum Rückzug aus der Stadtverwaltung und aus dem öffentlichen Leben veranlasste. Er wollte nicht unter dem siegreichen Mitbewerber Dr. Biebl tätig bleiben.

Q   StadtA Neu-Ulm, Personalakte – ebd., A 9.
L   GBP (Bild).

Tafel, *Eugen* Gottlob, Dr. med., * Stuttgart 29. Jan. 1862, † Ulm 25. Mai 1901, ebd., Hauptfriedhof, ev.

Vater   *Hermann* Rudolf Tafel[606], * Stuttgart 19. II. 1833, † ebd. 26. Jan. 1909, Oberjustizprokurator in Stuttgart, 1883-1907 Direktor des Württ. Kreditvereins, 1884-1889 MdL Württemberg, S. d. Johann Friedrich *Gottlob* Tafel[607], * Sulzbach am Kocher/ OA Gaildorf 10. I. 1801, † Stuttgart 3. XII. 1874, Rechtsanwalt, Publizist und liberaler Politiker in Stuttgart, 1848-1856 und 1862-1868 MdL Württemberg, 1848/49 Mitglied der Dt. Nationalversammlung, 1868-1870 Mitglied des Zollparlaments, u. d. Natalie Schmid, * Ulm 13. I. 1809, † Stuttgart 10. VI. 1883, T. d. Prälaten Johann Christoph (von) →Schmid.
Mutter   Marie Wagner, * München 19. VII. 1840, † Stuttgart 18. I. 1937, T. d. Wilhelm Wagner[608], * Balingen 13. VII. 1801, † Stuttgart 29. IX. 1883, Rechtskonsulent in Stuttgart, Direktor des Württ. Kreditvereins in Stuttgart, ständisches Mitglied des Württ. Staatsgerichtshofs, u. d. Wilhelmine Magdalene Wetzel, * Tübingen 9. XI. 1807, † Stuttgart 24. XII. 1877.
3 G   Marie („Maja") Tafel, * Stuttgart 8. I. 1866, † Heilbronn/Neckar 20. XII. 1944, ∞ 29. VII. 1888 Hermann Fischbach, * Hohenheim, Gde. Plieningen/AOA Stuttgart 12. III. 1859, † 19. VI. 1922, Landgerichtsdirektor in Heilbronn/Neckar; *Hermann* Wilhelm Gottlob Tafel, * Stuttgart 13. VIII. 1874, † ebd. 24. IX. 1964, Oberstaatsanwalt in Stuttgart, ∞ 25. IX. 1906 *Elisabeth („Else")* Mathilde Behr, * Balingen 11. XII. 1882, † Stuttgart 1960.
∞ Schwäbisch Gmünd 10. XI. 1890 *Clara* Wilhelmine Haussmann, * Schwäbisch Gmünd 15. III. 1868, † Davos 6. II. 1939, T. d. Gottlob Sigmund Heinrich Haussmann, * Pforzheim 14. VII. 1824, † Schwäbisch Gmünd 5. IV. 1881, Fabrikant in Schwäbisch Gmünd, u. d. Wilhelmine Wagner, * Nagold 25. VII. 1830, † Schwäbisch Gmünd 30. XII. 1912.
1 K   *Wilhelm* Gottlob Hermann Tafel, Dr. iur., * Davos (Schweiz) 6. IX. 1892, † Berlin 4. XI. 1973, Major, ∞ 7. IV. 1938 Ingeborg Völtz, * Berlin-Charlottenburg 25. V. 1914, Berlin 1. VII. 2007.

T. war am Ende seines kurzen Lebens einer der meistfrequentierten und beliebtesten Ärzte in Ulm. Neben seiner persönlichen Liebenswürdigkeit trug dazu sicherlich auch bei, dass er nicht selten auch ohne Bezahlung half, weil ihm dies als ärztliche Pflicht erschien.

---

606 Ih 2, S. 882 – RABERG, Biogr. Handbuch, S. 920 (Bild).
607 RABERG, Biogr. Handbuch, S. 918 f.
608 RABERG, Biogr. Handbuch, S. 967 (Bild) – DVORAK I,5 (2005), S. 195 (Bild).

T. war, wie nach ihm auch sein jüngerer Bruder Hermann, Schüler des Eberhard-Ludwigs-Gymnasiums in Stuttgart und während seines Medizinstudiums in Tübingen Mitglied der Akademischen Gesellschaft Stuttgardia. Er scheint eine ausgesprochen menschenfreundliche Ader besessen zu haben, die sein ganzes ärztliches Wirken maßgeblich bestimmt hat. Nach dem Studium war er während seiner Militärdienstzeit als Einjährig Freiwilliger an Lungentuberkulose erkrankte T. zunächst als Arzt in Cannstatt tätig. Seine Krankheit zwang ihn wiederholt zu Kuren in Korsika und in Davos und vererbte sich in diesem Zweig der Familie.

T. bekam die Möglichkeit, von Cannstatt nach Tübingen zu wechseln, um als Assistent bei dem Professor der Augenheilkunde Gustav von Schleich (1851-1928) an der Universität zu arbeiten. Danach ging er nach Winnenden, Stuttgart und Davos, um 1897 Assistenzarzt an der Universitäts-Augenklinik Tübingen zu werden. Wohl seit 1898 war er in Ulm niedergelassener Augenarzt. Dorthin hatten ihn die gesundheitspolitischen Aktivitäten des Oberbürgermeisters Heinrich von →Wagner geführt. T. war rastlos an seinem neuen Wirkungsort tätig und scheint seine Kräfte schnell überspannt zu haben. Wenige Monate nach seinem 39. Geburtstag starb T. in Ulm. Sein Grab auf dem Hauptfriedhof ist noch erhalten.

Q   Familienarchiv Tafel, Hermann Tafel (Stuttgart): Akten zum Leben von Dr. med. Eugen Tafel.
L.   Karl BAUER (Bearb.), Stammbaum der Familie Wagner (Nachkommen von Georg Wagner um 1600, Färber und Händler in Calw), Calw 1936, S. 62 f. – ARNOLD, Stuttgardia II, S. 33, Nr. 96.

Tafel, Johann Friedrich *Leonhard*, * Sulzbach am Kocher/OA Gaildorf 6. Feb. 1800, † Philadelphia, Pennsylvania (USA) 1. April 1880, ⬚ Friedhof Evergreen, Brooklyn, New York, ev.
Vater   Johann Friedrich Tafel, Mag., * Waiblingen 20. II. 1756, † Flacht/OA Leonberg 2. VI. 1814, Pfarrer in Sulzbach am Kocher, ab 1803 dsgl. in Flacht, S. d. Christian Friedrich Tafel, Mag., * Tübingen 31. X. 1718, † Backnang 14. XI. 1781, Diakon in Waiblingen, zuletzt ab 1762 Spezial und Superintendent in Backnang, u. d. Johanna Maria Vollmar
Mutter   *Beate* Christiane Justine Horn, * Tamm/OA Ludwigsburg 1. II. 1766, † Tübingen 8. II. 1828, T. d. Johann Immanuel Horn, Mag., * Simmozheim/OA Calw 30. III. 1724 oder 1725, † Tamm 24. VII. 1767, Pfarrer in Tamm, u. d. Christina Beate Baumann, * Tamm 12. I. 1732, † Sulzbach am Kocher 15. IX. 1801.
4 G   Johann Friedrich *Immanuel* Tafel[609], Dr. theol., * Sulzbach am Kocher/ OA Gaildorf 17. II. 1796, † Bad Ragaz (Schweiz) 29. VIII. 1863, Professor der Philosophie, Oberbibliothekar in Tübingen, Swedenborgianer, ∞ Iserlohn 25. VIII. 1832 Wilhelmine Müllensiefen; *Christian* Friedrich August Tafel[610], Dr. phil., Dr. iur., * Sulzbach am Kocher/OA Gaildorf 27. V. 1798, † Öhringen 24. XI. 1856, Rechtskonsulent in Öhringen, ∞ I. Ingelfingen/OA Künzelsau 26. IX. 1827 Magdalene Karoline Juliane Auguste Breitschwert, † 15. VI. 1832; ∞ II. Stuttgart 1. VII. 1834 Marie Luise Duttenhofer, † 19. VII. 1839; ∞ III. Weinsberg 7. VII. 1840 Karoline Friederike Osswald, † 4. VIII. 1889; Johanna Friederike Beate Tafel, * Sulzbach am Kocher/OA Gaildorf 19. VIII. 1802, † ebd. 10. IX. 1802; Johann Friedrich *Gottlob* Tafel[611], * Sulzbach am Kocher/OA Gaildorf 10. I. 1801, † Stuttgart 8. XII. 1874, Rechtsanwalt, Publizist und liberaler Politiker in Stuttgart, 1848-1856 und 1862-1868 MdL Württemberg, 1848/49 Mitglied der Dt. Nationalversammlung, 1868-1870 Mitglied des Zollparlaments, ∞ I. Stuttgart 15. IV. 1828 Natalie Schmid, * Ulm 13. I. 1809, † Stuttgart 10. VI. 1883, T. d. Prälaten Johann Christoph (von) Schmid.
∞ 8. VIII. 1826 *Caroline* Luise Katharine Vayhinger, * Sulz/Neckar 4. IX. 1801, † Brooklyn/New York (USA) 7. XII. 1877, T. d. Kaufmanns Gottfried Immanuel Vayhinger, * 18. II. 1766, in Sulz/Neckar u. d. *Luise* Friederike Horn, * 15. VII. 1778.
11 K   Auguste Luise Tafel, * Stuttgart 3. VIII. 1827, ∞ Philadelphia, Pennsylvania (USA) 10. II. 1854 *Arthur* Karl Victor Schott, Ökonom in Esslingen/Neckar, später Leiter wissenschaftlicher Expeditionen im Westen der USA; Gustav Albert Tafel, * München 8. II. 1829, † Mentone Dez. 1888, Typograf in Cincinnati, Ohio (USA), später druggist in St. Louis, Missouri (USA); Gustav *Rudolf* Tafel, * München 13. X. 1830, † Cincinnati, Ohio (USA) 13. XI. 1908, Buchdrucker, später Rechtsanwalt und Notar in Cincinnati, im US-amerikanischen Sezessionskrieg Colonel, 1866 „member of legislature of constitution", 1897 Bürgermeister ebd., ∞ Louisville, Kentucky (USA) 19. I. 1870 Maria Theresia Dorn, * Triest (Italien) 15. X. 1849, † Cincinnati, Ohio (USA) 26. V. 1909; Rudolph →Tafel; Hugo Tafel, * Ulm 6. VII. 1833, † gef. bei Mill Springs/Kentucky (USA) im Sezessionskrieg 19. I. 1862; *Richard* Immanuel Tafel, * Ulm 11. IX. 1834, † 1849; *Elise* Mathilde Tafel, * Ulm 7. VI. 1838, ∞ Franz Böricke; Adolf Julius Tafel, * Ulm 13. IX. 1839, † 11. III. 1895; Paul *Ludwig Hermann* („Louis Herman") Tafel, * Schorndorf 7. XII. 1840, † 23. XII. 1909, Sprachlehrer und Minister der New Church, zuletzt in Berlin

---

609 Ih 2, S. 882 – Ih 3, S. 340.
610 PHILIPP, Germania, S. 23, Nr. 217.
611 RABERG, Biogr. Handbuch, S. 918 f.

(Ontario); Paul Gottlob Tafel, * Schorndorf 23. I. 1844, † Stuttgart 28. VI. 1850; *Mina* Luise Tafel, * Schorndorf 20. I. 1847, † Zürich 16. IX. 1912, ∞ Fedor Görwitz, * Apolda (Thüringen) 25. III. 1835, † Zürich (Schweiz) 26. VI. 1912, Seelsorger der mitteleuropäischen Gemeinden der Neuen Kirche.

Aufgewachsen in ländlicher Umgebung in Flacht/OA Leonberg, wo sein Vater Pfarrer war, besuchte T. nach dem Gymnasium in Stuttgart die Klosterschulen Schöntal und Maulbronn. Ab 1818 studierte er in Tübingen Theologie und Philologie (und war wie ein älterer und ein jüngerer Bruder Mitglied der Burschenschaft Alte Arminia bzw. der Burschenschaft Germania), wobei seine Begeisterung und Begabung für Sprachen den Ausschlag für die Philologie ergab. Hinzu traten gewichtige Zweifel an der „altkirchlichen Offenbarung", die letztlich sein weiteres Leben bestimmen sollten. 1821/22 Professoratsverweser und Vikar am Stuttgarter Gymnasium, geriet T. 1824 in den Strudel der Verfolgungen von Burschenschaftlern durch den Staat. Obwohl T. als kritischer Befürworter der Einheit Deutschlands das schwärmerische nationale Pathos und besonders den Zug zur Militarisierung der Burschenschaft eher ablehnte, wurde er als „Demagoge" von 1824 bis 1826 auf dem Hohenasperg inhaftiert. In der Haft arbeitete er an seinen ersten Büchern, der Herausgabe der „Römischen Geschichte" des Livius (Stuttgart 1824/25) und einem Wörterbuch für lateinische Chrestomathie für die mittleren Abteilungen an Gelehrten-Schulen (Stuttgart 1826). Nach der Haftentlassung hätte er Konrektor am Kgl. Gymnasium Öhringen werden können, was aber am Einspruch des Königs scheiterte. Daraufhin arbeitete T. zunächst publizistisch für die Zeitschrift „Das Ausland" und andere Blätter des Verlags Cotta und hielt sich zeitweilig in München auf.
1830 konnte T. nach Fürsprache seines Verwandten Christian Jacob Zahn, Vizepräsident der Kammer der Abgeordneten des Württ. Landtags, und in Folge eines günstigen Berichts des K. Studienrats eine Stelle als Oberreal- bzw. Gymnasiallehrer in Ulm antreten, wo der mit einer genialischen Sprachbegabung ausgestattete T. – ein Vertreter der interlinearen Hamilton'schen Sprachlehre – eine Reihe von Lehrbüchern zur englischen, französischen, italienischen, spanischen, griechischen und lateinischen Sprache verfasste, die zum Teil in Ulm erschienen. Zehn Jahre lang blieb T. in Ulm, wo fünf seiner Kinder zur Welt kamen und weitere Bücher entstanden, so „Hamilton und seine Gegner" (1837), oder „Die deutschen Stadtschulen in Württemberg" (1838). Im Sept. 1831 spielte T. eine Schlüsselrolle, als Ulm eine Protestadresse an den Bundestag in Frankfurt/Main abgeben sollte, die gegen das russische Vorgehen in Polen gerichtet war. Als Oberbürgermeister →Wolbach die Angelegenheit im Auftrag des Oberamts untersuchte, ergab sich, dass die Adresse von Stiftungsverwalter Dieterich an T. übergeben worden war, der sie an den Landtagsabgeordneten Ludwig Uhland geschickt hatte mit dem Vermerk, man halte eine Eingabe an den König für besser. Im Jahr darauf nahm er an einer Versammlung führender Liberaler in Echterdingen teil.
1840 erhielt T. eine Stelle als Präzeptor an der Lateinschule in Schorndorf, wo er den örtlichen Turnverein gründete. Die Schulbehörde stellte sich gegen seine Lehrmethoden und behinderte seine weitere Laufbahn, weshalb T. aus dem Schuldienst ausschied und in Stuttgart eine Privatschule ins Leben rief, die jedoch keinen Erfolg hatte. Während der Revolutionszeit 1848/49 und danach war T. in der Redaktion des liberalen Blattes „Der Beobachter" seines Bruders Gottlob Tafel tätig. Unter dem Einfluss seines Bruders Immanuel Tafel zu einem überzeugten Anhänger der Lehren Swedenborgs geworden, wanderte T. 1853 mit seiner Familie in die USA aus, wohin sein Sohn Rudolph →Tafel schon einige Jahre früher ausgewandert war. Dort war er zunächst von 1854 bis 1858 als Lehrer für alte Sprachen und Professor an der Urbana University in Urbana, Ohio, anschließend von 1858-1861 in Philadelphia, Pennsylva-

nia sowie von 1861 bis 1867 in St. Louis, Missouri, und danach wieder (von 1867-1870) in Philadelphia tätig. 1871 wurde er Swedenborgianischer Pastor der deutschen Gemeinde der New Church (Church of New Jerusalem) in New York, zuletzt wirkte er in gleicher Funktion in Philadelphia. T. erwarb sich in seinen Gemeinden einen ausgezeichneten Ruf und wurde allseits verehrt. Seine Bibelübersetzungen werden bis auf den heutigen Tag in Swedenborgianischen Gemeinden genutzt. Mit zweien seiner Söhne erarbeitete er eine Interlinear-Version der Bibel, d. h. er übersetzte das Alte Testament aus dem Hebräischen ins Deutsche (erschienen Basel 1875), einige Teile der Bücher Daniel und Esra aus dem Aramäischen ins Deutsche sowie aus dem Neuen Testament die Evangelien, die Apostelgeschichte, den Paulusbrief an die Römer und den 1. Korintherbrief und lieferte jeweils den Originaltext in der „Ursprache" und die Übersetzung in Deutsch bzw. später Englisch[612]. T., der 20 Sprachen beherrscht haben soll, war von einem schier unvorstellbaren Fleiß und verfasste eine stattliche Anzahl von Lehrbüchern und Übersetzungen sowohl von klassischen Texten (wie Cassius Dio, Livius, Xenophon) als auch von neueren Autoren wie James Fenimore Cooper, Charles Dickens, Walter Scott oder William Makepeace Thackerey. Seine Übersetzung von Sir Walter Scotts Ritterroman „Ivanhoe" wird noch heute empfohlen.

W Schriftenverzeichnis bei Maurice RARATY, Bibliographie der Nachkommen des Tobias Friderich Tafel 1612-1665, Canterbury/Kent (Großbritannien) 1976, S. 13-15
L DBA III/907, 152 – Ih 2, S. 882 – Ih 3, S. 341 – Dr. Leonhard Tafel, in: SK Nr. 103, 1. V. 1880, S. 769 – Neukirchenblätter Erster Band, Nr. 11, 15. VI. 1880, S. 167-174 (Fedor GÖRWITZ) – Dr. Leonhard Tafel, in: Der Deutsche Pionier, Dez. 1880, S. 331-338 – HEPACH, Königreich, S. 112 – PHILIPP, Germania, S. 23, Nr. 218 – BBKL XI (1996), Sp. 404-406 (Eberhard ZWINK) – KÖNIG, Menschen, S. 229-232 (Bild) – DBE 9 (1999), S. 261.

Tafel, Gottlieb *Lucas (Lukas)* Friedrich, Mag., * Bempflingen/ OA Urach 6. Sept. 1787, † Ulm 14. Okt. 1860, □ ebd., ev.
Vater Lukas Friedrich Tafel[613], Mag., * Benningen/Neckar 26. IV. 1739, † Bempflingen 27. III. 1788, 1871 Pfarrer in Reusten, Poltringen und zuletzt seit 1885 dgl. in Bempflingen, S. d. Gottlieb Friedrich Tafel[614], Mag., * Hohentwiel 3. VIII. 1696, □ Benningen/Neckar 29. oder 30. I. 1776, seit 1734 Pfarrer in Benningen/Neckar, u. d. Maria Barbara Spönlin.
Mutter *Juliana* Dorothea Vogel, T. d. Pfarrers Mag. Philipp Heinrich Vogel in Neustadt bei Waiblingen.
7 G, davon 3 früh, darunter Johanna Friederika Gottliebin Tafel, * Reusten 20. VII. 1778, † 9. VII. 1846, ∞ I. Ludwig Friedrich Wurm, Rechnungsbeamter in Stuttgart; ∞ II. Sulzbach/Kocher 18. X. 1821 Johann Christoph Bissinger, Pfarrer ebd.
∞ (?)[615] Tübingen 5. X. 1828 Susanna Wolff.

Der berühmte Gelehrte T., ein ausgezeichneter Altphilologe und maßgeblicher Mitbegründer der deutschen Byzanz-Forschung, verlebte nach seiner Emeritierung die letzten Jahre seines Lebens in Ulm. Es bestanden alte Bindungen der Familie Tafel zur Donaustadt, nicht zuletzt auch durch die Eheschließung zweier Töchter des Prälaten von →Schmid mit Tafel-Namensträgern. Die Anfänge waren nicht einfach: Nach dem frühen Tod des Vaters zog die Mutter mit ihren Kindern nach Cannstatt, wo sie aufgewachsen war. Dort erhielt er seine erste Schulbildung, bevor er auf Wunsch der Mutter zur Tübinger Anatolica, dem späteren Lyzeum wechselte.
T. war anschließend von 1800 bis 1805 Klosterschüler in Blaubeuren und Bebenhausen und kam im Herbst nach Tübingen, um Theologie und Philologie zu studieren. Er war Zögling des Tübinger Stifts, erwarb am 12. Dez. 1805 den Grad des Baccalaureus und am 25. Sept. 1807 den Magistergrad. 1810 ging er per Vermittlung des späteren Leiters des Basler Insti-

tuts, Christian Theodor Blumhardt, für vier Jahre nach Emkendorf (Holstein), wo er die beiden Stiefsöhne des Friedrich von Reventlow, die späteren Grafen von Reventlow-Criminil, unterrichtete. Beide machten später im Staatsdienst beachtliche Karrieren als Oberpräsident bzw. als dänischer Staatsminister. Im Nov. 1814 nach Württemberg zurückgekehrt, war er von Dez. 1814 bis März 1815 Pfarrverweser in Ballendorf bei Ulm. Von 1815 bis 1818 wirkte T. als Stiftsrepetent in Tübingen und versah zugleich von Okt. bis Dez. 1817 die Pfarrei im nahe gelegenen Wankheim.
Der kirchenkritische T. war froh, nicht in den Kirchendienst eintreten zu müssen, sondern eine wissenschaftliche Laufbahn verfolgen zu können. Von 1818 bis 1822 war T. – auf Vorschlag des Ministers von Wangenheim – ao. Prof. der klassischen Literatur an der Universität Tübingen und zugleich Lehrer an Klasse V des Tübinger Lyzeums. 25. März 1822 bis 1846 o. Prof. der Philosophie in Tübingen, zugleich Vorstand des Münz- und Antiquitätenkabinetts der Universität Tübingen. 1837 übernahm T. auch die Leitung des philosophischen Seminars. Der begnadete Altphilologe T. gilt als Begründer der deutschen Byzantinistik und legte eine Reihe grundlegender Veröffentlichungen vor, die vor allem mit spätgriechischer und byzantinischer Literaturgeschichte befassen. Seine Verdienste fanden vielfältige Würdigungen, u. a. ernannten ihn die historische Klasse der Akademie der Wissenschaften in München und der Ksl. Akademie der Wissenschaften in St. Petersburg zu ihrem Mitglied. Als akademischer Lehrer war T. hingegen nicht unumstritten; seine Vorlesungen wurden von nicht wenigen Studenten bisweilen als quälend empfunden. David Friedrich Strauß sagte von T., dieser habe *im Umgang weit mehr Geist verpufft, als er in seine Vorlesungen einfließen zu lassen für gut fand*, und habe ihn in *schrecklicher Erinnerung*. Erst später habe T. die Studenten mit Übungen stärker in die geistige Durchdringung der Texte hineingeführt, und er würdige rückblickend den *gründlichen Philologen*.
Der als sperrig geltende T., stets zu bisweilen beißendem Spott aufgelegt, gilt als Vater der berühmt gewordenen Definition des Unterschieds zwischen o. und ao. Professoren, wonach erste nichts Außerordentliches und letztere nichts Ordentliches wüssten. 1838 setzte sich T. mit einigen seiner Kollegen für die Gründung eines Tierschutzvereins ein. Sein Schüler Gustav von →*Binder berichtet in seinen Erinnerungen, der über 40-jährige T. habe sich *mit einer schönen, stattlichen Dame aus Karlsruhe* verlobt und sich *mit ihr öffentlich auf Spaziergängen und dergleichen* gezeigt; doch nach kurzer Zeit habe sich das Verhältnis wieder gelöst, weil die Auserwählte ihn *himmelschreiend belogen* habe. Ob es tatsächlich zur Eheschließung kam, bleibt demnach unklar.
Nach seiner Emeritierung nahm T. seinen Wohnsitz zunächst in München, dann in Ulm, wohin seine Familie über die Prälaten von →Schmid enge Beziehungen hatte. Der gelehrte und gesellige Mann war dort bald als „Taffel-Taffel" eine stadtbekannte Persönlichkeit und fühlte sich in der Donaustadt sehr wohl. Er hielt Vorträge und konnte noch eine Reihe wissenschaftlicher Publikationen abschließen. T. war Mitglied des Vereins für Kunst und Altertum in Ulm und Oberschwaben und nahm am gesellschaftlichen Leben regen Anteil. Bei seiner Beerdigung wusste Diakon Lamparter einsig nur von dem bekehrten Sünder T. zu sprechen, dem Freigeist, der dann doch noch zur Kirche zurückgefunden hatte. Der Bibliothekar der Münchner Staatsbibliothek, Dr. G. M. Thomas, ein enger Freund T.s, mit dem er auch gemeinsam publiziert hatte, ergriff dagegen spontan das Wort und suchte den wahren Kern der Persönlichkeit T.s – mit größerem Erfolg – zu erkunden. Der Verstorbene vermachte seine umfangreiche Bibliothek der Stadt Ulm, *eine wertvolle Bereicherung derselben* (SCHULTES, Chronik, S. 509).

Q Autobiographische Aufzeichnungen aus dem Jahr 1827 im Besitz der Familie Tafel, Stuttgart – StadtA Ulm, G 2.

---

[612] Zum Teil sind digitalisierte Versionen unter der webpage der Württ. Landesbibliothek Stuttgart (WWW.WLB-STUTTGART.DE/REFERATE/THEOLOGIE/ SWEDVOTX-HMTL#KWBI) leicht greifbar.
[613] SIGEL, Nr. 83,18, mit Geburtsdatum: „24. April 1739" und Todesdatum „28. März 1788".
[614] SIGEL, Nr. 84,18, mit falschem Geburtsdatum: „6. Sept. 1698".
[615] Im Ulmer Familienregister wird er als „ledigen Standes" bezeichnet.

W   [Auswahl, umfassende Bibliographie in: Bibliographie der Nachkommen des Tobias Friderich Tafel 1612-1665, 1976. Zusammengestellt von Maurice RARATY, Canterbury/Kent (Großbritannien) 1976, S. 3-6] Komnenen und Normannen. Beiträge zur Erforschung ihrer Geschichte in verdeutschten und erläuterten Urkunden des 12. und 13. Jahrhunderts. Aus dem Griechischen, Ulm 1852 – (Hg. mit G. M. THOMAS), Urkunden zur älteren Handels- und Staatsgeschichte der Republik Venedig, mit besonderer Beziehung auf Byzanz und die Levante. Vom 9. bis zum Ausgang des 15. Jahrhunderts (Österreichische Akademie der Wissenschaften, Fontes rerum Austiacarum, Abt. 2, Bde. 12-14), Wien 1856/57.
L   DBI 7, S. 3511 – DBA I/1255, 240-242 – DBA III/907, 129 – Ih 2, S. 882 – Hymenaeum auf den Tag der Vermählung des Herrn Gottl. Lukas Tafel, ord. Prof. der klass. Literatur, mit Fräulein Susanna geb. Wolff, zum Nachtisch aufgetragen den 5. Oct. 1828 von C. HENDECADACTYLOS, Tübingen [1828] – Rede am Grabe des Prof. Dr. G. L. F. Tafel, gehalten den 16. Oktober 1860 von Diaconus LAMPARTER, Ulm 1860 – SK 1860, S. 1965 – MUT Nr. 40 086 – ADB 37 (1894), S. 342-346 (Carl NEUMANN) – FABER 6, § B 39 – SCHULTES, Chronik, S. 509 – SIGEL, Nr. 123,505 – UBC 2, S. 78 – LEUBE, Tübinger Stift, S. 703 – Max NEUNHÖFFER (Hg.), Ein liberaler Theologe und Schulmann in Württemberg. Erinnerungen von Dr. Gustav von Binder 1807-1885 (Lebendige Vergangenheit 6. Band), Stuttgart 1975, S. 45 – EBERL, Klosterschüler II, S. 118, Nr. 1131 – Martin H. JUNG, Die Anfänge der deutschen Tierschutzbewegung im 19. Jahrhundert. Mössingen - Tübingen - Stuttgart - Dresden - München, in: ZWLG 56 (1997), S. [205]-239, hier S. 231.

Tafel, *Rudolph* Leonhard, Dr. phil., M.A., * Ulm 24. Nov. 1831, † London (Großbritannien) 9. Jan. 1893 (nicht 1896!), ev.

Eltern und *G* siehe Johann Friedrich *Leonhard* →Tafel, Gymnasiallehrer in Ulm, Swedenborgianischer Pastor der Church of New Jerusalem in New York und Philadelphia.
∞ 7. III. 1869 Emilie Tafel, * Stuttgart 24. XI. 1835, † London 9. I. 1920, T. d. Johann Friedrich *Gottlob* Tafel (vgl. *G* bei Leonhard →Tafel) u. d. Natalie Schmid.
Keine *K*.

T., eine der bedeutenden Persönlichkeiten der Swedenborgianischen Kirche im anglo-amerikanischen Kulturkreis, kam während der Dienstzeit seines Vaters als Lehrer am Ulmer Gymnasium zur Welt. Der Einfluss des sprachbegabten und neue Lehrmethoden ausprobierenden Vaters war für T. überaus prägend: der Sohn erlernte in Ulm mehrere alte und moderne Sprachen und eignete sich aus eigenem Willen und ohne Wissen des Vaters noch Hebräisch an. Er war knapp 16 Jahre alt, als seine Familie Württemberg verließ und in die USA auswanderte. Das große Wagnis der Existenz-Neugründung zwang alle Familienmitglieder, sich sofort Arbeit zu suchen und zum Lebensunterhalt beizutragen. T. nutzte seine sprachlichen Fähigkeiten und arbeitete als Privatlehrer in Cincinnati und Philadelphia, wo er später als Lehrer in der Sonntagsschule und als Musiker wirkte.

1854 erhielt T. eine Anstellung als Bibliothekar an der US-Naval Academy in Annapolis (Maryland), im Jahr darauf – mit 23 Jahren! – avancierte er zum Professor für neue Sprachen am St. John´s College ebd. und empfing dort den akademischen Grad eines Master of Arts (M. A.) ehrenhalber. T. intensivierte seine linguistischen und philologischen Forschungen, veröffentlichte gemeinsam mit seinem Vater Beiträge zur vergleichenden Grammatik und Philologie mit dem Schwerpunkt semitische Philologie in der „Bibliotheca Sacra" und publizierte 1860 ein auf modernen Untersuchungen beruhendes wegweisendes Lehrbuch „Latin Prounciation and the Latin Alphabet", das in den USA und Großbritannien sehr verbreitet war.

1862 zum Professor für Moderne Sprachen und vergleichende Philologie an die Washington University, St. Louis, berufen, verlieh ihm die Universität Tübingen im gleichen Jahr auf Grund seiner Untersuchung „The Elementary Sounds of Language in General and of the English Language in Particular" den akademischen philosophischen Doktorgrad. Zugleich

ernannten ihn die American Oriental Society, die Academy of Sciences of St. Louis und die Society of Speculative Philosophy zu ihrem Mitglied. Am 12. April 1868 wurde T., der unter dem Einfluss seines Vaters Anhänger der Lehren Emanuel Swedenborgs geworden war, als Swedenborgianischer Minister (Pfarrer) von Reverend James P. Stuart in St. Louis (Missouri) ordiniert. Mit diesem Schritt vollzog T. eine Verlegung seines Schwerpunkts von der Wissenschaft auf die Seelsorge innerhalb der New Church Swedenborgs. Wesentlich war sein Forschungsaufenthalt in Schweden 1869, wo er die handschriftlichen Aufzeichnungen Swedenborgs foto-lithografisch sicherte und in nur zehnmonatiger Arbeit übersetzte und in zehn Bänden publizierte. Damit erhielt die Swedenborgianische Gemeinde in den USA und weltweit einen ungeheuren Auftrieb.

1872 übernahm T. eine theologische Professur am New Church College in Islington (London), womit sich sein Lebensschwerpunkt von den USA auf England verlagerte. Inwiefern dieser Wechsel im Zusammenhang mit Differenzen mit seinem Vater und seinen Brüdern hinsichtlich der Verselbständigung der New Church durch eine episkopale Verfassung stand, lässt sich nur schwer einschätzen. Zwischen 1872 und 1874 gab er mit J. G. Mittnacht in Stuttgart die deutschsprachige „Wochenschrift für die Neue Kirche" heraus. 1882 mit dem Rang eines ordinierten Geistlichen der New Church ausgestattet, trat er 1883 als Vorstand an die Spitze des Erziehungsinstituts der New Church und wurde 1887 zum Präsidenten der Generalkonferenz gewählt. T. starb nach langer, schwerer Krankheit im Alter von 61 Jahren. Er ist bis heute – nicht zuletzt auf Grund einer stattlichen Anzahl einschlägiger Veröffentlichungen – eine der einflussreichsten Persönlichkeiten der New Church bzw. in England der New Jerusalem Church und hinterließ wie sein Vater zahlreiche Zeugnisse seiner außerordentlichen wissenschaftlichen Begabung.

W   [Auswahl, umfassende Bibliographie in: Bibliographie der Nachkommen des Tobias Friderich Tafel 1612-1665, 1976. Zusammengestellt von Maurice RARATY, Canterbury/Kent (Großbritannien) 1976, S. 18-21]
(mit Leonhard TAFEL) Latin Pronunciation and the Latin Alphabet, New York 1860 – (mit Leonhard TAFEL) A review of some points in Bopp´s Comparative Grammar etc., Andover 1861 – Investigations into the Laws of English Orthography and Pronunciation, Band 1 [mehr nicht erschienen], New York 1862 – Emanuel Swedenborg as a philosopher and man of science, Chicago 1876 – Documents concerning the life and character of Emanuel Swedenborg collected, translated and annoted by R. L. Tafel, 2 Bände, London/Leipzig 1875-1877 – Authority in the New Church, London 1877 – The Incarnation of Jehova God, London 1881 – Eve and the Serpent. A lecture, London 1882 – The Training of Ministers in the New Church. An Address, London 1885 – Swedenborg and the Doctrines of the New Church, London 1889.
L   New Church Life, Jan./Feb. 1893 (James SPEIRS).

Taschke, *Julius* Hermann, * München 22. Feb. 1895, † Neu-Ulm 14. Jan. 1941, „gottgläubig".

Vater   Julius Taschke, Hoteldirektor in München.
Mutter   Frieda Reiss.
∞ München 20. VIII. 1929 Margot Thalhammer, * München 22. IV. 1908, T. d. Josef Thalhammer, u. d. Walburga Oberhofer.
1 *K*   *Rudolf* Siegfried Taschke, * München 22. VII. 1930.

T. war kurz nach Ausbruch des Zweiten Weltkriegs Neu-Ulmer Landrat. Über sein Leben und Wirken ist wenig bekannt.

Der „alte Kämpfer" T. trat 1928 im Alter von 33 Jahren der NSDAP bei und wurde 1934 „hauptamtliches" SS-Mitglied und bald darauf zum SS-Sturmbannführer und Adjutanten im SS-Hauptamt in München ernannt. Welche schulische und berufliche Ausbildung er hatte, welchen Beruf er ausübte, geht aus dem vorliegenden Material nicht hervor. Im Okt. 1938 bat T. mit einer Eingabe beim Bayer. Staatsministerium um eine baldige Verwendung als Landrat – obwohl ihm die Voraussetzungen für diesen Posten fehlten. Parteizugehörigkeit und -engagement ersetzten administrative Erfahrung. Im Dez. 1939 erfolgte – als Nachfolger von Friedrich →Schreck – T.s Ernennung zum Landrat von Neu-Ulm, wohin er allerdings erst im Juli 1940 zog. Sein Amt vermochte er nur wenige Monate auszuüben, da er im Alter von knapp 46 Jahren an einem

Herzschlag starb. Der Verstorbene sei jederzeit *ein treuer Kamerad und einsatzbereiter Kämpfer* gewesen, hieß es im Nachruf des Ortsgruppenleiters der NSDAP-Ortsgruppe Neu-Ulm-Mitte, Wintermayr. Die Beamten des Landratsamtes und der Kreistag betrauerten den *edlen und gütigen Vorgesetzten.* T.s Nachfolge trat Dr. Anton →Heiser an. – Goldenes Ehrenzeichen der NSDAP.

Q   Bayer. HStA München, MInn 85200 – StadtA Neu-Ulm, A 9.
L   GEIGER, Zwischen Loyalität, bes. S. 114.

Teichmann, Carl (Karl), * Ulm 16. Aug. 1847, † ebd. 31. Okt. 1909, ☐ ebd., Hauptfriedhof, ev.

Vater August Teichmann, Kaufmann in Ulm, seit 1852 Gemeinderat. Mutter Thekla Reichard, * Ulm 20. IV. 1822, † ebd. 6. VIII. 1899, T. d. Carl →Reichard.
2 *G*   Thekla Teichmann, ∞ Waldbaur; Emil Teichmann, ∞ Schroeter. Ledig. Keine *K.*

T., ein bekannter Rechtsanwalt und Kommunalpolitiker in Ulm, hat seine Vaterstadt, mit der er sich sehr eng verbunden fühlte, meist nur verlassen, um eine seiner ausgedehnten Reisen zu unternehmen.
Der einer alteingesessenen Ulmer Kaufmannsfamilie entstammende T. besuchte das Gymnasium in Ulm und ließ sich nach dem Abschluss des Jurastudiums dort als beim Landgericht zugelassener Rechtsanwalt nieder. Nationalliberal eingestellt und im Dez. 1891 erstmals in den Bürgerausschuss gewählt, bestellte ihn das Gremium bei der Eröffnungssitzung im Jan. 1892 zum stv. Obmann, nach dem Wechsel des bisherigen Obmannes Dr. Gustav →Leube (jun.) in den Gemeinderat im Jan. 1894 schließlich zum Obmann. Dem Bürgerausschuss gehörte T. ununterbrochen 18 Jahre lang bis zu seinem Tod an. Im Dez. 1894 erneut gewählt, übernahm T. als Bürgerausschussobmann eine Reihe repräsentativer Aufgaben. So begleitete er im Juni 1895 Oberbürgermeister Heinrich von →Wagner nach Friedrichsruh, um Reichskanzler a. D. Fürst →*Bismarck den Ehrenbürgerbrief der Stadt Ulm zu überreichen. Im Okt. 1898 überreichte T. mit dem Oberbürgermeister und Hofrat Dr. →Wacker der Tochter des Königs von Württemberg, Pauline, anlässlich ihrer Heirat mit dem Fürsten von Wied zwei silberne Kandelaber und einen Perserteppich als Glückwunsch der Stadt Ulm.
Wesentlichen Anteil hatte der begeisterte Bergsteiger T., der auch Mitglied des Deutsch-Österreichischen Alpenvereins (DÖAV) und Vorsitzender der Ulmer Sektion war, am Bau der Ulmer Hütte auf dem Arlberg, die im Sept. 1903 eingeweiht werden konnte. Daneben wurde ihm auch ein großer Verdienst an den umfänglichen Gartenerweiterungen in der Stadt und am Bau des Hallenbaus zugeschrieben. Im Dez. 1898 hatte T. sein Mandat im Bürgerausschuss erneuern können, ebenso war er im Amt des Obmannes bestätigt worden.
Der humorvolle und schlagfertige T., sehr beliebt und geschätzt als launiger Festredner, war im gesellschaftlichen Leben Ulms eine feste Größe, geradezu berühmt war er für seine schwungvollen Hundskomödie-Festreden. T., der Besitzer des großen Teichmann´schen Hauses im Hafenbad war, starb an einem Schlaganfall, den er beim Frühschoppen an seinem Stammtisch in der Museumsgesellschaft erlitt. Einige Verwandte T.s stifteten zu seinem Andenken den „Manlesbrunnen" beim Hotel „Goldenes Rad". – Mitglied des Vereins für Kunst und Altertum in Ulm und Oberschwaben. – Ritterkreuz I. Kl. des Friedrichsordens.

L   Staatsanz. 1909, Nr. 255 – SK Nr. 507, 1. XI. 1909, S. 5 – Württ. Jahrbücher 1909, S. IV – UBC 2, S. 413, 533 – UBC 3, S. 12, 25, 73, 82, 101, 180, 182, 193, 248, 251, 273, 298, 315, 374, 443 ff. (Bild) – WAIBEL, Gemeindewahlen, S. 366, 368, 370.

Thoma, Annette, geb. Schenk, * Neu-Ulm 23. Jan. 1886, † Ruhpolding 26. Nov. 1974, kath.

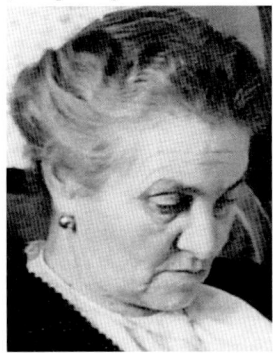

Vater Albert Schenk, Premierleutnant beim 12. Kgl. Bayer. Inf.-Rgt. in Neu-Ulm, zuletzt Kgl. Bayer. Generalmajor.
Mutter Leopoldine Röder.
Mehrere *G*, darunter Walter →Schenk.
∞ 1910 Emil Thoma, Maler.

Die *Schutzheilige der echten Volksmusikanten* (Eduard Ohm) kam während der Stationierung ihres Vaters in Neu-Ulm im Haus Untere Gartenstraße Nr. 2 (der heutigen Wilhelmstraße) zur Welt. Kindheit und Jugend waren von den Versetzungen des Vaters bestimmt. T. besuchte Schulen im Salesianerinnen-Kloster Dietramszell und in München, anschließend begann sie ein Englisch- und Französisch-Studium in München. Um diese Sprachen auch „vor Ort" zu erlernen und auf diese Weise ihre Kenntnisse zu perfektionieren, bereiste sie England und Frankreich. Danach bestand sie das Examen als Sprachlehrerin, ging mit dem Maler Emil Thoma die Ehe ein und lebte im oberbayerischen Riedering am Simssee, wo sie den größten Teil ihres Lebens verbrachte.
Frühzeitig hatte sich bei ihr eine Begeisterung für Volksdichtung und -musik ausgebildet. Sie ging mit anderen, so den Volksmusik-Größen „Kiem-Pauli" und „Fanderl-Wastl", seit ca. 1930 den zum Teil schon recht verschütteten Spuren altbayerischen Liedguts nach und übte die gefundenen Weisen mit den „Riederinger Sängern" (Gebrüder Staber) an ihrem Klavier ein. Bei ihren öffentlichen Auftritten erwies sich, dass es ein großes Interesse für dieses Liedgut gab. Als T.s größter Erfolg gilt die an St. Peter und Paul 1933 in der kleinen Kirche in Wildbad Kreuth uraufgeführte „Deutsche Bauernmesse", in der sie uralte Melodien mit eigenen Texten unterlegte (gedruckt Donauwörth 1948). T. gab außerdem bayerische Volksschauspiele heraus, die zum großen Teil auf alten Dichtungen beruhten. Von ihr stammten auch die Texte für das 1946 erstmals veranstaltete Salzburger Adventsingen. T.s bleibendes Verdienst war die Renaissance alpenländischer geistlicher Volksmusik, für die sie unablässig warb und bei vielen Menschen Verständnis und Interesse wecken konnte und damit einen wesentlichen Beitrag zur Kulturgeschichte leistete.
Als ihr die Stadt Neu-Ulm 1966 Glückwünsche zum 80. Geburtstag zukommen ließ, dankte sie mit dem Bekenntnis: *Wo immer ich der Donau begegne, ist es wie ein Gruß aus Neu-Ulm.* Sie lebte danach noch fast sieben Jahre. 1974 erhielt sie kurz vor ihrem Tod den bayerischen Poetentaler.

Q   StadtA Neu-Ulm, D 12, III. 2.3.26.
W   Das Riederinger Weihnachtsspiel, München 1947 [entstanden 1932] – Chiemgauer Herbergspiel, München 1947 – Heut ist die heilige Klöpfelnacht. Vier Szenen für die Adventszeit zum Spiel von Haus zu Haus, München 1947 [entstanden 1937] – Die Sternsinger. Ein Weihnachtsspiel mit Gesang für Kinder, München 1947 – (Hg.), Das Volkslied in Altbayern mit neue Sänger. Ein Geburtstagsbuch für Kiem Pauli, München 1952. – Schallplatten der Deutschen Bauernmesse: Odeo STO 60626, EMI Electrola IC 062-29677 und 066-32042.
L   W. L. STEINBERGER, Köpfe in Altbayern, München 1949, S. 107 f. – Karl BOSL (Hg.), Bosls Bayerische Biographie. 8.000 Persönlichkeiten aus 15 Jahrhunderten, Regensburg 1983, S. 776 – KDLK 1973, S. 962 – Wilfrid Feldhütter, Annette Thoma. Zum hundertsten Geburtstag, in: Schönere Heimat 75 (1986), Heft 1, S. 258-288 – Eduard OHM, Zum Hundertsten von Annette Thoma: „Immer ist mir die Donau wie ein Gruß aus Neu-Ulm", in: NUZ 28. VI. 1986, S. 25 (Neu-Ulmer Geschichten 56) – TEUBER, Ortsfamilienbuch Neu-Ulm II, Nr. 4069 – TREU, Neu-Ulm, S. 566 f. (Hans RADSPIELER; Bild) – Wikipedia.

Thrän, Georg Karl *Ferdinand*, * Freudenstadt 7. Dez. 1811, † Ulm 13. Feb. 1870, □ ebd., Alter Friedhof, 16. Feb. 1870.

Vater   Thrän, † 1822, Diaconus in Freudenstadt, zuletzt Pfarrer in Gelbingen/OA Schwäbisch Hall.
Mutter   Friederike Haspel, T. d. Johann Friedrich Haspel, Dr. med., Oberamtsphysicus in Schwäbisch Hall, u. d. Anna Marie Rosine Schiller.
∞ 1842 Maria *Elisabeth* Pfeiffer, * Neu-Ulm 6. II. 1822, T. d. Ferdinand Friedrich →Pfeiffer, Weinhändler in Neu Ulm.
5 K, darunter Elise Thrän, erhielt 1868 die große bronzene Medaille für Kunst und Wissenschaft für ihren Beitrag zur Frauenindustrieausstellung in Berlin[616].

Als erstem Ulmer Münsterbaumeister kommt T. im Rahmen der Münsterrestauration des 19. Jahrhunderts eine besondere Bedeutung zu. Während der 25 Jahre seiner Tätigkeit schuf er Vorgaben, an die sich alle seine Nachfolger hielten.
Der Sohn eines ev. Geistlichen wuchs in Freudenstadt, Gelbingen und Schwäbisch Hall auf, wo er die Lateinschule besuchte. Nach dem Tod des Vaters wurde T. von seinem Onkel, Georg Christian Wilhelm von →Bühler, seinerzeit Straßenbauinspektor in Weingarten und später Kreisbaurat in Ulm, adoptiert und für das Baufach interessiert. Ausgebildet an der Stuttgarter Baugewerkeschule, bestand T. dort 1835 die Baufachprüfung und erhielt wenig später von seinem mittlerweile in Ulm tätigen Onkel die ersten Bauaufträge vermittelt. Da Bühler wesentliche Verdienste um den Anschluss Ulms an das württ. Eisenbahnnetz hatte, nimmt es nicht Wunder, dass T. frühzeitig mit Nivellierungsarbeiten an der projektierten Linie von Ulm nach Friedrichshafen befasst war. Nicht ohne Stolz hielt T. in seinem Lebenslauf fest, er könne *sagen, daß ich derjenige bin, welcher den ersten Pfahl zur Eisenbahn in Württemberg und zwar an der Ziegellände in Ulm geschlagen hat.*
1836 erfolgte T.s Ernennung zum Straßenbauinspektionsverweser des Inspektionsbezirks Ulm, 1841 wurde ihm die Stellung definitiv übertragen. 1844 begann T.s Zeit am Münster, als er unter Eduard →Mauch die Bauführung bei den Renovierungsarbeiten übernahm. Er war zum Ulmer Stadtbaumeister gewählt worden, das Münster war also zunächst ein Tätigkeitsort unter vielen. 1845 wurde er erster Münsterbaumeister in Ulm, 1857 erfolgte die Enthebung von allen anderen Geschäften, damit sich T. ganz der Münsterrestaurierung widmen konnte. Mit seinen Stütz- und Schutzbauten schuf er die Grundlagen für die Wiederherstellung des Münsters und zeichnete die Pläne für die Strebebögen, die dann unter seiner Leitung ausgeführt wurden. T. war ein hoch befähigter Architekt mit einem eigenen Kopf und einem derben Wesen, weshalb es wiederholt zu Konflikten mit den bürgerlichen Kollegien kam. In der Öffentlichkeit wurde T. in den ersten Jahren seines Wirkens in Ulm angegriffen, weil ihn mancher mit der Aufgabe des Münsterbaumeisters überfordert sah und für zu jung hielt. T. setzte sich dagegen in heftiger und oft persönlich verletzender Weise zur Wehr.
Er begann die Tradition der „Fortgangsberichte über die Restaurierungs- und Ausbauarbeiten am Münster", die in den „Verhandlungen des Vereins für Kunst und Altertum in Ulm und Oberschwaben", im „Ulmer Intelligenzblatt" und in der „Ulmer Schnellpost" erschienen. Mitte der 1850er Jahre erfand T. den sog. „Münsterkreuzer", die Spende von Privatleuten zur Fertigstellung des Münsters. Anlässlich des Besuchs des neuen Königs Karl von Württemberg in Ulm erhielt T. am 29. Juli 1864 die Große Goldene Medaille für Kunst und Wissenschaft. Im Dez. 1911 erhielt T. ein Denkmal im nördlichen Seitenschiff des Münsters, eine Erinnerungstafel aus rotbraunem Marmor mit einem von Carl →Federlin gefertigten Reliefbild T.s – Mitglied des Münsterbaukomitees, seit Feb. 1868 Mitglied von dessen Bausektion; Gründungsmitglied und zuletzt Ehrenmitglied des Vereins für Kunst und Altertum in Ulm und Oberschwaben.

Q   StadtA Ulm, G 2.
L   Rede am Grabe des Ulmer Dombaumeisters Georg Karl Ferdinand Thrän, Ulm 1870 – SCHMITT, Münsterbibliographie, Nrn. 46, 267, 282, 302 f., 467 f. –

---

[616] UBC 2, S. 219.

SCHULTES, Chronik, S. 471, 519, 524 – UBC 1, S. 556 – UBC 2, S. 49, 127, 226 – UBC 3, S. 495 – THIEME-BECKER 33 (1939), S. 103 f. – UNGERICHT, S. 81 – SPECKER, Ulm im 19. Jahrhundert, S. 22 ff., 27 ff., 32 f., 35 ff., 39, 41, 43, 61 ff., 65, 76, 79 ff., 329, 344 f., 377, 481 f., 570.

Titelius, M., →Cranz, Marie

Tittel, *Hans* Georg, * Striesen (Sachsen) 1. Sept. 1894, † Nürnberg 8. Aug. 1983, diss.

In den Jahren vor dem Ersten Weltkrieg nach Ulm gekommen, spielte der Radikalsozialist und spätere Spartakist T. während der November-Revolution 1918 in Ulm eine gewichtige Rolle.
Aus kinderreicher Arbeiterfamilie stammend, absolvierte der junge T. eine Steindruckerlehre und entwickelte frühzeitig ein politisches Interesse, das ihn 1909 zur Gewerkschaft und in die sozialistische Jugend, 1912 dann zur SPD führte. Auf seiner Wanderschaft kam er nach Stuttgart und schloss sich dort der radikalen SPD-Gruppe um den Landtagsabgeordneten Friedrich Westmeyer (1873-1917) an. Vor allem die Haltung der SPD zur Kriegsfrage und T.s Engagement dagegen führten zu seinem Ausschluss aus der Partei, seine Kontakte zum Internationalen Sozialistischen Jugendkongress in Bern zu seiner Verhaftung Ende 1914. Nach der Haftentlassung wurde er zum Militär eingezogen.
T. arbeitete als Steindrucker in Ulm und war bei Kriegsende einer der Führer der dortigen Radikalsozialisten. Die Ulmer SPD suchte im Nov. 1918 Kontakt zu ihm, um die Radikalsozialisten von ihrem harten Kurs des „unblutigen Wandels" zu überzeugen, was auch gelang. Noch 1918 übernahm T. die Leitung des Spartakusbundes in Ulm und war Delegierter des Gründungsparteitages der KPD Ende 1918. Bei der Wahl zur Württ. Verfassunggebenden Landesversammlung am 12. Jan. 1919 kandidierte er auf Platz 70 der USPD-Landesvorschlagsliste. Nach Gründung der KPD Württemberg trat er als „Polleiter" (Politischer Leiter) an die Spitze des KPD-Bezirks Württemberg, den er von Ulm aus leitete. Von 1920 bis 1923 war der dem rechten KPD-Parteiflügel zuzurechnende T. Mitglied des Zentralausschusses der KPD. 1923 wechselte er als Parteisekretär nach Thüringen, von Jan. 1927 bis 1930 war er MdL Thüringen (KPD, später KP Opposition = „KPO"), nach seinem Parteiausschluss Ende 1928 blieb er politisch weiterhin aktiv in der KPO.
Nach dem Reichstagsbrand (Ende Feb. 1933) untergetaucht, erfolgte im Aug. 1933 T.s Emigration in die Tschechoslowakei, wo er als Redakteur der „Arbeiterpolitik" in Asch arbeitete. 1938 gelang ihm die Flucht nach Frankreich, im gleichen Jahr wurde er als deutscher Staatsbürger ausgebürgert. Von 1939 bis 1941 war T. Internierungshäftling in Le Vernet. 1941 gelang ihm mit einem Notvisum des International Rescue and Relief Committee zwar die Flucht, er wurde aber erneut verhaftet. 1942 erfolgte T.s Emigration in die USA, wobei er auf der Reise in Martinique nochmals interniert wurde. In den USA war er als Offsetdrucker tätig. 1962 kehrte T. nach Deutschland zurück, wo er erneut Mitglied der SPD wurde und in Nürnberg lebte.

L   Hermann WEBER, Die Wandlung des dt. Kommunismus. Die Stalinisierung der KPD Band 2, Frankfurt/Main 1969, S. 342 – DERS., (Hg.), Die Gründung der KPD. Protokoll und Materialien des Gründungsparteitages der Kommunistischen Partei Deutschlands 1918/19, Berlin 1993, bes. S. 342 ff. – SCHUMACHER, M.d.L., S. 163 f. – SPECKER, Großer Schwörbrief, S. 338 – WEBER/HERBST, Deutsche Kommunisten, S. 794 f. (Bild).

Tobel, siehe →Zum Tobel

Tögel, Helmut, * Sternberg (Sudetenland) 13. Okt. 1929, † Neu-Ulm 3. Dez. 1993, kath.

Vater   Adolf Tögel, * 6. XI. 1881.
Mutter   Hermine Blaschke, * 28. X. 1887.
∞ Pfuhl 20. VIII. 1949 Elfriede Pfeffer, * Sternberg 10. II. 1929.
3 K.

Als einer der herausragenden sozialdemokratischen Kommunalpolitiker Neu-Ulms nach 1945 bleibt der aus Nordmähren (heute Tschechien) stammende T. in Erinnerung. Nach der Vertreibung aus der Heimat wurde er in Pfuhl heimisch.

T. wuchs in seinem Geburtsort auf und besuchte dort die Schule. Sein Vater war ein später auch von der tschechischen Regierung anerkannter Antifaschist, aber T. meldete sich 1944 als 15-Jähriger freiwillig zur Wehrmacht. In den letzten Kriegsmonaten erlebte T. bei einer Panzerjagdbrigade den Zusammenbruch und wurde nach Kriegsende im Straflager Neuhodolein bei Olmütz interniert. 1946 musste T. auf Anordnung der tschechischen Behörden seine Heimat Sternberg verlassen: *Wir waren keine Flüchtlinge oder Heimatvertriebene, sondern die ersten Aussiedler*, meinte er selbst dazu. In Pfuhl fand er Ende 1946 eine neue Heimat und konnte eine Lehre als Kfz-Mechaniker abschließen. Als LKW-Fahrer lernte er halb Europa kennen.

Der 1947 der SPD beigetretene T. engagierte sich bei den Pfuhler und Neu-Ulmer Jungsozialisten und wurde 1958 zum Vorsitzenden des Neu-Ulmer Kreisverbandes gewählt. Von 1958 bis 1983 gehörte er dem geschäftsführenden SPD-Kreisvorstand an und war stv. Kreisvorsitzender. 1960 in den Pfuhler Gemeinderat und in den Kreistag gewählt, konnte er nach der Eingemeindung Pfuhls 1977 seine kommunalpolitische Tätigkeit als Mitglied des Neu-Ulmer Stadtrats fortsetzen. Von 1974 bis 1982 gehörte er dem Bezirkstag von Schwaben an. T. ging zunehmend in der Politik auf, was ihn angesichts des großen Zeit- und Arbeitsaufwandes zwang, sich zwischen Beruf und Politik zu entscheiden. Als ihm die hauptamtliche Geschäftsführung des SPD-Unterbezirks Schwaben angeboten wurde, gab er seinen bisherigen Beruf auf und übernahm von 1965 bis 1969 die Geschäftsführung. Anschließend trat er in die Dienste eines Versicherungsunternehmens, zu dessen Generalagent er schließlich aufstieg.

Die Pfuhler SPD profitierte stark von T.s Kontakten in der Partei. Über seine Beziehungen zur SPÖ Ottakring im Wiener 16. Bezirk konnte er den österreichischen Bundeskanzler Bruno Kreisky für eine Veranstaltung in Pfuhl gewinnen. Auch Willy Brandt folgte einer Einladung T.s nach Pfuhl. T., der mit Begeisterung seinem Hobby, der Fliegerei, frönte, und wesentlich daran beteiligt war, dass der Flugplatz in Weißenhorn gebaut wurde, leitete seit 1981 den Flugring Neu-Ulm. Er gehörte dem Stadtrat und dem Kreistag an bis zu seinem plötzlichen Herztod, der ihn im Alter von 64 Jahren ereilte.

Q   StadtA Neu-Ulm, A 9.
L   Edwin RUSCHITZKA, Ein Stadtrat, der gerne in die Luft geht. Helmut Tögel aus Pfuhl wird heute 60 Jahre alt, in: SWP (Ulm), 13. X. 1989 (Bild) – Ein Parteiarbeiter mit eigenem Profil, in: NUZ, 6. XII. 1993 (Bild) – TREU, Pfuhl, S. 296.

Traub, Eugen, * Spiegelberg 6. Jan. 1863, † Neu-Ulm 19. Mai 1948, ev.
Vater   Reinhold Traub[617], * Ludwigsburg 16. X. 1825, † Winnenden 26. IV. 1906, Pfarrer in Spiegelberg, zuletzt dgl. in Aldingen, 1879 Abg. für Sulz zur 3. Landessynode, S. d. Andreas Traub, * Rosenfeld 6. V. 1787, Präzeptor am Lyzeum Ludwigsburg, u. d. Christiane Luise Weigle, * 1799, † 1828.
Mutter   Amalie Bosch, T. d. *Friedrich* Ludwig Bosch, Schultheiß in Sulzbach am Kocher/OA Gaildorf.
∞ 12. IX. 1895 Julia Volz, * Merklingen an der Würm 2. X. 1870, † Neu-Ulm 4. V. 1956, T. d. *Emil* Eberhard Christian Volz[618], * Stuttgart 11. IX. 1831, † (während einer Bahnfahrt) 19. V. 1898, Erster Stadtpfarrer in Winnenden und Bezirksschulinspektor für den Bezirk Waiblingen, u. d. Marie Schmidlin, * 1841, T. d. Karl Schmidlin, * Schöntal/Jagst 1. V. 1805, † Stuttgart 22. VII. 1847, Pfarrer in Wangen/OA Göppingen.
Mehrere *K*, darunter Walter Traub, † gefallen 1918; eine *T*, ∞ Mildenberger, S. d. Bernhard Mildenberger[619], * Winnenden 19. XII. 1898, † Münsingen 22. I. 1985, Dekan und Pfarrer in Münsingen.

T. war der erste „reguläre" ev. Pfarrer der am 5. Okt. 1901 errichteten selbstständigen Pfarrei Söflingen, die jedoch über Jahre hinweg weiterhin von Pfarrverwesern betreut und erst am

27. Nov. 1909 erstmals besetzt wurde. T.s Amtsübernahme fiel in den Jan. 1910.

Der einer weit verbreiteten württ. Lehrer- und Pfarrerfamilie entstammende T. wuchs in Spiegelberg und Alpirsbach auf und war Zögling der ev.-theol. Seminare Schöntal/Jagst und Urach, um anschließend in Tübingen Theologie zu studieren. Nach den theol. Dienstprüfungen erfolgte 1888 T.s erster Einsatz als Vikar in Teinach/OA Calw, anschließend als Pfarrverweser in Neuhausen ob Eck/OA Tuttlingen. 1889 erhielt er eine Stelle als Repetent am ev.-theol. Seminar in Maulbronn, ergriff aber 1891 die Möglichkeit, seinen Vater, der Pfarrer in Aldingen war, als Vikar zu unterstützen.

1892 zum Pfarrer in Weiler zum Stein/OA Marbach ernannt, erwarb sich T. während seiner fast 18-jährigen Dienstzeit dort einen ausgezeichneten Ruf als engagierter Seelsorger, der die Menschen erreichte, weil er zuhören konnte, und half, wenn er die Not sah. Er gründete eine Darlehenskasse und übernahm den Aufsichtsratsvorsitz beim Darlehenskassenverein, leitete die Pfennigsparkasse für Kleineinkommen und initiierte die Gründung eines Krankenpflegevereins und einer Krankenpflegestation. Bei seinem Abschied von Weiler zum Stein ehrte ihn die Gemeinde mit seiner Ernennung zum Ehrenbürger.

1909 zum Stadtpfarrer in Söflingen ernannt, trat T. die Nachfolge des bisherigen Pfarrverwesers Richard →Klein an, der zum Pfarrer in Pappelau ernannt worden war.

T. übernahm eine Gemeinde, die noch jung, doch stark im Wachsen war. Um 1900 waren noch ca. 950 Seelen gezählt worden, um 1914 waren es schon fast 1.800! Mit großer Unterstützung des Gustav-Adolf-Vereins hatte die Gemeinde 1899/1900 eine Kirche und ein Pfarrhaus errichtet; das Pfarrhaus war mit einem Gemeindesaal ausgestattet. T. entfaltete an seinem neuen Wirkungsort eine umfassende Tätigkeit, die weit über das übliche Maß hinausreichte. Schon 1911 übernahm der vor allem an sozialen Fragen interessierte Geistliche als Erster Vorsitzender und Geschäftsführer die Leitung des Vereins für Jugendgerichtshilfe und Jugendfürsorge Ulm. 1928 trat T. im Alter von 65 Jahren in den Ruhestand, den er in Ulm und zuletzt Neu-Ulm verlebte. Sein Nachfolger als Söflinger Stadtpfarrer wurde nach kurzer Amtsverwesung durch Hans Goes der Gärtringer Pfarrer Richard Klein, der als Pfarrverweser in Söflingen einst T.s Vorgänger gewesen war. Ein Jahr nach seiner Pensionierung, im Sept. 1929, erlebte T. voller Freude die Einweihung des maßgeblich auf sein Betreiben hin erbauten Gemeindehauses in Söflingen. – 1900 Ersatzmitglied für Marbach/Neckar zur VI. Landessynode.

L   SIGEL 7,1, S. 267-269 – SIGEL 16,2, Nr. 1046[h],1 (S. 375) – Magisterbuch 41 (1932), S. 96 – UBC 1, S. 566 – UBC 2, S. 215 – MAYER, Die ev. Kirche, S. 469, 526 f. – EHMER/KAMMERER, S. 358 (Bild).

Traub, Ludwig, * Gerlenhofen 9. März 1912, † Neu-Ulm 11. Mai 1990, ev.
∞ 28. XI. 1936 Dora Völk, * Gerlenhofen 23 VI. 1913, T. d. Josef Völk, Bauer in Gerlenhofen, u. d. Magdalena Schweigert.
2 *K*   Walburga Traub, * Gerlenhofen 3. II. 1937; Maria Magdalena Traub, * Gerlenhofen 5. II. 1940.

Als langjähriger letzter Bürgermeister der selbstständigen Gemeinde Gerlenhofen vor der Eingemeindung nach Neu-Ulm spielte T. eine wichtige Rolle. Seine Verbundenheit mit Gerlenhofen kam auch darin zum Ausdruck, dass er nach der Eingemeindung als Leiter der Außenstelle bis zum Eintritt in den Ruhestand aktiv blieb.

T. wurde zum Verwaltungsangestellten ausgebildet, war von Nov. 1934 bis Apr. 1935 beim Reichsarbeitsdienst und wurde im Juni 1942 zum Wehrdienst nach Landsberg/Lech einberufen. Am 20. Aug. 1945 erfolgte in Neumünster seine Entlassung aus der Wehrmacht. In den schwierigen Nachkriegsverhältnissen gelang es T., in Gerlenhofen wieder Fuß zu fassen und in der Kommunalpolitik aktiv zu werden. Am 25. Mai

617 EHMER/KAMMERER, S. 358 (Bild).
618 EHMER/KAMMERER, S. 364.
619 EHMER/KAMMERER, S. 266.

1948 wurde er erstmals als Vertreter der SPD in den Gemeinderat gewählt und 1952 und 1956 bestätigt. Am 2. Juni 1957 übernahm der SPD-Kommunalpolitiker T. die Nachfolge des 1945 von der Besatzungsmacht eingesetzten Wilhelm Spitz. T. war bis zum 30. Juni 1972 Bürgermeister in Gerlenhofen und hatte großen Anteil am Wiederaufbau und an der Eingliederung der Heimatflüchtlinge. Als im Zuge der Eingemeindungsdiskussion der frühen 1970er Jahre die Frage anstand, ob sich Gerlenhofen eher Senden oder Neu-Ulm anschließen sollte, plädierte T. für Neu-Ulm. Nach der Eingemeindung zum 1. Juni 1972 übernahm T., der seit 15 Jahren die Geschicke Gerlenhofens geleitet hatte, die Führung der Außenstelle Gerlenhofen bis zum altersbedingten Eintritt in den Ruhestand zum 31. März 1977. Danach erhielt er einen Ehrensold. – 1985 Kommunale Verdienstmedaille in Bronze.

Q   StadtA Neu-Ulm, Personalakte Traub.
L   TREU, Gerlenhofen, S. 205 (Bild).

Tröglen (jun.), *Gustav* Adolf, * Ulm 31. Aug. 1819, † ebd. 22. Juli 1897, □ ebd., Alter Friedhof, ev.
Vater   Louis Tröglen, Konditor in Ulm, S. d. Tröglen, * 1747, † 23. X. 1819, Dekan in Leipheim.
∞ Karoline Barbara Nagel, * 1827, † 1891.
Mehrere *K*.

T., Konditormeister und zuletzt Privatier in Ulm, wusste ca. zwischen 1860 und 1870 durch eine süße Leckerei, die den Ulmer Spatzen im Szenario des Torabbruchs zeigte, nicht nur die Popularität dieser Geschichte in der Stadt beträchtlich zu erhöhen, sondern auch seinem Haus einen bis heute anhaltenden Geschäftserfolg zu bescheren.
Im Herbst 1851 erhielt T. für ein in Zucker gebildetes Tableau, das eine Löwenjagd darstellte, eine Auszeichnung auf der Weltausstellung im Londoner Kristallpalast. Daraufhin konnte T. Bestellungen aus dem Ausland, so etwa aus Wien, entgegennehmen. 1855 scheiterte er bei der Bürgerausschusswahl, ebenso 1862. Im Dez. 1876 wurde er schließlich in den Bürgerausschuss gewählt. Im Sommer 1877 zählte T. zu den eifrigsten Mitorganisatoren des großen Münsterfestzuges. In seiner Freizeit widmete sich T. der Aquarellmalerei und hielt zahlreiche Szenen aus dem Ulmer Leben seiner Zeit fest.

L   UBC 2, S. 8, 134, 223, 251, 350, 371 – UBC 3, S. 151, 156 (Bild) – UNGERICHT, S. 60 – SPECKER, Ulm im 19. Jahrhundert, S. 89, 381, 383, 620 – WAIBEL, Gemeindewahlen, S. 346, 357.

Trostel, Johannes, * Ulm 27. Dez. 1778, † ebd. 4. Juni 1868, ev., zuletzt deutschkath.

Vater   Georg Friedrich Trostel, Kürschner in Ulm.

T. war eine stadtbekannte Persönlichkeit in Ulm, ein Mann, der über Jahrzehnte des Umbruchs hinweg zum Stadtbild gehörte wie sonst kaum jemand. Noch im hohen Alter erinnerte er sich eines Konzerts, das Christian Friedrich Daniel Schubart Ende 1787 im Gasthof „Zum Greifen" in Ulm mit seiner Tochter Julie und deren Ehemann, Kammermusicus Kaufmann, veranstaltet hatte. Da war T. acht Jahre alt. Als Ulm an Bayern fiel, war er 23 Jahre alt, als Württemberg die Herrschaft übernahm, 31 Jahre alt. Als die Revolution von 1848 ausbrach, war er fast 70 Jahre alt, und er starb zweieinhalb Jahre vor der Ausrufung des deutschen Kaiserreichs in Versailles.

Nach dem Besuch des Ulmer Gymnasiums, der 1796 endete, ging T. nach Augsburg, um Schauspieler zu werden – ein Beruf, der seinerzeit wenig Anerkennung besaß. Der junge T. ließ sich dann jedoch als Soldat beim schwäbischen Kreisregiment Fürstenberg anwerben, kehrte aber schon nach ganz kurzer Zeit wieder nach Ulm zurück und begab sich dort bei Christian Ulrich Wagner dem Jüngeren (1757-1821) in die Schriftsetzerlehre. Doch auch damit fand er seine Bestimmung nicht.
T. vertiefte sich in die Schriften zur Pädagogik und Aufklärung seiner Zeit, nahm an den Vorlesungen am Gymnasium teil und begann mit der Erteilung von Privatunterricht. 1807 erhielt er als Schulmeister am Gymnasium eine Stelle als Schreiblehrer und bildete zugleich den Nachwuchs für die Landschulen aus. Er wirkte seit 1812 als Schullehrer an der Mädchenschule in der unteren Stadt in Ulm. Als die Schule, oft kurz „Trostel'sche Mädchenschule" genannt, am 1. Okt. 1817 von Königin Katharina von Württemberg Besuch erhielt, empfingen sie die Schülerinnen mit einem von T. getexteten Lied, dessen zweite Strophe lautete:
Heil unserer Königin,
Ihr, die mit sanftem Sinn
Alle entzückt;
Ihr, die mit milder Hand
Im ganzen Vaterland
Wunden der Not verband!
Hoch uns beglückt!
T. war Gelegenheitsdichter und Schriftsteller. Er schrieb u. a. über das Schicksal Ulms im Jahre 1805 und ein Schauspiel in vier Akten über „Sebastian Besserer, Bürgermeister in Ulm, oder die Zerstörung des Schlosses Helfenstein", das am 28. Dez. 1812 in Ulm aufgeführt wurde.
Am 26. Juli 1863 hielt der im 85. Lebensjahr stehende T., der sich im Alter den Deutschkatholiken um Friedrich →Albrecht angeschlossen hatte, die Festansprache bei der Grundsteinlegung der Kirche der deutschkatholischen (späteren freireligiösen) Gemeinde in Ulm. T. hinterließ seine von ihm durchschossenen Exemplare von „Weyermanns Nachrichten" mit zahlreichen Marginalien, Ergänzungen und Korrekturen der Ulmer Stadtbibliothek.

Q   StadtA Ulm, G 2.
W   Darstellung der Geschichte Ulms in den Monaten September und October des Jahres 1805, Ulm 1805, ²1806 – Vorlege Blätter, oder Materialien zu lese- und VerstandesUebungen für das reifere Alter, Ulm 1817 [²1820] – Das Fest der Erndte in Ulm, den 5. August 1817. Brief an einen Freund im Norden, Ulm 1817.
L   WEYERMANN II, S. 554 – SCHULTES, Chronik, S. 337, 433, 517 – UBC 1, S. 317, 455 – UBC 2, S. 104, 202 (Bild).

Tuffensammer, *Carl* (Karl) Ludwig, * wohl Nördlingen 30. März 1829, † Neu-Ulm 22. Feb. 1892, ev.
∞ Karoline Behringer, * Nördlingen 11. V. 1833, † Feb. 1909.
6 *K*, davon 4 † früh   Georg Friedrich *Karl* Tuffensammer, * Neu-Ulm 4. XI. 1858, Buchbinder und Magistratsrat in Neu-Ulm, ∞ Neu-Ulm 21. VI 1887 Margarethe Römer, * Dettingen an der Iller 15. X. 1867, T. d. Johann Römer, * Leipheim 15. II. 1841, † Neu-Ulm 4. II. 1919, Säckler in Neu-Ulm, u. d. Maria Hitzler, * Dettingen an der Iller 2. III. 1841, † Neu-Ulm 9. VII. 1909; Friederike Pauline Tuffensammer, * Neu-Ulm 3. IV. 1860, † ebd. 19. IX. 1864; Pauline Babette Tuffensammer, * Neu-Ulm 4. III. 1862, † ebd. 1. IV. 1862; Emma Tuffensammer, * 1864, † 11. III. 1870; Hermann Tuffensammer, * Neu-Ulm 19. VI. 1868, † 3. VII. 1868; Paul *Oskar* Tuffensammer, * Neu-Ulm 15. XII. 1871, Postexpeditor, ∞ Nürnberg 29. VII. 1901 Katharina Fleischmann, * Nürnberg 20. XII. 1873.

T. spielte in Neu-Ulm nach der Mitte des 19. Jahrhunderts als Geschäftsmann und Kommunalpolitiker eine wichtige Rolle.
Der junge T. kam 1857 von Nördlingen nach Neu-Ulm. Er übernahm nach Bestehen der Buchbinderprüfung mit Auszeichnung im Jahre 1857 die Buchbinderei Georg →*Rädler in der Neu-Ulmer Donaustraße 3. 1870 erbaute T. in der Augsburger Straße 12 das Wohnhaus seiner Familie. 1866 wurde T. in den Neu-Ulmer Gemeindeausschuss gewählt und war zeitweise Pfleger, also für die kommunalen Finanzen zuständig. T. konnte sein Mandat auch nach der Neuordnung des kommuna-

len Parlaments infolge der Stadterhebung Neu-Ulms im Jahre 1869 halten und wurde in den Magistrat gewählt, dem er bis zu seinem Tode angehörte. T. zog sich mit etwa 60 Jahren aus der Geschäftsleitung zurück, die er seinem Sohn überließ. Gemeinsam mit Hans →Römer ließ T. 1891 noch drei Häuser in der Arnulfstraße (Nrn. 2, 4 und 6) errichten. Über seine Enkelin Maria Lina Tuffentsammer wurde durch deren Verheiratung mit dem Kaufmann Matthäus Sauter die Verbindung von T.s Familie von Tapeten-, Teppich- und Vorhangunternehmen Sauter geknüpft.

Q   StadtA Ulm, G 2, Sauter, Max, 1909-1996 [T.s Urenkel, Kaufmann (Tapeten, Teppiche, Vorhänge) in Ulm].
L   BUCK, Chronik Neu-Ulm, S. 99 f., 106-108 – Katalog Materialien, S. 209 – TEUBER, Ortsfamilienbuch Neu-Ulm II, Nr. 4963.

Turek, Anton („Toni"), * Duisburg 18. Jan. 1919, † Neuss 11. Mai 1984, ⬚ Mettmann, Friedhof Lindenheide, ev.
∞ Wilhelmine Turek.

T., der legendäre Torwart der bundesdeutschen Nationalelf und mit 35 Jahren älteste Spieler der Fußball-Weltmeisterschaft von 1954, hatte wichtige Jahre seiner Entwicklung beim TSG Ulm 1846 erlebt.
T. entwickelte seine Leidenschaft für das Fußballspiel schon als kleiner Junge. Als Heranwachsender gehörte er bereits der deutschen Jugendauswahl an und zeigte z. B. 1936 in einem Spiel gegen Luxemburg eine ansprechende Leistung, die auch dem späteren Bundestrainer Sepp Herberger nicht verborgen blieb. Der Zweite Weltkrieg unterbrach die gerade beginnende Karriere T.s. Er wurde Soldat, verwundet und geriet in US-amerikanische Gefangenschaft. Erst nach der Entlassung aus der Kriegsgefangenschaft konnte T. seine frühere Laufbahn wieder weiterverfolgen. Sein Weg nach Ulm führte über Eintracht Frankfurt, von wo er 1947 zur TSG Ulm 1846 wechselte. In nur etwas mehr als zwei Jahren vermochte sich T. nachhaltig in die Erinnerung der Ulmer Sportfreunde zu spielen. T. bestritt für die Ulmer Spatzen 65 Begegnungen und war daneben als Sportbetreuer im Landesjugendgefängnis tätig. 1950 wechselte T., der eine Stelle bei der Reichsbahn in Düsseldorf erhielt, zu Fortuna Düsseldorf. In Ulm ließ man ihn sehr ungern ziehen, war er doch so etwas wie das Rückgrat der Spatzen geworden.
1950 stand T. erstmals für die deutsche Nationalelf in einem Länderspiel (gegen die Schweiz) in Stuttgart im Tor. Der Höhepunkt seiner Laufbahn war zweifellos die Weltmeisterschaft 1954. „Das Wunder von Bern" wurde auch von ihm ermöglicht. Der 3 zu 2 - Sieg der deutschen Nationalelf über die Ungarn kam zustande, nachdem die Ungarn bereits mit zwei Toren in Führung gegangen waren. Der für seine Reaktionsschnelligkeit bekannte T. fand jedoch im Laufe des Spiels zur Bestform, was den Hörfunkreporter Herbert Zimmermann zu dem legendären Jubelruf *Turek, du bist ein Teufelskerl, Turek, du bist ein Fußballgott* veranlasste.
Seine Laufbahn in der Oberliga beendete T. 1956 bei Borussia Mönchengladbach, nachdem er sich bei Fortuna Düsseldorf nach einer Verletzung schmählich behandelt gefühlt hatte.
T., der insgesamt nur 20 Länderspiele bestritten hatte, starb im Alter von 65 Jahren. T.s letzte Lebensjahre waren ab 1973 von einer rätselhaften Lähmung der Beine überschattet. Reich ist der bescheiden-zurückhaltende T. als Profi-Fußballer nicht geworden. Viele Ulmer sahen und sehen ihn nach wie vor als einen der ihren.

Q   StadtA Ulm, G 2.
L   Hartmut SCHERZER, Der Fußballgott - vom Schicksal schwer gebeutelt, in: Schwäb. Zeitung Nr. 137, 17. VI. 2004 (Bild) – Stephan TONNIES, Toni Turek - Fußballgott: Heute wäre der legendäre Torhüter mit Ulmer Vergangenheit 90 Jahre alt geworden, in: Sonntag Aktuell Nr. 3, 18. I. 2009 (Bild) – Wikipedia.

Turkowyd, Basilius, * Humenec, Kreis Lemberg (Polen) 2. Jan. 1918, † Neu-Ulm 2. Aug. 1994, ukrainisch-kath.
Vater   Stefan Turkowyd, Angestellter.
Mutter   Katharina Ilkiwo.
Ledig. Keine K.

T. war die Schlüsselfigur für die Gründung der Ukrainisch-Katholischen Gemeinde in Neu-Ulm. Mit ihr brachte T. einen ganz außergewöhnlichen Akzent in die Nachkriegsentwicklung auf dem rechten Donauufer.
T. begann in seiner ukrainischen Heimat mit dem Theologiestudium, wurde jedoch im Verlauf des Zweiten Weltkriegs zur Flucht gezwungen und nach Bayern verschlagen. In sehr unsicheren Zeiten vollendete T. sein Studium in Hirschberg, Utrecht und Freising. Er war 33 Jahre alt, als er am 1. Juli 1951 von dem für die Ukrainer zuständigen Apostolischen Visitator Erzbischof Iwan Buczko zum Priester geweiht wurde.
Der für seine Tatkraft und seinen Idealismus bekannte T. erhielt den Auftrag, die Seelsorge für die in ganz Europa verstreuten ukrainischen Katholiken von Grund auf aufzubauen. Im März 1952 begann T. mit dem Aufbau der Ukrainisch-Katholischen Gemeinde in Neu-Ulm. Daneben musste er ständig auf Reisen sein, um die in den Diözesen Augsburg, Rottenburg, Freiburg, Speyer und Trier lebenden ca. 2.500 Gläubigen zu betreuen. Von grundlegender Bedeutung war die Errichtung eines zentralen Glaubensmittelpunktes, einer Kirche, die T. in Neu-Ulm haben wollte. Er wirkte in enger Absprache mit Stadt und Vatikan darauf hin, dass schon fünf Jahre später die von Heinrich →Sevegnani geplante Kirche „Maria Himmelfahrt" an der Reuttier Straße eingeweiht werden konnte. Papst Johannes XXIII. verlieh ihm für seine außerordentlichen Verdienste schon 1959 den Titel eines Monsignore, im darauffolgenden Jahr ernannte ihn der Apostolische Exarch Platon Kornyalik zum Dekan. 1980 erfolgte die Berufung zum Bischof mit Titel Generalvikar. Ende 1984 ehrte Papst Johannes Paul II. T. mit dem Titel eines Protopresbyters, der in der Ostkirche besondere Wertschätzung genoss. T. ließ 1976 in der Verkündigungskirche zu Nazareth eine Gottesmutter-Ikone aus Mosaiksteinen anbringen.
1987 überreichte der Regierungspräsident von Schwaben, Rudolf Dörr, T. das Verdienstkreuz des Bundesverdienstordens am Bande. T.s Priesterjubiläum wurde im Jahre 1991 in „seiner" Neu-Ulmer Gemeinde festlich begangen. Im Jahre 1992 zählte die Neu-Ulmer Gemeinde noch knapp 100 Mitglieder. Der Tod T.s kam völlig überraschend. Am Patroziniumfest der Kirche Maria Himmelfahrt im Aug. 1997 wurde für T. eine Gedenktafel enthüllt.

L   SPECKER/TÜCHLE, S. 480, 482, 486 – TREU, Neu-Ulm, S. 519 – Jubiläum 45 Jahre (1952-1997) Ukrainische Gemeinde und 40 Jahre (1957-1997) Ukrainische Katholische Kirche „Maria Himmelfahrt" in Neu-Ulm. Denkschrift der Ukrainisch-Kath. Mission Neu-Ulm im August 1997, Neu- Ulm 1997 (mit Bildern).

Unseld, Albert, * Ulm 5. Okt. 1879, † ebd. 23. Juli 1964, ev.
Vater   Ulrich Unseld, * 1845, † 1920, Bäckermeister in Ulm.
Mutter   Dorothea Braunwarth, * 1850, † 1927.
14 G, davon die meisten jung verstorben, unter denen, die das Erwachsenenalter erreichten, Hermann Unseld, * 1880, † 1918, gef.; Max Unseld, * 1883, † 1917, gef.; Emil Unseld, * 1885, †1961; Emma Unseld, * 1887, † 1967; Elise Unseld, * 1889, † 1966, ∞ Albert August von →Nessen.
Ledig. Keine K.

Der Maler und Architekt U. setzte in seiner Vaterstadt über Jahrzehnte künstlerische und bauliche Akzente und erwarb sich nach dem Zweiten Weltkrieg große Verdienste um den Wiederaufbau Ulms. In seinem Todesjahr erhielt der fast 85 Jahre alte U. die Ehrenmedaille der Stadt Ulm.
U. entstammte einer seit Jahrhunderten in Ulm und Umgebung ansässigen Familie, die neben Pfarrern und Beamten vor allem Vertreter des Handwerksstandes hervorgebracht hatte. Er absolvierte die Ulmer Realanstalt und bestand im Juli 1897 das Abitur. Zum Studium der Architektur ging er an die TH Stutt-

gart, wo er auch an Malkursen teilnahm. 1901 bestand er das I. Staatsexamen und erhielt die Goldene Medaille der TH Stuttgart für seinen Entwurf zur Innendekoration eines Künstlerhauses. Im Kunstverein Stuttgart wurden 1901 auch erstmals Zeichnungen und Entwürfe U.s ausgestellt.

1902 ging U. für vier Jahre als Assistent von Paul Wallot (1841-1912) an die Kunstakademie Dresden und widmete sich dort besonders der weiteren Ausbildung seiner Malkunst. 1904 reiste er erstmals nach Paris; 1906 führte ihn eine ausgedehnte Studienreise in die Schweiz, nach Italien, Frankreich und in die Niederlande. Seine Reisen beeinflussten ihn künstlerisch sehr stark; zu Beginn des 20. Jahrhunderts war U. noch stark impressionistisch geprägt, um 1910 mischten sich spürbare Züge des Realismus in sein Werk, das seinen Ausdruck sowohl in Öl und Aquarell als auch in der Gouache fand. In den 1920er Jahren schuf er zahlreiche Lithographien, verstand sich aber nie als Graphiker. Hauptsächlich sind von ihm Landschaften, Waldstücke, Ansichten aus dem Fenster und Stillleben überliefert.

Nach Beendigung seiner Tätigkeit in Dresden ließ sich U. 1907 in Ulm nieder, mit dem er sich stark identifizierte und an dem er sehr hing. Der 30 Jahre alte U. erhielt eine Stelle als Vorstand der Bauhandwerkerschule in Biberach/Riß und wurde zum Regierungsbaumeister ernannt, fühlte sich aber außerhalb Ulms nicht recht wohl. In Biberach/Riß erbaute U. mehrere Villen und das ev. Pfarrhaus. Die meisten der nach seinen Plänen erbauten Häuser in Ulm wurden im Zweiten Weltkrieg zerstört. Noch vor Ausbruch des Ersten Weltkriegs verließ U. Biberach, nachdem er in einem Roman mit deutlich autobiographischen Zügen eine unglückliche Liebesgeschichte geschildert hatte.

Wiederholt ging U. aus öffentlich ausgeschriebenen Wettbewerben als Sieger hervor. So entwarf er 1911 mit seinem Kollegen Bronni den Teichmannsbrunnen in Ulm, 1921 wurde nach seinen Entwürfen der Ulmer Soldatenfriedhof ausgeführt. 1922 gestaltete er das Kriegerdenkmal in der Stadtkirche von Langenau. Wesentlich war sein Engagement im Ulmer Kunstleben. Schon 1912 war er zum stv. Vorsitzenden des Kunstvereins Ulm gewählt worden. 1919 zählte U. mit Christoph →*Klaiber, dem Leiter der Ulmer Gewerbeschule, und Professor Theodor →Veil zu den Gründern der Ulmer Künstlergilde, deren Vorstand er lange Zeit war. 1935 wurden Werke von U. und von Wilhelm →Geyer in einer Ausstellung des Ulmer Kunstvereins im Judenhof gezeigt.

Um 1930 hatte sich U.s künstlerisches Wirken erweitert, indem er auch Aktzeichnungen, Stadt- und Verkehrsansichten und Porträts schuf. Der bisher vorwiegend in Grau und Grün malende Künstler brachte mehr Farbe in sein Werk. Nach 1945 beteiligte sich der auf die 70 Jahre zugehende U. als Leiter des Archäologischen Büros und als Gemeinderat der FWG (1946 bis 1956) engagiert am Wiederaufbau seiner Heimatstadt. Im Bauausschuss machte er sich u. a. für den Bau der Herdbrücke, des Rathauses und der Gänstorbrücke stark, befürwortete den Bau der Neuen Straße, den Saalbau und den Bau des Neuen Theaters. Der eigenwillige, impulsive und keinem Konflikt aus dem Weg gehende U. lieferte sich als engagiertes Mitglied des Vereins „Alt-Ulm" manchen harten Kampf mit den Stadtplanern, vor allem mit Max →Guther.

Im hohen Alter gewannen Licht und Farbe nach einer Ägyptenreise stärkere Bedeutung in U.s Schaffen. Zu seinem 85. Geburtstag wurden mehrere Ausstellungen vorbereitet, die, nachdem U. zweieinhalb Monate vor dem Ereignis gestorben war, den Charakter von Gedächtnisausstellungen gewannen und u. a. in München, Berlin, Dresden, Ulm, Essen, Wien, Stuttgart, Reutlingen gezeigt wurden.

Q   StadtA Ulm, G 2.
W   Aus Feuers Not. Roman, Ulm 1913.
L   Ih 2, S. 902 – UBC 1, S. 64 – UBC 3, S. 142, 150, 464, 492 – UBC 4, S. 157, 187, 209 – UBC 5a, S. 120, 147, 154, 171, 190, 201 – UBC 5b, S. 788 – THIEME-BECKER 33 (1939), S. 580 – VOLLMER 4, S. 495 – Herbert PÉE, Der Maler Albert

Unseld. Hg. vom Museum Ulm, Ulm 1968 – 1887-1987 Kunstverein Ulm. Berichte und Dokumente. Hg. zum 100jährigen Bestehen des Kunstvereins Ulm e. V., Ulm 1987, S. 21 ff. – SPECKER, Ulm im Zweiten weltkrieg, S. 145 – BWB I (1994), S. 366-368 (Meinhold LURZ).

Unseld, Karl *Siegfried*, Dr. phil., Dres. h.c. mult., * Ulm 28. Sept. 1924, † Frankfurt/Main 26. Okt. 2002, ⬚ ebd., Hauptfriedhof, ev.

Vater   Ludwig Unseld, Verwaltungsangestellter in Ulm.
Mutter   Maria Magdalena Kögel.
G   Walter Unseld.
∞ I. Ulm 14. IV. 1951 (gesch. 1985) Hildegard Schmid, Hauswirtschaftslehrerin; II. ∞ Ulla Berkéwicz, Schriftstellerin.
3 K   Ein früh verstorbenes Zwillingspaar; Joachim Unseld, Dr. phil., Verleger, Gründer der Frankfurter Verlagsgesellschaft.

Mit U.s Namen verbindet sich die Erfolgsgeschichte eines deutschen Medienunternehmens, des Suhrkamp-Verlages, in den er 1952 eintrat und dessen Leitung er 1959 übernahm. U.s erste Lebensjahrzehnte waren eng mit seiner Vaterstadt verknüpft.

U. kam in Ulm zur Welt, wuchs dort auf und besuchte die Schule, ab 1935 das Realgymnasium am Blauring (heutiges Schubart-Gymnasium). Mit 18 Jahren absolvierte er dort das Notabitur und wurde im Dez. 1942 zur Wehrmacht eingezogen. U. war bereits als Achtjähriger im Juni 1933 zum Jungvolk der Hitler-Jugend in Ulm gekommen und brachte es zum Jungvolkführer. In dieser Zeit lernte er auch den wenig später eingetretenen Hans →Scholl kennen. Nach der Grundausbildung und Ausbildung zum Funker in Aurich kam er als Soldat im Zweiten Weltkrieg Mitte 1943 auf die Krim, im Mai 1944 nach Varna (Rumänien) und zuletzt nach Griechenland. Das Weihnachtsfest 1944 konnte er im kurz zuvor schwer zerstörten Ulm verbringen, das Kriegsende erlebte er in Flensburg.

Im Jan. 1946 nach Ulm zurückgekehrt, begann er beim dortigen AEGIS-Verlag eine Ausbildung zum Buchhandelsgehilfen. Nachdem er im Sommer 1946 sein „reguläres" Abitur nachgeholt hatte, bestand U. im Sept. 1947 bei der IHK Stuttgart die Gehilfenprüfung. Einer seiner Prüfer, der Verleger Paul Siebeck (J. C. B. Mohr Verlag, Tübingen), nahm U. in seine Dienste. In Tübingen studierte U. Germanistik, Philosophie und Bibliothekswissenschaft. 1951 erfolgte U.s Promotion mit einer Dissertation über den Schriftsteller Hermann Hesse bei Prof. Dr. Friedrich Beissner an der Universität Tübingen. Die Wahl des Dissertationsthemas war ungewöhnlich: Bisher war es üblich gewesen, nur über verstorbene Schriftsteller zu forschen.

U. ließ sich noch 1951 als Buchhändler in Heidenheim/Brenz nieder, im darauffolgenden Jahr trat er in den Suhrkamp-Verlag ein, wo ihm m. W. vom 1. Jan. 1955 Prokura erteilt wurde und dessen persönlich haftender Gesellschafter er ab 1958 war. 1959 übernahm er nach dem Tod von Peter Suhrkamp die Verlagsleitung und arbeitete zielstrebig darauf hin, dem Verlag in den Bereichen Belletristik und Theorie eine Sonderstellung zu verschaffen. Dies gelang u. a. mit der ab 1963 aufgelegten Reihe „edition suhrkamp", in der aktuelle literarische und theoretische Texte erschienen. U. wirkte auf diese Weise wesentlich daran mit, zeitgenössische Literatur auf dem deutschen Buchmarkt fest zu verankern. 1981 gründete U. den „Deutschen Klassiker-Verlag", 1984 gemeinsam mit A. Conradi den Berlin-Verlag. U. ließ es sich nicht nehmen, trotz seiner hohen Beanspruchung als Verlagsleiter weiterhin selbst als Schriftsteller tätig zu sein, und legte u. a. mit „Der Autor und sein Verleger" (1978), „Hermann Hesse. Werk und Wirkungsgeschichte" (1987) sowie „Goethe und seine Verleger" (1991) stark beachtete Veröffentlichungen vor.

U. war seit 1963 auch persönlich haftender Gesellschafter des Insel-Verlags und der Nomos-Verlagsgesellschaft (bisher juristischer Fachverlag Lutzeyer, Baden-Baden).

U.s Privatleben verlief turbulent. Seine erste Ehefrau duldete über Jahrzehnte hinweg mehrere Affären U.s, bis die Ehe 1985

geschieden wurde. U. heiratete danach die Autorin Ulla Berkéwicz, mit der er seit einigen Jahren liiert war. Aus U.s Beziehung mit der Schwester der Filmschauspielerin Liselotte Pulver, Corinne Pulver, ging 1959 die Tochter Nino hervor. U.s
Sohn, der zeitweise als Nachfolger in der Verlagsleitung geltende Joachim Unseld, verließ 1994 nach schweren Differenzen
mit dem Vater den Surkamp-Verlag und gründete die Frankfurter Verlagsanstalt. Um seine Nachfolge endgültig zu regeln, rief
U. 1999 die „Siegfried und Ulla Unseld Familienstiftung" ins
Leben. S. starb einen Monat nach Vollendung des 78. Lebensjahres nach längerer Krankheit. Seine zweite Ehefrau („Engel
sind schwarz und weiß", Frankfurt/Main 1994) und Martin
Walser („Brief an Lord Liszt", Frankfurt/Main 1982), den U.
seit seinen Tübinger Studentenjahren kannte, verarbeiten
Motive aus U.s Vita in Schlüsselromanen. – 1967 Hermann-
Hesse-Gedenkmedaille; 1980 Dr. h.c. der Washington University, St. Louis (USA); 1984 Ricarda-Huch-Preis der Stadt
Darmstadt; 1993 Großes Verdienstkreuz des Verdienstordens
der Bundesrepublik Deutschland; 1998 Premi Editore Europeo
der Stadt Turin (Italien); 1999 Dr. h.c. der Universität Haiderabad, 1999 Hessischer Kulturpreis; 2001 Médaille de Chevalier
de l´Ordre des Arts et des Lettres; 29. Aug. 2002 Ehrenbürger
von Frankfurt/Main.

Q   StadtA Ulm, G 2.
W   Veröffentlichungen 1946-1999. Eine Bibliographie. Zum 28. September 1999,
Frankfurt/Main 1999 – (Auswahl) Begegnungen mit Hermann Hesse, Frank-
furt/Main 1975 – Peter Suhrkamp. Zur Biographie eines Verlegers in Daten,
Dokumenten und Bildern, Frankfurt/Main 1975 – (mit Eberhard FAHLKE), Uwe
Johnson: „Für wenn ich tot bin", Frankfurt/Main 1992 – Goethe und der Ginkgo.
Ein Baum und ein Gedicht, Frankfurt/Main 2001.
L   Rolf TIEDEMANN, Die Abrechnung. Walter Benjamin und sein Verleger,
Hamburg 1989 – Peter MICHALZIK, Unseld. Eine Biographie, München 2003.

Urach, Karl Fürst von, Graf von Württemberg, * Ulm 15. Feb.
1865, † Stuttgart 5. Dez. 1925, ⬚ Familiengruft (kath. Abteilung) in der Schloßkirche Ludwigsburg, kath.
Eltern und G siehe Wilhelm Graf von →Württemberg, Herzog von Urach.
Ledig. Keine K.

Der als Forscher und Sammler auf dem Gebiet der Völkerkun-
de und Geographie bekannte U. kam während der Amtszeit
seines Vaters als Gouverneur von Ulm in der Donaustadt zur
Welt. Nach dem frühen Tod seines Vaters – U. war gerade fünf
Jahre alt – wuchs er auf Schloss Lichtenstein und in dem von
seiner Mutter 1869 erworbenen Palais Taubenheim in der
Stuttgarter Neckarstraße auf. Seine schulische Bildung erhielt
U. nach dem Besuch der Jesuitenanstalt in Feldkirch seit 1881
am Stuttgarter Karlsgymnasium, wo er zwei Jahre später das
Abitur bestand. Nach zwei Studiensemestern in München
brach U. das Studium ab, verweigerte sich auch einer militärischen Laufbahn nach dem Vorbild seines Vaters und widmete
sich ganz dem Reisen.
Von 1884 bis 1886 bereiste er Südamerika, wo er die Lebens-
verhältnisse bisher vor der Zivilisation völlig abgeschnittener
Indianerstämme untersuchte und umfangreiche Sammlungen
anlegte, die später in das Stuttgarter Linden-Museum gelangten.
Nach seiner Rückkehr entschied sich U., seine Entdeckungsrei-
sen schwerpunktmäßig auf Nordafrika, Ägypten und Klein-
asien zu konzentrieren. Der islamisch geprägte Ostmittelmeer-
raum faszinierte ihn besonders. Er reiste fast jedes Jahr für
mehrere Monate, so auch nach Griechenland, auf den Balkan
und in den vorderen Orient und lernte Türkisch und Arabisch.
1891 war er Teilnehmer einer Spitzbergen-Expedition, 1893
unternahm er eine große Rundreise durch die USA. U. war
sicher kein Forschungsreisender im eigentlichen Sinne des
Wortes, da er seine Erfahrungen nicht wissenschaftlich auswer-
tete und Erinnerungsstücke nach Stuttgart mitbrachte, die ihm
persönlich gefielen, deren Anschaffung aber unsystematisch
war. Eher ist in ihm ein frühes Beispiel eines begüterten Ver-
gnügungsreisenden des ausgehenden 19. und beginnenden 20.

Jahrhunderts zu sehen, der die technischen Möglichkeiten des
Zeitalters voll zu nutzen wusste. Er ließ um 1910 mit hohem
Aufwand die „arabischen Räume" im Familien-Palais in der
Stuttgarter Neckarstraße einrichten, die er mit von seinen
Reisen mitgebrachten Möbeln, Teppichen, Waffen etc. ausstat-
tete. Die zu besichtigenden Räume stellten in Stuttgart eine
beliebte Attraktion dar. 1944 wurden sie völlig zerstört.
Im Ersten Weltkrieg nutzte man U.s Erfahrungen und entsen-
dete ihn als Verbindungsoffizier zu den türkischen Truppen in
Vorderasien. Obwohl er kein militärisches Avancement hinter
sich hatte, wurde er routinemäßig zum Oberst à la suite ernannt. Der Württ. Gauverband der Deutschen Kolonialgesellschaft, dessen Präsident U. zeitweise war, ernannte ihn zum
Ehrenpräsidenten.

Q   HStAS, E 555, GU 120 M 430/1.
L   Ih 2, S. 902 – Fürst Karl von Urach †, in: SK Nr. 570 (Morgenblatt), 6. XII.
1925, S. 5 – ebd. Nr. 573 (Abendblatt), 8. XII. 1925, S. 5 (Bild) – Beisetzung des
Fürsten Karl von Urach, in: ebd. Nr. 575 (Abendblatt), 9. XII. 1925, S. 5 – Heinrich
FISCHER, Fürst Karl von Urach als Forschungsreisender, in: SM 11. XII. 1926 –
KOHLHAAS, Chronik Stuttgart 1918-1933, S. 333 – Haus Württemberg, S. 390
(Wolfgang SCHMIERER).

Urwantschky, Richard, * Straden, Kreis Aussig/Elbe (Sudetenland) 1. Dez. 1886, † Neu-Ulm Sept. 1961, kath.
∞ 1912 Martha Dietze, * Mariaschein 16. X. 1887.
K   Alfred Urwantschky, * Reichenberg 14. XI. 1913, Rechtsanwalt in Neu-Ulm.

U. war nach Ende des Zweiten Weltkriegs einer der bekannteren Berufsschullehrer Neu-Ulms.
Der gebürtige Sudetendeutsche besuchte ab 1893 die Volksschule und Bürgerschule Straden, von 1901 bis 1905 die Handelsakademie Aussig. 1905 trat er als Angestellter in das Ex-
portkaufhaus Gablonz ein, 1906/07 leistete er als Einjährig
Freiwilliger seinen Militärdienst. 1907 ging er zur Zentralbank
Deutsche Sparkasse in Prag, widmete sich aber dann von 1908
bis 1910 dem Studium für Lehramt an Höheren Handelsschulen an der Deutschen Technischen Hochschule Prag. Von
1910 bis 1912 war er Assistent an der Handelsakademie Aussig
und bestand im Juni 1912 die Lehrbefähigungsprüfung an der
Deutschen Universität Prag. Ab Sept. 1912 wirkte er als wirklicher Lehrer der Handelswissenschaften und ab Sept. 1915 als
Professor an der Handelsakademie (ab 1938 Wirtschafts-
oberschule) in Reichenberg, wo im April 1941 die Ernennung
zum Studienrat erfolgte. Daneben war er von 1934 bis 1939
Honorardozent an der Deutschen Technischen Hochschule
Prag.
Im letzten Kriegsjahr aus Prag nach Süddeutschland geflohen,
verschlug es U. in den Ulm/Neu-Ulmer Raum. Vom 30. Nov.
1945 bis 5. Okt. 1946 fungierte U. als von der US-Besatzungs-
macht eingesetzter Flüchtlingskommissar für Neu-Ulm und
Weißenhorn. Seit dem 6. Okt. 1946 war er Direktor der kaufmännischen Abteilung der städtischen Berufsschule Neu-Ulm.
Auf Grund seiner politischen Einstellung hatte U. in der NS-
Zeit berufliche Nachteile erlitten und nach der Errichtung des
Reichsprotektorats Böhmen-Mähren seine Honorardozentur
abgeben müssen. Er war nicht der NSDAP und keiner ihrer
Gliederungen beigetreten. Die Spruchkammer des Landkreises
Neu-Ulm in Weißenhorn erklärte U. daher am 2. April 1947 als
vom Gesetz zur Befreiung vom Nationalsozialismus nicht betroffen. Am 30. Nov. 1951 erfolgte U.s Versetzung in den
Ruhestand, er blieb aber bis 1953 wegen Lehrkräftemangels
weiterhin Lehrer an der Berufsschule Neu-Ulm und verlebte
seinen Lebensabend in Neu-Ulm.

Q   StadtA Neu-Ulm, A 4, Nr. 292.

Varnholt, *Friedrich (Fritz)* Heinrich, * Gütersloh/Reg.bez. Min-
den (Westfalen) 30. Sept. 1876, † Ulm 10. Juli 1929, ev.
Vater   Heinrich Peter Varnholt, * 1840, † 1883, Taglöhner.
Mutter   Caroline Charlotte Zöllner, * 1848, † 1892.

∞ 1901 Anna *Gertrud* Ni[e]ppeßen, * 1877, † 1954.
Eine Adoptivtochter.

V. war einer der führenden Gewerkschaftsfunktionäre in Ulm während der späten Kaiserzeit und der Weimarer Republik. Der liberale Politiker war zeitweise eine der einflussreichsten Persönlichkeiten in Ulm.

V. entstammte bescheidenen Verhältnissen und arbeitete sich mit Fleiß, Intelligenz und Beharrlichkeit nach oben. Nach dem Besuch der Volksschule und der Schreinerlehre leistete er in Düsseldorf seinen Militärdienst ab. Als Schreiner schloss er sich den „Hirsch-Duncker´schen Gewerkvereinen" an und wurde deren Funktionär. Schon 1907, als er gerade 30 Jahre alt geworden war, übernahm er die Leitung der Deutschen Gewerkvereine mit Sitz in Nürnberg. Im darauffolgenden Jahr ging er als Gauleiter für Süddeutschland des „Hirsch-Duncker´schen Holzarbeiterverbandes" und dessen Arbeitersekretär nach Ulm. Wenig später übernahm V. auch die Redaktion des Verbandsorgans „Esche". Daneben war er Vorsitzender des Landesverbandes der deutschen Gewerkvereine in Württemberg. In seinen verschiedenen Funktionen war es nicht nur V.s Aufgabe, die Interessen der Arbeiterschaft nach außen zu vertreten, sondern vor allem in Sprechstunden und bei Versammlungen die vorgebrachten Sorgen und Anregungen aufzunehmen und Hilfe zu leisten – bis hin zur Mithilfe bei der Formulierung eines Briefes an eine Institution. V. war über viele Jahre hinweg buchstäblich „nah´ beim Menschen" und erwarb sich große Beliebtheit und Vertrauen in Ulm und in der Region. Daneben war V. seit 1913 Vorstandsmitglied der Ulmer Ortskrankenkasse (OKK) und des Ulmer Konsumvereins.

Schon vor Ausbruch des Ersten Weltkriegs war V. eine der bekanntesten Persönlichkeiten der Liberalen in Oberschwaben. In verschiedenen Reichs- und Landtagswahlkämpfen trat er als Redner der Volkspartei bzw. seit 1910 der „Fortschrittlichen Volkspartei" (FVP), die 1910 aus dem Zusammenschluss mit anderen liberalen Parteien entstanden war, wiederholt in Aktion. Seit 1909 gehörte er dem Landesausschuss des württ. Parteiverbandes an. Im Dez. 1912 wurde V. zum Mitglied des Ulmer Bürgerausschusses gewählt, im Mai 1919 zum Mitglied des Gemeinderats, dem er bis zu seinem frühen Tod angehörte. Der im Ersten Weltkrieg verwundete Soldat schloss sich Ende 1918 der neu gegründeten Deutschen Demokratischen Partei (DDP) an und kandidierte im Jan. 1919 sowohl für ein Mandat in der Deutschen Nationalversammlung (Platz 13 Vorschlagsliste) als auch erfolgreich für ein Mandat in der Württ. Verfassunggebenden Landesversammlung (Platz 36 Vorschlagsliste), wo er dem Ausschuss für den Entwurf eines Gesetzes betr. das Gemeindewahlrecht und die Gemeindevertretung und dem Volkswirtschaftlichen Ausschuss angehörte. 1920 kandidierte er als Spitzenkandidat seiner Partei im WK 20 (Ulm-Heidenheim) und wurde trotz landesweit starken Stimmenrückgangs für die DDP wiederum gewählt. Im Landtag war er Mitglied des Ausschusses zur Beratung des Entwurfs eines Gesetzes betr. die staatliche Polizeiverwaltung. 1924 verfehlte er den Wiedereinzug in den Landtag.

In Ulm war V. neben seiner beruflichen Arbeit und der Tätigkeit im Gemeinderat als Mitgründer des Reichsbanners Schwarz-Rot-Gold aktiv. Besonders ernst nahm er seine Tätigkeit als Arbeitsrichter beim Arbeitsgericht Ulm und als Landes-

arbeitsrichter. Seit 1919 war er Beisitzer des Mieteinigungsamts, seit 1921 Mitglied der Ortsarmenbehörde. Außerdem gehörte er dem Finanzgericht beim Landesfinanzamt Stuttgart und dem Donau-Main-Wasserstraßenbeirat an, war Beisitzer beim Württ. Oberversicherungsamt und beim Reichseisenbahnrat sowie Vorstandsmitglied des Württ. Krankenkassenverbandes.

Q   StadtA Ulm, G 2.
L.   SCHMID, Verfassung, S. 32 (Bild S. 20) – UBC 2, S. 166 (Bild S. 167) – UBC 3, S. 529 – SPECKER, Großer Schwörbrief, S. 362 – RABERG, Biogr. Handbuch, S. 945 f. (Bild), mit weiteren Quellen- und Literaturangaben – WEIK ⁷2003, S. 321.

Veesenmayer (auch: Veesenmeyer), Georg, Dr. h.c., Mag., * Ulm 20. Nov. 1760, † ebd. 6. April 1833, ev.
Vater   Veesenmeyer, Webermeister in Ulm.
∞ I. Sibylle Juliane Klauß, ∞ II. Katharina Elisabeth Juliane Weller, * wohl 1787, † 1881, T. d. Karl Gustav →Weller, Stadtpfarrer.
2 K, darunter Gustav →Veesenmayer.

Als Lehrer, Stadtbibliothekar, Historiker und Schriftsteller hat V. viele Jahrzehnte in seiner Vaterstadt Ulm gewirkt und Bedeutendes geleistet.

Ein Zweig der Familie hatte zum Augsburger Patriziat gehört, war jedoch um 1730 ausgestorben. V. entstammte dem Zweig der Kaufleute, die in den Wirren der Reformationszeit von Augsburg zuerst nach Donauwörth und während des Dreißigjährigen Krieges von dort nach Ulm gekommen und fast alle als Weber tätig waren. Berührungspunkte zwischen Ulm und der Familie hatte es aber schon frühzeitig gegeben, u. a. den Mönch Frater Georgius Fesenmaier († 1450) in Kloster Wiblingen, *qui labore indefesso plurimos codices scripsit eleganter admodum in pergamena.*

V. sollte, wie sein Vater, Weber werden und befand sich nach dem Besuch des Ulmer Gymnasiums bereits in der Lehre, als er auf Intervention eines seiner Lehrer auf Grund seiner hervorragenden Leistungen wieder ans Gymnasium zurückkehrte und dort im Alter von 17 Jahren der anerkannt beste Schüler war. 1777 wurde er auch in das collegium academicum des Gymnasiums aufgenommen. Bereits als junger Mann beschäftigte sich V. mit der Geschichte und besonders mit der Reformationsgeschichte Ulms und fand Anerkennung. In Johann Herkules Haids „Beschreibung von Ulm mit seinem Gebiete", die 1786 in Ulm erschien, stammt der Teil über die Reformationsgeschichte (S. 157-196) von V.

1786 ging V. zum Studium der Theologie, Philosophie und Philologie an die Universität Altdorf bei Nürnberg, wo er seine literarischen, historischen und bibliografischen Studien intensivierte. Im Herbst 1789 erlangte er mit der Verteidigung seiner Schrift „Vicissitudinis doctrinae de sacra coena in ecclesia Ulmensi" den akademischen Magistergrad, im Feb. 1790 wurde er zum „Magister legens" (Lehrbeauftragten) bestellt. Angesichts der geringen Verdienstmöglichkeiten musste er Altdorf aber verlassen und nach Ulm zurückkehren. Dort hielt er die vorgeschriebene Probepredigt, um in den Pfarrdienst eintreten zu können, nahm aber im Frühjahr 1792 eine Stelle als Präzeptor der V. Kl. des Gymnasiums an. Bereits im Nov. 1792 rückte er zum Präzeptor der VI. (obersten) Kl. am Gymnasium auf, im Feb. 1793 wurde er zum Professor der Rhetorik ebd. ernannt. V. bemühte sich, den Ruf des Gymnasiums, das von manchen Zeitgenossen als *gänzlich verrottet* bezeichnet wurde, zu heben und zu reformieren, jedoch gingen die Zeitumstände der bayer. Besatzung Ulms darüber hinweg.

V. war stolz auf seine Herkunft und auf Ulm, sah sich ganz als „Reichsstädter" und verstand es nicht, mit den Repräsentanten Bayerns in Ulm so schmiegsam und sich unablässig selbst empfehlend umzugehen wie sein Freund Johann Christoph von →Schmid. Dieser vermochte sich selbst in höchsten Positionen zu installieren und seine Personalvorschläge bei der Landesdirektion durchzusetzen. Eine Bestellung V.s zum Rektor oder Konrektor des Gymnasiums wurde von Schmid nicht unterstützt. V. fühlte sich zurückgesetzt. Nur wenig konnte ihn seine Ernennung zum Nachfolger des verstorbenen Johann Michael →Affsprung als Professor der griechischen Sprache im Frühjahr 1808 und als Nachfolger des verstorbenen Christoph →*Jutz zum geschäftsführenden Konrektor 1809 trösten.

In württ. Zeit war V., der immer wieder Predigten im Münster und in der Dreifaltigkeitskirche sowie in Kirchen auf einstigem Ulmer Gebiet, so in Bermaringen, Ursprung und Geislingen/Steige gehalten hatte, von Juli 1817 bis Okt. 1819 Assistent des Münsterpredigers Karl Gustav →Weller. 1826 erfolgte nach 34-jähriger Tätigkeit am Gymnasium V.s Versetzung in den Ruhestand. Er blieb aber weiterhin aktiv, schrieb und veröffentlichte. Außerdem stellte er sich als Stadtbibliothekar in den Dienst der Stadt Ulm. Als solcher organisierte er u. a. 1830 eine Ausstellung aus Anlass des 300-Jahr-Jubiläums der Augsburger Konfession.

V. schrieb und veröffentlichte viel. Neben seinen Büchern sind zahlreiche Aufsätze und Rezensionen, u. a. in „Meusels historisch-litterarischem Magazin", Jägers „Magazin für Reichsstädte", im „Allgemeinen Litterarischen Anzeiger" und Gablers „Neuesten theol. Journal" sowie in der „Nürnberger gelehrten Zeitung" erhalten geblieben. Die Veröffentlichungen des Reformationshistorikers V., der noch aus Quellen schöpfen konnte, die mittlerweile nicht mehr zur Verfügung stehen, sind teilweise veraltet, aber in ihrer Mehrzahl weiterhin echte Fundgruben zur Ulmer Geschichte. Daneben sollte nicht vergessen werden, dass V.s Veröffentlichungen – neben dem Werk etwa von Johann Christoph von Schmid und von Albrecht →Weyermann – in geistesgeschichtlicher Hinsicht einen wichtigen Beitrag zur Vorbereitung der Wiederaufnahme der Arbeiten am Ulmer Münster leisteten. 1830 wurde V. auf Grund seiner reformationshistorischen Schriften von der theol. Fakultät der Universität Jena zum Ehrendoktor ernannt. Nach seinem Tod mussten seine Bibliothek und die Handschriftensammlung verkauft werden. Die Urkunden- und Autographensammlung hinterließ er der Ulmer Stadtbibliothek (heute Stadtarchiv), die Münzsammlung dem Ulmer Gymnasium. – 1802 Mitglied des Pegnesischen Blumenordens zur Beförderung der deutschen Sprache und Geschichte; 1827 korrespondierendes Mitglied der Gesellschaft zur Beförderung der Geschichtskunde in Freiburg im Breisgau. – 1820 Ehrenmitglied der Schlesischen Gesellschaft für vaterländische Kultur.

Q   StadtA Ulm, Bestand H, Nachlass – ebd., Bestand 1.3, Urkundensammlung Veesenmeyer – ebd., G 2.
W   (Auswahl) De Recto et Vario Historiae Reformationis sacrorum Usu, Altdorf 1790 – Beyträge zur Geschichte der Litteratur und Reformation, Ulm 1792 – Versuch einer Geschichte der Beichte in der Ulmischen Kirche, Ulm 1792 – Nachricht von Hans Jakob Wehe, ersten evangelischen Pfarrer in Leipheim, zum Besten der durch Wetterschlag und Krankheit verunglückten Leipheimer, Ulm 1794 – Commentatio Historico-Litteraria de Ulmensium in Arithmeticam meritis exponens, Ulm 1794 – Nachricht von Conrad Sams, des ersten ordentlich berufenen Ulmischen Reformators, Leben, Verdiensten und Schriften, Ulm 1795 – Versuch einer Geschichte des Schlosses Helfenstein, Ulm 1795 – Collectaneen von Melanchthons Verhältnissen, in welchen er mit Ulmern stand, Ulm 1797 – Versuch einer Geschichte des deutschen Kirchengesangs in der Ulmischen Kirche, Ulm 1798 – Kleine Chronik von Ulm, die auf den Krieg Bezug habenden Begebenheiten von 5ten May 1800 bis auf den 8ten Jun. 1801 betreffend, Ulm 1801, ²1802 – Nachricht von Ulrich Krafts, beyder Rechte Doctors und Stadtpfarrers in Ulm, Leben, Verdiensten und Schriften, Ulm 1802 – Specimen historico numismaticum de Minerva a Domitiano superstitione culta, Ulm 1802 – Sammlung von Aufsätzen zur Erläuterung der Kirchen-, Litteratur-, Münz- und Sittengeschichte besonders des 16ten Jahrhunderts, Ulm 1827.
L   Ih 2, S. 906 – Paul von STETTEN jun., Geschichte der adelichen Geschlechter in der freyen Reichs Stadt Augsburg, Augsburg 1762, S. 276, Wappen Tafel VIII, 7 – WEYERMANN I, S. 522-524 – GRADMANN, Das gelehrte Schwaben, S. 704-707 – Real-Encyclopädie für Theologie und Kirche 8 (1877), S. 403 ff. (Theodor KOLDE) – SCHULTES, Chronik, S. 442 – UBC 1, S. 478 – ADB 39 (1895), S. 519-523 (Karl Gustav VEESENMEYER) – SPECKER, Ulm im 19. Jahrhundert, S. 14 f., 371 – SPECKER, Bestände, S. 33, 45, 449, 456.

Veesenmayer (auch: Veesenmeyer), Karl *Gustav*, Dr. med., * Ulm 4. Okt. 1814, † ebd. 22. Okt. 1901, ev.
Eltern siehe Georg →Veesenmeyer.
∞ Sofie Wilhelmine Antonie Franziska Böcklen, † 1905.

Mehrere *K*, darunter Karl →Veesenmayer; Paul Veesenmayer[620], * Ulm 26. XI. 1859, † 1923, zunächst Chemiker in Stuttgart, Lehrer und Aufsichtsrat der dt. Schule in Abbazia.

V. trug das Erbe seines Vaters als Lehrer und Historiker weiter und fügte ihm eigene Akzente als aktiver Politiker und Kirchenfunktionär hinzu.

V. wuchs in seiner Vaterstadt auf, besuchte dort die Vorschule und das Gymnasium. Als Gymnasiast wurde er besonders von seinem Lehrer Conrad Dieterich →Haßler geprägt, den er zeit seines Lebens hoch verehrte und dem er einen der treffendsten und prägnantesten Nachrufe schrieb. Anschließend studierte er zunächst in Tübingen Theologie, wechselte aber nach der I. Dienstprüfung zum Studium der Medizin und Chirurgie in Heidelberg. 1842 schloss er es mit der Promotion zum Dr. med. (Universität Heidelberg) ab. Als Arzt ging er zunächst für einige Jahre ins Ausland, 1843/44 nach Irland und Schottland, von 1845 bis 1852 nach Russland. 1853 kehrte er als Professor an die Oberrealschule nach Ulm zurück, wo er fortan lebte und wirkte. Später übernahm V. auch die Leitung der Ulmer gewerblichen Fortbildungsschule. Im Herbst 1885 erfolgte angesichts einer langwierigen Erkrankung und seines vorgerückten Alters – er war 71 Jahre alt – seine Versetzung in den Ruhestand. König Karl von Württemberg zeichnete ihn aus diesem Anlass mit dem Ritterkreuz des Württ. Kronordens aus. Von 1865 bis 1886 war er zugleich Stadtbibliothekar und unterstützte David August →Schultes bei der Bearbeitung von dessen Chronik. Im Juni 1886 schied er auch als Stadtbibliothekar aus; sein Nachfolger wurde Christian Friedrich →Müller. Im Ulmer öffentlichen und kulturellen Leben spielte V. eine herausgehobene Rolle. An Schillers 100. Geburtstag im Nov. 1859 hielt V. in der vollbesetzten Turnhalle die Festrede. Er war langjähriger Zweiter Vorsitzender des Ulmer Altertumsvereins und einer der Festredner bei dessen 50-Jahr-Feier im März 1891 im Gesellschaftszimmer der Museumsgesellschaft. Für den Verein setzte sich V. mit seiner ganzen Persönlichkeit ein, warb Mitglieder und Finanzmittel, forschte und veröffentlichte mit dem Schwerpunkt auf der mittelalterlichen und frühneuzeitlichen Geschichte Ulms, wobei er bemerkenswerte Fähigkeiten als Quellenkundler zeigte. Als Ulmer Historiker war er auch angesichts zahlreicher bedeutender Kollegen im 19. Jahrhundert ein Forscher eigener Prägung, der aus einem reichen Fundus vielseitigen Wissens zu schöpfen vermochte. Gewiss war er der ideale Mitarbeiter für die Herausgabe des zweiten Bandes des „Ulmischen Urkundenbuches", dessen Erscheinen er nicht im hohen Alter erlebte. 1865 war er Gründungsmitglied des Vereins für Mathematik und Naturwissenschaften. Als Mitglied des Münsterbaukomitees und des Pfarrgemeinderats der Münstergemeinde nahm er tatkräftig Anteil an der Vollendung des Münsters. V. war auch Ausschussmitglied des Ulmer Bezirkshilfevereins zur Fürsorge für entlassene Strafgefangene.

Im kirchlichen Leben Ulms und darüber hinaus spielte V. über Jahrzehnte hinweg eine wichtige Rolle. 1869 wurde er zum Abg. von Heidenheim zur 1. Landessynode gewählt, 1874 zum Abg. von Aalen zur 2. Landessynode und 1879 wiederum zum Abg. von Heidenheim zur 3. Landessynode. 1888 war er für den Bezirk Ulm Ersatzmitglied zur 4. Landessynode.

Politisch stand V. zunächst im groß-, später im kleindeutschen Lager. Er hatte 1868 die Landtagskandidatur des antipreußischen Ulmer Bewerbers Dr. Philipp Ludwig →Adam unterstützt und trat 1870 als Gegner von Dr. Eduard →Pfeiffer im WK Ulm Stadt selbst als Landtagskandidat an. Unterstützt wurde er dabei nicht nur von freisinnigen Demokraten und großdeutsch eingestellten Ulmer Bürgern, sondern auch von Gegnern der Kandidatur des jüdischen Mandatsinhabers Pfeiffer. In der zeitgenössischen Presse wie auch in der Literatur bleibt unklar, ob V. für oder gegen den Beitritt Württem-

[620] SCHMIDGALL, S. 140, Nr. 329.

bergs zum Deutschen Bund war. Der Ulmer Korrespondent der „SK" lag wohl am ehesten richtig, wenn er V. als parteilos und für den Eintritt kennzeichnete. Er unterlag gegen Pfeiffer mit 1.722 zu 2.208 Stimmen, erzielte also in politisch überaus stürmischer Zeit gegen den Mandatsinhaber ein sehr achtbares Ergebnis. – Kriegsdenkmünze für Nichtkombattanten; 1876 Ritterkreuz I. Kl. des Friedrichsordens.

W (Auswahl) Ein Gang durch die Kirchen und Kapellen Ulms um das Jahr 1490. Nach Felix Fabris Sionspilgerin, in: UO 1 (1869), S. 30-44 – Die Gassenbezeichnung auf dem ältesten Stadtplan Ulms, in: UO 3 (1871), S. 20 – [Nachruf auf Konrad Dieterich Haßler] in: Beilage zur Allgemeinen Zeitung 1873, S. 4013 f., 4026 ff. – Bibliothek des Litterarischen Vereins, Stuttgart 1889 – (Hg.), Felix Fabri, Tractatus de civitate Ulmensi, de eius origine, ordine, regimine, de civibus eius et statu, Tübingen 1889 – (Hg. mit Hugo BAZING), Urkunden zur Geschichte der Pfarrkirche in Ulm, Ulm 1890 – Das fünfte Hauptstück des „Tractatus de civitate Ulmensi" von Felix Fabri, in: UO 1 (1891), S. 20-24 – Sebastian Fischers Chronik besonders von Ulmischen Sachen, in: UO 5/8 (1896), S. I-IX, 1-278 – (Hg. mit Hugo BAZING), Ulmisches Urkundenbuch, 2. Bd., Ulm 1898 ff.
L Ih 2, S. 906 – SCHULTES, Chronik, S. 443 – Magisterbuch 30 (1897), S. 53 – SK 1901, Nr. 497, S. 55 – Staatsanz. 1901, S. 1921 – Worte am Sarge des Herrn Karl Gustav Veesenmayer, in: UO o. J. [1901] – Württ. Jahrbücher 1901, S. V – UBC 1, S. 478 – UBC 2, S. 75, 251, 509, 512 – UBC 3, S. 5, 54, 249 (Bild), S. 250 – SPECKER, Ulm im 19. Jahrhundert, S. 88, 180, 186, 220 (Bild), 222 – DERS., Großer Schwörbrief, S. 306, 322 – DERS, Bestände, S. 34, 46 – NANNINGA, Wählen, S. 281, 367, 371, 663 – EHMER/KAMMERER, S. 361 (Bild).

Veesenmayer, Georg *Karl* Eduard, * Ulm 28. April 1857, † Brackenheim 8. Feb. 1937, ev.
Eltern und *G* siehe Gustav →Veesenmayer.
∞ Schmid, T. d. Rudolf (von) Schmid[621], * Altensteigdorf 17. I. 1828, † Obersontheim 7. VIII. 1907,
Mehrere K, darunter Karl Veesenmayer, * Jungingen 11. IV. 1892, ab 1925 Pfarrer in Eibensbach.

V. setzte die Tradition seines Großvaters als Geistlicher fort.
Aufgewachsen in Ulm, begann V. nach der Reifeprüfung am Kgl. Gymnasium Ulm 1875 in Tübingen mit dem Studium der Theologie und Philosophie und schloss sich der Burschenschaft Roigel („Tübinger Königsgesellschaft") an. 1880 legte er die I. theol. Dienstprüfung ab. Nach den üblichen unständigen Verwendungen erhielt er 1888 als Pfarrer in Jungingen seine erste feste Anstellung. Von 1898 bis 1925 war V. Zweiter Stadtpfarrer in Winnenden und zugleich Geistlicher an der dortigen „Irrenanstalt". 1912 wurde V. zum Ersatzmitglied für Waiblingen zur 8. Landessynode gewählt. 1925 pensioniert, verlebte V. seinen Ruhestand in Brackenheim. – 1902 korrespondierendes Mitglied des Landeskonservatoriums. – 1916 Wilhelmskreuz.

L Magisterbuch 30 (1897) S. 138 – ebd. 34 (1907) S. 122 – ebd. 37 (1914) S. 112 – ebd. 38 (1920) S. 105 – ebd. 39 (1925) S. 96 – ebd. 40 (1928) S. 89 – ebd. 41 (1932), S. 81 – SCHMIDGALL, Burschenschafterlisten, S. 140, Nr. 314 – EHMER/KAMMERER, S. 361 (Bild).

Veiel, Eberhard, Dr. med., * Cannstatt 21. April 1880, † Ulm 13. Mai 1950, ▢ ebd.
Vater Carl Theodor Veiel, Dr. med., * Cannstatt 29. III 1848, † 11. IX. 1923, Geh. Hofrat, Leiter der Orthopädischen Klinik in Cannstatt, b. d. Albert Veiel, * Ludwigsburg 8. VI. 1806, † Cannstatt 2. VIII. 1874, Dr. med., Oberamtsarzt und Gründer einer Heilanstalt für Flechtenkrankheiten in Cannstatt, u. d. Antonie Huber.
Mehrere G, darunter Fritz Veiel, Dr. med., * Cannstatt 15. I. 1876, praktischer Arzt in Cannstatt.

V. war in der ersten Hälfte des 20. Jahrhunderts einer der bekanntesten Ulmer Ärzte.
Anschließend an das Medizinstudium in Tübingen (Mitglied der Burschenschaft Germania), Freiburg/Breisgau und Berlin war der aus einer angesehenen Medizinerfamilie stammende V. zunächst als Assistenzarzt in Tübingen tätig. Später wirkte er als Arzt an Nürnberger und Münchner Kliniken, zuletzt war er dort Oberarzt bei Professor Romberg, und war auch Privatdozent an der Universität München mit dem Titel eines Professors. Im Ersten Weltkrieg Stabsarzt, wurde V. mit dem Eiser-

nen Kreuz beider Klassen ausgezeichnet. 1920 kam V., gewählt im Nov. 1919 von der Ortsarmenbehörde, als Chefarzt der inneren Abteilung an das Städtische Krankenhaus am Saftranberg in Ulm, wo er bis zu seiner Entlassung durch die US-Militärregierung 1945 wirkte. Die innere Abteilung hatte durchschnittlich zwischen 200 und 250 Patienten. Jahrelang führte V. in Ulm die ärztlichen Pflichtfortbildungskurse durch. Ab dem Herbst 1939 stand der neu eingerichteten, dem Städtischen Krankenhaus angegliederten NS-Schwesternschule vor. V. starb kurz nach seiner Wiedereinstellung im Alter von 70 Jahren.

L Ih 2, S. 906 – UBC 4, S. 118 (Bild) – UBC 5a, S. 91, 177, 192, 228 – UBC 5b, S. 358, 417 – PHILIPP, Germania, S. 118, Nr. 1625.

Veil (Veiel), Theodor (auch Marx oder Marcus Theodosius), * Ulm 9. Jan. 1787, † Zweibrücken 11. Feb. 1856, ▢ ebd. 13. Feb. 1856, ev.
Vater Johann Melchior Veil[622], * Ulm 14. I. 1747, † ebd. 22. III. 1822, Maler und Aktuar beim Fremdalmosenamt in Ulm.

Der aus Ulm stammende V. wird zu den Pionieren der Lithographie gezählt.
V. wuchs in Ulm auf und besuchte das dortige Gymnasium im Barfüßerkloster. Er widersetzte sich dem Wunsch seines Vaters, Theologie zu studieren, und ging 1809 an die Akademie in München. 1812 begegnet er als Graveur bei der „K. baierischen unmittelbaren Steuer Kataster Commission" in München, war bei der Steindruckerei in München angestellt und entwickelte sich zu einem geschätzten Lithographen, dessen Ruf schnell die Grenzen Bayerns überwand. 1818 ging er nach Neapel, wo er eine eigene Lithographie-Anstalt gründete, kehrte aber nach einem Jahr *gut belohnt* wieder nach München zurück. Wie seine verschiedenen Namen und die wechselnde Schreibung des Familiennamens Unklarheiten schufen und schaffen, so sind auch manche seiner biografischen Stationen nicht klar nachvollziehbar. Aus dem Jahre 1821 datiert ein von V. signierter Stadtplan von Speyer. Im Frühjahr 1827 folgte er einem Ruf an die Kgl. Studienanstalt Zweibrücken, wo er Unterricht in Kopf-, Figuren- und Landschaftszeichnen sowie Porträt- und Architekturzeichnen erteilte. Als Porträtzeichner stellte er eine Reihe von Persönlichkeiten der Reformationszeit ebenso dar wie Zeitgenossen, darunter die bayerischen Könige Maximilian I. Joseph und Ludwig I. sowie Ulms Oberbürgermeister Christoph Leonhard →Wolbach. 1824/25 fertigte V. die Unionsbilder in der Dreifaltigkeitskirche von Speyer.

L Ih 2, S. 906 f. – WEYERMANN II, S. 567 [mit Geburtsdatum 11. Jan., das aber das Taufdatum bezeichnet] – Viktor CARL, Lexikon Pfälzer Persönlichkeiten, 2. überarbeitete und erweiterte Auflage, Edenkoben 1998, S. 719.

Veil, *Theodor* Friedrich, Dipl.-Ing., * Mercara/Coorg (Vorderindien) 24. Juni 1879, † Ulm 23. Okt. 1965, ev.
Vater Jakob *Friedrich* Veil[623], * Schorndorf 16. VII. 1849, † Fellbach 28. VI. 1911, Missionar der Basler Mission in Indien, seit 1892 Missionsprediger in Ulm, S. d. Jakob *Friedrich* Veil, * 7. III. 1813, † 3. VI. 1882, Kaufmann in Schorndorf, u. d. Marie Ploucquet, * 18. IV. 1816, † 21. III. 1886.
Mutter Martha Theodora Werner, * Fellbach 18. IX. 1854, T. d. Karl Friedrich Werner, Pfarrer in Fellbach.
5 G *August* HeinrichVeil[624], * Mercara 31. I. 1881, † Tumringen bei Lörrach (Baden) 29. I. 1965, Leiter der Fabrik Wybert GmbH in Tumringen, Maler, ∞ Basel 12. VI. 1906 Amelie Verena Jenny, * 11. X. 1881, T. d. Daniel Jakob Jenny, Kaufmann in Basel; *Helene* Dorothee Veil[625], * Udipi (Indien) 10. VIII. 1882; Oberlehrerin an der höheren Mädchenschule Ulm; *Pauline* Margarethe Veil[626], * Mercara 3. XII. 1883, 1914 Fachlehrerin an der Ulmer Nähschule, 1919 Aufsichtslehrerin, 1924 Fachlehrerin für Handarbeiten an der Stuttgarter Schloss-Mädchenschule; *Rosine* Emilie Veil, * Mercara 25. III. 1885, Gehilfin der Hausmutter im Mutterhaus für Kleinkinderpflegerinnen in Großheppach im Remstal; Jakob *Friedrich* Veil, * Tübingen 25. V. 1887, † gefallen an der Gruba Mare 9. XI. 1916, Pfarrverweser in Mähringen.

[621] Ih 2, S. 782 – RABERG, Biogr. Handbuch, S. 801 f. – EHMER/KAMMERER, S. 323.

[622] WEYERMANN II, S. 566 f.
[623] UBC 3, S. 489, 491 (Bild).
[624] Ih 3, S. 350.
[625] Grundbuch der ev. Volksschule ⁵1933, S. 275.
[626] Grundbuch der ev. Volksschule ⁵1933, S. 295.

∞ Ulm 18. IX. 1906 *Erika* Gabriele Aurelia von Neander, * Wallhof (Kurland) 28. II. 1879, T. d. *Georg* Friedrich Eduard von Neander, Pfarrer.

1 K   *Friederike* Charlotte Martha Veil, * München 4. XII. 1910.

V. war einer der bekanntesten deutschen Architekten seiner Zeit.

Der Urenkel des Schorndorfer Kaufmanns und Landtagsabgeordneten Christian Heinrich Veil (1773-1846) kam als ältestes Kind seines als Basler Missionar in Indien wirkenden Vaters zur Welt. Nach dem bis 1903 während Architekturstudium an der TH München machte sich V. als Privatarchitekt und Raumkünstler in München selbstständig. Er erhielt Aufträge aus Bayern und ganz Süddeutschland und war u. a. auch umfangreich für Bamberg tätig. Kurz vor Ausbruch des Ersten Weltkriegs nahm er 1914 als baukünstlerischer Beirat engen Kontakt zu Ulm auf. Als der Neu-Ulmer Stadtrat im Herbst 1919 beschloss, einen Generalbebauungsplan erstellen zu lassen und dabei an V. dachte, holte Neu-Ulms Bürgermeister Franz Josef →Nuißl an seiner früheren Wirkungsstätte in Bamberg Erkundigungen ein, die ihn im Hinblick auf die hohen Kosten des „Städtebau-Künstlers" von einer Verpflichtung V.s abbrachten und zum Engagement des Münchner Architekten Peter A. Hansen führten.

V. war vom Herbst 1919 bis zum Frühjahr 1945 o. Professor für Bürgerliche Baukunst und Städtebau an der TH Aachen. Er blieb aber eng mit Ulm und Neu-Ulm verbunden und entwarf u. a. den Bau der im Mai 1928 eingeweihten Weststadtkirche (Martin-Luther-Kirche). 1937 der NSDAP beigetreten, wurden nach seinen Plänen mehrere HJ-Heime in der Eifel gebaut. 1944 wurde er zum Gaubeauftragen für die Gestaltung deutscher Kriegerfriedhöfe ernannt. V. stand auf der sogenannten „Gottbegnadetenliste" (Führerliste) der wichtigsten Architekten des „Dritten Reiches".

Nach 1945 war V. erneut baukünstlerischer Beirat der Stadt Ulm und gewann mehrere Preise in öffentlichen Wettbewerben, so 1953 für die Randbebauung des Münsterplatzes in Ulm. – 1910 Silberne Medaille der Weltausstellung Brüssel.

Q   StadtA Ulm, G 2.
L   THIEME-BECKER 34 – Julius ROSER (Hg.), Geschichte der drei verwandten Familien Roser-Veil-Ploucquet ergänzt auf den neuesten Stand, Stuttgart 1923, S. 85 – UBC 1, S. 444 f. – UBC 4, S. 118, 294 (Bild) – UBC 5a, S. 298 – Wer ist wer? 12 (1955) – VOLLMER 5, S. 18 – TREU, Neu-Ulm, S. 389 f. – Ulrich KALKMANN, Die Technische Hochschule Aachen im Dritten Reich (1933-1945), Aachen 2003 – DBE 10 (1999), S. 187 f. – KLEE, Kulturlexikon, S. 629.

Vietzen, *Ernst* Gustav, * Neu-Ulm 9. Okt. 1906, † ebd. 17. Juni 1988, ev.

Vater   Hermann →*Vietzen.
Mutter   Theresa Ammann, † Neu-Ulm 1950.
2 G, darunter Hermann Vietzen[627], Dr. oec. publ., Dipl.-Volkswirt, * Wain/OA Laupheim 19. V. 1902, † Stuttgart 17. II. 1984, Archivar und Historiker, Stadtarchivdirektor, Leiter des Stadtarchivs und der Rathausbücherei in Stuttgart, 1946-1952 Geschäftsführer der FDP/DVP Württemberg-Baden, 1956-1960 MdL Baden-Württemberg.
∞ Neu-Ulm 17. II. 1936 Anna Miller, * Reutti 28. I. 1909, T. d. Konrad Miller, Gastwirt in Neu-Ulm, u. d. Barbara Botzenhardt.
3 K   *Hans* Ernst Vietzen, * Neu-Ulm 28. VII. 1936; Gerhard Walter Vietzen, * Neu-Ulm 2. VII. 1938; *Barbara* Elisabeth Vietzen, * Neu-Ulm 21. I. 1942.

Als Gärtner und liberaler Kommunalpolitiker führte V. die von seinem Vater begründete Familientradition in Neu-Ulm fort.

V. wuchs in Neu-Ulm auf und besuchte dort die Schule. Im Anschluss absolvierte er eine Gärtnerlehre im elterlichen Betrieb, in dem er fortan mitarbeitete. Nach dem Tod von Hermann Vietzen 1939 übernahm V.s Mutter mit ihren Söhnen die Leitung des Gärtnereibetriebs. Am Ende des Krieges wurde nicht nur das Wohnhaus der Familie (Friedensstraße 42) und ein Teil der Gärtnerei, sondern auch das in der Ulmer Frauenstraße betriebene Blumengeschäft zerstört. Nach Kriegsende war Aufbauarbeit zu leisten. Nach dem Tod der Mutter im Jahre 1950 übernahm V. im Sinne der Erbengemeinschaft seiner Geschwister die Leitung der Firma, die auch 1953 weiterbestand, als V. Alleineigentümer wurde. Als V. sich in den 1970er Jahren aus der Leitung der Gärtnerei zurückzog, konnte er dies in der Gewissheit tun, dass der Familienbetrieb weitergeführt wurde.

Auch kommunalpolitisch setzte V. nach 1945 die Arbeit seines Vaters fort, der einst Vorstand der Neu-Ulmer Liberalen gewesen war. V. schloss sich der FDP an, übernahm im Neu-Ulmer Ortsverband, den er mitgründete, Vorstandsfunktionen und wurde am 27. Jan. 1946 als Vertreter der FDP in den ersten Neu-Ulmer Stadtrat nach Kriegsende gewählt. Bei der nächsten Stadtratswahl am 30. Mai 1948 wurde V. im Mandat bestätigt und auch danach mehrfach wiedergewählt, bis er in den 1960er Jahren aus der Kommunalpolitik ausschied. Er war damit ein wichtiger Mitgestalter des demokratischen Neubeginns auf kommunaler Ebene in Neu-Ulm.

Q   StadtA Neu-Ulm, D 12, III.7.2. – ebd., A 9.
L   Friedrich LANZENSTIEL (Hg.), Neu-Ulm. Das neue Gesicht, Neu-Ulm 1954, S. 48, 143.

Vischer, *Carl* Friedrich, * Calw 19. Okt. 1797, † Neu-Ulm 2. Juli 1857, □ Ulm, Alter Friedhof, ev.

Vater   Johann *Martin* Vischer, * Calw 21. VIII. 1751, † ebd. 29. XII. 1801, Kaufmann in Calw, S. d. Johann Martin Vischer, Rat in Calw.
Mutter   Friederike Auguste *Emilie* Feuerlein, * Stuttgart 6. V. 1776, † ebd. 15. VII. 1816, T. d. *Carl* Friedrich Feuerlein, * Stuttgart 11. VIII. 1730, † Stuttgart 15. III. 1808, Regierungsrat in Stuttgart, u. d. *Auguste* Elisabeth Franziska Johanne Fischer, * Stuttgart 18. XII. 1747, † ebd. 11. II. 1823.
2 G   Gustav Leonhard von Vischer[628], * Calw 2. II. 1793, † 20. IV. 1837, Kgl. Württ. Rittmeister und Gutsbesitzer auf Ihingen und auf Aglishardt, 1814 in den erblichen württ. Adels-und Ritterstand erhoben; Emilie Vischer[629], * Calw 15. V. 1797, † Stuttgart 5. VI. 1881, ∞ 1820 Ludwig Uhland[630], * Tübingen 26. IV. 1787, † ebd. 13. XI. 1862, Dichter und Politiker.
7 *HalbG* aus H. Ehe der Mutter mit Johann August *Ferdinand* (von) Pistorius[631], * Heidenheim/Brenz 16. X. 1767, † Stuttgart 11. IX. 1841, Hofrat, Geh. Legationsrat in Stuttgart, Mitglied des Württ. Staatsgerichtshofs, 1815-1819 Mitglied der Württ. Ständeversammlungen, 1823-1833 MdL Württemberg (II. Kammer).
∞ Schafhausen/OA Calw 25. VIII. 1822 *Sophie* Katharine Raht[632] [sic!], * Rennerod 25. VIII. 1803, † Neu-Ulm 9. oder 10. X. 1870, T. d. Eckardt Daniel Friedrich (von) Raht[633], † Diez (Nassau) 19. X. 1764, † Stuttgart 27. X. 1835, Staatsrat in Stuttgart, u. d. Josephine Margarethe Hundhausen, * Ehrenbreitstein bei Koblenz 2. VIII. 1778, † Stuttgart 8. I. 1849.
7 K   *Gustav* Ferdinand Eckardt Vischer, * Stuttgart 9. VII. 1823, † Landsberg/Lech 16. XI. 1897, Kaufmann in München, Direktor der Feuerversicherungsgesellschaft, ∞ I. Grimmelfingen 30. VI. 1849 *Pauline* Charlotte Wilhelmine Hölder, * Ludwigsburg 30. XI. 1828, † Ulm 30. V. 1850, T. d. Kanzleirats Hölder in Ludwigsburg, ∞ II. Kaufbeuren 7. I. 1851 Auguste Kuhn, † Ulm 7. IX. 1851, ∞ III. Pfuhl 26. VI. 1853 *Luise* Felicitas Ziegler, * Ulm 3. XII. 1832, † München 27. VI. 1890, T. d. Ziegler, Bierbrauereibesitzer in Ulm; Carl Vischer, * Stuttgart 10. III. 1825, † Aarau (Schweiz) 10. XI. 1854, Fabrikant chemischer Produkte, ∞ Grimmelfingen 1. VII. 1851 *Mathilde* Marie Renner, * Ulm 29. XI. 1828, † Aarau (Schweiz) 26. IX. 1854, T. d. Ludwig Renner, Präzeptor in Ulm; *Sophie* Pauline Caroline Vischer, * Stuttgart 30. IV. 1828, † Ulm 28. II. 1860, ∞ Carl →Palm, Dr. med.; Robert Vischer, * Augsburg 9. VIII. 1833, ∞ Stuttgart 15. IX. 1863 Sophie Hering, * Stuttgart 25. VIII. 1833, † ebd. 26. IV. 1886, T. d. Carl Friedrich Hering, Kaufmann und Apotheker in Stuttgart; Adolf Vischer, * Augsburg 16. II. 1840, † Stuttgart 11. XI. 1925, Kaufmann in Stuttgart, ∞ Stuttgart 2. VIII. 1875 *Anna* Wilhelmine Gastpar, * 2. VIII. 1875, † ebd. 2. III. 1923, T. d. Karl Gastpar, Rechtsanwalt in Stuttgart; Hermann Vischer, * München 29. VI. 1841, † ebd. 10. V. 1910, Uhrmachermeister in Bayreuth, ∞ Bayreuth 30. X. 1873 Marie Kirschner, * Hohenspeisenberg 9. III. 1852, T. d. Michael Kirschner, Bergamtsaktuar in Bayreuth; Oskar Vischer, * München 9. V. 1844, † ebd. 30. IV.

628 CAST I, S. 373. Er war in IV. Ehe mit *Wilhelmine* Henriette von Raht verheiratet, einer Schwester seiner Schwägerin, der Ehefrau von V.
629 Ih 1, S. 899 – Ih 3, S. 346.
630 Ih 1, S. 899 – Ih 3, S. 347.
631 RABERG, Biogr. Handbuch, S. 668 ff.
632 Bei TEUBER, Ortsfamilienbuch Neu-Ulm II, Nr. 5025, mit dem Geburtsjahr „um 1802" und der Bezeichnung „Kaufmannswitwe" angegeben.
633 Vgl. ZIEGLER, Fangelsbachfriedhof, S. 85.

627 Ih 3, S. 351 – WEIK 72003, S. 152.

1883, Kaufmann in Ulm, ∞ Ulm 22. IV. 1867 Albertine Schuster, * Ulm 24. IV. 1844, † München 2. XII. 1916, T. d. Leonhard Schuster, Küfermeister in Ulm.

Mit V. kam ein Vertreter der württembergischen Ehrbarkeit[634] als Kaufmann nach Ulm und Neu-Ulm.
V. war der Sohn eines der wohlhabendsten Bürger Calws, der 1755 die Holzhandelsgesellschaft Vischer & Co gegründet hatte, der Färber- und Zeughandlungscompagnie angehörte und am Speditions- und Kommissionsgeschäft Wagner beteiligt war. Der Vater V.s starb, als der Sohn vier Jahre alt war. Er soll ein (Rein-)Vermögen von 348.500 Gulden hinterlassen haben. V. wuchs danach in Stuttgart auf, wohin die Mutter mit ihren drei Kindern gegangen war. 1803 ging sie eine zweite Ehe mit dem Legationsrat Ferdinand von Pistorius (1767-1841) ein, aus der sieben Halbgeschwister V.s stammen. V. besuchte in Stuttgart das Gymnasium und wurde frühzeitig in den kaufmännischen Beruf eingelernt. Da sein älterer Bruder sich dem Militär verschrieb, trat der junge V. in die Fußstapfen des Vaters und widmete sich besonders dem Holz- und Papierhandel. Um 1830 verlegte V. seine kaufmännische Tätigkeit nach Bayern und war in Augsburg und München tätig.
Neu-Ulm war die letzte Station seines Geschäftslebens außerhalb von Württemberg. Er scheint in der zweiten Hälfte der 1840er Jahre nach Neu-Ulm gekommen zu sein, wo er nach dem Beginn des Festungsbaus günstige Geschäftsbedingungen auf beiden Seiten der Donau vorfand. Der sparsame Schwabe – ein sehr reicher Mann – nahm in Neu-Ulm Quartier, weil die Lebenshaltungskosten dort erheblich geringer waren als in Ulm. In seinem Todesjahr ist er in der Neuen Augsburger Straße 79 nachgewiesen[635]. V. starb im 60. Lebensjahr.

L   Wegweiser Ulm/Neu-Ulm 1857, S. 180 – SCHIMPF, Stammtafeln Feuerlein, S. 9 – UNGERICHT, S. 192 – Gerd HÖSCHLE, Geschichte einer Stadt: Wirtschaftsgeschichte I. Von den Anfängen bis zum 18. Jahrhundert, Calw 2006, S. 52 ff.

Vöhringer, Ludwig Friedrich, Mag., * Sulz/Neckar 4. Dez. 1872, † Korntal 10. Feb. 1949, ev.
Vater   Ludwig Vöhringer[636], * Buttenhausen/OA Münsingen 8. VI. 1841, Reallehrer in Göppingen und zuletzt in Heilbronn, 1908 a. D.
Mutter   Regine Katharine Bosch.
∞ 1903 Gertrud Schmid, * 1881, T. d. Hofrats Schmid, Apotheker in Tübingen.
5 K, darunter Theodor Vöhringer[637], * Brackenheim 20. III. 1906, † Ludwigsburg 21. VIII. 1994, Pfarrer in Bad Liebenzell, zuletzt bis 1971 dsgl. in Mittelstadt.

V., der während der Zeit der Weimarer Republik als Dekan in Ulm wirkte, kam nach Beendigung des Theologiestudiums in Tübingen als Repetent an das dortige Stift. Zuvor war er Vikar in Feuerbach und Heilbronn gewesen. 1903 Zweiter Stadtpfarrer in Brackenheim. 1908 Dritter Stadtpfarrer an der Marienkirche Reutlingen, 1916 Zweiter Stadtpfarrer ebd., wurde er 1918 zum Dekan von Schorndorf ernannt. 1922 folgte die Ernennung zum Ulmer Dekan als Nachfolger von Heinrich →Holzinger. Der theologisch von Theodor Häring und Adolf Schlatter geprägte, persönlich sehr ernste Pietist V. wurde am 17. Dez. 1922 im Münster durch Prälat Heinrich von →Planck in sein neues Amt eingeführt. In seiner mehr als zehnjährigen Amtszeit wurden die Martin-Luther-Kirche und das Söflinger Gemeindehaus gebaut, das Ulmer Gemeindehaus erweitert, die 400-Jahr-Feier der Einführung der Reformation in Ulm und die Feier zur Grundsteinlegung des Münsters sowie das Kirchengesangsfest abgehalten. 1933 zum Generalsuperintendenten von Ludwigsburg ernannt, bat der politisch im deutschnationalen Lager stehende V. darum, von einer offiziellen Verabschiedung in Ulm abzusehen. Noch auf seine Initiative hin kam es im Frühjahr 1933 in Ulm zur Verknüpfung der Ortsgruppe der

dem Nationalsozialismus sehr nahe stehenden Deutschen Christen (DC) mit der Kirchengemeinde. Nach dreijähriger Amtstätigkeit in Ludwigsburg erfolgte 1936 im Alter von 64 Jahren seine Versetzung in den Ruhestand, den er in Korntal verlebte.
1919 wurde V. zum Abg. für Waiblingen-Schorndorf in die Ev. Landeskirchenversammlung gewählt, 1925 dsgl. für Welzheim zum 1. Landeskirchentag und anschließend 1931 für Schorndorf zum 2. und 3. Landeskirchentag. – 1918 Vorstand des Pfarrtöchterheims Marienstift in Schorndorf; 1922/23 bis 1931 Ausschussmitglied des Ev. Kirchengesangvereins, dessen stv. Vorstand und Schriftführer; 1934 bis 1936 Mitglied des Verwaltungsrats der Württ. Bibelanstalt; Mitherausgeber des „Ev. Kirchenblatts für Württemberg". – 1916 Wilhelmskreuz.

Q   StadtA Ulm, G 2.
L   Magisterbuch 41 (1932), S. 124 – UBC 4, S. 195, 226, 227 (Bild), 232, 289, 297 – NEBINGER, Die ev. Prälaten, S. 580 – MAYER, Die ev. Kirche, bes. S. 527 u. ö. – TRAUTHIG, Im Kampf, S. 14, Anm. 76 – EHMER/KAMMERER, S. 362 f. (Bild).

Volk, Theo (Theodor) Michael Karl, * Nördlingen 18. Okt. 1899, † Ulm 14. Nov. 1964, ev.
Vater   Johann Melchior Volk, * Zoltingen 8. VI. 1861.
Mutter   Anna Margaretha Rösle, * Löpsingen bei Nördlingen 3. X. 1869, † Ulm 1931.
∞ Neu-Ulm 10. IV. 1928 Pauline Regina Wanner, * Neu-Ulm 9. II. 1902, T. d. Johann Jakob Wanner[638], * Biberach/Riß 13. oder 14. V. 1867, † Neu-Ulm 21. VII. 1931, Bäcker, u. d. Walburga Fink, * Ludwigsfeld 12. VI. 1870, † Neu-Ulm 28. XII. 1940.
1 K   Sieglinde Volk, * Neu-Ulm 23. VI. 1933, ∞ Witsch.

V. war sicherlich einer der am längsten im Bereich des heutigen Stadtgebiets von Neu-Ulm wirkenden Beamten. Über vierzig Jahre lang war er Volksschullehrer und zuletzt -rektor in Pfuhl. Aus dem Ries stammend, ließ sich V., der noch als Soldat in den Ersten Weltkrieg ziehen musste, zum Volksschullehrer ausbilden. Seine erste Stelle hatte er als Lehrer in Steinheim. Im Okt. 1923 begann V. seine langjährige Tätigkeit als Lehrer an der Volksschule in Pfuhl. Der leutselige Pädagoge wirkte von der Zeit der Inflation in der Weimarer Republik über die NS-Zeit, den Zweiten Weltkrieg, die Nachkriegszeit und die Ära des Wirtschaftswunders hinweg bis zur Mitte der 1960er Jahre, als Ludwig →Erhard Bundeskanzler war, in Pfuhl und schlug dort tiefe Wurzeln. Im Zweiten Weltkrieg war er Soldat, geriet in sowjetrussische Gefangenschaft und kehrte 1946 nach Pfuhl zurück. Dort übernahm er das Amt des Rektors der Volksschule. Im Herbst 1963 wurden V.s Verdienste im Rahmen eines vom Gemeinderat veranstalteten Dorfgemeinschaftsfestes gewürdigt. Bürgermeister Karl →Salzmann führte bei dieser Gelegenheit aus, es sei kein einziger Fall in der Gemeinde bekannt, dass eine Lehrkraft so lange Zeit an einer Stelle gewirkt hat. Zudem hat er sich noch in seiner Freizeit verschiedenen kulturellen Vereinigungen unseres Dorfes in diesen vier Jahrzehnten zur Verfügung gestellt und heute noch, wenn der Ruf an ihn ergeht, findet man immer ein offenes Ohr.

Q   StadtA Neu-Ulm, A 9.
L   Lehrer im zwei Generationen. Rektor Volk für 40jährige Tätigkeit an der Pfuhler Volksschule geehrt, in: Schwäb. Donauzeitung, 29. X. 1963 (Bild) – 40 Jahre Lehrer in Pfuhl, in: NUZ, 29. X. 1963 (Bild).

Vollmann, Marcus (Markus), * Illertissen 25. April 1826, † Neu-Ulm 1. Feb. 1882, □ ebd., kath.
Vater   Johann Vollmann, Metzgermeister.
Mutter   Johanna Eisenlauer.
Mehrere G, darunter Franz Vollmann, * Illertissen 1. Okt. 1823, † Neu-Ulm 3. XI. 1856, Cafetier, Besitzer des Hotels Vollmann in Neu-Ulm, ∞ Burlafingen 10. V. 1853 Carolina Ottilia Agnes Wolf, * Neu-Ulm 20. VII. 1833, T. d. Anton Georg Simon Wolf u. d. Maria Anna Rädler; Lukas Vollmann, * Illertissen 23. XI. 1827, Institutslehrer in Neu-Ulm, ∞ Burlafingen 20. IV. 1857 Maria Magdalena Keim, * Neu-Ulm 29. X. 1830, T. d. Johann Gottlieb Keim[639], * Göppingen 18. III. 1805, Messerschmied in Neu-Ulm, u. d. Apollonia Schiele, * Schalkstetten 14. IX. 1807.

---

[634] Mit diesem Begriff werden die Familien Württembergs umschrieben, die seit dem 17. Jahrhundert qua Amt (Bürgermeister, Pfarrer etc.) zur Führungsschicht zählten und dem Landtag angehörten.
[635] Genannt als „Fischer". 1857 existierte in Neu-Ulm kein anderer Kaufmann des Namens außer V.
[636] CRAMER, Württembergs Lehranstalten 6[1911], S. 33.
[637] EHMER/KAMMERER, S. 363.

[638] TEUBER, Ortsfamilienbuch Neu-Ulm II, Nr. 5246.
[639] TEUBER, Ortsfamilienbuch Neu-Ulm I, Nr. 2214.

∞ Burlafingen 8. VIII. 1848 Maria Seitz[640], verw. Selzle[641], * Halbertshofen 25. II. 1805[642], † Neu-Ulm Aug. 1884, T. d. Leonhard Seitz, Bauer, u. d. Victoria Michler.
5 K   Otto →*Vollmann, ∞ Neu-Ulm 23. XI. 1875 Wilhelmine Klotz, Hegelhofen 19. VI. 1851, † Neu-Ulm 1888; Anton Vollmann, * Neu-Ulm 25. VIII. 1850, † ebd. 16. VI. 1872; Marcus Vollmann, * Neu-Ulm 23. VI. 1852, † ebd. 12. VII. 1852; Franz Seraphin Vollmann, * Neu-Ulm 15. X. 1854, † ebd. 24. III. 1855; Sohn, *† 22. III. 1856.

Der Neu-Ulmer Gastwirt V. betrieb den „Bayerischen Hof", eines der ersten und angesehensten Hotels der Stadt, in welchem hochkarätige Gäste bevorzugt abstiegen. Er begründete die Verbindung seiner in der Stadtgeschichte immer wieder eine Rolle spielenden Familie zu Neu-Ulm. Sein Sohn Otto →*Vollmann war Ende des 19. Jahrhunderts Magistratsrat, dessen Enkel Hans Vollmann von Mai bis Juli 1945 kommissarischer Landrat des Kreises Neu-Ulm.
V. kam mit seinen Brüdern wohl um 1845, als er noch ganz junger Mann, nach Neu-Ulm. Durch die Verehelichung mit der Witwe des Besitzers des „Bayerischen Hofs", Dominikus Selzle, kam V. in den Besitz des Gasthofs, der angesichts der rasanten baulichen Entwicklung Neu-Ulms und der Garnsion einen beachtlichen Aufschwung nahm. V. wollte expandieren und bauen. 1860 begründete er seine Bauabsichten folgendermaßen: *Meine stets anwachsende Familie sowohl als der sich mehrende Besuch meiner Bierwirthschaft, welcher bei dem Bau einer Kaserne in Neu-Ulm und eines Spitales noch zunehmen wird, veranlaßt mich zu einem Neubau zu schreiten.* V.s Gesuch wurde jedoch nicht genehmigt – wohl aus Rücksicht auf die anderen Unternehmer im Gastgewerbe, die sich durch eine Bewilligung hätten zurückgesetzt fühlen können. Erst fünf Jahre später erhielt V. die Baugenehmigung. 1865 ließ er das Haus Marienstraße 20 errichten, 1874 das Haus Friedenstraße 11. Nach dem Tod V.s im Alter von 55 Jahren übernahm dessen ältester Sohn Otto Vollmann den „Bayerischen Hof".

L   BUCK, Chronik Neu-Ulm, S. 114, 126 – Katalog Materialien, S. 112, 202, 207 – TEUBER, Ortsfamilienbuch Neu-Ulm II, Nr. 5068.

Vollmar, *Jörg*-Friedrich, Dr. med., * Plüderhausen/OA Schorndorf 22. Sept. 1923, † Ulm 15. Jan. 2008, ☐ ebd., Hauptfriedhof, 23. Jan. 2008, ev.

V. galt als einer der international renommiertesten deutschen Gefäßchirurgen der Gegenwart. Daneben erwarb er sich Verdienste um die Erforschung eines wichtigen Kapitels der Ulmer Medizingeschichte.
Der gebürtige Remstäler wuchs in Geislingen/Steige auf, wo er die Volks- und Oberschule besuchte und 1942 das Abitur bestand. Sein Medizinstudium in Heidelberg – die Stadt, mit der sein Leben neben Ulm am stärksten verbunden war – wurde 1944 kriegsbedingt unterbrochen, V. als Feldunterarzt eingezogen und an die Westfront geschickt. Bei Kriegsende geriet er in US-amerikanische Gefangenschaft. Nach der Entlassung konnte er das Studium fortsetzen und bestand 1948 das Staatsexamen. Im gleichen Jahr wurde er in Heidelberg promoviert, im Jahr darauf erlangte er die Approbation. Der von Fachgrößen wie K. H. Bauer und Fritz Linder geprägte V. erhielt die Gelegenheit, sich auf internationaler Ebene weiterzubilden, so in der Schweiz und an Herzzentren in den USA und England. Bei Charles Rob beobachtete er die Ersetzung der Aorta durch Nylonprothesen. Weiterhin sind die Entwicklung der Ring-Desobliteration, der Gefäß-Endoskopie und der indirekten Fern-Embolektomie eng mit seinem Wirken verbunden. Mit den Jahren führte V. mit seinen Kollegen die Universität Heidelberg zu ihrem Weltruf auf dem Gebiet der Gefäßchirurgie. Dabei stand für V. stets das Prinzip enger Zu-

sammenarbeit mit anderen führenden angiologischen Kliniken in Deutschland im Vordergrund, aus der sich auch seine Idee der interdisziplinären Kooperation im Bereich der Gefäßchirurgie entwickelte.
Nach seiner 1962 erfolgten Habilitation, bei der er sich mit dem Kunststoffersatz von Arterien befasste, wurde V. 1963 zum Oberarzt an der Chirurgischen Universitätsklinik Heidelberg berufen. Er war in dieser Zeit eine Art „Weltreisender der Gefäßchirurgie", immer auf der Suche nach neuen Forschungsergebnissen, vor allem in den USA und Südamerika. Auch damit arbeitete er sich in die erste Reihe internationaler Gefäßchirurgen vor, veröffentlichte unermüdlich und hielt zahlreiche öffentliche Vorträge. Eines seiner wichtigsten Bücher, „Rekonstruktive Chirurgie der Arterien" (1967), erschien in vier Auflagen und war ein internationaler Erfolg, übersetzt in mehrere Sprachen.
1970 übernahm V. das Amt des ersten Direktors der Abteilung Gefäß- und Thoraxchirurgie der Universität Ulm und war dort zugleich o. Professor für Chirurgie. In den 20 Jahren seines Ulmer Wirkens bildete V. viele Assistenten, Oberärzte und Chefärzte aus und setzte sich nachdrücklich für die Eigenständigkeit der Gefäßchirurgie in den verschiedenen Verbänden ein. Folgerichtig übernahm er auch den Gründungsvorsitz der eigenen Sektion innerhalb der Deutschen Gesellschaft für Chirurgie. 1991 wurde V., der von 1986 bis 1988 Präsident der Europäischen Gesellschaft für Kardiovaskuläre Chirurgie gewesen war, emeritiert. Es war unstrittig, dass er wesentlich zum hervorragenden Ruf der Universität Ulm beigetragen hatte.
V. setzte sich auch für die Erforschung des Lebenswerks des Ulmer Stadtphysicus´ Johannes Scultetus[643] (1595-1645) ein, den er für die Nachwelt wieder entdeckte. Die Scultetus-Gesellschaft ehrte ihn für seine Verdienste mit der im Sept. 2003 erfolgten Ernennung zum Ehrenvorsitzenden der Scultetus-Gesellschaft. – 1979 Erich-Lexer-Preis der Deutschen Gesellschaft für Chirurgie; 1983 Filmpreis der Deutschen Gesellschaft für Chirurgie für seinen Film „Akute tiefe Venenthrombose-chirurgische Therapie".

Q   StadtA Ulm, G 2.
L   SWP vom 19. I. 2008 (Todesanzeigen) – H. KOGEL, Nachruf [...] (mit Bild), in: http://www.gefaesschirurgie.de (Deutsche Gesellschaft Gefäßchirurgie).

Volz, *Ludwig* Wilhelm, Dr. med., * Stuttgart 20. Mai 1828, † Ulm 1. Juli 1887, ev.
Vater   Volz, Gymnasialprofessor.
Mehrere G, darunter Karl Volz[644], * 19. VII. 1824, † 1868, ev. Geistlicher, zuletzt Stadtpfarrer in Ellwangen/Jagst; Emil Volz[645], * 11. IX. 1831, † 19. X. 1898, ev. Geistlicher, zuletzt Stadtpfarrer und Bezirksschulinspektor in Winnenden/OA Waiblingen.

Als in Ulm wirkender Arzt zählte V. zu den bekanntesten Persönlichkeiten der Donaustadt in der Zeit des frühen Kaiserreichs.
V. ging mit 17 Jahren als Freiwilliger zur Württ. reitenden Artillerie und wurde 1847 zum Zwecke des Medizinstudiums vom Militär beurlaubt. V. studierte in Tübingen (Mitglied der Burschenschaft Germania) und unterbrach 1849 das Studium, um als Unterarzt beim Feldzug gegen die Aufständischen in Baden praktische Erfahrungen zu sammeln. Seine Laufbahn begann er als Assistenzarzt an der Universität-Poliklinik Tübingen. 1856 zum Regimentsarzt in Ulm berufen, war er daneben Lehrbeauftragter für Anatomie an der Chirurgisch-Anatomischen Militärlehranstalt in Ulm. 1862 mit dem Titel Medizinalrat geehrt, war V. 1864 Teilnehmer am Dt.-Dän. Krieg. 1865 erfolgte seine Berufung zum Oberamtsarzt in Ulm. Im Aug. 1870 zählte V. zu den Unterzeichnern des öffentlichen Aufrufs zur Gründung eines Hilfsvereins für die Soldaten.

[640] TEUBER, Ortsfamilienbuch Neu-Ulm II, Nr. 4549.
[641] In I. Ehe verheiratet mit dem Gastwirt Dominikus Selzle (um 1807–1847), aus der zwei Kinder stammen. TEUBER, Ortsfamilienbuch Neu-Ulm II, Nr. 4560.
[642] Das Geburtsjahr muss angesichts der Tatsache, dass Maria Vollmann bei der Geburt ihres letzten Kindes 51 Jahre alt gewesen wäre, angezweifelt werden.
[643] Ih 2, 820.
[644] PHILIPP, Germania, S. 70.
[645] Magisterbuch 30 (1897), S. 78 – PHILIPP, Germania, S. 76.

V. gab einen anatomischen Atlas heraus. In seiner Freizeit zeichnete er und widmete sich der Aquarellmalerei; zahlreiche Proben seines Könnens haben sich erhalten. Als Ulmer Oberamtsarzt folgte ihm Dr. Leonhard →*Häberle nach.

L.   Ih 2, S. 919 – Medizinisches Korrespondenzblatt LVIII (1888), Nr. 2, 9. I. 1888 – UBC 2, S. 531 (Bild), S. 533 – PHILIPP, Germania, S. 74, Nr. 1090.

Waaser, *Ludwig* August Gottlieb (von), Dr. iur. h.c., * Knittlingen/OA Maulbronn 11. Feb. 1804, † Ludwigsburg 21. Nov. 1883, ev.
∞ Fanny Gsell.
Mehrere *K*, darunter Marie Waaser, * Tübingen 26. I. 1843, ∞ Ulm 14. V. 1867 Karl *Adolf* (von) Holland, * Tübingen 27. I. 1825, † Ludwigsburg 25. VI. 1907, Regierungsdirektor bei der Regierung des Neckarkreises in Ludwigsburg, S. d. Karl Christof Friedrich →Holland.

W. zählt zu den über Jahrzehnte hinweg bei der Regierung des Donaukreises in Ulm tätigen Spitzenbeamten des Königreichs Württemberg.
W. begann im Nov. 1823 mit dem Jurastudium in Tübingen (Mitglied der Burschenschaft Germania), das er 1827 abschloss. Nach den beiden Staatsprüfungen wurde er als Gerichtsaktuar in den Staatsdienst übernommen und war in Langenburg/OA Gerabronn und in Heilbronn/Neckar tätig. 1838 übernahm er als Assessor (Justitiar) bei der Finanzkammer des Schwarzwaldkreises in Reutlingen eine neue Aufgabe. Von 1839 bis 1845 vertrat W. den Wahlbezirk Heilbronn Amt als Abg. in der II. Kammer des Württ. Landtags (10. und 11. o. LT). 1842 erhielt er die Stelle des Universitätsamtmanns mit dem Titel Universitätsrat in Tübingen und war in dieser Funktion auch Mitglied des Akademischen Senats, des Akademischen Verwaltungsausschusses und Vorstand der Gymnastischen Anstalt.
1847 wechselte W. als Regierungsrat zur Regierung des Donaukreises in Ulm, der er unter den Vorständen Freiherr Karl von Holzschuher zu →Harrlach, Georg Amandus (von) →*Schmalzigaug, Freiherr Karl →Schott von Schottenstein und Emil zu →Majer angehörte. W. arbeitete sich bis auf den Posten des ersten Regierungsrats vor und war zuletzt Vizedirektor der Regierung des Donaukreises in Ulm. Da die Vorstände von Holzschuher, zu Harrlach und Schott von Schottenstein wegen anderer Verpflichtungen, vor allem wegen ihrer Zugehörigkeit zum Landtag, häufig abwesend waren, nahm W. wiederholt über längere Zeiträume deren Vertretung wahr und wuchs zunehmend in die Rolle des eigentlichen „Machers" bei der Kreisregierung hinein. Seine Hoffnungen auf einen Aufstieg zum Regierungspräsidenten realisierten sich freilich nicht. Stets kamen die Vorstände von außen.
1877 erfolgte nach 30 Dienstjahren in Ulm W.s Versetzung in den Ruhestand, der er in Ludwigsburg verlebte. – 1847 Dr. iur. h.c. (Universität Tübingen); Ritterkreuz der Württ. Kronordens; Kommenturkreuz II. Kl. des Friedrichsordens.

L.   GEORGII-GEORGENAU, S. 391 – RIECKE, Verfassung und Landstände, S. 58 – SK Nr. 278, 23. XI. 1883, S. 1897 und 1900 (Todesanz. der Familie) – ebd. Nr. 279, 24. XI. 1883, S. 1901 – HARTMANN, Regierung und Stände, S. 49 – MAIER, Nachfahrentafel Schott, S. 42 – SCHMIDGALL, Burschenschafterlisten, S. 77, Nr. 658 – PHILIPP, Germania, S. 48, Nr. 658 – RABERG, Biogr. Handbuch, S. 960 f.

Wacker, Karl, Dr. med., * Ulm 16. Sept. 1837, † ebd. 2. Mai 1908, ⬚ ebd., Neuer Friedhof, ev.
Vater   Jakob Friedrich →*Wacker, Apotheker und Bürgerausschussmitglied in Ulm.
∞.
Mehrere *K*, darunter Karl Wacker[646], Dr. med., * Ulm 20. VI. 1867, † ebd. 13. XII. 1908, Apotheker in Ulm, Vorstand des Städtischen Untersuchungsamts für Nahrungs- und Genußmittel in Ulm, Klara Wacker, * 1870, † ebd. 8. VII. 1932, tat sich im sozialen Bereich hervor[647].

Hofrat W., Ehrenbürger der Stadt Ulm, war bis 1895 Inhaber der Löwenapotheke in Ulm, die er 1864 von seinem Schwager

M. Kölle übernommen hatte. Um die Jahrhundertwende war er eine der bekanntesten Persönlichkeiten der Stadt. Doch der fleißige und ideenreiche Mann entfaltete daneben eine Fülle von Aktivitäten, die ihm schon zu Lebzeiten Verehrung und Dankbarkeit sicherten. 1869 trat er als Gründer und Vorstand des Untersuchungsamts für Nahrungs- und Genußmittel – des ersten in Württemberg – in Ulm hervor, 21 Jahre lang war er Lehrer an der Ulmer Frauenarbeitsschule sowie 30 Jahre lang an der Erbacher Haushaltungsschule. W. war 35 Jahre lang Vorstand des Schulrats der Ulmer gewerblichen Fortbildungsschulen, Apotheken-Visitator und Apotheken-Revisor, Gerichtschemiker sowie Angehöriger und von 1880 bis 1891 als Nachfolger von Conrad →Magirus Kommandant der freiwilligen Feuerwehr Ulm. W. schenkte dem Ulmer Gymnasium seine Mineraliensammlung und der Stadt seine wertvolle Münzsammlung. Von ihm ging der Anstoß zur Verbesserung der Trinkwasserversorgung und -qualität der Stadt aus. Im Aug. 1870 zählte W. zu den Unterzeichnern des öffentlichen Aufrufs zur Gründung eines Hilfsvereins. In seiner Freizeit befasste sich W. mit der Niederschrift seiner Erinnerungen sowie mit der Aufstellung von Listen mit Annotationen zu den Ulmer Stadtvorständen und Gemeinderatsmitgliedern, wobei er letztere im Jan. 1900 dem Gemeinderat übereignete.
Auch in der Kommunalpolitik spielte W. – wie vor ihm schon sein Vater – eine wichtige Rolle: 1866 in den Bürgerausschuss gewählt, war er von 1867 bis 1903 Mitglied des Gemeinderats der Stadt Ulm und von 1867 bis 1905 Stellvertreter des Oberbürgermeisters. Er starb 1908 an einer Lungenentzündung. – Ehrenmitglied des Ulmer Turnerbundes; korrespondierendes Mitglied der Ksl. Leopoldinisch-Karolingischen Deutschen Akademie der Naturforscher; Mitglied des Vereins für Kunst und Altertum in Ulm und Oberschwaben. – Ritterkreuz I. Kl. des Friedrichsordens; 1898 Olgaorden; Große goldene Medaille für Kunst und Wissenschaft am Bande des Kronordens; K. Preußischer Roter Adlerorden IV. Klasse; Bayerisches Verdienstkreuz; 1907 Ehrenbürger von Ulm (W. starb jedoch vor Überreichung der kunstvoll ausgestalteten Urkunde).

Q   StadtA Ulm, G 2 – ebd., H Waibel: Raimund WAIBEL, Mitglieder in Gemeinderat und Bürgerausschuss 1800-1899, Typoskript, S. 32.
L.   SCHULTES, Chronik, S. 553 – Staatsanz. Nr. 102, 2. V. 1908, S. 697 – ebd. Nr. 103, 4. V. 1908, S. 705 – SK 1908, Nr. 104 – Württ. Jahrbücher 1908, S. III – UBC 2, S. 121, 247 – UBC 3, S. 217, 413 f., 421 (Bild) – SPECKER, Ulm im 19. Jahrhundert, S. 92, 104.

Wackernagel, geb. Ritzen, *Erika* Maria Toni, * Ulm 19. Juni 1925, † Mallorca 2. Juli 1995.
∞ I. 1946 Peter →Wackernagel; ∞ II. Heinrich Guter.
2 *K*   Sabine Wackernagel, Schauspielerin; Christoph Wackernagel, * Ulm 21. VIII. 1951, Schauspieler, Regisseur und Dramaturg, in den 1970er Jahren Mitglied der RAF, 1977 beteiligt an der Entführung des Arbeitgeber-Präsidenten Hans-Martin Schleyer.

In Ulm geboren und aufgewachsen, entwickelte sich die Schauspielerin W. zu einer festen Größe im deutschen Fernsehen. Sie begegnete ihrem ersten Mann, der sie entscheidend prägte, schon auf der Stuttgarter Schauspielschule. W. war von 1952 bis 1961 am Ulmer Stadttheater engagiert, gab das Engagement jedoch auf, um journalistisch zu arbeiten. Für kurze Zeit beim Bayer. Fernsehen in München tätig, inszenierte sie u. a. eine TV-Sendung zum Thema „Weiße Rose" mit einem Gespräch

646 UBC 3, S. 419, 421 (Bild).
647 UBC 3, S. 453.

mit Inge →Aicher-Scholl, dann kehrte sie zum Schauspielberuf zurück und gab Gastspiele am Stuttgarter Staatstheater, an der Landesbühne Esslingen, schließlich an der Freien Volksbühne Berlin und am Hamburger Thalia-Theater. Sie wirkte u. a. in den TV-Serien „Meine Mieter sind die besten" (1977/78), „Hoffmanns Geschichten" (1983-1985), „Die schnelle Gerdi" (1989), „Der König von Bärenbach" (1992), und „Die Hausmeisterin" (1987-1992) mit, einen ihrer letzten TV-Auftritte hatte sie in dem Kriminalfilm „Bienzle und das Narrenspiel" aus der Reihe „Tatort" (1994). Der Kinofilm griff nur selten auf ihre Fähigkeiten zurück; beispielhaft seien ihre Auftritte in „Jagdszenen aus Niederbayern" (1969), „Deep End" (1970), „Stunde Null" (1977), „Jägerschlacht" (1981), „Kraftprobe" (1982), „Eine Liebe in Deutschland" (1983), „Paradigma" (1985) und „Wallers letzter Gang" (1988) genannt. 1993 las sie im EinsteinHaus in Ulm aus dem Buch „Sippenhaft".
W. starb am ersten Tag eines Mallorca-Urlaubs im Alter von 70 Jahren.

Q   StadtA Ulm, G 2.
L   Abschied nach zehnjähriger Tätigkeit, in: Neu-Ulmer Zeitung Nr. 77, 1. IV. 1960 – LangenMüller´s SchauspielerLexikon der Gegenwart. Deutschland-Österreich-Schweiz, München-Wien 1986, S. 1069 (Bild).

Wackernagel, Peter Paul, * Leipzig-Schleußnig 10. April 1913, † Ulm 26. Juli 1958, ⬚ ebd., Neuer Friedhof 29. Juli 1958, ev.
Vater   Wackernagel, Professor für Kunstgeschichte an der Universität Leipzig.
∞ 1946 Erika Ritzen (siehe Erika →Wackernagel).

Als Oberspielleiter und Intendant bestimmte W. nach Ende des Zweiten Weltkriegs wesentlich die Ulmer Theaterlandschaft.
Von 1933 bis 1939 studierte W. Kunstgeschichte und Theaterwissenschaft in Köln, Münster, Florenz und Rom. Im Zweiten Weltkrieg zunächst bei der Wehrmacht, war er von 1943 bis 1945 Regieassistent am Stuttgarter Staatstheater und von 1946 bis 1949 Regisseur an der Landesbühne Esslingen/ Neckar, am Hamburger Thalia-Theater, Spielleiter am Schauspielhaus Tübingen und an den Städtischen Bühnen Freiburg im Breisgau. Im Herbst 1949 wechselte W. als Oberspielleiter und stv. Intendant (unter Intendant Gustav Deharde) an die Städtischen Bühnen Ulm, wo er ab Mai 1954 als Nachfolger des nach Gelsenkirchen gewechselten Deharde Intendant war. *Seine hohen Zielen folgende Leistung und die große Zahl eigener Inszenierungen gaben der Ulmer Bühne ein unverwechselbares geistiges Gesicht, nicht zuletzt in den Aufführungen des „Podiums", das 1950 durch seine Initiative gegründet wurde.* W. übernahm Gastinszenierungen in Stuttgart, Frankfurt/Main, Darmstadt, Baden-Baden, wirkte auch an der vh Ulm, hielt Vorträge über Theater- und Aufführungsfragen. 1950 wurde er Mitglied der „Gesellschaft 1950", die gegen den „Verein Alt-Ulm" für ein anderes Konzept des Wiederaufbaus der zerstörten Altstadt warb. Sein früher Tod nach schwerer Krankheit bedeutete für das Ulmer Theaterleben einen herben Verlust.

Q   StadtA Ulm, G 2.
L   Ih 2, S. 921 – Herbert WIEGANDT, Alexander BERGENGRUEN (Red.), Zwischen Traumtehater und Arena. Zum Gedenken an Peter Wackernagel, Intendant der Städtischen Bühne Ulm 1954-1958, Ulm 1959 (zahlreiche Bilder) – SPECKER, Großer Schwörbrief, S. 457.

Waechter-Spittler, Paula Freiin von, * Ulm 7. Dez. 1860, † Schloss Horn bei Fischbach am Bodensee 15. Okt. 1944, ev.
Vater   Carl Felix Freiherr von Waechter-Spittler, * 1823, † 1861, Regierungsrat bei der Regierung des Donaukreises in Ulm, s. d. Karl Eberhard Freiherr von Waechter-Spittler[648], * Gocksheim 26. IV. 1798, † Stuttgart 21. IX. 1874, Staatsrat, Präsident des Ev. Konsistoriums, Kgl. Württ. Staatsminister der Justiz und des Kirchen- und Schulwesens, seit 1846 lebenslängliches Mitglied der Kammer der Standesherren des Württ. Landtags, u. d. Luise Freiin von Gemmingen-Guttenberg-Bonfeld, † 1821.
Mutter   Agnes Müller, * 1828, † 1915, Herrin auf Horn.

2 G   Freiherr Carl Hugo *Felix* von Waechter-Spittler[649], * Stuttgart 30. VIII. 1851, † Schloss Horn bei Fischbach am Bodensee 11. IX. 1915, zuletzt Landgerichtsrat in Stuttgart, 1895-1907 MdL Württemberg (II. Kammer, ritterschaftlicher Abg. des Donaukreises); Freiin Luise („Lilli") von Waechter-Spittler. Ledig. Keine K.

W. war eine der in Württemberg geschätztesten Malerinnen ihrer Zeit. In besonderer Weise widmete sie sich der Porträtmalerei.
W. entstammte einer im Staatsdienst des Königreichs Württemberg groß gewordenen Familie mit familiären Verbindungen – u. a. zu den Ulmer Kiderlen – und besten gesellschaftlichen Kontakten sowie solider finanzieller Grundlage. Geboren wurde W. im Haus ihres Vaters, eines Beamten der Kreisregierung, in der Ulmer Hänfergasse. Der Vater starb wenige Monate nach ihrer Geburt in Ulm. Die Mutter zog ihre drei Kinder allein auf. Die beiden Töchter entwickelten großes Interesse an der Malerei, deshalb begleitete W. 1877 ihre ältere Schwester Lilli an die Kunstschule Stuttgart, wo sie beide in die Zeichenklasse von Professor Liezenmayer eintraten. Die große Begabung W.s führte wenig später zu ihrem Eintritt in die Malklasse von Friedrich von Keller und in die Akademie Julian in Paris, wo sie sich der Pastellmalerei zuwendete und zahlreiche Kinderporträts schuf. Nach zahlreichen Reisen, bei denen sie Landschaften ebenso wie Gebäude, Porträts und auch Stillleben malte, wurde W. Meisterschülerin bei Fritz von Uhde in München. Bis 1942 wirkte sie als vielbeschäftigte Porträtmalerin in Stuttgart. Sie starb im Alter von 83 Jahren. Im Aug. 1960 wurde anlässlich ihres 100. Geburtstages im Sennhofsaal der Stadt Biberach eine W. gewidmete Gedächtnisausstellung gezeigt, die starke Beachtung fand: *Das Anziehende an den ausgestellten Werken war die Natürlichkeit der Motive, das Geistige und Seelische. Alles atmet Leben und Bewegung, Kraft und Natürlichkeit. Die Künstlerin malte nicht nur die Porträts großer Gestalten oder einfacher Landleute, sondern auch alte Winkel, stille Parkwege mit Menschen, großartige Interieurs, Blumen in solcher Natürlichkeit, wie sie Anna Peters nicht gelungen sind. Alles verrät eine gewisse Eigenwilligkeit, sie malte um des Gegenstandes willen und wählte nie Verkaufsmotive* (Schwäb. Donau-Zeitung Nr. 192, 20. VIII. 1960).

Q   StadtA Ulm, G 2.
L   DBI 8, S. 3705 – DBA II 1353, 378 – THIEME-BECKER 35, S. 16 – Freiin Paula v. Waechter-Spittler, in: Schwäb. Donau-Zeitung Nr. 192, 20. VIII. 1960 (Bild) – Wilhelm SCHICK, Ein erfülltes Künstlerleben. Zur Erinnerung an Freiin Paula v. Waechter-Spittler, in: Stuttgarter Ztg. Nr. 282, 7. XII. 1960, S. 19.

Wagner, Johann *Georg* Paul, * Nördlingen 27. Juli 1853, † Neu-Ulm 21. Mai 1911.
Vater   Peter Wagner, Post- und Bahnexpeditor in Nördlingen.
∞ Okt. 1880 Johanna *Maria* Bach, * Ulm 1. III. 1860.
7 K   *Karl* Martin Wagner, * Neu-Ulm 1880, Postsekretär; Johann *Gustav* Wagner, * Neu-Ulm 27. VIII. 1883, Kaufmann in Neu-Ulm, ∞ Neu-Ulm 22. VIII. 1910 Auguste Steck, * Neuöfflingen 14. XII. 1887; * Neu-Ulm 1. XI. 1918, T. d. Zugführers August Steck u. d. Theresia Müller; *Elsa* Maria Wagner, * Neu-Ulm 2. X. 1884, ∞ Neu-Ulm 20. IX. 1906 Richard Hinderer, * Ludwigsburg 1. XII. 1881, † gefallen 24. VIII. 1914, Kaufmann, S. d. Säcklers Christian Hinderer u. d. Luise Groß; Helene Wagner, * Neu-Ulm 8. X. 1886; Wilhelmine Wagner, * Neu-Ulm 30. VII. 1887; Erwin Wagner, * Neu-Ulm 7. VI. 1890; Arthur Wagner, * Neu-Ulm 9. V. 1897, Kaufmann, in die USA ausgewandert.

Als einer der großen schwäbischen Mundartdichter ist W. nicht nur in Neu-Ulm, wo er wirkte, sondern auch in Nördlingen, wo er zur Welt kam, eine bekannte Größe.
W. verlebte seine Kindheit in Möttingen unweit von Nördlingen, wohin der Vater als Eisenbahnhaltesteller der Bahnstation an der Bahnlinie nach Augsburg versetzt worden war. Der kleine W. besuchte die Latein- und Präparandenschule in Nördlingen sowie anschließend das Lehrerseminar in Schwabach. Das schwäbische Ries prägte W. stark. Schon als Jugendlicher schrieb W. Gedichte, mit 19 Jahren veröffentlichte er anlässlich des Abschlusses am Lehrerseminar einen ersten Band mit Gedichten mit dem Titel „Ade". Nach Bestehen der

648 Ih 2, S. 922 – RABERG, Biogr. Handbuch, S. 964 f.

649 RABERG, Biogr. Handbuch, S. 964.

I. Lehramtsprüfung war W. Lehrer in Mönchsdeggingen, Langerringen und Schwabmünchen, im Herbst 1877 erhielt er eine Anstellung an der Volksschule in Neu-Ulm, wo er zuletzt Hauptlehrer war. Später lehrte er nebenamtlich auch an der Realschule, an der Gewerblichen Fortbildungsschule sowie an der Kapitulantenschule des 12. Kgl. Bayer. Inf.-Rgts.

Was W. „nebenbei" schuf, sichert ihm einen Platz in diesem Lexikon. W. war fest mit Neu-Ulm verwurzelt, erkundete unermüdlich die nähere und weitere Umgebung, machte sich Notizen über deren natürliche Beschaffenheit, betätigte sich als Geologe, Mineraloge, Botaniker, Zoologe und Tierpräparator, hob den Historischen Verein Neu-Ulm mit aus der Taufe und stellte sich 1907 als erster Konservator in den Dienst des neu gegründeten Heimatmuseums. In den Neu-Ulmer Musikvereinen war der komponierende, dirigierende und singende W. ein eifriges Mitglied, er leitete die Chöre der „Sängergesellschaft", des „Frohsinn", der „Teutonia" und des „Ostheim". Daneben widmete er sich der Holzschnitzerei und dem Reparieren von Schuhen. Seine Operette „Gaudeamus igitur" wurde 1890 im Ulmer Stadttheater uraufgeführt. Er schuf ein Oratorium „Die Geburt Christi", Orgelstücke und Märsche. Mit fortschreitendem Alter konzentrierte er sich auf das Verfassen von Mundartgedichten, die er fast alle veröffentlichte. Sie zeichnen sich durch sprachliche Gewandtheit ohne höheren literarischen Anspruch aus und schildern meistens heitere Anekdoten aus dem Leben der einfachen Leute.

Der gemütvolle Bartträger W., eine stadtbekannte Persönlichkeit, großer Freund des Schnupftabaks und eines guten Bieres, starb im 58. Lebensjahr an den Folgen einer Beckennervenentzündung. In den Jahren vor seinem Tod konnte er sich nur noch an Stöcken bewegen. Der Historische Verein brachte an seinem Wohnhaus in der Neu-Ulmer Hermann-Köhl-Straße 9 eine Gedenktafel an.

Q StadtA Neu-Ulm, D 12, III. 2.3.7.
W Luschtige Reimereia aus ´ra schwäbischa Reimschmiede, Neu-Ulm 1908 – Schwartamaga, No ´maul a Porzio schwäbische Reimereia, Stuttgart-Berlin-Leipzig ²o. J. (1911) – Hommseler, Ulm o J. (1914).
L Arthur BENZ, Georg Wagner, schwäbischer Mundartdichter, in: Aus dem Ulmer Winkel Nr. 10/1934, S. 37 – OHM, Augenblicke, S. 160 ff. (Bild) – Eduard OHM, Johann Georg Paul Wagner: Eine Goldader, die das Scheinwerferlicht wert ist, in: NUZ 12. I. 1985, S. 23 (Neu-Ulmer Geschichten 32) – Adolf LAYER, Biera ond Zelta, Weißenhorn 1977, S. 443 – TREU, Neu-Ulm, S. 569 ff. (Hans RADSPIELER) – Eduard OHM, Heiter währt am längsten, in: 150 Jahre Sängergesellschaft Neu-Ulm, Neu-Ulm 1988, S. 92 – Albert SCHLAGBAUER/Wulf-Dietrich KAVASCH (Hgg.), Rieser Biographien, Nördlingen 1993, S. 426 f. (Bild) – TEUBER, Ortsfamilienbuch Neu-Ulm II, Nr. 5167.

Wagner, Johanna, siehe →**Benzinger**, Hannelore

Wagner, Wilhelm *Heinrich* (von), Dr. rer. pol. h.c., Dr. med. h.c., * Leonberg 22. Sept. 1857, † Bad Schachen/Bodensee 14. Mai 1925, □ Ulm, Hauptfriedhof, ev.

Vater Johann Heinrich Wagner, Posamentier [d. i. Bortenmacher] und Gemeinderat in Leonberg.
Mutter Therese Würthele, † Leonberg XII. 1898.
16 G, davon 7 HalbG.
∞ *Emilie* Irma Krauß, * Göppingen 28. IX. 1867, † Bad Schachen 20. V. 1928, T. d. Paul Krauß, † Ulm 15. VII. 1903, Eisenbahnbetriebsinspektor, zuletzt Finanzrat in Ulm, Ritterkreuz des Württ. Kronordens mit den Löwen, Ritterkreuz I. Kl. des Friedrichsordens, u. d. Christiane Friederike *Emilie* Schweikert.
3 K Anna *Herta* Emilie Wagner, * Ulm 19. IX. 1887, † 1974, ∞ Ulm 28. IX. 1908 *Hans* Walter Drück[650], * Backnang 12. VII. 1884, † Berlin-Steglitz 8. IX. 1934, □ Ulm[651],

Ministerialrat, stv. Württ. Bevollmächtigter zum Reichsrat, S. d. Theodor →Drück, Dr. phil.; *Hans* Volkmar Wagner, Dr. med., * Ulm 18. II. 1889, † Bad Schachen 29. I. 1952, Generalstabsarzt, Honorarprofessor, Chefarzt der Ulmer Garnison, Senator, 1942 Armeearzt bei der Kurland-Armee, ∞ Berlin-Südende 16. III. 1923 Erika Backe, * 1903, † 2003; *Otto* Heinrich Wagner, Dr. med., * Ulm 8. VI. 1899, † 1969, ∞ Frankfurt/Oder 20. XII. 1932 Katharina Auguste *Ursula* Möllenhoff, *1909, † 1969.

28 Jahre lang, länger als jeder seiner Vorgänger und Nachfolger in neuerer Zeit, stand W., der vierte Oberbürgermeister Ulms seit den ersten Wahlen von 1819, an der Spitze der Stadt und prägte ihre Entwicklung nachhaltig. Er organisierte besonders mittels seiner forcierten Bodenpolitik das Hineinwachsen Ulms in das 20. Jahrhundert und trug den Bedürfnissen der Industrialisierung und des mit ihr zusammenhängenden Bevölkerungswachstums Rechnung. Der repräsentationsfreudige W., ein großbürgerlicher homo politicus alter Prägung, öffnete sich als Stadtvorstand in ganz erstaunlicher Weise der Moderne, suchte und fand den Vorteil für Ulm. In seiner Amtszeit veränderte sich das Gesicht der Stadt in einem bis dahin nicht gekannten Ausmaß.

Der Lebenslauf W.s spiegelt seine Eigenwilligkeit ebenso wider wie den Fleiß und die Lernwilligkeit W.s. Nach dem Besuch der Lateinschule in Leonberg und der sich bis 1877 anschließenden kaufmännischen Ausbildung sowie dem Examen für Einjährig Freiwillige in Stuttgart legte W. im Herbst 1879 die nachgeholte Maturitätsprüfung ab. Diese benötigte der strebsame junge Mann, um zum Studium zugelassen zu werden. 1879 bis 1881 Studium der Staatswissenschaften in Tübingen (Mitglied der Landsmannschaft Ulmia). 1881 I., 1882 II. Höhere Verwaltungsdienstprüfung, dazwischen Regierungsreferendär beim OA Leonberg und bei der Regierung des Neckarkreises in Ludwigsburg. Von März bis Aug. 1883 war W. Amtmann beim OA Blaubeuren, Aug. 1883 bis Juni 1885 dsgl. beim OA Crailsheim, Juli 1885 dsgl. beim OA Münsingen und Ende Dez. 1885 Polizeiamtmann beim OA Tübingen. Dez. 1885 bis 1887 Polizeiamtmann bei der Stadt Tübingen. Zum 15. Sept. 1887 wechselte W. als Polizeiamtmann zur Stadt Ulm. Nach dem Rücktritt des Ulmer Oberbürgermeisters →Heim bewarb sich W. um das Amt. Am 21. Jan. 1891 setzte sich W. bei der Wahl zum Stadtschultheißen von Ulm mit 1.420 zu 1.345 Stimmen (Fabrikant →Mayser) bzw. zu 1.274 Stimmen (Buchhändler und Antiquar Kerler) durch (wobei Mayser und Kerler „Strohmänner" W.s waren, die nach seinerzeit durchaus üblichem Procedere Stimmen auf sich vereinigten, um für den Fall einer Stichwahl ihren Anhängern die Wahl W.s zu empfehlen), Oberamtsrichter Dr. →*Korn bekam 980 Stimmen, Staatsanwalt →Lödel 203 und Rechtsanwalt Adolf →*Haußer 157 Stimmen.

W. war von 1891 bis 1919 Stadtschultheiß von Ulm, 1892 erhielt er den Titel Oberbürgermeister. In dieser Eigenschaft war er Vorstand der Ulmer Frauenarbeitsschule, daneben bis Juli 1906 Vorstand des Vereins der württ. Körperschaftsbeamten, Mitglied des Beirats für das gewerbliche Fortbildungsschulwesen und nichtständiges Mitglied des Reichsversicherungsamts. Die „Ära Wagner" wurde mit bemerkenswerten Akzenten eingeleitet. Noch im Juni 1891 gründete W. im Ulmer Ratssaal den Wohnungsverein, der sich die Unterstützung von Finanzschwachen beim Wohnungsbau durch städtische Vorfinanzierung zur Aufgabe machte. Die auf diese Weise entstandenen Eigenheime lagen in der Unteren Bleiche und in der Saarlandstraße. W. war der allgemeinen Entwicklung damit um Jahrzehnte voraus. Ebenfalls frühzeitig kümmerte sich W. um eine Neuorientierung der städtischen Bodenpolitik, über die er auch mehrere Aufsätze verfasste. Zu diesem Zweck betrieb er durch zahlreiche persönliche Gespräche in Berlin die Schleifung der Wälle der Bundesfestung zum Zwecke des Endes der Einschnürung der Stadt durch die Befestigungsanlagen und den Geländeerwerb durch die Stadt, wobei die Kaufsummen regelmäßig für zum Teil heftige Kontroversen sorg-

[650] LILLA, Reichsrat, S. 55, Nr. 122.
[651] UBC 4, S. 573.

ten. So entwickelte sich die Weststadt, in der eine Straße nach ihm benannt ist. Die mittelalterliche Struktur der Stadt gehörte damit der Vergangenheit an, ein Befund, der durch die 1905 erfolgte Eingemeindung Söflingens unterstrichen wurde. Am Ende seiner Amtszeit befanden sich drei Fünftel der Ulmer Gemarkung in städtischem Besitz.

Stichworte zum langjährigen erfolgreichen Wirken W.s sind weiterhin die Bebauung des Michelsbergs, der Bau der Wagnerschule, des Saalbaus, des Stadtbades, des neuen Krankenhauses auf dem Safranberg, Rathaus- und Schwörhausumbau, die Einrichtung des Neuen Friedhofs außerhalb der Stadt, die Einführung der Straßenbahn und der Bau des Elektrizitätswerks.

Ende 1900 kandidierte W. im Bezirk Stadt Ulm für ein Mandat in der Abgeordnetenkammer des Württ. Landtags, begab sich aber nicht in die Stichwahl, nachdem er am Hauptwahltag hinter Kommerzienrat Friedrich →Mayser gelegen hatte.

Im Ersten Weltkrieg verschlechterte sich W.s Gesundheitszustand, so dass er wiederholt um seinen Rücktritt bat. Im Feb. 1919 wiederholte er zum dritten Mal seinen Antrag, dem nunmehr stattgegeben wurde. Aus Anlass seiner Verabschiedung als Oberbürgermeister verlieh ihm der Gemeinderat die Ehrenbürgerwürde der Stadt Ulm. Zuletzt fungierte W. von 1920 bis zu seinem Tode als Verbandsvorsteher des neu gegründeten Württ. Sparkassen- und Giroverbandes. W. war – wie auch sein Nachfolger – eine selbstbewusste, durchsetzungsfähige, entscheidungsfreudige und konfliktbereite Persönlichkeit, die der Stadt Ulm bleibend ihren Stempel aufzudrücken vermochte. – Ausschussmitglied des Kunstvereins Ulm. – Ehrenritterkreuz des Württ. Kronordens; 1893 Ritterkreuz I. Kl. des Friedrichsordens; Silberne Karl-Olga-Medaille; Ritterkreuz des K. Preuß. Kronordens IV. Kl.; Ehrenkreuz III. Kl. des Fürstl. Hohenzollerischen Hausordens; Ritterkreuz des Kgl. Bayer. Verdienstordens vom Hl. Michael IV. Kl.; 1916 Promotion zum Dr. rer. pol. h.c. (Universität Tübingen); März 1919 Promotion zum Dr. med. h.c. (Universität Rostock).

W   Die wirtschaftlichen Verhältnisse der Stadt Ulm im 19. Jahrhundert, in: Württ. Jahrbücher 1895 – Die Tätigkeit der Stadt Ulm a. D. auf dem Gebiet der Wohnungsfürsorge für Arbeiter und Bedienstete [Häuser zum Eigenerwerb]. Mit Abbildungen, Ulm/Donau 1903 – Der Giroverkehr der deutschen Sparkassen (Dringliche Wirtschaftsfragen, H. 3), Leipzig 1916 – (mit Karl RISCH), Neue Wege zur Förderung der Lebensmittelproduktion und –Versorgung. Gedanken und Vorschläge (Dringliche Wirtschaftsfragen, H. 5), Leipzig 1917
L   DBA 8, S. 3712 – DBI II/1355, 423 – Ih 2, S. 924 – UBC 3, S. 3, 231 – UBC 4, S. 27, 33 (Bild), 54, 63, 110, 119, 261, 517 – EBERL/MARCON, S. 580 – 1887-1987 Kunstverein Ulm. Berichte und Dokumente. Hg. zum 100jährigen Bestehen des Kunstvereins Ulm e. V., Ulm 1987, S. 17 – SPECKER, Ulm im 19. Jahrhundert, S. 150, 314 f., 317, 319 ff., 323, 326 f., 331, 340, 391, 419 ff., 434 f., 469, 579, 585 – SPECKER, Ulmer Bürgerschaft, S. 289, 299, 344, 366 f.

Wagner (II. oder „der Jüngere"), Christian Ulrich, * Ulm 28. Dez. 1722, † ebd. 1804, ev.

Vater   Christian Ulrich Wagner[652] (I. oder „der Ältere"), * Ulm 21. III. 1686, † ebd. 18. II. 1763, Buchdrucker in Ulm, S. d. Matthäus (Matthias) Wagner, * 10. VII. 1648, † Leipzig 7. VII. 1694, Buchdrucker und Verleger in Ulm, 1677 Gründer der „Wagnerschen Druckerei" ebd.
Mehrere G, darunter Marcus Philipp Wagner, * Ulm 1720, † Augsburg 1752, Buchhändler in Augsburg; Johann Franz Wagner[653], * Ulm 1733, † 23. IV. 1778, Rektor des Gymnasiums in Osnabrück.
∞. Mehrere K, darunter: Christian Ulrich →*Wagner III.; Johann Daniel →*Wagner..

Als Sohn eines der herausragenden deutschen Buchdrucker war W. seine Laufbahn vorbestimmt. Der Vater ließ ihn alle sieben Klassen des Ulmer Gymnasiums durchlaufen und dann seit 1736 studieren, damit sich W. die notwendigen Kenntnisse in Sprachen und Wissenschaften aneignen konnte. Daneben erlernte er von 1737 an das Handwerk des Buchdruckers und wurde von seinem Vater immer wieder zu öffentlichen Auftritten gedrängt, die er – wie am 24. Aug. 1740 die lateinische

Rede in der Ulmer Barfüßerkirche anlässlich des 300-jährigen Jubiläums der Buchdruckerkunst – souverän absolvierte. Im Rahmen seiner Buchdruckerlehre außerhalb Ulms lernte W. u. a. 1743 bei Gebauer in Halle/Saale, 1744 bei Henning in Berlin und von 1745 bis 1747 bei Breitkopf in Leipzig. Der Vater wollte W. als Buchdrucker in Gießen niedergelassen sehen, was dem Sohn jedoch nicht gefiel – im Frühjahr 1747 war er wieder in Ulm. 1750 übernahm er von seinem Vater die Leitung der Buchdruckerei und führte sie mit wachsendem Erfolg durch fünf Jahrzehnte. Die „Wagnersche Druckerei Ulm" hatte in ganz Deutschland und darüber hinaus einen ausgezeichneten Ruf. Vor allem das ansprechende Druckbild (Einteilung der Seite, Ränder) war sehr beliebt und wurde oft nachgeahmt. Seit 1752 verlegte er das „Ulmer Intelligenzblatt", das Anzeigen, amtliche Bekanntmachungen, Stadtnachrichten und Inserate enthielt.

Stadtbuchdrucker W., der auch bürgerlicher Almosenpfleger und Verordneter zur Sturmglocke in Ulm war, begann damit, von jedem in seiner Druckerei hergestellten Werk ein Exemplar der Ulmer Stadtbibliothek zu überlassen, und ging später dazu über, auch von den in seinem Vater und Großvater gedruckten Schriften Belegexemplare an die Bibliothek abzugeben. 1754 wurde darüber ein offizieller Stiftungsbrief ausgefertigt. Zuvor waren die Erzeugnisse der Druckerei nicht gesammelt worden; W.s Initiative schuf erst die Grundlage für einen fast vollständigen Überblick über die Produktion seines Hauses, der 1765 veröffentlicht wurde („Abdruck aller in der Wagnerischen Buchdruckerey in Ulm ermahlen sich befindenden Schriften"). 1777 konnte das 100-jährige Jubiläum der Druckerei festlich begangen werden. Aus diesem Anlass gratulierten die zur Druckerei gehörenden Kunstverwandten mit einem Gedicht, das in den Anmerkungen auch eine knappe Familiengeschichte der Wagners enthielt. W. schrieb selbst mehrere Bücher, in denen er sich mit Fragen der Moral, Bildung, der Aufklärung und des Schulunterrichts befasste. Als Autor von Kinderbüchern wird man ihn deshalb nicht bezeichnen können. W. starb im Alter von 81 Jahren. – Mitglied der Ksl. Franciscischen Akademie der freien Künste und Wissenschaften in Augsburg; Mitglied der Hzgl. Deutschen [sic!] Gesellschaft in Helmstädt und der Landgräflich Hessen-Homburgischen patriotischen Gesellschaft.

Q   StadtA Ulm, G 2 alt.
W   Abhandlung von der Klugheit bey moralischen Vorurtheilen, Breslau 1758 – Untersuchung der Frage: ob die Beschäftigung mit der Gelehrsamkeit nur einem besonderen Stande zukomme, Ulm 1758 – Erleichterte Anweisung den Kindern die deutschen Buchstaben und deren zusammengesetzte Aussprache in gedruckten und geschriebenen Schriften, wie auch die Kunst schön zu schreiben fast zu gleicher Zeit beyzubringen. Cum Appendice Litterarum Syllabarum et Vocabulorum Latini Sermonis. Zum Gebrauch Lutherischer Schulen, Ulm 1770 – Angenehmer Zeitvertreib bey langen Winterabenden in lehrreichen und zeitverkürzenden Geschichten. 9 Stücke in 3 Bänden, Ulm 1770-1773 – Gedanken über gegenwärtige theure Zeit, mit angezeigten untrüglichen Mitteln, sich solche erträglich zu machen. Sammt einem Anhange verschiedener höchstrühmlicher obrigkeitlicher Verordnungen diesem Uebel nach Möglichkeit zu begegnen, Ulm 1771 – Der Christ am neuen Jahre, in einer Betrachtung der göttlichen Vorsehung über die Menschen, mit angehängten erbaulichen Gedanken und Verzeichniß verschiedener dazu tauglichen Liedern, Ulm o. J. – Sammlung auserlesener Lieder vornehmlich zum Gebrauch des Hausgottesdienstes, als ein Anhang zu allen Gesangbüchern, Ulm o. J.
L   Ih 2, S. 923 [mit den Vermerken „† (nach) 1777" und „Verf. von Kinderbüchern"] – WEYERMANN I, S. 525-527 – GRADMANN, Das gelehrte Schwaben, S. 722-724 – GEORGII-GEORGENAU, S. 1052 – ADB 40 – BIEDERMANN, Ulmer Biedermeier, S. 11-14 – HEPACH, Königreich, S. 171 f. – Die Wagnersche Druckerei Ulm. Ihr typographisches und verlegerisches Schaffen. Aus Anlass ihrer Gründung vor 300 Jahren. Ausstellung der Stadtbibliothek Ulm 1978, Konstanz 1978 (Bild S. 10).

Wagner, Johann Jakob, Dr. phil., * Ulm 21. Jan. 1775, † Neu-Ulm 22. Nov. 1841, □ Pfuhl, ev.

Vater   Wagner, Hospitalzinseinnehmer in Ulm.
Ledig. Keine K.

W. war einer der bedeutenden Publizisten und Philosophen in der ersten Hälfte des 19. Jahrhunderts. Stark geprägt von der

[652] Ih 2, S. 923.
[653] WEYERMANN I, S. 527 f.

Gedankenwelt der Aufklärung, zeigte sich W. als Kind seiner Zeit, aber von ganz eigenem Wuchs.

Aus einfachen Verhältnissen stammend, hörte W. nach Besuch des Ulmer Gymnasiums ab Ostern 1791 die dort gehaltenen öffentlichen Vorlesungen. 1795 begann er in Jena (u. a. bei Fichte) mit dem Studium der Rechtswissenschaften und der Philosophie, das er ab 1796 in Göttingen fortsetzte und das ihn 1798 nach der Promotion („Lexici Platonici Specimen", Göttingen 1797, 1799 in erweiterter Form als „Wörterbuch der Platonischen Philosophie" in Göttingen erschienen) wieder nach Jena zurückführte.

Frühzeitig widmete sich der eigenwillige Gelehrte dem Verfassen von Gedichten, die er zum Teil mit seinem Namen, zum Teil anonym veröffentlichte, so in „Beneckens Jahrbuch für die Menschheit", in „Beckers Liedersammlung" und im „Ulmischen Wochenblatt". Seinem Drang nach Veröffentlichung entsprach der Antritt einer Stelle als Redakteur der von Leuchs herausgegebenen Handelszeitung in Nürnberg, wo er sich allerdings nicht lange zu halten vermochte. Um die Jahrhundertwende findet man ihn als Privatgelehrten in Salzburg und München, einen unangepassten Eigenbrötler, der sich einer konventionellen Gelehrtenexistenz immer wieder entzog. Seit 1803 Professor der Philosophie an der Universität in Würzburg, das gerade an Bayern gefallen war, ging er von dort, nachdem Würzburg zu einem eigenständigen Großherzogtum erhoben worden war, in gleicher Eigenschaft 1809 an die Universität Heidelberg, kehrte aber 1815 wieder als Professor nach Würzburg zurück, nachdem die Stadt wieder an Bayern gefallen war.

Als Philosoph war W. ein glühender Anhänger der Identitätsphilosophie des gleichaltrigen Friedrich Wilhelm Joseph Schelling, was seine frühen philosophischen Veröffentlichungen – wie „Theorie der Wärme und des Lichts", 1802, „Von der Natur der Dinge", 1803 – deutlich prägte. In einer seiner wichtigsten Werke, der „Mathematischen Philosophie" (Erlangen 1811, ²1851), suchte er die mathematische Fassbarkeit des „Weltgesetzes" nachzuweisen. In einer Ära fundamentaler politischer Veränderungen, die jedoch letzten Endes auf eine brüchige Zementierung des status quo hinausliefen, übertrug W. seine spekulativen Erwägungen in kulturphilosophischen, staatstheoretischen und pädagogischen Publikationen auf gesellschaftliche Entwicklungen, so in „Religion, Wissenschaft, Kunst und Staat in ihren gegenseitigen Verhältnissen betrachtet" (1819). W. kehrte erst 1840 in seine Heimatstadt zurück, nachdem er bereits 1834 und für ihn unerwartet in den Ruhestand versetzt worden war. Da er als bayerischer Beamter gehalten war, seine Pension in Bayern zu verzehren, lebte er zuletzt in Neu-Ulm, wo er das Haus Nr. 18 (später Friedensstraße Nr. 24 ½) gekauft hatte. Auf dem Friedhof in Pfuhl fand W. seine letzte Ruhestätte. Die Grabinschrift auf seinem Grabstein lautet: „Hier hat ein Auge sich geschlossen,/Aus dem das All sich reich und liebend sah". Wesentliche Verdienste um W.s Werk erwarb sich sein Schüler Philipp Ludwig →Adam in Ulm. Die „Sterne Schwabens" widmen W. folgendes Gedicht:

Ein jeder Mensch hat seine eig´nen Töne,
Gedanken und Gefühl zu offenbaren,
So, wird man auch an Wort und Werk gewahren,
Wie mannigfach die inne Stimme dröhne.

Ein ächter Denker lernet nicht beim Staaren,
Wie and´rer Meinung er sich angewöhne,
Die höchste Wahrheit und das Ewigschöne
An – in sich selbst sucht er es zu erfahren.

Q StadtA Ulm, Bestand H, Nachlass Wagner – ebd., G 2 – StadtA Neu-Ulm, D 12, III.2.3.17.
W Ankündigung philosophischer Vorlesungen für das künftige Winterhalbjahr, Göttingen 1797 – Das Ständchen: ein Lustspiel in 4 Aufzügen, Jena 1798 – Philosophische Erziehungskunst, 1803 – Ueber das Lebensprincip und P. J. A. Lorenz´s Versuch über das Leben, Aus dem Französischen, Leipzig 1803 – Ueber die Trennung der legislativen und exekutiven Staatsgewalt, München 1804 – Ueber das Wesen der Philosophie, Bamberg 1804 – System der Idealphilosophie, Leipzig 1804 – Staatswissenschaft und Politik im Grundrisse, 1805 – Von der Philosophie und Medizin, Bamberg 1805 – Neue Kritik der Vernunft, drei Bände, Heidelberg 1807 (2. Auflage unter dem Titel „Neue oder anthropologische Kritik der Vernunft", drei Bände, Heidelberg 1828-1831) – Ideen zu einer allgemeinen Mythologie der alten Welt, Frankfurt/Main 1808 – Homer und Hesiod. Ein Versuch über das griechische Altertum, Ulm 1808 – Theodicee, Bamberg und Würzburg 1809 – Der Staat, 1811 – System des Unterrichts, Aarau 1821 – Organon der menschlichen Erkenntnis, Erlangen 1830 – System der Privatökonomie, Ulm 1836, ³1856 – Philipp Ludwig ADAM (Hg.), Nachgelassene Schriften, 3 Teile, Ulm 1839 ff. – DERS. (Hg.), Nachgelassene Schriften, 7 Teile, Ulm 1852-1857 – DERS. (Hg.), Erläuterungen zum Organon der menschlichen Erkenntnis. Nebst Einleitung in die Philosophie und Abriß der Geschichte der Philosophie, Ulm 1854 – DERS./August KÖLLE (Hg.), Lebensnachrichten und Briefe, Ulm 1849, ²1851 – Stefano PALOMBARI (Hg.), Dictate über Ideal- und Naturphilosophie, Bern u. a. 1998.
L Ih 2, S. 924 – Hd 2, S. 665 – WEYERMANN I, S. 530 – GRADMANN, Das gelehrte Schwaben, S. 725 f. – Neuer Nekrolog der Deutschen 19 (1841) – ADB 40 (1896), S. 510-515 (Max HEINZE) – Leonhard RABUS, Johann Jakob Wagners Leben, Lehre und Bedeutung, Nürnberg 1862 – GEORGII-GEORGENAU, S. 1951 f. – Briefe von Johann Gottlieb Fichte [an Wagner]. Mitgeteilt von Alfred LÖCKLE, in: Süddeutsche Monatshefte 7 (1910), 1. Band, S. 487-503 – Hermann PROBST, Johann Jakob Wagners Philosophie der Erziehungskunst. Eine Pädagogik der Schellingschen Schule, in: Pädagogisches Magazin 1913, Heft 520 – Georg BUCK, Der alte Pfuhler Friedhof, in: Aus dem Ulmer Winkel 1926, Nr. 6, S. 21 – Georg OELTZE, Johann Jakob Wagners Staatsphilosophie. Ein Beitrag zur Geschichte der romantischen Philosophie, Aschersleben 1927 – UBC 1, S. 550 ff. (Bild) – Max HACKELSBERGER, Johann Jakob Wagner, in: Ulmer Winkel 1944, Nrn. 1 und 2 – Werner ZIEGENFUß/Gertrud JUNG, Philosophen-Lexikon, Band 2, Berlin 1950, S. 815-817 – Wolfgang G. STOCK, Die Philosophie Johann Jakob Wagners, in: Zs. für philosophische Forschung 36 (1982), S. 262-282 [mit ausführlicher Bibliographie] – TREU, Neu-Ulm, S. 569 ff. (Hans RADSPIELER) – Eduard OHM, Hat Goethes Homunculus einen Neu-Ulmer Geburtshelfer? Grabmal in Pfuhl erinnert an den Philosophen Johann Jakob Wagner, in: Geschichte im Landkreis Neu-Ulm 9 (2003), S. 47-51 (Bild) – GGBE 3, S. 2037 f.

Waibel, *Albert* Josef, * Hohenstadt/OA Aalen 4. Mai 1901, † Neu-Ulm 16. Mai 1972, ⬚ ebd., kath.

Vater Josef Waibel, Landwirt in Hohenstadt.
Mutter Maria Lipp.
Ledig. Keine K.

Der langjährige Neu-Ulmer katholische Stadtpfarrer stammte aus dem heutigen Ostalbkreis (Baden-Württemberg), wo er auch aufwuchs und von 1908 bis 1913 die Volksschule Hohenstadt besuchte. Der zum Beruf des Geistlichen strebende Schüler war von 1913 bis 1916 an der Studienanstalt der Redemptoristen in Gars am Inn (Österreich), seit 1916 am Humanistisches Gymnasium in Günzburg, wo er 1921 das Abitur machte. Das Studium der katholischen Theologie und Philosophie absolvierte W. in München und Dillingen/Donau. Nach der am 18. Juli 1926 erfolgten Priesterweihe in Dillingen war W. seit 1. Sept. 1926 Stadtkaplan in Füssen/Allgäu und seit 16. Aug. 1928 Stadtkaplan an der St. Josephskirche in Augsburg. Zum 16. Jan. 1931 begann W. als Katechet (hauptamtlicher Religionslehrer) an der Realschule in Neu-Ulm, vom 16. Juli 1936 bis 30. Nov. 1971 war er als Nachfolger von Andreas →Durer kath. Stadtpfarrer an St. Johann Baptist in Neu-Ulm und als solcher zugleich Präses des Arbeitervereins Neu-Ulm sowie Religionslehrer an der Realschule bzw. Oberrealschule (bis 1956).

Nach Ende des Zweiten Weltkriegs setzte sich W. nachdrücklich für den raschen Wiederaufbau des zerstörten Pfarrhofs und von St. Johann Baptist ein, die 1954 bzw. 1951 wiedererrichtet waren. An Stelle der Notkirche in Offenhausen wurde ein großer Neubau errichtet, auf W.s Initiative hin entstand auch in Ludwigsfeld eine neue Kirche. In der Nachkriegszeit erwarb er sich große Verdienste um die Stärkung der katholischen Kirchengemeinde, die Betreuung der Flüchtlinge, Heimatvertriebenen und Kriegsgefangenen in den verschiedenen Neu-Ulmer Lagern. Von 1951 bis 1. März 1971 zugleich Dekan des Kapitels Neu-Ulm, wurde er nach seiner Zurruhesetzung zum Ehrendekan ernannt. Im Sept. 1971 bat er den Bischof auch als Stadtpfarrer um Versetzung in den Ruhestand, ein Ansuchen, dem m. W. zum 30. Nov. 1971 entsprochen wurde. W.s Nachfolger als Stadtpfarrer war Jakob →*Eberle.

Der in Neu-Ulm allgemein als „Stäpfe" bekannte W. war ein strenger Geistlicher traditioneller Prägung, der z. B. Mädchen in Hosen nicht zur Beichte zulassen wollte. Seine Amtsführung und sein Lebenswandel blieben in offiziellen Beurteilungen stets ohne Tadel und wurden hoch gelobt. Gegen Ende seiner Laufbahn erlebte er noch die Eröffnung des kath. Pfarrzentrums Johanneshaus. Bereits 1952 hatte ihn Bischof Dr. Joseph Freundorfer zum Bischöflichen Geistlichen Rat ernannt. W. blieb nach seiner Pensionierung Beichtvater der Schwestern im Neu-Ulmer Altenheim.

Q   Archiv des Bistums Augsburg, Personalakte Pers 2097.
L   SPECKER/TÜCHLE, S. 314 – TREU, Neu-Ulm, S. 428, 448, 519, 574.

Waibel, *Alfons* Friedrich, * Wiesenstetten bei Horb/Neckar 23. Juni 1885, † Ulm 10. Feb. 1951, kath.
Vater   Alois Waibel, Oberlehrer.
Mutter   Karoline Schäfer.
∞ 1922 Johanna Miller, * Neu-Ulm 16. II. 1897, T. d. Georg Miller[654], * Kempten 26. IX. 1872, Kaufmann, Holzgroßhändler in Neu-Ulm, Leiter der NSDAP Ulm/Neu-Ulm und nach 1924 des Völkischen Blocks in Neu-Ulm, S. d. Wendelin Miller[655], * Nersingen 12. XI. 1849, † Neu-Ulm 24. X. 1913, Küfer in Neu-Ulm, u. d. Ursula Dick, * 8. X. 1848, † Neu-Ulm 20. IX. 1922, u. d. Franziska Wagner, * Selbersdorf 16. II. 1876.

W. wirkte 30 Jahre lang Lehrer am Ulmer Realgymnasium und an der Oberrealschule. In der NS-Zeit kompromittierte er sich, was seinem guten Ruf in der Nachkriegszeit jedoch offenbar keinen Abbruch tat.

Der Lehrersohn begann 1904 in Tübingen mit dem Studium der Theologie, wechselte jedoch schon 1905 zur Altphilologie. 1911 bestand er die I. Dienstprüfung, fiel jedoch 1912 beim zweiten Examen knapp durch. Erst 1918 konnte er die Prüfung erfolgreich wiederholen. 1914 wurde er als Soldat eingezogen, jedoch nur selten an der Front eingesetzt. Er zog sich eine geschlossene Tuberkulose zu und galt bei Kriegsende als kriegsbeschädigt. W. wurde mit dem Eisernen Kreuz beider Klassen, der Silbernen Militär-Verdienstmedaille und dem Ritterkreuz II. Kl. des Friedrichsordens mit Schwertern ausgezeichnet.

Bei Kriegsende war W., der in den Jahren zuvor verschiedentlich als Hilfslehrer im höheren Schuldienst verwendet worden war, 33 Jahre alt und ohne klare berufliche Perspektive. 1919 erhielt er eine Stelle in Heilbronn/Neckar, 1920 kam er an das Realgymnasium und die Oberrealschule in Ulm. Dort begann er unter Verweis auf die ihm durch den Kriegseinsatz erwachsenen gesundheitlichen und finanziellen Nachteile seinen langjährigen Kampf um eine berufliche und finanzielle Höhergruppierung als Lehrer, der angesichts der tatsächlichen Dienstzeit seine vorgezogene Ernennung zum Studienrat bewirkte. Nach 1923 war W. wiederholt für längere Zeit dienstunfähig, was zu mehreren amtsärztlichen Untersuchungen führte. Politisch schloss sich W. 1920 der republikfeindlichen und in Teilen offen antisemitischen Württ. Bürgerpartei/DNVP an,

die in Ulm zeitweise eine ihrer Hochburgen hatte. 1923 war W. kurzzeitig Angehöriger der Ulmer Einwohnerwehr. 1927 wechselte er zur Zentrumspartei, der er bis 1932 angehörte. Danach tat sich W. mit heftigen öffentlichen Äußerungen gegen den politischen Katholizismus hervor.

Am 1. Mai 1933 trat W. der NSDAP bei, am 8. Juli 1933 auch der SA – er war bekannt dafür, als einziger Lehrer am Realgymnasium SA-Uniform zu tragen. Daneben gehörte er dem NS-Lehrerbund an. Der im Lehrerkollegium als Außenseiter geltende W. war einerseits als des öfteren unbeherrschter Lehrer bekannt, der von Eltern wegen „Missbrauch des Züchtigungsrechts" angezeigt wurde, andererseits griff er Schülern, die aus finanziellen Gründen nicht an Ausflügen hätten teilnehmen können, mit Geld unter die Arme. Im Feb. 1934 erfolgte W.s Bestellung zum HJ-Vertrauenslehrer an der nunmehrigen „Hans-Schemm-Oberschule", 1935 wurde er zum Rektoratsassistenten befördert. Daneben betätigte er sich als Schulungsredner in „seinem" SA-Sturm. Von 1941 bis 1943 zur Wehrmacht eingezogen, war W. in Nordnorwegen eingesetzt und kehrte mit schwerem Rheumatismus und Ischias wieder nach Ulm zurück.

Im Sept. 1945 von der US-Militärregierung in Ulm entlassen, lebte W., der durch seine Ehefrau über ausgezeichnete Kontakte zu Neu-Ulm verfügte, in der ersten Nachkriegszeit zunächst in Neu-Ulm und betrieb von dort auch seine Entnazifizierung. Er wurde nach politischer Prüfung zunächst als „Minderbelasteter" (Stufe III) eingestuft, was eine Wiederverwendung als Lehrer ausschloss. Der kommissarische Schulleiter Dr. Adolf →*Streißle setzte sich erfolgreich für eine Weiterbeschäftigung W.s als „Hilfsarbeiter (Schreiber)" ein. Im Zuge der Lockerung der Entnazifizierungsvorschriften im Jahre 1948 konnte W. am 1. Sept. 1948 seine Einstufung als „Mitläufer" (Stufe IV) und damit seine Weiterbeschäftigung als Lehrer (unter Berufung in das Beamtenverhältnis auf Widerruf) an der nunmehrigen Max-Eyth-Schule bzw. an der Schubart-Oberschule für Jungen in Ulm erreichen. Eine Wiederverwendung an der gleichen Schule wie vor 1945 war durch die neuen gesetzlichen Vorschriften eigentlich nicht gedeckt.

Im Frühjahr 1950 erfolgte auf eigenen Wunsch W.s Versetzung in den Ruhestand. Nur knapp ein Jahr später starb W., dem in der lokalen Presse nachgerufen wurde, mit ihm scheide ein Lehrer und Erzieher aus dem Leben, *dessen ganzes Denken und Streben darauf gerichtet war, seine Erfahrungen und Kenntnisse seinen Schülern weiterzugeben. Waibel war seinen Schülern nicht nur Lehrer und Erzieher, sondern auch väterlicher Freund.* Von seiner Verstrickung in die NS-Zeit war keine Rede: *Waibels Person zeigt beispielhaft, wie nach 1933 innerhalb des Schulbetriebs Lehrer in herausgehobene Stellungen gerieten, denen normalerweise aufgrund ihres Charakters außerordentliche Positionen versagt geblieben wären* (ROTERMUND, Zwischen Selbstbehauptung, S. 119).

Q   StadtA Ulm, G 2 – ebd., Lehrerakte B 206/2 – StAL, E 203 I Bü 3866 [Personalakte bei der Ministerialabteilung für die höheren Schulen] – ebd., EL 902/21 Bü 4565 [Spruchkammerakten].
L   ROTERMUND, Zwischen Selbstbehauptung, S. 83, 110-120, 131, 244-248.

Walder, Jakob, * Finningen 24. Juli 1838, † Neu-Ulm 11. Feb. 1893, kath.
Vater   Emmeran Walder[656], * Unterelchingen 28. III. 1811, † Neu-Ulm 4. II. 1873, Zimmermann in Neu-Ulm, S. d. Franz Joseph Walder u. d. Maria Imhof.
Mutter   Crescentia Wolff, * Finningen 16. II. 1811, † Neu-Ulm 30. XII. 1894, T. d. Wagners Josef Wolff u. d. Crescentia Walder.
4 G   Ludwig Bartholomäus Walder[657], * Neu-Ulm 24. VIII. 1841, Schuhmachermeister in Neu-Ulm, ∞ Neu-Ulm 5. II. 1867 Crescenz Schrötter, * Bellenberg 16. II. 1844, T. d. Bauern Johann Schrötter u. d. Ludovica Bihlmair; Agnes Walder, * Neu-Ulm 15. III. 1845, † ebd. 22. III. 1845; Georg Walder, * Neu-Ulm 22. IV. 1846, Schreiner in Neu-Ulm, ∞ Neu-Ulm 16. III. 1874 Crescenz Wiedemann[658],

---

[654] TEUBER, Ortsfamilienbuch Neu-Ulm I, Nr. 3113.
[655] TEUBER, Ortsfamilienbuch Neu-Ulm I, Nr. 3135.

[656] TEUBER, Ortsfamilienbuch Neu-Ulm II, Nr. 5207.
[657] TEUBER, Ortsfamilienbuch Neu-Ulm II, Nr. 5211.
[658] TEUBER, Ortsfamilienbuch Neu-Ulm II, Nr. 5208.

T. d. Zimmermanns Philipp Wiedemann und d. Maria Anna Rudel; Johann Baptist Walder, * Neu-Ulm 20. VII. 1848, † ebd. 26. VIII. 1848.
∞ Ursula Barbara („Babette") Stammel, * Neu-Ulm 21. III. 1844, † ebd. 4. I. 1920, T. d. Zimmermanns Joseph Stammel[659] u. d. Anna Vogel.
10 K   Anna Walder, * Neu-Ulm 5. XI. 1866, † ebd. 20. IX. 1924; Theresia Walder, * Neu-Ulm 23. XII. 1867, † ebd. 29. XI. 1927; Albert Josef Walder, * Neu-Ulm 19. VII. 1869, † ebd. 14. X. 1869; Maria Creszenz Walder, * Neu-Ulm 22. VII. 1870, † ebd. 3. II. 1942; ungetaufter Sohn, *† Neu-Ulm 12. VIII. 1871; Karl →Walder, Stadtbaurat in Neu-Ulm; Anna *Augusta* Walder, * Neu-Ulm 22. XII. 1874, † ebd. 7. IV. 1958; Fanny Walder, * Neu-Ulm um 1877, † ebd. 9. IX. 1878; Albert Walder, * Neu-Ulm um 1878, † 19. X. 1878; Otto Walder, * Neu-Ulm um 1880, † ebd. 24. I. 1881.

W. war als Zimmermann und Stadtbaumeister in Neu-Ulm eine der wichtigsten Persönlichkeiten der städtischen Entwicklung in der frühen Kaiserzeit. Er setzte die Familientradition fort und erlernte wie sein Vater das Zimmerhandwerk. Angesichts der regen Bautätigkeit in Neu-Ulm in der zweiten Hälfte des 19. Jahrhunderts war W. stets gut beschäftigt und schuf sich gute Kontakte, die auch dazu beitrugen, dass er von 1879 bis 1885 Magistratsratsmitglied in Neu-Ulm war und zuletzt zum Stadtbaumeister aufstieg, dem die Bauplanung und -durchführung der städtischen Bauten oblag. Bereits 1865 und 1872 hatte W. die nebeneinander gelegenen Häuser in der Kasernstraße 208 (a und b) erbaut.

L.   BUCK, Chronik Neu-Ulm, S. 100, 121, 132 – TEUBER, Ortsfamilienbuch Neu-Ulm II, Nr. 5209.

Walder, *Karl* Albert Georg, * Neu-Ulm 5. Feb. 1873, † ebd. 10. Feb. 1953, kath.

Eltern und G siehe Jakob →Walder, Stadtbaumeister in Neu-Ulm.
∞ 22. X. 1901 Emma *Eleonore* Neubronner, * Neu-Ulm 4. X. 1874, † 18. III. 1945, T. d. Georg Neubronner, * Ulm 26. XI. 1839, † Neu-Ulm 13. VI. 1899, Kunst- und Handelsgärtner, S. d. Johann Daniel Neubronner, * Ulm 9. VIII. 1806, † Neu-Ulm 20. VIII. 1869, Buchdrucker und Handelsgärtner, u. d. Luise Fetzer, * Ulm 3. X. 1841, † Neu-Ulm 9. II. 1899.
2 K   Karl Walder, * 27. VI. 1902; Frieda Walder, * 24. VII. 1904, Obermeisterin der Damenschneiderinnung.

W. setzte die Familientradition der Walders fort und war mehrere Jahrzehnte lang Neu-Ulmer Stadtbaumeister.
Von April 1893 bis 21. Okt. 1893 war W. als Garnisonsbaubeamter in Augsburg tätig, danach in gleicher Eigenschaft bis 31. Juli 1896 in München. Im April 1894 bestand W. auf der Baugewerkeschule Nürnberg die Schlussprüfung für Bautechniker. Am 1. Aug. 1896 trat er als Bautechniker in die Dienste seiner Vaterstadt, war Stadtbaumeister und erhielt im Aug. 1906 die unwiderrufliche Festanstellung bei der Stadt Neu-Ulm. Als wichtigstes Werk des jungen Stadtbaumeisters gilt der Bau des für das Neu-Ulmer Stadtbild charakteristischen Wasserturms und der Anschluss von 470 Neu-Ulmer Haushalten an ein Wassernetz in den Jahren von 1898 bis 1900. Ab dem 24. Okt. 1900 hatten die Menschen in Neu-Ulm fließend Wasser in ihren Häusern.
Der Stadtrat diskutierte am 31. Juli 1934 die Notwendigkeit der Neubesetzung der Stelle des Leiters des Stadtbauamtes Neu-Ulm mit einer energischen, zielbewussten und entsprechend vorgebildeten jüngeren Kraft. Stadtrat Hermann →Boch meinte, er habe den Eindruck Stadtbaurat W. leite das Stadtbauamt in einer Weise, die modernen Gesichtspunkten nicht entspreche. Er beschwor die Gefahr herauf, das Ansehen der Verwaltung und des Stadtrats könne Schaden nehmen, wenn sich nichts ändere. Der Stadtrat beschloss, sofort einen jünge-

ren *leistungstüchtigen Regierungsbaumeister* einzustellen, der nach Bewährung die Nachfolge W.s antreten sollte, und nahm den Dipl.-Architekten Thomas →Wimmer im Okt. 1934 als Angestellten (Stadtbaurat) beim Stadtbauamt in städtische Dienste, der jedoch nach kurzer Zeit wieder ausschied. W. trat zum 2. Feb. 1938, nach 42 Jahren Tätigkeit für Neu-Ulm, hoch geehrt in den Ruhestand. Im April 1945 brachte sich W. nach dem Tod seiner Ehefrau in Oberstdorf in Sicherheit, von wo er im Aug. 1945 nach Neu-Ulm zurückkehrte. Zu diesem Zeitpunkt war auf Grund einer Anordnung der US-Militärregierung die Zahlung seiner Pension eingestellt worden. Das NSDAP-Mitglied W. – er selbst behauptete, er sei nur Anwärter gewesen und nicht in die Partei aufgenommen worden – wurde im Jan. 1948 in seinem Sühnebescheid als Mitläufer eingestuft. – 1918 König-Ludwig-Kreuz; 1938 Goldenes Treudienst-Ehrenzeichen.

Q   StadtA Neu-Ulm, C 13, Nachlass – ebd., A 4, Nr. 302.
L.   TREU, Neu-Ulm, S. 195, 207 (Bild) – TEUBER, Ortsfamilienbuch Neu-Ulm II, Nr. 5210.

Walk, Anton, * Neu-Ulm 30. Mai 1896, † Ettenbeuren/Kreis Günzburg 21. Juni 1958, kath.
Vater   Ottmar Walk, * Bubesheim/BA Günzburg 7. VI. 1864, † Neu-Ulm 10. XI. 1929, Reisender.
Mutter   Apollonia Riessenegger, * Bubesheim 9. II. 1867, † Neu-Ulm 17. X. 1931.
∞ I. 17. IX. 1921 Klara Müller, * Neu-Ulm 26. X. 1898, ∞ II. 19. VII. 1961 Eugen M. Hirschle.
2 K   Anton Kurt Walk, * 22. III. 1923, † gefallen; Walter Walk, * 9. I. 1927, † gefallen.

W. war einer der städtischen Beamten Neu-Ulms, die über Jahrzehnte in Diensten der Stadt standen und ihre Verwaltung wesentlich prägten. Sein Engagement in der NS-Zeit warf schon zu Lebzeiten einen Schatten auf die erfolgreiche Beamtenvita.
W. besuchte in Neu-Ulm die Volks- und für vier Jahre die Realschule. Als 15-Jähriger kam er am 10. April 1911 als Inzipient bei der Stadt Neu-Ulm in den städtischen Dienst, am 1. Jan. 1912 Kanzleigehilfe ebd. 1917 Prüfung für den mittleren Staats- und Gemeindedienst. 1918 Kriegsdienst als Kanonier beim 4. bzw. 9. Feldart.-Rgt. 23. Dez. 1918 Assistent, 1. Juni 1919 Sekretär, 1. Juli 1922 Stadtobersekretär in Neu-Ulm. 1. Juli 1923 Polizeiinspektor, 1. Juni 1930 Polizeioberinspektor. In der NS-Zeit exponierte sich W. frühzeitig und war anfänglich. Seit 1. Mai 1933 Mitglied der NSDAP (Nr. 2.242.688), seit 1. April 1937 NS-Hauptstellenleiter in Neu-Ulm, Mitglied des NS-Fliegerkorps, des Reichsbundes der Deutschen Beamten, des Reichsluftschutzbundes, des Reichskolonialbundes und NSV-Organisationsleiter in Neu-Ulm, Hilfsarbeiter des Organisations- und Propagandaleiters der Kreisleitung. In einer Beurteilung von Oberbürgermeister Franz Josef →Nußl aus dem Jahre 1937 heißt es, hinsichtlich von *Klugheit, Takt, Energie, Initiative und umfassende[r] Gesetzeskenntnisse* könne W. *nur das beste Zeugnis* ausgestellt werden. Auch weltanschaulich sei W. *einwandfrei; er hat auch während der Kampfzeit unter meiner Leitung die Aufträge des Bayer. Polizeiministeriums gegenüber dem Nationalsozialismus taktvoll und wohlwollend durchgeführt.* Zum 1. April 1937 zum Polizeiamtmann ernannt, wurde W. im Weltkrieg mit dem Amt des Luftschutzleiters in Neu-Ulm betraut.
Nach Kriegsende bereits am 16. Mai 1945 von der Militärregierung entlassen, bemühte sich W. von Anfang an um eine Wiedereinstellung in die Dienste der Stadt Neu-Ulm. Zunächst war er bis 6. Aug. 1946 in Internierungshaft im Internierungslager Ludwigsburg. Sein Entnazifizierungsverfahren endete am 4. Mai 1948 mit der Einstufung als „Mitläufer", danach fand er bei der Ulmer Firma Aichmann & Huber ein Arbeitsverhältnis. Eine erste Bewerbung bei der Stadt Neu-Ulm blieb erfolglos, im November 1948 schlug W. dem Oberbürgermeister Tassilo →Grimmeiß vor, nach Ulmer Vorbild ein Amt für öffentliche

---

[659] TEUBER, Ortsfamilienbuch Neu-Ulm II, Nr. 4707. Joseph Stammel war 1848/49 Hauptmann der Bürgerwehr Neu-Ulm.

Ordnung zu bilden. Zum 1. Sept. 1949 kehrte W. als Stadtamtmann und Leiter des Amtes für Soforthilfe (Lastenausgleichsamt) in die Dienste der Stadt Neu-Ulm zurück. Wo er selbst dies als Fortsetzung seiner Rolle als „getreuer Ekkehart" Neu-Ulms betrachtete, empfanden NS-Gegner und -Verfolgte diese Rückkehr W.s als Zumutung. Die Betreuungsstelle für politisch und religiös Verfolgte in Neu-Ulm erhob dagegen – erfolglos – Beschwerde. Mitte der 1950er Jahre war W., mittlerweile dienstältester städtischer Beamter, während des Urlaubs von Oberbürgermeister Grimmeiß für den Fall der Verhinderung von Bürgermeister Julius →Rohm mit der Wahrnehmung der Geschäfte des Neu-Ulmer Oberbürgermeisters beauftragt. Am 1. April 1957 wurde W. zum Oberamtmann, am 1. Okt. 1957 zum Hauptamtsleiter ebd. ernannt. W. sorgte für das erst- und einmalige Wiedererscheinen des Verwaltungsberichtes der Stadt Neu-Ulm im Jahre 1957. In einem Schreiben der Regierung von Schwaben an W. hieß es anlässlich seines Ausscheidens im Herbst 1957, er könne für sich in Anspruch nehmen, *das Ausgleichsamt der Stadt Neu-Ulm auf einen Stand gebracht zu haben, dass dieses Amt anderen als Vorbild empfohlen werden kann.* W. starb am Ende eines städtischen Betriebsausflugs in einem Gasthaus an einem Herzschlag. – 1935-1944 Erster Vorsitzender der Sängergesellschaft Neu-Ulm. – 1918 König-Ludwig-Kreuz; 1939 Silbernes Treudienst-Ehrenzeichen; 1940 Luftschutz-Ehrenzeichen.

Q   StadtA Neu-Ulm, A 4, Nr. 303.
L   Oberamtmann Anton Walk †, in: NUZ Nr. 140, 23. VI. 1958 – Oberamtmann Anton Walk gestorben, in: Schwäb. Donau-Zeitung Nr. 140, 23. VI. 1958 (Bild).

Wallenreiter, *Christian* Carl, * Friedberg bei Augsburg 5. Juli 1900, † München 18. Aug. 1980, ⬚ Augsburg.
Vater   Wallenreiter, Apotheker.

W. war in schwieriger Zeit 1941/42 Amtsverweser des Neu-Ulmer Landratsamtes.
Nach dem Besuch des Gymnasiums bei St. Stephan in Augsburg und dem Studium der Rechte und der Nationalökonomie in München und Marburg/Lahn trat W. 1923 in den Vorbereitungsdienst für eine Laufbahn im höheren Dienst der Innenverwaltung Bayerns ein, den er 1927 abschloss. Anschließend war er bei der Regierung der Pfalz in Speyer und beim BA Krumbach tätig, ehe ihn nach dem Tod des Landrats Julius →Taschke im Feb. 1941 der Ruf nach Neu-Ulm erreichte. Ein Jahr lang war der Regierungsrat als Amtsverweser des Landrats in Neu-Ulm tätig und erwarb sich in dieser Zeit hohe Anerkennung als kundiger Verwaltungsfachmann im diplomatischen Umgang mit den verschiedenen Vertretern der NSDAP. Nach knapp einjähriger Amtszeit folgte ihm der neu ernannte Landrat Dr. Anton →Heiser nach. W. wurde nach Ende seiner Zeit in Neu-Ulm an die Landratsämter Marktheidenfeld und Nördlingen versetzt, von 1943 bis 1945 war er bei der Regierung von Schwaben in Augsburg tätig, wo er auch nach 1947 wieder beschäftigt wurde. Dazwischen hatte er sich nach seiner Entlassung durch die US-Besatzungsmacht beim Caritasverband Augsburg engagiert. 1952 wechselte W. als Regierungsdirektor ins Kultusministerium des Freistaats Bayern, wo er 1958 zum Ministerialdirigenten aufstieg. 1960 wurde W. zum Intendanten des Bayerischen Rundfunks in München gewählt, von 1967 bis 1969 war er Vorsitzender der ARD. 1972 trat er in den Ruhestand. – 1963 Ehrenmitglied der Akademie der Künste München; 1964 bayer. Verdienstorden; 1971 Großes Bundesverdienstkreuz; 1972 Ehrenbürger von Friedberg; 1973 Theodor-Heuss-Medaille; 1977 Großes Verdienstkreuz mit Stern des Verdienstordens der Bundesrepublik Deutschland.

L   UBC 5, S. 537 – Karl BOSL (Hg.), Bosls Bayerische Biographie, 8.000 Persönlichkeiten aus 15 Jahrhunderten, Regensburg 1983, Ergänzungsband, S. 168 – Lebensbilder aus dem bayerischen Franken 15, S. 327-335 – Augsburger Stadtlexikon, S. 910 ff.

Walser, *Elisabeth* Anna Crescentia, * Ulm 22. Juni 1895, † Tübingen 28. Dez. 1951, ⬚ Ulm 2. Jan. 1952, kath.
Eltern und G siehe Xaver von →Walser.
Ledig. Keine K.

W. zählt zu den Lehrerinnen, die auch heute noch im Gedächtnis nicht weniger Ulmerinnen und Ulmer lebendig sind. Als Leiterin der Mädchenoberschule trug sie nach dem Ende des Zweiten Weltkriegs viel zum Wiederaufbau des Schulwesens in Ulm bei. Eine ihr besonders eng verbundene Schülerin war Inge →Aicher-Scholl.
W. war die Tochter des Staatsanwalts Franz Xaver →Walser und wuchs in ihrer Geburtsstadt Ulm in gesicherten und geordneten bürgerlichen Verhältnissen auf. Als Kind und junge Frau wurde sie Zeugin der „katholischen Emanzipation" in Ulm; dem katholischen Bevölkerungsteil wurde in der Öffentlichkeit weniger feindlich begegnet als in der Vergangenheit, katholische Politiker wurden in den Bürgerausschuss und in den Gemeinderat gewählt, die Zentrumspartei feierte erste Wahlerfolge. Die Familie Walser stellte zwei Landtagsabgeordnete, mehrere Ministerialbeamte und einen Domkapitular.
Von 1902 bis 1912 war W. Schülerin an der Ulmer höheren Mädchenschule (spätere Mädchen-Oberschule), wo sie im Frühjahr 1912 das Abgangszeugnis erhielt. Die Erfahrung des Ersten Weltkriegs und möglicherweise der Tod des Mannes, mit dem sie die Ehe hatte eingehen wollen, ließen in W. den Entschluss reifen, Lehrerin zu werden. Im Krieg hatte W. in Ulmer Lazaretten ausgeholfen. 1919 bestand sie die Reifeprüfung am Realgymnasium Ulm und studierte anschließend Geschichte, Deutsch und neue Sprachen in München und Tübingen. Neben dem Studium absolvierte sie die Ausbildung zur Lehrerin und bestand die notwendigen Prüfungen. Im Frühjahr 1926 begann sie als Hilfslehrerin an der Mädchenrealschule Rottweil, ihr Ziel war aber von Anfang an eine feste Stelle in Ulm.
Seit Mai 1931 war W. Studienrätin an der Ulmer Mädchen-Oberschule, deren Schülerin sie einst gewesen war. Ihre fachliche Qualifikation, ihre Fähigkeit, Wissen vor einem großen Bildungshintergrund anschaulich zu vermitteln, die von ihr praktizierte Mischung von Strenge und verständnisvoller Freundlichkeit sicherten ihr die Sympathie von Schülerinnen und Eltern. W. stand dem NS-Staat ablehnend gegenüber und verstand es, Kompromittierungen zu entgehen. Politisch unbelastet, wurde sie nach 1945 von der Militärregierung zur kommissarischen Leiterin der Mädchen-Oberschule ernannt, im Aug. 1947 zur Oberstudiendirektorin. Im Mai 1951 im Wagnerschulhaus zusammengefasst, wurde die Schule 1953 zum „Mädchengymnasium" erhoben und schließlich in „Hans-und-Sophie-Scholl-Gymnasium" umbenannt.
W., die mit Inge →Aicher-Scholl tatkräftig am Aufbau der vh Ulm mitwirkte und in deren Kuratorium saß, war zum Zeitpunkt des Umzugs ins Wagnerschulhaus bereits schwer krank. Sie starb, erst 56 Jahre alt, in einem Tübinger Krankenhaus, wurde aber auf dem Ulmer Hauptfriedhof bestattet.

Q   StadtA Ulm, G 2.
L   Festschrift zum 150jährigen Jubiläum des Hans- und Sophie-Scholl-Gymnasiums in Ulm. Vom Institut für Töchter zum Hans-und-Sophie-Scholl-Gymnasium Ulm. 1834-1984, Ulm 1984 – WH I, S. 294 f. (Christina KLAUSMANN).

Walser, Franz *Xaver* (von), * Einsingen/OA Ulm 30. Dez. 1849, † Ulm 8. April 1932, kath.
∞ Elisabeth Maria Metzger, * Basel 24. VII. 1866, † Ulm 15. VIII. 1911, T. d. David Gottlob Metzger, Bierbrauereibesitzer, u. d. Maria Elisabeth Neher.
K   Fritz Walser, Dr., Universitäts-Professor, vermisst 1945; Elisabeth →Walser.

W. war einer der am längsten am Landgericht Ulm wirkenden Oberstaatsanwälte. 18 Jahre lang übte er das Amt in Ulm aus.
W.s Jurastudium in Tübingen wurde von der Teilnahme am Krieg 1870/71 unterbrochen. Nach den beiden juristischen Dienstprüfungen durchlief er die in Württemberg übliche ju-

ristische Beamtenlaufbahn und war Amtsrichter in verschiedenen Orten. Kurz vor 1900 kam er als Staatsanwalt an das Landgericht Stuttgart, 1904 wechselte er als Oberstaatsanwalt an das Landgericht Tübingen. Im Sept. 1905 trat W. die Nachfolge des pensionierten Robert (von) →Hecker als Leiter der Ulmer Staatsanwaltschaft an. W. trat am 30. Sept. 1923 im 75. Lebensjahr in den Ruhestand. Sein Nachfolger als Ulmer Oberstaatsanwalt war Max →Ernst. W.s politische Sympathien gehörten der Zentrumspartei. – 1913 Ehrenritterkreuz des Württ. Kronordens; Ritterkreuz I. Kl. des Friedrichsordens; Ksl. Deutsche Kriegsdenkmünze für Kombattanten und Nichtkombattanten, Landwehr-Dienstauszeichnung II. Kl.; Ehrenbürger von Einsingen.

Q StadtA Ulm, G 2.
L Hof- und Staatshandbuch 1901 I, S. 182 – ebd. 1904, S. 33 – ebd. 1905, S. 35 – ebd. 1906, S. 38 – ebd. 1908, S. 40 – ebd. 1913, S. 41 – UBC 3, S. 343, 380 (Bild), 381, 411, 540 – UBC 4, S. 213 (Bild), 219.

Walters, *Vernon* Anthony, * New York/New York (USA) 3. Jan. 1917, † West Palm Beach/Florida (USA) 10. Feb. 2002, ☐ Nationalfriedhof Arlington, kath.

Ledig. Keine *K.*

Der US-amerikanische Botschafter W. war in nur einer einzigen Weise mit Neu-Ulm verbunden: er war Ehrenbürger der Stadt. Diese Tatsache führte im Umfeld seiner Ernennung zu heftigen Diskussionen.
W. wirkte in mehr als fünf Jahrzehnten unter acht Präsidenten der USA. Der Sohn britischer Einwanderer wurde zwar in den USA geboren, wuchs aber in Frankreich und Großbritannien auf. Als Sprachgenie legte er frühzeitig den Grund für seine spätere diplomatische Laufbahn. Seit 1933 arbeitete er im Versicherungsbüro seines Vaters, 1941 wurde er zur US-Army eingezogen. Seine Sprachkenntnisse wurden auf dem europäischen Kriegsschauplatz benötigt, kurzzeitig war er auch Dolmetscher für den Präsidenten Harry S. Truman.
Nachdem er während des Zweiten Weltkrieges Anteil daran gehabt hatte, dass sich Brasilien mit einem Expeditionskorps am Krieg beteiligte, wurde W. noch 1945 als stv. Militärattaché nach Rio de Janeiro entsandt und 1948 zum Mitglied des persönlichen Stabes von Averill Harriman in Paris ernannt, der dort das Hauptquartier zur Durchführung des Marshallplans in Europa aufbaute. 1949 kehrte W. mit Harriman nach Washington zurück, wo er als Berater im Weißen Haus tätig war. 1951 kam er als Dolmetscher und Berater in das von General Dwight D. Eisenhower neu aufgebaute NATO-Hauptquartier SHAPE in Paris. In den folgenden Jahren war W. wiederholt in schwierigen diplomatischen Missionen unterwegs, u. a. im Iran, Rom, in Brasilien und Paris, und als Militärattaché an verschiedenen US-Botschaften. 1972 wurde der leidenschaftliche Antikommunist W. zum stv. Direktor (und damit operativen Leiter) des Central Intelligence Service (CIA). Präsident Ronald Reagan ernannte ihn 1981 zum Sonderbotschafter. Mittlerweile ein weltweit eingesetzter „troubleshooter", war W. in den folgenden Jahren überall dort zu finden, wo es Schwierigkeiten in den Beziehungen der USA zu anderen Staaten gab. 1985 wurde er zum US-Botschafter bei den Vereinten Nationen ernannt, 1989 zum Botschafter seines Landes in der Bundesrepublik Deutschland in Bonn. In einer Phase fundamentaler geschichtlicher Veränderungen in Europa, die sich durch das Ende der Sowjetunion und die deutsche Wiedervereinigung ergaben, war W. der Statthalter des Präsidenten George W. Bush sen. –

seines ehemaligen Chefs beim CIA – in der Bundesrepublik. Die Stimme des US-Botschafters war in den zwei Jahren seiner amtlichen Tätigkeit oft zu hören, denn fast täglich mussten die neuesten Entwicklungen kommentiert werden.
Der Gedanke der Verleihung der Ehrenbürgerwürde stand im engen Zusammenhang mit dem Abzug der Neu-Ulmer US-Garnison zum 1. Sept. 1991. Im Vorfeld des Stadtratsbeschlusses vom 8. Mai 1991 – dem 46. Jahrestag des Kriegsendes – hieß es, die Würdigung W.s als höchstem Repräsentanten der USA in der Bundesrepublik Deutschland stehe symbolisch für den Beitrag der USA zur Begründung von Demokratie und Wohlstand, Sicherung des Friedens und zur Wiedervereinigung der beiden deutschen Staaten am 3. Okt. 1990 und spiegele das *besonders herzliche Verhältnis zwischen Deutschen und Amerikanern in Neu-Ulm* wider. Kritiker monierten, die Ehrung sei bezugslos, da W. mit Neu-Ulm nie etwas zu tun gehabt hätte. Oberbürgermeister Biebl erfuhr von dem CSU-Bundestagsabgeordneten und Bundesminister der Finanzen, Dr. Theo Waigel, W. habe sich „hinter den Kulissen" entscheidend für die Freiwerdung des US-Areals eingesetzt, womit der Stadt Neu-Ulm großzügige und weit reichende neue Entwicklungsmöglichkeiten eröffnet wurden. Konkretere Angaben sind den Akten nicht zu entnehmen. In der Urkunde heißt es u. a. wörtlich: *Auch dankt die Stadt damit Botschafter W. für seinen Beitrag dafür, dass das amerikanische Engagement in Neu-Ulm in einer mit den Zielen der Stadtentwicklung übereinstimmenden Weise gelöst wurde.*
Die Überreichung der Ehrenbürgerurkunde an W. fand am 26. Juni 1991 im Edwin-Scharff-Haus im Beisein von sieben ehemaligen Standortältesten der Garnison – die bei dieser Gelegenheit die Hermann-Köhl-Medaille erhielten – statt, wobei sich W. für den Namensgeber des Hauses interessierte. Oberbürgermeister Biebl schickte ihm daraufhin den Katalog über den Künstler aus dem Jahre 1987 zu. W. trug sich auch ins Goldene Buch der Stadt ein.
Im Juni 1991 wurde W. in den Ruhestand verabschiedet. Die Neu-Ulmer Ehrung kann also auch als eine Art „Abschiedsgeschenk" gewertet werden.

Q StadtA Neu-Ulm, A 1 (Stadtverwaltung), Nr. 11602, 11437/1 und 2.
W Silent Mission (dt. „In vertraulicher Mission", Esslingen 1990) – Die Vereinigung war voraussehbar, Berlin 1994.
L Nicht alle sind über den künftigen Neu-Ulmer Ehrenbürger Walters glücklich: Eine aus der Not geborene Idee, in: SWP vom 2. V. 1991 – Wikipedia.

Walther, *Luise* Charlotte, geb. Freiin von Breitschwert, * Ulm 10. Jan. 1833, † Stuttgart 4. Aug. 1917, ev.
Vater   Freiherr Gustav von Breitschwert[660], * Stuttgart 31. X. 1798, † Ulm 17. III. 1837, Regierungsrat bei der Regierung des Donaukreises in Ulm, S. d. Freiherrn Johann Ludwig Christian von Breitschwert, * 1758, † 1841, Staatsrat, u. d. *Luise* Henriette Rosine von Kepel.
Mutter   *Marie* Charlotte Kielmeyer, * Tübingen 9. X. 1810, † Stuttgart 3. XII. 1873, Porträtmalerin[661], T. d. Karl Friedrich (von) Kielmeyer[662], Dr. med., * Bebenhausen 22. X. 1765, † Stuttgart 24. IX. 1844, Staatsrat, Professor der Chemie, Botanik und Naturgeschichte in Tübingen, Direktor des Kgl. Naturalienkabinetts in Stuttgart, u. d. Charlotte Wilhelmine Gmelin, * Tübingen 14. XII. 1782, † Stuttgart 26. IV. 1852.
2 G   *Marie* Rebekka Sofie Freiin von Breitschwert, * Ulm 24. I. 1834, † Balingen 30. VII. 1869, ∞ Stuttgart 17. II. 1861 Theodor Hocheisen, * Blaubeuren 19. VII. 1831, † Stuttgart 6. IV. 1887, Baurat in Stuttgart; *Charlotte* Cäcilie Friederike Freiin von Breitschwert, * Ulm 11. II. 1835, † Stuttgart 6. IV. 1919, ∞ Stuttgart 3. VIII. 1858 Gustav Hermann (von) Bossert, * Reutlingen 25. VI. 1826, † Stuttgart 28. VII. 1907, Oberjustizassessor in Ellwangen/Jagst, später Oberlandesgerichtsrat in Stuttgart, zuletzt Senatspräsident ebd.
∞ 13. IX. 1858 *Franz* Konrad (von) Walther, * Stuttgart 22. XI. 1818, † 23. XI. 1878, Oberjustizrat in Ellwangen/Jagst, Esslingen/Neckar und Stuttgart, zuletzt Obertribunalrat ebd.
4 K   *Clara* Maria Caroline Walther, * Ellwangen/Jagst 9. VII. 1859, Klavierlehrerin in Stuttgart; *Friedrich* Johann Ludwig Gottlieb Walther[663], Dr. phil., * Ess-

660 Bruder des *Wilhelm* Gustav von Breitschwert, * Stuttgart 19. VI. 1797, † ebd. 26. X. 1864, Staatsrat, Direktor des Kgl. Gerichtshofes in Tübingen, Präsident des Württ. Staatsgerichtshofes, 1848-1856 MdL Württemberg, vgl. RABERG, Biogr. Handbuch, S. 101.
661 Werner FLEISCHHAUER, Das Bildnis in Württemberg 1760-1860. Geschichte, Kultur und Kunst, Stuttgart 1939, S. 183, 235.
662 Ih 1, S. 456.
663 Magisterbuch 40 (1928), S. 98.

lingen/Neckar 27. XI. 1860, † Stuttgart 1. VI. 1929, Zweiter Stadtpfarrer an der Hospitalkirche Stuttgart, ∞ Schwäbisch Hall 26. XI. 1895 *Helene* Pauline Marie Freiin von Hügel, * Unterweissach 13. IX. 1866, T. d. Wilhelm Freiherr von Hügel, Oberforstrat; *Marie* Luise Walther, * Esslingen/Neckar 20. V. 1863, ledig; *Karoline* Luise Emma Walther, * Esslingen/Neckar 8. VI. 1865, Inhaberin einer Fortbildungsschule für Töchter in Stuttgart, ledig.

W. war eine ebenso originelle wie fleißige Künstlerin des 19. Jahrhunderts, die sieben Foliohefte mit mehreren tausend Scherenschnitten sowie mehrere Gemälde hinterließ. Sie drängte mit ihren Werken, die sich durch eine von den Porträtierten nicht immer geschätzte große und unbestechliche Genauigkeit der Darstellung auszeichneten, nie in die Öffentlichkeit. Besonders bekannt wurde sie durch ihre Verbindung zu dem Dichter Eduard Mörike.

Geboren in Ulm während der Dienstzeit ihres Vaters, der Beamter bei der Kreisregierung war, wuchs die intelligente junge Frau mit ihren jüngeren Geschwistern in der Donaustadt auf. Die Mutter ging nach dem frühen Tod von W.s Vaters im Jahre 1845 eine zweite Ehe mit Karl W. Wolff[664] ein, dem Rektor des Stuttgarter Katharinenstifts. W. erhielt eine ausgezeichnete Erziehung und Schulbildung. Frühzeitig widmete sie sich der autodidaktisch erworbenen Kunst des Scherenschnitts; schon ihr Urgroßvater Eberhard Ludwig von Breitschwert soll diese Fertigkeit besessen haben. Als Frau durfte sie keine künstlerische Ausbildung durchlaufen. W. galt zuletzt neben Luise Duttenhofer (1776-1829) als bedeutendste und fleißigste Silhouettenkünstlerin: *Die Risse sind scharf und knapp geschnitten, die Ähnlichkeit soll außerordentlich gewesen sein. Sie sind freilich in der Anlage oft gleichartig, auch gelegentlich etwas trocken. Es gibt kein schmückendes Beiwerk, von bescheidenen Blümchen abgesehen. Die Künstlerin hielt mit ihrer Schere, die sie bei jeder Gelegenheit in Tätigkeit setzte, zahllose Menschen aus ihrem geistig sehr hochstehenden Freundeskreise im Bilde fest, darunter die bedeutendsten Männer des Landes, bei dem befreundeten Eduard Mörike angefangen, für die Nachkommen ein unschätzbares Werk* (FLEISCHHAUER). Schon als junge Frau war sie über ihren Stiefvater in Kontakt zu dem als Literaturlehrer am Katharinenstift tätigen Eduard Mörike gekommen, der ihr 1853 Probedrucke seines „Stuttgarter Hutzelmännlein" zuschickte. Sie fertigte spontan 47 Scherenschnitte zur Illustration des Werkes und leitete sie vor dessen Erscheinen Mörike zu. Der Dichter war sehr angetan und nahm die Scherenschnitte in sein neues Buch auf – der Rest ist Literaturgeschichte.

Auch als Porträtmalerin war W. sehr aktiv. Sie schuf u. a. 1874 das einzige erhaltene Aquarellbildnis Mörikes, Porträtgemälde seiner Schwester Klärchen und seiner Tochter Fanny (beide 1871) sowie ein Selbstbildnis (Öl, 1858). Zahlreiche ihrer Gemälde wurden – ebenso wie ihre Scherenschnitte – über das Schillermuseum in Marbach/Neckar überliefert.

W   Meine Silhouetten zu Mörikes Hutzelmännlein, in: März. Halbmonatsschrift für deutsche Kultur, 3. Jg. 1907, S. 127-134.
L   Ih 1, S. 105 – M. KNAPP, Deutsche Schatten- und Scherenbilder, Dachau bei München o. J. [1916], S. 58 f. (Abbildungen) – SK Nr. 421/1917 – WN 1917, S. 174 – Aus Mörikes Kreis und Stuttgarter Zeit. 150 Charakterköpfe in bisher meist unveröffentlichten Schattenbildern aus dem Gesamtwerk der Künstlerin [Luise Walther] ausgewählt von Hans Wolfgang RATH und mit einer biographischen Einleitung von Friedrich WALTHER (Schriften der Gesellschaft der Mörikefreunde 3), Ludwigsburg 1923 – THIEME-BECKER 35, S. 130 – MAIER, Nachführentafel Schott S. 56, 109 ff. – Otto GÜNTTER, (Hg.), Luise von Breitschwert: Die Scherenschnitte zu Mörikes Stuttgarter Hutzelmännlein (Veröffentlichungen des Schwäbischen Schillervereins 14), Stuttgart 1932 – Das Schwäb. Museum 8 (1932), S. 196 – Eine vergessene Ulmer Künstlerin. Luise von Breitschwert zum Gedächtnis ihres 100. Geburtsjahres, in: Ulmer Tagblatt, 27. II. 1933 – Werner FLEISCHHAUER, Das Bildnis in Württemberg 1760-1860. Geschichte, Künstler und Kultur, Stuttgart 1939, S. 235 – Bernhard ZELLER, Luise Walther. Eine schwäbische Silhouettenkünstlerin, in: Librarium (Zeitschrift der Schweizerischen Bibliophilen-Gesellschaft) 11/1960.

Wechßler, Friedrich *Adolf*, * Ulm 13. Feb. 1829, † ebd. 9. Aug. 1914, ev.

Eltern und G siehe Friedrich →Wechßler, Tabakfabrikant in Ulm.
∞ I. Merishausen/Kanton Schaffhausen (Schweiz) 30. VIII. 1855 Marie Magdalena Kaufmann, * Bargen/Kanton Schaffhausen 21. X. 1833, † Ulm 11. XI. 1907, T. d.

Georg Andreas Kaufmann, Landwirt in Bargen, u. d. Magdalene Schilling; ∞ II. Juni 1908 Emmy →Wechßler, geb. Gindorfer.
Keine K.

W. war ein berühmter schwäbischer Dichter und von der nationalen Begeisterung der Reichsgründungszeit geprägter Schriftsteller. Zuletzt lebte er als Privatier in seiner Heimatstadt Ulm. Schon als Realschüler kam bei W. seine Begabung zum Vorschein. Er spürte wenig Neigung zum Kaufmannsberuf und hätte gern als Literat gelebt, doch sein Vater, der Ulmer Tabakfabrikant, hielt ihn zur Erlernung des Kaufmannsberufs an. Der Halbwüchsige verlebte mehrere Jahre in Frankreich und in den Niederlanden, ehe er 1848 nach dem Tod des Vaters nach Ulm zurückkehren und als einziger Sohn das Geschäft übernehmen musste. Er tat es der Familientradition zuliebe unter Zurückstellung seines privaten Lebensglücks. Mehrere Jahre lebte er in Schaffhausen, wo eine Filiale der Tabakfabrik existierte, wo er das Schweizer Bürgerrecht erwarb und seinen Hausstand mit einer gebürtigen Schweizerin begründete. Sein Geschäft verkaufte er 1881 an die Gebrüder Bürglen – die Konkurrenten im Ulmer Tabakgeschäft – und ließ sich auf einem der schönsten Plätze Ulms, auf der Wilhelmshöhe hoch über der Donau ein schlossähnliches Haus mit einem großzügig angelegten Park erbauen, wo er sich fortan seinen historischen Studien und seiner Schriftstellerei widmen konnte. W. empfing Kunstfreunde aus ganz Deutschland, man deklamierte große Dichter, sah Teile von W.s in Arbeit befindlichen Stücken und tauschte sich über die Kunstszene aus. Auch Konzerte fanden bei W. statt. Häufig besuchte W. Theateraufführungen in München, Stuttgart und anderen Städten der weiteren Umgebung, um sich vor allem mit der Bühnentechnik vertraut zu machen.

Einige seiner Werke wurden auch in Ulm aufgeführt, so 1869 das Trauerspiel „Heinrich der Löwe" im Hirschsaal mit dem mit W. eng befreundeten Hofschauspieler Carl Grunert (1807-1869) in der Titelrolle, „Der Franktireur" (1889) und „Sesenheim" (1902). 1877 leistete W. beim Münsterjubiläum mit seinem aus diesem Anlass geschriebenen Festspiel einen wichtigen und viel beachteten Beitrag. W. heroisierte in seinen Schauspielen und Gedichten Gestalten der Geschichte und der Sagenwelt, so „Dietrich von Bern" (1869), „Ulrich Hutten" (1877), „Friedrich der Große" (1879), „Sigurd und Brunhild" (1889). Zu seinen bekanntesten Werken zählte das Schauspiel „Die Weiber von Schorndorf" (1870), das auch in München und Salzburg gespielt wurde. In Schorndorf durfte W. es später selbst inszenieren. Am 1. April 1895 trug W., der den Reichskanzler wiederholt in Gedichten verherrlicht hatte, anlässlich eines von der Stadt Ulm veranstalteten Festbanketts ein von ihm verfasstes Gedicht auf den Fürsten Bismarck vor.

Aufsehen erregte die zweite Eheschließung des bereits 79 Jahre alten W. mit einer seinerzeit sehr bekannten Schauspielerin, die seine Enkelin hätte sein können. Dabei handelte es sich um die aus Ulm stammende spätere Gemeinderätin Emmy →Wechßler. Sein Werk galt schon bei seinem Tod in Fachkreisen als veraltet, während das Publikum sich an den einfach-prägnanten Dialogen und der klaren Charakterzeichnung der Figuren weiterhin erfreute. 1899 stiftete W. die Petrus-Skulptur im Mittelschiff des Ulmer Münsters. W. war Mitglied des Vereins für Kunst und Altertum in Ulm und Oberschwaben.

Q   StadtA Ulm, G 2 – Schiller-Nationalmuseum Marbach/Neckar, Nachlass.
L   Ih 2, S. 938 – Stammbaum der Familie Wechssler in Erlangen und Ulm [Exemplar in der Württ. Landesbibliothek, Stuttgart] – SK Nr. 371/1914 – WN 1914, S. 142–145 (Rudolf PFLEIDERER) – UBC 2, S. 223 – UBC 3, S. 99, 251, 415, 569 – UBC 4, S. 59 (Bild) – SPECKER, Ulm im 19. Jahrhundert, S. 73 – Albert HAUG, „Tabak-Mühlen" - Anfänge und Geschichte der Ulmer Tabakindustrie, in: UO 53/54 (2007), S. 398-494, hier bes. 452 ff.

Wechßler, Christoph Heinrich, * Ulm 24. Sept. 1768, † 24. April 1802, ev.

Vater   Georg Wechßler, * 30. IX. 1736, † Ulm Okt. 1810, Tabakfabrikant in Ulm.

664 * Stuttgart 5. IV. 1803, † ebd. 10. V. 1869; Ih 2, S. 978.

Mutter   Anna Veronica Rupprecht, * 17. IV. 1747, † Ulm Feb. 1812.
1 G   Catharina Elisabetha Wechßler, * 17. XI. 1769.
∞ Elisabeth Sibylle Faulhaber, * Ulm 2. X. 1775, † ebd. 6. I. 1848.
6 K   Amalie Wechßler, * 30. IV. 1793, ∞ Ludwig Hahn; Georg Wechßler,
* 11. VIII. 1795, † Ulm 10. I. 1839, Tabakfabrikant in Ulm, ∞ 12. X. 1837 Charlotte
Breitschwert, * 8. VI. 1803, † 31. I. 1907; Albrecht *Friedrich* →Wechßler; Anna
Veronica Wechßler, * Ulm 4. I. 1798, ∞ Vogel, Verwalter in Bodelshausen; Regina
Maria Henriette Wechßler, * Ulm 18. XII. 1799, † 1. III. 1884, ∞ 16. V. 1822 Carl
Friedrich (von) Schultheiß, * 1796, † 1866, Oberkriegsrat in Stuttgart; Albertine
Wechßler, * Ulm 2. II. 1802, ∞ 23. XI. 1823 Fromm, Oberförster in Weingarten.

Der „revolutionäre Ulmer" W. war um 1800 eine Schlüsselfigur
im revolutionsbewegten Südwestdeutschland. Seine Aktivitäten
musste er mit dem Leben bezahlen.
W. durchlief nach der Schule eine kaufmännische Lehre und
war nach deren Abschluss Kaufmann in Ulm, seit 1792 Mitarbeiter und Teilhaber der 1770 in Ulm gegründeten väterlichen
Tabakfabrik ebd. Frühzeitig entwickelte er ein politisches Interesse, las viel und drängte nach öffentlicher Betätigung. Die
Umbrüche im Gefolge der Französischen Revolution schufen
dafür die Grundlage. Mit Kaspar Fesslen (1741-1800) und Johann Joseph →*Kindervatter war er eine der führenden Persönlichkeiten unter den Ulmer „Demokraten", die versuchten,
die Macht des Ulmer Rats zu brechen und mittelfristig die
Gesellschaftsordnung umzugestalten. Seit 1796 hielt W. von
Ulm aus Kontakt zu anderen Revolutionären in Württemberg
und vor allem zu den schwäbischen Reichsstädten. Schon 1797
war er als Vertreter der Kaufleutezunft einer der führenden
Mitglieder des kurz zuvor gegründeten Ulmer Bürgerausschusses und Mitglied von dessen Engerem Ausschuss, der das
Gremium in den sitzungsfreien Zeiten repräsentierte. Der Bürgerausschuss bestritt dem Rat bzw. Magistrat die beanspruchte
Rolle der einzigen Volksrepräsentation und wies angesichts der
ausbleibenden Anerkennung und mehrerer Verbote darauf hin:
*Wehe dem Land, das keine Volksrepräsentanten hat, wenn das Volk
genötigt ist, sich zu regen und seine Sache zu verteidigen.*
W. spielte in der zweiten Hälfte der 1790er Jahre eine herausragende politische Rolle in Ulm. 1798/99 war er an den Vorbereitungen der Revolution in Südwestdeutschland beteiligt, die
sich jedoch wegen des Rückzugs der französischen Truppen
und der vorübergehenden Dominanz kaiserlicher Soldaten
Ende 1799 nicht realisieren ließ. Der tief enttäuschte W. stellte
seine Aktivitäten ein. Am 21. Jan. 1800 wurde er auf Befehl der
Ulmer Ratsherren verhaftet, an Württemberg ausgeliefert und
für zwei Monate auf der Festung Hohenasperg bei Ludwigsburg inhaftiert. Er starb an den Folgen der Haft im Alter von
33 Jahren.

Q   StadtA Ulm, G 2 alt und G 2 (Wechsler, Familie).
L.   Stammbaum der Familie Wechsler in Erlangen und Ulm [Exemplar in der
Württ. Landesbibliothek, Stuttgart] – LOTTER, Schall, S. 188 – SCHMIDT, Revoluti-
on, S. 97, 277-279, 281, 300, 336, 339 – SPECKER, Ulm im 19. Jahrhundert, S. 116
(Anm. 38) – SCHMIDT, Demokratie, S. 17 f.

Wechßler, Johann *Eduard* Friedrich, Dr. phil., * Ulm 19. Okt.
1869, † Sontheim an der Brenz 29. Jan. 1949, ev.
Eltern und G siehe Wilhelm Eduard →*Wechßler.
∞ 26. V. 1904 Anna Mathilde Eisele, * 3. XII. 1884, T. d. Christian Friedrich Eugen
Eisele, * Freudenstadt 9. XII. 1856, † 1932, 1881 Pfarrer in Täbingen, 1889 dsgl. in
Tieringen, 1894 dsgl. in Plüderhausen, 1902 dsgl. in Schnaitheim, 1923 a. D., u. d.
Emma Stein, * 2. V. 1858, Schw. d. Wilhelm →Stein.
4 K   Helga Wechßler, * 19. IV. 1905; Friedrich Wechßler, * 10. XI. 1906;
Albrecht Wechßler, * 9. VI. 1911; Heinrich Wechßler, * 14. VIII. 1915.

Der bekannte Neuphilologe W. stammte aus einer der bekanntesten Ulmer Familien. Nach dem Abitur am Gymnasium in
Ulm studierte er Philologie in Tübingen, München, Heidelberg
und Berlin. 1895 erhielt er eine Dozentur an der Universität
Halle/Saale, 1901 avancierte er zum ao. Professor in Mar-
burg/Lahn, wo er 1909 o. Professor wurde. Ab 1919 war W. o.
Professor der Romanistik an der Universität Berlin. Zugleich
war er in Berlin Direktor des Instituts für Portugal und Brasilien. Die Ablehnung von Rufen nach Basel, Kiel und Tübingen
zeigte, dass sich W. in Berlin wohlfühlte.

W. schrieb mehrere Bücher (u. a. „Esprit und Geist" und „Hellas im Evangelium (Zusammenhänge zwischen Urchristentum
und griechischer Philosophie"). Seine bevorzugten Forschungs-
themen waren Minnesang, Sagen, Volkslied, die Persönlichkeit
Dantes, Molieres und Verlaines. Nach der kriegsbedingten
Zerstörung seines Hauses in Berlin-Schlachtensee kehrte W. in
die Heimat der Mutter nach Sontheim/Brenz zurück. W.
pflegte besonders enge Beziehungen zu Portugal, wohin er
häufig reiste.

Q   StadtA Ulm, G 2.
L.   Ih 2, S. 938 – Stammbaum der Familie Wechssler in Erlangen und Ulm
[Exemplar in der Württ. Landesbibliothek, Stuttgart] – Ulmer Tagblatt Nr. 245, 8.
IV. 1944 – Professor Eduard Wechßler gestorben, in: Schwäb. Donau-Zeitung
Nr. 70, 8. III. 1949

Wechßler, Katharina *Emilie* („*Emmy*"), geb. Gindorfer, * Neu-
Ulm (nicht Ulm!) 17. Dez. 1883, † Ulm 15. Juni 1969, ev.
Vater   Anton Gindorfer, * 28. X. 1838, Feldwebel in Neu-Ulm, später
Kaufmann in Ulm.
Mutter   Susanna Wiblishauser, * Ulm 6. I. 1856.
1 G   Hans Friedrich Gindorfer, * Neu-Ulm 3. V. 1880, † ebd. 1. VIII. 1880.
∞ Ulm 26. VI. 1908 Adolf →Wechßler.
Keine K.

W. zählte zu den ersten Ulmer Gemeinderätinnen, gewählt ein
halbes Jahr nach Inkrafttreten des Wahlrechts für Frauen bei
der ersten Gemeinderatswahl nach der November-Revolution
des Jahres 1918. Die liberale Kommunalpolitikerin, die bis
1933 im Amt war, war eine der profiliertesten Bürgerinnen
Ulms.
An der Wiege war ihr dieser Lebensweg nicht gesungen worden. Die Tochter eines Neu-Ulmer Kaufmanns besuchte in
Neu-Ulm und Ulm die Schule und zeigte früh schauspieleri-
sches Interesse. Ohne dass Genaueres bekannt wäre, strebte sie
mit Erfolg zur Bühne und war eine in Bayern und Württemberg zeitweise recht bekannte Schauspielerin. In München
spielte sie in Goethes „Faust" das Gretchen an der Seite des
legendären Charakterdarstellers Albert Bassermann. Über ihren
Beruf lernte sie auch ihren Ehemann kennen, den fast 55 Jahre
älteren Adolf →Wechßler. Beide verband das Interesse am
Theater und an der Literatur, und obwohl W. sich von der
Bühne zurückzog, blieb sie ihrem Metier doch auch in den
folgenden Jahrzehnten als Rezitatorin und Darstellerin (z. B.
des „Krettawebers" im Fasching bei Auftritten im Wiblinger
Seniorenheim) treu.
Als ihr Mann wenige Tage nach Ausbruch des Ersten Weltkriegs starb, war die knapp 31 Jahre alte W. eine Witwe in finanziell gesicherten Verhältnissen. Im Ersten Weltkrieg organisierte W. mit Fabrikant Karl Peschke und Arthur Strecktenfinger in Ulm Puppenspiele, die mit großem Erfolg im Saalbau
aufgeführt wurden. Der Erlös kam der Kriegswohlfahrt zugute.
Als ungewöhnlich muss ihr frühzeitiges öffentliches und soziales Engagement gelten. 1904 zählte die 20-Jährige zu den
Gründungsmitgliedern des Ulm/Neu-Ulmer Vereins „Frauenbildung-Frauenstudium", der sich dafür einsetzte, dass Frauen
zum Hochschulstudium zugelassen wurden. Später übernahm
sie den Vorsitz des Vereins, dessen Arbeit sich nach Erreichen
des ursprünglich gesteckten Zieles ausweitete. W. setzte sich
für eine umfassende staatsbürgerliche Erziehung der Frauen
ein, deren Einbindung in die kommunalpolitische Arbeit sie für
ebenso notwendig wie selbstverständlich hielt. In diesem Zusammenhang ist auch W.s Mitwirkung im Kuratorium der
„alten" Ulmer Volkshochschule zu sehen, die 1920 auf Initiative eines Volksbildungsvereins gegründet worden war. Ihr Wirken blieb nicht auf Ulm beschränkt, sondern erstreckte sich
auch auf Neu-Ulm. In vielen Vorträgen beiderseits der Donau
warb sie besonders darum, dass sich junge Frauen in die Politik
einmischen und für ihre Belange kämpfen sollten. Dass sie
dabei auf viel Desinteresse, gar Unverständnis stieß, machte sie
ratlos.

Es lag nahe, die energische und vitale W., die sich wiederholt für die Einführung des Frauenwahlrechts stark gemacht hatte, nach dessen Realisierung für die Politik gewinnen zu wollen. Die Ulmer Deutsche Demokratische Partei (DDP) mit ihrem linksliberalen Programm konnte W. davon überzeugen, sich aktiv in der Stadtpolitik zu betätigen. Bei den ersten Gemeinderatswahlen in Ulm nach der Revolution und nach Inkrafttreten des neuen Kommunalwahlrechts wurde W. am 11. Mai 1919 als Vertreterin der DDP zur Stadträtin gewählt – als einzige Frau ihrer Fraktion, die als stärkste kommunalpolitische Kraft über 19 Sitze verfügte. Insgesamt gelangten zunächst nur zwei Frauen in das Stadtparlament – eine herbe Enttäuschung! Als Gemeinderätin ergriff die resolute W. meist zu sozial- und kulturpolitischen Themen das Wort. Sie war eine der bekanntesten Frauen in Ulm zur Zeit der Weimarer Republik.

Mit großer Selbstverständlichkeit verwirklichte sie ihren eigenen emanzipatorischen Weg. 1931 erwarb W. als eine der ersten Frauen in Ulm den Autoführerschein. Nach dem Ende des Zweiten Weltkriegs belebte sie „ihren“ Verein erneut und passte ihn den Erfordernissen einer neuen Zeit an, in der Mütter den Lebensunterhalt der Familien mitverdienen oder allein verdienen mussten, weil die Ehemänner gefallen, kriegsgefangen oder invalide waren. Im hohen Alter zog sie sich von der Führungsposition im Verein „Frauenbildung-Frauendienst“ zurück, der sie zur Ehrenvorsitzenden ernannte. Im Alter von über 80 Jahren stiftete sie dem Ulmer Museum Alt-Ulmer Mobiliar aus Familienbesitz. Trotz ihrer schweren Krankheit blieb sie aktiv und präsent bis in ihre letzten Lebensmonate: Sie *war nie ein Mensch der Kopfhängerei, sondern immer ein Mensch der „Trotzdem“-Haltung, ein Mensch der inneren Gelassenheit und der großen, weise gewordenen Reife* (Johanne von GEMMINGEN). – 1958 Bundesverdienstkreuz am Bande.

Q   StadtA Ulm, G 2.
L   Stammbaum der Familie Wechssler in Erlangen und Ulm [Exemplar in der Württ. Landesbibliothek, Stuttgart] – UBC 3, S. 415 – UBC 4, S. 60, 114 – Joachim DÖRNER, Profile: Emmy Wechßler, in: SWP Nr. 292, 18. XII. 1968, S. 9 (Bild) – Johanne von GEMMINGEN, Ihr Verein war ihr Leben. In memoriam Emmy Wechßler, in: SWP Nr. 135, 16. VI. 1969, S. 10 (Bild) – Ein Leben für die Frauen. Ehrenvorsteherin des Vereins Frauenbildung-Frauendienst gestorben, in: NUZ Nr. 135, 16. VI. 1969, S. 16 (Bild) – SPECKER, Großer Schwörbrief, S. 373 (Bild) – TEUBER, Ortsfamilienbuch Neu-Ulm I, Nr. 1336 – DANNENBERG, Selbstverwaltung, S. 111, 210 – Albert HAUG, „Tabak-Mühlen“ – Anfänge und Geschichte der Ulmer Tabakindustrie, in: UO 53/54 (2007), S. 398-494, hier bes. S. 453.

Wechßler (Wechsler), Albrecht *Friedrich*, * Ulm 8. Sept. 1796, † ebd. 15. Okt. 1848, ev.

Eltern und G siehe Christoph Heinrich →Wechßler, Kaufmann und Tabakfabrikant in Ulm.
∞ I. Ulm 1. VI. 1819 Anna Horn, * Ulm 5. XI. 1798, † ebd. 17. III. 1820, T. d. Lorenz Horn, Kaufmann, u. d. Anna Katharine Klein; ∞ II. Ulm 16. V. 1822 Mathilde Wilhelmine Friederike Christlieb, * Unterkochen/OA Aalen 16. V. 1803, † Ulm 2. III. 1891, T. d. Wilhelm Christian Christlieb, Amtmann, u. d. Friederike Elisabethe Veyhel.
11 K, davon 1 aus I. Ehe   Lorenz Heinrich Wechßler, * Ulm 8. III. 1820, † ebd. 3. IX. 1820; Emilie Alexandrine Wechßler, * Ulm 17. II. 1823, ∞ Ulm 2. V. 1842 Johann Ludwig Julius Blöst, Kaufmann in Ulm; Julius Wechßler, * Ulm 7. IV. 1824, † ebd. 22. IV. 1824; Elise Natalie Wechßler, * Ulm 8. IV. 1827, ∞ Burlafingen 21. XI. 1845 Carl (Karl) August von →*Belleville, Kgl. Bayer. Ingenieur-Major, zuletzt Direktor bei der Genie-Direktion Ulm; Clementine Amalie Wechßler, * Ulm 27. XII. 1825, ∞ 1843 Franz Wilhelm Stein, Leutnant im 3. Reiter-Rgt.; Friedrich *Adolf* →Wechßler; Aline Mathilde Wechßler, * Ulm 9. I. 1833, ∞ I. 1851 Karl Sigmund Rhau, Kaufmann in Stuttgart; Karl Julius Wechßler, * Ulm 27. VI. 1835, † ebd. 19. XII. 1835; Wilhelm Eduard Wechßler, * Ulm 27. IV. 1839, ∞ Ulm 1. V. 1866 Marie Rosine Wiedenmann; Adelheid Henriette Mathilde Wechßler, * Ulm 1. V. 1840, ∞ Ulm 3. V. 1859 Adolf Egelhaaf, Kaufmann in Mannheim; Louise Eugenie Wechßler, * Ulm 15. XI. 1840, † ebd. 7. XII. 1845.

W. war als Kaufmann und Tabakfabrikant eine der herausragenden Persönlichkeiten im Ulm der ersten Hälfte des 19. Jahrhunderts.

Er war gerade sechs Jahre alt, als sein Vater starb, und 14 Jahre alt, als der Großvater und Firmengründer starb. So setzte sich der Großvater auch bemühte, fehlte der 1770 gegründeten Tabakfabrik Wechßler damit in einer entscheidenden Phase des Übergangs um 1810 eine voll handlungsfähige Führungsper-

sönlichkeit. Die Mutter W.s, aus einer der angesehensten Ulmer Familien stammend, übernahm das Ruder, so gut es ging. Ihr ältester Sohn W. wurde in wirtschaftlich überaus schwieriger Zeit mit weitreichenden Entscheidungen konfrontiert, so schon 1817 mit der Frage eines Neubaus der Tabakmühle, gegen den seine Mutter sich sträubte. W. setzte ihn durch. Ebenso gelang es ihm in den 1830er Jahren, die Existenz seines Betriebs in Ulm zu sichern, nachdem sich Nachbarn über die Staubbelästigung bei der Kreisregierung beschwert hatten und es einige Zeit so aussah, als müsse das Unternehmen abwandern. Mit Beginn des Festungsbaus konsolidierte sich der Absatz der bei W. gefertigten Tabakwaren weiter. *Mit die ersten Dampfmaschinen in Ulm waren bei W. im Einsatz.*

Schon 1825 zählte W. zu den höchstbesteuerten Bürgern Ulms und war damit als Wahlmann I. Kl. berechtigt, den Landtagsabgeordneten der Stadt Ulm direkt zu wählen. Im Juli 1840 in den Bürgerausschuss gewählt, fiel W. im Jan. 1841 und im Juli 1841 bei den Wahlen zum Gemeinderat durch und schaffte erst im Jan. 1842 den Einzug ins städtische Parlament. Bei der Erneuerung eines Teils der Gemeinderatsmitglieder im Aug. 1844 verfehlte er die Behauptung seines Mandats.

W. war in der Ulmer Bürgerwehr als Oberleutnant aktiv und exerzierte regelmäßig mit den Freiwilligen. Als er nach einer Übung das Kommando zum Abmarsch vom Exerzierplatz gab, fiel er plötzlich tot um. Er war gerade 52 Jahre alt geworden und zehn Monate nach seiner Mutter gestorben. An seinem Sterbeort wurde in Erinnerung an ihn ein Baum gepflanzt.

Q   StadtA Ulm, H Waibel: Raimund WAIBEL, Mitglieder in Gemeinderat und Bürgerausschuss 1800-1899, Typoskript, S. 33
L   Stammbaum der Familie Wechssler in Erlangen und Ulm – UBC 1, S. 604 – HEPACH, Königreich, S. 36, 39 f., 49 – SPECKER, Ulm im 19. Jahrhundert, S. 73 – WAIBEL, Gemeindewahlen, S. 329-336 – Albert HAUG, „Tabak-Mühlen“ - Anfänge und Geschichte der Ulmer Tabakindustrie, in: UO 53/54 (2007), S. 398-494, hier bes. 444 ff., 452.

Wehgartner, *Robert* Max Josef, Dr. iur., * Neu-Ulm 22. Juni 1909, † München 2. Jan. 1974, ⌂ ebd., Waldfriedhof, kath.

Vater   August Wehgartner, * 25. IV. 1864, Kgl. Notar in Neu-Ulm.
Mutter   Sophia Roth, * Weiden/Oberpfalz 11. VI. 1870.
Mehrere G, darunter Olga Sophia Barbara Wehgartner, * Zusmarshausen 6. XI. 1896; Paula Sophia Katharina Wehgartner, * Zusmarshausen 25. VII. 1898.

W. zählt zu den aus Neu-Ulm stammenden Persönlichkeiten, die auf der Landesebene des Freistaates Bayern nach dem Zweiten Weltkrieg zumindest zeitweise eine wichtige politische Rolle spielten.

Der Beamtensohn wuchs in Neu-Ulm auf, besuchte dort und in Ulm die Schule und studierte nach dem Abitur Jura und Volkswirtschaftslehre in München, Berlin, Köln und Würzburg. Nach der Promotion 1931 trat er in den Dienst des Bayer. Raiffeisenverbandes. Dort war er in der Rechtsabteilung tätig. Im Zweiten Weltkrieg war er Frontsoldat und geriet in Kriegsgefangenschaft. Nach 1945 war W. zunächst als Rechtsrat und Stadtrat in Traunstein tätig. Später trat er in den Dienst der Innenverwaltung des Freistaates Bayern und war bei der Regierung von Oberbayern, dann im Bayer. Staatsministerium des Innern tätig, wo er 1954 persönlicher Referent des Staatsministers Dr. August Geislhöringer wurde. 1957 wechselte er als Regierungsdirektor zur Bayer. Landesvertretung beim Bund in Bonn. Im Dez. 1962 berief ihn Ministerpräsident Alfons Goppel zum Staatssekretär im Bayerischen Staatsministerium des Innern unter Staatsminister Heinrich Junker (CSU). In diesem Amt verblieb W. bis zur Neuwahl des Landtags 1966. Bereits 1963 erfolgte W.s Wahl zum Vorsitzenden der Bayernpartei. Später schloss er sich der CSU an. 1967 erreichte W. mit der Ernennung zum Präsidenten der Bayerischen Versicherungskammer die letzte Stufe seines beruflichen Weges. Er starb im Alter von 64 Jahren.

Q   StadtA Neu-Ulm, Bestand A 1, 7291.
L   Erich SCHEIBMAYR, Wer? Wann? Wo?. Persönlichkeiten in Münchner Friedhöfen, München 1989, S. 245 – Wikipedia – GBP.

Weickmann, *Ludwig* Friedrich, Dr. phil., Dr. rer. nat. h.c., * Neu-Ulm 15. Aug. 1882, † Bad Kissingen (Bayern) 29. Nov. 1961, ⬚ Starnberg. Waldfriedhof, ev.

Vater   Franz Weickmann[665], * Witzighausen 2. IV. 1840, Feldwebel im 12. Bayer. Inf.-Rgt., später Verwalter am Amtsgericht Neu-Ulm, S. d. Anselm Weickmann, Schuhmacher, u. d. Maria Schliefer.
Mutter   Anna Sauter, * Dietenheim 1. IX. 1845, T. d. Johann Sauter, Schuhmacher, u. d. Barbara Scharleiter.
7 *G*, davon 6 † früh   Maria Theresia Weickmann, * Neu-Ulm 30. V. 1874, ∞ Neu-Ulm 16. IX. 1897 Albert Dandler[666], * Günzburg 15. XII. 1871, Bahnsekretär in Neu-Ulm.
∞ Therese Meyer, * München 15. XII. 1883.
4 *K*, darunter Helmut Weickmann, * 1915; Ludwig Weickmann, * 1919.

Der „Nestor der deutschen Meteorologie", Erdbeben- und Luftdruckforscher von Weltruf, entstammte einer seit Jahrhunderten in der Region Ulm ansässigen Familie. Ein Martin Weickmann von Gerlenhofen war um 1500 Ratsherr in Ulm, dessen Bruder Josef Weickmann wurde 1548 von Kaiser Karl V. in den Adelsstand erhoben. Der Kaufmann Christoph Weickmann[667] war im 17. Jahrhundert Sammler völkerkundlicher Kuriositäten aus den verschiedensten Ländern, Teile des „Weickmanniums" sind im Ulmer Museum überliefert.
In der Neu-Ulmer Friedenskaserne geboren, wo sein Vater als Offizier seinen Dienst versah, absolvierte W. die Grundschule in Neu-Ulm und das Humanistische Gymnasium Ulm, wo er 1901 das Abitur bestand. Einer seiner Mitabiturienten war Otto →Renner. In Erinnerung blieben W. die „lokalpatriotischen" Raufereien von Ulmer und Neu-Ulmer Schülern auf der Donaubrücke. Im Gegensatz zu vielen anderen in Neu-Ulm geborenen Persönlichkeiten ließ W. die Verbindung zu seiner Vaterstadt nicht abreißen und nahm bis zu seiner schweren Erkrankung in den später 1950er Jahren regelmäßig an Klassentreffen teil. Nach dem Abitur studierte anschließend Physik und Astronomie in München und Göttingen – ursprünglich, um Lehrer zu werden. 1905 legte er das Staatsexamen für den Unterricht in Mathematik und Physik an höheren Lehranstalten ab und wurde noch im gleichen Jahr Assistent (Observator) der Bayer. Landeswetterwarte in München. Damit war sein weiterer Lebensweg vorgeprägt. 1911 promovierte W. mit der Arbeit „Beiträge zur Theorie der Flächen mit einer Schar von Minimalgeraden" an der Universität München, nachdem er mehrere Studienreisen in Europa und bis Russland unternommen hatte. Als Kustos der Landeswetterwarte war W. stark eingebunden in die wissenschaftlichen Untersuchungen der um die Jahrhundertwende entdeckten Stratosphäre.
Im Ersten Weltkrieg war W. zunächst Luftschiffer beim Kgl. Bayer. Luftschifferbataillon I, ehe er 1916 zur Mitarbeit am Aufbau des türkischen Wetterdienstes abkommandiert wurde. Die Türkei war Verbündeter des Deutschen Reiches. Nach Kriegsende begann W.s wissenschaftlich fruchtbarste Zeit. 1923 folgte W., der sich im Vorjahr in München habilitiert hatte, einem Ruf als o. ö. Professor der Geophysik an der Universität Leipzig, wo er zugleich Direktor des Geophysikalischen Instituts war. Er verstand es, die Ausbildung einheitlich zu strukturieren und sehr vielseitig zu gestalten, rund 100 Doktoranden gingen aus seiner Schule hervor. Im Zentrum seiner Arbeit stand für W. das Wellenproblem der Atmosphäre,

in denen dem Forscher die Deutung des Luftdruckganges als das Ergebnis der Überlegung hormonischer schwingungen verschiedener Periode, Amplitude und Phase mit Symmetriepunkten gelang (OHM). 1930 unternahm W. Forschungsreichen nach Russland, Island und mit dem Forschungsschiff „Meteor" nach Grönland, im Jahr darauf fuhr er als meteorologischer Beobachter im Luftschiff „Graf Zeppelin" bei den viel beachteten Polar- und Südamerikafahrten unter Leitung von Hugo Eckener mit. Dabei führte er erstmals Radiosondenaufstiege in der Antarktis bis zu einer Höhe von 16 Kilometern durch. 1932 ließ W. mit Hilfe großzügiger Geldspenden seitens der Industrie auf dem Collmberg bei Oschatz in der Nähe von Leipzig zum Zwecke seismographischer und erdmagnetischer Forschungsarbeiten ein geophysikalisches Observatorium erbauen.
Seine fachlichen Leistungen brachten ihm nationale und internationale Anerkennung, u. a. wurde er zum Präsidenten der internationalen aerologischen Kommission und 1940 zum Präsidenten der Sächsischen Akademie der Wissenschaften gewählt, nebenamtlich war er ab 1935 kommissarischer Präsident des Reichsamtes für Wetterdienst in Berlin. Der deutschen Luftwaffe diente W. im Zweiten Weltkrieg als meteorologischer Berater bei der Luftflotte V in Norwegen. Er soll sich in dieser Zeit für norwegische Kollegen eingesetzt haben, die durch die deutsche Besatzung bedroht waren. 1942 aus gesundheitlichen Gründen in den Ruhestand eingetreten, musste er die kriegsbedingte Vernichtung seines Observatoriums und den Verlust seiner Bibliothek samt Handakten und Forschungsberichten erleben. W. verließ 1945 mit anderen Wissenschaftlern auf Drängen der Amerikaner die Sowjetische Besatzungszone und war zunächst Consultant bei der US-Militärregierung in Bayern, 1946 stv. Leiter des von ihm neu gegründeten deutschen Wetterdienstes und zuletzt bis zum Eintritt in den Ruhestand 1953 Präsident des Deutschen Wetterdienstes in der US-Zone in Bad Kissingen. Auch im Ruhestand publizierte W. Bücher und Artikel zur Meteorologie und Geophysik und war bis 1957 Honorarprofessor an der Universität München. – 1952 Großkreuz des Verdienstordens der Bundesrepublik Deutschland.

Q   StadtA Neu-Ulm, D 12, III. 2.3.27.
W   [Auswahl] Zum Klima der Türkei (4 Hefte), 1922-1931 – Luftdruck und Winde im östlichen Mittelmeergebiet, München 1923 [Habilitationsschrift] – Wellen im Luftmeer [...] Der Luftdruck als zusammengesetzte Schwingung (Abhandlungen der Sächsischen Akademie der Wissenschaften, Band 39, 1924) – Lehrbuch der Geophysik, 1929 – (mit Arthur BERSON und Rudolf Lazarevic SAMOJLOVIC) Die Arktisfahrt des Luftschiffes „Graf Zeppelin" im Juli 1931. Wissenschaftliche Ergebnisse (Petermanns Mitteilungen, Ergänzungsheft 216, 1933) – (mit Beno GUTENBERG) Veränderungen der Erdkruste (Handbuch der Geophysik, Band 3), Berlin 1940 – Witterungslehre zu Goethes Zeit und heute. Nach einem Vortrag, Leipzig 1942, ²1944 – Grundlagen der Klima- und Wetterkunde, I, H. WOLTERECK (Hgg.), Klima, Wetter, Mensch, ²1952 – Periodische Wiederkehr als Grundlage der Prognose, Bad Kissingen 1952 – Probleme der geophysikalischvergleichenden Klimatologie seit Alexander von Humboldt, in: Alexander von Humboldt. Gedenkfeier in Frankfurt am Main am 19. Juni 1959, 2. Teil, Offenbach am Main 1959.
L   Reichshandbuch II, S. 2002 (Bild) – UBC 3, S. 248 – Weickmann-Heft. Herrn Professor Ludwig Weickmann zum 70. Geburtstage am 15. Aug. 1952 gewidmet von seinen Mitarbeitern, Schülern und Freunden, Bad Kissingen 1952 – Jahres-Chronik der Ludwig-Maximilians-Universität München 1961/62, S. 30-32 (Fritz MÜLLER) – Meteorologische Rundschau 15 (1962), Heft 1, S. 1 ff. (Werner SCHWERTFEGER) – Zeitschrift für Meteorologie 16 (1962), Heft 5/8, S. 121 ff. (Horst PHILIPPS) – Zeitschrift für Geophysik 28 (1962), S. 50 f. (Bernhard HAURWITZ) – Jahrbuch der Bayerischen Akademie der Wissenschaften 1962, S. 201-204 (Rudolf GEIGER) – Archiv für Meteorologie, Geophysik und Bioklimatologie Serie A, 13 (1963), Nr. 2/4, S. 481-484 (Rudolf PENNDORF) – Eduard OHM, Im Osmanischen Reich den Wetterdienst aufgebaut. Das bewegte Leben des Prof. Dr. Dr. Ludwig Weickmann, in: NUZ vom 25. I. 1986, S. 33 (Neu-Ulmer Geschichten 38) – TEUBER, Ortsfamilienbuch Neu-Ulm II, Nr. 5295 [dort „Weikmann"] – TREU, Neu-Ulm, S. 571 ff. (Hans RADSPIELER) – GBBE 3, 2066 f.

Weidenkeller, Matthäus (auch: Matthias), * Altstadt 31. Mai 1780, † Neu-Ulm 24. Juni 1858, ev.
Vater   Johann Joachim Weidenkeller.
Mutter   Anna Katharina Busch.
∞ Pfuhl 18. IV. 1809 Katharina Mäschle, * Burlafingen 4. XI. 1774, T. d. Michael Mäschle u. d. Katharina Bitterolf.
1 *K*   Maria Katharina Weidenkeller, * Neu-Ulm 2. X. 1810.

[665] TEUBER, Ortsfamilienbuch Neu-Ulm II, Nr. 5294 [dort „Weikmann"].
[666] TEUBER, Ortsfamilienbuch Neu-Ulm II, Nr. 0686.
[667] Otto HÄCKER, Ein Besuch bei Christoph Weickmann und seiner Familie, in: UBC 3, S. 302-310, 325-332 und 349-354.

W. war der letzte Ulmer Scharfrichter, Spross einer alten Scharfrichterfamilie, die schon im 17. Jahrhundert in der Donaustadt nachzuweisen ist. Als Nachrichter wirkte er als Nachfolger von Michael Hartmann in Ulm, als Scharfrichter musste W. dort nur einmal, im Jahre 1815, seines Amtes walten. Am 9. September 1815 richtete er auf der Wiese im Lehrertal – nicht an der üblichen Stätte auf dem Galgenberg – vor großer Menge den aus Ehingen/Donau stammenden Metzgerknecht Matthias Harscher hin, und zwar mit dem Rad von oben herab (d. h. zuerst Stoß auf die Brust). Harscher war des Mordes an dem in Mannheim ansässigen jüdischen Geschäftsmann Herz Levi für schuldig befunden worden. Der Täter vermochte nicht nachzuvollziehen, warum ein Christ wegen der Ermordung eines Juden zum Tode verurteilt werden konnte – und nicht nur er. Tumber Antisemitismus tritt uns in dieser Form auch schon Anfang des 19. Jahrhunderts entgegen. Der Leichnam des Hingerichteten wurde neben der Schinderhütte am Eselsbergwald aufs Rad geflochten und öffentlich ausgestellt.
Der persönlich umgängliche und gesellige W. war bei einigen Hinrichtungen im Land als Gehilfe tätig, so am 18. Juli 1829 in Reutlingen bei der Enthauptung des Helfers Brem. Privat lebte er als Kleemeister in der sogenannten Kleemeisterei zwischen Offenhausen und Pfuhl, war daher in erster Linie Neu-Ulmer und nicht Ulmer. Bei seinem Tode wurde ihm nachgerufen, W. sei *trotz seines schrecklichen Berufs [...] ein sanfter Mann* gewesen, *auch ein Wohltäter der Armen.*

Q   StAL, D 29 Bü 191 [Weiterbeschäftigung des Scharfrichters und Kleemeisters Weidenkeller].
L   SCHULTES, Chronik, S. 430, 504 – UBC 1, S. 451, 498 – UBC 2, S. 57 – TEUBER, Ortsfamilienbuch Neu-Ulm II, Nr. 5280 [falsches Todesjahr „1856"].

Weiger, Karl, Dr. rer. nat., * Hengen/OA Urach 25. Mai 1884, † Ulm 8. Juli 1963, ⬚ ebd., Hauptfriedhof, 11. Juli 1963, ev.
Vater   Carl Weiger, Oberförster.
∞ Ottilie Hedwig Streicher.
2 K   Inge Weiger, ∞ Dieter Fiechtner, Militärattaché in Santiago de Chile.

W. war jahrzehntelang einer der bekanntesten und beliebtesten Lehrer in Ulm.
Der Förstersohn besuchte die Volksschule in Hengen und Oberkochen, die Lateinschule in Aalen und das Gymnasium in Ehingen/Donau, wo W. 1903 das Abitur bestand. Danach kam er als Einjährig Freiwilliger beim Inf.-Rgt. Nr. 127 erstmals nach Ulm. W., der zuvor schon das Zimmerhandwerk erlernt hatte, studierte von 1904 bis 1908 Philologie und Naturwissenschaften in Tübingen, 1908 schloss er das Studium mit der Promotion ab und bestand im gleichen Jahr die I. Staatsprüfung für das höhere Lehramt, 1909 die II. Staatsprüfung. W. spezialisierte sich auf Chemieunterricht; viel später erinnerte sich einer seiner Schüler, W. habe sich nur wohlgefühlt, *wenn es zischte, rauchte und stank.* Er war zunächst Hilfslehrer an der Oberrealschule in Ulm. 1910 wechselte er als Oberreallehrer an die Realschule Göppingen, doch kam 1913 kehrte er als Professor an der Mädchenschule nach Ulm zurück.
Im Ersten Weltkrieg war W. Bataillonsadjutant und Kompaniechef. 1919 stieß er zur Einwohnerwehr in Ulm und gehörte einem Reserve-Sicherheitsbataillon an. In den 1920er Jahren gehörte er dem Ausschuss des „Schwabenbanners Ulm" an. 1920 wechselte W. als Professor an das Ulmer Realgymnasium, wo er zum Professor ernannt wurde. Er war auch Chemielehrer an der Oberrealschule (Kepler-Oberschule) in Ulm, deren Leitung er im Jan. 1941 als Oberstudiendirektor übernahm. Nach 1945 war W. wegen NSDAP-Mitgliedschaft von der US-amerikanischen Besatzungsmacht suspendiert und verdiente in dieser Zeit als Zimmergeselle bei einem Zimmermeister in Lonsee auf der Alb seinen Lebensunterhalt. 1947 kehrte der 63 Jahre alte W. als Studienrat an der Schubart- bzw. später an der Kepler-Oberschule für wenige Jahre in den höheren Schuldienst zurück.

W. zeigte ein bemerkenswertes Engagement im Ulmer Vereinsleben. Er war Kuratoriumsmitglied des Ulmer Volksbildungsvereins, Mitglied des Vereins für Kunst und Altertum in Ulm und Oberschwaben und des Vereins für Mathematik und Naturwissenschaften, in der NS-Zeit Ulmer Bezirksgruppenführer und Schulungsleiter des Reichsluftschutzbundes. Herausragend war seine Mitgliedschaft beim Deutschen Alpenverein (DAV), dessen Ulmer Sektion er von 1931 bis 1958 als Erster Vorsitzender leitete. Bereits 1909 eingetreten, hatte er 1913 das Amt des Bücherwarts übernommen. Von 1919 bis 1928 hatte sich W. als Baureferent für die Ulmer Hütte große Verdienste um deren Entstehung erworben. Daneben war er Erster Vorsitzender der Skiabteilung und machte sich besonders für die Jugendarbeit des DAV stark, dessen Ulmer Sektion ihn 1959 zum Ehrenvorsitzenden ernannte und später mit dem „Goldenen Edelweiß" auszeichnete.

Q   StadtA Ulm, G 2.
W   Beiträge zur Kenntnis der Spaltenausfüllungen im Weißen Jura auf der Tübinger, Uracher und Kirchheimer Alb, Stuttgart 1908.
L   CRAMER, Württembergs Lehranstalten ⁶1911, S. 134 – CRAMER, Württembergs Lehranstalten ⁷1925, S. 120 – BRAUN, Schwabenbanner, S. 47 – UBC 4, S. 228, 311 – UBC 5b, S. 476 – SPECKER, Ulm im Zweiten Weltkrieg, S. 349, 353, 356, 368.

Weiss, *Eugen* Robert, * Neu-Ulm 26. Juni 1863, † München 15. Jan. 1933, ev.
Vater   Andreas Weiss, * Mehreng 25. XI. 1830, † Neu-Ulm 5. II. 1871, Lokomotivheizer in Neu-Ulm, S. d. Lehrers Josef Weiss u. d. Katharina Naßl.
Mutter   Bernhardina Katharina Walter, * Neu-Ulm 7. I. 1835, † Augsburg 8. V. 1879, T. d. Johann Georg Walter⁶⁶⁸, * Unterelchingen 17. VIII. 1796, † Neu-Ulm 26. III. 1865, Gipshändler in Neu-Ulm, u. d. Theresia Zeller, * Pfaffenhofen 7. I. 1800, † Neu-Ulm 13. II. 1870.
9 G, davon 7 † früh   Bertha Weiss, * Neu-Ulm 14. IX. 1864; Edmund Weiss⁶⁶⁹, * Neu-Ulm 17. IV. 1870, Badpächter in Neu-Ulm, ∞ Walburga Korntheuer, * Ingolstadt 11. II. 1871.
∞ Louise Müller-Weiss, Sängerin.
1 K   Walter Hubert Weiss, * 1910, † 1950, Jazz-Musiker.

Der Sänger und Gesangspädagoge W. studierte nach dem Besuch der weiterführenden Schule in Neu-Ulm und des Gymnasiums Augsburg ab Herbst 1883 sehr erfolgreich Komposition und Gesang an der Kgl. Musikschule München. In beiden Fächern erhielt er den bayerischen Staatspreis. Seine Karriere nahm einen glänzenden Anfang an der Kroll-Oper in Berlin, wo er 1888 als 25-Jähriger seinen ersten Bühnenauftritt hatte. Danach fand er ein Engagement in Rostock und kam nach jeweils einer Spielzeit in Dortmund und Sondershausen an das Hoftheater Weimar, wo er von 1891 bis 1893 wirkte. 1894 ließ sich W. als Konzertsänger und Gesangspädagoge in Berlin nieder, wo er sich einen nationalen und bald auch internationalen Ruf als glänzender Fachmann in seinem Bereich erarbeiten konnte, was zu seiner Berufung an die Akademie für Tonkunst in München führte.
Von 1906/07 bis 1912 lebte er in Wiesbaden bzw. in Biebrich am Rhein. Danach zog er nach Düsseldorf-Grafenberg, zuletzt lebte er in München, wohin er 1917 als Dozent für Solo-, Konzert- und dramatischen Gesang an die dortige Akademie für Tonkunst berufen worden war. 1917 wurde ihm der Professortitel verliehen. Die von ihm veranstalteten Privat-Soiréen, wo auch seine Schüler ein Forum für ihre Auftritte fanden, waren geschätzte Höhepunkte des gesellschaftlichen Lebens in der Reichshauptstadt und in München. – 1900 Anhaltischer Kammersänger; 1913 Anhaltischer Verdienstorden für Kunst und Wissenschaft in Gold.

L   DBI 8, S. 3795 – DBA I/1346, 351 – Zeitgenossenlexikon, S. 1551 [mit falschem Geburtsort München] – Wer ist`s? 2 (1906), S. 1278 – Wer ist`s 9 (1928), S. 1672 – Schwäbischer Schulanzeiger Nr. 4, 15. II. 1933, S. 44-46 – Otto RENKHOFF, Nassauische Biographie. Kurzbiographien aus 13 Jahrhunderten, Wiesbaden ²1992, S. 858, Nr. 4687 – TEUBER, Ortsfamilienbuch Neu-Ulm II, Nr. 5308 – GBBE 3, S. 2075 - Wikipedia.

---

⁶⁶⁸ TEUBER, Ortsfamilienbuch Neu-Ulm II, Nr. 5233.
⁶⁶⁹ TEUBER, Ortsfamilienbuch Neu-Ulm II, Nr. 5312.

Weiß, Franz, * Schnaitheim/OA Heidenheim 30. Juli 1892, † Liebfrauenhöhe, Gde. Ergenzingen bei Horb/Neckar 2. Nov. 1985, kath.

Vater   Weiß, Förster.
G   Sophie Weiß.

W. war in schwierigen Zeiten einer der profiliertesten kath. Geistlichen in Ulm.

W. wuchs in Dorndorf/OA Laupheim auf, wo er auch eingeschult wurde und daneben Privatunterricht erhielt. Von 1903 bis 1906 Schüler an der Lateinschule Rottenburg/Neckar, war er von 1906 bis 1910 Zögling am Konvikt und Gymnasium in Ehingen/Donau, wo der geistliche Nachwuchs der Diözese Rottenburg herangezogen wurde. Von 1910 bis 1914 im Tübinger Wilhelmsstift untergebracht, studierte W. in Tübingen katholische Theologie. Bei Ausbruch des Ersten Weltkrieges meldete sich W. als Freiwilliger, wurde Ende 1914 schwer verwundet und war bei Kriegsende Leutnant d. R. beim Fuß-Artillerie-Rgt. Für seine soldatischen Leistungen erhielt er beide Eisernen Kreuze und die Silberne Verdienstmedaille verliehen.

Im Jan. 1919 in die Heimat zurückgekehrt, setzte er seinen Vorbereitungen auf den Priesterberuf als Alumnus am Rottenburger Priesterseminar fort Am 11. Juli 1920 in Rottenburg/Neckar zum Priester geweiht, feierte er in der Woche darauf in Dorndorf seine Primiz. W. begann seine Laufbahn als Geistlicher im Aug. 1920 als Vikar in Herrlingen, ging im Jan. 1921 in gleicher Eigenschaft nach Oberndorf/Neckar und kam im Aug. 1922 erstmals als Geistlicher nach Ulm, wo er Vikar an der St.-Georgskirche war. 22. Mai 1924 Pfarrverweser in Göllsdorf, erhielt er am 2. Mai 1926 erstmals eine Pfarrerstelle in Wäschenbeuren. Im Juli 1932 trat er als Stadtpfarrer in Söflingen die Nachfolge des pensionierten Stadtpfarrers Rudolf →Weser an, einer prägenden Persönlichkeit, die sich an ihrem Wirkungsort viele Freunde erworben hatte.

W. verstand es, sich binnen kurzer Zeit an seinem neuen Wirkungsort große Anerkennung zu verschaffen. In der Zeit des „Dritten Reiches" geriet W. in Konflikt mit dem kirchenfeindlichen Regime. Er versuchte, unter dem Stichwort „acies ordinata" im Widerstandsnetz aus den Frontkämpfern des deutschen Klerus aufzubauen, ein Plan, für den er sich sehr einsetzte, der aber 1938 wegen mäßigen Interesses des Klerus de facto sein Ende fand. 1936 hatte er, nachdem ihm vom württembergischen Ministerium des Kirchen- und Schulwesens die Erlaubnis zur Erteilung des Religionsunterrichts entzogen worden war, einen Streik an der katholischen Volksschule Söflingen organisiert, der zu ihrer Verlegung nach Ulm führte. Im Verlauf des Jahres 1938 machte sich W. mit einer Reihe von regimekritischen Predigten weiter unbeliebt. Nachdem er am Karfreitag 1939 von der Kanzel in eindringlichen Worten seiner kritischen Haltung Ausdruck verliehen hatte, wurde er von der Gestapo verhaftet und aus Söflingen ausgewiesen. Im Juli 1939 wurde W. wegen Verstoßes gegen das „Heimtückegesetz" und „Kanzelmissbrauchs" von dem in Ulm tagenden Sondergericht Stuttgart zu einer einjährigen Gefängnisstrafe verurteilt. Nach der Haftentlassung sollte W. des Landes verwiesen werden. Die Haftstraße hatte W. „wegen Fluchtgefahr" umgehend anzutreten. Er kam ins Gefängnis am Frauengraben, wo man ihn zur Entfernung des EK I, das er eigens angelegt hatte, nötigte. Man befürchtete, er könne sich mit der Nadel die Schlagader aufritzen. Im Gefängnis soll W. *Die Gedanken sind frei* gesungen haben.

Am 12. April 1940 aus dem Gefängnis entlassen, war W. eine Bewährungsfrist bis 1. Mai 1943 auferlegt. Er musste Söflingen verlassen und wurde Anfang Juli 1940 pensioniert. In den folgenden Jahren hielt sich W. u. a. in Bochum, Schönstatt, Baden, Tirol, Mainz, Bad Hersfeld auf, unternahm aber „illegale" Besuche innerhalb des „Verbannungsgebietes". Nach Kriegsende feierte W. in Dorndorf am 11. Juli 1945 sein silbernes Priesterjubiläum, im Nov. 1945 wurde er als Pfarrer in

Illerrieden investiert. 1951 kam er als Stadtpfarrer an die St.-Georgskirche, wo er die Nachfolge des Stadtpfarrers Heinrich →Sambeth antrat, wieder nach Ulm zurück, wo er bis 1957 wirkte. Nachdem er in dieser Aufgabe von Anton Braig abgelöst worden war, übernahm W. anschließend bis 1962 eine hauptamtliche Tätigkeit als Krankenhausseelsorger in Ulm.

Am Söflinger Pfarrhaus erinnert ein von Otl →Aicher gestaltetes Gedenkrelief an W.

Q   StadtA Ulm, G 2.
L.   Ih 3, S. 365 – Personalkatalog Rottenburg 1938, S. 214 – UBC 5a, S. 48, 102, 167, 290 – UBC 5b, S. 306, 345 – SPECKER/TÜCHLE, S. 297, 308 f., 326, 339, 402 – Paul KOPF, Franz Weiß - Für Deutschland und Christus, 1994 – Thomas VOGEL, Söflinger Querköpfe. Franz Weiß und Otl Aicher, in: Wolf-Henning PETERSHAGEN im Auftrag des Vorstadtvereins Söflingen (Hg.), Ja, was fangt ma jetzt mit eis a? Vorstadt Söflingen. Ulms eigenwilliger Stadtteil, Ulm 2005, S. 60 f.

Weiß, Karl, Dr. phil., * Neu-Ulm 17. Feb. 1876, † Jungingen (Ulm) 16. Dez. 1929, ev.

Vater   Friedrich Weiß, * Ulm 19. V. 1832, Buchhalter.
Mutter   Veronica Rebholz, * Bingen 7. IV. 1841.
3 G.

W. war einer der aus Neu-Ulm stammenden Geistlichen, die ihre Laufbahn im württ. Pfarrerdienst absolvierten.

W. entstammte als jüngstes Kind der Verbindung eines Ulmer Beamten, der seine Frau erst kurz vor W.s Geburt geheiratet hatte. W.s ältere Geschwister waren „unehelich". Er absolvierte nach dem Besuch der Volksschule in Neu-Ulm die niederen ev.-theol. Seminare in Maulbronn und Blaubeuren. Dem Theologie- und Philologiestudium in Tübingen folgte 1899 die I. theol. Dienstprüfung. 1902 fand er eine Anstellung als wissenschaftlicher Hilfsarbeiter an der Württ. Landesbibliothek Stuttgart. 1904 übernahm W. als Pfarrer der Freiherrlich von Adelsheim´schen Patronatspfarrei Wachbach/OA Mergentheim eine neue Aufgabe. 1913 wurde W. zum Dr. phil. promoviert. 1927 folgte W. dem in den Ruhestand versetzten Ernst Josenhans in Jungingen nach, der dort seit 1916 Pfarrer gewesen war. Schon zwei Jahre später starb W. im Alter von 53 Jahren.

L.   Magisterbuch 40 (1928), S. 152 – TEUBER, Ortsfamilienbuch Neu-Ulm II, Nr. 5312,4.

Weiß, *Maximilian (Max)* August, * Schwendi/OA Laupheim 24. April 1889, † Neu-Ulm 14. März 1979, kath.

Vater   Josef Weiß, Landwirt und Bäcker in Schwendi.
Mutter   Philomena Hörmann.
Mehrere G.
∞ Orsenhausen/OA Laupheim 6. VIII. 1921 Therese Stecher, * Orsenhausen 29. IX. 1896, T. d. Lampert Stecher, Oberförster in Orsenhausen, u. d. Anna Baur.
3 K   Antonia Weiß, * Orsenhausen 26. VIII. 1922; Maximilian Weiß, * Orsenhausen 20. III. 1925, Besitzer der Max Weiß GmbH & Co., Lebkuchenfabrik in Neu-Ulm; *Marga* Anna Maria Weiß, * Neu-Ulm 3. III. 1929, kaufmännische Angestellte.

W. war der Gründer der 1925 in Neu-Ulm gegründeten und noch heute existierenden, nach ihm benannten Lebkuchenfabrik, die in Konkurrenz zu den berühmten „Nürnberger Lebkuchen" bundesweit bekannt wurde und ist. W. baute die Fabrik *aus kleinsten Anfängen mit echt schwäbischer Zähigkeit, unverdrossener Unternehmerinitiative, fachlichem Können und nimmermüdem Fleiß* (NUZ vom 24. IV. 1959) auf.

W. entstammte einer seit 1768 im oberschwäbischen Schwendi ansässigen Bäckerfamilie. Er wuchs in Schwendi auf und machte nach der Schulzeit eine Lehre in einem Feinkostgeschäft. Mit seinem älteren Bruder gründete er dann eine Zwieback- und Keksbäckerei, deren Erzeugnisse er selbst bewarb,

indem er mit einem Musterkoffer per Fahrrad zu den einschlägigen Geschäften der Umgegend fuhr. Die Brüder hatten Erfolg, gerieten aber mit ihrem Geschäft in der Zeit der Inflation in Schwierigkeiten, die W.s Bruder zum Rückzug veranlassten. Eine Rolle dabei spielten auch die hochfliegenden Pläne W.s, zur maschinellen Fertigung des Gebäcks überzugehen. In wirtschaftlich wieder etwas stabilerer Zeit, 1925, gründete W. in Neu-Ulm die spätere „Max Weiss GmbH & Co., Lebkuchenfabrik". Der findige und umtriebige Bäcker hatte davon gehört, dass die einstige Heeresbäckerei (Proviantmagazine der Festung in der Krankenhausstraße) geeignete Räumlichkeiten bot und zu erwerben war. 1927 zog der Neu-Unternehmer mit seiner Familie nach Neu-Ulm. Nachdem die Firma im Zweiten Weltkrieg schwer zerstört worden war, machte sich W. mit dem ihm eigenen Tatendrang daran, neue Fabrikräume zu bauen und neue Maschinen zu beschaffen. Der eigentliche Erfolg von W. begann nach Kriegsende, als er die Zwiebackproduktion forcierte und die Mitarbeiterzahl von durchschnittlich 120 auf (in der Saison) über 200 Personen anstieg. Der von vielen seiner Mitarbeiter „Vater Weiß" genannte Chef, ein leutseliger, aber auch hart kalkulierender Fabrikant alten Schlages, hatte sein Feinback- und Nährmittelwerk nach 1945 wieder in der Krankenhausstraße 3-7 untergebracht. Später zog es in die Junkersstraße 4-6 um. In den 1950er Jahren, in der Zeit des „Wirtschaftswunders" also, erlebte sein Werk einen weiteren Aufschwung, als er mit der Lebkuchenproduktion begann. Seither sind die „Weiß-Lebkuchen" ein anerkannter Qualitätsbegriff.
W., der gerne wanderte und sang und zuletzt Ehrenmitglied der Neu-Ulmer „Sängergesellschaft" war, starb kurz vor Vollendung des 90. Lebensjahres.

Q   StadtA Neu-Ulm, D 12, IX.3.2. – ebd., A 9.
L   Sein Lebenswerk: die „Weiß-Lebkuchen". Der Gründer des bekannten Neu-Ulmer Lebkuchenwerks, Max Weiß, heute 70 Jahre, in: NUZ vom 24. IV. 1959 (Bild) – TREU, Neu-Ulm, S. 255, 374, 622.

Weisser, Dietrich, Dr. rer. pol., * Ulm 9. Juni 1898, † gefallen Berlin 26. April 1945, ev.
Eltern und *G* siehe Wilhelm →Weisser.
∞ Feuerbach 6. X. 1924 Margarete Hartmann, * 11. IX. 1902, T. d. Adolf Hartmann, Dr. med., Arzt in Feuerbach, u. d. Elisabeth Schröder.
2 K   Erika Weisser, * Stuttgart-Feuerbach 14. IX. 1926; Hans Dietrich Weisser, * Stuttgart-Feuerbach 19. I. 1929.

W. meldete sich nach dem Besuch des Ulmer Gymnasiums 1916 als Kriegsfreiwilliger und kam als Fahnenjunker zum 6. Württ. Inf.-Rgt. Nr. 124, 1918 erfolgte die Ernennung zum Fähnrich im 3. Württ. Feldart.-Rgt. Nr. 49 im Felde. Er wurde mit dem EK II und dem Kriegsverdienstkreuz mit Schwertern ausgezeichnet, zuletzt war er Oberleutnant d. R. Von 1920-1922 studierte W. in Tübingen (Mitglied der Burschenschaft Normannia) und München Volkswirtschaft/Nationalökonomie und wurde 1922 mit der Dissertation „Die Betriebsverfassung in ihrer geschichtlichen Entwicklung" bei Professor Dr. Ludwig von Köhler (Universität Tübingen) promoviert. Als Personalsachbearbeiter trat W. zunächst in die Dienste der Robert Bosch AG in Stuttgart, 1941 wechselte er als Personalleiter und Prokurist zur Firma Blaupunkt. Im Zweiten Weltkrieg erneut Frontoffizier, kam W. in den letzten Kriegstagen beim Kampf um Berlin ums Leben.

L   EBERL/MARCON, S. 251, Nr. 818 – SCHMIDGALL, Burschenschafterlisten, S. 186, Nr. 1058.

Weisser (Weißer), *Johann* Matthias, * Oberkirnach 24. Feb. 1893, † Ulm 8. April 1954, ▢ ebd., Neuer Friedhof, 13. April 1954.
Mutter   Barbara Weißer, ∞ Kratt.
∞ 1916 Emma Duffner.
K   Marianne Weißer, * Schwenningen/Neckar 13. III. 1923, 1968 bis 1989 SPD-Gemeinderätin in Ulm, ∞ Kurt Walter Obermeier, * Röhrsdorf/Kreis Chemnitz 11. XII. 1919, † Ulm 3. II. 1983.

W. war einer der profiliertesten Ulmer Sozialdemokraten des 20. Jahrhunderts.
Der aus schwierigen familiären Verhältnissen hervorgegangene W. machte nach der Volksschule eine Lehre in einer Schwenninger Uhrenfabrik. 1916 zum Kriegsdienst einberufen, verlegte sich W. nach Ende des Ersten Weltkriegs ganz auf die politische Tätigkeit in der SPD. 1920/21 war er Gewerkschafts- und Parteisekretär der Ortsgruppe Schwenningen, 1929 wechselte er als Parteisekretär nach Ulm, wo er nach Jahren der Angestelltentätigkeit 1941 auch ein eigenes Uhrengeschäft eröffnete. 1932 kandidierte er in mehreren Wahlkreisen Oberschwabens für den Landtag. Zwar gelang es ihm nach dem Verbot der Zeitung und vor der Durchsuchung der Redaktionsräume durch *als „Hilfspolizisten" fungierende SS-Leute* zunächst in Langenenslingen bei Sigmaringen unterzutauchen, doch am 1. April 1933 nahm man ihn im KZ Heuberg für mehrere Monate in „Schutzhaft". Im Okt. 1933 zählte W. zu den Mitunterzeichnern des „Treuebekenntnisses einstiger Sozialdemokraten", das u. a. auch von Erich →Roßmann unterzeichnet war und in dem festgehalten war, die Unterzeichneten stünden *vorbehaltlos auf der Seite des Vaterlandes*. Man wird die „Freiwilligkeit" des Schriftstücks zurückhaltend bewerten müssen; andererseits verweigerte der ebenfalls inhaftierte ehemalige SPD-Reichstagsabgeordnete Dr. Kurt Schumacher seine Unterschrift. Nach dem Stauffenberg-Attentat des 20. Juli 1944 wurde W. mit weiteren einstigen Ulmer Parteiführern nochmals verhaftet und im Ulmer Garnisonsgefängnis eingesperrt.
Nach der Besetzung der Stadt durch die Amerikaner stellte sich W. sofort in den Dienst der Besatzungsmacht und reichte bereits am 19. Mai 1945 beim Stadtkommandanten Irvin L. Harlow eine Liste antifaschistischer, politisch unbelasteter Ulmer ein, die zur Kooperation bereit waren. Im Juni 1945 stellte sich W. als Mitglied des Gemeindebeirats zur Verfügung. Kurzzeitig war er Ulmer stv. Bürgermeister. Mit der Lizenzträgerschaft für die am 10. Nov. 1945 erstmals erschienene „Schwäb. Donau-Zeitung" wirkte er gemeinsam mit Kurt →Fried und Paul Thielemann maßgeblich am Wiederaufbau des lokalen demokratischen Pressewesens mit und machte sich für die Neugründung der SPD in Ulm stark, die er bereits ab Mai 1945 in die Wege leitete und deren Vorsitz er führte. Von 1946 bis 1953 war W. Mitglied des Ulmer Gemeinderats, wo er Vorsitzender der SPD-Fraktion war.
1946 zog W. als Abgeordneter des Wahlkreises Ulm in die Verfassunggebende Landesversammlung Württemberg-Baden ein, wo er jedoch ebenso unauffällig blieb wie in den Jahren 1946 bis 1950, in denen er den gleichen Wahlkreis im Landtag vertrat. 1978 wurde ein Weg im Ulmer Westen (Neubaugebiet Roter Berg in Söflingen) nach W. benannt.

Q   StadtA Ulm, G 2.
L   UBC 5a, S. 18, 50 – Chefredakteur J. Weißer zum Gedächtnis, in: Ulmer Nachrichten Nr. 85, 10. IV. 1954, S. 3 (Bild) – SPECKER, Großer Schwörbrief, S. 389 ff. (Bild), 421, 429, 434 ff. – WEIK ²2003, S. 157.

Weisser, *Wilhelm* August, Dr. phil., * Marbach/Neckar 7. Sept. 1864, † Stuttgart-Degerloch 21. Jan. 1941, ev.
Vater   *Paul* Albert (von) Weisser[670], * Stuttgart 25. XII. 1832, † ebd. 6. III. 1917, Senatspräsident am Oberlandesgericht Stuttgart, 1906 Präsident a. D., S. d. *Karl* Friedrich (von) Weisser[671], * Stuttgart 25. IX. 1796, † ebd. 7. VII. 1873, Kgl. Württ. Regierungsrat, Kanzleidirektor des Geheimen Rats, u. d. Wilhelmine Wächter, * Waiblingen 10. II. 1806, † Stuttgart 27. V. 1838, eine *Schw* des späteren Staatsministers und Mitglieds der Ersten Kammer der Württ. Landtags Karl Freiherr von Wächter-Spittler[672], * Gochsheim 26. IV. 1798, † Stuttgart 21. IX. 1874.
Mutter   *Karoline (Lina)* Luise Emilie Hoffmann[673], * Stuttgart 3. III. 1836, † ebd. 30. VII. 1924, T. d. Verlagsbuchhändlers Karl Hoffmann in Stuttgart u. d. Elisabeth Hoff.

[670] Ih 2, S. 947 – WN 1917, S. 39-41 (Wilhelm WEISSER).
[671] Nach dem frühen Tod seiner Ehefrau war W. 1840 eine zweite Ehe mit Charlotte Hartmann, einer Tochter des Geheimen Rats von Hartmann, eingegangen.
[672] RABERG, Biogr. Handbuch, S. 964 f.
[673] Ih 2, S. 947.

3 G   Anna Weisser, * Heilbronn 22. II. 1866, ∞ Ravensburg 14. IX. 1891 *Karl* Friedrich Mack[674], Dr. rer. nat., * Ludwigsburg 29. VIII. 1857, † ebd. 27. I. 1934, 1888-1925 Professor der Physik, Meteorologie und Geodäsie an der Landwirtschaftlichen Hochschule Hohenheim, 1891 zugleich Leiter der meteorologischen Station ebd., 1905 zugleich Leiter der Erdbebenwarte ebd., S. d. Professors Dr. Ludwig Mack in Ludwigsburg u. d. Emilie Schott; *Sofie* Charlotte Mack, * Heilbronn 11. X. 1867, ∞ Ravensburg 25. IV. 1892 Gustav Uhland, Staatsanwalt in Ravensburg, zuletzt Landgerichtsdirektor in Stuttgart; *Karl* Friedrich Weisser, * Stuttgart 18. VII. 1872, ∞ Leipzig 25. VII. 1905 Dagmar Lorch, * Riga 28. V. 1882, T. d. Kaufmanns Karl Lorch in Leipzig u. d. Bertha Schneidemann.
∞ Ulm 3. VIII. 1897 *Antonie* Sofie Fernande Entreß, * Stuttgart 22. V. 1871, † Ulm 30. IX. 1937, T. d. Oberfinanzrats Wilhelm →Entreß u. d. Sofie Beck.
6 K   Otto Weisser, * Ulm 9. VI. 1898, † gefallen bei Arras 4. V. 1917, Zwilling mit Dietrich →Weisser, Dr. rer. pol.; Kurt Weisser[675], * Ulm 17. VII. 1899, † ebd. 2. V. 1929, Hilfslehrer am Realgymnasium Ulm, ∞ Tübingen 2. VIII. 1923 Gertrud Haendle, * Tübingen 7. II. 1901, T. d. Kaufmanns Wilhelm Haendle u. d. Ida Stoll; Fritz Weisser, Dr. agr., Dipl.-Landwirt, * Ulm 26. IV. 1901, † gefallen bei Vailly an der Aisne 8. VI. 1940, Landwirtschaftslehrer, Landwirtschaftsrat in Greifenhagen/Oder (bei Stettin), ∞ Stettin 12. VI. 1934 Sigrid Becker, * Stettin 29. VII. 1911, T. d. Chemikers Karl Becker in Stettin u. d. Dora Delfke; Gertrud Weisser, * Ulm 14. XI. 1904, ∞ München 7. V. 1932 Rolf Glauner, Dr. med., Arzt in Köln; *Hans* Bernhard Weisser, Dr. med., * Ulm 7. V. 1908, praktischer Arzt in Tailfingen/Kreis Balingen, ∞ Mirow/Kreis Stargard (Mecklenburg) 5. VI. 1934 Luise Holz, * Pfirt (Oberelsaß) 31. VIII. 1908, T. d. Postmeisters Fritz Holz in Mirow u. d. Julie Arndt.

Der im öffentlichen Leben Ulms eine herausragende Rolle spielende W. entstammte einer hoch angesehenen württ. Beamtenfamilie, *die auf väterlicher wie mütterlicher Seite dem engeren Heimatland seit mehreren Menschenaltern eine Reihe tüchtiger Staatsdiener gegeben hat* (W. im Nachruf auf seinen Vater, 1917). W. wuchs in einem kunstsinnigen Haushalt auf, in dem Patriotismus, Heimatverbundenheit und Körperertüchtigung groß geschrieben wurden. Nach dem philologischen Studium in Tübingen (Mitglied der Burschenschaft Normannia) und der 1885 erfolgten Promotion bestand er 1894 die Prüfung für das höhere Lehrfach im sprachlich-geschichtlichen Fach und ging noch 1894/95 als Professor an das Realgymnasium Ulm, wo er 1925 zum Studienrat aufrückte. Seit Dez. 1931 Studienrat i. R., hat sich W. besonders als hoch begabter Zeichner einen Namen gemacht, *ein ausgezeichneter Landschaftsmaler, der mit Stift und Pinsel so manchen malerischen Winkel Alt-Ulms festgehalten hat* (UBC 3, S. 288). Diese Arbeiten des Autodidakten W. sind stadtgeschichtlich von hohem Wert, da er ein genauer Beobachter war und uns Ansichten überliefert hat, von denen die meisten Motive im Krieg zerstört wurden. W. lieferte die Illustrationen zu Otto →Lincks Buch „Alt Ulm. Das Bild einer schwäbischen Reichsstadt" (mit 70 Federzeichnungen von Wilhelm WEISSER, Tübingen 1924). 1899 zählte er zu den Mitgründern des Bundes für Heimatschutz, der ihn im Juni 1934 zum Ehrenmitglied ernannte. 1909 wurde ihm der Rang auf der VI. Rangstufe verliehen. W. war ein sehr engagiertes Mitglied des Kunstvereins Ulm, spätestens seit 1902 dessen Schriftführer. Die Geschichte des Kunstvereins publizierte er in der „Brücke" (Nr. 4. vom Jan. 1932), dem Mitteilungsblatt des Volksbildungsvereins Ulm. Zahlreiche seiner Arbeiten präsentierte W. in Ausstellungen des Kunstvereins. Im Jan. 1933 wurde W., der in der Heimatpflege und im Heimatschutz sehr aktiv war, zum ehrenamtlichen Mitglied des auf Veranlassung des Landesamts für Denkmalpflege neu geschaffenen Bezirksstelle für Friedhofsberatung in Ulm ernannt. W. war langjähriger Vorsitzender und zuletzt Ehrenvorsitzender der Ulmer Sektion des Deutschen Alpenvereins und Ausschussmitglied des Vereins für Kunst und Altertum in Ulm und Oberschwaben. Daneben befasste sich W. mit der Erforschung der Familiengeschichte der Weissers und der Familie seiner Frau, der Entreß von Fürsteneck.

Q   StadtA Ulm, G 2.
W   Zu Friedrich Rückerts Stuttgarter Beziehungen, in: Bes. Beilage des Stuttgarter NS-Kuriers mit Regierungsanzeiger für Württemberg Nr. 1, 29. II. 1936, S. 24-27.
L   Ih 2, S. 947 – Julius BAUM (Hg.), Die Stuttgarter Kunst der Gegenwart, Stuttgart 1913 – Schwäbisches Heimatbuch 1916, S. 44, Anm. 2 (mit Abbildungen seiner Werke S. 34, 44-47, 57-59, 86) – Katalog der Ausstellung „Schwäbische Graphik", Stuttgart 1922 – CRAMER, Württembergs Lehranstalten ⁷1925, S. 73 – 3.

[674] KLEIN, Die akademischen Lehrer, S. 92 f.
[675] CRAMER, Württembergs Lehranstalten ⁷1925, S. 160.

Bericht des Museums der Stadt Ulm (Ulmer Schriften zur Kunstgeschichte, hg. von Julius BAUM, 6) – UBC 3, S. 288 – UBC 4, S. 21, 431 – UBC 5b, S. 344, 477 – DGB 110 (1940), S. 637 ff. – SCHMIDGALL, Burschenschafterlisten, S. 171, Nr. 467 – THIEME-BECKER XXXV, S. 345 – 1887-1987 Kunstverein Ulm. Berichte und Dokumente. Hg. zum 100jährigen Bestehen des Kunstvereins Ulm e. V., Ulm 1987, S. 15 ff.

Weitbrecht, *Gottlieb* Friedrich (von), * Calw 4. Juni 1840, † Stuttgart 31. Mai 1911, ev.
Vater   Gottlieb Weitbrecht, * Schorndorf 13. IV. 1804, † Calw 4. IX. 1879, Buchhändler beim Calwer Verlagsverein.
Mutter   Sibylle Sabine Gruner, * Calw 30. V. 1812, † ebd. 18. XI. 1859.
6 G   *Marie* Sabine Weitbrecht, * Calw 11. VIII. 1838, † Stuttgart 2. VII. 1932, 1881-1908 Vorsteherin der Mägdeanstalt in Stuttgart, ∞ Calw 16. VII. 1863 *Carl* Friedrich Scheffel, * Waiblingen 7. I. 1832, † Basel 29. XII. 1864, Kaufmann im Basler Missionshaus; Martha Weitbrecht, * Calw 6. II. 1844, † Kirchheim/Teck 31. I. 1912, ∞ Calw 16. VII. 1867 *Paul* Christian Schmid, * Gronau 14. IX. 1833, † Kirchheim/Teck 8. VII. 1915, Pfarrer in Walxheim, zuletzt seit 1895 in Kirchheim, 1904 a. D.; *Nathanael* Konrad Weitbrecht, * Calw 23. VII. 1846, † Esslingen/Neckar 4. VIII. 1904, Missionskaufmann in Mangalore (Indien), ∞ Mangalore 11. XI. 1873 Anna Roser, * Stuttgart 30. VIII. 1853, † Chur, Kanton Graubünden (Schweiz) 20. VIII. 1906, T. d. Ernst Roser (siehe unten bei W.s Ehefrau Lydia Roser); *Conrad* Christian Weitbrecht, * Calw 6. XI. 1847, † Stuttgart 23. XI. 1893, Buchhändler bei J. F. Steinkopf in Stuttgart, ∞ Stuttgart 20. V. 1873 Marie Steinkopf, * Stuttgart 10. VIII. 1852, † Vitznau 14. VII. 1909; Elise Friederike Weitbrecht, * Calw 13. VIII. 1849, † Stuttgart 24. VII. 1882; *Julie* Sofie Weitbrecht, * Calw 11. IX. 1851, † Stuttgart 6. II. 1915, ∞ Calw 20. VII. 1875 Jonathan Hager, * Mühlhausen/Würm 27. III. 1838, † Leonberg 16. IV. 1900, Kaufmann in Leonberg.
∞ Stuttgart 30. VII. 1867 Lydia Roser, * Stuttgart 21. IV. 1846, 1. I. IV. 1896, T. d. Ernst Roser, * 25. II. 1817, † Esslingen/Neckar 27. X. 1891, Lederfabrikant in Stuttgart und Esslingen, u. d. Sophie Marie Wörner, * 30. XII. 1821, † 19. VIII. 1855.
9 K   *Lydia* Maria Weitbrecht, * Stuttgart 22. VII. 1869, ∞ Ulm 13. X. 1898 Paul Bunz, * Stuttgart 4. III. 1868, † ebd. 5. XI. 1904, Regierungsassessor bei der Regierung des Neckarkreises in Ludwigsburg; *Theodor* Siegfried Wilhelm Weitbrecht, * Stuttgart 16. V. 1871, Pfarrer, ∞ Stuttgart 17. IV. 1903 Hilde Friederike Adolff, * Backnang 21. II. 1882; *Johanna* Martha Weitbrecht, * Stuttgart 4. VI. 1872, † Heilbronn/Neckar 12. V. 1924, ∞ Stuttgart 11. I. 1898 Ernst Rücker, * Tübingen 11. XII. 1860, Schulrat in Heilbronn; Konrad Weitbrecht, * Stuttgart 30. XI. 1873, † Schorndorf 23. VI. 1957, Pfarrer in Schnait, zuletzt Erster Pfarrer in Vaihingen auf den Fildern, ∞ Schorndorf 18. V. 1905 Elisabeth Breuninger, * Schorndorf 1. V. 1882; Ernst *Walther* Weitbrecht, * Stuttgart 5. VIII. 1875, † Gießen 24. V. 1910, Gutsinspektor bei der Heil- und Pflegeanstalt Wiesloch (Baden), ∞ Heidelberg 22. II. 1906 Sophie Burckhardt, * 31. I. 1883; *Gertrud* Elise Weitbrecht, * Stuttgart 14. II. 1877, † Backnang 25. II. 1917, ∞ Backnang 17. XI. 1903 Wilhelm Adolff, * Backnang 18. VII. 1876, † bei Cannstatt 26. III. 1924, Fabrikant in Backnang; August *Hermann* Weitbrecht, * Stuttgart 3. IX. 1878, Lehrer in Wilhelmsdorf; *Eberhard* Ulrich Weitbrecht, * Stuttgart 6. V. 1881, † 4. VI. 1919, Architekt, Regierungsbaumeister, ∞ Stuttgart 9. XI. 1911 Emilie Schwab, * 13. XI. 1890, T. d. Gustav Hermann (von) Schwab, † 1912, Wirklicher Staatsrat; Dora Weitbrecht, * Stuttgart 25. V. 1888, ∞ 29. X. 1923 Adolf Nourney, * Mettmann 11. V. 1885, Fabrikant in Gevelsberg.

W. war am Ende des 19. Jahrhunderts für wenige Jahre Prälat und Generalsuperintendent in Ulm.
Er entstammte einer angesehenen evangelischen Familie mit besonders engen Bindungen zur Landeskirche. Nach ev.-theol. Seminar in Urach und dem Theologiestudium als „Stiftler" in Tübingen erhielt W. 1867 eine Stelle als Lehrer am ev. Töchterinstitut in Stuttgart. 1869 wurde er zum Dritten Helfer und Jugendgeistlichen an der Stuttgarter Hospitalkirche ernannt, wechselte 1872 als Diakon an die Garnisonkirche und übernahm zugleich einen Lehrauftrag für Religion an den Oberklassen des Eberhard-Ludwig-Gymnasiums in Stuttgart. 1874 wurde ihm der Titel „Professor" verliehen. 1885 wieder (als 2. Stadtpfarrer) an der Hospitalkirche, avancierte er 1886 zum Ersten Stadtpfarrer und zum Stadtdekan. Ende 1897 trat er als Prälat und Generalsuperintendent in Ulm die Nachfolge des in den Ruhestand eingetretenen Karl (von) →Lechler an; in dieser Eigenschaft war er von 23. Nov. 1897 bis Nov. 1900 (ausgeschieden auf Grund Ernennung zum Stiftsprediger in Stuttgart) MdL Württemberg (II. Kammer). Seine Antrittspredigt hielt W. am 16. Jan. 1898 im Ulmer Münster. Im Nov. 1900 wechselte W. als Stiftsprediger mit dem Titel „Prälat" nach Stuttgart; in Ulm folgte ihm Emil (von) →Demmler nach.
Von 1888 bis 1892 war W. Mitglied der Kommission der Bibelanstalt, daneben war er Mitglied des Ev. Konsistoriums, seit 1902 Vorsitzender der Bibelanstalt, des Frauenstifts und der Kommission des Diakonissenhauses, seit 1902 Mitglied der Zentralleitung des Wohltätigkeitsvereins und seit 1906 Mitglied

des Disziplinargerichts für Geistliche. Seit Dez. 1910 schwer erkrankt, starb W. wenige Tage vor seinem 71. Geburtstag. – 1879 Redakteur des „Christenboten" und 1882 bis 1902 der „Jugendblätter". – 1889 Ritterkreuz I. Kl. des Friedrichsordens und Jubiläumsmedaille; 1899 Ehrenkreuz des Württ. Kronordens; 1905 Kommenturkreuz II. Kl. des Friedrichsordens; 1908 Dr. theol. h.c. (Universität Tübingen).

W   Unsere Hoffnung. Zwölf Predigten über die letzten Dinge, gehalten in der Trinitatiszeit 1897 in der Hospitalkirche Stuttgart, Stuttgart ²1899.
L   Ih 2, S. 948 – Magisterbuch 34 (1907), S. 85 – Hauptregister, S. 905 – SK Nr. 249, S. 5, und Nr. 258, S. 5 – Staatsanz. 1911, S. 967 – Bll. der Erinnerung an [...] Gottlieb Weitbrecht, Stuttgart 1911; Bll. aus dem Diakonissenhaus in Stuttgart 26 (1911), S. 49 ff. – Hermann MOSAPP in: Realenzyklopädie für protestantische Theologie und Kirche 3. Auflage, Band 24, S. 638 ff. – Chronik der...Stadt Stuttgart 1911, S. 27 – Julius ROSER (Hg.), Geschichte der drei verwandten Familien Roser-Veil-Ploucquet ergänzt auf den neuesten Stand, Stuttgart 1923, S. 32, 146, 176 – UBC 3, S. 150, 169, 227 – LEUBE, Tübinger Stift, S. 710 – [Konrad WEITBRECHT] Die Nachkommen von Gottlieb Weitbrecht und Sibylle Sabine Weitbrecht, geb. Gruner. Calwer Linie der Schorndorfer Weitbrecht. Abgeschlossen Okt. 1957, Stuttgart o. J. [1958], S. 26 ff. – NEBINGER, Die ev. Prälaten, S. 574 – RABERG, Biogr. Handbuch, S. 1000.

Weitbrecht, Otto, * Maulbronn 5. Sept. 1882, † 1962, ev.
Vater   Weitbrecht, Seminaroberlehrer in Maulbronn und Urach
Mehrere G, darunter Theodor Weitbrecht[676], Dr. rer. nat., * Maulbronn 14. V. 1881, 1907 Oberreallehrer in Baiersbronn, 1910 dsgl. am Karlsgymnasium Stuttgart, 1913 Professor an der Wilhelm-Realschule ebd., 1923 Studiendirektor an der Schickhardt-Realschule ebd., zuletzt Oberstudiendirektor; Oskar Weitbrecht[677], * Maulbronn 18. X. 1885, 1916 Pfarrer in Unterjettingen, 1922 Zweiter Stadtpfarrer in Leonberg. Ledig. Keine K.

W. war eine der profilierten Lehrerpersönlichkeiten Ulms in der ersten Hälfte des 20. Jahrhunderts.
Er studierte von 1901 bis 1907 Philosophie, Mathematik, Physik und Naturwissenschaften in Tübingen (Mitglied der Burschenschaft Normannia). 1907 bestand er die I. Lehrerdienstprüfung, im Folgejahr auch die II. Dienstprüfung. 1907/08 war er Hauptlehrer an der Realschule Kirchheim/Teck, anschließend für drei Jahre in gleicher Eigenschaft am Reformrealgymnasium bzw. an der Realschule Heidenheim/Brenz tätig. 1912 begann nach kurzer Tätigkeit als Reallehrer in Ebingen/OA Balingen W.s Dienstzeit in Ulm, wo er als Oberreallehrer am Realgymnasium und an der Realschule wirkte. Im Ersten Weltkrieg wurde er an der Front schwer verwundet (Brustschuss). 1931 war er Studienrat für Mathematik am Realgymnasium bzw. an der späteren Hans-Schemm-Oberschule in Ulm, später an der Oberschule West bzw. an der Max-Eyth-Oberschule. W. gehörte nicht der NSDAP und auch nicht dem NS-Lehrerbund an und wurde daher mit Erlass des Kultministeriums vom 30. Okt. 1936 von weiterer Beförderung ausgeschlossen. Im Zweiten Weltkrieg war W. von 1941 bis 1943 bei der Heeresküstenartillerie in Nordnorwegen, nach seiner Rückkehr nach Ulm beim Volkssturm. Nach Kriegsende ging W. im Herbst 1945 aushilfsweise an die Volksschule Berghülen bei Blaubeuren, ehe er an der Max-Eyth-Schule Ulm seinen Dienst wieder aufnehmen konnte. 1948 trat W., der Mitglied des Vereins für Kunst und Altertum in Ulm und Oberschwaben war, in den Ruhestand.

Q   StAL, E 203 I Bü 3936, Personalakten.
L   CRAMER, Württembergs Lehranstalten ⁶1911, S. 131 – CRAMER, Württembergs Lehranstalten ⁷1925, S. 116 – SCHMIDGALL, Burschenschafterlisten, S. 179, Nr. 758 – ROTERMUND, Zwischen Selbstbehauptung, S. 83, 234, Anm. 23.

Weitzel, Karl, Dr. phil., * Kirchheim/Teck 3. oder 5. Mai 1839, † Neu-Ulm 17. Mai 1908, ⃞ Ulm, Alter Friedhof, ev.
Eltern und G siehe Karl Ludwig von →Weitzel
∞ Kirchheim/Teck 20. IV. 1867 Thekla Maier, * Stuttgart 20. VIII. 1840[678], † Ulm 19. VIII. 1909, T. d. Gottlob Wilhelm Maier, * Kirchheim/Teck 11. IV. 1806,

† Stuttgart 15. III. 1867, Steuerkommissär in Stuttgart, zuletzt Bankier ebd., u. d. Friederike Faber[679], * Weilheim unter Teck/OA Kirchheim 6. III. 1811, † Stuttgart 31. XII. 1888.
Mehrere K.

W. war der Pionier des Mädchenschulwesens in Ulm, ein Mann reicher und vielfältiger Begabung. Als Pädagoge wurde er stark von seinem Vater geprägt. W. studierte nach dem Besuch der Lateinschule in Kirchheim/Teck und des Gymnasiums von 1857 bis 1861 Medizin in Tübingen (Mitglied der Burschenschaft Germania) und Zürich. Der literatur- und theaterbegeisterte Student wollte jedoch nicht als Arzt arbeiten, sondern strebte zur Bühne und war von 1863 bis 1866 Kgl. Württ. Hofschauspieler in Stuttgart. Danach ließ er sich zum Lehrer ausbilden und war als solcher in Hofwyl/Kanton Bern (Schweiz) tätig.
Am 20. Juli 1870 erfolgte durch den Ulmer Elternverein die einstimmige Wahl W.s zum Rektor der Privattöchterschule Ulm, die er mit Unterstützung des Oberbürgermeisters Carl von →Heim in eine Höhere Töchterschule der Stadt Ulm umwandelte. Diese war die erste staatlich anerkannte Mädchenschule im Land in Trägerschaft einer Stadt. W., der mit seinem Konzept, dem aufgestellten Lehrplan und den aufgebotenen Lehrkräften zu überzeugen vermochte, war damit der wichtigste Pionier des Mädchenschulwesens in Württemberg, aber auch im Deutschen Reich. Am 1. April 1904 trat W. in den Ruhestand. 1889/90 leitete der als ausgezeichneter Schauspieler und Deklamator bekannte W. die Festspielkommission des Ulmer Münsterfestes. Er war Mitgründer des Vereins für klassische Kirchenmusik Ulm. W. erwarb 1897 von Oberstabsarzt Dr. Katz dessen Haus in der Neithardtstraße. – Ritterkreuz des Württ. Kronordens; Ritterkreuz I. Kl. des Friedrichsordens.

Q   StAL, E 203 I Bü 1767, Personalakten – StadtA Ulm, G 2.
L   Ih 2, S. 948 – Staatsanz. Nr. 115, 18. V. 1908, 789 – ebd. Nr. 116, 19. V. 1908, 797 – SK Nr. 228, V. 1908, S. – Württ. Magisterbuch 1908, S. III – CRAMER, Faberbuch, S. 70, § 131 – UBC 2, S. 243 – UBC 3, S. 150, 411, 416 (Bild) – PHILIPP, Germania, S. 82, Nr. 1207 – SPECKER, Ulm im 19. Jahrhundert, S. 92 ff., 104 – Festschrift zum 150jährigen Jubiläum des Hans und Sophie-Scholl-Gymnasiums in Ulm 1834-1984. Hg. vom Hans und Sophie Scholl-Gymnasium, Ulm 1984.

Weitzel, Karl *Ludwig* (von), Mag., * Ludwigsburg 23. April 1808, † Ulm 27. Nov. 1870, ⃞ ebd., Alter Friedhof, ev.
Vater   Karl Christian Weitzel, Bijoutier in Ludwigsburg, zuletzt dsgl. in Göppingen.
Mutter   Sophie Wolleben.
∞ 1836 Christiane *Luise* Seiz, * 20. X. 1813, † Ulm 3. IV. 1880, T. d. Johann Christian Wilhelm Seiz[680], Mag., * Kirchheim/Teck 22. III. 1784, † Göppingen 6. II. 1817, Oberhelfer in Göppingen.
4 K, darunter *Eugenie* Anna Luise Weitzel, * Kirchheim/Teck 26. V. 1848, † Cannstatt 11. V. 1921, ∞ Kirchheim/Teck 25. X. 1866 *Wilhelm* August Schmid[681], * Obertürkheim 31. V. 1829, † Roßwaag/OA Vaihingen 22. V. 1893, Diakon in Weilheim/Teck, 1873 Pfarrer und Bezirksschulinspektor in [Bad] Boll, 1880 Stadtpfarrer in Bietigheim, 1891 Pfarrer in Roßwaag; Karl →Weitzel; Elisabeth Weitzel, * Kirchheim/Teck 13. VIII. 1852, † ebd. 10. VII. 1910, ∞ Ulm 16. I. 1883 *Eugen* Friedrich Ludwig Faber[682], * Stuttgart 28. IV. 1843, † ebd. 30. VIII. 1903, Kommerzienrat, Kaufmann und Fabrikant in Kirchheim/Teck, Vorstand der Eisenbahngesellschaft Kirchheim/Teck, 1877-1883 MdL Württemberg.

---

[679] Ihre Schwester Karoline Faber, * Weilheim unter Teck/OA Kirchheim 2. IV. 1820, † Stuttgart 11. IV. 1892, war mit dem Ulmer Regimentsquartiermeister und späteren Rechnungsrat in Stuttgart Johann Georg Hetterich, Westernheim/OA Geislingen 27. II. 1817, † Stuttgart 16. IX. 1894, verheiratet. Vgl. CRAMER, Faberbuch, S. 73.
[680] EBERL, Klosterschüler II, S. 114, Nr. 114.
[681] Magisterbuch 28 (1892), S. 86 f.
[682] RABERG, Biogr. Handbuch, S. 188.

---

[676] CRAMER, Württembergs Lehranstalten ⁶1911, S. 123 – Magisterbuch 40 (1928), S. 166.
[677] Magisterbuch 40 (1928), S. 177.
[678] Geburtsjahr nach CRAMER, Faberbuch, S. 70. Bei UNGERICHT, S. 195, fälschlich: „1849".

W. war in den Jahren vor der Gründung des deutschen Kaiserreichs der fünfte Prälat und Generalsuperintendent von Ulm. Mit ihm begann die Verbindung seiner Familie zu Ulm, die mit seinem Sohn Karl →Weitzel stadtgeschichtliche Bedeutung gewann.

Nach dem Besuch des ev.-theol. Seminars und dem Theologiestudium in Tübingen, wo er „Stiftler" gewesen war, kam der einer altwürtt. Handwerkerfamilie entstammende W. 1832 zunächst als Repetent an das ev.-theol. Seminar in Schöntal/Jagst. 1836 zum Diakon in Kirchheim/Teck ernannt, erfolgte 1848 die Beförderung zum Dekan und Bezirksschulinspektor ebd. Am 12. Nov. 1868 als Nachfolger des in gleicher Eigenschaft nach Ludwigsburg berufenen Albert (von) →Hauber zum Prälaten und Generalsuperintendent von Ulm ernannt, war er in dieser Eigenschaft als Mitglied der Kammer der Abgeordneten des Württ. Landtags (24. o. LT), dem er bis zu seinem plötzlichen Tod im 63. Lebensjahr angehörte. Zu seinem Nachfolger als Prälat und Generalsuperintendent von Ulm wurde Paul (von) →Lang ernannt. 1869 wurde W. als Abgeordneter von Kirchheim/Teck in die 1. Landessynode gewählt, wo er stv. Vorsitzender der Kommission für ökonomische Angelegenheiten war. – 1849 Mitglied der historisch-theol. Gesellschaft in Leipzig; Mitglied des Vereins für Kunst und Altertum in Ulm und Oberschwaben. – 1857 Ritterkreuz I. Kl. des Friedrichsordens; Ritterkreuz des Württ. Kronordens.

W   Die christliche Passafeier der drei ersten Jahrhunderte, Pforzheim 1848 – Grundlagen für den deutschen Sprachunterricht in der Volksschule, der Wort-, Satz-, Rede-, Schreibe-, Lese- und Aufsatz Lehre für die Hand des Lehrers, Stuttgart 1853.
L   RIECKE, Verfassung und Landstände, S. 48 – HARTMANN, Regierung und Stände, S. 68 – Hauptregister, S. 905 – SIGEL 17,1, S. 689 – UBC 2, S. 219, 241, 249 – LEUBE, Tübinger Stift, S. 706 – NEBINGER, Die ev. Prälaten, S. 572, 574 – UNGERICHT, S. 195 – BRANDT, Parlamentarismus, S. 785 – RABERG, Biogr. MdL-Handbuch, S. 1001 f. – EHMER/KAMMERER, S. 374.

Welden [zu Groß-Laupheim], *Franz Xaver* Konrad Freiherr von, * Laupheim 24. Nov. 1785, † Stuttgart 16. Mai 1856, kath.

Vater   *Carl* Albrecht Frhr. von Welden, † 26. X. 1808, Ritterrat der freien Reichsritterschaft in Schwaben, K. K. Kämmerer und Kurpfalzbayer. Geh. Rat, Oberamtmann beim OA Mayenberg.
Mutter   *Josepha* Freiin Speth von Zwiefalten, * 1750, † 1789. Der Vater heiratete nach dem Tod seiner I. Ehefrau am 21. XI. 1790 Judithe *Marie* Gräfin Künigl von Ehrenburg, * 13. VIII. 1769, † Schloss Hürbel/OA Biberach 7. IV. 1857, K. K. Sternkreuzordensdame.
4 *G*, 3 *HalbG*   Ludwig *Constantin* Freiherr von Welden[683], * Schonungen (Unterfranken) 28. XII. 1771, † 31. III. 1842, Kgl. Bayer. Kämmerer und Geh. Staatsrat, Präsident des Appellationsgerichtshofes in München, 1815-1819 virilstimmberechtigtes Mitglied der Ständeversammlungen des Königreichs Württemberg, ∞ I. Werneck 26. VI. 1797 Freiin Josephine Ritter zu Grünstein, † 12. VII. 1827, T. d. Kurmainzischen Regierungsrats Freiherr Carl Adolf Ritter zu Grünstein u. d. Freiin Anna zu Pöllnitz, ∞ II. 1830 Charlotte Freiin von Redwitz, T. d. Fürstbischöflich Bambergischen Obersten u. Rats Freiherr Anton von Redwitz zu Küps u. d. Freiin Charlotte Ritter zu Grünstein; Therese Freiin von Welden, * 24. II. 1773, † 24. II. 1842, ∞ I. Freiherr Heinrich von Raßler zu Gamerschwang, † 14. IX. 1808, ∞ II. Freiherr Eugen von Wallbrunn zu Bareuth; Franz *Ludwig* Freiherr von Welden[684], * Laupheim 20. VI. 1782, † Graz 7. VIII. 1853, K. K. Kämmerer und Wirklicher Geh. Rat, Feldmarschall-Leutnant und Präsident der Militärkommission des Deutschen Bundes, zuletzt K. K. Feldzeugmeister, ∞ I. Gräfin Therese von Sopprana, † 1831, ∞ II. 8. IV. 1833 Maria Freiin von Aretin, * 1812, † 15. IV. 1837, T. d. Freiherrn Adam von Aretin, Kgl. Bayer. Geh. Staatsrat und Gesandter am Bundestag, ∞ III. Caroline von Lamay, * 1813, K. K. Sternkreuzordens- und Palastdame der Kaiserin Elisabeth von Österreich; Josephine Freiin von Welden, * 19. III. 1784, ∞ Freiherr von Neubeck, Kgl. Bayer. Kammerherr und Oberstleutnant; *Leopold* Carl Freiherr von Welden, * 8. V. 1794, Kgl. Bayer. Kämmerer und Landgerichtsassessor in Lauffen an der Salzach, ∞ Eleonore Freiin von Aretin, * 21. VII. 1806; Georg *Carl* Freiherr von Welden, * 2. VII. 1795, † Schloss Hürbel/OA Biberach 12. II. 1873, Kgl. Bayer. Major à la suite, ∞ 21. XI. 1836 Maria *Walburga* Freiin von Hornstein-Bußmannshausen und Orsenhausen, * 1. IX. 1815, † 30. XII. 1868; Alexander Freiherr von Welden, * 12. X. 1796, † Salzburg 30. V. 1874, Kgl. Bayer. Leutnant, zuletzt K. K. Major a. D. und Platzkommandant in Salzburg, ∞ 17. II. 1843 Eleonore Edle von Matzi, * 12. III. 1815.
∞ I. 1800 *Eleonore* Auguste Friederike Sofie Henriette Freiin Rüdt von Collenberg, * 11. VI. 1782, † 19. XI. 1845, ∞ II. Margarethe *Wilhelmine* Fischer zu Mühringen, * Wien ca. 1783; ∞ III. Elise ?, † 1900.
3 *K* aus I. Ehe   Eduard Freiherr von Welden, * 1809, † 29. IX. 1850, K. K. Oberstleutnant, ∞ 1850 Gabriele Fautz; Sofie Freiin von Welden, * 5. II. 1812, ∞ I.

27. VIII. 1836 Christian Freiherr von Thon-Dittmer, † 11. VI. 1850, Regierungsrat in Regensburg, ∞ II. 1. X. 1853 Wilhelm Freiherr von Branca, Ministerialrat; Maria Freiin von Welden, in die USA ausgewandert und dort verheiratet.

W. entstammte einer bei der schwäbischen Ritterschaft im Kanton Donau immatrikulierten Familie des schwäbischen Uradels, die über Jahrhunderte hinweg vor allem hohe geistliche Würdenträger stellte, darunter Pröpste, Domherren und Kapitulare in den Hochstiften Augsburg und Eichstätt. Am 11. Sept. 1813 wurde die Familie in die Kgl. Bayer. Adelsmatrikel bei der Freiherrnklasse eingetragen.

W. studierte Jura in Heidelberg und schwor am 3. März 1800 als Dompräbendar beim Konstanzer Domkapitel auf. Zwar wäre er 1805 in den Genuss seiner Pfründe getreten, musste jedoch die Vollendung des 24. Lebensjahres abwarten, also den 24. Nov. 1809. W. war ein junger Mann, als die bisherigen Strukturen der Ritterschaft in Oberschwaben zerschlagen wurden und die Angehörigen der ritterschaftlichen Familien sich entscheiden mussten, in wessen Dienste sie treten wollten. W. entschied sich im Gegensatz zu den meisten anderen Mitgliedern seiner Familie 1808 für den Eintritt in den württ. Staatsdienst. König Friedrich ernannte ihn zum Assessor bei der Oberlandesregierung für die neu erworbenen Gebiete, wenig später wechselte er jedoch zur Polizeidirektion der Residenzstädte Stuttgart und Ludwigsburg, um zum Oberpolizeirat und schließlich zum Oberpolizeidirektor aufstieg. Daneben ernannte ihn der König zum Kgl. Württ. Kammerherrn und zum Oberzeremonienmeister.

1811 kam eine neue Aufgabe auf W. zu, als König Friedrich von Württemberg ihn als Nachfolger des Freiherrn von Zeppelin zum Landvogt der Landvogtei auf der Alp (= Alb) mit Sitz in Urach berief. Als Landvogt war W. Vertreter der mehrere Oberämter umfassenden Mittelinstanz zwischen Regierung (Innenministerium) und den Oberamtsverwaltungen. 1812 wurde W. als Nachfolger des Freiherrn Max Christoph von Hornstein[-Bußmannshausen] zum Landvogt der Landvogtei am Bodensee mit Sitz in Altdorf-Weingarten ernannt, 1815 als Nachfolger des Grafen Ernst Maria von Bissingen-Nippenburg zum Landvogt der Landvogtei an Kocher [sic!] mit Sitz in Ellwangen/Jagst ernannt. Als Landvogt leitete er die Verwaltung mehrerer neuwürttembergischer Oberämter und erwarb sich im Hungerjahr 1816/17 große Verdienste, als er auf eigene Rechnung eine Suppenanstalt gründete, um die Not vieler tausend Menschen zu lindern und vor allem Kinder vor dem Hungertod zu bewahren. Königin Katharina, die Gemahlin des Königs Wilhelm I. von Württemberg, griff in ihrem umfassenden karitativen Wirken auf W.s Vorbild zurück, was die Zeitgenossen noch wussten.

W. gehörte im März/April 1815 als Vertreter seines virilstimmberechtigten Bruders Konstantin Freiherr von Welden bis zu seiner Rückberufung auf die Landvogtstelle auf Grund der Kriegsgefahr der Ständeversammlung des Königreichs Württemberg an, ebenso 1817 und 1819 in gleicher Eigenschaft. Ende 1819 wurde W. als Vertreter der Ritterschaft des Donaukreises in die Kammer der Abgeordneten des Württ. Landtags gewählt (1. und 2. o. LT), als welcher er am 24. Feb. 1821 gegen den Ausschluss Friedrich →Lists aus der Kammer stimmte.

Bei der administrativen Neuordnung des Königreichs Württemberg Ende 1817 erfolgte die Ernennung W.s zum Regierungsrat I. Kl. (mit dem Titel Vizedirektor) bei der Regierung des Neckarkreises in Ludwigsburg. Im Dez. 1818 wechselte W. als Regierungsdirektor (Titel Vizedirektor) zur Regierung des Donaukreises in Ulm, wo er bis zu seiner Versetzung in den einstweiligen Ruhestand im Jahre 1828 wirkte. Ein hartnäckiges Augenleiden hatte seine Zurruhesetzung herbeigeführt. W., der sich im Ruhestand mit Fremdsprachen, Chemie und Arzneikunde befasste, erhielt 1825 den Kgl. Bayer. Verdienstorden vom Hl. Michael.

[683] RABERG, Biogr. Handbuch, S. 1005.
[684] Ih 2, S. 950.

W   Polizei-Lexicon, Ulm [J. Ebner] 1822.
L   Ih 2, S. 950 – CAST 1, S. 380 ff. – SK Nr. 138, 11. VI. 1856, S. 955 –
WURZBACH 54 (1872), S. 222 – RIECKE, Verfassung und Landstände, S. 47 – GGT
(Freiherrl. Häuser) 36 (1886), S. 1022 ff. – HARTMANN, Regierung und Stände,
S. 10, 11, 21, 23, 37 – BRANDT, Parlamentarismus, S. 491 – Franz Xaver BISCHOF,
Das Ende des Bistums Konstanz. Hochstift und Bistum Konstanz im Spannungs-
feld von Säkularisation und Suppression (1802/03 - 1821/27), Stuttgart-Berlin-Köln
1989, S. 80 – RABERG, Biogr. Handbuch, S. 1005.

Weller, Karl Gustav, * Ulm 6. Sept. 1740, † ebd. 12. Okt. 1818,
ev.

Vater   *Karl* Gustav Weller[685], * 1712, † Ulm 1789, Ulmer Stadtmusicus und
Instrumentallehrer am Gymnasium.
Mutter   Katharina Elisabeth Hirt.
∞ I. 1778 Katharina Sibylla Schelling, * 1755, † 1789, T. d. Schelling, Konditor; ∞ II.
1789 Johanna Sophia Stölzlin (Stölzlen), * 1754, † 1799, T. d. Stölzlin, Kaufmann
und Rat in Ulm.
Mehrere *K*, darunter Katharina Elisabeth Juliane Weller, * wohl 1787, † 1881,
∞ Georg →Veesenmeyer; Georg Paul Weller, * Ulm 17. XI. 1793, † Tübingen 31.
VIII. 1820, stud. theol. in Tübingen, soll sich in geistiger Umnachtung umgebracht
haben[686].

W. war Vertreter der reichsstädtischen ev. Geistlichkeit, die
sich nach dem Ende der Selbständigkeit Ulms in den neuen
Verhältnissen zunächst unter bayerischer, dann württembergischer Herrschaft einrichten musste.
Nach dem Besuch des Ulmer Gymnasiums und dem Theologiestudium in Tübingen und Altdorf war W. zunächst ab 1775
als Pfarrvikar in Langenau, Steinenkirch und Stubersheim tätig,
ehe er im Nov. 1777 zum Diakon im sogenannten „oberen
Dorfe" von Langenau bei Ulm ernannt wurde.
Im Dez. 1782 zum Diakon an der Ulmer Dreifaltigkeitskirche
und Professor der Moral am Gymnasium Ulm ernannt, avancierte er 1790 zum Professor der hebräischen Sprache ebd.
Bereits zu Anfang des Jahres 1785 war W. auch die Inspektion
der deutschen Schulen im Ulmer Gebiet übertragen worden,
was ihn sogleich u. a. zur Ausarbeitung eines Planes für ein
Seminar für Schullehrer der deutschen Stadt- und Landschulen
(„Anweisung, wie die deutschen Schulmeister hier und auf dem
Land ihre Kinder im Alphabet, Syllabiren, Buchstabiren und
Lesen, wie auch im Schreiben und Rechnen zusammen unterrichten sollen. Nebst einem Lectionsplan", Ulm 1785) veran-
lasste. Seine weiteren schriftstellerischen Arbeiten sind schwer
ermittelbar und etwa bei GRADMANN nur summarisch mit
Anonymische Aufsätze und Recensionen in mehrern periodischen Schriften
genannt. 1792 zum Pfarrer an der Dreifaltigkeitskirche und
Inspektor der Vokalmusik am Gymnasium ernannt, erhielt W.
1797 das Professorenamt für Theologie am Gymnasium. Im
Aug. 1798 erfolgte seine Ernennung zum Münsterprediger,
zuletzt war er Zweiter Münsterprediger; unter bayerischer
Herrschaft erfolgte nach Auflösung des Kollegiums der Münsterprediger im Herbst 1809 W.s Aufstieg zum Ersten Stadtpfarrer der Münsterpfarrei. W. schuf um 1800 ein „Kirchen-
Seminar", ein Institut, das nach seinen pädagogischen Plänen
ausgerichtet war und wo er selbst Theologieunterricht erteilte.
Seit 1810 war er zugleich Bezirksschulinspektor in Ulm.

L   DBA I/1349, 190-192 – GRADMANN, Das gelehrte Schwaben, S. 766 f. –
Johann Christoph von SCHMID, Trauerrede vor der Beerdigung des Herrn Stadt-
pfarrers Karl Gustav Weller, gehalten im Münster am 15. Okt. 1818, Ulm 1818 –
WEYERMANN I, S. 536 – SCHULTES, Chronik, S. 388 – UBC 1, S. 383 –
NEBINGER, Die ev. Prälaten, S. 566 ff., 570, 578 ff. – APPENZELLER, Münsterpre-
diger, S. 421, Nr. 134.

Weser, *Rudolf* Norbert, * Pflaumloch/OA Neresheim 3. März
1869, † Straßdorf/OA Schwäbisch Gmünd 1942, kath.

W. war einer der prägenden kath. Geistlichen in Ulm im 20.
Jahrhundert.
Aus einfachen Verhältnissen und vom schwäbischen Ries
stammend, empfing W. am 19. Juli 1892 die Priesterweihe und

war anschließend Vikar in Ludwigsburg, ab Aug. 1895 Expositur-Vikar für Zuffenhausen und Feuerbach. An beiden Orten
erwarb sich W. beim Aufbau der katholischen Kirchengemeinden wesentliche Verdienste. Im Dez. 1896 zum Stadtpfarrei-
Verweser in Weil der Stadt ernannt, im Juli 1897 zum Kaplanei-Verweser in Schwäbisch Gmünd und am 9. Dez. 1897
Kaplan an St. Leonhard ebd., erlebte W. prägende Jahre in der
ehemaligen Reichsstadt, die so stark nachwirkten, dass er in
Ruhestand in die Gegend zurückkehrte.
1912 kam W. als Nachfolger von Arthur →*Schöninger als
Pfarrer nach Söflingen, ab 1918 war er zugleich Kamerer für
Ulm. In Söflingen blieb er 20 Jahre lang, bis 1932, im Amt. Der
überaus aktive Seelsorger gründete in Söflingen den Mütterver-
ein und den Kath. Jugend- und Jungmännerverein (1919).
Seinen Ruhestand verlebte W., dessen Nachfolge in Söflingen
Franz →Weiß antrat, in Straßdorf/OA Schwäbisch Gmünd.
W. war besonders an Kunstgeschichte und religiöser Kunst
interessiert. Von 1916 bis 1926 war er Schriftleiter des „Archivs
für Christliche Kunst", als Ausschussmitglied des Vereins für
Kunst und Altertum in Ulm und Oberschwaben zeigte er sein
Engagement für die lokale Geschichte. Er hielt innerhalb des
Vereinsprogramms mehrere Vorträge und veröffentlichte im
Vereinsorgan eine Untersuchung zur Freskierung der katholi-
schen Kirche in Söflingen. Der Verein ernannte ihn schließlich
auf Grund seiner besonderen Verdienste zum Ehrenmitglied.

Q   Diözesanarchiv Rottenburg, Nachlass Weser [darin auch Materialsammlungen
zu seinen Publikationen, vor allem zur Söflinger Geschichte].
W   Die Freskomaler Anton und Johann Baptist Enderle von Söflingen, in: UO 21
(1918), S. 3-87 – Ein Söflinger Altar im Bayer. Nationalmuseum, in: UO 28 (1932),
S. 51-54 – Zur Ulmer Kunstgeschichte, ebd., S. 54 f. – Zur Ulmer Kunstgeschichte,
ebd., S. 54 ff.
L   Personalkatalog Rottenburg 1938, S. 86 – SPECKER/TÜCHLE, S. 163, 308 f.
(Bild), 421, 461.

Weyermann, Albrecht, Mag., * Ulm 1. April 1763, † Würtin-
gen/OA Urach 28. Dez. 1832, ev.

Vater   Johann Christian Weyermann, Soldat und Angestellter bei der Stettinschen Buchhandlung in Ulm.

Der Literaturhistoriker, Theologe und Biograph W. hat sich
mit seinen biographischen Sammlungen und Veröffentlichungen einen sicheren Platz als einer der bedeutendsten stadtgeschichtlichen Biographen in Deutschland gesichert. Ohne seine
Forschungen wäre es um unser Wissen zur Geschichte Ulms
wesentlich schlechter bestellt, und als biografische Nachschlagewerke sind seine Veröffentlichungen auch heute noch
schlechterdings unverzichtbar.
Der aus einfachen Verhältnissen stammende W. besuchte – aus
finanziellen Gründen – für eine extrem lange Zeit, von 1770
bis 1792, das Gymnasium seiner Heimatstadt im Barfüßerkloster,
ehe er sich das Theologiestudium in Tübingen leisten
konnte. Als er das Studium aufnahm, war er schon 29 Jahre alt.
Drei Jahre später, nach Abschluss des Studiums, absolvierte er
die Predigtamtsprüfung und kam im Mai 1797 als Katechet im
Waisenhaus nach Ulm zurück; zugleich übernahm er die Ob-
servation des Deutschordenshauses ebd. Wenig später zum
Diakon in Bermaringen ernannt, ging W. 1801 als Pfarrvikar
nach Setzingen. Später Pfarrer in Gutenberg und in Gerstet-
ten/Diözese Heidenheim, wurde er am 1. Feb. 1822 zum Pfarrer in Würtingen/OA Urach ernannt, ein Amt, das er bis zu
seinem Tod ausübte.
W. verfasste in großem zeitlichen Abstand zwei umfangreiche
Bände „Nachrichten von Gelehrten, Künstlern und andern
merkwürdigen Personen aus Ulm", die 1798 und 1829 erschienen. Er selbst schreibt zu den Gründen für diese Veröffentlichung in seinem ihn betreffenden biografischen Artikel, er
habe sich im Selbststudium der Literaturgeschichte gewidmet,
die am Gymnasium nicht vermittelt worden sei: *Bei meiner
damaligen Lektüre fand ich öfters, daß sich manche meiner Landsleute
durch Schriften u.s.w. rühmlich ausgezeichnet haben. Ich zeichnete mir*

[685] Steffen SCHURE, Die Geschichte des Stadtmusikantentums in Ulm (1388-1840),
Ulm 2007, 298 f.
[686] HUBER, Haßler, S. 161.

schon damals die Lebensumstände, Schriften etc. dieser Männer auf, und als mir bald nachher durch mehrere Freunde gute Hilfsquellen, z. B. Jöcher, Adelung u. a. [687] *an die Hand gegeben wurden, so wuchs meine Sammlung immer mehr. Besonders aber wurde sie stark, als ich von einigen Freunden der Vaterlandsgeschichte mit Beyträgen unterstützt wurde. Und alles, was ich von dieser Zeit an las und Bezug auf die Ulmische Litteratur- und Kunstgeschichte hatte, bemerkte ich, und auf diese Art entstunden gegenwärtige Nachrichten ...* (WEYERMANN I, S. 537). W. legte dabei eine Emsigkeit an den Tag, die auch noch nach zweihundert Jahren geeignet ist, Staunen zu erregen. Man muss bedenken, dass ihm weder reichhaltige gedruckte Literatur, noch eine Schreibmaschine oder gar das Internet zur Verfügung standen, um seine Kompilationsarbeit zu leisten.
Bereits im Vorwort des ersten, von Johann Georg →Heinzmann in Verlag genommenen Bandes hatte W. mitgeteilt, zu seinem Bedauern habe er aus Kostengründen nicht alle recherchierten Personen aufnehmen können: *Gegen 600 Artikel bleiben daher ungedruckt.* In der Vorrede zum zweiten Band führt W. näher aus, Heinzmann habe vor Anschuldigungen des Festungskommandanten von Schaumburg, er habe revolutionäre Äußerungen getan, kurz vor Erscheinen des Bandes aus Ulm fliehen müssen. Der neue Verleger Christian Ulrich →Wagner ("der Ältere") habe W. auferlegt, *eine Menge Artikel wegzulassen, damit das Werk nicht zu groß würde.*
W. beschreibt in seinen Büchern sowohl verstorbene als auch noch lebende Persönlichkeiten, die mit Veröffentlichungen hervorgetreten waren. Diese listete er am Ende jedes Eintrags auf und gab in Klammern seine Quellen an, in der Regel zumeist ad dato unveröffentlichte Akten, Urkunden und Handschriften. Er beachtete damit die Grundregeln moderner Lexikografik und schuf ein Werk, das ungeachtet seiner inhaltlichen Begrenzung auf "Gelehrte, Künstler und andere merkwürdige Personen" u. a. auch der Grundstein ist, auf dem das hier vorliegende "Biografische Lexikon" basiert.

Q   StadtA Ulm, Bestand H, Nachlass Weyermann, – ebd., G 2.
L   Ih 3, S. 370 [mit unzutreffendem Sterbeort "Nürtingen"] – WEYERMANN I, S. 536 f. – GRADMANN, Das gelehrte Schwaben, S. 773 – ADB 42 (1897), S. 270 f. (Wilhelm HEYD) – UBC 1, S. 504.

Widenmann (fälschlich auch: Wiedenmann), *Karl* Eugen, * Blaubeuren 18. Aug. 1875 (nicht 1881!), † Ulm 13. Juli 1934, ev.
Vater   Georg Widenmann[688], * Blaubeuren 20. VI. 1838, † Neu-Ulm 21. IX. 1905, Reisender.
Mutter   Margarethe Lang, * Blaubeuren 26. VIII. 1837.
∞ 12. V. 1902 Babette Noll, * 10. VII. 1881, † 23. I. 1969, T. d. Michael Noll[689], * Oberholzheim 25. IX. 1850, † 30. III. 1899, Gastwirt in Neu-Ulm, u. d. Barbara Müller, * Langenau 5. III. 1852.
1 K   Luise Widenmann, * 20. IX. 1917.

W. s Name lebt in dem nach ihm benannten, teils versumpften, etwa 20 Hektar großen Waldstück zwischen Alter Römerstraße, Reuttier Straße und Finningen weiter.
Der gebürtige Blaubeurer, dessen Vater für eine Handelsfirma viel unterwegs war, kam schon als Kind nach Neu-Ulm. Am 27. Sept. 1889 trat W. 14-jährig als Inzipient (= Verwaltungslehrling) in den Dienst der Stadt Neu-Ulm, war schon fünf Jahre später, 1894, Stadt- und Marktschreiber (Magaziner) ebd. und 1895 vertretungsweise Protokollführer beim Magistratsrat. 1902 zum Magistratssekretär berufen, 1905 in der Nachfolge des pensionierten Franz Scharff zum Obersekretär ernannt, wurde W. 1911 selbst in das Gemeindekollegium gewählt (bis 1918), wo er Mitglied der Güterkommission war. 1918 mit dem

Titel Kanzleirat ausgezeichnet, erfolgte im Jahr 1929 anlässlich seines 40-jährigen Dienstjubiläums W.s Ernennung zum Verwaltungsdirektor und Vorstand des Liegenschaftsamtes. Bei dieser Gelegenheit hieß es in einer offiziellen Würdigung, W. sei *mit klarem Blicke und sicheren Kenntnissen sowie energischem Arbeitswillen ausgerüstet.*
W. erwarb sich große Verdienste um die Vermehrung des Grundbesitzes der Stadt Neu-Ulm. 1932 trat er der NSDAP bei. W. starb kurz vor Vollendung seines 59. Lebensjahres während einer Dienstbesprechung in Ulm an einem Schlaganfall. Im Nachruf des Stadtrats hieß es, die Stadt Neu-Ulm habe mit W. *ihren besten und treuesten Beamten* verloren, der sich besonders auf dem Gebiet der Bodenpolitik überaus verdient gemacht habe. W. engagierte sich besonders bei der Aufforstung des Neu-Ulmer Stadtwaldes, der später nach ihm "Widenmannwald" genannt wurde. Er war eifriges Mitglied des Turnerbundes Ulm und des Neu-Ulmer Turnvereins.

Q   StadtA Neu-Ulm, A 4, Nr. 310.
L   BUCK, Chronik Neu-Ulm, S. 104 – Verwaltungsdirektor Karl Widenmann †, in: Neu-Ulmer Anzeiger, 16. VII. 1934 – TEUBER, Ortsfamilienbuch Neu-Ulm II, Nr. 5409 – WEIMAR, Rundgang, S. 12 f.

Wiebel, Karl, Dr. iur., * Unterhaching bei München 3. Dez. 1908, † Eulenhof bei Sulzberg (Oberallgäu) 28. Juli 1985, kath.

W. war der erste aus allgemeinen Wahlen hervorgegangene Neu-Ulmer Oberbürgermeister nach 1945. Doch er trat sein Amt nicht an.
Nach dem Besuch der Oberschulen in Wasserburg am Inn und in Rosenheim studierte W. Jura an der Universität München. 1936 bestand er das juristische Staatsexamen und ließ sich als Rechtsanwalt in München nieder. Im Zweiten Weltkrieg war er Frontsoldat. Im Juni 1946 kandidierte W. erfolgreich für das Amt des Oberbürgermeisters von Freising, nachdem der eigentlich vom Stadtrat gewählte Bewerber die Annahme der Wahl abgelehnt hatte. Als im Juni 1948 die Wiederwahl durch den Stadtrat erfolgen sollte, bewarb sich W. nicht um das Amt, da der Bewerber, der 1946 die Wahl abgelehnt hatte, als Kandidat antrat und W. Schwierigkeiten mit der Majorität der Bayernpartei im Stadtrat hatte. W. wollte sich daraufhin um einen Oberbürgermeisterposten in einer anderen Stadt bewerben, bei dem seine Aussichten besser waren.
Am 3. Juni 1948 beschloss der Neu-Ulmer Stadtrat, die Stelle des rechtskundigen Oberbürgermeisters in verschiedenen Zeitungen auszuschreiben, worauf sich 38 Bewerber meldeten. Vier davon erhielten am 28. Juni 1948 Gelegenheit, sich vor dem Stadtrat zu präsentieren, danach blieben zwei Bewerber übrig, der Staatsanwalt Dr. Preindorfer und W. Letzterer erhielt bei der Wahl durch den Stadtrat am 31. Juli 1948 elf Stimmen, Dr. Preindorfer neun. Stadtrat Josef →Böck, der die Wahl-Sitzung geleitet hatte, bedauerte, dass W. nicht zugegen war. Er stellte jedoch in Aussicht, dass die Bevölkerung W. bei der in Kürze stattfindenden nächsten Sitzung des Stadtrats sicher kennenlernen würde. Die Geschäfte wurden bis dahin dem neugewählten Bürgermeister Tassilo →Grimmeiß übergeben.
W. kam jedoch nicht nach Neu-Ulm. Nachdem der Stadtrat W. seine Wahl umgehend mitgeteilt hatte, antwortete W. lediglich, sein Dienstritt sei vor dem 9. Aug. 1948 nicht möglich. Daraufhin erhielt W. ein Telegramm, mit dem vom Neu-Ulmer Stadtrat ultimativ ein bindender Bescheid gefordert wurde. In Neu-Ulm war man unruhig geworden, nachdem bekannt geworden war, dass sich W. sowohl in Kaufbeuren als auch in Deggendorf an den Oberbürgermeisterwahlen beteiligte – woraus W. auch keinen Hehl machte. Am 11. Aug. 1948 wurde W. in Kaufbeuren mit 13 von 17 Stimmen zum Oberbürgermeister gewählt. Seine Wahl in Neu-Ulm erklärte man daraufhin als erledigt. An seiner Stelle wurde Tassilo Grimmeiß am 16. Aug. 1948 zum Neu-Ulmer Oberbürgermeister gewählt.

687 Christian Gottlieb JÖCHER, Allgemeines Gelehrtenlexikon [...] 4 Bände, Leipzig 1750/51. – Johann Christoph ADELUNG/Heinrich Wilhelm ROTERMUND, Fortsetzung und Ergänzungen, 6 Bände (A – Rin), Leipzig-Bremen 1784-1813. Band 7 (Rin – Rom) erschien, hg. von Otto GÜNTHER, 1897 in Leipzig.
688 TEUBER, Ortsfamilienbuch Neu-Ulm II, Nr. 5408.
689 TEUBER, Ortsfamilienbuch Neu-Ulm I, Nr. 3326.

In Kaufbeuren erwies sich W. als versiertes, tatkräftiges und belastbares Stadtoberhaupt, in dessen 22-jähriger Amtszeit die Bevölkerungszahl vor allem wegen des Zustroms zahlreicher Heimatvertriebener von 19.000 auf 40.000 wuchs und sich das Gesicht der alten Reichsstadt angesichts umfassender Baumaßnahmen vollständig veränderte. Ein *absoluter Souverän der alten Sorte* (Charakteristik eines Kaufbeurer Stadtrats), ging W. nach vier Amtszeiten am 30. April 1970 in den Ruhestand.

Q   StadtA Ulm, G 2.
L   Dr. Wiebel Oberbürgermeister von Neu-Ulm. Knappe Stimmenmehrheit für den bisherigen OBM von Freising, in: Schwäb. Donau-Zeitung Nr. 78, 31. VII. 1948, S. 3 – Kommt Neu-Ulmer OB heute?, ebd., Nr. 82, 9. VIII. 1948, S. 3 – TREU, Neu-Ulm, S. 391 – Manfred HEERDEGEN, Ein Oberbürgermeister, der die Nachkriegszeit prägte, in: Allgäuer Zeitung, 2. XII. 2008.

Wiedemann, David, * Ulm 6. April 1735, † ebd. 16. Dez. 1825, ev.
Vater   David Wiedenmann, * Blaubeuren 1. I. 1699, Schneider in Ulm.
Mutter   (∞ Ulm 9. X. 1731) Maria Sabina Goll.

W. war eine der herausragenden Persönlichkeiten des reichsstädtischen Ulmer Schulwesens in seiner letzten Phase.
Spross einer ursprünglich in Blaubeuren ansässigen Handwerkerfamilie, ermöglichte ihm sein Vater den Besuch des Ulmer Gymnasiums im Barfüßerkloster. 1758 hatte W. die Voraussetzungen zum Besuch der Universität Tübingen erfüllt, wo er Theologie studierte. 1761 erfolgte angesichts des Kandidatenmangels W.s Rückberufung durch den Ulmer Magistrat, der ihm die Stelle eines Katecheten am Waisenhaus in Ulm zuwies. Schon 1762 wurde er zum Vikar der oberen Klassen des Gymnasiums ernannt, 1763 zum Präzeptor der V. Klasse ebd. und 1767 dsgl. der VI. Klasse ebd.
1772 zum Professor der Dichtkunst berufen, erwartete ihn weiterer Aufstieg: 1781 wurde er zum Konrektor und Lehrer der VII. Klasse ernannt, 1792 schließlich zum Rektor des Gymnasiums. 1809 im Alter von 74 Jahren in den Ruhestand verabschiedet, übernahm Georg →Göß W.s Nachfolge als Rektor. W. verlebte seinen langen Ruhestand in seiner Vaterstadt, in der er 1825 im 91. Lebensjahr starb.

W   Programm in lateinischer Sprache, des zum Professor des Naturrechts erwählten Predigers Johann Bartholomäus Müller [= Miller] im Münster mit dessen Lebensumständen, Ulm 1783.
L   GRADMANN, Das gelehrte Schwaben, S. 773 – WEYERMANN II, S. 613.

Wiedemeier, Franz, * Steinheim/Kreis Höxter (heute Nordrhein-Westfalen) 1. Mai 1890, † Ulm 8. Sept. 1970, kath.

Vater   Friedrich Wilhelm Anton Wiedemeier, * Steinheim 12. XI. 1854, † ebd. 7. X. 1891, Maurer in Steinheim.
Mutter   Maria Sophia Seidensticker, * Oeynhausen/Kreis Höxter 9. VI. 1858, † Steinheim 20. V. 1941.
1 G.
∞ 1914 Maria Klotzbücher, * Bühlertann 25. III. 1891, † Ulm 2. II. 1953.
3 K   Johannes Wilhelm Wiedemeier, * 1915, Pfarrer; Elisabeth Wiedemeier, * 1917, † 1983, ∞ Otto →Lex; Lotte Wiedemeier, * 1920, † 1944.

Der gebürtige Westfale W. zählt zu den bedeutendsten katholischen Politikern Ulms. Vor 1933 Reichstagsabgeordneter der Zentrumspartei, wirkte er nach 1945 maßgeblich an der Gründung der Ulmer CDU und des CDU-Landesverbands Nordwürttemberg mit und war als Landtagsabgeordneter und Gemeinderat einer der Architekten des demokratischen Neubeginns in der Region und auf Landesebene. In Ulm erinnert eine nach ihm benannte Straße an seine Verdienste.
W. wuchs in bescheidenen Verhältnissen auf, hinzu kamen problematische Familienstrukturen, nachdem die Mutter nach

dem frühen Tod des Vaters wieder geheiratet hatte und W. sich gegenüber den jüngeren Halbgeschwistern zurückgesetzt fühlte. Nach der Volksschule in Steinheim machte er von 1904 bis 1908 eine Tischlerlehre und besuchte daneben eine gewerbliche Fortbildungsschule. Anschließend befand er sich als Tischlergeselle auf der Wanderschaft im In- und Ausland, bildete sich aber daneben kontinuierlich an Fach- und Volkshochschulen weiter. Von 1914 bis 1918 war er Soldat im Ersten Weltkrieg, vornehmlich an der Westfront.
Nach dem Krieg ließ sich W. in Ulm nieder, wo er schnell Wurzeln schlug. Seit 1918/19 Sekretär des Zentralverbandes christlicher Fabrik- und Transportarbeiter, trat er 1928 als Gauvorstand an die Spitze der kath. Arbeitervereine im Gau Württemberg und Hohenzollern. Seit 1929 war er Vorstandsmitglied der AOK Ulm, daneben Mitglied des Ulmer Ortsschulrates und des Spruchausschusses, Arbeitsrichter beim Arbeitsgericht Ulm und Mitglied des Beisitzerausschusses, Mitglied des Handelsschulrates und des Verwaltungsrates der Spar- und Girokasse Ulm. Parallel zur Verbandsarbeit entwickelte sich seine politische Karriere. Frühzeitig Vorstandsmitglied der Ulmer Zentrumspartei, war er 1928 erstmals Landtagskandidat (Platz 7 der Landesvorschlagsliste des Zentrums). Im Dez. 1928 wurde W. in den Ulmer Gemeinderat gewählt. Von 1930 bis 1933 (5., 6., 7. und 8. o. RT) MdR (WK 31: Württemberg, Platz 4 der Vorschlagsliste des Zentrums). Der 40-jährige W. zählte zu den profiliertesten Politikern der Zentrumspartei. Er war ein wortgewaltiger, bisweilen polternder Versammlungsredner, der die Massen begeistern konnte.
Am 23. März 1933 stimmte W. mit seiner Fraktion im Reichstag für das „Ermächtigungsgesetz" Hitlers. Dieses Gesetz entzog dem Reichstag praktisch die Geschäftsgrundlage, weil es der Regierung gestattete, Gesetze ohne Zustimmung des Reichstags zu erlassen. Nach Kriegsende musste sich W. im Rahmen des Untersuchungsausschusses „Ermächtigungsgesetz" des Landtags von Württemberg-Baden 1947 mit anderen ehemaligen Reichstagsabgeordneten wie Reinhold Maier und Theodor Heuss dafür verantworten. Er gab zu Protokoll, die Furcht vor einem Bürgerkrieg habe ihn 1933 zu seiner Zustimmung veranlasst.
W. scheint aber, wie die meisten anderen Politiker seiner Generation, die Gefahr des Nationalsozialismus zumindest im Jahre 1933 nicht erkannt zu haben. In der konstituierenden Sitzung des gleichgeschalteten Ulmer Gemeinderats am 15. Mai 1933 erklärte der Fraktionsvorsitzende W., man stehe *im Dienste des Volkes und Vaterlandes und auf der Grundlage des christlichen Glaubens, der Sitte und Gerechtigkeit und des sozialen Friedens* vorbehaltlos hinter der Regierung der nationalen Erhebung. Diese Linie verfolgte W. auch als Verbandsfunktionär. Anlässlich der Tagung des Bezirksverbandes der kath. Arbeiter- und Arbeiterinnenvereine am 29. Mai 1933 in Klingenstein[690] stellte sich W. auf den Boden der „nationalen Revolution" und hielt fest, der neue Staat stehe *unseren katholischen Arbeitern außerordentlich nahe.* Hitler dürfe sicher sein, dass, *wenn die katholische Arbeiterschaft sich über den neuen Staat klar geworden sei, dann wird er keine klareren (sic) Truppen haben als die katholische Arbeiterschaft. Auch wenn er Opfer fordert, werden wir zu ihm stehen, weil wir opfern wollen und Opfer zu bringen bereit sind.* W. sprach gegen Liberalismus und Marxismus und gegen die „ewig Gekränkten und Nörgler" und meinte, es könne *keine Interessen geben, die die Interessen des Staates übertreffen oder überschneiden könnten.* Die Ergebenheitsadresse W.s verfehlte jedoch ihre Wirkung. Auf politischer Ebene wurde rasch deutlich, dass seitens der Nationalsozialisten an Kooperation mit der Zentrumspartei kein Interesse bestand. Am 22. Aug. 1933 legte W. unter Druck sein Gemeinderatsmandat nieder, nachdem er bereits am 23. Juni 1933 als Gewerkschaftssekretär entlassen worden war. Möbel und Akten seiner Geschäftsräu-

690 Deutsches Volksblatt Nr. 124, 30. V. 1933.

me wurden beschlagnahmt, die Auszahlung des ihm zustehenden Gehalts gesperrt. Das Verbot katholischer Organisationen ließ nicht lange auf sich warten. W. war in der NS-Zeit Geschäftsführer des Kath. Gesellenvereins in Ulm. Seine Wohnung wurde wiederholt von der Gestapo durchsucht, 1944 saß er nach dem Stauffenberg-Attentat zwei Monate lang in Haft.

Nach Kriegsende drängte es W., sich am Wiederaufbau der Demokratie zu beteiligen. Politisch war er unbelastet und konnte deshalb schon Anfang Juni 1945 im Gemeindebeirat mitwirken, der als beratendes Gremium des Oberbürgermeisters Robert →Scholl diente. Als Verwaltungsdirektor der AOK konnte er in seinen alten Wirkungsbereich zurückkehren.

Wesentlich war W.s Einsatz für die Neugründung einer interkonfessionellen Volkspartei. Im Franziskanerkloster in der Haßlerstraße fanden seit dem Frühherbst 1945 auf Initiative W.s politisch Interessierte zu regelmäßigen Besprechungen zusammen. Aus diesen Besprechungen resultierte die Gründung der Ulmer Ortsgruppe der CDU. W. war der Motor dieser Gründung, die bewusst nicht an die Tradition der Zentrumspartei anzuknüpfen suchte, sondern als Erfahrung aus dem Untergang der Demokratie 1933 konfessionelle Gräben überwinden und eine Partei neuen Typs zu installieren suchte, die sich auf die Basis christlicher Grundwerte prinzipiell für all jene öffnete, die diese Grundwerte vertraten. Am 18. Dez. 1945 wurde der Ulmer Ortsverein gegründet, am 8. Juni 1946 folgte die Konstituierung des CDU-Kreisverbands. W. wurde zum Vorsitzenden beider Parteiverbände gewählt. Er war auch langjähriges Mitglied des CDU-Landesvorstandes von Nord-Württembergs, von 1954 bis 1963 stv. Landesvorsitzender.

W.s unangefochtene Position als „starker Mann" der Ulmer CDU beförderte seine Nachkriegslaufbahn als Politiker maßgeblich. Der energische und tatendurstige Mittfünfziger stürzte sich in die politische Arbeit und wurde 1946 nicht nur wieder in den Ulmer Gemeinderat gewählt, sondern von diesem im Sept. 1946 zum Bürgermeister-Stellvertreter. Bereits im Jan. 1946 war er zum Mitglied der Vorläufigen Volksvertretung von Württemberg-Baden berufen worden, einem vorparlamentarischen Gremium, das nach dem ständischen Prinzip zusammengesetzt, aber nicht aus Wahlen hervorgegangen war, sondern aus von der US-Militärregierung genehmigten Personalvorschlägen der provisorischen Regierung in Stuttgart. So war W. auch auf Landesebene einer der „Männer der ersten Stunde".

Seine parlamentarische Laufbahn vermochte W. als Mitglied der Verfassunggebenden Landesversammlung von Württemberg-Baden (WK 25: Ulm; CDU) fortzusetzen. Die Landesverfassung trug im sozialpolitischen Bereich seine Handschrift. Von 1946 bis 1952 MdL Württemberg-Baden (WK 25: Ulm; CDU), seit 1948 CDU-Fraktionsvorsitzender, war W. auch stv. Vorsitzender des Sozialpolitischen Ausschusses sowie als Mitglied des Wirtschafts-, des Verkehrs- und des Geschäftsordnungsausschusses aktiv. W. setzte sich nachdrücklich für einen Länderzusammenschluss im Südwesten ein. 1950/51 entschied er quasi im Alleingang, dass sich die CDU nach ihrer Wahlniederlage bei der Landtagswahl von 1950 nicht mehr an der Regierung beteiligte. Damit begab sich die Union ohne Not der Chance, in der Regierung an der Bildung des Südweststaates mitzuwirken. Seine an persönlicher Schärfe zunehmenden Parlamentsreden konnten nicht darüber hinwegtäuschen, dass W., mittlerweile auch Vorsitzender des Ständigen Ausschusses, diesbezüglich einen schweren politischen Fehler begangen hatte.

Von 1952 bis 1960 war W. Mitglied der Verfassunggebenden Landesversammlung bzw. MdL Baden-Württemberg (bis 1956 Landesliste CDU, seither WK Ulm Stadt) und vom 17. März 1961 bis 1964 erneut MdL (WK Ulm Stadt). Den Fraktionsvorsitz verlor er an Franz Gurk. Er wurde zum stv. Vorsitzenden des Finanzausschusses und in den Ältestenrat gewählt, verlor

aber stetig an Einfluss. 1959 legte er sein Ulmer Gemeinderatsmandat nieder, um sich, mittlerweile im 70. Lebensjahr stehend, ganz auf seine Landtagsambitionen konzentrieren zu können. Schockiert musste W. zur Kenntnis nehmen, dass er 1960 kein Mandat gewann und erst im Jahr darauf auf Grund einer Nachwahl noch einmal in den Landtag einziehen konnte. 1964 schied er aus der Landespolitik aus.

W. war bereits 1954 mit der Verleihung des Großen Verdienstkreuzes des Verdienstordens der Bundesrepublik Deutschland geehrt worden. Oberbürgermeister Theodor →Pfizer überreichte W. am Schwörmontag 1964 die Bürgermedaille der Stadt Ulm. Der zuletzt fast ganz erblindete W. wurde an seinem 80. Geburtstag, schon sichtlich schwer krank, in Ulm öffentlich geehrt. Vier Monate später starb er in der Stadt, die ihm Heimat geworden war. 1978 wurde im Weg im Ulmer Westen (Neubaugebiet Roter Berg in Söflingen) nach W. benannt.

Q   StadtA Ulm, G 2 – Schriftliche Mitteilungen des StadtA Ulm vom 5. V. 1995, und von Herrn Heinrich Gellhaus, Steinheim, vom 6. VI. 1995.
L   Rthb. V. Wahlperiode (1930), S. 513 – Rthb. VI. Wahlperiode (1932), S. 258 – Rthb. VII. Wahlperiode (1932), S. 447 – Rthb. VIII. WP (1933), S. 303 ff. – UBC 1, S. 605 – UBC 5a, S. 27, 40 – UBC 6, passim – SPECKER/TÜCHLE, S. 326, 466 – SCHUMACHER, M.d.R., S. 558 f., Nr. 1730 – Frank RABERG, F. W. (1890-1970). Ein christlicher Demokrat in der Landes- und Parteipolitik des deutschen Südwestens, in: UO 50 (1996), S. 243-306 (Bild) – SPECKER, Großer Schwörbrief, S. 364 f., 421 f., 429, 436 – Bernd HAUNFELDER, Reichstagsabgeordnete der Deutschen Zentrumspartei 1871-1933. Biographisches Handbuch und historische Photographien (Photodokumente zur Geschichte des Parlamentarismus und der politischen Parteien, Band 4), Düsseldorf 1999, S. 371 – BWB III (2002), S. 454-457 (Frank RABERG) – WEIK 72003, S. 159.

Wiegandt, *Ernst* Robert Heinrich, * Ulm 12. Nov. 1856, † Riedlingen 28. Feb. 1926, ev.

Vater   Ernst Wiegandt, * 27. III. 1820, † 20. II. 1894, Schullehrer und Mesner in Ulm.
Mutter   M. Auguste Wiegandt, * 14. VII. 1824, † Ulm 28. V. 1888.

W. zählt zu den zahlreichen aus Ulm stammenden Beamten der württ. Innenverwaltung, die während ihrer dienstlichen Laufbahn die Verwaltung verschiedener Oberämter leiteten.

Der Lehrersohn bestand 1875 die Reifeprüfung am Kgl. Gymnasium Ulm und studierte anschließend in Tübingen Regiminalwissenschaften. Nach den beiden Höheren Dienstprüfungen 1879 und 1880 begann er seine Dienstlaufbahn in der württ. Innenverwaltung als stv. Amtmann beim OA Balingen. Schon 1881 ging er als Amtmann zum OA Waldsee, im Jahr darauf in gleicher Eigenschaft zum OA Nagold, 1885 schließlich zum OA Ulm, wo er als Zweiter Beamter unter den Oberamtmännern Karl →Rampacher und Albrecht →Schmidlin wirkte. Nach vier Jahren der Tätigkeit in seiner Vaterstadt wurde W. zum Sekretär bei der Ministerialabteilung für den Straßen- und Wasserbau im Kgl. Württ. Departement des Innern in Stuttgart berufen. 1894 übernahm W. die Verwaltung des OA Waiblingen, 1895 wurde er zum Oberamtmann von Herrenberg ernannt. 1906 wechselte er in gleicher Funktion zum OA Freudenstadt.

Im Kriegsjahr 1914 wurde W., mittlerweile zum Regierungsrat ernannt, als Oberamtsvorstand nach Riedlingen versetzt, wo er bis zu seinem Ruhestand im Jahre 1921 sieben Jahre im Amt war. Bis zu seinem Tod lebte W. danach in Riedlingen. – Ritterkreuz I. Kl. des Friedrichsordens; Silberne Karl-Olga-Medaille; Landwehr-Dienstauszeichnung II. Kl.

L   Amtsvorsteher, S. 583 (Sylvia EITH-LOHMANN/Kurt DIEMER).

Wieland, Carl (Karl), * Ulm 26. Feb. 1842, † ebd. 15. Juli 1877, ▭ ebd., Alter Friedhof, ev.

Vater   Johann *Georg* →*Wieland (jun.)
Mutter   Luise Murschel, * 10. XI. 1817, † Ulm 22. VIII. 1893.
∞ Marie Allgöwer, † 1898.

E i n Ereignis in seinem Leben hat W. in die Ulmer Geschichtsbücher gebracht, eine wohl unbedachte Handlung, aus der Wut heraus geboren, die ein Menschenleben kostete.

Väterlicher- wie mütterlicherseits aus alten Ulmer Familien stammend, war W. der einzige Sohn seines Vaters und damit Erbe der seit Jahrzehnten in Familienbesitz befindlichen Langmühle. Nach dem Schulbesuch in Ulm widmete sich W. dem Familienunternehmen. In der Faschingszeit des Jahres 1866 kam es am Abend des 13. Feb. während eines Maskenballs auf der Theaterredoute zu einem heftigen Wortwechsel des 24 Jahre alten W. mit dem wenige Jahre älteren Offizier Freiherr Ludwig von →Falkenstein. Es ging um eine Frau. Falkenstein akzeptierte eine Duellforderung W.s und ließ sich darauf ein, sich anstatt mit Säbeln mit Pistolen zu duellieren. Am Morgen des 14. Feb. erhielt Falkenstein, der ebenso wie W. noch sein Faschingskostüm trug, im Böfinger Wäldchen bei der Friedrichsau von W. bei dem Duell einen Kopfschuss. Falkenstein starb vier Tage später, während sich W. überstürzt und noch immer im Faschingskostüm in die Schweiz absetzte. Als man seiner habhaft geworden war, wurde W. der Prozess gemacht, der mit der Verhängung einer einjährigen Festungsstrafe endete. Sein Vater bemühte sich bei König Karl von Württemberg um die Begnadigung seines Sohnes, die der Monarch im Juni 1867 während seines Besuches in Ulm gewährte. Nachdem bei W. Lungentuberkulose diagnostiziert worden war, besuchte W. wiederholt Luftkurorte, wie Davos in der Schweiz. W.s Vater begleitete ihn mehrfach dabei. Ende 1876 erlitt der Vater in Davos einen tödlichen Schlaganfall. Sieben Monate später starb W. im Alter von 35 Jahren. Nach dem Tod von W.s Witwe erwarb der Bankier Gustav Thalmessinger die Villa der W.s an der Promenade bei der Wilhelmshöhe zum Preis von 76.000 RM.

L.   UBC 2, S. 153 ff., 373, 374 (Bild) – Lothar von CARLSHAUSEN, Kinderstuben-Erinnerungen eines alten Ulmers, in: UBC 3, S. 374-379 – UBC 3, S. 172 – UNGERICHT, S. 69.

Wieland, *Konstantin* Josef Wilhelm, * Ravensburg 15. März 1877, † Unteressendorf/Kreis Waldsee 23. Aug. 1937, kath., 9. Juni 1932 ausgetreten

Vater   Joseph Wieland, * 1835, † 1896, Professor an der Realschule in Ravensburg.
Mutter   Maria Wieland, * 1846, † 1920.
G   *Franz* Sales Wieland, Dr. theol., * 1872, † 1957, Subregens in Dillingen/Donau; Bruno Wieland, 1868, † 1935, Rechtsanwalt.
∞ Ulm Mai 1916 Rosa Schneider, * Memmingen/Bayern 4. X. 1877, † Überlingen am Bodensee 24. I. 1956, Lehrerin an der Mittelschule Ulm.

W. war das „enfant terrible" der Ulmer Kommunalpolitik in der Zeit der Weimarer Republik, ein Mann mit eigenem Kopf und einem besonderen Lebensweg.
Aufgewachsen als Honoratiorensohn in Ravensburg, legte er dort das Abitur ab und studierte anschließend Jura in München und Tübingen. Im Frühjahr 1899 bestand er die I. Höhere Justizdienstprüfung (Note IIIa oben), anschließend 10. März 1899 bis 9. Aug. 1903 Gerichtsreferendar beim Amtsgericht, beim Landgericht und der Staatsanwaltschaft Ravensburg. Nach der 1903 bestandenen II. Höhere Justizdienstprüfung (Note IIIb oben) trat er zunächst in den württ. Justizdienst ein und war Hilfsarbeiter bei der Staatsanwaltschaft Ravensburg sowie stv. Amtsrichter in Rottweil. Von Jan. bis Okt. 1904 praktizierte W. als Rechtsanwalt in Ravensburg.
Als gläubiger katholischer Christ spürte W. in sich das Verlangen, sich selbst der Theologie zu verschreiben und widmete sich, dem Beispiel seines älteren Bruders Franz Sales Wieland folgend, von 1904 bis 1906 dem Studium der kath. Theologie in München und Dillingen/Donau. Nach der am 29. Juli 1906 erfolgten Priesterweihe kam W. von Sommer 1906 bis Frühjahr 1909 als Kaplan nach Neu-Ulm. 1909/10 wechselte er als Benefiziat bzw. Vikar nach Lauingen/Donau. So sehr W. von seiner seelsorgerischen Aufgabe und seinem Glauben durchdrungen war, so wenig war er bereit, den Vorgaben der Amtskirche bedingungslos zu folgen. Zum entscheidenden Konflikt kam es wegen des von Papst Pius X. geforderten Antimoder-

nisteneides. Der Modernismus suchte die traditionelle Haltung der Kirche mit Aspekten der modernen Kritik zeitgemäßer zu gestalten, was der Vatikan heftig bekämpfte. 1910 trat W., nachdem er den Antimodernisteneid verweigert hatte, aus dem Kirchendienst aus. Der hoch begabte und belesene W. trat danach als öffentlicher Redner gegen den Antimodernisteneid auf und verfasste zahlreiche Schriften und Artikel zu diesem Thema. Auf Grund der Schrift „Eine deutsche Abrechnung mit Rom. Protest gegen den päpstlichen Modernisteneid" (München 1911) wurde W. 1911 von der kath. Kirche exkommuniziert.
W. schloss sich 1911 der reformkatholischen „Krausgesellschaft" in München an, der er bis zum Frühjahr 1914 angehörte und deren stv. Vorsitzender er zeitweilig war. W. ließ sich in der Vorkriegszeit als Rechtsanwalt in Ulm nieder, um wenig später wieder in den württ. Staatsdienst zu wechseln. Vom 15. Dez. 1915 bis 1. April 1916 war er Amtsanwalt in Ludwigsburg, seit 1. April 1916 Hilfsarbeiter bei der Staatsanwaltschaft Ulm, vom 16. Aug. bis 15. Okt. 1916 Gerichtsassessor und 1920 Hilfsarbeiter ebd., vom 26. März 1920 bis März 1925 Amtsrichter in Ulm, dann am 1. April 1925 aufgrund eines Urteils des Disziplinarhofs für richterliche Beamte (vom 26. März 1925) strafversetzt nach Calw, woraufhin den nach einem Nervenzusammenbruch gesundheitlich erschütterte W. zum 26. Mai 1926 ganz aus dem Justizdienst ausschied.
Seit 1920 hatte W. mit zahlreichen Vorträgen zum Thema Kirche und speziell zum Thema Ohrenbeichte zunächst in Ulm, dann in ganz Württemberg einige Unruhe gestiftet. Er war vom Zentralorgan der Zentrumspartei, dem „Deutschen Volksblatt", heftig attackiert worden, während Justizminister Bolz ihn vom Halten der Vorträge durch Verbot abhalten wollte. Wiederholt musste sich W. wegen Beleidigung vor Gericht verantworten. Der in der Ulmer Friedensbewegung sehr aktive W. wurde von Christian →Storz für die Kommunalpolitik gewonnen und bewarb sich im Dez. 1923 als Spitzenkandidat der Friedensgesellschaft um ein Gemeinderatsmandat. Mit 13.110 Stimmen war W. dem sozialdemokratischen „Stimmenkönig" Friedrich →Göhring dicht auf den Fersen, die Friedensgesellschaft gewann auf Anhieb fünf Mandate. Ein großer Teil des sensationellen Erfolgs war W.s Redetalent zu verdanken, der im Wahlkampf wiederholt vor großen Menschenmassen gesprochen und große Hoffnungen geweckt hatte. Oberbürgermeister Emil →Schwammberger meinte, W. gelte *bei seinen Wählern als der Heilbringer [sic], von dem sie billige Lebensmittel, billiges Holz, billige Kartoffel erwarten; er gilt ihnen als der Wundermann, der das vollbringt, was bis jetzt nicht vollbracht wurde* (Ulmer Tagblatt vom 17. Jan. 1923). W., der seine Fraktion im Gemeinderat führte, präsentierte sich als heftiger Gegner des Oberbürgermeisters Schwammberger und handelte sich aufgrund seiner freimütigen, oftmals beleidigenden Reden einige Prozesse ein. Besonders in der Frage der Münsterplatzbebauung trat W. als Sprecher der Opposition dem Oberbürgermeister wiederholt entschieden entgegen.
Nach inneren Querelen gründete W. Ende 1925 den Ulmer Stadtbund, bis 1926 blieb er Mitglied des Gemeinderats der Stadt Ulm. Sein Gemeinderatsmandat, das an den Maschinenarbeiter Wilhelm Landherr überging, verlor W. wegen seiner Strafversetzung nach Calw. Nach 1926 war W. als Vorsitzender des Ulmer Stadtbundes nach wie vor eine kommunalpolitische Größe, verlor aber an Strahlkraft. Er überwarf sich mit vielen seiner Parteifreunde, einige von ihnen verließen die Gemeinderatsfraktion, die kommunalpolitische Schlagkraft des Stadtbunds ging ganz verloren. Das zeigte sich besonders bei der Wahl des Oberbürgermeisters am 3. März 1929, als W. gegen den Amtsinhaber Schwammberger antrat und mit 5.030 zu 17.141 Stimmen Schwammbergers auf verlorenem Posten stand.
Als Rechtsanwalt in Ulm verblieb W. an seiner bisherigen Wirkungsstätte. Er setzte sich weiter für eine Verständigung der

Konfessionen und Nationen ein, obwohl er selbst nicht immer frei von der Gefahr war, Streit um des Streites willen zu suchen. Seine politische Orientierungslosigkeit offenbarte sich: Einerseits wurde W. Mitglied der SPD, andererseits war er schon 1929 dem Ludendorff-Kreis beigetreten. Nach 1933 wurde es sehr still um ihn.

W. kam im Alter von 60 Jahren bei einem Automobilunfall ums Leben.

Q   HStAS, EA 4/150, Bü 1303 (Personalakten als Justizbeamter) – StadtA Ulm, G 2.
W   Antwort auf das bischöfliche Verbot meiner Schriften, in: Ulmer Zeitung. feisinniges Volksblatt 22 (1912), Nr. 215, 9. VIII. 1912 – Die Ohrenbeichte, München 1930.
L   Ulmer Tagblatt vom 17. IV. 1923 – Konstantin Wieland †, in: SK Nr. 197, 25. VIII. 1937, S. 5 – UBC 4, S. 183, 279 – Otto WEISS, Der Modernismus in Deutschland. Ein Beitrag zur Theologiegeschichte, Regensburg 1995, S. 410-439 – BBKL 13, Sp. 1083-1089 (Otto WEISS), mit umfassenden Werk- und Literaturhinweisen – Andrea RUMMEL, „Und der Friedensgedanke marschiert auch in Ulm". Die Ulmer Friedensbewegung vor 1933. Diplomarbeit, Lehrstuhl für Politische Wissenschaft und Zeitgeschichte der Universität Mannheim, 1990 [Exemplar in der Bibliothek des StadtA Ulm], bes. S. 47-50 et passim – SPECKER, Großer Schwörbrief, S. 369, 372 f. – DERS., Franz Sales (1872-1957) und Konstantin Wieland (1877-1937), in: Lebensbilder aus dem Bistum Augsburg. Vom Mittelalter bis in die neueste Zeit (Jahrbuch des Vereins für Augsburger Bistumsgeschichte 39, 2005), S. 415-431 – Judith SCHEPERS, Widerspruch und Wissenschaft. Die ungleichen Brüder Wieland im Visier kirchlicher Zensur (1909-1911), in: RJKG 25 (2006), S. [271]-290.

Wieland, Philipp Jacob, * Ulm 3. Nov. 1793, † ebd. 18. Jan. 1873, ⬚ ebd., Alter Friedhof, ev.
Vater   Jakob →*Wieland, † Ulm 1827, Brauereibesitzer und Wirt zum Goldenen Ochsen in Ulm, 1817 und 1834 Bürgerausschussmitglied.
∞ I. 1830 Fanny von Stockmayer, * 28. XII. 1806, † Ulm 21. V. 1860; ∞ II. Ulm 8. VII. 1862 Mathilde, geb. →*Wieland.
Mehrere K, darunter aus I. Ehe Louis Philipp Jacob Wieland, * Ulm 19. I. 1831, † ebd. 13. VII. 1855. Aus II. Ehe *Philipp* Jacob →Wieland; Mathilde Wieland, * Ulm 1864, † 1906; Charlotte Wieland, * Ulm 1866, † 1949; Robert *Max* →*Wieland, Kommerzienrat.

Mit dem Namen W. verbindet sich bis auf den heutigen Tag die Erfolgsgeschichte eines der bedeutendsten Ulmer Industrieunternehmen. W. führte die Wielandwerke in die Spitzenregion der württembergischen Wirtschaft und legte die Fundamente für den dauerhaften Erfolg der Werke.

W. erlernte das Glocken- und Kunstgießerhandwerk bei seinem Onkel Thomas Frauenlob[691] in der Rosengasse und begab sich danach auf die obligatorische Wanderschaft. Im Nov. 1820 übernahm W. die Frauenlob´sche Kunst- und Glockengießerei, nachdem sie sein Vater zuvor gekauft hatte, und führte das Unternehmen zu immer größerer Expansion. Schon im März 1822 erhielt er von der Regierung ein auf zehn Jahre befristetes Patent zum ausschließlichen Verkauf der von ihm erfundenen verbesserten Handfeuerspritzen. 1823 goss er die neue Glocke des Gänstorturms. 1828 verkaufte er eine hochleistungsfähige Feuerspritze an die Stadt Mengen, die *in einer Minute 348 wirtembergische Maas Wasser über das höchste Haus dieser Stadt spritzt.*

1828 wandelte er die Glocken- und Kunstgießerei in ein Messingwerk um und erwarb eine Sägmühle an der Blau, um die für seine Produktion notwendige Wasserkraft zu erhalten. 1834 für seine Produktion mit einer Gold- und einer Silbermedaille ausgezeichnet, avancierte W. als Chef der Firma Wieland & Cie., Messingblech-, Draht- und Metallwarenfabrik in Ulm zu einem der ersten und erfolgreichsten Fabrikanten Ulms in der ersten Hälfte des 19. Jahrhunderts. Seine Fabrik dürfte die einzige moderne Ulmer Industriebetrieb vor der Jahrhundertmitte gewesen sein und nahm in vielen Belangen die spätere Industrialisierung vorweg. 1863/64 vereinigte W. die Glockengießerei in der Rosengasse mit dem Messingwalzwerk in der Fischergasse in einer großzügig ausgebauten Spitalmühle vor dem Zundeltor. Als Chef war W. nicht zimperlich, als führender Ulmer Wirtschaftskapitän plagten ihn kaum Skrupel. 1846 erregte ein handgreifliche Auseinandersetzung mit einem seiner Arbeiter öffentliches Aufsehen. W. verletzte den seit 23 Jahren bei ihm

beschäftigten Mann so schwer, dass dieser über einen Monat lang – ohne finanzielle Unterstützung – krank war. W. wurde dafür zu einer viermonatigen Festungsstrafe auf dem Hohenasperg und zu Schadenersatz in Höhe von 400 Gulden verurteilt. Wer zu spät zur Arbeit kam, hatte eine Geldstrafe zu entrichten, die W. in eine gemeinsame Krankenkasse einfließen ließ.

Zeitweise fanden neun Prozent aller Beschäftigten Ulms bei W. Arbeit, deren acht Prozent das Steuerkapitals hielt. Seit spätestens 1825 zählte W. zu den höchstbesteuerten Ulmer Bürgern und war damit „Wahlmann I. Klasse" bei den Wahlen zum Württ. Landtag. Auf diese nahm er Einfluss als Mitglied von Ausschüssen verschiedener Bürgerversammlungen, welche die Landtagskandidaten für die „gute Stadt" Ulm aufstellten. Seiner Kenntnisse und Erfahrungen bediente man sich gerne; so war er Beirat der Ulmer Donaudampfschifffahrts-Gesellschaft. Daneben engagierte er sich bei der Gründung des Ulmer Gewerbevereins, dessen Ausschuss er angehörte, und betätigte sich wie vor ihm schon sein Vater politisch. Im Juli 1830 in den Bürgerausschuss gewählt, dessen Obmann er zeitweise war, scheiterte er 1837 bei drei Gemeinderatsnachwahlen, ebenso 1843 und 1844. Im Dez. 1859 und im Dez. 1863 wurde W. aber wieder in den Bürgerausschuss gewählt.

1855 nahm er tätigen Anteil an der Gründung der Gewerbe- und Handelskammer in Ulm, deren langjähriger stv. Vorsitzender er war, 1862 an der Gründung des Handelsvereins. 1863 zählte er zu den Gründungsmitgliedern der Gewerbebank Ulm und wurde in den Ausschuss gewählt. Im Frühjahr 1864 erwarb W. für 58.000 Gulden die Mahlmühle mit mechanischer Weberei in Vöhringen. Der König von Württemberg ernannte ihn zum Kommerzienrat. 1856 bezog er ein neu erbautes, im pompejanischen Stil errichtetes Haus am Neuen Tor, das sinnfällig seinen Aufstieg vom Handwerkerstand in das Ulmer Großbürgertum dokumentieren sollte. W. war Mitglied des Vereins für Kunst und Altertum in Ulm und Oberschwaben und des Vereins für Mathematik und Naturwissenschaften. Mit fast 70 Jahren ging er nach dem Tod seiner Ehefrau mit seiner um 35 Jahre jüngeren Nichte eine zweite Ehe ein, aus der vier Kinder stammten. Nach seinem Tod führte seine Witwe Mathilde die Geschicke des Unternehmens bis zur Volljährigkeit ihrer Söhne.

Aus den kleinsten Verhältnissen sich emporarbeitend, hatte er [Wieland] das Glück, sein unermüdliches Streben mit den schönsten Erfolgen gekrönt zu sehen. Seine Fabriken erfreuten sich von Jahrzehnt zu Jahrzehnt grösseren Flors, die Preisgerichte der Welt- und Landesausstellungen überhäuften ihn mit den höchsten Ehren und Se. Maj. der König lohnte sein unermüdliches Streben durch Orden und Titel (GEORGII-GEORGENAU). W. war ein Unternehmer neuen Typs, der die wirtschaftliche Entwicklung Ulms ganz maßgeblich beeinflusste. – 1862 Ritterkreuz I. Kl. des Friedrichsordens.

Q   StadtA Ulm, G 2 Q   ebd., H Waibel: Raimund WAIBEL, Mitglieder in Gemeinderat und Bürgerausschuss 1800-1899, Typoskript, S. 34.
L   WEYERMANN II, S. 614 f. – GEORGII-GEORGENAU, S. 1108 – SCHULTES, Chronik, S. 527 – UBC 2, S. 97, 125, 313 – HEPACH, Königreich, S. 37, 39, 41 f., 44, 48 ff., 60, 115, 175 f., 182 – UNGERICHT, S. 97 f. – SPECKER, Ulm im 19. Jahrhundert, S. 133 ff., 137-141 (Bild), 143, 147, 151, 164, 166, 179, 181, 186, 204, 257, 314, 340 – WAIBEL, Gemeindewahlen, S. 322, 325, 345 – Hermann BAUMHAUER, Wieland. Geschichte einer Arbeitsheimat, Ulm 1991 – Klaus EICKHOFF (Hg.), Philipp Jakob Wieland: Ich sehnte mich, die Welt zu sehen. Wanderungen eines Glockengießergesellen 1817-1820, Stuttgart 1995 – StadtMenschen, S. 128 (Bild).

Wieland, Philipp, Dr.-Ing. h.c., * Ulm 10. April 1863, † Thun (Schweiz) 16. April 1949, ⬚ Ulm, Hauptfriedhof, ev.
Eltern und G siehe Philipp Jacob →Wieland.
∞ Lydia Sulzer, * 28. XII. 1866, † 20. XII. 1938.
4 K, darunter Else Wieland, ∞ 1910 Walther Selve, Teilhaber der Fa. Basse & Selve in Altena; Ulrich →Wieland.

W. war der älteste überlebende Sohn des Gründers der Ulmer Wieland-Werke, eine Persönlichkeit, die als Unternehmer und als Politiker Spuren in der Stadtgeschichte hinterließ.

Von 1869 bis 1876 besuchte W. das Kgl. Gymnasium in Ulm, anschließend bis 1879 das Realgymnasium in Stuttgart. 1880/

---
[691] Knapper Hinweis bei WEYERMANN I, S. 231.

81 an der École industrielle cantonale in Lausanne ausgebildet, verbrachte er 1882/83 eine praktische Lehrzeit in den elterlichen

Unternehmen in Ulm, wo er auch sein Einjährig Freiwilliges Militärdienstjahr beim Feldart.-Rgt. „König Karl" ableistete. Zuletzt war W. Oberleutnant d. R. An die Zeit in Ulm schloss die Fortsetzung seiner Studien an der Bergakademie in Clausthal (Harz) an, dem eine erste Tätigkeit im technischen Büro der Firma Gebr. Sulzer in Winterthur/ Schweiz folgte. In dieser Zeit lernte er auch seine Ehefrau kennen.

1887 trat er als Teilhaber in die von seiner Mutter geführte väterliche Firma Wieland & Co., Messingblech-, Draht- und Metallwarenfabrik, in Ulm ein. Von 1892 bis 1914 deren Leiter (danach Umwandlung in eine Aktiengesellschaft) und Vorsitzender des Aufsichtsrats, war der 1912 zum Kommerzienrat und später sogar zum Geh. Kommerzienrat ernannte W. auch Teilhaber der Deutschen Delta-Metall-Gesellschaft in Düsseldorf und ein Multifunktionär im Industriebereich. So war er u. a. Präsidiums- und Vorstandsmitglied des Reichsverbandes der Dt. Industrie, Mitglied des Aufsichtsrats der Gesellschaft für Kraftübertragung, der Vereinigten Industrie-Unternehmungen AG, Dt. Werke AG (Berlin), der Elektrowerke AG, der Dt.-Atlantischen Telegraphengesellschaft, der Berg-Heckmann-Selve AG (Altena) und des Aufsichtsrats der Württ. Vereinsbank sowie Mitglied des Württ. Landesausschusses der Dt. Bank. W. und sein Bruder Max stifteten wiederholt stattliche Geldbeträge für soziale Belange und zählten zu den einflussreichsten und angesehensten Bürgern Ulms. Sowohl im Ersten wie auch im Zweiten Weltkrieg stellten die Wieland-Werke sich in den Dienst der Rüstungsproduktion.

Frühzeitig verfolgte W. die kommunalpolitische Aktivität seines Vaters weiter, war jedoch zunächst ein kaisertreuer Nationalliberaler und nicht der Linksliberale der Zeit nach 1918. Er kandidierte bereits im Dez. 1890 für den Ulmer Bürgerausschuss, in den er auch auf Anhieb gewählt wurde. Im Jahr darauf wiedergewählt, gelang W. bereits im Dez. 1893 der Einzug in den Ulmer Gemeinderat, dem er bis Mai 1919 angehörte.

1909 betrat W. nach dem Tod des Landtagsabgeordneten Albert →Mayer die landespolitische Bühne. Bei der auf den 20. März 1909 angesetzten Landtagsersatzwahl im WK Ulm Stadt kandidierte er für die Nationalliberalen und gewann 2.348 Stimmen, Friedrich →Göhring (SPD) lag mit 1.901 über 400 Stimmen hinter ihm. In der Stichwahl (3. April 1909) siegte W. mit 3.004 Stimmen gegen 2.835 Stimmen für Göhring. Vom 14. April 1909 bis 1918 (37., 38. und 39. o. LT) war W. Mitglied der Kammer der Abgeordneten des Württ. Landtags (WK Ulm Stadt) und gehörte der Justizgesetzgebungs- und der Finanzkommission an sowie seit 1911 dem Volkswirtschaftlichen Ausschuss an, dessen Vorsitz er 1913 ebenso übernahm wie den Vorsitz der nationalliberalen Kammerfraktion. Seit 1913 war er auch Mitglied des Weiteren Ständischen Ausschusses.

Im Mai 1910 wurde er zum Ersten Vorsitzenden der Ulmer Nationalliberalen gewählt. 1918 erfolgte W.s Eintritt in die DDP; er war langjähriges Mitglied des württ. Landesvorstands. 1919 wurde er nicht nur zum Mitglied der Württ. Verfassunggebenden Landesversammlung gewählt (Platz 8 der Vorschlagsliste der DDP), sondern auch zum Mitglied der Dt. Nationalversammlung bzw. MdR (WK 31/32: Württemberg,

Platz 3 der Vorschlagsliste der DDP). Anfang 1920 lehnte W. das Angebot ab, Schatzminister in der Reichsregierung zu werden. Von 1920 bis 1930 (1., 2., 3. und 4. o. RT) erneut MdR (bis 1924 WK 34: Württemberg, Platz 2 der Vorschlagsliste der DDP, seither WK 31: Württemberg, Platz 1 der Vorschlagsliste der DDP), war W. einer der einflussreichsten DDP-Politiker auf Reichsebene und als solcher Mitglied des Fraktionsvorstands, des Volkswirtschaftlichen und des Reichshaushaltsausschusses sowie des Ausschusses für Verkehrsangelegenheiten. Einer seiner innerparteilichen Gegner war der spätere Bundespräsident Theodor Heuss (1884-1963), der ihn 1930 nach langjähriger Agitation gegen ihn als württ. DDP-Spitzenkandidat bei den Reichstagswahlen ablöste, nachdem W. im Alter von 67 Jahren resigniert hatte. – Seit 1904 Vorstandsmitglied der neu gegründeten Sektion Ulm/Neu-Ulm des bayerischen Kanalvereins; Gesellschafter und Aufsichtsrat der Flugzeugbau Friedrichshafen GmbH; Präsident des Württ. Yachtclubs in Friedrichshafen. – Ehrenmitglied des Württ. Bezirksvereins dt. Ingenieure.

Q Stadt A Ulm, G 2 – ebd., H Waibel: Raimund WAIBEL, Mitglieder in Gemeinderat und Bürgerausschuss 1800-1899, Typoskript, S. 34.
L WL 1912-1917 (1913), S. 96 (Bild) – KALKOFF, NL-Parlamentarier, S. 349 – Hb. der verfassunggebenden dt. Nationalversammlung Weimar 1919. Biogr. Notizen und Bilder, Berlin 1919, S. 286 (Bild S. 349) – Reichstags-Handbuch, I. Wahlperiode (1920), S. 354 f. – Wer ist´s? 8 (1922), S. 1689 f. – Wer ist´s? 9 (1928), S. 1691 – WENZEL, Dt. Wirtschaftsführer (1929), Sp. 2451 f. – UBC 3, S. 12, 57, 204, 315, 347, 437, 439, 461, 495, 529, 540 – UBC 4, S. 104, 133, 135, 163 – UBC 5 a, S. 252 – Die Wieland-Werke Ulm von ihrer Gründung bis zum Jahre 1937, Stuttgart 1937 – SCHWARZ, MdR, S. 788 – Hans Eugen SPECKER, Reichsstadt und Stadt Ulm bis 1945, in: Der Stadtkreis Ulm. Amtliche Kreisbeschreibung, Ulm 1977, S. 33-324, hier S. 283 – BOELCKE, Millionäre, bes. S. 114, 181 u. ö. – SPECKER, Großer Schwörbrief, bes. S. 362-364 u. ö. – SCHUMACHER, M.d.R. ³1994, S. 559, Nr. 1731 – RABERG, Biogr. Handbuch, S. 1016 f. (Bild) – WEIK ³2003, S. 322 – Michael DORRMANN (Hg. und Bearb.), Theodor Heuss. Bürger der Weimarer Republik. Briefe 1918-1933 (Theodor Heuss. Stuttgarter Ausgabe. Briefe. Hg. von der Stiftung Bundespräsident-Theodor-Heuss-Haus), München 2009, S. 30, 111, 115, 135 u. ö.

Wieland, Ulrich („Uli"), Dipl.-Ing., * Ulm 5. Juni 1902, † verunglückt im Himalaya 9. Juli 1934, Grabkreuz auf dem Ulmer Hauptfriedhof, ev.

Eltern und G siehe Philipp →Wieland.
Ledig. Keine K.

W. besuchte seit 1910 das Ulmer Realgymnasium, das er mit Auszeichnung durchlief. Nach dem Studium der Elektrotechnik und Ingenieurwissenschaften ging W. für drei Jahre in die USA, um auf internationalem Parkett Erfahrungen zu sammeln. 1930 zurückgekehrt, trat er in leitender Position in die Wieland-Werke in Vöhringen ein. Seine Leidenschaft gehörte dem Bergsteigen. Als Schüler verschlang er Bücher über den Himalaya und Tibet und wünschte sich nichts mehr, als die Berge dort zu sehen und besteigen zu können. 1930 war W., der zuvor in der Schweiz zahlreiche schwierige Bergtouren durchgeführt hatte, Teilnehmer der von Professor Dyrenfurth geführten Himalaya-Expedition, über die er am 31. Okt. 1930 in Ulm berichtete. Dabei war es zwar nicht gelungen, den rund 8.600 Meter hohen Kangchendzönga-Gipfel zu bezwingen, es gelang aber die Erstbesteigung mehrerer über 7.000 Meter hoher Gipfel. 1934 wollte eine deutsche Expedition, an der auch W. teilnahm, den 8.125 Meter hoch gelegenen, bisher unbezwungenen Gipfel des Nanga Parbat erreichen. Doch es stand kein Glücksstern über der Expedition. Nicht nur W. kam in über 7.000 Metern im Schneesturm am Südostgrat des Berges um, sondern auch der Expeditionsführer Willy Merkl und das Expeditionsmitglied Welzenbach sowie sieben weitere Bergsteiger. W.s Leichnam konnte nicht geborgen werden.

Die NSDAP verklärte den Nanga Parbat zum „Schicksalsberg der Deutschen" und vereinnahmte W. ideologisch als jungen, tatkräftigen Deutschen, der sein Leben für das Erreichen eines „hohen Zieles" einsetzte. Vor allem der Jugend wurde er als Vorbild präsentiert. Am 4. Dez. 1934 veranstaltete der Deutsch-Österreichische Alpenverein mit Stadtverwaltung und NSDAP-Kreisleitung in Ulm eine Gedenkfeier für W., bei der Oberbürgermeister Friedrich →Foerster als Hauptredner auftrat und ein Mitglied der Himalaya-Expedition, Hieronymus, einen Lichtbildervortrag hielt. In dem Film „Der Dämon des Himalaya" (1950) wurde die tödliche Expedition heroisierend dokumentiert. In Tübingen wurde W. anlässlich seines Todestages im Juli 1935 mit einer von seinen Kameraden des Nationalsozialistischen Kraftfahr-Korps gestifteten Gedenktafel geehrt. Es gab in Ulm frühzeitig Bestrebungen, eine Schule nach W. zu benennen, jedoch wurde die Oberschule für Jungen Ende 1937 nicht nach W., sondern nach dem 1935 verunglückten bayerischen NS-Kultusminister Hans Schemm benannt. Am 20. Juli 1984 – 50 Jahre nach seinem Tod – erhielt die Hauptschule Vöhringen den Namen „Uli-Wieland-Volksschule Vöhringen (Hauptschule)".

Q   StadtA Ulm, G 2.
L   UBC 2, S. 527 – UBC 4, S. 307, 360, 452 (Bild), 453, 567 – UBC 5a, S. 113, 123, 158, 170 – ROTERMUND, Zwischen Gleichschaltung, S. 127, 248 – Uwe SCHMIDT, 125 Jahre Sektion Ulm - 100 Jahre Ulmer Hütte - 100 Jahre Skiabteilung. Hg. vom Deutschen Alpenverein, Sektion Ulm, Ulm 2003, S. 27 f. (Bild).

Wiest, *Andreas* Alois, * Altdorf-Weingarten 12./13. Feb. 1796, † Ulm 9. Jan. 1861, ☐ ebd., Alter Friedhof, kath.
Vater   Innozenz Wiest, Dr. med., * 1765, † 1838, Amts- und Waisenhausarzt, seit 1795 Klosterarzt in Weingarten, S. d. Schultheißen und Bauern Wiest in Erlenmoos/OA Biberach.
Mutter   Maria *Josepha* Vincenzia Pia Erat, * 1765, † 1834.
9 G, davon erreichten 6 das Erwachsenenalter, darunter Franz Josef *Wilhelm* (von) Wiest[692], * Altdorf-Weingarten 5. X. 1803, † Ellwangen/Jagst 13. V. 1877, Obertribunalrat in Stuttgart, zuletzt Vorstand des Kriminalsenats beim Gerichtshof in Ellwangen/Jagst, 1848-1849 MdL Württemberg (WK Ellwangen), 18. V. 1848 bis 30. V. 1849 Mitglied der Dt. Nationalversammlung (WK V im Donaukreis Biberach-Riedlingen-Saulgau-Waldsee, stimmte mit dem rechten Centrum). Der in der Literatur verschiedentlich als Bruder W.s geführte Alois (von) Wiest[693], * Klosterbeuren 17. XII. 1810, † Stuttgart 20. I. 1890, Oberlandesgerichtsrat in Stuttgart, 1848-1849, 1851-1868 und 1870 MdL Württemberg, war dessen Cousin.
∞ I. Waldenburg 23. IV. 1822 *Elisabeth* (Lisette) Josefa Fortenbach[694], * Waldenburg 15. IX. 1801, † Ulm 21. XI. 1834, ev., T. d. Johann Franz *Nikolaus* Fortenbach, * Kupferzell 3. IX. 1772, † Waldenburg 16. XI. 1823, Fürstl. Hohenlohescher Oberrenteirat in Waldenburg, u. d. Rosalie Abele, * 8. VIII. 1775, † Waldenburg 28. V. 1814; ∞ II. Ulm 14. IX. 1835 Karoline Katharine Fortenbach[695], * Waldenburg 31. VIII. 1812, † Stuttgart 28. XI. 1894, ☐ Ulm, ev., *Schw* d. ersten Ehefrau.
7 K, davon 6 aus 1. Ehe *Rosalie* Innozenzia Kreszenz Johanna Karoline Josefa Wiest, * Ulm 16. VI. 1823, † Waldenburg 25. VIII. 1823; Karl *Wilhelm* Wiest, * Ulm 17. XII. 1824, † ebd. 15. V. 1843; Amalie Caroline Caecilie *Mathilde* Wiest, * Ulm 30. XI. 1827, † 7. XI. 1828; *Karl* Innozenz Wiest, * Ulm 13. VII. 1830, † ebd. 30. XII. 1830; Margarethe Amalie *Marie* Wiest, * Ulm 25. XI. 1832, † Stuttgart 10. III. 1906, ∞ Ulm 9. X. 1855 Alarich von Gleich[696], * Kapfenburg/OA Neresheim 25. VI. 1831, † Stuttgart 18. III. 1896, Kgl. Württ. Generalleutnant, 1857-1861 Adjutant des Festungs-Artillerie-Bataillons Ulm, 1871 stv. weil. Bevollmächtigter zum Bundesrat in Berlin; Karoline Kreszenz Amalie *Pauline* Wiest, * Ulm 7. II. 1834, † ebd. 21. IX. 1834; Adelheid Amalie Emilie Viktoria *Anna* Wiest, * Ulm 1. III. 1845, † ebd. 12. IX. 1863.

W. zählt zu den frühen katholischen Aktivisten in Ulm, zu den Kämpfern für die Rechte einer unterdrückten Minderheit. Als Politiker und Publizist gewann er landesweite Bedeutung, sein hartnäckiger und letztlich erfolgreicher Einsatz für die Bauernbefreiung und die Abschaffung der Grundlasten sichert ihm einen Platz in der Geschichte. Seit seinem 25. Lebensjahr lebte und wirkte er in Ulm.

692 RABERG, Biogr. Handbuch, S. 1029 f.
693 RABERG, Biogr. Handbuch, S. 1029 f.
694 UNGERICHT, S. 196.
695 UNGERICHT, S. 196.
696 DGB 55, S.387 ff.

W. erhielt Privatunterricht bei seinem Onkel, Pater Longinus Wiest OSB, Professor an der Klosterschule und letzter Konventual des Klosters Weingarten. Von 1812 bis 1816 studierte er Jura in Tübingen und Wien, um anschließend in den württembergischen Staatsdienst einzutreten. Am 12. Nov. 1816 zunächst zum Landvogtei-Aktuariatsverweser bei der Landvogtei am Bodensee mit Sitz in Weingarten ernannt, kam er zum 2. Juli 1817 als Oberamtsaktuar nach Waldsee und zum 18. Dez. 1818 als Prokurator nach Ellwangen/Jagst. 1821 gelang es ihm, eine Zulassung als Oberjustizprokurator beim Gerichtshof des Donaukreises in Ulm zu erhalten. Er wohnte in Ulm zunächst in Haus Nr. A 245 in der Judengasse, das er nach Nov. 1834 aber wieder verkaufte, außerdem besaß er das Haus A 242, das nach seinem Tod am 8. Feb. 1862 für 14.000 Gulden verkauft wurde. 1839/40 wohnte er zur Miete bei Konditor Honold in der Hirschstraße. Am 20. Aug. 1839 erwarb W. das Haus A 332 am Garnmarkt (heute Marktplatz Nr. 8), das er nach seinen Vorstellungen umbauen ließ. Nach seinem Tode wurde das Haus am 2. Feb. 1864 für 17.000 Gulden an Dr. Carl →Palm verkauft. Zugleich mit dem Haus kaufte W. die Hälfte des zwei Morgen großen Sulzerschen Obstgartens an der Donau.

W., der zahlreiche Prozesse oberschwäbischer Bauern gegen ihre Grundherren führte, war als „Bauern-Wiest" und – nach dem Führer der irischen Befreiungsbewegung – als „schwäbischer O´Connell" eine Berühmtheit seiner Zeit. 1840 gründete er zum Zwecke der Bündelung der bäuerlichen Interessen den Oberschwäbischen Landwirtschaftlichen Verein. Der auch als Vorkämpfer für die Abschaffung der Leibeigenschaft hervorgetretene W. spielte sich schnell in die erste Reihe des politischen Ulm und wurde bereits im Aug. 1836 in den Bürgerausschuss gewählt und 1839 wieder gewählt, scheiterte aber 1840 und 1841 bei den nächsten Wahlen und wurde erst 1843 wieder gewählt. Zeitweise (1836 und 1843) war er Obmann des Bürgerausschusses. W. gehörte als einer der höchstbesteuerten Ulmer Bürger zwar unzweifelhaft zu den Honoratioren, sah sich aber als „Ultramontaner" einer breiten Front des Widerstands gegenüber. Seine Versuche, zu Beginn der 1830er Jahre eine Konzession für die Herausgabe des späteren „Donauboten" zu erlangen, wurden abgewiesen. 1844 lehnte man in Ulm seinen Antrag, politische Artikel im „Donauboten" abdrucken zu dürfen, ab, woraufhin er sich in dieser Angelegenheit an das Innenministerium wandte, das seinem Ansuchen entsprach und ihm die Herausgeberschaft ermöglichte. Fortan nutzte W. den „Donauboten" bis zum Einstellung des Erscheinens 1851 als Sprachrohr seines Kampfes für die Befreiung der Bauern von den Grundlasten und setzte sich als Publizist *ein imponierendes Denkmal seiner Leistung und politischen Intelligenz* (HEPACH, Königreich, S. 178).

Bereits 1833 hatte W. mit einer Motion im Landtag auf die Belastung der Güter und die Gutszertrümmerung als Quelle der Verarmung großer Bevölkerungsschichten hingewiesen und vehement eine Reform gefordert. 1833 zählte W. neben Eduard →Mauch und Philipp Ludwig →Adam zu den Gründern der Ulmer Bürgergesellschaft, die sich zu einem wichtigen kommunalpolitischen Gesprächsforum entwickelte. Daneben war er u. a. Mitglied des Vereins für Kunst und Altertum in Ulm und Oberschwaben und Vorsitzender des Kath. Gesellenvereins. Von 1833 bis 1839 (6., 7., 8. o., 9. ao. LT), von 1845 bis 1848 (12. o., 13. ao. und 14. o. LT) und von 1851 bis 1859 (19. und 20. o. LT) Mitglied der Kammer der Abgeordneten des Württ. Landtags (WK Saulgau), 1848 bis 1849 (15. o., sog. „langer Landtag") ebenso (WK Laupheim), 1851 bis zum Tode Vorstand der Ablösungskommission: *Er war nicht nur der Anwalt der Bauern, der ihr Recht vertrat, er gründete Prozeßvereine für seine Klienten; er schrieb nicht nur Artikel und Broschüren, er agitierte. Sein parlamentarisches Wirken war Fortsetzung dieses Kampfes auf anderer Bühne und mit anderen Mitteln* (BRANDT, Parlamentarismus, S. 120). Seinen ersten Wahlkampf im WK Saulgau Ende 1831 führte W. gegen den Biberacher Oberamtsrichter Dr. Franz Probst und gewann ihn mit knappen 71 Stimmen Vorsprung. 1848 kandidierte W. sowohl im 3. als auch im 4. Wahlkreis im Donaukreis (Biberach bzw. Ravensburg) für ein Mandat in der Frankfurter Nationalversammlung, erreichte aber nur Achtungserfolge. Als Politiker setzte sich W. vehement für die Freiheit und Rechte der kath. Kirche ein, ohne dabei immer auf die Unterstützung kirchlicher Amtsträger zählen zu können. In Ulm scheiterte 1847 ein Vorstoß, eine der evangelischen Kirchen zur Mitnutzung durch die katholische Gemeinde zu öffnen. Der Kampf gegen derlei Zurückweisungen fand in Ulm mit W. seinen eloquenten Kopf. Er war kein Eiferer, das zeigte sich schon angesichts seiner Verehelichung mit Frauen aus einer exponierten evangelischen Hohenloher Familie. Die katholische Gemeinde der Münsterstadt hatte in ihm den Mann gefunden, der sie zusammenhielt und über Jahrzehnte beschwor, für ihre Rechte einzutreten.

Q StadtA Ulm, H Waibel: Raimund WAIBEL, Mitglieder in Gemeinderat und Bürgerausschuss 1800-1899, Typoskript, S. 34.
W Rede über die Vorzüge der Bezirksregierungen vor einer allgemeinen Landesregierung in Stuttgart (Rede vor einer Ulmer Bürgerversammlung am 15. X. 1831), Ulm 1832 – Über Aufhebung der Zehenten, Leibeigenschaftsgefälle, Frohnen, Beeten und Fallehen, ferner über Gewerbwesen, Bürgeraufnahme und Volksschulen, Ulm 1833 – Flugschriften [betreffend grundherrliche Rechte und deren Ablösung, Gemeinde und Gewerberecht], zwei Bände, Ulm 1834-1838 – Rechtliches Gutachten der Juristen-Facultät in Tübingen und Richterliche Entscheidung des Civil-Senats des Donau-Kreis in Ulm über die Frage; ob die Ausflüsse der persönlichen Leibeigenschaft in Württemberg bedingt oder unbedingt aufzuheben seyen?, Ulm 1835 – Das Frohn-Ablösungs-Gesetz für Württemberg vom 28. Oktober 1836. Nebst Auszügen aus der Minist.-Verfügung vom 30. d. M. Abt. I, Ulm 1836 – Das Gesetz in Betreff der Beeden und ähnlicher ältern Abgaben für Württemberg vom 28. Oktober 1836, Abteilung II, Auszug aus der Hauptinstruktion und Bemerkungen, Ulm 1838, – Die Landes-Gesetzgebung von Württemberg in ihrem Verhältnis zu den Standes- und Gutsherren, Ulm 1836 – Über vortheilhafteste Benützung der Allmenden, Ulm 1842 – Beschwerden der kath. Kirche und die Katholiken in Württemberg, nach der Motion des Bischofs von Rottenburg und nach dem Nachtrag zu derselben, Ulm 1842 – Der erste Landtag von 1848, in: Dringende Volksbegehren, Ablösung der Feudallasten und der Weid- und Jagdrechte. Ablösung der Zehenten etc., Ulm (Sept.) 1848, S. 147-172.
L Ih 2, S. 964 – Karl BIEDERMANN, Württemberg und sein ao. Landtag, in: Unsere Gegenwart und Zukunft 6 (1847), S. 299-342, bes. S. 306 f. – SK Nr. 13, 15. I. 1861, S. 85 – SK Nr. 117/1861– RIECKE, Verfassung und Landstände, S. 60, 66 – HARTMANN, Regierung und Stände (1894), S. 51, 57 – Hauptregister, S. 608 – Thilo SCHNURRE, Die württ. Abgeordneten zu der konstituierenden deutschen Nationalversammlung zu Frankfurt am Main (Darstellungen aus der württ. Geschichte 9), Stuttgart 1912, S. 24 ff. – ADAM, Württemberg, S. 75 – Clemens BAUER, Die katholische Bewegung in Württemberg 1833-1848, Diss. München 1922 – Albert SCHEURLE, Der politische Katholizismus in Württemberg 1857-1871, Diss. Tübingen 1923 – Paul SCHRÄPLER, Die öffentliche Meinung in Württemberg 1830-1848, Diss. Leipzig 1923 – Hugo WIEST, Die gesamte Nachkommenschaft des Dr. med. Innocens Wiest (1765-1835), o. O. 1924 – DGB 55 (Schwäb. Geschlechterbuch 4) 1927, S. 383-386 (Bild S. 382) – Clemens BAUER, Politischer Katholizismus in Württemberg bis zum Jahr 1848 (Schriften zur deutschen Politik 23/24), Freiburg im Breisgau 1929, bes. S. 127 ff. – Hermann SIMON, Geschichte der Ulmer Presse von den Anfängen bis zum Beginn des 20. Jahrhunderts, phil. Diss., München 1954 (masch.) – MANN, Württemberger, bes. S. 391 u. ö. – HEPACH, Königreich, S. 110, 115, 143 f., 145, 164 f., 169, 177 f. – SPECKER/TÜCHLE, S. 271-273, 276, 284, 286 – UNGERICHT, S. 196 – BRANDT, Parlamentarismus, bes. 120 u. ö. – WAIBEL, Gemeindewahlen, S. 325 u. ö. – Werner HEINZ, Andreas Wiest, ein oberschwäbischer Anwalt, Politiker und Politiker im Vormärz, in: Heimat 7 (1996), Heft 1, S. 11-16, und Heft 2, S. 47-54 – Georg WIELAND, Bauernbefreiung und demokratischer Aufbruch in Oberschwaben 1848/49, in: Schwäbische Heimat 2/1998, S. 186-199, – RABERG, Biogr. Handbuch, S. 1019 f.

Wiest, Reinhard, * Stetten/OA Laupheim 3. oder 4. April 1835, † Neu-Ulm 25. Mai 1882, kath.
Vater   Joseph Wiest, Bierbrauer.
Mutter   Christine Stöbele.
∞ Agathe Guter, * Schaiblishausen 29. X. 1834, † Neu-Ulm 6. I. 1899.
3 K   Maria Anna Wiest, * Stetten/OA Laupheim 27. VI. 1861, ∞ Neu-Ulm April 1885 Georg Andreas Johann Reh[697], * Augsburg 14. III. 1852, Arzt I. Kl. in Neu-Ulm, S. d. Holzhändlers Johann Georg Reh u. d. Crescentia Welz; Anton Josef Wiest[698], * Stetten/OA Laupheim 27. X. 1864, † Neu-Ulm 1903, Brauereibesitzer in Neu-Ulm, ∞ Neu-Ulm April 1892 Amalie Fähndrich[699], * Neu-Ulm 2. III. 1871, T. d. Hoteliers Reinhard Fähndrich u. d. Walburga Ertle; Otto Reinhard Wiest, * Neu-Ulm 6. I. 1869, † ebd. 29. VII. 1869.

W. kam nach dem Tod von Johann Kölle, des Besitzers der Neu-Ulmer Löwenbrauerei, Mitte der 1860er Jahre in die Donaustadt und kaufte Ende 1866 den Besitz (Brauereigebäude, Gastwirtschaft und 50 Tagwerk Äcker und Wiesen) für die relativ geringe Summe von 82.000 Gulden – was damals in Ulm und Neu-Ulm für einiges Aufsehen sorgte. W. steigerte Bekanntheitsgrad und Umsatz der Löwenbrauerei beträchtlich. Als Brauereibesitzer war er zwei Jahrzehnte lang einer der ersten Steuerzahler in Neu-Ulm. W. starb ganz plötzlich kurz nach seinem 47. Geburtstag. Seine Witwe erbte die Löwenbrauerei und überschrieb sie 1896 ihrem einzigen überlebenden Sohn Anton Wiest. Noch vor seinem frühen Tod veräußerte Anton Wiest den Besitz im Jahre 1900 an Josef Ott.

L UBC 2, S. 171 – Friedrich LANZENSTIEL (Hg.), Neu-Ulm. Das neue Gesicht, Neu-Ulm 1954, S. 144 – TEUBER, Ortsfamilienbuch Neu-Ulm II, Nr. 5428.

Wild, Hermann, * Neuenbürg 27. Feb. 1884, † Ulm 15. Dez. 1962, □ ebd., Neuer Friedhof, ev.

Vater   Karl Albert →Wild, Schulrat in Ulm.
Mutter   Sophie Cranz.
∞ 1914 Johanna Veyl.
2 K.

W. war einer der bedeutendsten Ulmer Schulmänner und liberalen Politiker in der ersten Hälfte des 20. Jahrhunderts.
Auf Wunsch seiner Mutter am Wirkungsort von deren Vater in Neuenbürg zur Welt gekommen, besuchte der Sohn des Ulmer Stadtvikars und Bezirksschulinspektors ab 1892 zunächst die Elemenarschule und anschließend das Kgl. Gymnasium in Ulm. Nach dem Abitur 1902 studierte er zunächst Mathematik an der TH Stuttgart, brach diese Ausbildung aber schon 1903 zugunsten des Theologiestudiums in Tübingen ab. Dort schloss er sich der Verbindung Normannia an. Nach Beendigung des Studiums mit der I. theol. Dienstprüfung 1908 führte ihn die Vikarszeit u. a. nach Horb, Wildbad und als stv. Stadtvikar auch wieder nach Ulm. Der stark historisch-kritischen Methode in der Bibelforschung und damit einem christologischen Glauben anhängende W. übernahm 1910 die Stelle des Repetenten am ev.-theol. Seminar Maulbronn und nach der II. theol. Dienstprüfung 1912 die Stelle eines Repetenten am Tübinger Stift. Im Jahr darauf unternahm er eine Studienreise nach Norddeutschland und England. Schon zuvor hatte der stark an christlich-sozialen Fragestellungen interessierte W. Tagungen zu diesen Themen besucht, so 1909 den ev.-sozialen Kongress in Heilbronn, wo ihn eine Rede Friedrich Naumanns besonders beeindruckte. Bei einer dieser Gelegenheiten lernte er den späteren Bundespräsidenten Theodor Heuss kennen.
1913 Dritter Stadtpfarrer in Backnang und Lehrer für Religion am dortigen Lehrerseminar, erwies sich immer deutlicher, dass W. letztlich in den Schuldienst strebte. Im April 1915 wechselte er als Professor für Religion am Realgymnasium und an der Oberrealschule Schwäbisch Hall. Neben seiner beruflichen Tätigkeit widmete er sich vor allem der Mitarbeit im Ev. Arbeiterverein, im Ev. Pfarrverein, im Verein der ev. Religionslehrer und im Württ. Philologenverein, von 1919 bis 1924 war er Vorsitzender des „Vereins zur Förderung der Volksbildung" in Schwäbisch Hall. Sein politisches Interesse führte ihn zur Fortschrittlichen Volkspartei; nach der Novemberrevolution drängte er auch in die aktive Politik und trat der linksliberalen DDP bei und kandidierte im Jan. 1919 – vergeblich – für ein Mandat in der Württ. Verfassunggebenden Landesversamm-

[697] TEUBER, Ortsfamilienbuch Neu-Ulm II, Nr. 3655.
[698] TEUBER, Ortsfamilienbuch Neu-Ulm II, Nr. 5427.
[699] Die Witwe heiratete 1904 den Bauwerkmeister Friedrich Schäfer in Neu-Ulm. Vgl. TEUBER, Ortsfamilienbuch Neu-Ulm II, Nr. 3965.

lung (Platz 95 Vorschlagsliste; DDP). Im Juni 1919 fiel er auch bei der Wahl zum 1. Ev. Landeskirchentag durch. 1924 wurde W. als Studienrat für ev. Religion an das Ulmer Gymnasium versetzt, wo er auch Unterricht in Deutsch, Geschichte und Philosophie erteilte. Er erwarb sich auch am neuen Wirkungsort rasch große Beliebtheit und Achtung. Nicht wenig trugen dazu auch die zahlreichen Veranstaltungen bei, die W. an der Volkshochschule Ulmer durchführte. 1932 führte er nach dem Tod von Rektor Emil →Schott bis zur Bestellung von dessen Nachfolger die Rektoratsgeschäfte, ebenso 1940/41 nach dem Weggang von Rektor →*Sontheimer nach Stuttgart.

In der NS-Zeit konnte W. den Beitritt zur NSDAP vermeiden und schloss sich lediglich dem NS-Lehrerbund, dem Reichsluftschutzbund und der NS-Volkswohlfahrt an. Seine kritische Distanz gegenüber dem Regime brachte ihn wiederholt in Schwierigkeiten. Im Sommer 1944 wurde er nach dem Scheitern des Stauffenberg-Attentats kurzzeitig verhaftet.

Nach Kriegsende setzte sich der über 60-jährige W. mit Elan für den Wiederaufbau der schulischen und demokratischen Strukturen in Ulm ein. Schon im Mai/Juni 1945 war er Mitglied des Gemeindebeirats zur Beratung des kommissarischen Oberbürgermeisters. Ende Juni/Anfang Juli 1945 (offiziell 23. Juli) übernahm der politisch unbelastete W. das Amt des kommissarischen Kreisbeauftragten für das Ulmer höhere Schulwesen. Der Aufgabenbereich erstreckte sich von der Behebung der eklatanten Raumnot, der Ernährungs- und Bekleidungsnöte über die Rekrutierung der Lehrerschaft bis zur Erarbeitung neuer Lehrpläne. W. wirkte in seinem Amt wegweisend für die ganze Ulmer Region. In diesem Zusammenhang stand auch W.s Einsatz für die im April 1946 gegründete Ulmer Volkshochschule, deren Kuratorium er angehörte. Am 28. Sept. 1946 ernannte ihn Ministerpräsident Dr. Reinhold Maier auf besondere Intervention von Kultminister Theodor Heuss zum Oberstudiendirektor und Leiter des Ulmer Gymnasiums.

Daneben schloss er sich 1946 nach anfänglichem Zögern der FDP/DVP an, war Beisitzer im Ulmer Kreisvorstand und kam nach den ersten Kommunalwahlen im Mai 1946 auch in den ersten Ulmer Nachkriegs-Gemeinderat. Er blieb bis 1959 Mitglied dieses Gremiums. Kurzzeitig übernahm er im Juli 1946 den Vorsitz der Ulmer Spruchkammer. Ende Juni 1946 wurde er als FDP/DVP-Kandidat im WK 5 (Ulm) Mitglied der Verfassunggebenden Landesversammlung von Württemberg-Baden. Maßgeblich wirkte er im Verfassungsausschuss, dessen Schriftführer er war, an der neuen Landesverfassung mit, besonders bei der Formulierung von Kirche und Staat sowie Unterrichts- und Schulfragen betreffenden Artikeln. Von 1946 bis 1952 (1. und 2. o. LT) war er Abgeordneter des Landtags von Württemberg-Baden und führte den Vorsitz im Kulturpolitischen Ausschuss.

1952 schied W. aus seiner beruflichen Stellung und aus dem Landtag aus. Bei den Wahlen zur Verfassunggebenden Landesversammlung von Baden-Württemberg im März 1952 kandidierte er nicht mehr für ein Mandat. 1954 erhielt W. das Bundesverdienstkreuz, mit dem vor allem seine prägende Rolle beim Neubau des politischen, kulturellen und schulischen Lebens in Ulm gewürdigt wurde. 1978 wurde ein Weg im Ulmer Westen (Neubaugebiet Roter Berg in Söflingen) nach W. benannt.

Q   StAL, E 203 I Bü 3979 – Landeskirchliches Archiv Stuttgart-Möhringen, Personalakte W 216 – StadtA Ulm, G 2 – Pressedokumentation des Landtags von Baden-Württemberg, Stuttgart.
W   Heinrich Wild (Bearb.), Hermann Wild. Meine Lebenserinnerungen, Ravensburg 1996.
L   Magisterbuch 40 (1928), S. 175 – UBC 4, S. 228 – UBC 6, S. 26, 33, 56, 58, 96, 108, 123, 215 – SCHMIDGALL, Burschenschafterlisten, S. 179, Nr. 788 – ROTERMUND, Zwischen Gleichschaltung, S. 83 u. ö. – SPECKER, Ulm im Zweiten Weltkrieg, S. 39, 86 – Paul SAUER (Bearb.), Quellen zur Verfassung von Württemberg-Baden, 3 Bände, Stuttgart 1995-2001, Band 3, S. 604 [Registereinträge W.] – SPECKER, Großer Schwörbrief, S. 421, 429 f. – Heinrich STEINMEYER, Prof. Hermann Wild, in: 700 Jahre Ulmer Gymnasium. Festschrift, Ulm 1994, S. 144-147

– DERS., Hermann Wild (1884-1962). Ein schwäbischer Theologe, Pädagoge und Politiker, in: UO 52 (2001), S. 180-256 (Bild zwischen S. 214 und 215) – WEIK 72003, S. 160.

Wild, Karl Albert, * Münster/OA Gaildorf 27. Sept. 1849, † Ulm 28. Nov. 1904, ev.

∞ Sophie Cranz, T. d. Cranz, Dekan in Neuenbürg, u. d. Marie →Cranz (Marie Titelius).
Mehrere *K*, darunter Hermann →Wild.

W. war als ev. Geistlicher und Schulexperte mehr als 30 Jahre lang in Ulm tätig, zuletzt als Schulrat.

W. durchlief nach dem Landexamen das ev.-theol. Seminar Maulbronn. Anschließend studierte er Theologie in Tübingen. Nach den üblichen unständigen Verwendungen im Pfarrdienst wurde W. 1877 zum Diakon in Blaubeuren ernannt. 1883 wechselte er als Diakon an die Dreifaltigkeitskirche in Ulm, wo er 1888 zugleich das Amt des Bezirksschulinspektors übernahm. Von 1891 bis 1893 war er Zweiter Stadtpfarrer an der Dreifaltigkeitskirche. Am 30. Juni 1893 erfolgte W.s Ernennung zum Schulrat mit Rang auf der 7. Stufe ebd. Als solcher war er Bezirksschulinspektor und Schulkonferenzdirektor und erteilte Religionsunterricht an der Ulmer höheren Mädchenschule. Nach seinem frühen Tod – W. starb im Alter von 55 Jahren – folgte ihm der Herrenberger Stadtpfarrer Dr. Wilhelm →*Weber als Ulmer Schulrat nach.

L   Magisterbuch 30 (1897), S. 117 – Staatsanzeiger 1904, S. 1871 – Württ. Jahrbücher 1904, S. IV – UBC 3, S. 56, 321 (Bild), 322, 339.

Wimmer, Theodor, Dipl.-Architekt, * Beilngries (Oberpfalz) 9. Nov. 1902, † nicht ermittelt, kath.
Vater   Ludwig Wimmer, * Füssen 7. IX. 1870, Bezirksamtsassessor, Staatsrat im Staatsministerium für soziale Fürsorge, Präsident des Landesversicherungsamtes, S. d. Theodor Wimmer, * Weilheim 25. XII. 1834, † München 7. IV. 1914, Oberamtsrichter, u. d. Sabine Kreil, * Roßhaupten 22. V. 1851.
Mutter   Anna Brantl, * Cham 25. IV. 1877, T. d. Nikolaus Brantl, * Cham 17. XII. 1838, † Regensburg 18. XII. 1922, Kommerzienrat, u. d. Barbara Mondschein, * Fürth 12. VIII. 1842, † Regensburg 4. III. 1911.
∞ 1933 Rosina Haydn, * Dorfen 7. VI. 1902, T. d. Karl Haydn, * 18. XII. 1872, † Dorfen 15. VI. 1925, Baumeister, u. d. Rosina Waitl, * Dorfen 24. VIII. 1879.
1 *K.*

Nur zwei Jahre lang stand W. in Diensten der Stadt Neu-Ulm. Als Stadtbaurat schien ihm dort eine große Zukunft offenzustehen.

Nach dem Besuch des Humanistischen Gymnasiums durchlief der Sohn eines hohen Staatsbeamten in Neuburg/Donau sechs Monate eine Lehre im Baugewerbe. Anschließend nahm W. das Architekturstudium an der TH München auf und bestand 1925 die Vorprüfung, 1928 auch die Diplomprüfung (als Viertbester unter 32 Prüflingen). 1925/26 war er Praktikant bei der Postbauleitung Glonn, 1928/29 Bauleiter des Mietpostgebäudes Freyung, von Sept. 1928 bis Jan. 1930 Baureferendar bei der Oberpostdirektion München. Von Jan. bis Okt. 1930 war W. als stv. Geschäftsführer beim Bayer. Landesverein für Heimat angestellt. Im Okt. 1930 bestand er die Prüfung im höheren Staatsbaudienst und durfte fortan den Titel Regierungsbaumeister führen, ab Nov. 1930 war er Leiter eines Baugeschäfts in Dorfen (Oberbayern). 1933 trat W. der SA bei.

Der Neu-Ulmer Stadtrat diskutierte am 31. Juli 1934 die Notwendigkeit der Neubesetzung der Stelle des Leiters des Stadtbauamts Neu-Ulm mit einer energischen, zielbewussten und entsprechend vorgebildeten jüngeren Kraft. Stadtrat Hermann →Boch äußerte, er habe den Eindruck, Stadtbaurat Karl →Walder leite das Stadtbauamt in einer Weise, die modernen

Gesichtspunkten nicht entspreche. Er beschwor die Gefahr herauf, das Ansehen der Verwaltung und des Stadtrats könne Schaden nehmen, wenn sich nichts ändere. Der Stadtrat beschloss, sofort einen jüngeren *leistungstüchtigen Regierungsbaumeister* einzustellen, der nach Bewährung die Nachfolge Walders antreten sollte, und nahm W. im Okt. 1934 als Angestellten (Stadtbaurat) beim Stadtbauamt in städtische Dienste.

W. oblag in seiner Neu-Ulmer Zeit neben der alltäglichen Verwaltungsarbeit u. a. die Projektierung und Bauleitung des Um- und Erweiterungsbaues des städtischen Krankenhauses, Projektierung und Durchführung von zehn vorstädtischen Kleinsiedlungen und künstlerische Beratung bei von der Baupolizei zu behandelnden Baugesuchen. Da sich W. knapp zwei Jahre später neue Perspektiven boten, fragte er wegen seiner Übernahme in ein ständiges Dienstverhältnis und Verbeamtung an, was jedoch zurückgewiesen wurde. W. schied daraufhin aus den Diensten der Stadt Neu-Ulm aus und wechselte im Herbst 1936 in die Bauabteilung des Reichsluftfahrtministeriums.

Nach 1945 arbeitete W. wieder als Architekt in Dorfen und erbaute u. a. die kath. Kirche in Schwindegg (1960).

Q   StadtA Neu-Ulm, A 4, Nr. 315 [Personalakte bis 1936].

Wirsching, Carl *Eugen*, * Ulm 29. Nov. 1891, † Reutlingen 22. Okt. 1983, ev.

Vater   Johann Georg Felix Wirsching, * 1851, † 1938, Postunterbeamter in Ulm.
Mutter   Christine Wiedemann, * 1858, † 1940.
7 G, darunter August Wirsching[700], Rechnungsrat, stv. Vorstand beim Städtischen Wohlfahrtsamt Ulm, NSDAP-Mitglied, 6. IV. bis 20. IV. 1933 kommissarischer Erster Bürgermeister ebd. (Nachfolger von Ernst →Sindlinger), seit 20. VII. 1933 Vorstand des Städtischen Wohlfahrtsamts ebd., Oberrechnungsrat, Verwaltungsdirektor, 1934 wegen Veruntreuungen im Amt entlassen und 1936 mit Entzug aller Ruhegehaltsansprüche und seiner Amtsbezeichnung bestraft.
∞ I. Reutlingen 1914 Anna Wörner, * 1882, † 1955; ∞ II. Reutlingen 1956 Marie Ottilie Hopp, * 1894, † 1971.
4 K.

Wenn der gebürtige Ulmer W., der zu den aus der Münsterstadt stammenden Landesministern und zu den Sozialpolitikern der Nachkriegszeit von Format zählt, auch nur die Kindheits- und Jugendjahre in seiner Vaterstadt verbrachte, so blieb doch die Verbindung zu Ulm bis in sein hohes Alter erhalten. W., der dort die Volksschule besucht und als ausgezeichneter Schüler des öfteren die „Schulprämien" erhalten hatte, pflegte den Kontakt zu den Schulfreunden und kam auch regelmäßig zu den Schwörmontagsfeiern.

1906 zog die Familie wegen der Versetzung des Vaters von Ulm nach Reutlingen, wo W. eine Kaufmannslehre aufnahm. Anschließend war er Kaufmann in Reutlingen. Schon als junger Mann fand W. zum Jugendbund in der Pfadfinderbewegung und interessierte sich sehr für den sozialen Bereich. Daneben war er ein aktiver ev. Christ, der im Reutlinger Gemeindeleben eine große Rolle spielte. Seit 1914 Mitglied der Deutschen Angestellten-Gewerkschaft (DAG) und seit 1921 in Diensten des (deutschnationalen) Deutschen Handlungsgehilfenverbandes (DHG), strebte W. auch in die Kommunalpolitik und war von 1922 bis zum 30. März 1935 Mitglied des Gemeinderats in Reutlingen, zunächst für die DVP, ab 1928 für den Christlich-Sozialen Volksdienst (CSVD). Seine politische Tätigkeit wurde von den Nationalsozialisten beendet, denen er wegen seiner kirchlichen Aktivitäten suspekt war. W., der sowohl im Ersten wie im Zweiten Weltkrieg Frontsoldat war, geriet 1945 in sowjetrussische Kriegsgefangenschaft.

Obwohl er sich bei seiner Rückkehr aus dem Krieg im Herbst 1945 fest dazu entschlossen hatte, nicht in die Politik zurückzukehren, ließ er diesen Vorsatz angesichts der herrschenden Not fallen. Er war zunächst Leiter des „Reutlinger Hilfswerks", anschließend Flüchtlingskommissar in Reutlingen. 1946 zählte

er zu den Mitgründern der CDU im Kreis Reutlingen und der CDU Württemberg-Hohenzollern. Von 1948 bis 1958 und von 1960 bis 1963 war er einer der stv. CDU-Landesvorsitzenden, von 1956 bis 1963 fungierte er auch als Schatzmeister des Landesverbands. Nach 1950 war er zeitweise Mitglied des CDU-Bundesparteivorstands.

Von 1946 bis 1965 war er erneut Gemeinderat (CDU) und auch Mitglied der Kreisversammlung Reutlingen (CDU), 1946 Vierter Beigeordneter des Oberbürgermeisters der Stadt Reutlingen, 1948 Dritter Beigeordneter, 1954 Erster Beigeordneter, 1957 Erster Stellvertreter des Oberbürgermeisters, 1963 Zweiter Stellvertreter. Von 1946 bis 1947 gehörte W. der Beratenden Landesversammlung von Württemberg-Hohenzollern an und war stv. CDU- Fraktionsvorsitzender, Mitglied des Ältestenrats, des Verwaltungsausschusses und des Ausschusses zur Rechtsanordnung für politische Säuberung. 1947 erfolgte die Wahl W.s zum MdL Württemberg-Hohenzollern (bis 1952) als Spitzenkandidat der Reutlinger CDU-Liste; vom 3. Juni bis 22. Juli 1947 war er Erster stv. Fraktionsvorsitzender. Vom 22. Juli 1947 bis 25. April 1952 war W. Arbeitsminister von Württemberg-Hohenzollern, als solcher auch vom 27. Sept. 1949 bis 25. April 1952 stv. Mitglied des Bundesrats in Bonn. W. musste die Arbeitsverwaltung in dem in der französischen Besatzungszone gelegenen Rumpfstaat Württemberg-Hohenzollern erst von Grund auf errichten und zum Teil in heftigem Konflikt mit der französischen Militärregierung agieren. Er verstand es, die gegliederte Sozialversicherung in Selbstverwaltung ebenso durchzusetzen wie die Betriebs- und Ersatzkassen, den Aufbau der Arbeitsgerichtsbarkeit, des Schlichtungswesens, die Kriegsopferversorgung („KB-Leistungsgesetz"), die Gewerbeaufsicht, die Arbeitsvermittlung, die Arbeitslosenversicherung und die Wiedergutmachung.

W. war ungeachtet seiner persönlichen Bescheidenheit kein Politiker ohne Ambitionen. Eine Kandidatur zum Bundestag führte 1949 jedoch nicht zum Erfolg. Von 1952 bis 1960 war W. Mitglied der Verfassunggebenden Landesversammlung bzw. ab Nov. 1953 MdL Baden-Württemberg (CDU, Zweitmandat im WK Reutlingen): 1956 Mitglied des Finanzausschusses. 1953 scheiterte seine Bewerbung für das Amt des Generalkonsuls in Basel. 1953 und 1954 lehnte er Berufungen in die Geschäftsführung der Bundesanstalt für Arbeit ab. Vom 1. Sept. 1954 bis zum 1. Sept. 1963 war er Richter (ehrenamtliches Mitglied des 8. und 9. Senats) beim Bundessozialgericht Kassel, Mitglied des Gnadenausschusses, ab 1960 Mitglied des Großen Senats. 1960 zog er sich sukzessive aus der Politik zurück und widmete sich der Niederschrift der Familiengeschichte der Wirschings. 1966 gab es noch einmal Wirbel um ihn, als er wegen innerparteilicher Querelen um seine Unterstützung des Reutlinger SPD-Oberbürgermeisters Oskar Kalbfell aus der CDU Reutlingen austrat, aber Mitglied des Landesverbands blieb. – 1949 Ehrenvorsitzender des Schutzverbandes für Staatsbürgerrechte; 1953 Zweiter Vorsitzender der Ev. Gesellschaft; 1949 Mitglied der Bundesversammlung zur Wahl des Bundespräsidenten; 1955 bis 1968 Mitglied des Aufsichtsrats des Bruderhauses Reutlingen; ab 1955 Beiratsmitglied für Arbeits- und Sozialfragen beim Arbeitsministerium Baden-Württemberg; 1964 Mitglied des Verwaltungsausschusses des Arbeitsamts Reutlingen; Kuratoriumsmitglied des Internationalen Jugendsozialwerks Tübingen. – 1956 Großes Verdienstkreuz des Verdienstordens der Bundesrepublik Deutschland mit Stern; 1978 Verdienstmedaille des Landes Baden-Württemberg.

Q   StAS, N ½, Nachlass – StadtA Reutlingen (Personalakte/Familiäres) – StadtA Ulm, G 2.
L   DBI 8, S. 3895 – DBA II/1416, 126-127 – DBA III/1000, 75 – Ih 2, S. 972 – Wer ist wer? 11 (1951), S. 742 – ebd. 13 (1958), S. 1384 – HbLBW 2. WP (1956), F 61 (Bild) – KOSCH, BStHb, S. 1190 – Nicolas HOSSEINPUR, Ein großer Sohn der Stadt Ulm wird 80. Staatsminister a. D. Eugen Wirsching lebt zurückgezogen in Reutlingen, in: Schwäb. Zeitung Nr. 274, 29. XI. 1971 – POTTHOFF/WENZEL,

[700] UBC 4, S. 178 – UBC 5a, S. 58, 100, 117, 145, 170 – SPECKER, Großer Schwörbrief, S. 398.

S. 81, 132, 263 – BWB II (1999), S. 490 f. (Frank RABERG) – SCHUMACHER, M.d.B., S. 466, Nr. 6401 – WEIK ⁷2003, S. 161.

Wittmann, Christian, * Uttenreuth/BA Erlangen 10. Feb. 1890, † Neu-Ulm 25. Jan. 1959, ev.

Vater Friedrich Wittmann.
Mutter Friederike Haagen.
∞ Fürth 25. X. 1913 *Helena* Luise Eichhorn, * Rudolstadt (Thüringen) 7. IV. 1888, 1947 Ehe geschieden, T. d. Schreiners Erwin Eichhorn in Neu-Ulm u. d. Henriette Helena Frosch.

In der Zeit vom 16. Juli bis 11. Dez. 1945 war W. kommissarischer Bürgermeister von Neu-Ulm – so dachte man lange Zeit. Konrad Geiger weist jedoch nach, dass W. bereits am 21. Mai 1945 von Militärgouverneur Captain Harrell recht formlos als kommissarischer Bürgermeister eingesetzt worden ist: *Eine unter stadtgeschichtlichen Aspekten interessante Persönlichkeit ist er allemal*, auch wenn er in der Neu-Ulmer Kommunalpolitik *nur sehr wenig Spuren hinterlassen hat* (GEIGER, Übergangszeiten, S. 102).

Über seinem Lebensweg stehen eine Reihe von Fragezeichen. Der Schlosser und Monteur kam im Juni 1917 von Ulm nach Neu-Ulm und trat 1918 der linkssozialistischen USPD bei. Später wechselte er zur KPD, soll sich zumindest 1923 bei der kommunistischen Untergrundorganisation „Rote Hilfe" als Funktionär und als Gewerkschaftsmitglied betätigt haben. 1923 verurteilte ihn das Reichsgericht in Leipzig wegen „Vorbereitung zum Hochverrat" zu einer 30-monatigen Gefängnisstrafe. Details der Anklage und zum Hintergrund dieses Prozesses ließen sich ad dato nicht ermitteln. In der Zeit vor und in den ersten Tagen der Machtübernahme der Nationalsozialisten suchte W. mit einigen Parteifreunden zur Agitation sowie mit Flugblattherstellung und -verteilung gegen die NSDAP zu arbeiten. Für die politisch nicht unvoreingenommene Justiz der Zeit war es ein Leichtes, gegen W. und seine Parteifreunde erneut eine Hochverratsanklage zu erheben. W. saß seit März 1933 als „Schutzhäftling" im „Gefängnis am Neudeck" ein, der Prozess begann am 11. Dez. 1933 in München. W. wurde zur Last gelegt, er habe sich am 27. Feb. 1933 im Kollmannpark „konspirativ" mit Genossen getroffen und mitgeteilt, dass von der Stuttgarter Bezirksleitung der KPD Weisung erteilt worden sei, gegen die Regierung Hitler bewaffneten Widerstand zu leisten und Sabotageakte zu verüben. Einer der im Prozess zur Aussage geladenen Zeugen war der Neu-Ulmer Oberinspektor Anton →Walk, der bezeugte, W. und seine Genossen hätten wiederholt mit Schlämmkreide Hetzparolen an öffentliche Gebäude geschrieben. Das Gericht verurteilte W. zu einer Haftstrafe in Höhe von zwei Jahren und neun Monaten, die er z. T. im KZ Dachau verbrachte. Im Herbst 1936 aus der Haft entlassen, führte W. in Neu-Ulm ein unauffälliges Leben.

Wie in zahlreichen anderen deutschen Städten suchte die US-amerikanische Militärregierung vor Ort nach politisch unbelasteten Persönlichkeiten, um ihnen kommissarisch die Verwaltungsgeschäfte zu übertragen. Nachdem unmittelbar nach der Absetzung von Franz Josef →Nußll Stadtamtmann Hans →Erdle für einige Wochen die Verwaltungsgeschäfte geführt hatte, übernahm W. offenbar bereits am 21. Mai 1945 die Aufgaben des kommissarischen Bürgermeisters. Fachlich war W. auf diese nicht vorbereitet, aber seine „weiße Weste" und die Haft in Dachau empfahlen ihn in den Augen der Besatzungsmacht hinreichend. Die Berufung während des „Dritten Reiches" politisch Verfolgter in Verwaltungspositionen war 1945/46 eher die Regel als die Ausnahme.

W. war ein 13-köpfiger „Beirat" zur Seite gestellt, dem u. a. neben Jakob →Bantleon, Josef →Böck und Josef →Dirr auch W.s Parteifreund Johann →Mayer angehörte, der bei dem Hochverratsprozess von 1933 ebenfalls zu einer Haftstrafe verurteilt worden war, die er z. T. auch in Dachau verbracht hatte. W. ernannte Mayer zum Neu-Ulmer Polizeichef. Die Militärregierung traute W. die neue Aufgabe offenbar nicht ganz zu, deshalb gab sie ihm in der Person des Regierungsrats Heribert von Schönhofer vom Landratsamt einen offenbar gleichberechtigten kommissarischen Bürgermeister bei, der sich in der Verwaltung auskannte und vor allem in juristischen Fragen beschlagen war. Er musste jedoch Mitte Aug. 1945 als politisch belasteter Beamter der NS-Zeit wieder ausscheiden. Die von der Besatzungsmacht eingesetzten Neu-Ulmer Verantwortungsträger waren mit einer drängenden Flut großer Probleme konfrontiert. Es herrschten Wohnungs-, Versorgungs- und Nahrungsmittelnot, die Wiederinstandsetzung der Infrastruktur musste in Angriff genommen werden, zuvor die Entschuttung. Die Aufrechterhaltung der öffentlichen Ordnung konnte durch die Erhöhung der Anzahl von Schutzleuten von 22 auf 62 gewährleistet werden. Vor der Errichtung einer für den Landkreis zuständigen Entnazifizierungsinstanz in Weißenhorn am 5. Juli 1946 war W. auch Exekutor der Säuberungsmaßnahmen der Besatzer, was auch bedeutete, dass er auf Weisung Verwaltungsbeamte und -angestellte entlassen musste, weil sie sich politisch kompromittiert hatten. Für einen verspäteten persönlichen „Rachefeldzug" W.s gibt es keinerlei Anhaltspunkte.

Angesichts seiner Unerfahrenheit leistete W. in kurzer Zeit Beachtliches. Er verstand es, ohne die ideologische Brille den Sinn für das Notwendige und das Machbare zu entwickeln. Dass er dabei völlig von der Militärregierung abhängig war, aber alle von ihr angeordneten Maßnahmen nach außen als seine Entscheidungen zu vertreten hatte, wusste zwar jeder, lieferte aber bei unpopulären Maßnahmen willkommene Munition gegen den „kommunistischen Sträfling", den weite Kreise in Neu-Ulm gerne wieder los werden wollten. Welche Umstände letztlich zu W.s Entlassung im Dez. 1945 führten, ließ sich bisher nicht aufklären. Der Interims-Landrat Walter Lüneburg teilte mit Bedauern die von der Militärregierung verlangte Absetzung W.s bei einer Sitzung von Bürgermeister und Beirat am 11. Dez. 1945 mit. Er habe die Absetzungsweisung schriftlich erhalten; *leider habe ich bisher nicht erfahren können, welches die Gründe sind*. Er erfuhr sie auch später nicht. Der „Stadtrat" (gemeint kann nur der Beirat sein) solle einstweilen die Geschäfte des Bürgermeisters weiterführen.

W. war ebenso bestürzt wie der Beirat, musste sich aber fügen. Beiratsmitglied Josef Böck übernahm die Geschäftsführung. W. verschwand von der Bühne der Kommunalpolitik, konnte seine Laufbahn auch nicht als Mitglied des Stadtrats fortsetzen. 1947 musste sich W. auf Grund einer Klage eines Neu-Ulmer Bürgers, der ihn der Urkundenunterdrückung, Fragebogenfälschung und Betrugs während seiner Amtszeit bezichtigte, vor der Spruchkammer Weißenhorn verantworten. Das Verfahren endete mit einem W. gänzlich entlastenden Einstellungsbeschluss. W. starb zwei Wochen vor Vollendung seines 69. Lebensjahres völlig vergessen in Neu-Ulm.

Q StadtA Neu-Ulm, A 9, und Akten der Spruchkammer Neu-Ulm, Christian Wittmann.
L TREU, Neu-Ulm, S. 379, 576 – Konrad GEIGER, Übergangszeiten - Neu-Ulms Verwaltung zwischen April und Dezember 1945. Ein Neu-Ulmer Kommunist regiert im Auftrag der amerikanischen Besatzungsmacht, in: Geschichte im Landkreis Neu-Ulm 9 (2003), S. 97-112.

Wittmann, Herta, geb. Schmid, * Seißen/OA Blaubeuren 21. März 1913, † Ulm 9. Okt. 1960, □ ebd., Hauptfriedhof, 11. Okt. 1960, ev.

Vater Eugen →Schmid, Stadtpfarrer.
Mutter † 1954.

5 G, darunter Oskar Schmid, † gefallen 1941; Heinrich Schmid, † gefallen 1941.
∞ Ulm 9. VIII. 1934 Herbert Wittmann, * Heidenheim/Brenz 25. VII. 1908,
† gefallen Frankreich 9. VI. 1940, Vikar in Ulm, Pfarrer in Böhringen bei Urach.
4 K   Elsbeth Wittmann, * 1935, ∞ Münzenmayer; Ursula Wittmann, * 1937;
Albrecht Wittmann, * 1939; Margarete Wittmann * 1940.

W. war die erste Ulmer Gemeinderätin nach dem Ende des Zweiten Weltkriegs. In dem festen, von christlicher Überzeugung getragenen Willen, sich nach dem Ende des „Dritten Reiches" für den Wiederaufbau engagieren zu müssen, reifte W. zu einer prägenden demokratischen Kommunalpolitikerin heran, deren Wirken in Ulms Geschichte Spuren hinterließ. Sie vermochte sich auf Grund ihrer politischen Arbeit Respekt und Anerkennung weit über Parteigrenzen hinweg zu gewinnen. Ihr früher Tod wurde allgemein betrauert.

Aufgewachsen in Seißen in einem Pfarrhaushalt, in dem Christlichkeit, Charakterfestigkeit und Mitmenschlichkeit groß geschrieben wurden, besuchte sie dort die Grund- und Lateinschule und, nach der Versetzung ihres Vaters nach Ulm, seit 1924 das Humboldt-Gymnasium ebd. Im Anschluss an die mittlere Reife half sie zwei Jahre lang im elterlichen Haushalt mit. Die Ausbildung zur Fürsorgerin brach sie ab, als sie den Vikar ihreas Vaters heiratete. Mit ihrem Ehemann ging sie nach dessen Ernennung zum dortigen Pfarrer nach Böhringen. Dort wirkte sie karitativ und hielt Bibelstunden und unterstützte ihren Ehemann in jeder Weise. Da ihr Ehemann mit seinem Einsatz für die „Bekennende Kirche" ins Visier der NS-Machthaber geraten war, folgte noch im Aug. 1939 dessen Einberufung zur Wehrmacht. Seit Herbst 1940 lebte W., deren Lebensentwurf nach dem Soldatentod ihres Ehemannes Makulatur geworden war, mit ihren vier kleinen Kindern wieder in Ulm, zunächst bei den Eltern, dann in einer eigenen Wohnung. Wegen der geringen Dienstzeit ihres gefallenen Ehemannes erhielt W. nur eine kleine Witwenpension. Nach der Zerstörung ihrer Wohnung beim Fliegerangriff des 17. Dez. 1944 zogen die Eltern zu ihrer Tochter in deren Wohnung am Staufenring.

W. war eine Art „Prototyp" der deutschen Kriegerwitwe, deren Einsatz nach 1945 den Wiederaufbau der zerstörten Städte ebenso wie eine junge, stabile Demokratie erst möglich machten. W. fand ihre politische Heimat auf Vermittlung von Hermann →Wild bei der Demokratischen Volkspartei (DVP), der späteren FDP – der Partei von Reinhold Maier und Theodor Heuss. Im Dez. 1947 erfolgte ihre Wahl in den Ulmer Gemeinderat, wo sie für sechs Jahre die einzige (!) Frau unter insgesamt 36 Gemeinderäten war. Nach ihrer Wiederwahl 1953 – mit der höchsten FDP-Stimmenzahl – widmete sich W. als Mitglied des Bauausschusses – eine Funktion, die sie selbst für besonders bedeutsam hielt – besonders dem Wohnungs- und Schulbau sowie der Schulfrage. Im Laufe ihrer insgesamt zwölfjährigen Tätigkeit im Gemeinderat gehörte sie dort fast allen Ausschüssen an, vor allem im Wirtschaftsausschuss zeigte sie Sachverstand und Initiative vor dem Hintergrund schwieriger Rahmenbedingungen. 1952 war sie mit einer Delegation des Ulmer Gemeinderates auf einer dreimonatigen Studienfahrt in den USA, um sich mit dem Wesen der Demokratie dort vertraut zu machen. 1953 wies sie in einer sehr emotionalen Rede im Gemeinderat den Antrag der neu gegründeten Sparkasse Ulm zurück, auf dem Grundstück der einstigen Synagoge ihr Hauptgebäude zu errichten. Wie ein roter Faden durchzog die Frage der Unterbringung der Frauenarbeitsschule ihr kommunalpolitisches Wirken. 1957 konnte sie in die Räumlichkeiten am Weinhof zurückkehren. Dafür hatte sich W. stets eingesetzt. W., Angehörige des überparteilichen Frauenkreises und engagierte Unterstützerin des Baus von Frauenwohnheimen, wurde 1959 ein drittes Mal in den Ulmer Gemeinderat gewählt. Die profilierteste Ulmer Kommunalpolitikerin der unmittelbaren Nachkriegszeit erkrankte jedoch wenig später an akuter Leukämie und starb im

Alter von 47 Jahren. 1962 wurde das Kindertagheim im Neukirchenweg 70, für dessen Errichtung sie sich stets eingesetzt hatte, nach ihr benannt.

Q   StadtA Ulm, G 2.
L   Zum Tode von Stadträtin Herta Wittmann, in: Ulmer Nachrichten Nr. 235, 10. X. 1960, S. 3 – Zum Gedenken an Herta Wittmann, geb. Schmid, Ulm 1960 – SPECKER, Großer Schwörbrief, S. 441 – Elfriede DEHLINGER, Herta Wittmann, in: Ökumenischer Arbeitskreis Frauen (Hg.), Ulmer Frauenwege im 20. Jahrhundert. 12 Lebensbilder. Tatkraft aus Nächstenliebe, Ulm 2006, S. 66-75 (Bild).

Wittmann, Karl, * Haltenbergstetten, Gde. Niederstetten/OA Gerabronn 1. Aug. 1889, † Ulm 13. Okt. 1967, ev.
Vater   Karl Wittmann, Fürstl. Hohenlohe-Jagstbergscher Forstmeister in Haltenbergstetten.
Mutter   Wilhelmine Glock.
∞ 1936 Johanna Stark, * 1902, T. d. Graphikers Stark in Ulm.
2 K.

W. war einer der ev. Geistlichen in Ulm während des „Dritten Reiches" und im Jahrzehnt nach dem Kriegsende.

Nach dem Landexamen und der in den ev.-theol. Seminaren Maulbronn und Blaubeuren empfangenen Vorbildung studierte W. vor Ausbruch des Ersten Weltkriegs in Tübingen (Mitglied der Burschenschaft Roigel „Tübinger Königsgesellschaft") klassische Philologie und Theologie, wobei er theologisch besonders von Adolf Schlatter geprägt wurde. Die Vikariatszeit W.s nach der theol. Dienstprüfung wurde vom Krieg unterbrochen, den W. von Anfang bis Ende als Leutnant und Feldgeistlicher mitmachte. 1917 zum Zweiten Stadtpfarrer in Weikersheim und 1926 zum Pfarrer in Edelfingen/Dekanat Weikersheim ernannt, konnte er seine ersten Dienstjahre in Festanstellung in seiner hohenlohischen Heimat verbringen.

Im März 1934 als Nachfolger des als Pfarrer nach Metzingen versetzten Richard →Heintzeler zum Zweiten Stadtpfarrer am Ulmer Münster ernannt und am 15. April 1934 in sein Amt eingeführt, waren W.s Anfänge in Ulm von den politischen Zeitumständen geprägt. Die ev. Jugend wurde der Hitlerjugend einverleibt, W. stellte sich ganz auf die Seite der Bekennenden Kirche und brachte diese Haltung auch in seiner Predigt im Münster am 7. Okt. 1934 deutlich zum Ausdruck, indem er offen die von der Reichskirchenregierung zu verantwortenden Rechtsbrüche und Gewalttaten ansprach. Verschärft wurde diese vielfach als „Affront" aufgefasste Predigt noch zusätzlich durch die Tatsache, dass in der Woche zuvor der Reichsbischof Ludwig Müller im Münster den Gottesdienst gehalten hatte. Dekan Theodor →Kappus verbot W. die Kanzel mit dem häufig in ähnlichen Zusammenhängen aufgebotenen Vorwurf, das Verhalten W.s zeuge von schlechter deutscher Gesinnung. Dieser Vorwurf ging bei dem Patrioten und Frontkämpfer W. gewiss ins Leere, reichte aber seinerzeit, um ihn in Ulm gesellschaftlich unmöglich zu machen.

Im Juli 1940 erfolgte erneut W.s Einberufung als Heerespfarrer zur Wehrmacht, wobei er vor allem im Lazarettdienst tätig war. Als er aus der Kriegsgefangenschaft nach Ulm zurückkehrte, fand die musikbegeisterte W. seine Wohnung mit zahlreichen wertvollen Musikinstrumenten zerstört. Er führte sein Amt als Zweiter Stadtpfarrer am Ulmer Münster weiter, wobei er mit seiner Ehefrau, die wie er sehr virtuos Klavier spielte, zahlreiche Gemeindeveranstaltungen musikalisch umrahmte. W. war ein Geistlicher, der als Prediger und Seelsorger gleichermaßen geschätzt war und mit seiner offenen Art überzeugte. Am 30. April 1956 trat W. in den Ruhestand, versah aber noch bis zum 24. Juli 1956 die Dritte Stadtpfarrstelle am Münster, nachdem der Stelleninhaber Ernst →Class zu seinem Nachfolger als Zweiter Stadtpfarrer ernannt worden war. Er verbrachte seinen Ruhestand in Ulm, wo er im Alter von 78 Jahren auch starb.

Q   StadtA Ulm, G 2.
L   Magisterbuch 41 (1932), S. 167 – UBC 4, S. 358, 379 (Bild), 380 – SCHMIDGALL, Burschenschafterlisten, S. 150, Nr. 700 – NEBINGER, Die ev. Prälaten, S. 585, 589 – MAYER, die ev. Kirche, bes. S. 530 f. u. ö.

Wizigmann, Maximilian, Dr. iur., * Ulm 18. Jan. 1894, † Tettnang 29. Okt. 1964, kath.
Vater   Maximilian Wizigmann, Oberbahnhofsvorsteher in Ulm, [1908] Stationsverwalter in Beuron, [1912] in Hausen im Tal.
Mehrere G, darunter Eugen Wizigmann, Zentrumspolitiker, vor 1933 Gemeinderat und kath. Kirchenpfleger in Ulm, 1945/46 Mitglied des Gemeindebeirats ebd.

W. war einer der zahlreichen aus Ulm stammenden Verwaltungsjuristen.
W. wuchs in seiner Vaterstadt auf, besuchte dort die Schulen und begann 1913 mit dem Jurastudium in München (Akademischer Gesangverein München) und Tübingen (Landsmannschaft Ghibellinia). Der Erste Weltkrieg unterbrach das Studium, W. wurde Soldat und zeichnete sich im Feld wiederholt aus. Nach Kriegsende setzte er das Studium fort, bestand 1920 die I. und 1922 die II. Höhere Justizdienstprüfung. Im gleichen Jahr schloss er das Studium mit der Promotion zum Dr. iur. (Universität Tübingen) ab. Schon am 8. Nov. 1922 erfolgte W.s Eintritt in die württ. Innenverwaltung. Er fand zunächst Verwendung beim OA Tettnang, wo er 1923 zum Amtmann ernannt wurde. Ab 2. April 1929 beim OA Esslingen/Neckar verwendet, kam er am 1. Juni 1929 als Hilfsarbeiter des höheren Dienstes zur Ministerialabteilung für Bezirks- und Körperschaftsverwaltung (MABK) im württ. Innenministerium. 1932 zum planmäßigen Regierungsrat ernannt, wurde W. weiter bei der MABK verwendet. Von 1930 bis 1933 war W. Mitglied der Zentrumspartei, 1933 trat er der NSDAP bei.
Am 7. Juni 1933 als Nachfolger des ins Innenministerium versetzten Landrats Dr. Erwin Gerhardt zum Amtsverweser beim OA Waldsee ernannt, jedoch wegen politisch motivierter Vorbehalte des Reichsstatthalters Wilhelm Murr erst am 31. Okt. 1935 zum Landrat ebd. ernannt, übernahm W. am 1. Okt. 1936 zugleich die Amtsverwesung beim OA Biberach/Riß. Am 11. Jan. 1937 wurde W. zum Biberacher Landrat ernannt, nachdem Landrat Otto Risch in den Ruhestand getreten war. Er führte aber zugleich noch bis zum 29. Juli 1938 die Amtsgeschäfte in Waldsee weiter.
Nach dem Einmarsch französischer Truppen am 23. April 1945 suspendiert und am 21. Mai 1945 vom Gouvernement Militaire beurlaubt, entließ ihn Landesdirektor Fritz Ulrich (SPD) am 14. Juli 1945 mit Wirkung zum 30. Juni 1945 offiziell aus dem Amt. Die Entlassung wurde vom Staatssekretariat für politische Säuberung Württemberg-Hohenzollern am 17. April 1947 bestätigt. W. verblieb in der von ihm seit 1945 ausgeübten kaufmännischen Tätigkeit bei Verwandten in Tettnang, bis er 1949 nach einem milderen Säuberungsspruch wieder in den Staatsdienst eintreten konnte. Er übernahm im Innenministerium des Landes Württemberg-Hohenzollern mit der Amtsbezeichnung Landrat zunächst die stv. Leitung der Abteilung VIII (Wohnungsbau), ab 1950 als Oberregierungsrat die Leitung der Abteilung VII (Staatsangehörigkeits- und Personenstandswesen, Wasserrecht, Bergwesen). Im Jan. 1952 erfolgte W.s Beförderung zum Regierungsdirektor ebd.
Am 1. Juli 1952 wurde W. als Regierungsdirektor zum neu errichteten Regierungspräsidium Südwürttemberg-Hohenzollern in Tübingen versetzt. Zugleich war er Vorstand des Oberbergamts in Stuttgart. Am 1. Okt. 1955 zum Hilfsrichter beim Verwaltungsgerichtshof in Bebenhausen ernannt, übernahm er dort bereits am 22. Dez. 1955 das Amt des Direktors. 1956 wurde W. zum Präsident ebd. ernannt und war Mitglied des Landesjustizprüfungsamts Baden-Württemberg. Nach der Auflösung des Verwaltungsgerichtshofs in Bebenhausen amtierte W. von 1958 bis 1960 als Präsident des Verwaltungsgerichts Sigmaringen. Danach trat er in den Ruhestand, den er in Tettnang verlebte. Von 1948 bis 1953 war der parteilose W. über die CDU-Liste gewähltes Mitglied des Tettnanger Gemeinderats und Kreistags. – Württ. Silberne Militärverdienstmedaille; 1960 Bundesverdienstkreuz I. Kl.

Q   HStAS, EA 2/150 Bü 1900 (Personalakten) – StAS, Wü 42 T 60 Bü 98

(Personalakten) – ebd., Wü 13 Nr. 757 (Az. 2/C/3304).
W   Die Entwicklung der Behördenorganisation der freiwilligen Gerichtsbarkeit in Württemberg, iur. Diss., Univ. Tübingen 1922.
L   Staatshandbuch Württemberg 1928 I, S. 361 – Amtsvorsteher, S. 590 (Michael RUCK).

Wölckern (auch: Wölkern), *Ludwig* Christoph Karl Leopold von, * Hilpoltstein bei Nürnberg 15. Feb. 1762, † Ulm 5. oder 6. April 1853, ev.
Vater   Carl Wilhelm von Wölckern.
G   Martin Carl Wilhelm von Wölckern, † 1832, Gesandter der Reichsstadt Nürnberg.
∞ 31. V. 1791 Freiin Ursula von Welser, * 10. VII. 1761, † 19. IX. 1814.
K   Ludwig *Karl* Wilhelm von Wölckern, * Ulm 26. XI. 1794, † 1867, Kgl. Württ. Oberstleutnant im Ehreninvalidenkorps, ∞ 26. XI. 1824 Johanne *Wilhelmine* Henriette Friederike Leopoldine von Hüpeden, * 24. III. 1806, T. d. Kgl. Württ. Generals und Gouverneurs von Ulm, von Hüpeden.

Der in Ulm zu hohen Ehren und großem Einfluss gelangte Jurist W. entstammte einem alten Patriziergeschlecht der Reichsstadt Nürnberg. Als junger Mann kam er nach dem an der Universität Altdorf absolvierten Jurastudium nach Ulm. Am 30. Juli 1784 erfolgte nach Vermittlung seines Onkels, des Ksl. Reichshofrats Carl Lazarus von Wölckern, W.s Aufnahme in das Patriziat der Reichsstadt Ulm, nachdem der Reichshofrat in Wien gefordert hatte, die Zahl der Ulmer Patrizierfamilien müsse auf 17 gebracht werden. Schon 1788 gelang dem 26-jährigen W. die Aufnahme in den Rat. Durch seine Eheschließung mit einer Freiin von Welser erwarb er für seine Familie einen Anteil am Rittergut Balzheim/OA Wiblingen.
1804 war W. Mitglied des von Bayern eingerichteten Verwaltungsrates, 1811 vom König von Württemberg zum Mitglied des Ulmer Magistrats und zum Zweiten Bürgermeister von Ulm bei einem Gehalt von jährlich 500 Gulden ernannt. Mit Stiftungsverwalter Conrad Daniel →Dieterich und dem Bürgerausschussobmann Christoph Leonhard →Wolbach führte W. seit 1817 die Verhandlungen mit der württ. Regierung über die Regulierung der Ulmer Schuldenfrage. Es konnte erreicht werden, dass der Staat 60.000 Gulden der Schuld übernahm. Angesichts der Ausgangsforderung der Ulmer in Höhe von über 700.000 Gulden war dies freilich nur der berühmte „Tropfen auf den heißen Stein".
1819 unterlag W. bei der ersten „Volkswahl" des Ulmer Stadtschultheißen in württ. Zeit mit 425 Stimmen gegen Christoph Leonhard Wolbach (956 Stimmen); auch der zweite patrizische Bewerber, Franz Daniel →Schad von Mittelbiberach, erhielt nur 419 Stimmen. Der König hätte rechtlich gesehen die Möglichkeit gehabt, dennoch einen der Patrizier zum Stadtschultheißen zu ernennen, da er das Recht besaß, aus einem Dreier-Vorschlag einen Vorschlag auszuwählen – unabhängig von der Stimmenzahl. Aber Wilhelm I. entschied sich für den „Sieger" Wolbach und unterhöhlte damit – wohl nicht unbewusst – die ohnehin geschwächte Position des alten reichsstädtischen Patriziats.
1836 schied W. mit einer Pension von 800 Gulden aus dem Ulmer Gemeinderat aus. W. lebte zunächst in und bei Nürnberg, kam aber immer wieder nach Ulm und Balzheim. Er starb im hohen Alter von 91 Jahren.

Q   StadtA Ulm, G 2 (alt).
L   CAST I, S. 388 ff., 494 – SCHULTES, Chronik, S. 347, 424, 497 – UBC 1, S. 329, 434 – HEPACH, Königreich, S. 18, 87, 93, 96, 126 – SPECKER, Ulm im 19. Jahrhundert, S. 316, 321 – Oliver FIEG, Das Ulmer Patriziat zwischen Zunftbürgertum und Landadel, in: Adel im Wandel, Band 2, S. 631-642, hier S. 640 f. – Simon PALAORO, Politische Identitäten des Ulmer Patriziats. Zwischen dem Ende der reichsstädtischen Epoche und dem Neubeginn im Kurfürstentum Bayern, in: Adel im Wandel, Band 2, S. 643-656, hier S. 653, 656 – Michael WETTENGEL, Ende oder Aufbruch? Das Ulmer Bürgertum nach der Mediatisierung, in: UO 53/54 (2007), S. 229-246, hier S. 240.

Wölckern (auch: Wölkern), Leopold Ferdinand Karl *Wilhelm* von, * Ulm 31. Okt. 1829, † Stuttgart 25. Mai 1905, ☐ Fangelsbachfriedhof 27. Mai 1905, ev.
Vater   Ludwig *Karl* Wilhelm von Wölckern, * Ulm 26. XI. 1794, † 1867, Hauptmann II. Kl. beim 7. Inf.-Rgt. in Ulm, zuletzt Kgl. Württ. Oberstleutnant im

Ehreninvalidenkorps, S. d. *Ludwig* Christoph Carl Leopold von →Wölckern, Bürgermeister in Ulm, u. d. Freiin Ursula von Welser.
Mutter   Johanne *Wilhelmine* Henriette Friederike Leopoldine von Hüpeden, * 24. III. 1806, T. d. Kgl. Württ. Generals von Hüpeden.
3 *G*   Caroline Jakobine Johanne Marie *Adele* von Wölckern, * 3. VI. 1828, ∞ von Gabler, Präsident; Emma Caroline Luise von Wölckern, * 1. I. 1831; Caroline Jakobine Leopoldine Ottilie von Wölckern, * 7. VI. 1836.
Ledig. Keine *K*.

Der Enkel des letzten patrizischen Ulmer Stadtvorstands stieg beim württ. Militär zu höchsten Rängen und Ehren auf. Mit ihm starb seine Familie im Mannesstamm aus.
1845 trat W. in die Ludwigsburger Offiziersbildungsanstalt ein und erhielt dort eine hervorragende Ausbildung. Am 9. Okt. 1848 zum Leutnant beim 6. Inf.-Rgt. und am 30. Jan. 1854 zum Oberleutnant beim 3. Inf.-Rgt. ernannt, stieg W. am 4. Jan. 1864 zum Hauptmann beim 8. Inf.-Rgt. auf. 1866 wurde W. im Krieg zwischen Preußen und Österreich, an dem Württemberg an der Seite Österreichs teilnahm, als Kompanieführer der 6. Kompanie des 8. Inf.-Rgts. eingesetzt. Als solcher kämpfte er u. a. im Gefecht bei Tauberbischofsheim. Nach dem Krieg Bataillonsadjutant und danach Adjutant der 3. Inf.-Brigade, erfolgte im März 1868 nach der Annäherung Württembergs an Preußen W.s Abkommandierung zum 3. Garde-Rgt. zu Fuß in Hannover, um sich mit dem preuß. Militärwesen vertraut zu machen.
Im Deutsch-Frz. Krieg von 1870/71 zeichnete sich W., der am 20. Juli 1870 zum Major befördert worden war, als Truppenführer mehrfach aus. Er kommandierte das 2. Bataillon des 8. Inf.-Rgts. und wurde u. a. mit dem EK I und dem Württ. Militärverdienstorden ausgezeichnet. Nach Kriegsende ging W. zunächst in Garnison nach Straßburg, wo er am 30. Nov. 1874 zum Oberstleutnant ernannt wurde. Im März 1876 kehrte er als Kommandeur des 7. Inf.-Rgts. Nr. 125 nach Stuttgart zurück. Am 17. Juni 1878 zum Obersten befördert, übernahm W. am 4. Aug. 1883 als Kommandant der 54. Inf.-Brigade (4. Württ.) in Ulm eine neue Aufgabe in seiner Vaterstadt. Die 54. Inf.-Brigade umfasste das 2. und 8. Inf.-Rgt. Als Sohn der Stadt fand W. in Ulm einen sehr freundlichen Empfang. Am 17. Dez. 1883 zum Brigadekommandeur und am 24. Mai 1884 zum Generalmajor befördert, musste W. im Herbst 1887 Ulm wieder verlassen, da er als Kommandant der 52. Inf.-Brigade (2. Württ.) nach Ludwigsburg versetzt wurde. Am 18. Aug. 1888 erhielt W. unter Ernennung zum Generalleutnant das Kommando über die 26. Division (1. Württ.) verliehen.
Die erfolgreiche militärische Karriere des Ulmer Patriziersohnes W. fand 1890 ihren krönenden Abschluss. Am 26. Okt. 1890 wurde W. als Nachfolger des Generals Gustav von Alvensleben (1827-1905) zum kommandierenden General des XIII. (Württ.) Armeekorps ernannt[701] und war der bis dahin erste Württemberger in dieser Position. Solche landsmannschaftlichen Besonderheiten wurden in der Presse hervorgehoben, und obwohl W. gebürtiger Ulmer und damit Neuwürttemberger war, scheinen solche „Feinheiten" 80 Jahre nach dem Übergang Ulms an Württemberg keine Rolle mehr gespielt zu haben. Als kommandierender General des Armeekorps war W. für die Verwaltung des gesamten Militärwesens in Württemberg als Bestandteil des reichsdeutschen Militärs zuständig und verantwortlich. W. genoss das besondere Vertrauen des deutschen Kaisers Wilhelm II. und des gleichnamigen württ. Königs. Am 24. Feb. 1892 wurde W. zum General der Infanterie ernannt. 1895 bat er unter Verweis auf sein Alter – er war 66 Jahre alt – um Enthebung von seinem Posten. Dem Gesuch wurde unter Verleihung des höchsten Ordens für Offiziere, des Großkreuzes des Militär-Verdienstordens, entsprochen. W. war fortan General der Infanterie z. D. und war à la suite des Inf.-Rgts. Kaiser Friedrich, König von Preu-

ßen (7. Württ.) Nr. 125 gestellt. Sein Nachfolger als kommandierender General des XIII. Armeekorps war wieder ein Preuße, der Kommandeur der 26. Division (1. Württ.) und Generaladjutant des Kaisers Wilhelm II., General von Lindequist.
Seinen Ruhestand verlebte W., der immer wieder besuchsweise nach Ulm kam, in Stuttgart. – 1894 Großkreuz des Württ. Kronordens mit Schwertern.

Q   HStAS, M 660/048, Nachlass-Splitter.
L   Ih 2, S. 974 – CAST, S. 388 f. – Staatsanz. S. 851 – SK Nr. 241 – Württ. Jahrbücher 1905, S. II – UBC 2, S. 461 – ZIEGLER, Fangelsbachfriedhof, S. 186 f. (Bild).

Wölpert, Theodor, * Stuttgart 7. Sept. 1908, † Ulm 24. April 1985, ev.
Vater   Wölpert, Schneider.
∞ Sidonie Ulrich. 4 *K*.

W. war in den Jahrzehnten nach dem Zweiten Weltkrieg eine der führenden Persönlichkeiten der Wirtschaft beiderseits der Donau.
Der gelernte Kaufmann kam schon 1930 nach Ulm, wo er die dortige Filiale seines Stuttgarter Lehrherrn übernahm, und gründete dort 1934 einen Baustoffgroßhandel (Theodor Wölpert GmbH & Co.), der sich zunächst im Bürglenschen Stadel in der Rosengasse befand, nach Rückschlägen während des Krieges nach 1946 wieder kräftig aufblühte und W. zur Expansion antrieb. In Neu-Ulm gründete er 1969 in der Finninger Straße 61 eine Zweigniederlassung mit Baumarkt und Fliesenverlegebetrieb (Firma Hagebaumarkt). Nach seinem Tod wurde die Niederlassung 1993 beträchtlich erweitert (15.000 Quadratmeter Gewerbefläche, zeitweise 100 Beschäftigte). W. hatte außer in Ulm und Neu-Ulm Niederlassungen auch in Aalen, Bad Buchau, Ehingen, Geislingen, Riedlingen und Sonthofen. W. gehörte ab 1948 dem Aufsichtsrat der Ulmer Volksbank an und war ab 1953 Vorsitzender des Aufsichtsrats.
Der im gesellschaftlichen und kirchlichen Leben Ulms und Neu-Ulms stark engagierte W. setzte sich über Jahrzehnte für den CVJM ein, gründete 1961 mit Karl →Kässbohrer jun. den „Verein zur Förderung der Jugendarbeit". W. war von 1947 bis 1977 langjähriger Kirchengemeinderat der Martin-Luther-Kirche, Mitglied des Ulmer Gesamtkirchengemeinderats und zeitweise dessen gewählter Vorsitzender, Vorsitzender der Bezirkssynode im Dekanatsbezirk Ulm sowie Mitglied des Münsterbaukomitees in Ulm. 1948 und 1954 war W. gewähltes erstes Ersatzmitglied für Ulm zum 4. und 5. Landeskirchentag.

Q   StadtA Ulm, G 2.
L   Unternehmer, Christ und Ulmer Bürger, in: Schwäb. Zeitung Nr. 206, 7. IX. 1983 (Bild) – TREU, Neu-Ulm, S. 623 – EHMER/KAMMERER, S. 380.

Wohlschiess, *Paul* Josef, * Uttenweiler/OA Riedlingen 5. Mai 1903, † Neu-Ulm 3. Okt. 1969, kath.
Vater   Josef Wohlschiess.
Mutter   Maria Kurz.
∞ Berlin 18. X. 1941 Liese-Lotte Ehret, * Berlin 6. VIII. 1911, T. d. Albrecht Ehret, Bankbeamter, u. d. Luise Busse.
2 *K*   Christina Wohlschiess, * Berlin-Altglienicke 18. III. 1943, technische Zeichnerin; Gabriele Wohlschiess, * München 30. XII. 1950.

W. erwarb sich Verdienste um die Stromversorgung Neu-Ulms nach dem Zweiten Weltkrieg.
Der gebürtige Oberschwabe studierte Ingenieurwissenschaften und war bis zu seiner Einberufung zur Wehrmacht als Ingenieur in Württemberg und Berlin tätig. Nach Kriegsende lebte seine Familie in Krumbach in Schwaben. Als Spätheimkehrer gelang es W. nach der Entlassung aus der Kriegsgefangenschaft, in Neu-Ulm Fuß zu fassen. Er übernahm 1948 den Ausbau des Neu-Ulmer Stromversorgungsnetzes und der Straßenbeleuchtung – eine Aufgabe, die ihn bis zu seinem Tod beschäftigte. Im Sept. 1951 zog W. mit seiner Familie von Krumbach nach Neu-Ulm, wo sie in der Mörikestraße 2, dann ab 1955 in der Mörikestraße 5 Wohnung nahm, ehe sie schließ-

---

[701] Die offizielle Ernnneung datiert vom 29. Juni 1891, vorher führte W. die Geschäfte des kommandierenden Generals.

lich 1958 in der Kasernstraße 39[II] für längere Zeit eine Wohnung fand.

1951 war W. Mitgründer des Kreisverbandes der Heimkehrer, Gefangenen- und Vermisstenangehörigen Neu-Ulm und übernahm das Amt des Ersten Vorsitzenden. 1966 kandidierte er auf der CSU-Vorschlagsliste für ein Mandat im Neu-Ulmer Stadtrat. Drei Jahre später starb W. im Alter von 66 Jahren. – Vorstandsmitglied der gemeinnützigen Siedlungs- und Wohnbau-Genossenschaft Neu-Ulm.

Q   StadtA Neu-Ulm, A 9 – ebd., D 20, Nr. 1109, Plakat mit den Biographien der CSU-Kandidaten bei der Stadtratswahl Neu-Ulm 1966 (Bild).

Wolbach, Christoph Leonhard (von), * Ulm 28. März 1783, † ebd. 7. Dez. 1872, ⬚ ebd., Alter Friedhof, 9. Dez. 1872, ev.
Vater   Andreas Wolbach[702], * 1746, † Ulm 23. X. 1783, Steueradjunkt und Salzkassier in Ulm, S. d. Johann Leonhard Wolbach, Garnisonskorporal in Ulm.
∞ Ulm Karolina Friderika Leipheimer, * Ulm 5. XI. 1798, † ebd. 15. VII. 1830.
Mehrere *K*, darunter Gustav →Wolbach; Wilhelm →*Wolbach; Emilie Wolbach, ∞ Gustav →Zum Tobel, Oberjustizprokurator.

W. war der erste von der Bevölkerung gewählte Stadtschultheiß von Ulm. Die Wahl des gebürtigen Ulmers, der jedoch aus einer Familie stammte, die nicht zur Honoratiorenschaft oder gar zum Patriziat zählte, dokumentierte nachdrücklich den Beginn einer neuen Ära. 25 Jahre lang, von 1819 bis 1844, lenkte er die Geschicke der Stadt im Vormärz.
Nach dem Besuch des Gymnasiums seiner Vaterstadt studierte W. ab 1800 Rechtswissenschaften, u. a. in Landshut. 1811 trat er als Advokat beim Obertribunal in Tübingen in den württ. Justizdienst ein, 1812 war er Auditoriatsamtsverweser beim 2. Bataillon des Inf.-Rgts. Nr. 8 in Ulm, war also im Bereich der Militärgerichtsbarkeit tätig. Seit Ende 1817 Oberjustizprokurator beim neu errichteten Gerichtshof für den Donaukreis in Ulm, erfolgte im gleichen Jahr seine Wahl zum Obmann der Gemeindedeputierten von Ulm, ein Gremium, das unter W.s Führung von Anfang an gegen den 1811 von König Friedrich eingesetzten Stadtmagistrat opponierte. Rasch gewann der demokratisch legitimierte Jurist damit eine gewisse Popularität, die seinen weiteren Aufstieg beförderte.
1819 ging W. aus der ersten Wahl des Ulmer Stadtschultheißen mit 956 Stimmen als klarer Sieger gegen die beiden patrizischen Mitbewerber, den Amtsinhaber Christoph Karl Leopold von →Wölkern (425 Stimmen) und Senator Franz Daniel →Schad von Mittelbiberach (419 Stimmen) hervor. Die rechtliche Lage im Königreich räumte allein dem König die Entscheidung ein, aus drei vorgeschlagenen Kandidaten – de iure unabhängig von deren Stimmenzahl – den Stadtschultheißen zu bestimmen. Meistens entschied sich der Monarch für den Wahlsieger, aber nicht immer. Es mag König Wilhelm I. durchaus gelegen gekommen sein, mit der Ernennung des Wahlsiegers W. das Ulmer Patriziat zu düpieren.
1822 erhielt W. vom König den Titel Oberbürgermeister. Dieser war tief im Ulmer Gesellschaftsleben verwurzelt und u. a. Gründungsmitglied der Ulmer Museumsgesellschaft sowie Mitglied der Ulmer „Mittwochsgesellschaft". 1844 trat W. nach 25-jähriger Amtszeit aus persönlicher Verärgerung als Oberbürgermeister zurück. Nachdem er wegen seiner abwartenden Haltung im Hinblick auf Zulassung einer weiteren Apotheke des sehr einflussreichen Apothekers Carl →Reichard und seines Einsatzes für eine eigene Apotheke für einen seiner Söhne, der bei Reichard gelernt hatte, Gegenstand (wohl organisierter) öffentlicher Kritik geworden war, hatte W. das Interesse an seinem Amt verloren. Außerdem ärgerte ihn, dass seine häufigen Besuche bei den zuständigen Ministerialbeamten in Stuttgart, wo er sich für seinen Sohn verwendete, zwar zur Zulassung der fünften Apotheke (Hirschapotheke) in Ulm

führten, deren Leitung jedoch nicht seinem Sohn, sondern dem Provisor der Kgl. Hofapotheke in Stuttgart übertragen wurde.
Reichard überzog W. in seinen Lebenserinnerungen mit einer Flut von Vorwürfen. Der Oberbürgermeister sei nicht mehr als eine Marionette des Stiftungsverwalters Conrad Daniel →Dieterich und des Stadtpflegers Johann Ludwig →*Kiderlen gewesen und habe Ulmer Interessen geschadet, da er sich nie zum Widerstand gegen die Regierung habe entschließen können. Die Urteile Reichards sind von persönlicher Animosität geprägt und daher mit größter Vorsicht zu behandeln.
Nach seinem Rücktritt lebte W. noch bis zu seinem Tod in Ulm von der ihm vom Stadtrat gewährten Pension in Höhe von 1.200 Gulden. Versuche W.s, sich 1846 und 1847 in den Gemeinderat wählen zu lassen, schlugen fehl. Zu sehr verübelten viele Ulmer ihm, der auf Lebenszeit gewählt war, dass er zurückgetreten war. In der Amtszeit des konservativen Juristen W., einem vorsichtigen Vertreter des „Vormärz", vollzogen sich die Ausgestaltung der Anbindung Ulms an das Königreich Württemberg, die erfolgreiche Entschuldung und der langfristige wirtschaftliche Aufstieg der Donaustadt. Die Aufhebung der Zollschranken auf der Donaubrücke (1828), der Baubeginn der Bundesfestung, der Bau der Herdbrücke und der Abbruch der Stadttore sind untrennbar mit Ulms Aufstieg und Modernisierung im 19. Jahrhundert verknüpft. – 1844 Ritterkreuz des Württ. Kronordens (Personaladel).

Q   StadtA Ulm, G 2 – ebd., H Waibel: Raimund WAIBEL, Mitglieder in Gemeinderat und Bürgerausschuss 1800-1899, Typoskript, S. 34 f.
W   Dem Andenken meines Onkels Johannes Frick, gewesenen Stadt Ulmischen Senators, Ulm 1815 – Die Übersiedlungs- und Gewerbefreiheit zunächst in Ulm 1831 – Über die Aufhebung der Kreisstellen in Württemberg, Ulm 1832 – (Hg.), Vorstellung des Stadtrates und Bürgerausschusses zu Ulm an die Ständeversammlung gegen die Art. 21/22/23 des Gesetzentwurfs betr. das Gemeinde-, Bürger- und Beisitzerrecht, Ulm 1838 – Ulmische Zustände, Ulm 1846 – Urkundliche Nachrichten von der Ulmischen Privatstiftungen, Ulm 1847.
L   DBI 8, S. 3915 – DBA I/1387, 265 – Ih 3, S. 377 – WEYERMANN II, S. 624 – SK Nr. 293, 10. XII. 1872, S. 4411 und 4412 (Todesanz. der Familie) – SCHULTES, Chronik, S. 406, 436, 473 – BUCK, Chronik Neu-Ulm, S. 53 – UBC 1, S. 408, 460, 573 – UBC 2, S. 223, 298 (Bild), 299 – Hans Eugen SPECKER, Ulms erster Oberbürgermeister und Mann der Feder, in: Schwäb. Zeitung Ulm, 28. III. 1872 – REICHARD, Erinnerungen, S. 44 f. – BIEDERMANN, Ulmer Biedermeier, S. 212 f. – HEPACH, Königreich, S. 18, 43, 53, 61 f., 69, 71, 73, 96, 98, 102 f., 112, 120, 126, 128, 141, 183-185, 210 – UNGERICHT, S. 92 f. (Abb. des Grabdenkmals mit Bildnismedaillon) – SPECKER, Ulm im 19. Jh., S. 256 f., 260, 284 f., 314, 316-318, 321-324, 339, 551 (Bild) – WAIBEL, Gemeindewahlen, S. 258, 279, 335 f. – Oliver FIEG, Das Ulmer Patriziat zwischen Zunftbürgertum und Landadel, in: Adel im Wandel, Band 2, S. 631-642, hier S. 640 f. – Simon PALAORO, Politische Identitäten des Ulmer Patriziats. Zwischen dem Ende der reichsstädtischen Epoche und dem Neubeginn im Kurfürstentum Bayern, in: Adel im Wandel, Band 2, S. 643-656, hier S. 653 f.

Wolbach, Johann Philipp *Gustav*, * Ulm 17. Jan. 1826, † ebd. 26. Feb. 1890, ev.
Eltern siehe Christoph Leonhard (von) →Wolbach.
∞ Luise *Julie* Schleicher, * Langenau 18. IV. 1841, T. d. Andreas Wilhelm Schleicher, * 30. XI. 1796, † 5. XI. 1879, Revierförster in Langenau, zuletzt bei der Forstdirektion in Stuttgart, u. d. Auguste Sibille Camerer, * Blaubeuren 26. VIII. 1801, † Langenau/OA Ulm 2. II. 1854. Julies *Schw* Pauline Schleicher war die Ehefrau des Oberstabsarztes Dr. Wilhelm →Camerer.
1 *K*   Max Wolbach, cand. med.

W. war einer der führenden liberalen Politiker Ulms und Mitgründer der „Volkspartei" auf Landesebene.
Nach dem Besuch des Gymnasiums seiner Vaterstadt führte ihn das Jurastudium nach Tübingen (Mitglied der Burschenschaft Germania). Nach dessen Abschluss ließ sich W., dem Vorbild seines Vaters folgend, als Rechtskonsulent in Ulm nieder, seit 9. Juli 1868 war er als Rechtskonsulent in Stuttgart tätig, bis ihn seine schwere Krankheit zur Aufgabe seines Berufes nötigte.
W. war ein politischer Mensch, in viel stärkerem Maße als sein Vater, der Ulmer Oberbürgermeister gewesen war. Bereits im Juni 1853 kandidierte W. für den Bürgerausschuss, fiel aber bei seinem ersten Versuch durch. Mehr Erfolg hatte er im Jahr darauf, als ihm nicht nur die Wahl in den Bürgerausschuss gelang, sondern er auch das Amt des Obmannes erhielt. Im

702 DBA I/1387, 263 f. – WEYERMANN I, S. 552 f.

Dez. 1857 in den Ulmer Gemeinderat gewählt und im Dez. 1863 wiedergewählt, verfügte W. über eine feste kommunalpolitische Stellung. 1863 kandidierte W. für den Posten des Stadtschultheißen gegen Karl →Heim, erhielt aber nur 197 Stimmen. Am 3. Mai 1864 wurde W. als Nachfolger des verstorbenen Ludwig →Seeger vom Bezirk Ulm Amt in den Landtag gewählt und war von 1864 bis 1868 (21. o., 22. ao., 23. o. LT) Mitglied der Kammer der Abgeordneten, ebenso 1870 (24. o. LT) für kurze Zeit als Nachfolger des verstorbenen Oswald Bokmayer (WK Riedlingen).

Im Herbst 1863 wurde W. in den Ausschuss des Ulmer Schleswig-Holstein-Komitees gewählt. 1864 war er führender Mitgründer der Volkspartei (Volksverein) in Ulm, außerdem Mitglied und seit 1870 Vorstand des Landeskomitees. Im April 1867 erwarb W. in Ulm den Gasthof „Zum Alten Hasen". 1887 Gründungs- und Verwaltungsratsmitglied des Kunstvereins Ulm. W., *zwei Jahrzehnte lang einer der gesuchtesten Anwälte der Residenz*, erkrankte Ende der 1870er Jahre an einem schweren Gehirnleiden, *das ihn jäh aus den Arbeiten seines Berufes und seiner Partei herausriß und zu stiller Abgeschiedenheit in seine Heimathstadt zurückführte* (Beobachter).

L RIECKE, Verfassung und Landstände, S. 65, 68 – SK Nr. 50 (Mittagsblatt), 28. II. 1890, S. 387 und 388 (Todesanz. der Familie) – Gustav Wolbach †, in: Beobachter Nr. 50, 1. III. 1890 – HARTMANN, Regierung und Stände, S. 60, 77, 79 – Geschichte Camerer, S. 40 – Hauptregister (1909), S. 919 – UBC 2 (1931), S. 55, 75, 107, 123, 134, 173 – SCHMIDGALL (1940), Burschenschafterlisten, S. 88 – RUNGE, Volkspartei, S. 36, 42, 150 u. ö. – BRANDT, Parlamentarismus, bes. 775 f. u. ö. – PHILIPP, Germania, S. 71, Nr. 1026 – SPECKER, Ulm im 19. Jahrhundert, S. 219 – WAIBEL, Gemeindewahlen, S. 295, 341, 347 – RABERG, Biogr. Handbuch, S. 1032 – NANNINGA, Wählen, S. 103 u. ö.

Wolf (seltener: Wolff), *Anton Georg Simon*, * Günzburg 29. Okt. 1802, † Neu-Ulm 15. Dez. 1838 (nicht 1839!), kath.

Vater   Johann Nepomuk Wolf.
Mutter   Agnes Strichele.
∞ Burlafingen 10. IX. 1832 Maria Anna Rädler, * Senden 10. I. 1811, † Neu-Ulm 3. IX. 1855, T. d. Georg Anton Rädler u. d. Carolina Stadler.
4 K.

W. war der erste selbstständige Apotheker in der Geschichte Neu-Ulms. Darüber hinaus ist mit seinem Namen die Gründung der Sängergesellschaft Neu-Ulm verknüpft.

Im Aug. 1832 gründete W. die erste selbstständige Apotheke Neu-Ulms in der Marienstraße 8. Zuvor hatte als Filiale von Günzburg Ignaz Metzger eine Apotheke in Neu-Ulm geführt. Seit den frühen 1830er Jahren war W. auch Mitglied des Gemeindeausschusses, spätestens seit 1835 auch Gemeindepfleger – also der Mann, der für die kommunalen Finanzen zuständig war. In seiner freien Zeit widmete sich W. mit großer Begeisterung dem Gesang. Er starb im Alter von 36 Jahren. Beim „Leichenschmaus" im „Schlößle" zu Offenhausen wurde von seinen Sangesfreunden der Beschluss gefasst, zu Ehren des Verstorbenen eine Sängergesellschaft zu gründen, die den Namen ihres Paten über viele Jahrzehnte in Ehren hielt. W.s Nachfolger als Apotheker und Gemeindepfleger in Neu-Ulm wurde Rupert →Primus.

L BUCK, Chronik Neu-Ulm, S. 98, 105, 126, 140 – Eduard OHM, Spärliches Spalier für die Kaiserin von Brasilien (Neu-Ulmer Geschichten 9), in: NUZ, 14. VII. 1984, S. 27 – TREU, Neu-Ulm, S. 135 – TEUBER, Ortsfamilienbuch Neu-Ulm I, Nr. 5490.

Wolf, *Johann Baptist*, * Wattenweiler 17. Okt. 1826, † nicht ermittelt, kath.

W. war als erster kath. Stadtpfarrer von Neu-Ulm eine Schlüsselfigur des kath. Gemeindelebens, das er maßgeblich mit aufzubauen half.

W. empfing am 16. Mai 1850 die Priesterweihe, um bereits 1852 zum Domkaplan in Augsburg ernannt zu werden. Im Herbst 1860 kam W. als Expositurvikar nach Neu-Ulm, um den Aufbau der neuen Stadtpfarrei zu betreiben. Nach 1810

gehörten die Katholiken Neu-Ulms zur Pfarrei Burlafingen, besuchten aber, weil die Wege kürzer waren, die Gottesdienste in der St.-Michaels- bzw. Wengenkirche in Ulm und wurden auch von dort seelsorgerisch betreut. Die Kinder besuchten kath. Schulen in Ulm. Die Errichtung einer eigenen Neu-Ulmer Pfarrei erwies sich zunächst als nicht dringlich, da der kleine Ort noch um 1840 nur ca. 600 Einwohner zählte. Doch nachdem der Festungs- und Eisenbahnbau ein rasches Wachsen der Bevölkerungszahl bedingt hatte, waren andere Grundvoraussetzungen eingetreten. Schon am 13. Juni 1857 war der Grundstein für die kath. Kirche gelegt worden. Am 26. Nov. 1860 fand die feierliche Weihe der neuen kath. Stadtpfarrkirche St. Johann Baptist – der Name des Patrons der alten Schwaighofener Kirche – statt, zwei Tage später – am Geburtstag des Königs Max II. von Bayern – eröffnete die Kirche mit einem Hochamt und einem Tedeum. Die Neu-Ulmer hatten lange auf die Vollendung des Kirchenbaus warten müssen und sie bereits für 1858 erwartet. Umso größer war die Freude, als die Kirche endlich der Gemeinde übergeben werden konnte. Am 25. Juli 1861 erfolgte die Erhebung der Neu-Ulmer Gemeinde zur selbstständigen Stadtpfarrei.

Der vom 25. Juli 1861 bis zum 1. Dez. 1874 amtierende erste kath. Stadtpfarrer und Distriktschulinspektor in Neu-Ulm hatte sich als Augsburger Domkaplan einen ausgezeichneten Namen gemacht; er sei ein *für das sittliche Wohl der katholischen Stadtbevölkerung sehr verdienter Priester*, der *mit allen jenen Eigenschaften des Geistes und des Herzens ausgestattet* sei, *wie sie in schwierigen Verhältnissen einem Priester unserer Tage unumgänglich nöthig seien, um mit Erfolg seinen erhabenen Beruf* ausüben zu können, wie die „Neue Augsburger Zeitung" schrieb. In Neu-Ulm war es W.s Aufgabe, der Gemeinde ein eigenes Zusammengehörigkeitsgefühl zu vermitteln, das ungeachtet der engen Beziehungen zur Ulmer Gemeinde erst entstehen musste. Daneben kümmerte sich W. um die religiöse Erziehung der Kinder aus kath. Familien. Die Stadterhebung Neu-Ulms 1869 unterstrich W.s Bemühungen um den Aufbau eines eigenständigen Gemeindelebens. Zur Seite stand ihm Kaplan Franz Xaver Wagner.

1874 beendete W.s Ernennung zum Domkapitular in Regensburg sein fast 14-jähriges Wirken in Neu-Ulm. In dieser Zeit war die Gemeinde von ca. 530 auf mehr als 1.650 Seelen (wozu auch die Soldaten der Garnison gehörten) angewachsen. Zu seinem Nachfolger wurde Johann Michael →Haslinger ernannt.

L BUCK, Chronik, S. 75, 82 – SPECKER/TÜCHLE, S. 312-314 – TREU, Neu-Ulm, S. 155 f., 574 – GROLL, Augsburger Domkapitel, S. 558, 885.

Wolff, *August*, Dr. phil., * Tübingen 31. Okt. 1845, † Ulm 15. Mai 1902, ev.

Als langjähriger Redakteur des „Ulmer Tagblatts" war W. in der Kaiserzeit einer der bekanntesten Journalisten in Württemberg.

Der gebürtige Tübinger besuchte nach dem Schulbesuch in seiner Vaterstadt das niedere ev.-theol. Seminar Schöntal/Jagst, ab 1866 studierte in Tübingen Theologie und Philosophie (Mitglied der Burschenschaft Roigel -„Tübinger Königsgesellschaft"). Von 1872 bis 1875 war W. als Redakteur des „Wochenblattes für Volksbildung" tätig. 1875 promovierte er zum Dr. phil. Nachdem er 1876 als Redakteur zur „Karlsruher Zeitung" gewechselt war, wurde W. 1877 Chefredakteur des „Ulmer Tagblatts", das im gleichen Jahr von der Lingschen Buchdruckerei in den Besitz der Ebnerschen Verlagsbuchhandlung überging. In den 25 Jahren seiner Tätigkeit als Redakteur, als welcher er dem bisherigen Redakteur Kißling nachgefolgt war, verstand W. die Ulmer Zeitungslandschaft nachhaltig zu prägen. Die Auflagenhöhe stieg von 3.800 (1877) auf 13.000 (1900). Dieser große Erfolg war der breiten Themenvielfalt des bürgerlich-liberalen Blattes zu verdanken, die W. sorgsam pflegte.

W. erlag im Alter von 56 Jahren den Folgen einer Lungenentzündung.

L.   Magisterbuch 30 (1897), S. 111 – Staatsanz. S. 877 – Württ. Jahrbücher 1902, S. III – UBC 2, S. 374 – UBC 3, S. 269, 270 (Bild) – SCHMIDGALL, Burschenschafterlisten, S. 138, Nr. 222.

Wolff, Christoph Anton (von), * Großgartach/OA Heilbronn 17. Jan. 1818, † Stuttgart 20. Sept. 1893, ▯ ebd., Pragfriedhof, ev.

Vater   Christoph Wolff, Bauer in Großgartach.
∞ Adelheid Plieninger.
K   Richard Wolff, ∞ Amalie Schlegel; Elise Wolff, ∞ Julius (von) Currlin, * Backnang 31. V. 1840, † Stuttgart 12. VII. 1902, Oberfinanzrat; Hermine Wolff.

Der zweite Ulmer Regierungspräsident in der Kaiserzeit zählte zu den wenigen Spitzenbeamten des Königreichs, die aus einfachen Verhältnissen heraus den Aufstieg schafften. Das Amt in Ulm war die Belohnung für seine dem Staat geleisteten Dienste und die Krönung seiner Laufbahn.

W. wuchs in ländlicher Umgebung im Unterland auf und besuchte die Dorfschule in Großgartach. Von 1834 bis 1837 absolvierte er eine praktische Schreiberausbildung in zwei Kanzleien, bevor er 1837 zum Obergymnasium in Stuttgart kam, um dort das Abitur zu machen. Von 1838 bis 1841 studierte W. Rechts- und Staatswissenschaften in Tübingen. 1841 bestand er die I., 1843 die II. Höhere Verwaltungsdienstprüfung. Seine erste Station in der Innenverwaltung des Königreichs Württemberg war Ulm. Von Juli bis Sept. 1843 war er dort Oberamtsaktuar, von 1846 bis 1851 selbstständiger Hilfsarbeiter (Titel Regierungssekretär) beim OA Ulm. Nach ungewöhnlich kurzer Zeit wurde W. schon 1851, als er gerade 33 Jahre alt war, zum Oberamtsverweser beim OA Biberach ernannt, noch im gleichen Jahr folgte die Ernennung zum Oberamtsvorstand und Oberamtmann beim OA Tettnang. Im Dez. 1853 als Oberamtsvorstand zum OA Heidenheim versetzt, wechselte er 1858 in gleicher Eigenschaft zum OA Esslingen. Seit Mai 1866 leitete W. mit dem Titel Regierungsrat (zuletzt Titel Oberregierungsrat) die innere Verwaltung der Stadtdirektion Stuttgart. 1878 wurde er als Direktor (1881 Titel Regierungspräsident) an die Spitze der Regierung des Jagstkreises in Ellwangen/Jagst versetzt. 1883 trat er als Präsident der Regierung des Donaukreises in Ulm die Nachfolge des pensionierten Emil (von) →Majer an. Im Okt. 1889 trat er in den Ruhestand, und er in Cannstatt und Stuttgart verlebte, wo die Familie seiner Ehefrau lebte. Am 11. Nov. 1889 verließ er Ulm. Zu seinem Nachfolger wurde Gustav Heinrich von →Lamparter ernannt, der bisherige Vorstand der Kreisregierung in Ellwangen/Jagst, als welcher er schon sechs Jahre zuvor W. nachgefolgt war.

W., der stets einer guten Gesundheit erfreut hatte, erkrankte zu Beginn des Jahres 1893 und suchte in Wildbad Erholung. Sein Zustand stabilisierte sich jedoch nicht, und so erlag er im 76. Lebensjahr einer Lungenentzündung. Stadtpfarrer Plieninger, ein Schwager, hielt vor der Bestattung eine Trauerfeier im Sterbehaus ab. W. wurde auf dem Pragfriedhof in Stuttgart bestattet. Seinem Sarge folgten zahlreiche Militärs und Beamte, darunter der spätere Innenminister Johann (von) Pischek, Kammerpräsident Karl (von) →*Hohl und der langjährige nationalliberale Schorndorfer Landtagsabgeordnete August (von) Hofacker.

W. war auch politisch engagiert. Das spätere Mitglied der nationalliberalen Deutschen Partei kandidierte 1862 erfolglos im Bez. Heidenheim gegen Friedrich Ammermüller, 1868 erfolglos im Bez. Esslingen gegen Carl Deffner. Ende 1870 errang W. das Esslinger Mandat mit 2.600 zu 2.041 Stimmen gegen den volksparteilichen Bewerber Gottlob Tafel. W. war von 1870 bis 1876 MdL Württemberg (II. Kammer; Bez.

Esslingen): 19. Dez. 1870 eingetreten, Mitglied der Staatsrechtlichen Kommission und der Kommission für Gegenstände der inneren Verwaltung, ab 31. Okt. 1872 der Bauordnungskommission und der Finanzkommission sowie ab 8. Feb. 1873 der Kommission für ao. Kriegsbedürfnisse. 1876 verzichtete er auf eine erneute Landtagskandidatur. Daneben zeigte W. großes Interesse an den Angelegenheiten der ev. Kirche und rückte im Herbst 1880 für den verstorbenen Regierungspräsidenten Ludwig von Schwandner als landesherrliches Mitglied in die 3. Landessynode nach, wo er 1886 den Vorsitz der Kommission für ökonomische Gegenstände übernahm. – Ritterkreuz des Württ. Kronordens; 1871 Kommenturkreuz des Württ. Kronordens; 1865 Kommenturkreuz I. Kl. des Friedrichsordens; 1873 Kgl. Preuß. Kronorden; Ksl. Russischer St. Annen-Orden II. Klasse; Ksl. Russischer St. Stanislaus-Orden II. Klasse.

Q   HStAS, E 1461/1 Bü 2661 und 2740.
L.   RIECKE, Verfassung und Landstände, S. 56 – SK Nr. 220, 20. IX. 1893, S. 1947 f. (Todesanz.) und Nr. 222, 22. IX. 1893, S. 1993 – Stuttgarter Neues Tagblatt Nr. 224, 24. IX. 1893, S. 1 – Württ. Jahrbücher 1893, VII – HARTMANN, Regierung und Stände, S. 72 – Hauptregister, S. 920 – UBC 2, S. 557 – Wilhelm BÖHRINGER, Der Ritterbau zu Esslingen. Eine bau- und behördengeschichtliche Studie, in: Jahrbuch für Geschichte der oberdeutschen Reichsstädte (Esslinger Studien) 12/13 (1966/67), S. 214-226, hier S. 223 – Amtsvorsteher (1996), S. 593 (Christoph J. DRÜPPEL) – Frank RABERG, Die Esslinger Landtagsabgeordneten in den Ständeversammlungen und in der Kammer der Abgeordneten des Königreichs Württemberg sowie in den Landtagen des Freien Volksstaates Württemberg. Ein biographisch-politischer Überblick, in: Esslinger Studien (Zeitschrift) 39 (2000), S. 143-223, hier S. 158 f., 196 – RABERG, Biogr. Handbuch (2001), S. 1034 – EHMER/KAMMERER, S. 380 (Bild).

Wolff, Philipp, Dr. phil., Dr. theol. h.c., * Ulm 22. Dez. 1810, † Tübingen 1. Jan. 1894, ev.

Vater   Johann Heinrich Wolff, Eisenhändler in Ulm.
∞ Helene Fleischhauer, T. d. Fleischhauer, Pfarrer in Bempflingen.

W. war einer der bedeutenden aus Ulm stammenden Gelehrten Württembergs im 19. Jahrhundert.

Nach dem Schulbesuch in seiner Vaterstadt und dem bestandenen Landexamen durchlief W. die ev.-theol. Seminare. Von 1828 bis 1831 studierte er in Tübingen (Stift) Theologie und Philologie, wobei er sich auf Orientalistik und besonders auf Geschichte und Sprache Palästinas spezialisierte. Nach der Promotion im Jahre 1834 erhielt W. 1835 eine Stelle als Privatdozent der orientalischen Sprachen und Literatur an der Universität Tübingen. 1837 wurde W. zum Stadtpfarrer in Rottweil ernannt, ein Amt, das er 45 Jahre lang ausfüllte. W. unternahm 1847 und 1869 zwei Reisen nach Palästina, über die er ein Buch verfasste. Der begeisterte Orientalist lebte neben der Seelsorge ganz seinen wissenschaftlichen Interessen, und sein Ruhm in diesem Fach kam u. a. 1877 in seiner Berufung zum Kommissionsmitglied des Deutschen Vereins zur Erforschung Palästinas und der Verleihung der theologischen Ehrendoktorwürde der Universität Tübingen anlässlich ihres 400-Jahr-Jubiläums zum Ausdruck. Nach seiner Versetzung in den Ruhestand im Jahre 1882 lebte W. in Tübingen. Für den Palästina-Verein fertigte W. das Register der ersten zehn Bände von dessen Zeitschrift an. – 1835 Mitglied der asiatischen Gesellschaft in Paris; 1846 o. Mitglied der deutschen morgenländischen Gesellschaft. – 1863 Ritterkreuz I. Kl. des Friedrichsordens; 1877 Kriegsdenkmünze für Nichtkombattanten.

W   Das Buch des Weisen in lust- und lehrreichen Erzählungen des indischen Philosophen Bidpai, Stuttgart ²1839 – Muallakat. Die sieben Preisgedichte der Araber, Rottweil 1841 – Sadi's Rosengarten. Aus dem Persischen, Stuttgart 1841 – Die Drusen und ihre Vorläufer, Stuttgart 1845 – Reise in das gelobte Land, Stuttgart 1849 – Jerusalem. Nach eigener Anschauung und den neuesten Forschungen geschildert, Leipzig 1857, ²1862 – Arabischer Dragoman. Grammatik, Phrasensammlung und Wörterbuch der neu-arabischen Sprache. Ein Vademecum für Reisende in Aegypten, Palästina und Syrien, sowie zum Gebrauch für den Unterricht, Leipzig ²1857 – Flugblätter aus Jerusalem vom Nov. und Dez. 1869, Stuttgart 1869 – Sieben Artikel über Jerusalem aus den Jahren 1863 bis 1869, Stuttgart 1869.
L.   Ih 2, S. 978 – Magisterbuch 28 (1892), S. 56 – SCHULTES, Chronik, S. 547 – SK 1894, S. 5, und 432 – Württ. Jahrbücher 1894, S. [VI] – ADB 44, S. 44 ff. (Wilhelm von HEYD) – LEUBE, Tübinger Stift, S. 718.

Wollaib, Johann *Albrecht*, * Ulm 30. Okt. 1761, † ebd. 8. oder 9. Aug. 1831, ⬚ ebd., Alter Friedhof.

Vater		Mathäus Wollaib, † 1801, Goldschmiedemeister in Ulm, S. d. Markus Wollaib, Pfarrer in Steinheim/Neu-Ulm.
Mutter		Walburga Nusser, * 1739, † Ulm 24. XI. 1773, T. d. Irenäus Nusser, Zuckerbäcker.
Mehrere *G*, darunter Georg Friedrich Wollaib, Silberarbeiter in Ulm, ∞ Ulm 1. XII. 1801 Juliane Miller, T. d. Pfarrers Hans Miller; Anna Katherine Wollaib, † Ulm März 1772.
∞ I. Ulm 18. V. 1789 Margarethe Barbara Müller, ⬚ Ulm 9. IX. 1794, T. d. Hohentwielwirts Martin Müller, Wwe. d. Andreas Alexander Christoph Sperl.
∞ II. Maria Magdalena *Friederike* Lichtenberger[703], * 11. III. 1789, † 10. XI. 1860.
K, darunter Amalie Wollaib, * Ulm 9. III. 1819, † ebd. 3. IV. 1884, ∞ Ulm 30. VII. 1844 Adolf →Arnold; Eduard →Wollaib, Landgerichtsdirektor.

W. entstammte einer alten Ulmer Geistlichen- und Beamtenfamilie. Verwiesen sei beispielhaft auf Marx (Marcus) Wollaib[704] (1599-1678), Magister, Münsterprediger, senior ministerii, Scholarch und Vize-Superintendent; auf dessen gleichnamigen Sohn[705] (1641-1733), Magister, Pfarrer in Aufhausen, Altenstadt und Ursprung, einen wichtigen Ulmer Chronisten, sowie wiederum auf dessen Sohn, den Maler Johannes Wollaib[706] (1684-1726).
W.s Lebenslauf war bisher in der Literatur nur fragmentarisch bekannt. Er besuchte ab 1783 die juristischen Vorlesungen und wurde am 12. Dez. 1788 Ratskonsulent, ohne einen akademischen Grad zu besitzen, was überaus ungewöhnlich war. 1794 auch Publizist, trat er nach dem Ende der reichsstädtischen Zeit in den bayer. Justizdienst ein und war von 1804 bis 1810 Kgl. Bayer. Landrichter am neu eingerichteten Landgericht Geislingen/Steige. Der pragmatische W. verkörperte personelle Kontinuität, als er 1810 erster württ. Oberamtmann in Geislingen wurde. Nach kurzer Zeit verließ W. jedoch seinen Dienstort, um 1811/12 Justizrat beim Justizprovinzialkollegium Ludwigsburg zu werden, später wechselte er in gleicher Funktion nach Ulm. Am 9. März 1819 erfolgte seine Ernennung zum ersten Oberamtsrichter in Geislingen/Steige. 1823 schied W. aus dem Staatsdienst und verlebte seinen Ruhestand in Ulm.

L		Württ. Jahrbücher 3/4 (1820/21), XXVII – A. KLEMM, Ein Gang durch die früheren Bewohner von Geislingen, in: WVjh. 1885, S. 215 – BAUER, Geislingen, S. 26, 34, 537 – GÄNSSLEN, Ratsadvokaten, S. 293 – UNGERICHT, S. 197 – Amtsvorsteher, S. 594 [ohne Lebensdaten].

Wollaib, Eduard, * Geislingen/Steige 16. Jan. 1823, † Ulm 14. Dez. 1896, ⬚ ebd., Alter Friedhof, 16. Dez. 1896, ev.

Eltern und *G* siehe Johann Albrecht →Wollaib.
∞ Natalie Kindervatter.
Mehrere *K*, darunter Theodor Wollaib, * Ulm 16. I. 1871, † ebd., 13. III. 1922, Kgl. Württ. Oberstleutnant a. D., letzter Kommandeur des Feld-Art.-Rgts. „König Karl" (1. Württ.) Nr. 13.

W. war zwar kein gebürtiger Ulmer, stammte aber aus alter Ulmer Familie und verbrachte den größten Teil seiner Dienstzeit als Justizbeamter in Ulm.
Kurz vor der Pensionierung seines Vaters in Geislingen/Steige geboren, wuchs W. in Ulm auf, wohin der Vater mit der Familie zurückgekehrt war. W. widmete sich nach der Absolvierung des Ulmer Gymnasiums dem Jurastudium in Tübingen und Heidelberg. Nach dem Bestehen der beiden Justizdienstprüfungen trat er in den württ. Justizdienst ein und war 1847 provisorischer Gerichtsaktuar in Welzheim, später Gerichtsaktuar in Freudenstadt und 1854 Hilfsarbeiter beim Gerichtshof in Tübingen. Dort wurde er zum Oberjustizassessor und im Herbst 1868 zum Oberjustizrat ernannt.
Seit 1861 war W. fast ununterbrochen an Ulmer Gerichten tätig, zunächst als Kreisgerichtsrat. 1879 erfolgte im Zuge der neuen Gerichtsorganisation in Württemberg die Ernennung

zum Landgerichtsrat, Anfang 1881 zum Landgerichtsdirektor in Heilbronn/Neckar. 1883 kehrte W. in gleicher Funktion nach Ulm zurück. Am 2. März 1894 gewährte ihm König Wilhelm II. von Württemberg auf W.s eigenes Ansuchen den Eintritt in den Ruhestand unter Verleihung von Titel und Rang Landgerichtspräsident. W.s Nachfolger war der bisher in Ravensburg tätige Karl →Schuon.
W., dem auch das Kindervatter'sche Haus in der Langestraße 9 gehörte und der Ende 1876 das Haus (Nr. 25) des verstorbenen Buchbinders Maier am Münsterplatz für 8.000 RM erworben hatte, gehörte seit Feb. 1868 der Bausektion des Münsterbaukomitees an. Im Aug. 1870 war W. in den Ausschuss des Ulmer Hilfsvereins gewählt worden. Er starb im Alter von fast 74 Jahren an einer Lungenentzündung. – Mitglied des Vereins für Kunst und Altertum in Ulm und Oberschwaben. – 1877 Ritterkreuz des Württ. Kronordens; 1884 Ehrenritterkreuz des Württ. Kronordens.

Q		StadtA Ulm, G 2.
L		Worte der Trauer und des Trostes bei der Begräbnisfeier des Herrn Eduard von Wollaib, Landgerichtspräsidenten a. D. [...]. Gesprochen von Dekan Bilfinger, Ulm 1897 – Staatsanz. Nr. 293, 15. XII. 1896, S. 5989 – SK Nr. 293 (Abendblatt), 14. XII. 1896, S. 2533 und 2535 (Todesanz.) – ebd. Nr. 296 (Mittagsblatt), 17. XII. 1896, S. 2558 – Württ. Jahrbücher 1896, S. VIII – UBC 2, S. 197, 219, 247 [dort irrtümlich „Wolbach"], 350, 361, 411, 433 – UBC 3, S. 75, 130 (Bild) – UNGERICHT, S. 197.

Württemberg, Herzog *Heinrich* Friedrich Karl von, * Mömpelgard (Montbéliard) 3. Juli 1772, † Ulm 28. Juli 1838, ⬚ Stiftskirche Stuttgart 2. Aug. 1838, ev.

Vater		Herzog Friedrich Eugen von Württemberg, * Stuttgart 21. I. 1732, † Hohenheim 22. XII. 1797, früher württ. Statthalter in Mömpelgard.
Mutter		Prinzessin Friederike Sophie Dorothea von Brandenburg-Schwedt, * Schwedt 18. XII. 1736, † Stuttgart 9. III. 1798, T. d. Markgrafen Friedrich Wilhelm von Brandenburg-Schwedt, u. d. Prinzessin Sophie von Preußen, einer Schwester König Friedrichs II. des Großen von Preußen.
11 *G*, darunter Friedrich I. (1754-1816), erster König von Württemberg.
∞ 1798 Christine Caroline Alexei, * Ludwigslust bei Breslau 26. XII. 1779, † Baden-Baden 17. VIII. 1853, Schauspielerin am Hzgl. Hoftheater in Oels, 1807 Freifrau von Rothenburg, 1825 Gräfin von Urach.
5 *K*		Gräfin Marie von Urach, * Berlin 15. XII. 1802, † Kirchberg an der Jagst 22. I. 1882, ∞ 26. V. 1821 *Karl* (IV.) Friedrich Ludwig Heinrich Fürst zu Hohenlohe-Kirchberg, * Kirchberg 2. XI. 1780, † ebd. 10. III. 1861, Standesherr, Gouverneur von Stuttgart; Gräfin Alexandrine von Urach, * Treptow (Pommern) 18./19. XII. 1803, † Baden-Baden 22. VIII. 1884, ∞ Ulm 3. VII. 1830 (geschieden 26. I. 1843) Karl Graf Arpeau de Gallatin, * 1802, † 1877, Kgl. Württ. Oberst; Luise, * 4. XI. 1799, früh verstorben; Henriette, * 5. 3. 1801, früh verstorben; Elisabeth Alexandrine Konstanze, * 28. II. 1805, † 18. 8. 1818.

W. war ein Neffe des Herzogs Carl Eugen von Württemberg und Schwager zahlreicher gekrönter Häupter, darunter des Zaren Paul I. von Russland, aber auch der österreichische Staatskanzler Metternich war sein Schwager. Das jüngste Kind aus der Ehe seiner Eltern wuchs in Mömpelgard auf und erhielt eine sorgfältige militärische Ausbildung. Nach Ausbruch der Revolution floh die Familie; der halbwüchsige W. kam nach Berlin, Wien, Oels und Breslau. Der Familientradition folgend, trat W. in den preuß. Militärdienst, wurde 1794 zum Major befördert und war 1796 in einem Kavallerie-Rgt. in Breslau stationiert. 1798 rückte W. zum Obersten auf.
Obwohl die Rentkammer in Stuttgart ihm 1794 eine Jahrespension von 1.500 Gulden bewilligt hatte, war W. ständig hoch verschuldet. Seine Familie entsetzte er nicht nur damit, dass sie für diese Schulden aufkommen musste, sondern auch mit seiner morganatischen Eheschließung mit einer Schauspielerin. Er pfiff auf die Notwendigkeit der Zustimmung seines Dienstherrn, des Königs von Preußen, und ließ sich von einem französischen katholischen Priester morganatisch trauen. W. quittierte seinen Dienst und lebte unter einem Falschnamen in Berlin, ab 1803 in Treptow (Pommern). 1807 musste er wegen seiner unstandesgemäßen Ehe auf seine und seiner Kinder Thronfolgerechte in Württemberg verzichten. Sein Bruder, König Friedrich I., suchte den entwurzelten W. wieder an seine Heimat zu binden und erhob ihn – im Range eines Generalleutnants der Kavallerie – 1808 zum Statthalter von Wiblingen,

[703] UNGERICHT, Der Alte Friedhof in Ulm, S. 197.
[704] DBA I/1391, 346, 352 – WEYERMANN II, S. 625 f. – APPENZELLER, Münsterprediger, S. 191-194, Nr. 81.
[705] WEYERMANN I, S. 554.
[706] WEYERMANN I, S. 553 f.

wo er sich mit seinen Truppen im Kloster einquartierte (bis 1822). W. ließ sich dort eine *schicklich meublierte Wohnung* einrichten. Nach dem Übergang Ulms an Württemberg war W. Gouverneur von Ulm. Er wohnte zunächst weiter im Kloster Wiblingen, das in dieser Zeit die amtliche Bezeichnung „Schloss Wiblingen" erhielt. Es war fortan bei Strafe verboten, vom Kloster Wiblingen als Kloster zu sprechen. Noch heute liegt es an der Schlossstraße.

W. nahm schon 1810 seine private Wohnung in einem der Dreifaltigkeitskirche gegenüber liegenden Palais in Ulm. Später zog er mit seiner Familie in den „Grünen Hof" um. Mit seiner großen, stattlichen Gestalt war W. auch äußerlich eine auffallende Erscheinung, die im Ulmer Stadtleben eine feste Größe wurde. W. nahm an den Festen der Bürger teil, organisierte Jagden, trat der Freimaurerloge „Astraea zu den drei Ulmen" bei, die ihn zu ihrem Großmeister bestimmte, und ließ sich in der Friedrichsau ein bescheidenes Sommerhaus errichten. Mit seinem Bruder, dem König, zerstritt er sich, da dem Monarchen respektlose Äußerungen W.s hinterbracht worden waren. Zuletzt hatte W. bei Hofe keinen Zutritt mehr. Unter seinem Neffen König Wilhelm I. besserten sich die Beziehungen ein wenig, man blieb jedoch auf Distanz. W. war seit 1820 als männliches Mitglied des württ. Königshauses Angehöriger der Kammer der Standesherren des Württ. Landtags, erschien zu den Kammersitzungen aber nur sporadisch und nach 1827 gar nicht mehr.

In Ulm war W. überaus beliebt. Kurz vor seinem Tod gab er dem Wirt Seybold „zur Breite" die Genehmigung, die neue Gastwirtschaft auf dem Michelsberg ihm zu Ehren „Heinrichsburg" zu nennen. W. starb wenige Tage nach Vollendung des 66. Lebensjahres. Sein Leichnam wurde in seinem Palais öffentlich ausgestellt und am 1. Aug. 1838 von den Zunftvorgesetzten in das Münster getragen und vor dem Altar aufgebahrt. Wie im Münster, so fand auch in der Wengenkirche ein Trauergottesdienst statt. Der *allbeliebte Bürgerfreund* wurde in weiten Kreisen Ulms aufrichtig betrauert, da er vielen Menschen finanziell unter die Arme gegriffen und besonders die Kinderfeste in der Au unterstützt hatte. Seine Gewehrsammlung, die seinerzeit eine der bedeutendsten in Privatbesitz gewesen zu sein scheint, wurde nach seinem Tod versteigert. Ein Bild W.s hing seit Mai 1839 im Ratssaal des Ulmer Rathauses. – Juli 2008 bis Ende 2008 Ausstellung über W. im Konventbau des Klosters Wiblingen.

L.   Ih 2, S. 985 – SK Nr. 175/1838, S. 5 – RIECKE, Verfassung und Landstände, S. 38 – SCHULTES, Chronik, S. 412, 457, 460 – HARTMANN, Regierung und Stände, S. 27 – UBC 1, S. 525, 530 (Bild) – Haus Württemberg, S. 300 f. (Gerald MAIER) – RABERG, Biogr. Handbuch, S. 1044 – Gabriele KLEIBER, Der Bruder des Königs. Ulm. Schloss Wiblingen: Vor 200 Jahren zog Herzog Heinrich mit seiner Familie ins Kloster ein, in: Schlösser Baden-Württemberg 3/2008, S. 22 f. (Bild).

Württemberg, Graf Friedrich *Wilhelm* (I.) von, seit 1867 Herzog von Urach, Dr. phil. h.c., * Stuttgart 6. Juli 1810, † Schloss Lichtenstein/OA Reutlingen 16. Juli 1869, ⯈ kath. Abteilung der Familiengruft im Schloß Ludwigsburg, kath.

Vater   Herzog Wilhelm von Württemberg[707], Dr. med. h.c., * Stettin 27. XII. 1764, † Schloß Stetten im Remstal 10. VIII. 1830, 1806-1815 Kgl. Württ. Kriegsminister, S. d. Herzogs Friedrich Eugen von Württemberg u. d. Prinzessin Friederike Sophie Dorothea von Brandenburg-Schwedt.

Mutter   Freiin Wilhelmine von Tunderfeld-Rhodis, 1801 Gräfin von Württemberg, * Esslingen 28. I. 1777, † Florenz 6. II. 1822, Hofdame der Herzogin Friederike Sophie Dorothea von Württemberg, T. d. Freiherrn Karl August Wilhelm von Tunderfeld-Rhodis, Hauptmann, u. d. Freiin Theresia Schilling von Cannstatt.

5 G   Graf Alexander von Württemberg, * Kopenhagen (Dänemark) 5. XI. 1801, † Wildbad 7. VII. 1844, Kgl. Württ. Oberstleutnant, Gutsbesitzer und Dichter, ∞ 1832 Helene von Festetics-Tolna, * Wien 2. VI. 1812, † Chambery (Frankreich) 11. V. 1886, T. d. Grafen Ladislaus Festetics von Tolna u. d. Prinzessin Josephine von Hohenzollern-Hechingen; Graf Friedrich von Württemberg, 1805-1808; Graf August von Württemberg, 1811-1812; Graf Constantin von Württemberg, 1814-1824; Gräfin Marie von Württemberg, * Stuttgart 29. V. 1815; † ebd. 31. XII. 1866, 1832-1842 (nominell) Äbtissin des adeligen Damenstifts Oberstenfeld, ∞ 17. IX.

1842 Freiherr August *Wilhelm* von Taubenheim[708], * 1805, † 4. I. 1894, Rittergutsbesitzer in Hohenentringen/OA Herrenberg, 1873-1891 Präsident des Oberhofrats.

∞ I. 8. II. 1841 Prinzessin *Theodolinde* Louisa Eugénie Auguste Napoléone von Leuchtenberg, * Mantua 13. IV. 1814, † Stuttgart 1. IV. 1857, T. d. Eugène de Beauharnais, Herzog von Leuchtenberg, früher Fürst von Venedig u. d. Prinzessin Augusta von Bayern,

∞ Monaco 15. II. 1863 Prinzessin Florestine von Monaco, * Fontenay des Roses bei Paris 22. X. 1833, † Stuttgart 24. IV. 1897, T. d. Fürst Florestan I. von Monaco u. d. Caroline de Lamethe.

6 K, davon 4 aus I. und 2 aus II. Ehe Gräfin Auguste Eugenie von Württemberg, * Stuttgart 27. XII. 1842, † Schwaz (Tirol) 11. III. 1916, ∞ I. Schloß Lichtenstein 4. X. 1865 Graf Rudolf von Enzenberg (1835-1874), k. k. Hauptmann i. R., ∞ II. Innsbruck/Tirol 16. VI. 1877 Graf Franz von Thun-Hohenstein (1826-1888), k. k. Feldmarschall-Leutnant; Gräfin Marie Josephine von Württemberg, * Stuttgart 10. X. 1844, † Monaco 13. X. 1864; Gräfin Eugenie von Württemberg, * Stuttgart 13. IX. 1848, † ebd. 26. XI. 1867; Gräfin Mathilde von Württemberg, * Stuttgart 14. I. 1854; † Bad Möders/Tirol 13. VII. 1907, ∞ Monaco 2. II. 1874 Don Paolo Principe Altieri, Principe di Oriolo e di Viano, * 1849, † 1901; Graf Wilhelm (II.) von Württemberg[709], Herzog von Urach, Dr. phil., * Monaco 3. III. 1864, † Rapallo (Italien) 24. III. 1928, Kgl. Württ. General der Kavallerie, Thronprätendent, ∞ I. 4. VII. 1892 Herzogin Amalie in Bayern, * München 24. XII. 1865, † Stuttgart 25. V. 1912; ∞ II. 26. XI. 1924 Prinzessin Wiltrud von Bayern, * München 10. XI. 1884, † Oberstdorf 28. III. 1975; Karl Graf von Württemberg, Fürst zu →Urach.

W., ein Halbbruder des Grafen von →Sontheim und Schwager des Kaisers Dom Pedro I. von Brasilien, des Königs Oskar I. von Schweden, der Königin Maria III. da Gloria von Portugal und des Fürsten Friedrich Wilhelm von Hohenzollern-Sigmaringen, Neffe und Vetter der württembergischen Könige und verwandt mit dem bayerischen Königshaus und dem österreichischen Kaiserhaus, genoss seine Schulbildung u. a. in Hofwyl bei Bern (Schweiz) und machte nach Eintritt in die württembergische Armee rasch Karriere. 1828 Artillerie-Hauptmann, 1835 Major, 1837 Oberst und Kommandant des Art.-Rgts., 1841 Generalmajor, 1844 Kommandant der 2. Inf.-Brigade, entsprachen diese Stationen seiner Laufbahn durchaus dem Avancement von Mitgliedern des regierenden Königshauses.

Daneben entfaltete W. jedoch Aktivitäten, die in ihrer Fülle als durchaus untypisch für eine Persönlichkeit seines Hintergrunds angesehen werden können. Er entwickelte tief gehende naturwissenschaftliche, kunsthistorische und archäologische Interessen, schrieb Gedichte, sammelte Autographen, pflegte Korrespondenzen mit zahlreichen Schriftstellern des Landes. Der Dichterarzt Justinus Kerner war einer seiner Duzfreunde. Im Sommer 1843 übernahm W. den Vorsitz des Württ. Geschichts- und Altertumsvereins, im Jahr darauf auch den Vorsitz des neu gegründeten Vereins für vaterländische Naturkunde. Angeregt von Wilhelm Hauffs „Lichtenstein" erwarb W. den historischen Platz auf der Reutlinger Alb und ließ 1840/41 nach Plänen des Architekten Karl Alexander Heideloff ein neues Schloss Lichtenstein im neugotischen Stil errichten.

1848/49 mit einer Feldbrigade zunächst in Schleswig-Holstein und anschließend im badischen Oberland eingesetzt, wurde W. 1855 zum Generalleutnant befördert und im Okt. 1857 als Nachfolger des pensionierten Grafen von Sontheim zum Gouverneur der Bundesfestung Ulm ernannt. W. legte Wert auf eine demonstrative Verbundenheit zu Ulm, die bis in den privaten Bereich wirkte. Als 1864 sein Sohn Wilhelm in Monaco zur Welt kam und die bürgerlichen Kollegien dem Gouverneur ihre Glückwünsche zu diesem Ereignis aussprachen, schrieb W. in seiner Antwortadresse: *Mein Sohn, wenngleich in*

707 Haus Württemberg, S. 380 ff. (Wolfgang SCHMIERER).

708 Staatsanz. 1894, S. 22 – SK 1894, S. 25.
709 Haus Württemberg, S. 388 ff. (Wolfgang SCHMIERER).

fernem Lande geboren, soll´s sich zur Ehre rechnen, ein guter Ulmer genannt zu werden. 1865 war W., der sehr an der Technik interessiert war und sich besonders der Fortentwicklung der Artillerie widmete, Gründungsmitglied des Vereins für Mathematik und Naturwissenschaften in Ulm und übernahm das Amt des Vorsitzenden. Der in Ulm sehr beliebte W. starb wenige Tage nach seinem 59. Geburtstag.

Q   Nachlass als Depositum im Deutschen Literaturarchiv Marbach/Neckar – HStAS, E 55, E 105, E 297, G 302, GU 105.
L   Ih 2, S. 903 – SCHULTES, Chronik, S. 502 f. – ADB 39, S. 343-345 – Konrad KÜMMEL, Herzog Wilhelm von Urach, Graf von Württemberg, in: Kath. Sonntagsblatt (Stuttgart), 8. XI. 1903 Nr. 26. – UBC 2, S. 55, 107, 123, 131, 147, 223 – Peter GOEßLER, Graf Wilhelm von Württemberg, der Erbauer des Lichtensteins und die deutschenGgeschichtsvereine, in: Blätter des Schwäbischen Albvereins 47 (1935), S. 295-302 – Rolf BIDLINGMAIER, Schloss Lichtenstein - Die Baugeschichte eines romantischen Symbols, in: Reutlinger Geschichtsblätter NF 33 (1994), S. 133-152 – Haus Württemberg, S. 384 (Wolfgang SCHMIERER), Bild S. 383.

Wuttke, *Gerhard* Richard, * Festenberg bei Breslau (Schlesien) 27. Aug. 1919, † Neu-Ulm 3. Juni 2000, ▢ ebd. 8. Juni 2000, ev.

Vater   Richard Wuttke, * Breslau 11. X. 1891, Gutsverwalter.
Mutter   Berta Kupke, * Brettmühle 2. VII. 1893.
∞ Neu-Ulm 1. XII. 1947 Elfriede Peschke, * Ulm 7. IX. 1918, T. d. Fritz Peschke, * Ulm 29. V. 1875, Kaufmann, u. d. Friederike Auguste Eckart, * Ulm 18. III. 1891.
1 K   *Renate* Friederike Wuttke, * Neu-Ulm 10. I. 1951.

W. war einer der langjährigen Kommunalpolitiker Neu-Ulms. Er kam nach dem Zusammenbruch und kurzfristiger Kriegsgefangenschaft im Juni 1945 nach Neu-Ulm, wo er zunächst in der Villenstraße 13 und im Aug. 1945 in der Ringstraße 20 bei seinem späteren Schwiegervater eine Bleibe fand. Es waren schwierige Jahre, in denen sich W. eine neue Existenz aufbauen musste und 1950 das Geschäft „Farben Wuttke" gründen konnte. Das Geschäft in der Reuttier Straße 15 war im Landkreis Neu-Ulm führend im Fachhandel für Farben, Lacke, Tapeten, Maler- und Tapezierwerkzeug, Holzimprägnierungen und Fußbodenbeläge. Bis 1969 existierten Filialen in Ulm, Blaubeuren, Ehingen/Donau und Erbach.
Für die Freien Wähler (FWG) engagierte sich W. frühzeitig und zog 1972 in den Neu-Ulmer Stadtrat ein, dem er ununterbrochen bis 1996 angehörte, als er im Alter von 77 Jahren aus der aktiven Politik ausschied. Zuletzt saß W. der dreiköpfigen FWG-Stadtratsfraktion vor. Von 1978 bis 1984 gehörte W. für die Freien Wähler auch dem Kreistag an.

Q   StadtA Neu-Ulm, D 12, III.7.2.
L   100 Jahre junge Stadt, S. 113 – TREU, Neu-Ulm, S. 577 – Altstadtrat Gerhard Wuttke ist tot, in: NUZ, 5. VI. 2000 (Bild).

Zahn, Paul, * Ehrenfriedersdorf bei Anneberg (Erzgebirge) 17. Okt. 1882, † Neu-Ulm 25. Okt. 1967, ev.

Mehrere G.
∞ Leipzig 24. V. 1905, T. d. Wilhelm Horn, Zigarrenfabrikant.
K   Walter Zahn, * 28. V. 1907; Gerhard Zahn, * 28. I. 1918.

Z. war einer der in der Zeit nach dem Ende des Zweiten Weltkriegs nach Neu-Ulm gekommenen Unternehmer, die dort einen erfolgreichen Neuanfang begannen.
Z. wuchs nach dem frühen Tod seines Vaters in Leipzig auf, wo er die Volks- und die Bürgerschule besuchte. Um 1900 trat er als Graveurlehrling in die Gravieranstalt Brandt & Co. in Leipzig ein. Im Aug. 1909 eröffnete Z. nach der bestandenen

Meisterprüfung in Dresden – damals ein Zentrum der Schneideschrift-Plakatherstellung – eine Gravieranstalt für Schneideschriften. Z. beschäftigte ca. zehn Graveure. Der Erste Weltkrieg, die Nachkriegszeit und die Inflation brachten den kleinen Betrieb in Schwierigkeiten, aber nach 1925 kehrte der frühere Erfolg zurück. Ab 1927/28 produzierte Z. nach einer eigenen Idee Stanzbuchstaben aus Pappe, die mit Buntpapier überzogen waren – der Beginn der neuen „Firma Paul Zahn Spezialfabrik Moderne Reklame und Dekorationsbuchstaben", die bald hauptsächlich auf Export ausgerichtet war. Für Z., dessen Betrieb sich zur größten Gravieranstalt in Dresden entwickelt hatte, arbeiteten in dieser Zeit bis zu 50 Gesellen und fünf Lehrlinge. Z. war Obermeister der Graveur-Innung Dresdens und konnte die Leistungsfähigkeit seiner Anstalt trotz Zwangsrekrutierungen und Zwangsverpflichtungen (u. a. Produktion von Schlagstempeln für die Rüstungsindustrie) bis zum verheerenden Bombenangriff auf Dresden am 12. Feb. 1945 erhalten. Z. hatte zwar große Mengen an Material außerhalb der Stadt Dresden ausgelagert und konnte deshalb nach Kriegsende trotz Zerstörung des Betriebsgebäudes in kleinerem Umfang weiter produzieren. Die Produktion litt allerdings unter Beschlagnahmungen durch die sowjetische Militäradministration und Nachschubmangel.
Nachdem der Betrieb Z.s als *nicht lebensnotwendig* eingestuft worden war, entschloss sich der 67 Jahre alte Chef im Wissen, dass er von Grund auf neu anfangen musste, zum Wechsel in die Bundesrepublik Deutschland. Am 1. Okt. 1949 siedelte sich die „Paul Zahn KG", die spätere „Zahn GmbH Produktkennzeichnungen", in Neu-Ulm (Gartenstraße) an und stellte wieder Reklame-Buchstaben her. Am Anfang beschäftigte Z., der nach dem Tod seiner Ehefrau geschäftlich entscheidend von seiner Lebensgefährtin Magda Hirschmann unterstützt wurde, einen Graveur, eine Hilfskraft und eine Halbtags-Bürokraft. Trotz Mangels an Fachkräften und an Finanzmitteln wuchs die Firma Jahr für Jahr und beschäftigte 1957 etwa die 100 Mitarbeiter. In der Dieselstraße wurden 1957 neue Geschäftsräume erbaut. Bei deren Einweihung würdigte Z. ausdrücklich das Entgegenkommen der Stadt Neu-Ulm bei der Neuansiedlung der Firma.
1956 hatte Z.s Sohn Gerhard Zahn, der 1950 die Gravieranstalt in Stuttgart-Weilimdorf angesiedelt hatte, diese auch nach Neu-Ulm verlegt und arbeitete sich in das Aufgabenfeld der Buchstaben-Spezialproduktion ein. Gravieranstalt und Buchstaben-Fabrik wurden 1962 zu einem Betrieb verschmolzen, nachdem Gerhard Zahn zwei Jahre zuvor die technische Leitung der Firma übernommen hatte. Z. starb wenige Tage nach Vollendung seines 85. Lebensjahres. Anlässlich seines Todes wurden Zielstrebigkeit, Zähigkeit und Beständigkeit des Unternehmers gewürdigt, der aus kleinsten Anfängen heraus eine Firma schuf, die noch heute in Neu-Ulm existiert.

Q   StadtA Neu-Ulm, D 12, IX.3.2.
L   TREU, Neu-Ulm, S. 623.

Zeller, *Eugen* August Christian, * Stuttgart 6. Juli 1871, † 1953, ev.

Vater   Zeller, Metzger.

Z. war eine der bemerkenswertesten, auch politisch aktiven Ulmer Lehrerpersönlichkeiten des 20. Jahrhunderts.
Nach der Absolvierung der ev.-theol. Seminare in Schöntal/Jagst und Urach studierte Z. als „Stiftler" (d.h., er war während des Studiums im Stift untergebracht) von 1890 bis 1894 in Tübingen Philologie und Geschichte und absolvierte für diese Fächer auch seine höhere Lehrerprüfung. Zu Beginn seines Studiums schloss er sich der Burschenschaft Normannia an. 1895/96 unternahm er eine wissenschaftliche Studienreise, die ihn nach Genf, Paris und London führte. 1896 bestand er das sogenannte I. „realistische" Professoratsexamen (für höhe-

re Lehrerstellen an Realschulen), im Folgejahr auch das II. Professoratsexamen. Nachdem er schon 1895 als Hilfslehrer in Stuttgart begonnen hatte, blieb er auch nach dem I. Examen noch in Stuttgart, wechselte aber nach dem II. Examen nach Göppingen, wo er 1899 zum Reallehrer und schon 1900 zum Oberreallehrer an der Realanstalt ernannt wurde.

Seit 1900 war Z. Professor für Neuphilologie an der Realanstalt bzw. später am Realgymnasium bzw. an der Oberrealschule in Ulm. Er engagierte sich seit Beginn des 20. Jahrhunderts für die liberale Bewegung und setzte sich in Ulm an die Spitze der liberalen Vereinigungen. Im März 1905 sprach auf Z.s Einladung der bekannte „nationalsoziale" (nicht nationalsozialistische!) Pfarrer und spätere Reichstagsabgeordnete Friedrich Naumann (1860–1919) im Ulmer Hirschsaal. Im Dez. 1910 erfolgte Z.s Wahl in den Bürgerausschuss, bei der er als Kandidat der nationalliberalen Deutschen Partei kandidiert hatte. Im März 1919 kam von Z. der Anstoß, die spätmittelalterliche „Ulmer Schule" wiederzubeleben und eine städtische Kunstgewerbeschule zu gründen. In einer Zeit der großen äußeren Not sei es besonders wichtig, ihr kulturelle Werte entgegenzusetzen. Der im Mai 1919 gewählte Gemeinderat, dem Z. als DDP-Mitglied angehörte, befürwortete Z.s Anregung zur Einrichtung von Kunstwerkstätten, in denen besonders begabte Schüler gefördert werden sollten. Der Plan von Oberbürgermeister Emil →Schwammberger, die von der Stadt finanzierten Kunstwerkstätten an die städtische Gewerbeschule anzuschließen, um staatliche Hilfen zu erhalten, realisierte sich jedoch nicht.

Im Ersten Weltkrieg stand Z. im Feld und schied bei Kriegsende als Leutnant aus dem Militär. Seine politische Laufbahn setzte Z. bei der DDP fort und blieb seiner demokratischen Grundanschauung auch in politisch stürmischen Zeiten treu. Ende der 1920er Jahre gehörte er zum sogenannten „Gindele-Kreis" Ulmer Demokraten – dem u. a. Hermann →Wild, Hans →*Reyhing und der Arzt Dr. Vogelsang angehörten – der sich mittwochs im Café Gindele traf und dort politisierte. Nach der NS-Machtübernahme war Z. Mitglied des Distanz zu den neuen Machthabern pflegenden Pfarrkranzes, dem neben Wild u. a. auch die Prälaten Konrad →Hoffmann und Walter →Buder angehörten. Z. pflegte freundschaftliche Kontakte zu den Schriftstellern Hermann Hesse und Albrecht Goes.

Als 1931 die Doppelanstalt Realgymnasium/Oberrealschule getrennt wurde und ein Leiter für das fortan selbstständige Realgymnasium gesucht wurde, war Z. der Favorit der Ulmer Stadtverwaltung. Es traf ihn daher hart, als das Kultministerium mit Dr. Otto →Knapp einen Kandidaten „von außen" bevorzugte, der zudem noch Katholik war. Die distanzierte Haltung Z.s zum NS-Regime tat ein Übriges, ihm die Ausübung seines Berufes zu verleiden, da er mancher Gesinnungsschnüffelei und Zurücksetzungen ausgesetzt sah. 1934 stellte Z. daher ein Gesuch um vorzeitige Pensionierung, dem vom Kultministerium kommentarlos entsprochen wurde, obwohl Rektor Dr. Knapp bei dessen Weiterleitung angeregt hatte, man solle Z. bitten, weiter im Schuldienst zu bleiben, er werde sich den nie mehr verschließen. 1939 wurde der Neuphilologe angesichts des Lehrermangels reaktiviert. In dieser Zeit kultivierte er seine Form des „deutschen Grußes", indem er den rechten Arm hob, aber nicht „Heil Hitler!", sondern „Grüß Gott" sagte. Bei Kriegsende schied der 74 Jahre alte Z. endgültig aus dem Schuldienst aus. Beim Luftangriff vom 17. Nov. 1944 waren seine große Bibliothek und seine Bildersammlung vernichtet worden. – Charlottenkreuz.

L.   CRAMER, Württembergs Lehranstalten ⁷1925, S. 87 – Magisterbuch 41 (1932), S. 122 – UBC 3, S. 341, 472, 582 – SCHMIDGALL, Burschenschafterlisten, S. 174, Nr. 589 – ROTERMUND, Zwischen Selbstbehauptung, S. 83 – DANNENBERG, Selbstverwaltung, S. 148 – Heinrich STEINMEYER, Hermann Wild (1884-1962). Ein schwäbischer Theologe, Pädagoge und Politiker, in: UO 52 (2001), S. 180-256, hier 211, 214.

Zenetti, Johann Baptist Ritter von, Dr. iur. h.c., * Wertingen (Bayer. Schwaben) 3. Aug. 1785, † München 5. Okt. 1856, ▢ ebd., Alter Südlicher Friedhof, kath.

Vater   Johann Baptist Zenetti, * Ravascletto 1737, † Wertingen 1816, Handelsmann, Tabakfabrikant und Bürgermeister.
Mutter   Maria Magdalena Vazzanini, * Sutrio 1744, † Wertingen 1839.
14 G.
∞ I. 1816 Josephine von Mieg, T. d. Joseph von Mieg, Fürstlich Leiningenscher Geh. Rat in Amorbach; ∞ II. 1831 Sophie von Panzer, † 1832, T. d. Johann Georg Baptist Ritter von Panzer, † 24. II. 1834, Ministerialrat im Kgl. Bayer. Finanzministerium, u. d. Theresia Maier; ∞ III. 1832 Babette Martin, † 26. IX. 1871, T. d. Franz Martin, Forstmeister in Speyer.
6 K   Marie von Zenetti, * Speyer 4. II. 1820, † München 25. VIII. 1883; Wilhelm von Zenetti, OSB, * Speyer 13. V. 1821, † München 18. II. 1904, Abt von St. Bonifaz in München; Julius von Zenetti[710], * Speyer 9. XII. 1822, † München 23. VI. 1905, 1890-1897 Regierungspräsident von Mittelfranken in Ansbach, ∞ 18. XII. 1851 Maria Reber, † München 9. VI. 1906; Arnold von Zenetti, * Speyer 18. VI. 1824, † München 1. IX. 1891, Oberbaurat, Vorstand des Stadtbauamtes in München, ∞ 22. IV. 1851 Auguste Schmitt, * Würzburg 17. II. 1826, † München 26. XI. 1909; Karoline von Zenetti, ∞ I. Franz August Ernest Hartmann, * München 1817, † ebd. 1863, Kgl. Bayer. Major im General-Quartiermeister-Stab, ∞ II. Alois Brinz, Universitätsprofessor in Erlangen; Josephine von Zenetti, ∞ Josef (von) Lindwurm, * 1824, † München 1874, Dr. med., praktischer Arzt und Privatdozent in München.

Der Spross einer von Italien ins bayerische Schwaben eingewanderten Familie spielte in der Zeit des Übergangs des bayer. Ulm an Württemberg eine wichtige Rolle. In der Geschichte von „Ulm auf dem rechten Donauufer", dem späteren Neu-Ulm, spielte Z. als erster Vorstand des eigenständigen Polizeikommissariats eine besondere Rolle.

Er studierte von 1803 bis 1806 Rechts- und Kameralwissenschaften in Landshut und trat nach Abschluss des Studiums in den Verwaltungsdienst des Königreichs Bayern. Von Sept. 1806 bis 1808 war er zunächst Rechtspraktikant beim Landgericht Wertingen bzw. seit 1807 beim Rentamt ebd. Im Okt. 1807 bestand er die Staatsprüfung bei der Kgl. Landesdirektion Ulm und kam im Okt. 1808 als Kanzleiakzessist zum Generalkommissariat des Oberdonaukreises nach Ulm, wo er 1809 auch Militärdienst leistete; er war Kapitän der mobilen Legion. Im Kriegsjahr 1809 verwaltete Z. das Ulmer Zwiebackmagazin. 1810 zum Ratsakzessisten beim Generalkommissariat avanciert, war er von Nov. 1810 bis Juli 1811, in den Monaten des Rückzugs der Bayern aus Ulm, provisorischer Polizeikommissar auf dem rechten Donauufer. In dieser Zeit exponierte sich Z. als Wahrer der Rechte Bayerns bei der Übergabe des Ulmer Gebiets an Württemberg in einem solchen Maße, dass ihm die Württemberger unter Androhung einer Festungsstrafe das Betreten Ulms untersagten. Sein Vorschlag, die „Urzelle" des späteren Neu-Ulm – im Jahre 1811 einige wenige Häuser mit kaum 50 Einwohnern – nach dem bayerischen König Max I. Joseph „Max-Stadt" zu nennen, setzte sich nicht durch.

1811 ging Z. als Polizeikommissar nach Eichstätt, 1813/14 kämpfte er als Freiwilliger in einem Augsburger Jäger-Bataillon in den Befreiungskriegen gegen Napoleon. Nach deren Beendigung nahm er beim Generalkommissariat des Isarkreises in München seine berufliche Tätigkeit wieder auf.

1816 wurde Z. als Regierungsrat zur Regierung des Rheinkreises in Speyer versetzt, 1826 in gleicher Funktion zur Regierung des Oberdonaukreises in Augsburg, 1827 zur Regierung des Isarkreises in München. Von 1832 bis 1837 Regierungsdirektor des Unterdonaukreises mit Sitz in Passau, wechselte Z. 1837 als Ministerialrat ins Kgl. Bayer. Innenministerium und war 1840, 1842 und 1845 Regierungsvertreter in der Ständeversammlung des Königreiches Bayern. Vom 1. März bis zum 29. Nov. 1847 leitete Z. kommissarisch das Kgl. Bayer. Staatsministerium des Innern. Der mittlerweile zum o. Kgl. Bayer. Staatsrat erhobene Z. war von 1847 bis 1849 Regierungspräsident der Regierung von Niederbayern mit Sitz in Landshut, 1849/50 in gleicher Funktion der Pfalz in Speyer. 1850 trat er in den Ruhestand.

1848 für Landshut zum Mitglied der Deutschen Nationalversammlung in der Frankfurter Paulskirche gewählt, schloss er

---

710 SCHÄRL, Beamtenschaft, S. 218, Nr. 347 – GBBE 3, S. 2154.

sich dort dem „Casino"-Klub an und war Mitglied in den Ausschüssen für die Geschäftsordnung, für die Prüfung der Anträge in Bezug auf die provisorische Zentralgewalt und für die österreichischen Angelegenheiten. Am 8. Jan. 1849 legte er sein Mandat nieder. – Aug. 1837 Ritterkreuz des Zivilverdienstordens der Bayer. Krone; Jan. 1846 Komturkreuz des Verdienstordens vom Hl. Michael.

L Heinrich HUBER, Johann Baptist von Zenetti, Regierungspräsident von Niederbayern, Ministerverweser und Staatsrat, in: Zeitschrift des Historischen Vereins für Schwaben 57 (1950), S. 170-194 – SCHÄRL, Beamtenschaft, S. 117 ff., Nr. 74 – Ludwig ZENETTI, Johann Baptist Ritter von Zenetti (1785-1856), in: Lebensbilder aus dem Bayerischen Schwaben 5 (1956), S. 344-370 – SCHWABE, Regierungen, S. 53, 55, 58, 259 – Erich SCHEIBMAYR, Wer? Wann? Wo? Persönlichkeiten in Münchner Friedhöfen, München 1989, S. 101 – BEST/WEEGE, S. 370 ff. – TREU, Neu-Ulm, S. 125 – GBBE 3 (2005), S. 2153 f.

Zeppelin, Ferdinand Ludwig Freiherr (1806 Graf) von, * Güstrow 28. Nov. 1772, † Wien 21. Jan. 1829, ev.

Vater Melchior Johann Christoph von Zeppelin, get. Stade 21. III. 1727, † Güstrow 24. X. 1782, Kurhannoveranischer Rittmeister.
Mutter Friederike Charlotte Edle von Walsleben, * Zarnekow 14. I. 1737, † Dargun 19. IV. 1802.
12 G, darunter Karl Johann Reichsgraf von Zeppelin[711], * Güstrow 15. X. 1766, † 14. VI. 1801, seit 1797 Hzgl. Württ. Staats- und Konferenzminister, Präsident des Geheimen Rats, ∞ Freiin Catharina Ulrike von Delwigk, * Koiküll (Livland) 12. VI. 1770, † Stuttgart 27. IV. 1802.
∞ Ludwigsburg 1802 Pauline Freiin von Maucler, * 1785, † 1863, Schw. d. Freiherrn Paul Ludwig Theodor Eugen von Maucler[712], * Etupes (Mömpelgard) 30. V. 1783, † Ludwigsburg 28. I. 1859, Präsident des Geheimen Rats, zugleich Kgl. Württ. Staatsminister der Justiz, lebenslängliches Mitglied der I. Kammer des Württ. Landtags.
7 K, darunter Friedrich Jérome Wilhelm Karl Graf von Zeppelin, * 1807, † 1886, Fürstlich Hohenzollerischer Hof- und Regierungsrat, später Obersthofmarschall in Sigmaringen, seit 1836 Teilhaber an den Unternehmungen seines Schwiegervaters, seit 1840 Gutsbesitzer in Girsberg, ∞ Amélie Macaire d´Hogguer, * 1816, † 1852, T. d. David Macaire d´Hogguer, * 1784, † 1843, Kattunfabrikant und Bankier in Konstanz.

Z. war eine der Schlüsselfiguren der württembergischen Geschichte im ersten Drittel des 19. Jahrhunderts. Seine sehr abwechslungsreiche Laufbahn als Spitzenbeamter des Königreichs führte ihn in besonders schwieriger Mission auch nach Ulm. Der Großvater des „Luftschiff"-Grafen und Ulmer Ehrenbürgers war nach dem Übergang Ulms von Bayern zu Württemberg erster Landvogt König Friedrichs für die Landvogtei an der Donau mit Sitz in Ulm und damit der höchstrangige Beamte in der ob der ungewissen Zukunftsaussichten unruhigen Stadt. Die Ulmer Geschichtsschreibung hat ihn bisher nicht recht wahrgenommen – wie überhaupt die ersten Ulmer Jahre unter Württemberg zumindest unter prosopographischen Gesichtspunkten als eher schlecht erforscht gelten müssen.

Aufgewachsen mit zahlreichen Geschwistern auf dem Lande, wurde Z. schon 1789, als er 16 Jahre alt war, in das Dragoner-Rgt. aufgenommen, das Herzog Carl Eugen von Württemberg in Kriegsfällen dem Kaiser zur Verfügung stellte. Dies war im letzten Jahrzehnt des 18. Jahrhunderts häufig der Fall, so dass Z. sich bei Feldzügen gegen Türken und Franzosen seine ersten Sporen verdienen konnte. 1800 zum Rittmeister und kurz darauf zum Major befördert, folgte 1801 auch die Ernennung zum Flügeladjutanten des Herzogs Friedrich von Württemberg und zum Kammerherrn. 1803 Oberstleutnant, im Jahr darauf schon Oberst, endete die militärische Laufbahn Z.s aus gesundheitlichen Gründen im Jahre 1805.

Der mittlerweile zum Kurfürsten aufgestiegene Friedrich I. von Württemberg nahm Z. als Reisemarschall in seine Dienste und ernannte ihn daneben 1806 zum Kreishauptmann des neu gebildeten sechsten Kreises im Königreich Württemberg mit Sitz in Urach und zum Geheimen Rat. Am 2. Dez. 1807 erfolgte die Berufung zum ao. württ. Gesandten am Kaiserhof in Paris. In dieser Funktion bewies Z. in den entscheidenden Jahren nach der Erhebung Württembergs zum Königreich Fingerspitzengefühl und Parkettsicherheit.

1810 fiel Ulm mit zahlreichen zuvor bayerischen Gebieten an Württemberg. König Friedrich ließ die schon zuvor (seit 1806) bestehenden, jeweils mehrere Oberämter umfassenden Kreise neu zuschneiden, wobei Ulm zum Sitz der Landvogtei an der Donau mit der Oberaufsicht über die Oberämter Albeck, Biberach, Blaubeuren, Ehingen, Riedlingen, Ulm und Wiblingen erhoben wurde. Der König setzte prinzipiell nur Adelige als Landvögte ein. Z.s Ernennung zum ersten württ. Landvogt in Ulm rief Erstaunen hervor, da er über nur sehr geringe Verwaltungserfahrung verfügte. Bekannt war, dass er ein Günstling des Königs war und dessen besonderes Vertrauen genoss – wie vor ihm schon sein älterer Bruder. Die Personalentscheidung war aber von besonderer Tragweite, weil Z. in seiner Funktion als Landvogt vor allem die Ausführung des von ihm am 18. Mai 1810 in Paris geschlossenen württ.-bayer. Grenzregulierungsvertrags oblag. Dessen Umsetzung war auf bayerischer Seite heftig umstritten, so dass es nach dem am 6. Nov. 1810 in Ulm aufgenommenen „Übergabsprotokoll" wiederholt zu Auseinandersetzungen zwischen den Beamten beider Seiten kam. Der erst am 5. Nov. 1810 in Ulm eingetroffene Z. war auf dem diplomatischen Parkett heimisch, kannte die Franzosen und auch die Bayern und vermochte im ersten Jahr Ulms unter Württembergs Hoheit die schwebenden Grenzziehungsfragen zu erledigen.

Im Juni 1811 wechselte Z. als Nachfolger des Grafen von Welsberg wieder nach Altwürttemberg und wurde Landvogt der Landvogtei am Rothenberg. Sein Nachfolger in Ulm wurde Freiherr Nikolaus von →Freyberg. Vom 12. Feb. 1812 bis 14. Juli 1814 und vom 8. Nov. 1816 bis 17. Mai 1819 amtierte Z. als Staatsminister der Auswärtigen Angelegenheiten und für die Angelegenheiten des Kgl. Hauses. In der Zwischenzeit war er wieder in diplomatischen Missionen eingesetzt. Nach seiner Entlassung als Staatsminister widmete er sich der Bewirtschaftung seiner Güter in Münster bei Cannstatt. 1816 berief ihn nach dem Tod Friedrichs I. der neue König Wilhelm I. zum württ. Gesandten am Kaiserhof in Wien. In diesem Amt starb Z. wenige Wochen nach seinem 56. Geburtstag. Am 19. Nov. 1820 hatte Wilhelm I. ihn zum lebenslänglichen Mitglied der I. Kammer des Württ. Landtags ernannt; aus dienstlichen Gründen war Z. aber erst kurz vor seinem Tod in die Kammer eingetreten. – u. a.: Ritterkreuz des Großen Ordens vom goldenen Adler; Ritterkreuz des Kgl. Preuß. Schwarzen Adlerordens.

L Ih 2, S. 1000 – BECKE-KLÜCHTZNER, S. 73-75 – RIECKE, Verfassung und Landstände, S. 44 – HARTMANN, Regierung und Stände, S. 16, 34 – ADB 45 (1909), S. 79-83 (Eberhard Graf ZEPPELIN) – Johannes GREINER, Ulm im ersten Jahrzehnt unter der Krone Württembergs. Eine Jahrhunderterinnerung, in: Besondere Beilage des Staatsanz. 1910, Nr. 5, S. 73-80, Nr. 6, S. 81-90 – Gustav Benz, Wie die Grenze zwischen Bayern und Württemberg entstand, in: Aus dem Ulmer Winkel Nr. 5 (Mai) 1927, S. 17 ff. – Biogr. Wörterbuch zur deutschen Geschichte 3 (1975), S. 3305 (Günther FRANZ) – SCHWABE, Regierungen, S. 36, 243 – Paul SAUER (Bearb.), Im Dienst des Fürstenhauses und des Landes Württemberg. Die Lebenserinnerungen der Freiherren Friedrich und Eugen von Maucler: 1735-1816 (Lebendige Vergangenheit, Band 9), Stuttgart 1985, S. 105, 129, 133, 148, 150 – RABERG, Biogr. Handbuch, S. 1064 f.

Zeppelin, *Ferdinand* Adolf August Heinrich Graf von, Dr. phil. h.c., Dr. rer. nat. h.c., Dr.-Ing. h.c., * Konstanz 8. Juli 1838, † Berlin-Charlottenburg 8. März 1917, ⛩ Stuttgart, Pragfriedhof, ev.

Vater Friedrich Jérome Wilhelm Karl Graf von Zeppelin, * 1807, † 1886, Fürstlich Hohenzollerischer Hof- und Regierungsrat, später Obersthofmarschall in Sigmaringen, seit 1836 Teilhaber an den Unternehmungen seines Schwiegervaters, seit 1840 Gutsbesitzer in Girsberg.
Mutter Amélie Macaire d´Hogguer, * 1816, † 1852, T. d. David Macaire d´Hogguer, * 1784, † 1843, Kattunfabrikant und Bankier in Konstanz.
2 G, darunter Eugenie von Zeppelin, * 1836, † 1911, ∞ 1860 Wilhelm Freiherr von Gemmingen-Guttenberg-Bonfeld[713], Dr. theol. h.c., * Stuttgart 12. X. 1827, † ebd. 6.I.1920, Präsident des Ev. Konsistoriums und ritterschaftlicher MdL.

711 Ih 2, S. 1000.
712 Ih 2, S. 580 – RABERG, Biogr. Handbuch, S. 548 f.

713 RABERG, Biogr. Handbuch, S. 1069.

∞ 1869 *Isabella* Constanze Elisabeth Clemence Freiin von Wolff aus dem Hause Alt-Schwaneburg, * 1846, † 1922.
1 K   Hella Gräfin von Brandenstein-Zeppelin, * Ulm 28. XI. 1879.

Die Berechtigung der Aufnahme des Grafen Z., der auf Grund seiner Luftschiffe schon zu Lebzeiten einen legendären Ruf genoss, orientiert sich nicht nur an seinem Status als Ehrenbürger der Stadt Ulm, sondern auch an seiner langjährigen Militärdienstzeit in Ulm. Sein einziges Kind wurde in Ulm geboren.

Z., in der Zeit nach seinem Abschied vom Militär im letzten Jahrzehnt des 19. Jahrhunderts Konstrukteur des lenkbaren, gasgefüllten Starrluftschiffs, entstammte einer sehr alten mecklenburgischen Adelsfamilie, die im 18. Jahrhundert in den deutschen Südwesten kam. Z. erhielt Privatunterricht, besuchte die Realschule Cannstatt und studierte am Stuttgarter Polytechnikum. Von 1855 an war er Kadett an der Ludwigsburger Kriegsschule, 1858/59 studierte er Staatswissenschaften in Tübingen. 1859 zum Ingenieur-Leutnant, 1862 zum Oberleutnant befördert, unternahm Z. mehrere Studienreisen, die ihn u. a. nach Frankreich und in die USA führten, wohin ihn das Kriegsministerium zur Beobachtung des Bürgerkriegs entsandt hatte. Im März 1866 zum Hauptmann und Adjutanten des Königs Karl von Württemberg ernannt, war Z. von April bis Okt. 1868 zum Großen Generalstab nach Berlin abkommandiert. Im Deutsch-Französischen Krieg von 1870/71 war Z. Generalstabsoffizier bei der Württ. Reiterbrigade und erwarb sich bei einer militärischen Aktion einen legendären Ruf. Nach Kriegsende wurde er als Kommandeur zur 5. Schwadron des 2. Schleswig-Holsteinischen Ulanen-Rgts. nach Straßburg abkommandiert.

Um die Jahreswende 1873/74 kam Z. als Major (seit 1875 etatsmäßiger Stabsoffizier, seit März 1879 mit dem Charakter als Oberstleutnant) nach Ulm, wo damals (1866-1894) das 2. Kgl. Württ. Dragoner-Rgt. Nr. 26 (die sogenannten „Königs-Dragoner") in Garnison lag. *In der Blüte des Mannesalters, anfangs der Vierziger, mit blondem, in der Mitte gescheiteltem Vollbart, über der rechten Schulter die silbernen Adjutantenschnüre als Flügeladjutant des Königs Karl, mit dem Komturkreuz des Militärverdienstordens dekoriert, so konnte man ihn oft durch die Straßen von Ulm gehen oder fahren, am häufigsten aber reiten sehen* (CARLSHAUSEN). Zu Z.s Aufgaben zählte die Erteilung des Reitunterrichts an Unteroffiziere und Offiziere. Sein Haus – im Volksmund „Villa Zeppelin" genannt – lag in der Nähe der Kienlesbergkaserne beim Festungstor in Richtung Lehrer Tal. Im Sommer 1882 erfolgte Z.s Versetzung nach Stuttgart, wo er Kommandeur des Ulanen-Rgts. „König Karl" wurde, das 1894 in Garnison nach Ulm kommen sollte. Der Abschied von Z. wurde am 4. Aug. 1882 im Gasthof zum Kronprinzen in Ulm feierlich begangen.

Z.s Laufbahn als Offizier trat ein wenig in den Hintergrund, nachdem er am 29. Sept. 1885 zum württ. Militärbevollmächtigten zum Bundesrat in Berlin ernannt worden war und im Jahr darauf zum Gesandten und bevollmächtigten Minister Württembergs in Berlin aufstieg. Diese letztere Ernennung verhinderte den Antritt seines neuen militärischen Kommandos als Kommandeur der 27. Kavalleriebrigade in Ulm. Zunehmend unzufrieden mit seiner Aufgabe in Berlin, kehrte Z. im Jan. 1890 nach Württemberg zurück, schied aber zum Jahresende ganz aus dem Militärdienst aus, da er verärgert darüber war, dass sich sein Wunsch nach einem Divisionskommando nicht realisiert hatte.

In seinem Ruhestand widmete sich Z. der Konstruktion eines Luftschiffs – ein Ziel, das er beharrlich und ideenreich verfolgte. Er schuf damit die Grundlagen für eine einmalige Erfolgsgeschichte und ein Unternehmen, das zeitweise Weltrang besaß. In dem Ulmer Schuhmacher Rüb übrigens einen sehr einfallsreichen und tatkräftigen Gehilfen bei seinen Luftschiffbauplänen. Der Graf richtete ihm sogar eine eigene Werkstatt ein. Im Aug. 1908 erwarteten die Ulmer mit großer Spannung das Luftschiff LZ4, das jedoch beim Unglück in

Echterdingen zerstört wurde. Die anschließend ausgerufene Spendenaktion war es, die die Volkstümlichkeit Z.s und seiner Luftschiffe begründete und ihn zu einer international bekannten Persönlichkeit werden ließ. Mit den Spendengeldern konnte er seine Arbeit fortsetzen und ein neues Luftschiff bauen.

Am 2. Sept. 1909 überflog das Luftschiff „L 2" Ulm, wobei die Münsterglocken läuteten, der Münsterturm bengalisch beleuchtet und wie das Rathaus aus diesem Anlass beflaggt war. Im Nov. 1910 hielt sich Z. in Ulm auf und bewohnte ein Zimmer im Gasthof „Russischer Hof".

Am 21. Okt. 1912 überreichte Oberbürgermeister Heinrich von →Wagner Z. nach der Landung des Luftschiffs „Viktoria Luise" auf dem Exerzierplatz in der Friedrichsau – der ersten Landung eines Luftschiffs in Ulm – die Ehrenbürgerurkunde und erinnerte bei dieser Gelegenheit *an den langjährigen Aufenthalt Seiner Exzellenz in Ulm* (Staatsanz.). Ob die Ehrung tatsächlich so spontan war, wie verbreitet wurde, sei dahingestellt. Nach zeitgenössischer Darstellung hatte sich Z. kurzfristig entschlossen, das Luftschiff höchstpersönlich in seine frühere Garnison zu lenken. Dr. Karl →Höhn, der an der Fahrt als Ausschussmitglied des Oberschwäbischen Vereins für Luftschifffahrt teilnahm, soll auf ein Stück Papier geschrieben haben, man solle dies dem Ulmer Oberbürgermeister Heinrich von →Wagner unverzüglich mitteilen, was auch geschah. Wagner habe daraufhin eilig eine Gemeinderatssitzung zusammengerufen, in deren Verlauf die Verleihung der Ehrenbürgerwürde an Z. beschlossen worden sei. In rasender Eile sei die entsprechende Urkunde ausgefertigt worden.

Z. war und blieb mit Ulm eng verbunden. Am Vorabend des 65. Geburtstags von König Wilhelm II. von Württemberg (25. Feb. 1913) nahm Z. an der großen Einladung der Stadt Ulm im Rathaus teil. Im Aug. 1914 war er nochmals mehrere Tage in Ulm. Im Sommer 1916 trat er als von der Ritterschaft gewählter Abgeordneter in die Kammer der Standesherren des Württ. Landtags ein. Während des Ersten Weltkrieges war Z. mit dafür verantwortlich, dass die ad dato weltweit rein positiv empfundene Idee des Luftschiffs ihre Unschuld verlor, als er ihrem Kriegseinsatz zustimmte. Anlässlich seines Todes veranstalteten die Ulmer bürgerlichen Kollegien eine Gedächtnisfeier im Ratssaal, Oberbürgermeister von Wagner hielt die Gedächtnisrede auf den Ehrenbürger der Stadt.

L   Ih 2, S. 1000 – Ih 3, S. 387 – HARTMANN, Regierung und Stände, S. 84 – Dt. Zeitgenossenlexikon, Sp. 1610 – Wer ist´s? 6 (1912), S. 1824 – Alexander VÖMEL, Graf F. von Z. Ein Mann der Tat, Konstanz-Emishofen 41913 – Das Werk Z.s. Eine Festgabe zu seinem75. Geburtstag vom Luftschiffbau Zeppelin 1913, Stuttgart 1913 – Max Freiherr von GEMMINGEN in: SK Nr. 116, 10. III. 1917, S. 5 f. – Adolf WASNER, Graf F. v. Z. Deutschlands größter Sohn. Ein Lebensbild nach Zeitungsberichten, Breslau 1917 – Konrad HOFFMANN in: WN 1917, S. 41-63 – Hans ROSENKRANZ, F. Graf von Z. Die Geschichte eines abenteuerlichen Lebens, Berlin 1931 – UBC 2, S. 440 – UBC 3, S. 223, 228, 361, 417, 437, 441, 443, 472, 525-527 (Bild), 540, 571 – Lothar von CARLSHAUSEN, Erinnerung an den Grafen Zeppelin in seiner Ulmer Zeit, in: UBC 4, S. 100 und 119-122 (Bild) – ebd. S. 41, 56 – Leonhardt ADELT, Graf Z. in: Die großen Deutschen 4 (1936) – Hugo ECKENER, Graf Zeppelin, Stuttgart 1938 – Günther FRANZ in: Biogr. Wörterbuch zur dt. Geschichte 3 (1975), S. 3306 – Rolf ITALIAANDER, F. Graf v. Z., Konstanz 1980 – BB N. F. 4 (1996), S. 334-337 (Willi A. BOELCKE) – DBE 10 (1999), S. 644 – Der Graf 1838-1917. Ausstellungskatalog, hg. vom Zeppelinmuseum Friedrichshafen, Friedrichshafen 2000 – RABERG, Biogr. Handbuch, S. 1063 ff. – Barbara WAIBEL, Ferdinand Graf von Zeppelin. Ein adliger Unternehmer aus verletzter Ehre, in: Adel im Wandel, S. 793-804.

Zeyer, Friedrich Matthäus (von), * Esslingen/Neckar 29. Dez. 1797, † Ulm 25. Feb. 1876, ▢ ebd., Alter Friedhof, 27. Feb. 1876, ev.
∞ 1829 Emilie Ferdinande Huber, T. d. Gerichtshofdirektors und Staatsrats von Huber.
5 K, darunter *Carl* Georg Wilhelm (von) Zeyer[714], * Esslingen 19. IX. 1838, † Stuttgart 1. I. 1920, 1898-1908 Kgl. Württ. Staatsminister der Finanzen, 1891-1898 Mitglied der Kammer der Standesherren des Württ. Landtags.

---

[714] RABERG, Biogr. Handbuch, S. 1069.

Der Kaufmannssohn Z. erhielt in seiner Vaterstadt die erste schulische Ausbildung, bis er 1813 zum Schreiberberuf übertrat. Zunächst war er Inzipient beim Stadtschreiber Mohl in Herrenberg, nach der Substitutenprüfung Stadt- und Amtssubstitut in Rottenburg/Neckar. Nach der Neuordnung des Richterwesens in Württemberg erstand Z. nachträglich die Maturitätsprüfung und studierte von 1818 bis 1822 Jura in Tübingen. Nach der I. Juristischen Staatsprüfung Probereferendar beim Gerichtshof in Esslingen/Neckar und beim Stadtgericht Stuttgart, bestand er 1824 die II. Höhere Justizdienstprüfung und war daran anschließend als Hilfsarbeiter beim Zivilsenat des Gerichtshofs für den Schwarzwaldkreis tätig. 1826 kehrte er als Gerichtsaktuar beim Gerichtshof nach Esslingen zurück, avancierte 1827 zum Oberjustizassessor ebd., 1835 zum Oberjustizrat ebd.

Im Frühjahr 1841 wechselte Z. als Assessor zum Zivilsenat des Kgl. Obertribunals in Stuttgart, wo er am 23. Sept. 1841 zum Obertribunalrat ernannt wurde, am 2. Juni 1848 zum Vorstand der Ablösungskommission. Am 2. Feb. 1854 erfolgte Z.s Ernennung zum Präsident des Kreisgerichtshofs Ulm, wo er auch Vorsitzender des Zivilsenats und des Ehegerichts war. Der renommierte Jurist wurde 1856 zum Mitglied und 1866 zum Vorstand des Württ. Staatsgerichtshofs mit Titel und Rang Präsident berufen. Bei seinem Tod im Alter von 79 Jahren war Z. der Nestor der württ. Richterschaft. Bei seiner Beerdigung hielt Christian →Ernst die Trauerrede. – Kommenturkreuz des Württ. Kronordens, 1872 Kommenturkreuz I. Kl. des Friedrichsordens.

L   Ih 2, S. 1001 – SK Nr. 49, 27. II. 1876, S. 401 und 402 (Todesanz.) – ebd. Nr. 86, 11. IV. 1876 S. 777 – UBC 2, S. 82, 241, 348 – UNGERICHT, S. 198.

Ziegler, Christoph, Dr. phil., * Ulm 3. Feb. 1814, † Stuttgart 12. Juni 1888, ev.
Vater   Ziegler, † 1823, Merzler (= Lebensmittelhändler) in Ulm.
Ledig. Keine K.

Z. war einer der aus Ulm stammenden bekannten württ. Philologen und Archäologen des 19. Jahrhunderts.
Nach dem frühen Tod seines Vaters wuchs Z., der ab 1825 das Gymnasium in Ulm besuchte, bei seiner Großmutter auf. Auf den lernbegierigen Gymnasiasten übten Conrad Dieterich →Haßler und Georg Heinrich (von) →Moser großen Einfluss aus. Obwohl sein Entschluss, Philologie zu studieren, frühzeitig feststand, ging er zum Studium nicht nach Tübingen, sondern im Herbst 1833 nach Leipzig. Dort war er einer der Schüler von Gottfried Hermann, dem er sein Leben lang anhing. 1837 wechselte Z. von Leipzig nach Tübingen, um seine Studien bei Christian Walz (1802-1857) und Lukas →Tafel fortzusetzen. 1839 schloss er das Studium mit der Dissertation „De Apollonio Rhodio et nonnullis Musaei locis" ab.
Z. versah anschließend verschiedene Lehrerstellen in Blaubeuren, Schöntal/Jagst und Ulm, ehe er 1841 eine Italienreise unternahm, die ihn u. a. nach Rom, Neapel und Florenz führte. 1843/44 hielt sich Z., der auch auf seinen Reisen unermüdlich an Buchpublikationen arbeitete, in Paris auf. 1844 erschien seine Theokrit-Ausgabe; die Hoffnung, damit seine Chance zu einer Berufung auf eine Professur in Tübingen zu steigern, erfüllte sich nicht. Stattdessen wurde er 1845 als Nachfolger des verstorbenen August Wilhelm (von) Pauly (1796-1845) – Erstherausgeber der „Real-Encyclopädie der classischen Altertumswissenschaft" – zum Professor an der oberen Abteilung des Gymnasiums in Stuttgart berufen, wo der sehr lebhafte und begeisterungsfähige Schulmann fortan 31 Jahre lang wirken sollte. Der klassische Philologe, der wiederholt wissenschaftliche Reisen nach Italien unternahm, widmete sich besonders den Werken des Theokrit, des Apollonius und des Theognis, übersetzte aber auch Werke des Euripides („Iphigenie in Taurien", 1871) und Sophokles. Begeistert von der antiken römischen und griechischen Welt, plante Z. die Herausgabe eines archäologischen Bilderwerkes, das vor allem die Jugend an die Antike heranführen sollte. Die Dimensionen (und Kosten) waren jedoch so astronomisch, dass Z. lediglich „Illustrationen zur Topographie des alten Rom" (Stuttgart 1873-1877) publizieren konnte.
1876 ließ sich der überzeugte Junggeselle in den Ruhestand versetzen. Zwölf Jahre später erlag Z. im Alter von 74 Jahren einem Schlaganfall.

L   Ih 2, S. 1001 – ADB 45 (1900), S. 164 f. (August WINTTERLIN).

Zipperlen, Wilhelm (von), * Bönnigheim/OA Besigheim 12. Okt. 1829, † Stuttgart 2. Juni 1905, ev.

Der renommierte Veterinär Z. verbrachte die ersten Jahre seines beruflichen Lebens in Ulm.
Z. studierte von 1848 bis 1850 an der Tierarzneischule in Stuttgart und 1851/52 in Berlin. Danach unternahm er ausgedehnte Reisen. 1854 zunächst Regimentspferdearzt in Ludwigsburg, ging er im gleichen Jahr in gleicher Eigenschaft nach Ulm, wo er 1855 zugleich zum Oberamts-Tierarzt ernannt wurde. In seiner bis 1870 währenden Ulmer Zeit war Z. Preisrichter bei den regelmäßig abgehaltenen Pferdemärkten und Mitglied des Vereins für Kunst und Altertum in Ulm und Oberschwaben. 1870 wechselte Z. als Nachfolger des zum Direktor der Stuttgarter Tierarzneischule berufenen Gottlob Adolf Rueff als Professor der Tierheilkunde und Pferdezucht an der Landwirtschaftlichen Hochschule Hohenheim; als solcher seit 1876 Mitglied der Landgestütskommission und seit 1881 des Kgl. Medizinalkollegiums in Stuttgart. Dem 1881 zum Medizinalrat ernannten Z. scheint es an wissenschaftlichen Ambitionen gefehlt zu haben, als Praktiker und Pädagoge scheint er hingegen *Gutes geleistet zu haben* (KLEIN, Die akademischen Lehrer, S. 20). 1901 wurde er emeritiert.
Z. engagierte sich politisch in der nationalliberalen Deutschen Partei. Vom 28. März 1876 bis Sept. 1895 (26. bis 32. o. LT) war er als Mandatsnachfolger seines verstorbenen Parteifreundes Gustav Müller Mitglied der Kammer der Abgeordneten des Württ. Landtags (WK Stuttgart Amt, NL), Mitglied der Finanzkommission. 1888 wurde er als Ersatzmitglied für Stuttgart Amt in die 4. Landessynode gewählt.

W   Der illustrierte Haustierarzt, 1859 – (mit G. SCHWARZNECKER) Beschreibung der vorzüglichsten Pferderassen, 1883
L   Ih 2, S. 1005 – Ih 3, S. 389 – RIECKE, Verfassung und Landstände, S. 67 – ALLGAIER, Stände, S. 47 – HARTMANN, Regierung und Stände, S. 78 – Staatsanz. 1905, S. 888 – SK 1905, Nr. 252 – Württ. Wochenblatt für Landwirtschaft 28 (1905), S. 388 f.– Chronik der Haupt- und Residenzstadt Stuttgart 1905, S. 15 – Württ. Jahrbücher 1905, S. III – Hauptregister, S. 927 – UBC 2, S. 223 – KLEIN, Die akademischen Lehrer, S. 20, 140 – RABERG, Biogr. Handbuch, S. 1074 – EHMER/KAMMERER, S. 387.

Zoller, Alfred Hans, * Neu-Ulm 6. Okt. 1928, † Neu-Ulm/Reutti 14. Okt. 2006, ev.
∞ Reutti 27. X. 1949.

Der Kantor und Organist, Komponist und Jazz-Pianist Z. führte neue musikalische Elemente, vor allem des Jazz und Gospel, in das ev. Kirchenliedgut ein und revolutionierte es damit. Die Musik war sein Leben.
Bereits 1954 übernahm der gelernte kaufmännische Angestellte Z. die Leitung der 1868 gegründeten Chorgemeinschaft Reutti-Jedelhausen. Erst 1984 gab er die Chorleitung an Reinhold Mitschang ab. 1956 begann Z.s Wirken als Organist in Reutti. Ab 1960 war der ausgebildete Kirchenmusiker zugleich Kantor ebd. Schon in diesen frühen Jahren entwickelte sich die ungewöhnlich enge Bindung Z.s zu Reutti, die für ihn, die Gemeinde und den Ort auf Jahrzehnte hin prägend sein sollte. 1958 rief Z. den Reuttier Kirchenchor, die Kantorei, ins Leben. Z. war es wichtig, neue Formen der Kirchenmusik auszuprobieren und dafür Begeisterung zu wecken. Vor diesem Hintergrund

gründete er den Gospel-Chor „St. Margret Singers" mit, der wesentlich dazu beitrug, Elemente des Jazz und des Gospel im deutschen ev. Gottesdienst heimisch zu machen. Eng und vertrauensvoll war Z.s Zusammenarbeit mit dem für Neuerungen aufgeschlossenen Pfarrer Gerhard →Meier-Reutti und dessen Nachfolger Hartmut Wendler. 1998 komponierte Z. aus Anlass der Feierlichkeiten zum 500-jährigen Bestehen des Altars der St.-Margaretha-Kirche mehrere Stücke für Chor und Orgel.

Zu Z.s bekanntesten Kompositionen zählen „Schiff in Not" (mit Pfarrer Kurt Rommel) und das 1963/64 entstandene Stück „Stern über Bethlehem", das sowohl in das landeskirchliche Gesangbuch von Bayern (Nr. 545) als auch von Württemberg (Nr. 540) Eingang fand. 2004 erschien es als Cover-Version unter dem Titel „She" von Groove Coverage. Es wurde auch in das Gotteslob der kath. Bistümer Limburg an der Lahn und Würzburg aufgenommen und von den Sternsingern gesungen. Von den USA über Finnland bis nach Neuseeland war es bekannt und damit eines der international populärsten neuen kirchlichen Weihnachtslieder. Mit seiner Komposition „Lass uns spüren" gewann er 1963 den dritten Preis beim Wettbewerb der Ev. Akademie Tutzing.

Z. starb wenige Tage nach seinem 78. Geburtstag und wenige Stunden vor einer Feier aus Anlass seines 50. Organistenjubiläums, die im Ulmer Dreifaltigkeitshof stattfinden sollte. Seine letzte Komposition war eine gemeinsam mit Gerhard Meier-Reutti geschaffene Neuvertonung von Dietrich Bonhoeffers „Von wundersamen Mächten" anlässlich des 100. Geburtstages des Märtyrers. Sie wurde bei seiner Beerdigung gemeinsam von der Chorgemeinschaft, der Kantorei und den „St. Margret Singers" vorgetragen.

L. Ein Leben für die Musik. Kantor Zoller gestorben, in: NUZ vom 17. X. 2006 – GEIGER, Reutti, S. 178, 182, 185 – Wikipedia.

Zoller, Anton, * Ehingen/Donau 24. Jan. 1891, † nicht ermittelt, kath.
Vater   Zoller, Kgl. Musikdirektor.

Z. war einer der beliebtesten Lehrer am Realgymnasium bzw. an der Oberrealschule Ulm.

Der gebürtige Ehinger Z. studierte von 1910 bis 1914 in München, Tübingen, London (Brighton) und Dijon (Paris) Musik und neue Sprachen und war Mitglied der Burschenschaft. 1914 legte er die I. und im Folgejahr die II. Dienstprüfung ab. 1916 begann er mit seiner Lehrerlaufbahn in Riedlingen, wechselte 1917 nach Aalen und kam 1919 an die Oberrealschule Ulm, 1920 dann an die Realschule ebd. Im April 1931 wurde er Studienrat für Musik und Neuphilologie am Realgymnasium Ulm. Z. brachte einige Neuerungen an die Schule, so ließ er etwa aus französischen Tageszeitungen übersetzen. Im Ulmer Musikleben war er eine bekannte und geschätzte Persönlichkeit, u. a. komponierte er für Schüleraufführungen (z. B. „Jedermann") selbst die Musik und war Ausschussmitglied der Ulmer Liedertafel. In der NS-Zeit war Z. Mitglied des NS-Lehrerbundes und der NSV, trat aber der NSDAP, die er ablehnte, nicht bei. 1948 kam er an das Gymnasium seiner Vaterstadt Ehingen.

L. ROTERMUND, Zwischen Selbstbehauptung, S. 84, 234, Anm. 26.

Zum Tobel, Gustav, * Laupheim oder Ulm 26. Feb. 1832 [abweichende Angaben], † Ulm 29. Dez. 1916, ⬚ ebd., Neuer Friedhof, kath.
Vater   Karl Zum Tobel[715], * Buchau 7. VII. 1803, † 10. III. 1848, Oberamtsarzt in Laupheim.
Mutter   Franziska („Fanny") Nipp, * 13. II. 1804, † Ulm 14. X. 1870, T. d. Joseph Anton Nipp, * 2. VIII. 1765, † 26. IX. 1840, ritterschaftlicher Konsulent.

∞ Emilie Wolbach, T. d. Christoph Leonhard →Wolbach. Mehrere K, darunter Robert →*Zum Tobel.

Z. war über ein halbes Jahrhundert hinweg eine der bekanntesten Juristen-Persönlichkeiten in Ulm.

Aus alter Beamtenfamilie stammend, studierte Z. Jura in Tübingen (Mitglied des Corps Franconia). Zunächst ließ er sich als Rechtsanwalt in Laupheim nieder, ging aber 1866 nach Ulm, wo er im Feb. 1874 mit den Funktionen eines Prokurators am Kreisgerichtshof Ulm betraut wurde und später den Titel Oberjustizprokurator erhielt. Z. betätigte sich auch als öffentlicher Notar. Er wurde zum Vorstand des Ulmer Anwaltsvereins gewählt und war Mitglied, nach 1900 Vorstandsmitglied der Württ. Anwaltskammer. 1869 und 1889 unternahm er Versuche, sich in den Bürgerausschuss wählen zu lassen, hatte jedoch keinen Erfolg.

Nach dem Tode von Carl Ludwig →Schall im Jahre 1909 war Z. der letzte Rechtsanwalt, der den altwürttembergischen Titel Oberjustizprokurator noch führte. Er war bis ins hohe Alter gesund und rüstig und eine in Ulm stadtbekannte Persönlichkeit.

L. Württ. Jahrbücher 1916, S. V – UBC 2, S. 337 – UBC 3, S. 515, 516 (Bild) – UBC 4, S. 45 – SCHNEIDER-HORN, Die Tübinger Franken, S. 192, Nr. 193 – WAIBEL, Gemeindewahlen, S. 351, 365.

---

[715] PHILIPP, Germania, S. 39, Nr. 493.

ANHANG

I. Biografische Skizzen Ulm/Neu-Ulm

Abel, Eugen (von), * Stuttgart 2. Juni 1853, † ebd. 25. April 1925, ev.; Jurastudium in Tübingen (Burschenschaft Normannia), Oberkriegsgerichtsrat in Ulm, später dsgl. in Stuttgart, Mitglied des Gerichts der 26. Division in Stuttgart, Zweiter Vorsitzender des Württ. Vereins für Münzkunde

L   SCHMIDGALL, Burschenschafterlisten, S. 168 – KOHLHAAS, Chronik 1918-1933, S. 331

Abel, Karl *Julius*, * Heilbronn/Neckar (nicht Ludwigsburg!) 10. Sept. 1818, † Stuttgart 10. Juli 1883, ev.; in den 1850er Jahren Eisenbahnbetriebsbauinspektor und Vorstand des Betriebsbauamts in Ulm, später Oberbaurat bei der Kgl. Württ. Generaldirektion der Staatseisenbahnen, Mitglied des Vereins für Kunst und Altertum in Ulm und Oberschwaben

L   Ih 1, S. 1 – SK Nr. 162, 11. VII. 1883, S. 1165 und 1167 (Todesanz. der Familie) und Nr. 164 vom 13. VII. 1883, S. 1177 – DGB 170 (Neunter Schwabenband) Limburg/Lahn 1975, S. 199 ff.

Abel, Richard, * Ulm 28. Juni 1851, † Weinsberg 8. Feb. 1905; Oberamtsrichter in Weinsberg

L   SCHMIDGALL, Burschenschafterlisten, S. 167, Nr. 294

Abele, Eugen, * Neu-Ulm 28. Okt. 1899; Steuersekretär beim Finanzamt Neu-Ulm

L   TEUBER, Ortsfamilienbuch Neu-Ulm, Nr. 0001

Aberle, Hermann, * 5. Mai 1934, † Ulm 16. Feb. 1992; 1972 Leiter des Amtes für öffentliche Ordnung in Ulm, 1988 Leiter des Rechnungsprüfungsamtes ebd., 1991 a. D.

Q   StadtA Ulm, G 2

Aberle, Jakob, * Balingen 10. Aug. 1844; 1872-1875 Elementarlehrer in Ulm, 1875 Kollaborator an der Realanstalt Heilbronn/Neckar, 1884 tit. Reallehrer, 1911 tit. Oberreallehrer, 1912 a. D.

L   CRAMER, Württembergs Lehranstalten ⁷1925, S. 35

Abröll, Michael; Lehrer an der Knabenvolksschule Neu-Ulm, langjähriges Ausschussmitglied und 1912 bis 1919 sowie 1935 bis 1938 Konservator des Historischen Vereins Neu-Ulm, 1935 dessen Ehrenmitglied

Q   StadtA Neu-Ulm, A 9

L   Anton AUBELE, 90 Jahre Historischer Verein Neu-Ulm 1907-1997, in: Geschichte im Landkreis Neu-Ulm 3 (1997), S. 69-87, hier S. 75

Abt, Anna, geb. Egelhaaf, * Ulm 2. April 1850, † ebd. 1934; Seniorchefin der Fa. Karl Abt, Eisenwaren Großhandel und Einzelhandel, in Ulm

L   UBC 2, S. 360 – UBC 3, S. 379, 381 (Bild)

Abt, Christoph Erhard; Senator in Ulm, 1811 Mitglied des ernannten Magistrats

L   SCHULTES, Chronik, S. 424 – HEPACH, Königreich, S. 93, 95

Abt, Helmuth, * Neu-Ulm 20. März 1915, † Ulm 21. Aug. 1995; Buchdrucker, 1952 Gründer und zuletzt Seniorchef der Ulmer Buch- und Offsetdruckerei Helmuth Abt

Q   StadtA Ulm, G 2

Abt, Karl (Carl), * Ulm 8. Dez. 1905, † ebd. 2. Mai 1965; Kaufmann, Mitinhaber der Fa. Karl Abt, Eisenwaren Großhandel und Einzelhandel, in Ulm

Q   StadtA Ulm, G 2

Abt, *Karl* (*Carl*) Gottlob, * Ulm 14. April 1877, † ebd. 30. Juni 1952; Kaufmann, Teilhaber der Fa. Karl Abt, Eisenwaren Großhandel und Einzelhandel, in Ulm

Q   StadtA Ulm, G 2

Abt, *Karl* (*Carl*) Ludwig, * Ulm 1839, † ebd. 12. April 1911, □ ebd., Hauptfriedhof, ev.; Kaufmann, Gründer und Inhaber der Fa. Karl Abt, Eisenwaren Großhandel und Einzelhandel, in Ulm, erwarb im April 1904 das Geschäftshaus am Münsterplatz

L   UBC 3, S. 316, 485 (Bild), 486

Abt, Lorenz, * Ellwangen 6. Okt. 1781, † Ulm 13. Feb. 1864; Oberpostamtsoffizial der Taxis´schen Post

L   Ih 1, S. 2

Abt, Luise, geb. Wiedemann, * Biberach/Riß 18. Feb. 1875, † Ulm 12. April 1956; Mitinhaberin der Buchdruckerei Robert Abt (ihres Ehemannes) in Neu-Ulm und Helmuth Abt in Ulm

Q   StadtA Ulm, G 2

L   TEUBER, Ortsfamilienbuch Neu-Ulm I, Nr. 0008 [dort geb. „Wiedmann"]

Abt, Robert, * Stuttgart 9. Sept. 1871; Buchdruckereibesitzer in Neu-Ulm

L   TEUBER, Ortsfamilienbuch Neu-Ulm I, Nr. 0008

Ackermann (sen.), Johann; 1852 bis 1854 Ortsvorsteher von Gerlenhofen, 1876 bis 1882 Bürgermeister ebd., V. d. Johann →*Ackermann (jun.)

L   TREU, Gerlenhofen, S. 29

Ackermann (jun.), Johann; 1906 bis 1918 und 1919 bis 1922 Bürgermeister von Gerlenhofen; aus welchem Grunde 1919 kurzzeitig ein Jakob Ade als Bürgermeister Gerlenhofens amtierte, ist angesichts fehlender Quellen nicht zu klären (Konrad GEIGER in TREU, Gerlenhofen, S. 88), S. d. Johann →*Ackermann (sen.)

L   TREU, Gerlenhofen, S. 88 f. (Bild)

Adam, Johann Christoph, * 1729 oder 1730, † 8. Juli 1803; Konditor in Ulm

Q   StadtA Ulm, G 2 alt (gedruckte Andenkenschrift)

Adis, Erwin, * Rottenburg 25. April 1908, † Ulm 16. Nov. 1978; seit 1. Dez. 1926 im Polizeidienst, seit 1945 in Ulm, 1948 Revierleiter ebd., 1953 Leiter der uniformierten Schutzpolizei ebd., 1956 Polizeihauptkommissar

Q   StadtA Ulm, G 2

Adrion, Johann Jakob (Jacob); Gastwirt („Brandtenweiner") in Neu-Ulm, erbaute 1810 bis 1832 das Gasthaus zur „Bierhalle" in der Neu-Ulmer Marienstraße 6 (früher Haus Nr. 8)

L   BUCK, Chronik Neu-Ulm, S. 126, 140 – Katalog Materialien, S. 194 – TEUBER, Ortsfamilienbuch Neu-Ulm I, Nr. 0026

Aich, Richard, * Geislingen/OA Balingen 11. März 1886, † Dez. 1975; Kunstmaler, Oberstudiendirektor, 1926 bis 1948 Kunsterzieher am humanistischen Gymnasium Ulm

Q   StadtA Ulm, G 2

Aichele, *Christian* Friedrich, * Owen/OA Kirchheim 12. Juli 1833, † Bernstadt/OA Ulm 4. Aug. 1903, ev.; 1867 bis 1872 Pfarrer in Luizhausen, 1872 bis 1877 Diakon in Langenau, 1872 bis 1884 zugleich Bezirksschulinspektor für den Landbezirk Ulm/Langenau, 1877 bis 1903 Pfarrer in Bernstadt, 1894 bis 1897 Abg. wohl zur 5. Ev. Landessynode, Historiker, Mitglied des Vereins für Kunst und Altertum in Ulm und Oberschwaben, Schwiegervater des Eberhard →Nestle

L   Magisterbuch 30 (1897), S. 81 – EHMER/KAMMERER, S. 80 (mit Bild)

W   Die Schlossherrschaften in Bernstadt und Oberstetten, in: UO 4 (1893), S. 21-30

Aichele, *Friedrich* (*Fritz*) Wilhelm Ludwig, * Ulm 26. Jan. 1823, † ebd. 16. Feb. 1878; Oberstabsarzt a. D.

L   SCHNEIDER-HORN, Die Tübinger Franken, S. 192, Nr. 185a – UNGERICHT, S. 77

Aichele, Martin; Weber in Ulm, 1855 bis 1867 Bürgerausschussmitglied in Ulm, seine Wiederwahl 1867 lehnte er ab

Q   StadtA Ulm, H Waibel: Raimund WAIBEL, Mitglieder in Gemeinderat und Bürgerausschuss 1800-1899, Typoskript, S. 1

L   UBC 2, S. 78, 194

Aichele, Robert, * Nellingen/OA Esslingen 4. Aug. 1841, † Stuttgart 1911, ev.; Oberpostmeister in Ulm

L   SCHMIDGALL, Burschenschafterlisten, S. 163, Nr. 164

Aichholz, Johannes; Seifensieder in Ulm, 1860 bis 1869 und 1880 Bürgerausschussmitglied

Q   StadtA Ulm, H Waibel: Raimund WAIBEL, Mitglieder in Gemeinderat und Bürgerausschuss 1800-1899, Typoskript, S. 1

L   UBC 2, S. 78, 171, 420

Aichholz, Wilhelm, * 13. März 1844, † Ulm 25. Feb. 1890; Privatier in Ulm

L UNGERICHT, S. 71

Albrecht, Christian, * 16. Juli 1862, † Ulm 27. Feb. 1892; Steinhauer am Ulmer Münster

L   UNGERICHT, S. 135

Albrecht, *Georg* Karl, * [Stuttgart-]Degerloch 30. März 1889; 1919 Oberpräzeptor am Realgymnasium und an der Realschule Ulm, bis 1934 Studienrat für neue Sprachen ebd.

L CRAMER, Württembergs Lehranstalten ⁷1925, S. 138 – ROTERMUND, Zwischen Gleichschaltung, S. 80

Albrecht, Heinrich, * 22. Juni 1848, † Ulm 1. Nov. 1909, ev.; Generaloberarzt in Ulm, Regimentsarzt beim Grenadier-Rgt. König Karl (5. Württ.) Nr. 13 ebd., Ritterkreuz I. Kl. des Friedrichsordens, S. d. Friedrich →Albrecht
L UBC 3, S. 445 (Bild)

Albrecht, Hieronymus; Bäcker in Ulm, scheiterte 1884 bei der Bürgerausschusswahl, S. d. Bäckermeisters Leonhard →*Albrecht
L UBC 2, S. 339

Albrecht, Leonhard, * 20. Aug. 1799, † Ulm 23. Sept. 1854; Bäckermeister in Ulm, V. d. Hieronymus →*Albrecht
L UNGERICHT, S. 135

Albrecht, Christian *Leonhard*, * Ulm 27. Sept. 1860, † ebd. 7. Dez. 1917; Gewerbebankdirektor und 1907 bis 1917 stv. Vorstand der Gewerbebank in Ulm, 1917 bis 1919 Vorstandsmitglied der Gewerbebank Ulm
Q StadtA Ulm, G 2
L RIEBER/JAKOB, Volksbank, S. 61

Aldinger, Karl Friedrich, * Ilsfeld 2. Sept. 1881, † Ulm 2. März 1957, ev.; 1906 bis 1917 Bürgermeister in Bittenfeld bei Waiblingen, 1917 bis 1921 Direktor der späteren Kreis- und Stadtsparkasse Waiblingen, seit 1921 in Ulm, zunächst in der freien Wirtschaft tätig, Oberrechnungsrat, 1925 bis 1947 Zweiter Verwaltungsbeamter bzw. ab Sept. 1927 Kirchenpfleger der ev. Gesamtkirchengemeinde Ulm, zugleich Münsterbaukassier
Q StadtA Ulm, G 2

Aldinger, Wilhelm, * Köngen/OA Esslingen 4. Nov. 1861, † Ulm 1940, ☐ ebd., Hauptfriedhof, ev.; nach Schullehrerseminar und den beiden Volksschullehrer-Dienstprüfungen 1880 und 1886 ab 1888 Volksschullehrer in Ulm, 1911 Oberlehrer, 1913 Rektor der Knabenmittelschule ebd., 1927 a. D.
L Grundbuch der ev. Volksschule 1914, S. 100 – ebd. ⁵1933, S. 90

Allgaier, Christian, * 18. Dez. 1817, † Ulm 4. Juli 1884; Bäckermeister in Ulm
L UNGERICHT, S. 135

Allgaier, Emil, * Söflingen 9. Feb. 1881, † Ulm 1. Dez. 1957; nach 1918 Heeresbauamtmann bei der Heeresbauverwaltung der Wehrkreisverwaltung VII (München) tätig, technischer Bauamtmann, nach 1945 kommissarischer Leiter des städtischen Hochbauamtes, verdient um den Bau zahlreicher Not- und Behelfsbauten
Q StadtA Ulm, G 2

Allgaier, Konrad, * Ulm 9. Sept. 1946, † Neu-Ulm 16. April 1999; ab 1978 Unternehmer in Neu-Ulm, Besitzer der Firma „Konrad Allgaier Spedition GmbH" in der Max-Eyth-Straße 20, die sich auf Betriebs- und Firmenumzüge, Maschinenverlagerungen, Montagen, Geld- und Werttransporte etc. spezialisiert hatte, daneben Betreiber eines Reifenlagers, aus dem das spätere Continental-Logistik-Zentrum hervorging
Q StadtA Ulm, G 2
L TREU, Neu-Ulm, S. 614

Allgoewer/Allgöwer, Johannes, * 25. Okt. 1811, † Ulm 12. Juni 1876; Bierbrauereibesitzer in Ulm, V. d. Richard →Allgöwer,
L UNGERICHT, S. 135

Alten, Graf von, * 1. Aug. 1833, ev.; Generalleutnant, 7. Jan. 1890 bis Nov. 1893 Gouverneur der Festung Ulm
L UBC 2, S. 557 – UBC 3, S. 29, 56 (Bild), 57

Altmann, Conrad (Konrad); Juli 1907 Abitur an der Oberrealschule Ulm, Dipl.-Kaufmann in Ulm, 1934 bis 1939 Mitglied des Aufsichtsrats der Gewerbebank Ulm
L UBC 3, S. 393 – RIEBER/JAKOB, Volksbank, S. 60

Ammann, Heinrich, * Ulm 25. Juni 1882, † ebd. 4. April 1977, [1928] Städtischer Rechnungsrat in Ulm, stv. Vorstand der Stadtpflege, 1935 bis 1950 Leiter des Städtischen Steueramts
L Staatshandbuch 1928 I, S. 369 – SPECKER, Tradition und Wagnis, S. 255

Ammann (Amann), Franz *Xaver*, * Wullenstetten 10. Sept. 1837; Sattlermeister und Bauunternehmer in Neu-Ulm, S. d. Sattlers Felix Ammann
L BUCK, Chronik Neu-Ulm, S. 113 f., 123, 124 – TEUBER, Ortsfamilienbuch Neu-Ulm I, Nr. 0070

Andler, Hans, Dr. rer. pol., * Ulm 7. März 1889, † Dessau 12. April 1950; selbstständiger Wirtschaftsprüfer und Steuerberater in Dessau, im Zweiten Weltkrieg Kriegsdienst bei der Marine als Fregattenkapitän d. R.
L EBERL/MARCON, S. 237, Nr. 773

Andrassy, Carl, * 17. Mai 1788, † Ulm 8. Sept. 1821; Baumstarkwirt in Ulm, V. d. Carl (Karl) Friedrich →*Andrassy
L ZIEGLER, Fangelsbachfriedhof, S. 70

Andrassy, Carl (Karl) Friedrich, * Ulm 27. Jan. 1815, † 1885, ev.; 1851 Pfarrer in Friolzheim, 1868 dsgl. in Roßfeld, 1883 a. D., S. d. Baumstarkwirts Carl →*Andrassy in Ulm
L Magisterbuch 25 (1884), S. 72

Angele, August, * 18. Jan. 1849, † Ulm 17. Juli 1912; Oberbaurat, Vorstand der Straßenbauinspektion sowie des Wasser- und Flussbauamts der Stadt Ulm, seit 1904 Vorstandsmitglied der neu gegründeten Sektion Ulm-Neu-Ulm des Bayer. Kanalvereins, 1900 Ritterkreuz I. Kl. des Friedrichsordens
L Württ. Jahrbücher 1912, S. V – UBC 3, S. 520 (Bild), 523, 315

Angele, Friedrich, * Biberach/Riß 25. Aug. 1868, † Neu-Ulm 28. Feb. 1932; Bäckermeister in Neu-Ulm
L TEUBER, Ortsfamilienbuch Neu-Ulm, Nr. 0080

Angele, Karl, * Ulm 26. Nov. 1908, † ebd. 24. Jan. 1989; Gastwirt und Metzgermeister in Ulm, übernahm 1954 die Gaststätte „Herrenkeller" von seinen Eltern (bis 1974), 1962 und 1965-1975 Mitglied des Gemeinderats (FWG), Mitglied der TSG 1846, Spielführer der ersten Handballmannschaft und Obmann der Handballabteilung, Erster Vorsitzender der Sängergemeinschaft
Q StadtA Ulm, G 2

Angele, Karl Borromäus, * Albersweiler/OA Biberach 8. Feb. 1881, † Ulm 22. Okt. 1960; Metzgermeister und seit 1. Dez. 1906 Gastwirt („Herrenkeller") in Ulm, Ehrenvorstand des Hotel- und Gaststättenverbandes, Bezirksstelle Ulm, S. eines Gastwirts und Bierbrauers
Q StadtA Ulm, G 2

Angelmaier, Otto *Anton*, * Neu-Ulm 7. Dez. 1891, † Ulm 7. Juli 1957, ev.; Großkaufmann und Stadtrat bzw. nach 1934 Ratsherr in Neu-Ulm, Vorstands- und Verwaltungsratsmitglied der Bezirks- und Stadtsparkasse Neu-Ulm/Weißenhorn, Mitglied des Handelsgremiums Neu-Ulm, S. d. Valentin →Angelmaier
L Adreß- und Geschäfts-Handbuch Ulm/Neu-Ulm 1925, Zehnte Abteilung, S. 88 – TEUBER, Ortsfamilienbuch Neu-Ulm I, Nr. 0081,1

Anschütz, Max, Dipl.-Kaufmann, * Zella-Mehlis (Thüringen) 28. Aug. 1902, † Ulm 24. Mai 1995; 1935 mit seinem Bruder Rudolf →*Anschütz Mitinhaber der Jagd- und Sportwaffenfabrik J. G. Anschütz in Zella-Mehlis, Enkel des Firmengründers, nach Kriegsende und Verlust von Betrieb und Vermögen 1950 Neubeginn in Ulm, 13. Aug. 1957 mit seinem Bruder Gründer und Geschäftsführer der Firma Liqui Moly GmbH Ulm, 1977 Rückzug aus dem aktiven Geschäftsleben
Q StadtA Ulm, G 2

Anschütz, Rudolf, * 21. Nov. 1899, † 24. April 1975; 1935 mit seinem Bruder Max →*Anschütz Mitinhaber der Jagd- und Sportwaffenfabrik J. G. Anschütz in Zella-Mehlis, Enkel des Firmengründers, Seniorchef, Mitgesellschafter der Firma Waffen-Honold Nachf. Vinzenz Huber GmbH & Co. KG
Q StadtA Ulm, G 2

App, Fridolin, * Unlingen/OA Riedlingen 6. März 1835, † Neu-Ulm 18. Jan. 1889, kath.; Besitzer der Kronenbrauerei in Neu-Ulm
L TEUBER, Ortsfamilienbuch Neu-Ulm I, Nr. 0097

Arnold, Karl *Felix*, * Reutlingen 21. Dez. 1874, † Stuttgart 5. März 1954, ev.; 1900 bis 1906 Inhaber der Fa. August Heid, Modewaren und Damenconfection in Ulm, zuletzt Vertreter verschiedener Textilfirmen, V. d. Hans →*Arnold
L Jürg ARNOLD, Die Familie Arnold aus Bonlanden auf den Fildern, Stuttgart 1975, S. 42, 121-122

Arnhold, Karl, * Feb. 1853; Postmeister in Ulm, 20 Jahre lang Vorstand des Postamts Ulm II
L UBC 4, S. 49 (Bild)

Arnold, Hans, Dr.-Ing., * Ulm 9. Juni 1903, † Stuttgart 18. April 1982, ev.; Oberregierungsbaurat bei der Oberfinanzdirektion Stuttgart, S. d. Felix →*Arnold
L   Jürg ARNOLD, Die Familie Arnold aus Bonlanden auf den Fildern, Stuttgart 1975, S. 43, 132-143

Arnsperger, Gustav, * 14. Okt. 1846, † Ulm 27. Jan. 1899, ev.; Besitzer des Hotels „Zum Blanken" in Ulm, zuletzt Privatier ebd.
L   UBC 3, S. 195 (Bild)

Aßfalg, Franz Xaver (Dominikus), * Ulm 1847, † 1922; Abt des Trappistenklosters Banjaluka (Bosnien)
Q   StadtA Ulm, G 2

Auchter, Johann Friedrich Ludwig, * Aalen 15. Aug. 1860; Eisengießer in Neu-Ulm
L   TEUBER, Ortsfamilienbuch Neu-Ulm I, Nr. 0114

Augustin, *Karl* Gustav, * Neu-Ulm 16. Juni 1905, † Ulm 17. Juli 1962; trat 1932 als Angestellter in das Baubüro Ehmann ein, 1933 Teilhaber, 1941 Inhaber, Architekt in Ulm, nach 1945 Sieger in Wettbewerben der Stadt Ulm zur Gestaltung der Frauenstraße und des Kornhausplatzes, erbaute u. a. die Häuser Hettlage, Carl Abt, Woll-Wanner, Pfaff-Nähmaschinen, das „Goldene Rad" und „Mayser´s Hutfabrik"
Q   StadtA Ulm, G 2

Augustin, Wilhelm, * 26. Jan. 1826, † Ulm 20. Jan. 1862; Konditor in Ulm
L   UNGERICHT, S. 136

Auler, Karl (von), * 1854, † 2. Nov. 1930; General der Infanterie, hervorgegangen aus dem Pionierkorps, 1822 und 1883 den Fortifikationsarbeiten in Ulm zugeteilt, 1898 Ing.-Offizier vom Platz ebd., 1901 bis 1908 bei der Armee des Osmanischen Reiches, im Ersten Weltkrieg u. a. Kommandeur der 5. Landwehrdivision, nach Kriegsende in Ulm lebend, von wo seine Frau stammte, Musikliebhaber, Mitglied der Ulmer Liedertafel
Q   StadtA Ulm, Nachlass H - Auler
L   UBC 2, S. 550 f. (Bild)

Autenrieth, David, * Ulm 21. März 1807, † ebd. 27. Aug. 1865, ev.; Schuhmacher in Ulm
L   SCHULER, Autenrieth, S. 32

Autenrieth, Emil, * Blaubeuren 28. Mai 1867, † Stuttgart 25. April 1941, ev.; Gerichtsreferendar bei der Regierung des Donaukreises in Ulm, 1904 bis 1910 Kollegialhilfsarbeiter und Kollegialassessor bei der Regierung des Jagstkreises in Ellwangen/Jagst, seit 31. Okt. 1907 planmäßiger Assessor bei der Regierung des Donaukreises in Ulm, jedoch in Ellwangen belassen, 1910 bis 1914 Oberamtmann vor Brackenheim, 1914 bis 1919 dsgl. von Ellwangen, 1919/20 stv. Berichterstatter bei der Regierung des Donaukreises in Ulm, seit 1920 Berichterstatter beim Oberversicherungsamt in Stuttgart, zuletzt Oberregierungsrat, Kanzleidirektor und Personalreferent ebd., 1933 a. D.
L   SCHULER, Autenrieth, S. 35, 55 – GEBHARDT, Chronik I, S. 13 f. – ZIEGLER, Fangelsbachfriedhof, S. 70 – Amtsvorsteher, S. 156 – Immo EBERL, Das Oberamt Ellwangen und seine Amtsvorsteher. Zur Geschichte des Oberamts und den Biographien der Ellwanger Oberamtmänner 1803-1938, in: Ellwanger Jahrbuch XXXVII (1997-1998), S. 103-151, hier S. 143 f. (Bild S. 141)

Autenrieth, Helmut, * Herrlingen bei Ulm 16. Sept. 1925, † Ulm 16. Juli 1994, ⬚ ebd., Hauptfriedhof, ev.; Kaufmann und Versicherungsvertreter in Ulm
L   GEBHARDT, Chronik II, S. XXVII

Autenrieth, Karl, * Suppingen/OA Blaubeuren 21. Aug. 1889, † Ulm 2. Okt. 1984, ev.; Lehrer und Dichter, nach Lehrerseminar in Nürtingen 1912 Lehrer in Bitz/OA Balingen, ab 1926 Rektor und Hauptlehrer ebd., 1933 Hauptlehrer in Oberensingen, 1935 Rektor ebd., 1945 kommissarischer Bürgermeister ebd.
W   Allerhand und durenand. Reime von..., mit vielen Zeichnungen von Otto ZONDLER, Nürtingen
L   Grundbuch der ev. Volksschule 1914, S. 175 – SCHULER, Autenrieth, S. 76 – Staatshandbuch Württemberg 1928 I, S. 102, 251

Autenrieth, Karl Andreas, * Ulm 26. Juni 1831, † Stuttgart 30. Dez. 1917, ev.; Kunstmaler in Stuttgart
L   SCHULER, Autenrieth, S. 33

Autenrieth, Konrad, * Bühlenhausen/OA Blaubeuren 5. Nov. 1768, † Ulm 5. April 1841; Weber in Ulm
L   SCHULER, Autenrieth, S. 32

Autenrieth, Michael, * Ulm 15. Nov. 1796, † ebd. 4. März 1843; Weber in Ulm
L   SCHULER, Autenrieth, S. 32

Baader, Anton, * 8. Juli 1857, † Ulm 1934; Ingenieur in Straßburg (Elsaß), seit 1901 dsgl. in Ulm, verdient vor allem um den Mühlenbau, befasste sich besonders mit dem Problem der Donauversickerung, Zweiter Vorsitzender des Wehrvereins Ulm, im Ersten Weltkrieg Hauptmann d. L. im Ersatz-Bataillon des 12. Inf.-Rgts. Prinz Arnulf in Neu-Ulm und bei den Armierungsarbeiten an der Festung Ulm, zuletzt Major an der Westfront, nach 1919 Organisator der technischen Nothilfe in Ulm
L   UBC 3, S. 245, 270, 453 f. (Bild) – UBC 4, S. 547 ff.

Baasner, Willi, * Miswalde bei Mohrungen (Ostpreußen) 20. Jan. 1913, † Ulm 12. Feb. 1997; ev. Geistlicher, Pfarrer in Berlin, 1947 Religionslehrer in Ulm, 1950 Pfarrer in Lima (Peru), 1961 dsgl. an der Auferstehungskirche Ulm-Böfingen, 1971 bis 1977 dsgl. in Ulm-Mähringen, 1975 bis 1980 CDU-Gemeinderat in Ulm, Ersatzmitglied der Landessynode
Q   StadtA Ulm, G 2
L   EHMER/KAMMERER, S. 83

Bach, Anton, * 18. Jan. 1821, † Ulm 5. Nov. 1881; Guts- und Ziegeleibesitzer in Ulm
L   UNGERICHT, S. 70

Bach, Johann *Friedrich* (von), * 14. Sept. 1788, † Ulm 2. April 1852; Offizier (pensionierter Kgl. Württ. Oberleutnant), Teilnehmer der Feldzüge von 1806, 1807, 1809, 1813, 1814 und 1815, 1834 Bürgerausschussmitglied in Ulm, Ritterkreuz des Kgl. Württ. Militär-Verdienstordens
L   UNGERICHT, S. 63 – WAIBEL, Gemeindewahlen, S. 324

Bach, Salomon, * Altenstadt 3. März 1845, † Stuttgart 7. März 1895, mos.; Kaufmann in Ulm, später dsgl. in Stuttgart
L   Joachim HAHN unter Mitarbeit von Richard KLOTZ und Hermann ZIEGLER, Pragfriedhof, Israelitischer Teil (Friedhöfe in Stuttgart, Band 3), Stuttgart 1992, S. 36

Bacher, Irenäus; Kaufmann (Kartenfabrikant) in Ulm, 1833 und 1842 Bürgerausschussmitglied ebd.
L   WAIBEL, Gemeindewahlen, S. 323, 331

Back, Johann *Wilhelm*, * Alzey (Hessen) 22. April 1854, † Ulm 28. Jan. 1904; Prokurist bei der Gewerbekasse in Stuttgart, Bankdirektor in Ulm, 1891 bis 1904 als Nachfolger des verstorbenen Direktors Robert →*Ziegler Vorstand der Gewerbebank Ulm
Q   StadtA Ulm, G 2
L   UBC 3, S. 313, 315 (Bild) – RIEBER/JAKOB, Volksbank, S. 61

Backe-Winkler, *Brigitte* Virginie, geb. Seraphim, Dr. phil., * Königsberg (Ostpreußen) 28. Aug. 1914, † Ulm-Söflingen 29. Jan. 1972; 1947 bis 1970 Lehrerin am Mädchen-Gymnasium Ulm, zuletzt Oberstudienrätin
Q   StadtA Ulm, G 2

Bader, Hans; Kaufmann in Ulm, 1934 bis 1938 Mitglied des Aufsichtsrats der Gewerbebank Ulm
L   RIEBER/JAKOB, Volksbank, S. 64

Bader, Karl Norbert, * Heufelden/OA Ehingen 28. Okt. 1874, † Ulm-Söflingen 5. Jan. 1963; Oberlehrer und 1928 bis 1939 Rektor der kath. Volksschule Ulm-Söflingen, Ehrenmitglied des Liederkranzes ebd., S. d. Schullehrers Richard Bader
Q   StadtA Ulm, G 2
L   Real-Katalog der katholischen Volksschulstellen Württembergs, Horb/Neckar 1908, S. 551

Baertl, Martin, * Ulm 2. April 1859, † Sigmaringen 28. Mai 1934; Direktor der Spar- und Leihkasse Sigmaringen
L   Ih 1, S. 35

Bäuerle, Hermann, Dr. phil., * Ebersberg/OA Backnang 24. Okt. 1869, † Ulm 21. Mai 1936, kath.; 16. Juli 1895 Priesterweihe, Sept. 1895 als Kaplan in Ochsenhausen, Aug. 1897 Pfarrer in Eintürnenberg, Okt. 1918 Pfarrer in Tomerdingen, 1. Okt. 1921 zum Zwecke der Vorbereitung der Gründung und Leitung der höheren Musikschule in Ulm (Konservatorium) beurlaubt, 1. April 1922 a. D.
L   Ih 1, S. 35

Bagnato, Josef von, * Altshausen 2. Juli 1779; 1796 bis 1800 Jurastudium in Tübingen und Wien, 1802 bis 1806 Balleisekretär der Landkommende Altshausen, 1807 bis 1809 Hilfsarbeiter im württ. Innenministerium, 1809 bis 1814 Amtmann in Bartenstein, Schrozberg und Sindringen, 1814 bis 1816 Sekretär bei der dritten Abteilung der Sektion der Krondomänen, 1816 Stabssekretär beim Oberstallmeisteramt, Oberhofratssekretär, 1817 bis 1819 Assessor bei der Regierung des Donaukreises in Ulm, 1819 bis 1831 Oberamtmann von Ehingen
L   Amtsvorsteher S. 161 (Karin PETERS)

Baitinger, Gustav, * Brackenheim 22. Juli 1879, ev.; Amtsrichter in Heilbronn/Neckar, 1920 Landrichter in Ulm, [1928] Landgerichtsrat ebd., zuletzt Landgerichtsdirektor ebd., ab April 1937 Schwurgerichtsvorsitzender, Jan. 1922 als Nachfolger von Otto →*Leube kurzzeitig Vorsitzender des Ulmer Kunstvereins, nicht zu verwechseln mit seinem Sohn *Gustav Friedrich Hans Baitinger* (* 13. Sept. 1908), der während der NS-Zeit Erster Staatsanwalt in Ulm war
L   SCHMIDGALL, Burschenschafterlisten, S. 177, Nr. 681 – UBC 4, S. 137, 181 – UBC 5, S. 105, 206, 257

Bajer, Christian Heinrich, * 22. Nov. 1854, † Ulm 17. Jan. 1883; Feldwebel im Ksl. Artilleriedepot Ulm
L   UNGERICHT, S. 136

Balderer, Wilhelm, * Mittelstadt 26. Mai 1863, ev.; 1899 Präzeptor an der Lateinschule Wildberg, 1900 Oberpräzeptor ebd., 1908 dsgl. am Realgymnasium und an der Oberrealschule Ulm, 1913 dsgl. am Realgymnasium Stuttgart, zuletzt Studienrat auf gehobener Stelle am Gymnasium und Realgymnasium Reutlingen
L   CRAMER, Württembergs Lehranstalten ⁶1911, S. 61

Baldinger, Albrecht Friedrich, * 1733, † Ulm 21. März 1803; regierender Bürgermeister und zuletzt Ratsälterer in Ulm
Q   StadtA Ulm, G 2 alt (gedruckter Trauergesang der Familie)

Baldinger, Albrecht Friedrich von, * Ulm 16. Juni 1775, † Waiblingen 21. Feb. 1860; nach Jurastudium in Jena Senator in Ulm, später Revierförster in bayer. und zuletzt württ. Diensten, 1824 a. D.
L   Rede am Grabe des Herrn Albrecht F. v. Baldinger […]. Gesprochen von Herrn Dekan Bührer, Waiblingen 1860

Baldinger, Irenäus Germanus *Anton* Baron von, * 12. Juli 1777, † Stuttgart 21. Dez. 1858; 1801 bis 1804 Senator in Ulm, verzog 1847 nach Stuttgart
Q   StadtA Ulm, G 2 alt
L   UBC 2, S. 58 – ZIEGLER, Fangelsbachfriedhof, S. 84

Baldinger, Carl von, * 1829, † Stuttgart 8. April 1905; Major a. D., Ritterkreuz des Württ. Militärverdienstordens
Q   StadtA Ulm, G 2 neu

Baldinger, Carl Friedrich von, * Stubersheim 4. Nov. 1796, † 26. Nov. 1828; Hauptmann im Kgl. Württ. Generalquartiermeisterstab und Adjutant des Kgl. Württ. Kriegsministers Graf von Franquemont, starb *bei seinem Beruf gemässen Leibesübungen auf dem Fechtboden* (CAST, S. 118), S. d. Daniel von →*Baldinger
L   Rede bei der Beerdigung des Herrn Carl Frid. V. Baldinger […], gehalten den 29. November von Herrn Garnisons-Prediger M. Seubert, Stuttgart o. J.

Baldinger, Friedrich Albrecht von, * Ulm 12. Okt. 1736, † ebd. 22. April 1817, ev.; Obristleutnant beim Schwäb. Kreis-Dragoner-Rgt., Schwiegervater des Kgl. Württ. Obersten Johann Heinrich Carl von →*Obernitz

Baldinger, *Theodor* August von, * 20. Mai 1798, † Ulm 11. Dez. 1865; Kgl. Württ. Oberstleutnant in Ulm
L   CAST, S. 121 – UNGERICHT, S. 79

Balkheimer, Gustav; Küfer in Ulm, 1863 Gründungsmitglied der Gewerbebank Ulm
L   RIEBER/JAKOB, Volksbank, S. 57

Bames, Hermann, * Ulm 1. Juli 1883, † ebd. 3. Mai 1962; Amtsrichter in Ulm, zuletzt Landgerichtsrat ebd., S. d. Kanzleirats Wilhelm →*Bames in Ulm
L   Julius ROSER, Geschichte der drei verwandten Familien Roser/Veil/Ploucquet, ergänzt auf den neuesten Stand, Stuttgart 1926, S. 16 – SCHMIDGALL, Burschenschafterlisten, S. 179, Nr. 773

Bames, Wilhelm; Obersekretär, 1902 Kanzleirat, Kanzleivorstand beim Landgericht Ulm, Ritterkreuz II. Kl. d. Friedrichsordens, Gründungsmitglied des „Vereins für klassische Kir-

chenmusik" bzw. des „Ulmer Oratorienchors", Ausschussmitglied der Ulmer Liedertafel, V. d. Hermann →*Bames
L   UBC 3, S. 267, 483 – UBC 4, S. 147

Bandel, Johann Carl Friedrich (von); Oberjustizrat, Obertribunalrat, Dirigent und zuletzt Direktor des Kgl. Gerichtshofs für den Donaukreis in Ulm
L   UBC 2, S. 219

Bantel, Dietrich, * Ulm 1831, † Ebingen/OA Balingen 18. April 1911; Malermeister in Ebingen
L   Ih 3, S. 14

Bantleon, Johannes, * Ulm 22. Aug. 1827, † ebd. 1. Mai 1881, ev.; Bierbrauereibesitzer in Ulm
L   UNGERICHT, S. 137

Bantleon, Wilhelm, * 11. Sept. 1855, † Ulm 22. April 1905, ev.; Bierbrauereibesitzer „Zur Rose" in Ulm, erhielt 1897 in London für sein Bier die goldene Medaille, die höchste zu vergebende Auszeichnung, V. d. Hermann →*Bantleon
L   UBC 3, S. 155, 341 (Bild)

Bantlin, Georg David *Friedrich („Fritz")*, * Ulm 7. Nov. 1814, † Reutlingen 12. Sept. 1890, ⌂ Zürich, ev.; Rotgerber und Kaufmann in Ulm, im Juni 1849 in den Ulmer Bürgerausschuss gewählt, gehörte ihm bis 1870 an, im Dez. 1870 nicht wieder gewählt, S. d. Johannes →*Bantlin
Q   StadtA Ulm, H Waibel: Raimund WAIBEL, Mitglieder in Gemeinderat und Bürgerausschuss 1800-1899, Typoskript, S. 1 f.

Bantlin, Johannes, * Reutlingen 14. Jan. 1780, † Ulm 16. Okt. 1843; Rotgerber in Ulm, einer der höchstbesteuerten Bürger, Sept. 1829 in den Bürgerausschuss gewählt, V. d. Fritz →*Bantlin u. d. Ludwig →*Bantlin
Q   StadtA Ulm, H Waibel: Raimund WAIBEL, Mitglieder in Gemeinderat und Bürgerausschuss 1800-1899, Typoskript, S. 1

Bantlin, Karl, * Ulm 5. Jan. 1841, † ebd. 29. Dez. 1882, ⌂ ebd., Alter Friedhof, ev.; Kaufmann in Ulm, 1872 bis 1874 und 1875 bis 1877 stv. Aufsichtsratsvorsitzender der Gewerbebank Ulm, S. d. Ludwig →*Bantlin
Q   StadtA Ulm, H Waibel: Raimund WAIBEL, Mitglieder in Gemeinderat und Bürgerausschuss 1800-1899, Typoskript, S. 2
L   RIEBER/JAKOB, Volksbank, S. 59 – UNGERICHT, S. 137

Bantlin, Ludwig (Louis), * Reutlingen 25. Juni 1813, † Ulm 20. Juni 1868, Kaufmann und 1844 Bürgerausschussmitglied in Ulm, einer der höchstbesteuerten Bürger, Mitglied der Kontrollkommission der Gewerbebank Ulm, S. d. Johannes →*Bantlin, V. d. Karl →*Bantlin
Q   StadtA Ulm, H Waibel: Raimund WAIBEL, Mitglieder in Gemeinderat und Bürgerausschuss 1800-1899, Typoskript, S. 2
L   RIEBER/JAKOB, Volksbank, S. 58

Banzenmacher, Johannes, * 30. Sept. 1792, † Ulm 20. Dez. 1870, ⌂ ebd., Alter Friedhof; Gärtner in Ulm
L   UNGERICHT, S. 72

Banzhaf, Johann Georg, † Ulm 31. Juli 1895, 67 J.; Kameralamtsdiener in Ulm
L   Staatsanzeiger Nr. 177, 1. VIII. 1895, S. 1325

Barthelmeß, Adolf, Dr. phil., * Heilbronn/Neckar 24. März 1848, † Ulm 3. Juni 1925, ev.; 1879 Professor am Realgymnasium Ulm, 1906 a. D., langjähriger Vorstand der Ulmer Ortsgruppe des Schwäb. Albvereins
L   CRAMER, Württembergs Lehranstalten ⁶1911, S. 28 – UBC 4, S. 262

Basler, Erwin; Gipsermeister in Ulm, seit 1962 Mitglied des Aufsichtsrats der Ulmer Volksbank
L   RIEBER/JAKOB, Volksbank, S. 60

Bauer, Carl (Karl), † München 21./22. Dez. 1914, ev.; Architekt, 1898/99 stv. Leiter der Münsterbauarbeiten, 1899 bis 1914 Münsterbaumeister in Ulm, entwarf den Grabstein für seinen Amtsvorgänger August von →*Beyer, ab 1902 in München wohnhaft
L   SK Nr. 599 und 604 – WN 1914, S. 282 – UBC 3, S. 182, 229, 245, 250, 464, 576

Bauer, Franz, * 1868, † Ulm 4. Okt. 1932; Vorstand des Heeresunterkunftsamtes in Ulm
L   UBC 3, S. 533

Bauer, Friedrich (Fritz), * Calw 5. Sept. 1906, † Öhringen 4. März 1990; 1937 Regierungsrat in der staatlichen Bezirksverwaltung, ab Aug. 1937 als Zweiter Beamter bei der Polizeidirektion Ulm und Friedrichshafen verwendet, 1943 Regierungsrat beim LRA Ulm, 1950 Regierungsrat beim LRA Waiblingen, 1950/51 dsgl. beim LRA Crailsheim, 1951/52 stv. Landrat beim LRA Öhringen, 1952 Landrat von Öhringen, 1971 a. D.

L   WILHELM, Die württ. Polizei, S. 235 – Amtsvorsteher, S. 167 ff.

Bauer, Gustav, * 6. Feb. 1865; 1904 bis 1933 Stadtbaumeister in Ulm

L   UBC 5a, S. 102

Baumeister, Fr.; Friseur in Ulm, 1863 Gründungsmitglied der Gewerbebank Ulm

L   RIEBER/JAKOB, Volksbank, S. 56

Baumgarten, Marga, * Alzenau (Unterfranken) 5. Juli 1879; 1925 NSDAP-Mitglied (Nr. 12.918), 1931 bis Mai 1943 Kreisleiterin der NS-Frauenschaft in Ulm, aus gesundheitlichen Gründen vom Amt entbunden (kommissarische Nachfolgerin war ein Fräulein Hof), im Spruchkammerverfahren als „Förderin der NS-Gewaltherrschaft" u. a. zum Einzug eines Viertels ihres Vermögens verurteilt, danach verliert sich in den Akten ihre Spur

Q   StadtA Ulm, G 2

L   UBC 5a, S. 35, 98, 134, 142, 169, 190, 261, 277 – UBC 5b, S. 309, 331, 366, 484, 492, 627 – SPECKER, Ulm im Zweiten Weltkrieg, S. 100, 104 – Rudi KÜBLER, Eintopfgericht und Kampf im Bett, in: SWP (Ulm), 10. III. 2008 (Bild)

Baur, Anton, * Ulm 14. Juni 1754, † 12. Juli 1833, ev.; 1799 Pfarrer in Mähringen, seit 1806 in Unterböhringen, 1816/17 Schulkonferenzdirektor für den Bezirk Geislingen/Steige, ∞ Anna Molfenter

L   SIGEL Nr. 691,43 (Band 10,1, S. 188)

Baur, Friedrich David, * 4. Feb. 1808, † Ulm 21. März 1872; Kaufmann und Bierbrauereibesitzer in Ulm, einer der höchstbesteuerten Bürger, 1839 bis 1859 Bürgerausschussmitglied

Q   StadtA Ulm, H Waibel: Raimund WAIBEL, Mitglieder in Gemeinderat und Bürgerausschuss 1800-1899, Typoskript, S. 2

L   UNGERICHT, S. 88

Baur, *Friedrich* Jacob, Mag., * Burtenbach bei Günzburg (Bayern) 8. Dez. 1795, † Ulm 21. Feb. 1880, ev.; 1818 Pfarrverweser in Ettlenschieß, 1820 Pfarrer ebd., 1836/37 Dekan und Pfarrer in Göttingen, zeitweise Konferenzdirektor, 1866 a. D., S. d. Samuel →Baur

L   SIGEL Nr. 300,32 (Band 10,1, S. 191)

Baur (sen.), Johann Jakob, † Ulm 9. Okt. 1832, ev.; Buchbinder in Ulm, V. d. Pfarrers Johann Jakob →*Baur

Baur (jun.), Johann Jakob, * Ulm 19. Mai 1811, † Ulm 9. Aug. 1892, ev.; 1839/40 Amtsverweser des Zweiten Münsterpfarrers in Ulm, Stadtpfarrverweser in Biberach/Riß, 1841 Diakon in Ebingen/OA Balingen, 1847 Pfarrer in Baltmannsweiler, 1856 dsgl. in Grimmelfingen, 1866 dsgl. in Seißen, 1884 a. D., verlebte seinen Ruhestand in Ulm, S. d. Buchbinders Johann Jakob →*Baur

L   Magisterbuch 28 (1892), S. 58 – SIGEL Nr. 69,31 (Band 10,1, S. 198) – NEBINGER, Die ev. Prälaten, S. 582

Baur, Joseph, * 1821 oder 1822, † Neu-Ulm 31. März 1900; Revisor bei der Oberrechnungskammer Stuttgart, 1868 Kameralverwalter in Wangen im Allgäu, 1879 a. D., verlebte seinen Ruhestand in Neu-Ulm

L   Staatsanzeiger Nr. 78, 3. IV. 1900, S. 611 – WINTERHALDER, Ämter, S. 322

Bausch, Helmut, * Ulm 21. Okt. 1921; Journalist in Düsseldorf, 1957 „Bund der Deutschen"-Bundestagskandidat

L   SCHUMACHER, M.d.B., S. 25

Bausch, Nikolaus, * 1816, † Ulm 27. Juli 1897; Hauptlehrer a. D. in Ulm, Imker, Kenner der Vogel- und Pflanzenwelt

L   UBC 3, S. 151

Bayer, Georg, * Ilshofen 21. Mai 1868, † Ulm 6. Juni 1930, ev.; Volksschullehrer in Halzhausen und Neuenstadt, seit 1913 Oberlehrer an der Volksschule Ulm

L   UBC 2, S. 431 – Grundbuch der ev. Volksschule 1914, S. 122

Bazille, *Wilhelm* Friedrich, Dr. med. h.c., * Esslingen/Neckar 25. Feb. 1874, † Stuttgart 1. Feb. 1934; Realgymnasium und Juli 1892 Reifeprüfung in Ulm, Referendar bei der Regierung des Donaukreises in Ulm, Oberamtmann bei der Zentralstelle für Gewerbe und Handel in Stuttgart, 1920 Regierungsrat a. g. St. beim Landesgewerbeamt ebd., Politiker der Württ. Bürgerpartei/DNVP, 1919 bis 1932 MdL Württemberg, 1920 bis 1930

MdR, 1924 bis 1928 Staatspräsident, 1924 bis 1933 Kultminister und 1924 bis 1928 Minister für Arbeit und Ernährung bzw. ab 1926 Wirtschaftsminister, Bevollmächtigter zum Reichsrat, Ehrenbürger der TH Stuttgart

L   Ih 1, S. 51 – Ih 3, S. 20 – UBC 3, S. 31 – UBC 4, S. 76, 236, 238, 294, 325 – RABERG, Biogr. Handbuch, S. 40 ff. (Bild) – LILLA, Reichsrat, S. 17 f., Nr. 34 – Hans Peter MÜLLER, Wilhelm Bazille. Deutschnationaler Politiker, württembergischer Staatspräsident 1874-1934, in: Lbb. aus Baden-Württemberg XXI (2005), S. 480-517 [mit weiterer Literatur und Schriftenverzeichnis]

Beck, Christoph; Goldarbeiter in Ulm, 1869 bis 1874 Bürgerausschussmitglied ebd.

Q   StadtA Ulm, H Waibel: Raimund WAIBEL, Mitglieder in Gemeinderat und Bürgerausschuss 1800-1899, Typoskript, S. 2

Beck, Eduard, * Ulm 31. Juli 1826, † ebd. 21. April 1899, ev.; Kaufmann in Ulm

L   PHILIPP, Germania, S. 71, Nr. 1028

Beck, Eugen, Dr. iur., * Ulm 7. März 1860, † Bad Cannstatt 10. April 1934; Amtsrichter in Aalen, zuletzt Rechtsanwalt in Bad Cannstatt

L   ARNOLD, Stuttgardia II, S. 30, Nr. 77

Beck, Friedrich; Kanzleirat in Ulm, 1855 Bürgerausschussmitglied und ab 1856 Gemeinderat ebd.

Q   StadtA Ulm, H Waibel: Raimund WAIBEL, Mitglieder in Gemeinderat und Bürgerausschuss 1800-1899, Typoskript, S. 2

Beck, Gustav Adolf; Fabrikant für Vorhangstoffe in Ulm, 1869 Bürgerausschussmitglied ebd., 1889 und 1891 wiedergewählt

Q   StadtA Ulm, H Waibel: Raimund WAIBEL, Mitglieder in Gemeinderat und Bürgerausschuss 1800-1899, Typoskript, S. 2

Beck, Hugo; Regierungsamtmann, kommissarischer Vorstand des Staatsrentamtes Ellwangen/Jagst, 1947 dsgl. beim Staatlichen Liegenschaftsamt Ulm, 1948 regulärer Vorstand ebd., 1955 Regierungs-Oberamtmann, 1961 a. D.

L   WINTERHALDER, Ämter, S. 369

Beck, Jakob; Kaufmann und Papierfabrikant in Ulm, einer der höchstbesteuerten Bürger, scheiterte 1845 bei der Gemeinderatswahl

Q   StadtA Ulm, H Waibel: Raimund WAIBEL, Mitglieder in Gemeinderat und Bürgerausschuss 1800-1899, Typoskript, S. 2

Beck, Jakob; Maurer, später Werkmeister in Ulm, einer der höchstbesteuerten Bürger, 1845 und 1864 in den Bürgerausschuss gewählt

Q   StadtA Ulm, H Waibel: Raimund WAIBEL, Mitglieder in Gemeinderat und Bürgerausschuss 1800-1899, Typoskript, S. 2

Beck, Johann Friedrich; Silberarbeiter in Ulm, 1851 in den Bürgerausschuss gewählt

Q   StadtA Ulm, H Waibel: Raimund WAIBEL, Mitglieder in Gemeinderat und Bürgerausschuss 1800-1899, Typoskript, S. 2

Beck, Johann Sigmund Friedrich, * Möhringen auf den Fildern 1789; Regimentsquartiermeister im 8. Inf.-Rgt. in Ulm, 1825 Kameralverwalter in Geislingen/Steige, 1836 dsgl. in Wiblingen, 1846 suspendiert, 1848 Registrator bei der Finanzkammer in Ludwigsburg, S. d. Pfarrers Beck

L   WINTERHALDER, Ämter, S. 94, 337

Beck, Paul, * Altkrautheim/OA Künzelsau 1822, † 11. Nov. 1896, kath.; Oberlehrer an der kath. Volksschule Ulm, zuletzt Rektor ebd.

L   UBC 3, S. 129

Beck, Werner, Dr. med., * Stuttgart 21. Sept. 1912; Facharzt für Chirurgie in Ulm

L   SCHNEIDER-HORN, Die Tübinger Franken, S. 479, Nr. 1105

Becker, Christoph Friedrich; Buchhändler in Ulm, 1817 Gemeinderat ebd., 1819 Bürgerausschussobmann ebd., ab 1825 erneut Gemeinderat

Q   StadtA Ulm, H Waibel: Raimund WAIBEL, Mitglieder in Gemeinderat und Bürgerausschuss 1800-1899, Typoskript, S. 2 f.

Becker, Karl-Otto, * Oberndorf/Neckar 21. März 1941, † Göppingen 4. April 1993; Hippologe, Leiter des Tierzuchtamtes Ulm

L   Ih 3, S. 22

Beckert, Constantin, * Kappel (Baden) 16. Mai 1816, † Ulm 13. oder 14. Juni 1884, ▢ ebd., Alter Friedhof; Kaufmann (Eisenhändler) und Gemeinderat in Ulm, 1872 bis 1881 Mitglied des Aufsichtsrats der Gewerbebank Ulm, einer der höchstbesteuerten Bürger

L   UBC 2, S. 483, 489 (Bild) – RIEBER/JAKOB, Volksbank, S. 59 – UNGERICHT, S. 138 – WAIBEL, Gemeindewahlen, S. 347, 349

Beckert, Konstantin Konrad; Kaufmann und Fabrikant in Ulm, 1894 bis 1905 Vorsitzender des Aufsichtsrats der Gewerbebank Ulm

L   RIEBER/JAKOB, Volksbank, S. 60

Beckert, Lorenz, * 1785, † Ulm 20. Jan. 1862; Kaufmann in Ulm

L   UNGERICHT, S. 138

Beer, Karl, * Kösingen/OA Neresheim 22. Jan. 1865, † ebd. 2. Aug. 1934, kath.; 15. Juli 1891 Priesterweihe in Rottenburg/Neckar, Vikar in Altstadt-Rottweil, Juni 1892 dsgl. in Weilheim/Dekanat Wurmlingen, Juli 1893 dsgl. in Isny, März 1894 Kaplanei-Verweser in Westhausen, Jan. 1896 dsgl. in Unteressendorf, 18. Aug. 1898 Pfarrer in Kolbingen, 17. Feb. 1909 Pfarrer in [Ulm-]Harthausen, 1. Juli 1932 a. D., Ruhestand in Kösingen

L   Personalkatalog Rottenburg 1938, S. 78 – SPECKER/TÜCHLE, S. 446

Beer, Karl, * Ulm 16. Mai 1886, † Zürich 17. Nov. 1965; S. eines Zimmermeisters, Architekt, Zimmermannslehre im elterlichen Betrieb, anschließend Studium an der Baugewerkeschule Stuttgart, bis 1933 in Stuttgart tätig, 1926 bis 1933 SPD-Gemeinderat in Obertürkheim, danach aus politischen Gründen in die Schweiz, Tätigkeitsschwerpunkt im Bereich des genossenschaftlichen Wohnungsbaus

L   Ih 3, S. 22 – Niels GUTSCHOW, Peter HERRLE, Karl Beer 1886-1965, Stuttgart 1990 – Wikipedia

Beger, Otto, * 15. Juni 1815, † Ulm 23. Okt. 1868; Kgl. Bezirksbauinspektor in Ulm

L   UNGERICHT, S. 138

Beierbach, Arnold, * Mangalore (Indien) 3. Nov. 1908, † gefallen bei Nettuno nördlich von Rom (Italien) 2. Juni 1944, ev.; Stadtpfarrverweser an der Ulmer Dreifaltigkeitskirche, im Okt. 1934 nach Suppingen versetzt, wobei sich B. der von der kommissarischen Kirchenleitung veranlassten Versetzung widersetzte, was zu seiner Amtsenthebung führte

L   Magisterbuch 41 (1932), S. 207 – MAYER, Die ev. Kirche, S. 317 f., 323, 438, 448, 470 f., 473

Beilhardt, Wilhelm, * 18. Aug. 1838, † Ulm 1894; ab 1866 Turnlehrer am Kgl. Gymnasium Ulm, im Aug. 1870 zählte B. zu den Unterzeichnern des öffentlichen Aufrufs zur Gründung eines Hilfsvereins für Ulmer Soldaten

L   CRAMER, Württembergs Lehranstalten ¹1886, S. 122 – UBC 2, S. 247

Beiselen, Carl (Karl), * Ulm 1865; + 1900, 1890 Gründer der nach ihm benannten Firma (Thomasphosphat Mühle) in Ulm. B. ließ Thomasschlacke aus der Stahlindustrie in der Söflinger Stampfe an der Blau vermahlen

L   StadtMenschen [Firmenporträts, mit Bild]

Beiselen, Daniel; Müller (Lohmüller) in Ulm, 1817 Bürgerausschussmitglied und 1819 bis 1834 Gemeinderat ebd., einer der höchstbesteuerten Bürger

Q   StadtA Ulm, H Waibel: Raimund WAIBEL, Mitglieder in Gemeinderat und Bürgerausschuss 1800-1899, Typoskript, S. 3

Beiselen, Matthäus; Gärtner und Zunftmeister in Ulm, 1817 Bürgerausschussmitglied und ab 1821 Gemeinderat ebd., einer der höchstbesteuerten Bürger

Q   StadtA Ulm, H Waibel: Raimund WAIBEL, Mitglieder in Gemeinderat und Bürgerausschuss 1800-1899, Typoskript, S. 3

Beißwenger, Christian Friedrich; Lammwirt in Ulm, 1817 Bürgerausschussmitglied ebd., einer der höchstbesteuerten Bürger

Q   StadtA Ulm, H Waibel: Raimund WAIBEL, Mitglieder in Gemeinderat und Bürgerausschuss 1800-1899, Typoskript, S. 3

Bek, Adolf, * 15. Juni 1862, † Ulm 28. Nov. 1916; Fabrikant in Ulm, Teilhaber der Fa. Gebr. Bürglen, Tabakfabrik, Mitglied des ev. Kirchengemeinderats

L   UBC 4, S. 36 (Bild), 43

Bek, Anton (von), * Ulm 20. Juli 1807, † Stuttgart 25. Dez. 1887; 1833 bis 1838 Gerichtsaktuar beim Oberamtsgericht Ulm, 1838 bis 1843 Hilfsarbeiter beim Gerichtshof des Donaukreises ebd., Oberjustizassessor, 1854 bis 1858 Obertribunalrat in Ulm,

Senatspräsident beim Oberlandesgericht Stuttgart, 1851 bis 1856 MdL Württemberg (II. Kammer; Bezirk Sulz)

L   RABERG, Biogr. Handbuch, S. 48

Bek, Christoph *Eduard*, * 31. Juli 1826, † Ulm 23. April 1899; Kaufmann (Eisenhandlung Jakob Bek) in Ulm, S. d. Jacob →*Bek

L   UBC 3, S. 197

Bek, Johann Wolfgang Thomas *Eitel*, * 13. Juli 1792, † Ulm 13. Jan. 1872, ev.; Kaufmann in Ulm

L   UBC 3, S. 289, 293 (Bild) – UNGERICHT, S. 89

Bek, *Gustav* Adolf; Kaufmann und Fabrikant in Ulm, zuletzt Privatier ebd., Bürgerausschussmitglied und Kirchengemeinderat, 1898 bis 1900 stv. Vorsitzender des Aufsichtsrats der Gewerbebank Ulm, 1886 Feuerwehrdienstehrenzeichen für 25-jährige Dienstzeit

L   UBC 2, S. 219, 511, 557 – UBC 3, S. 12, 175

Bek, Jacob; +1860, Kaufmann in Ulm, gründete 1826 in der Hafengasse 5 eine Eisenhandlung., die noch heute als Stahlgroßhandlung unter seinem Namen in Ulm existiert, V. d. Eduard →*Bek

L   StadtMenschen [Firmenporträts]

Bek, Friedrich *Wilhelm*, * 19. Okt. 1829, † Ulm 24. Aug. 1908, ev.; Kaufmann in Ulm, 1873 Kassier des Ulmer Verschönerungsvereins

L   UBC 2, S. 317 – UBC 3, S. 298 f., 415 (Bild), 418

Belleville, Karl (Carl) August, * Augsburg 9. März 1809, † Ulm 31. Dez. 1862, ⬚ Neu-Ulm 2. Jan. 1863, kath.; Major im Ingenieur-Corps, nach 1842 Oberleutnant bei der Festungsbaudirektion Neu-Ulm, u. a. Leiter der Arbeiten der großen Regieziegelei bei Pfuhl, zuletzt „Lokal-Genie-Direktor" bei der Geniedirektion Ulm, Schwiegersohn des Friedrich →Wechßler

L   BUCK, Chronik Neu-Ulm, S. 68 – TREU, Neu-Ulm, S. 236 – TEUBER, Ortsfamilienbuch Neu-Ulm II, Nr. 0287

Below, Otto von, * Danzig 18. Jan. 1857, † Besenhausen bei Göttingen 9. März 1944, ev.; Kgl. Preuß. General, im Ersten Weltkrieg hochdekoriert, nach 1919 Armeeoberkommandierender Nord beim Grenzschutz Ost, Generalstabsoffizier der 27. Division in Ulm

L   UBC 4, S. 56

Belser, Reinhold (von), * Leonberg 22. Jan. 1849; Intendanturassessor in Stuttgart, 1885 Intendanturrat in Ulm, 1891 dsgl. in Stuttgart, 1900 Oberkriegsrat ebd., 1906 Geh. Kriegsrat, 1909 a. D., S. d. Oberlehrers Gottlieb Friedrich Belser

L   CRAMER, Familienbuch, S. 44

Bendel, *Hermann* Alfred, * Ravensburg 13. April 1894, † Ulm 13. Feb. 1972; 1945 bis 1947 kommissarischer Landrat von Ravensburg, 1947 Landgerichtspräsident in Tübingen, 1949 dsgl. in Ravensburg, 1960 a. D., Mitglied des Vorläufigen Staatsgerichtshofes von Baden-Württemberg

L   Amtsvorsteher, S. 180 – BWB III (2002), S. 17-19 (Frank RABERG)

Benner, Friedrich, * 1870, † Ulm 3. Mai 1930; Kaufmann in Ulm, hochverdient um das Theaterleben Ulms

L   UBC 2, S. 404 (Bild)

Bentele, Karl, * wohl 1868; Oberrechnungsrat, Vorstand der Ortsbehörde für die Arbeiter- und Angestelltenversicherung in Ulm

L   Staatshandbuch 1913, S. 416 – ebd. 1928 I, S. 370 – UBC 4, S. 180 (Bild)

Benz, Christian, * Holzschwang 10. Feb. 1798, † Neu-Ulm 28. März 1853; Bäckermeister in Holzschwang, zuletzt dsgl. in Neu-Ulms, 1825 Gründer der ältesten Bäckerei Neu-Ulms (Marienstraße 10), 1830 Zunftvorgesetzter der „nassen" Zunft, 1833 bis 1839 Mitglied des Gemeindeausschusses, V. d. Gustav →Benz u. d. Johann Jakob →*Benz

L   TEUBER, Ortsfamilienbuch Neu-Ulm I, Nr. 0298

Benz, Johann Jakob, * Neu-Ulm 1. Feb. 1830, † ebd. 16. Juni 1886; Konditor und Bäckermeister, Zunftmeister in Neu-Ulm, erbaute 1866 das Haus Ludwigstraße 3, 1866 bis 1881 und ab 1885 Gemeindeausschussmitglied bzw. Magistratsrat ebd., S. d. Bäckermeisters Christian →*Benz

L   BUCK, Chronik Neu-Ulm, S. 99 f., 123, 215 – TEUBER, Ortsfamilienbuch Neu-Ulm I, Nr. 0305

Berblinger, Johannes, * Ulm 20. Jan. 1812, † ebd. 18. Sept. 1849; Neffe des sog. „Schneiders von Ulm", Werkmeister in Ulm, 1848 Bürgerausschussmitglied

Q   StadtA Ulm, H Waibel: Raimund WAIBEL, Mitglieder in Gemeinderat und Bürgerausschuss 1800-1899, Typoskript, S. 3
L   UNGERICHT, S. 50 ff.

Berblinger, Philipp Jakob; Zimmermann und Oberzunftmeister in Ulm, 1845 Bürgerausschussmitglied und 1846 Gemeinderat ebd.

Q   StadtA Ulm, H Waibel: Raimund WAIBEL, Mitglieder in Gemeinderat und Bürgerausschuss 1800-1899, Typoskript, S. 3

Berg, Ernst, * Langenburg/OA Gerabronn 5. Dez. 1846, † Ulm 11. Feb. 1908, ev.; Studium in Tübingen (Mitglied der Burschenschaft Normannia), 1878 Lehrer an der Höheren Mädchenschule in Ulm, 1886 Titel Professor, 1901 Verleihung des Ranges auf der VII. Stufe

L   CRAMER, Württembergs Lehranstalten ⁴1904, S. 48 – Staatsanzeiger Nr. 35, 12. II. 1908, S. 225 (Mitteilung) – ebd. Nr. 36, 13. II. 1908, S. 235 (Todesanz. der Verbindung Normannia) – Magisterbuch 34 (1907), S. 96 – SCHMIDGALL, Burschenschafterlisten, S. 165, Nr. 209

Berg, Martin, * Ulm 16. Sept. 1872, † Berlin 1924, ev.; Sohn des Prälaten Karl von Berg, 1904 wiss. Lehrer am Hassel'schen Institut in Frankfurt/Main, 1905 Oberlehrer in Königshütte (Schlesien), zuletzt Studienrat in Berlin-Mariendorf

L   Magisterbuch 40 (1928), S. 141

Bergen, Fritz, * 19. Jan. 1879; Geschäftsführer des Deutschnationalen Handlungsgehilfenverbandes in Ulm, DVP-Politiker, 1924 DVP-Spitzenkandidat im Bez. Saulgau

Berger, Anton, * Unterboihingen 13. Mai 1841, kath.; Rektor und Oberlehrer an der Knabenvolksschule Ulm, Verdienstmedaille des Württ. Kronordens

L   Real-Katalog der katholischen Volksschulstellen Württembergs, Horb/Neckar 1908, S. 549

Berger, von; Kgl. Preuß. Generalleutnant, April 1874 bis Juni 1876 Gouverneur der Festung Ulm beider Donauufer

L   UBC 2, S. 339, 343, 349

Berger, Carl Rudolf (von), * 10. Jan. 1786, † Ulm 20. Feb. 1845, ⬜ ebd., Alter Friedhof; Oberstleutnant im Kgl. Württ. Generalquartiermeisterstab, 1817 erster Kommandant des Württ. Sappeur-Corps, kam 1841 mit Major von →Prittwitz als Kommandant zur Württ. Festungsbaudirektion Ulm, Mitglied des Vereins für Kunst und Altertum in Ulm und Oberschwaben, Ritterkreuz des Württ. Kronordens

L   UNGERICHT, S. 62 f.

Berger, Fritz, * 3. Mai 1856, † Ulm 24. Jan. 1926; Möbelfabrikant in Ulm, scheiterte 1889 und 1896 bei den Bürgerausschusswahlen, *als Jäger und humorvoller Gesellschafter in ganz Ulm wohl bekannt*

Q   StadtA Ulm, H Waibel: Raimund WAIBEL, Mitglieder in Gemeinderat und Bürgerausschuss 1800-1899, Typoskript, S. 3
L   UBC 4, S.277, 281 (Bild)

Berger, Max, * Albeck 15. Nov. 1900; 1928 Volksschullehrer in Scharenstetten/OA Ulm, 1935 Oberlehrer an der Volksschule in Ulm, Mai 1941 Rektor der Friedrichsau-Schule ebd.

L   Grundbuch der ev. Volksschule 51933, S. 231 – UBC 5b, S. 488

Berger, Thomas, * 30. April 1817, † Ulm 13. Nov. 1882, ⬜ ebd. Alter Friedhof; Möbelfabrikant in Ulm.

L   UNGERICHT, S. 44

Berloger, Michael, * 1868, † Ulm 18. Nov. 1930; seit 1920 Besitzer des Ulmer Bahnhofhotels, zuvor Besitzer der Bahnhofwirtschaft in Schlettstadt, von dort von den Franzosen nach Ende des Ersten Weltkriegs ausgewiesen

L   UBC 2, S. 551 f. (Bild)

Bernheimer, Leopold M., * 18. Juni 1836, † Ulm 8. April 1910, mos.; Kaufmann in Ulm, Inhaber des Geschäftshauses der Firma Bernheimer für „Seide & Modewaren, Damen-Confection, Meubelstoff- & Teppich-Lager" am Münsterplatz in Ulm, Mitglied der Stammtischgesellschaft vom „Roten Ochsen" in der Hirschstraße

L   UBC 3, S. 388 (Bild), 458 (Bild) – HILB, Zeugnisse, S. 202 (Bild), 203

Besenfelder, Robert, * Stuttgart 5. Sept. 1867, † Ulm 17. Aug. 1920; char. Oberstleutnant a. D., im Ersten Weltkrieg Bataillonskommandeur im Verband des Inf.-Rgts. 127

L   UBC 4, S. 143

Besserer, Albrecht Friedrich von, * 14. Okt. 1770; Senator in Ulm

L   WEYERMANN II, S. 31

Besserer, Marx Philipp von, † 1807; Oberamtmann in Langenau, ∞ Regina von Neubronner

L   WEYERMANN II, S. 31

Besserer-Thalfingen, Eitel Eberhard von, * 3. Sept. 1853, † Neu-Ulm 9. März 1898; Rittergutsbesitzer, Letzter seiner Linie, S. d. Philipp Jacob von →*Besserer-Thalfingen

L   UBC 3, S. 172 – UNGERICHT, S. 138 f.

Besserer-Thalfingen, Philipp Jacob von, * Ulm 1809, † ebd. 11. Dez. 1869, ⬜ ebd., Alter Friedhof, ev.; Rittergutsbesitzer, V. d. Eitel Eberhard →*Besserer von Thalfingen

L   UBC 3, S. 172 – UNGERICHT, S. 138 f.

Besserer-Thalfingen, Wilhelm von, † Ulm 1. Juni 1890, ev.; Sekondeleutnant im Grenadier-Rgt. König Karl in Ulm, erlag Verletzungen, die er sich bei einem Kopfsprung in die Donau zugezogen hatte

L   UBC 2, S. 557

Beßler, Franz Josef, * Mergentheim 24. Juli 1852, kath.; Oberlehrer an der kath. Volksschule Ulm

L   Real-Katalog der katholischen Volksschulstellen Württembergs, Horb/Neckar 1908, S. 550

Beßler, Joseph, * Ulm (Maselheim ?) 30. Juni 1877, kath.; 23. Juli 1901 Priesterweihe, Aug. 1901 Vikar in Rottweil, Juni 1903 Präzeptorats-Kaplanei-Verwalter in Saulgau, Nov. 1903 dsgl. in Wiesensteig, Sept. 1906 dsgl. in Riedlingen, Mai 1907 Stadtpfarrverweser in Tuttlingen, Nov. 1908 dsgl. in Kirchheim/Teck, Pfarrer in Dettingen/OA Rottenburg

L   NEHER ⁴1909, S. 227

Best, Johann Jakob, * 1790, † Ulm 9. Juli 1876, ⬜ ebd., Alter Friedhof, ev.; Bortenweber in Ulm, letzter deutscher und Ulmer Meistersinger, im Juli 1923 erfolgte im Auftrag des Ulmer Liederkranzes die Ausbesserung seines Grabes auf dem Alten Friedhof, deren Vollendung mit einer kleinen Feier begangen wurde

L   SCHULTES, Chronik, S. 534 – UBC 2, S. 349 – UBC 4, S. 216 f. – UNGERICHT, S. 91 f.

Betzeler, Elias; Fuhrmann in Ulm, 1846 Bürgerausschussmitglied ebd.

Q   StadtA Ulm, H Waibel: Raimund WAIBEL, Mitglieder in Gemeinderat und Bürgerausschuss 1800-1899, Typoskript, S. 3

Betzeler, Hermann; Uhrmacher in Ulm, zuletzt Privatier ebd., scheiterte zwischen 1884 und 1891 siebenmal bei der Bürgerausschusswahl

Q   StadtA Ulm, H Waibel: Raimund WAIBEL, Mitglieder in Gemeinderat und Bürgerausschuss 1800-1899, Typoskript, S. 3

Bezler, Johann Georg, * Reichenbach/OA Aalen 18. Mai 1799, † Ulm 16. Nov. 1879; Pfarrer in Mühlhausen/OA Tuttlingen, Dekan, verlebte seinen Ruhestand in Ulm

L   UNGERICHT, S. 139

Bezzenberger, *Georg Heinrich* (von), Dr. iur., * Erbach im Odenwald (Hessen) 30. Mai 1795, † Stuttgart 12. Dez. 1866; 18. März 1819 Sekretär beim Kreisgerichtshof in Esslingen, danach Registrator und Sekretär beim Obertribunal in Stuttgart, 3. Jan. 1823 Oberjustizassessor und Kanzleivorstand beim Gerichtshof in Ulm, im Mai 1826 Oberjustizrat ebd., 1. Okt. 1827 dsgl. beim Kriminalsenat des Gerichtshofes in Ellwangen/Jagst, 22. Sept. 1836 Obertribunalrat in Stuttgart, 5. Juni 1840 Direktor des Kreisgerichtshofes in Esslingen, 9. Nov. 1852 Staatsrat und o. Mitglied des Geheimen Rats, 14. April 1859 Präsident des Obertribunals, seit 1859 als vom König ernanntes lebenslängliches Mitglied der Kammer der Standesherren MdL Württemberg, 1861 Exzellenz; 1837 Ritterkreuz, 1843 Kommenturkreuz des Württ. Kronordens, 1855 Großkreuz des Friedrichsordens, S. d. Regierungssekretärs Friedrich Lorenz Bezzenberger

L   DBE 1 (1995), S. 510 – RABERG, Biogr. MdL-Handbuch, S. 69 ff.

Biedenbach, Heinrich C.; Färber in Ulm, 1866 Bürgerausschussmitglied ebd.

Q   StadtA Ulm, H Waibel: Raimund WAIBEL, Mitglieder in Gemeinderat und Bürgerausschuss 1800-1899, Typoskript, S. 3

Biedenbach, Heinrich Jakob; Färber in Ulm, 1821 und 1832 Bürgerausschussmitglied
Q   StadtA Ulm, H Waibel: Raimund WAIBEL, Mitglieder in Gemeinderat und Bürgerausschuss 1800-1899, Typoskript, S. 3

Biedenbach (sen.), Wilhelm, * Niederstotzingen/OA Ulm 2. Mai 1839, † Neu-Ulm 7. Mai 1915, ev.; Glasermeister und Schreiner in Neu-Ulm
L   BUCK, Chronik Neu-Ulm, S. 108 – Katalog Materialien, S. 22 – TREU, Neu-Ulm, S. 207 (Bild) – TEUBER, Ortsfamilienbuch Neu-Ulm I, Nr. 0350

Biegendorf, David Christian, * Ulm 1766; nach Jurastudium in Erlangen und Tübingen 1797 Kanzleiadjunkt in Ulm, 1799 Aktuar beim Bürgermeisteramt bzw. später beim Stadtgericht ebd., 1804 Kurpfalzbayer. Stadtgerichtsrat ebd., 1810 Senator ebd., Assessor des Waisen- und Untergangsgerichts, Juli 1811 eingesetzter Gemeinderat (Magistratsrat), Obmann der Maurer-, Metzger- und Gärtnerzunft, S. d. Beiwohners Leonhard Biegendorf von Ettlenschieß in Ulm
Q   StadtA Ulm, H Waibel: Raimund WAIBEL, Mitglieder in Gemeinderat und Bürgerausschuss 1800-1899, Typoskript, S. 3
L   WEYERMANN II, S. 39 f.

Bilger, Martin, * Trossingen/OA Tuttlingen 3. April 1877, † Ulm 23. Sept. 1970; Mitbegründer der Firma Gebr. Bilger, Oberschwäbische Zentralmolkerei, Kunstsammler und Mäzen
Q   StadtA Ulm, G 2

Billmann, Fritz; Bankdirektor in Ulm, seit 1948 Vorstandsmitglied der Ulmer Volksbank
L   RIEBER/JAKOB, Volksbank, S. 61

Binder, Ernst Theodor, * 23. März 1833, † Ulm 13. Juni 1876; Kreisgerichtsrat in Ulm
L   UNGERICHT, S. 139

Binder (sen.), Gustav (von), Dr. phil., * Augsburg 30. Juli 1807, † Stuttgart 22. Jan. 1885, ev.; 1844 (zunächst provisorischer) Professor am Kgl. Gymnasium Ulm, 1847 definitive Anstellung als Professor, 1845 bis 1848 MdL Württemberg (II. Kammer, WK Heidenheim), 1848 Mitglied des Vorparlaments der FNV, lehnte 1849 eine Kandidatur für den Ulmer Gemeinderat ab, nach 1857 Studienrat in Stuttgart, 1866 bis 1880 Leiter (Titel und Rang Direktor) des Kgl. Studienrats (Ministerialabteilung für die Gelehrten- und Realschulen), 1871 bis 1878 Vertreter Württembergs in der Reichsschulkommission, 1880 a. D. mit Titel und Rang Präsident, Ritterkreuz I. Kl. des Friedrichsordens, 1869 Kommenturkreuz II. Kl. des Friedrichsordens, 1864 Ritterkreuz des Württ. Kronordens, 1873 Kommenturkreuz des Württ. Kronordens
L   GEORGII-GEORGENAU, S. 64 – Magisterbuch 25 (1884), S. 59 f. – Max NEUNHÖFFER (Bearb.), Ein liberaler Theologe und Schulmann in Württemberg. Erinnerungen von Dr. Gustav von Binder, 1807-1885 (Lebendige Vergangenheit 6), Stuttgart 1975 – DVORAK I,1 (1996), S. 99 – RABERG, Biogr. Mdl-Handbuch, S. 73 f.

Binder, Wolfgang, * Ulm 14. Mai 1916, † Unterstammheim (Schweiz) 4. März 1986; Germanist
L   Ih 3, S. 30

Bismarck, Otto Fürst von, * Schönhausen bei Stendal 1. April 1815, † Friedrichsruh bei Hamburg 30. Juli 1898, ev.; 1862 bis 1890 Preuß. Ministerpräsident und 1871 bis 1890 Reichskanzler des Deutschen Reiches, am 28. Feb. 1890 auf Beschluss der bürgerlichen Kollegien von Ulm zum dritten seinerzeit lebenden Ehrenbürger neben Carl von →Heim und Joseph von →Egle ernannt
L   UBC 2, S. 84, 97, 155, 173, 201, 291, 317, 341, 487, 507, 557 – UBC 3, S. 29, 73, 98, 101, 177

Bitterolf, Georg, * Pfuhl 9. Nov. 1825, † ebd. 13. Juli 1907; Söldner (= Kleinbauer) und 1866 bis 1871 Bürgermeister in Pfuhl
L   TREU, Pfuhl, S. 231

Bitterolf, Georg, * Pfuhl 4. März 1862; Ökonom in Neu-Ulm, vor 1919 Mitglied des Gemeindekollegiums in Neu-Ulm
L   Adreßbuch Ulm-Neu-Ulm 1910, Zehnte Abteilung, S. 65 – TEUBER, Ortsfamilienbuch Neu-Ulm I, Nr. 0388

Bitzer, Ludwig *Friedrich* Heinrich (von), * Stuttgart 5. Feb. 1816, † ebd. 19. April 1885, ev.; ab Herbst 1842 Aktuar bei der Regierung des Donaukreises in Ulm, 1844 Regierungsassessor ebd., nach 1848 im Innenministerium bzw. bei der Oberregierung in Stuttgart, 1871 bis 1880 Staatsrat und o. Mitglied des Geheimen Rats, ab 1876 Präsident des ev. Konsistoriums, ab 1870 MdL Württemberg (II. Kammer)
L   RABERG, Biogr. Handbuch, S. 79 f.

Bizer, Eberhard, * Endingen 4. März 1863, ev.; seit 1903 Lehrer an der Volksschule Ulm, zuletzt Oberlehrer ebd., früher Volksschullehrer in Talheim/OA Rottenburg
L   Grundbuch der ev. Volksschule 1914, S. 113 – UBC 3, S. 334

Bläser, Paul, * 18. Juni 1883, † gefallen 9. Sept. 1914; Rechtsanwalt in Ulm, Leutnant d. R., seit 1913 Vorsitzender des Turnerbundes Ulm
L   UBC 4, S. 314

Blaich, Eugen, * 2. Juni 1867, † 22. März 1934; Oberrechnungsrat in Ulm
L   UBC 4, S. 360, 362 (Bild)

Blank, Paul, * Möhringen bei Riedlingen 1. Feb. 1880, † 1950; Oberpräzeptor an der Lateinschule Neuenstein, 1919-1940 Studienrat für Altphilologie am Realgymnasium bzw. an der Oberrealschule Ulm
L   CRAMER, Württembergs Lehranstalten ⁷1925, S. 122 – ROTERMUND, Zwischen Selbstbehauptung, S. 80

Blattmacher, Gustav, * 3. April 1819, † Ulm 15. Juni 1850; Kgl. Württ. Oberleutnant und Schützenoffizier beim 3. Inf.-Rgt. in Ulm
L   UNGERICHT, S. 139

Blessing, Eugen, Dr. theol., Dr. phil., * Ulm 11. Feb. 1911, † ebd. 25. Aug. 2001, ⬜ ebd., Hauptfriedhof, 31. Aug. 2001, kath.; Sprössling einer Ulmer Malerfamilie, Abitur am humanistischen Gymnasium in Ulm, Studium der Philosophie und Theologie in Innsbruck, Tübingen und Bonn, 1946 Dr. phil. in Bonn, 1952 Dr. theol. in Tübingen, 26. März 1950 Priesterweihe, Repetent und wissenschaftlicher Assistent in Tübingen, 1956 Professor für Philosophie und Psychologie an der Philosophisch-Theologischen Hochschule Dillingen/Donau und anschließend bis 1977 an der Universität Augsburg, Geistlicher Rat, half immer wieder in der Ulmer Kirchengemeinde und im Kinderheim Heiligenbronn bei Horb aus
Q   StadtA Ulm, G 2

Blessing, Friedrich; Assessor beim Steuerkollegium in Stuttgart, 1854 Kameralverwalter in Neuenbürg, 1857 dsgl. in Ulm, 1865 Finanzrat, 1866 Finanzrat im Württ. Departement der Finanzen, 1864 Ritterkreuz I. Kl. des Friedrichsordens
L   WINTERHALDER, Ämter, S. 184, 299

Blessinger, *Karl* Michael, * Ulm 21. Sept. 1888, † Pullach bei München 13. März 1962; S. eines Bandagisten in Ulm, 1906 Abitur am Kgl. Gymnasium Ulm, ab 1910 Tanzkapellmeister an verschiedenen Orten, 1920 bis 1945 Lehrer an der Akademie der Tonkunst München, 1932 NSDAP-Mitglied und Kreisschulungsredner, 1935 ao. Professor, 1936 Dozentenbundführer, 1942 o. Professor, publizierte mehrere antisemitische Schriften zur Diffamierung jüdischer Musiker, schrieb u. a. „Studien zur Ulmer Musikgeschichte im 17. Jahrhundert insbesondere über Leben und Werke Sebastian Anton Scherers", in: UO 19 (1913), S. 1-79
L   UBC 3, S. 367 – KLEE, Kulturlexikon, S. 57 – Wikipedia

Bley, Friedrich Hermann, * 9. Juli 1848, † Ulm 16. März 1906, ev.; Musikdirektor beim Ulanen-Rgt. Nr. 19 in Ulm
L   UBC 3, S. 362, 366 (Bild)

Bloest (Blöst), Johann Georg, * Ulm 21. Sept. 1796, † ebd. 24. Aug. 1884; Amtsnotar in Wiblingen, seit Jan. 1854 Hospitalverwalter in Ulm, 1876 Ritterkreuz II. Kl. des Friedrichsordens
L   UBC 2, S. 345, 350, 485, 489 (Bild) – UNGERICHT, S. 140

Bloest (Blöst), Johann Ludwig Julius; Kaufmann in Ulm, 1852 und 1856 in den Bürgerausschuss gewählt, einer der höchstbesteuerten Bürger, Schwiegersohn d. Albrecht Friedrich →Wechßler
Q   StadtA Ulm, H Waibel: Raimund WAIBEL, Mitglieder in Gemeinderat und Bürgerausschuss 1800-1899, Typoskript, S. 3
L   Stammbaum der Familie Wechssler in Erlangen und Ulm [Exemplar in der Württ. Landesbibliothek, Stuttgart]

Blumenthal, Joachim, * 29. März 1852, † Ulm; Apotheker in Ulm
L   UBC 3, S. 360

Blumhardt, Karl Hermann (von), * 17. März 1819, † Ulm 24. Okt. 1875, ev.; Kgl. Württ. Oberstleutnant z. D. und Kommandeur des Landwehrbezirks Ulm
L   UBC 2, S. 31, 347, 350, 485 – UNGERICHT, S. 80

Bock, Max Theodor; Gärtner in Ulm, im Sept. 1849 in den Gemeinderat gewählt, einer der höchstbesteuerten Bürger
Q   StadtA Ulm, H Waibel: Raimund WAIBEL, Mitglieder in Gemeinderat und Bürgerausschuss 1800-1899, Typoskript, S. 4

Bock, Georg *David*, * 14. oder 18. März 1820, † Ulm 15./16. Jan. 1888, ⬚ ebd., Alter Friedhof, ev.; Gärtner in Ulm, ab 1866 Bürgerausschussmitglied, ab 1870 Gemeinderat ebd.
Q   StadtA Ulm, H Waibel: Raimund WAIBEL, Mitglieder in Gemeinderat und Bürgerausschuss 1800-1899, Typoskript, S. 3
L   UBC 2, S. 533 (Bild), 534 – UBC 4, S. 295 (Bild) – UNGERICHT, S. 140 [mit Geburtsdatum 14. März und Sterbedatum 15. Jan.] – WAIBEL, Gemeindewahlen, S. 349, 352 ff.

Bockshammer, *Christian Philipp*, * Buttenhausen/OA Münsingen 25. Sept. 1798, † 3. Nov. 1851 oder 1859, ev.; Studium der Rechtswissenschaften in Tübingen (Burschenschaft Germania), Oberjustizrat beim Gerichtshof des Donaukreises in Ulm, Mitglied des Vereins für Kunst und Altertum in Ulm und Oberschwaben, zuletzt Obertribunalrat in Stuttgart
L   SCHMIDGALL, Burschenschafterlisten, S. 76 – PHILIPP, Germania, S. 45, Nr. 601

Bockshammer, Karl, * Ulm 23. April 1837, † 1874; Medizinstudium in Tübingen (Mitglied der Burschenschaft Germania) und Würzburg, praktischer Arzt in Stuttgart
L   PFEIFFER, Hoppenlau-Friedhof, S. 63 – PHILIPP, Germania, S. 80, Nr. 1176

Bockshammer, Richard, Dr. iur., * Stuttgart 6. Sept. 1866, † ebd. 24. März 1946; Jurastudium in Tübingen (Mitglied der Akad. Ges. Stuttgardia), Amtsrichter in Schorndorf, Landgerichtsrat in Stuttgart, Landrichter in Ulm, Landgerichtsrat in Stuttgart, 1925 bis 1931 Direktor des Landgerichts Ellwangen/Jagst
L   ARNOLD, Stuttgardia II, S. 39, Nr. 139

Böckmann, Gottlob *Albert*, * Tübingen 8. Mai 1819, † Ulm 22. Aug. 1891, ev.; theol. Seminar Blaubeuren, 1850 Präzeptor in Blaubeuren, 1853 dsgl. in Vaihingen/Enz, seit 1862 Präzeptor am Kgl. Gymnasium Ulm
L   Magisterbuch 25 (1884), S. 79 – SK Nr. 200, 26. VIII. 1891 (Mittagsblatt), 1731 und 1732 (Todesanz.)

Böhm, Robert, * Itzelberg/OA Heidenheim 24. Mai 1849, † Ulm Dez. 1911; 1873 Präzeptor in Altensteig, 1876 dsgl. am Kgl. Gymnasium Ludwigsburg, 1880 dsgl. am Kgl. Gymnasium Schwäbisch Hall, 1898 dsgl. am Kgl. Gymnasium Ulm, 1901 tit. Professor und Verleihung des Ranges auf der VII. Rangstufe
L   CRAMER, Württembergs Lehranstalten ⁶1911, S. 23 – Magisterbuch 34 (1907), S. 103 – Ulm 3, S. 496

Böhringer, Friedrich; Bierbrauereibesitzer in Ulm, 1900 bis 1907 Mitglied des Aufsichtsrats der Gewerbebank Ulm
L   RIEBER/JAKOB, Volksbank, S. 59

Böhringer, Heinrich C. Friedrich; Werkmeister in Ulm, 1855 bei der Bürgerausschusswahl gescheitert, einer der höchstbesteuerten Bürger
Q   StadtA Ulm, H Waibel: Raimund WAIBEL, Mitglieder in Gemeinderat und Bürgerausschuss 1800-1899, Typoskript, S. 4

Böltz, Georg Otto *Ludwig*, * Nagold 2. Feb. 1860, † Ulm 24. März 1951, zuletzt in Schwäbisch Hall, 1897 Oberamtsrichter in Balingen, 1903 Landgerichtsrat in Ulm, 1913 Landgerichtsdirektor ebd., im Ersten Weltkrieg als Hauptmann d. L. beim Landwehr-Inf.-Rgt. 12
L   MAIER, Nachfahrentafel Schott, S. 105 – UBC 3, S. 540 – PHILIPP, Germania, S. 100, Nr. 1436

Bofinger, Adolf, * [Stuttgart-]Feuerbach 27. März 1881; 1908 Reallehrer in Heidenheim/Brenz, 1910 an der Höheren Handelsschule Leipzig, 1912 Vorstand der Handelsschule Tübingen, 1920 Handelsschulrektor, 1922 Handelsschuldirektor in Ulm
L   CRAMER, Württembergs Lehranstalten ⁶1911, S. 127 – Grundbuch der ev. Volksschule ⁵1933, S. 145

Bogatzki, Günther, * 1926, † Neu-Ulm 7. Aug. 2006; Kulturamtsleiter der Stadt Neu-Ulm, 1977 bis Dez. 1985 erster Geschäftsführer der städtischen Hallenbetriebe Neu-Ulm, wesentliche Verdienste um das Edwin-Scharff-Haus
L   TREU, Neu-Ulm, S. 471 – Hallenchef Bogatzki tot, in: NUZ vom 10. VIII. 2006 (Bild)

Bogenschütz, Ernst, † Ulm 28. Mai 1928, kath.; Postbaurat in Ulm, 1903 Gründer der Baugenossenschaft Ulm, deren erste Bauten die Villenkolonie am Galgenberg waren, Gemeinderat ebd., Schriftleiter der "Kneipp-Blätter", Mitglied des Kirchenstiftungsrats der kath. Weststadtgemeinde, Mitglied des Aufsichtsrats der Süddt. Verlagsanstalt Ulm
L   UBC 1, S. 448 (Bild)

Bohn, Kurt, * Suhl (Thüringen) 30. April 1909, † Ulm 12. Juli 1991; Bildhauer und Maler
L   Ih 3, S. 37

Bohnacker, Elias, * Ulm 9. Jan. 1802, † ebd. 4. Juni 1877, ⬚ ebd., Alter Friedhof, ev.; Gärtner in Ulm, Sept. 1849 in den Gemeinderat gewählt, S. d. Friedrich →*Bohnacker
Q   StadtA Ulm, H Waibel: Raimund WAIBEL, Mitglieder in Gemeinderat und Bürgerausschuss 1800-1899, Typoskript, S. 4
L   UNGERICHT, S. 140 – WAIBEL, Gemeindewahlen, S. 339

Bohnacker, Friedrich, * Ulm 12. Feb. 1767, † ebd. 16. Juni 1830, ev.; Gärtner in Ulm, V. d. Elias →*Bohnacker

Bohnacker, Gustav, * Ulm 13. Mai 1839, † ebd. 29. Nov. 1897; Kaufmann in Ulm

Bollstetter, Lothar, † Ulm 9. Sept. 1906; bis 1889 Kommandeur des Landwehrbez. Calw, Oberstleutnant z. D., Ritterkreuz des Württ. Kronordens mit Schwertern

Bolter, Karl, * Mengen, kath.; 1868 bis 1894 Pfarrer in Harthausen
L   SPECKER/TÜCHLE, S. 446

Bolz, *Eugen* Anton, Dr. h.c., * Rottenburg/Neckar 15. Dez. 1881, † hingerichtet Berlin-Plötzensee 23. Jan. 1945, kath.; Jurist und Politiker der Zentrumspartei, 1905/06 Einjährig-Freiwilliger Militärdienst beim 2. Württ. Feldartillerie-Rgt. 49 „Prinzregent Luitpold von Bayern" in Ulm, verkehrte in dieser Zeit häufig im Hotel „Baumstark", wo er seine spätere Ehefrau Maria →Bolz kennenlernte, 1909/10 Hilfsarbeiter bei der Staatsanwaltschaft Ulm, im Sommer 1914 zum Militärdienst *in dem liebgewonnenen Ulm* kommandiert, 1912 bis 1933 MdR, 1913 bis 1933 MdL Württemberg, 29. Okt. 1919 Württ. Justizminister, 30. Juni 1920 zugleich stv. Staatspräsident, 2. Juni 1923 Württ. Innenminister und stv. Staatspräsident, 8. Juni 1928 bis 15. März 1933 Staatspräsident, nach 1933 politisch verfolgt, im Aug. 1944 als „Mitverschwörer" des Stauffenberg- und Goerdeler-Kreises verhaftet und fünf Monate später wegen „Hochverrats" hingerichtet
L   Ih 1, S. 94 – Ih 3, S. 37 – Max MILLER, Eugen Bolz – Staatsmann und Bekenner, Stuttgart 1951 – August HAGEN, Eugen Bolz 1881-1945, in: DERS., Gestalten aus dem schwäbischen Katholizismus, Band 3, Stuttgart 1955, S. 202-243 – Joachim KÖHLER, Eugen Bolz (1881-1945). Politiker aus Leidenschaft. Zum 100. Geburtstag des württembergischen Ministers und Staatspräsidenten, in: Rottenburger Jahrbuch für Kirchengeschichte 1 (1982), S. 21-32 – Frank RABERG, Biogr. Handbuch, S. 91-94 (Bild) – DERS., Eugen Bolz (1881-1945), in: Reinhold WEBER und Ines MAYER (Hgg.), Politische Köpfe aus Südwestdeutschland. (Schriften zur politischen Landeskunde Baden-Württembergs 33), Stuttgart 2005, S. 157-166 – DERS., Eugen Bolz. Zwischen Pflicht und Widerstand, Leinfelden-Echterdingen 2009

Borel, Eugenie, * Wildbad 13. Okt. 1878; ab 1897 Lehrerin in Ulm, zuletzt Oberreallehrerin an der höheren Mädchenschule Ulm
L   CRAMER, Württembergs Lehranstalten ⁶1911, S. [158]

Bornmüller, Robert; Kaufmann in Ulm, 1903 bis 1907 Mitglied des Aufsichtsrats der Gewerbebank Ulm
L   RIEBER/JAKOB, Volksbank, S. 59

Borst, Johannes, * Essingen/OA Ulm 9. Nov. 1865, ev.; seit 1892 Volksschullehrer in Ulm, Oberlehrer an der Kepler-Mittelschule in Ulm, März 1931 a. D.
L   Grundbuch der ev. Volksschule ⁵1933, S. 95 – UBC 3, S. 67

Bosch, Matthäus, * Dettingen/Iller 22. Juni 1813, † Neu-Ulm 3. Mai 1863; Branntweiner und Ökonom, 1851 bis 1863 Gemeindeausschussmitglied ebd., bekannter Rinderzüchter, erbaute 1851 das Haus Johannisstraße 11

L BUCK, Chronik Neu-Ulm, S. 98, 120, 215 – TEUBER, Ortsfamilienbuch Neu-Ulm I, Nr. 0462

Bosch, *Robert* August, Dr.-Ing. h.c., * Albeck 23. Sept. 1861, † Stuttgart 12. März 1942; Elektrotechniker und Industrieller, Realschule und Elektrikerlehre in Ulm, gründete 1886 eine mechanische Werkstatt, deren Erfolg sich später auf die Herstellung der elektrischen Ausrüstung von Kraftfahrzeugen aufbaute („Bosch-Zünder"), Präsidiumsmitglied des Reichsverbandes der Deutschen Industrie, Mitglied des Vorläufigen Reichswirtschaftsrats, Ehrenvorsitzender des Verbandes Württ. Industrieller, 1926 aus Anlass seines 65. Geburtstages zum Ehrenbürger von Albeck ernannt

L Ih 1, S. 96 – Ih 3, S. 38 – Reichshandbuch I, S. 189 (Bild) – UBC 3, S. 118 (Bild), 215 f. (Bild) – UBC 4, S. 191 – Theodor HEUSS, Robert Bosch. Leben und Leistung, Stuttgart 1946, 101987 – Joachim SCHOLTYSECK, Robert Bosch und der Bosch-Kreis: Liberaler Widerstand gegen Hitler 1933-1945, München 1999 – Wikipedia

Boscher, *Anton* Johann Sebastian (von), Dr. iur. h.c., * Öpfingen/OA Ehingen 16. Jan. 1814, † Tübingen 19. April 1887; 1855 bis 1860 Oberjustizrat beim Kreisgerichtshof in Ulm, 1876 bis 1878 Direktor des Kreisgerichtshofes in Ulm, zuletzt Landgerichtsdirektor in Tübingen, 1870 bis 1883 MdL Württemberg (II. Kammer, Bez. Rottweil), 1877 Kommenturkreuz des Friedrichsordens

L UBC 2, S. 361, 387, 393 – RABERG, Biogr. MdL-Handbuch, S. 94 ff.

Botzenhardt, Johann, * Reutti 12. Sept. 1870, † Neu-Ulm 2. März 1940 ; Gastwirt und Ökonom in Reutti, 1924 bis 1936 Bürgermeister ebd., 1912 bis 1919 Kommandant der Freiwilligen Feuerwehr ebd.

L TEUBER, Ortsfamilienbuch Neu-Ulm I, Nr. 0470 – GEIGER, Reutti, S. 90-92, 108 (Bild), 189

Botzenhardt, Johann, * Reutti 1909; Bauer in Steinheim, Ehemann der Tochter des Bürgermeisters Johann →*Ihle, Soldat im Zweiten Weltkrieg, 1964 bis 1972 als Nachfolger des verstorbenen Johann →*Wachter Bürgermeister von Steinheim

L TREU, Steinheim, S. 59-62, 65, 67

Bracher, Paul, * Allmersbach 2. April 1867; 1906 Oberpräzeptor an der Lateinschule Tuttlingen, 1916 Professor am Gymnasium Ulm, Mitglied des Vereins für Kunst und Altertum in Ulm und Oberschwaben

L CRAMER, Württembergs Lehranstalten 71925, S. 189 – UBC 3, S. 334

Bracher, Wilhelm, * 3. Dez. 1832, † Ulm 8. Juli 1912, ☐ ebd., Alter Friedhof, ev.; Oberlehrer und zuletzt Vorstand an der Mädchenmittelschule Ulm, Oberbürgermeister Heinrich von →Wagner überreichte ihm bei der offiziellen Verabschiedung namens der bürgerlichen Kollegien und des ev. Ortsschulrats eine goldene Uhr

L UBC 3, S. 300 (Bild), 301 – UNGERICHT, S. 140

Brachert, Heinrich, * 11. April 1850, † Ulm 26. Sept. 1923; Tapeziermeister in Ulm

L UBC 4, S. 254 (Bild)

Braeuninger, Karl, * 20. Juni 1837, † Ulm 8. April 1907; Ökonomierat, Pächter des städtischen Hofgutes Örlingen, Beiratsmitglied der Zentralstelle für die Landwirtschaft, 1876 und 1877 bei den Bürgerausschusswahlen gescheitert, 1901 Ritterkreuz I. Kl. des Friedrichsordens, V. d. Otto →*Braeuninger

Q StadtA Ulm, H Waibel: Raimund WAIBEL, Mitglieder in Gemeinderat und Bürgerausschuss 1800-1899, Typoskript, S. 4
L UBC 3, S. 243, 389, 393 (Bild)

Braeuninger, Otto, * 4. Sept. 1864, † Ulm 13. Sept. 1924; Ökonomierat, Pächter des städtischen Hofgutes Böfingen, Politiker der Württ. Bürgerpartei/DNVP, 1919 Kandidat des Württ. Bauernbundes für die Württ. Verfassunggebende Landesversammlung (Platz 26 der Landesvorschlagsliste), ab 1919 Gemeinderat in Ulm, S. d. Karl →*Braeuninger

L UBC 4, S. 237, 238 (Bild)

Branca, Freiherr Karl *Ludwig* von, Dr. iur., * Lüttich 26. Juni 1763, † Regensburg 5. Sept. 1845; Hofrat in München, 1791-1806 Reichskammergerichtsassessor des Bayer. Kreises I in Wetzlar, 1807 bis 1809 zweiter Direktor der Obersten Kgl. Bayer. Justizstelle in Ulm, anschließend Vizepräsident der

Appellationsgerichte in Amberg und Ansbach, 1817 Präsident des Appellationsgerichts in Straubing, 1822 Kgl. Bayer. Staatsrat, 1832/33 kommissarischer Kgl. Bayer. Staatsminister der Justiz

L Otto RENKHOFF, Nassauische Biographie. Kurzbiographien aus 13 Jahrhunderten, Wiesbaden 21992, S. 75, Nr. 427 – JAHNS, Reichskammergericht II,2, S. 878-890

Brandseph, Walter, Dr. iur.; [1913] beim Landgericht Stuttgart zugelassener Rechtsanwalt, [1928] Städtischer Rechtsrat in Ulm, ab Nov. 1931 als Nachfolger von Wilhelm →*Miller Vorstand des Gemeindegerichts und des Sühneamtes

L Staatshandbuch 1928 I, S. 369 – UBC 3, S. 261

Braun, Carl; Fabrikant in Ulm, 1934 bis 1944 Mitglied des Aufsichtsrats der Gewerbebank Ulm

L RIEBER/JAKOB, Volksbank, S. 60

Braun, Ernst, * 1856, † Ulm 27. Aug. 1915; Stadtbaurat in Ulm, 1889 bis 1907 Vorstand des städtischen Tiefbauamts

L Württ. Jahrbücher 1915, S. III – WN 1915, S. 235 – UBC 4, S. 14

Braun, Franz Xaver, * Söflingen 9. Mai 1839, † Deuchelried/OA Wangen 18. Nov. 1888, kath.; 10. Aug. 1864 Priesterweihe, Vikar in Kirchbierlingen, 1869 dsgl. in Aichstetten, 29. Nov. 1870 Kaplan in Ehingen, 5. Dez. 1878 Pfarrer in Deuchelried

L NEHER 41909, S. 79

Braun, Hermann, * 18. April 1886, † 20. Juni 1976; [1928] Staatsanwalt beim Landgericht Ravensburg, später dsgl. in Ulm

Q HStAS, EA 4/151 Bü 141

Braun, Max, * Crailsheim 20. Sept. 1868; 1903 Oberpräzeptor an der Lateinschule Leutkirch, 1905 dsgl. an der mittleren Abteilung des Kgl. Gymnasiums Ulm, 1912 Professor am Gymnasium in Ehingen/Donau, 1924 dsgl. in Reutlingen

L CRAMER, Württembergs Lehranstalten 71925, S. 79 – Magisterbuch 41 (1932), S. 109

Braun, Paul, * 29. Nov. 1851, † Ulm 20. März 1917; Baurat bei der Regierung des Donaukreises in Ulm, Ritterkreuz I. Kl. des Friedrichsordens

L UBC 4, S. 112, 114 (Bild)

Braunbeck, G. F.; Kleiderhändler in Ulm, 1863 Gründungsmitglied der Gewerbebank Ulm

Brecht, Karl, * Wiesloch 12. März 1912, † Aufheim/Kreis Neu-Ulm 18. April 1982; Physiologe, 1939 nach der Promotion Assistent an der Universität Köln, 1943 Habilitation und anschließend Dozent an der NS-„Kampfuniversität" Straßburg, 1948 apl. Professor in Tübingen, 1955 o. Professor ebd., ab 1969 Lehrstuhlinhaber an der Universität Ulm, Herausgeber der Zeitschrift „Ärztliche Forschung"

L Ih 3, S. 39 – KLEE, Personenlexikon, S. 73

Breitschwerdt (Breitschwert), Eduard, Dr. phil., * Ludwigsburg 14. Okt. 1809, † Ulm 1885, ev.; 1845 Hauptlehrer an der Realschule Biberach/Riß, 1848 dsgl. an der Realschule Ulm, 1860 Oberreallehrer ebd., 1864 Professor ebd., 1879 unter Verleihung des Ritterkreuzes I. Kl. des Friedrichsordens a. D., lebte im Ruhestand in Ulm, Mitglied des Vereins für Kunst und Altertum in Ulm und Oberschwaben

L Magisterbuch 25 (1884), S. 63

Breitschwert, Freiherr Gustav von, * 31. Okt. 1798, † Ulm 17. März 1837; Regierungsrat bei der Regierung des Donaukreises in Ulm, S. d. Staatsrats Freiherr Ludwig Christian von Breitschwert, V. d. Luise →Breitschwert

L MAIER, Nachfahrentafel Schott, S. 56

Breuning, von, † Ulm 25. Dez. 1803; Kurpfalzbayerischer Landesdirektionsrat der Schwäbischen Provinz

Breyer, Theodor (von), * Tailfingen/OA Balingen 30. März 1838, † Schloss Neubronn bei Neu-Ulm 29. Juni 1920, ev.; char. Kgl. Württ. Generalmajor a. D., davor 1884 Oberstleutnant, 1887 Oberst und Leiter der Militärabteilung im württ. Kriegsministerium, 1889 z. D., Kommenturkreuz des Württ. Kronordens

L WN 1920/21, S. 260 – UBC 4, S. 143

Brost, Gustav, * Ulm 24. Mai 1858, † ebd. 1931; 1882 Präzeptor in Murrhardt, 1886 dsgl. in Backnang, 1897 dsgl. an der III. Kl. des Kgl. Gymnasiums Ulm, 1900 Oberpräzeptor ebd., 1907

Professor ebd., 1920 a. D., 1905 Verleihung des Ranges auf der VII. Rangstufe

L   Magisterbuch 40 (1928), S. 90

Brude, Eugen, * Onolzheim/OA Crailsheim 6. März 1866, † Ulm 24. Juli 1938; 1893 ev. Pfarrverweser in Großdeinbach, 1897 Pfarrer ebd., 1903 bis 1912 zugleich Bezirksschulinspektor für Welzheim, 1914 Stadtpfarrer in Ellwangen/Jagst, 1934 a. D. in Ulm, 1912 Abg. vor Welzheim zur 8. Landessynode

L   Magisterbuch 41 (1932), S. 103 – EHMER/KAMMERER, S. 106

Brugger, Max, † Ulm 2. März 1927, kath.; Kaufmann (Käsegroßhändler) in Ulm, 1915 bis 1927 Mitglied des Aufsichtsrats der Gewerbebank Ulm, vererbte den größten Teil seines Besitzes seinen Arbeitern und der Pfarrei St. Michael zu den Wengen

L   RIEBER/JAKOB, Volksbank, S. 60 – SPECKER/TÜCHLE, S. 294

Brunner, J.; Goldschläger in Ulm, 1863 Gründungsmitglied der Gewerbebank Ulm

L   RIEBER/JAKOB, Volksbank, S. 56

Bub, Karl, * Ulm 20. Nov. 1882, † ebd. 27. Dez. 1923; 1906 I. Höhere Justizdienstprüfung, Städtischer Rechtsrat in Ulm

Q   StadtA Ulm, G 2
L   UBC 3, S. 366 – UBC 4, S. 218 (Bild), 220

Bucher, Nikolaus, * [Bad] Ditzenbach 11. Nov. 1739, † [Bad] Waldsee 8. Mai 1827, kath.; seit 1785 letzter Propst des Augustinerchorherrenstifts St. Michael zu den Wengen in Ulm, 1803 a. D., lebte in Tomerdingen und zuletzt in [Bad] Waldsee

L   SPECKER/TÜCHLE, S. 81, 87 f. (Bild), 296

Bucher, *Rudolf* August, Dr. iur., * Ellwangen/Jagst 1. Aug. 1826, † Ulm 13. Feb. 1889; nach dem Jurastudium Kreisrichter und Staatsanwalt in Ellwangen/Jagst, 30. Sept. 1871 Oberstaatsanwalt und Kreisgerichtsrat in Schwäbisch Hall, zuletzt ab 1887 Erster Staatsanwalt in Ulm, 21. Juni 1871 bis 1877 MdL Württemberg (II. Kammer, WK Künzelsau), Ritterkreuz des Württ. Kronordens, Ritterkreuz I. Kl. des Friedrichsordens, S. d. Gymnasialprofessors und Landtagsabgeordneten Franz Bucher

L   RABERG, Biogr. Handbuch, S. 106

Buck, Albert, * Stuttgart 23. Jan. 1895, † gefallen im Kaukasus 6. Sept. 1942; Soldat im Ersten Weltkrieg, seit 1920 bei der württ. Polizeiwehr, 1926-1930 und 1931 bis 1933 Polizeihauptmann bei der Polizeidirektion Ulm, 1933 Polizeimajor, Jan. 1934 Chef des Stabes des Kommandeurs der Württ. Schutzpolizei, 1935 Major, 1937 Oberstleutnant und bis 1939 Bataillonskommandeur in Ulm, 1940 Divisionskommandeur der 198. Inf.-Division, 1941 Oberstleutnant und Ritterkreuz des Eisernen Kreuzes, S. d. Postrats Buck

L   UBC 5b, S. 501, 504, 587 – WILHELM, Die württ. Polizei, S. 131, 282 ff. [ohne Nennung der Ulmer Bezüge]

Buck, Erich, * 1908; Apotheker und NSDAP-Stadtrat in Ulm, HJ-Unterbann- und Standartenführer

L   UBC 5a, S. 112

Buck, Georg, * 29. Nov. 1768, † Ulm 23. März 1833, ⌂ ebd., Alter Friedhof, ev.; Bierbrauereibesitzer in Ulm

L   UNGERICHT, S. 48

Bühler, Johann Jakob; Tuchmacher in Ulm, 1817 Bürgerausschussmitglied ebd., ab 1819 Gemeinderat ebd., einer der höchstbesteuerten Bürger

Q   StadtA Ulm, H Waibel: Raimund WAIBEL, Mitglieder in Gemeinderat und Bürgerausschuss 1800-1899, Typoskript, S. 4

Bühler zu Brandenburg, Freiherr Erwin von, * 16. Juni 1842, † Ulm 24. Mai 1902; Kgl. Bayer. und Kgl. Württ. Kammerherr, Oberamtmann bei der Regierung des Donaukreises in Ulm

L   SK Nr. 244/1902 – Württ. Jahrbücher 1902, S. III – UBC 3, S. 269

Bührlen, Carl (von), * 2. März 1805, † Ulm 21. Dez. 1886; Major in Ulm

L   UNGERICHT, S. 143

Bührlen, Friedrich, * Ulm 8. März 1812, † ebd. 14. Sept. 1899, ⌂ ebd. Neuer Friedhof, 16. Sept. 1899; Glasermeister in Ulm, schuf u. a. ein Kirchenfenster in der Dreifaltigkeitskirche, S. d. Glasermeisters Bührlen

L   UBC 3, S. 201 f. (Bild)

Bührlen, Georg, * Ulm 10. Feb. 1842, † Sulzbach am Kocher/OA Gaildorf 14. März 1914, ev.; 1872 Pfarrer in Zillhausen, 1878 dsgl. in Schömberg/Dekanat Freudenstadt, 1887 dsgl. in Sulzbach am Kocher, 1910 a. D., 1886 korr. Mitglied des Kgl. Konservatoriums der vaterländischen Kunst- und Altertumsdenkmäler, Ehrenbürger von Sulzbach am Kocher

L   Magisterbuch 37 (1914), S. 82 – WN 1914, S. 252

Bührlen, Ludwig; Schlosser in Ulm, 1863 Gründungsmitglied der Gewerbebank Ulm

L   RIEBER/JAKOB, Volksbank, S. 57

Bührlen, Ludwig, Dr. med., * 4. Juli 1814, † Ulm 17. Jan. 1890, ⌂ ebd., Alter Friedhof, ev.; praktischer Arzt und Oberamtswundarzt in Ulm

L   UNGERICHT, S. 60 f.

Bürglen, Carl Eduard, * Ulm 3. Juli 1803, † Schweiz 1866, ev.; Tabakfabrikant in Ulm

Q   Stadt Ulm, G 2

Bürglen, Christoph Erhard, * Ulm 4. Nov. 1778, † ebd. 31. Aug. 1847, ev.; Handelsmann in Ulm, V. d. Christoph Ferdinand→*Bürglen

Q   Stadt Ulm, G 2

Bürglen, Christoph Ferdinand, * Ulm 16. oder 19. Juni 1806, † ebd. 29. Dez. 1879, ⌂ ebd., Alter Friedhof, ev.; Tabakfabrikant in Ulm, 1843 und 1852 in den Ulmer Bürgerausschuss gewählt, 1857 bei der Gemeinderatswahl gescheitert, einer der höchstbesteuerten Bürger Ulms, S. d. Christoph Erhard →*Bürglen, V. d. Erhard →Bürglen

Q   StadtA Ulm, H Waibel: Raimund WAIBEL, Mitglieder in Gemeinderat und Bürgerausschuss 1800-1899, Typoskript, S. 4
L   HEPACH, Königreich, S. 36, 39 – UNGERICHT, S. 84

Bürglen, Erhard, Dr. rer. pol., Dipl.-Kaufmann, * Ulm 29. Juni 1905, † 27. April 1986, ev.; Syndikus in Stuttgart, zuletzt Leiter der Finanzabteilung der Firma Hohner AG (Trossingen)

L   PHILIPP, Germania, S. 152, Nr. 1951

Bürglen, Ferdinand, * Ulm 31. Okt. 1892, † 6. Aug. 1968; Forstmeister in Adelberg und Schorndorf

L   PHILIPP, Germania, S. 138, Nr. 1819

Bürglen, Georg *Ferdinand*, * Ulm 23. April 1847, † ebd. 10. Jan. 1890, ⌂ ebd., Alter Friedhof, ev.; Schwiegersohn des Oberbürgermeisters Carl (von) →Heim, Kommerzienrat, Tabakfabrikant in Ulm

L   UBC 2, S. 387, 557, 559 (Bild) – UNGERICHT, S. 84

Buhl, Hermann, Dr. med., * Stuttgart 30. Okt. 1874, † Ulm 7. Jan. 1920, ev.; Chirurg, Oberstabsarzt, bis 1913 Stabs- und Bataillonsarzt beim Inf.-Rgt. 120, später an der Heimklinik „Elisabethen-Haus", für die er das Kasino des Inf.-Rgts. 120 erworben hatte

L   UBC 4, S. 133, 135 (Bild)

Burger, Emil, † Ulm 2. Dez. 1927; Photograf in Ulm, Vorstand des Neustadtvereins, Bürgerausschussmitglied und Gemeinderat, Förderer des Turnerbundes

L   UBC 1, S. 325 (Bild)

Burger, Ernst, Dr. rer. pol., * Ludwigsburg 18. Aug. 1901, † Ulm 21. Dez. 1961; bis 1952 Steuerberater in Ludwigsburg, seit 1952 dsgl. und Wirtschaftsprüfer in Ulm, S. d. Malermeisters Ernst Burger

L   EBERL/MARCON, S. 293, Nr. 966

Burger, Wilhelm; Photograf und Gemeinderat in Ulm, 1912 Vorsitzender des Turnerbundes Ulm

L   UBC 4, S. 81

Burghausen, Richard, * Zittau?, † Ulm 31. Mai 1910; Medizinstudium in Freiburg/Breisgau u. Tübingen, Mitglied des Corps Rhenania u. d. Corps Franconia, Frauenarzt in Ulm

L   SCHNEIDER-HORN, S. 265, Nr. 475

Burk, Karl, * 17. Feb. 1866; Landrichter in Schwäbisch Hall, Landgerichtsrat in Heilbronn/Neckar, Oberlandesgerichtsrat in Stuttgart, Jan. 1924 bis Juni 1931 Landgerichtspräsident in Ulm, *ein Beamter, den gründliches Wissen, reiche Lebenserfahrung und gerechte, sachliche Geschäftsführung auszeichnen* (UBC 3, S. 143).

L   UBC 3, S. 143, 144 (Bild) – UBC 4, S. 229

Burk, Rudolf (von), Dr. med., * 6. Juni 1841, ev.; 1867 Promotion, langjähriger Generaloberarzt bei der 27. Division (2. Kgl.

Württ.) und Chefarzt des Garnisonslazaretts in Ulm, 1915 Ehrenmitglied des Ulmer Vereins für Mathematik und Naturwissenschaft, Ehrenkreuz des Württ. Kronordens, Ritterkreuz I. Kl. des Friedrichsordens
L   Staatshandbuch 1901 I, S. 35, 81, 349, 365, 565 – UBC 3, S. 489 – UBC 4, S. 7, 34 (Bild), 61

Burkhardt, Georg, * 19. Jan. 1855, † Ulm 12. Feb. 1925, ev.; Kaufmann in Ulm, Mitinhaber der mechanischen Trikotwarenfabrik Burkhardt & Moos ebd.
L   UBC 4, S. 254, 257 (Bild)

Bushart, Paul, * Epfendorf/OA Oberndorf 17. Jan. 1880, † Ulm 2. Okt. 1967; Oberregierungsrat, Oberamtmann bzw. Landrat von Horb, zuletzt Hauptberichterstatter bei der MABK
L   Staatshandbuch Württemberg 1928 I, S. 299 – Amtsvorsteher, S. 204 f.

Buttschardt, Friedrich, * Ulm 9. Sept. 1893; Volksschullehrer in Pflummern und Biberach/Riß, [1952] Konrektor an der ev. Volksschule Biberach/Riß
L   Grundbuch der ev. Volksschule [51]1933, S. 188

Cammerer, Andreas, † Ulm 5. Okt. 1877, 74 J.; Wundarzt in Ulm
L   Staatsanzeiger Nr. 234, 10. X. 1877, S. 1597

Carlshausen, Lothar von, * Ulm 15. Juli 1860; in Ulm als Offizierssohn geboren und aufgewachsen, ein wichtiger Zeuge der Ulmer Verhältnisse in der Zeit kurz vor und nach der Gründung des Kaiserreiches 1871, Rittmeister im 2. Dragoner-Rgt. in Stuttgart, zuletzt Oberstleutnant, Kgl. Württ. Kammerherr
W   Kinderstuben-Erinnerungen eines alten Ulmers, in: UBC 3, S. 374-379 – Erinnerung an den Grafen Zeppelin in seiner Ulmer Zeit, in: UBC 4, S. 100 und 119-122
L   UBC 2, S. 127, 147, 153

Christaller, Karl, * Schorndorf 19. Jan. 1876, ev.; 1906 Pfarrer in Untergröningen, im Ersten Weltkrieg Leutnant und Feldgeistlicher, 1920 Pfarrer in Winterbach, 1931 dsgl. in Jungingen
L   Pfarrerbuch 41 (1932), S. 133

Christlieb, Max, Dr. phil., * Wiblingen 18. März 1862, † 19. März 1914 Berlin-Wilmersdorf; Missionar in Japan, zuletzt Hilfsbibliothekar an der Kgl. Bibliothek Charlottenburg, Japanologe und Übersetzer
L   WN 1914, S. 252

Christmann, Georg Anton, J. U. L., * Emerkingen 14. Sept. 1754, kath.; Stift Gengenbachischer Rat und Oberamtmann des Augustinerchorherrenstifts zu den Wengen in Ulm, Gesandter beim Schwäbischen Kreis
L   GRADMANN, Das gelehrte Schwaben, S. 79 f. – SPECKER/TÜCHLE, S. 52

Claus, Friedrich, * [Bad] Boll/OA Göppingen 9. Nov. 1851, † Ulm Juli 1911, ev.; 1878 Reallehrer in Nürtingen, seit 1884 Fachlehrer an der Ulmer Realanstalt, 1887 Titel Oberreallehrer, 1891 Titel Professor, 1900 Verleihung des Ranges auf der VII. Stufe
L   CRAMER, Württembergs Lehranstalten [4]1904, S. 44 – UBC 3, S. 490

Clemens, Julius *Friedrich*, * Dörzbach/OA Künzelsau 5. Juni 1827, † Neu-Ulm 26. Okt. 1907; Oberamtsgerichtsaktuar in Neresheim, Oberamtsrichter in Backnang, 1881 dsgl. in Ludwigsburg, zuletzt dsgl. mit Titel Landgerichtsrat in Ulm, aktiv im Kunstverein Ulm
L   PHILIPP, Germania, S. 71, Nr. 1039 – EHMER/KAMMERER, S. 112

Clemens, Ludwig, † Ulm 27. Dez. 1871, ev.; Stadtpfleger in Ulm, 1844 bis 1849 und ab 1853 Gemeinderat in Ulm
L   UBC 2, S. 275 – SPECKER, Ulm im 19. Jahrhundert, S. 271

Cloß, Gottlieb (von), * Stuttgart 13. Juni 1810, † ebd. 23. Juli 1886, ev.; 1836 Straßenbauinspektor in Ellwangen und prov. Obermühleninspektor für den Jagstkreis, 1841 Wasserbauinspektor im Kgl. Departement des Innern, 1844 Eisenbahn-Bezirksingenieur in Zuffenhausen, 1846 Titel Kreisbaurat, 1847 Eisenbahnbauinspektor in Ulm und Vaihingen/Enz, 1851 Vorstand des Brückenbauamts in Ulm, 1852 Baurat bei der Ministerialabteilung für den Straßen- und Wasserbau im Kgl. Departement des Innern, 1864 tit. Oberbaurat, 1871 Wirklicher Oberbaurat, 1881 a. D.
L   Württ. Jahrbücher 1886, S. IX

Cloß, Wilhelm Jakob (von), * Welzheim 15. Aug. 1790 (nicht 15. Okt. 1791!), † Schorndorf 18. Mai 1870; S. d. Welzheimer Stadtschultheißen Johannes Cloß, 1811 bis 1823 Regimentsquartiermeister beim 4. Reiterrgt. in Ulm, 1823 bis 1836 Kameralverwalter in Wiblingen, 1836-1857 dsgl. in Schorndorf, 1815 Ritterkreuz des Württ. Zivilverdienstordens, 1837 Ritterkreuz des Württ. Kronordens, Mitarbeiter bei der OAB Schorndorf
L   SK Nr. 117, 19. V. 1870 – WINTERHALDER, Ämter, S. 241 ff., 337

Clostermeyer, Heinrich, * Donauwörth (heute Landkreis Donau-Ries in Bayern) 18. Jan. 1861, † Öhringen 6. März 1941; Kaufmannssohn, wuchs in Ulm auf, besuchte dort das Gymnasium und war als Referendar 1887/88 beim Oberamt Ulm und bei der Regierung des Donaukreises tätig, zuletzt 1902-1920 Oberamtmann von Öhringen, 1920 a. D.
L   Amtsvorsteher, S. 210

Cohn, Julius, Dr. phil., * Graudenz 5. Dez. 1878, † Golders Green bei London 18. März 1940, mos.; 1915 bis 1919 Rabbiner in Hoppstädten, 1918 bis 1924 Zweiter Stadtrabbiner in Karlsruhe, 1924 bis 1928 Bezirksrabbiner in Stuttgart, ab 1928 als Nachfolger des verstorbenen Dr. Ferdinand Strassburger Rabbiner von Ulm, in der sog. „Reichskristallnacht" 1938 verschleppt und auf dem Weinhof schwer misshandelt, 1939 nach England emigriert
L   KEIL, Dokumentation, S. 314 – HILB, Zeugnisse, S. 253, 254 (Bild) – BERGMANN, Gedenkbuch, S. 47 (Bild)

Collignon, von, † Ulm 9. Jan. 1854, 49 J.; Oberstlieutenant im 8. Inf.-Rgt.

Collin, Paul, * Gundelsheim 7. Juni 1858, † Stuttgart 2. Feb. 1927; Gymnasium in Heilbronn/Neckar, Jurastudium in Tübingen (Mitglied der Burschenschaft Germania) und Berlin, Richter in Rottweil und Heilbronn/Neckar, Landgerichtsrat in Ulm, Oberlandesgerichtsrat in Stuttgart, 1919 bis 1925 Landgerichtspräsident in Stuttgart, S. d. Gerichtsnotars Collin
L   Staatsanzeiger Nr. 28, 4. II. 1927, S. 6 – ebd. Nr. 32, 9. II. 1927, S. 3 – PHILIPP, Germania, S. 98, Nr. 1403

Collmer, Lydia, geb. Keyler, * Ulm 5. Juni 1910, † Bad Cannstatt 10. Aug. 1994, ev.; Hausfrau und Kirchengemeinderätin in Stuttgart-Zuffenhausen, 1960 Ersatzmitglied für Cannstatt zur 6. Landessynode
L   EHMER/KAMMERER, S. 112

Cranz, Johann Christoph Alexander, * Crailsheim 5. März 1773, † Ulm 15. Sept. 1845; 1812 Rechnungsrat bei der Oberfinanzkammer in Stuttgart, 1815 Stiftungsverwalter in Crailsheim, 1823 Oberamtmann von Aalen, 1828 dsgl. von Sulz/Neckar, 1834 Expeditor (Sekretär, tit. Oberamtmann, bei der Regierung des Schwarzwaldkreises in Reutlingen, 1840 a. D., S. d. Kreisdirektors Cranz
L   Amtsvorsteher, S. 211

Cronmüller, Friedrich (von), * Waiblingen 12. Jan. 1800, † Stuttgart 31. Dez. 1877, ev.; Jurastudium in Tübingen (Burschenschaft Germania), [1843] Oberjustizrat beim Gerichtshof des Donaukreises in Ulm, Mitglied des Vereins für Kunst und Altertum in Ulm und Oberschwaben, zuletzt Präsident des Obertribunals in Stuttgart
L   PHILIPP, Germania, S. 31, Nr. 336

Daiber, Albert, * 7. Sept. 1815, † Ulm 3. Jan. 1880, ev.; Kaufmann in Ulm, Mitglied des Handelsvereins, ab 1872 Mitglied des Aufsichtsrats der Gewerbebank Ulm
L   UBC 2, S. 415 – RIEBER/JAKOB, Volksbank, S. 59 – UNGERICHT, S. 142

Daiber, Heinrich; Rechnungsrat, [1928] Vorstand des Wohlfahrtsamts Ulm

Daiber, Hermann, ev.; Kaufmann in Ulm, ab 1913 Mitglied des ev. Kirchengemeinderats
L   UBC 3, S. 550

D´Ambly, Jacob Friedrich Heinrich Carl, * Stuttgart 11. Juli 1811, † Ulm 23. Juli 1883; Korsettfabrikant in Ulm und Stuttgart, Generalagent der Pferdeversicherung in Winterbach/OA Schorndorf
L   ZIEGLER, Fangelsbachfriedhof, S. 84

Dangel, Heinrich, * Ulm 4. April 1859; 1891 Oberreallehrer in Calw, 1898 Professor am Reallyzeum Geislingen/Steige, 1900 dsgl. am Gymnasium Heilbronn/Neckar, 1905 Rektor der Realschule ebd.

L   CRAMER, Württembergs Lehranstalten ⁶1911, S. 55

Dapp, Marx Friedrich Anton, * Geislingen/Steige 26. Dez. 1735, † Ulm 30. Nov. 1811, ev.; Hospitalhofmeister in Ulm

L   Karl LIKO, Ahnenliste der Familie Tafel, Zweig Johann Friedrich Gottlob Tafel - Natalie Schmid, Wien 2006, S. 24

Daub, Marquard Albert, * Rottenburg/Neckar 30. Dez. 1782; 1808 Ulmischer Patrimonialbeamter in Werenwag, 1809 zweiter Gehilfe beim OA Tuttlingen, 1811 Advokat in Rottweil, 1811 Aktuar bei der Landvogtei am oberen Neckar in Rottweil, 1814 Oberamtmann von Oberndorf/Neckar, 1822 Expeditor (Sekretär), tit. Kanzleirat, bei der Regierung des Donaukreises in Ulm

L   Amtsvorsteher, S. 213

Dauer, Adam, * 1849, † Ulm zwischen 5. und 7. Jan. 1905; Architekt in Ulm

L   UBC 3, S. 337

Daumer, Eduard (von), * 20. Dez. 1803, ev.; Jurastudium in Tübingen und Heidelberg, 1841 Oberjustizrat am Gerichtshof in Ulm, Mitglied des Vereins für Kunst und Altertum in Ulm und Oberschwaben, 1862 Direktor des Gerichtshofes in Ellwangen/Jagst und Mitglied des Württ. Staatsgerichtshofes

L   HUBER, Haßler, S. 121

Daumer, Heinrich, * 1815, † Ulm 1884; Kaufmann in Ulm

L   UNGERICHT, S. 143

Daur, Oskar, * Stuttgart 10. Dez. 1868, † Ulm 1940; Hauptzollverwalter beim Hauptzollamt Heilbronn/Neckar, 1913 Kameralverwalter bzw. Vorstand des Finanzamts in Leutkirch, 1. April 1920 Regierungsrat ebd., 1922 Regierungsrat und ständiger Vertreter des Amtsvorstands beim Finanzamt Ulm, 1925 Oberregierungsrat, Vorstand des Finanzamts Ulm, 1934 a. D., Mitglied des Vereins für Kunst und Altertum in Ulm und Oberschwaben

W   Die aufgefrischten Wandmalereien im Münster, in: UO 30 (1937), S. 76-82 – Hochaltar und Lukasaltar in der Wengenkirche, ebd., S. 124-127
L   UBC 4, S. 360 (Bild), 361 – WINTERHALDER, Ämter, S. 300

Degenhart, Johann Evangelist, * Memmingen 9. Feb. 1854, kath.; Mathematiker und Sänger, 1880 bis 1891 Lehrer für Schreiben und Gesang an der Kgl. Realschule Neu-Ulm

L   TEUBER, Ortsfamilienbuch Neu-Ulm, ev.

Dehlinger, *Alfred* Julius Gottfried, Dr. rer. pol., Dr. med. h.c., * Stuttgart 20. Mai 1874, † Waldleiningen (nicht Stuttgart!) 24. Juli 1959; 1898 bis 1900 stv. Finanzamtmann bzw. Hilfsarbeiter beim Kameralamt Ulm und bei den Hauptzollämtern Stuttgart und Ulm, 1900 provisorischer Kassier, Aug. 1901 Kameralamt Ulm, danach bis 1904 Finanzamtmann ebd., 1924 bis 1942 württ. Finanzminister, 1932 DNVP-MdL, 1954 Verleihung des Titels Professor, im Ruhestand als Autor historischer Veröffentlichungen tätig

L   Ih 1, S. 146 – UBC 3, S. 319 – RABERG, Biogr. Handbuch, S. 134 f. (Bild)

Dengler, Friedrich, Dr. iur., * 17. Aug. 1878, † 9. Feb. 1946; [1928] Staatsanwalt beim Landgericht Ulm, später Erster Staatsanwalt ebd.

Q   StAL, EL 902/21 Bü 692 und E 322 III Bü 8

Deschler, Albert, † Söflingen 11. Feb. 1906; Fabrikant, Kommerzienrat, Teilhaber der Firma Steiger und Deschler GmbH in Ulm-Söflingen

L   Staatsanzeiger Nr. 35, 12. II. 1906, S. 245

Deschler, August; Fabrikant (Firma Steiger und Deschler GmbH in Ulm-Söflingen) und Handelsrichter in Ulm, 1922 bis 1955 Mitglied des Aufsichtsrats der Gewerbebank Ulm, ab 1932 stv. Vorsitzender, Mitglied der Handelskammer Ulm, stv. Mitglied des Landeseisenbahnrats in Stuttgart

L   Staatshandbuch 1928 I, S. 20, 450 – RIEBER/JAKOB, Volksbank, S. 60

Dieffenbacher, Otto, Dr. phil., * Ulm 14. Mai 1839, † Thun (Schweiz) 1908, ev.; Professor und Pfarrer in Thun (Schweiz), S. d. Johann Friedrich →Dieffenbacher

L   Magisterbuch 30 (1897), S. 98

Dieffenbacher, Rudolf, * Ulm 18. Nov. 1830, † Stuttgart 16. Nov. 1905, ☐ ebd., Fangelsbachfriedhof, ev.; Musikdirektor in Ulm; Mechaniker, Sägmühlenbesitzer und Fabrikant, S. d. Johann Friedrich →Dieffenbacher

L   ZIEGLER, Fangelsbachfriedhof, S. 181

Diem, Herbert, * Stuttgart 8. Juli 1914, kath.; 19. März 1937 Priesterweihe in Rottenburg/Neckar, 30. April 1937 Vikar an der Liebfrauenkirche Ravensburg, 6. Juli 1937 bis 1951 dsgl. bzw. Kaplan an St. Georg in Ulm, betreute zugleich die Filialgemeinde St. Joseph in Jungingen, prägte das Gemeindeleben besonders nach 1945 entscheidend mit

L   Personalkatalog Rottenburg 1938, S. 261 – SPECKER/TÜCHLE, S. 402, 415, 417 – SPECKER, Ulm im Zweiten Weltkrieg, S. 338

Diener, Karl, * Stuttgart 18. April 1874, kath.; 20. Juli 1897 Priesterweihe in Rottenburg/Neckar, 14. Aug. 1897 Vikar in Tuttlingen, 3. Nov. 1899 Präfekt am Studienheim Rottweil, 4. März 1903 Pfarrverweser in Gögglingen, 20. Jan. 1904 dsgl. in Waiblingen, 17. Juli 1905 Kaplan in Ulm, 3. Dez. 1913 als Nachfolger d. Johann →Saupp Pfarrer und Garnisonspfarrer in Wiblingen, 5. Okt. 1919 Stadtpfarrer in [Bad] Wurzach

L   Personalkatalog Rottenburg 1938, S. 109

Dieterich, Conrad (Konrad), * Ulm 21. Juni 1815, † ebd. 24. Dez. 1869, ☐ ebd., Alter Friedhof, ev.; Bierbrauereibesitzer „Zum Hohentwiel" in Ulm, einer der höchstbesteuerten Bürger Ulms, 1850 erstmals in den Bürgerausschuss gewählt, im Dez. 1851 Stadtrat (bis 1866), 1866 wieder in den Bürgerausschuss gewählt, im Dez. 1867 erneut Stadtrat, ∞ Charlotte Abt, V. d. Kaufmanns Karl →*Dieterich

L   UBC 2, S. 225 – UNGERICHT, S. 143

Dieterich, Friedrich, * 25. Juli 1878, † Ulm 26. Aug. 1926, ev.; Fabrikant, Inhaber der nach ihm benannten Waagenfabrik in Ulm

L   UBC 4, S. 290 (Bild)

Dieterich, Hermann, * Ulm 13. Juli 1813, † 10. Mai 1887; Registrator beim Landgericht Ravensburg

L   PHILIPP, Germania, S. 62, Nr. 886

Dieterich, Karl, * Ulm 5. Juli 1841, † ebd. 20. Mai 1889, ☐ ebd., Alter Friedhof, ev.; Kaufmann in Ulm, S. d. Bierbrauereibesitzers Conrad →*Dieterich

L   UNGERICHT, S. 143

Dieterich, Konrad, * Bermaringen/OA Blaubeuren 31. Okt. 1802, † Bernstadt/OA Ulm 14. Juli 1876, ev.; 1830 Pfarrer in Böttingen, seit 1862 dsgl. in Bernstadt, Vorstand des Landwirtschaftlichen Bezirksvereins Münsingen, 1869 erster Ulmer Abg. zur I. Landessynode

L   UBC 2, S. 219 – EHMER/KAMMERER, S. 118

Dieterich, Konrad, * Ulm 8. Juni 1849, † ebd. 16. oder 17. Feb. 1922, ev.; Oberamtsrichter in Horb/Neckar und Ulm, Landgerichtsrat, 1914 a. D., Ritterkreuz I. Kl. des Friedrichsordens

L   UBC 4, S. 183 (BILD) – PHILIPP, Germania, S. 91, Nr. 1325

Diet[t]erle, Hermann, * 15. Feb. 1867, † 27. April 1905; Bankdirektor in Ulm, ab 1904 Vorstand der Gewerbebank Ulm

L   UBC 3, S. 341 (Bild) – RIEBER/JAKOB, Volksbank, S. 61

Dieterle, Wilhelm, * Zizishausen/OA Nürtingen 27. März 1861, ev.; 1890 Volksschullehrer in Lauffen am Neckar, ab 1902 dsgl. in Ulm, zuletzt Rektor der Mädchenvolksschule (Friedrichsauschule) in Ulm, 1928 a. D.

L   Grundbuch der ev. Volksschule 1914, S. 101 – ebd. ⁵1933, S. 91

Dieterlen, Johann Konrad Michael, * Pfuhl 20. Nov. 1797, ev.; 1821 Pfarrverweser in Würtingen, ab 1822 Präzeptor an der Lateinschule Leonberg

L   HUBER, Haßler, S. 117

Dietlen, August *Wilhelm*, * Volkratshofen 15. Aug. 1851, † Steinheim 14. Jan. 1900, ev.; ab 1880 als Nachfolger von August Emil Hörner Pfarrer in Steinheim

L   TREU, Steinheim, S. 69

Diez, Gerhard, Dr. phil., * Plieningen/AOA Stuttgart 6. Nov. 1876, ev.; 1902 Oberreallehrer in Friedrichshafen am Bodensee, 1908 Professor an der oberen Abteilung der Realschule

Schwäbisch Gmünd, 1914 dsgl. am Realgymnasium bzw. an der Oberrealschule in Ulm

L   Magisterbuch 41 (1932), S. 134 – SCHMIDGALL, Burschenschafterlisten, S. 146, Nr. 544

Diez, Hermann, Dr. phil., * Baiersbronn/OA Freudenstadt 12. März 1866, † Berlin 4. Sept. 1939, ev.; 1889 Promotion, 1890 bis 1892 als Nachfolger d. Ernst →*Josenhaus ständiger Pfarrverweser (tit. Parochialvikar) in Söflingen, 1892 Redakteur bei der „Allgemeinen Zeitung" in München, 1899 Chefredakteur der „Hamburger Korrespondenz", 1906 bis 1908 dsgl. beim „Stuttgarter Neuen Tagblatt" in Stuttgart, 1929 Erster Direktor bei der Kontinentalen Telegraphen-Kompanie (Wolff-Büro) in Berlin

L   Ih 1, S. 155 – Magisterbuch 40 (1928), S. 115

Dilger, Gregor, * 28. Feb. 1892, † Ulm 4. Jan. 1934; Architekt in Ulm

L   UBC 4, S. 305 (Bild)

Dilger, Johann (Hans), * 22. Juni 1877, † Ulm 17. Dez. 1932, kath.; 1906 Lehrer an der kath. Hilfsschule in Ulm, zuletzt Rektor der kath. Blauringschule ebd.

L   Real-Katalog der katholischen Volksschulstellen Württembergs, Horb/Neckar 1908, S. 550 – UBC 3, S. 582, 584 (Bild)

Dillmann, Eugen, * Ulm 12. Okt. 1869, † Augsburg 22. Sept. 1936, ⬜ Pfersee; Kaufmann in Ulm und Neu-Ulm, zuletzt in Augsburg, 1884 hatte die „Weberei und Spinnerei Ulm" in Ay den Grundbesitz der 1882 abgebrannten Kunstmühle von Franz Mösmer gekauft und darauf 1884/85 die „Grobspinnerei Freudenegg" errichtet – die erste Industriesiedlung auf der Markung Gerlenhofen, der gewünschte Erfolg stellte sich jedoch nicht ein, 1897 benannte D., der neue Direktor der „Weberei und Spinnerei Ulm", den Betrieb in „Spinnerei Gerlenhofen" um, 1924 Kommerzienrat, Generaldirektor und Vorstand der Spinnerei und Weberei Pfersee in Augsburg, Ausschussmitglied des Vereins Süddeutscher Baumwollindustrieller

Q   BayHStA München, Akten des Ministeriums für Handel, Industrie und Gewerbe, Nr. 1140

L   Reichshandbuch II, S. 328 (Bild) – TREU, Gerlenhofen, S. 52 – Nicole LUTZ/Nadine MORZ, „Im sausenden Webstuhl der Zeit". Aufstieg und Niedergang der Spinnerei und Weberei Pfersee Werk Ay 1857-1993, Senden an der Iller 2005, S. 24 ff. (Bild)

Dinkel, Adolf Friedrich, * Neu-Ulm/Riedhof 29. Dez. 1842, † 23. Sept. 1900; Lithograph in Neu-Ulm, 1888 bis 1890 Magistratsrat ebd.

L   BUCK, Chronik Neu-Ulm, S. 100 – TEUBER, Ortsfamilienbuch Neu-Ulm I, Nr. 0753

Dinkelacker, Ferdinand; Amtsnotar in Ulm, Mitglied der Kontrollkommission der Gewerbebank Ulm

L   RIEBER/JAKOB, Volksbank, S. 58

Dirr, Friedrich, * Erbach Feb. 1841, † Ulm 24. März 1884, kath.; Maler und Zeichner, Karikaturist, Steinmetz und Restaurator in Ulm, verdient um die Erhaltung zahlreicher Ulmer Kunstwerke der Spätgotik, daneben u. a. beteiligt an der Restaurierung der Klosterkirche Blaubeuren (1877-1883), ausgebildet an der Ulmer Münsterbauhütte, korrespondierendes Mitglied des Vereins für Kunst und Altertum in Ulm und Oberschwaben

L   Württ. Jahrbücher 1884, S. VI – Evamaria POPP, Und Gott weiß welches Schicksal dieser herrlichen Skulptur noch harret – in Ulm ist alles möglich. Friedrich Dirr (1841-1884), ein Ulmer Maler-Restaurator des 19. Jahrhunderts, in: UO 56 (2009), S. 249-278

Dizinger, Carl Friedrich (von), * Stuttgart 6. Jan. 1774, † ebd. 14. Nov. 1842; Karlsschüler, Kanzleiadvokat in Stuttgart, 1811 Oberamtmann von Ravensburg, Oberjustizrat beim Gerichtshof in Esslingen/ Neckar, 14. Juni 1822 dsgl. beim Gerichtshof für den Donaukreis in Ulm, 27. Dez. 1823 a. D., S. d. Kammerrats Dizinger

W   (Anonym) Beyträge zur Beantwortung der Fragen: Worauf gründet sich die Landstandschaft? Hängt es von der Willkühr des Fürsten ab, wann die Landstände die Repräsentanten seines Volks zusammenkommen sollen - oder nicht? Und besonders der Frage: Konnte durch ihre Vorzeltern den Gliedern der einzelnen teutschen Staaten, das Recht ihre Repräsentanten selbst zu wählen - und ihnen entzogen werden - oder nicht? Deduktion 1796 – Deduktion des Besteurungsrechts der deutschen Fürsten und Beantwortung der Fragen, wann? Wie? Und welchen Gliedern der einzelnen deutschen Staaten sind die denselben von der französischen Nation auferlegte Contributionen rechtmäßig umzulegen. Nebst einem Anhang über einige

wichtige staatswissenschaftliche Gegenstände, Stuttgart 1796 – Denkwürdigkeiten aus meinem Leben und aus meiner Zeit. Ein Beitrag zur Geschichte Deutschlands, vornehmlich aber Würtembergs und dessen Verfassung, Tübingen 1833

L   GRADMANN, Das gelehrte Schwaben, S. 104 – Amtsvorsteher, S. 221

Dörr, Reinhard, * Ulm 29. Nov. 1845, † Neu-Ulm 25. Juni 1916, kath.; 1874 Pfarrer in Hohenstadt/OA Aalen, 1886 dsgl. in Zimmern ob Rottweil, 1895 dsgl. in Frittlingen, 1. April 1906 a. D., verlebte seinen Ruhestand in Neu-Ulm, [1912] Mitglied des Historischen Vereins Neu-Ulm

L   Personalkatalog Rottenburg 1938, S. 15

Doll, Heinrich; Uhrmacher in Ulm, 1848 Bürgerausschussmitglied und 1849 Gemeinderat in Ulm, 1862 Gründungsmitglied des „Männerausschusses" beim Ausschuss der Ulmer Jugendwehr, 1863 Gründungs- und Ausschussmitglied der Gewerbebank Ulm

L   UBC 2, S. 55, 97, 131, 151, 275 – RIEBER/JAKOB, Volksbank, S. 56/58

Dorner, Friedrich, Dr. phil.; Lehrer für Deutsch, Geschichte und Erdkunde, 1907 als Nachfolger von Dr. Ludwig Angerer zum Realschulrektor in Neu-Ulm ernannt, im Frühjahr 1917 nach Passau versetzt, sein Nachfolger war Dr. Friedrich →Sametinger, 1908 übernahm D. als Nachfolger des nur kurzzeitig amtierenden Bürgermeisters Josef →Kollmann das Amt des Ersten Vorsitzenden des Historischen Vereins Neu-Ulm, das er bis 1917 innehatte, als solcher Schriftleiter des Vereinsorgans „Aus dem Ulmer Winkel", erwarb sich als Grabungsleiter hervorragende Verdienste als Archäologe, 1917 bei seinem Abschied wurde vom Verein zum Ehrenmitglied ernannt

L   TREU, Neu-Ulm, S. 42, 58 – Anton AUBELE, 90 Jahre Historischer Verein Neu-Ulm 1907-1997, in: Geschichte im Landkreis Neu-Ulm 3 (1997), S. 69-87, hier S. 81 f., 72 (Bild) u. ö.

Drechsel, Johann Jakob, * 3. April 1859; Schulamtsverweser und 1883 bis 1921 Hauptlehrer (Schulmeister) in Steinheim, [1912] Mitglied des Historischen Vereins Neu-Ulms

L   TREU, Steinheim, S. 69 (Bild) – TEUBER, Ortsfamilienbuch Neu-Ulm I, Nr. 0779

Dürr, Emil, * Ulm 25. Jan. 1872, † Riedlingen 1926; ev. Geistlicher, 1905 Pfarrer in Erpfingen, seit 1915 Stadtpfarrer in Riedlingen

L   Magisterbuch 38 (1925), S. 156 – SCHMIDGALL, Burschenschafterlisten, S. 174, Nr. 582

Dürr, Ernst, * Ulm 2. Juni 1881, † gef. bei Reutel (Flandern) 24. Okt. 1914, ev.; Rechtsanwalt in Freudenstadt

L   SCHMIDGALL, Burschenschafterlisten, S. 178, Nr. 719

Dürr, Jakob, * Dußlingen/OA Tübingen 18. Okt. 1835; 1863 Elementarlehrer in Ulm, 1872 dsgl. für Arithmetik und Geometrie am Kgl. Gymnasium ebd., 1878 tit. Professor an der Realanstalt ebd., Reallehrer, 1900 a. D.

L   CRAMER, Württembergs Lehranstalten ⁶1911, S. 46

Dürr, Julius, Dr. phil., * Schwäbisch Hall 20. Juni 1856, ev.; 1886 Professor am Kgl. Gymnasium Ulm, 1891 dsgl. am Kgl. Gymnasium Cannstatt, 1924 a. D.

L   CRAMER, Württembergs Lehranstalten ⁶1911, S. 54 – UBC 3, S. 8

Dürr, Julius, * Ulm 19. Mai 1865; 1893 Pfarrer in Bissingen ob Lonsee, 1927 a. D., lebte im Ruhestand in Ulm

L   Magisterbuch 41 (1932), S. 100 – SCHMIDGALL, Burschenschafterlisten, S. 172, Nr. 485

Dürr, Max, * Ulm 1. Nov. 1874; Amtsgerichtsrat in Maulbronn

L   SCHMIDGALL, Burschenschafterlisten, S. 175, Nr. 610

Dußler, August, * Öschingen/OA Rottenburg 2. Okt. 1854, † Ulm 25. Feb. 1933, ev.; 1879 Reallehrer an der Mädchenrealschule Heilbronn, ab 1884 dsgl. bzw. ab 1901 Oberreallehrer an der Mädchenrealschule Ulm, 1923 a. D., Mitgründer und langjähriger Leiter der freien Bibliothek und Lesehalle in Ulm

L   CRAMER, Württembergs Lehranstalten ⁶1911, S. 146 – UBC 3, S. 517 – UBC 4, S. 50 (Bild), 51, 209

Eberbach, G.; Wirt in Ulm, 1863 Gründungsmitglied der Gewerbebank Ulm

L   RIEBER/JAKOB, Volksbank, S. 57

Eberhard, Kraft, * Ulm 18. Juni 1910, † Madrid 13. Nov. 1937, ev.; Oberleutnant der Luftwaffe, Staffelführer in der „Legion Condor", starb während des Einsatzes der Luftwaffe im spanischen Bürgerkrieg

L   DGB 110 (1940), S. 79

Eberhardt, Georg, * 19. Nov. 1787, † Ulm 3. Juni 1865; Wagnermeister in Ulm, Oberzunftmeister, Bürgerausschussmitglied, V. d. Albert →Eberhardt (sen.) u. d. Wilhelm →Eberhardt

Q   StadtA Ulm, H Waibel: Raimund WAIBEL, Mitglieder in Gemeinderat und Bürgerausschuss 1800-1899, Typoskript, S. 5
L   UNGERICHT, S. 144 – SPECKER, Ulm im 19. Jahrhundert, S. 139

Eberhardt, Karl Friedrich, * 15. Juli 1842, † Ulm 6. Juli 1917, ev.; Oberpostrat in Ulm

L   UBC 4, S. 58 (Bild), 60

Eberle, Hans „Ebo", * Ulm-Söflingen 28. Sept. 1925, † 2. April 1998; Fußballspieler, wegen seiner roten Haare bekannt als „Rotschopf", 1946 bis 1953 unter Vertrag beim TSG Ulm 1846, 1953 bis 1957 bei den Stuttgarter Kickers, bestritt insgesamt 241 Spiele in der Oberliga Süd (damals die höchste Spielklasse), 1952 Olympia-Teilnehmer in Helsinki, bestritt ein B-Länderspiel für Deutschland und neun Amateur-Länderspiele, nach Beendigung der aktiven Spielerkarriere Trainer bei Amateurvereinen wie SpVgg Renningen, TSG Backnang, Stuttgarter SC, SV Bonlanden, 1953 Lehrer an der Grundschule Stuttgart-Gaisburg, zuletzt bis zur Pensionierung 1990 deren Rektor

L   Wikipedia

Eberle, Hermann, Dr. phil., * Ulm 9. Okt. 1867, ev.; 1900 Oberpräzeptor an der Lateinschule Balingen, 1908 Professor am Gymnasium Schwäbisch Hall

L   CRAMER, Württembergs Lehranstalten ⁷1925, S. 79

Eberle, Jakob, Dr. theol., kath.; Monsignore, Subregens am Priesterseminar in Augsburg, 1972 bis 1992 Stadtpfarrer in Neu-Ulm, 1976 bis 1988 zugleich Regionaldekan

L   TREU, Neu-Ulm, S. 459, 521 f., 524, 574

Ebner, Carl, * Ulm 13. März 1867, † Langenargen am Bodensee 17. Mai 1958; 1912 Divisionsadjutant der 27. Inf.-Division in Ulm, zuletzt bis 1958 Oberstleutnant, Kommandeur bei den „Weißen Dragonern" in Ulm

Q   StadtA Ulm, G 2

Ebner, Emil, * 25. Feb. 1863, † 19. Jan. 1893, ev.; Buchhändler in Ulm, S. d. Kommerzienrats J. Ebner

L   UBC 3, S. 49, 51 (Bild) – UNGERICHT, S. 60

Ebner, Friedrich, * Ulm 28. Sept. 1858, † ebd. 16. Juni 1950, ⬜ ebd., Hauptfriedhof; Verlagsbuchhändler in Ulm, S. d. Friedrich Wilhelm →*Ebner, Schwager des Carl →*Schwenk (sen.)

Q   StadtA Ulm, G 2

Ebner, Friedrich Wilhelm, 13. Aug. 1826, † Ulm 21. Dez. 1895, ⬜ Alter Friedhof, ev.; Verlagsbuchhändler in Ulm, ab 1877 Verleger des „Ulmer Tagblatts", Kommerzienrat, 1879 Bürgerausschussmitglied, führte 1887 die erste Rotationsmaschine in Ulm ein, S. d. Jakob Friedrich →*Ebner, V. d. Friedrich →*Ebner

Q   StadtA Ulm, G 2.
L   Staatsanzeiger Nr. 298, 23. XII. 1895, S. 2136 – UBC 3, S. 105, 121, 123 (Bild) – UNGERICHT, S. 94 – SPECKER, Ulm im 19. Jahrhundert, S. 70, 468 f., 472 f., 477

Ebner, Johann *Jakob Friedrich*, * 3. Jan. 1783, † Ulm 2. Jan. 1865, ev.; Buchhändler in Ulm, Besitzer der Stettin´schen Buchhandlung in Ulm. Mitglied des Vereins für Kunst und Altertum in Ulm und Oberschwaben, V. d. Robert →Ebner u. d. Friedrich Wilhelm →*Ebner

L   UNGERICHT, S. 50 f.

Ebner, Max Adolf, Dr. iur., * Ulm 23. Sept. 1864, † ebd. 14. März 1942, ev.; Verlagsbuchhändler in Ulm, Ausschussmitglied des republikfeindlichen „Schwabenbanners", V. d. Max →*Ebner

Q   StadtA Ulm, G 2
L   BRAUN, Schwabenbanner, S. 47

Ebner, Max, * Ulm 22. Mai 1896, † ebd. 26. März 1971; Buchdruckereibesitzer und Verleger in Ulm, 1938 Mitglied des Ulmer Gemeinderats, S. d. Dr. Max Adolf →*Ebner

Q   StadtA Ulm, G 2

Ebner, *Rolf* Max, * Ulm 7. Mai 1929, † ebd. 11. Okt. 1991; Mitinhaber der Firma Max und Carl Ebner, Buchdruckerei und Verlag, 1968 bis 1980 FWG-Gemeinderat in Ulm

Q   StadtA Ulm, G 2

Eck, August; Kupferschmied in Ulm, 1888 Bürgerausschussmitglied ebd.

Q   StadtA Ulm, H Waibel: Raimund WAIBEL, Mitglieder in Gemeinderat und Bürgerausschuss 1800-1899, Typoskript, S. 6

Eck, Fritz, Dipl.-Ing., * Bensheim an der Bergstraße 27. Nov. 1900, † Ulm 28. März 1988. 1935 Oberingenieur, 1. Juni 1940 bis 1960 Direktor des Gas- und Wasserwerks Ulm

Q   StadtA Ulm, G 2

Eckardt, Friedrich; Lederfabrikant in Ulm, Bürgerausschussmitglied und ab Jan. 1911 stv. Bürgerausschussobmann

L   UBC 3, S. 481

Eckardt, Friedrich, * Möttingen 11. Sept. 1891, † Pfuhl 16. Sept. 1951; Hauptlehrer und 1942 bis 1945 Bürgermeister in Pfuhl

L   TREU, Pfuhl, S. 231 (Bild)

Eckart, Friedrich, * 11. Juli 1848, † Ulm 21. Aug. 1895, ev.; Lederfabrikant in Ulm

L   UBC 3, S. 104

Eckart, J. M.; Fabrikant in Ulm, 1863 Gründungsmitglied der Gewerbebank Ulm

L   RIEBER/JAKOB, Volksbank, S. 57

Eckerler, Johann Baptist, * Kempten 16. Nov. 1809, † München 1874, kath.; von ca. 1839 bis 1869 Lehrer in Neu-Ulm, Zeichner und Maler, wohnhaft Offenhäusergäßchen 9, lieferte den Entwurf für das Neu-Ulmer Stadtwappen, verzog 1870 nach München, Vater d. Carl →*Eckerler

L   Wegweiser Ulm/Neu-Ulm 1857, S. [179] f. – TEUBER, Ortsfamilienbuch Neu-Ulm I, Nr. 0850

Eckerler, Johann *Carl (Karl)* Theodor, * Neu-Ulm 6. Dez. 1852, † München 20. Aug. 1926, kath.; 20. Okt. 1869 Eintritt in die Akademie der schönen Künste in München (Antikenklasse), Kunstmaler, S. d. Johann Baptist →*Eckerler

L   TEUBER, Ortsfamilienbuch Neu-Ulm I, Nr. 0850 – http://matrikel.adbk.de, Nr. 02528

Eckstein, Albert, * Ulm 9. Feb. 1891, † Hamburg 18. Juni 1950; Professor für Kinderheilkunde

L   Ih 3, S. 69

Egelhaaf, Friedrich Karl, * 1782, † 1863; Kaufmann in Ulm

L   UNGERICHT, S. 58

Egelhaaf, G. A., * Ulm, † Mannheim, 16. Aug. 1914; Kaufmann in Mannheim

L   SK Nr. 382/1914 – Württ. Jahrbücher 1914, S. IV

Egelhaaf, Gottlob, * Ulm 22. Dez. 1858, † ebd. 26. Feb. 1937, ev.; Oberstaatsanwalt in Ulm, 1919-1926 Landgerichtsdirektor ebd., Strafkammer- und Schwurgerichtsvorsitzender

Q   StadtA Ulm, G 2

Egenberger, Jakob, * Harthausen 23. Juli 1763, † 28. Juni 1828, kath.; 22. Sept. 1787 Priesterweihe, 1798 Kaplan in Stetten, 23. Mai 1803 Pfarrer in Oberstotzingen, Kamerer bzw. seit 9. Okt. 1813 erster Dekanatskommissär der Landkapitel Elchingen und Dillingen/Donau

L   NEHER, S. 295

Egger, Johann Martin; Kaufmann und Nadler in Ulm, ab 1817 Bürgerausschussmitglied und -obmann in Ulm

Q   StadtA Ulm, H Waibel: Raimund WAIBEL, Mitglieder in Gemeinderat und Bürgerausschuss 1800-1899, Typoskript, S. 6

Ehinger (sen.), Otto, * Memmingen 29. Juni 1851, † Neu-Ulm 28. Jan. 1904, kath.; Goldarbeiter, gründete 1876 das Goldschmiedegeschäft in der Augsburger Straße 10 in Neu-Ulm, und ab 1891 Magistratsrat in Neu-Ulm, Vater d. Otto →Ehinger (jun.)

L   BUCK, Neu-Ulm, S. 101 f. – TEUBER, Ortsfamilienbuch Neu-Ulm I, Nr. 0881

Ehrke, Karl Friedrich Wilhelm, * Scharnhorst/Landsberg a. W. 9. Feb. oder Dez. 1860, † Ulm 16. Sept. 1946, ⬜ ebd., Hauptfriedhof, ev.; begann seine militärische Laufbahn 1863 im Kgl. Württ. Fußartillerie-Rgt. Nr. 13, ab 1893 in preuß. Militärdienst, nach 1908 Kommandeur des 1. Bataillons des Hohenzollerischen Fußart.-Rgts. Nr. 13 in Ulm, im Ersten Weltkrieg zuletzt der deutschen Militärmission in der Türkei zugeteilt und Leiter des türkischen Waffenamts, Kgl. Preuß. Generalmajor beim Generalkommando des XI. Armeekorps, 1919 a. D.

Eichler, *Karl* Paul Wilhelm, * Alfdorf/OA Welzheim 21. April 1835, † Ulm 30. Aug. 1926, ev.; Reallehrer für Musik und

Turnen in Ulm, 1904 a. D., Liedkomponist und Dirigent der Ulmer Liedertafel

Q   StadtA Ulm, G 2
L   CRAMER, Württembergs Lehranstalten ⁷1925, S. 29 – UBC 4, S. 290

Eichmann, Georg, Dr. rer. pol., * Crailsheim 8. Okt. 1870, † Stuttgart 25. März 1950, ev.; 1888 bis 1892 Studium der Wirtschaftswissenschaften in Tübingen, 1895 bis 1897 in unständigen Verwendungen im württ. Finanzdienst, 1897 provisorischer Finanzamtmann beim Kameralamt Schwäbisch Hall, 1897 bis 1900 Finanzamtmann beim Hauptzollamt Ulm, 1900 bis 1906 Stationskontrolleur für Zölle und Reichssteuern in Münster/Westfalen, 1906 Oberfinanzamtmann (bzw. später Obersteuerrat) beim Steuerkollegium in Stuttgart, zuletzt bis 1935 Oberfinanzrat ebd. Oberregierungsrat ebd., im Ersten Weltkrieg Offizier, zuletzt Hauptmann

L   EBERL/MARCON, S. 59, Nr. 184

Eiselen, Carl (Karl), * 17. Mai 1845, † Ulm 17. Juli 1903, ⬜ Hauptfriedhof, ev.; Brauereibesitzer in Ulm

Eiselen, Hermann, Dr. rer. pol., Dr. h.c., Dipl.-Volkswirt, * Nagold 2. März 1926, † Ulm 21. Juni 2009; nach Studium der Wirtschaftswissenschaften in Stuttgart und Heidelberg 1951 Promotion in Göttingen, 1954 bis 1982 geschäftsführender Gesellschafter des Nährmittelwerkes „Ulmer Spatz - Vater und Sohn Eiselen", erwarb 1957 das 24.700 Quadratmeter große Areal der in Konkurs geratenen Seifenfabrik Eugen Eck in Gerlenhofen *zum weiteren Ausbau des Unternehmens (Werk I) und legte damit den Grundstein zu einer der heute leistungsfähigsten Produktionsstätten der Backmittelindustrie in Europa,* 1978 Mitgründer und später Vorstand der Vater und Sohn Eiselen Stiftung, 1955 Mitgründer des Deutschen Brotmuseums bzw. später des Museums der Brotkultur in Ulm, 1984 Ehrensenator der Universitäten Ulm und Hohenberg, 1996 Verdienstmedaille des Landes Baden-Württemberg 2001 Bundesverdienstkreuz I. Kl., 2005 Bürgermedaille der Stadt Ulm, S. d. Willy →Eiselen

Q   StadtA Ulm, G 2
L   TREU, Gerlenhofen, S. 154 f. – SWP (Ulm), 11. VII. 2009 (Todesanz. der Bakemark Deutschland GmbH) – Nachruf: Hermann Eiselen ist tot, in: Schwäb. Zeitung Nr. 151, 4. VII. 2009 (Bild)

Eiselen, Karl Eduard, * Ulm 14. Juni 1918, † ebd. 15. Aug. 1971, ⬜ Hauptfriedhof, ev.; Braumeister in Ulm

Eiselen, Karl Georg Leonhard, * Ulm 5. Sept. 1881, † ebd. 13. Feb. 1930, ⬜ Hauptfriedhof, ev.; Brauereibesitzer „Zu den drei Kannen" in Ulm

L   UBC 2, S. 334 (Bild), 335

Eiselen, Leonhard, * 11. Okt. 1807, † Ulm 12. Okt. 1873, ⬜ ebd., Alter Friedhof, ev.; Bierbrauereibesitzer in Ulm

L   UNGERICHT, S. 45 f.

Eisenbach, Erich, * Ulm 24. Feb. 1892; 1920 Hauptmann der württ. Polizeiwehr, Kommandeur der Polizeibereitschaft Friedrichshafen, 1. Juni 1933 Polizeimajor, Kommandeur des Bereichs I der Schutzpolizei Stuttgart, 1936 Major der Landespolizei bei der Landespolizeiinspektion Süd in Pforzheim, Sympathisant der NSDAP

L   WILHELM, Die württ. Polizei, S. 284

Eitle, Christian, * Ulm 5. Mai 1860; 1887 Präzeptor in Neuenstadt, 1900 Oberpräzeptor ebd., im gleichen Jahr dsgl. am Realgymnasium Stuttgart, 1905 Professor an der mittleren und unteren Abteilung ebd., 1912-1917 dsgl. am Reform-Realgymnasium ebd., 1917 a. D. mit Ritterkreuz I. Kl. des Friedrichsordens

L   CRAMER, Württembergs Lehranstalten ⁶1911, S. 63

Elben, Albert, * Pfullingen/OA Reutlingen 18. Feb. 1834, † Heilbronn/Neckar 30. Dez. 1902, ev.; Papierfabrikant, zuletzt Privatier in Neu-Ulm

L   SCHIMPF, Stammtafeln Feuerlein, S. 8, 26 f. – TEUBER, Ortsfamilienbuch Neu-Ulm I, Nr. 0910

Ellenrieder, Christian; Schuhmacher und Zunftmeister in Ulm, 1818 Bürgerausschussmitglied, ab 1819 Gemeinderat ebd.

Q   StadtA Ulm, H Waibel: Raimund WAIBEL: Mitglieder in Gemeinderat und Bürgerausschuss 1800-1899, Typoskript, S. 6

Ellrichshausen, Ludwig Reichsfreiherr von, * Ulm 14. Sept. 1857, ev.; Hauptmann a. D., Majoratsherr auf Assumstadt-Meisenhalden-Ernstein und Jagsthein/OA Neckarsulm

L   Reichshandbuch I, S. 388 f.

Enchelmaier (Enchelmayer), Christian Ludwig, * 28. April 1793, † 25. Nov. 1869, ev.; Buchhalter, 1817 Rechnungsrevisor bei der Finanzkammer des Donaukreises in Ulm, 1823 Kameralverwalter in Heiligkreuztal, 1825 dsgl. in Ochsenhausen, 1834 Oberinspektor beim Hauptzollamt Friedrichshafen, zuletzt Oberrechnungsrat in Stuttgart, 1839-1845 MdL Württemberg (II. Kammer, Bez. Biberach), Schwiegersohn d. Bierbrauereibesitzers Georg →*Buck

L   WINTERHALDER, Ämter, S. 120, 200 – RABERG, Biogr. Handbuch, S. 179

Enderle, Friedrich Matthäus, * 24. Aug. 1790, † Ulm 19. Mai 1834; Bierbrauer und Wirt zum Roten Ochsen und Zunftvorgesetzter der Bierbrauer in Ulm, im Aug. 1828 in den Bürgerausschuss gewählt

Q   StadtA Ulm, G 2
L   WAIBEL, Gemeindewahlen, S. 321

Endriß, Gerhard, * Ulm 1. Dez. 1905, † Freiburg im Breisgau 27. Okt. 1975; Geograph

L   Ih 1, S. 194

Endriß, Karl, * 6. April 1873; Amtsgerichtsdirektor in Ulm, V. d. Karl-Heinz →*Endriß

Q   StAL, E 902/21 Bü 920

Endriß, Karl-Heinz („Charlie"), * Heilbronn/Neckar 23. Okt. 1912, † Ulm 11. April 1998; Richter in Ellwangen, Heilbronn, Maulbronn und Göppingen, seit Nov. 1950 Landgerichtsrat in Ulm, 1966 Landgerichtsdirektor ebd., 1976 a. D., in seiner Freizeit Jazzmusiker, Mitwirkender beim Juristen-Kabarett und langjähriger Veranstalter des Juristenballs S. d. Amtsgerichtsdirektors Karl →*Endriß in Ulm

Q   StadtA Ulm, G 2

Engel, Hans, * Ulm 31. Jan. 1906, † Lentschütz (Polen) vermisst nach dem 17. Jan. 1945; Chemiestudium in Tübingen (Burschenschaft Germania), München, Königsberg und Paris, Kaufmann in Ulm, Teilhaber der Käsegroßhandlung Karl Engel, 1940 zur Wehrmacht eingezogen

L   PHILIPP, Germania, S. 150, Nr. 1941

Engel, Oskar, * Ulm 9. Feb. 1873, † 13. Juni 1946; 1891 nach Abitur am Kgl. Gymnasium Ulm Jurastudium in Tübingen, [1928] Landgerichtsrat in Ulm, S. d. Karl →Engel

L   UBC 3, S. 7

Engelhardt, Bernhard Friedrich, * Ulm 6. Jan. 1859, † ebd. 18. Aug. 1927 (nicht 1926!); 1889 bis 1899 leitender Techniker des Städtischen Tiefbauamts Ulm, seit 1899 Oberamtsbaumeister in Ulm

Q   StadtA Ulm, G 2
L   UBC 1, S. 232 (Bild)

Englmann, Ludwig, * 1880, † Neu-Ulm 21. Jan. 1951; Apotheker, ab 1936 Besitzer der Marienapotheke in Neu-Ulm

Ensinger, Georg, * Böhringen 27. Sept. 1864, ev.; 1890 Volksschullehrer in Zizishausen, 1895 dsgl. in Lonsee, 1904 Volksschullehrer in Ulm, zuletzt Oberlehrer ebd., Dez. 1931 a. D.

L   Grundbuch der ev. Volksschule 1914, S. 111

Ensslen, Wilhelm, * Ulm 5. Feb. 1880, † Sindelfingen 11. Mai 1956; 1907 Oberreallehrer an der Realschule Sindelfingen, zuletzt Studienrat a. g. St., Zeichner

L   Ih 1, S. 197 – CRAMER, Württembergs Lehranstalten ⁶1911, S. 119.

Ensslin, *Helmut* Eugen, * Ulm 24. Mai 1909, † Stuttgart 27. Mai 1984, ev.; Pfarrer in Stuttgart-Bad Cannstatt; V. d. Gudrun Ensslin (1940-1977), Mitglied der „Rote Armee Fraktion" (RAF)

L   Magisterbuch 41 (1932), S. 211 – Wikipedia

Ensslin, Karl Ludwig, * Winnenden/OA Waiblingen 29. Juni 1817, † Neu-Ulm 9. Februar 1866, ev.; baute 1865 in der Neu-Ulmer Marienstraße seinen Spenglereibetrieb auf, aus dem später die Firma Jakob Schneider hervorging

L   TEUBER, Ortsfamilienbuch Neu-Ulm I., Nr. 0937 – 140 Jahre Neu-Ulmer Handwerk geprägt. Familienbetrieb Jakob Schneider feiert Doppel-Jubiläum, in: NUZ, 12. X. 2005.

Entreß von Fürsteneck, Friedrich Wilhelm Heinrich Joseph, * Vaihingen/Enz 18. Mai 1837, † 10. April 1878; Hauptmann und Kompaniechef in Ulm und Tübingen

Enz, Jakob, * Bergenweiler/OA Heidenheim 15. Okt. 1861, † Ulm 20. Mai 1932, ev.; 1888 Schullehrer in Cannstatt, 1901 Elementarlehrer in Ulm, 1909 tit. Oberlehrer ebd., beliebt und verehrt als „Vater Enz"
L CRAMER, Württembergs Lehranstalten ⁶1911, S. 76 – UBC 3, S. 406

Eppler, *Richard* Christian, Dr. rer. nat., * Stuttgart 28. Juli 1884, † Schwäbisch Hall 10. April 1941; 1910 Oberreallehrer in Ebingen, 1918 Rektor der Realschule in Ulm, Studiendirektor, 1930 Oberstudiendirektor, zuletzt Leiter des Realgymnasiums und der Oberschule in Schwäbisch Hall, S. d. Bekleidungsverwalters Christian Eppler, V. d. SPD-Politikers Erhard Eppler
Q StadtA Ulm, G 2
L CRAMER, Württembergs Lehranstalten ⁷1925, S. 115 – Magisterbuch 41 (1932), S. 157

Erhardt, Christian, * 1857, † Ulm 1897; ab 1878 Bildhauer am Ulmer Münster, schuf u. a. die Modelle für die meisten Bildhauerarbeiten des Hauptturms, ein gesamtes maßstabgetreues Modell des Münsters, das große Kruzifix im Münster unter dem Triumphbogen sowie die Steinfiguren an den Pfeilern der Vorhalle (Maria, Antonius, Johannes der Täufer, Martin)
L UBC 3, S. 150

Erlemann, Wolfgang, Dr. med., * Goldingen (Kurland) 22. April 1896, † Neu-Ulm 12. Feb. 1971, ev.; Oberarzt an der Heil- und Pflegeanstalt Schussenried, 1953 bis 1963 Kirchengemeinderat ebd., 1963 a. D., zunächst in Dornstadt, seit 1968 in Neu-Ulm lebend
L EHMER/KAMMERER, S. 135

Ernst, Friedrich, Dr. iur., * 18. Aug. 1889; Staatsanwalt beim Landgericht Ulm, Nov. 1938 als Nachfolger von Johannes →*Heß Oberstaatsanwalt ebd., 1933 NSDAP-Mitglied, 1937 Leiter des Rechtsamtes der NSDAP im Kreis Ulm, Kreisgruppenführer des NSRB
Q StAL, E902/21 Bü 959 – ebd., E 322 III Bü 9 – HStAS, EA 4/151 Bü 73
L Staatshandbuch 1928 I, S. 20 – UBC 5a, S. 291

Ernst, Otto, * Stuttgart 1. Juli 1901, † 3. Jan. 1969; Landwirtschaftsrat, 1942 bis 1944 Lehrer für landwirtschaftl. Buchführung an der Landwirtschaftl. Hochschule Hohenheim, zuletzt Oberlandwirtschaftsrat in Ulm, Leiter der Landwirtschaftsschule und des Landwirtschaftsamtes ebd.
L KLEIN, Die akademischen Lehrer, S. 143

Erpf(f), *Gotthold* Alexander (von), * Welzheim 30. Dez. 1859, † Stuttgart 25. Dez. 1927; seit 1. Okt. 1878 (zunächst als Fahnenjunker) im württ. Militärdienst, 1880 Leutnant, 1914 Oberst und Kommandeur des Grenadier-Rgt.s 123 in Ulm, 22. Aug. 1914 Kgl. Württ. Generalleutnant, zuletzt seit Dez. 1918 Kommandeur der 27. Division, Vorstandsmitglied des Württ. Offizierbundes, Kommenturkreuz des Württ. Kronordens, 1918 Kommenturkreuz I. Kl. des Friedrichsordens
L Handelszeitung des Schwäb. Merkur Nr. 603, 27. XII. 1927 (Todesanz. der Familie) – Gen.Leutn. a. D. Gotthold von Erpf, †, in: SK Nr. 603, 27. XII. 1927, S. 5 – Zum Tode des Generalleutnants von Erpf, ebd. Nr. 604, 27. XII. 1927 (Abendblatt), S. 5 (Bild) – Trauerfeier für Generalleutnant v. Erpf, ebd. Nr. 607, 29. XII. 1927 (Morgenblatt), S. 3 – DGB 110 (1940), S. 98 f. (Bild)

Eschenbacher, Wilhelm, * Ulm 11. Feb. 1876, † Stuttgart 27. Nov. 1957; Buchdrucker
L Ih 1, S. 203

Essig, Karl, * Oberstetten 16. Jan. 1887, † gef. in der Sommeschlacht 10. Sept. 1916, ev.; 1913 Oberpräzeptor am Kgl. Gymnasium Ulm, zuletzt Leutnant im Ersten Weltkrieg
L CRAMER, Württembergs Lehranstalten ⁶1911, S. 139 – Magisterbuch 37 (1914), S. 182 – SCHMIDGALL, Burschenschafterlisten, S. 180, Nr. 825

Eychmüller, Wilhelm Heinrich, * Ulm 24. März 1885, † Murrhardt 8. Aug. 1972, ev.; Regierungsbaumeister in Ulm, zählte zu den Mitgründern des im Herbst 1920 gegründeten nationalistischen und republikfeindlichen Wehrbundes „Schwabenbanner Ulm", an dessen Spitze er vom 20. Okt. 1920 bis zum 27. Sept. 1922 stand, S. d. Friedrich →Eychmüller
L SCHIMPF, Stammtafeln Feuerlein, S. 183 – BRAUN, Schwabenbanner, S. 46 f.

Eytel, Hermann, * Höfingen/OA Leonberg 20. Mai 1858; 1888 Diakon in Calw, 1891 Zweiter Stadtpfarrer ebd., 1893 als Nachfolger von Karl Albert →Wild Zweiter Stadtpfarrer an der Ulmer Dreifaltigkeitskirche, 1898 Dekan und Bezirksschulinspektor in Blaufelden, 1902 dsgl. in Heidenheim/Brenz, 1917 dsgl. in Heilbronn, 1928 a. D., 1914 Verleihung des Ranges auf der VI. Rangstufe, 1917 Ritterkreuz I. Kl. des Friedrichsordens
L UBC 3, S. 56 - Magisterbuch 41 (1932), S. 83

Fahr, Friedrich, * Ulm 27. Juni 1867, † ebd. 22. März 1931, ev.; Volksschullehrer in Eckwälden, seit 1903 Hauptlehrer an der Ulmer Elementarschule, zuletzt Oberlehrer ebd.
L Grundbuch der ev. Volksschule 1914, S. 125 – UBC 3, S. 69, 70 (Bild)

Falkenstein, Freiherr Franz Julius Friedrich von, * 8. Okt. 1808, † 4. Jan. 1878; [1857] Major und Stabsoffizier beim Kgl. Württ. 3. Reiter-Rgt. in Ulm, Kgl. Württ. Generalmajor z. D.
L BECKE-KLÜCHTZNER, S. 261

Fallscheer, Friedrich, * 1851, † Ulm 18. März 1929; Schreinermeister in Ulm, 33 Jahre lang Vorstand des Spar- und Bauvereins Ulm
L UBC 2, S. 70, 72 (Bild)

Farr, Gustav Eduard; Großuhrenmacher in Ulm, Mitglied der Kontrollkommission der Gewerbebank Ulm
L RIEBER/JAKOB, Volksbank, S. 58

Farr, Johannes, * 11. Jan. 1748, † Ulm 25. März 1829; Sporer und Vorgesetzter der Ulmer Schmiedezunft, Oberamtsgerichtsbeisitzer, einer der Stifter des bürgerlichen Lesezirkels zur Krone
Q StadtA Ulm, G 2 alt

Faul, Alfred, * Ulm 14. Sept. 1878, † Stuttgart 14. Mai 1947, ev.; 1905/06 Schriftleiter beim „Schwäbischen Merkur" in Stuttgart, 1907/08 dsgl. beim „Staatsanzeiger", Oberregierungsrat beim Landesfinanzamt in Stuttgart, 1924 Vorstand des Finanzamts Stuttgart-Stadt, 1925 Vorstand des Finanzamts Stuttgart-Nord, 1937 Regierungsdirektor, 1938 auf eigenes Ansuchen a. D., 1946 reaktiviert als Vorstand des Finanzamts Stuttgart, ab 1940 Mitglied des Landeskirchentags
L WINTERHALDER, Ämter, 275 f. – EHMER/KAMMERER, S. 138

Faul, J. F., * 17. Juli 1791, † Ulm 23. Jan. 1879; Gärtner in Ulm, Veteran aus der Zeit der napoleonischen Kriege
L UBC 2, S. 345 – UNGERICHT, S. 145

Federle, Christian; Weber und Zunftmeister in Ulm, 1822 Bürgerausschussmitglied, einer der höchstbesteuerten Bürger
Q StadtA Ulm, H Waibel: Raimund WAIBEL, Mitglieder in Gemeinderat und Bürgerausschuss 1800-1899, Typoskript, S. 7

Federle, Wilhelm; Seifensieder in Ulm, ab 1839 Bürgerausschussmitglied, ab 1870 Gemeinderat
Q StadtA Ulm, H Waibel: Raimund WAIBEL, Mitglieder in Gemeinderat und Bürgerausschuss 1800-1899, Typoskript, S. 7

Federlen, Johannes; Kaufmann in Ulm, 1863 Gründungsmitglied der Gewerbebank Ulm
L RIEBER/JAKOB, Volksbank, S. 57

Feger, Thomas; Buchdruckermeister, gründete 1849 das „Allgemeine Weißenhorner Anzeigeblatt", das er im Jan. 1854 in „Neu-Ulmer Anzeigeblatt" umbenannte. Neben der Funktion als Anzeiger auch als Amtsblatt der zum Einzugsgebiet zählenden Landgerichte diente. Im April 1856 ging das „Neu-Ulmer Anzeigeblatt" in den Besitz des aus Schwäbisch Gmünd stammenden Buchdruckereibesitzers Josef Keller über
L Sven SCHNEIDER, Chronik des Neu-Ulmer Anzeigers, Facharbeit (Deutsch) am Lessing-Gymnasium Neu-Ulm, o. O., o. J. [Neu-Ulm 1996], Exemplar im StadtA Neu-Ulm, NSC 102/1

Fehl, Johann, * Ulm 9. Sept. 1769, † ebd. 13. Nov. 1847; Bäckermeister in Ulm

Fehl, Johann Martin, * 17. Sept. 1796, † Ulm 29. Aug. 1867, ⬜ Alter Friedhof, ev.; Bäckermeister und Kgl. Hoflieferant in Ulm, Mitglied des Vereins für Kunst und Altertum in Ulm und Oberschwaben
L UNGERICHT, S. 146

Fehl, Johannes, * Ulm 30. Sept. 1832, † ebd. 29. Juni 1911, ev.; Bäckermeister und Hoflieferant in Ulm, seit 1881 Bürger-

ausschussmitglied, errang internationalen Ruhm durch die Herstellung des Ulmer Zuckerbrots
L StadtA Ulm, H Waibel: Raimund WAIBEL, Mitglieder in Gemeinderat und Bürgerausschuss 1800-1899, Typoskript, S. 7
L UBC 3, S. 487 (Bild), 489

Fehl, Johannes „Hans", * 15. Feb. 1863; Bäckermeister in Ulm
L UBC 4, S. 49 (Bild), 50.

Fehl, Martin, * Ulm 19. Feb. 1860, † 23. März 1921, ev.; Hauptmann im Inf.-Rgt. Kaiser Wilhelm, König von Preußen (2. Württ.) Nr. 120 in Ulm, Major im 9. Württ. Inf.-Rgt. Nr. 127 ebd., vor dem Ersten Weltkrieg Oberstleutnant z. D. und Kommandeur des Landwehrbezirks Ellwangen/Jagst, Oberst a. D., Ritterkreuz I. Kl. des Friedrichsordens, Preuß. Roter Adlerorden IV. Kl., vererbte seine stattliche Waffensammlung dem Ulmer Museum
L UBC 4, S. 159 (Bild)

Fehl, Martin, Dr. iur., * Ulm 3. Sept. 1899; Rechtsanwalt in Stuttgart
L SCHMIDGALL, Burschenschafterlisten, S. 154, Nr. 849

Fehrenbacher, Alfons, * 3. Juli 1892, † 11. Mai 1965; 1911 Abitur am Kgl. Gymnasium Ulm, [1928] Staatsanwalt beim Landgericht Ulm, zuletzt Landgerichtsrat ebd.
Q StAL, EL 902/21 Bü 6792
L UBC 3, S. 489

Fetzer, Eustachius, * Großsüßen/OA Geislingen 12. Juli 1769, † Ulm 9. Juli 1822; Gastgeber zur Hohen Schule in Ulm
L UNGERICHT, S. 38 ff.

Fetzer, Johann Jakob Eberhard, * 1817, † 1897, ev.; Burkhardtsmüller in Ulm
L UNGERICHT, S. 91

Fetzmann, *Johann* Baptist, * Riedenburg 16. Jan. 1826; Schlossermeister und Gemeindepfleger in Neu-Ulm, 1863 bis 1879 Mitglied des Gemeindeausschusses, erbaute 1865 das Haus in der Augsburger Straße 34
L BUCK, Chronik Neu-Ulm, S. 99, 109 – TEUBER, Ortsfamilienbuch Neu-Ulm I, Nr. 1053

Fey, Johann *Qualbert* (auch: Gualbert), * Klimmach bei Schwabmünchen 13. März 1845, † Neu-Ulm 21. Febr. 1929, ev.; Metzgermeister und zuletzt Privatier in Neu-Ulm, bis 1919 Mitglied des Gemeindekollegiums ebd., Mitglied des Armenpflegschaftsrats, langjähriger Vorstand des 1872 gegründeten Veteranen- und Kriegervereins Neu-Ulm
L Adreßbuch Ulm/Neu-Ulm 1910, Zehnte Abteilung S. 65, 69 – ebd. 1912, Zehnte Abteilung, S. 69, 73 – ebd. 1914, Zehnte Abteilung, S. 79 – TEUBER, Ortsfamilienbuch Neu-Ulm I, Nr. 1059

Feyerabend, *Karl* Friedrich, * Ulm 22. April 1862, † Stuttgart 26. Nov. 1938, ev.; Landgerichtsrat in Heilbronn/Neckar, Oberlandesgerichtsrat in Stuttgart, Senatspräsident am Oberlandesgericht Stuttgart. o. Mitglied des Württ. Staatsgerichtshofs, zuletzt Präsident des Württ. Staatsgerichtshofs, 31. Jan. 1924 mit der Versehung der Geschäfte des Vorstands des Württ. Verwaltungsgerichtshofes betraut, Vorsitzender des Kompetenzgerichtshofs, S. d. Ludwig *Karl* Stefan (von) Feyerabend[1], * Heilbronn/Neckar 26. Nov. 1829, † ebd. 10. Okt. 1903, Richter in Ulm, Senatspräsident am Oberlandesgericht Stuttgart und stv. Mitglied des Württ. Staatsgerichtshofs
L Bes. Beil. des Stuttgarter NS-Kuriers mit Regierungs-Anz. für Württemberg 1938 S. 187 – Nachtrag zu Ferdinand Friedrich Fabers Württembergischen Familien-Stiftungen (die Stiftungen 106 bis 148 enthaltend), 127.: Feyerabend-Stiftung in Schwäbisch Hall (1976), S. 75, 94, 108, 115

Finckh, Friedrich August; Konditor in Ulm, 1863 Gründungsmitglied der Gewerbebank Ulm
L RIEBER/JAKOB, Volksbank, S. 57

Fink, Friedrich, * 26. Nov. 1833, † Ulm 22. Juni 1888; Gastwirt in Ulm
L UNGERICHT, S. 146

Firnhaber, Johann Heinrich *Theodor* (von) * Rieden/OA Schwäbisch Hall 22. Aug. 1822, † Stuttgart 30. Nov. 1893; 1850 Gerichtsnotar in Mergentheim, 1851 Kollegialhilfsarbeiter beim Gerichtshof in Ulm, 1854 Oberjustizassessor beim Gerichtshof

in Tübingen, 1865 Oberjustizrat in Esslingen, 1869 Kreisgerichtsrat in Tübingen, 1871 in Stuttgart, 1876 tit. und Rang Obertribunalrat, 1879 tit. und Rang Landgerichtsdirektor, 1880 wirklicher Landgerichtsdirektor in Stuttgart, Dez. 1886 Präsident des Landgerichts Stuttgart, 10. Feb. 1893 a. D., 1879 Mitglied der Kaiserl. Disziplinarkammer in Stuttgart und des Strafanstaltenkollegiums, 1880 richterliches Mitglied des Disziplinarhofs, 1889 Mitglied des Württ. Staatsgerichtshofes, Ehrenritterkreuz des Württ. Kronordens, Kommenturkreuz II. Kl. des Friedrichsordens, Kommenturkreuz des Württ. Kronordens, S. d. Gymnasialprofessors M. Christian Gottlob Heinrich Firnhaber
L SK Nr. 282 (Abendblatt), 1. XII. 1893, S. 2467 (mit Todesanz. der Familie) – [Beerdigung] ebd. Nr. 284 (Mittagsblatt), 4. XII. 1893, S. 2481 – Württ. Jahrbücher 1893, S. VIII – ZIEGLER, Fangelsbachfriedhof, S. 179

Firnhaber, Wilhelm Heinrich, * 29. April 1792, † Ulm 15. Dez. 1875; Gutsbesitzer
L UNGERICHT, S. 146

Fisch, Karl, * Punzing/BA Vilshofen 27. März 1892, † Neu-Ulm 13. Mai 1958; 1926-1938 Polizeioberwachtmeister in Höchstädt, 1938 Polizeihauptwachtmeister, Polizeimeister der Schutzpolizei Neu-Ulm und Preisprüfer, 1948 a. D.
Q StadtA Neu-Ulm, A 4, Nr. 128, 1. und 2. Akte

Fischbach, Otto; Rechnungsrat beim Rechnungsamt Stuttgart, 1934 Amtsverweser beim Staatsrentamt Heilbronn/Neckar, 1935 Oberrechnungsrat, Vorstand des Staatsrentamtes Ulm, 1939 Regierungsamtmann, 1945 auf Anweisung der US-Militärregierung entlassen
L WINTERHALDER, Ämter, S. 368 f.

Fischer, Johann *Balthasar*, * Kirchheim am Ries/OA Neresheim 27. Jan. 1870; 1896 Turnlehrer in Ulm, 1901 Hauptlehrer am Kgl. Gymnasium, am Realgymnasium und an der Oberrealschule Ulm, 1918 Präzeptor ebd., zuletzt seit 1920 Oberpräzeptor „in besonders wichtiger Stellung" und Turnrat ebd., 1903 bis 1911 Vorsitzender des Turnerbundes Ulm, 1912 Vertrauensmann des Jungdeutschlandbundes Ulm, im Herbst 1914 Mitgründer der Ulmer Jugendwehr, Gauvertreter und seit 1932 Ehren-Gauvertreter des Ulmer Turngaus, Mai 1930 Ehrenmitglied der Deutschen Turnerschaft
L CRAMER, Württembergs Lehranstalten [7]1925, S. 168 – UBC 2, S. 404 – UBC 3, S. 311 (Bild), 517, 552, 573 – UBC 5b, S. 784 – HILB, Zeugnisse, S. 207 (Bild)

Fischer, Erich, * Ulm 18. Juni 1893, † 31. Aug. 1975; Professor der Medizin in Dresden, lebte zuletzt in Vorderdenkental
L PHILIPP, Germania, S. 19, Nr. 1822

Fischer, Georg, † Ulm 21. Mai 1869; Präzeptor am Kgl. Gymnasium Ulm, Sänger und Liederdichter
L UBC 4, S. 111 (Bild), 115 [die Zuordnung, F. sei „vor 50 Jahren gestorben", ist falsch]

Fischer, Georg Michael, * Ulm 1798, † um 1840, ev.; Jurastudium in Tübingen (Mitglied der Verbindung Ulma), Rechtspraktikant in Ulm, , Oberleutnant im bürgerlichen Jägerkorps, ab 1827 Bürgerausschussmitglied, 1832 und 1835 Obmann, ab 1836 Gemeinderat, S. d. Waagmeisters, Zollers und Wirts der „Unteren Stube" in Ulm
Q StadtA Ulm, H Waibel: Raimund WAIBEL, Mitglieder in Gemeinderat und Bürgerausschuss 1800-1899, Typoskript, S. 7
L HUBER, Haßler, S. 125-127, 168

Fischer, Hermann, Dr. med., * Ulm 16. Nov. 1896, † Ulm-Wiblingen 14. Okt. 1987; Assistenzarzt an der chirurgischen Abteilung des Städtischen Krankenhauses Ulm, zuletzt praktischer Arzt in Ulm
L PHILIPP, Germania, S. 142, Nr. 1858

Fischer, Josef, * Dießen am Ammersee 2. Sept. 1906, † Ulm 8. Jan. 1976, kath.; Prokurist der Haindl´schen Papierfabriken in Augsburg, Mitgründer und Vorsitzender der CSU Augsburg-Schwaben, 1946 bis 1950 MdL Bayern, 1958 bis 1974 Präsident des Bezirkstages von Schwaben, arbeitete im Zuge der Gründung des Bezirkskrankenhauses Augsburg eng mit der Medizinischen Fakultät der Universität Ulm zusammen
L Augsburger Stadtlexikon, S. 400 (Bild)

---

[1] Staatsanzeiger S. 1723 – Schwäb. Kronik 1903/Nr. 491 – Württ. Jahrbücher 1903 S. IV – Bes. Beil. des Staatsanzeiger 1903, S. 330.

Fischer, Joseph, * Geislingen/Steige 16. Feb. 1754, † Ulm 26. Juni 1823; Grautucher in Ulm, 1811 Stadtschultheiß in Geislingen/Steige, 1822 Stadtpfleger ebd.
L   WEYERMANN II, S. 105

Fischer, *Karl* Johann, * Ulm 17. Sept. 1862; 1890 Zeichenlehrer in Schwäbisch Gmünd, 1905 Hauptlehrer ebd., tit. Oberreallehrer, 1916 tit. Professor
L   CRAMER, Württembergs Lehranstalten ⁷1925, S. 168

Fischer, Paul, D. theol. h.c., * Ulm 29. Aug. 1854, † Stuttgart 20. Nov. 1937, ev.; 1876 theol. Examen, 1879 Repetent, 1881 Diakon in Heidenheim, 1889 Stadtpfarrer in Ehingen/Donau, 1893 Erster Professor am ev.-theol. Seminar Blaubeuren, 1912 a. D. und Ritterkreuz I. Kl. des Friedrichsordens, 1908 Verleihung des Ranges auf der VI. Rangstufe, seit 1894 Abg. von Blaubeuren bzw. Biberach zur 5. bis 8. Ev. Landessynode, 1924 D. theol. h.c.
L   CRAMER, Württembergs Lehranstalten ⁶1911, S. 147 [mit Geburtsdatum „24. Aug. 1854"] – Magisterbuch 41 (1932), S. 75 f. – SM Nr. 221/193, S. 7 – SCHMIDGALL, Burschenschafterlisten, S. 167, Nr. 319 – EHMER/KAMMERER, S. 143

Flaxland, Gustav, * Korb/BA Adelsheim (Baden) 4. April 1841, † Ulm 18. Nov. 1894, ev.; 1887 Oberamtmann in Göppingen, ab 1893 Regierungsrat bei der Regierung des Donaukreises in Ulm und Vorsitzender der Landarmenbehörde für den Donaukreis
L   UBC 3, S. 105 – Amtsvorsteher, S. 252 f. (Rolf JENTE/Walter ZIEGLER)

Fletschinger, Konrad, * 1850, † Ulm 11. Sept. 1938, kath.; Volksschullehrer in Elchingen/OA Neresheim, Äpfingen/OA Biberach, Schulvorstand und Oberlehrer in Herbertingen
L   UBC 5a, S. 283

Flock, Therese, * Ulm 26. März 1866, † ebd. 4. April 1914; körperbehinderte Malerin in Ulm
L   UBC 3, S. 563, 566 (Bild)

Flumm, Franz Anton [H.?], * 28. Dez. 1816, † Ulm 5. Nov. 1890; Konditor in Ulm, 1863 Gründungsmitglied der Gewerbebank Ulm, 1863 Bürgerausschussmitglied, einer der höchstbesteuerten Bürger
Q   StadtA Ulm, H Waibel: Raimund WAIBEL, Mitglieder in Gemeinderat und Bürgerausschuss 1800-1899, Typoskript, S. 7
L   RIEBER/JAKOB, Volksbank, S. 56 – UNGERICHT, S. 147

Föhr, *Julius* Gustav Adolf Friedrich (von), * Großbottwar, † Cannstatt 17. Juni 1905; Landgerichtsdirektor in Ulm, 1898 mit Titel Landgerichtspräsident a. D., Mitglied des ev. Kirchengemeinderats in Ulm, Schwiegervater des Otto →*Hegelmaier
L   SK Nr. 281/1905 – Württ. Jahrbücher 1905, S. III – UBC 2, S. 437 – UBC 3, S. 173 – Jürg ARNOLD, Die Kaufmanns- und Fabrikanten-Familie Cloß in Winnenden und Heilbronn/Neckar..., Stuttgart 1987, S. 231 – SCHNEIDER-HORN, Die Tübinger Franken, S. 190, Nr. 169

Förster, Elly (eigentlich Karoline Haase), * Buxtehude 28. Jan. 1881, † Ulm 13. Sept. 1949; seit 1932 Schauspielerin am Stadttheater Ulm, erstmals 1919/20 ebd. engagiert, vor 1932 u. a. in Nürnberg, Graz. Teplitz-Schönau, Wien und Graz
Q   StadtA Ulm, G 2

Förstler, Daniel; Möbelfabrikant in Ulm, seit 1875 stv. Vorsitzender der Handels- und Gewerbekammer Ulm, 1897 Ritterkreuz I. Kl. des Friedrichsordens
L   UBC 2, S. 344

Forstner, Johann Georg; * 5. Juni 1815; Secklermeister in Ulm, 1860 bis 1866, 1867 bis 1870 und seit 1873 Bürgerausschussmitglied ebd., 1863 bis 1872 Gründungs- und Ausschussmitglied der Gewerbebank Ulm
L   UBC 3, S. 343 – RIEBER/JAKOB, Volksbank, S. 58

Franck, *Jakob* Wilhelm, * Unterheinriet/OA Heilbronn 7. Dez. 1840; 1872 Elementarlehrer in Ulm, 1875 Kollaborator (tit. Reallehrer) an der Ludwigsburger Realanstalt, 1906 a. D.
L   CRAMER, Württembergs Lehranstalten ⁶1911, S. 25

Frank, Jakob *Friedrich*, Dr. rer. pol., * Gröningen/OA Crailsheim 2. Juni 1883, † Ulm 7. Dez. 1974; Kaufmann und Buchprüfer, Handelsschullehrer und -direktor in Ulm, nach 1922 selbstständiger Steuerberater und Wirtschaftsprüfer
L   EBERL/MARCON, S. 131

Frank, Hermann; *Vorbachzimmern (OA Mergentheim) 16. Aug. 1884, † Ulm 3. Juni 1947, [1928] Polizeirat in Ulm, Leiter des Städtischen Polizeiamts, 24. April bis 7. Mai 1945 von der lokalen US-amerikanischen Besatzungsverwaltung eingesetzter kommissarischer Oberbürgermeister von Ulm
L   Staatshandbuch 1928 I, S. 370 – StadtMenschen, S. 159

Frank, Karl Suso, OFM, Dr. theol., * Wiblingen 27. Jan. 1933, † Freiburg im Breisgau 4. Jan. 2006, kath.; Kirchenhistoriker, ab 1952 Mitglied des Franziskanerordens, 1958 Priesterweihe, 1963 Promotion in Münster, 1968 Habilitation ebd., 1974 bis 2000 o. Professor für Alte Kirchengeschichte und Patrologie an der Universität Freiburg im Breisgau, 1983 bis 1997 Vorsitzender des Kirchengeschichtlichen Vereins der Erzdiözese Freiburg, ab 1984 o. Mitglied der Kommission für geschichtliche Landeskunde in Baden-Württemberg, Mitglied der Bayer. Benediktinerakademie
W   Das Klarissenkloster Söflingen. Ein Beitrag zur franziskanischen Ordensgeschichte Süddeutschlands und zur Ulmer Kirchengeschichte (Forschungen zur Geschichte der Stadt Ulm 20), Ulm 1980
L   SCHAAB, Staatliche Förderung, S. 227 – BBKL 27 (2007), Sp. 457-462 (Bernward SCHMIDT) – Wikipedia

Franzen, Erich, * Bad Ems 12. Dez. 1892, † München 2. Nov. 1961, mos.; Professor an der HfG Ulm
L   Otto RENKHOFF, Nassauische Biographie. Kurzbiographien aus 13 Jahrhunderten, Wiesbaden ²1992, S. 20, Nr. 1137

Freudenberger, Hermann, * 1894; Verwaltungssekretär bei der Stadt Ulm, 1. Aug. 1929 NSDAP-Mitglied, NSDAP-Ortsgruppenleiter und bis Jan. 1934 stv. Kreisleiter (als Vorgänger von Friedrich →*Gagel) in Ulm, Kreisamtsleiter für das Kreisamt für Kriegsopferversorgung, hauptamtlicher Bezirksobmann der NSKOV, ab 1933 Gemeinderat bzw. „Ratsherr"
L   UBC 5a, S. 34, 48, 60, 83, 112, 175

Freudenreich, Karl, * Blaubeuren 18. Jan. 1899, ev.; Dez. 1923 bis Aug. 1924 Stadtpfarrverweser an der Dreifaltigkeitskirche in Ulm und Jugendgeistlicher, 1926 Pfarrer in Zainingen
L   Magisterbuch 41 (1932), S. 185 – NEBINGER, Die ev. Prälaten, S. 594

Frey, Heinrich, * 17. Mai 1871, † Ulm 26. Sept. 1910, ⬚ ebd., ev.; Buchdruckereibesitzer in Ulm

Frey, Robert, * 2. April 1865, † 4. Mai 1936, ⬚ ebd., Hauptfriedhof, ev.; Hofbuchhändler in Ulm, Mitglied des Kirchengemeinderats der Münstergemeinde
L   UBC 3, S. 66

Frey, Sebastian, * Kaufbeuren 1. Feb. 1857, † Neu-Ulm 26. Nov. 1928; Schuhmachermeister in Neu-Ulm, Erster Vorsitzender des Spar- und Bauvereins eGmbH Neu-Ulm
L   Adreßbuch Ulm/Neu-Ulm 1910, Zehnte Abteilung, S. 67 – TEUBER, Ortsfamilienbuch Neu-Ulm I, Nr. 1182

Freyberger, Fritz, * Neu-Ulm 19. Aug. 1871, † ebd. 1948, kath.; Fabrikant in Ulm, Mitglied und Erster Schriftführer des Gemeindekollegiums ebd., 1909 bis 1939 Mitglied des Aufsichtsrats der Gewerbebank Ulm, S. d. Josef →Freyberger, V. d. Walter →*Freyberger
L   RIEBER/JAKOB, S. 60 – TEUBER, Ortsfamilienbuch Neu-Ulm I, Nr. 1160,5

Freyberger, Walter, * Neu-Ulm 19. Mai 1904, † ebd. 22. Juli 1993, ⬚ ebd., 27. Juli 1993, ev.; Architekt, Regierungsbaumeister bei der Oberpostdirektion Augsburg und Amtsleiter im Hochbauamt ebd., nach 1945 Regierungsbaumeister in Neu-Ulm, große Verdienste um den Neuaufbau der Stadt, 1976 a. D., hatte nach Kriegsende ein Architekturbüro mit Rudolf →Daub eröffnet, in dem er ab 1963 mit seinem Sohn Jörg zusammenarbeitete, S. d. Fritz →*Freyberger
Q   StadtA Ulm, G 2

Freytag, Andreas, * Kirchheim im Ries/OA Neresheim 1. Nov. 1842, † Rottenburg/Neckar 5./6. Mai 1886, kath.; Lateinschule in Schwäbisch Gmünd, niederes Konvikt in Ehingen/Donau und Wilhelmsstift in Tübingen, 10. Aug. 1866 Priesterweihe, 1866 bis 1868 Vikar in Ulm, 1868 bis 1873 Repetent am Wilhelmsstift in Tübingen. 1873 Stadtpfarrer in Aalen, 1876 zugleich Schulinspektor für Hofen, 1877 Mitglied des Kath. Kirchenrats als Stellvertreter für Regierungsrat von Kauffmann, später als geistliches Mitglied, am Kirchenrat gehörte F. der Ministerialabteilung für Gelehrten- und Realschulen sowie der Kommission für landwirtschaftliche und gewerbliche Fortbildungsschulen an, 1880 Titel und Rang

Regierungsrat, 1881 wirklicher Regierungsrat, 1885 bis zum Tod Domkapitular in Rottenburg
L   NEHER, Personalkatalog ⁴1909, S. 86 f.

Frick, Carl (Karl) Friedrich; Baumstarkwirt in Ulm, 1837, 1844 und 1858 Bürgerausschussmitglied sowie 1847 bis 1849 Gemeinderat, einer der höchstbesteuerten Bürger
Q   StadtA Ulm, H Waibel: Raimund WAIBEL, Mitglieder in Gemeinderat und Bürgerausschuss 1800-1899, Typoskript, S. 8

Frick, Georg; Gastwirt zum Hahnen in Ulm, 1829 und 1841 Bürgerausschussmitglied, einer der höchstbesteuerten Bürger, V. d. Johann Georg →*Frick
Q   StadtA Ulm, H Waibel: Raimund WAIBEL, Mitglieder in Gemeinderat und Bürgerausschuss 1800-1899, Typoskript, S. 8

Frick, Johann Christoph; Hasenwirt und Bierbrauereibesitzer in Ulm

Frick, Johann Friedrich, * 1764, † Ulm 1810, ev.; Hasenwirt und Bierbrauereibesitzer in Ulm
L   HUBER, Haßler, S. 128

Frick, Johann Georg, * 20. Juni 1845, † Ulm 24. März 1910, ev.; Kaufmann in Ulm, Weinhändler, S. d. Hahnenwirts Georg →*Frick
L   Werner GEBHARDT, Hugo Schulers väterliche Ahnenreihe und Verwandtschaft, in: DERS., Festschrift 100 Jahre Familienverband Autenrieth, Stuttgart 2002, S. 71-76, hier S. 72

Frick, Johann Philipp, * Ulm 3. Okt. 1793, † Schwäbisch Hall, ev.; Rechtskonsulent in Schwäbisch Hall
L   HUBER, Haßler, S. 128

Fried, Salomon, * 16. März 1847 (nicht 1857!), † Ulm 2. Feb. 1906, mos.; ab 1888 Rabbiner in Ulm
L   HILB, Zeugnisse, S. 218

Friedel, Johann Georg; Oberjustizprokurator in Ulm, 1821 Bürgerausschussobmann
Q   StadtA Ulm, H Waibel: Raimund WAIBEL, Mitglieder in Gemeinderat und Bürgerausschuss 1800-1899, Typoskript, S. 8

Friederich, Karl, Dr., * Straßburg (Elsass) 8. April 1885, † Ulm 17. Sept. 1944; Münsterbaumeister in Ulm, besonders verdient um die Sicherung der Kunstschätze des Münsters, 1934 wurden unter F.s Leitung die Bohrungen zur Sicherung der Fundamente des Münsters ausgeführt, starb an den Folgen der bei einem Fliegerangriff erlittenen Verletzungen
Q   StadtA Ulm, G 2
W   (Auswahl) Das Ulmer Münster und die Parler, in: Ulmische Blätter 3 (1927), S. 43 ff. – Kurze Übersicht über die Baugeschichte des Ulmer Münsters, ebd., S. 44 ff. – Beiträge zur frühen Baugeschichte des Ulmer Münsters, in: UO 25 (1927), S. 23-32 – Sicherungsarbeiten am Hauptturm des Ulmer Münsters, in: UO 29 (1934), S. 101 – Meister Hartmann und der Kreuzwinkelmeister. Zwei Bildhauer vom Hauptportal des Ulmer Münsters. Ein Beitrag zum Münsterjubiläum, in: Ulmer Tagblatt Nr. 127/1940 – Das Münster zu Ulm (Führer zu großen Baudenkmälern 32), Berlin 1944
L   Ih 1, S. 244 – UBC 4, S. 123, 328, 423 – SCHMITT, Münsterbibliographie, S. 108

Friedrich, Karl, * Crailsheim 21. Nov. 1906, † Ulm 21. Juli 1989, ev.; Münsterbaumeister in Ulm
Q   StadtA Ulm, G 2
W   (Auswahl) Burkhard Engelberg, der Retter des Münsterturmes, in: Schwäb. Donauzeitung Nr. 34/1962 – Das Münster, in: Durch Ulm, Ulm 1965, S. 49-65 – Bericht des Münsterbaumeisters über die Arbeiten von 1945 bis 1971, in: Hans Eugen SPECKER/Reinhard WORTMANN (Hgg.), 600 Jahre Ulmer Münster. Festschrift, Ulm 1977, S. 526-551
L   SCHMITT, Münsterbibliographie, S. 109

Fries, Otto, * Nürtingen 10. April 1873; 1902 Oberreallehrer in Sindelfingen, ab 1913 Professor am Realgymnasium bzw. an der Oberrealschule in Ulm
L   CRAMER, Württembergs Lehranstalten ⁶1911, S. 100 – Magisterbuch 41 (1932), S. 128

Frik, Gottlob, * Ulm 24. Jan. 1831, † Ellwangen/Jagst 26. Juni 1911; Rechtsanwalt in Schwäbisch Hall, zuletzt dsgl. in Ellwangen/Jagst
L   SK Nr. 296/1911 – Württ. Jahrbücher, S. V – PHILIPP, Germania, S. 75 –

Fritz, Paul, * Frankfurt/Main 7. März 1880, ev.; 1910 Pfarrer in Hepsisau, 1917 Lazarettgeistlicher in Ulm, 1927 Pfarrer in Gerlingen
L   Magisterbuch 41 (1932), S. 146

Friz, Hans, * Ulm 29. Juni 1914, † Stuttgart 8. April 1997, ev.; 1943 Zweiter Stadtpfarrer in Schwäbisch Gmünd, 1947 Pfarrer der Stuttgarter Christusgemeinde, 1976 a. D.
L   EHMER/KAMMERER, S. 148 (Bild)

Frohnmayer, Georg, * Maichingen/OA Böblingen 24. Feb. 1861, ev.; seit 1887 Volksschullehrer in Ulm, 1907 Oberlehrer an der Mittelschule Ulm
L   Grundbuch der ev. Volksschule 1914, S. 101

Fromm, *Eberhard* Ludwig, * 1795, † Ulm 1875; Bürgerausschussmitglied und Gemeinderat in Ulm
L   UNGERICHT, S. 147

Frommann, Emil, * Bönnigheim 14. Nov. 1844, † Ulm 24. Juli 1913; Landgerichtsrat in Schwäbisch Hall
L   SCHNEIDER-HORN, Die Tübinger Franken, S. 199, Nr. 287

Fuchs, Aloys, * Ochsenhausen/OA Biberach 22. Jan. 1858, kath.; Lehrer an der kath. Volksschule Ulm
L   Real-Katalog der katholischen Volksschulstellen Württembergs, Horb/Neckar 1908, S. 550

Fuchs, Heinrich; Bankdirektor in Ulm, 1939 bis 1951 Vorstandsmitglied der Gewerbebank Ulm bzw. der Ulmer Volksbank
L   RIEBER/JAKOB, Volksbank, S. 61

Fuchs, Karl, * 30. Juni 1844, † Ulm 14. Mai 1911; Bauwerkmeister in Ulm, zuletzt Privatier ebd.
L   UBC 3, S. 487

Fuchs, Karl, * Ulm 4. Jan. 1887; 1916 Oberreallehrer an der Realschule Schorndorf, 1917 wissenschaftlicher Hauptlehrer mit Titel Professor am Volksschullehrerseminar Schwäbisch Gmünd
L   CRAMER, Württembergs Lehranstalten ⁷1925, S. 121

Fuchs, Robert, * Ulm 5. Jan. 1834, † 1885, ev.; Gymnasialprofessor am Karlsgymnasium Stuttgart
L   SCHMIDGALL, Burschenschafterlisten, S. 135, Nr. 125

Fuchs, Wilhelm; Bauwerkmeister, 1866 bis 1880 Bürgerausschussmitglied ebd., ab 1880 Gemeinderat ebd., 1892 Mitgründer und Ausschussmitglied des „Unter Stadt Vereins", einer der höchstbesteuerten Bürger, Schwiegervater des Friedrich →Eychmüller
Q   StadtA Ulm, H Waibel: Raimund WAIBEL, Mitglieder in Gemeinderat und Bürgerausschuss 1800-1899, Typoskript, S. 8 f.
L   UBC 2, S. 151, 226, 291, 323, 374, 415, 509 – UBC 3, S. 12, 36

Fuchs (jun.), Wilhelm, * 19. April 1866, † Ulm 26. Dez. 1899; Kaufmann in Ulm
L   UBC 3, S. 203 (Bild), 204

Füßlen, Julius, † Ulm 18. Okt. 1897, ev.; Kunstmaler in Ulm, entwarf u. a. Kostümbilder zu den beiden Münsterfestspielen, zum Münsterfest 1890 mit der goldenen Medaille für Kunst und Wissenschaft ausgezeichnet
L   UBC 3, S. 155

Gärtner, Reinhold, * Tübingen 19. Dez. 1864, † Ulm 1. Aug. 1934; 1895 Amtmann beim OA Heidenheim/Brenz, 1896 dsgl. beim OA Tuttlingen, 1897 dsgl. beim OA Öhringen, 1900 Kollegialhilfsarbeiter (tit. und Rang Regierungsassessor) bei der Regierung des Donaukreises in Ulm, 1902 Oberamtmann von Welzheim, 1909 dsgl. von Crailsheim, 1911 tit. und Rang Regierungsrat, 1919 Kollegialrat bei der Regierung des Donaukreises in Ulm, 1923 Oberregierungsrat, 1924 nach Aufhebung der Kreisregierungen a. D.
L   UBC 4, S. 469, 477 (Bild) – Amtsvorsteher, S. 267

Gagel, Friedrich, * 3. Jan. 1890; Reichsbankoberinspektor und später Sparkassendirektor in Ulm, 1. Jan. 1930 NSDAP-Mitglied, NSDAP-Ortsgruppenleiter und stv. Kreisleiter (Nachfolger von Hermann →*Freudenberger) in Ulm, ab 1933 Gemeinderat bzw. „Ratsherr" ebd.
Q   StAL, EL 903/3 Bü 2891 (Karteikarte zum Entnazifizierungsverfahren)
L   UBC 5a, S. 60, 97, 104, 110, 112, 141, 293

Gagstätter, Albert, * 3. Sept. 1866, † Ulm 8. Nov. 1924, ev.; Privatier in Ulm
L   UBC 4, S. 254 (Bild)

Gagstätter (sen.), Georg, * 30. Okt. 1817, † Ulm 12. März 1895, ev.; Holzhändler und zuletzt Privatier in Ulm, 1868 Bürgerausschussmitglied und 1871 Gemeinderat ebd., Pflegesohn der Jungfrau Walburga Kress, * 19. Jan. 1760, † 20. Aug. 1838
Q   StadtA Ulm, H Waibel: Raimund WAIBEL, Mitglieder in Gemeinderat und Bürgerausschuss 1800-1899, Typoskript, S. 9

L   UBC 2, S. 219, 275, 374, 440 – UBC 3, S. 98 f. (Bild) – UNGERICHT, S. 148 – WAIBEL, Gemeindewahlen, S. 353, 357, 371

Gagstätter, Karl (von), * Ulm 1853, † ebd. 4. März 1929, ev.; Kgl. Württ. Generalmajor
L   UBC 2, S. 69, 71 (Bild)

Gagstätter, Viktor (von), * 1856, † Schwäbisch Gmünd 3. Juni 1926, ev.; Kgl. Württ. Oberstleutnant, Kompaniechef und Bataillonskommandeur im 6. Inf.-Rgt. in Ulm
L   UBC 3, S. 287

Gairing, Christian; Schuster in Ulm, 1863 Gründungsmitglied der Gewerbebank Ulm
L   RIEBER/JAKOB, Volksbank, S. 57

Gairing, Georg, * 3. Aug. 1913, † Ulm 3. April 2003, ⌂ ebd., Hauptfriedhof, ev.; Zimmermann und Gärtner in Ulm

Gaiser, *Eugen* Gotthold, Dr. phil., * Oferdingen/OA Tübingen oder Ofterdingen/OA Rottenburg 12. Juni 1848, † 1927; 1873 Präzeptor in Nürtingen, 1876 dsgl. am Gymnasium Ellwangen/Jagst, m. W. vom 1. Jan. 1892 Oberpräzeptor an der IV. Klasse des Kgl. Gymnasiums Ulm, 1898 a. D., lebte in Männedorf bei Zürich (Schweiz)
L   CRAMER, Württembergs Lehranstalten ⁶1911, S. 23 – CRAMER, Württembergs Lehranstalten ⁷1925, S. 36 – Magisterbuch 40 (1928), S. 72 – UBC 3, S. 12

Gaiser, Julius; Ingenieur in Ulm, seit 1951 Mitglied des Aufsichtsrats der Ulmer Volksbank
L   RIEBER/JAKOB, Volksbank, S. 60

Gaißer, Karl, * Ludwigsburg 17. März 1880; trat im Juli 1898 als Fahnenjunker in das Feldart.-Rgt. 13 ein, 1901 Leutnant, 1909 Oberleutnant, 1913 Hauptmann, April 1920 Entlassung als char. Major aus dem Heer, mit diesem Dienstgrad Übernahme in die württ. Polizeiwehr, Oberstleutnant, 1. Juni 1926 Kommandeur der Ulmer Schutzpolizei, 1. Jan. 1931 Kommandeur des Einzeldienstes der Stuttgarter Schutzpolizei befördert, 1. Okt. 1932 bis April 1933 Polizeioberst und Kommandeur der Stuttgarter Schutzpolizei
L   WILHELM, Die württ. Polizei, S. 43, 47, 89, 284, 327

Gaissmaier, Carl, Borromäus, * Laupheim 3. März 1848, † Nonnenhorn am Bodensee 5. Juli 1927, ⌂ Ulm, Hauptfriedhof, ev.; Gründer einer nach ihm benannten Lebensmittelfirma in Ulm, V. d. Guido →*Gaissmaier
L   UBC 1, S. 206 (Bild)

Gaissmaier, Guido, * Ulm 4. Nov. 1880, † Stuttgart 22. Jan. 1955; Besitzer einer Lebensmittelfirma, zuletzt Seniorchef der Carl Gaissmaier K.G. Stuttgart-Ulm, S. d. Carl →*Gaissmaier
L   Guido Gaissmaier 70 Jahre, in: Stuttgarter Zeitung Nr. 258, 4. XI. 1950, S. 11 (Bild) – Persönliche Nachrichten. Zum Tode von Guido Gaissmaier, ebd. Nr. 18, 24. I. 1955, S. 9 (S. 8 Todesanz.)

Ganzhorn, Friedrich *Wilhelm*, * Neckarsulm 3. Sept. 1871, † Stuttgart 20. Feb. 1960, ev.; 1897 als Justizreferendar erstmals in Ulm, danach u. a. Amtsrichter in Heilbronn/Neckar, 1908 Landrichter in Ulm, 1914 dsgl. in Stuttgart, zuletzt Senatspräsident am Oberlandesgericht Stuttgart, 1937 a. D., o. Mitglied des Württ. Verwaltungsgerichtshofs und des Württ. Staatsgerichtshofs, S. d. Oberamtsrichters und Dichters Wilhelm Ganzhorn („Im schönsten Wiesengrunde")
L   Jürg ARNOLD, Die Kaufmanns- und Fabrikanten-Familie Cloß in Winnenden und Heilbronn/Neckar..., Stuttgart 1987, S. 23

Gastpar, Adolf Heinrich, * Calw 24. März 1835, † Stuttgart-Birkach 15. April 1891, ev.; 1859 Vikar in Weil im Schönbuch, 1860 Stadtvikar in Cannstatt, 1861 Rektor der höheren Mädchenschule in Ulm, 1870 Diakon in Schwenningen/ Neckar, seit 1877 zugleich Bezirksschulinspektor ebd., 1884 Pfarrer in Stuttgart-Birkach, 1874 Ersatzmann für Tuttlingen zur 2. Landessynode
L   SIGEL 119,8 – DGB 110 (1940), S. 207 – EHMER/KAMMERER, S. 150

Gaum, Johann Friedrich, * Bretten 24. Feb. 1722, † Ulm 16. Jan. 1814; 1750 Buchhändler in der Bartholomäischen Buchhandlung in Ulm, 1751 bis 1765 Besitzer der Bäuerlinschen bzw. nun Gaumischen Buchhandlung ebd., später Besitzer der Stettinschen Buchhandlung ebd., seit 1777 Senator der Reichsstadt Ulm, Mäzen der Barfüßerkirche und für mittellose Ulmer Studierende
L   WEYERMANN II, S. 121

Gauß (seltener: Gauss), Lebrecht, * Biberach/Riß 22. Juli 1838, † Ulm 1886; Reallehrer in Ulm
L   SCHMIDGALL, Burschenschafterlisten, S. 135, Nr. 131

Gaza, Franz Joseph von, * 1739, † 1805; Bayer. Generalmajor, im Sommer 1802 mit der „vorsorglichen" Besetzung des Ulmer Territoriums beauftragt, rückte Anfang Sept. 1802 mit seinen Truppen in Ulm ein
L   UBC 1, S. 369 – SPECKER, Großer Schwörbrief, S. 251 f.

Gebert, Carl Wilhelm, † Ulm 21. März 1932; seit 1917 Prokurist bei der Nathan Strauß Hüttenwerk AG, 1928 Landtagskandidat (Platz 11 der Vorschlagsliste der DDP)
L   UBC 3, S. 359

Gebhard[t], *Thomas* Johann, * Altheim 19. Sept. 1769, † Neu-Ulm 17. Mai 1831, ev.; Schankwirt „Zur Harmonie" in Neu-Ulm, 1. Okt. 1822 bis 1. Jan. 1828 Mitglied des Gemeindeausschusses von Neu-Ulm/Offenhausen
L   BUCK, Chronik Neu-Ulm, S. 55, 95, 97 – TEUBER, Ortsfamilienbuch Neu-Ulm I, Nr. 1262

Geib, Rudolf, Dr. phil., * Tübingen 25. Juli 1852, † Ulm 25. Sept. 1885; Oberpräzeptor in Geislingen/Steige, zuletzt ab 1884 Gymnasialprofessor in Ulm
L   ARNOLD, Stuttgardia II, S. 20, Nr. 10

Geier, Johann Jakob Valentin, * Crailsheim 4. Okt. 1791, † Ulm 16. Jan. 1864; Sekretär bei der Finanzkammer in Ellwangen/Jagst, 1833 Kameralamtsverweser in Mergentheim, 1834 dsgl. in Creglingen, 1836 Kameralverwalter ebd., seit 1846 dsgl. in Ulm, Ritterkreuz I. Kl. des Friedrichsordens, S. d. Kreisbau-Kondukteurs Geier
L   WINTERHALDER, Ämter, S. 67, 169, 337

Geigenberger, Otto, * Wasserburg am Inn (Bayern) 6. Juni 1881, † Ulm 6. Juli 1946; Kunstmaler in Ulm von internationalem Ruf, zahlreiche Ausstellungen im In- und Ausland, zahlreiche Aquarelle, eine seiner letzten Arbeiten war „Ulmer Ruinen" (1946), S. d. Bildhauers Heinrich Geigenberger
Q   StadtA Ulm, G 2
L   Schwäb. Donau-Zeitung Nr. 128, 6. VI. 1951, S. 3 (Bild) – In memoriam Otto Geigenberger, in: SWP Nr. 149, 3. VII. 1971, S. 14

Geiger, Karl Georg, * Biberach/Riß 11. Dez. 1832, † Ulm 29. Aug. 1894; seit 1861 Archivar und Bibliothekar in Ulm, zuletzt Stadtpfleger und Hospitalverwalter ebd.
Q   StadtA Ulm, G 2
L   UBC 3, S. 81 – SPECKER, Bestände, S. 33

Geißler, Albert, * Bad Buchau 25. Mai 1889, † Ulm 29. Aug. 1968; Direktor der Stadtsparkasse Ulm, Aufsichtsratsmitglied bei der „Ulmer Heimstätte"
Q   StadtA Ulm, G 2
L   Albert Geißler 70 Jahre, in: Schwäb. Donau-Zeitung Nr. 116, 23. V. 1959, S. 10 (Bild)

Geißler, Christian Friedrich; Gärtner in Ulm, ab 1885 Bürgerausschussmitglied
Q   StadtA Ulm, H Waibel: Raimund WAIBEL, Mitglieder in Gemeinderat und Bürgerausschuss 1800-1899, Typoskript, S. 9

Gekeler, Karl, Dr. iur., * 17. Dez. 1884; [1928] Landrichter beim Landgericht Stuttgart, Beisitzer des Württ. Versorgungsgerichts, Landgerichtsdirektor in Ulm, 1933 NSDAP-Mitglied, nach 1946 wieder im Justizdienst
Q   StAL, EL 902/21 Bü 1266

Gelb, Marx Ludwig; Kaufmann und Senator in Ulm, einer der höchstbesteuerten Bürger
Q   StadtA Ulm, H Waibel: Raimund WAIBEL, Mitglieder in Gemeinderat und Bürgerausschuss 1800-1899, Typoskript, S. 9

Gemmy, Johann Matthäus; Merzler in Ulm, 1820 Bürgerausschussmitglied
Q   StadtA Ulm, H Waibel: Raimund WAIBEL, Mitglieder in Gemeinderat und Bürgerausschuss 1800-1899, Typoskript, S. 9

Gemmy, Johann Matthäus; Müller in Ulm, 1829 Bürgerausschussmitglied, 1836 bis 1842 Gemeinderat ebd., einer der höchstbesteuerten Bürger
Q   StadtA Ulm, H Waibel: Raimund WAIBEL, Mitglieder in Gemeinderat und Bürgerausschuss 1800-1899, Typoskript, S. 9

Gerber, Wilhelm; Merzler in Ulm, 1863 Gründungsmitglied der Gewerbebank Ulm
L   RIEBER/JAKOB, Volksbank, S. 56

Gerber, Wolfgang Christoph; Weber in Ulm, 1836 Bürgerausschussmitglied

Q   StadtA Ulm, H Waibel: Raimund WAIBEL, Mitglieder in Gemeinderat und Bürgerausschuss 1800-1899, Typoskript, S. 9

Gerhard, Odilo (Joseph) OFM, * Minden (Westfalen) 30. Juli 1902, † Ulm 30. Juli 1978, kath.; seit 1923 Ordensmitglied, 1924 und 1927 Professen, 1929 Priesterweihe, später u. a. auslandsdeutscher Seelsorger in Krakau, in der NS-Zeit wegen Hilfsaktionen für Polen und Juden in Konzentrationslagern eingesperrt, nach 1945 bis 1949 und seit 1969 Franziskanerpater in Ulm, 1969 „Ritter der Nächstenliebe", Geistlicher Beirat des Arbeiter-Samariter-Bundes Ortsverband Ulm

Q   StadtA Ulm, G 2

Gerhardt, Karl Friedrich, † Zürich (Schweiz) 11. Mai 1893, ev.; Besitzer des Gasthofs „Zum Greifen" in Ulm

L   SK Nr. 111 (Mittagblatt), 15. V. 1893, S. 1019

Gerlinger, *Leonhard* Georg, * Hegenau, Gde. Brettheim/OA Crailsheim 19. Jan. 1888, † Ulm 8. Sept. 1959, ev.; gelernter Schmied, Gewerkschaftssekretär in Ulm, 1933 und 1944 aus politischen Gründen inhaftiert, nach 1945 Vorsitzender der IG Metall, 1946 bis 1950 Gemeinderat in Ulm, Aufsichtsratsmitglied der Konsumgenossenschaft, Mitglied des Kreisausschusses der VVN Ulm

Q   StadtA Ulm, G 2

Gerlinger, Wilhelm, * Cannstatt 8. April 1909, † Ulm 7. April 1970; Stadtoberamtmann, 1958 bis 1969 Leiter des Standesamts Ulm

Q   StadtA Ulm, G 2

Gerok, Karl, * 10. April 1831, † Innsbruck 17. Nov. 1889, □ Alter Friedhof Ulm; Architekt, Bauinspektor bei der österr. Südbahn, Oberinspektor der ottomanischen Bahnen

L   Staatsanzeiger Nr. 273, 22. XI. 1889, S. 1847 – UNGERICHT, S. 149

Gerok, *Karl* Friedrich, * Ulm 28. Juni 1866, ev.; nach Ulmer Gymnasium und Theologiestudium in Tübingen Vikar in Hollenbach, Pfarrverweser in Suppingen, Mittelfischbach, Untersontheim, 1893 Pfarrer in Oberfischach, 1907 dsgl. in Mühlheim a. B., 1915 oder 1926 a. D., Ehrenbürger ebd., verlebte seinen Ruhestand in Murrhardt, S. d. Konditormeisters Ludwig →*Gerok u. d. Süsette →*Gerok

Q   StadtA Ulm, G 2
L   Magisterbuch 41 (1932), S. 104

Gerok, Ludwig, * 7. April 1832, † Ulm 28. Feb. 1907, ev.; Konditormeister in Ulm, Inhaber der Mützel´schen Konditorei in der Herdbruckerstraße, erwarb 1866 das Gasthaus „Zur Sonne" in der Herdbruckerstraße, verkaufte es aber schon 1867 weiter an den Bäcker Johannes Simon von Altheim, zuletzt Privatier, ab 1882 Bürgerausschussmitglied, 1887 bis 1891 Hauptmann der Rettungskompanie der Freiwilligen Feuerwehr, Vorstand des Ulmer Liederkranzes, Mitglied der ev. Kirchengemeinderates, S. d. Gerichtsnotars Karl Gerok in Westerstetten, ∞ Süsette →*Gerok, geb. Hornung, V. d. Karl →*Gerok

Q   StadtA Ulm, G 2 – StadtA Ulm, H Waibel: Raimund WAIBEL, Mitglieder in Gemeinderat und Bürgerausschuss 1800-1899, Typoskript, S. 9
L   UBC 2, S. 155, 173, 511, 531 – UBC 3, S. 103, 247, 387 (Bild)

Gerok, Süsette, geb. Hornung, * Ulm 9. Feb. 1844, † ebd. 31. Mai 1932, ev.; entstammte der Ulmer Gärtnerfamilie Hornung, engagiert im Wohltätigkeitsbereich, Wwe. d. Konditormeisters Ludwig →*Gerok, T. d. Samuel Hornung, M. d. Karl →*Gerok

L   UBC 3, S. 408 (Bild)

Gerst, Friedrich, * 1829, † Ulm 26./27. April 1899; Kaufmann, langjähriger Angestellter im Tabakwarengeschäft der Gebrüder Bürglen

Gerst, Hans, * 28. Jan. 1862, † Neu-Ulm 16. Dez. 1916; Gastwirt „Zum Schiff" in Neu-Ulm

L   UBC 4, S. 293 (Bild)

Gerst, Theodor, * 1782, † Ulm 1848, ev.; Metzgerzunftvorgesetzter in Ulm

L   UNGERICHT, S. 81

Gerstenmaier, Gotthold, * Roßwag/OA Vaihingen 3. Jan. 1870; 1899 Volksschullehrer in Ulm, 1901 Mittelschullehrer

ebd., 1901 Turnlehrer ebd., 1909 Hauptlehrer und zuletzt Oberreallehrer an der höheren Mädchenschule Ulm

L   CRAMER, Württembergs Lehranstalten ⁶1911, S. 148 – Grundbuch der ev. Volksschule ⁵1933, S. 106

Gerstlauer, Eugen, * 1907; Amtsrat in Neu-Ulm, 1997 zum Ehrenmitglied des Historischen Vereins Neu-Ulm ernannt

L   Anton AUBELE, 90 Jahre Historischer Verein Neu-Ulm 1907-1997, in: Geschichte im Landkreis Neu-Ulm 3 (1997), S. 69-87, hier S. 87

Gerstlauer, Matthäus; *Steinheim 5. Juli 1893, ev.; 1946 bis 1960 als Nachfolger von Friedrich Mayer Bürgermeister von Steinheim, in seiner Amtszeit u. a. Errichtung einer Gemeinschaftsschule (1951), Erneuerung des alten Schulhauses (1952), Anlage des neuen Friedhofs (1953), Einführung der gemeindlichen Wasserversorgung (1955)

L   TREU, Steinheim, S. 67 f. (Bild)

Getzkow, Horst, * 27. Feb. 1913, † 21. Juli 1980; Stadtinspektor in Memel, nach Flucht aus Ostpreußen in Göppingen Filialleiter der Firma Dr. Eckert & Co., Handelshaus für Reise und Verkehr, Stuttgart, ab 1951 in Ulm, 1957 Gründer der eigenen Firma Horst Getzkow KG, Buch-, Zeitungs- und Zeitschriften-Großvertrieb, 1963 Neubau des Geschäftsgebäudes in Ulm-Söflingen

Q   StadtA Ulm, G 2

Geyer, Walter, Dr. med., * Ulm 20. Nov. 1881, † Stuttgart 15. Okt. 1942; Chirurg und Geburtshelfer, Seminararzt in Schöntal/Jagst, zuletzt Leiter einer nach ihm benannten Privatklinik in Heilbronn/Neckar

L   PHILIPP, Germania, S. 119

Gilomen, Eduard, * 14. Dez. 1860, † Ulm 24. Jan. 1926; Fabrikant in Ulm

L   UBC 4, S. 277, 281 (Bild)

Gilsdorf, Wilhelm, Dr. iur., * Ulm 3. Nov. 1895; 1913 Abitur am Kgl. Gymnasium Ulm, Jurastudium in Tübingen, Amtsrichter in Ulm, nach 1946 Oberlandesgerichtsrat im Justizministerium Württemberg-Hohenzollern, Leiter der Abteilungen IV (Strafrechtspflege und Lenkung der Staatsanwaltschaften) und V (Strafvollstreckungswesen), zuletzt 1952 Leiter der Abteilungen I, IIa und III, Ministerialrat im Justizministerium Württemberg-Hohenzollern, Stellvertreter des Ministers

L   UBC 3, S. 551

Girmond, Julius, * Geislingen/Steige 19. April 1886, † Ulm 2. April 1964; [1928] Städtischer Oberrechnungsrat in Ulm, Vorstand der Verwaltungsratsschreiberei, Juli 1936 als Nachfolger von Fritz →*Stokburger bis 1945 Stadtpfleger, ab 1944 Leiter der mit dem Steueramt fusionierten Stadtpflege, 1948 bis 1954 Leiter der Stadtpflege mit Stadtkasse und Steueramt, 1949 bis 1954 zugleich Erster Bürgermeister und Leiter des Finanz- und Wirtschaftsdezernats

Q   StadtA Ulm, G 2
L   Staatshandbuch 1928 I, S. 369 – UBC 5a, S. 173 – UBC 5b, S. 495, 696 – SPECKER, Tradition und Wagnis, S. 250, 253

Glasbrenner, Gottlob, * Bruch/OA Waiblingen; Steinhauer, 1833 in Neu-Ulm niedergelassen, Gründer der seither in Neu-Ulm bestehenden Familie, V. d. Johann Gottlieb →*Glasbrenner

L   BUCK, Chronik Neu-Ulm, S. 105 – TEUBER, Ortsfamilienbuch Neu-Ulm I, Nr. 1344

Glasbrenner, Johann Gottlieb, * Neu-Ulm 25. Dez. 1855, † ebd. 9. Okt. 1924; Buchbinder in Neu-Ulm, S. d. Gottlob →*Glasbrenner, V. d. Maximilian →*Glasbrenner

L   TEUBER, Ortsfamilienbuch Neu-Ulm I, Nr. 1345

Glasbrenner, Maximilian (Max), * Neu-Ulm 31. Juli 1880, † ebd. 14. Nov. 1955, ev.; Buchbindermeister in Neu-Ulm, S. d. Johann Gottlieb →*Glasbrenner

L   TEUBER, Ortsfamilienbuch Neu-Ulm I, Nr. 1347 – WEIMAR, Wegweiser, S. 97

Glass, Friedrich, * 21. Jan. 1796, † Ulm 14. Feb. 1871; Oberamtspfleger in Ulm, S. d. Kameralverwalters Wolfgang Conrad Glass

L   UNGERICHT, S. 149

Glass, Johann Jakob, * Ulm 5. Juni 1747; nach Studium und Versehung mehrerer Hofmeisterstellen 1779 Inspektor und

Lehrer beim Kadettenkorps und an der école militaire in Kassel, 1783 Professor der Philosophie und Geschichte ebd., S. d. deutschen Schullehrers Johann Jakob Glass in Ulm

L   WEYERMANN I, S. 262

Glatz, Karl Jordan, Dr. phil., * Rottweil 28. Jan. 1827, † Wiblingen 5. Sept. 1880, kath.; 10. Aug. 1852 Priesterweihe in Rottenburg/Neckar, 14. Mai 1861 Kaplan in Frittlingen, 12. Nov. 1867 Pfarrer in Neufra/OA Rottweil, 26. Sept. 1878 als Nachfolger des verstorbenen Pfarrers Johann Funk (1810-1867) Pfarrer in Wiblingen, große goldene Medaille für Kunst und Wissenschaft

L   Ih 1, S. 278 – NEHER ⁴1909, S. 36

Glöckler, Friedrich, * wohl 1848, † 17. Feb. 1933; Lederhändler in Ulm, zuletzt Privatier ebd.

L   UBC 4, S. 51

Glöckler, Hermann, * Ulm 27. Sept. 1894; Kaufmann in Kempten/Allgäu, 1957 FDP-Bundestagskandidat

L   SCHUMACHER, M.d.B., S. 127

Gmelin, Johann Georg, Dr. iur., * Erlangen 21. Juli 1776, † Stuttgart 24. Aug. 1836, ev.; 1798 Hofgerichtsadvokat, 1809 Obertribunalprokurator, 1811 Aktuar bei der Landvogtei Rothenberg in Stuttgart, 1824 Obersteuerrat, 1828 Oberjustizrat am Kgl. Gerichtshof in Ulm, 1832 a. D.

L   DFA 58 (1973), S. 248

Gmelin, *Paul* Wilhelm, * Tübingen 26. April 1827, † ebd. 7. März 1859, ev.; Oberjustizassessor am Kgl. Gerichtshof in Tübingen, 1858 Staatsanwalt am Kgl. Gerichtshof in Ulm

L   Dt. Familienarchiv 58 (1973), S. 250

Gneisenau, Bruno Graf Neithardt von, * 3. Mai 1811, ev.; im Deutsch-Französischen Krieg 1870/71 Kommandeur der 31. Brigade des VIII. Armeekorps, General der Infanterie, Gouverneur von Magdeburg, Juni 1876 bis April 1882 als Nachfolger des Generals von Berger Gouverneur der Festung Ulm, beging in diesem Amt im Juni 1880 sein 50-jähriges Militärjubiläum, im Ruhestand Domherr zu Naumburg, S. d. berühmten preußischen Generals August Wilhelm Anton Graf Neithardt von Gneisenau (1760-1831)

L   UBC 2, S. 349, 387, 419, 440

Gneist, Werner, * Ulm 10. März 1898, † Kirchheim/Teck 19. Aug. 1980; Lehrer und Komponist

L   Ih 3, S. 106

Göbel, Hermann, * 18. März 1855, † Ulm 25. April 1934; Kunsthändler in Ulm

L   UBC 4, S. 379 (Bild), 382

Gönner, Johanna; Arbeitslehrerin in Stuttgart, Gewerbeschulrätin, 1903 als Nachfolgerin von Mathilde →*Kühner Leiterin der Mädchengewerbeschule Ulm und der Frauenarbeitsschule ebd., April 1932 a. D.

L   UBC 3, S. 291, 383

Götz, Johannes; Schlosser in Ulm, 1863 Gründungsmitglied der Gewerbebank Ulm

L   RIEBER/JAKOB, Volksbank, S. 57

Götz, Philipp, * 1850, † Ulm 8. Feb. 1922; bis Nov. 1907 Kommandant der Festung Ulm, zuvor stv. Kommandant der Festung Ulm

L   Staatsanzeiger Nr. 33, 9. II. 1922, S. 5 – UBC 3, S. 396

Göz, Otto, * 23. März 1848, † Ulm 30. Juni 1932, ev.; Landgerichtsrat in Ellwangen/Jagst, zuletzt Landgerichtsdirektor in Ulm

L   UBC 3, S. 432 (Bild)

Golther sen., Carl August, J. U. Lt., * 10. Jan. 1779; 1806 Kreisaktuar beim VII. bzw. VI. Kreis im Königreich Württemberg mit Sitz in Rottenburg, 5. Okt. 1810 Kreisaktuar in Ehingen/Donau, 1810 Landvogteiaktuar bei der Landvogtei an der Donau (Ulm), 4. Aug. 1811 zum Oberamtmann in Saulgau ernannt, am 13.9.1811 jedoch zum Oberamtmann von Balingen ernannt, da in Saulgau der bisherige Landvogteiaktuar Immanuel Heinrich →Hauff Oberamtmann wurde, 1819 Oberamtmann beim OA Balingen, 1827 dsgl. beim OA Schorndorf, 1827 nach Bestrafung wegen Dienstvergehens entlassen und a. D.

L   Württ. Adreßbuch 1806, S. 105, 253 – StRegbl. 1810, S. 357 – StRegbl. 1811, S. 410, 496 – Hof- und Staats-Handbuch 1815, S. 209 – GEORGII-GEORGENAU, S. 268 – NWDB §§ 1321, 1348 – Amtsvorsteher, S. 284 [ohne Lebensdaten]

Gottschick, Wilhelm, * 4. April 1865, † Ulm 11. Juli 1931, ev.; Besitzer eines Optikergeschäfts in der Ulmer Hirschstraße

L   UBC 3, S. 166

Grabherr, Karl, * Ulm 24. Jan. 1868, † ebd. 8. Okt. 1947; 1908-1917 Vorstand der Bahnstation Ulm, 1917-1922 Vorstand der Bezirkinspektion Mühlacker, Reichsbahnoberrat in Ulm, 1922-1929 Vorstand des Reichsbahnbetriebsamts ebd., 1929 einstweiliger, 1933 dauernder Ruhestand, Erster Vorsitzender des Fremdenverkehrsvereins Ulm/Neu-Ulm, Stadtführer in Ulm

Q   StadtA Ulm, G 2
L   UBC 5a, S. 243

Graevenitz, *Karl* Alexander Ludwig Franz Albert von, * Ludwigsburg 8. Juni 1830, † München 12. März 1903, ev.; Kgl. Württ. Major in Wiblingen, zuletzt General der Infanterie z. D. in Stuttgart

L   Staatsanzeiger 1903, S. 447 – SK Nr. 118/1903 – Württ. Jahrbücher 1903, S. III – MAIER, Nachfahrentafel Schott, S. 44

Grasmann, Elisabeth, geb. Monheim, verw. Freifrau von Ende, * Aachen 13. Jan. 1894, † Ulm 12. Dez. 1990; entstammte der „Schokoladen-Dynastie" Monheim, Seniorchefin der Ulmer Münster-Brauerei und der „Fruttika" Schwäbische Getränkeindustrie GmbH & Co. KG

Q   StadtA Ulm, G 2

Greiff, Eugen (von), * Ulm 14. März 1844, † Stuttgart 19. Juni 1912, ev.; Major. 1870 Träger des Ritterkreuzes des neu gestifteten Militärverdienstordens, Kgl. Württ. Generalleutnant z. D., 1909 Präsident des württ. Kriegerbundes, 1895 Kommenturkreuz des Württ. Kronordens; 1897 Kommenturkreuz I. Kl. des Friedrichsordens

L   Ih 1, S. 294 – Staatsanzeiger Nr. 146/1912 – SK Nr. 299, 302 – Württ. Jahrbücher 1912, S. V

Greiner, J. W.; 1. Jan. 1876 bis 31. Okt. 1879 erster rechtskundiger Bürgermeister von Neu-Ulm

L   BUCK, Chronik Neu-Ulm, S. XVII f. (Bild), 97, 269 – TREU, Neu-Ulm, S. 576

Greiß, Karl Friedrich, Dr. phil., * Calw 22. Juli 1834, † Ulm 25. April 1901; 1868 Reallehrer in Isny, 1886 mit dem Titel Professor dsgl. an der Realanstalt Ulm

Q   StadtA Ulm, G 2
L   CRAMER, Württembergs Lehranstalten 1886, S. 43

Griesinger, Johann, * Wittlingen/OA Urach 13. März 1856, † Stuttgart-Sillenbuch 12. Mai 1948; 1883 Elementarlehrer in Ulm, 1901 tit. Oberlehrer ebd., 1901 Reallehrer an der Ulmer Realanstalt, 1924 tit. Professor ebd.

L   CRAMER, Württembergs Lehranstalten ⁶1911, S. 43

Griesinger, Karl, * Sontheim/Kreis Münsingen 18. Dez. 1908, † 18. Juli 1971; bis Frühjahr 1969 Kriminalhauptkommissar in Ulm, Leiter des Dezernats 1 der Kriminalpolizei Ulm

Q   StadtA Ulm, G 2

Gröner, Christian, * Gerstetten/OA Heidenheim 30. März 1880, † Ulm 6. Sept. 1955; Verwaltungsdirektor, 1912-1945 Leiter der Krankenhausverwaltung in Ulm

Q   StadtA Ulm, G 2

Größler-Heim, geb. Heim, *Leonie* Pauline Josefine, * Ulm 23. März 1853, † ebd. 14. Feb. 1939; eine der letzten Klavierschülerinnen von Franz Liszt, 1897 Kgl. Württ. Hofpianistin, Pianistin in Stuttgart und Ulm

Q   StadtA Ulm, G 2
L   Wolfgang VATER, Die Rottweiler Musikerfamilie Heim, in: Rottweiler Heimatblätter 65 (2004), Heft Nr. 3 (Bild)

Groner, Jakob, * Westerstetten 27. März 1879, kath.; Lehrer an der kath. Volksschule Ulm

L   Real-Katalog der katholischen Volksschulstellen Württembergs, Horb/Neckar 1908, S. 550

Groschopf, August Friedrich, * Ulm 18. Sept. 1809, † 1870; ev. Geistlicher, Pfarrer in Feldstetten/OA Münsingen

L   PHILIPP, Germania, S. 57, Nr. 817

Groschopf, Johann Gottfried; Spengler in Ulm, 1826 Bürgerausschussmitglied ebd.

Q   StadtA Ulm, H Waibel: Raimund WAIBEL, Mitglieder in Gemeinderat und Bürgerausschuss 1800-1899, Typoskript, S. 9

Groschopf, Johann Gottfried, * Ulm 27. Jan. 1747, † 13. Sept. 1823, ev.; 1783 Diakon in Bermaringen/OA Blaubeuren, 1784 Pfarrer in Rietheim, 1795 dsgl. in Lonsee, verdient um die Landschulen auf Ulmer Territorium, S. d. Buchbinderobermeisters Johann Christoph Groschopf
L   WEYERMANN II, S. 138 – UBC 1, S. 484 (Bild)

Groschopf, Wilhelm; Bankier, Vorstand der Spar- und Leihbank Ulm, die im Herbst 1867 zusammenbrach, was die Existenz zahlreicher Menschen bedrohte; im April 1869 vom Schwurgericht Ulm zu drei Jahren Arbeitshaus verurteilt; stiftete den schweren „Ulmer Spatzen", der 1858 auf dem Münsterdach angebracht wurde
L   UBC 2, S. 57, 193, 223

Groß, Albrecht Daniel; Färbermeister und Bürgerausschussmitglied in Ulm, 1863 Gründungs- und bis 1872 Ausschussmitglied der Gewerbebank Ulm
Q   StadtA Ulm, H Waibel: Raimund WAIBEL, Mitglieder in Gemeinderat und Bürgerausschuss 1800-1899, Typoskript, S. 9
L   RIEBER/JAKOB, Volksbank, S. 56, 58

Groß, Otto, * Ulm 19. Aug. 1920, † ebd. 28. Jan. 1982; Vorsitzender des CVJM Ulm
L   Ih 3, S. 113

Großmann, Friedrich, Dr. iur., * 1880, † Ulm 17. März 1931, ev.; seit 1907 Justitiar der Firma E. Schwenk, Ulm
L   UBC 3, S. 68 f., 70 (Bild)

Grünler, Ernst Jakob, Dr. med., * Kulmbach (Bayern) 28. Juli 1885, † Ulm-Söflingen 28. April 1963; seit 1912 praktischer Arzt in Ulm-Söflingen, 1919 bis 1933 Polizeiarzt in Ulm, 1934-1945 Leiter des Krankenhauses Ulm-Söflingen
Q   StadtA Ulm, G 2

Grunert, *Christa* Anna, geb. Wabor, * Chemnitz 8. Dez. 1929, † Ulm 17. Jan. 1971; seit 1951 Tänzerin und Solotänzerin am Ulmer Theater, Ballettmeisterin der Ulmer Prinzen- und Kindergarde, Primaballerina des Ulmer Faschings
Q   StadtA Ulm, G 2

Grunsky, Hermann; Regierungsrat, Vorsteher des Hauptzollamts Ulm
W   Ein Gang durch die Altstadt von Ulm, in: UBC 2, S. 494-501 [mit zahlreichen Federzeichnungen vom Verfasser]
L   Staatshandbuch 1928 I, S. 492

Grzimek, Günther, * Köln 3. Nov. 1915, † Pfeffenhausen bei Landshut (Bayern) 8. Mai 1996; Gartenarchitekt, 1947-1960 Leiter des Garten- und Friedhofsamts der Stadt Ulm, 1960 selbstständiger Gartenarchitekt in Neu-Ulm, 1965 Professor für Landschaftskultur an der Kunsthochschule Kassel, im Vorfeld der Olympischen Spiele in München 1972 maßgeblich an der Landschaftsplanung ebd. beteiligt, 1972 Professor für Landschaftsarchitektur an der TU München/Weihenstephan, 1980 Berater bei der Vorbereitung der Landesgartenschau in Ulm/Neu-Ulm
Q   StadtA Ulm, G 2
L   „Vater der Ulmer Grünpolitik" verstorben, in: Schwäb. Zeitung Nr. 110, 13. V. 1996

Gugelot, Johan (*Hans*), Dipl.-Ing., * Makassar (Indonesien) 1. April 1920, † Ulm 10. Sept. 1965; bahnbrechender Designer und Formgestalter, Dozent an der HfG Ulm, Designer u. a. des sog. „Schneewittchen-Sarges" (1958, Kombination aus Radio und Plattenspieler), 1990 Ausstellung seiner Werke im Ulmer HfG-Archiv
Q   StadtA Ulm, G 2
L   Hans WICHMANN (Hg.), Systemdesign. Bahnbrecher: Hans Gugelot 1920-1965, Basel-Boston 1987

Gugenhan, Karl, * Ulm 1876, † ebd. 15. Juni 1930; Metzgermeister in Ulm
L   UBC 2, S. 431 f. (Bild)

Gugenhan, Max, * Ulm 10. März 1856, † Tübingen 21. Dez. 1921; Oberbaurat im Hydrographischen Bureau der Ministerialabteilung für den Straßen- und Wasserbau im württ. Innenministerium, Mitarbeiter beim „Handwörterbuch der Württ. Verwaltung" (Stuttgart 1915)
L   SK Nr. 600/1921 – Württ. Jahrbücher 1921/22, S. VIII – WN 1920/21, S. 274 (LEIBBRAND)

Gugenhan, Valentin, * 1810, † 1894; Metzgermeister in Ulm
L   UBC 2, S. 217, 219 – UNGERICHT, S. 150

Gutbier, Albin, Dr. med., * 31. Dez. 1831, † Neu-Ulm 23. Juni 1892; Bezirksarzt beim BA Neu-Ulm, ab. 1. Jan. 1891 Städtischer Krankenhausarzt in Neu-Ulm
L   BUCK, Chronik Neu-Ulm, S. 105 – TEUBER, Ortsfamilienbuch Neu-Ulm I, Nr. 1511

Gutmann, Stefan, Dr. iur., * Ulm 19. Sept. 1885, † Rio de Janeiro (Brasilien) 24. Juni 1960, mos.; 1913 bis 1935 am Landgericht München zugelassener Rechtsanwalt, Ende 1933 nach Brasilien emigriert
L   WEBER, Schicksal, S. 233 f. (Bild)

Haackh, Friedrich Hugo, * Sötern 1869; Sekondeleutnant beim 12. Inf.-Rgt. in Neu-Ulm, später Kgl. Bayer. Oberstleutnant
L   Jürg ARNOLD, Die Familie Arnold aus Bonlanden auf den Fildern, Stuttgart 1975, S. 33 – TEUBER, Ortsfamilienbuch Neu-Ulm I, Nr. 1520

Haag, Georg, * Neu-Ulm 23. April 1889, † gefallen 6. Juli 1916; U-Boot-Kommandant
L   Ih 1, S. 312

Haaga, *Paul* Johann, Dr. med., * Schloss Solitude 31. März 1862, † Ulm 10. Okt. 1935; praktischer Arzt in Königseggwald und Buchau, 1911 Oberamtsarzt in Aalen, Nov. 1920 dsgl. (Amtsbezeichnung Medizinalrat) in Ulm, 1927 Obermedizinalrat ebd., Juni 1929 a. D.
Q   StadtA Ulm, G 2
L   UBC 2, S. 164 – Obermedizinalrat i. R. Dr. Paul Haaga, in: Ulmer Sturm Nr. 241, 15. X. 1935, S. 5 (Bild)

Haakh, Alfred, * Heilbronn 2. oder 4. Juni 1858, † Ulm-Wiblingen 28. Juni 1946; Kaufmannssohn, 1893 Oberamtmann von Brackenheim, 1900 Regierungsrat bei der Regierung des Schwarzwaldkreises in Reutlingen, 1905 dsgl. bei der Regierung des Jagstkreises in Ellwangen/Jagst, 1910 tit. und Rang Oberregierungsrat, seit 1913 komm. Vorstand der Kreisregierung ebd., 1918 Oberregierungsrat bei der Regierung des Donaukreises in Ulm, 1924 a. D., Ritterkreuz des Württ. Kronordens
L   SCHMIDGALL, Burschenschafterlisten, S. 141, Nr. 352 – Amtsvorsteher, S. 294

Haas, August, Dr. rer. nat., * Schramberg 22. Juli 1853, † Stuttgart 7. Juni 1921; 1875 Reallehrer in Rottweil, 1879 Reallehrer (tit. Professor) am Gymnasium Tübingen, 1880 dsgl. am Gymnasium Ravensburg, Sept. 1881 dsgl. an der oberen Abteilung des Kgl. Realgymnasiums und an der Realschule Ulm, 1883 dsgl. am Eberhard-Ludwigs-Gymnasium Stuttgart, 1906 Oberstudienrat ebd., 1911 Mitglied des Beirats für die gewerblichen Fortbildungsschulen, zuletzt Oberstudienrat in der Ministerialabteilung für die höheren Schulen im württ. Kultministerium, 1900 Verleihung des Ranges auf der VI. Rangstufe und 1911 auf der V. Stufe, 1904 Ritterkreuz I. Kl. des Friedrichsordens
L   Ih 1, S. 313 – CRAMER, Württembergs Lehranstalten ⁶1911, S. 26 – SK Nr. 256 – Württ. Jahrbücher 1920/21, S. VII – UBC 2, S. 437

Haas, Gottlob, * 1847, † Ulm 30. März 1932; Veteran des Deutsch-Französischen Krieges von 1870/71, Polizeiwachtmeister in Ulm
L   UBC 3, S. 360

Haas, Hedwig, * Ulm 17. August 1879; ab 1907 Turnlehrerin in Ellwangen/Jagst, Aalen und ab 1912 in Reutlingen
L   CRAMER, Württembergs Lehranstalten ⁶1911, S. 159

Haas, Hermann; Hauptzollverwalter beim Hauptzollamt Friedrichshafen am Bodensee, 1876 Kameralverwalter in Blaubeuren, 1879 Oberzollinspektor beim Hauptzollamt Ulm
L   WINTERHALDER, Ämter, S. 53

Haas, Karl, * Merklingen 15. Aug. 1845, † Ulm 11. Aug. 1910, ev.; Eisenbahnbetriebsinspektor in Sulz/Neckar, 1888 Baurat, Vorstand der Kgl. Eisenbahninspektion in Ulm, 1907 Kirchengemeinderat in Ulm, 1888 bis 1894 Ersatzmitglied für Sulz zur 4. Landessynode, 1895 Ritterkreuz I. Kl. des Friedrichsordens, V. d. Dr. Walther →Haas
L   Staatsanzeiger Nr. 189 – SK Nr. 374 – UBC 3, S. 461 (Bild) – EHMER/KAMMERER, S. 167 (Bild)

Haas, Karl, * 28. Okt. 1838, † Ulm 12. Okt. 1916; Stadtgeometer in Ulm
L UBC 4, S. 33 (Bild), 45

Haas, *Walther* Georg Albert, Dr. iur., * Sulz/Neckar 21. Nov. 1886, † Neu-Ulm 3. Dez. 1958; 1905 Abitur am Ulmer Realgymnasium, Jurastudium in Tübingen, 1919 Amtsrichter in Ulm, Landgerichtsrat und Staatsanwalt (Titel Landgerichtsdirektor) beim Landgericht ebd., stv. Vorsitzender des Schlichtungsausschusses Ulm, 1933 NSDAP-Mitglied, Vorstand der Ulmer Museumsgesellschaft, im Zweiten Weltkrieg Suchmeldeoffizier, lebte seit 1951 in Neu-Ulm, S. d. Baurats Karl →*Haas
Q   StadtA Ulm, G 2 – StAL, EL 902/21 Bü 1473 – ebd., EA 4/151 Bü 458
L   Staatshandbuch 1928 I, S. 368 – UBC 3, S. 344

Haase, Karoline, siehe →**Förster**, Elly

Hachtel, Georg Friedrich *Ernst*, * Eschelbach/OA Öhringen 13. Juni 1851, † Ulm 23. Okt. 1916, ev.; 1877 Diakon, 1881 Pfarrer in Dörrenzimmern, 1887 dsgl. in Reubach, 1905-1915 Erster Stadtpfarrer in Langenau/OA Ulm, 1900 Ersatzmitglied für Blaufelden zur 6. Landessynode, Ehrenbürger von Reubach
L   Magisterbuch 37 (1914), S. 99 – Württ. Jahrbücher 1916, S. V – EHMER/KAMMERER, S. 167

Häberle, Leonhard, Dr. med., * Ulm 11. Sept. 1834, † Wildbad 12. Aug. 1894, ⬜ ebd., Alter Friedhof; ab Okt. 1887 als Nachfolger des verstorbenen Medizinalrats Dr. Ludwig →Volz Oberamtsarzt in Ulm
L   Ih 1, S. 316 – Ih 3, S. 119 – UBC 2, S. 533 – UBC 3, S. 79 – UNGERICHT, S. 151

Häcker, Friedrich, * Sonderbuch 17. Mai 1891, † Ulm 20. Juli 1966, ev.; kommissarischer Dekan von Esslingen/Neckar („Deutsche Christen"), früher Pfarrer in Mähringen und Uhingen, Mitglied der Landessynode
L   EHMER/KAMMERER, S. 167

Häcker, Justin, * Sonderbuch 24. Aug. 1892, † Ulm 25. Dez. 1980, ev.; 1910 Hilfslehrer an der Volksschule Seißen, danach in Merklingen, Nürtingen und Blaubeuren, 1923 Hauptlehrer in Böblingen, 1924 dsgl. in Blaubeuren, 1930 Rektor der Friedrichsau-Schule in Ulm, 1933 bis 1945 dsgl. an der Wagner-Mittelschule ebd., 1950 Lehrer am Keplergymnasium Ulm, 1. April 1957 a. D.
Q   StadtA Ulm, G 2
L   Grundbuch der ev. Volksschule ⁵1933, S. 185

Häcker, Wilhelm, * Ulm 2. April 1886, † Neu-Ulm Jan. 1976, ev.; 1925 Gründer und Inhaber der Drahtflechterei Carl Wilhelm Häcker in Ulm, Gründer der Fußballabteilung Schwaben Ulm, Vorstand der Sängergesellschaft Neu-Ulm, wohnte in Neu-Ulm, Memelstraße 1
Q   StadtA Ulm, G 2

Haegele (Hägele), *Carl* (Karl), Dr. Ing. h.c., * Ulm 30. Jan. 1847, † Stuttgart 19. April 1926, ev. Geh. Kommerzienrat, 1889 bis 1898 Chef d. Württ. Metallwarenfabrik AG (WMF) in Geislingen/Steige, 1896 Gründer des nach ihm benannten Portlandzementwerks in Geislingen/Steige, 1898 wesentlicher Mitgründer des neu eröffneten, mit der Ulmer Geschichte in enger Verbindung stehenden Bades Überkingen, hielt sich zu besonderen Anlässen immer wieder in Ulm auf und war u. a. Gast bei der Einweihung der neuen Donaubrücke zwischen Ulm und Neu-Ulm am 1. Juli 1912, nach 1920 maßgeblicher Gründer d. Dt. Währungs- und Arbeitsbundes, Mitglied der Handelskammer Ulm, 1912 Dr. Ing. h.c. (TH Stuttgart); Ehrenbürger von Geislingen/Steige, S. d. Johannes Haegele, Holzhändler in Ulm
Q   StadtA Ulm, G 2.
L   Ih 1, S. 317 – Bes. Beil. d. Staatsanz. 1926, S. 311 – BUCK, Chronik Neu- Ulm, S. 247 – UBC 3, S. 272 – MILLER/SAUER, S. 149 [fälschlich „Heigele"] – KOHLHAAS, Chronik 1918-1933, S. 38, 267 – BOELCKE, Millionäre, S. 38, 267

Haegele, Johann Jakob, * 10. Feb. 1797, † Ulm 15. April 1855; Zimmermeister in Ulm, Oberzunftmeister
L   UNGERICHT, S. 86

Hähnle, Ernst, * Schwenningen/Neckar 23. Nov. 1872, † Ulm 7. Aug. 1914; Professor an der Oberrealschule Reutlingen, publizierte historische Beiträge
L   WN 914, S. 260

Hämmerlen, Albert, * Ulm 13. März 1798 oder 1799, † ebd. 3. Dez. 1829, ev.; Studium in Ulm (Mitglied des Corps Ulma), Oberleutnant im Kgl. Württ. 3. Inf.-Rgt.
L   HUBER, Haßler, S. 131

Hämmerlen, David Albrecht, Lic. med., * 1765, † Ulm 1843, ev.; Lic. med. in Ulm
L   HUBER, Haßler, S. 131

Hänlein, *Hermann* Friedrich Karl (von), Dr. iur., * Ansbach (nicht Göttingen!) 8. Dez. 1794, † Stuttgart 18. März 1866, ⬜ ebd., Hoppenlau-Friedhof; spätestens ab 1842 Dirigent des Kgl. Gerichtshofs in Ulm, Titel Vizedirektor, 28. Okt. 1849 bis 2. Juli 1850 als Staatsrat Leiter des Kgl. Württ. Justizdepartements, seit 2. Juli 1850 o. Mitglied des Geheimen Rats, 31. Dez. 1861 Geheimer Rat, 11. Aug. 1865 a. D., 1841 Ritterkreuz des Württ. Kronordens
L   RIECKE, Verfassung und Landstände, S. 30 – HARTMANN, Regierung und Stände, S. 15, 19 – SCHWABE, Regierungen, S. 39, 232 – KLÖPPING, Historische Friedhöfe, S. 320, Nr. 1132

Härle, Franz, * Dapfen/Kreis Mergentheim oder Münsingen 22. März 1944, † Ulm 23. April 2002, ev; 1975 Pfarrer in Pfullingen, 1985 Vierter Münsterpfarrer und zugleich Studentenpfarrer in Ulm, 1995 Dekan von Blaubeuren, Mitglied der Landessynode als Abg. von Ulm und Blaubeuren
Q   StadtA Ulm, G 2
L   EHMER/KAMMERER, S. 170 (Bild)

Härlin, Ewald, * Ulm 23. Okt. 1825, † 6. Mai 1895, ev.; Oberamtsrichter in Weinsberg
L   PHILIPP, Germania, S. 70, Nr. 1017

Härlin, Samuel Benjamin, Dr. med., * Zavelstein 18. Jan. 1786, † Stuttgart 10. Mai 1866; Obermedizinalrat bei der Regierung des Donaukreises in Ulm
L   Geschichte der Tübinger Familie Camerer, S. 45

Häußler, Siegfried, Dr. med., * Deizisau/OA Esslingen 11. Jan. 1917, † Aug. 1989; praktischer Arzt in Altbach/Kreis Esslingen, 1968 Habilitation als erster Allgemeinmediziner an der Universität Ulm, seit 1973 apl. Professor für Allgemeinmedizin ebd., „Schrittmacher der Allgemeinmedizin"
Q   StadtA Ulm, G 2

Haffner, Ludwig, † Ulm 12. Jan. 1898; Besitzer des Gasthauses zum „Goldenen Lamm" in Ulm
L   UBC 3, S. 169

Hafner, Georg, * Ulm 22. März 1864, † 1928, ev.; Ökonom und Distriktsvorsteher in Ludwigsfeld, 1933 wurde der vom Postweg zum Hasenweg führende Weg in Ludwigsfeld nach H. benannt
L   TEUBER, Ortsfamilienbuch Neu-Ulm I, Nr. 1550

Hafner, Johannes, * 10. Jan. 1862, † Ulm-Harthausen 24. Jan. 1962, kath.; Bauer in Ulm-Harthausen, Mitglied des Kath. Arbeitervereins, am Ende seines Lebens mit 100 Jahren ältester Bürger der Stadtgemeinde Ulm
Q   StadtA Ulm, G 2

Hagel, *Konradin* Andreas Albert, * Lonsee/OA Ulm 2. Juni 1887, † Ulm 14. Nov. 1957; Oberingenieur, seit 1925 Leiter bzw. nach 1952 hauptamtlicher Geschäftsführer des Technischen Hilfswerks Ulm, Landesbezirksleiter der Technischen Nothilfe im Donaukreis
Q   StadtA Ulm, G 2

Hagenmeyer, Eugen, * 16. Juni 1868, † Ulm 1. Feb. 1931; Konditormeister in Ulm
L   UBC 3, S. 96 (Bild)

Hagenmeyer, Josef, * Mühlhausen/OA Geislingen 15. Juni 1893, † Ulm 12. Okt. 1968; seit 1923 Lehrer in Ulm, 1947 Rektor der Berblinger-Schule in Ulm, 1960 a. D., Kirchenmusikdirektor, 1946 bis 1965 Mitglied des Gemeinderats (CDU)
Q   StadtA Ulm, G 2

Hagmayer, Albrecht, * Blaubeuren 12. Jan. 1914, † Oberelchingen 9. Juni 1995; Buchbindermeister in Ulm, 1973-1979 Mitglied des Gemeinderats ebd. (FDP, zuletzt CDU-Hospitant), Vorsitzender und zuletzt Ehrenpräsident der Gesellschaft der Ulmer Donaufreunde
Q   StadtA Ulm, G 2

Hagmeier, Max, * 4. Mai 1847, † Ulm 6. Jan. 1904; Kaufmann, kaufmännischer Direktor bei der Firma Wieland & Cie., Ulm
L   UBC 3, S. 313, 314 (Bild)

Hagmeyer, Gustav, * Ulm-Lehr 20. Dez. 1912, † Ulm 3. April 1974; Bundesbahnbeamter (Hauptsekretär) in Ulm, Vorsitzender des Eisenbahnsportclubs Ulm, Gründungsmitglied des Schwäb. Skiverbandes und des Skiclubs Ulm, 1967/68 als Mandatsnachfolger von Studienrat Fritz Schwarz Mitglied des Gemeinderats (SPD), kandidierte 1968 nicht mehr
Q   StadtA Ulm, G 2

Hahn, Eugen, * Bösingen bei Nagold 1884, † Kuranstalt Speyrershof/Heidelberg 10. Aug. 1938; 1904 Leutnant, 1924/25 im Reichswehrministerium in Berlin, 1932 Oberst, 1933 Festungskommandant in Ulm, Standortältester, 1934 Generalmajor, 1936 Generalleutnant, Kommandeur der 5. Division in Ulm
Q   StadtA Ulm, G 2
L   UBC 4, S. 298 – UBC 5a, S. 62, 98, 102, 108, 122, 129, 134, 141, 144, 147, 157, 165, 171, 173, 200, 210, 241, 243, 277, 283, 293 – ROTERMUND, Zwischen Selbstbehauptung, S. 113 f., 245, Anm. 19

Hailbronner, siehe auch →*Heilbronner

Hailbronner, Erhard, * Ulm 1815, † ebd. 1896; Schiffmeister in Ulm, 1858 Bürgerausschussmitglied und ab 1868 Gemeinderat ebd.
Q   StadtA Ulm, H Waibel: Raimund WAIBEL, Mitglieder in Gemeinderat und Bürgerausschuss 1800-1899, Typoskript, S. 10
L   UBC 2, S. 347 – UNGERICHT, S. 151

Hailbronner, Johann Christoph von, * Ulm 8. Okt. 1760, † ebd. April 1808; Kaufmann in Ulm, S. d. Senators Friedrich Karl von Hailbronner in Ulm

Hailbronner, Karl Friedrich von, * Ulm 10. Nov. 1755, † ebd. 17. Jan. 1811; Senator in Ulm, zuletzt Kgl. Bayer. Verwaltungsrat ebd., S. d. Senators Friedrich Karl von Hailbronner in Ulm
L   WEYERMANN II, S. 160

Hailer, Karl August Friedrich, * Münsingen 6. Dez. 1794, † Oberndorf/Neckar 13. März 1837, ev.; 1822/23 Kameralamtsverweser in Wiblingen, 1827/28 dsgl. in Backnang, 1828 in Rottenburg/Neckar, 1831 Kameralverwalter in Oberndorf/Neckar
L   WINTERHALDER, Ämter, S. 196, 223, 337

Hainlen, Johann; Uhrmacher in Ulm, 1833 Bürgerausschussmitglied ebd.
Q   StadtA Ulm, H Waibel: Raimund WAIBEL, Mitglieder in Gemeinderat und Bürgerausschuss 1800-1899, Typoskript, S. 10

Hainlen, *Karl* Christian, * Ulm 7. Okt. 1805, † Herrenberg 8. Jan. 1890, ev.; 1829 Präzeptor in Crailsheim, 1839 Pfarrer in Frauenzimmern, 1850 dsgl. in Oberjettingen, 1879 a. D., Gründer und Vorstand des Karlsvereins für verwahrloste Kinder, korrespondierendes Mitglied des Landwirtschaftlichen Vereins, 1874 Ritterkreuz I. Kl. des Friedrichsordens, 1877 Abg. von Herrenberg zur 2. Landessynode, kam während der Belagerung Ulms in einem Keller als S. d. Stadtuhrmachers und Senators Christian →Hainlen zur Welt
L   Ih 1, S. 323 – Magisterbuch 25 (1884), S. 57 – EHMER/KAMMERER, S. 172

Haldenwang, Max; Landgerichtsrat in Tübingen, 1898 als Nachfolger des Julius (von) →*Föhr Landgerichtsdirektor in Ulm, Justitiar der Reichsbank-Zweigstelle Ulm, 1883 Ritterkreuz I. Kl. des Friedrichsordens, 1901 Ritterkreuz des Württ. Kronordens
L   UBC 3, S. 173, 243, 250

Halder, Gottlob Emil, * Ulm 6. Jan. 1830, † 1915, ev.; Pfarrer in Kloppenheim bei Wiesbaden, Gefängnisgeistlicher in Eberbach und der Irrenanstalt Eichberg (Hessen-Nassau), Pfarrer in Diethard und Staffel bei Limburg/Lahn, 1901 a. D., verlebte seinen Ruhestand in Tübingen
L   Magisterbuch 37 (1914), S. 65

Hallbauer, Fritz, * 31. Aug. 1857, † Ulm 2. Dez. 1914, ⬚ ebd., Hauptfriedhof; Kgl. Baurat in Ulm

Hammer, Eduard (von), * Widdern/OA Neckarsulm 1. Aug. 1793, † Esslingen/Neckar 21. Juli 1850, ev.; Oberjustizrat und Oberamtsrichter in Ulm, zuletzt dsgl. in Esslingen/Neckar,

1839 bis 1845 MdL Württemberg (II. Kammer; Bez. Besigheim), 1841 Ritterkreuz des Württ. Kronordens
L   RABERG, Biogr. Handbuch, S. 316

Hammer, Otto, * Ulm 5. April 1864; Oberlehrer an der Mittelbzw. Volksschule Ulm, 1929 a. D., Vorstand des Vereins für klassische Kirchenmusik in Ulm sowie des Gaues Ulm im Schwäb. Sängerausschuss, nationalliberaler Kommunalpolitiker, seit 1906 Bürgerausschussmitglied
L   Grundbuch der ev. Volksschule ⁵1933, S. 95 – UBC 3, S. 347 – UBC 4, S. 373 f., 379 (Bild), 529

Handschuh, Jacob, * Ulm, † ebd. 31. Okt. 1854; Rechtskonsulent und ab 1849 Gemeinderat in Ulm, 1845 Bewerber um das Amt des Stadtschultheißen, Mitglied des Vereins für Kunst und Altertum in Ulm und Oberschwaben
Q   StadtA Ulm, H Waibel: Raimund WAIBEL, Mitglieder in Gemeinderat und Bürgerausschuss 1800-1899, Typoskript, S. 10
L   SCHNEIDER-HORN, Die Tübinger Franken, S. 144, Nr. 91

Hardt-Wöllenstein, Freiherr *Viktor* Romuald Heinrich von, * 8. Feb. 1796; Rittmeister im Kgl. Württ. Reiter-Rgt. Nr. 1, später Kgl. Württ. Major und Kammerherr in Ulm, 5. Juni 1848 Befehlshaber der Ulmer Bürgerwehr, Mitglied des Vereins für Kunst und Altertum in Ulm und Oberschwaben
L   UBC 1, S. 600

Harrsch, Hans, * 20. Juni 1819, † Ulm 23. Sept. 1884; Kaufmann in Ulm
L   UNGERICHT, S. 152

Hartmann Friedrich (von), * 1850, † Ulm 10. Dez. 1930; Landgerichtspräsident a. D., Landgerichtsdirektor in Ravensburg, Ehrenkreuz des Württ. Kronordens, Ritterkreuz des Friedrichsordens
L   UBC 2, S. 575

Hartmann, Heinrich, * Mönsheim/OA Leonberg 30. Sept. 1864, ev.; 1890 Volksschullehrer in Ehingen/Donau, 1896 dsgl. an der Mittelschule Schorndorf, ab 1902 an der Mittelschule in Ulm, zuletzt Rektor der Mädchenmittel- und Mädchenvolksschule (Sammlungsschule) in Ulm, 1931 a. D.
L   Grundbuch der ev. Volksschule 1914, S. 115 – ebd. ⁵1933, S. 95 – UBC 3, S. 288

Hartmann, Karl Friedrich, * 1812, † Ulm 6. Jan. 1889; 1858 Vorstand der neu gegründeten Töchterschule (Sammlungsschule), ab 1866 Oberlehrer ebd., bis 1886 Standesbeamter in Ulm
L   UBC 2, S. 553

Hartmann, Max, † München Jan. 1929, über 90 J.; 1874 bis 1898 Inhaber der Marienapotheke in Neu-Ulm, 1882 bis 1887 Magistratsrat ebd., gastierte wieder als Sänger, gastierte wiederholt als Heerrufer im „Lohengrin" im Ulmer Stadttheater
L   BUCK, Chronik Neu-Ulm, S. 100, 105 – UBC 2, S. 22

Hartmann, Max, * Stuttgart 15. Sept. 1911, † Ulm 30. April 1981, ev.; Pfarrer in Böhringen, Schorndorf und Denkendorf, Mitglied der Landessynode
L   EHMER/KAMMERER, S. 177 (Bild)

Hartmann, Sigmund Christoph Reichsritter von, Lic. iur. utr., * Salzburg 30. Aug. 1737, † 11. Okt. 1821, kath., später ev.; Hofmeister in Amsterdam, 1769 Ratskonsulent der Reichsstadt Ulm, am 30. Aug. 1777 zum Syndicus der Ulmer Bürgerschaft im Prozess gegen den Magistrat gewählt, zuletzt Salzburgischer Pfleger in Mühldorf am Inn
L   WEYERMANN I, S. 289 – GÄNßLEN, Ratsadvokaten, S. 232 ff.

Hartter, Rudolf, * Tübingen 19. Juni 1840, † 1901, ev.; Diakonatsverwalter in Crailsheim, 17. Juni bis 10. Aug. 1869 Vikar bei Stadtpfarrer Friz am Ulmer Münster, danach Diakonatsverweser an der Dreifaltigkeitskirche ebd., 1872 Pfarrer in Luizhausen, 1880 Stadtpfarrer in Herrenalb
L   NEBINGER, Die ev. Prälaten, S. 583

Haselmaier, Otto, * 28. Juni 1834, † 1873; Auditeur (= Anwalt beim Kriegsgericht) in Ulm
L   PHILIPP, Germania, S. 78, Nr. 1152

Haßler, Carl Christoph, * Ulm 19. Nov. 1799, † Plüderhausen/OA Welzheim 25. Mai 1846, ev.; 1819 bis 1823 Theologiestudium in Tübingen (Mitglied des Corps Ulma), 1824 Vikar in Unterjesingen, 1826 dsgl. in Tieringen, 1827 dsgl. in Zell am

Aichelberg, Pfarrverweser in Öschingen, 1828 Vikar in Großsachsenheim, 1828 dsgl. in Erbstetten, 1830 Stadtpfarrer an St. Michael in Schwäbisch Hall, 1830 Pfarrer in Plüderhausen, S. d. Aktuars Johann Peter Haßler in Ulm

L   HUBER, Haßler, S. 132

Hauff, Ernst, * Ulm 13. Dez. 1862, † Gussenstadt 1924; ev. Pfarrer in Gussenstadt, früher dsgl. in Lauterburg

L   Magisterbuch 30 (1897), S. 153 – SCHMIDGALL, Burschenschafterlisten, S. 171, Nr. 438

Haug, Albert, * Stettberg 4. Feb. 1852; zunächst Hilfslehrer, 1891 Professor für Mathematik und Naturwissenschaften am Realgymnasium und an der Realanstalt Ulm, 1915 Ehrenmitglied des Ulmer Vereins für Mathematik und Naturwissenschaft

L   CRAMER, Württembergs Lehranstalten ⁶1911, S. 55 – UBC 4, S. 7

Haug, Matthias, * Pliezhausen/OA Tübingen 15. März 1829, † Ulm 26. Mai 1922; Oberlehrer in Ulm, bestieg noch im Alter von 85 Jahren den Münsterturm bis zum oberen Umgang

L   Ih 1, S. 338 – UBC 4, S. 185

Haußer, Adolf, * Ulm 1. Jan. 1879, † Stuttgart-Degerloch 21. Juli 1932, ev.; Bauinspektor bei der Ministerialabteilung für den Straßen- und Wasserbau im württ. Innenministerium, Baurat bei der Ministerialabteilung für das Hochbauwesen ebd., zuletzt Oberbaurat bei der Württ. Gebäudebrandversicherungsanstalt, S. d. Rechtsanwalts Adolf →*Haußer

L   UBC 3, S. 454, 455 (Bild)

Haußer, *Adolf* Friedrich, * Langenau/OA Ulm 8. April 1841, † Ulm 25. Mai 1914, ev.; Rechtsanwalt und öffentlicher Notar in Ulm, Vorstand des Anwaltvereins Ulm, Mitglied der Württ. Anwaltskammer, 1891 Mitbewerber bei der Wahl zum Oberbürgermeister von Ulm, bei der er nur 157 Stimmen erhielt, S. d. Gemeindepflegers, späteren Stadtschultheißen und Ratsschreibers sowie Landtagsabgeordneten Conrad Friedrich Haußer in Langenau, V. d. Oberbaurats Adolf →*Haußer

L   SK Nr. 237/1914 – WN 1914 (1917), S. 255 – UBC 3, S. 565, 567 (Bild) – PHILIPP, Germania, S. 85, Nr. 1250

Haußer, Christian, * 29. Jan. 1830, † 26. Aug. 1903; Gerichtsnotar in Ulm, 1899 a. D.

L   UBC 3, S. 203 (Bild), 204

Haußer (Hauser) sen., Heinrich, * 14. Juli 1832, † Ulm 8. Juni 1895, ev.; Wirt zum Baumstark in Ulm, zuletzt Bahnhofrestaurateur und seit 1893 Gemeinderat in Ulm

Q   StadtA Ulm, H Waibel: Raimund WAIBEL, Mitglieder in Gemeinderat und Bürgerausschuss 1800-1899, Typoskript, S. 10.

L   Staatsanzeiger Nr. 133, 11. VI. 1895, S. 1003 – UBC 3, S. 100 (Bild)

Haußer, Karl, * Ulm 23. April 1902; Forstbeamter, zuletzt Leiter der Forstlichen Versuchsanstalt Hechingen, Landesforstmeister

L   PHILIPP, Germania, S. 147, Nr. 1908

Haußmann, Eduard, * 3. März 1861, † Ulm 3. Juli 1931, ev.; Rechnungsrat a. D. in Ulm

L   UBC 3, S. 165, 166 (Bild)

Haustein, Hermann, * 20. Nov. 1853, † Ulm 3. Juni 1932, ev.; Kaufmann in Ulm, 1880 Mitgründer und -inhaber der Firma Kienzerle & Haustein (Papiergroßhandlung), zuletzt Privatier in Ulm, Kassier und zuletzt Ehrenmitglied der Ulmer Liedertafel

L   UBC 3, S. 427

Haux, Hermann, Dr., † Stuttgart 18. Juli 1904; Studium der Kameralwissenschaften in Tübingen (Landsmannschaft Ghibellinia), im württ. Zolldienst, zuletzt Hauptzollverwalter beim Hauptzollamt Stuttgart, 1877 Kameralverwalter in Wiblingen, 1880 dsgl. in Heidenheim, 1886 tit. Finanzrat, Herbst 1890 bis zum Tode Vorstand des Hauptsteueramts Stuttgart, tit. Obersteuerrat, Ehrenritterkreuz des Württ. Kronordens, Ritterkreuz I. Klasse des Friedrichsordens

L   Staatsanzeiger Nr. 165, 18. VII. 1904, S. 1115 und Nr. 167, 20. VII. 1904, S. 1147 – WINTERHALDER, Ämter, S. 112, 274, 383

Hayd, Josef; Sekretär beim Landgericht Augsburg, Okt. 1881 bis Jan. 1885 als Nachfolger von Otto →*Ploner rechtskundiger Bürgermeister von Neu-Ulm

L   BUCK, Chronik Neu-Ulm, S. XVII f. (Bild), 97, 269 – UBC 2, S. 437 – TREU, Neu-Ulm, S. 576

Hayn, Fritz, * Schrozberg 11. Okt. 1885, † Freudenstadt 17. Feb. 1968; Kantor und Organist, Musikdirektor in Ulm, Nov. 1923 als Nachfolger des verstorbenen Johannes→Graf zum Münsterorganisten und Chorleiter ernannt

L   Ih 1, S. 343 – UBC 4, S. 218 (Bild), 220 – Wikipedia

Hecker, Karl Heinrich Friedrich August, * Ulm 23. Nov. 1845, † Stuttgart 18. Nov. 1897, ev.; Offizier, Major, Redakteur, Erzähler

L   Staatsanzeiger 1897, S. 1931 – SK 1897, S. 2391 – Württ. Jahrbücher 1897, S. VIII – KRAUß, Schwäb. Literaturgesch. 2, S. 350

Hees, Karl, * Reichenberg 14. April 1837, † Ulm 20. Juni 1895; Oberlehrer an der Elementarschule Ulm

L   CRAMER, Württembergs Lehranstalten 1886, S. 123 – UNGERICHT, S. 154

Hegelmaier, Christoph Friedrich, Dr. med., * Sülzbach-Weinsberg 4. Sept. 1833, † Tübingen 25. Mai 1906; ev.-theol. Seminar Urach, Medizinstudium in Tübingen, 1859 bis 1862 Militärarzt, zuletzt beim 5. Inf.-Rgt. in Ulm, 1862 bis 1864 botanische Studien in Berlin, 1864 Habilitation in Tübingen, 1866 bis 1905 ao. Professor bzw. 1902 tit. und Rang o. Honorarprofessor der Botanik an der Univ. Tübingen, Ehrenmitglied der naturforschenden Gesellschaft in Berlin, Ritterkreuz des Württ. Kronordens, S. d. Dekans Hegelmaier

L   Staatsanzeiger S. 893 – SK Nr. 240 – Württ. Jahrbücher 1906, S. IV

Hegelmaier, Ludwig (von), * Ammerbuch-Pfäffingen 20. Juli 1810, † Ludwigsburg 24. Feb. 1882, ev.; Kgl. Württ. Generalleutnant, Gouverneur der Festung Ulm, Mitglied des Vereins für Kunst und Altertum in Ulm und Oberschwaben

L   Ih 1, S. 345 – UBC 2, S. 201

Hegelmaier, Ludwig Friedrich *Otto*, * Waldsee 3. Jan. 1855, † Tübingen 26. Aug. 1903, ev.; Amtsrichter in Kirchheim/Teck, 1886 Hilfsstaatsanwalt beim Landgericht Ulm, 1891 Landrichter in Ravensburg, zuletzt seit 1897 Landgerichtsrat in Heilbronn/Neckar, Schwiegersohn des Julius →*Föhr

L   Jürg ARNOLD, Die Kaufmanns- und Fabrikanten-Familie Cloß in Winnenden und Heilbronn/Neckar..., Stuttgart 1987, S. 231

Heider, *August* Albert Karl Valentin von, * 8. April 1812, † Ulm 17. Okt. 1884; Revisor bei der Finanzkammer in Ulm, 1850 Kameralverwalter in Waldsee, 1861 dsgl. in Blaubeuren, 1876 a. D., Mitglied des Vereins für Kunst und Altertum in Ulm und Oberschwaben, Ritterkreuz I. Kl. des Friedrichsordens

L   BECKE-KLÜCHTZNER, S. 341 – WINTERHALDER, Ämter, S. 52, 319 – UNGERICHT, S. 89

Heider, *August* Eitel von, * Blaubeuren 13. Feb. 1854, † Ulm 16. Sept. 1891; Landrichter in Ulm, Amtsrichter in Biberach/Riß und zuletzt in Ulm

L   UBC 3, S. 11, 415 – UNGERICHT, S. 88 – PHILIPP, Germania, S. 96

Heider, August von, * Ulm 29. Feb. 1892, † gef. in den Argonnen 5. Aug. 1915; nach Abitur am Kgl. Gymnasium Ulm 1911 stud. iur. in Tübingen, im Ersten Weltkrieg Leutnant

L   UBC 2, S. 489 – PHILIPP, Germania, S. 139, Nr. 1824

Heider, Otto von, * Ulm 8. Okt. 1894, † 6. Feb. 1983; 1913 nach Abitur am Kgl. Gymnasium Ulm forstwissenschaftliches Studium in Tübingen, Forstbeamter, Forstmeister in Sindelfingen

L   Ih 3, S. 131 – UBC 3, S. 551 – PHILIPP, Germania, S. 142, Nr. 1860

Heigelin, Friedrich Marcell, * Stuttgart 18. Sept. 1800, † Ulm 4. April 1836; Oberjustizassessor beim Kgl. Gerichtshof in Ulm

L   PHILIPP, Germania, S. 31

Heilbronner, siehe auch →*Hailbronner

Heilbronner, *Friederike (Frida)*, * 16. Sept. 1888; Aufseherin, Angestellte in Ulm, 1928 Landtagskandidatin (Platz 16 Vorschlagsliste; SPD)

Q   HStAS, EA 4/150 Bü 519

Heilbronner, Matthäus, * 1792, † Ulm 13. Juni 1876; Metzger in Ulm, 1840 Bürgerausschussmitglied ebd., 1849 bis 1851 Gemeinderat ebd.

Q   StadtA Ulm, H Waibel: Raimund WAIBEL, Mitglieder in Gemeinderat und Bürgerausschuss 1800-1899, Typoskript, S. 11

L   UBC 2, S. 349

Heilbronner, Thomas, * Ulm 15. Nov. 1845, † ebd. 26. Sept. 1919, ev.; Schiffmeister in Ulm
L   UBC 4, S. 114 (Bild), S. 117

Heilemann, *Karl* Anton, Dr. rer. pol., Dipl.-Volkswirt, * Ulm 30. Sept. 1897, † ebd. 14. Juni 1970; Bankkaufmann, später Börsenmakler, in den 1930er Jahren nach Südafrika ausgewandert, S. d. Metzgermeisters Conrad Heilemann in Ulm
L   EBERL/MARCON, S. 314, Nr. 1035

Heim, Ferdinand, * Ulm 27. Sept. 1864, † Stuttgart 21. Okt. 1912; Amtsanwalt und Hilfsrichter in Mergentheim, zuletzt Rechtsanwalt in Stuttgart, S. d. Oberbürgermeisters Carl von →Heim
L   PHILIPP, Germania, S. 103, Nr. 1471

Heim, Hermann, Dr. iur., * Waiblingen 23. Dez. 1863, † Starnberg (Bayern) nach Nov. 1928; Rechtsanwalt in Ulm
L   ARNOLD, Stuttgardia II, S. 39

Heinkel, Jacob, * Ulm 14. Jan. 1776; Gymnasium in Ulm, 1799 Studium in Tübingen, 1802 Lehrer an der Ulmer Primärschule, 1810 Unterprimärlehrer ebd., 1811 Präzeptor der ersten Klasse, S. d. Bäckers Heinkel
L   WEYERMANN II, S. 167

Heinrich, Fritz, * Großhirschbach/OA Öhringen 13. März 1879; Landgerichtsrat in Ulm
L   SCHMIDGALL, Burschenschafterlisten, S. 147

Heinrich, Johann Ludwig; Wirt „Zum Russischen Hof" in Ulm, 1831 Bürgerausschussmitglied ebd., 1844 bis 1855 und ab 1862 Gemeinderat ebd., einer der höchstbesteuerten Bürger
StadtA Ulm, H Waibel: Raimund WAIBEL, Mitglieder in Gemeinderat und Bürgerausschuss 1800-1899, Typoskript, S. 11

Heinrich, Karl, * 1838, † Ulm 1892; Wirt zum Russischen Hof in Ulm
L   UNGERICHT, S. 155

Heintzeler, Christoph *Andreas*, * Suppingen/OA Blaubeuren 1812, † Ulm 1892, ⬚ ebd., Alter Friedhof, ev.; 1844 Pfarrer in Dürrwangen, 1859 Dekan in Welzheim, 1876 Ritterkreuz I. Kl. des Friedrichsordens, 1883 a. D., verlebte seinen Ruhestand in Ulm, ∞ Rosa Schmoller, T. d. Pfarrers Schmoller in Weidenstetten
L   Magisterbuch 28 (1892), S. 59 – UNGERICHT, S. 155

Heintzeler, Ernst, * Ulm 23. Okt. 1867; ev. Geistlicher, 1892 Pfarrer in Asselfingen, 1911 dsgl. in Hemmingen
L   Magisterbuch 40 (1928), S. 116 – SCHMIDGALL, Burschenschafterlisten, S. 172, N. 505

Heintzeler (sen.), Theodor, * Seißen/OA Blaubeuren 24. März 1823, † Stetten im Remstal 1. Juni 1896, ev.; Garnisonspfarramtsverweser in Ulm, 31. März 1859 offiziell Garnisons- und Festungspfarrer in Ulm und Wiblingen ernannt, 1877 Stadtpfarrer in Giengen an der Brenz/OA Heidenheim, 1879 zugleich Bezirksschulinspektor, ab 1884 Pfarrer in Stetten im Remstal, Mitglied des Vereins für Kunst und Altertum in Ulm und Oberschwaben, V.d. Theodor →*Heintzeler (jun.)
L   Ih 1, S. 351 – Magisterbuch 28 (1892), S. 72 – Staatsanzeiger Nr. 125, 2. VI. 1896, S. 891 – UBC 2, S. 73, 127.

Heintzeler (jun.), Theodor, * Ulm 7. Juni 1861, † 1931, ev.; 1888 ev. Pfarrer in Münster/Weikersheim, 1890 dsgl. in Loßburg, 1895 dsgl. in Ohmenhausen, 1899 dsgl. in Stöckenburg, 1911 dsgl. in Sulzbach am Kocher/Dekanat Gaildorf, 1918 a. D., S. d. Ulmer Garnison- und Festungspfarrers Theodor →*Heintzeler (sen.)
L   Magisterbuch 40 (1928), S. 99

Heinz, Albrecht, * Ulm 23. Dez. 1813, † 8. Juli 1878; Buchbindermeister in Ulm, S.d. Ulmer Buchbinders Johann Georg Heinz, Bruder des Regierungsrats Carl Wilhelm von →Heinz
L   UNGERICHT, S. 155

Heiß, August, * Ulm 2. Nov. 1846, † ebd. 12. Aug. 1902, ⬚ ebd., Hauptfriedhof, ev.; Apotheker (Besitzer der Mohrenapotheke) und ab 1883 Bürgerausschussmitglied in Ulm, 1895 bis 1902 Mitglied des Aufsichtsrats der Gewerbebank Ulm, Vorstand des Veteranenvereins „Prinz Hermann von Sachsen-Weimar", 1898 Ritterkreuz II. Kl. des Friedrichsordens
Q   StadtA Ulm, H Waibel: Raimund WAIBEL, Mitglieder in Gemeinderat und Bürgerausschuss 1800-1899, Typoskript, S. 11
L   UBC 3, S. 12, 36, 129, 193, 271 272 (Bild)

Helb, Emma, geb. Mailänder, * Neu-Ulm 28. Aug. 1885, † 1967; Wiedergründerin und Vorsitzende des Frauenvereins Neu-Ulm, Oberfeldführerin, Ehefrau d. Wilhelm →Helb

Held, Christoph, * Ulm 1855, † ebd. 10. Dez. 1927; Lokomotivführer in Ulm, bekannter und beliebter Bewohner des Fischerviertels, begeisterter und hervorragender Angler
L   UBC 1, S. 327 (Bild)

Heller, Anton, * Günzburg 25. Juni 1850, † ebd. 1. Juni 1929; approbierter Bader und 1911 bis 1919 Mitglied des Gemeindekollegiums in Neu-Ulm, Kolonnenführer der Freiwilligen-Sanitätskolonne vom Roten Kreuz Neu-Ulm e. V.
L   Adreßbuch Ulm/Neu-Ulm 1912, Zehnte Abteilung, S. 69, 72 – Adreß- und Geschäfts-Handbuch Ulm/Neu-Ulm 1925, Zehnte Abteilung, S. 88 – TEUBER, Ortsfamilienbuch Neu-Ulm I, Nr. 1750 [dort „Martin Heller"]

Hellmann, Salomon, * 14. Sept. 1852, † Ulm 25. April 1922, mos.; Bankier in Ulm, ab 1899 Vorsitzender des Aufsichtsrats der Brauerei „Zum Schiff" AG, Ulm, Mitglied der Industrie- und Handelskammer Ulm, ab 1891 Ausschussmitglied des neugegründeten Ulmer Wohnungsvereins, ab 1904 Vorstandsmitglied der neu gegründeten Sektion Ulm-Neu-Ulm des bayerischen Kanalvereins
L   UBC 3, S. 5, 204, 315 – UBC 4, S. 184, 193 (Bild) – KEIL, Dokumentation, S. 361

Hengst, Christian Friedrich, * 1788; 1808 bis 1867 in Diensten der Stadt Ulm, Ratsschreiber der Stadt Ulm, Juli 1867 a. D., 1837 bis 1849 Gemeinderat in Ulm, ab 1841 „Stadtrat auf Lebenszeit"
Q   StadtA Ulm, H Waibel: Raimund WAIBEL, Mitglieder in Gemeinderat und Bürgerausschuss 1800-1899, Typoskript, S. 11
L   HEPACH, Königreich, S. 121 f., 146 – SPECKER, Ulm im 19. Jahrhundert, S. 297 f. – WAIBEL, Gemeindewahlen, S. 265 f., 273, 293-295, 327 ff.

Henning, Gustav, * Stuttgart 22. Nov. 1875, † Schömberg 12. Jan. 1932, ev.; 1914 bis 1919 Forstamtmann in Ulm, zuletzt Forstmeister in Creglingen
L   EHMER/KAMMERER, S. 186

Henseler, Zacharias, * 4. Feb. 1740, † Ulm 19. März 1825, ev.; ursprünglich Schneidergeselle, Geometer und städtischer Straßenbauinspektor in Ulm
L   UBC 1, S. 484 (Bild)

Hepp, Leo, * Ulm 15. Aug. 1907, † ebd. 24. Okt. 1987; 1. Okt. 1961 bis Sept. 1967 als Nachfolger von Max →*Pemsel Kommandierender General des II. Korps in Ulm, anschließend Leiter der Abteilung II (Sigint) des Bundesnachrichtendienstes (BND) in Pullach
L   Wikipedia

Herbert, Johann Georg (von), * 8. Okt. 1833, † Steiermark (Österreich) 7. Juli 1901; Oberstleutnant, Vorstand des Festungsgefängnisses in Ulm, Landschaftsmaler und Zeichner
L   UBC 3, S. 246, 248 (Bild)

Herbort, Carl Gustav, * 12. Nov. 1802, † Ulm 9. Jan. 1874; 1826 bis 1833 Aktuar bei den OÄ Wangen und Reutlingen, 1833 bis 1836 prov. Kanzleiassistent bei der Regierung des Schwarzwaldkreises in Reutlingen, zeitweise Oberamtsverweser von Horb und Spaichingen, 1836 bis 1843 Expeditor (Revisor) bei der Regierung des Jagstkreises in Ellwangen, 1843 bis 1853 Oberamtmann von Sulz, 1853 bis 1870 Regierungssekretär bei der Regierung des Donaukreises in Ulm, tit. Kanzleirat
L   UNGERICHT, S. 155 – Amtsvorsteher, S. 313 [mit abweichendem Geburtsjahr und ohne Sterbedatum]

Herder, Leopold, * Friedingen/OA Riedlingen 14. Nov. 1808, † Ellwangen 3. Aug. 1868; 1832 Privatgehilfe bei einem Ulmer Prokurator, 1838 Sekretär beim OA Ulm, 1841/42 Kanzleiassistent bei der Regierung des Donaukreises in Ulm und 1842/43 Regierungsassessor ebd., zuletzt Oberamtmann von Biberach und Regierungsrat bei der Regierung des Jagstkreises in Ellwangen/Jagst
L   Amtsvorsteher, S. 312

Hermann, Hans, * Memmingen 7. Jan. 1894; ab 1919 Volksschullehrer in Schwenningen/Neckar, ab 1934 Rektor der Knaben-Volksschule Ulm, 15. Nov. 1925 NSDAP-Mitglied, Ortsgruppenleiter der NSDAP Schwenningen/Neckar und Fraktionsvorsitzender der NSDAP im Gemeinderat ebd.,

Kreisamtsleiter des NSLB und für das Kreisamt für Erzieher in Ulm, ab 1935 Ulmer „Ratsherr", Goldenes Parteiabzeichen

L   Grundbuch der ev. Volksschule ⁵1933, S. 190 – UBC 5a, S. 112, 140

Hermann, *Hugo* Albrecht, Dr. phil., * Ulm 1. Jan. 1820, † Cannstatt 7. oder 18. April 1898, ev.; 1846 Präzeptor in Güglingen, 1850 dsgl. in Markgröningen, 1851 dsgl. am Stuttgarter Gymnasium, 1853 dsgl. (tit. Professor) am Gymnasium Heilbronn/Neckar, 1863 Rektor des Pädagogiums Esslingen/Neckar, 1876 Rektor des Lyzeums ebd., Rektor des Lyzeums Esslingen/Neckar, 1887 a. D., Ritterkreuz I. Kl. des Friedrichsordens

L   Ih 1, S. 362 – SK 1898, S. 847 – Württ. Jahrbücher 1898, S. VII

Hermann, Otto, * Göppingen 5. Jan. 1890, † Stuttgart-Birkach 1974, ev.; 1913 Vikar in Großaspach. 1914 dsgl. in Wangen im Allgäu und Stadtvikar in Untertürkheim sowie Verweser des Zweiter Stadtpfarramts in Vaihingen/Enz, 1918 Stadtvikar (Verweser des Ersten Stadtpfarramts) in Schorndorf und Tuttlingen, 1919 dsgl. in Aalen , 1920 Pfarrer in Gruorn auf der Münsinger Alb, 1930 Dritter Stadtpfarrer in Aalen, 1939 Erster Stadtpfarrer an der Martin-Luther-Kirche in Ulm, 1948 Dekan in Künzelsau, 1955 a. D., Onkel d. Maria →Hermann

L   SIGEL 12,2, Nr. 426,30 (S. 760 f.) – Magisterbuch 41 (1932), S. 171 – MAYER, Die ev. Kirche, S. 495-497.

Herrenberger, Hermann, * Ulm 18. April 1881, † 1953, ev.; 1899 Abitur am Realgymnasium Ulm, Regierungsbaumeister, besoldeter Stadtrat und Oberbaurat, Vorstand des Stadtbauamts Fürth, Mitglied des Vereins für Kunst und Altertum in Ulm und Oberschwaben, S. d. Heinrich →Herrenberger (jun.)

L   Reichshandbuch II, S. 726 f. (Bild) – UBC 3, S. 200

Herrlinger, Albert (von), * Stuttgart 28. Mai 1846, † ebd. 21. März 1912, □ Pragfriedhof 23. März 1912, ev.; nach ev.-theol. Seminar Schöntal u. Studium in Tübingen 1874 Garnisonauditeur in Ulm, 1875 dsgl. in Weingarten, 1877 wieder in Ulm, 1886 dsgl. in Stuttgart, 1894 tit. u. Rang Kriegsrat, 1898 Mitglied d. Oberkriegsgerichts, Vortragender Rat im württ. Kriegsministerium, 1906 Wirkl. Geh. Kriegsrat, 1911 a. D.

L   Schwäb. Merkur (Kronik) Nr. 136 (Abendblatt), 21. III. 1912, S. 5 u. 7 (Todesanz.) – ebd. Nr. 140 (Abendblatt), 23. III. 1912, S. 9

Herrlinger, Friedrich, * Ulm 28. Jan. 1879, + Brackenheim 26. Juli 1945, ab 1903 Lehrer an der Mittelschule Ulm, Hauptlehrer, Jan. 1922 Oberlehrer an der Mittelschule ebd., 1927 Rektor der Grundschule Ulm, 1919 bis 1933 SPD-Gemeinderat in Ulm, Ende 1924 (Platz 5 der Vorschlagsliste der SPD) und 1928 Reichstagskandidat (Platz 5 der Vorschlagsliste der SPD)

L   Grundbuch der ev. Volksschule 1914, S. 151 – Grundbuch der ev. Volksschule ⁵1933, S. 134 – DANNENBERG, S. 113 f.

Herrlinger, Heinrich; Posamentier (Bortenmacher) in Ulm, 1863 Gründungsmitglied der Gewerbebank Ulm

L   RIEBER/JAKOB, Volksbank, S. 57

Herrmann, Erwin, Dr. phil., * Ulm 15. Juni 1877; 1911 Oberpräzeptor an der Lateinschule Brackenheim, 1916 dsgl. am Karlsgymnasium Stuttgart, 1918 Professor

L   CRAMER, Württembergs Lehranstalten ⁷1925, S. 122

Herrmann, Johann, * 5. Feb. 1864; Schreinermeister in Ulm, Keltergasse 15

L   UBC 4, S. 329, 341 (Bild)

Herrmann, Max, * 1854, † Ulm 15. Feb. 1931; Brauereibesitzer „Zur Stadt" und ab 1898 Bürgerausschussmitglied, ab 1903 Gemeinderat in Ulm, Schwiegervater des Dr. Alfred →Mendler

L   UBC 3, S. 48 (Bild), 182, 273, 301 – WAIBEL, Gemeindewahlen, S. 371

Herz, Georg, Dr. phil., * Ulm 3. Okt. 1867; Städtischer Konzertmeister in Ulm

L   Magisterbuch 40 (1928), S. 116

Heß, Jakob, * Ellwangen/Jagst 1821, † Ulm 12. Juli 1896; Rechtskonsulent und Notar in Ulm, Oberjustizprokurator in Ulm, seit 1874 Vorstand der Rechtsanwälte des Donaukreises, Mitglied der Württ. Anwaltskammer

L   SK Nr. 161 (Mittagsblatt), 13. VI. 1897, S. 1425 – ebd. Nr. 161 (Abendblatt), 13. VII. 1896, S. 1431 (Todesanz.) – Württ. Jahrbücher 1896, S. VII – UBC 2, S. 337

Heß, Johannes, * 20. März 1875, † Ulm 18. Feb. 1938; Erster Staatsanwalt beim Landgericht Ulm, zuletzt ab Jan. 1935 als

Nachfolger von Max →Ernst Oberstaatsanwalt ebd., 1933 NSDAP-Mitglied

Q   StAL, E902/21 Bü 1756 – ebd., E 322 III Bü 8
L   Staatshandbuch 1928 I, S. 20 – UBC 5a, S. 100, 110, 291

Hetsch, Johann *Heinrich*, * Ulm 11. Jan. 1798, † Grömbach bei Freudenstadt 1847, ev.; 1816-1821 Theologiestudium in Tübingen, 1821 Pfarrverweser in Eybach, 1824 Vikar in Rudersberg, 1824 Pfarrer in Göttelfingen, zuletzt Pfarrer in Grömbach, S. d. Stadtmusicus Johann Jakob →*Hetsch

L   HUBER, Haßler, S. 135

Hetsch, Johann Jakob, * 1756, † 1833, ev.; Stadtmusicus in Ulm, V. d. Johann Heinrich →*Hetsch

L   HUBER, Haßler, S. 135

Hetterich, Max, * Ulm 11. Juli 1851, † Stuttgart-Berg 11. Mai 1908, ev.; Kgl. Württ. Oberstleutnant, Major z. D., Ritterkreuz des Württ. Kronordens, Ritterkreuz I. Kl. des Friedrichsordens

L   CRAMER, Faberbuch, S. 71

Hettler, Theodor, * 16. Sept. 1861, † Ulm 16. Sept. 1932; Fabrikant in Ulm

L   UBC 3, S. 512

Heyberger, Karl Georg, * 1841, † 19. Feb. 1905; Professor für Zeichnen an der Gewerblichen Fortbildungsschule Ulm, Architekt und Bildhauer in Ulm, seit 1870 in Ulm lebend und wirkend, verdient auch um zahlreiche Münsterfeierlichkeiten, so die Festzüge von 1877 und 1890

L   UBC 3, S. 339

Heyberger, Werner, * Ulm 5. Nov. 1880, † gef. am Yserkanal 17. Dez. 1914; Architekt in Ulm und Bremen, S. d. Architekten Georg Werner Heyberger

L   Ih 1, S. 368 – UBC 4, S. 1, 2 (Bild)

Heyl, Johannes; Kupferschmied in Ulm, 1863 Gründungsmitglied der Gewerbebank Ulm

L   RIEBER/JAKOB, Volksbank, S. 46

Heyl, Johannes Jakob, * 10. Nov. 1792, † Ulm 7. Nov. 1859; Kupferschmied in Ulm

L   UNGERICHT, S. 156

Hezel, Ernst, * Schramberg 10. Juni 1911, ev.; Assistenzarzt in Ulm

L   SCHMIDGALL, Burschenschafterlisten, S. 157, Nr. 1006

Hieber, Albert (auch: Albrecht), * 3. Okt. 1873, † 6. Sept. 1952; Oberrechnungsrat in Ulm, [1928] Vorstand des Städtischen Wohnungs- bzw. Liegenschaftsamtes, 18. März 1933 von Staatskommissar Dr. Hermann →Schmid aus politischen Gründen beurlaubt (H. stand der SPD nahe) und im Dez. 1933 aus dem städtischen Dienst entlassen, 1945 bis 1949 Reaktivierung als Leiter des Städtischen Wohlfahrts- und Jugendamts, Jan. bis Nov. 1946 Leiter des Städtischen Wohnungsamtes

L   Staatshandbuch 1928 I, S. 370 – UBC 4, S. 77, 296 – UBC 5a, S. 15 – SPECKER, Tradition und Wagnis, S. 253, 255 – SPECKER, Großer Schwörbrief, S. 388 f.

Hiemer, Karl Theodor, * 25. Mai 1828, † Ulm 30. Mai 1893, ev.; Kgl. Württ. Major, Mitglied des Vereins für Kunst und Altertum in Ulm und Oberschwaben

L   SK Nr. 124 (Mittagsblatt), 31. V. 1893, S. 1139, 1141 (Todesanz. der Familie) – UNGERICHT, S. 161

Hiemer, *Karl* Theodor, Dr. phil., * Ulm 6. März 1862, † Stuttgart 1909, ev.; Präzeptor in Leutkirch, 1899 Professor am Gymnasium Ellwangen/Jagst, zuletzt Professor am Eberhard-Ludwigs-Gymnasium Stuttgart

L   CRAMER, Württembergs Lehranstalten ⁴1904, S. 74 – SCHMIDGALL, Burschenschafterlisten, S. 171, Nr. 437

Hieronimus, Karl, * Ulm 10. Mai 1902, † 22. Mai 1983; Forstbeamter, zuletzt Oberforstrat in Hohengehren bei Schorndorf, S. d. Hauptmanns Karl Hieronimus

L   PHILIPP, Germania, S. 146, Nr. 1895

Hildenbrand, *Christian* Georg Ludwig, * Ludwigsburg 6. März 1795, † Ulm 3. März 1860, ev.; Volksschullehrer in Großbottwar/OA Marbach, seit 1835 dsgl. an der Knabenelementarschule Ulm, ca. 1856 a. D.

L   Jürg ARNOLD, Die Familie Arnold aus Bonlanden auf den Fildern, S. 21

Hildenbrand, Johann Jakob, * Dürnau 13. März 1833, † Stuttgart 1905; 1865 Elementarlehrer in Stuttgart, später dsgl. in Ulm, 1867 dsgl. an der Bürgerschule Stuttgart

L   CRAMER, Württembergs Lehranstalten 1886, S. 123

Hillenbrand, Emil, * 7. Aug. 1859, † Ulm 27. Dez. 1918, ev.; Ingenieur und Ziegeleibesitzer in Ulm, 1893 Bürgerausschussmitglied ebd., ab 1898 Gemeinderat ebd., verkaufte im Juli 1907 sein Haus Platzgasse 27 an den Kaufmann Gottlieb Uhland
StadtA Ulm, H Waibel: Raimund WAIBEL, Mitglieder in Gemeinderat und Bürgerausschuss 1800-1899, Typoskript, S. 12
L   UBC 3, S. 36, 129, 150, 156, 179, 195, 301, 391 – UBC 4, S. 89 (Bild), 98
Hillenbrand, Franz, * Ulm 2. Dez. 1831, † ebd. 6. Aug. 1879; Maurer- und Werkmeister in Ulm, 1863 Gründungsmitglied der Gewerbebank Ulm
L   UBC 2, S. 241 – RIEBER/JAKOB, Volksbank, S. 57 – UNGERICHT, S. 156
Hillenbrand, Konrad, * Ulm 17. Juli 1815, † ebd. 23. Dez. 1886; Bauwerkmeister in Ulm, 1858 Vorsitzender des Turnerbundes Ulm
Q   StadtA Ulm, H Waibel: Raimund WAIBEL, Mitglieder in Gemeinderat und Bürgerausschuss 1800-1899, Typoskript, S. 12
L   UNGERICHT, S. 156
Hiller, Heinrich, * 18. April 1836, † Ulm 14. März 1893, ⊡ ebd., Alter Friedhof, ev.; Küfermeister und Weinhändler in Ulm, im März 1886 einer der ersten Ulmer Träger des vom König gestifteten Feuerwehrdienstehrenzeichens für 25-jährige Dienstzeit, erwarb 1873 das Gebäude Weinhof 7 um 15.000 Gulden von Küfer Schall, starb an den Folgen eines Treppensturzes
L   UBC 2, S. 317, 511 – UBC 3, S. 52 – UNGERICHT, S. 157
Himpel, Julius; Mechaniker in Ulm, 1863 Gründungsmitglied der Gewerbebank Ulm
L   RIEBER/JAKOB, Volksbank, S. 57
Hindenburg, Paul von Beneckendorff und von, * Posen 2. Okt. 1847, † Gut Neudeck (Westpreußen) 2. Aug. 1934; Generalfeldmarschall, im Okt. 1915 zum Ehrenbürger der Stadt Ulm ernannt, ab 1925 Reichspräsident, im April 1933 wurde die Neu-Ulmer Augsburger Straße in Hindenburgstraße umbenannt
L   UBC 4, S. 15, 20, 29, 44, 80 f., 90, 92, 106, 115, 249, 259-261, 273, 421, 469, 474, 519
Hinderer, † 24. Aug. 1927; Regierungsrat bei der Polizeidirektion Ulm (Verkehrs- und Gewerbepolizei)
L   UBC 1, S. 232
Hirsch, Franz, Dr. med., * 1. Okt. 1879, † Ulm 8. Aug. 1932; Spezialarzt in Ulm
L   UBC 3, S. 480 (Bild)
Hirsch, Wilhelm; Bankdirektor in Ulm, 1919 bis 1937 Vorstand der Gewerbebank Ulm
L   RIEBER/JAKOB, Volksbank, S. 61
Hirzel, Adolf, * 1855, † Reutlingen 8. Juni 1902; Major à la suite des 9. Inf.-Rgts. Nr. 127, Vorstand des Festungsgefängnisses Ulm, 1898 Ritterkreuz I. Kl. des Friedrichsordens
Hitler, Adolf, * Braunau am Inn 20. April 1889, † Berlin 30. April 1945; am 15. Mai 1933 zum Ehrenbürger der Stadt Ulm ernannt, als welcher er eine Ehrenmappe erhielt, *gefertigt von Buchbindermeister Sailer und Goldschmied [Otto]* →*Ehinger, die verschiedenen von Ulmer Künstlern geschaffenen Bilder, sowie den von Ludwig →Ade verfaßten Ehrenbürgerbrief* (UBC 4, S. 274) enthielt, Juni 1945 Aberkennung der Ehrenbürgerwürde, im April 1933 wurde der Platz beim Augsburger Tor in Neu-Ulm nach ihm benannt, 1937 Benennung des „Adolf-Hitler-Rings" in Ulm, auch diese Benennungen wurden nach 1945 zurückgenommen
L   UBC 4, S. 21, 23, 51, 80, 106, 122 f., 129 f., 155, 171, 180, 204, 219, 223, 227, 251 f., 271, 274, 312, 359, 381, 429, 469, 474, 497, 523, 529, 541, 545, 551
Hochlehnert, Franz, * 1816, † Ulm 1880, ⊡ ebd., Alter Friedhof, ev.; Buchbinder in Ulm, Gründer des Bürobedarfsgeschäfts Hochlehnert & Co beim Saalbau, Herausgeber der Adressbücher für Ulm und Neu-Ulm, 1869 und 1874 in den Bürgerausschuss gewählt
L   UBC 2, S. 226, 343 – UNGERICHT, S. 185 – WAIBEL, Gemeindewahlen, S. 351, 355
Högg, * 1799; seit Dez. 1831 Gerichtsnotar in Ulm
L   UBC 2, S. 439

Högg, Josef, * Pfedelbach 10. Okt. 1805, † 1873; Kanzleirat, Vorstand der Kanzlei des Gerichtshofs des Donaukreises in Ulm
L   PHILIPP, Germania, S. 41, Nr. 538
Höhn, Adolf, * Ulm 22. Dez. 1844 (1845?), † ebd. 27. Juli 1893, ⊡ ebd., Alter Friedhof, ev.; Bierbrauereibesitzer zum „Bären" in Ulm, sehr engagiert bei den Ulmer Schützenbrüdern
L   UBC 3, S. 55 (Bild) – UNGERICHT, S. 158
Höhn, Martin, * 9. Dez. 1813, † Ulm 11. Juli 1875, ⊡ ebd., Alter Friedhof, ev.; Bierbrauereibesitzer „Zum Bären" in Ulm, erwarb 1843 die Schildwirtschaft „Zum Reben" und übertrug sie unter dem Namen „Zum Bären" auf sein Haus im Hafenbad, das sich früher im Besitz der Familie Weickmann befunden hatte, Bürgerausschussmitglied und ab 1874 Gemeinderat ebd., Großvater d. Dr. Karl →Höhn
L   UBC 2, S. 345 (Bild) – UNGERICHT, S. 158
Höhn, Robert, * 15. März 1852, † Ulm 12. April 1891, ⊡ ebd., Alter Friedhof, ev.; Bierbrauereibesitzer „Zum Bären" in Ulm, V. d. Dr. Karl →Höhn
L   UBC 3, S. 5 (Bild) – UNGERICHT, S. 158
Höneß, Georg, * 17. Sept. 1847, † Ulm 19. Aug. 1915; Weinhändler in Ulm, bis 1891 Besitzer des Gasthofes zum „Greifen" in der Ulmer Frauenstraße, seit 1898 Hotelier und Baumstarkwirt in Ulm, seit 1905 als Vertreter des Wirtsvereins Bürgerausschussmitglied, V. d. Maria →Bolz
L   UBC 3, S. 11, 173, 323 – UBC 4, S. 12 (Bild), 14, 27
Höneß, Johann Jakob, * 1816, † Ulm 7. April 1870; Gastwirt „Zum Wilden Mann" in Ulm
Hörger, Helmut; * 1940, † 2006; Besitzer der 1. Druckerei in Neu-Ulm
Hoerner (sen.), Richard, * 3. März 1838, † Ulm 3. Jan. 1885; Landgerichtsrat in Ulm, V. d. Richard →*Hoerner (jun.) u. d. Rudolf →*Hoerner
L   UNGERICHT, S. 160
Hoerner (jun.), Richard, Dr. phil., * Neu-Ulm 4. Okt. 1884; ging 1903 zum Studium nach Tübingen (Mitglied der Burschenschaft Roigel „Tübinger Königsgesellschaft"), bestand 1909 die Lehrerdienstprüfung im sprachlich-geschichtlichen Bereich, Oberlehrer in Buenos Aires (Argentinien), 1916 Oberreallehrer am Reform-Realgymnasium Stuttgart, 1919 Professor an der Mädchenoberschule Stuttgart, 1922 auf Antrag entlassen, lehrte fortan an der Deutschen Realschule im argentinischen Belgrano, S. d. Landgerichtsrats Richard →*Hoerner
L   CRAMER, Württembergs Lehranstalten ⁶1911, S. 134 – CRAMER, Württembergs Lehranstalten ⁷1925, S. 119 – SCHMIDGALL, Burschenschafterlisten, S. 149, Nr. 649
Hoerner, Rudolf, * Ulm 1875; nach Abitur am Ulmer Gymnasium 1893 Jurastudium, 1898 Justizassessor, Amtsrichter in Heilbronn/Neckar, Ministerialrat im württ. Justizministerium, S. d. Landgerichtsrats Richard →*Hoerner
L   UBC 3, S. 56, 169
Hörsch, Georg, * Ulm 24. Okt. 1847; 1874 Turnlehrer in Ulm, 1901 Hauptlehrer ebd., 1911 a. D.
L   CRAMER, Württembergs Lehranstalten ⁶1911, S. 149
Hörz, Christoph, * Ulm 1837, † ebd. 7. Mai 1929, ev.; Uhrmachermeister in Ulm
L   UBC 2, S. 116
Höse, Ernst, * Arnstadt 14. Aug. 1909, † Ulm 27. Juli 1968; Landessekretär und Zweiter Vorsitzender der SPD Württemberg-Hohenzollern, 1952 bis 1956 MdL Baden-Württemberg, lebte zuletzt in Blaustein
L   WEIK ⁷2003, S. 68
Hoffmann, Friedrich, * Jungholzhausen 6. Jan. 1856, † Neu-Ulm 13. Sept. 1922; Kaufmann in Neu-Ulm, ab 1906 Magistratsrat ebd., Mitglied und zuletzt Zweiter Vorstand des Armenpflegschaftsrats
L   Adreßbuch Ulm/Neu-Ulm 1910, Zehnte Abteilung, S. 65 f. – ebd. 1914, Zehnte Abteilung, S. 73 – BUCK, Chronik Neu-Ulm, S. 102 – TEUBER, Ortsfamilienbuch Neu-Ulm I, Nr. 1918

Hoffmann, Gustav, * Stuttgart 7. Juni 1806, † Oberensingen 1889, ev.; Juni 1832 bis 1833 Vikar von Stadtpfarrer Christian Ludwig →Neuffer am Ulmer Münster, 1834 bis 1837 Pfarrverweser in Jungingen, 1837 Pfarrer in Reinerzau, 1841 dsgl. in Stötten, 1854 dsgl. in Perouse, 1874 a. D.
L   NEBINGER, Die ev. Prälaten, S. 583

Hoffmann, Peter (von), * 13. Feb. 1795, † Ulm 17. Mai 1849; Oberst im Ehreninvalidenkorps in Ulm
L   UNGERICHT, S. 79

Hoffmeister, Karl, * 1836, † Ulm 12. Feb. 1928; Schuhmachermeister in Ulm, Vorstand der Sängergemeinschaft „Teutonia"
L   UBC 1, S. 375 ff. (Bild)

Hohbach, Johann Christoph Conrad; Kgl. Preuß. Justizamtmann in Gunzenhausen, zuletzt Sekretär bei der Finanzkammer des Donaukreises in Ulm, V. d. Bernhard Heinrich *Gustav* →*Hohbach
L   HUBER, Haßler, S. 136 f.

Hohbach, Bernhard Heinrich *Gustav*, Dr. iur., * 28. Sept. 1803; Jurastudium in Heidelberg und Tübingen, Oberjustizrat in Ellwangen/Jagst und Ulm, S. d. Finanzkammersekretärs Johann Christoph Conrad →*Hohbach in Ulm
L   HUBER, Haßler, S. 136 f.

Hohl, Heinrich, * 1842, † Frankfurt/Oder März 1900; 1891-1898 Theaterdirektor in Ulm, seitdem dsgl. in Frankfurt/Oder
L   UBC 3, S. 25, 169, 219 ff. – SPECKER, Ulm im 19. Jahrhundert, S. 485, 494

Hohl, *Karl* Borromäus (von), * Ohmenheim/OA Neresheim 11. Aug. 1825, † Stuttgart 27. Mai 1899; Hilfsrichter an den Zivilsenaten der Kreisgerichtshöfe in Ulm und Ellwangen/Jagst, Gerichtsaktuar beim Oberamtsgericht Mergentheim, 1858 Oberjustizassessor beim Gerichtshof in Ulm, 1862 Oberamtsrichter in Geislingen/Steige, 1866 Oberjustizrat in Ulm, 1869 Kreisgerichtsrat in Stuttgart, 1879 Landgerichtsdirektor in Stuttgart, 1895 tit. Staatsrat, 11. März 1872 bis 27. Mai 1899 (†) MdL Württemberg (II. Kammer, WK Geislingen, Landespartei), 1880-1882 Vizepräsident und 1882-1895 Präsident der II. Kammer, Kommenturkreuz des Württ. Kronordens, Großkreuz des Friedrichsordens
L   RABERG, Biogr. MdL-Handbuch, S. 392 f.

Holch, Wilhelm, * 28. Nov. 1873; Regierungsbaumeister, 1909 städtischer Bauinspektor, Oberbaurat, Vorstand des städtischen Hochbauamtes Ulm
L   UBC 3, S. 57, 79, 297, 346, 396, 445, 459 – UBC 4, S. 5, 187, 219, 232, 269, 275, 445

Holl, Johannes, * Ulm 16. Jan 1761, † ebd. 2. Feb. 1803; 1784 Ratskonsulent der Reichsstadt Ulm, S. d. Handelsmannes Holl, Kriegs- und Zahlamtsherrn sowie Ratsherrn in Ulm
L   GÄNßLEN, Ratsadvokaten, S. 235 ff.

Holl, Simon, * Frittlingen 27. Feb. 1864; Rektor und Oberlehrer an der kath. Volksschule Ulm-Söflingen
L   Real-Katalog der katholischen Volksschulstellen Württembergs, Horb/Neckar 1908, S. 551

Holland, Karl Friedrich *Heinrich*, * Ulm 7. Feb. 1822, † Cannstatt 2. Sept. 1891, ev.; Forstbeamter, Forstrat in Kirchheim/Teck
L   MAIER, Nachfahrentafel Schott, S. 42 – PHILIPP, Germania, S. 69, Nr. 995

Holzheu, Alois, * Rettenbach 28. März 1858, † Neu-Ulm 1. Okt. 1913; Schuhmachermeister in Neu-Ulm, Mitglied der Meisterprüfungskommission für Neu-Ulm und Umgebung
L   Adreßbuch Ulm/Neu-Ulm 1910, Zehnte Abteilung, S. 67 – TEUBER, Ortsfamilienbuch Neu-Ulm II, Nr. 4392

Holzschuh, Jakob, * 20. Sept. 1829, † Ulm 29. Okt. 1900, ⎕ ebd., Hauptfriedhof, ev.; Schmiedemeister und Bürgerausschussmitglied in Ulm
Q   StadtA Ulm, H Waibel: Raimund WAIBEL, Mitglieder in Gemeinderat und Bürgerausschuss 1800-1899, Typoskript, S. 12

Holzwarth, Adolf, * Schernbach 15. Juni 1866, ev.; 1896 Volksschullehrer in Hanweiler, seit 1905 dsgl. in Ulm, Rektor der Wagnerschule (Knaben- und Mädchenmittelschule und gemischte Volksschule) in Ulm, 1933 a. D.
L   Grundbuch der ev. Volksschule 1914, S. 123 – ebd. ⁵1933, S. 98

Honold, Alfred, Dr.; Bankdirektor, seit 1963 Vorstand der Ulmer Volksbank
L   RIEBER/JAKOB, Volksbank, S. 61

Honold, Daniel, * Beimerstetten/OA Ulm 28. März 1871, ev.; Bäckermeister in Neu-Ulm, V. d. Bäckermeisters Hans →*Honold
L   TEUBER, Ortsfamilienbuch Neu-Ulm I, Nr. 1963

Honold, Hans, * Neu-Ulm 20. Nov. 1901; Bäckermeister in Neu-Ulm, Marienstraße 10, 1934 Obermeister der Bäckerinnung Neu-Ulm/Weißenhorn, nach 1945 maßgeblich an der Neugründung dieser Innung beteiligt und erneut Obermeister, S. d. Bäckermeisters Daniel →*Honold

Honold, Heinrich, * 7. Nov. 1852, † Ulm 21. Sept. 1897; Güterbeförderer in Ulm
L   UNGERICHT, S. 158
Q   StadtA Neu-Ulm, D 12, IX.2.1.1. – ebd., A 9
L   TEUBER, Ortsfamilienbuch Neu-Ulm I, Nr. 1963,5

Honold, Johann Tobias, * 13. Okt. 1784, † Ulm 21. Nov. 1846; Ruhetalwirt in Ulm
L   UNGERICHT, S. 158

Honold, Johannes, * 11. März 1819, † Ulm 23. April 1889; Kaufmann in Ulm
L   UNGERICHT, S. 158

Honold, Michael, * 16. Feb. 1872, † 16. Okt. 1924, ev.; Gastwirt „Zum Pflugmerzler" in Ulm

Hopff, Carl *Gottlob* Friedrich, Dr., * Ulm 4. Jan. 1805, † ebd. 1. Juni 1888; Oberzollinspektor in Ulm, V. d. *Hermann* Theodor →*Hopff
L   UNGERICHT, S. 46

Hopff, *Hermann* Theodor, * Stuttgart 6. Okt. 1838, † Ulm 27. Juli 1902, ev.; Eisengießereibesitzer in Ulm, Dez. 1885 bei der Bürgerausschusswahl gescheitert, S. d. Carl *Gottlob* Friedrich →*Hopff, Schwiegersohn des Hermann →Klemm
Q   StadtA Ulm, H Waibel: Raimund WAIBEL, Mitglieder in Gemeinderat und Bürgerausschuss 1800-1899, Typoskript, S. 12
L   UBC 3, S. 270 (Bild)

Hornung, Jakob, * Ulm 4. Dez. 1807, † ebd. 11. Juni 1877, ev.; Gärtnermeister in Ulm
L   UBC 2, S. 365 (Bild)

Hornung, Samuel, * Ulm 15. Dez. 1806, † ebd. 21. Nov. 1873; Gärtnermeister in Ulm, Bürgerausschussmitglied und 1858 bis 1872 Gemeinderat ebd., ∞ Theres Gmelin, T. d. Apothekers Gmelin in Langenau
Q   StadtA Ulm, H Waibel: Raimund WAIBEL, Mitglieder in Gemeinderat und Bürgerausschuss 1800-1899, Typoskript, S. 13

Hosch, Eduard; Buchbinder in Ulm, 1863 Gründungsmitglied der Gewerbebank Ulm
L   RIEBER/JAKOB, Volksbank, S. 56

Hosch, Karl Friedrich *Eduard*, * Ulm 24. März 1851; Oberpräzeptor an der Realschule Kirchheim/Teck, 1902 Professor an der Realanstalt Ulm, 1914 a. D.
L   CRAMER, Württembergs Lehranstalten ⁶1911, S. 52

Houwald, Werner von, * Ulm 15. Sept. 1901, † Heilbronn-Frankenbach 14. April 1974, ev.; Maler, gefördert von Adolf Hölzel in Stuttgart, studierte Bühnenmalerei bei Ciossek am Stuttgarter Landestheater, seit 1925 Schüler von C. Caspar an der Münchner Akademie, 1926 in Paris, später auch in Sizilien und Korsika, malte Landschaften, Stillleben, Bildnisse, Figürliches, Mitglied der Künstlergruppe „Roter Reiter", Ausstellungen u. a. 1951 beim Kunstverein Mannheim, 1952 im Spandhaus Reutlingen
L   Ih 1, S. 408 – VOLLMER 2, S. 292

Huber, *Ludwig* Ferdinand, * Paris 19. April 1764, † Ulm 24. Dez. 1804, ev.; Schriftsteller, ab 1766 in Leipzig aufgewachsen, 1787 Sekretär bei der Sächsischen Gesandtschaft in Mainz, 1791 kursächsischer Resident ebd., 1798 Redakteur bei der Cotta´schen „Allgemeinen Litteraturzeitung" (Tübingen, später Stuttgart), 1803 wegen eines Konflikts mit Herzog Friedrich von Württemberg nach Ulm übergesiedelt, dort Landesdirektionsrat der bayer. Provinz Schwaben bei der Sektion des

Schulwesens, ∞ Therese Forster, * Göttingen 7. Mai 1764, † Augsburg 15. Juni 1826, Schriftstellerin

L Ih 1, S. 409 ADB 13 (1881), S. 236 ff. (R. EVERS) – NDB 9 (1972), S. 684 f. (Wulf SEGEBRECHT) – Andrea HAHN, Der Mann an Thereses Seite. In Schillers Schatten: Erinnerung an Ludwig Ferdinand Huber, in: Stuttgarter Zeitung Nr. 298, 23. XII. 2004, S. 29 – Wikipedia

Huber, Rudolf, * 17. April 1845, † Ludwigsburg 24. Nov. 1933; Schuhmacher-Ehrenobermeister in Ulm

L UBC 4, S. 275, 276 (Bild)

Hügel, Freiherr Adolf von, * 21. Juni 1817, † 1898, ev.; Oberleutnant, 1842-1857 beim Festungsbau in Ulm eingesetzt, 1858 Adjutant des Festungsgouverneurs, Kommandeur des 5. Inf.-Rgts., April 1869 stv. Brigadekommandant in Ludwigsburg, 1872 a. D., Kommenturkreuz des Friedrichsordens

L CAST I, S. 429 – UBC 2, S. 197, 223 – SPECKER, Ulm im 19. Jahrhundert, S. 634 (Bild)

Huggele, Konrad, * 27. März 1814, † Ulm 9. Aug. 1889, ev.; arbeitete ab 1851 bei der Ulmer Münsterbauhütte, wegen seiner Originalität, Gewissenhaftigkeit (soll keinen Tag gefehlt haben!) und Pünktlichkeit von Bildhauer Erhardt am Achteck-Kranz des Hauptturms des Münsters als Wasserspeier verewigt

L UBC 2, S. 555 (Bild), 557

Huggle, Josef, * 24. März 1865, † Ulm 27. Nov. 1933, kath.; Verlagsdirektor der Süddeutschen Verlagsanstalt und Direktor des „Schwäbischen Volksboten" in Ulm, Gemeinderat der Zentrumspartei ebd., Schwiegervater des Dr. Wilhelm →Sedlmayr

L UBC 4, S. 275, 276 (Bild)

Huwald, Friedrich (bis 1892: Hutzelsieder), * Ulm 29. Aug. 1848; 1873 tit. Professor am Kgl. Gymnasium Ellwangen/Jagst, 1876 dsgl. am Lyzeum Cannstatt, 1882 dsgl. an der Stuttgarter Realanstalt, 1886-1900 zugleich Vorstand der kaufm. Fortbildungsschule ebd., 1902 zugleich Vorstand der Elementarschule ebd., 1904 Rektor der Realschule Stuttgart, 1916 a. D. und wirklicher Professor, Vita erreichte des Ranges auf der VI. Rangstufe und Ritterkreuz I. Kl. des Friedrichsordens

L CRAMER, Württembergs Lehranstalten ⁶1911, S. 20 – CRAMER, Württembergs Lehranstalten ⁷1925, S. 34

Huzel, Paul, * Winnenden/OA Waiblingen 7. April 1878, ev.; 1911 Pfarrer in Neenstetten, 1914 Lazarettgeistlicher in Ulm, 1926 Pfarrer in Grimmelfingen, 1916 Charlottenkreuz

L Magisterbuch 41 (1932), S. 148

Ihle, Johann; 1919 bis 1944 als Nachfolger von Thomas →*Schmid Bürgermeister von Steinheim

L TREU, Gerlenhofen, S. 65, 67

Imle, Hugo, * Ulm 22. Feb. 1869, † Stuttgart 10. Sept. 1929, Rechtsanwalt in Backnang und Gaildorf

L ARNOLD, Stuttgardia II, S. 41

Imle, Max, Dr. phil., * Ulm 18. Okt. 1867, † Rappoltsweiler (Elsaß) 1912, Oberlehrer in Rappoltsweiler

L ARNOLD, Stuttgardia II, S. 43

Insprucker, Georg Matthäus; Kaufmann in Ulm, Bürgerausschussmitglied ebd.

Q StadtA Ulm, H Waibel: Raimund WAIBEL, Mitglieder in Gemeinderat und Bürgerausschuss 1800-1899, Typoskript, S. 13

Jäckh, August Theodor, * Crailsheim 15. Feb. 1834, † Ulm 1903; 1865 Präzeptor am Kgl. Gymnasium Ulm, 1873 Professor an der mittleren Abteilung ebd., 1878 dsgl. am Realgymnasium ebd., 1896 a. D.

L Magisterbuch 30 (1897), S. 84

Jäckh, Helmut, * Ulm 16. Okt. 1877, † 1952; Offizier, [1912] Oberleutnant beim Feldartillerie-Rgt. König Karl (1. Württ.) Nr. 13 in Ulm, Major, zuletzt Direktor

L PHILIPP, Germania, S. 113

Jäckle, Albert, † Ulm 30. März 1929; 26 Jahre lang Münstermesner in Ulm

L UBC 2, S. 72 (Bild)

Jäger, Albrecht, * Ulm 18. Aug. 1859, † Stuttgart 10. Juli 1928, ev.; Staatsanwalt am Landgericht Ellwangen/Jagst, Landgerichtsrat in Ravensburg, zuletzt Landgerichtsdirektor in Stuttgart, S. d. Oberpostmeisters Karl →*Jäger in Ulm

L MAIER, Nachfahrentafel Schott, S. 89

Jäger (Jaeger), Carl *August*, Dr. med., * 29. Sept. 1854, † Ulm 2. Juni 1925; Obermedizinalrat, Oberamtsarzt in Ulm

L UBC 4, S. 260 (Bild), 262 – SCHNEIDER-HORN, Die Tübinger Franken, S. 258, Nr. 387

Jäger, Karl, * 14. Sept. 1872, † Ulm 17. Sept. 1897; stv. Amtmann beim OA Ulm

L UNGERICHT, S. 159

Jäger, Gottlieb *Karl* Heinrich, * Ehingen/Donau 4. Aug. 1818, † Tübingen 5. März 1887, ev.; Oberpostmeister in Ulm, zuletzt Postrat in Tübingen, V. d. Landgerichtsdirektors Albrecht →*Jäger

L MAIER, Nachfahrentafel Schott, S. 46

Jäger, Marx Friedrich Heinrich, * Ulm 26. Nov. 1757; 1783 Rektor in Isny, 1800 Dritter Prediger ebd., 1811 erster Prediger ebd., S. d. Arztes Matthäus Rudolf Jäger

L WEYERMANN II, S. 201

Jaekle, Eugen, * Schwäbisch Hall 16. Jan. 1870, † Heidenheim/Brenz 7. Dez. 1936; Studium der Rechts- und Staatswissenschaften in München (Mitglied der Burschenschaft Cimbria) und Tübingen, Polizeiamtmann in Cannstatt, 1903 bis 1935 Stadtschultheiß (1907 tit. Oberbürgermeister) in Heidenheim/Brenz, 1919 Kandidat für das Amt des Oberbürgermeisters von Ulm, unterlegen gegen Dr. Emil →Schwammberger, Schriftleiter der „Württ. Gemeindezeitung", 1921 Mitgründer und Vorsitzender der „Württ. Volksbühne", 1902 bis 1911 Präsident des Heidenheimer Sängerklubs, 1919 bis 1934 Präsident des Schwäb. Sängerbundes, 1928 Ehrenbürger von Heidenheim, 1934 Ehrenpräsident des Schwäb. Sängerbundes, S. d. Sägemühlenbesitzers und Stadtrats Wilhelm Jaekle in Schwäbisch Hall

L Ih 3, S. 161 – NS-Kurier (Stuttgart) Nr. 571 (Abendausgabe), 7. XII. 1937, S. 11 (Todesanz.) – Oberbürgermeister i. R. Jaekle †, ebd. Nr. 572 (Morgenausgabe), 8. XII. 1936, S. 8 (Todesanz. des Sängergauführers Dr. Jonathan Schmid) – Der letzte Gang von Oberbürgermeister i. R. Jaekle, ebd. Nr. 576 (Morgenausgabe), 10. XII. 1936, S. 8 – DGB 110 (1940), S. 80 f. – DVORAK I,3 (1999), S. 11 f. (Bild) – Angelika Hauser-HAUSWIRTH, Theo BALLE, Walther SCHNEIDER, Herbert BÄHR, 150 Jahre Schwäb. Sängerbund 1849 e. V. Vergangenheit-Gegenwart-Zukunft, Tübingen 1999, S. 128 (Bild)

Jakober, Christian, * 5. Feb. 1859; Oberrechnungsrat in Ulm, Vorstand des Städtischen Rechnungsamts

L UBC 4, S. 330, 341 (Bild)

Jakober, Philipp Friedrich, * Ulm 28. Jan. 1842, † 4. Okt. 1898, ev.; 1871 bis 1878 Pfarrer in Flözlingen, 1878 bis 1891 dsgl. in Suppingen, 1891 dsgl. in Frankenbach, zuletzt dsgl. in Lauterbach

L Magisterbuch 30 (1897), S. 100

Jans, Otto, * Ulm 30. März 1906, † Tübingen 29. Nov. 1973; 1952 bis 1956 Regierungsrat beim Regierungspräsidium Tübingen, 1956 Oberstleutnant im Bundesverteidigungsministerium, 1961 bis 1963 Standortkommandant für Stuttgart-Ludwigsburg, zuletzt ab 1963 Rechtsanwalt in Tübingen

L ARNOLD, Stuttgardia II, S. 98, Nr. 588

Jechle, M.; Turnlehrer am Kgl. Gymnasium Ulm, 1863 Mitgründer der Gewerbebank Ulm

L RIEBER/JAKOB, Volksbank, S. 56

Jehle, Richard, * Markgröningen/OA Ludwigsburg 31. Aug. 1875; Reallehrer am Realgymnasium und an der Oberrealschule in Heidenheim/Brenz, 1921 Musiklehrer in Ulm

L Magisterbuch 40 (1928), S. 146

Josenhans, Ernst, * Blaubeuren 23. Okt. 1860, ev.; 1889/90 erster ständiger Pfarrverweser (tit. Parochialvikar) in Söflingen, 1890 Pfarrer in Ohmden, 1899 dsgl. in Dagersheim, 1908 dsgl. in Hoheneck, 1916 dsgl. in Jungingen, 1926 a. D., verlebte seinen Ruhestand in Blaubeuren

L Magisterbuch 40 (1928), S. 99 – ebd. 41 (1932), S. 89

Jüttner, Karl, * Worms wohl 1896, † Ulm 14. Sept. 1953; vor 1933 in Schlesien, aus politischen Gründen dienstenthoben, 1945 Mitgründer und Fachlehrer an der hessischen Polizeischule in Homburg, Leiter der städtischen Polizei Schwäbisch Gmünd, 1. Okt. 1948 bis zum Tode Leiter der städtischen Polizei Ulm als Nachfolger von Rudi Haussmann, zu J.s Nachfolger wurde Otto Rall (zunächst kommissarisch) ernannt

L Ulms Polizeichef †, in: Schwäb. Zeitung Nr. 212, 16. IX. 1953 [S. 4]

Junginger, Leonhard, * 5. April 1832, † Ulm 10. Aug. 1911, ev.; Privatier in Ulm
L   UBC 3, S. 491 (Bild)

Jungkunz, Friedrich, Dr. med., *Regensburg 6. Dez.1861, † Neu-Ulm 23. Apr. 1953, ev.,; Kgl. Bayer. Generalarzt, Leiter des Neu-Ulmer Garnisonslazaretts, V. d. „Olli" →*Jungkunz
L   WEIMAR, Rundgang, S. 61FF

Jungkunz, Olga („Olli"), * Erlangen 28. Jan. 1908, † Ulm 1990, ev.; Krankengymnastin und Leistungssportlerin, stellte 1928 den letzten offiziell registrierten Weltrekord im beidarmigen Kugelstoßen auf, leitete auf der Ulmer Promenade an der Wilhelmshöhe oberhalb des Fischerviertels ein Gymnastikstudio, T. d. Dr. Friedrich →*Jungkunz
L   WEIMAR, Rundgang, S. 61

Junker, Friedrich, Dr. phil., * Lendsiedel/OA Gerabronn 4. Feb. 1864, † 1923; 1894 Reallehrer in Urach, 1898 bis 1904 als Nachfolger von Gotthold →Höchstetter Professor für Physik und Chemie an der Realanstalt Ulm, 1904 dsgl. am Stuttgarter Karlsgymnasium, seit 1909 Rektor am Realgymnasium und an der Oberrealschule Göppingen
L   CRAMER, Württembergs Lehranstalten ⁶1911, S. 81 – UBC 3, S.198 (Bild)

Jutzi (Juzi), Christoph,* 29. Juli 1750, † 8. April 1809, ev.; nach altphilologischem Studium in Erlangen und Tübingen 1785 Präzeptor der V. Klasse am Ulmer Gymnasium, 1792 dsgl. der VI. Klasse ebd., Professor der Poetik, 1801 Konrektor, 1801 Administrator der Auer'schen Stiftung, Cousin des Christoph →*Jutzi
L   WEYERMANN II, S. 205 – MUT Nr. 39 010

Jutzi (Juzi), Christoph, * Langenau 15. Jan. 1759, † Ulm 25. Feb. 1844; nach Theologiestudium in Tübingen und Jena 1799 Vikar in Jungingen und Aufhausen, 1801 Münsterprediger und zugleich bis 1802 Professor der Philosophie am Gymnasium Ulm, 1808 Inspektor der deutschen Schule, 1809 Pfarrer in Neenstetten, 1811 bis 1816 zugleich Direktor der Ulmer Schulkonferenz, 1837 a. D., S. d. Diakons in Langenau und späteren Pfarrers in Setzingen Christoph Jutzi (1710-1776)
L   WEYERMANN II, S. 205 – NEBINGER, Die ev. Prälaten, S. 567, 571 – APPENZELLER, Münsterprediger, S. 422, Nr. 135

Jutzi (Juzi), David, * Ulm 28. Juni 1800, † Neenstetten 25. Aug. 1865, ev.; 1825 Pfarrer in Münster bei Kreuzlingen, 1829 dsgl. in Neenstetten
L   HUBER, Haßler, S. 137

Käppeler, Otto, * Hundersingen 19. Feb. 1897; 1926 Rektor in Schramberg, 1928 Erster Schulleiter ebd., 1938 Zweiter Beamter beim Bezirksschulamt Ulm/Donau, 1939 Leiter des Bezirksschulamts Biberach/Riß, 1942 Schulrat ebd.

Kässbohrer, Christoph, † Ulm 18. Nov. 1841, ⬚ ebd., Alter Friedhof, ev.; Schiffmeister in Ulm
L   UNGERICHT, S. 160

Kässbohrer sen., Georg, * Ulm 25. Mai 1836, † ebd. 5. Nov. 1919, ev.; Schiffmeister in Ulm, letzter der alten Ulmer Schiffmeister der Ordinari-Schiffe
L   UBC 4, S. 118

Kässbohrer, Johann *Georg*, * 28. Feb. 1811, † Ulm 26. Aug. 1883, ⬚ ebd., Alter Friedhof, ev.; Holzhändler in Ulm. Im Juli 1843 in den Bürgerausschuss gewählt, 1847 wiedergewählt, im März 1848 in den Gemeinderat gewählt
Q   StadtA Ulm, H Waibel: Raimund WAIBEL, Mitglieder in Gemeinderat und Bürgerausschuss 1800-1899, Typoskript, S. 13
L   WAIBEL, Gemeindewahlen, S. 268, 332, 336, 337

Kässbohrer, Jakob, * Ulm 1804, † ebd. 1881, ⬚ ebd., Alter Friedhof, ev.; Schiffmeister in Ulm
L   UNGERICHT, S. 160

Kässbohrer, Jakob, * Ulm 10. Nov. 1860; Gerichtsnotar in Ulm, Kenner des Ulmer Fischerwesens
L   UBC 2, S. 551 (Bild)

Kässbohrer, Johann Jakob, * Ulm 1. Jan. 1800, † ebd. 5. Nov. 1838, ⬚ ebd., Alter Friedhof, ev.; Schiffmeister in Ulm
L   UNGERICHT, S. 160

Kässbohrer, Matthäus, * Ulm 24. Okt. 1829, † ebd. 5. März 1914, ⬚ ebd., Neuer Friedhof, ev.; Schiffmeister und zuletzt Senior der Schifferzunft in Ulm, Bürgerausschussmitglied und zuletzt nationalliberaler Gemeinderat ebd., Dez. 1899 bei der Gemeinderatswahl erfolglos
Q   StadtA Ulm, H Waibel: Raimund WAIBEL, Mitglieder in Gemeinderat und Bürgerausschuss 1800-1899, Typoskript, S. 13
L   UBC 3, S. 564 (Bild) – WAIBEL, Gemeindewahlen, S. 371

Kahn, Leopold, * Bruchsal 15. Aug. 1894, † Tel Aviv 27. Sept. 1983, mos.; Kunstmaler (Figuren und Landschaften) in Ulm, später in Palästina
L   Menorah (Wien) 8 (1930), S. 591 ff. – Westermanns Monatshefte 149/I (1930), S. 322, 324 – The Studio 143 (1952), S. 52 – VOLLMER 3, S. 5.

Kaipf, Wilhelm; Tuchmacher in Ulm, 1863 Gründungsmitglied der Gewerbebank Ulm
L   RIEBER/JAKOB, Volksbank, S. 57

Kaiser, August, * Ulm 20. März 1880, † 1960; 1906 als Oberrealschule an der Realschule Sindelfingen. 1913 wechselte er an die Ulmer Realschule, 1918 als Professor an das Realprogymnasium in Calw. Oberstudiendirektor in Ulm, Mitglied des Vereins für Kunst und Altertum in Ulm und Oberschwaben
L   CRAMER, Württembergs Lehranstalten ⁶1911, S. 115 – ROTERMUND, Zwischen Selbstbehauptung, S. 80

Kaiser, Ludwig Friedrich, * Ulm 28. Feb. 1779, † 3. Feb. 1819, ev.; akademischer Hofkupferstecher in Wien, S. d. Immanuel Friedrich Kaiser, Buchhalter der Schwäb. Kreiskasse und Stadtpfandbuchschreiber in Ulm
L   Ih 1, S. 434 – WEYERMANN II, S. 206 ff. – OAB Ulm I, S. 313

Kallhardt, Karl *August*, * 31. März 1829, † Ulm 31. Okt. 1880, ⬚ ebd. Alter Friedhof, ev.; Kaufmann in Ulm, im Dez. 1869 auf drei Jahre in den Bürgerausschuss gewählt, Dez. 1872 bei der Bürgerausschusswahl gescheitert, im Dez. 1873 aber wieder gewählt
L   UBC 2, S. 226, 323 – UNGERICHT, S. 159 – WAIBEL, Gemeindewahlen, S. 351, 354

Kammerer, Josef, * 8. März 1837, † 4. März 1922; Schneidermeister in Ulm
L   UBC 4, S. 183 (Bild)

Kapff, Reinold, Dr. phil., * Heilbronn 18. Juni 1853, † Ulm 1914; 1880 Präzeptor am Reallyzeum in Nürtingen, 1889 dsgl. am Kgl. Gymnasium Ulm, 1896 tit. Oberpräzeptor, 1905 Professor ebd. und Verleihung des Ranges auf der VII. Rangstufe, 1913 a. D.
L   CRAMER, Württembergs Lehranstalten ⁶1911, S. 44 – Magisterbuch 37 (1914), S. 102

Kapff, *Sixt* Ernst, Dr. phil., * St. Gallen (Schweiz) 17. April 1863, † Göppingen 26. Dez. 1944, ev.; Archäologe, Pädagoge, Schriftsteller und Übersetzer, 1900 Rektor der Mittelschule Witzenhausen/Regbez. Kassel, 1902 Vorstand der dt. Nationalschule Wertheim, 1907 Oberpräzeptor am Kgl. Gymnasium Ulm, 1913 Professor am Realgymnasium Göppingen, 1930 a. D.
L   CRAMER, Württembergs Lehranstalten ⁶1911, S. 80 – PHILIPP, Germania, S. 102, Nr. 1454 – WB I (2006), S. 122-125 (Karl-Heinz BURMEISTER)

Kast, Christian, * Ulm 1914, † ebd. 22. Nov. 1993; 1967 bis 1979 Rektor der Adalbert-Stifter-Schule Ulm, Mitglied des Gemeinderats Ulm, Sprecher des Tierschutzbundes, Heimatforscher
Q   StadtA Ulm, G 2.

Kast, Johannes, * 8. Sept. 1860, † Grimmelfingen 27. Dez. 1933; letzter Ortsvorsteher von Grimmelfingen vor der Eingemeindung nach Ulm, gewählt 1912, zuvor Gemeindepfleger in Grimmelfingen, nach der Eingemeindung nach Ulm übernahm er das Amt des städtischen Geschäftsführers
L   UBC 4, S. 299, 300 (Bild)

Katz, Johannes, * Göttelfingen/OA Freudenstadt 30. Mai 1867, † Ulm 24. Aug. 1930, kath.; 1885 Erstes, 1899 Zweites Lehrerdienstexamen, war dazwischen längere Zeit Opernsänger, ab 1911 Oberlehrer an der Kath. Mädchen-Volksschule Ulm, seit 1916 (mit einer Unterbrechung) Chordirigent an der Wengenkirche, 1929 Kirchenmusikdirektor, der von ihm geleitete Kirchenchor zählte zu den besten in ganz Württemberg
Q   StadtA Ulm, G 2

Kauffmann, Friedrich, * 14. Dez. 1804, † Ulm 17. Jan. 1891; Mangmeister in Ulm
L   UNGERICHT, S. 160

Kauffmann, Gustav, * Ulm 10. Sept. 1894, † Ellwangen 12. Nov. 1953; Prokurist in Neresheim, 1946 Mitglied der Verfassunggebenden Landesversammlung Württemberg-Baden (CDU)
L   WEIK ²2003, S. 73

Kaufmann (Kauffmann), Johann Jakob, * 24. März 1788, † Ulm 23. Okt 1845, ▢ ebd., Alter Friedhof; Konditor in Ulm
L   UNGERICHT, S. 160

Kegelen (Kegele), Heinrich Friedrich Carl, * Dußlingen/OA Tübingen 14. Sept. 1811, † Cannstatt 6. Juni 1891, ev.; nach Studium der Regiminalwissenschaft in Tübingen 1838 prov. Aktuar beim OA Gaildorf, 1839 Kanzleihilfsarbeiter b. d. Regierung des Schwarzwaldkreises in Reutlingen, 1840 Assistent beim OA Ravensburg, 1840 bis 1843 Oberamtsaktuar bei den OÄ Blaubeuren u. Ulm, 1843 Polizeikommissär in Ulm, 1844 Kandidat bei der Wahl zum Ulmer Gemeinderat, Oberpolizeikommissär bei der Stadtdirektion Stuttgart, 1850/51 (zunächst prov.) Oberamtmann in Cannstatt, 1877 a. D., 1871 tit. u. Rang Regierungsrat, 1858 Ritterkreuz I. Kl. d. württ. Kronordens, 1876 Kgl. Preuß. Roter-Adler-Orden, Kommandeurkreuz II. Kl. d. Ghzgl. Bad. Ordens vom Zähringer Löwen
Q   HStAS, E 146/1 Bü 2736, 2761
L   Amtsvorsteher, S. 342 [ohne Sterbedatum]

Kehm, Otto, Dr., * Hößlinswart 2. Nov. 1869, ev.-theol. Seminar, 1902 bis 1935 Sekretär der Handelskammer Ulm, bei der Landtagsproporzwahl des Jahres 1907 kandidierte er auf dem Wahlvorschlag der nationalliberalen DP für ein Mandat des II. Landeswahlkreises
L   Magisterbuch 39 (1925), S. 135 – UBC 5a, S. 34, 98

Keil, Albrecht, * 3. Okt. 1821, † 20. März 1900; Spenglermeister in Ulm
L   UBC 3, S. 219 (Bild), 220

Keller, Gustav, * Niederstotzingen, † Ulm 3. April 1899; Rentamtmann und Stadtschultheiß in Niederstotzingen
L   SCHNEIDER-HORN, Die Tübinger Franken, S. 192, Nr. 186

Keller, Ludwig, Dr. med., * 1886, † Ulm 13. Jan. 1951; war fast 40 Jahre lang praktischer Arzt und Geburtshelfer in Neu-Ulm, wurde im Juni 1939 *wegen gewerbsmäßiger Abtreibung* vom Landgericht Memmingen zu zwei Jahren Zuchthaus und fünfjährigem Berufsverbot verurteilt
L   UBC 5b, S. 338 – Friedrich LANZENSTIEL (Hg.), Neu-Ulm. Das neue Gesicht, Neu-Ulm 1954, S. 106

Kentner, Daniel, * Ulm 26. Mai 1788, † ebd. 5. Sept. 1861, ev.; Präzeptor in Tuttlingen, zuletzt Professor am Kgl. Gymnasium Ulm, Mitglied des Vereins für Kunst und Altertum in Ulm und Oberschwaben
L   DFA 27 (1964), S. 94, Anm. 5

Kentner, Johann Michael, * get. Ulm 22. Jan. 1750, † ebd. 22. Dez. 1827, ev.; Zimmermeister in Ulm, Zunftvorgesetzter ebd.
L   DFA 27 (1964), S. 95

Keppler, Georg, * 24. Nov. 1824, † Ulm 13. März 1880, ev.; Oberlehrer in Ulm, 1853/54 Vorsitzender des Turnerbundes Ulm
L   UNGERICHT, S. 160

Kerler, Konrad *Dietrich*, Dr. phil., * Urach oder Ulm 21. Aug. 1838, † Würzburg 3. März 1907, ev.; 1866 Universitätsbibliothekar in Erlangen, Oberbibliothekar an der Universität Würzburg, Vorstand der Bibliothek der Universität Würzburg, 1878 Professor ebd., 1871 korrespondierendes Mitglied des Vereins für Kunst und Altertum in Ulm und Oberschwaben, 1883 ao. Mitglied der Münchner Historischen Kommission
L   Ih 1, S. 451 – Zentralblatt für Bibliothekswesen 24 (1907), S. 208-217 – Württ. Jahrbücher 1907, S. III – UBC 2, S. 387

Kerler, Heinrich Friedrich, Dr. phil., * Ulm 13. März 1804, † Ohmden/OA Kirchheim 16. Aug. 1849, ev.; ab 1813 Theologiestudium in Tübingen, 1828 Kaplan und Präzeptor in Langenburg. 1831 Oberpräzeptor in Urach, 1841 Pfarrer in Ohmden, Schwager des Conrad Dieterich →Haßler, V. d. Georg *Heinrich* →*Kerler
L   HUBER, Haßler, S. 138

Kerler, Georg *Heinrich*, * Ohmden/OA Kirchheim 22. Feb. 1848, † Ulm 29. März 1917, ev.; Verlags- und Antiquariatsbuchhändler in Erlangen und Ulm, S. d. Heinrich Friedrich →*Kerler, V. d. Dr. Dietrich Heinrich →Kerler
L   TEUBER, Ortsfamilienbuch Neu-Ulm I, Nr. 2245

Kern, Max * Langenburg/OA Gerabronn 26. Sept. 1853, † Ulm 27. Mai 1890; Amtsrichter in Geislingen/Steige
L   ARNOLD, Stuttgardia I, S. 352

Keuerleber, Emil, * Ulm 1901, † Tettnang 28. Aug. 1989; 1948 bis 1968 Leiter (Studiendirektor) des Friedrich-Schiller-Gymnasiums in Pfullingen
L   Bb Emil Keuerleber †, in: Alamannenblätter N.F. 81/1989, S. 16 f. (Bild)

Kiderlen, Christof; Wirt „zum Herrenkeller" in Ulm, seit 1860 Bürgerausschussmitglied
Q   StadtA Ulm, H Waibel: Raimund WAIBEL, Mitglieder in Gemeinderat und Bürgerausschuss 1800-1899, Typoskript, S. 14
L   UBC 2, S. 76, 131, 134, 194, 413

Kiderlen, Georg; Kaufmann in Ulm, 1846 Bürgerausschussmitglied und 1848 bis 1852 sowie ab 1854 Gemeinderat ebd., einer der höchstbesteuerten Bürger, Schwiegervater d. Dr. Hermann →Knapp
Q   StadtA Ulm, H Waibel: Raimund WAIBEL, Mitglieder in Gemeinderat und Bürgerausschuss 1800-1899, Typoskript, S. 14

Kiderlen, Gustav, * 18. März 1792, † Ulm 30. Juni 1863, ▢ ebd., Alter Friedhof; Besitzer der Unteren Blaich in Ulm, V. d. Max →*Kiderlen
L   UNGERICHT, S. 161 – SPECKER, Ulm im 19. Jahrhundert, S. , 117

Kiderlen, Heinrich, * Ulm 9. Jan. 1800, † 1845; Oberamtsrichter in Neresheim
L   PHILIPP, Germania, S. 31, Nr. 360

Kiderlen, Johann, * Ulm 15. Okt. 1765, † ebd. 1. Sept. 1817; Unterbleicher vor dem Gänstor in Ulm

Kiderlen, *Johann Ludwig*, * Ulm 25. Jan. 1774, † ebd. 17. Dez. 1850, ev.; Kaufmann und Stadtpfleger in Ulm, Gemeinderat ebd., 1819 Repräsentant der Stadt Ulm in der Württ. Ständeversammlung, 1820 bis 1826 (1. und 2. o. LT) Mitglied der Kammer der Abgeordneten des Württ. Landtags (WK Ulm Stadt)
Q   StA Ulm, G 2 ult.
W   WEYERMANN II, S. 221 – HARTMANN, Regierung und Stände, S. 23, 41 – BIEDERMANN, Ulmer Biedermeier, S. 212. – HEPACH, Königreich, bes. S. 18-20 u. ö. – RABERG, Biogr. Handbuch, S. 438

Kiderlen, Karl; Landgerichtsrat in Stuttgart, Landgerichtsdirektor in Ulm, Jan. 1924 Landgerichtspräsident in Ravensburg
L   UBC 4, S. 229

Kiderlen, Max, * Ulm 31. Juli 1833, † ebd. 11. Mai 1900, ev.; Bleichbesitzer und Bürgerausschussmitglied in Ulm, S. d. Gustav →*Kiderlen
Q   StadtA Ulm, H Waibel: Raimund WAIBEL, Mitglieder in Gemeinderat und Bürgerausschuss 1800-1899, Typoskript, S. 14
L   SCHIMPF, Stammtafeln Feuerlein, S. 40 ff. – UBC 2, S. 129 (Bild)

Kiderlen, Paul, * Ulm 13. Nov. 1867, ev.; 1906 Oberpräzeptor an der Lateinschule Großbottwar, 1919 Studienrat am Realgymnasium und an der Oberrealschule Schwäbisch Hall, 1924 in den zeitlichen Ruhestand versetzt
L   CRAMER, Württembergs Lehranstalten ²1925, S. 79

Kiderlen, Philipp Karl, * 11. Juni 1787, † Ulm 8. Feb. 1839; Ökonom in Ulm
L   UNGERICHT, S. 161

Kiderlen, Richard, * Ulm 13. Juni 1901, † 10. Sept. 1987; Forstbeamter, zuletzt Oberforstrat in Feuchtwangen
L   PHILIPP, Germania, S. 145

Kien, Josef Anton, * Straßburg (Elsaß) 24. Okt. 1803, † Ulm 2. Jan. 1877; Kaufmann in Ulm
L   UNGERICHT, S. 161

Kien, Robert, * 15. Juli 1843, † Ulm 30. Juni 1905; Privatier in Ulm, schwäbischer Dichter
L   UBC 3, S. 343 (Bild)

Kieninger, Anton, * Unterkochen/OA Aalen 26. April 1835, † Wiblingen 7. oder 8. Dez. 1893, kath.; 10. Aug. 1858 Priesterweihe in Rottenburg/Neckar, 1865 Pfarrer in Kupferzell, 1871 dsgl. in Ebnat/OA Neresheim, 1875 zugleich Schulinspektor für den Bezirk Neresheim, 5. Mai 1881 als Nachfolger d. verstorbenen Dr. Karl Jordan →*Glatz Pfarrer in Wiblingen, seit 18. April 1882 zugleich Schulinspektor für den Bezirk Wiblingen

L   NEHER ⁴1909, S. 60 – UBC 3, S. 57

Kienlen, Johann Christoph, * Ulm 1784; Musikdirektor in Ulm, Kapellmeister am Königshof in München, 1818 Kapellmeister der Theater in Baden (bei Wien) und Preßburg, seit 1827 wieder in Ulm, S. d. Stadtmusicus Johann Christoph Kienlen

L   WEYERMANN II, S. 220

Kienlin, Johann Martin, † Ulm 11. Juli 1813; Besitzer der oberen Blaich in Ulm, S. d. Tobias Ludwig Kienlin

L   WEYERMANN II, S. 220

Kienlin, Septimus, * Ulm 17. Mai 1778; am 11. Aug. 1801 letzter in das Ratskollegium aufgenommene Ratskonsulent der Reichsstadt Ulm, S. d. Steuermeisters Ludwig Albrecht Kienlin in Ulm

L   GÄNßLEN, Ratsadvokaten, S. 238

Kienzerle, Andreas, * 1845, † Oberau/Kreis Garmisch-Partenkirchen (Oberbayern) 11. Juni 1928; Gründer des Papierhauses Kienzerle und Haustein in Ulm sowie einer Papierfabrik in Oberau bei Oberammergau

L   UBC 1, S. 469 (Bild)

Kieser, Karl, Dr. phil., * Winnenden 24. Dez. 1863; 1896 Präzeptor an der Lateinschule Blaubeuren, 1900 Oberpräzeptor ebd., 1902 dsgl. am Kgl. Gymnasium Ulm, 1905 dsgl. am Kgl. Gymnasium Ellwangen, 1913 wieder in Ulm

L   CRAMER, Württembergs Lehranstalten ⁶1911, S. 74

Kilian, Friedrich, Dr. rer. pol., Dipl.-Kaufmann, * Ulm 17. Sept. 1896, † München 18. März 1965; selbstständiger Werbefachmann, 1933 bis 1937 Angestellter bei den Arbeitsämtern Ulm und Stuttgart, dann Werbe- und Propagandareferent beim NS-Fliegerkorps Gruppe 15 (Stuttgart), nach 1945 selbstständiger Vertreter und Berater bei der öffentlichen Bausparkasse Württemberg, S. d. Friedrich Kilian, Besitzer eines Geschäfts für Damenunterwäsche

L   EBERL/MARCON, S. 283, Nr. 929

Kimmelmann, Gottlieb Friedrich; Ölmüller in Ulm, 1863 Gründungsmitglied der Gewerbebank Ulm, 1867 Bürgerausschussmitglied, einer der höchstbesteuerten Bürger

Q   StadtA Ulm, H Waibel: Raimund WAIBEL, Mitglieder in Gemeinderat und Bürgerausschuss 1800-1899, Typoskript, S. 14
L   RIEBER/JAKOB, Volksbank, S. 57

Kimmich, Karl, * Oberesslingen/OA Esslingen 23. März 1850, † Ulm 2. Mai 1915, ev.; ab 1879 Zeichenlehrer am Ulmer Realgymnasium, ab 1900 tit. Professor ebd., 1887 Gründungs- und Verwaltungsratsmitglied des Kunstvereins Ulm, Verfasser einer „Zeichenschule" (Stuttgart 1894)

L   CRAMER, Württembergs Lehranstalten ⁶1911, S. 150 – UBC 2, S. 511 – UBC 3, S. 219 – UBC 4, S. 4 (Bild), 8

Kindervatter, August, * Ulm 1834, † ebd. 16. Juli 1904; Privatier in Ulm

L   UBC 3, S. 319

Kindervatter, Christoph Erhard; Kaufmann in Ulm, 1821 bis 1823 Gemeinderat ebd.

Q   StadtA Ulm, H Waibel: Raimund WAIBEL, Mitglieder in Gemeinderat und Bürgerausschuss 1800-1899, Typoskript, S. 14

Kindervatter, Johann Joseph; Kaufmann und Senator in Ulm, ab 1817 Bürgerausschussmitglied ebd.

Q   StadtA Ulm, H Waibel: Raimund WAIBEL, Mitglieder in Gemeinderat und Bürgerausschuss 1800-1899, Typoskript, S. 14

Kindervatter, Johann Paul; Senator und 1811 ernannter Gemeinderat (Magistratsrat) in Ulm

Q   StadtA Ulm, H Waibel: Raimund WAIBEL, Mitglieder in Gemeinderat und Bürgerausschuss 1800-1899, Typoskript, S. 14

Kindervatter, Theodor, * Ulm 17. Sept. 1807, † ebd. 29. Juni 1895, ev.; Tuchhändler in Ulm, zuletzt Privatier ebd.

L   UBC 3, S. 101 (Bild), 102 – UNGERICHT, S. 161

Kindervatter, *Theodor* August, ev.; Tuchhändler in Ulm, 1835 Bürgerausschussmitglied und 1838 bis 1842 Gemeinderat ebd., einer der höchstbesteuerten Bürger

Q   StadtA Ulm, H Waibel: Raimund WAIBEL, Mitglieder in Gemeinderat und Bürgerausschuss 1800-1899, Typoskript, S. 14 f.

Kinzelbach, Alfred, * Ulm 18. März 1841, † Laupheim 27. März 1908; 1867 Amtmann beim OA Backnang, 1877 Sekretär bei der Regierung des Jagstkreises in Ellwangen/Jagst, 1881 Oberamtmann beim OA Sulz, 1888 beim OA Schorndorf, 1896 Oberamtsvorstand beim OA Laupheim, 1904 Titel Regierungsrat, Ritterkreuz I. Kl. des Friedrichsordens, S. d. Gottlob Friedrich →*Kinzelbach

L   Staatsanzeiger Nr. 75, 30. III. 1908 S. 515 – SCHMIDGALL, Burschenschafterlisten, S. 163, Nr. 156 – Amtsvorsteher, S. 347

Kinzelbach, Gottlob Friedrich, * Stuttgart 15. Feb. 1801, † Ellwangen/Jagst 3. Sept. 1875, ev.; 1838 bis 1843 Regierungsrevisor bei der Regierung des Donaukreises in Ulm, zuletzt ab 1861 Kanzleirat bei der Regierung des Jagstkreises in Ellwangen/Jagst, V. d. Alfred →*Kinzelbach

L   Amtsvorsteher, S. 347

Kircher, Karl, * Ulm 23. Juni 1874, † Ludwigsburg 18. Aug. 1939; 1918 Oberamtmann bei der Regierung des Jagstkreises, 1920 Oberamtsvorstand in Leonberg, 1928-1937 Landrat in Geislingen/Steige

L   SCHMIDGALL, Burschenschafterlisten, S. 146, Nr. 527 – Amtsvorsteher, S. 347 ff.

Kispert, Johann Georg Friedrich, * 26. Aug. 1778, † Ulm 6. Mai 1853, ⎕ Alter Friedhof; Großhändler in Ulm, gründete 1824 mit anderen Ulmer Handlungshäusern wie Caspar Hocheisen, Daniel Kern und den Gebrüdern Schultes die „Hocheisen & Co" bzw. „Ulmer Leinwand-Manufaktur", um dem Niedergang des Leinwandhandels gegenzusteuern, erwarb 1815 von Nepomuk Freiherr von Wittenbach Schloss Reutti mit dem dazugehörigen Grundbesitz

L   UNGERICHT, S. 163 – SPECKER, Ulm im 19. Jahrhundert, S. 111, 116 – GEIGER, Reutti, S. 23

Kispert, Viktor Friedrich, * 7. Juni 1854, † 10. Juni 1910, ev.; ab 1875 Gutsbesitzer in Reutti, verkaufte 1889 den Besitz an die Händler Max Schmidt von Illereichen und Josef Müller von Oberdorf, die das Schlossgut zertrümmerten *und dabei unschätzbare Schloss-Archivmaterialien achtlos der Vernichtung* anheimgaben (GEIGER, Reutti, S. 23), Br. d. Gustav →Kispert

L   GEIGER, Reutti, S. 23, 42, 65

Kißling, Georg Matthias, * Ulm 26. Aug. 1783; 1817 Präzeptor der V. Kl. am Kgl. Gymnasium Heilbronn, 1827 Hauptlehrer an der Realschule ebd., seit Jan. 1820 betrieb er eine Freischule, wo er unentgeltlich Unterricht in Mathematik erteilte, S. d. Secklers Johann Adam Kißling in Ulm,

L   WEYERMANN II, S. 221 ff.

Kißling, Gustav Adolf, * 11. März 1844, † Ulm 30. Aug. 1911, ev.; Stationskassier in Ulm

L   UBC 3, S. 491, 492 (Bild)

Kißling, Heinrich, * Ulm 5. April 1828, † auf Haiti 1865; Apotheker in Ulm

L   PHILIPP, Germania, S. 78, Nr. 1154

Kißling, Karl Albrecht, Lic. med., * Ulm 1772, † Grünenbach Jan. 1818; 1798 Stadtphysicus in Ulm, später Bataillonsarzt und seit 1805 Landphysicus in Grünenbach (Bayern), S. d. Chirurgus´ Philipp Wilhelm Kißling in Ulm,

L   WEYERMANN II, S. 221 ff.

Klaiber, Christoph, Dr.-Ing., * Kornwestheim 20. Juli 1878, † Ulm 12. April 1945, ev.; Direktor der Gewerbeschule in Ulm, Mitglied des Beirats der Ministerialabteilung für die Fachschulen im Kultministerium, Professor, erhielt im Juni 1938 für seine Verdienste um die Förderung des Handwerks im Sinne schöpferischen Gestaltens das goldene Amtszeichen für das deutsche Handwerk, Mitglied des Vereins für Kunst und Altertum in Ulm und Oberschwaben

Q   StAL, EL 902/21 Bü 2165, Entnazifizierungsakten K. bei der Spruchkammer 45 (Ulm Stadt)
L   UBC 5a, S. 48, 146, 158, 226, 271, 284 – UBC 5b, S. 788

Kleemann, Hans, * Ulm 24. Nov. 1863, † Stuttgart 30. Nov. 1939; 1890 Schriftleiter des „Ulmer Tagblatts", später dsgl. der „Ulmer Schnellpost", trat als antisemitischer Hetzer hervor

L   Ih 1, S. 465 – UBC 2, S. 159

Kleemann, Johann Ludwig, * Ulm 18. Mai 1753, † ebd. 3. Juli 1821; seit 1781 künstlerischer Gold- und Silberarbeiter sowie

Graveur in Ulm, korr. Mitglied der Naturforschenden Gesellschaft in Jena, S. d. Kanoniers Johann Christoph Kleemann in Ulm

L   Ih 1, S. 465 – WEYERMANN II, S. 222 ff.

Kleemann, Karl Friedrich August, * Ulm 27. April 1818, † Ems 9. Juni 1871; Gymnasialprofessor in Cannstatt

L   Ih 1, S. 464

Kleemann, Robert; Schuster in Ulm, 1863 Gründungsmitglied der Gewerbebank Ulm

L   RIEBER/JAKOB, Volksbank, S. 57

Klein, Ferdinand, * Ulm 10. Juli 1883, ev.; 1914 Pfarrer in Seeburg, 1929 dsgl. in Dürrenzimmern

L   Magisterbuch 41 (1932), S. 156

Klein, Gottfried; besoldeter Gemeinderat in Ulm, Vorsitzender der Verwaltungskommission des Städtischen Arbeitsamtes und des Arbeitersekretariats ebd.

L   Staatshandbuch 1908, S. 360

Klein, Karl Christian, * 1852, † Ulm 9. Aug. 1924; Baurat in Ulm

L   UBC 4, S. 236

Kleinknecht, Johann Konrad, * Ulm 1778, † 1822; 1810 ev. Pfarrer in Burtenbach, seit 1821 dsgl. in Erkheim bei Memmingen, S. eines Friseurs und Cafetiers in Ulm

L   WEYERMANN II, S. 223

Kleinschrodt, Karl, Dr. phil., * Schwabstadel/BA Landsberg am Lech (Bayern) 6. Feb. 1887; Oberpräzeptor an der Realschule Ulm, 1920 dsgl. am Gymnasium und Realgymnasium Esslingen/Neckar

L   CRAMER, Württembergs Lehranstalten [7]1925, S. 123

Klemm, *Max* Arthur, * Ulm 21. Juni 1864, † Waldenburg (Schlesien) 25. April 1926, ev.; 1893 Redakteur beim „Schwäb. Merkur", später Buchdruckereibesitzer und Redakteur des „Badischen Beobachters" in Pforzheim, zuletzt Hauptschriftleiter in Waldenburg, S. d. Hermann →Klemm (sen.)

L   Ih 1, S. 467 – DGB 4 (1909), S. 161 – CRAMER, Württembergs Lehranstalten [6]1911, S. 73 – SCHIMPF, Stammtafeln Feuerlein, S. 93

Klett, Sigmund, * 23. Mai 1880, † 14. Jan. 1958, ev.; Stadtbaumeister in Ulm, seit 1912 in Diensten der Stadt Ulm, seit 1926 als Nachfolger von Anton →*Mürdel Kommandant der Ulmer Feuerwehr, April 1934 Vorsitzender der Landesfeuerwehr Württemberg, hoch verdient um das Feuerwehrwesen

L   UBC 2, S. 454 – UBC 3, S. 236, 334 – UBC 4, S. 285, 294, 374 – UBC 5a, S. 195

Knapp, *Ernst* Konradin, Dr. med., * Ulm 16. April 1848, † Ludwigsburg 26. Mai 1927, ev.; Sanitätsrat, Oberamtswundarzt in Ludwigsburg, S. d. Stadtpfarrers Ludwig →Knapp

L   SCHMIDGALL, Burschenschafterlisten, S. 165, Nr. 229

Knapp, Karl, * Steinsfeld/OA Heilbronn 26. April 1870, † Herrenberg (?) 9. Juli 1955; 1899 bis 1902 pl. Amtmann beim OA Aalen, verwendet beim OA Ulm, 1907 pl. Assessor, tit. Oberamtmann beim OA Ulm, später u. a. 1911 bis 1915 Oberamtmann von Neresheim, 1915 bis 1922 dsgl. von Nürtingen, 1922 bis 1935 dsgl. von Freudenstadt, Landrat, nach der offiziellen Zurruhesetzung wiederholt als Amtsverweser verwendet, u. a. für den Polizeidirektor in Friedrichshafen, die Landräte von Tettnang, Horb und Freudenstadt

L   Amtsvorsteher, S. 355 f.

Knapp, Otto, Dr. med, * Ulm 1. Juni 1858, ev.; Sanitätsrat, praktischer Arzt in Stuttgart, S. d. Stadtpfarrers Ludwig →Knapp

L   DGB 71 (1930), S. 116

Knapp, *Paul* Immanuel, Dr. phil., * Ulm 1. Okt. 1851, † Tübingen 8. Sept. 1908, ev.; 1879 Bibliothekar am Tübinger Stift, ab 1881 Professor am Kgl. Gymnasium Tübingen, 1900 Verleihung des Ranges auf der VI. Stufe, S. d. Stadtpfarrers Ludwig →Knapp

L   Ih 1, S. 472 – Staatsanzeiger 1908/Nr. 211 – SK Nr. 420 – Württ. Jahrbücher 1908, S. IV – CRAMER, Württembergs Lehranstalten [4]1904, S. 50 – Magisterbuch 34 (1907), S. 110 – DGB 71 (1930), S. 116 – SCHMIDGALL, Burschenschafterlisten, S. 166, Nr. 279

Knapp, W., † Ulm 30. Dez. 1853; Hauptzollamtskontrolleur in Ulm

Knecht, Maria, geb. Schietinger, * Ulm 29. Aug. 1904, † Nürtingen 26. Dez. 1979; Hauswirtschafts- und Handarbeitslehrerin in Eislingen/Fils und Oberesslingen, Kirchengemeinderätin und Mitgründerin des Ev. Hilfswerks Nürtingen

L   EHMER/KAMMERER, S. 220

Kner, Anton, * Dächingen/OA Ehingen 4. Nov. 1911, kath.; 6. April 1935 Priesterweihe, 20. Mai 1935 Vikar in Ludwigsburg, 8. Juni 1936 dsgl. an St. Josef in Stuttgart, 12. Juli 1937 dsgl. an St. Elisabeth in Ulm, 1957 Stadtpfarrer ebd., 1976 Krankenhauspfarrer in Rottenmünster, Monsignore, Geistlicher Rat, Leitartikler des „Ulmer Kirchenblatts"

L   NEHER (1938), S. 257 – SPECKER/TÜCHLE, S. 336, 351, 358, 399

Knobloch, Friedrich, * Oßweil/OA Ludwigsburg 29. Nov. 1864, † 1938; 1898 Präzeptor an der Lateinschule Schramberg, 1900 Oberpräzeptor ebd., 1912 Professor ebd., 1914 dsgl. am Realgymnasium Ulm, 1912 Verleihung des Ranges auf der VII. Rangstufe, 1932 a. D.

L   CRAMER, Württembergs Lehranstalten [6]1911, S. 83 – Magisterbuch 41 (1932), S. 99 – SCHMIDGALL, Burschenschafterlisten, S. 171, Nr. 464

Knöpfle, Michael, * Bartholomä 17. Okt. 1875, kath.; Lehrer an der kath. Volksschule Ulm

L   Real-Katalog der katholischen Volksschulstellen Württembergs, Horb/Neckar 1908, S. 550

Knöringer, Philipp *Eugen*, * Ulm 23. Juli 1853, † Neckartailfingen 27. Nov. 1932; ev. Geistlicher, 1879 Pfarrer in Baiereck-Schlichten, 1887 dsgl. in Dagersheim, 1898 bis 1924 dsgl. in Neckartailfingen, Ehrenbürger ebd., korrespondierendes Mitglied des Landeskonservatoriums

L   Magisterbuch 40 (1928), S. 79 – EHMER/KAMMERER, S. 221

Knorr, Wilhelm, * Mergentheim (nicht Ulm!) 23. März 1873, ev.; nach Schullehrerseminar in Esslingen/Neckar 1892 I. und 1900 II. Volksschullehrer-Dienstprüfung, 1901 Volksschullehrer in Ulm, 1902 dsgl. an der Mittelschule ebd., 1931 Rektor der Mädchen-Mittelschule und -Volksschule Ulm

L   Grundbuch der ev. Volksschule [5]1933, S. 115 – UBC 5b, S. 449

Koblenzer, Salomon („Sally"), * Ulm 18. Sept. 1876, † Eastbourne (Großbritannien) 4. Mai 1953, mos.; 1903-1938 am Landgericht München zugelassener Rechtsanwalt, 1925 Justizrat, Dez. 1938 nach Zerstörung seiner Rechtsanwaltskanzlei in der sog. „Reichskristallnacht" Emigration nach Großbritannien, 1948 englischer Staatsbürger

L   WEBER, Schicksal, S. 240 f. (Bild)

Koch, David, Dr. theol. h.c., * Ulm 6. April 1869, † Stuttgart 18. Mai 1920, ev.; 1900 Pfarrer in Unterbalzheim, 1912 Zweiter Stadtpfarrer an der Matthäuskirche in Stuttgart-Heslach, 1912 Ehrenbürger von Unterbalzheim, ab 1904 Hg. des „Christlichen Kunstblattes", 1909 ernannte ihn die Ev.-theol. Fakultät der Universität Heidelberg zum Ehrendoktor, trat 1918 in den Ruhestand, 1914 Ritterkreuz II. Kl. des Sächs. Ernestinischen Hausordens, 1916 Charlottenkreuz

L   Ih 1, S. 477 – Magisterbuch 38 (1920), S. 146 – WN 1920/21, S. 66-72 (Eugen GRADMANN)

Koch, Theodor, * Stuttgart 19. Okt. 1853, † 1919; 1876 Kollaborator an der Lateinschule Urach, 1880 Präzeptoratsexamen, anschließend Präzeptor an der Lateinschule Güglingen, 1885 dsgl. am Gymnasium Schwäbisch Hall, 1900 Oberpräzeptor ebd., 1903 dsgl. am Ulmer Realgymnasium, 1908 Professor ebd.

L   CRAMER, Württembergs Lehranstalten [6]1911, S. 29 –

Koch, Wilhelm, * Schwäbisch Hall 3. Sept. 1849, † Neu-Ulm 20./21. Aug. 1906, ev.; Militärmusikdirigent, ab 1864 bei der Kavallerie, Teilnehmer am Krieg 1870/71 beim Dragoner-Rgt. 21, bis 1891 beim Ulanen-Rgt. 20 in Ludwigsburg, zuletzt bis 1901 beim 12. Inf.-Rgt. in Neu-Ulm, Musikdirektor

L   TEUBER, Ortsfamilienbuch Neu-Ulm I, Nr. 2372

Köhler, Albert, † (verunglückt) bei Oberkirchberg 6. Juni 1929; Oberbaurat, Vorstand des Staatlichen Straßen- und Wasserbauamts Ulm

L   UBC 2, S. 142 (Bild)

Köhler, Gottlob, * Mindersbach 4. Juli 1882; Oberreallehrer für Stenographie an der Oberrealschule in Ulm

L   ROTERMUND, Zwischen Selbstbehauptung, S. 80 f.

Köhnlein, August, * Amlishagen 1. Sept. 1862, † Ulm 18. Sept. 1926, ev.; Volksschullehrer in Sondernach und Aalen, seit 1912 an der Mittelschule in Ulm, zuletzt Oberlehrer ebd.
L   Grundbuch der ev. Volksschule 1914, S. 109 – UBC 4, S. 291

Kölle, Adolf, Dr. phil., * Ulm 15. Aug. 1869, † ebd. 15. Jan. 1927, ev.; Obersteuerrat in Ulm, Historiker, erforschte die Ulmer Siedlungs- und Baugeschichte, seit 1911 schwer leidend
Q   StadtA Ulm, G 2.
W   Die Vermögenssteuer der Reichsstadt Ulm vom Jahre 1709, Stuttgart 1898 – Zur Entstehung der Stadt Ulm, in: Württ. Vierteljahreshefte 1906, S. 515 ff

Kölle, Albert, * Ulm 24. Feb. 1843, † ebd. 30. April 1879; Ziegeleibesitzer in Ulm
L   UNGERICHT, S. 164

Kölle, Conrad (von), * Ulm 25. Jan. 1825, † Stuttgart 14. Sept. 1918, □ ebd., Fangelsbachfriedhof, ev.; Geh. Legationsrat. Regierungsrat, Ministerialrat im Innenministerium, 26. Sept. 1877 Wirklicher Staatsrat und o. Mitglied des Geheimen Rats. Mitglied des Württ. Verwaltungsgerichtshofs und des Diszplinarhofs, 1892 Eintritt in den Ruhestand, Exzellenz Mitglied des Vereins für Kunst und Altertum in Ulm und Oberschwaben
L   Ih 1, S. 481 – GEORGII-GEORGENAU, S. 1183 – HARTMANN, Regierung und Stände, S. 65 – Schwäb. Kronik Nr. 433, Nr. 434 – WN 1918 und 1919 (1922), S. 192 – UBC 4, S. 88 (Bild), 89 – ZIEGLER, Fangelsbachfriedhof, S. 54 f.

Kölle, Jakob *David*, * Ulm 4. Feb. 1804, † ebd. 15. Juni 1878; Kunst- und Handelsgärtner in Ulm, Bürgerausschussmitglied ebd.
L   UNGERICHT, S. 164

Kölle, Eduard, * Ulm 1841, † ebd. 1907; Kaufmann in Ulm
L   UBC 2, S. 65

Kölle, Jakob; Wirt und Besitzer der Löwenbrauerei in Neu-Ulm, Bürgerausschussmitglied in Ulm

Kölle, Johann Jakob, * 9. Feb. 1807, † Ulm 13. Dez. 1850; Gutsbesitzer in Örlingen
L   UBC 3, S. 90

Kölle, Jonathan, * Unterböhringen 2. April 1867, † ertrunken 11. April 1937; Uhrmachermeister in Neu-Ulm, bis 1919 Mitglied des Gemeindekollegiums ebd.
L   Adreßbuch Ulm/Neu-Ulm 1914, Zehnte Abteilung, S. 73 – TEUBER, Ortsfamilienbuch Neu-Ulm I, Nr. 2388

Kölle, Julius Richard, * Ulm 2. April 1835, † ebd. 23. Feb. 1865; Architekt in Ulm
L   UNGERICHT, S. 164

Kölle, Karl; Kaufmann in Ulm, 1873 Ausschussmitglied des Ulmer Verschönerungsvereins
L   UBC 2, S. 317

Kölle, Wilhelm; Holzhändler in Ulm, 1872 bis 1875 und ab 1895 Bürgerausschussmitglied ebd., 1895 und 1897 bei der Gemeinderatswahl gescheitert, votierte 1895 gegen die Verleihung der Ulmer Ehrenbürgerwürde an Otto Fürst von →*Bismarck
L   UBC 3, S. 82, 98, 182 – WAIBEL, Gemeindewahlen, S. 353, 368 ff.

Kölle, Wolfgang *Thomas*, * Ulm 9. Feb. 1803, † ebd. 27. Okt. 1851; Kaufmann in Ulm
L   UBC 2, S. 65

König-Fachsenfeld, *Ferdinand* Karl Ernst Freiherr von, * Ulm 20. März 1834, † Schloss Fachsenfeld/OA Aalen 5. Okt. 1900; 1. Majoratsherr auf Fachsenfeld/OA Aalen, K. K. österr. Rittmeister, Schatzmeister des Johanniterordens
L   SK Nr. 466 (Abendblatt), 6. X. 1900, S. 9 (S. 10 Todesanz.) – Härtsfelder Bote Nr. 236, 8. X. 1900 [Todesanz.] – ebd. Nr. 241, 13. X. 1900 [S. 3]

Köpf, *August* Wilhelm, * Ulm 6. Juni 1882, † 13. Aug. 1960; zunächst 1914/15 bei der Schutztruppe in Deutsch-Südwestafrika, Landrichter und später Landgerichtsrat beim Landgericht Ulm, zuletzt Landgerichtsdirektor in Heilbronn/Neckar
L   Staatshandbuch 1928 I, S. 20 – SCHMIDGALL, Burschenschafterlisten, S. 149, Nr. 641

Köpf, Emil; Fabrikant in Ulm, Kreishandwerksmeister, 1939 bis 1946 Mitglied des Aufsichtsrats der Gewerbebank Ulm bzw. der Ulmer Volksbank
L   RIEBER/JAKOB, Volksbank, S. 60

Koepf, Hans, Dr.-Ing., Dr. h.c., * 28. Mai 1916, † Ulm 5. Sept. 1994, ev.; Architekt und Historiker, humanistisches Gymnasi-um Ulm, Studium an der TH Stuttgart, Assistent am dortigen Institut für Baugeschichte, Gastprofessor in Istanbul, ab 1961 Professor für Baukunst an der TH Wien, dort Leiter des Instituts für Baukunst und Bauaufnahme, 1986 a. D., Präsident des Altstadt-Planungsinstituts in Linz, wichtige Werke waren der Wiederaufbau des Stuttgarter Neuen Schlosses, scharfer Kritiker von Max →Guther, Gegner der Neuen Straße, Kämpfer für die Untertunnelung, Gutachter für die Stadtplanung in Ulm, war aber kein „reiner" Traditionalist, so setzte er sich u. a. für Richard Meiers Münsterplatz-Bebauungsplan ein, 1985 Fritz-Landenberger-Preis zur Förderung der Esslinger Stadtgeschichtsforschung, rund 300 Publikationen, darunter auch zahlreiche in UO
Q   StadtA Ulm, G 2
W   (Auswahl) Die gotischen Planrisse der Ulmer Sammlungen (Forschungen zur Geschichte der Stadt Ulm 18), Ulm 1977 – Ulmer Profanbauten. Ein Bildinventar (Forschungen zur Geschichte der Stadt Ulm, Reihe Dokumentation 4), Ulm 1982 – Die Ulmer Münstergründung und die Parlerfrage, in: UO 45/46 (1990), S.199-226 – Hans Böblingers Konstanzer Pergamentriß. Zur Studie von Konrad Hecht, ebd., 227-237
L   Willi BÖHMER, Architektur-Professor Hans Koepf gestorben, in: SWP Nr. 213, 14. IX. 1994 (Bild) – Hans Koepf mit 78 Jahren gestorben, in: Schwäb. Zeitung Nr. 214, 15. IX. 1994 (Bild)

Köpf, Leonhard; Verwaltungsaktuar in Ulm, Juli 1882 als Nachfolger des verstorbenen Wilhelm →*Notz Oberamtspfleger ebd., Stadtpfleger in Ulm, Mai 1908 tit. Rechnungsrat
L   Staatshandbuch 1908, S. 440 – UBC 2, S. 440 – UBC 3, S. 81, 414, 483

Köpf[f], Jakob, * 1790, † Ulm 6. Feb. 1843; Bäckermeister und 1826 Bürgerausschussmitglied in Ulm, einer der höchstbesteuerten Bürger
Q   StadtA Ulm, H Waibel: Raimund WAIBEL, Mitglieder in Gemeinderat und Bürgerausschuss 1800-1899, Typoskript, S. 16
L   UNGERICHT, S. 42 f.

Köpf[f], Johann *Jakob*, * Ulm 25. Juli 1818, † ebd. 15. Mai 1843; Bäckermeister und Zunftmeister in Ulm, 1826 Bürgerausschussmitglied ebd.
Q   StadtA Ulm, H Waibel: Raimund WAIBEL, Mitglieder in Gemeinderat und Bürgerausschuss 1800-1899, Typoskript, S. 16
L   UNGERICHT, S. 42

Kohler, Edmund, * Hechingen (Hohenzollern) 24. Nov. 1840, † Lauchheim/OA Ellwangen 13. Nov. 1906, kath.; 10. Aug. 1863 Priesterweihe als Kapuziner in Eichstätt (Bayern), dann aus dem Kapuzinerorden ausgetreten, 16. Nov. 1871 Pfarrer in Bieringen/OA Horb, 26. April 1877 dsgl. in Wasseralfingen/OA Aalen, 26. April 1888 Pfarrer in Söflingen, zuletzt ab 29. Okt. 1900 Stadtpfarrer in Lauchheim
L   NEHER ⁴1909, S. 79

Kohler, Wilhelm, * Stuttgart 20. Jan. 1828, † Neu-Ulm 11. Okt. 1911, kath.; 1853 bis 1899 Fürstlich Fugger´scher Domänenrat in Neu-Ulm, 1891 bis 1897 Magistratsrat ebd.
L   BUCK, Chronik Neu-Ulm, S. 101 – UBC 3, S. 195 – TEUBER, Ortsfamilienbuch Neu-Ulm I, Nr. 2420

Kolb, Albrecht Daniel, Dr. med., * Ulm 1769, † 20. März 1814; nach Gymnasium in Ulm, Medizinstudium 1790 in Straßburg, 1792 in Wien, 1794 Chirurgus und Accoucheur in Ulm, „Veterinär in Stadt und Land", 1808 in Altdorf zur Erlangung des Doktorgrades, S. d. Matthäus Kolb, Chirurgus in Ulm
L   WEYERMANN II, S. 228

Kolb, Albrecht Friedrich von, * 15. Sept. 1800, † Ulm 12. Nov. 1886; Privatier in Ulm
L   BECKE-KLÜCHTZNER S. 214 – UNGERICHT, S. 78

Kolb, *Franz* Seraphim, † 1937, kath.; Pfarrer in Wullenstetten, Dekan des Dekanats Neu-Ulm, Ehrenmitglied des Historischen Vereins Neu-Ulm, Verfasser zahlreicher historischer Aufsätze im Vereinsorgan „Aus dem Ulmer Winkel"
L   Aus dem Ulmer Winkel 1937, S. 28 f. (Bild) – Anton AUBELE, 90 Jahre Historischer Verein Neu-Ulm 1907-1997, in: Geschichte im Landkreis Neu-Ulm 3 (1997), S. 69-87, hier S. 74, 78 f (Bild)

Kommerell, Louis Ferdinand, * Tübingen, † Ulm 1885, ev.; Gastgeber „Zum Goldenen Lamm" in Ulm
L   UNGERICHT, S. 164

Kopfmann, Ernst, * Geislingen/Steige 7. März 1900, ev.; 1928 Volksschullehrer in Bermaringen, 1934 dsgl. in Ulm, später Oberlehrer und Rektor ebd., SA-Obersturmbannführer, NS-

Kreisamtsleiter, seit 28. Juni 1939 Vorsitzender des Ulmer NS-Lehrerbundes, 7. Aug. 1939 zum Ulmer „Ratsherrn" ernannt
L   Grundbuch der ev. Volksschule ⁵1933, S. 226 – UBC 5b, S. 338, 347

Koppitz, Rudolf, Dipl.-Ing., * Prag 11. März 1906, † 18. Juli 1983; Ingenieur, Gewerbelehrer und ab 1948 als Heimatvertriebener („Union der Ausgewiesenen") Stadtrat in Neu-Ulm, Professor, Dozent an der Fachhochschule Ulm
Q   StadtA Ulm, G 2
L   Friedrich LANZENSTIEL (Hg.), Neu-Ulm. Das neue Gesicht, Neu-Ulm 1954, S. 48

Koring, Karl Anton Ludwig, * Ulm 20. Aug. 1822, kath.; Priesterweihe 4. Sept. 1845, 5. Jan. 1858 Pfarrer in Gosbach, 21. Okt. 1880 dsgl. in Hochdorf
L   NEHER ⁴1909, S. 4

Korn, Friedrich, Dr. iur., * Ulm 26. Aug. 1854; 1881 Amtsrichter in Ulm, 1885 Landrichter in Rottweil, 1888 Oberamtsrichter in Tettnang, 1891 Bewerber bei der Oberbürgermeister-Wahl in Ulm, bei der er 980 Stimmen gewann, zuletzt Oberlandesgerichtsrat in Stuttgart, Ritterkreuz I. Kl. des Friedrichsordens
L   UBC 3, S. 1

Kornbeck, Carl August, * Ulm 19. Dez. 1815, † ebd. 6. Nov. 1898, ☐ ebd., Alter Friedhof, ev.; Kaufmann in Ulm, im Dez. 1877 in den Bürgerausschuss gewählt, hegte besonderes Interesse an der Geschichte Ulms, Mitglied des Vereins für Kunst und Altertum in Ulm und Oberschwaben
Q   StadtA Ulm, H Waibel: Raimund WAIBEL, Mitglieder in Gemeinderat und Bürgerausschuss 1800-1899, Typoskript, S. 16
W   Über die frühere Straßenbezeichnung Ulms, insbesondere im 16. Jahrhundert, in: UO 5 (1873), S. 28.
L   UBC 3, S. 174 (Bild), 181 – UNGERICHT, S. 164

Kornbeck, Eberhard, Dr. med., * Ulm 27. März 1892, † Kassel 3. März 1971; Facharzt für Urologie in Kassel, Stifter der nach ihm benannten Stiftung zur Unterstützung von Tübinger Studenten bei der wissenschaftlichen Weiterbildung im Ausland
Q   StadtA Ulm, G 2
L   PHILIPP, Germania, S. 143, Nr. 1867

Kotter, August, * Neuburg an der Donau 26. April 1850, † Dinkelscherben 30. April 1907, kath.; 2. Aug. 1876 Priesterweihe, 1893 als Nachfolger von Johann Michael →Haslinger Stadtpfarrer in Neu-Ulm, Religionslehrer an der Realschule ebd., 1903 bis zum Tode Pfarrer in Dinkelscherben
L   SPECKER/TÜCHLE , S. 314 – TREU, Neu-Ulm, S. 574

Krämer, Georg, * Wiesensteig/OA Geislingen 5. Sept. 1865, † Ulm 18. Juni 1931; in Ulm aufgewachsen, Gymnasium ebd., Einjährig Freiwilliger beim Bayer. 12. Inf.-Rgt. in Neu-Ulm, Studium der Regiminalwissenschaften in Tübingen und München, Referendariat und erste berufliche Position in Ulm, 1892 stv. Amtmann beim OA Ulm, 1903-1907 Kollegialhilfsarbeiter (1906 tit. Oberamtmann) bei der Regierung des Donaukreises in Ulm, Jan. 1907 etatmäßiger Assessor ebd., 1907 Oberamtmann von Waldsee, 1918 Regierungsrat, 1919 stv. Berichterstatter bei der Regierung des Schwarzwaldkreises in Reutlingen, 1924 Oberamtsverweser beim OA Horb, 1924 auf eigenes Ansuchen aus dem Staatsdienst entlassen, 1929 Oberregierungsrat i. W.
L   Amtsvorsteher, S. 360

Kräß, Wilhelm, * 6. Okt. 1864, † Ulm 22. Nov. 1912, ev.; Metzgermeister und Stadtrat in Ulm
L   UBC 3, S. 5, 396, 524 (Bild), 529

Krafft, Karl, * 13. Dez. 1867, † 8. Nov. 1933; Landesökonomierat, Leiter des Gestüts Offenhausen
L   UBC 4, S. 275 (Bild)

Kraft, Carl (Karl), * München 12. Nov. 1880, † Neu-Ulm 31. Jan. 1943, kath.; Kaufmann in Neu-Ulm, Mitglied des Vereins für Kunst und Altertum in Ulm und Oberschwaben
Q   StadtA Neu-Ulm, A 9

Kratz, Eugen, * 1. Nov. 1855, † Ulm 19. Aug. 1932; Gerichtsnotar a. D. in Ulm
L   UBC 3, S. 480 (Bild)

Kraus, Carl; Architekt, Kulturreferent und ehrenamtlicher Beigeordneter der Stadt Ulm, Juli 1939 Direktor des Städti-

schen Museums Ulm, Ausschussmitglied des republikfeindlichen „Schwabenbanners"
L   BRAUN, Schwabenbanner, S. 47 – UBC 5b, S. 343, 405, 411 f., 488, 517

Kraushaar, Wilhelm, * Unterensingen/OA Nürtingen 26. April 1856, ev.; 1881 Lehrer an der höheren Mädchenschule Ulm, 1901 tit. Oberlehrer ebd., 1923 a. D.
L   CRAMER, Württembergs Lehranstalten ⁶1911, S. 151 – Grundbuch der ev. Volksschule ⁵1933, S. 86

Krauß, Karl, Dr. med., * 30. März 1855, † Ulm 17. Okt. 1926, ev.; Frauenarzt in Ulm
L   UBC 4, S. 290 (Bild), 292

Krauß, Paul, † Ulm 15. Juli 1903; Eisenbahnbetriebsinspektor, Finanzrat, Ritterkreuz des Kronordens mit den Löwen, Ritterkreuz I. Kl. des Friedrichsordens, Schwiegervater des Ulmer Oberbürgermeisters Heinrich von →Wagner

Krauß, Paul, Dr. med., * 3. Mai 1863; Generalarzt in Ulm
L   UBC 4, S. 123, 131 (Bild)

Krazer, Christian; Notar in Ulm, 1863 Gründungs- und Ausschussmitglied der Gewerbebank Ulm, Bürgerausschussmitglied, ab 1871 Gemeinderat
Q   StadtA Ulm, H Waibel: Raimund WAIBEL, Mitglieder in Gemeinderat und Bürgerausschuss 1800-1899, Typoskript, S. 16
L   RIEBER/JAKOB, Volksbank, S. 58

Krehl, Carl (Karl) Heinrich Ferdinand, Dr. iur., * 1783, † 1824, ev.; Kanzleiadvokat, 1806 Oberamtsaktuar in Weinsberg, 1812 Rechtsanwalt und Notar in Ulm, 1817 Assessor beim Steuerkollegium in Stuttgart, 1819 Professor des Verwaltungsrechts an der Universität Tübingen
L   HUBER, Haßler, S. 139

Kressler, Alexander, * Riga 29. April 1903, † Ulm 25. Aug. 1961, ev.; stammte mütterlicherseits aus Ulm, zunächst Bankbeamter, dann Ausbildung zum Lehrer, 1934 kirchlicher Religionshilfslehrer in Ulm, 1944 im Ulmer Münster als Geistlicher ordiniert, 1947 kirchlicher Oberlehrer und 1949 Schuldekan
L   Grundbuch der ev. Volksschule ⁵1933, S. 255 – MAYER, Die ev. Kirche, S. 510 ff.

Kreuser, Ernst, Dr. phil., * Schwäbisch Gmünd 13. März 1865, ev.; 1900 Oberpräzeptor an der Lateinschule Heidenheim, 1905 Professor ebd. und am Realprogymnasium, 1906 dsgl. am Gymnasium Ulm
L   CRAMER, Württembergs Lehranstalten ⁶1911, S. 77

Krick, Friedrich, * 1. Aug. 1827, † Ulm 29. Juni 1890; Kanzleirat a. D. in Ulm
L   UNGERICHT, S. 165

Krug, Hugo, * Heilbronn/Neckar 18. Dez. 1894, † 4. Juli 1957; Studienrat für Mathematik am Realgymnasium bzw. an der Oberrealschule und zuletzt an der Hans-Schemm-Oberschule in Ulm
L   ROTERMUND, Zwischen Selbstbehauptung, S. 81

Kruse, Ludwig, * 1863, † Jan. 1916; Obermusikmeister in Ulm, ab 1897 Leiter der Musikkapelle des Inf.-Rgts. Nr. 127
L   UBC 4, S. 25

Kübler, Gottlob, * Stuttgart 15. Dez. 1817, † ebd. 25. Aug. 1891, ev.; Postrat und Oberpostmeister in Ulm, zuletzt Oberpostrat in Stuttgart, 1869 Abg. von Blaubeuren zur 1. Landessynode, 1875 Ersatzmitglied für Ulm zur 2. Landessynode
L   EHMER/KAMMERER, Parlament, S. 232 (Bild)

Kübler, J. D.; Posamentier (Bortenmacher) in Ulm, 1863 Gründungsmitglied der Gewerbebank Ulm
L   RIEBER/JAKOB, Volksbank, S. 56

Küchle, Gustav, † Ulm 12. Feb. 1906; Inhaber der Firma Alfred Wider in Ulm, Mitglied der Handelskammer und des Vorstands der Ortskrankenkasse
L   UBC 3, S. 361

Kühner, Mathilde, geb. Bloest, * 1837, † Ulm Feb. 1903; seit 24. Mai 1874 Vorsteherin der Städtischen Frauenarbeitsschule Ulm, an deren Gründung sie maßgeblich beteiligt gewesen war
L   UBC 3, S. 291, 292 (Bild)

Kühner, Max, * Ulm 11. März 1872, † München 16. Okt. 1932, ev.; Kommerzienrat in München, Handelsrichter, nach 1918 Stadthauptmann der Münchner Einwohnerwehr
L   UBC 3, S. 535, 536 (Bild)

Kümmerlen, Carl Friedrich, * Schorndorf 11. Dez. 1790; Regimentsquartiermeister beim 2. Inf.-Rgt. in Stuttgart, 1833-1838 Kameralverwalter in Ulm, danach Registrator bei der Finanzkammer des Donaukreises ebd., 1839 Revisor bei der Finanzkammer des Jagstkreises in Ellwangen/Jagst
L   FABER 104, § 45 – WINTERHALDER, Ämter, S. 298

Kuepach, *Robert* Joseph Christoph Thomas Edler von, * Ebermannstadt 29. Nov. 1874, † Neu-Ulm 23. März 1953, kath.; Oberstleutnant und einer der vier Stabshauptleute im 12. Kgl. Bayer. Inf.-Rgt. „Prinz Arnulf" in Neu-Ulm, Vorstand Ortsgruppe Neu-Ulm der Bayer. Mittelpartei (DNVP), Mitglied des Historischen Vereins Neu-Ulm, Schwiegersohn des Dr. Oskar →Beck
L   Einwohnerbuch Ulm/Neu-Ulm 1933, Zehnte Abteilung, S. 126 – TEUBER, Ortsfamilienbuch Neu-Ulm II, Nr. 5097

Kürschner, Ernst, * Esslingen 10. Mai 1901, † Ulm 30. Okt. 1969, ev.; 1928 Pfarrer in Machtolsheim, 1949 in Zell/Kreis Esslingen, lebte ab 1966 im Ruhestand in Ulm, 1948 Zweites Ersatzmitglied für Blaubeuren zum 4. Landeskirchentag, V. d. in Ulm geborenen Pfarrers Wilhelm Kürschner in Niederstotzingen, Böblingen und zuletzt Winnenden
L   EHMER/KAMMERER, S. 233

Kugler, Johannes, * 10. März 1848, † Ulm 2. Okt. 1916, ⬜ ebd., Hauptfriedhof, ev.; Baumeister in Ulm

Kuhn, Gotthold, * Schwäbisch Hall (?) 23. Dez. 1846, † Reutlingen April 1927, ev.; 1874 Amtmann beim OA Neresheim, 1876 dsgl. beim OA Ulm, 1881 Kollegialhilfsarbeiter bei der Regierung des Donaukreises in Ulm, 1882 Regierungsassessor im württ. Innenministerium, 1883 Oberamtmann von Blaubeuren, zuletzt Kollegialrat bei der Regierung des Schwarzwaldkreises in Reutlingen, 1910 als Regierungsrat a. D.
L   UBC 2, S. 348 – Amtsvorsteher, S. 367 (Karin PETERS)

Kuhn, Gustav; Kaufmann in Ulm, Hoflieferant, kandidierte zwischen 1878 und 1886 erfolglos für den Bürgerausschuss
Q   StadtA Ulm, H Waibel: Raimund WAIBEL, Mitglieder in Gemeinderat und Bürgerausschuss 1800-1899, Typoskript, S. 16

Kumpf, Johannes, * Ulm 17. Aug. 1871, ev.; 1905 Pfarrer in Neubronn, 1910 dsgl. in Zaisersweiher
L   Magisterbuch 41 (1932), S. 126

Kumpf, Richard, Dr. (?), * Ulm 21. April 1922; Maurergeselle, Leiter des Friedrich-Engels-Zentrums Wuppertal, 1949 KPD-Bundestagskandidat, 1976 DKP-Bundestagskandidat
L   SCHUMACHER, M.d.B., S. 231

Kurz, Eugen, * 1864, † Ulm 12. Mai 1928, ⬜ ebd., Hauptfriedhof; Heraldiker und Graveur in Ulm
L   UBC 1, S. 447 (Bild)

Kurz, Eugen, * Ulm 9. März 1896, † ebd. 7. Juli 1973, ev.; Graveurmeister in Ulm, vor 1939 Vorsitzender des Vereins „Alt-Ulm", dessen aktives Mitglied er auch nach 1945 blieb, langjähriges Ausschussmitglied des Vereins für Kunst und Altertum in Ulm und Oberschwaben
Q   StadtA Ulm, G 2 [darin u. a. ein Typoskript „Das Findel- und Waisenhaus der Stadt Ulm", das unter diesem Titel, aber wesentlich gekürzt veröffentlicht wurde in: UO 26 (1929), S. 24-31]
W   Albrecht Ludwig Berblinger, der Schneider von Ulm. Ein geschichtliches Lebensbild, in: Der Schneider von Ulm. Fiktion und Wirklichkeit. Biographie, Flugtechnik, Bibliographie, Ausstellungskatalog (Veröffentlichungen der Stadtbibliothek Ulm, Band 7), Weißenhorn 1986, S. 11-50
L   GNAHM, Giebel oder Traufe, S. 18 f. u. ö.

Kurz, Ferdinand, † 31. Okt. 1926; Amtsgerichtsrat in Neu-Ulm, Vorstand des Amtsgerichts ebd.
L   UBC 4, S. 292

Kurz, Johann *Georg*, * Schorndorf 14. Nov. 1832, † Neu-Ulm 9. Okt. 1905, ev.; Kunst- und Handelsgärtner in Neu-Ulm, Pächter des Gesellschaftsgartens ebd.
L   UBC 3, S. 345 – TEUBER, Ortsfamilienbuch Neu-Ulm I, Nr. 2581

Kurz, Karl, * 23. Aug. 1862; Famulus, Hausverwalter am Kgl. Gymnasium Ulm, Mitglied des Ulmer Obstbauvereins
L   UBC 3, S. 480

Kuthe, Arnold Gustav, 1845 † 1914; Buchhändler und Verleger in Ulm, Schwiegersohn des Johann Adam →* Walter
L   Die Wagnersche Druckerei Ulm. Ihr typographisches und verlegerisches Schaffen. Aus Anlass ihrer Gründung vor 300 Jahren. Ausstellung der Stadtbibliothek Ulm 1978, Konstanz 1978, Stammtafel am Ende des Bandes

Kuthe, Walther, * Ulm 21. März 1876; ev. Geistlicher, 1894 Abitur am Kgl. Gymnasium Ulm, 1907 Pfarrer in Schönbronn, 1913 dsgl. in Zillhausen, 1921 dsgl. in Boll
L   UBC 3, S. 79 – Magisterbuch 40 (1928), S. 152

Laegeler, Hellmuth, * Ulm 22. Jan. 1902, † Stuttgart 14. Juli 1972; Generalmajor bei der Wehrmacht, nach 1955 Kommandeur der Führungsakademie der Bundeswehr, zuletzt Berater der Landesregierung von Baden-Württemberg, S. d. Reinhold Laegeler, Hauptmann beim Inf.-Rgt. Kaiser Wilhelm, König von Preußen (2. Württ.) Nr. 120 in Ulm
L   Ih 2, S. 516

Lämmle, G. A.; Buchbinder in Ulm, 1863 Mitgründer der Gewerbebank Ulm
Q   StadtA Ulm, H Waibel: Raimund WAIBEL, Mitglieder in Gemeinderat und Bürgerausschuss 1800-1899, Typoskript, S. 16
L   RIEBER/JAKOB, Volksbank, S. 56

Länge, J. A.; Zigarrenfabrikant in Ulm, 1863 Gründungsmitglied der Gewerbebank Ulm
L   RIEBER/JAKOB, Volksbank, S. 56

Laib, *Georg* Friedrich; Handelsmann in Ulm, 1817 in den Bürgerausschuss und zu dessen stv. Aktuar gewählt, 1819 Gemeinderat, im Juni 1825 erneut in den Gemeinderat gewählt, lehnte L. die Annahme des Mandats ab
Q   StadtA Ulm, H Waibel: Raimund WAIBEL, Mitglieder in Gemeinderat und Bürgerausschuss 1800-1899, Typoskript, S. 16
L   HEPACH, Königreich, S. 13, 43, 95, 98 f., 107, 130, 132, 182, 183 – WAIBEL, Gemeindewahlen, S. 320

Laiblin, Julius *Eduard*, * Heilbronn 30. Nov. 1817, † Stuttgart 23. Juli 1886, ev.; Kaufmann in Ulm und Stuttgart, Begründer der Weingroßhandlung „Eduard Laiblin & Co." ebd.
L   DGB 34 (1921), S. 404 f.

Lamparter, Eduard *Reinhold*, * Gruibingen 12. Jan. 1824, † auf dem Salon bei Ludwigsburg 10. Jan. 1903; ev. Geistlicher, 1850 bis 1859 Deutscher Prediger in Paris, 1859 bis 1869 Diakon an der Ulmer Dreifaltigkeitskirche, 1869 bis 1891 Dekan von Leonberg, bis 1874 zugleich Bezirksschulinspektor, Abg. der Landessynode
L   EHMER/KAMMERER, S. 236 (Bild)

Lang, Karl Heinrich Christoph *Eduard*, Dr. phil., * Göppingen 27. Nov. 1847, † Cannstatt 28. Feb. 1920, ev.; 1873 Präzeptor am Kgl. Gymnasium Ulm, 1875 Zweiter Redakteur beim „Staats-Anzeiger für Württemberg" in Stuttgart, 1877 Zweiter Professor am Seminar Schöntal/Jagst, 1895 Ephorus ebd., 1903 a. D., S. d. Diakons in Göppingen und späteren Ulmer Generalsuperintendenten Prälat Paul von →Lang
L   Magisterbuch 37 (81914), S. 90 – WN 1920/21, S. 256 ff.

Lang, Karl, Dr. rer. pol., * Blaubeuren 9. April 1897, † ebd. 23. Aug. 1984; 1930 bis 1951 Vorstandsmitglied der Württ. Leinen-Industrie Blaubeuren, 1952 Aufsichtsratsmitglied ebd., 1952 Lehrer an der Handelsschule Merkur in Ulm, 1972 a. D., S. d. Hermann Lang, Textilingenieur, Prokurist und Mitinhaber der Württ. Leinen-Industrie Blaubeuren
W   Die süddeutsche Portland-Zementindustrie mit besonderer Berücksichtigung ihrer Kartellierung, rer. pol. Diss., Tübingen 1922
L   EBERL/MARCON, S. 255 f., Nr. 835 – ARNOLD, Stuttgardia II, S. 76, Nr. 416

Lang, Paul, * 15. Dez. 1895, † Geislingen/Steige 11. Sept. 1932; Elektromeister bei der Heereshandwerkerschule in Ulm, Fluglehrer, kam bei einem Absturz ums Leben
L   UBC 3, S. 509 (Bild), 511

Laquai, Johann Georg, * Ulm 14. Aug. 1778, † St. Gallen (Schweiz) 20. Aug. 1860, kath.; Rektor des Städtischen Gymnasiums St. Gallen
L   Ih 2, S. 525

Laumayer (sen.), *Anton* Alfred, * Weil der Stadt 22. Jan. 1861, † Ulm 1. Okt. 1937; ab 1881 in Ulm lebend, ab 1902 selbstständiger Großkaufmann in Ulm, Inhaber der Eisen- und Haushaltswarenhandlung A. Laumayer Ulm, *einer der bekanntesten Vertreter des öffentlichen und wirtschaftlichen Lebens unserer Vaterstadt*, 1906 bis 1935 Mitglied des Aufsichtsrats der Ulmer Volksbank, 1912 und 1928 bis 1932 stv. Vorsitzender ebd., Mitglied der Handelskammer Ulm
Q   StadtA Ulm, G 2

L UBC 3, S. 24 (Bild), 561 – UBC 5a, S. 230 – RIEBER/JAKOB, Volksbank, S. 59

Laumayer (jun.), Anton, Dr.; Dipl.-Kaufmann in Ulm, ab 1940 Mitglied des Aufsichtsrats der Gewerbebank Ulm bzw. der Ulmer Volksbank
L RIEBER/JAKOB, Volksbank, S. 60

Laumayer, Max, Dipl.-Kaufmann; *Ulm 26. Sept. 1902, † ebd. 3. Sept. 1999; ab 1924 geschäftsführender Teilhaber der Eisen- und Haushaltswarenhandlung A. Laumayer in Ulm

Laupheimer, Elias Alexander *Hans*, Dr. rer. pol., * Ulm 27. Feb. 1888, † gefallen bei Saaraltdorf (Lothringen) 20. Aug. 1914; promovierte in Tübingen mit der Arbeit „Die städtische Milchversorgung in Ulm an der Donau in Vergangenheit und Gegenwart", verdient um den Ausbau der Milchversorgung in Freiburg im Breisgau und die Gründung der Soya-Werke in Frankfurt/Main, fiel als Leutnant der Reserve
L EBERL/MARCON, S. 160

Lauschmann, Gottlob (von), * Waiblingen 20. Juni 1834, † Stuttgart 3. Jan. 1911; 1872 Kameralverwalter in Unterkochen/OA Aalen, 1877 dsgl. in Aalen, 1882 dsgl. in Ulm, 1885/86 Obersteuerinspektor (tit. Obersteuerrat) beim Hauptsteueramt Stuttgart, Oberfinanzrat, 1890 Vorstand und Hauptkassier (Oberzahlmeister) der Staatshauptkasse, 1905 a. D., Ehrenritterkreuz des Kronordens, Ritterkreuz I. Kl. des Friedrichsordens
L SK Nr. 3 (Mittagsblatt), 3. I. 1911, S. 5 – ebd. Nr. 8 (Abendblatt), 5. I. 1911, S. 4 – WINTERHALDER, Ämter, S. 18, 274, 299, 302

Lauser, *Paul* Karl August, * Ulm 14. Sept. 1850, † Stuttgart 23. Juni 1927, ⬚ ebd., Fangelsbachfriedhof; Architekt und Architekturaquarellist, Professor für dekorative Architektur an der TH Stuttgart
L ZIEGLER, Fangelsbachfriedhof, S. 153

Lauth, Viktor, * Mundelsheim 10. Dez. 1886; 1911 Oberreallehrer am Kgl. Gymnasium Ulm, 1919 Professor am Gymnasium Ulm, später Studienrat auf gehobener Stelle ebd., Mitglied des Vereins für Kunst und Altertum in Ulm und Oberschwaben
L CRAMER, Württembergs Lehranstalten ⁶1911, S. 134 – CRAMER, Württembergs Lehranstalten ⁷1925, S. 120

Laux, Johann Christoph, * 4. März 1807, † Ulm 4. Sept. 1895, ⬚ ebd., Alter Friedhof, ev.; Kaufmann (Geschäft auf dem Judenhof) in Ulm, zuletzt Privatier ebd., 1846 Bürgerausschussmitglied
L UBC 2, S. 78 – UBC 3, S. 104 (Bild) – UNGERICHT, S. 60

Lazarus, Zion (Benzion), * Hochberg 11. Jan. 1804, † Stuttgart 12. Feb. 1888, mos.; Großhändler in Ulm, zuletzt Partikulier in Stuttgart

Lebrecht, Gabriel, * Pflaumloch/OA Neresheim 1802, † Ulm 1861, mos.; 1827 Gründer einer Lederhandlung, später Lederfabrik Gabriel Lebrecht AG in Ulm, der größten Sohlenlederfabrik in Süddeutschland mit Filialen in Frankfurt/Main und Graulhet (Frankreich).
L HILB, Zeugnisse, S. 110 f.

Lebrecht, Heinrich, * 9. April 1839, † 25. März 1918, mos.; Kaufmann in Ulm, Mitinhaber der Lederfabrik Gabriel Lebrecht AG ebd., ab 1890 Bürgerausschussmitglied
L HILB, Zeugnisse, S. 111

Lebrecht, Isaak, Dr. iur., mos.; Rechtskonsulent in Ulm, 1861 Vorsitzender des Turnerbundes Ulm, 1869 in den Ulmer Bürgerausschuss gewählt, Aug. 1870 Mitunterzeichner des öffentlichen Aufrufs zur Gründung eines Hilfsvereins für Soldaten
L UBC 2, S. 247 – HILB, Zeugnisse, S. 207 (Bild)

Lebsanft, Friedrich, Dr. med., * 29. Jan. 1842, † 28. Mai 1894, ⬚ ebd., Alter Friedhof; Stabsarzt a. D. in Ulm
L UBC 3, S. 78 – UNGERICHT, S. 166

Lechler, Paul *Maximilian (Max)* Otto, Dr., * Nürtingen 11. Juli 1863, † Ulm 9. Sept. 1948; Apotheker in Laichingen, 1912 bis 1938 Apotheker (Hirsch-Apotheke) in Ulm, verdient um den Bau der Ulmer Martin-Luther-Kirche, Mitglied der Landessynode, S. d. Prälaten und Generalsuperintendenten Karl von →Lechler, V. d. Rudolf →*Lechler

Q StadtA Ulm, G 2
L UBC 3, S. 525 – UBC 4, S. 179

Lechler, Rudolf, * Laichingen/OA Münsingen 1. Juli 1902, † Ulm-Wiblingen 12. März 1990; seit 1938 Apotheker in Ulm, 1934 bis 1939 NSDAP-Kreisamtsleiter, 1945 bis 1948 im Internierungslager, 1934 bis 1939 als Mitglied der „Kampfgruppe Deutsche Christen" berufenes Mitglied des Ev. Landeskirchentags für Ulm, S. d. Apothekers Dr. Max →*Lechler
Q StadtA Ulm, G 2
L EHMER/KAMMERER, S. 243

Lehmann, Johannes (Hans), * Laichingen/OA Münsingen 27. Jan. 1877, † Ulm 27. Okt. 1931, ev.; 1905 Mittelschuloberlehrer an der Knabenmittelschule Blaubeuren, seit 1910 dsgl. an der Knabenmittelschule in Ulm, Zeichner und Maler, Mitglied des Schwäbischen Albvereins und des Bundes für Heimatschutz, Dozent des Volksbildungsvereins
L Grundbuch der ev. Volksschule 1914, S. 147 – UBC 3, S. 239

Leibbrand, Gustav, * 8. Mai 1848, † Ulm 20. Juli 1907; Kaufmann in Ulm, Inhaber eines bekannten Militäreffekten-Geschäfts
L UBC 3, S. 393 (Bild)

Leibing, Christian, * Radelstetten/OA Blaubeuren 23. Nov. 1905, † Ulm 21. Juli 1997, ev.; 1933 bis 1946 Leiter der Molkereigenossenschaft Radelstetten, 1946 bis 1974 Bürgermeister in Radelstetten, CDU-Politiker, 1965 bis 1967 Kreisvorsitzender der CDU Ulm, 1964 bis 1972 MdL Baden-Württemberg (Bez. Ulm-Land), 1955 bis 1957 MdB, 1947 bis 1973 Mitglied des Kreistags von Ulm bzw. des Alb-Donau-Kreises, stv. Vorsitzender des Kreistags, Mitglied des Verwaltungsrats der Sparkasse Ulm, 1954 bis 1959 Abg. von Blaubeuren zum 5. Landeskirchentag, 1960-1965 dsgl. zum 6. Landeskirchentag bzw. zur Landessynode, lebte seit 1980 in Ulm-Lehr, V. d. Dr. Eberhard Leibing, (* 1940), Präsident des Statistischen Landesamts Baden-Württemberg und zuletzt Direktors beim Landtag Baden-Württemberg, a. D. in Radelstetten/Alb-Donau-Kreis
Q StadtA Ulm, G 2
L SCHUMACHER, M.d.B., S. 241 – WEIK ⁷2003, S. 91 – EHMER/KAMMERER, S. 244 (Bild)

Leibinger, *August* Robert, * Ulm 18. Feb. 1844, † ebd. 25. Nov. 1884, ⬚ Alter Friedhof; Bierbrauereibesitzer „Zum Goldenen Ochsen" in Ulm, Mitglied des Vereins für Kunst und Altertum in Ulm und Oberschwaben
L UNGERICHT, S. 167

Leibinger, August, * Ulm 1. März 1908, † ebd. 25. Juli 1998; Brauerei-Ingenieur, 1940 Inhaber der Goldochsen-Brauerei in Ulm, S. d. Brauereibesitzers August Leibinger
Q StadtA Ulm, G 2

Leibinger, Johannes Michael, * 23. Feb. 1803, † Ulm 19. April 1872; Pfeifenfabrikant in Ulm. Bürgerausschussmitglied und Gemeinderat in Ulm
L UNGERICHT, S. 74 – WAIBEL, Gemeindewahlen, S. 266, 274, 295

Leibinger, Paul, * 1842, † Ulm 14. April 1929, ev.; Privatier und 1880 bis 1914 Bürgerausschussmitglied in Ulm, Mitglied des Aufsichtsrats der Gewerbebank Ulm, zuletzt Vorsitzender und Ehrenvorsitzender, im Herbst 1902 ging die liquidierte Firma Gasindustrie Ulm unter der neuen Firma „Neue Gasindustrie Ulm" in seinen Besitz
L UBC 3, S. 169, 272, 374

Leibinger, Robert, * Ulm 22. Aug. 1833, † ebd. 11. Aug. 1875, ⬚ Alter Friedhof. Bierbrauereibesitzer Zur Breite in Ulm. Mitglied des Vereins für Kunst und Altertum in Ulm und Oberschwaben.
L UBC 2, S. 345, 347 (Bild) – UNGERICHT, S. 167

Leipheimer, Georg Paul, * 1760, † Ulm 1823, ev.; Wirt „Zum Goldenen Hirsch" in Ulm
L UNGERICHT, S. 90

Leipheimer, Ludwig; Wirt „Zum Rad" und Oberpoststallmeister in Ulm, 1840 Bürgerausschussmitglied und 1852 bis 1860 einer der höchstbesteuerten Bürger
Q StadtA Ulm, H Waibel: Raimund WAIBEL, Mitglieder in Gemeinderat und Bürgerausschuss 1800-1899, Typoskript, S. 17

533

Leipprand, *Oskar* Fr., * Neresheim 6. Nov. 1876, † Ulm 20. Juli 1959; im Ersten Weltkrieg Hauptmann und Kompaniechef im Inf.-Rgt. „Alt-Württemberg" Nr. 121 (3. Württ.), bis 1924 Bataillonskommandeur in Schwäbisch Gmünd, zuletzt char. Oberstleutnant a. D., Gründer der Oberschwäbischen Kohlenhandels GmbH
L   StadtA Ulm, G 2

Leitz, Albrecht, * Hausen ob Verena/OA Tuttlingen 20. Nov. 1929, † 28. Nov. 2002; Professor für Geschichte, Latein und Griechisch am Humboldt-Gymnasium Ulm, 1992 a. D., 1973 bis 1975 und 1976 bis 1984 SPD-Gemeinderat in Ulm, 1967 bis 1971 Kirchengemeinderat der Martin-Luther-Kirchengemeinde, S. d. Pfarrers Leitz
Q   StadtA Ulm, G 2

Leonhardt, Friedrich, * Ulm 28. Aug. 1860, † ebd. 20. Mai 1932; Kaufmann in Ulm, Likörproduzent mit eigenem Geschäft in der Schwilmengasse, zuletzt in der Langestraße
L   UBC 3, S. 404 (Bild), 406

Leonhardt, Wilhelm, * Bächlingen/OA Gerabronn 11. April 1872, ev.; ab 1904 Lehrer in Ulm, zuletzt Oberlehrer an der Keplervolksschule ebd.
L   Grundbuch der ev. Volksschule ⁵1933, S. 111 – UBC 4, S. 408

Lepple, Wilhelm, * Ulm 20. Nov. 1874, † Ruppertshofen 1904, ev.; 1902 bis 1904 als Nachfolger d. Hermann →*Storz ständiger Pfarrverweser (tit. Parochialvikar) in Söflingen, Pfarrer in Ruppertshofen
L   Magisterbuch 41 (1932), S. 118

Leube, Julius, * Ulm 19. April 1815, † ebd. 14. Feb. 1891; Direktor der Papierfabrik Carl Beckh Söhne in Faurndau/OA Göppingen, zuletzt Privatier in Ulm
L   GIES, Leube, S. 62-64, 98 – UNGERICHT, S. 89

Leube, *Maximilian* Ludwig (von), * Ulm 17. Sept. 1809, † ebd. 24. April 1881, ev.; Kgl. Württ. Artillerie-Oberst in der Garnison Ludwigsburg, S. d. Wilhelm Ernst →Leube, Schwiegersohn d. Conrad Daniel von →Dieterich
L   Staatsanzeiger Nr. 96, 27. IV. 1881, S. 767 – GIES, Leube, S. 60-62, 97 f. (Bild S. 32) – Suevia-Tübingen 3, S. 166 – UNGERICHT, S. 167.

Leutrum-Ertingen, Graf Carl von, * Alessandria 20. Dez. 1782, † Ulm 17. Sept. 1842; K. K. Österr. Wirklicher Kämmerer
L   UNGERICHT, S. 78

Lieb, Friedrich, * 16. Sept. 1818, † Ulm 12. Jan. 1895; Posamentier (Bortenmacher) in Ulm, zuletzt Fabrikant ebd., Bürgerausschussmitglied, 1863 Gründungsmitglied der Gewerbebank Ulm
Q   StadtA Ulm, H Waibel: Raimund WAIBEL, Mitglieder in Gemeinderat und Bürgerausschuss 1800-1899, Typoskript, S. 18
L   RIEBER/JAKOB, Volksbank, S. 56 – UNGERICHT, S. 167

Liebel, Leo, * 1843, † Ulm 15. Mai 1929, ev.; Wallmeister in Ulm, Veteran des Krieges 1870/71, Inhaber der selten verliehenen goldenen Tapferkeitsmedaille
L   UBC 2, S. 119 (Bild)

Linck, Karl (von), * Ludwigsburg 22. Sept. 1825, † Stuttgart Nov. 1906, ☐ Ulm, Neuer Friedhof, 14. Nov. 1906; Teilnehmer des Feldzugs von 1866 und 1870/71 des Deutsch-Französischen Krieges, Träger der Eisernen Kreuze beider Klassen, Kommandeur des Jägerbataillons, später des Grenadier-Rgts. König Karl in Ulm, zuletzt Generalleutnant z. D.
L   Ih 2, S. 545 – Staatsanzeiger 1906, S. 1799 – SK 1906/Nr. 527 – Württ. Jahrbücher 1906, S. IV – UBC 3, S. 373

Lindenmayer, * 26. Aug. 1831, † 27. Feb. 1897; Oberamtspfleger in Ulm, starb kurz vor seiner Pensionierung
L   UBC 3, S. 145, 151 (Bild)

Lindenmayer (Lindenmeyer?), Johann Elias, * 27. Nov. 1774, † Ulm 27. Sept. 1841, ev.; Glaser und zuletzt Glaser-Oberzunftmeister in Ulm, 1818 Bürgerausschussmitglied
L   UNGERICHT, S. 84

Lindenmayer, Johann Michael, † Ulm 1. April 1864; Bäckermeister, Zunftvorgesetzter und Bürgerausschussmitglied in Ulm
L   UBC 2, S. 123

Lindner, Carl; Büchsenmacher in Ulm, 1863 Mitgründer der Gewerbebank Ulm
L   RIEBER/JAKOB, Volksbank, S. 57

Ling, Johann; Lithograph und Buchdrucker in Ulm, Besitzer der „Ulmer Zeitung", 1863 Mitgründer der Gewerbebank Ulm
L   RIEBER/JAKOB, Volksbank, S. 57

Ling, Otto, * 1846, † Ulm 1887; Lithograph in Ulm
L   UNGERICHT, S. 168

Link, Christian, * Erzingen/OA Balingen 7. Dez. 1864, ev.; Volksschullehrer in Schönmünzach, ab 1898 dsgl. in Ulm, zuletzt Rektor der Knabenvolksschule (Weinhofschule) in Ulm, 1932 a. D.
L   Grundbuch der ev. Volksschule 1914, S. 117 – ebd. ⁵1933, S. 96

List, Albrecht Friedrich; Assessor bei der Domänenabteilung der Oberfinanzkammer in Stuttgart, 1852 Kameralverwalter in Ehingen/Donau, 1866 als Nachfolger des in das württ. Finanzministerium wechselnden Finanzrats Friedrich →* Blessing Kameralverwalter in Ulm, 1869 Finanzrat, 1882 a. D., Mitglied des Vereins für Kunst und Altertum in Ulm und Oberschwaben, ab Feb. 1868 Mitglied der Finanzsektion des Münsterbaukomitees, ab 1873 Ausschussmitglied des Ulmer Verschönerungsvereins, 1871 Ritterkreuz II. Kl. des Friedrichsordens
L   UBC 2, S. 197, 317 – WINTERHALDER, Ämter, S. 73 f., 299

List, Alfred, * Frankfurt/Main 21. Feb. 1904, † Ludwigsburg 30. Dez. 1976, ev.; gelernter Kaufmann, Mitglied der Organisation zur Hilfe der Angehörigen politischer Gefangener, im „Dritten Reich" neun Jahre und elf Monate wegen „Vorbereitung zum Hochverrat" inhaftiert, 1945 bis 1952 Leiter der Ludwigsburger Strafanstalt, Oberregierungsrat, 1952 bis 1969 Direktor des Landesgefängnisses Ulm, 1969 Ehrennadel in Silber des Arbeiter-Samariter-Bundes Baden-Württemberg
Q   StadtA Ulm, G 2
L   Pionier des modernen Strafvollzuges. Als Beamter unbequem - als Mensch ein Vorbild, in: Neu-Ulmer Zeitung Nr. 45, 24. II. 1969 – Warum Alfred List kein Verdienstkreuz will. Ehemaliger Gefängnisdirektor begründet Ablehnung, in: SWP Nr. 50, 1. III. 1969

Lober, Georg Thomas, † Neu-Ulm 5. Sept. 1951; Schriftleiter der „Neu-Ulmer Zeitung"

Locherer, Peter *Paul*, * Laupheim 2. Nov. 1855, kath.; 19. Juli 1880 Priesterweihe, Vikar in Heilbronn/Neckar, Sept. 1882 prov. und 12. Juli 1883 definitiv Pfarrer in Schwendi, 14. Nov. 1901 Pfarrer in Harthausen, 15. Nov. 1906 Pfarrer in Baltringen
L   NEHER ⁴1909, S. 141 – SPECKER/TUCHLE, S. 446

Löffler, Adolf, * 1854, † Ulm 29. Jan. 1930; Oberstleutnant a. D.

Löffler, Christian Hieronymus, Dr. med., * 13. Feb. 1786, † Ulm 2. Dez. 1825; Regimentsarzt in Ulm
L   UBC 1, S. 484, 498

Löffler, Eugen, Dr. phil., * Tübingen 24. März 1883,; 1907 Oberreallehrer an der unteren und mittleren Abteilung am Gymnasium Ulm, 1911 Professor an der oberen Abteilung der Oberrealschule Schwäbisch Hall, Regierungsrat, zuletzt Ministerialrat im württ. Kultministerium, Vorsitzender des Württ. Landesausschusses für Jugendpflege und der Gesellschafterversammlung der Württ. Bildstelle, G.m.b.H. (Stuttgart)
L   Staatshandbuch Württemberg 1908, S. 171 – ebd. 1928 I, S. 55, 59, 206 – CRAMER, Württembergs Lehranstalten ⁶1911, S. 126

Löhner, Josef, * Fröllersdorf 13. Aug. 1901, † Ulm 27. Sept. 1964; Fachlehrer in Geislingen/Steige, 1950 bis 1952 MdL Württemberg-Baden (DG/BHE)
L   WEIK ⁷2003, S. 93

Lörcher, Gotthold Heinrich, Dr. med., * Meßstetten/OA Balingen 29. April 1872, † Ulm 13. Nov. 1934; Oberamtsarzt in Biberach/Riß, ab 1. Juli 1929 Oberamtsarzt in Ulm, Obermedizinalrat
L   UBC 2, S. 164 – UBC 4, S. 546 (Bild), 547

Löw, Johann *Georg* Wilhelm, * 11. Feb. 1859, † 20. Nov. 1923, ev.; 1900 bis 1924 als Nachfolger von Wilhelm →*Dietlen Pfarrer in Steinheim
L   TREU, Steinheim, S. 69

Lohmüller, Eduard; Kaufmann in Ulm, 1904 bis 1906 Mitglied des Aufsichtsrats der Gewerbebank Ulm
L   RIEBER/JAKOB, Volksbank, S. 59

Lopp, Christian, * Pfuhl 21. Jan. 1841, † ebd. 15. März 1922; Ökonom und 1890 bis 1918 Bürgermeister in Pfuhl, S. d. Johann Georg →*Lopp
L   TREU, Pfuhl, S. 226 (Bild), 230 (Bild), 231

Lopp, Johann Georg, * Pfuhl 4. April 1812, † ebd. 29. Mai 1867; Söldner in Pfuhl, 1853 bis 1866 Bürgermeister ebd., V. d. Christian →*Lopp
L   TREU, Pfuhl, S. 231

Lorenz, Robert, * 10. März 1859, † Ulm 9. Jan. 1923, ⬚ ebd., Hauptfriedhof, ev.; Münsterwerkmeister und Kgl. Inspektor in Ulm, Okt. 1922 a. D., ab 1873 bei der Ulmer Münsterbauhütte, einer der besten Kenner des Münsters, wurde 1933 mit einer Gedenktafel im Münster geehrt, Mitglied des Vereins für Kunst und Altertum in Ulm und Oberschwaben
L   UBC 4, S. 107, 207 (Bild)

Lorz, Johann, * Wülfershausen 27. Sept. 1858, † Neu-Ulm 5. Dez. 1936, kath.; Schneidermeister in Neu-Ulm, Magistratsrat ebd., ab 1914 als Nachfolger des verstorbenen Kommerzienrats Max →Aicham Verwalter des Städtischen Leichenhauses, Mitglied der kath. Kirchenverwaltung Neu-Ulm
L   Adreßbuch Ulm/Neu-Ulm 1914, Zehnte Abteilung, S. 73 f. – TEUBER, Ortsfamilienbuch Neu-Ulm II, Nr. 2796

Losch, Friedrich, Dr. phil., * Murrhardt/OA Backnang 23. Mai 1860, † Ulm 3. Jan. 1936, feuerbestattet ebd. 7. Jan. 1936, ev.; 1886 Pfarrer in Erkenbrechtsweiler/OA Nürtingen, 1895 in Hausen an der Zaber/OA Brackenheim, 1903-1924 in Grimmelfingen/OA Ulm, 1924 Ruhestand, zuletzt in Ulm lebend. L. galt als Botaniker und Germanist von hohen Graden und gründlicher Kenner des Gotischen und Althochdeutschen, Mitglied des Vereins für Naturwissenschaften und Mathematik Ulm sowie des Vereins für Kunst und Altertum in Ulm und Oberschwaben, Schwiegervater d. Bruno →Grosse
L   Magisterbuch 30 (1897), S. 144 – Magisterbuch 34 (1907), S. 127 – Magisterbuch 39 (1925), S. 101 – Schwäb. Merkur (Kronik) Nr. 4, 5. I. 1936, S. 7; ebd. Nr. 6, 9. I. 1936, S. 6

Lotterer, Wilhelm (von), * 15. Feb. 1857, † gefallen 10. März 1916; General, Kommandeur einer Feld-Art.-Brigade, früher Kommandeur des Ulmer Feld-Artillerie-Rgts. „König Karl"
L   WN 1916, S. 25-29 (Karl von MUFF) – UBC 4, S. 28, 29 (Bild)

Ludwig, Wilhelm, * 24. März 1877, † Ulm 6. Dez. 1954, ⬚ ebd., Hauptfriedhof, ev.; ab 1903 im Verwaltungsdienst tätig, [1913] Sekretär beim Stadtschultheißenamt Ulm, [1928] Oberrechnungsrat beim Bezirkswohlfahrtsamt Ulm, Verwaltungsdirektor, Juli 1933 Leiter des städtischen Steueramtes, besondere Verdienste um den Bau des ev. Gemeindehauses Söflingen (1929)
L   Staatshandbuch 1913, S. 316 – ebd. 1928 I, S. 368 – UBC 3, S. 215 – UBC 4, S. 178 – UBC 5b, S. 637

Lüder, Ludwig (von), * Rennersbach oder Kusel (Pfalz) 4. Feb. 1795, † München 6. März 1862, ⬚ ebd., Alter Südlicher Friedhof, ev.; als Artillerieoffizier Teilnehmer an den Feldzügen von 1813-1815, 20. Feb. 1819 bis 24. Dez. 1820 dem Lokalkommissär in Neu-Ulm zugeteilt, um 1830 Referent im Kriegsministerium, 1832-1836 Inspekteur der Artillerie des Königreichs Griechenland, im Revolutionsjahr 1848 als Generalmajor Kommandant der Haupt- und Residenzstadt München, 1849 bis 1855 und 1859 bis 1861 Kgl. Bayer. Kriegsminister, zuletzt char. Kgl. Bayer. Feldzeugmeister
L   KLARMANN, Offiziers-Stammliste, S. 110, Nr. 238 – SCHÄRL, Beamtenschaft, S. 239 – Wolf D. GRUNER, Die bayerischen Kriegsminister 1805-1885 – eine Skizze zum sozialen Herkommen der Minister, in: ZBLG 34 (1971), S. 238-315 – SCHWABE, Regierungen, S. 251 – Katalog Materialien, S. 34 – Erich SCHEIBMAYR, Wer? Wann? Wo? Persönlichkeiten in Münchner Friedhöfen, München 1989, S. 156

Luib, Wilhelm, * Ulm-Söflingen 29. Jan. 1916, † Ulm 15. Jan. 1986; Maler in Ulm
L   Ih 3, S. 212

Lupberger, Karl, * Ravensburg, kath.; 1895 bis 1900 Pfarrer in Harthausen
L   SPECKER/TÜCHLE, S. 446

Lupin, Curt (Kurt) Freiherr von, * Ludwigsburg 30. Sept. 1867, † Schwäbisch Gmünd 2. Nov. 1938, ev.; Oberst und Kommandeur des Gren.-Rgts. 123, im Ersten Weltkrieg befehligte L. die Ulmer Grenadiere, Generalmajor a. D., sprach am 18. Mai 1924 bei den 125-Jahr-Feierlichkeiten des Gren.-Rgts. König Karl in Ulm, Kommandeur des Truppenübungsplatzes Münsingen
L   Ih 2, S. 561 – GGT 36 (1886), S. 552 – UBC 4, S. 92 (Bild), 233

Lusser, Fritz Franz *Albert*, * Ingersheim/OA Besigheim 21. Nov. 1882, † gef. bei Moslains 12. Sept. 1916; ab 1911 als Nachfolger seines Bruders Wilhelm →*Lusser Leiter der Kalksandsteinfabrik Lusser und Greiner in Gerlenhofen, bei Ausbruch des Ersten Weltkriegs Leutnant d. R. beim 1. Bayer. Feldartillerie-Rgt., wenige Monate nach seinem Tod musste die Fabrik infolge von familieninternen Streitigkeiten und durch den Krieg verstärkten wirtschaftlichen Problemen Konkurs anmelden, S. d. Julius →*Lusser (sen.)
L   TREU, Gerlenhofen, S. 52, 65

Lusser, Eduard, * Heilbronn/Neckar 12. Nov. 1861, † Ulm 5. Sept. 1930; 1891 Reallehrer an der Realschule Trossingen, 1900 Oberreallehrer ebd., 1901 dsgl. an der Ulmer Realanstalt, 1906 Professor auf der VII. Stufe der Rangordnung ebd.
L   CRAMER, Württembergs Lehranstalten ⁶1911, S. 78 – UBC 2, S. 504 (Bild)

Lusser (sen.), Julius, * 1854, † 1922; Fabrikant in Stuttgart, Gründer der ab Mai 1906 in Gerlenhofen ansässigen Kalksandsteinfabrik Lusser und Greiner, nach ihm ist der Lusserweg in Gerlenhofen benannt, V. d. Albert →*Lusser, Julius →*Lusser (jun.), Wilhel→*Lusser
L   TREU, Gerlenhofen, S. 52

Lusser (jun.), Julius, * 1888, † 1955; kaufmännischer Leiter der in Gerlenhofen ansässigen Kalksandsteinfabrik Lusser und Greiner, S. d. Julius Lusser (sen.)
L   TREU, Gerlenhofen, S. 52

Lusser, Wilhelm, * 1884, † 1951; 1906 bis 1911 Leiter der Kalksandsteinfabrik Lusser und Greiner in Gerlenhofen, anschließend wegen Studiums von der Geschäftsleitung zurückgetreten, die sein Bruder Albert →*Lusser übernahm, S. d. Julius →*Lusser (sen.)
L   TREU, Gerlenhofen, S. 52 (Bild)

Lutz, Friedrich, † Ulm 24. Juni 1920; Landgerichtsrat in Ulm, dienstaufsichtführender Amtsrichter ebd., Ritterkreuz I. Kl. des Friedrichsordens

Lutz, Karl *Heinrich*, * Gaildorf 31. Dez. 1840, † Stuttgart 28. März 1908, ev.; 1867 Präzeptor in Blaubeuren, 1873 Oberpräzeptor in Geislingen/Steige, 1876 dsgl. in Nürtingen, 1877 tit. Professor, 1880 Professor am Kgl. Gymnasium Schwäbisch Hall, 1886 Pfarrer in Nehren, 1888 Professor am Reallyzeum Nürtingen, 1891 dsgl. an der IV. Klasse des Kgl. Gymnasiums Ulm, 1902 a. D., 1900 Verleihung des Ranges auf der VII. Rangstufe, 1902 Ritterkreuz I. Kl. des Friedrichsordens
L   CRAMER, Württembergs Lehranstalten ⁴1904, S. 15 – Magisterbuch 30 (1897), S. 98 – Staatsanzeiger Nr. 75, 30. III. 1908, S. 515

Lutz, *Katharine* Barbara, geb. Fischer, * Cannstatt 29. Sept. 1882, † Stuttgart 13. April 1962, Hebamme, war zusammen mit → Emilie Wechßler die erste Ulmer Stadträtin, gewählt ein halbes Jahr nach Inkrafttreten des Wahlrechts für Frauen. Von 1919 bis 1922 für die SPD im Ulmer Gemeinderat.
G. Sanwald; Lebenslauf der Katharine Lutz, Typoskript

Maag, Karl Theodor, * Heidenheim/Brenz 8. Juni 1880, † Ulm 13. Sept. 1975; 1927 bis 1932 Apotheker in Neuenbürg, 1933 Gründer der Bahnhof-Apotheke in Ulm, Leiter der Landesgruppe Baden-Württemberg des Zweckverbandes deutscher Apotheker, Erster Vorsitzender des Zweckverbandes deutscher Apotheker, zuletzt Ehrenvorsitzender, 1958 bis 1962 Vizepräsident der Landesapothekerkammer Baden-Württemberg
Q   StadtA Ulm, G 2

Macho, Anton, * Unterkochen/OA Aalen 9. April 1882, † Ulm 17. Dez. 1966; Leiter der Gewerbeschule Schramberg, seit 1924 Gewerbelehrer in Ulm, Studiendirektor, Leiter der gewerblichen Berufs- und Meisterschule in Ulm, März 1948 Oberstudiendirektor, April 1951 a. D., 1946 bis 1948 Mitglied des Gemeinderats

Q StadtA Ulm, G 2

Mack (jun.), Heinrich, * Ulm 21. Aug. 1853, † ebd. 31. März 1927, ev.; Stärkefabrikant und Vorsitzender des Fremdenverkehrsvereins in Ulm, 1873 Bürgerausschussmitglied, einer der höchstbesteuerten Bürger, S. d. Heinrich →Mack (sen.)

Q StadtA Ulm, H Waibel: Raimund WAIBEL, Mitglieder in Gemeinderat und Bürgerausschuss 1800-1899, Typoskript, S. 19
L UBC 1, S. 96

Mack, Johann, * 1. Dez. 1850; Schuhmachermeister in Ulm, Ehrenmitglied des Ulmer Liederkranzes

L UBC 2, S. 574, 575 (Bild)

Mack, Ludwig, * Biberach/Riß 21. Dez. 1867; 1896 Schullehrer in Schussenried, 1905 dsgl. in Ulm, 1909 Hauptlehrer an der Elementarschule Ludwigsburg, 1918 tit. Oberlehrer, 1919 Reallehrer an der Oberrealschule ebd.

L CRAMER, Württembergs Lehranstalten ⁷1925, S. 118

Mack, Wilhelm, * 23. Mai 1852, † Ulm 4. Sept. 1919, ev.; ab 1895 Hospitaldirektor in Ulm, hg. des Ulmer Adressbuches

L UBC 4, S. 116, 118 (Bild)

Mästling, Ernst Christian, * Stuttgart 23. Feb. 1876, † Ulm 11. Juni 1961; Fabrikant von Radioapparaten in Ulm (EMUD)

Q StadtA Ulm, G 2

Magirus, Johann Jakob, Mag., * Ulm 2. Juli 1789, † Sindelfingen/OA Böblingen 16. April 1835, ev.; 1818 Pfarrer in Upfingen, ab 1823 Diakon in Sindelfingen, S. d. Conrad Heinrich →Magirus

L Stammbuch Magirus, S. 17 f.

Mahler, Karl, * Ulm 21. April 1885, † Aalen 8. Jan. 1983; Botaniker und Physiker, 1911 Oberreallehrer am Realprogymnasium und an der Realschule Aalen, 1919 Professor ebd., 1912/13 Schriftleiter der „Südwestdeutschen Schulblätter", S. d. Gottfried →Mahler

L Ih 3, S. 224 – CRAMER, Württembergs Lehranstalten ⁷1925, S. 120

Maier, Albert; Oberbaurat, Vorstand des Kulturbauamts Ulm, 1. Dez. 1933 a. D.

L UBC 4, S. 295, 296 (Bild)

Maier, August, * Tettnang 10. Dez. 1875 , kath.; Lehrer an der kath. Volksschule Ulm

L Real-Katalog der katholischen Volksschulstellen Württembergs, Horb/Neckar 1908, S. 550

Maier, Emil, Dr.-Ing.; 1903 bis 1906 Vorstand des Tiefbauamts Esslingen, 1906 bis 1911 des Tiefbauamts Ulm, 1911 bis 1937 des Stuttgarter Tiefbauamts, 1919 Titel Oberbaurat, 1921 Titel Baudirektor

L Baudirektor Dr. Maier im Ruhestand, in: SK Nr. 146, 26. VI.. 1937, S. 6

Maier, *Georg* Johann, * Ulm 10. April 1857, † ebd. 9. Nov. 1934, ev.; Schlosserobermeister und 1906 bis 1926 Gemeinderat in Ulm, zuletzt Schlosserehrenobermeister, 1917 bis 1933 Präsident der Handwerkskammer Ulm, 1928 bis 1933 Mitglied des Vorläufigen Reichswirtschaftsrats, des Landeseisenbahnrats Stuttgart und des Oberbewertungsausschusses beim Landesfinanzamt Stuttgart, Zweiter Vorsitzender des Ulmer Gewerbeschulrats, 1917 bis 1933 Mitglied des Aufsichtsrats der Gewerbebank Ulm

Q StadtA Ulm, G 2.

Maier, Gottfried, Dr. phil., * Dettingen 6. März 1853, ev.; 1880 bis 1887 Pfarrer in Jungingen, zuletzt 1898 bis 1924 Erster Stadtpfarrer in Pfullingen, Ehrenmitglied des Vereins für Familienkunde in Württemberg

L Magisterbuch 41 (1932), S. 86
L UBC 3, S. 381 (Bild) – UBC 4, S. 104, 270, 546.

Maier, Gustav, * Ulm 6. Sept. 1844, † Zürich (Schweiz) 10. März 1923, mos., seit 1893 ev.-reform.; Kaufmann und Reichsbankagent (Leiter der Reichsbankfiliale) in Ulm, 1881 Reichsbankdirektor in Frankfurt/Main, 1891 dsgl. in Ermatingen, 1895 dsgl. in Zürich

Q StadtA Ulm, G 2.
L Wer ist wer? 1906, S. 744.

Maier, Gustav Adolf, * Ulm 15. Feb. 1862, † Würzburg 29. Jan. 1921; ev. Geistlicher, 1887 Pfarrer in Riedbach, 1888 dsgl.

in Herrenthierbach, 1895 dsgl. in Nassau, 1903 dsgl. in Elpersheim, 1912 Ersatzmitglied für Mergentheim zur 8. Landessynode

L EHMER/KAMMERER, S. 256

Maier, Johannes, * 1857, † Ulm 4. März 1931, ev.; Vizekommandant der Ulmer Feuerwehr, seit 1876 bei der Turnerspritze des Ulmer Turnvereins

L UBC 3, S. 66 (Bild)

Maier, Luise, geb. Heinkel, * Ulm 26. Nov. 1890, † 1972, ev.; Krankenschwester, während des Ersten Weltkriegs im Front- und Lazarettdienst, u. a. in der Türkei und in Bagdad eingesetzt, 1917 bis 1919 an der Medizinischen Klinik in Gießen, T. d. Bäckermeisters Karl Heinkel († 1904) in Ulm

L Mathilde BATTRAN, Luise Maier, geb. Heinkel, 1890-1972: Ein Leben im Dienst für Menschen in Not, in: Ökumenischer Arbeitskreis Frauen (Hg.), Ulmer Frauenwege im 20. Jahrhundert. 12 Lebensbilder. Tatkraft aus Nächstenliebe, Ulm 2006, S. 29-33 (Bilder).

Maier, Otto Robert, * Ravensburg 4. Nov. 1852, † Ulm 16. Dez. 1925, ev.; Verleger, Teilhaber der Dornschen Buchhandlung in Ravensburg, 1883 Gründung eines nach ihm benannten Spiele- und Buchverlags, aus dem die noch heute erfolgreiche Firma „Ravensburger" erwuchs

L Ih 2, S. 568 – WB I (2006), S. 169 f. (Peter EITEL).

Maier, Rosa, * Sulz/Neckar 14. Aug. 1860, † Ulm 22. Aug. 1951, ev.; ab 1870 in Ulm aufgewachsen, Ausbildung an der Töchterschule in der Sammlungsschule und an der Frauenarbeitsschule ebd., 1886 bis 1919 Sticklehrerin an der Ulmer Frauenarbeitsschule, 1886 Übernahme des Stickereigeschäfts „Röscheisen und Kaim" am Münsterplatz mit zwei Geschwistern, 1891 Kgl. Württ. Hofkunststickerin, T. d. Oberamtmannes Christian →Maier

Q Schriftliche Mitteilung von Frau Mathilde Battran, Ulm, vom Feb. 2006

Maier, Wilhelm, Dr. rer. nat., * Aalen 13. April 1883; 1910 Lehrer an der Oberrealschule an der Realschule Tuttlingen, 1914 dsgl. am Realgymnasium und an der Oberrealschule Ulm

L CRAMER, Württembergs Lehranstalten ⁷1925, S. 116

Mailänder, Georg, * Neu-Ulm 15. Sept. 1865, † ebd. 2. Jan. 1933; Metzgermeister in Neu-Ulm

L UBC 4, S. 20.

Majer, *Emil* Ludwig, Dr. med., * Ulm 6. April 1847, † ebd. 21. Juni 1928, ⬜ ebd., Hauptfriedhof, 25. Juni 1928 ebd., ev.; Sanitätsrat, praktischer Arzt in Ulm, Leiter der Inneren Abteilung des Städtischen Krankenhauses Ulm, Schwiegersohn des Dr. Carl →Palm

L Schwäb. Merkur Nr. 290 (Abendblatt), 23. VI. 1928, S. 4 (Todesanz.) – ebd. Nr. 302 (Abendblatt), 1. VII. 1928, S. 6 – UBC 1, S. 469 (Bild) – SCHIMPF, Stammtafeln Feuerlein, S. 75 – UBC 1, S. 469 (Bild) – UBC 4, S. 56

Majer, Erwin,* Weinsberg 14. April 1867, † 1938, ev.; Amtsrichter in Ravensburg. Landrichter in Rottweil. Präsident des Landgerichts Schwäbisch Hall, trat im Dez. 1931 in der Nachfolge des pensionierten Karl →*Burk sein Amt als Präsident des Landgerichts Ulm an, im Juni 1933 a. D.

L UBC 3, S. 286 (Bild) – UBC 5a, S. 32 – SCHMIDGALL, Burschenschafterlisten, S. 143

Malblanc, Friedrich (von), * 1838, † Ulm 30. Dez. 1874; Major und Bataillonskommandant im Gren.-Rgt. König Karl (5. Württ.) Nr. 123, Ritter d. Militärverdienstordens

Malchus, *Carl* August Josef Heinrich Freiherr von, * 30. März 1806, kath.; [1857] Major in Ulm, Bataillonskommandeur beim Kgl. Württ. 1. Inf.-Rgt., Kgl. Württ. Generalmajor, Juni 1866 Kommandant des württ. Truppenkontingents in Ulm, April 1869 a. D.

L CAST I, S. 442 – GGT (Freiherrl. Häuser) 36 (1886), S. 570 – UBC 2, S. 156, 223

Mall, Christian, * 1888, ev.; Obersteuerinspektor in Ulm, 22. Nov. 1926 NSDAP-Mitglied, 1. Nov. 1930 Mitglied der SA, SA-Standartenführer der Standarte R 120, Mitglied der NSV, 6. Dez. 1931 in den Ulmer Gemeinderat gewählt, Goldenes Parteiabzeichen

L UBC 3, S. 286 – UBC 5a, S. 15, 112, 202 – SPECKER, Großer Schwörbrief, S. 388

Mangold, Kasimir, * Aufhofen 6. April 1852, kath.; Lehrer an der kath. Volksschule Ulm

L Real-Katalog der katholischen Volksschulstellen Württembergs, Horb/Neckar 1908, S. 550

Mangold, Luise, * Ulm 17. Dez. 1897, † ebd. 2. Nov. 1953, ev.; Malerin und Graphikerin in Ulm und Neu-Ulm, hatte ihre Ausbildung bei den Städtischen Kunstwerkstätten Ulm und in der Kunstgewerbeschule Offenbach/Main erhalten, nach Ausbombung zog sie am 27. Dez. 1944 von Ulm nach Neu-Ulm in die Reuttier Straße 35, Mai 1953 Umzug nach Klingenstein bzw. Ulm, T. d. Ulmer Kaufmanns Adolf Mangold

Q StadtA Neu-Ulm, A 9
L UBC 5a, S. 104 – Gerhard KAISER, Johanne von Gemmingen. Mit den Musen leben. Erinnerungen und Zeitbilder aus einem Jahrhundert, in: UO 52 (2001), S. 19-90, hier S. 54

Manne, Ludwig Gottfried, * 6. Nov. 1834, † Ulm 15. Feb. 1893, ev.; Kaufmann und zuletzt Privatier in Ulm, als Wohltäter bekannt

L UBC 3, S. 49, 51 (Bild) – UNGERICHT, S. 52 f. [mit dem abweichenden Geburtsdatum „20. Okt. 1839"]

Marchtaler, Paul Erhart von, * 28. Juni 1843, † 29. Feb. 1884; Major im Inf.-Rgt. König Wilhelm Nr. 124 in Ulm

L UNGERICHT, S. 170

Marheineke, Franz, * Ulm 3. Aug. 1812, † ebd. 3. Mai 1880; Kürschner in Ulm, 1863 Mitgründer der Gewerbebank Ulm, Dez. 1868 und Dez. 1869 erfolglos bei der Bürgerausschusswahl, einer der höchstbesteuerten Bürger

Q StadtA Ulm, H Waibel: Raimund WAIBEL, Mitglieder in Gemeinderat und Bürgerausschuss 1800-1899, Typoskript, S. 20
L UNGERICHT, S. 170 – WAIBEL, Gemeindewahlen, S. 351

Marius, Theodor, † Ulm 20. März 1877; Kaufmann und Lederfabrikant in Ulm, Mitglied der Handels- und Gewerbekammer Ulm, 1872 bis 1877 Mitglied des Aufsichtsrats der Gewerbebank Ulm und Ausschussmitglied des Ulmer Gewerbevereins

L UBC 2, S. 363

Martin, Ludwig; Damenschneider in Ulm, 1863 Mitgründer der Gewerbebank Ulm

L RIEBER/JAKOB, Volksbank, S. 56

Marx, Leopold; Fabrikant in Ulm, 1861 bis 1863 Mitglied des Bürgerausschusses (als erster Bürger jüdischen Glaubens)

L HILB, Zeugnisse, S. 204

Mattes, Anton, * 9. Aug. 1864, † Ulm 26. Dez. 1934; Fabrikant in Ulm, Gründer der Fahrzeugfabrik A. Mattes & Co., Ulm

L UBC 4, S. 477, 573

Maulbetsch, Friedrich, * Ulm 18. Sept. 1822, † ebd. 28. Sept. 1869, □ ebd., Alter Friedhof, ev.; Kunstmaler und Zeichnungslehrer an der gewerblichen Fortbildungsschule in Ulm, ab Feb. 1868 Mitglied der Finanzsektion des Münsterbaukomitees

L UBC 2, S. 197, 225 – UNGERICHT, S. 85, 86 – PHILIPP, Germania, S. 69, Nr. 1002

Maurer, Augustin, * 13. März 1775, † Ulm 12. Feb. 1842; Obermeister der Färberzunft in Ulm, 1819 und 1828 Bürgerausschussmitglied

StadtA Ulm, H Waibel: Raimund WAIBEL, Mitglieder in Gemeinderat und Bürgerausschuss 1800-1899, Typoskript, S. 20
L UNGERICHT, S. 132

Maurer (sen.), Dietrich, * 5. Okt. 1811, † Ulm 18. Juni 1886, □ ebd., Alter Friedhof, ev.; Färbermeister in Ulm, Bürgerausschussmitglied und seit 1856 Stadtrat ebd., 1863 Mitgründer der Gewerbebank Ulm

Q StadtA Ulm, H Waibel: Raimund WAIBEL, Mitglieder in Gemeinderat und Bürgerausschuss 1800-1899, Typoskript, S. 20
L UBC 2, 194, 323, 415, 512 – RIEBER/JAKOB, Volksbank, S. 56 – UNGERICHT, S. 192

Maurer, *Hermann* Georg, Dr. phil., * Ulm 15. Dez. 1901, † Bad Wurzach 9. Aug. 1969, ev.; Ehemann der CDU-Landtagsabgeordneten Marianne Maurer (1903-1995), geb. Redelberger, Studium der Geschichte und Germanistik in Tübingen, München, Marburg/Lahn und England, 1928 bis 1939 im höheren Schuldienst tätig, Dozent für Geschichte an der Pädagogischen Hochschule Esslingen/Neckar, danach beim Dt. Auslandsinstitut in Stuttgart, 1947 Geschäftsführer des Ev. Hilfswerks, verantwortlich für die Flüchtlingsarbeit, *maßgeblich beteiligt an der Gründung und Förderung der Hilfskomitees der zerstreuten Ostkirchen sowie der Heimatortskarteien der kirchlichen Wohlfahrts-*

verbände, deren Vizepräsident er war, Vorstandsmitglied des CDU-Kreisverbands Stuttgart, 1953 bis zum Tode Mitglied des Gemeinderats in Stuttgart, Mitglied im Verwaltungs- und im Kulturausschuss, 1954 Mitglied des Verwaltungsrats der Städt. Sparkasse und Städt. Girokasse Stuttgart, Mitglied des Aufsichtsrats der Städt. Pfandleihanstalt Stuttgart AG, 1937 bis 1945 Vorstandsmitglied der Württ. Kommission für Landesgeschichte

L In der Kur gestorben. Zum Tod von CDU-Stadtrat Dr. Hermann Maurer, in: Stuttgarter Ztg. Nr. 183, 12. VIII. 1969, S. 16 (Bild), S. 7 Todesanz. – SCHAAB, Staatliche Förderung, S. 248

Maurer, Matthäus, * 10. März 1823, † Ulm 22. Mai 1885; Metzgermeister in Ulm, 1858 und 1875 Bürgerausschussmitglied ebd.

Q StadtA Ulm, H Waibel: Raimund WAIBEL, Mitglieder in Gemeinderat und Bürgerausschuss 1800-1899, Typoskript, S. 20
L UNGERICHT, S. 170

Maurer, Max, * 19. März 1846, † Ulm 1. Sept 1895; Metzgermeister in Ulm

L UNGERICHT, S. 170

Maute, Wilhelm, * Glatt 14. Juli 1888, ev.; nach Besuch des Schullehrerseminars Nagold 1907 I. und 1911 II. Volksschullehrer-Dienstprüfung, 1912 Volksschullehrer in Brittheim, 1924 Rektor der Volksschule in Trossingen, 1932 Rektor der Volksschule am Weinhof in Ulm, NSDAP-Ortsgruppenleiter und Politischer Leiter von Söflingen-West

L Grundbuch der ev. Volksschule ⁵1933, S. 168 – UBC 5a, S. 290 – UBC 5b, S. 327, 427, 487, 624, 674, 701

Mayer, Georg *August* Ludwig, * Schnaitheim/OA Heidenheim 21. März 1832; 1857/58 Probereferendar bei der Regierung des Donaukreises in Ulm, 1869 bis 1871 Sekretär beim OA Ulm und seit 1. Juli 1870 Oberamtsverweser in Ulm, 1871 Oberamtmann von Waldsee, 1887 Regierungsrat bei der Regierung des Schwarzwaldkreises in Reutlingen

L Amtsvorsteher, S. 402

Mayer, Christian, * Ulm 1763, † Baltimore (USA) 17. Sept. 1841; erlernte den Kaufmannsberuf bei Heilbronner in Ulm, als Kaufmann in Amsterdam und in Maryland (USA) tätig, 1826 württ. Generalkonsul für die USA

L UBC 1, S. 552 ff.

Mayer, Dionys, * Silheim 3. Okt. 1849, † Neu-Ulm 30. Jan. 1895; Metzger und zuletzt Privatier in Neu-Ulm, 1891-1894 Magistratsrat ebd.

L TEUBER, Ortsfamilienbuch Neu-Ulm I, Nr. 2981

Mayer, E.; Schlauchfabrikant in Ulm, 1863 Mitgründer der Gewerbebank Ulm

L RIEBER/JAKOB, Volksbank, S. 56

Mayer, Edmund, * 1. März 1841, † 8. Dez. 1905; Maschinenfabrikant in Ulm, *seine Erscheinung und sein echt Ulmer Biedersinn verschafften ihm den wohlverdienten Ruhm echter Originalität*

L UBC 3, S. 344 (Bild), 347

Mayer, Hannes, * Ulm 13. Juni 1896, † Stuttgart 3. Jan. 1992; Architekt, Lehrer an der Bauschule

L Ih 3, S. 22

Mayer, Horst, * 16. Juli 1934, † Ulm 21. Jan. 2008, □ ebd., Hauptfriedhof; führte in den 1950er Jahren die Firma „Wölper & Co." (spätere „Oscorna Dünger GmbH & Co. KG") zur Position eines marktführenden Herstellers natürlicher Dungemittel, 1991 bis 1995 Vorstand des SSV Ulm 1846, Mitglied der Ulmer Bürgerstiftung, Träger des Ulmer Bandes, 1999 Bundesverdienstkreuz am Bande verliehen

Q StadtA Ulm, G 2
L Nachruf: Horst Mayer gestorben, in: SWP vom 23. I. 2008 (Bild).

Mayer, J. G.; Seckler in Ulm, 1863 Mitgründer der Gewerbebank Ulm

L RIEBER/JAKOB, Volksbank, S. 56

Mayer, J. G., Schreiner in Ulm, 1863 Gründungsmitglied der Gewerbebank Ulm

L RIEBER/JAKOB, Volksbank, S. 57

Mayser, Christoph, * Ulm 1818, † 14. Aug. 1870; Gastwirt „Zum Storchen" in Ulm

Mayser, *Christoph* Ludwig, * 22. März 1783, † Ulm 28. April 1834; Bierbrauer „Zum Storchen" und Zunftvorgesetzter in Ulm, 1827 Bürgerausschussmitglied ebd.
Q   StadtA Ulm, H Waibel: Raimund WAIBEL, Mitglieder in Gemeinderat und Bürgerausschuss 1800-1899, Typoskript, S. 20
L   UNGERICHT, S. 41 f., 171

Mayser, Eduard, * 13. Dez. 1829, † Ulm 12. Juni 1878; Wirt und Bierbrauereibesitzer „Zu den drei Königen" in Ulm
L   UNGERICHT, S. 171

Mayser, Friedrich, * Ulm 26. April 1855, ev.; Baurat, Vorstand des Bezirksbauamts Ulm, Mitglied des ev. Kirchengemeinderats
W   Jugenderinnerungen eines alten Ulmer Realschülers, in: UBC 4, S. 341-344
L   UBC 2, S. 384 (Bild) – UBC 3, S. 550

Mayser, Friedrich, * Ulm 7. Juli 1872, † ebd. 8. Sept. 1931, ev.; Kaufmann und Gemeinderat in Ulm, starb beim Schwimmen in der Donau
L   UBC 3, S. 213 (Bild)

Mayser, Gustav, * Ulm 9. Aug. 1841, † ebd. 16. März 1917, ev.; Holzhändler in Ulm
L   UBC 4, S. 61

Mayser, Jakob, * 1837, † Ulm 22. Mai 1898, ev.; Bierbrauereibesitzer „Zum Alten Hasen" in Ulm, Bürgerausschussmitglied ebd.
Q   StadtA Ulm, H Waibel: Raimund WAIBEL, Mitglieder in Gemeinderat und Bürgerausschuss 1800-1899, Typoskript, S. 20
L   UBC 3, S. 173

Mayser, Johannes, * 10. Nov. 1813, † Ulm 15. Sept. 1891; Schreinermeister in Ulm
L   UNGERICHT, S. 170

Mayser, Julie, * Ulm 9. April 1860, ev.; Lehrerin und Erzieherin in den USA, im Ruhestand wieder in Ulm lebend
L   UBC 2, S. 383

Mayser, Leonhard, * 1775, † 1839; Hutmacher in Ulm, 1823 Mitglied des Bürgerausschusses
Q   StadtA Ulm, H Waibel: Raimund WAIBEL, Mitglieder in Gemeinderat und Bürgerausschuss 1800-1899, Typoskript, S. 20

Mayser, Otto, * Ulm 23. Sept. 1862, † ebd. 5. Juni 1930; 1892 Pfarrer in Täbingen, April 1901 dsgl. in Dettingen am Albuch/OA Heidenheim, 1926 a. D. in Ulm, im Ersten Weltkrieg Offizier-Stellvertreter, EK II, Verdienstkreuz mit Schwertern und Wilhelmskreuz mit Schwertern
L   Magisterbuch 40 (1928), S. 105 – UBC 2, S. 430 f. (Bild)

Mayser, Peter, * 7. Nov. 1742, † Ulm 3. März 1827; Storchenwirt in Ulm
L   UNGERICHT, S. 44

Mayser, Robert Heinrich, * 1. Okt. 1828, † 26. Jan. 1894; Konditor in Ulm
L   UNGERICHT, S. 171

Meckes, Ferdinand, * 30. Jan. 1833, † Ulm 24. März 1861; Oberleutnant im Kgl. Württ. Ingenieurkorps in Ulm

Mendler, Alfred, * Ulm 19. Juni 1910, † Wiesbaden 24. Jan. 1996, kath.; Schauspieler und Regisseur, 1945 bis 1951 Intendant des Stadt-Theaters Ulm, 1953 Spielleiter der Städtischen Bühnen Augsburg, S. d. Dr. Alfred →Mendler
Q   StadtA Ulm, G 2
L   Glenzdorfs internationales Filmlexikon, Band 2, Bad Münder (Deister) 1961, S. 1117

Mendler, Johann Nepomuk, * Wilflingen 16. Mai 1862, † Ulm-Söflingen Dez. 1930, kath.; Oberlehrer an der kath. Volksschule Ulm-Söflingen, Organist an der kath. Kirche
L   Real-Katalog der katholischen Volksschulstellen Württembergs, Horb/Neckar 1908, S. 551 – UBC 2, S. 576

Merckle, Adolf, Dr. med. h.c., * Dresden 18. März 1934, † Blaubeuren-Weiler 5. Jan. 2009, ev.; einer der bedeutendsten Industriellen und Unternehmer Südwestdeutschlands, ab 1953 Studium in Tübingen (Verbindung Igel), Rechtsanwalt in Hamburg, erbte 1967 den Arzneimittelbetrieb seines Vaters in Blaubeuren, der von ihm zu einem weit verzweigten Konzern (Merckle Unternehmensgruppe) ausgebaut wurde, gründete u. a. 1974 das heute in Ulm-Donautal ansässige Generika-Unternehmen RATIOPHARM und war beteiligt an Unternehmen wie HeidelbergCement, Kässbohrer, Elektromaschinenbauunternehmen VEM Sachsenwerk etc. Im Herbst 2008 erfuhr die Öffentlichkeit, dass M. u. a. auf Grund von Fehlspe-

kulationen mit VW-Aktien in finanzielle Schwierigkeiten geraten war, der Milliardär wählte daraufhin den Freitod. Ehrensenator der Universitäten Ulm und Tübingen, 2004 Sächs. Verdienstorden, 2005 Bundesverdienstkreuz I. Kl., über seine Ehefrau Ruth Holland mit den Ulmer Unternehmerdynastien Schwenk und Schleicher verwandt, S. d. Ludwig Merckle, 1881 Gründer der Firma „Merckle, Chemikalien en gros" in Aussig (Böhmen)
L   Rüdiger BAßLER, Zum Tod des Unternehmers Adolf Merckle: Die Ohnmacht hat er nicht ertragen, in: Stuttgarter Zeitung Nr. 4, 7. I. 2009, S. 3 (Bild) – Dagmar DECKSTEIN, Ein Patriarch will nicht mehr. Adolf Merckle stand vor den Trümmern seines Lebenswerks. Die Banken gaben ihm Geld - doch sie nahmen ihm die Macht, ebd., S. 18 (Bilder) – Bernd DÖRRIES, Nach der Pleite mit den VW-Aktien: Adolf Merckle begeht Selbstmord, in: Süddeutsche Zeitung Nr. 4, 7. I. 2009, S. 17 (Bild) – Rüdiger BAßLER, Nach dem Tod Adolf Merckles: Die Angst der Blaubeurer vor dem völligen Zerfall, in: Stuttgarter Zeitung Nr. 5, 8. I. 2009, S. 3 – Nach dem Tod von Adolf Merckle: Die Banken zerschlagen das Reich des Patriarchen, in: Süddeutsche Zeitung Nr. 5, 8. I. 2009, S. 18 – Dagmar DECKSTEIN, Am Ende war die Ohnmacht, in: Süddeutsche Zeitung Nr. 5, 8. I. 2009, S. 3 (Bild) – Wikipedia

Merkle, Bernhard, * 14. Juni 1841, † Ulm 11. Mai 1897, ▭ ebd., Hauptfriedhof; Werkmeister in Ulm, 1881 bis 1884 Bürgerausschussmitglied, ab 1884 Gemeinderat ebd.
Q   StadtA Ulm, H Waibel: Raimund WAIBEL, Mitglieder in Gemeinderat und Bürgerausschuss 1800-1899, Typoskript, S. 21
L   UBC 3, S. 149, 155 (Bild)

Merkle, Heinz, * Stuttgart 21. Juli 1911, † Dettenhausen 9. Juli 1995, ev.; 1940 Zweiter Stadtpfarrer in Bopfingen, 1946 Zweiter Pfarrer an der Martin-Luther-Kirche in Ulm, 1953 Pfarrer an der Erlöserkirche Stuttgart, 1979 a. D.
L   EHMER/KAMMERER, S. 263

Merkle, Meinrad, OSB, * Wiblingen 1781, † Feldkirch 28. Okt. 1845, kath.; Präfekt des Gymnasiums Feldkirch
L   Ih 2, S. 598

Merkle, Otmar (Richard), OSB, * Wiblingen 26. Nov. 1882, † 10. März 1963, kath.; Benediktiner in Kloster Beuron
L   Ih 2, S. 598

Mesmer, Maria, * 1898, † 1980; Kunsterzieherin und Kunstsammlerin
Q   Nachlass im StadtA Ulm, Bestand H

Messerschmid, Max, * Ulm 1907, † Friedrichshafen 14. Mai 1978; Bauingenieur und Heimatforscher
L   Ih 2, S. 600

Mets, Joseph von, * Ebenhofen (Bayern) 9. März 1757, † Ulm 4. Jan. 1819; kath. Geistlicher, Geistlicher Rat des Generalvikariats Ellwangen
L   Ih 3, S. 600

Meurer, Karl Christian, * Ludwigsburg 24. Feb. 1815, † Heilbronn/Neckar 2. Nov. 1892; 1851 Regierungssekretär beim OA Ulm, 1852 bis 1855 Oberamtsverweser und Oberamtmann von Ulm, 1855 bis 1885 Oberamtmann von Heilbronn/Neckar, Regierungsrat
L   Amtsvorsteher, S. 406

Mezger, Adolf, * Schöntal/Jagst 6. Mai 1853, † Ulm 13. Mai 1920, ev.; 1880 Präzeptor an der Lateinschule Crailsheim, 1886 tit. Oberpräzeptor, 1886 tit. Professor am Kgl. Lyzeum Ludwigsburg, 1896 dsgl. am Kgl. Gymnasium Tübingen, 1898-1903 Landessekretär der nationalliberalen Deutschen Partei in Württemberg, 1903 tit. Professor am Realgymnasium Ulm, 1905 Verleihung des Ranges auf der V. Stufe der Rangordnung, 1919 wirklicher Professor in Ulm, Feb. 1919 a. D., zuletzt in der Württ. Bürgerpartei und bei der DVP politisch aktiv, 1919 Kandidat für die Württ. Verfassunggebende Landesversammlung
L   CRAMER, Württembergs Lehranstalten ⁶1911, S. 44 – Magisterbuch 37 (19149, S. 102 – WN 1920/21, S. 259 – UBC 4, S. 110, 116 (Bild), 141

Mezler, Rudolf, * 1857, † Ulm 12. Dez. 1918, ▭ ebd. 15. Dez. 1918, kath.; Landgerichtsrat, zuletzt Landgerichtsdirektor in Ulm, Politiker der Zentrumspartei, errang im Juni 1903 bei der Reichstagswahl im 14. württembergischen Wahlkreis (Ulm-Heidenheim-Geislingen) als Kandidat der Zentrumspartei mit 3.896 Stimmen einen Achtungserfolg gegen Christian →Storz (4.601 Stimmen), ab Sommer 1905 Vorsitzender des Bezirksvorstands der Zentrumspartei Ulm
L   UBC 3, S. 294, 458 – SK Nr. 589 (Abendblatt), 14. XII. 1918, S. 5 f.

Michahelles, *Georg* Karl August Friedrich, * Castell 13. Juli 1858, † Neu-Ulm 2. Aug. 1940; ab 1878 beim bayer. Militär, nach 1911 Oberst und Regimentskommandeur des 12. Inf.-Rgts. „Prinz Arnulf" in Neu-Ulm, im Ersten Weltkrieg überwiegend als Brigade- und Divisionskommandeur an der Westfront, zuletzt Generalleutnant a. D., veröffentlichte eine Reihe militärischer Fachbücher, Vereinsarchäologe und von 1919 bis 1923 Erster Vorsitzender des Historischen Vereins Neu-Ulm
Q StadtA Neu-Ulm, A 9
W Römisches im Ulmer Winkel, in: UO 29 (1934), S. 75-83 und ebd. 30 (1937), S. 64-73
L UBC 5a, S. 281 – TREU, Neu-Ulm, S. 58 – Anton AUBELE, 90 Jahre Historischer Verein Neu-Ulm 1907-1997, in: Geschichte im Landkreis Neu-Ulm 3 (1997), S. 69-87, hier S. 77 (Bild)

Millauer, Rudolf, Dr. iur., * Ellwangen/Jagst 6. Feb. 1879, † Ulm 25. April 1960, kath.; Amtsrichter in Crailsheim, Landrichter in Schwäbisch Hall, zuletzt Landgerichtsrat in Ulm
L UBC 5a, S. 45 – PHILIPP, Germania, S. 118, Nr. 1618

Miller, David; Färber in Ulm, 1831 Bürgerausschussmitglied ebd.
Q StadtA Ulm, H Waibel: Raimund WAIBEL, Mitglieder in Gemeinderat und Bürgerausschuss 1800-1899, Typoskript, S. 21

Miller, Ernst, * Ulm 28. Mai 1805, † ebd. 1867; Oberjustizregistrator in Ulm, V. d. Gustav Adolf (von) →*Miller
L SCHMIDGALL, Burschenschafterlisten, S. 81, Nr. 783 – PHILIPP, Germania, S. 55, Nr. 783

Miller, Gustav Adolf (von), Dr. iur. h.c., * Ulm oder Geislingen/Steige 3. Juli 1838, † Ulm oder Stuttgart 30. März 1913; 1879 Landgerichtsrat in Ulm, 1889 Oberlandesgerichtsrat in Stuttgart, 1899 bis 1908 Senatspräsident ebd., 1893 zugleich Mitglied der Kaiserl. Disziplinarkammer für Reichsbeamte, 1894 stv. Mitglied des Kompetenzgerichtshofs, 1896 Mitglied des Württ. Verwaltungsgerichtshofs, 1902 Mitglied des Württ. Staatsgerichtshofs, Kommenturkreuz des Kronordens, Kommenturkreuz II. Kl. des Friedrichsordens, S. d. Oberjustizregistrators Ernst →*Miller in Ulm
L Staatsanzeiger 75 – SK Nr. 144 (Mittagsblatt), 31. III. 1913, S. 7 und 8 (Todesanz.) – Württ. Jahrbücher 1913, S. IV – WN 1913, S. 167

Miller, Hans Georg, Dr. rer. pol., * Ulm 26. Dez. 1899, † in Berlin verschollen 1945, per Beschluss des Amtsgerichts Freudenstadt vom 4. Sept. 1961 mit Datum vom 31. Dez. 1945 für tot erklärt, ev.; Wirtschaftsberater in Ulm, Redakteur bei Tageszeitungen in Freudenstadt, Nürtingen und Berlin, zuletzt bei einer Dolmetscherkompanie in Berlin-Reinickendorf, S. d. Bäckermeisters Karl Miller in Ulm
L EBERL/MARCON, S. 320

Miller, Heinrich, * Ulm 24. Juli 1799, † ebd. 1839; Rechtsanwalt und Bürgerausschussobmann in Ulm, S. d. Kaufmanns Johann Heinrich Miller
L PHILIPP, Germania, S. 54, Nr. 768 – HUBER, Haßler, S. 143

Miller, Jakob; Glaser in Ulm, 1836 und 1840 Bürgerausschussmitglied ebd.
Q StadtA Ulm, H Waibel: Raimund WAIBEL, Mitglieder in Gemeinderat und Bürgerausschuss 1800-1899, Typoskript, S. 21

Miller, Johann Georg; Schlegelwirt in Ulm, 1820 Bürgerausschussmitglied ebd., einer der höchstbesteuerten Bürger
Q StadtA Ulm, H Waibel: Raimund WAIBEL, Mitglieder in Gemeinderat und Bürgerausschuss 1800-1899, Typoskript, S. 21

Miller, Johann Heinrich; Rechtskonsulent in Ulm, 1830 und 1831 Bürgerausschussmitglied ebd.
Q StadtA Ulm, H Waibel: Raimund WAIBEL, Mitglieder in Gemeinderat und Bürgerausschuss 1800-1899, Typoskript, S. 21

Miller, Johannes; Kaufmann und Stadtrat in Ulm, 1863 Gründungs- und 1872 bis 1897 Aufsichtsratsmitglied der Gewerbebank Ulm, 1874/75 stv. Vorsitzender ebd.
Q StadtA Ulm, H Waibel: Raimund WAIBEL, Mitglieder in Gemeinderat und Bürgerausschuss 1800-1899, Typoskript, S. 21
L RIEBER/JAKOB, Volksbank, S. 56, 59

Miller, Lukas; Seiler in Ulm, 1824 Bürgerausschussmitglied ebd., einer der höchstbesteuerten Bürger
Q StadtA Ulm, H Waibel: Raimund WAIBEL, Mitglieder in Gemeinderat und Bürgerausschuss 1800-1899, Typoskript, S. 21

Miller, Peter; Kaufmann in Ulm, 1830 Bürgerausschussmitglied ebd.

Q StadtA Ulm, H Waibel: Raimund WAIBEL, Mitglieder in Gemeinderat und Bürgerausschuss 1800-1899, Typoskript, S. 21

Miller, Philipp; Maurer und Zunftmeister in Ulm, 1847 Bürgerausschussmitglied ebd., 1849 Gemeinderat ebd., einer der höchstbesteuerten Bürger
Q StadtA Ulm, H Waibel: Raimund WAIBEL, Mitglieder in Gemeinderat und Bürgerausschuss 1800-1899, Typoskript, S. 21

Miller, Wilhelm; Rechnungsrat, Vorstand des Gemeindegerichts in Ulm, Ortsrichter ebd.
L Staatshandbuch 1928, S. 369 – UBC 3, S. 261

Miller, Willibald; Rotgerber in Ulm, 1820 bis 1822 Bürgerausschussmitglied ebd.
Q StadtA Ulm, H Waibel: Raimund WAIBEL, Mitglieder in Gemeinderat und Bürgerausschuss 1800-1899, Typoskript, S. 21

Misani, Georg von, * Stuttgart 16. Mai 1817, † Mainz 31. März 1899; Generalmajor, Oberfinanzrat bei der Finanzkammer des Donaukreises in Ulm, zuletzt Betriebsoberinspektor in Stuttgart, Ehrenmitglied des Vereins für Kunst und Altertum in Ulm und Oberschwaben, Ritterkreuz des württ. Kronordens, Ritterkreuz I. Kl. des Friedrichsordens, Olgaorden, S. d. Generalmajors Georg von Misani
L SK Nr. 152, 4. IV. 1899, S. 745 und 746 (Todesanz.) – Württ. Jahrbücher 1899, S. VII

Missel, Karl, Dr. rer. pol., * Ulm 16. April 1899, † Heidenheim/Brenz 20. Okt. 1981; Handelsschulrat, u. a. 1931/32 am dt. Handelsgymnasium in Philippopel (Bulgarien), 1937-1945 und 1950-1953 an der [Höheren] Handelsschule Heidenheim/Brenz, 1948-1950 an der Kaufmännischen Berufsschule und Höheren Handelsschule Ulm, 1953 Studienrat an der Höheren Handelsschule Heidenheim/Brenz, 1955 Oberstudienrat ebd., 1965 Studiendirektor ebd.
W Währungspolitik und Industriepolitik, Agrarpolitik und Sozialpolitik im Italien der Nachkriegszeit. Ein Beitrag zur Wirtschaftspolitik des Faschismus, rer. publ. Diss., Tübingen 1931
L EBERL/MARCON, S. 344

Model, August, Dr. med., * Windsheim 10. Juni 1842, † Ulm 13. Sept. 1909, ev.; Bezirksarzt in Weißenburg am Sand (Bayern), zuletzt ab 1884 Oberamtsarzt in Neu-Ulm
L PHILIPP, Germania, S. 85, Nr. 1255

Moerike, Otto, * Wimpfen 9. April 1850, † Ulm 21. Juli 1896; Major und Bataillonskommandeur im 5. Württ. Grenadier-Rgt. „König Karl" Nr. 123
L UNGERICHT, S. 172

Mörike, Richard, * Ulm 4. Juli 1888, ev.; Oberbaurat in Stuttgart

Mößner, Adolf, * 14. Sept. 1882, † Ulm 9. Okt. 1926, ☐ ebd., Hauptfriedhof, ev.; Photograf in Ulm
L UBC 4, S. 290 (Bild), 292

Mößner, Friedrich, * Ulm 30. März 1879, ev.; 1906 Zweiter Geistlicher an der Brüder- und Kinderanstalt Karlshöhe, 1906 tit. Pfarrer, 1929 Erster Pfarrer und Direktor ebd., 1950 a. D.
L Magisterbuch 41 (1932), S. 142 – ebd. 44 (1953), S. 93

Mohl, *Gustav* Emil Ludwig, * Stuttgart 1. Juli 1853, † Ludwigsburg 25. Aug. 1930, ev.; 1877 bis 1879 Stadtvikar in Ulm, in dieser Zeit (1878) Amtsverweser des Zweiten Stadtpfarrers am Münster, 1879 Stadtvikar in Stuttgart, 1882 Schiffsprediger der deutschen Flotte, 1885 Garnisonspfarrer in Stade, 1886 dsgl. in Spandau, 1887 Divisionspfarrer in Straßburg (Elsaß), 1893 dsgl. in Frankfurt/Main, 1899 Oberpfarrer des XVIII. Armeekorps ebd., 1901 a. D.
L Magisterbuch 40 (1928), S. 79 – NEBINGER, Die ev. Prälaten, S. 583

Mohr, Philipp, * 1868, † 18. Feb. 1933; Besitzer des Gasthofes „Zum Jungen Hasen" in Ulm
L UBC 4, S. 51

Mohs, Heinrich, * Ulm 7. Mai 1905 Ulm, † gef. bei Viterbo (Italien) 6. Juni 1944; Rechtsanwalt in Ulm
L PHILIPP, Germania, S. 150, Nr. 1932

„Moko", →*Mürdel, Jakob

Molfenter, Friedrich, * 1802, † Ulm 5. Sept. 1869, ev.; Schiffmeister in Ulm, Vorsteher der Schifferinnung in Ulm, 1848 bis 1860 und ab 1865 Bürgerausschussmitglied ebd.
Q StadtA Ulm, H Waibel: Raimund WAIBEL, Mitglieder in Gemeinderat und Bürgerausschuss 1800-1899, Typoskript, S. 21
L UBC 2, S. 225

Molfenter, Friedrich, * Ulm 21. Juni 1856, † Heilbronn/Neckar 1925, ev.; Obersteuerrat, zuletzt Oberfinanzrat, Oberzollinspektor beim Hauptzollamt Heilbronn/Neckar
L   SCHMIDGALL, Burschenschafterlisten, S. 139, Nr. 259

Molfenter, Fritz, * 1. Okt. 1866, † Ulm 9. Nov. 1933; Gärtnereibesitzer in Ulm
L   UBC 4, S. 272, 275 (Bild)

Molfenter, Georg; Schiffer in Ulm, 1830 Bürgerausschussmitglied ebd.
Q   StadtA Ulm, H Waibel: Raimund WAIBEL, Mitglieder in Gemeinderat und Bürgerausschuss 1800-1899, Typoskript, S. 21

Molfenter, Hermann, * Ulm 28. März 1882, † ebd. 18. Mai 1933; Kaufmann in Ulm
L   UBC 4, S. 130, 131 (Bild)

Molfenter (sen.), Johann Jakob; Holzhändler und Vorsteher der Schifferinnung in Ulm, 1835 Bürgerausschussmitglied, 1840 bei der Gemeinderatswahl gescheitert
Q   StadtA Ulm, H Waibel: Raimund WAIBEL, Mitglieder in Gemeinderat und Bürgerausschuss 1800-1899, Typoskript, S. 21

Molfenter (jun.), Johann Jakob; Schiffer und Schiffervereinsvorstand in Ulm, 1851 Bürgerausschussmitglied, ab 1853 Gemeinderat ebd.
Q   StadtA Ulm, H Waibel: Raimund WAIBEL, Mitglieder in Gemeinderat und Bürgerausschuss 1800-1899, Typoskript, S. 21

Molfenter, Johannes, * Ulm 1808, † ebd. 1879; Maurermeister in Ulm
L   UNGERICHT, S. 30

Molfenter, Johannes, * 1820, † Ulm 18. Sept. 1911, ev.; Holzhändler und Schiffer in Ulm, zuletzt Privatier, 1879 Bürgerausschussmitglied, ebd., ab 1882 Gemeinderat ebd.
Q   StadtA Ulm, H Waibel: Raimund WAIBEL, Mitglieder in Gemeinderat und Bürgerausschuss 1800-1899, Typoskript, S. 21

Molfenter, Johannes, * Ulm 15. April 1850, † ebd. 8. Nov. 1908, ev.; Konditor in Ulm
L   UBC 3, S. 417

Molfenter, Johannes, † Ulm 14. März 1929, ev.; Holzhändler in Ulm, Teilhaber der Firma Gebr. Molfenter, Ulm-Weißenhorn
L   UBC 2, S. 70, 71 (Bild)

Molfenter, Samuel, * Ulm 14. März 1813, † ebd. 4. Mai 1883, ev.; Schiffer und Bürgerausschussmitglied in Ulm
Q   StadtA Ulm, H Waibel: Raimund WAIBEL, Mitglieder in Gemeinderat und Bürgerausschuss 1800-1899, Typoskript, S. 21
W   Die Fahrt des Dampfbootes „Ludwig" auf der Donau im Jahre 1839/40, in: UBC 3, S. 401-403 (Bild)

Molfenter, Samuel, * Ulm 1845, † 1888; Holzhändler in Ulm
L   UNGERICHT, S. 172

Molfenter, Samuel, * Ulm 1863, † ebd. 7. März 1932, ev.; Holzhändler in Ulm
L   UBC 3, S. 357 (Bild)

Mollenkopf, *Karl* Friedrich, * Dettingen an der Erms/OA Urach 25. Dez. 1847, ev.; 1877 Kollaborator an der Lateinschule Weinsberg, 1883 tit. Präzeptor am Kgl. Gymnasium Ulm, 1918 a. D., 1906 Verleihung des Ranges auf der VIII. Stufe
L   CRAMER, Württembergs Lehranstalten [7]1925, S. 43 – UBC 4, S. 86 (Bild), 88

Moos (II), Alfred, * 21. Juni 1869, † Ulm 22. Okt. 1926, mos.; Rechtsanwalt in Ulm, starb an Magenkrebs
L   UBC 4, S. 292, 293 (Bild) – HILB, Zeugnisse, S. 53

Moos, Julius, * 1849, † Ulm Dez. 1928, mos.; Kaufmann in Ulm, Seniorchef des 1872 in Ulm gegründeten Textilwarengeschäfts
L   UBC 2, S. 22 (Bild)

Moos, *Ludwig* Wilhelm, * Ulm 8. Jan. 1890, † Tel Aviv 26. Aug. 1967, mos.; Kunstmaler und Graphiker in Ulm, Schüler von A. Jank und L. v. Herterich an der Münchner Akademie, von J. V. Cissarz an der Stuttgarter Kunstgewerbeschule, drei Bilder von ihm im Ulmer Museum, Mappe „Wienfahrt des Hans Multscher" mit 30 Lithographien
L   THIEME-BECKER 25 (1931), S. 108 – VOLLMER 3, S. 419 – UBC 1, S. 302 f., 591 – KEIL, Dokumentation, S. 11-16

Moosmann, August, * Aichhalden/OA Oberndorf 11. Nov. 1860, kath.; Lehrer an der kath. Volksschule Ulm
L   Real-Katalog der katholischen Volksschulstellen Württembergs, Horb/Neckar 1908, S. 549

Moser, *Albrecht* Otto, Dr. rer. pol., * Ulm 13. Jan. 1899, † Baden-Baden 11. Jan. 1969; ab 1929 Inhaber der Hofbuchhandlung Constantin Wild in Baden-Baden, S. d. Generals Otto (von) →Moser
L   EBERL/MARCON, S. 320, Nr. 1058 – ARNOLD, Stuttgardia II, S. 75, Nr. 408

Moser, Anna, * Heilbronn/Neckar 23. Feb. 1866; ab 1899 Lehrerin in Ulm, zuletzt Oberreallehrerin in besonders wichtiger Stellung an der höheren Mädchenschule Ulm
L   CRAMER, Württembergs Lehranstalten [6]1911, S. 162

Moser, Ferdinand von, * 1. Aug. 1834, † 13. April 1900; Gutsbesitzer auf Freudenegg bei Gerlenhofen
L   UBC 3, S. 220 (Bild), 222

Mühlbayer, Alfred, Dr. rer. pol., * Schwäbisch Hall 25. Okt. 1902, † Neu-Ulm 1. Juni 1938, ev.; Rechtsanwalt beim Landgericht und Oberlandesgericht Stuttgart
L   EBERL/MARCON, S. 305, Nr. 1006

Mühlberger, Friedrich Christian, † Ulm 11. Jan. 1805; Kaufmann in Ulm

Mühlhäuser, Johann *Georg* (nicht Michael!), * Auendorf/OA Göppingen 8. Juli 1845, † Ulm 14. Juli 1927, ev.; Amtsverweser der Hauptlehrerstelle an der Elementarschule Ulm, 1875 Elementarlehrer ebd., 1889 tit. Oberreallehrer, auch drei Jahre lang an der Höheren Mädchenschule Ulm, Juli 1914 a. D., 1907 Verdienstmedaille des Württ. Kronordens
L   CRAMER, Württembergs Lehranstalten [6]1911, S. 152 – UBC 1, S. 207 (Bild) – UBC 2, S. 347 – UBC 3, S. 566

Müller, Ernst, Dr. phil., * Oberriexingen/OA Vaihingen 9. Juni 1858, ev.; 1883 Präzeptor an der Lateinschule Leutkirch, 1887 tit. Oberpräzeptor am Eberhard-Ludwig-Gymnasium Stuttgart, 1888 Professoratsexamen, 1890 Promotion, 1893 Oberpräzeptor (tit. Professor) an der V. und VI. Klasse des Realgymnasiums ebd., 1897 Professor an der oberen Abteilung des Kgl. Gymnasium Ulm, 1924 a. D., 1912 Verleihung des Ranges auf der VI. Stufe
L   CRAMER, Württembergs Lehranstalten [6]1911, S. 47 – Magisterbuch 41 (1932), S. 82 – UBC 4, S. 296 (Bild)

Müller, Friedrich, * Ulm 28. Nov. 1805, † ebd. 1867; Oberjustizregistrator in Ulm
L   PHILIPP, Germania, S. 52

Müller, Friedrich; Kaufmann in Ulm, 1881 bis 1899 Mitglied des Aufsichtsrats der Gewerbebank Ulm
L   RIEBER/JAKOB, Volksbank, S. 59

Müller, Johann Friedrich, * Nabern/OA Kirchheim 14. Nov. 1773, † Ulm 15. März 1826, ev.; Amtmann und Oberzoller in Knittlingen/OA Maulbronn, 1811 Oberamtmann von Geislingen/Steige, 1825 a. D., S. d. Pfarrers Johann Michael Müller in Nabern
L   MAIER, Nachfahrentafel Schott, S. 35 – Thilo DINKEL, Das Schicksal der Kirchheimer Lateinschüler, in: Stadt Kirchheim unter Teck, Schriftenreihe des Stadtarchivs, Band 6 (1987), S. 30 – Amtsvorsteher, S. 417 [ohne Todesdatum und -ort]

Müller, J. M., * 9. März 1840, † Ulm 15. Aug. 1892; Rossarzt in Ulm
L   UNGERICHT, S. 174

Müller, Matthias, * Ulm 3. März 1806, † ebd. 13. Mai 1832; Wirt „Zum Herrenkeller" in Ulm
L   UBC 2, S. 297 (Bild)

Müller, Regine, geb. Irion, verw. Remshardt, * 1772, † Ulm 1849; Wirtin „Zum Herrenkeller" in Ulm
L   UBC 2, S. 297 (Bild)

Müller, Robert Adolf; Kaufmann in Ulm, 1863 Gründungs- und ab 1872 Aufsichtsratsmitglied der Gewerbebank Ulm
L   RIEBER/JAKOB, Volksbank, S. 56, 59

Müller, Karl *Rudolf*, * Friedrichshafen am Bodensee 31. (21.?) März 1856, † Stuttgart 27. Aug. 1922; 1883 Professor an der Realanstalt in Esslingen/Neckar, 1887 dsgl. am Realgymnasium Ulm, 1894 dsgl. an der Realanstalt in Stuttgart, 1896 dsgl. am Realgymnasium (Karls-Gymnasium) ebd., 1914 a. D., verdient um den Aufbau des Roten Kreuzes in Württemberg, Verfasser des Buches „Die Entstehungsgeschichte des Roten Kreuzes und der Genfer Konvention" (Stuttgart 1897), Schriftführer beim Württ. Verein für Münzkunde, 1900 Verleihung des

Ranges auf der VI. Stufe, 1912 Ritterkreuz I. Kl. des Friedrichsordens, S. eines Oberlehrers

L Magisterbuch 38 (1920), S. 102 – Wohltäter des Wohltäters, in: Stuttgarter Zeitung Nr. 63, 16. III. 2006, S. 21 (Gerhard RAFF)

Mündler, Gustav, * 11. Juni 1847, † Ulm 9. Okt. 1932; Spediteur in Ulm

L UBC 3, S. 536 (Bild)

Mündler, Ludwig, * 14. März 1836, † Ulm 9. Jan. 1895; Gärtner in Ulm

L UNGERICHT, S. 174

Münz, Jakob, * 1. Mai 1826, † Ulm 28. Juli 1892; Schneidermeister in Ulm

L UNGERICHT, S. 174

Münzenmaier, Philipp (von), * 1850, † Neu-Ulm 19. Aug. 1900, ev.; Generalmajor, Oberst und Kommandeur der 27. Feldartillerie-Brigade, Ehrenkreuz des Württ. Kronordens, Kommenturkreuz II. Kl. des Friedrichsordens, Kommenturkreuz des Kgl. Bayer. Militärverdienstordens, K. Preuß. Roter Adlerorden III. Kl., Ritterkreuz III. Kl. des K. Preuß. Kronordens

L Staatsanzeiger Nr. 193, 20. VIII. 1900, S. 1523 – SK Nr. 388 – Württ. Jahrbücher 1900, S. VII – UBC 3, S. 225

Münzinger, Gustav; Kaufmann in Ulm, 1863 Gründungsmitglied der Gewerbebank Ulm

L RIEBER/JAKOB, Volksbank, S. 57

Mürdel, Adolf, * 1861, † Ulm 21. Feb. 1931, ev.; Rechnungsrat bei der Oberrechnungskammer in Stuttgart, zuletzt Regierungsrat im württ. Finanzministerium

L UBC 3, S. 48 (Bild)

Mürdel, Anton, * 11. Nov. 1866, † Ulm 14. April 1926, ev.; seit 1892 Mitglied der Steigerkompanie der Ulmer Feuerwehr, seit 1919 als Nachfolger von Friedrich →Eychmüller Kommandant der Ulmer Feuerwehr

L UBC 4, S. 281 (Bild), 285

Mürdel, Christoph, * Ulm 8. Dez. 1833, † nach 1926, ev.; Geistlicher, Pfarrer in Erpfingen, Meimsheim (zugleich Bezirksschulinspektor für Brackenheim) und Renningen, Ritterkreuz I. Kl. des Friedrichsordens

L Magisterbuch 37 (1914), S. 69

Mürdel, Daniel, * Ulm Dez. 1819, † Neu-Ulm 1. Mai 1876; Schmiedemeister in Ulm und Neu-Ulm

L TEUBER, Ortsfamilienbuch Neu-Ulm I, Nr. 3260

Mürdel, David; Metzgermeister am Markt in Ulm, nationalliberales Bürgerausschussmitglied ebd.

Q StadtA Ulm, H Waibel: Raimund WAIBEL, Mitglieder in Gemeinderat und Bürgerausschuss 1800-1899, Typoskript, S. 22

Mürdel, Georg; Färber in Ulm, Bürgerausschussmitglied ebd.

Q StadtA Ulm, H Waibel: Raimund WAIBEL, Mitglieder in Gemeinderat und Bürgerausschuss 1800-1899, Typoskript, S. 22

Mürdel, Jakob („Joko Moko"), * Ulm 1874, † ebd. 12. Juli 1904; 2,25 Meter hoch gewachsener Schaukünstler, größter Mensch in Europa, S. d. Metzgermeisters Thomas →*Mürdel

L UBC 3, S. 199, 200 (Bild), 318

Mürdel, Karl, * 14. Sept. 1835, † Neu-Ulm 13. Juli 1913; Bauunternehmer in Ulm und Neu-Ulm, 1892 Mitgründer und Ausschussmitglied des „Unter Stadtvereins" in Ulm

L UBC 3, S. 36 – TEUBER, Ortsfamilienbuch Neu-Ulm I, Nr. 3262

Mürdel, Thomas; Metzgermeister in Ulm, 1825 Bürgerausschussmitglied ebd., V. d. Jakob →*Mürdel („Joko Moko"),

Q StadtA Ulm, H Waibel: Raimund WAIBEL, Mitglieder in Gemeinderat und Bürgerausschuss 1800-1899, Typoskript, S. 22

Murr, Wilhelm, * 16. Dez. 1888, † Egg/Vorarlberg (Österreich) 14. Mai 1945; NSDAP-Politiker, NS-Gauleiter von Württemberg und Hohenzollern, 1932 bis 1933 MdL, Fraktionsvorsitzender, 15. März 1933 vom Landtag zum Staatspräsidenten gewählt, Mai 1933 Reichsstatthalter von Württemberg und Hohenzollern, am 15. Mai 1933 nach der Einsetzung des „gleichgeschalteten" Gemeinderats zugleich mit Adolf →*Hitler und Wilhelm →Dreher zum Ehrenbürger der Stadt Ulm ernannt, als welcher er keine Ehrenurkunde, sondern eine *reichsgravierte Zinnplatte* (UBC 4, S. 129) erhielt, 1945 Aberkennung der Ehrenbürgerwürde, 1937 Benennung der bisherigen Karlstraße in „Wilhelm-Murr-Straße", 1945 zurückgenommen

L Ih 2, S. 627 – Ih 3, S. 244 – UBC 4, S. 76, 123, 129, 173, 176, 224, 497, 527, 529, 551

Murschel, Gottlieb Jakob, * 21. Okt. 1792, † Ulm 4. Feb. 1867, ev.; Konditor in Ulm, ab 1829 Mitglied des Ulmer Bürgerausschusses, 1832 erstmals in der Presse als Kandidat für den Gemeinderat empfohlen – in diesem Fall als Nachfolger des verstorbenen Samuel →Molfenter –, musste er einstweilen noch dem Müller Daniel Beiselen den Vortritt lassen, im Juli 1835 erfolgte M.s Wahl in den Gemeinderat, dem er bis 1863 angehörte, einer der höchstbesteuerten Bürger

Q StadtA Ulm, H Waibel: Raimund WAIBEL, Mitglieder in Gemeinderat und Bürgerausschuss 1800-1899, Typoskript, S. 22

L UNGERICHT, S. 174 – WAIBEL, Gemeindewahlen, S. 261, 263 f., 294, 295

Musialek, Karl-Hans, * Teschen 27. Juli 1905, † Ulm 16. März 1972; 1963 bis 1970 Krankenhauspfarrer in Ulm

L EHMER/KAMMERER, S. 274

Mutschler, Georg, * Berghülen 11. Sept. 1883, † Pfuhl 13. Okt. 1958; Bäckermeister und 1945-1948 Bürgermeister in Pfuhl

L TREU, Pfuhl, S. 231 (Bild)

Mylius, Friedrich, * 20. Jan. 1814, † Ulm 21. April 1892; Privatier in Ulm

L UNGERICHT, S. 71

Nachbauer, Josef, * 1888, † 6. März 1970; Seit 1919 bei der Handwerkskammer Ulm, zuletzt bis 1952 deren langjähriger Direktor

L STIEFENHOFER, Josef Nachbauer †, in: Alamannenblätter N.F. Nr. 42/1970, S. 15

Naumann, Daniel; Seifensieder und Bürgerausschussmitglied in Ulm, einer der höchstbesteuerten Bürger

Q StadtA Ulm, H Waibel: Raimund WAIBEL, Mitglieder in Gemeinderat und Bürgerausschuss 1800-1899, Typoskript, S. 22

Naumann, Karl August; Gastwirt „Zum Goldenen Adler" in Ulm, 1849 in den Bürgerausschuss und den Gemeinderat gewählt, einer der höchstbesteuerten Bürger

Q StadtA Ulm, H Waibel: Raimund WAIBEL, Mitglieder in Gemeinderat und Bürgerausschuss 1800-1899, Typoskript, S. 22

Neef, Robert, * Ulm 1. April 1879, ev.; 1909 Pfarrer in Laufen am Kocher, 1919 Zweiter Stadtpfarrer in Großbottwar, 1927 Pfarrer in Loßburg, 1938 a. D.

L Magisterbuch 41 (1932), S. 142 – ebd 44 (1953), S. 93

Nesper, *Erwin* Hugo Robert, * Hedelfingen/OA Cannstatt 6. Sept. 1884 , † Ulm 12. Feb. 1965; bis 1913 Eisenbahnbeamter (mittlerer Dienst) in Ulm, 1913 Eisenbahnbeamter in Stuttgart, 1919 Eisenbahnsekretär, 1920 -obersekretär, 1922 -inspektor, wohnhaft in Neckarhalde bei Esslingen/Neckar, Mitglied des Vollzugsausschusses des Arbeiterrats Groß-Stuttgart, Nov. 1918 bis Juni 1919 Mitglied des Landesausschusses der Arbeiterräte Württembergs, SPD-Politiker, 1919/20 MdVL bzw. MdL Württemberg, 1921 bis 1924 MdL Württemberg, Vorsitzender der SPD-Landesgruppe der geistigen Arbeiter, 1920 bis 1924 Mitglied des SPD-Landesvorstands, 1924 LT-Kandidat (Platz 10 LL), 1959 nach Ulm verzogen, S. d. Schullehrers Nesper

L KOLB/SCHÖNHOVEN, S. 75 f., 329, 335 f., 338 f., 349 – SCHRÖDER, SPD-Parlamentarier, S. 631 – RABERG, Biogr. Handbuch, S. 607 f.

Nessler, Hans (von), * Potsdam 19. Okt. 1855, † Ulm 16. Jan. 1932, □ ebd., Hauptfriedhof, ev.; Kgl. Preuß. Generalmajor, bis 1908 Kommandeur des Hohenzollernschen Fußart.-Rgts. Nr. 13

L UBC 3, S. 414

Neubronner, Andreas, † Ulm März 1929, ev.; Gärtner in Ulm

L UBC 3, S. 70, 72 (Bild)

Neubronner, Carl von, * Kaufbeuren 28. Mai 1809, † Ulm 9. Okt. 1866; Justizreferendär in Ulm, S. d. Carl Felician von →Neubronner

L UNGERICHT, S. 78

Neubronner, *Carl (Karl)* Alexander Wolfgang, * 11. Sept. 1867, † Ulm 17. Feb. 1934, ev.; Goldschmiedmeister in Ulm

L UBC, S. 337, 342 (Bild)

Neubronner, Carl Friedrich, * Ulm 2. Nov. 1733, † ebd. 15. Juni 1804; seit 1758 Senator der Reichsstadt Ulm, 1796 Bürgermeister, bis zum Tod Präses des Ulmer Magistrats

L WEYERMANN II, S. 361

Neubronner, Carl Friedrich von, * 11. Feb. 1775, † Ulm 9. Juni 1857; Kgl. Württ. Oberleutnant
L   UNGERICHT, S. 78

Neubronner, Johann *Daniel*, * Ulm 9. Aug. 1806, † Neu-Ulm 20. Aug. 1869, ev.; Buchdruckermeister und später Wattenmeister, ab 1856 Handelsgärtner und Pächter des Gesellschaftsgartens in Neu-Ulm, V. d. Heinrich →*Neubronner u. d. Karl →*Neubronner.
L   BUCK, Chronik Neu-Ulm, S. 114 – UBC 2, S. 223

Neubronner, Johann *Georg*, * Ulm 26. Nov. 1839, † Neu-Ulm 13. Juni 1899; Handelsgärtner in Neu-Ulm, Mitgründer der Firma Gebr. Neubronner ebd.,
L   UBC 3, S. 200 f. (Bild) – TEUBER, Ortsfamilienbuch Neu-Ulm I, Nr. 3299 [mit unzutreffendem Sterbejahr „1877"]

Neubronner, Gustav; Zimmermann in Ulm, ab 1882 Bürgerausschussmitglied in Ulm.
Q   StadtA Ulm, H Waibel: Raimund WAIBEL, Mitglieder in Gemeinderat und Bürgerausschuss 1800-1899, Typoskript, S. 23

Neubronner, Heinrich, * Ulm 10. Aug. 1842, † Neu-Ulm 3. Aug. 1905, ev.; Mitinhaber der überregional renommierten Kunst- und Handelsgärtnerei Heinrich Neubronner in Neu-Ulm, berühmt für seine Pflanzenzüchtungen und herausragende Anzucht u. a. von Geranien und Gladiolen, erhielt am 5. März 1884 das Neu-Ulmer Bürgerrecht, ab 1897 Magistratsrat ebd., 1899 wurde die Gasse von der Schützen- zur Eckstraße nach ihm benannt, die N. Besitzer eines großen Teils der dortigen Baugrundflächen war, S. d. Daniel →*Neubronner
Q   StadtA Neu-Ulm, Verzeichnis der Gemeindebürger Band 1, Nr. 251
L   BUCK, Chronik Neu-Ulm, S. 101 – UBC 3, S. 344 (Bild) – WEIMAR, Wegweiser, S. 77

Neubronner, Jacob, * Ulm 11. Juli 1731, † ebd. 21. Mai 1811; Kanzleiadjunkt in Ulm, 1765 Pflegschreiber ebd., 1775 Hauspfleger ebd., sammelte Manuskripte und Druckschriften, Porträts und Karten zur Gelehrten- und Kunstgeschichte Ulms, publizierte und zeichnete
L   WEYERMANN II, S. 361 ff.

Neubronner, J.; Schreiner in Ulm, 1863 Gründungsmitglied der Gewerbebank Ulm
L   RIEBER/JAKOB, Volksbank, S. 57

Neubronner, Karl, * 1. Sept. 1852, † ebd. 12. März 1932; Gärtnermeister in Ulm, weit über Ulm hinaus bekannt und geschätzt, lieferte den Blumenschmuck für zahlreiche Festveranstaltungen an den Höfen von München und Stuttgart, Träger der großen Staatsmedaille, S. d. Daniel →*Neubronner
L   UBC 3, S. 357 (Bild)

Neubronner, Rudolf von, * Heilbronn/Neckar 21. Juni 1813, † Esslingen 8. Aug. 1847, ev.; Oberjustizassessor in Ulm, ab 1845 (12. und 13. o. LT) ritterschaftliches MdL Württemberg, S. d. Carl Felician von →Neubronner
L   RABERG, Biogr. Handbuch, S. 610

Neubronner, Wolfgang, * 3. Feb. 1786, † 11. Juli 1851; Antiquar in Ulm, seit 1837 Stadtarchivar und Bibliothekar ebd., Mitglied des Vereins für Kunst und Altertum in Ulm und Oberschwaben
Q   StadtA Ulm, G 2
L   SPECKER, Bestände, S. 32

Neuburger, J. H.; Kaufmann in Ulm, 1863 Gründungsmitglied der Gewerbebank Ulm
L   RIEBER/JAKOB, Volksbank, S. 56

Neuburger, Max; Kaufmann in Ulm, 1863 Gründungsmitglied der Gewerbebank Ulm
L   RIEBER/JAKOB, Volksbank, S. 57

Neuburger, Michael; Kaufmann in Ulm, 1863 Gründungsmitglied der Gewerbebank Ulm
L   RIEBER/JAKOB, Volksbank, S. 56

Neuffer, *Karl* Eugen Nathanael, * Ulm 21. Feb. 1888, † ebd. 1. März 1945, ev.; Oberreallehrer am Realprogymnasium und an der Realschule Biberach/Riß, seit 1920 dsgl. in Ulm, zuletzt Studienrat am Gymnasium ebd., starb bei einem Luftangriff auf Ulm, S. d. Eugen Nathanael (von) →Neuffer
L   CRAMER, Württembergs Lehranstalten ⁷1925, S. 136

Neuner, Alfred, * Ulm 1. Okt. 1884; 1913 Oberreallehrer an der Realschule Künzelsau, 1920 dsgl. an der Realschule Bietigheim
L   CRAMER, Württembergs Lehranstalten ⁷1925, S. 120

Neuner, Robert, * Ulm 17. April 1883, † gefallen bei Neuve-Chapelle 30. Juli 1916; Rechtsanwalt in Waiblingen
L   PHILIPP, Germania, S. 122, Nr. 1663

Nick, Friedrich, † Ulm 26 Jan. 1925; Oberrechnungsrat, seit 1888 in Diensten der Stadt Ulm, ab 1892 Vorstand des Standesamtes
L   UBC 3, S. 550 (Bild) – UBC 4, S. 253

Nick, *Max* Georg Adolf, * Ulm 14. April 1863, † Stuttgart-Bad Cannstatt 25. Juni 1941; Regierungsassessor, Amtmann bei der Stadtdirektion Stuttgart, 1898 bis 1904 Oberamtmann von Tuttlingen, Regierungsrat, 1904 bis 1919 Oberamtmann von Cannstatt, zuletzt bis 1930 Oberregierungsrat beim Verwaltungsrat der Württ. Gebäudebrandversicherungsanstalt
L   Amtsvorsteher, S. 429 – Igel-Verzeichnis 1871-1996, S. 25, Nr. 70

Niederegger, Johann Georg, * Ulm 1777, † Lübeck 1856; Erfinder des Lübecker Marzipans, übernahm im März 1806 die Konditorei des verstorbenen Johann Gerhard Maret am Marktplatz in Lübeck
Q   StadtA Ulm, G 2
L   Christa PIESKE, Marzipan aus Lübeck. Der süße Gruß einer alten Handelsstadt, Lübeck 1977

Niederer, Matthäus, * 1861, † Ulm 9. Dez. 1932; Oberlagermeister, Proviantamtsaufseher in Ulm, früher Oberfahnenschmied in Ludwigsburg
L   UBC 3, S. 581

Niethammer, Eduard (von), † Ulm 1. Jan. 1877; Kgl. Württ. Oberst, Kommandant des Pionierkorps in Ulm, Juni 1869 a. D.
L   UBC 2, S. 223

Noerpel, Carl Ernst, * 10. Jan. 1853, † Ulm 27. März 1932; Gründer eines bekannten Spediteurgeschäfts, das sich aus kleinen Anfängen zu einem Großunternehmen mit Sitz in Ulm und Filialen in Rorschach, St. Gallen, Konstanz, Kempten u. a. entwickelte, daneben Getreide- und Kohlenhändler in Ulm, Mitglied der süddeutschen Kanalvereine, Mitglied der Handelskammer Ravensburg und der Handelskammer Ulm, Vorstand des Ulmer Handelsvereins
L   UBC 3, S. 360 (Bild)

Normann, Emil Freiherr von, * 1825, † Ulm 18. Sept. 1903, kath.; Kgl. Preuß. Oberstleutnant a. D., Vorstand des Ulmer Schlittschuhklubs, bekannt als „Eisbaron", Konservator des Kunstvereins Ulm
L   UBC 3, S. 299 – 1887-1987 Kunstverein Ulm. Berichte und Dokumente. Hg. zum 100jährigen Bestehen des Kunstvereins Ulm e. V., Ulm 1987, S. 12

Nothhelfer, Friedrich, * Laupheim 19. Mai 1877, † ebd. 5. Juli 1947, kath.; Schultheiß und Verwaltungsaktuar in Wiblingen/OA Laupheim, Politiker der Zentrumspartei, 1919/20 MdVL bzw. MdL Württemberg
L   RABERG, Biogr. Handbuch, S. 618

Notz, Max, * Bad Cannstatt 12. Aug. 1873, kath.; 15. Juli 1897 Priesterweihe, anschließend Vikar in Schwäbisch Gmünd, Oberndorf/Neckar, Heilbronn/Neckar, Rottweil-Altstadt, 1901 Präfekt am Studienheim Rottweil, 1903 Pfarrvikar in Böckingen, 1907 Kaplan an der Heiligkreuzkirche Ravensburg, 1916 Stadtpfarrer in Weil der Stadt, 1916 bis 1919 Divisionspfarrer beim Stabe der 204. Inf.-Division, EK beider Klassen, Ritterkreuz I. Kl. des Friedrichsordens mit Schwertern, 1923 Pfarrer in Weissenau, 1926 Garnisonspfarrer bzw. 1. Aug. 1930 Standortpfarrer in Ulm als Nachfolger von Franz Xaver →Effinger, Monsignore
L   Personalkatalog Rottenburg 1938, S. 111 – UBC 5a, S. 127, 172 – SPECKER/TÜCHLE, S. 298, 364

Notz, Wilhelm; Oberamtpfleger in Ulm, 1863 Gründungsmitglied der Ulmer Gewerbebank, Mitglied der Kontrollkommission ebd.
L   RIEBER/JAKOB, Volksbank, S. 58

Nübling, August, * 1808, † 1876, ev.; Kaufmann und 1848 Bürgerausschussmitglied in Ulm, einer der höchstbesteuerten Bürger

Q   StadtA Ulm, H Waibel: Raimund WAIBEL, Mitglieder in Gemeinderat und Bürgerausschuss 1800–1899, Typoskript, S. 23
L   UNGERICHT, S. 87

Nübling, Eduard, * Ulm 6. März 1837, † ebd. 6. Juni 1916, ev.; Kaufmann und ab 1882 Bürgerausschussmitglied in Ulm
Q   StadtA Ulm, H Waibel: Raimund WAIBEL, Mitglieder in Gemeinderat und Bürgerausschuss 1800–1899, Typoskript, S. 23
L   Jürg ARNOLD, Die Familie Arnold aus Bonlanden auf den Fildern, Stuttgart 1975, S. 33

Nübling, Ernst, Dr. iur., * Ulm 30. Juni 1882, † Göppingen 20. Jan. 1939, ev.; 1900 Abitur am Kgl. Gymnasium Ulm, Jurastudium und Promotion in Tübingen, 1906 I. Höhere Justizdienstprüfung, Rechtsanwalt in Brackenheim, Gerichtsassessor bei den Landgerichten Ellwangen/Jagst und Stuttgart, zuletzt Staatsanwalt beim Landgericht Ulm, 1931 a. D., V. d. Dr. Wolfgang →*Nübling
L   UBC 3, S. 225, 366 – ARNOLD, Stuttgardia II, S. 59, Nr. 283

Nübling, Heinrich, * 12. Feb. 1797, † Ulm 15. Jan. 1876, ev.; Kunsthändler in Ulm, 1831 bis 1844 Bürgerausschussmitglied ebd., einer der höchstbesteuerten Bürger
Q   StadtA Ulm, H Waibel: Raimund WAIBEL, Mitglieder in Gemeinderat und Bürgerausschuss 1800–1899, Typoskript, S. 23
L   UNGERICHT, S. 175

Nübling, Emil *Heinrich*, * Ulm 5. Feb. 1872, ev.; Amtsgerichtsrat in Marbach/Neckar
L   Jürg ARNOLD, Die Familie Arnold aus Bonlanden auf den Fildern, Stuttgart 1975, S. 33

Nübling, Richard, Dr. phil., Dipl.-Ing., * Ulm 7. Okt. 1880, † Stuttgart 11. Okt. 1936, ev.; Direktor des Städtischen Gaswerks Stuttgart, Juni 1934 Generaldirektor der Technischen Werke der Stadt Stuttgart
L   Ih 2, S. 645 – UBC 4, S. 425 (Bild) – Reichshandbuch II, S. 1341 f. (Bild)

Nübling, Wilhelm, * Ulm 4. Sept. 1799, † ebd. 16. März 1872; Revisor bei der Finanzkammer Ulm, 1845 bis 1853 Kameralverwalter in Schussenried, 1853 bis 1866 dsgl. in Tettnang, 1862 Ritterkreuz I. Kl. des Friedrichsordens, S. d. Ulmer Kunsthändlers und Kaufmanns Theodor Ulrich →Nübling
L   UBC 2, S. 97 – WINTERHALDER, Ämter, S. 246 – UNGERICHT, S. 175 – HUBER, Haßler, S. 145

Nübling, Wolfgang, Dr. rer. nat., * Ulm 10. Mai 1922, † Rossdorf bei Darmstadt 22. Feb. 2004; Assistent am Physiologischen Institut der Universität des Saarlandes, zuletzt Oberleiter mit Prokura der Firma Merck, Darmstadt, Genealoge, S. d. Dr. Ernst →*Nübling
L   PHILIPP, Germania, S. 172, Nr. 2128

Nürnberger, Gustav, * 16. Juni 1863, † 21. Juni 1916, ev.; Schreinermeister in Ulm
L   UBC 4, S. 108 (Bild)

Nürnberger, Philipp Wilhelm; Schreinermeister in Ulm, 1863 Gründungsmitglied der Gewerbebank Ulm
Q   StadtA Ulm, H Waibel: Raimund WAIBEL, Mitglieder in Gemeinderat und Bürgerausschuss 1800–1899, Typoskript, S. 23
L   RIEBER/JAKOB, Volksbank, S. 56

Nuffer, Johannes, * 1836, † Ulm 23. Okt. 1912, ev.; Besitzer des Griesbads in Ulm, zuletzt Privatier ebd.
L   Staatsanzeiger Nr. 253, 26. X. 1912, S. 1831

Nuffer, Wilhelm, * 5. Sept. 1868, † Ulm 18. Okt. 1916; Großkaufmann in Ulm
L   UBC 4, S. 41 f.

Nusser, Albert, * Ehingen/Donau 1. Sept. 1909, kath.; 1. April 1933 Priesterweihe in Rottenburg/Neckar, 6. Mai 1933 Vikar in Hüttlingen/OA Aalen, 3. Okt. 1933 dsgl. in Aalen, 11. Mai 1936 Vikar an der Herz-Jesu-Kirche in Stuttgart, 11. Aug. 1936 dsgl. an der St.-Fidelis-Kirche ebd., 20. Nov. 1936 Jugendpfarrverweser in Ulm, 1. Dez. 1938 Vikar an der St. Elisabeth-Kirche in Ulm, offener Gegner des Nationalsozialismus, deshalb im Sommer 1938 mit Redeverbot belegt und im Dez. 1938 des Landes verwiesen, wurde am 3. Dez. 1938 bei seiner Abreise von ca. 300 Jugendlichen im Kolpinghaus als ihr Seelsorger verabschiedet und ungeachtet aller Verbote bis zur Donaubrücke begleitet, lebte danach in Neu-Ulm und wurde aushilfsweise von der Diözese Augsburg beschäftigt, 1945 Rückkehr nach Ulm
L   Personalkatalog Rottenburg 1938, S. 252 – SPECKER/TÜCHLE, S. 297, 308, 326

Nusser, Johannes, * 14. Dez. 1835, † 23. Okt. 1912, ☐ ebd. Hauptfriedhof; Besitzer des Griesbads in Ulm

Nusser, Wilhelm, * 3. Nov. 1836; Bierbrauer „Zur Bierhalle" in Ulm, 1881 bis 1884 und 1886 bis 1888 Bürgerausschussmitglied, seit 1888 Gemeinderat
Q   StadtA Ulm, H Waibel: Raimund WAIBEL, Mitglieder in Gemeinderat und Bürgerausschuss 1800–1899, Typoskript, S. 23
L   UBC 3, S. 373

Oberni[t]z, Freiherr Johann Heinrich Carl (Karl) von, * Altenburg 29. Juni 1757, † Ulm 4. Mai 1835, ev.; 12. Juli 1772 bis 15. Dez. 1778 Zögling (Militär) der Hohen Carlsschule in Stuttgart, anschließend Leutnant bei der Nobel-Garde, Hauptmann und Vorgesetzter der Kavaliersabteilungen an der Hohen Carlsschule, 1792 bis 1794 Lehrer für Mythologie und Kunstaltertümer ebd., kam im Okt. 1810 mit den württ. Besatzungstruppen nach Ulm, erster württ. Platzadjutant in Ulm, 22. April 1817 a. D., ∞ Ulm 8. Okt. 1811 Elisabetha Regina von Baldinger, * Ulm 21. Okt. 1773, † ebd. 4. Juni 1840
L   DBI 6, S. 2523 – DBA I/909, 54 ff. – Neuer Nekrolog der Deutschen 13 (1835), erschienen 1837 – WAGNER, Hohe Carlsschule I, S. 362, Nr. 407 – ebd. II, S. 299, 301 f., 304, 306, 399

Oechsle, Leonhard *Carl (Karl)*, * Neu-Ulm 25. Okt. 1864, † ebd. 23. März 1931, ☐ ebd., Alter Teil des Friedhofs; Spenglermeister in Neu-Ulm, vor 1919 Mitglied des Gemeindekollegiums und zuletzt des Magistrats ebd., nach 1919 Kassier der DDP-Ortsgruppe Neu-Ulm
L   Adreßbuch Neu-Ulm 1914, Zehnte Abteilung, S. 73 – Einwohner- und Geschäfts-Handbuch Ulm/Neu-Ulm 1921, Neunte Abteilung, S. 82 – TEUBER, Ortsfamilienbuch Neu-Ulm I, Nr. 3360 – WEIMAR, Wegweiser, S. 116

Oechßler, Gustav, * Wain/OA Laupheim 24. Okt. 1860, ev.; nach Schullehrerseminar in Esslingen/Neckar und Bestehen der beiden Volksschullehrer-Dienstprüfungen 1879 und 1883 ab 1885 Volksschullehrer in Ulm, 1907 Oberlehrer, 1910 Rektor der Wagnerschule (Knaben- und Mädchenmittelschule und gemischte Volksschule) in Ulm, 1926 a. D.
L   Grundbuch der ev. Volksschule 1914, S. 10

Oelte, Paul, * 1855, † Cannstatt 3. März 1931; Musikdirektor, 1888 bis 1911 Leiter des Musikwesens bei den Ulmer Grenadieren (Grenadier-Rgt. 123), feierte im Dez. 1898 sein 25jähriges Dienstjubiläum in Ulm
L   UBC 3, S. 65, 66 (Bild), 182, 486

Oerthling, Max, * Neu-Wuhrow (Preußen) 26. Sept. 1862, † Ulm 14. März 1914; Offizier, zuletzt Major und Kommandeur des Ulanenregiments 19, Ritterkreuz des Württ. Kronordens
L   WN 1914, S. 252

Oeser, Rudolf, * Coswig (Anhalt) 13. Nov. 1858, † Berlin 3. Juni 1926, ev.; Journalist und FVP- bzw. DDP-Politiker, begann 1890 bis 1892 als Chefredakteur der „Ulmer Zeitung" seine Laufbahn, 1907 bis 1912 MdR, 1902 bis 1924 MdL Preußen, 1919 bis 1921 und 1922 bis 1924 Bevollmächtigter Preußens zum Reichsrat, 1922/23 Reichsminister des Innern, 1923-1924 Reichsverkehrsminister, ab 1924 Generaldirektor der Deutschen Reichsbahn-Gesellschaft
L   Frankfurter Biographien. Personengeschichtliches Lexikon, Band 2, Frankfurt/Main 1996, S. 105 – NDB 19 (1999), S. 458-460 (Martin VOGT) – HAUNFELDER, Die liberalen Abgeordneten, S. 301 f. – Bruno JAHN (Bearb.), Die deutschsprachige Presse. Ein biographisch-bibliographisches Handbuch, München 2005, Band 2, S. 772 – LILLA, Reichsrat, S. 220, Nr. 521

Oesterle, Ernst, * Ulm 15. Aug. 1904; **Oesterle**, Hans, * Ulm 24. Mai 1898; **Oesterle**, Otto, * Ulm 2. März 1901; 1951/52 Gründer der Firma „Gebrüder Oesterle GmbH" (bekannt als „Holz-Oesterle"), Handel mit Hölzern aller Art und deren Beund Verarbeitung in der Lessingstraße in Neu-Ulm, beruhend auf der seit 1898 in Ulm bestehenden Familienfirma, Holzgroßhandel und -import
Q   StadtA Neu-Ulm, A 6
L   TREU, Neu-Ulm, S. 619

Oettermann, Jürgen, * Stettin 13. Juni 1928, † Friedenweiler 1. Sept. 1989, ev.; 1964 Pfarrer in Niederstetten, 1969 dsgl. in Laupheim, 1981 an der Lukaskirche West Ulm, Gehörlosenseelsorger
L   EHMER/KAMMERER, S. 278

Ommerle, Karl, † Ulm 6. Sept. 1879; Bahnhofswirt in Ulm
L   UBC 2, S. 413

Ommerle, Karl, † 20. Feb. 1914; Ulmer Original, längere Zeit auf dem „Lämmle", Pferdekenner, *stets bemüht, das Leben von seinen erfreulichen Seiten zu nehmen*
L   UBC 3, S. 561

Ort[h]lieb, Christian, * Neu-Ulm 5. Mai 1830, † ebd. 28. Aug. 1878, ev.; Metzgermeister in Neu-Ulm, An der kleinen Donau 53, S. d. ab 1829 in Neu-Ulm niedergelassenen Metzgers Christian Ort[h]lieb (* Hermaringen 31. Okt. 1795), V. d. Karl →*Ort[h]lieb
L   Wegweiser Ulm/Neu-Ulm 1857, S. 182 – BUCK, Chronik Neu-Ulm, S. 105, 107, 143– TEUBER, Ortsfamilienbuch Neu-Ulm I, Nr. 3391

Ort[h]lieb, Heinrich *Karl* Friedrich, * Kaufbeuren 29. Jan. 1865; Malermeister in Neu-Ulm, vor 1919 Mitglied des Gemeindekollegiums und zuletzt Zweiter Vorstand ebd., Vorstand des 1881 gegründeten Gewerbevereins Neu-Ulm, S. d. Christian →*Ort[h]lieb
L   Adreßbuch Ulm/Neu-Ulm 1910, Zehnte Abteilung, S. 65, 67 f. – ebd. 1914, Zehnte Abteilung, S. 73 – TEUBER, Ortsfamilienbuch Neu-Ulm I, Nr. 3391

Osiander, Wilhelm Nathanael, Dr. phil., * Stuttgart 2. Feb. 1853, † 1904, ev.; 1879 Zweiter Stadtpfarrer und Präzeptor in Isny, 1885 Professor am Kgl. Gymnasium Ulm, 1891 Vierter Professor am oberen Gymnasium Cannstatt, zuletzt Professor am Gymnasium Stuttgart
L   Magisterbuch 30 (1897), S. 127 f. – UBC 3, S. 8

Oßwald, Max, * 17. Mai 1865, † Ulm 15. Mai 1920; Rechtsanwalt in Ulm, 1908 bis 1919 Mitglied des Aufsichtsrats der Gewerbebank Ulm, S. d. Jakob →Oßwald
L   UBC 4, S. 137 (Bild), 141 – RIEBER/JAKOB, Volksbank, S. 60

Oster, Karl; 52 Jahre lang (!) Hauptlehrer in Reutti, 1868 Gründer und bis 1920 Vorstand und Dirigent der Chorgemeinschaft Reutti-Jedelhausen, hinterließ ortsgeschichtlich relevante Aufzeichnungen, die nach 1982 unauffindbar waren
L   GEIGER, Reutti, S. 79, 81, 184

Ostertag, Otto, * Ulm 2. Okt. 1881; 1913 Hauptlehrer an der Elementarschule Cannstatt, 1918 Präzeptor an der Latein- und Realschule Altenstadt
L   CRAMER, Württembergs Lehranstalten ⁷1925, S. 121

Ott, Hans Walther, Dr. med., * Blaubeuren 4. April 1911, ev.; Assistenzarzt am Städtischen Krankenhaus Ulm
L   SCHMIDGALL, Burschenschafterlisten, S. 157, Nr. 984

Otto, Christoph Wilhelm, * Ulm 23. Okt. 1803, † Schwabbach/OA Öhringen 1837, ev.; S. d. Gymnasialprofessors und Münsterpredigers Dr. Johannes Otto, nach Theologiestudium in Tübingen 1827 Pfarrverweser in Aldingen/OA Ludwigsburg, 1835 Pfarrer in Schwabbach/OA Öhringen

Otto, Markus Ewald, * Stuttgart 11. Jan. 1799, † Marienbad (Böhmen) 14. Juli 1841, ev.; S. d. aus alter Ulmer Familie stammenden Kgl. Württ. Staatsministers und Präsidenten des Geheimen Rats Dr. Christian Friedrich von Otto, 1824 Assessor am Gerichtshof in Esslingen/Neckar, 1830 Oberjustizrat am Gerichtshof in Ulm, 1831 dsgl. am Gerichtshof in Esslingen/Neckar, ab 1835 am Obertribunal in Stuttgart, 1841 Obertribunalrat, Ritterkreuz des Württ. Kronordens
L   PHILIPP, Germania, S. 19, Nr. 139

Otto, Paul, Dr. iur., * Ulm 21. Mai 1903, † Georgsmarienhütte/Niedersachsen 24. Jan. 1979; Syndikus, CDU-Landesvorsitzender Niedersachsen, 1946 Vizepräsident des Landtags von Hannover, 1946 bis 1948 und 1955 bis 1963 MdL Niedersachsen, 1948/49 Mitglied des Wirtschaftsrats der Bizone in Frankfurt/Main
L   SCHUMACHER, M.d.B., S. 306

Padrós, Jaime (katalanisch: Jaume Padrós i Montoriol), * Igualada 26. Aug. 1926, † Manresa, Barcelona, 15. April 2007; aus Katalonien stammender Pianist und Komponist, lebte ab 1956 in Ulm, wo er 1962 die Sopranistin Eva Marie Wolff heiratete, mit der er zahlreiche Liederabende veranstaltete und an Kammermusikkonzerten teilnahm, 1964 bis 1995 Professor für Klavier an der Musikhochschule Trossingen, komponierte

ca. 90 Werke, darunter Orchesterwerke, weltliche und geistliche Chormusik sowie Kammermusik
L   Wikipedia (mit Werkverzeichnis)

Palm (jun.), *Carl* Hans, Dr. med., * Ulm 29. Nov. 1862, † ebd. 23. Juni 1939; Sanitätsrat, 1896-1910 Leiter der chirurgischen Abteilung des Städtischen Krankenhauses in Ulm
L   UBC 4, S. 24 (Bild) – UBC 5 b, S. 338

Palmbach, Friedrich, * Speckheim 2. März 1859, ev.; nach Absolvierung des Schullehrerseminars Künzelsau und dem Bestehen der beiden Volksschullehrer-Dienstprüfungen 1877 und 1884 ab 1885 Volksschullehrer in Ulm, 1903 Oberlehrer ebd., ab 1910 Rektor der Mädchenmittel- und Mädchenvolksschule (Sammlungsschule) in Ulm
L   Grundbuch der ev. Volksschule 1914, S. 92

Palmbach, Karl, * Ulm 4. Nov. 1887; Leutnant im Ersten Weltkrieg, 1916 Pfarrer in Neipperg, 1925 dsgl. in Hülben
L   Magisterbuch 40 (1928), S. 181

Palmbach, Otto, * Ulm 27. Juni 1906, † ebd. 4. Okt. 1980; ev. Pfarrer in Asselfingen und Derdingen, zuletzt von 1949 bis 1971 Erster Pfarrer in Langenau, Ulmer Abg. zur Ev. Landessynode
L   EHMER/KAMMERER, S. 167 (Bild)

Paulus, Marc Aurel Franz *Karl*, * Hohenasperg/OA Ludwigsburg 15. Sept. 1806, † Esslingen/Neckar 1885, ev.; Feb. 1831 bis Mai 1832 Vikar bei Stadtpfarrer Christian Ludwig →Neuffer am Ulmer Münster, 1835 Pfarrer in Fachsenfeld/OA Aalen, 1853 dsgl. in Bolheim/OA Heidenheim, 1880 a. D., 1878 Ritterkreuz I. Kl. des Friedrichsordens, S. d. Carl Heinrich Ernst Paulus, Finanzrat in Ulm
L   Magisterbuch 25 (1884), S. 60 – NEBINGER, Die ev. Prälaten, S. 583

Paulus, Matthäus, † Ulm Feb. 1882; städtischer Ausrufer und Theaterzettelausträger in Ulm, „Ulmer Original", wegen seines schlagfertigen Humors beliebt
L   UBC 2, S. 439

Pecoroni, Karl Eugen, * Neckarsulm 29. Okt. 1856, † Ulm 14. Dez. 1928; 1892 Oberamtmann in Waldsee, 1904 tit. Regierungsrat, 1907 bis 1919 Regierungsrat bzw. ab 1916 Oberregierungsrat bei der Regierung des Donaukreises in Ulm, zugleich Vorstandsvorsitzender der Landwirtschaftlichen Berufsgenossenschaft für den Donaukreis ebd.
L   Amtsvorsteher, S. 437 (Reiner FALK)

Pemsel, Max-Josef, * Regensburg 15. Jan. 1897, † Ulm 30. Juni 1985; ab 1916 als Kriegsfreiwilliger beim Militär, Herbst 1941 Stabschef beim Bevollmächtigten Kommandierenden General in Serbien, unterschrieb am 19. Okt. 1941 einen Befehl, wonach als Sühne für zehn tote und 24 verwundete deutsche Soldaten 1.600 Serben erschossen werden sollten, 1944 Stabschef der 7. Armee und Generalleutnant, zuletzt Stabschef der Ligurien-Armee in Italien, 1956 Generalmajor bei der Bundeswehr, Befehlshaber im Wehrbereich VI (München), 1. April 1957 bis 30. Sept. 1961 Kommandierender General des II. Korps in Ulm, anschließend Ruhestand ebd., Ritterkreuz des Eisernen Kreuzes, Großes Verdienstkreuz des Verdienstordens der Bundesrepublik Deutschland, Bayer. Verdienstorden
L   KLEE, Personenlexikon, S. 453 – Wikipedia

Peschke, August; Rotgerber in Ulm, 1876 Bürgerausschussmitglied
Q   StadtA Ulm, H Waibel: Raimund WAIBEL, Mitglieder in Gemeinderat und Bürgerausschuss 1800-1899, Typoskript, S. 23

Peschke, Carl; Fabrikant in Ulm, ab 1929 Mitglied des Aufsichtsrats der Ulmer Volksbank, 1932 bis 1952 deren Vorsitzender, 1952 Ehrenvorsitzender
L   RIEBER/JAKOB, Volksbank, S. 60

Peschke, Friedrich; Rotgerber in Ulm, 1872 Bürgerausschussmitglied ebd., 1883 und 1888 erneut in den Bürgerausschuss gewählt
Q   StadtA Ulm, H Waibel: Raimund WAIBEL, Mitglieder in Gemeinderat und Bürgerausschuss 1800-1899, Typoskript, S. 23

Pezold, Gustav, * Stetten am Heuchelberg 13. Okt. 1850, † Kirchheim/Teck 15. Okt. 1931, ☐ ebd., ev.; Teilnehmer am Deutsch-Französischen Krieg, Stadtvikar in Ulm, 1875 Stadt-

pfarrer in Niedernhall, 1881 dsgl. in Friedrichshafen am Bodensee, 1894 bis 1909 Dekan in Brackenheim, 1912 landesherrliches Mitglied zur 8. Landessynode, 1909 bis 1919 Dekan in Kirchheim/Teck, 1883 Mitglied des musisch-technischen Aussschusses des Ev. Kirchengesangvereins, 1890 Vizevorstand des Ev. Kirchengesangvereins, 1913 bis 1920 Vorstand, 1920 Ehrenvorsitzender und Ehrenmitglied des Deutschen Kirchengesangvereins, 1909 Ritterkreuz I. Kl. des Friedrichsordens
L   Magisterbuch 34 (1907), S. 105 f. – Magisterbuch 40 (1928), S. 75 – Staatsanzeiger Nr. 242/1931 – CRAMER, Faberbuch, S. 48 – SK 1931/Nr. 242 – Württ. Jahrbücher 1930/31, S. XIX – UBC 2, S. 341 – EHMER/KAMMERER, S. 282 f. (Bild)

Pfähler, Wilhelm, * Ulm 22. Feb. 1857, † 1919; 1884 ev. Pfarrer in Großerlach, 1887 dsgl. in Tening (Oberösterreich), 1898 dsgl. in Bonlanden, 1905 dsgl. in Dettingen unter Teck, Ehrenbürger von Bonlanden, S. d. Präzeptors Pfähler am Kgl. Gymnasium Ulm
L   Magisterbuch 37 (1914), S. 112 ff.

Pfänder, Wilhelm, * Heilbronn/Neckar 6. Juli 1826, † New Ulm/Minnesota (USA) 11. Aug. 1905; Mitgründer des Turnvereins Ulm, 1848 als Anhänger der Revolution in die USA ausgewandert, 1855 mit anderen Auswanderern von Ulm, Erbach, Dellmensingen u. a. Gründer der Stadt New Ulm, die in der ersten Zeit unter häufigen Indianerüberfällen zu leiden hatte, im Sezessionskrieg Kommandeur eines Kavallerieregiments, zuletzt Staatssenator von Minnesota und Staatsschatzmeister ebd.
L   UBC 3, S. 345 – A. HOFMANN: Der Heilbronner Wilhelm Pfänder, in: Adolf Cluss und die Turnbewegung, Heilbronn 2007, S. 65-72 (Bild)

Pfaff, Karl, * Nürtingen 18. Juli 1903, ev.; nach Absolvierung des Schullehrerseminars Nürtingen 1929 Dipl.-Handelslehrerprüfung, 1930 Höhere Handelslehrerprüfung, ab 1934 Handelsschullehrer und „Ratsherr“ in Ulm, Kreisamtsleiter des NS-Lehrerbundes Ulm und Kreiskulturstellenleiter, 1. April 1939 Direktor der kaufmännischen Berufsschulen der Stadt Koblenz
L   Grundbuch der ev. Volksschule ⁵1933, – UBC 5a, S. 213 – UBC 5b, S. 322

Pfaff (jun.), Moriz (von), * Ulm 12. Sept. 1836, † Stuttgart 18. Nov. 1914 [nicht 9. Okt. oder 9. Nov. 1914], ev.; Studium der Kameralwissenschaften in Tübingen. Finanzassessor, Finanzrat, Oberfinanzrat. Kollegialmitglied bei der I. Abteilung der Oberfinanzkammer (Domänendirektion) in Stuttgart, 1897 Ehrenkreuz des württ. Kronordens. S. d. Moriz (von) →Pfaff
L   GEORGII-GEORGENAU, S. 677 f. – Württ. Jahrbücher 1914, S. V – WN 1914, S. 280 – PHILIPP, Germania, S. 81, Nr. 1188 [falsches Todesdatum]

Pfeiffer, Albert, * Reutlingen 28. März 1860, † Ulm 1924, □ ebd., Hauptfriedhof; 1885/86 Kollaborator an der Lateinschule Gaildorf, 1900 Präzeptor ebd., 1900 dsgl. am Kgl. Gymnasium Ulm, zuletzt Studienrat ebd., 1906 Verleihung des Ranges auf der VIII. Rangstufe.
L   CRAMER, Württembergs Lehranstalten ⁶1911, S. 56

Pfeiffer, Albert, * Tübingen 1. Mai 1901, † Blaustein 15. Okt. 1987; Inhaber eines Photoateliers in Ulm, international bekannter Fotograf
Q   StadtA Ulm, G 2 – ebd., H Pfeiffer, 1-86
L   Die Welt in Schwarzweiß. In Langenau wird an das Schaffen des Ulmer Künstlers Albert Pfeiffer erinnert, in: SWP Nr. 12, 16. I. 1992 (Bild)

Pfeiffer, Friederike, *1841, † Ulm 6. Juli 1931, ev.; Hebamme in Ulm, bis dato eine der ältesten Einwohnerinnen Ulms
L   UBC 3, S. 165

Pfeiffer, Heinrich, * Kirchberg an der Jagst 4. Sept. 1836, † Ulm 16. Juli 1903; 1864 Kollaborator in Crailsheim, 1876 Präzeptor und zuletzt Oberpräzeptor am Realgymnasium Ulm
L   CRAMER, Württembergs Lehranstalten 1876, S. 77 – UBC 2, S. 350

Pfeiffer, Heinrich, * Ulm 3. Jan. 1882, ev.; 1908 Pfarrer in Mürzzuschlag (Österreich), 1910 dsgl. in Warnsdorf (Böhmen), 1916 dsgl. in Frankenbach, 1926 Zweiter Stadtpfarrer an der Petruskirche in Stuttgart-Gablenberg
L   Magisterbuch 40 (1928), S. 167 – SCHMIDGALL, Burschenschafterlisten, S. 178, Nr. 732

Pfeiffer, Minna, * Königsbronn/OA Heidenheim 16. Mai 1877; ab 1905 Lehrerin in Ulm, zuletzt Oberreallehrerin an der höheren Mädchenschule Ulm
L   CRAMER, Württembergs Lehranstalten ⁶1911, S. 162

Pfersich, *Alfred* Ernst, * Stuttgart 28. Sept. 1907, † Neu- Ulm 17. Sept. 1981; ab 1937 Großkaufmann in Ulm und dsgl. ab 1949 Neu-Ulm, Gründer der „Alfred Pfersich KG“, eines Lebensmittel- und Verbraucherfachmarktes, der sich zunächst ab 1949 in der Memminger Straße in Neu-Ulm befand und heute in der Messerschmittstraße 23 ebd. liegt, eines der führenden Unternehmen in seinem Bereich
Q   StadtA Neu,-Ulm, A 6
L   TREU, Neu-Ulm, S. 619

Pfister, Karl; Metzgermeister und Oberzunftmeister in Ulm, ab 1839 Bürgerausschussmitglied
Q   StadtA Ulm, H Pfister WAIBEL, Mitglieder in Gemeinderat und Bürgerausschuss 1800-1899, Typoskript, S. 24

Pfitzer, Charlotte, * Horn/OA Schwäbisch Gmünd 2. April 1855, kath.; Lehrerin an der kath. Volksschule Ulm
L   Real-Katalog der katholischen Volksschulstellen Württembergs, Horb/Neckar 1908, S. 550

Pfizenmayer, Eugen Wilhelm, * Bebenhausen 27. Juli 1869, † Ulm 20. Dez. 1941; 1897 Konservator am Zoologischen Museum der Petersburger Akademie der Wissenschaften, 1901/02 an der Expedition der Akademie zur Bergung von Mammutmumien in Sibirien beteiligt, 1907 Kustos am Kaukasischen Landesmuseum in Tiflis, nach 1916 wieder in Württemberg lebend, publizierte zahlreiche Bücher zu zoologischen Themen
L   DBE 7 (1998), S. 647

Pfizer, Carl, * Albershausen 24. Feb. 1803, † Ulm 1836, ev.; Rechtskonsulent in Ulm
L   HUBER, Haßler, S. 148

Pfizer, Gustav, * 1840, † Ulm 23./24. Dez. 1899; Landgerichtsrat, zuletzt Rechtsanwalt in Ulm
L   Staatsanzeiger 1899, S. 2227 – Schwäb. Zeitung, 1899, S. 2951 – Allg. Zeitung 1899, Nr. 358 – Württ. Jahrbücher 1899 S. VIIIa – UBC 3, S. 204

Pfizer, Sigmund Julius Carl Friedrich, * Albertshausen bei Würzburg 24. Feb. 1803, † Ulm 27. Nov. 1836, Rechtsanwalt in Ulm
L   PHILIPP, Germania, S. 37, S. 466

Pflüger, *Carl (Karl)* Joseph Konrad, * Ulm 8. Aug. 1905, † Saulgau 16. April 1998; Maler, Zeichner und Graphiker, studierte von 1925 bis 1929 an der Stuttgarter Kunstakademie, wo Hans →Gassebner und Wilhelm →Geyer zu seinen Kommilitonen zählten, gehörte der Gruppe „Stuttgarter Neue Sezession“ an, 1934 Malverbot durch die Nationalsozialisten, nach 1946 Gymnasiallehrer für Kunst, Latein und Deutsch in Saulgau
L   Wikipedia

Pflüger, Karl August Friedrich, * Münsingen 17. Aug. 1845; 1873 Kollaborator an der Lateinschule Murrhardt, 1875 dsgl. an der Lateinschule Göppingen, 1888 tit. Professor ebd., 1890 Professor am Realgymnasium Ulm, 1906 Verleihung des Ranges auf der VIII. Stufe, 1912 wirklicher Professor ebd., Ritterkreuz II. Kl. des Friedrichsordens
L   CRAMER, Württembergs Lehranstalten ⁶1911, S. 25

Pfuhler, Georg; Glaser in Ulm, SPD-Kommunalpolitiker, Dez. 1910 in den Bürgerausschuss gewählt, Jan. 1911 stv. Bürgerausschussobmann, Mai 1919 in den Gemeinderat gewählt, dem er bis 1926 angehörte, März 1933 Austritt aus der SPD
L   UBC 3, S. 472, 481 – UBC 4, S. 114 – UBC 5a, S. 17 – DANNENBERG, Selbstverwaltung, S. 119, 129

Pfurtscheller, Moriz, * Ulm 10. Nov. 1870, ev.; 1902 Pfarrer in Friolzheim, 1912 dsgl. in Wimsheim, 1926 dsgl. in Dettingen a. A.
L   Magisterbuch 40 (1928), S. 130

Pistorius, Carl Christian, * Göppingen 1. Nov. 1772, † 14. Aug. 1819, ev.; Pfleger des Klosters Anhausen in Langenau, 1810 Kameralverwalter in Langenau, noch ab 1810 dsgl. in Wiblingen
L   FABER 40, § 161 – WINTERHALDER, Ämter, S. 149, 336

Planck, Reinhold, Dr. phil., * Ulm 3. Feb. 1866, † Ludwigs-burg 13. Sept. 1936, ev.; S. d. Karl Christian →Planck, 1895 Pfarrer in Bronnweiler, 1908 Dritter Stadtpfarrer in Winnen-den, 1916 Erster Stadtpfarrer ebd., 1931 a. D., philosophischer Publizist
L   Ih 2, S. 679 – Magisterbuch 41 (1932), S. 103

Plösch, Ambrosius, * Ichenhausen (Bayern) 4. Juli 1767, † Söflingen 15. März 1814, kath.; Mitglied des Augustineror-dens, Chorherr des Wengenstifts in Ulm, 1803 Vikar in Ulm, ab 1805 erster kath. Pfarrer in Söflingen
L   NEHER (1878), S. 417 – UBC 1, S. 381 [fälschlich „Plörsch"] – SPECKER/TÜCHLE , S. 254 f., 257 f., 306

Ploner, Otto; Magistratssekretär in München, Dez. 1879 bis Okt. 1881 rechtskundiger Bürgermeister von Neu-Ulm
L   BUCK, Chronik Neu-Ulm, S. XVII f. (Bild), 97, 269 – UBC 2, S. 413 – TREU, Neu-Ulm, S. 576

Pöhler, Andreas, * Gerhausen/OA Blaubeuren 9. Jan. 1856, ev.; nach Schullehrerseminar in Esslingen/Neckar und Beste-hen der beiden Volksschullehrer-Dienstprüfungen 1874 und 1879 ab 1881 Volksschullehrer in Ulm, 1902 Oberlehrer ebd., 1910 Rektor der ev. Knabenvolksschule in Ulm sowie der Volksschule in Söflingen und der Hilfsschule
L   Grundbuch der ev. Volksschule 1914, S. 86

Pohlack, Suso, * Ulm 25. Sept. 1909, † ermordet Mkuu/ Tansania (Afrika) 21. Feb. 1977, kath.; Missionar in Tansania
L   Ih 2, S. 682

Policyzka, Maximilian, † gef. 16. Juni 1916; Kgl. Bayer. Oberst, März 1914 als Nachfolger von Georg →*Michahelles Kom-mandeur des 12. Inf.-Rgts. Prinz Arnulf in Neu-Ulm, zuvor Major und Bataillonskommandeur ebd.
L   Adreßbuch Ulm-Neu-Ulm 1912, Zehnte Abteilung, S. [67] – ebd. 1914, Zehnte Abteilung, S. 71 – UBC 4, S. 31

Port, Oskar, * 22. Feb. 1862, † München 22. Dez. 1933, ☐ Ulm, Hauptfriedhof, ev.; Oberstleutnant z. D., vor dem Ersten Weltkrieg Kommandeur des Landwehrbezirks Biberach/Riß, am Ende des Ersten Weltkriegs Kommandeur eines Art.-Rgts., lebte im Ruhestand mehrere Jahre in Ulm, wo er sich für die Errichtung eines Ehrenmals für die Gefallenen der Gesamtgar-nison einsetzte, Ritterkreuz I. Kl. des Friedrichsordens
L   UBC 4, S. 297, 298

Pospischill, Hans, * Groß-Bitsche (Ungarn) 9. Mai 1890; Lokomotivführer, nach 1945 als Heimatvertriebener nach Neu-Ulm gekommen, 1948 technischer Obersekretär a. D., Flücht-lingsobmann ebd., nach 1952 Stadtrat für die Überparteiliche Wählergemeinschaft der Heimatvertriebenen und Geschädig-ten ebd.

Preiser, Heinrich, * 6. Feb. 1864; Prokurist bei der Deutschen Terrazzo-Verkaufsstelle in Ulm
L   UBC 4, S. 330, 342 (Bild)

Preiß, Karl; Kupferschmiedmeister in Ulm, 1944 bis 1949 Mitglied des Aufsichtsrats der Ulmer Volksbank
L   RIEBER/JAKOB, Volksbank, S. 60

Pressel, Ludwig, * Ulm 23. Feb. 1870; ev. Geistlicher, 1901 Pfarrer in Mundingen, 1917 dsgl. in Schornbach
L   Magisterbuch 40 (1928), S. 134

Preßmar, Caspar (Kaspar), * Kuchen/OA Geislingen 29. Dez. 1827, † Ulm 8. oder 9. Juni 1882, ☐ ebd., Alter Friedhof, ev.; Bierbrauereibesitzer zum Roten Ochsen in Ulm, Dez. 1868 erfolglos bei der Bürgerausschusswahl
L   SK Nr. 136, 11. VI. 1882, S. 899 und 901 (Todesanz.) – UNGERICHT, S. 69, 71 (Bild seines Grabmals) – WAIBEL, Gemeindewahlen, S. 351

Preßmar, Georg, * 30. Nov. 1872, † Ulm 27. Nov. 1931, ev.; Inhaber der Kunstdüngerfabrik Beiselen in Ulm-Söflingen
L   UBC 3, S. 264 (Bild)

Prim, Sigmund, * 1850, † Ulm 20. Juli 1931; Seifensiedermeis-ter in Ulm
L   UBC 3, S. 168

Prinzing, E.; Schlosser in Ulm, 1863 Gründungsmitglied der Gewerbebank Ulm
L   RIEBER/JACOB, Volksbank, S. 56

Prinzing, Johann *Friedrich*, * Ulm 18. März 1822, † 28. Dez. 1883; Konditor in Ulm, ab 1881 Mitglied des Aufsichtsrats der Gewerbebank Ulm
L   UNGERICHT, S. 69

Prinzing, Johann Jakob; Weber in Ulm, 1818 Bürgeraus-schussmitglied ebd.
Q   StadtA Ulm, H Waibel: Raimund WAIBEL, Mitglieder in Gemeinderat und Bürgerausschuss 1800-1899, Typoskript, S. 24

Prinzing, Wilhelm, Dr. iur., * Ulm 31. Jan. 1895, † ebd. 21. Feb. 1967, ev.; 1927 bis 1945 Stadtschultheiß (bzw. ab 1930 Bürgermeister) von Schwäbisch Hall, 1955 Ehrensenator der TH Stuttgart und 1960 der Universität Tübingen
L   Ih 2, S. 685 – Stadtlexikon Schwäbisch Hall, S. 188 f.

Rabe, Heinrich, Dr. phil., * Ulm 31. Jan. 1879; 1916 Professor an der Friedrich-Eugen-Realschule Stuttgart
L   CRAMER, Württembergs Lehranstalten ⁶1911, S. 113

Rabus, *Albert* Christian, * Oberbalzheim/OA Laupheim 27. Nov. 1915, † Neu-Ulm/Gerlenhofen 14. oder 15. Feb. 1991, ev.; Pfarrer in Waldenburg und Weingarten, 1960 bis 1970 Religionslehrer an Gewerbe- und Fachschulen in Ulm, 1961 bis 1978 Ulmer Schuldekan
Q   StadtA Ulm, G 2
L   EHMER/KAMMERER, S. 288

Rädler, Georg, * Senden 10. Jan. 1812, † Neu-Ulm 18. Juni 1855; Buchbinder in Neu-Ulm, Donaustraße 3, sein Geschäft wurde 1857 von Carl →Tuffentsammer übernommen
L   BUCK, Chronik Neu-Ulm, S. 111 – TEUBER, Ortsfamilienbuch Neu-Ulm II, Nr. 3590

Räth, Josef, * Ochsenfurt 20. Juli 1879, † Ulm 10. Mai 1928; Kunstmaler in Ulm
Q   StadtA Ulm, G 2

Raichle, August, Dr. iur., * Mannheim 11. Mai 1902, † Ulm 28. Okt. 1967; Sachbearbeiter beim Arbeitsamt Ulm, Kunstphoto-graf, gab mehrere Bildbände, auch über Ulm und die Region („Ulm – Stadt an der Donau", 1949, „Das große Münster-buch", 1950), heraus
Q   StadtA Ulm, G 2

Raizner, Eduard, * Ulm 29. Juli 1904, † ebd. 24. Juni 1972; Bauunternehmer in Ulm, Obermeister der Bauinnung und Kreishandwerkermeister, CDU-Kommunalpolitiker, 1946-1953 und 1960-1965 Mitglied des Gemeinderats Ulm
Q   StadtA Ulm, G 2

Rall, Alfred, * 31. März 1847, † Ulm 2. April 1905; Fabrikant in Ulm, Teilhaber der Weberei Urspring-Schelklingen
L   UBC 3, S. 339 (Bild), 341

Rall, Alfred, * Eningen unter Achalm/OA Reutlingen 17. Sept. 1874, † nach 1937; Hilfsarbeiter bei der Staatsanwaltschaft Ulm, Amtsrichter in Ludwigsburg und Stuttgart, Landrichter a. D., ab 1921 Fabrikant in Ulm, V. d. Dr. Alfred →*Rall, d. Dieter →*Rall, d. Helmut →*Rall u. d. Werner →*Rall
L   PHILIPP, Germania, S. 112, Nr. 1557

Rall, Alfred, Dr. med., * Ulm 18. Juli 1904, † Talheim/Krs. Heilbronn 18. Nov. 1987; Augenarzt in Heidenheim/Brenz und zuletzt in Heilbronn/Neckar, S. d. Alfred →*Rall (* 1874)
L   PHILIPP, Germania, S. 150, Nr. 1934

Rall, Alfred, † Ulm 2. April 1905; Fabrikant in Ulm, Besitzer der Weberei Urspring-Schelklingen
L   UBC 3, S. 341

Rall, Dieter, * Ludwigsburg 2. Mai 1912; 1932 Reifeprüfung am Realgymnasium Ulm, Kaufmann in Neu-Ulm (Firma August Uhl), im Zweiten Weltkrieg Offizier an der Ostfront, im Frühsommer 1944 nach schwerer Verwundung verschollen, 1945 für tot erklärt, S. d. Alfred →*Rall (* 1874)
L   PHILIPP, Germania, S. 165, Nr. 2066

Rall, Helmut, Dr. med., * Ulm 15. Sept. 1908 Ulm, † Bad Dürrheim 7. Mai 1988; zuletzt Hals-Nasen-Ohrenarzt in Schwenningen/Neckar, S. d. Alfred →*Rall (* 1874)
L   PHILIPP, Germania, S. 158

Rall, Otto, * Söflingen 15. Dez. 1914, † Stuttgart 28. Feb. 1974; seit 1945 bei der städtischen Polizei in Ulm, 1948 Poli-zeiamtmann ebd., Polizeirat, 1953 komm. Leiter der Polizei-

direktion Ulm, 1955 wirklicher Leiter, zuletzt seit 1969 Leiter des Verkehrskommissariats in Stuttgart
Q   StadtA Ulm, G 2

Rall, Rudolf; Fabrikant in Ulm, 1898 bis 1914 Aufsichtsratsmitglied der Ulmer Gewerbebank
L   RIEBER/JAKOB, Volksbank, S. 59

Rall, Werner, * Ulm 22. April 1906, † 13. Nov. 1989; Vorstandsmitglied der Schwäb. Textilwerke in Ebersbach/Fils, S. d. Alfred →*Rall (* 1874)
L   PHILIPP, Germania, S. 151, Nr. 1945

Rampacher, Carl August Hermann (von), * 1817, † 7. Okt. 1871; Oberst, Kommandeur des 7. Inf.-Rgts. in Ulm, Ritterkreuz des Württ. Militärverdienstordens, Ritterkreuz des Württ. Kronordens, Kommenturkreuz des Friedrichsordens mit Schwertern
Q   StadtA Ulm, G 2

Rampf, August, * Ulm 10. Feb. 1897, † Ulm-Söflingen 6. Juli 1981; Oberlehrer an der Albrecht-Berblinger-Schule, Söflinger Heimatforscher, erforschte besonders den aus Söflingen stammenden Barockmaler Franz Anton Kraus
Q   StadtA Ulm, G 2

Rampf, Franz Xaver, * 17. Okt. 1824, † Ulm 14. Nov. 1893; Bauunternehmer in Ulm
L   UNGERICHT, S. 177

Rampf, Johannes, * Bollingen/OA Blaubeuren 16. Dez. 1830, † Ulm 11. Aug. 1895; städtischer Feldschutzwächter in Ulm
L   UNGERICHT, S. 177

Rampf, *Wilhelm* Hermann, * Ulm 7. Feb. 1900, † ebd. 18. Dez. 1989; 1949 Rektor der Pestalozzi-Realschule in Ulm, Rektor der Hans-Multscher-Schule auf dem Eselsberg, 1965 a. D.
Q   StadtA Ulm, G 2

Ramsperger, Gustav Adolf, * Ulm 11. Nov. 1824, † 16. Okt. 1897, ev.; 1862 Pfarrer in Westgartshausen, 1878 dsgl. in Bitzfeld, zuletzt 1891-1893 Stadtpfarrer in Heubach
L   Magisterbuch 30 (1897), S. 66

Ramsperger, Richard, * Ulm 11. Sept. 1846, † 1916, ev.; 1870 Präzeptor an der Lateinschule Tuttlingen, 1875 dsgl. in Tübingen, 1884 tit. Professor, 1891 a. D.
L   CRAMER, Württembergs Lehranstalten ⁶1911, S. 14

Raser, Ludwig; Extraprobator bei der Rechnungskammer Stuttgart, 1810 Kameralverwalter in Schussenried, 1810 dsgl. in Weikersheim, 1814 dsgl. in Weingarten, 1817 Finanzrat bei der Finanzkammer des Donaukreises in Ulm
L   WINTERHALDER, Ämter, S. 245, 325, 328

Rath, Freiherr Friedrich von, * 1791, † Ulm 24. Juni 1857; Oberleutnant, Brigadeadjutant der 4. Inf-Brigade in Ulm, Kgl. Württ. Oberstleutnant, Platzmajor und Erster Gouvernements-Adjutant in Ulm, Mitglied des Vereins für Kunst und Altertum in Ulm und Oberschwaben, zuletzt Vereinsbibliothekar und Konservator
L   Staatshandbuch 1828, S. 68 – Ulmer Adreßbuch 1857, S. 1 – UBC 2, S. 54

Rau, Daniel; Weber in Ulm, 1830 Bürgerausschussmitglied ebd.
Q   StadtA Ulm, H Waibel: Raimund WAIBEL, Mitglieder in Gemeinderat und Bürgerausschuss 1800-1899, Typoskript, S. 24

Rau, Gustav, Dipl.-Ing., * Ulm 21. Juni 1872; Dipl.-Ing. in Aschaffenburg
L   Magisterbuch 40 (1928), S. 135

Rau, Wilhelm Ludwig, * Gächingen, † Ulm 1906, ev.; S. d. Pfarrers Friedrich Rau in Gächingen, Landgerichtsrat in Ulm
L   HUBER, Haßler, S. 149

Regelmann, Gustav, * 10. Nov. 1831, † Ulm 10. April 1887; Regierungsregistrator bei der Regierung des Donaukreises in Ulm
L   UNGERICHT, S. 178

Rehm (sen.), Wilhelm, * Ulm 22. Dez. 1870, † Murrhardt 2. Mai 1939; Reallehrer in Saulgau, zuletzt Oberreallehrer an der Fangelsbach-Realschule Stuttgart, Ersatzmitglied zum Ev. Landeskirchentag
L   EHMER/KAMMERER, S. 239

Reich, Gustav, * Ulm 23. Dez. 1874; 1921 Polizeioberstleutnant, 1926 bis 1932 Kommandeur der Schutzpolizei Stuttgart,

Polizeioberst, im März 1933 mit der Einrichtung des KZ Heuberg beauftragt, gab den Auftrag nach wenigen Tagen zurück
L   WILHELM, Die württ. Polizei, S. 289 f.

Reichardt, Karl, * 1812, † Ulm 10. Juni 1890; Oberamtsrichter und Vorstand der Kriminalabteilung des Oberamtsgerichts, später Kreisgerichtsrat (nicht Kriegsgerichtsrat!)
L   UNGERICHT, S. 178

Reichardt, Max, † 5. Juni 1915; ab 1898 Direktor des Ulmer Elektrizitätswerks
L   UBC 4, S. 9

Reiff, Karl, * Murrhardt 22. Jan. 1857, † 1924, ev.; 1888 Reallehrer an der Realanstalt Ulm, 1894 tit. Oberreallehrer, 1899 Professor am Gymnasium Biberach/Riß, 1905 a. D., lebte im Ruhestand in Sulzbach an der Murr
L   Magisterbuch 38 (1920), S. 104

Reiner, Heinrich, * Geislingen/Steige 24. Aug. 1865; Oberkontrolleur beim Kameralamt Geislingen/Steige, ab 1914 Steuerinspektor und zuletzt Obersteuerinspektor in Neu-Ulm, Mitglied des Vereins für Kunst und Altertum in Ulm und Oberschwaben, S. d. Karl Reiner, Färbermeister in Geislingen/Steige
Q   StadtA Ulm, A 9

Reinhardt, Christian Carl (Karl) von, * 20. Okt. 1795, † 13. Nov. 1875; Hauptmann beim Inf.-Rgt. Nr. 4, zuletzt Kgl. Württ. Generalmajor, [1857] Vizegouverneur der Bundesfestung Ulm, Ritterkreuz des Kgl. Württ. Civil-Verdienstordens
L   CAST I, S. 458 – BECKE-KLÜCHTZNER, S. 372

Reinhardt, *Harry* Karl Wolf von, Dr. iur., * Ulm 8. Nov. 1886, † Jena 13. Mai 1913; Gerichtsassessor in Stuttgart

Reinöhl, Karl, * 26. März 1808, † 24. Nov. 1871; Zinngießermeister in Ulm
L   UNGERICHT, S. 179

Reiser, Fritz, * 6. März 1849; Kaufmann in Ulm
L   UBC 4, S. 353

Reitzenstein, Eduard Freiherr von, * München 13. März 1860, † Ulm 16. Mai 1915; Major, zuletzt Oberstleutnant und Pferdevormusterungskommissar, im Ersten Weltkrieg Bahnhofskommandant in Ulm
L   WN 1915, S. 230 – UBC 4, S. 321

Remmele, Adolf, * Bergatreute/OA Waldsee 10. Juni 1881, kath.; 18. Juli 1906 Priesterweihe in Rottenburg/Neckar, Aug. 1906 Vikar in Heilbronn/Neckar, Sept. 1906 dsgl. an St. Eberhard in Stuttgart, 3. Nov. 1908 Repetent in Tübingen, 1913 Kaplan in Ulm, Monsignore, Juli 1920 erster Stadtpfarrer an der neu errichteten Stadtpfarrei St. Elisabeth in Ulm, 1923 Päpstlicher Ehrenkämmerer, ließ neuen Pfarrhof (1927) und das Haus Nazareth mit Kindergarten und Wohnungen für die St.-Anna-Schwestern (1928/29) errichten, 1930 Pfarrer in Mochenwangen, Nov. 1935 Stadtpfarrer an St. Jodokus in Ravensburg
L   UBC 4, S. 143, 210 – NEHER (1938), S. 163 – SPECKER/TÜCHLE, S. 303 f.

Remmele, Josef, * 27. März 1882; 1919 bis 1934 Stadtrat in Neu-Ulm, 1946 bis 1950 Kreisjägermeister des Kreises Neu-Ulm, zugleich Leiter der Jagdpolizei
L   Adreß- und Geschäfts-Handbuch Ulm/Neu-Ulm 1925, Zehnte Abteilung, S. 86

Remshardt, Adolf, * 31. Jan. 1873, † 12. Nov. 1953, Assistent bei der Verwaltungsschreiberei, 25. März 1897 städtischer Registrator in Ulm, [1913] Steuerratsschreiber bei der Stadt Ulm, [1928] Obersteuerrat, Leiter des Städtischen Steueramts in Ulm, zuletzt Verwaltungsdirektor, April 1933 a. D., 1910 Gründungs- und Ausschussmitglied des Vereins „Gartenstadt Michelsberg"
L   Staatshansdbuch 1913, S. 416 – ebd. 1928 I, S. 369 – UBC 3, S. 147, 471 – UBC 4, S. 104 (Bild) – SPECKER, Großer Schwörbrief, S. 397

Renner, Karl, * 17. Jan. 1851, † Ulm 18. Nov. 1909, ⌂ ebd., Hauptfriedhof; Kanzleirat in Ulm, Kanzleivorstand beim Landgericht ebd., Ritterkreuz I. Kl. des Friedrichsordens

Renz, Franz Theodor August *Constantin* (von), * Stuttgart 19. Dez. 1839, † Ellwangen/Jagst 16. April 1900; 1872 bis 1874

Regierungsassessor bei der Regierung des Schwarzwaldkreises in Reutlingen, 1874 bis 1878 Oberamtmann von Crailsheim, 1878 bis 1883 dsgl. von Ellwangen, 1883 bis 1894 Regierungsrat bei der Regierung des Donaukreises in Ulm, 1894 Oberverwaltungsgerichtsrat beim Württ. Verwaltungsgerichtshof, zuletzt ab 1895 Regierungspräsident des Jagstkreises in Ellwangen

L   Härtsfelder Bote Nr. 91, 20. IV. 1900 [S. 1] – Amtsvorsteher, S. 459 – Immo EBERL, Das Oberamt Ellwangen und seine Amtsvorsteher. Zur Geschichte des Oberamts und die Biographien der Ellwanger Oberamtmänner 1803-1938, in: Ellwanger Jahrbuch XXXVII (1997/98), S. 103-151, hier S. 136 ff. (Bild)

Renz, Gotthilf, * Aufhausen 30. Jan. 1873, ev.; 1904/05 Pfarrverweser in Söflingen, 1905 Pfarrer in Ottenhausen/OA Neuenbürg, 1920 dsgl. in Heumaden, 1929 dsgl. in Ettlenschieß, Ehrenbürger von Ottenhausen

L   Magisterbuch 41 (1932), S. 130

Rettenmayer, Josef, * 1836, † Ulm 9. April 1894; Bierbrauereibesitzer „Zum Schiff“ in Ulm

L   UBC 3, S. 75

Rettinger, Kaspar, * Söflingen 11. Mai 1856, † Ravensburg 31. Dez. 1918; Professor am Lyzeum Esslingen und am Gymnasium Rottweil, zuletzt Rektor der Oberrealschule Ravensburg

L   ARNOLD, Stuttgardia II, S. 35, Nr. 111

Reustlen, Karl, * Cannstatt 7. Juli 1897, ev.; nach Kriegsdienst im Ersten Weltkrieg Leutnant, 1925 Pfarrer in Gussenstadt, Jan. 1935 Garnisonspfarrer in Ulm

L   Magisterbuch 41 (1932), S. 184 – UBC 5a, S. 97, 127

Reutlinger, Carl, * Karlsruhe 25. Feb 1816, † Ulm nach 1888; Photograf in Ulm und Paris

L   Ih, S. 275

Reyhing, Johannes (Hans), * Bernloch/OA Münsingen 1. Okt. 1882, † Ulm 1. Juli 1961, ev.; 1908 Lehrer an der Ulmer Mittelschule. bis 1926 Mittelschuloberlehrer in Ulm, Schriftsteller und Leiter der Heimatabteilung des Vereins zur Förderung der Volksbildung ebd., ab 1918 Propagandist der „Schwabenland“-Idee des Karl →Magirus, nach dem Ersten Weltkrieg Herausgeber des Mitteilungsblattes des Ulmer Volksbildungsvereins, der „Brücke“ und von „Unsere Heimat. Württembergische Blätter für Heimat- und Volkskunde “

W   Burrenhardter Leut´. Geschichten von der Rauhen Alb, Stuttgart 1918 – Am Herzen von Ulm. Zehn Blätter aus dem Münstertagebuch des Michael Sättele, Strumpfwirkers in Ulm Rabengasse 1, Stuttgart 1927 – Ein Tor geht auf. Die Geschichte einer Jugend, Ulm 1952 – Die Stunde ist da, Ulm 1955 – Die Verlobung im Urwald. Unbeschwerte Liebesgeschichten, Ulm 1961

L   Ih 2, S. 711 – Grundbuch d. ev. Volksschule 1914, S. 158 – ebd. ⁵1933, S. 146 – UBC 3, S. 335 – UBC 5a, S. 28, 67, 103, 203 – K. GÖTZ, Hans Reyhing. Die Stimme der Alb, Ulm 1963

Reyhle (auch Reyle), Johannes, * 1820, † Ulm 4. oder 5. Jan. 1882, ev.; Bauwerkmeister in Ulm, Juli 1862 Wahl in den Männerausschuss der neu gegründeten Jugendwehr, kaufte im Herbst 1862 das von Besserer´sche Anwesen zwischen dem Neuen- und Glöcklertor (Olgastr. 5) für 18.000 Gulden, während er sein Haus Walfischgasse für 14.200 Gulden an Schreiner Neubronner verkaufte, ab 1852 Bürgerausschussmitglied ebd., ab 1857 (mit Unterbrechung) Gemeinderat ebd., seine Beerdigung fand an dem Tage statt, an dem er als wieder gewählter Gemeinderat in das Kollegium hätte eingeführt werden sollen.

Q   StadtA Ulm, H Waibel: Raimund WAIBEL, Mitglieder in Gemeinderat und Bürgerausschuss 1800-1899, Typoskript, S. 24
L   Staatsanzeiger Nr. 7, 10. I. 1882, S. 43 – UBC 2, S. 55, 97, 219, 226, 347, 439, 440 (Bild) – UNGERICHT, S. 179

Rheinwald, Christoph, * 1824, † Ulm 1898; Siebmacher in Ulm, 1875 Bürgerausschussmitglied, scheiterte 1883 und 1887 bei den Gemeinderatswahlen

Q   StadtA Ulm, H Waibel: Raimund WAIBEL, Mitglieder in Gemeinderat und Bürgerausschuss 1800-1899, Typoskript, S. 24
L   UNGERICHT, S. 179 [dort „Reinwald“]

Richter, *Karl* Wilhelm Ludwig, Dr. rer. pol., * Ulm 11. April 1891, † Berlin-Grunewald 3. Jan. 1954; 1926 Reichsbankrat und Gruppenleiter in der Statistischen Abteilung der Reichsbankhauptstelle Berlin, 1934 Vorstand der Deutschen Verkehrs- und Kreditbank (Berlin), 1943 Ministerialdirektor, nach 1945

Direktor im Vorstand der Eisenbahnverkehrskasse in Berlin (West), S. d. Gymnasialprofessors Hugo Richter in Ulm

L   EBERL/MARCON, S. 252, Nr. 822

Ricker, Ernst, * 8. Juni 1847, † Ulm 13. April 1897; Tapezierer in Ulm, Vorstand des Gewerbevereins ebd., 1891 bis 1896 Bürgerausschussmitglied, scheiterte 1891 und 1893 bei den Gemeinderatswahlen, 1896 auch bei den Bürgerausschusswahlen

Q   StadtA Ulm, H Waibel: Raimund WAIBEL, Mitglieder in Gemeinderat und Bürgerausschuss 1800-1899, Typoskript, S. 24
L   UBC 3, S. 149, 151 (Bild)

Rieck, Franz Xaver, * Oberkochen/OA Aalen 28. Jan. 1873, kath.; Lehrer an der kath. Volksschule Wiblingen

L   Real-Katalog der katholischen Volksschulstellen Württembergs, Horb/Neckar 1908, S. 550

Riecker, Georg Ludwig, * Schwaigern 31. Juli 1841, † 1912; 1870 Elementarlehrer an der Elementarschule Ulm, 1873 Kollaborator an der Realanstalt Reutlingen, 1884 tit. Reallehrer ebd., zuletzt an der Realanstalt Tübingen

L   CRAMER, Württembergs Lehranstalten ⁶1911, S. 27

Ried, Karl, * 14. März 1933, † Neu-Ulm(Pfuhl) 20. Dez. 2009, kath.; Stadtkämmerer in Neu-Ulm von 1982 bis 1996, CSU-Stadtratsmitglied von 1972 bis 1977, Kreisratsmitglied von 1978 bis 1990

Q   SWP v. 22.XII.2009 (Todesanz.)

Riedle, Johannes, * 1766, † 1854, ⌂ ebd., Alter Friedhof, ev.; Kupferschmied und Zunftmeister in Ulm, 1824 Bürgerausschussmitglied ebd.

Q   StadtA Ulm, H Waibel: Raimund WAIBEL, Mitglieder in Gemeinderat und Bürgerausschuss 1800-1899, Typoskript, S. 25
L   UNGERICHT, S. 76

Rieg, Clemens, * Mögglingen bei Aalen 25. Juni 1851, † Ulm 22. Juli 1929, kath.; 28. Mai 1874 Priesterweihe in Rottenburg/Neckar, Vikar in Mulfingen und Ulm, 1876 Kaplaneiverweser in Mengen/Donau, 1876 Kaplan in Warthausen, 1888 Pfarrer in Haidgau, seit 1894 dsgl. in Rammingen, Ehrenkaplan des Hl. Hauses in Loreto, gründete das Schwesternhaus und die Kleinkinderschule in Rammingen, Vorstand des Aufsichtsrats der „Ulmer Volksboten“, Mitglied der Landarmenbehörde des Donaukreises

L   UBC 2, S. 167 (Bild), 168 – Personalkatalog Rottenburg 1938, S. 120

Rieger, Georg; Merzler in Ulm, 1825 Bürgerausschussmitglied ebd.

Q   StadtA Ulm, H Waibel: Raimund WAIBEL, Mitglieder in Gemeinderat und Bürgerausschuss 1800-1899, Typoskript, S. 25

Rieker, Johann Jakob; Branntweiner in Ulm, 1818 Bürgerausschussmitglied ebd., ab 1819 Gemeinderat ebd., einer der höchstbesteuerten Bürger

Q   StadtA Ulm, H Waibel: Raimund WAIBEL, Mitglieder in Gemeinderat und Bürgerausschuss 1800-1899, Typoskript, S. 25

Riekert, Gottlob *Friedrich* (von), * Lustnau/OA Tübingen 21. Okt. 1841, † Ludwigsburg 30. Sept. 1900; 1874-1883 Regierungsassessor, ab 1877 Regierungsrat bei der Regierung des Donaukreises in Ulm, 1881/82 MdR für den Wahlkreis 14 Ulm-Heidenheim-Geislingen (Mandatsverlust nach Wahlannullierung, bei der Neuwahl nicht mehr angetreten), seit 1893 ernanntes lebenslängliches Mitglied der Kammer der Standesherren des Württ. Landtags und Regierungspräsident des Neckarkreises in Ludwigsburg

L   UBC 2, S. 437, 441 – RABERG, Biogr. MdL-Handbuch, S. 726 ff.

Riem, Karl *Julius*, * [Bad] Kreuznach 2. März 1819, † München 14. Juli 1891; ab 28. Juni 1842 als Junker zur Festungsbaudirektion in Neu-Ulm versetzt, Adjutant ebd. und Erbauer u. a. des Proviantmagazins Nr. I, zeichnete mehrere Übersichtspläne, 25. Okt. 1852 Unterleutnant, 8. Mai 1848 Oberleutnant, 31. März 1855 Hauptmann, 8. April 1855 zur Genie-Direktion in Landau (Pfalz) versetzt, zuletzt char. Generalmajor und Sektions-Vorstand für den Fortifikationsdienst bei der Ingenieur-Inspektion

L   BUCK, Chronik Neu-Ulm, S. 68 – KLARMANN, Offiziers-Stammliste, S. 98 f., Nr. 217 – TREU, Neu-Ulm, S. 236 – TEUBER, Ortsfamilienbuch Neu-Ulm II, Nr. 3782 [ohne Daten] – Katalog Materialien, S. 55, 59 f., 63, 67, 71, 107

Rilling, Ernst, * Lustnau/OA Tübingen 23. Jan. 1865, † 1929, ev.; 1893 Pfarrer in Mähringen, 1901 dsgl. in Freudenbach, 1907 a. D., 1916 Bibliothekar an der Deutschen Bücherei Leipzig
L Magisterbuch 40 (1928), S. 113

Rilling, *Karl* Friedrich, * Lustnau/OA Tübingen 29. März 1869, † Blaubeuren 5. Mai 1928; 1907-1919 Kollegialmitglied bei der Regierung des Donaukreises in Ulm/Donau, 1913 tit. Oberamtmann, 17. April 1916 (Dienstantritt 24. März 1919) bis zum Tode Oberamtmann Blaubeuren.
L Amtsvorsteher, S. 465

Roedel, Arthur; 1938 bis 1945 als Nachfolger des Hermann →Boch hauptamtlicher NSDAP-Kreisleiter von Neu-Ulm
L TREU, Neu-Ulm, S. 298 (Bild), 308, 329 (Bild), 336, 338 f., 342 f., 350 f.

Röder, Karl Freiherr von, * Stuttgart 2. Sept. 1853, † Essingen/OA Aalen 23. Juli 1914, ev.; Kgl. Württ. Oberst, 1901 Kommandeur der 27. Kavalleriebrigade in Ulm, 1903 Generalmajor ebd., 1905 als char. Oberstleutnant in den Ruhestand versetzt
L Ih 2, S. 722 – WN 1914, S. 258 ff. (Karl Ludwig von MUFF).

Röderer, Karl, * 1875, † 10. Juli 1929; Stadtbaumeister in Ulm
L UBC 2, S. 165

Roell, Franz (von), * 6. Mai 1832, † Ulm 4. Okt. 1910; Generalmajor z. D., Teilnehmer der Kriege von 1866 und 1870/71, Bataillonskommandeur beim Grenadier-Rgt. in Ulm, zuletzt Kommandeur des 7. Inf.-Rgts.
L Staatsanzeiger 232 – SK Nr. 467/1910 – Württ. Jahrbücher 1910, S. IV – UBC 3, S. 469, 471 (Bild)

Römer, Anton, Dr. med., * 1857, † Ulm 28. Jan. 1908, ev.; Spezialarzt für Hals-, Nasen- und Ohrenkrankheiten in Ulm
L UBC 3, S. 409

Römer, Dorothea, * Ulm 8. Nov. 1918, † München 4. Sept. 2003, kath.; Enkelin von Josef →Kollmann, Schwester von Dr. →Georg Römer und Dr. Richard →Römer, Gründerin und Leiterin der Stiftung kath. Familien- und Altenpflegewerk bzw. der Dorothea-Römer-Stiftung, Bundesverdienstkreuz am Bande, Bayer. Verdienstorden, Medaille „München leuchtet" in Gold
Q StadtA Neu-Ulm, A 9, Meldekarte Hans Römer

Römer, Franz, * Ellwangen/Jagst 16. Jan. 1852, kath.; Lehrer und Rektor der kath. Volksschule Wiblingen
L Real-Katalog der katholischen Volksschulstellen Württembergs, Horb/Neckar 1908, S. 627

Römer, Oskar; Fabrikant (Eisengießereibesitzer) in Ulm, ab 1880 Bürgerausschussmitglied ebd.
Q StadtA Ulm, H Waibel: Raimund WAIBEL, Mitglieder in Gemeinderat und Bürgerausschuss 1800-1899, Typoskript, S. 25

Römer, August Friedrich *Wilhelm*, * Crailsheim 19. Mai 1823, † Ulm 15. Juni 1900; 1852 bis 1892 Ratsschreiber in Ulm
L Hermann RÖMER, Die Familie Römer aus Sindelfingen, Heft 2, Markgröningen 1922, S. 34 – UBC 3, S. 27 (Bild), 223

Röscheisen, Christoph, * Temmenhausen/OA Blaubeuren 14. Feb. 1762, † Ulm 14. Jan. 1840, ev.; Privatlehrer in Ulm, zuletzt Schulmeister ebd.
L Werner GEBHARDT, Hugo Schuler – Geschichte und Geschichten der Familie Schuler, geschrieben in Würzburg 1939/40, Privatdruck, Stuttgart 2002, S. 56 f., 93

Röscheisen, Johann Matthäus; Kaufmann in Ulm, 1819 Bürgerausschussmitglied ebd., 1832/33 Obmann, 1833 Gemeinderat ebd.
Q StadtA Ulm, H Waibel: Raimund WAIBEL, Mitglieder in Gemeinderat und Bürgerausschuss 1800-1899, Typoskript, S. 25

Rössel, Adolf, † Ulm 18. Mai 1928; Kaufmann in Ulm, Mitgründer der karnevalistischen Gesellschaft „Die Elfen", Präsident der „Großen Karnevalsgesellschaft" Ulm, Förderer des Sports
L UBC 1, S. 447 (Bild)

Rössert, Thomas, * Staffelstein 9. März 1895; ab 1925 bei der Stadt Neu-Ulm, Rechtsrat, Stadtamtmann, Vorstand des Wohnungsamts und des Vermittlungs- bzw. Sühne-Amts, stv. Vorsitzender des Städtischen Versicherungsamtes, der Stadtschulpflegschaft, der Schulvorstandschaft der Berufsfortbildungsschule und des Stadtjugendamts, 1931 Erster Bürgermeister von Neumarkt

Q StadtA Neu-Ulm, A 4, Nr. 248
L Adreßbuch Ulm/Neu-Ulm 1929, Elfte Abteilung, S. 89

Rößler, Philipp, * Ulm 29. März 1843, † Neu-Ulm 18./19. März 1917, ev.; Zinngießermeister in Ulm, nach 1872 in der Augsburger Straße 28 in Neu-Ulm, ab 1894 Mitglied des Magistrats von Neu-Ulm, zuletzt als dienstältester Magistratsrat
L Adreßbuch Ulm/Neu-Ulm 1910, Zehnte Abteilung, S. 65 – ebd. 1914, Zehnte Abteilung, S. 73 – BUCK, Chronik Neu-Ulm, S. 101 f., 108 – UBC 4, S. 56 f. (Bild) – TEUBER, Ortsfamilienbuch Neu-Ulm II, Nr. 3830

Roger, August, * Niederstotzingen/OA Ulm 10. Jan. 1823, † München 28. Okt. 1899; 1848 Probereferendar bei der Regierung des Donaukreises in Ulm, dann Aktuar (mit den Dienstrechten eines Regierungssekretärs) beim OA Ulm, 1864 Kollegialhilfsarbeiter bei der Regierung des Donaukreises in Ulm, Oberamtmann in Böblingen, 1871 dsgl. in Neckarsulm, 1887 a. D., Ehrenbürger von Neckarsulm, Mitglied des Vereins für Kunst und Altertum in Ulm und Oberschwaben, Ritterkreuz I. Kl. des Friedrichsordens
L Staatsanzeiger Nr. 253, 30. X. 1899, S. 1819 – Amtsvorsteher, S. 470 f. [ohne Sterbedatum]

Rohrer, Eugen, * Stuttgart 31. Jan. 1899 † Ulm 1. Juni 1987, kath.; nach der erzwungenen Resignation von Franz →Weiß als Stadtpfarrer in Söflingen 1940 Stadtpfarrer in Söflingen, 1969 a. D., Bischöflicher Kommissar, Kamerer des Kapitels Ulm
L SPECKER/TÜCHLE, S. 309, 346, 348, 420

Romann, Karl, * 17. Dez. 1859, † Ulm 9. [12.?] Feb. 1924; 9. April 1890 Ulmer Stadtbaumeister, 1892 Stadtbaurat ebd., zuletzt Oberbaurat a. D., Vorstand des städtischen Hochbauamts, Vorsitzender des Vereins „Alt-Ulm" und des Ulmer Wohnungsvereins, gewann 1894 den ersten Preis beim Wettbewerb zum Ulmer Saalbau, war als Stadtbaumeister für die Ausführung einer Reihe wichtiger Bauvorhaben der Stadt Ulm verantwortlich, so für die Arbeiterwohnhäuser in der Bachstraße und im Kessel, die Friedrichsauschule und die Krippe, das Krematorium und die Wagnerschule, das Wasserwerk im Donautal das städtische Krankenhaus, das Stadtbad u. a., Mitglied der Stammtischgesellschaft vom „Roten Ochsen" in der Hirschstraße, 1900 Ritterkreuz II. Kl. des Friedrichsordens.
L Ih 2, S. 728 – UBC 3, S. 78 – UBC 4, S. 230, 233 (Bild).

Rominger, Ludwig, * Ebingen/OA Balingen 20. März 1811; Sekretär und Kollegialhilfsarbeiter bei der Regierung des Donaukreises in Ulm, 1852 Oberamtmann in Freudenstadt, 1859 dsgl. in Neckarsulm und 1864 dsgl. in Saulgau, 1867 a. D.
L Wolfram ANGERBAUER, Die Amtsvorstände des Oberamts Neckarsulm von 1807 bis zur Kreisreform 1938, in: Aus südwestdeutscher Geschichte. FS für Hans-Martin Maurer. Dem Archivar und Historiker zum 65 Geburtstag. Hg. vom Württ. Geschichts- und Altertumsverein, Stuttgart 1994, S. [645]–652, hier S. 648 – Amtsvorsteher, S. 472 (Wolfram ANGERBAUER)

Rommel, Erwin, * Heidenheim/Brenz 15. Nov. 1891, † Blaustein-Herrlingen 14. Okt. 1944; nach 1910 beim württ. Militär, erwarb sich nach 1941 als Kommandant des deutschen Afrikakorps einen legendären Ruf („Wüstenfuchs"), zuletzt Generalfeldmarschall, nach Aufdeckung seiner Kontakte zu den Männern des 20. Juli von Adolf →*Hitler zum Freitod gezwungen, da als Alternative ein Verfahren wegen Hochverrats vor dem Volksgerichtshof drohte, der Staatsakt für den Verstorbenen fand am 18. Okt. 1944 im Ulmer Rathaus statt
L Ih 2, S. 728 – Ih 3, S. 282 – UBC 5a, S. 237 – UBC 5b, passim

Rommel, Friedrich; Schneider in Ulm, zuletzt Privatier ebd., 1855 Bürgerausschussmitglied ebd., ab 1860 Gemeinderat ebd.
Q StadtA Ulm, H Waibel: Raimund WAIBEL, Mitglieder in Gemeinderat und Bürgerausschuss 1800-1899, Typoskript, S. 25

Rommel, Nonus, * 10. Nov. 1780, † 2. April 1821; S. d. Hafners Johann Jakob Rommel, Hafner und Bossierer, Schöpfer von Trachtenbildern in Ton und Gips
L Ih 2, S. 728

Rommel, Septimus, * Ulm 19. Okt. 1778, † 1846; S. d. Hafners Johann Jakob Rommel, Hafner und Bossierer, Schöpfer von Trachtenbildern in Ton und Gips
L Ih 2, S. 729

Roschmann, August, * 1810, † Ulm 1892, ⬚ ebd., Alter Friedhof, ev.; Seifensieder und 1865 Bürgerausschussmitglied in Ulm

Q StadtA Ulm, H Waibel: Raimund WAIBEL, Mitglieder in Gemeinderat und Bürgerausschuss 1800-1899, Typoskript, S. 25
L UNGERICHT, S. 180

Roschmann, Friedrich Wilhelm, * 9. Juli 1844, † Ulm 29. März 1894, ev.; Werkmeister und Ziegeleibesitzer in Ulm, seit 1888 Bürgerausschussmitglied, starb an einem Schlaganfall während einer Sitzung der bürgerlichen Kollegien

Q StadtA Ulm, H Waibel: Raimund WAIBEL, Mitglieder in Gemeinderat und Bürgerausschuss 1800-1899, Typoskript, S. 25
L UBC 3, S. 75, 77 (Bild)

Roschmann, Heinrich, * 25. April 1842, † Ulm 23. Dez. 1897, ⬚ ebd., Alter Friedhof, ev.; Seifensieder in Ulm

L UNGERICHT, S. 180

Roschmann, Jakob Friedrich; Bäcker in Ulm, 1835 Bürgerausschussmitglied ebd., 1848 nach zwei vergeblichen Anläufen Gemeinderat ebd., einer der höchstbesteuerten Bürger

Q StadtA Ulm, H Waibel: Raimund WAIBEL, Mitglieder in Gemeinderat und Bürgerausschuss 1800-1899, Typoskript, S. 25

Roschmann, Johann Georg, * Pfuhl 17. Nov. 1882, † Ulm 27. Juni 1941; Landwirt und 1933-1941 Bürgermeister in Pfuhl

L TREU, Pfuhl, S. 230 (Bild), 231

Roschmann, Otto, * Ulm 25. Feb. 1867, † gef. bei Pretz 10. Sept. 1914, Hauptmann und Kompaniechef im Inf.-Rgt. 120, 1902 Teilnahme an der Chinaexpedition, 1911 Bataillonskommandeur im Inf.-Rgt. 125, als solcher gefallen

L WN 1914, S. 268

Roschmann, Richard, * 1834, † Ulm 1897, ⬚ ebd., Alter Friedhof, ev.; Bäckermeister (Feinbäcker) in Ulm, 11. Sept. 1880 Hoflieferant

L UBC 2, S. 420 – UNGERICHT, S. 180

Roschmann, Richard; Bäckermeister in Ulm, eröffnete im Aug. 1931 ein Café in der Hirschstraße, Gemeinderat, seit Nov. 1930 Vorstandsmitglied der Handwerkskammer Ulm

L UBC 2, S. 551 – UBC 3, S. 502

Rosenberg-Gruszinsky, Adolf Freiherr von; † Marienfelde 22. Juli 1808, + Berlin 30. Mai 1884, Generalleutnant, Juli 1871 Gouverneur der Bundesfestung Ulm, Exzellenz, Mitglied des Vereins für Kunst und Altertum in Ulm und Oberschwaben

L SCHULTES, Chronik, S. 525 – UBC 3, S. 366 (Bild)

Rosenbusch, Conrad, * 18. Mai 1812, † Ulm 7. Dez. 1865, ⬚ ebd., Alter Friedhof; Kaufmann in Ulm, ab 1863 Bürgerausschussmitglied ebd., Schwiegervater des Neu-Ulmer Bürgermeisters Apotheker Dr. Wilhelm →Sick

Q StadtA Ulm, H Waibel: Raimund WAIBEL, Mitglieder in Gemeinderat und Bürgerausschuss 1800-1899, Typoskript, S. 25
L UNGERICHT, S. 180

Rosenheim, Bernhard, * Langenschwalbach (nicht Neu-Ulm!) 2. Aug. 1826, † Neu-Ulm 20. Aug. 1884, ⬚ ebd., mos.; Kaufmann in Neu-Ulm, Alte Augsburger Straße 9, 1862 Erbauer des Hauses Kasernstraße 4 ebd., 1863 bis Okt. 1866 Mitglied des Gemeindeausschusses, 1877 Stifter der nach ihm benannten Stiftung

L Wegweiser Ulm/Neu-Ulm 1857, S. 182 – BUCK, Chronik Neu-Ulm, S. 78, 99, 121 – TEUBER, Ortsfamilienbuch Neu-Ulm II, Nr. 3853 – Katalog Materialien, S. 203-205 – LISCHEWSKI, Grabsteinnummer 22

Rost, Paul, * 1878, † Ulm 1951, ⬚ ebd., Hauptfriedhof; Staatsanwalt am Landgericht Rottweil, Oberregierungsrat und Kanzleidirektor im württ. Justizministerium, Ministerialrat ebd., Schriftleiter des Regierungsblattes, 1. Aug. 1933 Landgerichtspräsident in Ulm, im Herbst 1944 auf eigenen Antrag in den Ruhestand versetzt, führte R. sein Amt bis zum Dienstantritt seines Nachfolgers, des bisherigen Oberlandesgerichtsrats Dr. Keller in Stuttgart, weiter

L UBC 4, S. 200, 204 (Bild) – UBC 5a, S. 45, 98, 110, 129, 130, 153, 178

Roth, Carl Richard, * 12. März 1810, † Ulm 11. März 1865; Apotheker in Ulm

L UNGERICHT, S. 180

Roth, Gustav Richard, * Ulm 8. Feb. 1839, † München 5. Dez. 1863; Apotheker in Ulm

L UNGERICHT, S. 180

Roth, Johann Paul (von), * Ulm 10. Juli 1793, † Stuttgart 19. Mai 1841, ev.; S. d. Ulmer Stadtphysicus´ Dr. Erhard Anton Roth, studierte Jura in Tübingen, 1813 bis 1815 Offizier in den Befreiungskriegen, wiederholt verwundet und hoch ausgezeichnet, u. a. Ritterkreuz des Militärverdienstordens, 1817 Geh. Sekretär, Regierungsrat im Kgl. Württ. Ministerium des Innern, Kanzleidirektor ebd., zuletzt Oberregierungsrat ebd.

L HUBER, Haßler, S. 151

Roth, Karl, * 8. Sept. 1850, † Ulm 8. Juni 1915; Gerbermeister, Bürgerausschussmitglied und Gemeinderat in Ulm

Q StadtA Ulm, H Waibel: Raimund WAIBEL, Mitglieder in Gemeinderat und Bürgerausschuss 1800-1899, Typoskript, S. 25
L UBC 4, S. 9

Rothenberger, Balthasar, * Bubenhausen 3. Jan. 1817, † Neu-Ulm 12. Mai 1896; Zimmermeister in Neu-Ulm, nach ihm wurde 1924 das von der Augsburger Straße zur Wallstraße führende Rothenbergergäßchen benannt, wo er zahlreiche Häuser errichtet hatte

L BUCK, Chronik Neu-Ulm, S. 109, 116, 132, 142 f.

Rothweiler, Hermann, * Denkendorf/OA Esslingen 9. Aug. 1878; 1908 Reallehrer an der Latein- und Realschule Balingen, 1913 dsgl. am Realgymnasium Ulm, zuletzt Oberreallehrer ebd., Erster Vorstand der Ulmer Liedertafel, Br. d. →*Hugo Rothweiler

L CRAMER, Württembergs Lehranstalten [6]1911, S. 121

Rothweiler, Hugo, * Denkendorf/OA Esslingen 24. Mai 1868, † 1929, ev.; 1892/93 als Nachfolger d. Dr. Hermann →*Diez ständiger Pfarrverweser (tit. Parochialvikar) in Söflingen, 1894 theol. Hilfslehrer in Basel, 1894 Pastor der ev.-luth. Gemeinde in Elberfeld, 1910 Anstaltsgeistlicher und Professor für Religion am Gymnasium Gütersloh, 1921 Erster Stadtpfarrer in Sindelfingen, 1926 auf Antrag entlassen, Evangelist der Wichern-Vereinigung, Br. d. →*Hermann Rothweiler

L Magisterbuch 40 (1928), S. 125

Rücker, Karl, * Tübingen 15. Juli 1864; Amtsgerichtsdirektor in Ulm

L SCHMIDGALL, Burschenschafterlisten, S. 143

Ruef, Wilhelm, * Ulm 10. Nov. 1855; Bildhauer, Buch- und Kunsthändler in Ulm

L UBC 2, S. 550, 551 (Bild)

Rueß, Andolin, * Ulm 11. April 1855, † ebd. 24. März 1892; Wirt „Zum Dampfschiff" in Ulm

L UNGERICHT, S. 181

Rueß, Anton, Dr. med., * 20. Juni 1797, † Ulm 4. Jan. 1860; praktischer Arzt in Ulm

L UNGERICHT, S. 181

Rueß (jun.), Anton, * 1829, † Ulm 1875; Holzhändler und Bürgerausschussmitglied in Ulm, einer der höchstbesteuerten Bürger

Q StadtA Ulm, H Waibel: Raimund WAIBEL, Mitglieder in Gemeinderat und Bürgerausschuss 1800-1899, Typoskript, S. 26
L UNGERICHT, S. 181

Rueß, Friedrich, * Ulm 28. März 1860, † ebd. 18. Sept. 1889; Kaufmann in Ulm

L UNGERICHT, S. 181

Rueß, Jakob, * Ulm 4. März 1804, † ebd. 9. Jan.1863; Holzhändler in Ulm

L UNGERICHT, S. 181 ff.

Rueß, Karl, Dr. theol., * Rammetshofen/Obertheuringen (OA Ravensburg) 7. Dez. 1885, kath.; 13. Juli 1910 Priesterweihe, 1910-1911 Vikar an der Wengenkirche zu Ulm, danach u. a. 1912 Repetent am Wilhelmsstift in Tübingen, 1. Aug. 1917 Landessekretär des Volksvereins für das kath. Deutschland Württemberg mit Sitz in Ulm, 1923 Pfarrer in Fischbach am Bodensee, 1936 dsgl. in Willerazhofen

L Personalkatalog Rottenburg 1938, S. 184

Rueß, Konrad, * Ulm 19. Aug. 1817, † ebd. 13. Juni 1890; Holzhändler in Ulm, 1863 Gründungsmitglied der Gewerbebank Ulm

L UNGERICHT, S. 181 – RIEBER/JAKOB, Volksbank, S. 57

Rueß, Marx Konrad, * Ulm 1822, † ebd. 1890; Holzhändler, ab 1872 Bürgerausschussmitglied ebd., ab 1874 Gemeinderat in Ulm, einer der höchstbesteuerten Bürger
Q   StadtA Ulm, H Waibel: Raimund WAIBEL, Mitglieder in Gemeinderat und Bürgerausschuss 1800-1899, Typoskript, S. 26
L   UNGERICHT, S. 181

Ruetz, Heinrich, * Wildbad/OA Neuenbürg 24. Mai 1879; 1905 bis 1913 Präzeptor am Realprogymnasium Geislingen/Steige, ab 1913 als Oberpräzeptor am Gymnasium Ulm, Schriftführer im Ausschuss des Vereins für Kunst und Altertum in Ulm und Oberschwaben
L   CRAMER, Württembergs Lehranstalten ⁶1911, S. 121

Ruisinger, J.; Schneider in Ulm, 1863 Gründungsmitglied der Gewerbebank Ulm
L   RIEBER/JAKOB, Volksbank, S. 57

Rukwied, Hermann, Dipl.-Ing., * wohl 1878, † Stuttgart-Stammheim 30. Nov. 1973; Studium an der TH Stuttgart (Burschenschaft Ulmia), Ksl. Eisenbahnkommissar in Deutsch-Südwestafrika, Regierungsbaumeister und Reichsbahnoberrat in Ulm, Vorstand des Reichsbahnbetriebsamtes Ulm. im Jan. 1934 zur obersten Bauleitung am Reichsautostraßenbau Halle/Saale berufen, Präsident einer Obersten Bauleitung der Reichsautobahnen, Mitglied des Vereins für Kunst und Altertum in Ulm und Oberschwaben.
L   UBC 4, S. 305, 358 – Stuttgarter Zeitung Nr. 279, 3. XII. 1973, S. 6 (Todesanz.)

Rummel, Hermann Philipp, * Wiesensteig 3. Juni 1808, † nach 1877; Kriegsrat in Ulm, S. d. Regierungsrats und späteren Regierungsdirektors Peter Anton von →Rummel
L   PHILIPP, Germania, S. 54, Nr. 768

Rupp, Wilhelm, * 14. Juli 1841, † Ulm 7. Okt. 1898; Kassenfabrikant in Ulm
L   UNGERICHT, S. 182

Ruß, Eduard; Seidenfärber in Ulm, ab 1844 Bürgerausschussmitglied ebd., scheiterte 1847 bei den Gemeinderatswahlen, einer der höchstbesteuerten Bürger
Q   StadtA Ulm, H Waibel: Raimund WAIBEL, Mitglieder in Gemeinderat und Bürgerausschuss 1800-1899, Typoskript, S. 26

Saenger, Adolf, * Ulm 15. Mai 1861, † Stuttgart 7. Mai 1933, mos.; Rechtsanwalt und Notar in Stuttgart, S. d. Elias →*Saenger
L   PHILIPP, Germania, S. 101, Nr. 1449

Saenger, Elias, * Laupheim 24. April 1830, † Stuttgart 14. Sept. 1901, mos.; 1855 bis 1895 Rechtsanwalt in Ulm, scheiterte 1876, 1877 und 1879 bei den Bürgerausschusswahlen, ab 1895 in Stuttgart, in seiner Ulmer Zeit auch im Kirchenvorsteheramt, V. d. Adolf →*Saenger
Q   StadtA Ulm, H Waibel: Raimund WAIBEL, Mitglieder in Gemeinderat und Bürgerausschuss 1800-1899, Typoskript, S. 26
L   Joachim HAHN unter Mitarbeit von Richard KLOTZ und Hermann ZIEGLER, Pragfriedhof, Israelitischer Teil (Friedhöfe in Stuttgart, Band 3), Stuttgart 1992, S. 186

Sailer, Friedrich, * 1820, † Reutlingen 23. Nov. 1876; Sekretär bei der Oberfinanzkammer Stuttgart, 1857 Kameralverwalter in Wurmlingen, 1864 dsgl. in Wiblingen, ab 1870 dsgl. in Reutlingen, 1874 Finanzrat
L   WINTERHALDER, Ämter, S. 213, 337, 345

Sailer, Max Gustav, * Ulm 21. Okt. 1880, † ebd. 12. Mai 1962; Buchbindermeister in Ulm, übernahm 1907 das 1865 von seinem Vater gegründete Geschäft, 1925 unter Anschluss einer Papierwarenhandlung und eines Papiergroßhandels in OHG umgewandelt
Q   StadtA Ulm, G 2

Sakmann, Paul, Dr. phil., * Stuttgart 25. Okt. 1864, † ebd. 23. Nov. 1936, ev.; 1896 als Nachfolger des als Rektor nach Biberach/Riß gewechselten Professors Max →Rapp Professor an der oberen Abteilung des Kgl. Gymnasiums Ulm, 1900 dsgl. am Eberhard-Ludwigs-Gymnasium in Stuttgart, 1927 a. D., 1919/20 MdVL bzw. MdL Württemberg (SPD), 1919 Mitglied der Ev. Landeskirchenversammlung, Privatdozent für Philosophie an der TH Stuttgart, Dozent an der Volkshochschule

Stuttgart, 1911 Verleihung des Ranges auf der VI. Rangstufe, S. d. Blindenlehrers Christian Sakmann
L   Magisterbuch 40 (1928), S. 110 – UBC 3, S. 127 – RABERG, Biogr. Handbuch, S. 753 ff.

Salim, Elie Theodor, * Beirut 9. Nov. 1886, † Ulm 27. Nov. 1956; eröffnete am 1. April 1920 mit seinem Vater die Kleinkunstbühne „Wintergarten", das Unternehmen schloss später das Hotel „Goldener Hirsch", Café-Restaurant, Bar, Eremitage und Kabarett ein, seit 1933 auch das Hotel „Goldenes Lamm" in Augsburg, nach der kriegsbedingten Zerstörung der Gebäude eröffnete er im Okt. 1945 das „Seepark-Restaurant Friedrichsau" in Ulm
Q   StadtA Ulm, G 2

Salviati, Alexander (von), * Berlin 9. Feb. 1827, † Ulm 22. Feb. 1881, ☐ Stuttgart, Pragfriedhof, ev.; Kgl. Preuß. Generalleutnant, Kommandeur der 27. Division (2. Württ.)
L   Ih 2, S. 745 – SK Nr. 45 – Württ. Jahrbücher 1881 S. [XI] – LINCK-PELARGUS, S. 5.

Salzmann, * 20. Feb. 1836, † Ulm 11. Mai 1912; Oberlehrer an der Knabenvolksschule Ulm, 1890 Mitbegründer und 20 Jahre lang Vorstand des Ulmer Obstbauvereins
L   UBC 3, S. 519 f. (Bild)

Salzmann, Jakob, * Lauffen am Neckar 25. Sept. 1886, † Ulm 4. Aug. 1969, ev.; seit 1912 in Ulm, seit 1921 Teilhaber der Firma Joh. Heinrich Wolff in Ulm, Beiratsmitglied der Industrie- und Handelskammer Ulm, Vorsitzender des Ulmer Turngaus, „Turnvater Salzmann"
Q   StadtA Ulm, G 2

Sammeth (sen.), Ludwig, * 20. Sept. 1875, † Ulm 11. Nov. 1935, ev.; V. d. Ludwig →*Sammeth (jun.), Apotheker in München, kaufte im Jahre 1902 mit seinem Bruder Georg Sammeth die Neu-Ulmer Löwenbrauerei von Josef Ott, ab 1910 Alleinbesitzer der Löwenbrauerei
L   Friedrich LANZENSTIEL (Hg.), Neu-Ulm. Das neue Gesicht, Neu-Ulm 1954, S. 144

Sammeth (jun.), *Ludwig* Franz, Dipl.-Brau-Ing., * 15. Nov. 1907, † gefallen in der Ukraine 4. Nov. 1943, ev.; S. d. Ludwig →*Sammeth (sen.), ab 1935 Besitzer der Neu-Ulmer Löwenbrauerei
L   Friedrich LANZENSTIEL (Hg.), Neu-Ulm. Das neue Gesicht, Neu-Ulm 1954, S. 144

Sannwald, Karl Ludwig, * Ulm 14. Sept. 1902, † Neu-Ulm 29. Juli 1978; Oberstudienrat, 1938 bis 1968 Fachlehrer an der Landesfachschule für Bierbrauer und Mälzer an der Ferdinand-von-Steinbeis-Schule in Ulm, seit 1923 Organist an der Martin-Luther-Kirche, 1969 Bundesverdienstkreuz
Q   StadtA Ulm, G 2

Sapper; ab Sommer 1867 als Nachfolger von Christian Friedrich →*Hengst Ratsschreiber in Ulm, Sommer 1874 Stadtschultheiß in Blaubeuren, Vorstand des dortigen Gewerbevereins
L   UBC 2, S. 174, 339

Sattler, *Julius* Friedrich, * Rottenburg oder Stuttgart 21. Juni 1799, † Ellwangen/Jagst 17. Sept. 1871; Oberjustizassessor und Justizrat in Ulm, Anfang der 1830er Jahre eifriges Mitglied des Ulmer Polenkomitees, zuletzt Oberjustizrat in Ellwangen/Jagst, 1849 Kandidat bei der Wahl zur Dt. Nationalversammlung, 1849-1851 Mitglied der drei Landesversammlungen in Württemberg
L   PHILIPP, Germania, S. 19, Nr. 146 – RABERG, Biogr. MdL-Handbuch, S. 760 – DVORAK I,5 (2002), S. 173 f.

Sattler, Klaus, * Besigheim 24. Okt. 1936, † Stuttgart-Bad Cannstatt 12. Feb. 2000, ev.; 1966 Pfarrer in der Petruskirche in Stuttgart-Gablenberg, 1970 Jugendpfarrer in Ulm, 1976 Religionslehrer am Gymnasium bei St. Michael in Schwäbisch Hall, 1978 Pfarrer an der Stuttgarter Kreuzkirche, 1990 Dekan in Bad Cannstatt, 1992 a. D., 1984 Abg. für Stuttgart zur 10. Landessynode
L   EHMER/KAMMERER, S. 309 (Bild)

Sauner, Jakob; Schuhmachermeister in Ulm, 1863 Gründungsmitglied der Gewerbebank Ulm
L   RIEBER/JAKOB, Volksbank, S. 57

Sauner, Leonhard; Schlosser in Ulm, 1863 Gründungsmitglied der Gewerbebank Ulm
L   RIEBER/JAKOB, Volksbank, S. 57

Saupp, Johann, * Talheim/OA Tuttlingen 1. Sept. 1852, † 28. Nov. 1931, kath.; 2. Aug. 1878 Priesterweihe, Vikar in Spaichingen, Jan. 1880 Repetent am Konvikt Rottweil, Jan. 1882 Pfarrverweser in Stockheim, Dez. 1882 dsgl. in Mörsingen, Jan. 1883 in Nusplingen, 8. Jan. 1884 Pfarrer in Dotternhausen, 10. Dez. 1886 Kamerer für Schömberg, 30. Aug. 1894 als Nachfolger d. verstorbenen Anton →*Kieninger Pfarrer in Wiblingen, 16. Aug. 1899 zugleich Kamerer für Wiblingen, 12. Nov. 1911 Pfarrer in Ziegelbach, 1924 a. D.
L   NEHER ⁴1909, S. 135 – Personalkatalog Rottenburg 1938, S. 27

Saur, Carl (Karl) Friedrich, * Crailsheim 5. Dez. 1877, † Ulm 18. April 1958; seit 1895 in Diensten der Gewerbebank Ulm, 1917 bis 1947 Vorstandsmitglied der Ulmer Volksbank, später Direktor, geschäftsführender Vorstand der Ulmer Wohnungsverein AG, Mitglied des Münsterbaukomitees
Q   StadtA Ulm, G 2
L   RIEBER/JAKOB, Volksbank, S. 61

Saur, Friedrich, * Haiterbach/OA Nagold, † Ulm Juli 1930, ev.; seit 1897 Volksschul- bzw. Mittelschullehrer in Ulm, zuletzt Oberlehrer ebd.
L   Grundbuch der ev. Volksschule 1914, S. 124 – UBC 2, S. 456 (Bild)

Saur, Heinz, * Essen 6. Nov. 1916, † 9. Nov. 1962; 1946/47 Begründer und Inhaber der Majolikafabrik „Ulmer Keramik" in Ulm, später eine der größten Majolikafabriken in der BRD mit 15 modernen Brennöfen, 1959 Eröffnung eines Zweigwerks in Neu-Ulm
Q   StadtA Ulm, G 2

Sauter, Alfons, * Hausen ob Rottweil 7. März 1866, kath.; Oberlehrer in Ulm-Söflingen
L   Real-Katalog der katholischen Volksschulstellen Württembergs, Horb/Neckar 1908, S. 551

Sautter, Carl (Karl) Friedrich, * Esslingen/Neckar 5. Juli 1825, † Söflingen 20. März 1917, ev.; seit 1870 Kaufmann und Fabrikant in Ulm, „Turnvater Sautter", Ehrenmitglied des Söflinger Turnvereins, erhielt 1912 Ehrenbrief der Deutschen Turnerschaft
Q   StadtA Ulm, G. 2

Schaal, Wolfgang, Dr. * Tübingen 12. Sept. 1932; Regierungsassessor bei der Oberfinanzdirektion Stuttgart, 1965 kommissarischer Vorstand des Staatlichen Liegenschaftsamtes Ulm, Regierungsrat und noch 1965 regulärer Vorstand ebd., 1968 Oberregierungsrat, 1972 Regierungsdirektor und Vorstand des Staatlichen Liegenschaftsamtes Stuttgart, 1974 Oberregierungsdirektor, 1975 Ltd. Regierungsdirektor
L   WINTERHALDER, Ämter, S. 363 f., 370

Schad von Mittelbiberach, Constantia, * 25. Okt. 1783, † Ulm 27. Jan. 1858, □ ebd., Alter Friedhof, 29. Jan. 1858, ev.; große Wohltäterin der Stadt, spendete umfänglich für soziale Einrichtungen wie das Katharinenstift, Gattin d. Johann Ulrich →*Schad von Mittelbiberach
L   UNGERICHT, S. 77

Schad von Mittelbiberach, Heinrich Friedrich, * Ulm 19. Feb. 1746, † ebd. 19. April 1820; Almosenpfleger und Gemeinderat in Ulm, S. d. Ratsälteren Philipp Adolf Schad von Mittelbiberach
Q   StadtA Ulm, G 2 alt

Schad von Mittelbiberach, Johann Ulrich, * Ulm 14. Okt. 1774, † ebd. 20. Feb. 1837, ev.; Patrizier in Ulm
L   UNGERICHT, S. 77

Schäfer, Albert, * 7. Okt. 1856, † 16. Sept. 1926; Städtischer Vermessungsdirektor in Ulm
L   UBC 4, S. 287 (Bild), 291

Schäfer, Friedrich, * Neu-Ulm 15. April 1880, † ebd. 4. Dez. 1946, ev.; Bauwerkmeister und Architekt in Neu-Ulm, Steinhäuslesweg 1, Mitglied des Gemeindekollegiums, Vorstand des Turnvereins Neu-Ulm
L   Einwohner- und Geschäfts-Handbuch Ulm/Neu-Ulm 1921, Neunte Abteilung, S. 82 – ebd. 1925, Neunte Abteilung, S. 84 – BUCK, Chronik Neu-Ulm, S. 109 – TEUBER, Ortsfamilienbuch Neu-Ulm II, Nr. 3965

Schäfer, Hans-Georg, * Ulm 28. April 1910, † gef. bei Orel 7. März 1943; Assessor, Syndikus der Fachgruppe Textil und Baumwollweberei in Berlin, zuletzt Leutnant d. R.
L   ARNOLD, Stuttgardia II, S. 90, Nr. 521

Schäfer, Johann Rudolf, * Ulm 14. Okt. 1856, † Möckmühl 26. April 1921, ev.; 1883 Pfarrer in Untersontheim, 1893 Stadtpfarrer in Oberriexingen, seit 1907 Stadtpfarrer in Möckmühl, Verfasser zahlreicher Aufsätze zur schwäb. Literatur- und Kunstgeschichte, korrespondierendes Mitglied des Landeskonservatoriums
L   Ih 2, S. 754 – Magisterbuch 38 (1920), S. 102 – WN 1920/21, S. 270

Schäfer, Wilhelm, Dr. iur., * Blaubeuren 24 Feb. 1903, † Tübingen 27. Dez. 1979; nach Gymnasium in Ulm und Jurastudium in Tübingen und München zunächst stv. Amtsrichter im württ. Justizdienst, seit 1928 in der Innenverwaltung, 1929 Regierungsrat, 1931 Polizeidirektor in Ulm und Göppingen, NSDAP-Mitglied, 1933 stv. Landrat in Ulm, 1935 Amtsverweser, dann Landrat beim LRA Crailsheim, 1939 als Kreishauptmann zum Generalgouvernement in Busko/Distrikt Radom abgeordnet, zum 1. Juli 1945 als Landrat entlassen, 1948 als „Mitläufer" entnazifiziert, zuletzt leitender Angestellter einer Spirituosenfabrik in Tübingen
L   WILHELM, Die württ. Polizei, S. 267 – Amtsvorsteher, S. 486 ff.

Schaeffer, Georg, * Birnfeld bei Königshofen (Grabfeldgau) 19. Sept. 1800, † Neu-Ulm 10. Dez. 1846, □ Burlafingen 12. Dez. 1846, kath.; Ingenieur-Hauptmann II. Kl., ab 28. Juni 1842 zur Festungsbaudirektion Ulm versetzt, ab 27. Okt. 1844 kommandiert, hauptsächlich mit Fundamentierungsarbeiten befasst
L   BUCK, Chronik Neu-Ulm, S. 68 [irrtümlich „Schäfer"] – KLARMANN, Offiziers-Stammliste, S. 69, Nr. 153 – TREU, Neu-Ulm, S. 236 – Katalog Materialien, S. 57 – TEUBER, Ortsfamilienbuch Neu-Ulm II, Nr. 3985

Schäffler, Karl, * Rechberghausen 1. Sept. 1874, kath.; Lehrer an der kath. Volksschule Ulm
L   Real-Katalog der katholischen Volksschulstellen Württembergs, Horb/Neckar 1908, S. 550

Schäl, Ulrich; Rechtsanwalt und demokratischer Kommunalpolitiker in Ulm, 1849 Bürgerausschussobmann ebd.
Q   StadtA Ulm, H Waibel: Raimund WAIBEL, Mitglieder in Gemeinderat und Bürgerausschuss 1800-1899, Typoskript, S. 27
L   WAIBEL, Gemeindewahlen, S. 267, 270, 338

Schaeuffelen (sen.), Robert Eugen, * Stuttgart 7. Nov. 1871; Buchdruckereibesitzer in Neu-Ulm, Mitglied des Vereins für Kunst und Altertum in Ulm und Oberschwaben, V. d. Eugen →*Schaeuffelen (jun.)
Q   StadtA Ulm, A 9
L   TEUBER, Ortsfamilienbuch Neu-Ulm II, Nr. 4002

Schäuffelen (jun.), Eugen Friedrich, Dr. iur., * Ulm 19. Okt. 1900, † ebd. 29. Juni 1979, □ Neu-Ulm, kath.; Rechtsanwalt in Ulm, zuletzt Landgerichtsdirektor ebd., 1965 a. D., S. d. Eugen →*Schaeuffelen (sen.)
Q   StadtA Ulm, G 2
W   Das Recht des Urhebers auf die Verbreitung des geschützten Schriftwerks, unter besonderer Berücksichtigung der Preisschleuderei im Buchhandel, iur. Diss. Universität Tübingen 1923

Schaible, Christian Friedrich, * Reichenbach/OA Freudenstadt 11. Feb. 1791, † Blaubeuren 9. Juli 1845; 1832 Kanzleiassistent bei der Regierung des Donaukreises in Ulm, 1837 Regierungsrevisor ebd., 1838 Oberamtmann von Blaubeuren
L   Amtsvorsteher, S. 488

Schaible (auch: Scheible), Hermann, * 27. Dez. 1867, † Ulm 27. Nov. 1924, ev.; Ortsrichter in Ulm, Vorstand des Gemeinde-, Gewerbe- und Kaufmannsgerichts
L   Staatshandbuch 1908, S. 360 – UBC 4, S. 238 f. (Bild)

Schall, Gustav Adolf, Dr. med., * Ulm 18. März 1870; Apotheker in Ulm, erwarb im Sommer 1899 von Gustav →Leube die Kronenapotheke, die jedoch nach kurzer Zeit einging, zog im Aug. 1900 in die Syrlinstraße um
L   LOTTER, Schall, S. 19, 193 – UBC 3, S. 200, 225

Schall, Carl Gustav, * Ulm 11. Feb. 1837, † ebd. 30. Juli 1879, □ ebd., Alter Friedhof, ev.; Kaufmann in Ulm, Mitglied des Vereins für Kunst und Altertum in Ulm und Oberschwaben, S. d. Sixt[us] Jakob Friedrich (von) →Schall

L   LOTTER, Schall, S. 10 – GIES, Leube, S. 103 – UNGERICHT, S. 183

Schall, Ludwig, * Ulm 22. Juli 1894, † München 17. Okt. 1978, ev.; Chefarzt an der Städtischen Kinderklinik in Bremen
L   PHILIPP, Germania, S. 139, Nr. 1827

Schall, *Wilhelm* Heinrich, * Ulm 27. Nov. 1829, † 13. Jan. 1882, ev.; S. d. Regierungsrats Sixt[us] Jakob Friedrich (von) →Schall in Ulm; Notariatskandidat in Calw, Amtsnotar in Dürrmenz
L   LOTTER, Schall, S. 10

Scharpf[f], Karl Wilhelm, † 25. Feb. 1873, ev.; Volksschullehrer in Ulm, Oberpräzeptor am Kgl. Gymnasium in Ulm, erteilte Unterricht in Schönschreiben, Arithmetik und Geometrie, 1863 Gründungsmitglied und Mitglied der Kontrollkommission der Gewerbebank Ulm, 1865 Gründungsmitglied des Vereins für Mathematik und Naturwissenschaften in Ulm
L   UBC 2, S. 174, 315 – RIEBER/JAKOB, Volksbank, S. 58 – SPECKER, Ulm im 19. Jahrhundert, S. 180

Scharpff, Otto (von), * Ludwigsburg 6. Juli 1853, † Baden-Baden 25. April 1920; 1900 Abteilungschef im württ. Kriegsministerium, Kgl. Württ. Oberstleutnant, 1901 bis 1905 Oberst und Kommandeur der Ulmer Grenadiere, anschließend Generalmajor und Kommandeur der 53. Inf.-Brigade, zuletzt 1907 bis 21. Nov. 1918 Gouverneur von Stuttgart, 1908 char. Oberstleutnant, 1912 z. D., im Ersten Weltkrieg reaktiviert als Brigadekommandeur, Ritterkreuz des Militärverdienstordens, Kommenturkreuze des Württ. Kronordens und des Friedrichsordens, Eiserne Kreuze beider Klassen
L   Ih 2, S.758 – WN 1920/21, S. 258 ff.– UBC 3, S. 339, 387

Schauffler, Rudolf, * Ulm 11. Aug. 1889; 1918 Oberreallehrer am Progymnasium Öhringen, seit 1920 Ministerialbeamter im Auswärtigen Amt in Berlin, Oberregierungsrat, S. d. Theodor →*Schauffler
L   CRAMER, Württembergs Lehranstalten 71925, S. 136 – SCHMIDGALL, Burschenschafterlisten, S. 181, Nr. 872

Schauffler, *Theodor* Hermann Eugen, * Ellwangen/Jagst 11. Aug. 1856, † Ulm 24. Sept. 1912, ev.; Altphilologe, Theologiestudium in Tübingen (Mitglied der Burschenschaft Normannia), seit 1884 Professor an der oberen Abteilung des Kgl. Realgymnasiums Ulm, 1900 Verleihung des Ranges auf der VI. Rangstufe, hinterließ eine Reihe von Aquarell- und Ölskizzen mit Ulmer Motiven, V. d. Rudolf →*Schauffler
L   CRAMER, Württembergs Lehranstalten 41904, S. 54 – Magisterbuch 34 (1907), S. 121 – Staatsanzeiger Nr. 226, 25. IX. 1912, S. 1643 – ebd. Nr. 227, 26. IX. 1912, S. 1652 – UBC 3, S. 522 (Bild), S. 525 – SCHMIDGALL, Burschenschafterlisten, S. 168, Nr. 350

Schedler, Franz Josef (von), * Winkelmühle bei Amtzell/OA Wangen 19. März 1777, † Stuttgart 17. Juli 1859 (nicht 1851!), kath.; 1808/09 Pfarrer in Wiblingen, Oberkirchenrat, zuletzt Vizedirektor des Kath. Kirchenrats in Stuttgart
L   Ih 2, S. 760 – NEHER, Personalkatalog, 1878, S. 30 – KLÖPPING, Historische Friedhöfe, S. 270, Nr. 500

Schefold, Eduard, Dr. med.; Obermedizinalrat, Leiter des Gesundheitsamtes Ulm
L   SPECKER, Ulm im Zweiten Weltkrieg, S. 102, 104, 107, 224, 287, 304, 306, 364, 398, 400

Schefold, Karl *Gustav*, Dipl.-Ing., * Ulm 4. Juli 1888, † 4. Okt. 1965; 1917 Regierungsbauführer in Darmstadt, 1919 Regierungsbaumeister, Juni 1921 Bauamtmann beim Tiefbauamt Ulm, 1924 Stadtbaurat in Ulm (Tiefbauamt), Oberbaurat, Dez. 1938 als Leiter des städtischen Tiefbauamtes Nachfolger des pensionierten Max Feuchtinger, 1951/52 bis 1959 Leiter des Städtischen Prüfamtes für Baustatik (Abteilung des Baurechtsamtes) in Ulm, Ausschussmitglied der Ulmer Liedertafel, S. d. Eduard →Schefold
L   GIES, Leube, S. 131 – UBC 4, S. 163 – UBC 5a, S. 305 – SPECKER, Ulm im Zweiten Weltkrieg, S. 353, 363, 368, 373-375, 377, 379, 381, 383, 385, 388, 399, 401, 407, 417, 441

Schefold, Karl, * Ulm 3. Juli 1877, † ebd. 21. April 1962, ev.; Reichsrichter am Reichsfinanzhof
L   Ih 2, S. 761

Scheible, Ferdinand; 2. Juli 1938 bis 1945 Bürgermeister in Reutti, in den 1950er Jahren Zweiter Bürgermeister ebd. 1937/38 Kommandant der Freiwilligen Feuerwehr ebd.
L   GEIGER, Reutti, S. 87, 91 f., 94, 96, 101, 108 (Bild), 119 (Bild), 189

Scheible, Heinrich, * 20. Juli 1859, † Ulm 21. April 1932, ev.; Postinspektor a. D. in Ulm
L   UBC 3, S. 383, 384 (Bild)

Scheible, Karl, * 10. Juni 1861, † Ulm 31. Okt. 1933; Reichsbahnobersekretär bei der Deutschen Reichsbahn in Ulm
L   UBC 4, S. 252 (Bild)

Scheifele, Jakob, * 28. Dez. 1864; war 28 Jahre lang Hilfswächter auf dem Münsterturm
L   UBC 4, S. 573

Scheifele, Karl, * 14. April 1826; letzter Thurn- und Taxis´scher Postillon in Ulm
L   UBC 3, S. 486

Scheiffele, siehe auch →*Scheuffele

Scheiffele, David, * Ulm 4. Feb. 1820, † ebd. 9. Juli 1884; Wundarzt in Ulm
L   UNGERICHT, S. 183

Scheiffele, Johannes, * Ulm 7. Nov. 1805, † ebd. 26. Jan. 1878; Holzhändler in Ulm
L   UNGERICHT, S. 183

Scheitenberger, Eugen, * 30. Juli 1867, † Ulm 31. Juli 1929; seit 1. Okt. 1881 in militärischen Diensten, Dez. 1921 Vorstand (Heeresverpflegungsamtsdirektor) des Heeresverpflegungsamts Ulm
L   UBC 2, S. 168

Scheitenberger, Ludwig, * Ulm 25. Okt. 1913, kath.; 1. Juli 1937 Vikar an der Wengenkirche in Ulm, anschließend dsgl. in Spaichingen, 1938 dsgl. in Böttingen und Stuttgart[-Feuerbach]
L   Personalkatalog Rottenburg 1938, S. 262

Schempp, Johannes; Schuster in Ulm, 1863 Gründungsmitglied der Gewerbebank Ulm
L   RIEBER/JAKOB, Volksbank, S. 56

Schenk, Theodor, * 5. Juni 1867, † Ulm 26. Jan. 1944; [1901] Amtsrichter beim Amtsgericht Göppingen, Landrichter beim Landgericht Ulm, zuletzt Landgerichtsdirektor ebd., Justitiar bei der Reichsbankstelle Ulm, 1933 NSDAP-Mitglied
L   Staatshandbuch 1928 I, S. 20 – UBC 5b, S. 668
Q   StAL, EL 902/21 Bü 3803

Scherer, Johann Georg (genannt Rudolf), * 28. Feb. 1847, † Ulm 15. Nov. 1901, ev.; Hotelier, Besitzer des Bahnhofhotels in Ulm, 1890 bis 1896 Bürgerausschussmitglied und ab 1896 Stadtrat ebd.
Q   StadtA Ulm, H Waibel: Raimund WAIBEL, Mitglieder in Gemeinderat und Bürgerausschuss 1800-1899, Typoskript, S. 27
L   UBC 3, S. 12, 82, 104 f., 156, 224, 250 (Bild), 251

Scheuerle, Fritz, * Hausen bei Neu-Ulm 26. Mai 1831, † 12. Nov. 1896; Journalist, langjähriger Redakteur des „Neu-Ulmer Anzeigers", S. d. Redakteurs Friedrich Scheuerle († Neu-Ulm 7. Okt. 1874)
L   UBC 3, S. 129 – TEUBER, Ortsfamilienbuch Neu-Ulm II, Nr. 4098

Scheuerle, Karl, * Waldstetten/OA Schwäbisch Gmünd 7. Okt. 1881, kath.; Oberlehrer in Ulm-Söflingen
L   Real-Katalog der katholischen Volksschulstellen Württembergs, Horb/Neckar 1908, S. 551

Scheuffele, siehe auch →*Scheiffele

Scheuffele, Anton, * Ulm 1868, † ebd. 12. März 1930, ev.; Reichsbahnoberrat, Baudezernent für Oberschwaben bei der Reichsbahndirektion Stuttgart

Scheuffele, *Friedrich* Adolf Robert, Dr. rer. pol., * Ulm 16. Okt. 1908, † Tübingen 12. Sept. 1976, ev.; Betriebsprüfer beim Finanzamt Reutlingen, kaufmännischer Leiter, Handelsbevollmächtiger und Prokurist der Firma Egelhaaf, Webmaschinenzubehör, Reutlingen, S. d. Bahnbeamten Friedrich Scheuffele
L   EBERL/MARCON, S. 393, Nr. 1314

Scheuffele, Johannes, * 11. Mai 1811, † Ulm 12. Sept. 1888, ev., ☐ ebd., Alter Friedhof, ev.; Ziegeleibesitzer in Ulm, einer der höchstbesteuerten Bürger
L   UNGERICHT, S. 184

Scheuffele, Martin; Schiffer und 1822 Bürgerausschussmitglied in Ulm, 1827 bis 1832 Gemeinderat ebd.
Q   StadtA Ulm, H Waibel: Raimund WAIBEL, Mitglieder in Gemeinderat und Bürgerausschuss 1800-1899, Typoskript, S. 27

Scheuffele, Wolfgang Thomas; Schiffer und Zunftmeister in Ulm, 1818 Bürgerausschussmitglied ebd.

Q   StadtA Ulm, H Waibel: Raimund WAIBEL, Mitglieder in Gemeinderat und Bürgerausschuss 1800-1899, Typoskript, S. 27

Scheurlen, *Eduard* Benjamin, * Tübingen 13. Juli 1833, † Ulm 27. Aug. 1896, ev.; Erster Staatsanwalt beim Landgericht Tübingen, zuletzt dsgl. beim Landgericht Ulm, Schwiegersohn d. Benjamin Friedrich (von) →Pfizer
L   Staatsanzeiger 1896, S. 1401 – Württ. Jahrbücher 1896, S. VII – UBC 3, S. 127 – PHILIPP, Germania, S. 78, Nr. 1147

Schiele, Jakob, * Pfuhl 24. Dez. 1782, † ebd. 21. Aug. 1853; Söldner in Pfuhl, übernahm 1818 das Amt des ersten Pfuhler Schultheißen, in welchem er 35 Jahre lang, bis zu seinem Tod im Alter von 71 Jahren, verblieb, V. d. Johann Georg →*Schiele
L   TREU, Pfuhl, S. 231

Schiele, Johann Georg, * Pfuhl 12. Okt. 1820, † ebd. 7. Mai 1890; Ökonom und 1871 bis 1890 Bürgermeister in Pfuhl, S. d. Jakob →*Schiele
L   TREU, Pfuhl, S. 231

Schikardt, Ludwig Adolf (Albrecht?), Mag., * Tübingen 1. Dez. 1785, † Ulm 11. Feb. 1816; seit 1814 Professor am Kgl. Gymnasium Ulm
L   FABER 29, § A.B. 77 – MUT Nr. 39 888 – MAIER, Nachfahrentafel Schott, S. 20 – EBERL, Klosterschüler II, S. 110, Nr. 1111

Schill, Paul von, * Ludwigsburg 4. Okt. 1832, † Ulm 6. Sept. 1902, ev.; nach der Kriegsschule in Ludwigsburg 1854 Leutnant, 1856 Bataillonsadjutant im 8. Inf.-Rgt., 1859 Oberleutnant, 1866 Adjutant der 3. Inf.-Brigade, Hauptmann im Generalstab, abkommandiert zur Dienstleistung im Kriegsministerium, 1870 Generalstabsoffizier der 3. Inf.-Brigade, 1873 Major und Generalstabsoffizier der 27. Division, 1875 Bataillonskommandeur des 8. Inf.-Rgt.s, 1877 a. D., Br. d. Carl von →Schill
L   Oberstleutnant Paul von Schill † 6. Sept. 1902, in: SK Nr. 431 (Abendblatt), 16. IX. 1902, S. 5 – UBC 3, S. 271

Schippert, Maximilian, * Reutlingen 8. Juni 1868, ev.; 1893 bis 1899 als Nachfolger d. Hugo →*Rothweiler ständiger Pfarrverweser (tit. Parochialvikar) in Söflingen, 1894 siedelte er von Ulm nach Söflingen über (ad dato waren die ständigen Pfarrverweser als zweite Stadtvikare in Ulm ansässig gewesen), 1899 Pfarrer in Walddorf/OA Tübingen, 1910 Pfarrer am Karl-Olga-Krankenhaus Stuttgart, 1932 Erster Pfarrer ebd., S. d. Oberamtmannes Regierungsrat Gottlob Friedrich Bernhard (von) Schippert (1820-1893), V. d. Landrats Wilhelm Schippert (1907-1980) von Backnang
L   Magisterbuch 41 (1932), S. 109

Schlotterbek, Carl, * 28. Aug. 1853, † Ulm 1. Dez. 1934; Dentist in Ulm, zuletzt Privatier ebd.
L   UBC 4, S. 574 (Bild)

Schlumpberger, *Friedrich* Wilhelm, * Ulm 21. März 1887, † Stuttgart 10. Feb. 1934; Eisenbahnsekretär in Cannstatt, zuletzt Reichsbahnoberinspektor in Stuttgart, 1914 bis 1918 Kriegsdienst zur See, kämpfte u. a. bei der Seeschlacht im Skagerrak auf der SMS „Kaiser", Freiwilliger auf U-Booten, Mitglied des Völkisch-Sozialen Blocks (neuer Parteiname der NSDAP nach ihrem Verbot) bzw. der NSDAP, 1924 Reichstagskandidat des Völkisch-Sozialen Blocks im WK Württemberg (Platz 3 LL), 1924 bis 1928 NSDAP-MdL, S. d. Ulmer Güterschaffners Kaspar Schlumpberger
Q   StadtA Ulm, Geburtenbuch der Stadt Ulm, Nr. 184 von 1887, Eintrag 21. III. 1887
L   HbWL (1927), S. 105, 108 – SK Nr. 35, 13. II. 1934, S. 5 – Bes. Beil. des Staatsanzeiger 1934, S. 306 – RABERG, Biogr. Handbuch, S. 792 (Bild) – WEIK ²2003, S. 319

Schlunck, Emil, Dipl.-Ing., * Bad Dürrenberg/Krs. Merseburg (Sachsen-Anhalt) 29. Juni 1887, † Ulm-Thalfingen 16. Feb. 1963; 1914 bis 1925 Gewerbeschulrat in Ulm, 1926 Baurat beim Württ. Landesgewerbeamt Stuttgart, 1930 bis 1938 Stadtschultheiß von Geislingen/Steige, 1. Sept. 1939 bis 17. Dez. 1944 Schulleiter der Handelsschule Merkur in Ulm
Q   StadtA Ulm, G 2
L   UBC 4, S. 270

Schmalzigaug, Georg Amandus (von), * 6. Okt. 1797, † Ulm 13. Feb. 1852, □ ebd., Alter Friedhof, kath.; Regierungsrat bei der Regierung des Donaukreises, ab 1848 Vorstand (Direktor) der Regierung des Donaukreises in Ulm, 1840 Ritterkreuz des Württ. Kronordens, V. d. Karl Adolf (von) →*Schmalzigaug
L   UNGERICHT, S. 184 f. [fälschlich „Schmalzigang"]

Schmalzigaug, Gustav, * 1865, † Ulm 30. Okt. 1929; Gärtnermeister in Ulm, letzter männlicher Namensträger dieser Ulmer Bürgerfamilie
L   UBC 4, S. 408 (Bild)

Schmalzigaug, Karl Adolf (von), * Ulm 26. Aug. 1819, † Stuttgart 6. Aug. 1882, kath.; Landgerichtsdirektor in Stuttgart, Ritterkreuz des Württ. Kronordens, S. d. Georg Amandus (von) →*Schmalzigaug
L   UNGERICHT, S. 184 f. [fälschlich „Schmalzigang"]

Schmalzigaug, Robert, * 1852, † Ulm 15. Mai 1930; Gärtner in Ulm
L   UBC 4, S. 408 (Bild)

Schmalzried, Paul, * Welzheim 12. Aug. 1867; Zeichenlehrer an der Ulmer Realanstalt, 1907 Hauptlehrer ebd., später Oberreallehrer ebd., fertigte 1915 die Vorlage für den Ehrenbürgerbrief Paul von →*Hindenburgs
L   CRAMER, Württembergs Lehranstalten ⁶1911, S. 154 – UBC 4, S. 16

Schmid, Georg, * 27. Feb. 1882, † Ulm 23. Feb. 1932; Konditor in Ulm
L   UBC 3, S. 336 (Bild)

Schmid, Johann Georg Matthäus; Weinhändler in Ulm, 1872 bis 1874 stv. Vorstand der Ulmer Gewerbebank, 1875 bis 1888 Vorstand ebd., 1864 Bürgerausschussmitglied und ab 1866 Gemeinderat ebd., 1851 Landtagskandidat im WB Ulm Amt
L   UBC 2, S. 7, 84, 107, 129, 151, 249, 275 – UBC 3, S. 247, 301, 465 – RIEBER/JAKOB, Volksbank, S. 61

Schmid, *Hermann* Martin, Dr. iur., * Stuttgart 12. März 1919, † 18. Feb. 1999, ev.; 1951 Regierungsassessor beim LRA Schwäbisch Hall, 1952 dsgl. beim LRA Heilbronn/Neckar, 1954 Regierungsrat ebd., 1. Juni 1955 bis 1973 Zweiter Beigeordneter bzw. seit 1971 Zweiter Bürgermeister (Soziales und Kultur) der Stadt Ulm, Rechtsanwalt in Ulm
Q   StadtA Ulm, G 2

Schmid, Joseph, † Ulm 4. Juni 1877, 60 J.; Gastgeber und Veteran, früher Regiments-Tambour
L   Staatsanzeiger Nr. 130, 9. VI. 1877, S. 901

Schmid, Leonhard, *, † Ulm 1867; Ökonom in Ulm, 1832 bis 1834 Mitglied des Bürgerausschusses, anschließend für acht Amtszeiten Mitglied des Gemeinderats in Ulm
L   WAIBEL, Gemeindewahlen, S. 295, Anm. 226

Schmid, Leonhard; 1952 bis 1972 Bürgermeister in Reutti
L   GEIGER, Reutti, S. 101-103, 109 (Bild), 192 f.

Schmid, Thomas; 1888 bis 1919 als Nachfolger von Adam Ihle Bürgermeister von Steinheim, 1919 Ehrenbürger von Steinheim
L   TREU, Steinheim, S. 64, 67

Schmidberger, Josef, * Eberhardzell/OA Waldsee 30. Jan. 1862, † Schwäbisch Gmünd 13. Juni 1933, kath.; 1876 bis 1882 Realanstalten in Biberach und Ulm, 1884 Diplom-Landwirt (Landwirtschaftliche Hochschule Hohenheim), Militärdienst in Ulm, 1884 bis 1896 Landwirtschaftslehrer in Ulm, ab 1896 Landwirtschaftsinspektor in Schwäbisch Gmünd, Jan. 1912 Ökonomierat, 1913 bis 1918 MdL Württemberg (II. Kammer, Bez. Ellwangen Amt, Zentrumspartei)
L   RABERG, Biogr. Handbuch, S. 803

Schmidlin, Adolph (von), * Schöntal/Jagst 16. März 1808, ev.; 1837 Assessor bei der Regierung des Donaukreises in Ulm, 1838 Oberamtmann von Geislingen/Steige, 1852 Regierungsrat bei der Württ. Gebäudebrandversicherungsanstalt in Stuttgart, zuletzt Oberregierungsrat ebd., Mitglied des Vereins für Kunst und Altertum in Ulm und Oberschwaben
L   Amtsvorsteher, S. 502

Schmidt, Eberhard, * Ulm 8. März 1837, † Tuttlingen 10. Dez. 1892, ev.; 1882 bis 1885 Amtmann beim OA Ulm, 1889 Regierungsassessor im württ. Innenministerium, ab 1891 Oberamtmann von Tuttlingen
L   Amtsvorsteher, S. 503 f.

Schmidt, Hans, * Ulm 28. April 1877, † Stuttgart 5. Juni 1948; ab 11. Juli 1895 beim württ. Militär, 1931 Generalleutnant, 1939 reaktiviert und General der Infanterie, erster Kommandeur der 260. Inf.-Division, 1. Jan. 1942 kommandierender General des IX. Armeekorps 31. Okt. 1943 im Ruhestand, 1944 als stv. Befehlshaber im Militärdistrikt V, ab Nov. 1944 kommandierender General der 24. Armee, Inhaber zahlreicher hoher Auszeichnungen, u. a. EK II und I, Ritterkreuz I. Kl. des Friedrichsordens mit Schwertern, Ritterkreuz des Eisernen Kreuzes mit Eichenlaub
L   Wolf KEILIG, Das deutsche Heer 1939-1945. Gliederung, Einsatz, Stellenbesetzung, drei Bände, [Loseblattsammlung] Bad Nauheim 1956 ff. – Wikipedia

Schmidt, Hans, * Ulm 1. Okt. 1907, † Ulm 12. Sept. 1989, ⬜ ebd., Hauptfriedhof; Regierungsbaudirektor in Ulm

Schmidt, Johann Georg, * 7. April 1802, † 21. Feb. 1844, ev.; Gastwirt „Zum Goldenen Löwen" und Weinhändler in Ulm, S. d. Matthäus →*Schmidt
L   UNGERICHT, S. 185

Schmidt, Matthäus, * 11. Feb. 1756, † Ulm 25. März 1836, ev.; Gastwirt „Zum Goldenen Löwen" in Ulm, V. d. Johann Georg →*Schmidt
L   UNGERICHT, S. 185

Schmitt, Joseph (von), * Dörzbach 23. März 1851, † Stuttgart 7. Dez. 1933; Oberst, Kommandeur des Inf.-Rgts. Kaiser Wilhelm, König von Preußen (2. Württ.) Nr. 120 in Ulm, zuletzt General der Infanterie, Ehrenkreuz des Württ. Kronordens, Ritterkreuz I. Kl. des Friedrichsordens
L   Ih 2, S. 787 – UBC 4, S. 296, 297 (Bild)

Schmitt, Otto, Dr. phil., * Mainz-Weisenau 13. Dez. 1890, † Ulm 21. Juli 1951, kath.; Kunsthistoriker, o. Professor für Kunstgeschichte in Greifswald und ab 1935 an der TH Stuttgart, 1948-1950 deren Rektor, ab 1950 Prorektor, zuletzt ab 1947 auch Honorarprofessor
L   Ih 2, S. 787 – WB I (2006), S. 242 f. (Wolfgang AUGUSTYN)

Schmitt, Willibald; Kontrolleur bei der Ablösungskasse in Stuttgart, 1865 Kameralamtsverweser in Creglingen, 1866 Kameralverwalter ebd., 1870 dsgl. in Wiblingen, 1877 dsgl. in Weinsberg, 1883 a. D., 1882 Ritterkreuz I. Kl. des Friedrichsordens
L   WINTERHALDER, Ämter, S. 67, 334 f., 338

Schmoller, Albert, * 1821, † Ulm 6. Sept. 1898, ev.; 1846-1890 städtischer Polizeikommissär in Ulm
L   UBC 3, S. 179

Schmu[c]ker, Wunibald, * wohl 1868; ab 1896 in Diensten der Stadt Ulm, zunächst als Ratsschreiber, dann Schulreferent, Vorstand des Wahlamtes, [1928] Oberrechnungsrat bei der Stadt Ulm, Vorstand des Zeugnisamts und des Stadtamts für Leibesübungen, zuletzt Verwaltungsdirektor, 31. Juli 1933 a. D.
L   Staatshandbuch 1928 I, S. 369 – UBC 4, S. 180 (Bild)

Schnaith, Fr.; Konditor in Ulm, 1863 Gründungsmitglied der Gewerbebank Ulm
L   RIEBER/JAKOB, Volksbank, S. 56

Schneckenburger, Rudolf, * Ulm 11. Nov. 1871, kath.; Lehrer an der Volksschule Ulm
L   Real-Katalog der katholischen Volksschulstellen Württembergs, Horb/Neckar 1908, S. 549

Schneider, Carl (Karl), Dr. phil., * Ulm 13. Juli 1886, † 8. Sept. 1957; Oberlehrer, zuletzt Studienrat in Berlin
L   PHILIPP, Germania, S. 129, Nr. 1724

Schneider, Philipp Ludwig, Mag., * Lauffen am Neckar/OA Besigheim 13. Dez. 1788, † Ulm 24. Mai 1818; nach Klosterschule in Blaubeuren und Theologiestudium in Tübingen zunächst Vikar in Eltingen, zuletzt ab 1816 Professor am Kgl. Gymnasium Ulm
L   EBERL, Klosterschüler II, S. 110, Nr. 1159

Schneider, Robert; Spenglermeister in Ulm, Mitglied des Ulmer Gemeinderates. März 1933 Reichstagskandidat (WK 31: Württemberg, Platz 6 der Vorschlagsliste der DDP)

Schnitzer, Ulrich, * Wangen/Allgäu 4. Aug. 1824, † 15. Okt. 1894, kath.; 6. Sept. 1847 Priesterweihe, 6. Dez. 1853 Kaplan in Ravensburg, 9. Feb. 1864 Pfarrer in Ratzenried, 1866 zugleich

Schulinspektor, 23. Okt. 1869 Pfarrer in Hochdorf, 15. Jan. 1880 Pfarrer in Söflingen, 30. Nov. 1887 dsgl. in Neukirch
L   NEHER ⁴1909, S. 16

Schobel, Albert, * Ehingen/Donau 26. Juli 1866, † Neu-Ulm 26. Nov. 1931, kath.; Bildhauer und bis 1919 Mitglied des Gemeindekollegiums in Neu-Ulm, Kassier des Spar- und Vorschussvereins Neu-Ulm eGmbH, S. d. Metzgers Josef Schobel († Neu-Ulm 1889)
L   Adreßbuch Ulm/Neu-Ulm 1910, Zehnte Abteilung, S. 65, 68 – TEUBER, Ortsfamilienbuch Neu-Ulm II, Nr. 4330

Schober, Otto Georg, * Neu-Ulm 16. Sept. 1839, † ebd. 6. Juli 1892, ev.; Malermeister in Neu-Ulm, 1876 bis 1891 Magistratsrat ebd.
L   BUCK, Chronik Neu-Ulm, S. 99 f. – TEUBER, Ortsfamilienbuch Neu-Ulm II, Nr. 4338

Schoell, Jakob, Dr. phil., Dr. theol. h.c., * Böhringen 9. Nov. 1866, † ebd. 2. Mai 1950, ev.; 1890-1892 Professoratsverweser am Kgl. Gymnasium Ulm, 1907-1918 Professor für praktische Theologie am Predigerseminar Friedberg (Hessen), seit 1913 Direktor ebd., 1918 bis 1933 Prälat und Generalsuperintendent von Reutlingen, Mitglied des deutschen Kirchentags, der Landeskirchenversammlung und des Landeskirchentags, Vorsitzender des ev. Presseverbandes
L   Ih 2, S. 795 – Magisterbuch 41 (1932), S. 101 f. – EHMER/KAMMERER, S. 328 ff. (Bild) – WB I (2006), S. 249 ff. (Rainer LÄCHELE)

Schönbein, Wilhelm Friedrich, * 3. Dez. 1822, † Ulm 5. Sept. 1886, ⬜ ebd., Alter Friedhof; Werkmeister in Ulm, im Dez. 1863 in den Gemeinderat gewählt und siebenmal wiedergewählt, bis Sept. 1880 Adjutant der Ulmer Feuerwehr, seit Feb. 1868 Mitglied der Bausektion des Münsterbaukomitees, zählte im Aug. 1870 zu den Unterzeichnern des öffentlichen Aufrufs zur Gründung eines Hilfsvereins für Soldaten, Mitglied des Vereins für Kunst und Altertum in Ulm und Oberschwaben
Q   StadtA Ulm, H Waibel: Raimund WAIBEL, Mitglieder in Gemeinderat und Bürgerausschuss 1800-1899, Typoskript, S. 26
L   SCHULTES, Chronik, S. 553 – UBC 2, S. 197, 247, 513 – UNGERICHT, S. 54 f. – WAIBEL, Gemeindewahlen, S. 295, Anm. 225 [der Hinweis, S. sei 1895 in den Gemeinderat gewählt worden, ist offenkundig unzutreffend], 347.

Schöninger, Arthur, * Weil der Stadt 22. Mai 1858, † Haslach/OA Tettnang 18. Sept. 1918, kath.; 5. Juli 1883 Priesterweihe, Vikar in Ulm, 1. Okt. 1887 Stadtpfarrei-Verweser in Wildbad, April 1888 aushilfsweise Vikar in Weiler bei Rottenburg, Mai 1888 Stadtpfarrei-Verweser in Schömberg, April 1889 dsgl. in Epfendorf, 6. Feb. 1890 Stadtpfarrer in Urach, 13. April 1893 dsgl. in Bavendorf, 5. Dez. 1901 Pfarrer in Söflingen, 26. April 1904 zugleich Kamerer für Ulm, zuletzt seit 18. Dez. 1911 Pfarrer in Haslach/OA Tettnang, Vorstand des Diözesan-Kunstvereins
L   Ih 2, S. 797 – NEHER ⁴1909, S. 154 – Personalkatalog Rottenburg 1938, S. 46 – SPECKER/TÜCHLE, S. 308

Schönweiler, Joseph, * Neufra/OA Riedlingen 30. Aug. 1820, kath.; 1844 Priesterweihe, 14. April 1848 Pfarrer in Kolbingen, 10. Nov./12. Dez. 1865 dsgl. in Bollingen, ab Okt. 1877 Nachfolger des verstorbenen Georg →Dischinger als Dekan in Ulm an
L   NEHER, S. 295, 529

Schöpfer, Franz, * Ringschnait 3. Juni 1798, † Friedrichshafen am Bodensee 4. Aug. 1864, kath.; 1833/34 Oberamtsaktuar beim OA Ulm, 1834 Oberamtsverweser ebd., 1836 Oberamtmann in Neuenbürg, 1841 dsgl. in Rottweil, 1846 dsgl. in Künzelsau, 1863 a. D., Ritterkreuz I. Kl. des Friedrichsordens
L   Amtsvorsteher, S. 510

Schöttle, Albert, * Ebhausen/OA Nagold 3. Juli 1871, † Ulm 27. Feb. 1933, ev.; 1903 Zweiter Stadtpfarrer in Knittlingen, zugleich Bezirksschulinspektor, 1914 Bezirksschulinspektor in Dürrmenz-Mühlacker, 1924 dsgl. in Ulm, 1920 Titel Schulrat
L   Magisterbuch 41 (1932), S. 118 – UBC 4, S. 52 (Bild)

Scholl, Adolf, * Ulm 19. Nov. 1830, † 1909; ev. Geistlicher, Pfarrer in Neuweiler, Aichelberg, Uhlbach und 1890-1898 in Walddorf/OA Tübingen
L   Magisterbuch 34 (1907), S. 69

Scholl, Joseph, * Oberdorf 2. Dez. 1828, † Neu-Ulm 21. Juni 1879, kath.; Nagelschmied und Eisenhauer in Neu-Ulm
L   BUCK, Chronik Neu-Ulm, S. 109, 112, 126 – TEUBER, Ortsfamilienbuch Neu-Ulm II, Nr. 4359

Scholl, Wilhelm, * Ulm 15. März 1835, † Bad Boll 4. März 1915; Kaufmann in Heilbronn/Neckar, Sekretär der Handelskammer Heilbronn
L   WN 1915, S. 226

Scholl, Wilhelm (Willy), * 1878; Landwirt in Ulm, 1. Jan. 1930 Mitglied der NSDAP, 9. Dez. 1931 SA-Reservemann, SA-Sturmbannführer, im Dez. 1931 in den Ulmer Gemeinderat gewählt, nach 1933 Geschäftsführer der Milchzentrale Ulm
L   UBC 5a, S. 112

Schott, Johann Christian (von), * Asch/OA Blaubeuren 28. Feb. 1794, † Kirchheim/Teck 12. Feb. 1874, ev.; Justizassessor und Kanzleivorstand des Kreisgerichtshofes in Ulm, zuletzt Oberamtsrichter in Kirchheim/Teck und Mitglied des Vorsteherkollegiums der Württ. Sparkasse, Ritterkreuz des Württ. Militärverdienstordens
L   Ulmer Adressbuch 1836, S. [15] – GEORGII-GEORGENAU, S. 854 f.

Schrade, Gustav, * 2. Feb. 1854, † Ulm 15. Dez. 1908, ev.; Apotheker, Besitzer der Hirschapotheke in Ulm, 1873 Ausschussmitglied des Ulmer Verschönerungsvereins, Dez. 1890 bei der Bürgerausschusswahl gescheitert
L   UBC 2, S. 317 – UBC 3, S. 419, 435 (Bild)

Schradin, August, * 19. Aug. 1863; Generalmajor in Ulm, Ausschussmitglied des Vereins für Kunst und Altertum in Ulm und Oberschwaben
L   UBC 4, S. 203

Schreiber, Edmund, Dr. rer. pol., Dipl.-Volkswirt, * Neu-Ulm 3. Mai 1907, † Lauchdorf bei Bad Wörishofen 26. Juni 1976; seit März 1930 Angestellter beim Kunstverlag August Uhl in Neu-Ulm, S. d. Kaufmanns Franz Xaver Schreiber,
L   EBERL/MARCON, S. 347, Nr. 347

Schreiber, Johann Ferdinand, * Ulm 6. Feb. 1809, † Esslingen/Neckar 28. Okt. 1867; Verleger
L   Ih 2, S. 802

Schrengauer, Wilhelm, * Frankfurt/Main 14. Juni 1875, † Neu-Ulm 1. Juli 1945; Friseur in Neu-Ulm, stv. Vorsitzender der Meisterprüfungskommission für Neu-Ulm und Umgebung
L   Adreßbuch Ulm/Neu-Ulm 1910, Zehnte Abteilung, S. 67 – TEUBER, Ortsfamilienbuch Neu-Ulm II, Nr. 4392

Schröder, Hermann *Georg*, * 19. März 1834, † Ulm 27. April 1894; Kaufmann in Ulm, 1873 bis 1877 Bürgerausschussmitglied und ab 1882 Gemeinderat ebd.
L   UBC 3, S. 75, 82 (Bild)

Schütz, Hans, * Hemmehübel (Nordböhmen) 14. Feb. 1901, † München 24. Jan. 1982, kath.; gelernter Schreiner, Gewerkschaftssekretär, nach 1946 Flüchtlingsfunktionär in München, 1948/49 CSU-Mitglied des Wirtschaftsrates der Bizone in Frankfurt/Main, 1949 bis 5. Feb. 1963 erster Abg. des WK Dillingen/Neu-Ulm (WK 43 bzw. ab 1953 WK 238) im Deutschen Bundestag (CDU), 1962 bis 1964 Staatssekretär im Bayer. Staatsministerium für Arbeit und soziale Fürsorge, 1964 bis 1966 Staatsminister ebd.
L   SCHUMACHER, M.d.B., S., Nr. 383, Nr. 5273 (mit weiteren Literaturangaben) – Wikipedia

Schuler, Bernhard, * Ulm 1803, † ebd. 22. Jan. 1898, ev.; Ballenbinder bei der Firma J. Kindervatter in Ulm, der älteste Einwohner Ulms
L   UBC 3, S. 169

Schuler, Christian, * Pfuhl 5. April 1865, † ebd. 26. Feb. 1935; Landwirt und 1918 bis 1933 Bürgermeister in Pfuhl
L   TREU, Pfuhl, S. 230 (Bild), 231

Schuler, Christoph Erhard, * Ulm 2. Juli 1815, † ebd. 18. Aug. 1887, ev.; Kaufmann in Ulm
L   Werner GEBHARDT, Hugo Schuler – Geschichte und Geschichten der Familie Schuler, geschrieben in Würzburg 1939/40, Privatdruck, Stuttgart 2002, S. 60-65 (Bild), 93

Schuler, Carl *Emil*, * Ulm 2. April 1852, † ebd. 1933; Kaufmann in den Niederlanden und Großbritannien, 1878 dsgl. in Ulm

Schuler, Georg, * get. Ulm 17. Okt. 1757, † ebd. 22. Dez. 1823, ev.; Mesner am Ulmer Münster
L   Werner GEBHARDT, Hugo Schulers väterliche Ahnenreihe und Verwandtschaft, in: DERS., Festschrift 100 Jahre Familienverband Autenrieth, Stuttgart 2002, S. 30-64 S. 71-76, hier S. 74

Schuler, Jakob Friedrich; Rotgerber in Ulm, Zunftmeister, Bürgerausschussmitglied und 1819 bis 1827 Gemeinderat ebd.
Q   StadtA Ulm, H Waibel: Raimund WAIBEL, Mitglieder in Gemeinderat und Bürgerausschuss 1800-1899, Typoskript, S. 29

Schuler, Johann Georg, * Ulm 14. Juni 1781, † ebd. 17. Jan. 1853, ev.; Schulmeister in Ulm, zunächst "Knabenarmen Schullehrer", dann „Elementarlehrer in der Eich"
L   Werner GEBHARDT, Hugo Schuler - Geschichte und Geschichten der Familie Schuler, geschrieben in Würzburg 1939/40, Privatdruck, Stuttgart 2002, S. 54 ff. – Werner GEBHARDT, Hugo Schulers väterliche Ahnenreihe und Verwandtschaft, in: DERS., Festschrift 100 Jahre Familienverband Autenrieth, Stuttgart 2002, S. 71-76, hier S. 73

Schuler, Johannes, * Ulm 15. Okt. 1803, † ebd. 24. März 1882, ev.; Gärtner in Ulm
L   UNGERICHT, S. 187

Schuler, Simon, * 22. Aug. 1791, † 25. Mai 1865, ev.; Rotgerberobermeister in Ulm
L   UNGERICHT, S. 187

Schultes, *Wilhelm* Johann, * Sülzbach/OA Weinsberg 24. Juni 1846 (nicht 1848!), † Ulm 7. Nov. 1919, ev.; 1874 Präzeptor in Geislingen/Steige, 1877 dsgl. am Realgymnasium Ulm, 1883 Titel Oberpräzeptor, 1897-1906 Professor an der V. Klasse, 1900 Verleihung des Ranges auf der VII. Rangstufe, 1906 a. D. und Ritterkreuz I. Kl. des Friedrichsordens
L   CRAMER, Württembergs Lehrstellen ⁶1911, S. 24 – Magisterbuch 37 (1914), S. 88 – UBC 4, S. 110 (Bild), 118

Schultz, Paul, * Welzheim 30. Okt. 1891; Polizeihauptmann, 1923 Kommandeur der Schutzpolizeibereitschaft Tübingen, 1. April 1933 Kommandeur der Schutzpolizeibereitschaft Ulm, 1. Juni 1933 Polizeimajor, 1935 Major und Bataillonskommandeur bei der Wehrmacht, 1943 Generalmajor, Kommandeur einer Armee-Waffenschule
L   WILHELM, Die württ. Polizei, S. 293 f.

Schuon, Karl (von), * 29. Aug. 1867, † Ulm 23. Juli 1933, ev.; Oberstabsarzt beim 3. Württ. Feldart.-Rgt. Nr. 49 in Ulm, zuletzt Generalarzt ebd., Hausarzt am Landesgefängnis ebd., praktischer Arzt in Ulm, Ritterkreuz I. Kl. des Friedrichsordens
L   UBC 4, S. 175 (Bild), 179

Schuon, *Karl* Immanuel (von), * Dobel/OA Neuenbürg 10. Mai 1833, † Ulm 24. Juli 1904; Justizbeamter, Landgerichtsrat in Ravensburg, 1896 dsgl. in Ulm, zuletzt Landgerichtsdirektor und Kirchengemeinderat ebd., 1894 als Abg. für Ravensburg Mitglied der Ev. Landessynode, 1892 Ritterkreuz I. Kl. des Friedrichsordens
L   UBC 3, S. 75 – SCHNEIDER-HORN, Die Tübinger Franken, S. 193, Nr. 488 – EHMER/KAMMERER, S. 336

Schurr, Carl, * 7. April 1859; von 1877 bis 1927 als Kaufmann in Diensten der Wieland-Werke Ulm
L   UBC 4, S. 374

Schuster, August (von), * Ettenhausen 15. April 1845, † Heilbronn/Neckar 19. Feb. 1917, ev.; 1879 Landrichter in Ulm, 1886 Landgerichtsrat in Heilbronn/Neckar, 1901 Landgerichtsdirektor ebd., 1914 a. D., Förderer des Schillervereins, 1900 als Abg. für Langenburg Mitglied der Ev. Landessynode
L   EHMER/KAMMERER, S. 336

Schuster, Richard, † Ulm 21. Mai 1876; Rittmeister in Ulm
L   SCHNEIDER-HORN, Die Tübinger Franken, S. 194, Nr. 228

Schwab, Adolf, * Ulm-Wiblingen 26. Juli 1869, † Stuttgart 26. Nov. 1940; [1908] Hauptmann beim 8. Württ. Inf.-Rgt. Nr. 126 Großherzog Friedrich von Baden in Straßburg, [1913] Major, Adjutant bei der 26. Division (1. Württ.) in Stuttgart, Kommandeur des Inf.-Rgts. 127, ausgezeichnet mit dem Pour le Mérite und dem Ritterkreuz I. Kl. des Friedrichsordens, Polizeioberst
L   Ih 2, S. 811 – Staatshandbuch 1913, S. 232 – UBC 1, S. 589

Schwab, Gustav, * Wangen/OA Cannstatt, † Stuttgart 18. Jan. 1920; 1904 Vorstand des Bahnpostamts Ulm, 1908 Postrat bei der Kgl. Württ. Generaldirektion der Posten und Telegraphen in Stuttgart, 1918 Oberpostrat ebd., S. d. Lehrers Schwab
L   WN 1920/21, S. [255]

Schwab, *Gustav* Friedrich, Dr. sc. pol., * Ulm 25. Dez. 1887, † Aug. 1944 vermisst bei Kischinew (Bessarabien); Rechtsanwalt in Stuttgart, im Weltkrieg Major d. R., Kommandeur des Nachschubs einer Division, S. d. Staatsrats Gustav (von) →*Schwab
L   MAIER, Nachfahrentafel Schott, S. 179 – EBERL/MARCON, S. 170 – ARNOLD, Stuttgardia II, S. 62

Schwab, *Gustav* Hermann (von), * Stuttgart 29. Dez. 1853, † ebd. 24. Sept. 1912, ev.; Amtsrichter in Schwäbisch Gmünd, Landrichter in Ulm, Oberlandesgerichtsrat in Stuttgart, zuletzt Wirklicher Staatsrat, V. d. Gustav Friedrich→*Schwab
L   Ih 2, S. 812 – MAIER, Nachfahrentafel Schott, S. 114

Schwandner, Maximilian, Dr. h.c., * Ulm 25. März 1855, † Ludwigsburg 30. Juli 1942; 1905 bis 1924 Oberjustizrat, Direktor der Landesstrafanstalten Ludwigsburg und Hohenasperg, Abg. zur Ev. Landessynode, zur Landeskirchenversammlung und zum Landeskirchentag
L   EHMER/KAMMERER, S. 336 (Bild)

Schwarz, Basilius, * Ulm-Söflingen 28. Dez. 1777, † 15. Okt. 1863, kath.; Kirchenmusiker
L   Ih 2, S. 815

Schwarz, Johann Friedrich, Mag., * 23. Okt. 1791, † Leutkirch 26. Feb. 1862; Sekretär bei der Regierung des Donaukreises in Ulm
L   MUT Nr. 40.555 – EBERL, Klosterschüler II, S. 113

Schwarz, Josef, * Reichenbach/OA Aalen 21. Feb. 1886; 1916 Oberpräzeptor am Gymnasium Ulm, später Studienrat ebd.
L   CRAMER, Württembergs Lehranstalten ⁶1911, S. 140

Schwarz, Matthäus, * Setzingen/OA Ulm 17. Jan. 1787, † Ulm 18. Nov. 1823, ev.; ab 1812 Schulmeister in Ulm, seit 1813 Organist der Dreifaltigkeitskirche ebd., S. d. gleichnamigen Schul- und Rechenmeisters
L   WEYERMANN II, S. 541 f.

Schwarz, Robert; Werkmeister in Ulm, ab 1886 Bürgerausschussmitglied ebd., 1906 bis 1912 Mitglied des Aufsichtsrats der Gewerbebank Ulm
Q   StadtA Ulm, H Waibel: Raimund WAIBEL, Mitglieder in Gemeinderat und Bürgerausschuss 1800-1899, Typoskript, S. 29
L   RIEBER/JAKOB, Volksbank, S. 59

Schweickhardt, K. Heinrich, * Tübingen 17. Feb. 1799, † Ulm 10. Jan. 1860; Oberamtsrichter in Göppingen, zuletzt dsgl. in Ulm, Oberjustizrat
L   UNGERICHT, S. 187 – MAIER, Nachfahrentafel Schott, S. 52 – PHILIPP, Germania, S. 23, Nr. 210

Schweizer, Simon, * 1822, † Ulm 1875, ⬚ ebd. Alter Friedhof. ev.; Brauereibesitzer zur Rose in Ulm, ab 1870 Bürgerausschussmitglied ebd., ab 1876 Gemeinderat ebd.
Q   StadtA Ulm, H Waibel: Raimund WAIBEL, Mitglieder in Gemeinderat und Bürgerausschuss 1800-1899, Typoskript, S. 29
L   UNGERICHT, S. 188

Schwemmer, Albert, * Neu-Ulm 17. Dez. 1855, ev.; Schmiedmeister in Neu-Ulm, bis 1911 langjähriges Mitglied des Gemeindekollegiums ebd., Mitglied der ev. Kirchenverwaltung
L   Adreßbuch Ulm/Neu-Ulm 1910, Zehnte Abteilung, S. 65 f. – TEUBER, Ortsfamilienbuch Neu-Ulm II, Nr. 4496

Schwenger, Alois, * Steinbach/OA Schwäbisch Hall 9. Aug. 1874, † Ulm-Wiblingen 17. Juni 1934, kath.; 18. Juli 1900 Priesterweihe, Juli 1900 Vikar in Altshausen, Jan. 1902 dsgl. in Altstadt-Rottweil, Aug. 1902 dsgl. in Niederwangen, Jan. 1903 Exkurrent-Vikar in Baienfurt, Nov. 1906 Pfarrverweser in Untertalheim, 9. März 1908 als Nachfolger d. Karl →*Diener Pfarrer ebd., Stadtpfarrer in Wiblingen, forschte zur Wiblinger Geschichte und Kunstgeschichte
L   NEHER ⁴1909, S. 225 – UBC 4, S. 430

Schwenk, Jakob, * wohl 1865, † Ulm 6. April 1930; Polizeiinspektor bei der Ulmer Stadtpolizei
L   UBC 2, S. 383 (Bild)

Schwenk, Josef, * 10. Okt. 1808, † Ulm 17. Juli 1900, ev.; Schneidermeister in Ulm
L   UBC 3, S. 223

Schwenk, Sylvester, * Nerenstetten 18. Aug. 1785, † Ulm 25. Feb. 1814, ev.; Glockenwirt in Ulm

Seckler, Flora, * Wäschenbeuren 12. Juni 1879, kath.; Lehrerin an der kath. Volksschule Ulm
L   Real-Katalog der katholischen Volksschulstellen Württembergs, Horb/Neckar 1908, S. 550

Seeger, Johann; Schlosser in Ulm, 1863 Gründungsmitglied der Gewerbebank Ulm
L   RIEBER/JAKOB, Volksbank, S. 57

Seeger, Johann Christoph Friedrich (von), * 7. Juni 1779, † Ulm 20. April 1838; Amtsschreiber in Maulbronn und Winnenden, 1819 bis 1823 Oberamtmann von Aalen, 1823-1829 Oberamtmann von Balingen, zuletzt seit 1829 bei der Regierung des Donaukreises in Ulm
L   Amtsvorsteher, S. 524

Seeger, Karl, * Blaubeuren 16. Aug. 1888; Regierungsrat und ständigen Vertreter des Finanzamtsvorstands in Göppingen, 1924 zum Vorstand des Finanzamts Balingen, 1931 zum Vorstand des Finanzamts Schwäbisch Gmünd, 1932 Regierungsrat beim Landesfinanzamt Stuttgart, Oberregierungsrat, April 1934 als Nachfolger von Oskar →*Daur Vorstand des Finanzamts Ulm, 1945 auf Weisung der US-Militärregierung in Ulm entlassen, in Internierungshaft in Garmisch, 1947 bei der Oberfinanzdirektion in Stuttgart, 1950 Regierungsdirektor, 1954 a. D., 1956 Bundesverdienstkreuz I. Kl., S. d. Karl Georg Moritz Seeger, Kameralverwalter in Blaubeuren, Cannstatt und Tübingen, zuletzt Oberfinanzrat
Q   StadtA Ulm, G 2
L   DGB 71, S. 447 – UBC 4, S. 360 (Bild), 361, 382 – UBC 5a, S. 67 – SCHMIDGALL, Burschenschafterlisten, S. 150, Nr. 681 – WINTERHALDER, Ämter, S. 38, 250 f., 300

Seelig, Karl, * 1857, † Ulm 4. Juli 1929; Verwaltungsaktuar beim OA Ulm
L   UBC 2, S. 164

Seible, Theodor (von), † Stuttgart 12. Jan. 1931; Generalleutnant, seit 1905 Kommandeur des Grenadier-Rgt.s Nr. 123 in Ulm, ab 1911 Präsidiumsmitglied des württ. Kriegerbundes
L   Württ. Jahrbücher 1930/31, S. [XVIII] – UBC 3, S. 21 (Bild), 337

Seibold, OSB, Edelfried (Alfred), * Neu-Ulm 8. Mai 1908, † Putoschka (UdSSR) 8. Mai 1944, kath.; geb. in der Wallstraße, gelernter Maler, 1932 in Schweiklberg in den Benediktinerorden eingetreten, während des Zweiten Weltkriegs Soldat, wegen Kritik an der Aufhebung seines Klosters erstmals eingesperrt, wegen strenger Wahrnehmung seiner priesterlichen Pflichten zu Zuchthaus und Strafkompanie verurteilt und an seinem 36. Geburtstag ermordet, einer der 100 Märtyrer des Bistums Augsburg; am 14. Juli 2007 erinnerte Dr. Peter C. Düren im Rahmen einer Ausstellung über diese Märtyrer in einem Vortrag in Ludwigsfeld an S., S. eines Neu-Ulmer Eisendrehers
L   Ausstellung: Wer war Pater Seibold?, in: NUZ vom 5. VII. 2007 – Auch ein Neu-Ulmer zählt zu den Blutzeugen, in: SWP, 21. VII. 2007

Seibold, Ottilie, * 31. März 1926, † Ulm 26. Jan. 2001; 1947 Lehrerin an der Weinhofschule (späteren Valckenburgschule) in Ulm, seit 1966 stv. Schulleiterin ebd., 1981 Leiterin der Valckenburgschule in Ulm, Oberstudiendirektorin, 1988 a. D.
Q   StadtA Ulm, G 2

Seifriz, Adalbert, Dr. iur., Dr. med. h.c., * Neresheim 22. Aug. 1902, † Stuttgart 23. Feb. 1990, kath.; aufgewachsen in Ehingen/Donau und Blaubeuren, Gymnasium und Abitur in Ulm, nach Jurastudium u. a. bei der Staatsanwaltschaft Ulm, CDU-Politiker, 1960-1963 MdL Baden-Württemberg, 1963 bis 1966 Staatssekretär und Bevollmächtigter Baden-Württembergs beim Bund, 1966 bis 1972 Staatsminister für Bundesangelegenheiten, 1968 bis 1978 Vorsitzender des Instituts für Auslandsbeziehungen, 1986 Ehrensenator der Universität Ulm, anlässlich dieser Ehrung führte Rektor Theodor M. Fliedner aus, S. habe Professor →Heilmeyer in den Gründerjahren manchen Umweg durch seine guten Kontakte erspart, S. d. August Seifriz, Oberamtsrichter in Ehingen/Donau, zuletzt Amtsgerichtsrat in Blaubeuren

Q   StadtA Ulm, G 2
L   Ih 3, S. 319 – Großer Förderer der Uni gestorben, in: SWP Nr. 49, 28. II. 1990 – BWB II (1999), S. 427-430 (Paul FEUCHTE)

Seifriz, Franz Plazidus, * Neuravensburg 31. Mai 1859, † Ulm 7. Feb. 1933, kath.; Regierungsrat, Oberamtmann in Saulgau, 1924 a. D., früher (1884 ff.) Regierungsreferendar bei der Regierung des Donaukreises und beim OA Ulm, 1887 bis 1892 Amtmann beim OA Blaubeuren, lebte im Ruhestand in Ulm

L   UBC 4, S. 50 – Amtsvorsteher, S. 526 (Edwin Ernst WEBER), ohne Sterbedatum

Seitter, Eduard, Dr. phil., * Ludwigsburg 20. Sept. 1870, † Ulm 23. Nov. 1953, ev.; Gerichts- und Nahrungsmittelchemiker, nach dem Tode von Hofrat Dr. Karl →Wacker erfolgte Umwandlung des Untersuchungsamtes von einem privaten in ein städtisches Unternehmen, seit Mai 1903 Hilfsarbeiter bei der chemischen Abteilung des hygienischen Laboratoriums des Kgl. Medizinalkollegiums Stuttgart, Regierungsrat, bis 1935 Vorstand des Städtischen Untersuchungsamts Ulm

Q   StadtA Ulm, G 2

Seitz, Hermann, * 1864, † Ulm 10. Juli 1929; Sekretär (Titel Finanzassessor) beim Württ. Finanzministerium in Stuttgart, 1897 bis 1906 Kameralamtsvorstand in Rottweil, Finanzrat, 1. Mai 1906 bis 1925 dsgl. in Ulm, 1917 Oberfinanzrat, 1. April 1920 bis 31. März 1925 Oberfinanzrat und Finanzamtsvorsteher ebd. – 1909 Ritterkreuz I. Kl. des Friedrichsordens

L   UBC 2, S. 165, 167 (Bild) – UBC 4, S. 254 – WINTERHALDER, Ämter, S. 229, 299 f.

Seiz, David; Bäcker in Ulm, 1863 Gründungsmitglied der Gewerbebank Ulm

L   RIEBER/JAKOB, Volksbank, S. 56

Seiz-Hauser, Anneliese, geb. Hauser, * Ulm 23. März 1923, † ebd. 22. Mai 1998, ev.; Medizinhistorikerin, Bibliothekarin an der Stadtbibliothek Ulm

Q   StadtA Ulm, G 2
W   Erfüllt von Fragen, Unruhe und der Neugier, die Triebkraft alles Wissens ist, in: Schwäb. Zeitung Nr. 297/1977 – Geschmakt, zerstört, geliebt: Die Fenster im Langhaus, in: Sonderbeilage der Schwäb. Zeitung „600 Jahre Ulmer Münster 1377-1977", 15. VI. 1977 – Es währte lang, doch es gelang, ebd. – Das Ulmer Blatterhaus im Seelhaus im Gries. Ein Beitrag zur Geschichte des öffentlichen Gesundheitswesens in Ulm, in: UO 42/43 (1978), S. 266-371 – Maister Constantini Buch. Ein Entwurf des Ulmer Stadtarztes Heinrich Steinhöwel zu einem Arzneibuch. Eine Handschrift der Stadtbibliothek Ulm (Veröffentlichungen der Stadtbibliothek Ulm 10), Ulm 1989 – Vom mittelalterlichen Spital zum modernen Krankenhaus (Ulmer Stadtgeschichte, Heft 25, hg. von der Ulmer Volksbank), Ulm 1991

Sellmer, Wilhelm, * Ulm 17. Nov. 1847, † ebd. 11. April 1921; Buchdruckereibesitzer in Ulm, im Dez. 1882 erstmals in den Bürgerausschuss gewählt, gelang ihm stets die Wiederwahl, jedoch verfehlte er bei seinen ersten Versuchen 1891 und 1893 den Sprung in den Gemeinderat, in den er erst nach der Wahl im Dez. 1895 als Nationalliberaler einziehen konnte, Vorstand der Ulmer „Hundskomödie"

L   UBC 3, S. 490 – UBC 4, S. 162 (Bild)

Sellmer, Wilhelm, * Ulm 15. Juli 1877, † Stuttgart-Sonnenberg 13. Juni 1954, □ Ulm; 1895 bis 1901 Jurastudium in Tübingen (Mitglied der Burschenschaft Germania) Leipzig und Berlin. 1907 Marinekriegsgerichtsrat in Kiel, 1914 bis 1915 bei der Flotte, danach Hauptmann beim Heer, Regimentsadjutant und Batterieführer vor Verdun, ausgezeichnet mit dem EK I, 1921 Marineoberkriegsgerichtsrat, 1923 bis 1934 in dieser Eigenschaft beim Flottenstab, 1934 Reichsgerichtsrat, 1934 bis 1944 Präsident des Wehrmachtdienststrafhofs, 1944 unter Verleihung des Rangs eines Admirals in den Ruhestand versetzt

L   PHILIPP, Germania, S. 112, Nr. 1565

Sengel, Max, * Heilbronn 26. Feb. 1850, † 1923; Landgerichtsdirektor in Ulm

L   SCHMIDGALL, Burschenschafterlisten, S. 166, Nr. 261

Seuffer, Carl August, * Ulm 2. Okt. 1829, † ebd. 15. Okt. 1867; Schlossermeister in Ulm

L   UNGERICHT, S. 188

Seuffer, Gustav, * Neresheim 15. Feb. 1868; 1903 Oberpräzeptor in Mergentheim, ab 1912 zunächst als Oberpräzeptor, ab

1916 als Professor am Gymnasium Ulm, Mitglied des Vereins für Kunst und Altertum in Ulm und Oberschwaben

L   CRAMER, Württembergs Lehranstalten ⁷1915, S. 74 – Magisterbuch 40 (1928), S. 123 – UBC 4, S. 285

Seuffer, Georg *Heinrich*, * Murrhardt 8. März 1773, † Ulm 27. Sept. 1846; Schlosser- und Schlosserzunftmeister in Ulm, ab 1823 Bürgerausschussmitglied, V. d. Wilhelm →*Seuffer

Q   StadtA Ulm, H Waibel: Raimund WAIBEL, Mitglieder in Gemeinderat und Bürgerausschuss 1800-1899, Typoskript, S. 26
L   UNGERICHT, S. 188

Seuffer, *Wilhelm* Johann Friedrich, * Ulm 9. Juni 1816, † ebd. 22. Nov. 1894, ev.; Studium der Theologie in Tübingen, nach 13jährigem unständigem Pfarrerdienst 1852 Pfarrer in Waldthann/OA Crailsheim, 1862 dsgl. in Zainingen/OA Urach und 1876 dsgl. in Ersingen, lebte seit 1890 in Ulm, 1871 korrespondierendes Mitglied des Vereins für Kunst und Altertum in Ulm und Oberschwaben, Verfasser wissenschaftlicher Veröffentlichungen, S. d. Georg *Heinrich* →*Seuffer

Q   StadtA Ulm, G 2 – ebd., Bestand H, schriftlicher Nachlass
L   Magisterbuch 25 (1884), S. 75 – UBC 3, S. 82 (Bild)

Seuffert, Jakob, * 20. Juli 1871, † Ulm 5. Juni 1934; Gastwirt „Zum Alten Hasen" in Ulm, langjähriger Vorstand des Ulmer Wirtsvereins

L   UBC 4, S. 423, 425 (Bild)

Seutter von Lötzen, Freiherr Albrecht Ludwig, * Altheim/OA Ulm 10. Nov. 1773, † Ansbach 1850, ev.; 1803 Kurpfalzbayerischer Landesdirektionsrat in Ulm, 1808 Kreisfinanzdirektor in Augsburg, 1817 Direktor des Obersten Rechnungshofes, 1820 Vizepräsident der Regierung des Rheinkreises, zugleich Direktor der Finanzkammer ebd., S. d. Ulmischen Oberforstmeisters Johann Georg Freiherr →*Seutter von Lötzen

L   WEYERMANN II, S. 535 – Viktor CARL, Lexikon Pfälzer Persönlichkeiten, 2. überarbeitete und erweiterte Auflage, Edenkoben 1998, S. 719

Seutter von Lötzen, Freiherr Georg, * Ulm 10. Okt. 1877, ev.; Polizeioberstleutnant, Kommandeur der Schutzpolizeibereitschaft Stuttgart

L   GGT (Freiherrl. Häuser) 36 (1886), S. 884 ff. – WILHELM, Die württ. Polizei, S. 295

Seutter von Lötzen, Johann Georg Freiherr, * Altheim/OA Ulm 13. Juni 1769, † Ludwigsburg 24. Dez. 1833, ev.; 1791 bis 1794 Student der Forstwissenschaft an der Hohen Carlsschule in Stuttgart, Ulmischer Oberforstmeister in Altheim, Direktor des Forstrates, zuletzt Direktor der Finanzkammer des Neckarkreises in Ludwigsburg, V. d. Albrecht Ludwig Freiherr→*Seutter von Lötzen

W   Entwurf der Grundsätze, nach welchen der Bestand sämtlicher Waldungen der Reichs-Stadt Ulmischen Herrschaft aufgenommen und ihre jährliche Benutzung reguliert werden kann, aufgesetzt durch Reichs-Stadt Ulmischen Oberforstmeister J. G. von Seutter
L   Ih 2, S. 826 – WEYERMANN I, S. 481 – WEYERMANN II, S. 534 – ADB 34

Seybold, Johann Jacob, Mag., * Ulm 19. Sept. 1787, ev.; von seinem Vater, einem Bauern in Bissingen/OA Ulm, zur schulischen Bildung nach Niederstotzingen und Ulm geschickt, Theologiestudium in Tübingen, 1814 Diakon und Präzeptor in Langenburg/OA Gerabronn, 1816 Pfarrer in Bürg, 1820 Diakon in Wildbad, Verfasser schulpädagogischer Schriften

L   WEYERMANN II, S. 535

Seybothen, Max von, * Ulm 13. Aug. 1803, † Untertürkheim/OA Cannstatt 24. Sept. 1879, ev.; S. d. Obersten Karl von Seybothen in Ulm, Justizbeamter, zuletzt Oberjustizrat beim Kgl. Gerichtshof in Esslingen/Neckar

L   PHILIPP, Germania, S. 38, Nr. 483 – HUBER, Haßler, S. 156

Seydlitz, Alfred, * Berlin-Schöneberg 28. Okt. 1897, † Oberhöchstädt im Taunus 24. Jan. 1971; wirkte nach 1945 maßgeblich am Wiederaufbau des Ulmer Schulwesens mit, 1. Juli 1947 Schulrat, bis 1962 Leiter des Bezirksschulamts in Ulm, 1958 Oberschulrat, Vorsitzender der Ulmer Freimaurerloge „Carl zu den drei Ulmen"

Q   StadtA Ulm, G 2

Sick, Johann Friedrich, Dr. med., * Marbach/Neckar 16. Okt. 1774, † Ulm 27. Okt. 1848; Arzt in Ulm

L   UNGERICHT, S. 134

Sick, *Karl* Georg Ferdinand, * Ulm 4. Mai 1893, † 15. Nov. 1966, ev.; seit 1919 bei der Geschäftstelle Söflingen, Stadtoberamtmann, 1939 bis 1945 und 1951 bis 1958 Leiter des Standesamts der Stadt Ulm, in den Jahren dazwischen wegen NSDAP-Mitgliedschaft vom Amt suspendiert
L StadtA Ulm, G 2

Siegeneger, Karl *Hermann*, * Urach 22. Dez. 1858, † Ulm 27. Nov. 1932, ev.; Kollegialhilfsarbeiter und Regierungsassessor bei der Regierung des Donaukreises in Ulm, 1897 Oberamtmann von Geislingen/Steige, Sept. 1902 Regierungsrat bei der Regierung des Donaukreises in Ulm, 1910 als Oberregierungsrat a. D., 1906 Ritterkreuz I. Kl. des Friedrichsordens
L Ih 2, S. 227, 362, 559 (Bild), 560 – Amtsvorsteher, S. 532 (Rolf JENTE/ Walter ZIEGLER)

Sigel, Leonhard, * Holzschwang 4. Apr. 1920, † 21. Jan. 1986, ev.; beim Bayerischen Roten Kreuz, ab 1952 Gemeinderat in Holzschwang, 1972 bis 1977 als Nachfolger von Georg Wörz Bürgermeister ebd., nach der Eingemeindung nach Neu-Ulm ab 1977 Leiter der Außenstelle Holzschwang
Q StadtA Neu-Ulm, A 4,
L GEIGER, Holzschwang, S. 84 ff., 92 (Bild), 157, 159, 166, 174

Sigel, Wilhelm Friedrich, * 15. April 1787; Revisor bei der Finanzkammer des Donaukreises in Ulm, 1834 Kameralverwalter in Langenau, 1839 nach dessen Aufhebung dsgl. in Wurmlingen, jedoch ohne die neue Stellung anzutreten, Revisor (tit. Kanzleirat) beim Steuerkollegium in Stuttgart, 1840 Kameralverwalter in Alpirsbach, 1843 dsgl. in Unterkochen/OA Aalen, 1853 suspendiert, 1854 als Expeditor a. D.
L WINTERHALDER, Ämter, S. 24, 150, 302, 344

Sigmundt, Adolf, * Ulm 26. Sept. 1845, † Stuttgart April 1918; Konzertsänger, Studium am Stuttgarter Polytechnikum, Stimmbildung in Stuttgart, Wien, Berlin, 1874 Professor am Genfer Konservatorium, 1879 Bühnenkarriere am Leipziger Opernhaus, Bremen, Würzburg, ab 1884 Hoftheater Coburg, ab 1892 Gesangspädagoge in Stuttgart, Tannhäuser, Lohengrin u. Lyonel in „Martha", S. d. Johann Conrad →*Sigmundt
L GBBE 3 (2005), S. 1841 f.

Sigmundt, Johann Conrad Sigmundt, * Stuttgart 20. Nov. 1811, † Ludwigsburg 12. Mai 1867; 1845/46 Kollegialsekretär beim OA Ulm, später Oberamtmann von Freudenstadt und Reutlingen, zuletzt seit 1860 Regierungsrat bei der Regierung des Neckarkreises in Ludwigsburg, V. d. Adolf →*Sigmundt
L Amtsvorsteher, S. 532 f. (Annette BIDLINGMAIER)

Sigwart, Georg, Dr. phil., * Kleinsüßen 13. Dez. 1881; Mitarbeiter am Thesaurus in München, 1917 Oberpräzeptor und nach 1920 Studienrat am Gymnasium Ulm, führender Politiker der Ulmer Württ. Bürgerpartei/DNVP
L CRAMER, Württembergs Lehranstalten ⁶1911, S. 122 – CRAMER, Württembergs Lehranstalten ⁷1925, S. 108 – Magisterbuch 41 (1932), S. 150

Sihler, Georg, * 1733, † 1804; Ballier und seit 1765 Brunnenmeister in Ulm, S. d. Leutnants bei der Ulmer Stadtgarnison Balthasar Sihler
L WEYERMANN II, S. 536 ff.

Sihler, Karl, * Ulm 16. Aug. 1912, ev.; Stadtpfarrer in Güglingen
L SCHMIDGALL, Burschenschafterlisten, S. 157, Nr. 983

Silberhorn, Matthias, * Ulm 1798, † ebd. 20. Okt. 1867, ev.; Silberschmied in Ulm
L Ih 2, S. 833

Silberhorn, Richard, * 22. Jan. 1857, † Ulm 9. Dez. 1932, ev.; Kaufmann in Ulm
L UBC 3, S. 241, 584 (Bild)

Sindlinger, Hermann, * Neu-Ulm 14. April 1875 (nicht 1873!), † Ulm 21. Dez. 1959; 1894 bis 1898 Jurastudium in Tübingen (Burschenschaft Germania), Berlin und Leipzig, Teilnehmer der Bismarck-Ehrung auf Gut Friedrichsruh, Rechtsanwalt in Ulm, später Amtsrichter, Landgerichtsrat und zuletzt Landgerichtsdirektor ebd., im Ersten Weltkrieg Hauptmann und Batteriechef beim Fußartillerie-Rgt. 13, am 31. Dez. 1938 auf eigenes Ansuchen aus gesundheitlichen Gründen vorzeitig aus dem Amt geschieden, *Br* d. Ernst →Sindlinger
L UBC 5a, S. 305 – PHILIPP, Germania, S. 111, Nr. 1553

Sixt, Gustav, Dr. phil., * Schwäbisch Hall 16. Sept. 1856, † Freudenstadt 2. Aug. 1904, ev.; 1883 Professor am Kgl. Gymnasium Ulm, 1887 dsgl. am oberen Karlsgymnasium Stuttgart, Inspektor der Kgl. Münz- und Medaillensammlung sowie der Sammlung antiker Steindenkmale (Lapidarium), Mitglied der Kommission für Verwaltung der Kunst- und Altertumsdenkmale und der Württ. Kommission für Landesgeschichte, Numismatiker, Paläontologe und Archäologe
W Aus Württembergs Vor- und Frühzeit. Vorträge und Manuskripte, Stuttgart 1906
L Ih 2, S. 835 – Magisterbuch 28 (1892), S. 150 – Staatsanzeiger 1904, S. 1243 – SK 1904/Nr. 355 – Württ. Jahrbücher 1904, S. IV

Sonntag, Hans von, * Ulm 15. Nov. 1849, † Langenau/OA Ulm 29. Jan. 1917; 1889 bis 1894 Major und Bataillonskommandeur im Inf.-Rgt. Nr. 120, 1894 z. D. mit Charakter als Oberstleutnant, Mitglied des Vereins für Kunst und Altertum in Ulm und Oberschwaben, 1914 Bahnhofskommandant in Friedrichshafen, 1914/15 Kommandeur des Landsturminfanteriebataillons Calw
L WN 1917, S. [164]

Sonntag, Konradin von, * Ulm 15. Okt. 1859, † gef. bei Sommaise 8. Sept. 1914; Oberst, Kommandeur des Feldartillerie-Rgts. 65, Ehrenkreuz des Württ. Kronordens, S. d. Konradin von →Sonntag
L WN 1914, S. 267 f. (Karl von MUFF) – LINCK-PELARGUS, Pragfriedhof, S. 20

Sonntag, Paul von, * Ludwigsburg 19. Mai 1822, † Darmstadt 17. Juli 1916; 1842 bis 1845 als Leutnant im 3. Württ. Inf.-Rgt. zum Festungsbau in Ulm abkommandiert, später Oberst z. D., zuletzt Kommandeur des Landwehrbezirks Ludwigsburg
L Württ. Jahrbücher 1916, S. V – WN 1916, S. 192 f. (von MUFF)

Sontheimer, Ernst, * Gerabronn 30. Jan. 1868, † Ulm 13. April 1934, ev.; seit 1898 Lehrer und zuletzt Oberlehrer an der Mittelschule Ulm, 1933 a. D.
L Grundbuch der ev. Volksschule ⁵1933, S. 99 – UBC 4, S. 380

Sontheimer, Franz Xaver, * Oberstetten/OA Münsingen 15. Okt. 1883; Handelsschulrat und zuletzt Vorstand an der Handelsschule Ulm
L CRAMER, Württembergs Lehranstalten ⁷1925, S. 114 – DGB 110 (1940), S. 31

Sontheimer, Ludwig, Dr. phil., * Tübingen 14. Sept. 1884, † bei Bapaume 25. April 1916 (Unfall an der Front); nach Studium in Tübingen (Mitglied der Tübinger Königsgesellschaft Roigel), Oberpräzeptor am Kgl. Gymnasium Ulm, Vorsitzender der Ortsgruppe Ulm des Alldeutschen Verbandes, Archäologe, im Ersten Weltkrieg Freiwilliger, zuletzt Leutnant, *Br* d. Dr. Walther →*Sontheimer
L Ih 2, S. 838 – CRAMER, Württembergs Lehranstalten ⁶1911, S. 129 – Magisterbuch 37 (1914), S. 182 – UBC 4, S. 323 – SCHMIDGALL, Burschenschafterlisten, S. 148, Nr. 634

Sontheimer, Walther, Dr. phil., * Tübingen 22. Aug. 1890, † Stuttgart 26. Sept. 1984, ev.; Studium der Philologie in Tübingen (Mitglied der Burschenschaft Roigel „Tübinger Königsgesellschaft"), 1919 Oberpräzeptor am Progymnasium und an der Realschule Biberach/Riß, 1923 Studienrat am Eberhard-Ludwigs-Gymnasium Stuttgart, März 1932 als Nachfolger des verstorbenen Emil →Schott Rektor des Ulmer Gymnasiums, Oberstudiendirektor, „Vereinsführer" des Vereins für Kunst und Altertum in Ulm und Oberschwaben, nach 1945 kommissarischer Leiter des Seminars für Studienreferendare in Stuttgart, *Br* d. Dr. Ludwig →*Sontheimer
L Ih 2, S. 838 – CRAMER, Württembergs Lehranstalten ⁷1925, S. 150 – UBC 3, S. 356, 359 (Bild) – SCHMIDGALL, Burschenschafterlisten, S. 151, Nr. 719 – UBC 5a, S. 19, 68, 185

Spann, Johannes, * 22. Juni 1780, † 1. April 1847, ev.; Handelsmann in Ulm
L UNGERICHT, S. 99

Speidel, Karl, * Ulm 20. Juni 1822, † Cannstatt 23. Juli 1897; Kanzleirat beim Landgericht Rottweil
L PHILIPP, Germania, S. 68, Nr. 968

Speidel, Wilhelm (von), * Ulm 9. April 1824, † Heilbronn/Neckar 25. Nov. 1893; Landgerichtspräsident in Heilbronn/Neckar, Präsident des Württ. Staatsgerichtshofs
L SK 1893, S. 2432 – Württ. Jahrbücher 1893, S. VIII – PHILIPP, Germania, S. 69, Nr. 1005

Speidel, Wilhelm, * Stuttgart 25. Mai 1855, † Ulm 14. Jan. 1930, ev.; Feuerwerker in Neu-Ulm, zuletzt Oberbauinspektor ebd.

L   UBC 2, S. 311 – TEUBER, Ortsfamilienbuch Neu-Ulm II, Nr. 4662

Sperber, Wilhelm, * Bopfingen, † Cannstatt Jan. 1882; 1865 bis 1867 Studium der Kameralwissenschaft in Tübingen (Mitglied des Corps Franconia), Proviantamtskontrolleur in Ulm

L   SCHNEIDER-HORN, Die Tübinger Franken, S. 201, Nr. 312

Spitz, Wilhelm, * 4. Jan. 1900, † 7. Okt. 1976; am 26. Juli 1945 von der US-amerikanischen Besatzungsmacht als kommissarischer Bürgermeister von Gerlenhofen eingesetzt, blieb S. nach der offiziellen Bestätigung 1946 bis Mitte 1957 im Amt

L   TREU, Gerlenhofen, S. 205

Spitzmüller, Helmuth, * Schramberg 2. April 1894, † verunglückt auf der Fahrt zur Front 9. Juni 1940; Realturnlehrer am Realgymnasium bzw. an der Oberrealschule in Ulm

L   ROTERMUND, Zwischen Selbstbehauptung, S. 82

Sprandel, Mathilde, * Ulm 11. Aug. 1813, † ebd. 28. Juni 1889; Kunstmalerin in Ulm und Neu-Ulm: *Manche ihrer Bildnisse wurzeln in der Art der Luise von Martens im herkömmlichen, sind vornehm und gepflegt, von feinem malerischem Können und großzügig gemalt. Ihre Farben sind schon die typischen der späten Zeit, gerne auf Braun und Dunkeltöne abgestimmt. Doch diese feinen Bilder sind in der Minderzahl neben recht schematisch und flüchtig gemalten* (FLEISCH-HAUER)

L   Werner FLEISCHHAUER, Das Bildnis in Württemberg 1760-1860. Geschichte, Künstler und Kultur, Stuttgart 1939, S. 236 – UNGERICHT, S. 189

Stadelmaier, Felix, * 1848, † Ulm 26. Feb. 1898, ev.; Ratsschreiber der Stadt Ulm

L   UBC 3, S. 171

Stängel, (von); Oberregierungsrat bei der Regierung des Donaukreises in Ulm, Nov. 1884 a. D.

L   UBC 2, S. 485

Stängle, Thomas, * Ulm 4. Feb. 1794, † ebd. 3. Dez. 1844; Bierbrauerzunftvorgesetzter „Zum alten Hasen" und 1828 Bürgerausschussmitglied in Ulm, einer der höchstbesteuerten Bürger

Q   StadtA Ulm, H Waibel: Raimund WAIBEL, Mitglieder in Gemeinderat und Bürgerausschuss 1800-1899, Typoskript, S. 30
L   UNGERICHT, S. 189

Staiger, Hans, Dr. med., * Eberhardzell/OA Biberach 15. Nov. 1901, † Neu-Ulm 26. Okt. 1988; praktischer Arzt in Ulm, zuletzt leitender Arzt am Krankenhaus Ulm-Söflingen

L   PHILIPP, Germania, S. 145, nr. 1888

Staiger, Immanuel, * 1855, † Ulm 29. Juni 1930; Oberkontrolleur, 1903 Steuerinspektor beim Kameralamt Ulm, zuletzt Kanzleirat ebd., 1908 Ritterkreuz II. Kl. des Friedrichsordens

L   UBC 2, S. 432 (Bild) – UBC 3, S. 291, 411

Stanger, Johann Jakob, * 1843, † 1909; Rotgerbermeister, Inhaber der Lederwerke Ulm an der Unteren Bleiche; Erfinder des hydrotechnischen Rheumabades mit Baumrindenextrakten

Q   StadtA Ulm, G 2

Stark, Pius, * Waldsee 2. Okt. 1827, † Ulm 8. Juni 1865, kath.; 9. Aug. 1851 Priesterweihe in Rottenburg/Neckar, 11. März 1859 Kaplan an St. Vincenz, ab 26. Sept. 1862 als Nachfolger von Ludwig Crato →Dirr Stadt- und Garnisonpfarrer in Ulm, Ritterkreuz des Ksl. Kgl. Franz-Joseph-Ordens

L   NEHER ⁴1909, S. 33 – UBC 2, S. 51 – SPECKER/TÜCHLE, S. 277

Stark, Robert, * 1853, † 25. April 1935; Kriegsgerichtsrat bei der 27. Inf.-Division in Ulm, Ritterkreuz I. Kl. des Friedrichsordens, Rang auf der VI. Stufe der Rangordnung

L   UBC 5a, S. 114

Steiger, Walther, * Ulm 6. Dez. 1881, † ebd. 7. Nov. 1943; stammte aus der Ulmer Textilfabrikantendynastie (Firma Steiger & Deschler GmbH, Ulm), gründete 1914 in Burgrieden bei Laupheim die Maschinenfabrik Walther Steiger & Co, von 1920 bis 1926 Herstellung der sogenannten „Steiger-Wagen", 1926 bis 1934 technischer Direktor der Automobilfabrik Martin in Saint-Blaise (Schweiz)

L   Michael SCHICK, Steiger - Die Geschichte einer schwäbischen Autofabrik in den 20er Jahren, Laupheim 1999 – Wikipedia

Steinbuch, Johann Georg, Dr. med., * 1770, † Herrenberg 1818, ev.; Arzt in Heidenheim, nach 1810 Physicats-Adjunkt beim OA Ulm, seit 1815 Oberamtsarzt in Herrenberg

L   Hof- und Staatshandbuch 1813, S. 489 – Geschichte der Familie Steinbuch (Typoskript, 1965), § 70

Steiner, Gabriel, Dr. med., * Ulm 26. Mai 1883, † Detroit (USA) 10. Aug. 1965, mos.; besuchte die Elementarschule in Ulm, zuletzt Professor für Psychiatrie und Neurologie an der Universität Heidelberg.

L   Ih 2, S. 855 – UBC 3, S. 126 (Bild).

Steiner, Viktor, * Laupheim 22. April 1835, † Stuttgart 7. Okt. 1874, mos.; 1860 bis 1872 Rechtsanwalt in Ulm, ab 1872 Kollegialassessor bei der Israelitischen Oberkirchenbehörde in Stuttgart

L   Joachim HAHN unter Mitarbeit von Richard KLOTZ und Hermann ZIEGLER, Pragfriedhof, Israelitischer Teil (Friedhöfe in Stuttgart, Band 3), Stuttgart 1992, S. 209

Steppacher, Walter, Dr. iur., * Ulm 21. Mai 1886, † München 25. Feb. 1962, mos.; 1913 bis 1934 am Landgericht München zugelassener Rechtsanwalt, mehrfach ausgezeichneter Frontkämpfer des Ersten Weltkriegs, 1936 nach Palästina emigriert, 1939 in die USA, 1938 als Deutscher ausgebürgert, 1958 wieder in München lebend und als Rechtsanwalt zugelassen

L   UBC 3, S. 318 – WEBER, Schicksal, S. 261 (Bild)

Stetten-Buchenbach, Freiherr *Ludwig* Gustav von, * 28. Feb. 1851, † Schloss Stetten/OA Künzelsau 4. Feb. 1930; im Ersten Weltkrieg Kommandeur des Gefangenenlagers in Ulm, 1918 Charakter als Kgl. Preuß. Generalmajor a. D.

Stetter, Carl Friedrich Wilhelm, * Stuttgart 17. Sept. 1808; Assessor bei der Regierung des Jagstkreises in Ellwangen/Jagst, 1845 Oberamtmann von Böblingen, 1849 dsgl. von Brackenheim, seit 1852 Regierungsrat bei der Regierung des Donaukreises in Ulm

L   Amtsvorsteher, S. 544

Stiefenhofer, Christian; Kaufmann in Ulm, 1877 bis 1879 Aufsichtsratsmitglied der Gewerbebank Ulm

L   RIEBER/JAKOB, Volksbank, S. 59

Stiefenhofer, Hugo, * Oberstadion/OA Ehingen 5. Nov. 1861; 1895 bis 1899 Kollegialhilfsarbeiter bei der Regierung des Donaukreises in Ulm, 1899 tit. Regierungsassessor, 1899 Oberamtmann von Horb, 1902 dsgl. von Biberach/Riß, 1907 tit. Regierungsrat, 1913 Oberamtmann bzw. seit 1928 Landrat von Ravensburg, 1929 a. D.

L   Amtsvorsteher, S. 545

Stierle, *Gustav* Reinhold, * Ebingen/OA Balingen 26. März 1888, † Künzelsau 29. Mai 1939; 1926 Amtmann beim OA Ulm, später Regierungsrat beim Landesgewerbeamt in Stuttgart, Dez. 1932 bis Mai 1933 Amtsverweser des Landrats von Ulm für den erkrankten Landrat Gustav →Mayer, 1933 Landrat von Kirchheim/Teck, 1936 dsgl. von Künzelsau

L   Amtsvorsteher, S. 545

Stierle, Matthäus, * Ulm 26. April 1840, † ebd. 30. Juni 1896; Badanstaltsbesitzer in Ulm

L   UNGERICHT, S. 190

Stockhaus, Wilhelm, * 30. Okt. 1868, † 19. Jan. 1923; Kgl. Württ. Oberstleutnant a. D., zuletzt Kommandeur der Ulmer Einwohnerwehr

L   UBC 4, S. 205, 207 (Bild)

Stockmayer, Karl Friedrich Eduard, * Ulm 30. Mai 1836, † 1905, ev.; 1865 Vesperprediger in Neuenstein, 1876 Pfarrer in Aichelberg, seit 1882 Rektor der Höheren Mädchenschule in Ludwigsburg

L   Magisterbuch 30 (1897), S. 91 – SCHMIDGALL, Burschenschafterlisten, S. 162, Nr. 140

Stöwer, Hans * 1875, † Ulm 8. Jan. 1928; Oberingenieur bei der Firma J. M. Voith in Heidenheim, zuletzt seit 1910 Leiter der Konstruktionsabteilung für Papiermaschinen. Ausschussmitglied der DDP Heidenheim

Stohrer, Karl von, * Stuttgart 31. Mai 1850, † ebd. 19, Dez. 1920, ev.; S. d. Vorstands des Bergrats Oberfinanzrat Carl (von) Stohrer, Generalleutnant, 1902 Kommandeur der 27. Division in Ulm, konnte das Kommando wegen schwerer

Krankheit nicht antreten, 1908 in den erblichen Adelsstand erhoben

L   Ih 2, S. 867 – WN 1920/21, S. 142-145 (Karl Friedrich von MUFF) – UBC 3, S. 265

Stokburger, Fritz; [1913] Aktuar bei der Stadtpflege in Ulm, Stadtpfleger in Ulm, 1936 a. D.

L   Staatshandbuch 1913, S. 417 – ebd. 1928 I, S. 369

Stoll, Ernst, Dr. phil., * Neckarhausen (Hohenzollern) 12. Aug. 1868, † 1914, ev.; 1899 Pfarrer in Jungingen

L   Magisterbuch 37 (1914), S. 142

Stoller, Fritz, † Ulm 21. Dez. 1938; Stadtbaumeister in Ulm, ab 1905 in Diensten der Stadt Ulm

L   UBC 5a, S. 305

Stopper, Andreas, * Laupheim 17. Mai 1864, kath.; 1892 Lehrer an der kath. Volksschule Ulm, 1913 Rektor der Büchsenstadelschule ebd., 1914 dsgl. an der Sedelhofschule, 1919 bis 1929 Gemeinderat als Vertreter der Zentrumspartei

Q   StadtA Ulm, B 005/3 Nr. 25
L   Real-Katalog der katholischen Volksschulstellen Württembergs, Horb/Neckar 1908, S. 549 – DANNENBERG, Selbstverwaltung, S. 113

Storz, Hermann, * Neuenbürg 6. Nov. 1870, ev.; 1899 bis 1902 als Nachfolger d. Maximilian →*Schippert ständiger Pfarrverweser (tit. Parochialvikar) in Söflingen, 1902 Pfarrer in Glatten, 1910 Stadtpfarrer in Herrenalb, 1921 Pfarrer in Oßweil, 1930 dsgl. in Pfäffingen

L   Magisterbuch 41 (1932), S. 118

Strassburger, Ferdinand, Dr., * Buchau 21. April 1884, † Ulm 18. Dez. 1927, mos.; seit 1915 als Nachfolger seines verstorbenen Bruders Jesaia →*Strassburger, von 1915 bis 1927 Rabbiner in Ulm, 1917 bis 1922 Lehrer für israelitische Religion an der Realschule Neu-Ulm

L   Gedenkschrift zur Erinnerung an die Brüder Jesaia Strassburger und Dr. Ferdinand Strassburger, Ulm 1928 – UBC 1, S. 328 (Bild) – HILB, Zeugnisse, S. 218 f.

Strassburger, Jesaia[s], * Buttenhausen/OA Münsingen 20. Jan. 1871, † Ulm 17. (nicht 12.!) Sept. 1915, ⯑ ebd., Hauptfriedhof (Israelitischer Teil), mos.; Rabbiner in Oberdorf/OA Neresheim und Göppingen, seit 1906 als Nachfolger des verstorbenen Salomon Fried Rabbiner in Ulm, *Br* d. Dr. Ferdinand →*Strassburger

L   UBC 4, S. 7 (Bild) – Gedenkschrift zur Erinnerung an die Brüder Jesaia Strassburger und Dr. Ferdinand Strassburger, Ulm 1928 – HILB, Zeugnisse, S. 218

Straub, Eduard, * Ulm 24. März 1847, ev.; Pfarrer in Birkenfeld, Baltmannsweiler, Brettach, zuletzt 1900 bis 1919 Erster Stadtpfarrer in Murrhardt, 1912 Verleihung des Ranges auf der VII. Stufe der Rangordnung

L   Magisterbuch 38 (1920), S. 83

Straub, *Johannes* Anton, Dr. phil., Dr. h.c., * Ulm 18. Okt. 1912, † Bonn 29. Jan. 1996; Altertumswissenschaftler, Studium u. a. in Tübingen und Berlin, 1938 Promotion in Berlin, 1942 Habilitation ebd., 1944 ao. Professor an der Universität Erlangen, 1948 o. Professor ebd., 1953 o. Professor und Leiter des Seminars für Alte Geschichte an der Friedrich-Wilhelms-Universität Bonn, 1982 emeritiert, 1971 bis 1982 Mitglied der Zentraldirektion des Deutschen Archäologischen Instituts in Berlin, zahlreiche Veröffentlichungen zur römischen Kaisergeschichte und Spätantike

L   Ih 3, S. 336 – Adolf LIPPOLD, Nikolaus HIMMELMANN, Rudolf SCHIEFFER u. a. (Hgg.), Bonner Festgabe Johannes Straub zum 65. Geburtstag (Beihefte der Bonner Jahrbücher 39), Bonn 1977– Wikipedia

Straus, Isac, * Ulm 12. Okt. 1847, † Cannstatt 9. Dez. 1898, mos.; Fabrikant in Cannstatt, Teilhaber der Firma Straus & Cie., Bettfedernfabriken Untertürkheim, ab 1888 Mitglied im Israelitischen Kirchenvorsteheramt Cannstatt, 1889-1890 Bürgerausschussmitglied in Cannstatt

L   Maria ZELZER, Weg und Schicksal der Stuttgarter Juden. Ein Gedenkbuch, Stuttgart 1964, S. 44, 55 – Jacob TOURY, Jüdische Textilunternehmer in Baden-Württemberg 1683-1938 (Schriftenreihe wissenschaftlicher Abhandlungen des Leo-Baeck-Instituts, Band 41), Tübingen 1984, S. 203 – Joachim HAHN, Steigfriedhof Bad Cannstatt, Israelitischer Teil (Friedhöfe in Stuttgart, Band 4), Stuttgart 1995, S. 199

Straus, Ludwig, * Ulm 6. März 1851, † Stuttgart 31. Dez. 1926, mos.; Kommerzienrat, Fabrikant in Stuttgart, Teilhaber der Firma Straus & Cie., Bettfedernfabriken Untertürkheim

L   Joachim HAHN unter Mitarbeit von Richard KLOTZ und Hermann ZIEGLER, Pragfriedhof, Israelitischer Teil (Friedhöfe in Stuttgart, Band 3), Stuttgart 1992, S. 208

Strauß, Eugen, Dr. iur., * Ulm 24. Juni 1879, † London 17. Okt. 1965, mos.; 1906 bis 1938 am Landgericht Augsburg zugelassener Rechtsanwalt, 1928 Justizrat, mehrfach ausgezeichneter und verwundeter Frontkämpfer des Ersten Weltkriegs, Kriegsgerichtsrat, 1921 bis 1939 Vorsitzender der Israelitischen Kultusgemeinde Augsburg, 1939 Emigration nach Großbritannien und als Deutscher ausgebürgert

L   WEBER, Schicksal, S. 262 (Bild)

Strauß, Georg Ludwig, * 24. Feb. 1740, † Ulm 8. Dez. 1820, ev.; Tuchhändler und Senator in Ulm, einer seit Jahrhunderten als Leinwandhändler in Ulm ansässigen Familie entstammend, die auch eine Reihe von Senatoren hervorgebracht hatte, S. d. Senators Georg Ludwig Strauß (1711-1789)

L   WEYERMANN II, S. 537

Strauß, Johann Georg von, * Ulm 29. Aug. 1781, † ebd. 15. Dez. 1861, ⯑ ebd. Alter Friedhof; Großhändler und Bierbrauereibesitzer in der Ulmer Hirschstraße, ab 1829 Hauptmann des bürgerlichen Schützenkorps, im Juli 1831 zum Bürgerausschussmitglied gewählt, misslang ihm im Jahr darauf der Einzug in den Gemeinderat, im Juni 1833 als Ersatzmann dann doch mit 209 Stimmen nachgewählt, konnte er 1835 das Mandat nicht verteidigen, S. d. Ludwig Albert von →*Strauß

L   CAST I, S. 482 f. – UBC 1, S. 498, 500 – UNGERICHT, S. 65 f. – WAIBEL, Gemeindewahlen, S. 323

Strauß, Ludwig Albert, * Ulm 13. Dez. 1757; Kaufmann in Ulm, Eherichter, Almosenpfleger und Hauptmann der bürgerlichen Artillerie ebd., 15. März 1795 von Kaiser Franz II. in den Adelsstand erhoben, V. d. Johann Georg von →*Strauß

L   CAST I, S. 482 f.

Strecktenfinger, Friedrich, * 22. Feb. 1807, † Ulm 30. Dez. 1879; Stadtmusiker a. D. in Ulm

L   UNGERICHT, S. 191

Strecktenfinger, Gustav, * Ulm 21. Mai 1838, † Konstanz 30. Aug. 1893, ev.; Famulus am Realgymnasium Ulm

L   UBC 3, S. 56 (Bild), 57

Strecktenfinger, Gustav, * Ulm 12. März 1867, ev.; Oberlehrer und zuletzt Rektor an der Volksschule Giengen/Brenz, 1933 a. D.

L   Grundbuch der ev. Volksschule 1914, S. 124

Streißle, Adolf, Dr. phil., * Öpfingen/OA Ehingen 15. Feb. 1883 † 21. März 1981; 1913 Oberreallehrer in Weil der Stadt, 1916 dsgl. am Realgymnasium bzw. an der Oberrealschule Ulm, zuletzt Studienrat für Neuphilologie ebd., 1945 kommissarischer Schulleiter des Realgymnasiums Ulm

L   CRAMER, Württembergs Lehranstalten ⁷1925, S. 123 – ROTERMUND, Zwischen Selbstbehauptung, S. 82

Stremel, Max Artur, * Ulm 7. 1858, † Ulm 27. Juni 1928; Professor, einer der führenden Künstler des deutschen Impressionismus, kam nach 1918 nach Ulm, wo er sich an der Gründung der „Ulmer Künstlergilde" führend beteiligte

Q   StadtA Ulm, G 2

Streng, Hermann, * Weikersheim 10. Okt. 1852, † Ulm 3. März 1931, ⯑ ebd., Hauptfriedhof, ev.; Amtsverweser am Lyzeum Schwäbisch Hall, 1875 Oberpräzeptor (tit. Professor) am neu gegründeten Realgymnasium und an der Realschule Ulm, Hauptlehrer der 1. Klasse, 1906 Verleihung des Ranges auf der VIII. Stufe der Rangordnung, 1916 wirklicher Professor am Realgymnasium Ulm

L   CRAMER, Württembergs Lehrstellen ⁶1911, 32 – UBC 2, S. 347 – UBC 3, S. 65 (Bild), 458

Stribel, Erich, * Ulm 17. Juni 1930, † Stuttgart 24. Dez. 1997, ev.; Geistlicher, Pfarrer und Studienrat, 1971 Schuldekan für Tuttlingen und Balingen, zuletzt Oberstudiendirektor beim Oberkirchenrat in Stuttgart

L   EHMER/KAMMERER, S. 354 (Bild)

Strobel, Leonhard, * 1894, † 1988; Tapeziermeister und Polsterer in Neu-Ulm mit Werkstatt in der Heinrichsgasse 5

L   WEIMAR, Rundgang, S. 62

Strobl, Josef, * München 30. Jan. 1887, † Kelheim 27. Juni 1965, kath.; 1902 bis 1919 Berufssoldat, 1902–1905 bayerische Unteroffiziersschule in Fürstenfeldbruck, 1905 bis 1909 Unteroffizier beim Bayerischen 8. Inf.-Rgt. in Metz und beim 1. Fuß-Artillerie-Rgt. in Neu-Ulm, 1909 bis 1910 Oberfeuerwerkerschule in München, 1910 bis 1916 Feuerwerker bzw. Oberfeuerwerker in Germersheim und Ulm, 1916 bis 1918 Kriegsteilnehmer als Feuerwerks-Leutnant, 1917 bei Verdun schwer verwundet (Halsdurchschuss), bis Dez. 1919 im Militärdienst, 1920 bis 1950 Finanzbeamter im gehobenen mittleren Dienst der Reichsfinanzverwaltung, 1921 Obersekretärsprüfung, dann Obersteuersekretär in Ingolstadt, 1924 bis 1933 und ab 1946 Stadtrat in Ingolstadt, April bis 23. Juni 1933 MdL Bayern (SPD), 1933 und 1944 im KZ Dachau, beim Bombenangriff auf Ingolstadt im April 1945 schwer verletzt, Mai 1945 bis Dez. 1946 Landrat des Landkreises Ingolstadt, 1946 bis 1949 Steueramtmann, 1948 bis 1952 Zweiter Bürgermeister in Ingolstadt, 1952 bis 1956 Oberbürgermeister von Ingolstadt, 1950 bis 30. Mai 1957 MdL Bayern (SPD)
L   Amtliches Handbuch des Bayerischen Landtags, VI. Wahlperiode, 1933, München o. J. [1933], S. 70 (Bild S. 143) – SCHUMACHER, M.d.L., S. 160, Nr. 1285 – SCHRÖDER, SPD-Parlamentarier, S. 762, Nr. 210560

Stroheker (sen.), Karl, * Sindelfingen/OA Böblingen 22. März 1879; 1903 Reallehrer an der höheren Mädchenschule Reutlingen, 1909 Hauptlehrer an der Handelsschule Ulm, 1921 Studienrat an der Realschule Göppingen, V. d. Karl →*Stroheker (jun.)
L   CRAMER, Württembergs Lehranstalten 6 1911, S. 111

Stroheker (jun.), Karl Friedrich, Dr. phil., * Ulm 23. Aug. 1914, † Tübingen 12. Dez. 1988; Professor, Althistoriker, Spezialist für die Geschichte der Spätantike, S. d. Karl →*Stroheker (sen.).
L   Ih 3, S. 338

Stuckrad, Fr. Karl, * 1808, † Ulm 1894, ▯ ebd., Alter Friedhof; Buchbindermeister in Ulm, gründete 1833 das Buchbindergeschäft in der Herrenkellergasse, S. d. Pfarrers Stuckrad in Luizhausen
L   UBC 3, S. 77 – UNGERICHT, S. 191

Stütz, A., * 27. März 1843, † Ulm 2. Okt. 1893, ▯ ebd., Alter Friedhof, 5. Okt. 1893; Musikdirektor beim 6. Inf.-Rgt.
L   UBC 3, S. 55 (Bild), 57

Stüwen, Johann Friedrich, * 1. Dez 1746, † Ulm 25. Jan. 1833, ev.; Handelsmann in Ulm, Schwiegervater des Handelsmannes Johannes →*Spann
L   UNGERICHT, S. 99

Sturm, Paul, * Jagstheim 18. Nov. 1865; 1891 Turnlehrer in Ulm, ab 1895 Univ.-Turnlehrer in Tübingen
L   CRAMER, Württembergs Lehranstalten 6 1911, S. 155

Sturtz, Albert, * Ulm 31. Okt. 1821, † 1897 Zweibrücken (Pfalz), ev.; 1857 Gymnasialprofessor in Speyer, 1862 Pfarrer und Distriktschulinspektor in Winnweiler (Pfalz), ab 1864 zugleich Mitglied der theologischen Prüfungskommission und ab 1865 Mitglied der Kommission zur Abfassung einer biblischen Geschichte und eines Katechismus, 1865 Pfarrer und Dekanatsverwalter in Zweibrücken (Pfalz), 1877 Dekan ebd.
L   Magisterbuch 30 (1897), S. 60

Süßkind-Schwendi, Rudolf Albert Carl Stephan Freiherr von, * Schwendi/OA Laupheim 21. Nov. 1862, † Ulm 21. Feb. 1919; Oberförster in Dornstetten, Forstmeister und Kgl. Württ. Kammerherr

Susset, Karl Oswald, * Wimmental/OA Weinsberg 4. Aug. 1860; 1891 Probereferendar bei der Regierung des Donaukreises in Ulm, nach 1901 Kollegialhilfsarbeiter ebd., 1904 tit. und Rang, Regierungsassessor, 1905 etatmäßiger Regierungsassessor ebd., 1907 Oberamtmann von Herrenberg, 1915 dsgl. von Backnang, 1916 tit. Regierungsrat, 1919 dsgl. bei der Regierung des Donaukreises in Ulm, 1924 im zeitlichen Ruhestand, 1927 a. D.
L   Amtsvorsteher, S. 555

Tafel, Carl Gottfried Christian (von) * Wüstenrot/OA Weinsberg 2. Jan. 1785, † Wildbad/OA Neuenbürg 3. Mai 1854, ev.; 1811 Landvogtei-Steuerrat bei der Landvogtei an der Donau mit Sitz in Ulm, 1817 bis 1847 Hofdomänenrat in Stuttgart, zeitweise auch Oberhofkassier und Beisitzer des Oberhofrats in Stuttgart, Schwiegersohn des Prälaten Johann Christoph (von) →Schmid
Q   Archiv der Familie Tafel, Stuttgart

Taube, Freiherr Hermann Oscar von, * München 7. Feb. 1814, † Ulm 25. Sept. 1873, ev.; Kgl. Württ. Unterleutnant, zuletzt Rittmeister beim 3. Reiter-Rgt. in Ulm

Taute, Max Reinhold, Dr. med., * Ulm 22. Okt. 1879, † 9. Nov. 1934; S. d. Zahlmeisters Taute in Ulm, württ. Heeresdienst, 1903 bis 1906 zum Reichsgesundheitsdienst in Berlin abkommandiert, seit 1907 bei der Schutztruppe für Deutsch-Ostafrika, nach 1919 im Reichsministerium des Innern, 1922 Oberregierungsrat ebd., 1924 Ministerialrat ebd., Generalreferent für ärztliche Angelegenheiten, erforschte Tuberkulose und Tropenkrankheiten
L   UBC4, S. 546, 574 (Bild)

Teike, Karl (Carl) Albert Hermann, * 1864, † 1922; Hoboist, später Unteroffizier, 1883 bis 1895 in Ulm, Komponist u. a. der Märsche „Alte Kameraden" und „Am Donaustrand"
L   SPECKER, Ulm im 19. Jahrhundert, S. 613, 624 f.

Theiss, Konrad, Dr., * Döbern (Niederlausitz) 19. Dez. 1905, † Ulm 21. Nov. 1983; Verleger (Besitzer des nach ihm benannten Verlages) in Aalen, CDU-Politiker, 1946 bis 1950 MdL Württemberg-Baden
L   Ih 3, S. 342 – WEIK 7 2003, S. 148

Thierer, Theodor, * 30. Jan. 1847, † Ulm 17. März 1925; Bäckerobermeister in Ulm
L   UBC 4, S. 254, 268 (Bild)

Thommel, August, Kaufmann in Ulm, 1909 bis 1942 Mitglied des Aufsichtsrats der Gewerbebank Ulm
L   RIEBER/JAKOB, Volksbank, S. 60

Thost, Gerhard, Dr. phil., * 1924, † Sept. 2009; Oberstudienrat am Lessing-Gymnasium Neu-Ulm, zuletzt Konrektor ebd., 1986 a. D., ab 1967 als Nachfolger von Ulrich →Mutzel Erster Vorsitzender des Historischen Vereins Neu-Ulm, betreute die Geologischen Sammlungen im Rathaus Neu-Ulm, erwarb sich große Verdienste mit dem ab 1995 regelmäßig erscheinenden Publikationsorgan des Vereins „Geschichte im Landkreis Neu-Ulm"
L   Anton AUBELE, 90 Jahre Historischer Verein Neu-Ulm 1907-1997, in: Geschichte im Landkreis Neu-Ulm 3 /(1997), S. 69-87, hier S. 86 f. (Bild)

Thümling, Adolf, Dr. med., * 25. Jan. 1853, † Ulm 22. Sept. 1915; praktischer Arzt in Ulm
L   UBC 4, S. 7 (Bild), 14

Thumb, Freiherr Alfred von, * 11. Nov. 1812, ev.; Leutnant beim Kgl. Württ. Reiter-Rgt. Nr. 1., später Rittmeister beim Reiter-Rgt. Nr. 3 in Ulm
L   CAST I, S. 354

Traub, Martin, * Dettingen/OA Ehingen 21. März 1914, kath.; 9. Feb. 1938 Vikar an St. Georg in Ulm
L   Personalkatalog Rottenburg 1938, S. 262

Tröltsch, Walfried Daniel Freiherr von, * 26. Dez. 1783, † Ulm 21. März 1842, ev.; Kgl. Württ. Oberstleutnant a. D., Ritterkreuz des Württ. Militärverdienstordens und der Légion d'honneur, V. d. Friedrich Freiherr von →*Tröltsch u. d. Eugen Freiherr von →*Tröltsch
L   GGT (Freiherrl. Häuser) 36 (1886), S. 962 – UNGERICHT, S. 62

Tröltsch, Gustav Adolf Eugen Freiherr von, * Ulm 28. April 1828, † Stuttgart 29. Juni 1901, ev.; Kgl. Württ. Major, Ehrenvorstand des Württ. Anthropologischen Vereins, S. d. Walfried Daniel Freiherr von →*Tröltsch
L   Ih 3, S. 894 – GGT (Freiherrliche Häuser) 36 (1886), S. 962 Staatsanz. S. 1271 – SK Nr. 301 – Württ. Jahrbücher 1901, S. IV

Tröltsch, Carl Friedrich Daniel Freiherr von, * Ulm 15. Dez. 1820, † ebd 30. März 1877, ev.; Kgl. Württ. Leutnant, S. d. Daniel Freiherr von →*Tröltsch
L   GGT (Freiherrl. Häuser) 36 (1886), S. 962

Trucksäss, Ludwig; Unternehmer, 1936 Gründer und seitdem Inhaber der Ludwig Trucksäss GmbH & Co Bauunternehmung KG, übernahm bald Großprojekte, baute u. a. Heizkraftwerk in Dessau, Dynamit-Nobel-Werk in Kaufering, Junkers-Werke, 1941 ganze Firma dienstpflichtet zur Instandhaltung des Eisenbahnnetzes im Nordabschnitt von Russland, 1943 Angliederung eines holzverarbeitenden Betriebs in Neu-Ulm, Produktion nach Babenhausen ausgegliedert, 1948 Wiederaufbau, bedeutender Anteil an Straßenarbeiten, 1975 Rückzug aus dem Geschäftsleben
Q   StadtA Neu-Ulm, D 12, IX.3.2.
L   Die Bauunternehmung Trucksäss feiert ihr 50jähriges Bestehen, in: Schwäb. Zeitung (Ulm), 27. I. 1986 – TREU, Neu-Ulm, S. 621

Trunk, Josef, Dr. phil., * Wiblingen oder Friedrichshafen 26. Nov. 1866, kath.; 1889 Priesterweihe in Rottenburg/Neckar, 1894 Präzeptoratskaplan in Horb/Neckar, 1899 Professor am Kgl. Gymnasium Ehingen/Donau, 1917 a. D., verlebte seinen Ruhestand in München
L   CRAMER, Württembergs Lehranstalten [7]1925, S. 79 – Personalkatalog Rottenburg 1938, S. 180

Uhl, Johann Jakob, * 2. Dez. 1802, † Ulm 24. Mai 1892; Metzgermeister in Ulm
L   UNGERICHT, S. 192

Ulshöfer, Albert, * Edelfingen/OA Mergentheim 4. März 1874; 1908 Hauptlehrer an der Elementarschule Stuttgart, 1913 Reallehrer in Balingen, seit 1919 Oberreallehrer am Gymnasium Ulm
L   CRAMER, Württembergs Lehranstalten [6]1911, S. 125

Unger, Karl, * Ulm 4. Sept. 1874; 1901 Gewerbelehrer für Zeichnen in Schwenningen/Neckar, 1905 als Nachfolger des verstorbenen Karl Georg →*Heyberger Gewerbelehrer für Zeichnen an der gewerblichen Fortbildungsschule Ulm, zugleich an der höheren Mädchenschule ebd., 1911 tit. Oberreallehrer
W   Der Ulmer Soldatenstorch, in: UBC 4, S. 345
L   CRAMER, Württembergs Lehranstalten [6]1911, S. 155 – CRAMER, Württembergs Lehranstalten [7]1925, S. 177 – UBC 3, S. 345

Unseld, Bernhard, * 1842, † Ulm 13. Nov. 1900; Rotgerbermeister in Ulm, zuletzt Privatier ebd.
L   UBC 3, S. 229

Unseld, Erich Otto, Dr. med., * Ulm 12. März 1907; Assistenzarzt am Bezirkskrankenhaus Göppingen
L   SCHMIDGALL, Burschenschafterlisten, S. 156, Nr. 919

Unterrichter, seit 1839 **Freiherr von Rechtenthal**, Franz von, * Kaltern (Tirol) 19. Dez. 1775, † Graz (Steiermark) 30. Dez. 1867; 1806 bis 1808 Kgl. Bayer. Justizrat bei der obersten Justizstelle in Ulm, später u. a. Appellationsgerichtsrat in Innsbruck, Appellationsgerichtspräsident in Venedig, Mailand und Klagenfurt, 1842 bis 1849 Präsident des Appellations- und Kriminalobergerichts in Klagenfurt, 1848 bis 1849 Mitglied der Deutschen Nationalversammlung in der Frankfurter Paulskirche
L   BEST/WEEGE, S. 341

Urban, Max, * Pfuhl 31. Mai 1881, † ebd. 14. Mai 1962; Wagnermeister und 1941-1942 Bürgermeister in Pfuhl
L   TREU, Pfuhl, S. 230 (Bild), 231

Usenbenz, Johann Eberhard, * 1752, † 1825, ev.; Nachtwächter in Ulm, V. d. Johann Christian →*Usenbenz
L   HUBER, Haßler, S. 159, 173

Usenbenz, Johann Christian, * Ulm 28. Okt. 1797, † ebd. 1839, ev.; studierte ab 1816 Theologie in Tübingen, zuletzt Privatlehrer in Ulm, S. d. Nachtwächters Johann Eberhard →*Usenbenz in Ulm
L   HUBER, Haßler, S. 159

Valet, Gustav, * 1884 † Ulm 3. Aug. 1939; Bankdirektor in Ulm, ab 1911 Assistent für das Kreditwesen bei der Ulmer Gewerbebank, 1937 bis 1939 Vorstandsmitglied der Ulmer Volksbank, ab 1926 stv. Vorstand und 1936 bis 1939 Vorstand des Ulmer Vereins für klassische Kirchenmusik bzw. des

Oratorienchors, Mitglied des Schwäbischen und des Deutschen Sängerbundes
L   UBC 5b, S. 426 – RIEBER/JAKOB, Volksbank, S. 61

Veil, Jakob *Friedrich*, * Schorndorf 16. Juli 1849, † Fellbach/OA Cannstatt 28. Juni 1911, ev.; Mechaniker, seit 1868 Missionar bei der Basler Mission, Missionsprediger in Ostindien (Anandapur, Merkara), 1888 in Zofingen (Schweiz), seit 1892 in Ulm, V. d. Hauptlehrerin Helene →*Veil
L   Julius ROSER, Geschichte der drei verwandten Familien Roser/Veil/Ploucquet, ergänzt auf den neuesten Stand, Stuttgart 1926, S. 85 – UBC 3, S. 489, 491 (Bild)

Veil, *Helene* Dorothee, * Merkara (Ostindien) 10. Aug. 1882; Hauptlehrerin in Ulm, T. d. Missionspredigers Friedrich →*Veil
L   Julius ROSER, Geschichte der drei verwandten Familien Roser/Veil/Ploucquet, ergänzt auf den neuesten Stand, Stuttgart 1926, S. 86

Vetter, Johann Matthäus, * Ulm 26. Feb. 1764; 1790 Stadtphysicus in Ulm, 1793 Physicus in der unteren Herrschaft Geislingen/Steige, nach 1810 Oberamtsarzt ebd., S. d. Ulmer Rechnungsregistrators Vetter
L   WEYERMANN I, S. 524

Vetter, Johannes, * Ulm 24. Okt. 1807, † ebd. 14. Mai 1877; Marktmeister in Ulm
L   UNGERICHT, S. 192

Vetter, Karl Friedrich, Mag., * Geislingen/Steige; seit 1797 Präzeptor der III. Klasse am Ulmer Gymnasium, S. d. Ulmer Münsterpredigers und Gymnasialprofessors Ludwig Albrecht →*Vetter
L   WEYERMANN I, S. 524

Vetter, Ludwig Albrecht, * Türkheim 12. Juli 1731, † Augsburg 17. Nov 1811; nach Theologiestudium in Jena 1762 Vikar in Albeck und Süßen, 1763 Pfarrer in Jungingen, 1764 Diakon in Geislingen/Steige, 1780 dsgl. an der Ulmer Dreifaltigkeitskirche, 1781 Münsterprediger und Professor am Ulmer Gymnasium sowie Bibliothekar, 1783 Eleemosinarius, 1793 bis 1797 Professor der katechetischen Theologie, 1794 Scholarch und Eherichter, 1789 Senior Monasterii, Bibliothekar und Professor der Theologie am Ulmer Gymnasium, 1809 a. D., V. d. Karl Friedrich →*Vetter u. d. Ludwig Friedrich →*Vetter
L   WEYERMANN I, S. 524 – NEBINGER, Die ev. Prälaten, S. 566, 570 – APPENZELLER, Münsterprediger, S. 401, Nr. 126

Vetter, Ludwig Friedrich Constantinus, * Ulm 5. Jan. 1789, † 1850, ev.; Rechtskonsulent in Esslingen/Neckar, S. d. Ulmer Münsterpredigers und Gymnasialprofessors Ludwig Albrecht →*Vetter
L   HUBER, Haßler, S. 159

Vetter, Markus *Ludwig*, Mag., * Ulm 23. Sept. 1802, † Waiblingen (nicht Ulm!) 16. Mai 1882, ev.; 1824 Vikar in Kuchen, 1825 Hofmeister in Avenches/Waadt (Schweiz), 1828 in Paris, 1830 Pfarrverweser in Degenfeld, 1831 Pfarrer in Cleversulzbach, 1834 dsgl. in Grimmelfingen, 1843 dsgl. in Nellingen/OA Ulm, 1878 a. D., S. d. Ulmer Oberamtsarztes Dr. Sebastian Ludwig Vetter, Schwiegersohn d. Oberamtsmannes Daniel von →Baldinger
W   Rede nach der Beerdigung des Hochwohlgebornen Herrn Daniel von Baldinger, gewesenen Ober-Amtmanns von Wiblingen, gehalten in der Gottesacker-Kapelle zu Wiblingen am 29. September 1834 von M. L. VETTER, Pfarrer zu Grimmelfingen
L   HUBER, Haßler, S. 159, 173

Vietzen, Hermann, † Neu-Ulm 1939; Gartenarchitekt, übernahm 1903 den landwirtschaftlichen Teil der Neubronner'schen Gärtnereien in Neu-Ulm, Mitglied des Gemeindekollegiums Neu-Ulm und des Kreistags von Schwaben und Neuburg, Erster Vorsitzender der DDP-Ortsgruppe Neu-Ulm, Vater des Ernst →Vietzen
L   Einwohner- und Geschäftshandbuch Ulm/Neu-Ulm 1921, Neunte Abteilung, S. 82 – Friedrich LANZENSTIEL (Hg.), Neu-Ulm. Das neue Gesicht, Neu-Ulm 1954, S.143

Villforth, Johann David, Lic. med., * Ulm 13. Juni 1743; Physicus am Ulmer Hospital, 1796 Senior Collegii Medici und Direktor der Sektionen ebd., nach 1810 Oberamtsphysicus ebd., Schwiegervater d. Andreas →Adam
L   WEYERMANN I, S. 524 ff. – Hof- und Staatshandbuch 1813, S. 489

Vischer, Eduard Friedrich; Kaufmann in Ulm, 1863 Gründungsmitglied der Gewerbebank Ulm, Mitglied der Kontrollkommission ebd.
L   RIEBER/JAKOB, Volksbank, S. 56, 58

Vischer, Karl (von), * Ulm 12. April 1840, † Stuttgart 23. Okt. 1913; 1880 Bezirkskommandeur in Horb, 1889 aus dem aktiven Dienst ausgeschieden, charakterisiert als Oberstleutnant
L   WN 1913, S. 177

Voche[t]zer, Aloys, * Merazhofen, Gde. Gebrazhofen/OA Leutkirch 14. Aug. 1819, † 19. Juni 1879, kath.; 4. Sept. 1845 Priesterweihe, 24. Nov. 1854 Zweiter Kaplan an der Stuttgarter Marienkirche, 20. Aug. 1861 Pfarrer in Söflingen, seit 24. April 1868 Kamerer für Ulm, von letzterem Amt im Dez. 1878 auf eigenes Ansuchen entbunden
L   NEHER, S. 295, 537 – NEHER ⁴1909, S. 7

Voelter, Helmut, * Ulm 16. Aug. 1898, † gefallen in Rumänien 1944, ☐ Ulm, Hauptfriedhof, ev.; Major, 1938 Kommandeur der Nachrichtenabteilung V in Ulm, Generalmajor, Generalstabschef der 6. deutschen Armee
L   UBC 5a, S. 293

Voelter, Wilhelm, * 1859, † 20. Feb. 1935; Staatsanwalt am Landgericht Ravensburg, dsgl. am Landgericht Stuttgart, zuletzt Oberstaatsanwalt in Ulm
L   UBC 5a, S. 103

Vogel, August Ludwig, * Ludwigsburg 30. Juni 1812; 1846 Revisor bzw. seit 1848 Kollegialhilfsarbeiter bei der Regierung des Donaukreises in Ulm, 1850 Oberamtmann von Riedlingen, 1853 dsgl. von Brackenheim, 1872 a. D., Ritterkreuz II. Kl. des Württ. Kronordens
L   Amtsvorsteher, S. 564

Vogel, Josef (von), * Binswangen/OA Riedlingen 27. Sept. (Nov.?) 1792; Referendär I. Kl. bei der Hof- und Domänenkammer Stuttgart, 1817 bis 1819 Verweser des Hofkameralamts Stuttgart, 1819 bis 1839 Hofkameralverwalter in Altshausen, 1839 bis 1854 Kameralamtsvorstand in Ulm, 1854 Oberzahlmeister (Finanzrat) bei der Staatshauptkasse in Stuttgart, erhielt zu seinem Abschied von allen Ortsvorstehern des Oberamtsbezirks Ulm einen silbernen Ehrenpokal überreicht, wirkte an der Oberamtsbeschreibung von Saulgau (1829) mit
Q   StAL, E 263 Bü 359, Personalakten
L   WINTERHALDER, Ämter, S. 298, 374, 397

Vogt, Ferdinand, * Dettenhausen 18. Nov. 1799, † Ulm 1878, ev.; Geistlicher, zuletzt Pfarrer in Ulm
L   PHILIPP, Germania, S. 20, Nr. 155

Vogt, Heinrich, * 6. Juni 1864; Wagnermeister in Ulm
L   UBC 4, S. 325

Vogt, Josef, * Ehingen/Donau 22. Nov. 1788, † Ulm 2. Sept. 1834; Stadtschultheiß in Ehingen, zuletzt Hauptzollverwalter in Ulm, MdL Württemberg
L   RABERG, Biogr. MdL-Handbuch, S. 955

Vogt, Julius, * Ulm 11. Feb. 1899, † Pfalzgrafenweiler (Kreis Freudenstadt) 30. April 1981, ev.; Pfarrer in Buttenhausen und Scharnhausen
L   EHMER/KAMMERER, S. 364

Vollmann, Otto, * Neu-Ulm 13. Juni 1849, † ebd. 28. Dez. 1910, kath.; S. d. Marcus →Vollmann, Gastwirt und 1888 bis 1890 und 1894 bis 1899 Magistratsrat in Neu-Ulm
L   BUCK, Chronik Neu- Ulm, S. 100 f. – TEUBER, Ortsfamilienbuch Neu-Ulm II, Nr. 5070

Waaser, Georg, * Ulm, † Schwäbisch Hall 17. Juni 1901; Rechtsanwalt in Schwäbisch Hall
L   SCHNEIDER-HORN, Die Tübinger Franken, S. 259, Nr. 388

Wachter, Johann, † Gerlenhofen 1964; 9. Juni 1944 bis 1945 als Nachfolger von Johann →*Ihle Bürgermeister von Steinheim, 1960 bis 1964 als Nachfolger von Matthäus →*Gerstlauer erneut Bürgermeister ebd.
L   TREU, Steinheim, S. 65

Wachter, Sebastian, * Urspring/OA Ulm 18. Juli 1846, † Ulm 1. Dez. 1890, ev.; Münsterbauwerkmeister in Ulm
L   UBC 2, S. 559 (Bild), 561 – UNGERICHT, S. 89 [dort das Geburtsdatum „28. Juli 1846"]

Wacker, Jakob Friedrich; Apotheker und 1836 sowie 1841 und 1845 Bürgerausschussmitglied in Ulm, 1847 Gemeinderat ebd., einer der höchstbesteuerten Bürger, V. d. Hofrats Dr. Karl →Wacker
Q   StadtA Ulm, H Waibel: Raimund WAIBEL, Mitglieder in Gemeinderat und Bürgerausschuss 1800-1899, Typoskript, S. 32

Wächter-Spittler, Karl Felix Freiherr von, * 1823, † Ulm 17. Dez. 1861; Regierungsrat bei der Regierung des Donaukreises in Ulm
L   SK Nr. 301, 19. XII. 1861, S 2847 und 2848 (Todesanz. der Familie)

Wagner, Alois, * Kleinkissendorf 4. Feb. 1864, † Neu-Ulm 29. März 1935, kath.; Bahnhofsportier und Stadtrat in Neu-Ulm, Mitglied des Städtischen Wohnungsamts und des Stadtjugendamts
L   Adreß- und Geschäfts-Handbuch Ulm/Neu-Ulm 1925, Zehnte Abteilung, S. 86, 88 – ebd. 1929, Elfte Abteilung, S. 89 – TEUBER, Ortsfamilienbuch Neu-Ulm II, Nr. 5154

Wagner (III.), Christian Ulrich, * Ulm 1757, † ebd. 1821, ev.; Buchdrucker und Verleger in Ulm, S. d. Christian Ulrich →Wagner II ("der Jüngere").
L   GEORGII-GEORGENAU, S. 1053 f. — Die Wagnersche Druckerei Ulm. Ihr typographisches und verlegerisches Schaffen. Aus Anlass ihrer Gründung vor 300 Jahren. Ausstellung der Stadtbibliothek Ulm 1978, Konstanz 1978, Stammtafel am Ende des Bandes

Wagner, Christian Ulrich, * Ulm 27. Sept. 1805, † Ulm 1890, ev.; 1838 Pfarrer in Altenmünster, 1850 in Neckargartach, 1878 a. D., danach im Ruhestand in Ulm lebend
L   Magisterbuch 25 (1884), S. 59

Wagner, Johann Daniel, * Ulm 19. Nov. 1754 (1764?), † ebd. 17. Jan. 1833, ev.; Buchdrucker und Verleger in Ulm, V. d. Christian Ulrich →Wagner II ("der Jüngere")
L   Ih 2, S. 924 – WEYERMANN II, S. 580 – Die Wagnersche Druckerei Ulm. Ihr typographisches und verlegerisches Schaffen. Aus Anlass ihrer Gründung vor 300 Jahren. Ausstellung der Stadtbibliothek Ulm 1978, Konstanz 1978, Stammtafel am Ende des Bandes

Wagner, Paul, * Forchtenberg 12. Juli 1877, ev.; Hauptlehrer am Realgymnasium Schwäbisch Gmünd, 1911 dsgl. am Realgymnasium und an der Oberrealschule Ulm, 1918 tit. Reallehrer, Lehrer an der Gewerbeschule Ulm
L   CRAMER, Württembergs Lehranstalten ⁷1925, S. 122 – Grundbuch der ev. Volksschule ⁵1933, S. 126

Waibel, Alois, * Albers, Gde. Wurzach/OA Waldsee 13. Juni 1858, kath.; Lehrer an der kath. Volksschule Ulm
L   Real-Katalog der katholischen Volksschulstellen Württembergs, Horb/Neckar 1908, S. 549

Waitzinger, Max, * Nersingen 16. Mai 1875, † Neu-Ulm 6. Juni 1933, kath.; ab 1900 städtischer Straßenwart in Neu-Ulm, zuletzt Oberstraßenmeister ebd., Kassier des Kath. Arbeitervereins Neu-Ulm, Mitglied der kath. Kirchenverwaltung
Q   StadtA Neu-Ulm, A 4, Nr. 301
L   Adreßbuch Ulm/Neu-Ulm 1912, Zehnte Abteilung, S. 72

Walcher, Friedrich; Uhrmacher in Ulm, 1863 Gründungsmitglied der Gewerbebank Ulm
L   RIEBER/JAKOB, Volksbank, S. 56

Wallersteiner, Hugo, Dr. med., * 4. Nov. 1881, † Ulm 3. Nov. 1930, ☐ ebd., Hauptfriedhof, Israelitischer Teil, mos.; 1900 Abitur am Kgl. Gymnasium Ulm, Facharzt in Ulm, Generaloberarzt d. R., langjähriger Vorstand des Ulmer Fußballvereins 1894
L   UBC 2, S. 550 – UBC 3, S. 225

Walsleben (nicht Waldsleben!), Freiherr Friedrich Ulrich Carl (Karl) Ludwig von, * 18. März 1811, † Ulm 23. Feb. 1869; Oberleutnant beim Kgl. Württ. 3. Reiter-Rgt. in Ulm, [1857] Rittmeister ebd., zuletzt Kgl. Württ. Kavallerie-Major in Ulm
L   CAST I, S. 493 – UNGERICHT, S. 194

Walter, Johann *Adam*, * 1806, † 1875; Buchhändler und Verleger (Wagner´sche Druckerei) in Ulm, Verleger des „Ulmer Landboten" und des „Intelligenzblattes", 1843 und 1861 Bürgerausschussmitglied, einer der höchstbesteuerten Bürger, Mitglied des Vereins für Kunst und Altertum in Ulm und Oberschwaben, Schwiegervater des Arnold Gustav →*Kuthe, V. d. Karl Dietrich →*Walter
Q   StadtA Ulm, G2 – ebd, H Waibel: Raimund WAIBEL, Mitglieder in Gemeinderat und Bürgerausschuss 1800-1899, Typoskript, S. 32

L   SIMON, Ulmer Presse, S. 75 f. – Die Wagnersche Druckerei Ulm. Ihr typographisches und verlegerisches Schaffen. Aus Anlass ihrer Gründung vor 300 Jahren. Ausstellung der Stadtbibliothek Ulm 1978, Konstanz 1978, Stammtafel am Ende des Bandes – SPECKER, Ulm im 19. Jahrhundert, S. 470 f.

Walter, Erich, * Ulm 18. Jan. 1911, † ebd. 9. Apr. 1973; Verwaltungsdirektor, 1956 bis 1972 Leiter des Amts für Öffentliche Ordnung Ulm, Vorsitzender des Ortsvereins Ulm des Deutschen Roten Kreuzes
Q   StadtA Ulm, G 2

Walter, Franz Anton (von), * Röhlingen/OA Ellwangen 1763, † 1841, kath.; Mitglied des Prämonstratenserordens, Abt von Obermarchtal, 1814 bis 1818 Pfarrer in Söflingen und Verweser des Dekanats Ulm
L   NEHER, S. 447 – SPECKER/TÜCHLE, S. 265, 306

Walter, Karl, * Hattenhofen/OA Göppingen 7. Feb. 1864; ab 1891 Volksschullehrer in Ulm, ab 1904 an der Höheren Mädchenschule, 1911 tit. Oberlehrer, 1931 a. D.
L   CRAMER, Württembergs Lehranstalten ⁶1911, S. 156 – Grundbuch der ev. Volksschule ⁵¹933, S. 95 – UBC 4, S. 331, 342 (Bild)

Walter, Karl Dietrich, * 1845, † 1880; Buchhändler und Verleger in Ulm, S. d. Johann Adam →*Walter
L   Die Wagnersche Druckerei Ulm. Ihr typographisches und verlegerisches Schaffen. Aus Anlass der Gründung vor 300 Jahren. Ausstellung der Stadtbibliothek Ulm 1978, Konstanz 1978, Stammtafel am Ende des Bandes

Walther, Christian *August* (von), * Aalen 21. Mai 1805, † Ravensburg 30. Juni 1885, ev.; Oberjustizrat am Gerichtshof des Donaukreises in Ulm, zuletzt Obertribunalrat, Vizedirektor in Ravensburg, 1877 a. D., kandidierte 1850 in Ulm für die II. Württ. Verfassungsberatende Landesversammlung, 1850 Abg. von Ulm in der III. Württ. Verfassungberatenden Landesversammlung, kandidierte 1851 im WK Ulm Stadt für den Württ. Landtag, Ritterkreuz I. Kl. des Württ. Kronordens, Kommenturkreuz II. Kl. des Friedrichsordens
L   Ih 2, S. 932 – UBC 2, S. 4, 5, 7 – RABERG, Biogr. Handbuch, S. 985 f.

Walz, Alfred, * Reutlingen 20. Apr. 1874, † Ulm 7. Dez. 1962, ev. Kaufmann, 1906 Gründer des Modehauses Walz (ursprünglich „Feine Herren- und Damenschneiderei") in Ulm
Q   StadtA Ulm, G 2

Walz, Georg, * 1889; Friseurmeister in Ulm, 1. Okt. 1931 Mitglied des NSDAP, stv. NSDAP-Ortsgruppenleiter, NS-Hago-Kreisamtsleiter, stv. Kreiswalter der DAF, Mitglied der NSKOV (Vorsitzender des Bezirksehrenhofs), übernahm im April 1933 als Nachfolger des in den Ruhestand verabschiedeten langjährigen Präsidenten Georg →*Maier das Amt des Präsidenten der Handwerkskammer Ulm, ab 1933 NS-Gemeinderat in Ulm
Q   StadtA Ulm, G 2.
L   UBC 4, S. 103 (Bild), 104 – UBC 5a, S. 112, 266 (Bild).

Wanner, Carl, * 26. April 1846, † Ulm 20. Sept. 1908; Seilermeister in Ulm, zuletzt Privatier ebd.
L   UBC 3, S. 418, 419 (Bild)

Wanner, Carl, * 18. Aug. 1853, † Ulm 9. März 1916; Kaufmann in Ulm
L   UBC 4, S. 29 (Bild), 45

Watzinger, Karl Otto, Dr. iur., * Gießen 17. Mai 1913, † 30. April 2006, ev.; Jurastudium in Tübingen und Berlin, vor 1939 bei der Wirtschaftsgruppe Chemische Industrie, 1939 bis 1941 Gefängnis wegen Hochverrats, 1941 bis 1944 KZ Dachau, Okt. 1944 Zwangsrekrutierung zur SS-Bewährungsdivision, Dez. 1944 bis Herbst 1945 sowjetrussische Kriegsgefangenschaft, 1949-1954 Leiter des Rechtsamtes der Stadt Ulm, 1954 bis 1961 Stadtsyndikus, 1962 bis 1981 Bürgermeister für allgemeine Verwaltung, Rechts- und Personalangelegenheiten, Mitgründer und Vorsitzender der Gesellschaft für christlich-jüdische Zusammenarbeit, zuletzt deren Ehrenvorsitzender
Q   StadtA Ulm, G 2

Weber, Emil, * 20. März 1857, † Ulm 9. Juni 1908, ev.; seit Juni 1882 städtischer Polizeikommissar in Ulm
L   UBC 3, S. 391, 413 (Bild), 415

Weber, Hilde, * Ulm 26. Okt. 1911; Studienrätin in Bad Cannstatt, 1953 GVP-Bundestagskandidatin
L   SCHUMACHER, M.d.B., S. 449

Weber, Paul, * Nürnberg 3. Mai 1901, † Ulm 5. Mai 2003; Oberbaurat, Baudirektor, 1936 bis 1966 Leiter des Hochbauamts der Stadt Ulm
Q   StadtA Ulm, G 2

Weber, Wilhelm, Dr. phil., * Stetten 20. oder 30. April 1863, † 1935; 1892 Zweiter Stadtpfarrer in Herrenberg, 1895 zugleich Bezirksschulinspektor ebd., 1905 als Nachfolger des verstorbenen Karl Albert →Wild Schulrat in Ulm, Bezirksschulinspektor des Bezirksschulamts Ulm I in Ulm, seit 1911/12 auch für Heidenheim/Brenz, 1920 a. D., verlebte seinen Ruhestand in Ulm, 1913 Ritterkreuz I. Kl. des Friedrichsordens
L   Grundbuch der ev. Volksschule 1914, S. 6 – Magisterbuch 41 (1932), S. 96 – SCHMIDGALL, Burschenschafterlisten, S. 171, Nr. 449

Wechßler, Wilhelm Eduard (Edward), * Ulm 27. April 1839, † Stuttgart 18. Nov. 1901, ev.; Kaufmann in Ulm, Besitzer der „Alten Bierhalle" ebd., im Dez. 1868 scheiterte W. bei seinem Versuch, ein Mandat im Bürgerausschuss zu erringen, machte sich auch als Dichter einen Namen
L   Ih 2, S. 938 – Stammbaum der Familie Wechssler in Erlangen und Ulm [Exemplar in der Württ. Landesbibliothek, Stuttgart] – KRAUß, Schwäb. Literaturgeschichte 2, S. 336– UBC 3, S. 251

Weh, Paul * Wehingen/OA Spaichingen 19. Dez. 1881, † Ravensburg 15. April 1973; 1909 bis 1919 Schriftleiter beim „Ulmer Volksboten" in Ulm, ab 1919 Schriftleiter beim „Oberschwäbischen Anzeiger" in Ravensburg, 1935 Verlagsdirektor, Vorsitzender des Verbandes Oberschwäbischer Zeitungsverleger (Verbo), Politiker der Zentrumspartei
L   Paul Weh †, in: Alamannenblätter N.F. 48/1973, S. 6 f. (Bild)

Weinmann. Thomas, * Kochertürn/OA Neckarsulm 6. März 1872, † Ulm 26. März 1932; 1906 Oberpräzeptor an der Lateinschule Oberndorf, 1909 dsgl. am Realgymnasium und an der Oberrealschule Heilbronn/Neckar, 1914 Professor am Gymnasium Rottweil, ab Juli 1917 dsgl. am Realgymnasium und an der Oberrealschule Ulm
Q   StadtA Ulm, G 2
L   CRAMER, Württembergs Lehranstalten ⁷1925, S.96 – UBC 3, S. 360 (Bild) – UBC 4, S. 61

Weiß, Ernst, * Heutingsheim/OA Ludwigsburg 7. Juni 1856, † 1. Feb. 1920; 1889 Hauptmann und Batteriechef im Feldart.-Rgt. Nr. 13, 1898 Platzmajor der Festung Ulm linken Ufers, 1899 char. Major, 1903 z. D., 1908 Vorstand des Artilleriedepots Ludwigsburg, 1910 char. Oberstleutnant, Ehrenritterkreuz des Württ. Kronordens
L   WN 1920/21, S. 256

Weiß, Gottlieb; Revisor beim Steuerkollegium in Stuttgart, 1903 Kameralverwalter in Wiblingen, 1909 nach der Auflösung des Kameralamts Wiblingen Kameralverwalter in Laupheim, 1913 Finanzrat, 1. April 1920 Regierungsrat und Finanzamtsvorsteher, 1924 a. D.
L   WINTERHALDER, Ämter, S. 150, 338

Weit, Richard; Kaufmann in Ulm, 1863 Gründungsmitglied der Gewerbebank Ulm
L   RIEBER/JAKOB, Volksbank, S. 56

Weitbrecht, *Richard* Philipp, Dr. phil., * Heumaden 20. Feb. 1851, † Heidelberg 31. Mai 1911, ev.; 1877 Pfarrer in Mähringen, seit 1889 Herausgeber der „Protestantischen Blätter" und des „Ev. Bundesblattes für Württemberg", 1893 Erster Pfarrer in Wimpfen, 1904 Ritterkreuz I. Kl. des Hessischen Verdienstordens Philipps des Großmütigen
L   Magisterbuch 34 (1907), S. 108 – Stammfolge Pfleiderer, S. 240

Weller, Julius, * Neubronn/OA Aalen 12. Nov. 1902; Rechtsanwalt in Ulm
L   SCHMIDGALL, Burschenschafterlisten, S. 155, Nr. 878

Weller, Robert, * Aichstrut/OA Welzheim 8. Sept. 1876, † Ulm 23. Feb. 1940, ev.; 1908 Professor an der höheren Mädchenschule Ulm, 1913 dsgl. an der Oberrealschule Cannstatt, 1923 dsgl. am Realgymnasium ebd., zuletzt Oberstudiendirektor und Vorstand der Kepler-Oberrealschule in Ulm, Vorsitzender des Vereins für Naturwissenschaft und Mathematik in Ulm, Pflegevater des Helmut Gräßle (1914-1983), der 1932 Abitur am Realgymnasium Ulm machte, zuletzt Ministerialrat in Stuttgart

L   CRAMER, Württembergs Lehranstalten ⁷1925, S. 110 – UBC 5a, S. 68 – UBC 5b, S. 408 – SPECKER, Ulm im Zweiten Weltkrieg, S. 85, 152

Welte, Benedikt, * Friesenhofen 6. Juni 1875, kath.; 2. Mai 1899 Priesterweihe in Rottenburg/Neckar, anschließend Vikar in Pfedelbach, 15. Mai 1901 dsgl. in Ulm, 5. Nov. 1901 als Nachfolger von Franz →Effinger Kaplaneiverweser an St. Vincenz ebd., 4. Juli 1905 Pfarrverweser in Oberessendorf, 1907 Kaplan in Ehingen/Donau, 1919 Pfarrer in Zwiefalten, 1925 Kamerer, 1932 Dekan

L   UBC 3, S. 321 – Personalkatalog Rottenburg 1938, S. 124

Welte, Fridolin Eugen, * Rötenbach 17. April 1878, kath.; Lehrer an der kath. Volksschule in Ulm

L   Real-Katalog der katholischen Volksschulstellen Württembergs, Horb/Neckar 1908, S. 550

Wencher, Adolf (von), * 25. Dez. 1853, † Ulm 16. Mai 1934, ev.; Generalleutnant a. D., über 30 Jahre lang bei den Ulmer Königsgrenadieren, 1907-1911 deren Regimentskommandeur, im Ersten Weltkrieg Kommandeur der stv. Inf.-Brigade und der Festungsbesatzung Ulm, S. d. Stadtschultheißen David →*Wencher, V. d. Konrad →*Wencher

Q   HStAS, Bestand M 430/2, Personalakten II, Nr. 2350
L   UBC 1, S. 608 (Bild) – UBC 4, S. 299, 403

Wencher, Lorenz Christian *David*, * Ulm 9. Jan. 1819, † Cannstatt 3. Jan. 1901, ev.; Sohn des Konrad Wencher, Gendarmerie-Leutnant in Gärtringen/OA Herrenberg, 1860 bis 1891 Stadtschultheiß in Giengen an der Brenz/OA Heidenheim, Ritterkreuz II. Kl. d. Friedrichsordens, V. d. Adolf →*Wencher

L   SK Nr. 5 (Mittagsblatt), 4. I. 1901, 7 (Todesanz.) und Nr. 6 (Abendblatt), 4. I. 1901, 5 – DGB 110 (1940), S. 343, 484

Wencher, Karl, * 1860, † 1936, ev.; Kgl. Württ. Artillerie-Oberst

Wencher, Konrad, * Ulm 2. Aug. 1890, † verunglückt bei Flugzeugabsturz bei St. Arnual/Saarbrücken 14. Dez. 1915, ⬚ Ulm, ev.; S. d. Adolf (von) →*Wencher, Kgl. Württ. Leutnant, Fliegeroffizier, am 18. Dez. 1915 posthum zum Oberleutnant befördert

Q   HStAS, Bestand M 660/249 (militärischer Nachlass) – ebd., Bestand M 430/2, Personalakten II, Nr. 2349

Wendelstein, Franz Sales, * Beuren/OA Riedlingen 8. Sept. 1861, † 1. Dez. 1905, kath.; 19. Juli 1887 Priesterweihe, Zweiter Vikar in Ulm, 1892/93 Kaplan in Schwäbisch Gmünd, 3. März 1900 dsgl. in Ulm, 17. Nov. 1904 Pfarrer in Attenweiler

L   NEHER ⁴1909, S. 178

Wendelstein, Hartmut, Dr. iur., * Ulm 18. Jan. 1916; Rechtsanwalt und Notar in Stuttgart, Präsidiumsmitglied der Rechtsanwaltskammer Stuttgart

L   ARNOLD, Stuttgardia II, S. 97 f.

Wenzelburger, Hans, * Uhingen (OA Ulm) 29. April 1883; Direktor bei der Pflugfabrik Gebr. Eberhardt in Ulm, vor 1933 Mitglied der DNVP, Mitglied der DAF, NSV und des NSBDT (Nationalsozialistischer Bund Deutscher Technik), ab 1935 „Ratsherr" in Ulm

L   UBC 5a, S. 112

Wern, Franz, * 1849, † Ulm 23. Nov. 1930; Maschinist in Ulm, seit 21. März 1879 in Diensten der Münsterbauhütte, Veteran des Münsterbaus, u. a. an der Vollendung des Turmbaus beteiligt

L   UBC 2, S. 71 (Bild), 552

Werner, Ernst, Dr. med., * Ulm 23. Juli 1874, ev.; Medizinalrat an der Heilanstalt Winnental/OA Waiblingen

L   SCHMIDGALL, Burschenschafterlisten, S. 175, Nr. 612

Werner, Otto, * Wittershausen/OA Sulz 14. März 1885; 1911 Oberreallehrer am Realgymnasium und an der Oberrealschule Ulm, 1915 Professor am Karlsgymnasium Stuttgart, im Ersten Weltkrieg Oberleutnant und Kompanieführer, Adjutant des Kriegsministers Otto von →Marchtaler

L   Magisterbuch 40 (1928), S. 177

Werner, Robert, * 16. März 1820, † Ulm 30. Dez. 1883, ⬚ ebd., Alter Friedhof, ev.; ev.-theol. Seminar Blaubeuren, 1855 nach I. Philologischer Prüfung Präzeptor am Kgl. Gymnasium Ulm, dort Klassenlehrer der II. Klasse der unteren Abt., zuletzt

Professor an der III. und seit 1880 dsgl. an der V. Klasse ebd., 1863 Gründungsmitglied der Gewerbebank Ulm, Mitglied des Vereins für Kunst und Altertum in Ulm und Oberschwaben

L   UBC 2, S. 174, 415, 481 – RIEBER/JAKOB, Volksbank, S. 57 – UNGERICHT, S. 195

Widmann, *Gustav* Adolf, * Untersielmingen 13. Nov. 1845, † Heilbronn/Neckar 1906; 1876 Professor am Kgl. Gymnasium Ulm, Okt. 1876 Professor an der Realanstalt ebd., 1881 Reallehrer mit Titel Professor am Eberhard-Ludwigs-Gymnasium Stuttgart, 1882 Rektor der Realanstalt Heilbronn/Neckar, Ritterkreuz I. Kl. des Friedrichsordens, Verleihung des Ranges auf der V. Rangstufe

L   CRAMER, Württembergs Lehranstalten ⁴1904, S. 27 – UBC 2, S. 350

Widmann, Johann Georg, * 28. Juli 1848, † Ulm 19. Mai 1894; Schuhmachermeister in Ulm

L   UNGERICHT, S. 196

Widmann, Heinrich *Otto* (von), * Ebingen/OA Balingen 7. Jan. 1853, † Trossingen/OA Tuttlingen 18. März 1944; 1896-1900 Regierungsrat bei der Regierung des Donaukreises in Ulm, 1916 bis 1920 Regierungsdirektor und 1920 bis 1924 Regierungspräsident des Neckarkreises in Ludwigsburg

L   Amtsvorsteher, S. 582 (Wolfram ANGERBAUER)

Wiedemann, Josef, * Buchloe 31. Mai 1899, † Planegg 20. Jan. 1925; ab 1915 bei der Stadt Neu-Ulm, zuletzt ab 1922 Stadtsekretär ebd.

Q   StadtA Neu-Ulm, A 4, Nr. 312

Wiedenmann, Johann, * Reutti 30. Mai 1918, † 13. Aug. 1990, ⬚ Holzschwang, Alter Friedhof, 17. Aug. 1990; Landwirt und 1. Juni 1948 bis 31. März 1976 als Nachfolger von Konrad Wiedenmann Bürgermeister von Hausen, blieb nach der Eingemeindung nach Neu-Ulm 1977 ehrenamtlicher Bürgermeister bzw. Leiter der Außenstelle Hausen

L   GEIGER, Holzschwang, S. 93 (Bild)

Wiedersatz, August; 1945 bis 1952 Bürgermeister in Reutti

L   GEIGER, Reutti, S. 88, 94-101, 109 (Bild)

Wiegandt, Ernst, * 27. März 1820, † Ulm 19. Feb. 1894, ev.; Münstermesner in Ulm, starb vier Tage nach Eintritt in den Ruhestand

L   UBC 3, S. 75 (Bild)

Wiegandt, Herbert, * Ulm 20. Feb. 1914, † Stuttgart 15. Nov. 2003; 1932 Abitur am Ulmer Gymnasium, Leiter der Volksbücherei Ulm 1949 bis 1965, Professor für Bibliothekswesen in Stuttgart, Mitglied des Vereins für Kunst und Altertum in Ulm und Oberschwaben, S. d. Karl →*Wiegandt, Rechtsanwalt in Ulm

Q   StadtA Ulm, G 2
W   (Auswahl) Ulm. Lebensgeschichte einer Stadt, Bonn 1969 – Konrad Dieterich Haßler, 1803-1873. Von der Politik zur Denkmalpflege, Ulm 1998 – Islam und Griechische Christen in den Reisebeschreibungen des Ulmer Dominikanermönchs Felix Fabri, in: UO 51 (2000), S. 9-18
L   UBC 3, S. 334

Wiegandt, Karl, † Ulm 2. oder 3. Mai 1937, ⬚ ebd. 5. Mai 1937; Jurastudium in Tübingen (Virtembergia), Amtsrichter in Ravensburg, Rechtsanwalt in Ulm, Okt. 1904 Justitiar und zuletzt bis 1926 Direktor bei der Firma Wieland in Ulm, danach wieder Rechtsanwalt ebd., 1912 bis 1921 Mitglied des Aufsichtsrats der Gewerbebank Ulm, Mitglied der Nationalliberalen Partei, Mitglied des Vereins für klassische Kirchenmusik, S. d. Robert →*Wiegandt, Kommerzienrat und Gemeinderat, V. d. Herbert →*Wiegandt

L   UBC 3, S. 321 – SM Nr. 103, 5. V. 1937, S. 4 (Todesanz.) – ebd. Nr. 105, 8. V. 1937, S. 10 – RIEBER/JAKOB, Volksbank, S. 60

Wiegandt, Ludwig, * 29. Jan. 1853, † Ulm 27. Dez. 1886; Kaufmann in Ulm

L   UNGERICHT, S. 196

Wiegandt, Otto, * Ulm 11. Nov. 1898, † Ulm-Söflingen 7. April 1990; Oberstudiendirektor in Ulm, Mitglied des Vereins für Kunst und Altertum in Ulm und Oberschwaben, von 1946 bis 1954 als dessen Vertreter Mitglied der Württ. Kommission für Landesgeschichte, 1954 bis 1976 o. Mitglied der Kommission für geschichtliche Landeskunde in Baden-Württemberg

W   Kleine Beiträge und Bilder aus dem alten Ulm, in: UO 39 (1970), S. 192-196
L   Ih 3, S. 371 – SCHAAB, Staatliche Förderung, S. 277

Wiegandt, Robert, * 20. Feb. 1831, † Ulm 8. Aug. 1892, □ ebd., Alter Friedhof, ev.; Fabrikant in Ulm, stand 33 Jahre lang in Diensten der Firma Wieland & Cie, Ulm, und war deren langjähriger Direktor, verheiratet mit der Tochter des Firmengründers, Philipp Jacob →Wieland, vom König von Württemberg zum Kommerzienrat ernannt, im Dez. 1874 erstmals in den Bürgerausschuss gewählt und 1875 wiedergewählt sowie dessen Obmann, erfolgte im Dez. 1877 W.s Wahl in den Gemeinderat, dem er bis zu seinem Tode angehörte, V. d. Karl →*Wiegandt
L   StadtA Ulm, H Waibel: Raimund WAIBEL, Mitglieder in Gemeinderat und Bürgerausschuss 1800-1899, Typoskript, S. 33.
L   Württ. Jahrbücher 1892, S. V – UBC 3, S. 33, 35 (Bild) – UNGERICHT, S. 69.

Wieland, Johann *Christian* August, * Ulm 24. Aug. 1822, † Stuttgart 29. März 1908, ev.; 1853 Diakon in Murrhardt, 1864 Pfarrer in Winterbach/OA Schorndorf, 1879 Pfarrer in Kirchentellinsfurt/OA Tübingen, 1895 a. D.
L   Magisterbuch 34 (1907), S. 62 – EHMER/KAMMERER, S. 378

Wieland, Friedrich, * 16. Nov. 1842, † Ulm 20. Mai 1884, ev.; Hausvater am Katharineninstitut in Ulm
L   UNGERICHT, S. 196

Wieland, Günther, * Ulm 1. Aug. 1925; Dipl.-Psychologe in Senden, 1953 DP-Bundestagskandidat
L   SCHUMACHER, M.d.B., S. 460

Wieland (sen.), Johann *Georg*, * 1776, † 1835, ev.; Mühlenbesitzer („Langmüller") in Ulm, 1821 Bürgerausschussmitglied ebd., einer der höchstbesteuerten Bürger, V. d. Johann Georg →*Wieland (jun.)
L   StadtA Ulm, H Waibel: Raimund WAIBEL, Mitglieder in Gemeinderat und Bürgerausschuss 1800-1899, Typoskript, S. 33
L   UNGERICHT, S. 84

Wieland (jun.), Johann *Georg*, * Ulm 27. Dez. 1809, † Davos (Schweiz) 2. Dez. 1876; Mühlenbesitzer (Langmüller), ab 1841 Bürgerausschussmitglied und ab 1868 Gemeinderat in Ulm, einer der höchstbesteuerten Bürger, S. d. Johann Georg →*Wieland (sen.), V. d. Karl →Wieland
L   StadtA Ulm, H Waibel: Raimund WAIBEL, Mitglieder in Gemeinderat und Bürgerausschuss 1800-1899, Typoskript, S. 34
L   UBC 2, S. 51 – UNGERICHT, S. 69

Wieland, Jakob, † Ulm 1827; Bierbrauer und Gastwirt „Zum goldenen Ochsen" in Ulm, 1817 Bürgerausschussmitglied, einer der höchstbesteuerten Bürger, V. d. Philipp Jacob →Wieland
L   StadtA Ulm, H Waibel: Raimund WAIBEL, Mitglieder in Gemeinderat und Bürgerausschuss 1800-1899, Typoskript, S. 33

Wieland, Johann Jakob; Wirt „Zum König von England" in Ulm, 1843 Bürgerausschussmitglied, einer der höchstbesteuerten Bürger
L   StadtA Ulm, H Waibel: Raimund WAIBEL, Mitglieder in Gemeinderat und Bürgerausschuss 1800-1899, Typoskript, S. 34

Wieland, Konrad Dietrich, * Ulm 24. Jan. 1821, † Tübingen Nov. 1904 ev.; 1855 bis 1869 Pfarrer in Eschenau, 1871 bis 1891 dsgl. in Kilchberg
L   Magisterbuch 30 (1897), S. 60 – PHILIPP, Germania, S. 68, Nr. 982

Wieland, Leonhard; Mangmeister in Ulm, 1820 Bürgerausschussmitglied ebd., ab 1821 Gemeinderat ebd., einer der höchstbesteuerten Bürger
L   StadtA Ulm, H Waibel: Raimund WAIBEL, Mitglieder in Gemeinderat und Bürgerausschuss 1800-1899, Typoskript, S. 34

Wieland, Mathilde, geb. Wieland, * 1838, † 1920, ev.; ab 8. Juli 1862 II. Ehefrau d. Philipp Jacob →Wieland, M. d. Philipp →Wieland u. d. Max R. →*Wieland, führte nach dem Tod ihres Ehemannes ab 1873 die Wieland-Werke in Ulm durch die schwierigen Jahre der Gründerzeit, zog 1887 den ältesten Sohn als Mitgesellschafter hinzu, schied aber erst 1892 aus der Firmenleitung aus
L   SPECKER, Ulm im 19. Jahrhundert, S. 69, 139 – StadtMenschen, S. 128 (Bild)

Wieland, Max Robert, * Ulm 1867, † ebd. 10. Juni 1935, ev.; Kommerzienrat, Fabrikant in Ulm, Teilhaber der Firma Wieland & Co., Messingblech-, Draht- und Metallwarenfabrik in Ulm, Mitglied der Handelskammer Ulm, 1912 bis 1918 Vorsitzender des Kunstvereins Ulm, während des Ersten Weltkriegs im Vorstand fast aller Ulmer Wohltätigkeitsvereine, 1919

DDP-Stadtrat in Ulm, S. d. Firmengründers der Wieland-Werke, Philipp Jacob →Wieland, u. d. Mathilde →*Wieland
L   UBC 3, S. 561 – UBC 4, S. 114 – UBC 5a, S. 34, 120 – BOELCKE, Millionäre, S. 89 ff., 114, 181, 244

Wieland, Johann *Michael*, * 5. Jan. 1811, † Ulm 8. Mai 1884; Gastwirt „Zum Engländer" und Ökonom in Ulm, seit 1851 Besitzer des Hofgutes Örlingen, ab 1874 Gemeinderat in Ulm, stammte von der Langmühle
Q   StadtA Ulm, H Waibel: Raimund WAIBEL, Mitglieder in Gemeinderat und Bürgerausschuss 1800-1899, Typoskript, S. 34
L   UBC 2, S. 7, 483, 489 (Bild) – UNGERICHT, S. 196

Wild, Albert, Dr., * Ulm 12. Nov. 1908, † Heidenheim/Brenz 22. März 1978; nach schulischer Ausbildung und kaufm. Lehre in Ulm volkswirtschaftl. Studium in Frankfurt/Main und Jurastudium in Tübingen, München und Berlin, 1946 Regierungsrat beim LRA Münsingen, 1950 dsgl. bei der Rechtsabteilung des Innenministeriums Württemberg-Hohenzollern, 1951 Landrat von Heidenheim/Brenz, 1973 a. D.
L   Amtsvorsteher, S. 584 ff.

Wild, Jakob; Tuchscherer in Ulm, 1829 Bürgerausschussmitglied ebd., 1848 Gemeinderat ebd.
Q   StadtA Ulm, H Waibel: Raimund WAIBEL, Mitglieder in Gemeinderat und Bürgerausschuss 1800-1899, Typoskript, S. 34

Willich, Albert (von), * Seckbach (Hessen) 5. Juli 1845, † Ellwangen/Jagst 27. Okt. 1910, ev.; Landrichter in Stuttgart und Ulm, 1886 Landgerichtsrat in Ellwangen/Jagst, 1897 Landgerichtsdirektor in Heilbronn/Neckar, ab 1903 Landgerichtspräsident in Ellwangen/Jagst, Mitglied des Württ. Staatsgerichtshofs
L   PHILIPP, Germania, S. 92, Nr. 1334

Willmann, *Alois* Joseph, * 1913, † 1993, kath.; gebürtiger Sudetendeutscher, Vorsitzender der Sudetendeutschen Landsmannschaft, Bundesbahninspektor in Neu-Ulm, 1964 bis 1984 CSU-Stadtrat ebd., Verwaltungsrat für Schulen, Mitglied des Hauptausschusses, Landespfadführer, aktiv im Kath. Volksbund
Q   StadtA Neu-Ulm, ebd., D 20, Nr. 1109, Biographien der CSU-Kandidaten bei der Stadtratswahl Neu-Ulm 1966 (Bild)

Wimmer, Albert, * Eningen 20. April 1868; 1890 Turnlehrer an der Lateinschule Korntal, 1897 Kollaborator an der Realschule Künzelsau, 1900 Reallehrer ebd., 1904 dsgl. an der Oberrealschule Ulm, 1911 Verleihung des Ranges auf der VIII. Rangstufe
L   CRAMER, Württembergs Lehranstalten [6]1911, S. 73

Winkler, Johannes, † Ulm 21. Aug. 1931; langjähriger Braumeister der Hechtbrauerei in Ulm
L   UBC 3, S. 190 f. (Bild)

Winkler, Maier, * 1829, † Ulm 8. März 1878; Hopfenhändler und zuletzt Malzfabrikant in Ulm, kaufte 1861 um 17.925 Gulden den sogenannten Pfleghof
L   UBC 2, S. 81, 385

Winter, Franz Gustav Friedrich, * Oberlenningen 29. März 1779, † Wiblingen 12. Nov. 1822, ev.; Oberrevisor bei der Oberrechnungskammer Stuttgart, ab 1819 Kameralverwalter in Wiblingen
L   WINTERHALDER, Ämter, S. 337

Wirthle, Wilhelm, * Schwenningen/Neckar 6. April 1874, † 20. Mai 1960, ev.; Postbeamter, 1901 beim Postamt Blaubeuren, 1910 beim Postamt Göppingen, Nov. 1913 bis Dez. 1919 Parteisekretär der nationalliberalen Deutschen Partei bzw. nach 1918 der DDP in Ulm, Frontsoldat im Ersten Weltkrieg, übernahm 1924 für ein Jahr die Herausgabe der „Ulmer Abendpost", Führer des Reichsbanners Schwarz-Rot-Gold in Ulm, in der NS-Zeit nach dem 20. März 1933 drei Wochen inhaftiert, sieben Wochen im KZ Heuberg, bis 1933 Oberpostinspektor beim Postamt Ulm, 1933 bis 1937 dsgl. beim Postamt Tübingen, 1937 bis Mai 1945 im Ruhestand, Mitglied des Reichsbundes der deutschen Beamten, der NSV, des Reichskolonialbundes und des NS-Reichskriegerbundes, ab Mai 1945 Vorstand des Postamts Tübingen, Postamtmann, Präsident der Oberpostdirektion Tübingen, am 18. Feb. 1946 vom Ausschuss zur Säuberung der Verwaltung von nationalsozialistischen Einflüssen des Landkreises Tübingen als politisch unbelastet eingestuft, diesem Spruch traten alle höheren Instanzen bei, 1946 als Vertrauensmann des Kreises Tübingen Mitglied des DVP-Landesvorstands Württemberg-Hohenzollern, 1947 bis 1952 DVP-MdL Württemberg-Hohenzollern, Vorsitzender des Bundes der vom Nationalsozialismus Verfolgten (BNV) Württemberg-Hohenzollern, 1949 vom Landtag gewähltes Mitglied der Bundesversammlung, 1950 vom Landtag gewähltes Mitglied des Verwaltungsrats des Landestheaters

Q   Entnazifizierungsunterlagen in: StAS, Wü 13 T 2 Nr. 2065 (15/B/4336)
W   Die Sozialpolitik der DVP, in: Schwäb. Zeitung Nr. 65, 23. 8. 1946, S. 7
L   UBC 4, S. 80 – WEIK ²2003, S. 161

Witte, *Karl* Jakob Friedrich, * Tübingen 22. Feb. 1850, † Ulm 27. April 1926; ab 1876 Elementarlehrer in Ulm, 1891 tit. Oberlehrer, 1919 a. D., 1909 Verdienstmedaille des Württ. Kronordens

L   CRAMER, Württembergs Lehranstalten ⁶1911, S. 156 – UBC, S. 285 f. (Bild)

Wittlinger, Johann; Bauer („Gidisbauer") in Ulm, ab 1862 Bürgerausschussmitglied ebd.

Q   StadtA Ulm, H Waibel: Raimund WAIBEL, Mitglieder in Gemeinderat und Bürgerausschuss 1800-1899, Typoskript, S. 34

Wittlinger, Marx, † Ulm Aug. 1898; Ökonom in Ulm, 1881 Bürgerausschussmitglied ebd., 1887 bis 1895 Gemeinderat ebd., ab 1898 wieder Bürgerausschussmitglied ebd., ab 1892 Ausschussmitglied des Ulmer Stadtvereins

Q   StadtA Ulm, H Waibel: Raimund WAIBEL, Mitglieder in Gemeinderat und Bürgerausschuss 1800-1899, Typoskript, S. 34
L   UBC 2, S. 82, 420 – UBC 3, S. 36, 156, 179

Wittmann, Hugo, * Ulm 16. Okt. 1839, † Wien 6. Feb. 1923; Journalist

L   Ih 2, S. 973

Wöllhaf, Friedrich, * Schnait im Remstal 1800; Sekretär und Kassier im Kgl. Württ. Ministerium der Finanzen, 1839 Kameralverwalter in Crailsheim, 1847 dsgl. in Ellwangen/Jagst, 1854 dsgl. in Ulm, 1857 dsgl. in Stuttgart, 1861 Finanzrat und Oberzahlmeister bei der Staatshauptkasse in Stuttgart, 1860 Ritterkreuz I. Kl. des Friedrichsordens

L   WINTERHALDER, Ämter, S. 63, 78, 267 f. und 298 f.

Wörner, Eduard, Dr. med., * Ulm, ev.; Assistent am Röntgen-Institut der Medizinischen Klinik und Poliklinik der Universität Frankfurt/Main, S. d. Architekten Otto →*Wörner

L   UBC 4, S. 498

Wörner, Johannes, * 18. Dez. 1858; Gastwirt in Ulm

L   UBC 4, S. 300 (Bild)

Wörner, Otto; Architekt in Ulm, FVP-Gemeinderat ebd., nach 1919 Württ. Bürgerpartei/DNVP-Gemeinderat ebd., 1919 Vorsitzender des Turnerbundes Ulm, Vorsitzender des Haus- und Grundbesitzervereins Ulm, V. d. Dr. Eduard →*Wörner

L   UBC 1, S. 64, 606 – UBC 2, S. 332 – UBC 3, S. 552

Wolbach, Gustav, * Giengen an der Brenz/OA Heidenheim 6. Aug. 1862, † Ulm 24. Jan. 1926, ev.; Pfarrer in Attenweiler, Enkel d. Ulmer Oberbürgermeisters Christoph Leonhard →Wolbach

L   Magisterbuch 39 (1925), S. 108 – UBC 4, S. 279

Wolbach, Wilhelm, * 14. oder 15. Sept. 1824, † 30. März 1905, ev.; Werkmeister in Ulm, 1863 Gründungsmitglied der Gewerbebank Ulm, Direktor des Gewerbemuseums, zuletzt Privatier in Ulm, 1873 bis 1876 und 1882 bis 1884 Bürgerausschussmitglied, ab 1884 Gemeinderat ebd., einer der höchstbesteuerten Bürger, S. d. Ulmer Oberbürgermeisters Christoph Leonhard →Wolbach

Q   StadtA Ulm, G2 – ebd., H Waibel: Raimund WAIBEL, Mitglieder in Gemeinderat und Bürgerausschuss 1800-1899, Typoskript, S. 34 f.
L   UBC 3, S. 320, 339 (Bild), 341

Wolber, Johann *Rudolf*; Kaufmann (Eisenhändler) in Neu-Ulm, Juni 1865 bis Okt. 1866 Gemeindevorstand (Bürgermeister) von Neu-Ulm, nach 1869 zunächst Mitglied des Gemeindekollegiums ebd., 1873 bis 1879 Magistratsrat ebd.

L   BUCK, Chronik Neu-Ulm, S. XVII f. (Bild), 78, 97, 99, 269 – Katalog Materialien, S. 134 – TREU, Neu-Ulm, S. 174, 576

Wolf, August, * 12. Nov. 1855, † Ulm 15. April 1931; Druckereibesitzer in Ulm, zuletzt Privatier ebd.

Wolf, Joseph, * Silheim 8. Nov. 1842, † Neu-Ulm 19. Juli 1924; Gastwirt in Neu-Ulm

L   TEUBER, Ortsfamilienbuch Neu-Ulm II, Nr. 5500

Wolfer, Emil, * 1884, † Aug. 1925; Studienrat in Ulm

L   UBC 4, S. 268

Wolff, Albert Heinrich, * 6. Aug. 1858 † Ulm 2. März 1952; Eisenhändler (Firma Johann Heinrich Wolff GmbH) in Ulm, zuletzt Seniorchef, Bürgerausschussmitglied und zuletzt Gemeinderat, S. d. Johann Heinrich →*Wolff

Q   StadtA Ulm, H Waibel: Raimund WAIBEL, Mitglieder in Gemeinderat und Bürgerausschuss 1800-1899, Typoskript, S. 35
L   UBC 4, S. 200, 201 (Bild) – UBC 5a, S. 276.

Wolff, Johann *Heinrich*, * Ulm 18. März 1819, † Heiligenberg (Baden) 27. Aug. 1884; Kaufmann und Eisenhändler (Gründer der Firma Johann Heinrich Wolff GmbH) in Ulm, 1860 bis 1874 Bürgerausschussmitglied ebd. und 1874 bis 1883 Gemeinderat ebd., einer der höchstbesteuerten Bürger, V. d. Albert Heinrich →*Wolff

Q   StadtA Ulm, H Waibel: Raimund WAIBEL, Mitglieder in Gemeinderat und Bürgerausschuss 1800-1899, Typoskript, S. 35
L   UBC 2, S. 485, 489 (Bild) – UNGERICHT, S. 197

Wolff, Karl; Badeanstaltsbesitzer in Neu-Ulm, nach 1906 Magistratsrat ebd.

L   BUCK, Chronik Neu-Ulm, S. 102

Wolff, Richard; Regierungsrat beim Finanzamt Stuttgart Stadt, 1922 Vorstand des Staatsrentamts Ulm, 1925 Vorstand des Staatsrentamts in Tübingen, 1927 Regierungsrat bei der Bauabteilung des württ. Finanzministeriums

L   WINTERHALDER, Ämter, S. 365, 368

Wollaib, Theodor, * Ulm 16. Jan. 1871, † ebd. 13. März 1922, ev.; Kgl. Württ. Oberstleutnant a. D., letzter Kommandeur des Feldart.-Rgts. „König Karl" Nr. 13 in Ulm, S. d. Eduard →Wollaib

L   UBC 4, S. 183, 192 (Bild) – SPECKER, Ulm im 19. Jahrhundert, S. 633

Woydt, Hieronymus Friedrich, * 8. April 1800, † Ulm 22. Juni 1865; Seifensieder in Ulm, 1837 Bürgerausschussmitglied ebd., einer der höchstbesteuerten Bürger

Q   StadtA Ulm, H Waibel: Raimund WAIBEL, Mitglieder in Gemeinderat und Bürgerausschuss 1800-1899, Typoskript, S. 35
L   UNGERICHT, S. 198

Wüst, Wilhelm; Kaufmann und 1887 bis 1892 Bürgerausschussmitglied in Ulm

Q   StadtA Ulm, H Waibel: Raimund WAIBEL, Mitglieder in Gemeinderat und Bürgerausschuss 1800-1899, Typoskript, S. 35
L   SPECKER, Großer Schwörbrief, S. 297 – WAIBEL, Gemeindewahlen, S. 364

Wuhrer, Josef, * Schömberg 8. März 1886, † Neu-Ulm 18. Sept. 1961, kath.; seit 1919 bei der Stadt Neu-Ulm, zunächst Assistent, später Obersekretär in der Städtischen Registratur, ab 1927 Stadt-Inspektor, 1948 a. D., Vorsitzender ehemaliger Angehöriger der Kgl. Bayer. Artillerie Neu-Ulm und Umgebung

Q   StadtA Neu-Ulm, A 4, Nr. 318
L   Adreßbuch Ulm/Neu-Ulm 1929, Elfte Abteilung, S. 90, 95

Wullen, Wilhelm Ludwig (von), * Freudenstadt 29. März 1766; Oberlandesökonomierat im Innenministerium, 1809 Kameralverwalter in Weinsberg, 1809 Hofrat, 1812 Geh. Oberfinanzrat und Bürovorstand der Hof- und Domänenkammer in Stuttgart, 1817 Direktor der Finanzkammer des Donaukreises in Ulm

L   WINTERHALDER, Ämter, S. 333

Wurster, Gustav Alois, † Ulm 6. Feb. 1892; Stadtförster in Ulm

L   UNGERICHT, S. 198

Ysenburg-Philippseich, Georg Graf von, * Bamberg 7. Sept. 1813, † München 15. März 1895; 20. Juni 1851 bis 8. April 1855 als Ingenieur-Hauptmann I. Kl. zur Festungsbaudirektion Neu-Ulm versetzt, zuletzt stv. Festungsbaudirektor ebd., u. a. Erbauer des Vorwerks XIII („Ludwigsvorfeste"), war 1859 kommissarischer Vorstand der Genieberatungskommission im Kgl. Bayer. Kriegsministerium, starb als char. Oberstleutnant

L   BUCK, Chronik Neu-Ulm, S. 68 – KLARMANN, Offiziers-Stammliste, S. 86 f., Nr. 191 – TREU, Neu-Ulm, S. 236 – Katalog Materialien, S. 108, 188

Zäch, Anton, * Cham 6. Aug. 1791, † München 15. Feb. 1873, kath.; ab 28. Juni 1842 als Ingenieur-Hauptmann I. Kl. zur Festungsbaudirektion Neu-Ulm versetzt, stv. Festungsbaudirektor und Leiter der Bauhofarbeiten, im Dez. 1842 nach dem Tod des Festungsbaudirektors Friedrich →Herdegen kurzzeitig kommissarischer Festungsbaudirektor, ab 31. März 1848 Major, 15. April 1848 Vorstand der 5. Genie-Direktion in Landau (Pfalz), zuletzt char. Oberstleutnant

L   BUCK, Chronik Neu-Ulm, S. 68 – KLARMANN, Offiziers-Stammliste, S. 50 f., Nr. 115 – TREU, Neu-Ulm, S. 236 – Katalog Materialien, S. 52, 58

Zahn, Max; Rechtsrat der Stadt Ulm, Hilfsbeamter des Oberbürgermeisters Heinrich (von) →Wagner und Vorstand des Städtischen Arbeitsamtes

L   Staatshandbuch 1913, S. 416

Zeh, Johanna, * 1920, † Ulm 14. März 2004; SPD-Kommunalpolitikerin, 1966 bis 1977 Gemeinderätin in Pfuhl, anschließend bis 1984 Stadträtin in Neu-Ulm, 1966 bis 1978 Mitglied des Kreistags, besonderes Engagement in der Sozial- und Bildunspolitik

Q   StadtA Neu-Ulm, D 12, III.7.2.
L   Chirin KOLB, Die Politik läßt sie nicht mehr los, in: SWP (Ulm), 13. VI. 2003 (Reihe „Leute") – ebd., 16. III. 2004

Zeiss, Ulrich Friedrich, * 10. Aug. 1805, † Ulm 31. Okt. 1886; Schlossermeister i. R. in Ulm

L   UNGERICHT, S. 198

Zeller, Christian, * 20. Nov. 1789, † Ulm 1. Mai 1850; Gerichtsaktuar in Schorndorf, zuletzt 1825-1846 Oberjustizregistrator in Ulm

L   CRAMER, Stammbaum Klett, S. 38

Ziegler, August, * Wiblingen 22. Jan. 1842, † Günzburg 8. Juli 1913; 1887 Bataillonskommandeur, 1889 Bezirkskommandeur in Ehingen/Donau, 1891 char. Oberstleutnant, 1895 aus dem aktiven Dienst ausgeschieden, Ritterkreuz des Württ. Kronordens

L   WN 1913, S. 172

Ziegler, Christoph; Müller auf der Lochmühle in Ulm, 1842 Bürgerausschussmitglied ebd., 1847 und 1863 Gemeinderat ebd., einer der höchstbesteuerten Bürger

Q   StadtA Ulm, G2 – ebd., H Waibel: Raimund WAIBEL, Mitglieder in Gemeinderat und Bürgerausschuss 1800-1899, Typoskript, S. 35

Ziegler, Eduard * Balingen 1. Okt. 1863, † 1929; Landgerichtsrat in Ulm

L   SCHMIDGALL, Burschenschafterlisten, S. 171, Nr. 439

Ziegler, Hans, Dr. med., * Wilhelmsdorf/OA Ravensburg 27. Juli 1875; im Ersten Weltkrieg in Feld- und Heeresdiensten, Kinderarzt in Ulm

L   SCHMIDGALL, Burschenschafterlisten, S. 147, Nr. 575

Ziegler, Heinrich, * 29. Dez. 1854, † Ulm 11. Dez. 1933; Oberst in Ulm

L   UBC 4, S. 297 (Bild)

Ziegler, *Hieronymus (Jerome)* Friedrich, * 27. Juni 1840, † Ulm 12. Okt. 1912, ev.; Bierbrauereibesitzer zum „Württemberger Hof" in Ulm, 1878/79 Bürgerausschussmitglied und 1880 bis 1898 Gemeinderat ebd.

Q   StadtA Ulm, H Waibel: Raimund WAIBEL, Mitglieder in Gemeinderat und Bürgerausschuss 1800-1899, Typoskript, S. 35
L   UBC 2, S. 415 – UBC 3, S. 12, 461, 524 (Bild), 525

Ziegler, Max, Dr. phil., * Stuttgart 29. Nov. 1862; 1892 Oberpräzeptor an der Lateinschule Heidenheim/Brenz, 1900 Professor am Kgl. Gymnasium Ulm, 1905 dsgl. am Karlsgymnasium Stuttgart, 1915 Rektor des Gymnasiums Ludwigsburg, 1924 a. D.

L   CRAMER, Württembergs Lehranstalten ⁶1911, S. 78

Ziegler, Robert, * 1841, † Ulm 1891; Bankdirektor in Ulm, ab 1872 Vorstandsmitglied der Gewerbebank

L   UBC 3, S. 3 – JAKOB/RIEBER, Volksbank, S. 61 – UNGERICHT, S. 198

Zimmermann, Andreas Friedrich Georg Robert Otto Ludwig Wilhelm *Manfred*, * Grimmelfingen 13. April 1879; Oberregierungsrat beim Reichsausgleichsamt in Berlin, 1928 Rechtsanwalt, 1929 auch Notar in Berlin

Zimmermann, Manfred, Dr. phil., * Dettingen an der Erms/OA Urach 13. Juli 1841, † 1900, ev.; 1873 Pfarrer in Grimmel-

fingen, 1885 dsgl. in Neustadt/Dekanat Waiblingen, 1896 dsgl. in Lustnau bei Tübingen

L   Magisterbuch 30 (1897), S. 103

Zimmermann, Wilhelm, * 14. März 1863, † Ulm 18. Nov. 1934; Postinspektor in Ulm

L   UBC 4, S. 546 (Bild)

Zingler, *Rudolf* August (von), * Uckermünde 29. Aug. 1839, † Berlin 20. Mai 1920, ev.; Kgl. Preuß. General der Infanterie, 1893 Gouverneur der Festung Ulm. In der Zeit der ersten Amtsjahre des Oberbürgermeisters Heinrich (von) →Wagner war Z. ein wichtiger, oft der erste Ansprechpartner in allen Fragen, die mit der Frage der Entfestigung zu tun hatten, Juli 1899 Eintritt in den Ruhestand, aus diesem Anlass verlieh ihm die Stadt Ulm, besonders auf Grund seiner Verdienste um die Entfestigung, die Ehrenbürgerwürde, zu seinem Nachfolger als Gouverneur wurde Generalleutnant von Brodowsky, bisher Kommandeur der 6. Division in Brandenburg, ernannt, nach Z. ist die Zinglerstraße in Ulm benannt.

Q   StadtA Ulm, G 2.
L   UBC 3, S. 57, 121, 155, 169, 200, 201 (Bild)

Zink, Johann Martin; Kaufmann in Ulm, 1828/29 Bürgerausschussmitglied ebd., einer der höchstbesteuerten Bürger

Q   StadtA Ulm, H Waibel: Raimund WAIBEL, Mitglieder in Gemeinderat und Bürgerausschuss 1800-1899, Typoskript, S. 35

Zoller, Franz, * Öpfingen/OA Ehingen 15. Jan. 1873, † Ulm 16. Jan. 1929, kath.; seit 1906 Lehrer an der kath. Volksschule (Blauringschule) Ulm, zuletzt Rektor ebd.

L   Real-Katalog der katholischen Volksschulstellen Württembergs, Horb/Neckar 1908, S. 549 – UBC 2, S. 24

Zoller, Konrad, * 3. Juli 1887; [1928] Staatsanwalt bei der Zweigstelle Schwäbisch Gmünd des Landgerichts Ellwangen/Jagst, dsgl. beim Landgericht Ulm

Q   StAL, 902/21 Bü 4899

Zoller, Max, * Ulm 8. Nov. 1877; 1906 Oberpräzeptor an der Lateinschule Hohenheim, 1910 dsgl. an der Latein- und Realschule Herrenberg, 1919 Professor am Realprogymnasium Nürtingen

L   CRAMER, Württembergs Lehranstalten ⁶1911, S. 105

Zoller, Otto, * 3. Sept. 1875, † Ulm 21. Aug. 1931; Oberpostinspektor in Ulm, Major a. D., im Ersten Weltkrieg Frontoffizier

L   UBC 3, S. 190 f. (Bild)

Zumsteg-Brügel, Elsbeth, geb. Brügel, * Nattheim/OA Heidenheim 16. Mai 1915, † Ulm 23. April 2008, ev.; eine der herausragendsten Persönlichkeiten des Ulmer Kulturlebens nach 1945, erwarb sich vor allem als langjährige Vorsitzende des Kunstvereins bleibende Verdienste, kam 1941 als junge Kunsterzieherin nach Ulm, übernahm 1961 von Karl Hoelder-Weiß die Leitung des Ulmer Kunstvereins, der sich in einer schwierigen Phase seiner Entwicklung befand. Der Kunstverein würdigte die besonderen Verdienste Z.s mit ihrer Ernennung zur Ehrenvorsitzenden, ∞ 1944 Hans Zumsteg, * 1915, † 1989, Unternehmer und Musiker

Q   StadtA Ulm, G 2
W   (Auswahl) Franz Anton Kraus 1705-1752. Ein vergessener Maler des Spätbarock aus Ulm (Forschungen zur Geschichte der Stadt Ulm 5), Ulm 1983 – Die Geschichte des Kunstvereins in Ulm 1887-1961, in: 1887-1987 Kunstverein Ulm. Berichte und Dokumente. Hg. zum 100jährigen Bestehen des Kunstvereins Ulm e. V., Ulm 1987, S. 9-40 – Die Tonfiguren der Hafnerfamilie Rommel. Miniaturen zur Kulturgeschichte an der Wende vom 18. zum 19. Jahrhundert, Ulm 1988 – Gudrun Kneer-Zeller - Zum künstlerischen Werk, in: Wolfgang SCHÜRLE (Hg.), Gudrun Kneer-Zeller - Malerei (Alb und Donau - Kunst und Kultur 6), Ulm 1994
L   Kunstverein: Abschied von Elsbeth Zumsteg, in: SWP Nr. 100, 29. IV. 2008 (Bild)

Zum Tobel, Robert, * Ulm 19. Juni 1869; Landrichter in Ulm und zweites stv. richterliches Mitglied der Regierung des Donaukreises in Angelegenheiten des Wasserrechts, Landgerichtspräsident in Stuttgart, stv. Mitglied des Württ. Staatsgerichtshofs, S. d. Gustav →Zum Tobel

L   LOTTER, Schall, S. 19 – GIES, Leube, S. 121

II. Abkürzungsverzeichnis

A	Archiv	Dr. rer. pol.	Doctor rerum politicarum
Abg.	Abgeordnete(r)		(der Staatswissenschaften)
ACDP	Archiv für Christliche Demokratische	Dr. sc. nat.	Dr. scientiarum naturalium
	Politik der Konrad-Adenauer-Stiftung,	DRK	Deutsches Rotes Kreuz
	St. Augustin bei Bonn	dsgl.	desgleichen (in gleicher Funktion)
a. D.	außer Dienst	Dt., dt.	Deutsch, deutsch
ADGB	Allgemeiner Deutscher Gewerkschafts-	DVP	Deutsche Volkspartei
	bund	ebd.	ebenda
AG	Aktiengesellschaft	EG	Europäische Gemeinschaft
a. g. St.	auf gehobener Stelle	EK	Eisernes Kreuz
ao.	außerordentlicher	EKD	Evangelische Kirche in Deutschland
AOA	Amtsoberamt (Stuttgart)	EU	Europäische Union
AOK	Allgemeine Ortskrankenkasse	Ev., ev.	Evangelisch, evangelisch
apl.	außerplanmäßig(er)	evtl.	eventuell
Art.	Artikel	FDP	Freie Demokratische Partei
Aug.	August	Feb.	Februar
Az.	Aktenzeichen	FH	Fachhochschule
BA	Bezirksamt	FNV	Frankfurter Nationalversammlung =
bayer.	Bayerisch		Deutsche Nationalversammlung
Bayer. HStA München	Bayerisches Hauptstaatsarchiv		1848/49
	München	frz.	französisch
BdL	Bund der Landwirte	FS	Festschrift
Bearb./Bearbb.	Bearbeiter/(mehrere) Bearbeiter	FVP	Fortschrittliche Volkspartei
Beil.	Beilage	FWG	Freie Wähler-Gemeinschaft
bes.	besonders	Gde.	Gemeinde
BGB	Bürgerliches Gesetzbuch	geb.	geborene
BHE	Bund der Heimatvertriebenen und	Gebr.	Gebrüder
	Entrechteten	gef.	gefallen
Bll.	Blätter	gesch.	geschieden
BRD	Bundesrepublik Deutschland	get.	getauft
Brig.	Brigade	GmbH	Gesellschaft mit beschränkter Haftung
Bü	Büschel	GVP	Gesamtdeutsche Volkspartei
BVK	Bundesverdienstkreuz	Hb.	Handbuch
bzw.	beziehungsweise	h. c.	honoris causa (ehrenhalber)
CDU	Christlich-Demokratische Union	HfG	Hochschule für Gestaltung (Ulm)
char.	charakterisierter (bei Offiziersrängen)	Hg., hg.	Herausgeber, herausgegeben
CSU	Christlich-Soziale Union	Hgg.	Mehrere Herausgeber
CSVD	Christlich-Sozialer Volksdienst	HJ	Hitlerjugend
CVJM	Christlicher Verein Junger Männer	HStA S	Landesarchiv Baden-Württemberg,
D.	D. theol., theologischer Doktorgrad		Abteilung Hauptstaatsarchiv Stuttgart
DAF	Deutsche Arbeitsfront	Hzgl.	Herzoglich
DDP	Deutsche Demokratische Partei	IfGA/ZPA	Institut für Geschichte der Arbeiterbe-
DDR	Deutsche Demokratische Republik		wegung/Zentrales Parteiarchiv, Berlin
ders.	derselbe		(früher: Institut für Marxismus-Leninis-
Dez.	Dezember		mus beim Zentralkomitee der SED/
d. h.	das heißt		Zentrales Parteiarchiv; jetzt: Stiftung
dies.	dieselbe		Archiv der Parteien und Massenorgani-
Diss.	Dissertation		sationen der DDR im Bundesarchiv
DKP	Deutsche Kommunistische Partei	IHK	Industrie- und Handelskammer
d. L.	der Landwehr	Inf.	Infanterie
DM	Deutsche Mark	i. R.	im Ruhestand
DNVP	Deutschnationale Volkspartei	i. W.	im Wartestand
DP	Deutsche Partei (nationalliberal)	Jan.	Januar
d. R.	der Reserve	J. U. Lt.	Licentiat beider Rechte
Dr.	Doktor	jun.	junior
Dr. h.c. mult.	Inhaber mehrerer Ehrendoktorgrade	K	Kinder
Dr. iur. utr.	Doctor iuris utriusque (beider Rechte)	Kath., kath.	Katholisch, katholisch
Dr. med.	Doctor medicinae (der Medizin)	KdF	Kraft durch Freude
Dr. oec. publ.	Doctor oeconomiae publiae	Kgl.	Königlich
	(der Wirtschaftswissenschaften)	K. K./k. k.	Kaiserlich-Königlich
Dr. phil.	Doktor der Philosophie	Kl.	Klasse
Dr. rer. nat.	Doctor rerum naturalium	korr.	korrespondierendes
	(der Naturwissenschaften)	KPD	Kommunistische Partei Deutschlands

Ksl.	Kaiserlich
KZ	Konzentrationslager
L	Literatur
LAELKB	Landesarchiv der Evangelisch-Lutherischen Kirche Bayerns in Nürnberg
lfm	laufende Meter
Lic.	Licentiat
Lic. iur. utr.	Licentiat beider Rechte
Lic. med.	Licentiat der Medizin
LKA S	Landeskirchliches Archiv Stuttgart
LKAS	Landeskirchliches Archiv, Stuttgart-Möhringen
LL	Landesliste
LRA	Landratsamt
LT	Landtag
MABK	Ministerialabteilung für Bezirks- und Körperschaftsverwaltung, ab 1924 im württ. Innenministerium
Mag.	Magister
masch.	maschinenschriftlich
M. d.	Mutter des/der
MdB	Mitglied des Bundestags
MdEP	Mitglied des Europäischen Parlaments
MdL	Mitglied des Landtags
MdR	Mitglied des Reichstags
MdVL	Mitglied der Verfassunggebenden Landesversammlung
mos.	mosaisch (jüdischen Glaubens)
m. W.	mit Wirkung
NL	Nationalliberale
Nov.	November
Nr./Nrn.	Nummer, Nummern
NS	nationalsozialistisch
NSDAP	Nationalsozialistische Deutsche Arbeiterpartei
NSKK	Nationalsozialistisches Kraftfahrkorps
NSKOV	Nationalsozialistische Kriegsopferversorgung
NSLB	Nationalsozialistischer Lehrerbund
NSRB	Nationalsozialistischer Rechtswahrer-Bund
NSRLB	Nationalsozialistischer Reichsbund für Leibesübungen
NSV	Nationalsozialistische Volkswohlfahrt
o.	ordentlicher
OA	Oberamt (Württemberg)
österr.	österreichisch
OFM	Ordo Fratrum Minorum (Abkürzung für Franziskaner-Observanten)
OHG	Offene Handelsgesellschaft
o. J.	ohne Jahresangabe
Okt.	Oktober
o. O.	ohne Ortsangabe
OSB	Ordo Sancti Benedicti (Abkürzung für Mitglieder des Benediktinerordens)
Pb.	Protokollband
Pg.	[NSDAP-]Parteigenosse
Q	Quellen
Reg.bez.	Regierungsbezirk
Regbl.	Regierungsblatt
RKB	Reichskriegerbund
RLB	Reichsluftschutzbund
RM	Reichsmark
SA	Sturmabteilung
SBZ	Sowjetische Besatzungszone
Schwäb., schwäb.	Schwäbisch, schwäbisch
S. d.	Sohn des/der

SED	Sozialistische Einheitspartei Deutschlands
sen.	senior
Sept.	September
SMS	Seiner Majestät Schiff
s. o.	siehe oben
SPD	Sozialdemokratische Partei Deutschlands
SS	Schutzstaffel
StadtA	Stadtarchiv
StAL	Landesarchiv Baden-Württemberg, Abteilung Staatsarchiv Ludwigsburg
StAS	Landesarchiv Baden-Württemberg, Abteilung Staatsarchiv Sigmaringen
Stv., stv.	Stellvertreter, stellvertretende(r/s)
T. d.	Tochter des /der
TH	Technische Hochschule
tit.	titulierter (bei Beamtenpositionen)
UdSSR	Union der Sozialistischen Sowjetrepubliken (Sowjetunion)
u. k.	unabkömmlich
u. ö.	und öfter
USPD	Unabhängige Sozialdemokratische Partei Deutschlands
V. d.	Vater der/des
VDA	Verein (ab 1933: Volksbund) für das Deutschtum im Ausland
VdK	Verein der Kriegsgeschädigten
verw.	verwitwete
VP	Volkspartei
VVN	Verein der Verfolgten des Nationalsozialismus
W	Werke [literarische Publikationen]
WK	Wahlkreis
WP	Wahlperiode
Württ., württ.	Württembergisch, Württembergische, Württembergischer, württembergisch, württembergische, württembergischer
z. B.	zum Beispiel
z. D.	zur Disposition

100 Jahre junge Stadt
Stadt Neu-Ulm (Hg.), Neu-Ulm. 100 Jahre junge Stadt 1869-1969. Texte von Horst GAISER und Heinrich METZGER, Neu-Ulm 1969

ADAM, Württ. Verfassung
Albert Eugen ADAM, Ein Jahrhundert Württembergischer Verfassung, Stuttgart 1919

ADB
Allgemeine Deutsche Biographie, hg. von der Historischen Kommission bei der Bayerischen Akademie der Wissenschaften. 55 Bände und ein Registerband, München und Leipzig 1875-1912

Adel im Wandel. Oberschwaben von der frühen Neuzeit bis zur Gegenwart, hg. im Auftrag der Gesellschaft Oberschwaben von Mark HENGERER und Elmar L. KUHN in Verbindung mit Peter BLICKLE, Ostfildern 2006, Band 2

Adreßbuch Ulm/Neu-Ulm
Adreßbuch für die Königlich Württembergische Kreishauptstadt Ulm. Mit einem alphabetischen Verzeichnis der Einwohner von Neu-Ulm, Ulm 1853 ff. [zitiert mit der jeweiligen Jahreszahl]

ALLGAIER, Stände
August ALLGAIER, Die Stände Württembergs. Ein Rückblick auf die Verfassungsgeschichte des Landes nebst einem biographischen Verzeichnis sämtlicher Mitglieder beider Kammern, Stuttgart 1891

Amtsvorsteher
Die Amtsvorsteher der Oberämter, Bezirksämter und Landratsämter in Baden-Württemberg 1810 bis 1972, hg. von der Arbeitsgemeinschaft der Kreisarchive beim Landkreistag Baden-Württemberg, Redaktion: Dr. Wolfram ANGERBAUER, Stuttgart 1996

APPENZELLER, Münsterprediger
Bernhard APPENZELLER, Die Münsterprediger Ulms bis zum Übergang Ulms an Württemberg 1810. Kurzbiographien und vollständiges Verzeichnis ihrer Schriften (Veröffentlichungen der Stadtbibliothek Ulm 13), Ulm 1990

ARBOGAST, Herrschaftsinstanzen
Christine ARBOGAST, Herrschaftsinstanzen der württembergischen NSDAP. Funktion, Sozialprofil und Lebenswege einer regionalen NS-Elite 1920-1960 (Nationalsozialismus und Nachkriegszeit in Südwestdeutschland 7), München 1998

ARNOLD, Stuttgardia
Stuttgardia Tübingen 1869-1994. Geschichte der Akademischen Gesellschaft Stuttgardia von Jürg ARNOLD, hg. vom Württembergischen Geschichts- und Altertumsverein, Stuttgart 1994

ARNOLD, Stuttgardia II
Stuttgardia Tübingen. Mitgliederverzeichnis 1869-2000, hg. von Jürg ARNOLD, [Stuttgart] 2000, als Manuskript gedruckt

Augsburger Stadtlexikon
Augsburger Stadtlexikon, hg. von Günther GRÜNSTEUDEL, Günter HÄGELE und Rudolf FRANKENBERGER in Zusammenarbeit mit Wolfram BAER, Tilman FALK, Hans FREI, Pankraz FRIED, Peter GEFFCKEN, Wilhelm LIEBHART und Jose MANČAL. 2. völlig neu bearbeitete und erheblich erweiterte Auflage, Augsburg 1998

BB
Badische Biographien, Neue Folge. Im Auftrag der Kommission für geschichtliche Landeskunde in Baden-Württemberg hg. von Bernd OTTNAD, ab Band 5 von Fred Ludwig SEPAINTNER, Stuttgart 1982 ff.

BBKL
Biographisch-Bibliographisches Kirchenlexikon, hg. von F. W. und Theodor BAUTZ, 25 Bände, 1990-2005 [im Internet unter www.bautz.de/bbkl abrufbar]

BECKE-KLÜCHTZNER
Der Adel des Königreichs Württemberg. Neu bearb. Wappenbuch mit genealogischen und historischen Notizen, hg. von Edmund von der BECKE-KLÜCHTZNER, Stuttgart 1879

BERGMANN, Gedenkbuch
Ingo BERGMANN, „Und erinnere dich immer an mich". Gedenkbuch für die Ulmer Opfer des Holocaust, hg. von der Stadt Ulm, Ulm 2009

BEST/WEEGE
Heinrich BEST/Wilhelm WEEGE, Biographisches Handbuch der Abgeordneten der Frankfurter Nationalversammlung 1848/49 (Handbücher zur Geschichte des Parlamentarismus und der politischen Parteien 8), Düsseldorf 1996

BIEDERMANN, Ulmer Biedermeier
Rudolf Max BIEDERMANN, Ulmer Biedermeier im Spiegel der Presse (Forschungen zur Geschichte der Stadt Ulm 1), Ulm 1955

Biogr. Handbuch der deutschsprachigen Emigration
Biographisches Handbuch der deutschsprachigen Emigration nach 1933 (International Biographical Dictionary of Central European Emigrés 1933-1945), hg. vom Institut für Zeitgeschichte München und von der Research Foundation for Jewish Immigration, Inc., New York, unter der Gesamtleitung von Werner RÖDER und Herbert A. STRAUSS, 3 Bände, München u. a. 1980-1983

Biogr. Handbuch MdB
Biographisches Handbuch der Mitglieder des Deutschen Bundestages 1949-2002, hg. von Rudolf VIERHAUS und Ludolf HERBST unter Mitarbeit von Bruno JAHN, 2 Bände, München 2002

BJDN
Anton BETTELHEIM (Hg.), Biographisches Jahrbuch und Deutscher Nekrolog, 18 Bände, Berlin 1897-1917, fortgeführt als „Deutsches Biographisches Jahrbuch", 11 Bände, Stuttgart-Berlin-Leipzig 1925-1932

BOELCKE, Millionäre
Willi A. BOELCKE, Millionäre in Württemberg, Herkunft – Aufstieg – Traditionen, Stuttgart 1997

BRANDT, Parlamentarismus
Hartwig BRANDT, Parlamentarismus in Württemberg 1819-1870. Anatomie eines deutschen Landtags (Handbuch der Geschichte des deutschen Parlamentarismus), Düsseldorf 1987

BRAUN, Freimaurer
Rainer BRAUN, Freimaurer im Parlament des Bundeslandes Baden-Württemberg und seiner Vorläufer seit 1818, in: Jahrbuch der Forschungsloge Quatuor Coronati Nr. 45/2008, S. 167-226

BRAUN, Schwabenbanner
Hermann BRAUN, Schwabenbanner Ulm. Rechenschaftsbericht anläßlich der Auflösung des Vereins 1939, als Manuskript gedruckt [bei Dr. Karl HÖHN], Ulm 1939

BWB
Baden-Württembergische Biographien. Im Auftrag der Kommission für geschichtliche Landeskunde in Baden-Württemberg hg. von Bernd OTTNAD, ab 2002 von Fred Ludwig SEPAINTNER. Bis 2009 4 Bände erschienen, Stuttgart 1994 ff.

BWKG
Blätter für Württembergische Kirchengeschichte

BzL
Beiträge zur Landeskunde. Regelmäßige Beilage zum Staatsanzeiger von Baden-Württemberg, Stuttgart 1962 ff. (ab 2002 weitergeführt unter dem Titel „MOMENTE. Beiträge zur Landeskunde")

CAST I
Historisches und genealogisches Adelsbuch des Königreichs Württemberg. Nach officiellen, von den Behörden erhaltenen, und andern authentischen Quellen bearbeitet von Fr[iedrich] CAST (Süddeutscher Adelsheros oder Geschichte und Genealogie der in den süddeutschen Staaten ansässigen oder mit denselben in Verbindung stehenden fürstlichen, gräflichen, freiherrlichen und adeligen Häusern, mit Angabe ihres Besitzthums, Wappens, der aus ihnen hervorgegangenen Staatsmänner, Diplomaten, Helden, Gelehrten und Künstler, und ihrer in der Gegenwart lebenden Mitglieder. In Verbindung mit mehreren Gelehrten und Freunden der vaterländischen Geschichte bearbeitet und herausgegeben von Fr[iedrich] CAST. In drei Sectionen mit Stahlstichen. Erste Section, Erster Band, enthaltend die Geschichte und Genealogie des Adels im Königreich Württemberg), Stuttgart 1839

CONRAD, Lehrstühle
Ernst CONRAD, Die Lehrstühle der Universität Tübingen und ihre Inhaber (1477-1927). Zulassungsarbeit zur wissenschaftlichen Prüfung für das Lehramt an Gymnasien, Universität Tübingen 1960 [masch., zitiert nach dem Exemplar in der Württ. Landesbibliothek Stuttgart]

CRAMER, Faberbuch
Max CRAMER, Faberbuch, enthaltend die Angehörigen der Familie Faber aus Höfingen. Im Auftrag der Familie zusammengestellt von Max CRAMER, Stuttgart 1929

CRAMER, Württembergs Lehranstalten
Württembergs Lehranstalten und Lehrer, soweit sie der K[gl]. Kultministerial-Abteilung für die höheren Schulen unterstellt sind. Mit Benützung amtlicher Quellen zusammengestellt von M[ax] E. CRAMER, Professor, Heilbronn [1]1884, [4]1904, [6]1911

DANNENBERG, Selbstverwaltung

Kristin DANNENBERG, Kommunale Selbstverwaltung in der Weimarer Republik. Daseinsvorsorge und Zukunftsplanung im Spiegel der Ulmer Gemeinderatsprotokolle, in: UO 52 (2001), S. 91-179

DBA

Deutsches Biographisches Archiv. Eine Kumulation der wichtigsten biographischen Nachschlagewerke für den deutschen Bereich bis zum Ausgang des 19. Jahrhunderts, hg. von Bernhard FABIAN, bearb. unter Leitung von Willi GORZNY. Microfiche-Edition 1982 (DBA I) – Deutsches Biographisches Archiv. Neue Folge bis zur Mitte des 20. Jahrhunderts. Eine Kumulation aus 284 der wichtigsten biographischen Nachschlagewerke für den deutschsprachigen Bereich, hg. von Willi GORZNY. Microfiche-Edition, München 1989 (DBA II) – Deutsches Biographisches Archiv 1960-1999, bearb. von Victor Herrero MEDIAVILLA. Microfiche-Edition, München 2001 (DBA III)

DBE, 2. Ausgabe

Deutsche Biographische Enzyklopädie. 2., überarbeitete und erweiterte Ausgabe, hg. von Rudolf VIERHAUS. Unter Mitarbeit von Dietrich von ENGELHARDT, Wolfram FISCHER, Hans-Albrecht KOCH, Bernd MOELLER, Klaus Gerhard SAUR, München 2005-2008, 10 Bände

DBGR

Deutsches Biographisches Generalregister. Fundstellen-Nachweis für mehr als 1 000 biographische Nachschlagewerke, die zwischen 1950 und 2000 erschienen sind. Pullach 2002 ff.

DBI

Axel FREY (Redaktion), Deutscher Biographischer Index, 2., kumulierte und erweiterte Ausgabe, 8 Bände, München 1998

DFA

Deutsches Familienarchiv, zitiert mit Bandzahl und Erscheinungsjahr

DGB

Deutsches Geschlechterbuch, zitiert mit Bandzahl und Erscheinungsjahr

DIETRICH, Christentum

Stefan J. DIETRICH, Christentum und Revolution. Die christlichen Kirchen in Württemberg 1848-1852 (Veröffentlichungen der Kommission für Zeitgeschichte, Reihe B 71), Paderborn-München-Wien-Zürich 1996

Dt. Zeitgenossenlexikon

Franz NEUBERT (Hg.), Deutsches Zeitgenossenlexikon. Biographisches Handbuch deutscher Männer und Frauen der Gegenwart, Leipzig 1905

DVORAK

Helge DVORAK, Biographisches Lexikon der Deutschen Burschenschaft, Band I: Politiker, Teilband 1: A-E, Heidelberg 1996; Teilband 2: F-H, Heidelberg 1999; Teilband 3: I-L, Heidelberg 1999; Teilband 4: M-Q, Heidelberg 2000; Teilband 5: R-S, Heidelberg 2002; Teilband 6, T-Z, Heidelberg 2005

EBERL, Klosterschüler II

Immo EBERL, Die Klosterschüler in Blaubeuren 1751-1810, in: BWKG, 80/81 (1980/81), S. 38-141

EBERL/MARCON

150 Jahre Promotion an der Wirtschaftswissenschaftlichen Fakultät der Universität Tübingen. Biographien der Doktoren, Ehrendoktoren und Habilitierten 1830-1980 (1984). Bearb. von Immo EBERL und Helmut MARCON im Auftrag der Wirtschaftswissenschaftlichen Fakultät der Eberhard-Karls-Universität Tübingen. Register von Claudia SCHMIDT, Stuttgart 1984

EHMER/KAMMERER

Hermann EHMER/Hansjörg KAMMERER, Biographisches Handbuch der Württembergischen Landessynode (Landeskirchentag) mit Landeskirchenversammlung und Beirat der Kirchenleitung 1869 bis zur Gegenwart. Im Auftrag des Vereins für Württembergische Landesgeschichte, Stuttgart 2005

FABER

Die Württembergischen Familien-Stiftungen nebst genealogischen Nachrichten über die zu denselben berechtigten Familien hg. von Ferdinand Friedrich FABER, Stuttgart 1853 ff. Neudruck mit Berichtigungen von Adolf RENTSCHLER, hg. vom Verein für Württembergische Familienkunde (e. V.), 20 Hefte in 5 Bänden, Stuttgart 1940 ff.

Familienbuch Autenrieth II

Hans AUTENRIETH/Werner GEBHARDT, Familien Autenrieth. Familienbuch Autenrieth II, mit Aufsätzen von Heinz AUTENRIETH, Werner GEBHARDT, Otto-Günther LONHARD und Gerd WUNDER, Stuttgart 2002

Führerlexikon

Das Deutsche Führerlexikon 1934/35, Berlin 1934

GÄNßLEN, Ratsadvokaten
Gerhard GÄNßLEN, Die Ratsadvokaten und Ratskonsulenten der Reichsstadt Ulm insbesondere ihr Wirken in den Bürgerprozessen am Ende des 18. Jahrhunderts (Forschungen zur Geschichte der Stadt Ulm 6), Ulm 1966

GBBE
Große Bayerische Enzyklopädie, hg. von Hans-Michael KÖRNER unter Mitarbeit von Bruno JAHN, 3 Bände, München 2005

GBP
Geschichte des Bayerischen Parlaments 1819-2003, hg. vom Haus der Bayerischen Geschichte, CD-ROM, Augsburg 2005 (online: URL: http://www.hdbg.de/parlament/content/index.html [mit Biographien bayer. Landtagsabgeordneter]

GEBHARDT, Bürgertum
Werner GEBHARDT, Bürgertum in Stuttgart. Beiträge zur „Ehrbarkeit" und zur Familie Autenrieth, Neustadt/Aisch 1999

GEBHARDT, Chronik I
Werner GEBHARDT, Chronik [I] des Feldstetter Sippenverbandes Autenrieth 1902-1965, Stuttgart 1974

GEBHARDT, Chronik II
Werner GEBHARDT, Chronik II des Feldstetter Sippenverbandes Autenrieth 1902-1965, Stuttgart 2001

GEHRING, List
Paul GEHRING, Friedrich List. Jugend- und Reifejahre 1789-1825. Mit einem Geleitwort von Oskar KALBFELL, Tübingen 1964

GEIGER, Holzschwang
Konrad GEIGER, Holzschwang - Hausen. Mit einer Ortsgeschichte von Konrad GEIGER und anderen Beiträgen, hg. vom Stadtarchiv Neu-Ulm, Neu-Ulm 2008

GEIGER, Reutti
Konrad GEIGER, Reutti und Jedelhausen. Mit einem Streifzug durch die Geschichte der Gemeinden, hg. vom Stadtarchiv Neu-Ulm, Neu-Ulm 2008

GEIGER, Zwischen Loyalität
Konrad GEIGER, Zwischen Loyalität und Widerstreben, Opportunismus und Ablehnung. Die Bezirksamtsvorstände und Landräte im Bezirk bzw. Landkreis Neu-Ulm 1918-1945, in: Geschichte im Landkreis Neu-Ulm, 2005, S. 113-122

GEORGII-GEORGENAU
Biographisch-Genealogische Blätter aus und über Schwaben von Eberhard von GEORGII-GEORGENAU, Stuttgart 1879

GERNER, Verfassung
Joachim GERNER, Vorgeschichte und Entstehung der württembergischen Verfassung im Spiegel der Quellen (1815-1819) (Veröffentlichungen der Kommission für geschichtliche Landeskunde in Baden-Württemberg, Reihe B 114), Stuttgart 1989

Geschichte der Tübinger Familie Camerer
Ludwig Wilhelm Otto CAMERER/Johann Friedrich Wilhelm CAMERER, Geschichte der Tübinger Familie Camerer von 1503 bis 1903, Stuttgart 1903

GGT (Freiherrl. Häuser)
Gothaisches Genealogisches Handbuch der Freiherrlichen Häuser. Zugleich Adelsmatrikel der im Ehrenschutzbunde des deutschen Adels verzeichneten Verbände, Gotha 1850 ff.

GGT (Gräfl. Häuser)
Gothaisches Genealogisches Handbuch der Gräflichen Häuser. Zugleich Adelsmatrikel der im Ehrenschutzbunde des deutschen Adels verzeichneten Verbände, Gotha 1850 ff.

GIES, Leube
Hans GIES, Die württembergischen Leube, Konstanz 1927

GNAHM, Giebel oder Traufe?
Andreas GNAHM, Giebel oder Traufe? Die Wiederaufbaukontroverse in Ulm nach dem Zweiten Weltkrieg (Kleine Reihe des Stadtarchivs Ulm 5), Ulm 2008

GRADMANN, Das gelehrte Schwaben
Das gelehrte Schwaben: oder Lexicon der jetzt lebenden schwäbischen Schriftsteller: voraus ein Geburtstags-Almanach und hintennach ein Ortsverzeichniß. Hg. von Johann Jacob GRADMANN. Im Verlag bey´m Verfasser 1802

GROLL, Augsburger Domkapitel
THOMAS GROLL, Das neue Augsburger Domkapitel. Von der Wiedererrichtung (1721) bis zum Ende des Zweiten Weltkriegs (1945). Verfassungs- und Personengeschichte (Münchener Theologische Studien, I. Historische Abt., 34), St. Ottilien 1996

Grundbuch der evangelischen Volksschule
Grundbuch der evangelischen Volksschule in Württemberg, hg. vom Württ. ev. Lehrerunterstützungsverein, Stuttgart 1914, ⁵1933

HARTMANN, Regierung und Stände
Regierung und Stände im Königreich Württemberg 1806-1894. Mit einem Anhang: Württembergische Bundestagsgesandte, Parlaments-Abgeordnete, Bevollmächtigte zum Bundesrat u. Mitglieder des Reichstags. Zusammengestellt von [Julius] HARTMANN (Abgeschlossen im Juli 1894), in: Württ. Jahrbücher 1894, Heft 1, S. 1-92

HAUF, Von der Armenkasse
Reinhard HAUF, Von der Armenkasse zum Universal-Kreditinstitut. 125 Jahre Kreis- und Stadtsparkasse Neu-Ulm 1860-1985, Weißenhorn 1985

HAUNFELDER, Die liberalen Reichstagsabgeordneten
Bernd HAUNFELDER, Die liberalen Reichstagsabgeordneten des Deutschen Reichstags 1871-1918. Ein Biographisches Handbuch, Münster 2004

Hauptregister
Alfred Eugen ADAM (Bearb.), Hauptregister über die Verhandlungen der Stände des Königreichs Württemberg auf den Landtagen von 1856 bis 1906. Nebst Übersicht über sämtliche Verhandlungen der Württembergischen Landstände, Stuttgart 1909

Haus Württemberg
Das Haus Württemberg. Ein biographisches Lexikon, hg. von Sönke LORENZ, Dieter MERTENS, Volker PRESS in Zusammenarbeit mit Christoph EBERLEIN, Andreas SCHMAUDER, Harald SCHUKRAFT und dem Institut für Geschichtliche Landeskunde und Historische Hilfswissenschaften der Eberhard-Karls-Universität Tübingen, Stuttgart 1997

HBWG
Handbuch der baden-württembergischen Geschichte. Im Auftrag der Kommission für geschichtliche Landeskunde in Baden-Württemberg hg. von Meinrad SCHAAB, Hansmartin SCHWARZMAIER u. a., 5 Bände (davon 2 Teilbände), Stuttgart 1992-2007

HbWL (1927)
Handbuch für den Württembergischen Landtag, Stuttgart 1927

HbWL (1931)
Handbuch für den Württembergischen Landtag, Stuttgart 1931

HEINZ, Mitbürger
Werner HEINZ, "Mitbürger, greifet zu den Waffen". Die Revolution von 1848/49 in Oberschwaben, Konstanz 1998

HEPACH, Königreich
Wolf-Dieter HEPACH, Ulm im Königreich Württemberg 1810-1848. Wirtschaftliche, soziale und persönliche Aspekte (Forschungen zur Geschichte der Stadt Ulm 16), Ulm 1979

HILB, Zeugnisse
Otto HILB, Zeugnisse zur Geschichte der Juden in Ulm. Erinnerungen und Dokumente, hg. vom Stadtarchiv Ulm, Ulm 1991

HOCHREUTHER
Ina HOCHREUTHER, Frauen im Parlament. Südwestdeutsche Abgeordnete seit 1919, hg. vom Landtag Baden-Württemberg, Stuttgart ²2002

HStHb
Hof- und Staatshandbuch des Königreichs Württemberg, Stuttgart 1806-1914
HUBER, Haßler
Hans HUBER, Conrad Dietrich Haßler und seine schwäbischen Landsleute in Tübingen. Quellen zur Geschichte der Landsmannschaft Ulmia zu Tübingen und zur Bürgergeschichte der Stadt Ulm im 19. Jahrhundert, Tübingen 2005

Ih
Heinrich IHME (Bearb.), Südwestdeutsche Persönlichkeiten. Ein Wegweiser zu Bibliographien und biographischen Sammelwerken (Veröffentlichung der Kommission für geschichtliche Landeskunde in Baden-Württemberg), 3 Teile, Stuttgart 1988 (1 und 2), 1997 (3)

JAHNS, Reichskammergericht
Sigrid JAHNS, Das Reichskammergericht und seine Richter. Verfassung und Sozialstruktur eines höchsten Gerichts im Alten Reich. Teil II, Biographien, Bände 1 und 2 (Quellen und Forschungen zur Höchsten Gerichtsbarkeit im Alten Reich 26), Köln 2003

JANS, Sozialpolitik
Hans-Peter JANS, Sozialpolitik und Wohlfahrtpflege in Ulm 1870-1930. Stadt, Verbände und Parteien auf dem Weg zur modernen Sozialstaatlichkeit (Forschungen zur Geschichte der Stadt Ulm 25), Ulm 1994

KALKOFF, NL-Parlamentarier
Nationalliberale Parlamentarier 1867-1917 des Reichstages und der Einzellandtage. Beiträge zur Parteigeschichte, hg. aus Anlaß des fünfzigjährigen Bestehens der nationalliberalen Partei Deutschlands von Hermann KALKOFF, Berlin 1917

Katalog Baden und Württemberg im Zeitalter Napoleons
Baden und Württemberg im Zeitalter Napoleons. Katalog zur Ausstellung, hg. vom Württ. Landesmuseum Stuttgart, 3 Bände, Stuttgart 1987

Katalog Materialien
Materialien zu den baulichen Anfängen der Stadt Neu-Ulm im 19. Jahrhundert. Dokumentation der Ausstellung „Im Schatten des Münsters. Neu-Ulm. Die baulichen Anfänge im 19. Jahrhundert", veranstaltet vom 18. Mai bis 10. Juni 1990 im Edwin-Scharff-Haus in Neu-Ulm, hg. vom Stadtarchiv der Stadt Neu-Ulm, bearb. von Barbara TREU. Mit einem Beitrag von Hellmut PFLÜGER: „Die Entwicklung des Neu-Ulmer Stadtplanprojektes und seine Beziehungen zum Befestigungsentwurf" (Dokumentationen des Stadtarchivs Neu-Ulm 4), Ulm 1993

KDLK
Kürschners Deutscher Literatur-Kalender (jeweils mit Erscheinungsjahr)

KEIL, Dokumentation
Heinz KEIL (Bearb.), Dokumentation über die Verfolgung der jüdischen Bürger von Ulm/Donau. Hergestellt im Auftrage der Stadt Ulm, [Ulm 1961, masch.]

KLARMANN, Offiziers-Stammliste
J[ohann] KLARMANN, Offiziers-Stammliste des Bayerischen Ingenieur-Corps 1744-1894, München 1896

KLEE, Kulturlexikon
Ernst KLEE, Das Kulturlexikon zum Dritten Reich. Wer war was vor und nach 1945, Frankfurt/Main 2007

KLEE, Personenlexikon
Ernst KLEE, Das Personenlexikon zum Dritten Reich. Wer war was vor und nach 1945, 2. durchgesehene Auflage, Frankfurt/Main 2003

KLEIN, Die akademischen Lehrer
Ernst KLEIN (Bearb.), Die akademischen Lehrer der Universität Hohenheim (Landwirtschaftliche Hochschule) 1818-1968 (Veröffentlichungen der Kommission für geschichtliche Landeskunde in Baden-Württemberg, Reihe B 45), Stuttgart 1968

KLÖPPING, Historische Friedhöfe
Karl KLÖPPING, Historische Friedhöfe Alt-Stuttgarts. Sankt Jakobus bis Hoppenlau. Ein Beitrag zur Stadtgeschichte mit Wegweiser zu den Grabstätten des Hoppenlaufriedhofs, Stuttgart 1991

KOCH, Handlexikon
Die Frankfurter Nationalversammlung 1848/49. Ein Handlexikon der Abgeordneten der deutschen verfassungsgebenden Reichs-Versammlung, hg. von Rainer KOCH, bearb. von Patricia STAHL unter Mitwirkung von Roland HOEDE, Leoni KRÄMER, Dieter SKALA im Auftrag der Arbeitsgruppe Paulskirche, Kelkheim 1989

KÖNIG, Menschen
Hans KÖNIG, Vergessen? Berühmt? Unsterblich? Menschen aus dem Limpurger Land. Lebensbilder aus fünf Jahrhunderten (Veröffentlichungen zur Ortsgeschichte und Heimatkunde in Württembergisch Franken 16), Schwäbisch Hall 1998

KÖRNER/KILGER, Igel-Verzeichnis
Hans KÖRNER, fortgeführt von Hartmut KILGER, Akademische Verbindung Igel Tübingen. Mitgliederverzeichnis, Stand Mai 1996, Reutlingen o. J. (1996)

KOHLHAAS, Chronik 1913-1918
Wilhelm KOHLHAAS, Chronik der Stadt Stuttgart 1913-1918 (Veröffentlichungen des Archivs der Stadt Stuttgart 16), Stuttgart 1967

KOHLHAAS, Chronik 1918-1933
Wilhelm KOHLHAAS, Chronik der Stadt Stuttgart 1913-1918 (Veröffentlichungen des Archivs der Stadt Stuttgart 17), Stuttgart 1964

KOLB/SCHÖNHOVEN
Eberhard KOLB/Klaus SCHÖNHOVEN, Regionale und lokale Räteorganisationen in Württemberg 1918/19, hg. von der Kommission für die Geschichte des Parlamentarismus und der politischen Parteien (Quellen zur Geschichte der Rätebewegung in Deutschland 1918/19, Band 2), Düsseldorf 1976

KOSCH, Biogr. Staatshandbuch
Wilhelm KOSCH, Biographisches Staatshandbuch. Lexikon der Politik, Presse und Publizistik. Fortgeführt von Eugen KURI, 2 Bände, Bern-München 1963

KOSCH, Das kath. Deutschland
Das Katholische Deutschland. Biographisch-bibliographisches Lexikon von Wilhelm KOSCH, 3 Bände (Aal-Schlüter; mehr nicht erschienen), Augsburg 1933

KRAUß, Schwäb. Literaturgeschichte
Richard KRAUß, Schwäbische Literaturgeschichte, 2 Bände, Freiburg im Breisgau-Leipzig-Tübingen 1899

LAUBACHER, Caritas
Anton LAUBACHER, Gelebte Caritas. Das Werk der Caritas in der Diözese Rottenburg-Stuttgart, Stuttgart-Aalen 1982

Lbb. aus Baden-Württemberg
Lebensbilder aus Baden-Württemberg. Im Auftrag der Kommission für geschichtliche Landeskunde in Baden-Württemberg hg. von Gerhard TADDEY und Joachim FISCHER, bis 2009 5 Bände erschienen, Stuttgart 1994 ff.

Lbb. aus Schwaben und Franken
Lebensbilder aus Schwaben und Franken. Im Auftrag der Kommission für geschichtliche Landeskunde in Baden-Württemberg hg. von Max MILLER und Robert UHLAND (Bände 7-11), seit Band 12 von Robert UHLAND, seit Band 16 von Gerhard TADDEY, seit Band 17 von Gerhard TADDEY und Joachim FISCHER, Stuttgart 1960 ff. Fortgesetzt 1994 mit Band 18 unter dem Titel Lebensbilder aus Baden-Württemberg (s. o.)

LEUBE, Tübinger Stift
Martin LEUBE, Das Tübinger Stift 1770-1950. Geschichte des Tübinger Stifts, Stuttgart 1954

LILLA, Der Bayerische Landtag
Joachim LILLA, Der Bayerische Landtag 1918/19 bis 1933. Wahlvorschläge - Zusammensetzung - Biographien. Hg. von der Kommission für bayerische Landesgeschichte bei der Bayerischen Akademie der Wissenschaften (Materialien zur bayerischen Landesgeschichte 21), St. Ottilien 2008

LILLA, Reichsrat
Joachim LILLA, Der Reichsrat. Vertretung der deutschen Länder bei der Gesetzgebung und Verwaltung des Reichs 1919-1934. Ein biographisches Handbuch. Unter Einziehung des Bundesrates Nov. 1918 – Febr. 1919 und des Staatenausschusses Febr. 1919 - Aug. 1919 (Handbücher zur Geschichte des Parlamentarismus und der politischen Parteien 14), Düsseldorf 2006

LILLA, Statisten in Uniform
Joachim LILLA (Bearb.) unter Mitarbeit von Martin DÖRING und Andreas SCHULZ, Statisten in Uniform. Die Mitglieder des Reichstags 1933-1945. Ein biographisches Handbuch. Unter Einbeziehung der völkischen und nationalsozialistischen Reichstagsabgeordneten ab Mai 1924, Düsseldorf 2004

LINCK-PELARGUS
R. LINCK-PELARGUS, 60 Jahre Stuttgarter Pragfriedhof. Eine Erinnerungsschrift mit Beschreibung von 700 Gräbern bedeutender Persönlichkeiten Stuttgarts, Stuttgart 1933

LONHARD, Familienbuch Blaubeuren
Otto-Günter LONHARD, Familienbuch der Stadt Blaubeuren, 2 Bände, im Selbstverlag des Bearbeiters, o. O. 2004

LOTTER, Schall
Carl LOTTER, Stammbaum der Familie Schall von Erpfingen, Ludwigsburg und Dürrmenz, Stuttgart 1913

Magisterbuch, zitiert mit der jeweiligen Folge und Erscheinungsjahr
Magisterbuch [enthaltend biographische Angaben zu württ. Geistlichen, die an der Universität Tübingen das I. theol. Examen bestanden haben], Stuttgart bzw. Tübingen 1765-1971

MAIER, Nachfahrentafel Schott
Nachfahrentafel des Göppinger Vogts Georg Sigmund Schott. Bearb. im Auftrag des Schott´schen Familientages von Wilhelm MAIER, Oberamtmann a. D., Ulm 1930

MANN, Württemberger
Bernhard MANN, Die Württemberger und die deutsche Nationalversammlung 1848/49 (Beiträge zur Geschichte des Parlamentarismus und der politischen Parteien 57), Düsseldorf 1975

MAYER, Die evangelische Kirche
Eberhard MAYER, Die evangelische Kirche in Ulm 1918-1945 (Forschungen zur Geschichte der Stadt Ulm 26), Ulm 1998

MITTAG, SPD-Fraktion
Jürgen MITTAG, Die württembergische SPD in der Weimarer Republik. Eine sozialdemokratische Landtagsfraktion zwischen Revolution und Nationalsozialismus, Vierow bei Greifswald 1997

MOSER, Württemberger im Weltkrieg
Otto von MOSER, Die Württemberger im Weltkriege. Ein Geschichts-, Erinnerungs- und Volksbuch, 2., erweiterte Auflage, Stuttgart 1928

MÜLLER, Gesamtübersicht
Karl Otto MÜLLER (Bearb.), Gesamtübersicht über die Bestände der staatlichen Archive Württembergs in planmäßiger Einteilung (Veröffentlichungen der württembergischen Archivverwaltung, H. 2), Stuttgart 1937

MUT
Die Matrikeln der Universität Tübingen, 5 Bände, Stuttgart 1906 (1), 1931 (Register), Tübingen 1953 (2 und 3), Tübingen 1954 (Register), im Auftrag bzw. in Verbindung mit der Württ. Kommission für Landesgeschichte und der Universitätsbibliothek Tübingen hg. bzw. bearb. von Heinrich HERMELINK, Georg CRAMER, Albert BÜRK, Wilhelm WILLE

NANNINGA, Wählen
Folkert NANNINGA, Wählen in der Reichsgründungsepoche. Die Landtagswahlen vom 8. Juli 1868 und 5. Dezember 1870 im Königreich Württemberg (Veröffentlichungen der Kommission für geschichtliche Landeskunde in baden-Württemberg, Reihe B 157), Stuttgart 2004

NDB
Neue Deutsche Biographie. Hg. von der Historischen Kommission bei der Bayerischen Akademie der Wissenschaften, Bände 1 bis 23, Berlin 1953-2007

NEBINGER, Die ev. Prälaten
Gerhart NEBINGER, Die ev. Prälaten, Dekane und Münsterpfarrer in Ulm 1800 bis 1977, in: Hans Eugen SPECKER/Reinhard WORTMANN, 600 Jahre Ulmer Münster. Festschrift (Forschungen zur Geschichte der Stadt Ulm 19), Ulm ²1984, S. 563-600 und S. 616 ff. [Nachträge]

NEHER ⁴1909
Alfons NEHER, Personal-Katalog der seit 1845 ordinierten und z. Zt. in der Seelsorge verwendeten geistlichen Kurse des Bistums Rottenburg nebst einer Sozialstatistik der Landesgeistlichkeit, Stuttgart ⁴1909

Neuer Nekrolog der Deutschen
August SCHMIDT/Bernhard Friedrich VOIGT (Hgg.), Neuer Nekrolog der Deutschen, 30 Bände, Ilmenau 1824-1856

NUZ
Neu-Ulmer Zeitung

NWDB
Walther PFEILSTICKER (Bearb.), Neues Württembergisches Dienerbuch, 3 Bände, Stuttgart 1957, 1963, 1974

OAB
Beschreibung des Oberamts, zitiert mit jeweiliger Bezeichnung des Oberamts und Jahreszahl der Publikation

OHM, Augenblicke
Eduard OHM, Neu-Ulm. Augenblicke aus dem Leben einer Stadt, Neu-Ulm 1984

OHM, Geschichten
Eduard OHM, Neu-Ulmer Geschichten. Von den historischen Anfängen bis 1914, Augsburg 1987

Personalkatalog Rottenburg 1938
Allgemeiner Personalkatalog der seit 1880 (1845) ordinierten geistlichen Kurie des Bistums Rottenburg, hg. vom Bischöflichen Ordinariat, Rottenburg 1938

PFEIFFER, Hoppenlau-Friedhof
Berthold PFEIFFER, Der Hoppenlau-Friedhof in Stuttgart, Stuttgart 1912

PFIZER, Schatten
Theodor PFIZER, Im Schatten der Zeit 1904-1948 (Lebendige Vergangenheit 7), Stuttgart 1979

PHILIPP, Germania
Karl PHILIPP, Burschenschaft Germania Tübingen. Gesamtverzeichnis, o. O., o. J. [Stuttgart 1989]

PHILIPPI, Königreich
Hans PHILIPPI, Das Königreich Württemberg im Spiegel der preußischen Gesandtschaftsberichte 1871-1914 (Veröffentlichungen der Kommission für geschichtliche Landeskunde in Baden-Württemberg, Reihe B 65), Stuttgart 1972

POTTHOFF/WENZEL
Heinrich POTTHOFF/Rüdiger WENZEL (Bearbb.), Handbuch der politischen Institutionen und Organisationen 1945-1949 (Handbücher zur Geschichte des Parlamentarismus und der politischen Parteien 1), Düsseldorf 1983

QUARTHAL/WIELAND
Franz QUARTHAL, Georg WIELAND, in Zusammenarbeit mit Birgit DÜRR, Die Behördenorganisation Vorderösterreichs von 1753 bis 1805 und die Beamten in Verwaltung, Justiz und Unterrichtswesen (Veröffentlichung des Alemannischen Instituts Freiburg im Breisgau 43), Bühl (Baden) 1977

RABERG, Biogr. Handbuch
Frank RABERG (Bearb.), Biographisches Handbuch der württembergischen Landtagsabgeordneten 1815-1933 (Veröffentlichung der Kommission für geschichtliche Landeskunde in Baden-Württemberg), Stuttgart 2001

RABERG, Kabinettsprotokolle WüHoz I
Frank RABERG (Bearb.), Die Protokolle der Regierung von Württemberg-Hohenzollern, Erster Band: Das Erste und Zweite Staatssekretariat Schmid 1945-1947 (Kabinettsprotokolle von Baden, Württemberg-Baden und Württemberg-Hohenzollern 1945-1952, III./1), Stuttgart 2004

RABERG, Kabinettsprotokolle WüHoz II
Frank RABERG (Bearb.), Die Protokolle der Regierung von Württemberg-Hohenzollern, Zweiter Band: Das Kabinett Bock 1947-1948 (Kabinettsprotokolle von Baden, Württemberg-Baden und Württemberg-Hohenzollern 1945-1952, III./2), Stuttgart 2008

RADSPIELER, 100 Jahre
Hans RADSPIELER, Von der Kgl. Realschule zum Gymnasium. 100 Jahre Höhere Schule in Neu-Ulm 1880-1980, Neu-Ulm 1980

RAPP, Egelhaaf
Adolf RAPP, Lebens-Erinnerungen von Gottlob Egelhaaf (Veröffentlichungen der Kommission für geschichtliche Landeskunde in Baden-Württemberg, Reihe A 5), Stuttgart 1960

RAPP, Württemberger und nationale Frage
Adolf RAPP, Die Württemberger und die nationale Frage 1863-1871 (Darstellungen aus der Württembergischen Geschichte 4), Stuttgart 1910

Reichshandbuch
Reichshandbuch der deutschen Gesellschaft. Das Handbuch der Persönlichkeiten in Wort und Bild, 2 Bände, Berlin 1930 und 1931

RIEBER/JAKOB, Volksbank
Albrecht RIEBER in Zusammenarbeit mit Bankvorstand Hans JAKOB, 100 Jahre Ulmer Volksbank, hg. von der Ulmer Volksbank eGmbH, Ulm 1963

RIECKE, Verfassung und Landstände
[Karl von] RIECKE, Verfassung und Landstände. Die direkten Steuern, in: Württ. Jahrbücher 1879, S. 1-71

RJKG
Rottenburger Jahrbuch für Kirchengeschichte, Bände 1 (1982) bis 26 (2007)

ROß, Reichsrätekongresse
Sabine ROß, Biographisches Handbuch der Reichsrätekongresse 1918/19 (Handbücher zur Geschichte des Parlamentarismus und der politischen Parteien 11), Düsseldorf 2000

ROTERMUND, Zwischen Gleichschaltung
Gisela ROTERMUND, Zwischen Gleichschaltung und Selbstbehauptung. Das Realgymnasium Ulm 1933-1945, Ulm 1997

RtHb
Reichstags-Handbuch, ab der 1. Legislaturperiode 1871, Berlin 1871 ff.

RUCK, Korpsgeist
Michael RUCK, Korpsgeist und Staatsbewußtsein. Beamte im deutschen Südwesten 1928 bis 1972 (Nationalsozialismus und Nachkriegszeit in Südwestdeutschland 4), München 1996

RUMMEL, Friedensbewegung
Andrea RUMMEL, „Und der Friedensgedanke marschiert auch in Ulm". Die Ulmer Friedensbewegung vor 1933. Diplomarbeit am Lehrstuhl für Politische Wissenschaft und Zeitgeschichte der Universität Mannheim, Mannheim 1996

RUMSCHÖTTEL/ZIEGLER
Hermann RUMSCHÖTTEL/Walter ZIEGLER (Hgg.), Staat und Gaue in der NS-Zeit. Bayern 1933-1945, München 2004

RUNGE, Volkspartei
Gerlinde RUNGE, Die Volkspartei in Württemberg. Die Erben der 48er Revolution im Kampf gegen die preußisch-kleindeutsche Lösung der nationalen Frage (Veröffentlichungen der Kommission für geschichtliche Landeskunde in Baden-Württemberg, Reihe B 62), Stuttgart 1970

SCHAAB, Staatliche Förderung
Meinrad SCHAAB (Hg.), Staatliche Förderung und wissenschaftliche Unabhängigkeit der Landesgeschichte. Beiträge zur Geschichte der Historischen Kommissionen im deutschen Südwesten (Veröffentlichungen der Kommission für geschichtliche Landeskunde in Baden-Württemberg, Reihe B 131), Stuttgart 1995

SCHÄRL, Beamtenschaft
Walter SCHÄRL, Die Zusammensetzung der bayerischen Beamtenschaft von 1806 bis 1918 (Münchener Historische Studien, Abteilung bayerische Geschichte 1), Kallmünz 1955

Schematismus (mit jeweiligem Jahrgang)
Schematismus der Geistlichkeit des Bistums Augsburg für das Jahr 1831, 1832 ff., Augsburg 1831, 1832 ff.

SCHIMPF, Stammtafeln Feuerlein
Theodor SCHIMPF (Bearb.), Stammtafeln der Nachkommen von Regierungsrat Carl Friedrich Feuerlein, Calw 1933

SCHMID, Verfassung
Erich SCHMID (Hg.), Verfassung des Volksstaates Württemberg, Stuttgart 1919

SCHMIDGALL, Burschenschafterlisten
Georg SCHMIDGALL, Tübinger Burschenschafterlisten 1816-1936 (Burschenschafterlisten. Geschichte und Mitgliederverzeichnisse der burschenschaftlichen Verbindungen im großdeutschen Raum 1815-1936. Im Auftrage der burschenschaftlichen Geschichtsforschung hg. von Paul WENTZCKE, Erster Band: Altösterreich und Tübingen), Görlitz 1940, S. 25-219

SCHMIDT, Demokratie
Uwe SCHMIDT, „Ein redlicher Bürger redet die Wahrheit frei und fürchtet sich vor niemand". Eine Geschichte der Demokratie in Ulm, Aschaffenburg 2007

SCHMIDT, Kurzbiographien
Sabine SCHMIDT, Kurzbiographien, in: SPECKER, Ulm im Zweiten Weltkrieg, S. 458-482

SCHMIDT, Langenau
Uwe SCHMIDT, Die Geschichte der Stadt Langenau von den Römern bis heute, hg. von der Stadt Langenau, Stuttgart 2000

SCHMIDT, Revolution
Uwe SCHMIDT, Südwestdeutschland im Zeichen der Französischen Revolution. Bürgeropposition in Ulm, Reutlingen und Esslingen (Forschungen zur Geschichte der Stadt Ulm 23), Ulm 1993

SCHMITT, Münsterbibliographie
Elmar SCHMITT, Münsterbibliographie. Kommentiertes Gesamtverzeichnis aller Schriften über das Ulmer Münster, 2., wesentlich erweiterte und umgearbeitete Auflage. Mit einem Beitrag von Otto BORST: Die Kirche als Zeigefinger, Weißenhorn 1990

SCHMITT, Wohlersche Buchhandlung
Elmar SCHMITT, Die Wohlersche Buchhandlung in Ulm 1685-1985. Ihr verlegerisches und buchhändlerisches Wirken (Veröffentlichungen der Stadtbibliothek Ulm 6), Weißenhorn 1985

SCHMÖGER, Der Bayerische Senat
Helga SCHMÖGER (Bearb.), Der Bayerische Senat. Biographisch-statistisches Handbuch 1947-1997 (Handbücher zur Geschichte des Parlamentarismus und der politischen Parteien 10), Düsseldorf 1997

SCHNABEL, Württemberg
Thomas SCHNABEL, Württemberg zwischen Weimar und Bonn 1928-1945/46 (Schriften zur politischen Landeskunde Baden-Württembergs 13), Stuttgart-Berlin-Köln-Mainz 1986

SCHNEIDER-HORN, Die Tübinger Franken
W[ilhelm]. H[einrich]. SCHNEIDER-HORN, Die Tübinger Franken. Geschichte des Corps Franconia zu Tübingen, Tübingen 1969

SCHRÖDER, SPD-Parlamentarier
Wilhelm Heinz SCHRÖDER, Sozialdemokratische Parlamentarier in den deutschen Reichs- und Landtagen 1867-1933. Biographien-Chronik-Wahldokumentation. Ein Handbuch (Handbücher zur Geschichte des Parlamentarismus und der politischen Parteien 7), Düsseldorf 1995

SCHULER, Autenrieth
Chronik und Stammtafeln der Familien Autenrieth. Quellenmäßig erforscht und dargeboten von Stadtpfarrer [Hugo] SCHULER. Als Manuskript gedruckt 1925, ³1989

SCHULTES, Chronik
D[avid] A[ugust] SCHULTES, Chronik von Ulm von den Zeiten Karls des Großen bis auf die Gegenwart (1880), Ulm 1881

SCHUMACHER, M.d.B.
Martin SCHUMACHER (Hg.), Volksvertretung im Wiederaufbau 1946-1961. Bundestagskandidaten und Mitglieder der westzonalen Vorparlamente. Eine biographische Dokumentation, Düsseldorf 2000

SCHUMACHER, M.d.L.
Martin SCHUMACHER (Hg.), M.d.L. Das Ende der Parlamente 1933 und die Abgeordneten der Landtage und Bürgerschaften der Weimarer Republik in der Zeit des Nationalsozialismus. Politische Verfolgung, Emigration und Ausbürgerung 1933-1945. Ein biographischer Index (Veröffentlichung der Kommission für Geschichte des Parlamentarismus und der politischen Parteien), Düsseldorf 1995

SCHUMACHER, M.d.R.
Martin SCHUMACHER (Hg.), M.d.R. Die Reichstagsabgeordneten der Weimarer Republik in der Zeit des Nationalsozialismus. Politische Verfolgung, Emigration und Ausbürgerung 1933-1945. Eine biographische Dokumentation. Mit einem Forschungsbericht zur Verfolgung deutscher und ausländischer Parlamentarier im nationalsozialistischen Herrschaftsbereich (Veröffentlichung der Kommission für Geschichte des Parlamentarismus und der politischen Parteien), 3., erheblich erweiterte und überarbeitete Auflage, Düsseldorf 1994

SCHWABE, Regierungen
Klaus SCHWABE (Hg.), Die Regierungen der deutschen Mittel- und Kleinstaaten 1815-1933 (Büdinger Forschungen zur Sozialgeschichte 1980; Deutsche Führungsschichten in der Neuzeit 14), Boppard am Rhein 1983

Schwäb. Lebensbilder
Schwäbische Lebensbilder. Im Auftrag der Württembergischen Kommission für Landesgeschichte hg. von Hermann HAERING und Otto HOHENSTATT, seit Band 5 von Hermann HAERING, Band 6 im Auftrag der Kommission für geschichtliche Landeskunde in Baden-Württemberg hg. von Max MILLER und Robert UHLAND. Bis 1957 6 Bände erschienen, Stuttgart 1940 ff. Fortgesetzt 1960 mit Band 7 unter dem Titel „Lebensbilder aus Schwaben und Franken" (s. o.)

SCHWARZ, MdR (1965)
Max SCHWARZ, Biographisches Handbuch der Reichstage (1848/49 bis 1933), Hannover 1965

SIGEL
Das Evangelische Württemberg, 2. Hauptteil: Generalmagisterbuch. Mitteilungen aus dem Leben der evangelischen Geistlichen von der Reformation bis auf die Gegenwart. Gesammelt und bearbeitet von Pfarrer i. R. Christian SIGEL [zitiert nach den Exemplaren in der Württ. Landesbibliothek Stuttgart]

SIMON, Ulmer Presse
Hermann SIMON, Geschichte der Ulmer Presse von den Anfängen bis zum Beginn des 20. Jahrhunderts, phil. Diss., München 1954 (masch.)

SK
Schwäbische Kronik, des Schwäbischen Merkurs zweite Abteilung, Stuttgart 1785 ff.

SM
Schwäbischer Merkur, Stuttgart 1785 ff.

SPECKER, Bestände
Hans Eugen SPECKER (Hg.), Die Bestände des Stadtarchivs Ulm (Forschungen zur Geschichte der Stadt Ulm, Reihe Dokumentation 11), Ulm 2002

SPECKER, Großer Schwörbrief
Hans Eugen SPECKER (Hg.), Die Ulmer Bürgerschaft auf dem Weg zur Demokratie. Zum 600. Jahrestag des Großen Schwörbriefs. Begleitband zur Ausstellung (Forschungen zur Geschichte der Stadt Ulm, Reihe Dokumentation 10), Ulm 1997

SPECKER, Tradition und Wagnis
Hans Eugen SPECKER (Hg.), Tradition und Wagnis. Ulm 1945-1972. Theodor Pfizer als Festschrift gewidmet (Forschungen zur Geschichte der Stadt Ulm 12), Ulm 1974

SPECKER, Ulm im 19. Jahrhundert
Hans Eugen SPECKER (Hg.), Ulm im 19. Jahrhundert. Aspekte aus dem Leben der Stadt. Zum 100. Jahrestag der Vollendung des Ulmer Münsters. Begleitband zur Ausstellung (Forschungen zur Geschichte der Stadt Ulm, Reihe Dokumentation 7), Ulm 1990

SPECKER, Ulm im Zweiten Weltkrieg
Hans Eugen SPECKER (Hg.), Ulm im Zweiten Weltkrieg (Forschungen zur Geschichte der Stadt Ulm, Reihe Dokumentation 6), Ulm 1995

SPECKER/TÜCHLE
Hans Eugen SPECKER/Hermann TÜCHLE (Hgg.), Kirchen und Klöster in Ulm. Ein Beitrag zum katholischen Leben in Ulm und Neu-Ulm von den Anfängen bis zur Gegenwart, Ulm 1979

Staatsanzeiger
Staats-Anzeiger für das Königreich Württemberg, Stuttgart 1850-1918
Staats-Anzeiger für Württemberg, Stuttgart 1919-1934

Staatshandbuch
Königlich Württembergisches Hof- und Staats-Handbuch, Stuttgart 1806-1914, fortgeführt 1922 und 1928 als „Staats-Handbuch für Württemberg"

Stadtlexikon Schwäbisch Hall
Alexandra KAISER/Jens WIETSCHORKE, unter Mitarbeit von Moritz EGE und Christian MARCHETTI, Kulturgeschichtliches Stadtlexikon Schwäbisch Hall, Künzelsau 2006

StadtMenschen
Stadtarchiv Ulm (Michael WETTENGEL/Gebhard WEIG, Hgg.), StadtMenschen. 1150 Jahre Ulm: Die Stadt und ihre Menschen, Ulm 2004

Stammbuch Magirus
Stammbuch Magirus 1500-1940. Familiengeschichtlich bearbeitet von A. RENTSCHLER, Pfarrer in Möglingen, mit Lebensskizzen nach Mitteilungen aus Familienkreisen, [Stuttgart] 1940

Stammfolge Pfleiderer
Die Stammfolge der Pfleiderer, hg. vom Familienverband Pfleiderer, Stuttgart. Abgeschlossen 1937, Vaihingen auf den Fildern o. J.

STRAUSS, Lebenszeichen
Walter STRAUSS (Hg.), Lebenszeichen. Juden aus Württemberg nach 1933, Gerlingen 1982

STRECKER/MARCON
200 Jahre Wirtschafts- und Staatswissenschaften an der Eberhard-Karls-Universität Tübingen. Leben und Werk der Professoren. Die Wirtschaftswissenschaftliche Fakultät der Universität Tübingen und ihre Vorgänger (1817-2002), hg. und bearb. von Helmut MARCON und Heinrich STRECKER unter Mitarbeit von Günter RANDECKER im Auftrag der Wirtschaftswissenschaftlichen Fakultät der Eberhard-Karls-Universität Tübingen, 2 Bände, Stuttgart 2004

StRegbl.
Staats- und Regierungsblatt Württemberg

Suevia Tübingen
Suevia Tübingen 1831-1931, hg. von Heinz HOWALDT, 3 Bände, Tübingen 1931

SWDB
Südwestdeutsche Blätter für Familien- und Wappenkunde. Hg. vom Verein für Familien- und Wappenkunde in Württemberg und Baden e. V. Stuttgart

SWP (Ulm)
Südwest Presse (Ulm)

TEUBER, Ortsfamilienbuch Neu-Ulm
Edwin TEUBER, Ortsfamilienbuch Neu-Ulm, Landkreis Neu-Ulm (Deutsche Ortssippenbücher der Zentralstelle für Personen und Familiengeschichte Berlin/Frankfurt am Main, Reihe A 297), 2 Bände, Neu-Ulm 2001

Theaterlexikon
Christoph TRILSE, Klaus HAMMER, Rolf KABEL (Hgg.), Theaterlexikon, Berlin ²1977

THIEME-BECKER
Ulrich THIEME/Felix BECKER (Hgg.), Allgemeines Lexikon der bildenden Künste von der Antike bis zur Gegenwart, 37 Bände, Leipzig 1907-1950

TRAUTHIG, Im Kampf
Michael TRAUTHIG, Im Kampf um Glauben und Kirche. Eine Studie über Gewaltakzeptanz und Krisenmentalität der württembergischen Protestanten zwischen 1918 und 1933 (Schriften zur südwestdeutschen Landeskunde 27), Leinfelden-Echterdingen 1999

TREU, Gerlenhofen
Barbara TREU (Red.), Gerlenhofen. Beiträge zur Geschichte im 19. und 20. Jahrhundert (Dokumentationen des Stadtarchivs Neu-Ulm 8), hg. vom Stadtarchiv Neu-Ulm aus Anlaß der 25jährigen Zugehörigkeit Gerlenhofens zur Stadt Neu-Ulm 1997, Ulm 1997

TREU, Neu-Ulm
Stadt Neu-Ulm 1869-1994. Texte und Bilder zur Geschichte (Dokumentationen des Stadtarchivs Neu-Ulm 6), hg. im Auftrag der Stadt Neu-Ulm von Barbara TREU. Aus Anlaß des 125jährigen Jubiläums der Erhebung zur Stadt. Stadtarchiv Neu-Ulm, Ulm 1994

TREU, Pfuhl
Barbara TREU (Red.), Pfuhl 1244-1994. Mit einer Ortsgeschichte von Anton AUBELE und weiteren Beiträgen (Dokumentationen des Stadtarchivs Neu-Ulm 5), hg. von der Stadt Neu-Ulm aus Anlaß der 750-Jahrfeier des Stadtteiles Pfuhl Neu-Ulm 1997, Ulm 1994

TREU, Steinheim
Barbara TREU (Red.), Steinheim 1285-1985 mit einer Ortsgeschichte von Anton AUBELE und anderen Beiträgen (Dokumentationen des Stadtarchivs Neu-Ulm [1]), hg. vom Stadtarchiv Neu-Ulm aus Anlaß der Ausstellung „700 Jahre Steinheim" vom 6. bis 9. Juni 1985, Weißenhorn 1985

UBC
Karl HÖHN (Hg.), Ulmer Bilder-Chronik, 6 Bände (davon 2 Teilbände, 5a und 5b), Ulm 1929 ff.

UNGERICHT
Hansmartin UNGERICHT, Der Alte Friedhof in Ulm. Bestattungsriten, Planungen und Grabmale (Forschungen zur Geschichte der Stadt Ulm, Reihe Dokumentation 3), Ulm 1980

Unsere Neue Kammer
Unsere Neue Kammer. Württembergischer Landtagsalmanach für 1895-1901, Stuttgart 1895

UO
Ulm und Oberschwaben. Zeitschrift für Geschichte und Kunst, ab Bd. 55 ZS für Geschichte, Kunst und Kultur, 56 Bände, Ulm 1891 ff.

VKZG
Veröffentlichungen der Kommission für Zeitgeschichte

VOLLMER
Hans VOLLMER (Hg.), Allgemeines Lexikon der bildenden Künstler des 20. Jahrhunderts, Leipzig 1953 ff.

VWKA
Verhandlungen der Württembergischen Kammer der Abgeordneten, Stuttgart 1820 bis 1918

WAGNER, Hohe Carlsschule
Heinrich WAGNER, Geschichte der Hohen Carls-Schule, 2 Bände und ein Ergänzungsband, Würzburg 1856-1858

WAIBEL, Gemeindewahlen
Raimund WAIBEL, Gemeindewahlen in Ulm (1817-1900). Ein Beitrag zur Geschichte der politischen Basis der bürgerlichen Selbstverwaltung im 19. Jahrhundert, in: UO 47/48 (1991), S. 254-373

WB I
Württembergische Biographien unter Einbeziehung hohenzollerischer Persönlichkeiten, Band I, hg. im Auftrag der Kommission für geschichtliche Landeskunde in Baden-Württemberg von Maria Magdalena RÜCKERT, Stuttgart 2006

WEBER, Schicksal
Reinhard WEBER, Das Schicksal der jüdischen Anwälte in Bayern nach 1933, hg. vom Bayerischen Staatsministerium der Justiz, Rechtsanwaltskammern München, Nürnberg und Bamberg, Pfälzische Rechtsanwaltskammer Zweibrücken, München 2006

WEBER/HERBST, Deutsche Kommunisten
Hermann WEBER/Andreas HERBST, Deutsche Kommunisten. Biographisches Handbuch 1918 bis 1945, Berlin 2004

WEIK ⁷2003
Josef WEIK, Die Landtagsabgeordneten in Baden-Württemberg 1946 bis 2003, mit einem Verzeichnis der Mitglieder der badischen und württembergischen Landtage 1919 bis 1933. 7., fortgeschriebene und umfangreich ergänzte Auflage von Günther BRADLER und Luzia STEPHANI. Stand: Nov. 2003, hg. vom Landtag von Baden-Württemberg, Stuttgart 2003

WEIMAR, Rundgang
Eugen WEIMAR (Hg.), Rundgang durch den „Alten Teil" des Neu-Ulmer Friedhofs. Familiengeschichte Stadtgeschichte Themenrundgänge, o. O., o. J. [zitiert nach dem im StadtA Neu-Ulm befindlichen Exemplar]

WEIMAR, Wegweiser
Eugen WEIMAR (Hg.), Wegweiser durch den alten Teil des Neu-Ulmer Friedhofs, bisher unveröffentlichtes Manuskript, Exemplar im StadtA Neu-Ulm, B 2009/2024 NSC 133

WEIß, Personenlexikon
Hermann WEIß (Hg.), Personenlexikon 1933-1945, Wien 2003 [Lizenzausgabe des 1998 erstmals unter dem Titel „Biographisches Lexikon zum Dritten Reich" erschienenen Werkes], Frankfurt/Main 1998

WENZEL, Wirtschaftsführer
Deutscher Wirtschaftsführer. Lebensgänge deutscher Wirtschaftspersönlichkeiten. Ein Nachschlagewerk über 13000 Wirtschafts-persönlichkeiten unserer Zeit, bearb. unter Förderung wirtschaftlicher Organisationen der Industrie und des Handels von Georg WENZEL, Hamburg-Berlin-Leipzig 1929

Wer ist´s?
Wer ist´s? Begründet, hg. und redigiert von Hermann A. L. DEGENER [zitiert mit Bandzahl und jeweiliger Jahreszahl]

WEYERMANN I
Albrecht WEYERMANN, Nachrichten von Gelehrten, Künstlern und andern merkwürdigen Personen aus Ulm, Ulm 1798

WEYERMANN II
Albrecht WEYERMANN, Neue historisch-biographisch-artistische Nachrichten von Gelehrten und Künstlern, auch alten und neuen adelichen und bürgerlichen Familien aus der vormaligen Reichsstadt Ulm. Fortsetzung der Nachrichten von Gelehrten, Künstlern und andern merkwürdigen Personen aus Ulm, Ulm 1829

WILHELM, Die württ. Polizei
Friedrich WILHELM, Die württembergische Polizei im Dritten Reich, phil. Diss., Universität Stuttgart 1989 (Selbstverlag des Verf.)

WINTERHALDER
Heinz WINTERHALDER, Ämter und Amtsleiter der Kameral- und Steuerverwaltung in Baden-Württemberg. Kameralämter und Finanzämter; Staatsrentämter und Staatliche Liegenschaftsämter; Hofkameralämter. Teil 1: Württemberg, als Manuskript publiziert, Freiburg im Breisgau 1976 [zitiert nach dem Exemplar in der Württ. Landesbibliothek Stuttgart]

WISTRICH
Robert WISTRICH, Wer war wer im Dritten Reich. Anhänger, Mitläufer, Gegner aus Politik, Wirtschaft, Militär, Kunst und Wissen-schaft, München 1983

WL 1912-1917
Der Württembergische Landtag 1912-1917, Stuttgart 1913

WN
Württembergischer Nekrolog für die Jahre 1913-1921, 7 Bände, Stuttgart 1915-1929

Württ. Jahrbücher
Württembergische Jahrbücher für Statistik und Landeskunde, hg. vom Kgl. Statistisch-Topographischen Bureau, Stuttgart 1818 ff.

WURZBACH
Biographisches Lexikon des Kaiserthums Österreich, enthaltend die Lebensskizzen der denkwürdigen Personen, welche 1750 bis 1850 im Kaiserstaate und in seinen Kronländern gelebt haben. Von Dr. Constant von WURZBACH, 60 Teile, Wien 1856-1891

WZRV
Württ. Zeitschrift für Rechts- und Verwaltungspflege

ZBLG
Zeitschrift für Bayerische Landesgeschichte

ZHG
Zeitschrift für Hohenzollerische Geschichte

ZIEGLER, Fangelsbachfriedhof
Hermann ZIEGLER, Fangelsbach-Friedhof (Friedhöfe in Stuttgart 5; Veröffentlichungen des Archivs der Stadt Stuttgart 61), Stutt-gart 1994

ZWLG
Zeitschrift für Württembergische Landesgeschichte

Register

I. Namen

Das Namensregister umfasst die im Hauptteil genannten Personennamen. Persönlichkeiten mit einem eigenen Eintrag im biographischen Hauptteil sind fett gedruckt, ebenso die auf den Eintrag verweisende Seitenzahl. Weibliche Persönlichkeiten sind unter ihrem Geburtsnamen mit einem Verweis auf den Namen nach der Eheschließung aufgeführt, bei letzterem Eintrag ist der Hinweis auf die Seitenzahl zu finden. Bei Nachnamen von Personen, deren Vornamen nicht ermittelt wurde, folgt – soweit ermittelt – zur näheren Bestimmung die Berufsbezeichnung. Bei namensgleichen Personen wird, soweit sicher ermittelt, die jeweils ältere zuerst genannt. In Fußnoten erscheinende Namen von Persönlichkeiten werden mit Seite und Fußnotennummer angegeben.

Nicht verzeichnet sind die in den „Biografischen Skizzen" im Anhang enthaltenen Namen sowie die Namen von Verfassern und Herausgebern von unter W und L aufgeführten Publikationen.

Abb, Maria, Dr., →Sitzler, Maria, Dr.
Abbe, Ernst, 62
Abegg, Louise, →Geib, Louise
Abel, Jakob Friedrich, Dr., 19
Abel, Julie, →Essich, Julie
Abel, Johann Friedrich August (von), 92, 419
Abel, Karl August (von), 234
Abel, Marie, →Starkloff, Marie von
Abel, Wilhelmine, 92, 419
Abele, Albertina Luise von, 1
Abele, Albrecht Ludwig, 1
Abele, Brigitte, geb. Schmid, Dr., 375
Abele, Carl Johann Joseph (von), 1
Abele, Johann Martin von, Dr., 1
Abele, Johannes, 1
Abele, Karoline Katharine, →Fortenbach, Karoline Katharine
Abele, Leonhard, 1
Abele, Leonhard, 375
Abele, Maria Catharina, geb. Schöner, 1
Abele, Maria Elisabetha von, →Lunz, Maria Elisabetha
Abele, Maria Katharina von, 1
Abele, Maximilian Joseph von, 1
Abele, Regina Rosina von, geb. Neubronner, 1
Abele, Rosalie, →Fortenbach, Rosalie
Abelen, Anna Catharina, →Otto, Anna Catharina
Abendroth, Käthe Rose, →Pfannenschwarz, Käthe Rose
Ableiter, Charlotte, geb. Elben, 1
Ableiter, Eduard, 1
Ableiter, Elisabeth, 1
Ableiter, Hedwig, 1
Ableiter, Heinrich, 1
Ableiter, Irmgard, 1
Ableiter, Josephine, geb. Schmidt, 1
Ableiter, Katharina Margarethe, geb. Fischer, 1
Ableiter, Johann Leonhard, 1
Ableiter, Leonhard (von), Dr., 1 f.
Ableiter, Manfred, 1
Ableiter, Margarete, geb. Mix, 1
Ableiter, Rudolf, 1
Ableiter, Tusnelde, 1
Abresch, F., 265
Abt, Pfarrer, 235
Abt, Nanette, →Leube, Nanette
Adam, Agnes Gisela Wilhelmina, →Baur, Agnes Gisela Wilhelmina
Adam, Albert (von), Dr., 2
Adam, Albrecht, 2
Adam, Andreas, 2, 238, 293
Adam, Anna, geb. Lamparter, 2
Adam, Anna, geb. Link, 4
Adam, Anna Maria, geb. Kraer, 4
Adam, Anna Regina, geb. Mürdel, 2
Adam, Bertha Emilie, →Ebinger, Bertha Emilie
Adam, Clara, geb. Schaeffer, 2
Adam, Emilie Philippina Ida, geb. Sick, 2
Adam, Emma Luise Wilhelmine, geb. Reitzele, 2
Adam, Franz, 2
Adam, Helmut, 2
Adam, Ida Julia, →Neuffer, Ida Julia
Adam, Ilse, →Klett, Ilse
Adam, Johann Martin, 4
Adam, Karl, Dr., 1876-1966, 115
Adam, Karl Reinhold, 2
Adam, Kurt Eugen, 2
Adam, Oskar Ludwig, 2
Adam, Philipp Ludwig, Dr., 2, **2-4**, 76, 149, 155, 235, 245, 265, 308, 353, 398, 407, 409, 410, 441, 450, 472
Adam, Regina Philippina, geb. Villfort[h], 2
Adam, Rudolf, 2
Adam, Sigmund, 4
Ade, Ludwig, 4 f., 119, 359
Ade, Martha, geb. Molfenter, 4
Adelsheim, Freiin Luise, von, →Renz, Luise von
Adelsheim-Wachbach, Freiherren von, 460
Adelsheim-Wachbach, Carl Maximilian Wilhelm Christian Ernst von, 137
Adelsheim-Wachbach, Caroline von, geb. Freiin von Rothschütz, 137
Adelsheim-Wachbach, Lida (Lydia?) von, →Haas, Lida (Lydia ?)
Adelung, Johann Christoph, 373

Adenauer, Konrad, 43, 87, 204, 210, 262, 337
Adler, Erna, →Moos, Erna
Adler, Frieda, geb. Obernauer, 279
Adler, Helene, geb. Ernst, 89
Adler, Issak, 279
Adler, Walter, 89
Adler, Wolfgang, 333
Adlon, Percy, 384
Adolff, Gertrud, geb. Weitbrecht, 462
Adolff, Hilde, →Weitbrecht, Hilde
Adolff, Wilhelm, 462
Affsprung, Schlosser, 5
Affsprung (Afsprung), Johann Michael, 5 f., 213, 441
Affsprung, Susanne, geb. Zollikofer, 5
Aicham, Adelheid, geb. Bühler, 5
Aicham, Adolfine, geb. Daiber, 5
Aicham, Alice, geb. Fink, 7
Aicham, Anna, →Bühler, Anna
Aicham, Elisabeth, 7
Aicham, Erika, geb. Spiegel, 7
Aicham, Erwin, 6, 7, 8
Aicham, Friedrich, 1834-1890, 6, 7, 182
Aicham, Friedrich (Fritz), 1894-1971, 7, 8
Aicham, Gertrud (Trude), geb. Dauss, 8
Aicham, Gretel, →Möhlmann, Gretel
Aicham, Günther, 8
Aicham, Hans, 6 f., 8
Aicham, Hedwig, 7
Aicham, Horst, 7
Aicham, Jakob, 6
Aicham, Kurt, 6, **7**
Aicham, Liselotte, geb. Bomhard, 6
Aicham, Lore, 7
Aicham, Margarete, geb. Fauser, 7
Aicham (sen.), Maximilian („Max"), 5, 6, **7 f.**
Aicham, Max (jun.), 6, 7, **8**
Aicham, Michael, 7
Aicham, Renate, →Vogel, Renate
Aicham, Sabine, 7
Aicham, Ulrich (Uli), 8
Aicham, Walburga, geb. Angele, 6
Aicham, Wolfgang, 8
Aicham-Bomhard, Hans, 6
Aichele, Christian, 290
Aichele, Maria, geb. Schmoller, 290
Aichelin, Christian, 8
Aichelin, Emma, →Class, Emma
Aichelin, Helmut, 8 f.
Aichelin, Marianne, geb. Breuninger, 8
Aichelin, Mathilde, geb. Bertsch, 8
Aichelin, Theodor, 59
Aicher, Anna, geb. Kurz, 9
Aicher, Anton, 9
Aicher, Eva, 9
Aicher, Florian, 9
Aicher, Georg, 9
Aicher, Hedwig („Hedl"), →Maeser, Hedwig („Hedl")
Aicher, Julian, 9
Aicher, Manuel, 9
Aicher, Otto („Otl"), 9 f., 43, 110, 114, 136, 138, 207, 347, 383, 460
Aicher, Pia, 9
Aicher, Thea, geb. Neubert, 9
Aicher-Scholl, Inge, geb. Scholl, 9, **10 f.**, 43, 110, 347, 384, 385, 447, 453
Aischylos, 318
Albers, Anna Dorothea Margarethe, →Schmidt, Anna Dorothea Margarethe
Albers, Josef, 43
Alberti, Armand von, 11
Alberti, Bernhard von, 11
Alberti, Christiane Friederike von, geb. Hauff, 11
Alberti, Eduard von, 11 f.
Alberti, Elise Henriette von, geb. Freiin von Emerich, 11
Alberti, Franz Carl von, 11
Alberti, Julie von, →Speidel, Julie
Alberti, Ludwig von, 11
Alberti, Maria von, geb. Schmidt, 11
Alberti, Mathilde von, →Schiller, Mathilde Freiin von

Autenrieth, Gottlob Friedrich, 20
Autenrieth, Hans, 21
Autenrieth, Heinz, Dr., 1874-1938, 20
Autenrieth, Herbert Friedrich, 21
Autenrieth, Hermann, 1819-1898, 21
Autenrieth, Hermann, Dr., 1874-1938, 21
Autenrieth, Ilona, →Jung, Ilona
Autenrieth, Jakob, 199, 393
Autenrieth, Johann Abraham, 21
Autenrieth, Johann Georg, 270
Autenrieth, Johann Heinrich Ferdinand (von), Dr., 304
Autenrieth, Johann Jakob, 21
Autenrieth, Julius (von), 21
Autenrieth, Karl, 21
Autenrieth, Karoline, geb. Bruckmann, 21
Autenrieth, Karoline Franziska, geb. Oppel, 125
Autenrieth, Leonie Emilia Maria, →Pichler, Leonie Emilia Maria
Autenrieth, Lina, geb. Blind, 20
Autenrieth, Louise, 21
Autenrieth, Luise, geb. Cammerer, 21
Autenrieth, Luise, geb. Drescher, 21
Autenrieth, Luise Christiane Katharina, geb. Geyer, 21
Autenrieth, Manfred, 20
Autenrieth, Maria, 21
Autenrieth, Maria Catharina, →Friedrich, Maria Catharina
Autenrieth, Maria Julie, geb. Kauffmann, 20
Autenrieth, Marie, →Bitzer, Marie
Autenrieth, Marie Karoline, geb. Merker, 21
Autenrieth, Mathilde, geb. Gross, 20
Autenrieth, Max Otto, 21
Autenrieth, Otto, 21 f., 151, 296
Autenrieth, Pauline Dorothea, geb. Otto, 20
Autenrieth, Piroska, geb. Zemplén, 20
Autenrieth, Virginie, →Kurz, Virginie
Autenrieth, Walburg Gertrud, geb. Weitbrecht, 21
Autenrieth, Waltraud, geb. Huß, 20
Autenrieth, Wilhelm, 20
Autenrieth, Wilhelm Friedrich, 125

Bach, Hilde, →Strauss, Hilde
Bach, Maria, →Wagner, Maria
Backe, Erika, →Wagner, Erika
Backe, Herbert, 358
Bader, Anna, →Förg, Anna
Bader, Georg, 122
Bär, Stephanie, →Kaim, Stephanie
Bätzner, Anna Maria, →Griesinger, Anna Maria
Bäuerle, Verleger und Buchhändlöer (Rothenburg ob der Tauber), 354
Bäuerle, Emma, →Scharff, Emma
Bäuerle, Johann Friedrich, 339
Bäuerle, Johanna Charlotte, geb. Remshardt, 339
Bäuerle, Johanna Charlotte, →Rößling, Johanna Charlotte
Bäuerle, Ursula, →Fried, Ursula
Bahrianyi, Antonia, 22
Bahrianyi, Boris, 22
Bahrianyi, Halyna, 22
Bahrianyi (eigentlich: Lozoviahyn), Iwan (auch: Ivan), 22
Bahrianyi, Nestor, 22
Bahrianyi, Roxolane, 22
Baier, Anna, →Dimpfl, Anna
Baiker, Abraham, 36
Baiker, Friederike, →Benz, Friederike
Baiker, Friederike Rosina, geb. Braun, 36
Bailer, Julius (von), 22
Bailer, Marie, geb. Mack, 22
Bailer, Nonus (von), 22
Baitinger, Gustav, 237
Baitsch, Brigitte, geb. Eyerich, 23
Baitsch, Helmut, Dr., 23, 158
Balbier, Amalie, →Baldinger, Amalie von
Baldinger, Adelheid von, 23
Baldinger, Albrecht von, 1720-1790, 24
Baldinger, Albrecht von, 1795-1874, 23
Baldinger, Albrecht Friedrich von, 23, 24
Baldinger, Albrecht Theodor von, 24
Baldinger, Amalie von, geb. Balbier, 24
Baldinger, Amalie C., geb. Jacobi, 24
Baldinger, Anna von, geb. Freiin von Gültlingen, 23
Baldinger, Anna Margaretha von, geb. von Neubronner, 23
Baldinger, August von, 23
Baldinger, Auguste von, →Kolb, Auguste von
Baldinger, Auguste von, →Mieg, Auguste
Baldinger, Bertha Pauline von, geb. von Seidenberg, 23
Baldinger, Carl von, 23, 24
Baldinger, Caroline von, →Vetter, Caroline
Baldinger, Catharina Margaretha, geb. Schad von Mittelbiberach, 24
Baldinger, Charlotte Mathilde von, geb. Kuhn, 23
Baldinger, Daniel von, 1768-1834, 23 f., 350
Baldinger, Daniel von, 1800-1801, 23
Baldinger, Elisabetha von, 347
Baldinger, Elisabeth („Lisette"), →Grimm, Elisabeth („Lisette") von

Baldinger, Felicitas, geb. von Besserer-Thalfingen, 23
Baldinger, Emma von, 23
Baldinger, Emma von, →Beck, Emma
Baldinger, Eugenie von, →Stengel, Freifrau Eugenie von
Baldinger, Franziska („Fanny") von, →Wörz, Fanny von
Baldinger, Felician von, 23
Baldinger, Felicitas von, 23
Baldinger, Friedrich Wilhelm von, 24
Baldinger, Gustav Adolph von, 23
Baldinger, Henriette von, geb. Schott, 23
Baldinger, Johanna von, →Franck, Johanna
Baldinger, Ludwig von, 23, 24
Baldinger, Luise von, →Schäfer, Luise
Baldinger, Maximilian von, 23
Baldinger, Minna von, →Bolstetter, Minna
Baldinger, Philipp von, 23
Baldinger, Sibylla von, geb. von Unold auf Grünenfurth, 23, 24
Baldinger, Sibylle Albertine von, →Schad von Mittelbiberach, Sibylle Albertine
Baldinger, Sigmund von, 23
Baldinger, Theodor August von, 24
Baldinger, Theodor August von, 23
Baldinger, Veronica von, 23
Baldinger, Veronica Elisabethe von, 24
Baldinger, Wilhelm von, 23
Baldinger-Seidenberg, Helene von, geb. Freiin von Valois, 23, Anm. 31
Baldinger-Seidenberg, Paul von, 23, Anm. 31
Balz, Friederike, →Greß, Friederike
Balz, Sophie, →Löchner, Sophie
Bamberger, Ferdinand, 114
Band, Anna, →Köhl, Anna
Bandemer, Cordula von, geb. von Prittwitz und Gaffron, 322
Bandemer, Rudolf von, 322
Bantleon, Angelika, geb. Hauff, 26
Bantleon, Anna, 25
Bantleon, Else, geb. Küster, 25
Bantleon, Eugen, 25
Bantleon, Friederike, geb. Knauß, 25
Bantleon, Hedwig, geb. Rapp, 25
Bantleon, Heinrich, 1856-1887, 24
Bantleon, Heinrich, 1880-1957, 24 f., 405
Bantleon, Hermann, 25
Bantleon, Jakob, 25 f., 169, 269, 476
Bantleon, Johann Georg, 24
Bantleon, Johann Jakob, 26
Bantleon, Johannes, Hofgutbesitzer in Waldhausen, 26
Bantleon, Johannes, 26
Bantleon, Karoline, geb. Mary (Marzi?), 24
Bantleon, Katharine, geb. Hagmayer, 26
Bantleon, Maria, geb. Bückle, 26
Bantleon, Martha, →Jutz, Martha
Bantleon, Mathilde, geb. Mayer, 24
Bantleon, Matthäus, 26
Bantleon, Nikolaus, 26, 377
Bantleon, Wilhelm, 25
Bantlin, Emilie, →Palm, Emilie
Bantlin, Friederike Louise, geb. Murschel, 303, 304
Bantlin, Julie, →Schiele, Julie
Bantlin, Karl, 303, 304
Bardili, Auguste Elisabeth, →Kolb, Auguste Elisabeth
Bardili, Christian Wilhelm Heinrich, 26
Bardili, Christoph Friedrich, 26
Bardili, Eberhardine Beate, →Wiedersheim, Eberhardine Beate
Bardili, Emma, →Falkenstein, Freifrau Emma von
Bardili, Heinrich Friedrich, 26
Bardili, Johann Philipp, 26
Bardili, Johann Wendel, 26
Bardili, Karl (von), 26 f., 98
Bardili, Maria Eleonore, geb. Meurer, 26
Bardili, Wilhelmine Dorothea Beate, geb. Cless, 26
Bareis, Eva Marie, →Stängel, Eva Marie
Barkhausen, Johanna Franziska Elisabetha von, →Lilienstern, Johanna Franziska Elisabetha von
Barlach, Ernst, 4, 354
Barnikel, Eduard, 319
Bartenbach, Klothilde, geb. Moser, 280
Barth, Adolf, 27
Barth, Anna Elise Emma, geb. Berckhemer, 27
Barth, Christiane, geb. Becker, 27
Barth, Christoph Ludwig Michael, 27
Barth, Emma, →Hof, Emma
Barth, Hanna-Liese, →Mutschler, Hanna-Liese
Barth, Helene, geb. Votteler, 27
Barth, Hermine, geb. Bond, 27
Barth, Jakob, 27
Barth, Karl, Dr., 43
Barth, Karl, Dr., 27
Barth, Leo, 287
Barth, Lore, 27
Barth, Margarete, geb. Lohrmann, 287
Barth, Otto, 27 f., 216, 268
Barth, Paul, 74

Bensel, Hildegard, →Saller, Hildegard
Bentele, Genovefa, →Herbst, Genovefa
Bentele, Max, Dr., 35
Bentele, Sattler und Tapezierer (Jungingen), 35
Bentele, Ursula von, →Steffelin, Ursula von
Bentsch, Daniel, Dr., 36
Bentsch, Johannes, 36
Bentzel zu Sternau, Gräfin von, →Freyberg(-Wellendingen), Freifrau von
Bentzel zu Sternau, Graf Anselm Franz von, 108
Bentzel zu Sternaz, Gräfin Ernestine Ludovica, geb. von Pletz, 108
Benz, Anna, 36
Benz, Anna, geb. Schmid, 36
Benz, Anna Maria, geb. Butzhuber, 224
Benz, Arthur, 36, 230, 327, 411
Benz, Auguste, →Lusser, Auguste
Benz, Christian, 36
Benz, Christoph Friedrich, 224
Benz, Friederike, geb. Baiker, 36
Benz, Gustav, 1854-1927, 13, **36 f.**
Benz, Gustav, *1887, 36
Benz, Hermine, geb. Lutz, 36
Benz, Hugo, 36
Benz, Johann Jakob, 36, 299
Benz, Katharina, geb. Oechsle, 36, 299
Benz, Maria, geb. Hutter, 36
Benz, Maria Johanna, geb. Ehlers, 36
Benz, Maria Rosina, →Kuhn, Maria Rosina
Benz, Pauline, →Schweizer, Pauline
Benzinger, Anna, →Helb, Anna
Benzinger, Christina, →Römer, Christina
Benzinger, Hannelore (geb. Wagner, Johanna), 37
Berblinger, Albrecht Ludwig, † 1783, 37
Berblinger, Albrecht Ludwig, 1770-1829, 4, **37 f.**, 64, 96, 97, 183
Berblinger, Anna, geb. Scheiffele, 37
Berblinger, Anna Dorothea, geb. Finck, 37
Berblinger, Anna Maria, geb. Spühler, 37
Berblinger, Barbara, geb. Schmalenberger, 37
Berblinger, Daniel, 37, 38
Berblinger, Zacharias Ludwig, Binder, 37
Berblinger, Zacharias Ludwig, Schuhmacher und Zeugamtsknecht, 37
Berchtold, Anna, geb. Stöttner, 103
Berchtold, Marie, →Kraf[f]t, Marie
Berchtold, Franziska Amalia Maria, geb. von Fischer, 103
Berchtold, Josef, 103
Berchtold, Karl, 103
Berckhemer, Anna Elise Emma, →Barth, Anna Elise Emma
Berg, Agnes, →Gundert, Agnes
Berg, Anna, 38
Berg, Carl, 1799-1847, 38
Berg, Carl (Karl) (von), 1837-1921, 38, 118, 186
Berg, Elise, →Isenberg, Elise
Berg, Louise Ernestine Mathilde, geb. Beckh, 38
Berg, Lucy, geb. Mermod, 38
Berg, Martin, 38
Berg, Mathilde, 38
Bergdolt, Margareta, →Müller, Margareta
Berger, Adalbert, 38 f., 252
Berger, Carl (von), 39
Berger, Carl Rudolf (von), 39
Berger, Emilie Henriette, →Palonic, Emilie Henriette
Berger, Emilie Marie, geb. Knapp, 39
Berger, Hermann, 39
Berger, Rudolf (von), 39
Beringer, Mathilde, →Roser, Mathilde
Berkenkamp, Auguste, geb. Kern, 197
Berkenkamp, Carl Christoph, 197
Berkenkamp, Emilie, →Kern, Emilie
Bernary, Julie, geb. Kaim, 308
Berner, Friedrich, 424
Berner, Luise, geb. Steudel, 424
Bernhard, Sophie Elisabeth, →Hardegg, Sophie Elisabeth
Bernheimer, Jette, →Koch, Jette
Berthold, Hans, Dr., 331
Berthold, Hildegard, geb. Renner, Dr., 331
Bertsch, Mathilde, →Aichelin, Mathilde
Bertscher, Anna Luise, →Gugel, Anna Luise
Bertschinger, Frank, 52
Bertschinger, Paula, geb. Bretschneider, 52
Besenfelder, Klara, →Schimpf, Klara
Besserer, von, Familie, 183
Besserer, Christoph Heinrich von, 39, 220, 382
Besserer, Julie, →Ströbel, Julie
Besserer, Marie von, →Schönlin, Marie
Besserer, Marx Christoph von, 2
Besserer, Rosalie von, geb. Schmidt, 382
Besserer, Sebastian, 436
Besserer-Thalfingen, Elisabetha von, →Schad von Mittelbiberach, Elisabetha
Besserer-Thalfingen, Maria Dorothea von, →Schad von Mittelbiberach, Maria Dorothea
Besserer[-Thalfingen], Marx Philipp von, 67, 177
Besserer[-Thalfingen], Regina von, geb. von Neubronner, 177

Besserer-Thalfingen, Felicitas von, →Baldinger, Felicitas
Besserer-Thalfingen, Gustav von, 115
Besserer von Thalfingen, Johann Jakob, 39
Besserer-Thalfingen, Karoline Friederike von, →Holland, Karoline Friederike
Betulius, Charlotte Heinrike, geb. Stockmayer, 329
Betulius, Ernestine, geb. Bonz, 205
Betulius, Johann Friedrich, 205
Betulius, Karoline, →Knapp, Karoline
Betulius, Johann Christoph, 329
Betulius, Sophie, →Reinhardt, Sophia
Beuningsaus, Lehrer (Rielingshausen), 335
Beuningsaus, Sofie Auguste, →Riedel, Sofie Auguste
Beurer, Karoline, →Hecker, Karoline
Beu[e]rlin, Carl Ludwig, 105
Beurlin, Friedrich, 39
Beutel, Anton, Landwirt, 39
Beutel, Anton, 39 f., 259, 268, 369
Beutel, Eva Barbara, →Holzhäuer, Eva Barbara
Beutel, Helene, 39
Beutter, Katharina, →Lang, Katharina
Beyer, Anna, →Eisenbach, Anna
Beyer, August (von), Dr., 40, 78, 362
Beyer, Elisabeth, →Steiler, Elisabeth
Beyer, Gertrud, →Volz, Gertrud
Beyer, Hedwig, →Hieronimus, Hedwig
Beyer, Johann Philipp, 40
Beyer, Karoline, geb. Krämer, 40
Beyer, Maria, geb. Tscherning, 40
Beyer, Marie, →Buff, Marie
Beyer, Johann Christian Ernst, 235
Beyer, Sophie Christine, geb. Leube, 235
Beyerhaus, Martha Salome, →Pfleiderer, Martha Salome
Beyhl, Friederike, →Eulenstein, Friederike
Beyhl, Friedrich, 93
Beyhl, Katharina, geb. Fuchs, 93
Bezzel, ev. Oberkirchenrat, 392
Bickel, Erika, →Meier-Reutti, Erika
Biebl, Arnheid (Heidi), geb. Brock, 40
Biebl, Berta, geb. Paulus, 40
Biebl, Eva, 40
Biebl, Friedrich, 40
Biebl, Peter, Dr., 40 f., 273, 282, 352, 429, 454
Biechteler, Johanna, →Buck, Johanna
Bieckmann, Julie, geb. Pfeiffer, 308
Biedermann, Rudolf Max, 183
Biemüller, Dorothea, geb. Schemm, 360
Bienemann, Henriette, →Helbling, Henriette
Bihl, Erna von, →Kollmann, Erna
Bihlmair, Ludovica, →Schrötter, Ludovica
Bilfinger, Adelheid, geb. Frank, 41
Bilfinger, Adolf (von), 41 f., 88, 159, 206, 232
Bilfinger, Anna, geb. Flander, 42
Bilfinger, Bernhard, 42
Bilfinger, Carl (Karl), 1806-1886, Dr., 41
Bilfinger, Carl (von), Dr., 42 f.
Bilfinger, Carl Johann August, 41
Bilfinger, Dorothee Friederike, geb. Heuglin, 41
Bilfinger, Freifrau Henriette von, geb. Ruoff, 42
Bilfinger, Hermann, *1876, 42
Bilfinger, Freiherr Hermann von, 1843-1919, 41
Bilfinger, Lina, →Hopff, Lina
Bilfinger, Margarethe, geb. Schuler, 42
Bilfinger, Marie Elisabeth, →Buttersack, Marie Elisabeth
Bilfinger, Paul (von), 42
Bilfinger, Sophie, geb. Weizsäcker, 1850-1931, 42
Bilfinger, Sophie, 1891-1901, 42
Bilhuber, Oberamtsarzt (Vaihingen/Enz und Ludwigsburg), 261
Bilhuber, Rosine Luise, →Majer, Rosine Luise
Bill, Binia, geb. Spoerri, 43
Bill, Johann Jakob, 43
Bill, Max, 9, 43, 81
Bilo, Eugenie, →Dublanskyi, Eugenie
Binder, Pfarrer (Ochsenwang), 43
Binder, Adelheid, →Morstatt, Adelheid
Binder, Arnold, 43
Binder, Bertha, geb. Salzer, 44
Binder, Elisabeth, geb. Winterer, 44
Binder, Elsbeth, geb. Pfleiderer, 43
Binder, Emma, geb. Schwenk, 403
Binder, Ernst Theodor, 403
Binder, Gerhard, 44
Binder (jun.), Gustav, 43 f., 289
Binder (sen.), Gustav (von), 43, 44, 431
Binder, Harro Gustav, 44
Binder, Hermann, Dr., 44
Binder, Jakob, →„Sandjackel"/„Sand-Jackl"
Binder, Johanna, geb. Kommer, 44
Binder, Julie Sidonie, →Neunhöffer, Julie Sidonie
Binder, Justine Christine, →Ruthardt, Justine Christine
Binder, Karl Christian Eberhard, 44
Binder, Margarete, 43

Bozenhardt, Carl, 283
Bozenhardt, Eugenie, geb. Mühlhäuser, 283
Bozenhardt, Friederike, geb. Schlatterer, 283
Bozenhardt, Hugo, 283
Bracht, Liselotte, geb. Schmidbleicher, 376
Bracht, Wilhelm, 376
Bräuchle, Karoline, →Ilg, Karoline
Bräuninger, Julius, 277
Bräuninger, Karl, 377
Braeuninger, Pauline, →Frey, Pauline
Braig, Anton, 460
Braig, Bernhard, 49
Braig, Mathias (Pater Michael, OSB), 49 f., 425
Braig, Ursula, geb. Kolb, 49
Brandt, Barbara, 50
Branca, Freifrau Sofie von, geb. Freiin von Welden, 464
Branca, Freiherr Wilhelm von, 464
Brand, Karl Jakob, 50
Brand von Lindau aus dem Hause Wiesenburg-Schmerwitz, Freiin Adelheid,
    →Schott von Schottenstein, Freifrau Adelheid
Brandauer, Heinrich, 224
Brandenburg-Schwedt, Prinzessin Friederike Sophie Dorothea von,
    →Württemberg, Herzogin Friederike Sophie Dorothea von
Brandenburg-Schwedt, Markgraf Friedrich Wilhelm von, 483
Brandenburg-Schwedt, Markgräfin Sophie von, geb. Prinzessin von Preußen,
    483
Brandis, Helmut, 260
Brandseph, Friedrich, 271
Brandt, Gerhard, 50
Brandt, Gertrud, geb. Graf, 50 f.
Brandt, Hermann, 50
Brandt, Jörg, 50
Brandt, Madeleine, →Scharffenstein, Madeleine
Brandt, Willy, 435
Brantl, Anna, →Wimmer, Anna
Brantl, Barbara, geb. Mondschein, 474
Brantl, Nikolaus, 474
Brastberger, Elise Friederike, →König zu Warthausen, Freifrau Elise Friederike
    von
Brauchitsch, Walther von, 286
Braukmann, Gertrud, geb. Lehmann, 258
Braukmann, Gunhild, →Maier, Gunhild
Braukmann, Rudolf, 258
Braun, Bäckerei (Ulm), 219
Braun, Elise, →Kimmel, Elise
Braun, Friederike Rosina, →Baiker, Friederike Rosina
Braun, Johanna, →Nagel, Johanna
Braun, Julie, →Peringer, Julie
Braun, Maria Theresia, →Pohlhammer, Maria Theresia
Braun, Schuhmacher (Tübingen), 288
Braun, Sophie, →Schwarz, Sophie
Braun, Wernher von, Dr., 250
Braungart, Hedwig, →Pfleiderer, Hedwig
Braunholz, Juliane, →Moser, Juliane
Braunmiller, Anna, →Hanser, Anna
Braunwarth, Dorothea, →Unseld, Dorothea
Brechenmacher, Anna, →Rohm, Anna
Brechenmacher, Anna, geb. Spahn, 339
Brechenmacher, Josef Karlmann, 339, Anm. 493
Brechenmacher, Rupert, 339
Brecht, Bertolt, 184, 379
Brecht, Christian Friedrich, 255
Brecht, Marie Eberhardine, →Magirus, Marie Eberhardine
Breitenbücher, Sofie Pauline, →Schuon, Sophie Pauline
Breitling, Emil, 51
Breitling, Eugen, 51
Breitling, Jakob Friedrich, 51
Breitling, Karoline, geb. Wucherer, 51
Breitling, Lina, geb. Koch, 51
Breitling, Maria, →Gessler, Maria
Breitling, Otto, 51
Breitling, Paul, 1798-1867, 51
Breitling, Paul, † 1857, 51
Breitling, Paula, →Leube, Paula
Breitling, Sibylle Magdalene Auguste, geb. Heigelin, 51
Breitling, Wilhelm, Kaufmann (London), 51
Breitling, Wilhelm (von), 51 f., 118, 239, 390
Breitschwert, Charlotte, →Wechßler, Charlotte, 98
Breitschwert, Freiin Charlotte von, →Bossert, Charlotte
Breitschwert, Freiherr Eberhard Ludwig von, 455
Breitschwert, Freiherr Gustav von, 454
Breitschwert, Freiherr Johann Ludwig Christian von, 454
Breitschwert, Freifrau Luise von, geb. von Kepel, 454
Breitschwert, Freiin Luise von, →**Walther, Luise**
Breitschwert, Magdalene Karoline Juliane Auguste, →Tafel, Magdalene
    Karoline Juliane Auguste
Breitschwert, Freiin Marie von, →Hocheisen, Marie
Breitschwert, Freifrau Marie von, geb. Kielmeyer, 454
Breitschwert, Freiherr Wilhelm von, 454, Anm. 660
Brem, Helfer (Reutlingen), 459
Bretschneider, Ella, geb. Breuninger, 52

Bretschneider, Heinrich, 52, 255
Bretschneider, Joachim, 52
Bretschneider, Liesel, geb. Beck, 52
Bretschneider, Maria, geb. Magirus, 52, 253
Bretschneider, Martha, 52
Bretschneider, Otto, Dr., 52
Bretschneider, Paula, →Bertschinger, Paula
Bretschneider, Rosemarie, geb. Vetter-Magirus, 52
Bretschneider, Theodor, 52
Bretschneider, Wilhelm, Dr., 52, 253
Breuning, Charlotte Elisabeth, geb. Hauff, 153
Breuning, Christian Gottlob, 153
Breuning, Pauline, →Mühlhäuser, Pauline
Breuninger, Cornelius, 8
Breuninger, Eduard, 52
Breuninger, Elisabeth, →Weitbrecht, Elisabeth
Breuninger, Ella, →Bretschneider, Ella
Breuninger, Lydia, geb. Veil, 52
Breuninger, Marianne, →Aichelin, Marianne
Brinz, Alois, 486
Brinz, Karoline, geb. von Zenetti, 486
Brock, Arnheid (Heidi), →Biebl, Arnheid (Heidi)
Brodbeck, Hermann, 118
Brodbeck, Wilhelmine, →Haag, Wilhelmine
Brodhuber, Margarethe, →Alt, Margarethe
Bronni (Ulm), 438
Brucker, Otto, 246, 411
Bruckmann, Karoline, →Autenrieth, Karoline
Brugger, Max, 112
Brumlik, Viktor, 200
Brummerstaedt, Margarethe, →Hinrichsen, Margarethe
Brunner, Heinrich, Dr., 90
Brunner, Krescenzia, →Mayrhofer, Krescenzia
Brunninger, Offizier-Stellvertreter (Neu-Ulm), 312
Brunnow, Freiherr August Anton von, 225
Brunnow, Freiin Marie von, →Kurz, Marie
Brunnow, Freifrau Wilhelmine von, geb. von Oettinger, 225
Bruns, Agnes Marie, →Gmelin, Agnes Marie
Bruns, Auguste, →Gmelin, Auguste
Bruns, Charlotte, geb. Gmelin, 120
Bruns, Christian, 63
Bruns, Georg, Dr., 120
Bruns, Johann Georg, 120, 121
Bruns, Paul, Dr., 45
Brusselle, Marie von, →Steinheil, Marie
Bub, Karl, Dr., 401
Buber-Neumann, Margarete, 132
Buck, Christina, →Schlumberger, Christina
Buck, Desdemona, 52
Buck, Georg, 52 f., 85
Buck, Hans, 52
Buck, Hermann Gottlob, 302
Buck, Jakob, 52
Buck, Johanna, geb. Biechteler, 52
Buck, Maria, geb. Kaiser, 52
Buck, Maria, geb. Rampf, 302, 302
Buck, Maria, →Sigel, Maria
Buck, Maria Dorothea, →Ostberg, Maria Dorothea
Buck, Walter, 52
Buckwitz, Harry, 379
Buczko, Iwan, 437
Buddenbrock-Hettersdorf, Freiherr Alexis von, 239
Buddenbrock-Hettersdorf, Freifrau Cornelia von, geb. Leube, 239
Buder, Eberhard, 53
Buder, Ernst, 53
Buder, Georg, 53
Buder, Hildegard, geb. Klett, 53, 203
Buder, Max, 53
Buder, Ottilie, geb. Scholl, 53, 382
Buder, Paul (von), Dr., 53, 382
Buder, Theodor, 53
Buder, Walther, 18, **53 f.**, 79, 176, 203, 311, 382, 486
Büchele, Anna Salome, →Rübenack, Anna Salome
Büchele, Christian, 342
Büchele, Friederike, →Lanzenstiel, Friederike
Büchele, Salome, geb. Metzger, 342
Büchner, Georg, 184, 260
Bückle, Maria, →Bantleon, Maria
Bühler, Adelheid, →Aicham, Adelheid
Bühler, Anna, geb. Aicham, 6, 7
Bühler, Anna Katharina, 55
Bühler, Anna Maria, →Scheible, Anna Maria
Bühler, Babette, geb. Ott, 55
Bühler, Barbara, geb. Gräß, 55
Bühler, Elisabeth, geb. Hörner, 54
Bühler, Elisabeth Maria, 55
Bühler, Elise, geb. Seyser, 55
Bühler, Emilie, geb. Seyser, 55
Bühler, Emilie Katharina, →Scheible, Emilie Katharina
Bühler, Erna-Maria, 55
Bühler, Ernst Christoph Wilhelm, 54

Class, Brigitte, geb. Schwarz, 59
Class, Christian, 59
Class, Emma, geb. Aichelin, 59
Class (Claß), Ernst, 59, 364, 477
Class, Helmut, 59, 79
Class, Hermann, Dr., 59
Class, Paul, Dr., 59
Claudius, Matthias, 276
Clemens von Alexandria, 417
Clemens, Ludwig, 284
Clement, Karoline, →Schäfer, Karoline
Clement, Katharina, →Bühler, Katharina
Clement, Walpurga, →Heinz, Walpurga
Cless, Wilhelm Jeremias Jakob, 26
Cless, Wilhelmine Dorothea Beate, →Bardili, Wilhelmine Dorothea Beate
Closs, Friederike, →Schneider, Friederike
Closs, Johann Friedrich, 379
Closs, Johanna, geb. Ebensperger, 379
Clugny, François de, 49
Colbe aus dem Hause Lissewo, Domicilie von, →Prittwitz und Gaffron, Domicilie von
Conrad, Luise, →Molfenter, Luise
Conrad, Sophia, →Habermaas, Sophia
Conradi, A., 438
Conradi, Auguste, →Hartmann, Auguste
Conradi, Elise, →Mährlen, Elise
Conradi, Leopold, 251
Conradi, Luise, geb. Feuerlein, 251
Conrady, Alexander, 59 f.
Conrady, Edmund, *1870, 59
Conrady, Edmund, Dr., 59
Conrady, Friedrich, Dr., 297
Conrady, Maria, geb. Nuißl, 297
Conrady, Maria Genovefa, geb. Lohr, 59
Conz, Carl Wilhelm, 221
Conz, Julie Wilhelmine Christiane, →Kraut, Julie Wilhelmine Christiane
Coomons, Elisabeth, →Gionneau des Marêts, Elisabeth von
Cooper, James Fenimore, 265, 431
Copland, Aaron, 294
Corinth, Lovis, 273, 354
Cotta, Johann Georg (J. G.), 220
Cotta Freifrau von Cottendorf, Amélie, geb. de la Harpe, 98
Cotta Freiin von Cottendorf, Berthe, →Faber du Faur, Berthe von
Cotta Freiherr von Cottendorf, Carl, 98
Cotta Freiin von Cottendorf, Caroline, →Gemmingen-Guttenberg(-Bonfeld), Freifrau Caroline von
Cotta Freiin von Cottendorf, Elisabeth, →Podewils, Freifrau Elisabeth von
Cotta Freifrau von Cottendorf, Elisabethe, geb. Freiin von Guttenberg-Gemmingen(-Bonfeld), 116
Cotta, Freiherr von Cottendorf, Johann Friedrich, 57, 116
Crämer, Johann Paul, 28
Crämer, Karl, 28
Crämer, Sabine, geb. Sachs, 28
Crämer, Wilhelmine Margaretha Martha, geb. Bauer, 28
Cramer, Albrecht, 60
Cramer, Freiin Amalie von, 60
Cramer, Anna Maria, →Mettes, Anna Maria
Cramer, Barbara, geb. Kiderlen, 76
Cramer, Freiherr Christian von, 60
Cramer, Freifrau Esther von, geb. Taxoni, 60
Cramer, Eugenie, →Schieber, Eugenie
Cramer, Freiherr Franz von, 60
Cramer, Freifrau Friederike von, geb. Loefen, 60
Cramer, Georg Peter, 76
Cramer, Freiherr Gottlob von, 60
Cramer, Freiherr Johann Albrecht (Albert) von, Dr., 60
Cramer, Freiherr Johann Ulrich von, Dr., 60, 276
Cramer, Johann Wilhelm von, 60
Cramer, Freiin Juliane Jeanette Eberhardine von, 60
Cramer, Freifrau Juliane Katharina von, geb. Hein, 60
Cramer, Freifrau Karoline von, geb. von Bassewitz, 60
Cramer, Freifrau Karoline von, geb. Priebsch, 60
Cramer, Sibylla Sofia, →Ebner, Sibylla Sofia
Cramer, Freiin Sophie von, →(Cronenberg, von, genannt) Doläus, Sophie
Cramer, Susanne Amalie von, →(Cronenberg, von, genannt) Doläus, Susanne Amalie
Cramer, Susanne Regina, geb. Schellnegger (Schellnecker, Schellenegger), 60
Cramm, Freiherr von, Staatsminister, 263
Cramm, Freiin Caroline von, →Mandelsloh, Gräfin Caroline von
Cranz, Bertha, →Ruoff, Bertha
Cranz, Carl, Dr., 60
Cranz, Charlotte, geb. Reiniger, 60
Cranz, Heinrich, 60
Cranz, Hermann, 60
Cranz, Karl, 60
Cranz, Marie, geb. Krauss (Pseudonym „Marie Titelius"), 60 f., 243, 474
Cranz, Sophie, →Wild, Sophie
Creuzer, Friedrich, Dr., 281
Cronjäger, Erica, →Müller, Erica
Cronmüller, Carl (von), 79

Cuhorst, Hermann, Dr., 386
Currlin, Elise, geb. Wolff, 482
Currlin, Julius (von), 482

Däuble, Louis Eberhard, 58
Däuble, Mathilde, geb. Camerer, 58
Däubler-Gmelin, Herta, Dr., 291
Dagover, Lil, 260
Dahm, Sophie Auguste, →Bilfinger, Sophie Auguste
Daiber, Adolfine, →Aicham, Adolfine
Daiber, Adolfine, geb. Müller, 5
Daiber, Alfred, 7
Daiber, Karl, 5
Dambacher, Spenglermeister (Ulm), 61
Dambacher, Wilhelm, 56, 61, 376, 412
Damboer, Mathilde, →Stengel, Freifrau Mathilde von
Dandler, Albert, 458
Dandler, Maria Theresia, geb. Weickmann, 458
Dangelmaier, Alois, 61
Dangelmaier, Julie, 61
Dannecker, Johann Heinrich (von), 54
Danner, Victoria, →Ziegler, Victoria de
Dante Alighieri, 314, 456
Dapp, Anna Maria, geb. Schwarz, 67
Dapp, Anne Marie, geb. Bayer, 62
Dapp, Catharina, →Schmid, Catharina
Dapp, Catharina Felicitas, →Dieterich, Catharina Felicitas
Dapp, Charlotte Wilhelmine, geb. Hauff, 62
Dapp, Georg Gottfried, 61
Dapp, Johanna Jakobine, →Glöklen, Johanna Jakobine
Dapp, Ludwig Ferdinand (von), 61 f.
Dapp, Maria Crescentia, geb. Otto, verw. Neubronner, 373
Dapp, Maria Regina, →Glöklen, Maria Regina
Dapp, Marx Friedrich Anton, 62, 67, 373
Dapp, Wilhelm Heinrich Gottfried (von), 62
Darm, Kornmesser, 62
Darm, Schnellläufer, 62
Daser, Jakob, 309
Daser, Maria Elisabeth, geb. Bechtlin, 309
Daser, Regine Margarete, →Pfizer, Regine Margarete
Daub, Bärbel, →Lipmann, Bärbel
Daub, Frida, geb. Hartnagel, 62, 147
Daub, Peter, 62
Daub, Rudolf, 62, 147
Daub, Uller, 62
Daumer, Walburga Magdalena, →Miller, Walburga Magdalena
Daumer, Weinhändler (Ulm), 274
Daumiller, ev. Oberkirchenrat, 392
Dauss, Gertrud (Trude), →Aicham, Gertrud (Trude)
Daxheimer, Anna, →Steuerwald, Anna
Debussy, Claude, 194
Deckel, Fritz, 62 f.
Deckel (jun.), Fritz, 62
Deckel, Hans, Dr., 62
Deckel, Karl, 62
Deckel, Kreszenz, geb. Boniberger, 62
Deckel, Thekla, geb. Miller, 62
Decker, Jacob, 108
Decker, Katharina, geb. Geißler, 108
Decker, Wilhelmine, →Freyberger, Wilhelmine
Dederer, Elisabeth, geb. Schanz, 353
Deel von Deelsburg, Freiin Gisberta, →Hertling, Freifrau Gisberta von
Deffner, Carl, 482
Degendorfer, Therese, →Ostermann, Therese
Degenfeld, Freiin Auguste Luise von, →Gemmingen-Guttenberg(-Bonfeld), Freifrau Auguste Luise von
Degenfeld, Freiin Eberhardine von, →Gemmingen-Guttenberg(-Bonfeld), Freifrau Eberhardine von
Degenfeld-Schonburg, Gräfin Josephine von, →Mandelsloh, Gräfin Josephine von
Deharde, Gustav, 447
Dehlinger, Alfred, Dr., 63
Dehlinger, Anna, geb. Martin, 63
Dehlinger, Konrad, 63
Dehlinger, Lotte, geb. Lübcke, 63
Dehlinger, Margarethe, geb. Sterkel, 63
Dehlinger, Ulrich, Dr., 63
Deimler, Adelheid, geb. Camerer, 58
Deimler, Gottfried, 58
Deininger, Anna, geb. Mair, 63
Deininger, Franz Wolfgang, 63
Deininger, Johann, *1856, 63
Deininger, Johann (Hans), 1891-1981, 63, 329
Deininger, Johanna (Hanna), Dr., →Henkel, Johanna (Hanna), Dr.
Deininger, Karolina Marie, 63
Deininger, Mathilde, *1921, 63
Deininger, Mathilde, geb. Birnmann, 1897-1975, 63
Deininger, Philippina, 63
Deiser, Maria Margaretha, →Schuster, Maria Margaretha
Delft, Heinz von, 256
Delft, Karin von, geb. Magirus, 256

597

Gabler, von, Präsident, 479
Gabler, Adele, geb. von Wölckern, 479
Gärdes, Käte, →Gmelin, Käte
Gärtner, Friedrich (von), 423
Gageur, Oskar, 113, 128, 213, 253
Gaiger, Floriane Caroline, →Oechsle, Floriane Caroline
Gailer, Franz Xaver, 327
Gailer, Maria, geb. Maag, 326
Gailer, Maria Barbara, →Reber, Maria Barbara
Gaisberg-Schöckingen, Freiin Bertha von, →Neidhart, Berta
Gaisberg-Schöckingen, Freiherr Carl von, 113
Gaisberg-Schöckingen, Freiherr Dietrich von, 113
Gaisberg-Schöckingen, Freifrau Ernestine, geb. von Förster, 113
Gaisberg-Schöckingen, Freiin Franziska von, →Ziegesar, Freifrau Franziska von
Gaisberg-Schöckingen, Freiherr Friedrich von, 113
Gaisberg-Schöckingen, Freifrau Henriette von, geb. Schad von Mittelbiberach, 113, 349
Gaisberg-Schöckingen, Freifrau Lisette von, geb. Tritschler von Falkenstein, 113
Gaisberg-Schöckingen, Freiherr Ludwig von, 113, 245, 349
Gaisberg-Schöckingen, Freiin Marie von, →Walsleben, Marie von
Gaisberg-Schöckingen, Freifrau Tamina von, geb. Beinhauer, 113
Gaisberg-Schöckingen, Freiherr Maximilian von, 113
Gaiser, Jakobina, →Heim, Jakobina
Gaissmeier, 159
Gallwitz, Max von, 286
Gandara, Else, geb. Klopfer, 204
Gandara, Walter, 204
Gantert, Josef, 112, **113 f.,** 396
Ganzstuck von Hammersberg, Bertha Johanna, →Malchus, Freifrau Bertha Johanna von
Garbo, Greta, 207
Gardiner, Christina, geb. Palastanga, 207
Gardiner, Peter, 207
Gassebner, Hans, 114, 207
Gassebner, Luise, geb. Hörsch, 114
Gasser, Johann Nepomuk, 99, 215
Gastpar, Adolf, 382
Gastpar, Amalie, geb. Scholl, 382
Gastpar, Anna, →Vischer, Anna
Gastpar, Karl 443
Gaul, Fürstlich Oettingen-Wallerstein´scher Rat, 114
Gaul, Franz Wilhelm, 22, **114,** 244
Gaum, Dorothee Wilhelmine, →Geß, Dorothee Wilhelmine
Gaupp, Albert, 303
Gaupp, Anna Barbara, geb. Schöning, 301
Gaupp, Charlotte, →Osiander, Charlotte
Gaupp, Hilde, geb. Schneider, 380
Gaupp, Karl Heinrich, 301
Gaupp, Ludwig Friedrich, 158
Gaupp, Marie, geb. Palm, 303
Gaupp, Otto, Dr., 380
Gaupp, Thusnelde, →Planck, Thusnelde
Gauss, Karl Jakob, 299
Gauss, Mathilde, geb. Oechsle, 299
Gebhard, Friederike, →Jan, Friederike
Gedult von Jungenfeld, Maria Anna Walburga Scholastika, →Linden, Freifrau Maria Anna Walburga Scholastika
Geib, Caroline („Nina"),→Pfizer, Caroline („Nina")
Geib, Gustav, Dr. iur., 309
Geib, Louise, geb. Abegg, 309
Geibel, Emanuel, 134
Geiger, Amalia, geb. Frisäus, 114
Geiger, Amalie, →Reichart, Amalie
Geiger, Dorothea, geb. Ziegler, 114
Geiger, Elise, →Köhl, Elise
Geiger (sen.), Friedrich, 114
Geiger, Friedrich, 114 f.
Geiger, Fritz, 114
Geiger, Hans, Dr., 154
Geiger, Karin, →Schäuffelen, Karin
Geiger, Karl, 114
Geiger, Konrad, 86, 298, 476
Geiger, Luise, →Knapp, Luise
Geiger, Maria, →Durer, Maria
Geiger, Otto, 408
Geiger, Ruth, →Sevegnani, Ruth
Geiger, Sophie, geb. Dreetz, 408
Geigle, Ida, geb. Hausch, 154
Geigle, Oskar, 154
Geiselmann, Josef, Dr., 115
Geiselmann, Julie, geb. Wegerer, 115
Geiselmann, Modestus, 115
Geisenhof, Georg Maximilian, OSB, 50
Geislhöringer, August, Dr., 457
Geiß, Karlmann, 49
Geiß, Theresia, →Kremeter, Theresia
Geißel, Zementproduzent, Tuttlingen, 236
Geisselrecht, Anna Friederike Eugenie, →Scheu, Anna Friederike Eugenie
Geissendörfer, Hans Werner, 35

Geißler, Katharina, →Decker, Katharina
Geißspitzheim, Henriette Friederike von, →Molsberg, Freifrau Henriette Friederike von
Geitlinger, Erwin, 352
Geldern-Egmont, Gräfin Ida Theresia Karoline Henriette von, →Stauffenberg, Freifrau Ida Theresia Karoline Henriette von
Gemmingen, Freiin Luise Ernestine von, →Hügel, Freifrau Luise Ernestine von
Gemmingen-Guttenberg, Freiherr Joachim von, 115
Gemmingen[-Guttenberg], Johanne Freifrau von, geb. Petershagen, 115 f., 202
Gemmingen-Guttenberg, Freiherr Karl von, 115
Gemmingen-Guttenberg, Kristin Freiin von, →Kleinmann, Kristin
Gemmingen-Guttenberg(-Bonfeld), Freifrau Auguste Luise von, geb. Freiin von Degenfeld, 116
Gemmingen-Guttenberg(-Bonfeld), Freiherr Carl von, 116
Gemmingen-Guttenberg(-Bonfeld), Freiherr Carl Friedrich von, 116, 117, 263
Gemmingen-Guttenberg(-Bonfeld), Freifrau Caroline von, geb. Cotta Freiin von Cottendorf, 116
Gemmingen-Guttenberg(-Bonfeld), Freifrau Caroline von, geb. Freiin von Lützow, 116
Gemmingen-Guttenberg-Bonfeld, Freiin Charlotte von, →Bunge, Charlotte
Gemmingen-Guttenberg(-Bonfeld), Freifrau Eberhardine von, geb. Freiin von Degenfeld, 116
Gemmingen-Guttenberg-Bonfeld, Freiherr Ernst Carl Friedrich, 117
Gemmingen-Guttenberg(-Bonfeld), Freiin Elisabethe von, →Cotta Freifrau Cotta von Cottendorf, Elisabethe
Gemmingen-Guttenberg(-Bonfeld), Freiin Emilie von, geb. Rauch, 116
Gemmingen-Guttenberg(-Bonfeld), Freifrau Eugenie von, geb. Gräfin von Zeppelin, 487
Gemmingen-Guttenberg(-Bonfeld), Freifrau Friederike Juliane Wilhelmine von, geb. von Saint André, 116
Gemmingen-Guttenberg(-Bonfeld), Freiherr Gustav von, 116
Gemmingen-Guttenberg(-Bonfeld), Freifrau Helene von, geb. von Rauch, 117
Gemmingen-Guttenberg(-Bonfeld), Freiin Louise von, →Schott von Schottenstein Freifrau Louise von
Gemmingen-Guttenberg(-Bonfeld), Freiherr Ludwig („Louis") von, 117
Gemmingen-Guttenberg(-Bonfeld), Freiherr Ludwig Eberhard von, 116
Gemmingen-Guttenberg(-Bonfeld), Freiherr Ludwig Reinhard von, 116
Gemmingen-Guttenberg(-Bonfeld), Freifrau Luise Auguste von, geb. von Saint André, 116
Gemmingen-Guttenberg-Bonfeld, Freiin Luise, →Waechter-Spittler, Freifrau Luise von
Gemmingen-Guttenberg-Bonfeld, Freiin Mathilde von, 117
Gemmingen-Guttenberg-Bonfeld, Freiin Mathilde von, →Starkloff, Freifrau Mathilde von
Gemmingen-Guttenberg(-Bonfeld), Freiherr Moritz von, 116 f., 169, 173
Gemmingen-Guttenberg(-Bonfeld), Freiherr Philipp von, 116
Gemmingen-Guttenberg-Bonfeld, Freiin Rosa von, 117
Gemmingen-Guttenberg-Bonfeld, Freiherr Wilhelm von, 117, 487
Gemmingen-Hornberg, Freifrau von, 119
George, Heinrich, 260
George, Stefan, 310
Georgii, Charlotte, geb. Renz, 133
Georgii, Ludwig (von), 133
Georgii, Sophie, →Grünenwald, Sophie
Gerber, Anna Barbara, geb. Hildebrand, 251
Gerber, Anna Katharina, →Mährlen, Anna Katharina
Gerber, Guido, Dr., 390
Gerber, Jacob, 251
Gerhard, Judith Christine, →Baur Judith Christine
Gerhard, Simon, 31
Gerhardt, Erwin, Dr., 478
Gerhardy, Karl Leopold, 324
Gerhardy, Martha, →Rahn, Martha
Gericke, Bernhardine Ruth Johanna, →Epting, Bernhardine Ruth Johanna
Gerok, Charlotte, →Lang, Charlotte
Gerok, Christoph Friedrich (von), 117, 229
Gerok, Emilie, geb. Goldmann, 117
Gerok, Friederike Christiane, →Schwarz, Friederike Christiane
Gerok, Friedrich (von), 117
Gerok, Gustav, 38, **117 f.**
Gerok, Heinrike Louise, geb. Kapff, 117
Gerok, Karl (von), 117
Gerok, Kurt, 117
Gerok, Sophie, geb. Kapff, 117
Gerst, Schuhmacher, 118
Gerst, Elisabeth, →Staiger, Elisabeth
Gerst, Johannes, 118
Gerst, Louise, geb. von Müllern, 118
Gerst, Maria, geb. Mohn, 418
Gerst, Theodor, 418
Gerstenmayer, Friederike, →Lanzenstiel, Friederike
Gesell, Alexander, 303
Gesell, Mathilde, geb. Palm, 303
Geß, Christian Friedrich Wilhelm, 118
Geß, Dorothee Wilhelmine, geb. Gaum, 118
Geß, Emma Sophie Maria, 118
Geß, Friedrich (von), 118 f.
Geß, Friedrich Paul Richard, 118
Geß, Karoline, geb. Ruthardt, 118

Gruner, Friedrich, 28
Gruner, Klara Maria, →Rieß, Klara Maria
Gruner, Pfarrer (Hegnach), 335
Gruner, Sibylle Sabine, →Weitbrecht, Sibylle Sabine
Grunert, Carl, 455
Gruschwitz, 131
Gsell, Fanny, →Waaser, Fanny
Guardini, Romano, Dr., 9, 384
Güller, Amalie, →Scheible, Amalie
Gültlingen, Freifrau Amalie Charlotte von, geb. Freiin von Linden, 243
Gültlingen, Freiin Anna von, →Baldinger, Anna von
Gültlingen, Freiherr Ernst von, 243
Gültlingen, Freifrau Luise von, geb. Körner, 23
Gültlingen, Freiherr Wilhelm von, 23
Günzler, Amalie, →Bazing, Amalie
Günzler, Sophie, →Planck, Sophie
Güthner, Christof, 134
Güthner, Emma, 134
Güthner, Regina (Nina), geb. Freiin von Fuchs zu Bimbach und Dornheim, 134 f.
Gugel, Anna Luise, geb. Bertscher, 135
Gugel, Franz Xaver, 135
Gugel, Hermann, Dr., 135
Gugel, Johanna, geb. Mezger, 135
Gugel, Lina, →Petershagen, Lina
Gugenha[h]n, Katharina, →Schneider, Katharina
Gulden, Gustav, 335
Gulden, Luise, geb. Kleiner, 335
Gulden, Luise, →Risch, Luise
Gundert, Agnes, geb. Berg, 38
Gundert, David, 135
Gundert, Gustav, 38
Gundert, Gustav, Dr., 38
Gundert, Helene, geb. Bossert, 135
Gundert, Hermann, 1814-1893, 135
Gundert, Hermann, Dr., 1909-1974, 135
Gundert, Julie, geb. Dubois, 135
Gundert, Marie, geb. Hoch, 135
Gundert, Marie, →Isenberg, Marie
Gundert, Wilhelm, Dr., 135 f.
Gundrum, Jacobina Charlotte, →Stängel, Jacobina Charlotte
Guoth, Präzeptoren (Ebingen), 373
Gurk, Franz, 468
Gurlitt, Cornelius, 136
Gußmann, Felix (von), Dr., 238
Gußmann, Margarethe, →Leube, Margarethe
Gußmann, Margarethe, geb.Wrede, 238
Gutbier, Albin, Dr., 34
Gutbrod, Carl (Karl), Dr., 366
Gutbrod, Mathilde, geb. Schill, 366
Gutenberg, Johannes, 279
Guter, Agathe, →Wiest, Agathe
Guther, Barbara, geb. Stetter, 136
Guther, Christian, 136
Guther, Hildegunt, geb. Mayer, 136
Guther, Liesel, 136
Guther, Liesel, geb. Hensgen, 136
Guther, Max, 110, **136,** 142, 372, 438
Guther, Michael, 136
Gutmann, Franz, Dr., 13, 19, 397
Gutmann, Gebr. (Ulm), 163
Guttenberg, Freiin Irene von und zu, →Schreck, Irene
Guttzeit, Martha, →Kuntze, Martha
Gutzkow, Karl, 82

Haackh, Beate Friederike, →Kleinmann, Beate Friederike
Haag, Bertha Louise Marie, →Milz, Bertha Louise Marie
Haag, Carl Leonhard, 264
Haag, Wilhelmine, geb. Brodbeck, 264
Haagen, Agnes, geb. Diezel, 310
Haagen, Erica, →Pfizer, Erica
Haagen, Georg (von), 310
Haakh, Alfred, 136 f.
Haakh, Kaufmann (Heilbronn/Neckar), 136
Haas, Agnes, geb. Binder, 44
Haas, Carl Friedrich (von), 137, 397
Haas, Eleonore (Ella) Karoline, →Schefold, Eleonore (Ella) Karoline
Haas, Else, geb. Bauer, 357
Haas, Emma, Beck, Luise, →Kohlhaas, Emma
Haas, Joseph, 187
Haas, Karl (von), 44
Haas, Luise, geb. Beck, 137
Haas, Maria Catharina, →Entreß, Maria Catharina
Haas, Otto, 44, Anm. 55
Haas, Wilhelm, Dr., 357
Haberer, Sophia Maria, →Hasel, Sophia Maria
Haberl, Anna, →Birnmann, Anna
Habermaas, August, 137
Habermaas, Friedrich, Dr., 1795-1841, 137 f., 344
Habermaas, Friedrich, 1824-1898, 137
Habermaas, Gustav, 256

Habermaas, Jacob Ernst Friedrich, 137
Habermaas, Hermann (von), Dr., 256
Habermaas, Lydia, geb. Firnhaber, 256
Habermaas, Maria, geb. Bolley, 137
Habermaas, Marie, →Erlenmeyer, Marie
Habermaas, Mathilde („Thilde"), geb. Magirus, 256
Habermaas, Sophia, geb. Conrad, 137
Habermann, Karl, 138
Habermann, Maria, geb. Frick, 138
Habermann, Willi, 138
Hack, Friedrich (von), Dr., 343
Hack, Hans, 280
Hackl, Gabriel, 354
Häberle, Adolf, 138 f.
Häberle, Carl, 138
Häberle, Carl Friedrich, 138
Häberle, Leonhard, Dr., 446
Häberle, Luise, geb. Beck, 138
Haeberle, Pauline, →Endriß, Pauline
Häberlen, Albert von, 137
Häcker, Christiane Gottliebin, →Pfleiderer, Christiane Gottlibin
Häcker, Ida, geb. Kübel, 139, 222
Häcker, Karl Gustav (von), 139
Häcker, Maria, geb. Mögling, 139
Häcker, Otto, 139, 222
Haecker, Theodor, 383
Häfner, Elisabeth, →Ebner, Elisabeth
Häge, Anna Maria, geb. Wittlinger, 55, 359
Häge, Conrad (Konrad), 55, 359
Häge, Elisabeth, →Scheible, Elisabeth
Häge, Katharina, →Bühler, Katharina
Hägele, Hildegard, →Pfannenschwarz, Hildegard
Haegelin, Regina, →Molfenter, Regina
Hähnle, Emma, →Rieber, Emma
Hähnle, Eugen, 139
Hähnle, Hans, 26, 104, 122, 139, 254, 426
Hähnle, Hermann, 139
Hähnle, Karoline, →Pfleiderer, Karoline
Hähnle, Lina, geb. Hähnle, 139
Häklin, Elisabetha, →Schad von Mittelbiberach, Elisabetha
Haendle, Gertrud, →Weisser, Gertrud
Haendle, Ida, geb. Stoll, 462
Haendle, Wilhelm, 462
Hänlein, Hermann (von), 92
Häring, Hugo, 139 f., 337
Häring, Schreinermeister, 139
Häring, Theodor, D., 444
Härlin, genannt Tritschler, Benjamin, Dr., 140
Härlin, Charlotte, geb. Schott, 140
Härlin, Cornelie, geb. Ofterdinger, 300
Härlin, Friedrich Ludwig, 140
Härlin, Georg Friedrich Christian, 140
Härlin, Johanna Elisabetha, geb. Bengel, 140
Härlin, Reinhard, 58
Härlin, Sophie, geb. Camerer, 58
Härlin, Ursula Barbara, geb. Tritschler, 140
Härpfer, Catharina Dorothea, 220
Härpfer, Johann Georg, 220
Härpfer, Margarethe Barbara, →Kraut, Margarethe Barbara
Härtl, Maria Magdalena, →Kremeter, Maria Magdalena
Häusele, Maria Margaretha, →Schwenk, Maria Margaretha
Häusler, Johann Martin, 339
Häußler, Franz, 84
Häußler, Hermann, 272
Häußler, Therese, →Englert, Therese
Häußler, Therese, geb. Wetzel, 84
Hafner, Karolina, →Ehrsam, Karolina
Haffner, Paul Leopold (von), Dr., 346
Hag, Konstanzia, →Ludwig, Konstanzia
Hagen, August, Dr. Dr., 112
Hagen, Auguste, geb. Klemm, 202
Hagen, Eduard, 202
Hagen, Friedrich Wilhelm, Dr., 202
Hagenmeyer, Anna Maria, geb. Nusser, 140
Hagenmeyer, Erich, 140 f.
Hagenmeyer, Irmgard, →Ehrmann, Irmgard
Hagenmeyer, Otto, 140
Hagenmeyer, Rolf, 140
Hager, Jonathan, 462
Hager, Julie, geb. Weitbrecht, 462
Hagmann, Berta, →Scheyhing, Berta
Hagmayer, Johannes, 26
Hagmayer, Katharine, →Bantleon, Katharine
Hagmeier, Max, 141
Hagmeier, Mina, geb. Stahl, 141
Hagmeier (Hagmaier), Willy, 141 f.
Hahn, Amalie, geb. Wechßler, 456
Hahn, Caroline Friederike, →Baur, Caroline Friederike
Hahn, Forstkassier, 30
Hahn, Friedrich, Dr., 139, 142
Hahn, Gertrud, →Schieber, Gertrud

Hof, Johannes, 175
Hof, Karl, 175
Hofacker, August (von), 482
Hofacker, Cäsar von, 103
Hofer, Karl, 29
Hoff, Elisabeth, →Hoffmann, Elisabeth
Hoff, Leonhard Heinrich Immanuel (von), 58
Hoff, Sophie, geb. Camerer, 58
Hoffmann, Agnes, geb. Lang, 175
Hoffmann, Amalie Adelheid, geb. Neuffer, 292
Hoffmann, Anna Emilie Martha, →Fried, Anna Emilie Martha
Hoffmann, Caroline, →Gräter, Caroline
Hoffmann, Caroline, →Steudel, Caroline
Hoffmann, Christian, 424
Hoffmann, Christian Gottfried, 424
Hoffmann, Christiane Friederike, geb. Löffler, 175
Hoffmann, Dora, →Pfaff, Dora
Hoffmann, Elfriede Frances, geb. Müller, 175
Hoffmann, Elisabeth, geb. Hoff, 161
Hoffmann, Elisabeth Magdalene, geb. Epple, 301
Hoffmann, Elise, geb. Sarrazin, 175
Hoffmann, Emilie, →Osiander, Emilie
Hoffmann, Emma, →Kübel, Emma
Hoffmann, G. (Stuttgart), 220
Hoffmann, Gottlieb Wilhelm, 175
Hoffmann, Gustav, 292
Hoffmann, Hedwig Dorothea, →Essich, Hedwig Dorothea
Hoffmann, Helga, geb. Westerkamp, 175
Hoffmann, Hildegard, Dr., →Pfleiderer, Hildegard, Dr.
Hoffmann, Johannes, 312
Hoffmann, Karl, 175
Hoffmann, Karl, 175
Hoffmann, Karoline (Lina), →Weisser, Karoline (Lina)
Hoffmann, Konrad, Dr., 1867-1959, 54, 83, **175 f.,** 193, 202, 313, 316, 348, 486
Hoffmann, Konrad, Dr., 1910-2002, 175
Hoffmann, Margarete, →Grüninger, Margarete
Hoffmann, Margarethe, →Dieterich, Margarethe
Hoffmann, Marie, →Seeger, Marie
Hoffmann, Minna, geb. Bartholomäus, 134
Hoffmann, Otto, 134
Hoffmann, Pauline, geb. Gräfin von Görlitz, 175
Hoffmann, Sekretär, 222
Hoffmann, Wilhelm, 1806-1873, Dr., 175
Hoffmann, Wilhelm, Dr., 175
Hoffmann, Wilhelm, Dr., 1901-1986, 175
Hofmann, Christine Sophie, →Müller, Christine Sophie
Hofmann, Emmy Sofie Friederike, →Mack, Emmy Sofie Friederike
Hofmann, Johannes, 250
Hofsess, Regina Magdalena, →Osiander, Regina Magdalena
Hofstätter, Maria Christina, →Schmid, Maria Christina
Hoger, Hannelore, 184
Hohenheim, Franziska von, 355
Hohenlohe-Bartenstein, Fürst zu, 348
Hohenlohe-Kirchberg, Fürst Karl (IV.) zu, 483
Hohenlohe-Kirchberg, Fürstin Marie zu, geb. Gärfin von Urach, 483
Hohenlohe-Waldenburg, Fürsten zu, 104
Hohenzollern-Hechingen, Fürsten von, 32
Hohenzollern-Hechingen, Prinzessin Josephine von, →von Festetics von Tolna, Gräfin Josephine von
Hohenzollern-Sigmaringen, Fürst Friedrich Wilhelm von, 484
Hohl, Karl (von), 26, 76, 482
Hohreiter, ev. Gemeindehelferin (Ulm), 370
Holder, Sabina Wilhelmina, →Hermann, Sabina Wilhelmina
Holl, Anna Christine, geb. Fürnkranz, 176
Holl, Johann Leonhard, 1699-1780, 176
Holl, Johann Leonhard, 1748-1834, 176 f.
Holl, Luise, →Kemmler, Luise
Holl, Regina Elisabeth, geb. von Köpf, 176
Holl, Septimus, 296
Holl, Sibylle Jakobine, →Nübling, Sibylle Jakobine
Holland, Adolf (von), 177, 446
Holland, Christian Heinrich, 177
Holland, Christof Ehrenreich, 177
Holland, Clara, geb. Schwenk, 402
Holland, Heinrich (von), 177
Holland, Hermann, 402
Holland, Johanne Luise, geb. Schott, 177
Holland, Josef, 177
Holland, Karl Christof Friedrich, 177, 446
Holland, Karoline, geb. Schott, 177
Holland, Karoline Friederike, geb. von Besserer-Thalfingen, 177
Holland, Magnus Friedrich, 177
Holland, Maria Rosina, geb. Keller, 177
Holland, Marie, geb. Waaser, 177, 446
Holland, Paul, 177
Holland, Sofie Karoline, geb. Reyscher, 177
Holle, August, Dr., 177
Holle, Fritz, Dr., 177
Hollenberger, Anton, 177
Hollenberger, Cäcilie, Dr., 177 f., 282

Hollenberger, Cäcilie, geb. Scheppach, 177
Hollenberger, Johann, 85
Hollenberger, Rosa, →Mühlbacher, Rosa
Hollenberger, Theresia, →Epple, Theresia
Hollenberger, Ursula, geb. Kroner, 85
Holtzhäu, Barbara, →Nübling, Barbara
Holz, Fritz, 462
Holz, Julie, geb. Arndt, 462
Holz, Luise, →Weisser, Luise
Holzäpfel, Elsa, →Askani, Elsa
Holzer, Gymnasialprofessor, 178
Holzer, Ernst, 151, **178**
Holzhäuer, Annegret, →Lamey, Annegret
Holzhäuer, Caroline, geb. Schauwecker, 178
Holzhäuer, Ernst Burkhard, 178
Holzhäuer, Eva Barbara, geb. Beutel, 178
Holzhäuer, Gertrud, 178
Holzhäuer, Hans-Ulrich, 178
Holzhäuer, Margarethe, geb. Ohm, 178
Holzhäuer, Maria, 178
Holzhäuer, Marie, geb. Helb, 178
Holzhäuer, Richard, 178
Holzhäuer, Wilhelm, 1856-1911, 178
Holzhäuer, Wilhelm, 1889-1965, 133, **178 f.**
Holzhäuer, Wolfgang, 178
Holzinger, Cläre, →Kraut, Cläre
Holzinger, Clara, geb. Schweickhardt, 179
Holzinger, Heinrich, Dr., 142, **179,** 310, 444
Holzinger, Johannes Gottfried, 179
Holzinger, Wilhelmine, geb. Goeßler, 179
Holzschuher zu Harrlach, Freifrau Antonie von, geb. Gmelin, 179
Holzschuher zu Harrlach, Freiherr Emil von, 179 f.
Holzschuher zu Harrlach, Freiherr Georg von, 179
Holzschuher zu Harrlach, Freiherr Karl von, 179, **180,** 446
Holzschuher zu Harrlach, Freiin Klara von, 179
Holzschuher zu Harrlach, Freiin Maria Anna von, 179
Holzschuher zu Harrlach, Freifrau Sophie Caroline Marie, geb. Freiin Kreß von Kressenstein, 180
Hombergk zu Vach, Marie Margarete Alette, →Hein, Marie Margarete Alette
Homer, 95
Honigmann, Barbara, 38
Honold, Christina, geb. Werner, 180
Honold, Dora, 181
Honold (sen.), Georg, 180
Honold, Georg, 180, 393, 418
Honold, Hans, 330
Honold, Hans Heiner, 181
Honold, Heinrich, 180
Honold (sen.), Heinrich, 180 f.
Honold (jun.), Heinrich, 181
Honold, Konditor (Ulm), 472
Honold, Maria, 181
Honold, Maria, geb. Mayer, 180
Honold, Schneidermeister (Ulm), 38
Honold, Walburga, geb. Schenk, 180
Hoover, Herbert J., 385
Hopf, Franz, 225
Hopf, Mathilde Henriette, →Rieber, Mathilde Henriette
Hopfengärtner, Apotheker (Ulm), 327
Hopfengärtner, Charlotte, →Reichard, Charlotte
Hopff, Bertha, geb. Klemm, 202
Hopff, Elisabeth, geb.Klemm, 203
Hopff, Gottlob, 202
Hopff, Hermann, 202, 203
Hopff, Lina, geb. Bilfinger, 202
Hopp, Marie Ottilie, →Wirsching, Marie Ottilie
Horn, Anna, →Wechßler, Anna
Horn, Anna Katharine, geb. Klein, 457
Horn, Beate, →Tafel, Beate
Horn, Christina Beate, geb. Baumann, 430
Horn, Johann Immanuel, 430
Horn, Lorenz, 457
Horn, Luise, →Vayhinger, Luise
Horn, Wilhelm, 485
Hornemann, Auguste, →Knapp, Auguste
Hornemann, Georg, 205
Hornemann, Karoline, geb. Pahle, 205
Hornstein-Bußmannshausen, Freiherr August von, 184
Hornstein-Bußmannshausen, Freiherr Max Christoph von, 464
Hornstein-Bußmannshausen und Orsenhausen, Freiin Walburga, →Welden, Freifrau Walburga von
Hornung, Anna Ursula, →Schemer, Anna Ursula
Hornung, Christian, 181
Hornung, Gärtnermeister, Zunftvorgesetzter (Ulm), 360
Hornung, Georg, 181 f.
Hornung, Karoline, →Dieterich, Karoline
Hornung, Veronica, →Schuler, Veronica
Horst, Adolf, 182
Horst, Anna, geb. Hintz, 182
Horst, Anna Sophia, geb. Richartz, 182
Horst, Arnold, 182

Karcckcr, Rosa, Heiser, →Rosa
Karl I., der Große, König der Franken, Kaiser, 394
Karl I., König von Württemberg, 26, 42, 57, 66, 117, 125, 158, 197, 240, 244, 271, 279, 289, 314, 322, 382, 414, 419, 422, 423, 434, 441, 469, 488
Karl V., röm.-dt. Kaiser, 1, 458
Karl VI., röm.-dt. Kaiser, 292, 332
Karl VII., röm.-dt. Kaiser, 167
Karl Theodor, Kurfürst von der Pfalz und von Bayern, 166
Karafiat, Emilia, →Posewitz, Emilia
Kast, Christian, 194 f.
Kast, Maria, geb. Kübler, 194
Kathan, Elisabetha, →Kollmann, Elisabetha
Katharina, Königin von Württemberg, 436, 464
Katharina II. „die Große", Zarin von Russland, 254
Katz, Gisela Paula Marie, geb. Schmid, 375
Katz, Herbert, 375
Katz, Tobias, Dr., Oberstabsarzt (Ulm), 463
Katzenmeier, Anna Catharina Josepha, →König, Anna Catharina Josepha
Kauf, Erhard, 195
Kauf, Harald, 195
Kauf, Ruth, geb. Preissler, 195
Kauf, Winfried, 195
Kauffmann, Anna Catharina, →Dieterich, Anna Catharina
Kauffmann, Daniel, 67
Kauffmann, Elisabeth, geb. Rau, 67
Kauffmann, Maria Julie, →Autenrieth, Maria Julie
Kaufmann, Georg, 253
Kaufmann, Georg Andreas, 455
Kaufmann, Johann, 436
Kaufmann, Johanna Berta, geb. Magrius, 253
Kaufmann, Julie, geb. Schubart, 436
Kaufmann, Kunigunde, →Weidlen, Kunigunde
Kaufmann, Magdalene, geb. Schilling, 455
Kaufmann, Marie Magdalena, →Wechßler, Marie Magdalena
Kaufmann, Thekla Natalie, →Klemm, Thekla Natalie
Kaulla, Dr. (Straßburg), 308
Kaulla, Clarisse, geb. Pfeiffer, 308
Kaulla, Friedrich, 308
Kaulla, Luise, geb. Pfeiffer, 308
Kaupp, Emilie, →Schanz, Emilie
Kayser, Anna, →Bosch, Anna
Kayser, Mathilde, →Albrecht, Mathilde
Kayser, Luise Wilhelmine, →Vischer von Ihingen, Luise Wilhelmine
Keck, Ulrich, 50
Keckeisen, Johann Nepomuk, 195
Keil, Anna, →Hirzel, Anna
Keil, Heinz, 195 f.
Keil, Hildegard, geb. Kirchner, 195
Keil, Maria Katharina, →Hummel, Maria Katharina
Keil, Wilhelm, 122, 340, 341
Keiler, Maria Ursula, →Schall, Maria Ursula
Keim, Apollonia, geb. Schiele, 444
Keim, Johann Gottlieb, 444
Keim, Margarete, →Hermann, Margarete
Keim, Maria Magdalene, →Vollmann, Maria Magdalene
Keinath, Hans-Hermann, 9
Keler, Hans von, 9, 86
Keller, Adelbert (von), Dr., 382
Keller, Berta, geb. Reiniger, 107
Keller, Charlotte, geb. Scholl, 238
Keller, Christiane, geb. Oesterlen, 222
Keller, Eugenie, geb. Leube, 238
Keller, Friederike Charlotte, →Seybold, Friederike Charlotte
Keller, Friedrich (von), 278, 447
Keller, Georg, 124
Keller, Georg Heinrich, 107
Keller, Heinrich Adelbert (von), 238
Keller, Herbert, 196
Keller, Hermann, 107
Keller, Joachim, Dr., 196
Keller, Josef, 162
Keller, Karl, 400
Keller, Lina Emilie, →Goll, Lina Emilie
Keller, Maria, geb. Mühlschlegel, 124
Keller, Maria Rosina, →Holland, Maria Rosina
Keller, Martha Sophie, 196
Keller, Otto, Dr., 238
Keller, Philipp Friedrich, 222
Keller, Sophie, →Frank, Sophie
Keller, Sophie, geb. Scholl, 382
Kellner, Bürgermeister, NS-Kreisleiter, 46
Kellner, Christine Elisabeth, →Lippe-Biesterfeld[-Falkenflucht], Gräfin Christine Elisabeth zur
Kemnitz, Kathi, →Kässbohrer, Kathi
Kemmler, Friedrich, 325
Kemmler, Luise, geb. Holl, 325
Kemmler, Luise Christine, →Rampacher, Luise Christine
Kempner, Robert M. W., 204
Kepel, Luise von, →Breitschwert, Freifrau Luise von
Keppeler, Josef, 1849-1904, 196
Keppeler, Josef, 1883-1945, 15, 196

Keppeler, Maria Anna, geb. Reinhalter, 15, 196
Keppeler, Mathilde, geb. Angelmaier, 196
Keppeler, Otto, 15, 196
Keppeler, Dorothea („Dorle"), →Ernst, Dorothea („Dorle")
Keppler, Friedrich, 67
Keppler, Maria, →Niklass, Maria
Keppler, Paul Wilhelm (von), Dr., 267
Keppler, Rosine, →Schill, Rosine
Kerler, Anna Lina Charlotte, →Götz, Anna Lina Charlotte
Kerler, Barbara, geb. Haßler, 149
Kerler, Dietrich, Dr. 196
Kerler, Heinrich, 196, 276, 448
Kerler, Heinrich Friedrich, 149
Kerler, Klara Kunigunde Lina, geb. Lindner, 196
Kern, Publizist, 213
Kern, Alfred, 204
Kern, Anna Regina, geb. Reutte, 224
Kern, Auguste, →Berkenkamp, Auguste
Kern, Barbara, →Schwenk, Barbara
Kern, Christine Barbara, →Kuhn, Christine Barbara
Kern, Eduard, Dr., 363
Kern, Emilie, geb. Berkenkamp, 197
Kern, Heinrich, 196
Kern, Hilde, geb. Klopfer, 204
Kern, Johann Conrad, 224
Kern, Johannes, 1, 213, 373
Kern, Lotte, geb. Hermann, 196
Kern, Ludwig Franz, 196
Kern, Maria, →Pfleiderer, Maria
Kern, Maria Magdalena, →Köhler, Maria Magdalena
Kern, Robert, 35, 196 f., 374, 424, Anm. 599
Kern, Thusnelde, geb. Steudel, 197, 424, Anm. 599
Kerner, Christoph Ludwig, 421
Kerner, Friederike Luise, geb. Stockmayer, 421
Kerner, Johannes B., 208
Kerner, Justinus, Dr., 95, 225, 251, 421, Anm. 594
Kerner, Wilhelmine, →Steinbeis, Wilhelmine
Kerschbaum, Frieda, →Feyerabend, Frieda
Kerschbaum, Ulrich, Dr., 20
Kesselstadt, Grafen von, 283
Kessler, Alice und Ellen (= „Kessler-Zwillinge), 342
Keßler, Magdalena Ursula, →Faulhaber, Magdalena Ursula
Kessler, Wulf, 384
Kestner, Familie (Thann/Elsass), 415
Kiderlen, Barbara, →Cramer, Barbara
Kiderlen, Elisabeth, geb. Schiele, 365
Kiderlen, Familie, 447
Kiderlen, Georg, 205
Kiderlen, Georg Friedrich, 3
Kiderlen, Johann Ludwig, 197, 235, 480
Kiderlen, Kurt, 365
Kiderlen, Luise, geb. Steidle, 205
Kiderlen, Marie, geb. Freiin von Wächter, →Kiderlen-Wächter, Marie
Kiderlen, Robert (von), 197
Kiderlen, Sophie Wilhelmine, →Knapp, Sophie Wilhelmine
Kiderlen-Wächter, Alfred von, 197
Kiderlen-Wächter, Marie von, geb. Freiin von Wächter, 197
Kiechel, Samuel, 139, 150
Kiechle, Berta, geb. Spindler, 416
Kiefe, Friedericke, →Kiefe, Friedericke
Kiefer, Regine Elisabeth, →Megenhardt, Regine Elisabeth
Kielmeyer, Charlotte Wilhelmine, geb. Gmelin, 454
Kielmeyer, Christian Daniel, 406
Kielmeyer, Karl Friedrich (von), Dr., 454
Kielmeyer, Luise, geb. Seeger, 406
Kielmeyer, Marie, →Breitschwert, Freifrau Marie von
„Kiem-Pauli", 433
Kienast, Dr., 186
Kienlin, Anna Magdalene, →Kiderlen, Anna Magdalene
Kientsch, Emil, 197
Kientsch, Willy, 197
Kienzerle, Alfred, 197 f.
Kienzerle, Andreas, 197
Kienzerle, Johanna, geb. Bochskanl, 197
Kienzerle, Margarethe, geb. Schmid, 197
Kienzerle, Olga, geb. Herforth, 197
Kienzerle, Sibylle, 197
Kienzerle, Ursula, geb. Heeser, 198
Kienzerle, Wolfgang, Dr., 198
Kiesinger, Kurt Georg, 20, 175, 183
Kießecker, Babette, →Eiselen, Babette
Kilian, Walther, 173
Kilbel, Gotthold (von), 198
Kilbel, Lehrer, 198
Kilzer, Charlotte, →Bittinger, Charlotte
Kimmel, Elisabeth, 199
Kimmel, Elise, geb. Braun, 198
Kimmel, Frieda, 199
Kimmel, Julie, 199
Kimmel, Karl, 199
Kimmel, Kaufmann, 198

Knapp, Paul (von), 40, 42, 64, 108, 179, **206**, 316, 334
Knapp, Rosa, geb. Hecker, 205
Knapp, Sigmund, 205
Knapp, Sofie, →Ilg, Sofie
Knapp, Sophie, →Storz, Sophie
Knapp, Sophie, 205
Knapp, Sophie Wilhelmine, geb. Kiderlen, 205
Knapp, Thekla, →Pomer, Thekla von
Knappertsbusch, Hans, 194
Knaup, Pauline, →Schmid, Pauline
Knaus, Rosine, →Sprenger, Rosine Christiane
Knaus, Steinbildhauer, 4
Knausenberger, Maria, →Drück, Maria
Knauß, Friederike, →Bantleon, Friederike
Kneer, Gudrun, geb. Zeller, 206
Kneer, Joseph, 114, 119, 139, **206 f.**, 305, 333
Knef, Frieda Auguste, geb. Gröhn, 207
Knef, Hans, 207
Knef, Hildegard, 207 f.
Kner, Anton, 15
Knoderer, Laura, →Magirus, Laura
Knödler, Gotthold, 208, 356
Knoell, Eberhard, 208
Knoell, Friederike, geb. Lutz, 208
Knoell, Gertrud, 208
Knoell, Julius, 208 f., 284, 360
Knoell, Karl Friedrich, 208
Knoell, Marie, geb. Lembert, 208
Knoell, Walter, 208
Knöller, Julie, geb. Hölderlin, 173
Knöringer, Wilhelmine Magdalene, →Dick, Wilhelmine Magdalene
Knoll, Josef, Dr., 81, 209
Knoll, Landwirt, 209
Knoll, Liselotte, geb. Wenger, 209
Knoll, Theresia, →Schenzinger, Theresia
Knorr, Elise, geb. Teichmann, 209
Knorr, Georg Friedrich Theodor, 209
Knorr, Johann Christian Friedrich, 209
Knorr, Robert, 209 f.
Knuspert, Alois, 221
Knuspert, Gustav, 221
Knuspert, Louise, geb. Gogl, 221
Knuspert, Magdalena, geb. Kremeter, 221
Kober, Barbara, geb. Butz, 210
Kober, Karl, 210
Kober, Leonhard, 154, **210**
Kober, Luisa Katharina, →Rauscher, Luisa Katharina
Koch, Anna, →Grub, Anna
Koch, Babette, →Grimm, Babette
Koch, Barbara, →Stiegele, Barbara
Koch, Crezentia, →Kräutle, Creszentia
Kober, Emma Justina Barbara Maria, →Haxel, Emma Justina Barbara Maria
Kober, Luisa Katharina, →Rauscher, Luisa Katharina
Koch, Elfriede, geb. Baur, 31
Koch, Fanny, →Einstein, Fanny
Koch, Friedrich, 51
Koch, Jette, geb. Bernheimer, 80
Koch (früher: Dörzbacher); Julius, 80
Koch, Lina, →Breitling, Lina
Koch, Lotte, 200
Koch, Margareta, →Huck, Margareta
Koch, Martina, →Dillenz, Martina
Koch, Pauline, →Einstein, Pauline
Koch, Wilhelm, 289
Kocher, Konrad, Dr., 292
Kocher, Luise Wilhelmine, geb. Neuffer, 292
Kodweiß, Johann Jakob, 255
Kodweiß, Johanna Sabina, geb. Magirus, 255
Kodweiß, Maria Dorothea, →Ploucquet, Maria Dorothea
Kodweiß, Maria Elisabeth, →Liesching, Maria Elisabeth
Kodweiß, Mathilde, →Maisch, Mathilde
Köber, Katharine, →Hiller, Katharine
Köberle, Elisabetha, →Müller, Elisabetha, →Pfizmaier, Elisabetha
Köberle, Elise, →Ammon, Elise von
Köberle, Elise, geb. Lippert, 14
Köberle, Paul Ritter von, 14
Kögel, Charlotte, geb. Forderer, 210
Kögel, Franz Xaver, 210
Kögel, Herbert, 210
Kögel, Maria Magdalcna, →Unseld, Maria Magdalena
Köhl, Anna, geb. Band, 210
Köhl, Bärbl, geb. Schreiegg, 210
Köhl, Elfriede, geb. Feyerabend, 211
Köhl, Elise, geb. Geiger, 212
Köhl, Georg, 210 f., 326, 410
Köhl, Hermann, 211 f.
Köhl, Valentin, 212
Köhl, Walburga, geb. Mahler, 212
Köhl, Wilhelm, 210, 211, **212**
Köhler, Conrad Friedrich, 212 f., 243
Köhler, Elsa, →Schübel, Elsa

Köhler, Gertrud, geb. Leonhardt, 392
Köhler, Gottfried, 392
Köhler, Johann Sigmund, 212
Köhler, Ludwig (von), Dr., 427, 461
Köhler, Maria Magdalena, geb. Kern, 212, 243
Köhler, Pfarrer, 212
Kölle, Adolf, Dr., 90
Kölle, Jakob, 57
Kölle, Johann, 473
Kölle, M., Apotheker (Ulm), 446
Kölz, Maria, →Mayer, Maria
König, Anna Catharina Josepha, geb. Katzenmeier, 214
König, Carl von, 214
König, Caroline, →König von und zu Warthausen, Freifrau Caroline
König, Freiin Charlotte von, →Hayn, Freifrau Charlotte von
König, Elisabeth, →Römer, Elisabeth
König, Freiin Elisabeth von, 214
König, Freiin Emma von, →Linden, Freifrau Emma von
König, Freiherr Friedrich von, 214
König, Friederike Sophie Elisabeth von, geb. Heigelin, 214
König, Hans H., 371
König, Johann Georg, 214
König, Johannes Evangelist, 213
König, Maria Regina, →Welz, Maria Regina
König, Freifrau Pauline von, geb. Lembke, 214
König, Freiin Sophie von, →Hayn auf Uhenfels, Freifrau Sophie von
König-Fachsenfeld, Freiherr Carl, 214
König von Königshofen, Freifrau Elisabeth, geb. Freiin von Podewils, 213
König-Königshofen, Freiherr Wilhelm von, **213,** 214
König-Warthausen, *Carl* August Wilhelm Freiherr von, **214**
König-Warthausen, Sophie Freifrau von, geb. Freiin von Varnbüler von und zu Hemmingen, 214
König von und zu Warthausen, Freifrau Caroline, geb. König, 214
König von und zu Warthausen, Freiin Margarethe, 214
König von und zu Warthausen, Freiin Walburga, 213
König zu Warthausen, Freifrau Anna von, geb. Heine, 214
König zu Warthausen, Freiherr August von, **214**
König zu Warthausen, Freifrau Elise Friederike, geb. Brastberger, 214
König zu Warthausen, Freiherr Wilhelm von, 213, **214**
Königsberger, Johann Georg, 99, **214 f.**
Königswärter, Fanny, →Pfeiffer, Fanny
Köpf, Johann Christoph von, 176
Köpf, Leonhard, 25
Köpf, Regina, →Albrecht, Regina
Köpf, Regina Elisabeth, →Holl, Regina Elisabeth
Köpf, Sibylle Jacobine von, →Köpf, Sibylle Jacobine von
Körner, Luise, →Gültlingen, Freifrau Luise von
Köstlin, Direktor (Ulm), 428
Köstlin, Maria Elisabeth, →Lempp, Maria Elisabeth
Köstlin, Nathanael, 105
Köstlin, Renata Christiana, →Eytel, Renata Christiana
Kohl, Helmut, Dr., 56
Kohler, Lily, →Golther, Lily
Kohlhaas, Carl (von), Dr., 137
Kohlhaas, Johanna, geb. Sick, 409
Kohlhaas, Max, Dr., 409
Kohn, Fanni, →Mann, Fanni
Kohn, Friedrich Ludwig, 215
Kokoschka, Oskar, 173, 273
Kokott, Anna von, →Krafft von Dellmensingen, Anna
Kolb, Albert (von), 215, 325, 388
Kolb, Albrecht von, 23
Kolb, Amalie, geb. Knapp, 216
Kolb, Amalie, geb. Lendner, 215
Kolb, August, Dr., 215 f.
Kolb, Auguste von, geb. von Baldinger, 23
Kolb, Auguste Elisabeth, geb. Bardili, 215
Kolb, Catharina Caroline, →Schefold, Catherina Caroline
Kolb, Christian, Dr., 216
Kolb, Christoph (von), Dr., 216, Anm. 296
Kolb, Elsbeth, 216
Kolb, Eugen, 216
Kolb, Helene, →Fahrion, Helene
Kolb, Johann Christian, 215
Kolb, Julie Charlotte Elisabeth, 215
Kolb, Martha, geb. Mößner, 216
Kolb, Mathilde, geb. Vogt, 215
Kolb, Richard Georg Ferdinand, 215
Kolb, Rudolf, 215
Kolb, Siegfried, 216
Kolb, Theodor, Dr., 215
Kolb, Theophil, 216
Kolb, Ursula, →Braig, Ursula
Kolb, Wilhelm, 216
Kolb, Wolfgang, 216
Kolbe, Georg, 354
Kolle, Oswalt, 91
Kollmann, Albrecht Paul, 218
Kollmann, Charlotte, →Römer, Charlotte
Kollmann, Elisabeth Paula, geb. Weigand, 218
Kollmann, Elisabetha, geb. Kathan, 216, 217

Radwansky, Gustav, Dr., 34, **324**
Radwansky, Gustav, 324
Radwansky, Maria, →Neumayr, Maria
Rädler, Carolina, geb. Stadler, 481
Rädler, Georg Anton, 436, 481
Rädler, Maria Anna, →Wolf, Maria Anna
Rahn, Andreas, 324
Rahn, Emma, 324
Rahn, Emma Augusta Jakobina, geb. Becker, 324
Rahn, Ernst, 324
Rahn, Fritz, 324
Rahn, Helene, 324
Rahn, Martha, geb. Gerhardy, 324
Rahn, Otto, 324
Rahn, Rudolf, Dr., 324 f.
Rahn, Sibylla, 324
Raht, Eckardt Daniel Friedrich (von), 443
Raht, Josephine Margarethe, geb. Hundhausen, 443
Raht, Sophie, →Vischer, Sophie
Raht, Wilhelmine, →Vischer, Wilhelmine
Raith, Maria Agnes, →Reichard, Maria Agnes
Ramminger, Elisabeth Catharina, →Husuadel, Elisabeth Catharina
Rampacher, Adolf, 325
Rampacher, Carl (Karl) (von), 215, **325**, 377, 468
Rampacher, Elvire, 325
Rampacher, Friedrich (von), 1789-1844, 325
Rampacher, Friedrich, 1824-1851, 325
Rampacher, Henriette, geb. Finckh, 325
Rampacher, Lina, geb. Haverkampf, 325
Rampacher, Luise, →Groß, Luise
Rampacher, Luise Christine, geb. Kemmler, 325
Rampacher, Marguerite, geb. Fournier, 325
Rampacher, Maximilian (Max), 325
Rampacher, Melanie, 325
Rampacher, Oskar, 325
Rampacher, Richard, 325
Rampf, Maria, →Buck, Maria
Randow, Charlotte Ottilie Wilhelmine Anna von, →Prittwitz und Gaffron, Charlotte Ottilie Wilhelmine Anna
Ranke, Julie, →Seiler, Julie
Rapp, Hedwig, →Bantleon, Hedwig
Rapp, Max, 325
Rasch, Einsatzgruppenchef, 73
Raßler auf Gamerschwang, Freiherr Heinrich von, 464
Raßler auf Gamerschwang, Freifrau Therese von, geb. Freiin von Welden, 464
Rathenau, Walther, 261
Rathmann, Hedwig, →Schmückle, Hedwig
Ratzinger, Joseph, Dr., seit 2005 Papst Benedikt XVI., 91
Rau, Christian, 325
Rau, Elisabeth, →Kauffmann, Elisabeth
Rau, Frieda Emilie, 325
Rau, Friedrich, 325
Rau, Gustav, 325
Rau, Hermann, 325
Rau, Johanna, geb. Zwissler, 325
Rau, Johannes, 325
Rau, Kaspar, 414
Rau, Katharina, geb. Schuler, 325
Rau, Konrad, →„Spatzameez"
Rau, Ludwig, 325
Rau, Luise, 277
Rau, Luise, 325
Rau, Maria, →Hübler, Maria
Rau, Martha, 325
Rau, Pauline, 325
Rau, Wilhelmina („Mina "),→Döbler, Wilhelmina („Mina ")
Rauby, Rosemarie Hedwig, geb. Reber, 326
Rauch, Charlotte Wilhelmine Catharine, geb. Hauck, 116
Rauch, Emilie von, →Gemmingen-Guttenberg(-Bonfeld), Emilie von
Rauch, Helene von, →Gemmingen-Guttenberg(-Bonfeld), Freifrau Helene von
Rauch, Moritz von, 116
Rauscher, Elisabeth, geb. Mayer, 325
Rauscher, Elisabeth („Lisl"), 325, 326
Rauscher, Friedrich, 1873-1962, 325 f.
Rauscher, Friedrich, 1900-1963, 325
Rauscher, Jakob, 325
Rauscher, Luisa Katharina, geb. Kober, 325
Rauser, Maria, →Lutz, Maria
Rauth, Helga Ottilie, geb. Basko, 326
Rauth, Max, Dr., 211, 326
Reagan, Ronald, 454
Reber, Hedwig, geb. Schindler, 326
Reber, Johann, 326
Reber, Maria Barbara, geb. Gailer, 326
Reber, Oskar, 36, 153, **326 f.**
Reber, Oskar, 326
Reber, Ottmar Josef, 326
Reber, Rosemarie Hedwig, →Rauby, Rosemarie Hedwig
Rebholz, Veronica, →Weiß, Veronica
Rechtern und Limpurg, Gräfin Friederike von, →Eyb, Freifrau Friederike von
Redelmaier, Fanni, →Schlesinger, Fanni

Redwitz zu Küps, Freiherr Anton von, 464
Redwitz zu Küps, Freifrau Charlotte, geb. Freiin von Ritter zu Grünstein, 464
Redwitz zu Küps, Freiin Charlotte von, →Welden, Freifrau Charlotte von
Rees, Frida, →Schemm, Frida
Rees, Maria, geb. Ebersberger, 360
Rees, Robert, 360
Reh, Crescentia, geb. Welz, 473
Reh, Georg Andreas Johann, 473
Reh, Johann Georg, 473
Reh, Maria Anna, geb. Wiest, 473
Reichard, Carl, 284, 304, **327**, 398, 403, 433, 480
Reichard, Charlotte, geb. Hopfengärtner, 327
Reichard, Charlotte, →Lipp, Charlotte
Reichard, Eugen, 327
Reichard, Georg, 327
Reichard, Maria Agnes, geb. Raidt, 327
Reichard, Marie, →Schwenk, Marie
Reichard, Sara, geb. Schwenk, 327, 403
Reichard, Thekla, →Teichmann, Thekla
Reichart, Amalie, geb. Geiger, 114
Reichart, Karl, Dr., 114
Reichenau, Walter von, 103, 159
Reichle, Pauline, →Mößner, Pauline
Reichold, Annemarie, 327
Reichold, Berta, geb. Schrader, 327, 328, 390
Reichold, Christof, 327
Reichold, Ernst, 327 f., 390
Reichold, Josephine, geb. Reuder, 327
Reihling, Hermann, 278
Reilly, John, 381
Reilly, Renate, geb. Schöneck, 381
Reinemann, Bankier, Privatier (Ulm), 113, 267
Reinemann, Heinrich, 25
Reinhalter, Maria Anna, →Keppeler, Maria Anna
Reinhardt, Albertine, →Mutschler, Albertine
Reinhardt, August (von), 328
Reinhardt, Emilie, geb. Widenmann, 328
Reinhardt, Ernst, 105, **328**
Reinhardt, Friedrich (von), Dr., 328 f.
Reinhardt, Maria Catharina Johanna, geb. Hauff, 328
Reinhardt, Philipp Friedrich, 328
Reinhardt, Robert (von), 319
Reinhardt, Sophia, geb. Betulius, 329
Reinhardt, Walter, 103, 328
Reiniger, Berta, →Keller, Berta
Reiniger, Charlotte, →Cranz, Charlotte
Reiniger, Gottlieb, 107
Reiniger, Otto, 278
Reiniger, Sophie Beate, geb. Mann, 107
Reinwald, Anna, geb. Mayer, 329
Reinwald, Ernst, 329
Reinwald, Hannelore, 329
Reinwald, Hermann, 329
Reischach, Johanna Berta Emma, geb. Bunschuh, 356
Reischach, Graf Karl von, 349
Reischach, Karl Ferdinand Robert, 356
Reischach, Karl Franz, 356
Reischach, Maria Katharina Wilhelmine, geb. Scheerer, 356
Reiser, Ludwig, 76
Reismann, Janos, 378
Reiss, Frieda, →Taschke, Frieda
Reiss, Magdalena, →Arnold, Magdalena
Reith, Johann, 299
Reith, Laura, geb. Oechsle, 299
Reitz, Edgar, 38
Reitzele, Emma Luise Wilhelmine →Adam, Emma Luise Wilhelmine
Reizele, Albert, 329
Reizele, Christine, geb. Hitzler, 329
Reizele, Emma, geb. Vöhringer, 329
Reizele, Georg, 13, 329 f.
Reizele, Hermann Hieronymus, 329
Reizele, Hieronymus, 329
Reizele, Margaretha, geb. Bitriod, 329
Reizele, Maria, 329
Reizele, Martha, 329
Reizele, Walburga Sofie, →Puppele, Walburga Sofie
Remmele, Adolf, 15
Remmele, Hermann, 132
Remshardt, Adolf, 106
Remshardt, Johanna Charlotte, →Bäuerle, Johanna Charlotte
Remy, Anna Friederike Karoline, →Bauer, Karoline Anna Friederike Karoline
Remy, Pauline, geb. Muth, 28
Remy, Theodor, 28
Renfftlen, Mathilde, →Schöllhorn, Mathilde
Renftle, Anna, 330
Renftle, Babette, geb. Niklass, 330
Renftle, Christian, 330
Renftle, Eva, 330
Renftle, Friederike, geb. Schreiber, 330
Renftle, Georg, 1857-1958, 330
Renftle, Georg, *1885, 330

II. Orte

Die Begriffe Ulm und Neu-Ulm, Bayern, Württemberg und Baden-Württemberg sowie Donau sind auf Grund ihrer großen Häufigkeit nicht aufgenommen worden.

656

658

Corrigenda, Addenda, Errata

S. 79   Gustav Eichler ist 1969 in Ravensburg gestorben. Vgl. Der Landkreis Ravensburg im Spiegel des Schrifttums. Eine Kreisbibliographie. Erarbeitet und hg. von Hans Ulrich RUDOLF unter Mitarbeit von Joachim MUSCH, Sigrid WOHNHAS und Christine VOSS im Auftrag des Landkreises Ravensburg (Weingartener Hochschulschriften Nr. 10), Ravensburg 1990, S. 625.

S. 158   Der Sterbeort Carl von Heims ist Ulm.

S. 204   Zu Klopfer, Gerhard, Dr.: ergänze unter L   Gernot RÖMER, Es gibt immer zwei Möglichkeiten ... Mitkämpfer, Mitläufer und Gegner Hitlers am Beispiel Schwabens, Augsburg 2000, S. 73-77 (Bild)

S. 265   Zu Mauch, Johann Matthäus (von): Der Name der Ehefrau Emilie Angelica ist nicht Palonic, sondern Palmié (freundlicher Hinweis von Frau Ruth Tafel, Stuttgart). Der Irrtum beruht auf einem Lesefehler.

S. 351   Zu Schäffer (Schäfer), Friedrich, Dr. med.: Nach den Eintragungen im Familienregister Ulm (Band 151, S. 84; ich danke Herrn Dipl.-Ing. Dr. Werner Gebhardt, Esslingen-Berkheim, für den Hinweis) ergeben sich nachstehend aufgeführte biographisch-genealogische Fakten:
Schäffer (Schäfer), Johann Friedrich, Dr. med., * Stuttgart 26. Juni 1774, † Ulm 23. Jan. (oder Juli)[1] 1800.
Vater   Heinrich Schäffer, Chirurg in Stuttgart.
Mutter   Dorothea Strauß.
∞ Ulm 1. V. 1798 Elisabetha Ursula Willfarth (muss heißen: Villforth), * Ulm 11. XII. 1775, † ebd. 5. X. 1801, die nach dem frühen Tod ihres Ehemannes den Kurpfalzbayer. Medizinalrat Schmid heiratete, T. d. Johann David →*Villforth u. d. Anna Dorothea Rau.
1 K   Emilie Schäffer, * 23. VI. 1799.

S. 423   Zu Steudel, Julius (von): ergänze unter L   DVORAK I,5 (2002), 520

Bildnachweis

Bemerkung: Aus Platz- und Kostengründen erwies es sich als nicht möglich, bei allen oder den meisten Persönlichkeiten, für die ein Abbildungsnachweis gefunden war, die Bildrechte zu erwerben und die Abbildung einzufügen.

Daher sind – abgesehen von den nachstehend angeführten Ausnahmen – alle im „Biografischen Lexikon" enthaltenen Abbildungen aus den Beständen der Stadtarchive Ulm und Neu-Ulm entnommen worden. Bei den Abbildungen aus privater Hand, die freundlicherweise kostenfrei zur Verfügung gestellt wurden und wofür an dieser Stelle nochmals gedankt sei, handelt es sich um folgende:

S. 6   Aicham, Erwin: Jochen Aicham, Neu-Ulm

S. 6   Aicham, Friedrich: Jochen Aicham, Neu-Ulm

S. 6   Aicham, Max: Jochen Aicham, Neu-Ulm

S. 20   Autenrieth, Heinz, Dr.: Ilona Jung-Autenrieth, Wurmberg

S. 344   Scharff, Edwin: VG Bild Kunst

S. 429   Tafel, Eugen, Dr.: Ruth und Hermann Tafel, Stuttgart

S. 432   Tafel, Rudolph, Dr.: Ruth und Hermann Tafel, Stuttgart

S. 434   Thoma, Annette: Traudl Bogenhauser, München

S. 458   Weickmann, Ludwig, Prof. Dr. : Deutscher Wetterdienst, Offenbach

---

[1] Schrift schlecht leserlich.